U0916211

中华人民共和国

现行税收法规及优惠政策解读

2017年权威解读版

中华人民共和国税收法典编委会 编

ZHONGHUA RENMIN GONGHEGUO XIANXING SHUISHOU FAGUI JI YOUHUI ZHENGCE JIEDU

立信会计出版社
LIXIN ACCOUNTING PUBLISHING HOUSE

图书在版编目(CIP)数据

中华人民共和国现行税收法规及优惠政策解读:2017年权威解读版/中华人民共和国税收法典编委会编.—上海:立信会计出版社,2017.1

ISBN 978-7-5429-5377-3

Ⅰ.①中… Ⅱ.①中… Ⅲ.①税法—法律解释—中国②税收优惠—税收政策—中国 Ⅳ.①D922.220.9②F812.422

中国版本图书馆CIP数据核字(2017)第001302号

策划编辑 蔡伟莉
责任编辑 蔡伟莉 何颖颖

中华人民共和国现行税收法规及优惠政策解读(2017年权威解读版)

出版发行 立信会计出版社
地　　址 上海市中山西路2230号　　邮政编码 200235
电　　话 (021)64411389　　传　　真 (021)64411325
网　　址 www.lixinaph.com　　电子邮箱 lxaph@sh163.net
网上书店 www.shlx.net　　电　　话 (021)64411071
经　　销 各地新华书店

印　　刷 北京鑫海金澳胶印有限公司
开　　本 787毫米×1092毫米 1/16
印　　张 67.5
字　　数 2236千字
版　　次 2017年2月第1版
印　　次 2017年2月第1次
书　　号 ISBN 978-7-5429-5377-3/D
定　　价 395.00元

如有印订差错,请与本社联系调换

前　言

为了帮助广大企事业单位更好地学习和遵守税法，为了帮助广大税务干部更好地执行税法，我们组织相关专家以及相关业务主管人员编写了这本《中华人民共和国现行税收法规及优惠政策解读》。

由于我国现行税收法律法规数量巨大，其中有很多已经被废止或者被部分废止，致使纳税人在遵守税法、税务干部在执行税法时往往无法准确确定某项税收政策是否有效，对于那些刚刚接触税法的纳税人和税务干部而言更是如此，面对一个税务问题，往往不知道从哪里入手解决，不知道如何判断自己所看到的一份文件是否有效。因此，广大纳税人和税务干部迫切需要一本将现行有效的税收法律法规予以汇编的工具书。本书就是为了解决广大纳税人和税务干部所遇到的上述难题而编写的。

本书以现行的十七个税种为线索（因船舶吨税针对境外船舶，未收录），分为十七个部分，将现行有效的法律法规分别汇编在十七个税种之下，关于税收征管方面的法律法规则单独编在税收征管之下，作为第十八部分。在每一部分中，我们都是先编写相关的法律，再编写相关的行政法规。在没有法律的情况下，我们先编写行政法规，再编写财政部或者国家税务总局针对该行政法规所制定的系统解释的规章。对于其他规范性文件，我们按照发布时间的先后顺序进行排列。

为了便于广大读者将数量庞大的税收法律法规和规范性文件联系起来，本书对于法律法规的主要条款以及主要规范性文件都加了注释。通过注释，读者可以找到与该条款或者文件相关的其他条款或者文件。由于对相关性的判断见仁见智，我们仅就主要相关的文件加了注释，并没有穷尽所有相关的文件和条款。

由于很多文件涉及若干个税种，因此，我们在编写时，对于不涉及本税种的内容往往予以省略。很多文件中的部分条款失效或者被其他文件所修改，对此，我们均使用“……”予以省略，个别文件比较特殊，仅其中涉及某个税种的废除，涉及其他税种的仍然有效，对于这些比较特殊的，我们都在文件之后加上了相关的注释和说明。对于那些已经完全失效或者过时的文件，我们没有收录在本书中。为了节省篇幅，部分仅涉及税务机关内部管理而不涉及纳税人权利义务的繁琐操作规程，本书没有收录。

由于税收法律法规和规范性文件数量巨大，可能还有少量规范性文件没有编入本书，但纳税人和税务干部常用的基本的规范性文件都已经编入本书。本书所收录的法律法规和规范性文件截至2016年12月31日。

中国政法大学硕士研究生肖哲元、许丽君、邱锐、郑凌之参与了2016年度税收法规的整理工作。全书由中国政法大学民商经济法学院翟继光教授统稿、定稿。

本书编审委员会

2017年2月

目　　录

第一编　所得税法

第二编 货物和劳务税法

第三编 财产税法

第四编　行为税法

第五编 税收征管法

第一编

所得税法

第一部分 中华人民共和国个人所得税法

中华人民共和国个人所得税法

（1980年9月10日第五届全国人民代表大会第三次会议通过，1993年10月31日第八届全国人民代表大会常务委员会第四次会议第一次修正，1999年8月30日第九届全国人民代表大会常务委员会第十一次会议第二次修正，2005年10月27日第十届全国人民代表大会常务委员会第十八次会议第三次修正，2007年6月29日第十届全国人民代表大会常务委员会第二十八次会议第四次修正，2007年12月29日第十届全国人民代表大会常务委员会第三十一次会议第五次修正，2011年6月30日第十一届全国人民代表大会常务委员会第二十一次会议第六次修正）

第一条 在中国境内有住所，或者无住所而在境内居住满一年的个人，从中国境内和境外取得的所得，依照本法规定缴纳个人所得税。

在中国境内无住所又不居住或者无住所而在境内居住不满一年的个人，从中国境内取得的所得，依照本法规定缴纳个人所得税。

【注释】《个人所得税法实施条例》第2条对"在中国境内有住所的个人"进行了解释；第3条对"在境内居住满一年"进行了解释；第4条对"从中国境内取得的所得"以及"从中国境外取得的所得"进行了解释；第5条对"来源于中国境内的所得"进行了特殊规定；第6条对"居住一年以上五年以下的"短期居民纳税人的纳税义务进行了特殊规定；第7条对"在一个纳税年度中在中国境内连续或者累计居住不超过90日的"短期非居民纳税人的纳税义务进行了特殊规定。

《征收个人所得税若干问题的规定》（国税发〔1994〕89号）对"在中国境内有住所的个人"进行了进一步解释。相关规定包括：《国家税务总局关于个人在境外取得博彩所得征收个人所得税问题的批复》（国税函发〔1995〕663号）、《国家税务总局关于在中国境内无住所的个人取得工资薪金所得纳税义务问题的通知》（国税发〔1994〕148号）。

第二条 下列各项个人所得，应纳个人所得税：

一、工资、薪金所得；

二、个体工商户的生产、经营所得；

三、对企事业单位的承包经营、承租经营所得；

四、劳务报酬所得；

五、稿酬所得；

六、特许权使用费所得；

七、利息、股息、红利所得；

八、财产租赁所得；

九、财产转让所得；

十、偶然所得；

十一、经国务院财政部门确定征税的其他所得。

【注释】《个人所得税法实施条例》第8条对上述各项所得进行了解释；第9条规定了股票转让所得征税办法另行规定。《国家税务总局关于个人在境外取得博彩所得征收个人所得税问题的批复》（国税函发〔1995〕663号规定了一项偶然所得。《国家税务总局关于有奖储蓄中奖收入征收个人所得税问题的批复》（国税函发〔1995〕98号）规定了一项偶然所得。《财政部 国家税务总局关于银行部门以超过国家利率支付给储户的揽储奖金征收个人所得税问题的批复》（财税〔1995〕64号）规定了一项其他所得。《国家税务总局关于股民从证券公司取得的回扣收入征收个人所得税问题的批复》（国税函〔1999〕627号）规定了一项其他所得。《国家税务总局关于未分配的投资者收益和个人人寿保险收入征收个人所得税问题的批复》(国税函发〔1998〕546号)规定了一项其他所得。《国家税务总局关于个人所得税有关问题的批复》(国税函〔2000〕57号)规定了一项其他所得。相关规定包括:《国家税务总局关于个人所得税若干业务问题的批复》(国税函〔2002〕146号)、《国家税务总局关于外商投资企业和外国企业以实物向雇员提供福利如何计征个人所得税问题的通知》(国税发〔1995〕115号)。

第三条 个人所得税的税率:

一、工资、薪金所得,适用超额累进税率,税率为百分之三至百分之四十五(税率表附后)。

二、个体工商户的生产、经营所得和对企事业单位的承包经营、承租经营所得,适用百分之五至百分之三十五的超额累进税率(税率表附后)。

三、稿酬所得,适用比例税率,税率为百分之二十,并按应纳税额减征百分之三十。

四、劳务报酬所得,适用比例税率,税率为百分之二十。对劳务报酬所得一次收入畸高的,可以实行加成征收,具体办法由国务院规定。

五、特许权使用费所得,利息、股息、红利所得,财产租赁所得,财产转让所得,偶然所得和其他所得,适用比例税率,税率为百分之二十。

【注释】 《个人所得税法实施条例》第11条对劳务报酬加征制度进行了具体规定。相关规定包括:《财政部 国家税务总局关于调整住房租赁市场税收政策的通知》(财税〔2000〕125号)。

第四条 下列各项个人所得,免纳个人所得税:

一、省级人民政府、国务院部委和中国人民解放军军以上单位,以及外国组织、国际组织颁发的科学、教育、技术、文化、卫生、体育、环境保护等方面的奖金;

二、国债和国家发行的金融债券利息;

三、按照国家统一规定发给的补贴、津贴;

四、福利费、抚恤金、救济金;

五、保险赔款;

六、军人的转业费、复员费;

七、按照国家统一规定发给干部、职工的安家费、退职费、退休工资、离休工资、离休生活补助费;

八、依照我国有关法律规定应予免税的各国驻华使馆、领事馆的外交代表、领事官员和其他人员的所得;

九、中国政府参加的国际公约、签订的协议中规定免税的所得;

十、经国务院财政部门批准免税的所得。

【注释】 《个人所得税法实施条例》第12—15条对上述部分免税所得进行了解释。《财政部 国家税务总局关于发给见义勇为者的奖金免征个人所得税问题的通知》(财税〔1995〕25号)规定了一项免税所得。相关规定包括:《国家税务总局关于"长江学者奖励计划"有关个人收入免征个人所得税的通知》(国税函发〔1998〕632号)、《财政部 国家税务总局关于银行部门以超过国家利率支付给储户的揽储奖金征收个人所得税问题的批复》(财税〔1995〕64号)、《财政部 国家税务总局关于自主择业的军队转业干部有关税收政策问题的通知》(财税〔2003〕26号)、《财政部 国家税务总局关于个人所得税若干政策问题的通知》(财税〔1994〕20号)、《财政部 国家税务总局关于随军家属就业有关税收政策的通知》(财税〔2000〕84号)、《财政部 国家税务总局关于扶持城镇退役士兵自谋职业有关税收优惠政策的通知》(财税〔2004〕93号)、《财政部 国家税务总局关于教育税收政策的通知》(财税〔2004〕39号)、《国家税务总局关于纳税人收回转让的股权征收个人所得税问题的批复》(国税函〔2005〕130号)、《财政部 国家税务总局关于城镇房屋拆迁有关税收政策的通知》(财税〔2005〕45号)、《财政部 国家税务总局关于股权分置试点改革有关税收政策问题的通知》(财税〔2005〕103号)、《财政部 国家税务总局关于华侨从海外汇入赡养家属的侨汇等免征个人所得税问题的通知》(财税外〔1980〕196号)、《国家税务总局关于社会福利有奖募捐发行收入税收问题的通知》(国税发〔1994〕127号)、《财政部 国家税务总局关于个人取得体育彩票中奖所得征免个人所得税问题的通知》(财税〔1998〕12号)、《财政部 国家税务总局关于对中国科学院中国工程院资深院士津贴免征个人所得税的通知》(财税〔1998〕118号)、《财政部 国家税务总局关于促进科技成果转化有关税收政策的通知》(财税〔1999〕45号)。

第五条 有下列情形之一的，经批准可以减征个人所得税：

一、残疾、孤老人员和烈属的所得；

二、因严重自然灾害造成重大损失的；

三、其他经国务院财政部门批准减税的。

【注释】《个人所得税法实施条例》第16条对减征的具体办法进行了规定。相关规定包括：《国家税务总局关于明确残疾人所得征免个人所得税范围的批复》（国税函〔1999〕329号）、《国家税务总局关于个人所得税若干政策问题的批复》（国税函〔2002〕629号）。

第六条 应纳税所得额的计算：

一、工资、薪金所得，以每月收入额减除费用三千五百元后的余额，为应纳税所得额。

二、个体工商户的生产、经营所得，以每一纳税年度的收入总额，减除成本、费用以及损失后的余额，为应纳税所得额。

三、对企事业单位的承包经营、承租经营所得，以每一纳税年度的收入总额，减除必要费用后的余额，为应纳税所得额。

四、劳务报酬所得、稿酬所得、特许权使用费所得、财产租赁所得，每次收入不超过四千元的，减除费用八百元；四千元以上的，减除百分之二十的费用，其余额为应纳税所得额。

五、财产转让所得，以转让财产的收入额减除财产原值和合理费用后的余额，为应纳税所得额。

六、利息、股息、红利所得，偶然所得和其他所得，以每次收入额为应纳税所得额。

个人将其所得对教育事业和其他公益事业捐赠的部分，按照国务院有关规定从应纳税所得中扣除。

对在中国境内无住所而在中国境内取得工资、薪金所得的纳税义务人和在中国境内有住所而在中国境外取得工资、薪金所得的纳税义务人，可以根据其平均收入水平、生活水平以及汇率变化情况确定附加减除费用，附加减除费用适用的范围和标准由国务院规定。

【注释】《个人所得税法实施条例》第17—31条对上述各项所得的计算进行了详细规定。《征收个人所得税若干问题的规定》（国税发〔1994〕89号）对稿酬所得、拍卖文稿所得、董事费所得征税进行了具体规定。《征收个人所得税若干问题的规定》（国税发〔1994〕89号）对纳税人境内外同时取得工资薪金所得如何征税进行了规定。《征收个人所得税若干问题的规定》（国税发〔1994〕89号）对承包承租期不足一年如何征税的问题进行了规定。《国家税务总局关于企业发放补充养老保险金征收个人所得税问题的批复》（国税函〔1999〕615号）对补充养老保险的征税问题进行了规定。相关规定包括：《国家税务总局关于明确单位或个人为纳税义务人的劳务报酬所得代付税款计算公式的通知》（国税发〔1996〕161号）、《国家税务总局关于失业保险费（金）征免个人所得税问题的通知》（国税发〔2000〕83号）、《国家税务总局关于个人所得税若干业务问题的批复》（国税函〔2002〕146号）、《国家税务总局关于三井物产（株）大连事务所外籍雇员取得数月奖金确定纳税义务问题的批复》（国税函发〔1997〕546号）、《国家税务总局关于个人认购股票等有价证券而从雇主取得折扣或补贴收入有关征收个人所得税问题的通知》（国税发〔1998〕9号）、《国家税务总局关于调整个人取得全年一次性奖金等计算征收个人所得税方法问题的通知》（国税发〔2005〕9号）、《财政部 国家税务总局关于个人股票期权所得征收个人所得税问题的通知》（财税〔2005〕35号）、《国家税务总局关于个人因解除劳动合同取得经济补偿金征收个人所得税问题的通知》（国税发〔1999〕178号）、《国家税务总局关于个人住房转让所得征收个人所得税有关问题的通知》（国税发〔2006〕108号）、《国家税务总局关于在中国境内担任董事或高层管理职务无住所个人计算个人所得税适用公式的批复》（国税函〔2007〕946号）、《国家税务总局关于个人取得房屋拍卖收入征收个人所得税问题的批复》（国税函〔2007〕1145号）。

第七条 纳税义务人从中国境外取得的所得，准予其在应纳税额中扣除已在境外缴纳的个人所得税税额。但扣除额不得超过该纳税义务人境外所得依照本法规定计算的应纳税额。

【注释】《个人所得税法实施条例》第32—34条对上述制度进行了详细规定。

第八条 个人所得税，以所得人为纳税义务人，以支付所得的单位或者个人为扣缴义务人。个人所得超过国务院规定数额的，在两处以上取得工资、薪金所得或者没有扣缴义务人的，以及具有国务院规定的其他情形的，纳税义务人应当按照国家规定办理纳税申报。扣缴义务人应当按照国家规定办理全员全额扣缴申报。

【注释】《个人所得税法实施条例》第35—39条对上述制度进行了详细规定。相关规定包括：《国家税务总局关于行政机关、事业单位工资发放方式改革后扣缴个人所得税问题的通知》(国税发〔2001〕19号)、《国家税务总局关于加强企业债券利息个人所得税代扣代缴工作的通知》(国税函〔2003〕612号)、《国家税务总局关于国际组织驻华机构、外国政府驻华使领馆和驻华新闻机构雇员个人所得税征收方式的通知》(国税函〔2004〕808号)、《个人所得税代扣代缴暂行办法》(国税发〔1995〕65号)。

第九条 扣缴义务人每月所扣的税款,自行申报纳税人每月应纳的税款,都应当在次月十五日内缴入国库,并向税务机关报送纳税申报表。

工资、薪金所得应纳的税款,按月计征,由扣缴义务人或者纳税义务人在次月十五日内缴入国库,并向税务机关报送纳税申报表。特定行业的工资、薪金所得应纳的税款,可以实行按年计算、分月预缴的方式计征,具体办法由国务院规定。

个体工商户的生产、经营所得应纳的税款,按年计算,分月预缴,由纳税义务人在次月十五日内预缴,年度终了后三个月内汇算清缴,多退少补。

对企事业单位的承包经营、承租经营所得应纳的税款,按年计算,由纳税义务人在年度终了后三十日内缴入国库,并向税务机关报送纳税申报表。纳税义务人在一年内分次取得承包经营、承租经营所得的,应当在取得每次所得后的十五日内预缴,年度终了后三个月内汇算清缴,多退少补。

从中国境外取得所得的纳税义务人,应当在年度终了后三十日内,将应纳的税款缴入国库,并向税务机关报送纳税申报表。

【注释】 《个人所得税法实施条例》第40—42条对上述制度进行了详细规定。《个体工商户个人所得税计税办法(试行)》(国税发〔1997〕43号)对个人工商户应纳税额的计算和征管进行了详细规定。相关规定包括:《国家税务总局关于境外所得征收个人所得税若干问题的通知》(国税发〔1994〕44号)。

第十条 各项所得的计算,以人民币为单位。所得为外国货币的,按照国家外汇管理机关规定的外汇牌价折合成人民币缴纳税款。

【注释】 《个人所得税法实施条例》第43条对上述制度进行了详细规定。

第十一条 对扣缴义务人按照所扣缴的税款,付给百分之二的手续费。

【注释】 《个人所得税法实施条例》第44条对上述制度进行了详细规定。

第十二条 对储蓄存款利息所得开征、减征、停征个人所得税及其具体办法,由国务院规定。

【注释】 国务院根据该授权制定了《对储蓄存款利息所得征收个人所得税的实施办法》(国务院令〔2007〕502号)。相关规定包括:《储蓄存款利息所得个人所得税征收管理办法》(国税发〔1999〕179号)、《财政部 国家税务总局关于储蓄存款利息所得有关个人所得税政策的通知》(财税〔2008〕132号)。

第十三条 个人所得税的征收管理,依照《中华人民共和国税收征收管理法》的规定执行。

【注释】 相关规定包括:《演出市场个人所得税征收管理暂行办法》(国税发〔1995〕171号)、《机动出租车驾驶员个人所得税征收管理暂行办法》(国税发〔1995〕50号)、《建筑安装业个人所得税征收管理暂行办法》(国税发〔1996〕127号)、《广告市场个人所得税征收管理暂行办法》(国税发〔1996〕148号)、《境外所得个人所得税征收管理暂行办法》(国税发〔1998〕126号)、《关于个人独资企业和合伙企业投资者征收个人所得税的规定》(财税〔2000〕91号)、《个人所得税管理办法》(国税发〔2005〕120号)。

第十四条 国务院根据本法制定实施条例。

【注释】 国务院根据该授权制定了《中华人民共和国个人所得税法实施条例》。

第十五条 本法自公布之日起施行。

个人所得税税率表一
(工资、薪金所得适用)

级　数	全月应纳税所得额	税率(%)
1	不超过1 500元的部分	3
2	超过1 500元至4 500元的部分	10
3	超过4 500元至9 000元的部分	20

（续表）

级　数	全月应纳税所得额	税率(%)
4	超过 9 000 元至 35 000 元的部分	25
5	超过 35 000 元至 55 000 元的部分	30
6	超过 55 000 元至 80 000 元的部分	35
7	超过 80 000 元的部分	45

（注：本表所称全月应纳税所得额是指依照本法第六条的规定，以每月收入额减除费用三千五百元以及附加减除费用后的余额。）

个人所得税税率表二

（个体工商户的生产、经营所得和对企事业单位的承包经营、承租经营所得适用）

级　数	全年应纳税所得额	税率(%)
1	不超过 15 000 元的部分	5
2	超过 15 000 元至 30 000 元的部分	10
3	超过 30 000 元至 60 000 元的部分	20
4	超过 60 000 元至 100 000 元的部分	30
5	超过 100 000 元的部分	35

（注：本表所称全年应纳税所得额是指依照本法第六条的规定，以每一纳税年度的收入总额减除成本、费用以及损失后的余额。）

全国人民代表大会常务委员会关于修改《中华人民共和国个人所得税法》的决定

中华人民共和国主席令第 48 号

《全国人民代表大会常务委员会关于修改〈中华人民共和国个人所得税法〉的决定》已由中华人民共和国第十一届全国人民代表大会常务委员会第二十一次会议于 2011 年 6 月 30 日通过，现予公布，自 2011 年 9 月 1 日起施行。

中华人民共和国主席胡锦涛

2011 年 6 月 30 日

全国人民代表大会常务委员会关于修改《中华人民共和国个人所得税法》的决定

（2011 年 6 月 30 日第十一届全国人民代表大会常务委员会第二十一次会议通过）

第十一届全国人民代表大会常务委员会第二十一次会议决定对《中华人民共和国个人所得税法》作如下修改：

一、第三条第一项修改为："工资、薪金所得，适用超额累进税率，税率为百分之三至百分之四十五（税率表附后）。"

二、第六条第一款第一项修改为："工资、薪金所得，以每月收入额减除费用三千五百元后的余额，为应纳税所得额。"

三、第九条中的"七日内"修改为"十五日内"。

四、个人所得税税率表一（工资、薪金所得适用）修改为：

级　数	全月应纳税所得额	税率(%)
1	不超过 1 500 元的	3
2	超过 1 500 元至 4 500 元的部分	10
3	超过 4 500 元至 9 000 元的部分	20
4	超过 9 000 元至 35 000 元的部分	25
5	超过 35 000 元至 55 000 元的部分	30
6	超过 55 000 元至 80 000 元的部分	35
7	超过 80 000 元的部分	45

（注：本表所称全月应纳税所得额是指依照本法第六条的规定，以每月收入额减除费用三千五百元以及附加减除费用后的余额。）

五、个人所得税税率表二（个体工商户的生产、经营所得和对企事业单位的承包经营、承租经营所得适用）修改为：

级　数	全年应纳税所得额	税率(%)
1	不超过 15 000 元的	5
2	超过 15 000 元至 30 000 元的部分	10
3	超过 30 000 元至 60 000 元的部分	20
4	超过 60 000 元至 100 000 元的部分	30
5	超过 100 000 元的部分	35

（注：本表所称全年应纳税所得额是指依照本法第六条的规定，以每一纳税年度的收入总额减除成本、费用以及损失后的余额。）

本决定自 2011 年 9 月 1 日起施行。

《中华人民共和国个人所得税法》根据本决定作相应修改，重新公布。

中华人民共和国个人所得税法实施条例

（1994 年 1 月 28 日中华人民共和国国务院令第 142 号发布，根据 2005 年 12 月 19 日《国务院关于修改〈中华人民共和国个人所得税法实施条例〉的决定》第一次修订，根据 2008 年 2 月 18 日《国务院关于修改〈中华人民共和国个人所得税法实施条例〉的决定》第二次修订，根据 2011 年 7 月 19 日《国务院关于修改〈中华人民共和国个人所得税法实施条例〉的决定》第三次修订）

第一条　根据《中华人民共和国个人所得税法》（以下简称税法）的规定，制定本条例。

第二条 税法第一条第一款所说的在中国境内有住所的个人，是指因户籍、家庭、经济利益关系而在中国境内习惯性居住的个人。

【注释】 解释《个人所得税法》第1条。

第三条 税法第一条第一款所说的在境内居住满一年，是指在一个纳税年度中在中国境内居住365日。临时离境的，不扣减日数。

前款所说的临时离境，是指在一个纳税年度中一次不超过30日或者多次累计不超过90日的离境。

【注释】 解释《个人所得税法》第1条。

第四条 税法第一条第一款、第二款所说的从中国境内取得的所得，是指来源于中国境内的所得；所说的从中国境外取得的所得，是指来源于中国境外的所得。

【注释】 解释《个人所得税法》第1条。

第五条 下列所得，不论支付地点是否在中国境内，均为来源于中国境内的所得：

(一)因任职、受雇、履约等而在中国境内提供劳务取得的所得；

(二)将财产出租给承租人在中国境内使用而取得的所得；

(三)转让中国境内的建筑物、土地使用权等财产或者在中国境内转让其他财产取得的所得；

(四)许可各种特许权在中国境内使用而取得的所得；

(五)从中国境内的公司、企业以及其他经济组织或者个人取得的利息、股息、红利所得。

【注释】 解释《个人所得税法》第1条。相关规定包括：《国家税务总局关于在中国境内无住所的个人取得工资薪金所得纳税义务问题的通知》(国税发〔1994〕148号)、《国家税务总局关于外国企业的董事在中国境内兼任职务有关税收问题的通知》(国税函〔1999〕284号)。

第六条 在中国境内无住所，但是居住一年以上五年以下的个人，其来源于中国境外的所得，经主管税务机关批准，可以只就由中国境内公司、企业以及其他经济组织或者个人支付的部分缴纳个人所得税；居住超过五年的个人，从第六年起，应当就其来源于中国境外的全部所得缴纳个人所得税。

【注释】 对《个人所得税法》第1条进行了特殊例外规定。相关规定包括：《国家税务总局关于在中国境内无住所的个人取得工资薪金所得纳税义务问题的通知》(国税发〔1994〕148号)、《国家税务总局关于在中国境内无住所的个人执行税收协定和个人所得税法若干问题的通知》(国税发〔2004〕97号)、《财政部 国家税务总局关于在华无住所的个人如何计算在华居住满五年问题的通知》(财税〔1995〕98号)。

第七条 在中国境内无住所，但是在一个纳税年度中在中国境内连续或者累计居住不超过90日的个人，其来源于中国境内的所得，由境外雇主支付并且不由该雇主在中国境内的机构、场所负担的部分，免予缴纳个人所得税。

【注释】 对《个人所得税法》第1条进行了特殊例外规定。相关规定包括：《国家税务总局关于在中国境内无住所的个人取得工资薪金所得纳税义务问题的通知》(国税发〔1994〕148号)、《国家税务总局关于在中国境内无住所个人以有价证券形式取得工资薪金所得确定纳税义务有关问题的通知》(国税函〔2000〕190号)。

第八条 税法第二条所说的各项个人所得的范围：

(一)工资、薪金所得，是指个人因任职或者受雇而取得的工资、薪金、奖金、年终加薪、劳动分红、津贴、补贴以及与任职或者受雇有关的其他所得。

(二)个体工商户的生产、经营所得，是指：

1. 个体工商户从事工业、手工业、建筑业、交通运输业、商业、饮食业、服务业、修理业以及其他行业生产、经营取得的所得；

2. 个人经政府有关部门批准，取得执照，从事办学、医疗、咨询以及其他有偿服务活动取得的所得；

3. 其他个人从事个体工商业生产、经营取得的所得；

4. 上述个体工商户和个人取得的与生产、经营有关的各项应纳税所得。

(三)对企事业单位的承包经营、承租经营所得，是指个人承包经营、承租经营以及转包、转租取得的所得，包括个人按月或者按次取得的工资、薪金性质的所得。

(四)劳务报酬所得，是指个人从事设计、装潢、安装、制图、化验、测试、医疗、法律、会计、咨询、讲学、新闻、广播、翻译、审稿、书画、雕刻、影视、录音、录像、演出、表演、广告、展览、技术服务、介绍服务、经纪服务、代办服务以及其他劳务取得的所得。

（五）稿酬所得，是指个人因其作品以图书、报刊形式出版、发表而取得的所得。

（六）特许权使用费所得，是指个人提供专利权、商标权、著作权、非专利技术以及其他特许权的使用权取得的所得；提供著作权的使用权取得的所得，不包括稿酬所得。

（七）利息、股息、红利所得，是指个人拥有债权、股权而取得的利息、股息、红利所得。

（八）财产租赁所得，是指个人出租建筑物、土地使用权、机器设备、车船以及其他财产取得的所得。

（九）财产转让所得，是指个人转让有价证券、股权、建筑物、土地使用权、机器设备、车船以及其他财产取得的所得。

（十）偶然所得，是指个人得奖、中奖、中彩以及其他偶然性质的所得。

个人取得的所得，难以界定应纳税所得项目的，由主管税务机关确定。

【注释】 对《个人所得税法》第2条所规定的各项所得进行了解释。《征收个人所得税若干问题的规定》（国税发〔1994〕89号）对工资薪金所得和劳务报酬所得的区分标准进行了规定。相关文件包括：《国家税务总局关于高寒边境地区津贴征收个人所得税问题的批复》（国税函发〔1996〕399号）、《国家税务总局关于个人转让汽车所得征收个人所得税问题的批复》（国税函发〔1997〕35号）、《国家税务总局关于个人举办各类学习班取得的收入征收个人所得税问题的批复》（国税函发〔1996〕658号）、《国家税务总局关于股份制企业转增股本和派发红股征免个人所得税的通知》（国税发〔1997〕198号）、《国家税务总局关于盈余公积金转增注册资本征收个人所得税问题的批复》（国税函发〔1998〕333号）、《国家税务总局关于未分配的投资者收益和个人人寿保险收入征收个人所得税问题的批复》（国税函发〔1998〕546号）、《国家税务总局关于社会力量办学征收个人所得税问题的批复》（国税函发〔1998〕738号）、《国家税务总局关于个人取得专利赔偿所得征收个人所得税问题的批复》（国税函〔2000〕257号）、《国家税务总局关于联想集团改制员工取得的用于购买企业国有股权的劳动分红征收个人所得税问题的批复》（国税函〔2001〕832号）、《国家税务总局关于个人所得税若干政策问题的批复》（国税函〔2002〕629号）、《国家税务总局关于个人所得税若干业务问题的批复》（国税函〔2002〕146号）、《国家税务总局关于征用土地过程中征地单位支付给土地承包人员的补偿费如何征税问题的批复》（国税函发〔1997〕87号）、《财政部 国家税务总局关于医疗机构有关个人所得税政策问题的通知》（财税〔2003〕109号）、《国家税务总局关于外商投资企业和外国企业的雇员的境外保险费有关所得税处理问题的通知》（国税发〔1998〕101号）、《财政部 国家税务总局关于规范个人投资者个人所得税征收管理的通知》（财税〔2003〕158号）、《国家税务总局关于转租浅海滩涂使用权收入征收个人所得税问题的批复》（国税函〔2002〕1158号）、《财政部 国家税务总局关于企业以免费旅游方式提供对营销人员个人奖励有关个人所得税政策的通知》（财税〔2004〕11号）、《财政部 国家税务总局关于个人股票期权所得征收个人所得税问题的通知》（财税〔2005〕35号）、《国家税务总局关于单位为员工支付有关保险缴纳个人所得税问题的批复》（国税函〔2005〕318号）、《国家税务总局关于个人兼职和退休人员再任职取得收入如何计算征收个人所得税问题的批复》（国税函〔2005〕382号）、《国家税务总局关于企业为股东个人购买汽车征收个人所得税的批复》（国税函〔2005〕364号）、《国家税务总局关于个人因购买和处置债权取得所得征收个人所得税问题的批复》（国税函〔2005〕655号）、《国家税务总局关于个人出租中国境内房屋取得租金收入税务处理问题的通知》（国税函发〔1995〕134号）、《财政部 国家税务总局关于个人提供非有形商品推销、代理等服务活动取得收入征收营业税和个人所得税有关问题的通知》（财税〔1997〕103号）、《国家税务总局关于律师事务所从业人员取得收入征收个人所得税有关业务问题的通知》（国税发〔2000〕149号）。

第九条 对股票转让所得征收个人所得税的办法，由财政部另行制定，报国务院批准施行。

【注释】 相关规定包括：《财政部 国家税务总局关于个人转让股票所得继续暂免征收个人所得税的通知》（财税〔1998〕61号）、《财政部 国家税务总局关于证券投资基金税收问题的通知》（财税〔1998〕55号）。

第十条 个人所得的形式，包括现金、实物、有价证券和其他形式的经济利益。所得为实物的，应当按照取得的凭证上所注明的价格计算应纳税所得额；无凭证的实物或者凭证上所注明的价格明显偏低的，参照市场价格核定应纳税所得额。所得为有价证券的，根据票面价格和市场价格核定应纳税所得额。所得为其他形式的经济利益的，参照市场价格核定应纳税所得额。

【注释】 相关规定包括：《国家税务总局关于个人所得税若干政策问题的批复》（国税函〔2002〕629

号)、《国家税务总局关于外商投资企业和外国企业以实物向雇员提供福利如何计征个人所得税问题的通知》(国税发〔1995〕115 号)。

第十一条 税法第三条第四项所说的劳务报酬所得一次收入畸高,是指个人一次取得劳务报酬,其应纳税所得额超过 2 万元。

对前款应纳税所得额超过 2 万元至 5 万元的部分,依照税法规定计算应纳税额后再按照应纳税额加征五成;超过 5 万元的部分,加征十成。

【注释】 对《个人所得税法》第 3 条所规定的劳务报酬所得加征的制度进行了规定。

第十二条 税法第四条第二项所说的国债利息,是指个人持有中华人民共和国财政部发行的债券而取得的利息所得;所说的国家发行的金融债券利息,是指个人持有经国务院批准发行的金融债券而取得的利息所得。

【注释】 对《个人所得税法》第 4 条所规定的国债利息以及国家发行的金融债券利息进行了解释。

第十三条 税法第四条第三项所说的按照国家统一规定发给的补贴、津贴,是指按照国务院规定发给的政府特殊津贴、院士津贴、资深院士津贴,以及国务院规定免纳个人所得税的其他补贴、津贴。

【注释】 对《个人所得税法》第 4 条所规定的"按照国家统一规定发给的补贴、津贴"进行了解释。《征收个人所得税若干问题的规定》(国税发〔1994〕89 号)对本条规定进行了解释。相关文件:《国家税务总局关于中国科学院院士津贴免征个人所得税的通知》(国税发〔1994〕118 号)。

第十四条 税法第四条第四项所说的福利费,是指根据国家有关规定,从企业、事业单位、国家机关、社会团体提留的福利费或者工会经费中支付给个人的生活补助费;所说的救济金,是指国家民政部门支付给个人的生活困难补助费。

【注释】 对《个人所得税法》第 4 条所规定的"福利费"、"救济金"进行了解释。相关规定包括:《国家税务总局关于生活补助费范围确定问题的通知》(国税发〔1998〕155 号)。

第十五条 税法第四条第八项所说的依照我国法律规定应予免税的各国驻华使馆、领事馆的外交代表、领事官员和其他人员的所得,是指依照《中华人民共和国外交特权与豁免条例》和《中华人民共和国领事特权与豁免条例》规定免税的所得。

【注释】 对《个人所得税法》第 4 条所规定的"依照我国法律规定应予免税的各国驻华使馆、领事馆的外交代表、领事官员和其他人员的所得"进行了解释。

第十六条 税法第五条所说的减征个人所得税,其减征的幅度和期限由省、自治区、直辖市人民政府规定。

【注释】 对《个人所得税法》第 5 条所规定的减征个人所得税制度进行了具体规定。相关规定包括:《国家税务总局关于明确残疾人所得征免个人所得税范围的批复》(国税函〔1999〕329 号)。

第十七条 税法第六条第一款第二项所说的成本、费用,是指纳税义务人从事生产、经营所发生的各项直接支出和分配计入成本的间接费用以及销售费用、管理费用、财务费用;所说的损失,是指纳税义务人在生产、经营过程中发生的各项营业外支出。

从事生产、经营的纳税义务人未提供完整、准确的纳税资料,不能正确计算应纳税所得额的,由主管税务机关核定其应纳税所得额。

【注释】 对《个人所得税法》第 6 条所规定的成本、费用和损失进行了解释。相关规定包括:《国家税务总局关于个人独资企业个人所得税税前固定资产折旧费扣除问题的批复》(国税函〔2002〕1090 号)、《财政部 国家税务总局关于个人所得税若干政策问题的通知》(财税〔1994〕20 号)。

第十八条 税法第六条第一款第三项所说的每一纳税年度的收入总额,是指纳税义务人按照承包经营、承租经营合同规定分得的经营利润和工资、薪金性质的所得;所说的减除必要费用,是指按月减除 3 500 元。

【注释】 对《个人所得税法》第 6 条所规定的"每一纳税年度的收入总额"、"减除必要费用"进行了解释。《征收个人所得税若干问题的规定》(国税发〔1994〕89 号)对承包承租期不足一年如何征税的问题进行了规定。

第十九条 税法第六条第一款第五项所说的财产原值,是指:

(一)有价证券,为买入价以及买入时按照规定交纳的有关费用;

(二)建筑物,为建造费或者购进价格以及其他有关费用;

(三)土地使用权,为取得土地使用权所支付的金额、开发土地的费用以及其他有关费用;

(四)机器设备、车船,为购进价格、运输费、安装费以及其他有关费用;

(五)其他财产,参照以上方法确定。

纳税义务人未提供完整、准确的财产原值凭证,不能正确计算财产原值的,由主管税务机关核定其财产原值。

【注释】 对《个人所得税法》第6条所规定的"财产原值"进行了解释。《国家税务总局关于加强和规范个人取得拍卖收入征收个人所得税有关问题的通知》(国税发〔2007〕38号)规定了书画作品古玩等的财产原值。

第二十条 税法第六条第一款第五项所说的合理费用,是指卖出财产时按照规定支付的有关费用。

【注释】 对《个人所得税法》第6条所规定的"合理费用"进行了解释。

第二十一条 税法第六条第一款第四项、第六项所说的每次收入,是指:

(一)劳务报酬所得,属于一次性收入的,以取得该项收入为一次;属于同一项目连续性收入的,以一个月内取得的收入为一次。

(二)稿酬所得,以每次出版、发表取得的收入为一次。

(三)特许权使用费所得,以一项特许权的一次许可使用所取得的收入为一次。

(四)财产租赁所得,以一个月内取得的收入为一次。

(五)利息、股息、红利所得,以支付利息、股息、红利时取得的收入为一次。

(六)偶然所得,以每次取得该项收入为一次。

【注释】 对《个人所得税法》第6条所规定的"每次收入"进行了解释。《征收个人所得税若干问题的规定》(国税发〔1994〕89号)对稿酬所得、拍卖文稿所得、董事费所得征税进行了具体规定。

第二十二条 财产转让所得,按照一次转让财产的收入额减除财产原值和合理费用后的余额,计算纳税。

第二十三条 二个或者二个以上的个人共同取得同一项目收入的,应当对每个人取得的收入分别按照税法规定减除费用后计算纳税。

第二十四条 税法第六条第二款所说的个人将其所得对教育事业和其他公益事业的捐赠,是指个人将其所得通过中国境内的社会团体、国家机关向教育和其他社会公益事业以及遭受严重自然灾害地区、贫困地区的捐赠。

捐赠额未超过纳税义务人申报的应纳税所得额30%的部分,可以从其应纳税所得额中扣除。

【注释】 对《个人所得税法》第6条所规定的公益捐赠扣除制度进行了具体规定。相关规定包括:《国家税务总局关于纳税人通过中国光彩事业促进会的公益救济性捐赠税前扣除问题的通知》(国税函〔2003〕78号)、《财政部 国家税务总局关于企业等社会力量向红十字事业捐赠有关问题的通知》(财税〔2001〕28号)、《国家税务总局关于纳税人通过光华科技基金会的公益救济性捐赠税前扣除问题的通知》(国税函〔2001〕164号)、《国家税务总局关于纳税人向中国人口福利基金会捐赠税前扣除问题的通知》(国税函〔2001〕214号)、《财政部 国家税务总局关于工商企业订阅党报党刊有关所得税税前扣除问题的通知》(财税〔2003〕224号)、《国家税务总局关于纳税人向中国法律援助基金会捐赠税前扣除问题的通知》(国税函〔2003〕722号)、《国家税务总局关于纳税人向中华环境保护基金会的捐赠税前扣除问题的通知》(国税函〔2003〕762号)、《国家税务总局关于纳税人通过中国初级卫生保健基金会的公益救济性捐赠税前扣除问题的通知》(国税函〔2003〕763号)、《国家税务总局关于纳税人向中国法律援助基金会捐赠税前扣除问题的通知》(国税函〔2003〕22号)、《财政部 国家税务总局关于对老年服务机构有关税收政策问题的通知》(财税〔2000〕97号)、《国家税务总局关于纳税人通过阎宝航教育基金会的公益救济性捐赠税前扣除问题的通知》(国税函〔2004〕341号)、《财政部 国家税务总局关于教育税收政策的通知》(财税〔2004〕39号)、《财政部 国家税务总局关于向宋庆龄基金会等6家单位捐赠所得税政策问题的通知》(财税〔2004〕172号)、《国家税务总局关于纳税人通过中国妇女发展基金会的公益救济性捐赠税前扣除问题的通知》(国税函〔2002〕973号)。

第二十五条 按照国家规定,单位为个人缴付和个人缴付的基本养老保险费、基本医疗保险费、失业保险费、住房公积金,从纳税义务人的应纳税所得额中扣除。

【注释】 相关规定包括:《国家税务总局关于海洋石油若干税收政策问题的通知》(国税发〔1997〕44号)、《国家税务总局关于外商投资企业及其雇员提存、支用住房公积金有关税务处理问题的通知》(国税发〔1994〕165号)、《财政部 国家税务总局关于住房公积金医疗保险金养老保险金征收个人所得税问题的通知》(财税〔1997〕144号)、《财政部 国家税务总局关于住房公积金医疗保险金基本养老保险金失业保险基金个人账户存款利息所得免征个人所得税的通知》(财税〔1999〕267号)、《财政部 国家税务总局关于基本养老保险费基本医疗保险费失业保险费住房公积金有关个人所得税政策的通知》(财税〔2006〕10号)。

第二十六条 税法第六条第三款所说的在中国境外取得工资、薪金所得,是指在中国境外任职或者受雇而取得的工资、薪金所得。

【注释】 对《个人所得税法》第6条所规定的"在中国境外取得工资、薪金所得"进行了解释。

第二十七条 税法第六条第三款所说的附加减除费用,是指每月在减除3500元费用的基础上,再减除本条例第二十九条规定数额的费用。

第二十八条 税法第六条第三款所说的附加减除费用适用的范围,是指:

(一)在中国境内的外商投资企业和外国企业中工作的外籍人员;

(二)应聘在中国境内的企业、事业单位、社会团体、国家机关中工作的外籍专家;

(三)在中国境内有住所而在中国境外任职或者受雇取得工资、薪金所得的个人;

(四)国务院财政、税务主管部门确定的其他人员。

【注释】 对《个人所得税法》第6条所规定的附加减除费用制度进行了具体规定。

第二十九条 税法第六条第三款所说的附加减除费用标准为1300元。

【注释】 对《个人所得税法》第6条所规定的附加减除费用制度进行了具体规定。

第三十条 华侨和香港、澳门、台湾同胞,参照本条例第二十七条、第二十八条、第二十九条的规定执行。

【注释】 对《个人所得税法》第6条所规定的附加减除费用制度进行了具体规定。

第三十一条 在中国境内有住所,或者无住所而在境内居住满一年的个人,从中国境内和境外取得的所得,应当分别计算应纳税额。

第三十二条 税法第七条所说的已在境外缴纳的个人所得税税额,是指纳税义务人从中国境外取得的所得,依照该所得来源国家或者地区的法律应当缴纳并且实际已经缴纳的税额。

【注释】 对《个人所得税法》第7条所规定的"已在境外缴纳的个人所得税税额"进行了解释。

第三十三条 税法第七条所说的依照税法规定计算的应纳税额,是指纳税义务人从中国境外取得的所得,区别不同国家或者地区和不同应税项目,依照税法规定的费用减除标准和适用税率计算的应纳税额;同一国家或者地区内不同应税项目的应纳税额之和,为该国家或者地区的扣除限额。

纳税义务人在中国境外一个国家或者地区实际已经缴纳的个人所得税税额,低于依照前款规定计算出的该国家或者地区扣除限额的,应当在中国缴纳差额部分的税款;超过该国家或者地区扣除限额的,其超过部分不得在本纳税年度的应纳税额中扣除,但是可以在以后纳税年度的该国家或者地区扣除限额的余额中补扣。补扣期限最长不得超过五年。

【注释】 对《个人所得税法》第7条所规定的外国税收抵免制度进行了具体规定。

第三十四条 纳税义务人依照税法第七条的规定申请扣除已在境外缴纳的个人所得税税额时,应当提供境外税务机关填发的完税凭证原件。

【注释】 对《个人所得税法》第7条所规定的外国税收抵免制度进行了具体规定。

第三十五条 扣缴义务人在向个人支付应税款项时,应当依照税法规定代扣税款,按时缴库,并专项记载备查。

前款所说的支付,包括现金支付、汇拨支付、转账支付和以有价证券、实物以及其他形式的支付。

第三十六条 纳税义务人有下列情形之一的,应当按照规定到主管税务机关办理纳税申报:

(一)年所得12万元以上的;

(二)从中国境内二处或者二处以上取得工资、薪金所得的;

(三)从中国境外取得所得的;

(四)取得应纳税所得,没有扣缴义务人的;

(五)国务院规定的其他情形。

年所得12万元以上的纳税义务人,在年度终了后3个月内到主管税务机关办理纳税申报。

纳税义务人办理纳税申报的地点以及其他有关事项的管理办法,由国家税务总局制定。

【注释】 根据《个人所得税法》第8条的授权具体规定了应当自行纳税申报的具体情形。相关规定包括:《个人所得税自行申报纳税暂行办法》(国税发〔1995〕77号)、《个人所得税自行纳税申报办法(试行)》(国税发〔2006〕162号)。

第三十七条 税法第八条所说的全员全额扣缴申报,是指扣缴义务人在代扣税款的次月内,向主管税务机关报送其支付所得个人的基本信息、支付所得数额、扣缴税款的具体数额和总额以及其他相关涉税信息。

全员全额扣缴申报的管理办法,由国家税务总局制定。

【注释】 对《个人所得税法》第8条所规定的"全员全额扣缴申报"进行了解释。相关规定包括:《个人所得税全员全额扣缴申报管理暂行办法》(国税发〔2005〕205号)、《国家税务总局关于个人所得税纳税人纳税申报有关事项的通知》(国税发〔2005〕207号)

第三十八条 自行申报的纳税义务人,在申报纳税时,其在中国境内已扣缴的税款,准予按照规定从应纳税额中扣除。

第三十九条 纳税义务人兼有税法第二条所列的二项或者二项以上的所得的,按项分别计算纳税。在中国境内二处或者二处以上取得税法第二条第一项、第二项、第三项所得的,同项所得合并计算纳税。

第四十条 税法第九条第二款所说的特定行业,是指采掘业、远洋运输业、远洋捕捞业以及国务院财政、税务主管部门确定的其他行业。

【注释】 对《个人所得税法》第9条所规定的"特定行业"进行了解释。相关规定包括:《国家税务总局关于远洋运输船员工资薪金所得个人所得税费用扣除问题的通知》(国税发〔1999〕202号)

第四十一条 税法第九条第二款所说的按年计算、分月预缴的计征方式,是指本条例第四十条所列的特定行业职工的工资、薪金所得应纳的税款,按月预缴,自年度终了之日起30日内,合计其全年工资、薪金所得,再按12个月平均并计算实际应纳的税款,多退少补。

【注释】 对《个人所得税法》第9条所规定的按年计算、分月预缴的计征方式进行了解释。

第四十二条 税法第九条第四款所说的由纳税义务人在年度终了后30日内将应纳的税款缴入国库,是指在年终一次性取得承包经营、承租经营所得的纳税义务人,自取得收入之日起30日内将应纳的税款缴入国库。

【注释】 对《个人所得税法》第9条所规定的由纳税义务人在年度终了后30日内将应纳的税款缴入国库进行了解释。

第四十三条 依照税法第十条的规定,所得为外国货币的,应当按照填开完税凭证的上一月最后一日中国人民银行公布的外汇牌价,折合成人民币计算应纳税所得额。依照税法规定,在年度终了后汇算清缴的,对已经按月或者按次预缴税款的外国货币所得,不再重新折算;对应当补缴税款的所得部分,按照上一纳税年度最后一日中国人民银行公布的外汇牌价,折合成人民币计算应纳税所得额。

【注释】 对《个人所得税法》第10条所规定的外币兑换制度进行了具体规定。

第四十四条 税务机关按照税法第十一条的规定付给扣缴义务人手续费时,应当按月填开收入退还书发给扣缴义务人。扣缴义务人持收入退还书向指定的银行办理退库手续。

【注释】 对《个人所得税法》第11条所规定的扣缴税款手续费制度进行了具体规定。

第四十五条 个人所得税纳税申报表、扣缴个人所得税报告表和个人所得税完税凭证式样,由国家税务总局统一制定。

第四十六条 税法和本条例所说的纳税年度,自公历1月1日起至12月31日止。

第四十七条 1994纳税年度起,个人所得税依照税法以及本条例的规定计算征收。

第四十八条 本条例自发布之日起施行。1987年8月8日国务院发布的《中华人民共和国国务院关于对来华工作的外籍人员工资、薪金所得减征个人所得税的暂行规定》同时废止。

财政部 国家税务总局关于个人所得税若干政策问题的通知

财税〔1994〕20号

各省、自治区、直辖市财政厅(局)、税务局,各计划单列市财政局、税务局,海洋石油税务管理局各分局:

根据《中华人民共和国个人所得税法》及其实施条例的有关规定精神,现将个人所得税的若干政策问题通知如下:

一、关于对个体工商户的征税问题

(一)个体工商户业主的费用扣除标准和从业人员的工资扣除标准,由各省、自治区、直辖市税务局确定。个体工商户在生产、经营期间借款的利息支出,凡有合法证明的,不高于按金融机构同类、同期贷款利率计算的数额的部分,准予扣除。

(二)个体工商户或个人专营种植业、养殖业、饲养业、捕捞业,其经营项目属于农业税(包括农业特产税,下同)、牧业税征税范围并已征收了农业税、牧业税的,不再征收个人所得税;不属于农业税、牧业税征税范围的,应对其所得征收个人所得税。兼营上述四业并四业的所得单独核算的,比照上述原则办理,对于属于征收个人所得税的,应与其他行业的生产、经营所得合并计征个人所得税;对于四业的所得不能单独核算的,应就其全部所得计征个人所得税。

(三)个体工商户与企业联营而分得的利润,按利息、股息、红利所得项目征收个人所得税。

(四)个体工商户和从事生产、经营的个人,取得与生产、经营活动无关的各项应税所得,应按规定分别计算征收个人所得税。

二、下列所得,暂免征收个人所得税

(一)外籍个人以非现金形式或实报实销形式取得的住房补贴、伙食补贴、搬迁费、洗衣费。

(二)外籍个人按合理标准取得的境内、外出差补贴。

(三)外籍个人取得的探亲费、语言训练费、子女教育费等,经当地税务机关审核批准为合理的部分。

(四)个人举报、协查各种违法、犯罪行为而获得的奖金。

(五)个人办理代扣代缴税款手续,按规定取得的扣缴手续费。

(六)个人转让自用达五年以上、并且是唯一的家庭生活用房取得的所得。

(七)对按国发〔1983〕141号《国务院关于高级专家离休退休若干问题的暂行规定》和国办发〔1991〕40号《国务院办公厅关于杰出高级专家暂缓离退休审批问题的通知》精神,达到离休、退休年龄,但确因工作需要,适当延长离休退休年龄的高级专家(指享受国家发放的政府特殊津贴的专家、学者),其在延长离休退休期间的工资、薪金所得,视同退休工资、离休工资免征个人所得税。

(八)外籍个人从外商投资企业取得的股息、红利所得。

(九)凡符合下列条件之一的外籍专家取得的工资、薪金所得可免征个人所得税:

1. 根据世界银行专项贷款协议由世界银行直接派往我国工作的外国专家;
2. 联合国组织直接派往我国工作的专家;
3. 为联合国援助项目来华工作的专家;
4. 援助国派往我国专为该国无偿援助项目工作的专家;
5. 根据两国政府签订文化交流项目来华工作两年以内的文教专家,其工资、薪金所得由该国负担的;
6. 根据我国大专院校国际交流项目来华工作两年以内的文教专家,其工资、薪金所得由该国负担的;
7. 通过民间科研协定来华工作的专家,其工资、薪金所得由该国政府机构负担的。

三、关于中介费扣除问题

对个人从事技术转让、提供劳务等过程中所支付的中介费,如能提供有效、合法凭证的,允许从其所得中扣除。

四、对个人从基层供销社、农村信用社取得的利息或股息、红利收入是否征收个人所得税,由各省、自治区、直辖市税务局报请政府确定，报财政部、国家税务总局备案。

【注释】《个人所得税法》第 4 条；《个人所得税法实施条例》第 17 条；本通知第二条审批已经被废止，具体管理方法参见《国家税务总局关于取消及下放外商投资企业和外国企业以及外籍个人若干税务行政审批项目的后续管理问题的通知》(国税发〔2004〕80 号)。

国家税务总局关于境外所得征收个人所得税若干问题的通知

国税发〔1994〕44 号

各省、自治区、直辖市税务局，各计划单列市税务局，海洋石油税务管理局各分局：

为维护国家税收权益，根据《中华人民共和国个人所得税法》及其实施条例的有关规定，现对境外所得征收个人所得税若干问题通知如下：

一、关于纳税申报期限问题

纳税人来源于中国境外的应税所得，在境外以纳税年度计算缴纳个人所得税的，应在所得来源国的纳税年度终了、结清税款后的 30 日内，向中国税务机关申报缴纳个人所得税；在取得境外所得时结算税款的，或者在境外按来源国税法规定免予缴纳个人所得税的，应在次年 1 月 1 日起 30 日内向中国税务机关申报缴纳个人所得税。纳税人兼有来源于中国境内、境外所得的，应分别申报计算纳税。

二、关于境外代扣代缴税款问题

纳税人任职或受雇于中国的公司、企业和其他经济组织或单位派驻境外的机构的，可由境外该任职、受雇机构集中申报纳税，并代扣代缴税款。

三、关于纳税申报方式问题

纳税人在规定的申报期限内不能到主管税务机关申报纳税的，应委托他人申报纳税或者邮寄申报纳税。邮寄申报纳税的，以寄出地的邮戳日期为实际申报日期。

四、境外所得税款抵扣举例

某纳税人 1994 年 1 月至 12 月在 A 国取得工薪收入 60 000 元(人民币，下同)，特许权使用费收入7 000 元；同时，又在 B 国取得利息收入 1 000 元。该纳税人已分别按 A 国和 B 国税法规定，缴纳了个人所得税 1 150元和 250 元。其抵扣计算方法如下：

(一)在 A 国所得缴纳税款的抵扣

1. 工资、薪金所得按我国税法规定计算的应纳税额：

60 000/12－4 000×税率－速算扣除数×12(月份数)＝(1 000×10%－25)×12＝900(元)

2. 特许权使用费所得按我国税法规定计算的应纳税额：

7 000×(1－20%)×20%(税率)＝1 120(元)

3. 抵扣限额：

900＋1 120＝2 020(元)

4. 该纳税人在 A 国所得缴纳个人所得税 1 150 元，低于抵扣限额，因此，可全额抵扣，并需在中国补缴税款 870 元(2 020－1 150)。

(二)在 B 国所得缴纳税款的抵扣

其在 B 国取得的利息所得按我国税法规定计算的应纳税额，即抵扣限额：1 000×20%(税率)＝200(元)

该纳税人在 B 国实际缴纳的税款超出了抵扣限额，因此，只能在限额内抵扣 200 元，不用补缴税款。

(三)在 A、B 两国所得缴纳税款抵扣结果

根据上述计算结果，该纳税人当年度的境外所得应在中国补缴个人所得税 870 元，B 国缴纳税款未抵扣完的 50 元，可在以后 5 年内该纳税人从 B 国取得的所得中的征税抵扣限额有余额时补扣。

五、本通知自 1994 年 1 月 1 日起施行。

【注释】《个人所得税法》第 9 条。

国家税务总局关于印发《征收个人所得税若干问题的规定》的通知

国税发〔1994〕089 号

为了更好地贯彻执行《中华人民共和国个人所得税法》(以下简称税法)及其实施条例(以下简称条例),认真做好个人所得税的征收管理,根据税法及条例的规定精神,现将一些具体问题明确如下：

一、关于如何掌握"习惯性居住"的问题

条例第二条规定,在中国境内有住所的个人,是指因户籍、家庭、经济利益关系而在中国境内习惯性居住的个人。所谓习惯性居住,是判定纳税义务人是居民或非居民的一个法律意义上的标准,不是指实际居住或在某一个特定时期内的居住地。如因学习、工作、探亲、旅游等而在中国境外居住的,在其原因消除之后,必须回到中国境内居住的个人,则中国即为该纳税人习惯性居住地。

【注释】 对《个人所得税法》第 1 条进行了解释;对《个人所得税法实施条例》第 2 条进行了解释。

二、关于工资、薪金所得的征税问题

条例第八条第一款第一项对工资、薪金所得的具体内容和征税范围作了明确规定,应严格按照规定进行征税。对于补贴、津贴等一些具体收入项目应否计入工资、薪金所得的征税范围问题,按下述情况掌握执行:

(一)条例第十三条规定,对按照国务院规定发给的政府特殊津贴和国务院规定免纳个人所得税的补贴、津贴,免予征收个人所得税。其他各种补贴、津贴均应计入工资、薪金所得项目征税。

(二)下列不属于工资、薪金性质的补贴、津贴或者不属于纳税人本人工资、薪金所得项目的收入,不征税:

1. 独生子女补贴;
2. 执行公务员工资制度未纳入基本工资总额的补贴、津贴差额和家属成员的副食品补贴;
3. 托儿补助费;
4. 差旅费津贴、误餐补助。

【注释】 对《个人所得税法实施条例》第 13 条进行了解释。

三、关于在外商投资企业、外国企业和外国驻华机构工作的中方人员取得的工资、薪金所得的征税的问题

(一)在外商投资企业、外国企业和外国驻华机构工作的中方人员取得的工资、薪金收入,凡是由雇佣单位和派遣单位分别支付的,支付单位应依照税法第八条的规定代扣代缴个人所得税。按照税法第六条第一款第一项的规定,纳税义务人应以每月全部工资、薪金收入减除规定费用后的余额为应纳税所得额。为了有利于征管,对雇佣单位和派遣单位分别支付工资、薪金的,采取由支付者中的一方减除费用的方法,即只由雇佣单位在支付工资、薪金时,按税法规定减除费用,计算扣缴个人所得税;派遣单位支付的工资、薪金不再减除费用,以支付全额直接确定适用税率,计算扣缴个人所得税。

上述纳税义务人,应持两处支付单位提供的原始明细工资、薪金单(书)和完税凭证原件,选择并固定到一地税务机关申报每月工资、薪金收入,汇算清缴其工资、薪金收入的个人所得税,多退少补。

具体申报期限,由各省、自治区、直辖市税务局确定。

(二)对外商投资企业、外国企业和外国驻华机构发放给中方工作人员的工资、薪金所得,应全额征税。但对可以提供有效合同或有关凭证,能够证明其工资、薪金所得的一部分按照有关规定上交派遣(介绍)单位的,可扣除其实际上交的部分,按其余额计征个人所得税。

四、关于稿酬所得的征税问题

(一)个人每次以图书、报刊方式出版、发表同一作品(文字作品、书画作品、摄影作品以及其他作品),不论出版单位是预付还是分笔支付稿酬,或者加印该作品后再付稿酬,均应合并其稿酬所得按一次计征个人所得税。在两处或两处以上出版、发表或再版同一作品而取得稿酬所得,则可分别各处取得的所得或再版所得按分次所得计征个人所得税。

(二)个人的同一作品在报刊上连载,应合并其因连载而取得的所有稿酬所得为一次,按税法规定计征个人所得税。在其连载之后又出书取得稿酬所得,或先出书后连载取得稿酬所得,应视同再版稿酬分次计征个人所得税。

(三)作者去世后,对取得其遗作稿酬的个人,按稿酬所得征收个人所得税。

五、关于拍卖文稿所得的征税问题

作者将自己的文字作品手稿原件或复印件公开拍卖(竞价)取得的所得,应按特许权使用费所得项目征收个人所得税。

六、关于财产租赁所得的征税问题

(一)纳税义务人在出租财产过程中缴纳的税金和国家能源交通重点建设基金、国家预算调节基金、教育费附加,可持完税(缴款)凭证,从其财产租赁收入中扣除。

(二)纳税义务人出租财产取得财产租赁收入,在计算征税时,除可依法减除规定费用和有关税、费外,还准予扣除能够提供有效、准确凭证,证明由纳税义务人负担的该出租财产实际开支的修缮费用。允许扣除的修缮费用,以每次800元为限,一次扣除不完的,准予在下一次继续扣除,直至扣完为止。

(三)确认财产租赁所得的纳税义务人,应以产权凭证为依据。无产权凭证的,由主管税务机关根据实际情况确定纳税义务人。

(四)产权所有人死亡,在未办理产权继承手续期间,该财产出租而有租金收入的,以领取租金的个人为纳税义务人。

七、关于如何确定转让债权财产原值的问题

转让债权,采用"加权平均法"确定其应予减除的财产原值和合理费用。即以纳税人购进的同一种类债券买入价和买进过程中缴纳的税费总和,除以纳税人购进的该种类债券数量之和,乘以纳税人卖出的该种类债券数量,再加上卖出的该种类债券过程中缴纳的税费。用公式表示为:

$$\begin{matrix}\text{一次卖出某一种类债券}\\\text{允许扣除的买入价和费用}\end{matrix}=\left(\frac{\begin{matrix}\text{纳税人购进的该种类债券买入价}\\\text{和买进过程中交纳的税费总和}\end{matrix}}{\text{纳税人购进的该种类债券总数量}}\right)\times\begin{matrix}\text{一次卖出的该种}\\\text{类债券的数量}\end{matrix}+\begin{matrix}\text{卖出该种类债券}\\\text{过程中缴纳的税费}\end{matrix}$$

八、关于董事费的征税问题

个人由于担任董事职务所取得的董事费收入,属于劳务报酬所得性质,按照劳务报酬所得项目征收个人所得税。

九、关于个人取得不同项目劳务报酬所得的征税问题

条例第二十一条第一款第一项中所述的"同一项目",是指劳务报酬所得列举具体劳务项目中的某一单项,个人兼有不同的劳务报酬所得,应当分别减除费用,计算缴纳个人所得税。

【注释】 对《个人所得税法实施条例》第21条所规定的"同一项目"进行了解释。

十、关于外籍纳税人在中国几地工作如何确定纳税地点的问题

(一)在几地工作或提供劳务的临时来华人员,应以税法所规定的申报纳税的日期为准,在某一地达到申报纳税的日期,即在该地申报纳税。但准予其提出申请,经批准后,也可固定在一地申报纳税。

(二)凡由在华企业或办事机构发放工资、薪金的外籍纳税人,由在华企业或办事机构集中向当地税务机关申报纳税。

【注释】 本条审批已经被废止,具体管理方法参见《国家税务总局关于取消及下放外商投资企业和外国企业以及外籍个人若干税务行政审批项目的后续管理问题的通知》(国税发〔2004〕80号)。

十一、关于派发红股的征税问题

股份制企业在分配股息、红利时,以股票形式向股东个人支付应得的股息、红利(即派发红股),应以派发红股的股票票面金额为收入额,按利息、股息、红利项目计征个人所得税。

十二、关于运用速算扣除数法计算应纳税额的问题

为简便计算应纳个人所得税额,可对适用超额累进税率的工资、薪金所得,个体工商户的生产、经营所得,对企事业单位的承包经营、承租经营所得,以及适用加成征收税率的劳务报酬所得,运用速算扣除数法计算其应纳税额。应纳税额的计算公式为:

应纳税额=应纳税所得额×适用税率-速算扣除数

适用超额累进税率的应税所得计算应纳税额的速算扣除数,详见附表一、二、三。

十三、关于纳税人一次取得属于数月的奖金或年终加薪、劳动分红的征税问题

纳税人一次取得属于数月的奖金或年终加薪、劳动分红,一般应将全部奖金或年终加薪、劳动分红同当月份的工资、薪金合并计征个人所得税。但对于合并计算后提高适用税率的,可采取以月份所属奖金或年终加薪、劳动分红加当月份工资、薪金,减去当月份费用扣除标准后的余额为基数确定适用税率,然后,将当月份工资、薪金加上全部奖金或年终加薪、劳动分红，减去当月份费用扣除标准后的余额，按适用税率计算征收个人所得税。对按上述方法计算无应纳税所得额的，免予征税。

十四、关于单位或个人为纳税义务人负担税款的计征办法问题

单位或个人为纳税义务人负担个人所得税税款，应将纳税义务人取得的不含税收入换算为应纳税所得额，计算征收个人所得税。计算公式如下：

（一）应纳税所得额＝（不含税收入额－费用扣除标准－速算扣除数）÷（1－税率）

（二）应纳税额＝应纳税所得额×适用税率－速算扣除数

公式（一）中的税率，是指不含税所得按不含税级距（详见所附税率表一、二、三）对应的税率；公式（二）中的税率，是指应纳税所得额按含税级距对应的税率。

【注释】《国家税务总局关于明确单位或个人为纳税义务人的劳务报酬所得代付税款计算公式的通知》（国税发〔1996〕161 号）对此问题进行了进一步规定。

十五、关于纳税人所得为外国货币如何办理退税和补税的问题

（一）纳税人所得为外国货币并已按照中国人民银行公布的外汇牌价以外国货币兑换成人民币缴纳税款后，如发生多缴税款需要办理退税，凡属于 1993 年 12 月 31 日以前取得应税所得的，可以将应退的人民币税款，按照缴纳税款时的外汇牌价（买入价，以下同）折合成外国货币，再将该外国货币数额按照填开退税凭证当日的外汇牌价折合成人民币退还税款；凡属于 1994 年 1 月 1 日以后取得应税所得的，应直接退还多缴的人民币税款。

（二）纳税人所得为外国货币的，发生少缴税款需要办理补税时，除依照税法规定汇算清缴以外的，应当按照填开补税凭证前一月最后一日的外汇牌价折合成人民币计算应纳税所得额补缴税款。

十六、关于在境内、境外分别取得工资、薪金所得，如何计征税款的问题

纳税义务人在境内、境外同时取得工资、薪金所得的，应根据条例第五条规定的原则，判断其境内、境外取得的所得是否来源于一国的所得。纳税义务人能够提供在境内、境外同时任职或者受雇及其工资、薪金标准的有效证明文件，可判定其所得是来源于境内和境外所得，应按税法和条例的规定分别减除费用并计算纳税；不能提供上述证明文件的，应视为来源于一国的所得，如其任职或者受雇单位在中国境内，应为来源于中国境内的所得，如其任职或受雇单位在中国境外，应为来源于中国境外的所得。

十七、关于承包、承租期不足一年如何计征税款的问题

实行承包、承租经营的纳税义务人，应以每一纳税年度取得的承包、承租经营所得计算纳税，在一个纳税年度内，承包、承租经营不足 12 个月的，以其实际承包、承租经营的月份数为一个纳税年度计算纳税。计算公式为：

应纳税所得额＝该年度承包、承租经营收入额－（800×该年度实际承包、承租经营月份数）

应纳税额＝应纳税所得额×适用税率－速算扣除数

十八、关于利息、股息、红利的扣缴义务人问题

利息、股息、红利所得实行源泉扣缴的征收方式，其扣缴义务人应是直接向纳税义务人支付利息、股息、红利的单位。

【注释】《国家税务总局关于股份制企业分配股息、红利所得征收个人所得税问题的批复》（国税函发〔1994〕665 号）对本条规定进行了确认。

十九、关于工资、薪金所得与劳务报酬所得的区分问题

工资、薪金所得是属于非独立个人劳务活动，即在机关、团体、学校、部队、企事业单位及其他组织中任职、受雇而得到的报酬；劳务报酬所得则是个人独立从事各种技艺、提供各项劳务取得的报酬。两者的主要区别在于，前者存在雇佣与被雇佣关系，后者则不存在这种关系。

二十、以前规定与本规定抵触的，按本规定执行。

【注释】 引用本规定的文件包括：《国家税务总局关于股份制企业转增股本和派发红股征免个人所得税的通知》（国税发〔1997〕198 号）、《国家税务总局关于股份制企业分配股息、红利所得征收个人所得税问题的批复》（国税函发〔1994〕665 号）、《国家税务总局关于明确单位或个人为纳税义务人的劳务报酬所得代付税款计算公式的通知》（国税发〔1996〕161 号）、《国家税务总局关于个人兼职和退休人员再任职取得收入如何计算征收个人所得税问题的批复》（国税函〔2005〕382 号）。

税率表三

（劳务报酬所得适用）

级数	含税级距	不含税级距	税率(%)	速算扣除数
1	不超过 20 000 元的	不超过 16 000 元的	20	0
2	超过 20 000 元至 50 000 元的部分	超过 16 000 元至 37 000 元的部分	30	2 000
3	超过 50 000 元的部分	超过 37 000 元的部分	40	7 000

注：1. 表中的含税级距、不含税级距，均为按照税法规定减除有关费用后的所得额。

2. 含税级距适用于由纳税人负担税款的劳务报酬所得；不含税级距适用于由他人(单位)代付税款的劳务报酬所得。

国家税务总局关于股份制企业分配股息、红利所得征收个人所得税问题的批复

国税函发〔1994〕665 号

湖北省地方税务局：

你局《关于股份制企业分配股息、红利所得征收个人所得税问题的请示》(鄂地税三函发〔1994〕5 号)收悉。经研究，批复如下：

我局曾以国税发〔1994〕089 号文明确了股息、红利所得的个人所得税扣缴义务人，应是直接向纳税义务人支付股息、红利的单位，亦即是股份制企业。所扣缴的个人所得税款，应就地入库。

【注释】《国家税务总局关于印发〈征收个人所得税若干问题的规定〉的通知》(国税发〔1994〕089 号)。

财政部 国家税务总局关于发给见义勇为者的奖金免征个人所得税问题的通知

财税〔1995〕25 号

目前，各级政府和社会各界对见义勇为者给予奖励的事例越来越多，各地要求对此明确税收征免政策。经研究，现通知如下：

为了鼓励广大人民群众见义勇为，维护社会治安，对乡、镇(含乡、镇)以上人民政府或经县(含县)以上人民政府主管部门批准成立的有机构、有章程的见义勇为基金会或者类似组织，奖励见义勇为者的奖金或奖品，经主管税务机关核准，免予征收个人所得税。

【注释】《个人所得税法》第 4 条。

财政部 国家税务总局关于误餐补助范围确定问题的通知

财税〔1995〕82 号

各省、自治区、直辖市和计划单列市财政厅(局)、国家税务局、地方税务局：

国家税务总局关于《征收个人所得税若干问题的规定》(国税发〔1994〕089 号)下发后，一些地区的税务部门和纳税人对其中规定不征税的误餐补助理解不一致，现明确如下：

国税发〔1994〕089 号文件规定不征税的误餐补助，是指按财政部门规定，个人因公在城区、郊区工作，不能在工作单位或返回就餐，确实需要在外就餐的，根据实际误餐顿数，按规定的标准领取的误餐费。一些单位以误餐补助名义发给职工的补贴、津贴，应当并入当月工资、薪金所得计征个人所得税。

【注释】《征收个人所得税若干问题的规定》(国税发〔1994〕089 号)。

国家税务总局关于个人出租中国境内房屋取得租金收入税务处理问题的通知

国税函发〔1995〕134 号

各省、自治区、直辖市和计划单列市国家税务局：

最近有些地区反映，原《个人所得税法》及有关规定对中、外籍(包括港澳台、华侨)个人出租中国境内的房屋取得的租金收入在计征个人所得税时的处理原则是不同的，1994 年新修订的《个人所得税法》实施后，有些地区对外籍个人出租房屋取得的租金收入仍按原《个人所得税法》及有关规定的原则处理，这样处理是否可行，要求总局予以明确。经研究，现将不在中国境内居住的个人出租中国境内的房屋取得的租金收入征税问题明确如下：

根据新修订的《个人所得税法》(以下简称税法)及国家税务总局关于《征收个人所得税若干问题的规定》(国税发〔1994〕089 号)的有关规定，对个人出租中国境内房屋取得的房屋租金收入，不论其是否在中国境内居住，均允许扣除下列税费后，就其余额征收个人所得税。

一、税法第六条第一款第四项规定的费用。

二、国税发〔1994〕089 号第六条(一)项规定的税金和各项支出。

三、属于国税发〔1994〕089 号第六条(二)项规定范围和标准的房屋修缮费用。

凡以前与本通知不一致的规定应予废止。

【注释】《个人所得税法实施条例》第 8 条。

国家税务总局关于雇主为其雇员负担个人所得税税款计征问题的通知

国税发〔1996〕199 号

各省、自治区、直辖市和计划单列市国家税务局、地方税务局：

关于雇主为其雇员负担个人所得税税款的处理问题，《国家税务总局关于印发〈征收个人所得税若干问题的规定〉的通知》(国税发〔1994〕089 号)中曾作出规定。由于雇主为其雇员负担税款的情形不同，在实际操作中如何计算征收个人所得税，各地屡有询问。为便于各地执行，经研究，通知如下：

一、雇主全额为其雇员负担税款的处理

对于雇主全额为其雇员负担税款的，直接按国税发〔1994〕089 号文件中第十四条规定的公式，将雇员取得的不含税收入换算成应纳税所得额后，计算企业应代为缴纳的个人所得税税款。

二、雇主为其雇员负担部分税款的处理

(一)雇主为其雇员定额负担税款的，应将雇员取得的工资薪金所得换算成应纳税所得额后，计算征收个人所得税。工资薪金收入换算成应纳税所得额的计算公式为：

应纳税所得额＝雇员取得的工资＋雇主代雇员负担的税款－费用扣除标准

(二)雇主为其雇员负担一定比例的工资应纳的税款或者负担一定比例的实际应纳税款的，应将国税发〔1994〕089 号文件第十四条规定的不含税收入额计算应纳税所得额的公式中“不含税收入额”替换为“未含雇主负担的税款的收入额”，同时将速算扣除数和税率二项分别乘以上述的“负担比例”，按此调整后的公式，以其未含雇主负担税款的收入额换算成应纳税所得额，并计算应纳税款。即：

$$应纳税所得额=\frac{未含雇主负担的税款的收入额-费用扣除标准-速算扣除数\times负担比例}{1-税率\times负担比例}$$

应纳税额＝应纳税所得额×适用税率－速算扣除数

举例说明：某人月工资、薪金收入人民币12000元，雇主负担其工资、薪金所得30%部分的应纳税款，其当月应纳税款计算如下：

应纳税所得额＝(12000－4000－375×30%)÷(1－20%×30%)＝8390.96(元)

应纳税额＝8390.96×20%－375＝1303.19(元)

三、雇主为其雇员负担超过原居住国的税款的税务处理

有些外商投资企业和外国企业在华的机构场所，为其受派到中国境内工作的雇员负担超过原居住国的税款。例如：雇员在华应纳税额中相当于按其在原居住国税法计算的应纳税额部分(以下称原居住国税额)，仍由雇员负担并由雇主在支付雇员工资时从工资中扣除，代为缴税；若按中国税法计算的税款超过雇员原居住国税额的，超过部分另外由其雇主负担。对此类情况，应按下列原则处理；

将雇员取得的不含税工资(即：扣除了原居住国税额的工资)，按国税发〔1994〕089号文件第十四条规定的公式，换算成应纳税所得额，计算征收个人所得税；如果计算出的应纳税所得额小于按该雇员的实际工资、薪金收入(即：未扣除原居住国税额的工资)计算的应纳税所得额的，应按其雇员的实际工资薪金收入计算征收个人所得税。

四、本规定自发布之日起执行，与本通知有抵触的规定，同时废止。

【注释】 《国家税务总局关于印发〈征收个人所得税若干问题的规定〉的通知》(国税发〔1994〕089号)。

国家税务总局关于外商投资企业的董事担任直接管理职务征收个人所得税问题的通知

国税发〔1996〕214号

各省、自治区、直辖市和计划单列市国家税务局、地方税务局：

近来，一些地方来电询问，有些外商投资企业的董事(长)同时担任企业的直接管理职务，但其从该企业仅以董事费名义或分红形式取得收入，对其应如何征收个人所得税问题，经研究，现明确如下：

一、(本条被《国家税务总局关于明确个人所得税若干政策执行问题的通知》(国税发〔2009〕121号)废止)

二、上述个人在该企业仅以董事费名义或分红形式取得收入的，应主动申报从事企业日常管理工作每月应取得的工资、薪金收入额，或者由主管税务机关参照同类地区、同类行业和相近规模企业中类似职务的工资、薪金收入水平核定其每月应取得的工资、薪金收入额，并依照《中华人民共和国个人所得税法》以及《国家税务总局关于在中国境内无住所的个人取得工资薪金所得纳税义务问题的通知》(国税发〔1994〕148号)和《国家税务总局关于在中国境内无住所的个人计算缴纳个人所得税若干具体问题的通知》(国税函发〔1995〕125号)的有关规定征收个人所得税。

三、凡根据本通知第二条的规定，由个人所得税主管税务机关核定上述个人的工资、薪金收入额，需要相应调整外商投资企业应纳税所得额的，对核定的工资薪金数额，应由个人所得税主管税务机关会同外商投资企业所得税主管税务机关确定。

【注释】 《个人所得税法》第6条。《国家税务总局关于明确个人所得税若干政策执行问题的通知》(国税发〔2009〕121号)对本文进行了修正。

国家税务总局关于个人举办各类学习班取得的收入征收个人所得税问题的批复

国税函发〔1996〕658 号

内蒙古自治区地方税务局：

你局《关于个人举办各类学习班如何征收个人所得税问题的请示》(内地税发〔1996〕206 号)收悉。经研究，现批复如下：

一、个人经政府有关部门批准并取得执照举办学习班、培训班的，其取得的办班收入属于“个体工商户的生产、经营所得”应税项目，应按《中华人民共和国个人所得税法》(以下简称税法)规定计征个人所得税。

二、个人无须经政府有关部门批准并取得执照举办学习班、培训班的，其取得的办班收入属于“劳务报酬所得”应税项目，应按税法规定计征个人所得税。其中，办班者每次收入按以下方法确定：一次收取学费的，以一期取得的收入为一次；分次收取学费的，以每月取得的收入为一次。

【注释】《个人所得税法实施条例》第 8 条。

国家税务总局关于外籍个人取得有关补贴征免个人所得税执行问题的通知

国税发〔1997〕54 号

各省、自治区、直辖市和计划单列市国家税务局、地方税务局：

《中华人民共和国个人所得税法》及其实施条例和《财政部、国家税务总局关于个人所得税若干政策问题的通知》(财税字〔1994〕020 号)就外籍个人取得有关补贴规定了免征个人所得税的范围，现就执行上述规定的具体界定及管理问题明确如下：

一、对外籍个人以非现金形式或实报实销形式取得的合理的住房补贴、伙食补贴和洗衣费免征个人所得税，应由纳税人在初次取得上述补贴或上述补贴数额、支付方式发生变化的月份的次月进行工资薪金所得纳税申报时，向主管税务机关提供上述补贴的有效凭证，由主管税务机关核准确认免税。

二、对外籍个人因到中国任职或离职，以实报实销形式取得的搬迁收入免征个人所得税，应由纳税人提供有效凭证，由主管税务机关审核认定，就其合理的部分免税。外商投资企业和外国企业在中国境内的机构、场所，以搬迁费名义每月或定期向其外籍雇员支付的费用，应计入工资薪金所得征收个人所得税。

三、对外籍个人按合理标准取得的境内、外出差补贴免征个人所得税，应由纳税人提供出差的交通费、住宿费凭证(复印件)或企业安排出差的有关计划，由主管税务机关确认免税。

四、对外籍个人取得的探亲费免征个人所得税，应由纳税人提供探亲的交通支出凭证(复印件)，由主管税务机关审核，对其实际用于本人探亲，且每年探亲的次数和支付的标准合理的部分给予免税。

五、对外籍个人取得的语言培训费和子女教育费补贴免征个人所得税，应由纳税人提供在中国境内接受上述教育的支出凭证和期限证明材料，由主管税务机关审核，对其在中国境内接受语言培训以及子女在中国境内接受教育取得的语言培训费和子女教育费补贴，且在合理数额内的部分免予纳税。

【注释】《个人所得税法》第 4 条。

国家税务总局关于征用土地过程中征地单位支付给土地承包人员的补偿费如何征税问题的批复

国税函发〔1997〕87号

辽宁省地方税务局：

你局《关于征用土地过程中征地单位支付给土地承包人员的补偿费是否征税的请示》(辽地税个〔1996〕311号)收悉。经研究，现批复如下：

一、对土地承包人取得的土地上的建筑物、构筑物、青苗等土地附着物的补偿费收入，应按照《中华人民共和国营业税暂行条例》的“销售不动产——其他土地附着物”税目征收营业税。

二、对土地承包人取得的青苗补偿费收入，暂免征收个人所得税；取得的转让建筑物等财产性质的其他补偿费收入，应按照《中华人民共和国个人所得税法》的“财产转让所得”应税项目计征个人所得税。

【注释】《个人所得税法实施条例》第8条。

财政部 国家税务总局关于个人提供非有形商品推销、代理等服务活动取得收入征收营业税和个人所得税有关问题的通知

财税〔1997〕103号

各省、自治区、直辖市和计划单列市国家税务局、地方税务局：

据反映，有些在境内从事保险、旅游等非有形商品经营的企业(包括从事此类业务的国有企业、集体企业、股份制企业、外商投资企业、外国企业及其他企业)，通过其雇员或非雇员个人的推销、代理等服务活动开展业务。雇员或非雇员个人根据其推销、代理等服务活动的业绩从企业或其服务对象取得佣金、奖励和劳务费等名目的收入。根据《中华人民共和国营业税暂行条例》、《中华人民共和国个人所得税法》和《中华人民共和国税收征收管理法》的有关规定，现对雇员或非雇员个人为企业提供非有形商品推销、代理等服务活动取得收入征收营业税和个人所得税的有关问题明确如下：

一、对雇员的税务处理

雇员为本企业提供非有形商品推销、代理等服务活动取得佣金、奖励和劳务费等名目的收入，无论该收入采用何种计取方法和支付方式，均应计入该雇员的当期工资、薪金所得，按照《中华人民共和国个人所得税法》及其实施条例和其他有关规定计算征收个人所得税；但可适用《中华人民共和国营业税暂行条例实施细则》第四条第一款的规定，不征收营业税。

二、对非雇员的税务处理

非本企业雇员为企业提供非有形商品推销、代理等服务活动取得的佣金、奖励和劳务费等名目的收入，无论该收入采用何种计取方法和支付方式，均应计入个人从事服务业应税劳务的营业额，按照《中华人民共和国营业税暂行条例》及其实施细则和其他有关规定计算征收营业税；上述收入扣除已缴纳的营业税税款后，应计入个人的劳务报酬所得，按照《中华人民共和国个人所得税法》及其实施条例和其他有关规定计算征收个人所得税。

三、税款征收方式

(一)雇员或非雇员从聘用的企业取得收入的，该企业即为雇员或非雇员应纳税款的扣缴义务人，应按

照有关规定按期向主管税务机关申报并代扣代缴上述税款。

(二)对雇员或非雇员直接从其服务对象或其他方面取得收入的部分，由其主动向主管税务机关申报缴纳营业税和个人所得税。

(三)有关企业和个人拒绝申报纳税或代扣代缴税款，将按《中华人民共和国税收征收管理法》及其实施细则的有关规定处理。

【注释】《个人所得税法实施条例》第8条。

财政部 国家税务总局关于住房公积金医疗保险金养老保险金征收个人所得税问题的通知

财税〔1997〕144号

各省、自治区、直辖市、计划单列市财政厅(局)、地方税务局：

根据国务院的统一部署，各地相继出台了住房制度、医疗保险制度和养老保险制度等改革的实施方案。现对改革制度涉及的住房公积金、医疗保险金、养老保险金征收个人所得税问题通知如下：

一、企业和个人按照国家或地方政府规定的比例提取并向指定金融机构实际缴付的住房公积金、医疗保险金、基本养老保险金，不计入个人当期的工资、薪金收入，免予征收个人所得税。超过国家或地方政府规定的比例缴付的住房公积金、医疗保险金、基本养老保险金，应将其超过部分并入个人当期的工资、薪金收入，计征个人所得税。

二、个人领取原提存的住房公积金、医疗保险金、基本养老保险金时，免予征收个人所得税。

三、企业以现金形式发给个人的住房补贴、医疗补助费，应全额计入领取人的当期工资、薪金收入计征个人所得税。但对外籍个人以实报实销形式取得的住房补贴，仍按照《财政部、国家税务总局关于个人所得税若干政策问题的通知》(财税字〔1994〕020号)的规定，暂免征收个人所得税。

四、本通知从1998年1月1日起执行。原政策规定与本通知相抵触的，按本通知规定执行。

【注释】《个人所得税法实施条例》第25条。

国家税务总局关于股份制企业转增股本和派发红股征免个人所得税的通知

国税发〔1997〕198号

近接一些地区和单位来文、来电请示，要求对股份制企业用资本公积金转增个人股本是否征收个人所得税的问题作出明确规定。经研究，现明确如下：

一、股份制企业用资本公积金转增股本不属于股息、红利性质的分配，对个人取得的转增股本数额，不作为个人所得，不征收个人所得税。

二、股份制企业用盈余公积金派发红股属于股息、红利性质的分配，对个人取得的红股数额，应作为个人所得征税。

各地要严格按照《国家税务总局关于印发〈征收个人所得税若干问题的规定〉的通知》(国税发〔1994〕089号)的有关规定执行，没有执行的要尽快纠正。派发红股的股份制企业作为支付所得的单位应按照税法规定履行扣缴义务。

【注释】《个人所得税法实施条例》第8条。引用本通知的文件包括：《国家税务总局关于盈余公积金转增注册资本征收个人所得税问题的批复》(国税函发〔1998〕333号)。

国家税务总局关于个人认购股票等有价证券而从雇主取得折扣或补贴收入有关征收个人所得税问题的通知

国税发〔1998〕9 号

各省、自治区、直辖市和计划单列市国家税务局、地方税务局：

一些中国境内的公司、企业作为吸收、稳定人才的手段，按照有关法律规定及本公司规定，向其雇员发放(内部职工)认股权证，并承诺雇员在公司达到一定工作年限或满足其他条件，可凭该认股权证按事先约定价格(一般低于当期股票发行价格或市场价格)认购公司股票；或者向达到一定工作年限或满足其他条件的雇员，按当期市场价格的一定折价转让本企业持有的其他公司(包括外国公司)的股票等有价证券；或者按一定比例为该雇员负担其进行股票等有价证券的投资。现将雇员以上述不同方式认购股票等有价证券而从雇主取得的各类折扣或补贴有关征收个人所得税的问题通知如下：

一、关于所得性质认定问题

在中国负有纳税义务的个人(包括在中国境内有住所和无住所的个人)认购股票等有价证券，因其受雇期间的表现或业绩，从其雇主以不同形式取得的折扣或补贴(指雇员实际支付的股票等有价证券的认购价格低于当期发行价格或市场价格的数额)，属于该个人因受雇而取得的工资、薪金所得，应在雇员实际认购股票等有价证券时，按照《中华人民共和国个人所得税法》(以下称税法)及其实施条例和其他有关规定计算缴纳个人所得税。

上述个人在认购股票等有价证券后再行转让所取得的所得，属于税法及其实施条例规定的股票等有价证券转让所得，适用有关对股票等有价证券转让所得征收个人所得税的规定。

二、关于计税方法问题

上述个人认购股票等有价证券而从雇主取得的折扣或补贴，在计算缴纳个人所得税时，因一次收入较多，全部计入当月工资、薪金所得计算缴纳个人所得税有困难的，可在报经当地主管税务机关批准后，自其实际认购股票等有价证券的当月起，在不超过 6 个月的期限内平均分月计入工资、薪金所得计算缴纳个人所得税。

三、关于申报材料问题

纳税人或扣缴义务人就上述工资、薪金所得申报缴纳或代扣代缴个人所得税时，应将纳税人认购的股票等有价证券的种类、数量、认购价格、市场价格(包括国内市场价格)等情况及有关的证明材料和计税过程一并报当地主管税务机关。

【注释】 《个人所得税法》第 6 条；引用本通知的文件包括：《国家税务总局关于个人所得税若干业务问题的批复》(国税函〔2002〕146 号)；本通知第二条审批已经被废止，具体管理方法参见《国家税务总局关于取消及下放外商投资企业和外国企业以及外籍个人若干税务行政审批项目的后续管理问题的通知》(国税发〔2004〕80 号)。

财政部 国家税务总局关于个人取得体育彩票中奖所得征免个人所得税问题的通知

财税〔1998〕12 号

各省、自治区、直辖市、计划单列市财政厅(局)、国家税务局、地方税务局：

为了有利于动员全社会力量资助和发展我国的体育事业，经研究决定，对个人购买体育彩票中奖收入的所得税政策作如下调整：凡一次中奖收入不超过 1 万元的，暂免征收个人所得税；超过 1 万元的，应按税法规定全额征收个人所得税。

本规定自1998年4月1日起执行。

【注释】《个人所得税法》第4条。

财政部 国家税务总局关于个人转让股票所得继续暂免征收个人所得税的通知

财税〔1998〕61号

为了配合企业改制，促进股票市场的稳健发展，经报国务院批准，从1997年1月1日起，对个人转让上市公司股票取得的所得继续暂免征收个人所得税。

【注释】《个人所得税法实施条例》第9条。

国家税务总局关于生活补助费范围确定问题的通知

国税发〔1998〕155号

各省、自治区、直辖市和计划单列市地方税务局：

近据一些地区反映，《中华人民共和国个人所得税法实施条例》第十四条所说的从福利费或者工会经费中支付给个人的生活补助费，由于缺乏明确的范围，在实际执行中难以具体界定，各地掌握尺度不一，须统一明确规定，以利执行。经研究，现明确如下：

一、上述所称生活补助费，是指由于某些特定事件或原因而给纳税人或其家庭的正常生活造成一定困难，其任职单位按国家规定从提留的福利费或者工会经费中向其支付的临时性生活困难补助。

二、下列收入不属于免税的福利费范围，应当并入纳税人的工资、薪金收入计征个人所得税：

(一)从超出国家规定的比例或基数计提的福利费、工会经费中支付给个人的各种补贴、补助；

(二)从福利费和工会经费中支付给单位职工的人人有份的补贴、补助；

(三)单位为个人购买汽车、住房、电子计算机等不属于临时性生活困难补助性质的支出。

三、以上规定从1998年11月1日起执行。

【注释】《个人所得税法实施条例》第14条。

国家税务总局关于盈余公积金转增注册资本征收个人所得税问题的批复

国税函发〔1998〕333号

青岛市地方税务局：

你局《关于青岛路邦石油化工有限公司公积金转增资本缴纳个人所得税问题的请示》(青地税四字〔1998〕12号)收悉。经研究，现批复如下：

青岛路邦石油化工有限公司将从税后利润中提取的法定公积金和任意公积金转增注册资本，实际上是该公司将盈余公积金向股东分配了股息、红利，股东再以分得的股息、红利增加注册资本。因此，依据《国家税务总局关于股份制企业转增股本和派发红股征免个人所得税的通知》(国税发〔1997〕198 号)精神,对属于个人股东分得再投入公司(转增注册资本)的部分应按照"利息、股息、红利所得"项目征收个人所得税,税款由股份有限公司在有关部门批准增资、公司股东会决议通过后代扣代缴。

【注释】《个人所得税法实施条例》第 8 条。

国家税务总局关于未分配的投资者收益和个人人寿保险收入征收个人所得税问题的批复

国税函发〔1998〕546 号

河北省地方税务局:

你局《河北省地方税务局关于对未分配的投资者收益和个人人寿保险收入征收个人所得税问题的请示》(冀地税发〔1998〕51 号)收悉,经研究,现批复如下:

一、你省廊坊市香河东华纸制品有限公司为中方个人共同投资与日方组建的中外合资企业。该公司协议规定,投资各方按其出资额在注册资本中的比例分享利润。根据有关规定,实现的利润作必要留存后应进行分配,而该公司自 1994 年开业以来一直未在账面进行利润分配,却将税后利润用于兴建厂房、个人宿舍、购买汽车和其他消费。根据以上情况和个人所得税的收入实现原则,应认定该公司的税后利润已在中方投资者之间进行了分配,中方个人投资者按投资比例分得的部分,须根据《中华人民共和国个人所得税法》的规定,按照"利息、股息、红利所得"应税项目缴纳个人所得税,税款由廊坊市香河东华纸制品有限公司代扣代缴。请你局通知主管税务机关督促代扣代缴义务人认真履行代扣代缴个人所得税义务。

二、对保险公司按投保金额,以银行同期储蓄存款利率支付给在保期内未出险的人寿保险保户的利息(或以其他名义支付的类似收入),按"其他所得"应税项目征收个人所得税,税款由支付利息的保险公司代扣代缴。

【注释】《个人所得税法》第 2 条;《个人所得税法实施条例》第 8 条。

国家税务总局关于个人所得税有关政策问题的通知

国税发〔1999〕58 号

各省、自治区、直辖市和计划单列市地方税务局:

近接一些地区请示,要求对个人所得税有关政策做出规定。经研究,现明确如下:

一、关于企业减员增效和行政、事业单位、社会团体在机构改革过程中实行内部退养办法人员取得收入征税问题

实行内部退养的个人在其办理内部退养手续后至法定离退休年龄之间从原任职单位取得的工资、薪金,不属于离退休工资,应按"工资、薪金所得"项目计征个人所得税。

个人在办理内部退养手续后从原任职单位取得的一次性收入,应按办理内部退养手续后至法定离退休年龄之间的所属月份进行平均,并与领取当月的"工资、薪金"所得合并后减除当月费用扣除标准,以余额为基数确定适用税率,再将当月工资、薪金加上取得的一次性收入,减去费用扣除标准,按适用税率计征个人所得税。

个人在办理内部退养手续后至法定离退休年龄之间重新就业取得的"工资、薪金"所得,应与其从原任职单位取得的同一月份的"工资、薪金"所得合并,并依法自行向主管税务机关申报缴纳个人所得税。

二、关于个人取得公务交通、通讯补贴收入征税问题

个人因公务用车和通讯制度改革而取得的公务用车、通讯补贴收入，扣除一定标准的公务费用后，按照“工资、薪金”所得项目计征个人所得税。按月发放的，并入当月“工资、薪金”所得计征个人所得税；不按月发放的，分解到所属月份并与该月份“工资、薪金”所得合并后计征个人所得税。

公务费用的扣除标准，由省级地方税务局根据纳税人公务交通、通讯费用的实际发生情况调查测算，报经省级人民政府批准后确定，并报国家税务总局备案。

三、关于个人取得无赔款优待收入征税问题

对于个人因任职单位缴纳有关保险费用而取得的无赔款优待收入，按照“其他所得”应税项目计征个人所得税。

对于个人自己缴纳有关商业保险费(保费全部返还个人的保险除外)而取得的无赔款优待收入，不作为个人的应纳税收入，不征收个人所得税。

【注释】《个人所得税法实施条例》第8条。

国家税务总局关于个人因解除劳动合同取得经济补偿金征收个人所得税问题的通知

国税发〔1999〕178号

各省、自治区、直辖市和计划单列市地方税务局：

近接一些地区请示，要求对企业在改组、改制或减员增效过程中解除职工的劳动合同而支付给被解聘职工的一次性经济补偿金征收个人所得税政策问题加以明确。经研究，现规定如下：

一、对于个人因解除劳动合同而取得一次性经济补偿收入，应按“工资、薪金所得”项目计征个人所得税。

二、考虑到个人取得的一次性经济补偿收入数额较大，而且被解聘的人员可能在一段时间内没有固定收入，因此，对于个人取得的一次性经济补偿收入，可视为一次取得数月的工资、薪金收入，允许在一定期限内进行平均。具体平均办法为：以个人取得的一次性经济补偿收入，除以个人在本企业的工作年限数，以其商数作为个人的月工资、薪金收入，按照税法规定计算缴纳个人所得税。个人在本企业的工作年限数按实际工作年限数计算，超过12年的按12计算。

三、按照上述方法计算的个人一次性经济补偿收入应纳的个人所得税税款，由支付单位在支付时一次性代扣，并于次月7日内缴入国库。

四、个人按国家和地方政府规定比例实际缴纳的住房公积金、医疗保险金、基本养老保险金、失业保险基金在计税时应予以扣除。

五、个人在解除劳动合同后又再次任职、受雇的，对个人已缴纳个人所得税的一次性经济补偿收入，不再与再次任职、受雇的工资、薪金所得合并计算补缴个人所得税。

六、本通知自1999年10月1日起执行，此前规定与本通知规定不一致的，按本通知执行。

【注释】《个人所得税法》第6条。

国家税务总局关于远洋运输船员工资薪金所得个人所得税费用扣除问题的通知

国税发〔1999〕202号

各省、自治区、直辖市和计划单列市地方税务局：

近据反映，各地在对远洋运输船员(含国轮船员和外派船员，下同)工资、薪金所得征收个人所得税时，费用扣除标准掌握不一。为了统一个人所得税政策，维护税法的统一性，经研究，现进一步明确如下：

一、根据《中华人民共和国个人所得税法》及其实施条例的规定，对远洋运输船员取得的工资、薪金所得采取按年计算、分月预缴的方式计征个人所得税。

二、考虑到远洋运输具有跨国流动的特性，因此，对远洋运输船员每月的工资、薪金收入在统一扣除800元费用的基础上，准予再扣除税法规定的附加减除费用标准。

三、由于船员的伙食费统一用于集体用餐，不发给个人，故特案允许该项补贴不计入船员个人的应纳税工资、薪金收入。

本通知自2000年1月1日起执行。

【注释】《个人所得税法》第6条；《个人所得税法实施条例》第40条。

国家税务总局关于外国企业的董事在中国境内兼任职务有关税收问题的通知

国税函〔1999〕284号

各省、自治区、直辖市和计划单列市国家税务局，地方税务局：

近来，一些地方反映，有些外国企业的董事（长）或合伙人（在中国境内无住所的个人，下同）在中国境内该企业设立的机构、场所担任职务，应取得工资、薪金所得，但其申报仅以董事费名义或分红形式取得收入。现就对其应如何征收个人所得税的问题明确如下：

外国企业的董事或合伙人担任该企业设立在中国境内的机构、场所的职务，或者名义上不担任该机构、场所的职务，但实际上从事日常经营、管理工作，其在中国境内从事上述工作取得的工资、薪金所得，属于来源于中国境内的所得，应按照《中华人民共和国个人所得税法》及其实施条例和其他有关规定计算缴纳个人所得税。上述个人凡未申报或未如实申报其工资、薪金所得的，可比照《国家税务总局关于外商投资企业的董事担任直接管理职务征收个人所得税问题的通知》（国税发〔1996〕214号）第二条和第三条的规定核定其应取得的工资、薪金所得，并作为该中国境内机构、场所应负担的工资薪金确定纳税义务，计算应纳税额。

【注释】《个人所得税法实施条例》第5条。

财政部 国家税务总局建设部关于个人出售住房所得征收个人所得税有关问题的通知

财税〔1999〕278号

各省、自治区、直辖市、计划单列市财政厅（局）、国家税务局、地方税务局、建委（建设厅），各直辖市房地局：

为促进我国居民住宅市场的健康发展，经国务院批准，现就个人出售住房所得征收个人所得税的有关问题通知如下：

一、根据个人所得税法的规定，个人出售自有住房取得的所得应按照“财产转让所得”项目征收个人所得税。

二、个人出售自有住房的应纳税所得额，按下列原则确定：

（一）个人出售除已购公有住房以外的其他自有住房，其应纳税所得额按照个人所得税法的有关规定确定。

（二）个人出售已购公有住房，其应纳税所得额为个人出售已购公有住房的销售价，减除住房面积标准的经济适用住房价款、原支付超过住房面积标准的房价款、向财政或原产权单位缴纳的所得收益以及税法规定的合理费用后的余额。

已购公有住房是指城镇职工根据国家和县级(含县级)以上人民政府有关城镇住房制度改革政策规定，按照成本价(或标准价)购买的公有住房。

经济适用住房价格按县级(含县级)以上地方人民政府规定的标准确定。

(三)职工以成本价(或标准价)出资的集资合作建房、安居工程住房、经济适用住房以及拆迁安置住房，比照已购公有住房确定应纳税所得额。

三、为鼓励个人换购住房，对出售自有住房并拟在现住房出售后1年内按市场价重新购房的纳税人，其出售现住房所应缴纳的个人所得税，视其重新购房的价值可全部或部分予以免除。具体办法为：

(一)个人出售现住房所应缴纳的个人所得税税款，应在办理产权过户手续前，以纳税保证金形式向当地主管税务机关缴纳。税务机关在收取纳税保证金时，应向纳税人正式开具“中华人民共和国纳税保证金收据”，并纳入专户存储。

(二)个人出售现住房后1年内重新购房的，按照购房金额大小相应退还纳税保证金。购房金额大于或等于原住房销售额(原住房为已购公有住房的，原住房销售额应扣除已按规定向财政或原产权单位缴纳的所得收益，下同)的，全部退还纳税保证金；购房金额小于原住房销售额的，按照购房金额占原住房销售额的比例退还纳税保证金，余额作为个人所得税缴入国库。

(三)个人出售现住房后1年内未重新购房的，所缴纳的纳税保证金全部作为个人所得税缴入国库。

(四)个人在申请退还纳税保证金时，应向主管税务机关提供合法、有效的售房、购房合同和主管税务机关要求提供的其他有关证明材料，经主管税务机关审核确认后方可办理纳税保证金退还手续。

(五)跨行政区域售、购住房又符合退还纳税保证金条件的个人，应向纳税保证金缴纳地主管税务机关申请退还纳税保证金。

四、对个人转让自用5年以上、并且是家庭唯一生活用房取得的所得，继续免征个人所得税。

五、为了确保有关住房转让的个人所得税政策得到全面、正确的实施，各级房地产交易管理部门应与税务机关加强协作、配合，主管税务机关需要有关地区房地产交易情况的，房地产交易管理部门应及时提供。

国家税务总局关于企业改组改制过程中个人取得的量化资产征收个人所得税问题的通知

国税发〔2000〕60号

各省、自治区、直辖市和计划单列市地方税务局：

根据国家有关规定，允许集体所有制企业在改制为股份合作制企业时可以将有关资产量化给职工个人。为了支持企业改组改制的顺利进行，对于企业在这一改革过程中个人取得量化资产的有关个人所得税问题，现明确如下：

一、对职工个人以股份形式取得的仅作为分红依据，不拥有所有权的企业量化资产，不征收个人所得税。

二、对职工个人以股份形式取得的拥有所有权的企业量化资产，暂缓征收个人所得税；待个人将股份转让时，就其转让收入额，减除个人取得该股份时实际支付的费用支出和合理转让费用后的余额，按“财产转让所得”项目计征个人所得税。

三、对职工个人以股份形式取得的企业量化资产参与企业分配而获得的股息、红利，应按“利息、股息、红利”项目征收个人所得税。

【注释】《个人所得税法》第4条。引用本通知的文件包括：《国家税务总局关于联想集团改制员工取得的用于购买企业国有股权的劳动分红征收个人所得税问题的批复》(国税函〔2001〕832号)。

国家税务总局关于国有企业职工因解除劳动合同取得一次性补偿收入征免个人所得税问题的通知

国税发〔2000〕77号

各省、自治区、直辖市和计划单列市地方税务局：

为支持国有企业改革的顺利进行，妥善安置企业职工，保持社会稳定，现对国有企业职工因解除劳动合同而取得的一次性补偿收入征免个人所得税的问题明确如下：

一、对国有企业职工，因企业依照《中华人民共和国企业破产法（试行）》宣告破产，从破产企业取得的一次性安置费收入，免予征收个人所得税。

二、除上述第一条的规定外，国有企业职工与企业解除劳动合同取得的一次性补偿收入，在当地上年企业职工年平均工资的3倍数额内，可免征个人所得税。具体免征标准由各省、自治区、直辖市和计划单列市地方税务局规定。超过该标准的一次性补偿收入，应按照《国家税务总局关于个人因解除劳动合同取得经济补偿金征收个人所得税问题的通知》（国税发〔1999〕178号）的有关规定，全额计算征收个人所得税。

三、本通知自2000年6月1日起执行。此前规定与本通知规定不一致的，按本通知执行。

【注释】《个人所得税法》第6条。

关于个人独资企业和合伙企业投资者征收个人所得税的规定

财税〔2000〕91号

第一条 为了贯彻落实《国务院关于个人独资企业和合伙企业征收所得税问题的通知》精神，根据《中华人民共和国个人所得税法》及其实施条例、《中华人民共和国税收征收管理法》及其实施细则的有关规定，特制定本规定。

第二条 本规定所称个人独资企业和合伙企业是指：

（一）依照《中华人民共和国个人独资企业法》和《中华人民共和国合伙企业法》登记成立的个人独资企业、合伙企业；

（二）依照《中华人民共和国私营企业暂行条例》登记成立的独资、合伙性质的私营企业；

（三）依照《中华人民共和国律师法》登记成立的合伙制律师事务所；

（四）经政府有关部门依照法律法规批准成立的负无限责任和无限连带责任的其他个人独资、个人合伙性质的机构或组织。

第三条 个人独资企业以投资者为纳税义务人，合伙企业以每一个合伙人为纳税义务人（以下简称投资者）。

第四条 个人独资企业和合伙企业（以下简称企业）每一纳税年度的收入总额减除成本、费用以及损失后的余额，作为投资者个人的生产经营所得，比照个人所得税法的“个体工商户的生产经营所得”应税项目，适用5%～35%的五级超额累进税率，计算征收个人所得税。

前款所称收入总额，是指企业从事生产经营以及与生产经营有关的活动所取得的各项收入，包括商品（产品）销售收入、营运收入、劳务服务收入、工程价款收入、财产出租或转让收入、利息收入、其他业务收入和营业外收入。

第五条 个人独资企业的投资者以全部生产经营所得为应纳税所得额；合伙企业的投资者按照合伙企业的全部生产经营所得和合伙协议约定的分配比例确定应纳税所得额，合伙协议没有约定分配比例的，以全部生产经营所得和合伙人数量平均计算每个投资者的应纳税所得额。

前款所称生产经营所得，包括企业分配给投资者个人的所得和企业当年留存的所得(利润)。

第六条 凡实行查账征税办法的，生产经营所得比照《个体工商户个人所得税计税办法(试行)》(国税发〔1997〕43号)的规定确定。但下列项目的扣除依照本办法的规定执行：

(一)投资者的费用扣除标准，由各省、自治区、直辖市地方税务局参照个人所得税法"工资、薪金所得"项目的费用扣除标准确定。投资者的工资不得在税前扣除。

(二)企业从业人员的工资支出按标准在税前扣除，具体标准由各省、自治区、直辖市地方税务局参照企业所得税计税工资标准确定。

(三)投资者及其家庭发生的生活费用不允许在税前扣除。投资者及其家庭发生的生活费用与企业生产经营费用混合在一起，并且难以划分的，全部视为投资者个人及其家庭发生的生活费用，不允许在税前扣除。

(四)企业生产经营和投资者及其家庭生活共用的固定资产，难以划分的，由主管税务机关根据企业的生产经营类型、规模等具体情况，核定准予在税前扣除的折旧费用的数额或比例。

(五)企业实际发生的工会经费、职工福利费、职工教育经费分别在其计税工资总额的2%、14%、1.5%的标准内据实扣除。

(六)企业每一纳税年度发生的广告和业务宣传费用不超过当年销售(营业)收入2%的部分，可据实扣除；超过部分可无限期向以后纳税年度结转。

(七)企业每一纳税年度发生的与其生产经营业务直接相关的业务招待费，在以下规定比例范围内，可据实扣除：全年销售(营业)收入净额在1500万元及其以下的，不超过销售(营业)收入净额的5‰；全年销售(营业)收入净额超过1500万元的，不超过该部分的3‰。

(八)企业计提的各种准备金不得扣除。

第七条 有下列情形之一的，主管税务机关应采取核定征收方式征收个人所得税：

(一)企业依照国家有关规定应当设置但未设置账簿的；

(二)企业虽设置账簿，但账目混乱或者成本资料、收入凭证、费用凭证残缺不全，难以查账的；

(三)纳税人发生纳税义务，未按照规定的期限办理纳税申报，经税务机关责令限期申报，逾期仍不申报的。

第八条 第七条所说核定征收方式，包括定额征收、核定应税所得率征收以及其他合理的征收方式。

第九条 实行核定应税所得率征收方式的，应纳所得税额的计算公式如下：

应纳所得税额＝应纳税所得额×适用税率

应纳所得税额＝收入总额×应税所得率

或　　＝成本费用支出额÷(1－应税所得率)×应税所得率

应税所得率应按下表规定的标准执行：

应税所得率表

行业	应税所得率(%)
工业、交通运输业、商业	5～20
建筑业、房地产开发业	7～20
饮食服务业	7～25
娱乐业	20～40
其他行业	10～30

企业经营多业的，无论其经营项目是否单独核算，均应根据其主营项目确定其适用的应税所得率。

第十条 实行核定征税的投资者，不能享受个人所得税的优惠政策。

第十一条 企业与其关联企业之间的业务往来，应当按照独立企业之间的业务往来收取或者支付价款、费用。不按照独立企业之间的业务往来收取或者支付价款、费用，而减少其应纳税所得额的，主管税务机关有权进行合理调整。

前款所称关联企业，其认定条件及税务机关调整其价款、费用的方法，按照《中华人民共和国税收征收管理法》及其实施细则的有关规定执行。

第十二条 投资者兴办两个或两个以上企业的(包括参与兴办,下同),年度终了时,应汇总从所有企业取得的应纳税所得额,据此确定适用税率并计算缴纳应纳税款。

第十三条 投资者兴办两个或两个以上企业的,根据本规定第六条第一款规定准予扣除的个人费用,由投资者选择在其中一个企业的生产经营所得中扣除。

第十四条 企业的年度亏损,允许用本企业下一年度的生产经营所得弥补,下一年度所得不足弥补的,允许逐年延续弥补,但最长不得超过5年。

投资者兴办两个或两个以上企业的,企业的年度经营亏损不能跨企业弥补。

第十五条 投资者来源于中国境外的生产经营所得,已在境外缴纳所得税的,可以按照个人所得税法的有关规定计算扣除已在境外缴纳的所得税。

第十六条 企业进行清算时,投资者应当在注销工商登记之前,向主管税务机关结清有关税务事宜。企业的清算所得应当视为年度生产经营所得,由投资者依法缴纳个人所得税。

前款所称清算所得,是指企业清算时的全部资产或者财产的公允价值扣除各项清算费用、损失、负债、以前年度留存的利润后,超过实缴资本的部分。

第十七条 投资者应纳的个人所得税税款,按年计算,分月或者分季预缴,由投资者在每月或者每季度终了后7日内预缴,年度终了后3个月内汇算清缴,多退少补。

第十八条 企业在年度中间合并、分立、终止时,投资者应当在停止生产经营之日起60日内,向主管税务机关办理当期个人所得税汇算清缴。

第十九条 企业在纳税年度的中间开业,或者由于合并、关闭等原因,使该纳税年度的实际经营期不足12个月的,应当以其实际经营期为一个纳税年度。

第二十条 投资者应向企业实际经营管理所在地主管税务机关申报缴纳个人所得税。投资者从合伙企业取得的生产经营所得,由合伙企业向企业实际经营管理所在地主管税务机关申报缴纳投资者应纳的个人所得税,并将个人所得税申报表抄送投资者。

投资者兴办两个或两个以上企业的,应分别向企业实际经营管理所在地主管税务机关预缴税款。年度终了后办理汇算清缴时,区别不同情况分别处理:

(一)投资者兴办的企业全部是个人独资性质的,分别向各企业的实际经营管理所在地主管税务机关办理年度纳税申报,并依所有企业的经营所得总额确定适用税率,以本企业的经营所得为基础,计算应缴税款,办理汇算清缴;

(二)投资者兴办的企业中含有合伙性质的,投资者应向经常居住地主管税务机关申报纳税,办理汇算清缴,但经常居住地与其兴办企业的经营管理所在地不一致的,应选定其参与兴办的某一合伙企业的经营管理所在地为办理年度汇算清缴所在地,并在5年内不得变更。5年后需要变更的,须经原主管税务机关批准。

第二十一条 投资者在预缴个人所得税时,应向主管税务机关报送《个人独资企业和合伙企业投资者个人所得税申报表》,并附送会计报表。

年度终了后30日内,投资者应向主管税务机关报送《个人独资企业和合伙企业投资者个人所得税申报表》,并附送年度会计决算报表和预缴个人所得税纳税凭证。

投资者兴办两个或两个以上企业的,向企业实际经营管理所在地主管税务机关办理年度纳税申报时,应附注从其他企业取得的年度应纳税所得额;其中含有合伙企业的,应报送汇总从所有企业取得的所得情况的《合伙企业投资者个人所得税汇总申报表》,同时附送所有企业的年度会计决算报表和当年度已缴个人所得税纳税凭证。

第二十二条 投资者的个人所得税征收管理工作由地方税务局负责。

第二十三条 投资者的个人所得税征收管理的其他事项,依照《中华人民共和国税收征收管理法》、《中华人民共和国个人所得税法》的有关规定执行。

第二十四条 本规定由国家税务总局负责解释。各省、自治区、直辖市地方税务局可以根据本规定规定的原则,结合本地实际,制定具体实施办法。

第二十五条 本规定从2000年1月1日起执行。

【注释】 《个人所得税法》第13条。

财政部 国家税务总局关于调整住房租赁市场税收政策的通知

财税〔2000〕125 号

各省、自治区、直辖市、计划单列市财政厅(局),国家税务局,地方税务局,新疆生产建设兵团:

为了配合国家住房制度改革,支持住房租赁市场的健康发展,经国务院批准,现对住房租赁市场有关税收政策问题通知如下:

一、对按政府规定价格出租的公有住房和廉租住房,包括企业和自收自支事业单位向职工出租的单位自有住房;房管部门向居民出租的公有住房;落实私房政策中带户发还产权并以政府规定租金标准向居民出租的私有住房等,暂免征收房产税、营业税。

二、对个人按市场价格出租的居民住房,其应缴纳的营业税暂减按 3%的税率征收,房产税暂减按 4%的税率征收。

三、对个人出租房屋取得的所得暂减按 10%的税率征收个人所得税。

本通知自 2001 年 1 月 1 日起执行。凡与本通知规定不符的税收政策,一律改按本通知的规定执行。

【注释】《个人所得税法》第 3 条。

国家税务总局关于律师事务所从业人员取得收入征收个人所得税有关业务问题的通知

国税发〔2000〕149 号

各省、自治区、直辖市和计划单列市地方税务局:

为了规范和加强律师事务所从业人员个人所得税的征收管理,现将有关问题明确如下:

一、律师个人出资兴办的独资和合伙性质的律师事务所的年度经营所得,从 2000 年 1 月 1 日起,停止征收企业所得税,作为出资律师的个人经营所得,按照有关规定,比照"个体工商户的生产、经营所得"应税项目征收个人所得税。在计算其经营所得时,出资律师本人的工资、薪金不得扣除。

二、合伙制律师事务所应将年度经营所得全额作为基数,按出资比例或者事先约定的比例计算各合伙人应分配的所得,据以征收个人所得税。

三、律师个人出资兴办的律师事务所,凡有《中华人民共和国税收征收管理法》第二十三条所列情形之一的,主管税务机关有权核定出资律师个人的应纳税额。

四、律师事务所支付给雇员(包括律师及行政辅助人员,但不包括律师事务所的投资者,下同)的所得,按"工资、薪金所得"应税项目征收个人所得税。

五、作为律师事务所雇员的律师与律师事务所按规定的比例对收入分成,律师事务所不负担律师办理案件支出的费用(如交通费、资料费、通讯费及聘请人员等费用),律师当月的分成收入按本条第二款的规定扣除办理案件支出的费用后,余额与律师事务所发给的工资合并,按"工资、薪金所得"应税项目计征个人所得税。

律师从其分成收入中扣除办理案件支出费用的标准,由各省级地方税务局根据当地律师办理案件费用支出的一般情况、律师与律师事务所之间的收入分成比例及其他相关参考因素,在律师当月分成收入的 30%比例内确定。(本条中的"30%"已经被国家税务总局公告 2012 年第 53 号修改为"35%"。)

六、兼职律师从律师事务所取得工资、薪金性质的所得,律师事务所在代扣代缴其个人所得税时,不再减除个人所得税法规定的费用扣除标准,以收入全额(取得分成收入的为扣除办理案件支出费用后的余额)直接确定适用税率,计算扣缴个人所得税。兼职律师应于次月 7 日内自行向主管税务机关申报两处或两处以上取得的工资、薪金所得,合并计算缴纳个人所得税。

兼职律师是指取得律师资格和律师执业证书，不脱离本职工作从事律师职业的人员。

七、律师以个人名义再聘请其他人员为其工作而支付的报酬，应由该律师按“劳务报酬所得”应税项目负责代扣代缴个人所得税。为了便于操作，税款可由其任职的律师事务所代为缴入国库。

（第八条被国家税务总局公告2012年第53号废止）

九、律师事务所从业人员个人所得税的征收管理，按照《中华人民共和国个人所得税法》及其实施条例、《中华人民共和国税收征收管理法》及其实施细则和《个人所得税代扣代缴暂行办法》、《个人所得税自行申报纳税暂行办法》等有关法律、法规、规章的规定执行。

十、本通知第一条、第二条、第三条自2000年1月1日起执行，其余自2000年9月1日起执行。各地可根据本通知的规定精神，结合本地实际，制定具体的征管办法。

【注释】《个人所得税法实施条例》第8条；《国家税务总局关于律师事务所从业人员有关个人所得税问题的公告》（国家税务总局公告2012年第53号）。

国家税务总局关于在中国境内无住所个人以有价证券形式——取得工资薪金所得确定纳税义务有关问题的通知

国税函〔2000〕190号

各省、自治区、直辖市和计划单列市地方税务局：

接一些地区询问，在中国境内无住所的个人先后在一家公司（集团）内的境内、外机构场所（或成员企业）中工作，其在华工作期间以折扣认购股票等有价证券形式取得属于来华之前的工资薪金所得，以及离华后以此形式取得属于在华工作期间的工资薪金所得，如何按照《国家税务总局关于个人认购股票等有价证券而从雇主取得折扣或补贴收入有关征收个人所得税问题的通知》（国税发〔1998〕009号）的规定征收个人所得税。对此，现明确如下：

根据《中华人民共和国个人所得税法》及其实施条例、政府间税收协定和有关税收规定，在中国境内无住所的个人在华工作期间或离华后以折扣认购股票等有价证券形式取得工资薪金所得，仍应依照劳务发生地原则判定其来源地及纳税义务。上述个人来华后以折扣认购股票等形式收到的工资薪金性质所得，凡能够提供雇佣单位有关工资制度及折扣认购有价证券办法，证明上述所得含有属于该个人来华之前工作所得的，可仅就其中属于在华工作期间的所得征收个人所得税。与此相应，上述个人停止在华履约或执行职务离境后收到的属于在华工作期间的所得，也应确定为来源于我国的所得，但该项工资薪金性质所得未在中国境内的企业或机构、场所负担的，可免予扣缴个人所得税。

【注释】《个人所得税法实施条例》第7条。

财政部 国家税务总局关于企业等社会力量向红十字事业捐赠有关问题的通知

财税〔2001〕28号

各省、自治区、直辖市、计划单列市财政厅（局）、国家税务局、地方税务局、红十字会：

为鼓励企业等社会力量向红十字事业的捐赠，财政部、国家税务总局联合下发了《关于企业等社会力量向红十字事业捐赠有关所得税政策问题的通知》（财税〔2000〕30号）。为更好地贯彻落实此项政策，现就有关问题通知如下：

一、关于“红十字事业”的认定

县级以上（含县级）红十字会，按照《中华人民共和国红十字会法》和《中国红十字会章程》所赋予的职责开展的相关活动为"红十字事业"。具体有以下十项：

（一）红十字会为开展救灾工作兴建和管理备灾救灾设施；自然灾害和突发事件中，红十字会开展的救护和救助活动。

（二）红十字会开展的卫生救护和防病知识的宣传普及；对易发生意外伤害的行业和人群开展的初级卫生救护培训，以及意外伤害、自然灾害的现场救护。

（三）无偿献血的宣传、发动及表彰工作。

（四）中国造血干细胞捐赠者资料库（中华骨髓库）的建设与管理，以及其他有关人道主义服务工作。

（五）各级红十字会兴办的符合红十字会宗旨的社会福利事业；红十字会的人员培训、机关建设等。

（六）红十字青少年工作及其开展的活动。

（七）国际人道主义救援工作。

（八）依法开展的募捐活动。

（九）宣传国际人道主义法、红十字与红新月运动基本原则和《中华人民共和国红十字会法》。

（十）县级以上（含县级）人民政府委托红十字会办理的其他"红十字事业"。

二、对受赠者和转赠者资格的认定

鉴于现阶段各级地方红十字会机构管理体制多元化的情况，为使接受的捐赠真正用于发展红十字事业，维护国家正常的税收秩序，对受赠者、转赠者的资格认定为：

（一）完全具有受赠者、转赠者资格的红十字会

县级以上（含县级）红十字会的管理体制及办事机构、编制经同级编制部门核定，由同级政府领导联系者为完全具有受赠者、转赠者资格的红十字会。捐赠给这些红十字会及其"红十字事业"，捐赠者准予享受在计算缴纳企业所得税和个人所得税时全额扣除的优惠政策。

（二）部分具有受赠和转赠资格的红十字会

由政府某部门代管或挂靠在政府某一部门的县级以上（含县级）红十字会为部分具有受赠者、转赠者资格的红十字会。这些红十字会及其"红十字事业"，只有在中国红十字会总会号召开展重大活动（以总会文件为准）时接受的捐赠和转赠，捐赠者方可享受在计算缴纳企业所得税和个人所得税时全额扣除的优惠政策。除此之外，接受定向捐赠或转赠，必须经中国红十字会总会认可，捐赠者方可享受在计算缴纳企业所得税和个人所得税时全额扣除的优惠政策。

三、接受捐赠的红十字会应按照财务隶属关系分别使用由中央或省级财政部门统一印（监）制的捐赠票据，并加盖接受捐赠或转赠的红十字会的财务专用印章。

四、为增强中国红十字会总会的协调及救助能力，县级以上（含县级）红十字会将接受的捐赠资金（不包括实物部分），按10%的比例逐笔上交中国红十字会总会，上交资金全部用于"红十字事业"。

五、任何组织和个人不得侵占和挪用红十字事业的捐赠。对违反本办法，骗取所得税税前扣除或伪造捐赠票据者，按国家有关法律法规处罚。

【注释】《个人所得税法实施条例》第24条。

财政部 国家税务总局关于个人与用人单位解除劳动关系取得的一次性补偿收入征免个人所得税问题的通知

财税〔2001〕157号

各省、自治区、直辖市、计划单列市财政厅（局）、地方税务局，新疆生产建设兵团财务局：

为进一步支持企业、事业单位、机关、社会团体等用人单位推进劳动人事制度改革，妥善安置有关人员，维护社会稳定，现对个人因与用人单位解除劳动关系而取得的一次性补偿收入征免个人所得税的有关问题通知如下：

一、个人因与用人单位解除劳动关系而取得的一次性补偿收入（包括用人单位发放的经济补偿金、生活补助费和其他补助费用），其收入在当地上年职工平均工资3倍数额以内的部分，免征个人所得税；超过的

部分按照《国家税务总局关于个人因解除劳动合同取得经济补偿金征收个人所得税问题的通知》(国税发〔1999〕178号)的有关规定,计算征收个人所得税。

二、个人领取一次性补偿收入时按照国家和地方政府规定的比例实际缴纳的住房公积金、医疗保险费、基本养老保险费、失业保险费,可以在计征其一次性补偿收入的个人所得税时予以扣除。

三、企业依照国家有关法律规定宣告破产,企业职工从该破产企业取得的一次性安置费收入,免征个人所得税。

本通知自2001年10月1日起执行。以前规定与本通知规定不符的,一律按本通知规定执行。对于此前已发生而尚未进行税务处理的一次性补偿收入也按本通知规定执行。

【注释】《个人所得税法》第6条。

国家税务总局关于外籍个人取得的探亲费免征个人所得税有关执行标准问题的通知

国税函〔2001〕336号

各省、自治区、直辖市和计划单列市地方税务局:

近接一些地方反映,根据《国家税务总局关于外籍个人取得有关补贴免征个人所得税执行问题的通知》(国税发〔1997〕054号)第四条的规定,对外籍个人取得的探亲费免征个人所得税,应由纳税人提供探亲的交通支出凭证(复印件),由主管税务机关审核,对其实际用于本人探亲,且每年探亲的次数和支付的标准合理的部分给予免税。但在执行中,对如何掌握“每年探亲的次数和支付的标准合理的部分”,要求予以进一步明确,现对此统一规定如下:

一、可以享受免征个人所得税优惠待遇的探亲费,仅限于外籍个人在我国的受雇地与其家庭所在地(包括配偶或父母居住地)之间搭乘交通工具且每年不超过2次的费用。

二、本通知自发文之日起执行,对于此前发生且尚未进行税务处理的探亲费也应按本通知执行。

【注释】《国家税务总局关于外籍个人取得有关补贴免征个人所得税执行问题的通知》(国税发〔1997〕054号)。

国家税务总局关于联想集团改制员工取得的用于购买企业国有股权的劳动分红征收个人所得税问题的批复

国税函〔2001〕832号

北京市地方税务局:

你局《北京市地方税务局关于联想集团改制员工获得国有股权征免个人所得税问题的请示》(京地税个〔2001〕411号)收悉。来文反映,联想集团经有关部门批准,建立了一套产权激励机制,将多年留存在企业应分配给职工的劳动分红(1.63亿元),划分给职工个人,用于购买企业的国有股权(35%),再以职工持股会的形式持有联想集团控股公司的股份。你局提出,对联想集团控股公司职工取得的用于购买企业国有股权的劳动分红,比照《国家税务总局关于企业改组改制过程中个人取得量化资产征收个人所得税问题的通知》(国税发〔2000〕60号)规定,暂缓征收个人所得税。经研究,现批复如下:

一、该公司职工取得的用于购买企业国有股权的劳动分红,不宜比照国税发〔2000〕60号文的规定暂缓征收个人所得税。理由是:(一)两者的前提不同。国税发〔2000〕60号文规定暂缓征税的前提,是集体所有制企业改制为股份合作制,而联想集团改制不符合这一前提。(二)两者的分配方式不同。国税发〔2000〕60号文规定暂缓征税的分配方式,是在企业改制时将企业的所有资产一次量化给职工个人,而联想集团仅是分配历年留存的劳动分红。

二、联想集团控股公司的做法,实际上是将多年留存在企业应分未分的劳动分红在职工之间进行了分配,职工个人再将分得的部分用于购买企业的国有股权。

三、根据前述事实及个人所得税法有关规定,对联想集团控股公司职工取得的用于购买企业国有股权的劳动分红,应按"工资、薪金所得"项目计征个人所得税,税款由联想集团控股公司代扣代缴。

【注释】《个人所得税法实施条例》第8条。

国家税务总局关于保险营销员取得收入征收个人所得税有关问题的通知

国税发〔2002〕98号

各省、自治区、直辖市和计划单列市地方税务局:

随着我国保险业的发展和保险行业竞争的日趋激烈,《国家税务总局关于保险业营销员(非雇员)取得的收入计征个人所得税问题的通知》(国税发〔1998〕13号)规定的营销员取得收入发生的营销费用税前扣除比例已显偏低,应及时进行调整。为提高保险营销员(非雇员,下同)的展业积极性,现就保险业营销员取得收入计征个人所得税有关问题进一步明确如下:

一、保险业营销员每月取得佣金收入扣除实际缴纳的营业税金及附加后,可按其余额扣除不超过25%的营销费用,再按照个人所得税法规定的费用扣除标准和适用税率计算缴纳个人所得税。

各省、自治区、直辖市和计划单列市地方税务局可根据本地的实际情况,在上述范围内确定具体扣除比例。

二、由于保险公司计算机管理手段比较先进,财务核算较为规范,各地对保险业营销员取得佣金收入一律不得采用核定征税方式计征个人所得税,必须实行查账征收。

三、本通知自2002年8月1日起执行。此前规定与本通知规定相抵触的,按本通知执行。

【注释】《个人所得税法实施条例》第8条。

财政部 国家税务总局关于开放式证券投资基金有关税收问题的通知

财税〔2002〕128号

各省、自治区、直辖市、计划单列市财政厅(局)、国家税务局、地方税务局,新疆生产建设兵团财务局:

为支持和积极培育机构投资者,充分利用开放式基金手段,进一步拓宽社会投资渠道,促进证券市场的健康、稳定发展,经国务院批准,现对中国证监会批准设立的开放式证券投资基金(以下简称基金)的税收问题通知如下:

……

二、关于所得税问题

1. 对基金管理人运用基金买卖股票、债券的差价收入,在2003年底前暂免征收企业所得税。

2. 对个人投资者申购和赎回基金单位取得的差价收入,在对个人买卖股票的差价收入未恢复征收个人所得税以前,暂不征收个人所得税;对企业投资者申购和赎回基金单位取得的差价收入,应并入企业的应纳税所得额,征收企业所得税。

3. 对基金取得的股票的股息、红利收入,债券的利息收入、储蓄存款利息收入,由上市公司、发行债券的企业和银行在向基金支付上述收入时代扣代缴20%的个人所得税;对投资者(包括个人和机构投资者)

从基金分配中取得的收入，暂不征收个人所得税和企业所得税。

……

【注释】《个人所得税法》第4条。

国家税务总局关于个人所得税若干业务问题的批复

国税函〔2002〕146号

北京市地方税务局：

你局《北京市地方税务局关于个人所得税若干问题的请示》（京地税个〔2001〕502号）收悉，经研究，现批复如下：

一、关于个人认购股票等有价证券而从雇主取得的折扣或补贴收入计算缴纳个人所得税的问题

个人认购股票等有价证券时，从雇主取得的折扣或补贴收入，应按照《国家税务总局关于个人认购股票等有价证券而从雇主取得的折扣或补贴收入有关征收个人所得税问题的通知》（国税发〔1998〕9号）的规定进行处理。

二、关于财产租赁所得计算缴纳个人所得税时税前扣除有关税、费的次序问题

个人出租财产取得的财产租赁收入，在计算缴纳个人所得税时，应依次扣除以下费用：

（一）财产租赁过程中缴纳的税费；

（二）由纳税人负担的该出租财产实际开支的修缮费用；

（三）税法规定的费用扣除标准。

三、关于报刊、杂志、出版等单位的职员在本单位的刊物上发表作品、出版图书取得所得征税的问题

（一）任职、受雇于报刊、杂志等单位的记者、编辑等专业人员，因在本单位的报刊、杂志上发表作品取得的所得，属于因任职、受雇而取得的所得，应与其当月工资收入合并，按"工资、薪金所得"项目征收个人所得税。

除上述专业人员以外，其他人员在本单位的报刊、杂志上发表作品取得的所得，应按"稿酬所得"项目征收个人所得税。

（二）出版社的专业作者撰写、编写或翻译的作品，由本社以图书形式出版而取得的稿费收入，应按"稿酬所得"项目计算缴纳个人所得税。

四、关于在校学生参与勤工俭学活动取得的收入征收个人所得税的问题

在校学生因参与勤工俭学活动（包括参与学校组织的勤工俭学活动）而取得属于个人所得税法规定的应税所得项目的所得，应依法缴纳个人所得税。

【注释】《个人所得税法》第6条；《个人所得税法实施条例》第8条。

国家税务总局关于个人所得税若干政策问题的批复

国税函〔2002〕629号

黑龙江省地方税务局：

你局《关于个人所得税有关政策问题的请示》（黑地税发〔2002〕35号）收悉，经研究，现批复如下：

一、国家机关、事业单位、企业和其他单位在实行"双薪制"（按照国家有关规定，单位为其雇员多发放一个月的工资）后，个人因此而取得的"双薪"，应单独作为一个月的工资、薪金所得计征个人所得税。对上述"双薪"所得原则上不再扣除费用，应全额作为应纳税所得额按适用税率计算纳税，但如果纳税人取得"双薪"当月的工资、薪金所得不足800元的，应以"双薪"所得与当月工资、薪金所得合并减除800元后的余额作为应纳税所得额，计算缴纳个人所得税。

……

三、个人因从事彩票代销业务而取得所得，应按照“个体工商户的生产、经营所得”项目计征个人所得税。

四、在纳税人享受减免个人所得税优惠政策时，是否须经税务机关审核或批准，应按照以下原则执行：

（一）税收法律、行政法规、部门规章和规范性文件中未明确规定纳税人享受减免税必须经税务机关审批的，且纳税人取得的所得完全符合减免税条件的，无须经主管税务机关审批，纳税人可自行享受减免税。

（二）税收法律、行政法规、部门规章和规范性文件中明确规定纳税人享受减免税必须经税务机关审批的，或者纳税人无法准确判断其取得的所得是否应享受个人所得税减免的，必须经主管税务机关按照有关规定审核。

（三）纳税人有个人所得税法第五条规定情形之一的，必须经主管税务机关批准，方可减征个人所得税。

【注释】《个人所得税法》第5条；《个人所得税法实施条例》第8条、第10条；其中的800元已经修改为2000元。

财政部 国家税务总局关于医疗机构有关个人所得税政策问题的通知

财税〔2003〕109号

各省、自治区、直辖市、计划单列市财政厅（局）、国家税务局、地方税务局：

近来一些部门要求明确医疗机构有关征免个人所得税问题。经研究，现明确如下：

一、财政部 国家税务总局《关于医疗卫生机构有关税收政策的通知》（财税〔2000〕42号）规定的对非营利的医疗机构按照国家规定的价格取得的医疗服务收入免征各项税收，仅指机构自身的各项税收，不包括个人从医疗机构取得所得应纳的个人所得税。按照《中华人民共和国个人所得税法》（以下简称《个人所得税法》）的规定，个人取得应税所得，应依法缴纳个人所得税。

二、个人因在医疗机构（包括营利性医疗机构和非营利性医疗机构）任职而取得的所得，依据《个人所得税法》的规定，应按照“工资、薪金所得”应税项目计征个人所得税。

对于非典型肺炎疫情发生期间，在医疗机构任职的个人取得的特殊临时性工作补助等所得按照《财政部 国家税务总局关于非典型肺炎疫情发生期间个人取得的特殊临时性工作补助等所得免征个人所得税问题的通知》（财税〔2003〕101号）的规定执行。

三、医生或其他个人承包、承租经营医疗机构，经营成果归承包人所有的，依据个人所得税法规定，承包人取得的所得，应按照“对企事业单位的承包经营、承租经营所得”应税项目计征个人所得税。

四、个人投资或个人合伙投资开设医院（诊所）而取得的收入，应依据个人所得税法规定，按照“个体工商户的生产、经营所得”应税项目计征个人所得税。

对残疾人、转业军人、随军家属和下岗职工等投资开设医院（诊所）而取得的收入，仍按现行相关政策执行。

【注释】《个人所得税法实施条例》第8条。

财政部 国家税务总局关于非产权人重新购房征免个人所得税问题的批复

财税〔2003〕123号

江苏省地方税务局：

你局《关于个人出售住房所得征收个人所得税有关问题的请示》（苏地税发〔2003〕11号）收悉。经研究，批复如下：

个人现自有住房房产证登记的产权人为1人，在出售后一年内又以产权人配偶名义或产权人夫妻双方名义按市场价重新购房的，产权人出售住房所得应缴纳的个人所得税，可以按照财政部、国家税务总局、建设部《关于个人出售住房所得征收个人所得税有关问题的通知》（财税字〔1999〕278号）第三条的规定，全部或部分予以免税；以其他人名义按市场价重新购房的，产权人出售住房所得应缴纳的个人所得税，不予免税。

【注释】《个人所得税法》第4条。

财政部 国家税务总局关于规范个人投资者个人所得税征收管理的通知

财税〔2003〕158号

各省、自治区、直辖市、计划单列市财政厅（局）、国家税务局、地方税务局、新疆生产建设兵团财务局：

为规范个人投资者个人所得税管理，确保依法足额征收个人所得税，现对个人投资者征收个人所得税的有关问题明确如下：

一、关于个人投资者以企业（包括个人独资企业、合伙企业和其他企业）资金为本人、家庭及其相关人员支付消费性支出及购买家庭财产的处理问题。

个人独资企业、合伙企业的个人投资者以企业资金为本人、家庭及其相关人员支付与企业生产经营无关的消费性支出及购买汽车、住房等财产性支出，视为企业对个人投资者的利润分配，并入投资者个人的生产经营所得，依照“个体工商户的生产经营所得”项目计征个人所得税。

除个人独资企业、合伙企业以外的其他企业的个人投资者，以企业资金为本人、家庭成员及其相关人员支付与企业经营无关的消费性支出及购买汽车、住房等财产性支出，视为企业对个人投资者的红利分配，依照“利息、股息、红利所得”项目计征个人所得税。

企业的上述支出不允许在所得税前扣除。

二、关于个人投资者从其投资的企业（个人独资企业、合伙企业除外）借款长期不还的处理问题。

纳税年度内个人投资者从其投资企业（个人独资企业、合伙企业除外）借款，在该纳税年度终了后即不归还，又未用于企业生产经营的，其未归还的借款可视为企业对个人投资者的红利分配，依照“利息、股息、红利所得”项目计征个人所得税。

三、《国家税务总局关于进一步加强对高收入者个人所得税征收管理的通知》（国税发〔2001〕57号）中关于对私营有限责任公司的企业所得税后剩余利润、不分配、不投资、挂账达1年的，从挂账的第2年起，依照投资者（股东）出资比例计算分配征收个人所得税的规定，同时停止执行。

【注释】《个人所得税法实施条例》第8条。

财政部 国家税务总局关于企业以免费旅游方式提供对营销人员个人奖励有关个人所得税政策的通知

财税〔2004〕11号

各省、自治区、直辖市计划单列市财政厅（局）、地方税务局，新疆生产建设兵团财务局：

近来，部分地区财税部门来函反映，一些企业和单位通过组织免费培训班、研讨会、工作考察等形式奖励营销业绩突出人员的现象比较普遍，要求国家对此类奖励如何征收个人所得税政策问题予以进一步明确。经研究，现就企业和单位以免费培训班、研讨会、工作考察等形式提供个人营销业绩奖励有关个人所得税政策明确如下：

按照我国现行个人所得税法律法规有关规定，对商品营销活动中，企业和单位对营销业绩突出人员以培训班、研讨会、工作考察等名义组织旅游活动，通过免收差旅费、旅游费对个人实行的营销业绩奖励（包括实物、有价证券等），应根据所发生费用全额计入营销人员应税所得，依法征收个人所得税，并由提供上述费用的企业和单位代扣代缴。其中，对企业雇员享受的此类奖励，应与当期的工资薪金合并，按照“工资、薪金所得”项目征收个人所得税；对其他人员享受的此类奖励，应作为当期的劳务收入，按照“劳务报酬所得”项目征收个人所得税。

上述规定自文发之日起执行。

【注释】《个人所得税法实施条例》第8条。

国家税务总局关于调整个人取得全年一次性奖金等计算征收个人所得税方法问题的通知

国税发〔2005〕9号

各省、自治区、直辖市和计划单列市地方税务局，局内各单位：

为了合理解决个人取得全年一次性奖金征税问题，经研究，现就调整征收个人所得税的有关办法通知如下：

一、全年一次性奖金是指行政机关、企事业单位等扣缴义务人根据其全年经济效益和对雇员全年工作业绩的综合考核情况，向雇员发放的一次性奖金。

上述一次性奖金也包括年终加薪、实行年薪制和绩效工资办法的单位根据考核情况兑现的年薪和绩效工资。

二、纳税人取得全年一次性奖金，单独作为一个月工资、薪金所得计算纳税，并按以下计税办法，由扣缴义务人发放时代扣代缴：

（一）先将雇员当月内取得的全年一次性奖金，除以12个月，按其商数确定适用税率和速算扣除数。

如果在发放年终一次性奖金的当月，雇员当月工资薪金所得低于税法规定的费用扣除额，应将全年一次性奖金减除“雇员当月工资薪金所得与费用扣除额的差额”后的余额，按上述办法确定全年一次性奖金的适用税率和速算扣除数。

（二）将雇员个人当月内取得的全年一次性奖金，按本条第（一）项确定的适用税率和速算扣除数计算征税，计算公式如下：

1. 如果雇员当月工资薪金所得高于（或等于）税法规定的费用扣除额的，适用公式为：

$$\text{应纳税额}=\text{雇员当月取得全年一次性奖金}\times\text{适用税率}-\text{速算扣除数}$$

2. 如果雇员当月工资薪金所得低于税法规定的费用扣除额的，适用公式为：

$$\text{应纳税额}=\left(\begin{matrix}\text{雇员当月取得}\\\text{全年一次性奖金}\end{matrix}-\begin{matrix}\text{雇员当月工资薪金}\\\text{所得与费用扣除额的差额}\end{matrix}\right)\times\text{适用税率}-\text{速算扣除数}$$

三、在一个纳税年度内，对每一个纳税人，该计税办法只允许采用一次。

四、实行年薪制和绩效工资的单位，个人取得年终兑现的年薪和绩效工资按本通知第二条、第三条执行。

五、雇员取得除全年一次性奖金以外的其他各种名目奖金，如半年奖、季度奖、加班奖、先进奖、考勤奖等，一律与当月工资、薪金收入合并，按税法规定缴纳个人所得税。

六、对无住所个人取得本通知第五条所述的各种名目奖金，如果该个人当月在我国境内没有纳税义务，或者该个人由于出入境原因导致当月在我国工作时间不满一个月的，仍按照《国家税务总局关于在我国境内无住所的个人取得奖金征税问题的通知》（国税发〔1996〕183号）计算纳税。

七、本通知自2005年1月1日起实施，以前规定与本通知不一致的，按本通知规定执行。《国家税务总局关于在中国境内有住所的个人取得奖金征税问题的通知》（国税发〔1996〕206号）和《国家税务总局关于企业经营者试行年薪制后如何计征个人所得税的通知》（国税发〔1996〕107号）同时废止。

【注释】《个人所得税法》第 6 条。

财政部 国家税务总局关于个人股票期权所得征收个人所得税问题的通知

财税〔2005〕35 号

各省、自治区、直辖市、计划单列市财政厅(局)、地方税务局：

为适应企业(包括内资企业、外商投资企业和外国企业在中国境内设立的机构场所)薪酬制度改革，加强个人所得税征管，现对企业员工(包括在中国境内有住所和无住所的个人)参与企业股票期权计划而取得的所得征收个人所得税问题通知如下：

一、关于员工股票期权所得征税问题

实施股票期权计划企业授予该企业员工的股票期权所得，应按《中华人民共和国个人所得税法》及其实施条例有关规定征收个人所得税。

企业员工股票期权(以下简称股票期权)是指上市公司按照规定的程序授予本公司及其控股企业员工的一项权利，该权利允许被授权员工在未来时间内以某一特定价格购买本公司一定数量的股票。

上述“某一特定价格”被称为“授予价”或“施权价”，即根据股票期权计划可以购买股票的价格，一般为股票期权授予日的市场价格或该价格的折扣价格，也可以是按照事先设定的计算方法约定的价格；“授予日”，也称“授权日”，是指公司授予员工上述权利的日期；“行权”，也称“执行”，是指员工根据股票期权计划选择购买股票的过程；员工行使上述权利的当日为“行权日”，也称“购买日”。

二、关于股票期权所得性质的确认及其具体征税规定

(一)员工接受实施股票期权计划企业授予的股票期权时，除另有规定外，一般不作为应税所得征税。

(二)员工行权时，其从企业取得股票的实际购买价(施权价)低于购买日公平市场价(指该股票当日的收盘价，下同)的差额，是因员工在企业的表现和业绩情况而取得的与任职、受雇有关的所得，应按“工资、薪金所得”适用的规定计算缴纳个人所得税。

对因特殊情况，员工在行权日之前将股票期权转让的，以股票期权的转让净收入，作为工资薪金所得征收个人所得税。

员工行权日所在期间的工资薪金所得，应按下列公式计算工资薪金应纳税所得额：

$$\begin{array}{c}\text{股票期权形式的工资}\\\text{薪金应纳税所得额}\end{array}=\left(\begin{array}{c}\text{行权股票的}\\\text{每股市场价}\end{array}-\begin{array}{c}\text{员工取得该股票期}\\\text{权支付的每股施权价}\end{array}\right)\times\text{股票数量}$$

(三)员工将行权后的股票再转让时获得的高于购买日公平市场价的差额，是因个人在证券二级市场上转让股票等有价证券而获得的所得，应按照“财产转让所得”适用的征免规定计算缴纳个人所得税。

(四)员工因拥有股权而参与企业税后利润分配取得的所得，应按照“利息、股息、红利所得”适用的规定计算缴纳个人所得税。

三、关于工资薪金所得境内外来源划分

按照《国家税务局关于在中国境内无住所个人以有价证券形式取得工资薪金所得确定纳税义务有关问题的通知》(国税函〔2000〕190 号)有关规定，需对员工因参加企业股票期权计划而取得的工资薪金所得确定境内或境外来源的，应按照该员工据以取得上述工资薪金所得的境内、外工作期间月份数比例计算划分。

四、关于应纳税款的计算

(一)认购股票所得(行权所得)的税款计算。员工因参加股票期权计划而从中国境内取得的所得，按本通知规定应按工资薪金所得计算纳税的，对该股票期权形式的工资薪金所得可区别于所在月份的其他工资薪金所得，单独按下列公式计算当月应纳税款：

$$\text{应纳税额}=\text{股票期权形式的工资薪金应纳税所得额规定月份数}\times\text{适用税率}-\text{速算扣除数}\times\text{规定月份数}$$

上款公式中的规定月份数，是指员工取得来源于中国境内的股票期权形式工资薪金所得的境内工作期间月份数，长于12个月的，按12个月计算；上款公式中的适用税率和速算扣除数，以股票期权形式的工资薪金应纳税所得额除以规定月份数后的商数，对照《国家税务总局关于印发〈征收个人所得税若干问题〉的通知》(国税发〔1994〕089号)所附税率表确定。

(二)转让股票(销售)取得所得的税款计算。对于员工转让股票等有价证券取得的所得，应按现行税法和政策规定征免个人所得税。即：个人将行权后的境内上市公司股票再行转让而取得的所得，暂不征收个人所得税；个人转让境外上市公司的股票而取得的所得，应按税法的规定计算应纳税所得额和应纳税额，依法缴纳税款。

(三)参与税后利润分配取得所得的税款计算。员工因拥有股权参与税后利润分配而取得的股息、红利所得，除依照有关规定可以免税或减税的外，应全额按规定税率计算纳税。

五、关于征收管理

(一)扣缴义务人。实施股票期权计划的境内企业为个人所得税的扣缴义务人，应按税法规定履行代扣代缴个人所得税的义务。

(二)自行申报纳税。员工从两处或两处以上取得股票期权形式的工资薪金所得和没有扣缴义务人的，该个人应在个人所得税法规定的纳税申报期限内自行申报缴纳税款。

(三)报送有关资料。实施股票期权计划的境内企业，应在股票期权计划实施之前，将企业的股票期权计划或实施方案、股票期权协议书、授权通知书等资料报送主管税务机关；应在员工行权之前，将股票期权行权通知书和行权调整通知书等资料报送主管税务机关。

扣缴义务人和自行申报纳税的个人在申报纳税或代扣代缴税款时，应在税法规定的纳税申报期限内，将个人接受或转让的股票期权以及认购的股票情况(包括种类、数量、施权价格、行权价格、市场价格、转让价格等)报送主管税务机关。

(四)处罚。实施股票期权计划的企业和因股票期权计划而取得应税所得的自行申报员工，未按规定报送上述有关报表和资料，未履行申报纳税义务或者扣缴税款义务的，按《中华人民共和国税收征收管理法》及其实施细则的有关规定进行处理。

六、关于执行时间

本通知自2005年7月1日起执行。《国家税务总局关于个人认购股票等有价证券而从雇主取得折扣或补贴收入有关征收个人所得税问题的通知》(国税发〔1998〕9号)的规定与本通知不一致的，按本通知规定执行。

【注释】《个人所得税法》第6条；《个人所得税法实施条例》第8条。补充规定：《国家税务总局关于个人股票期权所得缴纳个人所得税有关问题的补充通知》(国税函〔2006〕902号)。

财政部 国家税务总局关于个人所得税有关问题的批复

财税〔2005〕94号

江苏省财政厅、地方税务局：

你局《关于个人所得税有关问题的请示》(苏地税发〔2005〕52号)收悉。经研究，批复如下：

一、关于单位为个人办理补充养老保险退保后个人所得税及企业所得税的处理问题。单位为职工个人购买商业性补充养老保险等，在办理投保手续时应作为个人所得税的“工资、薪金所得”项目，按税法规定缴纳个人所得税；因各种原因退保，个人未取得实际收入的，已缴纳的个人所得税应予以退回。

二、关于个人提供担保取得收入征收个人所得税问题。个人为单位或他人提供担保获得报酬，应按照个人所得税法规定的“其他所得”项目缴纳个人所得税，税款由支付所得的单位或个人代扣代缴。

【注释】《个人所得税法实施条例》第8条。

国家税务总局关于纳税人收回转让的股权征收个人所得税问题的批复

国税函〔2005〕130 号

四川省地方税务局：

你局《关于纳税人收回转让的股权是否退还已纳个人所得税问题的请示》(川地税发〔2004〕126 号)收悉。经研究，现批复如下：

一、根据《中华人民共和国个人所得税法》(以下简称个人所得税法)及其实施条例和《中华人民共和国税收征收管理法》(以下简称征管法)的有关规定，股权转让合同履行完毕、股权已作变更登记，且所得已经实现的，转让人取得的股权转让收入应当依法缴纳个人所得税。转让行为结束后，当事人双方签订并执行解除原股权转让合同、退回股权的协议，是另一次股权转让行为，对前次转让行为征收的个人所得税款不予退回。

二、股权转让合同未履行完毕，因执行仲裁委员会作出的解除股权转让合同及补充协议的裁决、停止执行原股权转让合同，并原价收回已转让股权的，由于其股权转让行为尚未完成、收入未完全实现，随着股权转让关系的解除，股权收益不复存在，根据个人所得税法和征管法的有关规定，以及从行政行为合理性原则出发，纳税人不应缴纳个人所得税。

【注释】 《个人所得税法》第 4 条。

国家税务总局关于单位为员工支付有关保险缴纳个人所得税问题的批复

国税函〔2005〕318 号

黑龙江省地方税务局：

你局《关于代扣代缴单位为员工支付保险有关缴纳个人所得税问题的请示》(黑地税发〔2005〕19 号)收悉。经研究，现批复如下：

依据《中华人民共和国个人所得税法》及有关规定，对企业为员工支付各项免税之外的保险金，应在企业向保险公司缴付时(即该保险落到被保险人的保险账户)并入员工当期的工资收入，按“工资、薪金所得”项目计征个人所得税，税款由企业负责代扣代缴。

【注释】 《个人所得税法实施条例》第 8 条。

国家税务总局关于企业为股东个人购买汽车征收个人所得税的批复

国税函〔2005〕364 号

辽宁省地方税务局：

你局《关于企业利用资金为股东个人购买汽车征收个人所得税问题的请示》(辽地税发〔2005〕19 号)收悉。经研究，批复如下：

一、依据《中华人民共和国个人所得税法》以及有关规定，企业购买车辆并将车辆所有权办到股东个人名下，其实质为企业对股东进行了红利性质的实物分配，应按照“利息、股息、红利所得”项目征收个人所得税。考虑到该股东个人名下的车辆同时也为企业经营使用的实际情况，允许合理减除部分所得，减除的具体数额由主管税务机关根据车辆的实际使用情况合理确定。

二、依据《中华人民共和国企业所得税暂行条例》以及有关规定，上述企业为个人股东购买的车辆，不属于企业的资产，不得在企业所得税前扣除折旧。

【注释】《个人所得税法实施条例》第8条。

国家税务总局关于个人兼职和退休人员再任职取得收入如何计算征收个人所得税问题的批复

国税函〔2005〕382号

厦门市地方税务局：

你局《关于个人兼职和退休人员再任职取得收入如何计算征收个人所得税问题的请示》（厦地税发〔2005〕34号）收悉。经研究，批复如下：

根据《中华人民共和国个人所得税法》（以下简称个人所得税法）、《国家税务总局关于印发〈征收个人所得税若干问题的规定〉的通知》（国税发〔1994〕089号）和《国家税务总局关于影视演职人员个人所得税问题的批复》（国税函〔1997〕385号）的规定精神，个人兼职取得的收入应按照“劳务报酬所得”应税项目缴纳个人所得税；退休人员再任职取得的收入，在减除按个人所得税法规定的费用扣除标准后，按“工资、薪金所得”应税项目缴纳个人所得税。

【注释】《个人所得税法实施条例》第8条。

国家税务总局关于个人因购买和处置债权取得所得征收个人所得税问题的批复

国税函〔2005〕655号

天津市地方税务局：

你局《关于个人通过购买债权取得的收入如何征收个人所得税问题的请示》（津地税所〔2005〕4号）收悉。经研究，批复如下：

一、根据《中华人民共和国个人所得税法》及有关规定，个人通过招标、竞拍或其他方式购置债权以后，通过相关司法或行政程序主张债权而取得的所得，应按照“财产转让所得”项目缴纳个人所得税。

二、个人通过上述方式取得“打包”债权，只处置部分债权的，其应纳税所得额按以下方式确定：

（一）以每次处置部分债权的所得，作为一次财产转让所得征税。

（二）其应税收入按照个人取得的货币资产和非货币资产的评估价值或市场价值的合计数确定。

（三）所处置债权成本费用（即财产原值），按下列公式计算：

当次处置债权成本费用＝个人购置“打包”债权实际支出×当次处置债权账面价值（或拍卖机构公布价值）÷“打包”债权账面价值（或拍卖机构公布价值）。

（四）个人购买和和处置债权过程中发生的拍卖招标手续费、诉讼费、审计评估费以及缴纳的税金等合理税费，在计算个人所得税时允许扣除。

【注释】《个人所得税法实施条例》第8条。

国家税务总局关于纳税人取得不含税全年一次性奖金收入计征个人所得税问题的批复

国税函〔2005〕715 号

北京市地方税务局：

你局《关于全年一次性奖金单位负担税款计算方法的请示》(京地税个〔2005〕278 号)收悉。经研究，批复如下：

一、根据《国家税务总局关于印发〈征收个人所得税若干问题的规定〉的通知》(国税发〔1994〕089 号)第十四条的规定，不含税全年一次性奖金换算为含税奖金计征个人所得税的具体方法为：

(一)按照不含税的全年一次性奖金收入除以 12 的商数，查找相应适用税率 A 和速算扣除数 A；

(二)含税的全年一次性奖金收入＝(不含税的全年一次性奖金收入－速算扣除数 A)÷(1－适用税率 A)；

(三)按含税的全年一次性奖金收入除以 12 的商数，重新查找适用税率 B 和速算扣除数 B；

(四)应纳税额＝含税的全年一次性奖金收入×适用税率 B－速算扣除数 B。

二、如果纳税人取得不含税全年一次性奖金收入的当月工资薪金所得，低于税法规定的费用扣除额，应先将不含税全年一次性奖金减去当月工资薪金所得低于税法规定费用扣除额的差额部分后，再按照上述第一条规定处理。

三、根据企业所得税和个人所得税的现行规定，企业所得税的纳税人、个人独资和合伙企业、个体工商户为个人支付的个人所得税款，不得在所得税前扣除。

【注释】 《个人所得税法》第 6 条；《国家税务总局关于印发〈征收个人所得税若干问题的规定〉的通知》(国税发〔1994〕089 号)。

财政部 国家税务总局关于基本养老保险费基本医疗保险费失业保险费住房公积金有关个人所得税政策的通知

财税〔2006〕10 号

各省、自治区、直辖市、计划单列市财政厅(局)、国家税务局、地方税务局，财政部驻各省、自治区、直辖市、计划单列市财政监察专员办事处，新疆生产建设兵团财务局：

根据国务院 2005 年 12 月公布的《中华人民共和国个人所得税法实施条例》有关规定，现对基本养老保险费、基本医疗保险费、失业保险费、住房公积金有关个人所得税政策问题通知如下：

一、企事业单位按照国家或省(自治区、直辖市)人民政府规定的缴费比例或办法实际缴付的基本养老保险费、基本医疗保险费和失业保险费，免征个人所得税；个人按照国家或省(自治区、直辖市)人民政府规定的缴费比例或办法实际缴付的基本养老保险费、基本医疗保险费和失业保险费，允许在个人应纳税所得额中扣除。

企事业单位和个人超过规定的比例和标准缴付的基本养老保险费、基本医疗保险费和失业保险费，应将超过部分并入个人当期的工资、薪金收入，计征个人所得税。

二、根据《住房公积金管理条例》、《建设部财政部中国人民银行关于住房公积金管理若干具体问题的指导意见》(建金管〔2005〕5 号)等规定精神，单位和个人分别在不超过职工本人上一年度月平均工资 12%的幅度内，其实际缴存的住房公积金，允许在个人应纳税所得额中扣除。单位和职工个人缴存住房公积金的月平均工资不得超过职工工作地所在设区城市上一年度职工月平均工资的 3 倍，具体标准按照各地有关规定执行。

单位和个人超过上述规定比例和标准缴付的住房公积金，应将超过部分并入个人当期的工资、薪金收入,计征个人所得税。

三、个人实际领(支)取原提存的基本养老保险金、基本医疗保险金、失业保险金和住房公积金时,免征个人所得税。

四、上述职工工资口径按照国家统计局规定列入工资总额统计的项目计算。

五、各级财政、税务机关要按照依法治税的要求,严格执行本通知的各项规定。对于各地擅自提高上述保险费和住房公积金税前扣除标准的,财政、税务机关应予坚决纠正。

六、本通知发布后,《财政部 国家税务总局关于住房公积金医疗保险金养老保险金征收个人所得税问题的通知》(财税字〔1997〕144 号)第一条、第二条和《国家税务总局关于失业保险费(金)征免个人所得税问题的通知》(国税发〔2000〕83 号)同时废止。

【注释】 《个人所得税法实施条例》第 25 条。

国家税务总局关于个人住房转让所得征收个人所得税有关问题的通知

国税发〔2006〕108 号

各省、自治区、直辖市和计划单列市地方税务局,河北、黑龙江、江苏、浙江、山东、安徽、福建、江西、河南、湖南、广东、广西、重庆、贵州、青海、宁夏、新疆、甘肃省(自治区、直辖市)财政厅(局),青岛、宁波、厦门市财政局:

《中华人民共和国个人所得税法》及其实施条例规定,个人转让住房,以其转让收入额减除财产原值和合理费用后的余额为应纳税所得额,按照"财产转让所得"项目缴纳个人所得税。之后,根据我国经济形势发展需要,《财政部 国家税务总局 建设部关于个人出售住房所得征收个人所得税有关问题的通知》(财税字〔1999〕278 号)对个人转让住房的个人所得税应纳税所得额计算和换购住房的个人所得税有关问题做了具体规定。目前,在征收个人转让住房的个人所得税中,各地又反映出一些需要进一步明确的问题。为完善制度,加强征管,根据个人所得税法和税收征收管理法的有关规定精神,现就有关问题通知如下:

一、对住房转让所得征收个人所得税时,以实际成交价格为转让收入。纳税人申报的住房成交价格明显低于市场价格且无正当理由的,征收机关依法有权根据有关信息核定其转让收入,但必须保证各税种计税价格一致。

二、对转让住房收入计算个人所得税应纳税所得额时,纳税人可凭原购房合同、发票等有效凭证,经税务机关审核后,允许从其转让收入中减除房屋原值、转让住房过程中缴纳的税金及有关合理费用。

(一)房屋原值具体为:

1. 商品房:购置该房屋时实际支付的房价款及交纳的相关税费。

2. 自建住房:实际发生的建造费用及建造和取得产权时实际交纳的相关税费。

3. 经济适用房(含集资合作建房、安居工程住房):原购房人实际支付的房价款及相关税费,以及按规定交纳的土地出让金。

4. 已购公有住房:原购公有住房标准面积按当地经济适用房价格计算的房价款,加上原购公有住房超标准面积实际支付的房价款以及按规定向财政部门(或原产权单位)交纳的所得收益及相关税费。

已购公有住房是指城镇职工根据国家和县级(含县级)以上人民政府有关城镇住房制度改革政策规定,按照成本价(或标准价)购买的公有住房。

经济适用房价格按县级(含县级)以上地方人民政府规定的标准确定。

5. 城镇拆迁安置住房:根据《城市房屋拆迁管理条例》(国务院令第 305 号)和《建设部关于印发〈城市房屋拆迁估价指导意见〉的通知》(建住房〔2003〕234 号)等有关规定,其原值分别为:

(1)房屋拆迁取得货币补偿后购置房屋的,为购置该房屋实际支付的房价款及交纳的相关税费;

(2)房屋拆迁采取产权调换方式的,所调换房屋原值为《房屋拆迁补偿安置协议》注明的价款及交纳的相关税费;

(3)房屋拆迁采取产权调换方式,被拆迁人除取得所调换房屋,又取得部分货币补偿的,所调换房屋原值为《房屋拆迁补偿安置协议》注明的价款和交纳的相关税费，减去货币补偿后的余额；

(4)房屋拆迁采取产权调换方式，被拆迁人取得所调换房屋，又支付部分货币的，所调换房屋原值为《房屋拆迁补偿安置协议》注明的价款，加上所支付的货币及交纳的相关税费。

(二)转让住房过程中缴纳的税金是指：纳税人在转让住房时实际缴纳的营业税、城市维护建设税、教育费附加、土地增值税、印花税等税金。

(三)合理费用是指：纳税人按照规定实际支付的住房装修费用、住房贷款利息、手续费、公证费等费用。

1. 支付的住房装修费用。纳税人能提供实际支付装修费用的税务统一发票，并且发票上所列付款人姓名与转让房屋产权人一致的，经税务机关审核，其转让的住房在转让前实际发生的装修费用，可在以下规定比例内扣除：

(1)已购公有住房、经济适用房：最高扣除限额为房屋原值的15%；

(2)商品房及其他住房：最高扣除限额为房屋原值的10%。

纳税人原购房为装修房，即合同注明房价款中含有装修费(铺装了地板，装配了洁具、厨具等)的，不得再重复扣除装修费用。

2. 支付的住房贷款利息。纳税人出售以按揭贷款方式购置的住房的，其向贷款银行实际支付的住房贷款利息，凭贷款银行出具的有效证明据实扣除。

3. 纳税人按照有关规定实际支付的手续费、公证费等，凭有关部门出具的有效证明据实扣除。

本条规定自2006年8月1日起执行。

三、纳税人未提供完整、准确的房屋原值凭证，不能正确计算房屋原值和应纳税额的，税务机关可根据《中华人民共和国税收征收管理法》第三十五条的规定，对其实行核定征税，即按纳税人住房转让收入的一定比例核定应纳个人所得税额。具体比例由省级地方税务局或者省级地方税务局授权的地市级地方税务局根据纳税人出售住房的所处区域、地理位置、建造时间、房屋类型、住房平均价格水平等因素，在住房转让收入1%—3%的幅度内确定。

四、各级税务机关要严格执行《国家税务总局关于进一步加强房地产税收管理的通知》(国税发〔2005〕82号)和《国家税务总局关于实施房地产税收一体化管理若干具体问题的通知》(国税发〔2005〕156号)的规定。为方便出售住房的个人依法履行纳税义务，加强税收征管，主管税务机关要在房地产交易场所设置税收征收窗口，个人转让住房应缴纳的个人所得税，应与转让环节应缴纳的营业税、契税、土地增值税等税收一并办理；地方税务机关暂没有条件在房地产交易场所设置税收征收窗口的，应委托契税征收部门一并征收个人所得税等税收。

五、各级税务机关要认真落实有关住房转让个人所得税优惠政策。按照《财政部 国家税务总局 建设部关于个人出售住房所得征收个人所得税有关问题的通知》(财税字〔1999〕278号)的规定，对出售自有住房并拟在现住房出售1年内按市场价重新购房的纳税人，其出售现住房所缴纳的个人所得税，先以纳税保证金形式缴纳，再视其重新购房的金额与原住房销售额的关系，全部或部分退还纳税保证金；对个人转让自用5年以上，并且是家庭唯一生活用房取得的所得，免征个人所得税。要不折不扣地执行上述优惠政策，确保维护纳税人的合法权益。

六、各级税务机关要做好住房转让的个人所得税纳税保证金收取、退还和有关管理工作。要按照《财政部 国家税务总局 建设部关于个人出售住房所得征收个人所得税有关问题的通知》(财税字〔1999〕278号)和《国家税务总局财政部中国人民银行关于印发〈税务代保管资金账户管理办法〉的通知》(国税发〔2005〕181号)要求，按规定建立个人所得税纳税保证金专户，为缴纳纳税保证金的纳税人建立档案，加强对纳税保证金信息的采集、比对、审核；向纳税人宣传解释纳税保证金的征收、退还政策及程序；认真做好纳税保证金退还事宜，符合条件的确保及时办理。

七、各级税务机关要认真宣传和落实有关税收政策，维护纳税人的各项合法权益。一是要持续、广泛地宣传个人所得税法及有关税收政策，加强对纳税人和征收人员如何缴纳住房交易所得个人所得税的纳税辅导；二是要加强与房地产管理部门、中介机构的协调、沟通，充分发挥中介机构协税护税作用，促使其协助纳税人准确计算税款；三是严格执行住房交易所得的减免税条件和审批程序，明确纳税人应报送的有关资料，做好涉税资料审查鉴定工作；四是对于符合减免税政策的个人住房交易所得，要及时办理减免税审批手续。

【注释】《个人所得税法》第6条。

国家税务总局关于印发《个人所得税自行纳税申报办法(试行)》的通知

国税发〔2006〕162号

个人所得税自行纳税申报办法(试行)

第一章　总　　则

第一条　为进一步加强个人所得税征收管理，保障国家税收收入，维护纳税人的合法权益，方便纳税人自行纳税申报，规范自行纳税申报行为，根据《中华人民共和国个人所得税法》(以下简称个人所得税法)及其实施条例、《中华人民共和国税收征收管理法》(以下简称税收征管法)及其实施细则和其他法律、法规的有关规定，制定本办法。

第二条　凡依据个人所得税法负有纳税义务的纳税人，有下列情形之一的，应当按照本办法的规定办理纳税申报：

(一)年所得12万元以上的；

(二)从中国境内两处或者两处以上取得工资、薪金所得的；

(三)从中国境外取得所得的；

(四)取得应税所得，没有扣缴义务人的；

(五)国务院规定的其他情形。

第三条　本办法第二条第一项年所得12万元以上的纳税人，无论取得的各项所得是否已足额缴纳了个人所得税，均应当按照本办法的规定，于纳税年度终了后向主管税务机关办理纳税申报。

本办法第二条第二项至第四项情形的纳税人，均应当按照本办法的规定，于取得所得后向主管税务机关办理纳税申报。

本办法第二条第五项情形的纳税人，其纳税申报办法根据具体情形另行规定。

第四条　本办法第二条第一项所称年所得12万元以上的纳税人，不包括在中国境内无住所，且在一个纳税年度中在中国境内居住不满1年的个人。

本办法第二条第三项所称从中国境外取得所得的纳税人，是指在中国境内有住所，或者无住所而在一个纳税年度中在中国境内居住满1年的个人。

第二章　申报内容

第五条　年所得12万元以上的纳税人，在纳税年度终了后，应当填写《个人所得税纳税申报表(适用于年所得12万元以上的纳税人申报)》(见附表1)，并在办理纳税申报时报送主管税务机关，同时报送个人有效身份证件复印件，以及主管税务机关要求报送的其他有关资料。

有效身份证件，包括纳税人的身份证、护照、回乡证、军人身份证件等。

第六条　本办法所称年所得12万元以上，是指纳税人在一个纳税年度取得以下各项所得的合计数额达到12万元：

(一)工资、薪金所得；

(二)个体工商户的生产、经营所得；

(三)对企事业单位的承包经营、承租经营所得；

(四)劳务报酬所得；

(五)稿酬所得；

(六)特许权使用费所得；

(七)利息、股息、红利所得；

(八)财产租赁所得;

(九)财产转让所得;

(十)偶然所得;

(十一)经国务院财政部门确定征税的其他所得。

第七条 本办法第六条规定的所得不含以下所得:

(一)个人所得税法第四条第一项至第九项规定的免税所得,即:

1. 省级人民政府、国务院部委、中国人民解放军军以上单位,以及外国组织、国际组织颁发的科学、教育、技术、文化、卫生、体育、环境保护等方面的奖金;

2. 国债和国家发行的金融债券利息;

3. 按照国家统一规定发给的补贴、津贴,即个人所得税法实施条例第十三条规定的按照国务院规定发放的政府特殊津贴、院士津贴、资深院士津贴以及国务院规定免纳个人所得税的其他补贴、津贴;

4. 福利费、抚恤金、救济金;

5. 保险赔款;

6. 军人的转业费、复员费;

7. 按照国家统一规定发给干部、职工的安家费、退职费、退休工资、离休工资、离休生活补助费;

8. 依照我国有关法律规定应予免税的各国驻华使馆、领事馆的外交代表、领事官员和其他人员的所得;

9. 中国政府参加的国际公约、签订的协议中规定免税的所得。

(二)个人所得税法实施条例第六条规定可以免税的来源于中国境外的所得。

(三)个人所得税法实施条例第二十五条规定的按照国家规定单位为个人缴付和个人缴付的基本养老保险费、基本医疗保险费、失业保险费、住房公积金。

第八条 本办法第六条所指各项所得的年所得按照下列方法计算:

(一)工资、薪金所得,按照未减除费用(每月 1600 元)及附加减除费用(每月 3200 元)的收入额计算。

(二)个体工商户的生产、经营所得,按照应纳税所得额计算。实行查账征收的,按照每一纳税年度的收入总额减除成本、费用以及损失后的余额计算;实行定期定额征收的,按照纳税人自行申报的年度应纳税所得额计算,或者按照其自行申报的年度应纳税经营额乘以应税所得率计算。

(三)对企事业单位的承包经营、承租经营所得,按照每一纳税年度的收入总额计算,即按照承包经营、承租经营者实际取得的经营利润,加上从承包、承租的企事业单位中取得的工资、薪金性质的所得计算。

(四)劳务报酬所得,稿酬所得,特许权使用费所得,按照未减除费用(每次 800 元或者每次收入的 20%)的收入额计算。

(五)财产租赁所得,按照未减除费用(每次 800 元或者每次收入的 20%)和修缮费用的收入额计算。

(六)财产转让所得,按照应纳税所得额计算,即按照以转让财产的收入额减除财产原值和转让财产过程中缴纳的税金及有关合理费用后的余额计算。

(七)利息、股息、红利所得,偶然所得和其他所得,按照收入额全额计算。

第九条 纳税人取得本办法第二条第二项至第四项所得,应当按规定填写并向主管税务机关报送相应的纳税申报表(见附表 2—附表 9),同时报送主管税务机关要求报送的其他有关资料。

第三章 申报地点

第十条 年所得 12 万元以上的纳税人,纳税申报地点分别为:

(一)在中国境内有任职、受雇单位的,向任职、受雇单位所在地主管税务机关申报。

(二)在中国境内有两处或者两处以上任职、受雇单位的,选择并固定向其中一处单位所在地主管税务机关申报。

(三)在中国境内无任职、受雇单位,年所得项目中有个体工商户的生产、经营所得或者对企事业单位的承包经营、承租经营所得(以下统称生产、经营所得)的,向其中一处实际经营所在地主管税务机关申报。

(四)在中国境内无任职、受雇单位,年所得项目中无生产、经营所得的,向户籍所在地主管税务机关申报。在中国境内有户籍,但户籍所在地与中国境内经常居住地不一致的,选择并固定向其中一地主管税务机关申报。在中国境内没有户籍的,向中国境内经常居住地主管税务机关申报。

第十一条　取得本办法第二条第二项至第四项所得的纳税人，纳税申报地点分别为：

（一）从两处或者两处以上取得工资、薪金所得的，选择并固定向其中一处单位所在地主管税务机关申报。

（二）从中国境外取得所得的，向中国境内户籍所在地主管税务机关申报。在中国境内有户籍，但户籍所在地与中国境内经常居住地不一致的，选择并固定向其中一地主管税务机关申报。在中国境内没有户籍的，向中国境内经常居住地主管税务机关申报。

（三）个体工商户向实际经营所在地主管税务机关申报。

（四）个人独资、合伙企业投资者兴办两个或两个以上企业的，区分不同情形确定纳税申报地点：

1. 兴办的企业全部是个人独资性质的，分别向各企业的实际经营管理所在地主管税务机关申报。

2. 兴办的企业中含有合伙性质的，向经常居住地主管税务机关申报。

3. 兴办的企业中含有合伙性质，个人投资者经常居住地与其兴办企业的经营管理所在地不一致的，选择并固定向其参与兴办的某一合伙企业的经营管理所在地主管税务机关申报。

（五）除以上情形外，纳税人应当向取得所得所在地主管税务机关申报。

第十二条　纳税人不得随意变更纳税申报地点，因特殊情况变更纳税申报地点的，须报原主管税务机关备案。

第十三条　本办法第十一条第四项第三目规定的纳税申报地点，除特殊情况外，5 年以内不得变更。

第十四条　本办法所称经常居住地，是指纳税人离开户籍所在地最后连续居住一年以上的地方。

第四章　申报期限

第十五条　年所得 12 万元以上的纳税人，在纳税年度终了后 3 个月内向主管税务机关办理纳税申报。

第十六条　个体工商户和个人独资、合伙企业投资者取得的生产、经营所得应纳的税款，分月预缴的，纳税人在每月终了后 7 日内办理纳税申报；分季预缴的，纳税人在每个季度终了后 7 日内办理纳税申报。纳税年度终了后，纳税人在 3 个月内进行汇算清缴。

第十七条　纳税人年终一次性取得对企事业单位的承包经营、承租经营所得的，自取得所得之日起 30 日内办理纳税申报；在 1 个纳税年度内分次取得承包经营、承租经营所得的，在每次取得所得后的次月 7 日内申报预缴，纳税年度终了后 3 个月内汇算清缴。

第十八条　从中国境外取得所得的纳税人，在纳税年度终了后 30 日内向中国境内主管税务机关办理纳税申报。

第十九条　除本办法第十五条至第十八条规定的情形外，纳税人取得其他各项所得须申报纳税的，在取得所得的次月 7 日内向主管税务机关办理纳税申报。

第二十条　纳税人不能按照规定的期限办理纳税申报，需要延期的，按照税收征管法第二十七条和税收征管法实施细则第三十七条的规定办理。

第五章　申报方式

第二十一条　纳税人可以采取数据电文、邮寄等方式申报，也可以直接到主管税务机关申报，或者采取符合主管税务机关规定的其他方式申报。

第二十二条　纳税人采取数据电文方式申报的，应当按照税务机关规定的期限和要求保存有关纸质资料。

第二十三条　纳税人采取邮寄方式申报的，以邮政部门挂号信函收据作为申报凭据，以寄出的邮戳日期为实际申报日期。

第二十四条　纳税人可以委托有税务代理资质的中介机构或者他人代为办理纳税申报。

第六章　申报管理

第二十五条　主管税务机关应当将各类申报表，登载到税务机关的网站上，或者摆放到税务机关受理纳税申报的办税服务厅，免费供纳税人随时下载或取用。

第二十六条　主管税务机关应当在每年法定申报期间，通过适当方式，提醒年所得 12 万元以上的纳税人办理自行纳税申报。

第二十七条 受理纳税申报的主管税务机关根据纳税人的申报情况，按照规定办理税款的征、补、退、抵手续。

第二十八条 主管税务机关按照规定为已经办理纳税申报并缴纳税款的纳税人开具完税凭证。

第二十九条 税务机关依法为纳税人的纳税申报信息保密。

第三十条 纳税人变更纳税申报地点，并报原主管税务机关备案的，原主管税务机关应当及时将纳税人变更纳税申报地点的信息传递给新的主管税务机关。

第三十一条 主管税务机关对已办理纳税申报的纳税人建立纳税档案，实施动态管理。

第七章 法律责任

第三十二条 纳税人未按照规定的期限办理纳税申报和报送纳税资料的，依照税收征管法第六十二条的规定处理。

第三十三条 纳税人采取伪造、变造、隐匿、擅自销毁账簿、记账凭证，或者在账簿上多列支出或者不列、少列收入，或者经税务机关通知申报而拒不申报或者进行虚假的纳税申报，不缴或者少缴应纳税款的，依照税收征管法第六十三条的规定处理。

第三十四条 纳税人编造虚假计税依据的，依照税收征管法第六十四条第一款的规定处理。

第三十五条 纳税人有扣缴义务人支付的应税所得，扣缴义务人应扣未扣、应收未收税款的，依照税收征管法第六十九条的规定处理。

第三十六条 税务人员徇私舞弊或者玩忽职守，不征或者少征应征税款的，依照税收征管法第八十二条第一款的规定处理。

第三十七条 税务人员滥用职权，故意刁难纳税人的，依照税收征管法第八十二条第二款的规定处理。

第三十八条 税务机关和税务人员未依法为纳税人保密的，依照税收征管法第八十七条的规定处理。

第三十九条 税务代理人违反税收法律、行政法规，造成纳税人未缴或者少缴税款的，依照税收征管法实施细则第九十八条的规定处理。

第四十条 其他税收违法行为，依照税收法律、法规的有关规定处理。

第八章 附 则

第四十一条 纳税申报表由各省、自治区、直辖市和计划单列市地方税务局按照国家税务总局规定的式样统一印制。

第四十二条 纳税申报的其他事项，依照税收征管法、个人所得税法及其他有关法律、法规的规定执行。

第四十三条 本办法第二条第一项年所得12万元以上情形的纳税申报，按照第十届全国人民代表大会常务委员会第十八次会议通过的《关于修改〈中华人民共和国个人所得税法〉的决定》规定的施行时间，自2006年1月1日起执行。

第四十四条 本办法有关第二条第二项至第四项情形的纳税申报规定，自2007年1月1日起执行，《国家税务总局关于印发〈个人所得税自行申报纳税暂行办法〉的通知》(国税发〔1995〕077号)同时废止。

【注释】《个人所得税法实施条例》第36条。补充规定：《国家税务总局关于明确年所得12万元以上自行纳税申报口径的通知》(国税函〔2006〕1200号)。

国家税务总局关于保险营销员取得佣金收入征免个人所得税问题的通知

国税函〔2006〕454号

各省、自治区、直辖市和计划单列市地方税务局：

由于目前保险市场同业竞争激烈，保险营销员的营销费用有所增加，现行规定已不能使展业成本得到完全扣除。为促进保险事业发展，合理调整保险营销员的税收负担，现通知如下：

一、根据保监会《关于明确保险营销员佣金构成的通知》（保监发〔2006〕48号）的规定，保险营销员的佣金由展业成本和劳务报酬构成。按照税法规定，对佣金中的展业成本，不征收个人所得税；对劳务报酬部分，扣除实际缴纳的营业税金及附加后，依照税法有关规定计算征收个人所得税。

根据目前保险营销员展业的实际情况，佣金中展业成本的比例暂定为40%。

二、各级税务机关要严格按照税法及上述规定计征税款，不得擅自扩大政策的适用范围、口径和标准，不得执行违反国家统一规定的政策。

三、本通知自2006年6月1日起执行，《国家税务总局关于保险营销员（非雇员）取得的收入计征个人所得税问题的通知》（国税发〔1998〕13号）第二、三、五条和《国家税务总局关于保险营销员取得收入征收个人所得税有关问题的通知》（国税发〔2002〕98号）同时废止。

【注释】《个人所得税法》第6条。

国家税务总局关于酒店产权式经营业主税收问题的批复

国税函〔2006〕478号

深圳市地方税务局：

你局《关于大梅沙海景酒店产权式经营业主税收问题的请示》（深地税发〔2006〕192号）收悉。经研究，现就有关税收处理问题批复如下：

酒店产权式经营业主（以下简称业主）在约定的时间内提供房产使用权与酒店进行合作经营，如房产产权并未归属新的经济实体，业主按照约定取得的固定收入和分红收入均应视为租金收入，根据有关税收法律、行政法规的规定，应按照“服务业—租赁业”征收营业税，按照财产租赁所得项目征收个人所得税。

【注释】《个人所得税法实施条例》第8条。

国家税务总局关于个人股权转让过程中取得违约金收入征收个人所得税问题的批复

国税函〔2006〕866号

四川省地方税务局：

你局《关于股权转让取得违约金收入如何征收个人所得税问题的请示》（川地税发〔2006〕48号）收悉。经研究，批复如下：

根据《中华人民共和国个人所得税法》的有关规定，股权成功转让后，转让方个人因受让方个人未按规定期限支付价款而取得的违约金收入，属于因财产转让而产生的收入。转让方个人取得的该违约金应并入财产转让收入，按照“财产转让所得”项目计算缴纳个人所得税，税款由取得所得的转让方个人向主管税务机关自行申报缴纳。

【注释】《个人所得税法实施条例》第8条。

国家税务总局关于个人股票期权所得缴纳个人所得税有关问题的补充通知

国税函〔2006〕902 号

各省、自治区、直辖市和计划单列市地方税务局：

关于员工取得股票期权所得有关个人所得税处理问题，《财政部 国家税务总局关于个人股票期权所得征收个人所得税问题的通知》（财税〔2005〕35 号）已经做出规定。现就有关执行问题补充通知如下：

一、员工接受雇主（含上市公司和非上市公司）授予的股票期权，凡该股票期权指定的股票为上市公司（含境内、外上市公司）股票的，均应按照财税〔2005〕35 号文件进行税务处理。

二、财税〔2005〕35 号文件第二条第（二）项所述“股票期权的转让净收入”，一般是指股票期权转让收入。如果员工以折价购入方式取得股票期权的，可以股票期权转让收入扣除折价购入股票期权时实际支付的价款后的余额，作为股票期权的转让净收入。

三、财税〔2005〕35 号文件第二条第（二）项公式中所述“员工取得该股票期权支付的每股施权价”，一般是指员工行使股票期权购买股票实际支付的每股价格。如果员工以折价购入方式取得股票期权的，上述施权价可包括员工折价购入股票期权时实际支付的价格。

四、凡取得股票期权的员工在行权日不实际买卖股票，而按行权日股票期权所指定股票的市场价与施权价之间的差额，直接从授权企业取得价差收益的，该项价差收益应作为员工取得的股票期权形式的工资薪金所得，按照财税〔2005〕35 号文件的有关规定计算缴纳个人所得税。

五、在确定员工取得股票期权所得的来源地时，按照财税〔2005〕35 号文件第三条规定需划分境、内外工作期间月份数。该境、内外工作期间月份总数是指员工按企业股票期权计划规定，在可行权以前须履行工作义务的月份总数。

六、部分股票期权在授权时即约定可以转让，且在境内或境外存在公开市场及挂牌价格（以下称可公开交易的股票期权）。员工接受该可公开交易的股票期权时，应作为财税〔2005〕35 号文件第二条第（一）项所述的另有规定情形，按以下规定进行税务处理：

（一）员工取得可公开交易的股票期权，属于员工已实际取得有确定价值的财产，应按授权日股票期权的市场价格，作为员工授权日所在月份的工资薪金所得，并按财税〔2005〕35 号文件第四条第（一）项规定计算缴纳个人所得税。如果员工以折价购入方式取得股票期权的，可以授权日股票期权的市场价格扣除折价购入股票期权时实际支付的价款后的余额，作为授权日所在月份的工资薪金所得。

（二）员工取得上述可公开交易的股票期权后，转让该股票期权所取得的所得，属于财产转让所得，按财税〔2005〕35 号文件第四条第（二）项规定进行税务处理。

（三）员工取得本条第（一）项所述可公开交易的股票期权后，实际行使该股票期权购买股票时，不再计算缴纳个人所得税。

七、员工以在一个公历月份中取得的股票期权形式工资薪金所得为一次。员工在一个纳税年度中多次取得股票期权形式工资薪金所得的，其在该纳税年度内首次取得股票期权形式的工资薪金所得应按财税〔2005〕35 号文件第四条第（一）项规定的公式计算应纳税款；本年度内以后每次取得股票期权形式的工资薪金所得，应按以下公式计算应纳税款：

$$\text{应纳税款}=\left(\begin{array}{c}\text{本纳税年度内取得的}\\\text{股票期权形式工资薪金}\\\text{所得累计应纳税所得额}\end{array}\div\begin{array}{c}\text{规定}\\\text{月份数}\end{array}\times\begin{array}{c}\text{适用}\\\text{税率}\end{array}-\begin{array}{c}\text{速算}\\\text{扣除数}\end{array}\right)\times\begin{array}{c}\text{规定}\\\text{月份数}\end{array}-\begin{array}{c}\text{本纳税年度内股票}\\\text{期权形式的工资薪金}\\\text{所得累计已纳税款}\end{array}$$

上款公式中的本纳税年度内取得的股票期权形式工资薪金所得累计应纳税所得额，包括本次及本次以前各次取得的股票期权形式工资薪金所得应纳税所得额；上款公式中的规定月份数，是指员工取得来源于中国境内的股票期权形式工资薪金所得的境内工作期间月份数，长于 12 个月的，按 12 个月计算；上款公式中的适用税率和速算扣除数，以本纳税年度内取得的股票期权形式工资薪金所得累计应纳税所得额除以规定月份数后的商数，对照《国家税务总局关于印发〈征收个人所得税若干问题的规定〉的通知》(国税发〔1994〕089号)所附税率表确定；上款公式中的本纳税年度内股票期权形式的工资薪金所得累计已纳税款，不含本次股票期权形式的工资薪金所得应纳税款。

八、员工多次取得或者一次取得多项来源于中国境内的股票期权形式工资薪金所得，而且各次或各项股票期权形式工资薪金所得的境内工作期间月份数不相同的，以境内工作期间月份数的加权平均数为财税〔2005〕35号文件第四条第(一)项规定公式和本通知第七条规定公式中的规定月份数，但最长不超过12个月，计算公式如下：

$$\text{规定月份数}=\frac{\sum\text{各次或各项股票期权形式工资薪金应纳税所得额与该次或该项所得境内工作期间月份数的乘积}}{\sum\text{各次或各项股票期权形式工资薪金应纳税所得额}}$$

抄送：各省、自治区、直辖市和计划单列市国家税务局。

【注释】《个人所得税法》第6条。

国家税务总局关于明确年所得12万元以上自行纳税申报口径的通知

国税函〔2006〕1200号

各省、自治区、直辖市和计划单列市地方税务局，西藏、宁夏自治区国家税务局：

《国家税务总局关于印发〈个人所得税自行纳税申报办法(试行)〉的通知》(国税发〔2006〕162号，以下简称《办法》)下发后，部分地区要求进一步明确年所得12万元以上的所得计算口径。现就有关问题通知如下：

一、年所得12万元以上的纳税人，除按照《办法》第六条、第七条、第八条规定计算年所得以外，还应同时按以下规定计算年所得数额：

(一)劳务报酬所得、特许权使用费所得。不得减除纳税人在提供劳务或让渡特许权使用权过程中缴纳的有关税费。

(二)财产租赁所得。不得减除纳税人在出租财产过程中缴纳的有关税费；对于纳税人一次取得跨年度财产租赁所得的，全部视为实际取得所得年度的所得。

(三)个人转让房屋所得。采取核定征收个人所得税的，按照实际征收率(1%、2%、3%)分别换算为应税所得率(5%、10%、15%)，据此计算年所得。

(四)个人储蓄存款利息所得、企业债券利息所得。全部视为纳税人实际取得所得年度的所得。

(五)对个体工商户、个人独资企业投资者，按照征收率核定个人所得税的，将征收率换算为应税所得率，据此计算应纳税所得额。

合伙企业投资者按照上述方法确定应纳税所得额后，合伙人应根据合伙协议规定的分配比例确定其应纳税所得额，合伙协议未规定分配比例的，按合伙人数平均分配确定其应纳税所得额。对于同时参与两个以上企业投资的，合伙人应将其投资所有企业的应纳税所得额相加后的总额作为年所得。

(六)股票转让所得。以一个纳税年度内，个人股票转让所得与损失盈亏相抵后的正数为申报所得数额，盈亏相抵为负数的，此项所得按“零”填写。

二、上述年所得计算口径主要是为了方便纳税人履行自行申报义务，仅适用于个人年所得12万元以上的年度自行申报，不适用于个人计算缴纳税款。各级税务机关要向社会广泛宣传解释12万元以上自行申报年所得的计算口径。

三、按照《办法》第二十四条规定：“纳税人可以委托有税务代理资质的中介机构或者他人代为办理纳税申报”。年所得12万元以上的纳税人，在自愿委托有税务代理资质的中介机构(以下简称中介机构)、扣缴义务人或其他个人代为办理自行纳税申报时，应当签订委托办理个人所得税自行纳税申报协议(合同)，同时，纳税人还应将其纳税年度内所有应税所得项目、所得额、税额等，告知受托人，由受托人将其各项所得合并后进行申报,并附报委托协议(合同)。

税务机关受理中介机构、扣缴义务人或其他个人代为办理的自行申报时,应审核纳税人与受托人签订的委托申报协议(合同),凡不能提供委托申报协议(合同)的,不得受理其代为办理的自行申报。

【注释】《国家税务总局关于印发〈个人所得税自行纳税申报办法(试行)〉的通知》(国税发〔2006〕162号)。

财政部 国家税务总局关于单位低价向职工售房有关个人所得税问题的通知

财税〔2007〕13号

各省、自治区、直辖市、计划单列市财政厅(局)、地方税务局:

近日部分地区来文反映,一些企事业单位将自建住房以低于购置或建造成本价格销售给职工,对此是否征收个人所得税希望予以明确。经研究,现对有关政策问题的处理明确如下:

一、根据住房制度改革政策的有关规定,国家机关、企事业单位及其他组织(以下简称单位)在住房制度改革期间,按照所在地县级以上人民政府规定的房改成本价格向职工出售公有住房,职工因支付的房改成本价格低于房屋建造成本价格或市场价格而取得的差价收益,免征个人所得税。

二、除本通知第一条规定情形外,根据《中华人民共和国个人所得税法》及其实施条例的有关规定,单位按低于购置或建造成本价格出售住房给职工,职工因此而少支出的差价部分,属于个人所得税应税所得,应按照"工资、薪金所得"项目缴纳个人所得税。

前款所称差价部分,是指职工实际支付的购房价款低于该房屋的购置或建造成本价格的差额。

三、对职工取得的上述应税所得,比照《国家税务总局关于调整个人取得全年一次性奖金等计算征收个人所得税方法问题的通知》(国税发〔2005〕9号)规定的全年一次性奖金的征税办法,计算征收个人所得税,即先将全部所得数额除以12,按其商数并根据个人所得税法规定的税率表确定适用的税率和速算扣除数,再根据全部所得数额、适用的税率和速算扣除数,按照税法规定计算征税。

四、本通知自印发之日起执行。此前未征税款不再追征,已征税款不予退还。

【注释】《个人所得税法》第6条。

财政部 国家税务总局关于个人取得有奖发票奖金征免个人所得税问题的通知

财税〔2007〕34号

各省、自治区、直辖市、计划单列市财政厅(局)、地方税务局,新疆生产建设兵团财务局:

为促进有奖发票的使用和推广,鼓励单位和个人依法开具发票,规范发票管理,现就个人取得有奖发票奖金征免个人所得税问题通知如下:

一、个人取得单张有奖发票奖金所得不超过800元(含800元)的,暂免征收个人所得税;个人取得单张有奖发票奖金所得超过800元的,应全额按照个人所得税法规定的"偶然所得"目征收个人所得税。

二、税务机关或其指定的有奖发票兑奖机构,是有奖发票奖金所得个人所得税的扣缴义务人,应依法认真做好个人所得税代扣代缴工作。

【注释】《个人所得税法》第4条。

国家税务总局关于加强和规范个人取得拍卖收入征收个人所得税有关问题的通知

国税发〔2007〕38 号

各省、自治区、直辖市和计划单列市地方税务局，宁夏、西藏自治区国家税务局：

据部分地区反映，对于个人通过拍卖市场拍卖各种财产（包括字画、瓷器、玉器、珠宝、邮品、钱币、古籍、古董等物品）的所得征收个人所得税有关规定不够细化，为增强可操作性，需进一步完善规范。为此，根据《中华人民共和国个人所得税法》及其实施条例和《中华人民共和国税收征收管理法》及其实施细则规定，现通知如下：

一、个人通过拍卖市场拍卖个人财产，对其取得所得按以下规定征税：

（一）根据《国家税务总局关于印发〈征收个人所得税若干问题的规定〉的通知》（国税发〔1994〕089 号），作者将自己的文字作品手稿原件或复印件拍卖取得的所得，应以其转让收入额减除 800 元（转让收入额 4000 元以下）或者 20%（转让收入额 4000 元以上）后的余额为应纳税所得额，按照“特许权使用费”所得项目适用 20%税率缴纳个人所得税。

（二）个人拍卖除文字作品原稿及复印件外的其他财产，应以其转让收入额减除财产原值和合理费用后的余额为应纳税所得额，按照“财产转让所得”项目适用 20%税率缴纳个人所得税。

二、对个人财产拍卖所得征收个人所得税时，以该项财产最终拍卖成交价格为其转让收入额。

三、个人财产拍卖所得适用“财产转让所得”项目计算应纳税所得额时，纳税人凭合法有效凭证（税务机关监制的正式发票、相关境外交易单据或海关报关单据、完税证明等），从其转让收入额中减除相应的财产原值、拍卖财产过程中缴纳的税金及有关合理费用。

（一）财产原值，是指售出方个人取得该拍卖品的价格（以合法有效凭证为准）。具体为：

1. 通过商店、画廊等途径购买的，为购买该拍卖品时实际支付的价款；

2. 通过拍卖行拍得的，为拍得该拍卖品实际支付的价款及交纳的相关税费；

3. 通过祖传收藏的，为其收藏该拍卖品而发生的费用；

4. 通过赠送取得的，为其受赠该拍卖品时发生的相关税费；

5. 通过其他形式取得的，参照以上原则确定财产原值。

（二）拍卖财产过程中缴纳的税金，是指在拍卖财产时纳税人实际缴纳的相关税金及附加。

（三）有关合理费用，是指拍卖财产时纳税人按照规定实际支付的拍卖费（佣金）、鉴定费、评估费、图录费、证书费等费用。

四、纳税人如不能提供合法、完整、准确的财产原值凭证，不能正确计算财产原值的，按转让收入额的 3%征收率计算缴纳个人所得税；拍卖品为经文物部门认定是海外回流文物的，按转让收入额的 2%征收率计算缴纳个人所得税。

五、纳税人的财产原值凭证内容填写不规范，或者一份财产原值凭证包括多件拍卖品且无法确认每件拍卖品一一对应的原值的，不得将其作为扣除财产原值的计算依据，应视为不能提供合法、完整、准确的财产原值凭证，并按上述规定的征收率计算缴纳个人所得税。

六、纳税人能够提供合法、完整、准确的财产原值凭证，但不能提供有关税费凭证的，不得按征收率计算纳税，应当就财产原值凭证上注明的金额据实扣除，并按照税法规定计算缴纳个人所得税。

七、个人财产拍卖所得应纳的个人所得税税款，由拍卖单位负责代扣代缴，并按规定向拍卖单位所在地主管税务机关办理纳税申报。

八、拍卖单位代扣代缴个人财产拍卖所得应纳的个人所得税税款时，应给纳税人填开完税凭证，并详细标明每件拍卖品的名称、拍卖成交价格、扣缴税款额。

九、主管税务机关应加强对个人财产拍卖所得的税收征管工作，在拍卖单位举行拍卖活动期间派工作人员进入拍卖现场，了解拍卖的有关情况，宣传辅导有关税收政策，审核鉴定原值凭证和费用凭证，督促拍卖单位依法代扣代缴个人所得税。

十、本通知自5月1日起执行。《国家税务总局关于书画作品、古玩等拍卖收入征收个人所得税有关问题的通知》(国税发〔1997〕154号)同时废止。

【注释】《个人所得税法》第6条。

国家税务总局关于个人取得房屋拍卖收入征收个人所得税问题的批复

国税函〔2007〕1145号

广东省地方税务局：

你局《关于个人取得房屋拍卖收入适用个人所得税征收率问题的请示》(粤地税发〔2007〕131号)收悉。经研究，批复如下：

根据《国家税务总局关于加强和规范个人取得拍卖收入征收个人所得税有关问题的通知》(国税发〔2007〕38号)和《国家税务总局关于个人住房转让所得征收个人所得税有关问题的通知》(国税发〔2006〕108号)规定精神，个人通过拍卖市场取得的房屋拍卖收入在计征个人所得税时，其房屋原值应按照纳税人提供的合法、完整、准确的凭证予以扣除；不能提供完整、准确的房屋原值凭证，不能正确计算房屋原值和应纳税额的，统一按转让收入全额的3%计算缴纳个人所得税。

为方便纳税人依法履行纳税义务和税务机关加强税收征管，纳税人应比照国税发〔2006〕108号文件第四条的有关规定，在房屋拍卖后缴纳营业税、契税、土地增值税等税收的同时，一并申报缴纳个人所得税。

【注释】《个人所得税法》第6条。

财政部 国家税务总局关于生育津贴和生育医疗费有关个人所得税政策的通知

财税〔2008〕8号

各省、自治区、直辖市、计划单列市财政厅(局)、地方税务局，新疆生产建设兵团财务局：

根据《中华人民共和国个人所得税法》有关规定，经国务院批准，现就生育津贴和生育医疗费有关个人所得税政策通知如下：

一、生育妇女按照县级以上人民政府根据国家有关规定制定的生育保险办法，取得的生育津贴、生育医疗费或其他属于生育保险性质的津贴、补贴，免征个人所得税。

二、上述规定自发文之日起执行。

财政部 国家税务总局关于企业为个人购买房屋或其他财产征收个人所得税问题的批复

财税〔2008〕83号

江苏省财政厅、地方税务局：

江苏省地税局《关于以企业资金为个人购房是否征收个人所得税问题的请示》(苏地税发〔2007〕11号)收悉。经研究，批复如下：

一、根据《中华人民共和国个人所得税法》和《财政部 国家税务总局关于规范个人投资者个人所得税征收管理的通知》(财税〔2003〕158 号)的有关规定,符合以下情形的房屋或其他财产,不论所有权人是否将财产无偿或有偿交付企业使用,其实质均为企业对个人进行了实物性质的分配,应依法计征个人所得税。

(一)企业出资购买房屋及其他财产,将所有权登记为投资者个人、投资者家庭成员或企业其他人员的;

(二)企业投资者个人、投资者家庭成员或企业其他人员向企业借款用于购买房屋及其他财产,将所有权登记为投资者、投资者家庭成员或企业其他人员,且借款年度终了后未归还借款的。

二、对个人独资企业、合伙企业的个人投资者或其家庭成员取得的上述所得,视为企业对个人投资者的利润分配,按照"个体工商户的生产、经营所得"项目计征个人所得税;对除个人独资企业、合伙企业以外其他企业的个人投资者或其家庭成员取得的上述所得,视为企业对个人投资者的红利分配,按照"利息、股息、红利所得项目计征个人所得税;对企业其他人员取得的上述所得,按照"工资、薪金所得项目计征个人所得税。

国家税务总局关于离退休人员取得单位发放离退休工资以外奖金补贴征收个人所得税的批复

国税函〔2008〕723 号

福建省地方税务局:

你局《关于单位对离退休人员发放退休工资以外的奖金补贴如何征收个人所得税的请示》(闽地税发〔2008〕121 号)收悉。经研究,批复如下:

离退休人员除按规定领取离退休工资或养老金外,另从原任职单位取得的各类补贴、奖金、实物,不属于《中华人民共和国个人所得税法》第四条规定可以免税的退休工资、离休工资、离休生活补助费。根据《中华人民共和国个人所得税法》及其实施条例的有关规定,离退休人员从原任职单位取得的各类补贴、奖金、实物,应在减除费用扣除标准后,按"工资、薪金所得"应税项目缴纳个人所得税。

关于个人通过网络买卖虚拟货币取得收入征收个人所得税问题的批复

国税函〔2008〕818 号

北京市地方税务局:

你局《关于个人通过网络销售虚拟货币取得收入计征个人所得税问题的请示》(京地税个〔2008〕114 号)收悉。现批复如下:

一、个人通过网络收购玩家的虚拟货币,加价后向他人出售取得的收入,属于个人所得税应税所得,应按照"财产转让所得"项目计算缴纳个人所得税。

二、个人销售虚拟货币的财产原值为其收购网络虚拟货币所支付的价款和相关税费。

三、对于个人不能提供有关财产原值凭证的,由主管税务机关核定其财产原值。

财政部 国家税务总局关于合伙企业合伙人所得税问题的通知

财税〔2008〕159 号

各省、自治区、直辖市、计划单列市财政厅(局)、国家税务局、地方税务局,新疆生产建设兵团财务局:

根据《中华人民共和国企业所得税法》及其实施条例和《中华人民共和国个人所得税法》有关规定,现将合伙企业合伙人的所得税问题通知如下：

一、本通知所称合伙企业是指依照中国法律、行政法规成立的合伙企业。

二、合伙企业以每一个合伙人为纳税义务人。合伙企业合伙人是自然人的，缴纳个人所得税；合伙人是法人和其他组织的，缴纳企业所得税。

三、合伙企业生产经营所得和其他所得采取"先分后税"的原则。具体应纳税所得额的计算按照《关于个人独资企业和合伙企业投资者征收个人所得税的规定》（财税〔2000〕91号）及《财政部 国家税务总局关于调整个体工商户个人独资企业和合伙企业个人所得税税前扣除标准有关问题的通知》（财税〔2008〕65号）的有关规定执行。

前款所称生产经营所得和其他所得，包括合伙企业分配给所有合伙人的所得和企业当年留存的所得（利润）。

四、合伙企业的合伙人按照下列原则确定应纳税所得额：

（一）合伙企业的合伙人以合伙企业的生产经营所得和其他所得，按照合伙协议约定的分配比例确定应纳税所得额。

（二）合伙协议未约定或者约定不明确的，以全部生产经营所得和其他所得，按照合伙人协商决定的分配比例确定应纳税所得额。

（三）协商不成的，以全部生产经营所得和其他所得，按照合伙人实缴出资比例确定应纳税所得额。

（四）无法确定出资比例的，以全部生产经营所得和其他所得，按照合伙人数量平均计算每个合伙人的应纳税所得额。

合伙协议不得约定将全部利润分配给部分合伙人。

五、合伙企业的合伙人是法人和其他组织的，合伙人在计算其缴纳企业所得税时，不得用合伙企业的亏损抵减其盈利。

六、上述规定自2008年1月1日起执行。此前规定与本通知有抵触的，以本通知为准。

财政部 国家税务总局关于股票增值权所得和限制性股票所得征收个人所得税有关问题的通知

财税〔2009〕5号

各省、自治区、直辖市、计划单列市财政厅（局）、地方税务局，宁夏、西藏、青海省（自治区）国家税务局，新疆生产建设兵团财务局：

根据《中华人民共和国个人所得税法》、《中华人民共和国税收征收管理法》等有关规定，现就股票增值权所得和限制性股票所得征收个人所得税有关问题通知如下：

一、对于个人从上市公司（含境内、外上市公司，下同）取得的股票增值权所得和限制性股票所得，比照《财政部 国家税务总局关于个人股票期权所得征收个人所得税问题的通知》（财税〔2005〕35号）、《国家税务总局关于个人股票期权所得缴纳个人所得税有关问题的补充通知》（国税函〔2006〕902号）的有关规定，计算征收个人所得税。

二、本通知所称股票增值权，是指上市公司授予公司员工在未来一定时期和约定条件下，获得规定数量的股票价格上升所带来收益的权利。被授权人在约定条件下行权，上市公司按照行权日与授权日二级市场股票差价乘以授权股票数量，发放给被授权人现金。

三、本通知所称限制性股票，是指上市公司按照股权激励计划约定的条件，授予公司员工一定数量本公司的股票。

四、实施股票增值权计划或限制性股票计划的境内上市公司，应在向中国证监会报备的同时，将企业股票增值权计划、限制性股票计划或实施方案等有关资料报送主管税务机关备案。

五、实施股票增值权计划或限制性股票计划的境内上市公司，应在做好个人所得税扣缴工作的同时，按照《国家税务总局关于印发〈个人所得税全员全额扣缴申报管理暂行办法〉的通知》(国税发〔2005〕205 号)的有关规定,向主管税务机关报送其员工行权等涉税信息。

财政部 国家税务总局关于上市公司高管人员股票期权所得缴纳个人所得税有关问题的通知

财税〔2009〕40 号

各省、自治区、直辖市、计划单列市财政厅(局)、地方税务局,西藏、宁夏、青海省(自治区)国家税务局,新疆生产建设兵团财务局:

据一些地方税务部门反映,由于《中华人民共和国公司法》和《中华人民共和国证券法》对上市公司董事、监事、高级管理人员等(以下简称上市公司高管人员)转让本公司股票在期限和数量比例上存在一定限制,导致其股票期权行权时无足额资金及时纳税问题,经研究,现就上市公司高管人员取得股票期权所得有关缴纳个人所得税问题通知如下:

一、上市公司高管人员取得股票期权所得,应按照《财政部 国家税务总局关于个人股票期权所得征收个人所得税问题的通知》(财税〔2005〕35 号)和《国家税务总局关于个人股票期权所得缴纳个人所得税有关问题的补充通知》(国税函〔2006〕902 号)的有关规定,计算个人所得税应纳税额。

二、对上市公司高管人员取得股票期权在行权时,纳税确有困难的,经主管税务机关审核,可自其股票期权行权之日起,在不超过 6 个月的期限内分期缴纳个人所得税。

三、其他股权激励方式参照本通知规定执行。

四、本通知自印发之日起执行。

财政部 国家税务总局关于个人无偿受赠房屋有关个人所得税问题的通知

财税〔2009〕78 号

各省、自治区、直辖市、计划单列市财政厅(局)、地方税务局,宁夏、西藏、青海省(自治区)国家税务局,新疆生产建设兵团财务局:

为了加强个人所得税征管,堵塞税收漏洞,根据《中华人民共和国个人所得税法》有关规定,现就个人无偿受赠房屋有关个人所得税问题通知如下:

一、以下情形的房屋产权无偿赠与,对当事双方不征收个人所得税:

(一)房屋产权所有人将房屋产权无偿赠与配偶、父母、子女、祖父母、外祖父母、孙子女、外孙子女、兄弟姐妹;

(二)房屋产权所有人将房屋产权无偿赠与对其承担直接抚养或者赡养义务的抚养人或者赡养人;

(三)房屋产权所有人死亡,依法取得房屋产权的法定继承人、遗嘱继承人或者受遗赠人。

二、赠与双方办理免税手续时,应向税务机关提交以下资料:

(一)《国家税务总局关于加强房地产交易个人无偿赠与不动产税收管理有关问题的通知》(国税发〔2006〕144 号)第一条规定的相关证明材料;

(二)赠与双方当事人的有效身份证件;

(三)属于本通知第一条第(一)项规定情形的,还须提供公证机构出具的赠与人和受赠人亲属关系的公证书(原件)。

（四）属于本通知第一条第（二）项规定情形的，还须提供公证机构出具的抚养关系或者赡养关系公证书（原件），或者乡镇政府或街道办事处出具的抚养关系或者赡养关系证明。

税务机关应当认真审核赠与双方提供的上述资料，资料齐全并且填写正确的，在提交的《个人无偿赠与不动产登记表》上签字盖章后复印留存，原件退还提交人，同时办理个人所得税不征税手续。

三、除本通知第一条规定情形以外，房屋产权所有人将房屋产权无偿赠与他人的，受赠人因无偿受赠房屋取得的受赠所得，按照“经国务院财政部门确定征税的其他所得”项目缴纳个人所得税，税率为20%。

四、对受赠人无偿受赠房屋计征个人所得税时，其应纳税所得额为房地产赠与合同上标明的赠与房屋价值减除赠与过程中受赠人支付的相关税费后的余额。赠与合同标明的房屋价值明显低于市场价格或房地产赠与合同未标明赠与房屋价值的，税务机关可依据受赠房屋的市场评估价格或采取其他合理方式确定受赠人的应纳税所得额。

五、受赠人转让受赠房屋的，以其转让受赠房屋的收入减除原捐赠人取得该房屋的实际购置成本以及赠与和转让过程中受赠人支付的相关税费后的余额，为受赠人的应纳税所得额，依法计征个人所得税。受赠人转让受赠房屋价格明显偏低且无正当理由的，税务机关可以依据该房屋的市场评估价格或其他合理方式确定的价格核定其转让收入。

六、本通知自发布之日起执行。

国家税务总局关于股权激励有关个人所得税问题的通知

国税函〔2009〕461号

各省、自治区、直辖市和计划单列市地方税务局，西藏、宁夏、青海省（自治区）国家税务局：

为适应上市公司（含境内、境外上市公司，下同）薪酬制度改革和实施股权激励计划，根据《中华人民共和国个人所得税法》（以下简称个人所得税法）、《中华人民共和国个人所得税法实施条例》（以下简称实施条例）有关精神，财政部、国家税务总局先后下发了《关于个人股票期权所得征收个人所得税问题的通知》（财税〔2005〕35号）和《关于股票增值权所得和限制性股票所得征收个人所得税有关问题的通知》（财税〔2009〕5号）等文件。现就执行上述文件有关事项通知如下：

一、关于股权激励所得项目和计税方法的确定

根据个人所得税法及其实施条例和财税〔2009〕5号文件等规定，个人因任职、受雇从上市公司取得的股票增值权所得和限制性股票所得，由上市公司或其境内机构按照“工资、薪金所得”项目和股票期权所得个人所得税计税方法，依法扣缴其个人所得税。

二、关于股票增值权应纳税所得额的确定

股票增值权被授权人获取的收益，是由上市公司根据授权日与行权日股票差价乘以被授权股数，直接向被授权人支付的现金。上市公司应于向股票增值权被授权人兑现时依法扣缴其个人所得税。被授权人股票增值权应纳税所得额计算公式为：

股票增值权某次行权应纳税所得额＝（行权日股票价格－授权日股票价格）×行权股票份数

三、关于限制性股票应纳税所得额的确定

按照个人所得税法及其实施条例等有关规定，原则上应在限制性股票所有权归属于被激励对象时确认其限制性股票所得的应纳税所得额。即：上市公司实施限制性股票计划时，应以被激励对象限制性股票在中国证券登记结算公司（境外为证券登记托管机构）进行股票登记日期的股票市价（指当日收盘价，下同）和本批次解禁股票当日市价（指当日收盘价，下同）的平均价格乘以本批次解禁股票份数，减去被激励对象本批次解禁股份数所对应的为获取限制性股票实际支付资金数额，其差额为应纳税所得额。被激励对象限制性股票应纳税所得额计算公式为：

$$\text{应纳税所得额}=\left(\text{股票登记日股票市价}+\text{本批次解禁股票当日市价}\right)\div 2\times\text{本批次解禁股票份数}-\text{被激励对象实际支付的资金总额}\times\left(\text{本批次解禁股票份数}\div\text{被激励对象获取的限制性股票总份数}\right)$$

四、关于股权激励所得应纳税额的计算

（一）个人在纳税年度内第一次取得股票期权、股票增值权所得和限制性股票所得的，上市公司应按照财税〔2005〕35号文件第四条第一项所列公式计算扣缴其个人所得税。

（二）个人在纳税年度内两次以上（含两次）取得股票期权、股票增值权和限制性股票等所得，包括两次以上（含两次）取得同一种股权激励形式所得或者同时兼有不同股权激励形式所得的，上市公司应将其纳税年度内各次股权激励所得合并，按照《国家税务总局关于个人股票期权所得缴纳个人所得税有关问题的补充通知》（国税函〔2006〕902号）第七条、第八条所列公式计算扣缴个人所得税。

五、关于纳税义务发生时间

（一）股票增值权个人所得税纳税义务发生时间为上市公司向被授权人兑现股票增值权所得的日期；

（二）限制性股票个人所得税纳税义务发生时间为每一批次限制性股票解禁的日期。

六、关于报送资料的规定

（一）实施股票期权、股票增值权计划的境内上市公司，应按照财税〔2005〕35号文件第五条第（三）项规定报送有关资料。

（二）实施限制性股票计划的境内上市公司，应在中国证券登记结算公司（境外为证券登记托管机构）进行股票登记、并经上市公司公示后15日内，将本公司限制性股票计划或实施方案、协议书、授权通知书、股票登记日期及当日收盘价、禁售期限和股权激励人员名单等资料报送主管税务机关备案。

境外上市公司的境内机构，应向其主管税务机关报送境外上市公司实施股权激励计划的中（外）文资料备案。

（三）扣缴义务人和自行申报纳税的个人在代扣代缴税款或申报纳税时，应在税法规定的纳税申报期限内，将个人接受或转让的股权以及认购的股票情况（包括种类、数量、施权价格、行权价格、市场价格、转让价格等）、股权激励人员名单、应纳税所得额、应纳税额等资料报送主管税务机关。

七、其他有关问题的规定

（一）财税〔2005〕35号、国税函〔2006〕902号和财税〔2009〕5号以及本通知有关股权激励个人所得税政策，适用于上市公司（含所属分支机构）和上市公司控股企业的员工，其中上市公司占控股企业股份比例最低为30%（间接控股限于上市公司对二级子公司的持股）。

间接持股比例，按各层持股比例相乘计算，上市公司对一级子公司持股比例超过50%的，按100%计算。

（二）具有下列情形之一的股权激励所得，不适用本通知规定的优惠计税方法，直接计入个人当期所得征收个人所得税：

1. 除本条第（一）项规定之外的集团公司、非上市公司员工取得的股权激励所得；

2. 公司上市之前设立股权激励计划，待公司上市后取得的股权激励所得；

3. 上市公司未按照本通知第六条规定向其主管税务机关报备有关资料的。

（三）被激励对象为缴纳个人所得税款而出售股票，其出售价格与原计税价格不一致的，按原计税价格计算其应纳税所得额和税额。

八、本通知自发文之日起执行。本文下发之前已发生但尚未处理的事项，按本通知执行。

国家税务总局关于明确个人所得税若干政策执行问题的通知

国税发〔2009〕121号

各省、自治区、直辖市和计划单列市地方税务局，西藏、宁夏、青海省（自治区）国家税务局：

近期，部分地区反映个人所得税若干政策执行口径不够明确，为公平税负，加强征管，根据《中华人民共和国个人所得税法》及其实施条例等相关规定，现就个人所得税若干政策执行口径问题通知如下：

一、《国家税务总局关于个人所得税若干政策问题的批复》（国税函〔2002〕629号）第一条有关“双薪制”

计税方法停止执行。

二、关于董事费征税问题

（一）《国家税务总局关于印发〈征收个人所得税若干问题的规定〉的通知》（国税发〔1994〕089 号）第八条规定的董事费按劳务报酬所得项目征税方法，仅适用于个人担任公司董事、监事，且不在公司任职、受雇的情形。

（二）个人在公司（包括关联公司）任职、受雇，同时兼任董事、监事的，应将董事费、监事费与个人工资收入合并，统一按工资、薪金所得项目缴纳个人所得税。

（三）《国家税务总局关于外商投资企业的董事担任直接管理职务征收个人所得税问题的通知》（国税发〔1996〕214 号）第一条停止执行。

三、关于华侨身份界定和适用附加费用扣除问题

（一）华侨身份的界定

根据《国务院侨务办公室关于印发〈关于界定华侨外籍华人归侨侨眷身份的规定〉的通知》（国侨发〔2009〕5 号）的规定，华侨是指定居在国外的中国公民。具体界定如下：

1.“定居”是指中国公民已取得住在国长期或者永久居留权，并已在住在国连续居留两年，两年内累计居留不少于 18 个月。

2. 中国公民虽未取得住在国长期或者永久居留权，但已取得住在国连续 5 年以上（含 5 年）合法居留资格，5 年内在住在国累计居留不少于 30 个月，视为华侨。

3. 中国公民出国留学（包括公派和自费）在外学习期间，或因公务出国（包括外派劳务人员）在外工作期间，均不视为华侨。

（二）关于华侨适用附加扣除费用问题

对符合国侨发〔2009〕5 号文件规定的华侨身份的人员，其在中国工作期间取得的工资、薪金所得，税务机关可根据纳税人提供的证明其华侨身份的有关证明材料，按照《中华人民共和国个人所得税法实施条例》第三十条规定在计算征收个人所得税时，适用附加扣除费用。

四、关于个人转让离婚析产房屋的征税问题

（一）通过离婚析产的方式分割房屋产权是夫妻双方对共同共有财产的处置，个人因离婚办理房屋产权过户手续，不征收个人所得税。

（二）个人转让离婚析产房屋所取得的收入，允许扣除其相应的财产原值和合理费用后，余额按照规定的税率缴纳个人所得税；其相应的财产原值，为房屋初次购置全部原值和相关税费之和乘以转让者占房屋所有权的比例。

（三）个人转让离婚析产房屋所取得的收入，符合家庭生活自用五年以上唯一住房的，可以申请免征个人所得税，其购置时间按照《国家税务总局关于房地产税收政策执行中几个具体问题的通知》（国税发〔2005〕172 号）执行。

国家税务总局关于个人转租房屋取得收入征收个人所得税问题的通知

国税函〔2009〕639 号

各省、自治区、直辖市和计划单列市地方税务局，西藏、宁夏、青海省（自治区）国家税务局：

为规范和加强个人所得税管理，根据《中华人民共和国个人所得税法》及其实施条例的规定，现对个人取得转租房屋收入有关个人所得税问题通知如下：

一、个人将承租房屋转租取得的租金收入，属于个人所得税应税所得，应按“财产租赁所得”项目计算缴纳个人所得税。

二、取得转租收入的个人向房屋出租方支付的租金，凭房屋租赁合同和合法支付凭据允许在计算个人所得税时，从该项转租收入中扣除。

三、《国家税务总局关于个人所得税若干业务问题的批复》(国税函〔2002〕146号)有关财产租赁所得个人所得税前扣除税费的扣除次序调整为:

(一)财产租赁过程中缴纳的税费;

(二)向出租方支付的租金;

(三)由纳税人负担的租赁财产实际开支的修缮费用;

(四)税法规定的费用扣除标准。

国家税务总局关于限售股转让所得个人所得税征缴有关问题的通知

国税函〔2010〕23号

各省、自治区、直辖市和计划单列市地方税务局,西藏、宁夏、青海省(自治区)国家税务局:

根据《财政部 国家税务总局 证监会关于个人转让上市公司限售股所得征收个人所得税有关问题的通知》(财税〔2009〕167号)规定,限售股转让所得个人所得税采取证券机构预扣预缴、纳税人自行申报清算和证券机构直接扣缴相结合的方式征收。为做好限售股转让所得个人所得税征缴工作,现就有关问题通知如下:

一、关于证券机构预扣预缴个人所得税的征缴问题

(一)证券机构技术和制度准备完成前形成的限售股,其转让所得应缴纳的个人所得税采取证券机构预扣预缴、纳税人自行申报清算方式征收。各地税务机关可根据当地税务代保管资金账户的开立与否、个人退税的简便与否等实际情况综合考虑,在下列方式中确定一种征缴方式:

1. 纳税保证金方式。证券机构将已扣的个人所得税款,于次月7日内以纳税保证金形式向主管税务机关缴纳,并报送《限售股转让所得扣缴个人所得税报告表》及税务机关要求报送的其他资料。主管税务机关收取纳税保证金时,应向证券机构开具有关凭证(凭证种类由各地自定),作为证券机构代缴个人所得税的凭证,凭证"类别"或"品目"栏写明"代扣个人所得税"。同时,税务机关根据《限售股转让所得扣缴个人所得税报告表》分纳税人开具《税务代保管资金专用收据》,作为纳税人预缴个人所得税的凭证,凭证"类别"栏写明"预缴个人所得税"。纳税保证金缴入税务机关在当地商业银行开设的"税务代保管资金"账户存储。

2. 预缴税款方式。证券机构将已扣的个人所得税款,于次月7日内直接缴入国库,并向主管税务机关报送《限售股转让所得扣缴个人所得税报告表》及税务机关要求报送的其他资料。主管税务机关向证券机构开具《税收通用缴款书》或以横向联网电子缴税方式将证券机构预扣预缴的个人所得税税款缴入国库。同时,主管税务机关应根据《限售股转让所得扣缴个人所得税报告表》分纳税人开具《税收转账专用完税证》,作为纳税人预缴个人所得税的完税凭证。

(二)证券机构技术和制度准备完成后新上市公司的限售股,纳税人在转让时应缴纳的个人所得税,采取证券机构直接代扣代缴的方式征收。

证券机构每月所扣个人所得税款,于次月7日内缴入国库,并向当地主管税务机关报送《限售股转让所得扣缴个人所得税报告表》及税务机关要求报送的其他资料。主管税务机关按照代扣代缴税款有关规定办理税款入库,并分纳税人开具《税收转账专用完税证》,作为纳税人的完税凭证。

《税务代保管资金专用收据》、《税收转账专用完税证》可由代扣代缴税款的证券机构或由主管税务机关交纳税人。各地税务机关应通过适当途径将缴款凭证取得方式预先告知纳税人。

二、关于采取证券机构预扣预缴、纳税人自行申报清算方式下的税款结算和退税管理

(一)采用纳税保证金方式征缴税款的结算

证券机构以纳税保证金方式代缴个人所得税的,纳税人办理清算申报后,经主管税务机关审核重新计算的应纳税额低于已缴纳税保证金的,多缴部分税务机关应及时从"税务代保管资金"账户退还纳税人。同时,税务机关应开具《税收通用缴款书》将应纳部分作为个人所得税从"税务代保管资金"账户缴入国库,并将《税收通用缴款书》相应联次交纳税人,同时收回《税务代保管资金专用收据》。经主管税务机关审核重新计算的应纳税额高于已缴纳税保证金的,税务机关就纳税人应补缴税款部分开具相应凭证直接补缴入库;

同时税务机关应开具《税收通用缴款书》将已缴纳的纳税保证金从“税务代保管资金”账户全额缴入国库，并将《税收通用缴款书》相应联次交纳税人，同时收回《税务代保管资金专用收据》。纳税人未在规定期限内办理清算事宜的，期限届满后，所缴纳的纳税保证金全部作为个人所得税缴入国库。横向联网电子缴税的地区，税务机关可通过联网系统办理税款缴库。

纳税保证金的收纳缴库、退还办法，按照《国家税务总局财政部中国人民银行关于印发〈税务代保管资金账户管理办法〉的通知》(国税发〔2005〕181 号)、《国家税务总局财政部中国人民银行关于税务代保管资金账户管理有关问题的通知》(国税发〔2007〕12 号)有关规定执行。各地税务机关应严格执行税务代保管资金账户管理有关规定，严防发生账户资金的占压、贪污、挪用、盗取等情形。

(二)采用预缴税款方式征缴税款的结算

证券机构以预缴税款方式代缴个人所得税的，纳税人办理清算申报后，经主管税务机关审核应补(退)税款的，由主管税务机关按照有关规定办理税款补缴入库或税款退库。

财政部 国家税务总局 证监会关于个人转让上市公司限售股所得征收个人所得税有关问题的通知

财税〔2009〕167 号

各省、自治区、直辖市、计划单列市财政厅(局)、国家税务局、地方税务局，新疆生产建设兵团财务局，上海、深圳证券交易所，中国证券登记结算公司：

为进一步完善股权分置改革后的相关制度，发挥税收对高收入者的调节作用，促进资本市场长期稳定健康发展，经国务院批准，现就个人转让上市公司限售流通股(以下简称限售股)取得的所得征收个人所得税有关问题通知如下：

一、自 2010 年 1 月 1 日起，对个人转让限售股取得的所得，按照“财产转让所得”，适用 20%的比例税率征收个人所得税。

二、本通知所称限售股，包括：

1. 上市公司股权分置改革完成后股票复牌日之前股东所持原非流通股股份，以及股票复牌日至解禁日期间由上述股份孳生的送、转股(以下统称股改限售股)；

2. 2006 年股权分置改革新老划断后，首次公开发行股票并上市的公司形成的限售股，以及上市首日至解禁日期间由上述股份孳生的送、转股(以下统称新股限售股)；

3. 财政部、税务总局、法制办和证监会共同确定的其他限售股。

三、个人转让限售股，以每次限售股转让收入，减除股票原值和合理税费后的余额，为应纳税所得额。即：

应纳税所得额＝限售股转让收入－(限售股原值＋合理税费)

应纳税额＝应纳税所得额×20%

本通知所称的限售股转让收入，是指转让限售股股票实际取得的收入。限售股原值，是指限售股买入时的买入价及按照规定缴纳的有关费用。合理税费，是指转让限售股过程中发生的印花税、佣金、过户费等与交易相关的税费。

如果纳税人未能提供完整、真实的限售股原值凭证的，不能准确计算限售股原值的，主管税务机关一律按限售股转让收入的 15%核定限售股原值及合理税费。

四、限售股转让所得个人所得税，以限售股持有者为纳税义务人，以个人股东开户的证券机构为扣缴义务人。限售股个人所得税由证券机构所在地主管税务机关负责征收管理。

五、限售股转让所得个人所得税，采取证券机构预扣预缴、纳税人自行申报清算和证券机构直接扣缴相结合的方式征收。证券机构预扣预缴的税款，于次月 7 日内以纳税保证金形式向主管税务机关缴纳。主管税务机关在收取纳税保证金时，应向证券机构开具《中华人民共和国纳税保证金收据》，并纳入专户存储。

根据证券机构技术和制度准备完成情况，对不同阶段形成的限售股，采取不同的征收管理办法。

(一)证券机构技术和制度准备完成前形成的限售股,证券机构按照股改限售股股改复牌日收盘价,或新股限售股上市首日收盘价计算转让收入,按照计算出的转让收入的15%确定限售股原值和合理税费,以转让收入减去原值和合理税费后的余额,适用20%税率,计算预扣预缴个人所得税额。

纳税人按照实际转让收入与实际成本计算出的应纳税额,与证券机构预扣预缴税额有差异的,纳税人应自证券机构代扣并解缴税款的次月1日起3个月内,持加盖证券机构印章的交易记录和相关完整、真实凭证,向主管税务机关提出清算申报并办理清算事宜。主管税务机关审核确认后,按照重新计算的应纳税额,办理退(补)税手续。纳税人在规定期限内未到主管税务机关办理清算事宜的,税务机关不再办理清算事宜,已预扣预缴的税款从纳税保证金账户全额缴入国库。

(二)证券机构技术和制度准备完成后新上市公司的限售股,按照证券机构事先植入结算系统的限售股成本原值和发生的合理税费,以实际转让收入减去原值和合理税费后的余额,适用20%税率,计算直接扣缴个人所得税额。

六、纳税人同时持有限售股及该股流通股的,其股票转让所得,按照限售股优先原则,即:转让股票视同为先转让限售股,按规定计算缴纳个人所得税。

七、证券机构等应积极配合税务机关做好各项征收管理工作,并于每月15日前,将上月限售股减持的有关信息传递至主管税务机关。限售股减持信息包括:股东姓名、公民身份号码、开户证券公司名称及地址、限售股股票代码、本期减持股数及减持取得的收入总额。证券机构有义务向纳税人提供加盖印章的限售股交易记录。

八、对个人在上海证券交易所、深圳证券交易所转让从上市公司公开发行和转让市场取得的上市公司股票所得,继续免征个人所得税。

九、财政、税务、证监等部门要加强协调、通力合作,切实做好政策实施的各项工作。

财政部 国家税务总局住房和城乡建设部关于调整房地产交易环节契税个人所得税优惠政策的通知

财税〔2010〕94号

各省、自治区、直辖市、计划单列市财政厅(局)、地方税务局、住房城乡建设厅(建委、房地局),西藏、宁夏、青海省(自治区)国税局,新疆生产建设兵团财务局、建设局:

经国务院批准,现就调整房地产交易环节契税、个人所得税有关优惠政策通知如下:

一、关于契税政策

(一)对个人购买普通住房,且该住房属于家庭(成员范围包括购房人、配偶以及未成年子女,下同)唯一住房的,减半征收契税。对个人购买90平方米及以下普通住房,且该住房属于家庭唯一住房的,减按1%税率征收契税。

征收机关应查询纳税人契税纳税记录;无记录或有记录但有疑义的,根据纳税人的申请或授权,由房地产主管部门通过房屋登记信息系统查询纳税人家庭住房登记记录,并出具书面查询结果。如因当地暂不具备查询条件而不能提供家庭住房登记查询结果的,纳税人应向征收机关提交家庭住房实有套数书面诚信保证。诚信保证不实的,属于虚假纳税申报,按照《中华人民共和国税收征收管理法》的有关规定处理。

具体操作办法由各省、自治区、直辖市财政、税务、房地产主管部门共同制定。

(二)个人购买的普通住房,凡不符合上述规定的,不得享受上述优惠政策。

二、关于个人所得税政策

对出售自有住房并在1年内重新购房的纳税人不再减免个人所得税。

本通知自2010年10月1日起执行。《财政部 国家税务总局关于调整房地产市场若干税收政策的通知》(财税字〔1999〕210号)第一条有关契税的规定、《财政部 国家税务总局关于调整房地产交易环节税收政策的通知》(财税〔2008〕137号)第一条、《财政部 国家税务总局建设部关于个人出售住房所得征收个人所得税有关问题的通知》(财税字〔1999〕278号)第三条同时废止。

财政部 国家税务总局关于个人独资企业和合伙企业投资者取得种植业养殖业饲养业捕捞业所得有关个人所得税问题的批复

财税〔2010〕96号

福建省财政厅、地方税务局：

福建省地方税务局《关于个人独资和合伙企业投资者取得的"四业"经营所得征免个人所得税问题的请示》(闽地税发〔2009〕157号)收悉。经研究，批复如下：

根据《国务院关于个人独资企业和合伙企业征收所得税问题的通知》(国发〔2000〕16号)、《财政部 国家税务总局关于个人所得税若干政策问题的通知》(财税字〔1994〕020号)和《财政部 国家税务总局关于农村税费改革试点地区有关个人所得税问题的通知》(财税〔2004〕30号)等有关规定，对个人独资企业和合伙企业从事种植业、养殖业、饲养业和捕捞业(以下简称"四业")，其投资者取得的"四业"所得暂不征收个人所得税。

财政部 国家税务总局证监会关于个人转让上市公司限售股所得征收个人所得税有关问题的补充通知

财税〔2010〕70号

各省、自治区、直辖市、计划单列市财政厅(局)、国家税务局、地方税务局，新疆生产建设兵团财务局，上海、深圳证券交易所，中国证券登记结算公司：

为进一步规范个人转让上市公司限售股(以下简称限售股)税收政策，加强税收征管，根据财政部、国家税务总局、证监会《关于个人转让上市公司限售股征收个人所得税有关问题的通知》(财税〔2009〕167号)的有关规定，现将个人转让限售股所得征收个人所得税有关政策问题补充通知如下：

一、本通知所称限售股，包括：

(一)财税〔2009〕167号文件规定的限售股；

(二)个人从机构或其他个人受让的未解禁限售股；

(三)个人因依法继承或家庭财产依法分割取得的限售股；

(四)个人持有的从代办股份转让系统转到主板市场(或中小板、创业板市场)的限售股；

(五)上市公司吸收合并中，个人持有的原被合并方公司限售股所转换的合并方公司股份；

(六)上市公司分立中，个人持有的被分立方公司限售股所转换的分立后公司股份；

(七)其他限售股。

二、根据《个人所得税法实施条例》第八条、第十条的规定，个人转让限售股或发生具有转让限售股实质的其他交易，取得现金、实物、有价证券和其他形式的经济利益均应缴纳个人所得税。限售股在解禁前被多次转让的，转让方对每一次转让所得均应按规定缴纳个人所得税。对具有下列情形的，应按规定征收个人所得税：

(一)个人通过证券交易所集中交易系统或大宗交易系统转让限售股；

(二)个人用限售股认购或申购交易型开放式指数基金(ETF)份额；

(三)个人用限售股接受要约收购；

(四)个人行使现金选择权将限售股转让给提供现金选择权的第三方；

(五)个人协议转让限售股；

(六)个人持有的限售股被司法扣划；

(七)个人因依法继承或家庭财产分割让渡限售股所有权；

(八)个人用限售股偿还上市公司股权分置改革中由大股东代其向流通股股东支付的对价；

（九）其他具有转让实质的情形。

三、应纳税所得额的计算。

（一）个人转让第一条规定的限售股，限售股所对应的公司在证券机构技术和制度准备完成前上市的，应纳税所得额的计算按照财税〔2009〕167号文件第五条第（一）项规定执行；在证券机构技术和制度准备完成后上市的，应纳税所得额的计算按照财税〔2009〕167号文件第五条第（二）项规定执行。

（二）个人发生第二条第（一）、（二）、（三）、（四）项情形、由证券机构扣缴税款的，扣缴税款的计算按照财税〔2009〕167号文件规定执行。纳税人申报清算时，实际转让收入按照下列原则计算：

第二条第（一）项的转让收入以转让当日该股份实际转让价格计算，证券公司在扣缴税款时，佣金支出统一按照证券主管部门规定的行业最高佣金费率计算；第二条第（二）项的转让收入，通过认购ETF份额方式转让限售股的，以股份过户日的前一交易日该股份收盘价计算，通过申购ETF份额方式转让限售股的，以申购日的前一交易日该股份收盘价计算；第二条第（三）项的转让收入以要约收购的价格计算；第二条第（四）项的转让收入以实际行权价格计算。

（三）个人发生第二条第（五）、（六）、（七）、（八）项情形、需向主管税务机关申报纳税的，转让收入按照下列原则计算：

第二条第（五）项的转让收入按照实际转让收入计算，转让价格明显偏低且无正当理由的，主管税务机关可以依据协议签订日的前一交易日该股收盘价或其他合理方式核定其转让收入；第二条第（六）项的转让收入以司法执行日的前一交易日该股收盘价计算；第二条第（七）、（八）项的转让收入以转让方取得该股时支付的成本计算。

（四）个人转让因协议受让、司法扣划等情形取得未解禁限售股的，成本按照主管税务机关认可的协议受让价格、司法扣划价格核定，无法提供相关资料的，按照财税〔2009〕167号文件第五条第（一）项规定执行；个人转让因依法继承或家庭财产依法分割取得的限售股的，按财税〔2009〕167号文件规定缴纳个人所得税，成本按照该限售股前一持有人取得该股时实际成本及税费计算。

（五）在证券机构技术和制度准备完成后形成的限售股，自股票上市首日至解禁日期间发生送、转、缩股的，证券登记结算公司应依据送、转、缩股比例对限售股成本原值进行调整；而对于其他权益分派的情形（如现金分红、配股等），不对限售股的成本原值进行调整。

（六）因个人持有限售股中存在部分限售股成本原值不明确，导致无法准确计算全部限售股成本原值的，证券登记结算公司一律以实际转让收入的15%作为限售股成本原值和合理税费。

四、征收管理。

（一）纳税人发生第二条第（一）、（二）、（三）、（四）项情形的，对其应纳个人所得税按照财税〔2009〕167号文件规定，采取证券机构预扣预缴、纳税人自行申报清算和证券机构直接扣缴相结合的方式征收。

本通知所称的证券机构，包括证券登记结算公司、证券公司及其分支机构。其中，证券登记结算公司以证券账户为单位计算个人应纳税额，证券公司及其分支机构依据证券登记结算公司提供的数据负责对个人应缴纳的个人所得税以证券账户为单位进行预扣预缴。纳税人对证券登记结算公司计算的应纳税额有异议的，可持相关完整、真实凭证，向主管税务机关提出清算申报并办理清算事宜。主管税务机构审核确认后，按照重新计算的应纳税额，办理退（补）税手续。

（二）纳税人发生第二条第（五）、（六）、（七）、（八）项情形的，采取纳税人自行申报纳税的方式。纳税人转让限售股后，应在次月七日内到主管税务机关填报《限售股转让所得个人所得税清算申报表》，自行申报纳税。主管税务机关审核确认后应开具完税凭证，纳税人应持完税凭证、《限售股转让所得个人所得税清算申报表》复印件到证券登记结算公司办理限售股过户手续。纳税人未提供完税凭证和《限售股转让所得个人所得税清算申报表》复印件的，证券登记结算公司不予办理过户。

纳税人自行申报的，应一次办结相关涉税事宜，不再执行财税〔2009〕167号文件中有关纳税人自行申报清算的规定。对第二条第（六）项情形，如国家有权机关要求强制执行的，证券登记结算公司在履行告知义务后予以协助执行，并报告相关主管税务机关。

五、个人持有在证券机构技术和制度准备完成后形成的拟上市公司限售股，在公司上市前，个人应委托拟上市公司向证券登记结算公司提供有关限售股成本原值详细资料，以及会计师事务所或税务师事务所对该资料出具的鉴证报告。逾期未提供的，证券登记结算公司以实际转让收入的15%核定限售股原值和合理税费。

六、个人转让限售股所得需由证券机构预扣预缴税款的，应在客户资金账户留足资金供证券机构扣缴税款，依法履行纳税义务。证券机构应采取积极、有效措施依法履行扣缴税款义务，对纳税人资金账户暂无资金或资金不足的，证券机构应当及时通知个人投资者补足资金，并扣缴税款。个人投资者未补足资金的，证券机构应当及时报告相关主管税务机关，并依法提供纳税人相关资料。

国家税务总局关于个人提前退休取得补贴收入个人所得税问题的公告

国家税务总局公告2011年第6号

根据《中华人民共和国个人所得税法》及其实施条例的规定，现对个人提前退休取得一次性补贴收入征收个人所得税问题公告如下：

一、机关、企事业单位对未达到法定退休年龄、正式办理提前退休手续的个人，按照统一标准向提前退休工作人员支付一次性补贴，不属于免税的离退休工资收入，应按照“工资、薪金所得”项目征收个人所得税。

二、个人因办理提前退休手续而取得的一次性补贴收入，应按照办理提前退休手续至法定退休年龄之间所属月份平均分摊计算个人所得税。计税公式：

应纳税额＝{〔(一次性补贴收入÷办理提前退休手续至法定退休年龄的实际月份数)－费用扣除标准〕×适用税率－速算扣除数}×提前办理退休手续至法定退休年龄的实际月份数

三、本公告自2011年1月1日起执行。

特此公告。

财政部 国家税务总局关于企业促销展业赠送礼品有关个人所得税问题的通知

财税〔2011〕50号

各省、自治区、直辖市、计划单列市财政厅(局)、地方税务局、西藏、宁夏、青海省(自治区)国家税务局，新疆生产建设兵团财务局：

根据《中华人民共和国个人所得税法》及其实施条例有关规定，现对企业和单位(包括企业、事业单位、社会团体、个人独资企业、合伙企业和个体工商户等，以下简称企业)在营销活动中以折扣折让、赠品、抽奖等方式，向个人赠送现金、消费券、物品、服务等(以下简称礼品)有关个人所得税问题通知如下：

一、企业在销售商品(产品)和提供服务过程中向个人赠送礼品，属于下列情形之一的，不征收个人所得税：

1. 企业通过价格折扣、折让方式向个人销售商品(产品)和提供服务；

2. 企业在向个人销售商品(产品)和提供服务的同时给予赠品，如通信企业对个人购买手机赠话费、入网费，或者购话费赠手机等；

3. 企业对累积消费达到一定额度的个人按消费积分反馈礼品。

二、企业向个人赠送礼品，属于下列情形之一的，取得该项所得的个人应依法缴纳个人所得税，税款由赠送礼品的企业代扣代缴：

1. 企业在业务宣传、广告等活动中，随机向本单位以外的个人赠送礼品，对个人取得的礼品所得，按照“其他所得”项目，全额适用20%的税率缴纳个人所得税。

2. 企业在年会、座谈会、庆典以及其他活动中向本单位以外的个人赠送礼品，对个人取得的礼品所得，按照“其他所得”项目，全额适用20%的税率缴纳个人所得税。

3. 企业对累积消费达到一定额度的顾客，给予额外抽奖机会，个人的获奖所得，按照“偶然所得”项目，全额适用20%的税率缴纳个人所得税。

三、企业赠送的礼品是自产产品(服务)的，按该产品(服务)的市场销售价格确定个人的应税所得；是外购商品(服务)的，按该商品(服务)的实际购置价格确定个人的应税所得。

四、本通知自发布之日起执行。《国家税务总局关于个人所得税有关问题的批复》(国税函〔2000〕57号)、《国家税务总局关于个人所得税若干政策问题的批复》(国税函〔2002〕629号)第二条同时废止。

国家税务总局关于个人终止投资经营收回款项征收个人所得税问题的公告

国家税务总局公告2011年第41号

根据《中华人民共和国个人所得税法》及其实施条例等规定，现对个人终止投资、联营、经营合作等行为收回款项征收个人所得税问题公告如下：

一、个人因各种原因终止投资、联营、经营合作等行为，从被投资企业或合作项目、被投资企业的其他投资者以及合作项目的经营合作人取得股权转让收入、违约金、补偿金、赔偿金及以其他名目收回的款项等，均属于个人所得税应税收入，应按照“财产转让所得”项目适用的规定计算缴纳个人所得税。

应纳税所得额的计算公式如下：

$$\text{应纳税所得额}=\text{个人取得的股权转让收入、违约金、补偿金、赔偿金及以其他名目收回款项合计数}-\text{原实际出资额(投入额)及相关税费}$$

二、本公告有关个人所得税征管问题，按照《国家税务总局关于加强股权转让所得征收个人所得税管理的通知》(国税函〔2009〕285号)执行。

本公告自发布之日起施行，此前未处理事项依据本公告处理。

特此公告。

财政部 国家税务总局关于证券机构技术和制度准备完成后个人转让上市公司限售股有关个人所得税问题的通知

财税〔2011〕108号

各省、自治区、直辖市、计划单列市财政厅(局)、地方税务局，宁夏、西藏、青海省(自治区)国家税务局，新疆生产建设兵团财务局，上海、深圳证券交易所，中国证券登记结算公司，各证券公司：

根据《财政部 国家税务总局 证监会关于个人转让上市公司限售股所得征收个人所得税有关问题的通知》(财税〔2009〕167号)和《财政部 国家税务总局 证监会关于个人转让上市公司限售股所得征收个人所得税有关问题的补充通知》(财税〔2010〕70号)有关规定，为进一步完善个人转让上市公司限售股所得征收个人所得税办法，现就有关问题通知如下：

一、自2012年3月1日起，网上发行资金申购日在2012年3月1日(含)之后的首次公开发行上市公司(以下简称新上市公司)按照证券登记结算公司业务规定做好各项资料准备工作，在向证券登记结算公司申请办理股份初始登记时一并申报由个人限售股股东提供的有关限售股成本原值详细资料，以及会计师事务所或税务师事务所对该资料出具的鉴证报告。

限售股成本原值，是指限售股买入时的买入价及按照规定缴纳的有关税费。

二、新上市公司提供的成本原值资料和鉴证报告中应包括但不限于以下内容：证券持有人名称、有效身份证照号码、证券账户号码、新上市公司全称、持有新上市公司限售股数量、持有新上市公司限售股每股成本原值等。

新上市公司每位持有限售股的个人股东应仅申报一个成本原值。个人取得的限售股有不同成本的，应对所持限售股以每次取得股份数量为权重进行成本加权平均以计算出每股的成本原值，即：

分次取得限售股的加权平均成本＝第一次取得限售股的每股成本原值×第一次取得限售股的股份数量＋……＋第n次取得限售股的每股成本原值×第n次取得限售股的股份数量÷累计取得限售股的股份数量

三、证券登记结算公司收到新上市公司提供的相关资料后，应及时将有关成本原值数据植入证券结算系统。个人转让新上市公司限售股的，证券登记结算公司根据实际转让收入和植入证券结算系统的标的限售股成本原值，以实际转让收入减去成本原值和合理税费后的余额，适用20％税率，直接计算需扣缴的个人所得税额。

合理税费是指转让限售股过程中发生的印花税、佣金、过户费等与交易相关的税费。

四、新上市公司在申请办理股份初始登记时，确实无法提供有关成本原值资料和鉴证报告的，证券登记结算公司在完成股份初始登记后，将不再接受新上市公司申报有关成本原值资料和鉴证报告，并按规定以实际转让收入的15％核定限售股成本原值和合理税费。

五、个人在证券登记结算公司以非交易过户方式办理应纳税未解禁限售股过户登记的，受让方所取得限售股的成本原值按照转让方完税凭证、《限售股转让所得个人所得税清算申报表》等材料确定的转让价格进行确定；如转让方证券账户为机构账户，在受让方再次转让该限售股时，以受让方实际转让收入的15％核定其转让限售股的成本原值和合理税费。

六、对采取自行纳税申报方式的纳税人，其个人转让限售股不需要纳税或应纳税额为零的，纳税人应持经主管税务机关审核确认并加盖受理印章的《限售股转让所得个人所得税清算申报表》原件，到证券登记结算公司办理限售股过户手续。未提供原件的，证券登记结算公司不予办理过户手续。

七、对于个人持有的新上市公司未解禁限售股被司法扣划至其他个人证券账户，如国家有权机关要求强制执行但未能提供完税凭证等材料，证券登记结算公司在履行告知义务后予以协助执行，并在受让方转让该限售股时，以其实际转让收入的15％核定其转让限售股的成本原值和合理税费。

八、证券公司应将每月所扣个人所得税款，于次月15日内缴入国库，并向当地主管税务机关报送《限售股转让所得扣缴个人所得税报告表》及税务机关要求报送的其他资料。

九、对个人转让新上市公司限售股，按财税〔2010〕70号文件规定，需纳税人自行申报纳税的，继续按照原规定以及本通知第六、七条的相关规定执行。

请遵照执行。

财政部 国家税务总局

二〇一一年十二月三十日

财政部 国家税务总局关于工伤职工取得的工伤保险待遇有关个人所得税政策的通知

财税〔2012〕40号

各省、自治区、直辖市、计划单列市财政厅（局）、地方税务局，新疆生产建设兵团财务局：

为贯彻落实《工伤保险条例》（国务院令第586号），根据个人所得税法第四条中“经国务院财政部门批准免税的所得”的规定，现就工伤职工取得的工伤保险待遇有关个人所得税政策通知如下：

一、对工伤职工及其近亲属按照《工伤保险条例》（国务院令第586号）规定取得的工伤保险待遇，免征个人所得税。

二、本通知第一条所称的工伤保险待遇，包括工伤职工按照《工伤保险条例》（国务院令第586号）规定取得的一次性伤残补助金、伤残津贴、一次性工伤医疗补助金、一次性伤残就业补助金、工伤医疗待遇、住院伙食补助费、外地就医交通食宿费用、工伤康复费用、辅助器具费用、生活护理费等，以及职工因工死亡，其近亲属按照《工伤保险条例》(国务院令第 586 号)规定取得的丧葬补助金、供养亲属抚恤金和一次性工亡补助金等。

三、本通知自 2011 年 1 月 1 日起执行。对 2011 年 1 月 1 日之后已征税款，由纳税人向主管税务机关提出申请，主管税务机关按相关规定予以退还。

财政部 国家税务总局
二〇一二年五月三日

国家税务总局关于证券经纪人佣金收入征收个人所得税问题的公告

国家税务总局公告 2012 年第 45 号

现将证券经纪人佣金收入征收个人所得税的问题公告如下：

一、根据《中华人民共和国个人所得税法》及其实施条例规定，证券经纪人从证券公司取得的佣金收入，应按照“劳务报酬所得”项目缴纳个人所得税。

二、证券经纪人佣金收入由展业成本和劳务报酬构成，对展业成本部分不征收个人所得税。根据目前实际情况，证券经纪人展业成本的比例暂定为每次收入额的 40%。

三、证券经纪人以一个月内取得的佣金收入为一次收入，其每次收入先减去实际缴纳的营业税及附加，再减去本公告第二条规定的展业成本，余额按个人所得税法规定计算缴纳个人所得税。

四、证券公司是证券经纪人个人所得税的扣缴义务人，应按照《国家税务总局关于印发〈个人所得税全员全额扣缴申报管理暂行办法〉的通知》(国税发〔2005〕205 号)规定，认真做好个人所得税全员全额扣缴报告工作。

五、本公告自 2012 年 10 月 1 日起执行。

特此公告。

国家税务总局
二〇一二年九月十二日

国家税务总局关于律师事务所从业人员有关个人所得税问题的公告

国家税务总局公告 2012 年第 53 号

现对律师事务所从业人员有关个人所得税问题公告如下：

一、《国家税务总局关于律师事务所从业人员取得收入征收个人所得税有关业务问题的通知》(国税发〔2000〕149 号)第五条第二款规定的作为律师事务所雇员的律师从其分成收入中扣除办理案件支出费用的标准，由现行在律师当月分成收入的 30%比例内确定，调整为 35%比例内确定。

实行上述收入分成办法的律师办案费用不得在律师事务所重复列支。前款规定自 2013 年 1 月 1 日至 2015 年 12 月 31 日执行。

二、废止国税发〔2000〕149 号第八条的规定，律师从接受法律事务服务的当事人处取得法律顾问费或其他酬金等收入，应并入其从律师事务所取得的其他收入，按照规定计算缴纳个人所得税。

三、合伙人律师在计算应纳税所得额时，应凭合法有效凭据按照个人所得税法和有关规定扣除费用；对确实不能提供合法有效凭据而实际发生与业务有关的费用，经当事人签名确认后，可再按下列标准扣除费用：个人年营业收入不超过50万元的部分，按8%扣除；个人年营业收入超过50万元至100万元的部分，按6%扣除；个人年营业收入超过100万元的部分，按5%扣除。

不执行查账征收的，不适用前款规定。前款规定自2013年1月1日至2015年12月31日执行。

四、律师个人承担的按照律师协会规定参加的业务培训费用，可据实扣除。

五、律师事务所和律师个人发生的其他费用和列支标准，按照《国家税务总局关于印发〈个体工商户个人所得税计税办法(试行)〉的通知》(国税发〔1997〕43号)等文件的规定执行。

六、本公告自2013年1月1日起执行。

特此公告。

国家税务总局

2012年12月7日

国家税务总局关于发布个人所得税申报表的公告

国家税务总局公告2013年第21号

为进一步优化纳税服务，加强税收征管，根据《中华人民共和国个人所得税法》及其实施条例和有关规定，现将国家税务总局修改后的个人所得税申报表及其填表说明(见附件1至附件9)予以发布，自2013年8月1日起执行。执行中如有问题，请及时向税务总局(所得税司)反映。

《国家税务总局关于印发个人所得税申报表式样的通知》(国税发〔1993〕145号)，《财政部 国家税务总局关于印发〈关于个人独资企业和合伙企业投资者征收个人所得税的规定〉的通知》(财税〔2000〕91号)中附件2、附件3和附件4，《国家税务总局关于印发〈个人所得税自行纳税申报办法(试行)〉的通知》(国税发〔2006〕162号)中附件2至附件9，《国家税务总局关于印发〈个人所得税全员全额扣缴申报管理暂行办法〉的通知》(国税发〔2005〕205号)中附件1和附件2，同时废止。

特此公告。

附件：1. 个人所得税基础信息表(A表)(略)

2. 个人所得税基础信息表(B表)(略)
3. 扣缴个人所得税报告表(略)
4. 特定行业个人所得税年度申报表(略)
5. 个人所得税自行纳税申报表(A表)(略)
6. 个人所得税自行纳税申报表(B表)(略)
7. 生产、经营所得个人所得税纳税申报表(A表)(略)
8. 生产、经营所得个人所得税纳税申报表(B表)(略)
9. 生产、经营所得投资者个人所得税汇总申报表(略)

国家税务总局关于个人投资者收购企业股权后将原盈余积累转增股本个人所得税问题的公告

国家税务总局公告2013年第23号

根据《中华人民共和国个人所得税法》及有关规定，对个人投资者收购企业股权后，将企业原有盈余积累转增股本有关个人所得税问题公告如下：

一、1名或多名个人投资者以股权收购方式取得被收购企业100%股权，股权收购前，被收购企业原账面金额中的“资本公积、盈余公积、未分配利润”等盈余积累未转增股本，而在股权交易时将其一并计入股权转让价格并履行了所得税纳税义务。股权收购后，企业将原账面金额中的盈余积累向个人投资者（新股东，下同）转增股本，有关个人所得税问题区分以下情形处理：

（一）新股东以不低于净资产价格收购股权的，企业原盈余积累已全部计入股权交易价格，新股东取得盈余积累转增股本的部分，不征收个人所得税。

（二）新股东以低于净资产价格收购股权的，企业原盈余积累中，对于股权收购价格减去原股本的差额部分已经计入股权交易价格，新股东取得盈余积累转增股本的部分，不征收个人所得税；对于股权收购价格低于原所有者权益的差额部分未计入股权交易价格，新股东取得盈余积累转增股本的部分，应按照“利息、股息、红利所得”项目征收个人所得税。

新股东以低于净资产价格收购企业股权后转增股本，应按照下列顺序进行，即：先转增应税的盈余积累部分，然后再转增免税的盈余积累部分。

二、新股东将所持股权转让时，其财产原值为其收购企业股权实际支付的对价及相关税费。

三、企业发生股权交易及转增股本等事项后，应在次月15日内，将股东及其股权变化情况、股权交易前原账面记载的盈余积累数额、转增股本数额及扣缴税款情况报告主管税务机关。

四、本公告自发布后30日起施行。此前尚未处理的涉税事项按本公告执行。

特此公告。

财政部 人力资源社会保障部 国家税务总局关于企业年金 职业年金个人所得税有关问题的通知

财税〔2013〕103号

各省、自治区、直辖市、计划单列市财政厅（局）、人力资源社会保障厅（局）、地方税务局，新疆生产建设兵团财务局、人力资源社会保障局：

为促进我国多层次养老保险体系的发展，根据个人所得税法相关规定，现就企业年金和职业年金个人所得税有关问题通知如下：

一、企业年金和职业年金缴费的个人所得税处理。

1. 企业和事业单位（以下统称单位）根据国家有关政策规定的办法和标准，为在本单位任职或者受雇的全体职工缴付的企业年金或职业年金（以下统称年金）单位缴费部分，在计入个人账户时，个人暂不缴纳个人所得税。

2. 个人根据国家有关政策规定缴付的年金个人缴费部分，在不超过本人缴费工资计税基数的4%标准内的部分，暂从个人当期的应纳税所得额中扣除。

3. 超过本通知第一条第1项和第2项规定的标准缴付的年金单位缴费和个人缴费部分，应并入个人当期的工资、薪金所得，依法计征个人所得税。税款由建立年金的单位代扣代缴，并向主管税务机关申报解缴。

4. 企业年金个人缴费工资计税基数为本人上一年度月平均工资。月平均工资按国家统计局规定列入工资总额统计的项目计算。月平均工资超过职工工作地所在设区城市上一年度职工月平均工资300%以上的部分，不计入个人缴费工资计税基数。

职业年金个人缴费工资计税基数为职工岗位工资和薪级工资之和。职工岗位工资和薪级工资之和超过职工工作地所在设区城市上一年度职工月平均工资300%以上的部分，不计入个人缴费工资计税基数。

二、年金基金投资运营收益的个人所得税处理。

年金基金投资运营收益分配计入个人账户时，个人暂不缴纳个人所得税。

三、领取年金的个人所得税处理。

1. 个人达到国家规定的退休年龄，在本通知实施之后按月领取的年金，全额按照“工资、薪金所得”项目适用的税率，计征个人所得税；在本通知实施之后按年或按季领取的年金，平均分摊计入各月，每月领取额全额按照"工资、薪金所得"项目适用的税率，计征个人所得税。

2. 对单位和个人在本通知实施之前开始缴付年金缴费，个人在本通知实施之后领取年金的，允许其从领取的年金中减除在本通知实施之前缴付的年金单位缴费和个人缴费且已经缴纳个人所得税的部分，就其余额按照本通知第三条第1项的规定征税。在个人分期领取年金的情况下，可按本通知实施之前缴付的年金缴费金额占全部缴费金额的百分比减计当期的应纳税所得额，减计后的余额，按照本通知第三条第1项的规定，计算缴纳个人所得税。

3. 对个人因出境定居而一次性领取的年金个人账户资金，或个人死亡后，其指定的受益人或法定继承人一次性领取的年金个人账户余额，允许领取人将一次性领取的年金个人账户资金或余额按12个月分摊到各月，就其每月分摊额，按照本通知第三条第1项和第2项的规定计算缴纳个人所得税。对个人除上述特殊原因外一次性领取年金个人账户资金或余额的，则不允许采取分摊的方法，而是就其一次性领取的总额，单独作为一个月的工资薪金所得，按照本通知第三条第1项和第2项的规定，计算缴纳个人所得税。

4. 个人领取年金时，其应纳税款由受托人代表委托人委托托管人代扣代缴。年金账户管理人应及时向托管人提供个人年金缴费及对应的个人所得税纳税明细。托管人根据受托人指令及账户管理人提供的资料，按照规定计算扣缴个人当期领取年金待遇的应纳税款，并向托管人所在地主管税务机关申报解缴。

5. 建立年金计划的单位、年金托管人，应按照个人所得税法和税收征收管理法的有关规定，实行全员全额扣缴明细申报。受托人有责任协调相关管理人依法向税务机关办理扣缴申报、提供相关资料。

四、建立年金计划的单位应于建立年金计划的次月15日内，向其所在地主管税务机关报送年金方案、人力资源社会保障部门出具的方案备案函、计划确认函以及主管税务机关要求报送的其他相关资料。年金方案、受托人、托管人发生变化的，应于发生变化的次月15日内重新向其主管税务机关报送上述资料。

五、财政、税务、人力资源社会保障等相关部门以及年金机构之间要加强协调，通力合作，共同做好政策实施各项工作。

六、本通知所称企业年金，是指根据《企业年金试行办法》(原劳动和社会保障部令第20号)的规定，企业及其职工在依法参加基本养老保险的基础上，自愿建立的补充养老保险制度。所称职业年金是指根据《事业单位职业年金试行办法》(国办发〔2011〕37号)的规定，事业单位及其工作人员在依法参加基本养老保险的基础上，建立的补充养老保险制度。

七、本通知自2014年1月1日起执行。《国家税务总局关于企业年金个人所得税征收管理有关问题的通知》(国税函〔2009〕694号)、《国家税务总局关于企业年金个人所得税有关问题补充规定的公告》(国家税务总局公告2011年第9号)同时废止。

国家税务总局关于个体工商户、个人独资企业和合伙企业个人所得税问题的公告

国家税务总局公告2014年第25号

为规范个人所得税征收管理，根据个人所得税法规定，现就个体工商户、个人独资企业和合伙企业有关个人所得税问题公告如下：

个体工商户、个人独资企业和合伙企业因在纳税年度中间开业、合并、注销及其他原因，导致该纳税年度的实际经营期不足1年的，对个体工商户业主、个人独资企业投资者和合伙企业自然人合伙人的生产经营所得计算个人所得税时，以其实际经营期为1个纳税年度。投资者本人的费用扣除标准，应按照其实际经营月份数，以每月3500元的减除标准确定。计算公式如下：

应纳税所得额＝该年度收入总额－成本、费用及损失－当年投资者本人的费用扣除额

当年投资者本人的费用扣除额＝月减除费用(3500元/月)×当年实际经营月份数

应纳税额＝应纳税所得额×税率－速算扣除数

本公告自发布之日起施行。2014 年度个体工商户、个人独资企业和合伙企业生产经营所得的个人所得税计算,适用本公告。

特此公告。

国家税务总局
2014 年 4 月 23 日

关于《国家税务总局关于个体工商户、个人独资企业和合伙企业个人所得税问题的公告》的解读

最近,税务总局印发了《国家税务总局关于个体工商户、个人独资企业和合伙企业个人所得税问题的公告》(国家税务总局公告 2014 年第 25 号,以下简称《公告》)。现将《公告》解读如下:

一、印发本公告的背景和意义

关于个人独资企业和合伙企业在年度中间开业或注销,其取得的生产经营所得如何计征个人所得税的问题,《财政部国家税务总局关于印发〈关于个人独资企业和合伙企业投资者征收个人所得税的规定〉的通知》(财税〔2000〕91 号)已经进行了明确。而对于个体工商户在年度中间开业或注销的情形,现行政策没有明确规定,给纳税人计算缴纳税款和税务部门的征管带来一定困难,有必要对该问题进行明确。

二、公告的主要内容

根据个人所得税法有关规定,从保持与个人独资企业和合伙企业年度中间开业、合并、注销等情形纳税期限的确定原则一致,同时减轻纳税人负担的角度出发,《公告》规定,个体工商户、个人独资企业和合伙企业在纳税年度中间开业、合并、注销以及其他原因,导致该纳税年度的实际经营期不足 1 年的,个体工商户业主、个人独资企业投资者和合伙企业自然人投资者,在计算其应纳生产经营所得个人所得税时,以其实际经营期为 1 个纳税年度。投资者本人的费用扣除标准,按照其实际经营月份数,以 3500 元/月的标准确定。

财政部 国家税务总局 人力资源社会保障部关于继续实施支持和促进重点群体创业就业有关税收政策的通知

财税〔2014〕39 号

各省、自治区、直辖市、计划单列市财政厅(局)、国家税务局、地方税务局、人力资源社会保障厅(局),新疆生产建设兵团财务局、人力资源社会保障局:

1998 年以来,国家对下岗失业人员再就业给予了一系列税收扶持政策,特别是自 2011 年 1 月 1 日起实施了新的支持和促进就业的税收优惠政策,进一步扩大了享受税收优惠政策的人员范围,对于支持重点群体创业就业,促进社会和谐稳定,推动经济发展发挥了重要作用。该政策于 2013 年 12 月 31 日执行到期。根据当前宏观经济形势和就业面临的新情况、新问题,为扩大就业,鼓励以创业带动就业,经国务院批准,现将继续实施支持和促进重点群体创业就业税收政策有关问题通知如下:

一、对持《就业失业登记证》(注明“自主创业税收政策”或附着《高校毕业生自主创业证》)人员从事个体经营的,在 3 年内按每户每年 8000 元为限额依次扣减其当年实际应缴纳的营业税、城市维护建设税、教育费附加、地方教育附加和个人所得税。限额标准最高可上浮 20%,各省、自治区、直辖市人民政府可根据本地区实际情况在此幅度内确定具体限额标准,并报财政部和国家税务总局备案。

纳税人年度应缴纳税款小于上述扣减限额的,以其实际缴纳的税款为限;大于上述扣减限额的,应以上述扣减限额为限。

本条所称持《就业失业登记证》(注明"自主创业税收政策"或附着《高校毕业生自主创业证》)人员是指:1. 在人力资源社会保障部门公共就业服务机构登记失业半年以上的人员;2. 零就业家庭、享受城市居民最低生活保障家庭劳动年龄内的登记失业人员;3. 毕业年度内高校毕业生。高校毕业生是指实施高等学历教育的普通高等学校、成人高等学校毕业的学生;毕业年度是指毕业所在自然年,即 1 月 1 日至 12 月 31 日。

二、对商贸企业、服务型企业、劳动就业服务企业中的加工型企业和街道社区具有加工性质的小型企业实体,在新增加的岗位中,当年新招用在人力资源社会保障部门公共就业服务机构登记失业一年以上且持《就业失业登记证》(注明"企业吸纳税收政策")人员,与其签订 1 年以上期限劳动合同并依法缴纳社会保险费的,在 3 年内按实际招用人数予以定额依次扣减营业税、城市维护建设税、教育费附加、地方教育附加和企业所得税优惠。定额标准为每人每年 4000 元,最高可上浮 30%,各省、自治区、直辖市人民政府可根据本地区实际情况在此幅度内确定具体定额标准,并报财政部和国家税务总局备案。

按上述标准计算的税收扣减额应在企业当年实际应缴纳的营业税、城市维护建设税、教育费附加、地方教育附加和企业所得税税额中扣减,当年扣减不足的,不得结转下年使用。

本条所称服务型企业是指从事现行营业税"服务业"税目规定经营活动的企业以及按照《民办非企业单位登记管理暂行条例》(国务院令第 251 号)登记成立的民办非企业单位。

三、享受本通知第一条、第二条优惠政策的人员按以下规定申领《就业失业登记证》、《高校毕业生自主创业证》等凭证:

(一)按照《就业服务与就业管理规定》(中华人民共和国劳动和社会保障部令第 28 号)第六十三条的规定,在法定劳动年龄内,有劳动能力,有就业要求,处于无业状态的城镇常住人员,在公共就业服务机构进行失业登记,申领《就业失业登记证》。其中,农村进城务工人员和其他非本地户籍人员在常住地稳定就业满 6 个月的,失业后可以在常住地登记。

(二)零就业家庭凭社区出具的证明,城镇低保家庭凭低保证明,在公共就业服务机构登记失业,申领《就业失业登记证》。

(三)毕业年度内高校毕业生在校期间凭学校出具的相关证明,经学校所在地省级教育行政部门核实认定,取得《高校毕业生自主创业证》(仅在毕业年度适用),并向创业地公共就业服务机构申请取得《就业失业登记证》;高校毕业生离校后直接向创业地公共就业服务机构申领《就业失业登记证》。

(四)上述人员申领相关凭证后,由就业和创业地人力资源社会保障部门对人员范围、就业失业状态、已享受政策情况进行核实,在《就业失业登记证》上注明"自主创业税收政策"或"企业吸纳税收政策"字样,同时符合自主创业和企业吸纳税收政策条件的,可同时加注;主管税务机关在《就业失业登记证》上加盖戳记,注明减免税所属时间。

四、本通知的执行期限为 2014 年 1 月 1 日至 2016 年 12 月 31 日。本通知规定的税收优惠政策按照备案减免税管理,纳税人应向主管税务机关备案。税收优惠政策在 2016 年 12 月 31 日未享受满 3 年的,可继续享受至 3 年期满为止。《财政部国家税务总局关于支持和促进就业有关税收政策的通知》(财税〔2010〕84 号)所规定的税收优惠政策在 2013 年 12 月 31 日未享受满 3 年的,可继续享受至 3 年期满为止。

五、本通知所述人员不得重复享受税收优惠政策,以前年度已享受各项就业税收优惠政策的人员不得再享受本通知规定的税收优惠政策。如果企业的就业人员既适用本通知规定的税收优惠政策,又适用其他扶持就业的税收优惠政策,企业可选择适用最优惠的政策,但不能重复享受。

六、上述税收政策的具体实施办法由国家税务总局会同财政部、人力资源社会保障部、教育部、民政部另行制定。

各地财政、税务、人力资源社会保障部门要加强领导、周密部署,把大力支持和促进重点群体创业就业工作作为一项重要任务,主动做好政策宣传和解释工作,加强部门间的协调配合,确保政策落实到位。同时,要密切关注税收政策的执行情况,对发现的问题及时逐级向财政部、国家税务总局、人力资源社会保障部反映。

财政部 国家税务总局 人力资源社会保障部
2014 年 4 月 29 日

国家税务总局 财政部 人力资源社会保障部 教育部 民政部关于支持和促进重点群体创业就业有关税收政策具体实施问题的公告

国家税务总局公告 2014 年第 34 号

为贯彻落实《财政部国家税务总局人力资源社会保障部关于继续实施支持和促进重点群体创业就业有关税收政策的通知》(财税〔2014〕39 号)精神，现将创业就业有关税收政策的具体实施意见公告如下：

一、个体经营税收政策

(一)申请

1. 在人力资源社会保障部门公共就业服务机构登记失业半年以上的人员、零就业家庭或享受城市居民最低生活保障家庭劳动年龄内的登记失业人员，可持《就业失业登记证》、个体工商户登记执照和税务登记证向创业地县以上(含县级，下同)人力资源社会保障部门提出申请。县以上人力资源社会保障部门应当按照财税〔2014〕39 号文件的规定，核实创业人员是否享受过税收扶持政策。核实后，对符合条件人员在《就业失业登记证》上注明“自主创业税收政策”。

2. 毕业年度高校毕业生在校期间创业的，可注册登录教育部大学生创业服务网(网址：http://cy.ncss.org.cn)，提交《高校毕业生自主创业证》申请表，由所在高校进行网上信息审核确认，学校所在地省级教育行政部门依据学生学籍学历电子注册数据库，对高校毕业生身份、学籍学历、是否是应届高校毕业生等信息进行核实后，向高校毕业生发放《高校毕业生自主创业证》，并在数据库中将其标注为“已领取《高校毕业生自主创业证》”。高校毕业生持《高校毕业生自主创业证》向创业地人力资源社会保障部门提出申请，由创业地人力资源社会保障部门相应核发《就业失业登记证》。

3. 毕业年度高校毕业生离校后创业的，可凭毕业证，直接向创业地县以上人力资源社会保障部门提出申请。县以上人力资源社会保障部门在对人员范围、就业失业状态、已享受政策情况核实后，对符合条件人员相应核发《就业失业登记证》，并注明“自主创业税收政策”。

(二)税款减免顺序及额度

符合条件人员从事个体经营的，按照财税〔2014〕39 号文件第一条的规定，在年度减免税限额内，依次扣减营业税、城市维护建设税、教育费附加、地方教育附加和个人所得税。纳税人的实际经营期不足一年的，应当以实际月份换算其减免税限额。换算公式为：减免税限额＝年度减免税限额÷12×实际经营月数。

纳税人实际应缴纳的营业税、城市维护建设税、教育费附加、地方教育附加和个人所得税小于减免税限额的，以实际应缴纳的营业税、城市维护建设税、教育费附加、地方教育附加和个人所得税税额为限；实际应缴纳的营业税、城市维护建设税、教育费附加、地方教育附加和个人所得税大于减免税限额的，以减免税限额为限。

(三)税收减免备案

纳税人在享受税收优惠政策后的当月，持《就业失业登记证》(注明“自主创业税收政策”或附着《高校毕业生自主创业证》)和税务机关要求的相关材料向其主管税务机关备案。

二、企业、民办非企业单位吸纳税收政策

(一)申请

符合条件的企业、民办非企业单位持下列材料向县以上人力资源社会保障部门递交申请：

1. 新招用人员持有的《就业失业登记证》。

2. 企业、民办非企业单位与新招用持《就业失业登记证》人员签订的劳动合同(副本)，企业、民办非企业单位为职工缴纳的社会保险费记录。

3.《持〈就业失业登记证〉人员本年度实际工作时间表》(见附件)。

4. 人力资源社会保障部门要求的其他材料。

其中，劳动就业服务企业要提交《劳动就业服务企业证书》，民办非企业单位提交《民办非企业单位登记证书》。

县以上人力资源社会保障部门接到企业、民办非企业单位报送的材料后，应当按照财税〔2014〕39 号文件的规定，重点核实以下情况：

1. 新招用人员是否属于享受税收优惠政策人员范围，以前是否已享受过税收优惠政策；

2. 企业、民办非企业单位是否与新招用人员签订了 1 年以上期限劳动合同，为新招用人员缴纳社会保险费的记录；

3. 企业、民办非企业单位的经营范围是否符合税收政策规定。

核实后，对符合条件的人员，在《就业失业登记证》上注明“企业吸纳税收政策”，对符合条件的企业、民办非企业单位核发《企业实体吸纳失业人员认定证明》。

(二)税款减免顺序及额度

1. 纳税人按本单位吸纳人数和签订的劳动合同时间核定本单位减免税总额，在减免税总额内每月依次扣减营业税、城市维护建设税、教育费附加和地方教育附加。纳税人实际应缴纳的营业税、城市维护建设税、教育费附加和地方教育附加小于核定减免税总额的，以实际应缴纳的营业税、城市维护建设税、教育费附加、地方教育附加为限；实际应缴纳的营业税、城市维护建设税、教育费附加和地方教育附加大于核定减免税总额的，以核定减免税总额为限。

纳税年度终了，如果纳税人实际减免的营业税、城市维护建设税、教育费附加和地方教育附加小于核定的减免税总额，纳税人在企业所得税汇算清缴时，以差额部分扣减企业所得税。当年扣减不足的，不再结转以后年度扣减。

$$减免税总额=\sum 每名失业人员本年度在本企业工作月份\div 12\times 定额$$

企业、民办非企业单位自吸纳失业人员的次月起享受税收优惠政策。

2. 第二年及以后年度当年新招用人员、原招用人员及其工作时间按上述程序和办法执行。每名失业人员享受税收优惠政策的期限最长不超过 3 年。

(三)税收减免备案

1. 经县以上人力资源社会保障部门核实后，纳税人依法享受税收优惠政策。纳税人持县以上人力资源社会保障部门核发的《企业实体吸纳失业人员认定证明》《持〈就业失业登记证〉人员本年度实际工作时间表》和税务机关要求的其他材料，在享受税收优惠政策后的当月向主管税务机关备案。

2. 企业、民办非企业单位纳税年度终了前招用失业人员发生变化的，应当在人员变化次月按照前项规定重新备案。

三、管理

(一)严格各项凭证的审核发放。任何单位或个人不得伪造、涂改、转让、出租相关凭证，违者将依法予以惩处；对采取上述手段已经获取减免税的企业、民办非企业单位和个人，主管税务机关要追缴其已减免的税款，并依法予以处罚；对出借、转让《就业失业登记证》的人员，主管人力资源社会保障部门要收回其《就业失业登记证》并记录在案。

(二)《就业失业登记证》采用实名制，限持证者本人使用。创业人员从事个体经营的，《就业失业登记证》由本人保管；被用人单位录用的，享受税收优惠政策期间，证件由用人单位保管。《就业失业登记证》由人力资源社会保障部统一样式，各省、自治区、直辖市人力资源社会保障部门负责印制，统一编号备案，作为审核劳动者就业失业状况和享受政策情况的有效凭证。

(三)《企业实体吸纳失业人员认定证明》由人力资源社会保障部统一式样，各省、自治区、直辖市人力资源社会保障部门统一印制，统一编号备案。

(四)《高校毕业生自主创业证》采用实名制，限持证者本人使用。《高校毕业生自主创业证》由教育部统一样式，各省、自治区、直辖市教育行政部门负责印制，其中注明申领人姓名、身份证号、毕业院校等信息，并粘贴申领人本人照片。

(五)县以上税务、财政、人力资源社会保障、教育、民政部门要建立劳动者就业信息交换和协查制度。人力资源社会保障部建立全国统一的就业信息平台，供各级人力资源社会保障、税务、财政、民政部门查询《就业失业登记证》信息。地方各级人力资源社会保障部门要及时将《就业失业登记证》信息(包括发放信息和内容更新信息)按规定上报人力资源社会保障部。教育部门要按季将《高校毕业生自主创业证》发放情况以电子、纸质文件等形式通报同级人力资源社会保障部门和税务机关。

（六）主管税务机关应当在纳税人备案时，在《就业失业登记证》中加盖戳记，注明减免税所属时间。各级税务机关对《就业失业登记证》有疑问的，可提请同级人力资源社会保障部门予以协查，同级人力资源社会保障部门应根据具体情况规定合理的工作时限，并在时限内将协查结果通报提请协查的税务机关。

四、本公告自2014年1月1日起施行。《国家税务总局财政部人力资源社会保障部教育部关于支持和促进就业有关税收政策具体实施问题的公告》（国家税务总局公告2010年第25号）同时废止。

特此公告。

附件：持《就业失业登记证》人员本年度实际工作时间表（略）

国家税务总局 财政部 人力资源社会保障部 教育部 民政部
2014年5月30日

财政部 税务总局 人力资源社会保障部 教育部关于支持和促进重点群体创业就业税收政策有关问题的补充通知

财税〔2015〕18号

各省、自治区、直辖市、计划单列市财政厅（局）、国家税务局、地方税务局、人力资源社会保障厅（局）、教育厅（教委），新疆生产建设兵团财务局、人力资源社会保障局、教育局：

为进一步简化享受税收优惠政策程序，经国务院批准，现对《财政部 国家税务总局 人力资源社会保障部关于继续实施支持和促进重点群体创业就业有关税收政策的通知》（财税〔2014〕39号）补充通知如下：

一、将《就业失业登记证》更名为《就业创业证》，已发放的《就业失业登记证》继续有效，不再统一更换。《就业创业证》的发放、使用、管理等事项按人力资源社会保障部的有关规定执行。各地可印制一批《就业创业证》先向有需求的毕业年度内高校毕业生发放。

二、取消《高校毕业生自主创业证》，毕业年度内高校毕业生从事个体经营的，持《就业创业证》（注明“毕业年度内自主创业税收政策”）享受税收优惠政策。

三、毕业年度内高校毕业生在校期间凭学生证向公共就业服务机构按规定申领《就业创业证》，或委托所在高校就业指导中心向公共就业服务机构按规定代为其申领《就业创业证》；毕业年度内高校毕业生离校后直接向公共就业服务机构按规定申领《就业创业证》。

本通知自发布之日起施行，各地财政、税务、人力资源社会保障、教育部门要认真做好新旧政策的衔接工作，主动做好政策宣传和解释工作，加强部门间的协调配合，确保政策落实到位。

财政部 税务总局 人力资源社会保障部 教育部
2015年1月27日

国家税务总局 财政部 人力资源社会保障部 教育部 民政部关于支持和促进重点群体创业就业有关税收政策具体实施问题的补充公告

国家税务总局 财政部 人力资源社会保障部 教育部 民政部公告2015年第12号

为贯彻落实《财政部 国家税务总局 人力资源社会保障部 教育部关于支持和促进重点群体创业就业税收政策有关问题的补充通知》（财税〔2015〕18号）精神，现对《国家税务总局 财政部 人力资源社会保障部 教育部

民政部关于支持和促进重点群体创业就业有关税收政策具体实施问题的公告》(2014 年第 34 号)有关内容补充公告如下:

一、《就业失业登记证》更名为《就业创业证》,已发放的《就业失业登记证》继续有效。

二、取消《高校毕业生自主创业证》后,毕业年度内高校毕业生在校期间从事个体经营享受税收优惠政策的,按规定凭学生证到公共就业服务机构申领《就业创业证》,或委托所在高校就业指导中心向公共就业服务机构代为其申领《就业创业证》;毕业年度内高校毕业生离校后从事个体经营享受税收优惠政策的,按规定直接向公共就业服务机构申领《就业创业证》。公共就业服务机构在《就业创业证》上注明"毕业年度内自主创业税收政策"。

本补充公告自发布之日起施行。

特此公告。

国家税务总局 财政部
人力资源社会保障部 教育部 民政部
2015 年 2 月 13 日

财政部 国家税务总局 民政部关于调整完善扶持自主就业退役士兵创业就业有关税收政策的通知

财税〔2014〕42 号

各省、自治区、直辖市、计划单列市财政厅(局)、国家税务局、地方税务局、民政厅(局),新疆生产建设兵团财务局、民政局:

自 2004 年起,国家对城镇退役士兵自谋职业给予税收扶持政策,有力地促进了城镇退役士兵创业就业。2011 年 10 月 29 日,新修订的《中华人民共和国兵役法》和首次制定的《退役士兵安置条例》公布,城乡一体的退役士兵安置改革正式施行,退役士兵安置工作进入新的历史时期。为贯彻落实中央对扎实做好退役士兵安置工作的新要求,经国务院批准,现就调整完善自主就业退役士兵创业就业税收政策有关问题通知如下:

一、对自主就业退役士兵从事个体经营的,在 3 年内按每户每年 8000 元为限额依次扣减其当年实际应缴纳的营业税、城市维护建设税、教育费附加、地方教育附加和个人所得税。限额标准最高可上浮 20%,各省、自治区、直辖市人民政府可根据本地区实际情况在此幅度内确定具体限额标准,并报财政部和国家税务总局备案。

纳税人年度应缴纳税款小于上述扣减限额的,以其实际缴纳的税款为限;大于上述扣减限额的,应以上述扣减限额为限。纳税人的实际经营期不足一年的,应当以实际月份换算其减免税限额。换算公式为:减免税限额=年度减免税限额÷12×实际经营月数。

纳税人在享受税收优惠政策的当月,持《中国人民解放军义务兵退出现役证》或《中国人民解放军士官退出现役证》以及税务机关要求的相关材料向主管税务机关备案。

二、对商贸企业、服务型企业、劳动就业服务企业中的加工型企业和街道社区具有加工性质的小型企业实体,在新增加的岗位中,当年新招用自主就业退役士兵,与其签订 1 年以上期限劳动合同并依法缴纳社会保险费的,在 3 年内按实际招用人数予以定额依次扣减营业税、城市维护建设税、教育费附加、地方教育附加和企业所得税优惠。定额标准为每人每年 4000 元,最高可上浮 50%,各省、自治区、直辖市人民政府可根据本地区实际情况在此幅度内确定具体定额标准,并报财政部和国家税务总局备案。

本条所称服务型企业是指从事现行营业税"服务业"税目规定经营活动的企业以及按照《民办非企业单位登记管理暂行条例》(国务院令第 251 号)登记成立的民办非企业单位。

纳税人按企业招用人数和签订的劳动合同时间核定企业减免税总额,在核定减免税总额内每月依次扣减营业税、城市维护建设税、教育费附加和地方教育附加。纳税人实际应缴纳的营业税、城市维护建设税、教育费附加和地方教育附加小于核定减免税总额的，以实际应缴纳的营业税、城市维护建设税、教育费附加和地方教育附加为限；实际应缴纳的营业税、城市维护建设税、教育费附加和地方教育附加大于核定减免税总额的，以核定减免税总额为限。

纳税年度终了，如果企业实际减免的营业税、城市维护建设税、教育费附加和地方教育附加小于核定的减免税总额，企业在企业所得税汇算清缴时扣减企业所得税。当年扣减不足的，不再结转以后年度扣减。

计算公式为：企业减免税总额＝∑每名自主就业退役士兵本年度在本企业工作月份÷12×定额标准。

企业自招用自主就业退役士兵的次月起享受税收优惠政策，并于享受税收优惠政策的当月，持下列材料向主管税务机关备案：1. 新招用自主就业退役士兵的《中国人民解放军义务兵退出现役证》或《中国人民解放军士官退出现役证》；2. 企业与新招用自主就业退役士兵签订的劳动合同（副本），企业为职工缴纳的社会保险费记录；3. 自主就业退役士兵本年度在企业工作时间表（见附件）；4. 税务机关要求的其他相关材料。

三、本通知所称自主就业退役士兵是指依照《退役士兵安置条例》（国务院、中央军委令第 608 号）的规定退出现役并按自主就业方式安置的退役士兵。

四、本通知的执行期限为 2014 年 1 月 1 日至 2016 年 12 月 31 日。本通知规定的税收优惠政策按照备案减免税管理，纳税人应向主管税务机关备案。税收优惠政策在 2016 年 12 月 31 日未享受满 3 年的，可继续享受至 3 年期满为止。《财政部国家税务总局关于扶持城镇退役士兵自谋职业有关税收优惠政策的通知》（财税〔2004〕93 号）自 2014 年 1 月 1 日起停止执行，其所规定的税收优惠政策在 2013 年 12 月 31 日未享受满 3 年的，可继续享受至 3 年期满为止。

《财政部国家税务总局关于将铁路运输和邮政业纳入营业税改征增值税试点的通知》（财税〔2013〕106 号）附件 3 第一条第（十二）项城镇退役士兵就业免征增值税政策，自 2014 年 7 月 1 日起停止执行。在 2014 年 6 月 30 日未享受满 3 年的，可继续享受至 3 年期满为止。

五、如果企业招用的自主就业退役士兵既适用本通知规定的税收优惠政策，又适用其他扶持就业的税收优惠政策，企业可选择适用最优惠的政策，但不能重复享受。

各地财政、税务、民政部门要加强领导、周密部署，把扶持自主就业退役士兵创业就业工作作为一项重要任务，主动做好政策宣传和解释工作，加强部门间的协调配合，确保政策落实到位。同时，要密切关注税收政策的执行情况，对发现的问题及时逐级向财政部、国家税务总局、民政部反映。

财政部 国家税务总局 民政部
2014 年 4 月 29 日

财政部 国家税务总局关于促进公共租赁住房发展有关税收优惠政策的通知

财税〔2014〕52 号

各省、自治区、直辖市、计划单列市财政厅（局）、地方税务局，西藏、宁夏、青海省（自治区）国家税务局，新疆生产建设兵团财务局：

根据《国务院办公厅关于保障性安居工程建设和管理的指导意见》（国办发〔2011〕45 号）和住房城乡建设部、财政部、国家税务总局等部门《关于加快发展公共租赁住房的指导意见》（建保〔2010〕87 号）等文件精神，决定继续对公共租赁住房建设和运营给予税收优惠。现将有关政策通知如下：

一、对公共租赁住房建设期间用地及公共租赁住房建成后占地免征城镇土地使用税。在其他住房项目中配套建设公共租赁住房，依据政府部门出具的相关材料，按公共租赁住房建筑面积占总建筑面积的比例免征建设、管理公共租赁住房涉及的城镇土地使用税。

二、对公共租赁住房经营管理单位免征建设、管理公共租赁住房涉及的印花税。在其他住房项目中配套建设公共租赁住房，依据政府部门出具的相关材料，按公共租赁住房建筑面积占总建筑面积的比例免征建设、管理公共租赁住房涉及的印花税。

三、对公共租赁住房经营管理单位购买住房作为公共租赁住房，免征契税、印花税；对公共租赁住房租赁双方免征签订租赁协议涉及的印花税。

四、对企事业单位、社会团体以及其他组织转让旧房作为公共租赁住房房源，且增值额未超过扣除项目金额20%的，免征土地增值税。

五、企事业单位、社会团体以及其他组织捐赠住房作为公共租赁住房，符合税收法律法规规定的，对其公益性捐赠支出在年度利润总额12%以内的部分，准予在计算应纳税所得额时扣除。

个人捐赠住房作为公共租赁住房，符合税收法律法规规定的，对其公益性捐赠支出未超过其申报的应纳税所得额30%的部分，准予从其应纳税所得额中扣除。

六、对符合地方政府规定条件的低收入住房保障家庭从地方政府领取的住房租赁补贴，免征个人所得税。

七、对公共租赁住房免征房产税。对经营公共租赁住房所取得的租金收入，免征营业税。公共租赁住房经营管理单位应单独核算公共租赁住房租金收入，未单独核算的，不得享受免征营业税、房产税优惠政策。

八、享受上述税收优惠政策的公共租赁住房是指纳入省、自治区、直辖市、计划单列市人民政府及新疆生产建设兵团批准的公共租赁住房发展规划和年度计划，并按照《关于加快发展公共租赁住房的指导意见》(建保〔2010〕87号)和市、县人民政府制定的具体管理办法进行管理的公共租赁住房。

九、本通知执行期限为2013年9月28日至2015年12月31日。2013年9月28日以后已征的应予减免的税款，在纳税人以后应缴的相应税款中抵减或者予以退还。

根据《住房城乡建设部财政部国家发展改革委关于公共租赁住房和廉租住房并轨运行的通知》(建保〔2013〕178号)规定，2014年以前年度已列入廉租住房年度建设计划的在建项目，自本通知印发之日起，统一按本通知规定的税收优惠政策执行。《财政部国家税务总局关于廉租住房经济适用住房和住房租赁有关税收政策的通知》(财税〔2008〕24号)中有关廉租住房税收政策的规定自本通知印发之日起同时废止。

财政部 国家税务总局
2014年8月11日

财政部 国家税务总局 证监会关于沪港股票市场交易互联互通机制试点有关税收政策的通知

财税〔2014〕81号

各省、自治区、直辖市、计划单列市财政厅(局)、国家税务局、地方税务局，新疆生产建设兵团财务局，上海、深圳证券交易所，中国证券登记结算公司：

经国务院批准，现就沪港股票市场交易互联互通机制试点涉及的有关税收政策问题明确如下：

一、关于内地投资者通过沪港通投资香港联合交易所有限公司(以下简称香港联交所)上市股票的所得税问题

(一)内地个人投资者通过沪港通投资香港联交所上市股票的转让差价所得税。

对内地个人投资者通过沪港通投资香港联交所上市股票取得的转让差价所得，自2014年11月17日起至2017年11月16日止，暂免征收个人所得税。

（二）内地企业投资者通过沪港通投资香港联交所上市股票的转让差价所得税。

对内地企业投资者通过沪港通投资香港联交所上市股票取得的转让差价所得，计入其收入总额，依法征收企业所得税。

（三）内地个人投资者通过沪港通投资香港联交所上市股票的股息红利所得税。

对内地个人投资者通过沪港通投资香港联交所上市H股取得的股息红利，H股公司应向中国证券登记结算有限责任公司（以下简称中国结算）提出申请，由中国结算向H股公司提供内地个人投资者名册，H股公司按照20％的税率代扣个人所得税。内地个人投资者通过沪港通投资香港联交所上市的非H股取得的股息红利，由中国结算按照20％的税率代扣个人所得税。个人投资者在国外已缴纳的预提税，可持有效扣税凭证到中国结算的主管税务机关申请税收抵免。

对内地证券投资基金通过沪港通投资香港联交所上市股票取得的股息红利所得，按照上述规定计征个人所得税。

（四）内地企业投资者通过沪港通投资香港联交所上市股票的股息红利所得税。

1. 对内地企业投资者通过沪港通投资香港联交所上市股票取得的股息红利所得，计入其收入总额，依法计征企业所得税。其中，内地居民企业连续持有H股满12个月取得的股息红利所得，依法免征企业所得税。

2. 香港联交所上市H股公司应向中国结算提出申请，由中国结算向H股公司提供内地企业投资者名册，H股公司对内地企业投资者不代扣股息红利所得税款，应纳税款由企业自行申报缴纳。

3. 内地企业投资者自行申报缴纳企业所得税时，对香港联交所非H股上市公司已代扣代缴的股息红利所得税，可依法申请税收抵免。

二、关于香港市场投资者通过沪港通投资上海证券交易所（以下简称上交所）上市A股的所得税问题

1. 对香港市场投资者（包括企业和个人）投资上交所上市A股取得的转让差价所得，暂免征收所得税。

2. 对香港市场投资者（包括企业和个人）投资上交所上市A股取得的股息红利所得，在香港中央结算有限公司（以下简称香港结算）不具备向中国结算提供投资者的身份及持股时间等明细数据的条件之前，暂不执行按持股时间实行差别化征税政策，由上市公司按照10％的税率代扣所得税，并向其主管税务机关办理扣缴申报。对于香港投资者中属于其他国家税收居民且其所在国与中国签订的税收协定规定股息红利所得税率低于10％的，企业或个人可以自行或委托代扣代缴义务人，向上市公司主管税务机关提出享受税收协定待遇的申请，主管税务机关审核后，应按已征税款和根据税收协定税率计算的应纳税款的差额予以退税。

三、关于内地和香港市场投资者通过沪港通买卖股票的营业税问题

1. 对香港市场投资者（包括单位和个人）通过沪港通买卖上交所上市A股取得的差价收入，暂免征收营业税。

2. 对内地个人投资者通过沪港通买卖香港联交所上市股票取得的差价收入，按现行政策规定暂免征收营业税。

3. 对内地单位投资者通过沪港通买卖香港联交所上市股票取得的差价收入，按现行政策规定征免营业税。

四、关于内地和香港市场投资者通过沪港通转让股票的证券（股票）交易印花税问题

香港市场投资者通过沪港通买卖、继承、赠与上交所上市A股，按照内地现行税制规定缴纳证券（股票）交易印花税。内地投资者通过沪港通买卖、继承、赠与联交所上市股票，按照香港特别行政区现行税法规定缴纳印花税。

中国结算和香港结算可互相代收上述税款。

五、本通知自2014年11月17日起执行。

财政部 国家税务总局 证监会
2014年10月31日

国家税务总局关于发布《股权转让所得个人所得税管理办法(试行)》的公告

国家税务总局公告2014年第67号

现将《股权转让所得个人所得税管理办法(试行)》予以发布,自2015年1月1日起施行。

特此公告。

国家税务总局

2014年12月7日

股权转让所得个人所得税管理办法(试行)

第一章 总 则

第一条 为加强股权转让所得个人所得税征收管理,规范税务机关、纳税人和扣缴义务人征纳行为,维护纳税人合法权益,根据《中华人民共和国个人所得税法》及其实施条例、《中华人民共和国税收征收管理法》及其实施细则,制定本办法。

第二条 本办法所称股权是指自然人股东(以下简称个人)投资于在中国境内成立的企业或组织(以下统称被投资企业,不包括个人独资企业和合伙企业)的股权或股份。

第三条 本办法所称股权转让是指个人将股权转让给其他个人或法人的行为,包括以下情形:

(一)出售股权;

(二)公司回购股权;

(三)发行人首次公开发行新股时,被投资企业股东将其持有的股份以公开发行方式一并向投资者发售;

(四)股权被司法或行政机关强制过户;

(五)以股权对外投资或进行其他非货币性交易;

(六)以股权抵偿债务;

(七)其他股权转移行为。

第四条 个人转让股权,以股权转让收入减除股权原值和合理费用后的余额为应纳税所得额,按"财产转让所得"缴纳个人所得税。

合理费用是指股权转让时按照规定支付的有关税费。

第五条 个人股权转让所得个人所得税,以股权转让方为纳税人,以受让方为扣缴义务人。

第六条 扣缴义务人应于股权转让相关协议签订后5个工作日内,将股权转让的有关情况报告主管税务机关。

被投资企业应当详细记录股东持有本企业股权的相关成本,如实向税务机关提供与股权转让有关的信息,协助税务机关依法执行公务。

第二章 股权转让收入的确认

第七条 股权转让收入是指转让方因股权转让而获得的现金、实物、有价证券和其他形式的经济利益。

第八条 转让方取得与股权转让相关的各种款项,包括违约金、补偿金以及其他名目的款项、资产、权益等,均应当并入股权转让收入。

第九条 纳税人按照合同约定,在满足约定条件后取得的后续收入,应当作为股权转让收入。

第十条 股权转让收入应当按照公平交易原则确定。

第十一条 符合下列情形之一的，主管税务机关可以核定股权转让收入：

（一）申报的股权转让收入明显偏低且无正当理由的；

（二）未按照规定期限办理纳税申报，经税务机关责令限期申报，逾期仍不申报的；

（三）转让方无法提供或拒不提供股权转让收入的有关资料；

（四）其他应核定股权转让收入的情形。

第十二条 符合下列情形之一，视为股权转让收入明显偏低：

（一）申报的股权转让收入低于股权对应的净资产份额的。其中，被投资企业拥有土地使用权、房屋、房地产企业未销售房产、知识产权、探矿权、采矿权、股权等资产的，申报的股权转让收入低于股权对应的净资产公允价值份额的；

（二）申报的股权转让收入低于初始投资成本或低于取得该股权所支付的价款及相关税费的；

（三）申报的股权转让收入低于相同或类似条件下同一企业同一股东或其他股东股权转让收入的；

（四）申报的股权转让收入低于相同或类似条件下同类行业的企业股权转让收入的；

（五）不具合理性的无偿让渡股权或股份；

（六）主管税务机关认定的其他情形。

第十三条 符合下列条件之一的股权转让收入明显偏低，视为有正当理由：

（一）能出具有效文件，证明被投资企业因国家政策调整，生产经营受到重大影响，导致低价转让股权；

（二）继承或将股权转让给其能提供具有法律效力身份关系证明的配偶、父母、子女、祖父母、外祖父母、孙子女、外孙子女、兄弟姐妹以及对转让人承担直接抚养或者赡养义务的抚养人或者赡养人；

（三）相关法律、政府文件或企业章程规定，并有相关资料充分证明转让价格合理且真实的本企业员工持有的不能对外转让股权的内部转让；

（四）股权转让双方能够提供有效证据证明其合理性的其他合理情形。

第十四条 主管税务机关应依次按照下列方法核定股权转让收入：

（一）净资产核定法

股权转让收入按照每股净资产或股权对应的净资产份额核定。

被投资企业的土地使用权、房屋、房地产企业未销售房产、知识产权、探矿权、采矿权、股权等资产占企业总资产比例超过20%的，主管税务机关可参照纳税人提供的具有法定资质的中介机构出具的资产评估报告核定股权转让收入。

6个月内再次发生股权转让且被投资企业净资产未发生重大变化的，主管税务机关可参照上一次股权转让时被投资企业的资产评估报告核定此次股权转让收入。

（二）类比法

1. 参照相同或类似条件下同一企业同一股东或其他股东股权转让收入核定；

2. 参照相同或类似条件下同类行业企业股权转让收入核定。

（三）其他合理方法

主管税务机关采用以上方法核定股权转让收入存在困难的，可以采取其他合理方法核定。

第三章 股权原值的确认

第十五条 个人转让股权的原值依照以下方法确认：

（一）以现金出资方式取得的股权，按照实际支付的价款与取得股权直接相关的合理税费之和确认股权原值；

（二）以非货币性资产出资方式取得的股权，按照税务机关认可或核定的投资入股时非货币性资产价格与取得股权直接相关的合理税费之和确认股权原值；

（三）通过无偿让渡方式取得股权，具备本办法第十三条第二项所列情形的，按取得股权发生的合理税费与原持有人的股权原值之和确认股权原值；

（四）被投资企业以资本公积、盈余公积、未分配利润转增股本，个人股东已依法缴纳个人所得税的，以转增额和相关税费之和确认其新转增股本的股权原值；

（五）除以上情形外，由主管税务机关按照避免重复征收个人所得税的原则合理确认股权原值。

第十六条 股权转让人已被主管税务机关核定股权转让收入并依法征收个人所得税的，该股权受让人的股权原值以取得股权时发生的合理税费与股权转让人被主管税务机关核定的股权转让收入之和确认。

第十七条 个人转让股权未提供完整、准确的股权原值凭证，不能正确计算股权原值的，由主管税务机关核定其股权原值。

第十八条 对个人多次取得同一被投资企业股权的，转让部分股权时，采用"加权平均法"确定其股权原值。

第四章 纳税申报

第十九条 个人股权转让所得个人所得税以被投资企业所在地地税机关为主管税务机关。

第二十条 具有下列情形之一的，扣缴义务人、纳税人应当依法在次月 15 日内向主管税务机关申报纳税：

（一）受让方已支付或部分支付股权转让价款的；

（二）股权转让协议已签订生效的；

（三）受让方已经实际履行股东职责或者享受股东权益的；

（四）国家有关部门判决、登记或公告生效的；

（五）本办法第三条第四至第七项行为已完成的；

（六）税务机关认定的其他有证据表明股权已发生转移的情形。

第二十一条 纳税人、扣缴义务人向主管税务机关办理股权转让纳税（扣缴）申报时，还应当报送以下资料：

（一）股权转让合同（协议）；

（二）股权转让双方身份证明；

（三）按规定需要进行资产评估的，需提供具有法定资质的中介机构出具的净资产或土地房产等资产价值评估报告；

（四）计税依据明显偏低但有正当理由的证明材料；

（五）主管税务机关要求报送的其他材料。

第二十二条 被投资企业应当在董事会或股东会结束后 5 个工作日内，向主管税务机关报送与股权变动事项相关的董事会或股东会决议、会议纪要等资料。

被投资企业发生个人股东变动或者个人股东所持股权变动的，应当在次月 15 日内向主管税务机关报送含有股东变动信息的《个人所得税基础信息表（A 表）》及股东变更情况说明。

主管税务机关应当及时向被投资企业核实其股权变动情况，并确认相关转让所得，及时督促扣缴义务人和纳税人履行法定义务。

第二十三条 转让的股权以人民币以外的货币结算的，按照结算当日人民币汇率中间价，折算成人民币计算应纳税所得额。

第五章 征收管理

第二十四条 税务机关应加强与工商部门合作，落实和完善股权信息交换制度，积极开展股权转让信息共享工作。

第二十五条 税务机关应当建立股权转让个人所得税电子台账，将个人股东的相关信息录入征管信息系统，强化对每次股权转让间股权转让收入和股权原值的逻辑审核，对股权转让实施链条式动态管理。

第二十六条 税务机关应当落实好国税部门、地税部门之间的信息交换与共享制度，不断提升股权登记信息应用能力。

第二十七条 税务机关应当加强对股权转让所得个人所得税的日常管理和税务检查，积极推进股权转让各税种协同管理。

第二十八条 纳税人、扣缴义务人及被投资企业未按照规定期限办理纳税（扣缴）申报和报送相关资料的，依照《中华人民共和国税收征收管理法》及其实施细则有关规定处理。

第二十九条 各地可通过政府购买服务的方式，引入中介机构参与股权转让过程中相关资产的评估工作。

第六章 附 则

第三十条 个人在上海证券交易所、深圳证券交易所转让从上市公司公开发行和转让市场取得的上市公司股票，转让限售股，以及其他有特别规定的股权转让，不适用本办法。

第三十一条 各省、自治区、直辖市和计划单列市地方税务局可以根据本办法，结合本地实际，制定具体实施办法。

第三十二条 本办法自2015年1月1日起施行。《国家税务总局关于加强股权转让所得征收个人所得税管理的通知》(国税函〔2009〕285号)、《国家税务总局关于股权转让个人所得税计税依据核定问题的公告》(国家税务总局公告2010年第27号)同时废止。

财政部 国家税务总局关于个人非货币性资产投资有关个人所得税政策的通知

财税〔2015〕41号

各省、自治区、直辖市、计划单列市财政厅(局)、地方税务局，新疆生产建设兵团财务局：

为进一步鼓励和引导民间个人投资，经国务院批准，将在上海自由贸易试验区试点的个人非货币性资产投资分期缴税政策推广至全国。现就个人非货币性资产投资有关个人所得税政策通知如下：

一、个人以非货币性资产投资，属于个人转让非货币性资产和投资同时发生。对个人转让非货币性资产的所得，应按照“财产转让所得”项目，依法计算缴纳个人所得税。

二、个人以非货币性资产投资，应按评估后的公允价值确认非货币性资产转让收入。非货币性资产转让收入减除该资产原值及合理税费后的余额为应纳税所得额。

个人以非货币性资产投资，应于非货币性资产转让、取得被投资企业股权时，确认非货币性资产转让收入的实现。

三、个人应在发生上述应税行为的次月15日内向主管税务机关申报纳税。纳税人一次性缴税有困难的，可合理确定分期缴纳计划并报主管税务机关备案后，自发生上述应税行为之日起不超过5个公历年度内(含)分期缴纳个人所得税。

四、个人以非货币性资产投资交易过程中取得现金补价的，现金部分应优先用于缴税；现金不足以缴纳的部分，可分期缴纳。

个人在分期缴税期间转让其持有的上述全部或部分股权，并取得现金收入的，该现金收入应优先用于缴纳尚未缴清的税款。

五、本通知所称非货币性资产，是指现金、银行存款等货币性资产以外的资产，包括股权、不动产、技术发明成果以及其他形式的非货币性资产。

本通知所称非货币性资产投资，包括以非货币性资产出资设立新的企业，以及以非货币性资产出资参与企业增资扩股、定向增发股票、股权置换、重组改制等投资行为。

六、本通知规定的分期缴税政策自2015年4月1日起施行。对2015年4月1日之前发生的个人非货币性资产投资，尚未进行税收处理且自发生上述应税行为之日起期限未超过5年的，可在剩余的期限内分期缴纳其应纳税款。

财政部 国家税务总局

2015年3月30日

国家税务总局关于个人非货币性资产投资有关个人所得税征管问题的公告

国家税务总局公告2015年第20号

为落实国务院第83次常务会议决定，鼓励和引导民间个人投资，根据《中华人民共和国个人所得税法》及其实施条例、《中华人民共和国税收征收管理法》及其实施细则、《财政部 国家税务总局关于个人非货币性资产投资有关个人所得税政策的通知》(财税〔2015〕41号)规定，现就落实个人非货币性资产投资有关个人所得税征管问题公告如下：

一、非货币性资产投资个人所得税以发生非货币性资产投资行为并取得被投资企业股权的个人为纳税人。

二、非货币性资产投资个人所得税由纳税人向主管税务机关自行申报缴纳。

三、纳税人以不动产投资的，以不动产所在地地税机关为主管税务机关；纳税人以其持有的企业股权对外投资的，以该企业所在地地税机关为主管税务机关；纳税人以其他非货币资产投资的，以被投资企业所在地地税机关为主管税务机关。

四、纳税人非货币性资产投资应纳税所得额为非货币性资产转让收入减除该资产原值及合理税费后的余额。

五、非货币性资产原值为纳税人取得该项资产时实际发生的支出。

纳税人无法提供完整、准确的非货币性资产原值凭证，不能正确计算非货币性资产原值的，主管税务机关可依法核定其非货币性资产原值。

六、合理税费是指纳税人在非货币性资产投资过程中发生的与资产转移相关的税金及合理费用。

七、纳税人以股权投资的，该股权原值确认等相关问题依照《股权转让所得个人所得税管理办法(试行)》(国家税务总局公告2014年第67号发布)有关规定执行。

八、纳税人非货币性资产投资需要分期缴纳个人所得税的，应于取得被投资企业股权之日的次月15日内，自行制定缴税计划并向主管税务机关报送《非货币性资产投资分期缴纳个人所得税备案表》(见附件)、纳税人身份证明、投资协议、非货币性资产评估价格证明材料、能够证明非货币性资产原值及合理税费的相关资料。

2015年4月1日之前发生的非货币性资产投资，期限未超过5年，尚未进行税收处理且需要分期缴纳个人所得税的，纳税人应于本公告下发之日起30日内向主管税务机关办理分期缴税备案手续。

九、纳税人分期缴税期间提出变更原分期缴税计划的，应重新制定分期缴税计划并向主管税务机关重新报送《非货币性资产投资分期缴纳个人所得税备案表》。

十、纳税人按分期缴税计划向主管税务机关办理纳税申报时，应提供已在主管税务机关备案的《非货币性资产投资分期缴纳个人所得税备案表》和本期之前各期已缴纳个人所得税的完税凭证。

十一、纳税人在分期缴税期间转让股权的，应于转让股权之日的次月15日内向主管税务机关申报纳税。

十二、被投资企业应将纳税人以非货币性资产投入本企业取得股权和分期缴税期间纳税人股权变动情况，分别于相关事项发生后15日内向主管税务机关报告，并协助税务机关执行公务。

十三、纳税人和被投资企业未按规定备案、缴税和报送资料的，按照《中华人民共和国税收征收管理法》及有关规定处理。

十四、本公告自2015年4月1日起施行。

特此公告。

附件：《非货币性资产投资分期缴纳个人所得税备案表》及填报说明(略)

国家税务总局

2015年4月8日

关于《国家税务总局关于非货币性资产投资有关个人所得税征管问题的公告》的解读

为落实非货币性资产投资分期缴纳个人所得税政策，国家税务总局发布了《国家税务总局关于非货币性资产投资有关个人所得税征管问题的公告》。为方便纳税人理解，现对《公告》中主要问题解读如下：

一、《公告》出台的背景

根据国务院第 83 次常务会议决定，从 2015 年 4 月 1 日起，将已经试点的个人以股权、不动产、技术发明成果等非货币性资产进行投资的实际收益，由一次性纳税改为分期纳税的优惠政策推广到全国。为贯彻落实国务院决定，财政部、国家税务总局下发了《财政部 国家税务总局关于个人非货币性资产投资有关个人所得税政策的通知》（财税〔2015〕41 号），规定自 2015 年 4 月 1 日起，对非货币性投资实行分期缴纳个人所得税。为确保政策落地，税务总局制定发布了《公告》，明确了征纳双方较为关心的纳税地点、相关转让要素金额确认、备案手续等问题，旨在进一步规范政策执行，简化办理流程，维护纳税人权益。

二、《公告》的主要内容

（一）个人非货币性投资的纳税地点

根据《公告》规定，纳税人以不动产投资的，以不动产所在地地税机关为主管税务机关；纳税人以其持有的企业股权对外投资的，以该企业所在地地税机关为主管税务机关。对纳税人以其他非货币资产投资的情形，以被投资企业所在地地税机关为主管税务机关。

（二）非货币性资产原值及合理税费的确认

非货币性资产原值以历史成本进行确认。纳税人不能提供相关证明资料，不能准确计算原值的，主管税务机关可依法进行核定。

合理税费是指非货币性资产投资过程中发生的与非货币性资产转移相关的税金及有关合理费用。允许扣除的税费必须与非货币性资产投资相关，且具有合理性。

此外，对以股权投资的情形，股权原值的确认等问题按照股权转让个人所得税的有关规定处理。

（三）分期缴税计划的制定、变更和备案手续

纳税人需要在取得被投资企业股权的次月 15 日内自行制定分期缴税计划并向主管税务机关办理分期缴税备案手续；在分期缴税期间，纳税人的分期缴税计划需要进行变更调整的，应重新向主管税务机关办理备案手续。

2015 年 4 月 1 日之前发生的非货币性资产投资，期限未超过 5 年，尚未进行税收处理且需要分期缴纳个人所得税的，纳税人应于本公告下发之日起 30 日内向主管税务机关办理分期缴税备案手续。

（四）被投资企业的报告义务

被投资企业也应将纳税人以非货币性资产投入本企业取得股权和分期缴税期间纳税人股权变动情况分别于相关事项发生后 15 日内向主管税务机关报告。

（五）《公告》的执行时间

《公告》自 2015 年 4 月 1 日起施行。

国家税务总局关于发布生产经营所得及减免税事项有关个人所得税申报表的公告

国家税务总局公告 2015 年第 28 号

为规范纳税申报，维护纳税人权益，根据《中华人民共和国个人所得税法》及其实施条例、《个体工商户个人所得税计税办法》（国家税务总局令第 35 号）和有关规定，现将个人所得税生产经营所得及减免税有关

申报表予以发布，自2015年7月1日起执行。

《国家税务总局关于发布个人所得税申报表的公告》(国家税务总局公告2013年第21号)附件7、附件8和附件9同时废止。

特此公告。

附件：1. 个人所得税生产经营所得纳税申报表(A表)(略)

2. 个人所得税生产经营所得纳税申报表(B表)(略)

3. 个人所得税生产经营所得纳税申报表(C表)(略)

4. 个人所得税减免税事项报告表(略)

国家税务总局

2015年4月30日

关于《国家税务总局关于发布生产经营所得及减免税事项有关个人所得税申报表的公告》解读

近日，国家税务总局发布了《国家税务总局关于发布生产经营所得及减免税事项有关个人所得税申报表的公告》(国家税务总局公告2015年第28号，以下简称《公告》)，现解读如下：

一、《公告》发布的目的

一是与《个体工商户个人所得税计税办法》(国家税务总局令第35号)做到有效衔接。《个体工商户个人所得税计税办法》发布后，个人取得“个体工商户的生产、经营所得”或“对企事业单位的承包经营、承租经营所得”的计税规定更加科学、合理，但相关纳税申报表却因发布时间较早，与之存在一定程度的差别，可能导致纳税人难以准确把握有关项目的填报口径。为此，我们按《个体工商户个人所得税计税办法》，对《国家税务总局关于发布个人所得税申报表的公告》(国家税务总局公告2013年第21号)中相关的申报表进行了调整，做到两者之间口径一致。

二是方便纳税人办理减免税事项申报。此前，由各地根据情况自行制定减免税相关报表，导致地区间的减免税申报存在较大差异，在一定程度上给纳税人理解和填报造成了不便。此次，《公告》同时发布了《个人所得税减免税事项报告表》，统一了填报格式，并尽可能简化了减免税的申报内容，规范了申报要求，为纳税人办理相关减免税事宜提供了方便。

二、申报表的主要内容

(一)个人所得税生产经营所得纳税申报表(A表)

该表主要用于个体工商户、企事业单位承包承租经营者、个人独资企业投资者和合伙企业合伙人取得“个体工商户的生产、经营所得”或“对企事业单位的承包经营、承租经营所得”的个人所得税月度(季度)纳税申报。与此前相比，此次申报表修改将按当期数填报的方式调整为按当年累计数填报的方式，使得纳税人的申报纳税情况与生产经营状况更加匹配，并在很大程度上减少了纳税人年终另行办理多退少补事宜的不便。

(二)个人所得税生产经营所得纳税申报表(B表)

该表主要用于个体工商户、企事业单位承包承租经营者、个人独资企业投资者和合伙企业合伙人取得“个体工商户的生产、经营所得”或“对企事业单位的承包经营、承租经营所得”的年度汇算清缴。主要在原申报表基础上，按照《个体工商户个人所得税计税办法》的有关规定，对填报事项进行了重新梳理和统一规范，使两者更加衔接。

(三)个人所得税生产经营所得纳税申报表(C表)

该表主要用于个体工商户、企事业单位承包承租经营者、个人独资企业投资者和合伙企业合伙人在两处或者两处以上取得“个体工商户的生产、经营所得”或“对企事业单位的承包经营、承租经营所得”办理年度汇总纳税申报。主要对该表的名称进行了规范和调整。

(四)个人所得税减免税事项报告表

该表主要用于存在减免税情形时，纳税人或扣缴义务人报送减免税的具体情况。通常，纳税人自行纳税申报只需勾选减免项目并填写减免金额，扣缴义务人还需进一步填报减免税明细信息。

财政部 国家税务总局 保监会关于开展商业健康保险个人所得税政策试点工作的通知

财税〔2015〕56号

各省、自治区、直辖市财政厅（局）、地方税务局、保监局：

为贯彻落实《国务院关于促进健康服务业发展的若干意见》（国发〔2013〕40号）精神，经国务院批准，现就开展商业健康保险有关个人所得税政策试点工作有关问题通知如下：

一、对试点地区个人购买符合规定的商业健康保险产品的支出，允许在当年（月）计算应纳税所得额时予以税前扣除，扣除限额为2400元/年（200元/月）。试点地区企事业单位统一组织并为员工购买符合规定的商业健康保险产品的支出，应分别计入员工个人工资薪金，视同个人购买，按上述限额予以扣除。

2400元/年（200元/月）的限额扣除为个人所得税法规定减除费用标准之外的扣除。

二、适用商业健康保险税收优惠政策的纳税人，是指试点地区取得工资薪金所得、连续性劳务报酬所得的个人，以及取得个体工商户生产经营所得、对企事业单位的承包承租经营所得的个体工商户业主、个人独资企业投资者、合伙企业合伙人和承包承租经营者。

三、符合规定的商业健康保险产品，是指由保监会研发并会同财政部、税务总局联合发布的适合大众的综合性健康保险产品。待产品发布后，纳税人可按统一政策规定享受税收优惠政策，税务部门按规定执行。

四、为确保商业健康保险个人所得税政策试点平稳实施，拟在各地选择一个中心城市开展试点工作。其中，北京、上海、天津、重庆四个直辖市全市试点，各省、自治区分别选择一个人口规模较大且具有较高综合管理能力的试点城市。各省级财政、税务和保监部门应及时研究制定试点工作实施方案，分别上报省级人民政府确定，并于2015年6月30日前联合上报财政部、税务总局和保监会审核备案。

财政部 国家税务总局 保监会

2015年5月8日

国家税务总局关于建筑安装业跨省异地工程作业人员个人所得税征收管理问题的公告

国家税务总局公告2015年第52号

为规范和加强建筑安装业跨省（自治区、直辖市和计划单列市，下同）异地工程作业人员个人所得税征收管理，根据《中华人民共和国个人所得税法》等相关法律法规规定，现就有关问题公告如下：

一、总承包企业、分承包企业派驻跨省异地工程项目的管理人员、技术人员和其他工作人员在异地工作期间的工资、薪金所得个人所得税，由总承包企业、分承包企业依法代扣代缴并向工程作业所在地税务机关申报缴纳。

总承包企业和分承包企业通过劳务派遣公司聘用劳务人员跨省异地工作期间的工资、薪金所得个人所得税，由劳务派遣公司依法代扣代缴并向工程作业所在地税务机关申报缴纳。

二、跨省异地施工单位应就其所支付的工程作业人员工资、薪金所得，向工程作业所在地税务机关办理全员全额扣缴明细申报。凡实行全员全额扣缴明细申报的，工程作业所在地税务机关不得核定征收个人所得税。

三、总承包企业、分承包企业和劳务派遣公司机构所在地税务机关需要掌握异地工程作业人员工资、薪金所得个人所得税缴纳情况的，工程作业所在地税务机关应及时提供。总承包企业、分承包企业和劳务派遣公司机构所在地税务机关不得对异地工程作业人员已纳税工资、薪金所得重复征税。两地税务机关应加强沟通协调，切实维护纳税人权益。

四、建筑安装业省内异地施工作业人员个人所得税征收管理参照本公告执行。

五、本公告自2015年9月1日起施行。《国家税务总局关于印发〈建筑安装业个人所得税征收管理暂行办法〉的通知》(国税发〔1996〕127号)第十一条规定同时废止。

特此公告。

国家税务总局

2015年7月20日

关于《国家税务总局关于建筑安装业跨省异地工程作业人员个人所得税征收管理问题的公告》的解读

近日，国家税务总局发布了《国家税务总局关于建筑安装业跨省异地工程作业人员个人所得税征收管理问题的公告》(以下简称《公告》)。为便于纳税人和基层税务机关理解和执行，现将《公告》解读如下：

一、《公告》出台的背景

随着经济发展，建筑安装企业规模不断扩大，跨地区作业日益频繁。各省税务机关根据《国家税务总局关于印发〈建筑安装业个人所得税征收管理暂行办法〉的通知》(国税发〔1996〕127号)有关规定，分别对跨省作业的建筑安装企业扣缴个人所得税有关问题进行了明确。但从实际效果看，各地的政策执行口径存在一定差异，税源归属难以准确界定，导致部分建筑安装企业重复扣缴个人所得税。为进一步规范个人所得税征管，消除重复征税，税务总局发布了本《公告》，并于2015年9月1日施行。

二、《公告》的主要内容

(一)明确了纳税地点

《公告》规定，建筑安装业异地施工作业人员工资、薪金所得，由其所在单位依法代扣代缴个人所得税并向工程作业所在地税务机关申报缴纳。

(二)明确代扣代缴有关规定

《公告》规定，跨省异地施工单位代扣的施工人员工资、薪金所得个人所得税，应向工程作业所在地税务机关办理全员全额扣缴明细申报。同时，《公告》明确规定，对实行全员全额扣缴明细申报的单位，工程作业所在地税务机关不得核定征收个人所得税。

(三)明确对税务机关的有关要求

《公告》要求工程作业所在地和扣缴单位机构所在地主管税务机关加强信息传递和沟通协调，避免重复征税，切实维护纳税人权益。

财政部 国家税务总局 证监会关于上市公司股息红利差别化个人所得税政策有关问题的通知

财税〔2015〕101号

各省、自治区、直辖市、计划单列市财政厅(局)、国家税务局、地方税务局，新疆生产建设兵团财务局，上海、深圳证券交易所，全国中小企业股份转让系统有限责任公司，中国证券登记结算公司：

经国务院批准，现就上市公司股息红利差别化个人所得税政策等有关问题通知如下：

一、个人从公开发行和转让市场取得的上市公司股票,持股期限超过1年的,股息红利所得暂免征收个人所得税。

个人从公开发行和转让市场取得的上市公司股票,持股期限在1个月以内(含1个月)的,其股息红利所得全额计入应纳税所得额;持股期限在1个月以上至1年(含1年)的,暂减按50%计入应纳税所得额;上述所得统一适用20%的税率计征个人所得税。

二、上市公司派发股息红利时,对个人持股1年以内(含1年)的,上市公司暂不扣缴个人所得税;待个人转让股票时,证券登记结算公司根据其持股期限计算应纳税额,由证券公司等股份托管机构从个人资金账户中扣收并划付证券登记结算公司,证券登记结算公司应于次月5个工作日内划付上市公司,上市公司在收到税款当月的法定申报期内向主管税务机关申报缴纳。

三、上市公司股息红利差别化个人所得税政策其他有关操作事项,按照《财政部 国家税务总局 证监会关于实施上市公司股息红利差别化个人所得税政策有关问题的通知》(财税〔2012〕85号)的相关规定执行。

四、全国中小企业股份转让系统挂牌公司股息红利差别化个人所得税政策,按照本通知规定执行。其他有关操作事项,按照《财政部国家税务总局 证监会关于实施全国中小企业股份转让系统挂牌公司股息红利差别化个人所得税政策有关问题的通知》(财税〔2014〕48号)的相关规定执行。

五、本通知自2015年9月8日起施行。

上市公司派发股息红利,股权登记日在2015年9月8日之后的,股息红利所得按照本通知的规定执行。本通知实施之日个人投资者证券账户已持有的上市公司股票,其持股时间自取得之日起计算。

财政部 国家税务总局 证监会

2015年9月7日

财政部 国家税务总局关于将国家自主创新示范区有关税收试点政策推广到全国范围实施的通知

财税〔2015〕116号

各省、自治区、直辖市、计划单列市财政厅(局)、国家税务局、地方税务局,新疆生产建设兵团财务局:

根据国务院常务会议决定精神,将国家自主创新示范区试点的四项所得税政策推广至全国范围实施。现就有关税收政策问题明确如下:

一、关于有限合伙制创业投资企业法人合伙人企业所得税政策

1. 自2015年10月1日起,全国范围内的有限合伙制创业投资企业采取股权投资方式投资于未上市的中小高新技术企业满2年(24个月)的,该有限合伙制创业投资企业的法人合伙人可按照其对未上市中小高新技术企业投资额的70%抵扣该法人合伙人从该有限合伙制创业投资企业分得的应纳税所得额,当年不足抵扣的,可以在以后纳税年度结转抵扣。

2. 有限合伙制创业投资企业的法人合伙人对未上市中小高新技术企业的投资额,按照有限合伙制创业投资企业对中小高新技术企业的投资额和合伙协议约定的法人合伙人占有限合伙制创业投资企业的出资比例计算确定。

二、关于技术转让所得企业所得税政策

1. 自2015年10月1日起,全国范围内的居民企业转让5年以上非独占许可使用权取得的技术转让所得,纳入享受企业所得税优惠的技术转让所得范围。居民企业的年度技术转让所得不超过500万元的部分,免征企业所得税;超过500万元的部分,减半征收企业所得税。

2. 本通知所称技术,包括专利(含国防专利)、计算机软件著作权、集成电路布图设计专有权、植物新品种权、生物医药新品种,以及财政部和国家税务总局确定的其他技术。其中,专利是指法律授予独占权的发明、实用新型以及非简单改变产品图案和形状的外观设计。

三、关于企业转增股本个人所得税政策

1. 自2016年1月1日起，全国范围内的中小高新技术企业以未分配利润、盈余公积、资本公积向个人股东转增股本时，个人股东一次缴纳个人所得税确有困难的，可根据实际情况自行制定分期缴税计划，在不超过5个公历年度内(含)分期缴纳，并将有关资料报主管税务机关备案。

2. 个人股东获得转增的股本，应按照“利息、股息、红利所得”项目，适用20%税率征收个人所得税。

3. 股东转让股权并取得现金收入的，该现金收入应优先用于缴纳尚未缴清的税款。

4. 在股东转让该部分股权之前，企业依法宣告破产，股东进行相关权益处置后没有取得收益或收益小于初始投资额的，主管税务机关对其尚未缴纳的个人所得税可不予追征。

5. 本通知所称中小高新技术企业，是指注册在中国境内实行查账征收的、经认定取得高新技术企业资格，且年销售额和资产总额均不超过2亿元、从业人数不超过500人的企业。

6. 上市中小高新技术企业或在全国中小企业股份转让系统挂牌的中小高新技术企业向个人股东转增股本，股东应纳的个人所得税，继续按照现行有关股息红利差别化个人所得税政策执行，不适用本通知规定的分期纳税政策。

四、关于股权奖励个人所得税政策

1. 自2016年1月1日起，全国范围内的高新技术企业转化科技成果，给予本企业相关技术人员的股权奖励，个人一次缴纳税款有困难的，可根据实际情况自行制定分期缴税计划，在不超过5个公历年度内(含)分期缴纳，并将有关资料报主管税务机关备案。

2. 个人获得股权奖励时，按照“工资薪金所得”项目，参照《财政部 国家税务总局关于个人股票期权所得征收个人所得税问题的通知》(财税〔2005〕35号)有关规定计算确定应纳税额。股权奖励的计税价格参照获得股权时的公平市场价格确定。

3. 技术人员转让奖励的股权(含奖励股权孳生的送、转股)并取得现金收入的，该现金收入应优先用于缴纳尚未缴清的税款。

4. 技术人员在转让奖励的股权之前企业依法宣告破产，技术人员进行相关权益处置后没有取得收益或资产，或取得的收益和资产不足以缴纳其取得股权尚未缴纳的应纳税款的部分，税务机关可不予追征。

5. 本通知所称相关技术人员，是指经公司董事会和股东大会决议批准获得股权奖励的以下两类人员：

(1)对企业科技成果研发和产业化作出突出贡献的技术人员，包括企业内关键职务科技成果的主要完成人、重大开发项目的负责人、对主导产品或者核心技术、工艺流程作出重大创新或者改进的主要技术人员。

(2)对企业发展作出突出贡献的经营管理人员，包括主持企业全面生产经营工作的高级管理人员，负责企业主要产品(服务)生产经营合计占主营业务收入(或者主营业务利润)50%以上的中、高级经营管理人员。

企业面向全体员工实施的股权奖励，不得按本通知规定的税收政策执行。

6. 本通知所称股权奖励，是指企业无偿授予相关技术人员一定份额的股权或一定数量的股份。

7. 本通知所称高新技术企业，是指实行查账征收、经省级高新技术企业认定管理机构认定的高新技术企业。

财政部 国家税务总局
2015年10月23日

国家税务总局关于进一步简化和规范个人无偿赠与或受赠不动产免征营业税、个人所得税所需证明资料的公告

国家税务总局公告2015年第75号

为落实国务院关于简政放权、方便群众办事的有关要求，进一步减轻纳税人负担，现就简化和规范个人无偿赠与或受赠不动产免征营业税、个人所得税所需的证明资料公告如下：

一、纳税人在办理个人无偿赠与或受赠不动产免征营业税、个人所得税手续时，应报送《个人无偿赠与不动产登记表》、双方当事人的身份证明原件及复印件(继承或接受遗赠的，只需提供继承人或接受遗赠人的身份证明原件及复印件)、房屋所有权证原件及复印件。属于以下四类情形之一的，还应分别提交相应证明资料：

(一)离婚分割财产的，应当提交：

1. 离婚协议或者人民法院判决书或者人民法院调解书的原件及复印件；

2. 离婚证原件及复印件。

(二)亲属之间无偿赠与的，应当提交：

1. 无偿赠与配偶的，提交结婚证原件及复印件；

2. 无偿赠与父母、子女、祖父母、外祖父母、孙子女、外孙子女、兄弟姐妹的，提交户口簿或者出生证明或者人民法院判决书或者人民法院调解书或者其他部门(有资质的机构)出具的能够证明双方亲属关系的证明资料原件及复印件。

(三)无偿赠与非亲属抚养或赡养关系人的，应当提交：

人民法院判决书或者人民法院调解书或者乡镇政府或街道办事处出具的抚养(赡养)关系证明或者其他部门(有资质的机构)出具的能够证明双方抚养(赡养)关系的证明资料原件及复印件。

(四)继承或接受遗赠的，应当提交：

1. 房屋产权所有人死亡证明原件及复印件；

2. 经公证的能够证明有权继承或接受遗赠的证明资料原件及复印件。

二、税务机关应当认真核对上述资料，资料齐全并且填写正确的，在《个人无偿赠与不动产登记表》上签字盖章，留存《个人无偿赠与不动产登记表》复印件和有关证明资料复印件，原件退还纳税人，同时办理免税手续。

三、各地税务机关要不折不扣地落实税收优惠政策，维护纳税人的合法权益。要通过办税服务厅、税务网站、12366 纳税服务热线、纳税人学堂等多种渠道，积极宣传税收优惠政策规定和办理程序，及时回应、准确答复纳税人咨询，做好培训辅导工作，避免纳税人多头找、多头跑，切实方便纳税人办理涉税事宜。有条件的地区可探索通过政府部门间信息交换共享，查询证明信息，减少纳税人报送资料。

四、本公告自公布之日起施行。《国家税务总局关于加强房地产交易个人无偿赠与不动产税收管理有关问题的通知》(国税发〔2006〕144 号)第一条第一款"关于加强个人无偿赠与不动产营业税税收管理问题"的规定同时废止。

特此公告。

国家税务总局

2015 年 11 月 10 日

关于《国家税务总局关于进一步简化和规范个人无偿赠与或受赠不动产免征营业税、个人所得税所需证明资料的公告》的解读

一、公告背景

为加强对个人无偿赠与或受赠不动产免征营业税、个人所得税的管理，近年来，财政部、国家税务总局先后制发了多个文件，就办理免税手续所需的证明资料进行了明确。执行中，由于两个税种所要求提供的免税证明资料存在差异，且可供纳税人选择的证明方式不多，给纳税人办理免税手续带来了不便。纳税人希望能够统一两个税种的免税证明资料，并尽可能明确多种形式的证明资料以供选择。为满足纳税人的合理需求，全面贯彻落实国务院关于简政放权、方便群众办事的精神，国家税务总局在综合梳理相关文件的基础上，对个人无偿赠与或受赠不动产免征营业税、个人所得税所需提供的证明资料进行了简化和规范，并制

发本公告。

二、公告内容

（一）应报送的基本资料

纳税人在办理个人无偿赠与或受赠不动产免征营业税、个人所得税手续时，应报送《个人无偿赠与不动产登记表》、双方当事人的身份证明原件及复印件（继承或接受遗赠的，只需提供继承人或接受遗赠人的身份证明原件及复印件）、房屋所有权证原件及复印件。

（二）区分不同情形应报送的资料

属于以下四类情形之一的，纳税人还应分别提交相应证明资料：

1. 离婚分割财产的，应当提交：

（1）离婚协议或者人民法院判决书或者人民法院调解书原件及复印件；

（2）离婚证原件及复印件。

2. 亲属之间无偿赠与的，应当提交：

（1）无偿赠与配偶的，提交结婚证原件及复印件；

（2）无偿赠与父母、子女、祖父母、外祖父母、孙子女、外孙子女、兄弟姐妹的，提交户口簿或者出生证明或者人民法院判决书或者人民法院调解书或者其他部门（有资质的机构）出具的能够证明双方亲属关系的证明资料原件及复印件。

3. 无偿赠与非亲属抚养或赡养关系人的，应当提交：

人民法院判决书或者人民法院调解书或者乡镇政府或街道办事处出具的抚养（赡养）关系证明或者其他部门（有资质的机构）出具的能够证明双方抚养（赡养）关系的证明资料原件及复印件。

4. 继承或接受遗赠的，应当提交：

（1）房屋产权所有人死亡证明原件及复印件；

（2）经公证的能够证明有权继承或接受遗赠的证明资料原件及复印件。

（三）优化服务的要求

为进一步便利纳税人办理免税手续，公告提出：各地税务机关要通过办税服务厅、税务网站、12366 热线、纳税人学堂等多种渠道，积极宣传税收优惠政策规定和办理程序，及时回应、准确答复纳税人咨询，做好培训辅导工作，避免纳税人多头找、多头跑；有条件的地区可探索通过政府部门间信息交换共享，查询证明信息，减少纳税人报送资料。

三、公告所带来的变化

（一）统一了营业税、个人所得税免税证明资料。公告将个人无偿赠与或受赠不动产免征营业税、个人所得税须提供的证明资料进行了统一和归并，并区分离婚分割财产、无偿赠与亲属、无偿赠与非亲属抚养或赡养关系人、继承或接受遗赠 4 种情形，分类予以列示，消除了原管理规定中两个税种免税证明资料的差异，有利于规范税务机关的操作，方便纳税人对照提供。

（二）简化了办理免税手续须提供的证明资料。公告从便利纳税人办理免税手续的角度出发，对所需证明资料进行了简化。如：父母无偿赠与子女的，只要户口簿能够证明双方亲属关系，提供户口簿即可。

（三）增加了证明资料的可选择性。公告列举了证明资料的多种形式，并以“或者”的方式进行表述，为纳税人提供了多种选择，方便纳税人提供。如：离婚分割财产的，纳税人只需提供离婚证和离婚协议（或者人民法院判决书或者人民法院调解书）即可。

（四）重申了公证资料的核心内容。财产关系的转移，涉及民法通则、婚姻法、继承法等多部法律，关系当事人的切身利益，必要的证明资料是划清税收征免界限的关键。因此，公告对于特定情形的赠与、继承或接受遗赠的，将公证资料列入了证明资料范畴，但办理免税所需的公证资料只需证明双方的亲属关系或抚养（赡养）关系或有权继承（接受遗赠）即可，无须对财产本身进行公证。这样处理，可以避免因政策误读而增加纳税人的负担。

四、公告执行

本公告自公布之日起施行。个人无偿赠与或受赠不动产免征营业税、个人所得税的有关证明资料均以本公告为准，与本公告不符的相关规定同时停止执行。

国家税务总局关于股权奖励和转增股本个人所得税征管问题的公告

国家税务总局公告2015年第80号

为贯彻落实《财政部 国家税务总局关于将国家自主创新示范区有关税收试点政策推广到全国范围实施的通知》(财税〔2015〕116号)规定,现就股权奖励和转增股本个人所得税征管有关问题公告如下:

一、关于股权奖励

(一)股权奖励的计税价格参照获得股权时的公平市场价格确定,具体按以下方法确定:

1. 上市公司股票的公平市场价格,按照取得股票当日的收盘价确定。取得股票当日为非交易时间的,按照上一个交易日收盘价确定。

2. 非上市公司股权的公平市场价格,依次按照净资产法、类比法和其他合理方法确定。

(二)计算股权奖励应纳税额时,规定月份数按员工在企业的实际工作月份数确定。员工在企业工作月份数超过12个月的,按12个月计算。

二、关于转增股本

(一)非上市及未在全国中小企业股份转让系统挂牌的中小高新技术企业以未分配利润、盈余公积、资本公积向个人股东转增股本,并符合财税〔2015〕116号文件有关规定的,纳税人可分期缴纳个人所得税;非上市及未在全国中小企业股份转让系统挂牌的其他企业转增股本,应及时代扣代缴个人所得税。

(二)上市公司或在全国中小企业股份转让系统挂牌的企业转增股本(不含以股票发行溢价形成的资本公积转增股本),按现行有关股息红利差别化政策执行。

三、关于备案办理

(一)获得股权奖励的企业技术人员、企业转增股本涉及的股东需要分期缴纳个人所得税的,应自行制定分期缴税计划,由企业于发生股权奖励、转增股本的次月15日内,向主管税务机关办理分期缴税备案手续。

办理股权奖励分期缴税,企业应向主管税务机关报送高新技术企业认定证书、股东大会或董事会决议、《个人所得税分期缴纳备案表(股权奖励)》、相关技术人员参与技术活动的说明材料、企业股权奖励计划、能够证明股权或股票价格的有关材料、企业转化科技成果的说明、最近一期企业财务报表等。

办理转增股本分期缴税,企业应向主管税务机关报送高新技术企业认定证书、股东大会或董事会决议、《个人所得税分期缴纳备案表(转增股本)》、上年度及转增股本当月企业财务报表、转增股本有关情况说明等。

高新技术企业认定证书、股东大会或董事会决议的原件,主管税务机关进行形式审核后退还企业,复印件及其他有关资料税务机关留存。

(二)纳税人分期缴税期间需要变更原分期缴税计划的,应重新制定分期缴税计划,由企业向主管税务机关重新报送《个人所得税分期缴纳备案表》。

四、关于代扣代缴

(一)企业在填写《扣缴个人所得税报告表》时,应将纳税人取得股权奖励或转增股本情况单独填列,并在“备注”栏中注明“股权奖励”或“转增股本”字样。

(二)纳税人在分期缴税期间取得分红或转让股权的,企业应及时代扣股权奖励或转增股本尚未缴清的个人所得税,并于次月15日内向主管税务机关申报纳税。

本公告自2016年1月1日起施行。

特此公告。

附件:1.《个人所得税分期缴纳备案表(股权奖励)》及填报说明(略)

2.《个人所得税分期缴纳备案表(转增股本)》及填报说明(略)

国家税务总局

2015年11月16日

关于《国家税务总局关于股权奖励和转增股本个人所得税征管问题的公告》的解读

为落实股权奖励、转增股本分期缴纳个人所得税政策，国家税务总局发布了《国家税务总局关于股权奖励和转增股本个人所得税征管问题的公告》(以下简称《公告》)。为方便纳税人理解，现对《公告》中主要问题解读如下：

一、《公告》出台的背景

国务院第109次常务会议决定，2016年1月1日起，将已经在国家自主创新示范区试点的转增股本、股权奖励分期缴税政策推广到全国。为贯彻落实国务院决定，财政部、国家税务总局下发了《财政部 国家税务总局关于将国家自主创新示范区有关税收试点政策推广到全国范围实施的通知》(财税〔2015〕116号)，规定自2016年1月1日起，对股权奖励和转增股本实行分期缴纳个人所得税。为便于税务机关和纳税人操作，税务总局制定发布了《公告》，进一步明确了政策适用范围、计税价格的确定及备案手续办理等相关问题，旨在进一步规范税收征管、简化办理手续。

二、《公告》的主要内容

(一)股权奖励计税价格如何确定

股权奖励的计税价格主要是按照公平市场价格确定。对于上市公司股票，因其流动性较强，其在公开市场的交易价格可以作为其公平市场价格。因此，《公告》规定，对于上市公司股票的价格，按照取得股票当日的收盘价确定，当日为非交易时间的，按照上一个交易日的收盘价确定。但对于非上市公司股权的价格，由于其流动性较差，通常难以找到较为合理的参照价格。因此，《公告》规定，对非上市公司，一般情况下根据个人取得的股权份额所对应的企业净资产确定其公平市场价格。对于企业净资产无法确定的，可以通过最近一段时期企业股东转让股权时的合理转让价格类比确定。若净资产法和类比法都无法确定股权价格的，企业经与主管税务机关沟通，可通过其他合理方法确定股权价格。

(二)什么情况下转增股本可以分期缴税

根据《公告》规定，非上市的中小高新技术企业或未在全国中小企业股份转让系统挂牌的中小高新技术企业以未分配利润、盈余公积、资本公积向个人股东转增股本，并且个人股东一次缴纳个人所得税确有困难的，可以分期缴纳个人所得税；非上市及未在全国中小企业股份转让系统挂牌的其他企业转增股本，应及时代扣代缴个人所得税。

上市公司或在全国中小企业股份转让系统挂牌的企业转增股本(不含以股票发行溢价形成的资本公积转增股本)，按现行有关股息红利差别化政策执行。

(三)如何办理分期缴税备案手续

分期缴税计划由纳税人根据自身情况自主制定。企业应于发生股权奖励或转增股本次月15日内按照《公告》规定，将有关资料报主管税务机关备案。在分期缴税期间，分期缴税计划需要进行变更调整的，应重新向主管税务机关办理备案手续。

(四)《公告》的执行时间

《公告》自2016年1月1日起施行。

财政部 国家税务总局 保监会关于实施商业健康保险个人所得税政策试点的通知

财税〔2015〕126号

各省、自治区、直辖市、计划单列市财政厅(局)、地方税务局，各保监局，新疆生产建设兵团财务局：

根据国务院常务会议精神，按照《财政部 国家税务总局 保监会关于开展商业健康保险个人所得税政策试点工作的通知》(财税〔2015〕56号)有关要求，现将实施商业健康保险个人所得税政策试点工作的有关事项通知如下：

一、关于试点地区问题

实施商业健康保险个人所得税政策的试点地区为：

（一）北京市、上海市、天津市、重庆市。

（二）河北省石家庄市、山西省太原市、内蒙古自治区呼和浩特市、辽宁省沈阳市、吉林省长春市、黑龙江省哈尔滨市、江苏省苏州市、浙江省宁波市、安徽省芜湖市、福建省福州市、江西省南昌市、山东省青岛市、河南省郑州市（含巩义市）、湖北省武汉市、湖南省株洲市、广东省广州市、广西壮族自治区南宁市、海南省海口市、四川省成都市、贵州省贵阳市、云南省曲靖市、西藏自治区拉萨市、陕西省宝鸡市、甘肃省兰州市、青海省西宁市、宁夏回族自治区银川市（不含所辖县）、新疆维吾尔自治区库尔勒市。

二、关于商业健康保险产品规范及若干管理问题

财税〔2015〕56 号文件所称符合规定的商业健康保险，是指保险公司参照个人税收优惠型健康保险产品指引框架及示范条款（附件）开发的、符合下列条件的健康保险产品：

（一）健康保险产品采取具有保障功能并设立有最低保证收益账户的万能险方式，包含医疗保险和个人账户积累两项责任。被保险人个人账户由其所投保的保险公司负责管理维护。

（二）被保险人为 16 周岁以上、未满法定退休年龄的纳税人群。保险公司不得因被保险人既往病史拒保，并保证续保。

（三）医疗保险保障责任范围包括被保险人医保所在地基本医疗保险基金支付范围内的自付费用及部分基本医疗保险基金支付范围外的费用，费用的报销范围、比例和额度由各保险公司根据具体产品特点自行确定。

（四）同一款健康保险产品，可依据被保险人的不同情况，设置不同的保险金额，具体保险金额下限由保监会规定。

（五）健康保险产品坚持“保本微利”原则，对医疗保险部分的简单赔付率低于规定比例的，保险公司要将实际赔付率与规定比例之间的差额部分返还到被保险人的个人账户。

根据目标人群已有保障项目和保障需求的不同，符合规定的健康保险产品共有三类，分别适用于：1. 对公费医疗或基本医疗保险报销后个人负担的医疗费用有报销意愿的人群；2. 对公费医疗或基本医疗保险报销后个人负担的特定大额医疗费用有报销意愿的人群；3. 未参加公费医疗或基本医疗保险，对个人负担的医疗费用有报销意愿的人群。

符合上述条件的个人税收优惠型健康保险产品，保险公司应按《保险法》规定程序上报保监会审批。

三、关于个人所得税税前扣除征管问题

对试点地区个人购买符合规定的健康保险产品的支出，按照 2400 元/年的限额标准在个人所得税前予以扣除，具体规定如下：

（一）取得工资薪金所得或连续性劳务报酬所得的个人，自行购买符合规定的健康保险产品的，应当及时向代扣代缴单位提供保单凭证。扣缴单位自个人提交保单凭证的次月起，在不超过 200 元/月的标准内按月扣除。一年内保费金额超过 2400 元的部分，不得税前扣除。次年或以后年度续保时，按上述规定执行。

（二）单位统一组织为员工购买或者单位和个人共同负担购买符合规定的健康保险产品，单位负担部分应当实名计入个人工资薪金明细清单，视同个人购买，并自购买产品次月起，在不超过 200 元/月的标准内按月扣除。一年内保费金额超过 2400 元的部分，不得税前扣除。次年或以后年度续保时，按上述规定执行。

（三）个体工商户业主、企事业单位承包承租经营者、个人独资和合伙企业投资者自行购买符合条件的健康保险产品的，在不超过 2400 元/年的标准内据实扣除。一年内保费金额超过 2400 元的部分，不得税前扣除。次年或以后年度续保时，按上述规定执行。

四、关于个人所得税政策征管协作问题

商业健康保险个人所得税税前扣除政策涉及环节和部门多，试点地区各相关部门应各司其职、密切配合，切实落实好商业健康保险个人所得税政策。

（一）财政、税务部门要做好健康保险个人所得税优惠政策宣传解释，优化纳税服务。

（二）保险公司在销售商业健康保险产品时，要为购买健康保险的个人开具发票和保单凭证，载明产品名称及缴费金额等信息，作为个人税前扣除的凭据。保险公司要与商业健康保险信息平台保持实时对接，保证信息真实准确。

（三）扣缴单位应按照本通知及税务机关有关要求，在代扣代缴个人所得税时认真落实商业健康保险税前扣除政策。

（四）保险公司或商业健康保险信息平台应向税务机关提供个人购买健康保险的相关信息，配合税务机关对纳税人税前扣除的真实性进行比对分析，防止部分纳税人滥用税收优惠政策，造成税款流失。

五、本通知自2016年1月1日执行。凡购买符合条件健康保险产品的纳税人，应按本通知规定程序享受税前扣除政策。

附件：1. 个人税收优惠型健康保险产品指引框架（略）

2. 个人税收优惠型健康保险（万能型）A款示范条款（略）

3. 个人税收优惠型健康保险（万能型）B款示范条款（略）

4. 个人税收优惠型健康保险（万能型）C款示范条款（略）

财政部 国家税务总局 保监会

2015年11月27日

财政部 国家税务总局 证监会关于内地与香港基金互认有关税收政策的通知

财税〔2015〕125号

各省、自治区、直辖市、计划单列市财政厅（局）、国家税务局、地方税务局，新疆生产建设兵团财务局，上海、深圳证券交易所，中国证券登记结算公司：

经国务院批准，现就内地与香港基金互认涉及的有关税收政策问题明确如下：

一、关于内地投资者通过基金互认买卖香港基金份额的所得税问题

1. 对内地个人投资者通过基金互认买卖香港基金份额取得的转让差价所得，自2015年12月18日起至2018年12月17日止，三年内暂免征收个人所得税。

2. 对内地企业投资者通过基金互认买卖香港基金份额取得的转让差价所得，计入其收入总额，依法征收企业所得税。

3. 内地个人投资者通过基金互认从香港基金分配取得的收益，由该香港基金在内地的代理人按照20%的税率代扣代缴个人所得税。

前款所称代理人是指依法取得中国证监会核准的公募基金管理资格或托管资格，根据香港基金管理人的委托，代为办理该香港基金内地事务的机构。

4. 对内地企业投资者通过基金互认从香港基金分配取得的收益，计入其收入总额，依法征收企业所得税。

二、关于香港市场投资者通过基金互认买卖内地基金份额的所得税问题

1. 对香港市场投资者（包括企业和个人）通过基金互认买卖内地基金份额取得的转让差价所得，暂免征收所得税。

2. 对香港市场投资者（包括企业和个人）通过基金互认从内地基金分配取得的收益，由内地上市公司向该内地基金分配股息红利时，对香港市场投资者按照10%的税率代扣所得税；或发行债券的企业向该内地基金分配利息时，对香港市场投资者按照7%的税率代扣所得税，并由内地上市公司或发行债券的企业向其主管税务机关办理扣缴申报。该内地基金向投资者分配收益时，不再扣缴所得税。

内地基金管理人应当向相关证券登记结算机构提供内地基金的香港市场投资者的相关信息。

三、关于内地投资者通过基金互认买卖香港基金份额和香港市场投资者买卖内地基金份额的营业税问题

1. 对香港市场投资者（包括单位和个人）通过基金互认买卖内地基金份额取得的差价收入，暂免征收

营业税。

2. 对内地个人投资者通过基金互认买卖香港基金份额取得的差价收入,按现行政策规定暂免征收营业税。

3. 对内地单位投资者通过基金互认买卖香港基金份额取得的差价收入,按现行政策规定征免营业税。

四、关于内地投资者通过基金互认买卖香港基金份额和香港市场投资者通过基金互认买卖内地基金份额的印花税问题

1. 对香港市场投资者通过基金互认买卖、继承、赠与内地基金份额,按照内地现行税制规定,暂不征收印花税。

2. 对内地投资者通过基金互认买卖、继承、赠与香港基金份额,按照香港特别行政区现行印花税税法规定执行。

五、财政、税务、证监等部门要加强协调,通力合作,切实做好政策实施的各项工作。

基金管理人、基金代理机构、相关证券登记结算机构以及上市公司和发行债券的企业,应依照法律法规积极配合税务机关做好基金互认税收的扣缴申报、征管及纳税服务工作。

六、本通知所称基金互认,是指内地基金或香港基金经香港证监会认可或中国证监会注册,在双方司法管辖区内向公众销售。所称内地基金,是指中国证监会根据《中华人民共和国证券投资基金法》注册的公开募集证券投资基金。所称香港基金,是指香港证监会根据香港法律认可公开销售的单位信托、互惠基金或者其他形式的集体投资计划。所称买卖基金份额,包括申购与赎回、交易。

七、本通知自 2015 年 12 月 18 日起执行。

财政部 国家税务总局 证监会

2015 年 12 月 14 日

国家税务总局关于实施商业健康保险个人所得税政策试点有关征管问题的公告

国家税务总局公告 2015 年第 93 号

为贯彻落实《财政部 国家税务总局 保监会关于实施商业健康保险个人所得税政策试点的通知》(财税〔2015〕126 号),现就商业健康保险个人所得税政策试点有关征管问题公告如下:

一、试点地区个人购买符合规定的商业健康保险产品支出,可以按照财税〔2015〕126 号文件规定的标准在个人所得税前据实扣除。试点地区个人购买其他商业健康保险产品的支出不得税前扣除。

二、有扣缴义务人的个人自行购买、单位统一组织为员工购买或者单位和个人共同负担购买符合规定的商业健康保险产品,扣缴义务人在填报《扣缴个人所得税报告表》或《特定行业个人所得税年度申报表》时,应将当期扣除的个人购买商业健康保险支出金额填至税前扣除项目"其他"列中,并同时填报《商业健康保险税前扣除情况明细表》(见附件)。

其中,个人自行购买符合规定的商业健康保险产品的,应当及时向扣缴义务人提供保单凭证。

三、个体工商户业主、企事业单位承包承租经营者、个人独资和合伙企业投资者自行购买符合规定的商业健康保险产品支出,预缴申报填报《个人所得税生产经营所得纳税申报表(A 表)》、年度申报填报《个人所得税生产经营所得纳税申报表(B 表)》时,应将税前扣除的支出金额填至"投资者减除费用"行,并同时填报《商业健康保险税前扣除情况明细表》。

四、保险公司销售商业健康保险产品时,应在符合税收优惠条件的保单上注明税优识别码。

个人购买商业健康保险未获得税优识别码的,其支出金额不得税前扣除。

五、非试点地区个人购买商业健康保险产品不适用财税〔2015〕126 号文件相关个人所得税政策。

六、本公告所称税优识别码,是指为确保税收优惠商业健康保险保单的唯一性、真实性和有效性,由商业健康保险信息平台按照"一人一单一码"的原则对投保人进行校验后,下发给保险公司,并在保单上打印的数字识别码。

七、本公告自2016年1月1日起施行。

特此公告。

附件：商业健康保险税前扣除情况明细表及填报说明（略）

国家税务总局

2015年12月25日

关于《国家税务总局关于实施商业健康保险个人所得税政策试点有关征管问题的公告》的解读

为落实商业健康保险个人所得税政策，国家税务总局发布了《关于实施商业健康保险个人所得税政策试点有关征管问题的公告》（以下简称《公告》）。为方便纳税人理解，现对《公告》中主要问题解读如下：

一、《公告》出台的背景

根据国务院常务会议精神，财政部、国家税务总局、保监会联合下发了《财政部 国家税务总局 保监会关于实施商业健康保险个人所得税政策试点的通知》（财税〔2015〕126号），自2016年1月1日起，对全国31个试点城市的个人购买符合规定的商业健康保险支出，允许其在一定额度内进行税前扣除。为便于纳税人及时享受政策、规范纳税申报和降低扣缴义务人税收风险，税务总局制定发布了《公告》，进一步明确了申报表填报的有关要求。

二、《公告》的主要内容

（一）商业健康保险个人所得税政策试点的适用范围

由于政策尚在试点阶段，目前还不能在全国范围内普遍适用。根据财税〔2015〕126号文件的有关规定，允许税前扣除符合规定的商业健康保险支出的个人主要是指，试点地区取得工资薪金所得或连续性劳务报酬所得的个人，以及个体工商户业主、企事业单位承包承租经营者、个人独资和合伙企业投资者。因此，《公告》进一步明确，试点地区个人购买符合规定的商业健康保险产品的支出，可以按照财税〔2015〕126号文件规定的标准在个人所得税前据实扣除。

（二）纳税申报的有关要求

为便于扣缴义务人、个体工商户业主、企事业单位承包承租经营者、个人独资和合伙企业投资者纳税申报，《公告》对个人购买符合规定的健康保险支出税前扣除，仍沿用原纳税申报表，但纳税人或扣缴义务人在纳税申报时，需要附报《商业健康保险税前扣除情况明细表》，载明购买商业健康保险支出的明细信息。

具体填写要求按照《公告》有关规定执行。

（三）"税优识别码"的使用

"税优识别码"由商业健康保险信息平台按照"一人一单一码"的原则对投保人进行校验后，下发给保险公司，并由保险公司在保单上打印，是纳税人据以扣税的重要凭据。试点地区的纳税人在税前扣除商业健康保险支出时，均需提供"税优识别码"。

（四）《公告》的执行时间

《公告》自2016年1月1日起施行。

财政部 国家税务总局关于公共租赁住房税收优惠政策的通知

财税〔2015〕139号

各省、自治区、直辖市、计划单列市财政厅（局）、地方税务局，西藏、宁夏、青海省（自治区）国家税务局，新疆生产建设兵团财务局：

根据《国务院办公厅关于保障性安居工程建设和管理的指导意见》（国办发〔2011〕45号）和住房城乡建设部、财政部、国家税务总局等部门《关于加快发展公共租赁住房的指导意见》（建保〔2010〕87号）等文件精神，决定继续对公共租赁住房建设和运营给予税收优惠。现将有关政策通知如下：

……

五、企事业单位、社会团体以及其他组织捐赠住房作为公共租赁住房，符合税收法律法规规定的，对其公益性捐赠支出在年度利润总额12%以内的部分，准予在计算应纳税所得额时扣除。

个人捐赠住房作为公共租赁住房，符合税收法律法规规定的，对其公益性捐赠支出未超过其申报的应纳税所得额30%的部分，准予从其应纳税所得额中扣除。

六、对符合地方政府规定条件的低收入住房保障家庭从地方政府领取的住房租赁补贴，免征个人所得税。

……

八、享受上述税收优惠政策的公共租赁住房是指纳入省、自治区、直辖市、计划单列市人民政府及新疆生产建设兵团批准的公共租赁住房发展规划和年度计划，并按照《关于加快发展公共租赁住房的指导意见》（建保〔2010〕87号）和市、县人民政府制定的具体管理办法进行管理的公共租赁住房。

九、本通知执行期限为2016年1月1日至2018年12月31日。

财政部 国家税务总局

2015年12月30日

国家税务总局关于3项个人所得税事项取消审批实施后续管理的公告

国家税务总局公告2016年第5号

根据《国家税务总局关于贯彻落实〈国务院关于第一批取消62项中央指定地方实施行政审批事项的决定〉的通知》（税总发〔2015〕141号）等规定，现就下列个人所得税事项取消审批的后续管理问题公告如下：

一、关于“取消促进科技成果转化暂不征收个人所得税审核”的后续管理

按照《国家税务总局关于促进科技成果转化有关个人所得税问题的通知》（国税发〔1999〕125号）和《国家税务总局关于取消促进科技成果转化暂不征收个人所得税审核权有关问题的通知》（国税函〔2007〕833号）规定，将职务科技成果转化为股份、投资比例的科研机构、高等学校或者获奖人员，应在授（获）奖的次月15日内向主管税务机关备案，报送《科技成果转化暂不征收个人所得税备案表》（见附件1）。技术成果价值评估报告、股权奖励文件及其他证明材料由奖励单位留存备查。

二、关于“取消个人取得股票期权或认购股票等取得折扣或补贴收入个人所得税纳税有困难的审核”的后续管理

（一）按照《财政部 国家税务总局关于上市公司高管人员股票期权所得缴纳个人所得税有关问题的通知》（财税〔2009〕40号）规定，纳税人若选择分期缴纳个人所得税，其扣缴义务人应在股票期权行权的次月15日内，向主管税务机关办理分期缴纳个人所得税备案手续，报送《个人取得股票期权或认购股票等取得折扣或补贴收入分期缴纳个人所得税备案表》（见附件2）。其他相关证明材料由扣缴义务人留存备查。

（二）按照《国家税务总局关于个人认购股票等有价证券而从雇主取得折扣或补贴收入有关征收个人所得税问题的通知》（国税发〔1998〕9号）规定，纳税人若选择分期缴纳个人所得税，其扣缴义务人应在实际认购股票等有价证券的次月15日内，向主管税务机关办理分期缴纳个人所得税备案手续，报送《个人取得股票期权或认购股票等取得折扣或补贴收入分期缴纳个人所得税备案表》（见附件2）。其他相关证明材料由扣缴义务人留存备查。

三、关于“取消对律师事务所征收方式的核准”的后续管理

《国家税务总局关于强化律师事务所等中介机构投资者个人所得税查账征收的通知》(国税发〔2002〕123号)第三条废止后,统一按照《中华人民共和国税收征收管理法》及其实施细则、《财政部 国家税务总局关于印发〈关于个人独资企业和合伙企业投资者征收个人所得税的规定〉的通知》(财税〔2000〕91号)等相关规定实施后续管理。

本公告自公布之日起施行。《国家税务总局关于取消促进科技成果转化暂不征收个人所得税审核权有关问题的通知》(国税函〔2007〕833号)第二条第一项和第三条、《国家税务总局关于个人认购股票等有价证券而从雇主取得折扣或补贴收入有关征收个人所得税问题的通知》(国税发〔1998〕9号)第二条关于“可在报经当地主管税务机关批准后”的规定和第三条同时废止。

特此公告。

附件:1. 科技成果转化暂不征收个人所得税备案表(略)

2. 个人取得股票期权或认购股票等取得折扣或补贴收入分期缴纳个人所得税备案表(略)

国家税务总局

2016年1月28日

注释:条款失效,第二条第(一)项废止。参见:《国家税务总局关于股权激励和技术入股所得税征管问题的公告》(国家税务总局公告2016年第62号)。

关于《国家税务总局关于3项个人所得税事项取消审批实施后续管理的公告》的解读

为进一步贯彻落实《国务院关于第一批取消62项中央指定地方实施行政审批事项的决定》(国发〔2015〕57号)等规定,明确取消个人所得税行政审批事项的后续管理要求,国家税务总局发布了《国家税务总局关于3项个人所得税事项取消审批实施后续管理的公告》(以下简称《公告》)。为方便纳税人理解,现对《公告》中主要问题解读如下:

一、出台背景

2015年11月17日,税务总局发布了《关于贯彻落实〈国务院关于第一批取消62项中央指定地方实施行政审批事项的决定〉的通知》(税总发〔2015〕141号),取消了29项中央指定地方税务机关实施的税务行政审批事项,其中涉及取消“对律师事务所征收方式的核准”和“个人取得股票期权或认购股票等取得折扣或补贴收入个人所得税纳税有困难的审核”两项个人所得税行政审批事项。通知发布后,亟待修改相关规定和征管流程,明确取消审批事项后续管理要求。

2007年,税务总局发布了《关于取消促进科技成果转化暂不征收个人所得税审核权有关问题的通知》(国税函〔2007〕833号),取消了“促进科技成果转化暂不征收个人所得税的审核”,并明确了相关后续管理工作。但是,由于该通知要求提供科技管理部门出具的《出资入股高新技术成果认定书》,而科技部已取消了对该项目的认定工作,同时为了鼓励大众创业万众创新,激发“双创”新动能,有必要进一步优化相关后续管理工作。

基于以上考虑,税务总局制定发布了《公告》,明确了征纳双方较为关心的办理备案手续的主体、办理时间和备案材料要求等问题,旨在全面落实取消个人所得税行政审批事项要求,深入推进行政审批制度改革,优化纳税服务。

二、主要内容

(一)优化了“取消促进科技成果转化暂不征收个人所得税审核”的后续管理

1. 明确了办理备案手续的主体和时间

将职务科技成果转化为股份、投资比例的科研机构、高等学校或者获奖人员,应在授(获)奖的次月15

日内向主管税务机关备案。

2. 简化了备案材料要求

备案时仅需报送《科技成果转化暂不征收个人所得税备案表》，不再需要提供科技管理部门出具的《出资入股高新技术成果认定书》。技术成果价值评估报告、股权奖励文件及其他证明材料留存备查。

（二）明确了“取消个人取得股票期权或认购股票等取得折扣或补贴收入个人所得税纳税有困难的审核”的后续管理

1. 明确了办理备案手续的主体和时间

扣缴义务人应在股票期权行权或实际认购股票等有价证券的次月15日内，向主管税务机关办理分期缴税备案手续。

2. 明确了备案材料要求

上市公司高管人员取得股票期权行权、个人认购股票等有价证券而从雇主取得的折扣或补贴办理分期缴税备案手续时，需报送《个人取得股票期权或认购股票等取得折扣或补贴收入分期缴纳个人所得税备案表》。其他相关证明材料由扣缴义务人留存备查。

（三）明确了“取消对律师事务所征收方式的核准”的后续管理

《国家税务总局关于强化律师事务所等中介机构投资者个人所得税查账征收的通知》（国税发〔2002〕123号）第三条废止后，统一按照《中华人民共和国税收征收管理法》及其实施细则、《财政部 国家税务总局关于印发〈关于个人独资企业和合伙企业投资者征收个人所得税的规定〉的通知》（财税〔2000〕91号）等相关规定实施后续管理。

三、施行时间和文件废止

《公告》自公布之日起施行。《国家税务总局关于取消促进科技成果转化暂不征收个人所得税审核权有关问题的通知》（国税函〔2007〕833号）第二条第（一）项和第三条、《国家税务总局关于个人认购股票等有价证券而从雇主取得折扣或补贴收入有关征收个人所得税问题的通知》（国税发〔1998〕9号）第二条关于“可在报经当地主管税务机关批准后”的规定和第三条同时废止。

财政部 国家税务总局关于营改增后契税 房产税 土地增值税 个人所得税计税依据问题的通知

财税〔2016〕43号

各省、自治区、直辖市、计划单列市财政厅（局）、地方税务局，西藏、宁夏、青海省（自治区）国家税务局，新疆生产建设兵团财务局：

经研究，现将营业税改征增值税后契税、房产税、土地增值税、个人所得税计税依据有关问题明确如下：

……

四、个人转让房屋的个人所得税应税收入不含增值税，其取得房屋时所支付价款中包含的增值税计入财产原值，计算转让所得时可扣除的税费不包括本次转让缴纳的增值税。

个人出租房屋的个人所得税应税收入不含增值税，计算房屋出租所得可扣除的税费不包括本次出租缴纳的增值税。个人转租房屋的，其向房屋出租方支付的租金及增值税额，在计算转租所得时予以扣除。

……

六、在计征上述税种时，税务机关核定的计税价格或收入不含增值税。

本通知自2016年5月1日起执行。

财政部 国家税务总局

2016年4月25日

财政部 国家税务总局关于完善股权激励和技术入股有关所得税政策的通知

财税〔2016〕101 号

各省、自治区、直辖市、计划单列市财政厅(局)、国家税务局、地方税务局,新疆生产建设兵团财务局:

为支持国家大众创业、万众创新战略的实施,促进我国经济结构转型升级,经国务院批准,现就完善股权激励和技术入股有关所得税政策通知如下:

一、对符合条件的非上市公司股票期权、股权期权、限制性股票和股权奖励实行递延纳税政策

(一)非上市公司授予本公司员工的股票期权、股权期权、限制性股票和股权奖励,符合规定条件的,经向主管税务机关备案,可实行递延纳税政策,即员工在取得股权激励时可暂不纳税,递延至转让该股权时纳税;股权转让时,按照股权转让收入减除股权取得成本以及合理税费后的差额,适用"财产转让所得"项目,按照 20%的税率计算缴纳个人所得税。

股权转让时,股票(权)期权取得成本按行权价确定,限制性股票取得成本按实际出资额确定,股权奖励取得成本为零。

(二)享受递延纳税政策的非上市公司股权激励(包括股票期权、股权期权、限制性股票和股权奖励,下同)须同时满足以下条件:

1. 属于境内居民企业的股权激励计划。

2. 股权激励计划经公司董事会、股东(大)会审议通过。未设股东(大)会的国有单位,经上级主管部门审核批准。股权激励计划应列明激励目的、对象、标的、有效期、各类价格的确定方法、激励对象获取权益的条件、程序等。

3. 激励标的应为境内居民企业的本公司股权。股权奖励的标的可以是技术成果投资入股到其他境内居民企业所取得的股权。激励标的股票(权)包括通过增发、大股东直接让渡以及法律法规允许的其他合理方式授予激励对象的股票(权)。

4. 激励对象应为公司董事会或股东(大)会决定的技术骨干和高级管理人员,激励对象人数累计不得超过本公司最近 6 个月在职职工平均人数的 30%。

5. 股票(权)期权自授予日起应持有满 3 年,且自行权日起持有满 1 年;限制性股票自授予日起应持有满 3 年,且解禁后持有满 1 年;股权奖励自获得奖励之日起应持有满 3 年。上述时间条件须在股权激励计划中列明。

6. 股票(权)期权自授予日至行权日的时间不得超过 10 年。

7. 实施股权奖励的公司及其奖励股权标的公司所属行业均不属于《股权奖励税收优惠政策限制性行业目录》范围(见附件)。公司所属行业按公司上一纳税年度主营业务收入占比最高的行业确定。

(三)本通知所称股票(权)期权是指公司给予激励对象在一定期限内以事先约定的价格购买本公司股票(权)的权利;所称限制性股票是指公司按照预先确定的条件授予激励对象一定数量的本公司股权,激励对象只有工作年限或业绩目标符合股权激励计划规定条件的才可以处置该股权;所称股权奖励是指企业无偿授予激励对象一定份额的股权或一定数量的股份。

(四)股权激励计划所列内容不同时满足第一条第(二)款规定的全部条件,或递延纳税期间公司情况发生变化,不再符合第一条第(二)款第 4 至 6 项条件的,不得享受递延纳税优惠,应按规定计算缴纳个人所得税。

二、对上市公司股票期权、限制性股票和股权奖励适当延长纳税期限

(一)上市公司授予个人的股票期权、限制性股票和股权奖励,经向主管税务机关备案,个人可自股票期权行权、限制性股票解禁或取得股权奖励之日起,在不超过 12 个月的期限内缴纳个人所得税。《财政部 国家税务总局关于上市公司高管人员股票期权所得缴纳个人所得税有关问题的通知》(财税〔2009〕40 号)自本通知施行之日起废止。

（二）上市公司股票期权、限制性股票应纳税款的计算，继续按照《财政部 国家税务总局关于个人股票期权所得征收个人所得税问题的通知》（财税〔2005〕35号）、《财政部 国家税务总局关于股票增值权所得和限制性股票所得征收个人所得税有关问题的通知》（财税〔2009〕5号）、《国家税务总局关于股权激励有关个人所得税问题的通知》（国税函〔2009〕461号）等相关规定执行。股权奖励应纳税款的计算比照上述规定执行。

……

四、相关政策

（一）个人从任职受雇企业以低于公平市场价格取得股票（权）的，凡不符合递延纳税条件，应在获得股票（权）时，对实际出资额低于公平市场价格的差额，按照“工资、薪金所得”项目，参照《财政部 国家税务总局关于个人股票期权所得征收个人所得税问题的通知》（财税〔2005〕35号）有关规定计算缴纳个人所得税。

（二）个人因股权激励、技术成果投资入股取得股权后，非上市公司在境内上市的，处置递延纳税的股权时，按照现行限售股有关征税规定执行。

（三）个人转让股权时，视同享受递延纳税优惠政策的股权优先转让。递延纳税的股权成本按照加权平均法计算，不与其他方式取得的股权成本合并计算。

（四）持有递延纳税的股权期间，因该股权产生的转增股本收入，以及以该递延纳税的股权再进行非货币性资产投资的，应在当期缴纳税款。

（五）全国中小企业股份转让系统挂牌公司按照本通知第一条规定执行。

适用本通知第二条规定的上市公司是指其股票在上海证券交易所、深圳证券交易所上市交易的股份有限公司。

五、配套管理措施

（一）对股权激励或技术成果投资入股选择适用递延纳税政策的，企业应在规定期限内到主管税务机关办理备案手续。未办理备案手续的，不得享受本通知规定的递延纳税优惠政策。

（二）企业实施股权激励或个人以技术成果投资入股，以实施股权激励或取得技术成果的企业为个人所得税扣缴义务人。递延纳税期间，扣缴义务人应在每个纳税年度终了后向主管税务机关报告递延纳税有关情况。

（三）工商部门应将企业股权变更信息及时与税务部门共享，暂不具备联网实时共享信息条件的，工商部门应在股权变更登记3个工作日内将信息与税务部门共享。

六、本通知自2016年9月1日起施行。

中关村国家自主创新示范区2016年1月1日至8月31日之间发生的尚未纳税的股权奖励事项，符合本通知规定的相关条件的，可按本通知有关政策执行。

财政部 国家税务总局

2016年9月20日

附件：

股权奖励税收优惠政策限制性行业目录

门类代码	类别名称
A(农、林、牧、渔业)	(1) 03 畜牧业(科学研究、籽种繁育性质项目除外) (2) 04 渔业(科学研究、籽种繁育性质项目除外)
B(采矿业)	(3)采矿业(除第11类开采辅助活动)
C(制造业)	(4) 16 烟草制品业 (5) 17 纺织业(除第178类非家用纺织制成品制造) (6) 19 皮革、毛皮、羽毛及其制品和制鞋业 (7) 20 木材加工和木、竹、藤、棕、草制品业 (8) 22 造纸和纸制品业(除第223类纸制品制造) (9) 31 黑色金属冶炼和压延加工业(除第314类钢压延加工)

（续表）

门类代码	类别名称
F(批发和零售业)	(10)批发和零售业
G(交通运输、仓储和邮政业)	(11)交通运输、仓储和邮政业
H(住宿和餐饮业)	(12)住宿和餐饮业
J(金融业)	(13)66 货币金融服务 (14)68 保险业
K(房地产业)	(15)房地产业
L(租赁和商务服务业)	(16)租赁和商务服务业
O(居民服务、修理和其他服务业)	(17)79 居民服务业
Q(卫生和社会工作)	(18)84 社会工作
R(文化、体育和娱乐业)	(19)88 体育 (20)89 娱乐业
S(公共管理、社会保障和社会组织)	(21)公共管理、社会保障和社会组织(除第 9421 类专业性团体和 9422 类行业性团体)
T(国际组织)	(22)国际组织

说明：以上目录按照《国民经济行业分类》(GB/T 4754—2011)编制。

国家税务总局关于股权激励和技术入股所得税征管问题的公告

国家税务总局公告 2016 年第 62 号

为贯彻落实《财政部 国家税务总局关于完善股权激励和技术入股有关所得税政策的通知》(财税〔2016〕101 号，以下简称《通知》)，现就股权激励和技术入股有关所得税征管问题公告如下：

一、关于个人所得税征管问题

(一)非上市公司实施符合条件的股权激励，本公司最近 6 个月在职职工平均人数，按照股票(权)期权行权、限制性股票解禁、股权奖励获得之上月起前 6 个月“工资薪金所得”项目全员全额扣缴明细申报的平均人数确定。

(二)递延纳税期间，非上市公司情况发生变化，不再同时符合《通知》第一条第(二)款第 4 至 6 项条件的，应于情况发生变化之次月 15 日内，按《通知》第四条第(一)款规定计算缴纳个人所得税。

(三)员工以在一个公历月份中取得的股票(权)形式工资薪金所得为一次。员工取得符合条件、实行递延纳税政策的股权激励，与不符合递延纳税条件的股权激励分别计算。

员工在一个纳税年度中多次取得不符合递延纳税条件的股票(权)形式工资薪金所得的，参照《国家税务总局关于个人股票期权所得缴纳个人所得税有关问题的补充通知》(国税函〔2006〕902 号)第七条规定执行。

(四)《通知》所称公平市场价格按以下方法确定：

1. 上市公司股票的公平市场价格，按照取得股票当日的收盘价确定。取得股票当日为非交易日的，按照上一个交易日收盘价确定。

2. 非上市公司股票(权)的公平市场价格，依次按照净资产法、类比法和其他合理方法确定。净资产法按照取得股票(权)的上年末净资产确定。

(五)企业备案具体按以下规定执行：

1. 非上市公司实施符合条件的股权激励，个人选择递延纳税的，非上市公司应于股票(权)期权行权、限制性股票解禁、股权奖励获得之次月15日内，向主管税务机关报送《非上市公司股权激励个人所得税递延纳税备案表》(附件1)、股权激励计划、董事会或股东大会决议、激励对象任职或从事技术工作情况说明等。实施股权奖励的企业同时报送本企业及其奖励股权标的企业上一纳税年度主营业务收入构成情况说明。

2. 上市公司实施股权激励，个人选择在不超过12个月期限内缴税的，上市公司应自股票期权行权、限制性股票解禁、股权奖励获得之次月15日内，向主管税务机关报送《上市公司股权激励个人所得税延期纳税备案表》(附件2)。上市公司初次办理股权激励备案时，还应一并向主管税务机关报送股权激励计划、董事会或股东大会决议。

3. 个人以技术成果投资入股境内公司并选择递延纳税的，被投资公司应于取得技术成果并支付股权之次月15日内，向主管税务机关报送《技术成果投资入股个人所得税递延纳税备案表》(附件3)、技术成果相关证书或证明材料、技术成果投资入股协议、技术成果评估报告等资料。

(六)个人因非上市公司实施股权激励或以技术成果投资入股取得的股票(权)，实行递延纳税期间，扣缴义务人应于每个纳税年度终了后30日内，向主管税务机关报送《个人所得税递延纳税情况年度报告表》(附件4)。

(七)递延纳税股票(权)转让、办理纳税申报时，扣缴义务人、个人应向主管税务机关一并报送能够证明股票(权)转让价格、递延纳税股票(权)原值、合理税费的有关资料，具体包括转让协议、评估报告和相关票据等。资料不全或无法充分证明有关情况，造成计税依据偏低，又无正当理由的，主管税务机关可依据税收征管法有关规定进行核定。

……

三、实施时间

本公告自2016年9月1日起实施。中关村国家自主创新示范区2016年1月1日至8月31日之间发生的尚未纳税的股权奖励事项，按《通知》有关政策执行的，可按本公告有关规定办理相关税收事宜。《国家税务总局关于3项个人所得税事项取消审批实施后续管理的公告》(国家税务总局公告2016年第5号)第二条第(一)项同时废止。

特此公告。

附件：1.《非上市公司股权激励个人所得税递延纳税备案表》及填报说明(略)

2.《上市公司股权激励个人所得税延期纳税备案表》及填报说明(略)

3.《技术成果投资入股个人所得税递延纳税备案表》及填报说明(略)

4.《个人所得税递延纳税情况年度报告表》及填报说明(略)

5.《技术成果投资入股企业所得税递延纳税备案表》及填报说明(略)

国家税务总局

2016年9月28日

财政部 国家税务总局 证监会关于深港股票市场交易互联互通机制试点有关税收政策的通知

财税〔2016〕127号

各省、自治区、直辖市、计划单列市财政厅(局)、国家税务局、地方税务局，新疆生产建设兵团财务局，上海、深圳证券交易所，中国证券登记结算公司：

经国务院批准，现就深港股票市场交易互联互通机制试点（以下简称深港通）涉及的有关税收政策问题明确如下：

一、关于内地投资者通过深港通投资香港联合交易所有限公司（以下简称香港联交所）上市股票的所得税问题

（一）内地个人投资者通过深港通投资香港联交所上市股票的转让差价所得税。

对内地个人投资者通过深港通投资香港联交所上市股票取得的转让差价所得，自2016年12月5日起至2019年12月4日止，暂免征收个人所得税。

（二）内地企业投资者通过深港通投资香港联交所上市股票的转让差价所得税。

对内地企业投资者通过深港通投资香港联交所上市股票取得的转让差价所得，计入其收入总额，依法征收企业所得税。

（三）内地个人投资者通过深港通投资香港联交所上市股票的股息红利所得税。

对内地个人投资者通过深港通投资香港联交所上市H股取得的股息红利，H股公司应向中国证券登记结算有限责任公司（以下简称中国结算）提出申请，由中国结算向H股公司提供内地个人投资者名册，H股公司按照20%的税率代扣个人所得税。内地个人投资者通过深港通投资香港联交所上市的非H股取得的股息红利，由中国结算按照20%的税率代扣个人所得税。个人投资者在国外已缴纳的预提税，可持有效扣税凭证到中国结算的主管税务机关申请税收抵免。

对内地证券投资基金通过深港通投资香港联交所上市股票取得的股息红利所得，按照上述规定计征个人所得税。

（四）内地企业投资者通过深港通投资香港联交所上市股票的股息红利所得税。

1. 对内地企业投资者通过深港通投资香港联交所上市股票取得的股息红利所得，计入其收入总额，依法计征企业所得税。其中，内地居民企业连续持有H股满12个月取得的股息红利所得，依法免征企业所得税。

2. 香港联交所上市H股公司应向中国结算提出申请，由中国结算向H股公司提供内地企业投资者名册，H股公司对内地企业投资者不代扣股息红利所得税款，应纳税款由企业自行申报缴纳。

3. 内地企业投资者自行申报缴纳企业所得税时，对香港联交所非H股上市公司已代扣代缴的股息红利所得税，可依法申请税收抵免。

二、关于香港市场投资者通过深港通投资深圳证券交易所（以下简称深交所）上市A股的所得税问题

1. 对香港市场投资者（包括企业和个人）投资深交所上市A股取得的转让差价所得，暂免征收所得税。

2. 对香港市场投资者（包括企业和个人）投资深交所上市A股取得的股息红利所得，在香港中央结算有限公司（以下简称香港结算）不具备向中国结算提供投资者的身份及持股时间等明细数据的条件之前，暂不执行按持股时间实行差别化征税政策，由上市公司按照10%的税率代扣所得税，并向其主管税务机关办理扣缴申报。对于香港投资者中属于其他国家税收居民且其所在国与中国签订的税收协定规定股息红利所得税率低于10%的，企业或个人可以自行或委托代扣代缴义务人，向上市公司主管税务机关提出享受税收协定待遇退还多缴税款的申请，主管税务机关查实后，对符合退税条件的，应按已征税款和根据税收协定税率计算的应纳税款的差额予以退税。

三、关于内地和香港市场投资者通过深港通买卖股票的增值税问题

1. 对香港市场投资者（包括单位和个人）通过深港通买卖深交所上市A股取得的差价收入，在营改增试点期间免征增值税。

2. 对内地个人投资者通过深港通买卖香港联交所上市股票取得的差价收入，在营改增试点期间免征增值税。

3. 对内地单位投资者通过深港通买卖香港联交所上市股票取得的差价收入，在营改增试点期间按现行政策规定征免增值税。

四、关于内地和香港市场投资者通过深港通转让股票的证券（股票）交易印花税问题

香港市场投资者通过深港通买卖、继承、赠与深交所上市A股，按照内地现行税制规定缴纳证券（股票）交易印花税。内地投资者通过深港通买卖、继承、赠与香港联交所上市股票，按照香港特别行政区现行税法规定缴纳印花税。

中国结算和香港结算可互相代收上述税款。

五、关于香港市场投资者通过沪股通和深股通参与股票担保卖空的证券(股票)交易印花税问题

对香港市场投资者通过沪股通和深股通参与股票担保卖空涉及的股票借入、归还,暂免征收证券(股票)交易印花税。

六、本通知自 2016 年 12 月 5 日起执行。

财政部 国家税务总局 证监会

2016 年 11 月 5 日

第二部分 中华人民共和国企业所得税法

中华人民共和国企业所得税法

（2007年3月16日第十届全国人民代表大会第五次会议通过）

目 录

第一章 总 则

第一条 在中华人民共和国境内，企业和其他取得收入的组织（以下统称企业）为企业所得税的纳税人，依照本法的规定缴纳企业所得税。

个人独资企业、合伙企业不适用本法。

【注释】《企业所得税法实施条例》第2条对本条进行了解释。

第二条 企业分为居民企业和非居民企业。

本法所称居民企业，是指依法在中国境内成立，或者依照外国（地区）法律成立但实际管理机构在中国境内的企业。

本法所称非居民企业，是指依照外国（地区）法律成立且实际管理机构不在中国境内，但在中国境内设立机构、场所的，或者在中国境内未设立机构、场所，但有来源于中国境内所得的企业。

【注释】《企业所得税法实施条例》第3—5条对本条进行了解释。

第三条 居民企业应当就其来源于中国境内、境外的所得缴纳企业所得税。

非居民企业在中国境内设立机构、场所的，应当就其所设机构、场所取得的来源于中国境内的所得，以及发生在中国境外但与其所设机构、场所有实际联系的所得，缴纳企业所得税。

非居民企业在中国境内未设立机构、场所的，或者虽设立机构、场所但取得的所得与其所设机构、场所没有实际联系的，应当就其来源于中国境内的所得缴纳企业所得税。

第四条 企业所得税的税率为25%。

非居民企业取得本法第三条第三款规定的所得，适用税率为20%。

【注释】《企业所得税法实施条例》第6—8条对本条进行了解释。

第二章 应纳税所得额

第五条 企业每一纳税年度的收入总额，减除不征税收入、免税收入、各项扣除以及允许弥补的以前年度亏损后的余额，为应纳税所得额。

【注释】《企业所得税法实施条例》第10条对本条进行了解释。

第六条 企业以货币形式和非货币形式从各种来源取得的收入，为收入总额。包括：

(一)销售货物收入；

(二)提供劳务收入；

(三)转让财产收入；

(四)股息、红利等权益性投资收益；

(五)利息收入；

(六)租金收入；

(七)特许权使用费收入；

(八)接受捐赠收入；

(九)其他收入。

【注释】《企业所得税法实施条例》第12—22条对本条进行了解释。

第七条 收入总额中的下列收入为不征税收入：

(一)财政拨款；

(二)依法收取并纳入财政管理的行政事业性收费、政府性基金；

(三)国务院规定的其他不征税收入。

【注释】《企业所得税法实施条例》第26条对本条进行了解释。相关规定包括：《国家税务总局关于中央和国务院各部门机关服务中心恢复征税的通知》(国税发〔2007〕94号)。

第八条 企业实际发生的与取得收入有关的、合理的支出，包括成本、费用、税金、损失和其他支出，准予在计算应纳税所得额时扣除。

【注释】《企业所得税法实施条例》第27—50条对本条进行了解释。相关规定包括：《国家税务总局关于保险企业发生与退保业务相关佣金支出税前扣除问题的通知》(国税函〔2007〕880号)、《企业支付实习生报酬税前扣除管理办法》(国税发〔2007〕42号)。

第九条 企业发生的公益性捐赠支出，在年度利润总额12%以内的部分，准予在计算应纳税所得额时扣除。

【注释】《企业所得税法实施条例》第51—53条对本条进行了解释。

第十条 在计算应纳税所得额时，下列支出不得扣除：

(一)向投资者支付的股息、红利等权益性投资收益款项；

(二)企业所得税税款；

(三)税收滞纳金；

(四)罚金、罚款和被没收财物的损失；

(五)本法第九条规定以外的捐赠支出；

(六)赞助支出；

(七)未经核定的准备金支出；

(八)与取得收入无关的其他支出。

【注释】《企业所得税法实施条例》第54、55条对本条进行了解释。相关规定包括：《国家税务总局关于保险企业非寿险业务未到期责任准备金税前扣除问题的通知》(国税函〔2007〕889号)。

第十一条 在计算应纳税所得额时，企业按照规定计算的固定资产折旧，准予扣除。

下列固定资产不得计算折旧扣除：

(一)房屋、建筑物以外未投入使用的固定资产；

(二)以经营租赁方式租入的固定资产；

(三)以融资租赁方式租出的固定资产；

(四)已足额提取折旧仍继续使用的固定资产；

(五)与经营活动无关的固定资产；

(六)单独估价作为固定资产入账的土地；

(七)其他不得计算折旧扣除的固定资产。

【注释】《企业所得税法实施条例》第57—64条对本条进行了解释。

第十二条 在计算应纳税所得额时，企业按照规定计算的无形资产摊销费用，准予扣除。

下列无形资产不得计算摊销费用扣除：

（一）自行开发的支出已在计算应纳税所得额时扣除的无形资产；

（二）自创商誉；

（三）与经营活动无关的无形资产；

（四）其他不得计算摊销费用扣除的无形资产。

【注释】《企业所得税法实施条例》第65—67条对本条进行了解释。

第十三条 在计算应纳税所得额时，企业发生的下列支出作为长期待摊费用，按照规定摊销的，准予扣除：

（一）已足额提取折旧的固定资产的改建支出；

（二）租入固定资产的改建支出；

（三）固定资产的大修理支出；

（四）其他应当作为长期待摊费用的支出。

【注释】《企业所得税法实施条例》第68—70条对本条进行了解释。相关规定包括：《国家税务总局关于铁路运输企业机车车辆大修理支出税前扣除问题的通知》(国税函〔2007〕762号)。

第十四条 企业对外投资期间，投资资产的成本在计算应纳税所得额时不得扣除。

【注释】《企业所得税法实施条例》第71条对本条进行了解释。

第十五条 企业使用或者销售存货，按照规定计算的存货成本，准予在计算应纳税所得额时扣除。

【注释】《企业所得税法实施条例》第72、73条对本条进行了解释。

第十六条 企业转让资产，该项资产的净值，准予在计算应纳税所得额时扣除。

【注释】《企业所得税法实施条例》第74条对本条进行了解释。

第十七条 企业在汇总计算缴纳企业所得税时，其境外营业机构的亏损不得抵减境内营业机构的盈利。

第十八条 企业纳税年度发生的亏损，准予向以后年度结转，用以后年度的所得弥补，但结转年限最长不得超过五年。

第十九条 非居民企业取得本法第三条第三款规定的所得，按照下列方法计算其应纳税所得额：

（一）股息、红利等权益性投资收益和利息、租金、特许权使用费所得，以收入全额为应纳税所得额；

（二）转让财产所得，以收入全额减除财产净值后的余额为应纳税所得额；

（三）其他所得，参照前两项规定的方法计算应纳税所得额。

【注释】《企业所得税法实施条例》第74条对本条进行了解释。

第二十条 本章规定的收入、扣除的具体范围、标准和资产的税务处理的具体办法，由国务院财政、税务主管部门规定。

第二十一条 在计算应纳税所得额时，企业财务、会计处理办法与税收法律、行政法规的规定不一致的，应当依照税收法律、行政法规的规定计算。

第三章　应纳税额

第二十二条 企业的应纳税所得额乘以适用税率，减除依照本法关于税收优惠的规定减免和抵免的税额后的余额，为应纳税额。

【注释】《企业所得税法实施条例》第76条对本条进行了解释。

第二十三条 企业取得的下列所得已在境外缴纳的所得税税额，可以从其当期应纳税额中抵免，抵免限额为该项所得依照本法规定计算的应纳税额；超过抵免限额的部分，可以在以后五个年度内，用每年度抵免限额抵免当年应抵税额后的余额进行抵补：

（一）居民企业来源于中国境外的应税所得；

（二）非居民企业在中国境内设立机构、场所，取得发生在中国境外但与该机构、场所有实际联系的应税所得。

【注释】《企业所得税法实施条例》第77—79、81条对本条进行了解释。

第二十四条　居民企业从其直接或者间接控制的外国企业分得的来源于中国境外的股息、红利等权益性投资收益，外国企业在境外实际缴纳的所得税税额中属于该项所得负担的部分，可以作为该居民企业的可抵免境外所得税税额，在本法第二十三条规定的抵免限额内抵免。

【注释】《企业所得税法实施条例》第80、81条对本条进行了解释。

第四章　税收优惠

第二十五条　国家对重点扶持和鼓励发展的产业和项目，给予企业所得税优惠。

第二十六条　企业的下列收入为免税收入：

(一)国债利息收入；

(二)符合条件的居民企业之间的股息、红利等权益性投资收益；

(三)在中国境内设立机构、场所的非居民企业从居民企业取得与该机构、场所有实际联系的股息、红利等权益性投资收益；

(四)符合条件的非营利组织的收入。

【注释】《企业所得税法实施条例》第82—85条对本条进行了解释。

第二十七条　企业的下列所得，可以免征、减征企业所得税：

(一)从事农、林、牧、渔业项目的所得；

(二)从事国家重点扶持的公共基础设施项目投资经营的所得；

(三)从事符合条件的环境保护、节能节水项目的所得；

(四)符合条件的技术转让所得；

(五)本法第三条第三款规定的所得。

【注释】《企业所得税法实施条例》第86—91条对本条进行了解释。

第二十八条　符合条件的小型微利企业，减按20%的税率征收企业所得税。

国家需要重点扶持的高新技术企业，减按15%的税率征收企业所得税。

【注释】《企业所得税法实施条例》第92、93条对本条进行了解释。

第二十九条　民族自治地方的自治机关对本民族自治地方的企业应缴纳的企业所得税中属于地方分享的部分，可以决定减征或者免征。自治州、自治县决定减征或者免征的，须报省、自治区、直辖市人民政府批准。

【注释】《企业所得税法实施条例》第94条对本条进行了解释。

第三十条　企业的下列支出，可以在计算应纳税所得额时加计扣除：

(一)开发新技术、新产品、新工艺发生的研究开发费用；

(二)安置残疾人员及国家鼓励安置的其他就业人员所支付的工资。

【注释】《企业所得税法实施条例》第95、96条对本条进行了解释。相关规定包括：《财政部 国家税务总局关于促进残疾人就业税收优惠政策的通知》(财税〔2007〕92号)。

第三十一条　创业投资企业从事国家需要重点扶持和鼓励的创业投资，可以按投资额的一定比例抵扣应纳税所得额。

【注释】《企业所得税法实施条例》第97条对本条进行了解释。相关规定包括：《财政部 国家税务总局关于促进创业投资企业发展有关税收政策的通知》(财税〔2007〕31号)。

第三十二条　企业的固定资产由于技术进步等原因，确需加速折旧的，可以缩短折旧年限或者采取加速折旧的方法。

【注释】《企业所得税法实施条例》第98条对本条进行了解释。

第三十三条　企业综合利用资源，生产符合国家产业政策规定的产品所取得的收入，可以在计算应纳税所得额时减计收入。

【注释】《企业所得税法实施条例》第99条对本条进行了解释。

第三十四条　企业购置用于环境保护、节能节水、安全生产等专用设备的投资额，可以按一定比例实行税额抵免。

【注释】《企业所得税法实施条例》第100条对本条进行了解释。

第三十五条 本法规定的税收优惠的具体办法，由国务院规定。

第三十六条 根据国民经济和社会发展的需要，或者由于突发事件等原因对企业经营活动产生重大影响的，国务院可以制定企业所得税专项优惠政策，报全国人民代表大会常务委员会备案。

第五章 源泉扣缴

第三十七条 对非居民企业取得本法第三条第三款规定的所得应缴纳的所得税，实行源泉扣缴，以支付人为扣缴义务人。税款由扣缴义务人在每次支付或者到期应支付时，从支付或者到期应支付的款项中扣缴。

【注释】《企业所得税法实施条例》第104、105条对本条进行了解释。

第三十八条 对非居民企业在中国境内取得工程作业和劳务所得应缴纳的所得税，税务机关可以指定工程价款或者劳务费的支付人为扣缴义务人。

【注释】《企业所得税法实施条例》第106条对本条进行了解释。

第三十九条 依照本法第三十七条、第三十八条规定应当扣缴的所得税，扣缴义务人未依法扣缴或者无法履行扣缴义务的，由纳税人在所得发生地缴纳。纳税人未依法缴纳的，税务机关可以从该纳税人在中国境内其他收入项目的支付人应付的款项中，追缴该纳税人的应纳税款。

【注释】《企业所得税法实施条例》第107、108条对本条进行了解释。

第四十条 扣缴义务人每次代扣的税款，应当自代扣之日起七日内缴入国库，并向所在地的税务机关报送扣缴企业所得税报告表。

第六章 特别纳税调整

第四十一条 企业与其关联方之间的业务往来，不符合独立交易原则而减少企业或者其关联方应纳税收入或者所得额的，税务机关有权按照合理方法调整。

企业与其关联方共同开发、受让无形资产，或者共同提供、接受劳务发生的成本，在计算应纳税所得额时应当按照独立交易原则进行分摊。

【注释】《企业所得税法实施条例》第109—112条对本条进行了解释。

第四十二条 企业可以向税务机关提出与其关联方之间业务往来的定价原则和计算方法，税务机关与企业协商、确认后，达成预约定价安排。

【注释】《企业所得税法实施条例》第113条对本条进行了解释。相关规定包括：《关联企业间业务往来预约定价实施规则(试行)》(国税发〔2004〕118号)。

第四十三条 企业向税务机关报送年度企业所得税纳税申报表时，应当就其与关联方之间的业务往来，附送年度关联业务往来报告表。

税务机关在进行关联业务调查时，企业及其关联方，以及与关联业务调查有关的其他企业，应当按照规定提供相关资料。

【注释】《企业所得税法实施条例》第114条对本条进行了解释。

第四十四条 企业不提供与其关联方之间业务往来资料，或者提供虚假、不完整资料，未能真实反映其关联业务往来情况的，税务机关有权依法核定其应纳税所得额。

【注释】《企业所得税法实施条例》第115条对本条进行了解释。

第四十五条 由居民企业，或者由居民企业和中国居民控制的设立在实际税负明显低于本法第四条第一款规定税率水平的国家(地区)的企业，并非由于合理的经营需要而对利润不作分配或者减少分配的，上述利润中应归属于该居民企业的部分，应当计入该居民企业的当期收入。

【注释】《企业所得税法实施条例》第116—118条对本条进行了解释。

第四十六条 企业从其关联方接受的债权性投资与权益性投资的比例超过规定标准而发生的利息支出，不得在计算应纳税所得额时扣除。

【注释】《企业所得税法实施条例》第119条对本条进行了解释。

第四十七条 企业实施其他不具有合理商业目的的安排而减少其应纳税收入或者所得额的，税务机关有权按照合理方法调整。

【注释】《企业所得税法实施条例》第120条对本条进行了解释。

第四十八条 税务机关依照本章规定作出纳税调整,需要补征税款的,应当补征税款,并按照国务院规定加收利息。

【注释】《企业所得税法实施条例》第122条对本条进行了解释。

第七章 征收管理

第四十九条 企业所得税的征收管理除本法规定外,依照《中华人民共和国税收征收管理法》的规定执行。

第五十条 除税收法律、行政法规另有规定外,居民企业以企业登记注册地为纳税地点;但登记注册地在境外的,以实际管理机构所在地为纳税地点。

居民企业在中国境内设立不具有法人资格的营业机构的,应当汇总计算并缴纳企业所得税。

【注释】《企业所得税法实施条例》第124、125条对本条进行了解释。

第五十一条 非居民企业取得本法第三条第二款规定的所得,以机构、场所所在地为纳税地点。非居民企业在中国境内设立两个或者两个以上机构、场所的,经税务机关审核批准,可以选择由其主要机构、场所汇总缴纳企业所得税。

非居民企业取得本法第三条第三款规定的所得,以扣缴义务人所在地为纳税地点。

【注释】《企业所得税法实施条例》第126、127条对本条进行了解释。

第五十二条 除国务院另有规定外,企业之间不得合并缴纳企业所得税。

第五十三条 企业所得税按纳税年度计算。纳税年度自公历1月1日起至12月31日止。

企业在一个纳税年度中间开业,或者终止经营活动,使该纳税年度的实际经营期不足十二个月的,应当以其实际经营期为一个纳税年度。

企业依法清算时,应当以清算期间作为一个纳税年度。

第五十四条 企业所得税分月或者分季预缴。

企业应当自月份或者季度终了之日起十五日内,向税务机关报送预缴企业所得税纳税申报表,预缴税款。

业应当自年度终了之日起五个月内,向税务机关报送年度企业所得税纳税申报表,并汇算清缴,结清应缴应退税款。

企业在报送企业所得税纳税申报表时,应当按照规定附送财务会计报告和其他有关资料。

【注释】《企业所得税法实施条例》第128、129条对本条进行了解释。相关规定包括:《企业所得税汇算清缴纳税申报鉴证业务准则(试行)》(国税发〔2007〕10号)、《国家税务总局关于企业所得税预缴问题的通知》(国税发〔2008〕17号)。

第五十五条 企业在年度中间终止经营活动的,应当自实际经营终止之日起六十日内,向税务机关办理当期企业所得税汇算清缴。

企业应当在办理注销登记前,就其清算所得向税务机关申报并依法缴纳企业所得税。

【注释】《企业所得税法实施条例》第11条对本条进行了解释。

第五十六条 依照本法缴纳的企业所得税,以人民币计算。所得以人民币以外的货币计算的,应当折合成人民币计算并缴纳税款。

【注释】《企业所得税法实施条例》第130条对本条进行了解释。

第八章 附 则

第五十七条 本法公布前已经批准设立的企业,依照当时的税收法律、行政法规规定,享受低税率优惠的,按照国务院规定,可以在本法施行后五年内,逐步过渡到本法规定的税率;享受定期减免税优惠的,按照国务院规定,可以在本法施行后继续享受到期满为止,但因未获利而尚未享受优惠的,优惠期限从本法施行年度起计算。

法律设置的发展对外经济合作和技术交流的特定地区内,以及国务院已规定执行上述地区特殊政策的地区内新设立的国家需要重点扶持的高新技术企业,可以享受过渡性税收优惠,具体办法由国务院规定。

国家已确定的其他鼓励类企业，可以按照国务院规定享受减免税优惠。

【注释】《企业所得税法实施条例》第131条对本条进行了解释。《国务院关于实施企业所得税过渡优惠政策的通知》(国发〔2007〕39号)、《国务院关于经济特区和上海浦东新区新设立高新技术企业实行过渡性税收优惠的通知》(国发〔2007〕40号)详细规定了过渡政策。

第五十八条 中华人民共和国政府同外国政府订立的有关税收的协定与本法有不同规定的，依照协定的规定办理。

第五十九条 国务院根据本法制定实施条例。

第六十条 本法自2008年1月1日起施行。1991年4月9日第七届全国人民代表大会第四次会议通过的《中华人民共和国外商投资企业和外国企业所得税法》和1993年12月13日国务院发布的《中华人民共和国企业所得税暂行条例》同时废止。

中华人民共和国企业所得税法实施条例

(国务院2007年12月6日发布，国务院令〔2007〕第512号)

第一章 总 则

第一条 根据《中华人民共和国企业所得税法》(以下简称企业所得税法)的规定，制定本条例。

第二条 企业所得税法第一条所称个人独资企业、合伙企业，是指依照中国法律、行政法规成立的个人独资企业、合伙企业。

【注释】解释《企业所得税法》第1条。

第三条 企业所得税法第二条所称依法在中国境内成立的企业，包括依照中国法律、行政法规在中国境内成立的企业、事业单位、社会团体以及其他取得收入的组织。

企业所得税法第二条所称依照外国(地区)法律成立的企业，包括依照外国(地区)法律成立的企业和其他取得收入的组织。

【注释】解释《企业所得税法》第2条。

第四条 企业所得税法第二条所称实际管理机构，是指对企业的生产经营、人员、账务、财产等实施实质性全面管理和控制的机构。

【注释】解释《企业所得税法》第2条。

第五条 企业所得税法第二条第三款所称机构、场所，是指在中国境内从事生产经营活动的机构、场所，包括：

(一)管理机构、营业机构、办事机构；

(二)工厂、农场、开采自然资源的场所；

(三)提供劳务的场所；

(四)从事建筑、安装、装配、修理、勘探等工程作业的场所；

(五)其他从事生产经营活动的机构、场所。

非居民企业委托营业代理人在中国境内从事生产经营活动的，包括委托单位或者个人经常代其签订合同，或者储存、交付货物等，该营业代理人视为非居民企业在中国境内设立的机构、场所。

【注释】解释《企业所得税法》第2条。

第六条 企业所得税法第三条所称所得，包括销售货物所得、提供劳务所得、转让财产所得、股息红利等权益性投资所得、利息所得、租金所得、特许权使用费所得、接受捐赠所得和其他所得。

【注释】解释《企业所得税法》第3条。

第七条 企业所得税法第三条所称来源于中国境内、境外的所得，按照以下原则确定：

(一)销售货物所得，按照交易活动发生地确定；

(二)提供劳务所得，按照劳务发生地确定；

（三）转让财产所得，不动产转让所得按照不动产所在地确定，动产转让所得按照转让动产的企业或者机构、场所所在地确定，权益性投资资产转让所得按照被投资企业所在地确定；

（四）股息、红利等权益性投资所得，按照分配所得的企业所在地确定；

（五）利息所得、租金所得、特许权使用费所得，按照负担、支付所得的企业或者机构、场所所在地确定，或者按照负担、支付所得的个人的住所地确定；

（六）其他所得，由国务院财政、税务主管部门确定。

【注释】 解释《企业所得税法》第 3 条。

第八条 企业所得税法第三条所称实际联系，是指非居民企业在中国境内设立的机构、场所拥有据以取得所得的股权、债权，以及拥有、管理、控制据以取得所得的财产等。

【注释】 解释《企业所得税法》第 3 条。

第二章 应纳税所得额

第一节 一般规定

第九条 企业应纳税所得额的计算，以权责发生制为原则，属于当期的收入和费用，不论款项是否收付，均作为当期的收入和费用；不属于当期的收入和费用，即使款项已经在当期收付，均不作为当期的收入和费用。本条例和国务院财政、税务主管部门另有规定的除外。

第十条 企业所得税法第五条所称亏损，是指企业依照企业所得税法和本条例的规定将每一纳税年度的收入总额减除不征税收入、免税收入和各项扣除后小于零的数额。

【注释】 解释《企业所得税法》第 5 条。

第十一条 企业所得税法第五十五条所称清算所得，是指企业的全部资产可变现价值或者交易价格减除资产净值、清算费用以及相关税费等后的余额。

投资方企业从被清算企业分得的剩余资产，其中相当于从被清算企业累计未分配利润和累计盈余公积中应当分得的部分，应当确认为股息所得；剩余资产减除上述股息所得后的余额，超过或者低于投资成本的部分，应当确认为投资资产转让所得或者损失。

【注释】 解释《企业所得税法》第 55 条。

第二节 收　　入

第十二条 企业所得税法第六条所称企业取得收入的货币形式，包括现金、存款、应收账款、应收票据、准备持有至到期的债券投资以及债务的豁免等。

企业所得税法第六条所称企业取得收入的非货币形式，包括固定资产、生物资产、无形资产、股权投资、存货、不准备持有至到期的债券投资、劳务以及有关权益等。

【注释】 解释《企业所得税法》第 6 条。

第十三条 企业所得税法第六条所称企业以非货币形式取得的收入，应当按照公允价值确定收入额。

前款所称公允价值，是指按照市场价格确定的价值。

【注释】 解释《企业所得税法》第 6 条。

第十四条 企业所得税法第六条第（一）项所称销售货物收入，是指企业销售商品、产品、原材料、包装物、低值易耗品以及其他存货取得的收入。

【注释】 解释《企业所得税法》第 6 条。

第十五条 企业所得税法第六条第（二）项所称提供劳务收入，是指企业从事建筑安装、修理修配、交通运输、仓储租赁、金融保险、邮电通信、咨询经纪、文化体育、科学研究、技术服务、教育培训、餐饮住宿、中介代理、卫生保健、社区服务、旅游、娱乐、加工以及其他劳务服务活动取得的收入。

【注释】 解释《企业所得税法》第 6 条。

第十六条 企业所得税法第六条第（三）项所称转让财产收入，是指企业转让固定资产、生物资产、无形资产、股权、债权等财产取得的收入。

【注释】 解释《企业所得税法》第 6 条。

第十七条 企业所得税法第六条第(四)项所称股息、红利等权益性投资收益,是指企业因权益性投资从被投资方取得的收入。

股息、红利等权益性投资收益,除国务院财政、税务主管部门另有规定外,按照被投资方作出利润分配决定的日期确认收入的实现。

【注释】 解释《企业所得税法》第 6 条。

第十八条 企业所得税法第六条第(五)项所称利息收入,是指企业将资金提供他人使用但不构成权益性投资,或者因他人占用本企业资金取得的收入,包括存款利息、贷款利息、债券利息、欠款利息等收入。

息收入,按照合同约定的债务人应付利息的日期确认收入的实现。

【注释】 解释《企业所得税法》第 6 条。

第十九条 企业所得税法第六条第(六)项所称租金收入,是指企业提供固定资产、包装物或者其他有形资产的使用权取得的收入。

租金收入,按照合同约定的承租人应付租金的日期确认收入的实现。

【注释】 解释《企业所得税法》第 6 条。

第二十条 企业所得税法第六条第(七)项所称特许权使用费收入,是指企业提供专利权、非专利技术、商标权、著作权以及其他特许权的使用权取得的收入。

特许权使用费收入,按照合同约定的特许权使用人应付特许权使用费的日期确认收入的实现。

【注释】 解释《企业所得税法》第 6 条。

第二十一条 企业所得税法第六条第(八)项所称接受捐赠收入,是指企业接受的来自其他企业、组织或者个人无偿给予的货币性资产、非货币性资产。

接受捐赠收入,按照实际收到捐赠资产的日期确认收入的实现。

【注释】 解释《企业所得税法》第 6 条。

第二十二条 企业所得税法第六条第(九)项所称其他收入,是指企业取得的除企业所得税法第六条第(一)项至第(八)项规定的收入外的其他收入,包括企业资产溢余收入、逾期未退包装物押金收入、确实无法偿付的应付款项、已作坏账损失处理后又收回的应收款项、债务重组收入、补贴收入、违约金收入、汇兑收益等。

【注释】 解释《企业所得税法》第 6 条。

第二十三条 企业的下列生产经营业务可以分期确认收入的实现:

(一)以分期收款方式销售货物的,按照合同约定的收款日期确认收入的实现;

(二)企业受托加工制造大型机械设备、船舶、飞机,以及从事建筑、安装、装配工程业务或者提供其他劳务等,持续时间超过 12 个月的,按照纳税年度内完工进度或者完成的工作量确认收入的实现。

第二十四条 采取产品分成方式取得收入的,按照企业分得产品的日期确认收入的实现,其收入额按照产品的公允价值确定。

第二十五条 企业发生非货币性资产交换,以及将货物、财产、劳务用于捐赠、偿债、赞助、集资、广告、样品、职工福利或者利润分配等用途的,应当视同销售货物、转让财产或者提供劳务,但国务院财政、税务主管部门另有规定的除外。

第二十六条 企业所得税法第七条第(一)项所称财政拨款,是指各级人民政府对纳入预算管理的事业单位、社会团体等组织拨付的财政资金,但国务院和国务院财政、税务主管部门另有规定的除外。

企业所得税法第七条第(二)项所称行政事业性收费,是指依照法律法规等有关规定,按照国务院规定程序批准,在实施社会公共管理,以及在向公民、法人或者其他组织提供特定公共服务过程中,向特定对象收取并纳入财政管理的费用。

企业所得税法第七条第(二)项所称政府性基金,是指企业依照法律、行政法规等有关规定,代政府收取的具有专项用途的财政资金。

企业所得税法第七条第(三)项所称国务院规定的其他不征税收入,是指企业取得的,由国务院财政、税务主管部门规定专项用途并经国务院批准的财政性资金。

【注释】 解释《企业所得税法》第 7 条。相关规定包括:《国家税务总局关于中央和国务院各部门机关服务中心恢复征税的通知》(国税发〔2007〕94 号)。

第三节　扣　　除

第二十七条　企业所得税法第八条所称有关的支出，是指与取得收入直接相关的支出。

企业所得税法第八条所称合理的支出，是指符合生产经营活动常规，应当计入当期损益或者有关资产成本的必要和正常的支出。

【注释】　解释《企业所得税法》第8条。相关规定包括：《国家税务总局关于保险企业发生与退保业务相关佣金支出税前扣除问题的通知》（国税函〔2007〕880号）。

第二十八条　企业发生的支出应当区分收益性支出和资本性支出。收益性支出在发生当期直接扣除；资本性支出应当分期扣除或者计入有关资产成本，不得在发生当期直接扣除。

企业的不征税收入用于支出所形成的费用或者财产，不得扣除或者计算对应的折旧、摊销扣除。

除企业所得税法和本条例另有规定外，企业实际发生的成本、费用、税金、损失和其他支出，不得重复扣除。

第二十九条　企业所得税法第八条所称成本，是指企业在生产经营活动中发生的销售成本、销货成本、业务支出以及其他耗费。

【注释】　解释《企业所得税法》第8条。

第三十条　企业所得税法第八条所称费用，是指企业在生产经营活动中发生的销售费用、管理费用和财务费用，已经计入成本的有关费用除外。

【注释】　解释《企业所得税法》第8条。

第三十一条　企业所得税法第八条所称税金，是指企业发生的除企业所得税和允许抵扣的增值税以外的各项税金及其附加。

【注释】　解释《企业所得税法》第8条。

第三十二条　企业所得税法第八条所称损失，是指企业在生产经营活动中发生的固定资产和存货的盘亏、毁损、报废损失，转让财产损失，呆账损失，坏账损失，自然灾害等不可抗力因素造成的损失以及其他损失。

企业发生的损失，减除责任人赔偿和保险赔款后的余额，依照国务院财政、税务主管部门的规定扣除。

企业已经作为损失处理的资产，在以后纳税年度又全部收回或者部分收回时，应当计入当期收入。

【注释】　解释《企业所得税法》第8条。相关规定包括：《企业财产损失所得税前扣除管理办法》（国家税务总局令〔2005〕13号）、《企业财产损失所得税税前扣除鉴证业务准则（试行）》（国税发〔2007〕9号）。

第三十三条　企业所得税法第八条所称其他支出，是指除成本、费用、税金、损失外，企业在生产经营活动中发生的与生产经营活动有关的、合理的支出。

【注释】　解释《企业所得税法》第8条。

第三十四条　企业发生的合理的工资薪金支出，准予扣除。

前款所称工资薪金，是指企业每一纳税年度支付给在本企业任职或者受雇的员工的所有现金形式或者非现金形式的劳动报酬，包括基本工资、奖金、津贴、补贴、年终加薪、加班工资，以及与员工任职或者受雇有关的其他支出。

【注释】　解释《企业所得税法》第8条。相关规定包括：《企业支付实习生报酬税前扣除管理办法》（国税发〔2007〕42号）。

第三十五条　企业依照国务院有关主管部门或者省级人民政府规定的范围和标准为职工缴纳的基本养老保险费、基本医疗保险费、失业保险费、工伤保险费、生育保险费等基本社会保险费和住房公积金，准予扣除。

企业为投资者或者职工支付的补充养老保险费、补充医疗保险费，在国务院财政、税务主管部门规定的范围和标准内，准予扣除。

【注释】　解释《企业所得税法》第8条。

第三十六条　除企业依照国家有关规定为特殊工种职工支付的人身安全保险费和国务院财政、税务主管部门规定可以扣除的其他商业保险费外，企业为投资者或者职工支付的商业保险费，不得扣除。

【注释】　解释《企业所得税法》第8条。

第三十七条 企业在生产经营活动中发生的合理的不需要资本化的借款费用，准予扣除。

企业为购置、建造固定资产、无形资产和经过 12 个月以上的建造才能达到预定可销售状态的存货发生借款的，在有关资产购置、建造期间发生的合理的借款费用，应当作为资本性支出计入有关资产的成本，并依照本条例的规定扣除。

【注释】 解释《企业所得税法》第 8 条。相关规定包括：《财政部 国家税务总局关于执行〈企业会计准则〉有关企业所得税政策问题的通知》（财税〔2007〕80 号）。

第三十八条 企业在生产经营活动中发生的下列利息支出，准予扣除：

（一）非金融企业向金融企业借款的利息支出、金融企业的各项存款利息支出和同业拆借利息支出、企业经批准发行债券的利息支出；

（二）非金融企业向非金融企业借款的利息支出，不超过按照金融企业同期同类贷款利率计算的数额的部分。

【注释】 解释《企业所得税法》第 8 条。

第三十九条 企业在货币交易中，以及纳税年度终了时将人民币以外的货币性资产、负债按照期末即期人民币汇率中间价折算为人民币时产生的汇兑损失，除已经计入有关资产成本以及与向所有者进行利润分配相关的部分外，准予扣除。

【注释】 解释《企业所得税法》第 8 条。

第四十条 企业发生的职工福利费支出，不超过工资薪金总额 14%的部分，准予扣除。

【注释】 解释《企业所得税法》第 8 条。

第四十一条 企业拨缴的工会经费，不超过工资薪金总额 2%的部分，准予扣除。

【注释】 解释《企业所得税法》第 8 条。

第四十二条 除国务院财政、税务主管部门另有规定外，企业发生的职工教育经费支出，不超过工资薪金总额 2.5%的部分，准予扣除；超过部分，准予在以后纳税年度结转扣除。

【注释】 解释《企业所得税法》第 8 条。

第四十三条 企业发生的与生产经营活动有关的业务招待费支出，按照发生额的 60%扣除，但最高不得超过当年销售（营业）收入的 5‰。

【注释】 解释《企业所得税法》第 8 条。

第四十四条 企业发生的符合条件的广告费和业务宣传费支出，除国务院财政、税务主管部门另有规定外，不超过当年销售（营业）收入 15%的部分，准予扣除；超过部分，准予在以后纳税年度结转扣除。

【注释】 解释《企业所得税法》第 8 条。

第四十五条 企业依照法律、行政法规有关规定提取的用于环境保护、生态恢复等方面的专项资金，准予扣除。上述专项资金提取后改变用途的，不得扣除。

【注释】 解释《企业所得税法》第 8 条。

第四十六条 企业参加财产保险，按照规定缴纳的保险费，准予扣除。

【注释】 解释《企业所得税法》第 8 条。

第四十七条 企业根据生产经营活动的需要租入固定资产支付的租赁费，按照以下方法扣除：

（一）以经营租赁方式租入固定资产发生的租赁费支出，按照租赁期限均匀扣除；

（二）以融资租赁方式租入固定资产发生的租赁费支出，按照规定构成融资租入固定资产价值的部分应当提取折旧费用，分期扣除。

【注释】 解释《企业所得税法》第 8 条。

第四十八条 企业发生的合理的劳动保护支出，准予扣除。

【注释】 解释《企业所得税法》第 8 条。

第四十九条 企业之间支付的管理费、企业内营业机构之间支付的租金和特许权使用费，以及非银行企业内营业机构之间支付的利息，不得扣除。

【注释】 解释《企业所得税法》第 8 条。

第五十条 非居民企业在中国境内设立的机构、场所，就其中国境外总机构发生的与该机构、场所生产经营有关的费用，能够提供总机构出具的费用汇集范围、定额、分配依据和方法等证明文件，并合理分摊的，准予扣除。

【注释】　解释《企业所得税法》第8条。

第五十一条　企业所得税法第九条所称公益性捐赠，是指企业通过公益性社会团体或者县级以上人民政府及其部门，用于《中华人民共和国公益事业捐赠法》规定的公益事业的捐赠。

【注释】　解释《企业所得税法》第9条。

第五十二条　本条例第五十一条所称公益性社会团体，是指同时符合下列条件的基金会、慈善组织等社会团体：

（一）依法登记，具有法人资格；

（二）以发展公益事业为宗旨，且不以营利为目的；

（三）全部资产及其增值为该法人所有；

（四）收益和营运结余主要用于符合该法人设立目的的事业；

（五）终止后的剩余财产不归属任何个人或者营利组织；

（六）不经营与其设立目的无关的业务；

（七）有健全的财务会计制度；

（八）捐赠者不以任何形式参与社会团体财产的分配；

（九）国务院财政、税务主管部门会同国务院民政部门等登记管理部门规定的其他条件。

【注释】　解释《企业所得税法》第9条。

第五十三条　企业发生的公益性捐赠支出，不超过年度利润总额12%的部分，准予扣除。

年度利润总额，是指企业依照国家统一会计制度的规定计算的年度会计利润。

【注释】　解释《企业所得税法》第9条。

第五十四条　企业所得税法第十条第（六）项所称赞助支出，是指企业发生的与生产经营活动无关的各种非广告性质支出。

【注释】　解释《企业所得税法》第10条。

第五十五条　企业所得税法第十条第（七）项所称未经核定的准备金支出，是指不符合国务院财政、税务主管部门规定的各项资产减值准备、风险准备等准备金支出。

【注释】　解释《企业所得税法》第10条。

第四节　资产的税务处理

第五十六条　企业的各项资产，包括固定资产、生物资产、无形资产、长期待摊费用、投资资产、存货等，以历史成本为计税基础。

前款所称历史成本，是指企业取得该项资产时实际发生的支出。

企业持有各项资产期间资产增值或者减值，除国务院财政、税务主管部门规定可以确认损益外，不得调整该资产的计税基础。

第五十七条　企业所得税法第十一条所称固定资产，是指企业为生产产品、提供劳务、出租或者经营管理而持有的、使用时间超过12个月的非货币性资产，包括房屋、建筑物、机器、机械、运输工具以及其他与生产经营活动有关的设备、器具、工具等。

【注释】　解释《企业所得税法》第11条。

第五十八条　固定资产按照以下方法确定计税基础：

（一）外购的固定资产，以购买价款和支付的相关税费以及直接归属于使该资产达到预定用途发生的其他支出为计税基础；

（二）自行建造的固定资产，以竣工结算前发生的支出为计税基础；

（三）融资租入的固定资产，以租赁合同约定的付款总额和承租人在签订租赁合同过程中发生的相关费用为计税基础，租赁合同未约定付款总额的，以该资产的公允价值和承租人在签订租赁合同过程中发生的相关费用为计税基础；

（四）盘盈的固定资产，以同类固定资产的重置完全价值为计税基础；

（五）通过捐赠、投资、非货币性资产交换、债务重组等方式取得的固定资产，以该资产的公允价值和支付的相关税费为计税基础；

（六）改建的固定资产，除企业所得税法第十三条第（一）项和第（二）项规定的支出外，以改建过程中发生的改建支出增加计税基础。

【注释】 解释《企业所得税法》第11条。

第五十九条 固定资产按照直线法计算的折旧，准予扣除。

企业应当自固定资产投入使用月份的次月起计算折旧；停止使用的固定资产，应当自停止使用月份的次月起停止计算折旧。

企业应当根据固定资产的性质和使用情况，合理确定固定资产的预计净残值。固定资产的预计净残值一经确定，不得变更。

【注释】 解释《企业所得税法》第11条。

第六十条 除国务院财政、税务主管部门另有规定外，固定资产计算折旧的最低年限如下：

（一）房屋、建筑物，为20年；

（二）飞机、火车、轮船、机器、机械和其他生产设备，为10年；

（三）与生产经营活动有关的器具、工具、家具等，为5年；

（四）飞机、火车、轮船以外的运输工具，为4年；

（五）电子设备，为3年。

【注释】 解释《企业所得税法》第11条。

第六十一条 从事开采石油、天然气等矿产资源的企业，在开始商业性生产前发生的费用和有关固定资产的折耗、折旧方法，由国务院财政、税务主管部门另行规定。

【注释】 解释《企业所得税法》第11条。

第六十二条 生产性生物资产按照以下方法确定计税基础：

（一）外购的生产性生物资产，以购买价款和支付的相关税费为计税基础；

（二）通过捐赠、投资、非货币性资产交换、债务重组等方式取得的生产性生物资产，以该资产的公允价值和支付的相关税费为计税基础。

前款所称生产性生物资产，是指企业为生产农产品、提供劳务或者出租等而持有的生物资产，包括经济林、薪炭林、产畜和役畜等。

【注释】 解释《企业所得税法》第11条。

第六十三条 生产性生物资产按照直线法计算的折旧，准予扣除。

企业应当自生产性生物资产投入使用月份的次月起计算折旧；停止使用的生产性生物资产，应当自停止使用月份的次月起停止计算折旧。

企业应当根据生产性生物资产的性质和使用情况，合理确定生产性生物资产的预计净残值。生产性生物资产的预计净残值一经确定，不得变更。

【注释】 解释《企业所得税法》第11条。

第六十四条 生产性生物资产计算折旧的最低年限如下：

（一）林木类生产性生物资产，为10年；

（二）畜类生产性生物资产，为3年。

【注释】 解释《企业所得税法》第11条。

第六十五条 企业所得税法第十二条所称无形资产，是指企业为生产产品、提供劳务、出租或者经营管理而持有的、没有实物形态的非货币性长期资产，包括专利权、商标权、著作权、土地使用权、非专利技术、商誉等。

【注释】 解释《企业所得税法》第12条。

第六十六条 无形资产按照以下方法确定计税基础：

（一）外购的无形资产，以购买价款和支付的相关税费以及直接归属于使该资产达到预定用途发生的其他支出为计税基础；

（二）自行开发的无形资产，以开发过程中该资产符合资本化条件后至达到预定用途前发生的支出为计税基础；

（三）通过捐赠、投资、非货币性资产交换、债务重组等方式取得的无形资产，以该资产的公允价值和支付的相关税费为计税基础。

【注释】 解释《企业所得税法》第12条。

第六十七条 无形资产按照直线法计算的摊销费用，准予扣除。

无形资产的摊销年限不得低于10年。

作为投资或者受让的无形资产，有关法律规定或者合同约定了使用年限的，可以按照规定或者约定的使用年限分期摊销。

外购商誉的支出，在企业整体转让或者清算时，准予扣除。

【注释】 解释《企业所得税法》第12条。

第六十八条 企业所得税法第十三条第(一)项和第(二)项所称固定资产的改建支出，是指改变房屋或者建筑物结构、延长使用年限等发生的支出。

企业所得税法第十三条第(一)项规定的支出，按照固定资产预计尚可使用年限分期摊销；第(二)项规定的支出，按照合同约定的剩余租赁期限分期摊销。

改建的固定资产延长使用年限的，除企业所得税法第十三条第(一)项和第(二)项规定外，应当适当延长折旧年限。

【注释】 解释《企业所得税法》第13条。相关规定包括：《国家税务总局关于铁路运输企业机车车辆大修理支出税前扣除问题的通知》(国税函〔2007〕762号)。

第六十九条 企业所得税法第十三条第(三)项所称固定资产的大修理支出，是指同时符合下列条件的支出：

(一)修理支出达到取得固定资产时的计税基础50%以上；

(二)修理后固定资产的使用年限延长2年以上。

企业所得税法第十三条第(三)项规定的支出，按照固定资产尚可使用年限分期摊销。

【注释】 解释《企业所得税法》第13条。相关规定包括：《国家税务总局关于铁路运输企业机车车辆大修理支出税前扣除问题的通知》(国税函〔2007〕762号)。

第七十条 企业所得税法第十三条第(四)项所称其他应当作为长期待摊费用的支出，自支出发生月份的次月起，分期摊销，摊销年限不得低于3年。

【注释】 解释《企业所得税法》第13条。相关规定包括：《国家税务总局关于铁路运输企业机车车辆大修理支出税前扣除问题的通知》(国税函〔2007〕762号)。

第七十一条 企业所得税法第十四条所称投资资产，是指企业对外进行权益性投资和债权性投资形成的资产。

企业在转让或者处置投资资产时，投资资产的成本，准予扣除。

投资资产按照以下方法确定成本：

(一)通过支付现金方式取得的投资资产，以购买价款为成本；

(二)通过支付现金以外的方式取得的投资资产，以该资产的公允价值和支付的相关税费为成本。

【注释】 解释《企业所得税法》第14条。

第七十二条 企业所得税法第十五条所称存货，是指企业持有以备出售的产品或者商品、处在生产过程中的在产品、在生产或者提供劳务过程中耗用的材料和物料等。

存货按照以下方法确定成本：

(一)通过支付现金方式取得的存货，以购买价款和支付的相关税费为成本；

(二)通过支付现金以外的方式取得的存货，以该存货的公允价值和支付的相关税费为成本；

(三)生产性生物资产收获的农产品，以产出或者采收过程中发生的材料费、人工费和分摊的间接费用等必要支出为成本。

【注释】 解释《企业所得税法》第15条。

第七十三条 企业使用或者销售的存货的成本计算方法，可以在先进先出法、加权平均法、个别计价法中选用一种。计价方法一经选用，不得随意变更。

【注释】 解释《企业所得税法》第15条。

第七十四条 企业所得税法第十六条所称资产的净值和第十九条所称财产净值，是指有关资产、财产的计税基础减除已经按照规定扣除的折旧、折耗、摊销、准备金等后的余额。

【注释】 解释《企业所得税法》第16条、第19条。

第七十五条 除国务院财政、税务主管部门另有规定外，企业在重组过程中，应当在交易发生时确认有关资产的转让所得或者损失，相关资产应当按照交易价格重新确定计税基础。

第三章 应纳税额

第七十六条 企业所得税法第二十二条规定的应纳税额的计算公式为：

应纳税额＝应纳税所得额×适用税率－减免税额－抵免税额

公式中的减免税额和抵免税额，是指依照企业所得税法和国务院的税收优惠规定减征、免征和抵免的应纳税额。

【注释】 解释《企业所得税法》第22条。

第七十七条 企业所得税法第二十三条所称已在境外缴纳的所得税税额，是指企业来源于中国境外的所得依照中国境外税收法律以及相关规定应当缴纳并已经实际缴纳的企业所得税性质的税款。

【注释】 解释《企业所得税法》第23条。

第七十八条 企业所得税法第二十三条所称抵免限额，是指企业来源于中国境外的所得，依照企业所得税法和本条例的规定计算的应纳税额。除国务院财政、税务主管部门另有规定外，该抵免限额应当分国(地区)不分项计算，计算公式如下：

抵免限额＝中国境内、境外所得依照企业所得税法和本条例的规定计算的应纳税总额
×来源于某国(地区)的应纳税所得额÷中国境内、境外应纳税所得总额

【注释】 解释《企业所得税法》第23条。

第七十九条 企业所得税法第二十三条所称5个年度，是指从企业取得的来源于中国境外的所得，已经在中国境外缴纳的企业所得税性质的税额超过抵免限额的当年的次年起连续5个纳税年度。

【注释】 解释《企业所得税法》第23条。

第八十条 企业所得税法第二十四条所称直接控制，是指居民企业直接持有外国企业20%以上股份。

企业所得税法第二十四条所称间接控制，是指居民企业以间接持股方式持有外国企业20%以上股份，具体认定办法由国务院财政、税务主管部门另行制定。

【注释】 解释《企业所得税法》第24条。

第八十一条 企业依照企业所得税法第二十三条、第二十四条的规定抵免企业所得税税额时，应当提供中国境外税务机关出具的税款所属年度的有关纳税凭证。

【注释】 解释《企业所得税法》第23条、第24条。

第四章 税收优惠

第八十二条 企业所得税法第二十六条第(一)项所称国债利息收入，是指企业持有国务院财政部门发行的国债取得的利息收入。

【注释】 解释《企业所得税法》第26条。

第八十三条 企业所得税法第二十六条第(二)项所称符合条件的居民企业之间的股息、红利等权益性投资收益，是指居民企业直接投资于其他居民企业取得的投资收益。企业所得税法第二十六条第(二)项和第(三)项所称股息、红利等权益性投资收益，不包括连续持有居民企业公开发行并上市流通的股票不足12个月取得的投资收益。

【注释】 解释《企业所得税法》第26条。

第八十四条 企业所得税法第二十六条第(四)项所称符合条件的非营利组织，是指同时符合下列条件的组织：

(一)依法履行非营利组织登记手续；

(二)从事公益性或者非营利性活动；

(三)取得的收入除用于与该组织有关的、合理的支出外，全部用于登记核定或者章程规定的公益性或者非营利性事业；

(四)财产及其孳息不用于分配;

(五)按照登记核定或者章程规定,该组织注销后的剩余财产用于公益性或者非营利性目的,或者由登记管理机关转赠给与该组织性质、宗旨相同的组织,并向社会公告;

(六)投入人对投入该组织的财产不保留或者享有任何财产权利;

(七)工作人员工资福利开支控制在规定的比例内,不变相分配该组织的财产。

前款规定的非营利组织的认定管理办法由国务院财政、税务主管部门会同国务院有关部门制定。

【注释】 解释《企业所得税法》第26条。

第八十五条 企业所得税法第二十六条第(四)项所称符合条件的非营利组织的收入,不包括非营利组织从事营利性活动取得的收入,但国务院财政、税务主管部门另有规定的除外。

【注释】 解释《企业所得税法》第26条。

第八十六条 企业所得税法第二十七条第(一)项规定的企业从事农、林、牧、渔业项目的所得,可以免征、减征企业所得税,是指:

(一)企业从事下列项目的所得,免征企业所得税:

1. 蔬菜、谷物、薯类、油料、豆类、棉花、麻类、糖料、水果、坚果的种植;
2. 农作物新品种的选育;
3. 中药材的种植;
4. 林木的培育和种植;
5. 牲畜、家禽的饲养;
6. 林产品的采集;
7. 灌溉、农产品初加工、兽医、农技推广、农机作业和维修等农、林、牧、渔服务业项目;
8. 远洋捕捞。

(二)企业从事下列项目的所得,减半征收企业所得税:

1. 花卉、茶以及其他饮料作物和香料作物的种植;
2. 海水养殖、内陆养殖。

企业从事国家限制和禁止发展的项目,不得享受本条规定的企业所得税优惠。

【注释】 解释《企业所得税法》第27条。

第八十七条 企业所得税法第二十七条第(二)项所称国家重点扶持的公共基础设施项目,是指《公共基础设施项目企业所得税优惠目录》规定的港口码头、机场、铁路、公路、城市公共交通、电力、水利等项目。

企业从事前款规定的国家重点扶持的公共基础设施项目的投资经营的所得,自项目取得第一笔生产经营收入所属纳税年度起,第一年至第三年免征企业所得税,第四年至第六年减半征收企业所得税。

企业承包经营、承包建设和内部自建自用本条规定的项目,不得享受本条规定的企业所得税优惠。

【注释】 解释《企业所得税法》第27条。

第八十八条 企业所得税法第二十七条第(三)项所称符合条件的环境保护、节能节水项目,包括公共污水处理、公共垃圾处理、沼气综合开发利用、节能减排技术改造、海水淡化等。项目的具体条件和范围由国务院财政、税务主管部门商国务院有关部门制订,报国务院批准后公布施行。

企业从事前款规定的符合条件的环境保护、节能节水项目的所得,自项目取得第一笔生产经营收入所属纳税年度起,第一年至第三年免征企业所得税,第四年至第六年减半征收企业所得税。

【注释】 解释《企业所得税法》第27条。

第八十九条 依照本条例第八十七条和第八十八条规定享受减免税优惠的项目,在减免税期限内转让的,受让方自受让之日起,可以在剩余期限内享受规定的减免税优惠;减免税期限届满后转让的,受让方不得就该项目重复享受减免税优惠。

【注释】 解释《企业所得税法》第27条。

第九十条 企业所得税法第二十七条第(四)项所称符合条件的技术转让所得免征、减征企业所得税,是指一个纳税年度内,居民企业技术转让所得不超过500万元的部分,免征企业所得税;超过500万元的部分,减半征收企业所得税。

【注释】 解释《企业所得税法》第27条。

第九十一条 非居民企业取得企业所得税法第二十七条第(五)项规定的所得,减按10%的税率征收企业所得税。

下列所得可以免征企业所得税:

(一)外国政府向中国政府提供贷款取得的利息所得;

(二)国际金融组织向中国政府和居民企业提供优惠贷款取得的利息所得;

(三)经国务院批准的其他所得。

【注释】 解释《企业所得税法》第27条。

第九十二条 企业所得税法第二十八条第一款所称符合条件的小型微利企业,是指从事国家非限制和禁止行业,并符合下列条件的企业:

(一)工业企业,年度应纳税所得额不超过30万元,从业人数不超过100人,资产总额不超过3 000万元;

(二)其他企业,年度应纳税所得额不超过30万元,从业人数不超过80人,资产总额不超过1 000万元。

【注释】 解释《企业所得税法》第28条。

第九十三条 企业所得税法第二十八条第二款所称国家需要重点扶持的高新技术企业,是指拥有核心自主知识产权,并同时符合下列条件的企业:

(一)产品(服务)属于《国家重点支持的高新技术领域》规定的范围;

(二)研究开发费用占销售收入的比例不低于规定比例;

(三)高新技术产品(服务)收入占企业总收入的比例不低于规定比例;

(四)科技人员占企业职工总数的比例不低于规定比例;

(五)高新技术企业认定管理办法规定的其他条件。

《国家重点支持的高新技术领域》和高新技术企业认定管理办法由国务院科技、财政、税务主管部门商国务院有关部门制订,报国务院批准后公布施行。

【注释】 解释《企业所得税法》第28条。

第九十四条 企业所得税法第二十九条所称民族自治地方,是指依照《中华人民共和国民族区域自治法》的规定,实行民族区域自治的自治区、自治州、自治县。

对民族自治地方内国家限制和禁止行业的企业,不得减征或者免征企业所得税。

【注释】 解释《企业所得税法》第29条。

第九十五条 企业所得税法第三十条第(一)项所称研究开发费用的加计扣除,是指企业为开发新技术、新产品、新工艺发生的研究开发费用,未形成无形资产计入当期损益的,在按照规定据实扣除的基础上,按照研究开发费用的50%加计扣除;形成无形资产的,按照无形资产成本的150%摊销。

【注释】 解释《企业所得税法》第30条。

第九十六条 企业所得税法第三十条第(二)项所称企业安置残疾人员所支付的工资的加计扣除,是指企业安置残疾人员的,在按照支付给残疾职工工资据实扣除的基础上,按照支付给残疾职工工资的100%加计扣除。残疾人员的范围适用《中华人民共和国残疾人保障法》的有关规定。

企业所得税法第三十条第(二)项所称企业安置国家鼓励安置的其他就业人员所支付的工资的加计扣除办法,由国务院另行规定。

【注释】 解释《企业所得税法》第30条。相关规定包括:《财政部 国家税务总局关于促进残疾人就业税收优惠政策的通知》(财税〔2007〕92号)。

第九十七条 企业所得税法第三十一条所称抵扣应纳税所得额,是指创业投资企业采取股权投资方式投资于未上市的中小高新技术企业2年以上的,可以按照其投资额的70%在股权持有满2年的当年抵扣该创业投资企业的应纳税所得额;当年不足抵扣的,可以在以后纳税年度结转抵扣。

【注释】 解释《企业所得税法》第31条。相关规定包括:《财政部 国家税务总局关于促进创业投资企业发展有关税收政策的通知》(财税〔2007〕31号)。

第九十八条 企业所得税法第三十二条所称可以采取缩短折旧年限或者采取加速折旧的方法的固定资产,包括:

(一)由于技术进步,产品更新换代较快的固定资产;

（二）常年处于强震动、高腐蚀状态的固定资产。

采取缩短折旧年限方法的，最低折旧年限不得低于本条例第六十条规定折旧年限的60%；采取加速折旧方法的，可以采取双倍余额递减法或者年数总和法。

【注释】 解释《企业所得税法》第32条。

第九十九条 企业所得税法第三十三条所称减计收入，是指企业以《资源综合利用企业所得税优惠目录》规定的资源作为主要原材料，生产国家非限制和禁止并符合国家和行业相关标准的产品取得的收入，减按90%计入收入总额。

前款所称原材料占生产产品材料的比例不得低于《资源综合利用企业所得税优惠目录》规定的标准。

【注释】 解释《企业所得税法》第33条。

第一百条 企业所得税法第三十四条所称税额抵免，是指企业购置并实际使用《环境保护专用设备企业所得税优惠目录》、《节能节水专用设备企业所得税优惠目录》和《安全生产专用设备企业所得税优惠目录》规定的环境保护、节能节水、安全生产等专用设备的，该专用设备的投资额的10%可以从企业当年的应纳税额中抵免；当年不足抵免的，可以在以后5个纳税年度结转抵免。

享受前款规定的企业所得税优惠的企业，应当实际购置并自身实际投入使用前款规定的专用设备；企业购置上述专用设备在5年内转让、出租的，应当停止享受企业所得税优惠，并补缴已经抵免的企业所得税税款。

【注释】 解释《企业所得税法》第34条。

第一百零一条 本章第八十七条、第九十九条、第一百条规定的企业所得税优惠目录，由国务院财政、税务主管部门商国务院有关部门制订，报国务院批准后公布施行。

第一百零二条 企业同时从事适用不同企业所得税待遇的项目的，其优惠项目应当单独计算所得，并合理分摊企业的期间费用；没有单独计算的，不得享受企业所得税优惠。

第五章 源泉扣缴

第一百零三条 依照企业所得税法对非居民企业应当缴纳的企业所得税实行源泉扣缴的，应当依照企业所得税法第十九条的规定计算应纳税所得额。

企业所得税法第十九条所称收入全额，是指非居民企业向支付人收取的全部价款和价外费用。

第一百零四条 企业所得税法第三十七条所称支付人，是指依照有关法律规定或者合同约定对非居民企业直接负有支付相关款项义务的单位或者个人。

【注释】 解释《企业所得税法》第37条。

第一百零五条 企业所得税法第三十七条所称支付，包括现金支付、汇拨支付、转账支付和权益兑价支付等货币支付和非货币支付。

企业所得税法第三十七条所称到期应支付的款项，是指支付人按照权责发生制原则应当计入相关成本、费用的应付款项。

【注释】 解释《企业所得税法》第37条。

第一百零六条 企业所得税法第三十八条规定的可以指定扣缴义务人的情形，包括：

（一）预计工程作业或者提供劳务期限不足一个纳税年度，且有证据表明不履行纳税义务的；

（二）没有办理税务登记或者临时税务登记，且未委托中国境内的代理人履行纳税义务的；

（三）未按照规定期限办理企业所得税纳税申报或者预缴申报的。

前款规定的扣缴义务人，由县级以上税务机关指定，并同时告知扣缴义务人所扣税款的计算依据、计算方法、扣缴期限和扣缴方式。

【注释】 解释《企业所得税法》第38条。

第一百零七条 企业所得税法第三十九条所称所得发生地，是指依照本条例第七条规定的原则确定的所得发生地。在中国境内存在多处所得发生地的，由纳税人选择其中之一申报缴纳企业所得税。

【注释】 解释《企业所得税法》第39条。

第一百零八条 企业所得税法第三十九条所称该纳税人在中国境内其他收入，是指该纳税人在中国境内取得的其他各种来源的收入。

税务机关在追缴该纳税人应纳税款时，应当将追缴理由、追缴数额、缴纳期限和缴纳方式等告知该纳税人。

【注释】 解释《企业所得税法》第39条。

第六章 特别纳税调整

第一百零九条 企业所得税法第四十一条所称关联方，是指与企业有下列关联关系之一的企业、其他组织或者个人：

(一)在资金、经营、购销等方面存在直接或者间接的控制关系；

(二)直接或者间接地同为第三者控制；

(三)在利益上具有相关联的其他关系。

【注释】 解释《企业所得税法》第41条。

第一百一十条 企业所得税法第四十一条所称独立交易原则，是指没有关联关系的交易各方，按照公平成交价格和营业常规进行业务往来遵循的原则。

【注释】 解释《企业所得税法》第41条。

第一百一十一条 企业所得税法第四十一条所称合理方法，包括：

(一)可比非受控价格法，是指按照没有关联关系的交易各方进行相同或者类似业务往来的价格进行定价的方法；

(二)再销售价格法，是指按照从关联方购进商品再销售给没有关联关系的交易方的价格，减除相同或者类似业务的销售毛利进行定价的方法；

(三)成本加成法，是指按照成本加合理的费用和利润进行定价的方法；

(四)交易净利润法，是指按照没有关联关系的交易各方进行相同或者类似业务往来取得的净利润水平确定利润的方法；

(五)利润分割法，是指将企业与其关联方的合并利润或者亏损在各方之间采用合理标准进行分配的方法；

(六)其他符合独立交易原则的方法。

【注释】 解释《企业所得税法》第41条。

第一百一十二条 企业可以依照企业所得税法第四十一条第二款的规定，按照独立交易原则与其关联方分摊共同发生的成本，达成成本分摊协议。

企业与其关联方分摊成本时，应当按照成本与预期收益相配比的原则进行分摊，并在税务机关规定的期限内，按照税务机关的要求报送有关资料。

企业与其关联方分摊成本时违反本条第一款、第二款规定的，其自行分摊的成本不得在计算应纳税所得额时扣除。

【注释】 解释《企业所得税法》第41条。

第一百一十三条 企业所得税法第四十二条所称预约定价安排，是指企业就其未来年度关联交易的定价原则和计算方法，向税务机关提出申请，与税务机关按照独立交易原则协商、确认后达成的协议。

【注释】 解释《企业所得税法》第42条。相关规定包括：《关联企业间业务往来预约定价实施规则(试行)》(国税发〔2004〕118号)。

第一百一十四条 企业所得税法第四十三条所称相关资料，包括：

(一)与关联业务往来有关的价格、费用的制定标准、计算方法和说明等同期资料；

(二)关联业务往来所涉及的财产、财产使用权、劳务等的再销售(转让)价格或者最终销售(转让)价格的相关资料；

(三)与关联业务调查有关的其他企业应当提供的与被调查企业可比的产品价格、定价方式以及利润水平等资料；

(四)其他与关联业务往来有关的资料。

企业所得税法第四十三条所称与关联业务调查有关的其他企业，是指与被调查企业在生产经营内容和方式上相类似的企业。

企业应当在税务机关规定的期限内提供与关联业务往来有关的价格、费用的制定标准、计算方法和说明等资料。关联方以及与关联业务调查有关的其他企业应当在税务机关与其约定的期限内提供相关资料。

【注释】 解释《企业所得税法》第43条。

第一百一十五条 税务机关依照企业所得税法第四十四条的规定核定企业的应纳税所得额时，可以采用下列方法：

(一)参照同类或者类似企业的利润率水平核定；

(二)按照企业成本加合理的费用和利润的方法核定；

(三)按照关联企业集团整体利润的合理比例核定；

(四)按照其他合理方法核定。

企业对税务机关按照前款规定的方法核定的应纳税所得额有异议的，应当提供相关证据，经税务机关认定后，调整核定的应纳税所得额。

【注释】 解释《企业所得税法》第44条。

第一百一十六条 企业所得税法第四十五条所称中国居民，是指根据《中华人民共和国个人所得税法》的规定，就其从中国境内、境外取得的所得在中国缴纳个人所得税的个人。

【注释】 解释《企业所得税法》第45条。

第一百一十七条 企业所得税法第四十五条所称控制，包括：

(一)居民企业或者中国居民直接或者间接单一持有外国企业10%以上有表决权股份，且由其共同持有该外国企业50%以上股份；

(二)居民企业，或者居民企业和中国居民持股比例没有达到第(一)项规定的标准，但在股份、资金、经营、购销等方面对该外国企业构成实质控制。

【注释】 解释《企业所得税法》第45条。

第一百一十八条 企业所得税法第四十五条所称实际税负明显低于企业所得税法第四条第一款规定税率水平，是指低于企业所得税法第四条第一款规定税率的50%。

【注释】 解释《企业所得税法》第45条。

第一百一十九条 企业所得税法第四十六条所称债权性投资，是指企业直接或者间接从关联方获得的，需要偿还本金和支付利息或者需要以其他具有支付利息性质的方式予以补偿的融资。

企业间接从关联方获得的债权性投资，包括：

(一)关联方通过无关联第三方提供的债权性投资；

(二)无关联第三方提供的、由关联方担保且负有连带责任的债权性投资；

(三)其他间接从关联方获得的具有负债实质的债权性投资。

企业所得税法第四十六条所称权益性投资，是指企业接受的不需要偿还本金和支付利息，投资人对企业净资产拥有所有权的投资。

企业所得税法第四十六条所称标准，由国务院财政、税务主管部门另行规定。

【注释】 解释《企业所得税法》第46条。

第一百二十条 企业所得税法第四十七条所称不具有合理商业目的，是指以减少、免除或者推迟缴纳税款为主要目的。

【注释】 解释《企业所得税法》第47条。

第一百二十一条 税务机关根据税收法律、行政法规的规定，对企业作出特别纳税调整的，应当对补征的税款，自税款所属纳税年度的次年6月1日起至补缴税款之日止的期间，按日加收利息。

前款规定加收的利息，不得在计算应纳税所得额时扣除。

第一百二十二条 企业所得税法第四十八条所称利息，应当按照税款所属纳税年度中国人民银行公布的与补税期间同期的人民币贷款基准利率加5个百分点计算。

企业依照企业所得税法第四十三条和本条例的规定提供有关资料的，可以只按前款规定的人民币贷款基准利率计算利息。

【注释】 解释《企业所得税法》第48条。

第一百二十三条 企业与其关联方之间的业务往来，不符合独立交易原则，或者企业实施其他不具有合理商业目的的安排的，税务机关有权在该业务发生的纳税年度起10年内，进行纳税调整。

第七章　征收管理

第一百二十四条　企业所得税法第五十条所称企业登记注册地，是指企业依照国家有关规定登记注册的住所地。

【注释】　解释《企业所得税法》第 50 条。

第一百二十五条　企业汇总计算并缴纳企业所得税时，应当统一核算应纳税所得额，具体办法由国务院财政、税务主管部门另行制定。

【注释】　解释《企业所得税法》第 50 条。

第一百二十六条　企业所得税法第五十一条所称主要机构、场所，应当同时符合下列条件：

（一）对其他各机构、场所的生产经营活动负有监督管理责任；

（二）设有完整的账簿、凭证，能够准确反映各机构、场所的收入、成本、费用和盈亏情况。

【注释】　解释《企业所得税法》第 51 条。

第一百二十七条　企业所得税法第五十一条所称经税务机关审核批准，是指经各机构、场所所在地税务机关的共同上级税务机关审核批准。

非居民企业经批准汇总缴纳企业所得税后，需要增设、合并、迁移、关闭机构、场所或者停止机构、场所业务的，应当事先由负责汇总申报缴纳企业所得税的主要机构、场所向其所在地税务机关报告；需要变更汇总缴纳企业所得税的主要机构、场所的，依照前款规定办理。

【注释】　解释《企业所得税法》第 51 条。

第一百二十八条　企业所得税分月或者分季预缴，由税务机关具体核定。

企业根据企业所得税法第五十四条规定分月或者分季预缴企业所得税时，应当按照月度或者季度的实际利润额预缴；按照月度或者季度的实际利润额预缴有困难的，可以按照上一纳税年度应纳税所得额的月度或者季度平均额预缴，或者按照经税务机关认可的其他方法预缴。预缴方法一经确定，该纳税年度内不得随意变更。

【注释】　解释《企业所得税法》第 54 条。

第一百二十九条　企业在纳税年度内无论盈利或者亏损，都应当依照企业所得税法第五十四条规定的期限，向税务机关报送预缴企业所得税纳税申报表、年度企业所得税纳税申报表、财务会计报告和税务机关规定应当报送的其他有关资料。

【注释】　解释《企业所得税法》第 54 条。

第一百三十条　企业所得以人民币以外的货币计算的，预缴企业所得税时，应当按照月度或者季度最后一日的人民币汇率中间价，折合成人民币计算应纳税所得额。年度终了汇算清缴时，对已经按照月度或者季度预缴税款的，不再重新折合计算，只就该纳税年度内未缴纳企业所得税的部分，按照纳税年度最后一日的人民币汇率中间价，折合成人民币计算应纳税所得额。

经税务机关检查确认，企业少计或者多计前款规定的所得的，应当按照检查确认补税或者退税时的上一个月最后一日的人民币汇率中间价，将少计或者多计的所得折合成人民币计算应纳税所得额，再计算应补缴或者应退的税款。

【注释】　解释《企业所得税法》第 56 条。

第八章　附　　则

第一百三十一条　企业所得税法第五十七条第一款所称本法公布前已经批准设立的企业，是指企业所得税法公布前已经完成登记注册的企业。

【注释】　解释《企业所得税法》第 57 条。

第一百三十二条　在香港特别行政区、澳门特别行政区和台湾地区成立的企业，参照适用企业所得税法第二条第二款、第三款的有关规定。

第一百三十三条　本条例自 2008 年 1 月 1 日起施行。1991 年 6 月 30 日国务院发布的《中华人民共和国外商投资企业和外国企业所得税法实施细则》和 1994 年 2 月 4 日财政部发布的《中华人民共和国企业所得税暂行条例实施细则》同时废止。

国家税务总局关于下发协定股息税率情况一览表的通知

国税函〔2008〕112 号

各省、自治区、直辖市和计划单列市国家税务局、地方税务局：

根据《中华人民共和国企业所得税法》及其实施条例的规定，2008 年 1 月 1 日起，非居民企业从我国居民企业获得的股息将按照 10%的税率征收预提所得税，但是，我国政府同外国政府订立的关于对所得避免双重征税和防止偷漏税的协定以及内地与香港、澳门间的税收安排（以下统称“协定”），与国内税法有不同规定的，依照协定的规定办理。为方便协定的执行，现将《协定股息税率情况一览表》印发给你们并就有关问题通知如下：

一、表中协定税率高于我国法律法规规定税率的，可以按国内法律法规规定的税率执行。

二、纳税人申请执行协定税率时必须提交享受协定待遇申请表。

三、各地税务机关应严格审批协定待遇申请，防范协定适用不当。

附件：

协定股息税率情况一览表

税　　率	与下列国家（地区）协定
0	格鲁吉亚（直接拥有支付股息公司至少 50%股份并在该公司投资达到 200 万欧元情况下）
5%	科威特、蒙古、毛里求斯、斯洛文尼亚、牙买加、南斯拉夫、苏丹、老挝、南非、克罗地亚、马其顿、塞舌尔、巴巴多斯、阿曼、巴林、沙特
5%（直接拥有支付股息公司至少 10%股份情况下）	委内瑞拉、格鲁吉亚（并在该公司投资达到 10 万欧元）（与上述国家协定规定直接拥有支付股息公司股份低于 10%情况下税率为 10%）
5%（直接拥有支付股息公司至少 25%股份情况下）	卢森堡、韩国、乌克兰、亚美尼亚、冰岛、立陶宛、拉脱维亚、爱沙尼亚、爱尔兰、摩尔多瓦、古巴、特多、中国香港、新加坡（与上述国家（地区）协定规定直接拥有支付股息公司股份低于 25%情况下税率为 10%）
7%	阿联酋
7%（直接拥有支付股息公司至少 25%股份情况下）	奥地利（直接拥有支付股息公司股份低于 25%情况下税率为 10%）
8%	埃及、突尼斯、墨西哥
10%	日本、美国、法国、英国、比利时、德国、马来西亚、丹麦、芬兰、瑞典、意大利、荷兰、捷克、波兰、保加利亚、巴基斯坦、瑞士、塞浦路斯、西班牙、罗马尼亚、奥地利、匈牙利、马耳他、俄罗斯、印度、白俄罗斯、以色列、越南、土耳其、乌兹别克斯坦、葡萄牙、孟加拉、哈萨克斯坦、印尼、伊朗、吉尔吉斯、斯里兰卡、阿尔巴尼亚、阿塞拜疆、摩洛哥、中国澳门
10%（直接拥有支付股息公司至少 10%股份情况下）	加拿大、菲律宾（与上述国家协定规定直接拥有支付股息公司股份低于 10%情况下税率为 15%）
15%	挪威、新西兰、巴西、巴布亚新几内亚
15%（直接拥有支付股息公司至少 25%股份情况下）	泰国（直接拥有支付股息公司股份低于 25%情况下税率为 20%）

国家税务总局关于企业所得税预缴问题的通知

国税发〔2008〕17号

各省、自治区、直辖市和计划单列市国家税务局、地方税务局：

《中华人民共和国企业所得税法》(以下简称新税法)已于2008年1月1日起施行，为保证企业所得税预缴工作顺利进行，经研究，现对下列企业预缴问题明确如下：

一、2008年1月1日之前已经被认定为高新技术企业的，在按照新税法有关规定重新认定之前，暂按25%的税率预缴企业所得税。

上述企业如果享受新税法中其他优惠政策和国务院规定的过渡优惠政策，按有关规定执行。

二、深圳市、厦门市经济特区以外的企业以及上海浦东新区内非生产性外商投资企业和内资企业，原采取按月预缴方式的，2008年一季度改为按季度预缴。

三、原经批准实行合并纳税的企业，采取按月预缴方式的，2008年一季度改为按季度预缴。

【注释】 对《企业所得税法》第54条进行了解释。

财政部、国家税务总局关于企业所得税若干优惠政策的通知

财税〔2008〕1号

各省、自治区、直辖市，计划单列市财政厅(局)、国家税务局、地方税务局，新疆生产建设兵团财务局：

根据《中华人民共和国企业所得税法》第三十六条的规定，经国务院批准，现将有关企业所得税优惠政策问题通知如下：

一、关于鼓励软件产业和集成电路产业发展的优惠政策

(本部分已经被财税〔2012〕27号文件废止)

(十)(本部分已经过期)

二、关于鼓励证券投资基金发展的优惠政策

(一)对证券投资基金从证券市场中取得的收入，包括买卖股票、债券的差价收入，股权的股息、红利收入，债券的利息收入及其他收入，暂不征收企业所得税。

(二)对投资者从证券投资基金分配中取得的收入，暂不征收企业所得税。

(三)对证券投资基金管理人运用基金买卖股票、债券的差价收入，暂不征收企业所得税。

三、关于其他有关行业、企业的优惠政策

为保证部分行业、企业税收优惠政策执行的连续性，对原有关就业再就业，奥运会和世博会，社会公益，债转股、清产核资、重组、改制、转制等企业改革，涉农和国家储备，其他单项优惠政策共6类定期企业所得税优惠政策(见附件)，自2008年1月1日起，继续按原优惠政策规定的办法和时间执行到期。

四、关于外国投资者从外商投资企业取得利润的优惠政策

2008年1月1日之前外商投资企业形成的累积未分配利润，在2008年以后分配给外国投资者的，免征企业所得税；2008年及以后年度外商投资企业新增利润分配给外国投资者的，依法缴纳企业所得税。

五、除《中华人民共和国企业所得税法》、《中华人民共和国企业所得税法实施条例》、《国务院关于实施企业所得税过渡优惠政策的通知》(国发〔2007〕39号)，《国务院关于经济特区和上海浦东新区新设立高新技术企业实行过渡性税收优惠的通知》(国发〔2007〕40号)及本通知规定的优惠政策以外，2008年1月1日之前实施的其他企业所得税优惠政策一律废止。各地区、各部门一律不得越权制定企业所得税的优惠政策。

附件：

执行到期的企业所得税优惠政策表

类别	序号	文件名称	备注
一、就业再就业政策	1	财政部 国家税务总局关于下岗失业人员再就业有关税收政策问题的通知(财税〔2002〕208号)	对2005年底之前核准享受再就业减免税政策的企业，在剩余期限内享受至期满
	2	财政部 国家税务总局关于下岗失业人员再就业有关税收政策问题的通知(财税〔2005〕186号)	政策审批时间截止到2008年年底
二、奥运会和世博会政策	3	财政部 国家税务总局 海关总署关于第29届奥运会税收政策问题的通知(财税〔2003〕10号)	奥运会结束并北京奥组委财务清算完结后停止执行
		财政部 国家税务总局关于第29届奥运会补充税收政策的通知(财税〔2006〕128号)	
	4	财政部 国家税务总局关于2010年上海世博会有关税收政策问题的通知(财税〔2005〕180号)	世博会结束并上海世博局财务清算完结后停止执行
		财政部 国家税务总局关于增补上海世博运营有限公司享受上海世博会有关税收优惠政策的批复(财税〔2006〕155号)	
三、社会公益政策	5	财政部 国家税务总局关于延长生产和装配伤残人员专门用品企业免征所得税执行期限的通知(财税〔2006〕148号)	
四、债转股、清产核资，重组、改制，转制等企业改革政策	6	财政部 国家税务总局关于债转股企业有关税收政策的通知(财税〔2005〕29号)	
	7	财政部 国家税务总局关于中央企业清产核资有关税务处理问题的通知(财税〔2006〕18号)	
	8	财政部 国家税务总局关于延长转制科研机构有关税收政策执行期限的通知(财税〔2005〕14号)	
	9	财政部 海关总署 国家税务总局关于文化体制改革中经营性文化事业单位转制后企业的若干税收政策问题的通知(财税〔2005〕1号)	
		财政部 海关总署 国家税务总局关于文化体制改革试点中支持文化产业发展若干税收政策问题的通知(财税〔2005〕2号)	
五、涉农和国家储备政策	10	财政部 国家税务总局关于促进农产品连锁经营试点税收优惠政策的通知(财税〔2007〕10号)	
	11	财政部 国家税务总局关于广播电视村村通税收政策的通知(财税〔2007〕17号)	
	12	财政部 国家税务总局关于部分国家储备商品有关税收政策的通知(财税〔2006〕105号)	

（续表）

类　　别	序号	文　件　名　称	备　　注
六、单项优惠政策	13	财政部 国家税务总局关于股权分置试点改革有关税收政策问题的通知（财税〔2005〕103号）	执行到股权分置试点改革结束
	14	财政部 国家税务总局关于中国证券投资者保护基金有限责任公司有关税收问题的通知（财税〔2006〕169号）	
	15	财政部 国家税务总局关于延长试点地区农村信用社有关税收政策期限的通知（财税〔2006〕46号）	
		财政部 国家税务总局关于海南省改革试点的农村信用社税收政策的通知（财税〔2007〕18号）	
	16	财政部 国家税务总局关于继续执行监狱劳教企业有关税收政策的通知（财税〔2006〕123号）	

【注释】《财政部 国家税务总局关于进一步鼓励软件产业和集成电路产业发展企业所得税政策的通知》（财税〔2012〕27号）对此文进行了修改。

企业所得税核定征收办法（试行）

国税发〔2008〕30号

第一条　为了加强企业所得税征收管理，规范核定征收企业所得税工作，保障国家税款及时足额入库，维护纳税人合法权益，根据《中华人民共和国企业所得税法》及其实施条例、《中华人民共和国税收征收管理法》及其实施细则的有关规定，制定本办法。

第二条　本办法适用于居民企业纳税人。

第三条　纳税人具有下列情形之一的，核定征收企业所得税：

（一）依照法律、行政法规的规定可以不设置账簿的；

（二）依照法律、行政法规的规定应当设置但未设置账簿的；

（三）擅自销毁账簿或者拒不提供纳税资料的；

（四）虽设置账簿，但账目混乱或者成本资料、收入凭证、费用凭证残缺不全，难以查账的；

（五）发生纳税义务，未按照规定的期限办理纳税申报，经税务机关责令限期申报，逾期仍不申报的；

（六）申报的计税依据明显偏低，又无正当理由的。

特殊行业、特殊类型的纳税人和一定规模以上的纳税人不适用本办法。上述特定纳税人由国家税务总局另行明确。

第四条　税务机关应根据纳税人具体情况，对核定征收企业所得税的纳税人，核定应税所得率或者核定应纳所得税额。

具有下列情形之一的，核定其应税所得率：

（一）能正确核算（查实）收入总额，但不能正确核算（查实）成本费用总额的；

（二）能正确核算（查实）成本费用总额，但不能正确核算（查实）收入总额的；

(三)通过合理方法,能计算和推定纳税人收入总额或成本费用总额的。

纳税人不属于以上情形的,核定其应纳所得税额。

第五条 税务机关采用下列方法核定征收企业所得税:

(一)参照当地同类行业或者类似行业中经营规模和收入水平相近的纳税人的税负水平核定;

(二)按照应税收入额或成本费用支出额定率核定;

(三)按照耗用的原材料、燃料、动力等推算或测算核定;

(四)按照其他合理方法核定。

采用前款所列一种方法不足以正确核定应纳税所得额或应纳税额的,可以同时采用两种以上的方法核定。采用两种以上方法测算的应纳税额不一致时,可按测算的应纳税额从高核定。

第六条 采用应税所得率方式核定征收企业所得税的,应纳所得税额计算公式如下:

应纳所得税额=应纳税所得额×适用税率

应纳税所得额=应税收入额×应税所得率

或: 应纳税所得额=成本(费用)支出额/(1-应税所得率)×应税所得率

第七条 实行应税所得率方式核定征收企业所得税的纳税人,经营多业的,无论其经营项目是否单独核算,均由税务机关根据其主营项目确定适用的应税所得率。

主营项目应为纳税人所有经营项目中,收入总额或者成本(费用)支出额或者耗用原材料、燃料、动力数量所占比重最大的项目。

第八条 应税所得率按下表规定的幅度标准确定:

行　　业	应税所得率(%)
农、林、牧、渔业	3—10
制造业	5—15
批发和零售贸易业	4—15
交通运输业	7—15
建筑业	8—20
饮食业	8—25
娱乐业	15—30
其他行业	10—30

第九条 纳税人的生产经营范围、主营业务发生重大变化,或者应纳税所得额或应纳税额增减变化达到20%的,应及时向税务机关申报调整已确定的应纳税额或应税所得率。

第十条 主管税务机关应及时向纳税人送达《企业所得税核定征收鉴定表》,及时完成对其核定征收企业所得税的鉴定工作。具体程序如下:

(一)纳税人应在收到《企业所得税核定征收鉴定表》后10个工作日内,填好该表并报送主管税务机关。《企业所得税核定征收鉴定表》一式三联,主管税务机关和县税务机关各执一联,另一联送达纳税人执行。主管税务机关还可根据实际工作需要,适当增加联次备用。

(二)主管税务机关应在受理《企业所得税核定征收鉴定表》后20个工作日内,分类逐户审查核实,提出鉴定意见,并报县税务机关复核、认定。

(三)县税务机关应在收到《企业所得税核定征收鉴定表》后30个工作日内,完成复核、认定工作。

纳税人收到《企业所得税核定征收鉴定表》后,未在规定期限内填列、报送的,税务机关视同纳税人已经报送,按上述程序进行复核认定。

第十一条 税务机关应在每年6月底前对上年度实行核定征收企业所得税的纳税人进行重新鉴定。

重新鉴定工作完成前，纳税人可暂按上年度的核定征收方式预缴企业所得税；重新鉴定工作完成后，按重新鉴定的结果进行调整。

第十二条 主管税务机关应当分类逐户公示核定的应纳所得税额或应税所得率。主管税务机关应当按照便于纳税人及社会各界了解、监督的原则确定公示地点、方式。

纳税人对税务机关确定的企业所得税征收方式、核定的应纳所得税额或应税所得率有异议的，应当提供合法、有效的相关证据，税务机关经核实认定后调整有异议的事项。

第十三条 纳税人实行核定应税所得率方式的，按下列规定申报纳税：

（一）主管税务机关根据纳税人应纳税额的大小确定纳税人按月或者按季预缴，年终汇算清缴。预缴方法一经确定，一个纳税年度内不得改变。

（二）纳税人应依照确定的应税所得率计算纳税期间实际应缴纳的税额，进行预缴。按实际数额预缴有困难的，经主管税务机关同意，可按上一年度应纳税额的 1/12 或 1/4 预缴，或者按经主管税务机关认可的其他方法预缴。

（三）纳税人预缴税款或年终进行汇算清缴时，应按规定填写《中华人民共和国企业所得税月（季）度预缴纳税申报表（B类）》，在规定的纳税申报时限内报送主管税务机关。

第十四条 纳税人实行核定应纳所得税额方式的，按下列规定申报纳税：

（一）纳税人在应纳所得税额尚未确定之前，可暂按上年度应纳所得税额的 1/12 或 1/4 预缴，或者按经主管税务机关认可的其他方法，按月或按季分期预缴。

（二）在应纳所得税额确定以后，减除当年已预缴的所得税额，余额按剩余月份或季度均分，以此确定以后各月或各季的应纳税额，由纳税人按月或按季填写《中华人民共和国企业所得税月（季）度预缴纳税申报表（B类）》，在规定的纳税申报期限内进行纳税申报。

（三）纳税人年度终了后，在规定的时限内按照实际经营额或实际应纳税额向税务机关申报纳税。申报额超过核定经营额或应纳税额的，按申报额缴纳税款；申报额低于核定经营额或应纳税额的，按核定经营额或应纳税额缴纳税款。

第十五条 对违反本办法规定的行为，按照《中华人民共和国税收征收管理法》及其实施细则的有关规定处理。

第十六条 各省、自治区、直辖市和计划单列市国家税务局、地方税务局，根据本办法的规定联合制定具体实施办法，并报国家税务总局备案。

第十七条 本办法自 2008 年 1 月 1 日起执行。《国家税务总局关于印发〈核定征收企业所得税暂行办法〉的通知》（国税发〔2000〕38 号）同时废止。

国家税务总局关于印发《跨地区经营汇总纳税企业所得税征收管理暂行办法》的通知

国税发〔2008〕28 号

各省、自治区、直辖市和计划单列市国家税务局、地方税务局：

为加强跨地区经营汇总纳税企业所得税的征收管理，根据《财政部 国家税务总局中国人民银行关于印发〈跨省市总分机构企业所得税分配及预算管理暂行办法〉的通知》（财预〔2008〕10 号）的精神，国家税务总局制定了《跨地区经营汇总纳税企业所得税征收管理暂行办法》。现印发给你们，请遵照执行。

一、统一思想，牢固树立大局意识。实行法人所得税制度是新的企业所得税法的重要内容，也是促进我国社会主义市场经济进一步发展和完善的客观要求。为了有效解决法人所得税制度下税源跨省市转移问题，财政部、国家税务总局、中国人民银行制定了《跨省市总分机构企业所得税分配及预算管理暂行办法》，并报国务院批准后实施。国家税务总局在此基础上反复研究，制定了具体的征管办法。各地务必统一思想，牢固树立大局意识，认真学习领会，深入贯彻执行。

二、加强合作、密切配合，切实做好基础工作。通过税款分配的办法对跨省区的总分机构所得税实施管理，是一项新生事物，面临很多新情况。总机构所在地主管税务机关和分支机构所在地主管税务机关要相互支持，密切配合，坚决防止为了局部利益相互扯皮，甚至干预企业经营等问题的出现，要牢固树立全国一盘棋的观念，扎扎实实按照各自的职责做好各项基础工作，确保新办法的平稳运行。

执行中有何问题，请及时向国家税务总局反映。

附件：

跨地区经营汇总纳税企业所得税征收管理暂行办法

第一章 总 则

第一条 为加强跨地区经营汇总纳税企业所得税征收管理，根据《中华人民共和国企业所得税法》及其实施条例、《中华人民共和国税收征收管理法》及其实施细则和《财政部 国家税务总局中国人民银行关于印发〈跨省市总分机构企业所得税分配及预算管理暂行办法〉的通知》（财预〔2008〕10 号）的有关规定，制定本办法。

第二条 居民企业在中国境内跨地区（指跨省、自治区、直辖市和计划单列市，下同）设立不具有法人资格的营业机构、场所（以下称分支机构）的，该居民企业为汇总纳税企业（以下称企业），除另有规定外，适用本办法。

铁路运输企业（包括广铁集团和大秦铁路公司）、国有邮政企业、中国工商银行股份有限公司、中国农业银行、中国银行股份有限公司、国家开发银行、中国农业发展银行、中国进出口银行、中央汇金投资有限责任公司、中国建设银行股份有限公司、中国建银投资有限责任公司、中国石油天然气股份有限公司、中国石油化工股份有限公司以及海洋石油天然气企业（包括港澳台和外商投资、外国海上石油天然气企业）等缴纳所得税未纳入中央和地方分享范围的企业，不适用本办法。

第三条 企业实行“统一计算、分级管理、就地预缴、汇总清算、财政调库”的企业所得税征收管理办法。

第四条 统一计算，是指企业总机构统一计算包括企业所属各个不具有法人资格的营业机构、场所在内的全部应纳税所得额、应纳税额。

第五条 分级管理，是指总机构、分支机构所在地的主管税务机关都有对当地机构进行企业所得税管理的责任，总机构和分支机构应分别接受机构所在地主管税务机关的管理。

第六条 就地预缴，是指总机构、分支机构应按本办法的规定，分月或分季分别向所在地主管税务机关申报预缴企业所得税。

第七条 汇总清算，是指在年度终了后，总机构负责进行企业所得税的年度汇算清缴，统一计算企业的年度应纳所得税额，抵减总机构、分支机构当年已就地分期预缴的企业所得税款后，多退少补税款。

第八条 财政调库，是指财政部定期将缴入中央国库的跨地区总分机构企业所得税待分配收入，按照核定的系数调整至地方金库。

第九条 总机构和具有主体生产经营职能的二级分支机构，就地分期预缴企业所得税。

二级分支机构及其下属机构均由二级分支机构集中就地预缴企业所得税；三级及以下分支机构不就地预缴企业所得税，其经营收入、职工工资和资产总额统一计入二级分支机构。

第十条 总机构设立具有独立生产经营职能部门，且具有独立生产经营职能部门的经营收入、职工工资和资产总额与管理职能部门分开核算的，可将具有独立生产经营职能的部门视同一个分支机构，就地预缴企业所得税。具有独立生产经营职能部门与管理职能部门的经营收入、职工工资和资产总额不能分开核算的，具有独立生产经营职能的部门不得视同一个分支机构，不就地预缴企业所得税。

第十一条 不具有主体生产经营职能，且在当地不缴纳增值税、营业税的产品售后服务、内部研发、仓储等企业内部辅助性的二级及以下分支机构，不就地预缴企业所得税。

第十二条 上年度认定为小型微利企业的，其分支机构不就地预缴企业所得税。

第十三条 新设立的分支机构，设立当年不就地预缴企业所得税。

第十四条 撤销的分支机构，撤销当年剩余期限内应分摊的企业所得税款由总机构缴入中央国库。

第十五条 企业在中国境外设立的不具有法人资格的营业机构，不就地预缴企业所得税。

企业计算分期预缴的所得税时，其实际利润额、应纳税额及分摊因素数额，均不包括其在中国境外设立的营业机构。

第十六条 总机构和分支机构处于不同税率地区的，先由总机构统一计算全部应纳税所得额，然后依照本办法第十九条规定的比例和第二十三条规定的三因素及其权重，计算划分不同税率地区机构的应纳税所得额后，再分别按总机构和分支机构所在地的适用税率计算应纳税额。

第十七条 总机构和分支机构2007年及以前年度按独立纳税人计缴所得税尚未弥补完的亏损，允许在法定剩余年限内继续弥补。

第二章 税款预缴和汇算清缴

第十八条 企业应根据当期实际利润额，按照本办法规定的预缴分摊方法计算总机构和分支机构的企业所得税预缴额，分别由总机构和分支机构分月或者分季就地预缴。

在规定期限内按实际利润额预缴有困难的，经总机构所在地主管税务机关认可，可以按照上一年度应纳税所得额的1/12或1/4，由总机构、分支机构就地预缴企业所得税。

预缴方式一经确定，当年度不得变更。

第十九条 总机构和分支机构应分期预缴的企业所得税，50%在各分支机构间分摊预缴，50%由总机构预缴。总机构预缴的部分，其中25%就地入库，25%预缴入中央国库，按照财预〔2008〕10号文件的有关规定进行分配。

第二十条 按照当期实际利润额预缴的税款分摊方法

(一)分支机构应分摊的预缴数

总机构根据统一计算的企业当期实际应纳所得税额，在每月或季度终了后10日内，按照各分支机构应分摊的比例，将本期企业全部应纳所得税额的50%在各分支机构之间进行分摊并通知到各分支机构；各分支机构应在每月或季度终了之日起15日内，就其分摊的所得税额向所在地主管税务机关申报预缴。

(二)总机构应分摊的预缴数

总机构根据统一计算的企业当期应纳所得税额的25%，在每月或季度终了后15日内自行就地申报预缴。

(三)总机构缴入中央国库分配税款的预缴数

总机构根据统一计算的企业当期应纳所得税额的25%，在每月或季度终了后15日内自行就地申报预缴。

第二十一条 按照上一年度应纳税所得额的1/12或1/4预缴的税款分摊方法

(一)分支机构应分摊的预缴数

总机构根据上年汇算清缴统一计算应缴纳所得税额的1/12或1/4，在每月或季度终了之日起10日内，按照各分支机构应分摊的比例，将本期企业全部应纳所得税额的50%在各分支机构之间进行分摊并通知到各分支机构；各分支机构应在每月或季度终了之日起15日内，就其分摊的所得税额向所在地主管税务机关申报预缴。

(二)总机构应分摊的预缴数

总机构根据上年汇算清缴统一计算应缴纳所得税额的1/12或1/4，将企业全部应纳所得税额的25%部分，在每月或季度终了后15日内自行向所在地主管税务机关申报预缴。

(三)总机构缴入中央国库分配税款的预缴数

总机构根据上年汇算清缴统一计算应缴纳所得税额的1/12或1/4，将企业全部应纳所得税额的25%部分，在每月或季度终了后15日内，自行向所在地主管税务机关申报预缴。

第二十二条 总机构在年度终了后5个月内，应依照法律、法规和其他有关规定进行汇总纳税企业的所得税年度汇算清缴。各分支机构不进行企业所得税汇算清缴。

当年应补缴的所得税款，由总机构缴入中央国库。当年多缴的所得税款，由总机构所在地主管税务机关开具“税收收入退还书”等凭证，按规定程序从中央国库办理退库。

第三章 分支机构分摊税款比例

第二十三条 总机构应按照以前年度(1—6月份按上上年度,7—12月份按上年度)分支机构的经营收入、职工工资和资产总额三个因素计算各分支机构应分摊所得税款的比例,三因素的权重依次为0.35、0.35、0.30计算公式如下:

$$\text{某分支机构分摊比例}=0.35\times\left(\frac{\text{该分支机构营业收入}}{\text{各分支机构营业收入之和}}\right)+0.35\times\left(\frac{\text{该分支机构工资总额}}{\text{各分支机构工资总额之和}}\right)+0.30\times\left(\frac{\text{该分支机构资产总额}}{\text{各分支机构资产总额之和}}\right)$$

以上公式中分支机构仅指需要就地预缴的分支机构,该税款分摊比例按上述方法一经确定后,当年不作调整。

第二十四条 本办法所称分支机构经营收入,是指分支机构在销售商品或者提供劳务等经营业务中实现的全部营业收入。其中,生产经营企业的经营收入是指销售商品、提供劳务等取得的全部收入;金融企业的经营收入是指利息和手续费等全部收入;保险企业的经营收入是指保费等全部收入。

第二十五条 本办法所称分支机构职工工资,是指分支机构为获得职工提供的服务而给予职工的各种形式的报酬。

第二十六条 本办法所称分支机构资产总额,是指分支机构拥有或者控制的除无形资产外能以货币计量的经济资源总额。

第二十七条 各分支机构的经营收入、职工工资和资产总额的数据均以企业财务会计决算报告数据为准。

第二十八条 分支机构所在地主管税务机关对总机构计算确定的分摊所得税款比例有异议的,应于收到《中华人民共和国企业所得税汇总纳税分支机构分配表》后30日内向企业总机构所在地主管税务机关提出书面复核建议,并附送相关数据资料。总机构所在地主管税务机关必须于收到复核建议后30日内,对分摊税款的比例进行复核,并作出调整或维持原比例的决定。分支机构所在地主管税务机关应执行总机构所在地主管税务机关的复核决定。

第二十九条 分摊所得税款比例复核期间,分支机构应先按总机构确定的分摊比例申报预缴税款。

第四章 征收管理

第三十条 总机构和分支机构均应依法办理税务登记,接受所在地税务机关的监督和管理。

第三十一条 总机构应在每年6月20日前,将依照本办法第二十三条规定方法计算确定的各分支机构当年应分摊税款的比例,填入《中华人民共和国企业所得税汇总纳税分支机构分配表》(见《国家税务总局关于印发〈中华人民共和国企业所得税月(季)度预缴纳税申报表〉等报表的通知》(国税函〔2008〕44号)附件4,该附件填报说明第二条第10项"各分支机构分配比例"的计算公式依照本办法第二十三条的规定执行),报送总机构所在地主管税务机关,同时下发各分支机构。

第三十二条 总机构所在地主管税务机关收到总机构报送的《中华人民共和国企业所得税汇总纳税分支机构分配表》后10日内,应通过国家税务总局跨地区经营汇总纳税企业信息交换平台或邮寄等方式,及时传送给各分支机构所在地主管税务机关。

第三十三条 总机构应当将其所有二级分支机构(包括不参与就地预缴分支机构)的信息及二级分支机构主管税务机关的邮编、地址报主管税务机关备案。

第三十四条 分支机构应将总机构信息、上级机构、下属分支机构信息报主管税务机关备案。

第三十五条 分支机构注销后15日内,总机构应将分支机构注销情况报主管税务机关备案。

第三十六条 总机构及其分支机构除按纳税申报规定向主管税务机关报送相关资料外,还应报送《中华人民共和国企业所得税汇总纳税分支机构分配表》、财务会计决算报告和职工工资总额情况表。

第三十七条 分支机构的各项财产损失,应由分支机构所在地主管税务机关审核并出具证明后,再由总机构向所在地主管税务机关申报扣除。

第三十八条 各分支机构主管税务机关应根据总机构主管税务机关反馈的《中华人民共和国企业所得税汇总纳税分支机构分配表》，对其主管分支机构应分摊入库的所得税税款和计算分摊税款比例的3项指标进行查验核对。发现计算分摊税款比例的3项指标有问题的，应及时将相关情况通报总机构主管税务机关。分支机构未按税款分配数额预缴所得税造成少缴税款的，主管税务机关应按照《中华人民共和国税收征收管理法》及其实施细则的有关规定对其处罚，并将处罚结果通知总机构主管税务机关。

第五章　附　　则

第三十九条 居民企业在同一省、自治区、直辖市和计划单列市内跨地、市(区、县)设立不具有法人资格营业机构、场所的，其企业所得税征收管理办法，由各省、自治区、直辖市和计划单列市国家税务局、地方税务局参照本办法联合制定。

第四十条 本办法自2008年1月1日起执行。

第四十一条 本办法由国家税务总局负责解释。

国家税务总局关于跨地区经营汇总纳税企业所得税征收管理有关问题的通知

国税函〔2008〕747号

各省、自治区、直辖市和计划单列市国家税务局、地方税务局：

为进一步加强跨地区经营汇总纳税企业所得税征收管理工作，经研究，现将有关问题通知如下：

一、关于总机构不向分支机构提供企业所得税分配表，导致分支机构无法正常就地申报预缴企业所得税的处理问题

首先，分支机构主管税务机关要对二级分支机构进行审核鉴定，如该二级分支机构具有主体生产经营职能，可以确定为应就地申报预缴所得税的二级分支机构；其次，对确定为就地申报预缴所得税的二级分支机构，主管税务机关应责成该分支机构督促总机构限期提供税款分配表，同时函请总机构主管税务机关责成总机构限期提供税款分配表，并由总机构主管税务机关对总机构按照《中华人民共和国税收征收管理法》的有关规定予以处罚；总机构主管税务机关未尽责的，由上级税务机关对总机构主管税务机关依照税收执法责任制的规定严肃处理。

二、关于实行跨地区汇总纳税的企业能否核定征收所得税的问题

跨地区汇总纳税企业的所得税收入涉及跨区利益，跨区法人应健全财务核算制度并准确计算经营成果，不适用《国家税务总局关于印发〈企业所得税核定征收办法(试行)〉的通知》(国税发〔2008〕30号)。

国家税务总局关于外国企业所得税纳税年度有关问题的通知

国税函〔2008〕301号

各省、自治区、直辖市和计划单列市国家税务局，广东省和深圳市地方税务局：

现就外国企业所得税的纳税年度问题通知如下：

根据《中华人民共和国外商投资企业和外国企业所得税法实施细则》第八条规定，经当地主管税务机关批准以满十二个月的会计年度为纳税年度的外国企业，其2007—2008年度企业所得税的纳税年度截止到

2007年12月31日，并按照《中华人民共和国外商投资企业和外国企业所得税法》规定的税率计算缴纳企业所得税。自2008年1月1日起，外国企业一律以公历年度为纳税年度，按照《中华人民共和国企业所得税法》规定的税率计算缴纳企业所得税。

国家税务总局关于房地产开发企业所得税预缴问题的通知

国税函〔2008〕299号

各省、自治区、直辖市和计划单列市国家税务局、地方税务局：

为贯彻落实新的企业所得税法，确保企业所得税预缴工作顺利开展，经研究，现就房地产开发企业所得税预缴问题通知如下：

一、房地产开发企业按当年实际利润据实分季（或月）预缴企业所得税的，对开发、建造的住宅、商业用房以及其他建筑物、附着物、配套设施等开发产品，在未完工前采取预售方式销售取得的预售收入，按照规定的预计利润率分季（或月）计算出预计利润额，计入利润总额预缴，开发产品完工、结算计税成本后按照实际利润再行调整。

二、预计利润率暂按以下规定的标准确定：

（一）非经济适用房开发项目

1. 位于省、自治区、直辖市和计划单列市人民政府所在地城区和郊区的，不得低于20%。

2. 位于地级市、地区、盟、州城区及郊区的，不得低于15%。

3. 位于其他地区的，不得低于10%。

（二）经济适用房开发项目

经济适用房开发项目符合建设部、国家发展改革委员会、国土资源部、中国人民银行《关于印发〈经济适用房管理办法〉的通知》（建住房〔2004〕77号）等有关规定的，不得低于3%。

三、房地产开发企业按当年实际利润据实预缴企业所得税的，对开发、建造的住宅、商业用房以及其他建筑物、附着物、配套设施等开发产品，在未完工前采取预售方式销售取得的预售收入，按照规定的预计利润率分季（或月）计算出预计利润额，填报在《中华人民共和国企业所得税月（季）度预缴纳税申报表（A类）》（国税函〔2008〕44号文件附件1）第4行"利润总额"内。

四、房地产开发企业对经济适用房项目的预售收入进行初始纳税申报时，必须附送有关部门批准经济适用房项目开发、销售的文件以及其他相关证明材料。凡不符合规定或未附送有关部门的批准文件以及其他相关证明材料的，一律按销售非经济适用房的规定执行。

五、本通知适用于从事房地产开发经营业务的居民纳税人。

六、本通知自2008年1月1日起执行。已按原预计利润率办理完毕2008年一季度预缴的外商投资房地产开发企业，从二季度起按本通知执行。

国家税务总局关于母子公司间提供服务支付费用有关企业所得税处理问题的通知

国税发〔2008〕86号

各省、自治区、直辖市和计划单列市国家税务局、地方税务局：

根据《中华人民共和国企业所得税法》及其实施条例的有关规定，现就在中国境内，属于不同独立法人的母子公司之间提供服务支付费用有关企业所得税处理问题通知如下：

一、母公司为其子公司（以下简称子公司）提供各种服务而发生的费用，应按照独立企业之间公平交易原则确定服务的价格，作为企业正常的劳务费用进行税务处理。

母子公司未按照独立企业之间的业务往来收取价款的，税务机关有权予以调整。

二、母公司向其子公司提供各项服务，双方应签订服务合同或协议，明确规定提供服务的内容、收费标准及金额等，凡按上述合同或协议规定所发生的服务费，母公司应作为营业收入申报纳税；子公司作为成本费用在税前扣除。

三、母公司向其多个子公司提供同类项服务，其收取的服务费可以采取分项签订合同或协议收取；也可以采取服务分摊协议的方式，即，由母公司与各子公司签订服务费用分摊合同或协议，以母公司为其子公司提供服务所发生的实际费用并附加一定比例利润作为向子公司收取的总服务费，在各服务受益子公司（包括盈利企业、亏损企业和享受减免税企业）之间按《中华人民共和国企业所得税法》第四十一条第二款规定合理分摊。

四、母公司以管理费形式向子公司提取费用，子公司因此支付给母公司的管理费，不得在税前扣除。

五、子公司申报税前扣除向母公司支付的服务费用，应向主管税务机关提供与母公司签订的服务合同或者协议等与税前扣除该项费用相关的材料。不能提供相关材料的，支付的服务费用不得税前扣除。

财政部 国家税务总局关于非居民企业征收企业所得税有关问题的通知

财税〔2008〕130号

各省、自治区、直辖市、计划单列市财政厅（局）、国家税务局、地方税务局，新疆生产建设兵团财务局：

现将非居民企业征收企业所得税的有关问题明确如下：

根据《中华人民共和国企业所得税法》第十九条及《中华人民共和国企业所得税实施条例》第一百零三条规定，在对非居民企业取得《中华人民共和国企业所得税法》第三条第三款规定的所得计算征收企业所得税时，不得扣除上述条款规定以外的其他税费支出。

本规定自2008年1月1日起执行。

财政部 国家税务总局关于企业关联方利息支出税前扣除标准有关税收政策问题的通知

财税〔2008〕121号

各省、自治区、直辖市、计划单列市财政厅（局）、国家税务局、地方税务局，新疆生产建设兵团财务局：

为规范企业利息支出税前扣除，加强企业所得税管理，根据《中华人民共和国企业所得税法》（以下简称税法）第四十六条和《中华人民共和国企业所得税法实施条例》（国务院令第512号，以下简称实施条例）第一百一十九条的规定，现将企业接受关联方债权性投资利息支出税前扣除的政策问题通知如下：

一、在计算应纳税所得额时，企业实际支付给关联方的利息支出，不超过以下规定比例和税法及其实施条例有关规定计算的部分，准予扣除，超过的部分不得在发生当期和以后年度扣除。

企业实际支付给关联方的利息支出，除符合本通知第二条规定外，其接受关联方债权性投资与其权益性投资比例为：

（一）金融企业，为5：1；

（二）其他企业，为2：1。

二、企业如果能够按照税法及其实施条例的有关规定提供相关资料，并证明相关交易活动符合独立交易原则的；或者该企业的实际税负不高于境内关联方的，其实际支付给境内关联方的利息支出，在计算应纳税所得额时准予扣除。

三、企业同时从事金融业务和非金融业务，其实际支付给关联方的利息支出，应按照合理方法分开计算；没有按照合理方法分开计算的，一律按本通知第一条有关其他企业的比例计算准予税前扣除的利息支出。

四、企业自关联方取得的不符合规定的利息收入应按照有关规定缴纳企业所得税。

关于企业处置资产所得税处理问题的通知

国税函〔2008〕828号

各省、自治区、直辖市和计划单列市国家税务局、地方税务局：

根据《中华人民共和国企业所得税法实施条例》第二十五条规定，现就企业处置资产的所得税处理问题通知如下：

一、企业发生下列情形的处置资产，除将资产转移至境外以外，由于资产所有权属在形式和实质上均不发生改变，可作为内部处置资产，不视同销售确认收入，相关资产的计税基础延续计算。

（一）将资产用于生产、制造、加工另一产品；

（二）改变资产形状、结构或性能；

（三）改变资产用途（如，自建商品房转为自用或经营）；

（四）将资产在总机构及其分支机构之间转移；

（五）上述两种或两种以上情形的混合；

（六）其他不改变资产所有权属的用途。

二、企业将资产移送他人的下列情形，因资产所有权属已发生改变而不属于内部处置资产，应按规定视同销售确定收入。

（一）用于市场推广或销售；

（二）用于交际应酬；

（三）用于职工奖励或福利；

（四）用于股息分配；

（五）用于对外捐赠；

（六）其他改变资产所有权属的用途。

三、企业发生本通知第二条规定情形时，属于企业自制的资产，应按企业同类资产同期对外销售价格确定销售收入；属于外购的资产，可按购入时的价格确定销售收入。

四、本通知自2008年1月1日起执行。对2008年1月1日以前发生的处置资产，2008年1月1日以后尚未进行税务处理的，按本通知规定执行。

国家税务总局关于确认企业所得税收入若干问题的通知

国税函〔2008〕875号

各省、自治区、直辖市和计划单列市国家税务局、地方税务局：

根据《中华人民共和国企业所得税法》（以下简称企业所得税法）及《中华人民共和国企业所得税法实施条例》（以下简称实施条例）规定的原则和精神，现对确认企业所得税收入的若干问题通知如下：

一、除企业所得税法及实施条例另有规定外，企业销售收入的确认，必须遵循权责发生制原则和实质重于形式原则。

（一）企业销售商品同时满足下列条件的，应确认收入的实现：

1. 商品销售合同已经签订，企业已将商品所有权相关的主要风险和报酬转移给购货方；

2. 企业对已售出的商品既没有保留通常与所有权相联系的继续管理权，也没有实施有效控制；

3. 收入的金额能够可靠地计量；

4. 已发生或将发生的销售方的成本能够可靠地核算。

（二）符合上款收入确认条件，采取下列商品销售方式的，应按以下规定确认收入实现时间：

1. 销售商品采用托收承付方式的，在办妥托收手续时确认收入。

2. 销售商品采取预收款方式的，在发出商品时确认收入。

3. 销售商品需要安装和检验的，在购买方接受商品以及安装和检验完毕时确认收入。如果安装程序比较简单，可在发出商品时确认收入。

4. 销售商品采用支付手续费方式委托代销的，在收到代销清单时确认收入。

（三）采用售后回购方式销售商品的，销售的商品按售价确认收入，回购的商品作为购进商品处理。有证据表明不符合销售收入确认条件的，如以销售商品方式进行融资，收到的款项应确认为负债，回购价格大于原售价的，差额应在回购期间确认为利息费用。

（四）销售商品以旧换新的，销售商品应当按照销售商品收入确认条件确认收入，回收的商品作为购进商品处理。

（五）企业为促进商品销售而在商品价格上给予的价格扣除属于商业折扣，商品销售涉及商业折扣的，应当按照扣除商业折扣后的金额确定销售商品收入金额。

债权人为鼓励债务人在规定的期限内付款而向债务人提供的债务扣除属于现金折扣，销售商品涉及现金折扣的，应当按扣除现金折扣前的金额确定销售商品收入金额，现金折扣在实际发生时作为财务费用扣除。

企业因售出商品的质量不合格等原因而在售价上给的减让属于销售折让；企业因售出商品质量、品种不符合要求等原因而发生的退货属于销售退回。企业已经确认销售收入的售出商品发生销售折让和销售退回，应当在发生当期冲减当期销售商品收入。

二、企业在各个纳税期末，提供劳务交易的结果能够可靠估计的，应采用完工进度（完工百分比）法确认提供劳务收入。

（一）提供劳务交易的结果能够可靠估计，是指同时满足下列条件：

1. 收入的金额能够可靠地计量；

2. 交易的完工进度能够可靠地确定；

3. 交易中已发生和将发生的成本能够可靠地核算。

（二）企业提供劳务完工进度的确定，可选用下列方法：

1. 已完工作的测量；

2. 已提供劳务占劳务总量的比例；

3. 发生成本占总成本的比例。

（三）企业应按照从接受劳务方已收或应收的合同或协议价款确定劳务收入总额，根据纳税期末提供劳务收入总额乘以完工进度扣除以前纳税年度累计已确认提供劳务收入后的金额，确认为当期劳务收入；同时，按照提供劳务估计总成本乘以完工进度扣除以前纳税期间累计已确认劳务成本后的金额，结转为当期劳务成本。

（四）下列提供劳务满足收入确认条件的，应按规定确认收入：

1. 安装费。应根据安装完工进度确认收入。安装工作是商品销售附带条件的，安装费在确认商品销售实现时确认收入。

2. 宣传媒介的收费。应在相关的广告或商业行为出现于公众面前时确认收入。广告的制作费，应根据制作广告的完工进度确认收入。

3. 软件费。为特定客户开发软件的收费，应根据开发的完工进度确认收入。

4. 服务费。包含在商品售价内可区分的服务费，在提供服务的期间分期确认收入。

5. 艺术表演、招待宴会和其他特殊活动的收费。在相关活动发生时确认收入。收费涉及几项活动的，预收的款项应合理分配给每项活动，分别确认收入。

6. 会员费。申请入会或加入会员，只允许取得会籍，所有其他服务或商品都要另行收费的，在取得该会员费时确认收入。申请入会或加入会员后，会员在会员期内不再付费就可得到各种服务或商品，或者以低于非会员的价格销售商品或提供服务的，该会员费应在整个受益期内分期确认收入。

7. 特许权费。属于提供设备和其他有形资产的特许权费，在交付资产或转移资产所有权时确认收入；属于提供初始及后续服务的特许权费，在提供服务时确认收入。

8. 劳务费。长期为客户提供重复的劳务收取的劳务费，在相关劳务活动发生时确认收入。

三、企业以买一赠一等方式组合销售本企业商品的，不属于捐赠，应将总的销售金额按各项商品的公允价值的比例来分摊确认各项的销售收入。

国家税务总局关于中国居民企业向境外 H 股非居民企业股东派发股息代扣代缴企业所得税有关问题的通知

国税函〔2008〕897 号

各省、自治区、直辖市和计划单列市国家税务局、地方税务局：

根据《中华人民共和国企业所得税法》及其实施条例的规定，现就中国居民企业向境外 H 股非居民企业股东派发股息代扣代缴企业所得税的有关问题通知如下：

一、中国居民企业向境外 H 股非居民企业股东派发 2008 年及以后年度股息时，统一按 10%的税率代扣代缴企业所得税。

二、非居民企业股东在获得股息之后，可以自行或通过委托代理人或代扣代缴义务人，向主管税务机关提出享受税收协定（安排）待遇的申请，提供证明自己为符合税收协定（安排）规定的实际受益所有人的资料。主管税务机关审核无误后，应就已征税款和根据税收协定（安排）规定税率计算的应纳税款的差额予以退税。

三、各地应加强对我国境外上市企业派发股息情况的了解，并发挥售付汇凭证的作用，确保代扣代缴税款及时足额入库。

国家税务总局关于保险企业发生与退保业务相关佣金支出税前扣除问题的通知

国税函〔2007〕880 号

各省、自治区、直辖市和计划单列市国家税务局：

为加强保险企业所得税的征收管理，结合保险企业退保业务的实际情况，现对保险企业发生的与退保业务相关的佣金支出所得税前扣除问题通知如下：

一、保险公司退保业务发生之前已实际支付的与退保业务相关的佣金，准予在企业所得税前扣除；退保业务发生之后再支付与该退保业务相关的佣金，不得在企业所得税前扣除。

二、本通知自 2007 年 1 月 1 日起执行，《国家税务总局关于金融保险企业所得税有关业务问题的通知》（国税函〔2002〕960 号）第二条第二款“对退保收入的佣金支出部分，不得在税前扣除”的规定同时废止。此前发生的与退保业务相关的佣金支出，超出退保扣回额的部分，不得在企业所得税前扣除。

【注释】 2008 年以后，该文件与《企业所得税法》和《企业所得税法实施条例》不一致的规定停止执行，不违反的规定可以继续执行。《企业所得税法》第 8 条。《企业所得税法实施条例》第 27 条。

国家税务总局关于企业所得税减免税管理问题的通知

国税发〔2008〕111 号

各省、自治区、直辖市和计划单列市国家税务局、地方税务局：

为有效落实《中华人民共和国企业所得税法》及其实施条例和其他税收法规规定的企业所得税减免税优惠政策，现将企业所得税减免税管理问题通知如下：

一、企业所得税的各类减免税应按照《国家税务总局关于印发〈税收减免管理办法（试行）〉的通知》（国税发〔2005〕129 号）的相关规定办理。

国税发〔2005〕129 号文件规定与《中华人民共和国企业所得税法》及其实施条例规定不一致的，按《中华人民共和国企业所得税法》及其实施条例的规定执行。

二、企业所得税减免税实行审批管理的，必须是《中华人民共和国企业所得税法》及其实施条例等法律法规和国务院明确规定需要审批的内容。

对列入备案管理的企业所得税减免的范围、方式，由各省、自治区、直辖市和计划单列市国家税务局、地方税务局（企业所得税管理部门）自行研究确定，但同一省、自治区、直辖市和计划单列市范围内必须一致。

三、企业所得税减免税期限超过一个纳税年度的，主管税务机关可以进行一次性确认，但每年必须对相关减免税条件进行审核，对情况变化导致不符合减免税条件的，应停止享受减免税政策。

四、企业所得税减免税有资质认定要求的，纳税人须先取得有关资质认定，税务部门在办理减免税手续时，可进一步简化手续，具体认定方式由各省、自治区、直辖市和计划单列市国家税务局、地方税务局研究确定。

五、对各类企业所得税减免税管理，税务机关应本着精简、高效、便利的原则，方便纳税人，减少报送资料，简化手续。

六、本通知自 2008 年 1 月 1 日起执行。

国家税务总局关于企业工资薪金及职工福利费扣除问题的通知

国税函〔2009〕3 号

各省、自治区、直辖市和计划单列市国家税务局、地方税务局：

为有效贯彻落实《中华人民共和国企业所得税法实施条例》（以下简称《实施条例》），现就企业工资薪金和职工福利费扣除有关问题通知如下：

一、关于合理工资薪金问题

《实施条例》第三十四条所称的“合理工资薪金”，是指企业按照股东大会、董事会、薪酬委员会或相关管理机构制订的工资薪金制度规定实际发放给员工的工资薪金。税务机关在对工资薪金进行合理性确认时，可按以下原则掌握：

（一）企业制订了较为规范的员工工资薪金制度；

（二）企业所制订的工资薪金制度符合行业及地区水平；

（三）企业在一定时期所发放的工资薪金是相对固定的，工资薪金的调整是有序进行的；

（四）企业对实际发放的工资薪金，已依法履行了代扣代缴个人所得税义务；

(五)有关工资薪金的安排,不以减少或逃避税款为目的。

二、关于工资薪金总额问题

《实施条例》第四十、四十一、四十二条所称的"工资薪金总额",是指企业按照本通知第一条规定实际发放的工资薪金总和,不包括企业的职工福利费、职工教育经费、工会经费以及养老保险费、医疗保险费、失业保险费、工伤保险费、生育保险费等社会保险费和住房公积金。属于国有性质的企业,其工资薪金,不得超过政府有关部门给予的限定数额;超过部分,不得计入企业工资薪金总额,也不得在计算企业应纳税所得额时扣除。

三、关于职工福利费扣除问题

《实施条例》第四十条规定的企业职工福利费,包括以下内容:

(一)尚未实行分离办社会职能的企业,其内设福利部门所发生的设备、设施和人员费用,包括职工食堂、职工浴室、理发室、医务所、托儿所、疗养院等集体福利部门的设备、设施及维修保养费用和福利部门工作人员的工资薪金、社会保险费、住房公积金、劳务费等。

(二)为职工卫生保健、生活、住房、交通等所发放的各项补贴和非货币性福利,包括企业向职工发放的因公外地就医费用、未实行医疗统筹企业职工医疗费用、职工供养直系亲属医疗补贴、供暖费补贴、职工防暑降温费、职工困难补贴、救济费、职工食堂经费补贴、职工交通补贴等。

(三)按照其他规定发生的其他职工福利费,包括丧葬补助费、抚恤费、安家费、探亲假路费等。

四、关于职工福利费核算问题

企业发生的职工福利费,应该单独设置账册,进行准确核算。没有单独设置账册准确核算的,税务机关应责令企业在规定的期限内进行改正。逾期仍未改正的,税务机关可对企业发生的职工福利费进行合理的核定。

五、本通知自 2008 年 1 月 1 日起执行。

特别纳税调整实施办法(试行)

国税发〔2009〕2 号

第一章 总 则

第一条 为了规范特别纳税调整管理,根据《中华人民共和国企业所得税法》(以下简称所得税法)、《中华人民共和国企业所得税法实施条例》(以下简称所得税法实施条例)、《中华人民共和国税收征收管理法》(以下简称征管法)、《中华人民共和国税收征收管理法实施细则》(以下简称征管法实施细则)以及我国政府与有关国家(地区)政府签署的避免双重征税协定(安排)(以下简称税收协定)的有关规定,制定本办法。

第二条 本办法适用于税务机关对企业的转让定价、预约定价安排、成本分摊协议、受控外国企业、资本弱化以及一般反避税等特别纳税调整事项的管理。

第三条 转让定价管理是指税务机关按照所得税法第六章和征管法第三十六条的有关规定,对企业与其关联方之间的业务往来(以下简称关联交易)是否符合独立交易原则进行审核评估和调查调整等工作的总称。

第四条 预约定价安排管理是指税务机关按照所得税法第四十二条和征管法实施细则第五十三条的规定,对企业提出的未来年度关联交易的定价原则和计算方法进行审核评估,并与企业协商达成预约定价安排等工作的总称。

第五条 成本分摊协议管理是指税务机关按照所得税法第四十一条第二款的规定,对企业与其关联方签署的成本分摊协议是否符合独立交易原则进行审核评估和调查调整等工作的总称。

第六条 受控外国企业管理是指税务机关按照所得税法第四十五条的规定,对受控外国企业不作利润分配或减少分配进行审核评估和调查,并对归属于中国居民企业所得进行调整等工作的总称。

第七条 资本弱化管理是指税务机关按照所得税法第四十六条的规定,对企业接受关联方债权性投资与企业接受的权益性投资的比例是否符合规定比例或独立交易原则进行审核评估和调查调整等工作的总称。

第八条 一般反避税管理是指税务机关按照所得税法第四十七条的规定，对企业实施其他不具有合理商业目的的安排而减少其应纳税收入或所得额进行审核评估和调查调整等工作的总称。

第二章 关联申报

第九条 所得税法实施条例第一百零九条及征管法实施细则第五十一条所称关联关系，主要是指企业与其他企业、组织或个人具有下列之一关系：

（一）一方直接或间接持有另一方的股份总和达到25%以上，或者双方直接或间接同为第三方所持有的股份达到25%以上。若一方通过中间方对另一方间接持有股份，只要一方对中间方持股比例达到25%以上，则一方对另一方的持股比例按照中间方对另一方的持股比例计算。

（二）一方与另一方（独立金融机构除外）之间借贷资金占一方实收资本50%以上，或者一方借贷资金总额的10%以上是由另一方（独立金融机构除外）担保。

（三）一方半数以上的高级管理人员（包括董事会成员和经理）或至少一名可以控制董事会的董事会高级成员是由另一方委派，或者双方半数以上的高级管理人员（包括董事会成员和经理）或至少一名可以控制董事会的董事会高级成员同为第三方委派。

（四）一方半数以上的高级管理人员（包括董事会成员和经理）同时担任另一方的高级管理人员（包括董事会成员和经理），或者一方至少一名可以控制董事会的董事会高级成员同时担任另一方的董事会高级成员。

（五）一方的生产经营活动必须由另一方提供的工业产权、专有技术等特许权才能正常进行。

（六）一方的购买或销售活动主要由另一方控制。

（七）一方接受或提供劳务主要由另一方控制。

（八）一方对另一方的生产经营、交易具有实质控制，或者双方在利益上具有相关联的其他关系，包括虽未达到本条第（一）项持股比例，但一方与另一方的主要持股方享受基本相同的经济利益，以及家族、亲属关系等。

第十条 关联交易主要包括以下类型：

（一）有形资产的购销、转让和使用，包括房屋建筑物、交通工具、机器设备、工具、商品、产品等有形资产的购销、转让和租赁业务；

（二）无形资产的转让和使用，包括土地使用权、版权（著作权）、专利、商标、客户名单、营销渠道、牌号、商业秘密和专有技术等特许权，以及工业品外观设计或实用新型等工业产权的所有权转让和使用权的提供业务；

（三）融通资金，包括各类长短期资金拆借和担保以及各类计息预付款和延期付款等业务；

（四）提供劳务，包括市场调查、行销、管理、行政事务、技术服务、维修、设计、咨询、代理、科研、法律、会计事务等服务的提供。

第十一条 实行查账征收的居民企业和在中国境内设立机构、场所并据实申报缴纳企业所得税的非居民企业向税务机关报送年度企业所得税纳税申报表时，应附送《中华人民共和国企业年度关联业务往来报告表》，包括《关联关系表》、《关联交易汇总表》、《购销表》、《劳务表》、《无形资产表》、《固定资产表》、《融通资金表》、《对外投资情况表》和《对外支付款项情况表》。

第十二条 企业按规定期限报送本办法第十一条规定的报告表确有困难，需要延期的，应按征管法及其实施细则的有关规定办理。

第三章 同期资料管理

第十三条 企业应根据所得税法实施条例第一百一十四条的规定，按纳税年度准备、保存，并按税务机关要求提供其关联交易的同期资料。

第十四条 同期资料主要包括以下内容：

（一）组织结构

1. 企业所属的企业集团相关组织结构及股权结构；

2. 企业关联关系的年度变化情况；

3. 与企业发生交易的关联方信息，包括关联企业的名称、法定代表人、董事和经理等高级管理人员构成情况、注册地址及实际经营地址，以及关联个人的名称、国籍、居住地、家庭成员构成等情况，并注明对企业关联交易定价具有直接影响的关联方；

4. 各关联方适用的具有所得税性质的税种、税率及相应可享受的税收优惠。

(二)生产经营情况

1. 企业的业务概况，包括企业发展变化概况、所处的行业及发展概况、经营策略、产业政策、行业限制等影响企业和行业的主要经济和法律问题，集团产业链以及企业所处地位；

2. 企业的主营业务构成，主营业务收入及其占收入总额的比重，主营业务利润及其占利润总额的比重；

3. 企业所处的行业地位及相关市场竞争环境的分析；

4. 企业内部组织结构，企业及其关联方在关联交易中执行的功能、承担的风险以及使用的资产等相关信息，并参照填写《企业功能风险分析表》；

5. 企业集团合并财务报表，可视企业集团会计年度情况延期准备，但最迟不得超过关联交易发生年度的次年 12 月 31 日。

(三)关联交易情况

1. 关联交易类型、参与方、时间、金额、结算货币、交易条件等；

2. 关联交易所采用的贸易方式、年度变化情况及其理由；

3. 关联交易的业务流程，包括各个环节的信息流、物流和资金流，与非关联交易业务流程的异同；

4. 关联交易所涉及的无形资产及其对定价的影响；

5. 与关联交易相关的合同或协议副本及其履行情况的说明；

6. 对影响关联交易定价的主要经济和法律因素的分析；

7. 关联交易和非关联交易的收入、成本、费用和利润的划分情况，不能直接划分的，按照合理比例划分，说明确定该划分比例的理由，并参照填写《企业年度关联交易财务状况分析表》。

(四)可比性分析

1. 可比性分析所考虑的因素，包括交易资产或劳务特性、交易各方功能和风险、合同条款、经济环境、经营策略等；

2. 可比企业执行的功能、承担的风险以及使用的资产等相关信息；

3. 可比交易的说明，如：有形资产的物理特性、质量及其效用；融资业务的正常利率水平、金额、币种、期限、担保、融资人的资信、还款方式、计息方法等；劳务的性质与程度；无形资产的类型及交易形式，通过交易获得的使用无形资产的权利，使用无形资产获得的收益；

4. 可比信息来源、选择条件及理由；

5. 可比数据的差异调整及理由。

(五)转让定价方法的选择和使用

1. 转让定价方法的选用及理由，企业选择利润法时，须说明对企业集团整体利润或剩余利润水平所做的贡献；

2. 可比信息如何支持所选用的转让定价方法；

3. 确定可比非关联交易价格或利润的过程中所做的假设和判断；

4. 运用合理的转让定价方法和可比性分析结果，确定可比非关联交易价格或利润，以及遵循独立交易原则的说明；

5. 其他支持所选用转让定价方法的资料。

第十五条 属于下列情形之一的企业，可免于准备同期资料：

(一)年度发生的关联购销金额(来料加工业务按年度进出口报关价格计算)在 2 亿元人民币以下且其他关联交易金额(关联融通资金按利息收付金额计算)在 4000 万元人民币以下，上述金额不包括企业在年度内执行成本分摊协议或预约定价安排所涉及的关联交易金额；

(二)关联交易属于执行预约定价安排所涉及的范围；

(三)外资股份低于 50%且仅与境内关联方发生关联交易。

第十六条 除本办法第七章另有规定外，企业应在关联交易发生年度的次年5月31日之前准备完毕该年度同期资料，并自税务机关要求之日起20日内提供。

企业因不可抗力无法按期提供同期资料的，应在不可抗力消除后20日内提供同期资料。

第十七条 企业按照税务机关要求提供的同期资料，须加盖公章，并由法定代表人或法定代表人授权的代表签字或盖章。同期资料涉及引用的信息资料，应标明出处来源。

第十八条 企业因合并、分立等原因变更或注销税务登记的，应由合并、分立后的企业保存同期资料。

第十九条 同期资料应使用中文。如原始资料为外文的，应附送中文副本。

第二十条 同期资料应自企业关联交易发生年度的次年6月1日起保存10年。

第四章 转让定价方法

第二十一条 企业发生关联交易以及税务机关审核、评估关联交易均应遵循独立交易原则，选用合理的转让定价方法。

根据所得税法实施条例第一百一十一条的规定，转让定价方法包括可比非受控价格法、再销售价格法、成本加成法、交易净利润法、利润分割法和其他符合独立交易原则的方法。

第二十二条 选用合理的转让定价方法应进行可比性分析。可比性分析因素主要包括以下五个方面：

（一）交易资产或劳务特性，主要包括：有形资产的物理特性、质量、数量等，劳务的性质和范围，无形资产的类型、交易形式、期限、范围、预期收益等；

（二）交易各方功能和风险，功能主要包括：研发、设计，采购，加工、装配、制造，存货管理、分销、售后服务、广告，运输、仓储，融资，财务、会计、法律及人力资源管理等，在比较功能时，应关注企业为发挥功能所使用资产的相似程度；风险主要包括：研发风险，采购风险，生产风险，分销风险，市场推广风险，管理及财务风险等；

（三）合同条款，主要包括：交易标的，交易数量、价格，收付款方式和条件，交货条件，售后服务范围和条件，提供附加劳务的约定，变更、修改合同内容的权利，合同有效期，终止或续签合同的权利；

（四）经济环境，主要包括：行业概况，地理区域，市场规模，市场层级，市场占有率，市场竞争程度，消费者购买力，商品或劳务可替代性，生产要素价格，运输成本，政府管制等；

（五）经营策略，主要包括：创新和开发策略，多元化经营策略，风险规避策略，市场占有策略等。

第二十三条 可比非受控价格法以非关联方之间进行的与关联交易相同或类似业务活动所收取的价格作为关联交易的公平成交价格。

可比性分析应特别考察关联交易与非关联交易在交易资产或劳务的特性、合同条款及经济环境上的差异，按照不同交易类型具体包括如下内容：

（一）有形资产的购销或转让

1. 购销或转让过程，包括交易的时间与地点、交货条件、交货手续、支付条件、交易数量、售后服务的时间和地点等；

2. 购销或转让环节，包括出厂环节、批发环节、零售环节、出口环节等；

3. 购销或转让货物，包括品名、品牌、规格、型号、性能、结构、外形、包装等；

4. 购销或转让环境，包括民族风俗、消费者偏好、政局稳定程度以及财政、税收、外汇政策等。

（二）有形资产的使用

1. 资产的性能、规格、型号、结构、类型、折旧方法；

2. 提供使用权的时间、期限、地点；

3. 资产所有者对资产的投资支出、维修费用等。

（三）无形资产的转让和使用

1. 无形资产类别、用途、适用行业、预期收益；

2. 无形资产的开发投资、转让条件、独占程度、受有关国家法律保护的程度及期限、受让成本和费用、功能风险情况、可替代性等。

（四）融通资金：融资的金额、币种、期限、担保、融资人的资信、还款方式、计息方法等。

（五）提供劳务：业务性质、技术要求、专业水准、承担责任、付款条件和方式、直接和间接成本等。

关联交易与非关联交易之间在以上方面存在重大差异的，应就该差异对价格的影响进行合理调整，无法合理调整的，应根据本章规定选择其他合理的转让定价方法。

可比非受控价格法可以适用于所有类型的关联交易。

第二十四条 再销售价格法以关联方购进商品再销售给非关联方的价格减去可比非关联交易毛利后的金额作为关联方购进商品的公平成交价格。其计算公式如下：

公平成交价格＝再销售给非关联方的价格×(1－可比非关联交易毛利率)

可比非关联交易毛利率＝可比非关联交易毛利/可比非关联交易收入净额×100％

可比性分析应特别考察关联交易与非关联交易在功能风险及合同条款上的差异以及影响毛利率的其他因素，具体包括销售、广告及服务功能，存货风险，机器、设备的价值及使用年限，无形资产的使用及价值，批发或零售环节，商业经验，会计处理及管理效率等。

关联交易与非关联交易之间在以上方面存在重大差异的，应就该差异对毛利率的影响进行合理调整，无法合理调整的，应根据本章规定选择其他合理的转让定价方法。

再销售价格法通常适用于再销售者未对商品进行改变外形、性能、结构或更换商标等实质性增值加工的简单加工或单纯购销业务。

第二十五条 成本加成法以关联交易发生的合理成本加上可比非关联交易毛利作为关联交易的公平成交价格。其计算公式如下：

公平成交价格＝关联交易的合理成本×(1＋可比非关联交易成本加成率)

可比非关联交易成本加成率＝可比非关联交易毛利/可比非关联交易成本×100％

可比性分析应特别考察关联交易与非关联交易在功能风险及合同条款上的差异以及影响成本加成率的其他因素，具体包括制造、加工、安装及测试功能，市场及汇兑风险，机器、设备的价值及使用年限，无形资产的使用及价值，商业经验，会计处理及管理效率等。

关联交易与非关联交易之间在以上方面存在重大差异的，应就该差异对成本加成率的影响进行合理调整，无法合理调整的，应根据本章规定选择其他合理的转让定价方法。

成本加成法通常适用于有形资产的购销、转让和使用，劳务提供或资金融通的关联交易。

第二十六条 交易净利润法以可比非关联交易的利润率指标确定关联交易的净利润。利润率指标包括资产收益率、销售利润率、完全成本加成率、贝里比率等。

可比性分析应特别考察关联交易与非关联交易之间在功能风险及经济环境上的差异以及影响营业利润的其他因素，具体包括执行功能、承担风险和使用资产，行业和市场情况，经营规模，经济周期和产品生命周期，成本、费用、所得和资产在各交易间的分摊，会计处理及经营管理效率等。

关联交易与非关联交易之间在以上方面存在重大差异的，应就该差异对营业利润的影响进行合理调整，无法合理调整的，应根据本章规定选择其他合理的转让定价方法。

交易净利润法通常适用于有形资产的购销、转让和使用，无形资产的转让和使用以及劳务提供等关联交易。

第二十七条 利润分割法根据企业与其关联方对关联交易合并利润的贡献计算各自应该分配的利润额。利润分割法分为一般利润分割法和剩余利润分割法。

一般利润分割法根据关联交易各参与方所执行的功能、承担的风险以及使用的资产，确定各自应取得的利润。

剩余利润分割法将关联交易各参与方的合并利润减去分配给各方的常规利润的余额作为剩余利润，再根据各方对剩余利润的贡献程度进行分配。

可比性分析应特别考察交易各方执行的功能、承担的风险和使用的资产，成本、费用、所得和资产在各交易方之间的分摊，会计处理，确定交易各方对剩余利润贡献所使用信息和假设条件的可靠性等。

利润分割法通常适用于各参与方关联交易高度整合且难以单独评估各方交易结果的情况。

第五章 转让定价调查及调整

第二十八条 税务机关有权依据税收征管法及其实施细则有关税务检查的规定，确定调查企业，进行转让定价调查、调整。被调查企业必须据实报告其关联交易情况，并提供相关资料，不得拒绝或隐瞒。

第二十九条 转让定价调查应重点选择以下企业：

（一）关联交易数额较大或类型较多的企业；

（二）长期亏损、微利或跳跃性盈利的企业；

（三）低于同行业利润水平的企业；

（四）利润水平与其所承担的功能风险明显不相匹配的企业；

（五）与避税港关联方发生业务往来的企业；

（六）未按规定进行关联申报或准备同期资料的企业；

（七）其他明显违背独立交易原则的企业。

第三十条 实际税负相同的境内关联方之间的交易，只要该交易没有直接或间接导致国家总体税收收入的减少，原则上不做转让定价调查、调整。

第三十一条 税务机关应结合日常征管工作，开展案头审核，确定调查企业。案头审核应主要根据被调查企业历年报送的年度所得税申报资料及关联业务往来报告表等纳税资料，对企业的生产经营状况、关联交易等情况进行综合评估分析。

企业可以在案头审核阶段向税务机关提供同期资料。

第三十二条 税务机关对已确定的调查对象，应根据所得税法第六章、所得税法实施条例第六章、征管法第四章及征管法实施细则第六章的规定，实施现场调查。

（一）现场调查人员须2名以上。

（二）现场调查时调查人员应出示《税务检查证》，并送达《税务检查通知书》。

（三）现场调查可根据需要依照法定程序采取询问、调取账簿资料和实地核查等方式。

（四）询问当事人应有专人记录《询问（调查）笔录》，并告知当事人不如实提供情况应当承担的法律责任。《询问（调查）笔录》应交当事人核对确认。

（五）需调取账簿及有关资料的，应按照征管法实施细则第八十六条的规定，填制《调取账簿资料通知书》、《调取账簿资料清单》，办理有关法定手续，调取的账簿、记账凭证等资料，应妥善保管，并按法定时限如数退还。

（六）实地核查过程中发现的问题和情况，由调查人员填写《询问（调查）笔录》。《询问（调查）笔录》应由2名以上调查人员签字，并根据需要由被调查企业核对确认，若被调查企业拒绝，可由2名以上调查人员签认备案。

（七）可以以记录、录音、录像、照相和复制的方式索取与案件有关的资料，但必须注明原件的保存方及出处，由原件保存或提供方核对签注“与原件核对无误”字样，并盖章或押印。

（八）需要证人作证的，应事先告知证人不如实提供情况应当承担的法律责任。证人的证言材料应由本人签字或押印。

第三十三条 根据所得税法第四十三条第二款及所得税法实施条例第一百一十四条的规定，税务机关在实施转让定价调查时，有权要求企业及其关联方，以及与关联业务调查有关的其他企业（以下简称可比企业）提供相关资料，并送达《税务事项通知书》。

（一）企业应在《税务事项通知书》规定的期限内提供相关资料，因特殊情况不能按期提供的，应向税务机关提交书面延期申请，经批准，可以延期提供，但最长不得超过30日。税务机关应自收到企业延期申请之日起15日内函复，逾期未函复的，视同税务机关已同意企业的延期申请。

（二）企业的关联方以及可比企业应在与税务机关约定的期限内提供相关资料，约定期限一般不应超过60日。

企业、关联方及可比企业应按税务机关要求提供真实、完整的相关资料。

第三十四条 税务机关应按本办法第二章的有关规定，核实企业申报信息，并要求企业填制《企业可比性因素分析表》。

税务机关在企业关联申报和提供资料的基础上，填制《企业关联关系认定表》、《企业关联交易认定表》和《企业可比性因素分析认定表》，并由被调查企业核对确认。

第三十五条 转让定价调查涉及向关联方和可比企业调查取证的，税务机关向企业送达《税务检查通知书》，进行调查取证。

第三十六条　税务机关审核企业、关联方及可比企业提供的相关资料，可采用现场调查、发函协查和查阅公开信息等方式核实。需取得境外有关资料的，可按有关规定启动税收协定的情报交换程序，或通过我驻外机构调查收集有关信息。涉及境外关联方的相关资料，税务机关也可要求企业提供公证机构的证明。

第三十七条　税务机关应选用本办法第四章规定的转让定价方法分析、评估企业关联交易是否符合独立交易原则，分析评估时可以使用公开信息资料，也可以使用非公开信息资料。

第三十八条　税务机关分析、评估企业关联交易时，因企业与可比企业营运资本占用不同而对营业利润产生的差异原则上不做调整。确需调整的，须层报国家税务总局批准。

第三十九条　按照关联方订单从事加工制造，不承担经营决策、产品研发、销售等功能的企业，不应承担由于决策失误、开工不足、产品滞销等原因带来的风险和损失，通常应保持一定的利润率水平。对出现亏损的企业，税务机关应在经济分析的基础上，选择适当的可比价格或可比企业，确定企业的利润水平。

第四十条　企业与关联方之间收取价款与支付价款的交易相互抵消的，税务机关在可比性分析和纳税调整时，原则上应还原抵消交易。

第四十一条　税务机关采用四分位法分析、评估企业利润水平时，企业利润水平低于可比企业利润率区间中位值的，原则上应按照不低于中位值进行调整。

第四十二条　经调查，企业关联交易符合独立交易原则的，税务机关应做出转让定价调查结论，并向企业送达《特别纳税调查结论通知书》。

第四十三条　经调查，企业关联交易不符合独立交易原则而减少其应纳税收入或者所得额的，税务机关应按以下程序实施转让定价纳税调整：

（一）在测算、论证和可比性分析的基础上，拟定特别纳税调查初步调整方案；

（二）根据初步调整方案与企业协商谈判，税企双方均应指定主谈人，调查人员应做好《协商内容记录》，并由双方主谈人签字确认，若企业拒签，可由2名以上调查人员签认备案；

（三）企业对初步调整方案有异议的，应在税务机关规定的期限内进一步提供相关资料，税务机关收到资料后，应认真审核，并及时做出审议决定；

（四）根据审议决定，向企业送达《特别纳税调查初步调整通知书》，企业对初步调整意见有异议的，应自收到通知书之日起7日内书面提出，税务机关收到企业意见后，应再次协商审议；企业逾期未提出异议的，视为同意初步调整意见；

（五）确定最终调整方案，向企业送达《特别纳税调查调整通知书》。

第四十四条　企业收到《特别纳税调查调整通知书》后，应按规定期限缴纳税款及利息。

第四十五条　税务机关对企业实施转让定价纳税调整后，应自企业被调整的最后年度的下一年度起5年内实施跟踪管理。在跟踪管理期内，企业应在跟踪年度的次年6月20日之前向税务机关提供跟踪年度的同期资料，税务机关根据同期资料和纳税申报资料重点分析、评估以下内容：

（一）企业投资、经营状况及其变化情况；

（二）企业纳税申报额变化情况；

（三）企业经营成果变化情况；

（四）关联交易变化情况等。

税务机关在跟踪管理期内发现企业转让定价异常等情况，应及时与企业沟通，要求企业自行调整，或按照本章有关规定开展转让定价调查调整。

第六章　预约定价安排管理

第四十六条　企业可以依据所得税法第四十二条、所得税法实施条例第一百一十三条及征管法实施细则第五十三条的规定，与税务机关就企业未来年度关联交易的定价原则和计算方法达成预约定价安排。预约定价安排的谈签与执行通常经过预备会谈、正式申请、审核评估、磋商、签订安排和监控执行6个阶段。预约定价安排包括单边、双边和多边3种类型。

第四十七条　预约定价安排应由设区的市、自治州以上的税务机关受理。

第四十八条　预约定价安排一般适用于同时满足以下条件的企业：

（一）年度发生的关联交易金额在4000万元人民币以上；

（二）依法履行关联申报义务；

（三）按规定准备、保存和提供同期资料。

第四十九条 预约定价安排适用于自企业提交正式书面申请年度的次年起3至5个连续年度的关联交易。

预约定价安排的谈签不影响税务机关对企业提交预约定价安排正式书面申请当年或以前年度关联交易的转让定价调查调整。

如果企业申请当年或以前年度的关联交易与预约定价安排适用年度相同或类似，经企业申请，税务机关批准，可将预约定价安排确定的定价原则和计算方法适用于申请当年或以前年度关联交易的评估和调整。

第五十条 企业正式申请谈签预约定价安排前，应向税务机关书面提出谈签意向，税务机关可以根据企业的书面要求，与企业就预约定价安排的相关内容及达成预约定价安排的可行性开展预备会谈，并填制《预约定价安排会谈记录》。预备会谈可以采用匿名的方式。

（一）企业申请单边预约定价安排的，应向税务机关书面提出谈签意向。在预备会谈期间，企业应就以下内容提供资料，并与税务机关进行讨论：

1. 安排的适用年度；

2. 安排涉及的关联方及关联交易；

3. 企业以前年度生产经营情况；

4. 安排涉及各关联方功能和风险的说明；

5. 是否应用安排确定的方法解决以前年度的转让定价问题；

6. 其他需要说明的情况。

（二）企业申请双边或多边预约定价安排的，应同时向国家税务总局和主管税务机关书面提出谈签意向，国家税务总局组织与企业开展预备会谈，预备会谈的内容除本条第（一）项外，还应特别包括：

1. 向税收协定缔约对方税务主管当局提出预备会谈申请的情况；

2. 安排涉及的关联方以前年度生产经营情况及关联交易情况；

3. 向税收协定缔约对方税务主管当局提出的预约定价安排拟采用的定价原则和计算方法。

（三）预备会谈达成一致意见的，税务机关应自达成一致意见之日起15日内书面通知企业，可以就预约定价安排相关事宜进行正式谈判，并向企业送达《预约定价安排正式会谈通知书》；预备会谈不能达成一致意见的，税务机关应自最后一次预备会谈结束之日起15日内书面通知企业，向企业送达《拒绝企业申请预约定价安排通知书》，拒绝企业申请预约定价安排，并说明理由。

第五十一条 企业应在接到税务机关正式会谈通知之日起3个月内，向税务机关提出预约定价安排书面申请报告，并报送《预约定价安排正式申请书》。企业申请双边或多边预约定价安排的，应将《预约定价安排正式申请书》和《启动相互协商程序申请书》同时报送国家税务总局和主管税务机关。

（一）预约定价安排书面申请报告应包括如下内容：

1. 相关的集团组织架构、公司内部结构、关联关系、关联交易情况；

2. 企业近三年财务、会计报表资料，产品功能和资产（包括无形资产和有形资产）的资料；

3. 安排所涉及的关联交易类别和纳税年度；

4. 关联方之间功能和风险划分，包括划分所依据的机构、人员、费用、资产等；

5. 安排适用的转让定价原则和计算方法，以及支持这一原则和方法的功能风险分析、可比性分析和假设条件等；

6. 市场情况的说明，包括行业发展趋势和竞争环境；

7. 安排预约期间的年度经营规模、经营效益预测以及经营规划等；

8. 与安排有关的关联交易、经营安排及利润水平等财务方面的信息；

9. 是否涉及双重征税等问题；

10. 涉及境内、外有关法律、税收协定等相关问题。

（二）企业因下列特殊原因无法按期提交书面申请报告的，可向税务机关提出书面延期申请，并报送《预约定价安排正式申请延期报送申请书》：

1. 需要特别准备某些方面的资料；

2. 需要对资料做技术上的处理，如文字翻译等；

3. 其他非主观原因。

税务机关应自收到企业书面延期申请后15日内，对其延期事项做出书面答复，并向企业送达《预约定价安排正式申请延期报送答复书》。逾期未做出答复的，视同税务机关已同意企业的延期申请。

（三）上述申请内容所涉及的文件资料和情况说明，包括能够支持拟选用的定价原则、计算方法和能证实符合预约定价安排条件的所有文件资料，企业和税务机关均应妥善保存。

第五十二条 税务机关应自收到企业提交的预约定价安排正式书面申请及所需文件、资料之日起5个月内，进行审核和评估。根据审核和评估的具体情况可要求企业补充提供有关资料，形成审核评估结论。

因特殊情况，需要延长审核评估时间的，税务机关应及时书面通知企业，并向企业送达《预约定价安排审核评估延期通知书》，延长期限不得超过3个月。

税务机关应主要审核和评估以下内容：

（一）历史经营状况，分析、评估企业的经营规划、发展趋势、经营范围等文件资料，重点审核可行性研究报告、投资预（决）算、董事会决议等，综合分析反映经营业绩的有关信息和资料，如财务、会计报表、审计报告等。

（二）功能和风险状况，分析、评估企业与其关联方之间在供货、生产、运输、销售等各环节以及在研究、开发无形资产等方面各自所拥有的份额，执行的功能以及在存货、信贷、外汇、市场等方面所承担的风险。

（三）可比信息，分析、评估企业提供的境内、外可比价格信息，说明可比企业和申请企业之间的实质性差异，并进行调整。若不能确认可比交易或经营活动的合理性，应明确企业须进一步提供的有关文件、资料，以证明其所选用的转让定价原则和计算方法公平地反映了被审核的关联交易和经营现状，并得到相关财务、经营等资料的证实。

（四）假设条件，分析、评估对行业盈利能力和对企业生产经营的影响因素及其影响程度，合理确定预约定价安排适用的假设条件。

（五）转让定价原则和计算方法，分析、评估企业在预约定价安排中选用的转让定价原则和计算方法是否以及如何真实地运用于以前、现在和未来年度的关联交易以及相关财务、经营资料之中，是否符合法律、法规的规定。

（六）预期的公平交易价格或利润区间，通过对确定的可比价格、利润率、可比企业交易等情况的进一步审核和评估，测算出税务机关和企业均可接受的价格或利润区间。

第五十三条 税务机关应自单边预约定价安排形成审核评估结论之日起30日内，与企业进行预约定价安排磋商，磋商达成一致的，应将预约定价安排草案和审核评估报告一并层报国家税务总局审定。

国家税务总局与税收协定缔约对方税务主管当局开展双边或多边预约定价安排的磋商，磋商达成一致的，根据磋商备忘录拟定预约定价安排草案。

预约定价安排草案应包括如下内容：

（一）关联方名称、地址等基本信息；

（二）安排涉及的关联交易及适用年度；

（三）安排选定的可比价格或交易、转让定价原则和计算方法、预期经营结果等；

（四）与转让定价方法运用和计算基础相关的术语定义；

（五）假设条件；

（六）企业年度报告、记录保存、假设条件变动通知等义务；

（七）安排的法律效力，文件资料等信息的保密性；

（八）相互责任条款；

（九）安排的修订；

（十）解决争议的方法和途径；

（十一）生效日期；

（十二）附则。

第五十四条 税务机关与企业就单边预约定价安排草案内容达成一致后，双方的法定代表人或法定代表人授权的代表正式签订单边预约定价安排。国家税务总局与税收协定缔约对方税务主管当局就双边或多边预约定价安排草案内容达成一致后，双方或多方税务主管当局授权的代表正式签订双边或多边预约定价安排。主管税务机关根据双边或多边预约定价安排与企业签订《双边（多边）预约定价安排执行协议书》。

第五十五条 在预约定价安排正式谈判后和预约定价安排签订前，税务机关和企业均可暂停、终止谈判。涉及双边或多边预约定价安排的，经缔约各方税务主管当局协商，可暂停、终止谈判。终止谈判的，双方应将谈判中相互提供的全部资料退还给对方。

第五十六条 税务机关应建立监控管理制度，监控预约定价安排的执行情况。

（一）在预约定价安排执行期内，企业应完整保存与安排有关的文件和资料（包括账簿和有关记录等），不得丢失、销毁和转移；并在纳税年度终了后5个月内，向税务机关报送执行预约定价安排情况的年度报告。

年度报告应说明报告期内经营情况以及企业遵守预约定价安排的情况，包括预约定价安排要求的所有事项，以及是否有修订或实质上终止该预约定价安排的要求。如有未决问题或将要发生的问题，企业应在年度报告中予以说明，以便与税务机关协商是否修订或终止安排。

（二）在预约定价安排执行期内，税务机关应定期（一般为半年）检查企业履行安排的情况。检查内容主要包括：企业是否遵守了安排条款及要求；为谈签安排而提供的资料和年度报告是否反映了企业的实际经营情况；转让定价方法所依据的资料和计算方法是否正确；安排所描述的假设条件是否仍然有效；企业对转让定价方法的运用是否与假设条件相一致等。

税务机关如发现企业有违反安排的一般情况，可视情况进行处理，直至终止安排；如发现企业存在隐瞒或拒不执行安排的情况，税务机关应认定预约定价安排自始无效。

（三）在预约定价安排执行期内，如果企业发生实际经营结果不在安排所预期的价格或利润区间之内的情况，税务机关应在报经上一级税务机关核准后，将实际经营结果调整到安排所确定的价格或利润区间内。涉及双边或多边预约定价安排的，应当呈报国家税务总局核准。

（四）在预约定价安排执行期内，企业发生影响预约定价安排的实质性变化，应在发生变化后30日内向税务机关书面报告，详细说明该变化对预约定价安排执行的影响，并附相关资料。由于非主观原因而无法按期报告的，可以延期报告，但延长期不得超过30日。

税务机关应在收到企业书面报告之日起60日内，予以审核和处理，包括审查企业变化情况、与企业协商修订预约定价安排条款和相关条件，或根据实质性变化对预约定价安排的影响程度采取修订或终止安排等措施。原预约定价安排终止执行后，税务机关可以和企业按照本章规定的程序和要求，重新谈签新的预约定价安排。

（五）国家税务局和地方税务局与企业共同签订的预约定价安排，在执行期内，企业应分别向国家税务局和地方税务局报送执行预约定价安排情况的年度报告和实质性变化报告。国家税务局和地方税务局应对企业执行安排的情况，实行联合检查和审核。

第五十七条 预约定价安排期满后自动失效。如企业需要续签的，应在预约定价安排执行期满前90日内向税务机关提出续签申请，报送《预约定价安排续签申请书》，并提供可靠的证明材料，说明现行预约定价安排所述事实和相关环境没有发生实质性变化，并且一直遵守该预约定价安排中的各项条款和约定。税务机关应自收到企业续签申请之日起15日内做出是否受理的书面答复，向企业送达《预约定价安排申请续签答复书》。税务机关应审核、评估企业的续签申请资料，与企业协商拟定预约定价安排草案，并按双方商定的续签时间、地点等相关事宜，与企业完成续签工作。

第五十八条 预约定价安排的谈签或执行同时涉及两个以上省、自治区、直辖市和计划单列市税务机关，或者同时涉及国家税务局和地方税务局的，由国家税务总局统一组织协调。企业可以直接向国家税务总局书面提出谈签意向。

第五十九条 税务机关与企业达成的预约定价安排，只要企业遵守了安排的全部条款及其要求，各地国家税务局、地方税务局均应执行。

第六十条　税务机关与企业在预约定价安排预备会谈、正式谈签、审核、分析等全过程中所获取或得到的所有信息资料，双方均负有保密义务。税务机关和企业每次会谈，均应对会谈内容进行书面记录，同时载明每次会谈时相互提供资料的份数和内容，并由双方主谈人员签字或盖章。

第六十一条　税务机关与企业不能达成预约定价安排的，税务机关在会谈、协商过程中所获取的有关企业的提议、推理、观念和判断等非事实性信息，不得用于以后对该预约定价安排涉及交易行为的税务调查。

第六十二条　在预约定价安排执行期间，如果税务机关与企业发生分歧，双方应进行协商。协商不能解决的，可报上一级税务机关协调；涉及双边或多边预约定价安排的，须层报国家税务总局协调。对上一级税务机关或国家税务总局的协调结果或决定，下一级税务机关应当予以执行。但企业仍不能接受的，应当终止安排的执行。

第六十三条　税务机关应在与企业正式签订单边预约定价安排或双边或多边预约定价安排执行协议书后10日内，以及预约定价安排执行中发生修订、终止等情况后20日内，将单边预约定价安排正式文本、双边或多边预约定价安排执行协议书以及安排变动情况的说明层报国家税务总局备案。

第七章　成本分摊协议管理

第六十四条　根据所得税法第四十一条第二款及所得税法实施条例第一百一十二条的规定，企业与其关联方签署成本分摊协议，共同开发、受让无形资产，或者共同提供、接受劳务，应符合本章规定。

第六十五条　成本分摊协议的参与方对开发、受让的无形资产或参与的劳务活动享有受益权，并承担相应的活动成本。关联方承担的成本应与非关联方在可比条件下为获得上述受益权而支付的成本相一致。

参与方使用成本分摊协议所开发或受让的无形资产不需另支付特许权使用费。

第六十六条　企业对成本分摊协议所涉及无形资产或劳务的受益权应有合理的、可计量的预期收益，且以合理商业假设和营业常规为基础。

第六十七条　涉及劳务的成本分摊协议一般适用于集团采购和集团营销策划。

第六十八条　成本分摊协议主要包括以下内容：

(一)参与方的名称、所在国家(地区)、关联关系、在协议中的权利和义务；

(二)成本分摊协议所涉及的无形资产或劳务的内容、范围，协议涉及研发或劳务活动的具体承担者及其职责、任务；

(三)协议期限；

(四)参与方预期收益的计算方法和假设；

(五)参与方初始投入和后续成本支付的金额、形式、价值确认的方法以及符合独立交易原则的说明；

(六)参与方会计方法的运用及变更说明；

(七)参与方加入或退出协议的程序及处理规定；

(八)参与方之间补偿支付的条件及处理规定；

(九)协议变更或终止的条件及处理规定；

(十)非参与方使用协议成果的规定。

第六十九条　企业应自成本分摊协议达成之日起30日内，层报国家税务总局备案。税务机关判定成本分摊协议是否符合独立交易原则须层报国家税务总局审核。

第七十条　已经执行并形成一定资产的成本分摊协议，参与方发生变更或协议终止执行，应根据独立交易原则做如下处理：

(一)加入支付，即新参与方为获得已有协议成果的受益权应做出合理的支付；

(二)退出补偿，即原参与方退出协议安排，将已有协议成果的受益权转让给其他参与方应获得合理的补偿；

(三)参与方变更后，应对各方受益和成本分摊情况做出相应调整；

(四)协议终止时，各参与方应对已有协议成果做出合理分配。

企业不按独立交易原则对上述情况做出处理而减少其应纳税所得额的，税务机关有权做出调整。

第七十一条　成本分摊协议执行期间，参与方实际分享的收益与分摊的成本不相配比的，应根据实际情况做出补偿调整。

第七十二条 对于符合独立交易原则的成本分摊协议，有关税务处理如下：

（一）企业按照协议分摊的成本，应在协议规定的各年度税前扣除；

（二）涉及补偿调整的，应在补偿调整的年度计入应纳税所得额；

（三）涉及无形资产的成本分摊协议，加入支付、退出补偿或终止协议时对协议成果分配的，应按资产购置或处置的有关规定处理。

第七十三条 企业可根据本办法第六章的规定采取预约定价安排的方式达成成本分摊协议。

第七十四条 企业执行成本分摊协议期间，除遵照本办法第三章规定外，还应准备和保存以下成本分摊协议的同期资料：

（一）成本分摊协议副本；

（二）成本分摊协议各参与方之间达成的为实施该协议的其他协议；

（三）非参与方使用协议成果的情况、支付的金额及形式；

（四）本年度成本分摊协议的参与方加入或退出的情况，包括加入或退出的参与方名称、所在国家（地区）、关联关系，加入支付或退出补偿的金额及形式；

（五）成本分摊协议的变更或终止情况，包括变更或终止的原因、对已形成协议成果的处理或分配；

（六）本年度按照成本分摊协议发生的成本总额及构成情况；

（七）本年度各参与方成本分摊的情况，包括成本支付的金额、形式、对象，做出或接受补偿支付的金额、形式、对象；

（八）本年度协议预期收益与实际结果的比较及由此做出的调整。

企业执行成本分摊协议期间，无论成本分摊协议是否采取预约定价安排的方式，均应在本年度的次年6月20日之前向税务机关提供成本分摊协议的同期资料。

第七十五条 企业与其关联方签署成本分摊协议，有下列情形之一的，其自行分摊的成本不得税前扣除：

（一）不具有合理商业目的和经济实质；

（二）不符合独立交易原则；

（三）没有遵循成本与收益配比原则；

（四）未按本办法有关规定备案或准备、保存和提供有关成本分摊协议的同期资料；

（五）自签署成本分摊协议之日起经营期限少于20年。

第八章　受控外国企业管理

第七十六条 受控外国企业是指根据所得税法第四十五条的规定，由居民企业，或者由居民企业和居民个人（以下统称中国居民股东，包括中国居民企业股东和中国居民个人股东）控制的设立在实际税负低于所得税法第四条第一款规定税率水平50%的国家（地区），并非出于合理经营需要对利润不作分配或减少分配的外国企业。

第七十七条 本办法第七十六条所称控制，是指在股份、资金、经营、购销等方面构成实质控制。其中，股份控制是指由中国居民股东在纳税年度任何一天单层直接或多层间接单一持有外国企业10%以上有表决权股份，且共同持有该外国企业50%以上股份。

中国居民股东多层间接持有股份按各层持股比例相乘计算，中间层持有股份超过50%的，按100%计算。

第七十八条 中国居民企业股东应在年度企业所得税纳税申报时提供对外投资信息，附送《对外投资情况表》。

第七十九条 税务机关应汇总、审核中国居民企业股东申报的对外投资信息，向受控外国企业的中国居民企业股东送达《受控外国企业中国居民股东确认通知书》。中国居民企业股东符合所得税法第四十五条征税条件的，按照有关规定征税。

第八十条 计入中国居民企业股东当期的视同受控外国企业股息分配的所得，应按以下公式计算：

中国居民企业股东当期所得＝视同股息分配额×实际持股天数÷受控外国企业纳税年度天数×股东持股比例

中国居民股东多层间接持有股份的，股东持股比例按各层持股比例相乘计算。

第八十一条　受控外国企业与中国居民企业股东纳税年度存在差异的，应将视同股息分配所得计入受控外国企业纳税年度终止日所属的中国居民企业股东的纳税年度。

第八十二条　计入中国居民企业股东当期所得已在境外缴纳的企业所得税税款，可按照所得税法或税收协定的有关规定抵免。

第八十三条　受控外国企业实际分配的利润已根据所得税法第四十五条规定征税的，不再计入中国居民企业股东的当期所得。

第八十四条　中国居民企业股东能够提供资料证明其控制的外国企业满足以下条件之一的，可免于将外国企业不作分配或减少分配的利润视同股息分配额，计入中国居民企业股东的当期所得：

（一）设立在国家税务总局指定的非低税率国家（地区）；

（二）主要取得积极经营活动所得；

（三）年度利润总额低于500万元人民币。

第九章　资本弱化管理

第八十五条　所得税法第四十六条所称不得在计算应纳税所得额时扣除的利息支出应按以下公式计算：

不得扣除利息支出＝年度实际支付的全部关联方利息×（1－标准比例/关联债资比例）

其中：

标准比例是指《财政部 国家税务总局关于企业关联方利息支出税前扣除标准有关税收政策问题的通知》（财税〔2008〕121号）规定的比例。

关联债资比例是指根据所得税法第四十六条及所得税法实施条例第一百一十九的规定，企业从其全部关联方接受的债权性投资（以下简称关联债权投资）占企业接受的权益性投资（以下简称权益投资）的比例，关联债权投资包括关联方以各种形式提供担保的债权性投资。

第八十六条　关联债资比例的具体计算方法如下：

关联债资比例＝年度各月平均关联债权投资之和/年度各月平均权益投资之和

其中：

各月平均关联债权投资＝（关联债权投资月初账面余额＋月末账面余额）/2

各月平均权益投资＝（权益投资月初账面余额＋月末账面余额）/2

权益投资为企业资产负债表所列示的所有者权益金额。如果所有者权益小于实收资本（股本）与资本公积之和，则权益投资为实收资本（股本）与资本公积之和；如果实收资本（股本）与资本公积之和小于实收资本（股本）金额，则权益投资为实收资本（股本）金额。

第八十七条　所得税法第四十六条所称的利息支出包括直接或间接关联债权投资实际支付的利息、担保费、抵押费和其他具有利息性质的费用。

第八十八条　所得税法第四十六条规定不得在计算应纳税所得额时扣除的利息支出，不得结转到以后纳税年度；应按照实际支付给各关联方利息占关联方利息总额的比例，在各关联方之间进行分配，其中，分配给实际税负高于企业的境内关联方的利息准予扣除；直接或间接实际支付给境外关联方的利息应视同分配的股息，按照股息和利息分别适用的所得税税率差补征企业所得税，如已扣缴的所得税税款多于按股息计算应征所得税税款，多出的部分不予退税。

第八十九条　企业关联债资比例超过标准比例的利息支出，如要在计算应纳税所得额时扣除，除遵照本办法第三章规定外，还应准备、保存、并按税务机关要求提供以下同期资料，证明关联债权投资金额、利率、期限、融资条件以及债资比例等均符合独立交易原则：

（一）企业偿债能力和举债能力分析；

（二）企业集团举债能力及融资结构情况分析；

（三）企业注册资本等权益投资的变动情况说明；

（四）关联债权投资的性质、目的及取得时的市场状况；

（五）关联债权投资的货币种类、金额、利率、期限及融资条件；

(六)企业提供的抵押品情况及条件;

(七)担保人状况及担保条件;

(八)同类同期贷款的利率情况及融资条件;

(九)可转换公司债券的转换条件;

(十)其他能够证明符合独立交易原则的资料。

第九十条 企业未按规定准备、保存和提供同期资料证明关联债权投资金额、利率、期限、融资条件以及债资比例等符合独立交易原则的,其超过标准比例的关联方利息支出,不得在计算应纳税所得额时扣除。

第九十一条 本章所称"实际支付利息"是指企业按照权责发生制原则计入相关成本、费用的利息。

企业实际支付关联方利息存在转让定价问题的,税务机关应首先按照本办法第五章的有关规定实施转让定价调查调整。

第十章 一般反避税管理

第九十二条 税务机关可依据所得税法第四十七条及所得税法实施条例第一百二十条的规定对存在以下避税安排的企业,启动一般反避税调查:

(一)滥用税收优惠;

(二)滥用税收协定;

(三)滥用公司组织形式;

(四)利用避税港避税;

(五)其他不具有合理商业目的的安排。

第九十三条 税务机关应按照实质重于形式的原则审核企业是否存在避税安排,并综合考虑安排的以下内容:

(一)安排的形式和实质;

(二)安排订立的时间和执行期间;

(三)安排实现的方式;

(四)安排各个步骤或组成部分之间的联系;

(五)安排涉及各方财务状况的变化;

(六)安排的税收结果。

第九十四条 税务机关应按照经济实质对企业的避税安排重新定性,取消企业从避税安排获得的税收利益。对于没有经济实质的企业,特别是设在避税港并导致其关联方或非关联方避税的企业,可在税收上否定该企业的存在。

第九十五条 税务机关启动一般反避税调查时,应按照征管法及其实施细则的有关规定向企业送达《税务检查通知书》。企业应自收到通知书之日起60日内提供资料证明其安排具有合理的商业目的。企业未在规定期限内提供资料,或提供资料不能证明安排具有合理商业目的的,税务机关可根据已掌握的信息实施纳税调整,并向企业送达《特别纳税调查调整通知书》。

第九十六条 税务机关实施一般反避税调查,可按照征管法第五十七条的规定要求避税安排的筹划方如实提供有关资料及证明材料。

第九十七条 一般反避税调查及调整须层报国家税务总局批准。

第十一章 相应调整及国际磋商

第九十八条 关联交易一方被实施转让定价调查调整的,应允许另一方做相应调整,以消除双重征税。相应调整涉及税收协定国家(地区)关联方的,经企业申请,国家税务总局与税收协定缔约对方税务主管当局根据税收协定有关相互协商程序的规定开展磋商谈判。

第九十九条 涉及税收协定国家(地区)关联方的转让定价相应调整,企业应同时向国家税务总局和主管税务机关提出书面申请,报送《启动相互协商程序申请书》,并提供企业或其关联方被转让定价调整的通知书复印件等有关资料。

第一百条　企业应自企业或其关联方收到转让定价调整通知书之日起三年内提出相应调整的申请，超过三年的，税务机关不予受理。

第一百零一条　税务机关对企业实施转让定价调整，涉及企业向境外关联方支付利息、租金、特许权使用费等已扣缴的税款，不再做相应调整。

第一百零二条　国家税务总局按照本办法第六章规定接受企业谈签双边或多边预约定价安排申请的，应与税收协定缔约对方税务主管当局根据税收协定相互协商程序的有关规定开展磋商谈判。

第一百零三条　相应调整或相互磋商的结果，由国家税务总局以书面形式经主管税务机关送达企业。

第一百零四条　本办法第九章所称不得在计算应纳税所得额时扣除的利息支出以及视同股息分配的利息支出，不适用本章相应调整的规定。

第十二章　法律责任

第一百零五条　企业未按照本办法的规定向税务机关报送企业年度关联业务往来报告表，或者未保存同期资料或其他相关资料的，依照征管法第六十条和第六十二条的规定处理。

第一百零六条　企业拒绝提供同期资料等关联交易的相关资料，或者提供虚假、不完整资料，未能真实反映其关联业务往来情况的，依照征管法第七十条、征管法实施细则第九十六条、所得税法第四十四条及所得税法实施条例第一百一十五条的规定处理。

第一百零七条　税务机关根据所得税法及其实施条例的规定，对企业做出特别纳税调整的，应对 2008 年 1 月 1 日以后发生交易补征的企业所得税税款，按日加收利息。

（一）计息期间自税款所属纳税年度的次年 6 月 1 日起至补缴（预缴）税款入库之日止。

（二）利息率按照税款所属纳税年度 12 月 31 日实行的与补税期间同期的中国人民银行人民币贷款基准利率（以下简称“基准利率”）加 5 个百分点计算，并按一年 365 天折算日利息率。

（三）企业按照本办法规定提供同期资料和其他相关资料的，或者企业符合本办法第十五条的规定免于准备同期资料但根据税务机关要求提供其他相关资料的，可以只按基准利率计算加收利息。

企业按照本办法第十五条第（一）项的规定免于准备同期资料，但经税务机关调查，其实际关联交易额达到必须准备同期资料的标准的，税务机关对补征税款加收利息，适用本条第（二）项规定。

（四）按照本条规定加收的利息，不得在计算应纳税所得额时扣除。

第一百零八条　企业在税务机关做出特别纳税调整决定前预缴税款的，收到调整补税通知书后补缴税款时，按照应补缴税款所属年度的先后顺序确定已预缴税款的所属年度，以预缴入库日为截止日，分别计算应加收的利息额。

第一百零九条　企业对特别纳税调整应补征的税款及利息，应在税务机关调整通知书规定的期限内缴纳入库。企业有特殊困难，不能按期缴纳税款的，应依照征管法第三十一条及征管法实施细则第四十一条和第四十二条的有关规定办理延期缴纳税款。逾期不申请延期又不缴纳税款的，税务机关应按照征管法第三十二条及其他有关规定处理。

第十三章　附　　则

第一百一十条　税务机关对转让定价管理和预约定价安排管理以外的其他特别纳税调整事项实施的调查调整程序可参照适用本办法第五章的有关规定。

第一百一十一条　各级国家税务局和地方税务局对企业实施特别纳税调查调整要加强联系，可根据需要组成联合调查组进行调查。

第一百一十二条　税务机关及其工作人员应依据《国家税务总局关于纳税人涉税保密信息管理暂行办法》（国税发〔2008〕93 号）等有关保密的规定保管、使用企业提供的信息资料。

第一百一十三条　本办法所规定期限的最后一日是法定休假日的，以休假日期满的次日为期限的最后一日；在期限内有连续 3 日以上法定休假日的，按休假日天数顺延。

第一百一十四条　本办法所涉及的“以上”、“以下”、“日内”、“之日”、“之前”、“少于”、“低于”、“超过”等均包含本数。

第一百一十五条　被调查企业在税务机关实施特别纳税调查调整期间申请变更经营地址或注销税务

登记的，税务机关在调查结案前原则上不予办理税务变更、注销手续。

第一百一十六条 企业按本办法第三章的规定准备2008纳税年度发生关联交易的同期资料，可延期至2009年12月31日。

第一百一十七条 本办法由国家税务总局负责解释和修订。

第一百一十八条 本办法自2008年1月1日起施行。《国家税务总局关于关联企业间业务往来税务管理规程(试行)》(国税发〔1998〕59号)、《国家税务总局关于修订〈关联企业间业务往来税务管理规程〉(试行)的通知》(国税发〔2004〕143号)和《国家税务总局关于关联企业间业务往来预约定价实施规则》(国税发〔2004〕118号)同时废止。在本办法发布前实施的有关规定与本办法不一致的，以本办法为准。

国家税务总局关于规范成本分摊协议管理的公告

国家税务总局公告2015年第45号

为贯彻落实《国务院关于取消非行政许可审批事项的决定》(国发〔2015〕27号)，规范成本分摊协议管理，依据《中华人民共和国企业所得税法》及其实施条例、《中华人民共和国税收征收管理法》及其实施细则，现就有关事项公告如下：

一、企业应自与关联方签订(变更)成本分摊协议之日起30日内，向主管税务机关报送成本分摊协议副本，并在年度企业所得税纳税申报时，附送《中华人民共和国企业年度关联业务往来报告表》。

二、税务机关应当加强成本分摊协议的后续管理，对不符合独立交易原则和成本与收益相匹配原则的成本分摊协议，实施特别纳税调查调整。

三、企业执行成本分摊协议期间，参与方实际分享的收益与分摊的成本不配比的，应当根据实际情况做出补偿调整。参与方未做补偿调整的，税务机关应当实施特别纳税调查调整。

四、本公告自2015年7月16日起施行。《特别纳税调整实施办法(试行)》(国税发〔2009〕2号文件印发)第六十九条同时废止。

特此公告。

国家税务总局

2015年6月16日

财政部 国家税务总局 民政部关于公益性捐赠税前扣除有关问题的通知

财税〔2008〕160号

各省、自治区、直辖市、计划单列市财政厅(局)、国家税务局、地方税务局、民政厅(局)，新疆生产建设兵团财务局、民政局：

为贯彻落实《中华人民共和国企业所得税法》和《中华人民共和国个人所得税法》，现对公益性捐赠所得税税前扣除有关问题明确如下：

一、企业通过公益性社会团体或者县级以上人民政府及其部门，用于公益事业的捐赠支出，在年度利润总额12%以内的部分，准予在计算应纳税所得额时扣除。年度利润总额，是指企业依照国家统一会计制度的规定计算的大于零的数额。

二、个人通过社会团体、国家机关向公益事业的捐赠支出，按照现行税收法律、行政法规及相关政策规定准予在所得税税前扣除。

三、本通知第一条所称的用于公益事业的捐赠支出，是指《中华人民共和国公益事业捐赠法》规定的向公益事业的捐赠支出，具体范围包括：

（一）救助灾害、救济贫困、扶助残疾人等困难的社会群体和个人的活动；

（二）教育、科学、文化、卫生、体育事业；

（三）环境保护、社会公共设施建设；

（四）促进社会发展和进步的其他社会公共和福利事业。

四、本通知第一条所称的公益性社会团体和第二条所称的社会团体均指依据国务院发布的《基金会管理条例》和《社会团体登记管理条例》的规定，经民政部门依法登记、符合以下条件的基金会、慈善组织等公益性社会团体：

（一）符合《中华人民共和国企业所得税法实施条例》第五十二条第（一）项到第（八）项规定的条件；

（二）申请前 3 年内未受到行政处罚；

（三）基金会在民政部门依法登记 3 年以上（含 3 年）的，应当在申请前连续 2 年年度检查合格，或最近 1 年年度检查合格且社会组织评估等级在 3A 以上（含 3A），登记 3 年以下 1 年以上（含 1 年）的，应当在申请前 1 年年度检查合格或社会组织评估等级在 3A 以上（含 3A），登记 1 年以下的基金会具备本款第（一）项、第（二）项规定的条件；

（四）公益性社会团体（不含基金会）在民政部门依法登记 3 年以上，净资产不低于登记的活动资金数额，申请前连续 2 年年度检查合格，或最近 1 年年度检查合格且社会组织评估等级在 3A 以上（含 3A），申请前连续 3 年每年用于公益活动的支出不低于上年总收入的 70%（含 70%），同时需达到当年总支出的 50% 以上（含 50%）。

前款所称年度检查合格是指民政部门对基金会、公益性社会团体（不含基金会）进行年度检查，作出年度检查合格的结论；社会组织评估等级在 3A 以上（含 3A）是指社会组织在民政部门主导的社会组织评估中被评为 3A、4A、5A 级别，且评估结果在有效期内。

五、本通知第一条所称的县级以上人民政府及其部门和第二条所称的国家机关均指县级（含县级，下同）以上人民政府及其组成部门和直属机构。

六、符合本通知第四条规定的基金会、慈善组织等公益性社会团体，可按程序申请公益性捐赠税前扣除资格。

（一）经民政部批准成立的公益性社会团体，可分别向财政部、国家税务总局、民政部提出申请；

（二）经省级民政部门批准成立的基金会，可分别向省级财政、税务（国、地税，下同）、民政部门提出申请。经地方县级以上人民政府民政部门批准成立的公益性社会团体（不含基金会），可分别向省、自治区、直辖市和计划单列市财政、税务、民政部门提出申请；

（三）民政部门负责对公益性社会团体的资格进行初步审核，财政、税务部门会同民政部门对公益性社会团体的捐赠税前扣除资格联合进行审核确认；

（四）对符合条件的公益性社会团体，按照上述管理权限，由财政部、国家税务总局和民政部及省、自治区、直辖市和计划单列市财政、税务和民政部门分别定期予以公布。

七、申请捐赠税前扣除资格的公益性社会团体，需报送以下材料：

（一）申请报告；

（二）民政部或地方县级以上人民政府民政部门颁发的登记证书复印件；

（三）组织章程；

（四）申请前相应年度的资金来源、使用情况，财务报告，公益活动的明细，注册会计师的审计报告；

（五）民政部门出具的申请前相应年度的年度检查结论、社会组织评估结论。

八、公益性社会团体和县级以上人民政府及其组成部门和直属机构在接受捐赠时，应按照行政管理级次分别使用由财政部或省、自治区、直辖市财政部门印制的公益性捐赠票据，并加盖本单位的印章；对个人索取捐赠票据的，应予以开具。

新设立的基金会在申请获得捐赠税前扣除资格后，原始基金的捐赠人可凭捐赠票据依法享受税前扣除。

九、公益性社会团体和县级以上人民政府及其组成部门和直属机构在接受捐赠时，捐赠资产的价值，按以下原则确认：

(一)接受捐赠的货币性资产,应当按照实际收到的金额计算;

(二)接受捐赠的非货币性资产,应当以其公允价值计算。捐赠方在向公益性社会团体和县级以上人民政府及其组成部门和直属机构捐赠时,应当提供注明捐赠非货币性资产公允价值的证明,如果不能提供上述证明,公益性社会团体和县级以上人民政府及其组成部门和直属机构不得向其开具公益性捐赠票据。

十、存在以下情形之一的公益性社会团体,应取消公益性捐赠税前扣除资格:

(一)年度检查不合格或最近一次社会组织评估等级低于3A的;

(二)在申请公益性捐赠税前扣除资格时有弄虚作假行为的;

(三)存在偷税行为或为他人偷税提供便利的;

(四)存在违反该组织章程的活动,或者接受的捐赠款项用于组织章程规定用途之外的支出等情况的;

(五)受到行政处罚的。

被取消公益性捐赠税前扣除资格的公益性社会团体,存在本条第一款第(一)项情形的,1年内不得重新申请公益性捐赠税前扣除资格,存在第(二)项、第(三)项、第(四)项、第(五)项情形的,3年内不得重新申请公益性捐赠税前扣除资格。

对本条第一款第(三)项、第(四)项情形,应对其接受捐赠收入和其他各项收入依法补征企业所得税。

十一、本通知从2008年1月1日起执行。本通知发布前已经取得和未取得捐赠税前扣除资格的公益性社会团体,均应按本通知的规定提出申请。《财政部 国家税务总局关于公益救济性捐赠税前扣除政策及相关管理问题的通知》(财税〔2007〕6号)停止执行。

国家税务总局关于简化判定中国居民股东控制外国企业所在国实际税负的通知

国税函〔2009〕37号

各省、自治区、直辖市和计划单列市国家税务局、地方税务局:

根据《中华人民共和国企业所得税法》第四十五条的规定,为了简化判定由中国居民企业,或者由中国居民企业和居民个人控制的外国企业的实际税负,现明确如下:

中国居民企业或居民个人能够提供资料证明其控制的外国企业设立在美国、英国、法国、德国、日本、意大利、加拿大、澳大利亚、印度、南非、新西兰和挪威的,可免于将该外国企业不作分配或者减少分配的利润视同股息分配额,计入中国居民企业的当期所得。

国家税务总局关于明确非居民企业所得税征管范围的补充通知

国税函〔2009〕50号

各省、自治区、直辖市和计划单列市国家税务局、地方税务局:

为贯彻落实《国家税务总局关于调整新增企业所得税征管范围问题的通知》(国税发〔2008〕120号),现就非居民企业所得税征管范围补充明确如下:

一、对"一、基本规定(三)"规定的情形,除外国企业常驻代表机构外,还应包括在中国境内设立机构、场所的其他非居民企业。

二、除"二、对若干具体问题的规定(一)"规定的情形外,不缴纳企业所得税的境内单位,其发生的企业所得税源泉扣缴管理工作仍由国家税务局负责。

国家税务总局关于中国居民企业向 QFII 支付股息、红利、利息代扣代缴企业所得税有关问题的通知

国税函〔2009〕47 号

各省、自治区、直辖市和计划单列市国家税务局、地方税务局：

根据《中华人民共和国企业所得税法》及其实施条例（以下称企业所得税法）规定，现就中国居民企业向合格境外机构投资者（以下称为 QFII）支付股息、红利、利息代扣代缴企业所得税有关问题明确如下：

一、QFII 取得来源于中国境内的股息、红利和利息收入，应当按照企业所得税法规定缴纳 10%的企业所得税。如果是股息、红利，则由派发股息、红利的企业代扣代缴；如果是利息，则由企业在支付或到期应支付时代扣代缴。

二、QFII 取得股息、红利和利息收入，需要享受税收协定（安排）待遇的，可向主管税务机关提出申请，主管税务机关审核无误后按照税收协定的规定执行；涉及退税的，应及时予以办理。

三、各地税务机关应了解 QFII 在我国从事投资的情况，及时提供税收服务，建立税收管理档案，确保代扣代缴税款及时足额入库。

非居民企业所得税汇算清缴管理办法

为规范非居民企业所得税汇算清缴工作，根据《中华人民共和国企业所得税法》（以下简称企业所得税法）及其实施条例和《中华人民共和国税收征收管理法》（以下简称税收征管法）及其实施细则的有关规定，制定本办法。

一、汇算清缴对象

（一）依照外国（地区）法律成立且实际管理机构不在中国境内，但在中国境内设立机构、场所的非居民企业（以下称为企业），无论盈利或者亏损，均应按照企业所得税法及本办法规定参加所得税汇算清缴。

（二）企业具有下列情形之一的，可不参加当年度的所得税汇算清缴：

1. 临时来华承包工程和提供劳务不足 1 年，在年度中间终止经营活动，且已经结清税款；

2. 汇算清缴期内已办理注销；

3. 其他经主管税务机关批准可不参加当年度所得税汇算清缴。

二、汇算清缴时限

（一）企业应当自年度终了之日起 5 个月内，向税务机关报送年度企业所得税纳税申报表，并汇算清缴，结清应缴应退税款。

（二）企业在年度中间终止经营活动的，应当自实际经营终止之日起 60 日内，向税务机关办理当期企业所得税汇算清缴。

三、申报纳税

（一）企业办理所得税年度申报时，应当如实填写和报送下列报表、资料：

1. 年度企业所得税纳税申报表及其附表；

2. 年度财务会计报告；

3. 税务机关规定应当报送的其他有关资料。

（二）企业因特殊原因，不能在规定期限内办理年度所得税申报，应当在年度终了之日起 5 个月内，向主管税务机关提出延期申报申请。主管税务机关批准后，可以适当延长申报期限。

（三）企业采用电子方式办理纳税申报的，应附报纸质纳税申报资料。

（四）企业委托中介机构代理年度企业所得税纳税申报的，应附送委托人签章的委托书原件。

（五）企业申报年度所得税后，经主管税务机关审核，需补缴或退还所得税的，应在收到主管税务机关送

达的《非居民企业所得税汇算清缴涉税事宜通知书》(见附件1和附件2)后，按规定时限将税款补缴入库，或按照主管税务机关的要求办理退税手续。

(六)经批准采取汇总申报缴纳所得税的企业，其履行汇总纳税的机构、场所(以下简称汇缴机构)，应当于每年5月31日前，向汇缴机构所在地主管税务机关索取《非居民企业汇总申报企业所得税证明》(以下称为《汇总申报纳税证明》，见附件3)；企业其他机构、场所(以下简称其他机构)应当于每年6月30前将《汇总申报纳税证明》及其财务会计报告送交其所在地主管税务机关。

在上述规定期限内，其他机构未向其所在地主管税务机关提供《汇总申报纳税证明》，且又无汇缴机构延期申报批准文件的，其他机构所在地主管税务机关应负责检查核实或核定该其他机构应纳税所得额，计算征收应补缴税款并实施处罚。

(七)企业补缴税款确因特殊困难需延期缴纳的，按税收征管法及其实施细则的有关规定办理。

(八)企业在所得税汇算清缴期限内，发现当年度所得税申报有误的，应当在年度终了之日起5个月内向主管税务机关重新办理年度所得税申报。

(九)企业报送报表期限的最后一日是法定休假日的，以休假日期满的次日为期限的最后一日；在期限内有连续三日以上法定休假日的，按休假日天数顺延。

四、法律责任

(一)企业未按规定期限办理年度所得税申报，且未经主管税务机关批准延期申报，或报送资料不全、不符合要求的，应在收到主管税务机关送达的《责令限期改正通知书》后按规定时限补报。

企业未按规定期限办理年度所得税申报，且未经主管税务机关批准延期申报的，主管税务机关除责令其限期申报外，可按照税收征管法的规定处以2 000元以下的罚款，逾期仍不申报的，可处以2 000元以上10 000元以下的罚款，同时核定其年度应纳税额，责令其限期缴纳。企业在收到主管税务机关送达的《非居民企业所得税应纳税款核定通知书》(见附件4)后，应在规定时限内缴纳税款。

(二)企业未按规定期限办理所得税汇算清缴，主管税务机关除责令其限期办理外，对发生税款滞纳的，按照税收征管法的规定，加收滞纳金。

(三)企业同税务机关在纳税上发生争议时，依照税收征管法相关规定执行。

五、本办法自2008年1月1日起执行。

附件：1. 非居民企业所得税汇算清缴涉税事宜通知书(据实申报企业适用)

2. 非居民企业所得税汇算清缴涉税事宜通知书(核定征收企业适用)

3. 非居民企业汇总申报企业所得税证明

4. 非居民企业所得税应纳税款核定通知书

财政部 国家税务总局关于企业手续费及佣金支出税前扣除政策的通知

财税〔2009〕29号

各省、自治区、直辖市、计划单列市财政厅(局)、国家税务局、地方税务局，新疆生产建设兵团财务局：

为规范企业所得税税前扣除，加强企业所得税管理，根据《中华人民共和国企业所得税法》和《中华人民共和国企业所得税法实施条例》(以下合称新税法)有关规定，现将企业发生的手续费及佣金支出税前扣除政策问题通知如下：

一、企业发生与生产经营有关的手续费及佣金支出，不超过以下规定计算限额以内的部分，准予扣除；超过部分，不得扣除。

1. 保险企业：财产保险企业按当年全部保费收入扣除退保金等后余额的15%(含本数，下同)计算限额；人身保险企业按当年全部保费收入扣除退保金等后余额的10%计算限额。

2. 其他企业：按与具有合法经营资格中介服务机构或个人(不含交易双方及其雇员、代理人和代表人等)所签订服务协议或合同确认的收入金额的5%计算限额。

二、企业应与具有合法经营资格中介服务企业或个人签订代办协议或合同，并按国家有关规定支付手续费及佣金。除委托个人代理外，企业以现金等非转账方式支付的手续费及佣金不得在税前扣除。企业为发行权益性证券支付给有关证券承销机构的手续费及佣金不得在税前扣除。

三、企业不得将手续费及佣金支出计入回扣、业务提成、返利、进场费等费用。

四、企业已计入固定资产、无形资产等相关资产的手续费及佣金支出，应当通过折旧、摊销等方式分期扣除，不得在发生当期直接扣除。

五、企业支付的手续费及佣金不得直接冲减服务协议或合同金额，并如实入账。

六、企业应当如实向当地主管税务机关提供当年手续费及佣金计算分配表和其他相关资料，并依法取得合法真实凭证。

七、本通知自印发之日起实施。新税法实施之日至本通知印发之日前企业手续费及佣金所得税税前扣除事项按本通知规定处理。

国家税务总局关于印发《房地产开发经营业务企业所得税处理办法》的通知

国税发〔2009〕31 号

各省、自治区、直辖市和计划单列市国家税务局、地方税务局：

为了加强从事房地产开发经营企业的企业所得税征收管理，规范从事房地产开发经营业务企业的纳税行为，根据《中华人民共和国企业所得税法》及其实施条例、《中华人民共和国税收征收管理法》及其实施细则等有关税收法律、行政法规的规定，结合房地产开发经营业务的特点，国家税务总局制定了《房地产开发经营业务企业所得税处理办法》，现印发给你们，请遵照执行。

房地产开发经营业务企业所得税处理办法

第一章 总 则

第一条 根据《中华人民共和国企业所得税法》及其实施条例、《中华人民共和国税收征收管理法》及其实施细则等有关税收法律、行政法规的规定，制定本办法。

第二条 本办法适用于中国境内从事房地产开发经营业务的企业（以下简称企业）。

第三条 企业房地产开发经营业务包括土地的开发，建造、销售住宅、商业用房以及其他建筑物、附着物、配套设施等开发产品。除土地开发之外，其他开发产品符合下列条件之一的，应视为已经完工：

（一）开发产品竣工证明材料已报房地产管理部门备案。

（二）开发产品已开始投入使用。

（三）开发产品已取得了初始产权证明。

第四条 企业出现《中华人民共和国税收征收管理法》第三十五条规定的情形，税务机关可对其以往应缴的企业所得税按核定征收方式进行征收管理，并逐步规范，同时按《中华人民共和国税收征收管理法》等税收法律、行政法规的规定进行处理，但不得事先确定企业的所得税按核定征收方式进行征收、管理。

第二章 收入的税务处理

第五条 开发产品销售收入的范围为销售开发产品过程中取得的全部价款，包括现金、现金等价物及其他经济利益。企业代有关部门、单位和企业收取的各种基金、费用和附加等，凡纳入开发产品价内或由企业开具发票的，应按规定全部确认为销售收入；未纳入开发产品价内并由企业之外的其他收取部门、单位开具发票的，可作为代收代缴款项进行管理。

第六条 企业通过正式签订《房地产销售合同》或《房地产预售合同》所取得的收入，应确认为销售收入的实现，具体按以下规定确认：

(一)采取一次性全额收款方式销售开发产品的，应于实际收讫价款或取得索取价款凭据(权利)之日，确认收入的实现。

(二)采取分期收款方式销售开发产品的，应按销售合同或协议约定的价款和付款日确认收入的实现。付款方提前付款的，在实际付款日确认收入的实现。

(三)采取银行按揭方式销售开发产品的，应按销售合同或协议约定的价款确定收入额，其首付款应于实际收到日确认收入的实现，余款在银行按揭贷款办理转账之日确认收入的实现。

(四)采取委托方式销售开发产品的，应按以下原则确认收入的实现：

1. 采取支付手续费方式委托销售开发产品的，应按销售合同或协议中约定的价款于收到受托方已销开发产品清单之日确认收入的实现。

2. 采取视同买断方式委托销售开发产品的，属于企业与购买方签订销售合同或协议，或企业、受托方、购买方三方共同签订销售合同或协议的，如果销售合同或协议中约定的价格高于买断价格，则应按销售合同或协议中约定的价格计算的价款于收到受托方已销开发产品清单之日确认收入的实现；如果属于前两种情况中销售合同或协议中约定的价格低于买断价格，以及属于受托方与购买方签订销售合同或协议的，则应按买断价格计算的价款于收到受托方已销开发产品清单之日确认收入的实现。

3. 采取基价(保底价)并实行超基价双方分成方式委托销售开发产品的，属于由企业与购买方签订销售合同或协议，或企业、受托方、购买方三方共同签订销售合同或协议的，如果销售合同或协议中约定的价格高于基价，则应按销售合同或协议中约定的价格计算的价款于收到受托方已销开发产品清单之日确认收入的实现，企业按规定支付受托方的分成额，不得直接从销售收入中减除；如果销售合同或协议约定的价格低于基价的，则应按基价计算的价款于收到受托方已销开发产品清单之日确认收入的实现。属于由受托方与购买方直接签订销售合同的，则应按基价加上按规定取得的分成额于收到受托方已销开发产品清单之日确认收入的实现。

4. 采取包销方式委托销售开发产品的，包销期内可根据包销合同的有关约定，参照上述1至3项规定确认收入的实现；包销期满后尚未出售的开发产品，企业应根据包销合同或协议约定的价款和付款方式确认收入的实现。

第七条 企业将开发产品用于捐赠、赞助、职工福利、奖励、对外投资、分配给股东或投资人、抵偿债务、换取其他企事业单位和个人的非货币性资产等行为，应视同销售，于开发产品所有权或使用权转移，或于实际取得利益权利时确认收入(或利润)的实现。确认收入(或利润)的方法和顺序为：

(一)按本企业近期或本年度最近月份同类开发产品市场销售价格确定；

(二)由主管税务机关参照当地同类开发产品市场公允价值确定；

(三)按开发产品的成本利润率确定。开发产品的成本利润率不得低于15%，具体比例由主管税务机关确定。

第八条 企业销售未完工开发产品的计税毛利率由各省、自治、直辖市国家税务局、地方税务局按下列规定进行确定：

(一)开发项目位于省、自治区、直辖市和计划单列市人民政府所在地城市城区和郊区的，不得低于15%。

(二)开发项目位于地及地级市城区及郊区的，不得低于10%。

(三)开发项目位于其他地区的，不得低于5%。

(四)属于经济适用房、限价房和危改房的，不得低于3%。

第九条 企业销售未完工开发产品取得的收入，应先按预计计税毛利率分季(或月)计算出预计毛利额，计入当期应纳税所得额。开发产品完工后，企业应及时结算其计税成本并计算此前销售收入的实际毛利额，同时将其实际毛利额与其对应的预计毛利额之间的差额，计入当年度企业本项目与其他项目合并计算的应纳税所得额。

在年度纳税申报时，企业须出具对该项开发产品实际毛利额与预计毛利额之间差异调整情况的报告以及税务机关需要的其他相关资料。

第十条 企业新建的开发产品在尚未完工或办理房地产初始登记、取得产权证前，与承租人签订租赁预约协议的，自开发产品交付承租人使用之日起，出租方取得的预租价款按租金确认收入的实现。

第三章 成本、费用扣除的税务处理

第十一条 企业在进行成本、费用的核算与扣除时，必须按规定区分期间费用和开发产品计税成本、已销开发产品计税成本与未销开发产品计税成本。

第十二条 企业发生的期间费用、已销开发产品计税成本、营业税金及附加、土地增值税准予当期按规定扣除。

第十三条 开发产品计税成本的核算应按第四章的规定进行处理。

第十四条 已销开发产品的计税成本，按当期已实现销售的可售面积和可售面积单位工程成本确认。可售面积单位工程成本和已销开发产品的计税成本按下列公式计算确定：

可售面积单位工程成本＝成本对象总成本÷成本对象总可售面积

已销开发产品的计税成本＝已实现销售的可售面积×可售面积单位工程成本

第十五条 企业对尚未出售的已完工开发产品和按照有关法律、法规或合同规定对已售开发产品（包括共用部位、共用设施设备）进行日常维护、保养、修理等实际发生的维修费用，准予在当期据实扣除。

第十六条 企业将已计入销售收入的共用部位、共用设施设备维修基金按规定移交给有关部门、单位的，应于移交时扣除。

第十七条 企业在开发区内建造的会所、物业管理场所、电站、热力站、水厂、文体场馆、幼儿园等配套设施，按以下规定进行处理：

（一）属于非营利性且产权属于全体业主的，或无偿赠与地方政府、公用事业单位的，可将其视为公共配套设施，其建造费用按公共配套设施费的有关规定进行处理。

（二）属于营利性的，或产权归企业所有的，或未明确产权归属的，或无偿赠与地方政府、公用事业单位以外其他单位的，应当单独核算其成本。除企业自用应按建造固定资产进行处理外，其他一律按建造开发产品进行处理。

第十八条 企业在开发区内建造的邮电通讯、学校、医疗设施应单独核算成本，其中，由企业与国家有关业务管理部门、单位合资建设，完工后有偿移交的，国家有关业务管理部门、单位给予的经济补偿可直接抵扣该项目的建造成本，抵扣后的差额应调整当期应纳税所得额。

第十九条 企业采取银行按揭方式销售开发产品的，凡约定企业为购买方的按揭贷款提供担保的，其销售开发产品时向银行提供的保证金（担保金）不得从销售收入中减除，也不得作为费用在当期税前扣除，但实际发生损失时可据实扣除。

第二十条 企业委托境外机构销售开发产品的，其支付境外机构的销售费用（含佣金或手续费）不超过委托销售收入10%的部分，准予据实扣除。

第二十一条 企业的利息支出按以下规定进行处理：

（一）企业为建造开发产品借入资金而发生的符合税收规定的借款费用，可按企业会计准则的规定进行归集和分配，其中属于财务费用性质的借款费用，可直接在税前扣除。

（二）企业集团或其成员企业统一向金融机构借款分摊集团内部其他成员企业使用的，借入方凡能出具从金融机构取得借款的证明文件，可以在使用借款的企业间合理的分摊利息费用，使用借款的企业分摊的合理利息准予在税前扣除。

第二十二条 企业因国家无偿收回土地使用权而形成的损失，可作为财产损失按有关规定在税前扣除。

第二十三条 企业开发产品（以成本对象为计量单位）整体报废或毁损，其净损失按有关规定审核确认后准予在税前扣除。

第二十四条 企业开发产品转为自用的，其实际使用时间累计未超过12个月又销售的，不得在税前扣除折旧费用。

第四章 计税成本的核算

第二十五条 计税成本是指企业在开发、建造开发产品（包括固定资产，下同）过程中所发生的按照税收规定进行核算与计量的应归入某项成本对象的各项费用。

第二十六条 成本对象是指为归集和分配开发产品开发、建造过程中的各项耗费而确定的费用承担项目。计税成本对象的确定原则如下：

（一）可否销售原则。开发产品能够对外经营销售的，应作为独立的计税成本对象进行成本核算；不能对外经营销售的，可先作为过渡性成本对象进行归集，然后再将其相关成本摊入能够对外经营销售的成本对象。

（二）分类归集原则。对同一开发地点、竣工时间相近、产品结构类型没有明显差异的群体开发的项目，可作为一个成本对象进行核算。

（三）功能区分原则。开发项目某组成部分相对独立，且具有不同使用功能时，可以作为独立的成本对象进行核算。

（四）定价差异原则。开发产品因其产品类型或功能不同等而导致其预期售价存在较大差异的，应分别作为成本对象进行核算。

（五）成本差异原则。开发产品因建筑上存在明显差异可能导致其建造成本出现较大差异的，要分别作为成本对象进行核算。

（六）权益区分原则。开发项目属于受托代建的或多方合作开发的，应结合上述原则分别划分成本对象进行核算。

成本对象由企业在开工之前合理确定，并报主管税务机关备案。成本对象一经确定，不能随意更改或相互混淆，如确需改变成本对象的，应征得主管税务机关同意。

第二十七条 开发产品计税成本支出的内容如下：

（一）土地征用费及拆迁补偿费。指为取得土地开发使用权（或开发权）而发生的各项费用，主要包括土地买价或出让金、大市政配套费、契税、耕地占用税、土地使用费、土地闲置费、土地变更用途和超面积补交的地价及相关税费、拆迁补偿支出、安置及动迁支出、回迁房建造支出、农作物补偿费、危房补偿费等。

（二）前期工程费。指项目开发前期发生的水文地质勘察、测绘、规划、设计、可行性研究、筹建、场地通平等前期费用。

（三）建筑安装工程费。指开发项目开发过程中发生的各项建筑安装费用。主要包括开发项目建筑工程费和开发项目安装工程费等。

（四）基础设施建设费。指开发项目在开发过程中所发生的各项基础设施支出，主要包括开发项目内道路、供水、供电、供气、排污、排洪、通讯、照明等社区管网工程费和环境卫生、园林绿化等园林环境工程费。

（五）公共配套设施费：指开发项目内发生的、独立的、非营利性的，且产权属于全体业主的，或无偿赠与地方政府、政府公用事业单位的公共配套设施支出。

（六）开发间接费。指企业为直接组织和管理开发项目所发生的，且不能将其归属于特定成本对象的成本费用性支出。主要包括管理人员工资、职工福利费、折旧费、修理费、办公费、水电费、劳动保护费、工程管理费、周转房摊销以及项目营销设施建造费等。

第二十八条 企业计税成本核算的一般程序如下：

（一）对当期实际发生的各项支出，按其性质、经济用途及发生的地点、时间区进行整理、归类，并将其区分为应计入成本对象的成本和应在当期税前扣除的期间费用。同时还应按规定对在有关预提费用和待摊费用进行计量与确认。

（二）对应计入成本对象中的各项实际支出、预提费用、待摊费用等合理的划分为直接成本、间接成本和共同成本，并按规定将其合理的归集、分配至已完工成本对象、在建成本对象和未建成本对象。

（三）对期前已完工成本对象应负担的成本费用按已销开发产品、未销开发产品和固定资产进行分配，其中应由已销开发产品负担的部分，在当期纳税申报时进行扣除，未销开发产品应负担的成本费用待其实际销售时再予扣除。

(四)对本期已完工成本对象分类为开发产品和固定资产并对其计税成本进行结算。其中属于开发产品的,应按可售面积计算其单位工程成本,据此再计算已销开发产品计税成本和未销开发产品计税成本。对本期已销开发产品的计税成本,准予在当期扣除,未销开发产品计税成本待其实际销售时再予扣除。

(五)对本期未完工和尚未建造的成本对象应当负担的成本费用,应按分别建立明细台账,待开发产品完工后再予结算。

第二十九条 企业开发、建造的开发产品应按制造成本法进行计量与核算。其中,应计入开发产品成本中的费用属于直接成本和能够分清成本对象的间接成本,直接计入成本对象,共同成本和不能分清负担对象的间接成本,应按受益的原则和配比的原则分配至各成本对象,具体分配方法可按以下规定选择其一:

(一)占地面积法。指按已动工开发成本对象占地面积占开发用地总面积的比例进行分配。

1. 一次性开发的,按某一成本对象占地面积占全部成本对象占地总面积的比例进行分配。

2. 分期开发的,首先按本期全部成本对象占地面积占开发用地总面积的比例进行分配,然后再按某一成本对象占地面积占期内全部成本对象占地总面积的比例进行分配。

期内全部成本对象应负担的占地面积为期内开发用地占地面积减除应由各期成本对象共同负担的占地面积。

(二)建筑面积法。指按已动工开发成本对象建筑面积占开发用地总建筑面积的比例进行分配。

1. 一次性开发的,按某一成本对象建筑面积占全部成本对象建筑面积的比例进行分配。

2. 分期开发的,首先按期内成本对象建筑面积占开发用地计划建筑面积的比例进行分配,然后再按某一成本对象建筑面积占期内成本对象总建筑面积的比例进行分配。

(三)直接成本法。指按期内某一成本对象的直接开发成本占期内全部成本对象直接开发成本的比例进行分配。

(四)预算造价法。指按期内某一成本对象预算造价占期内全部成本对象预算造价的比例进行分配。

第三十条 企业下列成本应按以下方法进行分配:

(一)土地成本,一般按占地面积法进行分配。如果确需结合其他方法进行分配的,应商税务机关同意。

土地开发同时连结房地产开发的,属于一次性取得土地分期开发房地产的情况,其土地开发成本经商税务机关同意后可先按土地整体预算成本进行分配,待土地整体开发完毕再行调整。

(二)单独作为过渡性成本对象核算的公共配套设施开发成本,应按建筑面积法进行分配。

(三)借款费用属于不同成本对象共同负担的,按直接成本法或按预算造价法进行分配。

(四)其他成本项目的分配法由企业自行确定。

第三十一条 企业以非货币交易方式取得土地使用权的,应按下列规定确定其成本:

(一)企业、单位以换取开发产品为目的,将土地使用权投资企业的,按下列规定进行处理:

1. 换取的开发产品如为该项土地开发、建造的,接受投资的企业在接受土地使用权时暂不确认其成本,待首次分出开发产品时,再按应分出开发产品(包括首次分出的和以后应分出的)的市场公允价值和土地使用权转移过程中应支付的相关税费计算确认该项土地使用权的成本。如涉及补价,土地使用权的取得成本还应加上应支付的补价款或减除应收到的补价款。

2. 换取的开发产品如为其他土地开发、建造的,接受投资的企业在投资交易发生时,按应付出开发产品市场公允价值和土地使用权转移过程中应支付的相关税费计算确认该项土地使用权的成本。如涉及补价,土地使用权的取得成本还应加上应支付的补价款或减除应收到的补价款。

(二)企业、单位以股权的形式,将土地使用权投资企业的,接受投资的企业应在投资交易发生时,按该项土地使用权的市场公允价值和土地使用权转移过程中应支付的相关税费计算确认该项土地使用权的取得成本。如涉及补价,土地使用权的取得成本还应加上应支付的补价款或减除应收到的补价款。

第三十二条 除以下几项预提(应付)费用外,计税成本均应为实际发生的成本。

(一)出包工程未最终办理结算而未取得全额发票的,在证明资料充分的前提下,其发票不足金额可以预提,但最高不得超过合同总金额的10%。

(二)公共配套设施尚未建造或尚未完工的,可按预算造价合理预提建造费用。此类公共配套设施必须符合已在售房合同、协议或广告、模型中明确承诺建造且不可撤销,或按照法律法规规定必须配套建造的条件。

(三)应向政府上交但尚未上交的报批报建费用、物业完善费用可以按规定预提。物业完善费用是指按规定应由企业承担的物业管理基金、公建维修基金或其他专项基金。

第三十三条 企业单独建造的停车场所,应作为成本对象单独核算。利用地下基础设施形成的停车场所,作为公共配套设施进行处理。

第三十四条 企业在结算计税成本时其实际发生的支出应当取得但未取得合法凭据的,不得计入计税成本,待实际取得合法凭据时,再按规定计入计税成本。

第三十五条 开发产品完工以后,企业可在完工年度企业所得税汇算清缴前选择确定计税成本核算的终止日,不得滞后。凡已完工开发产品在完工年度未按规定结算计税成本,主管税务机关有权确定或核定其计税成本,据此进行纳税调整,并按《中华人民共和国税收征收管理法》的有关规定对其进行处理。

第五章 特定事项的税务处理

第三十六条 企业以本企业为主体联合其他企业、单位、个人合作或合资开发房地产项目,且该项目未成立独立法人公司的,按下列规定进行处理:

(一)凡开发合同或协议中约定向投资各方(即合作、合资方,下同)分配开发产品的,企业在首次分配开发产品时,如该项目已经结算计税成本,其应分配给投资方开发产品的计税成本与其投资额之间的差额计入当期应纳税所得额;如未结算计税成本,则将投资方的投资额视同销售收入进行相关的税务处理。

(二)凡开发合同或协议中约定分配项目利润的,应按以下规定进行处理:

1. 企业应将该项目形成的营业利润额并入当期应纳税所得额统一申报缴纳企业所得税,不得在税前分配该项目的利润。同时不能因接受投资方投资额而在成本中摊销或在税前扣除相关的利息支出。

2. 投资方取得该项目的营业利润应视同股息、红利进行相关的税务处理。

第三十七条 企业以换取开发产品为目的,将土地使用权投资其他企业房地产开发项目的,按以下规定进行处理:

企业应在首次取得开发产品时,将其分解为转让土地使用权和购入开发产品两项经济业务进行所得税处理,并按应从该项目取得的开发产品(包括首次取得的和以后应取得的)的市场公允价值计算确认土地使用权转让所得或损失。

第六章 附　　则

第三十八条 从事房地产开发经营业务的外商投资企业在2007年12月31日前存有销售未完工开发产品取得的收入,至该项开发产品完工后,一律按本办法第九条规定的办法进行税务处理。

第三十九条 本通知自2008年1月1日起执行。

国家税务总局关于企业所得税若干税务事项衔接问题的通知

国税函〔2009〕98号

各省、自治区、直辖市和计划单列市国家税务局、地方税务局:

《中华人民共和国企业所得税法》(以下简称新税法)及其实施条例(以下简称实施条例)自2008年1月1日正式实施,按照新税法第六十条规定,《中华人民共和国外商投资企业和外国企业所得税法》和《中华人民共和国企业所得税暂行条例》(以下简称原税法)同时废止。为便于各地汇算清缴工作的开展,现就新税法实施前企业发生的若干税务事项衔接问题通知如下：

一、关于已购置固定资产预计净残值和折旧年限的处理问题

新税法实施前已投入使用的固定资产，企业已按原税法规定预计净残值并计提的折旧，不做调整。新税法实施后，对此类继续使用的固定资产，可以重新确定其残值，并就其尚未计提折旧的余额，按照新税法规定的折旧年限减去已经计提折旧的年限后的剩余年限，按照新税法规定的折旧方法计算折旧。新税法实施后，固定资产原确定的折旧年限不违背新税法规定原则的，也可以继续执行。

二、关于递延所得的处理

企业按原税法规定已作递延所得确认的项目，其余额可在原规定的递延期间的剩余期间内继续均匀计入各纳税期间的应纳税所得额。

三、关于利息收入、租金收入和特许权使用费收入的确认

新税法实施前已按其他方式计入当期收入的利息收入、租金收入、特许权使用费收入，在新税法实施后，凡与按合同约定支付时间确认的收入额发生变化的，应将该收入额减去以前年度已按照其他方式确认的收入额后的差额，确认为当期收入。

四、关于以前年度职工福利费余额的处理

根据《国家税务总局关于做好2007年度企业所得税汇算清缴工作的补充通知》(国税函〔2008〕264号)的规定，企业2008年以前按照规定计提但尚未使用的职工福利费余额，2008年及以后年度发生的职工福利费，应首先冲减上述的职工福利费余额，不足部分按新税法规定扣除；仍有余额的，继续留在以后年度使用。企业2008年以前节余的职工福利费，已在税前扣除，属于职工权益，如果改变用途的，应调整增加企业应纳税所得额。

五、关于以前年度职工教育经费余额的处理

对于在2008年以前已经计提但尚未使用的职工教育经费余额，2008年及以后新发生的职工教育经费应先从余额中冲减。仍有余额的，留在以后年度继续使用。

六、关于工效挂钩企业工资储备基金的处理

原执行工效挂钩办法的企业，在2008年1月1日以前已按规定提取，但因未实际发放而未在税前扣除的工资储备基金余额，2008年及以后年度实际发放时，可在实际发放年度企业所得税前据实扣除。

七、关于以前年度未扣除的广告费的处理

企业在2008年以前按照原政策规定已发生但尚未扣除的广告费，2008年实行新税法后，其尚未扣除的余额，加上当年度新发生的广告费和业务宣传费后，按照新税法规定的比例计算扣除。

八、关于技术开发费的加计扣除形成的亏损的处理

企业技术开发费加计扣除部分已形成企业年度亏损，可以用以后年度所得弥补，但结转年限最长不得超过5年。

九、关于开(筹)办费的处理

新税法中开(筹)办费未明确列作长期待摊费用，企业可以在开始经营之日的当年一次性扣除，也可以按照新税法有关长期待摊费用的处理规定处理，但一经选定，不得改变。

企业在新税法实施以前年度的未摊销完的开办费，也可根据上述规定处理。

财政部 国家税务总局关于执行企业所得税优惠政策若干问题的通知

财税〔2009〕69号

各省、自治区、直辖市、计划单列市财政厅(局)、国家税务局、地方税务局，新疆生产建设兵团财务局：

根据《中华人民共和国企业所得税法》(以下简称企业所得税法)及《中华人民共和国企业所得税法实施条例》(国务院令第512号，以下简称实施条例)的有关规定，现就企业所得税优惠政策执行中有关问题通知如下：

一、执行《国务院关于实施企业所得税过渡优惠政策的通知》(国发〔2007〕39号)规定的过渡优惠政策及西部大开发优惠政策的企业，在定期减免税的减半期内，可以按照企业适用税率计算的应纳税额减半征税。其他各类情形的定期减免税，均应按照企业所得税25%的法定税率计算的应纳税额减半征税。

二、《国务院关于实施企业所得税过渡优惠政策的通知》(国发〔2007〕39号)第三条所称不得叠加享受，且一经选择，不得改变的税收优惠情形，限于企业所得税过渡优惠政策与企业所得税法及其实施条例中规定的定期减免税和减低税率类的税收优惠。

企业所得税法及其实施条例中规定的各项税收优惠，凡企业符合规定条件的，可以同时享受。

三、企业在享受过渡税收优惠过程中发生合并、分立、重组等情形的，按照《财政部 国家税务总局关于企业重组业务企业所得税处理若干问题的通知》(财税〔2009〕59号)的统一规定执行。

四、2008年1月1日以后，居民企业之间分配属于2007年度及以前年度的累积未分配利润而形成的股息、红利等权益性投资收益，均应按照企业所得税法第二十六条及实施条例第十七条、第八十三条的规定处理。

五、企业在2007年3月16日之前设立的分支机构单独依据原内、外资企业所得税法的优惠规定已享受有关税收优惠的，凡符合《国务院关于实施企业所得税过渡优惠政策的通知》(国发〔2007〕39号)所列政策条件的，该分支机构可以单独享受国发〔2007〕39号规定的企业所得税过渡优惠政策。

六、实施条例第九十一条第(二)项所称国际金融组织，包括国际货币基金组织、世界银行、亚洲开发银行、国际开发协会、国际农业发展基金、欧洲投资银行以及财政部和国家税务总局确定的其他国际金融组织；所称优惠贷款，是指低于金融企业同期同类贷款利率水平的贷款。

七、实施条例第九十二条第(一)项和第(二)项所称从业人数，是指与企业建立劳动关系的职工人数和企业接受的劳务派遣用工人数之和；从业人数和资产总额指标，按企业全年月平均值确定，具体计算公式如下：

月平均值=(月初值+月末值)÷2

全年月平均值=全年各月平均值之和÷12

年度中间开业或者终止经营活动的，以其实际经营期作为一个纳税年度确定上述相关指标。

八、企业所得税法第二十八条规定的小型微利企业待遇，应适用于具备建账核算自身应纳税所得额条件的企业，按照《企业所得税核定征收办法》(国税发〔2008〕30号)缴纳企业所得税的企业，在不具备准确核算应纳税所得额条件前，暂不适用小型微利企业适用税率。

九、2007年底前设立的软件生产企业和集成电路生产企业，经认定后可以按《财政部 国家税务总局关于企业所得税若干优惠政策的通知》(财税〔2008〕1号)的规定享受企业所得税定期减免税优惠政策。在2007年度或以前年度已获利并开始享受定期减免税优惠政策的，可自2008年度起继续享受至期满为止。

十、实施条例第一百条规定的购置并实际使用的环境保护、节能节水和安全生产专用设备，包括承租方企业以融资租赁方式租入的、并在融资租赁合同中约定租赁期届满时租赁设备所有权转移给承租方企业，且符合规定条件的上述专用设备。凡融资租赁期届满后租赁设备所有权未转移至承租方企业的，承租方企业应停止享受抵免企业所得税优惠，并补缴已经抵免的企业所得税税款。

十一、实施条例第九十七条所称投资于未上市的中小高新技术企业2年以上的，包括发生在2008年1月1日以前满2年的投资；所称中小高新技术企业是指按照《高新技术企业认定管理办法》(国科发火〔2008〕172号)和《高新技术企业认定管理工作指引》(国科发火〔2008〕362号)取得高新技术企业资格，且年销售额和资产总额均不超过2亿元、从业人数不超过500人的企业，其中2007年底前已取得高新技术企业资格的，在其规定有效期内不需重新认定。

十二、本通知自2008年1月1日起执行。

财政部 国家税务总局关于企业资产损失税前扣除政策的通知

财税〔2009〕57号

各省、自治区、直辖市、计划单列市财政厅(局)、国家税务局、地方税务局，新疆生产建设兵团财务局：

根据《中华人民共和国企业所得税法》和《中华人民共和国企业所得税法实施条例》(国务院令第512

号)的有关规定,现就企业资产损失在计算企业所得税应纳税所得额时的扣除政策通知如下:

一、本通知所称资产损失,是指企业在生产经营活动中实际发生的、与取得应税收入有关的资产损失,包括现金损失,存款损失,坏账损失,贷款损失,股权投资损失,固定资产和存货的盘亏、毁损、报废、被盗损失,自然灾害等不可抗力因素造成的损失以及其他损失。

二、企业清查出的现金短缺减除责任人赔偿后的余额,作为现金损失在计算应纳税所得额时扣除。

三、企业将货币性资金存入法定具有吸收存款职能的机构,因该机构依法破产、清算,或者政府责令停业、关闭等原因,确实不能收回的部分,作为存款损失在计算应纳税所得额时扣除。

四、企业除贷款类债权外的应收、预付账款符合下列条件之一的,减除可收回金额后确认的无法收回的应收、预付款项,可以作为坏账损失在计算应纳税所得额时扣除:

(一)债务人依法宣告破产、关闭、解散、被撤销,或者被依法注销、吊销营业执照,其清算财产不足清偿的;

(二)债务人死亡,或者依法被宣告失踪、死亡,其财产或者遗产不足清偿的;

(三)债务人逾期3年以上未清偿,且有确凿证据证明已无力清偿债务的;

(四)与债务人达成债务重组协议或法院批准破产重整计划后,无法追偿的;

(五)因自然灾害、战争等不可抗力导致无法收回的;

(六)国务院财政、税务主管部门规定的其他条件。

五、企业经采取所有可能的措施和实施必要的程序之后,符合下列条件之一的贷款类债权,可以作为贷款损失在计算应纳税所得额时扣除:

(一)借款人和担保人依法宣告破产、关闭、解散、被撤销,并终止法人资格,或者已完全停止经营活动,被依法注销、吊销营业执照,对借款人和担保人进行追偿后,未能收回的债权;

(二)借款人死亡,或者依法被宣告失踪、死亡,依法对其财产或者遗产进行清偿,并对担保人进行追偿后,未能收回的债权;

(三)借款人遭受重大自然灾害或者意外事故,损失巨大且不能获得保险补偿,或者以保险赔偿后,确实无力偿还部分或者全部债务,对借款人财产进行清偿和对担保人进行追偿后,未能收回的债权;

(四)借款人触犯刑律,依法受到制裁,其财产不足归还所借债务,又无其他债务承担者,经追偿后确实无法收回的债权;

(五)由于借款人和担保人不能偿还到期债务,企业诉诸法律,经法院对借款人和担保人强制执行,借款人和担保人均无财产可执行,法院裁定执行程序终结或终止(中止)后,仍无法收回的债权;

(六)由于借款人和担保人不能偿还到期债务,企业诉诸法律后,经法院调解或经债权人会议通过,与借款人和担保人达成和解协议或重整协议,在借款人和担保人履行完还款义务后,无法追偿的剩余债权;

(七)由于上述(一)至(六)项原因借款人不能偿还到期债务,企业依法取得抵债资产,抵债金额小于贷款本息的差额,经追偿后仍无法收回的债权;

(八)开立信用证、办理承兑汇票、开具保函等发生垫款时,凡开证申请人和保证人由于上述(一)至(七)项原因,无法偿还垫款,金融企业经追偿后仍无法收回的垫款;

(九)银行卡持卡人和担保人由于上述(一)至(七)项原因,未能还清透支款项,金融企业经追偿后仍无法收回的透支款项;

(十)助学贷款逾期后,在金融企业确定的有效追索期限内,依法处置助学贷款抵押物(质押物),并向担保人追索连带责任后,仍无法收回的贷款;

(十一)经国务院专案批准核销的贷款类债权;

(十二)国务院财政、税务主管部门规定的其他条件。

六、企业的股权投资符合下列条件之一的,减除可收回金额后确认的无法收回的股权投资,可以作为股权投资损失在计算应纳税所得额时扣除:

(一)被投资方依法宣告破产、关闭、解散、被撤销,或者被依法注销、吊销营业执照的;

(二)被投资方财务状况严重恶化,累计发生巨额亏损,已连续停止经营3年以上,且无重新恢复经营改组计划的;

(三)对被投资方不具有控制权,投资期限届满或者投资期限已超过10年,且被投资单位因连续3年经营亏损导致资不抵债的;

（四）被投资方财务状况严重恶化，累计发生巨额亏损，已完成清算或清算期超过3年以上的；

（五）国务院财政、税务主管部门规定的其他条件。

七、对企业盘亏的固定资产或存货，以该固定资产的账面净值或存货的成本减除责任人赔偿后的余额，作为固定资产或存货盘亏损失在计算应纳税所得额时扣除。

八、对企业毁损、报废的固定资产或存货，以该固定资产的账面净值或存货的成本减除残值、保险赔款和责任人赔偿后的余额，作为固定资产或存货毁损、报废损失在计算应纳税所得额时扣除。

九、对企业被盗的固定资产或存货，以该固定资产的账面净值或存货的成本减除保险赔款和责任人赔偿后的余额，作为固定资产或存货被盗损失在计算应纳税所得额时扣除。

十、企业因存货盘亏、毁损、报废、被盗等原因不得从增值税销项税额中抵扣的进项税额，可以与存货损失一起在计算应纳税所得额时扣除。

十一、企业在计算应纳税所得额时已经扣除的资产损失，在以后纳税年度全部或者部分收回时，其收回部分应当作为收入计入收回当期的应纳税所得额。

十二、企业境内、境外营业机构发生的资产损失应分开核算，对境外营业机构由于发生资产损失而产生的亏损，不得在计算境内应纳税所得额时扣除。

十三、企业对其扣除的各项资产损失，应当提供能够证明资产损失确属已实际发生的合法证据，包括具有法律效力的外部证据、具有法定资质的中介机构的经济鉴证证明、具有法定资质的专业机构的技术鉴定证明等。

十四、本通知自2008年1月1日起执行。

国家税务总局关于印发《企业所得税汇算清缴管理办法》的通知

国税发〔2009〕79号

国家税务总局各省、自治区、直辖市和计划单列市国家税务局、地方税务局：

为加强企业所得税征收管理，进一步规范企业所得税汇算清缴工作，在总结近年来内、外资企业所得税汇算清缴工作经验的基础上，根据《中华人民共和国企业所得税法》及其实施条例，税务总局重新制定了《企业所得税汇算清缴管理办法》，现印发给你们，请遵照执行。执行中有何问题，请及时向税务总局报告。

企业所得税汇算清缴管理办法

第一条 为加强企业所得税征收管理，进一步规范企业所得税汇算清缴管理工作，根据《中华人民共和国企业所得税法》及其实施条例（以下简称企业所得税法及其实施条例）和《中华人民共和国税收征收管理法》及其实施细则（以下简称税收征管法及其实施细则）的有关规定，制定本办法。

第二条 企业所得税汇算清缴，是指纳税人自纳税年度终了之日起5个月内或实际经营终止之日起60日内，依照税收法律、法规、规章及其他有关企业所得税的规定，自行计算本纳税年度应纳税所得额和应纳所得税额，根据月度或季度预缴企业所得税的数额，确定该纳税年度应补或者应退税额，并填写企业所得税年度纳税申报表，向主管税务机关办理企业所得税年度纳税申报、提供税务机关要求提供的有关资料、结清全年企业所得税税款的行为。

第三条 凡在纳税年度内从事生产、经营（包括试生产、试经营），或在纳税年度中间终止经营活动的纳税人，无论是否在减税、免税期间，也无论盈利或亏损，均应按照企业所得税法及其实施条例和本办法的有关规定进行企业所得税汇算清缴。

实行核定定额征收企业所得税的纳税人，不进行汇算清缴。

第四条 纳税人应当自纳税年度终了之日起 5 个月内，进行汇算清缴，结清应缴应退企业所得税税款。

纳税人在年度中间发生解散、破产、撤销等终止生产经营情形，需进行企业所得税清算的，应在清算前报告主管税务机关，并自实际经营终止之日起 60 日内进行汇算清缴，结清应缴应退企业所得税款；纳税人有其他情形依法终止纳税义务的，应当自停止生产、经营之日起 60 日内，向主管税务机关办理当期企业所得税汇算清缴。

第五条 纳税人 12 月份或者第四季度的企业所得税预缴纳税申报，应在纳税年度终了后 15 日内完成，预缴申报后进行当年企业所得税汇算清缴。

第六条 纳税人需要报经税务机关审批、审核或备案的事项，应按有关程序、时限和要求报送材料等有关规定，在办理企业所得税年度纳税申报前及时办理。

第七条 纳税人应当按照企业所得税法及其实施条例和企业所得税的有关规定，正确计算应纳税所得额和应纳所得税额，如实、正确填写企业所得税年度纳税申报表及其附表，完整、及时报送相关资料，并对纳税申报的真实性、准确性和完整性负法律责任。

第八条 纳税人办理企业所得税年度纳税申报时，应如实填写和报送下列有关资料：

（一）企业所得税年度纳税申报表及其附表；

（二）财务报表；

（三）备案事项相关资料；

（四）总机构及分支机构基本情况、分支机构征税方式、分支机构的预缴税情况；

（五）委托中介机构代理纳税申报的，应出具双方签订的代理合同，并附送中介机构出具的包括纳税调整的项目、原因、依据、计算过程、调整金额等内容的报告；

（六）涉及关联方业务往来的，同时报送《中华人民共和国企业年度关联业务往来报告表》；

（七）主管税务机关要求报送的其他有关资料。

纳税人采用电子方式办理企业所得税年度纳税申报的，应按照有关规定保存有关资料或附报纸质纳税申报资料。

第九条 纳税人因不可抗力，不能在汇算清缴期内办理企业所得税年度纳税申报或备齐企业所得税年度纳税申报资料的，应按照税收征管法及其实施细则的规定，申请办理延期纳税申报。

第十条 纳税人在汇算清缴期内发现当年企业所得税申报有误的，可在汇算清缴期内重新办理企业所得税年度纳税申报。

第十一条 纳税人在纳税年度内预缴企业所得税税款少于应缴企业所得税税款的，应在汇算清缴期内结清应补缴的企业所得税税款；预缴税款超过应纳税款的，主管税务机关应及时按有关规定办理退税，或者经纳税人同意后抵缴其下一年度应缴企业所得税税款。

第十二条 纳税人因有特殊困难，不能在汇算清缴期内补缴企业所得税款的，应按照税收征管法及其实施细则的有关规定，办理申请延期缴纳税款手续。

第十三条 实行跨地区经营汇总缴纳企业所得税的纳税人，由统一计算应纳税所得额和应纳所得税额的总机构，按照上述规定，在汇算清缴期内向所在地主管税务机关办理企业所得税年度纳税申报，进行汇算清缴。分支机构不进行汇算清缴，但应将分支机构的营业收支等情况在报总机构统一汇算清缴前报送分支机构所在地主管税务机关。总机构应将分支机构及其所属机构的营业收支纳入总机构汇算清缴等情况报送各分支机构所在地主管税务机关。

第十四条 经批准实行合并缴纳企业所得税的企业集团，由集团母公司（以下简称汇缴企业）在汇算清缴期内，向汇缴企业所在地主管税务机关报送汇缴企业及各个成员企业合并计算填写的企业所得税年度纳税申报表，以及本办法第八条规定的有关资料及各个成员企业的企业所得税年度纳税申报表，统一办理汇缴企业及其成员企业的企业所得税汇算清缴。

汇缴企业应根据汇算清缴的期限要求，自行确定其成员企业向汇缴企业报送本办法第八条规定的有关资料的期限。成员企业向汇缴企业报送的上述资料，应经成员企业所在地的主管税务机关审核。

第十五条 纳税人未按规定期限进行汇算清缴，或者未报送本办法第八条所列资料的，按照税收征管法及其实施细则的有关规定处理。

第十六条 各级税务机关要结合当地实际，对每一纳税年度的汇算清缴工作进行统一安排和组织部署。汇算清缴管理工作由具体负责企业所得税日常管理的部门组织实施。税务机关内部各职能部门应充分协调和配合，共同做好汇算清缴的管理工作。

第十七条 各级税务机关应在汇算清缴开始之前和汇算清缴期间，主动为纳税人提供税收服务。

(一)采用多种形式进行宣传，帮助纳税人了解企业所得税政策、征管制度和办税程序；

(二)积极开展纳税辅导，帮助纳税人知晓汇算清缴范围、时间要求、报送资料及其他应注意的事项。

(三)必要时组织纳税培训，帮助纳税人进行企业所得税自核自缴。

第十八条 主管税务机关应及时向纳税人发放汇算清缴的表、证、单、书。

第十九条 主管税务机关受理纳税人企业所得税年度纳税申报表及有关资料时，如发现企业未按规定报齐有关资料或填报项目不完整的，应及时告知企业在汇算清缴期内补齐补正。

第二十条 主管税务机关受理纳税人年度纳税申报后，应对纳税人年度纳税申报表的逻辑性和有关资料的完整性、准确性进行审核。审核重点主要包括：

(一)纳税人企业所得税年度纳税申报表及其附表与企业财务报表有关项目的数字是否相符，各项目之间的逻辑关系是否对应，计算是否正确。

(二)纳税人是否按规定弥补以前年度亏损额和结转以后年度待弥补的亏损额。

(三)纳税人是否符合税收优惠条件、税收优惠的确认和申请是否符合规定程序。

(四)纳税人税前扣除的财产损失是否真实、是否符合有关规定程序。跨地区经营汇总缴纳企业所得税的纳税人，其分支机构税前扣除的财产损失是否由分支机构所在地主管税务机关出具证明。

(五)纳税人有无预缴企业所得税的完税凭证，完税凭证上填列的预缴数额是否真实。跨地区经营汇总缴纳企业所得税的纳税人及其所属分支机构预缴的税款是否与《中华人民共和国企业所得税汇总纳税分支机构分配表》中分配的数额一致。

(六)纳税人企业所得税和其他各税种之间的数据是否相符、逻辑关系是否吻合。

第二十一条 主管税务机关应结合纳税人企业所得税预缴情况及日常征管情况，对纳税人报送的企业所得税年度纳税申报表及其附表和其他有关资料进行初步审核后，按规定程序及时办理企业所得税补、退税或抵缴其下一年度应纳所得税款等事项。

第二十二条 税务机关应做好跨地区经营汇总纳税企业和合并纳税企业汇算清缴的协同管理。

(一)总机构和汇缴企业所在地主管税务机关在对企业的汇总或合并纳税申报资料审核时，发现其分支机构或成员企业申报内容有疑点需进一步核实的，应向其分支机构或成员企业所在地主管税务机关发出有关税务事项协查函；该分支机构或成员企业所在地主管税务机关应在要求的时限内就协查事项进行调查核实，并将核查结果函复总机构或汇缴企业所在地主管税务机关。

(二)总机构和汇缴企业所在地主管税务机关收到分支机构或成员企业所在地主管税务机关反馈的核查结果后，应对总机构和汇缴企业申报的应纳税所得额及应纳所得税额作相应调整。

第二十三条 汇算清缴工作结束后，税务机关应组织开展汇算清缴数据分析、纳税评估和检查。纳税评估和检查的对象、内容、方法、程序等按照国家税务总局的有关规定执行。

第二十四条 汇算清缴工作结束后，各级税务机关应认真总结，写出书面总结报告逐级上报。各省、自治区、直辖市和计划单列市国家税务局、地方税务局应在每年7月底前将汇算清缴工作总结报告、年度企业所得税汇总报表报送国家税务总局(所得税司)。总结报告的内容应包括：

(一)汇算清缴工作的基本情况；

(二)企业所得税税源结构的分布情况；

(三)企业所得税收入增减变化及原因；

(四)企业所得税政策和征管制度贯彻落实中存在的问题和改进建议。

第二十五条 本办法适用于企业所得税居民企业纳税人。

第二十六条 各省、自治区、直辖市和计划单列市国家税务局、地方税务局可根据本办法制定具体实施办法。

第二十七条 本办法自2009年1月1日起执行。《国家税务总局关于印发〈企业所得税汇算清缴管理办法〉的通知》(国税发〔2005〕200号)、《国家税务总局关于印发新修订的〈外商投资企业和外国企业所得税汇算清缴工作规程〉的通知》(国税发〔2003〕12 号)和《国家税务总局关于印发新修订的〈外商投资企业和外国企业所得税汇算清缴管理办法〉的通知》(国税发〔2003〕13 号)同时废止。

2008 年度企业所得税汇算清缴按本办法执行。

第二十八条　本办法由国家税务总局负责解释。

国家税务总局关于企业固定资产加速折旧所得税处理有关问题的通知

国税发〔2009〕81 号

各省、自治区、直辖市和计划单列市国家税务局、地方税务局：

根据《中华人民共和国企业所得税法》(以下简称《企业所得税法》)及《中华人民共和国企业所得税法实施条例》(以下简称《实施条例》)的有关规定，现就企业固定资产实行加速折旧的所得税处理问题通知如下：

一、根据《企业所得税法》第三十二条及《实施条例》第九十八条的相关规定，企业拥有并用于生产经营的主要或关键的固定资产，由于以下原因确需加速折旧的，可以缩短折旧年限或者采取加速折旧的方法：

(一)由于技术进步，产品更新换代较快的；

(二)常年处于强震动、高腐蚀状态的。

二、企业拥有并使用的固定资产符合本通知第一条规定的，可按以下情况分别处理：

(一)企业过去没有使用过与该项固定资产功能相同或类似的固定资产，但有充分的证据证明该固定资产的预计使用年限短于《实施条例》规定的计算折旧最低年限的，企业可根据该固定资产的预计使用年限和本通知的规定，对该固定资产采取缩短折旧年限或者加速折旧的方法。

(二)企业在原有的固定资产未达到《实施条例》规定的最低折旧年限前，使用功能相同或类似的新固定资产替代旧固定资产的，企业可根据旧固定资产的实际使用年限和本通知的规定，对新替代的固定资产采取缩短折旧年限或者加速折旧的方法。

三、企业采取缩短折旧年限方法的，对其购置的新固定资产，最低折旧年限不得低于《实施条例》第六十条规定的折旧年限的 60%；若为购置已使用过的固定资产，其最低折旧年限不得低于《实施条例》规定的最低折旧年限减去已使用年限后剩余年限的 60%。最低折旧年限一经确定，一般不得变更。

四、企业拥有并使用符合本通知第一条规定条件的固定资产采取加速折旧方法的，可以采用双倍余额递减法或者年数总和法。加速折旧方法一经确定，一般不得变更。

(一)双倍余额递减法，是指在不考虑固定资产预计净残值的情况下，根据每期期初固定资产原值减去累计折旧后的金额和双倍的直线法折旧率计算固定资产折旧的一种方法。应用这种方法计算折旧额时，由于每年年初固定资产净值没有减去预计净残值，所以在计算固定资产折旧额时，应在其折旧年限到期前的两年期间，将固定资产净值减去预计净残值后的余额平均摊销。计算公式如下：

年折旧率＝2÷预计使用寿命(年)×100%

月折旧率＝年折旧率÷12

月折旧额＝月初固定资产账面净值×月折旧率

(二)年数总和法，又称年限合计法，是指将固定资产的原值减去预计净残值后的余额，乘以一个以固定资产尚可使用寿命为分子、以预计使用寿命逐年数字之和为分母的逐年递减的分数计算每年的折旧额。计算公式如下：

年折旧率＝尚可使用年限÷预计使用寿命的年数总和×100%

月折旧率＝年折旧率÷12

月折旧额=(固定资产原值－预计净残值)×月折旧率

五、企业确需对固定资产采取缩短折旧年限或者加速折旧方法的，应在取得该固定资产后一个月内，向其企业所得税主管税务机关(以下简称主管税务机关)备案，并报送以下资料：

(一)固定资产的功能、预计使用年限短于《实施条例》规定计算折旧的最低年限的理由、证明资料及有关情况的说明；

(二)被替代的旧固定资产的功能、使用及处置等情况的说明；

(三)固定资产加速折旧拟采用的方法和折旧额的说明；

(四)主管税务机关要求报送的其他资料。

企业主管税务机关应在企业所得税年度纳税评估时，对企业采取加速折旧的固定资产的使用环境及状况进行实地核查。对不符合加速折旧规定条件的，主管税务机关有权要求企业停止该项固定资产加速折旧。

六、对于采取缩短折旧年限的固定资产，足额计提折旧后继续使用而未进行处置(包括报废等情形)超过12个月的，今后对其更新替代、改造改建后形成的功能相同或者类似的固定资产，不得再采取缩短折旧年限的方法。

七、对于企业采取缩短折旧年限或者采取加速折旧方法的，主管税务机关应设立相应的税收管理台账，并加强监督，实施跟踪管理。对发现不符合《实施条例》第九十八条及本通知规定的，主管税务机关要及时责令企业进行纳税调整。

八、适用总、分机构汇总纳税的企业，对其所属分支机构使用的符合《实施条例》第九十八条及本通知规定情形的固定资产采取缩短折旧年限或者采取加速折旧方法的，由其总机构向其所在地主管税务机关备案。分支机构所在地主管税务机关应负责配合总机构所在地主管税务机关实施跟踪管理。

九、本通知自2008年1月1日起执行。

国家税务总局关于境外注册中资控股企业依据实际管理机构标准认定为居民企业有关问题的通知

国税发〔2009〕82号

各省、自治区、直辖市和计划单列市国家税务局、地方税务局：

根据《中华人民共和国企业所得税法》(以下简称企业所得税法)和《中华人民共和国企业所得税法实施条例》(以下简称实施条例)的有关规定，为规范执行企业所得税法关于居民企业的判定标准，加强企业所得税管理，现对境外注册的中资控股企业(以下称境外中资企业)依据实际管理机构判定为中国居民企业的有关企业所得税问题通知如下：

一、境外中资企业是指由中国境内的企业或企业集团作为主要控股投资者，在境外依据外国(地区)法律注册成立的企业。

二、境外中资企业同时符合以下条件的，根据企业所得税法第二条第二款和实施条例第四条的规定，应判定其为实际管理机构在中国境内的居民企业(以下称非境内注册居民企业)，并实施相应的税收管理，就其来源于中国境内、境外的所得征收企业所得税。

(一)企业负责实施日常生产经营管理运作的高层管理人员及其高层管理部门履行职责的场所主要位于中国境内；

(二)企业的财务决策(如借款、放款、融资、财务风险管理等)和人事决策(如任命、解聘和薪酬等)由位于中国境内的机构或人员决定，或需要得到位于中国境内的机构或人员批准；

(三)企业的主要财产、会计账簿、公司印章、董事会和股东会议纪要档案等位于或存放于中国境内；

(四)企业1/2(含1/2)以上有投票权的董事或高层管理人员经常居住于中国境内。

三、对于实际管理机构的判断，应当遵循实质重于形式的原则。

四、非境内注册居民企业从中国境内其他居民企业取得的股息、红利等权益性投资收益，按照企业所得税法第二十六条和实施条例第八十三条的规定，作为其免税收入。非境内注册居民企业的投资者从该居民企业分得的股息红利等权益性投资收益，根据实施条例第七条第(四)款的规定，属于来源于中国境内的所得，应当征收企业所得税；该权益性投资收益中符合企业所得税法第二十六条和实施条例第八十三条规定的部分，可作为收益人的免税收入。

五、非境内注册居民企业在中国境内投资设立的企业，其外商投资企业的税收法律地位不变。

六、境外中资企业被判定为非境内注册居民企业的，按照企业所得税法第四十五条以及受控外国企业管理的有关规定，不视为受控外国企业，但其所控制的其他受控外国企业仍应按照有关规定进行税务处理。

七、境外中资企业可向其实际管理机构所在地或中国主要投资者所在地主管税务机关提出居民企业申请，主管税务机关对其居民企业身份进行初步审核后，层报国家税务总局确认；境外中资企业未提出居民企业申请的，其中国主要投资者的主管税务机关可以根据所掌握的情况对其是否属于中国居民企业做出初步判定，层报国家税务总局确认。

境外中资企业或其中国主要投资者向税务机关提出居民企业申请时，应同时向税务机关提供如下资料：

(一)企业法律身份证明文件；

(二)企业集团组织结构说明及生产经营概况；

(三)企业最近一个年度的公证会计师审计报告；

(四)负责企业生产经营等事项的高层管理机构履行职责的场所的地址证明；

(五)企业董事及高层管理人员在中国境内居住记录；

(六)企业重大事项的董事会决议及会议记录；

(七)主管税务机关要求的其他资料。

八、境外中资企业被认定为中国居民企业后成为双重居民身份的，按照中国与相关国家(或地区)签署的税收协定(或安排)的规定执行。

九、本通知自2008年1月1日起执行。

国家税务总局关于企业所得税执行中若干税务处理问题的通知

国税函〔2009〕202号

各省、自治区、直辖市和计划单列市国家税务局、地方税务局：

根据《中华人民共和国企业所得税法》(以下简称《企业所得税法》)及《中华人民共和国企业所得税法实施条例》(以下简称《实施条例》)的有关规定，现就企业所得税若干税务处理问题通知如下：

一、关于销售(营业)收入基数的确定问题

企业在计算业务招待费、广告费和业务宣传费等费用扣除限额时，其销售(营业)收入额应包括《实施条例》第二十五条规定的视同销售(营业)收入额。

二、2008年1月1日以前计提的各类准备金余额处理问题

根据《实施条例》第五十五条规定，除财政部和国家税务总局核准计提的准备金可以税前扣除外，其他行业、企业计提的各项资产减值准备、风险准备等准备金均不得税前扣除。

2008年1月1日前按照原企业所得税法规定计提的各类准备金，2008年1月1日以后，未经财政部和国家税务总局核准的，企业以后年度实际发生的相应损失，应先冲减各项准备金余额。

三、关于特定事项捐赠的税前扣除问题

企业发生为汶川地震灾后重建、举办北京奥运会和上海世博会等特定事项的捐赠，按照《财政部 海关总署 国家税务总局关于支持汶川地震灾后恢复重建有关税收政策问题的通知》(财税〔2008〕104号)、《财政部 国家税务总局海关总署关于29届奥运会税收政策问题的通知》(财税〔2003〕10号)、《财政部 国家税务总局关于2010年上海世博会有关税收政策问题的通知》(财税〔2005〕180号)等相关规定,可以据实全额扣除。企业发生的其他捐赠,应按《企业所得税法》第九条及《实施条例》第五十一、五十二、五十三条的规定计算扣除。

四、软件生产企业职工教育经费的税前扣除问题

软件生产企业发生的职工教育经费中的职工培训费用,根据《财政部 国家税务总局关于企业所得税若干优惠政策的通知》(财税〔2008〕1号)规定,可以全额在企业所得税前扣除。软件生产企业应准确划分职工教育经费中的职工培训费支出,对于不能准确划分的,以及准确划分后职工教育经费中扣除职工培训费用的余额,一律按照《实施条例》第四十二条规定的比例扣除。

国家税务总局关于实施高新技术企业所得税优惠有关问题的通知

国税函〔2009〕203号

各省、自治区、直辖市和计划单列市国家税务局、地方税务局:

为贯彻落实高新技术企业所得税优惠及其过渡性优惠政策,根据《中华人民共和国企业所得税法》(以下简称企业所得税法)及《中华人民共和国企业所得税法实施条例》(以下简称实施条例)以及相关税收规定,现对有关问题通知如下:

一、当年可减按15%的税率征收企业所得税或按照《国务院关于经济特区和上海浦东新区新设立高新技术企业实行过渡性税收优惠的通知》(国发〔2007〕40号)享受过渡性税收优惠的高新技术企业,在实际实施有关税收优惠的当年,减免税条件发生变化的,应按《科学技术部财政部 国家税务总局关于印发〈高新技术企业认定管理办法〉的通知》(国科发火〔2008〕172号)第九条第二款的规定处理。

二、原依法享受企业所得税定期减免税优惠尚未期满同时符合本通知第一条规定条件的高新技术企业,根据《高新技术企业认定管理办法》以及《科学技术部财政部 国家税务总局关于印发〈高新技术企业认定管理工作指引〉的通知》(国科发火〔2008〕362号)的相关规定,在按照新标准取得认定机构颁发的高新技术企业资格证书之后,可以在2008年1月1日后,享受对尚未到期的定期减免税优惠执行到期满的过渡政策。

三、2006年1月1日至2007年3月16日期间成立,截止到2007年底仍未获利(弥补完以前年度亏损后应纳税所得额为零)的高新技术企业,根据《高新技术企业认定管理办法》以及《高新技术企业认定管理工作指引》的相关规定,按照新标准取得认定机构颁发的高新技术企业证书后,可依据企业所得税法第五十七条的规定,免税期限自2008年1月1日起计算。

四、认定(复审)合格的高新技术企业,自认定(复审)批准的有效期当年开始,可申请享受企业所得税优惠。企业取得省、自治区、直辖市、计划单列市高新技术企业认定管理机构颁发的高新技术企业证书后,可持"高新技术企业证书"及其复印件和有关资料,向主管税务机关申请办理减免税手续。手续办理完毕后,高新技术企业可按15%的税率进行所得税预缴申报或享受过渡性税收优惠。

五、纳税年度终了后至报送年度纳税申报表以前,已办理减免税手续的企业应向主管税务机关备案以下资料:

(一)产品(服务)属于《国家重点支持的高新技术领域》规定的范围的说明;

(二)企业年度研究开发费用结构明细表(见附件);

(三)企业当年高新技术产品(服务)收入占企业总收入的比例说明;

(四)企业具有大学专科以上学历的科技人员占企业当年职工总数的比例说明、研发人员占企业当年职工总数的比例说明。

以上资料的计算、填报口径参照《高新技术企业认定管理工作指引》的有关规定执行。

六、未取得高新技术企业资格、或虽取得高新技术企业资格但不符合企业所得税法及实施条例以及本通知有关规定条件的企业,不得享受高新技术企业的优惠;已享受优惠的,应追缴其已减免的企业所得税税款。

七、本通知自2008年1月1日起执行。

附件:企业年度研究开发费用结构明细表(略)

国家税务总局关于技术转让所得减免企业所得税有关问题的通知

国税函〔2009〕212号

各省、自治区、直辖市和计划单列市国家税务局、地方税务局:

根据《中华人民共和国企业所得税法》(以下简称企业所得税法)及其实施条例和相关规定,现就符合条件的技术转让所得减免企业所得税有关问题通知如下:

一、根据企业所得税法第二十七条第(四)项规定,享受减免企业所得税优惠的技术转让应符合以下条件:

(一)享受优惠的技术转让主体是企业所得税法规定的居民企业;

(二)技术转让属于财政部、国家税务总局规定的范围;

(三)境内技术转让经省级以上科技部门认定;

(四)向境外转让技术经省级以上商务部门认定;

(五)国务院税务主管部门规定的其他条件。

二、符合条件的技术转让所得应按以下方法计算:

技术转让所得=技术转让收入—技术转让成本—相关税费

技术转让收入是指当事人履行技术转让合同后获得的价款,不包括销售或转让设备、仪器、零部件、原材料等非技术性收入。不属于与技术转让项目密不可分的技术咨询、技术服务、技术培训等收入,不得计入技术转让收入。

技术转让成本是指转让的无形资产的净值,即该无形资产的计税基础减除在资产使用期间按照规定计算的摊销扣除额后的余额。

相关税费是指技术转让过程中实际发生的有关税费,包括除企业所得税和允许抵扣的增值税以外的各项税金及其附加、合同签订费用、律师费等相关费用及其他支出。

三、享受技术转让所得减免企业所得税优惠的企业,应单独计算技术转让所得,并合理分摊企业的期间费用;没有单独计算的,不得享受技术转让所得企业所得税优惠。

四、企业发生技术转让,应在纳税年度终了后至报送年度纳税申报表以前,向主管税务机关办理减免税备案手续。

(一)企业发生境内技术转让,向主管税务机关备案时应报送以下资料:

1. 技术转让合同(副本);
2. 省级以上科技部门出具的技术合同登记证明;
3. 技术转让所得归集、分摊、计算的相关资料;
4. 实际缴纳相关税费的证明资料;
5. 主管税务机关要求提供的其他资料。

(二)企业向境外转让技术,向主管税务机关备案时应报送以下资料:

1. 技术出口合同(副本);
2. 省级以上商务部门出具的技术出口合同登记证书或技术出口许可证;
3. 技术出口合同数据表;
4. 技术转让所得归集、分摊、计算的相关资料;
5. 实际缴纳相关税费的证明资料;
6. 主管税务机关要求提供的其他资料。

五、本通知自2008年1月1日起执行。

财政部 国家税务总局关于安置残疾人员就业有关企业所得税优惠政策问题的通知

财税〔2009〕70 号

各省、自治区、直辖市、计划单列市财政厅(局)、国家税务局、地方税务局,新疆生产建设兵团财务局:

根据《中华人民共和国企业所得税法》和《中华人民共和国企业所得税法实施条例》(国务院令第 512 号)的有关规定,现就企业安置残疾人员就业有关企业所得税优惠政策问题,通知如下:

一、企业安置残疾人员的,在按照支付给残疾职工工资据实扣除的基础上,可以在计算应纳税所得额时按照支付给残疾职工工资的 100%加计扣除。

企业就支付给残疾职工的工资,在进行企业所得税预缴申报时,允许据实计算扣除;在年度终了进行企业所得税年度申报和汇算清缴时,再依照本条第一款的规定计算加计扣除。

二、残疾人员的范围适用《中华人民共和国残疾人保障法》的有关规定。

三、企业享受安置残疾职工工资 100%加计扣除应同时具备如下条件:

(一)依法与安置的每位残疾人签订了 1 年以上(含 1 年)的劳动合同或服务协议,并且安置的每位残疾人在企业实际上岗工作。

(二)为安置的每位残疾人按月足额缴纳了企业所在区县人民政府根据国家政策规定的基本养老保险、基本医疗保险、失业保险和工伤保险等社会保险。

(三)定期通过银行等金融机构向安置的每位残疾人实际支付了不低于企业所在区县适用的经省级人民政府批准的最低工资标准的工资。

(四)具备安置残疾人上岗工作的基本设施。

四、企业应在年度终了进行企业所得税年度申报和汇算清缴时,向主管税务机关报送本通知第四条规定的相关资料、已安置残疾职工名单及其《中华人民共和国残疾人证》或《中华人民共和国残疾军人证(1 至 8 级)》复印件和主管税务机关要求提供的其他资料,办理享受企业所得税加计扣除优惠的备案手续。

五、在企业汇算清缴结束后,主管税务机关在对企业进行日常管理、纳税评估和纳税检查时,应对安置残疾人员企业所得税加计扣除优惠的情况进行核实。

六、本通知自 2008 年 1 月 1 日起执行。

财政部 国家税务总局关于企业重组业务企业所得税处理若干问题的通知

财税〔2009〕59 号

各省、自治区、直辖市、计划单列市财政厅(局)、国家税务局、地方税务局,新疆生产建设兵团财务局:

根据《中华人民共和国企业所得税法》第二十条和《中华人民共和国企业所得税法实施条例》(国务院令第 512 号)第七十五条规定,现就企业重组所涉及的企业所得税具体处理问题通知如下:

一、本通知所称企业重组,是指企业在日常经营活动以外发生的法律结构或经济结构重大改变的交易,包括企业法律形式改变、债务重组、股权收购、资产收购、合并、分立等。

(一)企业法律形式改变,是指企业注册名称、住所以及企业组织形式等的简单改变,但符合本通知规定其他重组的类型除外。

(二)债务重组,是指在债务人发生财务困难的情况下,债权人按照其与债务人达成的书面协议或者法院裁定书,就其债务人的债务作出让步的事项。

(三)股权收购,是指一家企业(以下称为收购企业)购买另一家企业(以下称为被收购企业)的股权,以实现对被收购企业控制的交易。收购企业支付对价的形式包括股权支付、非股权支付或两者的组合。

(四)资产收购,是指一家企业(以下称为受让企业)购买另一家企业(以下称为转让企业)实质经营性资产的交易。受让企业支付对价的形式包括股权支付、非股权支付或两者的组合。

(五)合并,是指一家或多家企业(以下称为被合并企业)将其全部资产和负债转让给另一家现存或新设企业(以下称为合并企业),被合并企业股东换取合并企业的股权或非股权支付,实现两个或两个以上企业的依法合并。

(六)分立,是指一家企业(以下称为被分立企业)将部分或全部资产分离转让给现存或新设的企业(以下称为分立企业),被分立企业股东换取分立企业的股权或非股权支付,实现企业的依法分立。

二、本通知所称股权支付,是指企业重组中购买、换取资产的一方支付的对价中,以本企业或其控股企业的股权、股份作为支付的形式;所称非股权支付,是指以本企业的现金、银行存款、应收款项、本企业或其控股企业股权和股份以外的有价证券、存货、固定资产、其他资产以及承担债务等作为支付的形式。

三、企业重组的税务处理区分不同条件分别适用一般性税务处理规定和特殊性税务处理规定。

四、企业重组,除符合本通知规定适用特殊性税务处理规定的外,按以下规定进行税务处理:

(一)企业由法人转变为个人独资企业、合伙企业等非法人组织,或将登记注册地转移至中华人民共和国境外(包括港澳台地区),应视同企业进行清算、分配,股东重新投资成立新企业。企业的全部资产以及股东投资的计税基础均应以公允价值为基础确定。

企业发生其他法律形式简单改变的,可直接变更税务登记,除另有规定外,有关企业所得税纳税事项(包括亏损结转、税收优惠等权益和义务)由变更后企业承继,但因住所发生变化而不符合税收优惠条件的除外。

(二)企业债务重组,相关交易应按以下规定处理:

1. 以非货币资产清偿债务,应当分解为转让相关非货币性资产、按非货币性资产公允价值清偿债务两项业务,确认相关资产的所得或损失。

2. 发生债权转股权的,应当分解为债务清偿和股权投资两项业务,确认有关债务清偿所得或损失。

3. 债务人应当按照支付的债务清偿额低于债务计税基础的差额,确认债务重组所得;债权人应当按照收到的债务清偿额低于债权计税基础的差额,确认债务重组损失。

4. 债务人的相关所得税纳税事项原则上保持不变。

(三)企业股权收购、资产收购重组交易,相关交易应按以下规定处理:

1. 被收购方应确认股权、资产转让所得或损失。

2. 收购方取得股权或资产的计税基础应以公允价值为基础确定。

3. 被收购企业的相关所得税事项原则上保持不变。

(四)企业合并,当事各方应按下列规定处理:

1. 合并企业应按公允价值确定接受被合并企业各项资产和负债的计税基础。

2. 被合并企业及其股东都应按清算进行所得税处理。

3. 被合并企业的亏损不得在合并企业结转弥补。

(五)企业分立,当事各方应按下列规定处理:

1. 被分立企业对分立出去资产应按公允价值确认资产转让所得或损失。

2. 分立企业应按公允价值确认接受资产的计税基础。

3. 被分立企业继续存在时,其股东取得的对价应视同被分立企业分配进行处理。

4. 被分立企业不再继续存在时,被分立企业及其股东都应按清算进行所得税处理。

5. 企业分立相关企业的亏损不得相互结转弥补。

五、企业重组同时符合下列条件的,适用特殊性税务处理规定:

(一)具有合理的商业目的,且不以减少、免除或者推迟缴纳税款为主要目的。

(二)被收购、合并或分立部分的资产或股权比例符合本通知规定的比例。

(三)企业重组后的连续12个月内不改变重组资产原来的实质性经营活动。

(四)重组交易对价中涉及股权支付金额符合本通知规定比例。

(五)企业重组中取得股权支付的原主要股东,在重组后连续12个月内,不得转让所取得的股权。

六、企业重组符合本通知第五条规定条件的，交易各方对其交易中的股权支付部分，可以按以下规定进行特殊性税务处理：

（一）企业债务重组确认的应纳税所得额占该企业当年应纳税所得额50%以上，可以在5个纳税年度的期间内，均匀计入各年度的应纳税所得额。

企业发生债权转股权业务，对债务清偿和股权投资两项业务暂不确认有关债务清偿所得或损失，股权投资的计税基础以原债权的计税基础确定。企业的其他相关所得税事项保持不变。

（二）股权收购，收购企业购买的股权不低于被收购企业全部股权的75%，且收购企业在该股权收购发生时的股权支付金额不低于其交易支付总额的85%，可以选择按以下规定处理：

1. 被收购企业的股东取得收购企业股权的计税基础，以被收购股权的原有计税基础确定。

2. 收购企业取得被收购企业股权的计税基础，以被收购股权的原有计税基础确定。

3. 收购企业、被收购企业的原有各项资产和负债的计税基础和其他相关所得税事项保持不变。

（三）资产收购，受让企业收购的资产不低于转让企业全部资产的75%，且受让企业在该资产收购发生时的股权支付金额不低于其交易支付总额的85%，可以选择按以下规定处理：

1. 转让企业取得受让企业股权的计税基础，以被转让资产的原有计税基础确定。

2. 受让企业取得转让企业资产的计税基础，以被转让资产的原有计税基础确定。

（四）企业合并，企业股东在该企业合并发生时取得的股权支付金额不低于其交易支付总额的85%，以及同一控制下且不需要支付对价的企业合并，可以选择按以下规定处理：

1. 合并企业接受被合并企业资产和负债的计税基础，以被合并企业的原有计税基础确定。

2. 被合并企业合并前的相关所得税事项由合并企业承继。

3. 可由合并企业弥补的被合并企业亏损的限额＝被合并企业净资产公允价值×截至合并业务发生当年年末国家发行的最长期限的国债利率。

4. 被合并企业股东取得合并企业股权的计税基础，以其原持有的被合并企业股权的计税基础确定。

（五）企业分立，被分立企业所有股东按原持股比例取得分立企业的股权，分立企业和被分立企业均不改变原来的实质经营活动，且被分立企业股东在该企业分立发生时取得的股权支付金额不低于其交易支付总额的85%，可以选择按以下规定处理：

1. 分立企业接受被分立企业资产和负债的计税基础，以被分立企业的原有计税基础确定。

2. 被分立企业已分立出去资产相应的所得税事项由分立企业承继。

3. 被分立企业未超过法定弥补期限的亏损额可按分立资产占全部资产的比例进行分配，由分立企业继续弥补。

4. 被分立企业的股东取得分立企业的股权（以下简称“新股”），如需部分或全部放弃原持有的被分立企业的股权（以下简称“旧股”），“新股”的计税基础应以放弃“旧股”的计税基础确定。如不需放弃“旧股”，则其取得“新股”的计税基础可从以下两种方法中选择确定：直接将“新股”的计税基础确定为零；或者以被分立企业分立出去的净资产占被分立企业全部净资产的比例先调减原持有的“旧股”的计税基础，再将调减的计税基础平均分配到“新股”上。

（六）重组交易各方按本条（一）至（五）项规定对交易中股权支付暂不确认有关资产的转让所得或损失的，其非股权支付仍应在交易当期确认相应的资产转让所得或损失，并调整相应资产的计税基础。

非股权支付对应的资产转让所得或损失＝（被转让资产的公允价值—被转让资产的计税基础）×（非股权支付金额÷被转让资产的公允价值）

七、企业发生涉及中国境内与境外之间（包括港澳台地区）的股权和资产收购交易，除应符合本通知第五条规定的条件外，还应同时符合下列条件，才可选择适用特殊性税务处理规定：

（一）非居民企业向其100%直接控股的另一非居民企业转让其拥有的居民企业股权，没有因此造成以后该项股权转让所得预提税负担变化，且转让方非居民企业向主管税务机关书面承诺在3年（含3年）内不转让其拥有受让方非居民企业的股权；

（二）非居民企业向与其具有100%直接控股关系的居民企业转让其拥有的另一居民企业股权；

（三）居民企业以其拥有的资产或股权向其100%直接控股的非居民企业进行投资；

（四）财政部、国家税务总局核准的其他情形。

八、本通知第七条第（三）项所指的居民企业以其拥有的资产或股权向其100%直接控股关系的非居民企业进行投资，其资产或股权转让收益如选择特殊性税务处理，可以在10个纳税年度内均匀计入各年度应纳税所得额。

九、在企业吸收合并中，合并后的存续企业性质及适用税收优惠的条件未发生改变的，可以继续享受合并前该企业剩余期限的税收优惠，其优惠金额按存续企业合并前一年的应纳税所得额（亏损计为零）计算。

在企业存续分立中，分立后的存续企业性质及适用税收优惠的条件未发生改变的，可以继续享受分立前该企业剩余期限的税收优惠，其优惠金额按该企业分立前一年的应纳税所得额（亏损计为零）乘以分立后存续企业资产占分立前该企业全部资产的比例计算。

十、企业在重组发生前后连续12个月内分步对其资产、股权进行交易，应根据实质重于形式原则将上述交易作为一项企业重组交易进行处理。

十一、企业发生符合本通知规定的特殊性重组条件并选择特殊性税务处理的，当事各方应在该重组业务完成当年企业所得税年度申报时，向主管税务机关提交书面备案资料，证明其符合各类特殊性重组规定的条件。企业未按规定书面备案的，一律不得按特殊重组业务进行税务处理。

十二、对企业在重组过程中涉及的需要特别处理的企业所得税事项，由国务院财政、税务主管部门另行规定。

十三、本通知自2008年1月1日起执行。

财政部 国家税务总局关于金融企业贷款损失准备金企业所得税税前扣除有关问题的通知

财税〔2009〕64号

各省、自治区、直辖市、计划单列市财政厅（局）、国家税务局、地方税务局，新疆生产建设兵团财务局：

根据《中华人民共和国企业所得税法》及《中华人民共和国企业所得税法实施条例》的有关规定，现就政策性银行、商业银行、财务公司和城乡信用社等国家允许从事贷款业务的金融企业提取的贷款损失准备税前扣除政策问题，通知如下：

一、准予提取贷款损失准备的贷款资产范围包括：

（一）贷款（含抵押、质押、担保等贷款）；

（二）银行卡透支、贴现、信用垫款（含银行承兑汇票垫款、信用证垫款、担保垫款等）、进出口押汇、同业拆出等各项具有贷款特征的风险资产；

（三）由金融企业转贷并承担对外还款责任的国外贷款，包括国际金融组织贷款、外国买方信贷、外国政府贷款、日本国际协力银行不附条件贷款和外国政府混合贷款等资产。

二、金融企业准予当年税前扣除的贷款损失准备计算公式如下：

准予当年税前扣除的贷款损失准备＝本年末准予提取贷款损失准备的贷款资产余额×1%

－截至上年末已在税前扣除的贷款损失准备余额

金融企业按上述公式计算的数额如为负数，应当相应调增当年应纳税所得额。

三、金融企业的委托贷款、代理贷款、国债投资、应收股利、上交央行准备金以及金融企业剥离的债权和股权、应收财政贴息、央行款项等不承担风险和损失的资产，不得提取贷款损失准备在税前扣除。

四、金融企业发生的符合条件的贷款损失，按规定报经税务机关审批后，应先冲减已在税前扣除的贷款损失准备，不足冲减部分可据实在计算当年应纳税所得额时扣除。

五、本通知自2008年1月1日起至2010年12月31日止执行。

国家税务总局关于跨地区经营汇总纳税企业所得税征收管理若干问题的通知

国税函〔2009〕221号

各省、自治区、直辖市和计划单列市国家税务局、地方税务局：

为贯彻落实《中华人民共和国企业所得税法》及其实施条例，加强跨地区（指跨省、自治区、直辖市和计划单列市，下同）经营汇总纳税企业所得税征收管理，现对跨地区经营汇总纳税企业所得税征收管理中的若干问题通知如下：

一、关于二级分支机构的判定问题。

二级分支机构是指总机构对其财务、业务、人员等直接进行统一核算和管理的领取非法人营业执照的分支机构。

总机构应及时将其所属二级分支机构名单报送总机构所在地主管税务机关，并向其所属二级分支机构及时出具有效证明（支持证明的材料包括总机构拨款证明、总分机构协议或合同、公司章程、管理制度等）。

二级分支机构在办理税务登记时应向其所在地主管税务机关报送非法人营业执照（复印件）和由总机构出具的二级分支机构的有效证明。其所在地主管税务机关应对二级分支机构进行审核鉴定，督促其及时预缴企业所得税。

以总机构名义进行生产经营的非法人分支机构，无法提供有效证据证明其二级及二级以下分支机构身份的，应视同独立纳税人计算并就地缴纳企业所得税，不执行《国家税务总局关于印发〈跨地区经营汇总纳税企业所得税征收管理暂行办法〉的通知》（国税发〔2008〕28号）的相关规定。

二、关于总分支机构适用不同税率时企业所得税款计算和缴纳问题。

预缴时，总机构和分支机构处于不同税率地区的，先由总机构统一计算全部应纳税所得额，然后按照国税发〔2008〕28号文件第十九条规定的比例和第二十三条规定的三因素及其权重，计算划分不同税率地区机构的应纳税所得额，再分别按各自的适用税率计算应纳税额后加总计算出企业的应纳所得税总额。再按照国税发〔2008〕28号文件第十九条规定的比例和第二十三条规定的三因素及其权重，向总机构和分支机构分摊就地预缴的企业所得税款。

汇缴时，企业年度应纳所得税额应按上述方法并采用各分支机构汇算清缴所属年度的三因素计算确定。

除《国务院关于实施企业所得税过渡优惠政策的通知》（国发〔2007〕39号）、《财政部 国家税务总局关于企业所得税若干优惠政策的通知》（财税〔2008〕1号）和《财政部 国家税务总局关于贯彻落实国务院关于实施企业所得税过渡优惠政策有关问题的通知》（财税〔2008〕21号）有关规定外，跨地区经营汇总纳税企业不得按照上述总分支机构处于不同税率地区的计算方法计算并缴纳企业所得税，应按照企业适用统一的税率计算并缴纳企业所得税。

三、关于预缴和年度汇算清缴时分支机构报送资料问题。

跨地区经营汇总纳税企业在进行企业所得税预缴和年度汇算清缴时，二级分支机构应向其所在地主管税务机关报送其本级及以下分支机构的生产经营情况，主管税务机关应对报送资料加强审核，并作为对二级分支机构计算分摊税款比例的三项指标和应分摊入库所得税税款进行查验核对的依据。

四、关于应执行未执行或未准确执行国税发〔2008〕28号文件企业的处理问题。

对应执行国税发〔2008〕28号文件规定而未执行或未正确执行上述文件规定的跨地区经营汇总纳税企业，在预缴企业所得税时造成总机构与分支机构之间同时存在一方（或几方）多预缴另一方（或几方）少预缴税款的，其总机构或分支机构就地预缴的企业所得税低于按上述文件规定计算分配的数额的，应在随后的预缴期间内，由总机构将按上述文件规定计算分配的税款差额分配到总机构或分支机构补缴；其总机构或分支机构就地预缴的企业所得税高于按上述文件规定计算分配的数额的，应在随后的预缴期间内，由总机构将按上述文件规定计算分配的税款差额从总机构或分支机构的预缴数中扣减。

五、国税发〔2008〕28号文件第二条第二款所列企业不适用本通知规定。

六、本通知自2009年1月1日起执行。

国家税务总局关于实施创业投资企业所得税优惠问题的通知

国税发〔2009〕87号

各省、自治区、直辖市和计划单列市国家税务局、地方税务局：

为落实创业投资企业所得税优惠政策，促进创业投资企业的发展，根据《中华人民共和国企业所得税法》及其实施条例等有关规定，现就创业投资企业所得税优惠的有关问题通知如下：

一、创业投资企业是指依照《创业投资企业管理暂行办法》（国家发展和改革委员会等10部委令2005年第39号，以下简称《暂行办法》）和《外商投资创业投资企业管理规定》（商务部等5部委令2003年第2号）在中华人民共和国境内设立的专门从事创业投资活动的企业或其他经济组织。

二、创业投资企业采取股权投资方式投资于未上市的中小高新技术企业2年（24个月）以上，凡符合以下条件的，可以按照其对中小高新技术企业投资额的70%，在股权持有满2年的当年抵扣该创业投资企业的应纳税所得额；当年不足抵扣的，可以在以后纳税年度结转抵扣。

（一）经营范围符合《暂行办法》规定，且工商登记为“创业投资有限责任公司”、“创业投资股份有限公司”等专业性法人创业投资企业。

（二）按照《暂行办法》规定的条件和程序完成备案，经备案管理部门年度检查核实，投资运作符合《暂行办法》的有关规定。

（三）创业投资企业投资的中小高新技术企业，除应按照科技部、财政部、国家税务总局《关于印发〈高新技术企业认定管理办法〉的通知》（国科发火〔2008〕172号）和《关于印发〈高新技术企业认定管理工作指引〉的通知》（国科发火〔2008〕362号）的规定，通过高新技术企业认定以外，还应符合职工人数不超过500人，年销售（营业）额不超过2亿元，资产总额不超过2亿元的条件。

2007年底前按原有规定取得高新技术企业资格的中小高新技术企业，且在2008年继续符合新的高新技术企业标准的，向其投资满24个月的计算，可自创业投资企业实际向其投资的时间起计算。

（四）财政部、国家税务总局规定的其他条件。

三、中小企业接受创业投资之后，经认定符合高新技术企业标准的，应自其被认定为高新技术企业的年度起，计算创业投资企业的投资期限。该期限内中小企业接受创业投资后，企业规模超过中小企业标准，但仍符合高新技术企业标准的，不影响创业投资企业享受有关税收优惠。

四、创业投资企业申请享受投资抵扣应纳税所得额，应在其报送申请投资抵扣应纳税所得额年度纳税申报表以前，向主管税务机关报送以下资料备案：

（一）经备案管理部门核实后出具的年检合格通知书（副本）；

（二）关于创业投资企业投资运作情况的说明；

（三）中小高新技术企业投资合同或章程的复印件、实际所投资金验资报告等相关材料；

（四）中小高新技术企业基本情况（包括企业职工人数、年销售（营业）额、资产总额等）说明；

（五）由省、自治区、直辖市和计划单列市高新技术企业认定管理机构出具的中小高新技术企业有效的高新技术企业证书（复印件）。

五、本通知自2008年1月1日起执行。

财政部 国家税务总局关于企业清算业务企业所得税处理若干问题的通知

财税〔2009〕60号

各省、自治区、直辖市、计划单列市财政厅(局)、国家税务局、地方税务局,新疆生产建设兵团财务局:

根据《中华人民共和国企业所得税法》第五十三条、第五十五条和《中华人民共和国企业所得税法实施条例》(国务院令第512号)第十一条规定,现就企业清算有关所得税处理问题通知如下:

一、企业清算的所得税处理,是指企业在不再持续经营,发生结束自身业务、处置资产、偿还债务以及向所有者分配剩余财产等经济行为时,对清算所得、清算所得税、股息分配等事项的处理。

二、下列企业应进行清算的所得税处理:

(一)按《公司法》、《企业破产法》等规定需要进行清算的企业;

(二)企业重组中需要按清算处理的企业。

三、企业清算的所得税处理包括以下内容:

(一)全部资产均应按可变现价值或交易价格,确认资产转让所得或损失;

(二)确认债权清理、债务清偿的所得或损失;

(三)改变持续经营核算原则,对预提或待摊性质的费用进行处理;

(四)依法弥补亏损,确定清算所得;

(五)计算并缴纳清算所得税;

(六)确定可向股东分配的剩余财产、应付股息等。

四、企业的全部资产可变现价值或交易价格,减除资产的计税基础、清算费用、相关税费,加上债务清偿损益等后的余额,为清算所得。

企业应将整个清算期作为一个独立的纳税年度计算清算所得。

五、企业全部资产的可变现价值或交易价格减除清算费用,职工的工资、社会保险费用和法定补偿金,结清清算所得税、以前年度欠税等税款,清偿企业债务,按规定计算可以向所有者分配的剩余资产。

被清算企业的股东分得的剩余资产的金额,其中相当于被清算企业累计未分配利润和累计盈余公积中按该股东所占股份比例计算的部分,应确认为股息所得;剩余资产减除股息所得后的余额,超过或低于股东投资成本的部分,应确认为股东的投资转让所得或损失。

被清算企业的股东从被清算企业分得的资产应按可变现价值或实际交易价格确定计税基础。

六、本通知自2008年1月1日起执行。

国家税务总局关于企业所得税税收优惠管理问题的补充通知

国税函〔2009〕255号

各省、自治区、直辖市和计划单列市国家税务局、地方税务局:

《国家税务总局关于企业所得税减免税管理问题的通知》(国税发〔2008〕111号)下发后,一些地区反映在落实企业所得税优惠政策过程中,有些问题还需要进一步明确。经研究,现将企业所得税税收优惠管理有关问题补充明确如下:

一、列入企业所得税优惠管理的各类企业所得税优惠包括免税收入、定期减免税、优惠税率、加计扣除、抵扣应纳税所得额、加速折旧、减计收入、税额抵免和其他专项优惠政策。

二、除国务院明确的企业所得税过渡类优惠政策、执行新税法后继续保留执行的原企业所得税优惠政策、新企业所得税法第二十九条规定的民族自治地方企业减免税优惠政策,以及国务院另行规定实行审批管理的企业所得税优惠政策外，其他各类企业所得税优惠政策，均实行备案管理。

三、备案管理的具体方式分为事先备案和事后报送相关资料两种。具体划分除国家税务总局确定的外，由各省、自治区、直辖市和计划单列市国家税务局和地方税务局在协商一致的基础上确定。

列入事先备案的税收优惠，纳税人应向税务机关报送相关资料，提请备案，经税务机关登记备案后执行。对需要事先向税务机关备案而未按规定备案的，纳税人不得享受税收优惠；经税务机关审核不符合税收优惠条件的，税务机关应书面通知纳税人不得享受税收优惠。

列入事后报送相关资料的税收优惠，纳税人应按照新企业所得税法及其实施条例和其他有关税收规定，在年度纳税申报时附报相关资料，主管税务机关审核后如发现其不符合享受税收优惠政策的条件，应取消其自行享受的税收优惠，并相应追缴税款。

四、今后国家制定的各项税收优惠政策，凡未明确为审批事项的，均实行备案管理。

五、本通知自2008年1月1日起执行。各省、自治区、直辖市和计划单列市国家税务局、地方税务局可根据本规定和其他有关企业所得税减免税的规定，制定具体管理办法。

财政部 国家税务总局关于补充养老保险费补充医疗保险费有关企业所得税政策问题的通知

财税〔2009〕27号

各省、自治区、直辖市、计划单列市财政厅（局）、国家税务局、地方税务局，新疆生产建设兵团财务局：

根据《中华人民共和国企业所得税法》及其实施条例的有关规定，现就补充养老保险费、补充医疗保险费有关企业所得税政策问题通知如下：

自2008年1月1日起，企业根据国家有关政策规定，为在本企业任职或者受雇的全体员工支付的补充养老保险费、补充医疗保险费，分别在不超过职工工资总额5%标准内的部分，在计算应纳税所得额时准予扣除；超过的部分，不予扣除。

国家税务总局关于企业投资者投资未到位而发生的利息支出企业所得税前扣除问题的批复

国税函〔2009〕312号

大连市国家税务局：

你局《关于企业贷款中相当于投资者投资未到位部分的利息支出能否税前列支的请示》（大国税发〔2009〕68号）收悉。经研究，批复如下：

关于企业由于投资者投资未到位而发生的利息支出扣除问题，根据《中华人民共和国企业所得税法实施条例》第二十七条规定，凡企业投资者在规定期限内未缴足其应缴资本额的，该企业对外借款所发生的利息，相当于投资者实缴资本额与在规定期限内应缴资本额的差额应计付的利息，其不属于企业合理的支出，应由企业投资者负担，不得在计算企业应纳税所得额时扣除。

具体计算不得扣除的利息，应以企业一个年度内每一账面实收资本与借款余额保持不变的期间作为一个计算期，每一计算期内不得扣除的借款利息按该期间借款利息发生额乘以该期间企业未缴足的注册资本占借款总额的比例计算，公式为：

企业每一计算期不得扣除的借款利息＝该期间借款利息额×该期间未缴足注册资本额÷该期间借款额

企业一个年度内不得扣除的借款利息总额为该年度内每一计算期不得扣除的借款利息额之和。

国家税务总局关于保险公司再保险业务赔款支出税前扣除问题的通知

国税函〔2009〕313号

各省、自治区、直辖市和计划单列市国家税务局：

现将保险公司再保险业务赔款支出税前扣除问题通知如下：

根据《中华人民共和国企业所得税法实施条例》第九条的规定，从事再保险业务的保险公司（以下称再保险公司）发生的再保险业务赔款支出，按照权责发生制的原则，应在收到从事直保业务公司（以下称直保公司）再保险业务赔款账单时，作为企业当期成本费用扣除。为便于再保险公司再保险业务的核算，凡在次年企业所得税汇算清缴前，再保险公司收到直保公司再保险业务赔款账单中属于上年度的赔款，准予调整作为上年度的成本费用扣除，同时调整已计提的未决赔款准备金；次年汇算清缴后收到直保公司再保险业务赔款账单的，按该赔款账单上发生的赔款支出，在收单年度作为成本费用扣除。

财政部 国家税务总局关于专项用途财政性资金有关企业所得税处理问题的通知

财税〔2009〕87号

各省、自治区、直辖市、计划单列市财政厅（局）、国家税务局、地方税务局，新疆生产建设兵团财务局：

根据《中华人民共和国企业所得税法》及《中华人民共和国企业所得税法实施条例》（国务院令第512号，以下简称实施条例）的有关规定，经国务院批准，现就企业取得的专项用途财政性资金有关企业所得税处理问题通知如下：

一、对企业在2008年1月1日至2010年12月31日期间从县级以上各级人民政府财政部门及其他部门取得的应计入收入总额的财政性资金，凡同时符合以下条件的，可以作为不征税收入，在计算应纳税所得额时从收入总额中减除：

（一）企业能够提供资金拨付文件，且文件中规定该资金的专项用途；

（二）财政部门或其他拨付资金的政府部门对该资金有专门的资金管理办法或具体管理要求；

（三）企业对该资金以及以该资金发生的支出单独进行核算。

二、根据实施条例第二十八条的规定，上述不征税收入用于支出所形成的费用，不得在计算应纳税所得额时扣除；用于支出所形成的资产，其计算的折旧、摊销不得在计算应纳税所得额时扣除。

三、企业将符合本通知第一条规定条件的财政性资金作不征税收入处理后，在5年（60个月）内未发生支出且未缴回财政或其他拨付资金的政府部门的部分，应重新计入取得该资金第六年的收入总额；重新计入收入总额的财政性资金发生的支出，允许在计算应纳税所得额时扣除。

请遵照执行。

国家税务总局关于企业所得税核定征收若干问题的通知

国税函〔2009〕377号

各省、自治区、直辖市和计划单列市国家税务局、地方税务局：

《国家税务总局关于印发〈企业所得税核定征收办法〉（试行）的通知》（国税发〔2008〕30号）下发后，各地反映需要对有关问题进一步明确。为规范企业所得税核定征收工作，现对企业所得税核定征收若干问题通知如下：

一、国税发〔2008〕30号文件第三条第二款所称"特定纳税人"包括以下类型的企业：

（一）享受《中华人民共和国企业所得税法》及其实施条例和国务院规定的一项或几项企业所得税优惠政策的企业（不包括仅享受《中华人民共和国企业所得税法》第二十六条规定免税收入优惠政策的企业）；

（二）汇总纳税企业；

（三）上市公司；

（四）银行、信用社、小额贷款公司、保险公司、证券公司、期货公司、信托投资公司、金融资产管理公司、融资租赁公司、担保公司、财务公司、典当公司等金融企业；

（五）会计、审计、资产评估、税务、房地产估价、土地估价、工程造价、律师、价格鉴证、公证机构、基层法律服务机构、专利代理、商标代理以及其他经济鉴证类社会中介机构；

（六）国家税务总局规定的其他企业。

对上述规定之外的企业，主管税务机关要严格按照规定的范围和标准确定企业所得税的征收方式，不得违规扩大核定征收企业所得税范围；对其中达不到查账征收条件的企业核定征收企业所得税，并促使其完善会计核算和财务管理，达到查账征收条件后要及时转为查账征收。

二、国税发〔2008〕30号文件第六条中的"应税收入额"等于收入总额减去不征税收入和免税收入后的余额。用公式表示为：

应税收入额＝收入总额－不征税收入－免税收入

其中，收入总额为企业以货币形式和非货币形式从各种来源取得的收入。

三、本通知从2009年1月1日起执行。

财政部 国家税务总局关于扶持动漫产业发展有关税收政策问题的通知

财税〔2009〕65号

各省、自治区、直辖市、计划单列市财政厅（局）、国家税务局、地方税务局：

根据《国务院办公厅转发财政部等部门关于推动我国动漫产业发展若干意见的通知》（国办发〔2006〕32号）的精神，文化部会同有关部门于2008年12月下发了《动漫企业认定管理办法（试行）》（文市发〔2008〕51号）。为促进我国动漫产业健康快速发展，增强动漫产业的自主创新能力，现就扶持动漫产业发展的有关税收政策问题通知如下：

一、关于增值税

……

二、关于企业所得税

经认定的动漫企业自主开发、生产动漫产品，可申请享受国家现行鼓励软件产业发展的所得税优惠政策。

三、关于营业税

对动漫企业为开发动漫产品提供的动漫脚本编撰、形象设计、背景设计、动画设计、分镜、动画制作、摄制、描线、上色、画面合成、配音、配乐、音效合成、剪辑、字幕制作、压缩转码（面向网络动漫、手机动漫格式适配）劳务，在2010年12月31日前暂减按3%税率征收营业税。

四、关于进口关税和进口环节增值税

经国务院有关部门认定的动漫企业自主开发、生产动漫直接产品，确需进口的商品可享受免征进口关税和进口环节增值税的优惠政策。具体免税商品范围及管理办法由财政部会同有关部门另行制定。

五、本通知所称动漫企业和自主开发、生产动漫产品的认定标准和认定程序，按照《文化部财政部 国家税务总局关于印发〈动漫企业认定管理办法（试行）〉的通知》（文市发〔2008〕51号）的规定执行。

六、本通知从2009年1月1日起执行。

财政部 国家税务总局关于非营利组织企业所得税免税收入问题的通知

财税〔2009〕122 号

各省、自治区、直辖市、计划单列市财政厅(局)、国家税务局、地方税务局,新疆生产建设兵团财务局:

根据《中华人民共和国企业所得税法》第二十六条及《中华人民共和国企业所得税法实施条例》(国务院令第 512 号)第八十五条的规定,现将符合条件的非营利组织企业所得税免税收入范围明确如下:

一、非营利组织的下列收入为免税收入:

(一)接受其他单位或者个人捐赠的收入;

(二)除《中华人民共和国企业所得税法》第七条规定的财政拨款以外的其他政府补助收入,但不包括因政府购买服务取得的收入;

(三)按照省级以上民政、财政部门规定收取的会费;

(四)不征税收入和免税收入孳生的银行存款利息收入;

(五)财政部、国家税务总局规定的其他收入。

二、本通知从 2008 年 1 月 1 日起执行。

国家税务总局关于加强非居民企业股权转让所得企业所得税管理的通知

国税函〔2009〕698 号

各省、自治区、直辖市和计划单列市国家税务局、地方税务局:

为规范和加强非居民企业股权转让所得企业所得税管理,依据《中华人民共和国企业所得税法》及其实施条例、《中华人民共和国税收征收管理法》及其实施细则、《国家税务总局关于印发〈非居民企业所得税源泉扣缴管理暂行办法〉的通知》(国税发〔2009〕3 号)和《财政部 国家税务总局关于企业重组业务企业所得税处理若干问题的通知》(财税〔2009〕59 号),现就有关问题通知如下:

一、本通知所称股权转让所得是指非居民企业转让中国居民企业的股权(不包括在公开的证券市场上买入并卖出中国居民企业的股票)所取得的所得。

二、扣缴义务人未依法扣缴或者无法履行扣缴义务的,非居民企业应自合同、协议约定的股权转让之日(如果转让方提前取得股权转让收入的,应自实际取得股权转让收入之日)起 7 日内,到被转让股权的中国居民企业所在地主管税务机关(负责该居民企业所得税征管的税务机关)申报缴纳企业所得税。非居民企业未按期如实申报的,依照税收征管法有关规定处理。

三、股权转让所得是指股权转让价减除股权成本价后的差额。

股权转让价是指股权转让人就转让的股权所收取的包括现金、非货币资产或者权益等形式的金额。如被持股企业有未分配利润或税后提存的各项基金等,股权转让人随股权一并转让该股东留存收益权的金额,不得从股权转让价中扣除。

股权成本价是指股权转让人投资入股时向中国居民企业实际交付的出资金额,或购买该项股权时向该股权的原转让人实际支付的股权转让金额。

四、在计算股权转让所得时,以非居民企业向被转让股权的中国居民企业投资时或向原投资方购买该股权时的币种计算股权转让价和股权成本价。如果同一非居民企业存在多次投资的,以首次投入资本时的币种计算股权转让价和股权成本价,以加权平均法计算股权成本价;多次投资时币种不一致的,则应按照每次投入资本当日的汇率换算成首次投资时的币种。

五、境外投资方(实际控制方)间接转让中国居民企业股权,如果被转让的境外控股公司所在国(地区)实际税负低于12.5%或者对其居民境外所得不征所得税的,应自股权转让合同签订之日起30日内,向被转让股权的中国居民企业所在地主管税务机关提供以下资料:

(一)股权转让合同或协议;

(二)境外投资方与其所转让的境外控股公司在资金、经营、购销等方面的关系;

(三)境外投资方所转让的境外控股公司的生产经营、人员、账务、财产等情况;

(四)境外投资方所转让的境外控股公司与中国居民企业在资金、经营、购销等方面的关系;

(五)境外投资方设立被转让的境外控股公司具有合理商业目的的说明;

(六)税务机关要求的其他相关资料。

六、境外投资方(实际控制方)通过滥用组织形式等安排间接转让中国居民企业股权,且不具有合理的商业目的,规避企业所得税纳税义务的,主管税务机关层报税务总局审核后可以按照经济实质对该股权转让交易重新定性,否定被用作税收安排的境外控股公司的存在。

七、非居民企业向其关联方转让中国居民企业股权,其转让价格不符合独立交易原则而减少应纳税所得额的,税务机关有权按照合理方法进行调整。

八、境外投资方(实际控制方)同时转让境内或境外多个控股公司股权的,被转让股权的中国居民企业应将整体转让合同和涉及本企业的分部合同提供给主管税务机关。如果没有分部合同的,被转让股权的中国居民企业应向主管税务机关提供被整体转让的各个控股公司的详细资料,准确划分境内被转让企业的转让价格。如果不能准确划分的,主管税务机关有权选择合理的方法对转让价格进行调整。

九、非居民企业取得股权转让所得,符合财税〔2009〕59号文件规定的特殊性重组条件并选择特殊性税务处理的,应向主管税务机关提交书面备案资料,证明其符合特殊性重组规定的条件,并经省级税务机关核准。

十、本通知自2008年1月1日起执行。执行中遇到的问题请及时报告国家税务总局(国际税务司)。

财政部 国家税务总局关于通过公益性群众团体的公益性捐赠税前扣除有关问题的通知

财税〔2009〕124号

各省、自治区、直辖市、计划单列市财政厅(局)、国家税务局、地方税务局,新疆生产建设兵团财务局:

为贯彻落实《中华人民共和国企业所得税法》和《中华人民共和国个人所得税法》,现对企业和个人通过依照《社会团体登记管理条例》规定不需进行社团登记的人民团体以及经国务院批准免予登记的社会团体(以下统称群众团体)的公益性捐赠所得税税前扣除有关问题明确如下:

一、企业通过公益性群众团体用于公益事业的捐赠支出,在年度利润总额12%以内的部分,准予在计算应纳税所得额时扣除。年度利润总额,是指企业依照国家统一会计制度的规定计算的大于零的数额。

二、个人通过公益性群众团体向公益事业的捐赠支出,按照现行税收法律、行政法规及相关政策规定准予在所得税税前扣除。

三、本通知第一条和第二条所称的公益事业,是指《中华人民共和国公益事业捐赠法》规定的下列事项:

(一)救助灾害、救济贫困、扶助残疾人等困难的社会群体和个人的活动;

(二)教育、科学、文化、卫生、体育事业;

(三)环境保护、社会公共设施建设;

(四)促进社会发展和进步的其他社会公共和福利事业。

四、本通知第一条和第二条所称的公益性群众团体,是指同时符合以下条件的群众团体:

(一)符合《中华人民共和国企业所得税法实施条例》第五十二条第(一)项至第(八)项规定的条件;

(二)县级以上各级机构编制部门直接管理其机构编制;

(三)对接受捐赠的收入以及用捐赠收入进行的支出单独进行核算,且申请前连续3年接受捐赠的总收入中用于公益事业的支出比例不低于70%。

五、符合本通知第四条规定的公益性群众团体,可按程序申请公益性捐赠税前扣除资格。

(一)由中央机构编制部门直接管理其机构编制的群众团体,向财政部、国家税务总局提出申请;

(二)由县级以上地方各级机构编制部门直接管理其机构编制的群众团体,向省、自治区、直辖市和计划单列市财政、税务部门提出申请;

(三)对符合条件的公益性群众团体,按照上述管理权限,由财政部、国家税务总局和省、自治区、直辖市、计划单列市财政、税务部门分别每年联合公布名单。名单应当包括继续获得公益性捐赠税前扣除资格和新获得公益性捐赠税前扣除资格的群众团体,企业和个人在名单所属年度内向名单内的群众团体进行的公益性捐赠支出,可以按规定进行税前扣除。

六、申请公益性捐赠税前扣除资格的群众团体,需报送以下材料:

(一)申请报告;

(二)县级以上各级党委、政府或机构编制部门印发的"三定"规定;

(三)组织章程;

(四)申请前相应年度的受赠资金来源、使用情况,财务报告,公益活动的明细,注册会计师的审计报告或注册税务师的鉴证报告。

七、公益性群众团体在接受捐赠时,应按照行政管理级次分别使用由财政部或省、自治区、直辖市财政部门印制的公益性捐赠票据或者《非税收入一般缴款书》收据联,并加盖本单位的印章;对个人索取捐赠票据的,应予以开具。

八、公益性群众团体接受捐赠的资产价值,按以下原则确认:

(一)接受捐赠的货币性资产,应当按照实际收到的金额计算;

(二)接受捐赠的非货币性资产,应当以其公允价值计算。捐赠方在向公益性群众团体捐赠时,应当提供注明捐赠非货币性资产公允价值的证明,如果不能提供上述证明,公益性群众团体不得向其开具公益性捐赠票据或者《非税收入一般缴款书》收据联。

九、对存在以下情形之一的公益性群众团体,应取消其公益性捐赠税前扣除资格:

(一)前3年接受捐赠的总收入中用于公益事业的支出比例低于70%的;

(二)在申请公益性捐赠税前扣除资格时有弄虚作假行为的;

(三)存在逃避缴纳税款行为或为他人逃避缴纳税款提供便利的;

(四)存在违反该组织章程的活动,或者接受的捐赠款项用于组织章程规定用途之外的支出等情况的;

(五)受到行政处罚的。

被取消公益性捐赠税前扣除资格的公益性群众团体,存在本条第一款第(二)项、第(三)项、第(四)项、第(五)项情形的,3年内不得重新申请公益性捐赠税前扣除资格。

对存在本条第一款第(三)项、第(四)项情形的公益性群众团体,应对其接受捐赠收入和其他各项收入依法补征企业所得税。

十、对于通过公益性群众团体发生的公益性捐赠支出,主管税务机关应对照财政、税务部门联合发布的名单,接受捐赠的群众团体位于名单内,则企业或个人在名单所属年度发生的公益性捐赠支出可按规定进行税前扣除;接受捐赠的群众团体不在名单内,或虽在名单内但企业或个人发生的公益性捐赠支出不属于名单所属年度的,不得扣除。

十一、获得公益性捐赠税前扣除资格的公益性群众团体,应自不符合本通知第四条规定条件之一或存在本通知第九条规定情形之一之日起15日内向主管税务机关报告,主管税务机关可暂时明确其获得资格的次年内企业向该群众团体的公益性捐赠支出,不得税前扣除,同时提请财政部、国家税务总局或省级财政、税务部门明确其获得资格的次年不具有公益性捐赠税前扣除资格。

十二、本通知从2008年1月1日起执行。本通知发布前已经取得和未取得公益性捐赠税前扣除资格的群众团体,均应按本通知规定提出申请。

财政部 国家税务总局关于企业境外所得税收抵免有关问题的通知

财税〔2009〕125 号

各省、自治区、直辖市、计划单列市财政厅(局)、国家税务局、地方税务局,新疆生产建设兵团财务局:

根据《中华人民共和国企业所得税法》(以下简称企业所得税法)及《中华人民共和国企业所得税法实施条例》(以下简称实施条例)的有关规定,现就企业取得境外所得计征企业所得税时抵免境外已纳或负担所得税额的有关问题通知如下:

一、居民企业以及非居民企业在中国境内设立的机构、场所(以下统称企业)依照企业所得税法第二十三条、第二十四条的有关规定,应在其应纳税额中抵免在境外缴纳的所得税额的,适用本通知。

二、企业应按照企业所得税法及其实施条例、税收协定以及本通知的规定,准确计算下列当期与抵免境外所得税有关的项目后,确定当期实际可抵免分国(地区)别的境外所得税税额和抵免限额:

(一)境内所得的应纳税所得额(以下称境内应纳税所得额)和分国(地区)别的境外所得的应纳税所得额(以下称境外应纳税所得额);

(二)分国(地区)别的可抵免境外所得税税额;

(三)分国(地区)别的境外所得税的抵免限额。

企业不能准确计算上述项目实际可抵免分国(地区)别的境外所得税税额的,在相应国家(地区)缴纳的税收均不得在该企业当期应纳税额中抵免,也不得结转以后年度抵免。

三、企业应就其按照实施条例第七条规定确定的中国境外所得(境外税前所得),按以下规定计算实施条例第七十八条规定的境外应纳税所得额:

(一)居民企业在境外投资设立不具有独立纳税地位的分支机构,其来源于境外的所得,以境外收入总额扣除与取得境外收入有关的各项合理支出后的余额为应纳税所得额。各项收入、支出按企业所得税法及实施条例的有关规定确定。

居民企业在境外设立不具有独立纳税地位的分支机构取得的各项境外所得,无论是否汇回中国境内,均应计入该企业所属纳税年度的境外应纳税所得额。

(二)居民企业应就其来源于境外的股息、红利等权益性投资收益,以及利息、租金、特许权使用费、转让财产等收入,扣除按照企业所得税法及实施条例等规定计算的与取得该项收入有关的各项合理支出后的余额为应纳税所得额。来源于境外的股息、红利等权益性投资收益,应按被投资方作出利润分配决定的日期确认收入实现;来源于境外的利息、租金、特许权使用费、转让财产等收入,应按有关合同约定应付交易对价款的日期确认收入实现。

(三)非居民企业在境内设立机构、场所的,应就其发生在境外但与境内所设机构、场所有实际联系的各项应税所得,比照上述第(二)项的规定计算相应的应纳税所得额。

(四)在计算境外应纳税所得额时,企业为取得境内、外所得而在境内、境外发生的共同支出,与取得境外应税所得有关的、合理的部分,应在境内、境外[分国(地区)别,下同]应税所得之间,按照合理比例进行分摊后扣除。

(五)在汇总计算境外应纳税所得额时,企业在境外同一国家(地区)设立不具有独立纳税地位的分支机构,按照企业所得税法及实施条例的有关规定计算的亏损,不得抵减其境内或他国(地区)的应纳税所得额,但可以用同一国家(地区)其他项目或以后年度的所得按规定弥补。

四、可抵免境外所得税税额,是指企业来源于中国境外的所得依照中国境外税收法律以及相关规定应当缴纳并已实际缴纳的企业所得税性质的税款。但不包括:

(一)按照境外所得税法律及相关规定属于错缴或错征的境外所得税税款;

(二)按照税收协定规定不应征收的境外所得税税款;

(三)因少缴或迟缴境外所得税而追加的利息、滞纳金或罚款;

（四）境外所得税纳税人或者其利害关系人从境外征税主体得到实际返还或补偿的境外所得税税款；

（五）按照我国企业所得税法及其实施条例规定，已经免征我国企业所得税的境外所得负担的境外所得税税款；

（六）按照国务院财政、税务主管部门有关规定已经从企业境外应纳税所得额中扣除的境外所得税税款。

五、居民企业在按照企业所得税法第二十四条规定用境外所得间接负担的税额进行税收抵免时，其取得的境外投资收益实际间接负担的税额，是指根据直接或者间接持股方式合计持股20%以上（含20%，下同）的规定层级的外国企业股份，由此应分得的股息、红利等权益性投资收益中，从最低一层外国企业起逐层计算的属于由上一层企业负担的税额，其计算公式如下：

$$\text{本层企业所纳税额属于由一家上一层企业负担的税额}=\left(\text{本层企业就利润和投资收益所实际缴纳的税额}+\text{符合本通知规定的由本层企业间接负担的税额}\right)\times\text{本层企业向一家上一层企业分配的股息（红利）}\div\text{本层企业所得税后利润额}$$

六、除国务院财政、税务主管部门另有规定外，按照实施条例第八十条规定由居民企业直接或者间接持有20%以上股份的外国企业，限于符合以下持股方式的三层外国企业：

第一层：单一居民企业直接持有20%以上股份的外国企业；

第二层：单一第一层外国企业直接持有20%以上股份，且由单一居民企业直接持有或通过一个或多个符合本条规定持股条件的外国企业间接持有总和达到20%以上股份的外国企业；

第三层：单一第二层外国企业直接持有20%以上股份，且由单一居民企业直接持有或通过一个或多个符合本条规定持股条件的外国企业间接持有总和达到20%以上股份的外国企业。

七、居民企业从与我国政府订立税收协定（或安排）的国家（地区）取得的所得，按照该国（地区）税收法律享受了免税或减税待遇，且该免税或减税的数额按照税收协定规定应视同已缴税额在中国的应纳税额中抵免的，该免税或减税数额可作为企业实际缴纳的境外所得税额用于办理税收抵免。

八、企业应按照企业所得税法及其实施条例和本通知的有关规定分国（地区）别计算境外税额的抵免限额。

$$\text{某国（地区）所得税抵免限额}=\frac{\text{中国境内、境外所得依照企业所得税法及实施条例的规定计算的应纳税总额}\times\text{来源于某国（地区）的应纳税所得额}}{\text{中国境内、境外应纳税所得总额}}$$

据以计算上述公式中"中国境内、境外所得依照企业所得税法及实施条例的规定计算的应纳税总额"的税率，除国务院财政、税务主管部门另有规定外，应为企业所得税法第四条第一款规定的税率。

企业按照企业所得税法及其实施条例和本通知的有关规定计算的当期境内、境外应纳税所得总额小于零的，应以零计算当期境内、境外应纳税所得总额，其当期境外所得税的抵免限额也为零。

九、在计算实际应抵免的境外已缴纳和间接负担的所得税税额时，企业在境外一国（地区）当年缴纳和间接负担的符合规定的所得税税额低于所计算的该国（地区）抵免限额的，应以该项税额作为境外所得税抵免额从企业应纳税总额中据实抵免；超过抵免限额的，当年应以抵免限额作为境外所得税抵免额进行抵免，超过抵免限额的余额允许从次年起在连续五个纳税年度内，用每年度抵免限额抵免当年应抵税额后的余额进行抵补。

十、属于下列情形的，经企业申请，主管税务机关核准，可以采取简易办法对境外所得已纳税额计算抵免：

（一）企业从境外取得营业利润所得以及符合境外税额间接抵免条件的股息所得，虽有所得来源国（地区）政府机关核发的具有纳税性质的凭证或证明，但因客观原因无法真实、准确地确认应当缴纳并已经实际缴纳的境外所得税税额的，除就该所得直接缴纳及间接负担的税额在所得来源国（地区）的实际有效税率低于我国企业所得税法第四条第一款规定税率50%以上的外，可按境外应纳税所得额的12.5%作为抵免限额，企业按该国（地区）税务机关或政府机关核发具有纳税性质凭证或证明的金额，其不超过抵免限额的部分，准予抵免；超过的部分不得抵免。

属于本款规定以外的股息、利息、租金、特许权使用费、转让财产等投资性所得，均应按本通知的其他规定计算境外税额抵免。

（二）企业从境外取得营业利润所得以及符合境外税额间接抵免条件的股息所得，凡就该所得缴纳及间接负担的税额在所得来源国（地区）的法定税率且其实际有效税率明显高于我国的，可直接以按本通知规定计算的境外应纳税所得额和我国企业所得税法规定的税率计算的抵免限额作为可抵免的已在境外实际缴纳的企业所得税税额。具体国家(地区)名单见附件。财政部、国家税务总局可根据实际情况适时对名单进行调整。

属于本款规定以外的股息、利息、租金、特许权使用费、转让财产等投资性所得,均应按本通知的其他规定计算境外税额抵免。

十一、企业在境外投资设立不具有独立纳税地位的分支机构,其计算生产、经营所得的纳税年度与我国规定的纳税年度不一致的,与我国纳税年度当年度相对应的境外纳税年度,应为在我国有关纳税年度中任何一日结束的境外纳税年度。

企业取得上款以外的境外所得实际缴纳或间接负担的境外所得税,应在该项境外所得实现日所在的我国对应纳税年度的应纳税额中计算抵免。

十二、企业抵免境外所得税额后实际应纳所得税额的计算公式为:

企业实际应纳所得税额=企业境内外所得应纳税总额-企业所得税减免、抵免优惠税额-境外所得税抵免额

十三、本通知所称不具有独立纳税地位,是指根据企业设立地法律不具有独立法人地位或者按照税收协定规定不认定为对方国家(地区)的税收居民。

十四、企业取得来源于中国香港、澳门、台湾地区的应税所得,参照本通知执行。

十五、中华人民共和国政府同外国政府订立的有关税收的协定与本通知有不同规定的,依照协定的规定办理。

十六、本通知自2008年1月1日起执行。

附件:

法定税率明显高于我国的境外所得来源国(地区)名单

美国、阿根廷、布隆迪、喀麦隆、古巴、法国、日本、摩洛哥、巴基斯坦、赞比亚、科威特、孟加拉国、叙利亚、约旦、老挝。

国家税务总局关于企业以前年度未扣除资产损失企业所得税处理问题的通知

国税函〔2009〕772号

各省、自治区、直辖市和计划单列市国家税务局、地方税务局:

现将企业以前年度未能扣除的资产损失企业所得税处理问题通知如下:

一、根据《国家税务总局关于印发〈企业资产损失税前扣除管理办法〉的通知》(国税发〔2009〕88号)第三条规定的精神,企业以前年度(包括2008年度新企业所得税法实施以前年度)发生,按当时企业所得税有关规定符合资产损失确认条件的损失,在当年因为各种原因未能扣除的,不能结转在以后年度扣除;可以按照《中华人民共和国企业所得税法》和《中华人民共和国税收征收管理法》的有关规定,追补确认在该项资产损失发生的年度扣除,而不能改变该项资产损失发生的所属年度。

二、企业因以前年度资产损失未在税前扣除而多缴纳的企业所得税税款,可在审批确认年度企业所得税应纳税款中予以抵缴,抵缴不足的,可以在以后年度递延抵缴。

三、企业资产损失发生年度扣除追补确认的损失后如出现亏损,首先应调整资产损失发生年度的亏损额,然后按弥补亏损的原则计算以后年度多缴的企业所得税税款,并按前款办法进行税务处理。

国家税务总局关于企业向自然人借款的利息支出企业所得税税前扣除问题的通知

国税函〔2009〕777 号

各省、自治区、直辖市和计划单列市国家税务局、地方税务局：

现就企业向自然人借款的利息支出企业所得税税前扣除问题，通知如下：

一、企业向股东或其他与企业有关联关系的自然人借款的利息支出，应根据《中华人民共和国企业所得税法》(以下简称税法)第四十六条及《财政部、国家税务总局关于企业关联方利息支出税前扣除标准有关税收政策问题的通知》(财税〔2008〕121 号)规定的条件，计算企业所得税扣除额。

二、企业向除第一条规定以外的内部职工或其他人员借款的利息支出，其借款情况同时符合以下条件的，其利息支出在不超过按照金融企业同期同类贷款利率计算的数额的部分，根据税法第八条和税法实施条例第二十七条规定，准予扣除。

(一)企业与个人之间的借贷是真实、合法、有效的，并且不具有非法集资目的或其他违反法律、法规的行为；

(二)企业与个人之间签订了借款合同。

国家税务总局关于建筑企业所得税征管有关问题的通知

国税函〔2010〕39 号

各省、自治区、直辖市和计划单列市国家税务局、地方税务局：

为加强和规范建筑企业所得税的征收管理，根据《中华人民共和国企业所得税法》及其实施条例、《中华人民共和国税收征收管理法》及其实施细则、《国家税务总局关于印发〈跨地区经营汇总纳税企业所得税征收管理暂行办法〉的通知》(国税发〔2008〕28 号)的规定，现对跨地区(指跨省、自治区、直辖市和计划单列市，下同)经营建筑企业所得税征收管理问题通知如下：

一、实行总、分机构体制的跨地区经营建筑企业应严格执行国税发〔2008〕28 号文件规定，按照“统一计算、分级管理、就地预缴、汇总清算、财政调库”的办法计算缴纳企业所得税。

二、建筑企业跨地区设立的不符合二级分支机构条件的项目经理部(包括与项目经理部性质相同的工程指挥部、合同段等)，应汇总到总机构或二级分支机构统一计算，按照国税发〔2008〕28 号文件规定的办法计算缴纳企业所得税。

三、各地税务机关自行制定的与本通知相抵触的征管文件，一律停止执行并予以纠正；对按照规定不应就地预缴而征收了企业所得税的，要及时将税款返还给企业。未按本通知要求进行纠正的，税务总局将按照执法责任制的有关规定严肃处理。

国家税务总局关于贯彻落实企业所得税法若干税收问题的通知

国税函〔2010〕79 号

各省、自治区、直辖市和计划单列市国家税务局、地方税务局：

根据《中华人民共和国企业所得税法》(以下简称企业所得税法)和《中华人民共和国企业所得税法实施条例》(以下简称《实施条例》)的有关规定，现就贯彻落实企业所得税法过程中若干问题，通知如下：

一、关于租金收入确认问题

根据《实施条例》第十九条的规定，企业提供固定资产、包装物或者其他有形资产的使用权取得的租金收入，应按交易合同或协议规定的承租人应付租金的日期确认收入的实现。其中，如果交易合同或协议中规定租赁期限跨年度，且租金提前一次性支付的，根据《实施条例》第九条规定的收入与费用配比原则，出租人可对上述已确认的收入，在租赁期内，分期均匀计入相关年度收入。

出租方如为在我国境内设有机构场所、且采取据实申报缴纳企业所得的非居民企业，也按本条规定执行。

二、关于债务重组收入确认问题

企业发生债务重组，应在债务重组合同或协议生效时确认收入的实现。

三、关于股权转让所得确认和计算问题

企业转让股权收入，应于转让协议生效、且完成股权变更手续时，确认收入的实现。转让股权收入扣除为取得该股权所发生的成本后，为股权转让所得。企业在计算股权转让所得时，不得扣除被投资企业未分配利润等股东留存收益中按该项股权所可能分配的金额。

四、关于股息、红利等权益性投资收益收入确认问题

企业权益性投资取得股息、红利等收入，应以被投资企业股东会或股东大会作出利润分配或转股决定的日期，确定收入的实现。

被投资企业将股权(票)溢价所形成的资本公积转为股本的，不作为投资方企业的股息、红利收入，投资方企业也不得增加该项长期投资的计税基础。

五、关于固定资产投入使用后计税基础确定问题

企业固定资产投入使用后，由于工程款项尚未结清未取得全额发票的，可暂按合同规定的金额计入固定资产计税基础计提折旧，待发票取得后进行调整。但该项调整应在固定资产投入使用后12个月内进行。

六、关于免税收入所对应的费用扣除问题

根据《实施条例》第二十七条、第二十八条的规定，企业取得的各项免税收入所对应的各项成本费用，除另有规定者外，可以在计算企业应纳税所得额时扣除。

七、企业筹办期间不计算为亏损年度问题

企业自开始生产经营的年度，为开始计算企业损益的年度。企业从事生产经营之前进行筹办活动期间发生筹办费用支出，不得计算为当期的亏损，应按照《国家税务总局关于企业所得税若干税务事项衔接问题的通知》(国税函〔2009〕98号)第九条规定执行。

八、从事股权投资业务的企业业务招待费计算问题

对从事股权投资业务的企业(包括集团公司总部、创业投资企业等)，其从被投资企业所分配的股息、红利以及股权转让收入，可以按规定的比例计算业务招待费扣除限额。

国家税务总局关于跨地区经营建筑企业所得税征收管理问题的通知

国税函〔2010〕156号

各省、自治区、直辖市和计划单列市国家税务局、地方税务局：

为加强对跨地区(指跨省、自治区、直辖市和计划单列市，下同)经营建筑企业所得税的征收管理，根据《中华人民共和国企业所得税法》及其实施条例、《中华人民共和国税收征收管理法》及其实施细则、《国家税务总局关于印发〈跨地区经营汇总纳税企业所得税征收管理暂行办法〉的通知》(国税发〔2008〕28号)的规定，现对跨地区经营建筑企业所得税征收管理问题通知如下：

一、实行总分机构体制的跨地区经营建筑企业应严格执行国税发〔2008〕28号文件规定，按照“统一计算，分级管理，就地预缴，汇总清算，财政调库”的办法计算缴纳企业所得税。

二、建筑企业所属二级或二级以下分支机构直接管理的项目部(包括与项目部性质相同的工程指挥部、合同段等，下同)不就地预缴企业所得税，其经营收入、职工工资和资产总额应汇总到二级分支机构统一核算，由二级分支机构按照国税发〔2008〕28号文件规定的办法预缴企业所得税。

三、建筑企业总机构直接管理的跨地区设立的项目部，应按项目实际经营收入的0.2%按月或按季由总机构向项目所在地预分企业所得税，并由项目部向所在地主管税务机关预缴。

四、建筑企业总机构应汇总计算企业应纳所得税，按照以下方法进行预缴：

（一）总机构只设跨地区项目部的，扣除已由项目部预缴的企业所得税后，按照其余额就地缴纳；

（二）总机构只设二级分支机构的，按照国税发〔2008〕28号文件规定计算总、分支机构应缴纳的税款；

（三）总机构既有直接管理的跨地区项目部，又有跨地区二级分支机构的，先扣除已由项目部预缴的企业所得税后，再按照国税发〔2008〕28号文件规定计算总、分支机构应缴纳的税款。

五、建筑企业总机构应按照有关规定办理企业所得税年度汇算清缴，各分支机构和项目部不进行汇算清缴。总机构年终汇算清缴后应纳所得税额小于已预缴的税款时，由总机构主管税务机关办理退税或抵扣以后年度的应缴企业所得税。

六、跨地区经营的项目部（包括二级以下分支机构管理的项目部）应向项目所在地主管税务机关出具总机构所在地主管税务机关开具的《外出经营活动税收管理证明》，未提供上述证明的，项目部所在地主管税务机关应督促其限期补办；不能提供上述证明的，应作为独立纳税人就地缴纳企业所得税。同时，项目部应向所在地主管税务机关提供总机构出具的证明该项目部属于总机构或二级分支机构管理的证明文件。

七、建筑企业总机构在办理企业所得税预缴和汇算清缴时，应附送其所直接管理的跨地区经营项目部就地预缴税款的完税证明。

八、建筑企业在同一省、自治区、直辖市和计划单列市设立的跨地（市、县）项目部，其企业所得税的征收管理办法，由各省、自治区、直辖市和计划单列市国家税务局、地方税务局共同制定，并报国家税务总局备案。

九、本通知自2010年1月1日起施行。

国家税务总局关于房地产开发企业开发产品完工条件确认问题的通知

国税函〔2010〕201号

各省、自治区、直辖市和计划单列市国家税务局、地方税务局：

现就房地产开发企业开发产品完工条件确认有关问题，通知如下：

根据《国家税务总局关于房地产开发经营业务征收企业所得税问题的通知》（国税发〔2006〕31号）规定精神和《国家税务总局关于印发〈房地产开发经营业务企业所得税处理办法〉的通知》（国税发〔2009〕31号）第三条规定，房地产开发企业建造、开发的开发产品，无论工程质量是否通过验收合格，或是否办理完工（竣工）备案手续以及会计决算手续，当企业开始办理开发产品交付手续（包括入住手续）、或已开始实际投入使用时，为开发产品开始投入使用，应视为开发产品已经完工。房地产开发企业应按规定及时结算开发产品计税成本，并计算企业当年度应纳税所得额。

国家税务总局关于环境保护节能节水安全生产等专用设备投资抵免企业所得税有关问题的通知

国税函〔2010〕256号

各省、自治区、直辖市和计划单列市国家税务局、地方税务局：

现就环境保护、节能节水、安全生产等专用设备投资抵免企业所得税的有关问题通知如下：

根据《财政部 国家税务总局关于全国实施增值税转型改革若干问题的通知》（财税〔2008〕170号）规定，自2009年1月1日起，增值税一般纳税人购进固定资产发生的进项税额可从其销项税额中抵扣，因此，自2009年1月1日起，纳税人购进并实际使用《环境保护专用设备企业所得税优惠目录》、《节能节水专用设备企业所得税优惠目录》和《安全生产专用设备企业所得税优惠目录》范围内的专用设备并取得增值税专用发票的，在按照《财政部 国家税务总局关于执行环境保护专用设备企业所得税优惠目录节能节水专用设备企业所得税优惠目录和安全生产专用设备企业所得税优惠目录有关问题的通知》（财税〔2008〕48号）第二条规定进行税额抵免时，如增值税进项税额允许抵扣，其专用设备投资额不再包括增值税进项税额；如增值税进项税额不允许抵扣，其专用设备投资额应为增值税专用发票上注明的价税合计金额。企业购买专用设备取得普通发票的，其专用设备投资额为普通发票上注明的金额。

国家税务总局关于境外分行取得来源于境内利息所得扣缴企业所得税问题的通知

国税函〔2010〕266号

各省、自治区、直辖市和计划单列市国家税务局、地方税务局：

关于对境外分行取得来源于境内利息所得扣缴企业所得税有关问题，现通知如下：

一、税收协定列名的免税外国金融机构设在第三国的非法人分支机构与其总机构属于同一法人，除税收协定中明确规定只有列名金融机构的总机构可以享受免税待遇情况外，该分支机构取得的利息可以享受中国与其总机构所在国签订的税收协定中规定的免税待遇。在执行上述规定时，应严格按《国家税务总局关于印发〈非居民享受税收协定待遇管理办法（试行）〉的通知》（国税发〔2009〕124号）有关规定办理审批手续。

二、属于中国居民企业的银行在境外设立的非法人分支机构同样是中国的居民，该分支机构取得的来源于中国的利息，不论是由中国居民还是外国居民设在中国的常设机构支付，均不适用我国与该分支机构所在国签订的税收协定，应适用我国国内法的相关规定，即按照《国家税务总局关于加强非居民企业来源于我国利息所得扣缴企业所得税工作的通知》（国税函〔2008〕955号）文件办理。

国家税务总局关于“公司＋农户”经营模式企业所得税优惠问题的公告

国家税务总局公告2010年第2号

现就有关“公司＋农户”模式企业所得税优惠问题公告如下：

目前，一些企业采取“公司＋农户”经营模式从事牲畜、家禽的饲养，即公司与农户签订委托养殖合同，向农户提供畜禽苗、饲料、兽药及疫苗等（所有权〈产权〉仍属于公司），农户将畜禽养大成为成品后交付公司回收。鉴于采取“公司＋农户”经营模式的企业，虽不直接从事畜禽的养殖，但系委托农户饲养，并承担诸如市场、管理、采购、销售等经营职责及绝大部分经营管理风险，公司和农户是劳务外包关系。为此，对此类以“公司＋农户”经营模式从事农、林、牧、渔业项目生产的企业，可以按照《中华人民共和国企业所得税法实施条例》第八十六条的有关规定，享受减免企业所得税优惠政策。

本公告自2010年1月1日起施行。

财政部 国家税务总局 民政部关于公益性捐赠税前扣除有关问题的补充通知

财税〔2010〕45号

各省、自治区、直辖市、计划单列市财政厅（局）、国家税务局、地方税务局、民政厅（局），新疆生产建设兵团财务局、民政局：

为进一步规范公益性捐赠税前扣除政策，加强税收征管，根据《财政部 国家税务总局 民政部关于公益性捐赠税前扣除有关问题的通知》(财税〔2008〕160 号)的有关规定，现将公益性捐赠税前扣除有关问题补充通知如下：

一、企业或个人通过获得公益性捐赠税前扣除资格的公益性社会团体或县级以上人民政府及其组成部门和直属机构，用于公益事业的捐赠支出，可以按规定进行所得税税前扣除。

县级以上人民政府及其组成部门和直属机构的公益性捐赠税前扣除资格不需要认定。

二、在财税〔2008〕160 号文件下发之前已经获得公益性捐赠税前扣除资格的公益性社会团体，必须按规定的条件和程序重新提出申请，通过认定后才能获得公益性捐赠税前扣除资格。

符合财税〔2008〕160 号文件第四条规定的基金会、慈善组织等公益性社会团体，应同时向财政、税务、民政部门提出申请，并分别报送财税〔2008〕160 号文件第七条规定的材料。

民政部门负责对公益性社会团体资格进行初步审查，财政、税务部门会同民政部门对公益性捐赠税前扣除资格联合进行审核确认。

三、对获得公益性捐赠税前扣除资格的公益性社会团体，由财政部、国家税务总局和民政部以及省、自治区、直辖市、计划单列市财政、税务和民政部门每年分别联合公布名单。名单应当包括当年继续获得公益性捐赠税前扣除资格和新获得公益性捐赠税前扣除资格的公益性社会团体。

企业或个人在名单所属年度内向名单内的公益性社会团体进行的公益性捐赠支出，可按规定进行税前扣除。

四、2008 年 1 月 1 日以后成立的基金会，在首次获得公益性捐赠税前扣除资格后，原始基金的捐赠人在基金会首次获得公益性捐赠税前扣除资格的当年进行所得税汇算清缴时，可按规定进行税前扣除。

五、对于通过公益性社会团体发生的公益性捐赠支出，企业或个人应提供省级以上(含省级)财政部门印制并加盖接受捐赠单位印章的公益性捐赠票据，或加盖接受捐赠单位印章的《非税收入一般缴款书》收据联，方可按规定进行税前扣除。

对于通过公益性社会团体发生的公益性捐赠支出，主管税务机关应对照财政、税务、民政部门联合公布的名单予以办理，即接受捐赠的公益性社会团体位于名单内的，企业或个人在名单所属年度向名单内的公益性社会团体进行的公益性捐赠支出可按规定进行税前扣除；接受捐赠的公益性社会团体不在名单内，或虽在名单内但企业或个人发生的公益性捐赠支出不属于名单所属年度的，不得扣除。

六、对已经获得公益性捐赠税前扣除资格的公益性社会团体，其年度检查连续两年基本合格视同为财税〔2008〕160 号文件第十条规定的年度检查不合格，应取消公益性捐赠税前扣除资格。

七、获得公益性捐赠税前扣除资格的公益性社会团体，发现其不再符合财税〔2008〕160 号文件第四条规定条件之一，或存在财税〔2008〕160 号文件第十条规定情形之一的，应自发现之日起 15 日内向主管税务机关报告，主管税务机关可暂时明确其获得资格的次年内企业或个人向该公益性社会团体的公益性捐赠支出，不得税前扣除。同时，提请审核确认其公益性捐赠税前扣除资格的财政、税务、民政部门明确其获得资格的次年不具有公益性捐赠税前扣除资格。

税务机关在日常管理过程中，发现公益性社会团体不再符合财税〔2008〕160 号文件第四条规定条件之一，或存在财税〔2008〕160 号文件第十条规定情形之一的，也按上述规定处理。

国家税务总局关于发布《企业重组业务企业所得税管理办法》的公告

国家税务总局公告 2010 年第 4 号

现将《企业重组业务企业所得税管理办法》予以发布，自 2010 年 1 月 1 日起施行。

本办法发布时企业已经完成重组业务的，如适用《财政部 国家税务总局关于企业重组业务企业所得税处理若干问题的通知》(财税〔2009〕59 号)特殊税务处理，企业没有按照本办法要求准备相关资料的，应补备相关资料；需要税务机关确认的，按照本办法要求补充确认。2008、2009 年度企业重组业务尚未进行税务处理的，可按本办法处理。

特此公告。

企业重组业务企业所得税管理办法

第一章 总则及定义

第一条 为规范和加强对企业重组业务的企业所得税管理，根据《中华人民共和国企业所得税法》(以下简称《税法》)及其实施条例(以下简称《实施条例》)、《中华人民共和国税收征收管理法》及其实施细则(以下简称《征管法》)、《财政部 国家税务总局关于企业重组业务企业所得税处理若干问题的通知》(财税〔2009〕59号)(以下简称《通知》)等有关规定，制定本办法。

第二条 本办法所称企业重组业务，是指《通知》第一条所规定的企业法律形式改变、债务重组、股权收购、资产收购、合并、分立等各类重组。

第三条 企业发生各类重组业务，其当事各方，按重组类型，分别指以下企业：

(一)债务重组中当事各方，指债务人及债权人。

(二)股权收购中当事各方，指收购方、转让方及被收购企业。

(三)资产收购中当事各方，指转让方、受让方。

(四)合并中当事各方，指合并企业、被合并企业及各方股东。

(五)分立中当事各方，指分立企业、被分立企业及各方股东。

第四条 同一重组业务的当事各方应采取一致税务处理原则，即统一按一般性或特殊性税务处理。

第五条 《通知》第一条第(四)项所称实质经营性资产，是指企业用于从事生产经营活动、与产生经营收入直接相关的资产，包括经营所用各类资产、企业拥有的商业信息和技术、经营活动产生的应收款项、投资资产等。

第六条 《通知》第二条所称控股企业，是指由本企业直接持有股份的企业。

第七条 《通知》中规定的企业重组，其重组日的确定，按以下规定处理：

(一)债务重组，以债务重组合同或协议生效日为重组日。

(二)股权收购，以转让协议生效且完成股权变更手续日为重组日。

(三)资产收购，以转让协议生效且完成资产实际交割日为重组日。

(四)企业合并，以合并企业取得被合并企业资产所有权并完成工商登记变更日期为重组日。

(五)企业分立，以分立企业取得被分立企业资产所有权并完成工商登记变更日期为重组日。

第八条 重组业务完成年度的确定，可以按各当事方适用的会计准则确定，具体参照各当事方经审计的年度财务报告。由于当事方适用的会计准则不同导致重组业务完成年度的判定有差异时，各当事方应协商一致，确定同一个纳税年度作为重组业务完成年度。

第九条 本办法所称评估机构，是指具有合法资质的中国资产评估机构。

第二章 企业重组一般性税务处理管理

第十条 企业发生《通知》第四条第(一)项规定的由法人转变为个人独资企业、合伙企业等非法人组织，或将登记注册地转移至中华人民共和国境外(包括港澳台地区)，应按照《财政部 国家税务总局关于企业清算业务企业所得税处理若干问题的通知》(财税〔2009〕60号)规定进行清算。

企业在报送《企业清算所得纳税申报表》时，应附送以下资料：

(一)企业改变法律形式的工商部门或其他政府部门的批准文件；

(二)企业全部资产的计税基础以及评估机构出具的资产评估报告；

(三)企业债权、债务处理或归属情况说明；

(四)主管税务机关要求提供的其他资料证明。

第十一条 企业发生《通知》第四条第(二)项规定的债务重组，应准备以下相关资料，以备税务机关检查。

(一)以非货币资产清偿债务的，应保留当事各方签订的清偿债务的协议或合同，以及非货币资产公允价格确认的合法证据等；

（二）债权转股权的，应保留当事各方签订的债权转股权协议或合同。

第十二条 企业发生《通知》第四条第（三）项规定的股权收购、资产收购重组业务，应准备以下相关资料，以备税务机关检查。

（一）当事各方所签订的股权收购、资产收购业务合同或协议；

（二）相关股权、资产公允价值的合法证据。

第十三条 企业发生《通知》第四条第（四）项规定的合并，应按照财税〔2009〕60号文件规定进行清算。

被合并企业在报送《企业清算所得纳税申报表》时，应附送以下资料：

（一）企业合并的工商部门或其他政府部门的批准文件；

（二）企业全部资产和负债的计税基础以及评估机构出具的资产评估报告；

（三）企业债务处理或归属情况说明；

（四）主管税务机关要求提供的其他资料证明。

第十四条 企业发生《通知》第四条第（五）项规定的分立，被分立企业不再继续存在，应按照财税〔2009〕60号文件规定进行清算。

被分立企业在报送《企业清算所得纳税申报表》时，应附送以下资料：

（一）企业分立的工商部门或其他政府部门的批准文件；

（二）被分立企业全部资产的计税基础以及评估机构出具的资产评估报告；

（三）企业债务处理或归属情况说明；

（四）主管税务机关要求提供的其他资料证明。

第十五条 企业合并或分立，合并各方企业或分立企业涉及享受《税法》第五十七条规定中就企业整体（即全部生产经营所得）享受的税收优惠过渡政策尚未期满的，仅就存续企业未享受完的税收优惠，按照《通知》第九条的规定执行；注销的被合并或被分立企业未享受完的税收优惠，不再由存续企业承继；合并或分立而新设的企业不得再承继或重新享受上述优惠。合并或分立各方企业按照《税法》的税收优惠规定和税收优惠过渡政策中就企业有关生产经营项目的所得享受的税收优惠承继问题，按照《实施条例》第八十九条规定执行。

第三章 企业重组特殊性税务处理管理

第十六条 企业重组业务，符合《通知》规定条件并选择特殊性税务处理的，应按照《通知》第十一条规定进行备案；如企业重组各方需要税务机关确认，可以选择由重组主导方向主管税务机关提出申请，层报省税务机关给予确认。

采取申请确认的，主导方和其他当事方不在同一省（自治区、市）的，主导方省税务机关应将确认文件抄送其他当事方所在地省税务机关。

省税务机关在收到确认申请时，原则上应在当年度企业所得税汇算清缴前完成确认。特殊情况，需要延长的，应将延长理由告知主导方。

第十七条 企业重组主导方，按以下原则确定：

（一）债务重组为债务人；

（二）股权收购为股权转让方；

（三）资产收购为资产转让方；

（四）吸收合并为合并后拟存续的企业，新设合并为合并前资产较大的企业；

（五）分立为被分立的企业或存续企业。

第十八条 企业发生重组业务，按照《通知》第五条第（一）项要求，企业在备案或提交确认申请时，应从以下方面说明企业重组具有合理的商业目的：

（一）重组活动的交易方式。即重组活动采取的具体形式、交易背景、交易时间、在交易之前和之后的运作方式和有关的商业常规；

（二）该项交易的形式及实质。即形式上交易所产生的法律权利和责任，也是该项交易的法律后果。另外，交易实际上或商业上产生的最终结果；

（三）重组活动给交易各方税务状况带来的可能变化；

（四）重组各方从交易中获得的财务状况变化；

（五）重组活动是否给交易各方带来了在市场原则下不会产生的异常经济利益或潜在义务；

（六）非居民企业参与重组活动的情况。

第十九条 《通知》第五条第（三）和第（五）项所称"企业重组后的连续12个月内"，是指自重组日起计算的连续12个月内。

第二十条 《通知》第五条第（五）项规定的原主要股东，是指原持有转让企业或被收购企业20%以上股权的股东。

第二十一条 《通知》第六条第（四）项规定的同一控制，是指参与合并的企业在合并前后均受同一方或相同的多方最终控制，且该控制并非暂时性的。能够对参与合并的企业在合并前后均实施最终控制权的相同多方，是指根据合同或协议的约定，对参与合并企业的财务和经营政策拥有决定控制权的投资者群体。在企业合并前，参与合并各方受最终控制方的控制在12个月以上，企业合并后所形成的主体在最终控制方的控制时间也应达到连续12个月。

第二十二条 企业发生《通知》第六条第（一）项规定的债务重组，根据不同情形，应准备以下资料：

（一）发生债务重组所产生的应纳税所得额占该企业当年应纳税所得额50%以上的，债务重组所得要求在5个纳税年度的期间内，均匀计入各年度应纳税所得额的，应准备以下资料：

1. 当事方的债务重组的总体情况说明（如果采取申请确认的，应为企业的申请，下同），情况说明中应包括债务重组的商业目的；

2. 当事各方所签订的债务重组合同或协议；

3. 债务重组所产生的应纳税所得额、企业当年应纳税所得额情况说明；

4. 税务机关要求提供的其他资料证明。

（二）发生债权转股权业务，债务人对债务清偿业务暂不确认所得或损失，债权人对股权投资的计税基础以原债权的计税基础确定，应准备以下资料：

1. 当事方的债务重组的总体情况说明。情况说明中应包括债务重组的商业目的；

2. 双方所签订的债转股合同或协议；

3. 企业所转换的股权公允价格证明；

4. 工商部门及有关部门核准相关企业股权变更事项证明材料；

5. 税务机关要求提供的其他资料证明。

第二十三条 企业发生《通知》第六条第（二）项规定的股权收购业务，应准备以下资料：

（一）当事方的股权收购业务总体情况说明，情况说明中应包括股权收购的商业目的；

（二）双方或多方所签订的股权收购业务合同或协议；

（三）由评估机构出具的所转让及支付的股权公允价值；

（四）证明重组符合特殊性税务处理条件的资料，包括股权比例，支付对价情况，以及12个月内不改变资产原来的实质性经营活动和原主要股东不转让所取得股权的承诺书等；

（五）工商等相关部门核准相关企业股权变更事项证明材料；

（六）税务机关要求的其他材料。

第二十四条 企业发生《通知》第六条第（三）项规定的资产收购业务，应准备以下资料：

（一）当事方的资产收购业务总体情况说明，情况说明中应包括资产收购的商业目的；

（二）当事各方所签订的资产收购业务合同或协议；

（三）评估机构出具的资产收购所体现的资产评估报告；

（四）受让企业股权的计税基础的有效凭证；

（五）证明重组符合特殊性税务处理条件的资料，包括资产收购比例，支付对价情况，以及12个月内不改变资产原来的实质性经营活动、原主要股东不转让所取得股权的承诺书等；

（六）工商部门核准相关企业股权变更事项证明材料；

（七）税务机关要求提供的其他材料证明。

第二十五条 企业发生《通知》第六条第（四）项规定的合并，应准备以下资料：

（一）当事方企业合并的总体情况说明。情况说明中应包括企业合并的商业目的；

(二)企业合并的政府主管部门的批准文件;

(三)企业合并各方当事人的股权关系说明;

(四)被合并企业的净资产、各单项资产和负债及其账面价值和计税基础等相关资料;

(五)证明重组符合特殊性税务处理条件的资料,包括合并前企业各股东取得股权支付比例情况以及12个月内不改变资产原来的实质性经营活动、原主要股东不转让所取得股权的承诺书等;

(六)工商部门核准相关企业股权变更事项证明材料;

(七)主管税务机关要求提供的其他资料证明。

第二十六条 《通知》第六条第(四)项所规定的可由合并企业弥补的被合并企业亏损的限额,是指按《税法》规定的剩余结转年限内,每年可由合并企业弥补的被合并企业亏损的限额。

第二十七条 企业发生《通知》第六条第(五)项规定的分立,应准备以下资料:

(一)当事方企业分立的总体情况说明。情况说明中应包括企业分立的商业目的;

(二)企业分立的政府主管部门的批准文件;

(三)被分立企业的净资产、各单项资产和负债账面价值和计税基础等相关资料;

(四)证明重组符合特殊性税务处理条件的资料,包括分立后企业各股东取得股权支付比例情况以及12个月内不改变资产原来的实质性经营活动、原主要股东不转让所取得股权的承诺书等;

(五)工商部门认定的分立和被分立企业股东股权比例证明材料;分立后,分立和被分立企业工商营业执照复印件;分立和被分立企业分立业务账务处理复印件;

(六)税务机关要求提供的其他资料证明。

第二十八条 根据《通知》第六条第(四)项第2目规定,被合并企业合并前的相关所得税事项由合并企业承继,以及根据《通知》第六条第(五)项第2目规定,企业分立,已分立资产相应的所得税事项由分立企业承继,这些事项包括尚未确认的资产损失、分期确认收入的处理以及尚未享受期满的税收优惠政策承继处理问题等。其中,对税收优惠政策承继处理问题,凡属于依照《税法》第五十七条规定中就企业整体(即全部生产经营所得)享受税收优惠过渡政策的,合并或分立后的企业性质及适用税收优惠条件未发生改变的,可以继续享受合并前各企业或分立前被分立企业剩余期限的税收优惠。合并前各企业剩余的税收优惠年限不一致的,合并后企业每年度的应纳税所得额,应统一按合并日各合并前企业资产占合并后企业总资产的比例进行划分,再分别按相应的剩余优惠计算应纳税额。合并前各企业或分立前被分立企业按照《税法》的税收优惠规定以及税收优惠过渡政策中就有关生产经营项目所得享受的税收优惠承继处理问题,按照《实施条例》第八十九条规定执行。

第二十九条 适用《通知》第五条第(三)项和第(五)项的当事各方应在完成重组业务后的下一年度的企业所得税年度申报时,向主管税务机关提交书面情况说明,以证明企业在重组后的连续12个月内,有关符合特殊性税务处理的条件未发生改变。

第三十条 当事方的其中一方在规定时间内发生生产经营业务、公司性质、资产或股权结构等情况变化,致使重组业务不再符合特殊性税务处理条件的,发生变化的当事方应在情况发生变化的30天内书面通知其他所有当事方。主导方在接到通知后30日内将有关变化通知其主管税务机关。

上款所述情况发生变化后60日内,应按照《通知》第四条的规定调整重组业务的税务处理。原交易各方应各自按原交易完成时资产和负债的公允价值计算重组业务的收益或损失,调整交易完成纳税年度的应纳税所得额及相应的资产和负债的计税基础,并向各自主管税务机关申请调整交易完成纳税年度的企业所得税年度申报表。逾期不调整申报的,按照《征管法》的相关规定处理。

第三十一条 各当事方的主管税务机关应当对企业申报或确认适用特殊性税务处理的重组业务进行跟踪监管,了解重组企业的动态变化情况。发现问题,应及时与其他当事方主管税务机关沟通联系,并按照规定给予调整。

第三十二条 根据《通知》第十条规定,若同一项重组业务涉及在连续12个月内分步交易,且跨两个纳税年度,当事各方在第一步交易完成时预计整个交易可以符合特殊性税务处理条件,可以协商一致选择特殊性税务处理的,可在第一步交易完成后,适用特殊性税务处理。主管税务机关在审核有关资料后,符合条件的,可以暂认可适用特殊性税务处理。第二年进行下一步交易后,应按本办法要求,准备相关资料确认适用特殊性税务处理。

第三十三条 上述跨年度分步交易，若当事方在首个纳税年度不能预计整个交易是否符合特殊性税务处理条件，应适用一般性税务处理。在下一纳税年度全部交易完成后，适用特殊性税务处理的，可以调整上一纳税年度的企业所得税年度申报表，涉及多缴税款的，各主管税务机关应退税，或抵缴当年应纳税款。

第三十四条 企业重组的当事各方应该取得并保管与该重组有关的凭证、资料，保管期限按照《征管法》的有关规定执行。

第四章 跨境重组税收管理

第三十五条 发生《通知》第七条规定的重组，凡适用特殊性税务处理规定的，应按照本办法第三章相关规定执行。

第三十六条 发生《通知》第七条第(一)、(二)项规定的重组，适用特殊税务处理的，应按照《国家税务总局关于印发〈非居民企业所得税源泉扣缴管理暂行办法〉的通知》(国税发〔2009〕3 号)和《国家税务总局关于加强非居民企业股权转让所得企业所得税管理的通知》(国税函〔2009〕698 号)要求，准备资料。

第三十七条 发生《通知》第七条第(三)项规定的重组，居民企业应向其所在地主管税务机关报送以下资料：

1. 当事方的重组情况说明，申请文件中应说明股权转让的商业目的；
2. 双方所签订的股权转让协议；
3. 双方控股情况说明；
4. 由评估机构出具的资产或股权评估报告。报告中应分别列示涉及的各单项被转让资产和负债的公允价值；
5. 证明重组符合特殊性税务处理条件的资料，包括股权或资产转让比例，支付对价情况，以及 12 个月内不改变资产原来的实质性经营活动、不转让所取得股权的承诺书等；
6. 税务机关要求的其他材料。

国家税务总局关于企业股权投资损失所得税处理问题的公告

国家税务总局公告 2010 年第 6 号

根据《中华人民共和国企业所得税法》第八条及其有关规定，现就企业股权投资损失所得税处理问题公告如下：

一、企业对外进行权益性(以下简称股权)投资所发生的损失，在经确认的损失发生年度，作为企业损失在计算企业应纳税所得额时一次性扣除。

二、本规定自 2010 年 1 月 1 日起执行。本规定发布以前，企业发生的尚未处理的股权投资损失，按照本规定，准予在 2010 年度一次性扣除。

特此公告。

国家税务总局关于取消合并纳税后以前年度尚未弥补亏损有关企业所得税问题的公告

国家税务总局公告 2010 年第 7 号

根据《财政部 国家税务总局关于试点企业集团缴纳企业所得税有关问题的通知》(财税〔2008〕119 号)规定，自 2009 年度开始，一些企业集团取消了合并申报缴纳企业所得税。现就取消合并申报缴纳企业所得税后，对汇总在企业集团总部、尚未弥补的累计亏损处理问题，公告如下：

一、企业集团取消了合并申报缴纳企业所得税后，截至2008年年底，企业集团合并计算的累计亏损，属于符合《中华人民共和国企业所得税法》第十八条规定5年结转期限内的，可分配给其合并成员企业（包括企业集团总部）在剩余结转期限内，结转弥补。

二、企业集团应根据各成员企业截至2008年年底的年度所得税申报表中的盈亏情况，凡单独计算是亏损的各成员企业，参与分配第一条所指的可继续弥补的亏损；盈利企业不参与分配。具体分配公式如下：

$$\text{成员企业分配的亏损额}=\text{某成员企业单独计算盈亏尚未弥补的亏损额}\div\text{各成员企业单独计算盈亏尚未弥补的亏损额之和}\times\text{集团公司合并计算累计可继续弥补的亏损额}$$

三、企业集团在按照第二条所规定的方法分配亏损时，应根据集团每年汇总计算中这些亏损发生的实际所属年度，确定各成员企业所分配的亏损额中具体所属年度及剩余结转期限。

四、企业集团按照上述方法分配各成员企业亏损额后，应填写《企业集团公司累计亏损分配表》（见附件）并下发给各成员企业，同时抄送企业集团主管税务机关。

五、本公告自2009年1月1日起执行。

国家税务总局关于融资性售后回租业务中承租方出售资产行为有关税收问题的公告

国家税务总局公告2010年第13号

现就融资性售后回租业务中承租方出售资产行为有关税收问题公告如下：

融资性售后回租业务是指承租方以融资为目的将资产出售给经批准从事融资租赁业务的企业后，又将该项资产从该融资租赁企业租回的行为。融资性售后回租业务中承租方出售资产时，资产所有权以及与资产所有权有关的全部报酬和风险并未完全转移。

一、增值税和营业税

根据现行增值税和营业税有关规定，融资性售后回租业务中承租方出售资产的行为，不属于增值税和营业税征收范围，不征收增值税和营业税。

二、企业所得税

根据现行企业所得税法及有关收入确定规定，融资性售后回租业务中，承租人出售资产的行为，不确认为销售收入，对融资性租赁的资产，仍按承租人出售前原账面价值作为计税基础计提折旧。租赁期间，承租人支付的属于融资利息的部分，作为企业财务费用在税前扣除。

本公告自2010年10月1日起施行。此前因与本公告规定不一致而已征的税款予以退税。

财政部 国家税务总局关于支持公共租赁住房建设和运营有关税收优惠政策的通知

财税〔2010〕88号

各省、自治区、直辖市、计划单列市财政厅（局）、地方税务局，西藏、宁夏、青海省（自治区）国家税务局，新疆生产建设兵团财务局：

根据国务院办公厅《关于促进房地产市场平稳健康发展的通知》（国办发〔2010〕4号）、《国务院关于坚决遏制部分城市房价过快上涨的通知》（国发〔2010〕10号）和住房城乡建设部等七部门《关于加快发展公共租赁住房的指导意见》（建保〔2010〕87号）精神，现对公共租赁住房（以下简称公租房）建设和运营有关税收政策通知如下：

一、对公租房建设期间用地及公租房建成后占地免征城镇土地使用税。在其他住房项目中配套建设公租房，依据政府部门出具的相关材料，可按公租房建筑面积占总建筑面积的比例免征建造、管理公租房涉及的城镇土地使用税。

二、对公租房经营管理单位建造公租房涉及的印花税予以免征。在其他住房项目中配套建设公租房，依据政府部门出具的相关材料，可按公租房建筑面积占总建筑面积的比例免征建造、管理公租房涉及的印花税。

三、对公租房经营管理单位购买住房作为公租房，免征契税、印花税；对公租房租赁双方签订租赁协议涉及的印花税予以免征。

四、对企事业单位、社会团体以及其他组织转让旧房作为公租房房源，且增值额未超过扣除项目金额20%的，免征土地增值税。

五、企事业单位、社会团体以及其他组织捐赠住房作为公租房，符合税收法律法规规定的，捐赠支出在年度利润总额12%以内的部分，准予在计算应纳税所得额时扣除。

六、对经营公租房所取得的租金收入，免征营业税、房产税。公租房租金收入与其他住房经营收入应单独核算，未单独核算的，不得享受免征营业税、房产税优惠政策。

七、享受上述税收优惠政策的公租房是指纳入省、自治区、直辖市、计划单列市人民政府及新疆生产建设兵团批准的公租房发展规划和年度计划，以及按照建保〔2010〕87号文件和市、县人民政府制定的具体管理办法进行管理的公租房。不同时符合上述条件的公租房不得享受上述税收优惠政策。

八、上述政策自发文之日起执行，执行期限暂定三年，政策到期后将根据公租房建设和运营情况对有关内容加以完善。

国家税务总局关于企业取得财产转让等所得企业所得税处理问题的公告

国家税务总局公告2010年第19号

根据《中华人民共和国企业所得税法实施条例》第二十五条规定，现就企业以不同形式取得财产转让等收入征收企业所得税问题公告如下：

一、企业取得财产（包括各类资产、股权、债权等）转让收入、债务重组收入、接受捐赠收入、无法偿付的应付款收入等，不论是以货币形式、还是非货币形式体现，除另有规定外，均应一次性计入确认收入的年度计算缴纳企业所得税。

二、本公告自发布之日起30日后施行。2008年1月1日至本公告施行前，各地就上述收入计算的所得，已分5年平均计入各年度应纳税所得额计算纳税的，在本公告发布后，对尚未计算纳税的应纳税所得额，应一次性作为本年度应纳税所得额计算纳税。

国家税务总局关于查增应纳税所得额弥补以前年度亏损处理问题的公告

国家税务总局公告2010年第20号

现就税务机关检查调增的企业应纳税所得额弥补以前年度亏损问题公告如下：

一、根据《中华人民共和国企业所得税法》（以下简称企业所得税法）第五条的规定，税务机关对企业以前年度纳税情况进行检查时调增的应纳税所得额，凡企业以前年度发生亏损、且该亏损属于企业所得税法规定允许弥补的，应允许调增的应纳税所得额弥补该亏损。弥补该亏损后仍有余额的，按照企业所得税法规定计算缴纳企业所得税。对检查调增的应纳税所得额应根据其情节，依照《中华人民共和国税收征收管理法》有关规定进行处理或处罚。

二、本规定自2010年12月1日开始执行。以前（含2008年度之前）没有处理的事项，按本规定执行。

国家税务总局关于金融企业贷款利息收入确认问题的公告

国家税务总局公告2010年第23号

根据《中华人民共和国企业所得税法》及其实施条例的规定，现对金融企业贷款利息收入所得税处理问题公告如下：

一、金融企业按规定发放的贷款，属于未逾期贷款（含展期，下同），应根据先收利息后收本金的原则，按贷款合同确认的利率和结算利息的期限计算利息，并于债务人应付利息的日期确认收入的实现；属于逾期贷款，其逾期后发生的应收利息，应于实际收到的日期，或者虽未实际收到，但会计上确认为利息收入的日期，确认收入的实现。

二、金融企业已确认为利息收入的应收利息，逾期90天仍未收回，且会计上已冲减了当期利息收入的，准予抵扣当期应纳税所得额。

三、金融企业已冲减了利息收入的应收未收利息，以后年度收回时，应计入当期应纳税所得额计算纳税。

四、本公告自发布之日起30日后施行。

特此公告。

财政部 国家税务总局 商务部科技部国家发展改革委关于技术先进型服务企业有关企业所得税政策问题的通知

财税〔财税〕65号

北京、天津、大连、黑龙江、上海、江苏、浙江、安徽、厦门、江西、山东、湖北、湖南、广东、深圳、重庆、四川、陕西省（直辖市、计划单列市）财政厅（局）、国家税务局、地方税务局、商务主管部门、科技厅（委、局）、发展改革委：

根据国务院有关文件精神，现就技术先进型服务企业有关企业所得税政策问题通知如下：

一、自2010年7月1日起至2013年12月31日止，在北京、天津、上海、重庆、大连、深圳、广州、武汉、哈尔滨、成都、南京、西安、济南、杭州、合肥、南昌、长沙、大庆、苏州、无锡、厦门等21个中国服务外包示范城市（以下简称示范城市）实行以下企业所得税优惠政策：

1. 对经认定的技术先进型服务企业，减按15%的税率征收企业所得税。

2. 经认定的技术先进型服务企业发生的职工教育经费支出，不超过工资薪金总额8%的部分，准予在计算应纳税所得额时扣除；超过部分，准予在以后纳税年度结转扣除。

二、享受本通知第一条规定的企业所得税优惠政策的技术先进型服务企业必须同时符合以下条件：

1. 从事《技术先进型服务业务认定范围（试行）》（详见附件）中的一种或多种技术先进型服务业务，采用先进技术或具备较强的研发能力；

2. 企业的注册地及生产经营地在示范城市（含所辖区、县、县级市等全部行政区划）内；

3. 企业具有法人资格，近两年在进出口业务管理、财务管理、税收管理、外汇管理、海关管理等方面无违法行为；

4. 具有大专以上学历的员工占企业职工总数的50%以上；

5. 从事《技术先进型服务业务认定范围（试行）》中的技术先进型服务业务取得的收入占企业当年总收入的50%以上。

6. 从事离岸服务外包业务取得的收入不低于企业当年总收入的50%。

从事离岸服务外包业务取得的收入，是指企业根据境外单位与其签订的委托合同，由本企业或其直接转包的企业为境外单位提供《技术先进型服务业务认定范围(试行)》中所规定的信息技术外包服务(ITO)、技术性业务流程外包服务(BPO)和技术性知识流程外包服务(KPO),而从上述境外单位取得的收入。

三、技术先进型服务企业的认定管理

1. 示范城市人民政府科技部门会同本级商务、财政、税务和发展改革部门根据本通知规定制定具体管理办法,并报科技部、商务部、财政部、国家税务总局和国家发展改革委及所在省(直辖市、计划单列市)科技、商务、财政、税务和发展改革部门备案。

示范城市所在省(直辖市、计划单列市)科技部门会同本级商务、财政、税务和发展改革部门负责指导所辖示范城市的技术先进型服务企业认定管理工作。

2. 符合条件的技术先进型服务企业应向所在示范城市人民政府科技部门提出申请,由示范城市人民政府科技部门会同本级商务、财政、税务和发展改革部门联合评审并发文认定。认定企业名单应及时报科技部、商务部、财政部、国家税务总局和国家发展改革委及所在省(直辖市、计划单列市)科技、商务、财政、税务和发展改革部门备案。

3. 经认定的技术先进型服务企业,持相关认定文件向当地主管税务机关办理享受本通知第一条规定的企业所得税优惠政策事宜。享受企业所得税优惠的技术先进型服务企业条件发生变化的,应当自发生变化之日起 15 日内向主管税务机关报告;不再符合享受税收优惠条件的,应当依法履行纳税义务。主管税务机关在执行税收优惠政策过程中,发现企业不具备技术先进型服务企业资格的,应暂停企业享受税收优惠,并提请认定机构复核。

4. 示范城市人民政府科技、商务、财政、税务和发展改革部门及所在省(直辖市、计划单列市)科技、商务、财政、税务和发展改革部门对经认定并享受税收优惠政策的技术先进型服务企业应做好跟踪管理,对变更经营范围、合并、分立、转业、迁移的企业,如不符合认定条件的,应及时取消其享受税收优惠政策的资格。

四、示范城市人民政府财政、税务、商务、科技和发展改革部门要认真贯彻落实本通知的各项规定,切实搞好沟通与协作。在政策实施过程中发现的问题,要及时逐级反映上报财政部、国家税务总局、商务部、科技部和国家发展改革委。

五、《财政部 国家税务总局 商务部科技部国家发展改革委关于技术先进型服务企业有关税收政策问题的通知》(财税〔2009〕63 号)自 2010 年 7 月 1 日起废止。

财政部 国家税务总局关于促进节能服务产业发展增值税营业税和企业所得税政策问题的通知

财税〔2010〕110 号

各省、自治区、直辖市、计划单列市财政厅(局)、国家税务局、地方税务局,新疆生产建设兵团财务局:

为鼓励企业运用合同能源管理机制,加大节能减排技术改造工作力度,根据税收法律法规有关规定和《国务院办公厅转发发展改革委等部门关于加快推进合同能源管理促进节能服务产业发展意见的通知》(国办发〔2010〕25 号)精神,现将节能服务公司实施合同能源管理项目涉及的增值税、营业税和企业所得税政策问题通知如下:

一、关于增值税、营业税政策问题

(一)对符合条件的节能服务公司实施合同能源管理项目,取得的营业税应税收入,暂免征收营业税。

(二)节能服务公司实施符合条件的合同能源管理项目,将项目中的增值税应税货物转让给用能企业,暂免征收增值税。

(三)本条所称"符合条件"是指同时满足以下条件:

1. 节能服务公司实施合同能源管理项目相关技术应符合国家质量监督检验检疫总局和国家标准化管理委员会发布的《合同能源管理技术通则》(GB/T 24915—2010)规定的技术要求;

2. 节能服务公司与用能企业签订《节能效益分享型》合同,其合同格式和内容,符合《合同法》和国家质量监督检验检疫总局和国家标准化管理委员会发布的《合同能源管理技术通则》(GB/T 24915—2010)等规定。

二、关于企业所得税政策问题

(一)对符合条件的节能服务公司实施合同能源管理项目,符合企业所得税税法有关规定的,自项目取得第一笔生产经营收入所属纳税年度起,第一年至第三年免征企业所得税,第四年至第六年按照25%的法定税率减半征收企业所得税。

(二)对符合条件的节能服务公司,以及与其签订节能效益分享型合同的用能企业,实施合同能源管理项目有关资产的企业所得税税务处理按以下规定执行:

1. 用能企业按照能源管理合同实际支付给节能服务公司的合理支出,均可以在计算当期应纳税所得额时扣除,不再区分服务费用和资产价款进行税务处理;

2. 能源管理合同期满后,节能服务公司转让给用能企业的因实施合同能源管理项目形成的资产,按折旧或摊销期满的资产进行税务处理,用能企业从节能服务公司接受有关资产的计税基础也应按折旧或摊销期满的资产进行税务处理;

3. 能源管理合同期满后,节能服务公司与用能企业办理有关资产的权属转移时,用能企业已支付的资产价款,不再另行计入节能服务公司的收入。

(三)本条所称"符合条件"是指同时满足以下条件:

1. 具有独立法人资格,注册资金不低于100万元,且能够单独提供用能状况诊断、节能项目设计、融资、改造(包括施工、设备安装、调试、验收等)、运行管理、人员培训等服务的专业化节能服务公司;

2. 节能服务公司实施合同能源管理项目相关技术应符合国家质量监督检验检疫总局和国家标准化管理委员会发布的《合同能源管理技术通则》(GB/T 24915—2010)规定的技术要求;

3. 节能服务公司与用能企业签订《节能效益分享型》合同,其合同格式和内容,符合《合同法》和国家质量监督检验检疫总局和国家标准化管理委员会发布的《合同能源管理技术通则》(GB/T 24915—2010)等规定;

4. 节能服务公司实施合同能源管理的项目符合《财政部 国家税务总局国家发展改革委关于公布环境保护节能节水项目企业所得税优惠目录(试行)的通知》(财税〔2009〕166号)"4、节能减排技术改造"类中第一项至第八项规定的项目和条件;

5. 节能服务公司投资额不低于实施合同能源管理项目投资总额的70%;

6. 节能服务公司拥有匹配的专职技术人员和合同能源管理人才,具有保障项目顺利实施和稳定运行的能力。

(四)节能服务公司与用能企业之间的业务往来,应当按照独立企业之间的业务往来收取或者支付价款、费用。不按照独立企业之间的业务往来收取或者支付价款、费用,而减少其应纳税所得额的,税务机关有权进行合理调整。

(五)用能企业对从节能服务公司取得的与实施合同能源管理项目有关的资产,应与企业其他资产分开核算,并建立辅助账或明细账。

(六)节能服务公司同时从事适用不同税收政策待遇项目的,其享受税收优惠项目应当单独计算收入、扣除,并合理分摊企业的期间费用;没有单独计算的,不得享受税收优惠政策。

三、本通知自2011年1月1日起执行。

财政部 国家税务总局关于居民企业技术转让有关企业所得税政策问题的通知

财税〔2010〕111号

各省、自治区、直辖市、计划单列市财政厅(局)、国家税务局、地方税务局,新疆生产建设兵团财务局:

根据《中华人民共和国企业所得税法》(以下简称企业所得税法)及《中华人民共和国企业所得税法实施

条例》(国务院令第512号,以下简称实施条例)的有关规定,现就符合条件的技术转让所得减免企业所得税有关问题通知如下:

一、技术转让的范围,包括居民企业转让专利技术、计算机软件著作权、集成电路布图设计权、植物新品种、生物医药新品种,以及财政部和国家税务总局确定的其他技术。

其中:专利技术,是指法律授予独占权的发明、实用新型和非简单改变产品图案的外观设计。

二、本通知所称技术转让,是指居民企业转让其拥有符合本通知第一条规定技术的所有权或5年以上(含5年)全球独占许可使用权的行为。

三、技术转让应签订技术转让合同。其中,境内的技术转让须经省级以上(含省级)科技部门认定登记,跨境的技术转让须经省级以上(含省级)商务部门认定登记,涉及财政经费支持产生技术的转让,需省级以上(含省级)科技部门审批。

居民企业技术出口应由有关部门按照商务部、科技部发布的《中国禁止出口限制出口技术目录》(商务部、科技部令2008年第12号)进行审查。居民企业取得禁止出口和限制出口技术转让所得,不享受技术转让减免企业所得税优惠政策。

四、居民企业从直接或间接持有股权之和达到100%的关联方取得的技术转让所得,不享受技术转让减免企业所得税优惠政策。

五、本通知自2008年1月1日起执行。

财政部 国家税务总局关于高新技术企业境外所得适用税率及税收抵免问题的通知

财税〔2011〕47号

各省、自治区、直辖市、计划单列市财政厅(局)、国家税务局、地方税务局,新疆生产建设兵团财务局:

根据《中华人民共和国企业所得税法》及其实施条例,以及《财政部 国家税务总局关于企业境外所得税收抵免有关问题的通知》(财税〔2009〕125号)的有关规定,现就高新技术企业境外所得适用税率及税收抵免有关问题补充明确如下:

一、以境内、境外全部生产经营活动有关的研究开发费用总额、总收入、销售收入总额、高新技术产品(服务)收入等指标申请并经认定的高新技术企业,其来源于境外的所得可以享受高新技术企业所得税优惠政策,即对其来源于境外所得可以按照15%的优惠税率缴纳企业所得税,在计算境外抵免限额时,可按照15%的优惠税率计算境内外应纳税总额。

二、上述高新技术企业境外所得税收抵免的其他事项,仍按照财税〔2009〕125号文件的有关规定执行。

三、本通知所称高新技术企业,是指依照《中华人民共和国企业所得税法》及其实施条例规定,经认定机构按照《高新技术企业认定管理办法》(国科发火〔2008〕172号)和《高新技术企业认定管理工作指引》(国科发火〔2008〕362号)认定取得高新技术企业证书并正在享受企业所得税15%税率优惠的企业。

四、本通知自2010年1月1日起执行。

财政部 国家税务总局关于新疆困难地区新办企业所得税优惠政策的通知

财税〔2011〕53号

新疆维吾尔自治区财政厅、国家税务局、地方税务局,新疆生产建设兵团财务局:

为推进新疆跨越式发展和长治久安,根据中共中央、国务院关于支持新疆经济社会发展的指示精神,现就新疆困难地区有关企业所得税优惠政策通知如下：

一、2010年1月1日至2020年12月31日，对在新疆困难地区新办的属于《新疆困难地区重点鼓励发展产业企业所得税优惠目录》（以下简称《目录》）范围内的企业，自取得第一笔生产经营收入所属纳税年度起，第一年至第二年免征企业所得税，第三年至第五年减半征收企业所得税。

二、新疆困难地区包括南疆三地州、其他国家扶贫开发重点县和边境县市。

三、属于《目录》范围内的企业是指以《目录》中规定的产业项目为主营业务，其主营业务收入占企业收入总额70%以上的企业。

四、第一笔生产经营收入，是指新疆困难地区重点鼓励发展产业项目已建成并投入运营后所取得的第一笔收入。

五、按照本通知规定享受企业所得税定期减免税政策的企业，在减半期内，按照企业所得税25%的法定税率计算的应纳税额减半征税。

六、财政部、国家税务总局会同有关部门研究制订《目录》，经国务院批准后公布实施，并根据新疆经济社会发展需要及企业所得税优惠政策实施情况适时调整。

七、对难以界定是否属于《目录》范围的项目，税务机关应当要求企业提供省级以上（含省级）有关行业主管部门出具的证明文件，并结合其他相关材料进行认定。

国家税务总局关于企业所得税若干问题的公告

国家税务总局公告2011年第34号

根据《中华人民共和国企业所得税法》（以下简称税法）以及《中华人民共和国企业所得税法实施条例》（以下简称《实施条例》）的有关规定，现就企业所得税若干问题公告如下：

一、关于金融企业同期同类贷款利率确定问题

根据《实施条例》第三十八条规定，非金融企业向非金融企业借款的利息支出，不超过按照金融企业同期同类贷款利率计算的数额的部分，准予税前扣除。鉴于目前我国对金融企业利率要求的具体情况，企业在按照合同要求首次支付利息并进行税前扣除时，应提供“金融企业的同期同类贷款利率情况说明”，以证明其利息支出的合理性。

“金融企业的同期同类贷款利率情况说明”中，应包括在签订该借款合同当时，本省任何一家金融企业提供同期同类贷款利率情况。该金融企业应为经政府有关部门批准成立的可以从事贷款业务的企业，包括银行、财务公司、信托公司等金融机构。“同期同类贷款利率”是指在贷款期限、贷款金额、贷款担保以及企业信誉等条件基本相同下，金融企业提供贷款的利率。既可以是金融企业公布的同期同类平均利率，也可以是金融企业对某些企业提供的实际贷款利率。

二、关于企业员工服饰费用支出扣除问题

企业根据其工作性质和特点，由企业统一制作并要求员工工作时统一着装所发生的工作服饰费用，根据《实施条例》第二十七条的规定，可以作为企业合理的支出给予税前扣除。

三、关于航空企业空勤训练费扣除问题

航空企业实际发生的飞行员养成费、飞行训练费、乘务训练费、空中保卫员训练费等空勤训练费用，根据《实施条例》第二十七条规定，可以作为航空企业运输成本在税前扣除。

四、关于房屋、建筑物固定资产改扩建的税务处理问题

企业对房屋、建筑物固定资产在未足额提取折旧前进行改扩建的，如属于推倒重置的，该资产原值减除提取折旧后的净值，应并入重置后的固定资产计税成本，并在该固定资产投入使用后的次月起，按照税法规定的折旧年限，一并计提折旧；如属于提升功能、增加面积的，该固定资产的改扩建支出，并入该固定资产计税基础，并从改扩建完工投入使用后的次月起，重新按税法规定的该固定资产折旧年限计提折旧，如该改扩建后的固定资产尚可使用的年限低于税法规定的最低年限的，可以按尚可使用的年限计提折旧。

五、投资企业撤回或减少投资的税务处理

投资企业从被投资企业撤回或减少投资，其取得的资产中，相当于初始出资的部分，应确认为投资收回；相当于被投资企业累计未分配利润和累计盈余公积按减少实收资本比例计算的部分，应确认为股息所得；其余部分确认为投资资产转让所得。

被投资企业发生的经营亏损，由被投资企业按规定结转弥补；投资企业不得调整减低其投资成本，也不得将其确认为投资损失。

六、关于企业提供有效凭证时间问题

企业当年度实际发生的相关成本、费用，由于各种原因未能及时取得该成本、费用的有效凭证，企业在预缴季度所得税时，可暂按账面发生金额进行核算；但在汇算清缴时，应补充提供该成本、费用的有效凭证。

七、本公告自2011年7月1日起施行。本公告施行以前，企业发生的相关事项已经按照本公告规定处理的，不再调整；已经处理，但与本公告规定处理不一致的，凡涉及需要按照本公告规定调减应纳税所得额的，应当在本公告施行后相应调减2011年度企业应纳税所得额。

特此公告。

国家税务总局关于企业国债投资业务企业所得税处理问题的公告

国家税务总局公告2011年第36号

根据《中华人民共和国企业所得税法》(以下简称企业所得税法)及其实施条例的规定，现对企业国债投资业务企业所得税处理问题，公告如下：

一、关于国债利息收入税务处理问题

(一)国债利息收入时间确认

1. 根据企业所得税法实施条例第十八条的规定，企业投资国债从国务院财政部门(以下简称发行者)取得的国债利息收入，应以国债发行时约定应付利息的日期，确认利息收入的实现。

2. 企业转让国债，应在国债转让收入确认时确认利息收入的实现。

(二)国债利息收入计算

企业到期前转让国债、或者从非发行者投资购买的国债，其持有期间尚未兑付的国债利息收入，按以下公式计算确定：

国债利息收入＝国债金额×(适用年利率÷365)×持有天数

上述公式中的“国债金额”，按国债发行面值或发行价格确定；“适用年利率”按国债票面年利率或折合年收益率确定；如企业不同时间多次购买同一品种国债的，“持有天数”可按平均持有天数计算确定。

(三)国债利息收入免税问题

根据企业所得税法第二十六条的规定，企业取得的国债利息收入，免征企业所得税。具体按以下规定执行：

1. 企业从发行者直接投资购买的国债持有至到期，其从发行者取得的国债利息收入，全额免征企业所得税。

2. 企业到期前转让国债、或者从非发行者投资购买的国债，其按本公告第一条第(二)项计算的国债利息收入，免征企业所得税。

二、关于国债转让收入税务处理问题

(一)国债转让收入时间确认

1. 企业转让国债应在转让国债合同、协议生效的日期，或者国债移交时确认转让收入的实现。

2. 企业投资购买国债，到期兑付的，应在国债发行时约定的应付利息的日期，确认国债转让收入的实现。

(二)国债转让收益(损失)计算

企业转让或到期兑付国债取得的价款，减除其购买国债成本，并扣除其持有期间按照本公告第一条计算的国债利息收入以及交易过程中相关税费后的余额，为企业转让国债收益（损失）。

（三）国债转让收益（损失）征税问题

根据企业所得税法实施条例第十六条规定，企业转让国债，应作为转让财产，其取得的收益（损失）应作为企业应纳税所得额计算纳税。

三、关于国债成本确定问题

（一）通过支付现金方式取得的国债，以买入价和支付的相关税费为成本；

（二）通过支付现金以外的方式取得的国债，以该资产的公允价值和支付的相关税费为成本；

四、关于国债成本计算方法问题

企业在不同时间购买同一品种国债的，其转让时的成本计算方法，可在先进先出法、加权平均法、个别计价法中选用一种。计价方法一经选用，不得随意改变。

五、本公告自 2011 年 1 月 1 日起施行。

特此公告。

国家税务总局关于企业转让上市公司限售股有关所得税问题的公告

国家税务总局公告 2011 年第 39 号

根据《中华人民共和国企业所得税法》（以下简称企业所得税法）及其实施条例的有关规定，现就企业转让上市公司限售股（以下简称限售股）有关所得税问题，公告如下：

一、纳税义务人的范围界定问题

根据企业所得税法第一条及其实施条例第三条的规定，转让限售股取得收入的企业（包括事业单位、社会团体、民办非企业单位等），为企业所得税的纳税义务人。

二、企业转让代个人持有的限售股征税问题

因股权分置改革造成原由个人出资而由企业代持有的限售股，企业在转让时按以下规定处理：

（一）企业转让上述限售股取得的收入，应作为企业应税收入计算纳税。

上述限售股转让收入扣除限售股原值和合理税费后的余额为该限售股转让所得。企业未能提供完整、真实的限售股原值凭证，不能准确计算该限售股原值的，主管税务机关一律按该限售股转让收入的 15%，核定为该限售股原值和合理税费。

依照本条规定完成纳税义务后的限售股转让收入余额转付给实际所有人时不再纳税。

（二）依法院判决、裁定等原因，通过证券登记结算公司，企业将其代持的个人限售股直接变更到实际所有人名下的，不视同转让限售股。

三、企业在限售股解禁前转让限售股征税问题

企业在限售股解禁前将其持有的限售股转让给其他企业或个人（以下简称受让方），其企业所得税问题按以下规定处理：

（一）企业应按减持在证券登记结算机构登记的限售股取得的全部收入，计入企业当年度应税收入计算纳税。

（二）企业持有的限售股在解禁前已签订协议转让给受让方，但未变更股权登记、仍由企业持有的，企业实际减持该限售股取得的收入，依照本条第一项规定纳税后，其余额转付给受让方的，受让方不再纳税。

四、本公告自 2011 年 7 月 1 日起执行。本公告生效后尚未处理的纳税事项，按照本公告规定处理；已经处理的纳税事项，不再调整。

特此公告。

财政部 海关总署 国家税务总局关于深入实施西部大开发战略有关税收政策问题的通知

财税〔2011〕58号

各省、自治区、直辖市、计划单列市财政厅(局)、国家税务局、地方税务局,新疆生产建设兵团财务局,海关总署广东分署、各直属海关:

为贯彻落实党中央、国务院关于深入实施西部大开发战略的精神,进一步支持西部大开发,现将有关税收政策问题通知如下:

一、对西部地区内资鼓励类产业、外商投资鼓励类产业及优势产业的项目在投资总额内进口的自用设备,在政策规定范围内免征关税。

二、自2011年1月1日至2020年12月31日,对设在西部地区的鼓励类产业企业减按15%的税率征收企业所得税。

上述鼓励类产业企业是指以《西部地区鼓励类产业目录》中规定的产业项目为主营业务,且其主营业务收入占企业收入总额70%以上的企业。《西部地区鼓励类产业目录》另行发布。

三、对西部地区2010年12月31日前新办的、根据《财政部 国家税务总局 海关总署关于西部大开发税收优惠政策问题的通知》(财税〔2001〕202号)第二条第三款规定可以享受企业所得税"两免三减半"优惠的交通、电力、水利、邮政、广播电视企业,其享受的企业所得税"两免三减半"优惠可以继续享受到期满为止。

四、本通知所称西部地区包括重庆市、四川省、贵州省、云南省、西藏自治区、陕西省、甘肃省、宁夏回族自治区、青海省、新疆维吾尔自治区、新疆生产建设兵团、内蒙古自治区和广西壮族自治区。湖南省湘西土家族苗族自治州、湖北省恩施土家族苗族自治州、吉林省延边朝鲜族自治州,可以比照西部地区的税收政策执行。

五、本通知自2011年1月1日起执行。《财政部 国家税务总局 海关总署关于西部大开发税收优惠政策问题的通知》(财税〔2001〕202号)、《国家税务总局关于落实西部大开发有关税收政策具体实施意见的通知》(国税发〔2002〕47号)、《财政部 国家税务总局关于西部大开发税收优惠政策适用目录变更问题的通知》(财税〔2006〕165号)、《财政部 国家税务总局关于将西部地区旅游景点和景区经营纳入西部大开发税收优惠政策范围的通知》(财税〔2007〕65号)自2011年1月1日起停止执行。

国家税务总局关于印发《境外注册中资控股居民企业所得税管理办法(试行)》的公告

国家税务总局公告2011年第45号

为规范和加强对依据实际管理机构标准被认定为居民企业的境外注册中资控股企业的所得税管理,国家税务总局制定了《境外注册中资控股居民企业所得税管理办法(试行)》,现予以发布,自2011年9月1日起施行。

特此公告。

附件:1. 境外注册中资控股企业居民身份认定书

2. 境外注册中资控股居民企业所得税管理情况汇总表

国家税务总局

二〇一一年七月二十七日

财政部 国家税务总局关于专项用途财政性资金企业所得税处理问题的通知

财税〔2011〕70 号

各省、自治区、直辖市、计划单列市财政厅(局)、国家税务局、地方税务局,新疆生产建设兵团财务局:

根据《中华人民共和国企业所得税法》及《中华人民共和国企业所得税法实施条例》(国务院令第 512 号,以下简称实施条例)的有关规定,经国务院批准,现就企业取得的专项用途财政性资金企业所得税处理问题通知如下:

一、企业从县级以上各级人民政府财政部门及其他部门取得的应计入收入总额的财政性资金,凡同时符合以下条件的,可以作为不征税收入,在计算应纳税所得额时从收入总额中减除:

(一)企业能够提供规定资金专项用途的资金拨付文件;

(二)财政部门或其他拨付资金的政府部门对该资金有专门的资金管理办法或具体管理要求;

(三)企业对该资金以及以该资金发生的支出单独进行核算。

二、根据实施条例第二十八条的规定,上述不征税收入用于支出所形成的费用,不得在计算应纳税所得额时扣除;用于支出所形成的资产,其计算的折旧、摊销不得在计算应纳税所得额时扣除。

三、企业将符合本通知第一条规定条件的财政性资金作不征税收入处理后,在 5 年(60 个月)内未发生支出且未缴回财政部门或其他拨付资金的政府部门的部分,应计入取得该资金第六年的应税收入总额;计入应税收入总额的财政性资金发生的支出,允许在计算应纳税所得额时扣除。

四、本通知自 2011 年 1 月 1 日起执行。

财政部 国家税务总局关于延长金融企业涉农贷款和中小企业贷款损失准备金税前扣除政策执行期限的通知

财税〔2011〕104 号

各省、自治区、直辖市、计划单列市财政厅(局)、国家税务局、地方税务局,新疆生产建设兵团财务局:

经国务院批准,《财政部 国家税务总局关于金融企业涉农贷款和中小企业贷款损失准备金税前扣除政策的通知》(财税〔2009〕99 号)规定的金融企业涉农贷款和中小企业贷款损失准备金税前扣除的政策,继续执行至 2013 年 12 月 31 日。

请遵照执行。

财政部 国家税务总局 民政部关于生产和装配伤残人员专门用品企业免征企业所得税的通知

财税〔2011〕81 号

各省、自治区、直辖市、计划单列市财政厅(局)、国家税务局、地方税务局、民政厅(局),新疆生产建设兵团财务局:

为了帮助伤残人员康复或者恢复残疾肢体功能,保证伤残人员人身安全、劳动就业以及平等参与社会生活,保障和提高伤残人员的权益,经请示国务院同意,现对生产和装配伤残人员专门用品的企业征免企业所得税问题明确如下：

一、符合下列条件的居民企业，可在2015年底以前免征企业所得税：

（一）生产和装配伤残人员专门用品，且在民政部发布的《中国伤残人员专门用品目录》范围之内；

（二）以销售本企业生产或者装配的伤残人员专门用品为主，且所取得的年度伤残人员专门用品销售收入（不含出口取得的收入）占企业全部收入60%以上；

（三）企业账证健全，能够准确、完整地向主管税务机关提供纳税资料，且本企业生产或者装配的伤残人员专门用品所取得的收入能够单独、准确核算；

（四）企业拥有取得注册登记的假肢、矫形器（辅助器具）制作师执业资格证书的专业技术人员不得少于1人；其企业生产人员如超过20人，则其拥有取得注册登记的假肢、矫形器（辅助器具）制作师执业资格证书的专业技术人员不得少于全部生产人员的1/6；

（五）企业取得注册登记的假肢、矫形器（辅助器具）制作师执业资格证书的专业技术人员每年须接受继续教育，制作师《执业资格证书》须通过年检；

（六）具有测量取型、石膏加工、抽真空成型、打磨修饰、钳工装配、对线调整、热塑成型、假肢功能训练等专用设备和工具；

（七）具有独立的接待室、假肢或者矫形器（辅助器具）制作室和假肢功能训练室，使用面积不少于115平方米。

二、符合前条规定的企业，可在年度终了4个月内向当地税务机关办理免税手续。办理免税手续时，企业应向主管税务机关提供下列资料：

（一）免税申请报告；

（二）伤残人员专门用品制作师名册、《执业资格证书》（复印件），以及申请前年度制作师《执业资格证书》检查合格证明；

（三）收入明细资料；

（四）税务机关要求的其他材料。

三、税务机关收到企业的免税申请后，应严格按照本通知规定的免税条件及《国家税务总局关于企业所得税减免税管理问题的通知》（国税发〔2008〕111号）的有关规定，对申请免税的企业进行认真审核，符合条件的应及时办理相关免税手续。企业在未办理免税手续前，必须按统一规定报送纳税申报表、相关的纳税资料以及财务会计报表，并按规定预缴企业所得税；企业办理免税手续后，税务机关应依法及时退回已经预缴的税款。

四、企业以隐瞒、欺骗等手段骗取免税的，按照《中华人民共和国税收征收管理法》的有关规定进行处理。

五、本通知自2011年1月1日起至2015年12月31日止执行。

财政部 国家税务总局关于金融企业贷款损失准备金企业所得税税前扣除政策的通知

财税〔2012〕5号

各省、自治区、直辖市、计划单列市财政厅（局）、国家税务局、地方税务局，新疆生产建设兵团财务局：

根据《中华人民共和国企业所得税法》及《中华人民共和国企业所得税法实施条例》的有关规定，现就政策性银行、商业银行、财务公司、城乡信用社和金融租赁公司等金融企业提取的贷款损失准备金税前扣除政策问题，通知如下：

一、准予税前提取贷款损失准备金的贷款资产范围包括：

（一）贷款（含抵押、质押、担保等贷款）；

（二）银行卡透支、贴现、信用垫款（含银行承兑汇票垫款、信用证垫款、担保垫款等）、进出口押汇、同业拆出、应收融资租赁款等各项具有贷款特征的风险资产；

（三）由金融企业转贷并承担对外还款责任的国外贷款，包括国际金融组织贷款、外国买方信贷、外国政府贷款、日本国际协力银行不附条件贷款和外国政府混合贷款等资产。

二、金融企业准予当年税前扣除的贷款损失准备金计算公式如下：

准予当年税前扣除的贷款损失准备金＝本年末准予提取贷款损失准备金的贷款资产余额×1%－截至上年末已在税前扣除的贷款损失准备金的余额。

金融企业按上述公式计算的数额如为负数，应当相应调增当年应纳税所得额。

三、金融企业的委托贷款、代理贷款、国债投资、应收股利、上交央行准备金以及金融企业剥离的债权和股权、应收财政贴息、央行款项等不承担风险和损失的资产，不得提取贷款损失准备金在税前扣除。

四、金融企业发生的符合条件的贷款损失，应先冲减已在税前扣除的贷款损失准备金，不足冲减部分可据实在计算当年应纳税所得额时扣除。

五、金融企业涉农贷款和中小企业贷款损失准备金的税前扣除政策，凡按照《财政部 国家税务总局关于延长金融企业涉农贷款和中小企业贷款损失准备金税前扣除政策执行期限的通知》（财税〔2011〕104号）的规定执行的，不再适用本通知第一条至第四条的规定。

六、本通知自2011年1月1日起至2013年12月31日止执行。

财政部 国家税务总局

二〇一二年一月二十九日

财政部 国家税务总局关于证券行业准备金支出企业所得税税前扣除有关政策问题的通知

财税〔2012〕11号

各省、自治区、直辖市、计划单列市财政厅（局）、国家税务局、地方税务局，新疆生产建设兵团财务局：

根据《中华人民共和国企业所得税法》和《中华人民共和国企业所得税法实施条例》的有关规定，现就证券行业准备金支出企业所得税税前扣除有关政策问题明确如下：

一、证券类准备金

（一）证券交易所风险基金。

上海、深圳证券交易所依据《证券交易所风险基金管理暂行办法》（证监发〔2000〕22号）的有关规定，按证券交易所交易收取经手费的20%、会员年费的10%提取的证券交易所风险基金，在各基金净资产不超过10亿元的额度内，准予在企业所得税税前扣除。

（二）证券结算风险基金。

1. 中国证券登记结算公司所属上海分公司、深圳分公司依据《证券结算风险基金管理办法》（证监发〔2006〕65号）的有关规定，按证券登记结算公司业务收入的20%提取的证券结算风险基金，在各基金净资产不超过30亿元的额度内，准予在企业所得税税前扣除。

2. 证券公司依据《证券结算风险基金管理办法》（证监发〔2006〕65号）的有关规定，作为结算会员按人民币普通股和基金成交金额的十万分之三、国债现货成交金额的十万分之一、1天期国债回购成交额的千万分之五、2天期国债回购成交额的千万分之十、3天期国债回购成交额的千万分之十五、4天期国债回购成交额的千万分之二十、7天期国债回购成交额的千万分之五十、14天期国债回购成交额的十万分之一、28天期国债回购成交额的十万分之二、91天期国债回购成交额的十万分之六、182天期国债回购成交额的十万分之十二逐日交纳的证券结算风险基金，准予在企业所得税税前扣除。

（三）证券投资者保护基金。

1. 上海、深圳证券交易所依据《证券投资者保护基金管理办法》（证监会令第27号）的有关规定，在风险基金分别达到规定的上限后，按交易经手费的20%缴纳的证券投资者保护基金，准予在企业所得税税前扣除。

2. 证券公司依据《证券投资者保护基金管理办法》（证监会令第27号）的有关规定，按其营业收入

0.5%—5%缴纳的证券投资者保护基金，准予在企业所得税税前扣除。

二、期货类准备金

(一)期货交易所风险准备金。

大连商品交易所、郑州商品交易所和中国金融期货交易所依据《期货交易管理条例》(国务院令第489号)、《期货交易所管理办法》(证监会令第42号)和《商品期货交易财务管理暂行规定》(财商字〔1997〕44号)的有关规定，上海期货交易所依据《期货交易管理条例》(国务院令第489号)、《期货交易所管理办法》(证监会令第42号)和《关于调整上海期货交易所风险准备金规模的批复》(证监函〔2009〕407号)的有关规定，分别按向会员收取手续费收入的20%计提的风险准备金，在风险准备金余额达到有关规定的额度内，准予在企业所得税税前扣除。

(二)期货公司风险准备金。

期货公司依据《期货公司管理办法》(证监会令第43号)和《商品期货交易财务管理暂行规定》(财商字〔1997〕44号)的有关规定，从其收取的交易手续费收入减去应付期货交易所手续费后的净收入的5%提取的期货公司风险准备金，准予在企业所得税税前扣除。

(三)期货投资者保障基金。

1. 上海期货交易所、大连商品交易所、郑州商品交易所和中国金融期货交易所依据《期货投资者保障基金管理暂行办法》(证监会令第38号)的有关规定，按其向期货公司会员收取的交易手续费的3%缴纳的期货投资者保障基金，在基金总额达到有关规定的额度内，准予在企业所得税税前扣除。

2. 期货公司依据《期货投资者保障基金管理暂行办法》(证监会令第38号)的有关规定，从其收取的交易手续费中按照代理交易额的千万分之五至千万分之十的比例缴纳的期货投资者保障基金，在基金总额达到有关规定的额度内，准予在企业所得税税前扣除。

三、上述准备金如发生清算、退还，应按规定补征企业所得税。

四、本通知自2011年1月1日起至2015年12月31日止执行。

财政部 国家税务总局

二〇一二年二月十六日

国家税务总局关于深入实施西部大开发战略有关企业所得税问题的公告

国家税务总局公告2012年第12号

根据《中华人民共和国企业所得税法》(以下简称《企业所得税法》)及其实施条例和《财政部 国家税务总局 海关总署关于深入实施西部大开发战略有关税收政策问题的通知》(财税〔2011〕58号)的规定，现将深入实施西部大开发战略有关企业所得税问题公告如下：

一、自2011年1月1日至2020年12月31日，对设在西部地区以《西部地区鼓励类产业目录》中规定的产业项目为主营业务，且其当年度主营业务收入占企业收入总额70%以上的企业，经企业申请，主管税务机关审核确认后，可减按15%税率缴纳企业所得税。

上述所称收入总额，是指《企业所得税法》第六条规定的收入总额。

二、企业应当在年度汇算清缴前向主管税务机关提出书面申请并附送相关资料。第一年须报主管税务机关审核确认，第二年及以后年度实行备案管理。各省、自治区、直辖市和计划单列市税务机关可结合本地实际制定具体审核、备案管理办法，并报国家税务总局(所得税司)备案。

凡对企业主营业务是否属于《西部地区鼓励类产业目录》难以界定的，税务机关应要求企业提供省级(含副省级)政府有关行政主管部门或其授权的下一级行政主管部门出具的证明文件。

企业主营业务属于《西部地区鼓励类产业目录》范围的，经主管税务机关确认，可按照15%税率预缴企业所得税。年度汇算清缴时，其当年度主营业务收入占企业总收入的比例达不到规定标准的，应按税法规定的税率计算申报并进行汇算清缴。

三、在《西部地区鼓励类产业目录》公布前，企业符合《产业结构调整指导目录(2005年版)》、《产业结构调整指导目录(2011年版)》、《外商投资产业指导目录(2007年修订)》和《中西部地区优势产业目录(2008年修订)》范围的，经税务机关确认后，其企业所得税可按照15%税率缴纳。《西部地区鼓励类产业目录》公布后，已按15%税率进行企业所得税汇算清缴的企业，若不符合本公告第一条规定的条件，可在履行相关程序后，按税法规定的适用税率重新计算申报。

四、2010年12月31日前新办的交通、电力、水利、邮政、广播电视企业，凡已经按照《国家税务总局关于落实西部大开发有关税收政策具体实施意见的通知》(国税发〔2002〕47号)第二条第二款规定，取得税务机关审核批准的，其享受的企业所得税"两免三减半"优惠可以继续享受到期满为止；凡符合享受原西部大开发税收优惠规定条件，但由于尚未取得收入或尚未进入获利年度等原因，2010年12月31日前尚未按照国税发〔2002〕47号第二条规定完成税务机关审核确认手续的，可按照本公告的规定，履行相关手续后享受原税收优惠。

五、根据《财政部 国家税务总局关于执行企业所得税优惠政策若干问题的通知》(财税〔2009〕69号)第一条及第二条的规定，企业既符合西部大开发15%优惠税率条件，又符合《企业所得税法》及其实施条例和国务院规定的各项税收优惠条件的，可以同时享受。在涉及定期减免税的减半期内，可以按照企业适用税率计算的应纳税额减半征税。

六、在优惠地区内外分别设有机构的企业享受西部大开发优惠税率问题

(一)总机构设在西部大开发税收优惠地区的企业，仅就设在优惠地区的总机构和分支机构(不含优惠地区外设立的二级分支机构在优惠地区内设立的三级以下分支机构)的所得确定适用15%优惠税率。在确定该企业是否符合优惠条件时，以该企业设在优惠地区的总机构和分支机构的主营业务是否符合《西部地区鼓励类产业目录》及其主营业务收入占其收入总额的比重加以确定，不考虑该企业设在优惠地区以外分支机构的因素。该企业应纳所得税额的计算和所得税缴纳，按照《国家税务总局关于印发〈跨地区经营汇总纳税企业所得税征收管理暂行办法〉的通知》(国税发〔2008〕28号)第十六条和《国家税务总局关于跨地区经营汇总纳税企业所得税征收管理若干问题的通知》(国税函〔2009〕221号)第二条的规定执行。有关审核、备案手续向总机构主管税务机关申请办理。

(二)总机构设在西部大开发税收优惠地区外的企业，其在优惠地区内设立的分支机构(不含仅在优惠地区内设立的三级以下分支机构)，仅就该分支机构所得确定适用15%优惠税率。在确定该分支机构是否符合优惠条件时，仅以该分支机构的主营业务是否符合《西部地区鼓励类产业目录》及其主营业务收入占其收入总额的比重加以确定。该企业应纳所得税额的计算和所得税缴纳，按照国税发〔2008〕28号第十六条和国税函〔2009〕221号第二条的规定执行。有关审核、备案手续向分支机构主管税务机关申请办理，分支机构主管税务机关需将该分支机构享受西部大开发税收优惠情况及时函告总机构所在地主管税务机关。

七、本公告自2011年1月1日起施行。

特此公告。

国家税务总局
二〇一二年四月六日

财政部 国家税务总局关于进一步鼓励软件产业和集成电路产业发展企业所得税政策的通知

财税〔2012〕27号

各省、自治区、直辖市、计划单列市财政厅(局)、国家税务局、地方税务局：

根据《中华人民共和国企业所得税法》及其实施条例和《国务院关于印发进一步鼓励软件产业和集成电路产业发展若干政策的通知》(国发〔2011〕4号)精神，为进一步推动科技创新和产业结构升级，促进信息技术产业发展，现将鼓励软件产业和集成电路产业发展的企业所得税政策通知如下：

一、集成电路线宽小于 0.8 微米(含)的集成电路生产企业，经认定后，在 2017 年 12 月 31 日前自获利年度起计算优惠期，第一年至第二年免征企业所得税，第三年至第五年按照 25%的法定税率减半征收企业所得税，并享受至期满为止。

二、集成电路线宽小于 0.25 微米或投资额超过 80 亿元的集成电路生产企业，经认定后，减按 15%的税率征收企业所得税，其中经营期在 15 年以上的，在 2017 年 12 月 31 日前自获利年度起计算优惠期，第一年至第五年免征企业所得税，第六年至第十年按照 25%的法定税率减半征收企业所得税，并享受至期满为止。

三、我国境内新办的集成电路设计企业和符合条件的软件企业，经认定后，在 2017 年 12 月 31 日前自获利年度起计算优惠期，第一年至第二年免征企业所得税，第三年至第五年按照 25%的法定税率减半征收企业所得税，并享受至期满为止。

四、国家规划布局内的重点软件企业和集成电路设计企业，如当年未享受免税优惠的，可减按 10%的税率征收企业所得税。

五、符合条件的软件企业按照《财政部 国家税务总局关于软件产品增值税政策的通知》(财税〔2011〕100 号)规定取得的即征即退增值税款，由企业专项用于软件产品研发和扩大再生产并单独进行核算，可以作为不征税收入，在计算应纳税所得额时从收入总额中减除。

六、集成电路设计企业和符合条件软件企业的职工培训费用，应单独进行核算并按实际发生额在计算应纳税所得额时扣除。

七、企业外购的软件，凡符合固定资产或无形资产确认条件的，可以按照固定资产或无形资产进行核算，其折旧或摊销年限可以适当缩短，最短可为 2 年(含)。

八、集成电路生产企业的生产设备，其折旧年限可以适当缩短，最短可为 3 年(含)。

九、本通知所称集成电路生产企业，是指以单片集成电路、多芯片集成电路、混合集成电路制造为主营业务并同时符合下列条件的企业：

(一)依法在中国境内成立并经认定取得集成电路生产企业资质的法人企业；

(二)签订劳动合同关系且具有大学专科以上学历的职工人数占企业当年月平均职工总人数的比例不低于 40%，其中研究开发人员占企业当年月平均职工总数的比例不低于 20%；

(三)拥有核心关键技术，并以此为基础开展经营活动，且当年度的研究开发费用总额占企业销售(营业)收入(主营业务收入与其他业务收入之和，下同)总额的比例不低于 5%；其中，企业在中国境内发生的研究开发费用金额占研究开发费用总额的比例不低于 60%；

(四)集成电路制造销售(营业)收入占企业收入总额的比例不低于 60%；

(五)具有保证产品生产的手段和能力，并获得有关资质认证(包括 ISO 质量体系认证、人力资源能力认证等)；

(六)具有与集成电路生产相适应的经营场所、软硬件设施等基本条件。

《集成电路生产企业认定管理办法》由发展改革委、工业和信息化部、财政部、税务总局会同有关部门另行制定。

十、本通知所称集成电路设计企业或符合条件的软件企业，是指以集成电路设计或软件产品开发为主营业务并同时符合下列条件的企业：

(一)2011 年 1 月 1 日后依法在中国境内成立并经认定取得集成电路设计企业资质或软件企业资质的法人企业；

(二)签订劳动合同关系且具有大学专科以上学历的职工人数占企业当年月平均职工总人数的比例不低于 40%，其中研究开发人员占企业当年月平均职工总数的比例不低于 20%；

(三)拥有核心关键技术，并以此为基础开展经营活动，且当年度的研究开发费用总额占企业销售(营业)收入总额的比例不低于 6%；其中，企业在中国境内发生的研究开发费用金额占研究开发费用总额的比例不低于 60%；

(四)集成电路设计企业的集成电路设计销售(营业)收入占企业收入总额的比例不低于 60%，其中集成电路自主设计销售(营业)收入占企业收入总额的比例不低于 50%；软件企业的软件产品开发销售(营业)收入占企业收入总额的比例一般不低于 50%(嵌入式软件产品和信息系统集成产品开发销售(营业)收入占企业收入总额的比例不低于40%),其中软件产品自主开发销售(营业)收入占企业收入总额的比例一般不低于40%(嵌入式软件产品和信息系统集成产品开发销售(营业)收入占企业收入总额的比例不低于30%);

(五)主营业务拥有自主知识产权,其中软件产品拥有省级软件产业主管部门认可的软件检测机构出具的检测证明材料和软件产业主管部门颁发的《软件产品登记证书》;

(六)具有保证设计产品质量的手段和能力,并建立符合集成电路或软件工程要求的质量管理体系并提供有效运行的过程文档记录;

(七)具有与集成电路设计或者软件开发相适应的生产经营场所、软硬件设施等开发环境(如EDA工具、合法的开发工具等),以及与所提供服务相关的技术支撑环境;

《集成电路设计企业认定管理办法》、《软件企业认定管理办法》由工业和信息化部、发展改革委、财政部、税务总局会同有关部门另行制定。

十一、国家规划布局内重点软件企业和集成电路设计企业在满足本通知第十条规定条件的基础上,由发展改革委、工业和信息化部、财政部、税务总局等部门根据国家规划布局支持领域的要求,结合企业年度集成电路设计销售(营业)收入或软件产品开发销售(营业)收入、盈利等情况进行综合评比,实行总量控制、择优认定。

《国家规划布局内重点软件企业和集成电路设计企业认定管理办法》由发展改革委、工业和信息化部、财政部、税务总局会同有关部门另行制定。

十二、本通知所称新办企业认定标准按照《财政部 国家税务总局关于享受企业所得税优惠政策的新办企业认定标准的通知》(财税〔2006〕1号)规定执行。

十三、本通知所称研究开发费用政策口径按照《国家税务总局关于印发〈企业研究开发费用税前扣除管理办法(试行)〉的通知》(国税发〔2008〕116号)规定执行。

十四、本通知所称获利年度,是指该企业当年应纳税所得额大于零的纳税年度。

十五、本通知所称集成电路设计销售(营业)收入,是指集成电路企业从事集成电路(IC)功能研发、设计并销售的收入。

十六、本通知所称软件产品开发销售(营业)收入,是指软件企业从事计算机软件、信息系统或嵌入式软件等软件产品开发并销售的收入,以及信息系统集成服务、信息技术咨询服务、数据处理和存储服务等技术服务收入。

十七、符合本通知规定须经认定后享受税收优惠的企业,应在获利年度当年或次年的企业所得税汇算清缴之前取得相关认定资质。如果在获利年度次年的企业所得税汇算清缴之前取得相关认定资质,该企业可从获利年度起享受相应的定期减免税优惠;如果在获利年度次年的企业所得税汇算清缴之后取得相关认定资质,该企业应在取得相关认定资质起,就其从获利年度起计算的优惠期的剩余年限享受相应的定期减免优惠。

十八、符合本通知规定条件的企业,应在年度终了之日起4个月内,按照本通知及《国家税务总局关于企业所得税减免税管理问题的通知》(国税发〔2008〕111号)的规定,向主管税务机关办理减免税手续。在办理减免税手续时,企业应提供具有法律效力的证明材料。

十九、享受上述税收优惠的企业有下述情况之一的,应取消其享受税收优惠的资格,并补缴已减免的企业所得税税款:

(一)在申请认定过程中提供虚假信息的;

(二)有偷、骗税等行为的;

(三)发生重大安全、质量事故的;

(四)有环境等违法、违规行为,受到有关部门处罚的。

二十、享受税收优惠的企业,其税收优惠条件发生变化的,应当自发生变化之日起15日内向主管税务机关报告;不再符合税收优惠条件的,应当依法履行纳税义务;未依法纳税的,主管税务机关应当予以追缴。同时,主管税务机关在执行税收优惠政策过程中,发现企业不符合享受税收优惠条件的,可暂停企业享受的相关税收优惠。

二十一、在2010年12月31日前,依照《财政部 国家税务总局关于企业所得税若干优惠政策的通知》

(财税〔2008〕1号)第一条规定,经认定并可享受原定期减免税优惠的企业,可在本通知施行后继续享受到期满为止。

二十二、集成电路生产企业、集成电路设计企业、软件企业等依照本通知规定可以享受的企业所得税优惠政策与企业所得税其他相同方式优惠政策存在交叉的,由企业选择一项最优惠政策执行,不叠加享受。

二十三、本通知自2011年1月1日起执行。《财政部 国家税务总局关于企业所得税若干优惠政策的通知》(财税〔2008〕1号)第一条第(一)项至第(九)项自2011年1月1日起停止执行。

财政部 国家税务总局

二〇一二年四月二十日

国家税务总局关于企业所得税应纳税所得额若干税务处理问题的公告

国家税务总局公告2012年第15号

根据《中华人民共和国企业所得税法》(以下简称《企业所得税法》)及其实施条例(以下简称《实施条例》)以及相关规定,现就企业所得税应纳税所得额若干税务处理问题公告如下:

一、关于季节工、临时工等费用税前扣除问题

企业因雇用季节工、临时工、实习生、返聘离退休人员以及接受外部劳务派遣用工所实际发生的费用,应区分为工资薪金支出和职工福利费支出,并按《企业所得税法》规定在企业所得税前扣除。其中属于工资薪金支出的,准予计入企业工资薪金总额的基数,作为计算其他各项相关费用扣除的依据。

二、关于企业融资费用支出税前扣除问题

企业通过发行债券、取得贷款、吸收保户储金等方式融资而发生的合理的费用支出,符合资本化条件的,应计入相关资产成本;不符合资本化条件的,应作为财务费用,准予在企业所得税前据实扣除。

三、关于从事代理服务企业营业成本税前扣除问题

从事代理服务、主营业务收入为手续费、佣金的企业(如证券、期货、保险代理等企业),其为取得该类收入而实际发生的营业成本(包括手续费及佣金支出),准予在企业所得税前据实扣除。

四、关于电信企业手续费及佣金支出税前扣除问题

电信企业在发展客户、拓展业务等过程中(如委托销售电话入网卡、电话充值卡等),需向经纪人、代办商支付手续费及佣金的,其实际发生的相关手续费及佣金支出,不超过企业当年收入总额5%的部分,准予在企业所得税前据实扣除。

五、关于筹办期业务招待费等费用税前扣除问题

企业在筹建期间,发生的与筹办活动有关的业务招待费支出,可按实际发生额的60%计入企业筹办费,并按有关规定在税前扣除;发生的广告费和业务宣传费,可按实际发生额计入企业筹办费,并按有关规定在税前扣除。

六、关于以前年度发生应扣未扣支出的税务处理问题

根据《中华人民共和国税收征收管理法》的有关规定,对企业发现以前年度实际发生的、按照税收规定应在企业所得税前扣除而未扣除或者少扣除的支出,企业做出专项申报及说明后,准予追补至该项目发生年度计算扣除,但追补确认期限不得超过5年。

企业由于上述原因多缴的企业所得税税款,可以在追补确认年度企业所得税应纳税款中抵扣,不足抵扣的,可以向以后年度递延抵扣或申请退税。

亏损企业追补确认以前年度未在企业所得税前扣除的支出,或盈利企业经过追补确认后出现亏损的,应首先调整该项支出所属年度的亏损额,然后再按照弥补亏损的原则计算以后年度多缴的企业所得税款,并按前款规定处理。

七、关于企业不征税收入管理问题

企业取得的不征税收入，应按照《财政部 国家税务总局关于专项用途财政性资金企业所得税处理问题的通知》（财税〔2011〕70号，以下简称《通知》）的规定进行处理。凡未按照《通知》规定进行管理的，应作为企业应税收入计入应纳税所得额，依法缴纳企业所得税。

八、关于税前扣除规定与企业实际会计处理之间的协调问题

根据《企业所得税法》第二十一条规定，对企业依据财务会计制度规定，并实际在财务会计处理上已确认的支出，凡没有超过《企业所得税法》和有关税收法规规定的税前扣除范围和标准的，可按企业实际会计处理确认的支出，在企业所得税前扣除，计算其应纳税所得额。

九、本公告施行时间

本公告规定适用于2011年度及以后各年度企业应纳税所得额的处理。

特此公告。

国家税务总局

二〇一二年四月二十四日

财政部 国家税务总局关于保险公司准备金支出企业所得税税前扣除有关政策问题的通知

财税〔2012〕45号

各省、自治区、直辖市、计划单列市财政厅（局）、国家税务局、地方税务局，新疆生产建设兵团财务局：

根据《中华人民共和国企业所得税法》和《中华人民共和国企业所得税法实施条例》（国务院令第512号）的有关规定，现就保险公司准备金支出企业所得税税前扣除有关问题明确如下：

一、保险公司按下列规定缴纳的保险保障基金，准予据实税前扣除：

1. 非投资型财产保险业务，不得超过保费收入的0.8%；投资型财产保险业务，有保证收益的，不得超过业务收入的0.08%，无保证收益的，不得超过业务收入的0.05%。

2. 有保证收益的人寿保险业务，不得超过业务收入的0.15%；无保证收益的人寿保险业务，不得超过业务收入的0.05%。

3. 短期健康保险业务，不得超过保费收入的0.8%；长期健康保险业务，不得超过保费收入的0.15%。

4. 非投资型意外伤害保险业务，不得超过保费收入的0.8%；投资型意外伤害保险业务，有保证收益的，不得超过业务收入的0.08%，无保证收益的，不得超过业务收入的0.05%。

保险保障基金，是指按照《中华人民共和国保险法》和《保险保障基金管理办法》（保监会、财政部、人民银行令2008年第2号）规定缴纳形成的，在规定情形下用于救助保单持有人、保单受让公司或者处置保险业风险的非政府性行业风险救助基金。

保费收入，是指投保人按照保险合同约定，向保险公司支付的保险费。

业务收入，是指投保人按照保险合同约定，为购买相应的保险产品支付给保险公司的全部金额。

非投资型财产保险业务，是指仅具有保险保障功能而不具有投资理财功能的财产保险业务。

投资型财产保险业务，是指兼具有保险保障与投资理财功能的财产保险业务。

有保证收益，是指保险产品在投资收益方面提供固定收益或最低收益保障。

无保证收益，是指保险产品在投资收益方面不提供收益保证，投保人承担全部投资风险。

二、保险公司有下列情形之一的，其缴纳的保险保障基金不得在税前扣除：

1. 财产保险公司的保险保障基金余额达到公司总资产6%的。

2. 人身保险公司的保险保障基金余额达到公司总资产1%的。

三、保险公司按国务院财政部门的相关规定提取的未到期责任准备金、寿险责任准备金、长期健康险责任准备金、已发生已报案未决赔款准备金和已发生未报案未决赔款准备金，准予在税前扣除。

1. 未到期责任准备金、寿险责任准备金、长期健康险责任准备金依据经中国保监会核准任职资格的精算师或出具专项审计报告的中介机构确定的金额提取。

未到期责任准备金，是指保险人为尚未终止的非寿险保险责任提取的准备金。

寿险责任准备金，是指保险人为尚未终止的人寿保险责任提取的准备金。

长期健康险责任准备金，是指保险人为尚未终止的长期健康保险责任提取的准备金。

2. 已发生已报案未决赔款准备金，按最高不超过当期已经提出的保险赔款或者给付金额的100%提取；已发生未报案未决赔款准备金按不超过当年实际赔款支出额的8%提取。

已发生已报案未决赔款准备金，是指保险人为非寿险保险事故已经发生并已向保险人提出索赔、尚未结案的赔案提取的准备金。

已发生未报案未决赔款准备金，是指保险人为非寿险保险事故已经发生、尚未向保险人提出索赔的赔案提取的准备金。

四、保险公司实际发生的各种保险赔款、给付，应首先冲抵按规定提取的准备金，不足冲抵部分，准予在当年税前扣除。

五、本通知自2011年1月1日至2015年12月31日执行。

财政部 国家税务总局

二〇一二年五月十五日

国家税务总局关于我国居民企业实行股权激励计划有关企业所得税处理问题的公告

国家税务总局公告2012年第18号

为推进我国资本市场改革，促进企业建立健全激励与约束机制，根据国务院证券管理委员会发布的《上市公司股权激励管理办法(试行)》(证监公司字〔2005〕151号，以下简称《管理办法》)的规定，一些在我国境内上市的居民企业(以下简称上市公司)，为其职工建立了股权激励计划。根据《中华人民共和国企业所得税法》及其实施条例(以下简称税法)的有关规定，现就上市公司实施股权激励计划有关企业所得税处理问题，公告如下：

一、本公告所称股权激励，是指《管理办法》中规定的上市公司以本公司股票为标的，对其董事、监事、高级管理人员及其他员工(以下简称激励对象)进行的长期性激励。股权激励实行方式包括授予限制性股票、股票期权以及其他法律法规规定的方式。

限制性股票，是指《管理办法》中规定的激励对象按照股权激励计划规定的条件，从上市公司获得的一定数量的本公司股票。

股票期权，是指《管理办法》中规定的上市公司按照股权激励计划授予激励对象在未来一定期限内，以预先确定的价格和条件购买本公司一定数量股票的权利。

二、上市公司依照《管理办法》要求建立职工股权激励计划，并按我国企业会计准则的有关规定，在股权激励计划授予激励对象时，按照该股票的公允价格及数量，计算确定作为上市公司相关年度的成本或费用，作为换取激励对象提供服务的对价。上述企业建立的职工股权激励计划，其企业所得税的处理，按以下规定执行：

(一)对股权激励计划实行后立即可以行权的，上市公司可以根据实际行权时该股票的公允价格与激励对象实际行权支付价格的差额和数量，计算确定作为当年上市公司工资薪金支出，依照税法规定进行税前扣除。

(二)对股权激励计划实行后，需待一定服务年限或者达到规定业绩条件(以下简称等待期)方可行权的。上市公司等待期内会计上计算确认的相关成本费用，不得在对应年度计算缴纳企业所得税时扣除。在股权激励计划可行权后，上市公司方可根据该股票实际行权时的公允价格与当年激励对象实际行权支付价格的差额及数量，计算确定作为当年上市公司工资薪金支出，依照税法规定进行税前扣除。

（三）本条所指股票实际行权时的公允价格，以实际行权日该股票的收盘价格确定。

三、在我国境外上市的居民企业和非上市公司，凡比照《管理办法》的规定建立职工股权激励计划，且在企业会计处理上，也按我国会计准则的有关规定处理的，其股权激励计划有关企业所得税处理问题，可以按照上述规定执行。

四、本公告自2012年7月1日起施行。

特此公告。

国家税务总局

二〇一二年五月二十三日

国家税务总局关于软件和集成电路企业认定管理有关问题的公告

国家税务总局公告2012年第19号

为贯彻落实《财政部 国家税务总局关于进一步鼓励软件产业和集成电路产业发展企业所得税政策的通知》（财税〔2012〕27号）的有关规定，现将软件和集成电路企业认定管理的有关问题公告如下：

对2011年1月1日后按照原认定管理办法认定的软件和集成电路企业，在财税〔2012〕27号文件所称的《集成电路生产企业认定管理办法》、《集成电路设计企业认定管理办法》及《软件企业认定管理办法》公布前，凡符合财税〔2012〕27号文件规定的优惠政策适用条件的，可依照原认定管理办法申请享受财税〔2012〕27号文件规定的减免税优惠。在《集成电路生产企业认定管理办法》、《集成电路设计企业认定管理办法》及《软件企业认定管理办法》公布后，按新认定管理办法执行。对已按原认定管理办法享受优惠并进行企业所得税汇算清缴的企业，若不符合新认定管理办法条件的，应在履行相关程序后，重新按照税法规定计算申报纳税。

国家税务总局

二〇一二年五月三十日

关于《软件和集成电路企业认定管理有关问题的公告》的解读

一、公告制订背景

为促进软件和集成电路产业发展，依照国务院国发〔2011〕4号文件的规定，我局会同财政部商有关部委下发了《财政部 国家税务总局关于进一步鼓励软件产业和集成电路产业发展企业所得税政策的通知》（财税〔2012〕27号），对有关政策实施及管理问题做出了明确规定。根据现行企业所得税优惠管理规定，软件和集成电路企业所得税优惠均采用备案管理方式，其核心备案资料就是取得相关部门的软件和集成电路企业认定资格证书。

由于财税〔2012〕27号文件刚刚下发，而该文件中规定的《集成电路生产企业认定管理办法》、《集成电路设计企业认定管理办法》、《软件企业认定管理办法》均需要另行制定，且部门分歧尚需协调，短期内难以出台，企业在2011年度企业所得税汇算清缴期届满前依照新认定管理办法申请认定并取得资格证书已不可能。因此，为妥善解决软件和集成电路企业享受符合财税〔2012〕27号文件规定的企业所得税减免税优惠问题，避免出现政策及管理真空，切实维护纳税人的合法权益，总局以公告的形式对有关新旧认定管理办法如何斜接等操作管理问题做出规定。

二、公告主要内容

公告拟规定，对符合财税〔2012〕27号文件规定条件的软件和集成电路企业，可提供依照原相关认定办法取得的有效资格证书向主管税务机关办理2011年度企业所得税汇算清缴减免税手续。待符合财税〔2012〕27号文件规定的《集成电路生产企业认定管理办法》、《集成电路设计企业认定管理办法》、《软件企业认定管理办法》出台后，已办理2011年度企业所得税汇算清缴减免税手续的软件和集成电路企业，若不能依照新办法申请认定并取得相关资格证书，应按法定适用税率重新计算申报缴纳企业所得税。

国家税务总局关于企业所得税核定征收有关问题的公告

国家税务总局公告2012年第27号

根据《中华人民共和国企业所得税法》及其实施条例、《国家税务总局关于印发〈企业所得税核定征收办法〉(试行)的通知》(国税发〔2008〕30号)和《国家税务总局关于企业所得税核定征收若干问题的通知》(国税函〔2009〕377号)的相关规定，现就企业所得税核定征收若干问题公告如下：

一、专门从事股权(股票)投资业务的企业，不得核定征收企业所得税。

二、依法按核定应税所得率方式核定征收企业所得税的企业，取得的转让股权(股票)收入等转让财产收入，应全额计入应税收入额，按照主营项目(业务)确定适用的应税所得率计算征税；若主营项目(业务)发生变化，应在当年汇算清缴时，按照变化后的主营项目(业务)重新确定适用的应税所得率计算征税。

三、本公告自2012年1月1日起施行。企业以前年度尚未处理的上述事项，按照本公告的规定处理；已经处理的，不再调整。

国家税务总局

二〇一二年六月十九日

国家税务总局关于印发《跨地区经营汇总纳税企业所得税征收管理办法》的公告

国家税务总局公告2012年第57号

为加强跨地区经营汇总纳税企业所得税的征收管理，根据《中华人民共和国企业所得税法》及其实施条例、《中华人民共和国税收征收管理法》及其实施细则和《财政部 国家税务总局 中国人民银行关于印发〈跨省市总分机构企业所得税分配及预算管理办法〉的通知》(财预〔2012〕40号)等文件的精神，国家税务总局制定了《跨地区经营汇总纳税企业所得税征收管理办法》。现予发布，自2013年1月1日起施行。

特此公告。

国家税务总局

2012年12月27日

跨地区经营汇总纳税企业所得税征收管理办法

第一章 总 则

第一条 为加强跨地区经营汇总纳税企业所得税的征收管理，根据《中华人民共和国企业所得税法》及其实施条例(以下简称《企业所得税法》)、《中华人民共和国税收征收管理法》及其实施细则(以下简称《征收管理法》)和《财政部 国家税务总局 中国人民银行关于印发〈跨省市总分机构企业所得税分配及预算管理办法〉的通知》(财预〔2012〕40 号)等的有关规定,制定本办法。

第二条 居民企业在中国境内跨地区(指跨省、自治区、直辖市和计划单列市,下同)设立不具有法人资格分支机构的,该居民企业为跨地区经营汇总纳税企业(以下简称汇总纳税企业),除另有规定外,其企业所得税征收管理适用本办法。

国有邮政企业(包括中国邮政集团公司及其控股公司和直属单位)、中国工商银行股份有限公司、中国农业银行股份有限公司、中国银行股份有限公司、国家开发银行股份有限公司、中国农业发展银行、中国进出口银行、中国投资有限责任公司、中国建设银行股份有限公司、中国建银投资有限责任公司、中国信达资产管理股份有限公司、中国石油天然气股份有限公司、中国石油化工股份有限公司、海洋石油天然气企业(包括中国海洋石油总公司、中海石油(中国)有限公司、中海油田服务股份有限公司、海洋石油工程股份有限公司)、中国长江电力股份有限公司等企业缴纳的企业所得税(包括滞纳金、罚款)为中央收入,全额上缴中央国库,其企业所得税征收管理不适用本办法。

铁路运输企业所得税征收管理不适用本办法。

第三条 汇总纳税企业实行"统一计算、分级管理、就地预缴、汇总清算、财政调库"的企业所得税征收管理办法:

(一)统一计算,是指总机构统一计算包括汇总纳税企业所属各个不具有法人资格分支机构在内的全部应纳税所得额、应纳税额。

(二)分级管理,是指总机构、分支机构所在地的主管税务机关都有对当地机构进行企业所得税管理的责任,总机构和分支机构应分别接受机构所在地主管税务机关的管理。

(三)就地预缴,是指总机构、分支机构应按本办法的规定,分月或分季分别向所在地主管税务机关申报预缴企业所得税。

(四)汇总清算,是指在年度终了后,总机构统一计算汇总纳税企业的年度应纳税所得额、应纳所得税额,抵减总机构、分支机构当年已就地分期预缴的企业所得税款后,多退少补。

(五)财政调库,是指财政部定期将缴入中央国库的汇总纳税企业所得税待分配收入,按照核定的系数调整至地方国库。

第四条 总机构和具有主体生产经营职能的二级分支机构,就地分摊缴纳企业所得税。

二级分支机构,是指汇总纳税企业依法设立并领取非法人营业执照(登记证书),且总机构对其财务、业务、人员等直接进行统一核算和管理的分支机构。

第五条 以下二级分支机构不就地分摊缴纳企业所得税:

(一)不具有主体生产经营职能,且在当地不缴纳增值税、营业税的产品售后服务、内部研发、仓储等汇总纳税企业内部辅助性的二级分支机构,不就地分摊缴纳企业所得税。

(二)上年度认定为小型微利企业的,其二级分支机构不就地分摊缴纳企业所得税。

(三)新设立的二级分支机构,设立当年不就地分摊缴纳企业所得税。

(四)当年撤销的二级分支机构,自办理注销税务登记之日所属企业所得税预缴期间起,不就地分摊缴纳企业所得税。

(五)汇总纳税企业在中国境外设立的不具有法人资格的二级分支机构,不就地分摊缴纳企业所得税。

第二章 税款预缴和汇算清缴

第六条 汇总纳税企业按照《企业所得税法》规定汇总计算的企业所得税,包括预缴税款和汇算清缴应缴应退税款,50%在各分支机构间分摊,各分支机构根据分摊税款就地办理缴库或退库;50%由总机构分摊缴纳,其中 25%就地办理缴库或退库,25%就地全额缴入中央国库或退库。具体的税款缴库或退库程序按照财预〔2012〕40 号文件第五条等相关规定执行。

第七条 企业所得税分月或者分季预缴,由总机构所在地主管税务机关具体核定。

汇总纳税企业应根据当期实际利润额,按照本办法规定的预缴分摊方法计算总机构和分支机构的企业所得税预缴额,分别由总机构和分支机构就地预缴;在规定期限内按实际利润额预缴有困难的,也可以按照上一年度应纳税所得额的 1/12 或 1/4,按照本办法规定的预缴分摊方法计算总机构和分支机构的企业所得税预缴额，分别由总机构和分支机构就地预缴。预缴方法一经确定，当年度不得变更。

第八条 总机构应将本期企业应纳所得税额的50%部分，在每月或季度终了后15日内就地申报预缴。总机构应将本期企业应纳所得税额的另外50%部分，按照各分支机构应分摊的比例，在各分支机构之间进行分摊，并及时通知到各分支机构；各分支机构应在每月或季度终了之日起15日内，就其分摊的所得税额就地申报预缴。

分支机构未按税款分配数额预缴所得税造成少缴税款的，主管税务机关应按照《征收管理法》的有关规定对其处罚，并将处罚结果通知总机构所在地主管税务机关。

第九条 汇总纳税企业预缴申报时，总机构除报送企业所得税预缴申报表和企业当期财务报表外，还应报送汇总纳税企业分支机构所得税分配表和各分支机构上一年度的年度财务报表（或年度财务状况和营业收支情况）；分支机构除报送企业所得税预缴申报表（只填列部分项目）外，还应报送经总机构所在地主管税务机关受理的汇总纳税企业分支机构所得税分配表。

在一个纳税年度内，各分支机构上一年度的年度财务报表（或年度财务状况和营业收支情况）原则上只需要报送一次。

第十条 汇总纳税企业应当自年度终了之日起5个月内，由总机构汇总计算企业年度应纳所得税额，扣除总机构和各分支机构已预缴的税款，计算出应缴应退税款，按照本办法规定的税款分摊方法计算总机构和分支机构的企业所得税应缴应退税款，分别由总机构和分支机构就地办理税款缴库或退库。

汇总纳税企业在纳税年度内预缴企业所得税税款少于全年应缴企业所得税税款的，应在汇算清缴期内由总、分机构分别结清应缴的企业所得税税款；预缴税款超过应缴税款的，主管税务机关应及时按有关规定分别办理退税，或者经总、分机构同意后分别抵缴其下一年度应缴企业所得税税款。

第十一条 汇总纳税企业汇算清缴时，总机构除报送企业所得税年度纳税申报表和年度财务报表外，还应报送汇总纳税企业分支机构所得税分配表、各分支机构的年度财务报表和各分支机构参与企业年度纳税调整情况的说明；分支机构除报送企业所得税年度纳税申报表（只填列部分项目）外，还应报送经总机构所在地主管税务机关受理的汇总纳税企业分支机构所得税分配表、分支机构的年度财务报表（或年度财务状况和营业收支情况）和分支机构参与企业年度纳税调整情况的说明。

分支机构参与企业年度纳税调整情况的说明，可参照企业所得税年度纳税申报表附表“纳税调整项目明细表”中列明的项目进行说明，涉及需由总机构统一计算调整的项目不进行说明。

第十二条 分支机构未按规定报送经总机构所在地主管税务机关受理的汇总纳税企业分支机构所得税分配表，分支机构所在地主管税务机关应责成该分支机构在申报期内报送，同时提请总机构所在地主管税务机关督促总机构按照规定提供上述分配表；分支机构在申报期内不提供的，由分支机构所在地主管税务机关对分支机构按照《征收管理法》的有关规定予以处罚；属于总机构未向分支机构提供分配表的，分支机构所在地主管税务机关还应提请总机构所在地主管税务机关对总机构按照《征收管理法》的有关规定予以处罚。

第三章 总分机构分摊税款的计算

第十三条 总机构按以下公式计算分摊税款：

总机构分摊税款＝汇总纳税企业当期应纳所得税额×50%

第十四条 分支机构按以下公式计算分摊税款：

所有分支机构分摊税款总额＝汇总纳税企业当期应纳所得税额×50%

某分支机构分摊税款＝所有分支机构分摊税款总额×该分支机构分摊比例

第十五条 总机构应按照上年度分支机构的营业收入、职工薪酬和资产总额三个因素计算各分支机构分摊所得税款的比例；三级及以下分支机构，其营业收入、职工薪酬和资产总额统一计入二级分支机构；三因素的权重依次为0.35、0.35、0.30。

计算公式如下：

某分支机构分摊比例＝（该分支机构营业收入/各分支机构营业收入之和）×0.35

＋（该分支机构职工薪酬/各分支机构职工薪酬之和）×0.35

＋（该分支机构资产总额/各分支机构资产总额之和）×0.30

分支机构分摊比例按上述方法一经确定后，除出现本办法第五条第（四）项和第十六条第二、三款情形外，当年不作调整。

第十六条 总机构设立具有主体生产经营职能的部门（非本办法第四条规定的二级分支机构），且该部门的营业收入、职工薪酬和资产总额与管理职能部门分开核算的，可将该部门视同一个二级分支机构，按本办法规定计算分摊并就地缴纳企业所得税；该部门与管理职能部门的营业收入、职工薪酬和资产总额不能分开核算的，该部门不得视同一个二级分支机构，不得按本办法规定计算分摊并就地缴纳企业所得税。

汇总纳税企业当年由于重组等原因从其他企业取得重组当年之前已存在的二级分支机构，并作为本企业二级分支机构管理的，该二级分支机构不视同当年新设立的二级分支机构，按本办法规定计算分摊并就地缴纳企业所得税。

汇总纳税企业内就地分摊缴纳企业所得税的总机构、二级分支机构之间，发生合并、分立、管理层级变更等形成的新设或存续的二级分支机构，不视同当年新设立的二级分支机构，按本办法规定计算分摊并就地缴纳企业所得税。

第十七条 本办法所称分支机构营业收入，是指分支机构销售商品、提供劳务、让渡资产使用权等日常经营活动实现的全部收入。其中，生产经营企业分支机构营业收入是指生产经营企业分支机构销售商品、提供劳务、让渡资产使用权等取得的全部收入。金融企业分支机构营业收入是指金融企业分支机构取得的利息、手续费、佣金等全部收入。保险企业分支机构营业收入是指保险企业分支机构取得的保费等全部收入。

本办法所称分支机构职工薪酬，是指分支机构为获得职工提供的服务而给予各种形式的报酬以及其他相关支出。

本办法所称分支机构资产总额，是指分支机构在经营活动中实际使用的应归属于该分支机构的资产合计额。

本办法所称上年度分支机构的营业收入、职工薪酬和资产总额，是指分支机构上年度全年的营业收入、职工薪酬数据和上年度12月31日的资产总额数据，是依照国家统一会计制度的规定核算的数据。

一个纳税年度内，总机构首次计算分摊税款时采用的分支机构营业收入、职工薪酬和资产总额数据，与此后经过中国注册会计师审计确认的数据不一致的，不作调整。

第十八条 对于按照税收法律、法规和其他规定，总机构和分支机构处于不同税率地区的，先由总机构统一计算全部应纳税所得额，然后按本办法第六条规定的比例和按第十五条计算的分摊比例，计算划分不同税率地区机构的应纳税所得额，再分别按各自的适用税率计算应纳税额后加总计算出汇总纳税企业的应纳所得税总额，最后按本办法第六条规定的比例和按第十五条计算的分摊比例，向总机构和分支机构分摊就地缴纳的企业所得税款。

第十九条 分支机构所在地主管税务机关应根据经总机构所在地主管税务机关受理的汇总纳税企业分支机构所得税分配表、分支机构的年度财务报表（或年度财务状况和营业收支情况）等，对其主管分支机构计算分摊税款比例的三个因素、计算的分摊税款比例和应分摊缴纳的所得税税款进行查验核对；对查验项目有异议的，应于收到汇总纳税企业分支机构所得税分配表后30日内向企业总机构所在地主管税务机关提出书面复核建议，并附送相关数据资料。

总机构所在地主管税务机关必须于收到复核建议后30日内，对分摊税款的比例进行复核，作出调整或维持原比例的决定，并将复核结果函复分支机构所在地主管税务机关。分支机构所在地主管税务机关应执行总机构所在地主管税务机关的复核决定。

总机构所在地主管税务机关未在规定时间内复核并函复复核结果的，上级税务机关应对总机构所在地主管税务机关按照有关规定进行处理。

复核期间，分支机构应先按总机构确定的分摊比例申报缴纳税款。

第二十条 汇总纳税企业未按照规定准确计算分摊税款，造成总机构与分支机构之间同时存在一方（或几方）多缴另一方（或几方）少缴税款的，其总机构或分支机构分摊缴纳的企业所得税低于按本办法规定计算分摊的数额的，应在下一税款缴纳期内，由总机构将按本办法规定计算分摊的税款差额分摊到总机构或分支机构补缴；其总机构或分支机构就地缴纳的企业所得税高于按本办法规定计算分摊的数额的，应在下一税款缴纳期内，由总机构将按本办法规定计算分摊的税款差额从总机构或分支机构的分摊税款中扣减。

第四章 日常管理

第二十一条 汇总纳税企业总机构和分支机构应依法办理税务登记，接受所在地主管税务机关的监督和管理。

第二十二条 总机构应将其所有二级及以下分支机构(包括本办法第五条规定的分支机构)信息报其所在地主管税务机关备案，内容包括分支机构名称、层级、地址、邮编、纳税人识别号及企业所得税主管税务机关名称、地址和邮编。

分支机构(包括本办法第五条规定的分支机构)应将其总机构、上级分支机构和下属分支机构信息报其所在地主管税务机关备案，内容包括总机构、上级机构和下属分支机构名称、层级、地址、邮编、纳税人识别号及企业所得税主管税务机关名称、地址和邮编。

上述备案信息发生变化的，除另有规定外，应在内容变化后30日内报总机构和分支机构所在地主管税务机关备案，并办理变更税务登记。

分支机构注销税务登记后15日内，总机构应将分支机构注销情况报所在地主管税务机关备案，并办理变更税务登记。

第二十三条 以总机构名义进行生产经营的非法人分支机构，无法提供汇总纳税企业分支机构所得税分配表，应在预缴申报期内向其所在地主管税务机关报送非法人营业执照(或登记证书)的复印件、由总机构出具的二级及以下分支机构的有效证明和支持有效证明的相关材料(包括总机构拨款证明、总分机构协议或合同、公司章程、管理制度等)，证明其二级及以下分支机构身份。

二级及以下分支机构所在地主管税务机关应对二级及以下分支机构进行审核鉴定，对应按本办法规定就地分摊缴纳企业所得税的二级分支机构，应督促其及时就地缴纳企业所得税。

第二十四条 以总机构名义进行生产经营的非法人分支机构，无法提供汇总纳税企业分支机构所得税分配表，也无法提供本办法第二十三条规定相关证据证明其二级及以下分支机构身份的，应视同独立纳税人计算并就地缴纳企业所得税，不执行本办法的相关规定。

按上款规定视同独立纳税人的分支机构，其独立纳税人身份一个年度内不得变更。

汇总纳税企业以后年度改变组织结构的，该分支机构应按本办法第二十三条规定报送相关证据，分支机构所在地主管税务机关重新进行审核鉴定。

第二十五条 汇总纳税企业发生的资产损失，应按以下规定申报扣除：

(一)总机构及二级分支机构发生的资产损失，除应按专项申报和清单申报的有关规定各自向所在地主管税务机关申报外，二级分支机构还应同时上报总机构；三级及以下分支机构发生的资产损失不需向所在地主管税务机关申报，应并入二级分支机构，由二级分支机构统一申报。

(二)总机构对各分支机构上报的资产损失，除税务机关另有规定外，应以清单申报的形式向所在地主管税务机关申报。

(三)总机构将分支机构所属资产捆绑打包转让所发生的资产损失，由总机构向所在地主管税务机关专项申报。

二级分支机构所在地主管税务机关应对二级分支机构申报扣除的资产损失强化后续管理。

第二十六条 对于按照税收法律、法规和其他规定，由分支机构所在地主管税务机关管理的企业所得税优惠事项，分支机构所在地主管税务机关应加强审批(核)、备案管理，并通过评估、检查和台账管理等手段，加强后续管理。

第二十七条 总机构所在地主管税务机关应加强对汇总纳税企业申报缴纳企业所得税的管理，可以对企业自行实施税务检查，也可以与二级分支机构所在地主管税务机关联合实施税务检查。

总机构所在地主管税务机关应对查实项目按照《企业所得税法》的规定统一计算查增的应纳税所得额和应纳税额。

总机构应将查补所得税款(包括滞纳金、罚款，下同)的50%按照本办法第十五条规定计算的分摊比例，分摊给各分支机构(不包括本办法第五条规定的分支机构)缴纳，各分支机构根据分摊查补税款就地办理缴库;50%分摊给总机构缴纳,其中 25%就地办理缴库,25%就地全额缴入中央国库。具体的税款缴库程序按照财预〔2012〕40 号文件第五条等相关规定执行。

汇总纳税企业缴纳查补所得税款时,总机构应向其所在地主管税务机关报送汇总纳税企业分支机构所得税分配表和总机构所在地主管税务机关出具的税务检查结论,各分支机构也应向其所在地主管税务机关报送经总机构所在地主管税务机关受理的汇总纳税企业分支机构所得税分配表和税务检查结论。

第二十八条 二级分支机构所在地主管税务机关应配合总机构所在地主管税务机关对其主管二级分支机构实施税务检查,也可以自行对该二级分支机构实施税务检查。

二级分支机构所在地主管税务机关自行对其主管二级分支机构实施税务检查,可对查实项目按照《企业所得税法》的规定自行计算查增的应纳税所得额和应纳税额。

计算查增的应纳税所得额时,应减除允许弥补的汇总纳税企业以前年度亏损;对于需由总机构统一计算的税前扣除项目,不得由分支机构自行计算调整。

二级分支机构应将查补所得税款的 50%分摊给总机构缴纳,其中 25%就地办理缴库,25%就地全额缴入中央国库;50%分摊给该二级分支机构就地办理缴库。具体的税款缴库程序按照财预〔2012〕40 号文件第五条等相关规定执行。

汇总纳税企业缴纳查补所得税款时,总机构应向其所在地主管税务机关报送经二级分支机构所在地主管税务机关受理的汇总纳税企业分支机构所得税分配表和二级分支机构所在地主管税务机关出具的税务检查结论,二级分支机构也应向其所在地主管税务机关报送汇总纳税企业分支机构所得税分配表和税务检查结论。

第二十九条 税务机关应将汇总纳税企业总机构、分支机构的税务登记信息、备案信息、总机构出具的分支机构有效证明情况及分支机构审核鉴定情况、企业所得税月(季)度预缴纳税申报表和年度纳税申报表、汇总纳税企业分支机构所得税分配表、财务报表(或年度财务状况和营业收支情况)、企业所得税款入库情况、资产损失情况、税收优惠情况、各分支机构参与企业年度纳税调整情况的说明、税务检查及查补税款分摊和入库情况等信息,定期分省汇总上传至国家税务总局跨地区经营汇总纳税企业管理信息交换平台。

第三十条 2008 年年底之前已成立的汇总纳税企业,2009 年起新设立的分支机构,其企业所得税的征管部门应与总机构企业所得税征管部门一致;2009 年起新增汇总纳税企业,其分支机构企业所得税的管理部门也应与总机构企业所得税管理部门一致。

第三十一条 汇总纳税企业不得核定征收企业所得税。

第五章 附 则

第三十二条 居民企业在中国境内没有跨地区设立不具有法人资格分支机构,仅在同一省、自治区、直辖市和计划单列市(以下称同一地区)内设立不具有法人资格分支机构的,其企业所得税征收管理办法,由各省、自治区、直辖市和计划单列市国家税务局、地方税务局参照本办法联合制定。

居民企业在中国境内既跨地区设立不具有法人资格分支机构,又在同一地区内设立不具有法人资格分支机构的,其企业所得税征收管理实行本办法。

第三十三条 本办法自 2013 年 1 月 1 日起施行。

《国家税务总局关于印发〈跨地区经营汇总纳税企业所得税征收管理暂行办法〉的通知》(国税发〔2008〕28 号)、《国家税务总局关于跨地区经营汇总纳税企业所得税征收管理有关问题的通知》(国税函〔2008〕747 号)、《国家税务总局关于跨地区经营外商独资银行汇总纳税问题的通知》(国税函〔2008〕958 号)、《国家税务总局关于华能国际电力股份有限公司汇总计算缴纳企业所得税问题的通知》(国税函〔2009〕33 号)、《国家税务总局关于跨地区经营汇总纳税企业所得税征收管理若干问题的通知》(国税函〔2009〕221 号)和《国家税务总局关于华能国际电力股份有限公司所属分支机构 2008 年度预缴企业所得税款问题的通知》(国税函〔2009〕674 号)同时废止。

《国家税务总局关于发布〈中华人民共和国企业所得税月(季)度预缴纳税申报表〉等报表的公告》(税务总局公告 2011 年第 64 号)和《国家税务总局关于发布〈中华人民共和国企业所得税月(季)度预缴纳税申报表〉等报表的补充公告》(税务总局公告 2011 年第 76 号)规定与本办法不一致的,按本办法执行。

财政部 海关总署 国家税务总局关于赣州市执行西部大开发税收政策问题的通知

财税〔2013〕4 号

江西省财政厅、国家税务局、地方税务局，海关总署广东分署、各直属海关：

为贯彻落实《国务院关于支持赣南等原中央苏区振兴发展的若干意见》(国发〔2012〕21 号)关于赣州市执行西部大开发政策的规定，现将赣州市执行西部大开发税收政策问题通知如下：

一、对赣州市内资鼓励类产业、外商投资鼓励类产业及优势产业的项目在投资总额内进口的自用设备，在政策规定范围内免征关税。

二、自 2012 年 1 月 1 日至 2020 年 12 月 31 日，对设在赣州市的鼓励类产业的内资企业和外商投资企业减按 15%的税率征收企业所得税。

鼓励类产业的内资企业是指以《产业结构调整指导目录》中规定的鼓励类产业项目为主营业务，且其主营业务收入占企业收入总额 70%以上的企业。

鼓励类产业的外商投资企业是指以《外商投资产业指导目录》中规定的鼓励类项目和《中西部地区外商投资优势产业目录》中规定的江西省产业项目为主营业务，且其主营业务收入占企业收入总额 70%以上的企业。

三、本通知自 2012 年 1 月 1 日起执行。

财政部 海关总署 国家税务总局
2013 年 1 月 10 日

国家税务总局关于营业税改征增值税试点中非居民企业缴纳企业所得税有关问题的公告

国家税务总局公告 2013 年第 9 号

现将营业税改征增值税试点中非居民企业缴纳企业所得税有关问题公告如下：

营业税改征增值税试点中的非居民企业，取得《中华人民共和国企业所得税法》第三条第三款规定的所得，在计算缴纳企业所得税时，应以不含增值税的收入全额作为应纳税所得额。

本公告自发布之日起施行。

特此公告。

国家税务总局关于非居民企业派遣人员在中国境内提供劳务征收企业所得税有关问题的公告

国家税务总局公告 2013 年第 19 号

根据《中华人民共和国企业所得税法》及其实施条例、中国政府对外签署的避免双重征税协定(含与香港、澳门特别行政区签署的税收安排，以下统称税收协定)以及《国家税务总局关于印发〈中华人民共和国政府和新加坡共和国政府关于对所得避免双重征税和防止偷漏税的协定及议定书条文解释〉的通知》(国税发〔2010〕75号)等规定,现就非居民企业派遣人员在中国境内提供劳务征收企业所得税有关问题公告如下:

一、非居民企业(以下统称“派遣企业”)派遣人员在中国境内提供劳务,如果派遣企业对被派遣人员工作结果承担部分或全部责任和风险,通常考核评估被派遣人员的工作业绩,应视为派遣企业在中国境内设立机构、场所提供劳务;如果派遣企业属于税收协定缔约对方企业,且提供劳务的机构、场所具有相对的固定性和持久性,该机构、场所构成在中国境内设立的常设机构。

在做出上述判断时,应结合下列因素予以确定:

(一)接收劳务的境内企业(以下统称“接收企业”)向派遣企业支付管理费、服务费性质的款项;

(二)接收企业向派遣企业支付的款项金额超出派遣企业代垫、代付被派遣人员的工资、薪金、社会保险费及其他费用;

(三)派遣企业并未将接收企业支付的相关费用全部发放给被派遣人员,而是保留了一定数额的款项;

(四)派遣企业负担的被派遣人员的工资、薪金未全额在中国缴纳个人所得税;

(五)派遣企业确定被派遣人员的数量、任职资格、薪酬标准及其在中国境内的工作地点。

二、如果派遣企业仅为在接收企业行使股东权利、保障其合法股东权益而派遣人员在中国境内提供劳务的,包括被派遣人员为派遣企业提供对接收企业投资的有关建议、代表派遣企业参加接收企业股东大会或董事会议等活动,均不因该活动在接收企业营业场所进行而认定为派遣企业在中国境内设立机构、场所或常设机构。

三、符合第一条规定的派遣企业和接收企业应按照《非居民承包工程作业和提供劳务税收管理暂行办法》(国家税务总局令第19号)规定办理税务登记和备案、税款申报及其他涉税事宜。

四、符合第一条规定的派遣企业应依法准确计算其取得的所得并据实申报缴纳企业所得税;不能如实申报的,税务机关有权按照相关规定核定其应纳税所得额。

五、主管税务机关应加强对派遣行为的税收管理,重点审核下列与派遣行为有关的资料,以及派遣安排的经济实质和执行情况,确定非居民企业所得税纳税义务:

(一)派遣企业、接收企业和被派遣人员之间的合同协议或约定;

(二)派遣企业或接收企业对被派遣人员的管理规定,包括被派遣人员的工作职责、工作内容、工作考核、风险承担等方面的具体规定;

(三)接收企业向派遣企业支付款项及相关账务处理情况,被派遣人员个人所得税申报缴纳资料;

(四)接收企业是否存在通过抵消交易、放弃债权、关联交易或其他形式隐蔽性支付与派遣行为相关费用的情形。

六、主管税务机关根据企业所得税法及本公告规定确定派遣企业纳税义务时,应与被派遣人员提供劳务涉及的个人所得税、营业税的主管税务机关加强协调沟通,交换被派遣人员提供劳务的相关信息,确保税收政策的准确执行。

七、各地在执行本公告规定对非居民企业派遣人员提供劳务进行税务处理时,应严格按照有关规定为派遣企业或接收企业及时办理对外支付相关手续。

八、本公告自2013年6月1日起施行。本公告施行前发生但未作税务处理的事项,依据本公告执行。

特此公告。

国家税务总局关于企业混合性投资业务企业所得税处理问题的公告

国家税务总局公告2013年第41号

根据《中华人民共和国企业所得税法》及其实施条例(以下简称税法)的规定,现就企业混合性投资业务企业所得税处理问题公告如下:

一、企业混合性投资业务,是指兼具权益和债权双重特性的投资业务。同时符合下列条件的混合性投资业务，按本公告进行企业所得税处理：

（一）被投资企业接受投资后，需要按投资合同或协议约定的利率定期支付利息（或定期支付保底利息、固定利润、固定股息，下同）；

（二）有明确的投资期限或特定的投资条件，并在投资期满或者满足特定投资条件后，被投资企业需要赎回投资或偿还本金；

（三）投资企业对被投资企业净资产不拥有所有权；

（四）投资企业不具有选举权和被选举权；

（五）投资企业不参与被投资企业日常生产经营活动。

二、符合本公告第一条规定的混合性投资业务，按下列规定进行企业所得税处理：

（一）对于被投资企业支付的利息，投资企业应于被投资企业应付利息的日期，确认收入的实现并计入当期应纳税所得额；被投资企业应于应付利息的日期，确认利息支出，并按税法和《国家税务总局关于企业所得税若干问题的公告》（2011 年第 34 号）第一条的规定，进行税前扣除。

（二）对于被投资企业赎回的投资，投资双方应于赎回时将赎价与投资成本之间的差额确认为债务重组损益，分别计入当期应纳税所得额。

三、本公告自 2013 年 9 月 1 日起执行。此前发生的已进行税务处理的混合性投资业务，不再进行纳税调整。

特此公告。

国家税务总局关于执行软件企业所得税优惠政策有关问题的公告

国家税务总局公告 2013 年第 43 号

根据《中华人民共和国企业所得税法》及其实施条例、《国务院关于印发进一步鼓励软件产业和集成电路产业发展若干政策的通知》（国发〔2011〕4 号）、《财政部 国家税务总局关于进一步鼓励软件产业和集成电路产业发展企业所得税政策的通知》（财税〔2012〕27 号）、《国家税务总局关于软件和集成电路企业认定管理有关问题的公告》（国家税务总局公告 2012 年第 19 号）以及《软件企业认定管理办法》（工信部联软〔2013〕64 号）的规定，经商财政部，现将贯彻落实软件企业所得税优惠政策有关问题公告如下：

一、软件企业所得税优惠政策适用于经认定并实行查账征收方式的软件企业。所称经认定，是指经国家规定的软件企业认定机构按照软件企业认定管理的有关规定进行认定并取得软件企业认定证书。

二、软件企业的收入总额，是指《企业所得税法》第六条规定的收入总额。

三、软件企业的获利年度，是指软件企业开始生产经营后，第一个应纳税所得额大于零的纳税年度，包括对企业所得税实行核定征收方式的纳税年度。

软件企业享受定期减免税优惠的期限应当连续计算，不得因中间发生亏损或其他原因而间断。

四、除国家另有政策规定（包括对国家自主创新示范区的规定）外，软件企业研发费用的计算口径按照《国家税务总局关于印发〈企业研究开发费用税前扣除管理办法（试行）〉的通知》（国税发〔2008〕116 号）规定执行。

五、2010 年 12 月 31 日以前依法在中国境内成立但尚未认定的软件企业，仍按照《财政部 国家税务总局关于企业所得税若干优惠政策的通知》（财税〔2008〕1 号）第一条的规定以及《软件企业认定标准及管理办法（试行）》（信部联产〔2000〕968 号）的认定条件，办理相关手续，并继续享受到期满为止。优惠期间内，亦按照信部联产〔2000〕968 号的认定条件进行年审。

六、本公告自 2011 年 1 月 1 日起执行。其中，2011 年 1 月 1 日以后依法在中国境内成立的软件企业认定管理的衔接问题仍按照国家税务总局公告 2012 年第 19 号的规定执行；2010 年 12 月 31 日以前依法在中国境内成立的软件企业的政策及认定管理衔接问题按本公告第五条的规定执行。集成电路生产企业、集成电路设计企业认定和优惠管理涉及的上述事项按本公告执行。

特此公告。

国家税务总局关于明确跨地区经营企业所得税汇总纳税分支机构年度纳税申报有关事项的公告

国家税务总局公告 2013 年第 44 号

根据《财政部 国家税务总局 人民银行关于印发〈跨省市总分机构企业所得税分配及预算管理办法〉的通知》(财预〔2012〕40 号)和《国家税务总局关于印发〈跨地区经营汇总纳税企业所得税征收管理办法〉的公告》(国家税务总局公告 2012 年第 57 号)的规定,现将跨地区经营汇总纳税企业的分支机构年度纳税申报有关事项公告如下:

跨地区经营汇总纳税企业的分支机构,在进行 2013 年度及以后年度纳税申报时,暂用《国家税务总局关于发布〈中华人民共和国企业所得税月(季)度预缴纳税申报表〉等报表的公告》(国家税务总局公告 2011 年第 64 号)中的《中华人民共和国企业所得税月(季)度预缴纳税申报表(A 类)》格式进行年度纳税申报。分支机构在办理年度所得税应补(退)税时,应同时附报《中华人民共和国企业所得税汇总纳税分支机构分配表》。

特此公告。

国家税务总局关于电信企业手续费及佣金支出税前扣除问题的公告

国家税务总局公告 2013 年第 59 号

依据《国家税务总局关于企业所得税应纳税所得额若干税务处理问题的公告》(国家税务总局公告 2012 年第 15 号),现就电信企业手续费及佣金支出税前扣除问题公告如下:

国家税务总局公告 2012 年第 15 号第四条所称电信企业手续费及佣金支出,仅限于电信企业在发展客户、拓展业务等过程中因委托销售电话入网卡、电话充值卡所发生的手续费及佣金支出。

本公告施行时间同国家税务总局公告 2012 年第 15 号施行时间。

特此公告。

国家税务总局关于技术转让所得减免企业所得税有关问题的公告

国家税务总局公告 2013 年第 62 号

为加强技术转让所得减免企业所得税的征收管理,现将《国家税务总局关于技术转让所得减免企业所得税有关问题的通知》(国税函〔2009〕212 号)中技术转让收入计算的有关问题,公告如下:

一、可以计入技术转让收入的技术咨询、技术服务、技术培训收入,是指转让方为使受让方掌握所转让的技术投入使用、实现产业化而提供的必要的技术咨询、技术服务、技术培训所产生的收入,并应同时符合以下条件:

(一)在技术转让合同中约定的与该技术转让相关的技术咨询、技术服务、技术培训;

（二）技术咨询、技术服务、技术培训收入与该技术转让项目收入一并收取价款。

二、本公告自2013年11月1日起施行。此前已进行企业所得税处理的相关业务，不作纳税调整。

财政部 国家税务总局关于期货投资者保障基金有关税收政策继续执行的通知

财税〔2013〕80号

各省、自治区、直辖市、计划单列市财政厅（局）、国家税务局、地方税务局，新疆生产建设兵团财务局：

经国务院批准，对期货投资者保障基金（以下简称期货保障基金）继续予以税收优惠政策。现将有关事项明确如下：

一、对中国期货保证金监控中心有限责任公司（以下简称期货保障基金公司）根据《期货投资者保障基金管理暂行办法》（证监会令第38号，以下简称《暂行办法》）取得的下列收入，不计入其应征企业所得税收入：

1. 期货交易所按风险准备金账户总额的15%和交易手续费的3%上缴的期货保障基金收入；

2. 期货公司按代理交易额的千万分之五至十上缴的期货保障基金收入；

3. 依法向有关责任方追偿所得；

4. 期货公司破产清算所得；

5. 捐赠所得。

二、对期货保障基金公司取得的银行存款利息收入、购买国债、中央银行和中央级金融机构发行债券的利息收入，以及证监会和财政部批准的其他资金运用取得的收入，暂免征收企业所得税。

三、对期货保障基金公司根据《暂行办法》取得的下列收入，暂免征收营业税：

1. 期货交易所按风险准备金账户总额的15%和交易手续费的3%上缴的期货保障基金收入；

2. 期货公司按代理交易额的千万分之五至十上缴的期货保障基金收入；

3. 依法向有关责任方追偿所得收入；

4. 期货公司破产清算受偿收入；

5. 按规定从期货交易所取得的运营收入。

四、期货交易所和期货公司根据《暂行办法》上缴的期货保障基金中属于营业税征税范围的部分，允许从其营业税计税营业额中扣除。

五、对期货保障基金公司新设立的资金账簿、期货保障基金参加被处置期货公司的财产清算而签订的产权转移书据以及期货保障基金以自有财产和接受的受偿资产与保险公司签订的财产保险合同等免征印花税。对上述应税合同和产权转移书据的其他当事人照章征收印花税。

六、本通知自2013年1月1日起至2014年12月31日止执行。《财政部 国家税务总局关于期货投资者保障基金有关税收问题的通知》（财税〔2009〕68号）和《财政部 国家税务总局关于期货投资者保障基金有关税收优惠政策继续执行的通知》（财税〔2011〕69号）同时废止。

财政部 国家税务总局关于保险保障基金有关税收政策继续执行的通知

财税〔2013〕81号

各省、自治区、直辖市、计划单列市财政厅（局）、国家税务局、地方税务局，新疆生产建设兵团财务局：

经国务院批准，对保险保障基金继续予以税收优惠政策。现将有关事项明确如下：

一、对中国保险保障基金有限责任公司(以下简称保险保障基金公司)根据《保险保障基金管理办法》(以下简称《管理办法》)取得的下列收入,免征企业所得税:

1. 境内保险公司依法缴纳的保险保障基金;

2. 依法从撤销或破产保险公司清算财产中获得的受偿收入和向有关责任方追偿所得,以及依法从保险公司风险处置中获得的财产转让所得;

3. 捐赠所得;

4. 银行存款利息收入;

5. 购买政府债券、中央银行、中央企业和中央级金融机构发行债券的利息收入;

6. 国务院批准的其他资金运用取得的收入。

二、对保险保障基金公司根据《管理办法》取得的下列收入,免征营业税:

1. 境内保险公司依法缴纳的保险保障基金;

2. 依法从撤销或破产保险公司清算财产中获得的受偿收入和向有关责任方追偿所得。

三、对保险保障基金公司下列应税凭证,免征印花税:

1. 新设立的资金账簿;

2. 对保险公司风险处置和在破产救助过程中签订的产权转移书据;

3. 在风险处置过程中与中国人民银行签订的再贷款合同;

4. 以保险保障基金自有财产和接收的受偿资产与保险公司签订的财产保险合同;

5. 对与保险保障基金公司签订上述应税合同或产权转移书据的其他当事人照章征收印花税。

四、本通知自 2012 年 1 月 1 日起至 2014 年 12 月 31 日止执行。《财政部 国家税务总局关于保险保障基金有关税收问题的通知》(财税〔2010〕77 号)同时废止。

国家税务总局关于企业维简费支出企业所得税税前扣除问题的公告

国家税务总局公告 2013 年第 67 号

根据《中华人民共和国企业所得税法》及其实施条例(以下简称企业所得税法)规定,现就企业维简费支出企业所得税税前扣除问题公告如下:

一、企业实际发生的维简费支出,属于收益性支出的,可作为当期费用税前扣除;属于资本性支出的,应计入有关资产成本,并按企业所得税法规定计提折旧或摊销费用在税前扣除。

企业按照有关规定预提的维简费,不得在当期税前扣除。

二、本公告实施前,企业按照有关规定提取且已在当期税前扣除的维简费,按以下规定处理:

(一)尚未使用的维简费,并未作纳税调整的,可不作纳税调整,应首先抵减 2013 年实际发生的维简费,仍有余额的,继续抵减以后年度实际发生的维简费,至余额为零时,企业方可按照本公告第一条规定执行;已作纳税调整的,不再调回,直接按照本公告第一条规定执行。

(二)已用于资产投资并形成相关资产全部成本的,该资产提取的折旧或费用摊销额,不得税前扣除;已用于资产投资并形成相关资产部分成本的,该资产提取的折旧或费用摊销额中与该部分成本对应的部分,不得税前扣除;已税前扣除的,应调整作为 2013 年度应纳税所得额。

三、本公告自 2013 年 1 月 1 日起施行。

煤矿企业不执行本公告,继续执行《国家税务总局关于煤矿企业维简费和高危行业企业安全生产费用企业所得税税前扣除问题的公告》(国家税务总局公告 2011 年第 26 号)。

特此公告。

国家税务总局关于非居民企业股权转让适用特殊性税务处理有关问题的公告

国家税务总局公告2013年第72号

为规范和加强非居民企业股权转让适用特殊性税务处理的管理，根据《中华人民共和国企业所得税法》及其实施条例、《财政部 国家税务总局关于企业重组业务企业所得税处理若干问题的通知》(财税〔2009〕59号，以下简称《通知》)的有关规定，现就有关问题公告如下：

一、本公告所称股权转让是指非居民企业发生《通知》第七条第(一)、(二)项规定的情形；其中《通知》第七条第(一)项规定的情形包括因境外企业分立、合并导致中国居民企业股权被转让的情形。

二、非居民企业股权转让选择特殊性税务处理的，应于股权转让合同或协议生效且完成工商变更登记手续30日内进行备案。属于《通知》第七条第(一)项情形的，由转让方向被转让企业所在地所得税主管税务机关备案；属于《通知》第七条第(二)项情形的，由受让方向其所在地所得税主管税务机关备案。

股权转让方或受让方可以委托代理人办理备案事项；代理人在代为办理备案事项时，应向主管税务机关出具备案人的书面授权委托书。

三、股权转让方、受让方或其授权代理人(以下简称备案人)办理备案时应填报以下资料：

(一)《非居民企业股权转让适用特殊性税务处理备案表》(见附件1)；

(二)股权转让业务总体情况说明，应包括股权转让的商业目的、证明股权转让符合特殊性税务处理条件、股权转让前后的公司股权架构图等资料；

(三)股权转让业务合同或协议(外文文本的同时附送中文译本)；

(四)工商等相关部门核准企业股权变更事项证明资料；

(五)截至股权转让时，被转让企业历年的未分配利润资料；

(六)税务机关要求的其他材料。

以上资料已经向主管税务机关报送的，备案人可不再重复报送。其中以复印件向税务机关提交的资料，备案人应在复印件上注明“本复印件与原件一致”字样，并签字后加盖备案人印章；报送中文译本的，应在中文译本上注明“本译文与原文表述内容一致”字样，并签字后加盖备案人印章。

四、主管税务机关应当按规定受理备案，资料齐全的，应当场在《非居民企业股权转让适用特殊性税务处理备案表》上签字盖章，并退1份给备案人；资料不齐全的，不予受理，并告知备案人各应补正事项。

五、非居民企业发生股权转让属于《通知》第七条第(一)项情形的，主管税务机关应当自受理之日起30个工作日内就备案事项进行调查核实、提出处理意见，并将全部备案资料以及处理意见层报省(含自治区、直辖市和计划单列市，下同)税务机关。

税务机关在调查核实时，如发现此种股权转让情形造成以后该项股权转让所得预提税负担变化，包括转让方把股权由应征税的国家或地区转让到不征税或低税率的国家或地区，应不予适用特殊性税务处理。

六、非居民企业发生股权转让属于《通知》第七条第(二)项情形的，应区分以下两种情形予以处理：

(一)受让方和被转让企业在同一省且同属国税机关或地税机关管辖的，按照本公告第五条规定执行。

(二)受让方和被转让企业不在同一省或分别由国税机关和地税机关管辖的，受让方所在地省税务机关收到主管税务机关意见后30日内，应向被转让企业所在地省税务机关发出《非居民企业股权转让适用特殊性税务处理告知函》(见附件2)。

七、非居民企业股权转让未进行特殊性税务处理备案或备案后经调查核实不符合条件的，适用一般性税务处理规定，应按照有关规定缴纳企业所得税。

八、非居民企业发生股权转让属于《通知》第七条第(一)项情形且选择特殊性税务处理的，转让方和受让方不在同一国家或地区的，若被转让企业股权转让前的未分配利润在转让后分配给受让方的，不享受受让方所在国家(地区)与中国签订的税收协定(含税收安排)的股息减税优惠待遇,并由被转让企业按税法相关规定代扣代缴企业所得税,到其所在地所得税主管税务机关申报缴纳。

九、省税务机关应做好辖区内非居民企业股权转让适用特殊性税务处理的管理工作,于年度终了后30日内向国家税务总局报送《非居民企业股权转让适用特殊性税务处理情况统计表》(见附件3)。

十、本公告自发布之日起施行。本公告实施之前发生的非居民企业股权转让适用特殊性税务处理事项尚未处理的,可依据本公告规定办理。《国家税务总局关于加强非居民企业股权转让所得企业所得税管理的通知》(国税函〔2009〕698号)第九条同时废止。

特此公告。

附件:1. 非居民企业股权转让适用特殊性税务处理备案表(略)

2. 非居民企业股权转让适用特殊性税务处理告知函(略)

3. 非居民企业股权转让适用特殊性税务处理情况统计表(略)

国家税务总局 国家发展改革委关于落实节能服务企业合同能源管理项目企业所得税优惠政策有关征收管理问题的公告

国家税务总局 国家发展改革委公告2013年第77号

为鼓励企业采用合同能源管理模式开展节能服务,规范合同能源管理项目企业所得税管理,根据《中华人民共和国企业所得税法》及其实施条例(以下简称企业所得税法)、《国务院办公厅转发发展改革委等部门关于加快推行合同能源管理促进节能服务产业发展意见的通知》(国办发〔2010〕25号)、《财政部 国家税务总局关于促进节能服务产业发展增值税、营业税和企业所得税政策问题的通知》(财税〔2010〕110号)和《国家税务总局关于进一步做好税收促进节能减排工作的通知》(国税函〔2010〕180号)的有关规定,现就落实合同能源管理项目企业所得税优惠政策有关征收管理问题公告如下:

一、对实施节能效益分享型合同能源管理项目(以下简称项目)的节能服务企业,凡实行查账征收所得税的居民企业并符合企业所得税法和本公告有关规定的,该项目可享受财税〔2010〕110号规定的企业所得税"三免三减半"优惠政策。如节能服务企业的分享型合同约定的效益分享期短于6年的,按实际分享期享受优惠。

二、节能服务企业享受"三免三减半"项目的优惠期限,应连续计算。对在优惠期限内转让所享受优惠的项目给其他符合条件的节能服务企业,受让企业承续经营该项目的,可自项目受让之日起,在剩余期限内享受规定的优惠;优惠期限届满后转让的,受让企业不得就该项目重复享受优惠。

三、节能服务企业投资项目所发生的支出,应按税法规定作资本化或费用化处理。形成的固定资产或无形资产,应按合同约定的效益分享期计提折旧或摊销。

节能服务企业应分别核算各项目的成本费用支出额。对在合同约定的效益分享期内发生的期间费用划分不清的,应合理进行分摊,期间费用的分摊应按照项目投资额和销售(营业)收入额两个因素计算分摊比例,两个因素的权重各为50%。

四、节能服务企业、节能效益分享型能源管理合同和合同能源管理项目应符合财税〔2010〕110号第二条第(三)项所规定的条件。

五、享受企业所得税优惠政策的项目应属于《财政部 国家税务总局 国家发展改革委关于公布环境保护节能节水项目企业所得税优惠目录(试行)的通知》(财税〔2009〕166号)规定的节能减排技术改造项目,包括余热余压利用、绿色照明等节能效益分享型合同能源管理项目。

六、合同能源管理项目优惠实行事前备案管理。节能服务企业享受合同能源管理项目企业所得税优惠的,应向主管税务机关备案。涉及多个项目优惠的,应按各项目分别进行备案。节能服务企业应在项目取得第一笔收入的次年4个月内,完成项目享受优惠备案。办理备案手续时需提供以下资料:

(一)减免税备案申请;

(二)能源管理合同复印件;

(三)国家发展改革委、财政部公布的第三方机构出具的《合同能源管理项目情况确认表》(附件1),或者政府节能主管部门出具的合同能源管理项目确认意见;

(四)《合同能源管理项目应纳税所得额计算表》(附件2);

(五)项目第一笔收入的发票复印件;

(六)合同能源管理项目发生转让的,受让节能服务企业除提供上述材料外,还需提供项目转让合同、项目原享受优惠的备案文件。

七、企业享受优惠条件发生变化的,应当自发生变化之日起15日内向主管税务机关书面报告。如不再符合享受优惠条件的,应停止享受优惠,并依法缴纳企业所得税。对节能服务企业采取虚假手段获取税收优惠的、享受优惠条件发生变化而未及时向主管税务机关报告的以及未按本公告规定报送备案资料而自行减免税的,主管税务机关应按照税收征管法等有关规定进行处理。税务部门应设立节能服务企业项目管理台账和统计制度,并会同节能主管部门建立监管机制。

八、合同能源管理项目确认由国家发展改革委、财政部公布的第三方节能量审核机构负责,并出具《合同能源管理项目情况确认表》,或者由政府节能主管部门出具合同能源管理项目确认意见。第三方机构在合同能源管理项目确认过程中应严格按照国家有关要求认真审核把关,确保审核结果客观、真实。对在审核过程中把关不严、弄虚作假的第三方机构,一经查实,将取消其审核资质,并按相关法律规定追究责任。

九、本公告自2013年1月1日起施行。本公告发布前,已按有关规定享受税收优惠政策的,仍按原规定继续执行;尚未享受的,按本公告规定执行。

特此公告。

附件:1. 合同能源管理项目情况确认表(略)

2. 合同能源管理项目应纳税所得额计算表(略)

国家税务总局关于商业零售企业存货损失税前扣除问题的公告

国家税务总局公告2014年第3号

根据《国家税务总局关于发布〈企业资产损失所得税税前扣除管理办法〉的公告》(国家税务总局公告2011年第25号)有关规定,现对商业零售企业存货损失税前扣除问题公告如下:

一、商业零售企业存货因零星失窃、报废、废弃、过期、破损、腐败、鼠咬、顾客退换货等正常因素形成的损失,为存货正常损失,准予按会计科目进行归类、汇总,然后再将汇总数据以清单的形式进行企业所得税纳税申报,同时出具损失情况分析报告。

二、商业零售企业存货因风、火、雷、震等自然灾害,仓储、运输失事,重大案件等非正常因素形成的损失,为存货非正常损失,应当以专项申报形式进行企业所得税纳税申报。

三、存货单笔(单项)损失超过500万元的,无论何种因素形成的,均应以专项申报方式进行企业所得税纳税申报。

四、本公告适用于2013年度及以后年度企业所得税纳税申报。

特此公告。

国家税务总局

2014年1月10日

国家税务总局关于依据实际管理机构标准实施居民企业认定有关问题的公告

国家税务总局公告 2014 年第 9 号

为完善依据实际管理机构实施居民企业的认定工作，加强企业所得税征收管理，根据《国务院关于取消和下放一批行政审批项目的决定》(国发〔2013〕44 号)，国家税务总局对《国家税务总局关于境外注册中资控股企业依据实际管理机构标准认定为居民企业有关问题的通知》(国税发〔2009〕82 号，以下简称《通知》)有关条款进行了修订，现公告如下：

一、符合《通知》第二条规定的居民企业认定条件的境外中资企业，须向其中国境内主要投资者登记注册地主管税务机关提出居民企业认定申请，主管税务机关对其居民企业身份进行初步判定后，层报省级税务机关确认。经省级税务机关确认后抄送其境内其他投资地相关省级税务机关。

二、按本公告实施居民企业认定时，经省级税务机关确认后，30 日内抄报国家税务总局，由国家税务总局网站统一对外公布。国家税务总局适时开展检查，对不符合条件的，责令其纠正。

三、境外注册中资控股企业自其被认定为居民企业的年度起，从中国境内其他居民企业取得以前年度(限于 2008 年 1 月 1 日以后)的股息、红利等权益性投资收益，应按照《中华人民共和国企业所得税法》第二十六条及其实施条例第十七条、第八十三条的规定处理。

四、境外注册中资控股企业所得税征管的其他事项，仍按照《通知》的相关规定执行。

五、本公告适用于 2013 年度及以后年度企业所得税申报。

特此公告。

国家税务总局

2014 年 1 月 29 日

财政部 国家税务总局关于非营利组织免税资格认定管理有关问题的通知

财税〔2014〕13 号

各省、自治区、直辖市、计划单列市财政厅(局)、国家税务局、地方税务局，新疆生产建设兵团财务局：

根据《中华人民共和国企业所得税法》(以下简称《企业所得税法》)第二十六条及《中华人民共和国企业所得税法实施条例》(以下简称《实施条例》)第八十四条的规定，现对非营利组织免税资格认定管理有关问题明确如下：

一、依据本通知认定的符合条件的非营利组织，必须同时满足以下条件：

(一)依照国家有关法律法规设立或登记的事业单位、社会团体、基金会、民办非企业单位、宗教活动场所以及财政部、国家税务总局认定的其他组织；

(二)从事公益性或者非营利性活动；

(三)取得的收入除用于与该组织有关的、合理的支出外，全部用于登记核定或者章程规定的公益性或者非营利性事业；

(四)财产及其孳息不用于分配，但不包括合理的工资薪金支出；

(五)按照登记核定或者章程规定，该组织注销后的剩余财产用于公益性或者非营利性目的，或者由登记管理机关转赠给与该组织性质、宗旨相同的组织，并向社会公告；

(六)投入人对投入该组织的财产不保留或者享有任何财产权利,本款所称投入人是指除各级人民政府及其部门外的法人、自然人和其他组织;

(七)工作人员工资福利开支控制在规定的比例内,不变相分配该组织的财产,其中:工作人员平均工资薪金水平不得超过上年度税务登记所在地人均工资水平的两倍,工作人员福利按照国家有关规定执行;

(八)除当年新设立或登记的事业单位、社会团体、基金会及民办非企业单位外,事业单位、社会团体、基金会及民办非企业单位申请前年度的检查结论为"合格";

(九)对取得的应纳税收入及其有关的成本、费用、损失应与免税收入及其有关的成本、费用、损失分别核算。

二、经省级(含省级)以上登记管理机关批准设立或登记的非营利组织,凡符合规定条件的,应向其所在地省级税务主管机关提出免税资格申请,并提供本通知规定的相关材料;经市(地)级或县级登记管理机关批准设立或登记的非营利组织,凡符合规定条件的,分别向其所在地市(地)级或县级税务主管机关提出免税资格申请,并提供本通知规定的相关材料。

财政、税务部门按照上述管理权限,对非营利组织享受免税的资格联合进行审核确认,并定期予以公布。

三、申请享受免税资格的非营利组织,需报送以下材料:

(一)申请报告;

(二)事业单位、社会团体、基金会、民办非企业单位的组织章程或宗教活动场所的管理制度;

(三)税务登记证复印件;

(四)非营利组织登记证复印件;

(五)申请前年度的资金来源及使用情况、公益活动和非营利活动的明细情况;

(六)具有资质的中介机构鉴证的申请前会计年度的财务报表和审计报告;

(七)登记管理机关出具的事业单位、社会团体、基金会、民办非企业单位申请前年度的年度检查结论;

(八)财政、税务部门要求提供的其他材料。

四、非营利组织免税优惠资格的有效期为五年。非营利组织应在期满前三个月内提出复审申请,不提出复审申请或复审不合格的,其享受免税优惠的资格到期自动失效。

非营利组织免税资格复审,按照初次申请免税优惠资格的规定办理。

五、非营利组织必须按照《中华人民共和国税收征收管理法》(以下简称《税收征管法》)及《中华人民共和国税收征收管理法实施细则》(以下简称《实施细则》)等有关规定,办理税务登记,按期进行纳税申报。取得免税资格的非营利组织应按照规定向主管税务机关办理免税手续,免税条件发生变化的,应当自发生变化之日起十五日内向主管税务机关报告;不再符合免税条件的,应当依法履行纳税义务;未依法纳税的,主管税务机关应当予以追缴。取得免税资格的非营利组织注销时,剩余财产处置违反本通知第一条第五项规定的,主管税务机关应追缴其应纳企业所得税款。

主管税务机关应根据非营利组织报送的纳税申报表及有关资料进行审查,当年符合《企业所得税法》及其《实施条例》和有关规定免税条件的收入,免予征收企业所得税;当年不符合免税条件的收入,照章征收企业所得税。主管税务机关在执行税收优惠政策过程中,发现非营利组织不再具备本通知规定的免税条件的,应及时报告核准该非营利组织免税资格的财政、税务部门,由其进行复核。

核准非营利组织免税资格的财政、税务部门根据本通知规定的管理权限,对非营利组织的免税优惠资格进行复核,复核不合格的,取消其享受免税优惠的资格。

六、已认定的享受免税优惠政策的非营利组织有下述情况之一的,应取消其资格:

(一)事业单位、社会团体、基金会及民办非企业单位逾期未参加年检或年度检查结论为"不合格"的;

(二)在申请认定过程中提供虚假信息的;

(三)有逃避缴纳税款或帮助他人逃避缴纳税款行为的;

(四)通过关联交易或非关联交易和服务活动,变相转移、隐匿、分配该组织财产的;

(五)因违反《税收征管法》及其《实施细则》而受到税务机关处罚的;

(六)受到登记管理机关处罚的。

因上述第(一)项规定的情形被取消免税优惠资格的非营利组织,财政、税务部门在一年内不再受理该组织的认定申请;因上述规定的除第(一)项以外的其他情形被取消免税优惠资格的非营利组织,财政、税务部门在五年内不再受理该组织的认定申请。

七、本通知自 2013 年 1 月 1 日起执行。《财政部 国家税务总局关于非营利组织免税资格认定管理有关问题的通知》(财税〔2009〕123 号)同时废止。

财政部 国家税务总局
2014 年 1 月 29 日

国家税务总局关于企业因国务院决定事项形成的资产损失税前扣除问题的公告

国家税务总局公告 2014 年第 18 号

为贯彻落实《国务院关于取消和下放一批行政审批项目的决定》(国发〔2013〕44 号),现对企业因国务院决定事项形成的资产损失税前扣除问题公告如下:

一、自国发〔2013〕44 号文件发布之日起,企业因国务院决定事项形成的资产损失,不再上报国家税务总局审核。国家税务总局公告 2011 年第 25 号发布的《企业资产损失所得税税前扣除管理办法》第十二条同时废止。

二、企业因国务院决定事项形成的资产损失,应以专项申报的方式向主管税务机关申报扣除。专项申报扣除的有关事项,按照国家税务总局公告 2011 年第 25 号规定执行。

三、本公告适用于 2013 年度及以后年度企业所得税申报。

特此公告。

国家税务总局
2014 年 3 月 17 日

国家税务总局关于企业所得税应纳税所得额若干问题的公告

国家税务总局公告 2014 年第 29 号

根据《中华人民共和国企业所得税法》及其实施条例(以下简称税法)的规定,现将企业所得税应纳税所得额若干问题公告如下:

一、企业接收政府划入资产的企业所得税处理

(一)县级以上人民政府(包括政府有关部门,下同)将国有资产明确以股权投资方式投入企业,企业应作为国家资本金(包括资本公积)处理。该项资产如为非货币性资产,应按政府确定的接收价值确定计税基础。

(二)县级以上人民政府将国有资产无偿划入企业,凡指定专门用途并按《财政部国家税务总局关于专项用途财政性资金企业所得税处理问题的通知》(财税〔2011〕70 号)规定进行管理的,企业可作为不征税收入进行企业所得税处理。其中,该项资产属于非货币性资产的,应按政府确定的接收价值计算不征税收入。

县级以上人民政府将国有资产无偿划入企业,属于上述(一)、(二)项以外情形的,应按政府确定的接收价值计入当期收入总额计算缴纳企业所得税。政府没有确定接收价值的,按资产的公允价值计算确定应税收入。

二、企业接收股东划入资产的企业所得税处理

(一)企业接收股东划入资产(包括股东赠予资产、上市公司在股权分置改革过程中接收原非流通股股东和新非流通股股东赠予的资产、股东放弃本企业的股权,下同),凡合同、协议约定作为资本金(包括资本公积)且在会计上已做实际处理的,不计入企业的收入总额,企业应按公允价值确定该项资产的计税基础。

(二)企业接收股东划入资产,凡作为收入处理的,应按公允价值计入收入总额,计算缴纳企业所得税,同时按公允价值确定该项资产的计税基础。

三、保险企业准备金支出的企业所得税处理

根据《财政部国家税务总局关于保险公司准备金支出企业所得税税前扣除有关政策问题的通知》(财税〔2012〕45号)有关规定,保险企业未到期责任准备金、寿险责任准备金、长期健康险责任准备金、已发生已报告未决赔款准备金和已发生未报告未决赔款准备金应按财政部下发的企业会计有关规定计算扣除。

保险企业在计算扣除上述各项准备金时,凡未执行财政部有关会计规定仍执行中国保险监督管理委员会有关监管规定的,应将两者之间的差额调整当期应纳税所得额。

四、核电厂操纵员培养费的企业所得税处理

核力发电企业为培养核电厂操纵员发生的培养费用,可作为企业的发电成本在税前扣除。企业应将核电厂操纵员培养费与员工的职工教育经费严格区分,单独核算,员工实际发生的职工教育经费支出不得计入核电厂操纵员培养费直接扣除。

五、固定资产折旧的企业所得税处理

(一)企业固定资产会计折旧年限如果短于税法规定的最低折旧年限,其按会计折旧年限计提的折旧高于按税法规定的最低折旧年限计提的折旧部分,应调增当期应纳税所得额;企业固定资产会计折旧年限已期满且会计折旧已提足,但税法规定的最低折旧年限尚未到期且税收折旧尚未足额扣除,其未足额扣除的部分准予在剩余的税收折旧年限继续按规定扣除。

(二)企业固定资产会计折旧年限如果长于税法规定的最低折旧年限,其折旧应按会计折旧年限计算扣除,税法另有规定除外。

(三)企业按会计规定提取的固定资产减值准备,不得税前扣除,其折旧仍按税法确定的固定资产计税基础计算扣除。

(四)企业按税法规定实行加速折旧的,其按加速折旧办法计算的折旧额可全额在税前扣除。

(五)石油天然气开采企业在计提油气资产折耗(折旧)时,由于会计与税法规定计算方法不同导致的折耗(折旧)差异,应按税法规定进行纳税调整。

六、施行时间

本公告适用于2013年度及以后年度企业所得税汇算清缴。

企业2013年度汇算清缴前接收政府或股东划入资产,尚未进行企业所得税处理的,可按本公告执行。对于手续不齐全、证据不清的,企业应在2014年12月31日前补充完善。企业凡在2014年12月31日前不能补充完善的,一律作为应税收入或计入收入总额进行企业所得税处理。

特此公告。

国家税务总局
2014年5月23日

国家税务总局关于房地产开发企业成本对象管理问题的公告

国家税务总局公告2014年第35号

2014年1月28日,国务院发布《关于取消和下放一批行政审批项目的决定》(国发〔2014〕5号),取消了房地产开发企业开发产品计税成本对象事先备案制度。为做好取消房地产开发企业开发产品计税成本对象事

先备案制度的落实和后续管理工作，现将有关问题公告如下：

一、房地产开发企业应依据计税成本对象确定原则确定已完工开发产品的成本对象，并就确定原则、依据，共同成本分配原则、方法，以及开发项目基本情况、开发计划等出具专项报告，在开发产品完工当年企业所得税年度纳税申报时，随同《企业所得税年度纳税申报表》一并报送主管税务机关。

房地产开发企业将已确定的成本对象报送主管税务机关后，不得随意调整或相互混淆。如确需调整成本对象的，应就调整的原因、依据和调整前后成本变化情况等出具专项报告，在调整当年企业所得税年度纳税申报时报送主管税务机关。

二、房地产开发企业应建立健全成本对象管理制度，合理区分已完工成本对象、在建成本对象和未建成本对象，及时收集、整理、保存成本对象涉及的证据材料，以备税务机关检查。

三、各级税务机关要认真清理以前的管理规定，今后不得以任何理由进行变相审批。

主管税务机关应对房地产开发企业报送的成本对象确定专项报告做好归档工作，及时进行分析，加强后续管理。对资料不完整、不规范的，应及时通知房地产开发企业补齐、修正；对成本对象确定不合理或共同成本分配方法不合理的，主管税务机关有权进行合理调整；对成本对象确定情况异常的，主管税务机关应进行专项检查；对不如实出具专项报告或不出具专项报告的，应按《中华人民共和国税收征收管理法》的相关规定进行处理。

四、本公告自发布之日起30日后施行。《国家税务总局关于印发〈房地产开发经营业务企业所得税处理办法〉的通知》（国税发〔2009〕31号）第二十六条第二款同时废止。本公告施行前房地产开发企业尚未完成开发产品成本对象事先备案的，也按本公告执行。

特此公告。

国家税务总局

2014年6月16日

关于《国家税务总局关于房地产开发企业成本对象管理问题的公告》的解读

最近，国家税务总局发布了《关于房地产开发企业成本对象管理问题的公告》（以下简称《公告》），为便于纳税人和基层税务机关理解和执行，现将《公告》解读如下：

一、《公告》出台的背景是什么？

国家税务总局《关于印发〈房地产开发经营业务企业所得税处理办法〉的通知》（国税发〔2009〕31号）第二十六条第二款规定："成本对象由企业在开工之前合理确定，并报主管税务机关备案。成本对象一经确定，不能随意更改或相互混淆，如确需改变成本对象的，应征得主管税务机关同意。"为减少行政审批项目，减轻微观主体负担，提高政府管理效能，2014年1月28日，国务院发布《关于取消和下放一批行政审批项目的决定》（国发〔2014〕5号），取消了上述"房地产开发企业开发产品成本对象事先备案"审批事项。为贯彻国务院文件精神，做好行政审批项目取消的落实和衔接工作，我们针对开发产品成本对象制定了专门的管理措施，并制发了《公告》。

二、《公告》的主要内容包括哪些？

《公告》借取消开发产品成本对象事先备案制度之机，进一步充实和完善了房地产开发企业成本对象管理的内容。主要包括以下几点：

一是将管理方式由事先备案改为事后报送专项报告。鉴于开发产品成本对象的确定直接关系到开发产品成本核算的合理性和准确性，是应纳税所得额计算确定的基础，因此，房地产开发企业仍需合理确定已完工开发产品的成本对象，并将确定原则、依据，共同成本分配原则、方法，以及开发项目基本情况、开发计划等出具专项报告，在开发产品完工当年企业所得税年度纳税申报时报送主管税务机关。同时明确，成本对象报送主管税务机关后，不得随意调整或相互混淆。如确需调整成本对象的，仍需出具专项报告，报送主管税务机关。

二是明确房地产开发企业应当建立健全成本对象管理制度，以备税务机关检查。

三是明确主管税务机关应对房地产开发企业报送的成本对象确定专项报告做好归档工作，及时进行分析，加强后续管理。

三、《公告》执行时间是如何规定的？

本《公告》自发布之日起30日后施行，同时废止国税发〔2009〕31号第二十六条第二款规定。对《公告》施行前企业尚未完成开发产品成本对象事先备案的，也按《公告》规定执行。

财政部 国家税务总局关于公共基础设施项目享受企业所得税优惠政策问题的补充通知

财税〔2014〕55号

各省、自治区、直辖市、计划单列市财政厅(局)、国家税务局、地方税务局，新疆生产建设兵团财务局：

根据《中华人民共和国企业所得税法》和《中华人民共和国企业所得税法实施条例》(国务院令第512号)的有关规定，现就企业享受公共基础设施项目企业所得税优惠政策有关问题补充通知如下：

一、企业投资经营符合《公共基础设施项目企业所得税优惠目录》规定条件和标准的公共基础设施项目，采用一次核准、分批次(如码头、泊位、航站楼、跑道、路段、发电机组等)建设的，凡同时符合以下条件的，可按每一批次为单位计算所得，并享受企业所得税“三免三减半”优惠：

(一)不同批次在空间上相互独立；

(二)每一批次自身具备取得收入的功能；

(三)以每一批次为单位进行会计核算，单独计算所得，并合理分摊期间费用。

二、公共基础设施项目企业所得税“三免三减半”优惠的其他问题，继续按《财政部国家税务总局关于执行公共基础设施项目企业所得税优惠目录有关问题的通知》(财税〔2008〕46号)、《国家税务总局关于实施国家重点扶持的公共基础设施项目企业所得税优惠问题的通知》(国税发〔2009〕80号)、《财政部国家税务总局关于公共基础设施项目和环境保护节能节水项目企业所得税优惠政策问题的通知》(财税〔2012〕10号)的规定执行。

请遵照执行。

财政部 国家税务总局

2014年7月4日

国家税务总局关于特别纳税调整监控管理有关问题的公告

国家税务总局公告2014年第54号

根据《中华人民共和国企业所得税法》及其实施条例的有关规定，现就特别纳税调整监控管理有关问题公告如下：

一、税务机关通过关联申报审核、同期资料管理、前期监控和后续跟踪管理等特别纳税调整监控管理手段发现纳税人存在特别纳税调整风险的，应当向纳税人送达《税务事项通知书》，提示其存在特别纳税调整风险，并要求纳税人按照有关规定20日之内提供同期资料或者其他有关资料。纳税人应当审核分析其关联交易定价原则和方法等特别纳税调整事项的合理性，可以自行调整补税。纳税人要求税务机关确认关联交易定价原则和方法等特别纳税调整事项的，税务机关应当按照有关规定启动特别纳税调查调整程序，确定合理调整方法，实施税务调整。

二、纳税人在特别纳税调整监控管理阶段自行调整补税的，税务机关仍可按照有关规定实施特别纳税调查及调整。

三、纳税人在特别纳税调整监控管理阶段按照上述规定提供同期资料等有关资料的，根据企业所得税法实施条例第一百二十二条第二款的规定，其自行补税按照税款所属纳税年度中国人民银行公布的与补税期间同期的人民币贷款基准利率加收利息，不再另加收 5 个百分点。

特此公告。

国家税务总局
2014 年 8 月 29 日

关于《国家税务总局关于特别纳税调整监控管理有关问题的公告》的解读

为规范税务机关开展特别纳税调整监控管理工作，我们发布了《国家税务总局关于特别纳税调整监控管理有关问题的公告》(以下简称公告)，现解读如下：

一、特别纳税调整风险提示是否是税务机关的结论性意见？

特别纳税调整风险提示，是税务机关通过实施关联申报审核、同期资料管理、前期监控和对已调查企业的跟踪管理等手段，发现纳税人存在的特别纳税调整风险点，并予以提示；不是对纳税人下发特别纳税调整结论性意见。特别纳税调整风险提示的主要目的是促使纳税人关注转让定价、资本弱化、受控外国企业管理等特别纳税调整风险，自行审核评估，也可以自行调整。

二、纳税人如何获得特别纳税调整结论性意见？

纳税人如果要求税务机关确认其关联交易的定价原则和方法等特别纳税调整事项，税务机关必须按照有关规定启动特别纳税调查调整程序，确定合理调整方法，实施相应税务调整，并作出结论性意见。

三、纳税人自行调整补税后是否可免予税务机关的调查调整？

纳税人在特别纳税调整监控管理阶段自行调整补税，是纳税人自行审核评估特别纳税调整风险所采取的措施，自行调整可能存在调整不到位的情况，因此，税务机关仍然保留特别纳税调查调整权。

四、纳税人自行调整补税如何加收利息？

根据《中华人民共和国企业所得税法》第四十八条、《中华人民共和国企业所得税法实施条例》第一百二十一条和第一百二十二条的规定，税务机关做出特别纳税调整的，应当补征税款，并按照税款所属纳税年度中国人民银行公布的与补税期间同期的人民币贷款基准利率加 5 个百分点加收利息。对于纳税人按照有关规定提供相关资料的，税务机关可以只按照上述人民币贷款基准利率加收利息，不再另加收 5 个百分点。纳税人在特别纳税调整监控管理阶段，按照税务机关要求提供资料并自行补税的，根据上述规定，应当按照人民币贷款基准利率加收利息，不再另加收 5 个百分点。

财政部 国家税务总局
关于完善固定资产加速折旧企业所得税政策的通知

财税〔2014〕75 号

各省、自治区、直辖市、计划单列市财政厅(局)、国家税务局、地方税务局，新疆生产建设兵团财务局：

为贯彻落实国务院完善固定资产加速折旧政策精神，现就有关固定资产加速折旧企业所得税政策问题通知如下：

一、对生物药品制造业，专用设备制造业，铁路、船舶、航空航天和其他运输设备制造业，计算机、通信和其他电子设备制造业，仪器仪表制造业，信息传输、软件和信息技术服务业等 6 个行业的企业 2014 年 1 月 1

日后新购进的固定资产,可缩短折旧年限或采取加速折旧的方法。

对上述 6 个行业的小型微利企业 2014 年 1 月 1 日后新购进的研发和生产经营共用的仪器、设备,单位价值不超过 100 万元的,允许一次性计入当期成本费用在计算应纳税所得额时扣除,不再分年度计算折旧;单位价值超过 100 万元的,可缩短折旧年限或采取加速折旧的方法。

二、对所有行业企业 2014 年 1 月 1 日后新购进的专门用于研发的仪器、设备,单位价值不超过 100 万元的,允许一次性计入当期成本费用在计算应纳税所得额时扣除,不再分年度计算折旧;单位价值超过 100 万元的,可缩短折旧年限或采取加速折旧的方法。

三、对所有行业企业持有的单位价值不超过 5 000 元的固定资产,允许一次性计入当期成本费用在计算应纳税所得额时扣除,不再分年度计算折旧。

四、企业按本通知第一条、第二条规定缩短折旧年限的,最低折旧年限不得低于企业所得税法实施条例第六十条规定折旧年限的 60%;采取加速折旧方法的,可采取双倍余额递减法或者年数总和法。本通知第一至三条规定之外的企业固定资产加速折旧所得税处理问题,继续按照企业所得税法及其实施条例和现行税收政策规定执行。

五、本通知自 2014 年 1 月 1 日起执行。

财政部 国家税务总局
2014 年 10 月 20 日

财政部 国家税务总局 证监会关于 QFII 和 RQFII 取得中国境内的股票等权益性投资资产转让所得暂免征收企业所得税问题的通知

财税〔2014〕79 号

各省、自治区、直辖市、计划单列市财政厅(局)、国家税务局、地方税务局,新疆生产建设兵团财务局,中国证券登记结算公司:

经国务院批准,从 2014 年 11 月 17 日起,对合格境外机构投资者(简称 QFII)、人民币合格境外机构投资者(简称 RQFII)取得来源于中国境内的股票等权益性投资资产转让所得,暂免征收企业所得税。在 2014 年 11 月 17 日之前 QFII 和 RQFII 取得的上述所得应依法征收企业所得税。

本通知适用于在中国境内未设立机构、场所,或者在中国境内虽设立机构、场所,但取得的上述所得与其所设机构、场所没有实际联系的 QFII、RQFII。

财政部 国家税务总局 证监会
2014 年 10 月 31 日

国家税务总局关于固定资产加速折旧税收政策有关问题的公告

国家税务总局公告 2014 年第 64 号

为落实国务院完善固定资产加速折旧政策,促进企业技术改造,支持创业创新,根据《中华人民共和国企业所得税法》(以下简称企业所得税法)及其实施条例、《财政部国家税务总局关于完善固定资产加速折旧企业所得税政策的通知》(财税〔2014〕75 号)规定，现就落实完善固定资产加速折旧企业所得税政策有关问题公告如下：

一、对生物药品制造业，专用设备制造业，铁路、船舶、航空航天和其他运输设备制造业，计算机、通信和其他电子设备制造业，仪器仪表制造业，信息传输、软件和信息技术服务业等行业企业(以下简称六大行业)，2014 年 1 月 1 日后购进的固定资产(包括自行建造)，允许按不低于企业所得税法规定折旧年限的 60%缩短折旧年限，或选择采取双倍余额递减法或年数总和法进行加速折旧。

六大行业按照国家统计局《国民经济行业分类与代码(GB/4754—2011)》确定。今后国家有关部门更新国民经济行业分类与代码，从其规定。

六大行业企业是指以上述行业业务为主营业务，其固定资产投入使用当年主营业务收入占企业收入总额 50%(不含)以上的企业。所称收入总额，是指企业所得税法第六条规定的收入总额。

二、企业在 2014 年 1 月 1 日后购进并专门用于研发活动的仪器、设备，单位价值不超过 100 万元的，可以一次性在计算应纳税所得额时扣除；单位价值超过 100 万元的，允许按不低于企业所得税法规定折旧年限的 60%缩短折旧年限，或选择采取双倍余额递减法或年数总和法进行加速折旧。

用于研发活动的仪器、设备范围口径，按照《国家税务总局关于印发〈企业研究开发费用税前扣除管理办法(试行)〉的通知》(国税发〔2008〕116 号)或《科学技术部财政部国家税务总局关于印发〈高新技术企业认定管理工作指引〉的通知》(国科发火〔2008〕362 号)规定执行。

企业专门用于研发活动的仪器、设备已享受上述优惠政策的，在享受研发费加计扣除时，按照《国家税务总局关于印发〈企业研发费用税前扣除管理办法(试行)〉的通知》(国税发〔2008〕116 号)、《财政部国家税务总局关于研究开发费用税前加计扣除有关政策问题的通知》(财税〔2013〕70 号)的规定，就已经进行会计处理的折旧、费用等金额进行加计扣除。

六大行业中的小型微利企业研发和生产经营共用的仪器、设备，可以执行本条第一、二款的规定。所称小型微利企业，是指企业所得税法第二十八条规定的小型微利企业。

三、企业持有的固定资产，单位价值不超过 5 000 元的，可以一次性在计算应纳税所得额时扣除。企业在 2013 年 12 月 31 日前持有的单位价值不超过 5 000 元的固定资产，其折余价值部分，2014 年 1 月 1 日以后可以一次性在计算应纳税所得额时扣除。

四、企业采取缩短折旧年限方法的，对其购置的新固定资产，最低折旧年限不得低于企业所得税法实施条例第六十条规定的折旧年限的 60%；企业购置已使用过的固定资产，其最低折旧年限不得低于实施条例规定的最低折旧年限减去已使用年限后剩余年限的 60%. 最低折旧年限一经确定，一般不得变更。

五、企业的固定资产采取加速折旧方法的，可以采用双倍余额递减法或者年数总和法。加速折旧方法一经确定，一般不得变更。

所称双倍余额递减法或者年数总和法，按照《国家税务总局关于企业固定资产加速折旧所得税处理有关问题的通知》(国税发〔2009〕81 号)第四条的规定执行。

六、企业的固定资产既符合本公告优惠政策条件，同时又符合《国家税务总局关于企业固定资产加速折旧所得税处理有关问题的通知》(国税发〔2009〕81 号)、《财政部国家税务总局关于进一步鼓励软件产业和集成电路产业发展企业所得税政策的通知》(财税〔2012〕27 号)中相关加速折旧政策条件的，可由企业选择其中最优惠的政策执行，且一经选择，不得改变。

七、企业固定资产采取一次性税前扣除、缩短折旧年限或加速折旧方法的，预缴申报时，须同时报送《固定资产加速折旧(扣除)预缴情况统计表》(见附件 1)，年度申报时，实行事后备案管理，并按要求报送相关资料。

企业应将购进固定资产的发票、记账凭证等有关凭证、凭据(购入已使用过的固定资产，应提供已使用年限的相关说明)等资料留存备查，并应建立台账，准确核算税法与会计差异情况。

主管税务机关应对适用本公告规定优惠政策的企业加强后续管理，对预缴申报时享受了优惠政策的企业，年终汇算清缴时应对企业全年主营业务收入占企业收入总额的比例进行重点审核。

八、本公告适用于 2014 年及以后纳税年度。

特此公告

附件：1. 固定资产加速折旧(扣除)预缴情况统计表(略)
2.《固定资产加速折旧(扣除)预缴情况统计表》填报说明(略)

国家税务总局
2014 年 11 月 14 日

一般反避税管理办法(试行)

国家税务总局令第 32 号

《一般反避税管理办法(试行)》已经 2014 年 11 月 25 日国家税务总局 2014 年度第 3 次局务会议审议通过，现予公布，自 2015 年 2 月 1 日起施行。

国家税务总局局长：王军
2014 年 12 月 2 日

一般反避税管理办法(试行)

第一章 总 则

第一条 为规范一般反避税管理，根据《中华人民共和国企业所得税法》(以下简称企业所得税法)及其实施条例、《中华人民共和国税收征收管理法》(以下简称税收征管法)及其实施细则，制定本办法。

第二条 本办法适用于税务机关按照企业所得税法第四十七条、企业所得税法实施条例第一百二十条的规定，对企业实施的不具有合理商业目的而获取税收利益的避税安排，实施的特别纳税调整。

下列情况不适用本办法：

(一)与跨境交易或者支付无关的安排；

(二)涉嫌逃避缴纳税款、逃避追缴欠税、骗税、抗税以及虚开发票等税收违法行为。

第三条 税收利益是指减少、免除或者推迟缴纳企业所得税应纳税额。

第四条 避税安排具有以下特征：

(一)以获取税收利益为唯一目的或者主要目的；

(二)以形式符合税法规定、但与其经济实质不符的方式获取税收利益。

第五条 税务机关应当以具有合理商业目的和经济实质的类似安排为基准，按照实质重于形式的原则实施特别纳税调整。调整方法包括：

(一)对安排的全部或者部分交易重新定性；

(二)在税收上否定交易方的存在，或者将该交易方与其他交易方视为同一实体；

(三)对相关所得、扣除、税收优惠、境外税收抵免等重新定性或者在交易各方间重新分配；

(四)其他合理方法。

第六条 企业的安排属于转让定价、成本分摊、受控外国企业、资本弱化等其他特别纳税调整范围的，应当首先适用其他特别纳税调整相关规定。

企业的安排属于受益所有人、利益限制等税收协定执行范围的，应当首先适用税收协定执行的相关规定。

第二章 立 案

第七条 各级税务机关应当结合工作实际，应用各种数据资源，如企业所得税汇算清缴、纳税评估、同期资料管理、对外支付税务管理、股权转让交易管理、税收协定执行等,及时发现一般反避税案源。

第八条 主管税务机关发现企业存在避税嫌疑的,层报省、自治区、直辖市和计划单列市(以下简称省)税务机关复核同意后,报税务总局申请立案。

第九条 省税务机关应当将税务总局形成的立案申请审核意见转发主管税务机关。税务总局同意立案的,主管税务机关实施一般反避税调查。

第三章 调 查

第十条 主管税务机关实施一般反避税调查时,应当向被调查企业送达《税务检查通知书》。

第十一条 被调查企业认为其安排不属于本办法所称避税安排的,应当自收到《税务检查通知书》之日起60日内提供下列资料:

(一)安排的背景资料;

(二)安排的商业目的等说明文件;

(三)安排的内部决策和管理资料,如董事会决议、备忘录、电子邮件等;

(四)安排涉及的详细交易资料,如合同、补充协议、收付款凭证等;

(五)与其他交易方的沟通信息;

(六)可以证明其安排不属于避税安排的其他资料;

(七)税务机关认为有必要提供的其他资料。

企业因特殊情况不能按期提供的,可以向主管税务机关提交书面延期申请,经批准可以延期提供,但是最长不得超过30日。主管税务机关应当自收到企业延期申请之日起15日内书面回复。逾期未回复的,视同税务机关同意企业的延期申请。

第十二条 企业拒绝提供资料的,主管税务机关可以按照税收征管法第三十五条的规定进行核定。

第十三条 主管税务机关实施一般反避税调查时,可以要求为企业筹划安排的单位或者个人(以下简称筹划方)提供有关资料及证明材料。

第十四条 一般反避税调查涉及向筹划方、关联方以及与关联业务调查有关的其他企业调查取证的,主管税务机关应当送达《税务事项通知书》。

第十五条 主管税务机关审核企业、筹划方、关联方以及与关联业务调查有关的其他企业提供的资料,可以采用现场调查、发函协查和查阅公开信息等方式核实。需取得境外有关资料的,可以按有关规定启动税收情报交换程序,或者通过我驻外机构调查收集有关信息。涉及境外关联方相关资料的,主管税务机关也可以要求企业提供公证机构的证明。

第四章 结 案

第十六条 主管税务机关根据调查过程中获得的相关资料,自税务总局同意立案之日起9个月内进行审核,综合判断企业是否存在避税安排,形成案件不予调整或者初步调整方案的意见和理由,层报省税务机关复核同意后,报税务总局申请结案。

第十七条 主管税务机关应当根据税务总局形成的结案申请审核意见,分别以下情况进行处理:

(一)同意不予调整的,向被调查企业下发《特别纳税调查结论通知书》;

(二)同意初步调整方案的,向被调查企业下发《特别纳税调查初步调整通知书》;

(三)税务总局有不同意见的,按照税务总局的意见修改后再次层报审核。

被调查企业在收到《特别纳税调查初步调整通知书》之日起7日内未提出异议的,主管税务机关应当下发《特别纳税调查调整通知书》。

被调查企业在收到《特别纳税调查初步调整通知书》之日起7日内提出异议,但是主管税务机关经审核后认为不应采纳的,应将被调查企业的异议及不应采纳的意见和理由层报省税务机关复核同意后,报税务总局再次申请结案。

被调查企业在收到《特别纳税调查初步调整通知书》之日起7日内提出异议,主管税务机关经审核后认为确需对调整方案进行修改的，应当将被调查企业的异议及修改后的调整方案层报省税务机关复核同意后，报税务总局再次申请结案。

第十八条 主管税务机关应当根据税务总局考虑企业异议形成的结案申请审核意见，分别以下情况进行处理：

（一）同意不应采纳企业所提异议的，向被调查企业下发《特别纳税调查调整通知书》；

（二）同意修改后调整方案的，向被调查企业下发《特别纳税调查调整通知书》；

（三）税务总局有不同意见的，按照税务总局的意见修改后再次层报审核。

第五章 争议处理

第十九条 被调查企业对主管税务机关作出的一般反避税调整决定不服的，可以按照有关法律法规的规定申请法律救济。

第二十条 主管税务机关作出的一般反避税调整方案导致国内双重征税的，由税务总局统一组织协调解决。

第二十一条 被调查企业认为我国税务机关作出的一般反避税调整，导致国际双重征税或者不符合税收协定规定征税的，可以按照税收协定及其相关规定申请启动相互协商程序。

第六章 附 则

第二十二条 本办法自 2015 年 2 月 1 日起施行。2015 年 2 月 1 日前税务机关尚未结案处理的避税安排适用本办法。

财政部 国家税务总局关于促进企业重组有关企业所得税处理问题的通知

财税〔2014〕109 号

各省、自治区、直辖市、计划单列市财政厅（局）、国家税务局、地方税务局，新疆生产建设兵团财务局：

为贯彻落实《国务院关于进一步优化企业兼并重组市场环境的意见》（国发〔2014〕14 号），根据《中华人民共和国企业所得税法》及其实施条例有关规定，现就企业重组有关企业所得税处理问题明确如下：

一、关于股权收购

将《财政部 国家税务总局关于企业重组业务企业所得税处理若干问题的通知》（财税〔2009〕59 号）第六条第（二）项中有关“股权收购，收购企业购买的股权不低于被收购企业全部股权的 75％”规定调整为“股权收购，收购企业购买的股权不低于被收购企业全部股权的 50％”。

二、关于资产收购

将财税〔2009〕59 号文件第六条第（三）项中有关“资产收购，受让企业收购的资产不低于转让企业全部资产的 75％”规定调整为“资产收购，受让企业收购的资产不低于转让企业全部资产的 50％”。

三、关于股权、资产划转

对 100％直接控制的居民企业之间，以及受同一或相同多家居民企业 100％直接控制的居民企业之间按账面净值划转股权或资产，凡具有合理商业目的、不以减少、免除或者推迟缴纳税款为主要目的，股权或资产划转后连续 12 个月内不改变被划转股权或资产原来实质性经营活动，且划出方企业和划入方企业均未在会计上确认损益的，可以选择按以下规定进行特殊性税务处理：

1. 划出方企业和划入方企业均不确认所得。

2. 划入方企业取得被划转股权或资产的计税基础，以被划转股权或资产的原账面净值确定。

3. 划入方企业取得的被划转资产，应按其原账面净值计算折旧扣除。

四、本通知自2014年1月1日起执行。本通知发布前尚未处理的企业重组，符合本通知规定的可按本通知执行。

财政部 国家税务总局
2014年12月25日

财政部 国家税务总局关于延续并完善支持农村金融发展有关税收政策的通知

财税〔2014〕102号

各省、自治区、直辖市、计划单列市财政厅(局)、国家税务局、地方税务局，新疆生产建设兵团财务局：

为继续支持农村金融发展，解决农民贷款难问题，经国务院批准，现就农村金融有关税收政策通知如下：

一、自2014年1月1日至2016年12月31日，对金融机构农户小额贷款的利息收入，免征营业税。

二、自2014年1月1日至2016年12月31日，对金融机构农户小额贷款的利息收入，在计算应纳税所得额时，按90%计入收入总额。

三、自2014年1月1日至2016年12月31日，对保险公司为种植业、养殖业提供保险业务取得的保费收入，在计算应纳税所得额时，按90%计入收入总额。

四、本通知所称农户，是指长期(一年以上)居住在乡镇(不包括城关镇)行政管理区域内的住户，还包括长期居住在城关镇所辖行政村范围内的住户和户口不在本地而在本地居住一年以上的住户，国有农场的职工和农村个体工商户。位于乡镇(不包括城关镇)行政管理区域内和在城关镇所辖行政村范围内的国有经济的机关、团体、学校、企事业单位的集体户；有本地户口，但举家外出谋生一年以上的住户，无论是否保留承包耕地均不属于农户。农户以户为统计单位，既可以从事农业生产经营，也可以从事非农业生产经营。农户贷款的判定应以贷款发放时的承贷主体是否属于农户为准。

本通知所称小额贷款，是指单笔且该户贷款余额总额在10万元(含)以下贷款。

本通知所称保费收入，是指原保险保费收入加上分保费收入减去分出保费后的余额。

五、金融机构应对符合条件的农户小额贷款利息收入进行单独核算，不能单独核算的不得适用本通知第一条、第二条规定的优惠政策。

请遵照执行。

财政部 国家税务总局
2014年12月26日

财政部 国家税务总局关于金融企业涉农贷款和中小企业贷款损失准备金税前扣除有关问题的通知

财税〔2015〕3号

各省、自治区、直辖市、计划单列市财政厅(局)、国家税务局、地方税务局，新疆生产建设兵团财务局：

根据《中华人民共和国企业所得税法》及《中华人民共和国企业所得税法实施条例》的有关规定，现就金融企业涉农贷款和中小企业贷款损失准备金的企业所得税税前扣除政策，通知如下：

一、金融企业根据《贷款风险分类指引》(银监发〔2007〕54 号),对其涉农贷款和中小企业贷款进行风险分类后,按照以下比例计提的贷款损失准备金,准予在计算应纳税所得额时扣除:

(一)关注类贷款,计提比例为 2%;

(二)次级类贷款,计提比例为 25%;

(三)可疑类贷款,计提比例为 50%;

(四)损失类贷款,计提比例为 100%。

二、本通知所称涉农贷款,是指《涉农贷款专项统计制度》(银发〔2007〕246 号)统计的以下贷款:

(一)农户贷款;

(二)农村企业及各类组织贷款。

本条所称农户贷款,是指金融企业发放给农户的所有贷款。农户贷款的判定应以贷款发放时的承贷主体是否属于农户为准。农户,是指长期(一年以上)居住在乡镇(不包括城关镇)行政管理区域内的住户,还包括长期居住在城关镇所辖行政村范围内的住户和户口不在本地而在本地居住一年以上的住户,国有农场的职工和农村个体工商户。位于乡镇(不包括城关镇)行政管理区域内和在城关镇所辖行政村范围内的国有经济的机关、团体、学校、企事业单位的集体户;有本地户口,但举家外出谋生一年以上的住户,无论是否保留承包耕地均不属于农户。农户以户为统计单位,既可以从事农业生产经营,也可以从事非农业生产经营。

本条所称农村企业及各类组织贷款,是指金融企业发放给注册地位于农村区域的企业及各类组织的所有贷款。农村区域,是指除地级及以上城市的城市行政区及其市辖建制镇之外的区域。

三、本通知所称中小企业贷款,是指金融企业对年销售额和资产总额均不超过 2 亿元的企业的贷款。

四、金融企业发生的符合条件的涉农贷款和中小企业贷款损失,应先冲减已在税前扣除的贷款损失准备金,不足冲减部分可据实在计算应纳税所得额时扣除。

五、本通知自 2014 年 1 月 1 日起至 2018 年 12 月 31 日止执行。

财政部 国家税务总局

2015 年 1 月 15 日

财政部 国家税务总局关于金融企业贷款损失准备金企业所得税税前扣除有关政策的通知

财税〔2015〕9 号

各省、自治区、直辖市、计划单列市财政厅(局)、国家税务局、地方税务局,新疆生产建设兵团财务局:

根据《中华人民共和国企业所得税法》及《中华人民共和国企业所得税法实施条例》的有关规定,现就政策性银行、商业银行、财务公司、城乡信用社和金融租赁公司等金融企业提取的贷款损失准备金的企业所得税税前扣除政策问题,通知如下:

一、准予税前提取贷款损失准备金的贷款资产范围包括:

(一)贷款(含抵押、质押、担保等贷款);

(二)银行卡透支、贴现、信用垫款(含银行承兑汇票垫款、信用证垫款、担保垫款等)、进出口押汇、同业拆出、应收融资租赁款等各项具有贷款特征的风险资产;

(三)由金融企业转贷并承担对外还款责任的国外贷款,包括国际金融组织贷款、外国买方信贷、外国政府贷款、日本国际协力银行不附条件贷款和外国政府混合贷款等资产。

二、金融企业准予当年税前扣除的贷款损失准备金计算公式如下:

准予当年税前扣除的贷款损失准备金=本年末准予提取贷款损失准备金的贷款资产余额×1%-截至上年末已在税前扣除的贷款损失准备金的余额。

金融企业按上述公式计算的数额如为负数,应当相应调增当年应纳税所得额。

三、金融企业的委托贷款、代理贷款、国债投资、应收股利、上交央行准备金以及金融企业剥离的债权和股权、应收财政贴息、央行款项等不承担风险和损失的资产,不得提取贷款损失准备金在税前扣除。

四、金融企业发生的符合条件的贷款损失,应先冲减已在税前扣除的贷款损失准备金,不足冲减部分可据实在计算当年应纳税所得额时扣除。

五、金融企业涉农贷款和中小企业贷款损失准备金的税前扣除政策,凡按照《财政部 国家税务总局关于金融企业涉农贷款和中小企业贷款损失准备金税前扣除有关问题的通知》(财税〔2015〕3号)的规定执行的,不再适用本通知第一条至第四条的规定。

六、本通知自2014年1月1日起至2018年12月31日止执行。

财政部 国家税务总局

2015年1月15日

国家税务总局关于非居民企业间接转让财产企业所得税若干问题的公告

国家税务总局公告2015年第7号

为进一步规范和加强非居民企业间接转让中国居民企业股权等财产的企业所得税管理,依据《中华人民共和国企业所得税法》(以下称企业所得税法)及其实施条例(以下称企业所得税法实施条例),以及《中华人民共和国税收征收管理法》(以下称税收征管法)及其实施细则的有关规定,现就有关问题公告如下:

一、非居民企业通过实施不具有合理商业目的的安排,间接转让中国居民企业股权等财产,规避企业所得税纳税义务的,应按照企业所得税法第四十七条的规定,重新定性该间接转让交易,确认为直接转让中国居民企业股权等财产。

本公告所称中国居民企业股权等财产,是指非居民企业直接持有,且转让取得的所得按照中国税法规定,应在中国缴纳企业所得税的中国境内机构、场所财产,中国境内不动产,在中国居民企业的权益性投资资产等(以下称中国应税财产)。

间接转让中国应税财产,是指非居民企业通过转让直接或间接持有中国应税财产的境外企业(不含境外注册中国居民企业,以下称境外企业)股权及其他类似权益(以下称股权),产生与直接转让中国应税财产相同或相近实质结果的交易,包括非居民企业重组引起境外企业股东发生变化的情形。间接转让中国应税财产的非居民企业称股权转让方。

二、适用本公告第一条规定的股权转让方取得的转让境外企业股权所得归属于中国应税财产的数额(以下称间接转让中国应税财产所得),应按以下顺序进行税务处理:

(一)对归属于境外企业及直接或间接持有中国应税财产的下属企业在中国境内所设机构、场所财产的数额(以下称间接转让机构、场所财产所得),应作为与所设机构、场所有实际联系的所得,按照企业所得税法第三条第二款规定征税;

(二)除适用本条第(一)项规定情形外,对归属于中国境内不动产的数额(以下称间接转让不动产所得),应作为来源于中国境内的不动产转让所得,按照企业所得税法第三条第三款规定征税;

(三)除适用本条第(一)项或第(二)项规定情形外,对归属于在中国居民企业的权益性投资资产的数额(以下称间接转让股权所得),应作为来源于中国境内的权益性投资资产转让所得,按照企业所得税法第三条第三款规定征税。

三、判断合理商业目的，应整体考虑与间接转让中国应税财产交易相关的所有安排，结合实际情况综合分析以下相关因素：

(一)境外企业股权主要价值是否直接或间接来自于中国应税财产；

(二)境外企业资产是否主要由直接或间接在中国境内的投资构成，或其取得的收入是否主要直接或间接来源于中国境内；

(三)境外企业及直接或间接持有中国应税财产的下属企业实际履行的功能和承担的风险是否能够证实企业架构具有经济实质；

(四)境外企业股东、业务模式及相关组织架构的存续时间；

(五)间接转让中国应税财产交易在境外应缴纳所得税情况；

(六)股权转让方间接投资、间接转让中国应税财产交易与直接投资、直接转让中国应税财产交易的可替代性；

(七)间接转让中国应税财产所得在中国可适用的税收协定或安排情况；

(八)其他相关因素。

四、除本公告第五条和第六条规定情形外，与间接转让中国应税财产相关的整体安排同时符合以下情形的，无需按本公告第三条进行分析和判断，应直接认定为不具有合理商业目的：

(一) 境外企业股权75%以上价值直接或间接来自于中国应税财产；

(二) 间接转让中国应税财产交易发生前一年内任一时点，境外企业资产总额(不含现金)的90%以上直接或间接由在中国境内的投资构成，或间接转让中国应税财产交易发生前一年内，境外企业取得收入的90%以上直接或间接来源于中国境内；

(三)境外企业及直接或间接持有中国应税财产的下属企业虽在所在国家(地区)登记注册，以满足法律所要求的组织形式，但实际履行的功能及承担的风险有限，不足以证实其具有经济实质；

(四)间接转让中国应税财产交易在境外应缴所得税税负低于直接转让中国应税财产交易在中国的可能税负。

五、与间接转让中国应税财产相关的整体安排符合以下情形之一的，不适用本公告第一条的规定：

(一)非居民企业在公开市场买入并卖出同一上市境外企业股权取得间接转让中国应税财产所得；

(二)在非居民企业直接持有并转让中国应税财产的情况下，按照可适用的税收协定或安排的规定，该项财产转让所得在中国可以免予缴纳企业所得税。

六、间接转让中国应税财产同时符合以下条件的，应认定为具有合理商业目的：

(一)交易双方的股权关系具有下列情形之一：

1. 股权转让方直接或间接拥有股权受让方80%以上的股权；

2. 股权受让方直接或间接拥有股权转让方80%以上的股权；

3. 股权转让方和股权受让方被同一方直接或间接拥有80%以上的股权。

境外企业股权50%以上(不含50%)价值直接或间接来自于中国境内不动产的，本条第(一)项第1、2、3目的持股比例应为100%。

上述间接拥有的股权按照持股链中各企业的持股比例乘积计算。

(二)本次间接转让交易后可能再次发生的间接转让交易相比在未发生本次间接转让交易情况下的相同或类似间接转让交易，其中国所得税负担不会减少。

(三)股权受让方全部以本企业或与其具有控股关系的企业的股权(不含上市企业股权)支付股权交易对价。

七、间接转让机构、场所财产所得按照本公告规定应缴纳企业所得税的，应计入纳税义务发生之日所属纳税年度该机构、场所的所得，按照有关规定申报缴纳企业所得税。

八、间接转让不动产所得或间接转让股权所得按照本公告规定应缴纳企业所得税的，依照有关法律规定或者合同约定对股权转让方直接负有支付相关款项义务的单位或者个人为扣缴义务人。

扣缴义务人未扣缴或未足额扣缴应纳税款的，股权转让方应自纳税义务发生之日起7日内向主管税务机关申报缴纳税款，并提供与计算股权转让收益和税款相关的资料。主管税务机关应在税款入库后30日内层报税务总局备案。

扣缴义务人未扣缴，且股权转让方未缴纳应纳税款的，主管税务机关可以按照税收征管法及其实施细则相关规定追究扣缴义务人责任；但扣缴义务人已在签订股权转让合同或协议之日起30日内按本公告第九条规定提交资料的，可以减轻或免除责任。

九、间接转让中国应税财产的交易双方及被间接转让股权的中国居民企业可以向主管税务机关报告股权转让事项，并提交以下资料：

（一）股权转让合同或协议（为外文文本的需同时附送中文译本，下同）；

（二）股权转让前后的企业股权架构图；

（三）境外企业及直接或间接持有中国应税财产的下属企业上两个年度财务、会计报表；

（四）间接转让中国应税财产交易不适用本公告第一条的理由。

十、间接转让中国应税财产的交易双方和筹划方，以及被间接转让股权的中国居民企业，应按照主管税务机关要求提供以下资料：

（一）本公告第九条规定的资料（已提交的除外）；

（二）有关间接转让中国应税财产交易整体安排的决策或执行过程信息；

（三）境外企业及直接或间接持有中国应税财产的下属企业在生产经营、人员、账务、财产等方面的信息，以及内外部审计情况；

（四）用以确定境外股权转让价款的资产评估报告及其他作价依据；

（五）间接转让中国应税财产交易在境外应缴纳所得税情况；

（六）与适用公告第五条和第六条有关的证据信息；

（七）其他相关资料。

十一、主管税务机关需对间接转让中国应税财产交易进行立案调查及调整的，应按照一般反避税的相关规定执行。

十二、股权转让方通过直接转让同一境外企业股权导致间接转让两项以上中国应税财产，按照本公告的规定应予征税，涉及两个以上主管税务机关的，股权转让方应分别到各所涉主管税务机关申报缴纳企业所得税。

各主管税务机关应相互告知税款计算方法，取得一致意见后组织税款入库；如不能取得一致意见的，应报其共同上一级税务机关协调。

十三、股权转让方未按期或未足额申报缴纳间接转让中国应税财产所得应纳税款，扣缴义务人也未扣缴税款的，除追缴应纳税款外，还应按照企业所得税法实施条例第一百二十一、一百二十二条规定对股权转让方按日加收利息。

股权转让方自签订境外企业股权转让合同或协议之日起30日内提供本公告第九条规定的资料或按照本公告第七条、第八条的规定申报缴纳税款的，按企业所得税法实施条例第一百二十二条规定的基准利率计算利息；未按规定提供资料或申报缴纳税款的，按基准利率加5个百分点计算利息。

十四、本公告适用于在中国境内未设立机构、场所的非居民企业取得的间接转让中国应税财产所得，以及非居民企业虽设立机构、场所但取得与其所设机构、场所没有实际联系的间接转让中国应税财产所得。

股权转让方转让境外企业股权取得的所得（含间接转让中国应税财产所得）与其所设境内机构、场所有实际联系的，无须适用本公告规定，应直接按照企业所得税法第三条第二款规定征税。

十五、本公告所称纳税义务发生之日是指股权转让合同或协议生效，且境外企业完成股权变更之日。

十六、本公告所称的主管税务机关，是指在中国应税财产被非居民企业直接持有并转让的情况下，财产转让所得应纳企业所得税税款的主管税务机关，应分别按照本公告第二条规定的三种情形确定。

十七、本公告所称“以上”除有特别标明外均含本数。

十八、本公告规定与税收协定不一致的，按照税收协定办理。

十九、本公告自发布之日起施行。本公告发布前发生但未作税务处理的事项，依据本公告执行。《国家税务总局关于加强非居民企业股权转让所得企业所得税管理的通知》（国税函〔2009〕698号）第五条、第六条及《国家税务总局关于非居民企业所得税管理若干问题的公告》(国家税务总局公告 2011 年第 24 号)第六条第(三)、(四)、(五)项有关内容同时废止。

特此公告。

国家税务总局
2015 年 2 月 3 日

关于《国家税务总局关于非居民企业间接转让财产企业所得税若干问题的公告》的解读

为进一步规范和加强非居民企业间接转让中国居民企业股权等财产的企业所得税管理,国家税务总局制订了《国家税务总局关于非居民企业间接转让财产企业所得税若干问题的公告》(以下称《公告》)。为便于理解和执行,现对《公告》中的主要问题解读如下:

一、为什么要发布《公告》?

答:为了进一步明确《国家税务总局关于加强非居民企业股权转让所得企业所得税管理的通知》(国税函〔2009〕698 号,以下称"698 号文")中间接股权转让问题的配套执行程序,明确集团内部间接转让中国应税财产交易是否可以适用安全港规则等纳税人关心的问题,明确与间接股权转让问题有类似性质的间接转让不动产、机构场所财产问题,特发布《公告》。

《公告》的制定和出台是一般反避税规则在间接转让中国应税财产交易方面的具体应用,是维护国家税收主权和权益的重要工具。《公告》既从政策层面努力平衡好维护我国税收管辖权和促进外国对华投资之间的关系,也从执行层面尽量实现确定性,包括纳税遵从的确定性和基层税务机关执法的确定性。

二、《公告》的法律依据是什么?

答:《公告》的法律依据是《中华人民共和国企业所得税法》及其实施条例,以及《中华人民共和国税收征收管理法》及其实施细则。《公告》中涉及一般反避税案件调查的具体程序,应根据《一般反避税管理办法(试行)》(国家税务总局令 2014 年第 32 号)的有关规定执行。

三、《公告》的适用范围是什么?

答:《公告》适用于不具有合理商业目的、规避中国企业所得税纳税义务的间接转让中国应税财产交易,适用于被转让的境外企业在华拥有特定应税财产(在华设立机构场所、在华拥有不动产或不动产公司、在华拥有权益性投资资产)的情况,不适用于股权转让所得与股权转让方在中国境内所设机构、场所有实际联系的情况。

四、如何理解《公告》第二条"股权转让方取得的转让境外企业股权所得归属于中国应税财产的数额"?

答:如果一项间接转让中国应税财产交易因不具有合理商业目的被调整定性为直接转让中国应税财产交易,则按照企业所得税法及其实施条例和《公告》规定可以就间接转让中国应税财产所得征收企业所得税。但如果被转让境外企业股权价值来源包括中国应税财产因素和非中国应税财产因素,则需按照合理方法将转让境外企业股权所得划分为归属于中国应税财产所得和归属于非中国应税财产所得,只需就归属于中国应税财产所得按照公告调整征税。

举例而言,一家设立在开曼的境外企业(不属于境外注册中国居民企业)持有中国应税财产和非中国应税财产两项资产,非居民企业转让开曼企业股权所得为 100,假设其中归属于中国应税财产的所得对应为 80,归属于非中国应税财产所得对应为 20,在这种情况下,只就归属于中国应税财产的 80 部分适用《公告》规定征税;假设其中归属于中国应税财产的所得对应为 120,归属于非中国应税财产的所得对应为-20,那么即便转让开曼企业股权所得为 100,仍需就归属于中国应税财产的 120 适用《公告》规定征税。

五、如何判断间接转让中国应税财产交易及安排是否具有合理商业目的?

答:《公告》第三条列举了判断合理商业目的的相关因素。在实际税收征管处理中,要基于具体交易(含未列明的其他相关因素),按照"实质重于形式"的原则,对交易整体安排和所有要素进行综合分析判断,不应依据单一因素或者部分因素予以认定。所列因素基本含义如下:

第(一)项和第(二)项因素,要求从被转让的境外企业股权价值来源以及境外企业资产和收入构成判断间接转让交易的主要标的是否为中国应税财产。

第(三)项因素,要求通过功能风险分析判断被转让的境外企业及下属其他境外中间层公司的经济实质。通常从相关企业股权设置以及人员、财产、收入等经营情况和财务信息入手,分析被转让企业股权与相关企业实际履行功能和承担风险的关联性,及其在企业集团架构中的实质经济意义,但要注意行业差异和特点。

第(四)项因素,要求从时间间隔上考量间接转让交易及相关安排的筹划痕迹。举例而言,如果境外股权转让方在转让前短时间内搭建了中间层公司并完成间接转让,那么这种交易安排就具有明显的筹划痕迹,非常不利于合理商业目的的判定。

第(五)项因素,要求从境外应缴税情况判断是否存在跨国税收利益。境外应缴纳所得税情况包括股权转让方在其居民国应缴税情况和被转让方所在地应缴税情况。应缴税情况不仅考虑间接转让交易在境外实际缴纳的税款,还要考虑境外盈亏抵补、亏损结转等影响境外所得税税基的境外税收法律适用情况。如果在股权转让方居民国和被转让方所在地总体应缴纳所得税低于该间接转让交易在我国应缴税数额,那么就可以证明间接转让中国应税财产交易存在跨国税收利益。

第(六)项因素,要求从直接投资、直接转让中国应税财产交易与间接投资、间接转让中国应税财产交易间的可替代性分析判定间接交易是否存在合理商业实质。可替代性分析要考虑市场准入、交易审查、交易合规和交易目标等多种商业和非商业因素,不应仅凭单一因素(如市场准入限制)予以认定。

第(七)项因素,要求考虑交易适用税收协定(安排)的影响,包括适用税收协定(安排)的可能性和结果(含反滥用税收协定规则的适用结果)。

六、如何理解《公告》第五条第(一)项中"在公开市场买入并卖出同一上市境外企业股权"规定的含义?

答:一是买入和卖出交易均应该在公开市场上进行,排除人为控制的可能。由于交易市场处于境外,在交易环境和方式上各地之间会存在较多差异,同一地区也可能存在多个公开交易市场,需要依据各个市场的公开程度进行具体认定。市场的公开程度主要取决于可参与竞价的独立交易主体数量和竞价过程。

二是买入并卖出的标的为同一上市公司股票。股权转让方在公开市场卖出的上市公司股份为在公司上市之前或者上市之后通过非公开市场买入,或者股权转让方在公开市场买入上市公司股份后再通过非公开市场卖出该股份,均不符合本项规定的条件。

七、怎样判断是否符合《公告》第六条第(二)项规定的条件?

答:该项要求旨在将以获取更有利的税收结果为目的的集团内部间接转让中国应税财产交易排除在安全港之外。而是否构成以获取更有利的税收结果为目的的集团内部间接转让中国应税财产交易,则通过本次集团内部交易后可能再次发生的间接转让交易与在未发生本次集团内部交易情况下的相同或类似间接转让交易比较税收结果进行测试,凡前者税收结果可能优于后者的,均不能排除本次集团内部间接转让中国应税财产交易不是以获取更有利的税收结果为目的。

举例而言,如A公司为一家非居民企业,将其持有的境外企业C公司股权转让给集团内B公司(另一家非居民企业),因为C公司直接或间接持有中国居民企业5%股权,该项交易构成间接转让中国居民企业股权交易,如果B公司可以适用的税收协定财产收益条款限制中国对该中国居民企业5%股权的直接转让所得征税,而A公司可以适用的税收协定财产收益条款则不予限制,那么本次交易后B公司可能再次发生的间接转让中国居民企业股权交易因其可以适用的税收协定待遇,可以适用《公告》第五条第(二)项规定而不予征税。相比之下,在未发生本次间接转让交易下的相同或类似交易,即由A公司转让但与前述B公司可能再次发生的间接转让中国居民企业股权交易相同或类似的交易,因A公司不能适用同等的税收协定待遇,而得不到同等的税收结果,不能排除本次交易不是以获取更有利的税收结果为目的,该交易就不符合《公告》第六条第(二)项规定的条件。

需要注意的是,即使该集团内部间接转让中国应税财产交易不符合《公告》第六条的规定,并不意味着一定会被认定为不具有合理商业目的,是否具有合理商业目的应按照《公告》第三条规定判断。

八、间接转让中国应税财产交易发生后,纳税人在报告信息和提供资料方面有何义务?

答:《公告》未对间接转让中国应税财产交易设定强制性的报告义务。第九条规定,间接转让中国应税财产的交易双方和被间接转让股权的中国居民企业可以(非强制)向主管税务机关报告该转让事项,并提交相关资料。这与698号文相比有较大的改变,一是由强制报告义务变为交易相关方自主选择是否报告信息;二是提交的资料相对简单,属于交易必备资料,无需额外准备,为报告主体提供便利;三是可报告的主体扩展为间接转让中国应税财产的交易双方及被间接转让股权的中国居民企业,利于交易相关方选择合适的报告主体和途径。

虽然《公告》对间接转让中国应税财产交易没有设定强制的报告义务,由纳税人或扣缴义务人自行判定是否报告并提交资料,但是《公告》第八条和第十三条规定,如果该交易需缴纳中国企业所得税,是否提交资料的法律后果是有区别的,旨在鼓励纳税人或扣缴义务人主动报告并提供相关资料。

《公告》第十条还规定,间接转让中国应税财产的交易双方和筹划方,以及被间接转让股权的中国居民企业应按照主管税务机关要求提供相关资料。这是主管税务机关在调查环节要求交易相关方提供资料的权力,也是相关方依法应承担的义务。

九、间接转让涉及两项以上中国应税财产,按公告规定应予征税,涉及两个以上主管税务机关的,应如何处理?

答:《国家税务总局关于非居民企业所得税管理若干问题的公告》(国家税务总局公告2011年24号)第六条第五款规定,对间接转让涉及两个以上且不在同一省(市)中国居民企业股权的,可选择向其中一个居民企业所在地的主管税务机关报送资料,由该主管税务机关与其他省(市)税务机关协商是否征税并报总局,经确定征税的,境外投资方应分别到中国居民企业所在地主管税务机关缴纳税款。该规定允许转让方选择向一地税务机关报送资料,避免多地重复报告负担。但由于《公告》第九条已将信息报告义务明确为非强制性提交资料,交易相关方可以自行选择向一地或多地税务机关提交资料。对于按《公告》规定应该缴纳的企业所得税涉及多个主管税务机关的情形,《公告》第十二条明确了属地管辖的原则,并规定了所涉主管税务机关协调配合的责任。

十、税务机关应承担职责是什么?

答:根据本《公告》,税务机关应承担的职责包括:

一是接受间接转让中国应税财产的交易双方及被间接转让股权的中国居民企业报告股权转让事宜并提供的相关资料,并提供便利。

二是搜集内外部相关信息并加强比对分析,判断是否存在利用间接转让交易规避缴纳我国企业所得税的风险,可以根据调查的需要,依据《公告》第十条规定,要求交易相关方提供资料。

三是需对间接转让中国应税财产交易进行立案调查及调整的,应按照一般反避税的规定执行。

四是对间接转让中国应税财产依法征收企业所得税的,应根据相关税法和本公告的规定,对应纳税款加收利息,或者追究扣缴义务人的责任。

国家税务总局关于执行《西部地区鼓励类产业目录》有关企业所得税问题的公告

国家税务总局公告2015年第14号

为深入实施西部大开发战略,促进西部地区产业结构调整和特色优势产业发展,经国务院批准,发展改革委发布了《西部地区鼓励类产业目录》(中华人民共和国国家发展和改革委员会令第15号),自2014年10月1日起施行。现就执行《西部地区鼓励类产业目录》有关企业所得税问题,公告如下:

一、对设在西部地区以《西部地区鼓励类产业目录》中新增鼓励类产业项目为主营业务,且其当年度主营业务收入占企业收入总额70%以上的企业,自2014年10月1日起,可减按15%税率缴纳企业所得税。

二、已按照《国家税务总局关于深入实施西部大开发战略有关企业所得税问题的公告》(国家税务总局公告2012年第12号)第三条规定享受企业所得税优惠政策的企业,其主营业务如不再属于《西部地区鼓励类产业目录》中国家鼓励类产业项目的,自2014年10月1日起,停止执行减按15%税率缴纳企业所得税。

三、凡对企业主营业务是否属于《西部地区鼓励类产业目录》中国家鼓励类产业项目难以界定的，税务机关可以要求企业提供省级（含副省级）发展改革部门或其授权部门出具的证明文件。证明文件需明确列示主营业务的具体项目及符合《西部地区鼓励类产业目录》中的对应条款项目。

四、本公告自2014年10月1日起施行，《国家税务总局关于深入实施西部大开发战略有关企业所得税问题的公告》（国家税务总局公告2012年第12号）第三条中有关重新计算申报的规定停止执行。

特此公告。

国家税务总局

2015年3月10日

关于《国家税务总局关于执行〈西部地区鼓励类产业目录〉有关企业所得税问题的公告》的解读

一、公告出台背景

为深入实施西部大开发战略，促进西部地区产业结构调整和特色优势产业发展，经国务院批准，国家发展改革委发布了《西部地区鼓励类产业目录》（中华人民共和国国家发展和改革委令第15号），自2014年10月1日起施行。

为妥善处理好新旧产业目录衔接问题，结合现行西部大开发企业所得税优惠政策及管理规定，制订本公告。

二、公告主要内容

（一）由于国家发展改革委发布的《西部地区鼓励类产业目录》自2014年10月1日起施行，因此，对设在西部地区以《西部地区鼓励类产业目录》中新增鼓励类产业项目为主营业务，且其当年度主营业务收入占企业收入总额70%以上的企业，本公告规定自2014年10月1日起，可减按15%税率缴纳企业所得税。即，企业虽符合西部地区新增鼓励类产业目录，但由于《西部地区鼓励类产业目录》自2014年10月1日起施行，因此，不能追溯至2011年1月1日起执行。

（二）对已按《国家税务总局关于深入实施西部大开发战略有关企业所得税问题的公告》（国家税务总局公告2012年第12号）第三条规定享受优惠政策的企业，如不属于《西部地区鼓励类产业目录》中国家鼓励类产业项目的，本公告规定统一从2014年10月1日起停止执行原按12号公告审核确认享受的优惠。考虑到国家发展改革委公布的《西部地区鼓励类产业目录》有明确的施行时间，且该目录出台时间比较滞后，新旧目录交织情况复杂，本着对纳税人有利原则，不采取追溯补税的做法，对企业影响小，比较合理。

（三）关于争议解决机。《国家税务总局关于深入实施西部大开发战略有关企业所得税问题的公告》（国家税务总局公告2012年第12号）第二条规定，凡对企业主营业务是否符合《西部地区鼓励类产业目录》难以界定的，税务机关应要求企业提供省级（含副省级）政府有关行政主管部门或其授权的下一级行政主管部门出具的证明文件。但其中“政府有关行政主管部门”在各地执行中不够明确、统一，容易出现相互推诿或交叉重叠解释等问题。为此，考虑到《西部地区鼓励类产业目录》由国家发展改革委负责制订，因此，为明确职责，保持目录解释的确定性和权威性，在争议解决机制问题上，本公告将政府有关行政主管部门进一步明确为发展改革部门。即，凡对企业主营业务是否属于《西部地区鼓励类产业目录》难以界定的，税务机关应要求企业提供省级（含副省级）发展改革部门或其授权的部门出具证明文件。同时，根据各地以往执行情况，进一步要求该证明文件需明确列示主营业务的具体项目及符合《西部地区鼓励类产业目录》中的对应条款项目。

（四）关于公告执行时间。鉴于国家发展改革委发布的《西部地区鼓励类产业目录》（中华人民共和国国家发展和改革委令第15号）自2014年10月1日起施行，因此，本公告规定自2014年10月1日起执行。

国家税务总局关于企业向境外关联方支付费用有关企业所得税问题公告

国家税务总局公告2015年第16号

为进一步规范和加强企业向境外关联方支付费用的转让定价管理，根据《中华人民共和国企业所得税法》(以下简称企业所得税法)及其实施条例的有关规定，现就企业向境外关联方支付费用有关转让定价问题公告如下：

一、依据企业所得税法第四十一条，企业向境外关联方支付费用，应当符合独立交易原则，未按照独立交易原则向境外关联方支付的费用，税务机关可以进行调整。

二、依据企业所得税法第四十三条，企业向境外关联方支付费用，主管税务机关可以要求企业提供其与关联方签订的合同或者协议，以及证明交易真实发生并符合独立交易原则的相关资料备案。

三、企业向未履行功能、承担风险，无实质性经营活动的境外关联方支付的费用，在计算企业应纳税所得额时不得扣除。

四、企业因接受境外关联方提供劳务而支付费用，该劳务应当能够使企业获得直接或者间接经济利益。企业因接受下列劳务而向境外关联方支付的费用，在计算企业应纳税所得额时不得扣除。

(一)与企业承担功能风险或者经营无关的劳务活动；

(二)关联方为保障企业直接或者间接投资方的投资利益，对企业实施的控制、管理和监督等劳务活动；

(三)关联方提供的，企业已经向第三方购买或者已经自行实施的劳务活动；

(四)企业虽由于附属于某个集团而获得额外收益，但并未接受集团内关联方实施的针对该企业的具体劳务活动；

(五)已经在其他关联交易中获得补偿的劳务活动；

(六)其他不能为企业带来直接或者间接经济利益的劳务活动。

五、企业使用境外关联方提供的无形资产需支付特许权使用费的，应当考虑关联各方对该无形资产价值创造的贡献程度，确定各自应当享有的经济利益。企业向仅拥有无形资产法律所有权而未对其价值创造做出贡献的关联方支付特许权使用费，不符合独立交易原则的，在计算企业应纳税所得额时不得扣除。

六、企业以融资上市为主要目的，在境外成立控股公司或者融资公司，因融资上市活动所产生的附带利益向境外关联方支付的特许权使用费，在计算企业应纳税所得额时不得扣除。

七、根据企业所得税法实施条例第一百二十三条的规定，企业向境外关联方支付费用不符合独立交易原则的，税务机关可以在该业务发生的纳税年度起10年内，实施特别纳税调整。

八、本公告自发布之日起施行。

特此公告。

国家税务总局

2015年3月18日

关于企业向境外关联方支付费用有关企业所得税问题的公告解读

为进一步规范和加强企业向境外关联方支付费用的转让定价管理，我们发布了《国家税务总局关于企业向境外关联方支付费用有关企业所得税问题的公告》(以下简称公告)，现解读如下：

一、企业向境外关联方支付费用时应准备哪些资料?

企业向境外关联方支付费用时，应准备其与关联方签订的合同或协议，以及证明交易真实发生并符合独立交易原则的相关资料。

二、企业向境外关联方支付费用时,是否应经过税务机关审核?

企业向境外关联方支付费用,是企业的经营行为,无需经过税务机关审核后支付。但主管税务机关可以根据情况,要求企业限期提供其与关联方签订的合同或协议,以及证明交易真实发生并符合独立交易原则的相关资料,以备检查确定该支付是否符合独立交易原则。对未按照独立交易原则向境外关联方支付费用的,税务机关可以进行调整。

三、企业接受不能为其带来经济利益的劳务是否可以向境外关联方支付服务费?

企业接受境外关联方提供劳务时,应以受益性原则为基础,对该劳务进行受益性分析,即:分析该劳务是否能够为企业带来直接或间接经济利益。接受受益性劳务,可以按照独立交易原则支付费用;接受非收益性劳务而支付的费用,在计算企业应纳税所得额时不得扣除。

四、企业如何判定关联各方对无形资产价值创造的贡献程度,确定各自应当享有的经济利益?

企业需向境外关联方支付技术、品牌等无形资产特许权使用费的,应当通过分析关联各方在该无形资产的开发、价值提升、维护、保护、应用和推广中履行的功能、投入的资产及承担的风险,判定关联各方对该无形资产价值创造的贡献程度,以确定各自应当享有的经济利益,并按照独立交易原则确定企业是否应当向境外关联方支付特许权使用费,应当支付多少特许权使用费。

企业向仅拥有无形资产法律所有权而未对其价值创造做出贡献的关联方支付特许权使用费,不符合独立交易原则的,在计算企业应纳税所得额时不得扣除。例如,境内房地产企业使用境外关联方的商标或品牌进行房地产开发,如果该商标或品牌是境内企业在开发房地产过程中逐步得到市场认可,并由境内企业加以维护和推广,实现价值提升的,则按照独立交易原则,境内房地产企业向境外关联方支付的特许权使用费,在计算企业应纳税所得额时不得扣除。

国家税务总局关于修改《非居民企业所得税核定征收管理办法》等文件的公告

国家税务总局公告2015年第22号

根据《国务院关于取消和调整一批行政审批项目等事项的决定》(国发〔2015〕11号)和《国务院关于取消和下放一批行政审批项目的决定》(国发〔2014〕5号)有关取消非居民企业税收管理审批事项的要求,国家税务总局决定对相关文件规定进行修改,现公告如下:

一、《非居民企业所得税核定征收管理办法》(国税发〔2010〕19号)第九条修改为:"主管税务机关应及时向非居民企业送达《非居民企业所得税征收方式鉴定表》(见附件,以下简称《鉴定表》),非居民企业应在收到《鉴定表》后10个工作日内,完成《鉴定表》的填写并送达主管税务机关,主管税务机关在受理《鉴定表》后20个工作日内,完成该项征收方式的确认工作。"

同时,对《鉴定表》做了相应修改,详见本公告附件。

二、《境外注册中资控股居民企业所得税管理办法(试行)》(国家税务总局公告2011年第45号发布)第五条修改为:"本办法所称主管税务机关是指境外注册中资控股居民企业中国境内主要投资者登记注册地主管税务机关。"

三、《国家税务总局关于非居民企业股权转让适用特殊性税务处理有关问题的公告》(国家税务总局公告2013年第72号)第七条修改为:"非居民企业股权转让适用特殊性税务处理备案后经调查核实不符合条件的,应调整适用一般性税务处理,按照有关规定缴纳企业所得税。非居民企业股权转让适用特殊性税务处理未进行备案的,税务机关应告知其按照本公告第二条、第三条的规定办理备案手续。"

四、本公告自2015年6月1日起施行。

特此公告。

附件:非居民企业所得税征收方式鉴定表(略)

国家税务总局

2015年4月17日

国家税务总局关于金融企业涉农贷款和中小企业贷款损失税前扣除问题的公告

国家税务总局公告2015年第25号

为鼓励金融企业加大对涉农贷款和中小企业贷款力度，及时处置涉农贷款和中小企业贷款损失，增强金融企业抵御风险能力，根据《中华人民共和国企业所得税法》及其实施条例、《财政部 国家税务总局关于企业资产损失税前扣除政策的通知》（财税〔2009〕57号）、《国家税务总局关于发布〈企业资产损失所得税税前扣除管理办法〉的公告》（国家税务总局公告2011年第25号）的规定，现就金融企业涉农贷款和中小企业贷款损失所得税前扣除问题公告如下：

一、金融企业涉农贷款、中小企业贷款逾期1年以上，经追索无法收回，应依据涉农贷款、中小企业贷款分类证明，按下列规定计算确认贷款损失进行税前扣除：

（一）单户贷款余额不超过300万元（含300万元）的，应依据向借款人和担保人的有关原始追索记录（包括司法追索、电话追索、信件追索和上门追索等原始记录之一，并由经办人和负责人共同签章确认），计算确认损失进行税前扣除。

（二）单户贷款余额超过300万元至1 000万元（含1 000万元）的，应依据有关原始追索记录（应当包括司法追索记录，并由经办人和负责人共同签章确认），计算确认损失进行税前扣除。

（三）单户贷款余额超过1 000万元的，仍按《国家税务总局关于发布〈企业资产损失所得税税前扣除管理办法〉的公告》（国家税务总局公告2011年第25号）有关规定计算确认损失进行税前扣除。

二、金融企业涉农贷款和中小企业贷款的分类标准，按照《财政部 国家税务总局关于金融企业涉农贷款和中小企业贷款损失准备金税前扣除有关问题的通知》（财税〔2015〕3号）规定执行。

三、金融企业应当建立健全贷款损失内部核销管理制度，严格内部责任认定和追究，及时收集、整理、编制、审核、申报、保存资产损失税前扣除证据材料。

对不符合法定条件扣除的贷款损失，或弄虚作假进行税前扣除的，应追溯调整以前年度的税务处理，并按《中华人民共和国税收征收管理法》有关规定进行处罚。

四、本公告适用2014年度及以后年度涉农贷款和中小企业贷款损失的税前扣除。

特此公告。

国家税务总局

2015年4月27日

关于《国家税务总局关于金融企业涉农贷款和中小企业贷款损失税前扣除问题的公告》的解读

近日，国家税务总局下发了《国家税务总局关于金融企业涉农贷款和中小企业贷款损失税前扣除问题的公告》（以下简称公告）。为便于理解和执行，现对公告解读如下：

一、为什么要对金融企业涉农贷款和中小企业贷款损失税前扣除政策进行调整？

中小企业和农村经济是国民经济发展的生力军和基石，在促进经济增长、扩大就业、促进创新、繁荣市场和满足人民群众需求等方面，发挥着极为重要作用。中小企业和农村经济在其发展过程中，资金短缺是其面临的主要问题，因此，国务院要求加大对中小企业政策支持力度。鉴于涉农贷款和中小企业贷款风险程度较高的实际情况，财政部和国家税务总局曾发文明确，涉农贷款和中小企业贷款可在税前扣除贷款损失风险准备金。该项政策虽然对金融企业加大对涉农贷款和中小企业贷款力度，支持农村经济发展、缓解中小企业融资难的问题起到一定作用，但在贷款损失税前扣除政策方面，存在认定条件偏严的问题，影响了金融企业对涉农贷款和中小企业贷款的积极性。为切实解决涉农贷款和中小企业贷款难的问题，鼓励金融企业加大涉农贷款和中小企业贷款力度,及时处置涉农贷款和中小企业贷款损失,有效防范金融企业经营风险,增强金融企业抵御风险能力,国家税务总局制定下发了本公告。

二、公告调整、完善的内容主要有哪些?

根据金融企业反映,涉农贷款和中小企业贷款损失税前扣除存在两个主要问题:其一,实施简易税前扣除的限额(300 万元)较低,导致大量的贷款损失不能得到及时扣除;其二,即使按简易方式扣除损失,但仍需提供较多的证据材料,且有些证据材料存在取证难、取证成本高的问题,从而加大了损失税前扣除难度。

鉴于上述情况,公告对现行政策作了如下调整和完善:

第一,将实施简易程序税前扣除的限额由目前的 300 万元提高到 1 000 万元,使其与现行财务制度保持一致。

第二,将涉农贷款、中小企业贷款损失税前扣除的证据材料简化为金融企业涉农贷款、中小企业贷款分类证明,以及向借款人和担保人的追索记录(由经办人和负责人共同签章确认),删去了现行税收规定中需要出具的"债务人和担保人破产、关闭、解散证明、撤销文件、工商行政管理部门注销证明或查询证明"等证据材料。

第三,对于原始记录,仅要求单户贷款余额超过 300 万元至 1 000 万元(含 1 000 万元)的,必须有司法追索记录方能计算确认贷款损失并进行税前扣除,但对不超过 300 万元(含 300 万元)的,即便没有司法追索记录但有其他追索记录之一的,也可计算确认贷款损失并进行税前扣除。

需要注意的是,对于单户贷款余额超过 1 000 万元的,仍按现行税收规定计算确认损失进行税前扣除。

三、涉农贷款和中小企业贷款按什么标准进行分类?

为了保持政策口径的一致性,便于税收征管,涉农贷款和中小企业贷款的分类标准,按《财政部 国家税务总局关于金融企业涉农贷款和中小企业贷款损失准备金税前扣除有关问题的通知》(财税〔2015〕3 号)第二条、第三条规定执行。具体分类标准如下:

(一)涉农贷款

涉农贷款是指《涉农贷款专项统计制度》(银发〔2007〕246 号)统计的以下贷款:

1. 农户贷款。是指金融企业发放给农户的所有贷款。农户贷款的判定应以贷款发放时的承贷主体是否属于农户为准。农户,是指长期(一年以上)居住在乡镇(不包括城关镇)行政管理区域内的住户,还包括长期居住在城关镇所辖行政村范围内的住户和户口不在本地而在本地居住一年以上的住户,国有农场的职工和农村个体工商户。位于乡镇(不包括城关镇)行政管理区域内和在城关镇所辖行政村范围内的国有经济的机关、团体、学校、企事业单位的集体户;有本地户口,但举家外出谋生一年以上的住户,无论是否保留承包耕地均不属于农户。农户以户为统计单位,既可以从事农业生产经营,也可以从事非农业生产经营。

2. 农村企业及各类组织贷款。是指金融企业发放给注册地位于农村区域的企业及各类组织的所有贷款。农村区域,是指除地级及以上城市的城市行政区及其市辖建制镇之外的区域。

(二)中小企业贷款

中小企业贷款是指金融企业对年销售额和资产总额均不超过 2 亿元的企业的贷款。

四、金融企业是否需要建立内部责任追究制度?

为了强化金融企业的责任意识,确保税前扣除的贷款损失真实准确,公告规定,金融企业应当建立健全贷款损失内部核销管理制度,严格内部责任认定和追究,及时收集、整理、编制、审核、申报、保存资产损失税前扣除证据材料。

对不符合法定条件扣除的贷款损失,或弄虚作假进行税前扣除的,应追溯调整以前年度的税务处理,并按《中华人民共和国税收征收管理法》有关规定进行处罚。

国家税务总局关于发布《中华人民共和国非居民企业所得税年度纳税申报表》等报表的公告

国家税务总局公告 2015 年第 30 号

为进一步规范和加强非居民企业所得税管理,根据《中华人民共和国企业所得税法》及其实施条例和有关规定，现将国家税务总局修订的《中华人民共和国非居民企业所得税年度纳税申报表(适用于据实申报企业)》《中华人民共和国非居民企业所得税季度纳税申报表(适用于据实申报企业)》《中华人民共和国非居民企业所得税季度和年度纳税申报表(适用于核定征收企业)/(不构成常设机构和国际运输免税申报)》《中华人民共和国扣缴企业所得税报告表》及相应填报说明予以发布，并就有关事项公告如下：

一、《中华人民共和国非居民企业所得税季度纳税申报表(适用于据实申报企业)》适用于非居民企业预缴季度税款时填报。《中华人民共和国非居民企业所得税年度纳税申报表(适用于据实申报企业)》适用于非居民企业年度企业所得税汇算清缴时填报，其中附表《金融企业收入明细表》、《金融企业支出明细表》和《对外合作开采石油企业勘探开发费用年度明细表》，由特定行业企业填报，一般企业无需填报。《中华人民共和国非居民企业所得税季度和年度纳税申报表(适用于核定征收企业)/(不构成常设机构和国际运输免税申报)》适用于非居民企业预缴季度税款、年度企业所得税汇算清缴时填报，同时，不构成常设机构和国际运输免税申报也使用本表。

二、《中华人民共和国扣缴企业所得税报告表》适用于扣缴义务人，包括法定扣缴义务人和指定扣缴义务人，以及扣缴义务人未依法扣缴或者无法履行扣缴义务情况下自行申报的纳税人，按次或按期扣缴或申报企业所得税税款时填报。

三、本公告自 2015 年 7 月 1 日起施行。《国家税务总局关于印发〈中华人民共和国非居民企业所得税申报表〉等报表的通知》(国税函〔2008〕801 号)同时废止。

特此公告。

附件：1. 中华人民共和国非居民企业所得税年度纳税申报表(适用于据实申报企业)(略)

2. 中华人民共和国非居民企业所得税年度纳税申报表(适用于据实申报企业)》填报说明(略)

3. 中华人民共和国非居民企业所得税季度纳税申报表(适用于据实申报企业)(略)

4.《中华人民共和国非居民企业所得税季度纳税申报表》(适用于据实申报企业)》填报说明(略)

5. 中华人民共和国非居民企业所得税季度和年度纳税申报表(适用于核定征收企业)/(不构成常设机构和国际运输免税申报)(略)

6.《中华人民共和国非居民企业所得税季度和年度纳税申报表(适用于核定征收企业)/(不构成常设机构和国际运输免税申报)》(略)

7. 中华人民共和国扣缴企业所得税报告表(略)

8.《中华人民共和国扣缴企业所得税报告表》填报说明(略)

国家税务总局

2015 年 4 月 30 日

关于《国家税务总局关于发布〈中华人民共和国非居民企业所得税年度纳税申报表〉等报表的公告》的解读

近日，国家税务总局发布公告，对现行非居民企业所得税年度纳税申报表等报表(以下简称"非居民企业所得税纳税申报表")进行了修订。现解读如下：

一、为什么要修订非居民企业所得税纳税申报表?

现行非居民企业纳税申报表自 2008 年启用至今已使用近 7 个年度，在实际管理工作中，现行报表存在一些问题，主要是报表结构不完整，申报内容过于简单，存在空缺，无法满足新形势下加强跨境税源风险管理的需要；非居民企业享受减免税政策和税收协定待遇的情况没有完整准确的申报信息，无法满足目前减免税核算管理工作和国际税收经济分析的需要。为解决上述问题，对现行非居民企业所得税纳税申报表进行修订。

二、修订后的申报表有什么主要特点?

据实征收的非居民企业与查账征收的居民企业在会计核算和企业所得税税收政策的适用上基本一致，故其申报表在报表体系、表式结构和申报内容上基本保持一致，且结合非居民企业的特点予以简化。核定征收的非居民企业申报表和扣缴企业所得税报告表则在原有基础上更加准确体现非居民企业所得税税收政策和执行税收协定的情况。修订后的申报表主要有以下几个特点：

一是结构完整简洁。原据实征收年度报表为1张主表、2张附表即《营业收入及成本费用明细表》和《弥补亏损明细表》组成，修订后的申报表将《营业收入及成本费用明细表》拆分为收入、成本、期间费用3张附表，并考虑行业特点，增加了金融企业收入明细表、支出明细表和对外合作开采石油企业勘探开发费用年度明细表，由特定行业企业填报。将原来在主表体现的纳税调整和税收优惠情况分别增加1张附表，即《纳税调整项目明细表》和《税收优惠明细表》体现。

二是信息量适度增加。修订后的年度纳税申报表只设置了一级附表，在不过多增加纳税人填报负担的情况下，基本全面体现了税收政策，能够较为全面反映企业的财务与税收情况，有利于纳税人适用税收政策，准确核算应纳税所得额。增加反映纳税调整项目情况和享受税收优惠情况的附表，弥补了原申报表申报内容空缺的问题。申报表信息量的增加是必要且适度的，为税务机关开展所得税后续管理和国际税收经济分析提供了基础信息。

三是全面准确反映非居民企业减免税的情况。通过修订申报表，既体现了非居民企业可以享受的税收优惠政策，同时又强化了非居民企业的减免税申报义务。非居民企业减免税政策包括根据国内法有关规定的减免税政策和依据税收协定的优惠待遇。非居民企业根据国内法有关规定可以享受的减免税政策，主要在据实征收的非居民企业年度、季度纳税申报的附表《税收优惠明细表》体现；对未设立机构、场所的非居民企业取得股息、利息、特许权使用费、财产转让及其他所得等享受协定待遇和根据国内法规定减免税政策的情况，主要体现在扣缴企业所得税报告表中；对于不构成常设机构和国际运输享受协定待遇免税的情况，为简化起见，统一使用《非居民企业所得税季度和年度纳税申报表(适用于核定征收企业)/(不构成常设机构和国际运输免税申报)》申报。

三、申报表主要在哪些地方做了修订？

(一)非居民企业年度纳税申报表(适用于据实申报企业)

1. 对主表的修改，主要是有关项目和统计口径与居民企业年度纳税申报表保持一致。增加免税、减计收入及加计扣除和所得减免栏目，规范减免税统计口径；增加纳税调整增加额和纳税调整减少额反映纳税调整情况，取消账载金额和依法申报金额调整的表述。

2. 对附表的修改：将原附表《营业收入及成本费用明细表》拆分为收入、成本、期间费用表，同时增加特殊行业专用报表，增加《纳税调整项目明细表》和《税收优惠明细表》。《一般企业收入明细表》、《一般企业成本支出明细表》与居民企业年度报表相同；《金融企业收入明细表》、《金融企业支出明细表》在居民企业年度报表基础上删除证券业务相关栏次；《期间费用明细表》在居民企业年度申报表基础上增加分摊的总机构费用；《纳税调整项目明细表》在居民企业年度报表基础上增加固定资产加速折旧(扣除)；《税收优惠明细表》为新增附表，按照确认的非居民可以享受的税收优惠政策，参照居民企业税收优惠分类方式来设计，每个类别都设置了多栏"其他减免项目名称及减免性质代码"，避免因政策调整频繁修改申报表；《企业所得税弥补亏损明细表》在居民企业年度申报表基础上删除"合并、分立转入(转出)可弥补的亏损额"列。

(二)非居民企业季度纳税申报表(适用于据实申报企业)

主表的修改与年度申报表主表的修改基本相同。附表增加《税收优惠明细表》，且在年度《税收优惠明细表》的基础上予以简化。

(三)非居民企业所得税季度和年度纳税申报表(适用于核定征收企业)/(不构成常设机构和国际运输免税申报)

将原适用于核定征收的非居民企业季度纳税申报表和年度纳税申报表2张申报表合并为1张申报表，同时，不构成常设机构和国际运输免税申报也使用本表。主要增加是否享受协定待遇的选项，如选择"是"，在相应的协定待遇进行勾选，如勾选"不构成常设机构"或"国际运输完全免税"企业只需填写收入额或经费支出总额(含明细)或成本费用总额，不需要填写其他栏次；如勾选"国际运输减免税"或选择"否"，则需完整计算应纳所得税额和国际运输减免所得税额。增加免税收入的申报内容。

(四)扣缴企业所得税报告表

1. 在适用范围上增加了扣缴申报或自行申报的选项。对扣缴义务人未依法扣缴或者无法履行扣缴义务的情况下，由非居民企业自行申报的，使用本表。

2. 增加是否享受税收协定待遇以及适用税收协定条款选项、是否享受其他类协定待遇以及其他类协定名称选项和是否享受国内税法优惠以及国内税法优惠项目选项，并通过信息化处理，增强数据校验功能，减少纳税人填报错误。

3. 增加所得减免，用于申报国内税法有关规定优惠的所得金额或属于税收协定规定所得减免金额，保留实际征收率，用于统计享受税收协定待遇的优惠税率的情况。

4. 在指定扣缴部分，如享受税收协定常设机构及营业利润待遇条款或享受国际运输类协定待遇完全免税，仅需企业填写收入总额，税务机关不再核定利润率，企业也不需计算应纳税额。同时考虑了国际运输类协定待遇的特殊情况。

四、修改后的申报表是否增加纳税人负担？

修订后的申报表主要是据实申报的年度纳税申报表的附表有所增加，但主要是对原有附表的拆分，实质新增仅为《纳税调整项目明细表》和《税收优惠明细表》2 张附表。对于享受税收协定不构成常设机构待遇等情况的申报，采取简化处理，企业只需填写收入额或经费支出总额或成本费用总额，不需要换算收入额，不需要税务机关核定利润率，不需要计算应纳税所得额和应纳税额。在非居民税收征管中涉及较多扣缴义务填报的《扣缴企业所得税报告表》，并未增加更多的填报内容，只是为减免税核算工作的需要，对相关内容进行了进一步的规范。从这个意义上说，基本未增加纳税人填报负担。

五、关于实施时间

本《公告》实施时间为 2015 年 7 月 1 日。《非居民企业所得税季度纳税申报表（适用于据实申报企业）》、《非居民企业所得税季度和年度纳税申报表（适用于核定征收企业）/（不构成常设机构和国际运输免税申报）》和《扣缴企业所得税报告表》自 2015 年 7 月 1 日使用，《非居民企业所得税年度纳税申报表（适用于据实申报企业）》自 2016 年 1 月 1 日使用。

国家税务总局关于发布《中华人民共和国企业所得税月（季）度预缴纳税申报表（2015 年版）等报表》的公告

国家税务总局公告 2015 年第 31 号

现将国家税务总局修订的《中华人民共和国企业所得税月（季）度预缴纳税申报表（A 类，2015 年版）》、《中华人民共和国企业所得税月（季）度和年度纳税申报表（B 类，2015 年版）》、《企业所得税汇总纳税分支机构所得税分配表（2015 年版）》等报表及相应填报说明予以发布，并就有关事项公告如下：

一、《中华人民共和国企业所得税月（季）度预缴纳税申报表（A 类，2015 年版）》适用于实行查账征收企业所得税的居民企业预缴月份、季度税款时填报。《中华人民共和国企业所得税月（季）度和年度纳税申报表（B 类，2015 年版）》适用于实行核定征收企业所得税的居民企业预缴月份、季度税款和年度汇算清缴时填报。

二、跨地区经营汇总纳税企业的分支机构，使用《中华人民共和国企业所得税月（季）度预缴纳税申报表（A 类，2015 年版）》和《中华人民共和国企业所得税汇总纳税分支机构所得税分配表（2015 年版）》进行年度企业所得税汇算清缴申报。

三、本公告自 2015 年 7 月 1 日起施行。《国家税务总局关于发布〈中华人民共和国企业所得税月（季）度预缴纳税申报表〉等报表的公告》（国家税务总局公告 2014 年第 28 号）、《国家税务总局关于贯彻落实扩大小微企业减半征收企业所得税范围有关问题的公告》（国家税务总局公告 2015 年第 17 号）第五条、《国家税务总局关于完善固定资产加速折旧税收政策有关问题的公告》（国家税务总局公告 2014 年第 64 号）附件《固定资产加速折旧预缴情况统计表》及其填报说明同时废止。

特此公告。

附件：1. 中华人民共和国企业所得税月（季）度预缴纳税申报表（A 类，2015 年版）及填报说明（略）

附 1-1. 不征税收入和税基类减免应纳税所得额明细表（附表 1）及填报说明（略）

附 1-2. 固定资产加速折旧（扣除）明细表（附表 2）及填报说明（略）

附1-3. 减免所得税额明细表(附表3)及填报说明(略)

2. 中华人民共和国企业所得税月(季)度和年度预缴纳税申报表(B类,2015年版)及填报说明(略)

3. 企业所得税汇总纳税分支机构所得税分配表(2015年版)及填报说明(略)

国家税务总局

2015年4月30日

关于《国家税务总局关于发布〈中华人民共和国企业所得税月(季)度预缴纳税申报表(2015年版)等报表〉的公告》的解读

近日,国家税务总局制发了《关于发布〈中华人民共和国企业所得税月(季)度预缴纳税申报表(2015年版)等报表〉的公告》(国家税务总局公告2015年第31号),对现行预缴纳税申报表进行了修订。现解读如下:

一、为什么要修订企业所得税月(季)度预缴纳税申报表?

企业所得税预缴纳税申报表是税务机关组织财政收入、采集涉税信息、加强税源管理的有效载体,是纳税人履行申报纳税义务、遵从税法、享受税收优惠政策的有效途径。此次修改预缴纳税申报表,主要基于以下原因:

一是认真贯彻落实国务院重大税收支持政策。近年来,为促进经济发展,应对经济下行压力,国家先后出台了小微企业、六大行业固定资产加速折旧、支持创新创业、促进就业等一系列税收优惠政策,现行季度预缴申报表主要满足简单申报和基本统计功能,不能有效地通过税收信息化全面落实国家重大税收政策。二是进一步做好减免税核算工作。去年年底以来,税务总局要求进一步加强减免税核算管理工作,增强减免税数据统计的有效性和准确性,需要修改申报表,增强申报表采集信息、生成数据能力,实现减免税数据统计分析的信息化。三是进一步提高纳税服务水平。配合"便民办税春风行动",修订后的申报表将逐步采取网络申报方式,申报表中设计逻辑关联关系,主附表之间自动生成数据,增强数据校验功能,减少纳税人填报错误。四是增强税务机关信息化处理能力。修订后的申报表增加了信息采集能力,为政府部门提供更为全面的数据信息资源;同时,逐步采用信息化手段处理涉税数据,减轻基层手工统计数据压力。五是适应转变职能、取消和下放税务行政审批事项统一要求,纳税人享受所得税优惠政策将逐步改为事后备案,有些情况需要在预缴纳税申报表中统筹解决,为纳税人享受优惠政策提供便利。

二、预缴纳税申报表主要在哪些地方作了修订?

企业所得税是一个年度性税种,月份、季度预缴税款,年度终了后五个月内汇算清缴,多退少补。因此,纳税人在预缴环节的纳税和享受优惠政策只是预缴税和预先享受优惠,一切以汇算清缴情况为准。长期以来,我国企业所得税月份、季度预缴申报表包括查账征收企业适用的A表和核定征税企业适用的B表两类,主要满足纳税人申报纳税和基本统计需要,一些优惠政策在预缴环节均未享受。此次修改预缴申报表,基本遵循纳税人原有填报习惯,兼顾历史延续性,申报表结构、格式、填报理念均未作大的调整。

查账征收企业所适用A表主要变化:一是为统计和方便纳税人季度预缴时提前享受税收优惠政策,A表增加了《不征税收入和税基类减免应纳税所得额明细表》、《固定资产加速折旧(扣除)明细表》、《减免所得税额明细表》三张附表,供季度预缴享受优惠政策的纳税人填报。二是根据上述新增三张附表,A表区分不同预缴税款方式,对于按实际利润预缴税款的,增加了"不征税收入和税基减免应纳税所得额"、"固定资产加速折旧(扣除)额"等行次。对"按实际利润预缴"、"按上年度应纳税所得额平均数预缴"两种情形,增设了"减免所得税额"行次,方便纳税人享受各项优惠政策。三是为全面落实小微企业优惠政策,申报表对小微企业享受优惠政策情况进行了细化,增加了小微企业判定栏次,增强了操作性。

核定征税纳税人所适用B表,用于预缴和汇算清缴。主要变化:一是增加了小微企业判定条件。如"所属行业、从业人数、资产总额、国家是否限止和禁止的行业”项目。二是进一步细化了小微企业减半征税数据的填报。

三、修改后的预缴纳税申报表是否增加纳税人负担?

修改后的预缴申报表,虽然增加了3张税收优惠附表,但3张附表的设计都较为简单,而且只限于享受优惠政策的纳税人填写其中个别栏次,不享受优惠的纳税人不需要填写新增的3张附表,从这个意义上说,基本未增加纳税人填报负担。此其一。其二,修订后的预缴申报表将逐步全面推广网络申报,可以在申报系统中设计数据自动生成、校验等功能,减轻纳税人工作量,减少填报错误概率,对纳税人是有利的,对纳税人填报负担是一个减轻。其三,修改后的申报表,纳税人享受小型微利企业、资产加速折旧等政策更加方便,有利于全面保证其税收权益。

四、跨地区经营汇总纳税企业分支机构在汇算清缴申报时使用什么申报表?

跨地区经营汇总纳税企业的分支机构,使用《中华人民共和国企业所得税月(季)度预缴纳税申报表(A类)》进行年度企业所得税汇算清缴申报,同时需附送《中华人民共和国企业所得税汇总纳税分支机构分配表》。

五、定额征税的小型微利企业如何填报?

采取定额征税的小型微利企业,各地在核定企业应纳税额时,可以仍然按照现行做法,核定本月或本季度应纳所得税额。鉴于定额征收的小型微利企业规模小、核算能力低、为减轻其申报纳税的工作量,由税务机关在原有定额基础上,根据小型微利企业所得税优惠政策,从税务机关后台数据中直接核减定额。因此,税务机关告知纳税人的定额税款为享受优惠政策之后的定额,为简化其填报工作,B类预缴申报表只设计了“税务机关核定的应纳所得税额”行次,企业可以直接填报。

财政部 国家税务总局关于非货币性资产投资企业所得税政策问题的通知

财税〔2014〕116号

各省、自治区、直辖市、计划单列市财政厅(局)、国家税务局、地方税务局,新疆生产建设兵团财务局:

为贯彻落实《国务院关于进一步优化企业兼并重组市场环境的意见》(国发〔2014〕14号),根据《中华人民共和国企业所得税法》及其实施条例有关规定,现就非货币性资产投资涉及的企业所得税政策问题明确如下:

一、居民企业(以下简称企业)以非货币性资产对外投资确认的非货币性资产转让所得,可在不超过5年期限内,分期均匀计入相应年度的应纳税所得额,按规定计算缴纳企业所得税。

二、企业以非货币性资产对外投资,应对非货币性资产进行评估并按评估后的公允价值扣除计税基础后的余额,计算确认非货币性资产转让所得。

企业以非货币性资产对外投资,应于投资协议生效并办理股权登记手续时,确认非货币性资产转让收入的实现。

三、企业以非货币性资产对外投资而取得被投资企业的股权,应以非货币性资产的原计税成本为计税基础,加上每年确认的非货币性资产转让所得,逐年进行调整。

被投资企业取得非货币性资产的计税基础,应按非货币性资产的公允价值确定。

四、企业在对外投资5年内转让上述股权或投资收回的,应停止执行递延纳税政策,并就递延期内尚未确认的非货币性资产转让所得,在转让股权或投资收回当年的企业所得税年度汇算清缴时,一次性计算缴纳企业所得税;企业在计算股权转让所得时,可按本通知第三条第一款规定将股权的计税基础一次调整到位。

企业在对外投资5年内注销的,应停止执行递延纳税政策,并就递延期内尚未确认的非货币性资产转让所得,在注销当年的企业所得税年度汇算清缴时,一次性计算缴纳企业所得税。

五、本通知所称非货币性资产,是指现金、银行存款、应收账款、应收票据以及准备持有至到期的债券投资等货币性资产以外的资产。

本通知所称非货币性资产投资，限于以非货币性资产出资设立新的居民企业，或将非货币性资产注入现存的居民企业。

六、企业发生非货币性资产投资，符合《财政部 国家税务总局关于企业重组业务企业所得税处理若干问题的通知》（财税〔2009〕59 号）等文件规定的特殊性税务处理条件的，也可选择按特殊性税务处理规定执行。

七、本通知自 2014 年 1 月 1 日起执行。本通知发布前尚未处理的非货币性资产投资，符合本通知规定的可按本通知执行。

财政部 国家税务总局
2014 年 12 月 31 日

国家税务总局关于非货币性资产投资企业所得税有关征管问题的公告

国家税务总局公告 2015 年第 33 号

《国务院关于进一步优化企业兼并重组市场环境的意见》（国发〔2014〕14 号）和《财政部 国家税务总局关于非货币性资产投资企业所得税政策问题的通知》（财税〔2014〕116 号）发布后，各地陆续反映在非货币性资产投资企业所得税政策执行过程中有些征管问题亟须明确。经研究，现就非货币性资产投资企业所得税有关征管问题公告如下：

一、实行查账征收的居民企业（以下简称企业）以非货币性资产对外投资确认的非货币性资产转让所得，可自确认非货币性资产转让收入年度起不超过连续 5 个纳税年度的期间内，分期均匀计入相应年度的应纳税所得额，按规定计算缴纳企业所得税。

二、关联企业之间发生的非货币性资产投资行为，投资协议生效后 12 个月内尚未完成股权变更登记手续的，于投资协议生效时，确认非货币性资产转让收入的实现。

三、符合财税〔2014〕116 号文件规定的企业非货币性资产投资行为，同时又符合《财政部 国家税务总局关于企业重组业务企业所得税处理若干问题的通知》（财税〔2009〕59 号）、《财政部 国家税务总局关于促进企业重组有关企业所得税处理问题的通知》（财税〔2014〕109 号）等文件规定的特殊性税务处理条件的，可由企业选择其中一项政策执行，且一经选择，不得改变。

四、企业选择适用本公告第一条规定进行税务处理的，应在非货币性资产转让所得递延确认期间每年企业所得税汇算清缴时，填报《中华人民共和国企业所得税年度纳税申报表》（A 类，2014 年版）中“A105100 企业重组纳税调整明细表”第 13 行“其中：以非货币性资产对外投资”的相关栏目，并向主管税务机关报送《非货币性资产投资递延纳税调整明细表》（详见附件）。

五、企业应将股权投资合同或协议、对外投资的非货币性资产（明细）公允价值评估确认报告、非货币性资产（明细）计税基础的情况说明、被投资企业设立或变更的工商部门证明材料等资料留存备查，并单独准确核算税法与会计差异情况。

主管税务机关应加强企业非货币性资产投资递延纳税的后续管理。

六、本公告适用于 2014 年度及以后年度企业所得税汇算清缴。此前尚未处理的非货币性资产投资，符合财税〔2014〕116 号文件和本公告规定的可按本公告执行。

特此公告。

附件：非货币性资产投资递延纳税调整明细表（略）

国家税务总局
2015 年 5 月 8 日

关于《国家税务总局关于非货币性资产投资企业所得税有关征管问题的公告》的解读

《国务院关于进一步优化企业兼并重组市场环境的意见》(国发〔2014〕14号)和《财政部 国家税务总局关于非货币性资产投资企业所得税政策问题的通知》(财税〔2014〕116号)(以下简称“116号文件”)下发后,各地陆续反映在非货币性资产投资企业所得税政策执行过程中有些征管问题亟须明确。为明确具体征管要求,近日,国家税务总局发布了《关于非货币性资产投资企业所得税有关征管问题的公告》。现对公告内容解读如下:

一、适用非货币性资产投资政策对企业类型有何要求?

根据116号文件第一条规定,“居民企业以非货币性资产对外投资确认的非货币性资产转让所得,可在不超过5年期限内,分期均匀计入相应年度的应纳税所得额,按规定计算缴纳企业所得税。”

考虑到核定征收企业通常不能准确核算收入或支出情况,公告明确只有实行查账征收的居民企业才能适用上述政策。

二、如何理解116号文件第一条所称的“不超过5年期限”?

根据116号文件第一条规定,“居民企业以非货币性资产对外投资确认的非货币性资产转让所得,可在不超过5年期限内,分期均匀计入相应年度的应纳税所得额,按规定计算缴纳企业所得税。”

这里所指的“不超过5年期限”,是指从确认非货币性资产转让收入年度起不超过连续5个纳税年度的期间。首先要求5年的递延纳税期间要连续、中间不能中断;其次明确“年”指的是纳税年度。

三、关联企业间非货币性资产投资何时确认收入?

根据116号文件第二条第二款规定,“企业以非货币性资产对外投资,应于投资协议生效并办理股权登记手续时,确认非货币性资产转让收入的实现。”

这是针对企业非货币性资产投资收入确认时点的一般规定。但是,关联企业之间发生非货币性资产投资行为,可能由于具有关联关系而不及时办理或不办理股权登记手续,以延迟确认或长期不确认非货币性资产转让收入,实际上延长了递延纳税期限,造成对此项政策的滥用。为防止此种情况发生,公告要求关联企业之间非货币性资产投资行为,自投资协议生效后最长12个月内应完成股权变更登记手续。如果投资协议生效后12个月内仍未完成股权变更登记手续,则于投资协议生效时,确认非货币性资产转让收入的实现。

四、企业非货币性资产投资同时符合多项政策的,如何进行税务处理?

由于企业非货币性资产投资行为,可能同时符合116号文件规定、《财政部 国家税务总局关于企业重组业务企业所得税处理若干问题的通知》(财税〔2009〕59号)以及《财政部 国家税务总局关于促进企业重组有关企业所得税处理问题的通知》(财税〔2014〕109号)相关规定,公告允许企业选择其中一项政策执行,但一经选择,不得改变。

五、适用非货币性资产投资递延纳税政策的纳税人应如何进行申报?

为加强对企业非货币性资产投资企业所得税管理,公告为纳税人设计了《非货币性资产对外投资递延纳税调整明细表》,主要内容是被投资企业情况、非货币性资产情况、非货币性资产投资基本信息、递延纳税差异调整额和结转额等。此表由企业在非货币性资产转让所得递延确认期间每年企业所得税汇算清缴时,向主管税务机关报送。旨在确认每年递延的应纳税所得额,为税务机关加强后续管理奠定基础。同时,纳税人应填报《中华人民共和国企业所得税年度纳税申报表》(A类,2014年版)中“A105100企业重组纳税调整明细表”第13行“其中:以非货币性资产对外投资”的相关栏目。

另外,企业还应将下列资料留存备查,并单独准确核算税法与会计差异情况,包括股权投资合同或协议、对外投资的非货币性资产(明细)公允价值评估确认报告、非货币性资产(明细)计税基础的情况说明和被投资企业设立或变更的工商部门证明材料等资料。

国家税务总局关于企业工资薪金和职工福利费等支出税前扣除问题的公告

国家税务总局公告2015年第34号

根据《中华人民共和国企业所得税法》及其实施条例相关规定，现对企业工资薪金和职工福利费等支出企业所得税税前扣除问题公告如下：

一、企业福利性补贴支出税前扣除问题

列入企业员工工资薪金制度、固定与工资薪金一起发放的福利性补贴，符合《国家税务总局关于企业工资薪金及职工福利费扣除问题的通知》（国税函〔2009〕3号）第一条规定的，可作为企业发生的工资薪金支出，按规定在税前扣除。

不能同时符合上述条件的福利性补贴，应作为国税函〔2009〕3号文件第三条规定的职工福利费，按规定计算限额税前扣除。

二、企业年度汇算清缴结束前支付汇缴年度工资薪金税前扣除问题

企业在年度汇算清缴结束前向员工实际支付的已预提汇缴年度工资薪金，准予在汇缴年度按规定扣除。

三、企业接受外部劳务派遣用工支出税前扣除问题

企业接受外部劳务派遣用工所实际发生的费用，应分两种情况按规定在税前扣除：按照协议（合同）约定直接支付给劳务派遣公司的费用，应作为劳务费支出；直接支付给员工个人的费用，应作为工资薪金支出和职工福利费支出。其中属于工资薪金支出的费用，准予计入企业工资薪金总额的基数，作为计算其他各项相关费用扣除的依据。

四、施行时间

本公告适用于2014年度及以后年度企业所得税汇算清缴。本公告施行前尚未进行税务处理的事项，符合本公告规定的可按本公告执行。

《国家税务总局关于企业所得税应纳税所得额若干税务处理问题的公告》（税务总局公告2012年第15号）第一条有关企业接受外部劳务派遣用工的相关规定同时废止。

特此公告。

国家税务总局

2015年5月8日

关于《国家税务总局关于企业工资薪金和职工福利费等支出税前扣除问题的公告》的解读

根据《中华人民共和国企业所得税法》及其实施条例（以下简称“税法”）相关规定，国家税务总局发布了《关于企业工资薪金和职工福利费等支出税前扣除问题的公告》（以下简称“公告”），对企业工资薪金和福利费等支出税前扣除问题进行了明确。为便于理解和执行，现对公告内容解读如下：

一、企业哪些福利性补贴可以作为工资薪金支出在税前扣除？

《国家税务总局关于企业工资薪金及职工福利费扣除问题的通知》（国税函〔2009〕3号）第一条明确了税法第三十四条规定的“合理工资薪金”的确认条件，第三条规定了职工福利费的范围。企业的福利性补贴，如果列入企业员工工资薪金制度、固定与工资薪金一起发放，且符合国税函〔2009〕3号文件第一条关于工资薪金的规定，可作为工资薪金支出，按规定在税前扣除。

二、企业年度汇算清缴结束前支付的汇缴年度工资薪金如何在税前扣除?

考虑到很多企业12月份的工资薪金都是在当年预提出来,次年1月份发放,如果严格要求企业在每一纳税年度结束前支付的工资薪金才能计入本年度,则企业每年都需要对此进行纳税调整,不仅增加了纳税人的税法遵从成本,加大了税收管理负担,也不符合权责发生制原则。因此,企业在年度汇算清缴结束前向员工实际支付的已预提汇缴年度工资薪金,准予在汇缴年度企业所得税前扣除。

三、企业接受外部劳务派遣用工支出如何在税前扣除?

企业接受外部劳务派遣用工的费用,一般可区分为支付给劳务派遣公司和直接支付给员工个人两种情况处理。对于根据协议(合同)约定直接支付给劳务派遣公司的费用,企业应作为劳务费支出;对于直接支付给员工个人的费用,应作为工资薪金支出和职工福利费支出。属于工资薪金支出的费用,准予计入企业工资薪金总额的基数,作为计算其他各项相关费用扣除的依据。《国家税务总局关于企业所得税应纳税所得额若干税务处理问题的公告》(2012年第15号)第一条关于企业接受外部劳务派遣用工的相关规定同时废止。

国家税务总局关于资产(股权)划转企业所得税征管问题的公告

国家税务总局公告2015年第40号

《国务院关于进一步优化企业兼并重组市场环境的意见》(国发〔2014〕14号)和《财政部 国家税务总局关于促进企业重组有关企业所得税处理问题的通知》(财税〔2014〕109号,以下简称《通知》)下发后,各地陆续反映在企业重组所得税政策执行过程中有些征管问题亟须明确。经研究,现就股权或资产划转企业所得税征管问题公告如下:

一、《通知》第三条所称"100%直接控制的居民企业之间,以及受同一或相同多家居民企业100%直接控制的居民企业之间按账面净值划转股权或资产",限于以下情形:

(一)100%直接控制的母子公司之间,母公司向子公司按账面净值划转其持有的股权或资产,母公司获得子公司100%的股权支付。母公司按增加长期股权投资处理,子公司按接受投资(包括资本公积,下同)处理。母公司获得子公司股权的计税基础以划转股权或资产的原计税基础确定。

(二)100%直接控制的母子公司之间,母公司向子公司按账面净值划转其持有的股权或资产,母公司没有获得任何股权或非股权支付。母公司按冲减实收资本(包括资本公积,下同)处理,子公司按接受投资处理。

(三)100%直接控制的母子公司之间,子公司向母公司按账面净值划转其持有的股权或资产,子公司没有获得任何股权或非股权支付。母公司按收回投资处理,或按接受投资处理,子公司按冲减实收资本处理。母公司应按被划转股权或资产的原计税基础,相应调减持有子公司股权的计税基础。

(四)受同一或相同多家母公司100%直接控制的子公司之间,在母公司主导下,一家子公司向另一家子公司按账面净值划转其持有的股权或资产,划出方没有获得任何股权或非股权支付。划出方按冲减所有者权益处理,划入方按接受投资处理。

二、《通知》第三条所称"股权或资产划转后连续12个月内不改变被划转股权或资产原来实质性经营活动",是指自股权或资产划转完成日起连续12个月内不改变被划转股权或资产原来实质性经营活动。

股权或资产划转完成日,是指股权或资产划转合同(协议)或批复生效,且交易双方已进行会计处理的日期。

三、《通知》第三条所称"划入方企业取得被划转股权或资产的计税基础,以被划转股权或资产的原账面净值确定",是指划入方企业取得被划转股权或资产的计税基础,以被划转股权或资产的原计税基础确定。

《通知》第三条所称"划入方企业取得的被划转资产,应按其原账面净值计算折旧扣除",是指划入方企业取得的被划转资产,应按被划转资产的原计税基础计算折旧扣除或摊销。

四、按照《通知》第三条规定进行特殊性税务处理的股权或资产划转,交易双方应在协商一致的基础上,采取一致处理原则统一进行特殊性税务处理。

五、交易双方应在企业所得税年度汇算清缴时，分别向各自主管税务机关报送《居民企业资产(股权)划转特殊性税务处理申报表》(详见附件)和相关资料(一式两份)。

相关资料包括：

1. 股权或资产划转总体情况说明，包括基本情况、划转方案等，并详细说明划转的商业目的；

2. 交易双方或多方签订的股权或资产划转合同(协议)，需有权部门(包括内部和外部)批准的，应提供批准文件；

3. 被划转股权或资产账面净值和计税基础说明；

4. 交易双方按账面净值划转股权或资产的说明(需附会计处理资料)；

5. 交易双方均未在会计上确认损益的说明(需附会计处理资料)；

6. 12 个月内不改变被划转股权或资产原来实质性经营活动的承诺书。

六、交易双方应在股权或资产划转完成后的下一年度的企业所得税年度申报时，各自向主管税务机关提交书面情况说明，以证明被划转股权或资产自划转完成日后连续 12 个月内，没有改变原来的实质性经营活动。

七、交易一方在股权或资产划转完成日后连续 12 个月内发生生产经营业务、公司性质、资产或股权结构等情况变化，致使股权或资产划转不再符合特殊性税务处理条件的，发生变化的交易一方应在情况发生变化的 30 日内报告其主管税务机关，同时书面通知另一方。另一方应在接到通知后 30 日内将有关变化报告其主管税务机关。

八、本公告第七条所述情况发生变化后 60 日内，原交易双方应按以下规定进行税务处理：

(一)属于本公告第一条第(一)项规定情形的，母公司应按原划转完成时股权或资产的公允价值视同销售处理，并按公允价值确认取得长期股权投资的计税基础；子公司按公允价值确认划入股权或资产的计税基础。

属于本公告第一条第(二)项规定情形的，母公司应按原划转完成时股权或资产的公允价值视同销售处理；子公司按公允价值确认划入股权或资产的计税基础。

属于本公告第一条第(三)项规定情形的，子公司应按原划转完成时股权或资产的公允价值视同销售处理；母公司应按撤回或减少投资进行处理。

属于本公告第一条第(四)项规定情形的，划出方应按原划转完成时股权或资产的公允价值视同销售处理；母公司根据交易情形和会计处理对划出方按分回股息进行处理，或者按撤回或减少投资进行处理，对划入方按以股权或资产的公允价值进行投资处理；划入方按接受母公司投资处理，以公允价值确认划入股权或资产的计税基础。

(二)交易双方应调整划转完成纳税年度的应纳税所得额及相应股权或资产的计税基础，向各自主管税务机关申请调整划转完成纳税年度的企业所得税年度申报表，依法计算缴纳企业所得税。

九、交易双方的主管税务机关应对企业申报适用特殊性税务处理的股权或资产划转加强后续管理。

十、本公告适用 2014 年度及以后年度企业所得税汇算清缴。此前尚未进行税务处理的股权、资产划转，符合《通知》第三条和本公告规定的可按本公告执行。

特此公告。

附件：居民企业资产(股权)划转特殊性税务处理申报表(略)

国家税务总局

2015 年 5 月 27 日

国家税务总局关于境内机构向我国银行的境外分行支付利息扣缴企业所得税有关问题的公告

国家税务总局公告 2015 年第 47 号

根据《中华人民共和国企业所得税法》及其实施条例的有关规定，现对我国银行的境外分行业务活动中涉及从境内取得的利息收入有关企业所得税问题，公告如下：

一、本公告所称境外分行是指我国银行在境外设立的不具备所在国家(地区)法人资格的分行。境外分行作为中国居民企业在境外设立的分支机构,与其总机构属于同一法人。境外分行开展境内业务,并从境内机构取得的利息,为该分行的收入,计入分行的营业利润,按《财政部 国家税务总局关于企业境外所得税收抵免有关问题的通知》(财税〔2009〕125 号)的相关规定,与总机构汇总缴纳企业所得税。境内机构向境外分行支付利息时,不代扣代缴企业所得税。

二、境外分行从境内取得的利息,如果据以产生利息的债权属于境内总行或总行其他境内分行的,该项利息应为总行或其他境内分行的收入。总行或其他境内分行和境外分行之间应严格区分此类收入,不得将本应属于总行或其他境内分行的境内业务及收入转移到境外分行。

三、境外分行从境内取得的利息如果属于代收性质,据以产生利息的债权属于境外非居民企业,境内机构向境外分行支付利息时,应代扣代缴企业所得税。

四、主管税务机关应加强监管,严格审核相关资料,并利用第三方信息进行比对分析,对违反本公告相关规定的,应按照有关法律法规处理。

五、本公告自 2015 年 7 月 19 日起施行。《国家税务总局关于加强非居民企业来源于我国利息所得扣缴企业所得税工作的通知》(国税函〔2008〕955 号)第二条同时废止。

特此公告。

国家税务总局
2015 年 6 月 19 日

关于境内机构向我国银行的境外分行支付利息扣缴企业所得税有关问题的公告的解读

为了进一步落实好《创新税收服务与管理助推“一带一路”战略实施的工作方案》的要求,更好地服务于“走出去”企业,加快人民币国际化战略的步伐,促进我国金融企业的发展,在落实税收法定原则的大背景下,我们对境内机构向我国银行的境外分行支付利息扣缴企业所得税的问题进一步予以明确,制定了本公告。现将主要问题解读如下:

一、公告出台的背景

对于境内机构向我国银行的境外分行支付贷款等利息所得,目前是按照《国家税务总局关于加强非居民企业来源于我国利息所得扣缴企业所得税工作的通知》(国税函〔2008〕955 号,以下简称 955 号文)第二条规定,由境内机构对外支付时扣缴企业所得税。但是,根据《国家税务总局关于境外分行取得来源于境内利息所得扣缴企业所得税问题的通知》(国税函〔2010〕266 号,以下简称 266 号文)规定,属于中国居民企业的银行在境外设立的非法人分支机构与其总机构属于同一法人。因此,境外分行发生的境内业务并从境内取得利息收入,属于居民企业所得,不属于税法规定采取源泉扣缴所得税的范畴。同时,由于有些国家国内法规定对非居民在本国设立的机构场所取得的境外所得在境外所交的税款不予抵免,而根据我国企业所得税法的相关规定,境外分行取得的来源于境内的利息收入被扣缴的税款属于境内税款,不符合可抵免的规定,使得这部分税款在汇总到国内缴税时仍得不到抵免,这样一定程度上产生了重复征税问题。

综上,为了落实税收法定原则,也为了减轻企业的负担,促进中国银行业海外业务的发展及支持金融企业“走出去”,我们修改了 955 号文的第二条规定,对相关所得的税收处理进行重新明确。

二、公告的主要内容

由于境外分行是我国银行设在境外的非法人分支机构,根据 266 号文的规定,属于中国居民企业,公告将境外分行取得的利息按不同情况分别处理:

一是境外分行开展境内业务,并从境内机构取得的利息,为该分行的收入,计入境外分行营业利润,与总机构汇总缴纳企业所得税。境内机构对外支付该笔利息时不用扣缴所得税。

二是境外分行所收取利息的相关债权如属于其境内总行(包括境内总行的其他境内分行)的,则该利息收入应计入境内总行及其他境内分行的收入总额。境内机构对外支付该笔利息时不用扣缴所得税。

三是境外分行所收取的利息如果只是代收性质，例如背对背贷款、银团贷款中行使牵头行职能等情况，据以产生利息的债权属于境外非居民企业，该笔利息收入的实际取得方是境外的非居民企业，境内机构在对外支付该笔利息时，仍需依法扣缴企业所得税。

四是加强税收监管。公告要求主管税务机关加强对此类业务的税收监管，对相关资料进行严格审核，尤其是加强对公告第二条提到的可能侵蚀我国居民企业税基行为的监管，对违反本公告规定的，应依照相关法律法规处理。

三、需要注意的事项

一是境外分行要严格区分从境内收取的利息的实际所有人，对属于代收情形的，境外分行必须将相关情况告知境内机构，境内机构在对外支付时严格按照税法规定扣缴税款。

二是为了防止境内银行利用不同国家的税制差异及我国关于税收抵免政策的规定，将本应属于总行或其他境内分行的境内业务及收入转移到境外分行，减少在我国应纳税款，侵蚀我国税基的行为，公告第二条规定，如有发生形式上由境外分行收取利息的情况，虽然境内机构在对外支付该笔利息时不代扣代缴企业所得税，但总行或其他境内分行和境外分行之间应严格区分此类收入，不得将本应属于总行或其他境内分行的境内业务及收入转移到境外分行。

国家税务总局关于企业重组业务企业所得税征收管理若干问题的公告

国家税务总局公告2015年第48号

根据《中华人民共和国企业所得税法》及其实施条例、《中华人民共和国税收征收管理法》及其实施细则、《国务院关于取消非行政许可审批事项的决定》(国发〔2015〕27号)、《财政部 国家税务总局关于企业重组业务企业所得税处理若干问题的通知》(财税〔2009〕59号)和《财政部 国家税务总局关于促进企业重组有关企业所得税处理问题的通知》(财税〔2014〕109号)等有关规定，现对企业重组业务企业所得税征收管理若干问题公告如下：

一、按照重组类型，企业重组的当事各方是指：

(一)债务重组中当事各方，指债务人、债权人。

(二)股权收购中当事各方，指收购方、转让方及被收购企业。

(三)资产收购中当事各方，指收购方、转让方。

(四)合并中当事各方，指合并企业、被合并企业及被合并企业股东。

(五)分立中当事各方，指分立企业、被分立企业及被分立企业股东。

上述重组交易中，股权收购中转让方、合并中被合并企业股东和分立中被分立企业股东，可以是自然人。

当事各方中的自然人应按个人所得税的相关规定进行税务处理。

二、重组当事各方企业适用特殊性税务处理的(指重组业务符合财税〔2009〕59号文件和财税〔2014〕109号文件第一条、第二条规定条件并选择特殊性税务处理的，下同)，应按如下规定确定重组主导方：

(一)债务重组，主导方为债务人。

(二)股权收购，主导方为股权转让方，涉及两个或两个以上股权转让方，由转让被收购企业股权比例最大的一方作为主导方(转让股权比例相同的可协商确定主导方)。

(三)资产收购，主导方为资产转让方。

(四)合并，主导方为被合并企业，涉及同一控制下多家被合并企业的，以净资产最大的一方为主导方。

(五)分立，主导方为被分立企业。

三、财税〔2009〕59号文件第十一条所称重组业务完成当年，是指重组日所属的企业所得税纳税年度。

企业重组日的确定，按以下规定处理：

1. 债务重组，以债务重组合同(协议)或法院裁定书生效日为重组日。

2. 股权收购，以转让合同(协议)生效且完成股权变更手续日为重组日。关联企业之间发生股权收购，转让合同(协议)生效后12个月内尚未完成股权变更手续的，应以转让合同(协议)生效日为重组日。

3. 资产收购，以转让合同(协议)生效且当事各方已进行会计处理的日期为重组日。

4. 合并，以合并合同(协议)生效、当事各方已进行会计处理且完成工商新设登记或变更登记日为重组日。按规定不需要办理工商新设或变更登记的合并，以合并合同(协议)生效且当事各方已进行会计处理的日期为重组日。

5. 分立，以分立合同(协议)生效、当事各方已进行会计处理且完成工商新设登记或变更登记日为重组日。

四、企业重组业务适用特殊性税务处理的，除财税〔2009〕59号文件第四条第(一)项所称企业发生其他法律形式简单改变情形外，重组各方应在该重组业务完成当年，办理企业所得税年度申报时，分别向各自主管税务机关报送《企业重组所得税特殊性税务处理报告表及附表》(详见附件1)和申报资料(详见附件2)。合并、分立中重组一方涉及注销的，应在尚未办理注销税务登记手续前进行申报。

重组主导方申报后，其他当事方向其主管税务机关办理纳税申报。申报时还应附送重组主导方经主管税务机关受理的《企业重组所得税特殊性税务处理报告表及附表》(复印件)。

五、企业重组业务适用特殊性税务处理的，申报时，应从以下方面逐条说明企业重组具有合理的商业目的：

(一)重组交易的方式；

(二)重组交易的实质结果；

(三)重组各方涉及的税务状况变化；

(四)重组各方涉及的财务状况变化；

(五)非居民企业参与重组活动的情况。

六、企业重组业务适用特殊性税务处理的，申报时，当事各方还应向主管税务机关提交重组前连续12个月内有无与该重组相关的其他股权、资产交易情况的说明，并说明这些交易与该重组是否构成分步交易，是否作为一项企业重组业务进行处理。

七、根据财税〔2009〕59号文件第十条规定，若同一项重组业务涉及在连续12个月内分步交易，且跨两个纳税年度，当事各方在首个纳税年度交易完成时预计整个交易符合特殊性税务处理条件，经协商一致选择特殊性税务处理的，可以暂时适用特殊性税务处理，并在当年企业所得税年度申报时提交书面申报资料。

在下一纳税年度全部交易完成后，企业应判断是否适用特殊性税务处理。如适用特殊性税务处理的，当事各方应按本公告要求申报相关资料；如适用一般性税务处理的，应调整相应纳税年度的企业所得税年度申报表，计算缴纳企业所得税。

八、企业发生财税〔2009〕59号文件第六条第(一)项规定的债务重组，应准确记录应予确认的债务重组所得，并在相应年度的企业所得税汇算清缴时对当年确认额及分年结转额的情况做出说明。

主管税务机关应建立台账，对企业每年申报的债务重组所得与台账进行比对分析，加强后续管理。

九、企业发生财税〔2009〕59号文件第七条第(三)项规定的重组，居民企业应准确记录应予确认的资产或股权转让收益总额，并在相应年度的企业所得税汇算清缴时对当年确认额及分年结转额的情况做出说明。

主管税务机关应建立台账，对居民企业取得股权的计税基础和每年确认的资产或股权转让收益进行比对分析，加强后续管理。

十、适用特殊性税务处理的企业，在以后年度转让或处置重组资产(股权)时，应在年度纳税申报时对资产(股权)转让所得或损失情况进行专项说明，包括特殊性税务处理时确定的重组资产(股权)计税基础与转让或处置时的计税基础的比对情况，以及递延所得税负债的处理情况等。

适用特殊性税务处理的企业，在以后年度转让或处置重组资产(股权)时，主管税务机关应加强评估和检查，将企业特殊性税务处理时确定的重组资产(股权)计税基础与转让或处置时的计税基础及相关的年度纳税申报表比对，发现问题的，应依法进行调整。

十一、税务机关应对适用特殊性税务处理的企业重组做好统计和相关资料的归档工作。各省、自治区、直辖市和计划单列市国家税务局、地方税务局应于每年8月底前将《企业重组所得税特殊性税务处理统计表》(详见附件3)上报税务总局(所得税司)。

十二、本公告适用于2015年度及以后年度企业所得税汇算清缴。《国家税务总局关于发布〈企业重组业务企业所得税管理办法〉的公告》(国家税务总局公告2010年第4号)第三条、第七条、第八条、第十六条、第十七条、第十八条、第二十二条、第二十三条、第二十四条、第二十五条、第二十七条、第三十二条同时废止。

本公告施行时企业已经签订重组协议,但尚未完成重组的,按本公告执行。

特此公告。

附件:1. 企业重组所得税特殊性税务处理报告表及附表(略)

2. 企业重组所得税特殊性税务处理申报资料一览表(略)

3. 企业重组所得税特殊性税务处理统计表(略)

国家税务总局

2015年6月24日

关于《国家税务总局关于企业重组业务企业所得税征收管理若干问题的公告》的解读

近日,国家税务总局发布了《关于企业重组业务企业所得税征收管理若干问题的公告》(以下简称《公告》),为便于纳税人和税务机关理解和执行,现对《公告》解读如下:

一、《公告》起草的背景是什么?

一是实施新政策的需要。企业兼并重组是调整优化产业结构、转变经济发展方式的重要途径,是培育发展大企业大集团,提高产业集中度,提升产业竞争力的重要手段。为促进企业兼并重组,2009年,财政部、税务总局联合发布了《关于企业重组业务企业所得税处理若干问题的通知》(财税〔2009〕59号)(以下简称59号文件),对符合条件的企业重组的所得税处理给予了递延纳税的特殊待遇。2010年,税务总局发布了《企业重组业务企业所得税管理办法》(国家税务总局公告2010年第4号)(以下简称4号公告),为企业享受特殊待遇提供了程序方面的指引。2014年3月,国务院下发《关于进一步优化企业兼并重组市场环境的意见》(国发〔2014〕14号),提出完善兼并重组所得税政策。2014年底,财政部、税务总局联合发布了《关于促进企业重组有关企业所得税处理问题的通知》(财税〔2014〕109号)和《关于非货币性资产投资企业所得税政策问题的通知》(财税〔2014〕116号),将适用特殊性税务处理的股权收购和资产收购中被收购股权或资产比例由不低于75%调整为不低于50%,明确了股权或资产划转特殊性税务处理政策,以及非货币性资产投资递延纳税政策。

二是推进行政审批制度改革的需要。59号文件规定企业选择适用特殊性税务处理的,应在年度纳税申报时向主管税务机关书面备案,否则不得进行特殊性税务处理。4号公告进一步明确,重组各方需要税务机关确认的,可以选择由重组主导方向主管税务机关提出申请,层报省税务机关给予确认。随着国务院行政审批制度改革的推进,这种事先核准的管理方式越来越不适应重组市场的需要,特别是2015年5月14日,国务院发布《关于取消非行政许可审批事项的决定》(国发〔2015〕27号),公布取消49项非行政许可审批事项,"企业符合特殊性税务处理规定条件业务的核准"在取消之列。转变企业重组特殊性税务处理管理方式已成当务之急。

三是进一步加强后续管理的需要。按照国务院行政审批制度改革的要求,该放得坚决放到位,该管得必须管好,要做到放管结合,加强后续管理。按照《国家税务总局关于加强企业所得税后续管理的指导意见》(税总发〔2013〕55号),企业重组的特殊性税务处理属于一项重要的后续管理事项,由于涉及资产转让所得的递延处理和资产计税基础的调整问题,需要采用台账管理、专家团队管理等方法加强后续管理。

四是进一步规范和优化管理的需要。59号文件和4号公告发布以后,各地反映一些规定在实际操作中仍然不好把握，如何将上述规定与现实中的重组案例进行有机衔接也缺乏规范可行的操作指导。这就需要结合各地征管实践，进一步完善重组管理中的若干基础概念，规范申报表和报送资料，优化征管流程。

基于以上背景，在充分吸收各地征管经验和广泛听取基层税务机关、部分中介机构和纳税人代表的基础上，经过多次讨论修改，最终形成了目前发布的《公告》。

二、如何理解《公告》的基本框架？

《公告》针对59号文件和4号公告执行中反映的实际问题，结合新发布的109号文件和国务院取消“企业符合特殊性税务处理规定条件业务的核准”要求，对企业重组特殊性税务处理的申报管理和后续管理事项进行了规范和修订，改变了管理方式，重新设计了报告表和附表，规范了申报资料，优化了征管流程，明确了征收管理的相关要求。同时，为强化政策效应分析，还设计了专门的统计表，以利于重组递延纳税效果的总量分析和结构分析。《公告》修订了4号公告的十二处条款（其他二十五条规定仍然有效），同时增加了若干条款，与4号公告的有效条款一起构成了完整的企业重组所得税管理制度体系。

三、如何理解重组特殊性税务处理申报管理的具体内容？

《公告》不再执行59号文件第十一条申报备案和4号公告第十六条税务机关确认的做法，改为年度汇算清缴时进行申报并提交相关资料，主要明确了以下管理内容：

第一，明确59号文件第四条第（一）项所称企业发生其他法律形式的简单改变，属于重组的特殊性税务处理，但不需要进行单独申报。

第二，明确重组各方应按照规定进行申报，提交相关资料。

第三，明确合并、分立中重组一方涉及注销的，应在尚未办理注销税务登记手续前进行申报。

第四，鉴于重组主导方是资产（股权）转让方，是重组所得实现和递延的主体，《公告》规定：重组主导方申报后，其他当事方应持经重组主导方主管税务机关受理的报告表及附表和申报资料向其主管税务机关申报。

第五，增加了重组前连续12个月内分步交易的管理要求。要求企业年度申报时，提交重组前连续12个月内有无与该重组相关的其他股权、资产交易，与该重组是否构成分步交易、是否作为一项企业重组业务进行处理情况的说明。

第六，设计了《企业重组所得税特殊性税务处理报告表及附表》，列明了企业享受特殊性税务处理的条件、非股权支付对应的资产转让所得或损失、资产（股权）转让方取得股权和其他资产的计税基础、资产（股权）收购方取得股权和其他资产的计税基础等，为后续管理奠定了申报基础。

四、重组特殊性税务处理征收管理中，重组各方的义务和税务机关的责任有哪些？

（一）关于重组各方的义务

一是准确记录并说明所得递延情况。企业发生适用特殊性税务处理的债务重组或居民企业以资产（股权）向非居民企业投资，应准确记录应予确认的债务重组所得或资产（股权）转让收益总额，并在相应年度的企业所得税汇算清缴时对当年确认额及分年结转额的情况做出说明。

二是转让或处置重组资产（股权）时提交专项说明。适用特殊性税务处理的企业，在以后年度转让或处置重组资产（股权）的，应在年度纳税申报时对资产（股权）转让所得或损失情况进行专项说明，着重说明特殊性税务处理时确定的重组资产（股权）计税基础与转让或处置时的计税基础的对比情况（变化及原因），还要说明递延所得税负债的处理情况。

（二）关于税务机关的责任

一是跟踪监管。了解企业重组前后连续12个月内相关资产、股权的动态变化情况。

二是建立台账，加强管理。企业发生适用特殊性税务处理的债务重组或居民企业以资产（股权）向非居民企业投资，主管税务机关应建立台账，加强企业申报与台账数据的比对分析。

三是加强重组资产（股权）转让环节比对管理。主管税务机关应加强评估和核查，将企业特殊性税务处理时确定的重组资产（股权）计税基础与转让或处置时的计税基础及相关的年度纳税申报表及时比对，发现问题的，应依法进行调整。

四是情况统计和上报。税务机关应每年对适用特殊性税务处理的企业重组做好统计和相关资料的归档工作，并按时上报《企业重组所得税特殊性税务处理统计表》，以便于效应分析和政策完善。

国家税务总局关于贯彻落实进一步扩大小型微利企业减半征收企业所得税范围有关问题的公告

国家税务总局公告2015年第61号

为支持小型微利企业发展，贯彻落实国务院第102次常务会议决定，根据《中华人民共和国企业所得税法》（以下简称企业所得税法）及其实施条例、《财政部 国家税务总局关于进一步扩大小型微利企业所得税优惠政策范围的通知》（财税〔2015〕99号）等规定，现就进一步扩大小型微利企业减半征收企业所得税优惠政策范围有关实施问题公告如下：

一、自2015年10月1日至2017年12月31日，符合规定条件的小型微利企业，无论采取查账征收还是核定征收方式，均可以享受财税〔2015〕99号文件规定的小型微利企业所得税优惠政策（以下简称减半征税政策）。

二、符合规定条件的小型微利企业自行申报享受减半征税政策。汇算清缴时，小型微利企业通过填报企业所得税年度纳税申报表中“资产总额、从业人数、所属行业、国家限制和禁止行业”等栏次履行备案手续。

三、企业预缴时享受小型微利企业所得税优惠政策，按照以下规定执行：

（一）查账征收企业。上一纳税年度符合小型微利企业条件的，分别按照以下情况处理：

1. 按照实际利润预缴企业所得税的，预缴时累计实际利润不超过30万元（含，下同）的，可以享受减半征税政策；

2. 按照上一纳税年度应纳税所得额平均额预缴企业所得税的，预缴时可以享受减半征税政策。

（二）定率征收企业。上一纳税年度符合小型微利企业条件，预缴时累计应纳税所得额不超过30万元的，可以享受减半征税政策。

（三）定额征收企业。根据优惠政策规定需要调减定额的，由主管税务机关按照程序调整，依照原办法征收。

（四）上一纳税年度不符合小型微利企业条件的企业。预缴时预计当年符合小型微利企业条件的，可以享受减半征税政策。

（五）本年度新成立小型微利企业，预缴时累计实际利润或应纳税所得额不超过30万元的，可以享受减半征税政策。

四、企业预缴时享受了减半征税政策，但汇算清缴时不符合规定条件的，应当按照规定补缴税款。

五、小型微利企业2015年第4季度预缴和2015年度汇算清缴的新老政策衔接问题，按以下规定处理：

（一）下列两种情形，全额适用减半征税政策：

1. 全年累计利润或应纳税所得额不超过20万元（含）的小型微利企业；

2. 2015年10月1日（含，下同）之后成立，全年累计利润或应纳税所得额不超过30万元的小型微利企业。

（二）2015年10月1日之前成立，全年累计利润或应纳税所得额大于20万元但不超过30万元的小型微利企业，分段计算2015年10月1日之前和10月1日之后的利润或应纳税所得额，并按照以下规定处理：

1. 10月1日之前的利润或应纳税所得额适用企业所得税法第二十八条规定的减按20%的税率征收企业所得税的优惠政策（简称减低税率政策）；10月1日之后的利润或应纳税所得额适用减半征税政策。

2. 根据财税〔2015〕99号文件规定，小型微利企业2015年10月1日至2015年12月31日期间的利润或应纳税所得额，按照2015年10月1日之后的经营月份数占其2015年度经营月份数的比例计算确定。计算公式如下：

10月1日至12月31日利润额或应纳税所得额＝全年累计实际利润或应纳税所得额×（2015年10月1日之后经营月份数÷2015年度经营月份数）

3. 2015年度新成立企业的起始经营月份，按照税务登记日期所在月份计算。

六、本公告自2015年10月1日起施行。

特此公告。

国家税务总局
2015年9月10日

关于贯彻落实进一步扩大小型微利企业减半征收企业所得税范围有关问题公告的政策解读

为支持小型微利企业发展，近日，国家税务总局印发了《关于贯彻落实进一步扩大小型微利企业减半征收企业所得税范围有关问题的公告》(以下简称公告)。现解读如下：

一、本公告出台的主要背景是什么？

今年以来，国际经济形势较为复杂，我国经济处于“三期叠加”阶段，经济下行压力较大。为此，国家实施定向调控，进一步加大对小微企业的税收扶持，让积极财政政策更大发力，为创业创新减负，让今天的小微企业赢得发展的大未来，以此进一步涵养就业潜力和经济发展的持久耐力。继今年2月25日国务院常务会议将小微企业所得税减半征税范围由10万元调整为20万元后，今年8月19日，国务院第102次常务会议决定，自2015年10月1日起，将减半征税范围扩大到年应纳税所得额30万元(含)以下的小微企业。9月2日，财政部和税务总局发布《关于进一步扩大小型微利企业所得税优惠政策范围的通知》(财税〔2015〕99号)，明确了小型微利企业减半征税范围扩大到30万元后具体税收政策规定。

为积极落实国务院重大经济决策，确保纳税人及时、准确享受税收优惠政策，税务总局在保持现有征管操作规定和小微企业享受优惠的方法相对稳定基础上，起草了本公告。本公告同时对今年第4季度预缴和年度汇算清缴有关新老政策衔接问题一并进行了明确。

二、小型微利企业所得税新优惠政策主要是哪些纳税人受益？

小型微利企业所得税新优惠政策，是将原来减半征税标准由20万元以下纳税人扩大到30万元以下的纳税人，并从今年10月1日起执行。新政策主要惠及年度累计利润或应纳税所得额在20万元至30万元之间的小型微利企业。

三、企业享受小型微利企业所得税优惠政策是否受征收方式限定？

从2014年开始，符合规定条件的企业享受小型微利企业所得税优惠政策，已经不再受企业所得税征收方式限定。按照本公告规定，小型微利企业无论采取查账征收方式还是核定征收方式(含定率征收、定额征收)，只要符合小型微利企业规定条件，均可以享受小微企业所得税优惠政策。

四、企业享受小型微利企业所得税优惠政策是否需要到税务机关办理相关手续？

为推进税务行政审批制度改革，简化小微企业税收优惠管理程序，2014年11月以来，税务总局先后修改了企业所得税年度纳税申报表和企业所得税季度、月份预缴申报表。修改后的纳税申报表，设计了小微企业各项判定条件的指标，在征管操作方面具备了简化备案的技术条件。为此，本公告规定，小型微利企业享受企业所得税优惠政策，不需要到税务机关专门办理任何手续，可以采取自行申报方法享受优惠政策。年度终了后汇算清缴时，通过填报企业所得税年度纳税申报表中“资产总额、从业人数、所属行业、国家限制和禁止行业”等栏次履行备案手续。

五、企业预缴时，怎样享受小型微利企业所得税优惠政策？

为便于小微企业享受优惠政策，便于税务机关通过征管软件监控、落实这项优惠政策，本公告区分“老小微企业”和“新小微企业”进行分别处理。

对于上一纳税年度存续的“老小微企业”。税务机关通过上年度汇算清缴情况进行数据关联(每年1季度预缴时，没有上年度汇算清缴数据的，按照上年度第4季度预缴情况进行数据关联)，对上一纳税年度符合小微企业条件的，只要本年度累计利润或应纳税所得额没有超过30万元，税务机关通过申报软件协助小微企业享受政策。本公告规定，对于采取查账征收、定率征收、定额征收的小微企业，只要上一纳税年度应纳税所得额低于30万元,本年度预缴时均可以享受小微企业所得税减半征税政策。为让更多小型微利企业享受税收优惠,本公告对小微企业所得税预缴环节享受优惠政策采取更为开放、灵活的方式。上一纳税年度不符合小型微利企业条件的老企业,如果企业预计本年度符合小微企业条件,可以自行申报享受此项优惠政策。

对于"新办小微企业"。由于新办企业本年度没有"资产总额、从业人数"等判断指标,纳税人预缴时,由企业自行判断其"资产、人员"是否符合税法规定。税务机关为简化操作,让更多小微企业受益,在预缴申报环节只考察"利润额或应纳税所得额"一个指标,年度累计不超过30万元的,可以适用减半征税政策。

六、企业预缴时享受了小型微利企业所得税优惠,汇算清缴时怎么办?

小型微利企业的判断条件,如资产总额、从业人员、应纳税所得额等是年度指标,需要按照企业全年情况进行判断,也只有到汇算清缴时才能最终判断。对于企业季度、月份预缴时预先享受了小微企业所得税优惠政策后,汇算清缴时,需要按照税法标准进行判断。现行企业所得税年度纳税申报表设计了"资产总额、从业人数、所属行业、国家限制和禁止行业"等栏次,方便纳税人申报,也便于征管软件判断企业是否符合小型微利企业标准。对于预缴环节已经享受优惠政策的企业,年度汇算清缴不符合小型微利企业条件的,需要补缴税款。

七、今年第4季度预缴和2015年度汇算清缴的优惠政策衔接问题

(一)小型微利企业所得税新优惠政策出台后,哪些纳税人今年可以全额享受减半征税优惠政策?

一是全年累计利润或应纳税所得额不超过20万元(含)的小型微利企业;二是2015年10月1日(含,下同)之后成立的,全年累计利润或应纳税所得额不超过30万元(含,下同)的小型微利企业。

(二)减半征税范围从年应纳税所得额20万元以下扩大到30万元以下政策的执行时间是怎么规定的?

按照国务院第102次常务会议决定,此项政策从2015年10月1日起开始执行。这样,实行按季度申报的小型微利企业,今年10月1日之后实现的利润,在2016年1月份征期享受减半征税政策。这一政策调整,只涉及年度累计利润或应纳税所得额介于20万元至30万元的小微企业,对其他小微企业没有影响。

(三)年度累计利润或应纳税所得额介于20万元至30万元的小型微利企业,今年全年累计利润或应纳税所得额是否都可以享受减半征税政策?

不是的。按照企业所得税法规定,企业所得税是一个年度性税种,由于小型微利企业所得税新优惠政策从今年10月1日起执行,这意味着小微企业所得税新的优惠政策适用于今年10月1日之后的利润或应纳税所得额。新优惠政策规定主要涉及今年10月1日之前成立的,且年累计利润或应纳税所得额介于20万元至30万元的小型微利企业,需要分段计算其10月1日之前和10月1日之后的利润或应纳税所得额。

对于其10月1日之前的利润部分适用企业所得税法第二十八条规定的减低税率优惠政策,按20%计算缴税;10月1日之后的利润部分适用减半征税政策,相当于按10%计算缴税。

(四)年度累计利润或应纳税所得额介于20万元至30万元的小型微利企业,如何计算第4季度利润或应纳税所得额,第4季度预缴和2015年度汇算清缴如何享受减半征税政策?

1. 对于2015年10月1日以后成立的,全年累计利润或应纳税所得额不超过30万元的小型微利企业直接全额享受减半征税政策,不需要计算第4季度利润或应纳税所得额。

2. 对于2015年10月1日之前成立的,全年累计利润或应纳税所得额不超过30万元的小型微利企业,根据《财政部 国家税务总局关于进一步扩大小型微利企业所得税优惠政策范围的通知》(财税〔2015〕99号)和本公告规定,按照"2015年10月1日之后的经营月份数占其2015年度经营月份数的比例",计算其2015年度可以适用减半征税政策的实际利润额或者应纳税所得额。

例1:小红咨询公司成立于2014年3月,当年符合小型微利企业条件,采取查账征收方式,按季度纳税申报。2015年12月31日,该企业计算的全年实际利润额为30万元。

小红咨询公司在2015年的实际经营月份为12个月,其2015年10月1日之后的经营月份为3个月。

小红咨询公司预缴2015年第4季度所得税时(申报期为2016年1月),适用减半征税政策的实际利润额=30×(3÷12)=7.5万元;适用减低税率政策的实际利润额=30-7.5=22.5万元。

小红咨询公司减免税额=22.5×(25%-20%)+7.5×[25%-(1-50%)×20%]=1.125+1.125=

2.25(万元)

例2:红星印刷厂成立于2015年5月10日,符合小型微利企业条件,采取查账征收方式,按季度纳税申报。2015年12月31日,该企业计算的全年实际利润额为24万元。

红星印刷厂成立于5月10日,其在2015年度经营月份从5月份开始计算,全年经营月份数共计8个月。

红星印刷厂预缴2015年第4季度企业所得税时(申报期为2016年1月),适用减半征税政策的实际利润额=24×(3÷8)=9万元;适用减低税率政策的实际利润额=24-9=15万元。

红星印刷厂减免税额=15×(25%-20%)+9×[25%-(1-50%)×20%]=0.75+1.35=2.1(万元)。

例3:新兴软件公司成立于2015年8月30日,符合小型微利企业条件,采取查账征收方式,按季度纳税申报。2015年12月31日,该企业计算的全年实际利润额为25万元。

新兴软件公司成立于8月30日,其在2015年度经营月份从8月份开始计算,全年经营月份数共计5个月。

新兴软件公司预缴2015年第4季度企业所得税时(申报期为2016年1月),适用减半征税政策的实际利润额=25×(3÷5)=15万元;适用减低税率政策的实际利润额=25-15=10万元。

新兴软件公司减免税额=10×(25%-20%)+15×[25%-(1-50%)×20%]=0.5+2.25=2.75(万元)。

例4:丁丁物业公司成立于2015年10月30日,符合小型微利企业条件,采取查账征收方式,按季度纳税申报。2015年12月31日,该企业计算的全年实际利润额为23万元。

丁丁物业公司成立于10月30日,其在2015年度的利润全部符合减半征税条件,不需要划分10月1日之前和之后的利润。

丁丁物业公司减免税额=23×[25%-(1-50%)×20%]=23×15%=3.45(万元)。

财政部 国家税务总局关于进一步完善固定资产加速折旧企业所得税政策的通知

财税〔2015〕106号

各省、自治区、直辖市、计划单列市财政厅(局)、国家税务局、地方税务局,新疆生产建设兵团财务局:

根据国务院常务会议的有关决定精神,现就有关固定资产加速折旧企业所得税政策问题通知如下:

一、对轻工、纺织、机械、汽车等四个领域重点行业(具体范围见附件)的企业2015年1月1日后新购进的固定资产,可由企业选择缩短折旧年限或采取加速折旧的方法。

二、对上述行业的小型微利企业2015年1月1日后新购进的研发和生产经营共用的仪器、设备,单位价值不超过100万元的,允许一次性计入当期成本费用在计算应纳税所得额时扣除,不再分年度计算折旧;单位价值超过100万元的,可由企业选择缩短折旧年限或采取加速折旧的方法。

三、企业按本通知第一条、第二条规定缩短折旧年限的,最低折旧年限不得低于企业所得税法实施条例第六十条规定折旧年限的60%;采取加速折旧方法的,可采取双倍余额递减法或者年数总和法。

按照企业所得税法及其实施条例有关规定,企业根据自身生产经营需要,也可选择不实行加速折旧政策。

四、本通知自2015年1月1日起执行。2015年前3季度按本通知规定未能计算办理的,统一在2015年第4季度预缴申报时享受优惠或2015年度汇算清缴时办理。

附件:轻工、纺织、机械、汽车四个领域重点行业范围(略)

财政部 国家税务总局

2015年9月17日

国家税务总局关于进一步完善固定资产加速折旧企业所得税政策有关问题的公告

国家税务总局公告2015年第68号

为落实国务院扩大固定资产加速折旧优惠范围的决定，根据《中华人民共和国企业所得税法》（以下简称企业所得税法）及其实施条例（以下简称实施条例）、《财政部 国家税务总局关于进一步完善固定资产加速折旧企业所得税政策的通知》（财税〔2015〕106号）规定，现就进一步完善固定资产加速折旧企业所得税政策有关问题公告如下：

一、对轻工、纺织、机械、汽车等四个领域重点行业（以下简称四个领域重点行业）企业2015年1月1日后新购进的固定资产（包括自行建造，下同），允许缩短折旧年限或采取加速折旧方法。

四个领域重点行业按照财税〔2015〕106号附件“轻工、纺织、机械、汽车四个领域重点行业范围”确定。今后国家有关部门更新国民经济行业分类与代码，从其规定。

四个领域重点行业企业是指以上述行业业务为主营业务，其固定资产投入使用当年的主营业务收入占企业收入总额50%（不含）以上的企业。所称收入总额，是指企业所得税法第六条规定的收入总额。

二、对四个领域重点行业小型微利企业2015年1月1日后新购进的研发和生产经营共用的仪器、设备，单位价值不超过100万元（含）的，允许在计算应纳税所得额时一次性全额扣除；单位价值超过100万元的，允许缩短折旧年限或采取加速折旧方法。

用于研发活动的仪器、设备范围口径，按照《国家税务总局关于印发〈企业研究开发费用税前扣除管理办法（试行）〉的通知》（国税发〔2008〕116号）或《科学技术部 财政部 国家税务总局关于印发〈高新技术企业认定管理工作指引〉的通知》（国科发火〔2008〕362号）规定执行。

小型微利企业，是指企业所得税法第二十八条规定的小型微利企业。

三、企业按本公告第一条、第二条规定缩短折旧年限的，对其购置的新固定资产，最低折旧年限不得低于实施条例第六十条规定的折旧年限的60%；对其购置的已使用过的固定资产，最低折旧年限不得低于实施条例规定的最低折旧年限减去已使用年限后剩余年限的60%。最低折旧年限一经确定，不得改变。

四、企业按本公告第一条、第二条规定采取加速折旧方法的，可以采用双倍余额递减法或者年数总和法。加速折旧方法一经确定，不得改变。

双倍余额递减法或者年数总和法，按照《国家税务总局关于固定资产加速折旧所得税处理有关问题的通知》（国税发〔2009〕81号）第四条的规定执行。

五、企业的固定资产既符合本公告优惠政策条件，又符合《国家税务总局关于企业固定资产加速折旧所得税处理有关问题的通知》（国税发〔2009〕81号）、《财政部 国家税务总局关于进一步鼓励软件产业和集成电路产业发展企业所得税政策的通知》（财税〔2012〕27号）中有关加速折旧优惠政策条件，可由企业选择其中一项加速折旧优惠政策执行，且一经选择，不得改变。

六、企业应将购进固定资产的发票、记账凭证等有关资料留存备查，并建立台账，准确反映税法与会计差异情况。

七、本公告适用于2015年及以后纳税年度。企业2015年前3季度按本公告规定未能享受加速折旧优惠的，可将前3季度应享受的加速折旧部分，在2015年第4季度企业所得税预缴申报时享受，或者在2015年度企业所得税汇算清缴时统一享受。

特此公告。

国家税务总局

2015年9月25日

关于《国家税务总局关于进一步完善固定资产加速折旧企业所得税政策有关问题的公告》的解读

一、公告出台背景

为拉动有效投资、促进产业升级、加快发展“中国智造”，9 月 16 日，国务院第 105 次常务会议审议通过了进一步完善固定资产加速折旧政策方案，决定扩大固定资产加速折旧优惠范围。根据国务院决定，9 月 17 日，财政部和税务总局联合制定下发了《关于进一步完善固定资产加速折旧企业所得税政策的通知》（财税〔2015〕106 号），对固定资产加速折旧优惠政策扩大范围和相关政策问题进行了明确。

为保证国务院常务会议精神和财税〔2015〕106 号文件有效落地，结合现行企业固定资产加速折旧所得税政策规定，制订了本公告，进一步明确相关政策具体执行口径和征管要求，保证政策有效贯彻实施。

二、公告主要内容

（一）明确将固定资产加速折旧优惠范围扩大到四个领域重点行业企业

为加大对传统产业投资的支持力度，激发企业投资和设备更新改造的积极性，促进产业结构优化升级，公告规定，将加速折旧优惠政策扩大到轻工、纺织、机械、汽车等四个领域重要行业（以下简称四个领域重点行业）。考虑到适用本次政策的轻工、纺织、机械、汽车等四个领域重点行业涵盖面广，为增强政策确定性，便于具体操作，对实行加速折旧政策的四个领域重点行业采取目录式的管理方式，在财税 106 号文附件中直接列明了享受加速折旧政策的轻工、纺织、机械、汽车等四个领域的具体行业范围和代码。公告同时明确，适用加速折旧政策的四个领域重点行业按照财税〔2015〕106 号文附件规定的“轻工、纺织、机械、汽车等四个领域重点行业范围”执行。

为增加政策可操作性，合理判断纳税人所属行业，公告第一条同时规定，四个领域重点行业企业是指以上述行业为主营业务，固定资产投入使用当年主营业务收入占收入总额比例超过 50%（不含）的，即可享受加速折旧政策。

（二）明确四个领域重点行业小型微利企业实行特殊的加速折旧政策

此次进一步扩大加速折旧政策范围至轻工等四个领域重点行业。考虑到小型微利企业专门用于研发活动的仪器、设备较少，为加大对小型微利企业政策支持力度，根据财税〔2015〕106 号文规定，公告第二条规定，对四个领域重点行业的小型微利企业 2015 年 1 月 1 日后新购进的研发和生产经营共用的仪器、设备，区分单价是否超过 100 万元，分别实行一次性税前扣除或加速折旧政策。

（三）明确政策适用范围限定在 2015 年起新购进的固定资产

按照企业所得税法规定，企业所得税实行按年计算、分月（季）预缴、年终汇算清缴的征管方式。考虑到政策适用范围如扩大到企业原有的固定资产，将会给企业带来复杂的会计调整工作，公告第一条、第二条规定，政策适用范围限定在 2015 年 1 月 1 日后新购进的固定资产。

（四）明确优惠政策的加速折旧方法

公告第三条、第四条对财税〔2015〕106 号和本公告规定的加速折旧方法作了具体明确，即企业按缩短折旧年限方法的，对其购置的新固定资产，最低折旧年限不得低于实施条例第六十条规定的折旧年限的 60%；企业购置已使用过的固定资产，其最低折旧年限不得低于实施条例规定的最低折旧年限减去已使用年限后剩余年限的 60%。

双倍余额递减法和年数总和法，按照《国家税务总局关于企业固定资产加速折旧所得税处理有关问题的通知》（国税发〔2009〕81 号）有关规定执行。

（五）明确优惠政策加速折旧方法选择权

按照现行规定，加速折旧税收政策有很多项，如对企业高腐蚀、强震动的固定资产允许实行加速折旧政策，对软件和集成电路企业实行特殊的加速折旧政策，去年以来对生物药品制造等六大行业和四个领域重点行业又实行加速折旧政策。对一个企业来说，可能符合多个加速折旧政策。鉴于享受税收优惠是纳税人的权利，纳税人可以自由选择。为此，公告第五条明确，企业的固定资产既符合本公告优惠政策条件，又符合《国家税务总局关于企业固定资产加速折旧所得税处理有关问题的通知》（国税发〔2009〕81 号）、《财政部国家税务总局关于进一步鼓励软件产业和集成电路产业发展企业所得税政策的通知》(财税〔2012〕27号)中有关加速折旧优惠政策条件,可由企业选择其中一项加速折旧优惠政策执行,且一经选择,不得改变。

(六)明确企业享受加速折旧优惠的要求

为保证优惠政策正确执行,引导企业正确核算,公告第六条对企业享受加速折旧政策提出了要求,即企业应将购进固定资产的发票、记账凭证等有关资料留存备查,并建立管理台账,准确反映税法与会计差异情况。

(七)明确2015年前三季度新购进的固定资产未享受加速折旧优惠的处理方法

公告第七条规定,四个领域重点行业企业2015年1月1日以后新购进的固定资产可以享受加速折旧优惠。由于政策发布较晚,企业熟悉掌握优惠政策也有一个过程,可能存在企业在前3季度未能及时计算享受优惠的情况。为此,公告明确,企业2015年前3季度按本公告规定未能计算享受加速折旧优惠的,可将前3季度应享受的加速折旧部分,在2015年第4季度企业所得税预缴申报时享受,或者在2015年度企业所得税汇算清缴时统一享受。

国家税务总局关于企业境外所得适用简易征收和饶让抵免的核准事项取消后有关后续管理问题的公告

国家税务总局公告2015年第70号

根据《国家税务总局关于公布已取消的22项税务非行政许可审批事项的公告》(国家税务总局公告2015年第58号),为加强后续管理,经商财政部同意,现就"企业境外所得适用简易征收和饶让抵免的核准"审批事项取消后有关管理问题公告如下:

一、企业境外所得符合《财政部 国家税务总局关于企业境外所得税收抵免有关问题的通知》(财税〔2009〕125号)第十条第(一)项和第(二)项规定情形的,可以采取简易办法对境外所得已纳税额计算抵免。企业在年度汇算清缴期内,应向主管税务机关报送备案资料,备案资料的具体内容按照《国家税务总局关于发布〈企业境外所得税收抵免操作指南〉的公告》(国家税务总局公告2010年第1号)第30条的规定执行。

二、本公告自公布之日起施行。《财政部 国家税务总局关于企业境外所得税收抵免有关问题的通知》(财税〔2009〕125号)第十条中"经企业申请,主管税务机关核准"的规定同时废止。

特此公告。

国家税务总局

2015年10月10日

关于《国家税务总局关于企业境外所得适用简易征收和饶让抵免的核准事项取消后有关管理问题的公告》的解读

一、公告出台背景

为进一步简化税务行政审批,国家税务总局下发了《国家税务总局关于公布已取消的22项非行政许可审批事项的公告》(国家税务总局公告2015年第58号),其中明确,企业境外所得适用简易征收和饶让抵免得核准予以取消。为做好取消该项税务行政审批事项的后续管理工作,制订发布本公告。

二、关于税务行政审批事项取消后有关管理问题的规定

(一)对于企业境外所得符合《财政部 国家税务总局关于企业境外所得税收抵免有关问题的通知》(财税〔2009〕125号)第十条第(一)项和第(二)项规定情形的,可以采取简易办法对境外所得已纳税额计算抵免。为简化管理程序,将原税务审批规定调整为事后备案管理,即,企业根据自身实际,对照现行政策规定,确定其是否符合适用简易办法或饶让抵免条件，并在年度汇算清缴期内，向主管税务机关报送备案资料。有关备案资料的具体内容按照《国家税务总局关于发布〈企业境外所得税收抵免操作指南〉的公告》(国家税务总局公告2010第1号)第30条的规定执行。

(二)原税务审批规定调整为事后备案管理后，《财政部 国家税务总局关于企业境外所得税收抵免有关问题的通知》(财税〔2009〕125号)第十条中“经企业申请，主管税务机关核准”的规定相应废止。

财政部 国家税务总局关于保险企业计提准备金有关税收处理问题的通知

财税〔2015〕115号

各省、自治区、直辖市、计划单列市财政厅(局)、国家税务局、地方税务局，新疆生产建设兵团财务局：

按照《中华人民共和国企业所得税法》及其实施条例有关规定，现就保险企业在执行财政部企业会计规定过程中有关计提准备金的税收处理事项明确如下：

一、保险企业执行财政部《保险合同相关会计处理规定》后，其提取的未到期责任准备金、寿险责任准备金、长期健康险责任准备金、已发生已报告未决赔款准备金和已发生未报告未决赔款准备金，应按照《财政部 国家税务总局关于保险公司准备金支出企业所得税税前扣除有关政策问题的通知》(财税〔2012〕45号)规定计算并准予在企业所得税税前扣除。

二、保险企业因执行财政部企业会计规定计提的准备金与之前执行中国保险业监督管理委员会有关监管规定计提的准备金形成的差额，应计入保险企业应纳税所得额。凡上述准备金差额尚未进行税务处理的，可分10年均匀计入2015年及以后年度应纳税所得额；已进行税务处理的不再分期计入以后年度应纳税所得额。

请遵照执行。

财政部 国家税务总局
2015年10月26日

财政部 国家税务总局 科技部关于完善研究开发费用税前加计扣除政策的通知

财税〔2015〕119号

各省、自治区、直辖市、计划单列市财政厅(局)、国家税务局、地方税务局、科技厅(局)，新疆生产建设兵团财务局、科技局：

根据《中华人民共和国企业所得税法》及其实施条例有关规定，为进一步贯彻落实《中共中央 国务院关于深化体制机制改革加快实施创新驱动发展战略的若干意见》精神，更好地鼓励企业开展研究开发活动(以下简称研发活动)和规范企业研究开发费用(以下简称研发费用)加计扣除优惠政策执行，现就企业研发费用税前加计扣除有关问题通知如下：

一、研发活动及研发费用归集范围

本通知所称研发活动，是指企业为获得科学与技术新知识，创造性运用科学技术新知识，或实质性改进技术、产品(服务)、工艺而持续进行的具有明确目标的系统性活动。

(一)允许加计扣除的研发费用。

企业开展研发活动中实际发生的研发费用，未形成无形资产计入当期损益的，在按规定据实扣除的基础上，按照本年度实际发生额的50%，从本年度应纳税所得额中扣除；形成无形资产的，按照无形资产成本的150%在税前摊销。研发费用的具体范围包括：

1. 人员人工费用。

直接从事研发活动人员的工资薪金、基本养老保险费、基本医疗保险费、失业保险费、工伤保险费、生育保险费和住房公积金，以及外聘研发人员的劳务费用。

2. 直接投入费用。

(1)研发活动直接消耗的材料、燃料和动力费用。

(2)用于中间试验和产品试制的模具、工艺装备开发及制造费，不构成固定资产的样品、样机及一般测试手段购置费，试制产品的检验费。

(3)用于研发活动的仪器、设备的运行维护、调整、检验、维修等费用，以及通过经营租赁方式租入的用于研发活动的仪器、设备租赁费。

3. 折旧费用。

用于研发活动的仪器、设备的折旧费。

4. 无形资产摊销。

用于研发活动的软件、专利权、非专利技术(包括许可证、专有技术、设计和计算方法等)的摊销费用。

5. 新产品设计费、新工艺规程制定费、新药研制的临床试验费、勘探开发技术的现场试验费。

6. 其他相关费用。

与研发活动直接相关的其他费用，如技术图书资料费、资料翻译费、专家咨询费、高新科技研发保险费，研发成果的检索、分析、评议、论证、鉴定、评审、评估、验收费用，知识产权的申请费、注册费、代理费，差旅费、会议费等。此项费用总额不得超过可加计扣除研发费用总额的10%。

7. 财政部和国家税务总局规定的其他费用。

(二)下列活动不适用税前加计扣除政策。

1. 企业产品(服务)的常规性升级。

2. 对某项科研成果的直接应用，如直接采用公开的新工艺、材料、装置、产品、服务或知识等。

3. 企业在商品化后为顾客提供的技术支持活动。

4. 对现存产品、服务、技术、材料或工艺流程进行的重复或简单改变。

5. 市场调查研究、效率调查或管理研究。

6. 作为工业(服务)流程环节或常规的质量控制、测试分析、维修维护。

7. 社会科学、艺术或人文学方面的研究。

二、特别事项的处理

1. 企业委托外部机构或个人进行研发活动所发生的费用，按照费用实际发生额的80%计入委托方研发费用并计算加计扣除，受托方不得再进行加计扣除。委托外部研究开发费用实际发生额应按照独立交易原则确定。

委托方与受托方存在关联关系的，受托方应向委托方提供研发项目费用支出明细情况。

企业委托境外机构或个人进行研发活动所发生的费用，不得加计扣除。

2. 企业共同合作开发的项目，由合作各方就自身实际承担的研发费用分别计算加计扣除。

3. 企业集团根据生产经营和科技开发的实际情况，对技术要求高、投资数额大，需要集中研发的项目，其实际发生的研发费用，可以按照权利和义务相一致、费用支出和收益分享相配比的原则，合理确定研发费用的分摊方法，在受益成员企业间进行分摊，由相关成员企业分别计算加计扣除。

4. 企业为获得创新性、创意性、突破性的产品进行创意设计活动而发生的相关费用，可按照本通知规定进行税前加计扣除。

创意设计活动是指多媒体软件、动漫游戏软件开发，数字动漫、游戏设计制作；房屋建筑工程设计(绿色建筑评价标准为三星)、风景园林工程专项设计；工业设计、多媒体设计、动漫及衍生产品设计、模型设计等。

三、会计核算与管理

1. 企业应按照国家财务会计制度要求，对研发支出进行会计处理；同时，对享受加计扣除的研发费用按研发项目设置辅助账，准确归集核算当年可加计扣除的各项研发费用实际发生额。企业在一个纳税年度内进行多项研发活动的，应按照不同研发项目分别归集可加计扣除的研发费用。

2. 企业应对研发费用和生产经营费用分别核算，准确、合理归集各项费用支出，对划分不清的，不得实行加计扣除。

四、不适用税前加计扣除政策的行业

1. 烟草制造业。

2. 住宿和餐饮业。

3. 批发和零售业。

4. 房地产业。

5. 租赁和商务服务业。

6. 娱乐业。

7. 财政部和国家税务总局规定的其他行业。

上述行业以《国民经济行业分类与代码(GB/4754—2011)》为准，并随之更新。

五、管理事项及征管要求

1. 本通知适用于会计核算健全、实行查账征收并能够准确归集研发费用的居民企业。

2. 企业研发费用各项目的实际发生额归集不准确、汇总额计算不准确的，税务机关有权对其税前扣除额或加计扣除额进行合理调整。

3. 税务机关对企业享受加计扣除优惠的研发项目有异议的，可以转请地市级(含)以上科技行政主管部门出具鉴定意见，科技部门应及时回复意见。企业承担省部级(含)以上科研项目的，以及以前年度已鉴定的跨年度研发项目，不再需要鉴定。

4. 企业符合本通知规定的研发费用加计扣除条件而在2016年1月1日以后未及时享受该项税收优惠的，可以追溯享受并履行备案手续，追溯期限最长为3年。

5. 税务部门应加强研发费用加计扣除优惠政策的后续管理，定期开展核查，年度核查面不得低于20%。

六、执行时间

本通知自2016年1月1日起执行。《国家税务总局关于印发〈企业研究开发费用税前扣除管理办法(试行)〉的通知》(国税发〔2008〕116号)和《财政部 国家税务总局关于研究开发费用税前加计扣除有关政策问题的通知》(财税〔2013〕70号)同时废止。

财政部 国家税务总局 科技部

2015年11月2日

国家税务总局关于发布《企业所得税优惠政策事项办理办法》的公告

国家税务总局公告2015年第76号

为转变政府职能，优化纳税服务，提高管理水平，有效落实企业所得税各项优惠政策，国家税务总局制定了《企业所得税优惠政策事项办理办法》，现予以发布。

特此公告。

附件：1. 企业所得税优惠事项备案管理目录(2015年版)(略)

2. 企业所得税优惠事项备案表(略)

3. 汇总纳税企业分支机构已备案优惠事项清单(略)

国家税务总局

2015年11月12日

企业所得税优惠政策事项办理办法

第一条 为落实国务院简政放权、放管结合、优化服务要求，规范企业所得税优惠政策事项(以下简称优惠事项)办理，根据《中华人民共和国企业所得税法》及其实施条例(以下简称企业所得税法)、《中华人民共和国税收征收管理法》及其实施细则(以下简称税收征管法)、《国家税务总局关于发布〈税收减免管理办法〉的公告》(国家税务总局公告 2015 年第 43 号)制定本办法。

第二条 本办法所称税收优惠，是指企业所得税法规定的优惠事项，以及税法授权国务院和民族自治地方制定的优惠事项。包括免税收入、减计收入、加计扣除、加速折旧、所得减免、抵扣应纳税所得额、减低税率、税额抵免、民族自治地方分享部分减免等。

本办法所称企业，是指企业所得税法规定的居民企业。

第三条 企业应当自行判断其是否符合税收优惠政策规定的条件。凡享受企业所得税优惠的，应当按照本办法规定向税务机关履行备案手续，妥善保管留存备查资料。留存备查资料参见《企业所得税优惠事项备案管理目录》(以下简称《目录》，见附件 1)。

税务总局编制并根据需要适时更新《目录》。

第四条 本办法所称备案，是指企业向税务机关报送《企业所得税优惠事项备案表》(以下简称《备案表》，见附件 2)，并按照本办法规定提交相关资料的行为。

第五条 本办法所称留存备查资料，是指与企业享受优惠事项有关的合同(协议)、证书、文件、会计账册等资料。具体按照《目录》列示优惠事项对应的留存备查资料执行。

省、自治区、直辖市和计划单列市国家税务局、地方税务局(以下简称省税务机关)对《目录》列示的部分优惠事项，可以根据本地区的实际情况，联合补充规定其他留存备查资料。

第六条 企业对报送的备案资料、留存备查资料的真实性、合法性承担法律责任。

第七条 企业应当不迟于年度汇算清缴纳税申报时备案。

第八条 企业享受定期减免税，在享受优惠起始年度备案。在减免税起止时间内，企业享受优惠政策条件无变化的，不再履行备案手续。企业享受其他优惠事项，应当每年履行备案手续。

企业同时享受多项税收优惠，或者某项税收优惠需要分不同项目核算的，应当分别备案。主要包括：研发费用加计扣除、所得减免项目，以及购置用于环境保护、节能节水、安全生产等专用设备投资抵免税额等优惠事项。

定期减免税事项，按照《目录》优惠事项“政策概述”中列示的“定期减免税”执行。

第九条 定期减免税优惠事项备案后有效年度内，企业减免税条件发生变化的，按照以下情况处理：

(一)仍然符合优惠事项规定，但备案内容需要变更的，企业在变化之日起 15 日内，向税务机关办理变更备案手续。

(二)不再符合税法有关规定的，企业应当主动停止享受税收优惠。

第十条 企业应当真实、完整填报《备案表》，对需要附送相关纸质资料的，应当一并报送。税务机关对纸质资料进行形式审核后原件退还企业，复印件税务机关留存。

企业享受小型微利企业所得税优惠政策、固定资产加速折旧(含一次性扣除)政策，通过填写纳税申报表相关栏次履行备案手续。

第十一条 企业可以到税务机关备案，也可以采取网络方式备案。按照本办法规定需要附送相关纸质资料的企业，应当到税务机关备案。

备案实施方式，由省税务机关确定。

第十二条 税务机关受理备案时，审核《备案表》内容填写是否完整，附送资料是否齐全。具体按照以下情况处理：

(一)《备案表》符合规定形式，填报内容完整，附送资料齐全的，税务机关应当受理，在《备案表》中标注受理意见，注明日期，加盖专用印章。

(二)《备案表》不符合规定形式，或者填报内容不完整，或者附送资料不齐全的，税务机关应当一次性告知企业补充更正。企业对《备案表》及附送资料补充更正后符合规定的，税务机关应及时受理备案。

对于到税务机关备案的，税务机关应当场告知受理意见。对于网络方式备案的，税务机关收到电子备案信息起2个工作日内告知受理意见。

第十三条 对于不符合税收优惠政策条件的优惠事项，企业已经申报享受税收优惠的，应当予以调整。

第十四条 跨地区（省、自治区、直辖市和计划单列市）经营汇总纳税企业（以下简称汇总纳税企业）的优惠事项，按以下情况办理：

（一）分支机构享受所得减免、研发费用加计扣除、安置残疾人员、促进就业、部分区域性税收优惠（西部大开发、经济特区、上海浦东新区、深圳前海、广东横琴、福建平潭），以及购置环境保护、节能节水、安全生产等专用设备投资抵免税额优惠，由二级分支机构向其主管税务机关备案。其他优惠事项由总机构统一备案。

（二）总机构应当汇总所属二级分支机构已备案优惠事项，填写《汇总纳税企业分支机构已备案优惠事项清单》（见附件3），随同企业所得税年度纳税申报表一并报送其主管税务机关。

同一省、自治区、直辖市和计划单列市内跨地区经营的汇总纳税企业优惠事项的备案管理，由省税务机关确定。

第十五条 企业应当按照税务机关要求限期提供留存备查资料，以证明其符合税收优惠政策条件。

企业不能提供留存备查资料，或者留存备查资料与实际生产经营情况、财务核算、相关技术领域、产业、目录、资格证书等不符，不能证明企业符合税收优惠政策条件的，税务机关追缴其已享受的减免税，并按照税收征管法规定处理。

企业留存备查资料的保存期限为享受优惠事项后10年。税法规定与会计处理存在差异的优惠事项，保存期限为该优惠事项有效期结束后10年。

第十六条 企业已经享受税收优惠但未按照规定备案的，企业发现后，应当及时补办备案手续，同时提交《目录》列示优惠事项对应的留存备查资料。税务机关发现后，应当责令企业限期备案，并提交《目录》列示优惠事项对应的留存备查资料。

第十七条 税务机关应当严格按照本办法规定管理优惠事项，严禁擅自改变税收优惠管理方式，不得以任何理由变相实施行政审批。同时，要全方位做好对企业税收优惠备案的服务工作。

第十八条 税务机关发现企业预缴申报享受某项税收优惠存在疑点的，应当进行风险提示。必要时，可以要求企业提前履行备案手续或者进行核查。

第十九条 税务机关应当采取税收风险管理、稽查、纳税评估等后续管理方式，对企业享受税收优惠情况进行核查。

第二十条 税务机关后续管理中，发现企业已享受的税收优惠不符合税法规定条件的，应当责令其停止享受优惠，追缴税款及滞纳金。属于弄虚作假的，按照税收征管法有关规定处理。

第二十一条 本办法施行前已经履行审批、审核或者备案程序的定期减免税，不再重新备案。

第二十二条 本办法适用于2015年及以后年度企业所得税优惠政策事项办理工作。

关于《国家税务总局关于发布〈企业所得税优惠政策事项办理办法〉的公告》的解读

国家税务总局近期发布了《企业所得税优惠政策事项办理办法》（以下简称《办法》）。解读如下：

一、为什么出台《办法》

2008年以来，为加强企业所得税优惠政策事项管理，税务总局先后下发了《国家税务总局关于企业所得税减免税管理问题的通知》（国税发〔2008〕111号）和《国家税务总局关于企业所得税税收优惠管理问题的补充通知》（国税函〔2009〕255号）等文件，明确除西部大开发、过渡性税收优惠政策等采取审批方式外，其他税收优惠政策原则上采取事前备案方式，并授权各省市税务局制定本地区具体管理办法，对落实企业所得税优惠政策和加强税收优惠管理起到积极作用。

近年来，为激发市场活力，给企业“减负、松绑”，国务院提出转变政府职能、改进工作作风、取消和下放行政审批等要求。按照国务院部署，为进一步推进简政放权、放管结合、优化服务的要求，规范企业所得税优惠政策事项办理，加强优惠事项的事中事后管理势在必行，税务总局制定了《办法》。

二、企业所得税优惠事项管理方式近年来有哪些变化？

近年来，企业所得税优惠事项管理方式是一个逐步变革的过程，大体分为三个阶段：

一是2008年之前。《国家税务总局关于印发〈减免税管理办法（试行）〉的通知》（国税发〔2005〕129号）将减免税项目划分为报批类和备案类两种，其中备案为事前备案，全部属于行政审批方式。

二是2008年实施新企业所得税法后，为加强企业所得税优惠政策管理，在国税发〔2005〕129号文件基础上，税务总局印发《国家税务总局关于企业所得税税收优惠管理问题的补充通知》（国税函〔2009〕255号），将备案管理进一步细分为事先备案和事后报送相关资料两种方式，明确了实施审批管理的所得税优惠项目。

三是进一步清理审批事项，实行清单管理。2014年2月，国家税务总局2014年第10号公告公布了7项行政许可和80项非行政许可事项，清单中包括20多项企业所得税优惠政策非行政许可审批事项，在清单之外的其他企业所得税优惠事项不再保留审批。2014年4月，国务院《关于清理国务院部分非行政许可审批事项的通知》（国发〔2014〕16号），要求各部委进一步清理非行政许可审批事项，取消面向公民、法人或其他组织的非行政许可审批事项。

按照转变政府职能、明确税企责权、减轻企业负担的原则，经过1年多清理工作，税务总局先后印发了《关于部分税务行政审批事项取消后有关管理问题的公告》（国家税务总局公告2015年第56号）和《关于公布已取消的22项税务非行政许可审批事项的公告》（国家税务总局公告2015年第58号），明确对企业所得税优惠事项全部取消审批，一律实行备案管理方式。

三、备案的具体操作要点有哪些？

（一）备案定义。根据《办法》规定，企业在自行判断符合税收优惠政策条件前提下，凡享受企业所得税优惠的，向税务机关报送《企业所得税优惠事项备案表》（以下简称《备案表》），并按照《办法》规定提交相关资料的行为。

（二）备案时间。由于各项优惠政策类型和享受优惠政策条件有所不同，大多数优惠政策可以在预缴环节申报享受，少部分优惠政策由于核算原因或者需要依据某种资格判断是否符合优惠政策条件，需要等到汇算清缴时才能判断是否享受优惠政策；同时考虑有的企业可能同时享受多项优惠事项。为减轻企业负担，减少企业一个年度内多次备案，《办法》规定，企业应当不迟于年度汇算清缴纳税申报时备案。这样处理，有利于企业集中办理优惠事项备案工作，税务机关以信息化方式掌握纳税人享受优惠情况，提高纳税申报数据质量，加强税收优惠的后续管理。

（三）备案资料。备案资料主要包括两项内容，即《备案表》和部分相关资料。《备案表》由企业按照规定填写，反映企业享受优惠政策的基本情况；相关资料则根据《目录》要求提供。大部分优惠事项企业仅填写《备案表》即可完成备案。据初步统计，《企业所得税优惠事项备案管理目录》（以下简称《目录》）列示的55项优惠事项中，有24项需要附报享受优惠政策的相关资质、证书、文件等，28项只需填写1张《备案表》，3项优惠以“申报代替备案”。

（四）备案频率。《办法》规定，企业享受定期减免税，在享受优惠起始年度备案。在减免税起止时间内，企业享受优惠政策条件无变化的，不再履行备案手续。企业享受其他优惠事项，应当每年履行备案程序。

（五）备案分类。《办法》规定，备案分为正常备案、变更备案二种情况。正常备案是指企业享受优惠政策所履行的一种备案方式；变更备案主要针对享受定期减免税的企业，其在享受定期减免税政策的第1年履行备案手续后，在此后优惠政策有效期限内，如果减免税条件未发生变化的，不再备案。对于减免税条件发生变化但企业可以继续享受减免税的，为避免纳税人判断失误，需要企业履行备案手续，税务机关可以籍此加强税收优惠管理，同时增加纳税人享受政策的准确性，是一项为纳税人服务的措施。对于纳税人减免税条件发生变化，不再符合减免税条件的，为减轻企业办税负担，不需要履行额外手续，企业应当主动停止减免税，恢复征税。

（六）留存备查资料。取消审批实行备案管理后，与享受税收优惠事项相关的各类资料，如各种合同、协议、文件、证书、相关核算资料等，是企业证明符合税法规定优惠条件、标准的重要依据，企业应当妥善保管。在税务机关对优惠事项后续管理中，企业有义务提供留存备查资料，并且应当对资料的真实性与合法性负责。《办法》规定，企业留存备查资料的保存期限为享受优惠事项后 10 年；税法规定与会计处理存在差异的优惠事项，保存期限为差异结束后 10 年。

四、哪些优惠政策事项实行“以表代备”方式？

为落实国务院重点税收优惠政策，扶持小微企业发展，支持重点行业转型升级，《办法》规定，对于企业享受小型微利企业所得税优惠、固定资产加速折旧、单位价值低于 5 000 元固定资产一次性扣除和低于 100 万元的研发仪器设备一次性扣除等优惠政策，企业通过填写纳税申报表相关栏次履行备案手续，不再另行填写《备案表》。

五、跨地区经营企业如何履行备案手续？

鉴于跨地区（省、自治区、直辖市和计划单列市）经营汇总纳税企业（以下简称汇总纳税企业）分布地域广，总机构和分支机构税务机关不在同一省市，为便于企业履行备案手续，避免出现“看得见的管不了，管得了的看不见”等问题，《办法》对汇总纳税企业享受优惠政策备案问题作了如下规定：

一是分支机构享受所得减免、研发费用加计扣除、安置残疾人员、促进就业、部分区域性税收优惠（西部大开发、经济特区、上海浦东新区、深圳前海、广东横琴、福建平潭），以及购置环境保护、节能节水、安全生产等专用设备投资抵免税额优惠，由二级分支机构向其主管税务机关备案。其他优惠事项由总机构统一备案。

二是总机构应当汇总所属二级分支机构已备案优惠事项，填写《汇总纳税企业分支机构已备案优惠事项清单》，随同企业所得税年度纳税申报表一并报送其主管税务机关。

三是同一省、自治区、直辖市和计划单列市内跨地区经营的汇总纳税企业优惠事项的备案管理，由省税务机关确定。

六、《企业所得税优惠事项备案管理目录》的主要内容和作用？

为增强《办法》可操作性，便于企业查询使用，我们随《办法》编写了《企业所得税优惠事项备案管理目录》（以下简称《目录》）。这是在对现行企业所得税优惠政策全面梳理基础上，按照优惠事项名称、政策概述、主要政策依据、备案资料、预缴期是否享受优惠、主要留存备查资料等项目进行的归纳、细化与明确。

编发《目录》对于落实优惠政策具有积极作用。一是细化执行标准，进一步增强《办法》操作性；二是便于企业学习、查询和应用企业所得税优惠政策，知悉具体管理要求；三是便于税务机关统一办税流程，规范操作程序；四是增强社会监督，推动政府信息公开。

《办法》施行后，税务机关和企业均应严格按照《目录》规定办理各项所得税优惠事项。税务机关不得变相审批、不得擅自要求企业增加备案资料。企业也要严格按照本《办法》规定履行备案的义务，并按《目录》要求认真保管留存备查资料。

七、企业享受优惠政策后，汇算清缴期内未备案的怎么办？

企业已经享受税收优惠，但在汇缴期间未按照规定备案的，应在发现后及时补办备案手续，同时提交《目录》列示优惠事项对应的留存备查资料。税务机关发现后，应当责令企业限期备案，同时提交《目录》列示优惠事项对应的留存备查资料。

对于上述情形，税务机关审核企业相关资料后符合税收优惠政策条件的，应当按照税收征管法有关未按规定报送相关资料处罚。对于经审核不符合税收优惠政策条件的，应当取消所享受优惠，追缴税款，加收滞纳金。

八、《办法》实施后，此前已经审批、备案的定期减免税，还需要重新办理备案手续吗？

本办法施行前已经履行审批、审核或者备案程序的定期减免税，不再重新备案。

九、企业所得税优惠事项全部改为备案管理后，税务机关将采取哪些措施，加强后续管理？

企业所得税优惠事项全面改为备案管理之后，税务机关的工作重心和管理方式将发生转变，从“重审批、轻管理”转移到“重管理，优服务”。税务机关受理企业优惠事项备案资料时，只是进行形式审核，由纳税人对备案资料的真实性、合法性承担法律责任。

企业享受税收优惠后，税务机关将结合企业的纳税申报表信息、备案资料、其他税收征管信息以及第三方涉税信息，采取风险提示、评估、稽查等多种有效方式，对企业享受税收优惠的真实性与合法性实施管理。企业应当根据税务机关的要求，提交留存备查资料以证明符合税法规定的优惠条件与标准。

十、税务机关后续管理发现企业不符合税收优惠条件，如何处理？

税务机关后续管理中，发现企业已享受的税收优惠不符合税法规定条件的，应当责令其停止享受优惠，追缴税款及滞纳金。属于弄虚作假的，按照税收征管法有关规定处理。

国家税务总局关于修改企业所得税月(季)度预缴纳税申报表的公告

国家税务总局公告 2015 年第 79 号

为便于企业预缴时享受小型微利企业所得税优惠政策、重点领域(行业)固定资产加速折旧政策和技术转让所得等优惠政策，国家税务总局对《国家税务总局关于发布〈中华人民共和国企业所得税月(季)度预缴纳税申报表(2015 年版)等报表〉的公告》(国家税务总局公告 2015 年第 31 号)中有关报表进行了修改，现对有关问题公告如下：

一、国家税务总局公告 2015 年第 31 号中《附 1-1. 不征税收入和税基类减免应纳税所得额明细表(附表 1)》填报说明第 25 行"4. 符合条件的技术转让项目"，删除其中"全球独占许可"的内容。

二、国家税务总局公告 2015 年第 31 号中《附 1-2. 固定资产加速折旧(扣除)明细表(附表 2)及填报说明》废止，以《固定资产加速折旧(扣除)明细表》(见附件 1)替代。

三、企业 2015 年第 4 季度(含 2015 年 10 至 12 月，下同)预缴和定率征税企业 2015 年度汇算清缴享受小型微利企业所得税优惠政策，按照本公告《小型微利企业 2015 年 4 季度预缴和定率征税小型微利企业 2015 年度汇算清缴填报说明》(见附件 2)进行纳税申报。

2015 年第 4 季度预缴申报期和定率征税企业 2015 年度汇算清缴期结束后，本公告附件 2 停止执行。之后，企业预缴和定率征税企业汇算清缴享受小型微利企业所得税优惠政策，仍按照国家税务总局公告 2015 年第 31 号相关规定填报。

本公告适用于 2015 年 10 月 1 日后的纳税申报。

特此公告。

附件：1. 固定资产加速折旧(扣除)明细表(略)

2. 小型微利企业 2015 年 4 季度预缴和定率征税小型微利企业 2015 年度汇算清缴填报说明(略)

国家税务总局

2015 年 11 月 15 日

关于《国家税务总局关于修改企业所得税月(季)度预缴纳税申报表公告》的解读

近日，国家税务总局印发《国家税务总局关于修改企业所得税月(季)度纳税申报表的公告》(以下称本公告)，对现行预缴纳税申报表进行了修订。现解读如下：

一、为什么修订企业所得税月(季)度预缴纳税申报表？

企业所得税预缴纳税申报表是纳税人履行申报纳税义务、遵从税法、享受税收优惠政策的重要基础。此次修改预缴纳税申报表的主要原因如下：

一是认真贯彻落实国务院出台的重大税收政策。今年以来，国家先后出台进一步扩大小微企业减半征收所得税优惠范围、4 大领域(行业)固定资产加速折旧、5 年以上非独占许可技术使用权转让享受减免税等政策。目前，现行企业所得税预缴申报表难以满足上述优惠政策的减免税申报，必须进一步修改完善申报表。

二是优化申报表，进一步提高填报准确性。特别是固定资产加速折旧政策涉及税法与会计差异核算、减免税统计较为复杂，实践中有一些填报错误。因此，有必要进一步优化申报表，降低纳税人填报风险，提高申报准确率。

二、此次预缴纳税申报表主要从哪些方面作了修订？

本次修改预缴申报表，对查账征税和核定征税纳税人适用的预缴申报表均有修改。

一是修改了适用于固定资产加速折旧的申报表。原纳税申报表只能满足原有6个行业固定资产加速折旧优惠政策。修改后的固定资产加速折旧申报表，不再采取“每个行业占一个行次”方法，设计通用行次，满足多个行业的填报，增强了包容性。修改后的申报表进一步区分“税法与会计一致”和“税法与会计不一致”两种情形，方便纳税人季度预缴时纳税调减，便于纳税人预缴环节享受优惠政策；对于“税法与会计一致”的，由于企业所得税按实际利润预缴，“税法与会计一致”的企业实际上已经享受了此项优惠，申报表主要便于税务机关统计优惠数据。修改后的申报表，更适合于计算机软件申报、监控、取数等，是一次技术上的优化。

二是为满足转让技术使用权享受优惠政策，修改了《不征税收入和税基类减免应纳税所得额明细表》第25行“4. 符合条件的技术转让项目”填报说明，删除了其中“全球独占许可”内容。原来，企业技术转让所得优惠政策只能在汇算清缴时享受，季度、月份预缴时不让享受。为贯彻实施此项优惠政策，税务总局对申报表有关限制内容进行了调整，允许企业预缴环节享受优惠。

三是小微企业减半征税政策从今年10月1日起进一步扩大优惠范围，打破了企业所得税按年度核算税款的常规作法，增加了技术操作难度。为满足小微企业预缴享受2015年4季度（含10至12月）优惠政策，修改了《减免所得税额明细表（附表3）及填报说明》和《中华人民共和国企业所得税月（季）度预缴和年度纳税申报表（B类，2015年版）》有关小微企业2015年4季度（含10至12月）预缴填报说明，其中，核定征税小微企业2015年度汇算清缴也按本公告规定执行。为便于2015年10月1日之前成立的，应纳税所得额或利润额介于20万元至30万元的小微企业申报享受优惠政策，我们设计了《小型微利企业所得税优惠比例查询表》，供小微企业申报享受所得税优惠政策。

需要说明的是，2015年4季度（含10至12月）预缴申报期和核定征税小微企业2015年度汇算清缴期结束后，本公告附件2《小型微利企业2015年4季度预缴和定率征税小型微利企业2015年度汇算清缴填报说明》停止执行。小微企业预缴所得税仍按原有规定执行。

三、修改后的预缴纳税申报表是否增加纳税人负担？

此次修改后预缴申报表仅对原申报表及填报说明局部调整、替换了一张附表，未增加纳税人填报负担。另外，被替换的固定资产加速折旧附表，是对原有申报表的进一步优化，更加适应信息化环境下的纳税人填报，有利于增加申报数据的准确性。

四、修改后的申报表什么时候开始使用？

该公告涉及享受三个方面税收政策情形：一是小型微利企业调整到30万元的优惠政策，从今年10月1日起施行，可满足纳税人按月或者按季度申报工作。二是转让技术使用权减免税政策适用于查账征税的纳税人，此次放宽允许预缴申报享受。同时，在2015年度汇算清缴中，再统一处理此项优惠政策。三是扩围后的固定资产加速折旧政策，从今年1月1日起施行。由于这项政策出台时间较晚，纳税人在前3季度未能享受该项优惠政策的，可以在4季度预缴或者年度汇算清缴时统一享受。

基于以上原因，本公告适用于2015年10月1日以后纳税申报工作。

国家税务总局关于有限合伙制创业投资企业法人合伙人企业所得税有关问题的公告

国家税务总局公告2015年第81号

根据《中华人民共和国企业所得税法》及其实施条例、《财政部 国家税务总局关于将国家自主创新示范区有关税收试点政策推广到全国范围实施的通知》（财税〔2015〕116号）规定，现就有限合伙制创业投资企业法人合伙人企业所得税有关问题公告如下：

一、有限合伙制创业投资企业是指依照《中华人民共和国合伙企业法》、《创业投资企业管理暂行办法》

(国家发展和改革委员会令第39号)和《外商投资创业投资企业管理规定》(外经贸部、科技部、工商总局、税务总局、外汇管理局令2003年第2号)设立的专门从事创业投资活动的有限合伙企业。

二、有限合伙制创业投资企业的法人合伙人,是指依照《中华人民共和国企业所得税法》及其实施条例以及相关规定,实行查账征收企业所得税的居民企业。

三、有限合伙制创业投资企业采取股权投资方式投资于未上市的中小高新技术企业满2年(24个月,下同)的,其法人合伙人可按照对未上市中小高新技术企业投资额的70%抵扣该法人合伙人从该有限合伙制创业投资企业分得的应纳税所得额,当年不足抵扣的,可以在以后纳税年度结转抵扣。

所称满2年是指2015年10月1日起,有限合伙制创业投资企业投资于未上市中小高新技术企业的实缴投资满2年,同时,法人合伙人对该有限合伙制创业投资企业的实缴出资也应满2年。

如果法人合伙人投资于多个符合条件的有限合伙制创业投资企业,可合并计算其可抵扣的投资额和应分得的应纳税所得额。当年不足抵扣的,可结转以后纳税年度继续抵扣;当年抵扣后有结余的,应按照企业所得税法的规定计算缴纳企业所得税。

四、有限合伙制创业投资企业的法人合伙人对未上市中小高新技术企业的投资额,按照有限合伙制创业投资企业对中小高新技术企业的投资额和合伙协议约定的法人合伙人占有限合伙制创业投资企业的出资比例计算确定。其中,有限合伙制创业投资企业对中小高新技术企业的投资额按实缴投资额计算;法人合伙人占有限合伙制创业投资企业的出资比例按法人合伙人对有限合伙制创业投资企业的实缴出资额占该有限合伙制创业投资企业的全部实缴出资额的比例计算。

五、有限合伙制创业投资企业应纳税所得额的确定及分配,按照《财政部 国家税务总局关于合伙企业合伙人所得税问题的通知》(财税〔2008〕159号)相关规定执行。

六、有限合伙制创业投资企业法人合伙人符合享受优惠条件的,应在符合条件的年度终了后3个月内向其主管税务机关报送《有限合伙制创业投资企业法人合伙人应纳税所得额分配情况明细表》(附件1)。

七、法人合伙人向其所在地主管税务机关备案享受投资抵扣应纳税所得额时,应提交《法人合伙人应纳税所得额抵扣情况明细表》(附件2)以及有限合伙制创业投资企业所在地主管税务机关受理后的《有限合伙制创业投资企业法人合伙人应纳税所得额分配情况明细表》,同时将《国家税务总局关于实施创业投资企业所得税优惠问题的通知》(国税发〔2009〕87号)规定报送的备案资料留存备查。

八、本公告自2015年10月1日起执行。2015年度符合优惠条件的企业,可统一在2015年度汇算清缴时办理相关手续。《国家税务总局关于苏州工业园区有限合伙制创业投资企业法人合伙人企业所得税政策试点有关征收管理问题的公告》(国家税务总局公告2013年第25号)同时废止。

特此公告。

附件:1. 有限合伙制创业投资企业法人合伙人应纳税所得额分配情况明细表(略)

2. 法人合伙人应纳税所得额抵扣情况明细表(略)

国家税务总局

2015年11月16日

关于《有限合伙制创业投资企业法人合伙人企业所得税有关问题的公告》的解读

一、公告出台背景

10月21日,国务院第109次常务会议做出决定,将国家自主创新示范区有限合伙制创业投资企业法人合伙人企业所得税试点政策推广至全国。根据国务院决定,10月28日,财政部和国家税务总局制定下发了《财政部 国家税务总局关于将国家自主创新示范区有关税收试点政策推广到全国范围实施的通知》(财税〔2015〕116号),对有限合伙制创业投资企业法人合伙人企业所得税优惠政策问题进行了规定。为进一步明确政策执行口径,保证优惠政策的贯彻实施,根据现行企业所得税法及财税〔2015〕116号文件的规定,制订本公告。

二、公告主要内容

（一）公告明确了有限合伙制创业投资企业的范畴，是指依照《中华人民共和国合伙企业法》、《创业投资企业管理暂行办法》（国家发展和改革委员会令第39号）和《外商投资创业投资企业管理规定》（商务部等5部委令2003年第2号）设立的专门从事创业投资活动的有限合伙企业。

（二）公告明确了法人合伙人的范畴。财税〔2008〕159号文件规定："合伙企业以每一个合伙人为纳税义务人。合伙企业合伙人是自然人的，缴纳个人所得税；合伙人是法人和其他组织的，缴纳企业所得税"。此条款表明，只有依法应缴纳企业所得税的法人和其他组织才能享受企业所得税优惠政策，因此，在公告中明确了法人合伙人为依照《中华人民共和国企业所得税法》的规定缴纳企业所得税的法人居民企业。同时，根据国税函〔2009〕377号文件的规定，限定了法人合伙人的企业所得税征收方式为查账征收。

（三）公告明确了优惠政策适用范围，有限合伙制创业投资企业采取股权投资方式投资于未上市中小高新技术企业满2年（24个月）以上的，该有限合伙制创业投资企业的法人合伙人才可以享受相关优惠政策。

所称"满2年"，是指财税〔2015〕116号文件执行之日起，创业投资企业投资于未上市中小高新技术企业的实缴投资满2年（24个月），同时，法人合伙人对该创业投资企业的实缴出资也应满2年。例如A企业于2012年10月2日投资于某有限合伙制创业投资企业，该有限合伙制创业投资企业又于2013年10月2日投资于中小高新技术企业，至2015年10月2日该投资满2年，A企业满足优惠政策条件。

同时，公告明确了法人合伙人投资于多家有限合伙制创业投资企业，可以合并计算可抵扣的投资额和分得的应纳税所得额。这是考虑到法人合伙人可能会投资多家符合条件的有限合伙制创业投资企业，而有限合伙制创业投资企业的分配可能会有所差别，有些会有应纳税所得额的分配，有些则没有，因创业投资企业的投资活动本身具有一定的风险，有些项目可能永远没有回报。如果限定其可抵扣的投资额仅能抵减从其对应投资的有限合伙制创业投资企业分得的应纳税所得额，则会造成法人合伙人的可抵扣投资额无法完全得到抵减，从而削弱该项优惠的政策效应。公告中同时明确了对于当年抵扣有结余的，应按税法规定缴纳企业所得税。

（四）公告明确了有限合伙制创业投资企业的法人合伙人对未上市中小高新技术企业的投资额的计算方法。为避免法人合伙人变动影响优惠政策的享受，公告规定法人合伙人应在满足优惠条件的当年按照规定计算确定其对未上市中小高新技术企业的投资额。如上例中，A企业应在2015年度汇算清缴时计算确定其对中小高新技术企业的投资额的70%部分。

为适应公司注册资本登记制度改革，公告规定有限合伙制创业投资企业对中小高新技术企业的投资额按实缴投资额计算；法人合伙人占有限合伙制创业投资企业的出资比例按法人合伙人对创业投资企业的实缴出资额占该创业投资企业的全部实缴出资额的比例计算。

（五）公告明确了有限合伙制创业投资企业仍应依据财税〔2008〕159号文件，确定及合理分配应纳税所得额。新企业所得税法实施以来，有关合伙制所得税问题，在财税〔2008〕159号文件中确立了"先分后税"的基本原则，也规定了合伙企业应纳税所得额的计算及分配原则，为此，目前仍以此文件作为本公告的配套征收管理工作的依据。

（六）公告明确了有限合伙制创业投资企业需按照文件要求填报《有限合伙制创业投资企业法人合伙人应纳税所得额分配情况明细表》的义务。之所以设定3个月的申报期限，主要考虑是一方面与一般合伙企业的个人所得税申报时间保持一致，另一方面也为了保证了法人合伙人在5月31日前进行年度企业所得税汇缴申报时，能够及时提供有关纳税申报资料。

（七）公告明确了法人合伙人备案享受优惠政策的手续。由于有限合伙制创业投资企业的经营所得和其他所得采取"先分后税"的原则，且有限合伙制创业投资企业主管税务机关与有限合伙制创业投资企业的法人合伙人的主管税务机关有可能不一致，为便于法人合伙人主管税务机关加强监管，在苏州工业园区政策试点的基础上，简化原备案资料为留存企业备查，增加《法人合伙人应纳税所得额抵扣情况明细表》，以便于企业核算和税务机关核实应纳税所得额结转抵扣情况。同时要求报送《有限合伙制创业投资企业法人合伙人应纳税所得额分配情况明细表》，有利于法人合伙人主管税务机关及时获得抵扣信息的详细资料，兑现优惠政策。

(八)公告明确有关政策自 2015 年 10 月 1 日起执行。对在 2015 年度符合优惠条件的企业,可统一在 2015 年度汇算清缴时办理相关手续。《国家税务总局关于苏州工业园区有限合伙制创业投资企业法人合伙人企业所得税政策试点有关征收管理问题的公告》(国家税务总局公告 2013 年第 25 号)同时废止。

国家税务总局关于许可使用权技术转让所得企业所得税有关问题的公告

国家税务总局公告 2015 年第 82 号

根据《中华人民共和国企业所得税法》及其实施条例、《财政部 国家税务总局关于将国家自主创新示范区有关税收试点政策推广到全国范围实施的通知》(财税〔2015〕116 号)规定,现就许可使用权技术转让所得企业所得税有关问题公告如下:

一、自 2015 年 10 月 1 日起,全国范围内的居民企业转让 5 年(含,下同)以上非独占许可使用权取得的技术转让所得,纳入享受企业所得税优惠的技术转让所得范围。居民企业的年度技术转让所得不超过 500 万元的部分,免征企业所得税;超过 500 万元的部分,减半征收企业所得税。

所称技术包括专利(含国防专利)、计算机软件著作权、集成电路布图设计专有权、植物新品种权、生物医药新品种,以及财政部和国家税务总局确定的其他技术。其中,专利是指法律授予独占权的发明、实用新型以及非简单改变产品图案和形状的外观设计。

二、企业转让符合条件的 5 年以上非独占许可使用权的技术,限于其拥有所有权的技术。技术所有权的权属由国务院行政主管部门确定。其中,专利由国家知识产权局确定权属;国防专利由总装备部确定权属;计算机软件著作权由国家版权局确定权属;集成电路布图设计专有权由国家知识产权局确定权属;植物新品种权由农业部确定权属;生物医药新品种由国家食品药品监督管理总局确定权属。

三、符合条件的 5 年以上非独占许可使用权技术转让所得应按以下方法计算:

技术转让所得=技术转让收入-无形资产摊销费用-相关税费-应分摊期间费用

技术转让收入是指转让方履行技术转让合同后获得的价款,不包括销售或转让设备、仪器、零部件、原材料等非技术性收入。不属于与技术转让项目密不可分的技术咨询、服务、培训等收入,不得计入技术转让收入。技术许可使用权转让收入,应按转让协议约定的许可使用权人应付许可使用权使用费的日期确认收入的实现。

无形资产摊销费用是指该无形资产按税法规定当年计算摊销的费用。涉及自用和对外许可使用的,应按照受益原则合理划分。

相关税费是指技术转让过程中实际发生的有关税费,包括除企业所得税和允许抵扣的增值税以外的各项税金及其附加、合同签订费用、律师费等相关费用。

应分摊期间费用(不含无形资产摊销费用和相关税费)是指技术转让按照当年销售收入占比分摊的期间费用。

四、企业享受技术转让所得企业所得税优惠的其他相关问题,仍按照《国家税务总局关于技术转让所得减免企业所得税有关问题的通知》(国税函〔2009〕212 号)、《财政部 国家税务总局关于居民企业技术转让有关企业所得税政策问题的通知》(财税〔2010〕111 号)、《国家税务总局关于技术转让所得减免企业所得税有关问题的公告》(国家税务总局公告 2013 年第 62 号)规定执行。

五、本公告自 2015 年 10 月 1 日起施行。本公告实施之日起,企业转让 5 年以上非独占许可使用权确认的技术转让收入,按本公告执行。

特此公告。

国家税务总局

2015 年 11 月 16 日

关于《国家税务总局关于技术转让所得企业所得税有关问题的公告》的解读

一、公告出台背景

10月21日，国务院第109次常务会议做出决定，将国家自主创新示范区技术转让所得企业所得税试点政策推广至全国。根据国务院决定，10月28日，财政部和国家税务总局制定下发了《财政部 国家税务总局关于将国家自主创新示范区有关税收试点政策推广到全国范围实施的通知》(财税〔2015〕116号)，对技术转让所得企业所得税优惠政策相关问题进行了明确。为进一步明确相关政策执行口径，保证优惠政策的贯彻实施，根据现行企业所得税法及财税〔2015〕116号文件的规定，制订本公告。

二、公告主要内容

(一)企业通过转让5年以上非独占许可使用权取得的技术转让所得，可享受技术转让所得企业所得税优惠。其中的技术限于企业拥有所有权的技术。技术所有权的权属由国务院行政主管部门确定。

(二)结合技术许可使用权转让的特点，对符合条件的转让5年以上非独占许可使用权取得的技术转让所得，明确并细化具体计算方法。对计算中涉及的技术转让收入、无形资产摊销费用、相关税费等加以细化，对涉及自用和对外许可使用的无形资产费用摊销，要求按受益原则进行合理划分，对期间费用按照当年销售收入占比方法进行合理分摊。增强了政策的确定性和可操作性。

(三)本公告旨在明确转让5年以上非独占许可使用权取得技术转让所得享受减免税优惠相关问题，与现行涉及技术转让所得企业所得税政策及管理的有效文件之间是补充关系，因此，公告明确企业享受技术转让企业所得税优惠政策问题的其他事宜，仍应按照现行技术转让企业所得税相关规定执行。

(四)明确了转让5年以上非独占许可使用权优惠政策执行时点衔接问题。凡属于2015年10月1日以后确认的符合条件的技术转让所得，均可按照本公告的规定享受相关优惠政策。

财政部 国家税务总局关于公共租赁住房税收优惠政策的通知

财税〔2015〕139号

各省、自治区、直辖市、计划单列市财政厅(局)、地方税务局，西藏、宁夏、青海省(自治区)国家税务局，新疆生产建设兵团财务局：

根据《国务院办公厅关于保障性安居工程建设和管理的指导意见》(国办发〔2011〕45号)和住房城乡建设部、财政部、国家税务总局等部门《关于加快发展公共租赁住房的指导意见》(建保〔2010〕87号)等文件精神，决定继续对公共租赁住房建设和运营给予税收优惠。现将有关政策通知如下：

……

五、企事业单位、社会团体以及其他组织捐赠住房作为公共租赁住房，符合税收法律法规规定的，对其公益性捐赠支出在年度利润总额12%以内的部分，准予在计算应纳税所得额时扣除。

……

八、享受上述税收优惠政策的公共租赁住房是指纳入省、自治区、直辖市、计划单列市人民政府及新疆生产建设兵团批准的公共租赁住房发展规划和年度计划，并按照《关于加快发展公共租赁住房的指导意见》(建保〔2010〕87号)和市、县人民政府制定的具体管理办法进行管理的公共租赁住房。

九、本通知执行期限为2016年1月1日至2018年12月31日。

财政部 国家税务总局
2015年12月30日

国家税务总局关于企业研究开发费用税前加计扣除政策有关问题的公告

国家税务总局公告 2015 年第 97 号

根据《中华人民共和国企业所得税法》及其实施条例(以下简称税法)、《财政部 国家税务总局 科技部关于完善研究开发费用税前加计扣除政策的通知》(财税〔2015〕119 号,以下简称《通知》)规定,现就落实完善研究开发费用(以下简称研发费用)税前加计扣除政策有关问题公告如下:

一、研究开发人员范围

企业直接从事研发活动人员包括研究人员、技术人员、辅助人员。研究人员是指主要从事研究开发项目的专业人员;技术人员是指具有工程技术、自然科学和生命科学中一个或一个以上领域的技术知识和经验,在研究人员指导下参与研发工作的人员;辅助人员是指参与研究开发活动的技工。

企业外聘研发人员是指与本企业签订劳务用工协议(合同)和临时聘用的研究人员、技术人员、辅助人员。

二、研发费用归集

(一)加速折旧费用的归集

企业用于研发活动的仪器、设备,符合税法规定且选择加速折旧优惠政策的,在享受研发费用税前加计扣除时,就已经进行会计处理计算的折旧、费用的部分加计扣除,但不得超过按税法规定计算的金额。

(二)多用途对象费用的归集

企业从事研发活动的人员和用于研发活动的仪器、设备、无形资产,同时从事或用于非研发活动的,应对其人员活动及仪器设备、无形资产使用情况做必要记录,并将其实际发生的相关费用按实际工时占比等合理方法在研发费用和生产经营费用间分配,未分配的不得加计扣除。

(三)其他相关费用的归集与限额计算

企业在一个纳税年度内进行多项研发活动的,应按照不同研发项目分别归集可加计扣除的研发费用。在计算每个项目其他相关费用的限额时应当按照以下公式计算:

$$\text{其他相关费用限额}=\frac{\text{《通知》第一条第一项允许加计扣除的研发}}{\text{费用中的第 1 项至第 5 项的费用之和}}\times 10\%/(1-10\%)$$

当其他相关费用实际发生数小于限额时,按实际发生数计算税前加计扣除数额;当其他相关费用实际发生数大于限额时,按限额计算税前加计扣除数额。

(四)特殊收入的扣减

企业在计算加计扣除的研发费用时,应扣减已按《通知》规定归集计入研发费用,但在当期取得的研发过程中形成的下脚料、残次品、中间试制品等特殊收入;不足扣减的,允许加计扣除的研发费用按零计算。

企业研发活动直接形成产品或作为组成部分形成的产品对外销售的,研发费用中对应的材料费用不得加计扣除。

(五)财政性资金的处理

企业取得作为不征税收入处理的财政性资金用于研发活动所形成的费用或无形资产,不得计算加计扣除或摊销。

(六)不允许加计扣除的费用

法律、行政法规和国务院财税主管部门规定不允许企业所得税前扣除的费用和支出项目不得计算加计扣除。

已计入无形资产但不属于《通知》中允许加计扣除研发费用范围的,企业摊销时不得计算加计扣除。

三、委托研发

企业委托外部机构或个人开展研发活动发生的费用，可按规定税前扣除；加计扣除时按照研发活动发生费用的 80%作为加计扣除基数。委托个人研发的，应凭个人出具的发票等合法有效凭证在税前加计扣除。

企业委托境外研发所发生的费用不得加计扣除，其中受托研发的境外机构是指依照外国和地区（含港澳台）法律成立的企业和其他取得收入的组织。受托研发的境外个人是指外籍（含港澳台）个人。

四、不适用加计扣除政策行业的判定

《通知》中不适用税前加计扣除政策行业的企业，是指以《通知》所列行业业务为主营业务，其研发费用发生当年的主营业务收入占企业按税法第六条规定计算的收入总额减除不征税收入和投资收益的余额 50%（不含）以上的企业。

五、核算要求

企业应按照国家财务会计制度要求，对研发支出进行会计处理。研发项目立项时应设置研发支出辅助账，由企业留存备查；年末汇总分析填报研发支出辅助账汇总表，并在报送《年度财务会计报告》的同时随附注一并报送主管税务机关。研发支出辅助账、研发支出辅助账汇总表可参照本公告所附样式（见附件）编制。

六、申报及备案管理

（一）企业年度纳税申报时，根据研发支出辅助账汇总表填报研发项目可加计扣除研发费用情况归集表（见附件），在年度纳税申报时随申报表一并报送。

（二）研发费用加计扣除实行备案管理，除“备案资料”和“主要留存备查资料”按照本公告规定执行外，其他备案管理要求按照《国家税务总局关于发布〈企业所得税优惠政策事项办理办法〉的公告》（国家税务总局公告 2015 年第 76 号）的规定执行。

（三）企业应当不迟于年度汇算清缴纳税申报时，向税务机关报送《企业所得税优惠事项备案表》和研发项目文件完成备案，并将下列资料留存备查：

1. 自主、委托、合作研究开发项目计划书和企业有权部门关于自主、委托、合作研究开发项目立项的决议文件；

2. 自主、委托、合作研究开发专门机构或项目组的编制情况和研发人员名单；

3. 经科技行政主管部门登记的委托、合作研究开发项目的合同；

4. 从事研发活动的人员和用于研发活动的仪器、设备、无形资产的费用分配说明（包括工作使用情况记录）；

5. 集中研发项目研发费决算表、集中研发项目费用分摊明细情况表和实际分享收益比例等资料；

6.“研发支出”辅助账；

7. 企业如果已取得地市级（含）以上科技行政主管部门出具的鉴定意见，应作为资料留存备查；

8. 省税务机关规定的其他资料。

七、后续管理与核查

税务机关应加强对享受研发费用加计扣除优惠企业的后续管理和监督检查。每年汇算清缴期结束后应开展核查，核查面不得低于享受该优惠企业户数的 20%。省级税务机关可根据实际情况制订具体核查办法或工作措施。

八、执行时间

本公告适用于 2016 年度及以后年度企业所得税汇算清缴。

特此公告。

附件：1. 自主研发“研发支出”辅助账（略）
2. 委托研发“研发支出”辅助账（略）
3. 合作研发“研发支出”辅助账（略）
4. 集中研发“研发支出”辅助账（略）
5.“研发支出”辅助账汇总表（略）

6. 研发项目可加计扣除研究开发费用情况归集表(略)

国家税务总局
2015 年 12 月 29 日

关于《国家税务总局关于企业研究开发费用税前加计扣除政策有关问题的公告》的解读

一、公告出台背景

为进一步鼓励企业加大研发投入,有效促进企业研发创新活动,10 月 21 日国务院第 109 次常务会议决定,进一步完善企业研发费用税前加计扣除政策。根据国务院决定,10 月 30 日,财政部、国家税务总局和科技部制定下发了《关于完善研究开发费用税前加计扣除政策的通知》(财税〔2015〕119 号,以下简称《通知》),对研发费用税前加计扣除政策进行了明确。为进一步明确政策执行口径,保证优惠政策的贯彻实施,根据现行企业所得税法及通知的规定,制订本公告。

二、公告主要内容

(一)明确从事研发活动人员的范围

公告明确研发人员包括研究人员、技术人员和辅助人员三类。研发人员既可以是本企业的员工,也可以是外聘的。外聘研发人员明确为与本企业签订劳务用工协议(合同)或临时聘用的研究人员、技术人员、辅助人员,劳务派遣的研究人员、技术人员、辅助人员也包括在内。上述人员中的辅助人员不应包括为研发活动从事后勤服务的人员。

(二)明确同时享受加速折旧的固定资产加计扣除折旧额的计算

企业开展研发活动中实际发生的研发费用可按规定享受加计扣除,因此公告明确,企业用于研发活动的仪器、设备,符合税法规定且选择享受加速折旧优惠政策的,在享受研发费用加计扣除政策时,就已经进行会计处理计算的折旧、费用的部分加计扣除,且不得超过按税法规定计算的金额。

例 1:甲汽车制造企业 2015 年 12 月购入并投入使用一专门用于研发活动的设备,单位价值 1200 万元,会计处理按 8 年折旧,税法上规定的最低折旧年限为 10 年,不考虑残值。甲企业对该项设备选择缩短折旧年限的加速折旧方式,折旧年限缩短为 6 年(10×60%=6)。2016 年企业会计处理计提折旧额 150 万元(1200/8=150),税收上因享受加速折旧优惠可以扣除的折旧额是 200 万元(1200/6=200),申报研发费用加计扣除时,就其会计处理的“仪器、设备的折旧费”150 万元可以进行加计扣除 75 万元(150×50%=75)。若该设备 8 年内用途未发生变化,每年均符合加计扣除政策规定,则企业 8 年内每年均可对其会计处理的“仪器、设备的折旧费”150 万元进行加计扣除 75 万元。

例 2:接上例,如企业会计处理按 4 年进行折旧,其他情形不变。则 2016 年企业会计处理计提折旧额 300 万元(1200/4=300),税收上可扣除的加速折旧额为 200 万元(1200/6=200),申报享受研发费用加计扣除时,对其在实际会计处理上已确认的“仪器、设备的折旧费”,但未超过税法规定的税前扣除金额 200 万元可以进行加计扣除 100 万元(200×50%=100)。若该设备 6 年内用途未发生变化,每年均符合加计扣除政策规定,则企业 6 年内每年均可对其会计处理的“仪器、设备的折旧费”200 万元进行加计扣除 100 万元。

(三)明确多用途对象的费用归集要求

考虑到企业尤其是中小企业,从事研发活动的人员同时也会承担生产经营管理等职能,用于研发活动的仪器、设备、无形资产同时也会用于非研发活动,《通知》对允许加计扣除的研发费用不再强调“专门用于”。为有效划分这类情形,公告明确,企业应对此类人员活动情况及仪器、设备、无形资产的使用情况做必要记录,并将其实际发生的相关费用按实际工时占比等合理方法在研发费用和生产经营费用间分配,未分配的不得加计扣除。

(四)明确其他相关费用的归集与限额计算

研发费用的归集范围除其他相关费用外仅限于《通知》列举的项目,考虑到其他相关费用名目不一,不能穷尽列举,因此《通知》参照高新技术企业研发费用的相关规定,明确与研发活动直接相关的其它相关费用，不得超过可加计扣除研发费用总额的10%。公告进一步明确了该限额的计算：应按项目分别计算，每个项目可加计扣除的其他相关费用都不得超过该项目可加计扣除研发费用总额的10%。按照《通知》规定，假设某一研发项目的其他相关费用的限额为X，《通知》第一条允许加计扣除的研发费用中的第1项至第5项费用之和为Y，那么X＝(X＋Y)×10%，即X＝Y×10%/(1－10%)。

例：某企业2016年进行了二项研发活动A和B，A项目共发生研发费用100万元，其中与研发活动直接相关的其他费用12万元，B共发生研发费用100万元，其中与研发活动直接相关的其他费用8万元，假设研发活动均符合加计扣除相关规定。A项目其他相关费用限额＝(100－12)×10%/(1－10%)＝9.78，小于实际发生数12万元，则A项目允许加计扣除的研发费用应为97.78万元(100－12＋9.78＝97.78)。B项目其他相关费用限额＝(100－8)×10%/(1－10%)＝10.22，大于实际发生数8万元，则B项目允许加计扣除的研发费用应为100万元。

该企业2016年可以享受的研发费用加计扣除额为98.89万元[(97.78＋100)×50%＝98.89]。

(五)明确特殊收入应扣减可加计扣除的研发费用

企业开展研发活动中实际发生的研发费用可按规定享受加计扣除政策，实务中常有已归集计入研发费用、但在当期取得的研发过程中形成的下脚料、残次品、中间试制品等特殊收入，此类收入均为与研发活动直接相关的收入，应冲减对应的可加计扣除的研发费用。为简便操作，公告明确，此类收入应冲减当期可加计扣除的研发费用，不足冲减的，允许加计扣除的研发费用按零计算。

生产单机、单品的企业，研发活动直接形成产品或作为组成部分形成的产品对外销售，产品所耗用的料、工、费全部计入研发费用加计扣除不符合政策鼓励本意。考虑到材料费用占比较大且易于计量，为强化政策导向，公告明确，研发活动直接形成产品或作为组成部分形成的产品对外销售的，研发费用中对应的材料费用不得加计扣除。

(六)明确财政性资金用于研发形成的研发费支出不得加计扣除

《企业所得税法实施条例》规定，企业的不征税收入用于支出所形成的费用或者资产，不得扣除或者计算对应的折旧、摊销扣除。据此，《公告》明确，企业取得作为不征税收入处理的财政性资金用于研发活动所形成的费用或无形资产，不得计算加计扣除。未作为不征税收入处理的财政性资金用于研发活动所形成的费用或无形资产，可按规定计算加计扣除。

(七)明确允许加计扣除的研发费用的基本要求

研发费用的核算无论是计入当期损益还是形成无形资产，可加计扣除的研发费用都应属于《通知》及公告规定的范围，同时应符合法律、行政法规和国家税务总局的税前扣除的相关规定，即不得税前扣除的项目也不得加计扣除。对于研发支出形成无形资产的，按照无形资产成本的150%摊销，其摊销年限应符合企业所得税法实施条例规定，即除法律另有规定外，摊销年限不得低于10年。

(八)明确委托开发过程中委托方可加计扣除的研发费用金额

委托开发情形下，考虑到涉及商业秘密等原因，《通知》规定，企业委托外部机构或个人进行研发活动所发生的费用，按照费用实际发生额的80%由委托方加计扣除，受托方不得再进行加计扣除；除关联方外委托方加计扣除时不再需要提供研发项目的费用支出明细情况。公告进一步明确，委托方发生的费用，可按规定全额税前扣除；加计扣除时按照委托方发生费用的80%计算加计扣除。公告特别强调委托个人研发的，应凭个人出具的发票等合法有效凭证计算税前加计扣除。

《通知》规定企业委托境外研发不得加计扣除，公告进一步对受托研发的境外机构或个人的范围作了解释，受托研发的境外机构是指依照外国和地区(含港澳台)法律成立的企业和其他取得收入的组织。受托研发的境外个人是指外籍(含港澳台)个人。

(九)明确不适用加计扣除优惠政策行业企业的具体判定

《通知》列明了不适用加计扣除优惠政策的七个行业，考虑到当前企业经营多元化的情况，为合理判断纳税人所属行业，《公告》明确，《通知》所列七个行业企业是指以上述行业业务为主营业务，其研发费用发生当年的主营业务收入占企业按税法第六条规定计算的收入总额减除不征税收入和投资收益的余额50%(不含)以上的企业。

(十)明确研发项目辅助账的式样及日常管理

《通知》规定对享受加计扣除的研发费用按研发项目设置辅助账，准确归集核算当年可加计扣除的各项研发费用实际发生额。为引导企业准确核算，同时便于税务机关后续管理与核查，公告对允许加计扣除的研发费用项目设置了“研发支出”辅助账和“研发支出”辅助账汇总表样式，企业在研发项目立项时参照样式设置研发支出辅助账，年末按样式填报“研发支出”辅助账汇总表。

（十一）明确企业享受加计扣除优惠的申报及备案管理

为保证优惠政策正确执行，公告明确，年度纳税申报时，根据研发支出辅助账汇总表，填报研发项目可加计扣除研发费用情况归集表，在年度纳税申报时随申报表一并报送。

研发费用加计扣除实行备案管理，除“备案资料”和“主要留存备查资料”按照本公告规定执行外，其他备案管理要求按照《国家税务总局关于发布〈企业所得税优惠政策事项办理办法〉的公告》（国家税务总局公告 2015 年第 76 号）的规定执行。

根据《技术合同认定登记管理办法》（国科发政字〔2000〕63 号）第六条规定，未申请认定登记和未予登记的技术合同，不得享受国家对有关促进科技成果转化规定的税收、信贷和奖励等方面的优惠政策。据此，涉及委托、合作研究开发的合同需经科技主管部门登记，该资料需要留存备查。

若企业的研发项目已取得地市级（含）以上科技行政主管部门出具的鉴定意见，也应作为资料留存备查。

（十二）明确税务机关强化研发费用加计扣除后续管理与核查要求

为进一步落实简政放权放管结合的工作要求，《通知》要求税务部门加强研发费用加计扣除优惠政策的后续管理，公告进一步提出了后续管理的具体要求，即每年汇算清缴期结束后应开展核查，核查面不得低于享受该优惠企业户数的 20%。省级税务机关可根据实际情况制订具体核查办法或工作措施。

（十三）明确施行时间

与《通知》的执行时间相一致，公告适用于 2016 年度及以后年度企业所得税汇算清缴。

财政部 国家税务总局关于公益性捐赠税前扣除资格确认审批有关调整事项的通知

财税〔2015〕141 号

各省、自治区、直辖市、计划单列市财政厅（局）、国家税务局、地方税务局、民政厅（局）：

按照《国务院关于取消非行政许可审批事项的决定》（国发〔2015〕27 号）精神，“公益性捐赠税前扣除资格确认”作为非行政许可审批事项予以取消。为做好公益性捐赠税前扣除资格后续管理工作，现将有关调整事项通知如下：

一、为简化工作程序、减轻社会组织负担，合理调整公益性社会团体捐赠税前扣除资格确认程序，对社会组织报送捐赠税前扣除资格申请报告和相关材料的环节予以取消，即《财政部 国家税务总局 民政部关于公益性捐赠税前扣除有关问题的通知》（财税〔2008〕160 号）第六条、第七条停止执行，改由财政、税务、民政等部门结合社会组织登记注册、公益活动情况联合确认公益性捐赠税前扣除资格，并以公告形式发布名单。

二、公益性社会团体捐赠税前扣除资格确认程序按以下规定执行：

（一）对在民政部登记设立的社会组织，由民政部在登记注册环节会同财政部、国家税务总局对其公益性进行联合确认，对符合公益性社会团体条件的社会组织，财政部、国家税务总局、民政部联合发布公告，明确其公益性捐赠税前扣除资格。

（二）对在民政部登记注册且已经运行的社会组织，由财政部、国家税务总局和民政部结合社会组织公益活动情况和年度检查、评估等情况，对符合公益性社会团体条件的社会组织联合发布公告，明确其公益性捐赠税前扣除资格。

（三）在省级和省级以下民政部门登记注册的社会组织，由省级相关部门参照本条第一项、第二项执行。

三、按照“放管结合”的要求，财政、税务、民政等部门要加强公益性社会团体的后续管理，建立信息公开制度，加大对公益性社会团体的监督检查及违规处罚的力度。在社会组织监督检查或税务检查中，发现不符合条件的公益性社会团体，取消其公益性捐赠税前扣除资格，并向社会公告；建立公益性社会团体信息公开制度，公益性社会团体必须及时公开接受捐赠收入和支出情况，加强社会监督。

四、各级财政、税务、民政部门应加强沟通合作，建立部门会商、协调机制，切实将取消公益性捐赠税前扣除资格确认审批事项落实到位。

以上通知，请遵照执行。

财政部 国家税务总局 民政部
2015 年 12 月 31 日

国家税务总局关于修改企业所得税年度纳税申报表（A 类，2014 年版）部分申报表的公告

国家税务总局公告 2016 年第 3 号

为方便企业在汇算清缴时享受小型微利企业、重点领域（行业）固定资产加速折旧、转让 5 年以上非独占许可技术使用权等企业所得税优惠政策，税务总局决定修改《国家税务总局关于发布〈中华人民共和国企业所得税年度纳税申报表（A 类，2014 年版）〉的公告》（国家税务总局公告 2014 年第 63 号）中的部分申报表。现公告如下：

一、对《企业基础信息表》（A000000）及填报说明修改如下：

（一）“107 从事国家非限制和禁止行业”修改为“107 从事国家限制或禁止行业”。填报说明修改为“纳税人从事国家限制或禁止行业，选择‘是’，其他选择‘否’”。

（二）“103 所属行业明细代码”填报说明中，判断小型微利企业是否为工业企业内容修改为“所属行业代码为 06＊＊至 4690，小型微利企业优惠判断为工业企业”，不包括建筑业。

二、《固定资产加速折旧、扣除明细表》（A105081）及其填报说明废止，以修改后的《固定资产加速折旧、扣除明细表》（A105081）及填报说明（见附件 1）替代，表间关系作相应调整。

三、根据《国家税务总局关于许可使用权技术转让所得企业所得税有关问题的公告》（国家税务总局公告 2015 年第 82 号）规定，《所得减免优惠明细表》（A107020）第 33 行“四、符合条件的技术转让项目”填报说明中，删除“全球独占许可”内容。

四、《抵扣应纳税所得额明细表》（A107030）及其填报说明废止，以修改后的《抵扣应纳税所得额明细表》（A107030）及填报说明（见附件 2）替代，表间关系作相应调整。

五、《减免所得税优惠明细表》（A107040）及其填报说明废止，以修改后的《减免所得税优惠明细表》（A107040）及填报说明（见附件 3）替代，表间关系作相应调整。

六、下列申报表适用范围按照以下规定调整：

（一）《职工薪酬纳税调整明细表》（A105050）、《捐赠支出纳税调整明细表》（A105070）、《特殊行业准备金纳税调整明细表》（A105120），只要会计上发生相关支出（包括准备金），不论是否纳税调整，均需填报。

（二）《高新技术企业优惠情况及明细表》（A107041）由取得高新技术企业资格的纳税人填写。高新技术企业亏损的，填写本表第 1 行至第 28 行。

七、本公告适用于 2015 年及以后年度企业所得税汇算清缴申报。

特此公告。

附件：1. 固定资产加速折旧、扣除明细表（A105081）及填报说明（略）

2. 抵扣应纳税所得额明细表（A107030）及填报说明（略）

3. 减免所得税优惠明细表（A107040）及填报说明（略）

国家税务总局
2016 年 1 月 18 日

关于修改企业所得税年度纳税申报表(A类，2014年版)部分申报表公告的政策解读

近日，国家税务总局印发《关于修改企业所得税年度纳税申报表(A类，2014年版)部分申报表的公告》(以下简称公告)，对现行年度纳税申报表进行了修订。为便于学习应用本公告，现解读如下：

一、为什么修订企业所得税年度纳税申报表?

企业所得税年度纳税申报表是纳税人遵从税法、履行申报纳税义务、享受税收优惠政策的重要基础和有效途径。此次修改年度纳税申报表主要基于以下原因：

一是全面落实国务院新出台一系列重要税收政策的需要。为调整产业结构，应对经济下行，2015年以来，国务院连续出台扩大小型微利企业优惠范围、固定资产加速折旧、技术转让所得、创业投资等多项所得税优惠政策。优惠政策必须通过填报纳税申报表才能落实到位，修订纳税申报表，确保了纳税人在汇算清缴中能够顺利享受相关税收优惠政策。

二是进一步统一固定资产加速折旧政策的季度预缴申报和年度汇缴申报要求。固定资产加速折旧政策的贯彻落实和优惠政策的统计核算工作较为复杂，填报要求高，实践中容易出错。为方便纳税人享受固定资产加速折旧政策，经多次研究，《关于修改企业所得税月(季)度预缴纳税申报表的公告》(国家税务总局公告2015年第79号)中公布了较为方便、易于操作的固定资产加速折旧申报表表样。之后，为保证纳税人用同一逻辑思路填报年度申报表，有必要相应修改年度申报表。

三是进一步优化申报表，满足所得税后续管理和减免税核算需要。税务总局最近出台《企业所得税优惠事项办理办法》，部分优惠政策采取“以报代备”，在不增加纳税人和基层负担的前提下，在申报表中同步配套增加相应行次、细化优惠政策分类，实现系统自动核算，这样，既能够进一步加强所得税的后续管理，又能细化减免税核算工作。

二、本公告的主要内容

主要在两个层面修改原年度纳税申报表：一是全面修改了《固定资产加速折旧、扣除明细表》(A105081)、《抵扣应纳税所得额明细表》(A107030)、《减免所得税优惠明细表》(A107040)等3张申报表；二是对《企业基础信息表》等部分栏次和填报说明进行了修订。具体修改情况如下：

(一)全面修改了3张申报表

1. 全面修改《固定资产加速折旧、扣除明细表》(A105081)。按照该政策在季度申报表的填报思路，重新设计《固定资产加速折旧、扣除明细表》，增加了行次，承担原固定资产加速折旧政策申报备案及减免税核算功能。修改后，便于纳税人申报，同时优化减免税核算工作。

2. 修改《抵扣应纳税所得额明细表》(A107030)。在原表基础上，增加“有限合伙制创业投资企业法人合伙人企业所得税抵扣应纳税所得额”相应行次，并进一步完善了填报说明。

3. 进一步优化《减免所得税优惠明细表》(A107040)。主要体现在四个方面：一是便于小型微利企业享受2015年4季度起的减半扩围政策，从技术上解决年度中间调整所得税政策的填报问题，增加行次并修改细化了填报规则。同时设计《小型微利企业所得税优惠比例查询表》，简化年所得在20万元至30万元之间的小微企业同时享受10%、20%两档税率的计算问题，方便纳税人查询使用，减少填报错误。二是解决新优惠政策的填报问题。增加相应行次，满足集成电路封装测试企业以及集成电路关键材料、专用设备生产企业填报减免税。三是对部分减免税项目进行细分，提升减免税核算质量。进一步细化集成电路企业、促进就业、地震灾区三类优惠政策填报行次，方便纳税人准确申报，满足减免税核算需要。四是进一步优化行次顺序和减免税归类，优化报表质量。对经济特区、浦东新区新设立高新技术企业与其他高新技术企业组成一类，要求同步填写高新技术企业附表，增强表间逻辑关系的牵制；根据高新技术企业认定办法调整需要，将文化支撑领域政策优惠情况并入高新技术企业相应行次，便于操作；按照特殊专项(救灾、就业)优惠、行业优惠、区域优惠的顺序将优惠政策顺序进行了调整。此外，申报表预留了部分“其他”行次，增强报表的兼容功能。

(二)个别报表项目的修改

一是修改《企业基础信息表》(A000000)个别项目，调整原“建筑业”归类问题；将原“非限制和禁止行

业”表述为“限制或禁止行业”，与季度申报表和大部分小微企业的理解保持一致，便于判断、定位以前年度“小型微利企业”。二是为便于纳税人享受转让5年以上非独占许可技术使用权的优惠政策，对《所得减免优惠明细表》(A107020)填报说明作了细微改动。三是为落实《深化国地税征管体制改革方案》，加强国税、地税征管信息互通，落实即将实施的《慈善法》，防范金融风险，掌握高新技术企业享受优惠情况。《职工薪酬纳税调整明细表》(A105050)、《捐赠支出纳税调整明细表》(A105070)、《特殊行业准备金纳税调整明细表》(A105120)、《高新技术企业优惠情况及明细表》(A107041)等报表原来由发生纳税调整和享受高新技术优惠的企业填报，改为只要发生相关支出、准备金业务，或者高新技术企业亏损年度不享受优惠的，也需填报上述报表。

三、修改企业所得税年度纳税申报表，是否增加了纳税人填报负担？

本次修订申报表有利于纳税人准确填报、降低纳税风险。其一，本公告仅对原申报表进行部分调整修订，未增加新报表，未增加填报负担。其二，固定资产加速折旧表参考季度申报填报模式，便于纳税人“用同一思维填写同一类报表”，提高填报准确性。其三，增加相关报表行次，满足新税收政策的需要，未增加纳税人负担。

修改后的企业所得税年度纳税申报表，适用纳税人2015年及以后年度纳税申报。

财政部 国家税务总局关于保险保障基金有关税收政策问题的通知

财税〔2016〕10号

各省、自治区、直辖市、计划单列市财政厅(局)、国家税务局、地方税务局，新疆生产建设兵团财务局：

经国务院批准，对保险保障基金继续予以税收优惠政策。现将有关事项明确如下：

一、对中国保险保障基金有限责任公司(以下简称保险保障基金公司)根据《保险保障基金管理办法》(以下简称《管理办法》)取得的下列收入，免征企业所得税：

1. 境内保险公司依法缴纳的保险保障基金；

2. 依法从撤销或破产保险公司清算财产中获得的受偿收入和向有关责任方追偿所得，以及依法从保险公司风险处置中获得的财产转让所得；

3. 捐赠所得；

4. 银行存款利息收入；

5. 购买政府债券、中央银行、中央企业和中央级金融机构发行债券的利息收入；

6. 国务院批准的其他资金运用取得的收入。

二、对保险保障基金公司根据《管理办法》取得的下列收入，免征营业税：

1. 境内保险公司依法缴纳的保险保障基金；

2. 依法从撤销或破产保险公司清算财产中获得的受偿收入和向有关责任方追偿所得。

三、对保险保障基金公司下列应税凭证，免征印花税：

1. 新设立的资金账簿；

2. 在对保险公司进行风险处置和破产救助过程中签订的产权转移书据；

3. 在对保险公司进行风险处置过程中与中国人民银行签订的再贷款合同；

4. 以保险保障基金自有财产和接收的受偿资产与保险公司签订的财产保险合同。

对与保险保障基金公司签订上述产权转移书据或应税合同的其他当事人照章征收印花税。

四、除第二条外，本通知自2015年1月1日起至2017年12月31日止执行。第二条自2015年1月1日起至金融业实施营业税改征增值税改革之日止执行。《财政部 国家税务总局关于保险保障基金有关税收问题的通知》(财税〔2013〕81号)同时废止。

财政部 国家税务总局

2016年2月3日

财政部 国家税务总局关于继续实行农村饮水安全工程建设运营税收优惠政策的通知

财税〔2016〕19号

各省、自治区、直辖市、计划单列市财政厅(局)、国家税务局、地方税务局,新疆生产建设兵团财务局:

为支持农村饮水安全工程(以下简称饮水工程)巩固提升,经国务院批准,继续对饮水工程的建设、运营给予税收优惠。现将有关政策通知如下:

……

五、对饮水工程运营管理单位从事《公共基础设施项目企业所得税优惠目录》规定的饮水工程新建项目投资经营的所得,自项目取得第一笔生产经营收入所属纳税年度起,第一年至第三年免征企业所得税,第四年至第六年减半征收企业所得税。

六、本文所称饮水工程,是指为农村居民提供生活用水而建设的供水工程设施。本文所称饮水工程运营管理单位,是指负责饮水工程运营管理的自来水公司、供水公司、供水(总)站(厂、中心)、村集体、农民用水合作组织等单位。

……

七、符合上述减免税条件的饮水工程运营管理单位需持相关材料向主管税务机关办理备案手续。

八、上述政策(第五条除外)自2016年1月1日至2018年12月31日执行。

财政部 国家税务总局

2016年2月25日

财政部 国家税务总局关于公益股权捐赠企业所得税政策问题的通知

财税〔2016〕45号

各省、自治区、直辖市、计划单列市财政厅(局)、国家税务局、地方税务局,新疆生产建设兵团财务局:

为支持和鼓励公益事业发展,根据《中华人民共和国企业所得税法》及其实施条例有关规定,经国务院批准,现将股权捐赠企业所得税政策问题通知如下:

一、企业向公益性社会团体实施的股权捐赠,应按规定视同转让股权,股权转让收入额以企业所捐赠股权取得时的历史成本确定。

前款所称的股权,是指企业持有的其他企业的股权、上市公司股票等。

二、企业实施股权捐赠后,以其股权历史成本为依据确定捐赠额,并依此按照企业所得税法有关规定在所得税前予以扣除。公益性社会团体接受股权捐赠后,应按照捐赠企业提供的股权历史成本开具捐赠票据。

三、本通知所称公益性社会团体,是指注册在中华人民共和国境内,以发展公益事业为宗旨、且不以营利为目的,并经确定为具有接受捐赠税前扣除资格的基金会、慈善组织等公益性社会团体。

四、本通知所称股权捐赠行为,是指企业向中华人民共和国境内公益性社会团体实施的股权捐赠行为。企业向中华人民共和国境外的社会组织或团体实施的股权捐赠行为不适用本通知规定。

五、本通知自2016年1月1日起执行。

本通知发布前企业尚未进行税收处理的股权捐赠行为,符合本通知规定条件的可比照本通知执行,已经进行相关税收处理的不再进行税收调整。

请遵照执行。

财政部 国家税务总局

2016 年 4 月 20 日

财政部 国家税务总局 发展改革委 工业和信息化部关于软件和集成电路产业企业所得税优惠政策有关问题的通知

财税〔2016〕49 号

各省、自治区、直辖市、计划单列市财政厅(局)、国家税务局、地方税务局、发展改革委、工业和信息化主管部门:

按照《国务院关于取消和调整一批行政审批项目等事项的决定》(国发〔2015〕11 号)和《国务院关于取消非行政许可审批事项的决定》(国发〔2015〕27 号)规定,集成电路生产企业、集成电路设计企业、软件企业、国家规划布局内的重点软件企业和集成电路设计企业(以下统称软件、集成电路企业)的税收优惠资格认定等非行政许可审批已经取消。为做好《财政部 国家税务总局关于进一步鼓励软件产业和集成电路产业发展企业所得税政策的通知》(财税〔2012〕27 号)规定的企业所得税优惠政策落实工作,现将有关问题通知如下:

一、享受财税〔2012〕27 号文件规定的税收优惠政策的软件、集成电路企业,每年汇算清缴时应按照《国家税务总局关于发布〈企业所得税优惠政策事项办理办法〉的公告》(国家税务总局公告 2015 年第 76 号)规定向税务机关备案,同时提交《享受企业所得税优惠政策的软件和集成电路企业备案资料明细表》(见附件)规定的备案资料。

为切实加强优惠资格认定取消后的管理工作,在软件、集成电路企业享受优惠政策后,税务部门转请发展改革、工业和信息化部门进行核查。对经核查不符合软件、集成电路企业条件的,由税务部门追缴其已经享受的企业所得税优惠,并按照税收征管法的规定进行处理。

二、财税〔2012〕27 号文件所称集成电路生产企业,是指以单片集成电路、多芯片集成电路、混合集成电路制造为主营业务并同时符合下列条件的企业:

(一)在中国境内(不包括港、澳、台地区)依法注册并在发展改革、工业和信息化部门备案的居民企业;

(二)汇算清缴年度具有劳动合同关系且具有大学专科以上学历职工人数占企业月平均职工总人数的比例不低于 40%,其中研究开发人员占企业月平均职工总数的比例不低于 20%;

(三)拥有核心关键技术,并以此为基础开展经营活动,且汇算清缴年度研究开发费用总额占企业销售(营业)收入(主营业务收入与其他业务收入之和,下同)总额的比例不低于 5%;其中,企业在中国境内发生的研究开发费用金额占研究开发费用总额的比例不低于 60%;

(四)汇算清缴年度集成电路制造销售(营业)收入占企业收入总额的比例不低于 60%;

(五)具有保证产品生产的手段和能力,并获得有关资质认证(包括 ISO 质量体系认证);

(六)汇算清缴年度未发生重大安全、重大质量事故或严重环境违法行为。

三、财税〔2012〕27 号文件所称集成电路设计企业是指以集成电路设计为主营业务并同时符合下列条件的企业:

(一)在中国境内(不包括港、澳、台地区)依法注册的居民企业;

(二)汇算清缴年度具有劳动合同关系且具有大学专科以上学历的职工人数占企业月平均职工总人数的比例不低 40%,其中研究开发人员占企业月平均职工总数的比例不低于 20%;

(三)拥有核心关键技术,并以此为基础开展经营活动,且汇算清缴年度研究开发费用总额占企业销售(营业)收入总额的比例不低于 6%;其中,企业在中国境内发生的研究开发费用金额占研究开发费用总额的比例不低于 60%。

（四）汇算清缴年度集成电路设计销售（营业）收入占企业收入总额的比例不低于60%，其中集成电路自主设计销售（营业）收入占企业收入总额的比例不低于50%；

（五）主营业务拥有自主知识产权；

（六）具有与集成电路设计相适应的软硬件设施等开发环境（如EDA工具、服务器或工作站等）；

（七）汇算清缴年度未发生重大安全、重大质量事故或严重环境违法行为。

四、财税〔2012〕27号文件所称软件企业是指以软件产品开发销售（营业）为主营业务并同时符合下列条件的企业：

（一）在中国境内（不包括港、澳、台地区）依法注册的居民企业；

（二）汇算清缴年度具有劳动合同关系且具有大学专科以上学历的职工人数占企业月平均职工总人数的比例不低于40%，其中研究开发人员占企业月平均职工总数的比例不低于20%；

（三）拥有核心关键技术，并以此为基础开展经营活动，且汇算清缴年度研究开发费用总额占企业销售（营业）收入总额的比例不低于6%；其中，企业在中国境内发生的研究开发费用金额占研究开发费用总额的比例不低于60%；

（四）汇算清缴年度软件产品开发销售（营业）收入占企业收入总额的比例不低于50%（嵌入式软件产品和信息系统集成产品开发销售（营业）收入占企业收入总额的比例不低于40%），其中：软件产品自主开发销售（营业）收入占企业收入总额的比例不低于40%（嵌入式软件产品和信息系统集成产品开发销售（营业）收入占企业收入总额的比例不低于30%）；

（五）主营业务拥有自主知识产权；

（六）具有与软件开发相适应软硬件设施等开发环境（如合法的开发工具等）；

（七）汇算清缴年度未发生重大安全、重大质量事故或严重环境违法行为。

五、财税〔2012〕27号文件所称国家规划布局内重点集成电路设计企业除符合本通知第三条规定，还应至少符合下列条件中的一项：

（一）汇算清缴年度集成电路设计销售（营业）收入不低于2亿元，年应纳税所得额不低于1 000万元，研究开发人员占月平均职工总数的比例不低于25%；

（二）在国家规定的重点集成电路设计领域内，汇算清缴年度集成电路设计销售（营业）收入不低于2 000万元，应纳税所得额不低于250万元，研究开发人员占月平均职工总数的比例不低于35%，企业在中国境内发生的研发开发费用金额占研究开发费用总额的比例不低于70%。

六、财税〔2012〕27号文件所称国家规划布局内重点软件企业是除符合本通知第四条规定，还应至少符合下列条件中的一项：

（一）汇算清缴年度软件产品开发销售（营业）收入不低于2亿元，应纳税所得额不低于1 000万元，研究开发人员占企业月平均职工总数的比例不低于25%；

（二）在国家规定的重点软件领域内，汇算清缴年度软件产品开发销售（营业）收入不低于5 000万元，应纳税所得额不低于250万元，研究开发人员占企业月平均职工总数的比例不低于25%，企业在中国境内发生的研究开发费用金额占研究开发费用总额的比例不低于70%；

（三）汇算清缴年度软件出口收入总额不低于800万美元，软件出口收入总额占本企业年度收入总额比例不低于50%，研究开发人员占企业月平均职工总数的比例不低于25%。

七、国家规定的重点软件领域及重点集成电路设计领域，由国家发展改革委、工业和信息化部会同财政部、税务总局根据国家产业规划和布局确定，并实行动态调整。

八、软件、集成电路企业规定条件中所称研究开发费用政策口径，2015年度仍按《国家税务总局关于印发〈企业研究开发费用税前扣除管理办法（试行）〉的通知》（国税发〔2008〕116号）和《财政部 国家税务总局关于研究开发费用税前加计扣除有关政策的通知》（财税〔2013〕70号）的规定执行，2016年及以后年度按照《财政部 国家税务总局 科技部关于完善研究开发费用税前加计扣除政策的通知》（财税〔2015〕119号）的规定执行。

九、软件、集成电路企业应从企业的获利年度起计算定期减免税优惠期。如获利年度不符合优惠条件的，应自首次符合软件、集成电路企业条件的年度起，在其优惠期的剩余年限内享受相应的减免税优惠。

十、省级（自治区、直辖市、计划单列市，下同）财政、税务、发展改革和工业和信息化部门应密切配合，通过建立核查机制并有效运用核查结果，切实加强对软件、集成电路企业的后续管理工作。

（一）省级税务部门应在每年3月20日前和6月20日前分两批将汇算清缴年度已申报享受软件、集成电路企业税收优惠政策的企业名单及其备案资料提交省级发展改革、工业和信息化部门。其中，享受软件企业、集成电路设计企业税收优惠政策的名单及备案资料提交给省级工业和信息化部门，省级工业和信息化部门组织专家或者委托第三方机构对名单内企业是否符合条件进行核查；享受其他优惠政策的名单及备案资料提交给省级发展改革部门，省级发展改革部门会同工业和信息化部门共同组织专家或者委托第三方机构对名单内企业是否符合条件进行核查。

2015年度享受优惠政策的企业名单和备案资料，省级税务部门可在2016年6月20日前一次性提交给省级发展改革、工业和信息化部门。

（二）省级发展改革、工业和信息化部门应在收到享受优惠政策的企业名单和备案资料两个月内将复核结果反馈省级税务部门（第一批名单复核结果应在汇算清缴期结束前反馈）。

（三）每年10月底前，省级财政、税务、发展改革、工业和信息化部门应将核查结果及税收优惠落实情况联合汇总上报财政部、税务总局、国家发展改革委、工业和信息化部。

如遇特殊情况汇算清缴延期的，上述期限可相应顺延。

（四）省级财政、税务、发展改革、工业和信息化部门可以根据本通知规定，结合当地实际，制定具体操作管理办法，并报财政部、税务总局、发展改革委、工业和信息化部备案。

十一、国家税务总局公告2015年第76号所附《企业所得税优惠事项备案管理目录（2015年版）》第38、41、42、43、46项软件、集成电路企业优惠政策不再作为“定期减免税优惠备案管理事项”管理，本通知执行前已经履行备案等相关手续的，在享受税收优惠的年度仍应按照本通知的规定办理备案手续。

十二、本通知自2015年1月1日起执行。《财政部 国家税务总局关于进一步鼓励软件产业和集成电路产业发展企业所得税政策的通知》（财税〔2012〕27号）第九条、第十条、第十一条、第十三条、第十七条、第十八条、第十九条和第二十条停止执行。国家税务总局公告2015年第76号所附《企业所得税优惠事项备案管理目录（2015年版）》第38项至43项及第46至48项软件、集成电路企业优惠政策的“备案资料”、“主要留存备查资料”规定停止执行。

附件：享受企业所得税优惠政策的软件和集成电路企业备案资料明细表

财政部 国家税务总局 发展改革委 工业和信息化部

2016年5月4日

附件：

享受企业所得税优惠政策的软件和集成电路企业备案资料明细表

企业类型	备案资料（复印件须加盖企业公章）
集成电路生产企业	1. 在发展改革或工业和信息化部门立项的备案文件（应注明总投资额、工艺线宽标准）复印件以及企业取得的其他相关资质证书复印件等； 2. 企业职工人数、学历结构、研究开发人员情况及其占企业职工总数的比例说明，以及汇算清缴年度最后一个月社会保险缴纳证明等相关证明材料； 3. 加工集成电路产品主要列表及国家知识产权局（或国外知识产权相关主管机构）出具的企业自主开发或拥有的一至两份代表性知识产权（如专利、布图设计登记、软件著作权等）的证明材料； 4. 经具有资质的中介机构鉴证的企业财务会计报告（包括会计报表、会计报表附注和财务情况说明书）以及集成电路制造销售（营业）收入、研究开发费用、境内研究开发费用等情况说明； 5. 与主要客户签订的一至两份代表性销售合同复印件； 6. 保证产品质量的相关证明材料（如质量管理认证证书复印件等）； 7. 税务机关要求出具的其他材料。

（续表）

企业类型	备案资料（复印件须加盖企业公章）
集成电路设计企业	1. 企业职工人数、学历结构、研究开发人员情况及其占企业职工总数的比例说明，以及汇算清缴年度最后一个月社会保险缴纳证明等相关证明材料； 2. 企业开发销售的主要集成电路产品列表，以及国家知识产权局（或国外知识产权相关主管机构）出具的企业自主开发或拥有的一至两份代表性知识产权（如专利、布图设计登记、软件著作权等）的证明材料； 3. 经具有资质的中介机构鉴证的企业财务会计报告（包括会计报表、会计报表附注和财务情况说明书）以及集成电路设计销售（营业）收入、集成电路自主设计销售（营业）收入、研究开发费用、境内研究开发费用等情况表； 4. 第三方检测机构提供的集成电路产品测试报告或用户报告，以及与主要客户签订的一至两份代表性销售合同复印件； 5. 企业开发环境等相关证明材料； 6. 税务机关要求出具的其他材料。
软件企业	1. 企业开发销售的主要软件产品列表或技术服务列表； 2. 主营业务为软件产品开发的企业，提供至少 1 个主要产品的软件著作权或专利权等自主知识产权的有效证明文件，以及第三方检测机构提供的软件产品测试报告；主营业务仅为技术服务的企业提供核心技术说明； 3. 企业职工人数、学历结构、研究开发人员及其占企业职工总数的比例说明，以及汇算清缴年度最后一个月社会保险缴纳证明等相关证明材料； 4. 经具有资质的中介机构鉴证的企业财务会计报告（包括会计报表、会计报表附注和财务情况说明书）以及软件产品开发销售（营业）收入、软件产品自主开发销售（营业）收入、研究开发费用、境内研究开发费用等情况说明； 5. 与主要客户签订的一至两份代表性的软件产品销售合同或技术服务合同复印件； 6. 企业开发环境相关证明材料； 7. 税务机关要求出具的其他材料。
国家规划布局内重点软件企业	1. 企业享受软件企业所得税优惠政策需要报送的备案资料； 2. 符合第二类条件的，应提供在国家规定的重点软件领域内销售（营业）情况说明； 3. 符合第三类条件的，应提供商务主管部门核发的软件出口合同登记证书，以及有效出口合同和结汇证明等材料； 4. 税务机关要求提供的其他材料。
国家规划布局内重点集成电路设计企业	1. 企业享受集成电路设计企业所得税优惠政策需要报送的备案资料； 2. 符合第二类条件的，应提供在国家规定的重点集成电路设计领域内销售（营业）情况说明； 3. 税务机关要求提供的其他材料。

国家税务总局公告关于修改按经费支出换算收入方式核定非居民企业应纳税所得额计算公式的公告

国家税务总局公告 2016 年第 28 号

自 2016 年 5 月 1 日起，全国范围内全面推开营业税改征增值税（以下称营改增）试点。在营改增后，按经费支出换算收入方式核定非居民企业应纳税所得额的计算公式需要修改，现将修改内容公告如下：

一、《外国企业常驻代表机构税收管理暂行办法》(国税发〔2010〕18 号文件印发)第七条第一项第 1 目规定的计算公式修改为:

应纳税所得额=本期经费支出额/(1—核定利润率)×核定利润率

二、《非居民企业所得税核定征收管理办法》(国税发〔2010〕19 号文件印发)第四条第三项规定的计算公式修改为:

应纳税所得额=本期经费支出额/(1—核定利润率)×核定利润率

三、《国家税务总局关于发布〈中华人民共和国非居民企业所得税年度纳税申报表〉等报表的公告》(国家税务总局公告 2015 年第 30 号)附件 6 第七条第 13 项的计算公式修改为:

换算的收入额=经费支出总额÷(1—核定利润率)

本公告自 2016 年 5 月 1 日起施行。

特此公告。

国家税务总局

2016 年 5 月 5 日

国家税务总局关于完善关联申报和同期资料管理有关事项的公告

国家税务总局公告 2016 年第 42 号

为进一步完善关联申报和同期资料管理,根据《中华人民共和国企业所得税法》(以下简称企业所得税法)及其实施条例、《中华人民共和国税收征收管理法》(以下简称税收征管法)及其实施细则的有关规定,现就有关问题公告如下:

一、实行查账征收的居民企业和在中国境内设立机构、场所并据实申报缴纳企业所得税的非居民企业向税务机关报送年度企业所得税纳税申报表时,应当就其与关联方之间的业务往来进行关联申报,附送《中华人民共和国企业年度关联业务往来报告表(2016 年版)》。

二、企业与其他企业、组织或者个人具有下列关系之一的,构成本公告所称关联关系:

(一)一方直接或者间接持有另一方的股份总和达到 25%以上;双方直接或者间接同为第三方所持有的股份达到 25%以上。

如果一方通过中间方对另一方间接持有股份,只要其对中间方持股比例达到 25%以上,则其对另一方的持股比例按照中间方对另一方的持股比例计算。

两个以上具有夫妻、直系血亲、兄弟姐妹以及其他抚养、赡养关系的自然人共同持股同一企业,在判定关联关系时持股比例合并计算。

(二)双方存在持股关系或者同为第三方持股,虽持股比例未达到本条第(一)项规定,但双方之间借贷资金总额占任一方实收资本比例达到 50%以上,或者一方全部借贷资金总额的 10%以上由另一方担保(与独立金融机构之间的借贷或者担保除外)。

借贷资金总额占实收资本比例=年度加权平均借贷资金/年度加权平均实收资本,其中:

年度加权平均借贷资金=i 笔借入或者贷出资金账面金额×i 笔借入或者贷出资金年度实际占用天数/365

年度加权平均实收资本=i 笔实收资本账面金额×i 笔实收资本年度实际占用天数/365

(三)双方存在持股关系或者同为第三方持股,虽持股比例未达到本条第(一)项规定,但一方的生产经营活动必须由另一方提供专利权、非专利技术、商标权、著作权等特许权才能正常进行。

(四)双方存在持股关系或者同为第三方持股,虽持股比例未达到本条第(一)项规定,但一方的购买、销售、接受劳务、提供劳务等经营活动由另一方控制。

上述控制是指一方有权决定另一方的财务和经营政策，并能据以从另一方的经营活动中获取利益。

（五）一方半数以上董事或者半数以上高级管理人员（包括上市公司董事会秘书、经理、副经理、财务负责人和公司章程规定的其他人员）由另一方任命或者委派，或者同时担任另一方的董事或者高级管理人员；或者双方各自半数以上董事或者半数以上高级管理人员同为第三方任命或者委派。

（六）具有夫妻、直系血亲、兄弟姐妹以及其他抚养、赡养关系的两个自然人分别与双方具有本条第（一）至（五）项关系之一。

（七）双方在实质上具有其他共同利益。

除本条第（二）项规定外，上述关联关系年度内发生变化的，关联关系按照实际存续期间认定。

三、仅因国家持股或者由国有资产管理部门委派董事、高级管理人员而存在本公告第二条第（一）至（五）项关系的，不构成本公告所称关联关系。

四、关联交易主要包括：

（一）有形资产使用权或者所有权的转让。有形资产包括商品、产品、房屋建筑物、交通工具、机器设备、工具器具等。

（二）金融资产的转让。金融资产包括应收账款、应收票据、其他应收款项、股权投资、债权投资和衍生金融工具形成的资产等。

（三）无形资产使用权或者所有权的转让。无形资产包括专利权、非专利技术、商业秘密、商标权、品牌、客户名单、销售渠道、特许经营权、政府许可、著作权等。

（四）资金融通。资金包括各类长短期借贷资金（含集团资金池）、担保费、各类应计息预付款和延期收付款等。

（五）劳务交易。劳务包括市场调查、营销策划、代理、设计、咨询、行政管理、技术服务、合约研发、维修、法律服务、财务管理、审计、招聘、培训、集中采购等。

五、存在下列情形之一的居民企业，应当在报送年度关联业务往来报告表时，填报国别报告：

（一）该居民企业为跨国企业集团的最终控股企业，且其上一会计年度合并财务报表中的各类收入金额合计超过55亿元。

最终控股企业是指能够合并其所属跨国企业集团所有成员实体财务报表的，且不能被其他企业纳入合并财务报表的企业。

成员实体应当包括：

1. 实际已被纳入跨国企业集团合并财务报表的任一实体。

2. 跨国企业集团持有该实体股权且按公开证券市场交易要求应被纳入但实际未被纳入跨国企业集团合并财务报表的任一实体。

3. 仅由于业务规模或者重要性程度而未被纳入跨国企业集团合并财务报表的任一实体。

4. 独立核算并编制财务报表的常设机构。

（二）该居民企业被跨国企业集团指定为国别报告的报送企业。

国别报告主要披露最终控股企业所属跨国企业集团所有成员实体的全球所得、税收和业务活动的国别分布情况。

六、最终控股企业为中国居民企业的跨国企业集团，其信息涉及国家安全的，可以按照国家有关规定，豁免填报部分或者全部国别报告。

七、税务机关可以按照我国对外签订的协定、协议或者安排实施国别报告的信息交换。

八、企业虽不属于本公告第五条规定填报国别报告的范围，但其所属跨国企业集团按照其他国家有关规定应当准备国别报告，且符合下列条件之一的，税务机关可以在实施特别纳税调查时要求企业提供国别报告：

（一）跨国企业集团未向任何国家提供国别报告。

（二）虽然跨国企业集团已向其他国家提供国别报告，但我国与该国尚未建立国别报告信息交换机制。

（三）虽然跨国企业集团已向其他国家提供国别报告，且我国与该国已建立国别报告信息交换机制，但国别报告实际未成功交换至我国。

九、企业在规定期限内报送年度关联业务往来报告表确有困难，需要延期的，应当按照税收征管法及其实施细则的有关规定办理。

十、企业应当依据企业所得税法实施条例第一百一十四条的规定，按纳税年度准备并按税务机关要求提供其关联交易的同期资料。

同期资料包括主体文档、本地文档和特殊事项文档。

十一、符合下列条件之一的企业，应当准备主体文档：

（一）年度发生跨境关联交易，且合并该企业财务报表的最终控股企业所属企业集团已准备主体文档。

（二）年度关联交易总额超过10亿元。

十二、主体文档主要披露最终控股企业所属企业集团的全球业务整体情况，包括以下内容：

（一）组织架构

以图表形式说明企业集团的全球组织架构、股权结构和所有成员实体的地理分布。成员实体是指企业集团内任一营运实体，包括公司制企业、合伙企业和常设机构等。

（二）企业集团业务

1. 企业集团业务描述，包括利润的重要价值贡献因素。

2. 企业集团营业收入前五位以及占营业收入超过5%的产品或者劳务的供应链及其主要市场地域分布情况。供应链情况可以采用图表形式进行说明。

3. 企业集团除研发外的重要关联劳务及简要说明，说明内容包括主要劳务提供方提供劳务的胜任能力、分配劳务成本以及确定关联劳务价格的转让定价政策。

4. 企业集团内各成员实体主要价值贡献分析，包括执行的关键功能、承担的重大风险、以及使用的重要资产。

5. 企业集团会计年度内发生的业务重组，产业结构调整，集团内企业功能、风险或者资产的转移。

6. 企业集团会计年度内发生的企业法律形式改变、债务重组、股权收购、资产收购、合并、分立等。

（三）无形资产

1. 企业集团开发、应用无形资产及确定无形资产所有权归属的整体战略，包括主要研发机构所在地和研发管理活动发生地及其主要功能、风险、资产和人员情况。

2. 企业集团对转让定价安排有显著影响的无形资产或者无形资产组合，以及对应的无形资产所有权人。

3. 企业集团内各成员实体与其关联方的无形资产重要协议清单，重要协议包括成本分摊协议、主要研发服务协议和许可协议等。

4. 企业集团内与研发活动及无形资产相关的转让定价政策。

5. 企业集团会计年度内重要无形资产所有权和使用权关联转让情况，包括转让涉及的企业、国家以及转让价格等。

（四）融资活动

1. 企业集团内部各关联方之间的融资安排以及与非关联方的主要融资安排。

2. 企业集团内提供集中融资功能的成员实体情况，包括其注册地和实际管理机构所在地。

3. 企业集团内部各关联方之间融资安排的总体转让定价政策。

（五）财务与税务状况

1. 企业集团最近一个会计年度的合并财务报表。

2. 企业集团内各成员实体签订的单边预约定价安排、双边预约定价安排以及涉及国家之间所得分配的其他税收裁定的清单及简要说明。

3. 报送国别报告的企业名称及其所在地。

十三、年度关联交易金额符合下列条件之一的企业，应当准备本地文档：

（一）有形资产所有权转让金额（来料加工业务按照年度进出口报关价格计算）超过2亿元。

（二）金融资产转让金额超过1亿元。

（三）无形资产所有权转让金额超过1亿元。

（四）其他关联交易金额合计超过4000万元。

十四、本地文档主要披露企业关联交易的详细信息，包括以下内容：

(一)企业概况

1. 组织结构,包括企业各职能部门的设置、职责范围和雇员数量等。

2. 管理架构,包括企业各级管理层的汇报对象以及汇报对象主要办公所在地等。

3. 业务描述,包括企业所属行业的发展概况、产业政策、行业限制等影响企业和行业的主要经济和法律问题,主要竞争者等。

4. 经营策略,包括企业各部门、各环节的业务流程,运营模式,价值贡献因素等。

5. 财务数据,包括企业不同类型业务及产品的收入、成本、费用及利润。

6. 涉及本企业或者对本企业产生影响的重组或者无形资产转让情况,以及对本企业的影响分析。

(二)关联关系

1. 关联方信息,包括直接或者间接拥有企业股权的关联方,以及与企业发生交易的关联方,内容涵盖关联方名称、法定代表人、高级管理人员的构成情况、注册地址、实际经营地址,以及关联个人的姓名、国籍、居住地等情况。

2. 上述关联方适用的具有所得税性质的税种、税率及相应可享受的税收优惠。

3. 本会计年度内,企业关联关系的变化情况。

(三)关联交易

1. 关联交易概况

(1)关联交易描述和明细,包括关联交易相关合同或者协议副本及其执行情况的说明,交易标的的特性,关联交易的类型、参与方、时间、金额、结算货币、交易条件、贸易形式,以及关联交易与非关联交易业务的异同等。

(2)关联交易流程,包括关联交易的信息流、物流和资金流,与非关联交易业务流程的异同。

(3)功能风险描述,包括企业及其关联方在各类关联交易中执行的功能、承担的风险和使用的资产。

(4)交易定价影响要素,包括关联交易涉及的无形资产及其影响,成本节约、市场溢价等地域特殊因素。地域特殊因素应从劳动力成本、环境成本、市场规模、市场竞争程度、消费者购买力、商品或者劳务的可替代性、政府管制等方面进行分析。

(5)关联交易数据,包括各关联方、各类关联交易涉及的交易金额。分别披露关联交易和非关联交易的收入、成本、费用和利润,不能直接归集的,按照合理比例划分,并说明该划分比例的依据。

2. 价值链分析

(1)企业集团内业务流、物流和资金流,包括商品、劳务或者其他交易标的从设计、开发、生产制造、营销、销售、交货、结算、消费、售后服务、循环利用等各环节及其参与方。

(2)上述各环节参与方最近会计年度的财务报表。

(3)地域特殊因素对企业创造价值贡献的计量及其归属。

(4)企业集团利润在全球价值链条中的分配原则和分配结果。

3. 对外投资

(1)对外投资基本信息,包括对外投资项目的投资地区、金额、主营业务及战略规划。

(2)对外投资项目概况,包括对外投资项目的股权架构、组织结构,高级管理人员的雇佣方式,项目决策权限的归属。

(3)对外投资项目数据,包括对外投资项目的营运数据。

4. 关联股权转让

(1)股权转让概况,包括转让背景、参与方、时间、价格、支付方式,以及影响股权转让的其他因素。

(2)股权转让标的的相关信息,包括股权转让标的所在地,出让方获取该股权的时间、方式和成本,股权转让收益等信息。

(3)尽职调查报告或者资产评估报告等与股权转让相关的其他信息。

5. 关联劳务

(1)关联劳务概况,包括劳务提供方和接受方,劳务的具体内容、特性、开展方式、定价原则、支付形式,以及劳务发生后各方受益情况等。

(2)劳务成本费用的归集方法、项目、金额、分配标准、计算过程及结果等。

(3)企业及其所属企业集团与非关联方存在相同或者类似劳务交易的，还应当详细说明关联劳务与非关联劳务在定价原则和交易结果上的异同。

6. 与企业关联交易直接相关的，中国以外其他国家税务主管当局签订的预约定价安排和作出的其他税收裁定。

（四）可比性分析

1. 可比性分析考虑的因素，包括交易资产或者劳务特性，交易各方功能、风险和资产，合同条款，经济环境，经营策略等。

2. 可比企业执行的功能、承担的风险以及使用的资产等相关信息。

3. 可比对象搜索方法、信息来源、选择条件及理由。

4. 所选取的内部或者外部可比非受控交易信息和可比企业的财务信息。

5. 可比数据的差异调整及理由。

（五）转让定价方法的选择和使用

1. 被测试方的选择及理由。

2. 转让定价方法的选用及理由，无论选择何种转让定价方法，均须说明企业对集团整体利润或者剩余利润所做的贡献。

3. 确定可比非关联交易价格或者利润的过程中所做的假设和判断。

4. 运用合理的转让定价方法和可比性分析结果，确定可比非关联交易价格或者利润。

5. 其他支持所选用转让定价方法的资料。

6. 关联交易定价是否符合独立交易原则的分析及结论。

十五、特殊事项文档包括成本分摊协议特殊事项文档和资本弱化特殊事项文档。

企业签订或者执行成本分摊协议的，应当准备成本分摊协议特殊事项文档。

企业关联债资比例超过标准比例需要说明符合独立交易原则的，应当准备资本弱化特殊事项文档。

十六、成本分摊协议特殊事项文档包括以下内容：

（一）成本分摊协议副本。

（二）各参与方之间达成的为实施成本分摊协议的其他协议。

（三）非参与方使用协议成果的情况、支付的金额和形式，以及支付金额在参与方之间的分配方式。

（四）本年度成本分摊协议的参与方加入或者退出的情况，包括加入或者退出的参与方名称、所在国家和关联关系，加入支付或者退出补偿的金额及形式。

（五）成本分摊协议的变更或者终止情况，包括变更或者终止的原因、对已形成协议成果的处理或者分配。

（六）本年度按照成本分摊协议发生的成本总额及构成情况。

（七）本年度各参与方成本分摊的情况，包括成本支付的金额、形式和对象，作出或者接受补偿支付的金额、形式和对象。

（八）本年度协议预期收益与实际收益的比较以及由此作出的调整。

（九）预期收益的计算，包括计量参数的选取、计算方法和改变理由。

十七、资本弱化特殊事项文档包括以下内容：

（一）企业偿债能力和举债能力分析。

（二）企业集团举债能力及融资结构情况分析。

（三）企业注册资本等权益投资的变动情况说明。

（四）关联债权投资的性质、目的及取得时的市场状况。

（五）关联债权投资的货币种类、金额、利率、期限及融资条件。

（六）非关联方是否能够并且愿意接受上述融资条件、融资金额及利率。

（七）企业为取得债权性投资而提供的抵押品情况及条件。

（八）担保人状况及担保条件。

（九）同类同期贷款的利率情况及融资条件。

（十）可转换公司债券的转换条件。

(十一)其他能够证明符合独立交易原则的资料。

十八、企业执行预约定价安排的,可以不准备预约定价安排涉及关联交易的本地文档和特殊事项文档,且关联交易金额不计入本公告第十三条规定的关联交易金额范围。

企业仅与境内关联方发生关联交易的,可以不准备主体文档、本地文档和特殊事项文档。

十九、主体文档应当在企业集团最终控股企业会计年度终了之日起12个月内准备完毕;本地文档和特殊事项文档应当在关联交易发生年度次年6月30日之前准备完毕。同期资料应当自税务机关要求之日起30日内提供。

二十、企业因不可抗力无法按期提供同期资料的,应当在不可抗力消除后30日内提供同期资料。

二十一、同期资料应当使用中文,并标明引用信息资料的出处来源。

二十二、同期资料应当加盖企业印章,并由法定代表人或者法定代表人授权的代表签章。

二十三、企业合并、分立的,应当由合并、分立后的企业保存同期资料。

二十四、同期资料应当自税务机关要求的准备完毕之日起保存10年。

二十五、企业依照有关规定进行关联申报、提供同期资料及有关资料的,税务机关实施特别纳税调查补征税款时,可以依据企业所得税法实施条例第一百二十二条的规定,按照税款所属纳税年度中国人民银行公布的与补税期间同期的人民币贷款基准利率加收利息。

二十六、涉及港澳台地区的,参照本公告相关规定处理。

二十七、本公告适用于2016年及以后的会计年度。《特别纳税调整实施办法(试行)》(国税发〔2009〕2号文件印发)第二章、第三章、第七十四条和第八十九条、《中华人民共和国企业年度关联业务往来报告表》(国税发〔2008〕114号文件印发)同时废止。

特此公告。

附件:1. 中华人民共和国企业年度关联业务往来报告表(2016年版)(略)

2.《中华人民共和国企业年度关联业务往来报告表(2016年版)》填报说明(略)

国家税务总局

2016年6月29日

财政部 国家税务总局关于完善股权激励和技术入股有关所得税政策的通知

财税〔2016〕101号

各省、自治区、直辖市、计划单列市财政厅(局)、国家税务局、地方税务局,新疆生产建设兵团财务局:

为支持国家大众创业、万众创新战略的实施,促进我国经济结构转型升级,经国务院批准,现就完善股权激励和技术入股有关所得税政策通知如下:

……

三、对技术成果投资入股实施选择性税收优惠政策

(一)企业或个人以技术成果投资入股到境内居民企业,被投资企业支付的对价全部为股票(权)的,企业或个人可选择继续按现行有关税收政策执行,也可选择适用递延纳税优惠政策。

选择技术成果投资入股递延纳税政策的,经向主管税务机关备案,投资入股当期可暂不纳税,允许递延至转让股权时,按股权转让收入减去技术成果原值和合理税费后的差额计算缴纳所得税。

(二)企业或个人选择适用上述任一项政策,均允许被投资企业按技术成果投资入股时的评估值入账并在企业所得税前摊销扣除。

(三)技术成果是指专利技术(含国防专利)、计算机软件著作权、集成电路布图设计专有权、植物新品种权、生物医药新品种,以及科技部、财政部、国家税务总局确定的其他技术成果。

(四)技术成果投资入股,是指纳税人将技术成果所有权让渡给被投资企业、取得该企业股票(权)的行为。

四、相关政策

(一)个人从任职受雇企业以低于公平市场价格取得股票(权)的,凡不符合递延纳税条件,应在获得股票(权)时,对实际出资额低于公平市场价格的差额,按照“工资、薪金所得”项目,参照《财政部 国家税务总局关于个人股票期权所得征收个人所得税问题的通知》(财税〔2005〕35 号)有关规定计算缴纳个人所得税。

(二)个人因股权激励、技术成果投资入股取得股权后,非上市公司在境内上市的,处置递延纳税的股权时,按照现行限售股有关征税规定执行。

(三)个人转让股权时,视同享受递延纳税优惠政策的股权优先转让。递延纳税的股权成本按照加权平均法计算,不与其他方式取得的股权成本合并计算。

(四)持有递延纳税的股权期间,因该股权产生的转增股本收入,以及以该递延纳税的股权再进行非货币性资产投资的,应在当期缴纳税款。

(五)全国中小企业股份转让系统挂牌公司按照本通知第一条规定执行。

适用本通知第二条规定的上市公司是指其股票在上海证券交易所、深圳证券交易所上市交易的股份有限公司。

五、配套管理措施

(一)对股权激励或技术成果投资入股选择适用递延纳税政策的,企业应在规定期限内到主管税务机关办理备案手续。未办理备案手续的,不得享受本通知规定的递延纳税优惠政策。

(二)企业实施股权激励或个人以技术成果投资入股,以实施股权激励或取得技术成果的企业为个人所得税扣缴义务人。递延纳税期间,扣缴义务人应在每个纳税年度终了后向主管税务机关报告递延纳税有关情况。

(三)工商部门应将企业股权变更信息及时与税务部门共享,暂不具备联网实时共享信息条件的,工商部门应在股权变更登记 3 个工作日内将信息与税务部门共享。

六、本通知自 2016 年 9 月 1 日起施行。

中关村国家自主创新示范区 2016 年 1 月 1 日至 8 月 31 日之间发生的尚未纳税的股权奖励事项,符合本通知规定的相关条件的,可按本通知有关政策执行。

财政部 国家税务总局

2016 年 9 月 20 日

附件:

股权奖励税收优惠政策限制性行业目录

门类代码	类别名称
A(农、林、牧、渔业)	(1) 03 畜牧业(科学研究、籽种繁育性质项目除外) (2) 04 渔业(科学研究、籽种繁育性质项目除外)
B(采矿业)	(3)采矿业(除第 11 类开采辅助活动)
C(制造业)	(4) 16 烟草制品业 (5) 17 纺织业(除第 178 类非家用纺织制成品制造) (6) 19 皮革、毛皮、羽毛及其制品和制鞋业 (7) 20 木材加工和木、竹、藤、棕、草制品业 (8) 22 造纸和纸制品业(除第 223 类纸制品制造) (9) 31 黑色金属冶炼和压延加工业(除第 314 类钢压延加工)
F(批发和零售业)	(10)批发和零售业
G(交通运输、仓储和邮政业)	(11)交通运输、仓储和邮政业
H(住宿和餐饮业)	(12)住宿和餐饮业

（续表）

门类代码	类别名称
J(金融业)	(13)66 货币金融服务 (14)68 保险业
K(房地产业)	(15)房地产业
L(租赁和商务服务业)	(16)租赁和商务服务业
O(居民服务、修理和其他服务业)	(17)79 居民服务业
Q(卫生和社会工作)	(18)84 社会工作
R(文化、体育和娱乐业)	(19)88 体育 (20)89 娱乐业
S(公共管理、社会保障和社会组织)	(21)公共管理、社会保障和社会组织(除第 9421 类专业性团体和 9422 类行业性团体)
T(国际组织)	(22)国际组织

说明:以上目录按照《国民经济行业分类》(GB/T 4754—2011)编制。

国家税务总局关于股权激励和技术入股所得税征管问题的公告

国家税务总局公告 2016 年第 62 号

为贯彻落实《财政部 国家税务总局关于完善股权激励和技术入股有关所得税政策的通知》(财税〔2016〕101 号,以下简称《通知》),现就股权激励和技术入股有关所得税征管问题公告如下:

……

二、关于企业所得税征管问题

(一)选择适用《通知》中递延纳税政策的,应当为实行查账征收的居民企业以技术成果所有权投资。

(二)企业适用递延纳税政策的,应在投资完成后首次预缴申报时,将相关内容填入《技术成果投资入股企业所得税递延纳税备案表》(附件 5)。

(三)企业接受技术成果投资入股,技术成果评估值明显不合理的,主管税务机关有权进行调整。

三、实施时间

本公告自 2016 年 9 月 1 日起实施。中关村国家自主创新示范区 2016 年 1 月 1 日至 8 月 31 日之间发生的尚未纳税的股权奖励事项,按《通知》有关政策执行的,可按本公告有关规定办理相关税收事宜。《国家税务总局关于 3 项个人所得税事项取消审批实施后续管理的公告》(国家税务总局公告 2016 年第 5 号)第二条第(一)项同时废止。

特此公告。

附件:1.《非上市公司股权激励个人所得税递延纳税备案表》及填报说明(略)

2.《上市公司股权激励个人所得税延期纳税备案表》及填报说明(略)

3.《技术成果投资入股个人所得税递延纳税备案表》及填报说明(略)

4.《个人所得税递延纳税情况年度报告表》及填报说明(略)

5.《技术成果投资入股企业所得税递延纳税备案表》及填报说明(略)

国家税务总局

2016 年 9 月 28 日

关于《国家税务总局关于股权激励和技术入股所得税征管问题的公告》的解读

为贯彻落实《财政部 国家税务总局关于完善股权激励和技术入股有关所得税政策的通知》(财税〔2016〕101号,以下简称《通知》),税务总局发布了《关于股权激励和技术入股所得税征管问题的公告》(以下简称《公告》)。为便于纳税人、税务机关理解和执行,现对《公告》解读如下:

一、《公告》出台背景

为进一步鼓励科技创新,充分调动科研人员创新创业的活力和积极性,使科技成果最大程度转化为现实生产力,经国务院批准,财政部、税务总局制发了《通知》。该项政策优惠力度大、涉及环节多、缴税期限长,为确保纳税人清晰知晓税收优惠办理流程和相关要求,使新旧政策顺畅衔接、便于新政落实,税务总局发布了《公告》,对《通知》涉及的有关所得税征管问题进行了细化。

二、《公告》主要内容

(一)个人所得税方面

1. 最近6个月在职职工平均人数确定方法。《通知》规定,非上市公司实施符合条件的股权激励,激励对象人数累计不得超过本公司最近6个月在职职工平均人数的30%。为便于操作,《公告》明确,公司近6个月在职职工平均人数,按照股票(权)期权行权、限制性股票解禁、股权奖励获得之上月起向前6个月"工资薪金所得"项目全员全额扣缴明细申报的平均人数确定。例如,某公司实施一批股票期权并于2017年1月行权,计算在职职工平均人数时,以该公司2016年7月、8月、9月、10月、11月、12月全员全额扣缴明细申报的平均人数计算。

2. 不符合递延纳税条件的税务处理。股权激励计划不符合递延纳税条件的,不能享受递延纳税。递延纳税期间公司情况发生变化、不再同时符合《通知》第一条第(二)款第4至6项条件的,应于情况发生变化之次月15日内按照相关规定计算纳税。

3. 员工取得符合递延纳税条件和不符合递延纳税条件的股权激励的税收处理。员工取得的股权激励,区分符合条件、实行递延纳税政策的股权激励和不符合条件、未递延纳税的股权激励,适用不同的税收政策分别计算纳税。其中,对员工在一个纳税年度内,多次从任职受雇企业以低于公平市场价格取得不符合递延纳税条件的股权,参照《国家税务总局关于个人股票期权所得缴纳个人所得税有关问题的补充通知》(国税函〔2006〕902号)第七条规定执行。

4. 公平市场价格的确定。《通知》规定,对不符合递延纳税条件的股权激励,需对其实际取得成本低于公平市场价格的差额,按照"工资薪金所得"计征个人所得税。《公告》对公平市场价格作了进一步明确。对于上市公司而言,公平市场价格按照取得股票当日的收盘价确定,取得股票当日为非交易日的,按照上一个交易日收盘价确定。对非上市公司而言,公平市场价格依次按照净资产法、类比法和其他合理方法确定。净资产法按照取得股票(权)的上年末净资产确定。

5. 企业备案的规定。《公告》明确了备案手续办理的时间要求及需要报送的相关资料。对于非上市公司实施符合条件的股权激励、上市公司实施股权激励、技术成果投资入股,享受税收优惠无需纳税人本人办理备案手续,只需由实施股权激励的企业或被投资企业代为办理即可。同时,《公告》还明确了递延纳税期间扣缴义务人按年报送相关情况的具体要求。

6. 股权转让时需要提供的资料。《通知》规定,企业实施股权激励或个人以技术成果投资入股,以实施股权激励或取得技术成果的企业为个人所得税扣缴义务人。因此,个人转让递延纳税的股票(权)时,扣缴义务人需按照规定扣缴相关的税款。为便于操作,《公告》规定,递延纳税股票(权)转让、办理纳税申报时,扣缴义务人、个人应向主管税务机关一并提供能够证明股票(权)转让价格、递延纳税股票(权)原值、合理税费的有关资料,具体包括转让协议、评估报告和相关票据等。资料不全或无法充分证明有关情况,造成计税依据偏低,又无正当理由的,主管税务机关可依据税收征管法有关规定进行核定。

(二)企业所得税方面

1. 政策对企业类型的要求。《公告》规定,实行查账征收的居民企业可以享受企业技术成果投资入股递延纳税政策。考虑到核定征收企业通常不能准确核算收入或支出情况，公告明确只有实行查账征收的居民企业才能适用上述政策。

2. 政策的征管规定。为加强对技术成果投资入股递延纳税政策的企业所得税管理，根据《通知》第三条第一款中有关“选择技术成果投资入股递延纳税政策的，经向主管税务机关备案”的规定，《公告》为纳税人设计了《技术成果投资入股企业所得税递延纳税备案表》。此表由企业在投资完成后首次预缴申报时向主管税务机关报送，旨在确认企业技术成果投资入股应递延的应纳税所得额，为税务机关加强后续管理奠定基础。为防止企业明显有意高估技术成果价值，侵蚀企业所得税税基，《公告》强调了对技术成果评估明显不合理的，主管税务机关有权进行调整。

(三)政策实施日期

《公告》与《通知》一致，自 2016 年 9 月 1 日起开始实施。中关村国家自主创新示范区 2016 年 1 月 1 日至 8 月 31 日之间发生的，符合《通知》递延纳税条件且尚未纳税的股权奖励，可按《公告》有关规定办理相关税收事宜。同时，《国家税务总局关于 3 项个人所得税事项取消审批实施后续管理的公告》(国家税务总局公告 2016 年第 5 号)第二条第(一)项同时废止。

财政部 国家税务总局关于银行业金融机构存款保险保费企业所得税税前扣除有关政策问题的通知

财税〔2016〕106 号

各省、自治区、直辖市、计划单列市财政厅(局)、国家税务局、地方税务局，新疆生产兵团财务局：

根据《中华人民共和国企业所得税法》及《中华人民共和国企业所得税法实施条例》的有关规定，现就银行业金融机构存款保险保费企业所得税税前扣除政策问题明确如下：

一、银行业金融机构依据《存款保险条例》的有关规定、按照不超过万分之一点六的存款保险费率，计算交纳的存款保险保费，准予在企业所得税税前扣除。

二、准予在企业所得税税前扣除的存款保险保费计算公式如下：

准予在企业所得税税前扣除的存款保险保费＝保费基数×存款保险费率。

保费基数以中国人民银行核定的数额为准。

三、准予在企业所得税税前扣除的存款保险保费，不包括存款保险保费滞纳金。

四、银行业金融机构是指《存款保险条例》规定在我国境内设立的商业银行、农村合作银行、农村信用合作社等吸收存款的银行业金融机构。

五、本通知自 2015 年 5 月 1 日起执行。

财政部 国家税务总局

2016 年 10 月 8 日

国家税务总局关于完善预约定价安排管理有关事项的公告

国家税务总局公告 2016 年第 64 号

为进一步完善预约定价安排管理，执行我国政府对外签署的避免双重征税协定、协议或者安排(以下简称“税收协定”)，根据《中华人民共和国企业所得税法》(以下简称“企业所得税法”)及其实施条例、《中华人民共和国税收征收管理法》(以下简称“税收征管法”)及其实施细则的有关规定，现就有关事项公告

如下：

一、企业可以与税务机关就其未来年度关联交易的定价原则和计算方法达成预约定价安排。

二、预约定价安排的谈签与执行经过预备会谈、谈签意向、分析评估、正式申请、协商签署和监控执行6个阶段。预约定价安排包括单边、双边和多边3种类型。

三、预约定价安排适用于主管税务机关向企业送达接收其谈签意向的《税务事项通知书》之日所属纳税年度起3至5个年度的关联交易。

企业以前年度的关联交易与预约定价安排适用年度相同或者类似的，经企业申请，税务机关可以将预约定价安排确定的定价原则和计算方法追溯适用于以前年度该关联交易的评估和调整。追溯期最长为10年。

预约定价安排的谈签不影响税务机关对企业不适用预约定价安排的年度及关联交易的特别纳税调查调整和监控管理。

四、预约定价安排一般适用于主管税务机关向企业送达接收其谈签意向的《税务事项通知书》之日所属纳税年度前3个年度每年度发生的关联交易金额4000万元人民币以上的企业。

五、企业有谈签预约定价安排意向的，应当向税务机关书面提出预备会谈申请。税务机关可以与企业开展预备会谈。

(一)企业申请单边预约定价安排的，应当向主管税务机关书面提出预备会谈申请，提交《预约定价安排预备会谈申请书》(附件1)。主管税务机关组织与企业开展预备会谈。

企业申请双边或者多边预约定价安排的，应当同时向国家税务总局和主管税务机关书面提出预备会谈申请，提交《预约定价安排预备会谈申请书》。国家税务总局统一组织与企业开展预备会谈。

(二)预备会谈期间，企业应当就以下内容作出简要说明：

1. 预约定价安排的适用年度；

2. 预约定价安排涉及的关联方及关联交易；

3. 企业及其所属企业集团的组织结构和管理架构；

4. 企业最近3至5个年度生产经营情况、同期资料等；

5. 预约定价安排涉及各关联方功能和风险的说明，包括功能和风险划分所依据的机构、人员、费用、资产等；

6. 市场情况的说明，包括行业发展趋势和竞争环境等；

7. 是否存在成本节约、市场溢价等地域特殊优势；

8. 预约定价安排是否追溯适用以前年度；

9. 其他需要说明的情况。

企业申请双边或者多边预约定价安排的，说明内容还应当包括：

1. 向税收协定缔约对方税务主管当局提出预约定价安排申请的情况；

2. 预约定价安排涉及的关联方最近3至5个年度生产经营情况及关联交易情况；

3. 是否涉及国际重复征税及其说明。

(三)预备会谈期间，企业应当按照税务机关的要求补充资料。

六、税务机关和企业在预备会谈期间达成一致意见的，主管税务机关向企业送达同意其提交谈签意向的《税务事项通知书》。企业收到《税务事项通知书》后向税务机关提出谈签意向。

(一)企业申请单边预约定价安排的，应当向主管税务机关提交《预约定价安排谈签意向书》(附件2)，并附送单边预约定价安排申请草案。

企业申请双边或者多边预约定价安排的，应当同时向国家税务总局和主管税务机关提交《预约定价安排谈签意向书》，并附送双边或者多边预约定价安排申请草案。

(二)单边预约定价安排申请草案应当包括以下内容：

1. 预约定价安排的适用年度；

2. 预约定价安排涉及的关联方及关联交易；

3. 企业及其所属企业集团的组织结构和管理架构；

4. 企业最近3至5个年度生产经营情况、财务会计报告、审计报告、同期资料等；

5. 预约定价安排涉及各关联方功能和风险的说明，包括功能和风险划分所依据的机构、人员、费用、资产等；

6. 预约定价安排使用的定价原则和计算方法，以及支持这一定价原则和计算方法的功能风险分析、可比性分析和假设条件等；

7. 价值链或者供应链分析，以及对成本节约、市场溢价等地域特殊优势的考虑；

8. 市场情况的说明，包括行业发展趋势和竞争环境等；

9. 预约定价安排适用期间的年度经营规模、经营效益预测以及经营规划等；

10. 预约定价安排是否追溯适用以前年度；

11. 对预约定价安排有影响的境内、外行业相关法律、法规；

12. 企业关于不存在本条第(三)项所列举情形的说明；

13. 其他需要说明的情况。

双边或者多边预约定价安排申请草案还应当包括：

1. 向税收协定缔约对方税务主管当局提出预约定价安排申请的情况；

2. 预约定价安排涉及的关联方最近3至5个年度生产经营情况及关联交易情况；

3. 是否涉及国际重复征税及其说明。

(三)有下列情形之一的，税务机关可以拒绝企业提交谈签意向：

1. 税务机关已经对企业实施特别纳税调整立案调查或者其他涉税案件调查，且尚未结案的；

2. 未按照有关规定填报年度关联业务往来报告表；

3. 未按照有关规定准备、保存和提供同期资料；

4. 预备会谈阶段税务机关和企业无法达成一致意见。

七、企业提交谈签意向后，税务机关应当分析预约定价安排申请草案内容，评估其是否符合独立交易原则。根据分析评估的具体情况可以要求企业补充提供有关资料。

税务机关可以从以下方面进行分析评估：

(一)功能和风险状况。分析评估企业与其关联方之间在供货、生产、运输、销售等各环节以及在研究、开发无形资产等方面各自作出的贡献、执行的功能以及在存货、信贷、外汇、市场等方面承担的风险。

(二)可比交易信息。分析评估企业提供的可比交易信息，对存在的实质性差异进行调整。

(三)关联交易数据。分析评估预约定价安排涉及的关联交易的收入、成本、费用和利润是否单独核算或者按照合理比例划分。

(四)定价原则和计算方法。分析评估企业在预约定价安排中采用的定价原则和计算方法。如申请追溯适用以前年度的，应当作出说明。

(五)价值链分析和贡献分析。评估企业对价值链或者供应链的分析是否完整、清晰，是否充分考虑成本节约、市场溢价等地域特殊优势，是否充分考虑本地企业对价值创造的贡献等。

(六)交易价格或者利润水平。根据上述分析评估结果，确定符合独立交易原则的价格或者利润水平。

(七)假设条件。分析评估影响行业利润水平和企业生产经营的因素及程度，合理确定预约定价安排适用的假设条件。

八、分析评估阶段，税务机关可以与企业就预约定价安排申请草案进行讨论。税务机关可以进行功能和风险实地访谈。税务机关认为预约定价安排申请草案不符合独立交易原则的，企业应当与税务机关协商，并进行调整；税务机关认为预约定价安排申请草案符合独立交易原则的，主管税务机关向企业送达同意其提交正式申请的《税务事项通知书》，企业收到通知后，可以向税务机关提交《预约定价安排正式申请书》(附件3)，并附送预约定价安排正式申请报告。

(一)企业申请单边预约定价安排的，应当向主管税务机关提交上述资料。企业申请双边或者多边预约定价安排的，应当同时向国家税务总局和主管税务机关提交上述资料，并按照有关规定提交启动特别纳税调整相互协商程序的申请。

(二)有下列情形之一的，税务机关可以拒绝企业提交正式申请：

1. 预约定价安排申请草案拟采用的定价原则和计算方法不合理，且企业拒绝协商调整；

2. 企业拒不提供有关资料或者提供的资料不符合税务机关要求，且不按时补正或者更正；

3. 企业拒不配合税务机关进行功能和风险实地访谈；

4. 其他不适合谈签预约定价安排的情况。

九、税务机关应当在分析评估的基础上形成协商方案，并据此开展协商工作。

（一）主管税务机关与企业开展单边预约定价安排协商，协商达成一致的，拟定单边预约定价安排文本（参照文本见附件4）。

国家税务总局与税收协定缔约对方税务主管当局开展双边或者多边预约定价安排协商，协商达成一致的，拟定双边或者多边预约定价安排文本。

（二）预约定价安排文本可以包括以下内容：

1. 企业及其关联方名称、地址等基本信息；

2. 预约定价安排涉及的关联交易及适用年度；

3. 预约定价安排选用的定价原则和计算方法，以及可比价格或者可比利润水平等；

4. 与转让定价方法运用和计算基础相关的术语定义；

5. 假设条件及假设条件变动通知义务；

6. 企业年度报告义务；

7. 预约定价安排的效力；

8. 预约定价安排的续签；

9. 预约定价安排的生效、修订和终止；

10. 争议的解决；

11. 文件资料等信息的保密义务；

12. 单边预约定价安排的信息交换；

13. 附则。

（三）主管税务机关与企业就单边预约定价安排文本达成一致后，双方的法定代表人或者法定代表人授权的代表签署单边预约定价安排。

国家税务总局与税收协定缔约对方税务主管当局就双边或者多边预约定价安排文本达成一致后，双方或者多方税务主管当局授权的代表签署双边或者多边预约定价安排。国家税务总局应当将预约定价安排转发主管税务机关。主管税务机关应当向企业送达《税务事项通知书》，附送预约定价安排，并做好执行工作。

（四）预约定价安排涉及适用年度或者追溯年度补（退）税款的，税务机关应当按照纳税年度计算应补征或者退还的税款，并向企业送达《预约定价安排补（退）税款通知书》（附件5）。

十、税务机关应当监控预约定价安排的执行情况。

（一）预约定价安排执行期间，企业应当完整保存与预约定价安排有关的文件和资料，包括账簿和有关记录等，不得丢失、销毁和转移。

企业应当在纳税年度终了后6个月内，向主管税务机关报送执行预约定价安排情况的纸质版和电子版年度报告，主管税务机关将电子版年度报告报送国家税务总局；涉及双边或者多边预约定价安排的，企业应当向主管税务机关报送执行预约定价安排情况的纸质版和电子版年度报告，同时将电子版年度报告报送国家税务总局。

年度报告应当说明报告期内企业经营情况以及执行预约定价安排的情况。需要修订、终止预约定价安排，或者有未决问题或者预计将要发生问题的，应当作出说明。

（二）预约定价安排执行期间，主管税务机关应当每年监控企业执行预约定价安排的情况。监控内容主要包括：企业是否遵守预约定价安排条款及要求；年度报告是否反映企业的实际经营情况；预约定价安排所描述的假设条件是否仍然有效等。

（三）预约定价安排执行期间，企业发生影响预约定价安排的实质性变化，应当在发生变化之日起30日内书面报告主管税务机关，详细说明该变化对执行预约定价安排的影响，并附送相关资料。由于非主观原因而无法按期报告的，可以延期报告，但延长期限不得超过30日。

税务机关应当在收到企业书面报告后，分析企业实质性变化情况，根据实质性变化对预约定价安排的影响程度，修订或者终止预约定价安排。签署的预约定价安排终止执行的，税务机关可以和企业按照本公告规定的程序和要求，重新谈签预约定价安排。

（四）国家税务局和地方税务局与企业共同签署的预约定价安排，在执行期间，企业应当分别向国家税务局和地方税务局报送年度报告和实质性变化报告。国家税务局和地方税务局应当对企业执行预约定价安排的情况，实施联合监控。

十一、预约定价安排执行期满后自动失效。企业申请续签的，应当在预约定价安排执行期满之日前90日内向税务机关提出续签申请，报送《预约定价安排续签申请书》（附件6），并提供执行现行预约定价安排情况的报告，现行预约定价安排所述事实和经营环境是否发生实质性变化的说明材料以及续签预约定价安排年度的预测情况等相关资料。

十二、预约定价安排采用四分位法确定价格或者利润水平，在预约定价安排执行期间，如果企业当年实际经营结果在四分位区间之外，税务机关可以将实际经营结果调整到四分位区间中位值。预约定价安排执行期满，企业各年度经营结果的加权平均值低于区间中位值，且未调整至中位值的，税务机关不再受理续签申请。

双边或者多边预约定价安排执行期间存在上述问题的，主管税务机关应当及时将有关情况层报国家税务总局。

十三、预约定价安排执行期间，主管税务机关与企业发生分歧的，双方应当进行协商。协商不能解决的，可以报上一级税务机关协调；涉及双边或者多边预约定价安排的，必须层报国家税务总局协调。对上一级税务机关或者国家税务总局的决定，下一级税务机关应当予以执行。企业仍不能接受的，可以终止预约定价安排的执行。

十四、在预约定价安排签署前，税务机关和企业均可暂停、终止预约定价安排程序。税务机关发现企业或者其关联方故意不提供与谈签预约定价安排有关的必要资料，或者提供虚假、不完整资料，或者存在其他不配合的情形，使预约定价安排难以达成一致的，可以暂停、终止预约定价安排程序。涉及双边或者多边预约定价安排的，经税收协定缔约各方税务主管当局协商，可以暂停、终止预约定价安排程序。税务机关暂停、终止预约定价安排程序的，应当向企业送达《税务事项通知书》，并说明原因；企业暂停、终止预约定价安排程序的，应当向税务机关提交书面说明。

十五、没有按照规定的权限和程序签署预约定价安排，或者税务机关发现企业隐瞒事实的，应当认定预约定价安排自始无效，并向企业送达《税务事项通知书》，说明原因；发现企业拒不执行预约定价安排或者存在违反预约定价安排的其他情况，可以视情况进行处理，直至终止预约定价安排。

十六、有下列情形之一的，税务机关可以优先受理企业提交的申请：

（一）企业关联申报和同期资料完备合理，披露充分；

（二）企业纳税信用级别为A级；

（三）税务机关曾经对企业实施特别纳税调查调整，并已经结案；

（四）签署的预约定价安排执行期满，企业申请续签，且预约定价安排所述事实和经营环境没有发生实质性变化；

（五）企业提交的申请材料齐备，对价值链或者供应链的分析完整、清晰，充分考虑成本节约、市场溢价等地域特殊因素，拟采用的定价原则和计算方法合理；

（六）企业积极配合税务机关开展预约定价安排谈签工作；

（七）申请双边或者多边预约定价安排的，所涉及的税收协定缔约对方税务主管当局有较强的谈签意愿，对预约定价安排的重视程度较高；

（八）其他有利于预约定价安排谈签的因素。

十七、预约定价安排同时涉及两个或者两个以上省、自治区、直辖市和计划单列市税务机关的，或者同时涉及国家税务局和地方税务局的，由国家税务总局统一组织协调。

企业申请上述单边预约定价安排的，应当同时向国家税务总局及其指定的税务机关提出谈签预约定价安排的相关申请。国家税务总局可以与企业统一签署单边预约定价安排，或者指定税务机关与企业统一签署单边预约定价安排，也可以由各主管税务机关与企业分别签署单边预约定价安排。

十八、单边预约定价安排涉及一个省、自治区、直辖市和计划单列市内两个或者两个以上主管税务机关，且仅涉及国家税务局或者地方税务局的，由省、自治区、直辖市和计划单列市相应税务机关统一组织协调。

十九、税务机关与企业在预约定价安排谈签过程中取得的所有信息资料，双方均负有保密义务。除依法应当向有关部门提供信息的情况外，未经纳税人同意，税务机关不得以任何方式泄露预约定价安排相关信息。

税务机关与企业不能达成预约定价安排的，税务机关在协商过程中所取得的有关企业的提议、推理、观念和判断等非事实性信息，不得用于对该预约定价安排涉及关联交易的特别纳税调查调整。

二十、除涉及国家安全的信息以外，国家税务总局可以按照对外缔结的国际公约、协定、协议等有关规定，与其他国家（地区）税务主管当局就 2016 年 4 月 1 日以后签署的单边预约定价安排文本实施信息交换。企业应当在签署单边预约定价安排时提供其最终控股公司、上一级直接控股公司及单边预约定价安排涉及的境外关联方所在国家（地区）的名单。

二十一、本公告所称主管税务机关是指负责特别纳税调整事项的税务机关。

二十二、本公告自 2016 年 12 月 1 日起施行。《特别纳税调整实施办法（试行）》（国税发〔2009〕2 号文件印发）第六章同时废止。本公告施行前税务机关未接受正式申请的预约定价安排，适用本公告的规定。

特此公告。

附件：1. 预约定价安排预备会谈申请书（略）

2. 预约定价安排谈签意向书（略）

3. 预约定价安排正式申请书（略）

4. 单边预约定价安排（参照文本）（略）

5. 预约定价安排补（退）税款通知书（略）

6. 预约定价安排续签申请书（略）

国家税务总局

2016 年 10 月 11 日

关于《国家税务总局关于完善预约定价安排管理有关事项的公告》的解读

一、本公告发布的背景是什么？

本公告发布的目的之一是进一步完善预约定价安排管理。我国自 20 世纪 90 年代末开始预约定价安排的实践，2002 年《中华人民共和国税收征收管理法实施细则》和 2008 年《中华人民共和国企业所得税法》正式规定了预约定价制度，2009 年《国家税务总局关于印发〈特别纳税调整实施办法（试行）〉的通知》（国税发〔2009〕2 号）对预约定价制度及执行程序进行了细化。但随着实践的发展，预约定价安排管理程序需要进一步完善。本公告结合我国多年实践，进一步规范了预约定价安排谈签流程，以便更好地指导税企双方谈签预约定价安排。

本公告发布的目的之二是落实税基侵蚀和利润转移（BEPS）行动计划。近年来，我国积极参与国际税收规则制定，特别是深度参与 BEPS 行动计划。BEPS 行动计划成果转化，需要出台国内配套政策。本公告的发布一方面是落实 BEPS 第 5 项行动计划最低标准的要求，将单边预约定价安排纳入强制自发情报交换框架，并告知纳税人；另一方面是 BEPS 第 14 项行动计划在中国落地的具体措施之一，能够为纳税人提供税收确定性。双边或者多边预约定价安排的谈签，也有利于避免或者消除国际重复征税。

二、本公告的主要变化是什么？

与《特别纳税调整实施办法（试行）》（国税发〔2009〕2 号文件印发）第六章预约定价安排管理相比，本公告主要做了以下修改：

一是下放了预约定价安排受理权限。除应由税务总局受理的情况外，明确由负责特别纳税调整事项的主管税务机关受理。

二是调整了预约定价安排谈签与执行的阶段。根据多年预约定价安排实践情况，重新调整了 6 个阶段，增加了谈签意向阶段，将磋商和签订安排合并为一个阶段，即协商签署阶段，并调整了顺序，使得 6 个阶段的划分更为科学合理。

三是强调了谈签意向的重要性。将预约定价安排适用年度的计算起点由企业提交正式书面申请的次年调整为主管税务机关向企业送达接收其谈签意向的《税务事项通知书》之日所属纳税年度。

四是增加了税务机关拒绝谈签意向、优先受理正式申请和拒绝正式申请的条款，优化了分析评估、监控执行等有关流程。

五是增加了单边预约定价安排信息交换条款。根据税基侵蚀和利润转移（BEPS）项目最低标准的要求，我国承诺将 2016 年 4 月 1 日以后签署的单边预约定价安排纳入强制自发情报交换框架，定期与相关国家（地区）进行信息交换，并将此情况告知纳税人。

三、信息交换是否会影响单边预约定价安排的保密性？

BEPS 第 5 项行动计划最低标准要求 BEPS 参与国交换单边预约定价安排信息，同时也对信息交换的保密性做出了严格规定。按照有关规定，我国与其他国家（地区）税务主管当局将严格遵守信息交换的有关保密规定，并接受 G20 和 OECD 的审议和监督。

财政部 国家税务总局 商务部 科技部 国家发展改革委关于新增中国服务外包示范城市适用技术先进型服务企业所得税政策的通知

财税〔2016〕108 号

辽宁、吉林、江苏、福建、广西、新疆、青岛、宁波、河南省（自治区、计划单列市）财政厅（局）、国家税务局、地方税务局、商务主管部门、科技厅（委、局）、发展改革委：

根据国务院有关批复，现就沈阳等 10 个新增中国服务外包示范城市适用技术先进型服务企业所得税政策问题通知如下：

一、沈阳、长春、南通、镇江、福州（含平潭综合实验区）、南宁、乌鲁木齐、青岛、宁波和郑州等 10 个新增中国服务外包示范城市按照《财政部 国家税务总局 商务部 科技部 国家发展改革委关于完善技术先进型服务企业有关企业所得税政策问题的通知》（财税〔2014〕59 号）的有关规定，适用技术先进型服务企业所得税优惠政策。

二、本通知自 2016 年 1 月 1 日起至 2018 年 12 月 31 日止执行。

财政部 国家税务总局 商务部
科技部 国家发展改革委
2016 年 10 月 12 日

财政部 国家税务总局 民政部关于生产和装配伤残人员专门用品企业免征企业所得税的通知

财税〔2016〕111 号

各省、自治区、直辖市、计划单列市财政厅（局）、国家税务局、地方税务局、民政厅（局），新疆生产建设兵团财务局、民政局：

经国务院批准，现对生产和装配伤残人员专门用品的企业征免企业所得税政策明确如下：

一、自2016年1月1日至2020年12月31日期间，对符合下列条件的居民企业，免征企业所得税：

1. 生产和装配伤残人员专门用品，且在民政部发布的《中国伤残人员专门用品目录》范围之内。

2. 以销售本企业生产或者装配的伤残人员专门用品为主，其所取得的年度伤残人员专门用品销售收入(不含出口取得的收入)占企业收入总额60%以上。

3. 企业账证健全，能够准确、完整地向主管税务机关提供纳税资料，且本企业生产或者装配的伤残人员专门用品所取得的收入能够单独、准确核算。

4. 企业拥有假肢制作师、矫形器制作师资格证书的专业技术人员不得少于1人；其企业生产人员如超过20人，则其拥有假肢制作师、矫形器制作师资格证书的专业技术人员不得少于全部生产人员的1/6。

5. 具有与业务相适应的测量取型、模型加工、接受腔成型、打磨、对线组装、功能训练等生产装配专用设备和工具。

6. 具有独立的接待室、假肢或者矫形器(辅助器具)制作室和假肢功能训练室，使用面积不少于115平方米。

二、享受本通知税收优惠的企业，应当按照《国家税务总局关于发布〈企业所得税优惠政策事项办理办法〉的公告》(国家税务总局公告2015年第76号)规定向税务机关履行备案手续，妥善保管留存备查资料。

附件：中国伤残人员专门用品目录(略)

财政部 国家税务总局 民政部

2016年10月24日

国家税务总局关于规范全国千户集团及其成员企业纳税申报时附报财务会计报表有关事项的公告

国家税务总局公告2016年第67号

为进一步加强大企业税收服务和管理工作，根据《中华人民共和国税收征收管理法》及其实施细则、《中华人民共和国企业所得税法》及其实施条例的相关规定，现将国家税务总局确定的重点大企业集团(以下简称“全国千户集团”)及其成员企业纳税申报时附报财务会计报表有关事项公告如下：

一、全国千户集团总部及其成员企业应在企业所得税预缴纳税申报时附报本级财务会计报表，以及税务机关根据实际需要要求附报的其他纳税资料，境外成员企业可暂不附报。年度终了，应在企业所得税年度纳税申报时，附报本级年度财务会计报表，以及税务机关根据实际需要要求附报的其他纳税资料。按照会计准则、会计制度等要求编制合并财务报表的全国千户集团总部，应在每年5月31日前附报上一年度的合并财务报表。

二、全国千户集团及其成员企业应附报的财务会计报表，是指按照企业所适用的会计准则、会计制度等编制的财务会计报表，包括资产负债表、利润表、现金流量表、所有者权益(股东权益)变动表、附注等。原则上，所有资料应以电子形式附报。企业编制的原始财务会计报表与税务机关核心征管系统中报表格式不一致的，应将原始财务会计报表以EXCEL表格式，作为附件一并附报。企业应确保报送的财务会计报表数据的真实、完整、准确。

三、本公告自2016年12月1日起施行。

特此公告。

国家税务总局

2016年10月26日

关于《国家税务总局关于规范全国千户集团及其成员企业纳税申报时附报财务会计报表有关事项的公告》的解读

一、出台背景

企业财务会计报表是记录反映企业资产负债、生产经营、资金流动等活动情况的重要依据，也是开展大企业税收经济分析和风险分析工作的重要数据来源。按照《中华人民共和国税收征收管理法》第二十五条规定，纳税人必须依照法律、行政法规规定或者税务机关依照法律、行政法规的规定确定的申报期限、申报内容如实办理纳税申报，报送纳税申报表、财务会计报表以及税务机关根据实际需要要求纳税人报送的其他纳税资料。《中华人民共和国企业所得税法》第五十四条规定，企业在报送企业所得税纳税申报表时，应当按照规定附送财务会计报告和其他有关资料。为规范全国千户集团及其成员企业报送财务会计报表工作制度，发布本公告。

二、附报财务会计报表范围

按照企业所适用的会计准则、会计制度等编制的财务会计报表，包括资产负债表、利润表、现金流量表、所有者权益(股东权益)变动表、附注，以及税务机关根据实际需要要求纳税人附报的其他纳税资料。境外成员企业可暂不附报。企业应当在规定的时限内完成附报，并确保报送的财务会计报表数据真实、完整、准确。

三、附报财务会计报表形式

公告中提出的应以电子形式附报财务会计报表，是指企业原则上可以通过网络申报系统、统一的 EXCEL 报表模板或单机版软件等电子形式向税务机关附报相关材料。如有特殊情况，请及时与税务机关沟通。

四、附报财务会计报表格式

目前，税务机关在核心征管系统中按照会计准则、会计制度等设计了统一的标准化的财务会计报表模板。全国千户集团及其成员企业编制财务会计报表时，根据实际情况可能存在个性化的核算处理，导致个别科目与税务机关核心征管系统中的报表模板不完全一致，如存在这样的情况，企业应将原始财务会计报表以 EXCEL 表形式，作为附件一并附报。

五、附报财务会计报表时限

全国千户集团及其成员企业应按照《中华人民共和国企业所得税法》的相关规定，按月或季预缴申报以及年度纳税申报时附报相应所属期的财务会计报表等相关资料。若企业未按时附报，税务机关将按照《中华人民共和国税收征收管理法》的有关规定处理。

财政部 国家税务总局关于保险公司准备金支出企业所得税税前扣除有关政策问题的通知

财税〔2016〕114 号

各省、自治区、直辖市、计划单列市财政厅(局)、国家税务局、地方税务局，新疆生产建设兵团财务局：

根据《中华人民共和国企业所得税法》和《中华人民共和国企业所得税法实施条例》的有关规定，现就保险公司准备金支出企业所得税税前扣除有关问题明确如下：

一、保险公司按下列规定缴纳的保险保障基金，准予据实税前扣除：

1. 非投资型财产保险业务，不得超过保费收入的 0.8%；投资型财产保险业务，有保证收益的，不得超过业务收入的0.08%,无保证收益的,不得超过业务收入的0.05%。

2. 有保证收益的人寿保险业务,不得超过业务收入的0.15%;无保证收益的人寿保险业务,不得超过业务收入的0.05%。

3. 短期健康保险业务,不得超过保费收入的0.8%;长期健康保险业务,不得超过保费收入的0.15%。

4. 非投资型意外伤害保险业务,不得超过保费收入的0.8%;投资型意外伤害保险业务,有保证收益的,不得超过业务收入的0.08%,无保证收益的,不得超过业务收入的0.05%。

保险保障基金,是指按照《中华人民共和国保险法》和《保险保障基金管理办法》规定缴纳形成的,在规定情形下用于救助保单持有人、保单受让公司或者处置保险业风险的非政府性行业风险救助基金。

保费收入,是指投保人按照保险合同约定,向保险公司支付的保险费。

业务收入,是指投保人按照保险合同约定,为购买相应的保险产品支付给保险公司的全部金额。

非投资型财产保险业务,是指仅具有保险保障功能而不具有投资理财功能的财产保险业务。

投资型财产保险业务,是指兼具有保险保障与投资理财功能的财产保险业务。

有保证收益,是指保险产品在投资收益方面提供固定收益或最低收益保障。

无保证收益,是指保险产品在投资收益方面不提供收益保证,投保人承担全部投资风险。

二、保险公司有下列情形之一的,其缴纳的保险保障基金不得在税前扣除:

1. 财产保险公司的保险保障基金余额达到公司总资产6%的。

2. 人身保险公司的保险保障基金余额达到公司总资产1%的。

三、保险公司按国务院财政部门的相关规定提取的未到期责任准备金、寿险责任准备金、长期健康险责任准备金、已发生已报案未决赔款准备金和已发生未报案未决赔款准备金,准予在税前扣除。

1. 未到期责任准备金、寿险责任准备金、长期健康险责任准备金依据经中国保监会核准任职资格的精算师或出具专项审计报告的中介机构确定的金额提取。

未到期责任准备金,是指保险人为尚未终止的非寿险保险责任提取的准备金。

寿险责任准备金,是指保险人为尚未终止的人寿保险责任提取的准备金。

长期健康险责任准备金,是指保险人为尚未终止的长期健康保险责任提取的准备金。

2. 已发生已报案未决赔款准备金,按最高不超过当期已经提出的保险赔款或者给付金额的100%提取;已发生未报案未决赔款准备金按不超过当年实际赔款支出额的8%提取。

已发生已报案未决赔款准备金,是指保险人为非寿险保险事故已经发生并已向保险人提出索赔、尚未结案的赔案提取的准备金。

已发生未报案未决赔款准备金,是指保险人为非寿险保险事故已经发生、尚未向保险人提出索赔的赔案提取的准备金。

四、保险公司经营财政给予保费补贴的农业保险,按不超过财政部门规定的农业保险大灾风险准备金(简称大灾准备金)计提比例,计提的大灾准备金,准予在企业所得税前据实扣除。具体计算公式如下:

本年度扣除的大灾准备金=本年度保费收入×规定比例-上年度已在税前扣除的大灾准备金结存余额。

按上述公式计算的数额如为负数,应调增当年应纳税所得额。

财政给予保费补贴的农业保险,是指各级财政按照中央财政农业保险保费补贴政策规定给予保费补贴的种植业、养殖业、林业等农业保险。

规定比例,是指按照《财政部关于印发〈农业保险大灾风险准备金管理办法〉的通知》(财金〔2013〕129号)确定的计提比例。

五、保险公司实际发生的各种保险赔款、给付,应首先冲抵按规定提取的准备金,不足冲抵部分,准予在当年税前扣除。

六、本通知自2016年1月1日至2020年12月31日执行。

财政部 国家税务总局

2016年11月2日

财政部 国家税务总局 证监会关于深港股票市场交易互联互通机制试点有关税收政策的通知

财税〔2016〕127 号

各省、自治区、直辖市、计划单列市财政厅(局)、国家税务局、地方税务局,新疆生产建设兵团财务局,上海、深圳证券交易所,中国证券登记结算公司:

经国务院批准,现就深港股票市场交易互联互通机制试点(以下简称深港通)涉及的有关税收政策问题明确如下:

一、关于内地投资者通过深港通投资香港联合交易所有限公司(以下简称香港联交所)上市股票的所得税问题

(一)内地个人投资者通过深港通投资香港联交所上市股票的转让差价所得税。

对内地个人投资者通过深港通投资香港联交所上市股票取得的转让差价所得,自 2016 年 12 月 5 日起至 2019 年 12 月 4 日止,暂免征收个人所得税。

(二)内地企业投资者通过深港通投资香港联交所上市股票的转让差价所得税。

对内地企业投资者通过深港通投资香港联交所上市股票取得的转让差价所得,计入其收入总额,依法征收企业所得税。

(三)内地个人投资者通过深港通投资香港联交所上市股票的股息红利所得税。

对内地个人投资者通过深港通投资香港联交所上市 H 股取得的股息红利,H 股公司应向中国证券登记结算有限责任公司(以下简称中国结算)提出申请,由中国结算向 H 股公司提供内地个人投资者名册,H 股公司按照 20%的税率代扣个人所得税。内地个人投资者通过深港通投资香港联交所上市的非 H 股取得的股息红利,由中国结算按照 20%的税率代扣个人所得税。个人投资者在国外已缴纳的预提税,可持有效扣税凭证到中国结算的主管税务机关申请税收抵免。

对内地证券投资基金通过深港通投资香港联交所上市股票取得的股息红利所得,按照上述规定计征个人所得税。

(四)内地企业投资者通过深港通投资香港联交所上市股票的股息红利所得税。

1. 对内地企业投资者通过深港通投资香港联交所上市股票取得的股息红利所得,计入其收入总额,依法计征企业所得税。其中,内地居民企业连续持有 H 股满 12 个月取得的股息红利所得,依法免征企业所得税。

2. 香港联交所上市 H 股公司应向中国结算提出申请,由中国结算向 H 股公司提供内地企业投资者名册,H 股公司对内地企业投资者不代扣股息红利所得税款,应纳税款由企业自行申报缴纳。

3. 内地企业投资者自行申报缴纳企业所得税时,对香港联交所非 H 股上市公司已代扣代缴的股息红利所得税,可依法申请税收抵免。

二、关于香港市场投资者通过深港通投资深圳证券交易所(以下简称深交所)上市 A 股的所得税问题

1. 对香港市场投资者(包括企业和个人)投资深交所上市 A 股取得的转让差价所得,暂免征收所得税。

2. 对香港市场投资者(包括企业和个人)投资深交所上市 A 股取得的股息红利所得,在香港中央结算有限公司(以下简称香港结算)不具备向中国结算提供投资者的身份及持股时间等明细数据的条件之前,暂不执行按持股时间实行差别化征税政策,由上市公司按照 10%的税率代扣所得税,并向其主管税务机关办理扣缴申报。对于香港投资者中属于其他国家税收居民且其所在国与中国签订的税收协定规定股息红利所得税率低于 10%的,企业或个人可以自行或委托代扣代缴义务人,向上市公司主管税务机关提出享受税收协定待遇退还多缴税款的申请,主管税务机关查实后,对符合退税条件的,应按已征税款和根据税收协定税率计算的应纳税款的差额予以退税。

三、关于内地和香港市场投资者通过深港通买卖股票的增值税问题

1. 对香港市场投资者(包括单位和个人)通过深港通买卖深交所上市A股取得的差价收入,在营改增试点期间免征增值税。

2. 对内地个人投资者通过深港通买卖香港联交所上市股票取得的差价收入,在营改增试点期间免征增值税。

3. 对内地单位投资者通过深港通买卖香港联交所上市股票取得的差价收入,在营改增试点期间按现行政策规定征免增值税。

四、关于内地和香港市场投资者通过深港通转让股票的证券(股票)交易印花税问题

香港市场投资者通过深港通买卖、继承、赠与深交所上市A股,按照内地现行税制规定缴纳证券(股票)交易印花税。内地投资者通过深港通买卖、继承、赠与香港联交所上市股票,按照香港特别行政区现行税法规定缴纳印花税。

中国结算和香港结算可互相代收上述税款。

五、关于香港市场投资者通过沪股通和深股通参与股票担保卖空的证券(股票)交易印花税问题

对香港市场投资者通过沪股通和深股通参与股票担保卖空涉及的股票借入、归还,暂免征收证券(股票)交易印花税。

六、本通知自2016年12月5日起执行。

财政部 国家税务总局 证监会
2016年11月5日

财政部 国家税务总局 商务部 科技部 国家发展改革委关于在服务贸易创新发展试点地区推广技术先进型服务企业所得税优惠政策的通知

财税〔2016〕122号

天津、上海、海南、深圳、浙江、湖北、广东、四川、江苏、山东、黑龙江、重庆、贵州、陕西省(直辖市、计划单列市)财政厅(局)、国家税务局、地方税务局、商务主管部门、科技厅(委、局)、发展改革委:

为加快服务贸易发展,进一步推进外贸结构优化,根据国务院有关决定精神,现就在服务贸易创新发展试点地区推广技术先进型服务企业所得税优惠政策通知如下:

一、自2016年1月1日起至2017年12月31日止,在天津、上海、海南、深圳、杭州、武汉、广州、成都、苏州、威海和哈尔滨新区、江北新区、两江新区、贵安新区、西咸新区等15个服务贸易创新发展试点地区(以下简称试点地区)实行以下企业所得税优惠政策:

1. 符合条件的技术先进型服务企业减按15%的税率征收企业所得税。

2. 符合条件的技术先进型服务企业实际发生的职工教育经费支出,不超过工资薪金总额8%的部分,准予在计算应纳税所得额时扣除;超过部分准予在以后纳税年度结转扣除。

二、本通知所称技术先进型服务企业须满足的条件及有关管理事项,按照《财政部 国家税务总局 商务部 科技部 国家发展改革委关于完善技术先进型服务企业有关企业所得税政策问题的通知》(财税〔2014〕59号)的相关规定执行。其中,企业须满足的技术先进型服务业务领域范围按照本通知所附《技术先进型服务业务领域范围(服务贸易类)》执行。

三、试点地区人民政府(管委会)财政、税务、商务、科技和发展改革部门应加强沟通与协作,发现新情况、新问题及时上报财政部、国家税务总局、商务部、科技部和发展改革委。

四、《财政部 国家税务总局 商务部 科技部 国家发展改革委关于完善技术先进型服务企业有关企业所得税政策问题的通知》(财税〔2014〕59号)继续有效。

附件:技术先进型服务业务领域范围(服务贸易类)(略)

财政部 国家税务总局 商务部
科技部 国家发展改革委
2016年11月10日

财政部 国家税务总局关于落实降低企业杠杆率税收支持政策的通知

财税〔2016〕125号

各省、自治区、直辖市、计划单列市财政厅(局)、国家税务局、地方税务局,新疆生产建设兵团财务局:

按照党中央、国务院决策部署,根据《国务院关于积极稳妥降低企业杠杆率的意见》(国发〔2016〕54号,以下简称《意见》)有关精神,现就落实降低企业杠杆率税收政策工作通知如下:

一、充分认识贯彻落实降杠杆税收支持政策的重要意义

近年来,我国企业杠杆率高企,债务规模增长过快,企业债务负担不断加重。党中央、国务院从战略高度对降低企业杠杆率工作作出决策部署,把去杠杆列为供给侧结构性改革“三去一降一补”的五大任务之一。《意见》将“落实和完善降杠杆财税支持政策”作为重要任务。各级财税部门要充分认识积极稳妥降低企业杠杆率的重要性,坚决贯彻执行中央决策部署,严格按照《意见》要求认真落实好有关税收政策,充分发挥税收职能作用,切实减轻企业负担、降低企业成本,为企业降杠杆创造良好的外部环境。

二、落实好降杠杆相关税收支持政策

(一)企业符合税法规定条件的股权(资产)收购、合并、债务重组等重组行为,可按税法规定享受企业所得税递延纳税优惠政策。

(二)企业以非货币性资产投资,可按规定享受5年内分期缴纳企业所得税政策。

(三)企业破产、注销,清算企业所得税时,可按规定在税前扣除有关清算费用及职工工资、社会保险费用、法定补偿金。

(四)企业符合税法规定条件的债权损失可按规定在计算企业所得税应纳税所得额时扣除。

(五)金融企业按照规定提取的贷款损失准备金,符合税法规定的,可以在企业所得税税前扣除。

(六)在企业重组过程中,企业通过合并、分立、出售、置换等方式,将全部或者部分实物资产以及与其相关联的债权、负债和劳动力,一并转让给其他单位和个人,其中涉及的货物、不动产、土地使用权转让行为,符合规定的,不征收增值税。

(七)企业重组改制涉及的土地增值税、契税、印花税,符合规定的,可享受相关优惠政策。

(八)符合信贷资产证券化政策条件的纳税人,可享受相关优惠政策。

三、工作要求

降杠杆相关税收政策涵盖交易多个环节,涉及面广,政策内容多。各级财税部门要高度重视,进一步加强学习培训,熟悉、掌握政策内容;要加强对纳税人的宣传辅导,跟踪税收政策执行情况和实施效应,加强调研反馈,及时了解执行中遇到的问题,研究提出调整和完善税收政策的建议。

特此通知。

财政部 国家税务总局
2016年11月22日

国家税务总局关于企业所得税有关问题的公告

国家税务总局公告 2016 年第 80 号

根据《中华人民共和国企业所得税法》及其实施条例有关规定，现对企业所得税有关问题公告如下：

一、关于企业差旅费中人身意外保险费支出税前扣除问题

企业职工因公出差乘坐交通工具发生的人身意外保险费支出，准予企业在计算应纳税所得额时扣除。

二、企业移送资产所得税处理问题

企业发生《国家税务总局关于企业处置资产所得税处理问题的通知》(国税函〔2008〕828 号)第二条规定情形的，除另有规定外，应按照被移送资产的公允价值确定销售收入。

三、施行时间

本公告适用于 2016 年度及以后年度企业所得税汇算清缴。

《国家税务总局关于企业处置资产所得税处理问题的通知》(国税函〔2008〕828 号)第三条同时废止。

特此公告。

国家税务总局

2016 年 12 月 9 日

关于《国家税务总局关于企业所得税有关问题的公告》的解读

近来，纳税人和基层税务机关就企业所得税政策反映了一些问题，根据《中华人民共和国企业所得税法》及其实施条例有关规定，国家税务总局近日制定了《关于企业所得税有关问题的公告》(以下简称《公告》)。为便于理解和执行，现对公告解读如下：

一、关于企业差旅费中包含的人身意外保险费支出税前扣除问题

企业为职工因公出差乘坐交通工具而购买的人身意外保险费支出，符合企业所得税法第八条及其实施条例第二十七条关于企业与取得收入直接相关的支出准予税前扣除的规定，准予在计算应纳税所得额时扣除。

二、关于企业移送资产确认收入问题

企业发生《国家税务总局关于企业处置资产所得税处理问题的通知》(国税函〔2008〕828 号)第二条所述情形的，应按照被移送资产的公允价值确认销售收入，但对被移送资产的税务处理另有规定的，应按照相关规定执行。如企业发生《财政部 国家税务总局关于促进企业重组有关企业所得税处理问题的通知》(财税〔2014〕109 号)第三条规定的股权、资产划转行为的，应按照财税〔2014〕109 号文件规定进行税务处理。

国家税务总局关于房地产开发企业土地增值税清算涉及企业所得税退税有关问题的公告

国家税务总局公告 2016 年第 81 号

根据《中华人民共和国企业所得税法》及其实施条例、《中华人民共和国税收征收管理法》及其实施细则的相关规定，现就房地产开发企业(以下简称“企业”)由于土地增值税清算，导致多缴企业所得税的退税问题公告如下：

一、企业按规定对开发项目进行土地增值税清算后，当年企业所得税汇算清缴出现亏损且有其他后续开发项目的，该亏损应按照税法规定向以后年度结转，用以后年度所得弥补。后续开发项目，是指正在开发以及中标的项目。

二、企业按规定对开发项目进行土地增值税清算后，当年企业所得税汇算清缴出现亏损，且没有后续开发项目的，可以按照以下方法，计算出该项目由于土地增值税原因导致的项目开发各年度多缴企业所得税税款，并申请退税：

（一）该项目缴纳的土地增值税总额，应按照该项目开发各年度实现的项目销售收入占整个项目销售收入总额的比例，在项目开发各年度进行分摊，具体按以下公式计算：

各年度应分摊的土地增值税＝土地增值税总额×（项目年度销售收入÷整个项目销售收入总额）

本公告所称销售收入包括视同销售房地产的收入，但不包括企业销售的增值额未超过扣除项目金额20%的普通标准住宅的销售收入。

（二）该项目开发各年度应分摊的土地增值税减去该年度已经在企业所得税税前扣除的土地增值税后，余额属于当年应补充扣除的土地增值税；企业应调整当年度的应纳税所得额，并按规定计算当年度应退的企业所得税税款；当年度已缴纳的企业所得税税款不足退税的，应作为亏损向以后年度结转，并调整以后年度的应纳税所得额。

（三）按照上述方法进行土地增值税分摊调整后，导致相应年度应纳税所得额出现正数的，应按规定计算缴纳企业所得税。

（四）企业按上述方法计算的累计退税额，不得超过其在该项目开发各年度累计实际缴纳的企业所得税；超过部分作为项目清算年度产生的亏损，向以后年度结转。

三、企业在申请退税时，应向主管税务机关提供书面材料说明应退企业所得税款的计算过程，包括该项目缴纳的土地增值税总额、项目销售收入总额、项目年度销售收入额、各年度应分摊的土地增值税和已经税前扣除的土地增值税、各年度的适用税率，以及是否存在后续开发项目等情况。

四、本公告自发布之日起施行。本公告发布之日前，企业凡已经对土地增值税进行清算且没有后续开发项目的，在本公告发布后仍存在尚未弥补的因土地增值税清算导致的亏损，按照本公告第二条规定的方法计算多缴企业所得税税款，并申请退税。

《国家税务总局关于房地产开发企业注销前有关企业所得税处理问题的公告》（国家税务总局公告2010年第29号）同时废止。

特此公告。

国家税务总局
2016年12月9日

关于《国家税务总局关于房地产开发企业土地增值税清算涉及企业所得税退税有关问题的公告》的解读

近日，国家税务总局发布了《关于房地产开发企业土地增值税清算涉及企业所得税退税有关问题的公告》（以下简称《公告》），对房地产开发企业由于土地增值税清算原因导致多缴企业所得税的退税处理政策进行了完善。现解读如下：

一、《公告》出台背景

根据《国家税务总局关于房地产开发企业注销前有关企业所得税处理问题的公告》（国家税务总局公告2010年第29号，以下简称“29号公告”）规定，房地产开发企业由于土地增值税清算造成的亏损，在企业注销税务登记时还没有弥补的，企业可在注销前提出申请，税务机关将多缴的企业所得税予以退税。但是，由于多种原因，房地产开发企业在开发产品销售完成后，短期内无法注销，导致多缴的企业所得税无法申请退税。结合房地产开发企业和开发项目的特点，税务总局制定《公告》，对房地产开发企业土地增值税清算涉及企业所得税退税政策进行了完善。

二、《公告》主要内容

（一）房地产开发企业申请退税时间

《公告》将房地产开发企业可以申请退税的时间规定为所有开发项目清算后，即房地产开发企业按规定对开发项目进行土地增值税清算后，如土地增值税清算当年汇算清缴出现亏损，且没有后续开发项目的，可申请退税。后续开发项目，包括正在开发以及中标的项目。

（二）多缴企业所得税款计算方法

《公告》延续了 29 号公告的做法，房地产开发企业开发项目缴纳的土地增值税总额，应按照该项目开发各年度实现的项目销售收入占整个项目销售收入总额的比例，在项目开发各年度进行分摊，并计算各年度及累计应退的税款。举例说明如下：

某房地产开发企业 2014 年 1 月开始开发某房地产项目，2016 年 10 月项目全部竣工并销售完毕，12 月进行土地增值税清算，整个项目共缴纳土地增值税 1 100 万元，其中 2014 年—2016 年预缴土地增值税分别为 240 万元、300 万元、60 万元；2016 年清算后补缴土地增值税 500 万元。2014 年—2016 年实现的项目销售收入分别为 12 000 万元、15 000、3 000 万元，缴纳的企业所得税分别为 45 万元、310 万元、0 万元。该企业 2016 年度汇算清缴出现亏损，应纳税所得额为－400 万元。企业没有后续开发项目，拟申请退税，具体计算详见下表：

	2014 年	2015 年	2016 年
预缴土地增值税	240	300	60
补缴土地增值税	—	—	500
分摊土地增值税	440 (1 100×(12 000÷30 000))	550 (1 100×(15 000÷30 000))	110 (1100×(3 000÷30 000))
应纳税所得额调整	－200(240－440)	－270(300－550－20)	450(60＋500－110)
调整后应纳税所得额	—	—	50(－400＋450)
应退企业所得税	50(200×25％)	67.5(270×25％)	—
已缴纳企业所得税	45	310	0
实退企业所得税	45	67.5	—
亏损结转(调整后)	－20((45－50)÷25％)	—	—
应补企业所得税	—	—	12.5(50×25％＝12.5)
累计退税额	—	—	100(45＋67.5－12.5)

（三）报送资料

《公告》规定，房地产开发企业在申请退税时，应向主管税务机关提供书面材料说明应退企业所得税款的计算过程，包括该项目缴纳的土地增值税总额、项目销售收入总额、项目年度销售收入额、各年度应分摊的土地增值税和已经税前扣除的土地增值税、各年度的适用税率，以及是否存在后续开发项目等情况。

（四）以前年度多缴税款处理

《公告》发布执行前已经进行土地增值税清算，《公告》发布执行后仍存在尚未弥补的因土地增值税清算导致的亏损，按照《公告》第二条规定的方法计算多缴企业所得税税款，并申请退税。《公告》发布执行后，企业应抓紧向主管税务机关提出退税申请，并按要求提供相关资料。

三、《公告》实施时间

《公告》自发布之日起施行。29 号公告同时废止。

第二编

货物和劳务税法

第三部分 中华人民共和国增值税法

中华人民共和国增值税暂行条例

（1993 年 12 月 13 日中华人民共和国国务院令第 134 号发布
2008 年 11 月 5 日国务院第 34 次常务会议修订通过）

第一条 在中华人民共和国境内销售货物或者提供加工、修理修配劳务以及进口货物的单位和个人，为增值税的纳税人，应当依照本条例缴纳增值税。

【注释】 相关规定包括：《国家税务总局关于印发〈增值税部分货物征税范围注释〉的通知》（国税发〔1993〕151 号）、《国家税务总局关于印发〈增值税若干具体问题的规定〉的通知》（国税发〔1993〕154 号）、《财政部 国家税务总局关于增值税、营业税若干政策规定的通知》（财税〔1994〕26 号）、《国家税务总局关于下发〈货物期货征收增值税具体办法〉的通知》（国税发〔1994〕244 号）、《财政部 国家税务总局关于外国石油公司参与煤层气开采所适用税收政策问题的通知》（财税〔1996〕62 号）、《财政部 国家税务总局关于体育彩票发行收入税收问题的通知》（财税〔1996〕77 号）、《国家税务总局关于厦门邮电纵横股份有限公司销售传呼机、移动电话征收增值税问题的批复》（国税函发〔1997〕504 号）、《国家税务总局国家税务总局关于电梯保养、维修收入征税问题的批复》（国税函发〔1998〕390 号）、《国家税务总局关于融资租赁业务征收流转税问题的通知》（国税函〔2000〕514 号）、《国家税务总局关于白银生产环节征收增值税的通知》（国税发〔2000〕51 号）、《国家税务总局关于纳税人销售自产货物提供增值税劳务并同时提供建筑业劳务征收流转税问题的通知》（国税发〔2002〕117 号）、《国家税务总局关于电力公司过网费收入征收增值税问题的批复》（国税函〔2004〕607 号）、《国家税务总局国家税务总局关于纳税人提供泥浆工程劳务征收流转税问题的批复》（国税函〔2005〕375 号）。

第二条 增值税税率：

（一）纳税人销售或者进口货物，除本条第（二）项、第（三）项规定外，税率为 17%。

（二）纳税人销售或者进口下列货物，税率为 13%：

1. 粮食、食用植物油；
2. 自来水、暖气、冷气、热水、煤气、石油液化气、天然气、沼气、居民用煤炭制品；
3. 图书、报纸、杂志；
4. 饲料、化肥、农药、农机、农膜；
5. 国务院规定的其他货物。

（三）纳税人出口货物，税率为零；但是，国务院另有规定的除外。

（四）纳税人提供加工、修理修配劳务（以下称应税劳务），税率为 17%。

税率的调整，由国务院决定。

【注释】 相关规定包括：《国家税务总局关于印发〈增值税部分货物征税范围注释〉的通知》（国税发〔1993〕151 号）、《财政部 国家税务总局关于增值税几个税收政策问题的通知》（财税〔1994〕60 号）、《财政部 国家税务总局关于金银首饰等货物征收增值税问题的通知》（财税〔1996〕74 号）、《国家税务总局关于淀粉的增值税适用税率问题的批复》（国税函发〔1996〕744 号）、《国家税务总局关于正大康地（深圳）有限公司生产经营饲料添加剂预混料应否免征增值税问题的批复》（国税函发〔1997〕424 号）、《财政部 国家税务总局关于旧货经营增值税问题的通知》（财税〔1998〕6 号）、《国家税务总局关于修订"饲料"注释及加强饲料征免增值税管理问题的通知》（国税发〔1999〕39 号）、《国家税务总局关于增值税若干税收政策问题的批复》（国税函〔2001〕248 号）、《国家税务总局关于宠物饲料征收增值税问题的批复》（国税函〔2002〕812 号）、《国家税务总局关于茴油、毛椰子油适用增值税税率的批复》（国税函〔2003〕426 号）、《国家税务总局关于不带动力的手扶拖拉机和三轮农用运输车适用13%税率执行时间的批复》(国税函〔2003〕1118号)、《国家税务总局关于农药出口退税政策的通知》(国税函〔2003〕1158号)、《国家税务总局关于天然二氧化碳适用增值税税率的批复》(国税函〔2003〕1324号)、《财政部 国家税务总局关于调整国内航空公司进口飞机有关增值税政策的通知》(财关税〔2004〕43号)、《国家税务总局关于由石油伴生气加工压缩成的石油液化气适用增值税税率的通知》(国税发〔2005〕83号)、《国家税务总局关于出口豆腐皮等产品适用征、退税率问题的批复》(国税函〔2005〕944号)、《国家税务总局关于亚麻油等出口货物退税问题的批复》(国税函〔2005〕974号)、《财政部 国家税务总局 国家发展改革委关于继续暂停部分化肥品种出口退税的通知》(财税〔2005〕192号)、《财政部 海关总署 国家税务总局关于调整钻石及上海钻石交易所有关税收政策的通知》(财税〔2006〕65号)、《国家税务总局关于中小学课本配套产品适用增值税税率的批复》(国税函〔2006〕770号)、《国家税务总局关于水洗猪鬃征收增值税问题的批复》(国税函〔2006〕773号)、《国家税务总局关于饲料级磷酸二氢钙产品增值税政策问题的通知》(国税函〔2007〕10号)、《财政部 国家税务总局关于明确硝酸铵适用增值税税率的通知》(财税〔2007〕7号)、《国家税务总局关于粉煤灰(渣)征收增值税问题的批复》(国税函〔2007〕158号)、《财政部 国家税务总局关于明确生皮和生毛皮进口环节增值税税率的通知》(财关税〔2007〕34号)。

第三条 纳税人兼营不同税率的货物或者应税劳务,应当分别核算不同税率货物或者应税劳务的销售额;未分别核算销售额的,从高适用税率。

第四条 除本条例第十一条规定外,纳税人销售货物或者提供应税劳务(以下简称销售货物或者应税劳务),应纳税额为当期销项税额抵扣当期进项税额后的余额。应纳税额计算公式:

应纳税额=当期销项税额-当期进项税额

当期销项税额小于当期进项税额不足抵扣时,其不足部分可以结转下期继续抵扣。

第五条 纳税人销售货物或者应税劳务,按照销售额和本条例第二条规定的税率计算并向购买方收取的增值税额,为销项税额。销项税额计算公式:

销项税额=销售额×税率

【注释】 相关规定包括:《国家税务总局关于下发〈货物期货征收增值税具体办法〉的通知》(国税发〔1994〕244号)。

第六条 销售额为纳税人销售货物或者应税劳务向购买方收取的全部价款和价外费用,但是不包括收取的销项税额。

销售额以人民币计算。纳税人以人民币以外的货币结算销售额的,应当折合成人民币计算。

【注释】 相关规定包括:《国家税务总局关于印发〈增值税若干具体问题的规定〉的通知》(国税发〔1993〕154号)、《国家税务总局关于下发〈货物期货征收增值税具体办法〉的通知》(国税发〔1994〕244号)、《国家税务总局关于加强增值税征收管理若干问题的通知》(国税发〔1995〕192号)、《财政部 国家税务总局关于金银首饰等货物征收增值税问题的通知》(财税〔1996〕74号)、《国家税务总局关于铁路支线维护费征收增值税问题的通知》(国税函发〔1996〕561号)、《国家税务总局关于原油管理费征收增值税问题的通知》(国税发〔1996〕111号)、《国家税务总局关于平销行为征收增值税问题的通知》(国税发〔1997〕167号)、《国家税务总局关于增值税一般纳税人平销行为征收增值税问题的批复》(国税函〔2001〕247号)、《国家税务总局关于对福建雪津啤酒有限公司收取经营保证金征收增值税问题的批复》(国税函〔2004〕416号)、《国家税务总局关于商业企业向货物供应方收取的部分费用征收流转税问题的通知》(国税发〔2004〕136号)、《国家税务总局关于燃油电厂取得发电补贴有关增值税政策的通知》(国税函〔2006〕1235号)。

第七条 纳税人销售货物或者应税劳务的价格明显偏低并无正当理由的,由主管税务机关核定其销售额。

第八条 纳税人购进货物或者接受应税劳务(以下简称购进货物或者应税劳务)支付或者负担的增值税额,为进项税额。

下列进项税额准予从销项税额中抵扣:

(一)从销售方取得的增值税专用发票上注明的增值税额。

(二)从海关取得的海关进口增值税专用缴款书上注明的增值税额。

(三)购进农产品,除取得增值税专用发票或者海关进口增值税专用缴款书外,按照农产品收购发票或者销售发票上注明的农产品买价和13%的扣除率计算的进项税额。进项税额计算公式:

进项税额＝买价×扣除率

（四）购进或者销售货物以及在生产经营过程中支付运输费用的，按照运输费用结算单据上注明的运输费用金额和7%的扣除率计算的进项税额。进项税额计算公式：

进项税额＝运输费用金额×扣除率

准予抵扣的项目和扣除率的调整，由国务院决定。

【注释】 相关规定包括：《财政部 国家税务总局于调整增值税运输费用扣除率的通知》（财税〔1998〕114号）、《国家税务总局关于增值税一般纳税人期货交易进项税额抵扣问题的通知》（国税发〔2002〕45号）、《国家税务总局关于血液制品增值税政策的批复》（国税函〔2004〕335号）、《财政部 国家税务总局关于推广税控收款机有关税收政策的通知》（财税〔2004〕167号）、《国家税务总局关于增值税一般纳税人支付的货物运输代理费用不得抵扣进项税额的批复》（国税函〔2005〕54号）、《国家税务总局关于增值税专用发票抵扣联信息扫描器具等设备有关税收问题的通知》（国税函〔2006〕1248号）、《国家税务总局关于纳税人进口货物增值税进项税额抵扣有关问题的通知》（国税函〔2007〕350号）。

第九条 纳税人购进货物或者应税劳务，取得的增值税扣税凭证不符合法律、行政法规或者国务院税务主管部门有关规定的，其进项税额不得从销项税额中抵扣。

第十条 下列项目的进项税额不得从销项税额中抵扣：

（一）用于非增值税应税项目、免征增值税项目、集体福利或者个人消费的购进货物或者应税劳务；

（二）非正常损失的购进货物及相关的应税劳务；

（三）非正常损失的在产品、产成品所耗用的购进货物或者应税劳务；

（四）国务院财政、税务主管部门规定的纳税人自用消费品；

（五）本条第（一）项至第（四）项规定的货物的运输费用和销售免税货物的运输费用。

【注释】 相关规定包括：《财政部 国家税务总局关于增值税几个税收政策问题的通知》（财税〔1994〕60号）。

第十一条 小规模纳税人销售货物或者应税劳务，实行按照销售额和征收率计算应纳税额的简易办法，并不得抵扣进项税额。应纳税额计算公式：

应纳税额＝销售额×征收率

小规模纳税人的标准由国务院财政、税务主管部门规定。

【注释】 相关规定包括：《国家税务总局关于增值税若干征收问题的通知》（国税发〔1994〕122号）、《国家税务总局关于增值税几个业务问题的通知》（国税发〔1994〕186号）。

第十二条 小规模纳税人增值税征收率为3%。

征收率的调整，由国务院决定。

【注释】 相关规定包括：《国家税务总局关于增值税几个业务问题的通知》（国税发〔1994〕186号）、《财政部 国家税务总局关于旧货经营增值税问题的通知》（财税〔1998〕6号）、《国家税务总局关于拍卖行取得的拍卖收入征收增值税、营业税有关问题的通知》（国税发〔1999〕40号）、《国家税务总局关于新闻产品征收流转税问题的通知》（国税发〔2001〕105号）。

第十三条 小规模纳税人以外的纳税人应当向主管税务机关申请资格认定。具体认定办法由国务院税务主管部门制定。

小规模纳税人会计核算健全，能够提供准确税务资料的，可以向主管税务机关申请资格认定，不作为小规模纳税人，依照本条例有关规定计算应纳税额。

第十四条 纳税人进口货物，按照组成计税价格和本条例第二条规定的税率计算应纳税额。组成计税价格和应纳税额计算公式：

组成计税价格＝关税完税价格＋关税＋消费税

应纳税额＝组成计税价格×税率

第十五条 下列项目免征增值税：

（一）农业生产者销售的自产农产品；

（二）避孕药品和用具；

（三）古旧图书；

(四)直接用于科学研究、科学试验和教学的进口仪器、设备;

(五)外国政府、国际组织无偿援助的进口物资和设备;

(六)由残疾人的组织直接进口供残疾人专用的物品;

(七)销售的自己使用过的物品。

除前款规定外,增值税的免税、减税项目由国务院规定。任何地区、部门均不得规定免税、减税项目。

【注释】 相关规定包括:《财政部 国家税务总局关于印发〈于继续对宣传文化单位实行财税优惠政策的规定的通知》(财税〔1994〕89 号)、《财政部 国家税务总局关于继续对部分资源综合利用产品等实行增值税优惠政策的通知》(财税〔1996〕20 号)、《国家税务总局关于农牧业救灾柴油征收增值税问题的批复》(国税函发〔1996〕612 号)、《财政部 国家税务总局关于供电工程贴费不征收增值税和营业税的通知》(财税〔1997〕102 号)、《财政部 国家税务总局关于继续对商业企业批发肉、禽、蛋、水产品和蔬菜的业务实行增值税先征后返政策问题的通知》(财税〔1998〕31 号)、《财政部 国家税务总局关于免征农村电网维护费增值税问题的通知》(财税〔1998〕47 号)、《国家税务总局关于生猪生产流通过程中有关税收问题的通知》(国税发〔1999〕113 号)、《财政部 国家税务总局关于粮食企业增值税征免问题的通知》(财税〔1999〕198 号)、《财政部 国家税务总局关于血站有关税收问题的通知》(财税〔1999〕264 号)、《财政部 国家税务总局关于贯彻落实《中共中央国务院关于加强技术创新,发展高科技,实现产业化的决定》有关税收问题的通知》(财税〔1999〕273 号)、《财政部 国家税务总局关于医疗卫生机构有关税收政策的通知》(财税〔2000〕42 号)、《财政部 国家税务总局关于小化肥生产企业改产尿素等产品征收增值税问题的通知》(财税字〔2000〕69 号)、《财政部 国家税务总局关于飞机维修增值税问题的通知》(财税〔2000〕102 号)、《财政部 国家税务总局 海关总署关于鼓励软件产业和集成电路产业发展有关税收政策问题的通知》(财税〔2000〕25 号)、《国务院关于支持文化事业发展若干经济政策的通知》(国发〔2000〕41 号)、《财政部 国家税务总局关于铁路货车修理免征增值税的通知》(财税〔2001〕54 号)、《财政部 国家税务总局关于污水处理费有关增值税政策的通知》(财税〔2001〕97 号)、《财政部 国家税务总局关于饲料产品免征增值税问题的通知》(财税〔2001〕121 号)、《财政部国家税务总局关于农业生产资料征免增值税政策的通知》(财税〔2001〕113 号)、《财政部 国家税务总局关于豆粕等粕类产品征免增值税政策的通知》(财税〔2001〕30 号)、《国家税务总局关于退耕还林还草补助粮免征增值税问题的通知》(国税发〔2001〕131 号)、《财政部 国家税务总局关于不带动力的手扶拖拉机和三轮农用运输车增值税政策的通知》(财税〔2002〕89 号)、《财政部 国家税务总局关于黄金税收政策问题的通知》(财税〔2002〕142 号)、《国家税务总局关于铂金及其制品税收政策的通知》(财税〔2003〕86 号)、《财政部 海关总署 国家税务总局关于农药税收政策的通知》(财税〔2003〕186 号)、《国家税务总局关于饲用鱼油产品免征增值税的批复》(国税函〔2003〕1395 号)、《国家税务总局关于债转股企业实物投资免征增值税政策有关问题的批复》(国税函〔2003〕1394 号)、《财政部 国家税务总局关于教育税收政策的通知》(财税〔2004〕39 号)、《财政部 海关总署 国家税务总局关于印发《关于进口货物进口环节海关代征税税收政策问题的规定》的通知》(财关税〔2004〕7 号)、《国家税务总局关于农户手工编织的竹制和竹芒藤柳坯具征收增值税问题的批复》(国税函〔2005〕56 号)、《商务部财政部税务总局关于开展农产品连锁经营试点的通知》(商建发〔2005〕1 号)、《财政部 国家税务总局关于印刷少数民族文字出版物增值税政策的通知》(财税〔2005〕48 号)、《财政部 国家税务总局关于暂免征收尿素产品增值税的通知》(财税〔2005〕87 号)、《国家税务总局关于矿物质微量元素舔砖免征增值税问题的批复》(国税函〔2005〕1127 号)、《财政部 国家税务总局关于加快煤层气抽采有关税收政策问题的通知》(财税〔2007〕16 号)、《财政部 国家税务总局关于免征滴灌带和滴灌管产品增值税的通知》(财税〔2007〕83 号)、《财政部 国家税务总局关于促进残疾人就业税收优惠政策的通知》(财税〔2007〕92 号)。

第十六条 纳税人兼营免税、减税项目的,应当分别核算免税、减税项目的销售额;未分别核算销售额的,不得免税、减税。

第十七条 纳税人销售额未达到国务院财政、税务主管部门规定的增值税起征点的,免征增值税;达到起征点的,依照本条例规定全额计算缴纳增值税。

【注释】 相关规定包括《国家税务总局关于增值税起征点调整后有关问题的批复》(国税函〔2003〕1396 号)。

第十八条 中华人民共和国境外的单位或者个人在境内提供应税劳务,在境内未设有经营机构的,以其境内代理人为扣缴义务人；在境内没有代理人的，以购买方为扣缴义务人。

第十九条 增值税纳税义务发生时间：

（一）销售货物或者应税劳务，为收讫销售款项或者取得索取销售款项凭据的当天；先开具发票的，为开具发票的当天。

（二）进口货物，为报关进口的当天。

增值税扣缴义务发生时间为纳税人增值税纳税义务发生的当天。

第二十条 增值税由税务机关征收，进口货物的增值税由海关代征。

个人携带或者邮寄进境自用物品的增值税，连同关税一并计征。具体办法由国务院关税税则委员会会同有关部门制定。

第二十一条 纳税人销售货物或者应税劳务，应当向索取增值税专用发票的购买方开具增值税专用发票，并在增值税专用发票上分别注明销售额和销项税额。

属于下列情形之一的，不得开具增值税专用发票：

（一）向消费者个人销售货物或者应税劳务的；

（二）销售货物或者应税劳务适用免税规定的；

（三）小规模纳税人销售货物或者应税劳务的。

【注释】 相关规定包括：《国家税务总局关于增值税起征点调整后有关问题的批复》（国税函〔2003〕1396号）。

第二十二条 增值税纳税地点：

（一）固定业户应当向其机构所在地的主管税务机关申报纳税。总机构和分支机构不在同一县（市）的，应当分别向各自所在地的主管税务机关申报纳税；经国务院财政、税务主管部门或者其授权的财政、税务机关批准，可以由总机构汇总向总机构所在地的主管税务机关申报纳税。

（二）固定业户到外县（市）销售货物或者应税劳务，应当向其机构所在地的主管税务机关申请开具外出经营活动税收管理证明，并向其机构所在地的主管税务机关申报纳税；未开具证明的，应当向销售地或者劳务发生地的主管税务机关申报纳税；未向销售地或者劳务发生地的主管税务机关申报纳税的，由其机构所在地的主管税务机关补征税款。

（三）非固定业户销售货物或者应税劳务，应当向销售地或者劳务发生地的主管税务机关申报纳税；未向销售地或者劳务发生地的主管税务机关申报纳税的，由其机构所在地或者居住地的主管税务机关补征税款。

（四）进口货物，应当向报关地海关申报纳税。

扣缴义务人应当向其机构所在地或者居住地的主管税务机关申报缴纳其扣缴的税款。

【注释】 相关规定包括：《国家税务总局关于印发〈增值税问题解答（之一）〉的通知》（国税函发〔1995〕288号）、《财政部 国家税务总局关于连锁经营企业增值税纳税地点问题的通知》（财税〔1997〕97号）。

第二十三条 增值税的纳税期限分别为1日、3日、5日、10日、15日、1个月或者1个季度。纳税人的具体纳税期限，由主管税务机关根据纳税人应纳税额的大小分别核定；不能按照固定期限纳税的，可以按次纳税。

纳税人以1个月或者1个季度为1个纳税期的，自期满之日起15日内申报纳税；以1日、3日、5日、10日或者15日为1个纳税期的，自期满之日起5日内预缴税款，于次月1日起15日内申报纳税并结清上月应纳税款。

扣缴义务人解缴税款的期限，依照前两款规定执行。

第二十四条 纳税人进口货物，应当自海关填发海关进口增值税专用缴款书之日起15日内缴纳税款。

第二十五条 纳税人出口货物适用退（免）税规定的，应当向海关办理出口手续，凭出口报关单等有关凭证，在规定的出口退（免）税申报期内按月向主管税务机关申报办理该项出口货物的退（免）税。具体办法由国务院财政、税务主管部门制定。

出口货物办理退税后发生退货或者退关的，纳税人应当依法补缴已退的税款。

第二十六条 增值税的征收管理，依照《中华人民共和国税收征收管理法》及本条例有关规定执行。

【注释】 相关规定包括：《国家税务总局关于由税务所为小规模企业代开增值税专用发票的通知》（国

税发〔1994〕58号)、《财政部关于外商投资企业出口货物税收问题有关会计处理规定的通知》(财会〔1994〕43号)、《国家税务总局关于固定业户临时外出经营有关增值税专用发票管理问题的通知》(国税发〔1995〕87号)、《国家税务总局关于增值税若干征管问题的通知》(国税发〔1996〕155号)、《国家税务总局关于易货贸易进口环节减征的增值税税款抵扣问题的通知》(国税函发〔1996〕550号)、《国家税务总局关于纳税人取得虚开的增值税专用发票处理问题的通知》(国税发〔1997〕134号)、《国家税务总局关于印发〈增值税日常稽查办法〉的通知》(国税发〔1998〕44号)、国税发〔1998〕44号《国家税务总局关于增值税一般纳税人发生偷税行为如何确定偷税数额和补税罚款的通知》(国税发〔1998〕66号)、《国家税务总局关于增值税一般纳税人丢失防伪税控系统开具的增值税专用发票有关税务处理问题的通知》(国税发〔2002〕10号)、《国家税务总局关于修改〈国家税务总局关于严格控制增值税专用发票使用范围的通知〉的通知》(国税发〔2000〕75号)、《国家税务总局关于印发〈出口加工区税收管理暂行办法〉的通知》(国税发〔2000〕155号)、《国家税务总局关于推行增值税防伪税控系统若干问题的通知》(国税发〔2000〕183号)、《国家税务总局关于纳税人善意取得虚开的增值税专用发票处理问题的通知》(国税发〔2000〕187号)、《国家税务总局关于金税工程发现的涉嫌违规增值税专用发票处理问题的通知》(国税函〔2001〕730号)、《国家税务总局关于加油站一律按照增值税一般纳税人征税的通知》(国税函〔2001〕882号)、《国家税务总局成品油零售加油站增值税征收管理办法》(国家税务总局令〔2002〕2号)、《国家税务总局关于使用增值税防伪税控系统的增值税一般纳税人资格认定问题的通知》(国税函〔2002〕326号)、《国家税务总局关于增值税一般纳税人取得防伪税控系统开具的增值税专用发票进项税额抵扣问题的通知》(国税发〔2003〕17号)、《财政部 国家税务总局关于海洋工程结构物增值税实行退税的通知》(财税〔2003〕46号)、《国家税务总局关于重新修订〈增值税一般纳税人纳税申报办法〉的通知》(国税发〔2003〕53号)、《国家税务总局关于加强货物运输业税收征收管理的通知》(国税发〔2003〕121号)、《财政部 国家税务总局关于出口企业从增值税一般纳税人购进的出口货物不再实行增值税税收专用缴款书管理的通知》(财税〔2004〕101号)、《国家税务总局关于严格执行税法规定不得实行边境贸易"双倍抵扣"政策的通知》(国税函〔2004〕830号)、《国家税务总局信息产业部关于调整集成电路设计企业及产品认定机构和集成电路设计企业及产品认定管理方式的通知》(国税发〔2004〕92号)、《国家税务总局关于增值税一般纳税人用进项留抵税额抵减增值税欠税问题的通知》(国税发〔2004〕112号)、《国家税务总局关于增值税一般纳税人取得海关进口增值税专用缴款书抵扣进项税额问题的通知》(国税发〔2004〕148号)、《国家税务总局电力产品增值税征收管理办法》(国家税务总局令〔2004〕10号)、《国家税务总局关于印发〈税务机关代开增值税专用发票管理办法(试行)〉的通知》(国税发〔2004〕153号)、《国家税务总局关于国家税务局为小规模纳税人代开发票及税款征收有关问题的通知》(国税发〔2005〕18号)、《国家税务总局关于加强农产品增值税抵扣管理有关问题的通知》(国税函〔2005〕545号)、《国家税务总局关于出口含金成分产品有关税收政策的通知》(国税发〔2005〕125号)、《国家税务总局关于加强免征增值税货物专用发票管理的通知》(国税函〔2005〕780号)、《国家税务总局关于金融机构开展个人实物黄金交易业务增值税有关问题的通知》(国税发〔2005〕178号)、《国家税务总局关于增值税一般纳税人期货交易有关增值税问题的通知》(国税函〔2005〕1060号)、《国家税务总局关于辅导期增值税一般纳税人增购增值税专用发票预缴增值税有关问题的通知》(国税函〔2005〕1097号)、《国家税务总局关于印发〈钻石交易增值税征收管理办法〉的通知》(国税发〔2006〕131号)、《国家税务总局关于修订〈增值税专用发票使用规定〉的通知》(国税发〔2006〕156号)、《国家税务总局关于加强增值税其他抵扣凭证数据采集传输管理有关问题的通知》(国税函〔2006〕1244号)、《国家税务总局关于下放增值税专用发票最高开票限额审批权限的通知》(国税函〔2007〕918号)。

第二十七条 本条例自2009年1月1日起施行。

中华人民共和国增值税暂行条例实施细则

(2008年12月18日财政部 国家税务总局令第50号公布根据2011年10月28日《关于修改〈中华人民共和国增值税暂行条例实施细则〉和〈中华人民共和国营业税暂行条例实施细则〉的决定》修订)

第一条 根据《中华人民共和国增值税暂行条例》(以下简称条例),制定本细则。

第二条 条例第一条所称货物，是指有形动产，包括电力、热力、气体在内。

条例第一条所称加工，是指受托加工货物，即委托方提供原料及主要材料，受托方按照委托方的要求，制造货物并收取加工费的业务。

条例第一条所称修理修配，是指受托对损伤和丧失功能的货物进行修复，使其恢复原状和功能的业务。

【注释】 相关规定包括：《财政部 国家税务总局关于增值税、营业税若干政策规定的通知》(财税〔1994〕26号)、《财政部 国家税务总局关于体育彩票发行收入税收问题的通知》(财税〔1996〕77号)、《国家税务总局关于厦门邮电纵横股份有限公司销售传呼机、移动电话征收增值税问题的批复》(国税函发〔1997〕504号)、《国家税务总局国家税务总局关于电梯保养、维修收入征税问题的批复》(国税函发〔1998〕390号)、《国家税务总局关于纳税人销售自产货物提供增值税劳务并同时提供建筑业劳务征收流转税问题的通知》(国税发〔2002〕117号)、《国家税务总局关于电力公司过网费收入征收增值税问题的批复》(国税函〔2004〕607号)。

第三条 条例第一条所称销售货物，是指有偿转让货物的所有权。

条例第一条所称提供加工、修理修配劳务(以下称应税劳务)，是指有偿提供加工、修理修配劳务。单位或者个体工商户聘用的员工为本单位或者雇主提供加工、修理修配劳务，不包括在内。

本细则所称有偿，是指从购买方取得货币、货物或者其他经济利益。

第四条 单位或者个体工商户的下列行为，视同销售货物：

(一)将货物交付其他单位或者个人代销；

(二)销售代销货物；

(三)设有两个以上机构并实行统一核算的纳税人，将货物从一个机构移送其他机构用于销售，但相关机构设在同一县(市)的除外；

(四)将自产或者委托加工的货物用于非增值税应税项目；

(五)将自产、委托加工的货物用于集体福利或者个人消费；

(六)将自产、委托加工或者购进的货物作为投资，提供给其他单位或者个体工商户；

(七)将自产、委托加工或者购进的货物分配给股东或者投资者；

(八)将自产、委托加工或者购进的货物无偿赠送其他单位或者个人。

【注释】 相关规定包括：《国家税务总局国家税务总局关于企业所属机构间移送货物征收增值税问题的通知》(国税发〔1998〕137号)。

第五条 一项销售行为如果既涉及货物又涉及非增值税应税劳务，为混合销售行为。除本细则第六条的规定外，从事货物的生产、批发或者零售的企业、企业性单位和个体工商户的混合销售行为，视为销售货物，应当缴纳增值税；其他单位和个人的混合销售行为，视为销售非增值税应税劳务，不缴纳增值税。

本条第一款所称非增值税应税劳务，是指属于应缴营业税的交通运输业、建筑业、金融保险业、邮电通信业、文化体育业、娱乐业、服务业税目征收范围的劳务。

本条第一款所称从事货物的生产、批发或者零售的企业、企业性单位和个体工商户，包括以从事货物的生产、批发或者零售为主，并兼营非增值税应税劳务的单位和个体工商户在内。

第六条 纳税人的下列混合销售行为，应当分别核算货物的销售额和非增值税应税劳务的营业额，并根据其销售货物的销售额计算缴纳增值税，非增值税应税劳务的营业额不缴纳增值税；未分别核算的，由主管税务机关核定其货物的销售额：

(一)销售自产货物并同时提供建筑业劳务的行为；

(二)财政部、国家税务总局规定的其他情形。

【注释】 相关规定包括：《国家税务总局关于增值税若干征收问题的通知》(国税发〔1994〕122号)。

第七条 纳税人兼营非增值税应税项目的，应分别核算货物或者应税劳务的销售额和非增值税应税项目的营业额；未分别核算的，由主管税务机关核定货物或者应税劳务的销售额。

第八条 条例第一条所称在中华人民共和国境内(以下简称境内)销售货物或者提供加工、修理修配劳务，是指：

(一)销售货物的起运地或者所在地在境内；

（二）提供的应税劳务发生在境内。

【注释】 相关规定包括：《国家税务总局关于增值税若干征收问题的通知》（国税发〔1994〕122号）。

第九条 条例第一条所称单位，是指企业、行政单位、事业单位、军事单位、社会团体及其他单位。

条例第一条所称个人，是指个体工商户和其他个人。

第十条 单位租赁或者承包给其他单位或者个人经营的，以承租人或者承包人为纳税人。

第十一条 小规模纳税人以外的纳税人（以下称一般纳税人）因销售货物退回或者折让而退还给购买方的增值税额，应从发生销售货物退回或者折让当期的销项税额中扣减；因购进货物退出或者折让而收回的增值税额，应从发生购进货物退出或者折让当期的进项税额中扣减。

一般纳税人销售货物或者应税劳务，开具增值税专用发票后，发生销售货物退回或者折让、开票有误等情形，应按国家税务总局的规定开具红字增值税专用发票。未按规定开具红字增值税专用发票的，增值税额不得从销项税额中扣减。

第十二条 条例第六条第一款所称价外费用，包括价外向购买方收取的手续费、补贴、基金、集资费、返还利润、奖励费、违约金、滞纳金、延期付款利息、赔偿金、代收款项、代垫款项、包装费、包装物租金、储备费、优质费、运输装卸费以及其他各种性质的价外收费。但下列项目不包括在内：

（一）受托加工应征消费税的消费品所代收代缴的消费税；

（二）同时符合以下条件的代垫运输费用：

1. 承运部门的运输费用发票开具给购买方的；

2. 纳税人将该项发票转交给购买方的。

（三）同时符合以下条件代为收取的政府性基金或者行政事业性收费：

1. 由国务院或者财政部批准设立的政府性基金，由国务院或者省级人民政府及其财政、价格主管部门批准设立的行政事业性收费；

2. 收取时开具省级以上财政部门印制的财政票据；

3. 所收款项全额上缴财政。

（四）销售货物的同时代办保险等而向购买方收取的保险费，以及向购买方收取的代购买方缴纳的车辆购置税、车辆牌照费。

第十三条 混合销售行为依照本细则第五条规定应当缴纳增值税的，其销售额为货物的销售额与非增值税应税劳务营业额的合计。

第十四条 一般纳税人销售货物或者应税劳务，采用销售额和销项税额合并定价方法的，按下列公式计算销售额：

$$销售额=含税销售额\div(1+税率)$$

第十五条 纳税人按人民币以外的货币结算销售额的，其销售额的人民币折合率可以选择销售额发生的当天或者当月1日的人民币汇率中间价。纳税人应在事先确定采用何种折合率，确定后1年内不得变更。

第十六条 纳税人有条例第七条所称价格明显偏低并无正当理由或者有本细则第四条所列视同销售货物行为而无销售额者，按下列顺序确定销售额：

（一）按纳税人最近时期同类货物的平均销售价格确定；

（二）按其他纳税人最近时期同类货物的平均销售价格确定；

（三）按组成计税价格确定。组成计税价格的公式为：

$$组成计税价格=成本\times(1+成本利润率)$$

属于应征消费税的货物，其组成计税价格中应加计消费税额。

公式中的成本是指：销售自产货物的为实际生产成本，销售外购货物的为实际采购成本。公式中的成本利润率由国家税务总局确定。

【注释】 相关规定包括：《国家税务总局关于增值税一般纳税人发生偷税行为如何确定偷税数额和补税罚款的通知》（国税发〔1998〕66号）、《国家税务总局关于修改〈国家税务总局关于增值税一般纳税人发生偷税行为如何确定偷税数额和补税罚款的通知〉的通知》（国税函〔1999〕739号）。

第十七条 条例第八条第二款第（三）项所称买价，包括纳税人购进农产品在农产品收购发票或者销售发票上注明的价款和按规定缴纳的烟叶税。

第十八条 条例第八条第二款第(四)项所称运输费用金额,是指运输费用结算单据上注明的运输费用(包括铁路临管线及铁路专线运输费用)、建设基金,不包括装卸费、保险费等其他杂费。

第十九条 条例第九条所称增值税扣税凭证,是指增值税专用发票、海关进口增值税专用缴款书、农产品收购发票和农产品销售发票以及运输费用结算单据。

第二十条 混合销售行为依照本细则第五条规定应当缴纳增值税的,该混合销售行为所涉及的非增值税应税劳务所用购进货物的进项税额,符合条例第八条规定的,准予从销项税额中抵扣。

第二十一条 条例第十条第(一)项所称购进货物,不包括既用于增值税应税项目(不含免征增值税项目)也用于非增值税应税项目、免征增值税(以下简称免税)项目、集体福利或者个人消费的固定资产。

前款所称固定资产,是指使用期限超过12个月的机器、机械、运输工具以及其他与生产经营有关的设备、工具、器具等。

第二十二条 条例第十条第(一)项所称个人消费包括纳税人的交际应酬消费。

第二十三条 条例第十条第(一)项和本细则所称非增值税应税项目,是指提供非增值税应税劳务、转让无形资产、销售不动产和不动产在建工程。

前款所称不动产是指不能移动或者移动后会引起性质、形状改变的财产,包括建筑物、构筑物和其他土地附着物。

纳税人新建、改建、扩建、修缮、装饰不动产,均属于不动产在建工程。

第二十四条 条例第十条第(二)项所称非正常损失,是指因管理不善造成被盗、丢失、霉烂变质的损失。

【注释】 相关规定包括:《国家税务总局关于企业改制中资产评估减值发生的流动资产损失进项税额抵扣问题的批复》(国税函〔2002〕1103号)。

第二十五条 纳税人自用的应征消费税的摩托车、汽车、游艇,其进项税额不得从销项税额中抵扣。

第二十六条 一般纳税人兼营免税项目或者非增值税应税劳务而无法划分不得抵扣的进项税额的,按下列公式计算不得抵扣的进项税额:

$$\frac{\text{不得抵扣的}}{\text{进项税额}}=\frac{\text{当月无法划分的}}{\text{全部进项税额}}\times\frac{\text{当月免税项目销售额、}}{\text{非增值税应税劳务营业额合计}}\div\frac{\text{当月全部销售额、}}{\text{营业额合计}}$$

第二十七条 已抵扣进项税额的购进货物或者应税劳务,发生条例第十条规定的情形的(免税项目、非增值税应税劳务除外),应当将该项购进货物或者应税劳务的进项税额从当期的进项税额中扣减;无法确定该项进项税额的,按当期实际成本计算应扣减的进项税额。

第二十八条 条例第十一条所称小规模纳税人的标准为:

(一)从事货物生产或者提供应税劳务的纳税人,以及以从事货物生产或者提供应税劳务为主,并兼营货物批发或者零售的纳税人,年应征增值税销售额(以下简称应税销售额)在50万元以下(含本数,下同)的;

(二)除本条第一款第(一)项规定以外的纳税人,年应税销售额在80万元以下的。

本条第一款所称以从事货物生产或者提供应税劳务为主,是指纳税人的年货物生产或者提供应税劳务的销售额占年应税销售额的比重在50%以上。

【注释】 相关规定包括:《国家税务总局关于印发〈增值税若干具体问题的规定〉的通知》(国税发〔1993〕154号)、《国家税务总局关于增值税几个业务问题的通知》(国税发〔1994〕186号)、《国家税务总局关于卫生防疫站调拨生物制品及药械征收增值税的批复》(国税函〔1999〕191号)。

第二十九条 年应税销售额超过小规模纳税人标准的其他个人按小规模纳税人纳税;非企业性单位、不经常发生应税行为的企业可选择按小规模纳税人纳税。

第三十条 小规模纳税人的销售额不包括其应纳税额。

小规模纳税人销售货物或者应税劳务采用销售额和应纳税额合并定价方法的,按下列公式计算销售额:

$$\text{销售额}=\text{含税销售额}\div(1+\text{征收率})$$

【注释】 相关规定包括:《国家税务总局关于印发〈增值税若干具体问题的规定〉的通知》(国税发〔1993〕154号)。

第三十一条 小规模纳税人因销售货物退回或者折让退还给购买方的销售额,应从发生销售货物退回或者折让当期的销售额中扣减。

第三十二条 条例第十三条和本细则所称会计核算健全,是指能够按照国家统一的会计制度规定设置账簿,根据合法、有效凭证核算。

第三十三条 除国家税务总局另有规定外,纳税人一经认定为一般纳税人后,不得转为小规模纳税人。

第三十四条 有下列情形之一者,应按销售额依照增值税税率计算应纳税额,不得抵扣进项税额,也不得使用增值税专用发票:

(一)一般纳税人会计核算不健全,或者不能够提供准确税务资料的;

(二)除本细则第二十九条规定外,纳税人销售额超过小规模纳税人标准,未申请办理一般纳税人认定手续的。

【注释】 相关规定包括:《国家税务总局国家税务总局关于增值税一般纳税人恢复抵扣进项税额资格后有关问题的批复》(国税函〔2000〕584号)。

第三十五条 条例第十五条规定的部分免税项目的范围,限定如下:

(一)第一款第(一)项所称农业,是指种植业、养殖业、林业、牧业、水产业。

农业生产者,包括从事农业生产的单位和个人。

农产品,是指初级农产品,具体范围由财政部、国家税务总局确定。

(二)第一款第(三)项所称古旧图书,是指向社会收购的古书和旧书。

(三)第一款第(七)项所称自己使用过的物品,是指其他个人自己使用过的物品。

第三十六条 纳税人销售货物或者应税劳务适用免税规定的,可以放弃免税,依照条例的规定缴纳增值税。放弃免税后,36个月内不得再申请免税。

第三十七条 增值税起征点的适用范围限于个人。

增值税起征点的幅度规定如下:

(一)销售货物的,为月销售额5 000—20 000元;

(二)销售应税劳务的,为月销售额5 000—20 000元;

(三)按次纳税的,为每次(日)销售额300—500元。

前款所称销售额,是指本细则第三十条第一款所称小规模纳税人的销售额。

省、自治区、直辖市财政厅(局)和国家税务局应在规定的幅度内,根据实际情况确定本地区适用的起征点,并报财政部、国家税务总局备案。

第三十八条 条例第十九条第一款第(一)项规定的收讫销售款项或者取得索取销售款项凭据的当天,按销售结算方式的不同,具体为:

(一)采取直接收款方式销售货物,不论货物是否发出,均为收到销售款或者取得索取销售款凭据的当天;

(二)采取托收承付和委托银行收款方式销售货物,为发出货物并办妥托收手续的当天;

(三)采取赊销和分期收款方式销售货物,为书面合同约定的收款日期的当天,无书面合同的或者书面合同没有约定收款日期的,为货物发出的当天;

(四)采取预收货款方式销售货物,为货物发出的当天,但生产销售生产工期超过12个月的大型机械设备、船舶、飞机等货物,为收到预收款或者书面合同约定的收款日期的当天;

(五)委托其他纳税人代销货物,为收到代销单位的代销清单或者收到全部或者部分货款的当天。未收到代销清单及货款的,为发出代销货物满180天的当天;

(六)销售应税劳务,为提供劳务同时收讫销售款或者取得索取销售款的凭据的当天;

(七)纳税人发生本细则第四条第(三)项至第(八)项所列视同销售货物行为,为货物移送的当天。

【注释】 相关规定包括:《财政部 国家税务总局关于增值税若干政策的通知》(财税〔2005〕165号)。

第三十九条 条例第二十三条以1个季度为纳税期限的规定仅适用于小规模纳税人。小规模纳税人的具体纳税期限,由主管税务机关根据其应纳税额的大小分别核定。

第四十条 本细则自2009年1月1日起施行。

增值税部分货物征税范围注释

国税发〔1993〕151 号

一、粮食

……

二、食用植物油

植物油是从植物根、茎、叶、果实、花或胚芽组织中加工提取的油脂。

食用植物油仅指：芝麻油、花生油、豆油、菜籽油、米糠油、葵花籽油、棉籽油、玉米胚油、茶油、胡麻油，以及以上述油为原料生产的混合油。

三、自来水

自来水是指自来水公司及工矿企业经抽取、过滤、沉淀、消毒等工序加工后，通过供水系统向用户供应的水。

农业灌溉用水、引水工程输送的水等，不属于本货物的范围。

四、暖气、热水

暖气、热水是指利用各种燃料（如煤、石油、其他各种气体或固体、液体燃料）和电能将水加热，使之生成的气体和热水，以及开发自然热能，如开发地热资源或用太阳能生产的暖气、热气、热水。

利用工业余热生产、回收的暖气、热气和热水也属于本货物的范围。

五、冷气

冷气是指为了调节室内温度，利用制冷设备生产的，并通过供风系统向用户提供的低温气体。

六、煤气

煤气是指由煤、焦炭、半焦和重油等经干馏或汽化等生产过程所得气体产物的总称。

煤气的范围包括：

（一）焦炉煤气：是指煤在炼焦炉中进行干馏所产生的煤气。

（二）发生炉煤气：是指用空气（或氧气）和少量的蒸气将煤或焦炭、半焦，在煤气发生炉中进行汽化所产生的煤气、混合煤气、水煤气、单水煤气、双水煤气等。

（三）液化煤气：是指压缩成液体的煤气。

七、石油液化气

石油液化气是指由石油加工过程中所产生的低分子量的烃类炼厂气经压缩成的液体。主要成分是丙烷、丁烷、丁烯等。

八、天然气

天然气是蕴藏在地层内的碳氢化合物可燃气体。主要含有甲烷、乙烷等低分子烷烃和丙烷、丁烷、戊烷及其他重质气态烃类。

天然气包括气田天然气、油田天然气、煤矿天然气和其他天然气。

九、沼气

沼气，主要成分为甲烷，由植物残体在与空气隔绝的条件下经自然分解而成，沼气主要作燃料。

本货物的范围包括：天然沼气和人工生产的沼气。

十、居民用煤炭制品

居民用煤炭制品是指煤球、煤饼、蜂窝煤和引火炭。

十一、图书、报纸、杂志

图书、报纸、杂志是采用印刷工艺，按照文字、图画和线条原稿印刷成的纸制品。本货物的范围包括：

（一）图书。是指由国家新闻出版署批准的出版单位出版，采用国际标准书号编序的书籍，以及图片。

（二）报纸。是指经国家新闻出版署批准，在各省、自治区、直辖市新闻出版部门登记，具有国内统一刊号（CN）的报纸。

(三)杂志。是指经国家新闻出版署批准,在省、自治区、直辖市新闻出版管理部门登记,具有国内统一刊号(CN)的刊物。

十二、饲料

饲料是指用于动物饲养的产品或其加工品。

本货物的范围包括:

(一)单一饲料:指作饲料用的某一种动物、植物、微生物产品或其加工品。

(二)混合饲料:指采用简单方法,将两种以上的单一饲料混合到一起的饲料。

(三)配合饲料:指根据不同的饲养对象、饲养对象的不同生长发育阶段对各种营养成分的不同需要量,采用科学的方法,将不同的饲料按一定的比例配合到一起,并均匀地搅拌,制成一定料型的饲料。

直接用于动物饲养的粮食、饲料添加剂不属于本货物的范围。

十三、化肥

化肥是指经化学和机械加工制成的各种化学肥料。

化肥的范围包括:

(一)化学氮肥。主要品种有尿素和硫酸铵、硝酸铵、碳酸氢铵、氯化铵、石灰氨、氨水等。

(二)磷肥。主要品种有磷矿粉、过磷酸钙(包括普通过磷酸钙和重过磷酸钙两种)、钙镁磷肥、钢渣磷肥等。

(三)钾肥。主要品种有硫酸钾、氯化钾等。

(四)复合肥料。是用化学方法合成或混配制成含有氮、磷、钾中的两种或两种以上的营养元素的肥料。含有两种的称二元复合肥,含有三种的称三元复合肥料,也有含三种元素和某些其他元素的叫多元复合肥料。主要产品有硝酸磷肥、磷酸铵、磷酸二氢钾肥、钙镁磷钾肥、磷酸一铵、磷粉二铵、氮磷钾复合肥等。

(五)微量元素肥。是指含有一种或多种植物生长所必需的,但需要量又极少的营养元素的肥料,如硼肥、锰肥、锌肥、铜肥、钼肥等。

(六)其他肥。是指上述列举以外的其他化学肥料。

十四、农药

农药是指用于农林业防治病虫害、除草及调节植物生长的药剂。

农药包括农药原药和农药制剂。如杀虫剂、杀菌剂、除草剂、植物生长调节剂、植物性农药、微生物农药、卫生用药、其他农药原药、制剂等等。

十五、农膜

农膜是指用于农业生产的各种地膜、大棚膜。

十六、农机

农机是指用于农业生产(包括林业、牧业、副业、渔业)的各种机器和机械化和半机械化农具,以及小农具。

农机的范围包括:

(一)拖拉机。是以内燃机为驱动牵引机具从事作业和运载物资的机械。包括轮拖拉机、履带拖拉机、手扶拖拉机、机耕船。

(二)土壤耕整机械。是对土壤进行耕翻整理的机械。包括机引犁、机引耙、旋耕机、镇压器、联合整地器、合壤器、其他土壤耕整机械。

(三)农田基本建设机械。是指从事农田基本建设的专用机械。包括开沟筑埂机、开沟铺管机、铲抛机、平地机、其他农田基本建设机械。

(四)种植机械。是指将农作物种子或秧苗移植到适于作物生长的苗床机械。包括播作机、水稻插秧机、栽植机、地膜覆盖机、复式播种机、秧苗准备机械。

(五)植物保护和管理机械。是指农作物在生长过程中的管理、施肥、防治病虫害的机械。包括机动喷粉机、喷雾机(器)、弥雾喷粉机、修剪机、中耕除草机、播种中耕机、培土机具、施肥机。

(六)收获机械。是指收获各种农作物的机械。包括粮谷、棉花、薯类、甜菜、甘蔗、茶叶、油料等收获机。

(七)场上作业机械。是指对粮食作物进行脱粒、清选、烘干的机械设备。包括各种脱粒机、清选机、粮谷干燥机、种子精选机。

（八）排灌机械。是指用于农牧业排水、灌溉的各种机械设备。包括喷灌机、半机械化提水机具、打井机。

（九）农副产品加工机械。是指对农副产品进行初加工，加工后的产品仍属农副产品的机械。包括茶叶机械、剥壳机械、棉花加工机械（包括棉花打包机）、食用菌机械（培养木耳、蘑菇等）、小型粮谷机械。

以农副产品为原料加工工业产品的机械，不属于本货物的范围。

（十）农业运输机械。是指农业生产过程中所需的各种运输机械。包括人力车（不包括三轮运货车）、畜力车和拖拉机挂车。

农用汽车不属于本货物的范围。

（十一）畜牧业机械。是指畜牧业生产中所需的各种机械。包括草原建设机械、牧业收获机械、饲料加工机械、畜禽饲养机械、畜产品采集机械。

（十二）渔业机械。是指捕捞、养殖水产品所用的机械。包括捕捞机械、增氧机、饵料机。

机动渔船不属于本货物的范围。

（十三）林业机械。是指用于林业的种植、育林的机械。包括清理机械、育林机械、树苗栽植机械。

森林砍伐机械、集材机械不属于本货物征收范围。

（十四）小农具。包括畜力犁、畜力耙、锄头和镰刀等农具。

农机零部件不属于本货物的征收范围。

【注释】 对《增值税暂行条例》第1、2条进行了解释。

增值税若干具体问题的规定

国税发〔1993〕154号

一、征税范围

（一）货物期货（包括商品期货和贵金属期货），应当征收增值税。

（二）银行销售金银的业务，应当征收增值税。

……

（四）基本建设单位和从事建筑安装业务的企业附设的工厂、车间生产的水泥预制构件、其他构件或建筑材料，用于本单位或本企业的建筑工程的，应在移送使用时征收增值税。但对其在建筑现场制造的预制构件，凡直接用于本单位或本企业建筑工程的，不征收增值税。

（五）典当业的死当物品销售业务和寄售业代委托人销售寄售物品的业务，均应征收增值税。

（六）因转让著作所有权而发生的销售电影母片、录像带母带、录音磁带母带的业务，以及因转让专利技术和非专利技术的所有权而发生的销售计算机软件的业务，不征收增值税。

（七）供应或开采未经加工的天然水（如水库供应农业灌溉用水，工厂自采地下水用于生产），不征收增值税。

（八）邮政部门销售集邮邮票、首日封，应当征收增值税。

（九）缝纫，应当征收增值税。

二、计税依据

（一）纳税人为销售货物而出租出借包装物收取的押金，单独记账核算的，不并入销售额征税。但对因逾期未收回包装物不再退还的押金，应按所包装货物的适用税率征收增值税。

（二）纳税人采取折扣方式销售货物，如果销售额和折扣额在同一张发票上分别注明的，可按折扣后的销售额征收增值税；如果将折扣额另开发票，不论其在财务上如何处理，均不得从销售额中减除折扣额。

（三）纳税人采取以旧换新方式销售货物，应按新货物的同期销售价格确定销售额。

纳税人采取还本销售方式销售货物，不得从销售额中减除还本支出。

（四）纳税人因销售价格明显偏低或无销售价格等原因，按规定需组成计税价格确定销售额的，其组价公式中的成本利润率为10%。但属于应从价定率征收消费税的货物，其组价公式中的成本利润率，为《消费税若干具体问题的规定》中规定的成本利润率。

……

【注释】 对《增值税暂行条例》第1、6条进行了解释。对《增值税暂行条例实施细则》第24、25条进行了解释。

财政部 国家税务总局关于增值税、营业税若干政策规定的通知

财税〔1994〕26号

各省、自治区、直辖市、计划单列市财政厅(局)、税务局：

新税制实施以来，各地陆续反映了一些增值税、营业税执行中出现的问题。经研究，现将有关政策问题规定如下：

一、关于集邮商品征税问题

集邮商品，包括邮票、小型张、小本票、明信片、首日封、邮折、集邮簿、邮盘、邮票目录、护邮袋、贴片及其他集邮商品。

集邮商品的生产、调拨征收增值税。邮政部门销售集邮商品，征收营业税；邮政部门以外的其他单位与个人销售集邮商品，征收增值税。

二、关于报刊发行征税问题

邮政部门发行报刊，征收营业税；其他单位和个人发行报刊征收增值税。

三、关于销售无线寻呼机、移动电话征税问题

电信单位(电信局及电信局批准的其他从事电信业务的单位)自己销售无线寻呼机、移动电话，并为客户提供有关的电信劳务服务的，属于混合销售，征收营业税；对单纯销售无线寻呼机、移动电话，不提供有关的电信劳务服务的，征收增值税。

四、关于混合销售征税问题

……

(二)从事运输业务的单位与个人，发生销售货物并负责运输所售货物的混合销售行为，征收增值税。

五、关于代购货物征税问题

代购货物行为，凡同时具备以下条件的，不征收增值税；不同时具备以下条件的，无论会计制度规定如何核算，均征收增值税。

(一)受托方不垫付资金；

(二)销货方将发票开具给委托方，并由受托方将该项发票转交给委托方；

(三)受托方按销售方实际收取的销售额和增值税额(如系代理进口货物则为海关代征的增值税额)与委托方结算货款，并另外收取手续费。

六、关于棕榈油、棉籽油和粮食复制品征税问题

(一)棕榈油、棉籽油按照食用植物油13%的税率征收增值税；

……

七、关于出口"国务院另有规定的货物"征税问题

根据增值税暂行条例第二条："纳税人出口国务院另有规定的货物，不得适用零税率"的规定，纳税人出口的原油，援外出口货物，国家禁止出口的货物，包括天然牛黄、麝香、铜及铜基合金、白金等，糖，应按规定征收增值税。

八、关于外购农业产品的进项税额处理问题

……

九、关于寄售物品和死当物品征税问题

寄售商店代销的寄售物品(包括居民个人寄售的物品在内)、典当业销售的死当物品,无论销售单位是否属于一般纳税人,均按简易办法依照6%的征收率计算缴纳增值税,并且不得开具专用发票。

十、关于销售自己使用过的固定资产征税问题

单位和个体经营者销售自己使用过的游艇、摩托车和应征消费税的汽车,无论销售者是否属于一般纳税人,一律按简易办法依照6%的征收率计算缴纳增值税,并且不得开具专用发票。销售自己使用过的其他属于货物的固定资产,暂免征收增值税。

十一、关于人民币折合率的问题

……

十二、本规定自1994年6月1日起执行。

【注释】　对《增值税暂行条例》第1条进行了解释。对《增值税暂行条例实施细则》第2条进行了解释。

国家税务总局关于增值税若干征收问题的通知

国税发〔1994〕122号

近一时期以来,各地各部门不断反映一些增值税征税方面的问题,如纳税地点的确定问题,增值税专用发票的填开问题等,要求总局明确。根据各地反映的情况,我们进行了研究,现明确如下:

一、关于纳税地点问题

固定业户的总、分支机构不在同一县(市),但在同一省、自治区、直辖市范围内的,其分支机构应纳的增值税是否可由总机构汇总缴纳,由省、自治区、直辖市税务局决定。

……

三、关于无偿赠送货物可否开具专用发票问题

一般纳税人将货物无偿赠送给他人,如果受赠者为一般纳税人,可以根据受赠者的要求开具专用发票。

四、关于混合销售征税问题

根据细则第五条规定,以从事非增值税应税劳务为主,并兼营货物销售的单位与个人,其混合销售行为应视为销售非应税劳务,不征收增值税。但如果其设立单独的机构经营货物销售并单独核算,该单独机构应视为从事货物的生产、批发或零售的企业、企业性单位,其发生的混合销售行为应当征收增值税。

……

六、关于增值税专用发票的填写问题

(一)专用发票的"单价"栏,必须填写不含税单价。纳税人如果采用销售额和增值税额合并定价方法的,其不含税单价应按下列公式计算:

1. 一般纳税人按增值税税率计算应纳税额的,不含税单价计算公式为:

不含税单价=含税单价/(1+税率)

2. 一般纳税人按简易办法计算应纳税额的和由税务所代开专用发票的小规模纳税人,不含税单价计算公式为:

不含税单价=含税单价/(1+征收率)

(二)专用发票"金额"栏的数字,应按不含税单价和数量相乘计算填写,计算公式为:

金额栏数字=不含税单价×数量

不含税单价的尾数,"元"以下一般保留到"分",特殊情况下也可以适当增加保留的位数。

(三)专用发票的"税率"栏,应填写销售货物或应税劳务的适用税率,"税额"栏的数字应按"金额"栏数字和"税率"相乘计算填写。计算公式为:

税额=金额×税率

……

【注释】　对《增值税暂行条例》第11条进行了解释。对《增值税暂行条例实施细则》第5、8条进行了解释。

国家税务总局关于增值税几个业务问题的通知

国税发〔1994〕186号

各省、自治区、直辖市国家税务局，各计划单列市国家税务局：

最近，各地在征收增值税方面提出了一些问题，要求予以明确。经调查研究和全国增值税业务会议讨论，现明确如下：

一、对承租或承包的企业、单位和个人，有独立的生产、经营权，在财务上独立核算，并定期向出租者或发包者上缴租金或承包费的，应作为增值税纳税人按规定缴纳增值税。

……

三、糠麸、油渣(饼)、酒糟、糖渣按“饲料”的适用税率征收增值税。(此条款已失效或废止)

四、根据(94)财税字第004号通知的规定，一般纳税人生产的原料中掺有煤矸石、石煤、粉煤灰、烧煤锅炉的炉底渣及其他废渣(不包括高炉水渣)的墙体材料，1994年5月1日以后可按简易办法依照6%征收率计算缴纳增值税。此条规定所称墙体材料是指废渣砖、石煤和粉煤灰砌块、煤矸石砌块、炉底渣及其他废渣(不包括高炉水渣)砌块。

五、本通知除第二、四条以外，从1994年1月1日起执行。

【注释】 对《增值税暂行条例》第11、12条进行了解释。对《增值税暂行条例实施细则》第24条进行了解释。

财政部 国家税务总局关于增值税几个税收政策问题的通知

财税〔1994〕60号

各省、自治区、直辖市财政厅、国家税务局，各计划单列市财政局、国家税务局：

根据国务院批示精神，经研究，现对几个增值税政策问题明确如下：

……

二、供残疾人专用的假肢、轮椅、矫形器(包括上肢矫形器、下肢矫形器、脊椎侧弯矫形器)，免征增值税。

三、对国家定点企业生产和经销单位经销的专供少数民族饮用的边销茶，免征增值税。

边销茶，是指以黑茶、红茶末、老青茶、绿茶经蒸制、加压、发酵、压制成不同形状，专门销往边疆少数民族地区的紧压茶。

……

六、农用水泵、农用柴油机按农机产品依13%的税率征收增值税。

农用水泵是指主要用于农业生产的水泵，包括农村水井用泵、农田作业面潜水泵、农用轻便离心泵、与喷灌机配套的喷灌自吸泵。其他水泵不属于农机产品征税范围。

农用柴油机是指主要配套于农田拖拉机、田间作业机具、农副产品加工机械以及排灌机械，以柴油为燃料，油缸数在3缸以下(含3缸)的往复式内燃动力机械。4缸以上(含4缸)柴油机不属于农机产品征税范围。

七、本通知除第一条外，从1994年1月1日起执行。

【注释】 对《增值税暂行条例》第2、10条进行了解释。

增值税问题解答(之一)

国税函发〔1995〕288 号

……

二、问:增值税一般纳税人采取邮寄方式销售、购买货物所支付的邮寄费,能否比照《财政部 国家税务总局关于增值税几个税收政策问题的通知》((94)财税字第 060 号)中关于销售应税货物而支付的运输费用的规定,依 10%的扣除率计算进项税额予以抵扣?

答:增值税一般纳税人采取邮寄方式销售、购买货物所支付的邮寄费,不允许计算进项税额抵扣。

……

四、问:代理进口货物应如何征税?

答:代理进口货物的行为,属于增值税条例所称的代购货物行为,应按增值税代购货物的征税规定执行。但鉴于代理进口货物的海关完税凭证有的开具给委托方,有的开具给受托方的特殊性,对代理进口货物,以海关开具的完税凭证上的纳税人为增值税纳税人。即对报关进口货物,凡是海关的完税凭证开具给委托方的,对代理方不征增值税;凡是海关的完税凭证开具给代理方的,对代理方应按规定增收增值税。

……

六、问:对利用图书、报纸、杂志等形式为客户作广告,介绍商品、经营服务、文化体育节目或通告、声明等事项的业务,取得的广告收入应如何征税?

答:按照现行税法规定,利用图书、报纸、杂志等形式为客户作广告,介绍商品、经营服务、文化体育节目或通告、声明等事项的业务,属于营业税"广告业"的征税范围,其取得的广告收入应征收营业税。但纳税人为制作、印刷广告所用的购进货物不得计入进项税额抵扣,因此,纳税人应准确划分不得抵扣的进项税额;对无法准确划分不得抵扣的进项税额的,按《中华人民共和国增值税暂行条例实施细则》(以下简称增值税实施细则)第二十三条的规定划分不得抵扣的进项税额。

七、问:对国家管理部门行使其管理职能,发放的执照、牌照和有关证书等取得的工本费收入,是否征收增值税?

答:对国家管理部门行使其管理职能,发放的执照、牌照和有关证书等取得的工本费收入,不征收增值税。

……

九、对纳税人倒闭、破产、解散、停业后销售的货物应如何征税?其增值税一般纳税人,不再购进货物而只销售存货,或者为了维持销售存货的业务而只购进水、电的,其期初存货已征税款应如何抵扣?对纳税人期初存货中尚未抵扣的已征税款,以及征税后出现的进项税金大于销项税金后不足抵扣部分,税务机关是否退税?

答:(一)对纳税人倒闭、破产、解散、停业后销售的货物,应按现行税法的规定征税。

(二)《财政部、国家税务总局关于期初存货已征税款抵扣问题的通知》财税字〔1995〕024 号规定,从 1995 年起,增值税一般纳税人期初存货已征税款在 5 年内实行按比例分期抵扣的办法。增值税一般纳税人,如因倒闭、破产、解散、停业等原因不再购进货物而只销售存货的,或者为了维持销售存货的业务而只购进水、电了,其期初存货已征税款的抵扣,可按实际动用数抵扣。增值税一般纳税人申请按动用数抵扣期初进项税额,需提供有关部门批准其倒闭、破产、解散、停业的文件等资料,并报经税务机关批准。

(三)对纳税人期初存货中尚未抵扣的已征税款,以及征税后出现的进项税额大于销项税额后不足抵扣部分,税务机关不再退税。

……

十二、问:根据增值税实施细则第二十三条规定,纳税人兼营免税项目或非应税项目而无法准确划分不得抵扣的进项税额的，按当月免税项目销售额、非应税项目营业额占当月全部销售额、营业额的比例，乘以当月全部进项税额的公式，计算不得抵扣的进项税额。该办法在实际执行中，由于纳税人月度之间的购销不均衡，按上述公式计算出现不得抵扣的进项税额不实的现象，对此，应如何处理？

答：对由于纳税人月度之间购销不均衡，按上述公式计算出现不得抵扣的进项税额不实的现象，税务征收机关可采取按年度清算的办法，即：年末按当年的有关数据计算当年不得抵扣的进项税额，对月度计算的数据进行调整。

……

【注释】 对《增值税暂行条例》第22条进行了解释。对《增值税暂行条例实施细则》第22、23、35、36条进行了解释。

财政部 国家税务总局关于金银首饰等货物征收增值税问题的通知

财税〔1996〕74号

各省、自治区、直辖市、计划单列市财政厅(局)、国家税务局：

近期，各地陆续反映了一些增值税政策执行中遇到的问题。经研究，现将有关政策问题明确如下：

一、考虑到金银首饰以旧换新业务的特殊情况，对金银首饰以旧换新业务，可以按销售方实际收取的不含增值税的全部价款征收增值税。

二、骨粉、鱼粉按照“饲料”征收增值税。

【注释】 对《增值税暂行条例》第2、6条进行了解释。

国家税务总局关于纳税人取得虚开的增值税专用发票处理问题的通知

国税发〔1997〕134号

各省、自治区、直辖市和计划单列市国家税务局：

最近，一些地区国家税务局询问，对纳税人取得虚开的增值税专用发票(以下简称专用发票)如何处理。经研究，现明确如下：

一、受票方利用他人虚开的专用发票，向税务机关申报抵扣税款进行偷税的，应当依照《中华人民共和国税收征收管理法》及有关规定追缴税款，处以偷税数额五倍以下的罚款；进项税金大于销项税金的，还应当调减其留抵的进项税额。利用虚开的专用发票进行骗取出口退税的，应当依法追缴税款，处以骗税数额五倍以下的罚款。

二、在货物交易中，购货方从销售方取得第三方开具的专用发票，或者从销货地以外的地区取得专用发票，向税务机关申报抵扣税款或者申请出口退税的，应当按偷税、骗取出口退税处理，依照《中华人民共和国税收征收管理法》及有关规定追缴税款，处以偷税、骗税数额五倍以下的罚款。

三、纳税人以上述第一条、第二条所列的方式取得专用发票未申报抵扣税款，或者未申请出口退税的，应当依照《中华人民共和国发票管理办法》及有关规定，按所取得专用发票的份数，分别处以一万元以下的罚款；但知道或者应当知道取得的是虚开的专用发票，或者让他人为自己提供虚开的专用发票的，应当从重处罚。

四、利用虚开的专用发票进行偷税、骗税，构成犯罪的，税务机关依法进行追缴税款等行政处理，并移送司法机关追究刑事责任。

【注释】 对《增值税暂行条例》第26条进行了解释。相关规定包括:《国家税务总局关于〈国家税务总局关于纳税人取得虚开的增值税专用发票处理问题的通知〉的补充通知》(国税发〔2000〕182号)、《国家税务总局关于纳税人善意取得虚开的增值税专用发票处理问题的通知》(国税发〔2000〕187号)。

国家税务总局关于平销行为征收增值税问题的通知

国税发〔1997〕167号

各省、自治区、直辖市和计划单列市国家税务局:

近期以来,在商业经营活动中出现了大量平销行为,即生产企业以商业企业经销价或高于商业企业经销价的价格将货物销售给商业企业,商业企业再以进货成本或低于进货成本的价格进行销售,生产企业则以返还利润等方式弥补商业企业的进销差价损失。据调查,在平销活动中,生产企业弥补商业企业进销差价损失的方式主要有以下几种:一是生产企业通过返还资金方式弥补商业企业的损失,如有的对商业企业返还利润,有的向商业企业投资等。二是生产企业通过赠送实物或以实物投资方式弥补商业企业的损失。已发现有些生产企业赠送实物或商业企业进销此类实物不开发票、不记账,以此来达到偷税的目的。目前,平销行为基本上发生在生产企业和商业企业之间,但有可能进一步在生产企业与生产企业之间、商业企业与商业企业之间的经营活动中出现。平销行为不仅造成地区间增值税收入非正常转移,而且具有偷、避税因素,给国家财政收入造成损失。为堵塞税收漏洞,保证国家财政收入和有利于各地区完成增值税收入任务,现就平销行为中有关增值税问题规定如下:

一、对于采取赠送实物或以实物投资方式进行平销经营活动的,要制定切实可行的措施,加强增值税征管稽查,大力查处和严厉打击有关的偷税行为。

二、自1997年1月1日起,凡增值税一般纳税人,无论是否有平销行为,因购买货物而从销售方取得的各种形式的返还资金,均应依所购货物的增值税税率计算应冲减的进项税金,并从其取得返还资金当期的进项税金中予以冲减。应冲减的进项税金计算公式如下:

当期应冲减进项税金=当期取得的返还资金×所购货物适用的增值税税率

【注释】 对《增值税暂行条例》第6条进行了解释。

财政部 国家税务总局关于连锁经营企业增值税纳税地点问题的通知

财税〔1997〕97号

各省、自治区、直辖市、计划单列市财政厅(局)、国家税务局:

为支持连锁经营的发展,根据《增值税暂行条例》第二十二条的有关规定,现对连锁经营企业实行统一缴纳增值税的有关问题通知如下:

一、对跨地区经营的直营连锁企业,即连锁店的门店均由总部全资或控股开设,在总部领导下统一经营的连锁企业,凡按照国内贸易部《连锁店经营管理规范意见》(内贸政体法字〔1997〕第24号)的要求,采取微机联网,实行统一采购配送商品,统一核算,统一规范化管理和经营,并符合以下条件的,可对总店和分店实行由总店向其所在地主管税务机关统一申报缴纳增值税:

1. 在直辖市范围内连锁经营的企业,报经直辖市国家税务局会同市财政局审批同意;

2. 在计划单列市范围内连锁经营的企业，报经计划单列市国家税务局会同市财政局审批同意；

3. 在省（自治区）范围内连锁经营的企业，报经省（自治区）国家税务局会同省财政厅审批同意；

4. 在同一县（市）范围内连锁经营的企业，报经县（市）国家税务局会同县（市）财政局审批同意。

二、连锁企业实行由总店向总店所在地主管税务机关统一缴纳增值税后，财政部门应研究采取妥善办法，保证分店所在地的财政利益在纳税地点变化后不受影响。涉及省内地、市间利益转移的，由省级财政部门确定；涉及地、市内县（市）间利益转移的，由地、市财政部门确定；县（市）范围内的利益转移，由县（市）财政部门确定。

三、对自愿连锁企业，即连锁店的门店均为独立法人，各自的资产所有权不变的连锁企业和特许连锁企业，即连锁店的门店同总部签订合同，取得使用总部商标、商号、经营技术及销售总部开发商品的特许权的连锁企业，其纳税地点不变，仍由各独立核算门店分别向所在地主管税务机关申报缴纳增值税。

【注释】 对《增值税暂行条例》第22条进行了解释。

国家税务总局关于增值税一般纳税人发生偷税行为如何确定偷税数额和补税罚款的通知

国税发〔1998〕66号

各省、自治区、直辖市和计划单列市国家税务局：

目前，各地对增值税一般纳税人发生偷税行为，如何计算确定其增值税偷税额以及如何补税、罚款的认识和做法不一，现统一明确如下：

一、关于偷税数额的确定

（一）由于现行增值税制采取购进扣税法计税，一般纳税人有偷税行为，其不报、少报的销项税额或者多报的进项税额，即是其不缴或少缴的应纳增值税额。因此，偷税数额应当按销项税额的不报、少报部分或者进项税额的多报部分确定。如果销项、进项均查有偷税问题，其偷税数额应当为两项偷税数额之和。

（二）纳税人的偷税手段如属账外经营，即购销活动均不入账，其不缴或少缴的应纳增值税额即偷税额为账外经营部分的销项税额抵扣账外经营部分中已销货物进项税额后的余额。已销货物的进项税额按下列公式计算：

$$已销货物进项税额=\begin{matrix}账外经营部分\\购货的进项税额\end{matrix}-\begin{matrix}账外经营部分\\存货的进项税额\end{matrix}$$

（三）如账外经营部分的销项税额或已销货物进项税额难以核实，应当根据《中华人民共和国增值税暂行条例实施细则》第十六条第（三）项规定，按照组成计税价格公式核定销售额，再行确定偷税数额。凡销项税额难以核实的，以账外经营部分已销货物的成本为基础核定销售额；已销货物进项税额难以核实的，以账外经营部分的购货成本为基础核定销售额。（本项已经废止）

二、关于税款的补征

偷税款的补征入库，应当视纳税人不同情况处理，即：根据检查核实后一般纳税人当期全部的销项税额与进项税额（包括当期留抵税额），重新计算当期全部应纳税额，若应纳税额为正数，应当作补税处理，若应纳税额为负数，应当核减期末留抵税额（企业账务调整的具体方法，见《增值税日常稽查办法》）。

三、关于罚款

对一般纳税人偷税行为的罚款，应当按照本通知第一条的规定计算确定偷税数额，以偷税数额为依据处理。

【注释】 对《增值税暂行条例》第26条进行了解释。对《增值税暂行条例实施细则》第16条进行了解释。相关规定包括：《国家税务总局关于修改〈国家税务总局关于增值税一般纳税人发生偷税行为如何确定偷税数额和补税罚款的通知〉的通知》（国税函〔1999〕739号）。

国家税务总局关于企业所属机构间移送货物征收增值税问题的通知

国税发〔1998〕137号

目前，对实行统一核算的企业所属机构间移送货物，接受移送货物机构（以下简称受货机构）的经营活动是否属于销售应在当地纳税，各地执行不一。经研究，现明确如下：

《中华人民共和国增值税暂行条例实施细则》第四条视同销售货物行为的第（三）项所称的用于销售，是指受货机构发生以下情形之一的经营行为：

一、向购货方开具发票；

二、向购货方收取货款。

受货机构的货物移送行为有上述两项情形之一的，应当向所在地税务机关缴纳增值税；未发生上述两项情形的，则应由总机构统一缴纳增值税。

如果受货机构只就部分货物向购买方开具发票或收取货款，则应当区别不同情况计算并分别向总机构所在地或分支机构所在地缴纳税款。

【注释】 对《增值税暂行条例实施细则》第4条进行了解释。相关规定包括：《国家税务总局关于纳税人以资金结算网络方式收取货款增值税纳税地点问题的通知》（国税函〔2002〕802号）。

国家税务总局关于电梯保养、维修收入征税问题的批复

国税函发〔1998〕390号

深圳市国家税务局：

你局《关于电梯保养、维修收入征税问题的请示》（深国税发〔1998〕144号）收悉，现批复如下：

电梯属于增值税应税货物的范围，但安装运行之后，则与建筑物一道形成不动产。因此，对企业销售电梯（自产或购进的）并负责安装及保养、维修取得的收入，一并征收增值税；对不从事电梯生产、销售，只从事电梯保养和维修的专业公司对安装运行后的电梯进行的保养、维修取得的收入，征收营业税。

深圳市粤日电梯工程有限公司系专门从事电梯保养、维修的专业公司。因此，对其所取得的电梯保养、维修收入应当征收营业税，不征收增值税。

【注释】 对《增值税暂行条例》第1条进行了解释。对《增值税暂行条例实施细则》第2条进行了解释。

国家税务总局关于拍卖行取得的拍卖收入征收增值税、营业税有关问题的通知

国税发〔1999〕40号

各省、自治区、直辖市和计划单列市国家税务局、地方税务局：

据了解，由于拍卖行特殊的经营性质，对拍卖行取得的拍卖收入是征收增值税还是征收营业税，各地理解不一，执行中不尽一致。为了统一拍卖行的增值税、营业税政策，现就有关问题明确如下：

一、对拍卖行受托拍卖增值税应税货物，向买方收取的全部价款和价外费用，应当按照4%的征收率征收增值税。拍卖货物属免税货物范围的，经拍卖行所在地县级主管税务机关批准，可以免征增值税。

二、对拍卖行向委托方收取的手续费征收营业税。

【注释】 对《增值税暂行条例》第12条进行了解释。

财政部 国家税务总局关于血站有关税收问题的通知

财税〔1999〕264号

为了推动无偿献血公益事业的发展，经国务院批准，现将血站的有关税收问题明确如下：

一、鉴于血站是采集和提供临床用血，不以营利为目的的公益性组织，又属于财政拨补事业费的单位，因此，对血站自用的房产和土地免征房产税和城镇土地使用税。

二、对血站供应给医疗机构的临床用血免征增值税。

三、本通知所称血站，是指根据《中华人民共和国献血法》的规定，由国务院或省级人民政府卫生行政部门批准的，从事采集、提供临床用血，不以营利为目的的公益性组织。

四、本通知自1999年11月1日起执行。在此之前已征收入库的税款不再退还，未征收入库的税款也不再征缴。

【注释】 对《增值税暂行条例》第16条进行了解释。

国家税务总局关于修改《国家税务总局关于增值税一般纳税人发生偷税行为如何确定偷税数额和补税罚款的通知》的通知

国税函〔1999〕739号

各省、自治区、直辖市和计划单列市国家税务局：

《国家税务总局关于增值税一般纳税人发生偷税行为如何确定偷税数额和补税罚款的通知》（国税发〔1998〕66号）下发后，部分地区反映通知第一条第（三）项的表述不够确切，现修改如下：

纳税人账外经营部分的销售额（计税价格）难以核实的，应根据《中华人民共和国增值税暂行条例实施细则》第十六条第（三）项规定按组成计税价格核定其销售额。

原《国家税务总局关于增值税一般纳税人发生偷税行为如何确定偷税数额和补税罚款的通知》（国税发〔1998〕66号）第一条第（三）项废止。

【注释】 对《增值税暂行条例实施细则》第16条进行了解释。对《国家税务总局关于增值税一般纳税人发生偷税行为如何确定偷税数额和补税罚款的通知》（国税发〔1998〕66号）进行了修改。

财政部 国家税务总局关于医疗卫生机构有关税收政策的通知

财税〔2000〕42号

各省、自治区、直辖市、计划单列市财政厅（局）、国家税务局、地方税务局：

为了贯彻落实《国务院办公厅转发国务院体改办等部门关于城镇医药卫生体制改革指导意见的通知》(国办发〔2000〕16号),促进我国医疗卫生事业的发展,经国务院批准,现将医疗卫生机构有关税收政策通知如下:

一、关于非营利性医疗机构的税收政策

(一)对非营利性医疗机构按照国家规定的价格取得的医疗服务收入,免征各项税收。不按照国家规定价格取得的医疗服务收入不得享受这项政策。

医疗服务是指医疗服务机构对患者进行检查、诊断、治疗、康复和提供预防保健、接生、计划生育方面的服务,以及与这些服务有关的提供药品、医用材料器具、救护车、病房住宿和伙食的业务(下同)。

(二)对非营利性医疗机构从事非医疗服务取得的收入,如租赁收入、财产转让收入、培训收入、对外投资收入等应按规定征收各项税收。非营利性医疗机构将取得的非医疗服务收入,直接用于改善医疗卫生服务条件的部分,经税务部门审核批准可抵扣其应纳税所得额,就其余额征收企业所得税。

(三)对非营利性医疗机构自产自用的制剂,免征增值税。

(四)非营利性医疗机构的药房分离为独立的药品零售企业,应按规定征收各项税收。

(五)对非营利性医疗机构自用的房产、土地、车船,免征房产税、城镇土地使用税和车船使用税。

二、关于营利性医疗机构的税收政策

(一)对营利性医疗机构取得的收入,按规定征收各项税收。但为了支持营利性医疗机构的发展,对营利性医疗机构取得的收入,直接用于改善医疗卫生条件的,自其取得执业登记之日起,3年内给予下列优惠:对其取得的医疗服务收入免征营业税;对其自产自用的制剂免征增值税;对营利性医疗机构自用的房产、土地、车船免征房产税、城镇土地使用税和车船使用税。3年免税期满后恢复征税。

(二)对营利性医疗机构的药房分离为独立的药品零售企业,应按规定征收各项税收。

三、关于疾病控制机构和妇幼保健机构等卫生机构的税收政策

(一)对疾病控制机构和妇幼保健机构等卫生机构按照国家规定的价格取得的卫生服务收入(含疫苗接种和调拨、销售收入),免征各项税收。不按照国家规定的价格取得的卫生服务收入不得享受这项政策。对疾病控制机构和妇幼保健等卫生机构取得的其他经营收入如直接用于改善本卫生机构卫生服务条件的,经税务部门审核批准可抵扣其应纳税所得额,就其余额征收企业所得税。

(二)对疾病控制机构和妇幼保健机构等卫生机构自用的房产、土地、车船,免征房产税、城镇土地使用税和车船使用税。

医疗机构需要书面向卫生行政主管部门申明其性质,按《医疗机构管理条例》进行设置审批和登记注册,并由接受其登记注册的卫生行政部门核定,在执业登记中注明“非营利性医疗机构”和“营利性医疗机构”。

上述医疗机构具体包括:各级各类医院、门诊部(所)、社区卫生服务中心(站)、急救中心(站)、城乡卫生院、护理院(所)、疗养院、临床检验中心等。上述疾病控制、妇幼保健等卫生机构具体包括:各级政府及有关部门举办的卫生防疫站(疾病控制中心)、各种专科疾病防治站(所),各级政府举办的妇幼保健所(站)、母婴保健机构、儿童保健机构等,各级政府举办的血站(血液中心)。

本通知自发布之日起执行。

【注释】 对《增值税暂行条例》第16条进行了解释。

国家税务总局关于融资租赁业务征收流转税问题的通知

国税函〔2000〕514号

据了解,目前一些地区在对融资租赁业务征收流转税时,政策执行不一,有的征收增值税,有的征收营业税,为统一增值税政策,严肃执法,现就有关问题明确如下:

对经中国人民银行批准经营融资租赁业务的单位所从事的融资租赁业务，无论租赁的货物的所有权是否转让给承租方，均按《中华人民共和国营业税暂行条例》的有关规定征收营业税，不征收增值税。其他单位从事的融资租赁业务，租赁的货物的所有权转让给承租方，征收增值税，不征收营业税；租赁的货物的所有权未转让给承租方，征收营业税，不征收增值税。

融资租赁是指具有融资性质和所有权转移特点的设备租赁业务。即：出租人根据承租人所要求的规格、型号、性能等条件购入设备租赁给承租人，合同期内设备所有权属于出租人，承租人只拥有使用权，合同期满付清租金后，承租人有权按残值购入设备，以拥有设备的所有权。

本通知自公布之日起执行，此前规定与本通知相抵触的，一律以本通知为准。

【注释】 对《增值税暂行条例》第 1 条进行了解释。

国家税务总局关于出版物广告收入有关增值税问题的通知

国税发〔2000〕188 号

各省、自治区、直辖市和计划单列市国家税务局：

《国家税务总局关于印发〈增值税问题解答（之一）〉的通知》（国税发〔1995〕288 号）规定，“纳税人为制作、印刷广告所用的购进货物不得计入进项税额抵扣，因此，纳税人应准确划分不得抵扣的进项税额；对无法准确划分不得抵扣的进项税额的，按《中华人民共和国增值税暂行条例实施细则》第二十三条的规定划分不得抵扣的进项税额”。由于该通知未明确应以何种标准进行“准确划分”，因此各地执行不尽一致。经研究，现明确如下：

确定文化出版单位用于广告业务的购进货物的进项税额，应以广告版面占整个出版物版面的比例为划分标准，凡文化出版单位能准确提供广告所占版面比例的，应按此项比例划分不得抵扣的进项税额。

本通知自 2000 年 12 月 1 日起执行。此前一些地区的税务机关按照《中华人民共和国增值税暂行条例实施细则》第二十三条规定确定不得抵扣进项税额的，已征收入库的税款不再作纳税调整，凡征税不足的，一律按照本通知的规定计算应补征的税款。

【注释】 对《增值税暂行条例实施细则》第 23 条进行了解释。

国家税务总局关于白银生产环节征收增值税的通知

国税发〔2000〕51 号

各省、自治区、直辖市、计划单列市国家税务局：

根据国务院关于白银管理体制改革的指示，现就白银产品有关增值税政策规定如下：

自 2000 年 1 月 1 日起，对企业生产销售的银精矿含银、其他有色金属精矿含银、冶炼中间产品含银及成品银恢复征收增值税。

【注释】 对《增值税暂行条例》第 1 条进行了解释。

财政部 国家税务总局关于飞机维修增值税问题的通知

财税〔2000〕102 号

各省、自治区、直辖市、计划单列市财政厅(局)、国家税务局:

经国务院批准,现将有关飞机维修劳务的增值税政策问题通知如下:

为支持飞机维修行业的发展,决定自 2000 年 1 月 1 日起对飞机维修劳务增值税实际税负超过 6%的部分实行由税务机关即征即退的政策。

【注释】 对《增值税暂行条例》第 16 条进行了解释。

国家税务总局关于《国家税务总局关于纳税人取得虚开的增值税专用发票处理问题的通知》的补充通知

国税发〔2000〕182 号

各省、自治区、直辖市和计划单列市国家税务局、地方税务局:

为了严格贯彻执行《国家税务总局关于纳税人取得虚开的增值税专用发票处理问题的通知》(国税发〔1997〕134 号,以下简称 134 号文件),严厉打击虚开增值税专用发票活动,保护纳税人的合法权益,现对有关问题进一步明确如下:

有下列情形之一的,无论购货方(受票方)与销售方是否进行了实际的交易,增值税专用发票所注明的数量、金额与实际交易是否相符,购货方向税务机关申请抵扣进项税款或者出口退税的,对其均应按偷税或者骗取出口退税处理。

一、购货方取得的增值税专用发票所注明的销售方名称、印章与其进行实际交易的销售方不符的,即 134 号文件第二条规定的"购货方从销售方取得第三方开具的专用发票"的情况。

二、购货方取得的增值税专用发票为销售方所在省(自治区、直辖市和计划单列市)以外地区的,即 134 号文件第二条规定的"从销货地以外的地区取得专用发票"的情况。

三、其他有证据表明购货方明知取得的增值税专用发票系销售方以非法手段获得的,即 134 号文件第一条规定的"受票方利用他人虚开的专用发票,向税务机关申报抵扣税款进行偷税"的情况。

【注释】 对《国家税务总局关于纳税人取得虚开的增值税专用发票处理问题的通知》(国税发〔1997〕134 号)进行了补充规定。相关规定包括:《国家税务总局关于纳税人善意取得虚开的增值税专用发票处理问题的通知》(国税发〔2000〕187 号)。

国家税务总局关于纳税人善意取得虚开的增值税专用发票处理问题的通知

国税发〔2000〕187 号

各省、自治区、直辖市和计划单列市国家税务局、地方税务局:

近接一些地区反映,在购货方(受票方)不知道取得的增值税专用发票(以下简称专用发票)是销售方虚开的情况下，对购货方应当如何处理的问题不够明确。经研究，现明确如下：

购货方与销售方存在真实的交易，销售方使用的是其所在省（自治区、直辖市和计划单列市）的专用发票，专用发票注明的销售方名称、印章、货物数量、金额及税额等全部内容与实际相符，且没有证据表明购货方知道销售方提供的专用发票是以非法手段获得的，对购货方不以偷税或者骗取出口退税论处。但应按有关规定不予抵扣进项税款或者不予出口退税；购货方已经抵扣的进项税款或者取得的出口退税，应依法追缴。

购货方能够重新从销售方取得防伪税控系统开出的合法、有效专用发票的，或者取得手工开出的合法、有效专用发票且取得了销售方所在地税务机关已经或者正在依法对销售方虚开专用发票行为进行查处证明的，购货方所在地税务机关应依法准予抵扣进项税款或者出口退税。

如有证据表明购货方在进项税款得到抵扣、或者获得出口退税前知道该专用发票是销售方以非法手段获得的，对购货方应按《国家税务总局关于纳税人取得虚开的增值税专用发票处理问题的通知》（国税发〔1997〕134 号）和《国家税务总局关于〈国家税务总局关于纳税人取得虚开的增值税专用发票处理问题的通知〉的补充通知》（国税发〔2000〕182 号）的规定处理。

本通知自印发之日起执行。

【注释】 对《增值税暂行条例》第 26 条进行了解释。

国家税务总局关于增值税若干税收政策问题的批复

国税函〔2001〕248 号

江苏省国家税务局：

你局《关于增值税若干税收政策问题的请示》（苏国税发〔2000〕554 号）收悉。现就有关问题批复如下：

一、关于薄荷油、拖拉机底盘适用税率问题

根据《国家税务总局关于〈增值税部分货物征税范围注释〉的通知》（国税发〔1993〕151 号）对“食用植物油”的注释，薄荷油未包括在内，因此，薄荷油应按 17%的税率征收增值税；拖拉机底盘属于农机零部件，不属于农机产品，因此，拖拉机底盘也应按 17%的税率征收增值税。

……

【注释】 对《增值税暂行条例》第 2 条进行了解释。

财政部 国家税务总局关于农业生产资料征免增值税政策的通知

财税〔2001〕113 号

各省、自治区、直辖市、计划单列市财政厅（局）、国家税务局，新疆生产建设兵团财务局，财政部驻各省、自治区、直辖市、计划单列市财政监察专员办事处：

为支持农业生产发展，经国务院批准，现就若干农业生产资料征免增值税的政策通知如下：

一、下列货物免征增值税：

1. 农膜。

2. 生产销售的除尿素以外的氮肥、除磷酸二铵以外的磷肥、钾肥以及免税化肥为主要原料的复混肥

（企业生产复混肥产品所用的免税化肥成本占原料中全部化肥成本的比重高于70%）。“复混肥”是指用化学方法或物理方法加工制成的氮、磷、钾三种养分中至少有两种养分标明量的肥料，包括仅用化学方法制成的复合肥和仅用物理方法制成的混配肥（也称掺合肥）。

3. 生产销售的阿维菌素、胺菊酯、百菌清、苯噻酰草胺、苄嘧磺隆、草除灵、吡虫啉、丙烯菊酯、哒螨灵、代森锰锌、稻瘟灵、敌百虫、丁草胺、啶虫脒、多抗霉素、二甲戊乐灵、二嗪磷、氟乐灵、高效氯氰菊酯、炔螨特、甲多丹、甲基硫菌灵、甲基异柳磷、甲（乙）基毒死蜱、甲（乙）基嘧啶磷、精恶唑禾草灵、精喹禾灵、井冈霉素、咪鲜胺、灭多威、灭蝇胺、苜蓿银纹夜蛾核型多角体病毒、噻磺隆、三氟氯氰菊酯、三唑磷、三唑酮、杀虫单、杀虫双、顺式氯氰菊酯、涕灭威、烯唑醇、辛硫磷、辛酰溴苯精、异丙甲草胺、乙阿合剂、乙草胺、乙酰甲胺磷、莠去津。

4. 批发和零售的种子、种苗、化肥、农药、农机。

二、对生产销售的尿素统一征收增值税，并在2001、2002年两年内实行增值税先征后退的政策。2001年对征收的税款全额退还，2002年退还50%，自2003年起停止退还政策。增值税具体退税事宜，由财政部驻各地财政监察专员办事处按财政部、国家税务总局、中国人民银行《关于税制改革后对某些企业实行“先征后退”有关预算管理问题的暂行规定的通知》[（94）财预字第55号]的有关规定办理。

三、对原征收增值税的尿素生产企业生产销售的尿素，实行增值税先征后退政策从2001年1月1日起执行；对原免征增值税的尿素生产企业生产销售的尿素，恢复征收增值税和实行先征后退政策以及对农业生产资料免征增值税政策，自2001年8月1日起执行。

【注释】 对《增值税暂行条例》第16条进行了解释。

国家税务总局关于新闻产品征收流转税问题的通知

国税发〔2001〕105号

各省、自治区、直辖市和计划单列市国家税务局、地方税务局：

为了规范新闻产品的流转税政策，保证流转税政策的统一性，经研究，现通知如下：

一、关于增值税

对新华通讯社系统销售印刷品应按照现行增值税政策规定征收增值税；鉴于新华社系统属于非企业性单位，对其销售印刷品可按小规模纳税人的征税办法征收增值税。

二、关于营业税

新华社各分社向当地用户有偿转让新闻信息产品，应由直接向用户收费的单位以其收费全额，按“文化体育业”税目，向所在地主管税务机关缴纳营业税。新华社从各地分社分得的新闻信息产品收入，不再缴纳营业税。

以上所称“新闻信息产品”，是指新华总社编辑的新闻信息产品，不包括新华社各分社再编辑的新闻信息产品。

【注释】 对《增值税暂行条例》第12条进行了解释。

国家税务总局关于增值税一般纳税人平销行为征收增值税问题的批复

国税函〔2001〕247号

江苏省国家税务局：

你局《关于增值税一般纳税人平销行为征收增值税问题的请示》（苏国税发〔2000〕349号）收悉。现批复如下：

与总机构实行统一核算的分支机构从总机构取得的日常工资、电话费、租金等资金，不应视为因购买货物而取得的返利收入，不应做冲减进项税额处理。

【注释】 对《增值税暂行条例》第6条进行了解释。

成品油零售加油站增值税征收管理办法

国家税务总局令〔2002〕2号

第一条 为加强成品油零售加油站的增值税征收管理，堵塞税收管理漏洞，根据《中华人民共和国税收征收管理法》、《中华人民共和国增值税暂行条例》及有关税收政策规定，制定本办法。

第二条 凡经经贸委批准从事成品油零售业务，并已办理工商、税务登记，有固定经营场所，使用加油机自动计量销售成品油的单位和个体经营者(以下简称加油站)，适用本办法。

第三条 本办法第一条所称加油站，一律按照《国家税务总局关于加油站一律按照增值税一般纳税人征税的通知》(国税函〔2001〕882号)认定为增值税一般纳税人；并根据《中华人民共和国增值税暂行条例》有关规定进行征收管理。

第四条 采取统一配送成品油方式设立的非独立核算的加油站，在同一县市的，由总机构汇总缴纳增值税。在同一省内跨县市经营的，是否汇总缴纳增值税，由省级税务机关确定。跨省经营的，是否汇总缴纳增值税，由国家税务总局确定。

对统一核算，且经税务机关批准汇总缴纳增值税的成品油销售单位跨县市调配成品油的，不征收增值税。

第五条 加油站无论以何种结算方式(如收取现金、支票、汇票、加油凭证(簿)、加油卡等)收取售油款，均应征收增值税。加油站销售成品油必须按不同品种分别核算，准确计算应税销售额。加油站以收取加油凭证(簿)、加油卡方式销售成品油，不得向用户开具增值税专用发票。

第六条 加油站应税销售额包括当月成品油应税销售额和其他应税货物及劳务的销售额。其中成品油应税销售额的计算公式为：

成品油应税销售额=(当月全部成品油销售数量－允许扣除的成品油数量)×油品单价

第七条 加油站必须按规定建立《加油站日销售油品台账》(以下简称台账)登记制度。加油站应按日登记台账，按日或交接班次填写，完整、详细地记录当日或本班次的加油情况，月终汇总登记《加油站月销售油品汇总表》。台账须按月装订成册，按会计原始账证的期限保管，以备主管税务机关检查。

第八条 加油站除按月向主管税务机关报送增值税一般纳税人纳税申报办法规定的申报资料外，还应报送以下资料：

(一)《加油站月份加油信息明细表》或加油IC卡；

(二)《加油站月销售油品汇总表》；

(三)《成品油购销存数量明细表》。

第九条 加油站通过加油机加注成品油属于以下情形的，允许在当月成品油销售数量中扣除：

(一)经主管税务机关确定的加油站自有车辆自用油。

(二)外单位购买的，利用加油站的油库存放的代储油。

加油站发生代储油业务时，应凭委托代储协议及委托方购油发票复印件向主管税务机关申报备案。

(三)加油站本身倒库油。

加油站发生成品油倒库业务时，须提前向主管税务机关报告说明，由主管税务机关派专人实地审核监控。

(四)加油站检测用油(回罐油)。

上述允许扣除的成品油数量，加油站月终应根据《加油站月销售油品汇总表》统计的数量向主管税务机关申报。

第十条 成品油生产、批发单位所在地税务机关应按月将其销售成品油信息通过金税工程网络传递到购油企业所在地主管税务机关。

第十一条 对财务核算不健全的加油站，如已全部安装税控加油机，应按照税控加油机所记录的数据确定计税销售额征收增值税。对未全部安装税控加油机(包括未安装)或税控加油机运行不正常的加油站，主管税务机关应要求其严格执行台账制度，并按月报送《成品油购销存数量明细表》。按月对其成品油库存数量进行盘点，定期联合有关执法部门对其进行检查。

主管税务机关应将财务核算不健全的加油站全部纳入增值税纳税评估范围，结合通过金税工程网络所掌握的企业购油信息以及本地区同行业的税负水平等相关信息，按照《国家税务总局关于加强商贸企业增值税纳税评估工作的通知》(国税发〔2001〕140 号)的有关规定进行增值税纳税评估。对纳税评估有异常的，应立即移送稽查部门进行税务稽查。

主管税务机关对财务核算不健全的加油站可以根据所掌握的企业实际经营状况，核定征收增值税。

财务核算不健全的加油站，主管税务机关应根据其实际经营情况和专用发票使用管理规定限量供应专用发票。

第十二条 发售加油卡、加油凭证销售成品油的纳税人(以下简称“预售单位”)在售卖加油卡、加油凭证时，应按预收账款方法作相关账务处理，不征收增值税。

预售单位在发售加油卡或加油凭证时可开具普通发票，如购油单位要求开具增值税专用发票，待用户凭卡或加油凭证加油后，根据加油卡或加油凭证回笼记录，向购油单位开具增值税专用发票。接受加油卡或加油凭证销售成品油的单位与预售单位结算油款时，接受加油卡或加油凭证销售成品油的单位根据实际结算的油款向预售单位开具增值税专用发票。

第十三条 主管税务机关每季度应对所辖加油站运用稽查卡进行 1 次加油数据读取，并将读出的数据与该加油站的《增值税纳税申报表》、《加油站日销售油品台账》、《加油站月销售油品汇总表》等资料进行核对，同时应对加油站的应扣除油量的确定、成品油购销存等情况进行全面纳税检查。

第十四条 本办法自 2002 年 5 月 1 日起执行。

【注释】 对《增值税暂行条例》第 26 条进行了解释。

国家税务总局关于纳税人销售自产货物提供增值税劳务并同时提供建筑业劳务征收流转税问题的通知

国税发〔2002〕117 号

各省、自治区、直辖市和计划单列市国家税务局、地方税务局：

现对纳税人销售自产货物、提供增值税应税劳务并同时提供建筑业劳务征收流转税问题通知如下：

一、关于纳税人销售自产货物提供增值税应税劳务并同时提供建筑业劳务征收增值税、营业税划分问题

纳税人以签订建设工程施工总包或分包合同(包括建筑、安装、装饰、修缮等工程总包和分包合同，下同)方式开展经营活动时，销售自产货物、提供增值税应税劳务并同时提供建筑业劳务(包括建筑、安装、修缮、装饰、其他工程作业，下同)，同时符合以下条件的，对销售自产货物和提供增值税应税劳务取得的收入征收增值税，提供建筑业劳务收入(不包括按规定应征收增值税的自产货物和增值税应税劳务收入)征收营业税：

(一)必须具备建设行政部门批准的建筑业施工(安装)资质；

(二)签订建设工程施工总包或分包合同中单独注明建筑业劳务价款。

凡不同时符合以上条件的，对纳税人取得的全部收入征收增值税，不征收营业税。

对上所称建筑业劳务收入，以签订的建设工程施工总包或分包合同上注明的建筑业劳务价款为准。

纳税人通过签订建设工程施工合同，销售自产货物、提供增值税应税劳务的同时，将建筑业劳务分包或

转包给其他单位和个人的，对其销售的货物和提供的增值税应税劳务征收增值税；同时，签订建设工程施工总承包合同的单位和个人，应扣缴提供建筑业劳务的单位和个人取得的建筑业劳务收入的营业税。

二、关于扣缴分包人营业税问题

不论签订建设工程施工合同的总承包人是销售自产货物、提供增值税应税劳务并提供建筑业劳务的单位和个人，还是仅销售自产货物、提供增值税应税劳务不提供建筑业劳务的单位和个人，均应当扣缴分包人或转包人（以下简称分包人）的营业税：

（一）如果分包人是销售自产货物、提供增值税应税劳务并提供建筑业劳务的单位和个人，总承包人在扣缴建筑业营业税时的营业额为除自产货物、增值税应税劳务以外的价款。

（二）除本条第一款规定以外的分包人，总承包人在扣缴建筑业营业税时的营业额为分包额。

……

四、关于纳税人问题

本通知中所称纳税人是指从事货物生产的单位或个人。

纳税人销售自产货物、提供增值税应税劳务并同时提供建筑业劳务，应向营业税应税劳务发生地地方税务局提供其机构所在地主管国家税务局出具的纳税人属于从事货物生产的单位或个人的证明，营业税应税劳务发生地地方税务局根据纳税人持有的证明按本通知的有关规定征收营业税。

五、关于税款调整及执行时间问题本通知自2002年9月1日起执行。

本通知发布前已按原有关规定征收税款的不再做纳税调整，未按原有关规定征收税款的按本通知规定执行。

【注释】 对《增值税暂行条例》第1条进行了解释。对《增值税暂行条例实施细则》第2条进行了解释。相关规定包括：《财政部 国家税务总局关于增值税若干政策的通知》（财税〔2005〕165号）。

国家税务总局关于增值税一般纳税人期货交易进项税额抵扣问题的通知

国税发〔2002〕45号

《国家税务总局关于加强增值税征收管理工作的通知》和《国家税务总局关于加强增值税征收管理若干问题的通知》规定，商业企业购进货物（包括外购货物所支付的运输费用），必须在购进的货物付款后才能申报抵扣进项税额，且纳税人购进货物或应税劳务，支付运输费用，所支付款项的单位，必须与开具抵扣凭证的销货单位、提供劳务的单位一致，否则不予抵扣进项税额。鉴于期货交易支付货款的特殊性，现将增值税一般纳税人通过期货交易购进货物进项税额抵扣问题明确如下：

对增值税一般纳税人在商品交易所通过期货交易购进货物，其通过商品交易所转付货款可视同向销货单位支付货款，对其取得的合法增值税专用发票允许抵扣。

【注释】 对《增值税暂行条例》第8条进行了解释。

财政部 国家税务总局关于黄金税收政策问题的通知

财税〔2002〕142号

各省、自治区、直辖市、计划单列市财政厅（局）、国家税务局、地方税务局，新疆生产建设兵团财务局：

为了贯彻国务院关于黄金体制改革决定的要求，规范黄金交易，加强黄金交易的税收管理，现将黄金交易的有关税收政策明确如下：

一、黄金生产和经营单位销售黄金(不包括以下品种:成色为 au9999、au9995、au999、au995;规格为 50 克、100 克、1 公斤、3 公斤、12.5 公斤的黄金,以下简称标准黄金)和黄金矿砂(含伴生金),免征增值税;进口黄金(含标准黄金)和黄金矿砂免征进口环节增值税。

二、黄金交易所会员单位通过黄金交易所销售标准黄金(持有黄金交易所开具的《黄金交易结算凭证》),未发生实物交割的,免征增值税;发生实物交割的,由税务机关按照实际成交价格代开增值税专用发票,并实行增值税即征即退的政策,同时免征城市维护建设税、教育费附加。增值税专用发票中的单价、金额和税额的计算公式分别为:

单价=实际成交单价÷(1+增值税税率)

金额=数量×单价

税额=金额×税率

实际成交单价是指不含黄金交易所收取的手续费的单位价格。

纳税人不通过黄金交易所销售的标准黄金不享受增值税即征即退和免征城市维护建设税、教育费附加政策。

三、(本条被《国家税务总局关于出口含金成分产品有关税收政策的通知》(国税发〔2005〕125 号)废止)

四、对黄金交易所收取的手续费等收入照章征收营业税。

五、黄金交易所黄金交易的增值税征收管理办法及增值税专用发票管理办法由国家税务总局另行制定。

【注释】 对《增值税暂行条例》第 16 条进行了解释。《国家税务总局关于出口含金成分产品有关税收政策的通知》(国税发〔2005〕125 号)对本文进行了修正。

国家税务总局关于出口产品视同自产产品退税有关问题的通知

国税函〔2002〕1170 号

各省、自治区、直辖市和计划单列市国家税务局:

《国家税务总局关于出口货物若干问题的通知》(国税发〔2000〕165 号)下发后,对生产企业外购出口的允许退税的四类视同自产的产品,实际执行中各地理解和掌握不尽统一。为便于各地准确执行出口退税政策,经研究,对生产企业出口的四类视同自产产品的界定问题,现通知如下:

一、生产企业出口外购的产品,凡同时符合以下条件的,可视同自产货物办理退税。

(一)与本企业生产的产品名称、性能相同;

(二)使用本企业注册商标或外商提供给本企业使用的商标;

(三)出口给进口本企业自产产品的外商。

二、生产企业外购的与本企业所生产的产品配套出口的产品,若出口给进口本企业自产产品的外商,符合下列条件之一的,可视同自产产品办理退税。

(一)用于维修本企业出口的自产产品的工具、零部件、配件;

(二)不经过本企业加工或组装,出口后能直接与本企业自产产品组合成成套产品的。

三、凡同时符合下列条件的,主管出口退税的税务机关可认定为集团成员,集团公司(或总厂,下同)收购成员企业(或分厂,下同)生产的产品,可视同自产产品办理退(免)税。

(一)经县级以上政府主管部门批准为集团公司成员的企业,或由集团公司控股的生产企业;

(二)集团公司及其成员企业均实行生产企业财务会计制度;

(三)集团公司必须将有关成员企业的证明材料报送给主管出口退税的税务机关。

四、生产企业委托加工收回的产品，同时符合下列条件的，可视同自产产品办理退税。

（一）必须与本企业生产的产品名称、性能相同，或者是用本企业生产的产品再委托深加工收回的产品；

（二）出口给进口本企业自产产品的外商；

（三）委托方执行的是生产企业财务会计制度；

（四）委托方与受托方必须签订委托加工协议。主要原材料必须由委托方提供。受托方不垫付资金，只收取加工费，开具加工费（含代垫的辅助材料）的增值税专用发票。

五、上述外购货物可以退税的比例、退税计算办法以及所需要的凭证等，按《国家税务总局关于明确生产企业出口视同自产产品实行免、抵、退税办法的通知》（国税发〔2002〕152 号）文件执行。

【注释】 对《国家税务总局关于出口货物若干问题的通知》（国税发〔2000〕165 号）进行了解释。

国家税务总局关于企业改制中资产评估减值发生的流动资产损失进项税额抵扣问题的批复

国税函〔2002〕1103 号

广西壮族自治区国家税务局：

你局《关于广西壮族自治区企业改制中资产评估减值发生的流动资产损失进项税额是否可以抵扣问题的请示》（桂国税发〔2002〕288 号）收悉，经研究，现批复如下：《中华人民共和国增值税暂行条例实施细则》第二十一条规定："非正常损失是指生产、经营过程中正常损耗外的损失"。对于企业由于资产评估减值而发生流动资产损失，如果流动资产未丢失或损坏，只是由于市场发生变化，价格降低，价值量减少，则不属于《中华人民共和国增值税暂行条例实施细则》中规定的非正常损失，不作进项税额转出处理。

【注释】 对《增值税暂行条例实施细则》第 21 条进行了解释。

财政部 国家税务总局关于连锁经营企业有关税收问题的通知

财税〔2003〕1 号

各省、自治区、直辖市、计划单列市财政厅（局）、国家税务局、地方税务局：

为贯彻落实《国务院办公厅转发国务院体改办、国家经贸委关于促进连锁经营发展若干意见的通知》（国办发〔2002〕49 号）的精神，支持连锁经营的发展，现将连锁经营企业实行统一缴纳增值税、所得税的有关问题进一步明确如下：

一、在省、自治区、直辖市、计划单列市内跨区域经营的统一核算的连锁企业，需要实行由总机构向其所在地主管税务机关统一申报缴纳增值税的，按照财政部、国家税务总局《关于连锁经营企业增值税纳税地点问题的通知》（财税字〔1997〕97 号）的有关规定办理。

二、根据《中华人民共和国企业所得税暂行条例》和《中华人民共和国企业所得税暂行条例实施细则》的有关规定，对内资连锁企业省内跨区域设立的直营门店，凡在总部领导下统一经营、与总部微机联网、并由总部实行统一采购配送、统一核算、统一规范化管理，并且不设银行结算账户、不编制财务报表和账簿的，由总部向其所在地主管税务机关统一缴纳企业所得税。依照《中华人民共和国外商投资和外国企业所得税法》和《中华人民共和国外商投资和外国企业所得税法实施细则》的有关规定，对从事跨区域连锁经营的外商投资企业，由总机构向其所在地主管税务机关统一缴纳企业所得税。

三、上述跨区域经营的连锁企业实行统一缴纳增值税、所得税后，各级财政部门要认真贯彻执行国办发〔2002〕49 号文件的精神，及时制定统一纳税后所属地区间财政利益调整办法，妥善处理好各级财政利益分配关系，以确保连锁企业门店所在地的财政利益在纳税地点变化后不受影响，以利于连锁经营的发展。

【注释】 对《关于连锁经营企业增值税纳税地点问题的通知》(财税字〔1997〕97 号)进行了解释。

国家税务总局关于铂金及其制品税收政策的通知

财税〔2003〕86 号

各省、自治区、直辖市、计划单列市财政厅(局)、国家税务局、地方税务局，新疆生产建设兵团财务局：

为规范铂金交易，加强铂金交易的税收管理，经国务院批准，现将铂金及铂金制品的税收政策明确如下：

一、对进口铂金免征进口环节增值税。

二、对中博世金科贸有限责任公司通过上海黄金交易所销售的进口铂金，以上海黄金交易所开具的《上海黄金交易所发票》(结算联)为依据，实行增值税即征即退政策。采取按照进口铂金价格计算退税的办法，具体如下：

即征即退的税额计算公式：

进口铂金平均单价＝σ{[(当月进口铂金报关单价×当月进口铂金数量)＋上月末库存进口铂金总价值]÷(当月进口铂金数量＋上月末库存进口铂金数量)}

金额＝销售数量×进口铂金平均单价÷(1＋17%)

即征即退税额＝金额×17%

中博世金科贸有限责任公司进口的铂金没有通过上海黄金交易所销售的，不得享受增值税即征即退政策。

三、中博世金科贸有限责任公司通过上海黄金交易所销售的进口铂金，由上海黄金交易所主管税务机关按照实际成交价格代开增值税专用发票。增值税专用发票中的单价、金额和税额的计算公式为：

单价＝实际成交单价÷(1＋17%)

金额＝成交数量×单价

税额＝金额×17%

实际成交单价是指不含黄金交易所收取的手续费的单位价格。

四、国内铂金生产企业自产自销的铂金也实行增值税即征即退政策。

五、对铂金制品加工企业和流通企业销售的铂金及其制品仍按现行规定征收增值税。

六、铂金出口不退税；出口铂金制品，对铂金原料部分的进项增值税不实行出口退税，只对铂金制品加工环节的加工费按规定退税率退税。

七、铂金首饰消费税的征收环节由现行在生产环节和进口环节征收改为在零售环节征收，消费税税率调整为 5%。具体征收管理比照财政部、国家税务总局《关于调整金银首饰消费税纳税环节有关问题的通知》[(94)财税字第 095 号]和国家税务总局关于印发《金银首饰消费税征收管理办法的通知》规定执行。

八、对黄金交易所收取的手续费等收入照章征收营业税。

九、黄金交易所铂金交易的增值税征收管理及增值税专用发票管理由国家税务总局另行制定。

十、本通知自 2003 年 5 月 1 日起执行。

【注释】 对《增值税暂行条例》第 16 条进行了解释。

增值税一般纳税人纳税申报办法

国税发〔2003〕53 号

根据《中华人民共和国税收征收管理法》、《中华人民共和国增值税暂行条例》及《中华人民共和国发票管理办法》的有关规定，制定本办法。

一、凡增值税一般纳税人（以下简称纳税人）均按本办法进行纳税申报。

二、纳税申报资料。

（一）《增值税纳税申报表》及其三个附表：

附表 1.《发票领用存月报表》；

附表 2.《增值税（专用/普通）发票使用明细表》；

附表 3.《增值税（专用发票/收购凭证/运输发票）抵扣明细表》。

（二）附报资料。

1. 已开具的增值税专用发票和普通发票存根联；

2. 增值税专用发票抵扣联；

3. 海关进口货物完税凭证的复印件；

4. 运输发票复印件（如果取得的运输发票数量较多，经县级国家税务局批准可只附报单份票面金额在一定数额以上的运输发票复印件）；

5. 收购凭证的存根联或报查联；

6. 收购农产品的普通发票复印件；

7. 主管税务机关要求报送的其他资料。

经营规模大的纳税人，如上述附报资料很多，报送确有困难的，经县级国家税务局批准，由主管国家税务机关（以下简称税务机关）派人到企业审核。

三、《增值税纳税申报表》及其有关附表的填报要求。

（一）《增值税纳税申报表》按填表说明的要求填写，一式两份。其中，一份纳税人留存，一份报税务机关。

（二）《发票领用存月报表》（附表 1）一式三份。其中，一份纳税人留存，两份报税务机关。该表每月月末由纳税人根据清点核对结存专用发票、普通发票的数量和号码的结果以及发票领、用、存情况填写。

（三）《增值税（专用/普通）发票使用明细表》（附表 2）分为《增值税专用发票使用明细表》和《增值税普通发票使用明细表》两类。纳税人使用该表登记专用发票时，应在“普通”两字上画线，表示该表为《增值税专用发票使用明细表》；登记普通发票时，应在“专用”两字上画线，表示该表为《增值税普通发票使用明细表》。

1.《增值税专用发票使用明细表》。本表根据纳税人销售货物或应税劳务开具的专用发票按序号逐票填写。凡增值税计划机交叉稽核试点地区的纳税人，在填写本表时一式三份，其中，一份纳税人留存，两份报税务机关；其他地区的纳税人在填写本表时一式两份，其中，一份纳税人留存，一份报税务机关。其具体填写要求如下：

（1）纳税人手工开具的专用发票按发票序号逐票登记，每本填写一张《增值税专用发票使用明细表》。纳税人每月使用一本专用发票的，在本表的“小计”栏填写小计数，同时，将小计数填写在本表的“合计”栏内；纳税人每月使用两本以上专用发票的，每张表在“小计”栏填写小计数，并将每张表的小计数累加起来填写在第一张表“合计”栏内。纳税人每月专用发票用票量特别大，金额又较小，逐笔登记确有困难的，经县级国家税务局批准，对整本专用发票中每单张票面销售额在 1 000 元以下的，可按整本专用发票汇总登记《增值税专用发票使用明细表》。

一本专用发票当月未用完的，按顺序填报用完的部分，剩余空格部分用线划掉；下个月申报时该本继续使用的专用发票应另用一张《增值税专用发票使用明细表》，接上月顺序填报，并将上月已填报部分的空格用线划掉。如一本专用发票两个月仍未用完的，剩余部分报税务机关剪角作废，并在第二个月所填表格剩余的空格注明“已作废”。

(2)纳税人使用计算机开具的专用发票(即电脑票)按发票序号逐票登记，每 25 份填写一张《增值税专用发票使用明细表》。纳税人每月使用 25 份或不足 25 份电脑票的，在本表的“小计”栏填写小计数，同时，将小计数填写在本表的“合计”栏内；纳税人每月使用 25 份以上电脑票的，每张表在“小计”栏填写小计数，并将每张表的小计数累加起来填写在第一张表的“合计”栏内。

如果一张表格中填写的电脑票份数不足 25 份的，应将表中剩余的空格部分用线划掉。

纳税人使用计算机开具增值税专用发票的，经县级国家税务局批准，在纳税申报时可以用计算机直接打印附表 2。

(3)纳税人因销货退回或折让开出的红字专用发票，应用红字(或负数)填写《增值税专用发票使用明细表》。

(4)作废的专用发票只填写发票号码，在“备注”栏注明是废票，其他栏次用线划掉。

(5)凡增值税交叉稽核试点地区的纳税人，对表格的内容应全部填写；其他地区的纳税人，对表格中的纳税人登记号可不填写，其他内容应全部按要求填写。

2.《增值税普通发票使用明细表》。本表根据纳税人销售货物开具的普通发票逐票填写。

《增值税普通发票使用明细表》一式两份，其中，一份纳税人留存，一份报税务机关。纳税人销售货或应税劳务开具的普通发票应比照《增值税专用发票使用明细表》的填报办法办理。

纳税人销售免税货物必须另本开具普通发票，并单独填写《增值税普通发票使用明细表》。填写时在本表的“备注”栏注明是免税货物，此表的小计数不得汇总在《增值税普通发票使用明细表》的合计数中。

3. 纳税人销售货物(包括视同销售)或应税劳务不需开具发票的应纳税业务，按月将其销售额及税额的汇总数填写在《增值税专用发票使用明细表》的第一页的规定栏目内。

(四)《增值税(专用发票/收购凭证/运输发票)抵扣明细表》(附表 3)分为《增值税专用发票抵扣明细表》、《增值税收购凭证抵扣明细表》、《增值税运输发票抵扣明细表》三类。纳税人使用该表登记进项专用发票时，应在“收购凭证”、“运输发票”上画线，表示该表为《增值税专用发票抵扣明细表》；纳税人使用该表登记收购凭证时，应在“专用发票”、“运输发票”上画线，表示该表为《增值税收购凭证抵扣明细表》；纳税人使用该表登记运输发票时，应在“使用发票”、“收购凭证”上画线，表示该表为《增值税运输发票抵扣明细表》。

1.《增值税专用发票抵扣明细表》。纳税人购进货物取得的专用发票抵扣联以及进口货物从海关取得的完税凭证按规定审核无误后，逐票登记《增值税专用发票抵扣明细表》。其具体填写要求如下：

(1)纳税人中的工业企业，购进货物取得专用发票抵扣联以及进口货物从海关取得完税凭证并将已收到的货物验收入库后方可登记《增值税专用发票抵扣明细表》。否则，不得登记该表并申报抵扣。

(2)纳税人中的商业企业，购进货物取得专用发票抵扣联以及进口货物从海关取得完税凭证并已支付货款的，方可登记《增值税专用发票抵扣明细表》。否则，不得登记该表并申报抵扣。

(3)纳税人中的工业企业不填本表的“付款日期”栏、“付款金额”栏、“付款凭证号码”栏；纳税人中的商业企业不填本表的“货物入库时间”栏。

2.《增值税收购凭证抵扣明细表》。纳税人收购废品、免税农产品应按收购凭证(包括按规定允许抵扣的普通发票)逐笔登记《增值税收购凭证抵扣明细表》。

(1)纳税人中的工业企业，收购免税农产品应按收购凭证(包括按规定允许抵扣的普通发票)登记本表，并比照工业企业填写《增值税专用发票抵扣明细表》的要求办理。

(2)纳税人中的商业企业，收购废品、免税农产品应按收购凭证(包括按规定允许抵扣的普通发票)登记本表，并比照商业企业填写《增值税专用发票抵扣明细表》的要求办理。

3.《增值税运输发票抵扣明细表》。纳税人取得的符合扣税规定的购货运输发票和销售应税货物的运输发票，应逐票登记《增值税运输发票抵扣明细表》。

4. 凡增值税计算机交叉稽核试点地区的纳税人，对表格的内容应全部填写；其他地区的纳税人，对表格中的纳税人登记号可不填写，其他内容应全部填写。

5. 纳税人使用计算机录入增值税进项抵扣凭证(包括专用发票、海关完税证、收购凭证、运输发票)的，经县级国家税务局批准，可以直接打印附表3。

四、附报资料的报送要求。

（一）增值税专用发票和普通发票存根联的报送要求。

1. 手工开具的增值税专用发票和普通发票存根联。

（1）手工开具的增值税专用发票存根联。对已使用完的整本专用发票，在其存根联的右上角依序编号，号码1至25；对当月未使用完的整本增值税专用发票，当月暂不报送，第二个月不论是否用完，均应报送，并将剩余部分报税务机关剪角作废。

（2）手工开具的增值税普通发票存根联。不论当月普通发票是否不整本用完，均应按整本报送。

2. 使用计算机开具的增值各专用发票存根联。每25份装订一册，不足25份时，按实际装订，并在每张票面右上角依序编号，号码1至25。每册均应加装封面，其封面应注明单位名称、本册张数、本月总册数等。

（二）增值税专用发票抵扣联原件及海关进口货物完税凭证的复印件的装订要求。

增值税专用发票抵扣联原件及海关进口货物完税凭证的复印件每25份装订一册，不足25份时，按实际装订，并在每张票面右上角依序编号，号码1至25。其装订顺序应与《增值税专用发票抵扣明细表》的填写顺序一致。

每册均应加装封面，封面上应注明单位名称、本册张数、本月总册数、汇总扣税额等。

（三）运输发票的复印件、收购凭证的存根联或报查联、收购免税农产品的普通发票复印件的装订比照上述办法办理。

（四）纳税人报送的附报资料，经税务机关审核后将附报资料退还纳税人，纳税人要按要求妥善保管。

五、申报期限。

纳税人应按月进行纳税申报，申报期为次月1日至10日止。

六、罚则。

1. 纳税人未按规定期限办理纳税申报的，按照《中华人民共和国税收征收管理法》第三十九条的有关规定处罚。

2. 纳税人进行纳税申报，税款申报不实的，按偷税处理，并按《中华人民共和国税收征收管理法》第四十条的规定予以处罚。

七、《增值税纳税申报表》及其附表由纳税人向税务机关领购。

八、本办法自1996年1月1日施行。

【注释】 对《增值税暂行条例》第26条进行了解释。

国家税务总局关于饲用鱼油产品免征增值税的批复

国税函〔2003〕1395号

福建省国家税务局：

你局《关于“饲用鱼油”产品免征增值税问题的请示》（闽国税发〔2003〕214号）收悉。经研究，现批复如下：

饲用鱼油是鱼粉生产过程中的副产品，主要用于水产养殖和肉鸡饲养，属于单一大宗饲料。经研究，自2003年1月1日起，对饲用鱼油产品按照现行“单一大宗饲料”的增值税政策规定，免予征收增值税。

【注释】 对《增值税暂行条例》第16条进行了解释。

国家税务总局关于债转股企业实物投资免征增值税政策有关问题的批复

国税函〔2003〕1394 号

江西省国家税务局：

你局《关于债转股企业实物资产投入新公司免征增值税有关问题的请示》（赣国税发〔2003〕90 号）收悉。经研究，现批复如下：

《中华人民共和国增值税暂行条例》第 21 条规定，纳税人销售免税货物不得开具增值税专用发票。鉴于债转股企业投入到新公司的实物资产享受免征增值税政策，因此债转股企业将实物资产投入到新公司时不得开具增值税专用发票。

【注释】 对《增值税暂行条例》第 16 条进行了解释。

国家税务总局关于血液制品增值税政策的批复

国税函〔2004〕335 号

海南省国家税务局：

你省《关于血液制品增值税政策的请示》（琼国税发〔2003〕261 号）收悉，经研究，现批复如下：

增值税一般纳税人购进人体血液不属于购进免税农产品，也不得比照购进免税农业产品按照买价和13%的扣除率计算抵扣进项税额。

【注释】 对《增值税暂行条例》第 8 条进行了解释。

关于进口货物进口环节海关代征税税收政策问题的规定

财关税〔2004〕7 号

一、经海关批准暂时进境的下列货物，在进境时纳税义务人向海关缴纳相当于应纳税款的保证金或者提供其他担保的，可以暂不缴纳进口环节增值税和消费税，并应当自进境之日起 6 个月内复运出境；经纳税义务人申请，海关可以根据海关总署的规定延长复运出境的期限：

（一）在展览会、交易会、会议及类似活动中展示或者使用的货物；

（二）文化、体育交流活动中使用的表演、比赛用品；

（三）进行新闻报道或者摄制电影、电视节目使用的仪器、设备及用品；

（四）开展科研、教学、医疗活动使用的仪器、设备及用品；

（五）在本款第（一）项至第（四）项所列活动中使用的交通工具及特种车辆；

（六）货样；

（七）供安装、调试、检测设备时使用的仪器、工具；

（八）盛装货物的容器；

（九）其他用于非商业目的的货物。

上述所列暂准进境货物在规定的期限内未复运出境的，海关应当依法征收进口环节增值税和消费税。

上述所列可以暂时免征进口环节增值税和消费税范围以外的其他暂准进境货物，应当按照该货物的组成计税价格和其在境内滞留时间与折旧时间的比例分别计算征收进口环节增值税和消费税。

二、因残损、短少、品质不良或者规格不符原因，由进口货物的发货人、承运人或者保险公司免费补偿或者更换的相同货物，进口时不征收进口环节增值税和消费税。被免费更换的原进口货物不退运出境的，海关应当对原进口货物重新按照规定征收进口环节增值税和消费税。

三、进口环节增值税税额在人民币50元以下的一票货物，免征进口环节增值税；消费税税额在人民币50元以下的一票货物，免征进口环节消费税。

四、无商业价值的广告品和货样免征进口环节增值税和消费税。

五、外国政府、国际组织无偿赠送的物资免征进口环节增值税和消费税。

六、在海关放行前损失的进口货物免征进口环节增值税和消费税；在海关放行前遭受损坏的货物，可以按海关认定的进口货物受损后的实际价值确定进口环节增值税和消费税组成计税价格公式中的关税完税价格和关税，并依法计征进口环节增值税和消费税。

七、进境运输工具装载的途中必需的燃料、物料和饮食用品免征进口环节增值税和消费税。

八、有关法律、行政法规规定进口货物减征或者免征进口环节海关代征税的，海关按照规定执行。

九、本规定自2004年1月1日起施行。

【注释】 对《增值税暂行条例》第16条进行了解释。

国家税务总局关于对福建雪津啤酒有限公司收取经营保证金征收增值税问题的批复

国税函〔2004〕416号

福建省国家税务局：

你局《关于福建雪津啤酒有限公司经营保证金税收问题的请示》(闽国税发〔2004〕39号)收悉。经研究，对经营保证金征收增值税问题，批复如下：

根据《中华人民共和国增值税暂行条例》及实施细则有关价外费用的规定，福建雪津啤酒有限公司收取未退还的经营保证金，属于经销商因违约而承担的违约金，应当征收增值税；对其已退还的经营保证金，不属于价外费用，不征收增值税。

【注释】 对《增值税暂行条例》第6条进行了解释。

国家税务总局关于电力公司过网费收入征收增值税问题的批复

国税函〔2004〕607号

四川省国家税务局、地方税务局：

你局《关于电力公司过网费收入征收增值税问题的请示》(川国税发〔2004〕52号)收悉。经研究，现批复如下：

鉴于电力公司利用自身电网为发电企业输送电力过程中，需要利用输变电设备进行调压，属于提供加工劳务。根据《中华人民共和国增值税暂行条例》有关规定，电力公司向发电企业收取的过网费，应当征收增值税，不征收营业税。

【注释】 对《增值税暂行条例》第1条进行了解释。对《增值税暂行条例实施细则》第2条进行了解释。

国家税务总局关于商业企业向货物供应方收取的部分费用征收流转税问题的通知

国税发〔2004〕136 号

各省、自治区、直辖市和计划单列市国家税务局、地方税务局：

据部分地区反映，商业企业向供货方收取的部分收入如何征收流转税的问题，现行政策规定不够统一，导致不同地区之间政策执行不平衡。经研究，现规定如下：

一、商业企业向供货方收取的部分收入，按照以下原则征收增值税或营业税：

（一）对商业企业向供货方收取的与商品销售量、销售额无必然联系，且商业企业向供货方提供一定劳务的收入，例如进场费、广告促销费、上架费、展示费、管理费等，不属于平销返利，不冲减当期增值税进项税金，应按营业税的适用税目税率征收营业税。

（二）对商业企业向供货方收取的与商品销售量、销售额挂钩（如以一定比例、金额、数量计算）的各种返还收入，均应按照平销返利行为的有关规定冲减当期增值税进项税金，不征收营业税。

二、商业企业向供货方收取的各种收入，一律不得开具增值税专用发票。

三、应冲减进项税金的计算公式调整为：

当期应冲减进项税金＝当期取得的返还资金/（1＋所购货物适用增值税税率）×所购货物适用增值税税率

四、本通知自 2004 年 7 月 1 日起执行。本通知发布前已征收入库税款不再进行调整。其他增值税一般纳税人向供货方收取的各种收入的纳税处理，比照本通知的规定执行。

特此通知。

【注释】 对《增值税暂行条例》第 6 条进行了解释。

国家税务总局关于增值税进项留抵税额抵减增值税欠税有关处理事项的通知

国税函〔2004〕1197 号

各省、自治区、直辖市和计划单列市国家税务局：

根据国家税务总局《关于增值税一般纳税人用进项留抵税额抵减增值税欠税问题的通知》（国税发〔2004〕112 号）规定，现将增值税进项留抵税额抵减欠税的有关处理事项明确如下：

一、关于税务文书的填开

当纳税人既有增值税留抵税额，又欠缴增值税而需要抵减的，应由县（含）以上税务机关填开《增值税进项留抵税额抵减增值税欠税通知书》（以下简称《通知书》，式样见附件）一式两份，纳税人、主管税务机关各一份。

二、关于抵减金额的确定

抵减欠缴税款时，应按欠税发生时间逐笔抵扣，先发生的先抵。抵缴的欠税包含呆账税金及欠税滞纳金。确定实际抵减金额时，按填开《通知书》的日期作为截止期，计算欠缴税款的应缴未缴滞纳金金额，应缴未缴滞纳金余额加欠税余额为欠缴总额。若欠缴总额大于期末留抵税额，实际抵减金额应等于期末留抵税额，并按配比方法计算抵减的欠税和滞纳金；若欠缴总额小于期末留抵税额，实际抵减金额应等于欠缴总额。

三、关于税收会计账务处理

税收会计根据《通知书》载明的实际抵减金额作抵减业务的账务处理。即先根据实际抵减的 2001 年 5

月1日之前发生的欠税以及抵减的应缴未缴滞纳金，借记“待征”类科目，贷记“应征”类科目；再根据实际抵减的增值税欠税和滞纳金，借记“应征税收——增值税”科目，贷记“待征税收——××户——增值税”科目。

【注释】 对《关于增值税一般纳税人用进项留抵税额抵减增值税欠税问题的通知》(国税发〔2004〕112号)进行了补充规定。

财政部 国家税务总局关于生产企业出口货物实行免抵退税办法后有关城市维护建设税教育费附加政策的通知

财税〔2005〕25号

各省、自治区、直辖市、计划单列市财政厅(局)、地方税务局，新疆生产建设兵团财务局：

经国务院批准，现就生产企业出口货物全面实行免抵退税办法后，城市维护建设税、教育费附加的政策明确如下：

一、经国家税务局正式审核批准的当期免抵的增值税税额应纳入城市维护建设税和教育费附加的计征范围，分别按规定的税(费)率征收城市维护建设税和教育费附加。

二、2005年1月1日前，已按免抵的增值税税额征收的城市维护建设税和教育费附加不再退还，未征的不再补征。

三、本通知自2005年1月1日起执行。

国家税务总局关于金融机构开展个人实物黄金交易业务增值税有关问题的通知

国税发〔2005〕178号

各省、自治区、直辖市和计划单列市国家税务局：

近接部分金融机构来文，反映其经中国人民银行、中国银行业监督管理委员会批准，在所属分理处、储蓄所等营业场所内开展个人实物黄金交易业务，即向社会公开销售刻有不同字样的特制实物金条等黄金制品，并依照市场价格向购买者购回所售金条，由分行统一清算交易情况。对于金融机构销售实物黄金的行为，应当照章征收增值税，考虑到金融机构征收管理的特殊性，为加强税收管理，促进交易发展，现将有关问题通知如下：

一、对于金融机构从事的实物黄金交易业务，实行金融机构各省级分行和直属一级分行所属地市级分行、支行按照规定的预征率预缴增值税，由省级分行和直属一级分行统一清算缴纳的办法。

(一)发生实物黄金交易行为的分理处、储蓄所等应按月计算实物黄金的销售数量、金额，上报其上级支行。

(二)各支行、分理处、储蓄所应依法向机构所在地主管国家税务局申请办理税务登记。各支行应按月汇总所属分理处、储蓄所上报的实物黄金销售额和本支行的实物黄金销售额，按照规定的预征率计算增值税预征税额，向主管税务机关申报缴纳增值税。

预征税额＝销售额×预征率

(三)各省级分行和直属一级分行应向机构所在地主管国家税务局申请办理税务登记，申请认定增值税一般纳税人资格。按月汇总所属地市分行或支行上报的实物黄金销售额和进项税额，按照一般纳税人方法计算增值税应纳税额，根据已预征税额计算应补税额，向主管税务机关申报缴纳。

应纳税额＝销项税额－进项税额

应补税额＝应纳税额－预征税额

当期进项税额大于销项税额的，其留抵税额结转下期抵扣，预征税额大于应纳税额的，在下期增值税应纳税额中抵减。

(四)从事实物黄金交易业务的各级金融机构取得的进项税额,应当按照现行规定划分不可抵扣的进项税额,作进项税额转出处理。

(五)预征率由各省级分行和直属一级分行所在地省级国家税务局确定。

二、金融机构所属分行、支行、分理处、储蓄所等销售实物黄金时,应当向购买方开具国家税务总局统一监制的普通发票,不得开具银行自制的金融专业发票,普通发票领购事宜由各分行、支行办理。

三、各地在执行中遇到的问题,应及时向总局(流转税管理司)报告。

【注释】 对《增值税暂行条例》第26条进行了解释。

国家税务总局关于增值税一般纳税人期货交易有关增值税问题的通知

国税函〔2005〕1060号

各省、自治区、直辖市和计划单列市国家税务局:

为合理解决期货交易升贴水有关税款征收与专用发票开具问题,现将增值税一般纳税人期货交易有关增值税政策通知如下:

一、增值税一般纳税人在商品交易所通过期货交易销售货物的,无论发生升水或贴水,均可按照标准仓单持有凭证(式样见附件1)所注明货物的数量和交割结算价开具增值税专用发票。

二、对于期货交易中仓单注册人注册货物时发生升水的,该仓单注销(即提取货物退出期货流通)时,注册人应当就升水部分款项向注销人开具增值税专用发票,同时计提销项税额,注销人凭取得的专用发票计算抵扣进项税额。

发生贴水的,该仓单注销时,注册人应当就贴水部分款项向注销人开具负数增值税专用发票,同时冲减销项税额,注销人凭取得的专用发票调减进项税额,不得由仓单注销人向仓单注册人开具增值税专用发票。注册人开具负数专用发票时,应当取得商品交易所出具的《标准仓单注册升贴水单》或《标准仓单注销升贴水单》(式样见附件2、附件3),按照所注明的升贴水金额向注销人开具,并将升贴水单留存以备主管税务机关检查。

三、本通知自2005年12月1日起执行。12月1日前注册的期货仓单交易增值税征管问题仍按《国家税务总局关于印发〈货物期货征收增值税具体办法〉的通知》(国税发〔1994〕244号)及有关规定执行。

四、本通知所称升水,是指按照规定的期货交易规则,所注册货物的等级、重量、类别、仓库位置等相比基准品、基准仓库为优的,交易所通过升贴水账户支付给货物注册方的一定差价金额。发生升水时,经多次交易后,标准仓单持有人提取货物注销仓单时,交易所需通过升贴水账户向注销人收取与升水额相等的金额。

所称贴水,是指按照规定的期货交易规则,所注册货物的等级、重量、类别、仓库位置等相比基准品、基准仓库为劣的,交易所通过升贴水账户向货物注册方收取的一定差价金额。发生贴水时,经多次交易后,标准仓单持有人提取货物注销仓单时,交易所需通过升贴水账户向注销人支付与贴水额相等的金额。

五、本通知执行中遇有问题,请及时上报总局(流转税管理司)。

【注释】 对《增值税暂行条例》第26条进行了解释。

财政部 国家税务总局关于增值税若干政策的通知

财税〔2005〕165号

各省、自治区、直辖市、计划单列市财政厅(局)、国家税务局,新疆生产建设兵团财务局:

经研究，现对增值税若干政策问题明确如下：

……

三、个别货物进口环节与国内环节以及国内地区间增值税税率执行不一致进项税额抵扣问题

对在进口环节与国内环节，以及国内地区间个别货物（如初级农产品、矿产品等）增值税适用税率执行不一致的，纳税人应按其取得的增值税专用发票和海关进口完税凭证上注明的增值税额抵扣进项税额。

主管税务机关发现同一货物进口环节与国内环节以及地区间增值税税率执行不一致的，应当将有关情况逐级上报至共同的上一级税务机关，由上一级税务机关予以明确。

四、不得抵扣增值税进项税额的计算划分问题

……

五、增值税一般纳税人（以下简称一般纳税人）转为小规模纳税人有关问题

……

六、一般纳税人注销时存货及留抵税额处理问题

一般纳税人注销或被取消辅导期一般纳税人资格，转为小规模纳税人时，其存货不作进项税额转出处理，其留抵税额也不予以退税。

七、运输发票抵扣问题

（一）一般纳税人购进或销售货物通过铁路运输，并取得铁路部门开具的运输发票，如果铁路部门开具的铁路运输发票托运人或收货人名称与其不一致，但铁路运输发票托运人栏或备注栏注有该纳税人名称的（手写无效），该运输发票可以作为进项税额抵扣凭证，允许计算抵扣进项税额。

（二）一般纳税人在生产经营过程中所支付的运输费用，允许计算抵扣进项税额。

（三）一般纳税人取得的国际货物运输代理业发票和国际货物运输发票，不得计算抵扣进项税额。

（四）一般纳税人取得的汇总开具的运输发票，凡附有运输企业开具并加盖财务专用章或发票专用章的运输清单，允许计算抵扣进项税额。

（五）一般纳税人取得的项目填写不齐全的运输发票（附有运输清单的汇总开具的运输发票除外）不得计算抵扣进项税额。

八、对从事公用事业的纳税人收取的一次性费用是否征收增值税问题

对从事热力、电力、燃气、自来水等公用事业的增值税纳税人收取的一次性费用，凡与货物的销售数量有直接关系的，征收增值税；凡与货物的销售数量无直接关系的，不征收增值税。

九、纳税人代行政部门收取的费用是否征收增值税问题

……

十、代办保险费、车辆购置税、牌照费征税问题

……

十一、关于计算机软件产品征收增值税有关问题

……

（二）纳税人销售软件产品并随同销售一并收取的软件安装费、维护费、培训费等收入，应按照增值税混合销售的有关规定征收增值税，并可享受软件产品增值税即征即退政策。

对软件产品交付使用后，按期或按次收取的维护、技术服务费、培训费等不征收增值税。

……

十二、印刷企业自己购买纸张，接受出版单位委托，印刷报纸书刊等印刷品的征税问题

印刷企业接受出版单位委托，自行购买纸张，印刷有统一刊号（CN）以及采用国际标准书号编序的图书、报纸和杂志，按货物销售征收增值税。

十三、会员费收入

对增值税纳税人收取的会员费收入不征收增值税。

【注释】 对《增值税暂行条例实施细则》第 33 条、《国家税务总局关于纳税人销售自产货物提供增值税劳务并同时提供建筑业劳务征收流转税问题的通知》（国税发〔2002〕117 号）、《关于鼓励软件产业和集成电路产业发展有关税收政策问题的通知》（财税〔2000〕25 号）进行了解释。

财政部 海关总署 国家税务总局关于调整钻石及上海钻石交易所有关税收政策的通知

财税〔2006〕65 号

各省、自治区、直辖市、计划单列市财政厅（局）、国家税务局，新疆生产建设兵团财务局，海关广东分署、天津、上海特派办、各直属海关：

为规范国内钻石市场，平衡同类商品税收负担，经国务院批准，现将钻石及上海钻石交易所有关税收政策通知如下：

一、纳税人自上海钻石交易所销往国内市场的毛坯钻石，免征进口环节增值税；纳税人自上海钻石交易所销往国内市场的成品钻石，进口环节增值税实际税负超过 4%的部分由海关实行即征即退。进入国内环节，纳税人凭海关开具的完税凭证注明的增值税额抵扣进项税金。

纳税人自上海钻石交易所销往国内市场的钻石实行进口环节增值税免征和即征即退政策后，销往国内市场的钻石，在出上海钻石交易所时，海关按照现行规定依法实施管理。

二、出口企业出口的以下钻石产品免征增值税，相应的进项税额不予退税或抵扣，须转入成本。具体产品的范围是：税则序列号为 71021000、71023100、71023900、71042010、71049091、71051010、71131110、71131911、71131991、71132010、71162000。

各地税务机关要注意含有钻石的产品的出口动态，凡发现企业出口产品含钻石且价值比重较大，同时不属于以上所列产品范围，以及执行中发现其他问题的，应及时报告财政部、国家税务总局。

三、对国内钻石开采企业通过上海钻石交易所销售的自产毛坯钻石实行免征增值税政策；不通过上海钻石交易所销售的，照章征收增值税。

四、对国内加工的成品钻石，通过上海钻石交易所销售的，在国内销售环节免征增值税；不通过上海钻石交易所销售的，在国内销售环节按 17%的税率征收增值税。

对国内加工的成品钻石，进入上海钻石交易所时视同出口，不予退税，自上海钻石交易所再次进入国内市场，其进口环节增值税实际税负超过 4%的部分，由海关实行即征即退。

五、对上海钻石交易所取得的交易手续费收入、会员缴纳的年费收入照章征收营业税。

六、关于上海钻石交易所的保税政策和钻石的其他税收政策，仍按现行规定执行。

七、进口环节增值税即征即退的具体操作办法由海关总署制定；对钻石的国内环节的增值税征收管理办法及增值税专用发票管理办法由国家税务总局另行制定。

八、对以一般贸易方式报关进口的工业用钻，不再集中到上海钻石交易所海关办理报关手续、实行统一管理，照章征收进口关税和进口环节增值税（具体商品范围见附件）。

本通知自 2006 年 7 月 1 日起执行。

【注释】 对《增值税暂行条例》第 2 条进行了解释。

增值税专用发票使用规定

国税发〔2006〕156 号

第一条 为加强增值税征收管理，规范增值税专用发票（以下简称专用发票）使用行为，根据《中华人民共和国增值税暂行条例》及其实施细则和《中华人民共和国税收征收管理法》及其实施细则，制定本规定。

第二条 专用发票，是增值税一般纳税人（以下简称一般纳税人）销售货物或者提供应税劳务开具的发票，是购买方支付增值税额并可按照增值税有关规定据以抵扣增值税进项税额的凭证。

第三条 一般纳税人应通过增值税防伪税控系统(以下简称防伪税控系统)使用专用发票。使用,包括领购、开具、缴销、认证纸质专用发票及其相应的数据电文。

本规定所称防伪税控系统,是指经国务院同意推行的,使用专用设备和通用设备、运用数字密码和电子存储技术管理专用发票的计算机管理系统。

本规定所称专用设备,是指金税卡、IC卡、读卡器和其他设备。

本规定所称通用设备,是指计算机、打印机、扫描器具和其他设备。

第四条 专用发票由基本联次或者基本联次附加其他联次构成,基本联次为三联:发票联、抵扣联和记账联。发票联,作为购买方核算采购成本和增值税进项税额的记账凭证;抵扣联,作为购买方报送主管税务机关认证和留存备查的凭证;记账联,作为销售方核算销售收入和增值税销项税额的记账凭证。其他联次用途,由一般纳税人自行确定。

第五条 专用发票实行最高开票限额管理。最高开票限额,是指单份专用发票开具的销售额合计数不得达到的上限额度。

最高开票限额由一般纳税人申请,税务机关依法审批。最高开票限额为十万元及以下的,由区县级税务机关审批;最高开票限额为一百万元的,由地市级税务机关审批;最高开票限额为一千万元及以上的,由省级税务机关审批。防伪税控系统的具体发行工作由区县级税务机关负责。

税务机关审批最高开票限额应进行实地核查。批准使用最高开票限额为十万元及以下的,由区县级税务机关派人实地核查;批准使用最高开票限额为一百万元的,由地市级税务机关派人实地核查;批准使用最高开票限额为一千万元及以上的,由地市级税务机关派人实地核查后将核查资料报省级税务机关审核。

一般纳税人申请最高开票限额时,需填报《最高开票限额申请表》(附件1)。

第六条 一般纳税人领购专用设备后,凭《最高开票限额申请表》、《发票领购簿》到主管税务机关办理初始发行。

本规定所称初始发行,是指主管税务机关将一般纳税人的下列信息载入空白金税卡和IC卡的行为。

(一)企业名称;

(二)税务登记代码;

(三)开票限额;

(四)购票限量;

(五)购票人员姓名、密码;

(六)开票机数量;

(七)国家税务总局规定的其他信息。

一般纳税人发生上列第一、三、四、五、六、七项信息变化,应向主管税务机关申请变更发行;发生第二项信息变化,应向主管税务机关申请注销发行。

第七条 一般纳税人凭《发票领购簿》、IC卡和经办人身份证明领购专用发票。

第八条 一般纳税人有下列情形之一的,不得领购开具专用发票:

(一)会计核算不健全,不能向税务机关准确提供增值税销项税额、进项税额、应纳税额数据及其他有关增值税税务资料的。上列其他有关增值税税务资料的内容,由省、自治区、直辖市和计划单列市国家税务局确定。

(二)有《税收征管法》规定的税收违法行为,拒不接受税务机关处理的。

(三)有下列行为之一,经税务机关责令限期改正而仍未改正的:

1. 虚开增值税专用发票;

2. 私自印制专用发票;

3. 向税务机关以外的单位和个人买取专用发票;

4. 借用他人专用发票;

5. 未按本规定第十一条开具专用发票;

6. 未按规定保管专用发票和专用设备;

7. 未按规定申请办理防伪税控系统变更发行;

8. 未按规定接受税务机关检查。

有上列情形的,如已领购专用发票,主管税务机关应暂扣其结存的专用发票和IC卡。

第九条 有下列情形之一的，为本规定第八条所称未按规定保管专用发票和专用设备：

（一）未设专人保管专用发票和专用设备；

（二）未按税务机关要求存放专用发票和专用设备；

（三）未将认证相符的专用发票抵扣联、《认证结果通知书》和《认证结果清单》装订成册；

（四）未经税务机关查验，擅自销毁专用发票基本联次。

第十条 一般纳税人销售货物或者提供应税劳务，应向购买方开具专用发票。

商业企业一般纳税人零售的烟、酒、食品、服装、鞋帽（不包括劳保专用部分）、化妆品等消费品不得开具专用发票。

增值税小规模纳税人（以下简称小规模纳税人）需要开具专用发票的，可向主管税务机关申请代开。

销售免税货物不得开具专用发票，法律、法规及国家税务总局另有规定的除外。

第十一条 专用发票应按下列要求开具：

（一）项目齐全，与实际交易相符；

（二）字迹清楚，不得压线、错格；

（三）发票联和抵扣联加盖财务专用章或者发票专用章；

（四）按照增值税纳税义务的发生时间开具。

对不符合上列要求的专用发票，购买方有权拒收。

第十二条 一般纳税人销售货物或者提供应税劳务可汇总开具专用发票。汇总开具专用发票的，同时使用防伪税控系统开具《销售货物或者提供应税劳务清单》（附件2），并加盖财务专用章或者发票专用章。

第十三条 一般纳税人在开具专用发票当月，发生销货退回、开票有误等情形，收到退回的发票联、抵扣联符合作废条件的，按作废处理；开具时发现有误的，可即时作废。

作废专用发票须在防伪税控系统中将相应的数据电文按“作废”处理，在纸质专用发票（含未打印的专用发票）各联次上注明“作废”字样，全联次留存。

第十四条 一般纳税人取得专用发票后，发生销货退回、开票有误等情形但不符合作废条件的，或者因销货部分退回及发生销售折让的，购买方应向主管税务机关填报《开具红字增值税专用发票申请单》（以下简称《申请单》，附件3）。

《申请单》所对应的蓝字专用发票应经税务机关认证。

经认证结果为“认证相符”并且已经抵扣增值税进项税额的，一般纳税人在填报《申请单》时不填写相对应的蓝字专用发票信息。

经认证结果为“纳税人识别号认证不符”、“专用发票代码、号码认证不符”的，一般纳税人在填报《申请单》时应填写相对应的蓝字专用发票信息。

第十五条 《申请单》一式两联：第一联由购买方留存；第二联由购买方主管税务机关留存。

《申请单》应加盖一般纳税人财务专用章。

第十六条 主管税务机关对一般纳税人填报的《申请单》进行审核后，出具《开具红字增值税专用发票通知单》（以下简称《通知单》，附件4）。《通知单》应与《申请单》一一对应。

第十七条 《通知单》一式三联：第一联由购买方主管税务机关留存；第二联由购买方送交销售方留存；第三联由购买方留存。

《通知单》应加盖主管税务机关印章。

《通知单》应按月依次装订成册，并比照专用发票保管规定管理。

第十八条 购买方必须暂依《通知单》所列增值税税额从当期进项税额中转出，未抵扣增值税进项税额的可列入当期进项税额，待取得销售方开具的红字专用发票后，与留存的《通知单》一并作为记账凭证。属于本规定第十四条第四款所列情形的，不作进项税额转出。

第十九条 销售方凭购买方提供的《通知单》开具红字专用发票，在防伪税控系统中以销项负数开具。

红字专用发票应与《通知单》一一对应。

第二十条 同时具有下列情形的，为本规定所称作废条件：

（一）收到退回的发票联、抵扣联时间未超过销售方开票当月；

（二）销售方未抄税并且未记账；

（三）购买方未认证或者认证结果为“纳税人识别号认证不符”、“专用发票代码、号码认证不符”。

本规定所称抄税，是报税前用IC卡或者IC卡和软盘抄取开票数据电文。

第二十一条 一般纳税人开具专用发票应在增值税纳税申报期内向主管税务机关报税，在申报所属月份内可分次向主管税务机关报税。

本规定所称报税，是纳税人持IC卡或者IC卡和软盘向税务机关报送开票数据电文。

第二十二条 因IC卡、软盘质量等问题无法报税的，应更换IC卡、软盘。

因硬盘损坏、更换金税卡等原因不能正常报税的，应提供已开具未向税务机关报税的专用发票记账联原件或者复印件，由主管税务机关补采开票数据。

第二十三条 一般纳税人注销税务登记或者转为小规模纳税人，应将专用设备和结存未用的纸质专用发票送交主管税务机关。

主管税务机关应缴销其专用发票，并按有关安全管理的要求处理专用设备。

第二十四条 本规定第二十三条所称专用发票的缴销，是指主管税务机关在纸质专用发票监制章处按“V”字剪角作废，同时作废相应的专用发票数据电文。

被缴销的纸质专用发票应退还纳税人。

第二十五条 用于抵扣增值税进项税额的专用发票应经税务机关认证相符（国家税务总局另有规定的除外）。认证相符的专用发票应作为购买方的记账凭证，不得退还销售方。

本规定所称认证，是税务机关通过防伪税控系统对专用发票所列数据的识别、确认。

本规定所称认证相符，是指纳税人识别号无误，专用发票所列密文解译后与明文一致。

第二十六条 经认证，有下列情形之一的，不得作为增值税进项税额的抵扣凭证，税务机关退还原件，购买方可要求销售方重新开具专用发票。

（一）无法认证。

本规定所称无法认证，是指专用发票所列密文或者明文不能辨认，无法产生认证结果。

（二）纳税人识别号认证不符。

本规定所称纳税人识别号认证不符，是指专用发票所列购买方纳税人识别号有误。

（三）专用发票代码、号码认证不符。

本规定所称专用发票代码、号码认证不符，是指专用发票所列密文解译后与明文的代码或者号码不一致。

第二十七条 经认证，有下列情形之一的，暂不得作为增值税进项税额的抵扣凭证，税务机关扣留原件，查明原因，分别情况进行处理。

（一）重复认证。

本规定所称重复认证，是指已经认证相符的同一张专用发票再次认证。

（二）密文有误。

本规定所称密文有误，是指专用发票所列密文无法解译。

（三）认证不符。

本规定所称认证不符，是指纳税人识别号有误，或者专用发票所列密文解译后与明文不一致。

本项所称认证不符不含第二十六条第二项、第三项所列情形。

（四）列为失控专用发票。

本规定所称列为失控专用发票，是指认证时的专用发票已被登记为失控专用发票。

第二十八条 一般纳税人丢失已开具专用发票的发票联和抵扣联，如果丢失前已认证相符的，购买方凭销售方提供的相应专用发票记账联复印件及销售方所在地主管税务机关出具的《丢失增值税专用发票已报税证明单》（附件5），经购买方主管税务机关审核同意后，可作为增值税进项税额的抵扣凭证；如果丢失前未认证的，购买方凭销售方提供的相应专用发票记账联复印件到主管税务机关进行认证，认证相符的凭该专用发票记账联复印件及销售方所在地主管税务机关出具的《丢失增值税专用发票已报税证明单》，经购买方主管税务机关审核同意后，可作为增值税进项税额的抵扣凭证。

一般纳税人丢失已开具专用发票的抵扣联，如果丢失前已认证相符的，可使用专用发票发票联复印件留存备查；如果丢失前未认证的，可使用专用发票发票联到主管税务机关认证，专用发票发票联复印件留存备查。

一般纳税人丢失已开具专用发票的发票联，可将专用发票抵扣联作为记账凭证，专用发票抵扣联复印件留存备查。

第二十九条 专用发票抵扣联无法认证的，可使用专用发票发票联到主管税务机关认证。专用发票发票联复印件留存备查。

第三十条 本规定自2007年1月1日施行，《国家税务总局关于印发〈增值税专用发票使用规定〉的通知》（国税发〔1993〕150号）、《国家税务总局关于增值税专用发票使用问题的补充通知》（国税发〔1994〕056号）、《国家税务总局关于由税务所为小规模企业代开增值税专用发票的通知》（国税发〔1994〕058号）、《国家税务总局关于印发〈关于商业零售企业开具增值税专用发票的通告〉的通知》（国税发〔1994〕081号）、《国家税务总局关于修改〈国家税务总局关于严格控制增值税专用发票使用范围的通知〉的通知》（国税发〔2000〕075号）、《国家税务总局关于加强防伪税控开票系统最高开票限额管理的通知》（国税发明电〔2001〕57号）、《国家税务总局关于增值税一般纳税人丢失防伪税控系统开具的增值税专用发票有关税务处理问题的通知》（国税发〔2002〕010号）、《国家税务总局关于进一步加强防伪税控开票系统最高开票限额管理的通知》（国税发明电〔2002〕33号）同时废止。以前有关政策规定与本规定不一致的，以本规定为准。

【注释】 对《增值税暂行条例》第26条进行了解释。相关规定包括：《国家税务总局关于修订增值税专用发票使用规定的补充通知》（国税发〔2007〕18号）。

国家税务总局关于燃油电厂取得发电补贴有关增值税政策的通知

国税函〔2006〕1235号

各省、自治区、直辖市和计划单列市国家税务局：

现将燃油电厂从政府财政专户取得的发电补贴是否征收增值税的问题明确如下：

根据《中华人民共和国增值税暂行条例》第六条规定，应税销售额是指纳税人销售货物或者应税劳务向购买方收取的全部价款和价外费用。因此，各燃油电厂从政府财政专户取得的发电补贴不属于规定的价外费用，不计入应税销售额，不征收增值税。

【注释】 对《增值税暂行条例》第6条进行了解释。

国家税务总局关于纳税人折扣折让行为开具红字增值税专用发票问题的通知

国税函〔2006〕1279号

各省、自治区、直辖市和计划单列市国家税务局：

近接部分地区询问，因市场价格下降等原因，纳税人发生的销售折扣或折让行为应如何开具红字增值税专用发票。经研究，明确如下：

纳税人销售货物并向购买方开具增值税专用发票后，由于购货方在一定时期内累计购买货物达到一定数量，或者由于市场价格下降等原因，销货方给予购货方相应的价格优惠或补偿等折扣、折让行为，销货方可按现行《增值税专用发票使用规定》的有关规定开具红字增值税专用发票。

【注释】 对《增值税专用发票使用规定》进行了解释。

财政部 国家税务总局关于加快煤层气抽采有关税收政策问题的通知

财税〔2007〕16号

各省、自治区、直辖市、计划单列市财政厅(局)、国家税务局、地方税务局,新疆生产建设兵团财务局,财政部驻各省、自治区、直辖市、计划单列市财政监察专员办事处:

为加快推进煤层气资源的抽采利用,鼓励清洁生产、节约生产和安全生产,经国务院批准,现就鼓励煤层气抽采有关税收政策问题通知如下:

一、对煤层气抽采企业的增值税一般纳税人抽采销售煤层气实行增值税先征后退政策。先征后退税款由企业专项用于煤层气技术的研究和扩大再生产,不征收企业所得税。

煤层气是指赋存于煤层及其围岩中与煤炭资源伴生的非常规天然气,也称煤矿瓦斯。

煤层气抽采企业应将享受增值税先征后退政策的业务和其他业务分别核算,不能分别准确核算的,不得享受增值税先征后退政策。

煤层气抽采企业增值税先征后退政策由财政部驻各地财政监察专员办事处根据财政部、国家税务总局、中国人民银行《关于税制改革后对某些企业实行"先征后退"有关预算管理问题的暂行规定的通知》[(94)财预字第55号]的规定办理。

二、对独立核算的煤层气抽采企业购进的煤层气抽采泵、钻机、煤层气监测装置、煤层气发电机组、钻井、录井、测井等专用设备,统一采取双倍余额递减法或年数总和法实行加速折旧,具体加速折旧方法可以由企业自行决定,但一经确定,以后年度不得随意调整。

三、对独立核算的煤层气抽采企业利用银行贷款或自筹资金从事技术改造项目国产设备投资,其项目所需国产设备投资的40%可从企业技术改造项目设备购置当年比前一年新增的企业所得税中抵免。具体管理办法按财政部、国家税务总局《关于印发〈技术改造国产设备投资抵免企业所得税暂行办法〉的通知》(财税字〔1999〕290号)、国家税务总局《关于印发〈技术改造国产设备投资抵免企业所得税审核管理办法〉的通知》(国税发〔2000〕13号)、财政部、国家税务总局《关于外商投资企业和外国企业购买国产设备投资抵免企业所得税有关问题的通知》(财税字〔2000〕49号)和国家税务总局《关于印发〈外商投资企业和外国企业购买国产设备投资抵免企业所得税管理办法〉的通知》(国税发〔2000〕90号)的规定执行。

四、对财务核算制度健全、实行查账征税的煤层气抽采企业研究开发新技术、新工艺发生的技术开发费,在按规定实行100%扣除基础上,允许再按当年实际发生额的50%在企业所得税税前加计扣除。具体管理办法按财政部、国家税务总局《关于企业技术创新有关企业所得税优惠政策的通知》(财税〔2006〕88号)第一条的有关规定执行。

五、对地面抽采煤层气暂不征收资源税。

六、本通知自2007年1月1日起执行。现行对中联公司中外合作开采陆上煤层气按实物征收5%的增值税以及中联公司自营开采陆上煤层气增值税超5%税负返还政策同时废止。

【注释】 对《增值税暂行条例》第16条进行了解释。

国家税务总局关于修订增值税专用发票使用规定的补充通知

国税发〔2007〕18号

各省、自治区、直辖市和计划单列市国家税务局:

《国家税务总局关于修订〈增值税专用发票使用规定〉的通知》(国税发〔2006〕156号,以下简称《通知》)

下发后，各地陆续反映了一些执行中存在的问题，经研究，现补充通知如下：

一、增值税一般纳税人开具增值税专用发票（以下简称专用发票）后，发生销货退回、销售折让以及开票有误等情况需要开具红字专用发票的，视不同情况分别按以下办法处理：

（一）因专用发票抵扣联、发票联均无法认证的，由购买方填报《开具红字增值税专用发票申请单》（以下简称申请单），并在申请单上填写具体原因以及相对应蓝字专用发票的信息，主管税务机关审核后出具《开具红字增值税专用发票通知单》（以下简称通知单）。购买方不作进项税额转出处理。

（二）购买方所购货物不属于增值税扣税项目范围，取得的专用发票未经认证的，由购买方填报申请单，并在申请单上填写具体原因以及相对应蓝字专用发票的信息，主管税务机关审核后出具通知单。购买方不作进项税额转出处理。

（三）因开票有误购买方拒收专用发票的，销售方须在专用发票认证期限内向主管税务机关填报申请单，并在申请单上填写具体原因以及相对应蓝字专用发票的信息，同时提供由购买方出具的写明拒收理由、错误具体项目以及正确内容的书面材料，主管税务机关审核确认后出具通知单。销售方凭通知单开具红字专用发票。

（四）因开票有误等原因尚未将专用发票交付购买方的，销售方须在开具有误专用发票的次月内向主管税务机关填报申请单，并在申请单上填写具体原因以及相对应蓝字专用发票的信息，同时提供由销售方出具的写明具体理由、错误具体项目以及正确内容的书面材料，主管税务机关审核确认后出具通知单。销售方凭通知单开具红字专用发票。

（五）发生销货退回或销售折让的，除按照《通知》的规定进行处理外，销售方还应在开具红字专用发票后将该笔业务的相应记账凭证复印件报送主管税务机关备案。

二、税务机关为小规模纳税人代开专用发票需要开具红字专用发票的，比照一般纳税人开具红字专用发票的处理办法，通知单第二联交代开税务机关。

三、为实现对通知单的监控管理，税务总局正在开发通知单开具和管理系统。在系统推广应用之前，通知单暂由一般纳税人留存备查，税务机关不进行核销。红字专用发票暂不报送税务机关认证。

四、对 2006 年开具的专用发票，在 2007 年 4 月 30 日前可按照原规定开具红字专用发票。

特此通知。

【注释】 对《国家税务总局关于修订〈增值税专用发票使用规定〉的通知》（国税发〔2006〕156 号）进行了补充规定。

国家税务总局关于纳税人进口货物增值税进项税额抵扣有关问题的通知

国税函〔2007〕350 号

各省、自治区、直辖市和计划单列市国家税务局：

近接部分地区咨询，纳税人进口货物报关后，境外供货商向国内进口方退还或返还的资金，或进口货物向境外实际支付的货款低于进口报关价格的差额，是否应当作进项税额转出。现明确如下：

《中华人民共和国增值税暂行条例》第八条规定，纳税人从海关取得的完税凭证上注明的增值税额准予从销项税额中抵扣。因此，纳税人进口货物取得的合法海关完税凭证，是计算增值税进项税额的唯一依据，其价格差额部分以及从境外供应商取得的退还或返还的资金，不作进项税额转出处理。

本文发布前纳税人已作进项税额转出处理的，可重新计入“应交税金—应交增值税—进项税额”科目，准予从销项税额中抵扣。

【注释】 对《增值税暂行条例》第 8 条进行了解释。

国家税务总局关于出境口岸免税店有关增值税政策问题的通知

国税函〔2008〕81号

各省、自治区、直辖市和计划单列市国家税务局：

现就纳税人在机场、港口、车站、陆路边境等出境口岸海关隔离区（以下简称海关隔离区）设立免税店销售免税品，以及在城市区域内设立市内免税店销售免税品但购买者必须在海关隔离区提取后直接出境征收增值税问题明确如下：

一、……

海关隔离区是海关和边防检查划定的专供出国人员出境的特殊区域，在此区域内设立免税店销售免税品和市内免税店销售但在海关隔离区内提取免税品，由海关实施特殊的进出口监管，在税收管理上属于国境以内关境以外。因此，对于海关隔离区内免税店销售免税品以及市内免税店销售但在海关隔离区内提取免税品的行为，不征收增值税。对于免税店销售其他不属于免税品的货物，应照章征收增值税。

前款所称免税品具体是指免征关税、进口环节税的进口商品和实行退（免）税（增值税、消费税）进入免税店销售的国产商品。

二、纳税人兼营应征收增值税货物或劳务和免税品的，应分别核算应征收增值税货物或劳务和免税品的销售额。未分别核算或者不能准确核算销售额的，其免税品与应征收增值税货物或劳务一并征收增值税。

三、纳税人销售免税品一律开具出口发票，不得使用防伪税控专用器具开具增值税专用发票或普通发票。

四、纳税人经营范围仅限于免税品销售业务的，一律不得使用增值税防伪税控专用器具。已发售的防伪税控专用器具及增值税专用发票、普通发票一律收缴。收缴的发票按现行有关发票作废规定处理。

五、纳税人在关境以内销售免税品，仍按照《国家税务总局关于进口免税品销售业务征收增值税问题的通知》（国税发〔1994〕62号）及有关规定执行。

六、免税店销售已退税国产品，仍按照《海关总署、国家税务总局关于对中国免税品（集团）总公司经营的国产商品监管和退税有关事宜的通知》（署监发〔2004〕403号）等规定执行。

七、税务机关应与海关加强沟通，定期将纳税人申报免税品经营情况与海关监管免税品经营情况进行比对，发现比对不一致的，应及时查明原因，按有关规定处理。

本通知自发文之日起执行。各地在执行中发现问题，应及时上报国家税务总局（流转税管理司）。

财政部 国家税务总局关于黄金期货交易有关税收政策的通知

财税〔2008〕5号

上海市财政局、国家税务局：

经国务院批准，自2008年1月1日起，上海期货交易黄金期货交易发生实物交割时，比照现行上海黄金交易所黄金交易的税收政策执行。现将有关政策明确如下：

一、上海期货交易所会员和客户通过上海期货交易所销售标准黄金（持上海期货交易所开具的《黄金结算专用发票》），发生实物交割但未出库的，免征增值税；发生实物交割并已出库的，由税务机关按照实际交割价格代开增值税专用发票，并实行增值税即征即退的政策，同时免征城市维护建设税和教育费附加。增值税专用发票中的单价、金额和税额的计算公式分别如下：

单价＝实际交割单价÷(1＋增值税税率)

金额＝数量×单价

税额＝金额×税率

实际交割单价是指不含上海期货交易所收取的手续费的单位价格。

其中，标准黄金是指：成色为 AU9999、AU9995、AU999、AU995；规格为 50 克、100 克、1 公斤、3 公斤、12.5 公斤的黄金。

二、上海期货交易所黄金期货交易的增值税征收管理办法及增值税专用发票管理办法由国家税务总局另行制订。

国家税务总局关于林木销售和管护征收流转税问题的通知

国税函〔2008〕212 号

各省、自治区、直辖市和计划单列市国家税务局、地方税务局：

近接部分地区反映销售林木和提供林木管护行为如何征收流转税问题，经研究，现将有关问题明确如下：

纳税人销售林木以及销售林木的同时提供林木管护劳务的行为，属于增值税征收范围，应征收增值税。纳税人单独提供林木管护劳务行为属于营业税征收范围，其取得的收入中，属于提供农业机耕、排灌、病虫害防治、植保劳务取得的收入，免征营业税；属于其他收入的，应照章征收营业税。

国家税务总局关于外贸企业出口视同内销货物进项税额抵扣有关问题的通知

国税函〔2008〕265 号

各省、自治区、直辖市和计划单列市国家税务局：

现将外贸企业出口视同内销货物征税时的进项税额抵扣问题通知如下：

一、外贸企业购进货物后，无论内销还是出口，须将所取得的增值税专用发票在规定的认证期限内到税务机关办理认证手续。凡未在规定的认证期限内办理认证手续的增值税专用发票，不予抵扣或退税。

二、外贸企业出口货物，凡未在规定期限内申报退(免)税或虽已申报退(免)税但未在规定期限内向税务机关补齐有关凭证，以及未在规定期限内申报开具《代理出口货物证明》的，自规定期限截止之日的次日起 30 天内，由外贸企业根据应征税货物相应的未办理过退税或抵扣的进项增值税专用发票情况，填具进项发票明细表(包括进项增值税专用发票代码、号码、开具日期、金额、税额等)，向主管退税的税务机关申请开具《外贸企业出口视同内销征税货物进项税额抵扣证明》(以下简称《证明》，具体格式附后)。

三、已办理过退税或抵扣的进项发票，外贸企业不得向税务机关申请开具《证明》。外贸企业如将已办理过退税或抵扣的进项发票向税务机关申请开具《证明》，税务机关查实后要按照增值税现行有关规定进行处罚，情节严重的要移交公安部门进一步查处。

四、主管退税的税务机关接到外贸企业申请后，应根据外贸企业出口的视同内销征税货物的情况，对外贸企业填开的进项发票明细表列明的情况进行审核，开具《证明》。《证明》一式三联，第一联由主管退税的税务机关留存，第二联由主管退税的税务机关转送主管征税的税务机关，第三联由主管退税的税务机关转交外贸企业。

五、外贸企业取得《证明》后，应将《证明》允许抵扣的进项税额填写在《增值税纳税申报表》附表二第11栏“税额”中，并在取得《证明》的下一个征收期申报纳税时，向主管征税的税务机关申请抵扣相应的进项税额。超过申报时限的，不予抵扣。

六、主管征税的税务机关接到外贸企业的纳税申报后，应将外贸企业的纳税申报表与主管退税的税务机关转来的《证明》进行人工比对，申报表数据小于或等于《证明》所列税额的，予以抵扣；否则不予抵扣。

七、本通知自2008年4月1日起执行。此前已经发生此类问题的外贸出口企业，可向主管退税的税务机关申请开具《证明》，由主管退税的税务机关一次性办理解决。

财政部 国家税务总局关于核电行业税收政策有关问题的通知

财税〔2008〕38号

各省、自治区、直辖市、计划单列市财政厅(局)、国家税务局，财政部驻各省、自治区、直辖市、计划单列市财政监察专员办事处：

为支持核电事业的发展，统一核电行业税收政策，经国务院批准，现将有关税收政策问题通知如下：

一、关于核力发电企业的增值税政策

(一)核力发电企业生产销售电力产品，自核电机组正式商业投产次月起15个年度内，统一实行增值税先征后退政策，返还比例分三个阶段逐级递减。具体返还比例为：

1. 自正式商业投产次月起5个年度内，返还比例为已入库税款的75%；2. 自正式商业投产次月起的第6至第10个年度内，返还比例为已入库税款的70%；3. 自正式商业投产次月起的第11至第15个年度内，返还比例为已入库税款的55%；4. 自正式商业投产次月起满15个年度以后，不再实行增值税先征后退政策。

(二)核力发电企业采用按核电机组分别核算增值税退税额的办法，企业应分别核算核电机组电力产品的销售额，未分别核算或不能准确核算的，不得享受增值税先征后退政策。单台核电机组增值税退税额可以按以下公式计算：

单台核电机组增值税退税额＝单台核电机组电力产品销售额核力发电企业电力产品销售额合计
×核力发电企业实际缴纳增值税额×退税比例

(三)原已享受增值税先征后退政策但该政策已于2007年内到期的核力发电企业，自该政策执行到期后次月起按上述统一政策核定剩余年度相应的返还比例；对2007年内新投产的核力发电企业，自核电机组正式商业投产日期的次月起按上述统一政策执行。

二、自2008年1月1日起，核力发电企业取得的增值税退税款，专项用于还本付息，不征收企业所得税。

三、关于大亚湾核电站和广东核电投资有限公司税收政策

大亚湾核电站和广东核电投资有限公司在2014年12月31日前继续执行以下政策，不适用本通知第一、二条规定的政策：

(一)对大亚湾核电站销售给广东核电投资有限公司的电力免征增值税。

(二)对广东核电投资有限公司销售给广东电网公司的电力实行增值税先征后退政策，并免征城市维护建设税和教育费附加。

（三）对大亚湾核电站出售给香港核电投资有限公司的电力及广东核电投资有限公司转售给香港核电投资有限公司的大亚湾核电站生产的电力免征增值税。

（四）自 2008 年 1 月 1 日起财政部和国家税务总局《关于广东大亚湾核电站有关税收政策问题的通知》（财税字〔1998〕173 号）停止执行。

四、增值税先征后退具体操作办法由财政部驻当地财政监察专员办事处按《财政部 国家税务总局中国人民银行关于税制改革后对某些企业实行“先征后退”有关预算管理问题的暂行规定的通知》[（94）财预字第 55 号]有关规定办理。

财政部 国家税务总局关于有机肥产品免征增值税的通知

财税〔2008〕56 号

各省、自治区、直辖市、计划单列市财政厅（局）、国家税务局，新疆生产建设兵团财务局：

为科学调整农业施肥结构，改善农业生态环境，经国务院批准，现将有机肥产品有关增值税政策通知如下：

一、自 2008 年 6 月 1 日起，纳税人生产销售和批发、零售有机肥产品免征增值税。

二、享受上述免税政策的有机肥产品是指有机肥料、有机－无机复混肥料和生物有机肥。

（一）有机肥料。

指来源于植物和（或）动物，施于土壤以提供植物营养为主要功能的含碳物料。

（二）有机－无机复混肥料。

指由有机和无机肥料混合和（或）化合制成的含有一定量有机肥料的复混肥料。

（三）生物有机肥。

指特定功能微生物与主要以动植物残体（如禽畜粪便、农作物秸秆等）为来源并经无害化处理、腐熟的有机物料复合而成的一类兼具微生物肥料和有机肥效应的肥料。

……

四、纳税人销售免税的有机肥产品，应按规定开具普通发票，不得开具增值税专用发票。

五、纳税人申请免征增值税，应向主管税务机关提供以下资料，凡不能提供的，一律不得免税。

（一）生产有机肥产品的纳税人。

1. 由农业部或省、自治区、直辖市农业行政主管部门批准核发的在有效期内的肥料登记证复印件，并出示原件。

2. 由肥料产品质量检验机构一年内出具的有机肥产品质量技术检测合格报告原件。出具报告的肥料产品质量检验机构须通过相关资质认定。

3. 在省、自治区、直辖市外销售有机肥产品的，还应提供在销售使用地省级农业行政主管部门办理备案的证明原件。

（二）批发、零售有机肥产品的纳税人。

1. 生产企业提供的在有效期内的肥料登记证复印件。

2. 生产企业提供的产品质量技术检验合格报告原件。

3. 在省、自治区、直辖市外销售有机肥产品的，还应提供在销售使用地省级农业行政主管部门办理备案的证明复印件。

六、主管税务机关应加强对享受免征增值税政策纳税人的后续管理，不定期对企业经营情况进行核实。凡经核实所提供的肥料登记证、产品质量技术检测合格报告、备案证明失效的，应停止其享受免税资格，恢复照章征税。

国家税务总局关于失控增值税专用发票处理的批复

国税函〔2008〕607 号

深圳市国家税务局：

你局《关于明确增值税失控发票后续处理的请示》(深国税发〔2008〕74 号)收悉，批复如下：

在税务机关按非正常户登记失控增值税专用发票(以下简称失控发票)后，增值税一般纳税人又向税务机关申请防伪税控报税的，其主管税务机关可以通过防伪税控报税子系统的逾期报税功能受理报税。

购买方主管税务机关对认证发现的失控发票，应按照规定移交稽查部门组织协查。属于销售方已申报并缴纳税款的，可由销售方主管税务机关出具书面证明，并通过协查系统回复购买方主管税务机关，该失控发票可作为购买方抵扣增值税进项税额的凭证。

财政部 国家税务总局关于农民专业合作社有关税收政策的通知

财税〔2008〕81 号

各省、自治区、直辖市、计划单列市财政厅(局)、国家税务局、地方税务局，新疆生产建设兵团财务局：

经国务院批准，现将农民专业合作社有关税收政策通知如下：

一、对农民专业合作社销售本社成员生产的农业产品，视同农业生产者销售自产农业产品免征增值税。

二、增值税一般纳税人从农民专业合作社购进的免税农业产品，可按 13%的扣除率计算抵扣增值税进项税额。

三、对农民专业合作社向本社成员销售的农膜、种子、种苗、化肥、农药、农机，免征增值税。

四、对农民专业合作社与本社成员签订的农业产品和农业生产资料购销合同，免征印花税。

本通知所称农民专业合作社，是指依照《中华人民共和国农民专业合作社法》规定设立和登记的农民专业合作社。

本通知自 2008 年 7 月 1 日起执行。

财政部 国家税务总局关于提高劳动密集型产品等商品增值税出口退税率的通知

财税〔2008〕144 号

各省、自治区、直辖市、计划单列市财政厅(局)、国家税务局，新疆生产建设兵团财务局：

经国务院批准，决定提高部分商品的增值税出口退税率(以下简称退税率)。现就有关事项通知如下：

一、提高退税率的商品范围

(一)将部分橡胶制品、林产品的退税率由 5%提高到 9%。

(二)将部分模具、玻璃器皿的退税率由 5%提高到 11%。

(三)将部分水产品的退税率由 5%提高到 13%。

(四)将箱包、鞋、帽、伞、家具、寝具、灯具、钟表等商品的退税率由11%提高到13%。

(五)将部分化工产品、石材、有色金属加工材等商品的退税率分别由5%、9%提高到11%、13%。

(六)将部分机电产品的退税率分别由9%提高到11%,11%提高到13%,13%提高到14%。

上述提高退税率的具体商品名称、税号及退税率见附件。

二、执行时间

本通知规定的退税率的调整自2008年12月1日起执行。具体执行时间,以"出口货物报关单(出口退税专用)"海关注明的出口日期为准。

国家税务总局关于有机肥产品免征增值税问题的批复

国税函〔2008〕1020号

陕西省国家税务局:

你局《关于有机肥产品免征增值税问题的请示》(陕国税发〔2008〕307号)收悉。经研究,批复如下:

《财政部 国家税务总局关于有机肥产品免征增值税的通知》(财税〔2008〕56号)规定,享受免税政策的有机肥产品是指有机肥料、有机-无机复混肥料和生物有机肥。其产品执行标准为:有机肥料NY525—2002,有机-无机复混肥料GB18877—2002,生物有机肥NY884—2004。其他不符合上述标准的产品,不属于财税〔2008〕56号文件规定的有机肥产品,应按照现行规定征收增值税。

国家税务总局关于部分货物适用增值税低税率和简易办法征收增值税政策的通知

财税〔2009〕9号

各省、自治区、直辖市、计划单列市财政厅(局)、国家税务局,新疆生产建设兵团财务局:

根据《中华人民共和国增值税暂行条例》(国务院令538号,以下简称条例)和《中华人民共和国增值税暂行条例实施细则》(财政部 国家税务总局令50号)的规定和国务院的有关精神,为做好相关增值税政策规定的衔接,加强征收管理,现将部分货物适用增值税税率和实行增值税简易征收办法的有关事项明确如下:

一、下列货物继续适用13%的增值税税率:

(一)农产品。

农产品,是指种植业、养殖业、林业、牧业、水产业生产的各种植物、动物的初级产品。具体征税范围暂继续按照《财政部 国家税务总局关于印发〈农业产品征税范围注释〉的通知》(财税字〔1995〕52号)及现行相关规定执行。

(二)音像制品。

音像制品,是指正式出版的录有内容的录音带、录像带、唱片、激光唱盘和激光视盘。

(三)电子出版物。

电子出版物，是指以数字代码方式，使用计算机应用程序，将图文声像等内容信息编辑加工后存储在具有确定的物理形态的磁、光、电等介质上，通过内嵌在计算机、手机、电子阅读设备、电子显示设备、数字音/视频播放设备、电子游戏机、导航仪以及其他具有类似功能的设备上读取使用，具有交互功能，用以表达思想、普及知识和积累文化的大众传播媒体。载体形态和格式主要包括只读光盘(CD只读光盘CD-ROM、交互式光盘CD-I、照片光盘Photo-CD、高密度只读光盘DVD-ROM、蓝光只读光盘HD-DVD ROM和BD ROM)、一次写入式光盘(一次写入CD光盘CD-R、一次写入高密度光盘DVD-R、一次写入蓝光光盘HD-DVD/R,BD-R)、可擦写光盘(可擦写CD光盘CD-RW、可擦写高密度光盘DVD-RW、可擦写蓝光光盘HD-DVD-RW和BD-RW、磁光盘M0)、软磁盘(FD)、硬磁盘(HD)、集成电路卡(CF卡、MD卡、SM卡、MMC卡、RS-MMC卡、MS卡、SD卡、XD卡、T-Flash卡、记忆棒)和各种存储芯片。

(四)二甲醚。

二甲醚，是指化学分子式为CH3OCH3，常温常压下为具有轻微醚香味，易燃、无毒、无腐蚀性的气体。

二、下列按简易办法征收增值税的优惠政策继续执行，不得抵扣进项税额：

(一)纳税人销售自己使用过的物品，按下列政策执行：

1. 一般纳税人销售自己使用过的属于条例第十条规定不得抵扣且未抵扣进项税额的固定资产，按简易办法依4%征收率减半征收增值税。

一般纳税人销售自己使用过的其他固定资产，按照《财政部 国家税务总局关于全国实施增值税转型改革若干问题的通知》(财税〔2008〕170号)第四条的规定执行。

一般纳税人销售自己使用过的除固定资产以外的物品，应当按照适用税率征收增值税。

2. 小规模纳税人(除其他个人外，下同)销售自己使用过的固定资产，减按2%征收率征收增值税。

小规模纳税人销售自己使用过的除固定资产以外的物品，应按3%的征收率征收增值税。

(二)纳税人销售旧货，按照简易办法依照4%征收率减半征收增值税。

所称旧货，是指进入二次流通的具有部分使用价值的货物(含旧汽车、旧摩托车和旧游艇)，但不包括自己使用过的物品。

(三)一般纳税人销售自产的下列货物，可选择按照简易办法依照6%征收率计算缴纳增值税：

1. 县级及县级以下小型水力发电单位生产的电力。小型水力发电单位，是指各类投资主体建设的装机容量为5万千瓦以下(含5万千瓦)的小型水力发电单位。

2. 建筑用和生产建筑材料所用的砂、土、石料。

3. 以自己采掘的砂、土、石料或其他矿物连续生产的砖、瓦、石灰(不含黏土实心砖、瓦)。

4. 用微生物、微生物代谢产物、动物毒素、人或动物的血液或组织制成的生物制品。

5. 自来水。

6. 商品混凝土(仅限于以水泥为原料生产的水泥混凝土)。

一般纳税人选择简易办法计算缴纳增值税后，36个月内不得变更。

(四)一般纳税人销售货物属于下列情形之一的，暂按简易办法依照4%征收率计算缴纳增值税：

1. 寄售商店代销寄售物品(包括居民个人寄售的物品在内)；

2. 典当业销售死当物品；

3(本部分已经被《财政部 国家税务总局关于出口货物劳务增值税和消费税政策的通知》(财税〔2012〕39号)废止)

三、对属于一般纳税人的自来水公司销售自来水按简易办法依照6%征收率征收增值税，不得抵扣其购进自来水取得增值税扣税凭证上注明的增值税税款。

四、本通知自2009年1月1日起执行。《财政部 国家税务总局关于调整农业产品增值税税率和若干项目征免增值税的通知》[财税字(94)004号]、《财政部 国家税务总局关于自来水征收增值税问题的通知》[(94)财税字第014号]、《财政部 国家税务总局关于增值税、营业税若干政策规定的通知》[(94)财税字第026号]第九条和第十条、《国家税务总局关于印发〈增值税问题解答(之一)〉的通知》(国税函发〔1995〕288号)附件第十条、《国家税务总局关于调整部分按简易办法征收增值税的特定货物销售行为征收率的通知》(国税发〔1998〕122号)、《国家税务总局关于县以下小水电电力产品增值税征税问题的批复》(国税函〔1998〕843号)、《国家税务总局关于商品混凝土实行简易办法征收增值税问题的通知》(国税发〔2000〕37

号)、《财政部 国家税务总局关于旧货和旧机动车增值税政策的通知》(财税〔2002〕29号)、《国家税务总局关于自来水行业增值税政策问题的通知》(国税发〔2002〕56号)、《财政部 国家税务总局关于宣传文化增值税和营业税优惠政策的通知》(财税〔2006〕153号)第一条、《国家税务总局关于明确县以下小型水力发电单位具体标准的批复》(国税函〔2006〕47号)、《国家税务总局关于商品混凝土征收增值税有关问题的通知》(国税函〔2007〕599号)、《财政部 国家税务总局关于二甲醚增值税适用税率问题的通知》(财税〔2008〕72号)同时废止。

【注释】《财政部 国家税务总局关于出口货物劳务增值税和消费税政策的通知》(财税〔2012〕39号)对本文进行了修正。

国家税务总局关于增值税简易征收政策有关管理问题的通知

国税函〔2009〕90号

各省、自治区、直辖市和计划单列市国家税务局：

《财政部 国家税务总局关于部分货物适用增值税低税率和简易办法征收增值税政策的通知》(财税〔2009〕9号)规定对部分项目继续适用增值税简易征收政策。经研究，现将有关增值税管理问题明确如下：

一、关于纳税人销售自己使用过的固定资产：

(一)一般纳税人销售自己使用过的固定资产，凡根据《财政部 国家税务总局关于全国实施增值税转型改革若干问题的通知》(财税〔2008〕170号)和财税〔2009〕9号文件等规定，适用按简易办法依4%征收率减半征收增值税政策的，应开具普通发票，不得开具增值税专用发票。

(二)小规模纳税人销售自己使用过的固定资产，应开具普通发票，不得由税务机关代开增值税专用发票。

二、纳税人销售旧货，应开具普通发票，不得自行开具或者由税务机关代开增值税专用发票。

三、一般纳税人销售货物适用财税〔2009〕9号文件第二条第(三)项、第(四)项和第三条规定的，可自行开具增值税专用发票。

四、关于销售额和应纳税额：

(一)一般纳税人销售自己使用过的物品和旧货，适用按简易办法依4%征收率减半征收增值税政策的，按下列公式确定销售额和应纳税额：

销售额＝含税销售额/(1＋4%)

应纳税额＝销售额×4%/2

(二)小规模纳税人销售自己使用过的固定资产和旧货，按下列公式确定销售额和应纳税额：

销售额＝含税销售额/(1＋3%)

应纳税额＝销售额×2%

五、小规模纳税人销售自己使用过的固定资产和旧货，其不含税销售额填写在《增值税纳税申报表(适用于小规模纳税人)》第4栏，其利用税控器具开具的普通发票不含税销售额填写在第5栏。

六、本通知自2009年1月1日起执行。《国家税务总局关于调整增值税纳税申报有关事项的通知》(国税函〔2008〕1075号)第二条第(二)项规定同时废止。

财政部 国家税务总局关于油气田企业增值税问题的补充通知

国税发〔2000〕195 号

财政部、国家税务总局《油气田企业增值税暂行管理办法》(财税字〔2000〕32 号)下发后,运行基本正常,但仍存在一些问题。为规范油气田企业增值税管理,现将有关问题补充通知如下:

一、征收增值税的生产性劳务仅限于油气田企业间相互提供的属于《油气田企业增值税暂行管理办法》(财税字〔2000〕32 号)规定的"增值税生产性劳务征税范围注释"目录内的劳务。油气田企业向非油气田企业或非油气田企业向油气田企业提供的生产性劳务不征收增值税,征收营业税。

存续公司经过持续性重组、改制后不论是控股还是参股仍按油气田企业增值税办法征税。

二、油气田企业向外省、自治区、直辖市其他油气田企业提供生产性劳务,应当在劳务发生地税务机关办理税务登记或注册税务登记。在劳务发生地设立分(子)公司的,应当申请办理增值税一般纳税人认定手续,经劳务发生地税务机关认定为一般纳税人后,按照增值税一般纳税人的计算方法在劳务发生地计算缴纳增值税。

油气田企业在劳务发生地未设立分(子)公司但提供生产性劳务的,在劳务发生地按 6%的预征率计算缴纳增值税,按预征率预缴的税款可在油气田企业的应纳增值税中抵减。

子公司是指具有企业法人资格,实行独立核算的企业;分公司是指不具有企业法人资格,但领取了工商营业执照的企业。

三、油气田企业将承包属于生产性劳务的工程转包、分包给油气田企业或其他企业,应当就其总承包额计算缴纳增值税。非油气田企业将承包的属于生产性劳务的工程转包、分包给油气田企业或其他企业,其工程收入不缴纳增值税,应当按营业税的有关规定缴纳营业税。

四、油气田企业间提供的生产性劳务和非生产性劳务应当分别核算销售额,不能分别核算或不能准确核算的应一并缴纳增值税。

五、过渡期的征税问题

(一)油气田企业间提供的生产性劳务,在 2000 年 1 月 1 日前施工,2000 年 1 月 1 日后完工的,应当按照其结算时间确定征税税种。对 2000 年 1 月 1 日前结算的生产性劳务收入如属于营业税征收范围的缴纳营业税。对 2000 年 1 月 1 日后结算的缴纳增值税。

(二)油气田企业在重组、改制前购进货物,但未取得增值税专用发票的,应当在办理新营业执照后 3 个月内取得,经主管税务机关审核后准予抵扣。未按照规定时间取得的,原则上不再予以抵扣。

六、本补充通知自 2000 年 1 月 1 日起执行,本通知公布前已执行的办法与本通知不符的,不再进行调整。

财政部 国家税务总局关于扶持动漫产业发展有关税收政策问题的通知

财税〔2009〕65 号

各省、自治区、直辖市、计划单列市财政厅(局)、国家税务局、地方税务局:

根据《国务院办公厅转发财政部等部门关于推动我国动漫产业发展若干意见的通知》(国办发〔2006〕32 号)的精神,文化部会同有关部门于 2008 年 12 月下发了《动漫企业认定管理办法(试行)》(文市发〔2008〕51 号)。为促进我国动漫产业健康快速发展,增强动漫产业的自主创新能力,现就扶持动漫产业发展的有关税收政策问题通知如下：

一、关于增值税。

（本条已经过期失效）

二、关于企业所得税。

经认定的动漫企业自主开发、生产动漫产品，可申请享受国家现行鼓励软件产业发展的所得税优惠政策。

三、关于营业税。

（本条已经过期失效）

四、关于进口关税和进口环节增值税。

经国务院有关部门认定的动漫企业自主开发、生产动漫直接产品，确需进口的商品可享受免征进口关税和进口环节增值税的优惠政策。具体免税商品范围及管理办法由财政部会同有关部门另行制定。

五、本通知所称动漫企业和自主开发、生产动漫产品的认定标准和认定程序，按照《文化部财政部 国家税务总局关于印发〈动漫企业认定管理办法（试行）〉的通知》（文市发〔2008〕51 号）的规定执行。

六、本通知从 2009 年 1 月 1 日起执行。

国家税务总局关于供应非临床用血增值税政策问题的批复

国税函〔2009〕456 号

广西壮族自治区国家税务局：

你局《关于纳税人供应非临床用人体血液如何征收增值税问题的请示》（桂国税发〔2009〕76 号）已悉。按照国家卫生部门有关规定，你局请示文所述供应非临床用人体血液的纳税人系指单采血浆站，其经审批设立后可以采集非临床用的原料血浆并供应血液制品生产单位用于生产血液制品。现将有关增值税政策问题批复如下：

一、人体血液的增值税适用税率为 17%。

二、属于增值税一般纳税人的单采血浆站销售非临床用人体血液，可以按照简易办法依照 6%征收率计算应纳税额，但不得对外开具增值税专用发票；也可以按照销项税额抵扣进项税额的办法依照增值税适用税率计算应纳税额。

纳税人选择计算缴纳增值税的办法后，36 个月内不得变更。

财政部 国家税务总局关于固定资产进项税额抵扣问题的通知

财税〔2009〕113 号

各省、自治区、直辖市、计划单列市财政厅（局）、国家税务总局、地方税务局、新疆生产建设兵团财务局：

增值税转型改革实施后，一些地区反映固定资产增值税进项税额抵扣范围不够明确。为解决执行中存在的问题，经研究，现将有关问题通知如下：

《中华人民共和国增值税暂行条例实施细则》第二十三条第二款所称建筑物，是指供人们在其内生产、生活和其他活动的房屋或者场所，具体为《固定资产分类与代码》（GB/T14885—1994）中代码前两位为“02”的房屋；所称构筑物，是指人们不在其内生产、生活的人工建造物，具体为《固定资产分类与代码》（GB/T14885—1994）中代码前两位为“03”的构筑物；所称其他土地附着物，是指矿产资源及土地上生长的植物。

《固定资产分类与代码》（GB/T14885—1994）电子版可在财政部或国家税务总局网站查询。

以建筑物或者构筑物为载体的附属设备和配套设施，无论在会计处理上是否单独记账与核算，均应作为建筑物或者构筑物的组成部分，其进项税额不得在销项税额中抵扣。附属设备和配套设施是指：给排水、采暖、卫生、通风、照明、通讯、煤气、消防、中央空调、电梯、电气、智能化楼宇设备和配套设施。

国家税务总局关于生产企业开展对外承包工程业务出口货物退（免）税问题的批复

国税函〔2009〕538 号

北京市国家税务局：

你局《关于生产企业开展对外承包工程业务出口货物退免税问题的请示》（京国税发〔2009〕119 号）收悉。经研究，批复如下：

属于增值税一般纳税人的生产企业开展对外承包工程业务而出口的货物，凡属于现有税收政策规定的特准退税范围，且按规定在财务上做销售账务处理的，无论是自产货物还是非自产货物，均统一实行免、抵、退税办法；凡属于国家明确规定不予退（免）税的货物，按现行规定予以征税；不属于上述两类货物范围的，如生活用品等，实行免税办法。

国家税务总局关于农村电网维护费征免增值税问题的通知

国税函〔2009〕585 号

大连市国家税务局：

你局《关于大连金牛股份有限公司资产重组过程中相关业务适用增值税政策问题的请示》（大国税函〔2009〕193 号）收悉。经研究，批复如下：

一、纳税人在资产重组过程中将所属资产、负债及相关权利和义务转让给控股公司，但保留上市公司资格的行为，不属于《国家税务总局关于转让企业全部产权不征收增值税问题的批复》（国税函〔2002〕420 号）规定的整体转让企业产权行为。对其资产重组过程中涉及的应税货物转让等行为，应照章征收增值税。

二、上述控股公司将受让获得的实物资产再投资给其他公司的行为，应照章征收增值税。

三、纳税人在资产重组过程中所涉及的固定资产征收增值税问题，应按照《财政部 国家税务总局关于全国实施增值税转型改革若干问题的通知》（财税〔2008〕170 号）、《财政部 国家税务总局关于部分货物适用增值税低税率和简易办法征收增值税政策的通知》（财税〔2009〕9 号）及相关规定执行。

财政部 海关总署 国家税务总局关于研发机构采购设备税收政策的通知

国税函〔2009〕585 号

大连市国家税务局：

你局《关于大连金牛股份有限公司资产重组过程中相关业务适用增值税政策问题的请示》（大国税函〔2009〕193 号）收悉。经研究，批复如下：

一、纳税人在资产重组过程中将所属资产、负债及相关权利和义务转让给控股公司，但保留上市公司资格的行为，不属于《国家税务总局关于转让企业全部产权不征收增值税问题的批复》（国税函〔2002〕420 号）规定的整体转让企业产权行为。对其资产重组过程中涉及的应税货物转让等行为，应照章征收增值税。

二、上述控股公司将受让获得的实物资产再投资给其他公司的行为，应照章征收增值税。

三、纳税人在资产重组过程中所涉及的固定资产征收增值税问题，应按照《财政部 国家税务总局关于全国实施增值税转型改革若干问题的通知》（财税〔2008〕170 号）、《财政部 国家税务总局关于部分货物适用增值税低税率和简易办法征收增值税政策的通知》（财税〔2009〕9 号）及相关规定执行。

国家税务总局关于调整增值税扣税凭证抵扣期限有关问题的通知

国税函〔2009〕617 号

各省、自治区、直辖市和计划单列市国家税务局：

2003 年以来，国家税务总局对增值税专用发票等扣税凭证陆续实行了 90 日申报抵扣期限的管理措施，对于提高增值税征管信息系统的运行质量、督促纳税人及时申报起到了积极作用。近来，部分纳税人及税务机关反映目前的 90 日申报抵扣期限较短，部分纳税人因扣税凭证逾期申报导致进项税额无法抵扣。为合理解决纳税人的实际问题，加强税收征管，经研究，现就有关问题通知如下：

一、增值税一般纳税人取得 2010 年 1 月 1 日以后开具的增值税专用发票、公路内河货物运输业统一发票和机动车销售统一发票，应在开具之日起 180 日内到税务机关办理认证，并在认证通过的次月申报期内，向主管税务机关申报抵扣进项税额。

二、实行海关进口增值税专用缴款书（以下简称海关缴款书）"先比对后抵扣"管理办法的增值税一般纳税人取得 2010 年 1 月 1 日以后开具的海关缴款书，应在开具之日起 180 日内向主管税务机关报送《海关完税凭证抵扣清单》（包括纸质资料和电子数据）申请稽核比对。

未实行海关缴款书"先比对后抵扣"管理办法的增值税一般纳税人取得 2010 年 1 月 1 日以后开具的海关缴款书，应在开具之日起 180 日后的第一个纳税申报期结束以前，向主管税务机关申报抵扣进项税额。

三、增值税一般纳税人取得 2010 年 1 月 1 日以后开具的增值税专用发票、公路内河货物运输业统一发票、机动车销售统一发票以及海关缴款书，未在规定期限内到税务机关办理认证、申报抵扣或者申请稽核比对的，不得作为合法的增值税扣税凭证，不得计算进项税额抵扣。

四、增值税一般纳税人丢失已开具的增值税专用发票，应在本通知第一条规定期限内，按照《国家税务总局关于修订〈增值税专用发票使用规定〉的通知》（国税发〔2006〕156 号）第二十八条及相关规定办理。

增值税一般纳税人丢失海关缴款书，应在本通知第二条规定期限内，凭报关地海关出具的相关已完税证明，向主管税务机关提出抵扣申请。主管税务机关受理申请后，应当进行审核，并将纳税人提供的海关缴款书电子数据纳入稽核系统进行比对。稽核比对无误后，方可允许计算进项税额抵扣。

五、本通知自 2010 年 1 月 1 日起执行。纳税人取得 2009 年 12 月 31 日以前开具的增值税扣税凭证，仍按原规定执行。

《国家税务总局关于增值税一般纳税人取得防伪税控系统开具的增值税专用发票进项税额抵扣问题的通知》（国税发〔2003〕17 号）第一条、《国家税务总局关于加强货物运输业税收征收管理的通知》（国税发〔2003〕121 号）附件 2《运输发票增值税抵扣管理试行办法》第五条、《国家税务总局关于加强货物运输业税收征收管理有关问题的通知》（国税发明电〔2003〕55 号）第十条、《国家税务总局关于加强海关进口增值税专用缴款书和废旧物资发票管理有关问题的通知》（国税函〔2004〕128 号）附件 1《海关进口增值税专用缴款书稽核办法》第三条、《国家税务总局关于货物运输业若干税收问题的通知》（国税发〔2004〕88 号）第十条第（三）款、《国家税务总局关于增值税一般纳税人取得海关进口增值税专用缴款书抵扣进项税额问题的通知》（国税发〔2004〕148 号）第二条、第三条、第四条、《国家税务总局关于推行机动车销售统一发票税控系统有关工作的紧急通知》(国税发〔2008〕117 号)第五条、《国家税务总局关于部分地区试行海关进口增值税专用缴款书"先比对后抵扣"管理办法的通知》(国税函〔2009〕83 号)第一条规定同时废止。

六、各地应认真做好本通知的落实与宣传工作,执行中发现问题,应及时上报国家税务总局(货物和劳务税司)。

国家税务总局关于出口货物退(免)税有关问题的通知

国税函〔2010〕1 号

各省、自治区、直辖市和计划单列市国家税务局:

近接一些地区来文反映,部分企业出口货物因以前的一些政策规定导致其留抵税额无法消化,要求予以解决。经研究,现将有关问题通知如下:

出口企业因《国家税务总局关于印发〈生产企业出口货物"免、抵、退"税管理操作规程(试行)〉的通知》(国税发〔2002〕11 号)第二条第(五)款有关新发生出口业务企业的税收处理规定和《国家税务总局关于做好 2003 年度出口货物退(免)税清算工作的通知》(国税函〔2003〕1303 号)第五条第(三)款的相关税收处理规定,导致目前仍无法消化的留抵税额,税务机关可在核实无误的基础上一次性办理退税。

国家税务总局关于折扣额抵减增值税应税销售额问题通知

国税函〔2010〕56 号

各省、自治区、直辖市和计划单列市国家税务局:

近有部分地区反映,纳税人采取折扣方式销售货物,虽在同一发票上注明了销售额和折扣额,却将折扣额填写在发票的备注栏,是否允许抵减销售额的问题。经研究,现将有关问题进一步明确如下:

《国家税务总局关于印发〈增值税若干具体问题的规定〉的通知》(国税发〔1993〕154 号)第二条第(二)项规定:"纳税人采取折扣方式销售货物,如果销售额和折扣额在同一张发票上分别注明的,可按折扣后的销售额征收增值税"。纳税人采取折扣方式销售货物,销售额和折扣额在同一张发票上分别注明是指销售额和折扣额在同一张发票上的"金额"栏分别注明的,可按折扣后的销售额征收增值税。未在同一张发票"金额"栏注明折扣额,而仅在发票的"备注"栏注明折扣额的,折扣额不得从销售额中减除。

增值税一般纳税人资格认定管理办法

国家税务总局令第 22 号

第一条 为加强增值税一般纳税人(以下简称一般纳税人)资格认定管理,根据《中华人民共和国增值税暂行条例》及其实施细则,制定本办法。

第二条 一般纳税人资格认定和认定以后的资格管理适用本办法。

第三条 增值税纳税人(以下简称纳税人),年应税销售额超过财政部、国家税务总局规定的小规模纳税人标准的,除本办法第五条规定外,应当向主管税务机关申请一般纳税人资格认定。

本办法所称年应税销售额,是指纳税人在连续不超过 12 个月的经营期内累计应征增值税销售额,包括免税销售额。

第四条 年应税销售额未超过财政部、国家税务总局规定的小规模纳税人标准以及新开业的纳税人，可以向主管税务机关申请一般纳税人资格认定。

对提出申请并且同时符合下列条件的纳税人，主管税务机关应当为其办理一般纳税人资格认定：

（一）有固定的生产经营场所；

（二）能够按照国家统一的会计制度规定设置账簿，根据合法、有效凭证核算，能够提供准确税务资料。

第五条 下列纳税人不办理一般纳税人资格认定：

（一）个体工商户以外的其他个人；

（二）选择按照小规模纳税人纳税的非企业性单位；

（三）选择按照小规模纳税人纳税的不经常发生应税行为的企业。

第六条 纳税人应当向其机构所在地主管税务机关申请一般纳税人资格认定。

第七条 一般纳税人资格认定的权限，在县（市、区）国家税务局或者同级别的税务分局（以下称认定机关）。

第八条 纳税人符合本办法第三条规定的，按照下列程序办理一般纳税人资格认定：

（一）纳税人应当在申报期结束后40日（工作日，下同）内向主管税务机关报送《增值税一般纳税人申请认定表》（见附件1，以下简称申请表），申请一般纳税人资格认定。

（二）认定机关应当在主管税务机关受理申请之日起20日内完成一般纳税人资格认定，并由主管税务机关制作、送达《税务事项通知书》，告知纳税人。

（三）纳税人未在规定期限内申请一般纳税人资格认定的，主管税务机关应当在规定期限结束后20日内制作并送达《税务事项通知书》，告知纳税人。

纳税人符合本办法第五条规定的，应当在收到《税务事项通知书》后10日内向主管税务机关报送《不认定增值税一般纳税人申请表》（见附件2），经认定机关批准后不办理一般纳税人资格认定。认定机关应当在主管税务机关受理申请之日起20日内批准完毕，并由主管税务机关制作、送达《税务事项通知书》，告知纳税人。

第九条 纳税人符合本办法第四条规定的，按照下列程序办理一般纳税人资格认定：

（一）纳税人应当向主管税务机关填报申请表，并提供下列资料：

1.《税务登记证》副本；

2. 财务负责人和办税人员的身份证明及其复印件；

3. 会计人员的从业资格证明或者与中介机构签订的代理记账协议及其复印件；

4. 经营场所产权证明或者租赁协议，或者其他可使用场地证明及其复印件；

5. 国家税务总局规定的其他有关资料。

（二）主管税务机关应当当场核对纳税人的申请资料，经核对一致且申请资料齐全、符合填列要求的，当场受理，制作《文书受理回执单》，并将有关资料的原件退还纳税人。

对申请资料不齐全或者不符合填列要求的，应当当场告知纳税人需要补正的全部内容。

（三）主管税务机关受理纳税人申请以后，根据需要进行实地查验，并制作查验报告。

查验报告由纳税人法定代表人（负责人或者业主）、税务查验人员共同签字（签章）确认。

实地查验时，应当有两名或者两名以上税务机关工作人员同时到场。

实地查验的范围和方法由各省税务机关确定并报国家税务总局备案。

（四）认定机关应当自主管税务机关受理申请之日起20日内完成一般纳税人资格认定，并由主管税务机关制作、送达《税务事项通知书》，告知纳税人。

第十条 主管税务机关应当在一般纳税人《税务登记证》副本"资格认定"栏内加盖"增值税一般纳税人"戳记（附件3）。

"增值税一般纳税人"戳记印色为红色，印模由国家税务总局制定。

第十一条 纳税人自认定机关认定为一般纳税人的次月起（新开业纳税人自主管税务机关受理申请的当月起），按照《中华人民共和国增值税暂行条例》第四条的规定计算应纳税额，并按照规定领购、使用增值税专用发票。

第十二条 除国家税务总局另有规定外，纳税人一经认定为一般纳税人后，不得转为小规模纳税人。

第十三条 主管税务机关可以在一定期限内对下列一般纳税人实行纳税辅导期管理：

（一）按照本办法第四条的规定新认定为一般纳税人的小型商贸批发企业；

（二）国家税务总局规定的其他一般纳税人。

纳税辅导期管理的具体办法由国家税务总局另行制定。

第十四条 本办法自2010年3月20日起执行。《国家税务总局关于印发〈增值税一般纳税人申请认定办法〉的通知》（国税明电〔1993〕52号、国税发〔1994〕59号），《国家税务总局关于增值税一般纳税人申请认定办法的补充规定》（国税明电〔1993〕60号），《国家税务总局关于印发〈增值税一般纳税人年审办法〉的通知》（国税函〔1998〕156号），《国家税务总局关于使用增值税防伪税控系统的增值税一般纳税人资格认定问题的通知》（国税函〔2002〕326号）同时废止。

国家税务总局关于新认定增值税一般纳税人使用增值税防伪税控系统有关问题的通知

国税函〔2010〕126号

各省、自治区、直辖市和计划单列市国家税务局：

《国家税务总局关于办理2009年销售额超过标准的小规模纳税人申请增值税一般纳税人认定问题的通知》（国税函〔2010〕35号）规定，2010年6月底前将对2009年应税销售额超过标准的小规模纳税人进行增值税一般纳税人资格认定。为解决个体工商户认定为增值税一般纳税人后无法正常使用增值税防伪税控系统的问题，国家税务总局组织软件开发单位对增值税防伪税控系统和增值税专用发票稽核系统进行了修改，并在河北省、重庆市进行了试运行。为配合此次增值税一般纳税人资格认定工作的开展，现将有关问题通知如下：

一、全国范围内新认定的增值税一般纳税人（包括单位和个体工商户）统一使用升级后的V6.15版本防伪税控开票系统和AI3型金税卡，新认定的增值税一般纳税人开具的增值税专用发票和增值税普通发票密文均为108位。

二、个体工商户新认定为增值税一般纳税人的，税务登记代码统一为其个人身份证号码加两位顺序码（顺序码为数字01至99），长度为17位和20位两类。凡不符合上述编码要求的，应及时办理税务登记代码变更。

三、增值税防伪税控系统和增值税专用发票稽核系统升级要求：

（一）本次升级须对增值税防伪税控系统和增值税专用发票稽核系统同时升级，具体操作为先升级防伪税控系统，再升级稽核系统，最后启用新增功能。各单位业务部门和技术部门要密切配合，及时下载、测试和升级有关补丁，启用有关功能，于2010年3月底前完成升级工作。

（二）增值税防伪税控系统12号补丁，在税务总局金税工程运维网（http://130.9.1.248/应用支持/软件库/防伪税控系统/补丁下载）栏目发布。增值税专用发票稽核系统2号补丁，在税务总局金税工程运维网（http://130.9.1.248/应用支持/软件库/稽核系统/增值税专用发票稽核系统V6.2版）栏目发布。

（三）本次升级完成后，增值税防伪税控系统税务端软件版本由V4.36.30变为V4.38.00。

（四）各地在本次补丁升级前，应分析评估有关应用系统是否需要配套升级，以确保软件功能的连续性和一致性。

四、升级工作运维支持

各单位应高度重视，认真做好组织协调工作，按时完成增值税防伪税控系统税务端软件的升级以及升级成功确认工作。

各地可通过税务总局呼叫中心（4008112366）和税务总局金税工程运维网（http://130.9.1.248），在升级工作中获取支持服务。各地遇重大问题要及时通过总局呼叫中心重大问题通道书面报告税务总局（电子税务管理中心）。

国家税务总局关于外贸企业丢失增值税专用发票抵扣联出口退税有关问题的通知

国税函〔2010〕162号

各省、自治区、直辖市和计划单列市国家税务局：

根据《国家税务总局关于修订〈增值税专用发票使用规定〉的通知》（国税发〔2006〕156号）第二十八条规定精神，现对外贸企业丢失增值税专用发票抵扣联办理出口退税的问题通知如下：

一、外贸企业丢失已开具增值税专用发票发票联和抵扣联的，在增值税专用发票认证相符后，可凭增值税专用发票记账联复印件及销售方所在地主管税务机关出具的《丢失增值税专用发票已报税证明单》，经购买方主管税务机关审核同意后，向主管出口退税的税务机关申报出口退税。

二、外贸企业丢失已开具增值税专用发票抵扣联的，在增值税专用发票认证相符后，可凭增值税专用发票发票联复印件向主管出口退税的税务机关申报出口退税。

三、对属于本通知第一、二条规定情形的，各地主管出口退税的税务机关必须加强出口退税审核，在增值税专用发票信息比对无误的情况下，按现行出口退税规定办理出口退税事宜。

国家税务总局关于明确《增值税一般纳税人资格认定管理办法》若干条款处理意见的通知

国税函〔2010〕139号

各省、自治区、直辖市和计划单列市国家税务局：

为便于各地税务机关更好地贯彻执行《增值税一般纳税人资格认定管理办法》（以下简称认定办法），总局明确了认定办法若干条款的处理意见，现通知如下，请遵照执行。

一、认定办法第三条所称年应税销售额，包括纳税申报销售额、稽查查补销售额、纳税评估调整销售额、税务机关代开发票销售额和免税销售额。稽查查补销售额和纳税评估调整销售额计入查补税款申报当月的销售额，不计入税款所属期销售额。

二、认定办法第三条所称经营期，是指在纳税人存续期内的连续经营期间，含未取得销售收入的月份。

三、认定办法第五条第（一）款所称其他个人，是指自然人。

四、认定办法第五条第（二）款所称非企业性单位，是指行政单位、事业单位、军事单位、社会团体和其他单位。

五、认定办法第五条第（三）款所称不经常发生应税行为的企业，是指非增值税纳税人；不经常发生应税行为是指其偶然发生增值税应税行为。

六、认定办法第八条第（一）款所称申报期，是指纳税人年应税销售额超过小规模纳税人标准的月份（或季度）的所属申报期。

七、认定办法第八条第（二）款规定主管税务机关制作的《税务事项通知书》中需明确告知：同意其认定申请；一般纳税人资格确认的时间。

八、认定办法第八条第（三）款第1项规定主管税务机关制作的《税务事项通知书》中需明确告知：其年应税销售额已超过小规模纳税人标准，应在收到《税务事项通知书》后10日内向主管税务机关报送《增值税一般纳税人申请认定表》或《不认定增值税一般纳税人申请表》；逾期未报送的，将按《中华人民共和国增值税暂行条例实施细则》第三十四条规定，按销售额依照增值税税率计算应纳税额，不得抵扣进项税额，也不得使用增值税专用发票。

纳税人在《税务事项通知书》规定的时限内仍未向主管税务机关报送《一般纳税人资格认定表》或者《不认定增值税一般纳税人申请表》的，应按《中华人民共和国增值税暂行条例实施细则》第三十四条规定，按销售额依照增值税税率计算应纳税额，不得抵扣进项税额，也不得使用增值税专用发票。直至纳税人报送上述资料，并经主管税务机关审核批准后方可停止执行。

九、认定办法第九条第(一)款第3项所称会计人员的从业资格证明，是指财政部门颁发的会计从业资格证书。

认定办法第九条第(三)款所称实地查验的范围，是指需要进行实地查验的企业范围及实地查验的内容。

十、认定办法第十一条所称新开业纳税人，是指自税务登记日起30日内申请一般纳税人资格认定的纳税人。

国家税务总局关于《增值税一般纳税人资格认定管理办法》政策衔接有关问题的通知

国税函〔2010〕137号

各省、自治区、直辖市和计划单列市国家税务局：

《增值税一般纳税人资格认定管理办法》(以下简称《认定办法》)自2010年3月20日起执行，由于综合征管软件尚未修改完成，为确保《认定办法》按期贯彻实施，现将有关事项通知如下：

一、在综合征管软件修改完成前，有关审批流程可先以纸质文书运转，待综合征管软件修改完善后再补充录入。

二、各省税务机关要及时按照《认定办法》第九条第三款规定，确定实地查验的范围和方法，以便基层税务机关操作执行，并报总局备案。未确定实地查验范围和方法的，应按《认定办法》第九条规定的范围和程序进行实地查验，并制作查验报告。

三、各地在执行过程中发现的问题，应及时反馈税务总局。

国家税务总局关于印发《增值税一般纳税人纳税辅导期管理办法》的通知

国税发〔2010〕40号

各省、自治区、直辖市和计划单列市国家税务局：

为加强增值税一般纳税人纳税辅导期管理，根据《增值税一般纳税人资格认定管理办法》第十三条规定，税务总局制定了《增值税一般纳税人纳税辅导期管理办法》，现印发给你们，请遵照执行。

增值税一般纳税人纳税辅导期管理办法

第一条 为加强增值税一般纳税人纳税辅导期管理，根据《增值税一般纳税人资格认定管理办法》(以下简称认定办法)第十三条规定，制定本办法。

第二条 实行纳税辅导期管理的增值税一般纳税人(以下简称辅导期纳税人)，适用本办法。

第三条 认定办法第十三条第一款所称的“小型商贸批发企业”，是指注册资金在80万元(含80万元)

以下、职工人数在10人(含10人)以下的批发企业。只从事出口贸易,不需要使用增值税专用发票的企业除外。

批发企业按照国家统计局颁发的《国民经济行业分类》(GB/T4754—2002)中有关批发业的行业划分方法界定。

第四条 认定办法第十三条所称"其他一般纳税人",是指具有下列情形之一的一般纳税人:

(一)增值税偷税数额占应纳税额的10%以上并且偷税数额在10万元以上的;

(二)骗取出口退税的;

(三)虚开增值税扣税凭证的;

(四)国家税务总局规定的其他情形。

第五条 新认定为一般纳税人的小型商贸批发企业实行纳税辅导期管理的期限为3个月;其他一般纳税人实行纳税辅导期管理的期限为6个月。

第六条 对新办小型商贸批发企业,主管税务机关应在认定办法第九条第(四)款规定的《税务事项通知书》内告知纳税人对其实行纳税辅导期管理,纳税辅导期自主管税务机关制作《税务事项通知书》的当月起执行;对其他一般纳税人,主管税务机关应自稽查部门作出《税务稽查处理决定书》后40个工作日内,制作、送达《税务事项通知书》告知纳税人对其实行纳税辅导期管理,纳税辅导期自主管税务机关制作《税务事项通知书》的次月起执行。

第七条 辅导期纳税人取得的增值税专用发票(以下简称专用发票)抵扣联、海关进口增值税专用缴款书以及运输费用结算单据应当在交叉稽核比对无误后,方可抵扣进项税额。

第八条 主管税务机关对辅导期纳税人实行限量限额发售专用发票。

(一)实行纳税辅导期管理的小型商贸批发企业,领购专用发票的最高开票限额不得超过十万元;其他一般纳税人专用发票最高开票限额应根据企业实际经营情况重新核定。

(二)辅导期纳税人专用发票的领购实行按次限量控制,主管税务机关可根据纳税人的经营情况核定每次专用发票的供应数量,但每次发售专用发票数量不得超过25份。

辅导期纳税人领购的专用发票未使用完而再次领购的,主管税务机关发售专用发票的份数不得超过核定的每次领购专用发票份数与未使用完的专用发票份数的差额。

第九条 辅导期纳税人一个月内多次领购专用发票的,应从当月第二次领购专用发票起,按照上一次已领购并开具的专用发票销售额的3%预缴增值税,未预缴增值税的,主管税务机关不得向其发售专用发票。

预缴增值税时,纳税人应提供已领购并开具的专用发票记账联,主管税务机关根据其提供的专用发票记账联计算应预缴的增值税。

第十条 辅导期纳税人按第九条规定预缴的增值税可在本期增值税应纳税额中抵减,抵减后预缴增值税仍有余额的,可抵减下期再次领购专用发票时应当预缴的增值税。

纳税辅导期结束后,纳税人因增购专用发票发生的预缴增值税有余额的,主管税务机关应在纳税辅导期结束后的第一个月内,一次性退还纳税人。

第十一条 辅导期纳税人应当在"应交税金"科目下增设"待抵扣进项税额"明细科目,核算尚未交叉稽核比对的专用发票抵扣联、海关进口增值税专用缴款书以及运输费用结算单据(以下简称增值税抵扣凭证)注明或者计算的进项税额。

辅导期纳税人取得增值税抵扣凭证后,借记"应交税金——待抵扣进项税额"明细科目,贷记相关科目。交叉稽核比对无误后,借记"应交税金——应交增值税(进项税额)"科目,贷记"应交税金——待抵扣进项税额"科目。经核实不得抵扣的进项税额,红字借记"应交税金——待抵扣进项税额",红字贷记相关科目。

第十二条 主管税务机关定期接收交叉稽核比对结果,通过《稽核结果导出工具》导出发票明细数据及《稽核结果通知书》并告知辅导期纳税人。

辅导期纳税人根据交叉稽核比对结果相符的增值税抵扣凭证本期数据申报抵扣进项税额,未收到交叉稽核比对结果的增值税抵扣凭证留待下期抵扣。

第十三条 辅导期纳税人按以下要求填写《增值税纳税申报表附列资料(表二)》。

（一）第 2 栏填写当月取得认证相符且当月收到《稽核比对结果通知书》及其明细清单注明的稽核相符专用发票、协查结果中允许抵扣的专用发票的份数、金额、税额。

（二）第 3 栏填写前期取得认证相符且当月收到《稽核比对结果通知书》及其明细清单注明的稽核相符专用发票、协查结果中允许抵扣的专用发票的份数、金额、税额。

（三）第 5 栏填写税务机关告知的《稽核比对结果通知书》及其明细清单注明的本期稽核相符的海关进口增值税专用缴款书、协查结果中允许抵扣的海关进口增值税专用缴款书的份数、金额、税额。

（四）第 7 栏“废旧物资发票”不再填写。

（五）第 8 栏填写税务机关告知的《稽核比对结果通知书》及其明细清单注明的本期稽核相符的运输费用结算单据、协查结果中允许抵扣的运输费用结算单据的份数、金额、税额。

（六）第 23 栏填写认证相符但未收到稽核比对结果的增值税专用发票月初余额数。

（七）第 24 栏填写本月已认证相符但未收到稽核比对结果的专用发票数据。

（八）第 25 栏填写已认证相符但未收到稽核比对结果的专用发票月末余额数。

（九）第 28 栏填写本月未收到稽核比对结果的海关进口增值税专用缴款书。

（十）第 30 栏“废旧物资发票”不再填写。

（十一）第 31 栏填写本月未收到稽核比对结果的运输费用结算单据数据。

第十四条 主管税务机关在受理辅导期纳税人纳税申报时，按照以下要求进行“一窗式”票表比对。

（一）审核《增值税纳税申报表》附表二第 3 栏份数、金额、税额是否等于或小于本期稽核系统比对相符的专用发票抵扣联数据。

（二）审核《增值税纳税申报表》附表二第 5 栏份数、金额、税额是否等于或小于本期交叉稽核比对相符和协查后允许抵扣的海关进口增值税专用缴款书合计数。

（三）审核《增值税纳税申报表》附表二中第 8 栏的份数、金额是否等于或小于本期交叉稽核比对相符和协查后允许抵扣的运输费用结算单据合计数。

（四）申报表数据若大于稽核结果数据的，按现行“一窗式”票表比对异常情况处理。

第十五条 纳税辅导期内，主管税务机关未发现纳税人存在偷税、逃避追缴欠税、骗取出口退税、抗税或其他需要立案查处的税收违法行为的，从期满的次月起不再实行纳税辅导期管理，主管税务机关应制作、送达《税务事项通知书》，告知纳税人；主管税务机关发现辅导期纳税人存在偷税、逃避追缴欠税、骗取出口退税、抗税或其他需要立案查处的税收违法行为的，从期满的次月起按照本规定重新实行纳税辅导期管理，主管税务机关应制作、送达《税务事项通知书》，告知纳税人。

第十六条 本办法自 2010 年 3 月 20 日起执行。《国家税务总局关于加强新办商贸企业增值税征收管理有关问题的紧急通知》(国税发明电〔2004〕37 号)、《国家税务总局关于辅导期一般纳税人实施“先比对、后扣税”有关管理问题的通知》(国税发明电〔2004〕51 号)、《国家税务总局关于加强新办商贸企业增值税征收管理有关问题的补充通知》(国税发明电〔2004〕62 号)、《国家税务总局关于辅导期增值税一般纳税人增值税专用发票预缴增值税有关问题的通知》(国税函〔2005〕1097 号)同时废止。

国家税务总局关于印发《融资租赁船舶出口退税管理办法》的通知

国税发〔2010〕52 号

天津市国家税务局：

为开展融资租赁船舶出口退税试点工作，根据《财政部 海关总署 国家税务总局关于在天津市开展融资租赁船舶出口退税试点的通知》(财税〔2010〕24 号)，税务总局制定了《融资租赁船舶出口退税管理办法》，现印发你局，请遵照执行。

你局要做好政策的宣传辅导工作，并及时向税务总局(货物和劳务税司)反馈试点工作中的问题。

融资租赁船舶出口退税管理办法

第一章 总 则

第一条 根据《财政部 海关总署 国家税务总局关于在天津市开展融资租赁船舶出口退税试点的通知》(财税〔2010〕24 号)的规定,制定本办法。

第二条 主管融资租赁船舶出口企业的国家税务局负责融资租赁船舶出口退税的认定、审核、审批及核销等管理工作。

第三条 融资租赁船舶享受出口退税的范围、条件和具体计算办法按照财税〔2010〕24 号文件相关规定执行。

第二章 认定管理

第四条 从事融资租赁船舶出口的企业,应在首份《融资租赁合同》签订之日起 30 日内,除提供办理出口退(免)税认定所需要的资料外,还应持以下资料办理融资租赁出口船舶退税认定手续:

(一)从事融资租赁业务资质证明;

(二)融资租赁合同(有法律效力的中文版);

(三)税务机关要求提供的其他资料。

第五条 开展融资租赁船舶出口的企业发生解散、破产、撤销以及其他依法应终止业务的,应持相关证件、资料向其主管退税的税务机关办理注销认定手续。已办理融资租赁船舶出口退税认定的企业,其认定内容发生变化的,须自有关管理机关批准变更之日起 30 日内,持相关证件、资料向其主管退税税务机关办理变更认定手续。

第三章 申报、审核及核销管理

第六条 采取先期留购方式的,融资租赁企业应于每季度终了的 15 日内按季单独申报退税;采取后期留购方式的,融资租赁企业应于船舶过户手续办理完结之日起 90 日内一次性单独申报退税。不同《融资租赁合同》项下的租赁船舶应分开独立申报。

第七条 融资租赁出口船舶企业申报退税时,需使用国家税务总局下发的出口退税申报系统,报送有关出口货物退(免)税申报表。

第八条 采取先期留购方式分批退税的,融资租赁企业首批申报《融资租赁合同》项下出口船舶退税时,除报送有关出口货物退(免)税申报表以外,还应报送《融资租赁出口船舶分批退税申报表》(见附件),从第二批申报开始,只报送《融资租赁出口船舶分批退税申报表》,同时附送以下资料:

(一)首批申报

1.《出口货物报关单》(出口退税专用);

2. 增值税专用发票(抵扣联);

3. 消费税税收(出口货物专用)缴款书(出口消费税应税船舶提供);

4. 与境外承租人签订的《融资租赁合同》;

5. 收取租金时开具的发票;

6. 承租企业支付外汇汇款收账通知;

7. 税务机关要求提供的其他资料。

(二)第二批及以后批次申报

1. 收取租金时开具的发票;

2. 承租企业支付外汇汇款收账通知；

3. 税务机关要求提供的其他资料。

第九条 采取后期留购方式一次性退税的，附送以下资料：

(一)《出口货物报关单》(出口退税专用)；

(二)增值税专用发票(抵扣联)；

(三)消费税税收(出口货物专用)缴款书(出口消费税应税船舶提供)；

(四)与境外承租人签订的《融资租赁合同》；

(五)融资租赁企业开具的该租赁船舶的销售发票；

(六)所有权转移证书以及海事局出具的该租赁船舶的过户手续；

(七)税务机关要求提供的其他资料。

第十条 对属于增值税一般纳税人的融资租赁船舶出口企业，主管退税税务机关须在增值税专用发票稽核信息核对无误的情况下，办理退税。对非增值税一般纳税人的融资租赁船舶出口企业，主管退税税务机关须进行发函调查，在确认发票真实、发票所列船舶已按照规定申报纳税后，方可办理退税。

第十一条 主管退税税务机关应通过出口退税审核系统受理企业申报，并按照财税〔2010〕24 号中规定的计算方法审核、审批融资租赁出口船舶退税。

第十二条 凡采取先期留购方式实行分批退税的，租赁期满后，融资租赁企业于 90 日内，持以下资料向主管退税税务机关办理退税核销手续：

(一)开具的租赁船舶销售发票；

(二)所有权转移证书以及海事局出具的该租赁船舶的过户手续；

(三)税务机关要求提供的其他资料。

第十三条 对于逾期未办理退税核销手续以及核销资料不齐备的，主管退税的税务机关应追缴已退税款。

第十四条 对承租期未满而发生退租的，主管税务机关应追缴已退税款，同时按当期活期存款利率收取利息。收取利息的计息期间由税款退付转讫之日起到补缴税款入库之日止。

第四章 附　　则

第十五条 对融资租赁船舶出口企业采取假冒退税资格、伪造《融资租赁合同》、提供虚假退税申报资料等手段骗取退税款的，按照现行有关法律、法规处理。

第十六条 本办法由国家税务总局负责解释。

第十七条 本办法从 2010 年 4 月 1 日起执行。

国家税务总局关于项目运营方利用信托资金融资过程中增值税进项税额抵扣问题的公告

国家税务总局公告 2010 年第 8 号

现就项目运营方利用信托资金融资进行项目建设开发过程中增值税进项税额抵扣问题公告如下：

项目运营方利用信托资金融资进行项目建设开发是指项目运营方与经批准成立的信托公司合作进行项目建设开发，信托公司负责筹集资金并设立信托计划，项目运营方负责项目建设与运营，项目建设完成后，项目资产归项目运营方所有。该经营模式下项目运营方在项目建设期内取得的增值税专用发票和其他抵扣凭证，允许其按现行增值税有关规定予以抵扣。

本公告自 2010 年 10 月 1 日起施行。此前未抵扣的进项税额允许其抵扣，已抵扣的不作进项税额转出。

国家税务总局关于融资性售后回租业务中承租方出售资产行为有关税收问题的公告

国家税务总局公告2010年第13号

现就融资性售后回租业务中承租方出售资产行为有关税收问题公告如下：

融资性售后回租业务是指承租方以融资为目的将资产出售给经批准从事融资租赁业务的企业后，又将该项资产从该融资租赁企业租回的行为。融资性售后回租业务中承租方出售资产时，资产所有权以及与资产所有权有关的全部报酬和风险并未完全转移。

一、增值税和营业税

根据现行增值税和营业税有关规定，融资性售后回租业务中承租方出售资产的行为，不属于增值税和营业税征收范围，不征收增值税和营业税。

二、企业所得税

根据现行企业所得税法及有关收入确定规定，融资性售后回租业务中，承租人出售资产的行为，不确认为销售收入，对融资性租赁的资产，仍按承租人出售前原账面价值作为计税基础计提折旧。租赁期间，承租人支付的属于融资利息的部分，作为企业财务费用在税前扣除。

本公告自2010年10月1日起施行。此前因与本公告规定不一致而已征的税款予以退税。

国家税务总局关于制种行业增值税有关问题的公告

国家税务总局公告2010年第17号

现就制种企业销售种子增值税有关问题公告如下：

制种企业在下列生产经营模式下生产销售种子，属于农业生产者销售自产农业产品，应根据《中华人民共和国增值税暂行条例》有关规定免征增值税。

一、制种企业利用自有土地或承租土地，雇佣农户或雇工进行种子繁育，再经烘干、脱粒、风筛等深加工后销售种子。

二、制种企业提供亲本种子委托农户繁育并从农户手中收回，再经烘干、脱粒、风筛等深加工后销售种子。

本公告自2010年12月1日起施行。

国家税务总局关于发布《境外旅客购物离境退税海南试点管理办法》的公告

国家税务总局公告2010年第28号

为推进海南国际旅游岛建设和发展，确保在海南省顺利试行境外旅客购物离境退税政策，国家税务总局经商财政部、商务部、海关总署，制定了《境外旅客购物离境退税海南试点管理办法》，现予以公布，自2011年1月1日开始施行。

境外旅客购物离境退税海南试点管理办法

第一章 总 则

第一条 为推进海南国际旅游岛建设，确保在海南省顺利试行境外旅客购物离境退税政策，根据《财政部关于在海南开展境外旅客购物离境退税政策试点的公告》(财政部公告 2010 年第 88 号)等相关规定，制定本办法。

第二条 境外旅客在退税定点商店购物后，按规定应取得的退税凭证包括境外旅客购物离境退税申请单(见附件 1)和销售发票。

第三条 境外旅客在办理退税时，可选择的退税币种包括人民币、美元、欧元和日元。

第二章 退税定点商店的认定、变更与终止

第四条 退税定点商店应当同时符合以下条件：

(一)中国境内注册的，具有独立法人资格的增值税一般纳税人；

(二)具备境外旅客购物离境退税管理信息系统运行的条件，能够及时、准确地报送相关信息；

(三)安装并使用增值税专用发票防伪税控机或者使用普通发票"网上开票系统"；

(四)营业面积超过 2000 平方米；

(五)遵守税收法律法规规定，申请资格认定前两年内未发生偷税、逃避追缴欠税、骗取出口退税、抗税等涉税违法行为以及欠税行为；

(六)商店经营管理服务规范，符合《百货店等级划分及评定》(国家标准)中达标百货店的要求；

(七)具备涉外服务接待能力，能用外语提供服务，商品标签及公共设施同时标注中英文；

(八)经营商品品种丰富，基本包含财政部公告 2010 年第 88 号附件《退税物品目录》中所列商品。

第五条 符合本办法第四条规定条件的企业，可以向海南省国家税务局提出退税定点商店认定申请，并提交以下资料：

(一)境外旅客购物离境退税定点商店认定申请表(详见附件 2)；

(二)营业面积证明材料。

第六条 海南省国家税务局对企业提出的退税定点商店认定申请，会同海南省商务厅按照本办法规定的条件进行认定。

第七条 退税定点商店认定资料所载内容发生变化的，应自有关管理机关批准变更之日起 30 日内，持相关证件及资料向海南省国家税务局申请办理变更手续。海南省国家税务局为其办理变更手续后，将有关情况通报海南省商务厅。

第八条 退税定点商店发生解散、破产、撤销以及其他情形，应在向工商行政管理机关或者其他机关办理注销登记前，持相关证件及资料向主管税务机关申请办理税务登记注销手续，由海南省国家税务局取消其退税定点商店资格，并将有关情况通报海南省商务厅。

第九条 退税定点商店应当在其经营场所显著位置用中英文同时做出标识，便于境外旅客识别。退税定点商店中英文标识由海南省国家税务局会同海南省商务厅制定。

第三章 退税代理机构的认定、变更与终止

第十条 退税代理机构应当同时符合以下条件：

(一)具备独立法人资格，财务制度健全；

(二)已在国税部门办理税务登记；

(三)具备个人本外币兑换特许业务经营资格；

(四)具备办理退税业务的场所和相关设施；

(五)具备境外旅客购物离境退税管理信息系统运行的条件，能够及时、准确地报送相关信息；

（六）遵守税收法律法规规定，申请资格认定前两年内未发生偷税、逃避追缴欠税、骗取出口退税、抗税等涉税违法行为以及欠税行为。

第十一条 符合本办法第十条规定条件的企业，可以向海南省国家税务局提出退税代理机构资格认定申请，并提交以下资料：

（一）境外旅客购物离境退税代理机构认定申请表（详见附件3）；

（二）出口退（免）税认定表；

（三）本外币特许经营证书原件、复印件。

第十二条 海南省国家税务局对企业提出的退税代理机构认定申请，会同海南省财政厅按照本办法规定的条件进行认定。

第十三条 退税代理机构认定后，其认定资料所载内容发生变化的，应自有关管理机关批准变更之日起30日内，持相关证件及资料向海南省国家税务局申请办理变更手续。海南省国家税务局为其办理变更手续后，将有关情况通报海南省财政厅。

第十四条 退税代理机构认定后，发生解散、破产、撤销以及其他情形，应在向工商行政管理机关或者其他机关办理注销登记前，持有关证件及资料向主管税务机关申请办理税务登记注销手续，由海南省国家税务局取消其退税代理机构资格，并将有关情况通报海南省财政厅。

第十五条 退税代理机构在离境机场隔离区内设置专用场所，应当征求海关意见，在显著位置用中英文做出标识。

第四章 退税物品的销售管理

第十六条 境外旅客在退税定点商店购买退税物品，需要索取境外旅客购物离境退税申请单的，应当出示护照等有效身份证件。退税定点商店将境外旅客出示的护照等有效身份证件与境外旅客本人核对后，将境外旅客身份信息录入境外旅客购物离境退税管理信息系统进行校验。通过后按规定开具境外旅客购物离境退税申请单，加盖印章，交给境外旅客。

第十七条 具有以下情形之一的，退税定点商店不得开具境外旅客购物离境退税申请单：

（一）境外旅客不能出示本人护照等有效身份证件；

（二）销售给境外旅客的商品不属于退税物品范围；

（三）同一境外旅客同一日在同一退税定点商店内购买退税物品的金额未达到起退点。

第十八条 境外旅客购物离境退税申请单由海南省国家税务局统一印制。

第十九条 退税定点商店应当建立境外旅客购物离境退税申请单使用登记制度，设置境外旅客购物离境退税申请单登记簿，并定期向海南省国家税务局报告境外旅客购物离境退税申请单使用情况。

第二十条 退税定点商店应当单独设置退税物品销售明细账，并准确核算。

第五章 退税业务的办理

第二十一条 境外旅客离境时，应当主动向海关申报，并办理有关手续。

第二十二条 境外旅客凭以下资料向设在离境机场隔离区内的退税代理机构申请办理退税：

（一）护照等本人有效身份证件；

（二）经海关验核签章的境外旅客购物离境退税申请单；

（三）退税物品销售发票；

（四）离境航班登机牌。

第二十三条 退税代理机构为境外旅客办理购物离境退税时，应当核对以下内容：

（一）申请购物离境退税的境外旅客与境外旅客购物离境退税管理信息系统中记录的境外旅客身份信息是否相符；

（二）境外旅客购物离境退税申请单是否经海关验核签章；

（三）退税物品购买日距离境日是否超过90天；

（四）境外旅客在我国境内连续居住是否超过183天。

第二十四条 退税代理机构对上述信息核对无误后，根据境外旅客自行选择的退税方式和币种，按照规定为境外旅客办理退税。

第二十五条 境外旅客购物离境退税资金由退税代理机构先行向境外旅客垫付。

第二十六条 退税代理机构应当于每月15日前向海南省国家税务局申请办理退税结算，并附送以下资料：

(一)境外旅客购物离境退税结算申报表(见附件4)；

(二)经海关验核签章的境外旅客购物离境退税申请单；

(三)退税物品销售发票；

(四)经境外旅客签字确认的境外旅客购物离境退税收款回执单(见附件5)。

第二十七条 海南省国家税务局对退税代理机构申报的经海关验核签章的境外旅客购物离境退税申请单等有关资料审核无误后，按照规定向退税代理机构办理退付，并将退付情况通报海南省财政厅。

第六章 信息传递与交换

第二十八条 海南省国家税务局对境外旅客购物离境退税业务实行计算机化管理，使用境外旅客购物离境退税管理信息系统审核、审批离境退税相关事宜，并加强与退税定点商店、机场和退税代理机构的信息传递与交换。

第二十九条 退税定点商店通过境外旅客购物离境退税管理信息系统开具境外旅客购物离境退税申请单，并实时向海南省国家税务局报送相关信息。

第三十条 机场根据境外旅客购物离境退税管理的需要，实时验证由海南省国家税务局提请验证的境外旅客的离境航班信息。

第三十一条 退税代理机构通过境外旅客购物离境退税管理信息系统为境外旅客办理离境退税，并实时向海南省国家税务局报送相关信息。

第七章 附 则

第三十二条 退税定点商店或退税代理机构违反本办法规定发生税收违法行为的，按照《中华人民共和国税收征收管理法》及其实施细则的有关规定予以处理。

第三十三条 本办法中“有效身份证件”是指外籍旅客护照、港澳居民来往内地通行证、台湾居民来往大陆通行证等。

第三十四条 本办法自2011年1月1日起实施。

财政部 国家税务总局关于促进节能服务产业发展增值税营业税和企业所得税政策问题的通知

财税〔2010〕110号

各省、自治区、直辖市、计划单列市财政厅(局)、国家税务局、地方税务局，新疆生产建设兵团财务局：

为鼓励企业运用合同能源管理机制，加大节能减排技术改造工作力度，根据税收法律法规有关规定和《国务院办公厅转发发展改革委等部门关于加快推进合同能源管理促进节能服务产业发展意见的通知》(国办发〔2010〕25号)精神，现将节能服务公司实施合同能源管理项目涉及的增值税、营业税和企业所得税政策问题通知如下：

一、关于增值税、营业税政策问题

(一)对符合条件的节能服务公司实施合同能源管理项目，取得的营业税应税收入，暂免征收营业税。

(二)节能服务公司实施符合条件的合同能源管理项目，将项目中的增值税应税货物转让给用能企业，暂免征收增值税。

(三)本条所称“符合条件”是指同时满足以下条件：

1. 节能服务公司实施合同能源管理项目相关技术应符合国家质量监督检验检疫总局和国家标准化管理委员会发布的《合同能源管理技术通则》(GB/T 24915—2010)规定的技术要求;

2. 节能服务公司与用能企业签订《节能效益分享型》合同,其合同格式和内容,符合《合同法》和国家质量监督检验检疫总局和国家标准化管理委员会发布的《合同能源管理技术通则》(GB/T 24915—2010)等规定。

二、关于企业所得税政策问题

(一)对符合条件的节能服务公司实施合同能源管理项目,符合企业所得税税法有关规定的,自项目取得第一笔生产经营收入所属纳税年度起,第一年至第三年免征企业所得税,第四年至第六年按照25%的法定税率减半征收企业所得税。

(二)对符合条件的节能服务公司,以及与其签订节能效益分享型合同的用能企业,实施合同能源管理项目有关资产的企业所得税税务处理按以下规定执行:

1. 用能企业按照能源管理合同实际支付给节能服务公司的合理支出,均可以在计算当期应纳税所得额时扣除,不再区分服务费用和资产价款进行税务处理;

2. 能源管理合同期满后,节能服务公司转让给用能企业的因实施合同能源管理项目形成的资产,按折旧或摊销期满的资产进行税务处理,用能企业从节能服务公司接受有关资产的计税基础也应按折旧或摊销期满的资产进行税务处理;

3. 能源管理合同期满后,节能服务公司与用能企业办理有关资产的权属转移时,用能企业已支付的资产价款,不再另行计入节能服务公司的收入。

(三)本条所称"符合条件"是指同时满足以下条件:

1. 具有独立法人资格,注册资金不低于100万元,且能够单独提供用能状况诊断、节能项目设计、融资、改造(包括施工、设备安装、调试、验收等)、运行管理、人员培训等服务的专业化节能服务公司;

2. 节能服务公司实施合同能源管理项目相关技术应符合国家质量监督检验检疫总局和国家标准化管理委员会发布的《合同能源管理技术通则》(GB/T24915—2010)规定的技术要求;

3. 节能服务公司与用能企业签订《节能效益分享型》合同,其合同格式和内容,符合《合同法》和国家质量监督检验检疫总局和国家标准化管理委员会发布的《合同能源管理技术通则》(GB/T24915—2010)等规定;

4. 节能服务公司实施合同能源管理的项目符合《财政部 国家税务总局国家发展改革委关于公布环境保护节能节水项目企业所得税优惠目录(试行)的通知》(财税〔2009〕166号)"4. 节能减排技术改造"类中第一项至第八项规定的项目和条件;

5. 节能服务公司投资额不低于实施合同能源管理项目投资总额的70%;

6. 节能服务公司拥有匹配的专职技术人员和合同能源管理人才,具有保障项目顺利实施和稳定运行的能力。

(四)节能服务公司与用能企业之间的业务往来,应当按照独立企业之间的业务往来收取或者支付价款、费用。不按照独立企业之间的业务往来收取或者支付价款、费用,而减少其应纳税所得额的,税务机关有权进行合理调整。

(五)用能企业对从节能服务公司取得的与实施合同能源管理项目有关的资产,应与企业其他资产分开核算,并建立辅助账或明细账。

(六)节能服务公司同时从事适用不同税收政策待遇项目的,其享受税收优惠项目应当单独计算收入、扣除,并合理分摊企业的期间费用;没有单独计算的,不得享受税收优惠政策。

三、本通知自2011年1月1日起执行。

国家税务总局关于飞机维修业务增值税处理方式的公告

国家税务总局公告2011年第5号

近期部分地区反映,承揽国内、国外航空公司飞机维修业务的企业,因其从事的国外航空公司飞机维修业务增值税实行免、抵、退税办法，而减少了国内飞机维修业务的增值税应纳税额，进而无法足额享受国内飞机维修业务的增值税优惠政策。经研究，现公告如下：

一、对承揽国内、国外航空公司飞机维修业务的企业(以下简称飞机维修企业)所从事的国外航空公司飞机维修业务，实行免征本环节增值税应纳税额、直接退还相应增值税进项税额的办法。

二、飞机维修企业应分别核算国内、国外飞机维修业务的进项税额；未分别核算或者未准确核算进项税额的，由主管税务机关进行核定。造成多退税款的，予以追回；涉及违法犯罪的，按有关法律法规规定处理。

本公告自2011年2月15日起施行。此前的税收处理与本公告规定不一致的，可按本公告规定予以调整。

特此公告。

国家税务总局关于纳税人销售伴生金有关增值税问题的公告

国家税务总局公告2011年第8号

现将纳税人销售伴生金有关增值税问题公告如下：

《财政部 国家税务总局关于黄金税收政策问题的通知》(财税〔2002〕142号)第一条所称伴生金，是指黄金矿砂以外的其他矿产品、冶炼中间产品和其他可以提炼黄金的原料中所伴生的黄金。

纳税人销售含有伴生金的货物并申请伴生金免征增值税的，应当出具伴生金含量的有效证明，分别核算伴生金和其他成分的销售额。

本公告自2011年2月1日起执行。此前执行与本公告不一致的，按照本公告的规定调整。

特此公告。

国家税务总局关于代理出口货物相关税收问题的公告

国家税务总局公告2011年第12号

《国家税务总局关于出口货物退(免)税若干问题的通知》(国税发〔2006〕102号)下发执行以来，有地区和企业征询有关代理出口货物的税收问题。现就有关问题公告如下：

一、出口企业未在规定期限内申报开具《代理出口货物证明》的货物，凡委托方已按现行税收政策规定计提增值税销项税额或申报缴纳增值税的，不属于国税发〔2006〕102号文件第一条第四项规定的情形。

二、税务机关对属于本公告第一条列明的情形，须向委托方所在地税务机关发函调查。委托方所在地税务机关应及时回函。凡委托方所在地税务机关的回函确认委托方已就上述货物计提增值税销项税额或申报缴纳增值税的，不予征税；回函没有确认委托方就上述货物计提增值税销项税额或申报缴纳增值税的，按国税发〔2006〕102号文件执行。

三、税务机关履行上述程序后，可根据出口企业的申请向出口企业补开《代理出口货物证明》。

四、本公告自2011年3月1日起施行。2006年7月1日至本公告施行前发生的事项，可依据本公告进行调整。

特此公告。

国家税务总局关于纳税人资产重组有关增值税问题的公告

国家税务总局公告2011年第13号

根据《中华人民共和国增值税暂行条例》及其实施细则的有关规定，现将纳税人资产重组有关增值税问题公告如下：

纳税人在资产重组过程中，通过合并、分立、出售、置换等方式，将全部或者部分实物资产以及与其相关联的债权、负债和劳动力一并转让给其他单位和个人，不属于增值税的征税范围，其中涉及的货物转让，不征收增值税。

本公告自2011年3月1日起执行。此前未作处理的，按照本公告的规定执行。《国家税务总局关于转让企业全部产权不征收增值税问题的批复》(国税函〔2002〕420号)、《国家税务总局关于纳税人资产重组有关增值税政策问题的批复》(国税函〔2009〕585号)、《国家税务总局关于中国直播卫星有限公司转让全部产权有关增值税问题的通知》(国税函〔2010〕350号)同时废止。

特此公告。

财政部 国家税务总局关于收购烟叶支付的价外补贴进项税额抵扣问题的通知

财税〔2011〕21号

各省、自治区、直辖市、计划单列市财政厅(局)、国家税务局、地方税务局，新疆生产建设兵团财务局：

根据有关方面的反映，现将收购烟叶给烟农的生产投入补贴增值税进项税额抵扣问题明确如下：

烟叶收购单位收购烟叶时按照国家有关规定以现金形式直接补贴烟农的生产投入补贴(以下简称价外补贴)，属于农产品买价，为《中华人民共和国增值税暂行条例实施细则》(财政部 国家税务总局令第50号)第十七条中"价款"的一部分。烟叶收购单位，应将价外补贴与烟叶收购价格在同一张农产品收购发票或者销售发票上分别注明，否则，价外补贴不得计算增值税进项税额进行抵扣。

本通知自2009年1月1日起执行。

国家税务总局关于增值税纳税义务发生时间有关问题的公告

国家税务总局公告2011年第40号

根据《中华人民共和国增值税暂行条例》及其实施细则的有关规定，现就增值税纳税义务发生时间有关问题公告如下：

纳税人生产经营活动中采取直接收款方式销售货物，已将货物移送对方并暂估销售收入入账，但既未取得销售款或取得索取销售款凭据也未开具销售发票的，其增值税纳税义务发生时间为取得销售款或取得索取销售款凭据的当天；先开具发票的，为开具发票的当天。

本公告自2011年8月1日起施行。纳税人此前对发生上述情况进行增值税纳税申报的，可向主管税务机关申请，按本公告规定做纳税调整。

特此公告。

国家税务总局关于纳税人转让土地使用权或者销售不动产同时一并销售附着于土地或者不动产上的固定资产有关税收问题的公告

国家税务总局公告2011年第47号

现就纳税人转让土地使用权或者销售不动产的同时一并销售附着于土地或者不动产上的固定资产有关税收问题公告如下：

纳税人转让土地使用权或者销售不动产的同时一并销售的附着于土地或者不动产上的固定资产中，凡属于增值税应税货物的，应按照《财政部 国家税务总局关于部分货物适用增值税低税率和简易办法征收增值税政策的通知》（财税〔2009〕9号）第二条有关规定，计算缴纳增值税；凡属于不动产的，应按照《中华人民共和国营业税暂行条例》“销售不动产”税目计算缴纳营业税。

纳税人应分别核算增值税应税货物和不动产的销售额，未分别核算或核算不清的，由主管税务机关核定其增值税应税货物的销售额和不动产的销售额。

本公告自2011年9月1日起施行。《国家税务总局关于煤炭企业转让井口征收营业税问题的批复》（国税函〔1997〕556号）和《国家税务总局关于煤矿转让征收营业税问题的批复》（国税函〔2007〕1018号）中“对单位和个人在转让煤矿土地使用权和销售不动产的同时一并转让附着于土地或不动产上的机电设备，一并按‘销售不动产’征收营业税”的规定同时废止。本公告施行前已处理的事项不再作调整，未处理事项依据本公告处理。

特此公告。

国家税务总局关于废止逾期增值税扣税凭证一律不得抵扣规定的公告

国家税务总局公告2011年第49号

经国务院批准，现将《国务院办公厅转发国家税务总局关于全面推广应用增值税防伪税控系统意见的通知》（国办发〔2000〕12号）第三条中“凡逾期未申报认证的，一律不得作为扣税凭证，已经抵扣税款的，由税务机关如数追缴，并按《中华人民共和国税收征收管理法》的有关规定进行处罚”规定废止。2007年1月1日以后开具的增值税扣税凭证逾期未认证或未稽核比对如何处理问题，另行公告。

本公告自2011年10月1日起执行。

特此公告。

国家税务总局关于逾期增值税扣税凭证抵扣问题的公告

国家税务总局公告2011年第50号

为保障纳税人合法权益，经国务院批准，现将2007年1月1日以后开具的增值税扣税凭证未能按照规定期限办理认证或者稽核比对（以下简称逾期）抵扣问题公告如下：

一、对增值税一般纳税人发生真实交易但由于客观原因造成增值税扣税凭证逾期的，经主管税务机关审核、逐级上报，由国家税务总局认证、稽核比对后，对比对相符的增值税扣税凭证，允许纳税人继续抵扣其进项税额。

增值税一般纳税人由于除本公告第二条规定以外的其他原因造成增值税扣税凭证逾期的，仍应按照增值税扣税凭证抵扣期限有关规定执行。

本公告所称增值税扣税凭证，包括增值税专用发票、海关进口增值税专用缴款书和公路内河货物运输业统一发票。

二、客观原因包括如下类型：

(一)因自然灾害、社会突发事件等不可抗力因素造成增值税扣税凭证逾期；

(二)增值税扣税凭证被盗、抢，或者因邮寄丢失、误递导致逾期；

(三)有关司法、行政机关在办理业务或者检查中，扣押增值税扣税凭证，纳税人不能正常履行申报义务，或者税务机关信息系统、网络故障，未能及时处理纳税人网上认证数据等导致增值税扣税凭证逾期；

(四)买卖双方因经济纠纷，未能及时传递增值税扣税凭证，或者纳税人变更纳税地点，注销旧户和重新办理税务登记的时间过长，导致增值税扣税凭证逾期；

(五)由于企业办税人员伤亡、突发危重疾病或者擅自离职，未能办理交接手续，导致增值税扣税凭证逾期；

(六)国家税务总局规定的其他情形。

三、增值税一般纳税人因客观原因造成增值税扣税凭证逾期的，可按照本公告附件《逾期增值税扣税凭证抵扣管理办法》的规定，申请办理逾期抵扣手续。

四、本公告自 2011 年 10 月 1 日起执行。

特此公告。

附件：逾期增值税扣税凭证抵扣管理办法

国家税务总局

二〇一一年九月十四日

附件：

逾期增值税扣税凭证抵扣管理办法

一、增值税一般纳税人发生真实交易但由于客观原因造成增值税扣税凭证逾期的，可向主管税务机关申请办理逾期抵扣。

二、纳税人申请办理逾期抵扣时，应报送如下资料：

(一)《逾期增值税扣税凭证抵扣申请单》；

(二)增值税扣税凭证逾期情况说明。纳税人应详细说明未能按期办理认证或者申请稽核比对的原因，并加盖企业公章。其中，对客观原因不涉及第三方的，纳税人应说明的情况具体为：发生自然灾害、社会突发事件等不可抗力原因的，纳税人应详细说明自然灾害或者社会突发事件发生的时间、影响地区、对纳税人生产经营的实际影响等；纳税人变更纳税地点，注销旧户和重新办理税务登记的时间过长，导致增值税扣税凭证逾期的，纳税人应详细说明办理搬迁时间、注销旧户和注册新户的时间、搬出及搬入地点等；企业办税人员擅自离职，未办理交接手续的，纳税人应详细说明事情经过、办税人员姓名、离职时间等，并提供解除劳动关系合同及企业内部相关处理决定。

(三)客观原因涉及第三方的，应提供第三方证明或说明。具体为：企业办税人员伤亡或者突发危重疾病的，应提供公安机关、交通管理部门或者医院证明；有关司法、行政机关在办理业务或者检查中，扣押增值税扣税凭证，导致纳税人不能正常履行申报义务的，应提供相关司法、行政机关证明；增值税扣税凭证被盗、抢的，应提供公安机关证明；买卖双方因经济纠纷，未能及时传递增值税扣税凭证的，应提供卖方出具的情况说明；邮寄丢失或者误递导致增值税扣税凭证逾期的，应提供邮政单位出具的说明。

(四)逾期增值税扣税凭证电子信息；

(五)逾期增值税扣税凭证复印件(复印件必须整洁、清晰，在凭证备注栏注明“与原件一致”并加盖企业公章，增值税专用发票复印件必须裁剪成与原票大小一致）。

三、由于税务机关自身原因造成纳税人增值税扣税凭证逾期的，主管税务机关应在上报文件中说明相关情况。具体为，税务机关信息系统或者网络故障，未能及时处理纳税人网上认证数据的，主管税务机关应详细说明信息系统或网络故障出现、持续的时间，故障原因及表现等。

四、主管税务机关应认真审核纳税人所报资料，重点审核纳税人所报送资料是否齐全、交易是否真实发生、造成增值税扣税凭证逾期的原因是否属于客观原因、第三方证明或说明所述时间是否具有逻辑性、资料信息是否一致、增值税扣税凭证复印件与原件是否一致等。

主管税务机关审核无误后，应向上级税务机关正式上报，并将增值税扣税凭证逾期情况说明、第三方证明或说明、逾期增值税扣税凭证电子信息、逾期增值税扣税凭证复印件逐级审核后上报至国家税务总局。

五、国家税务总局将对各地上报的资料进行审核，并对逾期增值税扣税凭证信息进行认证、稽核比对，对资料符合条件、稽核比对结果相符的，通知省税务机关允许纳税人继续抵扣逾期增值税扣税凭证上所注明或计算的税额。

六、主管税务机关可定期或者不定期对已抵扣逾期增值税扣税凭证进项税额的纳税人进行复查，发现纳税人提供虚假信息，存在弄虚作假行为的，应责令纳税人将已抵扣进项税额转出，并按《中华人民共和国税收征收管理法》的有关规定进行处罚。

财政部 国家税务总局关于软件产品增值税政策的通知

财税〔2011〕100 号

各省、自治区、直辖市、计划单列市财政厅（局）、国家税务局、地方税务局，新疆生产建设兵团财务局：

为落实《国务院关于印发进一步鼓励软件产业和集成电路产业发展若干政策的通知》（国发〔2011〕4号）的有关精神，进一步促进软件产业发展，推动我国信息化建设，现将软件产品增值税政策通知如下：

一、软件产品增值税政策

（一）增值税一般纳税人销售其自行开发生产的软件产品，按 17%税率征收增值税后，对其增值税实际税负超过 3%的部分实行即征即退政策。

（二）增值税一般纳税人将进口软件产品进行本地化改造后对外销售，其销售的软件产品可享受本条第一款规定的增值税即征即退政策。

本地化改造是指对进口软件产品进行重新设计、改进、转换等，单纯对进口软件产品进行汉字化处理不包括在内。

（三）纳税人受托开发软件产品，著作权属于受托方的征收增值税，著作权属于委托方或属于双方共同拥有的不征收增值税；对经过国家版权局注册登记，纳税人在销售时一并转让著作权、所有权的，不征收增值税。

二、软件产品界定及分类

本通知所称软件产品，是指信息处理程序及相关文档和数据。软件产品包括计算机软件产品、信息系统和嵌入式软件产品。嵌入式软件产品是指嵌入在计算机硬件、机器设备中并随其一并销售，构成计算机硬件、机器设备组成部分的软件产品。

三、满足下列条件的软件产品，经主管税务机关审核批准，可以享受本通知规定的增值税政策：

1. 取得省级软件产业主管部门认可的软件检测机构出具的检测证明材料；

2. 取得软件产业主管部门颁发的《软件产品登记证书》或著作权行政管理部门颁发的《计算机软件著作权登记证书》。

四、软件产品增值税即征即退税额的计算

（一）软件产品增值税即征即退税额的计算方法：

即征即退税额＝当期软件产品增值税应纳税额－当期软件产品销售额×3%

当期软件产品增值税应纳税额＝当期软件产品销项税额－当期软件产品可抵扣进项税额

当期软件产品销项税额＝当期软件产品销售额×17%

(二)嵌入式软件产品增值税即征即退税额的计算：

1. 嵌入式软件产品增值税即征即退税额的计算方法

即征即退税额＝当期嵌入式软件产品增值税应纳税额－当期嵌入式软件产品销售额×3%

当期嵌入式软件产品增值税应纳税额＝当期嵌入式软件产品销项税额－当期嵌入式软件产品可抵扣进项税额

当期嵌入式软件产品销项税额＝当期嵌入式软件产品销售额×17%

2. 当期嵌入式软件产品销售额的计算公式

当期嵌入式软件产品销售额＝当期嵌入式软件产品与计算机硬件、机器设备销售额合计－当期计算机硬件、机器设备销售额

计算机硬件、机器设备销售额按照下列顺序确定：

①按纳税人最近同期同类货物的平均销售价格计算确定；

②按其他纳税人最近同期同类货物的平均销售价格计算确定；

③按计算机硬件、机器设备组成计税价格计算确定。

计算机硬件、机器设备组成计税价格＝计算机硬件、机器设备成本×(1＋10%)。

五、按照上述办法计算，即征即退税额大于零时，税务机关应按规定，及时办理退税手续。

六、增值税一般纳税人在销售软件产品的同时销售其他货物或者应税劳务的，对于无法划分的进项税额，应按照实际成本或销售收入比例确定软件产品应分摊的进项税额；对专用于软件产品开发生产设备及工具的进项税额，不得进行分摊。纳税人应将选定的分摊方式报主管税务机关备案，并自备案之日起一年内不得变更。

专用于软件产品开发生产的设备及工具，包括但不限于用于软件设计的计算机设备、读写打印器具设备、工具软件、软件平台和测试设备。

七、对增值税一般纳税人随同计算机硬件、机器设备一并销售嵌入式软件产品，如果适用本通知规定按照组成计税价格计算确定计算机硬件、机器设备销售额的，应当分别核算嵌入式软件产品与计算机硬件、机器设备部分的成本。凡未分别核算或者核算不清的，不得享受本通知规定的增值税政策。

八、各省、自治区、直辖市、计划单列市税务机关可根据本通知规定，制定软件产品增值税即征即退的管理办法。主管税务机关可对享受本通知规定增值税政策的纳税人进行定期或不定期检查。纳税人凡弄虚作假骗取享受本通知规定增值税政策的，税务机关除根据现行规定进行处罚外，自发生上述违法违规行为年度起，取消其享受本通知规定增值税政策的资格，纳税人三年内不得再次申请。

九、本通知自2011年1月1日起执行。《财政部 国家税务总局关于贯彻落实〈中共中央国务院关于加强技术创新，发展高科技，实现产业化的决定〉有关税收问题的通知》(财税字〔1999〕273号)第一条、《财政部 国家税务总局 海关总署关于鼓励软件产业和集成电路产业发展有关税收政策问题的通知》(财税〔2000〕25号)第一条第一款、《国家税务总局关于明确电子出版物属于软件征税范围的通知》(国税函〔2000〕168号)、《财政部 国家税务总局关于增值税若干政策的通知》(财税〔2005〕165号)第十一条第一款和第三款、《财政部 国家税务总局关于嵌入式软件增值税政策问题的通知》(财税〔2006〕174号)、《财政部 国家税务总局关于嵌入式软件增值税政策的通知》(财税〔2008〕92号)、《财政部 国家税务总局关于扶持动漫产业发展有关税收政策问题的通知》(财税〔2009〕65号)第一条同时废止。

关于修改《中华人民共和国增值税暂行条例实施细则》和《中华人民共和国营业税暂行条例实施细则》的决定

中华人民共和国财政部令第65号

《关于修改〈中华人民共和国增值税暂行条例实施细则〉和〈中华人民共和国营业税暂行条例实施细则〉的决定》已经财政部、国家税务总局审议通过，现予公布，自2011年11月1日起施行。

二〇一一年十月二十八日

关于修改《中华人民共和国增值税暂行条例实施细则》和《中华人民共和国营业税暂行条例实施细则》的决定

为了贯彻落实国务院关于支持小型和微型企业发展的要求，财政部、国家税务总局决定对《中华人民共和国增值税暂行条例实施细则》和《中华人民共和国营业税暂行条例实施细则》的部分条款予以修改。

一、将《中华人民共和国增值税暂行条例实施细则》第三十七条第二款修改为："增值税起征点的幅度规定如下：

(一)销售货物的，为月销售额5 000—20 000元；

(二)销售应税劳务的，为月销售额5 000—20 000元；

(三)按次纳税的，为每次(日)销售额300—500元。"

二、将《中华人民共和国营业税暂行条例实施细则》第二十三条第三款修改为："营业税起征点的幅度规定如下：

(一)按期纳税的，为月营业额5 000—20 000元；

(二)按次纳税的，为每次(日)营业额300—500元。"

本决定自2011年11月1日起施行。

《中华人民共和国增值税暂行条例实施细则》和《中华人民共和国营业税暂行条例实施细则》根据本决定作相应修改，重新公布。

国家税务总局关于纳税人为其他单位和个人开采矿产资源提供劳务有关货物和劳务税问题的公告

国家税务总局公告2011年第56号

现将纳税人为其他单位和个人开采矿产资源提供劳务有关货物和劳务税问题公告如下：

纳税人提供的矿山爆破、穿孔、表面附着物(包括岩层、土层、沙层等)剥离和清理劳务，以及矿井、巷道构筑劳务，属于营业税应税劳务，应当缴纳营业税。

纳税人提供的矿产资源开采、挖掘、切割、破碎、分拣、洗选等劳务，属于增值税应税劳务，应当缴纳增值税。

本公告自2011年12月1日起执行。此前未处理的，按照本公告的规定处理。

特此公告。

财政部 国家税务总局关于调整完善资源综合利用产品及劳务增值税政策的通知

财税〔2011〕115号

各省、自治区、直辖市、计划单列市财政厅(局)、国家税务局，财政部驻各省、自治区、直辖市、计划单列市财政监察专员办事处，新疆生产建设兵团财务局：

为深入贯彻节约资源和保护环境基本国策，大力发展循环经济，加快资源节约型、环境友好型社会建设，经国务院批准，决定对农林剩余物资源综合利用产品增值税政策进行调整完善，并增加部分资源综合利用产品及劳务适用增值税优惠政策。现将有关政策明确如下：

一、对销售自产的以建(构)筑废物、煤矸石为原料生产的建筑砂石骨料免征增值税。生产原料中建(构)筑废物、煤矸石的比重不低于 90%。其中以建(构)筑废物为原料生产的建筑砂石骨料应符合《混凝土用再生粗骨料》(GB/T 25177—2010)和《混凝土和砂浆用再生细骨料》(GB/T 25176—2010)的技术要求;以煤矸石为原料生产的建筑砂石骨料应符合《建筑用砂》(GB/T 14684—2001)和《建筑用卵石碎石》(GB/T 14685—2001)的技术要求。

二、对垃圾处理、污泥处理处置劳务免征增值税。垃圾处理是指运用填埋、焚烧、综合处理和回收利用等形式,对垃圾进行减量化、资源化和无害化处理处置的业务;污泥处理处置是指对污水处理后产生的污泥进行稳定化、减量化和无害化处理处置的业务。

三、对销售下列自产货物实行增值税即征即退 100%的政策

(一)利用工业生产过程中产生的余热、余压生产的电力或热力。发电(热)原料中 100%利用上述资源。

(二)以餐厨垃圾、畜禽粪便、稻壳、花生壳、玉米芯、油茶壳、棉籽壳、三剩物、次小薪材、含油污水、有机废水、污水处理后产生的污泥、油田采油过程中产生的油污泥(浮渣),包括利用上述资源发酵产生的沼气为原料生产的电力、热力、燃料。生产原料中上述资源的比重不低于 80%,其中利用油田采油过程中产生的油污泥(浮渣)生产燃料的资源比重不低于 60%。

上述涉及的生物质发电项目必须符合国家发展改革委《可再生能源发电有关管理规定》(发改能源〔2006〕13 号)要求,并且生产排放达到《火电厂大气污染物排放标准》(GB13223—2003)第 1 时段标准或者《生活垃圾焚烧污染控制标准》(GB18485—2001)的有关规定。利用油田采油过程中产生的油污泥(浮渣)的生产企业必须取得《危险废物综合经营许可证》。

(三)以污水处理后产生的污泥为原料生产的干化污泥、燃料。生产原料中上述资源的比重不低于 90%。

(四)以废弃的动物油、植物油为原料生产的饲料级混合油。饲料级混合油应达到《饲料级混合油》(NY/T 913—2004)规定的技术要求,生产原料中上述资源的比重不低于 90%。

(五)以回收的废矿物油为原料生产的润滑油基础油、汽油、柴油等工业油料。生产企业必须取得《危险废物综合经营许可证》,生产原料中上述资源的比重不低于 90%。

(六)以油田采油过程中产生的油污泥(浮渣)为原料生产的乳化油调和剂及防水卷材辅料产品。生产企业必须取得《危险废物综合经营许可证》,生产原料中上述资源的比重不低于 70%。

(七)以人发为原料生产的档发。生产原料中 90%以上为人发。

四、对销售下列自产货物实行增值税即征即退 80%的政策

以三剩物、次小薪材和农作物秸秆等 3 类农林剩余物为原料生产的木(竹、秸秆)纤维板、木(竹、秸秆)刨花板,细木工板、活性炭、栲胶、水解酒精、炭棒;以沙柳为原料生产的箱板纸。

五、对销售下列自产货物实行增值税即征即退 50%的政策

(一)以蔗渣为原料生产的蔗渣浆、蔗渣刨花板及各类纸制品。生产原料中蔗渣所占比重不低于 70%。

(二)以粉煤灰、煤矸石为原料生产的氧化铝、活性硅酸钙。生产原料中上述资源的比重不低于 25%。

(三)利用污泥生产的污泥微生物蛋白。生产原料中上述资源的比重不低于 90%。

(四)以煤矸石为原料生产的瓷绝缘子、煅烧高岭土。其中瓷绝缘子生产原料中煤矸石所占比重不低于 30%,煅烧高岭土生产原料中煤矸石所占比重不低于 90%。

(五)以废旧电池、废感光材料、废彩色显影液、废催化剂、废灯泡(管)、电解废弃物、电镀废弃物、废线路板、树脂废弃物、烟尘灰、湿法泥、熔炼渣、河底淤泥、废旧电机、报废汽车为原料生产的金、银、钯、铑、铜、铅、汞、锡、铋、碲、铟、硒、铂族金属,其中综合利用危险废弃物的企业必须取得《危险废物综合经营许可证》。生产原料中上述资源的比重不低于 90%。

(六)以废塑料、废旧聚氯乙烯(PVC)制品、废橡胶制品及废铝塑复合纸包装材料为原料生产的汽油、柴油、废塑料(橡胶)油、石油焦、碳黑、再生纸浆、铝粉、汽车用改性再生专用料、摩托车用改性再生专用料、家电用改性再生专用料、管材用改性再生专用料、化纤用再生聚酯专用料(杂质含量低于 0.5mg/g、水分含量低于 1%)、瓶用再生聚对苯二甲酸乙二醇酯(PET)树脂(乙醛质量分数小于等于 1ug/g)及再生塑料制品。生产原料中上述资源的比重不低于 70%。

上述废塑料综合利用生产企业必须通过ISO9000、ISO14000认证。

(七)以废弃天然纤维、化学纤维及其制品为原料生产的纤维纱及织布、无纺布、毡、黏合剂及再生聚酯产品。生产原料中上述资源的比重不低于90%。

(八)以废旧石墨为原料生产的石墨异形件、石墨块、石墨粉和石墨增碳剂。生产原料中上述资源的比重不低于90%。

六、本通知所述"三剩物",是指采伐剩余物(指枝丫、树梢、树皮、树叶、树根及藤条、灌木等)、造材剩余物(指造材截头)和加工剩余物(指板皮、板条、木竹截头、锯末、碎单板、木芯、刨花、木块、篾黄、边角余料等)。

"次小薪材",是指次加工材(指材质低于针、阔叶树加工用原木最低等级但具有一定利用价值的次加工原木,其中东北、内蒙古地区按LY/T1 505—1999标准执行,南方及其他地区按LY/T1369—1999标准执行)、小径材(指长度在2米以下或径级8厘米以下的小原木条、松木杆、脚手杆、杂木杆、短原木等)和薪材。

"农作物秸秆",是指农业生产过程中,收获了粮食作物(指稻谷、小麦、玉米、薯类等)、油料作物(指油菜子、花生、大豆、葵花籽、芝麻籽、胡麻籽等)、棉花、麻类、糖料、烟叶、药材、蔬菜和水果等以后残留的茎秆。

"蔗渣",是指以甘蔗为原料的制糖生产过程中产生的含纤维50%左右的固体废弃物。

"烟尘灰",是指金属冶炼厂火法冶炼过程中,为保护环境经除尘器(塔)收集的粉灰状残料物。

"湿法泥",是指湿法冶炼生产排出的污泥,经集中环保处置后产生的中和渣,且具有一定回收价值的污泥状废弃物。

"熔炼渣",是指在铅、锡、铜、铋火法还原冶炼过程中,由于比重的差异,金属成分因比重大沉底形成金属锭,而比重较小的硅、铁、钙等化合物浮在金属表层形成的废渣。

七、本通知所称综合利用资源占生产原料的比重,除第三条第(一)项外,一律以重量比例计算,不得以体积比例计算。

八、增值税一般纳税人应单独核算综合利用产品的销售额。一般纳税人同时生产增值税应税产品和享受增值税即征即退产品而存在无法划分的进项税额时,按下列公式对无法划分的进项税额进行划分:

享受增值税即征即退产品应分摊的进项税额=当月无法划分的全部进项税额×当月享受增值税即征即退产品的销售额合计当月无法划分进项税额产品的销售额合计

增值税小规模纳税人应单独核算综合利用产品的销售额和应纳税额。

凡未单独核算资源综合利用产品的销售额和应纳税额的,不得享受本通知规定的退(免)税政策。

九、申请享受本通知规定的资源综合利用产品及劳务增值税优惠政策的纳税人,还应符合下列条件:

(一)纳税人生产、利用资源综合利用产品及劳务的建设项目已按照《中华人民共和国环境影响评价法》编制环境影响评价文件,且已获得经法律规定的审批部门批准同意。

(二)自2010年1月1日起,纳税人未因违反《中华人民共和国环境保护法》等环境保护法律法规受到刑事处罚或者县级以上环保部门相应的行政处罚。

(三)生产过程中如果排放污水的,其污水已接入污水处理设施,且生产排放达到《城镇污水处理厂污染物排放标准》(GB18918—2002)。

(四)申请享受本通知规定的资源综合利用产品,已送交由省级以上质量技术监督部门资质认定的产品质量检验机构进行质量检验,并已取得该机构出具的符合产品质量标准要求及本文件规定的生产工艺要求的检测报告。

(五)申请享受本通知规定的资源综合利用产品及劳务增值税优惠政策的,应当在初次申请时按照要求提交资源综合利用产品及劳务有关数据,报主管税务机关审核备案,并在以后每年2月15日前按照要求提交上一年度资源综合利用产品及劳务有关数据,报主管税务机关审核备案。具体数据要求和提交办法由财政部和国家税务总局另行通知。

十、各省、自治区、直辖市、计划单列市税务机关可根据本通知规定并结合各地实际情况,商同级财政部门制定资源综合利用产品及劳务增值税退(免)税管理办法,并报财政部、国家税务总局备案。

十一、本通知规定的增值税退(免)税事宜由主管税务机关按照现行有关规定办理。各级税务机关应采取严密措施加强对享受资源综合利用增值税优惠政策企业的动态监管,不定期对企业生产经营情况[包括本通知第九条第(五)项要求提交的数据]、纳税申报情况和退税申报情况的真实性进行核实。凡经核实纳税人有弄虚作假骗取享受本通知规定的增值税政策的，税务机关追缴其此前骗取的退税税款，并自纳税人发生上述违法违规行为年度起，取消其享受本通知规定增值税政策的资格，且纳税人三年内不得再次申请。

十二、本通知中所列各类国家标准、行业标准等，如在执行过程中有更新、替换，统一按新的国家标准、行业标准执行，财政部、国家税务总局不再另行发文明确。

十三、本通知第四条、第五条第(一)项规定的政策自 2011 年 1 月 1 日起执行；第一条、第二条、第三条和第五条其他款项规定的政策自 2011 年 8 月 1 日起执行。纳税人销售(提供)本通知规定的免税产品(劳务)，如果已向购买方开具了增值税专用发票，应将专用发票追回后方可申请办理免税。凡专用发票无法追回的，一律按照规定征收增值税，不予免税。

十四、《财政部 国家税务总局关于以农林剩余物为原料的综合利用产品增值税政策的通知》(财税〔2009〕148 号)和《财政部 国家税务总局关于以蔗渣为原料生产综合利用产品增值税政策的补充通知》(财税〔2010〕114 号)自 2011 年 1 月 1 日起废止。

国家税务总局关于安置残疾人单位是否可以同时享受多项增值税优惠政策问题的公告

国家税务总局公告 2011 年第 61 号

现将安置残疾人单位是否可以同时享受多重增值税优惠政策问题公告如下：

安置残疾人单位既符合促进残疾人就业增值税优惠政策条件，又符合其他增值税优惠政策条件的，可同时享受多项增值税优惠政策，但年度申请退还增值税总额不得超过本年度内应纳增值税总额。

本公告自 2011 年 12 月 1 日起执行。

特此公告。

财政部 国家税务总局关于继续执行供热企业增值税房产税城镇土地使用税优惠政策的通知

财税〔2011〕118 号

北京、天津、河北、山西、内蒙古、辽宁、大连、吉林、黑龙江、山东、青岛、河南、陕西、甘肃、宁夏、新疆、青海省(自治区、直辖市、计划单列市)财政厅(局)、国家税务局、地方税务局，新疆生产建设兵团财务局：

为保障居民供热采暖，经国务院批准，现将“三北”地区供热企业(以下称供热企业)增值税、房产税、城镇土地使用税政策通知如下：

一、自 2011 年供暖期至 2015 年 12 月 31 日，对供热企业向居民个人(以下称居民)供热而取得的采暖费收入继续免征增值税。向居民供热而取得的采暖费收入，包括供热企业直接向居民收取的、通过其他单位向居民收取的和由单位代居民缴纳的采暖费。

免征增值税的采暖费收入，应当按照《中华人民共和国增值税暂行条例》第十六条的规定单独核算。通过热力产品经营企业向居民供热的热力产品生产企业，应当根据热力产品经营企业实际从居民取得的采暖费收入占该经营企业采暖费总收入的比例确定免税收入比例。

本条所述供暖期，是指当年下半年供暖开始至次年上半年供暖结束的期间。

二、自 2011 年 7 月 1 日至 2015 年 12 月 31 日，对向居民供热而收取采暖费的供热企业，为居民供热所使用的厂房及土地继续免征房产税、城镇土地使用税。

对既向居民供热，又向单位供热或者兼营其他生产经营活动的供热企业，按其向居民供热而取得的采暖费收入占企业总收入的比例免征房产税、城镇土地使用税。

三、本通知所述供热企业，是指热力产品生产企业和热力产品经营企业。热力产品生产企业包括专业供热企业、兼营供热企业和自供热单位。

四、本通知所称“三北”地区，是指北京市、天津市、河北省、山西省、内蒙古自治区、辽宁省、大连市、吉林省、黑龙江省、山东省、青岛市、河南省、陕西省、甘肃省、青海省、宁夏回族自治区和新疆维吾尔自治区。

国家税务总局关于旅店业和饮食业纳税人销售食品有关税收问题的公告

国家税务总局公告2011年第62号

现将旅店业和饮食业纳税人销售食品有关税收问题公告如下：

旅店业和饮食业纳税人销售非现场消费的食品应当缴纳增值税，不缴纳营业税。

旅店业和饮食业纳税人发生上述应税行为，符合《中华人民共和国增值税暂行条例实施细则》(财政部、国家税务总局令第50号)第二十九条规定的，可选择按照小规模纳税人缴纳增值税。

本公告自2012年1月1日起执行。《国家税务总局关于饮食业征收流转税问题的通知》(国税发〔1996〕202号)、《国家税务总局关于烧卤熟制食品征收流转税问题的批复》(国税函〔1996〕261号)同时废止。

特此公告。

国家税务总局关于纳税人既享受增值税即征即退先征后退政策又享受免抵退税政策有关问题的公告

国家税务总局公告2011年第69号

现将纳税人既享受增值税即征即退、先征后退政策又享受免抵退税政策有关问题公告如下：

一、纳税人既有增值税即征即退、先征后退项目，也有出口等其他增值税应税项目的，增值税即征即退和先征后退项目不参与出口项目免抵退税计算。纳税人应分别核算增值税即征即退、先征后退项目和出口等其他增值税应税项目，分别申请享受增值税即征即退、先征后退和免抵退税政策。

二、用于增值税即征即退或者先征后退项目的进项税额无法划分的，按照下列公式计算：

$$\text{无法划分进项税额中用于增值税即征即退或者先征后退项目的部分} = \text{当月无法划分的全部进项税额} \times \text{当月增值税即征即退或者先征后退项目销售额当月全部销售额、营业额合计}$$

本公告自2012年1月1日起执行。《国家税务总局关于飞机维修业务增值税问题的批复》(国税函〔2008〕842号)、《国家税务总局关于飞机维修业务增值税处理方式的公告》(2011年第5号)同时废止。

国家税务总局关于一般纳税人迁移有关增值税问题的公告

国家税务总局公告2011年第71号

现就增值税一般纳税人经营地点迁移后仍继续经营，其一般纳税人资格是否可以继续保留以及尚未抵扣进项税额是否允许继续抵扣问题公告如下：

一、增值税一般纳税人(以下简称纳税人)因住所、经营地点变动,按照相关规定,在工商行政管理部门作变更登记处理,但因涉及改变税务登记机关,需要办理注销税务登记并重新办理税务登记的,在迁达地重新办理税务登记后,其增值税一般纳税人资格予以保留,办理注销税务登记前尚未抵扣的进项税额允许继续抵扣。

二、迁出地主管税务机关应认真核实纳税人在办理注销税务登记前尚未抵扣的进项税额,填写《增值税一般纳税人迁移进项税额转移单》(见附件)。

《增值税一般纳税人迁移进项税额转移单》一式三份,迁出地主管税务机关留存一份,交纳税人一份,传递迁达地主管税务机关一份。

三、迁达地主管税务机关应将迁出地主管税务机关传递来的《增值税一般纳税人迁移进项税额转移单》与纳税人报送资料进行认真核对,对其迁移前尚未抵扣的进项税额,在确认无误后,允许纳税人继续申报抵扣。

本公告自 2012 年 1 月 1 日起执行。此前已经发生的事项,不再调整。

特此公告。

财政部 国家税务总局关于应税服务适用增值税零税率和免税政策的通知

财税〔2011〕131 号

各省、自治区、直辖市、计划单列市财政厅(局)、国家税务局、地方税务局,新疆生产建设兵团财务局:

根据《财政部 国家税务总局关于印发〈营业税改征增值税试点方案〉的通知》(财税〔2011〕110 号)和《财政部 国家税务总局关于在上海市开展交通运输业和部分现代服务业营业税改征增值税试点的通知》(财税〔2011〕111 号),现将应税服务适用增值税零税率和免税政策的有关事项通知如下:

一、试点地区的单位和个人提供的国际运输服务、向境外单位提供的研发服务和设计服务适用增值税零税率。

(一)国际运输服务,是指:

1. 在境内载运旅客或者货物出境;

2. 在境外载运旅客或者货物入境;

3. 在境外载运旅客或者货物。

(二)试点地区的单位和个人适用增值税零税率,以水路运输方式提供国际运输服务的,应当取得《国际船舶运输经营许可证》;以陆路运输方式提供国际运输服务的,应当取得《道路运输经营许可证》和《国际汽车运输行车许可证》,且《道路运输经营许可证》的经营范围应当包括“国际运输”;以航空运输方式提供国际运输服务的,应当取得《公共航空运输企业经营许可证》且其经营范围应当包括“国际航空客货邮运输业务”。

(三)向境外单位提供的设计服务,不包括对境内不动产提供的设计服务。

二、试点地区的单位和个人提供适用零税率的应税服务,如果属于适用增值税一般计税方法的,实行免抵退税办法,退税率为其按照《交通运输业和部分现代服务业营业税改征增值税试点实施办法》(财税〔2011〕111 号)第十二条第(一)至(三)项规定适用的增值税税率;如果属于适用简易计税方法的,实行免征增值税办法。

三、试点地区的单位和个人提供适用零税率的应税服务,按月向主管退税的税务机关申报办理增值税免抵退税或免税手续。具体管理办法由国家税务总局商财政部另行制定。

四、试点地区的单位和个人提供的下列应税服务免征增值税,但财政部和国家税务总局规定适用零税率的除外:

(一)工程、矿产资源在境外的工程勘察勘探服务。

(二)会议展览地点在境外的会议展览服务。

（三）存储地点在境外的仓储服务。

（四）标的物在境外使用的有形动产租赁服务。

（五）符合本通知第一条第（一）项规定但不符合第一条第（二）项规定条件的国际运输服务。

（六）向境外单位提供的下列应税服务：

1. 技术转让服务、技术咨询服务、合同能源管理服务、软件服务、电路设计及测试服务、信息系统服务、业务流程管理服务、商标著作权转让服务、知识产权服务、物流辅助服务（仓储服务除外）、认证服务、鉴证服务、咨询服务。但不包括：合同标的物在境内的合同能源管理服务，对境内货物或不动产的认证服务、鉴证服务和咨询服务。

2. 广告投放地在境外的广告服务。

五、本通知自2012年1月1日起执行。

国家税务总局关于未按期申报抵扣增值税扣税凭证有关问题的公告

国家税务总局公告2011年第78号

为解决增值税一般纳税人增值税扣税凭证因客观原因未按期申报抵扣增值税进项税额问题，现将有关规定公告如下：

一、增值税一般纳税人取得的增值税扣税凭证已认证或已采集上报信息但未按照规定期限申报抵扣；实行纳税辅导期管理的增值税一般纳税人以及实行海关进口增值税专用缴款书“先比对后抵扣”管理办法的增值税一般纳税人，取得的增值税扣税凭证稽核比对结果相符但未按规定期限申报抵扣，属于发生真实交易且符合本公告第二条规定的客观原因的，经主管税务机关审核，允许纳税人继续申报抵扣其进项税额。

本公告所称增值税扣税凭证，包括增值税专用发票（含货物运输业增值税专用发票）、海关进口增值税专用缴款书和公路内河货物运输业统一发票。

增值税一般纳税人除本公告第二条规定以外的其他原因造成增值税扣税凭证未按期申报抵扣的，仍按照现行增值税扣税凭证申报抵扣有关规定执行。

二、客观原因包括如下类型：

（一）因自然灾害、社会突发事件等不可抗力原因造成增值税扣税凭证未按期申报抵扣；

（二）有关司法、行政机关在办理业务或者检查中，扣押、封存纳税人账簿资料，导致纳税人未能按期办理申报手续；

（三）税务机关信息系统、网络故障，导致纳税人未能及时取得认证结果通知书或稽核结果通知书，未能及时办理申报抵扣；

（四）由于企业办税人员伤亡、突发危重疾病或者擅自离职，未能办理交接手续，导致未能按期申报抵扣；

（五）国家税务总局规定的其他情形。

三、增值税一般纳税人发生符合本公告规定未按期申报抵扣的增值税扣税凭证，可按照本公告附件《未按期申报抵扣增值税扣税凭证抵扣管理办法》的规定，申请办理抵扣手续。

四、增值税一般纳税人取得2007年1月1日以后开具，本公告施行前发生的未按期申报抵扣增值税扣税凭证，可在2012年6月30日前按本公告规定申请办理，逾期不再受理。

五、本公告自2012年1月1日起施行。

特此公告。

财政部 国家税务总局关于免征蔬菜流通环节增值税有关问题的通知

财税〔2011〕137号

各省、自治区、直辖市、计划单列市财政厅(局)、国家税务局,新疆生产建设兵团财务局:

经国务院批准,自2012年1月1日起,免征蔬菜流通环节增值税。现将有关事项通知如下:

一、对从事蔬菜批发、零售的纳税人销售的蔬菜免征增值税。

蔬菜是指可作副食的草本、木本植物,包括各种蔬菜、菌类植物和少数可作副食的木本植物。蔬菜的主要品种参照《蔬菜主要品种目录》(见附件)执行。

经挑选、清洗、切分、晾晒、包装、脱水、冷藏、冷冻等工序加工的蔬菜,属于本通知所述蔬菜的范围。

各种蔬菜罐头不属于本通知所述蔬菜的范围。蔬菜罐头是指蔬菜经处理、装罐、密封、杀菌或无菌包装而制成的食品。

二、纳税人既销售蔬菜又销售其他增值税应税货物的,应分别核算蔬菜和其他增值税应税货物的销售额;未分别核算的,不得享受蔬菜增值税免税政策。

财政部 国家税务总局

二〇一一年十二月三十一日

国家税务总局关于一般纳税人销售自己使用过的固定资产增值税有关问题的公告

国家税务总局公告2012年第1号

现将增值税一般纳税人销售自己使用过的固定资产有关增值税问题公告如下:

增值税一般纳税人销售自己使用过的固定资产,属于以下两种情形的,可按简易办法依4%征收率减半征收增值税,同时不得开具增值税专用发票:

一、纳税人购进或者自制固定资产时为小规模纳税人,认定为一般纳税人后销售该固定资产。

二、增值税一般纳税人发生按简易办法征收增值税应税行为,销售其按照规定不得抵扣且未抵扣进项税额的固定资产。

本公告自2012年2月1日起施行。此前已发生并已经征税的事项,不再调整;此前已发生未处理的,按本公告规定执行。

特此公告。

国家税务总局

二〇一二年一月六日

财政部 国家税务总局关于增值税税控系统专用设备和技术维护费用抵减增值税税额有关政策的通知

财税〔2012〕15 号

各省、自治区、直辖市、计划单列市财政厅(局)、国家税务局,新疆生产建设兵团财务局:

为减轻纳税人负担,经国务院批准,自 2011 年 12 月 1 日起,增值税纳税人购买增值税税控系统专用设备支付的费用以及缴纳的技术维护费(以下称二项费用)可在增值税应纳税额中全额抵减。现将有关政策通知如下:

一、增值税纳税人 2011 年 12 月 1 日(含,下同)以后初次购买增值税税控系统专用设备(包括分开票机)支付的费用,可凭购买增值税税控系统专用设备取得的增值税专用发票,在增值税应纳税额中全额抵减(抵减额为价税合计额),不足抵减的可结转下期继续抵减。增值税纳税人非初次购买增值税税控系统专用设备支付的费用,由其自行负担,不得在增值税应纳税额中抵减。

增值税税控系统包括:增值税防伪税控系统、货物运输业增值税专用发票税控系统、机动车销售统一发票税控系统和公路、内河货物运输业发票税控系统。

增值税防伪税控系统的专用设备包括金税卡、IC 卡、读卡器或金税盘和报税盘;货物运输业增值税专用发票税控系统专用设备包括税控盘和报税盘;机动车销售统一发票税控系统和公路、内河货物运输业发票税控系统专用设备包括税控盘和传输盘。

二、增值税纳税人 2011 年 12 月 1 日以后缴纳的技术维护费(不含补缴的 2011 年 11 月 30 日以前的技术维护费),可凭技术维护服务单位开具的技术维护费发票,在增值税应纳税额中全额抵减,不足抵减的可结转下期继续抵减。技术维护费按照价格主管部门核定的标准执行。

三、增值税一般纳税人支付的二项费用在增值税应纳税额中全额抵减的,其增值税专用发票不作为增值税抵扣凭证,其进项税额不得从销项税额中抵扣。

四、纳税人购买的增值税税控系统专用设备自购买之日起 3 年内因质量问题无法正常使用的,由专用设备供应商负责免费维修,无法维修的免费更换。

五、纳税人在填写纳税申报表时,对可在增值税应纳税额中全额抵减的增值税税控系统专用设备费用以及技术维护费,应按以下要求填报:

增值税一般纳税人将抵减金额填入《增值税纳税申报表(适用于增值税一般纳税人)》第 23 栏“应纳税额减征额”。当本期减征额小于或等于第 19 栏“应纳税额”与第 21 栏“简易征收办法计算的应纳税额”之和时,按本期减征额实际填写;当本期减征额大于第 19 栏“应纳税额”与第 21 栏“简易征收办法计算的应纳税额”之和时,按本期第 19 栏与第 21 栏之和填写,本期减征额不足抵减部分结转下期继续抵减。

小规模纳税人将抵减金额填入《增值税纳税申报表(适用于小规模纳税人)》第 11 栏“本期应纳税额减征额”。当本期减征额小于或等于第 10 栏“本期应纳税额”时,按本期减征额实际填写;当本期减征额大于第 10 栏“本期应纳税额”时,按本期第 10 栏填写,本期减征额不足抵减部分结转下期继续抵减。

六、主管税务机关要加强纳税申报环节的审核,对于纳税人申报抵减税款的,应重点审核其是否重复抵减以及抵减金额是否正确。

七、税务机关要加强对纳税人的宣传辅导,确保该项政策措施落实到位。

财政部 国家税务总局

二〇一二年二月七日

财政部 国家税务总局关于在部分行业试行农产品增值税进项税额核定扣除办法的通知

财税〔2012〕38号

各省、自治区、直辖市、计划单列市财政厅(局)、国家税务局,新疆生产建设兵团财务局:

为调整和完善农产品增值税抵扣机制,经国务院批准,决定在部分行业开展增值税进项税额核定扣除试点。现将有关事项通知如下:

一、自2012年7月1日起,以购进农产品为原料生产销售液体乳及乳制品、酒及酒精、植物油的增值税一般纳税人,纳入农产品增值税进项税额核定扣除试点范围,其购进农产品无论是否用于生产上述产品,增值税进项税额均按照《农产品增值税进项税额核定扣除试点实施办法》(附件1)的规定抵扣。

二、除本通知第一条规定以外的纳税人,其购进农产品仍按现行增值税的有关规定抵扣农产品进项税额。

三、对部分液体乳及乳制品实行全国统一的扣除标准(附件2)。

四、各级财税机关要认真组织试点各项工作,及时总结试点经验,并向财政部和国家税务总局报告试点过程中发现的问题。

附件:1. 农产品增值税进项税额核定扣除试点实施办法

2. 全国统一的部分液体乳及乳制品扣除标准表

财政部 国家税务总局

二〇一二年四月六日

附件1:

农产品增值税进项税额核定扣除试点实施办法

一、为加强农产品增值税进项税额抵扣管理,经国务院批准,对财政部和国家税务总局纳入试点范围的增值税一般纳税人(以下称试点纳税人)购进农产品增值税进项税额,实施核定扣除办法。

二、购进农产品抵扣增值税进项税额的试点纳税人均适用本办法。

农产品是指列入《农业产品征税范围注释》(财税字〔1995〕52号)的初级农业产品。

三、试点纳税人购进农产品不再凭增值税扣税凭证抵扣增值税进项税额,购进除农产品以外的货物、应税劳务和应税服务,增值税进项税额仍按现行有关规定抵扣。

四、农产品增值税进项税额核定方法

(一)试点纳税人以购进农产品为原料生产货物的,农产品增值税进项税额可按照以下方法核定:

1. 投入产出法:参照国家标准、行业标准(包括行业公认标准和行业平均耗用值)确定销售单位数量货物耗用外购农产品的数量(以下称农产品单耗数量)。

当期允许抵扣农产品增值税进项税额依据农产品单耗数量、当期销售货物数量、农产品平均购买单价(含税,下同)和农产品增值税进项税额扣除率(以下简称“扣除率”)计算。公式为:

$$\begin{array}{c}\text{当期允许抵扣农产品}\\\text{增值税进项税额}\end{array}=\text{当期农产品耗用数量}\times\text{农产品平均购买单价}\times\frac{\text{扣除率}}{(1+\text{扣除率})}$$

$$\text{当期农产品耗用数量}=\begin{array}{c}\text{当期销售货物数量(不含采购除农产品}\\\text{以外的半成品生产的货物数量)}\end{array}\times\text{农产品单耗数量}$$

对以单一农产品原料生产多种货物或者多种农产品原料生产多种货物的,在核算当期农产品耗用数量和平均购买单价时,应依据合理的方法归集和分配。

平均购买单价是指购买农产品期末平均买价,不包括买价之外单独支付的运费和入库前的整理费用。

期末平均买价计算公式：

$$期末平均买价=\frac{期初库存农产品数量\times期初平均买价+当期购进农产品数量\times当期买价}{期初库存农产品数量+当期购进农产品数量}$$

2. 成本法：依据试点纳税人年度会计核算资料，计算确定耗用农产品的外购金额占生产成本的比例（以下称农产品耗用率）。当期允许抵扣农产品增值税进项税额依据当期主营业务成本、农产品耗用率以及扣除率计算。公式为：

当期允许抵扣农产品增值税进项税额＝当期主营业务成本×农产品耗用率×扣除率/(1＋扣除率)

农产品耗用率＝上年投入生产的农产品外购金额/上年生产成本

农产品外购金额(含税)不包括不构成货物实体的农产品(包括包装物、辅助材料、燃料、低值易耗品等)和在购进农产品之外单独支付的运费、入库前的整理费用。

对以单一农产品原料生产多种货物或者多种农产品原料生产多种货物的，在核算当期主营业务成本以及核定农产品耗用率时，试点纳税人应依据合理的方法进行归集和分配。

农产品耗用率由试点纳税人向主管税务机关申请核定。

年度终了，主管税务机关应根据试点纳税人本年实际对当年已抵扣的农产品增值税进项税额进行纳税调整，重新核定当年的农产品耗用率，并作为下一年度的农产品耗用率。

3. 参照法：新办的试点纳税人或者试点纳税人新增产品的，试点纳税人可参照所属行业或者生产结构相近的其他试点纳税人确定农产品单耗数量或者农产品耗用率。次年，试点纳税人向主管税务机关申请核定当期的农产品单耗数量或者农产品耗用率，并据此计算确定当年允许抵扣的农产品增值税进项税额，同时对上一年增值税进项税额进行调整。核定的进项税额超过实际抵扣增值税进项税额的，其差额部分可以结转下期继续抵扣；核定的进项税额低于实际抵扣增值税进项税额的，其差额部分应按现行增值税的有关规定将进项税额做转出处理。

（二）试点纳税人购进农产品直接销售的，农产品增值税进项税额按照以下方法核定扣除：

当期允许抵扣农产品增值税进项税额＝当期销售农产品数量/(1－损耗率)×农产品平均购买单价×13%/(1＋13%)

损耗率＝损耗数量/购进数量

（三）试点纳税人购进农产品用于生产经营且不构成货物实体的(包括包装物、辅助材料、燃料、低值易耗品等)，增值税进项税额按照以下方法核定扣除：

当期允许抵扣农产品增值税进项税额＝当期耗用农产品数量×农产品平均购买单价×13%/(1＋13%)

农产品单耗数量、农产品耗用率和损耗率统称为农产品增值税进项税额扣除标准(以下称扣除标准)。

五、试点纳税人销售货物，应合并计算当期允许抵扣农产品增值税进项税额。

六、试点纳税人购进农产品取得的农产品增值税专用发票和海关进口增值税专用缴款书，按照注明的金额及增值税额一并计入成本科目；自行开具的农产品收购发票和取得的农产品销售发票，按照注明的买价直接计入成本。

七、本办法规定的扣除率为销售货物的适用税率。

八、省级(包括计划单列市，下同)税务机关应根据本办法第四条规定的核定方法顺序，确定试点纳税人适用的农产品增值税进项税额核定扣除方法。

九、试点纳税人应自执行本办法之日起，将期初库存农产品以及库存半成品、产成品耗用的农产品增值税进项税额作转出处理。

十、试点纳税人应当按照本办法第四条的规定准确计算当期允许抵扣农产品增值税进项税额，并从相关科目转入"应交税金—应交增值税(进项税额)"科目。未能准确计算的，由主管税务机关核定。

十一、试点纳税人购进的农产品价格明显偏高或偏低，且不具有合理商业目的的，由主管税务机关核定。

十二、试点纳税人在计算农产品增值税进项税额时，应按照下列顺序确定适用的扣除标准：

（一）财政部和国家税务总局不定期公布的全国统一的扣除标准。

（二）省级税务机关商同级财政机关根据本地区实际情况，报经财政部和国家税务总局备案后公布的适用于本地区的扣除标准。

（三）省级税务机关依据试点纳税人申请，按照本办法第十三条规定的核定程序审定的仅适用于该试点纳税人的扣除标准。

十三、试点纳税人扣除标准核定程序

（一）试点纳税人以农产品为原料生产货物的扣除标准核定程序：

1. 申请核定。以农产品为原料生产货物的试点纳税人应于当年1月15日前（2012年为7月15日前）或者投产之日起30日内，向主管税务机关提出扣除标准核定申请并提供有关资料。申请资料的范围和要求由省级税务机关确定。

2. 审定。主管税务机关应对试点纳税人的申请资料进行审核，并逐级上报给省级税务机关。

省级税务机关应由货物和劳务税处牵头，会同政策法规处等相关部门组成扣除标准核定小组，核定结果应由省级税务机关下达，主管税务机关通过网站、报刊等多种方式及时向社会公告核定结果。未经公告的扣除标准无效。

省级税务机关尚未下达核定结果前，试点纳税人可按上年确定的核定扣除标准计算申报农产品进项税额。

（二）试点纳税人购进农产品直接销售、购进农产品用于生产经营且不构成货物实体扣除标准的核定采取备案制，抵扣农产品增值税进项税额的试点纳税人应在申报缴纳税款时向主管税务机关备案。备案资料的范围和要求由省级税务机关确定。

十四、试点纳税人对税务机关根据本办法第十三条规定核定的扣除标准有疑义或者生产经营情况发生变化的，可以自税务机关发布公告或者收到主管税务机关《税务事项通知书》之日起30日内，向主管税务机关提出重新核定扣除标准申请，并提供说明其生产、经营真实情况的证据，主管税务机关应当自接到申请之日起30日内书面答复。

十五、试点纳税人在申报期内，除向主管税务机关报送《增值税一般纳税人纳税申报办法》规定的纳税申报资料外，还应报送《农产品核定扣除增值税进项税额计算表》（见附表）。

十六、各级税务机关应加强对试点纳税人农产品增值税进项税额计算扣除情况的监管，防范和打击虚开发票行为，定期进行纳税评估，及时发现申报纳税中存在的问题。

附：农产品核定扣除增值税进项税额计算表（略）

附件2：

全国统一的部分液体乳及乳制品扣除标准表

扣除标准 产品类型	原乳单耗数量（吨）
超高温灭菌牛乳（每吨）	1.068
超高温灭菌牛乳（蛋白质含量≥3.3%）（每吨）	1.124
巴氏杀菌牛乳（每吨）	1.055
巴氏杀菌牛乳（蛋白质含量≥3.3%）（每吨）	1.196
超高温灭菌羊乳（每吨）	1.023
巴氏杀菌羊乳（每吨）	1.062

国家税务总局关于药品经营企业销售生物制品有关增值税问题的公告

国家税务总局公告2012年第20号

现将药品经营企业销售生物制品有关增值税问题公告如下：

一、属于增值税一般纳税人的药品经营企业销售生物制品，可以选择简易办法按照生物制品销售额和3%的征收率计算缴纳增值税。

药品经营企业，是指取得(食品)药品监督管理部门颁发的《药品经营许可证》，获准从事生物制品经营的药品批发企业和药品零售企业。

二、属于增值税一般纳税人的药品经营企业销售生物制品，选择简易办法计算缴纳增值税的，36个月内不得变更计税方法。

三、本公告自2012年7月1日起施行。

特此公告。

国家税务总局

二〇一二年五月二十八日

国家税务总局关于外贸企业出口视同内销货物进项税额抵扣有关问题的公告

国家税务总局公告2012年第21号

现将外贸企业未按期申请开具《外贸企业出口视同内销征税货物进项税额抵扣证明》(以下简称《证明》)有关问题公告如下：

外贸企业出口视同内销货物，凡须按照《国家税务总局关于外贸企业出口视同内销货物进项税额抵扣有关问题的通知》(国税函〔2008〕265号)的规定向税务机关申请开具《证明》的，如未按国税函〔2008〕265号文件规定的期限申请开具《证明》，外贸企业可在各项单证收集齐全后继续向主管税务机关申请开具《证明》。

本公告自2012年6月1日起施行。

特此公告。

国家税务总局

二〇一二年五月二十五日

国家税务总局关于二手车经营业务有关增值税问题的公告

国家税务总局公告2012年第23号

为加强管理，现将二手车经营业务有关增值税问题公告如下：

经批准允许从事二手车经销业务的纳税人按照《机动车登记规定》的有关规定，收购二手车时将其办理过户登记到自己名下，销售时再将该二手车过户登记到买家名下的行为，属于《中华人民共和国增值税暂行条例》规定的销售货物的行为，应按照现行规定征收增值税。

除上述行为以外，纳税人受托代理销售二手车，凡同时具备以下条件的，不征收增值税；不同时具备以下条件的，视同销售征收增值税。

（一）受托方不向委托方预付货款；

（二）委托方将《二手车销售统一发票》直接开具给购买方；

（三）受托方按购买方实际支付的价款和增值税额（如系代理进口销售货物则为海关代征的增值税额）与委托方结算货款，并另外收取手续费。

本公告自2012年7月1日起开始施行。

特此公告。

国家税务总局

二〇一二年六月一日

国家税务总局关于纳税人虚开增值税专用发票征补税款问题的公告

国家税务总局公告2012年第33号

现将纳税人虚开增值税专用发票征补税款问题公告如下：

纳税人虚开增值税专用发票，未就其虚开金额申报并缴纳增值税的，应按照其虚开金额补缴增值税；已就其虚开金额申报并缴纳增值税的，不再按照其虚开金额补缴增值税。税务机关对纳税人虚开增值税专用发票的行为，应按《中华人民共和国税收征收管理法》及《中华人民共和国发票管理办法》的有关规定给予处罚。纳税人取得虚开的增值税专用发票，不得作为增值税合法有效的扣税凭证抵扣其进项税额。

本公告自2012年8月1日起施行。纳税人发生本公告规定事项，此前已处理的不再调整；此前未处理的按本公告规定执行。《国家税务总局关于加强增值税征收管理若干问题的通知》（国税发〔1995〕192号）第二条和《国家税务总局对代开、虚开增值税专用发票征补税款问题的批复》（国税函发〔1995〕415号）同时废止。

特此公告。

国家税务总局

二〇一二年七月九日

国家税务总局关于在部分行业试行农产品增值税进项税额核定扣除办法有关问题的公告

国家税务总局公告2012年第35号

为进一步规范农产品增值税进项税额核定扣除政策，加强税收征管，根据《财政部 国家税务总局关于在部分行业试行农产品增值税进项税额核定扣除办法的通知》（财税〔2012〕38号，以下简称《通知》）的有关规定，现将在部分行业试行农产品增值税进项税额核定扣除办法有关问题公告如下：

一、《通知》第一条所述“液体乳及乳制品”的行业范围按《国民经济行业分类》（GB/T4754—2011）中“乳制品制造”类别（代码C1440）执行；“酒及酒精”的行业范围按《国民经济行业分类》（GB/T4754—2011）中

"酒的制造"类别(代码 C151)执行;"植物油"的行业范围按《国民经济行业分类》(GB/T4754—2011)中"植物油加工"类别(代码 C133)执行。

二、增值税一般纳税人委托其他单位和个人加工液体乳及乳制品、酒及酒精、植物油,其购进的农产品均适用《通知》的有关规定。

三、纳入试点范围的增值税一般纳税人(以下简称试点纳税人)按照《通知》附件 1《农产品增值税进项税额核定扣除试点实施办法》(以下简称《实施办法》)第四条中"投入产出法"的有关规定核定农产品增值税进项税额时,如果期初没有库存农产品,当期也未购进农产品的,农产品"期末平均买价"以该农产品上期期末平均买价计算;上期期末仍无农产品买价的依此类推。

按照"成本法"的有关规定核定试点纳税人农产品增值税进项税额时,"主营业务成本"、"生产成本"中不包括其未耗用农产品的产品的成本。

四、试点纳税人按照《实施办法》第九条有关规定作进项税额转出形成应纳税款一次性缴纳入库确有困难的,可于 2012 年 12 月 31 日前将进项税额应转出额分期转出,具体办法由省级税务机关确定。

五、主管税务机关按照《实施办法》第四条"成本法"的有关规定重新核定试点纳税人农产品耗用率,以及按照《实施办法》第十四条有关规定重新核定试点纳税人扣除标准时,均应按程序报经省级税务机关批准。

六、试点纳税人应按照本公告所附表样按月向主管税务机关报送《农产品核定扣除增值税进项税额计算表(汇总表)》、《投入产出法核定农产品增值税进项税额计算表》、《成本法核定农产品增值税进项税额计算表》、《购进农产品直接销售核定农产品增值税进项税额计算表》、《购进农产品用于生产经营且不构成货物实体核定农产品增值税进项税额计算表》(表样详见附件),不再按照《实施办法》中所附《农产品核定扣除增值税进项税额计算表》表样填报。

七、试点纳税人纳税申报时,应将《农产品核定扣除增值税进项税额计算表(汇总表)》中"当期允许抵扣农产品增值税进项税额"合计数填入《增值税纳税申报表附列资料(表二)》第 6 栏的"税额"栏,不填写第 6 栏"份数"和"金额"数据。

《增值税纳税申报表附列资料(表二)》第 1、2、3、5 栏有关数据中不反映农产品的增值税进项税额。

当期按照《实施办法》第九条及本公告第四条有关规定应转出的增值税进项税额,填入《增值税纳税申报表附列资料(表二)》第 17 栏"按简易征收办法征税货物用""税额"栏。

八、本公告自 2012 年 7 月 1 日起施行。

特此公告。

附件:1. 农产品核定扣除增值税进项税额计算表(汇总表)

2. 投入产出法核定农产品增值税进项税额计算表

3. 成本法核定农产品增值税进项税额计算表

4. 购进农产品直接销售核定农产品增值税进项税额计算表

5. 购进农产品用于生产经营且不构成货物实体核定农产品增值税进项税额计算表

国家税务总局

二〇一二年七月十七日

财政部 国家税务总局关于免征部分鲜活肉蛋产品流通环节增值税政策的通知

财税〔2012〕75 号

各省、自治区、直辖市、计划单列市财政厅(局)、国家税务局,新疆生产建设兵团财务局:

经国务院批准,自 2012 年 10 月 1 日起,免征部分鲜活肉蛋产品流通环节增值税。现将有关事项通知如下:

一、对从事农产品批发、零售的纳税人销售的部分鲜活肉蛋产品免征增值税。

免征增值税的鲜活肉产品，是指猪、牛、羊、鸡、鸭、鹅及其整块或者分割的鲜肉、冷藏或者冷冻肉，内脏、头、尾、骨、蹄、翅、爪等组织。

免征增值税的鲜活蛋产品，是指鸡蛋、鸭蛋、鹅蛋，包括鲜蛋、冷藏蛋以及对其进行破壳分离的蛋液、蛋黄和蛋壳。

上述产品中不包括《中华人民共和国野生动物保护法》所规定的国家珍贵、濒危野生动物及其鲜活肉类、蛋类产品。

二、从事农产品批发、零售的纳税人既销售本通知第一条规定的部分鲜活肉蛋产品又销售其他增值税应税货物的，应分别核算上述鲜活肉蛋产品和其他增值税应税货物的销售额；未分别核算的，不得享受部分鲜活肉蛋产品增值税免税政策。

三、《中华人民共和国增值税暂行条例》第八条所列准予从销项税额中扣除的进项税额的第（三）项所称的“销售发票”，是指小规模纳税人销售农产品依照3%征收率按简易办法计算缴纳增值税而自行开具或委托税务机关代开的普通发票。批发、零售纳税人享受免税政策后开具的普通发票不得作为计算抵扣进项税额的凭证。

财政部 国家税务总局

二〇一二年九月二十七日

国家税务总局关于纳税人资产重组增值税留抵税额处理有关问题的公告

国家税务总局公告2012年第55号

现将纳税人资产重组中增值税留抵税额处理有关问题公告如下：

一、增值税一般纳税人（以下称“原纳税人”）在资产重组过程中，将全部资产、负债和劳动力一并转让给其他增值税一般纳税人（以下称“新纳税人”），并按程序办理注销税务登记的，其在办理注销登记前尚未抵扣的进项税额可结转至新纳税人处继续抵扣。

二、原纳税人主管税务机关应认真核查纳税人资产重组相关资料，核实原纳税人在办理注销税务登记前尚未抵扣的进项税额，填写《增值税一般纳税人资产重组进项留抵税额转移单》（见附件）。

《增值税一般纳税人资产重组进项留抵税额转移单》一式三份，原纳税人主管税务机关留存一份，交纳税人一份，传递新纳税人主管税务机关一份。

三、新纳税人主管税务机关应将原纳税人主管税务机关传递来的《增值税一般纳税人资产重组进项留抵税额转移单》与纳税人报送资料进行认真核对，对原纳税人尚未抵扣的进项税额，在确认无误后，允许新纳税人继续申报抵扣。

本公告自2013年1月1日起施行。

特此公告。

附件：增值税一般纳税人资产重组进项留抵税额转移单

国家税务总局

2012年12月13日

财政部 国家税务总局关于印发《总分支机构试点纳税人增值税计算缴纳暂行办法》的通知

财税〔2012〕84号

各省、自治区、直辖市、计划单列市财政厅(局)、国家税务局、地方税务局,新疆生产建设兵团财务局:

为解决营业税改征增值税(以下简称营改增)试点期间总分机构试点纳税人缴纳增值税问题,根据《交通运输业和部分现代服务业营业税改征增值税试点实施办法》(财税〔2011〕111号)和现行增值税有关规定,我们制定了《总分机构试点纳税人增值税计算缴纳暂行办法》(见附件),现予以印发。

附件:

总分机构试点纳税人增值税计算缴纳暂行办法

一、经财政部和国家税务总局批准的总机构试点纳税人,及其分支机构按照本办法的规定计算缴纳增值税。

二、总机构应当汇总计算总机构以及其分支机构发生《应税服务范围注释》所列业务的应交增值税,分支机构发生《应税服务范围注释》所列业务已缴纳的增值税和营业税税款后,在总机构所在地解缴入库。总机构销售货物、提供加工修理修配劳务,按照增值税暂行条例及相关规定申报缴纳增值税。

三、总机构的汇总应征增值税销售额由以下两部分组成:

(一)总机构及其试点地区分支机构发生《应税服务范围注释》所列业务的应征增值税销售额;

(二)非试点地区分支机构发生《应税服务范围注释》所列业务的销售额。计算公式如下:

销售额=应税服务的营业额÷(1+增值税适用税率)

应税服务的营业额,是指非试点地区分支机构发生《应税服务范围注释》所列业务的营业额。增值税适用税率,是指《交通运输业和部分现代服务业营业税改征增值税试点实施办法》(以下简称《试点实施办法》)规定的增值税适用税率。

四、总机构汇总的销项税额,按照本办法第三条规定的应征增值税销售额和《试点实施办法》规定的增值税适用税率计算。

五、总机构汇总的进项税额,是指总机构及其分支机构因发生《应税服务范围注释》所列业务而购进货物或者接受加工修理修配劳务和应税服务,支付或者负担的增值税税额。总机构及其分支机构用于发生《应税服务范围注释》所列业务之外的进项税额不得汇总。

六、试点地区分支机构发生《应税服务范围注释》所列业务,按照应征增值税销售额和预征率计算缴纳增值税。计算公式如下:

应缴纳的增值税=应征增值税销售额×预征率

预征率由财政部和国家税务总局规定,并适时予以调整。

试点地区分支机构和非试点地区分支机构销售货物、提供加工修理修配劳务,按照增值税暂行条例及相关规定就地申报缴纳增值税;非试点地区分支机构发生《应税服务范围注释》所列业务,按照现行规定申报缴纳营业税。

七、分支机构发生《应税服务范围注释》所列业务当期已缴纳的增值税和营业税税款,允许在总机构当期增值税应纳税额中抵减,抵减不完的,可以结转下期继续抵减。

八、总机构以及试点地区分支机构的其他增值税涉税事项,按照《财政部 国家税务总局关于在上海市开展交通运输业和部分现代服务业营业税改征增值税试点的通知》(财税〔2011〕111号)及其他增值税有关政策执行。

九、总分机构试点纳税人增值税具体管理办法由国家税务总局另行制定。

财政部 国家税务总局关于部分航空公司执行总分机构试点纳税人增值税计算缴纳暂行办法的通知

财税〔2013〕9号

各省、自治区、直辖市、计划单列市财政厅(局)、国家税务局、地方税务局，新疆生产建设兵团财务局：

为确保营业税改征增值税试点(以下称营改增试点)顺利实施，现将部分航空公司总机构及其分支机构缴纳增值税的问题通知如下：

一、本通知列明的航空公司总分支机构(具体名单见附件)，除中国东方航空股份有限公司及其分支机构外，自总机构所在地纳入营改增试点范围之日起，按照《总分机构试点纳税人增值税计算缴纳暂行办法》(财税〔2012〕84号)计算缴纳增值税。

二、中国东方航空股份有限公司及其分支机构，自2012年9月1日起，按《总分机构试点纳税人增值税计算缴纳暂行办法》(财税〔2012〕84号)计算缴纳增值税。

三、上述航空公司分支机构的预征率为1%。

四、本通知自2012年9月1日起执行。《财政部 国家税务总局关于中国东方航空公司执行总机构试点纳税人增值税计算缴纳暂行办法的通知》(财税〔2011〕132号)和《国家税务总局关于中国东方航空股份有限公司增值税计算缴纳有关问题的公告》(国家税务总局公告2012年第32号)同时停止执行。

附件：航空公司总机构及其分支机构名单(略)

国家税务总局关于中央财政补贴增值税有关问题的公告

国家税务总局公告2013年第3号

现将中央财政补贴增值税有关问题公告如下：

按照现行增值税政策，纳税人取得的中央财政补贴，不属于增值税应税收入，不征收增值税。

本公告自2013年2月1日起施行。此前已发生未处理的，按本公告规定执行。

特此公告。

国家税务总局关于直销企业增值税销售额确定有关问题的公告

国家税务总局公告2013年第5号

根据《中华人民共和国增值税暂行条例》及其实施细则规定，现将直销企业采取直销方式销售货物增值税销售额确定有关问题公告如下：

一、直销企业先将货物销售给直销员，直销员再将货物销售给消费者的，直销企业的销售额为其向直销员收取的全部价款和价外费用。直销员将货物销售给消费者时，应按照现行规定缴纳增值税。

二、直销企业通过直销员向消费者销售货物，直接向消费者收取货款，直销企业的销售额为其向消费者收取的全部价款和价外费用。

本公告自2013年3月1日起施行。此前已发生但尚未处理的事项可按本公告规定执行。

特此公告。

国家税务总局关于纳税人采取“公司＋农户”经营模式销售畜禽有关增值税问题的公告

国家税务总局公告2013年第8号

现就纳税人采取“公司＋农户”经营模式销售畜禽有关增值税问题公告如下：

目前，一些纳税人采取“公司＋农户”经营模式从事畜禽饲养，即公司与农户签订委托养殖合同，向农户提供畜禽苗、饲料、兽药及疫苗等(所有权属于公司)，农户饲养畜禽苗至成品后交付公司回收，公司将回收的成品畜禽用于销售。在上述经营模式下，纳税人回收再销售畜禽，属于农业生产者销售自产农产品，应根据《中华人民共和国增值税暂行条例》的有关规定免征增值税。

本公告中的畜禽是指属于《财政部 国家税务总局关于印发〈农业产品征税范围注释〉的通知》(财税字〔1995〕52号)文件中规定的农业产品。

本公告自2013年4月1日起施行。

特此公告。

国家税务总局关于《出口货物劳务增值税和消费税管理办法》有关问题的公告

国家税务总局公告2013年第12号

为准确执行出口货物劳务税收政策，进一步规范管理，国家税务总局细化、完善了《出口货物劳务增值税和消费税管理办法》(国家税务总局公告2012年第24号，以下简称《管理办法》)有关条款，现公告如下：

一、出口退(免)税资格认定

(一)出口企业或其他单位申请办理出口退(免)税资格认定时，除提供《管理办法》规定的资料外，还应提供《出口退(免)税资格认定申请表》电子数据。

(二)出口企业或其他单位申请变更退(免)税办法的，经主管税务机关批准变更的次月起按照变更后的退(免)税办法申报退(免)税。企业应将批准变更前全部出口货物按变更前退(免)税办法申报退(免)税，变更后不得申报变更前出口货物退(免)税。

原执行免退税办法的企业，在批准变更次月的增值税纳税申报期内可将原计入出口库存账的且未申报免退税的出口货物向主管税务机关申请开具《出口转内销证明》。

原执行免抵退税办法的企业，应将批准变更当月的《免抵退税申报汇总表》中“当期应退税额”填报在批准变更次月的《增值税纳税申报表》“免、抵、退应退税额”栏中。

企业按照变更前退(免)税办法已申报但在批准变更前未审核办理的退(免)税，主管税务机关对其按照原退(免)税办法单独审核、审批办理。对原执行免抵退税办法的企业，主管税务机关对已按免抵退税办法申报的退(免)税应全部按规定审核通过后，一次性审批办理退(免)税。

退(免)税办法由免抵退税变更为免退税的，批准变更前已通过认证的增值税专用发票或取得的海关进口增值税专用缴款书，出口企业或其他单位不得作为申报免退税的原始凭证。

(三)出口企业申请注销出口退(免)税认定资格但不需要注销税务登记的，按《管理办法》第三条第(五)项相关规定办理。

二、出口退(免)税申报

(一)出口企业或其他单位应使用出口退税申报系统办理出口货物劳务退(免)税、免税申报业务及申请开具相关证明业务。《管理办法》及本公告中要求出口企业或其他单位报送的电子数据应均通过出口退税申报系统生成、报送。在出口退税申报系统信息生成、报送功能升级完成前,涉及需报送的电子数据,可暂报送纸质资料。

出口退税申报系统可从国家税务总局网站免费下载或由主管税务机关免费提供。

(二)出口企业或其他单位应先通过税务机关提供的远程预申报服务进行退(免)税预申报,在排除录入错误后,方可进行正式申报。税务机关不能提供远程预申报服务的,企业可到主管税务机关进行预申报。

出口企业或其他单位退(免)税凭证电子信息不齐的出口货物劳务,可进行正式退(免)税申报,但退(免)税需在税务机关按规定对电子信息审核通过后方能办理。

(三)在出口货物报关单上的申报日期和出口日期期间,若海关调整商品代码,导致出口货物报关单上的商品代码与调整后的商品代码不一致的,出口企业或其他单位应按照出口货物报关单上列明的商品代码申报退(免)税,并同时报送《海关出口商品代码、名称、退税率调整对应表》(附件 1)及电子数据。

(四)出口企业或其他单位进行正式退(免)税申报时须提供的原始凭证,应按明细申报表载明的申报顺序装订成册。

(五)2013 年 5 月 1 日以后报关出口的货物(以出口货物报关单上的出口日期为准),除下款规定以外,出口企业或其他单位申报出口退(免)税提供的出口货物报关单上的第一计量单位、第二计量单位,及出口企业申报的计量单位,至少有一个应同与其匹配的增值税专用发票上的计量单位相符,且上述出口货物报关单、增值税专用发票上的商品名称须相符,否则不得申报出口退(免)税。

如属同一货物的多种零部件需要合并报关为同一商品名称的,企业应将出口货物报关单、增值税专用发票上不同商品名称的相关性及不同计量单位的折算标准向主管税务机关书面报告,经主管税务机关确认后,可申报退(免)税。

(六)受托方将代理多家企业出口的货物集中一笔报关出口的,委托方可提供该出口货物报关单的复印件申报出口退(免)税。

(七)出口企业或其他单位出口并按会计规定做销售的货物,须在做销售的次月进行增值税纳税申报。生产企业还需办理免抵退税相关申报及消费税免税申报(属于消费税应税货物的)。《管理办法》第四条第(一)项第一款和第五条第(一)项第一款与此冲突的规定,停止执行。

《管理办法》第四条第(一)项第二款和第五条第(一)项第二款中的“逾期”是指超过次年 4 月 30 日前最后一个增值税纳税申报期截止之日。

(八)属于增值税一般纳税人的集成电路设计、软件设计、动漫设计企业及其他高新技术企业出口适用增值税退(免)税政策的货物,实行免抵退税办法,按《管理办法》第四条及本公告有关规定申报出口退(免)税。

(九)生产企业申报免抵退税时,若报送的《生产企业出口货物免、抵、退税申报明细表》中的离岸价与相应出口货物报关单上的离岸价不一致的,应按主管税务机关的要求填报《出口货物离岸价差异原因说明表》(附件 2)及电子数据。

(十)从事进料加工业务的生产企业,自 2013 年 7 月 1 日起,按下列规定办理进料加工出口货物退(免)税的申报及手(账)册核销业务。《管理办法》第四条第(三)项停止执行。2013 年 7 月 1 日以前,企业已经在主管税务机关办理登记手续的进料加工手(账)册,按原办法办理免抵退税申报、进口料件申报、手(账)册核销(电子账册核销指海关办结一个周期核销手续后的核销)。

1. 进料加工计划分配率的确定

2012 年 1 月 1 日至 2013 年 6 月 15 日已在税务机关办理过进料加工手(账)册核销的企业,2013 年度进料加工业务的计划分配率为该期间税务机关已核销的全部手(账)册的加权平均实际分配率。主管税务机关应在 2013 年 7 月 1 日以前,计算并与企业确认 2013 年度进料加工业务的计划分配率。

2012 年 1 月 1 日至 2013 年 6 月 15 日未在税务机关办理进料加工业务手(账)册核销的企业,当年进料加工业务的计划分配率为 2013 年 7 月 1 日后首份进料加工手(账)册的计划分配率。企业应在首次申报 2013 年 7 月 1 日以后进料加工手(账)册的进料加工出口货物免抵退税前,向主管税务机关报送《进料加工企业计划分配率备案表》(附件 3)及其电子数据。

2. 进料加工出口货物的免抵退税申报

对进料加工出口货物,企业应以出口货物人民币离岸价扣除出口货物耗用的保税进口料件金额的余额为增值税退(免)税的计税依据。按《管理办法》第四条的有关规定,办理免抵退税相关申报。

进料加工出口货物耗用的保税进口料件金额＝进料加工出口货物人民币离岸价×进料加工计划分配率

计算不得免征和抵扣税额时,应按当期全部出口货物的离岸价扣除当期全部进料加工出口货物耗用的保税进口料件金额后的余额乘以征退税率之差计算。进料加工出口货物收齐有关凭证申报免抵退税时,以收齐凭证的进料加工出口货物人民币离岸价扣除其耗用的保税进口料件金额后的余额计算免抵退税额。

3. 年度进料加工业务的核销

自 2014 年起,企业应在本年度 4 月 20 日前,向主管税务机关报送《生产企业进料加工业务免抵退税核销申报表》(附件 4)及电子数据,申请办理上年度海关已核销的进料加工手(账)册项下的进料加工业务核销手续。企业申请核销后,主管税务机关不再受理其上一年度进料加工出口货物的免抵退税申报。4 月 20 日之后仍未申请核销的,该企业的出口退(免)税业务,主管税务机关暂不办理,待其申请核销后,方可办理。

主管税务机关受理核销申请后,应通过出口退税审核系统提取海关联网监管加工贸易电子数据中的进料加工“电子账册(电子化手册)核销数据”以及进料加工业务的进、出口货物报关单数据,计算生成《进料加工手(账)册实际分配率反馈表》(附件 5),交企业确认。

企业应及时根据进料加工手(账)册实际发生的进出口情况对反馈表中手(账)册实际分配率进行核对。经核对相符的,企业应对该手(账)册进行确认;核对不相符的,企业应提供该手(账)册的实际进出口情况。核对完成后,企业应在《进料加工手(账)册实际分配率反馈表》中填写确认意见及需要补充的内容,加盖公章后交主管税务机关。

主管税务机关对于企业未确认相符的手(账)册,应提取海关联网监管加工贸易电子数据中的该手(账)册的进料加工“电子账册(电子化手册)核销数据”以及进、出口货物报关单数据,反馈给企业。对反馈的数据缺失或与纸质报关单不一致的,企业应及时向报关海关申请查询,并根据该手(账)册实际发生的进出口情况将缺失或不一致的数据填写《已核销手(账)册海关数据调整报告表(进口报关单/出口报关单)》(附件 6－1,附件 6－2),报送至主管税务机关,同时附送电子数据、相关报关单原件、向报关海关查询情况的书面说明。

主管税务机关应将企业报送的《已核销手(账)册海关数据调整报告表》电子数据读入出口退税审核系统,重新计算生成《进料加工手(账)册实际分配率反馈表》。在企业对手(账)册的实际分配率确认后,主管税务机关按照企业确认的实际分配率对进料加工业务进行核销,并将《生产企业进料加工业务免抵退税核销表》(附件 7)交企业。企业应在次月根据该表调整前期免抵退税额及不得免征和抵扣税额。

主管税务机关完成年度核销后,企业应以《生产企业进料加工业务免抵退税核销表》中的“上年度已核销手(账)册综合实际分配率”,作为当年度进料加工计划分配率。

4. 企业申请注销或变更退(免)税办法的,应在申请注销或变更退(免)税办法前按照上述办法进行进料加工业务的核销。

(十一)符合《财政部 国家税务总局关于出口货物劳务增值税和消费税政策的通知》(财税〔2012〕39 号)第九条第(四)项规定的生产企业,应在交通运输工具和机器设备出口合同签订后,报送《先退税后核销资格申请表》(见附件 8)及电子数据,经主管税务机关审核同意后,按照以下规定办理出口免抵退税申报、核销:

1. 企业应在交通运输工具或机器设备自会计上做销售后,与其他出口货物劳务一并向主管税务机关办理免抵退税申报(在《生产企业出口货物免、抵、退税申报明细表》“出口收汇核销单号”栏中填写出口合同号,“业务类型”栏填写“XTHH”),并附送下列资料:

(1)出口合同(复印件,仅第一次申报时提供);

(2)企业财务会计制度(复印件,仅第一次申报时提供);

(3)出口销售明细账(复印件);

(4)《先退税后核销企业免抵退税申报附表》(附件 9)及其电子数据;

(5)年度财务报表(年度结束后至 4 月 30 日前报送);

(6)收款凭证(复印件,取得预付款的提供);

(7)主管税务机关要求提供的其他资料。

2. 交通工具或机器设备报关出口之日起 3 个月内,企业应在增值税纳税申报期,按《管理办法》第四条规定收齐有关单证,申报免抵退税,办理已退(免)税的核销。

(十二)已申报免抵退税的出口货物发生退运,及需改为免税或征税的,应在上述情形发生的次月增值税纳税申报期内用负数申报冲减原免抵退税申报数据,并按现行会计制度的有关规定进行相应调整。《管理办法》第四条第(五)项与此冲突的规定停止执行。

(十三)免税品经营企业应根据《企业法人营业执照》规定的经营货物范围,填写《免税品经营企业销售货物退税备案表》(附件 10)并生成电子数据,报主管税务机关备案。如企业的经营范围发生变化,应在变化之日后的首个增值税纳税申报期内进行补充填报。

(十四)用于对外承包工程项目的出口货物,由出口企业申请退(免)税。出口企业如属于分包单位的,申请退(免)税时,须补充提供分包合同(协议)。本项规定自 2012 年 1 月 1 日起开始执行。《管理办法》第六条第二款第(二)项与此冲突的规定,停止执行。

(十五)销售给海上石油天然气开采企业自产的海洋工程结构物,生产企业申报出口退(免)税时,应在《生产企业出口货物免、抵、退税申报明细表》的"备注栏"中填写购货企业的纳税人识别号和购货企业名称。

(十六)申报修理修配船舶退(免)税的,应提供在修理修配业务中使用零部件、原材料的贸易方式为"一般贸易"的出口货物报关单。出口货物报关单中"标记唛码及备注"栏注明修理船舶或被修理船舶名称的,以被修理船舶作为出口货物。

(十七)为国外(地区)企业的飞机(船舶)提供航线维护(航次维修)的货物劳务,出口企业(维修企业)申报退(免)税时应将国外(地区)企业名称、航班号(船名)填写在《生产企业出口货物免、抵、退税申报明细表》的第 22 栏"备注"中,并提供以下资料:

1. 与被维修的国外(地区)企业签订的维修合同;

2. 出口发票;

3. 国外(地区)企业的航班机长或外轮船长签字确认的维修单据[须注明国外(地区)企业名称和航班号(船名)]。

(十八)出口企业或其他单位发生的真实出口货物劳务,由于以下原因造成在规定期限内未收齐单证无法申报出口退(免)税的,应在退(免)税申报期限截止之日前向主管税务机关提出申请,并提供相关举证材料,经主管税务机关审核、逐级上报省级国家税务局批准后,可进行出口退(免)税申报。本项规定从 2011 年 1 月 1 日起执行。2011 年 1 月 1 日前发生的同样情形的出口货务劳务,出口企业可在 2013 年 6 月 30 日前按照本项规定办理退(免)税申报,逾期的,主管税务机关不再受理此类申报。

1. 自然灾害、社会突发事件等不可抗力因素;

2. 出口退(免)税申报凭证被盗、抢,或者因邮寄丢失、误递;

3. 有关司法、行政机关在办理业务或者检查中,扣押出口退(免)税申报凭证;

4. 买卖双方因经济纠纷,未能按时取得出口退(免)税申报凭证;

5. 由于企业办税人员伤亡、突发危重疾病或者擅自离职,未能办理交接手续,导致不能按期提供出口退(免)税申报凭证;

6. 由于企业向海关提出修改出口货物报关单申请,在退(免)税期限截止之日海关未完成修改,导致不能按期提供出口货物报关单;

7. 国家税务总局规定的其他情形。

三、适用免税政策的出口货物劳务申报

(一)《管理办法》第十一条第(七)项中"未在规定的纳税申报期内按规定申报免税"是指出口企业或其他单位未在报关出口之日的次月至次年 5 月 31 日前的各增值税纳税申报期内填报《免税出口货物劳务明细表》(附件 11),提供正式申报电子数据,向主管税务机关办理免税申报手续。

(二)出口企业或其他单位在按《管理办法》第九条第(二)项规定办理免税申报手续时,应将以下凭证按《免税出口货物劳务明细表》载明的申报顺序装订成册,留存企业备查:

1. 出口货物报关单(如无法提供出口退税联的,可提供其他联次代替);

2. 出口发票;

3. 委托出口的货物,还应提供受托方主管税务机关出具的代理出口货物证明;

4. 属购进货物直接出口的,还应提供相应的合法有效的进货凭证。合法有效的进货凭证包括增值税专用发票、增值税普通发票及其他普通发票、海关进口增值税专用缴款书、农产品收购发票、政府非税收入票据;

5. 以旅游购物贸易方式报关出口的货物暂不提供上述第2、4项凭证。

(三)出口企业或其他单位申报的出口货物免税销售额与出口货物报关单上的离岸价不一致(来料加工出口货物除外)的,应在报送《免税出口货物劳务明细表》的同时报送《出口货物离岸价差异原因说明表》及电子数据。

(四)主管税务机关已受理出口企业或其他单位的退(免)税申报,但在免税申报期限之后审核发现按规定不予退(免)税的出口货物,若符合免税条件,企业可在主管税务机关审核不予退(免)税的次月申报免税。

(五)出口企业从事来料加工委托加工业务的,应在海关签发来料加工核销结案通知书之日(以结案日期为准)起至次月的增值税纳税申报期内,提供出口货物报关单的非"出口退税专用"联原件或复印件,按照《管理办法》第九条第(四)项第2目第(2)规定办理来料加工出口货物免税核销手续。未按规定办理来料加工出口货物免税核销手续或经主管税务机关审核不予办理免税核销的,应按规定补缴来料加工加工费的增值税。

(六)出口企业或其他单位按照《管理办法》第十一条第(八)项规定放弃免税的,应向主管税务机关报送《出口货物劳务放弃免税权声明表》(附件12),办理备案手续。自备案次月起执行征税政策,36个月内不得变更。

四、有关单证证明办理

委托出口货物发生退运的,应由委托方向主管税务机关申请开具《出口货物退运已补税(未退税)证明》转交受托方,受托方凭该证明向主管税务机关申请开具《出口货物退运已补税(未退税)证明》。《管理办法》第十条第(三)项与此冲突的内容停止执行。

五、其他补充规定

(一)符合《管理办法》第十一条第(三)项规定的集团公司,集团公司总部在申请认定时应提供以下资料:

1.《集团公司成员企业认定申请表》(附件13)及电子申报数据;

2. 集团公司总部及其控股的生产企业的营业执照副本复印件;

3. 集团公司总部及其控股的生产企业的《出口退(免)税资格认定表》复印件;

4. 集团公司总部及其控股生产企业的章程复印件;

5. 主管税务机关要求报送的其他资料。

(二)外贸企业在2012年6月30日以前签订的委托加工业务合同,如果在2012年7月1日以后收回加工货物并在2013年6月30日前出口的,按2012年6月30日以前的规定申报出口退(免)税。外贸企业须在2013年4月30日前向主管税务机关提供上述合同进行备案。

(三)为适应货物贸易外汇管理制度改革,《管理办法》中涉及出口收汇核销单的规定不再执行。

2012年8月1日后报关出口的货物,以及截至2012年7月31日未到出口收汇核销期限或者已到出口收汇核销期限的但未核销的2012年8月1日前报关出口的货物,出口企业或其他单位在申报出口退(免)税、免税时,不填写《管理办法》附件中涉及出口收汇核销单的报表栏目。

(四)经税务机关审核发现的出口退(免)税疑点,出口企业或其他单位应按照主管税务机关的要求接受约谈、提供书面说明情况、报送《生产企业出口业务自查表》(附件14)或《外贸企业出口业务自查表》(附件15)及电子数据。

出口货物的供货企业主管税务机关按照规定需要对供货的真实性及纳税情况进行核实的,供货企业应填报《供货企业自查表》(附件16),具备条件的,应按照主管税务机关的要求同时报送电子数据。

(五)主管税务机关发现出口企业或其他单位的出口业务有以下情形之一的,该笔出口业务暂不办理出口退(免)税。已办理的,主管税务机关可按照所涉及的退税额对该企业其他已审核通过的应退税款暂缓办理出口退(免)税,无其他应退税款或应退税款小于所涉及退税额的,可由出口企业提供差额部分的担保。待税务机关核实排除相应疑点后,方可办理退(免)税或解除担保。

1. 因涉嫌骗取出口退税被税务机关稽查部门立案查处未结案;

2. 因涉嫌出口走私被海关立案查处未结案;

3. 出口货物报关单、出口发票、海运提单等出口单证的商品名称、数量、金额等内容与进口国家(或地区)的进口报关数据不符;

4. 涉嫌将低退税率出口货物以高退税率出口货物报关;

5. 出口货物的供货企业存在涉嫌虚开增值税专用发票等需要对其供货的真实性及纳税情况进行核实的疑点。

(六)主管税务机关发现出口企业或其他单位购进出口的货物劳务存在财税〔2012〕39 号文件第七条第(一)项第 4 目、第 5 目和第 7 目情形之一的,该批出口货物劳务的出口货物报关单上所载明的其他货物,主管税务机关须排除骗税疑点后,方能办理退(免)税。

(七)出口企业或其他单位被列为非正常户的,主管税务机关对该企业暂不办理出口退税。

(八)出口企业或其他单位未按规定进行单证备案(因出口货物的成交方式特性,企业没有有关备案单证的情况除外)的出口货物,不得申报退(免)税,适用免税政策。已申报退(免)税的,应用负数申报冲减原申报。

(九)出口企业或其他单位出口的货物劳务,主管税务机关如果发现有下列情形之一的,按财税〔2012〕39 号文件第七条第(一)项第 4 目和第 5 目规定,适用增值税征税政策。查实属于偷骗税的,应按相应的规定处理。

1. 提供的增值税专用发票、海关进口增值税专用缴款书等进货凭证为虚开或伪造;

2. 提供的增值税专用发票是在供货企业税务登记被注销或被认定为非正常户之后开具;

3. 提供的增值税专用发票抵扣联上的内容与供货企业记账联上的内容不符;

4. 提供的增值税专用发票上载明的货物劳务与供货企业实际销售的货物劳务不符;

5. 提供的增值税专用发票上的金额与实际购进交易的金额不符;

6. 提供的增值税专用发票上的货物名称、数量与供货企业的发货单、出库单及相关国内运输单据等凭证上的相关内容不符,数量属合理损溢的除外;

7. 出口货物报关单上的出口日期早于申报退税匹配的进货凭证上所列货物的发货时间(供货企业发货时间)或生产企业自产货物发货时间;

8. 出口货物报关单上载明的出口货物与申报退税匹配的进货凭证上载明的货物或生产企业自产货物不符;

9. 出口货物报关单上的商品名称、数量、重量与出口运输单据载明的不符,数量、重量属合理损溢的除外;

10. 生产企业出口自产货物的,其生产设备、工具不能生产该种货物;

11. 供货企业销售的自产货物,其生产设备、工具不能生产该种货物;

12. 供货企业销售的外购货物,其购进业务为虚假业务;

13. 供货企业销售的委托加工收回货物,其委托加工业务为虚假业务;

14. 出口货物的提单或运单等备案单证为伪造、虚假;

15. 出口货物报关单是通过报关行等单位将他人出口的货物虚构为本企业出口货物的手段取得。

(十)以边境小额贸易方式代理外国企业、外国自然人报关出口的货物(国家取消出口退税的货物除外),可按下列规定办理备案手续,办理过备案的上述货物,不进行增值税和消费税的纳税、免税申报。

1. 边境地区出口企业应在货物出口之前,提供下列资料向主管税务机关办理备案登记手续:

(1)企业相关人员签字、盖有单位公章且填写内容齐全的纸质《以边境小额贸易方式代理外国企业、外国自然人报关出口货物备案登记表》(见附件 17)及电子数据;

(2)代理出口协议原件及复印件。代理出口协议以外文拟定的,需同时提供中文翻译版本。

(3)委托方经办人护照或外国边民的边民证原件和复印件。

2. 边境地区出口企业应在货物报关出口之日(以出口货物报关单上的出口日期为准)次月起至次年4月30日前的各增值税纳税申报期内,提供下列资料向主管税务机关办理代理报关备案核销手续:

(1)企业相关人员签字、盖有单位公章且填写内容齐全的纸质《以边境小额贸易方式代理外国企业、外国自然人报关出口货物备案核销表》(见附件18)及电子数据;

(2)出口货物报关单(出口退税专用联,以人民币结算的为盖有海关验讫章其他联次)。

3. 边境地区出口企业代理报关出口的货物属国家明确取消出口退(免)税的,按有关规定适用增值税、消费税征税政策。

4. 边境地区出口企业在2011年1月1日至本公告执行之日代理外国企业、外国自然人报关出口的货物(以出口货物报关单上的出口日期为准),应在2013年4月30日前的各增值税纳税申报期内,提供本项第2目所列的资料,向主管税务机关办理代理报关备案核销手续。

5. 边境地区出口企业未按照本项规定办理代理报关备案登记、备案核销的,主管税务机关可取消其按照代理报关备案管理的资格,并可按《中华人民共和国税收征收管理法》第六十二条等有关规定处理。

(十一)出口企业或其他单位出口财税〔2012〕39号文件第九条第(二)项第6目所列货物的,如果出口货物有两种及两种以上原材料为财税〔2012〕39号文件附件9所列原材料的,按主要原材料适用政策执行。主要原材料是指出口货物材料成本中比例最高的原材料。

(十二)输入特殊区域的水电气,区内生产企业用于出租、出让厂房的,不得申报退税,进项税额须转入成本。

(十三)出口企业或其他单位可填报《出口企业或其他单位选择出口退税业务提醒信息申请表》(见附件19),向主管税务机关申请免费的出口退税业务提醒服务。已申请出口退税业务提醒服务的,企业负责人、联系电话、邮箱等相关信息发生变化时,应及时向主管税务机关申请变更。

出口企业或其他单位应按照国家制发的出口退(免)税相关政策和管理规定办理出口退(免)税业务。主管税务机关提供的出口退税业务提醒服务仅为出口企业和其他单位参考,不作为办理出口退(免)税的依据。

(十四)出口企业或其他单位应于每年11月15日至30日,根据本年度实际出口情况及次年计划出口情况,向主管税务机关填报《出口企业预计出口情况报告表》(见附件20)及电子数据。

(十五)《管理办法》及本公告中要求同时提供原件和复印件的资料,出口企业或其他单位提供的复印件上应注明"与原件相符"字样,并加盖企业公章。主管税务机关在核对复印件与原件相符后,将原件退回,留存复印件。

六、本公告除已明确执行时间的规定外,其他规定自2013年4月1日起执行,《废止文件目录》(见附件22)所列文件条款同时废止。

特此公告。

附件:1. 海关出口商品代码、名称、退税率调整对应表(略)

2. 出口货物离岸价差异原因说明表(略)

3. 进料加工企业计划分配率备案表(略)

4. 生产企业进料加工业务免抵退税核销申报表(略)

5. 进料加工手(账)册实际分配率反馈表(略)

6-1. 已核销手(账)册海关数据调整报告表(进口报关单)(略)

6-2. 已核销手(账)册海关数据调整报告表(出口报关单)(略)

7. 生产企业进料加工业务免抵退税核销表(略)

8. 先退税后核销资格申请表(略)

9. 先退税后核销企业免抵退税申报附表(略)

10. 免税品经营企业销售货物退税备案表(略)

11. 免税出口货物劳务明细表(略)

12. 出口货物劳务放弃免税权声明表(略)

13. 集团公司成员企业认定申请表(略)

14. 生产企业出口业务自查表(略)

15. 外贸企业出口业务自查表(略)
16. 供货企业自查表(略)
17. 以边境小额贸易方式代理外国企业、外国自然人报关出口货物备案登记表(略)
18. 以边境小额贸易方式代理外国企业、外国自然人报关出口货物备案核销表(略)
19. 出口企业或其他单位选择出口退税业务提醒信息申请表(略)
20. 出口企业预计出口情况报告表(略)
21. 退(免)税货物、标识对照表(略)
22. 废止文件目录(略)

国家税务总局关于金融机构销售贵金属增值税有关问题的公告

国家税务总局公告2013年第13号

现将金融机构销售贵金属产品增值税有关问题公告如下:

一、金融机构从事经其行业主管部门(中国人民银行或中国银行业监督管理委员会)允许的金、银、铂等贵金属交易业务,可比照《国家税务总局关于金融机构开展个人实物黄金交易业务增值税有关问题的通知》(国税发〔2005〕178号)规定,实行金融机构各省级分行和直属一级分行所在地市级分行、支行按照规定的预征率预缴增值税,省级分行和直属一级分行统一清算缴纳的办法。

经其行业主管部门允许,是指金融机构能够提供行业主管部门批准其从事贵金属交易业务的批复文件,或向行业主管部门报备的备案文件,或行业主管部门未限制其经营贵金属业务的有关证明文件。

二、已认定为增值税一般纳税人的金融机构,开展经其行业主管部门允许的贵金属交易业务时,可根据《增值税专用发票使用规定》(国税发〔2006〕156号)及相关规定领购、使用增值税专用发票。

本公告自2013年4月1日起施行。

特此公告。

财政部 国家税务总局关于享受资源综合利用增值税优惠政策的纳税人执行污染物排放标准有关问题的通知

财税〔2013〕23号

各省、自治区、直辖市、计划单列市财政厅(局)、国家税务局,新疆生产建设兵团财务局:

为进一步提高资源综合利用增值税优惠政策的实施效果,促进环境保护,现对享受资源综合利用增值税优惠政策的纳税人执行污染物排放标准有关问题明确如下:

一、纳税人享受资源综合利用产品及劳务增值税退税、免税政策的,其污染物排放必须达到相应的污染物排放标准。

资源综合利用产品及劳务增值税退税、免税政策,是指《财政部 国家税务总局关于有机肥产品免征增值税的通知》(财税〔2008〕56号)、《财政部 国家税务总局关于资源综合利用及其他产品增值税政策的通知》(财税〔2008〕156号)、《财政部国家税务总局关于调整完善资源综合利用产品及劳务增值税政策的通知》(财税〔2011〕115号)规定的退税、免税政策。

相应的污染物排放标准,是指污染物排放地的环境保护部门根据纳税人排放污染物的类型,所确定的应予执行的国家或地方污染物排放标准。达到污染物排放标准,是指符合污染物排放标准规定的全部项目。

二、纳税人在办理资源综合利用产品及劳务增值税退税、免税事宜时，应同时提交污染物排放地环境保护部门确定的该纳税人应予执行的污染物排放标准，以及污染物排放地环境保护部门在此前6个月以内出具的该纳税人的污染物排放符合上述标准的证明材料。已开展环保核查的行业，应以环境保护部门发布的符合环保法律法规要求的企业名单公告作为证明材料。

三、对未达到相应的污染物排放标准的纳税人，自发生违规排放行为之日起，取消其享受资源综合利用产品及劳务增值税退税、免税政策的资格，且三年内不得再次申请。纳税人自发生违规排放行为之日起已申请并办理退税、免税的，应予追缴。

发生违规排放行为之日，是指已经污染物排放地环境保护部门查证确认的，纳税人发生未达到应予执行的污染物排放标准行为的当日。

四、《财政部 国家税务总局关于资源综合利用及其他产品增值税政策的通知》(财税〔2008〕156号)第二条所述的污水处理修改为：污水处理是指将污水(包括城镇污水和工业废水)处理后达到《城镇污水处理厂污染物排放标准》(GB 18918—2002)，或达到相应的国家或地方水污染物排放标准中的直接排放限值的业务。

"城镇污水"是指城镇居民生活污水，机关、学校、医院、商业服务机构及各种公共设施排水，以及允许排入城镇污水收集系统的工业废水和初期雨水。

"工业废水"是指工业生产过程中产生的，不允许排入城镇污水收集系统的废水和废液。

本条所述的《城镇污水处理厂污染物排放标准》(GB 18918—2002)如在执行过程中有更新、替换，按最新标准执行。

五、本通知自2013年4月1日起执行，《财政部 国家税务总局关于调整完善资源综合利用产品及劳务增值税政策的通知》(财税〔2011〕115号)第九条第(三)项相应废止。

《财政部 国家税务总局关于调整完善资源综合利用产品及劳务增值税政策的通知》(财税〔2011〕115号)第四条、第五条第(一)项的规定在本通知生效之前的执行过程中涉及污染物排放的，按本通知第一条、第二条有关规定执行。

国家税务总局关于旅店业和饮食业纳税人销售非现场消费食品增值税有关问题的公告

国家税务总局公告2013年第17号

现将旅店业和饮食业纳税人销售非现场消费食品增值税有关问题公告如下：

旅店业和饮食业纳税人销售非现场消费的食品，属于不经常发生增值税应税行为，根据《中华人民共和国增值税暂行条例实施细则》(财政部 国家税务总局令第50号)第二十九条的规定，可以选择按小规模纳税人缴纳增值税。

本公告自2013年5月1日起施行。

特此公告。

国家税务总局关于营业税改征增值税总分机构试点纳税人增值税纳税申报有关事项的公告

国家税务总局公告2013年第22号

根据《财政部 国家税务总局关于印发〈总分机构试点纳税人增值税计算缴纳暂行办法〉的通知》(财税〔2012〕84号)、《国家税务总局关于北京等8省市营业税改征增值税试点增值税纳税申报有关事项的公告》

(国家税务总局公告2012年第43号)有关规定,现将营业税改征增值税试点期间总分机构试点纳税人增值税纳税申报有关事项公告如下:

一、经财政部和国家税务总局批准,适用财税〔2012〕84号文件,计算缴纳增值税的总机构试点纳税人(以下简称总机构)及其试点地区分支机构,应按照本公告规定进行增值税纳税申报。

二、关于总机构纳税申报事项

(一)总机构按规定汇总计算的总机构及其分支机构应征增值税销售额、销项税额、进项税额,填报在《增值税纳税申报表(适用于增值税一般纳税人)》(以下简称申报表主表)及附列资料对应栏次。

(二)按规定可以从总机构汇总计算的增值税应纳税额中抵减的分支机构已纳增值税税额、营业税税额,总机构汇总后填报在申报表主表第28栏"分次预缴税额"中。当期不足抵减部分,可结转下期继续抵减,即:当期分支机构已纳增值税税额、营业税税额大于总机构汇总计算的增值税应纳税额时,在第28栏"分次预缴税额"中只填报可抵减部分。

(三)总机构应设立相应台账,记录税款抵减情况,以备查阅。

三、关于试点地区分支机构纳税申报事项

(一)试点地区分支机构将按预征率计算缴纳增值税的销售额填报在申报表主表第5栏"按简易征收办法征税销售额"中,按预征率计算的增值税应纳税额填报在申报表主表第21栏"简易征收办法计算的应纳税额"中。

(二)调整《增值税纳税申报表附列资料(一)》(附件)内容,在"简易计税方法征税"栏目中增设"预征率%"栏,用于试点地区分支机构预征增值税销售额、应纳税额的填报。

(三)试点地区分支机构销售货物和提供加工修理修配劳务,按增值税暂行条例及相关规定就地申报缴纳增值税的销售额、销项税额,按原有关规定填报在申报表主表及附列资料对应栏次。

(四)试点地区分支机构抄报税、认证等事项仍按现行规定执行。当期进项税额应填报在申报表主表及附列资料对应栏次,其中由总机构汇总的进项税额,需在《增值税纳税申报表附列资料(二)》第17栏"简易计税方法征税项目用"中填报转出。

四、各地税务机关应做好总分机构试点纳税人增值税纳税申报的宣传和辅导工作。

五、本公告自2013年6月1日起施行。调整后的《增值税纳税申报表附列资料(一)》同时适用于营业税改征增值税试点地区增值税一般纳税人,国家税务总局公告2012年第43号附件1中的《增值税纳税申报表附列资料(一)》同时废止。

特此公告。

附件:增值税纳税申报表附列资料(一)(略)

国家税务总局关于油气田企业开发煤层气页岩气增值税有关问题的公告

国家税务总局公告2013年第27号

现将油气田企业开发煤层气、页岩气增值税有关问题公告如下:

油气田企业从事煤层气、页岩气生产,以及为生产煤层气、页岩气提供生产性劳务,按照《油气田企业增值税管理办法》(财税〔2009〕8号文件印发)缴纳增值税。

本公告自2013年7月1日起施行。

特此公告。

国家税务总局关于营业税改征增值税试点中文化事业建设费征收有关事项的公告

国家税务总局公告2013年第35号

根据《财政部 国家税务总局关于在全国开展交通运输业和部分现代服务业营业税改征增值税试点税收政策的通知》(财税〔2013〕37号)、《财政部 国家税务总局关于营业税改征增值税试点中文化事业建设费征收有关问题的通知》(财综〔2012〕68号)、《财政部 国家税务总局关于营业税改征增值税试点中文化事业建设费征收有关问题的补充通知》(财综〔2012〕96号)的规定,现将营业税改征增值税(以下简称营改增)试点中文化事业建设费征收有关事项公告如下:

一、按照财税〔2013〕37号文件规定,纳入营改增试点范围,适用财综〔2012〕68号通知,缴纳和扣缴文化事业建设费的单位和个人,应按照《国家税务总局关于营业税改征增值税试点文化事业建设费缴费信息登记有关事项的公告》(国家税务总局公告2012年第50号)、《国家税务总局关于营业税改征增值税试点文化事业建设费申报有关事项的公告》(国家税务总局公告2012年第51号)的规定,向主管税务机关申报办理文化事业建设费缴费信息登记和申报缴纳文化事业建设费。

二、营改增试点期间,适用财综〔2012〕96号文件第三条规定,免征文化事业建设费的个人(包括个体工商户和其他个人),可以不进行文化事业建设费申报。

三、主管税务机关应做好文化事业建设费政策宣传工作。

四、本公告自2013年8月1日起施行。

特此公告。

关于《营业税改征增值税试点中文化事业建设费征收有关事项的公告》的解读

为配合在全国范围内开展的交通运输业和部分现代服务业营改增试点,继续做好营改增文化事业建设费征收管理工作,国家税务总局制定发布《国家税务总局关于营业税改征增值税试点中文化事业建设费征收有关事项的公告》(以下简称公告),现将公告解读如下:

一、公告制定的背景和目的

按照《财政部 国家税务总局关于在全国开展交通运输业和部分现代服务业营业税改征增值税试点税收政策的通知》(财税〔2013〕37号)要求,自2013年8月1日起,在全国范围内开展交通运输业和部分现代服务业营改增试点。除营改增先期试点地区外,其他试点地区广告业文化事业建设费(以下简称营改增文化事业建设费)将改由国税部门征收,为确保营改增文化事业建设费的平稳征收,有必要对营改增扩大试点后营改增文化事业建设费征收管理的有关事项进行明确。

二、公告的适用范围

本"公告"适用于纳入营业税改征增值税试点范围的文化事业建设费缴纳义务人和扣缴义务人。

三、公告的主要内容

(一)按照财税〔2013〕37号文件规定,纳入营改增试点范围,适用《财政部 国家税务总局关于营业税改征增值税试点中文化事业建设费征收有关问题的通知》(财综〔2012〕68号),缴纳和扣缴文化事业建设费的单位和个人,应按照《国家税务总局关于营业税改征增值税试点文化事业建设费缴费信息登记有关事项的公告》(国家税务总局公告2012年第50号)、《国家税务总局关于营业税改征增值税试点文化事业建设费申报有关事项的公告》(国家税务总局公告2012年第51号)的规定,向主管税务机关申报办理文化事业建设费缴费信息登记和申报缴纳文化事业建设费。

(二)营改增试点期间，适用财综〔2012〕96号文件第三条规定，免征文化事业建设费的个人(包括个体工商户和其他个人)，可以不进行文化事业建设费申报。

国家税务总局关于在全国开展营业税改征增值税试点有关征收管理问题的公告

国家税务总局公告2013年第39号

为了贯彻落实《财政部 国家税务总局关于在全国开展交通运输业和部分现代服务业营业税改征增值税试点税收政策的通知》(财税〔2013〕37号)精神，保障营业税改征增值税(以下简称营改增)改革试点的顺利实施，现将征收管理有关问题公告如下：

一、关于纳税人发票使用问题

(一)自本地区营改增试点实施之日起，增值税纳税人不得开具公路、内河货物运输业统一发票。

增值税一般纳税人(以下简称一般纳税人)提供货物运输服务的，使用货物运输业增值税专用发票(以下简称货运专票)和普通发票；提供货物运输服务之外其他增值税应税项目的，统一使用增值税专用发票(以下简称专用发票)和增值税普通发票。

小规模纳税人提供货物运输服务，服务接受方索取货运专票的，可向主管税务机关申请代开，填写《代开货物运输业增值税专用发票缴纳税款申报单》(附件1)。代开货运专票按照代开专用发票的有关规定执行。

(二)提供港口码头服务、货运客运场站服务、装卸搬运服务、旅客运输服务的一般纳税人，可以选择使用定额普通发票。

(三)从事国际货物运输代理业务的一般纳税人，应使用六联专用发票或五联增值税普通发票，其中第四联用作购付汇联；从事国际货物运输代理业务的小规模纳税人，应使用普通发票，其中第四联用作购付汇联。

(四)纳税人于本地区试点实施之日前提供改征增值税的营业税应税服务并开具营业税发票后，如发生服务中止、折让、开票有误等情形，且不符合发票作废条件的，应于2014年3月31日前向原主管税务机关申请开具营业税红字发票，不得开具红字专用发票和红字货运专票。需重新开具发票的，应于2014年3月31日前向原主管税务机关申请开具营业税发票，不得开具专用发票或货运专票。

二、关于税控系统使用问题

(一)自本地区营改增试点实施之日起，一般纳税人提供货物运输服务、开具货运专票的，使用货物运输业增值税专用发票税控系统(以下简称货运专票税控系统)；提供货物运输服务之外的其他增值税应税服务、开具专用发票和增值税普通发票的，使用增值税防伪税控系统(以下简称防伪税控系统)。

(二)自2013年8月1日起，一般纳税人从事机动车(旧机动车除外)零售业务开具机动车销售统一发票，应使用机动车销售统一发票税控系统(以下简称机动车发票税控系统)。

(三)试点纳税人使用的防伪税控系统专用设备为金税盘和报税盘，纳税人应当使用金税盘开具发票，使用报税盘领购发票、抄报税；货运专票税控系统和机动车发票税控系统专用设备为税控盘和报税盘，纳税人应当使用税控盘开具发票，使用报税盘领购发票、抄报税。

货运专票税控系统及专用设备管理，按照现行防伪税控系统有关规定执行。各省国税机关可对现有相关文书作适当调整。

(四)北京市小规模纳税人自2012年9月1日起使用金税盘或税控盘开具普通发票，使用报税盘领购发票、抄报税的办法继续执行。

三、关于增值税专用发票(增值税税控系统)最高开票限额审批问题

增值税专用发票(增值税税控系统)实行最高开票限额管理。最高开票限额，是指单份专用发票或货运

专票开具的销售额合计数不得达到的上限额度。

最高开票限额由一般纳税人申请，区县税务机关依法审批。一般纳税人申请最高开票限额时，需填报《增值税专用发票最高开票限额申请单》(附件2)。主管税务机关受理纳税人申请以后，根据需要进行实地查验。实地查验的范围和方法由各省国税机关确定。

税务机关应根据纳税人实际生产经营和销售情况进行审批，保证纳税人生产经营的正常需要。

四、关于货运专票开具问题

(一)一般纳税人提供应税货物运输服务，使用货运专票；提供其他增值税应税项目、免税项目或非增值税应税项目的，不得使用货运专票。

(二)货运专票中"承运人及纳税人识别号"栏填写提供货物运输服务、开具货运专票的一般纳税人信息；"实际受票方及纳税人识别号"栏填写实际负担运输费用、抵扣进项税额的一般纳税人信息；"费用项目及金额"栏填写应税货物运输服务明细项目及不含增值税的销售额；"合计金额"栏填写应税货物运输服务项目不含增值税的销售额合计；"税率"栏填写增值税税率；"税额"栏填写按照应税货物运输服务项目不含增值税的销售额和适用税率计算得出的增值税额；"价税合计(大写)(小写)"栏填写不含增值税的销售额和增值税额的合计；"机器编号"栏填写货运专票税控系统税控盘编号。

(三)税务机关在代开货运专票时，货运专票税控系统在货运专票左上角自动打印"代开"字样；"税率"栏填写小规模纳税人增值税征收率；"税额"栏填写按照应税货物运输服务项目不含增值税的销售额和小规模纳税人增值税征收率计算得出的增值税额；"备注"栏填写税收完税凭证号码；其他栏次内容与本条第(二)项相同。

(四)提供货物运输服务，开具货运专票后，如发生应税服务中止、折让、开票有误以及发票抵扣联、发票联均无法认证等情形，且不符合发票作废条件，需要开具红字货运专票的，实际受票方或承运人可向主管税务机关填报《开具红字货物运输业增值税专用发票申请单》(附件3)，经主管税务机关核对并出具《开具红字货物运输业增值税专用发票通知单》(附件4，以下简称《通知单》)。实际受票方应暂依《通知单》所列增值税税额从当期进项税额中转出，未抵扣增值税进项税额的可列入当期进项税额，待取得承运人开具的红字货运专票后，与留存的《通知单》一并作为记账凭证。认证结果为"无法认证"、"纳税人识别号认证不符"、"发票代码、号码认证不符"以及所购服务不属于增值税扣税项目范围的，不列入进项税额，不作进项税额转出。承运人可凭《通知单》在货运专票税控系统中以销项负数开具红字货运专票。《通知单》暂不通过系统开具，但其他事项按照现行红字专用发票有关规定执行。

五、关于货运专票管理问题

(一)货运专票暂不纳入失控发票快速反应机制管理。

(二)货运专票的认证结果类型包括"认证相符"、"无法认证"、"认证不符"、"密文有误"和"重复认证"等类型(暂无失控发票类型)，稽核结果类型包括"相符"、"不符"、"缺联"、"重号"、"属于作废"和"滞留"等类型。认证、稽核异常货运专票的处理按照专用发票的有关规定执行。

(三)稽核异常的货运专票的核查工作，按照《增值税专用发票审核检查操作规程(试行)》的有关规定执行。

(四)丢失货运专票的处理，按照专用发票的有关规定执行，承运方主管税务机关出具《丢失货物运输业增值税专用发票已报税证明单》(附件5)。

六、本公告自2013年8月1日起实施，《国家税务总局关于修订〈增值税专用发票使用规定〉的通知》(国税发〔2006〕156号)第五条、《国家税务总局关于营业税改征增值税试点有关税收征收管理问题的公告》(国家税务总局公告2011年第77号)、《国家税务总局关于北京等8省市营业税改征增值税试点有关税收征收管理问题的公告》(国家税务总局公告2012年第42号)同时废止。

特此公告。

附件：1. 代开货物运输业增值税专用发票缴纳税款申报单(略)

2. 增值税专用发票最高开票限额申请表(略)

3. 开具红字货物运输业增值税专用发票申请单(略)

4. 开具红字货物运输业增值税专用发票通知单(略)

5. 丢失货物运输业增值税专用发票已报税证明单(略)

关于《在全国开展营业税改征增值税试点有关征收管理问题的公告》的解读

一、下发本公告的背景

经国务院批准，自 2013 年 8 月 1 日起，在全国范围开展交通运输业和部分现代服务业营改增试点。为了贯彻落实《财政部 国家税务总局关于在全国开展交通运输业和部分现代服务业营业税改征增值税试点税收政策的通知》(财税〔2013〕37 号，以下简称 37 号文)精神，保障改革试点的顺利实施，在《国家税务总局关于营业税改征增值税试点有关税收征收管理问题的公告》(2011 年第 77 号)和《国家税务总局关于北京等 8 省市营业税改征增值税试点有关税收征收管理问题的公告》(2012 年第 42 号)内容基础上，结合 37 号文有关政策调整规定，起草了本公告。

二、纳税人发票使用规定

(一)自本地区营改增试点实施之日起，增值税纳税人不得开具公路、内河货物运输业统一发票。

增值税一般纳税人(以下简称一般纳税人)提供货物运输服务的，使用货物运输业增值税专用发票(以下简称货运专票)和普通发票；提供货物运输服务之外其他增值税应税项目的，统一使用增值税专用发票(以下简称专用发票)和增值税普通发票。

小规模纳税人提供货物运输服务，服务接受方索取货运专票的，可向主管税务机关申请代开，填写《代开货物运输业增值税专用发票缴纳税款申报单》。代开货运专票按照代开专用发票的有关规定执行。

(二)提供港口码头服务、货运客运场站服务、装卸搬运服务、旅客运输服务的一般纳税人，可以选择使用定额普通发票。

(三)从事国际货物运输代理业务的一般纳税人，应使用六联专用发票或五联增值税普通发票，其中第四联用作购付汇联；从事国际货物运输代理业务的小规模纳税人，应使用普通发票，其中第四联用作购付汇联。

(四)纳税人于本地区试点实施之日前提供改征增值税的营业税应税服务并开具营业税发票后，如发生服务中止、折让、开票有误等情形，且不符合发票作废条件的，应于 2014 年 3 月 31 日前向原主管税务机关申请开具营业税红字发票，不得开具红字专用发票和红字货运专票。需重新开具发票的，应于 2014 年 3 月 31 日前向原主管税务机关申请开具营业税发票，不得开具专用发票或货运专票。

三、税控系统使用规定

(一)自本地区营改增试点实施之日起，一般纳税人提供货物运输服务、开具货运专票的，使用货物运输业增值税专用发票税控系统(以下简称货运专票税控系统)；提供货物运输服务之外的其他增值税应税服务、开具专用发票和增值税普通发票的，使用增值税防伪税控系统(以下简称防伪税控系统)。

(二)37 号文规定：自 2013 年 8 月 1 日起，原增值税一般纳税人自用的应征消费税的摩托车、汽车、游艇，其进项税额准予从销项税额中抵扣。本公告中相应明确，自 2013 年 8 月 1 日起，一般纳税人从事机动车(旧机动车除外)零售业务开具机动车销售统一发票，应使用机动车销售统一发票税控系统(以下简称机动车发票税控系统)。

(三)试点纳税人使用的防伪税控系统专用设备为金税盘和报税盘，纳税人应当使用金税盘开具发票，使用报税盘领购发票、抄报税；货运专票税控系统和机动车发票税控系统专用设备为税控盘和报税盘，纳税人应当使用税控盘开具发票，使用报税盘领购发票、抄报税。

货运专票税控系统及专用设备管理，按照现行防伪税控系统有关规定执行。各省国税机关可对现有相关文书作适当调整。

(四)北京市小规模纳税人自 2012 年 9 月 1 日起使用金税盘或税控盘开具普通发票，使用报税盘领购发票、抄报税的办法继续执行。

四、关于增值税专用发票(增值税税控系统)最高开票限额审批

增值税专用发票(增值税税控系统)实行最高开票限额管理。最高开票限额，是指单份专用发票或货运专用发票开具的销售额合计数不得达到的上限额度。最高开票限额由一般纳税人申请，区县税务机关依法审批。

针对前期部分试点地区反映，增值税专用发票(增值税税控系统)最高开票限额审批中实地核查工作量大、影响办税效率以及部分税务机关审批过严、影响纳税人发票使用问题，为进一步做好纳税服务工作，保障试点实施顺利，纳税人发票正常使用，本公告将实地核查的必经程序调整为：主管税务机关受理纳税人申请以后，根据需要进行实地查验。实地查验的范围和方法由各省国税机关确定并报国家税务总局备案。同时明确：税务机关应根据纳税人实际生产经营和销售情况进行审批，保证纳税人生产经营的正常需要。

五、货运专用发票开具规定

（一）一般纳税人提供应税货物运输服务，使用货运专票；提供其他增值税应税项目、免税项目或非增值税应税项目的，不得使用货运专票。

（二）货运专票中"承运人及纳税人识别号"栏填写提供货物运输服务、开具货运专票的一般纳税人信息；"实际受票方及纳税人识别号"栏填写实际负担运输费用、抵扣进项税额的一般纳税人信息；"费用项目及金额"栏填写应税货物运输服务明细项目及不含增值税的销售额；"合计金额"栏填写应税货物运输服务项目不含增值税的销售额合计；"税率"栏填写增值税税率；"税额"栏填写按照应税货物运输服务项目不含增值税的销售额和适用税率计算得出的增值税额；"价税合计（大写）（小写）"栏填写不含增值税的销售额和增值税额的合计；"机器编号"栏填写货运专票税控系统税控盘编号。

（三）37 号文规定：原增值税一般纳税人取得的试点小规模纳税人由税务机关代开的增值税专用发票，按增值税专用发票注明的税额抵扣进项税额，取消了前期试点中的过渡政策。本公告相应调整了税务机关代开货运专用发票的有关规定：税务机关在代开货运专用发票时，货物运输业增值税专用发票税控系统在货运专用发票左上角自动打印"代开"字样；"税率"栏填写小规模纳税人增值税征收率；"税额"栏填写按照应税货物运输服务项目不含增值税的销售额和小规模纳税人增值税征收率计算得出的增值税额；"备注"栏填写税收完税凭证号码；其他栏次内容与本条第（二）项相同。

（四）提供货物运输服务，开具货运专票后，如发生应税服务中止、折让、开票有误以及发票抵扣联、发票联均无法认证等情形，且不符合发票作废条件，需要开具红字货运专票的，实际受票方或承运人可向主管税务机关填报《开具红字货物运输业增值税专用发票申请单》，经主管税务机关核对并出具《开具红字货物运输业增值税专用发票通知单》（以下简称《通知单》）。实际受票方应暂依《通知单》所列增值税税额从当期进项税额中转出，未抵扣增值税进项税额的可列入当期进项税额，待取得承运人开具的红字货运专票后，与留存的《通知单》一并作为记账凭证。认证结果为"无法认证"、"纳税人识别号认证不符"、"发票代码、号码认证不符"以及所购服务不属于增值税扣税项目范围的，不列入进项税额，不作进项税额转出。承运人可凭《通知单》在货运专票税控系统中以销项负数开具红字货运专票。《通知单》暂不通过系统开具，但其他事项按照现行红字专用发票有关规定执行。

六、货运专用发票管理规定

（一）货运专票暂不纳入失控发票快速反应机制管理。

（二）货运专票的认证结果类型包括"认证相符"、"无法认证"、"认证不符"、"密文有误"和"重复认证"等类型（暂无失控发票类型），稽核结果类型包括"相符"、"不符"、"缺联"、"重号"、"属于作废"和"滞留"等类型。认证、稽核异常货运专票的处理按照专用发票的有关规定执行。

（三）稽核异常的货运专票的核查工作，按照《增值税专用发票审核检查操作规程（试行）》的有关规定执行。

（四）丢失货运专票的处理，按照专用发票的有关规定执行，承运方主管税务机关出具《丢失货物运输业增值税专用发票已报税证明单》。

财政部 国家税务总局关于扩大农产品增值税进项税额核定扣除试点行业范围的通知

财税〔2013〕57 号

各省、自治区、直辖市、计划单列市财政厅（局）、国家税务局，新疆生产建设兵团财务局：

为进一步推进农产品增值税进项税额核定扣除试点（以下简称核定扣除试点）工作，经研究决定，扩大实行核定扣除试点的行业范围。现将有关事项通知如下：

一、自2013年9月1日起，各省、自治区、直辖市、计划单列市税务部门可商同级财政部门，根据《农产品增值税进项税额核定扣除试点实施办法》（财税〔2012〕38号）的有关规定，结合本省（自治区、直辖市、计划单列市）特点，选择部分行业开展核定扣除试点工作。

二、各省、自治区、直辖市、计划单列市税务和财政部门制定的关于核定扣除试点行业范围、扣除标准等内容的文件，需报经财政部和国家税务总局备案后公布。财政部和国家税务总局将根据各地区试点工作进展情况，不定期公布部分产品全国统一的扣除标准。

三、核定扣除试点工作政策性强、涉及面广，各地财税机关要积极推进试点各项工作，妥善解决试点过程中出现的问题。

财政部 国家税务总局关于光伏发电增值税政策的通知

财税〔2013〕66号

各省、自治区、直辖市、计划单列市财政厅（局）、国家税务局：

为鼓励利用太阳能发电，促进相关产业健康发展，根据国务院批示精神，现将光伏发电增值税政策通知如下：

自2013年10月1日至2015年12月31日，对纳税人销售自产的利用太阳能生产的电力产品，实行增值税即征即退50%的政策。

请遵照执行。

国家税务总局关于铁路货运组织改革后两端物流服务有关营业税和增值税问题的公告

国家税务总局公告2013年第55号

现将铁路货运组织改革后两端物流服务有关营业税和增值税问题公告如下：

铁路货运组织改革后，铁路局所属运输站段提供的装卸业务、煤炭抑尘业务、门到站和站到门的短途运输业务（主要包括公路短途运输、内河短途运输）、装载加固业务、铁路货场内的仓储业务等两端物流服务，不属于《国家税务总局关于中央铁路征收营业税问题的通知》（国税发〔2002〕44号）规定的集中缴纳营业税的中央铁路客货运服务范围，应按照现行营业税和增值税政策规定，由提供服务的纳税人向其机构所在地主管税务机关申报缴纳营业税或增值税。

财政部 海关总署 国家税务总局关于中国（上海）自由贸易试验区有关进口税收政策的通知

财关税〔2013〕75号

上海市财政局、上海海关、上海市国家税务局：

为贯彻落实《中国（上海）自由贸易试验区总体方案》中的相关政策，现就中国（上海）自由贸易试验区有关进口税收政策通知如下：

一、对试验区内注册的国内租赁公司或其设立的项目子公司，经国家有关部门批准从境外购买空载重量在25吨以上并租赁给国内航空公司使用的飞机，享受《财政部 国家税务总局关于调整进口飞机有关增值税政策的通知》(财关税〔2013〕53号)和《海关总署关于调整进口飞机进口环节增值税有关问题的通知》(署税发〔2013〕90号)规定的增值税优惠政策。

二、对设在试验区内的企业生产、加工并经"二线"销往内地的货物照章征收进口环节增值税、消费税。根据企业申请，试行对该内销货物按其对应进口料件或按实际报验状态征收关税的政策。

三、在现行政策框架下，对试验区内生产企业和生产性服务业企业进口所需的机器、设备等货物予以免税，但生活性服务业等企业进口的货物以及法律、行政法规和相关规定明确不予免税的货物除外。

四、在严格执行货物进口税收政策的前提下，允许在特定区域设立保税展示交易平台。

除上述进口税收政策外，中国(上海)自由贸易试验区所属的上海外高桥保税区、上海外高桥保税物流园区、洋山保税港区和上海浦东机场综合保税区分别执行现行相应海关特殊监管区域的税收政策。

本通知自中国(上海)自由贸易试验区挂牌成立之日起执行。

国家税务总局关于调整出口退(免)税申报办法的公告

国家税务总局公告2013年第61号

为减少出口退(免)税申报的差错率和疑点，进一步提高申报和审批效率，加快出口退税进度，税务总局决定调整出口退(免)税申报办法，现公告如下：

一、企业出口货物劳务及适用增值税零税率的应税服务(以下简称出口货物劳务及服务)，在正式申报出口退(免)税之前，应按现行申报办法向主管税务机关进行预申报，在主管税务机关确认申报凭证的内容与对应的管理部门电子信息无误后，方可提供规定的申报退(免)税凭证、资料及正式申报电子数据，向主管税务机关进行正式申报。

二、税务机关受理企业出口退(免)税预申报后，应及时审核并向企业反馈审核结果。如果审核发现申报退(免)税的凭证没有对应的管理部门电子信息或凭证的内容与电子信息不符的，企业应按下列方法处理：

(一)属于凭证信息录入错误的，应更正后再次进行预申报；

(二)属于未在"中国电子口岸出口退税子系统"中进行出口货物报关单确认操作或未按规定进行增值税专用发票认证操作的，应进行上述操作后，再次进行预申报；

(三)除上述原因外，可填写《出口企业信息查询申请表》(见附件1)，将缺失对应凭证管理部门电子信息或凭证的内容与电子信息不符的数据和原始凭证报送至主管税务机关，由主管税务机关协助查找相关信息。

三、生产企业应根据免抵退税正式申报的出口销售额(不包括本公告生效前已按原办法申报的单证不齐或者信息不齐的出口销售额)计算免抵退税不得免征和抵扣税额，并填报在当期《增值税纳税申报表附列资料(二)》"免抵退税办法出口货物不得抵扣进项税额"栏(第18栏)、《免抵退税申报汇总表》"免抵退税不得免征和抵扣税额"栏(第25栏)。

生产企业在本公告生效前已按原办法申报单证不齐或者信息不齐的出口货物劳务及服务，在本公告生效后应及时收齐有关单证、进行预申报，并在单证齐全、信息通过预申报核对无误后进行免抵退税正式申报。正式申报时，只计算免抵退税额，不计算免抵退税不得免征和抵扣税额。

四、在退(免)税申报期截止之日前，如果企业出口的货物劳务及服务申报退(免)税的凭证仍没有对应管理部门电子信息或凭证的内容与电子信息比对不符，无法完成预申报的，企业应在退(免)税申报期截止之日前，向主管税务机关报送以下资料：

(一)《出口退(免)税凭证无相关电子信息申报表》(见附件2)及其电子数据；

（二）退（免）税申报凭证及资料。

经主管税务机关核实，企业报送的退（免）税凭证资料齐全，且《出口退（免）税凭证无相关电子信息申报表》及其电子数据与凭证内容一致的，企业退（免）税正式申报时间不受退（免）税申报期截止之日限制。未按上述规定在退（免）税申报期截止之日前向主管税务机关报送退（免）税凭证资料的，企业在退（免）税申报期限截止之日后不得进行退（免）税申报，应按规定进行免税申报或纳税申报。

五、符合《财政部 国家税务总局关于出口货物劳务增值税和消费税政策的通知》（财税〔2012〕39 号）第九条第（四）项规定的生产企业，不适用本公告，其免抵退税申报仍按原办法执行。

六、本公告自 2014 年 1 月 1 日起施行。《国家税务总局关于发布〈出口货物劳务增值税和消费税管理办法〉的公告》（国家税务总局公告 2012 年第 24 号）、《国家税务总局关于〈出口货物劳务增值税和消费税管理办法〉有关问题的公告》（国家税务总局公告 2013 年第 12 号）、《国家税务总局关于出口企业申报出口货物退（免）税提供收汇资料有关问题的公告》（国家税务总局公告 2013 年第 30 号）等文件与本公告相冲突的内容同时废止。

附件：1. 出口企业信息查询申请表（略）

2. 出口退（免）税凭证无相关电子信息申报表（略）

财政部 国家税务总局关于重新印发《总分机构试点纳税人增值税计算缴纳暂行办法》的通知

财税〔2013〕74 号

各省、自治区、直辖市、计划单列市财政厅（局）、国家税务局、地方税务局，新疆生产建设兵团财务局：

根据营业税改征增值税试点政策和现行增值税有关规定，现将修订后的《总分机构试点纳税人增值税计算缴纳暂行办法》（见附件）印发你们，请遵照执行。

附件：

总分机构试点纳税人增值税计算缴纳暂行办法

一、经财政部和国家税务总局批准的总机构试点纳税人及其分支机构，按照本办法的规定计算缴纳增值税。

二、总机构应当汇总计算总机构及其分支机构发生《应税服务范围注释》所列业务的应交增值税，抵减分支机构发生《应税服务范围注释》所列业务已缴纳的增值税税款（包括预缴和补缴的增值税税款）后，在总机构所在地解缴入库。总机构销售货物、提供加工修理修配劳务，按照增值税暂行条例及相关规定就地申报缴纳增值税。

三、总机构汇总的应征增值税销售额，为总机构及其分支机构发生《应税服务范围注释》所列业务的应征增值税销售额。

四、总机构汇总的销项税额，按照本办法第三条规定的应征增值税销售额和增值税适用税率计算。

五、总机构汇总的进项税额，是指总机构及其分支机构因发生《应税服务范围注释》所列业务而购进货物或者接受加工修理修配劳务和应税服务，支付或者负担的增值税税额。总机构及其分支机构用于发生《应税服务范围注释》所列业务之外的进项税额不得汇总。

六、分支机构发生《应税服务范围注释》所列业务，按照应征增值税销售额和预征率计算缴纳增值税。计算公式如下：

应预缴的增值税＝应征增值税销售额×预征率

预征率由财政部和国家税务总局规定，并适时予以调整。

分支机构销售货物、提供加工修理修配劳务，按照增值税暂行条例及相关规定就地申报缴纳增值税。

七、分支机构发生《应税服务范围注释》所列业务当期已预缴的增值税税款，在总机构当期增值税应纳税额中抵减不完的，可以结转下期继续抵减。

八、每年的第一个纳税申报期结束后，对上一年度总分机构汇总纳税情况进行清算。总机构和分支机构年度清算应交增值税，按照各自销售收入占比和总机构汇总的上一年度应交增值税税额计算。分支机构预缴的增值税超过其年度清算应交增值税的，通过暂停以后纳税申报期预缴增值税的方式予以解决。分支机构预缴的增值税小于其年度清算应交增值税的，差额部分在以后纳税申报期由分支机构在预缴增值税时一并就地补缴入库。

九、总机构及其分支机构的其他增值税涉税事项，按照营业税改征增值税试点政策及其他增值税有关政策执行。

十、总分机构试点纳税人增值税具体管理办法由国家税务总局另行制定。

财政部 国家税务总局关于部分航空运输企业总分机构增值税计算缴纳问题的通知

财税〔2013〕86 号

各省、自治区、直辖市、计划单列市财政厅（局）、国家税务局、地方税务局，新疆生产建设兵团财务局：

现将部分航空运输企业总机构及其分支机构缴纳增值税有关问题通知如下：

一、本通知附件 1 列明的航空运输企业总分支机构，自 2013 年 8 月 1 日起，按《总分机构试点纳税人增值税计算缴纳暂行办法》（财税〔2013〕74 号，以下称《暂行办法》）计算缴纳增值税。

二、本通知附件 2 列明的航空运输企业总分支机构，自 2013 年 10 月 1 日起，按《暂行办法》计算缴纳增值税。

三、上述航空运输企业分支机构的预征率为 1%。

四、《财政部 国家税务总局关于印发〈总分机构试点纳税人增值税计算缴纳暂行办法〉的通知》（财税〔2012〕84 号）和《财政部国家税务总局关于部分航空公司执行总分机构试点纳税人增值税计算缴纳暂行办法的通知》（财税〔2013〕9 号）自 2013 年 10 月 1 日起停止执行。

附件：1. 航空运输企业总机构及其分支机构名单（一）（略）

2. 航空运输企业总机构及其分支机构名单（二）（略）

国家税务总局关于营业税改征增值税试点有关文化事业建设费登记与申报事项的公告

国家税务总局公告 2013 年第 64 号

根据《财政部 国家税务总局关于营业税改征增值税试点有关文化事业建设费征收管理问题的通知》（财综〔2013〕88 号），现将文化事业建设费登记与申报有关事项公告如下：

一、登记事项

凡应缴纳和扣缴文化事业建设费的单位和个人（以下简称缴纳人、扣缴人），须按以下规定填写《文化事业建设费登记表》（附件 1），向主管税务机关申报办理文化事业建设费登记事项。

（一）缴纳人、扣缴人在办理税务登记或扣缴税款登记的同时，办理文化事业建设费登记。

（二）本公告发布之日前已经办理税务登记或扣缴税款登记，但未办理文化事业建设费登记的缴纳人、扣缴人，应在本公告发布后，首次申报缴纳文化事业建设费前，补办登记事项。

（三）不经常发生文化事业建设费应缴纳行为或按规定不需要办理税务登记、扣缴税款登记的缴纳人、扣缴人,可以在首次文化事业建设费应缴纳行为发生后,办理登记事项。

二、申报事项

(一)缴纳人、扣缴人应在申报期内分别向主管税务机关报送《文化事业建设费申报表》(附件 2)、《文化事业建设费代扣代缴报告表》(附件 3,以下简称申报表)。申报数据实行电子信息采集的缴纳人、扣缴人,其纸质申报表按照各省税务机关的要求报送。

(二)缴纳人计算缴纳文化事业建设费时,允许从提供相关应税服务所取得的全部含税价款和价外费用中减除有关价款的,应根据取得的合法有效凭证逐一填列《应税服务扣除项目清单》(附件 4),作为申报表附列资料,向主管税务机关同时报送。

缴纳人应将合法有效凭证的复印件加盖财务印章后编号并装订成册,作为备查资料并妥善保管,以备税务机关检查审核。

(三)文化事业建设费的申报期限与缴纳人、扣缴人的增值税申报期限相同。

三、本公告自 2014 年 1 月 1 日起施行。《国家税务总局关于营业税改征增值税试点文化事业建设费缴费信息登记有关事项的公告》(国家税务总局公告 2012 年第 50 号)、《国家税务总局关于营业税改征增值税试点文化事业建设费申报有关事项的公告》(国家税务总局公告 2012 年第 51 号)、《国家税务总局关于营业税改征增值税试点中文化事业建设费征收有关事项的公告》(国家税务总局公告 2013 年第 35 号)同时废止。

特此公告。

附件:1.《文化事业建设费登记表》及填表说明(略)

2.《文化事业建设费申报表》及填表说明(略)

3.《文化事业建设费代扣代缴报告表》及填表说明(略)

4.《应税服务减除项目清单》及填表说明(略)

国家税务总局关于出口货物劳务增值税和消费税有关问题的公告

国家税务总局公告 2013 年第 65 号

为进一步规范管理,准确执行出口货物劳务税收政策,现就出口货物劳务增值税和消费税有关问题公告如下:

一、出口企业或其他单位申请注销退(免)税资格认定,如向主管税务机关声明放弃未申报或已申报但尚未办理的出口退(免)税并按规定申报免税的,视同已结清出口退税税款。

因合并、分立、改制重组等原因申请注销退(免)税资格认定的出口企业或其他单位(以下简称注销企业),可向主管税务机关申报《申请注销退(免)税资格认定企业未结清退(免)税确认书》(附件 1),提供合并、分立、改制重组企业决议、章程、相关部门批件及承继注销企业权利和义务的企业(以下简称承继企业)在注销企业所在地的开户银行、账号,经主管税务机关确认无误后,可在注销企业结清出口退(免)税款前办理退(免)税资格认定注销手续。注销后,注销企业的应退税款由其主管税务机关退还至承继企业账户,如发生需要追缴多退税款的向承继企业追缴。

二、出口企业或其他单位可以放弃全部适用退(免)税政策出口货物劳务的退(免)税,并选择适用增值税免税政策或征税政策。放弃适用退(免)税政策的出口企业或其他单位,应向主管税务机关报送《出口货物劳务放弃退(免)税声明》(附件 2),办理备案手续。自备案次日起 36 个月内,其出口的适用增值税退(免)税政策的出口货物劳务,适用增值税免税政策或征税政策。

三、从事进料加工业务的生产企业,因上年度无海关已核销手(账)册不能确定本年度进料加工业务计划分配率的,应使用最近一次确定的“上年度已核销手(账)册综合实际分配率”作为本年度的计划分配率。

生产企业在办理年度进料加工业务核销后,如认为《生产企业进料加工业务免抵退税核销表》中的“上年度已核销手(账)册综合实际分配率”与企业当年度实际情况差别较大的,可在向主管税务机关提供当年度预计的进料加工计划分配率及书面合理理由后,将预计的进料加工计划分配率作为该年度的计划分配率。

四、出口企业将加工贸易进口料件，采取委托加工收回出口的，在申报退(免)税或申请开具《来料加工免税证明》时，如提供的加工费发票不是由加工贸易手(账)册上注明的加工单位开具的，出口企业须向主管税务机关书面说明理由，并提供主管海关出具的书面证明。否则，属于进料加工委托加工业务的，对应的加工费不得抵扣或申报退(免)税；属于来料加工委托加工业务的，不得申请开具《来料加工免税证明》，相应的加工费不得申报免税。

五、出口企业报关进入国家批准的出口加工区、保税物流园区、保税港区、综合保税区、珠澳跨境工业区(珠海园区)、中哈霍尔果斯国际边境合作中心(中方配套区域)、保税物流中心(B型)(以下统称特殊区域)并销售给特殊区域内单位或境外单位、个人的货物，以人民币结算的，可申报出口退(免)税，按有关规定提供收汇资料时，可以提供收取人民币的凭证。

六、出口企业或其他单位申报对外援助出口货物退(免)税时，不需要提供商务部批准使用援外优惠贷款的批文(“援外任务书”)复印件和商务部批准使用援外合资合作项目基金的批文(“援外任务书”)复印件。

七、生产企业外购的不经过本企业加工或组装，出口后能直接与本企业自产货物组合成成套产品的货物，如配套出口给进口本企业自产货物的境外单位或个人，可作为视同自产货物申报退(免)税。生产企业申报出口视同自产的货物退(免)税时，应按《生产企业出口视同自产货物业务类型对照表》(附件3)，在《生产企业出口货物免、抵、退税申报明细表》的“业务类型”栏内填写对应标识，主管税务机关如发现企业填报错误的，应及时要求企业改正。

八、出口企业或其他单位出口适用增值税免税政策的货物劳务，在向主管税务机关办理增值税、消费税免税申报时，不再报送《免税出口货物劳务明细表》及其电子数据。出口货物报关单、合法有效的进货凭证等留存企业备查的资料，应按出口日期装订成册。

九、以下出口货物劳务应按照下列规定留存备查合法有效的进货凭证：

(一)出口企业或其他单位从依法拍卖单位购买货物出口的，将与拍卖人签署的成交确认书及有关收据留存备查；

(二)通过合并、分立、重组改制等资产重组方式设立的出口企业或其他单位，出口重组前的企业无偿划转的货物，将资产重组文件、无偿划转的证明材料留存备查。

十、出口企业或其他单位按照《国家税务总局关于〈出口货物劳务增值税和消费税管理办法〉有关问题的公告》(国家税务总局公告2013年第12号)第二条第(十八)项规定申请延期申报退(免)税的，如省级税务机关在免税申报截止之日后批复不予延期，若该出口货物符合其他免税条件，出口企业或其他单位应在批复的次月申报免税。次月未申报免税的，适用增值税征税政策。

十一、委托出口的货物，委托方应自货物报关出口之日起至次年3月15日前，凭委托代理出口协议(复印件)向主管税务机关报送《委托出口货物证明》(附件4)及其电子数据。主管税务机关审核委托代理出口协议后在《委托出口货物证明》签章。

受托方申请开具《代理出口货物证明》时，应提供规定的凭证资料及委托方主管税务机关签章的《委托出口货物证明》。

十二、外贸企业出口视同内销征税的货物，申请开具《出口货物转内销证明》时，需提供规定的凭证资料及计提销项税的记账凭证复印件。

主管税务机关在审核外贸企业《出口货物转内销证明申报表》时，对增值税专用发票交叉稽核信息比对不符，以及发现提供的增值税专用发票或者其他增值税扣税凭证存在以下情形之一的，不得出具《出口货物转内销证明》：

(一)提供的增值税专用发票或海关进口增值税专用缴款书为虚开、伪造或内容不实；

(二)提供的增值税专用发票是在供货企业税务登记被注销或被认定为非正常户之后开具；

(三)外贸企业出口货物转内销时申报的《出口货物转内销证明申报表》的进货凭证上载明的货物与申报免退税匹配的出口货物报关单上载明的出口货物名称不符。属同一货物的多种零部件合并报关为同一商品名称的除外；

(四)供货企业销售的自产货物，其生产设备、工具不能生产该种货物；

(五)供货企业销售的外购货物，其购进业务为虚假业务；

(六)供货企业销售的委托加工收回货物,其委托加工业务为虚假业务。

主管税务机关在开具《出口货物转内销证明》后,发现外贸企业提供的增值税专用发票或者其他增值税扣税凭证存在以上情形之一的,主管税务机关应通知外贸企业将原取得的《出口货物转内销证明》涉及的进项税额做转出处理。

十三、出口企业按规定向国家商检、海关、外汇管理等对出口货物相关事项实施监管核查部门报送的资料中,属于申报出口退(免)税规定的凭证资料及备案单证的,如果上述部门或主管税务机关发现为虚假或其内容不实的,其对应的出口货物不适用增值税退(免)税和免税政策,适用增值税征税政策。查实属于偷骗税的按照相应的规定处理。

十四、本公告自2014年1月1日起执行。

特此公告。

附件:1. 申请注销退(免)税资格认定企业未结清退(免)税确认书(略)

2. 出口货物劳务放弃退(免)税声明(略)

3. 生产企业出口视同自产货物业务类型对照表(略)

4. 委托出口货物证明(略)

国家税务总局关于纳税人资产重组有关增值税问题的公告

国家税务总局公告2013年第66号

现将纳税人资产重组有关增值税问题公告如下:

纳税人在资产重组过程中,通过合并、分立、出售、置换等方式,将全部或者部分实物资产以及与其相关联的债权、负债经多次转让后,最终的受让方与劳动力接收方为同一单位和个人的,仍适用《国家税务总局关于纳税人资产重组有关增值税问题的公告》(国家税务总局公告2011年第13号)的相关规定,其中货物的多次转让行为均不征收增值税。资产的出让方需将资产重组方案等文件资料报其主管税务机关。

本公告自2013年12月1日起施行。纳税人此前已发生并处理的事项,不再做调整;未处理的,按本公告规定执行。

特此公告。

关于《纳税人资产重组有关增值税问题的公告》的解读

一、本公告出台的背景

《国家税务总局关于纳税人资产重组有关增值税问题的公告》(国家税务总局公告2011年第13号,以下简称"13号公告")发布后,在鼓励企业整合资源、兼并重组方面发挥了重要作用。近期部分地区税务机关反映,一些纳税人在进行资产重组时,将全部或者部分实物资产以及与其相关联的债权、负债通过多次转让,但最终的受让方与劳动力接收方为同一单位和个人,这种情形的资产重组中涉及的货物转让行为是否征收增值税,请求总局予以明确。

二、为什么说纳税人在资产重组过程中,通过合并、分立、出售、置换等方式,将全部或者部分实物资产以及与其相关联的债权、负债经多次转让后,最终的受让方与劳动力接收方为同一单位和个人的,仍适用13号公告规定?

我们认为,这种转让方式虽然不是一次性转让资产、负债和劳动力,但最终结果是实现了全部或部分实物资产以及与其相关联的债权、负债和劳动力全部转让给了同一单位和个人,应视为"一并转让",对其中涉及的货物多次转让行为均不应征收增值税。为此我们研究出台了《国家税务总局关于纳税人资产重组有关增值税问题的公告》,作为对 13 号公告的补充和完善。

国家税务总局关于发布《航空运输企业增值税征收管理暂行办法》的公告

国家税务总局公告 2013 年第 68 号

为解决营业税改征增值税试点期间航空运输企业总分机构缴纳增值税问题,国家税务总局制定了《航空运输企业增值税征收管理暂行办法》,现予以发布。

《财政部 国家税务总局关于部分航空运输企业总分机构增值税计算缴纳问题的通知》(财税〔2013〕86 号)附件 1 列明的航空运输企业总分机构,自 2013 年 8 月 1 日起按本办法计算缴纳增值税;附件 2 列明的航空运输企业总分机构,自 2013 年 10 月 1 日起按本办法计算缴纳增值税。

《国家税务总局关于发布〈营业税改征增值税试点期间航空运输企业增值税征收管理暂行办法〉的公告》(2013 第 7 号)自 2013 年 10 月 1 日起废止。

特此公告。

国家税务总局关于纳税人无偿赠送煤矸石征收增值税问题的公告

国家税务总局公告 2013 年第 70 号

现将纳税人无偿赠送煤矸石征收增值税问题公告如下:

纳税人将煤矸石无偿提供给他人,应根据《中华人民共和国增值税暂行条例实施细则》第四条的规定征收增值税,销售额应根据《中华人民共和国增值税暂行条例实施细则》第十六条的规定确定。

本公告自 2014 年 1 月 1 日起施行。此前已发生并处理的事项,不再做调整;未处理的,按本公告规定执行。

特此公告。

国家税务总局关于发布《邮政企业增值税征收管理暂行办法》的公告

国家税务总局公告 2014 年第 5 号

为明确营业税改征增值税后邮政企业总分机构缴纳增值税问题,国家税务总局制定了《邮政企业增值税征收管理暂行办法》,现予以发布,自 2014 年 1 月 1 日起施行。

特此公告。

附件:邮政企业分支机构增值税汇总纳税信息传递单(略)

国家税务总局

2014 年 1 月 20 日

邮政企业增值税征收管理暂行办法

第一条 为规范营业税改征增值税后邮政企业增值税征收管理，根据《中华人民共和国增值税暂行条例》(以下称增值税条例)、《营业税改征增值税试点实施办法》(以下称试点实施办法)及现行增值税有关规定，制定本办法。

邮政企业，是指中国邮政集团公司所属提供邮政服务的企业。

第二条 经省、自治区、直辖市或者计划单列市财政厅(局)和国家税务局批准，可以汇总申报缴纳增值税的邮政企业，适用本办法。

第三条 各省、自治区、直辖市和计划单列市邮政企业(以下称总机构)应当汇总计算总机构及其所属邮政企业(以下称分支机构)提供邮政服务的增值税应纳税额，抵减分支机构提供邮政服务已缴纳(包括预缴和查补，下同)的增值税额后，向主管税务机关申报纳税。

总机构发生除邮政服务以外的增值税应税行为，按照增值税条例、试点实施办法及相关规定就地申报纳税。

第四条 总机构汇总的销售额，为总机构及其分支机构提供邮政服务的销售额。

第五条 总机构汇总的销项税额，按照本办法第四条规定的销售额和增值税适用税率计算。

第六条 总机构汇总的进项税额，是指总机构及其分支机构提供邮政服务而购进货物、接受加工修理修配劳务和应税服务，支付或者负担的增值税额。

总机构及其分支机构取得的与邮政服务相关的固定资产、专利技术、非专利技术、商誉、商标、著作权、有形动产租赁的进项税额，由总机构汇总缴纳增值税时抵扣。

总机构及其分支机构用于邮政服务以外的进项税额不得汇总。

第七条 总机构及其分支机构用于提供邮政服务的进项税额与不得汇总的进项税额无法准确划分的，按照试点实施办法第二十六条确定的原则执行。

第八条 分支机构提供邮政服务，按照销售额和预征率计算应预缴税额，按月向主管税务机关申报纳税，不得抵扣进项税额。计算公式为：

应预缴税额＝(销售额＋预订款)×预征率

销售额为分支机构对外(包括向邮政服务接受方和本总、分支机构外的其他邮政企业)提供邮政服务取得的收入；预订款为分支机构向邮政服务接受方收取的预订款。

销售额不包括免税项目的销售额；预订款不包括免税项目的预订款。

分支机构发生除邮政服务以外的增值税应税行为，按照增值税条例、试点实施办法及相关规定就地申报纳税。

第九条 分支机构应按月将提供邮政服务的销售额、预订款、进项税额和已缴纳增值税额归集汇总，填写《邮政企业分支机构增值税汇总纳税信息传递单》(见附件)，报送主管税务机关签章确认后，于次月 10 日前传递给总机构。

汇总的销售额包括免税项目的销售额。

汇总的进项税额包括用于免税项目的进项税额。

第十条 总机构的纳税期限为一个季度。

第十一条 总机构应当依据《邮政企业分支机构增值税汇总纳税信息传递单》，汇总计算当期提供邮政服务的应纳税额，抵减分支机构提供邮政服务当期已缴纳的增值税额后，向主管税务机关申报纳税。抵减不完的，可以结转下期继续抵减。计算公式为：

总机构当期汇总应纳税额＝当期汇总销项税额－当期汇总的允许抵扣的进项税额

总机构当期应补(退)税额＝总机构当期汇总应纳税额－分支机构当期已缴纳税额

第十二条 邮政企业为中国邮政速递物流股份有限公司及其所属机构代办速递物流类业务，从寄件人取得的收入，由总机构并入汇总的销售额计算缴纳增值税。

分支机构收取的上述收入不预缴税款。

寄件人索取增值税专用发票的，邮政企业应向寄件人开具增值税专用发票。

第十三条 总机构及其分支机构，一律由主管税务机关认定为增值税一般纳税人。

第十四条 总机构应当在开具增值税专用发票(含货物运输业增值税专用发票)的次月申报期结束前向主管税务机关报税。

总机构及其分支机构取得的增值税扣税凭证,应当按照有关规定到主管税务机关办理认证或者申请稽核比对。

总机构汇总的允许抵扣的进项税额,应当在季度终了后的第一个申报期内申报抵扣。

第十五条 分支机构的预征率由省、自治区、直辖市或者计划单列市国家税务局商同级财政部门确定。

第十六条 总机构和分支机构所在地主管税务机关应定期或不定期对其纳税情况进行检查。

分支机构提供邮政服务申报不实的,由其主管税务机关按适用税率全额补征增值税。

第十七条 总机构及其分支机构的其他增值税涉税事项,按照增值税条例、试点实施办法及相关规定执行。

国家税务总局关于发布《铁路运输企业增值税征收管理暂行办法》的公告

国家税务总局公告2014年第6号

为明确营业税改征增值税后铁路运输企业总分机构缴纳增值税问题,国家税务总局制定了《铁路运输企业增值税征收管理暂行办法》,现予以发布,自2014年1月1日起施行。

特此公告。

附件:铁路运输企业分支机构增值税汇总纳税信息传递单(略)

国家税务总局

2014年1月20日

铁路运输企业增值税征收管理暂行办法

第一条 为规范营业税改征增值税后铁路运输企业增值税征收管理,根据《中华人民共和国增值税暂行条例》(以下称增值税条例)、《营业税改征增值税试点实施办法》(以下称试点实施办法)、《总分机构试点纳税人增值税计算缴纳暂行办法》及现行增值税有关规定,结合铁路运输企业特点,制定本办法。

第二条 经财政部、国家税务总局批准,汇总申报缴纳增值税的中国铁路总公司及其所属运输企业(含下属站段,下同)适用本办法。

第三条 中国铁路总公司所属运输企业按照本办法规定预缴增值税,中国铁路总公司汇总向机构所在地主管税务机关申报纳税。

第四条 中国铁路总公司应当汇总计算本部及其所属运输企业提供铁路运输服务以及与铁路运输相关的物流辅助服务(以下称铁路运输及辅助服务)的增值税应纳税额,抵减所属运输企业提供上述应税服务已缴纳(包括预缴和查补,下同)的增值税额后,向主管税务机关申报纳税。

中国铁路总公司发生除铁路运输及辅助服务以外的增值税应税行为,按照增值税条例、试点实施办法及相关规定就地申报纳税。

第五条 中国铁路总公司汇总的销售额,为中国铁路总公司及其所属运输企业提供铁路运输及辅助服务的销售额。

第六条 中国铁路总公司汇总的销项税额,按照本办法第五条规定的销售额和增值税适用税率计算。

第七条 中国铁路总公司汇总的进项税额,是指中国铁路总公司及其所属运输企业为提供铁路运输及辅助服务而购进货物、接受加工修理修配劳务和应税服务,支付或者负担的增值税额。

中国铁路总公司及其所属运输企业取得与铁路运输及辅助服务相关的固定资产、专利技术、非专利技术、商誉、商标、著作权、有形动产租赁的进项税额，由中国铁路总公司汇总缴纳增值税时抵扣。

中国铁路总公司及其所属运输企业用于铁路运输及辅助服务以外的进项税额不得汇总。

第八条 中国铁路总公司及其所属运输企业用于提供铁路运输及辅助服务的进项税额与不得汇总的进项税额无法准确划分的，按照试点实施办法第二十六条确定的原则执行。

第九条 中国铁路总公司所属运输企业提供铁路运输及辅助服务，按照除铁路建设基金以外的销售额和预征率计算应预缴税额，按月向主管税务机关申报纳税，不得抵扣进项税额。计算公式为：

应预缴税额＝(销售额－铁路建设基金)×预征率

销售额是指为旅客、托运人、收货人和其他铁路运输企业提供铁路运输及辅助服务取得的收入。

其他铁路运输企业，是指中国铁路总公司及其所属运输企业以外的铁路运输企业。

中国铁路总公司所属运输企业发生除铁路运输及辅助服务以外的增值税应税行为，按照增值税条例、试点实施办法及相关规定就地申报纳税。

第十条 中国铁路总公司所属运输企业，应按月将当月提供铁路运输及辅助服务的销售额、进项税额和已缴纳增值税额归集汇总，填写《铁路运输企业分支机构增值税汇总纳税信息传递单》(见附件)，报送主管税务机关签章确认后，于次月10日前传递给中国铁路总公司。

第十一条 中国铁路总公司的增值税纳税期限为一个季度。

第十二条 中国铁路总公司应当根据《铁路运输企业分支机构增值税汇总纳税信息传递单》，汇总计算当期提供铁路运输及辅助服务的增值税应纳税额，抵减其所属运输企业提供铁路运输及辅助服务当期已缴纳的增值税额后，向主管税务机关申报纳税。抵减不完的，可以结转下期继续抵减。计算公式为：

当期汇总应纳税额＝当期汇总销项税额－当期汇总进项税额

当期应补(退)税额＝当期汇总应纳税额－当期已缴纳税额

第十三条 中国铁路总公司及其所属运输企业，一律由主管税务机关认定为增值税一般纳税人。

第十四条 中国铁路总公司应当在开具增值税专用发票(含货物运输业增值税专用发票)的次月申报期结束前向主管税务机关报税。

中国铁路总公司及其所属运输企业取得的增值税扣税凭证，应当按照有关规定到主管税务机关办理认证或者申请稽核比对。

中国铁路总公司汇总的进项税额，应当在季度终了后的第一个申报期内申报抵扣。

第十五条 中国铁路总公司及其所属运输企业所在地主管税务机关应定期或不定期对其纳税情况进行检查。

中国铁路总公司所属铁路运输企业提供铁路运输及辅助服务申报不实的，由其主管税务机关按适用税率全额补征增值税。

第十六条 铁路运输企业的其他增值税涉税事项，按照增值税条例、试点实施办法及相关规定执行。

国家税务总局关于发布《适用增值税零税率应税服务退(免)税管理办法》的公告

国家税务总局公告2014年第11号

为落实营业税改征增值税有关应税服务适用增值税零税率的政策规定，经商财政部同意，国家税务总局制定了《适用增值税零税率应税服务退(免)税管理办法》。现予以发布，自2014年1月1日起施行。《国家税务总局关于发布〈适用增值税零税率应税服务退(免)税管理办法(暂行)〉的公告》(国家税务总局公告2013年第47号)同时废止。

特此公告。

附件：1. 增值税零税率应税服务(国际运输/港澳台运输)免抵退税申报明细表(略)

2. 航空国际运输收入清算账单申报明细表(略)

3. 铁路国际客运收入清算函件申报明细表(略)
4. 增值税零税率应税服务(航天运输)免抵退税申报明细表(略)
5. 提供航天运输服务收讫营业款明细清单(略)
6. 增值税零税率应税服务(研发服务/设计服务)免抵退税申报明细表(略)
7. 向境外单位提供研发服务/设计服务收讫营业款明细清单(略)
8. 外贸企业外购应税服务(研发服务/设计服务)出口明细申报表(略)
9. 放弃适用增值税零税率声明(略)

国家税务总局
2014 年 2 月 8 日

适用增值税零税率应税服务退(免)税管理办法

第一条 中华人民共和国境内(以下简称境内)的增值税一般纳税人提供适用增值税零税率的应税服务,实行增值税退(免)税办法。

第二条 本办法所称的增值税零税率应税服务提供者是指,提供适用增值税零税率应税服务,且认定为增值税一般纳税人,实行增值税一般计税方法的境内单位和个人。属于汇总缴纳增值税的,为经财政部和国家税务总局批准的汇总缴纳增值税的总机构。

第三条 增值税零税率应税服务适用范围按财政部、国家税务总局的规定执行。

起点或终点在境外的运单、提单或客票所对应的各航段或路段的运输服务,属于国际运输服务。

起点或终点在港澳台的运单、提单或客票所对应的各航段或路段的运输服务,属于港澳台运输服务。

从境内载运旅客或货物至国内海关特殊监管区域及场所、从国内海关特殊监管区域及场所载运旅客或货物至国内其他地区或者国内海关特殊监管区域及场所,以及向国内海关特殊监管区域及场所内单位提供的研发服务、设计服务,不属于增值税零税率应税服务适用范围。

第四条 增值税零税率应税服务退(免)税办法包括免抵退税办法和免退税办法,具体办法及计算公式按《财政部 国家税务总局关于出口货物劳务增值税和消费税政策的通知》(财税〔2012〕39 号)有关出口货物劳务退(免)税的规定执行。

实行免抵退税办法的增值税零税率应税服务提供者如果同时出口货物劳务且未分别核算的,应一并计算免抵退税。税务机关在审批时,应按照增值税零税率应税服务、出口货物劳务免抵退税额的比例划分其退税额和免抵税额。

第五条 增值税零税率应税服务的退税率为对应服务提供给境内单位适用的增值税税率。

第六条 增值税零税率应税服务的退(免)税计税依据,按照下列规定确定:

(一)实行免抵退税办法的退(免)税计税依据

1. 以铁路运输方式载运旅客的,为按照铁路合作组织清算规则清算后的实际运输收入;

2. 以铁路运输方式载运货物的,为按照铁路运输进款清算办法,对"发站"或"到站(局)"名称包含"境"字的货票上注明的运输费用以及直接相关的国际联运杂费清算后的实际运输收入;

3. 以航空运输方式载运货物或旅客的,如果国际运输或港澳台运输各航段由多个承运人承运的,为中国航空结算有限责任公司清算后的实际收入;如果国际运输或港澳台运输各航段由一个承运人承运的,为提供航空运输服务取得的收入;

4. 其他实行免抵退税办法的增值税零税率应税服务,为提供增值税零税率应税服务取得的收入。

(二)实行免退税办法的退(免)税计税依据为购进应税服务的增值税专用发票或解缴税款的中华人民共和国税收缴款凭证上注明的金额。

第七条 实行增值税退(免)税办法的增值税零税率应税服务不得开具增值税专用发票。

第八条 增值税零税率应税服务提供者办理出口退(免)税资格认定后,方可申报增值税零税率应税服务退(免)税。如果提供的适用增值税零税率应税服务发生在办理出口退(免)税资格认定前,在办理出口退(免)税资格认定后,可按规定申报退(免)税。

第九条 增值税零税率应税服务提供者应按照下列要求，向主管税务机关申请办理出口退(免)税资格认定：

(一)填报《出口退(免)税资格认定申请表》及电子数据；

《出口退(免)税资格认定申请表》中的"退税开户银行账号"，必须填写办理税务登记时向主管税务机关报备的银行账号之一。

(二)根据所提供的适用增值税零税率应税服务，提供以下对应资料的原件及复印件：

1. 提供国际运输服务。以水路运输方式的，应提供《国际船舶运输经营许可证》；以航空运输方式的，应提供经营范围包括"国际航空客货邮运输业务"的《公共航空运输企业经营许可证》或经营范围包括"公务飞行"的《通用航空经营许可证》；以公路运输方式的，应提供经营范围包括"国际运输"的《道路运输经营许可证》和《国际汽车运输行车许可证》；以铁路运输方式的，应提供经营范围包括"许可经营项目：铁路客货运输"的《企业法人营业执照》或其他具有提供铁路客货运输服务资质的证明材料；提供航天运输服务的，应提供经营范围包括"商业卫星发射服务"的《企业法人营业执照》或其他具有提供商业卫星发射服务资质的证明材料。

2. 提供港澳台运输服务。以公路运输方式提供内地往返香港、澳门的交通运输服务的，应提供《道路运输经营许可证》及持《道路运输证》的直通港澳运输车辆的物权证明；以水路运输方式提供内地往返香港、澳门交通运输服务的，应提供获得港澳线路运营许可船舶的物权证明；以水路运输方式提供大陆往返台湾交通运输服务的，应提供《台湾海峡两岸间水路运输许可证》及持《台湾海峡两岸间船舶营运证》船舶的物权证明；以航空运输方式提供港澳台运输服务的，应提供经营范围包括"国际、国内(含港澳)航空客货邮运输业务"的《公共航空运输企业经营许可证》或者经营范围包括"公务飞行"的《通用航空经营许可证》；以铁路运输方式提供内地往返香港的交通运输服务的，应提供经营范围包括"许可经营项目：铁路客货运输"的《企业法人营业执照》或其他具有提供铁路客货运输服务资质的证明材料。

3. 采用程租、期租和湿租方式租赁交通运输工具用于国际运输服务和港澳台运输服务的，应提供程租、期租和湿租合同或协议。

4. 对外提供研发服务或设计服务的，应提供《技术出口合同登记证》。

(三)增值税零税率应税服务提供者出口货物劳务，且未办理过出口退(免)税资格认定的，除提供上述资料外，还应提供加盖备案登记专用章的《对外贸易经营者备案登记表》和《中华人民共和国海关进出口货物收发货人报关注册登记证书》的原件及复印件。

第十条 已办理过出口退(免)税资格认定的出口企业，提供增值税零税率应税服务的，应填报《出口退(免)税资格认定变更申请表》及电子数据，提供第九条所列的增值税零税率应税服务对应的资料，向主管税务机关申请办理出口退(免)税资格认定变更。

第十一条 增值税零税率应税服务提供者按规定需变更增值税退(免)税办法的，主管税务机关应按照现行规定进行退(免)税清算，在结清税款后方可办理变更。

第十二条 增值税零税率应税服务提供者提供增值税零税率应税服务，应在财务作销售收入次月(按季度进行增值税纳税申报的为次季度首月，下同)的增值税纳税申报期内，向主管税务机关办理增值税纳税和退(免)税相关申报。

增值税零税率应税服务提供者收齐有关凭证后，可于在财务作销售收入次月起至次年 4 月 30 日前的各增值税纳税申报期内向主管税务机关申报退(免)税。逾期申报退(免)税的，主管税务机关不再受理。未在规定期限内申报退(免)税的增值税零税率应税服务，增值税零税率应税服务提供者应按规定缴纳增值税。

第十三条 实行免抵退税办法的增值税零税率应税服务提供者应按照下列要求向主管税务机关办理增值税免抵退税申报：

(一)填报《免抵退税申报汇总表》及其附表；

(二)提供当期《增值税纳税申报表》；

(三)提供免抵退税正式申报电子数据；

(四)提供增值税零税率应税服务所开具的发票(经主管税务机关认可，可只提供电子数据，原始凭证留存备查)；

（五）根据所提供的适用增值税零税率应税服务，提供以下对应资料凭证：

1. 提供国际运输服务、港澳台运输服务的，需填报《增值税零税率应税服务（国际运输/港澳台运输）免抵退税申报明细表》（附件 1），并提供下列原始凭证的原件及复印件：

（1）以水路运输、航空运输、公路运输方式的，提供增值税零税率应税服务的载货、载客舱单或其他能够反映收入原始构成的单据凭证。以航空运输方式且国际运输和港澳台运输各航段由多个承运人承运的，还需提供《航空国际运输收入清算账单申报明细表》（附件 2）。

（2）以铁路运输方式的，客运的提供增值税零税率应税服务的国际客运联运票据、铁路合作组织清算函件及《铁路国际客运收入清算函件申报明细表》（附件 3）；货运的提供铁路进款资金清算机构出具的《国际铁路货运进款清算通知单》，启运地的铁路运输企业还应提供国际铁路联运运单以及"发站"或"到站（局）"名称包含"境"字的货票；

（3）采用程租、期租、湿租服务方式租赁交通运输工具从事国际运输服务和港澳台运输服务的，还应提供程租、期租、湿租的合同或协议复印件。向境外单位和个人提供期租、湿租服务，按规定由出租方申报退（免）税的，可不提供第（1）项原始凭证。

上述（1）、（2）项原始凭证（不包括《航空国际运输收入清算账单申报明细表》和《铁路国际客运收入清算函件申报明细表》），经主管税务机关批准，增值税零税率应税服务提供者可只提供电子数据，原始凭证留存备查。

2. 提供航天运输服务的，需填报《增值税零税率应税服务（航天运输）免抵退税申报明细表》（附件 4），并提供下列资料及原始凭证的原件及复印件：

（1）签订的提供航天运输服务的合同；

（2）从与之签订航天运输服务合同的单位取得收入的收款凭证；

（3）《提供航天运输服务收讫营业款明细清单》（附件 5）。

3. 对外提供研发服务或设计服务的，需填报《增值税零税率应税服务（研发服务/设计服务）免抵退税申报明细表》（附件 6），并提供下列资料及原始凭证的原件及复印件：

（1）与增值税零税率应税服务收入相对应的《技术出口合同登记证》复印件；

（2）与境外单位签订的研发、设计合同；

（3）从与之签订研发、设计合同的境外单位取得收入的收款凭证；

（4）《向境外单位提供研发服务/设计服务收讫营业款明细清单》（附件 7）。

（六）主管税务机关要求提供的其他资料及凭证。

第十四条 实行免退税办法的增值税零税率应税服务提供者，应按照下列要求向主管税务机关办理增值税免退税申报：

（一）填报《外贸企业出口退税汇总申报表》；

（二）填报《外贸企业外购应税服务（研发服务/设计服务）出口明细申报表》（附件 8）；

（三）填列外购对应的研发服务或设计服务取得增值税专用发票情况的《外贸企业出口退税进货明细申报表》；

（四）提供以下原始凭证：

1. 提供增值税零税率应税服务所开具的发票；

2. 从境内单位或者个人购进研发服务或设计服务出口的，提供应税服务提供方开具的增值税专用发票；

3. 从境外单位或者个人购进研发服务或设计服务出口的，提供取得的解缴税款的中华人民共和国税收缴款凭证；

4. 第十三条第（五）项第 3 目所列资料及原始凭证的原件及复印件。

第十五条 主管税务机关受理增值税零税率应税服务退（免）税申报后，应对下列内容人工审核无误后，使用出口退税审核系统进行审核。对属于实行免退税办法的增值税零税率应税服务的进项一律使用交叉稽核、协查信息审核出口退税。如果在审核中有疑问的，可对企业进项增值税专用发票进行发函调查或核查。

（一）提供国际运输、港澳台运输的，应从增值税零税率应税服务提供者申报中抽取若干申报记录审核以下内容：

1. 所申报的国际运输、港澳台运输服务是否符合适用增值税零税率应税服务的规定；

2. 所抽取申报记录申报应税服务收入是否小于或等于该申报记录所对应的载货或载客舱单上记载的国际运输、港澳台运输服务收入；

3. 采用期租、程租和湿租方式租赁交通运输工具用于国际运输服务和港澳台运输服务的，重点审核期租、程租和湿租的合同或协议，审核申报退(免)税的企业是否符合适用增值税零税率应税服务的规定；

4. 以铁路运输方式提供国际运输、港澳台运输服务的，重点审核提供的货票的“发站”或“到站(局)”名称是否包含“境”字，是否与提供国际铁路联运运单匹配。

(二)对外提供研发服务或设计服务的，应审核以下内容：

1. 企业所申报的研发服务或设计服务是否符合适用增值税零税率应税服务规定；

2. 研发、设计合同签订的对方是否为境外单位；

3. 应税服务收入的支付方是否为与之签订研发、设计合同的境外单位；

4. 申报应税服务收入是否小于或等于从与之签订研发、设计合同的境外单位取得的收款金额；

5. 外贸企业外购研发服务或设计服务出口的，除按照上述内容审核外，还应审核其申报退税的进项税额是否与增值税零税率应税服务对应。

第十六条 因出口自己开发的研发服务或设计服务，退(免)税办法由免退税改为免抵退税办法的外贸企业，如果申报的退(免)税异常增长，出口货物劳务及服务有非正常情况的，主管税务机关可要求外贸企业报送出口货物劳务及服务所对应的进项凭证，并按规定进行审核。主管税务机关如果审核发现外贸企业提供的进货凭证有伪造或内容不实的，按照《财政部 国家税务总局关于出口货物劳务增值税和消费税政策通知》(财税〔2012〕39 号)等有关规定处理。

第十七条 主管税务机关认为增值税零税率应税服务提供者提供的研发服务或设计服务出口价格偏高的，应按照《财政部 国家税务总局关于防范税收风险若干增值税政策的通知》(财税〔2013〕112 号)第五条的规定处理。

第十八条 经主管税务机关审核，增值税零税率应税服务提供者申报的退(免)税，如果凭证资料齐全、符合退(免)税规定的，主管税务机关应及时予以审核通过，办理退税和免抵调库，退税资金由中央金库统一支付。

第十九条 增值税零税率应税服务提供者骗取国家出口退税款的，税务机关应按《国家税务总局关于停止为骗取出口退税企业办理出口退税有关问题的通知》(国税发〔2008〕32 号)和《财政部 国家税务总局关于防范税收风险若干增值税政策的通知》(财税〔2013〕112 号)的规定处理。增值税零税率应税服务提供者在停止退税期间发生的增值税零税率应税服务，不得申报退(免)税，应按规定缴纳增值税。

第二十条 增值税零税率应税服务提供者提供适用增值税零税率的应税服务，如果放弃适用增值税零税率，选择免税或按规定缴纳增值税的，应向主管税务机关报送《放弃适用增值税零税率声明》(附件 9)，办理备案手续。自备案次月 1 日起 36 个月内，该企业提供的增值税零税率应税服务，不得申报增值税退(免)税。

第二十一条 主管税务机关应对增值税零税率应税服务提供者适用增值税零税率的退(免)税加强分析监控。

第二十二条 本办法要求增值税零税率应税服务提供者向主管税务机关报送的申报表电子数据应均通过出口退(免)税申报系统生成、报送。在出口退(免)税申报系统信息生成、报送功能升级完成前，涉及需报送的电子数据，可暂报送纸质资料。

出口退(免)税申报系统可从国家税务总局网站免费下载或由主管税务机关免费提供。

第二十三条 本办法要求增值税零税率应税服务提供者向主管税务机关同时提供原件和复印件的资料，增值税零税率应税服务提供者提供的复印件上应注明“与原件相符”字样，并加盖企业公章。主管税务机关在核对复印件与原件相符后，将原件退回，留存复印件。

第二十四条 本办法自 2014 年 1 月 1 日起施行，以增值税零税率应税服务提供者提供增值税零税率应税服务并在财务作销售收入的日期为准。

关于《发布〈适用增值税零税率应税服务退(免)税管理办法〉的公告》的解读

为落实营业税改征增值税关于应税服务适用增值税零税率的政策规定，经商财政部同意，国家税务总局制发了《国家税务总局关于发布〈适用增值税零税率应税服务退(免)税管理办法〉的公告》(以下简称《办法》)。现将《办法》的内容解读如下：

一、《办法》制定的背景

为贯彻国务院关于将铁路运输和邮政业纳入营业税改征增值税试点范围的决定，财政部、国家税务总局制发了《财政部 国家税务总局关于将铁路运输和邮政业纳入营业税改征增值税试点的通知》(财税〔2013〕106 号)，对适用增值税零税率应税服务的政策规定进行了调整。为便于纳税人和税务机关执行，国家税务总局根据政策调整的内容制发了本《办法》，对现行的适用增值税零税率应税服务退(免)税管理办法(国家税务总局公告 2013 年第 47 号)进行了修改和补充，明确了相对应的退(免)税管理办法。

二、《办法》对国家税务总局公告 2013 年第 47 号文件修改、补充的主要内容

(一)增加了以铁路运输方式提供国际运输服务、港澳台运输服务适用增值税零税率的管理规定。

1. 关于增值税免抵退税计税依据。提供载运旅客的适用增值税零税率应税服务的，为按照铁路合作组织清算规则清算后的实际运输收入；提供载运货物的国际运输服务或港澳台运输服务的，为按照铁路运输进款清算办法对“发站”或“到站(局)”名称包含“境”字的货票上注明的运输费用以及直接相关的国际联运杂费清算后的实际运输收入。

2. 办理出口退(免)税资格认定时，应提供经营范围包括“许可经营项目:铁路客货运输”的《企业法人营业执照》。

3. 办理增值税免抵退税申报时，除按规定提供办理增值税免抵退税申报需提供的有关资料外，客运还应提供与申报对应的增值税零税率应税服务的国际客运联运票据；货运还应提供为铁路进款资金清算机构出具的《国际铁路货运进款清算通知单》、国际铁路联运运单以及“发站”或“到站(局)”名称包含“境”字的货票。经主管税务机关批准，可只提供上述凭证的电子数据，原始凭证留存备查。

4. 以铁路运输方式提供适用增值税零税率应税服务的，如果按规定属于汇总缴纳增值税的，申请适用增值税零税率的主体应为经财政部和国家税务总局批准的汇总缴纳增值税的总机构。

(二)增加了从事航天运输服务适用增值税零税率的管理规定。

1. 关于增值税免抵退税计税依据。提供航天运输服务，增值税免抵退税计税依据为:航天运输服务企业完成航天运输服务里程碑事件后，依据取得相应的收款凭证确认的收入。

2. 办理出口退(免)税资格认定时，应提供经营范围包括“商业卫星发射服务”的《企业法人营业执照》。

3. 办理增值税免抵退税申报时，除按规定提供办理增值税免抵退税申报需提供的有关资料外，还应提供《增值税零税率应税服务(航天运输)免抵退税申报明细表》、《提供航天运输服务收讫营业款明细清单》，以及签订的提供航天运输服务的合同和从与签订航天运输服务合同的单位取得收入的收款凭证的原件及复印件。

(三)明确了以期租、湿租等方式租赁交通工具提供国际运输、港澳台运输服务适用增值税零税率的管理规定。

明确了向境外单位和个人提供期租、湿租服务，按规定适用增值税零税率的出租方，办理增值税免抵退税申报时，可不提供所申报的增值税零税率应税服务的载货、载客舱单或其他能够反映收入原始构成的单据凭证。

(四)补充了外贸企业从事对外提供研发服务或设计服务申请适用增值税零税率的管理规定。

1. 明确了外贸企业外购研发服务或设计服务出口，办理免退税申报时需提供的资料，以及外贸企业自己开发的研发服务和设计服务出口，办理免抵退税申报时需提供的资料。

2. 补充了对于外贸企业从事对外提供研发服务或设计服务退(免)税申报，主管税务机关应重点审核的内容及处理办法。

（五）规定在《办法》发布同时，废止国家税务总局公告2013年第47号文件。

三、《办法》的执行日期

《办法》自2014年1月1日起执行，以增值税零税率应税服务提供者提供增值税零税率应税服务并在财务作销售收入的日期为准。

国家税务总局关于农用挖掘机 养鸡设备系列养猪设备系列产品增值税适用税率问题的公告

国家税务总局公告2014年第12号

现将农用挖掘机、养鸡设备系列、养猪设备系列产品增值税适用税率公告如下：

农用挖掘机、养鸡设备系列、养猪设备系列产品属于农机，适用13%增值税税率。

农用挖掘机是指型式和相关参数符合《农用挖掘机质量评价技术规范》（NY/T1774—2009）要求，用于农田水利建设和小型土方工程作业的挖掘机械，包括拖拉机挖掘机组和专用动力挖掘机。拖拉机挖掘机组是指挖掘装置安装在轮式拖拉机三点悬挂架上，且以轮式拖拉机为动力的挖掘机械；专用动力挖掘机指挖掘装置回转角度小于270°，以专用动力和行走装置组成的挖掘机械。

养鸡设备系列包括喂料设备（系统）、送料设备（系统）、刮粪清粪设备、集蛋分蛋装置（系统）、鸡只生产性能测定设备（系统）、产品标示鸡脚环、孵化机、小鸡保温装置、环境控制设备（鸡只）等。

养猪设备系列包括猪只群养管理设备（系统）、猪只生产性能测定设备（系统）、自动喂养系统、刮粪清粪设备、定位栏、分娩栏、保育栏（含仔猪保温装置）、环境控制设备（猪）等。

本公告自2014年4月1日起施行。此前已发生并处理的事项，不再做调整；未处理的，按本公告规定执行。

特此公告。

国家税务总局
2014年2月27日

财政部 国家税务总局关于大型水电企业增值税政策的通知

财税〔2014〕10号

各省、自治区、直辖市、计划单列市财政厅（局）、国家税务局，新疆生产建设兵团财务局：

为支持水电行业发展，统一和规范大型水电企业增值税政策，经国务院批准，现将大型水电企业增值税优惠政策通知如下：

一、装机容量超过100万千瓦的水力发电站（含抽水蓄能电站）销售自产电力产品，自2013年1月1日至2015年12月31日，对其增值税实际税负超过8%的部分实行即征即退政策；自2016年1月1日至2017年12月31日，对其增值税实际税负超过12%的部分实行即征即退政策。

二、本通知所称的装机容量，是指单站发电机组额定装机容量的总和。该额定装机容量包括项目核准（审批）机关依权限核准（审批）的水力发电站总装机容量（含分期建设和扩机），以及后续因技术改造升级等原因经批准增加的装机容量。

三、《财政部国家税务总局关于三峡电站电力产品增值税税收政策问题的通知》（财税〔2002〕24号）、《财政部 国家税务总局关于葛洲坝电站电力产品增值税政策问题的通知》（财税〔2002〕168号）、《财政部关于小浪底水利工程电力产品增值税政策问题的通知》(财税〔2006〕2号)、《国家税务总局关于黄河上游水电开发有限责任公司电力产品增值税税收政策问题的通知》(国税函〔2004〕52号)自2014年1月1日起废止。

财政部 国家税务总局

2014年2月12日

国家税务总局关于简化增值税发票领用和使用程序有关问题的公告

国家税务总局公告2014年第19号

为切实转变税务机关工作职能,进一步优化纳税服务,提高办税效率,国家税务总局开展了“便民办税春风行动”,全面全程提速办税,给诚信守法的纳税人提供更多的办税便利,现将简化增值税发票领用和使用程序有关问题公告如下:

一、简化纳税人领用增值税发票手续

取消增值税发票(包括增值税专用发票、货物运输业增值税专用发票、增值税普通发票和机动车销售统一发票,下同)手工验旧。税务机关应用增值税一般纳税人(以下简称一般纳税人)发票税控系统报税数据,通过信息化手段实现增值税发票验旧工作。

二、简化专用发票审批手续

一般纳税人申请专用发票(包括增值税专用发票和货物运输业增值税专用发票,下同)最高开票限额不超过十万元的,主管税务机关不需事前进行实地查验。各省国税机关可在此基础上适当扩大不需事前实地查验的范围,实地查验的范围和方法由各省国税机关确定。

三、简化丢失专用发票的处理流程

一般纳税人丢失已开具专用发票的发票联和抵扣联,如果丢失前已认证相符的,购买方可凭销售方提供的相应专用发票记账联复印件及销售方主管税务机关出具的《丢失增值税专用发票已报税证明单》或《丢失货物运输业增值税专用发票已报税证明单》(附件1、2,以下统称《证明单》),作为增值税进项税额的抵扣凭证;如果丢失前未认证的,购买方凭销售方提供的相应专用发票记账联复印件进行认证,认证相符的可凭专用发票记账联复印件及销售方主管税务机关出具的《证明单》,作为增值税进项税额的抵扣凭证。专用发票记账联复印件和《证明单》留存备查。

一般纳税人丢失已开具专用发票的抵扣联,如果丢失前已认证相符的,可使用专用发票发票联复印件留存备查;如果丢失前未认证的,可使用专用发票发票联认证,专用发票发票联复印件留存备查。

一般纳税人丢失已开具专用发票的发票联,可将专用发票抵扣联作为记账凭证,专用发票抵扣联复印件留存备查。

四、简化红字专用发票办理手续

一般纳税人开具专用发票后,发生销货退回或销售折让,按照规定开具红字专用发票后,不再将该笔业务的相应记账凭证复印件报送主管税务机关备案。

五、实行分类分级规范化管理

对增值税发票实行分类分级规范化管理,提高工作效率,减少办税环节。

(一)以下纳税人可一次领取不超过3个月的增值税发票用量,纳税人需要调整增值税发票用量,手续齐全的,按照纳税人需要即时办理:

1. 纳税信用等级评定为A类的纳税人;

2. 地市国税局确定的纳税信用好,税收风险等级低的其他类型纳税人。

(二)上述纳税人2年内有涉税违法行为、移交司法机关处理记录,或者正在接受税务机关立案稽查的,不适用本条第(一)项规定。

(三)辅导期一般纳税人专用发票限量限额管理工作,按照《增值税一般纳税人纳税辅导期管理办法》有关规定执行。

六、建立高效联动的风险防控机制

税务机关在做好纳税服务，提高办税效率的同时，充分利用信息化手段，建立高效联动的风险防控机制，科学设立风险防控指标，加强日常评估及后续监控管理，提升后续监控的及时性和针对性，跟踪分析纳税人发票使用及纳税申报情况。对纳税人发票使用异常且无正当理由的，税务机关可重新核定发票限额及领用数量。

本公告自2014年5月1日起施行。《国家税务总局关于修订〈增值税专用发票使用规定〉的通知》(国税发〔2006〕156号)第二十八条、《国家税务总局关于修订增值税专用发票使用规定的补充通知》(国税发〔2007〕18号)第一条第(五)项、《国家税务总局关于下放增值税专用发票最高开票限额审批权限的通知》(国税函〔2007〕918号)第二条、《国家税务总局关于在全国开展营业税改征增值税试点有关征收管理问题的公告》(国家税务总局公告2013年第39号)第五条第(四)项同时废止。

特此公告。

附件：1. 丢失增值税专用发票已报税证明单(略)

2. 丢失货物运输业增值税专用发票已报税证明单(略)

国家税务总局

2014年3月24日

关于《国家税务总局关于简化增值税发票领用和使用程序有关问题的公告》的解读

一、发布本公告的背景

为切实转变税务机关工作职能，进一步优化纳税服务，提高办税效率，国家税务总局开展了“便民办税春风行动”，全面全程提速办税，给诚信守法的纳税人提供更多的办税便利，简化增值税发票领用和使用程序，发布本公告。

二、简化纳税人领用增值税发票手续

取消增值税发票(包括增值税专用发票、货物运输业增值税专用发票、增值税普通发票和机动车销售统一发票，下同)手工验旧。目前纳税人领用发票前，需通过验旧供新程序，凭发票开具清单及已开具发票的最后一份存根联办理，此项工作用时较长，容易造成办税大厅排队现象，影响办税效率。税务机关应用一般纳税人发票税控系统报税数据，通过信息化手段实现增值税发票验旧工作。

三、简化专用发票审批手续

一般纳税人申请专用发票(包括增值税专用发票和货物运输业增值税专用发票，下同)最高开票限额不超过十万元的，主管税务机关不需事前进行实地查验。各省国税机关可在此基础上适当扩大不需事前实地查验的范围，实地查验的范围和方法由各省国税机关确定。

增值税专用发票(增值税税控系统)实行最高开票限额管理。最高开票限额由一般纳税人申请，区县税务机关依法审批。目前的做法是，主管税务机关受理纳税人申请以后，根据需要进行实地查验。但实际工作中，事前实地查验工作存在一些问题，影响办税效率。全国一般纳税人中最高开票限额不超过十万元的企业占全部使用户数的70%以上，该项措施可惠及大部分一般纳税人。

四、简化丢失专用发票的处理流程

一般纳税人丢失已开具专用发票的发票联和抵扣联，如果丢失前已认证相符的，购买方凭销售方提供的相应专用发票记账联复印件及销售方主管税务机关出具的《丢失增值税专用发票已报税证明单》或《丢失货物运输业增值税专用发票已报税证明单》(以下简称《证明单》)，可作为增值税进项税额的抵扣凭证；如果丢失前未认证的，购买方凭销售方提供的相应专用发票记账联复印件进行认证，认证相符的凭专用发票记账联复印件及销售方主管税务机关出具的《证明单》，可作为增值税进项税额的抵扣凭证。专用发票记账联复印件和《证明单》留存备查。取消购买方主管税务机关审核同意后，方可作为增值税进项税额的抵扣凭证的程序，减少办税环节。

一般纳税人丢失已开具专用发票的抵扣联，如果丢失前已认证相符的，可使用专用发票发票联复印件留存备查；如果丢失前未认证的，可使用专用发票发票联认证，专用发票发票联复印件留存备查。

一般纳税人丢失已开具专用发票的发票联，可将专用发票抵扣联作为记账凭证，专用发票抵扣联复印件留存备查。

五、简化红字专用发票办理手续

一般纳税人开具专用发票后，发生销货退回或销售折让的，按照规定开具红字专用发票后，不再将该笔业务的相应记账凭证复印件报送主管税务机关备案。红字专用发票通知单管理系统全国范围的推行，实现了税务机关通过系统对红字专用发票进行监控管理的需要，不再需要纳税人将发票复印件报送主管税务机关备案。

六、实行分类分级规范化管理

为给诚信守法的纳税人提供更多的办税便利，解决目前发票领用工作环节多、办税效率不高的问题，我们将对增值税发票领用实行分类分级规范化管理。

（一）以下纳税人可一次领取不超过3个月的增值税发票用量，纳税人需要调整增值税发票用量，手续齐全的，按照纳税人需要即时办理：

1. 纳税信用等级评定为A类的纳税人；

2. 地市国税局确定的纳税信用好，税收风险等级低的其他类型纳税人。

（二）上述纳税人2年内有涉税违法行为、移交司法机关处理记录，或者正在接受税务机关立案稽查的，不适用本条第（一）项规定。

（三）辅导期一般纳税人专用发票限量限额管理工作，按照《增值税一般纳税人纳税辅导期管理办法》有关规定执行。

七、建立高效联动的风险防控机制

税务机关在做好纳税服务，提高办税效率的同时，充分利用信息化手段，建立高效联动的风险防控机制，科学设立风险防控指标，加强日常评估及后续监控管理，提升后续监控的及时性和针对性，跟踪分析纳税人发票使用及纳税申报情况。对纳税人发票使用异常且无正当理由的，税务机关可重新核定发票限额及领用数量。

国家税务总局关于逾期未办理的出口退（免）税可延期办理有关问题的公告

国家税务总局公告2014年第20号

为在出口退税工作中积极开展“便民办税春风行动”，切实解决纳税人的出口退税问题，规范税务机关的执法行为，税务总局决定，对逾期未办理的出口退（免）税可延期办理，现将有关问题公告如下：

一、出口企业或其他单位在2013年12月31日前出口的货物，如有《国家税务总局关于〈出口货物劳务增值税和消费税管理办法〉有关问题的公告》（国家税务总局公告2013年第12号）第二条第（十八）项规定情形且未在出口退（免）税申报期限截止之日前，向主管税务机关提出出口退（免）税申请的，出口企业或其他单位可在2014年6月30日前向主管税务机关提出申请，并提供相应的举证材料。

二、对出口企业或其他单位按国家税务总局公告2013年第12号第二条第（十八）项规定和按本公告第一条的规定提交的出口退（免）税申请，主管税务机关应在规定的申请期限截止之日后的10个工作日内完成初审，并逐级上报至省、自治区、直辖市、计划单列市国家税务局（以下简称“省国家税务局”）复审；省国家税务局应在10个工作日内完成复审，并将复审结果反馈至主管税务机关，由主管税务机关告知出口企业或其他单位。对出口企业或其他单位申报的此类出口退（免）税，如有涉嫌骗税等疑点的，应按规定审核处理。

三、出口企业或其他单位在2013年委托出口的货物，如果委托方按照《国家税务总局关于出口货物劳务增值税和消费税有关问题的公告》（国家税务总局公告2013年第65号）第十一条的规定，在2014年3月15日前已向主管税务机关申请开具《委托出口货物证明》，且主管税务机关已受理，但由于节假日等原因，未及时将《委托出口货物证明》电子信息读入出口退税审核系统的，主管税务机关应在2014年4月10日前，将信息读入至出口退税审核系统，并按规定审核处理。

四、本公告自发布之日起施行。

特此公告。

国家税务总局

2014年4月4日

国家税务总局
关于杏仁油 葡萄籽油增值税适用税率问题的公告

国家税务总局公告2014年第22号

现将杏仁油、葡萄籽油的增值税适用税率公告如下：

杏仁油、葡萄籽油属于食用植物油，适用13%增值税税率。

本公告自2014年6月1日起执行。

国家税务总局

2014年4月11日

国家税务总局关于发布
《电信企业增值税征收管理暂行办法》的公告

国家税务总局公告2014年第26号

为明确营业税改征增值税后电信企业总分机构缴纳增值税问题，国家税务总局制定了《电信企业增值税征收管理暂行办法》，现予以发布，自2014年6月1日起施行。

本办法所称的电信企业总机构2014年6月所属期的增值税应纳税额，与2014年第三季度合并为一个申报期汇总申报。

特此公告。

附件：1. 各省、自治区、直辖市和计划单列市电信企业名单（略）

2. 电信企业分支机构增值税汇总纳税信息传递单（略）

国家税务总局

2014年5月14日

电信企业增值税征收管理暂行办法

第一条 为规范营业税改征增值税后电信企业增值税征收管理，根据《中华人民共和国增值税暂行条例》（以下简称增值税条例）、《营业税改征增值税试点实施办法》（以下简称试点实施办法）及现行增值税有关规定，制定本办法。

电信企业，是指中国电信集团公司、中国移动通信集团公司、中国联合网络通信集团有限公司所属提供电信服务的企业。

第二条 经省、自治区、直辖市或者计划单列市财政厅(局)和国家税务局批准,可以汇总申报缴纳增值税的电信企业,适用本办法。

第三条 各省、自治区、直辖市和计划单列市电信企业(以下简称总机构,具体名单见附件1)应当汇总计算总机构及其所属电信企业(以下简称分支机构)提供电信服务及其他应税服务的增值税应纳税额,抵减分支机构提供电信服务及其他应税服务已缴纳(包括预缴和查补,下同)的增值税额后,向主管税务机关申报纳税。

总机构发生除电信服务及其他应税服务以外的增值税应税行为,按照增值税条例及相关规定就地申报纳税。

第四条 总机构汇总的销售额,为总机构及其分支机构提供电信服务及其他应税服务的销售额。

第五条 总机构汇总的销项税额,按照本办法第四条规定的销售额和增值税适用税率计算。

第六条 总机构汇总的进项税额,是指总机构及其分支机构提供电信服务及其他应税服务而购进货物、接受加工修理修配劳务和应税服务,支付或者负担的增值税额。

总机构及其分支机构取得的与电信服务及其他应税服务相关的固定资产、专利技术、非专利技术、商誉、商标、著作权、有形动产租赁的进项税额,由总机构汇总缴纳增值税时抵扣。

总机构及其分支机构用于电信服务及其他应税服务以外的进项税额不得汇总。

第七条 总机构及其分支机构用于提供电信服务及其他应税服务的进项税额与不得汇总的进项税额无法准确划分的,按照试点实施办法第二十六条确定的原则执行。

第八条 分支机构提供电信服务及其他应税服务,按照销售额和预征率计算应预缴税额,按月向主管税务机关申报纳税,不得抵扣进项税额。计算公式为:

应预缴税额=(销售额+预收款)×预征率

销售额为分支机构对外(包括向电信服务及其他应税服务接受方和本总机构、分支机构外的其他电信企业)提供电信服务及其他应税服务取得的收入;预收款为分支机构以销售电信充值卡(储值卡)、预存话费等方式收取的预收性质的款项。

销售额不包括免税项目的销售额;预收款不包括免税项目的预收款。

分支机构发生除电信服务及其他应税服务以外的增值税应税行为,按照增值税条例及相关规定就地申报纳税。

第九条 分支机构应按月将提供电信服务及其他应税服务的销售额、预收款、进项税额和已缴纳增值税额归集汇总,填写《电信企业分支机构增值税汇总纳税信息传递单》(见附件2),报送主管税务机关签章确认后,于次月10日前传递给总机构。

汇总的销售额包括免税项目的销售额。

汇总的进项税额包括用于免税项目的进项税额。

第十条 总机构的纳税期限为一个季度。

第十一条 总机构应当依据《电信企业分支机构增值税汇总纳税信息传递单》,汇总计算当期提供电信服务及其他应税服务的应纳税额,抵减分支机构提供电信服务及其他应税服务当期已缴纳的增值税额后,向主管税务机关申报纳税。抵减不完的,可以结转下期继续抵减。计算公式为:

总机构当期汇总应纳税额=当期汇总销项税额-当期汇总的允许抵扣的进项税额

总机构当期应补(退)税额=总机构当期汇总应纳税额-分支机构当期已缴纳税额

第十二条 总机构及其分支机构,一律由主管税务机关认定为增值税一般纳税人。

第十三条 总机构应当在开具增值税专用发票的次月申报期结束前向主管税务机关报税。

总机构及其分支机构取得的增值税扣税凭证,应当按照有关规定到主管税务机关办理认证或者申请稽核比对。

总机构汇总的允许抵扣的进项税额,应当在季度终了后的第一个申报期内申报抵扣。

第十四条 分支机构的预征率由省、自治区、直辖市或者计划单列市国家税务局商同级财政部门确定。

第十五条 电信企业通过手机短信公益特服号为公益机构接受捐款提供服务,如果捐款人索取增值税专用发票的，应按照捐款人支付的全部价款和价外费用，扣除支付给公益性机构捐款后的余额开具增值税专用发票。

第十六条　总机构和分支机构所在地主管税务机关应定期或不定期对其纳税情况进行检查。

分支机构提供电信服务及其他应税服务申报不实的，由其主管税务机关按适用税率全额补征增值税。

第十七条　电信企业普通发票的适用暂由各省、自治区、直辖市和计划单列市国家税务局确定。

各省、自治区分支机构可以使用上级分支机构统一领取的增值税专用发票和普通发票；各直辖市、计划单列市分支机构可以使用总机构统一领取的增值税专用发票和普通发票。

总机构“一窗式”比对内容中，不含分支机构按照本办法第八条规定就地申报纳税的专用发票销项金额和税额。

第十八条　总机构及其分支机构的其他增值税涉税事项，按照增值税条例、试点实施办法及相关规定执行。

财政部 海关总署 国家税务总局
关于租赁企业进口飞机有关税收政策的通知

财关税〔2014〕16 号

各省、自治区、直辖市、计划单列市财政厅(局)、国家税务局，新疆生产建设兵团财务局，海关总署广东分署、各直属海关，财政部驻各省、自治区、直辖市、计划单列市财政监察专员办事处：

经国务院批准，自 2014 年 1 月 1 日起，租赁企业一般贸易项下进口飞机并租给国内航空公司使用的，享受与国内航空公司进口飞机同等税收优惠政策，即进口空载重量在 25 吨以上的飞机减按 5%征收进口环节增值税。自 2014 年 1 月 1 日以来，对已按 17%税率征收进口环节增值税的上述飞机，超出 5%税率的已征税款，尚未申报增值税进项税额抵扣的，可以退还。租赁企业申请退税时，应附送主管税务机关出具的进口飞机所缴纳增值税未抵扣证明(格式见附件)。

海关特殊监管区域内租赁企业从境外购买并租给国内航空公司使用的、空载重量在 25 吨以上、不能实际入区的飞机，不实施进口保税政策，减按 5%征收进口环节增值税。

附件：租赁企业进口飞机增值税进项税额未抵扣证明(略)

财政部 海关总署 国家税务总局
2014 年 5 月 13 日

财政部 国家发展改革委 国土资源部 住房和城乡建设部
中国人民银行 国家税务总局 新闻出版广电总局
关于支持电影发展若干经济政策的通知

财教(2014)56 号

各省、自治区、直辖市、计划单列市财政厅(局)、发展改革委、国土资源厅(局)、住房和城乡建设厅(委)、国家税务局、广播影视局，中国人民银行上海总部，各分行、营业管理部、省会(首府)城市中心支行、副省级城市中心支行：

为贯彻落实党的十八大和十八届三中全会精神，丰富人民群众文化生活，促进中国电影繁荣发展，提高中国电影的整体实力和竞争力，推动中国电影在关键时期迈上一个新的台阶，实现由电影大国向电影强国的跨越，现就支持电影发展若干经济政策通知如下：

一、加强电影事业发展专项资金的管理

加强电影事业发展专项资金的征缴、使用和管理，支持电影事业产业发展，切实提高资金使用效益。

二、加大电影精品专项资金支持力度

中央财政继续安排电影精品专项资金促进电影创作生产，其中每年安排1亿元资金，采取重点影片个案报批的方式，用于扶持5—10部有影响力的重点题材影片。

三、通过文化产业发展专项资金重点支持电影产业发展

在文化产业发展专项资金中，专门安排资金支持电影产业发展，主要用于五个方面，一是推动高新技术在电影制作中的应用；二是支持中国电影企业走出去；三是支持重要电影工业项目和高科技核心基地建设；四是资助具有较强市场竞争力的重点影片；五是加强重点专业性电影网站建设。

四、对电影产业实行税收优惠政策

对电影制片企业销售电影拷贝(含数字拷贝)、转让版权取得的收入，电影发行企业取得的电影发行收入，电影放映企业在农村的电影放映收入，自2014年1月1日至2018年12月31日免征增值税。

一般纳税人提供的城市电影放映服务，可以按现行政策规定，选择按照简易计税办法计算缴纳增值税。

五、实施中西部地区县级城市影院建设资金补贴政策

中央财政通过电影事业发展专项资金安排补贴资金，重点支持中西部地区及东部困难地区县级城市数字影院建设。地方财政根据本地经济发展实际情况，合理安排资金，促进县城数字影院建设的均衡发展。

六、加强和完善电影发行放映的公共服务和监管体系建设

适应电影技术革新、产业升级的发展趋势，加强和完善电影发行放映的公共服务和监管体系建设，推动电影发行放映的运营、服务和管理向现代化、智能化转变。

七、对电影产业实行金融支持政策

鼓励银行业金融机构加快推动适合电影产业需求特点的信贷产品创新，在有效控制风险的前提下，逐步扩大融资租赁贷款、应收账款质押融资、产业链融资、股权质押贷款等适应电影企业特点的信贷创新产品的规模，探索开展无形资产抵质押贷款业务，拓宽电影企业贷款抵质押物的范围。

积极推动适合电影产业需求特点的服务模式创新，支持银行业金融机构根据电影企业的不同发展阶段和金融需求特点，有效衔接信贷业务与结算业务、国际业务、投行业务，有效整合银行公司业务、零售业务、资产负债业务与中间业务；鼓励银行、投资基金、保险等机构联合采取投资企业股权、债券、资产支持计划等多种形式为电影企业提供综合性金融服务。

大力推进电影企业直接融资。支持符合条件的电影企业上市，鼓励电影企业发行公司债、企业债、集合信托和集合债、中小企业私募债等非金融企业债务融资工具；引导私募股权投资资金、创业投资基金等各类投资机构投资电影产业；中央财政对国家重点支持的电影基地、企业和项目，给予一定比例的贷款贴息和保费补贴。

八、实行支持影院建设的差别化用地政策

鉴于影院用地来源形式多样，放映方式多样，为鼓励影院建设，可通过单独新建、项目配建、原地改建、异地迁建等多种形式增加观影设施，并针对不同情况分别实行协议、挂牌等差别化的土地供应政策。一是新建单体影院建设用地实行挂牌出让政策。政府供应影院用地时，可提出影院建设标准要求，通过公开挂牌方式确定土地使用权人。二是积极探索在商服设施项目中配建影院等建设途径及土地供应方式。市、县在供应商服用地或其他房地产用地时，可将在项目中配套建设影院相关要求纳入出让条件，并依法明确影院建成后的处置方式。三是支持现有影院实行改造建设。在符合规划的前提下，现有影院改造可兼容一定规模的商业、服务、办公等其他用途，并按协议方式补充办理用地手续。四是鼓励其他公益场所建设适应电影放映的设施。对图书馆、博物馆、文化馆和青少年活动场所等非营利性公共文化设施中建设适用电影放映设备和场地的，因主用途符合《划拨用地目录》，经批准以划拨方式供应用地的，影院用地部分可按文体娱乐用途采取协议方式办理供应手续。五是鼓励利用现有工业、仓储等存量建设用地建设影院。经出让方和规划管理部门同意，可按文体娱乐用途采取协议方式办理用地手续。六是严格影院用地供后监管。严格影院用地改变用途的审批程序。影院用地使用者应按土地出让合同约定开发、利用、经营土地，需改变合同约定的土地用途的，必须取得出让方和市、县人民政府城市规划行政主管部门同意。对新供单体影院建设用地，应在出让合同中明确，如改变土地用途的，需由政府依法收回后重新供应。

各地应根据当地影院建设和发展实际，科学规划影院建设布局和总量，防止低水平重复建设和过度竞争，确保影院建设有序进行。影院建设过多的地区应严格控制新建影院数量，以调整优化影院布局、结构作为重点；影院建设滞后的地区，应按相关规划，积极推进影院建设。

九、狠抓落实，加强管理

各级发展改革、财税、金融、国土资源、住房城乡建设部门要认真落实关于支持电影发展的各项经济政策，尽快制定完善各项配套政策措施和办法，建立健全专项资金使用管理制度，加强对资金的宏观调控和评估监管力度。各级新闻出版广电部门要切实强化责任意识，认真抓好具体实施工作，及时研究解决新情况、新问题。

特此通知。

财政部 国家发展改革委 国土资源部 住房和城乡建设部
中国人民银行 国家税务总局 新闻出版广电总局
2014 年 5 月 31 日

财政部 海关总署 国家税务总局
关于横琴 平潭开发有关增值税和消费税政策的通知

财税〔2014〕51 号

广东、福建省财政厅、国家税务局，海关总署广东分署、拱北海关、福州海关：

为了贯彻落实《国务院关于横琴开发有关政策的批复》（国函〔2011〕85 号）和《国务院关于平潭综合实验区总体发展规划的批复》（国函〔2011〕142 号）精神，现就横琴、平潭开发有关增值税和消费税政策通知如下：

一、增值税和消费税退税政策

（一）内地销往横琴、平潭与生产有关的货物，视同出口，实行增值税和消费税退税政策。但下列货物不包括在内：

1. 财政部和国家税务总局规定不适用增值税退（免）税和免税政策的出口货物。

2. 横琴、平潭的商业性房地产开发项目采购的货物。

商业性房地产开发项目，是指兴建（包括改扩建）宾馆饭店、写字楼、别墅、公寓、住宅、商业购物场所、娱乐服务业场馆、餐饮业店馆以及其他商业性房地产项目。

3. 内地销往横琴、平潭不予退税的其他货物。具体范围见附件。

4. 按本通知第五条规定被取消退税或免税资格的企业购进的货物。

（二）内地货物销往横琴、平潭，适用增值税和消费税退税政策的，必须办理出口报关手续（水、蒸汽、电力、燃气除外）。海关总署将货物经“二线”进入横琴、平潭的《进境货物备案清单》的电子信息提供给国家税务总局。

（三）内地销往横琴、平潭的适用增值税和消费税退税政策的货物，销售企业在取得出口货物报关单（出口退税专用）后，应在中国电子口岸数据中心予以确认，并将取得的上述关单提供给横琴、平潭的购买企业，由横琴、平潭的购买企业向税务机关申报退税。申报退税时，应提供购进货物的出口货物报关单（出口退税专用）、进境货物备案清单、增值税专用发票、消费税专用缴款书（仅限于消费税应税货物）以及税务机关要求提供的其他资料。

税务机关应对企业申报退税的资料，与对应的电子信息进行核对无误后，按规定办理退税。

已申报退税的货物，其增值税专用发票上注明的增值税额，不得作为进项税额进行抵扣。已抵扣的进项税额，不得再申报退税。

(四)退税公式。

增值税应退税额=购进货物的增值税专用发票注明的金额×购进货物适用的增值税退税率

从一般纳税人购进的按简易办法征税的货物和从小规模纳税人购进的货物,其适用的增值税退税率,按照购进货物适用的征收率和退税率孰低的原则确定。

消费税应退税额=购进货物的消费税专用缴款书上注明的消费税额

二、横琴、平潭各自的区内企业之间销售其在本区内的货物,免征增值税和消费税。但上述企业之间销售的用于其本区内商业性房地产开发项目的货物,以及按本通知第五条规定被取消退税或免税资格的企业销售的货物,应按规定征收增值税和消费税。

三、横琴、平潭已享受免税、保税、退税政策的货物销往内地,除在“一线”已完税的生活消费类等货物外,按照有关规定征收进口税收。

四、横琴、平潭的在“一线”已完税的生活消费类等货物销往内地的,由税务机关按照现行规定征收增值税和消费税。

五、横琴、平潭的企业应单独核算按照本通知第一条或第二条规定退税或免税的货物。主管税务机关发现企业未按规定单独核算的,取消其享受本通知规定的退税和免税资格2年,并按规定予以处罚。

六、横琴、平潭的商业性房地产开发项目,由各自的区管委会行业主管部门会同当地财政、国税部门联合认定。

七、本通知有关增值税和消费税退税、免税的具体管理办法,由国家税务总局另行制定。

八、本通知自相关监管设施验收合格、正式开关运行之日起执行。增值税和消费税退税政策的执行时间,以出口货物报关单(出口退税专用)上注明的出口日期为准。

附件:内地销往横琴、平潭不予退税的货物清单(略)

财政部 海关总署 国家税务总局
2014年6月11日

财政部 国家税务总局
关于简并增值税征收率政策的通知

财税(2014)57号

各省、自治区、直辖市、计划单列市财政厅(局)、国家税务局,新疆生产建设兵团财务局:

为进一步规范税制、公平税负,经国务院批准,决定简并和统一增值税征收率,将6%和4%的增值税征收率统一调整为3%。现将有关事项通知如下:

一、《财政部国家税务总局关于部分货物适用增值税低税率和简易办法征收增值税政策的通知》(财税〔2009〕9号)第二条第(一)项和第(二)项中“按照简易办法依照4%征收率减半征收增值税”调整为“按照简易办法依照3%征收率减按2%征收增值税”。

《财政部国家税务总局关于全国实施增值税转型改革若干问题的通知》(财税〔2008〕170号)第四条第(二)项和第(三)项中“按照4%征收率减半征收增值税”调整为“按照简易办法依照3%征收率减按2%征收增值税”。

二、财税〔2009〕9号文件第二条第(三)项和第三条“依照6%征收率”调整为“依照3%征收率”。

三、财税〔2009〕9号文件第二条第(四)项“依照4%征收率”调整为“依照3%征收率”。

四、本通知自2014年7月1日起执行。

财政部 国家税务总局
2014年6月13日

国家税务总局关于简并增值税征收率有关问题的公告

国家税务总局公告2014年第36号

根据国务院简并和统一增值税征收率的决定，现将有关问题公告如下：

一、将《国家税务总局关于固定业户临时外出经营有关增值税专用发票管理问题的通知》（国税发〔1995〕87号）中"经营地税务机关按6%的征收率征税"，修改为"经营地税务机关按3%的征收率征税"。

二、将《国家税务总局关于拍卖行取得的拍卖收入征收增值税、营业税有关问题的通知》（国税发〔1999〕40号）第一条中"按照4%的征收率征收增值税"，修改为"按照3%的征收率征收增值税"。

三、将《国家税务总局关于增值税简易征收政策有关管理问题的通知》（国税函〔2009〕90号）第一条第（一）项中"按简易办法依4%征收率减半征收增值税政策"，修改为"按简易办法依3%征收率减按2%征收增值税政策"。

四、将《国家税务总局关于供应非临床用血增值税政策问题的批复》（国税函〔2009〕456号）第二条中"按照简易办法依照6%征收率计算应纳税额"，修改为"按照简易办法依照3%征收率计算应纳税额"。

五、将《国家税务总局关于一般纳税人销售自己使用过的固定资产增值税有关问题的公告》（国家税务总局公告2012年第1号）中"可按简易办法依4%征收率减半征收增值税"，修改为"可按简易办法依3%征收率减按2%征收增值税"。

六、纳税人适用按照简易办法依3%征收率减按2%征收增值税政策的，按下列公式确定销售额和应纳税额：

销售额＝含税销售额/(1＋3%)

应纳税额＝销售额×2%

《国家税务总局关于增值税简易征收政策有关管理问题的通知》（国税函〔2009〕90号）第四条第（一）项废止。

七、本公告自2014年7月1日起施行。

特此公告。

国家税务总局

2014年6月27日

关于《国家税务总局关于简并增值税征收率有关问题的公告》的解读

一、公告出台的背景

我国现行增值税制度规定，增值税小规模纳税人和特定增值税一般纳税人销售货物或者提供劳务时，采用简易计税办法，按照销售额和征收率计算缴纳增值税，不得抵扣进项税额。其中，小规模纳税人的征收率经过几次调整已经统一为3%，而特定一般纳税人适用的征收率未与小规模纳税人征收率的调整保持同步，形成了6%、4%、3%等多档征收率并存的现状。

多档征收率并存引发了一定的质疑。为进一步规范税制、公平税负，经国务院批准，决定简并和统一增值税征收率，将6%和4%的增值税征收率统一调整为3%。《财政部国家税务总局关于简并增值税征收率政策的通知》（财税〔2014〕57号）已经将财税字文件中涉及6%和4%的增值税征收率的规定，统一调整为3%。该公告则将现行国家税务总局印发的税收文件中涉及增值税征收率进行了调整。

二、本公告主要内容

本公告主要内容包括两部分：一是将现行有效的税收文件中涉及6%和4%的增值税征收率的规定，统一调整为3%；二是明确了简易办法依3%征收率减按2%征收增值税政策中，纳税人销售额和应纳税额计算问题。公告明确，纳税人适用按照简易办法依3%征收率减按2%征收增值税政策的，确定销售额和应纳税额的公式为：

销售额＝含税销售额/(1＋3%)

应纳税额＝销售额×2%

国家税务总局关于纳税人对外开具增值税专用发票有关问题的公告

国家税务总局公告2014年第39号

现将纳税人对外开具增值税专用发票有关问题公告如下：

纳税人通过虚增增值税进项税额偷逃税款，但对外开具增值税专用发票同时符合以下情形的，不属于对外虚开增值税专用发票：

一、纳税人向受票方纳税人销售了货物，或者提供了增值税应税劳务、应税服务；

二、纳税人向受票方纳税人收取了所销售货物、所提供应税劳务或者应税服务的款项，或者取得了索取销售款项的凭据；

三、纳税人按规定向受票方纳税人开具的增值税专用发票相关内容，与所销售货物、所提供应税劳务或者应税服务相符，且该增值税专用发票是纳税人合法取得、并以自己名义开具的。

受票方纳税人取得的符合上述情形的增值税专用发票，可以作为增值税扣税凭证抵扣进项税额。

本公告自2014年8月1日起施行。此前未处理的事项，按照本公告规定执行。

特此公告。

国家税务总局

2014年7月2日

国家税务总局关于国际货物运输代理服务有关增值税问题的公告

国家税务总局公告2014年第42号

经商财政部同意，现将试点纳税人间接提供国际货物运输代理服务有关增值税问题公告如下：

一、试点纳税人通过其他代理人，间接为委托人办理货物的国际运输、从事国际运输的运输工具进出港口、联系安排引航、靠泊、装卸等货物和船舶代理相关业务手续，可按照《财政部 国家税务总局关于将铁路运输和邮政业纳入营业税改征增值税试点的通知》(财税〔2013〕106号)附件3第一条第(十四)项免征增值税。

二、试点纳税人提供上述国际货物运输代理服务，向委托人收取的全部代理服务收入，以及向其他代理人支付的全部代理费用，必须通过金融机构进行结算。

三、试点纳税人为大陆与香港、澳门、台湾地区之间的货物运输间接提供的货物运输代理服务，参照上述规定执行。

本公告自2014年9月1日起施行。

特此公告。

国家税务总局

2014年7月4日

财政部 国家税务总局
关于铁路运输企业汇总缴纳增值税的补充通知

财税〔2014〕54 号

各省、自治区、直辖市、计划单列市财政厅(局)、国家税务局、地方税务局,新疆生产建设兵团财务局:

根据各地反映的情况,现将《财政部国家税务总局关于铁路运输企业汇总缴纳增值税的通知》(财税〔2013〕111 号)有关合资铁路运输企业汇总缴纳增值税的事项补充明确如下:

一、对财税〔2013〕111 号文件的附件 2,更名和增补本通知附件所列的分支机构。自上述分支机构提供铁路运输服务及相关的物流辅助服务之日起,按照财税〔2013〕111 号文件以及本通知的规定缴纳增值税。

二、对财税〔2013〕111 号文件附件 2 所列的分支机构,在维持由中国铁路总公司汇总计算应交增值税不变的前提下,实行由合资铁路运输企业总部汇总预缴增值税的办法。

(一)合资铁路运输企业总部本级及其下属站段(含委托运输管理的站段,下同)本级的销售额适用的预征率调整为 1%,本级应预缴的增值税按下列公式计算,计入预算科目 101010401 目"改征增值税"。

本级应预缴的增值税=本级应征增值税销售额×1%

(二)合资铁路运输企业总部及其下属站段汇总的销售额适用的预征率仍为 3%,合资铁路运输企业总部应按下列公式计算汇总应预缴的增值税,计入预算科目 101010401 目"改征增值税"。

汇总应预缴的增值税=(总部本级应征增值税销售额+下属站段本级应征增值税销售额)×3%—(总部本级应预缴的增值税+下属站段本级应预缴的增值税)

三、本通知自 2014 年 9 月 1 日起执行。财税〔2013〕111 号文件第三条相应废止。已经按照 3%预缴的增值税,由中央财政通过 2014 年年终结算方式予以调整。

附件:分支机构名单(略)

财政部 国家税务总局
2014 年 8 月 5 日

财政部 国家税务总局 中国人民银行关于跨省合资铁路运输企业"营改增"后税收收入分配有关问题的补充通知

财预〔2014〕96 号

各省、自治区、直辖市、计划单列市财政厅(局)、国家税务局、地方税务局,中国人民银行上海总部,各分行、营业管理部、省会(首府)城市中心支行,深圳、大连、青岛、厦门、宁波市中心支行:

《财政部国家税务总局关于铁路运输企业汇总缴纳增值税的补充通知》(财税〔2014〕54 号)下发后,为妥善处理"营改增"后跨省合资铁路运输企业税收收入分配问题,现就有关收入分配办法及收入归属、缴库程序等事宜通知如下:

一、跨省合资铁路企业税收收入分配办法

跨省合资铁路运输企业总部本级及其下属站段本级按照 1%预征率缴纳的增值税及相应的城市维护建设税、教育费附加收入,直接留归其所在的省(自治区、直辖市、计划单列市)。对这部分收入省以下的归属,由所在的省级人民政府确定。

总部汇总预缴的增值税仍执行《财政部国家税务总局中国人民银行关于调整铁路运输企业税收收入划

分办法的通知》(财预〔2012〕383 号)中第二条第二款的“跨省合资铁路企业税收收入分配办法”。2014—2015 年相关省份分配比例详见附件。总部汇总预缴的城市维护建设税和教育费附加仍作为注册地地方收入。

二、跨省合资铁路企业税收缴库程序

跨省合资铁路运输企业总部本级及其下属站段本级预缴的增值税就地缴库。在总部汇总预缴的增值税仍按《国家税务总局中国人民银行财政部关于跨省合资铁路企业跨地区税收分享入库有关问题的通知》(国税发〔2012〕116 号)规定的缴库程序执行,其中,总部汇总预缴增值税的查补税款、罚款和应退税款在总部注册地就地办理缴库与退库,不在相关地区分配。

三、其他事项

本通知自 2014 年 9 月 1 日起执行。跨省合资铁路运输企业总部本级及其下属站段本级 2014 年 1—8 月(税款所属期)已经征收入库的收入不再调库,由中央财政在 2014 年年终结算时予以调整。

附件:跨省合资铁路税收收入分配情况表(略)

财政部 国家税务总局 中国人民银行
2014 年 8 月 11 日

国家税务总局关于重新发布《营业税改征增值税跨境应税服务增值税免税管理办法(试行)》的公告

国家税务总局公告 2014 年第 49 号

经国务院批准,铁路运输、邮政业和电信业已经纳入营业税改征增值税试点。为了规范和完善跨境应税服务的税收管理,国家税务总局对《营业税改征增值税跨境应税服务增值税免税管理办法(试行)》进行了修订,现予以发布,自 2014 年 10 月 1 日起施行。2013 年 9 月 13 日发布的《营业税改征增值税跨境应税服务增值税免税管理办法(试行)》(国家税务总局公告 2013 年第 52 号)同时废止。

特此公告。

国家税务总局
2014 年 8 月 27 日

营业税改征增值税跨境应税服务增值税免税管理办法(试行)

第一条 境内的单位和个人(以下称纳税人)提供跨境应税服务(以下称跨境服务),适用本办法。

第二条 下列跨境服务免征增值税:

(一)工程、矿产资源在境外的工程勘察勘探服务。

(二)会议展览地点在境外的会议展览服务。

为客户参加在境外举办的会议、展览而提供的组织安排服务,属于会议展览地点在境外的会议展览服务。

(三)存储地点在境外的仓储服务。

(四)标的物在境外使用的有形动产租赁服务。

(五)为出口货物提供的邮政业服务和收派服务。

1. 为出口货物提供的邮政业服务,是指:

(1)寄递函件、包裹等邮件出境;

(2)向境外发行邮票；

(3)出口邮册等邮品；

(4)代办收件地在境外的速递物流类业务。

2. 为出口货物提供的收派服务，是指为出境的函件、包裹提供的收件、分拣、派送服务。

纳税人为出口货物提供收派服务，免税销售额为其向寄件人收取的全部价款和价外费用。

3. 境外单位或者个人为出境的函件、包裹在境外提供邮政服务和收派服务，属于《营业税改征增值税试点实施办法》第十条规定的完全在境外消费的应税服务，不征收增值税。

(六)在境外提供的广播影视节目(作品)发行、播映服务。

在境外提供的广播影视节目(作品)发行服务，是指向境外单位或者个人发行广播影视节目(作品)、转让体育赛事等文体活动的报道权或者播映权，且该广播影视节目(作品)、体育赛事等文体活动在境外播映或者报道。

在境外提供的广播影视节目(作品)播映服务，是指在境外的影院、剧院、录像厅及其他场所播映广播影视节目(作品)。

通过境内的电台、电视台、卫星通信、互联网、有线电视等无线或者有线装置向境外播映广播影视节目(作品)，不属于在境外提供的广播影视节目(作品)播映服务。

(七)以水路运输方式提供国际运输服务但未取得《国际船舶运输经营许可证》的；以公路运输方式提供国际运输服务但未取得《道路运输经营许可证》或者《国际汽车运输行车许可证》，或者《道路运输经营许可证》的经营范围未包括“国际运输”的；以航空运输方式提供国际运输服务但未取得《公共航空运输企业经营许可证》，或者其经营范围未包括“国际航空客货邮运输业务”的；以航空运输方式提供国际运输服务但未持有《通用航空经营许可证》，或者其经营范围未包括“公务飞行”的。

(八)以公路运输方式提供至香港、澳门的交通运输服务，但未取得《道路运输经营许可证》，或者未具有持《道路运输证》的直通港澳运输车辆的；以水路运输方式提供至台湾的交通运输服务，但未取得《台湾海峡两岸间水路运输许可证》，或者未具有持《台湾海峡两岸间船舶营运证》的船舶的；以水路运输方式提供至香港、澳门的交通运输服务，但未具有获得港澳线路运营许可的船舶的；以航空运输方式提供往返香港、澳门、台湾的交通运输服务或者在香港、澳门、台湾提供交通运输服务，但未取得《公共航空运输企业经营许可证》，或者其经营范围未包括“国际、国内(含港澳)航空客货邮运输业务”的；以航空运输方式提供往返香港、澳门、台湾的交通运输服务或者在香港、澳门、台湾提供交通运输服务，但未持有《通用航空经营许可证》，或者其经营范围未包括“公务飞行”的。

(九)适用简易计税方法，或声明放弃适用零税率选择免税的下列应税服务：

1. 国际运输服务；

2. 往返香港、澳门、台湾的交通运输服务以及在香港、澳门、台湾提供的交通运输服务；

3. 航天运输服务；

4. 向境外单位提供的研发服务和设计服务，对境内不动产提供的设计服务除外。

(十)向境外单位提供的下列应税服务：

1. 电信业服务、技术转让服务、技术咨询服务、合同能源管理服务、软件服务、电路设计及测试服务、信息系统服务、业务流程管理服务、商标著作权转让服务、知识产权服务、物流辅助服务(仓储服务、收派服务除外)、认证服务、鉴证服务、咨询服务、广播影视节目(作品)制作服务、程租服务。

纳税人向境外单位或者个人提供国际语音通话服务、国际短信服务、国际彩信服务，通过境外电信单位结算费用的，服务接受方为境外电信单位，属于向境外单位提供的电信业服务。

境外单位从事国际运输和港澳台运输业务经停我国机场、码头、车站、领空、内河、海域时，纳税人向其提供的航空地面服务、港口码头服务、货运客运站场服务、打捞救助服务、装卸搬运服务，属于向境外单位提供的物流辅助服务。

合同标的物在境内的合同能源管理服务，对境内不动产提供的鉴证咨询服务，以及提供服务时货物实体在境内的鉴证咨询服务，不属于本款规定的向境外单位提供的应税服务。

2. 广告投放地在境外的广告服务。

广告投放地在境外的广告服务，是指为在境外发布的广告所提供的广告服务。

第三条 纳税人向国内海关特殊监管区域内的单位或者个人提供的应税服务，不属于跨境服务，应照章征收增值税。

第四条 纳税人提供本办法第二条所列跨境服务，除第（五）项外，必须与服务接受方签订跨境服务书面合同。否则，不予免征增值税。

纳税人向外国航空运输企业提供空中飞行管理服务，以中国民用航空局下发的航班计划或者中国民用航空局清算中心临时来华飞行记录，为跨境服务书面合同。

纳税人向外国航空运输企业提供物流辅助服务（除空中飞行管理服务外），与经中国民用航空局批准设立的外国航空运输企业常驻代表机构签订的书面合同，属于与服务接受方签订跨境服务书面合同。外国航空运输企业临时来华飞行，未签订跨境服务书面合同的，以中国民用航空局清算中心临时来华飞行记录为跨境服务书面合同。

第五条 纳税人向境外单位有偿提供跨境服务，该服务的全部收入应从境外取得，否则，不予免征增值税。

下列情形视同从境外取得收入：

（一）纳税人向外国航空运输企业提供物流辅助服务，从中国民用航空局清算中心、中国航空结算有限责任公司或者经中国民用航空局批准设立的外国航空运输企业常驻代表机构取得的收入。

（二）纳税人向境外关联单位提供跨境服务，从境内第三方结算公司取得的收入。上述所称第三方结算公司，是指承担跨国企业集团内部成员单位资金集中运营管理职能的资金结算公司，包括财务公司、资金池、资金结算中心等。

（三）国家税务总局规定的其他情形。

第六条 纳税人提供跨境服务免征增值税的，应单独核算跨境服务的销售额，准确计算不得抵扣的进项税额，其免税收入不得开具增值税专用发票。

中国邮政速递物流股份有限公司及其分支机构为出口货物提供收派服务，按照下列公式计算不得抵扣的进项税额：

不得抵扣的进项税额＝当期无法划分的全部进项税额×（当期简易计税方法计税项目销售额＋非增值税应税劳务营业额＋免征增值税项目销售额－为出口货物提供收派服务支付给境外合作方的费用）÷（当期全部销售额＋当期全部营业额）

第七条 纳税人提供免征增值税跨境服务的，应到主管税务机关办理跨境服务免税备案手续，同时提交以下资料：

（一）《跨境应税服务免税备案表》（见附件）；

（二）跨境服务合同原件及复印件；

（三）提供本办法第二条第（一）项至第（四）项、第（六）项以及第（十）项第 2 目跨境服务，应提交服务地点在境外的证明材料原件及复印件；

（四）提供本办法第二条规定的国际或者港澳台运输服务，应提交实际发生相关业务的证明材料；

（五）向境外单位提供跨境服务，应提交服务接受方机构所在地在境外的证明材料；

（六）各省、自治区、直辖市和计划单列市国家税务局要求的其他资料。

跨境服务合同原件为外文的，应提供中文翻译件并由法定代表人（负责人）签字或者单位盖章。

境外资料无法提供原件的，可只提供复印件，注明“复印件与原件一致”字样，并由法定代表人（负责人）签字或者单位盖章；境外资料原件为外文的，应提供中文翻译件并由法定代表人（负责人）签字或者单位盖章。

主管税务机关对提交的境外证明材料有疑义的，可以要求纳税人提供境外公证部门出具的证明材料。

第八条 纳税人办理跨境服务免税备案手续时，主管税务机关应当根据以下情况分别做出处理：

（一）报送的材料不符合规定的，应当及时告知纳税人补正。

（二）报送的材料齐全、符合规定形式的，或者纳税人按照税务机关的要求补正报送全部材料的，应当受理纳税人的备案，将有关资料原件退还纳税人。

（三）报送的材料或者按照税务机关的要求补正报送的材料不符合本办法第七条规定的，应当对纳税人的本次跨境服务免税备案不予受理，并将所有报送材料退还纳税人。

第九条 原签订的跨境服务合同发生变更或者跨境服务的有关情况发生变化，变化后仍属于本办法第二条规定的免税跨境服务范围的，纳税人应向主管税务机关重新办理跨境服务免税备案手续。

第十条 纳税人应当完整保存本办法第七条要求的各项资料。

第十一条 纳税人提供的与香港、澳门、台湾有关的应税服务，除本办法另有规定外，参照本办法执行。

第十二条 税务机关应高度重视跨境服务增值税管理工作，针对纳税人的备案资料，采取案头分析、日常检查、重点稽查等方式，加强对纳税人业务真实性的核实，发现问题的，按照现行有关规定处理。

第十三条 本办法自2014年10月1日起施行。此前，纳税人提供符合本办法第二条规定的跨境服务，已进行免税申报的，按照本办法规定补办备案手续；未进行免税申报的，按照本办法规定办理跨境服务备案手续后，可以申请退税或者抵减以后的应纳税额；已开具增值税专用发票的，应将全部联次追回后方可办理跨境服务免税备案手续。此前，纳税人提供的跨境服务不符合本办法第二条规定的，应照章征收增值税。国家税务总局2013年9月13日发布的《营业税改征增值税跨境应税服务增值税免税管理办法（试行）》（国家税务总局公告2013年第52号）同时废止。

附件：跨境应税服务免税备案表（略）

关于重新发布《营业税改征增值税跨境应税服务增值税免税管理办法（试行）》的解读

一、重新发布《营业税改征增值税跨境应税服务增值税免税管理办法（试行）》（以下简称"《办法》"）的背景是什么？

《财政部国家税务总局关于在全国开展交通运输业和部分现代服务业营业税改征增值税试点税收政策的通知》（财税〔2013〕37号）出台后，为进一步细化政策、规范管理，国家税务总局制定并发布了《营业税改征增值税跨境应税服务增值税免税管理办法（试行）》（以下简称《办法》）。《办法》的发布实施在规范免税流程，明确免税依据，明晰税企责任，保证免税政策落实等方面发挥了重要作用。

目前，铁路运输、邮政业和电信业已纳入营业税改征增值税试点范围，免税跨境服务的范围也相应扩大；部分地区税务机关和先期试点行业对《办法》的个别条款提出了一些调整意见和完善建议。为适应政策调整变化，使《办法》的规定更符合纳税人经营实际，我们在深入调研和充分征求意见的基础上，对《办法》的部分内容作了补充和完善并重新发布，自2014年10月1日起执行，原《办法》相应废止。

二、与原《办法》相比，新发布的《办法》主要做了哪些方面的补充和调整？

与原《办法》相比，新发布的《办法》主要做了以下几个方面的补充和调整：

一是结合"营改增"试点行业推进情况，在免税跨境服务类别中补充了邮政业服务、收派服务和电信业服务，并明确了上述服务类型的具体内涵和执行口径。

二是结合纳税人经营状况和管理要求，对"向境外单位提供电信业服务"的情形进行了明确，对"跨境服务书面合同"的类型作了补充，并明确了若干"视同从境外取得收入"的情形。

三是明确了纳税人提供的与香港、澳门、台湾有关的应税服务，同样视其为"跨境应税服务"，除另有规定外，参照本办法有关规定享受免税政策。

国家税务总局
关于出口货物劳务退（免）税管理有关问题的公告

国家税务总局公告2014年第51号

为进一步完善出口退（免）税管理，现将有关问题公告如下：

一、《国家税务总局关于出口企业申报出口货物退（免）税提供收汇资料有关问题的公告》（国家税务总局公告2013年第30号)第三条、第九条停止执行;第二条规定的申报退(免)税须提供出口货物收汇凭证的出口企业情形,调整为下列五类:

(一)被外汇管理部门列为C类企业的;

(二)被海关列为C、D类企业的;

(三)被税务机关评定为D级纳税信用等级的;

(四)主管税务机关发现出口企业申报的不能收汇的原因为虚假的;

(五)主管税务机关发现出口企业提供的出口货物收汇凭证是冒用的。

二、经外汇管理部门批准实行外汇资金集中运营管理的跨国公司,其成员公司在批准的有效期内,可凭银行出具给跨国公司资金集中运营公司符合下列规定的收款凭证,向主管税务机关申报对外提供的研发、设计服务退(免)税,不再提供《国家税务总局关于发布〈适用增值税零税率应税服务退(免)税管理办法〉的公告》(国家税务总局公告2014年第11号)第十三条第(五)项第3目之(3)规定的资料。

(一)付款单位为与成员公司签订研发、设计合同的境外单位,或研发、设计合同约定的境外代付单位;

(二)收款凭证上的收款单位或附言的实际收款人须载明有成员公司的名称。

三、利用国际金融组织或外国政府贷款通过国际招标建设的项目,招标单位向其所在地主管税务机关申请开具《中标证明通知书》时,应提供财政部门《关于外国政府贷款备选项目的通知》或财政部门与项目的主管部门或政府签订的《关于××行(国际金融组织)贷款"××项目"转贷协议(或分贷协议、执行协议)》的原件和注明有与原件一致字样的复印件(经主管税务机关审核原件与复印件一致后,原件退回),不再提供国家评标委员会《评标结果通知》。此前已提供国家评标委员会《评标结果通知》的,可按原规定办理《中标证明通知书》。

四、本公告自发布之日起施行。之前已申报的出口退(免)税可按本公告的规定执行。

特此公告。

国家税务总局

2014年8月28日

国家税务总局关于增值税税控系统打通整合试运行期间红字货物运输业增值税专用发票开具有关问题的通知

税总函〔2014〕468号

各省、自治区、直辖市和计划单列市国家税务局:

为落实国务院进一步深化行政审批制度改革的要求,提高办税效率,国家税务总局拟取消申请开具红字增值税专用发票的审核。为做好相关准备工作,正在试运行的税控系统打通整合软件中增加了《开具红字货物运输业增值税专用发票信息表》功能。现将系统试运行期间红字货物运输业增值税专用发票开具有关问题通知如下:

系统试运行期间,实际受票方或承运人申请开具红字货物运输业增值税专用发票的,主管税务机关通过增值税税控系统出具《开具红字货物运输业增值税专用发票信息表》,不再出具《开具红字货物运输业增值税专用发票通知单》。

附件:开具红字货物运输业增值税专用发票信息表(略)

国家税务总局

2014年9月25日

财政部 国家税务总局关于进一步支持小微企业增值税和营业税政策的通知

财税〔2014〕71号

各省、自治区、直辖市、计划单列市财政厅(局)、国家税务局、地方税务局,新疆生产建设兵团财务局:

为进一步加大对小微企业的税收支持力度,经国务院批准,自2014年10月1日起至2015年12月31日,对月销售额2万元(含本数,下同)至3万元的增值税小规模纳税人,免征增值税;对月营业额2万元至3万元的营业税纳税人,免征营业税。

财政部 国家税务总局
2014年9月25日

国家税务总局关于部分航空运输企业总分机构增值税计算缴纳问题的公告

国家税务总局公告2014年第55号

现将部分航空运输企业总机构及其分支机构缴纳增值税有关问题公告如下:

《财政部国家税务总局关于部分航空运输企业总分机构增值税计算缴纳问题的通知》(财税〔2013〕86号)附件2中,中国南方航空股份有限公司和厦门航空有限公司更名和增补本通知附件所列分支机构。

增补的分支机构自提供《应税服务范围注释》所列应税服务之日起,按照《总分机构试点纳税人增值税计算缴纳暂行办法》(财税〔2013〕74号)计算缴纳增值税。

附件:更名和增补的航空运输企业分支机构名单(略)

国家税务总局
2014年9月28日

国家税务总局关于发布《融资租赁货物出口退税管理办法》的公告

国家税务总局公告2014年第56号

根据《财政部海关总署国家税务总局关于在全国开展融资租赁货物出口退税政策试点的通知》(财税〔2014〕62号),国家税务总局制定了《融资租赁货物出口退税管理办法》。现予以公布,自2014年10月1日起施行。

特此公告。

国家税务总局
2014年10月8日

融资租赁货物出口退税管理办法

第一章 总 则

第一条 根据《财政部海关总署国家税务总局关于在全国开展融资租赁货物出口退税政策试点的通知》(财税〔2014〕62 号)的规定,制定本办法。

第二条 享受出口退税政策的融资租赁企业(以下称融资租赁出租方)的主管国家税务局负责出口退(免)税资格的认定及融资租赁出口货物、融资租赁海洋工程结构物(以下称融资租赁货物)的出口退税审核、审批等管理工作。

第三条 享受出口退税的融资租赁出租方和融资租赁货物的范围、条件以及出口退税的具体计算办法按照财税〔2014〕62 号文件相关规定执行。

第二章 税务登记、出口退(免)税资格认定管理

第四条 融资租赁出租方在所在地主管国家税务局办理税务登记及出口退(免)税资格认定后,方可申报融资租赁货物出口退税。

第五条 融资租赁出租方应在首份融资租赁合同签订之日起 30 日内,到主管国家税务局办理出口退(免)税资格认定,除提供《国家税务总局关于发布(出口货物劳务增值税和消费税管理办法)的公告》(国家税务总局公告 2012 年第 24 号)规定的资料外(仅经营海洋工程结构物融资租赁的,可不提供《对外贸易经营者备案登记表》或《中华人民共和国外商投资企业批准证书》、中华人民共和国海关进出口货物收发货人报关注册登记证书),还应提供以下资料:

(一)从事融资租赁业务的资质证明;

(二)融资租赁合同(有法律效力的中文版);

(三)税务机关要求提供的其他资料。

本办法发布前已签订融资租赁合同的融资租赁出租方,可向主管国家税务局申请补办出口退税资格的认定手续。

第六条 融资租赁出租方退(免)税认定变更及注销,按照国家税务总局公告 2012 年第 24 号等有关规定执行。

第三章 退税申报、审核管理

第七条 融资租赁出租方应在融资租赁货物报关出口之日或收取融资租赁海洋工程结构物首笔租金开具发票之日次月起至次年 4 月 30 日前的各增值税纳税申报期内,收齐有关凭证,向主管国家税务局办理融资租赁货物增值税、消费税退税申报。

第八条 融资租赁出租方申报融资租赁货物退税时,应将不同融资租赁合同项下的融资租赁货物分别申报,在申报表的明细表中“退(免)税业务类型”栏内填写“RZZL”,并提供以下资料:

(一)融资租赁出口货物的,提供出口货物报关单(出口退税专用);

(二)融资租赁海洋工程结构物的,提供向海洋工程结构物承租人收取首笔租金时开具的发票;

(三)购进融资租赁货物取得的增值税专用发票(抵扣联)或海关(进口增值税)专用缴款书。融资租赁货物属于消费税应税货物的,还应提供消费税税收(出口货物专用)缴款书或海关(进口消费税)专用缴款书;

(四)与承租人签订的租赁期在 5 年(含)以上的融资租赁合同(有法律效力的中文版);

(五)融资租赁海洋工程结构物的,提供列名海上石油天然气开采企业收货清单;

(六)税务机关要求提供的其他资料。

第九条 融资租赁出租方购进融资租赁货物取得的增值税专用发票、海关(进口增值税)专用缴款书已

申报抵扣的，不得申报退税。已申报退税的增值税专用发票、海关(进口增值税)专用缴款书，融资租赁出租方不得再申报进项税额抵扣。

第十条 属于增值税一般纳税人的融资租赁出租方购进融资租赁货物取得的增值税专用发票，融资租赁出租方应在规定的认证期限内办理认证手续。

第十一条 主管国家税务局应按照财税〔2014〕62号文件规定的计算方法审核、审批融资租赁货物退税。

第十二条 对融资租赁出租方申报退税提供的增值税专用发票，如融资租赁出租方为增值税一般纳税人，主管国家税务局在增值税专用发票稽核信息比对无误后，方可办理退税；如融资租赁方为非增值税一般纳税人，主管国家税务局应发函调查，在确认增值税专用发票真实、按规定申报纳税后，方可办理退税。

第十三条 对承租期未满而发生退租的融资租赁货物，融资租赁出租方应及时主动向主管国家税务局报告，并按下列规定补缴已退税款：

(一)对上述融资租赁出口货物再复进口时，主管国家税务局应按规定追缴融资租赁出租方的已退税款，并对融资租赁出口货物出具货物已补税或未退税证明；

(二)对融资租赁海洋工程结构物发生退租的，主管国家税务局应按规定追缴融资租赁出租方的已退税款。

第四章 附 则

第十四条 融资租赁出租方采取假冒出口退(免)税资格、伪造或擅自涂改融资租赁合同、提供虚假退税申报资料等手段骗取退税款的，按照有关法律、法规处理。

第十五条 融资租赁货物出口退税，本办法未作规定的，按照视同出口货物的有关规定执行。

第十六条 本办法自2014年10月1日起施行。融资租赁出口货物的，以出口货物报关单(出口退税专用)上注明的出口日期为准；融资租赁海洋工程结构物的，以融资租赁出租方收取首笔租金时开具的发票日期为准。《国家税务总局关于发布〈天津东疆保税港区融资租赁货物出口退税管理办法〉的公告》(国家税务总局公告2012年第39号)同时废止。

关于《国家税务总局关于发布〈融资租赁货物出口退税管理办法〉的公告》的解读

为落实将在天津东疆保税港区试点的融资租赁货物出口退税政策扩大到全国统一实施，国家税务总局制发了《国家税务总局关于发布〈融资租赁货物出口退税管理办法〉的公告》(以下简称《管理办法》)。现将《管理办法》的内容解读如下：

一、《办法》制定的背景

为落实《国务院办公厅关于支持外贸稳定增长的若干意见》(国办发〔2014〕19号)的有关要求，财政部、海关总署、国家税务总局制发了《财政部海关总署国家税务总局关于在全国开展融资租赁货物出口退税政策试点的通知》(财税〔2014〕62号)，将现行在天津东疆保税港区试点的融资租赁出口货物退税政策扩大到全国统一实施。为便于纳税人和税务机关执行，国家税务总局在《国家税务总局关于发布〈天津东疆保税港区融资租赁货物出口退税管理办法〉的公告》(国家税务总局公告2012年第39号)基础上，进行了补充和完善，制定了本《管理办法》，同时废止了国家税务总局公告2012年第39号。

二、《管理办法》的主要内容

《管理办法》共分四章十六条。

(一)税务登记、退(免)税资格认定管理。从第四条到第六条。其中第四条规定，融资租赁出租方在所在地主管国家税务局办理税务登记及出口退(免)税资格认定后，可申报融资租赁货物出口退税；第五条对办理退(免)税认定手续进行规定。指出,除一般退(免)税认定所需资料外,还要提供融资租赁合同、从事融资租赁业务的资质证明。此外对《管理办法》下发前已经签订融资租赁合同的,可以向主管退税税务机关补办认定手续;第六条规定退(免)税资格认定变更及注销按照按照国家税务总局公告2012年第24号等有关规定执行。

(二)退税申报、审核管理。从第七条到第十三条。第七条规定的融资租赁货物退税申报期限与一般出口货物的相同。第八条规定融资租赁货物退税申报的具体要求:一是不同《融资租赁合同》项下的融资租赁货物应分开申报,二是在申报表的明细表中"退(免)税业务类型"栏内应填写"RZZL";三是申报退税提供的资料。第九条明确融资租赁出租方取得的专用发票已经申报抵扣的,不得用于申报退税。反之已经申报退税的,不得申报抵扣。第十条明确增值税一般纳税人取得的专用发票要及时认证。第十一条明确税务机关按财税〔2014〕62号规定的计算方法审核、审批退税。第十二条规定融资租赁出租方提供的增值税专用发票,对增值税一般纳税人要比对稽核信息,对非增值税一般纳税人规定要发函调查后,税务机关方可办理退税。第十三条对退租的情况明确融资租赁出租方应及时主动向受主管退税税务机关报告,并按规定补缴已退税款。

(三)附则。第十四条到第十六条。第十四条规定违章处理,对融资租赁出租方采取假冒退税资格、伪造、擅自涂改《融资租赁合同》、提供虚假退税申报资料等手段骗取退税款的,按照现行法律法规处理。第十五条明确融资租赁货物出口退税,《管理办法》未做规定的,按现行有关视同出口货物管理规定执行。第十六条规定本办法从2014年10月1日起执行,以出口货物报关单(出口退税专用)上注明的出口日期为准;融资租赁海洋工程结构物的,以融资租赁出租方收取首笔租金时开具的发票日期为准。

国家税务总局
关于小微企业免征增值税和营业税有关问题的公告

国家税务总局公告2014年第57号

根据《中华人民共和国增值税暂行条例》及实施细则、《中华人民共和国营业税暂行条例》及实施细则、《财政部国家税务总局关于暂免征收部分小微企业增值税和营业税的通知》(财税〔2013〕52号)、《财政部国家税务总局关于进一步支持小微企业增值税和营业税政策的通知》(财税〔2014〕71号),现将小微企业免征增值税和营业税有关问题公告如下:

一、增值税小规模纳税人和营业税纳税人,月销售额或营业额不超过3万元(含3万元,下同)的,按照上述文件规定免征增值税或营业税。其中,以1个季度为纳税期限的增值税小规模纳税人和营业税纳税人,季度销售额或营业额不超过9万元的,按照上述文件规定免征增值税或营业税。

二、增值税小规模纳税人兼营营业税应税项目的,应当分别核算增值税应税项目的销售额和营业税应税项目的营业额,月销售额不超过3万元(按季纳税9万元)的,免征增值税;月营业额不超过3万元(按季纳税9万元)的,免征营业税。

三、增值税小规模纳税人月销售额不超过3万元(按季纳税9万元)的,当期因代开增值税专用发票(含货物运输业增值税专用发票)已经缴纳的税款,在专用发票全部联次追回或者按规定开具红字专用发票后,可以向主管税务机关申请退还。

四、本公告自2014年10月1日起施行。《国家税务总局关于暂免征收部分小微企业增值税和营业税政策有关问题的公告》(国家税务总局公告2013年第49号)、《国家税务总局关于增值税起征点调整后有关问题的批复》(国税函〔2003〕1396号)同时废止。

特此公告。

国家税务总局

2014年10月11日

财政部 国家税务总局关于以贵金属和宝石为主要原材料的货物出口退税政策的通知

财税〔2014〕98号

各省、自治区、直辖市、计划单列市财政厅(局)、国家税务局,新疆生产建设兵团财务局:

为完善出口退税政策,有效控制政策风险,现将以贵金属和宝石为主要原材料的货物出口退税政策通知如下:

一、出口企业和其他单位出口的货物,如果其原材料成本80%以上为本通知附件所列原材料的,应按照成本占比最高的原材料的增值税、消费税政策执行。原材料的增值税、消费税政策是指本通知附件所列该原材料对应的商品编码在出口退税率文库中适用的增值税、消费税政策。

二、本通知自2015年1月1日起执行。《财政部 国家税务总局关于出口货物劳务增值税和消费税政策的通知》(财税〔2012〕39号)第九条第(二)款第6项及附件9同时废止。

财政部 国家税务总局
2014年12月9日

财政部 国家税务总局关于对小微企业免征有关政府性基金的通知

财税〔2014〕122号

各省、自治区、直辖市、计划单列市人民政府,中宣部、教育部、水利部、中国残联:

为进一步加大对小微企业的扶持力度,经国务院批准,现将免征小微企业有关政府性基金问题通知如下:

一、自2015年1月1日起至2017年12月31日,对按月纳税的月销售额或营业额不超过3万元(含3万元),以及按季纳税的季度销售额或营业额不超过9万元(含9万元)的缴纳义务人,免征教育费附加、地方教育附加、水利建设基金、文化事业建设费。

二、自工商登记注册之日起3年内,对安排残疾人就业未达到规定比例、在职职工总数20人以下(含20人)的小微企业,免征残疾人就业保障金。

三、免征上述政府性基金后,有关部门依法履行职能和事业发展所需经费,由同级财政预算予以统筹安排。

财政部 国家税务总局
2014年12月23日

财政部 国家税务总局关于调整部分产品出口退税率的通知

财税〔2014〕150号

各省、自治区、直辖市、计划单列市财政厅(局)、国家税务局,新疆生产建设兵团财务局:

经国务院批准,调整部分产品的出口退税率。现就有关事项通知如下:

一、调整下列产品的出口退税率：

（一）提高部分高附加值产品、玉米加工产品、纺织品服装的出口退税率。

（二）取消含硼钢的出口退税。

（三）降低档发的出口退税率。

调整出口退税率的产品清单见附件。

二、本通知第一条第（一）项和第（二）项规定自 2015 年 1 月 1 日起执行，第一条第（三）项规定自 2015 年 4 月 1 日起执行。提高玉米加工产品出口退税率的政策执行至 2015 年 12 月 31 日。具体执行时间，以出口货物报关单（出口退税专用）上注明的出口日期为准。

财政部 国家税务总局

2014 年 12 月 31 日

国家税务总局关于牡丹籽油增值税适用税率问题的公告

国家税务总局公告 2014 年第 75 号

现将牡丹籽油的增值税适用税率公告如下：

牡丹籽油属于食用植物油，适用 13％增值税税率。

牡丹籽油是以丹凤牡丹和紫斑牡丹的籽仁为原料，经压榨、脱色、脱臭等工艺制成的产品。

本公告自 2015 年 2 月 1 日起施行。

特此公告。

国家税务总局

2014 年 12 月 31 日

财政部 国家税务总局关于创新药后续免费使用有关增值税政策的通知

财税〔2015〕4 号

各省、自治区、直辖市、计划单列市财政厅（局）、国家税务局，新疆生产建设兵团财务局：

为鼓励创新药的研发和使用，结合其大量存在“后续免费用药临床研究”的特点，现将有关增值税政策通知如下：

一、药品生产企业销售自产创新药的销售额，为向购买方收取的全部价款和价外费用，其提供给患者后续免费使用的相同创新药，不属于增值税视同销售范围。

二、本通知所称创新药，是指经国家食品药品监督管理部门批准注册、获批前未曾在中国境内外上市销售，通过合成或者半合成方法制得的原料药及其制剂。

三、药品生产企业免费提供创新药，应保留如下资料，以备税务机关查验：

（一）国家食品药品监督管理部门颁发的注明注册分类为 1.1 类的药品注册批件；

（二）后续免费提供创新药的实施流程；

（三）第三方（创新药代保管的医院、药品经销单位等）出具免费用药确认证明，以及患者在第三方登记、领取创新药的记录。

四、本通知自2015年1月1日起执行。此前已发生并处理的事项,不再作调整;未处理的,按本通知规定执行。

财政部 国家税务总局
2015年1月26日

国家税务总局关于调整增值税一般纳税人管理有关事项的公告

国家税务总局公告2015年第18号

按照《国务院关于取消和调整一批行政审批项目等事项的决定》(国发〔2015〕11号)精神,国家税务总局对增值税一般纳税人管理有关事项进行了调整,现公告如下:

一、增值税一般纳税人(以下简称一般纳税人)资格实行登记制,登记事项由增值税纳税人(以下简称纳税人)向其主管税务机关办理。

二、纳税人办理一般纳税人资格登记的程序如下:

(一)纳税人向主管税务机关填报《增值税一般纳税人资格登记表》(附件1),并提供税务登记证件;

(二)纳税人填报内容与税务登记信息一致的,主管税务机关当场登记;

(三)纳税人填报内容与税务登记信息不一致,或者不符合填列要求的,税务机关应当场告知纳税人需要补正的内容。

三、纳税人年应税销售额超过财政部、国家税务总局规定标准(以下简称规定标准),且符合有关政策规定,选择按小规模纳税人纳税的,应当向主管税务机关提交书面说明(附件2)。

个体工商户以外的其他个人年应税销售额超过规定标准的,不需要向主管税务机关提交书面说明。

四、纳税人年应税销售额超过规定标准的,在申报期结束后20个工作日内按照本公告第二条或第三条的规定办理相关手续;未按规定时限办理的,主管税务机关应当在规定期限结束后10个工作日内制作《税务事项通知书》,告知纳税人应当在10个工作日内向主管税务机关办理相关手续。

五、除财政部、国家税务总局另有规定外,纳税人自其选择的一般纳税人资格生效之日起,按照增值税一般计税方法计算应纳税额,并按照规定领用增值税专用发票。

六、本公告自2015年4月1日起施行。《增值税一般纳税人资格认定管理办法》(国家税务总局令第22号)第四条第二款第(一)项、第七条、第八条、第九条、第十一条暂停执行,相应条款将依照规定程序修订后,重新予以公布。

特此公告。

附件:1. 增值税一般纳税人资格登记表(略)

2. 选择按小规模纳税人纳税的情况说明(略)

国家税务总局
2015年3月30日

关于《国家税务总局关于调整增值税一般纳税人管理有关事项的公告》的解读

为贯彻《国务院关于取消和调整一批行政审批项目等事项的决定》(国发〔2015〕11号,以下简称《决定》)精神,我们制定发布了《国家税务总局关于调整增值税一般纳税人管理有关事项的公告》(以下简称公

告),现解读如下:

一、公告起草背景

《决定》公布取消对增值税一般纳税人(以下简称一般纳税人)资格认定审批事项,涉及对《中华人民共和国增值税暂行条例》、《中华人民共和国增值税暂行条例实施细则》及《增值税一般纳税人资格认定管理办法》(国家税务总局令第22号)等行政法规、规章相应条款的修订,目前有关修订工作正在依照规定程序进行中,为尽快贯彻落实《决定》精神,我们制定发布本公告,作为过渡性管理规定。

二、主要调整事项

本公告在国家税务总局令第22号的基础上,调整了以下一般纳税人管理事项:

(一)取消行政审批。公告第一条明确一般纳税人资格实行登记制,在具体登记程序中取消了税务机关审批环节,主管税务机关在对纳税人递交的登记资料信息进行核对确认后,纳税人即可取得一般纳税人资格。

(二)简化办事程序。一是简化了纳税人需要提供的资料,只需携带税务登记证件、填写登记表格,就可以办理一般纳税人登记事项。二是简化前置条件,对年应税销售额未超过规定标准的纳税人,暂停执行"有固定的生产经营场所"的条件。三是简化税务机关办事流程,取消了实地查验环节,对符合登记要求的,一般予以当场办结。

三、公告主要内容

(一)公告第二条明确了一般纳税人资格登记的程序,主管税务机关在受理纳税人登记资料后,受理人员应将《增值税一般纳税人资格登记表》信息与征管系统中的税务登记信息进行比对,如果信息一致,视为符合填列要求,当场登记。如果信息不一致或填报内容不齐全视为不符合填列要求,应当场告知纳税人根据实际经营情况变更税务登记信息或重新填写《增值税一般纳税人资格登记表》。告知方式为书面告知或口头告知。

(二)公告第三条明确年应税销售额超过规定标准的纳税人,符合有关政策规定选择按小规模纳税人纳税的,应当向主管税务机关提交书面说明。"规定标准"包括《中华人民共和国增值税暂行条例实施细则》和财政部、国家税务总局在营改增试点中规定的销售额标准。"有关政策规定"主要指,一是《中华人民共和国增值税暂行条例实施细则》规定,个体工商户以外的其他个人、非企业性单位、不经常发生应税行为的企业可选择按小规模纳税人纳税;二是根据《营业税改征增值税试点实施办法》(财税〔2013〕106号文件印发),应税服务年销售额超过规定标准但不经常提供应税服务的单位和个体工商户可选择按照小规模纳税人纳税。

(三)公告第四条明确年应税销售额超过规定标准的纳税人,办理有关手续的时限及税务机关相应管理事项。《税务事项通知书》的主要内容包括,提示纳税人年应税销售额已超过财政部、国家税务总局规定标准,请于具体期限前向主管税务机关办理一般纳税人资格登记或提交选择按小规模纳税人纳税的情况说明,逾期仍不办理的,将按《中华人民共和国增值税暂行条例实施细则》第三十四条规定,按销售额依照增值税税率计算应纳税额,不得抵扣进项税额,也不得使用增值税专用发票,直至纳税人办理相关手续为止。

(四)公告附件1《增值税一般纳税人资格登记表》中"会计核算健全"项目由纳税人在填表时进行勾选承诺。

(五)公告附件1《增值税一般纳税人资格登记表》中"一般纳税人资格生效之日"项目,由纳税人在填表时自行勾选"当月1日"或"次月1日"。

四、其他事项

一般纳税人辅导期管理仍按照现行有关规定执行。

国家税务总局关于全面推行增值税发票系统升级版有关问题的公告

国家税务总局公告2015年第19号

为适应税收现代化建设需要,满足增值税一体化管理要求,切实减轻基层税务机关和纳税人负担,税务总局自2015年1月1日起对新认定的增值税一般纳税人(以下简称一般纳税人)和新办小规模纳税人推行了增值税发票系统升级版，目前系统运行稳定，纳税人反映良好。税务总局决定自2015年4月1日起在全国范围分步全面推行增值税发票系统升级版，现将有关问题公告如下：

一、推行范围

目前尚未使用增值税发票系统升级版的增值税纳税人。推行工作按照先一般纳税人和起征点以上小规模纳税人，后起征点以下小规模纳税人和使用税控收款机纳税人的顺序进行，具体推行方案由各省国税局根据本地区的实际情况制定。

二、发票使用

（一）一般纳税人销售货物、提供应税劳务和应税服务开具增值税专用发票、货物运输业增值税专用发票和增值税普通发票。

（二）小规模纳税人销售货物、提供应税劳务和应税服务开具增值税普通发票。

税务机关为小规模纳税人代开增值税专用发票和货物运输业增值税专用发票，按照《国家税务总局关于印发〈税务机关代开增值税专用发票管理办法（试行）〉的通知》（国税发〔2004〕153号）和《国家税务总局关于在全国开展营业税改征增值税试点有关征收管理问题的公告》（国家税务总局公告2013年第39号）有关规定执行。

（三）一般纳税人和小规模纳税人从事机动车（旧机动车除外）零售业务开具机动车销售统一发票。

（四）通用定额发票、客运发票和二手车销售统一发票继续使用。

（五）纳税人使用增值税普通发票开具收购发票，系统在发票左上角自动打印“收购”字样。

三、系统使用

增值税发票系统升级版是对增值税防伪税控系统、货物运输业增值税专用发票税控系统、稽核系统以及税务数字证书系统等进行整合升级完善。实现纳税人经过税务数字证书安全认证、加密开具的发票数据，通过互联网实时上传税务机关，生成增值税发票电子底账，作为纳税申报、发票数据查验以及税源管理、数据分析利用的依据。

（一）增值税发票系统升级版纳税人端税控设备包括金税盘和税控盘（以下统称专用设备）。专用设备均可开具增值税专用发票、货物运输业增值税专用发票、增值税普通发票和机动车销售统一发票。

除本公告第二条第四项规定的发票，一般纳税人和小规模纳税人发生增值税业务对外开具发票应当使用专用设备开具。

（二）纳税人应在互联网连接状态下在线使用增值税发票系统升级版开具发票。增值税发票系统升级版可自动上传已开具的发票明细数据。

（三）纳税人因网络故障等原因无法在线开票的，在税务机关设定的离线开票时限和离线开具发票总金额范围内仍可开票，超限将无法开具发票。纳税人开具发票次月仍未连通网络上传已开具发票明细数据的，也将无法开具发票。纳税人需连通网络上传发票数据后方可开票，若仍无法连通网络的需携带专用设备到税务机关进行征期报税或非征期报税后方可开票。

纳税人已开具未上传的增值税发票为离线发票。离线开票时限是指自第一份离线发票开具时间起开始计算可离线开具的最长时限。离线开票总金额是指可开具离线发票的累计不含税总金额，离线开票总金额按不同票种分别计算。

纳税人离线开票时限和离线开票总金额的设定标准及方法由各省、自治区、直辖市和计划单列市国家税务局确定。

（四）按照有关规定不使用网络办税或不具备网络条件的特定纳税人，以离线方式开具发票，不受离线开票时限和离线开具发票总金额限制。特定纳税人的相关信息由主管税务机关在综合征管系统中设定，并同步至增值税发票系统升级版。

（五）纳税人应在纳税申报期内将上月开具发票汇总情况通过增值税发票系统升级版进行网络报税。

特定纳税人不使用网络报税，需携带专用设备和相关资料到税务机关进行报税。

除特定纳税人外，使用增值税发票系统升级版的纳税人，不再需要到税务机关进行报税，原使用的网上报税方式停止使用。

（六）一般纳税人发票认证、稽核比对、纳税申报等涉税事项仍按照现行规定执行。

（七）一般纳税人和小规模纳税人自愿选择使用增值税税控主机共享服务系统开具增值税发票，任何税务机关和税务人员不得强制纳税人使用。

四、纳税人置换专用设备

纳税人原使用的增值税税控系统金税盘(卡)、税控盘,需置换为增值税发票系统升级版专用设备。增值税发票系统升级版服务单位按照优惠价格(报税盘价格)对原金税盘(卡)、税控盘进行置换。

五、红字发票开具

(一)一般纳税人开具增值税专用发票或货物运输业增值税专用发票(以下统称专用发票)后,发生销货退回、开票有误、应税服务中止以及发票抵扣联、发票联均无法认证等情形但不符合作废条件,或者因销货部分退回及发生销售折让,需要开具红字专用发票的,暂按以下方法处理:

1. 专用发票已交付购买方的,购买方可在增值税发票系统升级版中填开并上传《开具红字增值税专用发票信息表》或《开具红字货物运输业增值税专用发票信息表》(以下统称《信息表》,详见附件1、附件2)。《信息表》所对应的蓝字专用发票应经税务机关认证(所购货物或服务不属于增值税扣税项目范围的除外)。经认证结果为"认证相符"并且已经抵扣增值税进项税额的,购买方在填开《信息表》时不填写相对应的蓝字专用发票信息,应暂依《信息表》所列增值税税额从当期进项税额中转出,未抵扣增值税进项税额的可列入当期进项税额,待取得销售方开具的红字专用发票后,与《信息表》一并作为记账凭证;经认证结果为"无法认证"、"纳税人识别号认证不符"、"专用发票代码、号码认证不符",以及所购货物或服务不属于增值税扣税项目范围的,购买方不列入进项税额,不作进项税额转出,填开《信息表》时应填写相对应的蓝字专用发票信息。

专用发票尚未交付购买方或者购买方拒收的,销售方应于专用发票认证期限内在增值税发票系统升级版中填开并上传《信息表》。

2. 主管税务机关通过网络接收纳税人上传的《信息表》,系统自动校验通过后,生成带有"红字发票信息表编号"的《信息表》,并将信息同步至纳税人端系统中。

3. 销售方凭税务机关系统校验通过的《信息表》开具红字专用发票,在增值税发票系统升级版中以销项负数开具。红字专用发票应与《信息表》一一对应。

4. 纳税人也可凭《信息表》电子信息或纸质资料到税务机关对《信息表》内容进行系统校验。

5. 已使用增值税税控系统的一般纳税人,在纳入升级版之前暂可继续使用《开具红字增值税专用发票申请单》。

(二)税务机关为小规模纳税人代开专用发票需要开具红字专用发票的,按照一般纳税人开具红字专用发票的方法处理。

(三)纳税人需要开具红字增值税普通发票的,可以在所对应的蓝字发票金额范围内开具多份红字发票。红字机动车销售统一发票需与原蓝字机动车销售统一发票一一对应。

六、其他事宜

本公告自2015年4月1日起施行,《国家税务总局关于印发〈增值税防伪税控主机共享服务系统管理暂行办法〉的通知》(国税发〔2003〕67号)第五条同时废止。

特此公告。

附件:1. 开具红字增值税专用发票信息表(略)

2. 开具红字货物运输业增值税专用发票信息表(略)

国家税务总局

2015年3月30日

关于《国家税务总局关于全面推行增值税发票系统升级版有关问题的公告》的解读

一、发布本公告的背景

为适应税收现代化建设需要,满足增值税一体化管理要求,切实减轻基层税务机关和纳税人负担,税务总局自2015年1月1日起对新认定的增值税一般纳税人(以下简称一般纳税人)和新办小规模纳税人推行了增值税发票系统升级版,目前系统运行稳定,纳税人反映良好。税务总局决定自2015年4月1日起在全国范围分步全面推行增值税发票系统升级版。

二、推行范围

目前尚未使用增值税发票系统升级版的增值税纳税人。推行工作按照先一般纳税人和起征点以上小规模纳税人,后起征点以下小规模纳税人和使用税控收款机纳税人的顺序进行,具体推行方案由各省国税局根据本地区的实际情况制定。

三、发票使用

(一)一般纳税人销售货物、提供应税劳务和应税服务开具增值税专用发票、货物运输业增值税专用发票和增值税普通发票。

(二)小规模纳税人销售货物、提供应税劳务和应税服务开具增值税普通发票。

税务机关为小规模纳税人代开增值税专用发票和货物运输业增值税专用发票,按照《国家税务总局关于印发〈税务机关代开增值税专用发票管理办法(试行)〉的通知》(国税发〔2004〕153号)和《国家税务总局关于在全国开展营业税改征增值税试点有关征收管理问题的公告》(国家税务总局公告2013年第39号)有关规定执行。

(三)一般纳税人和小规模纳税人从事机动车(旧机动车除外)零售业务开具机动车销售统一发票。

(四)通用定额发票、客运发票和二手车销售统一发票继续使用。

(五)纳税人使用增值税普通发票开具收购发票,系统在发票左上角自动打印"收购"字样。

四、系统使用

增值税发票系统升级版是对增值税防伪税控系统、货物运输业增值税专用发票税控系统、稽核系统以及税务数字证书系统等进行整合升级完善。实现纳税人经过税务数字证书安全认证、加密开具的发票数据,通过互联网实时上传税务机关,生成增值税发票电子底账,作为纳税申报、发票数据查验以及税源管理、数据分析利用的依据。

(一)增值税发票系统升级版纳税人端税控设备包括金税盘和税控盘。专用设备均可开具增值税专用发票、货物运输业增值税专用发票、增值税普通发票和机动车销售统一发票。

除通用定额发票、客运发票和二手车销售统一发票,一般纳税人和小规模纳税人发生增值税业务对外开具发票应当使用专用设备开具

(二)纳税人应在互联网连接状态下在线使用增值税发票系统升级版开具发票。增值税发票系统升级版可自动上传已开具的发票明细数据。

(三)纳税人因网络故障等原因无法在线开票的,在税务机关设定的离线开票时限和离线开具发票总金额范围内仍可开票,超限将无法开具发票。纳税人开具发票次月仍未连通网络上传已开具发票明细数据的,也将无法开具发票。纳税人需连通网络上传发票数据后方可开票,若仍无法连通网络的需携带专用设备到税务机关进行征期报税或非征期报税后方可开票。

纳税人已开具未上传的增值税发票为离线发票。离线开票时限是指自第一份离线发票开具时间起开始计算可离线开具的最长时限。离线开票总金额是指可开具离线发票的累计不含税总金额,离线开票总金额按不同票种分别计算。

纳税人离线开票时限和离线开票总金额的设定标准及方法由各省、自治区、直辖市和计划单列市国家税务局确定。

(四)按照有关规定不使用网络办税或不具备网络条件的特定纳税人,以离线方式开具发票,不受离线开票时限和离线开具发票总金额限制。特定纳税人的相关信息由主管税务机关在综合征管系统中设定,并同步至增值税发票系统升级版。

(五)纳税人应在纳税申报期内将上月开具发票汇总情况通过增值税发票系统升级版进行网络报税。

特定纳税人不使用网络报税,需携带专用设备和相关资料到税务机关进行报税。

除特定纳税人外,使用增值税发票系统升级版的纳税人,不再需要到税务机关进行报税,原使用的网上报税方式停止使用。

(六)一般纳税人发票认证、稽核比对、纳税申报等涉税事项仍按照现行规定执行。

(七)一般纳税人和小规模纳税人自愿选择使用增值税税控主机共享服务系统开具增值税发票,任何税务机关和税务人员不得强制纳税人使用。

五、纳税人置换专用设备

纳税人原使用的增值税税控系统金税盘(卡)、税控盘,需置换为增值税发票系统升级版专用设备。增值税发票系统升级版服务单位按照优惠价格(报税盘价格)对原金税盘(卡)、税控盘进行置换。《国家发展改革委关于完善增值税税控系统收费政策的通知》(发改价格〔2012〕2155号)规定的金税盘、税控盘的价格为每个490元,报税盘的价格为每个230元。

六、红字发票开具

(一)一般纳税人开具增值税专用发票或货物运输业增值税专用发票(以下统称专用发票)后,发生销货退回、开票有误、应税服务中止以及发票抵扣联、发票联均无法认证等情形但不符合作废条件,或者因销货部分退回及发生销售折让,需要开具红字专用发票的,暂按以下方法处理:

1. 专用发票已交付购买方的,购买方可在增值税发票系统升级版中填开并上传《开具红字增值税专用发票信息表》或《开具红字货物运输业增值税专用发票信息表》(以下统称《信息表》,详见附件1、附件2)。《信息表》所对应的蓝字专用发票应经税务机关认证(所购货物或服务不属于增值税扣税项目范围的除外)。经认证结果为“认证相符”并且已经抵扣增值税进项税额的,购买方在填开《信息表》时不填写相对应的蓝字专用发票信息,应暂依《信息表》所列增值税税额从当期进项税额中转出,未抵扣增值税进项税额的可列入当期进项税额,待取得销售方开具的红字专用发票后,与《信息表》一并作为记账凭证;经认证结果为“无法认证”、“纳税人识别号认证不符”、“专用发票代码、号码认证不符”,以及所购货物或服务不属于增值税扣税项目范围的,购买方不列入进项税额,不作进项税额转出,填开《信息表》时应填写相对应的蓝字专用发票信息。

专用发票尚未交付购买方或者购买方拒收的,销售方应于专用发票认证期限内在增值税发票系统升级版中填开并上传《信息表》。

2. 主管税务机关通过网络接收纳税人上传的《信息表》,系统自动校验通过后,生成带有“红字发票信息表编号”的《信息表》,并将信息同步至纳税人端系统中。

3. 销售方凭税务机关系统校验通过的《信息表》开具红字专用发票,在增值税发票系统升级版中以销项负数开具。红字专用发票应与《信息表》一一对应。

4. 纳税人也可凭《信息表》电子信息或纸质资料到税务机关对《信息表》内容进行系统校验。

5. 已使用增值税税控系统的一般纳税人,在纳入升级版之前暂可继续使用《开具红字增值税专用发票申请单》。

(二)税务机关为小规模纳税人代开专用发票需要开具红字专用发票的,按照一般纳税人开具红字专用发票的方法处理。

(三)纳税人需要开具红字增值税普通发票的,可以在所对应的蓝字发票金额范围内开具多份红字发票。红字机动车销售统一发票需与原蓝字机动车销售统一发票一一对应。

财政部 国家税务总局关于原油和铁矿石期货保税交割业务增值税政策的通知

财税〔2015〕35号

各省、自治区、直辖市、计划单列市财政厅(局)、国家税务局:

根据国务院批复精神,现将原油和铁矿石期货保税交割业务有关增值税政策通知如下:

一、上海国际能源交易中心股份有限公司的会员和客户通过上海国际能源交易中心股份有限公司交易的原油期货保税交割业务,大连商品交易所的会员和客户通过大连商品交易所交易的铁矿石期货保税交割业务,暂免征收增值税。

二、期货保税交割的销售方,在向主管税务机关申报纳税时,应出具当期期货保税交割的书面说明、上海国际能源交易中心股份有限公司或大连商品交易所的交割结算单、保税仓单等资料。

三、上述期货交易中实际交割的原油和铁矿石，如果发生进口或者出口的，统一按照现行货物进出口税收政策执行。非保税货物发生的期货实物交割仍按《国家税务总局关于下发〈货物期货征收增值税具体办法〉的通知》(国税发〔1994〕244 号)的规定执行。

四、本通知自 2015 年 4 月 1 日起执行。

财政部 国家税务总局
2015 年 4 月 8 日

国家税务总局关于国有粮食购销企业销售粮食免征增值税审批事项取消后有关管理事项的公告

国家税务总局公告 2015 年第 42 号

根据《国务院关于取消和调整一批行政审批项目等事项的决定》(国发〔2015〕11 号)，承担粮食收储任务的国有粮食购销企业销售粮食免征增值税的审核确定工作程序已取消。经商财政部、国家粮食局，现将其后续管理事项公告如下：

一、承担粮食收储任务的国有粮食购销企业销售粮食享受免征增值税优惠政策时，其涉及的审核确定工作程序取消，改为备案管理。

二、享受免征增值税优惠政策的国有粮食购销企业(以下统称纳税人)，按以下规定，分别向所在地县(市)国家税务局及同级粮食管理部门备案。

(一)纳税人应在享受税收优惠政策的首个纳税申报期内，将备案材料送所在地县(市)国家税务局及同级粮食管理部门备案。

(二)纳税人在符合减免税条件期间内，备案资料内容不发生变化的，可进行一次性备案。

(三)纳税人提交的备案资料内容发生变化，如仍符合免税规定，应在发生变化的次月纳税申报期内，向所在地县(市)国家税务局及同级粮食管理部门进行变更备案。如不再符合免税规定，应当停止享受免税，按照规定进行纳税申报。

三、纳税人对备案资料的真实性和合法性承担责任。

四、纳税人提交的备案资料包括以下内容：

(一)免税的项目、依据、范围、期限等；

(二)免税依据的相关法律、法规、规章和规范性文件要求报送的材料。

五、所在地县(市)国家税务局及同级粮食管理部门对纳税人提供的备案材料的完整性进行审核，不改变纳税人真实申报的责任。

六、本公告施行前，纳税人享受免征增值税优惠政策已经履行了相关审核确定程序的，可不再办理资料备案。但本公告施行后，纳税人免税条件、内容发生改变的，则应按本公告规定，重新办理享受优惠政策备案手续。

七、各省、自治区、直辖市和计划单列市国家税务局，可按本公告规定，补充制定本地区承担粮食收储任务的国有粮食购销企业享受免征增值税优惠政策审核确定工作程序取消后的后续管理措施。

八、本公告自公布之日起施行。《财政部 国家税务总局关于粮食企业增值税征免问题的通知》(财税字〔1999〕198 号)第一条中“免征增值税的国有粮食购销企业，由县(市)国家税务局会同同级财政、粮食部门审核确定”内容同时废止。

特此公告。

国家税务总局
2015 年 5 月 22 日

财政部 国家税务总局关于印发《资源综合利用产品和劳务增值税优惠目录》的通知

财税〔2015〕78 号

各省、自治区、直辖市、计划单列市财政厅(局)、国家税务局，新疆生产建设兵团财务局：

为了落实国务院精神，进一步推动资源综合利用和节能减排，规范和优化增值税政策，决定对资源综合利用产品和劳务增值税优惠政策进行整合和调整。现将有关政策统一明确如下：

一、纳税人销售自产的资源综合利用产品和提供资源综合利用劳务(以下称销售综合利用产品和劳务)，可享受增值税即征即退政策。具体综合利用的资源名称、综合利用产品和劳务名称、技术标准和相关条件、退税比例等按照本通知所附《资源综合利用产品和劳务增值税优惠目录》(以下简称《目录》)的相关规定执行。

二、纳税人从事《目录》所列的资源综合利用项目，其申请享受本通知规定的增值税即征即退政策时，应同时符合下列条件：

(一)属于增值税一般纳税人。

(二)销售综合利用产品和劳务，不属于国家发展改革委《产业结构调整指导目录》中的禁止类、限制类项目。

(三)销售综合利用产品和劳务，不属于环境保护部《环境保护综合名录》中的“高污染、高环境风险”产品或者重污染工艺。

(四)综合利用的资源，属于环境保护部《国家危险废物名录》列明的危险废物的，应当取得省级及以上环境保护部门颁发的《危险废物经营许可证》，且许可经营范围包括该危险废物的利用。

(五)纳税信用等级不属于税务机关评定的 C 级或 D 级。

纳税人在办理退税事宜时，应向主管税务机关提供其符合本条规定的上述条件以及《目录》规定的技术标准和相关条件的书面声明材料，未提供书面声明材料或者出具虚假材料的，税务机关不得给予退税。

三、已享受本通知规定的增值税即征即退政策的纳税人，自不符合本通知第二条规定的条件以及《目录》规定的技术标准和相关条件的次月起，不再享受本通知规定的增值税即征即退政策。

四、已享受本通知规定的增值税即征即退政策的纳税人，因违反税收、环境保护的法律法规受到处罚(警告或单次 1 万元以下罚款除外)的，自处罚决定下达的次月起 36 个月内，不得享受本通知规定的增值税即征即退政策。

五、纳税人应当单独核算适用增值税即征即退政策的综合利用产品和劳务的销售额和应纳税额。未单独核算的，不得享受本通知规定的增值税即征即退政策。

六、各省、自治区、直辖市、计划单列市税务机关应于每年 2 月底之前在其网站上，将本地区上一年度所有享受本通知规定的增值税即征即退政策的纳税人，按下列项目予以公示：纳税人名称、纳税人识别号，综合利用的资源名称、数量，综合利用产品和劳务名称。

七、本通知自 2015 年 7 月 1 日起执行。《财政部 国家税务总局关于资源综合利用及其他产品增值税政策的通知》(财税〔2008〕156 号)、《财政部 国家税务总局关于资源综合利用及其他产品增值税政策的补充的通知》(财税〔2009〕163 号)、《财政部 国家税务总局关于调整完善资源综合利用及劳务增值税政策的通知》(财税〔2011〕115 号)、《财政部 国家税务总局关于享受资源综合利用增值税优惠政策的纳税人执行污染物排放标准的通知》(财税〔2013〕23 号)同时废止。上述文件废止前，纳税人因主管部门取消《资源综合利用认定证书》，或者因环保部门不再出具环保核查证明文件的原因，未能办理相关退(免)税事宜的，可不以《资源综合利用认定证书》或环保核查证明文件作为享受税收优惠政策的条件，继续享受上述文件规定的优惠政策。

附件：资源综合利用产品和劳务增值税优惠目录(略)

财政部 国家税务总局

2015 年 6 月 12 日

财政部 国家税务总局关于调整铁路和航空运输企业汇总缴纳增值税分支机构名单的通知

财税〔2015〕87 号

各省、自治区、直辖市、计划单列市财政厅(局)、国家税务局、地方税务局,新疆生产建设兵团财务局:

经研究,我们对铁路和航空运输企业汇总缴纳增值税分支机构名单进行了调整。现将有关内容通知如下:

一、铁路运输企业

(一)对《财政部 国家税务总局关于铁路运输企业汇总缴纳增值税的通知》(财税〔2013〕111 号)的附件1,增补本通知附件 1 所列的分支机构。

(二)对财税〔2013〕111 号文件的附件 2,增补、取消和更名本通知附件 2 所列的分支机构。

上述增补和更名的铁路运输企业分支机构,自提供铁路运输服务及相关的物流辅助服务之日起,按照财税〔2013〕111 号文件和《财政部 国家税务总局关于铁路运输企业汇总缴纳增值税的补充通知》(财税〔2014〕54 号)的规定缴纳增值税。

上述取消的铁路运输企业分支机构,自本通知附件 2 列明的取消时间起,不再按照财税〔2013〕111 号和财税〔2014〕54 号文件的规定缴纳增值税。

二、航空运输企业

对《财政部 国家税务总局关于部分航空运输企业总分机构增值税计算缴纳问题的通知》(财税〔2013〕86 号)的附件 2,增补本通知附件 3 所列分支机构。

上述增补的航空运输企业分支机构,自 2015 年 4 月 1 日起,按照财税〔2013〕86 号文件的规定缴纳增值税。

附件:1. 分支机构名单(一)(略)

2. 分支机构名单(二)(略)

3. 分支机构名单(三)(略)

财政部 国家税务总局

2015 年 8 月 10 日

国家税务总局关于纳税人认定或登记为一般纳税人前进项税额抵扣问题的公告

国家税务总局公告 2015 年第 59 号

现将纳税人认定或登记为一般纳税人前进项税额抵扣问题公告如下:

一、纳税人自办理税务登记至认定或登记为一般纳税人期间,未取得生产经营收入,未按照销售额和征收率简易计算应纳税额申报缴纳增值税的,其在此期间取得的增值税扣税凭证,可以在认定或登记为一般纳税人后抵扣进项税额。

二、上述增值税扣税凭证按照现行规定无法办理认证或者稽核比对的,按照以下规定处理:

(一)购买方纳税人取得的增值税专用发票,按照《国家税务总局关于推行增值税发票系统升级版有关问题的公告》(国家税务总局公告 2014 年第 73 号)规定的程序,由销售方纳税人开具红字增值税专用发票后重新开具蓝字增值税专用发票。

购买方纳税人按照国家税务总局公告 2014 年第 73 号规定填开《开具红字增值税专用发票信息表》或《开具红字货物运输业增值税专用发票信息表》时,选择“所购货物或劳务、服务不属于增值税扣税项目范围”或“所购服务不属于增值税扣税项目范围”。

(二)纳税人取得的海关进口增值税专用缴款书,按照《国家税务总局关于逾期增值税扣税凭证抵扣问题的公告》(国家税务总局公告 2011 年第 50 号)规定的程序,经国家税务总局稽核比对相符后抵扣进项税额。

三、本公告自发布之日起施行。此前未处理的事项,按照本公告规定执行。

特此公告。

国家税务总局
2015 年 8 月 19 日

关于《国家税务总局关于纳税人认定或登记为一般纳税人前进项税额抵扣问题的公告》的解读

新设立的企业,从办理税务登记,到开始生产经营,往往要经过一定的筹建期,进行基础建设、购买办公和生产设备、建账建制、招聘员工、联系进销渠道等。在此期间,企业也会取得一定数量的增值税扣税凭证。有些情况下,企业在筹建期间未能及时认定为一般纳税人,在税务机关的征管系统中存在一段时期的小规模纳税人状态,导致其取得的增值税扣税凭证在抵扣进项税额时遇到障碍。为有效解决这一问题,税务总局制发了《国家税务总局关于纳税人认定或登记为一般纳税人前进项税额抵扣问题的公告》。

本公告适用范围是虽然存在一段时间的小规模纳税人状态,但在此期间并未开展生产经营取得收入,并且未按照简易方法缴纳过增值税的纳税人。

本公告所称的"未取得生产经营收入,未按照销售额和征收率简易计算应纳税额申报缴纳增值税",指的是纳税人按照会计制度和税法的规定,真实记录和准确核算的经营结果,通过隐瞒收入形成的"未取得生产经营收入,未按照销售额和征收率简易计算应纳税额申报缴纳增值税",不在本公告规定之列。

财政部 海关总署 国家税务总局关于对化肥恢复征收增值税政策的通知

财税〔2015〕90 号

各省、自治区、直辖市、计划单列市财政厅(局)、国家税务局,海关总署广东分署、各直属海关,新疆生产建设兵团财务局:

为优化农业生产投入结构,促进农业可持续发展,经国务院批准,化肥增值税优惠政策停止执行。现就有关政策明确如下:

一、自 2015 年 9 月 1 日起,对纳税人销售和进口化肥统一按 13%税率征收国内环节和进口环节增值税。钾肥增值税先征后返政策同时停止执行。

二、化肥的具体范围,仍然按照《国家税务总局关于印发〈增值税部分货物征税范围注释〉的通知》(国税发〔1993〕151 号)的规定执行。进口环节恢复征收增值税的化肥税号见附件。

三、财政部、国家税务总局《关于若干农业生产资料征免增值税政策的通知》(财税〔2001〕113 号)第一条第 2 项和第 4 项"化肥"的规定、《财政部 国家税务总局关于进口化肥税收政策问题的通知》(财税〔2002〕44 号)、《财政部 国家税务总局关于钾肥增值税有关问题的通知》(财税〔2004〕197 号)、《财政部 国家税务总局关于暂免征收尿素产品增值税的通知》(财税〔2005〕87 号)、《财政部 国家税务总局关于免征磷酸二铵增值税的通知》(财税〔2007〕171 号) 自 2015 年 9 月 1 日起停止执行。

附件:进口环节恢复征收增值税的化肥税号(略)

财政部 海关总署 国家税务总局
2015 年 8 月 10 日

财政部 国家税务总局关于对化肥恢复征收增值税政策的补充通知

财税〔2015〕97 号

各省、自治区、直辖市、计划单列市财政厅(局)、国家税务局,新疆生产建设兵团财务局:

为解决化肥恢复征收增值税以前库存化肥的增值税问题,现就《财政部 海关总署 国家税务总局关于对化肥恢复征收增值税政策的通知》(财税〔2015〕90 号)补充通知如下:

一、自 2015 年 9 月 1 日起至 2016 年 6 月 30 日,对增值税一般纳税人销售的库存化肥,允许选择按照简易计税方法依照 3%征收率征收增值税。

二、化肥属于取消出口退(免)税的货物,仍按照《财政部 国家税务总局关于出口货物劳务增值税和消费税政策的通知》(财税〔2012〕39 号)规定,其出口视同内销征收增值税。出口日期,以出口货物报关单(出口退税专用)上注明的出口日期为准。

出口的库存化肥,适用本通知第一条的规定。

三、纳税人应当单独核算库存化肥的销售额,未单独核算的,不得适用简易计税方法。

四、本通知所称的库存化肥,是指纳税人 2015 年 8 月 31 日前生产或购进的尚未销售的化肥。

五、《财政部 国家税务总局关于农民专业合作社有关税收政策的通知》(财税〔2008〕81 号)第三条关于“化肥”的规定自 2015 年 9 月 1 日起停止执行。

财政部 国家税务总局

2015 年 8 月 28 日

国家税务总局关于动物尸体降解处理机蔬菜清洗机增值税适用税率问题的公告

国家税务总局公告 2015 年第 72 号

现将动物尸体降解处理机、蔬菜清洗机增值税适用税率公告如下:

动物尸体降解处理机、蔬菜清洗机属于农机,适用 13%增值税税率。

动物尸体降解处理机是指采用生物降解技术将病死畜禽尸体处理成粉状有机肥原料,实现无害化处理的设备。

蔬菜清洗机是指用于农副产品加工生产的采用喷淋清洗、毛刷清洗、气泡清洗、淹没水射流清洗技术对完整或鲜切蔬菜进行清洗,以去除蔬菜表面污物、微生物及农药残留的设备。

本公告自 2015 年 12 月 1 日起施行。此前已发生未处理的事项,按本公告规定执行。

特此公告。

国家税务总局

2015 年 10 月 15 日

关于《国家税务总局关于动物尸体降解处理机 蔬菜清洗机增值税适用税率问题的公告》的解读

一、该公告出台的背景?

近期,我们接到基层税务机关报来请示,反映动物尸体降解处理机、蔬菜清洗机虽符合《增值税部分货物征税范围注释》(国税发〔1993〕151号)文件中"农机"的定义范畴,但未在"农机"的正列举范围内,对于上述设备是否属于农机适用13%增值税税率问题,基层税务机关难以确定,请求我局予以明确。

二、什么是动物尸体降解处理机、蔬菜清洗机?

根据农业部门提供的专业意见,公告将动物尸体降解处理机、蔬菜清洗机明确定义为:动物尸体降解处理机是指采用生物降解技术将病死畜禽尸体处理成粉状有机肥原料,实现无害化处理的设备。蔬菜清洗机是指用于农副产品加工生产的采用喷淋清洗、毛刷清洗、气泡清洗、淹没水射流清洗技术对完整或鲜切蔬菜进行清洗,以去除蔬菜表面污物、微生物及农药残留的设备。只有满足上述定义的动物尸体降解处理机、蔬菜清洗机才属于"农机"范畴,并适用13%增值税税率。

国家税务总局关于"三证合一"登记制度改革涉及增值税一般纳税人管理有关事项的公告

国家税务总局公告2015年第74号

为配合"三证合一"登记制度改革,国家税务总局对增值税一般纳税人管理有关事项进行了调整,现公告如下:

一、主管税务机关在为纳税人办理增值税一般纳税人登记时,纳税人税务登记证件上不再加盖"增值税一般纳税人"戳记。经主管税务机关核对后退还纳税人留存的《增值税一般纳税人资格登记表》,可以作为证明纳税人具备增值税一般纳税人资格的凭据。

二、《国家税务总局关于调整增值税一般纳税人管理有关事项的公告》(国家税务总局公告2015年第18号)第二条第(一)项中所称的"税务登记证件",包括纳税人领取的由工商行政管理部门核发的加载法人和其他组织统一社会信用代码的营业执照。

三、本公告自公布之日起施行。《增值税一般纳税人资格认定管理办法》(国家税务总局令第22号)第十条暂停执行,相应条款将依照规定程序修订后,重新予以公布。

特此公告。

国家税务总局

2015年11月2日

关于《国家税务总局关于"三证合一"登记制度改革涉及增值税一般纳税人管理有关事项的公告》的解读

为配合"三证合一"登记制度改革,国家税务总局制定发布了《国家税务总局关于"三证合一"登记制度改革涉及增值税一般纳税人管理有关事项的公告》(以下简称公告),现解读如下:

公告明确自公告公布之日起,主管税务机关在为纳税人办理增值税一般纳税人登记时,纳税人税务登记证件上不再加盖“增值税一般纳税人”戳记，经主管税务机关核对后退还纳税人留存的《增值税一般纳税人资格登记表》，可以作为证明纳税人具备增值税一般纳税人资格的凭据。同时明确《国家税务总局关于调整增值税一般纳税人管理有关事项的公告》（国家税务总局公告 2015 年第 18 号）第二条第（一）项中所称的“税务登记证件”，包括纳税人领取的由工商行政管理部门核发的加载法人和其他组织统一社会信用代码的营业执照。

财政部 国家税务总局关于煤炭采掘企业增值税进项税额抵扣有关事项的通知

财税〔2015〕117 号

各省、自治区、直辖市、计划单列市财政厅（局）、国家税务局，新疆生产建设兵团财务局：

为统一煤炭采掘企业增值税进项税额抵扣政策，便于政策理解和执行，经研究，现就有关事项明确如下：

一、煤炭采掘企业购进的下列项目，其进项税额允许从销项税额中抵扣：

（一）巷道附属设备及其相关的应税货物、劳务和服务；

（二）用于除开拓巷道以外的其他巷道建设和掘进，或者用于巷道回填、露天煤矿生态恢复的应税货物、劳务和服务。

二、本通知所称的巷道，是指为采矿提升、运输、通风、排水、动力供应、瓦斯治理等而掘进的通道，包括开拓巷道和其他巷道。其中，开拓巷道，是指为整个矿井或一个开采水平（阶段）服务的巷道。所称的巷道附属设备，是指以巷道为载体的给排水、采暖、降温、卫生、通风、照明、通讯、消防、电梯、电气、瓦斯抽排等设备。

三、本通知自 2015 年 11 月 1 日起执行。

财政部 国家税务总局

2015 年 11 月 2 日

国家税务总局关于明确有机肥产品执行标准的公告

国家税务总局公告 2015 年第 86 号

为便于有机肥产品增值税政策的执行，现就享受增值税免税政策的有机肥产品执行标准公告如下：

《财政部 国家税务总局关于有机肥产品免征增值税的通知》（财税〔2008〕56 号）规定享受增值税免税政策的有机肥产品中，有机肥料按《有机肥料》（NY525—2012）标准执行，有机-无机复混肥料按《有机-无机复混肥料》（GB18877—2009）标准执行，生物有机肥按《生物有机肥》（NY884—2012）标准执行。不符合上述标准的有机肥产品，不得享受财税〔2008〕56 号文件规定的增值税免税政策。上述有机肥产品的国家标准、行业标准，如在执行过程中有更新、替换，统一按最新的国家标准、行业标准执行。

本公告自 2016 年 1 月 1 日起施行，此前未处理的事项，按本公告规定执行。《国家税务总局关于有机肥产品免征增值税问题的批复》（国税函〔2008〕1020 号）同时废止。

特此公告。

国家税务总局

2015 年 12 月 1 日

关于《国家税务总局关于明确有机肥产品执行标准的公告》的解读

一、该公告出台的背景?

近期,我们接到基层税务机关报来请示,反映有机肥产品的执行标准已发生较大变化,为便于有机肥产品增值税免税政策的执行和落实,建议我局相应对有机肥产品税收政策文件表述作出调整。

二、与旧执行标准相比,新执行标准发生了那些变化?

2009年全国肥料和土壤调理剂标准化技术委员会修改了有机-无机复混肥料产品标准,GB18877—2009《有机-无机复混肥料》代替GB18877—2002《有机-无机复混肥料》。2012年农业部修改了有机肥料和生物有机肥产品标准,NY525—2012《有机肥料》代替NY525—2002《有机肥料》,NY884—2012《生物有机肥》代替NY884—2004《生物有机肥》。新标准和旧标准在砷、汞等限量指标、有机质等质量分数和酸碱度、有机质含量测定方法等方面均发生了较大变化。

三、本次有机肥产品政策调整的主要内容是什么?

新发布公告中明确,自2016年1月1日起,有机肥按《有机肥料》(NY525—2012)、《有机-无机复混肥料》(GB18877—2009)、《生物有机肥》(NY884—2012)标准执行。今后,有机肥产品的国家标准、行业标准如在执行过程中有更新、替换,统一按最新的国家标准、行业标准执行。

国家税务总局关于发布《市场采购贸易方式出口货物免税管理办法(试行)》的公告

国家税务总局公告2015年第89号

为规范统一市场采购贸易方式出口货物免税管理,国家税务总局制定了《市场采购贸易方式出口货物免税管理办法(试行)》,现予发布,自公布之日起施行。

特此公告。

国家税务总局
2015年12月17日

市场采购贸易方式出口货物免税管理办法(试行)

第一条 为规范市场采购贸易方式出口货物的免税管理,根据《中华人民共和国税收征收管理法》、《中华人民共和国增值税暂行条例》及其实施细则、《国务院办公厅关于促进进出口稳定增长的若干意见》(国办发〔2015〕55号),以及《财政部 国家税务总局关于出口货物劳务增值税和消费税政策的通知》(财税〔2012〕39号)和《国家税务总局关于发布〈出口货物劳务增值税和消费税管理办法〉的公告》(国家税务总局公告2012年第24号)等规定,制定本办法。

第二条 本办法所称市场采购贸易方式出口货物,是指经国家批准的专业市场集聚区内的市场经营户(以下简称市场经营户)自营或委托从事市场采购贸易经营的单位(以下简称市场采购贸易经营者),按照海关总署规定的市场采购贸易监管办法办理通关手续,并纳入涵盖市场采购贸易各方经营主体和贸易全流程的市场采购贸易综合管理系统管理的货物(国家规定不适用市场采购贸易方式出口的商品除外)。

第三条 市场经营户自营或委托市场采购贸易经营者以市场采购贸易方式出口的货物免征增值税。

第四条 委托出口的市场经营户应与市场采购贸易经营者签订《委托代理出口货物协议》。受托出口的市场采购贸易经营者在货物报关出口后，应在规定的期限内向主管国税机关申请开具《代理出口货物证明》。

第五条 市场经营户或市场采购贸易经营者应按以下要求时限，在市场采购贸易综合管理系统中准确、及时录入商品名称、规格型号、计量单位、数量、单价和金额等相关内容形成交易清单。

（一）自营出口，市场经营户应当于同外商签订采购合同时自行录入；

（二）委托出口，市场经营户将货物交付市场采购贸易经营者时自行录入，或由市场采购贸易经营者录入。

第六条 市场经营户应在货物报关出口次月的增值税纳税申报期内按规定向主管国税机关办理市场采购贸易出口货物免税申报；委托出口的，市场采购贸易经营者可以代为办理免税申报手续。

第七条 税务机关应当利用海关相关数据和市场采购贸易综合管理系统相关信息，结合实际情况，加强市场采购贸易方式出口货物免税管理工作。

第八条 市场经营户未按本办法规定在市场采购贸易综合管理系统中录入商品名称等相关内容、办理免税申报或签订《委托代理出口货物协议》或者存在其他违反税收管理行为的，主管国税机关可以告知有关主管部门停止其使用市场采购贸易综合管理系统。

第九条 市场采购贸易经营者未按规定申请开具《代理出口货物证明》或未按本办法规定在市场采购贸易综合管理系统中录入商品名称等相关内容，或者存在其他违反税收管理行为的，主管国税机关除按《中华人民共和国税收征收管理法》及其实施细则规定进行处理外，可告知有关主管部门停止其使用市场采购贸易综合管理系统。

第十条 未纳入本办法规定的其他货物出口事项，依照相关规定执行。

第十一条 经国务院批准开展市场采购贸易方式试点的市场集聚区，其市场采购贸易综合管理系统的免税管理系统经国家税务总局验收后，出口货物免税管理事项执行本办法规定，不实行免税资料备查管理和备案单证管理。

第十二条 本办法自公布之日起施行。《国家税务总局关于浙江省义乌市市场采购贸易方式出口货物免税管理试行办法的批复》（税总函〔2013〕547 号）同时废止。

关于《国家税务总局关于发布〈市场采购贸易方式出口货物免税管理办法（试行）〉的公告》的解读

一、《公告》的背景

《国务院办公厅关于促进进出口稳定增长的若干意见》（国办发〔2015〕55 号）规定，加快推进外贸新型商业模式发展，扩大市场采购贸易方式试点工作，将江苏海门叠石桥国际家纺城、浙江海宁皮革城列入试点范围。为尽快落实国务院文件精神，规范统一市场采购贸易方式出口货物免税管理办法，特制定本公告。

二、《公告》的主要内容

《公告》发布的《市场采购贸易方式出口货物免税管理办法（试行）》（以下简称《办法》），主要规定了以下内容：

（一）明确了实行免税的市场采购贸易方式出口的货物范围。

即：经国家批准的专业市场集聚区内的市场经营户（以下称市场经营户）自营或委托从事市场采购贸易经营的单位（以下称市场采购贸易经营者），按照海关总署规定的市场采购贸易监管办法办理通关手续，并纳入涵盖市场采购贸易各方经营主体和贸易全流程的市场采购贸易综合管理系统管理的货物（国家规定不适用市场采购贸易方式出口的商品除外）。

（二）规定了市场经营户或市场采购贸易经营者应按规定的时限，在市场采购贸易综合管理系统中准确、及时录入出口货物的相关内容形成交易清单。

（三）规定了免税申报手续。市场经营户向主管国税机关自行申报或市场采购贸易经营者代为办理，同时规定了免税申报时间。

（四）要求税务机关加强市场采购贸易方式出口货物免税管理，明确了市场经营户或市场采购贸易经营者未按规定执行的处理办法。

（五）明确未纳入《办法》规定的其他货物出口事项，依照相关规定执行。

(六)对经国务院批准开展市场采购贸易方式试点的市场集聚区,其市场采购贸易综合管理系统的免税管理系统经国家税务总局验收后,出口货物免税管理事项执行本办法规定,不实行免税资料备查管理和备案单证管理。

国家税务总局关于营业税改征增值税试点期间有关增值税问题的公告

国家税务总局公告2015年第90号

为统一政策执行口径,现将营业税改征增值税试点期间有关增值税问题公告如下:

一、蜂窝数字移动通信用塔(杆),属于《固定资产分类与代码》(GB/T 14885－1994)中的"其他通讯设备"(代码699),其增值税进项税额可以按照现行规定从销项税额中抵扣。

二、纳税人销售自己使用过的固定资产,适用简易办法依照3%征收率减按2%征收增值税政策的,可以放弃减税,按照简易办法依照3%征收率缴纳增值税,并可以开具增值税专用发票。

三、纳税人提供有形动产融资性售后回租服务,计算当期销售额时可以扣除的有形动产价款本金,为书面合同约定的当期应当收取的本金。无书面合同或者书面合同没有约定的,为当期实际收取的本金。

四、提供有形动产融资租赁服务的纳税人,以保理方式将融资租赁合同项下未到期应收租金的债权转让给银行等金融机构,不改变其与承租方之间的融资租赁关系,应继续按照现行规定缴纳增值税,并向承租方开具发票。

五、纳税人通过蜂窝数字移动通信用塔(杆)及配套设施,为电信企业提供的基站天线、馈线及设备环境控制、动环监控、防雷消防、运行维护等塔类站址管理业务,按照"信息技术基础设施管理服务"缴纳增值税。

纳税人通过楼宇、隧道等室内通信分布系统,为电信企业提供的语音通话和移动互联网等无线信号室分系统传输服务,分别按照基础电信服务和增值电信服务缴纳增值税。

本公告自2016年2月1日起施行,此前未处理的事项,按本公告规定执行。

特此公告。

国家税务总局

2015年12月22日

关于《国家税务总局关于营业税改征增值税试点期间有关增值税问题的公告》的解读

近期,部分地区反映,在营改增试点期间,一些增值税政策执行不尽一致,希望予以明确。根据《中华人民共和国增值税暂行条例》及其实施细则、《营业税改征增值税试点实施办法》以及现行增值税相关政策规定,税务总局发布了《国家税务总局关于营业税改征增值税试点期间有关增值税问题的公告》(以下简称《公告》),以统一政策口径。

《公告》明确了五个方面的内容:

一是蜂窝数字移动通信用塔(杆)抵扣问题。明确电信企业使用的蜂窝数字移动通信塔(杆),属于《固定资产分类与代码》(GB/T14885－1994)中"通信设备——其他通讯设备"(代码699)。

二是对纳税人销售自己使用过的固定资产,现行政策规定适用简易办法依照3%征收率减按2%征收增值税的,可以放弃享受优惠政策,适用简易办法依照3%征收率缴纳增值税,并可以开具增值税专用发票。

三是对融资性售后回租业务,明确了从销售额中扣除向承租方收取的有形动产价款本金的处理方式。

四是鉴于融资租赁保理业务的本质是融资租赁公司向银行进行融资的行为,明确保理业务模式下,融资租赁公司与承租方之间的融资租赁服务关系并未解除，应当继续按照现行规定缴纳增值税。

五是明确蜂窝数字移动通信铁塔经营业务，应根据业务内容按照现行规定分别适用不同的税目缴纳增值税。

国家税务总局关于纳税信用A级纳税人取消增值税发票认证有关问题的公告

国家税务总局公告2016年第7号

为认真落实《深化国税、地税征管体制改革方案》有关要求，进一步优化纳税服务，完善税收分类管理，税务总局决定对纳税信用A级增值税一般纳税人（以下简称纳税人）取消增值税发票认证，现将有关问题公告如下：

一、纳税人取得销售方使用增值税发票系统升级版开具的增值税发票（包括增值税专用发票、货物运输业增值税专用发票、机动车销售统一发票，下同），可以不再进行扫描认证，通过增值税发票税控开票软件登录本省增值税发票查询平台，查询、选择用于申报抵扣或者出口退税的增值税发票信息。

增值税发票查询平台的登录地址由各省国税局确定并公布。

二、纳税人取得增值税发票，通过增值税发票查询平台未查询到对应发票信息的，仍可进行扫描认证。

三、纳税人填报增值税纳税申报表的方法保持不变，即当期申报抵扣的增值税发票数据，仍填报在《增值税纳税申报表附列资料（二）》第2栏“其中：本期认证相符且本期申报抵扣”的对应栏次中。

四、取消增值税发票认证，简化办税流程，将明显减轻纳税人和基层税务机关负担，是深入开展“便民办税春风行动”的一项重要举措。各地国税机关要认真落实工作部署，精心组织做好宣传、培训等各项工作，及时、准确维护纳税人档案信息，确保此项工作顺利实施。

五、本公告自2016年3月1日起施行。

特此公告。

国家税务总局

2016年2月4日

关于《国家税务总局关于纳税信用A级纳税人取消增值税发票认证有关问题的公告》的解读

一、发布本公告的背景是什么？

为认真落实《深化国税、地税征管体制改革方案》有关要求，进一步优化纳税服务，完善税收分类管理，税务总局决定对纳税信用A级增值税一般纳税人取消增值税发票认证。取消增值税发票认证，简化办税流程，将明显减轻纳税人办税负担和基层税务机关负担，是税务机关2016年深入开展“便民办税春风行动”的一项重要举措。

二、纳税信用A级纳税人取得增值税发票后如何申报抵扣税款？

（一）自2016年3月1日起，纳税信用A级纳税人取得销售方使用增值税发票系统升级版开具的增值税发票（包括增值税专用发票、货物运输业增值税专用发票、机动车销售统一发票，下同），可以不再进行扫描认证，通过增值税发票税控开票软件登录本省增值税发票查询平台，查询、选择用于申报抵扣或者出口退税的增值税发票信息。

（二）纳税人取得增值税发票，通过增值税发票查询平台未查询到对应发票信息的，仍可进行扫描认证。

（三）纳税人填报增值税纳税申报表的方法保持不变，即当期申报抵扣的增值税发票数据，仍填报在《增值税纳税申报表附列资料(二)》第2栏"其中:本期认证相符且本期申报抵扣"中。

国家税务总局关于兽用药品经营企业销售兽用生物制品有关增值税问题的公告

国家税务总局公告2016年第8号

现将兽用药品经营企业销售兽用生物制品有关增值税问题公告如下:

一、属于增值税一般纳税人的兽用药品经营企业销售兽用生物制品,可以选择简易办法按照兽用生物制品销售额和3%的征收率计算缴纳增值税。

兽用药品经营企业,是指取得兽医行政管理部门颁发的《兽药经营许可证》,获准从事兽用生物制品经营的兽用药品批发和零售企业。

二、属于增值税一般纳税人的兽用药品经营企业销售兽用生物制品,选择简易办法计算缴纳增值税的,36个月内不得变更计税方法。

三、本公告自2016年4月1日起施行。

特此公告。

国家税务总局
2016年2月4日

关于《国家税务总局关于兽用药品经营企业销售兽用生物制品有关增值税问题的公告》的解读

一、该公告出台的背景是什么?

近期,我们接到基层税务机关报来请示,反映经营兽用生物制品的纳税人因只能取得《兽药经营许可证》而非《药品经营许可证》,不符合《国家税务总局关于药品经营企业销售生物制品有关增值税问题的公告》(国家税务总局公告2012年第20号)有关规定,其销售的兽用生物制品无法按简易办法计算缴纳增值税,兽用生物制品批发零售环节"高征低扣"造成的增值税负担较重问题较为突出。建议对兽用药品经营企业销售生物制品,同样可选择简易办法计算缴纳增值税。

二、该公告发布实施后,哪些企业批发零售生物制品,可选择简易办法计算缴纳增值税?

该公告发布实施后,与2012年发布的《国家税务总局关于药品经营企业销售生物制品有关增值税问题的公告》(国家税务总局公告2012年第20号)相结合,共明确有两类企业批发零售生物制品,可选择简易办法计算缴纳增值税:一是取得(食品)药品监督管理部门颁发的《药品经营许可证》的药品经营企业,二是取得兽医行政管理部门颁发的《兽药经营许可证》的兽用药品经营企业。

财政部 国家税务总局关于继续实行农村饮水安全工程建设运营税收优惠政策的通知

财税〔2016〕19号

各省、自治区、直辖市、计划单列市财政厅(局)、国家税务局、地方税务局,新疆生产建设兵团财务局:

为支持农村饮水安全工程（以下简称饮水工程）巩固提升，经国务院批准，继续对饮水工程的建设、运营给予税收优惠。现将有关政策通知如下：

……

四、对饮水工程运营管理单位向农村居民提供生活用水取得的自来水销售收入，免征增值税。

……

六、本文所称饮水工程，是指为农村居民提供生活用水而建设的供水工程设施。本文所称饮水工程运营管理单位，是指负责饮水工程运营管理的自来水公司、供水公司、供水（总）站（厂、中心）、村集体、农民用水合作组织等单位。

对于既向城镇居民供水，又向农村居民供水的饮水工程运营管理单位，依据向农村居民供水收入占总供水收入的比例免征增值税；依据向农村居民供水量占总供水量的比例免征契税、印花税、房产税和城镇土地使用税。无法提供具体比例或所提供数据不实的，不得享受上述税收优惠政策。

七、符合上述减免税条件的饮水工程运营管理单位需持相关材料向主管税务机关办理备案手续。

八、上述政策（第五条除外）自 2016 年 1 月 1 日至 2018 年 12 月 31 日执行。

财政部 国家税务总局

财政部 国家税务总局关于全面推开营业税改征增值税试点的通知

财税〔2016〕36 号

各省、自治区、直辖市、计划单列市财政厅（局）、国家税务局、地方税务局，新疆生产建设兵团财务局：

经国务院批准，自 2016 年 5 月 1 日起，在全国范围内全面推开营业税改征增值税（以下称营改增）试点，建筑业、房地产业、金融业、生活服务业等全部营业税纳税人，纳入试点范围，由缴纳营业税改为缴纳增值税。现将《营业税改征增值税试点实施办法》、《营业税改征增值税试点有关事项的规定》、《营业税改征增值税试点过渡政策的规定》和《跨境应税行为适用增值税零税率和免税政策的规定》印发你们，请遵照执行。

本通知附件规定的内容，除另有规定执行时间外，自 2016 年 5 月 1 日起执行。《财政部 国家税务总局关于将铁路运输和邮政业纳入营业税改征增值税试点的通知》（财税〔2013〕106 号）、《财政部 国家税务总局关于铁路运输和邮政业营业税改征增值税试点有关政策的补充通知》（财税〔2013〕121 号）、《财政部 国家税务总局关于将电信业纳入营业税改征增值税试点的通知》（财税〔2014〕43 号）、《财政部 国家税务总局关于国际水路运输增值税零税率政策的补充通知》（财税〔2014〕50 号）和《财政部 国家税务总局关于影视等出口服务适用增值税零税率政策的通知》（财税〔2015〕118 号），除另有规定的条款外，相应废止。

各地要高度重视营改增试点工作，切实加强试点工作的组织领导，周密安排，明确责任，采取各种有效措施，做好试点前的各项准备以及试点过程中的监测分析和宣传解释等工作，确保改革的平稳、有序、顺利进行。遇到问题请及时向财政部和国家税务总局反映。

附件：1. 营业税改征增值税试点实施办法

2. 营业税改征增值税试点有关事项的规定

3. 营业税改征增值税试点过渡政策的规定

4. 跨境应税行为适用增值税零税率和免税政策的规定

财政部 国家税务总局

2016 年 3 月 23 日

附件1：

营业税改征增值税试点实施办法

第一章 纳税人和扣缴义务人

第一条 在中华人民共和国境内(以下称境内)销售服务、无形资产或者不动产(以下称应税行为)的单位和个人，为增值税纳税人，应当按照本办法缴纳增值税，不缴纳营业税。

单位，是指企业、行政单位、事业单位、军事单位、社会团体及其他单位。

个人，是指个体工商户和其他个人。

第二条 单位以承包、承租、挂靠方式经营的，承包人、承租人、挂靠人(以下统称承包人)以发包人、出租人、被挂靠人(以下统称发包人)名义对外经营并由发包人承担相关法律责任的，以该发包人为纳税人。否则，以承包人为纳税人。

第三条 纳税人分为一般纳税人和小规模纳税人。

应税行为的年应征增值税销售额(以下称应税销售额)超过财政部和国家税务总局规定标准的纳税人为一般纳税人，未超过规定标准的纳税人为小规模纳税人。

年应税销售额超过规定标准的其他个人不属于一般纳税人。年应税销售额超过规定标准但不经常发生应税行为的单位和个体工商户可选择按照小规模纳税人纳税。

第四条 年应税销售额未超过规定标准的纳税人，会计核算健全，能够提供准确税务资料的，可以向主管税务机关办理一般纳税人资格登记，成为一般纳税人。

会计核算健全，是指能够按照国家统一的会计制度规定设置账簿，根据合法、有效凭证核算。

第五条 符合一般纳税人条件的纳税人应当向主管税务机关办理一般纳税人资格登记。具体登记办法由国家税务总局制定。

除国家税务总局另有规定外，一经登记为一般纳税人后，不得转为小规模纳税人。

第六条 中华人民共和国境外(以下称境外)单位或者个人在境内发生应税行为，在境内未设有经营机构的，以购买方为增值税扣缴义务人。财政部和国家税务总局另有规定的除外。

第七条 两个或者两个以上的纳税人，经财政部和国家税务总局批准可以视为一个纳税人合并纳税。具体办法由财政部和国家税务总局另行制定。

第八条 纳税人应当按照国家统一的会计制度进行增值税会计核算。

第二章 征税范围

第九条 应税行为的具体范围，按照本办法所附的《销售服务、无形资产、不动产注释》执行。

第十条 销售服务、无形资产或者不动产，是指有偿提供服务、有偿转让无形资产或者不动产，但属于下列非经营活动的情形除外：

(一)行政单位收取的同时满足以下条件的政府性基金或者行政事业性收费。

1. 由国务院或者财政部批准设立的政府性基金，由国务院或者省级人民政府及其财政、价格主管部门批准设立的行政事业性收费；

2. 收取时开具省级以上(含省级)财政部门监(印)制的财政票据；

3. 所收款项全额上缴财政。

(二)单位或者个体工商户聘用的员工为本单位或者雇主提供取得工资的服务。

(三)单位或者个体工商户为聘用的员工提供服务。

(四)财政部和国家税务总局规定的其他情形。

第十一条 有偿，是指取得货币、货物或者其他经济利益。

第十二条 在境内销售服务、无形资产或者不动产，是指：

(一)服务(租赁不动产除外)或者无形资产(自然资源使用权除外)的销售方或者购买方在境内；

(二)所销售或者租赁的不动产在境内；

(三)所销售自然资源使用权的自然资源在境内;

(四)财政部和国家税务总局规定的其他情形。

第十三条 下列情形不属于在境内销售服务或者无形资产:

(一)境外单位或者个人向境内单位或者个人销售完全在境外发生的服务。

(二)境外单位或者个人向境内单位或者个人销售完全在境外使用的无形资产。

(三)境外单位或者个人向境内单位或者个人出租完全在境外使用的有形动产。

(四)财政部和国家税务总局规定的其他情形。

第十四条 下列情形视同销售服务、无形资产或者不动产:

(一)单位或者个体工商户向其他单位或者个人无偿提供服务,但用于公益事业或者以社会公众为对象的除外。

(二)单位或者个人向其他单位或者个人无偿转让无形资产或者不动产,但用于公益事业或者以社会公众为对象的除外。

(三)财政部和国家税务总局规定的其他情形。

第三章 税率和征收率

第十五条 增值税税率:

(一)纳税人发生应税行为,除本条第(二)项、第(三)项、第(四)项规定外,税率为6%。

(二)提供交通运输、邮政、基础电信、建筑、不动产租赁服务,销售不动产,转让土地使用权,税率为11%。

(三)提供有形动产租赁服务,税率为17%。

(四)境内单位和个人发生的跨境应税行为,税率为零。具体范围由财政部和国家税务总局另行规定。

第十六条 增值税征收率为3%,财政部和国家税务总局另有规定的除外。

第四章 应纳税额的计算

第一节 一般性规定

第十七条 增值税的计税方法,包括一般计税方法和简易计税方法。

第十八条 一般纳税人发生应税行为适用一般计税方法计税。

一般纳税人发生财政部和国家税务总局规定的特定应税行为,可以选择适用简易计税方法计税,但一经选择,36个月内不得变更。

第十九条 小规模纳税人发生应税行为适用简易计税方法计税。

第二十条 境外单位或者个人在境内发生应税行为,在境内未设有经营机构的,扣缴义务人按照下列公式计算应扣缴税额:

应扣缴税额=购买方支付的价款÷(1+税率)×税率

第二节 一般计税方法

第二十一条 一般计税方法的应纳税额,是指当期销项税额抵扣当期进项税额后的余额。应纳税额计算公式:

应纳税额=当期销项税额-当期进项税额

当期销项税额小于当期进项税额不足抵扣时,其不足部分可以结转下期继续抵扣。

第二十二条 销项税额,是指纳税人发生应税行为按照销售额和增值税税率计算并收取的增值税额。销项税额计算公式:

销项税额=销售额×税率

第二十三条 一般计税方法的销售额不包括销项税额,纳税人采用销售额和销项税额合并定价方法的,按照下列公式计算销售额:

销售额=含税销售额÷(1+税率)

第二十四条 进项税额，是指纳税人购进货物、加工修理修配劳务、服务、无形资产或者不动产，支付或者负担的增值税额。

第二十五条 下列进项税额准予从销项税额中抵扣：

（一）从销售方取得的增值税专用发票（含税控机动车销售统一发票，下同）上注明的增值税额。

（二）从海关取得的海关进口增值税专用缴款书上注明的增值税额。

（三）购进农产品，除取得增值税专用发票或者海关进口增值税专用缴款书外，按照农产品收购发票或者销售发票上注明的农产品买价和13%的扣除率计算的进项税额。计算公式为：

进项税额＝买价×扣除率

买价，是指纳税人购进农产品在农产品收购发票或者销售发票上注明的价款和按照规定缴纳的烟叶税。

购进农产品，按照《农产品增值税进项税额核定扣除试点实施办法》抵扣进项税额的除外。

（四）从境外单位或者个人购进服务、无形资产或者不动产，自税务机关或者扣缴义务人取得的解缴税款的完税凭证上注明的增值税额。

第二十六条 纳税人取得的增值税扣税凭证不符合法律、行政法规或者国家税务总局有关规定的，其进项税额不得从销项税额中抵扣。

增值税扣税凭证，是指增值税专用发票、海关进口增值税专用缴款书、农产品收购发票、农产品销售发票和完税凭证。

纳税人凭完税凭证抵扣进项税额的，应当具备书面合同、付款证明和境外单位的对账单或者发票。资料不全的，其进项税额不得从销项税额中抵扣。

第二十七条 下列项目的进项税额不得从销项税额中抵扣：

（一）用于简易计税方法计税项目、免征增值税项目、集体福利或者个人消费的购进货物、加工修理修配劳务、服务、无形资产和不动产。其中涉及的固定资产、无形资产、不动产，仅指专用于上述项目的固定资产、无形资产（不包括其他权益性无形资产）、不动产。

纳税人的交际应酬消费属于个人消费。

（二）非正常损失的购进货物，以及相关的加工修理修配劳务和交通运输服务。

（三）非正常损失的在产品、产成品所耗用的购进货物（不包括固定资产）、加工修理修配劳务和交通运输服务。

（四）非正常损失的不动产，以及该不动产所耗用的购进货物、设计服务和建筑服务。

（五）非正常损失的不动产在建工程所耗用的购进货物、设计服务和建筑服务。

纳税人新建、改建、扩建、修缮、装饰不动产，均属于不动产在建工程。

（六）购进的旅客运输服务、贷款服务、餐饮服务、居民日常服务和娱乐服务。

（七）财政部和国家税务总局规定的其他情形。

本条第（四）项、第（五）项所称货物，是指构成不动产实体的材料和设备，包括建筑装饰材料和给排水、采暖、卫生、通风、照明、通讯、煤气、消防、中央空调、电梯、电气、智能化楼宇设备及配套设施。

第二十八条 不动产、无形资产的具体范围，按照本办法所附的《销售服务、无形资产或者不动产注释》执行。

固定资产，是指使用期限超过12个月的机器、机械、运输工具以及其他与生产经营有关的设备、工具、器具等有形动产。

非正常损失，是指因管理不善造成货物被盗、丢失、霉烂变质，以及因违反法律法规造成货物或者不动产被依法没收、销毁、拆除的情形。

第二十九条 适用一般计税方法的纳税人，兼营简易计税方法计税项目、免征增值税项目而无法划分不得抵扣的进项税额，按照下列公式计算不得抵扣的进项税额：

不得抵扣的进项税额＝当期无法划分的全部进项税额×（当期简易计税方法计税项目销售额＋免征增值税项目销售额）÷当期全部销售额

主管税务机关可以按照上述公式依据年度数据对不得抵扣的进项税额进行清算。

第三十条 已抵扣进项税额的购进货物（不含固定资产）、劳务、服务，发生本办法第二十七条规定情形

(简易计税方法计税项目、免征增值税项目除外)的,应当将该进项税额从当期进项税额中扣减;无法确定该进项税额的,按照当期实际成本计算应扣减的进项税额。

第三十一条 已抵扣进项税额的固定资产、无形资产或者不动产,发生本办法第二十七条规定情形的,按照下列公式计算不得抵扣的进项税额:

不得抵扣的进项税额=固定资产、无形资产或者不动产净值×适用税率

固定资产、无形资产或者不动产净值,是指纳税人根据财务会计制度计提折旧或摊销后的余额。

第三十二条 纳税人适用一般计税方法计税的,因销售折让、中止或者退回而退还给购买方的增值税额,应当从当期的销项税额中扣减;因销售折让、中止或者退回而收回的增值税额,应当从当期的进项税额中扣减。

第三十三条 有下列情形之一者,应当按照销售额和增值税税率计算应纳税额,不得抵扣进项税额,也不得使用增值税专用发票:

(一)一般纳税人会计核算不健全,或者不能够提供准确税务资料的。

(二)应当办理一般纳税人资格登记而未办理的。

第三节 简易计税方法

第三十四条 简易计税方法的应纳税额,是指按照销售额和增值税征收率计算的增值税额,不得抵扣进项税额。应纳税额计算公式:

应纳税额=销售额×征收率

第三十五条 简易计税方法的销售额不包括其应纳税额,纳税人采用销售额和应纳税额合并定价方法的,按照下列公式计算销售额:

销售额=含税销售额÷(1+征收率)

第三十六条 纳税人适用简易计税方法计税的,因销售折让、中止或者退回而退还给购买方的销售额,应当从当期销售额中扣减。扣减当期销售额后仍有余额造成多缴的税款,可以从以后的应纳税额中扣减。

第四节 销售额的确定

第三十七条 销售额,是指纳税人发生应税行为取得的全部价款和价外费用,财政部和国家税务总局另有规定的除外。

价外费用,是指价外收取的各种性质的收费,但不包括以下项目:

(一)代为收取并符合本办法第十条规定的政府性基金或者行政事业性收费。

(二)以委托方名义开具发票代委托方收取的款项。

第三十八条 销售额以人民币计算。

纳税人按照人民币以外的货币结算销售额的,应当折合成人民币计算,折合率可以选择销售额发生的当天或者当月 1 日的人民币汇率中间价。纳税人应当在事先确定采用何种折合率,确定后 12 个月内不得变更。

第三十九条 纳税人兼营销售货物、劳务、服务、无形资产或者不动产,适用不同税率或者征收率的,应当分别核算适用不同税率或者征收率的销售额;未分别核算的,从高适用税率。

第四十条 一项销售行为如果既涉及服务又涉及货物,为混合销售。从事货物的生产、批发或者零售的单位和个体工商户的混合销售行为,按照销售货物缴纳增值税;其他单位和个体工商户的混合销售行为,按照销售服务缴纳增值税。

本条所称从事货物的生产、批发或者零售的单位和个体工商户,包括以从事货物的生产、批发或者零售为主,并兼营销售服务的单位和个体工商户在内。

第四十一条 纳税人兼营免税、减税项目的,应当分别核算免税、减税项目的销售额;未分别核算的,不得免税、减税。

第四十二条 纳税人发生应税行为,开具增值税专用发票后,发生开票有误或者销售折让、中止、退回等情形的,应当按照国家税务总局的规定开具红字增值税专用发票;未按照规定开具红字增值税专用发票的,不得按照本办法第三十二条和第三十六条的规定扣减销项税额或者销售额。

第四十三条 纳税人发生应税行为，将价款和折扣额在同一张发票上分别注明的，以折扣后的价款为销售额；未在同一张发票上分别注明的，以价款为销售额，不得扣减折扣额。

第四十四条 纳税人发生应税行为价格明显偏低或者偏高且不具有合理商业目的的，或者发生本办法第十四条所列行为而无销售额的，主管税务机关有权按照下列顺序确定销售额：

（一）按照纳税人最近时期销售同类服务、无形资产或者不动产的平均价格确定。

（二）按照其他纳税人最近时期销售同类服务、无形资产或者不动产的平均价格确定。

（三）按照组成计税价格确定。组成计税价格的公式为：

组成计税价格＝成本×（1＋成本利润率）

成本利润率由国家税务总局确定。

不具有合理商业目的的，是指以谋取税收利益为主要目的，通过人为安排，减少、免除、推迟缴纳增值税税款，或者增加退还增值税税款。

第五章 纳税义务、扣缴义务发生时间和纳税地点

第四十五条 增值税纳税义务、扣缴义务发生时间为：

（一）纳税人发生应税行为并收讫销售款项或者取得索取销售款项凭据的当天；先开具发票的，为开具发票的当天。

收讫销售款项，是指纳税人销售服务、无形资产、不动产过程中或者完成后收到款项。

取得索取销售款项凭据的当天，是指书面合同确定的付款日期；未签订书面合同或者书面合同未确定付款日期的，为服务、无形资产转让完成的当天或者不动产权属变更的当天。

（二）纳税人提供建筑服务、租赁服务采取预收款方式的，其纳税义务发生时间为收到预收款的当天。

（三）纳税人从事金融商品转让的，为金融商品所有权转移的当天。

（四）纳税人发生本办法第十四条规定情形的，其纳税义务发生时间为服务、无形资产转让完成的当天或者不动产权属变更的当天。

（五）增值税扣缴义务发生时间为纳税人增值税纳税义务发生的当天。

第四十六条 增值税纳税地点为：

（一）固定业户应当向其机构所在地或者居住地主管税务机关申报纳税。总机构和分支机构不在同一县（市）的，应当分别向各自所在地的主管税务机关申报纳税；经财政部和国家税务总局或者其授权的财政和税务机关批准，可以由总机构汇总向总机构所在地的主管税务机关申报纳税。

（二）非固定业户应当向应税行为发生地主管税务机关申报纳税；未申报纳税的，由其机构所在地或者居住地主管税务机关补征税款。

（三）其他个人提供建筑服务，销售或者租赁不动产，转让自然资源使用权，应向建筑服务发生地、不动产所在地、自然资源所在地主管税务机关申报纳税。

（四）扣缴义务人应当向其机构所在地或者居住地主管税务机关申报缴纳扣缴的税款。

第四十七条 增值税的纳税期限分别为1日、3日、5日、10日、15日、1个月或者1个季度。纳税人的具体纳税期限，由主管税务机关根据纳税人应纳税额的大小分别核定。以1个季度为纳税期限的规定适用于小规模纳税人、银行、财务公司、信托投资公司、信用社，以及财政部和国家税务总局规定的其他纳税人。不能按照固定期限纳税的，可以按次纳税。

纳税人以1个月或者1个季度为1个纳税期的，自期满之日起15日内申报纳税；以1日、3日、5日、10日或者15日为1个纳税期的，自期满之日起5日内预缴税款，于次月1日起15日内申报纳税并结清上月应纳税款。

扣缴义务人解缴税款的期限，按照前两款规定执行。

第六章 税收减免的处理

第四十八条 纳税人发生应税行为适用免税、减税规定的，可以放弃免税、减税，依照本办法的规定缴纳增值税。放弃免税、减税后，36个月内不得再申请免税、减税。

纳税人发生应税行为同时适用免税和零税率规定的，纳税人可以选择适用免税或者零税率。

第四十九条 个人发生应税行为的销售额未达到增值税起征点的，免征增值税；达到起征点的，全额计算缴纳增值税。

增值税起征点不适用于登记为一般纳税人的个体工商户。

第五十条 增值税起征点幅度如下：

（一）按期纳税的，为月销售额 5 000—20 000 元（含本数）。

（二）按次纳税的，为每次（日）销售额 300—500 元（含本数）。

起征点的调整由财政部和国家税务总局规定。省、自治区、直辖市财政厅（局）和国家税务局应当在规定的幅度内，根据实际情况确定本地区适用的起征点，并报财政部和国家税务总局备案。

对增值税小规模纳税人中月销售额未达到 2 万元的企业或非企业性单位，免征增值税。2017 年 12 月 31 日前，对月销售额 2 万元（含本数）至 3 万元的增值税小规模纳税人，免征增值税。

第七章 征收管理

第五十一条 营业税改征的增值税，由国家税务局负责征收。纳税人销售取得的不动产和其他个人出租不动产的增值税，国家税务局暂委托地方税务局代为征收。

第五十二条 纳税人发生适用零税率的应税行为，应当按期向主管税务机关申报办理退（免）税，具体办法由财政部和国家税务总局制定。

第五十三条 纳税人发生应税行为，应当向索取增值税专用发票的购买方开具增值税专用发票，并在增值税专用发票上分别注明销售额和销项税额。

属于下列情形之一的，不得开具增值税专用发票：

（一）向消费者个人销售服务、无形资产或者不动产。

（二）适用免征增值税规定的应税行为。

第五十四条 小规模纳税人发生应税行为，购买方索取增值税专用发票的，可以向主管税务机关申请代开。

第五十五条 纳税人增值税的征收管理，按照本办法和《中华人民共和国税收征收管理法》及现行增值税征收管理有关规定执行。

附：销售服务、无形资产、不动产注释

附：

销售服务、无形资产、不动产注释

一、销售服务

销售服务，是指提供交通运输服务、邮政服务、电信服务、建筑服务、金融服务、现代服务、生活服务。

（一）交通运输服务。

交通运输服务，是指利用运输工具将货物或者旅客送达目的地，使其空间位置得到转移的业务活动。包括陆路运输服务、水路运输服务、航空运输服务和管道运输服务。

1. 陆路运输服务。

陆路运输服务，是指通过陆路（地上或者地下）运送货物或者旅客的运输业务活动，包括铁路运输服务和其他陆路运输服务。

（1）铁路运输服务，是指通过铁路运送货物或者旅客的运输业务活动。

（2）其他陆路运输服务，是指铁路运输以外的陆路运输业务活动。包括公路运输、缆车运输、索道运输、地铁运输、城市轻轨运输等。

出租车公司向使用本公司自有出租车的出租车司机收取的管理费用，按照陆路运输服务缴纳增值税。

2. 水路运输服务。

水路运输服务，是指通过江、河、湖、川等天然、人工水道或者海洋航道运送货物或者旅客的运输业务活动。

水路运输的程租、期租业务，属于水路运输服务。

程租业务，是指运输企业为租船人完成某一特定航次的运输任务并收取租赁费的业务。

期租业务，是指运输企业将配备有操作人员的船舶承租给他人使用一定期限，承租期内听候承租方调遣，不论是否经营，均按天向承租方收取租赁费，发生的固定费用均由船东负担的业务。

3. 航空运输服务。

航空运输服务，是指通过空中航线运送货物或者旅客的运输业务活动。

航空运输的湿租业务，属于航空运输服务。

湿租业务，是指航空运输企业将配备有机组人员的飞机承租给他人使用一定期限，承租期内听候承租方调遣，不论是否经营，均按一定标准向承租方收取租赁费，发生的固定费用均由承租方承担的业务。

航天运输服务，按照航空运输服务缴纳增值税。

航天运输服务，是指利用火箭等载体将卫星、空间探测器等空间飞行器发射到空间轨道的业务活动。

4. 管道运输服务。

管道运输服务，是指通过管道设施输送气体、液体、固体物质的运输业务活动。

无运输工具承运业务，按照交通运输服务缴纳增值税。

无运输工具承运业务，是指经营者以承运人身份与托运人签订运输服务合同，收取运费并承担承运人责任，然后委托实际承运人完成运输服务的经营活动。

(二)邮政服务。

邮政服务，是指中国邮政集团公司及其所属邮政企业提供邮件寄递、邮政汇兑和机要通信等邮政基本服务的业务活动。包括邮政普遍服务、邮政特殊服务和其他邮政服务。

1. 邮政普遍服务。

邮政普遍服务，是指函件、包裹等邮件寄递，以及邮票发行、报刊发行和邮政汇兑等业务活动。

函件，是指信函、印刷品、邮资封片卡、无名址函件和邮政小包等。

包裹，是指按照封装上的名址递送给特定个人或者单位的独立封装的物品，其重量不超过五十千克，任何一边的尺寸不超过一百五十厘米，长、宽、高合计不超过三百厘米。

2. 邮政特殊服务。

邮政特殊服务，是指义务兵平常信函、机要通信、盲人读物和革命烈士遗物的寄递等业务活动。

3. 其他邮政服务。

其他邮政服务，是指邮册等邮品销售、邮政代理等业务活动。

(三)电信服务。

电信服务，是指利用有线、无线的电磁系统或者光电系统等各种通信网络资源，提供语音通话服务，传送、发射、接收或者应用图像、短信等电子数据和信息的业务活动。包括基础电信服务和增值电信服务。

1. 基础电信服务。

基础电信服务，是指利用固网、移动网、卫星、互联网，提供语音通话服务的业务活动，以及出租或者出售带宽、波长等网络元素的业务活动。

2. 增值电信服务。

增值电信服务，是指利用固网、移动网、卫星、互联网、有线电视网络，提供短信和彩信服务、电子数据和信息的传输及应用服务、互联网接入服务等业务活动。

卫星电视信号落地转接服务，按照增值电信服务缴纳增值税。

(四)建筑服务。

建筑服务，是指各类建筑物、构筑物及其附属设施的建造、修缮、装饰，线路、管道、设备、设施等的安装以及其他工程作业的业务活动。包括工程服务、安装服务、修缮服务、装饰服务和其他建筑服务。

1. 工程服务。

工程服务，是指新建、改建各种建筑物、构筑物的工程作业，包括与建筑物相连的各种设备或者支柱、操作平台的安装或者装设工程作业，以及各种窑炉和金属结构工程作业。

2. 安装服务。

安装服务，是指生产设备、动力设备、起重设备、运输设备、传动设备、医疗实验设备以及其他各种设备、设施的装配、安置工程作业，包括与被安装设备相连的工作台、梯子、栏杆的装设工程作业，以及被安装设备的绝缘、防腐、保温、油漆等工程作业。

固定电话、有线电视、宽带、水、电、燃气、暖气等经营者向用户收取的安装费、初装费、开户费、扩容费以及类似收费，按照安装服务缴纳增值税。

3. 修缮服务。

修缮服务，是指对建筑物、构筑物进行修补、加固、养护、改善，使之恢复原来的使用价值或者延长其使用期限的工程作业。

4. 装饰服务。

装饰服务，是指对建筑物、构筑物进行修饰装修，使之美观或者具有特定用途的工程作业。

5. 其他建筑服务。

其他建筑服务，是指上列工程作业之外的各种工程作业服务，如钻井(打井)、拆除建筑物或者构筑物、平整土地、园林绿化、疏浚(不包括航道疏浚)、建筑物平移、搭脚手架、爆破、矿山穿孔、表面附着物(包括岩层、土层、沙层等)剥离和清理等工程作业。

(五)金融服务。

金融服务，是指经营金融保险的业务活动。包括贷款服务、直接收费金融服务、保险服务和金融商品转让。

1. 贷款服务。

贷款，是指将资金贷与他人使用而取得利息收入的业务活动。

各种占用、拆借资金取得的收入，包括金融商品持有期间(含到期)利息(保本收益、报酬、资金占用费、补偿金等)收入、信用卡透支利息收入、买入返售金融商品利息收入、融资融券收取的利息收入，以及融资性售后回租、押汇、罚息、票据贴现、转贷等业务取得的利息及利息性质的收入，按照贷款服务缴纳增值税。

融资性售后回租，是指承租方以融资为目的，将资产出售给从事融资性售后回租业务的企业后，从事融资性售后回租业务的企业将该资产出租给承租方的业务活动。

以货币资金投资收取的固定利润或者保底利润，按照贷款服务缴纳增值税。

2. 直接收费金融服务。

直接收费金融服务，是指为货币资金融通及其他金融业务提供相关服务并且收取费用的业务活动。包括提供货币兑换、账户管理、电子银行、信用卡、信用证、财务担保、资产管理、信托管理、基金管理、金融交易场所(平台)管理、资金结算、资金清算、金融支付等服务。

3. 保险服务。

保险服务，是指投保人根据合同约定，向保险人支付保险费，保险人对于合同约定的可能发生的事故因其发生所造成的财产损失承担赔偿保险金责任，或者当被保险人死亡、伤残、疾病或者达到合同约定的年龄、期限等条件时承担给付保险金责任的商业保险行为。包括人身保险服务和财产保险服务。

人身保险服务，是指以人的寿命和身体为保险标的的保险业务活动。

财产保险服务，是指以财产及其有关利益为保险标的的保险业务活动。

4. 金融商品转让。

金融商品转让，是指转让外汇、有价证券、非货物期货和其他金融商品所有权的业务活动。

其他金融商品转让包括基金、信托、理财产品等各类资产管理产品和各种金融衍生品的转让。

(六)现代服务。

现代服务，是指围绕制造业、文化产业、现代物流产业等提供技术性、知识性服务的业务活动。包括研发和技术服务、信息技术服务、文化创意服务、物流辅助服务、租赁服务、鉴证咨询服务、广播影视服务、商务辅助服务和其他现代服务。

1. 研发和技术服务。

研发和技术服务，包括研发服务、合同能源管理服务、工程勘察勘探服务、专业技术服务。

(1)研发服务，也称技术开发服务，是指就新技术、新产品、新工艺或者新材料及其系统进行研究与试验开发的业务活动。

(2)合同能源管理服务，是指节能服务公司与用能单位以契约形式约定节能目标，节能服务公司提供必要的服务，用能单位以节能效果支付节能服务公司投入及其合理报酬的业务活动。

(3)工程勘察勘探服务，是指在采矿、工程施工前后，对地形、地质构造、地下资源蕴藏情况进行实地调查的业务活动。

(4)专业技术服务，是指气象服务、地震服务、海洋服务、测绘服务、城市规划、环境与生态监测服务等专项技术服务。

2. 信息技术服务。

信息技术服务，是指利用计算机、通信网络等技术对信息进行生产、收集、处理、加工、存储、运输、检索和利用，并提供信息服务的业务活动。包括软件服务、电路设计及测试服务、信息系统服务、业务流程管理服务和信息系统增值服务。

(1)软件服务，是指提供软件开发服务、软件维护服务、软件测试服务的业务活动。

(2)电路设计及测试服务，是指提供集成电路和电子电路产品设计、测试及相关技术支持服务的业务活动。

(3)信息系统服务，是指提供信息系统集成、网络管理、网站内容维护、桌面管理与维护、信息系统应用、基础信息技术管理平台整合、信息技术基础设施管理、数据中心、托管中心、信息安全服务、在线杀毒、虚拟主机等业务活动。包括网站对非自有的网络游戏提供的网络运营服务。

(4)业务流程管理服务，是指依托信息技术提供的人力资源管理、财务经济管理、审计管理、税务管理、物流信息管理、经营信息管理和呼叫中心等服务的活动。

(5)信息系统增值服务，是指利用信息系统资源为用户附加提供的信息技术服务。包括数据处理、分析和整合、数据库管理、数据备份、数据存储、容灾服务、电子商务平台等。

3. 文化创意服务。

文化创意服务，包括设计服务、知识产权服务、广告服务和会议展览服务。

(1)设计服务，是指把计划、规划、设想通过文字、语言、图画、声音、视觉等形式传递出来的业务活动。包括工业设计、内部管理设计、业务运作设计、供应链设计、造型设计、服装设计、环境设计、平面设计、包装设计、动漫设计、网游设计、展示设计、网站设计、机械设计、工程设计、广告设计、创意策划、文印晒图等。

(2)知识产权服务，是指处理知识产权事务的业务活动。包括对专利、商标、著作权、软件、集成电路布图设计的登记、鉴定、评估、认证、检索服务。

(3)广告服务，是指利用图书、报纸、杂志、广播、电视、电影、幻灯、路牌、招贴、橱窗、霓虹灯、灯箱、互联网等各种形式为客户的商品、经营服务项目、文体节目或者通告、声明等委托事项进行宣传和提供相关服务的业务活动。包括广告代理和广告的发布、播映、宣传、展示等。

(4)会议展览服务，是指为商品流通、促销、展示、经贸洽谈、民间交流、企业沟通、国际往来等举办或者组织安排的各类展览和会议的业务活动。

4. 物流辅助服务。

物流辅助服务，包括航空服务、港口码头服务、货运客运场站服务、打捞救助服务、装卸搬运服务、仓储服务和收派服务。

(1)航空服务，包括航空地面服务和通用航空服务。

航空地面服务，是指航空公司、飞机场、民航管理局、航站等向在境内航行或者在境内机场停留的境内外飞机或者其他飞行器提供的导航等劳务性地面服务的业务活动。包括旅客安全检查服务、停机坪管理服务、机场候机厅管理服务、飞机清洗消毒服务、空中飞行管理服务、飞机起降服务、飞行通讯服务、地面信号服务、飞机安全服务、飞机跑道管理服务、空中交通管理服务等。

通用航空服务，是指为专业工作提供飞行服务的业务活动，包括航空摄影、航空培训、航空测量、航空勘探、航空护林、航空吊挂播洒、航空降雨、航空气象探测、航空海洋监测、航空科学实验等。

(2)港口码头服务，是指港务船舶调度服务、船舶通讯服务、航道管理服务、航道疏浚服务、灯塔管理服务、航标管理服务、船舶引航服务、理货服务、系解缆服务、停泊和移泊服务、海上船舶溢油清除服务、水上交通管理服务、船只专业清洗消毒检测服务和防止船只漏油服务等为船只提供服务的业务活动。

港口设施经营人收取的港口设施保安费按照港口码头服务缴纳增值税。

(3)货运客运场站服务，是指货运客运场站提供货物配载服务、运输组织服务、中转换乘服务、车辆调度服务、票务服务、货物打包整理、铁路线路使用服务、加挂铁路客车服务、铁路行包专列发送服务、铁路到达和中转服务、铁路车辆编解服务、车辆挂运服务、铁路接触网服务、铁路机车牵引服务等业务活动。

(4)打捞救助服务，是指提供船舶人员救助、船舶财产救助、水上救助和沉船沉物打捞服务的业务活动。

(5)装卸搬运服务，是指使用装卸搬运工具或者人力、畜力将货物在运输工具之间、装卸现场之间或者运输工具与装卸现场之间进行装卸和搬运的业务活动。

(6)仓储服务，是指利用仓库、货场或者其他场所代客贮放、保管货物的业务活动。

(7)收派服务，是指接受寄件人委托，在承诺的时限内完成函件和包裹的收件、分拣、派送服务的业务活动。

收件服务，是指从寄件人收取函件和包裹，并运送到服务提供方同城的集散中心的业务活动。

分拣服务，是指服务提供方在其集散中心对函件和包裹进行归类、分发的业务活动。

派送服务，是指服务提供方从其集散中心将函件和包裹送达同城的收件人的业务活动。

5. 租赁服务。

租赁服务，包括融资租赁服务和经营租赁服务。

(1)融资租赁服务，是指具有融资性质和所有权转移特点的租赁活动。即出租人根据承租人所要求的规格、型号、性能等条件购入有形动产或者不动产租赁给承租人，合同期内租赁物所有权属于出租人，承租人只拥有使用权，合同期满付清租金后，承租人有权按照残值购入租赁物，以拥有其所有权。不论出租人是否将租赁物销售给承租人，均属于融资租赁。

按照标的物的不同，融资租赁服务可分为有形动产融资租赁服务和不动产融资租赁服务。

融资性售后回租不按照本税目缴纳增值税。

(2)经营租赁服务，是指在约定时间内将有形动产或者不动产转让他人使用且租赁物所有权不变更的业务活动。

按照标的物的不同，经营租赁服务可分为有形动产经营租赁服务和不动产经营租赁服务。

将建筑物、构筑物等不动产或者飞机、车辆等有形动产的广告位出租给其他单位或者个人用于发布广告，按照经营租赁服务缴纳增值税。

车辆停放服务、道路通行服务(包括过路费、过桥费、过闸费等)等按照不动产经营租赁服务缴纳增值税。

水路运输的光租业务、航空运输的干租业务，属于经营租赁。

光租业务，是指运输企业将船舶在约定的时间内出租给他人使用，不配备操作人员，不承担运输过程中发生的各项费用，只收取固定租赁费的业务活动。

干租业务，是指航空运输企业将飞机在约定的时间内出租给他人使用，不配备机组人员，不承担运输过程中发生的各项费用，只收取固定租赁费的业务活动。

6. 鉴证咨询服务。

鉴证咨询服务，包括认证服务、鉴证服务和咨询服务。

(1)认证服务，是指具有专业资质的单位利用检测、检验、计量等技术，证明产品、服务、管理体系符合相关技术规范、相关技术规范的强制性要求或者标准的业务活动。

(2)鉴证服务，是指具有专业资质的单位受托对相关事项进行鉴证，发表具有证明力的意见的业务活动。包括会计鉴证、税务鉴证、法律鉴证、职业技能鉴定、工程造价鉴证、工程监理、资产评估、环境评估、房地产土地评估、建筑图纸审核、医疗事故鉴定等。

(3)咨询服务，是指提供信息、建议、策划、顾问等服务的活动。包括金融、软件、技术、财务、税收、法律、内部管理、业务运作、流程管理、健康等方面的咨询。

翻译服务和市场调查服务按照咨询服务缴纳增值税。

7. 广播影视服务。

广播影视服务，包括广播影视节目(作品)的制作服务、发行服务和播映(含放映，下同)服务。

(1)广播影视节目(作品)制作服务，是指进行专题(特别节目)、专栏、综艺、体育、动画片、广播剧、电视剧、电影等广播影视节目和作品制作的服务。具体包括与广播影视节目和作品相关的策划、采编、拍摄、录音、音视频文字图片素材制作、场景布置、后期的剪辑、翻译(编译)、字幕制作、片头、片尾、片花制作、特效制作、影片修复、编目和确权等业务活动。

(2)广播影视节目(作品)发行服务,是指以分账、买断、委托等方式,向影院、电台、电视台、网站等单位和个人发行广播影视节目(作品)以及转让体育赛事等活动的报道及播映权的业务活动。

(3)广播影视节目(作品)播映服务,是指在影院、剧院、录像厅及其他场所播映广播影视节目(作品),以及通过电台、电视台、卫星通信、互联网、有线电视等无线或者有线装置播映广播影视节目(作品)的业务活动。

8. 商务辅助服务。

商务辅助服务,包括企业管理服务、经纪代理服务、人力资源服务、安全保护服务。

(1)企业管理服务,是指提供总部管理、投资与资产管理、市场管理、物业管理、日常综合管理等服务的业务活动。

(2)经纪代理服务,是指各类经纪、中介、代理服务。包括金融代理、知识产权代理、货物运输代理、代理报关、法律代理、房地产中介、职业中介、婚姻中介、代理记账、拍卖等。

货物运输代理服务,是指接受货物收货人、发货人、船舶所有人、船舶承租人或者船舶经营人的委托,以委托人的名义,为委托人办理货物运输、装卸、仓储和船舶进出港口、引航、靠泊等相关手续的业务活动。

代理报关服务,是指接受进出口货物的收、发货人委托,代为办理报关手续的业务活动。

(3)人力资源服务,是指提供公共就业、劳务派遣、人才委托招聘、劳动力外包等服务的业务活动。

(4)安全保护服务,是指提供保护人身安全和财产安全,维护社会治安等的业务活动。包括场所住宅保安、特种保安、安全系统监控以及其他安保服务。

9. 其他现代服务。

其他现代服务,是指除研发和技术服务、信息技术服务、文化创意服务、物流辅助服务、租赁服务、鉴证咨询服务、广播影视服务和商务辅助服务以外的现代服务。

(七)生活服务。

生活服务,是指为满足城乡居民日常生活需求提供的各类服务活动。包括文化体育服务、教育医疗服务、旅游娱乐服务、餐饮住宿服务、居民日常服务和其他生活服务。

1. 文化体育服务。

文化体育服务,包括文化服务和体育服务。

(1)文化服务,是指为满足社会公众文化生活需求提供的各种服务。包括:文艺创作、文艺表演、文化比赛,图书馆的图书和资料借阅,档案馆的档案管理,文物及非物质遗产保护,组织举办宗教活动、科技活动、文化活动,提供游览场所。

(2)体育服务,是指组织举办体育比赛、体育表演、体育活动,以及提供体育训练、体育指导、体育管理的业务活动。

2. 教育医疗服务。

教育医疗服务,包括教育服务和医疗服务。

(1)教育服务,是指提供学历教育服务、非学历教育服务、教育辅助服务的业务活动。

学历教育服务,是指根据教育行政管理部门确定或者认可的招生和教学计划组织教学,并颁发相应学历证书的业务活动。包括初等教育、初级中等教育、高级中等教育、高等教育等。

非学历教育服务,包括学前教育、各类培训、演讲、讲座、报告会等。

教育辅助服务,包括教育测评、考试、招生等服务。

(2)医疗服务,是指提供医学检查、诊断、治疗、康复、预防、保健、接生、计划生育、防疫服务等方面的服务,以及与这些服务有关的提供药品、医用材料器具、救护车、病房住宿和伙食的业务。

3. 旅游娱乐服务。

旅游娱乐服务,包括旅游服务和娱乐服务。

(1)旅游服务,是指根据旅游者的要求,组织安排交通、游览、住宿、餐饮、购物、文娱、商务等服务的业务活动。

(2)娱乐服务,是指为娱乐活动同时提供场所和服务的业务。

具体包括:歌厅、舞厅、夜总会、酒吧、台球、高尔夫球、保龄球、游艺(包括射击、狩猎、跑马、游戏机、蹦极、卡丁车、热气球、动力伞、射箭、飞镖)。

4. 餐饮住宿服务。

餐饮住宿服务,包括餐饮服务和住宿服务。

(1)餐饮服务,是指通过同时提供饮食和饮食场所的方式为消费者提供饮食消费服务的业务活动。

(2)住宿服务,是指提供住宿场所及配套服务等的活动。包括宾馆、旅馆、旅社、度假村和其他经营性住宿场所提供的住宿服务。

5. 居民日常服务。

居民日常服务,是指主要为满足居民个人及其家庭日常生活需求提供的服务,包括市容市政管理、家政、婚庆、养老、殡葬、照料和护理、救助救济、美容美发、按摩、桑拿、氧吧、足疗、沐浴、洗染、摄影扩印等服务。

6. 其他生活服务。

其他生活服务,是指除文化体育服务、教育医疗服务、旅游娱乐服务、餐饮住宿服务和居民日常服务之外的生活服务。

二、销售无形资产

销售无形资产,是指转让无形资产所有权或者使用权的业务活动。无形资产,是指不具实物形态,但能带来经济利益的资产,包括技术、商标、著作权、商誉、自然资源使用权和其他权益性无形资产。

技术,包括专利技术和非专利技术。

自然资源使用权,包括土地使用权、海域使用权、探矿权、采矿权、取水权和其他自然资源使用权。

其他权益性无形资产,包括基础设施资产经营权、公共事业特许权、配额、经营权(包括特许经营权、连锁经营权、其他经营权)、经销权、分销权、代理权、会员权、席位权、网络游戏虚拟道具、域名、名称权、肖像权、冠名权、转会费等。

三、销售不动产

销售不动产,是指转让不动产所有权的业务活动。不动产,是指不能移动或者移动后会引起性质、形状改变的财产,包括建筑物、构筑物等。

建筑物,包括住宅、商业营业用房、办公楼等可供居住、工作或者进行其他活动的建造物。

构筑物,包括道路、桥梁、隧道、水坝等建造物。

转让建筑物有限产权或者永久使用权的,转让在建的建筑物或者构筑物所有权的,以及在转让建筑物或者构筑物时一并转让其所占土地的使用权的,按照销售不动产缴纳增值税。

附件 2:

营业税改征增值税试点有关事项的规定

一、营改增试点期间,试点纳税人[指按照《营业税改征增值税试点实施办法》(以下称《试点实施办法》)缴纳增值税的纳税人]有关政策

(一)兼营。

试点纳税人销售货物、加工修理修配劳务、服务、无形资产或者不动产适用不同税率或者征收率的,应当分别核算适用不同税率或者征收率的销售额,未分别核算销售额的,按照以下方法适用税率或者征收率:

1. 兼有不同税率的销售货物、加工修理修配劳务、服务、无形资产或者不动产,从高适用税率。

2. 兼有不同征收率的销售货物、加工修理修配劳务、服务、无形资产或者不动产,从高适用征收率。

3. 兼有不同税率和征收率的销售货物、加工修理修配劳务、服务、无形资产或者不动产,从高适用税率。

(二)不征收增值税项目。

1. 根据国家指令无偿提供的铁路运输服务、航空运输服务,属于《试点实施办法》第十四条规定的用于公益事业的服务。

2. 存款利息。

3. 被保险人获得的保险赔付。

4. 房地产主管部门或者其指定机构、公积金管理中心、开发企业以及物业管理单位代收的住宅专项维修资金。

5. 在资产重组过程中，通过合并、分立、出售、置换等方式，将全部或者部分实物资产以及与其相关联的债权、负债和劳动力一并转让给其他单位和个人，其中涉及的不动产、土地使用权转让行为。

（三）销售额。

1. 贷款服务，以提供贷款服务取得的全部利息及利息性质的收入为销售额。

2. 直接收费金融服务，以提供直接收费金融服务收取的手续费、佣金、酬金、管理费、服务费、经手费、开户费、过户费、结算费、转托管费等各类费用为销售额。

3. 金融商品转让，按照卖出价扣除买入价后的余额为销售额。

转让金融商品出现的正负差，按盈亏相抵后的余额为销售额。若相抵后出现负差，可结转下一纳税期与下期转让金融商品销售额相抵，但年末时仍出现负差的，不得转入下一个会计年度。

金融商品的买入价，可以选择按照加权平均法或者移动加权平均法进行核算，选择后 36 个月内不得变更。

金融商品转让，不得开具增值税专用发票。

4. 经纪代理服务，以取得的全部价款和价外费用，扣除向委托方收取并代为支付的政府性基金或者行政事业性收费后的余额为销售额。向委托方收取的政府性基金或者行政事业性收费，不得开具增值税专用发票。

5. 融资租赁和融资性售后回租业务。

（1）经人民银行、银监会或者商务部批准从事融资租赁业务的试点纳税人，提供融资租赁服务，以取得的全部价款和价外费用，扣除支付的借款利息（包括外汇借款和人民币借款利息）、发行债券利息和车辆购置税后的余额为销售额。

（2）经人民银行、银监会或者商务部批准从事融资租赁业务的试点纳税人，提供融资性售后回租服务，以取得的全部价款和价外费用（不含本金），扣除对外支付的借款利息（包括外汇借款和人民币借款利息）、发行债券利息后的余额作为销售额。

（3）试点纳税人根据 2016 年 4 月 30 日前签订的有形动产融资性售后回租合同，在合同到期前提供的有形动产融资性售后回租服务，可继续按照有形动产融资租赁服务缴纳增值税。

继续按照有形动产融资租赁服务缴纳增值税的试点纳税人，经人民银行、银监会或者商务部批准从事融资租赁业务的，根据 2016 年 4 月 30 日前签订的有形动产融资性售后回租合同，在合同到期前提供的有形动产融资性售后回租服务，可以选择以下方法之一计算销售额：

①以向承租方收取的全部价款和价外费用，扣除向承租方收取的价款本金，以及对外支付的借款利息（包括外汇借款和人民币借款利息）、发行债券利息后的余额为销售额。

纳税人提供有形动产融资性售后回租服务，计算当期销售额时可以扣除的价款本金，为书面合同约定的当期应当收取的本金。无书面合同或者书面合同没有约定的，为当期实际收取的本金。

试点纳税人提供有形动产融资性售后回租服务，向承租方收取的有形动产价款本金，不得开具增值税专用发票，可以开具普通发票。

②以向承租方收取的全部价款和价外费用，扣除支付的借款利息（包括外汇借款和人民币借款利息）、发行债券利息后的余额为销售额。

（4）经商务部授权的省级商务主管部门和国家经济技术开发区批准的从事融资租赁业务的试点纳税人，2016 年 5 月 1 日后实收资本达到 1.7 亿元的，从达到标准的当月起按照上述第（1）、（2）、（3）点规定执行；2016 年 5 月 1 日后实收资本未达到 1.7 亿元但注册资本达到 1.7 亿元的，在 2016 年 7 月 31 日前仍可按照上述第（1）、（2）、（3）点规定执行，2016 年 8 月 1 日后开展的融资租赁业务和融资性售后回租业务不得按照上述第（1）、（2）、（3）点规定执行。

6. 航空运输企业的销售额，不包括代收的机场建设费和代售其他航空运输企业客票而代收转付的价款。

7. 试点纳税人中的一般纳税人（以下称一般纳税人）提供客运场站服务，以其取得的全部价款和价外费用，扣除支付给承运方运费后的余额为销售额。

8. 试点纳税人提供旅游服务，可以选择以取得的全部价款和价外费用，扣除向旅游服务购买方收取并支付给其他单位或者个人的住宿费、餐饮费、交通费、签证费、门票费和支付给其他接团旅游企业的旅游费用后的余额为销售额。

选择上述办法计算销售额的试点纳税人，向旅游服务购买方收取并支付的上述费用，不得开具增值税专用发票，可以开具普通发票。

9. 试点纳税人提供建筑服务适用简易计税方法的，以取得的全部价款和价外费用扣除支付的分包款后的余额为销售额。

10. 房地产开发企业中的一般纳税人销售其开发的房地产项目（选择简易计税方法的房地产老项目除外），以取得的全部价款和价外费用，扣除受让土地时向政府部门支付的土地价款后的余额为销售额。

房地产老项目，是指《建筑工程施工许可证》注明的合同开工日期在 2016 年 4 月 30 日前的房地产项目。

11. 试点纳税人按照上述 4—10 款的规定从全部价款和价外费用中扣除的价款，应当取得符合法律、行政法规和国家税务总局规定的有效凭证。否则，不得扣除。

上述凭证是指：

（1）支付给境内单位或者个人的款项，以发票为合法有效凭证。

（2）支付给境外单位或者个人的款项，以该单位或者个人的签收单据为合法有效凭证，税务机关对签收单据有疑议的，可以要求其提供境外公证机构的确认证明。

（3）缴纳的税款，以完税凭证为合法有效凭证。

（4）扣除的政府性基金、行政事业性收费或者向政府支付的土地价款，以省级以上（含省级）财政部门监（印）制的财政票据为合法有效凭证。

（5）国家税务总局规定的其他凭证。

纳税人取得的上述凭证属于增值税扣税凭证的，其进项税额不得从销项税额中抵扣。

（四）进项税额。

1. 适用一般计税方法的试点纳税人，2016 年 5 月 1 日后取得并在会计制度上按固定资产核算的不动产或者 2016 年 5 月 1 日后取得的不动产在建工程，其进项税额应自取得之日起分 2 年从销项税额中抵扣，第一年抵扣比例为 60%，第二年抵扣比例为 40%。

取得不动产，包括以直接购买、接受捐赠、接受投资入股、自建以及抵债等各种形式取得不动产，不包括房地产开发企业自行开发的房地产项目。

融资租入的不动产以及在施工现场修建的临时建筑物、构筑物，其进项税额不适用上述分 2 年抵扣的规定。

2. 按照《试点实施办法》第二十七条第（一）项规定不得抵扣且未抵扣进项税额的固定资产、无形资产、不动产，发生用途改变，用于允许抵扣进项税额的应税项目，可在用途改变的次月按照下列公式计算可以抵扣的进项税额：

可以抵扣的进项税额＝固定资产、无形资产、不动产净值/（1＋适用税率）×适用税率

上述可以抵扣的进项税额应取得合法有效的增值税扣税凭证。

3. 纳税人接受贷款服务向贷款方支付的与该笔贷款直接相关的投融资顾问费、手续费、咨询费等费用，其进项税额不得从销项税额中抵扣。

（五）一般纳税人资格登记。

《试点实施办法》第三条规定的年应税销售额标准为 500 万元（含本数）。财政部和国家税务总局可以对年应税销售额标准进行调整。

（六）计税方法。

一般纳税人发生下列应税行为可以选择适用简易计税方法计税：

1. 公共交通运输服务。

公共交通运输服务，包括轮客渡、公交客运、地铁、城市轻轨、出租车、长途客运、班车。

班车，是指按固定路线、固定时间运营并在固定站点停靠的运送旅客的陆路运输服务。

2. 经认定的动漫企业为开发动漫产品提供的动漫脚本编撰、形象设计、背景设计、动画设计、分镜、动

画制作、摄制、描线、上色、画面合成、配音、配乐、音效合成、剪辑、字幕制作、压缩转码(面向网络动漫、手机动漫格式适配)服务,以及在境内转让动漫版权(包括动漫品牌、形象或者内容的授权及再授权)。

动漫企业和自主开发、生产动漫产品的认定标准和认定程序,按照《文化部 财政部 国家税务总局关于印发〈动漫企业认定管理办法(试行)〉的通知》(文市发〔2008〕51号)的规定执行。

3. 电影放映服务、仓储服务、装卸搬运服务、收派服务和文化体育服务。

4. 以纳入营改增试点之日前取得的有形动产为标的物提供的经营租赁服务。

5. 在纳入营改增试点之日前签订的尚未执行完毕的有形动产租赁合同。

(七)建筑服务。

1. 一般纳税人以清包工方式提供的建筑服务,可以选择适用简易计税方法计税。

以清包工方式提供建筑服务,是指施工方不采购建筑工程所需的材料或只采购辅助材料,并收取人工费、管理费或者其他费用的建筑服务。

2. 一般纳税人为甲供工程提供的建筑服务,可以选择适用简易计税方法计税。

甲供工程,是指全部或部分设备、材料、动力由工程发包方自行采购的建筑工程。

3. 一般纳税人为建筑工程老项目提供的建筑服务,可以选择适用简易计税方法计税。

建筑工程老项目,是指:

(1)《建筑工程施工许可证》注明的合同开工日期在2016年4月30日前的建筑工程项目;

(2)未取得《建筑工程施工许可证》的,建筑工程承包合同注明的开工日期在2016年4月30日前的建筑工程项目。

4. 一般纳税人跨县(市)提供建筑服务,适用一般计税方法计税的,应以取得的全部价款和价外费用为销售额计算应纳税额。纳税人应以取得的全部价款和价外费用扣除支付的分包款后的余额,按照2%的预征率在建筑服务发生地预缴税款后,向机构所在地主管税务机关进行纳税申报。

5. 一般纳税人跨县(市)提供建筑服务,选择适用简易计税方法计税的,应以取得的全部价款和价外费用扣除支付的分包款后的余额为销售额,按照3%的征收率计算应纳税额。纳税人应按照上述计税方法在建筑服务发生地预缴税款后,向机构所在地主管税务机关进行纳税申报。

6. 试点纳税人中的小规模纳税人(以下称小规模纳税人)跨县(市)提供建筑服务,应以取得的全部价款和价外费用扣除支付的分包款后的余额为销售额,按照3%的征收率计算应纳税额。纳税人应按照上述计税方法在建筑服务发生地预缴税款后,向机构所在地主管税务机关进行纳税申报。

(八)销售不动产。

1. 一般纳税人销售其2016年4月30日前取得(不含自建)的不动产,可以选择适用简易计税方法,以取得的全部价款和价外费用减去该项不动产购置原价或者取得不动产时的作价后的余额为销售额,按照5%的征收率计算应纳税额。纳税人应按照上述计税方法在不动产所在地预缴税款后,向机构所在地主管税务机关进行纳税申报。

2. 一般纳税人销售其2016年4月30日前自建的不动产,可以选择适用简易计税方法,以取得的全部价款和价外费用为销售额,按照5%的征收率计算应纳税额。纳税人应按照上述计税方法在不动产所在地预缴税款后,向机构所在地主管税务机关进行纳税申报。

3. 一般纳税人销售其2016年5月1日后取得(不含自建)的不动产,应适用一般计税方法,以取得的全部价款和价外费用为销售额计算应纳税额。纳税人应以取得的全部价款和价外费用减去该项不动产购置原价或者取得不动产时的作价后的余额,按照5%的预征率在不动产所在地预缴税款后,向机构所在地主管税务机关进行纳税申报。

4. 一般纳税人销售其2016年5月1日后自建的不动产,应适用一般计税方法,以取得的全部价款和价外费用为销售额计算应纳税额。纳税人应以取得的全部价款和价外费用,按照5%的预征率在不动产所在地预缴税款后,向机构所在地主管税务机关进行纳税申报。

5. 小规模纳税人销售其取得(不含自建)的不动产(不含个体工商户销售购买的住房和其他个人销售不动产),应以取得的全部价款和价外费用减去该项不动产购置原价或者取得不动产时的作价后的余额为销售额,按照5%的征收率计算应纳税额。纳税人应按照上述计税方法在不动产所在地预缴税款后,向机构所在地主管税务机关进行纳税申报。

6. 小规模纳税人销售其自建的不动产,应以取得的全部价款和价外费用为销售额,按照5%的征收率计算应纳税额。纳税人应按照上述计税方法在不动产所在地预缴税款后,向机构所在地主管税务机关进行纳税申报。

7. 房地产开发企业中的一般纳税人,销售自行开发的房地产老项目,可以选择适用简易计税方法按照5%的征收率计税。

8. 房地产开发企业中的小规模纳税人,销售自行开发的房地产项目,按照5%的征收率计税。

9. 房地产开发企业采取预收款方式销售所开发的房地产项目,在收到预收款时按照3%的预征率预缴增值税。

10. 个体工商户销售购买的住房,应按照附件3《营业税改征增值税试点过渡政策的规定》第五条的规定征免增值税。纳税人应按照上述计税方法在不动产所在地预缴税款后,向机构所在地主管税务机关进行纳税申报。

11. 其他个人销售其取得(不含自建)的不动产(不含其购买的住房),应以取得的全部价款和价外费用减去该项不动产购置原价或者取得不动产时的作价后的余额为销售额,按照5%的征收率计算应纳税额。

(九)不动产经营租赁服务。

1. 一般纳税人出租其2016年4月30日前取得的不动产,可以选择适用简易计税方法,按照5%的征收率计算应纳税额。纳税人出租其2016年4月30日前取得的与机构所在地不在同一县(市)的不动产,应按照上述计税方法在不动产所在地预缴税款后,向机构所在地主管税务机关进行纳税申报。

2. 公路经营企业中的一般纳税人收取试点前开工的高速公路的车辆通行费,可以选择适用简易计税方法,减按3%的征收率计算应纳税额。

试点前开工的高速公路,是指相关施工许可证明上注明的合同开工日期在2016年4月30日前的高速公路。

3. 一般纳税人出租其2016年5月1日后取得的、与机构所在地不在同一县(市)的不动产,应按照3%的预征率在不动产所在地预缴税款后,向机构所在地主管税务机关进行纳税申报。

4. 小规模纳税人出租其取得的不动产(不含个人出租住房),应按照5%的征收率计算应纳税额。纳税人出租与机构所在地不在同一县(市)的不动产,应按照上述计税方法在不动产所在地预缴税款后,向机构所在地主管税务机关进行纳税申报。

5. 其他个人出租其取得的不动产(不含住房),应按照5%的征收率计算应纳税额。

6. 个人出租住房,应按照5%的征收率减按1.5%计算应纳税额。

(十)一般纳税人销售其2016年4月30日前取得的不动产(不含自建),适用一般计税方法计税的,以取得的全部价款和价外费用为销售额计算应纳税额。上述纳税人应以取得的全部价款和价外费用减去该项不动产购置原价或者取得不动产时的作价后的余额,按照5%的预征率在不动产所在地预缴税款后,向机构所在地主管税务机关进行纳税申报。

房地产开发企业中的一般纳税人销售房地产老项目,以及一般纳税人出租其2016年4月30日前取得的不动产,适用一般计税方法计税的,应以取得的全部价款和价外费用,按照3%的预征率在不动产所在地预缴税款后,向机构所在地主管税务机关进行纳税申报。

一般纳税人销售其2016年4月30日前自建的不动产,适用一般计税方法计税的,应以取得的全部价款和价外费用为销售额计算应纳税额。纳税人应以取得的全部价款和价外费用,按照5%的预征率在不动产所在地预缴税款后,向机构所在地主管税务机关进行纳税申报。

(十一)一般纳税人跨省(自治区、直辖市或者计划单列市)提供建筑服务或者销售、出租取得的与机构所在地不在同一省(自治区、直辖市或者计划单列市)的不动产,在机构所在地申报纳税时,计算的应纳税额小于已预缴税额,且差额较大的,由国家税务总局通知建筑服务发生地或者不动产所在地省级税务机关,在一定时期内暂停预缴增值税。

(十二)纳税地点。

属于固定业户的试点纳税人,总分支机构不在同一县(市),但在同一省(自治区、直辖市、计划单列市)范围内的,经省(自治区、直辖市、计划单列市)财政厅(局)和国家税务局批准,可以由总机构汇总向总机构所在地的主管税务机关申报缴纳增值税。

（十三）试点前发生的业务。

1. 试点纳税人发生应税行为，按照国家有关营业税政策规定差额征收营业税的，因取得的全部价款和价外费用不足以抵减允许扣除项目金额，截至纳入营改增试点之日前尚未扣除的部分，不得在计算试点纳税人增值税应税销售额时抵减，应当向原主管地税机关申请退还营业税。

2. 试点纳税人发生应税行为，在纳入营改增试点之日前已缴纳营业税，营改增试点后因发生退款减除营业额的，应当向原主管地税机关申请退还已缴纳的营业税。

3. 试点纳税人纳入营改增试点之日前发生的应税行为，因税收检查等原因需要补缴税款的，应按照营业税政策规定补缴营业税。

（十四）销售使用过的固定资产。

一般纳税人销售自己使用过的、纳入营改增试点之日前取得的固定资产，按照现行旧货相关增值税政策执行。

使用过的固定资产，是指纳税人符合《试点实施办法》第二十八条规定并根据财务会计制度已经计提折旧的固定资产。

（十五）扣缴增值税适用税率。

境内的购买方为境外单位和个人扣缴增值税的，按照适用税率扣缴增值税。

（十六）其他规定。

1. 试点纳税人销售电信服务时，附带赠送用户识别卡、电信终端等货物或者电信服务的，应将其取得的全部价款和价外费用进行分别核算，按各自适用的税率计算缴纳增值税。

2. 油气田企业发生应税行为，适用《试点实施办法》规定的增值税税率，不再适用《财政部 国家税务总局关于印发〈油气田企业增值税管理办法〉的通知》（财税〔2009〕8 号）规定的增值税税率。

二、原增值税纳税人[指按照《中华人民共和国增值税暂行条例》（国务院令第 538 号）（以下称《增值税暂行条例》）缴纳增值税的纳税人]有关政策

（一）进项税额。

1. 原增值税一般纳税人购进服务、无形资产或者不动产，取得的增值税专用发票上注明的增值税额为进项税额，准予从销项税额中抵扣。

2016 年 5 月 1 日后取得并在会计制度上按固定资产核算的不动产或者 2016 年 5 月 1 日后取得的不动产在建工程，其进项税额应自取得之日起分 2 年从销项税额中抵扣，第一年抵扣比例为 60%，第二年抵扣比例为 40%。

融资租入的不动产以及在施工现场修建的临时建筑物、构筑物，其进项税额不适用上述分 2 年抵扣的规定。

2. 原增值税一般纳税人自用的应征消费税的摩托车、汽车、游艇，其进项税额准予从销项税额中抵扣。

3. 原增值税一般纳税人从境外单位或者个人购进服务、无形资产或者不动产，按照规定应当扣缴增值税的，准予从销项税额中抵扣的进项税额为自税务机关或者扣缴义务人取得的解缴税款的完税凭证上注明的增值税额。

纳税人凭完税凭证抵扣进项税额的，应当具备书面合同、付款证明和境外单位的对账单或者发票。资料不全的，其进项税额不得从销项税额中抵扣。

4. 原增值税一般纳税人购进货物或者接受加工修理修配劳务，用于《销售服务、无形资产或者不动产注释》所列项目的，不属于《增值税暂行条例》第十条所称的用于非增值税应税项目，其进项税额准予从销项税额中抵扣。

5. 原增值税一般纳税人购进服务、无形资产或者不动产，下列项目的进项税额不得从销项税额中抵扣：

（1）用于简易计税方法计税项目、免征增值税项目、集体福利或者个人消费。其中涉及的无形资产、不动产，仅指专用于上述项目的无形资产（不包括其他权益性无形资产）、不动产。

纳税人的交际应酬消费属于个人消费。

（2）非正常损失的购进货物，以及相关的加工修理修配劳务和交通运输服务。

（3）非正常损失的在产品、产成品所耗用的购进货物（不包括固定资产）、加工修理修配劳务和交通运输

服务。

(4)非正常损失的不动产,以及该不动产所耗用的购进货物、设计服务和建筑服务。

(5)非正常损失的不动产在建工程所耗用的购进货物、设计服务和建筑服务。

纳税人新建、改建、扩建、修缮、装饰不动产,均属于不动产在建工程。

(6)购进的旅客运输服务、贷款服务、餐饮服务、居民日常服务和娱乐服务。

(7)财政部和国家税务总局规定的其他情形。

上述第(4)点、第(5)点所称货物,是指构成不动产实体的材料和设备,包括建筑装饰材料和给排水、采暖、卫生、通风、照明、通讯、煤气、消防、中央空调、电梯、电气、智能化楼宇设备及配套设施。

纳税人接受贷款服务向贷款方支付的与该笔贷款直接相关的投融资顾问费、手续费、咨询费等费用,其进项税额不得从销项税额中抵扣。

6. 已抵扣进项税额的购进服务,发生上述第5点规定情形(简易计税方法计税项目、免征增值税项目除外)的,应当将该进项税额从当期进项税额中扣减;无法确定该进项税额的,按照当期实际成本计算应扣减的进项税额。

7. 已抵扣进项税额的无形资产或者不动产,发生上述第5点规定情形的,按照下列公式计算不得抵扣的进项税额:

不得抵扣的进项税额=无形资产或者不动产净值×适用税率

8. 按照《增值税暂行条例》第十条和上述第5点不得抵扣且未抵扣进项税额的固定资产、无形资产、不动产,发生用途改变,用于允许抵扣进项税额的应税项目,可在用途改变的次月按照下列公式,依据合法有效的增值税扣税凭证,计算可以抵扣的进项税额:

可以抵扣的进项税额=固定资产、无形资产、不动产净值/(1+适用税率)×适用税率

上述可以抵扣的进项税额应取得合法有效的增值税扣税凭证。

(二)增值税期末留抵税额。

原增值税一般纳税人兼有销售服务、无形资产或者不动产的,截止到纳入营改增试点之日前的增值税期末留抵税额,不得从销售服务、无形资产或者不动产的销项税额中抵扣。

(三)混合销售。

一项销售行为如果既涉及货物又涉及服务,为混合销售。从事货物的生产、批发或者零售的单位和个体工商户的混合销售行为,按照销售货物缴纳增值税;其他单位和个体工商户的混合销售行为,按照销售服务缴纳增值税。

上述从事货物的生产、批发或者零售的单位和个体工商户,包括以从事货物的生产、批发或者零售为主,并兼营销售服务的单位和个体工商户在内。

附件3:

营业税改征增值税试点过渡政策的规定

一、下列项目免征增值税

(一)托儿所、幼儿园提供的保育和教育服务。

托儿所、幼儿园,是指经县级以上教育部门审批成立、取得办园许可证的实施0—6岁学前教育的机构,包括公办和民办的托儿所、幼儿园、学前班、幼儿班、保育院、幼儿院。

公办托儿所、幼儿园免征增值税的收入是指,在省级财政部门和价格主管部门审核报省级人民政府批准的收费标准以内收取的教育费、保育费。

民办托儿所、幼儿园免征增值税的收入是指,在报经当地有关部门备案并公示的收费标准范围内收取的教育费、保育费。

超过规定收费标准的收费,以开办实验班、特色班和兴趣班等为由另外收取的费用以及与幼儿入园挂钩的赞助费、支教费等超过规定范围的收入,不属于免征增值税的收入。

(二)养老机构提供的养老服务。

养老机构,是指依照民政部《养老机构设立许可办法》(民政部令第48号)设立并依法办理登记的为老

年人提供集中居住和照料服务的各类养老机构；养老服务，是指上述养老机构按照民政部《养老机构管理办法》(民政部令第 49 号)的规定，为收住的老年人提供的生活照料、康复护理、精神慰藉、文化娱乐等服务。

(三)残疾人福利机构提供的育养服务。

(四)婚姻介绍服务。

(五)殡葬服务。

殡葬服务，是指收费标准由各地价格主管部门会同有关部门核定，或者实行政府指导价管理的遗体接运(含抬尸、消毒)、遗体整容、遗体防腐、存放(含冷藏)、火化、骨灰寄存、吊唁设施设备租赁、墓穴租赁及管理等服务。

(六)残疾人员本人为社会提供的服务。

(七)医疗机构提供的医疗服务。

医疗机构，是指依据国务院《医疗机构管理条例》(国务院令第 149 号)及卫生部《医疗机构管理条例实施细则》(卫生部令第 35 号)的规定，经登记取得《医疗机构执业许可证》的机构，以及军队、武警部队各级各类医疗机构。具体包括：各级各类医院、门诊部(所)、社区卫生服务中心(站)、急救中心(站)、城乡卫生院、护理院(所)、疗养院、临床检验中心，各级政府及有关部门举办的卫生防疫站(疾病控制中心)、各种专科疾病防治站(所)，各级政府举办的妇幼保健所(站)、母婴保健机构、儿童保健机构，各级政府举办的血站(血液中心)等医疗机构。

本项所称的医疗服务，是指医疗机构按照不高于地(市)级以上价格主管部门会同同级卫生主管部门及其他相关部门制定的医疗服务指导价格(包括政府指导价和按照规定由供需双方协商确定的价格等)为就医者提供《全国医疗服务价格项目规范》所列的各项服务，以及医疗机构向社会提供卫生防疫、卫生检疫的服务。

(八)从事学历教育的学校提供的教育服务。

1. 学历教育，是指受教育者经过国家教育考试或者国家规定的其他入学方式，进入国家有关部门批准的学校或者其他教育机构学习，获得国家承认的学历证书的教育形式。具体包括：

(1)初等教育：普通小学、成人小学。

(2)初级中等教育：普通初中、职业初中、成人初中。

(3)高级中等教育：普通高中、成人高中和中等职业学校(包括普通中专、成人中专、职业高中、技工学校)。

(4)高等教育：普通本专科、成人本专科、网络本专科、研究生(博士、硕士)、高等教育自学考试、高等教育学历文凭考试。

2. 从事学历教育的学校，是指：

(1)普通学校。

(2)经地(市)级以上人民政府或者同级政府的教育行政部门批准成立、国家承认其学员学历的各类学校。

(3)经省级及以上人力资源社会保障行政部门批准成立的技工学校、高级技工学校。

(4)经省级人民政府批准成立的技师学院。

上述学校均包括符合规定的从事学历教育的民办学校，但不包括职业培训机构等国家不承认学历的教育机构。

3. 提供教育服务免征增值税的收入，是指对列入规定招生计划的在籍学生提供学历教育服务取得的收入，具体包括：经有关部门审核批准并按规定标准收取的学费、住宿费、课本费、作业本费、考试报名费收入，以及学校食堂提供餐饮服务取得的伙食费收入。除此之外的收入，包括学校以各种名义收取的赞助费、择校费等，不属于免征增值税的范围。

学校食堂是指依照《学校食堂与学生集体用餐卫生管理规定》(教育部令第 14 号)管理的学校食堂。

(九)学生勤工俭学提供的服务。

(十)农业机耕、排灌、病虫害防治、植物保护、农牧保险以及相关技术培训业务，家禽、牲畜、水生动物的配种和疾病防治。

农业机耕，是指在农业、林业、牧业中使用农业机械进行耕作(包括耕耘、种植、收割、脱粒、植物保护等)

的业务;排灌,是指对农田进行灌溉或者排涝的业务;病虫害防治,是指从事农业、林业、牧业、渔业的病虫害测报和防治的业务;农牧保险,是指为种植业、养殖业、牧业种植和饲养的动植物提供保险的业务;相关技术培训,是指与农业机耕、排灌、病虫害防治、植物保护业务相关以及为使农民获得农牧保险知识的技术培训业务;家禽、牲畜、水生动物的配种和疾病防治业务的免税范围,包括与该项服务有关的提供药品和医疗用具的业务。

(十一)纪念馆、博物馆、文化馆、文物保护单位管理机构、美术馆、展览馆、书画院、图书馆在自己的场所提供文化体育服务取得的第一道门票收入。

(十二)寺院、宫观、清真寺和教堂举办文化、宗教活动的门票收入。

(十三)行政单位之外的其他单位收取的符合《试点实施办法》第十条规定条件的政府性基金和行政事业性收费。

(十四)个人转让著作权。

(十五)个人销售自建自用住房。

(十六)2018 年 12 月 31 日前,公共租赁住房经营管理单位出租公共租赁住房。

公共租赁住房,是指纳入省、自治区、直辖市、计划单列市人民政府及新疆生产建设兵团批准的公共租赁住房发展规划和年度计划,并按照《关于加快发展公共租赁住房的指导意见》(建保〔2010〕87 号)和市、县人民政府制定的具体管理办法进行管理的公共租赁住房。

(十七)台湾航运公司、航空公司从事海峡两岸海上直航、空中直航业务在大陆取得的运输收入。

台湾航运公司,是指取得交通运输部颁发的“台湾海峡两岸间水路运输许可证”且该许可证上注明的公司登记地址在台湾的航运公司。

台湾航空公司,是指取得中国民用航空局颁发的“经营许可”或者依据《海峡两岸空运协议》和《海峡两岸空运补充协议》规定,批准经营两岸旅客、货物和邮件不定期(包机)运输业务,且公司登记地址在台湾的航空公司。

(十八)纳税人提供的直接或者间接国际货物运输代理服务。

1. 纳税人提供直接或者间接国际货物运输代理服务,向委托方收取的全部国际货物运输代理服务收入,以及向国际运输承运人支付的国际运输费用,必须通过金融机构进行结算。

2. 纳税人为大陆与香港、澳门、台湾地区之间的货物运输提供的货物运输代理服务参照国际货物运输代理服务有关规定执行。

3. 委托方索取发票的,纳税人应当就国际货物运输代理服务收入向委托方全额开具增值税普通发票。

(十九)以下利息收入。

1. 2016 年 12 月 31 日前,金融机构农户小额贷款。

小额贷款,是指单笔且该农户贷款余额总额在 10 万元(含本数)以下的贷款。

所称农户,是指长期(一年以上)居住在乡镇(不包括城关镇)行政管理区域内的住户,还包括长期居住在城关镇所辖行政村范围内的住户和户口不在本地而在本地居住一年以上的住户,国有农场的职工和农村个体工商户。位于乡镇(不包括城关镇)行政管理区域内和在城关镇所辖行政村范围内的国有经济的机关、团体、学校、企事业单位的集体户;有本地户口,但举家外出谋生一年以上的住户,无论是否保留承包耕地均不属于农户。农户以户为统计单位,既可以从事农业生产经营,也可以从事非农业生产经营。农户贷款的判定应以贷款发放时的承贷主体是否属于农户为准。

2. 国家助学贷款。

3. 国债、地方政府债。

4. 人民银行对金融机构的贷款。

5. 住房公积金管理中心用住房公积金在指定的委托银行发放的个人住房贷款。

6. 外汇管理部门在从事国家外汇储备经营过程中,委托金融机构发放的外汇贷款。

7. 统借统还业务中,企业集团或企业集团中的核心企业以及集团所属财务公司按不高于支付给金融机构的借款利率水平或者支付的债券票面利率水平,向企业集团或者集团内下属单位收取的利息。

统借方向资金使用单位收取的利息,高于支付给金融机构借款利率水平或者支付的债券票面利率水平的,应全额缴纳增值税。

统借统还业务，是指：

(1)企业集团或者企业集团中的核心企业向金融机构借款或对外发行债券取得资金后，将所借资金分拨给下属单位(包括独立核算单位和非独立核算单位，下同)，并向下属单位收取用于归还金融机构或债券购买方本息的业务。

(2)企业集团向金融机构借款或对外发行债券取得资金后，由集团所属财务公司与企业集团或者集团内下属单位签订统借统还贷款合同并分拨资金，并向企业集团或者集团内下属单位收取本息，再转付企业集团，由企业集团统一归还金融机构或债券购买方的业务。

(二十)被撤销金融机构以货物、不动产、无形资产、有价证券、票据等财产清偿债务。

被撤销金融机构，是指经人民银行、银监会依法决定撤销的金融机构及其分支设于各地的分支机构，包括被依法撤销的商业银行、信托投资公司、财务公司、金融租赁公司、城市信用社和农村信用社。除另有规定外，被撤销金融机构所属、附属企业，不享受被撤销金融机构增值税免税政策。

(二十一)保险公司开办的一年期以上人身保险产品取得的保费收入。

一年期以上人身保险，是指保险期间为一年期及以上返还本利的人寿保险、养老年金保险，以及保险期间为一年期及以上的健康保险。

人寿保险，是指以人的寿命为保险标的的人身保险。

养老年金保险，是指以养老保障为目的，以被保险人生存为给付保险金条件，并按约定的时间间隔分期给付生存保险金的人身保险。养老年金保险应当同时符合下列条件：

1. 保险合同约定给付被保险人生存保险金的年龄不得小于国家规定的退休年龄。

2. 相邻两次给付的时间间隔不得超过一年。

健康保险，是指以因健康原因导致损失为给付保险金条件的人身保险。

上述免税政策实行备案管理，具体备案管理办法按照《国家税务总局关于一年期以上返还性人身保险产品免征营业税审批事项取消后有关管理问题的公告》(国家税务总局公告2015年第65号)规定执行。

(二十二)下列金融商品转让收入。

1. 合格境外投资者(QFII)委托境内公司在我国从事证券买卖业务。

2. 香港市场投资者(包括单位和个人)通过沪港通买卖上海证券交易所上市A股。

3. 对香港市场投资者(包括单位和个人)通过基金互认买卖内地基金份额。

4. 证券投资基金(封闭式证券投资基金，开放式证券投资基金)管理人运用基金买卖股票、债券。

5. 个人从事金融商品转让业务。

(二十三)金融同业往来利息收入。

1. 金融机构与人民银行所发生的资金往来业务。包括人民银行对一般金融机构贷款，以及人民银行对商业银行的再贴现等。

2. 银行联行往来业务。同一银行系统内部不同行、处之间所发生的资金账务往来业务。

3. 金融机构间的资金往来业务。是指经人民银行批准，进入全国银行间同业拆借市场的金融机构之间通过全国统一的同业拆借网络进行的短期(一年以下含一年)无担保资金融通行为。

4. 金融机构之间开展的转贴现业务。

金融机构是指：

(1)银行：包括人民银行、商业银行、政策性银行。

(2)信用合作社。

(3)证券公司。

(4)金融租赁公司、证券基金管理公司、财务公司、信托投资公司、证券投资基金。

(5)保险公司。

(6)其他经人民银行、银监会、证监会、保监会批准成立且经营金融保险业务的机构等。

(二十四)同时符合下列条件的担保机构从事中小企业信用担保或者再担保业务取得的收入(不含信用评级、咨询、培训等收入)3年内免征增值税：

1. 已取得监管部门颁发的融资性担保机构经营许可证，依法登记注册为企(事)业法人，实收资本超过2 000万元。

2. 平均年担保费率不超过银行同期贷款基准利率的50%。平均年担保费率=本期担保费收入/(期初担保余额+本期增加担保金额)×100%。

3. 连续合规经营2年以上,资金主要用于担保业务,具备健全的内部管理制度和为中小企业提供担保的能力,经营业绩突出,对受保项目具有完善的事前评估、事中监控、事后追偿与处置机制。

4. 为中小企业提供的累计担保贷款额占其两年累计担保业务总额的80%以上,单笔800万元以下的累计担保贷款额占其累计担保业务总额的50%以上。

5. 对单个受保企业提供的担保余额不超过担保机构实收资本总额的10%,且平均单笔担保责任金额最多不超过3 000万元人民币。

6. 担保责任余额不低于其净资产的3倍,且代偿率不超过2%。

担保机构免征增值税政策采取备案管理方式。符合条件的担保机构应到所在地县(市)主管税务机关和同级中小企业管理部门履行规定的备案手续,自完成备案手续之日起,享受3年免征增值税政策。3年免税期满后,符合条件的担保机构可按规定程序办理备案手续后继续享受该项政策。

具体备案管理办法按照《国家税务总局关于中小企业信用担保机构免征营业税审批事项取消后有关管理问题的公告》(国家税务总局公告2015年第69号)规定执行,其中税务机关的备案管理部门统一调整为县(市)级国家税务局。

(二十五)国家商品储备管理单位及其直属企业承担商品储备任务,从中央或者地方财政取得的利息补贴收入和价差补贴收入。

国家商品储备管理单位及其直属企业,是指接受中央、省、市、县四级政府有关部门(或者政府指定管理单位)委托,承担粮(含大豆)、食用油、棉、糖、肉、盐(限于中央储备)等6种商品储备任务,并按有关政策收储、销售上述6种储备商品,取得财政储备经费或者补贴的商品储备企业。利息补贴收入,是指国家商品储备管理单位及其直属企业因承担上述商品储备任务从金融机构贷款,并从中央或者地方财政取得的用于偿还贷款利息的贴息收入。价差补贴收入包括销售价差补贴收入和轮换价差补贴收入。销售价差补贴收入,是指按照中央或者地方政府指令销售上述储备商品时,由于销售收入小于库存成本而从中央或者地方财政获得的全额价差补贴收入。轮换价差补贴收入,是指根据要求定期组织政策性储备商品轮换而从中央或者地方财政取得的商品新陈品质价差补贴收入。

(二十六)纳税人提供技术转让、技术开发和与之相关的技术咨询、技术服务。

1. 技术转让、技术开发,是指《销售服务、无形资产、不动产注释》中"转让技术"、"研发服务"范围内的业务活动。技术咨询,是指就特定技术项目提供可行性论证、技术预测、专题技术调查、分析评价报告等业务活动。

与技术转让、技术开发相关的技术咨询、技术服务,是指转让方(或者受托方)根据技术转让或者开发合同的规定,为帮助受让方(或者委托方)掌握所转让(或者委托开发)的技术,而提供的技术咨询、技术服务业务,且这部分技术咨询、技术服务的价款与技术转让或者技术开发的价款应当在同一张发票上开具。

2. 备案程序。试点纳税人申请免征增值税时,须持技术转让、开发的书面合同,到纳税人所在地省级科技主管部门进行认定,并持有关的书面合同和科技主管部门审核意见证明文件报主管税务机关备查。

(二十七)同时符合下列条件的合同能源管理服务:

1. 节能服务公司实施合同能源管理项目相关技术,应当符合国家质量监督检验检疫总局和国家标准化管理委员会发布的《合同能源管理技术通则》(GB/T24915—2010)规定的技术要求。

2. 节能服务公司与用能企业签订节能效益分享型合同,其合同格式和内容,符合《中华人民共和国合同法》和《合同能源管理技术通则》(GB/T24915—2010)等规定。

(二十八)2017年12月31日前,科普单位的门票收入,以及县级及以上党政部门和科协开展科普活动的门票收入。

科普单位,是指科技馆、自然博物馆,对公众开放的天文馆(站、台)、气象台(站)、地震台(站),以及高等院校、科研机构对公众开放的科普基地。

科普活动,是指利用各种传媒以浅显的、让公众易于理解、接受和参与的方式,向普通大众介绍自然科学和社会科学知识,推广科学技术的应用,倡导科学方法,传播科学思想,弘扬科学精神的活动。

(二十九)政府举办的从事学历教育的高等、中等和初等学校(不含下属单位),举办进修班、培训班取得的全部归该学校所有的收入。

全部归该学校所有，是指举办进修班、培训班取得的全部收入进入该学校统一账户，并纳入预算全额上缴财政专户管理，同时由该学校对有关票据进行统一管理和开具。

举办进修班、培训班取得的收入进入该学校下属部门自行开设账户的，不予免征增值税。

(三十)政府举办的职业学校设立的主要为在校学生提供实习场所、并由学校出资自办、由学校负责经营管理、经营收入归学校所有的企业，从事《销售服务、无形资产或者不动产注释》中“现代服务”(不含融资租赁服务、广告服务和其他现代服务)、“生活服务”(不含文化体育服务、其他生活服务和桑拿、氧吧)业务活动取得的收入。

(三十一)家政服务企业由员工制家政服务员提供家政服务取得的收入。

家政服务企业，是指在企业营业执照的规定经营范围中包括家政服务内容的企业。

员工制家政服务员，是指同时符合下列3个条件的家政服务员：

1. 依法与家政服务企业签订半年及半年以上的劳动合同或者服务协议，且在该企业实际上岗工作。

2. 家政服务企业为其按月足额缴纳了企业所在地人民政府根据国家政策规定的基本养老保险、基本医疗保险、工伤保险、失业保险等社会保险。对已享受新型农村养老保险和新型农村合作医疗等社会保险或者下岗职工原单位继续为其缴纳社会保险的家政服务员，如果本人书面提出不再缴纳企业所在地人民政府根据国家政策规定的相应的社会保险，并出具其所在乡镇或者原单位开具的已缴纳相关保险的证明，可视同家政服务企业已为其按月足额缴纳了相应的社会保险。

3. 家政服务企业通过金融机构向其实际支付不低于企业所在地适用的经省级人民政府批准的最低工资标准的工资。

(三十二)福利彩票、体育彩票的发行收入。

(三十三)军队空余房产租赁收入。

(三十四)为了配合国家住房制度改革，企业、行政事业单位按房改成本价、标准价出售住房取得的收入。

(三十五)将土地使用权转让给农业生产者用于农业生产。

(三十六)涉及家庭财产分割的个人无偿转让不动产、土地使用权。

家庭财产分割，包括下列情形：离婚财产分割；无偿赠与配偶、父母、子女、祖父母、外祖父母、孙子女、外孙子女、兄弟姐妹；无偿赠与对其承担直接抚养或者赡养义务的抚养人或者赡养人；房屋产权所有人死亡，法定继承人、遗嘱继承人或者受遗赠人依法取得房屋产权。

(三十七)土地所有者出让土地使用权和土地使用者将土地使用权归还给土地所有者。

(三十八)县级以上地方人民政府或自然资源行政主管部门出让、转让或收回自然资源使用权(不含土地使用权)。

(三十九)随军家属就业。

1. 为安置随军家属就业而新开办的企业，自领取税务登记证之日起，其提供的应税服务3年内免征增值税。

享受税收优惠政策的企业，随军家属必须占企业总人数的60%(含)以上，并有军(含)以上政治和后勤机关出具的证明。

2. 从事个体经营的随军家属，自办理税务登记事项之日起，其提供的应税服务3年内免征增值税。

随军家属必须有师以上政治机关出具的可以表明其身份的证明。

按照上述规定，每一名随军家属可以享受一次免税政策。

(四十)军队转业干部就业。

1. 从事个体经营的军队转业干部，自领取税务登记证之日起，其提供的应税服务3年内免征增值税。

2. 为安置自主择业的军队转业干部就业而新开办的企业，凡安置自主择业的军队转业干部占企业总人数60%(含)以上的，自领取税务登记证之日起，其提供的应税服务3年内免征增值税。

享受上述优惠政策的自主择业的军队转业干部必须持有师以上部队颁发的转业证件。

二、增值税即征即退

(一)一般纳税人提供管道运输服务，对其增值税实际税负超过3%的部分实行增值税即征即退政策。

（二）经人民银行、银监会或者商务部批准从事融资租赁业务的试点纳税人中的一般纳税人，提供有形动产融资租赁服务和有形动产融资性售后回租服务，对其增值税实际税负超过3%的部分实行增值税即征即退政策。商务部授权的省级商务主管部门和国家经济技术开发区批准的从事融资租赁业务和融资性售后回租业务的试点纳税人中的一般纳税人，2016年5月1日后实收资本达到1.7亿元的，从达到标准的当月起按照上述规定执行；2016年5月1日后实收资本未达到1.7亿元但注册资本达到1.7亿元的，在2016年7月31日前仍可按照上述规定执行，2016年8月1日后开展的有形动产融资租赁业务和有形动产融资性售后回租业务不得按照上述规定执行。

（三）本规定所称增值税实际税负，是指纳税人当期提供应税服务实际缴纳的增值税额占纳税人当期提供应税服务取得的全部价款和价外费用的比例。

三、扣减增值税规定

（一）退役士兵创业就业。

1. 对自主就业退役士兵从事个体经营的，在3年内按每户每年8000元为限额依次扣减其当年实际应缴纳的增值税、城市维护建设税、教育费附加、地方教育附加和个人所得税。限额标准最高可上浮20%，各省、自治区、直辖市人民政府可根据本地区实际情况在此幅度内确定具体限额标准，并报财政部和国家税务总局备案。

纳税人年度应缴纳税款小于上述扣减限额的，以其实际缴纳的税款为限；大于上述扣减限额的，应以上述扣减限额为限。纳税人的实际经营期不足一年的，应当以实际月份换算其减免税限额。换算公式为：减免税限额＝年度减免税限额÷12×实际经营月数。

纳税人在享受税收优惠政策的当月，持《中国人民解放军义务兵退出现役证》或《中国人民解放军士官退出现役证》以及税务机关要求的相关材料向主管税务机关备案。

2. 对商贸企业、服务型企业、劳动就业服务企业中的加工型企业和街道社区具有加工性质的小型企业实体，在新增加的岗位中，当年新招用自主就业退役士兵，与其签订1年以上期限劳动合同并依法缴纳社会保险费的，在3年内按实际招用人数予以定额依次扣减增值税、城市维护建设税、教育费附加、地方教育附加和企业所得税优惠。定额标准为每人每年4000元，最高可上浮50%，各省、自治区、直辖市人民政府可根据本地区实际情况在此幅度内确定具体定额标准，并报财政部和国家税务总局备案。

本条所称服务型企业是指从事《销售服务、无形资产、不动产注释》中"不动产租赁服务"、"商务辅助服务"（不含货物运输代理和代理报关服务）、"生活服务"（不含文化体育服务）范围内业务活动的企业以及按照《民办非企业单位登记管理暂行条例》（国务院令第251号）登记成立的民办非企业单位。

纳税人按企业招用人数和签订的劳动合同时间核定企业减免税总额，在核定减免税总额内每月依次扣减增值税、城市维护建设税、教育费附加和地方教育附加。纳税人实际应缴纳的增值税、城市维护建设税、教育费附加和地方教育附加小于核定减免税总额的，以实际应缴纳的增值税、城市维护建设税、教育费附加和地方教育附加为限；实际应缴纳的增值税、城市维护建设税、教育费附加和地方教育附加大于核定减免税总额的，以核定减免税总额为限。

纳税年度终了，如果企业实际减免的增值税、城市维护建设税、教育费附加和地方教育附加小于核定的减免税总额，企业在企业所得税汇算清缴时扣减企业所得税。当年扣减不足的，不再结转以后年度扣减。

计算公式为：企业减免税总额＝∑每名自主就业退役士兵本年度在本企业工作月份÷12×定额标准。

企业自招用自主就业退役士兵的次月起享受税收优惠政策，并于享受税收优惠政策的当月，持下列材料向主管税务机关备案：

（1）新招用自主就业退役士兵的《中国人民解放军义务兵退出现役证》或《中国人民解放军士官退出现役证》。

（2）企业与新招用自主就业退役士兵签订的劳动合同（副本），企业为职工缴纳的社会保险费记录。

（3）自主就业退役士兵本年度在企业工作时间表。

（4）主管税务机关要求的其他相关材料。

3. 上述所称自主就业退役士兵是指依照《退役士兵安置条例》（国务院、中央军委令第608号）的规定退出现役并按自主就业方式安置的退役士兵。

4. 上述税收优惠政策的执行期限为2016年5月1日至2016年12月31日，纳税人在2016年12月31

日未享受满3年的,可继续享受至3年期满为止。

按照《财政部 国家税务总局 民政部关于调整完善扶持自主就业退役士兵创业就业有关税收政策的通知》(财税〔2014〕42号)规定享受营业税优惠政策的纳税人,自2016年5月1日起按照上述规定享受增值税优惠政策,在2016年12月31日未享受满3年的,可继续享受至3年期满为止。

《财政部 国家税务总局关于将铁路运输和邮政业纳入营业税改征增值税试点的通知》(财税〔2013〕106号)附件3第一条第(十二)项城镇退役士兵就业免征增值税政策,自2014年7月1日起停止执行。在2014年6月30日未享受满3年的,可继续享受至3年期满为止。

(二)重点群体创业就业。

1. 对持《就业创业证》(注明"自主创业税收政策"或"毕业年度内自主创业税收政策")或2015年1月27日前取得的《就业失业登记证》(注明"自主创业税收政策"或附着《高校毕业生自主创业证》)的人员从事个体经营的,在3年内按每户每年8000元为限额依次扣减其当年实际应缴纳的增值税、城市维护建设税、教育费附加、地方教育附加和个人所得税。限额标准最高可上浮20%,各省、自治区、直辖市人民政府可根据本地区实际情况在此幅度内确定具体限额标准,并报财政部和国家税务总局备案。

纳税人年度应缴纳税款小于上述扣减限额的,以其实际缴纳的税款为限;大于上述扣减限额的,应以上述扣减限额为限。

上述人员是指:

(1)在人力资源社会保障部门公共就业服务机构登记失业半年以上的人员。

(2)零就业家庭、享受城市居民最低生活保障家庭劳动年龄内的登记失业人员。

(3)毕业年度内高校毕业生。高校毕业生是指实施高等学历教育的普通高等学校、成人高等学校毕业的学生;毕业年度是指毕业所在自然年,即1月1日至12月31日。

2. 对商贸企业、服务型企业、劳动就业服务企业中的加工型企业和街道社区具有加工性质的小型企业实体,在新增加的岗位中,当年新招用在人力资源社会保障部门公共就业服务机构登记失业半年以上且持《就业创业证》或2015年1月27日前取得的《就业失业登记证》(注明"企业吸纳税收政策")人员,与其签订1年以上期限劳动合同并依法缴纳社会保险费的,在3年内按实际招用人数予以定额依次扣减增值税、城市维护建设税、教育费附加、地方教育附加和企业所得税优惠。定额标准为每人每年4000元,最高可上浮30%,各省、自治区、直辖市人民政府可根据本地区实际情况在此幅度内确定具体定额标准,并报财政部和国家税务总局备案。

按上述标准计算的税收扣减额应在企业当年实际应缴纳的增值税、城市维护建设税、教育费附加、地方教育附加和企业所得税税额中扣减,当年扣减不足的,不得结转下年使用。

本条所称服务型企业是指从事《销售服务、无形资产、不动产注释》中"不动产租赁服务"、"商务辅助服务"(不含货物运输代理和代理报关服务)、"生活服务"(不含文化体育服务)范围内业务活动的企业以及按照《民办非企业单位登记管理暂行条例》(国务院令第251号)登记成立的民办非企业单位。

3. 享受上述优惠政策的人员按以下规定申领《就业创业证》:

(1)按照《就业服务与就业管理规定》(劳动和社会保障部令第28号)第六十三条的规定,在法定劳动年龄内,有劳动能力,有就业要求,处于无业状态的城镇常住人员,在公共就业服务机构进行失业登记,申领《就业创业证》。其中,农村进城务工人员和其他非本地户籍人员在常住地稳定就业满6个月的,失业后可以在常住地登记。

(2)零就业家庭凭社区出具的证明,城镇低保家庭凭低保证明,在公共就业服务机构登记失业,申领《就业创业证》。

(3)毕业年度内高校毕业生在校期间凭学生证向公共就业服务机构按规定申领《就业创业证》,或委托所在高校就业指导中心向公共就业服务机构按规定代为其申领《就业创业证》;毕业年度内高校毕业生离校后直接向公共就业服务机构按规定申领《就业创业证》。

(4)上述人员申领相关凭证后,由就业和创业地人力资源社会保障部门对人员范围、就业失业状态、已享受政策情况进行核实,在《就业创业证》上注明"自主创业税收政策"、"毕业年度内自主创业税收政策"或"企业吸纳税收政策"字样,同时符合自主创业和企业吸纳税收政策条件的,可同时加注;主管税务机关在《就业创业证》上加盖戳记,注明减免税所属时间。

4. 上述税收优惠政策的执行期限为2016年5月1日至2016年12月31日，纳税人在2016年12月31日未享受满3年的，可继续享受至3年期满为止。

按照《财政部 国家税务总局 人力资源社会保障部关于继续实施支持和促进重点群体创业就业有关税收政策的通知》（财税〔2014〕39号）规定享受营业税优惠政策的纳税人，自2016年5月1日起按照上述规定享受增值税优惠政策，在2016年12月31日未享受满3年的，可继续享受至3年期满为止。

《财政部 国家税务总局关于将铁路运输和邮政业纳入营业税改征增值税试点的通知》（财税〔2013〕106号）附件3第一条第（十三）项失业人员就业增值税优惠政策，自2014年1月1日起停止执行。在2013年12月31日未享受满3年的，可继续享受至3年期满为止。

四、金融企业发放贷款后，自结息日起90天内发生的应收未收利息按现行规定缴纳增值税，自结息日起90天后发生的应收未收利息暂不缴纳增值税，待实际收到利息时按规定缴纳增值税。

上述所称金融企业，是指银行（包括国有、集体、股份制、合资、外资银行以及其他所有制形式的银行）、城市信用社、农村信用社、信托投资公司、财务公司。

五、个人将购买不足2年的住房对外销售的，按照5%的征收率全额缴纳增值税；个人将购买2年以上（含2年）的住房对外销售的，免征增值税。上述政策适用于北京市、上海市、广州市和深圳市之外的地区。

个人将购买不足2年的住房对外销售的，按照5%的征收率全额缴纳增值税；个人将购买2年以上（含2年）的非普通住房对外销售的，以销售收入减去购买住房价款后的差额按照5%的征收率缴纳增值税；个人将购买2年以上（含2年）的普通住房对外销售的，免征增值税。上述政策仅适用于北京市、上海市、广州市和深圳市。

办理免税的具体程序、购买房屋的时间、开具发票、非购买形式取得住房行为及其他相关税收管理规定，按照《国务院办公厅转发建设部等部门关于做好稳定住房价格工作意见的通知》（国办发〔2005〕26号）、《国家税务总局 财政部 建设部关于加强房地产税收管理的通知》（国税发〔2005〕89号）和《国家税务总局关于房地产税收政策执行中几个具体问题的通知》（国税发〔2005〕172号）的有关规定执行。

六、上述增值税优惠政策除已规定期限的项目和第五条政策外，其他均在营改增试点期间执行。如果试点纳税人在纳入营改增试点之日前已经按照有关政策规定享受了营业税税收优惠，在剩余税收优惠政策期限内，按照本规定享受有关增值税优惠。

附件4：

跨境应税行为适用增值税零税率和免税政策的规定

一、中华人民共和国境内（以下称境内）的单位和个人销售的下列服务和无形资产，适用增值税零税率：

（一）国际运输服务。

国际运输服务，是指：

1. 在境内载运旅客或者货物出境。

2. 在境外载运旅客或者货物入境。

3. 在境外载运旅客或者货物。

（二）航天运输服务。

（三）向境外单位提供的完全在境外消费的下列服务：

1. 研发服务。

2. 合同能源管理服务。

3. 设计服务。

4. 广播影视节目（作品）的制作和发行服务。

5. 软件服务。

6. 电路设计及测试服务。

7. 信息系统服务。

8. 业务流程管理服务。

9. 离岸服务外包业务。

离岸服务外包业务，包括信息技术外包服务(ITO)、技术性业务流程外包服务(BPO)、技术性知识流程外包服务(KPO)，其所涉及的具体业务活动，按照《销售服务、无形资产、不动产注释》相对应的业务活动执行。

10. 转让技术。

(四)财政部和国家税务总局规定的其他服务。

二、境内的单位和个人销售的下列服务和无形资产免征增值税，但财政部和国家税务总局规定适用增值税零税率的除外：

(一)下列服务：

1. 工程项目在境外的建筑服务。

2. 工程项目在境外的工程监理服务。

3. 工程、矿产资源在境外的工程勘察勘探服务。

4. 会议展览地点在境外的会议展览服务。

5. 存储地点在境外的仓储服务。

6. 标的物在境外使用的有形动产租赁服务。

7. 在境外提供的广播影视节目(作品)的播映服务。

8. 在境外提供的文化体育服务、教育医疗服务、旅游服务。

(二)为出口货物提供的邮政服务、收派服务、保险服务。

为出口货物提供的保险服务，包括出口货物保险和出口信用保险。

(三)向境外单位提供的完全在境外消费的下列服务和无形资产：

1. 电信服务。

2. 知识产权服务。

3. 物流辅助服务(仓储服务、收派服务除外)。

4. 鉴证咨询服务。

5. 专业技术服务。

6. 商务辅助服务。

7. 广告投放地在境外的广告服务。

8. 无形资产。

(四)以无运输工具承运方式提供的国际运输服务。

(五)为境外单位之间的货币资金融通及其他金融业务提供的直接收费金融服务，且该服务与境内的货物、无形资产和不动产无关。

(六)财政部和国家税务总局规定的其他服务。

三、按照国家有关规定应取得相关资质的国际运输服务项目，纳税人取得相关资质的，适用增值税零税率政策，未取得的，适用增值税免税政策。

境内的单位或个人提供程租服务，如果租赁的交通工具用于国际运输服务和港澳台运输服务，由出租方按规定申请适用增值税零税率。

境内的单位和个人向境内单位或个人提供期租、湿租服务，如果承租方利用租赁的交通工具向其他单位或个人提供国际运输服务和港澳台运输服务，由承租方适用增值税零税率。境内的单位或个人向境外单位或个人提供期租、湿租服务，由出租方适用增值税零税率。

境内单位和个人以无运输工具承运方式提供的国际运输服务，由境内实际承运人适用增值税零税率；无运输工具承运业务的经营者适用增值税免税政策。

四、境内的单位和个人提供适用增值税零税率的服务或者无形资产，如果属于适用简易计税方法的，实行免征增值税办法。如果属于适用增值税一般计税方法的，生产企业实行免抵退税办法，外贸企业外购服务或者无形资产出口实行免退税办法，外贸企业直接将服务或自行研发的无形资产出口，视同生产企业连同其出口货物统一实行免抵退税办法。

服务和无形资产的退税率为其按照《试点实施办法》第十五条第(一)至(三)项规定适用的增值税税率。实行退(免)税办法的服务和无形资产，如果主管税务机关认定出口价格偏高的，有权按照核定的出口价格计算退(免)税,核定的出口价格低于外贸企业购进价格的,低于部分对应的进项税额不予退税,转入成本。

五、境内的单位和个人销售适用增值税零税率的服务或无形资产的,可以放弃适用增值税零税率,选择免税或按规定缴纳增值税。放弃适用增值税零税率后,36 个月内不得再申请适用增值税零税率。

六、境内的单位和个人销售适用增值税零税率的服务或无形资产,按月向主管退税的税务机关申报办理增值税退(免)税手续。具体管理办法由国家税务总局商财政部另行制定。

七、本规定所称完全在境外消费,是指:

(一)服务的实际接受方在境外,且与境内的货物和不动产无关。

(二)无形资产完全在境外使用,且与境内的货物和不动产无关。

(三)财政部和国家税务总局规定的其他情形。

八、境内单位和个人发生的与香港、澳门、台湾有关的应税行为,除本文另有规定外,参照上述规定执行。

九、2016 年 4 月 30 日前签订的合同,符合《财政部 国家税务总局关于将铁路运输和邮政业纳入营业税改征增值税试点的通知》(财税〔2013〕106 号)附件 4 和《财政部 国家税务总局关于影视等出口服务适用增值税零税率政策的通知》(财税〔2015〕118 号)规定的零税率或者免税政策条件的,在合同到期前可以继续享受零税率或者免税政策。

国家税务总局关于全面推开营业税改征增值税试点后增值税纳税申报有关事项的公告

国家税务总局公告 2016 年第 13 号

为保障全面推开营业税改征增值税改革试点工作顺利实施,现将增值税纳税申报有关事项公告如下:

一、中华人民共和国境内增值税纳税人均应按照本公告的规定进行增值税纳税申报。

二、纳税申报资料

纳税申报资料包括纳税申报表及其附列资料和纳税申报其他资料。

(一)纳税申报表及其附列资料

1. 增值税一般纳税人(以下简称一般纳税人)纳税申报表及其附列资料包括:

(1)《增值税纳税申报表(一般纳税人适用)》。

(2)《增值税纳税申报表附列资料(一)》(本期销售情况明细)。

(3)《增值税纳税申报表附列资料(二)》(本期进项税额明细)。

(4)《增值税纳税申报表附列资料(三)》(服务、不动产和无形资产扣除项目明细)。

一般纳税人销售服务、不动产和无形资产,在确定服务、不动产和无形资产销售额时,按照有关规定可以从取得的全部价款和价外费用中扣除价款的,需填报《增值税纳税申报表附列资料(三)》。其他情况不填写该附列资料。

(5)《增值税纳税申报表附列资料(四)》(税额抵减情况表)。

(6)《增值税纳税申报表附列资料(五)》(不动产分期抵扣计算表)。

(7)《固定资产(不含不动产)进项税额抵扣情况表》。

(8)《本期抵扣进项税额结构明细表》。

(9)《增值税减免税申报明细表》。

2. 增值税小规模纳税人(以下简称小规模纳税人)纳税申报表及其附列资料包括:

(1)《增值税纳税申报表(小规模纳税人适用)》。

(2)《增值税纳税申报表(小规模纳税人适用)附列资料》。

小规模纳税人销售服务,在确定服务销售额时,按照有关规定可以从取得的全部价款和价外费用中扣除价款的,需填报《增值税纳税申报表(小规模纳税人适用)附列资料》。其他情况不填写该附列资料。

(3)《增值税减免税申报明细表》。

3. 上述纳税申报表及其附列资料表样和填写说明详见附件1至附件4。

(二)纳税申报其他资料

1. 已开具的税控机动车销售统一发票和普通发票的存根联。

2. 符合抵扣条件且在本期申报抵扣的增值税专用发票(含税控机动车销售统一发票)的抵扣联。

3. 符合抵扣条件且在本期申报抵扣的海关进口增值税专用缴款书、购进农产品取得的普通发票的复印件。

4. 符合抵扣条件且在本期申报抵扣的税收完税凭证及其清单,书面合同、付款证明和境外单位的对账单或者发票。

5. 已开具的农产品收购凭证的存根联或报查联。

6. 纳税人销售服务、不动产和无形资产,在确定服务、不动产和无形资产销售额时,按照有关规定从取得的全部价款和价外费用中扣除价款的合法凭证及其清单。

7. 主管税务机关规定的其他资料。

(三)纳税申报表及其附列资料为必报资料。纳税申报其他资料的报备要求由各省、自治区、直辖市和计划单列市国家税务局确定。

三、纳税人跨县(市)提供建筑服务、房地产开发企业预售自行开发的房地产项目、纳税人出租与机构所在地不在同一县(市)的不动产,按规定需要在项目所在地或不动产所在地主管国税机关预缴税款的,需填写《增值税预缴税款表》,表样及填写说明详见附件5至附件6。

四、主管税务机关应做好增值税纳税申报的宣传和辅导工作。

五、本公告自2016年6月1日起施行。《国家税务总局关于调整增值税纳税申报有关事项的公告》(国家税务总局公告2012年第31号)、《国家税务总局关于营业税改征增值税总分机构试点纳税人增值税纳税申报有关事项的公告》(国家税务总局公告2013年第22号)、《国家税务总局关于调整增值税纳税申报有关事项的公告》(国家税务总局公告2013年第32号)、《国家税务总局关于铁路运输和邮政业营业税改征增值税后纳税申报有关事项的公告》(国家税务总局公告2014年第7号)、《国家税务总局关于调整增值税纳税申报有关事项的公告》(国家税务总局公告2014年第45号)、《国家税务总局关于调整增值税纳税申报有关事项的公告》(国家税务总局公告2014年第58号)、《国家税务总局关于调整增值税纳税申报有关事项的公告》(国家税务总局公告2014年第69号)、《国家税务总局关于调整增值税纳税申报有关事项的公告》(国家税务总局公告2015年第23号)同时废止。

特此公告。

附件:1.《增值税纳税申报表(一般纳税人适用)》及其附列资料(略)

2.《增值税纳税申报表(一般纳税人适用)》及其附列资料填写说明(略)

3.《增值税纳税申报表(小规模纳税人适用)》及其附列资料(略)

4.《增值税纳税申报表(小规模纳税人适用)》及其附列资料填写说明(略)

5.《增值税预缴税款表》(略)

6.《增值税预缴税款表》填写说明(略)

国家税务总局

2016年3月31日

关于《国家税务总局关于全面推开营业税改征增值税试点后增值税纳税申报有关事项的公告》的解读

为保障全面推开营业税改征增值税(以下称营改增)改革试点工作顺利实施,结合前期试点经验,国家税务总局对增值税纳税申报有关事项进行了调整,发布《国家税务总局关于全面推开营业税改征增值税试点后增值税纳税申报有关事项的公告》(以下简称公告),现将公告解读如下:

一、背景和目的

经国务院批准，自 2016 年 5 月 1 日起，在全国范围内全面推开营改增试点，建筑业、房地产业、金融业、生活服务业等全部营业税纳税人，纳入试点范围，由缴纳营业税改为缴纳增值税。由于目前所使用的增值税纳税申报表及附列资料不能够满足全面推开营改增后增值税管理的需要。因此，国家税务总局根据全面推开营改增试点相关政策规定，结合先期试点经验，对增值税纳税申报有关事项进行了调整，以满足全面推开营改增试点后增值税纳税申报和征收管理的需要。

二、适用范围

自 2016 年 6 月申报期起，中华人民共和国境内增值税纳税人均应按照本公告的规定进行增值税纳税申报。

三、主要内容

（一）明确了增值税一般纳税人（以下简称一般纳税人）纳税申报表及其附列资料。具体包括：《增值税纳税申报表（一般纳税人适用）》；《增值税纳税申报表附列资料（一）》（本期销售情况明细）；《增值税纳税申报表附列资料（二）》（本期进项税额明细）；《增值税纳税申报表附列资料（三）》（服务、不动产和无形资产扣除项目明细）；《增值税纳税申报表附列资料（四）》（税额抵减情况表）；《增值税纳税申报表附列资料（五）》（不动产分期抵扣计算表）；《固定资产（不含不动产）进项税额抵扣情况表》；《本期抵扣进项税额结构明细表》；《增值税减免税申报明细表》。

（二）明确了增值税小规模纳税人（以下简称小规模纳税人）纳税申报表及其附列资料。具体包括：《增值税纳税申报表（小规模纳税人适用）》；《增值税纳税申报表（小规模纳税人适用）附列资料》；《增值税减免税申报明细表》。

小规模纳税人不再填报《增值税纳税申报表附列资料（四）》（税额抵减情况表）。

（三）明确了增值税纳税申报其他资料。具体包括：已开具的税控机动车销售统一发票和普通发票的存根联；符合抵扣条件且在本期申报抵扣的增值税专用发票（含税控机动车销售统一发票）的抵扣联；符合抵扣条件且在本期申报抵扣的海关进口增值税专用缴款书、购进农产品取得的普通发票的复印件；符合抵扣条件且在本期申报抵扣的代扣代缴增值税税收完税凭证及其清单，书面合同、付款证明和境外单位的对账单或者发票；已开具的农产品收购凭证的存根联或报查联；服务、不动产和无形资产扣除项目的合法凭证及其清单；主管税务机关规定的其他资料。

（四）纳税人跨县（市）提供建筑服务、房地产开发企业预售自行开发的房地产项目、纳税人出租与机构所在地不在同一县（市）的不动产，按规定需要在项目所在地或不动产所在地主管国税机关预缴税款的，需填写《增值税预缴税款表》。

（五）公告附件分别为增值税一般纳税人和小规模纳税人纳税申报表及其附列资料的格式、《增值税预缴税款表》表样，以及相应的填写说明。

国家税务总局关于发布《纳税人转让不动产增值税征收管理暂行办法》的公告

国家税务总局公告 2016 年第 14 号

国家税务总局制定了《纳税人转让不动产增值税征收管理暂行办法》，现予以公布，自 2016 年 5 月 1 日起施行。

特此公告。

国家税务总局

2016 年 3 月 31 日

纳税人转让不动产增值税征收管理暂行办法

第一条 根据《财政部 国家税务总局关于全面推开营业税改征增值税试点的通知》(财税〔2016〕36 号)及现行增值税有关规定,制定本办法。

第二条 纳税人转让其取得的不动产,适用本办法。

本办法所称取得的不动产,包括以直接购买、接受捐赠、接受投资入股、自建以及抵债等各种形式取得的不动产。

房地产开发企业销售自行开发的房地产项目不适用本办法。

第三条 一般纳税人转让其取得的不动产,按照以下规定缴纳增值税:

(一)一般纳税人转让其 2016 年 4 月 30 日前取得(不含自建)的不动产,可以选择适用简易计税方法计税,以取得的全部价款和价外费用扣除不动产购置原价或者取得不动产时的作价后的余额为销售额,按照 5%的征收率计算应纳税额。纳税人应按照上述计税方法向不动产所在地主管地税机关预缴税款,向机构所在地主管国税机关申报纳税。

(二)一般纳税人转让其 2016 年 4 月 30 日前自建的不动产,可以选择适用简易计税方法计税,以取得的全部价款和价外费用为销售额,按照 5%的征收率计算应纳税额。纳税人应按照上述计税方法向不动产所在地主管地税机关预缴税款,向机构所在地主管国税机关申报纳税。

(三)一般纳税人转让其 2016 年 4 月 30 日前取得(不含自建)的不动产,选择适用一般计税方法计税的,以取得的全部价款和价外费用为销售额计算应纳税额。纳税人应以取得的全部价款和价外费用扣除不动产购置原价或者取得不动产时的作价后的余额,按照 5%的预征率向不动产所在地主管地税机关预缴税款,向机构所在地主管国税机关申报纳税。

(四)一般纳税人转让其 2016 年 4 月 30 日前自建的不动产,选择适用一般计税方法计税的,以取得的全部价款和价外费用为销售额计算应纳税额。纳税人应以取得的全部价款和价外费用,按照 5%的预征率向不动产所在地主管地税机关预缴税款,向机构所在地主管国税机关申报纳税。

(五)一般纳税人转让其 2016 年 5 月 1 日后取得(不含自建)的不动产,适用一般计税方法,以取得的全部价款和价外费用为销售额计算应纳税额。纳税人应以取得的全部价款和价外费用扣除不动产购置原价或者取得不动产时的作价后的余额,按照 5%的预征率向不动产所在地主管地税机关预缴税款,向机构所在地主管国税机关申报纳税。

(六)一般纳税人转让其 2016 年 5 月 1 日后自建的不动产,适用一般计税方法,以取得的全部价款和价外费用为销售额计算应纳税额。纳税人应以取得的全部价款和价外费用,按照 5%的预征率向不动产所在地主管地税机关预缴税款,向机构所在地主管国税机关申报纳税。

第四条 小规模纳税人转让其取得的不动产,除个人转让其购买的住房外,按照以下规定缴纳增值税:

(一)小规模纳税人转让其取得(不含自建)的不动产,以取得的全部价款和价外费用扣除不动产购置原价或者取得不动产时的作价后的余额为销售额,按照 5%的征收率计算应纳税额。

(二)小规模纳税人转让其自建的不动产,以取得的全部价款和价外费用为销售额,按照 5%的征收率计算应纳税额。

除其他个人之外的小规模纳税人,应按照本条规定的计税方法向不动产所在地主管地税机关预缴税款,向机构所在地主管国税机关申报纳税;其他个人按照本条规定的计税方法向不动产所在地主管地税机关申报纳税。

第五条 个人转让其购买的住房,按照以下规定缴纳增值税:

(一)个人转让其购买的住房,按照有关规定全额缴纳增值税的,以取得的全部价款和价外费用为销售额,按照 5%的征收率计算应纳税额。

(二)个人转让其购买的住房,按照有关规定差额缴纳增值税的,以取得的全部价款和价外费用扣除购买住房价款后的余额为销售额,按照 5%的征收率计算应纳税额。

个体工商户应按照本条规定的计税方法向住房所在地主管地税机关预缴税款,向机构所在地主管国税机关申报纳税;其他个人应按照本条规定的计税方法向住房所在地主管地税机关申报纳税。

第六条 其他个人以外的纳税人转让其取得的不动产，区分以下情形计算应向不动产所在地主管地税机关预缴的税款：

（一）以转让不动产取得的全部价款和价外费用作为预缴税款计算依据的，计算公式为：

应预缴税款＝全部价款和价外费用÷(1+5%)×5%

（二）以转让不动产取得的全部价款和价外费用扣除不动产购置原价或者取得不动产时的作价后的余额作为预缴税款计算依据的，计算公式为：

应预缴税款＝(全部价款和价外费用－不动产购置原价或者取得不动产时的作价)÷(1+5%)×5%

第七条 其他个人转让其取得的不动产，按照本办法第六条规定的计算方法计算应纳税额并向不动产所在地主管地税机关申报纳税。

第八条 纳税人按规定从取得的全部价款和价外费用中扣除不动产购置原价或者取得不动产时的作价的，应当取得符合法律、行政法规和国家税务总局规定的合法有效凭证。否则，不得扣除。

上述凭证是指：

（一）税务部门监制的发票。

（二）法院判决书、裁定书、调解书，以及仲裁裁决书、公证债权文书。

（三）国家税务总局规定的其他凭证。

第九条 纳税人转让其取得的不动产，向不动产所在地主管地税机关预缴的增值税税款，可以在当期增值税应纳税额中抵减，抵减不完的，结转下期继续抵减。

纳税人以预缴税款抵减应纳税额，应以完税凭证作为合法有效凭证。

第十条 小规模纳税人转让其取得的不动产，不能自行开具增值税发票的，可向不动产所在地主管地税机关申请代开。

第十一条 纳税人向其他个人转让其取得的不动产，不得开具或申请代开增值税专用发票。

第十二条 纳税人转让不动产，按照本办法规定应向不动产所在地主管地税机关预缴税款而自应当预缴之月起超过6个月没有预缴税款的，由机构所在地主管国税机关按照《中华人民共和国税收征收管理法》及相关规定进行处理。

纳税人转让不动产，未按照本办法规定缴纳税款的，由主管税务机关按照《中华人民共和国税收征收管理法》及相关规定进行处理。

关于《国家税务总局关于发布〈纳税人转让不动产增值税征收管理暂行办法〉公告》的解读

一、背景和目的

经国务院批准，自2016年5月1日起，在全国范围内全面推开营业税改征增值税（以下称营改增）试点，金融、建筑、房地产和生活服务业等全部营业税纳税人纳入营改增试点。为便于征纳双方执行，根据《财政部 国家税务总局关于全面推开营业税改征增值税试点的通知》（财税〔2016〕36号）及现行增值税有关规定，国家税务总局制定出台了《纳税人转让不动产增值税征收管理暂行办法》（以下简称《暂行办法》），对纳税人转让其取得的不动产的税收征管问题进行了明确。

二、适用范围

本办法适用于纳税人转让自己以直接购买、接受捐赠、接受投资入股、自建以及抵债等各种形式取得的不动产，不包括房地产开发企业销售自行开发的房地产项目。

三、主要内容

（一）政策要求：按照不动产的取得时间、纳税人类别、不动产类型，分别对纳税人转让其取得的不动产如何在不动产所在地预缴、如何在机构所在地申报纳税，作了进一步细化和明确。

（二）扣减税款的凭证要求：纳税人按规定以全部价款和价外费用扣除不动产价款后的余额为销售额或计算预缴税款的依据的，其允许扣除的价款应当取得符合法律、行政法规和国家税务总局规定的合法有效凭证。上述凭证包括税务部门监制的发票，法院判决书、裁定书、调解书，以及仲裁裁决书、公证债权文书等。

(三)发票问题:小规模纳税人转让其取得的不动产,不能自行开具增值税发票的,可向不动产所在地主管地税机关申请代开。纳税人向其他个人转让其取得的不动产,不得开具或申请代开增值税专用发票。

(四)其他问题:《暂行办法》还明确了纳税人销售不动产的税款计算、增值税发票开具以及纳税申报等具体税收征管问题。

国家税务总局关于发布《不动产进项税额分期抵扣暂行办法》的公告

国家税务总局公告2016年第15号

国家税务总局制定了《不动产进项税额分期抵扣暂行办法》,现予以公布,自2016年5月1日起施行。

特此公告。

国家税务总局
2016年3月31日

不动产进项税额分期抵扣暂行办法

第一条 根据《财政部 国家税务总局关于全面推开营业税改征增值税试点的通知》(财税〔2016〕36号)及现行增值税有关规定,制定本办法。

第二条 增值税一般纳税人(以下称纳税人)2016年5月1日后取得并在会计制度上按固定资产核算的不动产,以及2016年5月1日后发生的不动产在建工程,其进项税额应按照本办法有关规定分2年从销项税额中抵扣,第一年抵扣比例为60%,第二年抵扣比例为40%。

取得的不动产,包括以直接购买、接受捐赠、接受投资入股以及抵债等各种形式取得的不动产。

纳税人新建、改建、扩建、修缮、装饰不动产,属于不动产在建工程。

房地产开发企业自行开发的房地产项目,融资租入的不动产,以及在施工现场修建的临时建筑物、构筑物,其进项税额不适用上述分2年抵扣的规定。

第三条 纳税人2016年5月1日后购进货物和设计服务、建筑服务,用于新建不动产,或者用于改建、扩建、修缮、装饰不动产并增加不动产原值超过50%的,其进项税额依照本办法有关规定分2年从销项税额中抵扣。

不动产原值,是指取得不动产时的购置原价或作价。

上述分2年从销项税额中抵扣的购进货物,是指构成不动产实体的材料和设备,包括建筑装饰材料和给排水、采暖、卫生、通风、照明、通讯、煤气、消防、中央空调、电梯、电气、智能化楼宇设备及配套设施。

第四条 纳税人按照本办法规定从销项税额中抵扣进项税额,应取得2016年5月1日后开具的合法有效的增值税扣税凭证。

上述进项税额中,60%的部分于取得扣税凭证的当期从销项税额中抵扣;40%的部分为待抵扣进项税额,于取得扣税凭证的当月起第13个月从销项税额中抵扣。

第五条 购进时已全额抵扣进项税额的货物和服务,转用于不动产在建工程的,其已抵扣进项税额的40%部分,应于转用的当期从进项税额中扣减,计入待抵扣进项税额,并于转用的当月起第13个月从销项税额中抵扣。

第六条 纳税人销售其取得的不动产或者不动产在建工程时,尚未抵扣完毕的待抵扣进项税额,允许于销售的当期从销项税额中抵扣。

第七条 已抵扣进项税额的不动产,发生非正常损失,或者改变用途,专用于简易计税方法计税项目、免征增值税项目、集体福利或者个人消费的，按照下列公式计算不得抵扣的进项税额：

不得抵扣的进项税额=（已抵扣进项税额+待抵扣进项税额）×不动产净值率

不动产净值率=（不动产净值÷不动产原值）×100%

不得抵扣的进项税额小于或等于该不动产已抵扣进项税额的，应于该不动产改变用途的当期，将不得抵扣的进项税额从进项税额中扣减。

不得抵扣的进项税额大于该不动产已抵扣进项税额的，应于该不动产改变用途的当期，将已抵扣进项税额从进项税额中扣减，并从该不动产待抵扣进项税额中扣减不得抵扣进项税额与已抵扣进项税额的差额。

第八条 不动产在建工程发生非正常损失的，其所耗用的购进货物、设计服务和建筑服务已抵扣的进项税额应于当期全部转出；其待抵扣进项税额不得抵扣。

第九条 按照规定不得抵扣进项税额的不动产，发生用途改变，用于允许抵扣进项税额项目的，按照下列公式在改变用途的次月计算可抵扣进项税额。

可抵扣进项税额=增值税扣税凭证注明或计算的进项税额×不动产净值率

依照本条规定计算的可抵扣进项税额，应取得2016年5月1日后开具的合法有效的增值税扣税凭证。

按照本条规定计算的可抵扣进项税额，60%的部分于改变用途的次月从销项税额中抵扣，40%的部分为待抵扣进项税额，于改变用途的次月起第13个月从销项税额中抵扣。

第十条 纳税人注销税务登记时，其尚未抵扣完毕的待抵扣进项税额于注销清算的当期从销项税额中抵扣。

第十一条 待抵扣进项税额记入“应交税金—待抵扣进项税额”科目核算，并于可抵扣当期转入“应交税金—应交增值税（进项税额）”科目。

对不同的不动产和不动产在建工程，纳税人应分别核算其待抵扣进项税额。

第十二条 纳税人分期抵扣不动产的进项税额，应据实填报增值税纳税申报表附列资料。

第十三条 纳税人应建立不动产和不动产在建工程台账，分别记录并归集不动产和不动产在建工程的成本、费用、扣税凭证及进项税额抵扣情况，留存备查。

用于简易计税方法计税项目、免征增值税项目、集体福利或者个人消费的不动产和不动产在建工程，也应在纳税人建立的台账中记录。

第十四条 纳税人未按照本办法有关规定抵扣不动产和不动产在建工程进项税额的，主管税务机关应按照《中华人民共和国税收征收管理法》及有关规定进行处理。

关于《国家税务总局关于〈不动产进项税额分期抵扣暂行办法〉的公告》的解读

一、背景和目的

经国务院批准，自2016年5月1日起，增值税一般纳税人取得的不动产和不动产在建工程，其进项税额分2年从销项税额中抵扣。为便于征纳双方执行，国家税务总局发布了《不动产进项税额分期抵扣管理暂行办法》，对不动产和不动产在建工程的进项税额分期抵扣问题进行了明确。

二、适用范围

本公告明确的不动产分年抵扣办法，适用于增值税一般纳税人2016年5月1日后取得并在会计制度上按固定资产核算的不动产，以及2016年5月1日后发生的不动产在建工程。房地产开发企业自行开发的房地产项目，融资租入的不动产，在施工现场修建的临时建筑物、构筑物，其进项税额抵扣不适用本公告的规定。

三、主要内容

（一）纳税人取得不动产和不动产在建工程的进项税额，需分2年从销项税额中抵扣，第一年抵扣进项税额的60%，第2年抵扣进项税额的40%。

（二）纳税人新建不动产，或者改建、扩建、修缮、装饰不动产并增加不动产原值超过50%的，其进项税额依照本办法有关规定分2年从销项税额中抵扣。

(三)已抵扣进项税额的不动产,发生非正常损失,或者改变用途,专用于简易计税方法计税项目、免征增值税项目、集体福利或者个人消费的,公告明确了如何计算不得抵扣的进项税额。

(四)按规定不得抵扣进项税额的不动产,发生用途改变,用于允许抵扣进项税额项目的,公告明确了其进项税额抵扣的具体方法。

国家税务总局关于发布《纳税人提供不动产经营租赁服务增值税征收管理暂行办法》的公告

国家税务总局公告2016年第16号

国家税务总局制定了《纳税人提供不动产经营租赁服务增值税征收管理暂行办法》,现予以公布,自2016年5月1日起施行。

特此公告。

国家税务总局
2016年3月31日

纳税人提供不动产经营租赁服务增值税征收管理暂行办法

第一条 根据《财政部 国家税务总局关于全面推开营业税改征增值税试点的通知》(财税〔2016〕36号)及现行增值税有关规定,制定本办法。

第二条 纳税人以经营租赁方式出租其取得的不动产(以下简称出租不动产),适用本办法。

取得的不动产,包括以直接购买、接受捐赠、接受投资入股、自建以及抵债等各种形式取得的不动产。

纳税人提供道路通行服务不适用本办法。

第三条 一般纳税人出租不动产,按照以下规定缴纳增值税:

(一)一般纳税人出租其2016年4月30日前取得的不动产,可以选择适用简易计税方法,按照5%的征收率计算应纳税额。

不动产所在地与机构所在地不在同一县(市、区)的,纳税人应按照上述计税方法向不动产所在地主管国税机关预缴税款,向机构所在地主管国税机关申报纳税。

不动产所在地与机构所在地在同一县(市、区)的,纳税人向机构所在地主管国税机关申报纳税。

(二)一般纳税人出租其2016年5月1日后取得的不动产,适用一般计税方法计税。

不动产所在地与机构所在地不在同一县(市、区)的,纳税人应按照3%的预征率向不动产所在地主管国税机关预缴税款,向机构所在地主管国税机关申报纳税。

不动产所在地与机构所在地在同一县(市、区)的,纳税人应向机构所在地主管国税机关申报纳税。

一般纳税人出租其2016年4月30日前取得的不动产适用一般计税方法计税的,按照上述规定执行。

第四条 小规模纳税人出租不动产,按照以下规定缴纳增值税:

(一)单位和个体工商户出租不动产(不含个体工商户出租住房),按照5%的征收率计算应纳税额。个体工商户出租住房,按照5%的征收率减按1.5%计算应纳税额。

不动产所在地与机构所在地不在同一县(市、区)的,纳税人应按照上述计税方法向不动产所在地主管国税机关预缴税款,向机构所在地主管国税机关申报纳税。

不动产所在地与机构所在地在同一县(市、区)的,纳税人应向机构所在地主管国税机关申报纳税。

(二)其他个人出租不动产(不含住房),按照5%的征收率计算应纳税额,向不动产所在地主管地税机关申报纳税。其他个人出租住房,按照5%的征收率减按1.5%计算应纳税额,向不动产所在地主管地税机关申报纳税。

第五条 纳税人出租的不动产所在地与其机构所在地在同一直辖市或计划单列市但不在同一县(市、区)的,由直辖市或计划单列市国家税务局决定是否在不动产所在地预缴税款。

第六条 纳税人出租不动产,按照本办法规定需要预缴税款的,应在取得租金的次月纳税申报期或不动产所在地主管国税机关核定的纳税期限预缴税款。

第七条 预缴税款的计算

(一)纳税人出租不动产适用一般计税方法计税的,按照以下公式计算应预缴税款:

$$应预缴税款=含税销售额\div(1+11\%)\times3\%$$

(二)纳税人出租不动产适用简易计税方法计税的,除个人出租住房外,按照以下公式计算应预缴税款:

$$应预缴税款=含税销售额\div(1+5\%)\times5\%$$

(三)个体工商户出租住房,按照以下公式计算应预缴税款:

$$应预缴税款=含税销售额\div(1+5\%)\times1.5\%$$

第八条 其他个人出租不动产,按照以下公式计算应纳税款:

(一)出租住房:

$$应纳税款=含税销售额\div(1+5\%)\times1.5\%$$

(二)出租非住房:

$$应纳税款=含税销售额\div(1+5\%)\times5\%$$

第九条 单位和个体工商户出租不动产,按照本办法规定向不动产所在地主管国税机关预缴税款时,应填写《增值税预缴税款表》。

第十条 单位和个体工商户出租不动产,向不动产所在地主管国税机关预缴的增值税款,可以在当期增值税应纳税额中抵减,抵减不完的,结转下期继续抵减。

纳税人以预缴税款抵减应纳税额,应以完税凭证作为合法有效凭证。

第十一条 小规模纳税人中的单位和个体工商户出租不动产,不能自行开具增值税发票的,可向不动产所在地主管国税机关申请代开增值税发票。

其他个人出租不动产,可向不动产所在地主管地税机关申请代开增值税发票。

第十二条 纳税人向其他个人出租不动产,不得开具或申请代开增值税专用发票。

第十三条 纳税人出租不动产,按照本办法规定应向不动产所在地主管国税机关预缴税款而自应当预缴之月起超过6个月没有预缴税款的,由机构所在地主管国税机关按照《中华人民共和国税收征收管理法》及相关规定进行处理。

纳税人出租不动产,未按照本办法规定缴纳税款的,由主管税务机关按照《中华人民共和国税收征收管理法》及相关规定进行处理。

关于《国家税务总局关于〈纳税人提供不动产经营租赁服务增值税征收管理暂行办法〉的公告》的解读

一、背景和目的

经国务院批准,自2016年5月1日起,在全国范围内全面推开营业税改征增值税试点,建筑业、房地产业、金融业、生活服务业等全部营业税纳税人,由缴纳营业税改为缴纳增值税。根据《财政部 国家税务总局关于全面推开营业税改征增值税试点的通知》(财税〔2016〕36号)和现行增值税有关规定,国家税务总局发布了《纳税人提供不动产经营租赁服务增值税征收管理暂行办法》,明确纳税人提供不动产经营租赁服务增值税征收管理问题。

二、适用范围

纳税人以经营租赁方式出租其取得的不动产,适用本办法。纳税人提供道路通行服务不适用本办法。

三、主要内容

(一)细化政策要求:按照不动产的取得时间、纳税人类别、不动产地点等,分别对纳税人以经营租赁方式出租不动产如何预缴税款、如何申报纳税，作了进一步细化明确。

（二）明确了纳税人应预缴税款的计算公式：按照纳税人适用的计税方法、不动产类型等，明确了如何计算应预缴税款。

（三）明确已预缴税款抵减及凭证要求：单位和个体工商户出租不动产，在不动产所在地主管国税机关预缴的增值税款，允许在当期增值税应纳税额中抵减，抵减不完的，结转下期继续抵减。纳税人以预缴税款抵减应纳税额，应以完税凭证作为依据。

（四）明确了其他个人出租不动产应纳税额的计算及申报缴纳问题：区分住房和非住房，明确了其他个人出租不动产应纳税款的计算公式，并明确其他个人出租不动产，应向不动产所在地地税机关申报缴纳增值税。

（五）明确了发票问题：小规模纳税人中的单位和个体工商户出租不动产，不能自行开具增值税发票的，可向不动产所在地主管国税机关申请代开增值税发票。其他个人出租不动产，可向不动产所在地主管地税机关申请代开增值税发票。

国家税务总局关于发布《纳税人跨县（市、区）提供建筑服务增值税征收管理暂行办法》的公告

国家税务总局公告2016年第17号

国家税务总局制定了《跨县（市、区）提供建筑服务增值税征收管理暂行办法》，现予以公布，自2016年5月1日起施行。

特此公告。

国家税务总局
2016年3月31日

纳税人跨县（市、区）提供建筑服务增值税征收管理暂行办法

第一条 根据《财政部 国家税务总局关于全面推开营业税改征增值税试点的通知》（财税〔2016〕36号）及现行增值税有关规定，制定本办法。

第二条 本办法所称跨县（市、区）提供建筑服务，是指单位和个体工商户（以下简称纳税人）在其机构所在地以外的县（市、区）提供建筑服务。

纳税人在同一直辖市、计划单列市范围内跨县（市、区）提供建筑服务的，由直辖市、计划单列市国家税务局决定是否适用本办法。

其他个人跨县（市、区）提供建筑服务，不适用本办法。

第三条 纳税人跨县（市、区）提供建筑服务，应按照财税〔2016〕36号文件规定的纳税义务发生时间和计税方法，向建筑服务发生地主管国税机关预缴税款，向机构所在地主管国税机关申报纳税。

《建筑工程施工许可证》未注明合同开工日期，但建筑工程承包合同注明的开工日期在2016年4月30日前的建筑工程项目，属于财税〔2016〕36号文件规定的可以选择简易计税方法计税的建筑工程老项目。

第四条 纳税人跨县（市、区）提供建筑服务，按照以下规定预缴税款：

（一）一般纳税人跨县（市、区）提供建筑服务，适用一般计税方法计税的，以取得的全部价款和价外费用扣除支付的分包款后的余额，按照2%的预征率计算应预缴税款。

（二）一般纳税人跨县（市、区）提供建筑服务，选择适用简易计税方法计税的，以取得的全部价款和价外费用扣除支付的分包款后的余额，按照3%的征收率计算应预缴税款。

（三）小规模纳税人跨县（市、区）提供建筑服务，以取得的全部价款和价外费用扣除支付的分包款后的

余额，按照3%的征收率计算应预缴税款。

第五条 纳税人跨县(市、区)提供建筑服务，按照以下公式计算应预缴税款：

(一)适用一般计税方法计税的，应预缴税款=(全部价款和价外费用－支付的分包款)÷(1+11%)×2%

(二)适用简易计税方法计税的，应预缴税款=(全部价款和价外费用－支付的分包款)÷(1+3%)×3%

纳税人取得的全部价款和价外费用扣除支付的分包款后的余额为负数的，可结转下次预缴税款时继续扣除。

纳税人应按照工程项目分别计算应预缴税款，分别预缴。

第六条 纳税人按照上述规定从取得的全部价款和价外费用中扣除支付的分包款，应当取得符合法律、行政法规和国家税务总局规定的合法有效凭证，否则不得扣除。

上述凭证是指：

(一)从分包方取得的2016年4月30日前开具的建筑业营业税发票。

上述建筑业营业税发票在2016年6月30日前可作为预缴税款的扣除凭证。

(二)从分包方取得的2016年5月1日后开具的，备注栏注明建筑服务发生地所在县(市、区)、项目名称的增值税发票。

(三)国家税务总局规定的其他凭证。

第七条 纳税人跨县(市、区)提供建筑服务，在向建筑服务发生地主管国税机关预缴税款时，需提交以下资料：

(一)《增值税预缴税款表》；

(二)与发包方签订的建筑合同原件及复印件；

(三)与分包方签订的分包合同原件及复印件；

(四)从分包方取得的发票原件及复印件。

第八条 纳税人跨县(市、区)提供建筑服务，向建筑服务发生地主管国税机关预缴的增值税税款，可以在当期增值税应纳税额中抵减，抵减不完的，结转下期继续抵减。

纳税人以预缴税款抵减应纳税额，应以完税凭证作为合法有效凭证。

第九条 小规模纳税人跨县(市、区)提供建筑服务，不能自行开具增值税发票的，可向建筑服务发生地主管国税机关按照其取得的全部价款和价外费用申请代开增值税发票。

第十条 对跨县(市、区)提供的建筑服务，纳税人应自行建立预缴税款台账，区分不同县(市、区)和项目逐笔登记全部收入、支付的分包款、已扣除的分包款、扣除分包款的发票号码、已预缴税款以及预缴税款的完税凭证号码等相关内容，留存备查。

第十一条 纳税人跨县(市、区)提供建筑服务预缴税款时间，按照财税〔2016〕36号文件规定的纳税义务发生时间和纳税期限执行。

第十二条 纳税人跨县(市、区)提供建筑服务，按照本办法应向建筑服务发生地主管国税机关预缴税款而自应当预缴之月起超过6个月没有预缴税款的，由机构所在地主管国税机关按照《中华人民共和国税收征收管理法》及相关规定进行处理。

纳税人跨县(市、区)提供建筑服务，未按照本办法缴纳税款的，由机构所在地主管国税机关按照《中华人民共和国税收征收管理法》及相关规定进行处理。

关于《国家税务总局关于〈纳税人跨县(市、区)提供建筑服务增值税征收管理暂行办法〉的公告》的解读

一、背景和目的

经国务院批准，自2016年5月1日起，在全国范围内全面推开营业税改征增值税试点，建筑业、房地产业、金融业、生活服务业等全部营业税纳税人，由缴纳营业税改为缴纳增值税。为统一营改增后纳税人跨县

(市、区)提供建筑服务的征收管理,根据《财政部 国家税务总局关于全面推开营业税改征增值税试点的通知》(财税〔2016〕36 号)及现行增值税有关规定,国家税务总局制定了《纳税人跨县(市、区)提供建筑服务增值税征收管理暂行办法》。

二、适用范围

单位和个体工商户在其机构所在地以外的县(市、区)提供建筑服务,适用本办法。在同一直辖市、计划单列市范围内跨县(市、区)提供建筑服务的,由直辖市、计划单列市国家税务局决定是否适用本办法。

其他个人提供建筑服务在建筑服务发生地申报纳税,不适用本办法。

三、主要内容

(一)纳税人跨县(市、区)提供建筑服务,应按规定向建筑服务发生地主管国税机关预缴税款,向机构所在地主管国税机关申报纳税。

(二)区分增值税一般纳税人跨县(市、区)提供建筑服务,适用一般计税方法和选择适用简易计税方法,以及小规模纳税人跨县(市、区)提供建筑服务三种情况,明确了预缴税款的相关规定。

(三)明确了纳税人跨县(市、区)提供建筑服务,预缴税款的计算公式、扣除支付的分包款的合法有效凭证、预缴税款时应提交的资料、自行建立预缴税款台账等问题。

(四)明确小规模纳税人跨县(市、区)提供建筑服务,不能自行开具增值税发票的,可向建筑服务发生地主管国税机关按照其取得的全部价款和价外费用申请代开增值税发票。

(五)明确纳税人跨县(市、区)提供建筑服务预缴税款时间按照《通知》规定的纳税义务发生时间和纳税期限执行。

国家税务总局关于发布《房地产开发企业销售自行开发的房地产项目增值税征收管理暂行办法》的公告

国家税务总局公告 2016 年第 18 号

国家税务总局制定了《房地产开发企业销售自行开发的房地产项目增值税征收管理暂行办法》,现予以公布,自 2016 年 5 月 1 日起施行。

特此公告。

国家税务总局

2016 年 3 月 31 日

房地产开发企业销售自行开发的房地产项目增值税征收管理暂行办法

第一章 适用范围

第一条 根据《财政部 国家税务总局关于全面推开营业税改征增值税试点的通知》(财税〔2016〕36 号)及现行增值税有关规定,制定本办法。

第二条 房地产开发企业销售自行开发的房地产项目,适用本办法。

自行开发,是指在依法取得土地使用权的土地上进行基础设施和房屋建设。

第三条 房地产开发企业以接盘等形式购入未完工的房地产项目继续开发后,以自己的名义立项销售的,属于本办法规定的销售自行开发的房地产项目。

第二章 一般纳税人征收管理

第一节 销售额

第四条 房地产开发企业中的一般纳税人(以下简称一般纳税人)销售自行开发的房地产项目,适用一般计税方法计税,按照取得的全部价款和价外费用,扣除当期销售房地产项目对应的土地价款后的余额计算销售额。销售额的计算公式如下:

$$销售额=(全部价款和价外费用-当期允许扣除的土地价款)\div(1+11\%)$$

第五条 当期允许扣除的土地价款按照以下公式计算:

$$当期允许扣除的土地价款=\left(\frac{当期销售房地产项目建筑面积}{房地产项目可供销售建筑面积}\right)\times 支付的土地价款$$

当期销售房地产项目建筑面积,是指当期进行纳税申报的增值税销售额对应的建筑面积。

房地产项目可供销售建筑面积,是指房地产项目可以出售的总建筑面积,不包括销售房地产项目时未单独作价结算的配套公共设施的建筑面积。

支付的土地价款,是指向政府、土地管理部门或受政府委托收取土地价款的单位直接支付的土地价款。

第六条 在计算销售额时从全部价款和价外费用中扣除土地价款,应当取得省级以上(含省级)财政部门监(印)制的财政票据。

第七条 一般纳税人应建立台账登记土地价款的扣除情况,扣除的土地价款不得超过纳税人实际支付的土地价款。

第八条 一般纳税人销售自行开发的房地产老项目,可以选择适用简易计税方法按照5%的征收率计税。一经选择简易计税方法计税的,36个月内不得变更为一般计税方法计税。

房地产老项目,是指:

(一)《建筑工程施工许可证》注明的合同开工日期在2016年4月30日前的房地产项目;

(二)《建筑工程施工许可证》未注明合同开工日期或者未取得《建筑工程施工许可证》但建筑工程承包合同注明的开工日期在2016年4月30日前的建筑工程项目。

第九条 一般纳税人销售自行开发的房地产老项目适用简易计税方法计税的,以取得的全部价款和价外费用为销售额,不得扣除对应的土地价款。

第二节 预缴税款

第十条 一般纳税人采取预收款方式销售自行开发的房地产项目,应在收到预收款时按照3%的预征率预缴增值税。

第十一条 应预缴税款按照以下公式计算:

$$应预缴税款=预收款\div(1+适用税率或征收率)\times 3\%$$

适用一般计税方法计税的,按照11%的适用税率计算;适用简易计税方法计税的,按照5%的征收率计算。

第十二条 一般纳税人应在取得预收款的次月纳税申报期向主管国税机关预缴税款。

第三节 进项税额

第十三条 一般纳税人销售自行开发的房地产项目,兼有一般计税方法计税、简易计税方法计税、免征增值税的房地产项目而无法划分不得抵扣的进项税额的,应以《建筑工程施工许可证》注明的"建设规模"为依据进行划分。

$$不得抵扣的进项税额=\begin{matrix}当期无法划分的\\全部进项税额\end{matrix}\times\left(\begin{matrix}简易计税、免税\\房地产项目建设规模\end{matrix}\div\begin{matrix}房地产项目\\总建设规模\end{matrix}\right)$$

第四节 纳税申报

第十四条 一般纳税人销售自行开发的房地产项目适用一般计税方法计税的,应按照《营业税改征增值税试点实施办法》(财税〔2016〕36 号文件印发,以下简称《试点实施办法》)第四十五条规定的纳税义务发生时间,以当期销售额和 11%的适用税率计算当期应纳税额,抵减已预缴税款后,向主管国税机关申报纳税。未抵减完的预缴税款可以结转下期继续抵减。

第十五条 一般纳税人销售自行开发的房地产项目适用简易计税方法计税的,应按照《试点实施办法》第四十五条规定的纳税义务发生时间,以当期销售额和 5%的征收率计算当期应纳税额,抵减已预缴税款后,向主管国税机关申报纳税。未抵减完的预缴税款可以结转下期继续抵减。

第五节 发票开具

第十六条 一般纳税人销售自行开发的房地产项目,自行开具增值税发票。

第十七条 一般纳税人销售自行开发的房地产项目,其 2016 年 4 月 30 日前收取并已向主管地税机关申报缴纳营业税的预收款,未开具营业税发票的,可以开具增值税普通发票,不得开具增值税专用发票。

第十八条 一般纳税人向其他个人销售自行开发的房地产项目,不得开具增值税专用发票。

第三章 小规模纳税人征收管理

第一节 预缴税款

第十九条 房地产开发企业中的小规模纳税人(以下简称小规模纳税人)采取预收款方式销售自行开发的房地产项目,应在收到预收款时按照 3%的预征率预缴增值税。

第二十条 应预缴税款按照以下公式计算:

应预缴税款=预收款÷(1+5%)×3%

第二十一条 小规模纳税人应在取得预收款的次月纳税申报期或主管国税机关核定的纳税期限向主管国税机关预缴税款。

第二节 纳税申报

第二十二条 小规模纳税人销售自行开发的房地产项目,应按照《试点实施办法》第四十五条规定的纳税义务发生时间,以当期销售额和 5%的征收率计算当期应纳税额,抵减已预缴税款后,向主管国税机关申报纳税。未抵减完的预缴税款可以结转下期继续抵减。

第三节 发票开具

第二十三条 小规模纳税人销售自行开发的房地产项目,自行开具增值税普通发票。购买方需要增值税专用发票的,小规模纳税人向主管国税机关申请代开。

第二十四条 小规模纳税人销售自行开发的房地产项目,其 2016 年 4 月 30 日前收取并已向主管地税机关申报缴纳营业税的预收款,未开具营业税发票的,可以开具增值税普通发票,不得申请代开增值税专用发票。

第二十五条 小规模纳税人向其他个人销售自行开发的房地产项目,不得申请代开增值税专用发票。

第四章 其他事项

第二十六条 房地产开发企业销售自行开发的房地产项目,按照本办法规定预缴税款时,应填报《增值税预缴税款表》。

第二十七条 房地产开发企业以预缴税款抵减应纳税额,应以完税凭证作为合法有效凭证。

第二十八条 房地产开发企业销售自行开发的房地产项目,未按本办法规定预缴或缴纳税款的,由主管国税机关按照《中华人民共和国税收征收管理法》及相关规定进行处理。

关于《国家税务总局关于〈房地产开发企业销售自行开发的房地产项目增值税征收管理暂行办法〉的公告》的解读

一、背景和目的

经国务院批准，自2016年5月1日起，在全国范围内全面推开营业税改征增值税（以下称营改增）试点，金融、建筑、房地产和生活服务业等全部营业税纳税人纳入营改增试点。为便于征纳双方执行，根据《财政部 国家税务总局关于全面推开营业税改征增值税试点的通知》（财税〔2016〕36号）及现行增值税有关规定，国家税务总局发布了《房地产开发企业销售自行开发的房地产项目增值税征收管理暂行办法》，以明确房地产开发企业销售自行开发的房地产项目如何征收管理的相关问题。

二、适用范围

房地产开发企业销售自行开发的房地产项目，以及房地产开发企业以接盘等形式购入未完工的房地产项目继续开发后、以自己的名义立项销售的，适用本办法。

三、主要内容

（一）一般纳税人

1. 一般纳税人销售自行开发的房地产项目，适用一般计税方法计税，按照取得的全部价款和价外费用，扣除当期销售房地产项目对应的土地价款后的余额计算销售额。办法明确了如何计算当期允许扣除的土地价款及相关管理要求。

2. 一般纳税人销售自行开发的房地产老项目适用简易计税方法计税的，以取得的全部价款和价外费用为销售额，不得扣除对应的土地价款。

3. 一般纳税人采取预收款方式销售自行开发的房地产项目，应在收到预收款时按照3%的预征率预缴增值税。办法明确了如何计算应预缴税款。

4. 一般纳税人销售自行开发的房地产项目，应按照规定的纳税义务发生时间，以当期销售额和适用税率或征收率计算当期应纳税额，抵减已预缴税款后，向主管国税机关申报纳税。未抵减完的预缴税款可以结转下期继续抵减。

5. 办法还明确了一般纳税人如何开具发票等具体征管问题。

（二）小规模纳税人

1. 小规模纳税人采取预收款方式销售自行开发的房地产项目，应在收到预收款时按照3%的预征率预缴增值税。办法进一步明确了如何计算应预缴税款。

2. 小规模纳税人销售自行开发的房地产项目，应按规定的纳税义务发生时间，以当期销售额和5%的征收率计算当期应纳税额，抵减已预缴税款后，向主管国税机关申报纳税。未抵减完的预缴税款可以结转下期继续抵减。

3. 办法还明确了小规模纳税人如何开具发票等具体税收征管问题。

国家税务总局关于营业税改征增值税委托地税机关代征税款和代开增值税发票的公告

国家税务总局公告2016年第19号

根据《中华人民共和国税收征收管理法》、《财政部 国家税务总局关于全面推开营业税改征增值税试点的通知》（财税〔2016〕36号）和《国家税务总局关于加强国家税务局、地方税务局互相委托代征税收的通知》（税总发〔2015〕155号）等有关规定，税务总局决定，营业税改征增值税后由地税机关继续受理纳税人销售其取得的不动产和其他个人出租不动产的申报缴税和代开增值税发票业务，以方便纳税人办税。

本公告自2016年5月1日起施行。

特此公告。

国家税务总局

2016年3月31日

关于《国家税务总局关于营业税改征增值税委托地税机关代征税款和代开增值税发票的公告》的解读

为实现税制变更的平稳过渡，最大程度上减少对纳税人的影响，根据《中华人民共和国税收征收管理法》、《财政部 国家税务总局关于全面推开营业税改征增值税试点的通知》（财税〔2016〕36号）和《国家税务总局关于加强国家税务局、地方税务局互相委托代征税收的通知》（税总发〔2015〕155号）等有关规定，我们制定了《国家税务总局关于营业税改征增值税委托地税机关代征税款和代开增值税发票的公告》，明确了纳税人销售其取得的不动产和其他个人出租不动产增值税的申报缴税流程均维持现状，仍在地税局办理，不发生变化，便利纳税人办税。

国家税务总局关于全面推开营业税改征增值税试点有关税收征收管理事项的公告

国家税务总局公告2016年第23号

为保障全面推开营业税改征增值税（以下简称营改增）试点工作顺利实施，现将有关税收征收管理事项公告如下：

一、纳税申报期

（一）2016年5月1日新纳入营改增试点范围的纳税人（以下简称试点纳税人），2016年6月份增值税纳税申报期延长至2016年6月27日。

（二）根据工作实际情况，省、自治区、直辖市和计划单列市国家税务局（以下简称省国税局）可以适当延长2015年度企业所得税汇算清缴时间，但最长不得超过2016年6月30日。

（三）实行按季申报的原营业税纳税人，2016年5月申报期内，向主管地税机关申报税款所属期为4月份的营业税；2016年7月申报期内，向主管国税机关申报税款所属期为5、6月份的增值税。

二、增值税一般纳税人资格登记

（一）试点纳税人应按照本公告规定办理增值税一般纳税人资格登记。

（二）除本公告第二条第（三）项规定的情形外，营改增试点实施前（以下简称试点实施前）销售服务、无形资产或者不动产（以下简称应税行为）的年应税销售额超过500万元的试点纳税人，应向主管国税机关办理增值税一般纳税人资格登记手续。

试点纳税人试点实施前的应税行为年应税销售额按以下公式换算：

应税行为年应税销售额＝连续不超过12个月应税行为营业额合计÷（1＋3%）

按照现行营业税规定差额征收营业税的试点纳税人，其应税行为营业额按未扣除之前的营业额计算。

试点实施前，试点纳税人偶然发生的转让不动产的营业额，不计入应税行为年应税销售额。

（三）试点实施前已取得增值税一般纳税人资格并兼有应税行为的试点纳税人，不需要重新办理增值税一般纳税人资格登记手续，由主管国税机关制作、送达《税务事项通知书》，告知纳税人。

（四）试点实施前应税行为年应税销售额未超过500万元的试点纳税人，会计核算健全，能够提供准确税务资料的，也可以向主管国税机关办理增值税一般纳税人资格登记。

（五）试点实施前，试点纳税人增值税一般纳税人资格登记可由省国税局按照本公告及相关规定采取预登记措施。

（六）试点实施后，符合条件的试点纳税人应当按照《增值税一般纳税人资格认定管理办法》（国家税务总局令第22号）、《国家税务总局关于调整增值税一般纳税人管理有关事项的公告》（国家税务总局公告2015年第18号）及相关规定，办理增值税一般纳税人资格登记。按照营改增有关规定，应税行为有扣除项目的试点纳税人，其应税行为年应税销售额按未扣除之前的销售额计算。

增值税小规模纳税人偶然发生的转让不动产的销售额，不计入应税行为年应税销售额。

（七）试点纳税人兼有销售货物、提供加工修理修配劳务和应税行为的，应税货物及劳务销售额与应税行为销售额分别计算，分别适用增值税一般纳税人资格登记标准。

兼有销售货物、提供加工修理修配劳务和应税行为，年应税销售额超过财政部、国家税务总局规定标准且不经常发生销售货物、提供加工修理修配劳务和应税行为的单位和个体工商户可选择按照小规模纳税人纳税。

（八）试点纳税人在办理增值税一般纳税人资格登记后，发生增值税偷税、骗取出口退税和虚开增值税扣税凭证等行为的，主管国税机关可以对其实行6个月的纳税辅导期管理。

三、发票使用

（一）增值税一般纳税人销售货物、提供加工修理修配劳务和应税行为，使用增值税发票管理新系统（以下简称新系统）开具增值税专用发票、增值税普通发票、机动车销售统一发票、增值税电子普通发票。

（二）增值税小规模纳税人销售货物、提供加工修理修配劳务月销售额超过3万元（按季纳税9万元），或者销售服务、无形资产月销售额超过3万元（按季纳税9万元），使用新系统开具增值税普通发票、机动车销售统一发票、增值税电子普通发票。

（三）增值税普通发票（卷式）启用前，纳税人可通过新系统使用国税机关发放的现有卷式发票。

（四）门票、过路（过桥）费发票、定额发票、客运发票和二手车销售统一发票继续使用。

（五）采取汇总纳税的金融机构，省、自治区所辖地市以下分支机构可以使用地市级机构统一领取的增值税专用发票、增值税普通发票、增值税电子普通发票；直辖市、计划单列市所辖区县及以下分支机构可以使用直辖市、计划单列市机构统一领取的增值税专用发票、增值税普通发票、增值税电子普通发票。

（六）国税机关、地税机关使用新系统代开增值税专用发票和增值税普通发票。代开增值税专用发票使用六联票，代开增值税普通发票使用五联票。

（七）自2016年5月1日起，地税机关不再向试点纳税人发放发票。试点纳税人已领取地税机关印制的发票以及印有本单位名称的发票，可继续使用至2016年6月30日，特殊情况经省国税局确定，可适当延长使用期限，最迟不超过2016年8月31日。

纳税人在地税机关已申报营业税未开具发票，2016年5月1日以后需要补开发票的，可于2016年12月31日前开具增值税普通发票（税务总局另有规定的除外）。

四、增值税发票开具

（一）税务总局编写了《商品和服务税收分类与编码（试行）》（以下简称编码，见附件），并在新系统中增加了编码相关功能。自2016年5月1日起，纳入新系统推行范围的试点纳税人及新办增值税纳税人，应使用新系统选择相应的编码开具增值税发票。北京市、上海市、江苏省和广东省已使用编码的纳税人，应于5月1日前完成开票软件升级。5月1日前已使用新系统的纳税人，应于8月1日前完成开票软件升级。

（二）按照现行政策规定适用差额征税办法缴纳增值税，且不得全额开具增值税发票的（财政部、税务总局另有规定的除外），纳税人自行开具或者税务机关代开增值税发票时，通过新系统中差额征税开票功能，录入含税销售额（或含税评估额）和扣除额，系统自动计算税额和不含税金额，备注栏自动打印“差额征税”字样，发票开具不应与其他应税行为混开。

（三）提供建筑服务，纳税人自行开具或者税务机关代开增值税发票时，应在发票的备注栏注明建筑服务发生地县（市、区）名称及项目名称。

（四）销售不动产，纳税人自行开具或者税务机关代开增值税发票时，应在发票“货物或应税劳务、服务名称”栏填写不动产名称及房屋产权证书号码(无房屋产权证书的可不填写),“单位”栏填写面积单位,备注栏注明不动产的详细地址。

(五)出租不动产,纳税人自行开具或者税务机关代开增值税发票时,应在备注栏注明不动产的详细地址。

(六)个人出租住房适用优惠政策减按1.5%征收,纳税人自行开具或者税务机关代开增值税发票时,通过新系统中征收率减按1.5%征收开票功能,录入含税销售额,系统自动计算税额和不含税金额,发票开具不应与其他应税行为混开。

(七)税务机关代开增值税发票时,“销售方开户行及账号”栏填写税收完税凭证字轨及号码或系统税票号码(免税代开增值税普通发票可不填写)。

(八)国税机关为跨县(市、区)提供不动产经营租赁服务、建筑服务的小规模纳税人(不包括其他个人),代开增值税发票时,在发票备注栏中自动打印“YD”字样。

五、扩大取消增值税发票认证的纳税人范围

(一)纳税信用B级增值税一般纳税人取得销售方使用新系统开具的增值税发票(包括增值税专用发票、货物运输业增值税专用发票、机动车销售统一发票,下同),可以不再进行扫描认证,登录本省增值税发票查询平台,查询、选择用于申报抵扣或者出口退税的增值税发票信息,未查询到对应发票信息的,仍可进行扫描认证。

(二)2016年5月1日新纳入营改增试点的增值税一般纳税人,2016年5月至7月期间不需进行增值税发票认证,登录本省增值税发票查询平台,查询、选择用于申报抵扣或者出口退税的增值税发票信息,未查询到对应发票信息的,可进行扫描认证。2016年8月起按照纳税信用级别分别适用发票认证的有关规定。

六、其他纳税事项

(一)原以地市一级机构汇总缴纳营业税的金融机构,营改增后继续以地市一级机构汇总缴纳增值税。

同一省(自治区、直辖市、计划单列市)范围内的金融机构,经省(自治区、直辖市、计划单列市)国家税务局和财政厅(局)批准,可以由总机构汇总向总机构所在地的主管国税机关申报缴纳增值税。

(二)增值税小规模纳税人应分别核算销售货物,提供加工、修理修配劳务的销售额,和销售服务、无形资产的销售额。增值税小规模纳税人销售货物,提供加工、修理修配劳务月销售额不超过3万元(按季纳税9万元),销售服务、无形资产月销售额不超过3万元(按季纳税9万元)的,自2016年5月1日起至2017年12月31日,可分别享受小微企业暂免征收增值税优惠政策。

(三)按季纳税申报的增值税小规模纳税人,实际经营期不足一个季度的,以实际经营月份计算当期可享受小微企业免征增值税政策的销售额度。

按照本公告第一条第(三)项规定,按季纳税的试点增值税小规模纳税人,2016年7月纳税申报时,申报的2016年5月、6月增值税应税销售额中,销售货物,提供加工、修理修配劳务的销售额不超过6万元,销售服务、无形资产的销售额不超过6万元的,可分别享受小微企业暂免征收增值税优惠政策。

(四)其他个人采取预收款形式出租不动产,取得的预收租金收入,可在预收款对应的租赁期内平均分摊,分摊后的月租金收入不超过3万元的,可享受小微企业免征增值税优惠政策。

七、本公告自2016年5月1日起施行,《国家税务总局关于使用新版不动产销售统一发票和新版建筑业统一发票有关问题的通知》(国税发〔2006〕173号)、《国家税务总局关于营业税改征增值税试点增值税一般纳税人资格认定有关事项的公告》(国家税务总局公告2013年第75号)、《国家税务总局关于开展商品和服务税收分类与编码试点工作的通知》(税总函〔2016〕56号)同时废止。

特此公告。

附件:商品和服务税收分类与编码(试行)(电子件)(略)

国家税务总局

2016年4月19日

国家税务总局关于明确营改增试点若干征管问题的公告

国家税务总局公告2016年第26号

为确保全面推开营改增试点顺利实施，现将若干税收征管问题公告如下：

一、餐饮行业增值税一般纳税人购进农业生产者自产农产品，可以使用国税机关监制的农产品收购发票，按照现行规定计算抵扣进项税额。

有条件的地区，应积极在餐饮行业推行农产品进项税额核定扣除办法，按照《财政部 国家税务总局关于在部分行业试行农产品增值税进项税额核定扣除办法的通知》（财税〔2012〕38号）有关规定计算抵扣进项税额。

二、个人转让住房，在2016年4月30日前已签订转让合同，2016年5月1日以后办理产权变更事项的，应缴纳增值税，不缴纳营业税。

三、按照现行规定，适用增值税差额征收政策的增值税小规模纳税人，以差额前的销售额确定是否可以享受3万元（按季纳税9万元）以下免征增值税政策。

四、营改增后，门票、过路（过桥）费发票属于予以保留的票种，自2016年5月1日起，由国税机关监制管理。原地税机关监制的上述两类发票，可以沿用至2016年6月30日。

本公告自2016年5月1日起施行。

特此公告。

国家税务总局

2016年4月26日

财政部 国家税务总局关于进一步明确全面推开营改增试点金融业有关政策的通知

财税〔2016〕46号

各省、自治区、直辖市、计划单列市财政厅（局）、国家税务局、地方税务局，新疆生产建设兵团财务局：

经研究，现将营改增试点期间有关金融业政策补充通知如下：

一、金融机构开展下列业务取得的利息收入，属于《营业税改征增值税试点过渡政策的规定》（财税〔2016〕36号，以下简称《过渡政策的规定》）第一条第（二十三）项所称的金融同业往来利息收入：

（一）质押式买入返售金融商品。

质押式买入返售金融商品，是指交易双方进行的以债券等金融商品为权利质押的一种短期资金融通业务。

（二）持有政策性金融债券。

政策性金融债券，是指开发性、政策性金融机构发行的债券。

二、《过渡政策的规定》第一条第（二十一）项中，享受免征增值税的一年期及以上返还本利的人身保险包括其他年金保险，其他年金保险是指养老年金以外的年金保险。

三、农村信用社、村镇银行、农村资金互助社、由银行业机构全资发起设立的贷款公司、法人机构在县（县级市、区、旗）及县以下地区的农村合作银行和农村商业银行提供金融服务收入，可以选择适用简易计税方法按照3%的征收率计算缴纳增值税。

村镇银行，是指经中国银行业监督管理委员会依据有关法律、法规批准，由境内外金融机构、境内非金融机构企业法人、境内自然人出资，在农村地区设立的主要为当地农民、农业和农村经济发展提供金融服务的银行业金融机构。

农村资金互助社，是指经银行业监督管理机构批准，由乡（镇）、行政村农民和农村小企业自愿入股组成，为社员提供存款、贷款、结算等业务的社区互助性银行业金融机构。

由银行业机构全资发起设立的贷款公司，是指经中国银行业监督管理委员会依据有关法律、法规批准，由境内商业银行或农村合作银行在农村地区设立的专门为县域农民、农业和农村经济发展提供贷款服务的非银行业金融机构。

县（县级市、区、旗），不包括直辖市和地级市所辖城区。

四、对中国农业银行纳入"三农金融事业部"改革试点的各省、自治区、直辖市、计划单列市分行下辖的县域支行和新疆生产建设兵团分行下辖的县域支行（也称县事业部），提供农户贷款、农村企业和农村各类组织贷款（具体贷款业务清单见附件）取得的利息收入，可以选择适用简易计税方法按照3%的征收率计算缴纳增值税。

农户贷款，是指金融机构发放给农户的贷款，但不包括按照《过渡政策的规定》第一条第（十九）项规定的免征增值税的农户小额贷款。

农户，是指《过渡政策的规定》第一条第（十九）项所称的农户。

农村企业和农村各类组织贷款，是指金融机构发放给注册在农村地区的企业及各类组织的贷款。

五、本通知自2016年5月1日起执行。

附件：享受增值税优惠的涉农贷款业务清单（略）

财政部 国家税务总局
2016年4月29日

财政部 国家税务总局关于进一步明确全面推开营改增试点有关劳务派遣服务、收费公路通行费抵扣等政策的通知

财税〔2016〕47号

各省、自治区、直辖市、计划单列市财政厅（局）、国家税务局、地方税务局，新疆生产建设兵团财务局：

经研究，现将营改增试点期间劳务派遣服务等政策补充通知如下：

一、劳务派遣服务政策

一般纳税人提供劳务派遣服务，可以按照《财政部 国家税务总局关于全面推开营业税改征增值税试点的通知》（财税〔2016〕36号）的有关规定，以取得的全部价款和价外费用为销售额，按照一般计税方法计算缴纳增值税；也可以选择差额纳税，以取得的全部价款和价外费用，扣除代用工单位支付给劳务派遣员工的工资、福利和为其办理社会保险及住房公积金后的余额为销售额，按照简易计税方法依5%的征收率计算缴纳增值税。

小规模纳税人提供劳务派遣服务，可以按照《财政部 国家税务总局关于全面推开营业税改征增值税试点的通知》（财税〔2016〕36号）的有关规定，以取得的全部价款和价外费用为销售额，按照简易计税方法依3%的征收率计算缴纳增值税；也可以选择差额纳税，以取得的全部价款和价外费用，扣除代用工单位支付给劳务派遣员工的工资、福利和为其办理社会保险及住房公积金后的余额为销售额，按照简易计税方法依5%的征收率计算缴纳增值税。

选择差额纳税的纳税人，向用工单位收取用于支付给劳务派遣员工工资、福利和为其办理社会保险及住房公积金的费用，不得开具增值税专用发票，可以开具普通发票。

劳务派遣服务，是指劳务派遣公司为了满足用工单位对于各类灵活用工的需求，将员工派遣至用工单位，接受用工单位管理并为其工作的服务。

二、收费公路通行费抵扣及征收政策

（一）2016年5月1日至7月31日，一般纳税人支付的道路、桥、闸通行费，暂凭取得的通行费发票（不含财政票据，下同）上注明的收费金额按照下列公式计算可抵扣的进项税额：

高速公路通行费可抵扣进项税额＝高速公路通行费发票上注明的金额÷（1＋3%）×3%

一级公路、二级公路、桥、闸通行费可抵扣进项税额＝一级公路、二级公路、桥、闸通行费发票上注明的金额÷（1＋5%）×5%

通行费，是指有关单位依法或者依规设立并收取的过路、过桥和过闸费用。

（二）一般纳税人收取试点前开工的一级公路、二级公路、桥、闸通行费，可以选择适用简易计税方法，按照5%的征收率计算缴纳增值税。

试点前开工，是指相关施工许可证注明的合同开工日期在2016年4月30日前。

三、其他政策

（一）纳税人提供人力资源外包服务，按照经纪代理服务缴纳增值税，其销售额不包括受客户单位委托代为向客户单位员工发放的工资和代理缴纳的社会保险、住房公积金。向委托方收取并代为发放的工资和代理缴纳的社会保险、住房公积金，不得开具增值税专用发票，可以开具普通发票。

一般纳税人提供人力资源外包服务，可以选择适用简易计税方法，按照5%的征收率计算缴纳增值税。

（二）纳税人以经营租赁方式将土地出租给他人使用，按照不动产经营租赁服务缴纳增值税。

纳税人转让2016年4月30日前取得的土地使用权，可以选择适用简易计税方法，以取得的全部价款和价外费用减去取得该土地使用权的原价后的余额为销售额，按照5%的征收率计算缴纳增值税。

（三）一般纳税人2016年4月30日前签订的不动产融资租赁合同，或以2016年4月30日前取得的不动产提供的融资租赁服务，可以选择适用简易计税方法，按照5%的征收率计算缴纳增值税。

（四）一般纳税人提供管道运输服务和有形动产融资租赁服务，按照《营业税改征增值税试点过渡政策的规定》（财税〔2013〕106号）第二条有关规定适用的增值税实际税负超过3%部分即征即退政策，在2016年1月1日至4月30日期间继续执行。

四、本通知规定的内容，除另有规定执行时间外，自2016年5月1日起执行。

财政部 国家税务总局
2016年4月30日

财政部 国家税务总局关于促进残疾人就业增值税优惠政策的通知

财税〔2016〕52号

各省、自治区、直辖市、计划单列市财政厅（局）、国家税务局，新疆生产建设兵团财务局：

为继续发挥税收政策促进残疾人就业的作用，进一步保障残疾人权益，经国务院批准，决定对促进残疾人就业的增值税政策进行调整完善。现将有关政策通知如下：

一、对安置残疾人的单位和个体工商户（以下称纳税人），实行由税务机关按纳税人安置残疾人的人数，限额即征即退增值税的办法。

安置的每位残疾人每月可退还的增值税具体限额，由县级以上税务机关根据纳税人所在区县（含县级市、旗，下同）适用的经省（含自治区、直辖市、计划单列市，下同）人民政府批准的月最低工资标准的4倍确定。

二、享受税收优惠政策的条件

（一）纳税人（除盲人按摩机构外）月安置的残疾人占在职职工人数的比例不低于25%（含25%），并且安置的残疾人人数不少于10人（含10人）；

盲人按摩机构月安置的残疾人占在职职工人数的比例不低于25%（含25%），并且安置的残疾人人数不少于5人(含5人)。

(二)依法与安置的每位残疾人签订了一年以上(含一年)的劳动合同或服务协议。

(三)为安置的每位残疾人按月足额缴纳了基本养老保险、基本医疗保险、失业保险、工伤保险和生育保险等社会保险。

(四)通过银行等金融机构向安置的每位残疾人,按月支付了不低于纳税人所在区县适用的经省人民政府批准的月最低工资标准的工资。

三、《财政部 国家税务总局关于教育税收政策的通知》(财税〔2004〕39号)第一条第7项规定的特殊教育学校举办的企业,只要符合本通知第二条第(一)项第一款规定的条件,即可享受本通知第一条规定的增值税优惠政策。这类企业在计算残疾人人数时可将在企业上岗工作的特殊教育学校的全日制在校学生计算在内,在计算企业在职职工人数时也要将上述学生计算在内。

四、纳税人中纳税信用等级为税务机关评定的C级或D级的,不得享受本通知第一条、第三条规定的政策。

五、纳税人按照纳税期限向主管国税机关申请退还增值税。本纳税期已交增值税额不足退还的,可在本纳税年度内以前纳税期已交增值税扣除已退增值税的余额中退还,仍不足退还的可结转本纳税年度内以后纳税期退还,但不得结转以后年度退还。纳税期限不为按月的,只能对其符合条件的月份退还增值税。

六、本通知第一条规定的增值税优惠政策仅适用于生产销售货物,提供加工、修理修配劳务,以及提供营改增现代服务和生活服务税目(不含文化体育服务和娱乐服务)范围的服务取得的收入之和,占其增值税收入的比例达到50%的纳税人,但不适用于上述纳税人直接销售外购货物(包括商品批发和零售)以及销售委托加工的货物取得的收入。

纳税人应当分别核算上述享受税收优惠政策和不得享受税收优惠政策业务的销售额,不能分别核算的,不得享受本通知规定的优惠政策。

七、如果既适用促进残疾人就业增值税优惠政策,又适用重点群体、退役士兵、随军家属、军转干部等支持就业的增值税优惠政策的,纳税人可自行选择适用的优惠政策,但不能累加执行。一经选定,36个月内不得变更。

八、残疾人个人提供的加工、修理修配劳务,免征增值税。

九、税务机关发现已享受本通知增值税优惠政策的纳税人,存在不符合本通知第二条、第三条规定条件,或者采用伪造或重复使用残疾人证、残疾军人证等手段骗取本通知规定的增值税优惠的,应将纳税人发生上述违法违规行为的纳税期内按本通知已享受到的退税全额追缴入库,并自发现当月起36个月内停止其享受本通知规定的各项税收优惠。

十、本通知有关定义

(一)残疾人,是指法定劳动年龄内,持有《中华人民共和国残疾人证》或者《中华人民共和国残疾军人证(1至8级)》的自然人,包括具有劳动条件和劳动意愿的精神残疾人。

(二)残疾人个人,是指自然人。

(三)在职职工人数,是指与纳税人建立劳动关系并依法签订劳动合同或者服务协议的雇员人数。

(四)特殊教育学校举办的企业,是指特殊教育学校主要为在校学生提供实习场所、并由学校出资自办、由学校负责经营管理、经营收入全部归学校所有的企业。

十一、本通知规定的增值税优惠政策的具体征收管理办法,由国家税务总局制定。

十二、本通知自2016年5月1日起执行,《财政部 国家税务总局关于促进残疾人就业税收优惠政策的通知》(财税〔2007〕92号)、《财政部 国家税务总局关于将铁路运输和邮政业纳入营业税改征增值税试点的通知》(财税〔2013〕106号)附件3第二条第(二)项同时废止。纳税人2016年5月1日前执行财税〔2007〕92号和财税〔2013〕106号文件发生的应退未退的增值税余额,可按照本通知第五条规定执行。

财政部 国家税务总局

2016年5月5日

国家税务总局公告关于调整增值税纳税申报有关事项的公告

国家税务总局公告2016年第27号

为配合全面推开营业税改征增值税试点工作顺利实施，国家税务总局对增值税纳税申报有关事项进行了调整，现公告如下：

一、对《国家税务总局关于全面推开营业税改征增值税试点后增值税纳税申报有关事项的公告》（国家税务总局公告2016年第13号）附件1中《本期抵扣进项税额结构明细表》进行调整，调整后的表式见附件1，填写说明见附件2。

二、对国家税务总局公告2016年第13号附件3《增值税纳税申报表（小规模纳税人适用）》及其附列资料进行调整，调整后的表式见附件3，填写说明见附件4。

三、增值税一般纳税人支付道路、桥、闸通行费，按照政策规定，以取得的通行费发票（不含财政票据）上注明的收费金额计算的可抵扣进项税额，填入国家税务总局公告2016年第13号附件1中《增值税纳税申报表附列资料（二）》（本期进项税额明细）第8栏“其他”。

四、本公告自2016年6月1日起施行。国家税务总局公告2016年第13号附件1中《本期抵扣进项税额结构明细表》、附件2中《本期抵扣进项税额结构明细表》填写说明、附件3、附件4内容同时废止。

特此公告。

附件：1. 本期抵扣进项税额结构明细表（略）

2.《本期抵扣进项税额结构明细表》填写说明（略）

3.《增值税纳税申报表（小规模纳税人适用）》及其附列资料（略）

4.《增值税纳税申报表（小规模纳税人适用）》及其附列资料填写说明（略）

国家税务总局

2016年5月5日

国家税务总局公告关于发布《营业税改征增值税跨境应税行为增值税免税管理办法（试行）》的公告

国家税务总局公告2016年第29号

国家税务总局制定了《营业税改征增值税跨境应税行为增值税免税管理办法（试行）》，现予以公布，自2016年5月1日起施行。《国家税务总局关于重新发布〈营业税改征增值税跨境应税服务增值税免税管理办法（试行）〉的公告》（国家税务总局公告2014年第49号）同时废止。

特此公告。

附件：1. 跨境应税行为免税备案表（略）

2. 放弃适用增值税零税率声明（略）

国家税务总局

2016年5月6日

营业税改征增值税跨境应税行为增值税免税管理办法(试行)

第一条 中华人民共和国境内(以下简称境内)的单位和个人(以下称纳税人)发生跨境应税行为,适用本办法。

第二条 下列跨境应税行为免征增值税:

(一)工程项目在境外的建筑服务。

工程总承包方和工程分包方为施工地点在境外的工程项目提供的建筑服务,均属于工程项目在境外的建筑服务。

(二)工程项目在境外的工程监理服务。

(三)工程、矿产资源在境外的工程勘察勘探服务。

(四)会议展览地点在境外的会议展览服务。

为客户参加在境外举办的会议、展览而提供的组织安排服务,属于会议展览地点在境外的会议展览服务。

(五)存储地点在境外的仓储服务。

(六)标的物在境外使用的有形动产租赁服务。

(七)在境外提供的广播影视节目(作品)的播映服务。

在境外提供的广播影视节目(作品)播映服务,是指在境外的影院、剧院、录像厅及其他场所播映广播影视节目(作品)。

通过境内的电台、电视台、卫星通信、互联网、有线电视等无线或者有线装置向境外播映广播影视节目(作品),不属于在境外提供的广播影视节目(作品)播映服务。

(八)在境外提供的文化体育服务、教育医疗服务、旅游服务。

在境外提供的文化体育服务和教育医疗服务,是指纳税人在境外现场提供的文化体育服务和教育医疗服务。

为参加在境外举办的科技活动、文化活动、文化演出、文化比赛、体育比赛、体育表演、体育活动而提供的组织安排服务,属于在境外提供的文化体育服务。

通过境内的电台、电视台、卫星通信、互联网、有线电视等媒体向境外单位或个人提供的文化体育服务或教育医疗服务,不属于在境外提供的文化体育服务、教育医疗服务。

(九)为出口货物提供的邮政服务、收派服务、保险服务。

1. 为出口货物提供的邮政服务,是指:

(1)寄递函件、包裹等邮件出境。

(2)向境外发行邮票。

(3)出口邮册等邮品。

2. 为出口货物提供的收派服务,是指为出境的函件、包裹提供的收件、分拣、派送服务。

纳税人为出口货物提供收派服务,免税销售额为其向寄件人收取的全部价款和价外费用。

3. 为出口货物提供的保险服务,包括出口货物保险和出口信用保险。

(十)向境外单位销售的完全在境外消费的电信服务。

纳税人向境外单位或者个人提供的电信服务,通过境外电信单位结算费用的,服务接受方为境外电信单位,属于完全在境外消费的电信服务。

(十一)向境外单位销售的完全在境外消费的知识产权服务。

服务实际接受方为境内单位或者个人的知识产权服务,不属于完全在境外消费的知识产权服务。

(十二)向境外单位销售的完全在境外消费的物流辅助服务(仓储服务、收派服务除外)。

境外单位从事国际运输和港澳台运输业务经停我国机场、码头、车站、领空、内河、海域时,纳税人向其提供的航空地面服务、港口码头服务、货运客运站场服务、打捞救助服务、装卸搬运服务,属于完全在境外消费的物流辅助服务。

(十三)向境外单位销售的完全在境外消费的鉴证咨询服务。

下列情形不属于完全在境外消费的鉴证咨询服务:

1. 服务的实际接受方为境内单位或者个人。

2. 对境内的货物或不动产进行的认证服务、鉴证服务和咨询服务。

(十四)向境外单位销售的完全在境外消费的专业技术服务。

下列情形不属于完全在境外消费的专业技术服务:

1. 服务的实际接受方为境内单位或者个人。

2. 对境内的天气情况、地震情况、海洋情况、环境和生态情况进行的气象服务、地震服务、海洋服务、环境和生态监测服务。

3. 为境内的地形地貌、地质构造、水文、矿藏等进行的测绘服务。

4. 为境内的城、乡、镇提供的城市规划服务。

(十五)向境外单位销售的完全在境外消费的商务辅助服务。

1. 纳税人向境外单位提供的代理报关服务和货物运输代理服务,属于完全在境外消费的代理报关服务和货物运输代理服务。

2. 纳税人向境外单位提供的外派海员服务,属于完全在境外消费的人力资源服务。外派海员服务,是指境内单位派出属于本单位员工的海员,为境外单位在境外提供的船舶驾驶和船舶管理等服务。

3. 纳税人以对外劳务合作方式,向境外单位提供的完全在境外发生的人力资源服务,属于完全在境外消费的人力资源服务。对外劳务合作,是指境内单位与境外单位签订劳务合作合同,按照合同约定组织和协助中国公民赴境外工作的活动。

4. 下列情形不属于完全在境外消费的商务辅助服务:

(1)服务的实际接受方为境内单位或者个人。

(2)对境内不动产的投资与资产管理服务、物业管理服务、房地产中介服务。

(3)拍卖境内货物或不动产过程中提供的经纪代理服务。

(4)为境内货物或不动产的物权纠纷提供的法律代理服务。

(5)为境内货物或不动产提供的安全保护服务。

(十六)向境外单位销售的广告投放地在境外的广告服务。

广告投放地在境外的广告服务,是指为在境外发布的广告提供的广告服务。

(十七)向境外单位销售的完全在境外消费的无形资产(技术除外)。

下列情形不属于向境外单位销售的完全在境外消费的无形资产:

1. 无形资产未完全在境外使用。

2. 所转让的自然资源使用权与境内自然资源相关。

3. 所转让的基础设施资产经营权、公共事业特许权与境内货物或不动产相关。

4. 向境外单位转让在境内销售货物、应税劳务、服务、无形资产或不动产的配额、经营权、经销权、分销权、代理权。

(十八)为境外单位之间的货币资金融通及其他金融业务提供的直接收费金融服务,且该服务与境内的货物、无形资产和不动产无关。

为境外单位之间、境外单位和个人之间的外币、人民币资金往来提供的资金清算、资金结算、金融支付、账户管理服务,属于为境外单位之间的货币资金融通及其他金融业务提供的直接收费金融服务。

(十九)属于以下情形的国际运输服务:

1. 以无运输工具承运方式提供的国际运输服务。

2. 以水路运输方式提供国际运输服务但未取得《国际船舶运输经营许可证》的。

3. 以公路运输方式提供国际运输服务但未取得《道路运输经营许可证》或者《国际汽车运输行车许可证》,或者《道路运输经营许可证》的经营范围未包括"国际运输"的。

4. 以航空运输方式提供国际运输服务但未取得《公共航空运输企业经营许可证》,或者其经营范围未包括"国际航空客货邮运输业务"的。

5. 以航空运输方式提供国际运输服务但未持有《通用航空经营许可证》，或者其经营范围未包括“公务飞行”的。

（二十）符合零税率政策但适用简易计税方法或声明放弃适用零税率选择免税的下列应税行为：

1. 国际运输服务。

2. 航天运输服务。

3. 向境外单位提供的完全在境外消费的下列服务：

（1）研发服务；

（2）合同能源管理服务；

（3）设计服务；

（4）广播影视节目（作品）的制作和发行服务；

（5）软件服务；

（6）电路设计及测试服务；

（7）信息系统服务；

（8）业务流程管理服务；

（9）离岸服务外包业务。

4. 向境外单位转让完全在境外消费的技术。

第三条 纳税人向国内海关特殊监管区域内的单位或者个人销售服务、无形资产，不属于跨境应税行为，应照章征收增值税。

第四条 2016年4月30日前签订的合同，符合《财政部 国家税务总局关于将铁路运输和邮政业纳入营业税改征增值税试点的通知》（财税〔2013〕106号）附件4和《财政部 国家税务总局关于影视等出口服务适用增值税零税率政策的通知》（财税〔2015〕118号）规定的免税政策条件的，在合同到期前可以继续享受免税政策。

第五条 纳税人发生本办法第二条所列跨境应税行为，除第（九）项、第（二十）项外，必须签订跨境销售服务或无形资产书面合同。否则，不予免征增值税。

纳税人向外国航空运输企业提供空中飞行管理服务，以中国民用航空局下发的航班计划或者中国民用航空局清算中心临时来华飞行记录，为跨境销售服务书面合同。

纳税人向外国航空运输企业提供物流辅助服务（除空中飞行管理服务外），与经中国民用航空局批准设立的外国航空运输企业常驻代表机构签订的书面合同，属于与服务接受方签订跨境销售服务书面合同。外国航空运输企业临时来华飞行，未签订跨境服务书面合同的，以中国民用航空局清算中心临时来华飞行记录为跨境销售服务书面合同。

施工地点在境外的工程项目，工程分包方应提供工程项目在境外的证明、与发包方签订的建筑合同原件及复印件等资料，作为跨境销售服务书面合同。

第六条 纳税人向境外单位销售服务或无形资产，按本办法规定免征增值税的，该项销售服务或无形资产的全部收入应从境外取得，否则，不予免征增值税。

下列情形视同从境外取得收入：

（一）纳税人向外国航空运输企业提供物流辅助服务，从中国民用航空局清算中心、中国航空结算有限责任公司或者经中国民用航空局批准设立的外国航空运输企业常驻代表机构取得的收入。

（二）纳税人与境外关联单位发生跨境应税行为，从境内第三方结算公司取得的收入。上述所称第三方结算公司，是指承担跨国企业集团内部成员单位资金集中运营管理职能的资金结算公司，包括财务公司、资金池、资金结算中心等。

（三）纳税人向外国船舶运输企业提供物流辅助服务，通过外国船舶运输企业指定的境内代理公司结算取得的收入。

（四）国家税务总局规定的其他情形。

第七条 纳税人发生跨境应税行为免征增值税的，应单独核算跨境应税行为的销售额，准确计算不得抵扣的进项税额，其免税收入不得开具增值税专用发票。

纳税人为出口货物提供收派服务，按照下列公式计算不得抵扣的进项税额：

$$\text{不得抵扣的进项税额}=\text{当期无法划分的全部进项税额}\times\left(\text{当期简易计税方法计税项目销售额}+\text{免征增值税项目销售额}-\text{为出口货物提供收派服务支付给境外合作方的费用}\right)\div\text{当期全部销售额}$$

第八条 纳税人发生免征增值税跨境应税行为，除提供第二条第(二十)项所列服务外，应在首次享受免税的纳税申报期内或在各省、自治区、直辖市和计划单列市国家税务局规定的申报征期后的其他期限内，到主管税务机关办理跨境应税行为免税备案手续，同时提交以下备案材料：

(一)《跨境应税行为免税备案表》(附件 1)；

(二)本办法第五条规定的跨境销售服务或无形资产的合同原件及复印件；

(三)提供本办法第二条第(一)项至第(八)项和第(十六)项服务，应提交服务地点在境外的证明材料原件及复印件；

(四)提供本办法第二条规定的国际运输服务，应提交实际发生相关业务的证明材料；

(五)向境外单位销售服务或无形资产，应提交服务或无形资产购买方的机构所在地在境外的证明材料；

(六)国家税务总局规定的其他资料。

第九条 纳税人发生第二条第(二十)项所列应税行为的，应在首次享受免税的纳税申报期内或在各省、自治区、直辖市和计划单列市国家税务局规定的申报征期后的其他期限内，到主管税务机关办理跨境应税行为免税备案手续，同时提交以下备案材料：

(一)已向办理增值税免抵退税或免退税的主管税务机关备案的《放弃适用增值税零税率声明》(附件 2)；

(二)该项应税行为享受零税率到主管税务机关办理增值税免抵退税或免退税申报时需报送的材料和原始凭证。

第十条 按照本办法第八条规定提交备案的跨境销售服务或无形资产合同原件为外文的，应提供中文翻译件并由法定代表人(负责人)签字或者单位盖章。

纳税人无法提供本办法第八条规定的境外资料原件的，可只提供复印件，注明“复印件与原件一致”字样，并由法定代表人(负责人)签字或者单位盖章；境外资料原件为外文的，应提供中文翻译件并由法定代表人(负责人)签字或者单位盖章。

主管税务机关对提交的境外证明材料有明显疑义的，可以要求纳税人提供境外公证部门出具的证明材料。

第十一条 纳税人办理跨境应税行为免税备案手续时，主管税务机关应当根据以下情况分别做出处理：

(一)备案材料存在错误的，应当告知并允许纳税人更正。

(二)备案材料不齐全或者不符合规定形式的，应当场一次性告知纳税人补正。

(三)备案材料齐全、符合规定形式的，或者纳税人按照税务机关的要求提交全部补正备案材料的，应当受理纳税人的备案，并将有关资料原件退还纳税人。

(四)按照税务机关的要求补正后的备案材料仍不符合本办法第八、九、十条规定的，应当对纳税人的本次跨境应税行为免税备案不予受理，并将所有报送材料退还纳税人。

第十二条 主管税务机关受理或者不予受理纳税人跨境应税行为免税备案，应当出具加盖本机关专用印章和注明日期的书面凭证。

第十三条 原签订的跨境销售服务或无形资产合同发生变更，或者跨境销售服务或无形资产的有关情况发生变化，变化后仍属于本办法第二条规定的免税范围的，纳税人应向主管税务机关重新办理跨境应税行为免税备案手续。

第十四条 纳税人应当完整保存本办法第八、九、十条要求的各项材料。纳税人在税务机关后续管理中不能提供上述材料的，不得享受本办法规定的免税政策，对已享受的减免税款应予补缴，并依照《中华人民共和国税收征收管理法》的有关规定处理。

第十五条 纳税人发生跨境应税行为享受免税的，应当按规定进行纳税申报。纳税人享受免税到期或实际经营情况不再符合本办法规定的免税条件的，应当停止享受免税，并按照规定申报纳税。

第十六条 纳税人发生实际经营情况不符合本办法规定的免税条件、采用欺骗手段获取免税、或者享受减免税条件发生变化未及时向税务机关报告，以及未按照本办法规定履行相关程序自行减免税的，税务机关依照《中华人民共和国税收征收管理法》有关规定予以处理。

第十七条 税务机关应高度重视跨境应税行为增值税免税管理工作，针对纳税人的备案材料，采取案头分析、日常检查、重点稽查等方式，加强对纳税人业务真实性的核实，发现问题的，按照现行有关规定处理。

第十八条 纳税人发生的与香港、澳门、台湾有关的应税行为，参照本办法执行。

第十九条 本办法自 2016 年 5 月 1 日起施行。此前，纳税人发生符合本办法第四条规定的免税跨境应税行为，已办理免税备案手续的，不再重新办理免税备案手续。纳税人发生符合本办法第二条和第四条规定的免税跨境应税行为，未办理免税备案手续但已进行免税申报的，按照本办法规定补办备案手续；未进行免税申报的，按照本办法规定办理跨境服务备案手续后，可以申请退还已缴税款或者抵减以后的应纳税额；已开具增值税专用发票的，应将全部联次追回后方可办理跨境应税行为免税备案手续。

国家税务总局公告关于营业税改征增值税部分试点纳税人增值税纳税申报有关事项调整的公告

国家税务总局公告 2016 年第 30 号

为配合全面推开营业税改征增值税试点工作，国家税务总局对增值税纳税申报有关事项进行了调整，现公告如下：

一、在增值税纳税申报其他资料中增加《营改增税负分析测算明细表》（表式见附件 1），由从事建筑、房地产、金融或生活服务等经营业务的增值税一般纳税人在办理增值税纳税申报时填报，具体名单由主管税务机关确定。

二、本公告自 2016 年 6 月 1 日起施行。

特此公告。

附件：1. 营改增税负分析测算明细表（略）

2.《营改增税负分析测算明细表》填写说明（略）

3. 营改增试点应税项目明细表（略）

国家税务总局

2016 年 5 月 10 日

国家税务总局公告关于发布《促进残疾人就业增值税优惠政策管理办法》的公告

国家税务总局公告 2016 年第 33 号

为规范和完善促进残疾人就业增值税优惠政策管理，国家税务总局制定了《促进残疾人就业增值税优惠政策管理办法》，现予以公布，自 2016 年 5 月 1 日起施行。

特此公告。

附件：安置残疾人纳税人申请增值税退税声明（略）

国家税务总局

2016 年 5 月 27 日

促进残疾人就业增值税优惠政策管理办法

第一条 为加强促进残疾人就业增值税优惠政策管理，根据《财政部 国家税务总局关于促进残疾人就业增值税优惠政策的通知》(财税〔2016〕52号)、《国家税务总局关于发布〈税收减免管理办法〉的公告》(国家税务总局公告2015年第43号)及有关规定，制定本办法。

第二条 纳税人享受安置残疾人增值税即征即退优惠政策，适用本办法规定。

本办法所指纳税人，是指安置残疾人的单位和个体工商户。

第三条 纳税人首次申请享受税收优惠政策，应向主管税务机关提供以下备案资料：

(一)《税务资格备案表》。

(二)安置的残疾人的《中华人民共和国残疾人证》或者《中华人民共和国残疾军人证(1至8级)》复印件，注明与原件一致，并逐页加盖公章。安置精神残疾人的，提供精神残疾人同意就业的书面声明以及其法定监护人签字或印章的证明精神残疾人具有劳动条件和劳动意愿的书面材料。

(三)安置的残疾人的身份证明复印件，注明与原件一致，并逐页加盖公章。

第四条 主管税务机关受理备案后，应将全部《中华人民共和国残疾人证》或者《中华人民共和国残疾军人证(1至8级)》信息以及所安置残疾人的身份证明信息录入征管系统。

第五条 纳税人提供的备案资料发生变化的，应于发生变化之日起15日内就变化情况向主管税务机关办理备案。

第六条 纳税人申请退还增值税时，需报送如下资料：

(一)《退(抵)税申请审批表》。

(二)《安置残疾人纳税人申请增值税退税声明》(见附件)。

(三)当期为残疾人缴纳社会保险费凭证的复印件及由纳税人加盖公章确认的注明缴纳人员、缴纳金额、缴纳期间的明细表。

(四)当期由银行等金融机构或纳税人加盖公章的按月为残疾人支付工资的清单。

特殊教育学校举办的企业，申请退还增值税时，不提供资料(三)和资料(四)。

第七条 纳税人申请享受税收优惠政策，应对报送资料的真实性和合法性承担法律责任。主管税务机关对纳税人提供资料的完整性和增值税退税额计算的准确性进行审核。

第八条 主管税务机关受理退税申请后，查询纳税人的纳税信用等级，对符合信用条件的，审核计算应退增值税额，并按规定办理退税。

第九条 纳税人本期应退增值税额按以下公式计算：

本期应退增值税额＝本期所含月份每月应退增值税额之和

月应退增值税额＝纳税人本月安置残疾人员人数×本月月最低工资标准的4倍

月最低工资标准，是指纳税人所在区县(含县级市、旗)适用的经省(含自治区、直辖市、计划单列市)人民政府批准的月最低工资标准。

纳税人本期已缴增值税额小于本期应退税额不足退还的，可在本年度内以前纳税期已缴增值税额扣除已退增值税额的余额中退还，仍不足退还的可结转本年度内以后纳税期退还。年度已缴增值税额小于或等于年度应退税额的，退税额为年度已缴增值税额；年度已缴增值税额大于年度应退税额的，退税额为年度应退税额。年度已缴增值税额不足退还的，不得结转以后年度退还。

第十条 纳税人新安置的残疾人从签订劳动合同并缴纳社会保险的次月起计算，其他职工从录用的次月起计算；安置的残疾人和其他职工减少的，从减少当月计算。

第十一条 主管税务机关应于每年2月底之前，在其网站或办税服务厅，将本地区上一年度享受安置残疾人增值税优惠政策的纳税人信息，按下列项目予以公示：纳税人名称、纳税人识别号、法人代表、计算退税的残疾人职工人次等。

第十二条 享受促进残疾人就业增值税优惠政策的纳税人，对能证明或印证符合政策规定条件的相关材料负有留存备查义务。纳税人在税务机关后续管理中不能提供相关材料的，不得继续享受优惠政策。税务机关应追缴其相应纳税期内已享受的增值税退税，并依照税收征管法及其实施细则的有关规定处理。

第十三条 各地税务机关要加强税收优惠政策落实情况的后续管理，对纳税人进行定期或不定期检查。检查发现纳税人不符合财税〔2016〕52号文件规定的，按有关规定予以处理。

第十四条 本办法实施前已办理税收优惠资格备案的纳税人，主管税务机关应检查其已备案资料是否满足本办法第三条规定，残疾人信息是否已按第四条规定录入信息系统，如有缺失，应要求纳税人补充报送备案资料，补录信息。

第十五条 各省、自治区、直辖市和计划单列市国家税务局，应定期或不定期在征管系统中对残疾人信息进行比对，发现异常的，按相关规定处理。

第十六条 本办法自2016年5月1日起施行。

财政部 国家税务总局关于进一步明确全面推开营改增试点有关再保险 不动产租赁和非学历教育等政策的通知

财税〔2016〕68号

各省、自治区、直辖市、计划单列市财政厅（局）、国家税务局、地方税务局，新疆生产建设兵团财务局：

经研究，现将营改增试点期间有关再保险、不动产租赁和非学历教育等政策补充通知如下：

一、再保险服务

（一）境内保险公司向境外保险公司提供的完全在境外消费的再保险服务，免征增值税。

（二）试点纳税人提供再保险服务（境内保险公司向境外保险公司提供的再保险服务除外），实行与原保险服务一致的增值税政策。再保险合同对应多个原保险合同的，所有原保险合同均适用免征增值税政策时，该再保险合同适用免征增值税政策。否则，该再保险合同应按规定缴纳增值税。

原保险服务，是指保险分出方与投保人之间直接签订保险合同而建立保险关系的业务活动。

二、不动产经营租赁服务

1. 房地产开发企业中的一般纳税人，出租自行开发的房地产老项目，可以选择适用简易计税方法，按照5%的征收率计算应纳税额。纳税人出租自行开发的房地产老项目与其机构所在地不在同一县（市）的，应按照上述计税方法在不动产所在地预缴税款后，向机构所在地主管税务机关进行纳税申报。

房地产开发企业中的一般纳税人，出租其2016年5月1日后自行开发的与机构所在地不在同一县（市）的房地产项目，应按照3%预征率在不动产所在地预缴税款后，向机构所在地主管税务机关进行纳税申报。

2. 房地产开发企业中的小规模纳税人，出租自行开发的房地产项目，按照5%的征收率计算应纳税额。纳税人出租自行开发的房地产项目与其机构所在地不在同一县（市）的，应按照上述计税方法在不动产所在地预缴税款后，向机构所在地主管税务机关进行纳税申报。

三、一般纳税人提供非学历教育服务，可以选择适用简易计税方法按照3%征收率计算应纳税额。

四、纳税人提供安全保护服务，比照劳务派遣服务政策执行。

五、各党派、共青团、工会、妇联、中科协、青联、台联、侨联收取党费、团费、会费，以及政府间国际组织收取会费，属于非经营活动，不征收增值税。

六、本通知自2016年5月1日起执行。

财政部 国家税务总局

2016年6月18日

财政部 国家税务总局关于金融机构同业往来等增值税政策的补充通知

财税〔2016〕70 号

各省、自治区、直辖市、计划单列市财政厅(局)、国家税务局、地方税务局,新疆生产建设兵团财务局:

经研究,现将营改增试点期间有关金融业政策补充通知如下:

一、金融机构开展下列业务取得的利息收入,属于《营业税改征增值税试点过渡政策的规定》(财税〔2016〕36 号,以下简称《过渡政策的规定》)第一条第(二十三)项所称的金融同业往来利息收入:

(一)同业存款。

同业存款,是指金融机构之间开展的同业资金存入与存出业务,其中资金存入方仅为具有吸收存款资格的金融机构。

(二)同业借款。

同业借款,是指法律法规赋予此项业务范围的金融机构开展的同业资金借出和借入业务。此条款所称"法律法规赋予此项业务范围的金融机构"主要是指农村信用社之间以及在金融机构营业执照列示的业务范围中有反映为"向金融机构借款"业务的金融机构。

(三)同业代付。

同业代付,是指商业银行(受托方)接受金融机构(委托方)的委托向企业客户付款,委托方在约定还款日偿还代付款项本息的资金融通行为。

(四)买断式买入返售金融商品。

买断式买入返售金融商品,是指金融商品持有人(正回购方)将债券等金融商品卖给债券购买方(逆回购方)的同时,交易双方约定在未来某一日期,正回购方再以约定价格从逆回购方买回相等数量同种债券等金融商品的交易行为。

(五)持有金融债券。

金融债券,是指依法在中华人民共和国境内设立的金融机构法人在全国银行间和交易所债券市场发行的、按约定还本付息的有价证券。

(六)同业存单。

同业存单,是指银行业存款类金融机构法人在全国银行间市场上发行的记账式定期存款凭证。

二、商业银行购买央行票据、与央行开展货币掉期和货币互存等业务属于《过渡政策的规定》第一条第(二十三)款第 1 项所称的金融机构与人民银行所发生的资金往来业务。

三、境内银行与其境外的总机构、母公司之间,以及境内银行与其境外的分支机构、全资子公司之间的资金往来业务属于《过渡政策的规定》第一条第(二十三)款第 2 项所称的银行联行往来业务。

四、人民币合格境外投资者(RQFII)委托境内公司在我国从事证券买卖业务,以及经人民银行认可的境外机构投资银行间本币市场取得的收入属于《过渡政策的规定》第一条第(二十二)款所称的金融商品转让收入。

银行间本币市场包括货币市场、债券市场以及衍生品市场。

五、本通知自 2016 年 5 月 1 日起执行。

财政部 国家税务总局

2016 年 6 月 30 日

国家税务总局公告关于部分地区开展住宿业增值税小规模纳税人自开增值税专用发票试点工作有关事项的公告

国家税务总局公告2016年第44号

为保障全面推开营改增试点工作顺利实施，方便纳税人发票使用，税务总局决定，在部分地区开展住宿业增值税小规模纳税人自行开具增值税专用发票（以下简称专用发票）试点工作。现将有关事项公告如下：

一、试点范围

试点范围限于全国91个城市（名单见附件）月销售额超过3万元（或季销售额超过9万元）的住宿业增值税小规模纳税人（以下称试点纳税人）。

二、试点内容

（一）试点纳税人提供住宿服务、销售货物或发生其他应税行为，需要开具专用发票的，可以通过增值税发票管理新系统自行开具，主管国税机关不再为其代开。

试点纳税人销售其取得的不动产，需要开具专用发票的，仍须向地税机关申请代开。

（二）主管税务机关为试点纳税人核定的单份专用发票最高开票限额不超过一万元。

（三）试点纳税人所开具的专用发票应缴纳的税款，应在规定的纳税申报期内，向主管税务机关申报纳税。在填写增值税纳税申报表时，应将当期开具专用发票的销售额，按照3%和5%的征收率，分别填写在《增值税纳税申报表》（小规模纳税人适用）第2栏和第5栏"税务机关代开的增值税专用发票不含税销售额"的"本期数"相应栏次中。

三、有关要求

主管税务机关要加强对试点纳税人的培训辅导，保障纳税人正确开具专用发票，同时要强化风险防控，加强数据分析比对，认真总结试点经验。

试点纳税人应严格按照专用发票管理有关规定领用、保管、开具专用发票。

本公告自2016年8月1日起施行。

特此公告。

附件：试点城市名单（略）

国家税务总局

2016年7月6日

注释：全文废止或失效。参见：《国家税务总局关于在境外提供建筑服务等有关问题的公告》（国家税务总局公告2016年第69号）。

国家税务总局关于红字增值税发票开具有关问题的公告

国家税务总局公告2016年第47号

为进一步规范纳税人开具增值税发票管理，现将红字发票开具有关问题公告如下：

一、增值税一般纳税人开具增值税专用发票（以下简称"专用发票"）后，发生销货退回、开票有误、应税服务中止等情形但不符合发票作废条件，或者因销货部分退回及发生销售折让，需要开具红字专用发票的，按以下方法处理：

(一)购买方取得专用发票已用于申报抵扣的,购买方可在增值税发票管理新系统(以下简称“新系统”)中填开并上传《开具红字增值税专用发票信息表》(以下简称《信息表》,详见附件),在填开《信息表》时不填写相对应的蓝字专用发票信息,应暂依《信息表》所列增值税税额从当期进项税额中转出,待取得销售方开具的红字专用发票后,与《信息表》一并作为记账凭证。

购买方取得专用发票未用于申报抵扣、但发票联或抵扣联无法退回的,购买方填开《信息表》时应填写相对应的蓝字专用发票信息。

销售方开具专用发票尚未交付购买方,以及购买方未用于申报抵扣并将发票联及抵扣联退回的,销售方可在新系统中填开并上传《信息表》。销售方填开《信息表》时应填写相对应的蓝字专用发票信息。

(二)主管税务机关通过网络接收纳税人上传的《信息表》,系统自动校验通过后,生成带有“红字发票信息表编号”的《信息表》,并将信息同步至纳税人端系统中。

(三)销售方凭税务机关系统校验通过的《信息表》开具红字专用发票,在新系统中以销项负数开具。红字专用发票应与《信息表》一一对应。

(四)纳税人也可凭《信息表》电子信息或纸质资料到税务机关对《信息表》内容进行系统校验。

二、税务机关为小规模纳税人代开专用发票,需要开具红字专用发票的,按照一般纳税人开具红字专用发票的方法处理。

三、纳税人需要开具红字增值税普通发票的,可以在所对应的蓝字发票金额范围内开具多份红字发票。红字机动车销售统一发票需与原蓝字机动车销售统一发票一一对应。

四、按照《国家税务总局关于纳税人认定或登记为一般纳税人前进项税额抵扣问题的公告》(国家税务总局公告 2015 年第 59 号)的规定,需要开具红字专用发票的,按照本公告规定执行。

五、本公告自 2016 年 8 月 1 日起施行,《国家税务总局关于推行增值税发票系统升级版有关问题的公告》(国家税务总局公告 2014 年第 73 号)第四条、附件 1、附件 2 和《国家税务总局关于全面推行增值税发票系统升级版有关问题的公告》(国家税务总局公告 2015 年第 19 号)第五条、附件 1、附件 2 同时废止。此前未处理的事项,按照本公告规定执行。

特此公告。

附件:开具红字增值税专用发票信息表(略)

国家税务总局
2016 年 7 月 20 日

财政部 国家税务总局关于继续执行光伏发电增值税政策的通知

财税〔2016〕81 号

各省、自治区、直辖市、计划单列市财政厅(局)、国家税务局,新疆生产建设兵团财务局:

经国务院批准,继续对光伏发电实行增值税优惠政策,现将有关事项通知如下:

自 2016 年 1 月 1 日至 2018 年 12 月 31 日,对纳税人销售自产的利用太阳能生产的电力产品,实行增值税即征即退 50%的政策。文到之日前,已征的按本通知规定应予退还的增值税,可抵减纳税人以后月份应缴纳的增值税或予以退还。

请遵照执行。

财政部 国家税务总局
2016 年 7 月 25 日

财政部 国家税务总局关于继续执行高校学生公寓和食堂有关税收政策的通知

财税〔2016〕82号

各省、自治区、直辖市、计划单列市财政厅(局)、国家税务局、地方税务局,新疆生产建设兵团财务局:

经国务院批准,现对继续执行高校学生公寓和食堂的有关税收政策通知如下:

……

二、对按照国家规定的收费标准向学生收取的高校学生公寓住宿费收入,自2016年1月1日至2016年4月30日,免征营业税;自2016年5月1日起,在营改增试点期间免征增值税。

三、对高校学生食堂为高校师生提供餐饮服务取得的收入,自2016年1月1日至2016年4月30日,免征营业税;自2016年5月1日起,在营改增试点期间免征增值税。

四、本通知所述"高校学生公寓",是指为高校学生提供住宿服务,按照国家规定的收费标准收取住宿费的学生公寓。

"高校学生食堂",是指依照《学校食堂与学生集体用餐卫生管理规定》(教育部令第14号)管理的高校学生食堂。

五、文到之日前,已征的按照本通知规定应予免征的房产税和印花税,分别从纳税人以后应缴纳的房产税和印花税中抵减或者予以退还;已征的应予免征的营业税,予以退还;已征的应予免征的增值税,可抵减纳税人以后月份应缴纳的增值税或予以退还。

财政部 国家税务总局
2016年7月25日

国家税务总局关于被盗、丢失增值税专用发票有关问题的公告

国家税务总局公告2016年第50号

为方便纳税人,税务总局决定取消纳税人的增值税专用发票发生被盗、丢失时必须统一在《中国税务报》上刊登"遗失声明"的规定。

本公告自发布之日起施行。《国家税务总局关于被盗、丢失增值税专用发票的处理意见的通知》(国税函〔1995〕292号)同时废止。

特此公告。

国家税务总局
2016年7月28日

财政部 海关总署 国家税务总局关于融资租赁货物出口退税政策有关问题的通知

财税〔2016〕87号

各省、自治区、直辖市、计划单列市财政厅(局)、国家税务局,海关总署广东分署、各直属海关,新疆生产建设兵团财务局:

经研究，现将融资租赁货物出口退税政策有关问题通知如下：

一、《财政部 海关总署 国家税务总局关于在全国开展融资租赁货物出口退税政策试点的通知》（财税〔2014〕62 号）第一条第一项中的“融资租赁企业、金融租赁公司及其设立的项目子公司”，包括融资租赁企业、金融租赁公司，以及上述企业、公司设立的项目子公司。

二、融资租赁企业，是指经商务部批准设立的外商投资融资租赁公司、经商务部和国家税务总局共同批准开展融资业务试点的内资融资租赁企业、经商务部授权的省级商务主管部门和国家经济技术开发区批准的融资租赁公司。

金融租赁公司，是指中国银行业监督管理委员会批准设立的金融租赁公司。

财政部 海关总署 国家税务总局

2016 年 8 月 2 日

财政部 国家税务总局关于收费公路通行费增值税抵扣有关问题的通知

财税〔2016〕86 号

各省、自治区、直辖市、计划单列市财政厅（局）、国家税务局、地方税务局，新疆生产建设兵团财务局：

为保证营业税改征增值税试点的平稳运行，现将收费公路通行费增值税抵扣有关问题通知如下：

一、增值税一般纳税人支付的道路、桥、闸通行费，暂凭取得的通行费发票（不含财政票据，下同）上注明的收费金额按照下列公式计算可抵扣的进项税额：

高速公路通行费可抵扣进项税额＝高速公路通行费发票上注明的金额÷(1＋3％)×3％

一级公路、二级公路、桥、闸通行费可抵扣进项税额＝一级公路、二级公路、桥、闸通行费发票上注明的金额÷(1＋5％)×5％

通行费，是指有关单位依法或者依规设立并收取的过路、过桥和过闸费用。

二、本通知自 2016 年 8 月 1 日起执行，停止执行时间另行通知。

财政部 国家税务总局

2016 年 8 月 3 日

国家税务总局关于保险机构代收车船税开具增值税发票问题的公告

国家税务总局公告 2016 年第 51 号

现对保险机构代收车船税开具增值税发票问题公告如下：

保险机构作为车船税扣缴义务人，在代收车船税并开具增值税发票时，应在增值税发票备注栏中注明代收车船税税款信息。具体包括：保险单号、税款所属期（详细至月）、代收车船税金额、滞纳金金额、金额合计等。该增值税发票可作为纳税人缴纳车船税及滞纳金的会计核算原始凭证。

本公告自 2016 年 5 月 1 日起施行。

特此公告。

国家税务总局

2016 年 8 月 7 日

财政部 国家税务总局关于科技企业孵化器税收政策的通知

财税〔2016〕89 号

各省、自治区、直辖市、计划单列市财政厅(局)、国家税务局、地方税务局,新疆生产建设兵团财务局:

经国务院批准,现就科技企业孵化器(含众创空间,以下简称孵化器)有关税收政策通知如下:

一、自 2016 年 1 月 1 日至 2018 年 12 月 31 日,对符合条件的孵化器自用以及无偿或通过出租等方式提供给孵化企业使用的房产、土地,免征房产税和城镇土地使用税;自 2016 年 1 月 1 日至 2016 年 4 月 30 日,对其向孵化企业出租场地、房屋以及提供孵化服务的收入,免征营业税;在营业税改征增值税试点期间,对其向孵化企业出租场地、房屋以及提供孵化服务的收入,免征增值税。

二、符合非营利组织条件的孵化器的收入,按照企业所得税法及其实施条例和有关税收政策规定享受企业所得税优惠政策。

三、享受本通知规定的房产税、城镇土地使用税以及营业税、增值税优惠政策的孵化器,应同时符合以下条件:

(一)孵化器需符合国家级科技企业孵化器条件。国务院科技行政主管部门负责发布国家级科技企业孵化器名单。

(二)孵化器应将面向孵化企业出租场地、房屋以及提供孵化服务的业务收入在财务上单独核算。

(三)孵化器提供给孵化企业使用的场地面积(含公共服务场地)应占孵化器可自主支配场地面积的 75%以上(含 75%)。孵化企业数量应占孵化器内企业总数量的 75%以上(含 75%)。

公共服务场地是指孵化器提供给孵化企业共享的活动场所,包括公共餐厅、接待室、会议室、展示室、活动室、技术检测室和图书馆等非盈利性配套服务场地。

四、本通知所称“孵化企业”应当同时符合以下条件:

(一)企业注册地和主要研发、办公场所必须在孵化器的孵化场地内。

(二)新注册企业或申请进入孵化器前企业成立时间不超过 2 年。

(三)企业在孵化器内孵化的时间不超过 48 个月。纳入“创新人才推进计划”及“海外高层次人才引进计划”的人才或从事生物医药、集成电路设计、现代农业等特殊领域的创业企业,孵化时间不超过 60 个月。

(四)符合《中小企业划型标准规定》所规定的小型、微型企业划型标准。

(五)单一在孵企业入驻时使用的孵化场地面积不大于 1 000 平方米。从事航空航天等特殊领域的在孵企业,不大于 3 000 平方米。

(六)企业产品(服务)属于科学技术部、财政部、国家税务总局印发的《国家重点支持的高新技术领域》规定的范围。

五、本通知所称“孵化服务”是指为孵化企业提供的属于营业税“服务业”税目中“代理业”“租赁业”和“其他服务业”中的咨询和技术服务范围内的服务,改征增值税后是指为孵化企业提供的“经纪代理”“经营租赁”“研发和技术”“信息技术”和“鉴证咨询”等服务。

六、省级科技行政主管部门负责定期核实孵化器是否符合本通知规定的各项条件,并报国务院科技行政主管部门审核确认。国务院科技行政主管部门审核确认后向纳税人出具证明材料,列明用于孵化的房产和土地的地址、范围、面积等具体信息,并发送给国务院税务主管部门。

纳税人持相应证明材料向主管税务机关备案,主管税务机关按照《税收减免管理办法》等有关规定,以及国务院科技行政主管部门发布的符合本通知规定条件的孵化器名单信息,办理税收减免。

请遵照执行。

财政部 国家税务总局

2016 年 8 月 11 日

国家税务总局关于营改增试点若干征管问题的公告

国家税务总局公告2016年第53号

根据《财政部 国家税务总局关于全面推开营业税改征增值税试点的通知》(财税〔2016〕36号),现将营改增试点有关征管问题公告如下:

一、境外单位或者个人发生的下列行为不属于在境内销售服务或者无形资产:

(一)为出境的函件、包裹在境外提供的邮政服务、收派服务;

(二)向境内单位或者个人提供的工程施工地点在境外的建筑服务、工程监理服务;

(三)向境内单位或者个人提供的工程、矿产资源在境外的工程勘察勘探服务;

(四)向境内单位或者个人提供的会议展览地点在境外的会议展览服务。

二、其他个人采取一次性收取租金的形式出租不动产,取得的租金收入可在租金对应的租赁期内平均分摊,分摊后的月租金收入不超过3万元的,可享受小微企业免征增值税优惠政策。

三、单用途商业预付卡(以下简称"单用途卡")业务按照以下规定执行:

(一)单用途卡发卡企业或者售卡企业(以下统称"售卡方")销售单用途卡,或者接受单用途卡持卡人充值取得的预收资金,不缴纳增值税。售卡方可按照本公告第九条的规定,向购卡人、充值人开具增值税普通发票,不得开具增值税专用发票。

单用途卡,是指发卡企业按照国家有关规定发行的,仅限于在本企业、本企业所属集团或者同一品牌特许经营体系内兑付货物或者服务的预付凭证。

发卡企业,是指按照国家有关规定发行单用途卡的企业。售卡企业,是指集团发卡企业或者品牌发卡企业指定的,承担单用途卡销售、充值、挂失、换卡、退卡等相关业务的本集团或同一品牌特许经营体系内的企业。

(二)售卡方因发行或者销售单用途卡并办理相关资金收付结算业务取得的手续费、结算费、服务费、管理费等收入,应按照现行规定缴纳增值税。

(三)持卡人使用单用途卡购买货物或服务时,货物或者服务的销售方应按照现行规定缴纳增值税,且不得向持卡人开具增值税发票。

(四)销售方与售卡方不是同一个纳税人的,销售方在收到售卡方结算的销售款时,应向售卡方开具增值税普通发票,并在备注栏注明"收到预付卡结算款",不得开具增值税专用发票。

售卡方从销售方取得的增值税普通发票,作为其销售单用途卡或接受单用途卡充值取得预收资金不缴纳增值税的凭证,留存备查。

四、支付机构预付卡(以下称"多用途卡")业务按照以下规定执行:

(一)支付机构销售多用途卡取得的等值人民币资金,或者接受多用途卡持卡人充值取得的充值资金,不缴纳增值税。支付机构可按照本公告第九条的规定,向购卡人、充值人开具增值税普通发票,不得开具增值税专用发票。

支付机构,是指取得中国人民银行核发的《支付业务许可证》,获准办理"预付卡发行与受理"业务的发卡机构和获准办理"预付卡受理"业务的受理机构。

多用途卡,是指发卡机构以特定载体和形式发行的,可在发卡机构之外购买货物或服务的预付价值。

(二)支付机构因发行或者受理多用途卡并办理相关资金收付结算业务取得的手续费、结算费、服务费、管理费等收入,应按照现行规定缴纳增值税。

(三)持卡人使用多用途卡,向与支付机构签署合作协议的特约商户购买货物或服务,特约商户应按照现行规定缴纳增值税,且不得向持卡人开具增值税发票。

(四)特约商户收到支付机构结算的销售款时,应向支付机构开具增值税普通发票,并在备注栏注明"收到预付卡结算款",不得开具增值税专用发票。

支付机构从特约商户取得的增值税普通发票，作为其销售多用途卡或接受多用途卡充值取得预收资金不缴纳增值税的凭证，留存备查。

五、单位将其持有的限售股在解禁流通后对外转让的，按照以下规定确定买入价：

（一）上市公司实施股权分置改革时，在股票复牌之前形成的原非流通股股份，以及股票复牌首日至解禁日期间由上述股份孳生的送、转股，以该上市公司完成股权分置改革后股票复牌首日的开盘价为买入价。

（二）公司首次公开发行股票并上市形成的限售股，以及上市首日至解禁日期间由上述股份孳生的送、转股，以该上市公司股票首次公开发行（IPO）的发行价为买入价。

（三）因上市公司实施重大资产重组形成的限售股，以及股票复牌首日至解禁日期间由上述股份孳生的送、转股，以该上市公司因重大资产重组股票停牌前一交易日的收盘价为买入价。

六、银行提供贷款服务按期计收利息的，结息日当日计收的全部利息收入，均应计入结息日所属期的销售额，按照现行规定计算缴纳增值税。

七、按照《中华人民共和国增值税暂行条例》《营业税改征增值税试点实施办法》《中华人民共和国消费税暂行条例》及相关文件规定，以1个季度为纳税期限的增值税纳税人，其取得的全部增值税应税收入、消费税应税收入，均可以1个季度为纳税期限。

八、《纳税人跨县（市、区）提供建筑服务增值税征收管理暂行办法》（国家税务总局公告2016年第17号发布）第七条规定调整为：

纳税人跨县（市、区）提供建筑服务，在向建筑服务发生地主管国税机关预缴税款时，需填报《增值税预缴税款表》，并出示以下资料：

（一）与发包方签订的建筑合同复印件（加盖纳税人公章）；

（二）与分包方签订的分包合同复印件（加盖纳税人公章）；

（三）从分包方取得的发票复印件（加盖纳税人公章）。

九、《国家税务总局关于全面推开营业税改征增值税试点有关税收征收管理事项的公告》（国家税务总局公告2016年第23号）附件《商品和服务税收分类与编码（试行）》中的分类编码调整以下内容，纳税人应将增值税税控开票软件升级到最新版本（V2.0.11）：

（一）3010203“水路运输期租业务”下分设301020301“水路旅客运输期租业务”和301020302“水路货物运输期租业务”；3010204“水路运输程租业务”下设301020401“水路旅客运输程租业务”和301020402“水路货物运输程租业务”；301030103“航空运输湿租业务”下设30103010301“航空旅客运输湿租业务”和30103010302“航空货物运输湿租业务”。

（二）30105“无运输工具承运业务”下新增3010502“无运输工具承运陆路运输业务”、3010503“无运输工具承运水路运输服务”、3010504“无运输工具承运航空运输服务”、3010505“无运输工具承运管道运输服务”和3010506“无运输工具承运联运运输服务”。

停用编码3010501“无船承运”。

（三）301“交通运输服务”下新增30106“联运服务”，用于利用多种运输工具载运旅客、货物的业务活动。

30106“联运服务”下新增3010601“旅客联运服务”和3010602“货物联运服务”。

（四）30199“其他运输服务”下新增3019901“其他旅客运输服务”和3019902“其他货物运输服务”。

（五）30401“研发和技术服务”下新增3040105“专业技术服务”。

停止使用编码304010403“专业技术服务”。

（六）304050202“不动产经营租赁”下新增30405020204“商业营业用房经营租赁服务”。

（七）3040801“企业管理服务”下新增304080101“物业管理服务”和304080199“其他企业管理服务”。

（八）3040802“经纪代理服务”下新增304080204“人力资源外包服务”。

（九）3040803“人力资源服务”下新增304080301“劳务派遣服务”和304080399“其他人力资源服务”。

（十）30601“贷款服务”下新增3060110“客户贷款”，用于向企业、个人等客户发放贷款以及票据贴现的情况；3060110“客户贷款”下新增306011001“企业贷款”、306011002“个人贷款”、306011003“票据贴现”。

(十一)增加6“未发生销售行为的不征税项目”,用于纳税人收取款项但未发生销售货物、应税劳务、服务、无形资产或不动产的情形。

“未发生销售行为的不征税项目”下设601“预付卡销售和充值”、602“销售自行开发的房地产项目预收款”、603“已申报缴纳营业税未开票补开票”。

使用“未发生销售行为的不征税项目”编码,发票税率栏应填写“不征税”,不得开具增值税专用发票。

十、本公告自2016年9月1日起施行,此前已发生未处理的事项,按照本公告规定执行。2016年5月1日前,纳税人发生本公告第二、五、六条规定的应税行为,此前未处理的,比照本公告规定缴纳营业税。

特此公告。

国家税务总局

2016年8月18日

国家税务总局关于物业管理服务中收取的自来水水费增值税问题的公告

国家税务总局公告2016年第54号

现将物业管理服务中收取的自来水水费增值税有关问题公告如下:

提供物业管理服务的纳税人,向服务接受方收取的自来水水费,以扣除其对外支付的自来水水费后的余额为销售额,按照简易计税方法依3%的征收率计算缴纳增值税。

本公告自发布之日起施行。2016年5月1日以后已发生并处理的事项,不再作调整;未处理的,按本公告规定执行。

特此公告。

国家税务总局

2016年8月19日

财政部 国家税务总局关于供热企业增值税 房产税 城镇土地使用税优惠政策的通知

财税〔2016〕94号

北京、天津、河北、山西、内蒙古、辽宁、大连、吉林、黑龙江、山东、青岛、河南、陕西、甘肃、宁夏、新疆、青海省(自治区、直辖市、计划单列市)财政厅(局)、国家税务局、地方税务局,新疆生产建设兵团财务局:

为保障居民供热采暖,经国务院批准,现将“三北”地区供热企业(以下简称供热企业)增值税、房产税、城镇土地使用税政策通知如下:

一、自2016年1月1日至2018年供暖期结束,对供热企业向居民个人(以下统称居民)供热而取得的采暖费收入免征增值税。

向居民供热而取得的采暖费收入,包括供热企业直接向居民收取的、通过其他单位向居民收取的和由单位代居民缴纳的采暖费。

免征增值税的采暖费收入,应当按照《中华人民共和国增值税暂行条例》第十六条的规定单独核算。通过热力产品经营企业向居民供热的热力产品生产企业，应当根据热力产品经营企业实际从居民取得的采暖费收入占该经营企业采暖费总收入的比例确定免税收入比例。

本条所称供暖期，是指当年下半年供暖开始至次年上半年供暖结束的期间。

……

三、本通知所称供热企业，是指热力产品生产企业和热力产品经营企业。热力产品生产企业包括专业供热企业、兼营供热企业和自供热单位。

四、本通知所称"三北"地区，是指北京市、天津市、河北省、山西省、内蒙古自治区、辽宁省、大连市、吉林省、黑龙江省、山东省、青岛市、河南省、陕西省、甘肃省、青海省、宁夏回族自治区和新疆维吾尔自治区。

财政部 国家税务总局

2016 年 8 月 24 日

国家税务总局关于优化完善增值税发票选择确认平台功能及系统维护有关事项的公告

国家税务总局公告 2016 年第 57 号

为进一步优化纳税服务，现将优化完善增值税发票选择确认平台(原增值税发票查询平台)功能及系统维护有关事项公告如下：

一、纳税人每日可登录本省增值税发票选择确认平台，查询、选择、确认用于申报抵扣或者出口退税的增值税发票信息。

二、增值税发票选择确认平台纳税人端系统维护工作，由增值税税控系统服务单位负责。

三、本公告自 2016 年 9 月 1 日起施行，《国家税务总局关于优化完善增值税发票查询平台功能有关事项的公告》(国家税务总局公告 2016 年第 32 号)第一条同时废止。

特此公告。

国家税务总局

2016 年 8 月 29 日

国家税务总局关于纳税人申请代开增值税发票办理流程的公告

国家税务总局公告 2016 年第 59 号

现将纳税人代开发票(纳税人销售取得的不动产和其他个人出租不动产由地税机关代开增值税发票业务除外)办理流程公告如下：

一、办理流程

(一)在地税局委托国税局代征税费的办税服务厅，纳税人按照以下次序办理：

1. 在国税局办税服务厅指定窗口：

(1)提交《代开增值税发票缴纳税款申报单》(见附件)；

(2)自然人申请代开发票，提交身份证件及复印件；

其他纳税人申请代开发票，提交加载统一社会信用代码的营业执照(或税务登记证或组织机构代码证)、经办人身份证件及复印件。

2. 在同一窗口申报缴纳增值税等有关税费。

3. 在同一窗口领取发票。

(二)在国税地税合作、共建的办税服务厅,纳税人按照以下次序办理:

1. 在办税服务厅国税指定窗口:

(1)提交《代开增值税发票缴纳税款申报单》;

(2)自然人申请代开发票,提交身份证件及复印件;

其他纳税人申请代开发票,提交加载统一社会信用代码的营业执照(或税务登记证或组织机构代码证)、经办人身份证件及复印件。

2. 在同一窗口缴纳增值税。

3. 到地税指定窗口申报缴纳有关税费。

4. 到国税指定窗口凭相关缴纳税费证明领取发票。

二、各省税务机关应在本公告规定的基础上,结合本地实际,制定更为细化、更有明确指向和可操作的纳税人申请代开发票办理流程公告,切实将简化优化办税流程落到实处。

三、纳税人销售取得的不动产和其他个人出租不动产代开增值税发票业务所需资料,仍然按照《国家税务总局关于加强和规范税务机关代开普通发票工作的通知》(国税函〔2004〕1024 号)第二条第(五)项执行。

本公告自 2016 年 11 月 15 日起施行。

特此公告。

附件:代开增值税发票缴纳税款申报单(略)

国家税务总局

2016 年 8 月 31 日

国家税务总局 外交部关于发布《外国驻华使(领)馆及其馆员在华购买货物和服务增值税退税管理办法》的公告

国家税务总局 外交部公告 2016 年第 58 号

根据《财政部 国家税务总局关于外国驻华使(领)馆及其馆员在华购买货物和服务增值税退税政策的通知》(财税〔2016〕51 号)等有关规定,经商财政部,国家税务总局、外交部制定了《外国驻华使(领)馆及其馆员在华购买货物和服务增值税退税管理办法》。现予发布,自 2016 年 5 月 1 日起执行。

特此公告。

附件:1. 外国驻华使(领)馆及国际组织退税申报汇总表(略)

2. 外国驻华使(领)馆及国际组织退税申报明细表(略)

国家税务总局 外交部

2016 年 8 月 31 日

外国驻华使(领)馆及其馆员在华购买货物和服务增值税退税管理办法

根据《中华人民共和国外交特权与豁免条例》、《中华人民共和国领事特权与豁免条例》、《中华人民共和国税收征收管理法》及实施细则、《中华人民共和国增值税暂行条例》、《中华人民共和国发票管理办法》、《财

政部 国家税务总局关于全面推开营业税改征增值税试点的通知》(财税〔2016〕36 号)和《财政部 国家税务总局关于外国驻华使(领)馆及其馆员在华购买货物和服务增值税退税政策的通知》(财税〔2016〕51 号)等有关规定,制定本办法。

一、外国驻华使(领)馆及其馆员(以下称享受退税的单位和人员)在中华人民共和国境内购买货物和服务增值税退税适用本办法。

享受退税的单位和人员,包括外国驻华使(领)馆的外交代表(领事官员)及行政技术人员,中国公民或者在中国永久居留的人员除外。外交代表(领事官员)和行政技术人员是指《中华人民共和国外交特权与豁免条例》第二十八条第五、六项和《中华人民共和国领事特权与豁免条例》第二十八条第四、五项规定的人员。

实行增值税退税政策的货物与服务范围,包括按规定征收增值税、属于合理自用范围内的生活办公类货物和服务(含修理修配劳务,下同)。生活办公类货物和服务,是指为满足日常生活、办公需求购买的货物和服务。工业用机器设备、金融服务以及财政部和国家税务总局规定的其他货物和服务,不属于生活办公类货物和服务。

二、下列情形不适用增值税退税政策:

(一)购买非合理自用范围内的生活办公类货物和服务;

(二)购买货物单张发票销售金额(含税价格)不足 800 元人民币(自来水、电、燃气、暖气、汽油、柴油除外),购买服务单张发票销售金额(含税价格)不足 300 元人民币;

(三)个人购买除车辆外的货物和服务,每人每年申报退税的销售金额(含税价格)超过 12 万元人民币的部分;

(四)增值税免税货物和服务。

三、申报退税的应退税额,为增值税发票上注明的税额。增值税发票上未注明税额的,按下列公式计算应退税额:

应退税额=发票或客运凭证上列明的金额(含增值税)÷(1+增值税征收率)×增值税征收率

四、外国驻华使(领)馆应在首次申报退税前,将使(领)馆馆长或其授权的外交人员(领事官员)签字字样及授权文件、享受退税人员范围、使(领)馆退税账户报外交部礼宾司备案;如有变化,应及时变更备案。外交部礼宾司将使(领)馆退税账户转送北京市国家税务局备案。

五、享受退税的单位和人员,应使用外交部指定的电子信息系统,真实、准确填报退税数据。申报退税时除提供电子申报数据外,还须提供以下资料:

(一)《外国驻华使(领)馆及国际组织退税申报汇总表》(附件 1,以下简称《汇总表》)一式两份;

(二)《外国驻华使(领)馆及国际组织退税申报明细表》(附件 2,以下简称《明细表》)一式两份;

(三)购买货物和服务的增值税发票原件,或纳入税务机关发票管理的客运凭证原件(国际运输客运凭证除外,以下简称退税凭证)。

享受退税的单位和人员如需返还发票原件,还应同时报送发票复印件一份,经外交部礼宾司转送北京市国家税务局。北京市国家税务局对原件审核后加盖印章,经外交部礼宾司予以退还,将复印件留存。

六、享受退税的单位和人员申报退税提供的发票应符合《中华人民共和国发票管理办法》的要求,并注明付款单位(个人)、商品名称、数量、金额、开票日期等;客运凭证应注明旅客姓名、金额、日期等。

七、享受退税的单位和人员报送的退税资料应符合以下要求:

(一)《汇总表》应由使(领)馆馆长或其授权的外交人员(领事官员)签字。

(二)《汇总表》与《明细表》逻辑关系一致。

(三)电子申报数据与纸质资料内容一致。

(四)退税凭证应按《明细表》申报顺序装订。

(五)应退税额计算准确。

八、享受退税的单位和人员,应按季度向外交部礼宾司报送退税凭证和资料申报退税,报送时间为每年的 1 月、4 月、7 月、10 月;本年度购买的货物和服务(以发票开具日期为准),最迟申报不得迟于次年 1 月。逾期报送的,外交部礼宾司不予受理。

九、外交部礼宾司受理使(领)馆退税申报后,10 个工作日内,对享受退税的单位和人员的范围进行确认，对申报时限及其他内容进行审核、签章，将各使（领）馆申报资料一并转送北京市国家税务局办理退税，并履行交接手续。

十、北京市国家税务局在接到外交部礼宾司转来的退税申报资料及电子申报数据后，10个工作日内对其完整性、规范性、准确性、合理性进行审核，并将审核通过的税款退付给使（领）馆退税账户。经审核暂缓办理、不予办理退税的，应将具体原因在电子系统中注明。

十一、对享受退税的单位和人员申报的货物与服务是否属合理自用范围或者申报凭证真实性有疑问的，税务机关应暂缓办理退税，并通过外交部礼宾司对其进行问询。

十二、税务机关如发现享受退税的单位和人员申报的退税凭证虚假或所列内容与实际交易不符的，不予退税，并通过外交部礼宾司向其通报；情况严重的，外交部礼宾司将不再受理其申报。

十三、享受退税的单位和人员购买货物和服务办理退税后，如发生退货或转让所有权、使用权等情形，须经外交部礼宾司向北京市国家税务局办理补税手续。如转让需外交部礼宾司核准的货物，外交部礼宾司应在确认转让货物未办理退税或已办理补税手续后，办理核准转让手续。

十四、如中外双方需就退税问题另行制定协议的，由外交部商财政部、国家税务总局予以明确。

十五、各国际组织驻华代表机构及其人员按照有关协定享有免税待遇的，可参照本办法执行。

本办法自2016年5月1日起执行，以发票开具日期或客运凭证载明的乘运日期为准。《国家税务总局 外交部关于印发〈外国驻华使（领）馆及其人员在华购买物品和劳务退还增值税管理办法〉的通知》（国税发〔2003〕20号）同时废止。《国家税务总局关于调整外国驻华使领馆及外交人员自用免税汽柴油管理办法的通知》（国税函〔2003〕1346号）自2016年10月1日起停止执行。

财政部 国家税务总局关于延续免征国产抗艾滋病病毒药品增值税政策的通知

财税〔2016〕97号

各省、自治区、直辖市、计划单列市财政厅（局）、国家税务局，新疆生产建设兵团财务局：

为继续支持艾滋病防治工作，经国务院批准，现将国产抗艾滋病病毒药品增值税政策通知如下：

一、自2016年1月1日至2018年12月31日，继续对国产抗艾滋病病毒药品免征生产环节和流通环节增值税（国产抗艾滋病病毒药物品种清单见附件）。

二、享受上述免征增值税政策的国产抗艾滋病病毒药品，为国家卫生计生委委托中国疾病预防控制中心通过公开招标方式统一采购、各省（自治区、直辖市）艾滋病药品管理部门分散签约支付的抗艾滋病病毒药品。药品生产企业申请办理免税时，应向主管税务机关提交加盖企业公章的药品供货合同复印件、中标通知书复印件及中国政府网中标公告。

三、抗艾滋病病毒药品的生产企业和流通企业应分别核算免税药品和其他货物的销售额；未分别核算的，不得享受增值税免税政策。

四、纳税人销售本通知规定的享受免税政策的国产抗艾滋病病毒药品，如果已向购买方开具了增值税专用发票，应将专用发票追回后方可就已售药品申请办理免税。凡专用发票无法追回的，一律按照规定征收增值税，不予免税。

附件：国产抗艾滋病病毒药物品种清单

财政部 国家税务总局

2016年9月1日

附件：

国产抗艾滋病病毒药物品种清单

序号	药物品种
1	齐多夫定
2	拉米夫定
3	奈韦拉平
4	依非韦伦
5	替诺福韦
6	洛匹那韦
7	利托那韦
8	阿巴卡韦

国产抗艾滋病病毒药物，包括上表中所列药物及其制剂，以及由两种或三种药物组成的复合制剂。

财政部 国家税务总局关于国家大学科技园税收政策的通知

财税〔2016〕98 号

各省、自治区、直辖市、计划单列市财政厅（局）、国家税务局、地方税务局，新疆生产建设兵团财务局：

经国务院批准，现就国家大学科技园（以下简称科技园）有关税收政策通知如下：

一、自 2016 年 1 月 1 日至 2018 年 12 月 31 日，对符合条件的科技园自用以及无偿或通过出租等方式提供给孵化企业使用的房产、土地，免征房产税和城镇土地使用税；自 2016 年 1 月 1 日至 2016 年 4 月 30 日，对其向孵化企业出租场地、房屋以及提供孵化服务的收入，免征营业税；在营业税改征增值税试点期间，对其向孵化企业出租场地、房屋以及提供孵化服务的收入，免征增值税。

二、符合非营利组织条件的科技园的收入，按照企业所得税法及其实施条例和有关税收政策规定享受企业所得税优惠政策。

三、享受本通知规定的房产税、城镇土地使用税以及营业税、增值税优惠政策的科技园，应当同时符合以下条件：

（一）科技园符合国家大学科技园条件。国务院科技和教育行政主管部门负责发布国家大学科技园名单。

（二）科技园将面向孵化企业出租场地、房屋以及提供孵化服务的业务收入在财务上单独核算。

（三）科技园提供给孵化企业使用的场地面积（含公共服务场地）占科技园可自主支配场地面积的 60%以上（含 60%），孵化企业数量占科技园内企业总数量的 75%以上（含 75%）。

公共服务场地是指科技园提供给孵化企业共享的活动场所，包括公共餐厅、接待室、会议室、展示室、活动室、技术检测室和图书馆等非营利性配套服务场地。

四、本通知所称“孵化企业”应当同时符合以下条件：

（一）企业注册地及主要研发、办公场所在科技园的工作场地内。

（二）新注册企业或申请进入科技园前企业成立时间不超过 3 年。

（三）企业在科技园内孵化的时间不超过48个月。海外高层次创业人才或从事生物医药、集成电路设计等特殊领域的创业企业，孵化时间不超过60个月。

（四）符合《中小企业划型标准规定》所规定的小型、微型企业划型标准。

（五）单一在孵企业使用的孵化场地面积不超过1 000平方米。从事航空航天、现代农业等特殊领域的单一在孵企业，不超过3 000平方米。

（六）企业产品（服务）属于科学技术部、财政部、国家税务总局印发的《国家重点支持的高新技术领域》规定的范围。

五、本通知所称"孵化服务"是指为孵化企业提供的属于营业税"服务业"税目中"代理业"、"租赁业"和"其他服务业"中的咨询和技术服务范围内的服务，改征增值税后是指为孵化企业提供的"经纪代理"、"经营租赁"、"研发和技术"、"信息技术"和"鉴证咨询"等服务。

六、国务院科技和教育行政主管部门负责组织对科技园是否符合本通知规定的各项条件定期进行审核确认，并向纳税人出具证明材料，列明纳税人用于孵化的房产和土地的地址、范围、面积等具体信息，并发送给国务院税务主管部门。

纳税人持相应证明材料向主管税务机关备案，主管税务机关按照《税收减免管理办法》等有关规定，以及国务院科技和教育行政主管部门发布的符合本通知规定条件的科技园名单信息，办理税收减免。

财政部 国家税务总局
2016年9月5日

国家税务总局 财政部 海关总署关于开展赋予海关特殊监管区域企业增值税一般纳税人资格试点的公告

国家税务总局 财政部 海关总署公告2016年第65号

根据《国务院关于促进外贸回稳向好的若干意见》（国发〔2016〕27号），国家税务总局、财政部和海关总署选择部分海关特殊监管区域开展赋予企业增值税一般纳税人资格试点，现将有关事项公告如下：

一、在昆山综合保税区、苏州工业园综合保税区、上海松江出口加工区、河南郑州出口加工区、郑州新郑综合保税区、重庆西永综合保税区和深圳盐田综合保税区开展赋予企业增值税一般纳税人资格试点。

上述试点区域内符合增值税一般纳税人登记管理有关规定的企业，可自愿向试点区域所在地主管税务机关、海关申请成为试点企业，向主管税务机关依法办理增值税一般纳税人资格登记。

二、试点企业自增值税一般纳税人资格生效之日起，适用下列税收政策。

（一）试点企业进口自用设备（包括机器设备、基建物资和办公用品）时，暂免征收进口关税、进口环节增值税、消费税（以下简称进口税收）。上述暂免进口税收按照该进口自用设备海关监管年限平均分摊到各个年度，每年年终对本年暂免的进口税收按照当年内外销比例进行划分，对外销比例部分执行试点企业所在海关特殊监管区域的税收政策，对内销比例部分比照执行海关特殊监管区域外（以下简称区外）税收政策补征税款。

（二）除进口自用设备外，购买的下列货物适用保税政策：

1. 从境外购买并进入试点区域的货物。

2. 从海关特殊监管区域（试点区域除外）或海关保税监管场所购买并进入试点区域的保税货物。

3. 从试点区域内非试点企业购买的保税货物。

4. 从试点区域内其他试点企业购买的未经加工的保税货物。

（三）销售的下列货物，向税务机关申报缴纳增值税、消费税：

1. 向境内区外销售的货物。

2. 向保税区、不具备退税功能的保税监管场所销售的货物（未经加工的保税货物除外）。

3. 向试点区域内其他试点企业销售的货物（未经加工的保税货物除外）。

试点企业销售上述货物中含有保税货物的，按照保税货物进入海关特殊监管区域时的状态向海关申报缴纳进口税收，并按照规定补缴缓税利息。

(四)向海关特殊监管区域或者海关保税监管场所销售的未经加工的保税货物，继续适用保税政策。

(五)销售的下列货物(未经加工的保税货物除外)，适用出口退(免)税政策，税务机关凭海关提供的与之对应的出口货物报关单电子数据审核办理试点企业申报的出口退(免)税。

1. 离境出口的货物。

2. 向海关特殊监管区域(试点区域、保税区除外)或海关保税监管场所(不具备退税功能的保税监管场所除外)销售的货物。

3. 向试点区域内非试点企业销售的货物。

(六)除财政部、海关总署、国家税务总局另有规定外，试点企业适用区外关税、增值税、消费税的法律、法规。

三、区外销售给试点企业的加工贸易货物，继续按现行税收政策执行；销售给试点企业的其他货物(包括水、蒸汽、电力、燃气)不再适用出口退税政策，按照规定缴纳增值税、消费税。

四、税务、海关两部门加强税收征管和货物监管的信息交换。对适用出口退税政策的货物，海关向税务部门传输出口报关单结关信息电子数据。

五、本公告自2016年11月1日起施行。

特此公告。

国家税务总局 财政部 海关总署
2016年10月14日

关于《国家税务总局 财政部 海关总署关于开展赋予海关特殊监管区域企业增值税一般纳税人资格试点的公告》的解读

根据《国务院关于促进外贸回稳向好的若干意见》(国发〔2016〕27号，以下简称《若干意见》)关于“在符合条件的海关特殊监管区域积极探索货物状态分类监管试点，在税负公平、风险可控的前提下，赋予具备条件的企业增值税一般纳税人资格”的决定，税务总局、财政部、海关总署共同制定了《关于开展赋予海关特殊监管区域企业增值税一般纳税人资格试点的公告》(以下简称《公告》)，为便于政策理解和执行，现对《公告》解读如下：

一、《公告》出台的背景

近年来，随着国际市场的持续低迷，海关特殊监管区域企业开始积极参与国内市场，经营模式逐步向利用国内国外“两种资源，两个市场”方向转变。为便利内销和采购国产料件，区内企业希望能够取得一般纳税人资格，享受营改增改革带来的红利。为此，税务总局会同财政部、海关总署对赋予海关特殊监管区域企业增值税一般纳税人资格试点有关事项进行了研究，决定在在昆山综合保税区、苏州工业园综合保税区、上海松江出口加工区、河南郑州出口加工区、郑州新郑综合保税区、重庆西永综合保税区和深圳盐田综合保税区开展赋予企业增值税一般纳税人资格试点。

二、《公告》的主要内容

公告对开展试点的区域、试点企业的自愿原则、试点的税收政策、税务和海关部门的信息交换等内容进行了明确。试点的税收政策主要涉及以下几个方面：

(一)赋予区内试点企业增值税一般纳税人资格。试点企业内销货物(包括销售给监管区其他试点企业的货物)可以按规定开具增值税专用发票，并按规定申报缴纳增值税、消费税。

(二)试点企业从区外购进货物，可索取增值税专用发票。所购货物内销的，作为增值税进项税额的抵扣凭证；所购货物外销的，作为出口退税凭证；试点企业以加工贸易方式从区外购进的货物，继续按现行税收政策执行。

(三)试点企业进口货物继续适用保税政策;内销货物中含有保税货物的,或向区外直接销售未经加工的保税货物,按照保税货物入区时的状态,向海关申报缴纳保税货物的进口关税、增值税和消费税,并按照规定补缴缓税利息;试点企业向监管区非试点企业购买货物,比照进口货物适用税收政策。区内企业之间销售未经加工的保税货物不征税,由购货方继续适用保税政策。

(四)试点企业出口货物,在货物实际离境后申请退税;试点企业向监管区非试点企业销售货物,除未经加工的保税货物外,视同出口办理退税。

(五)试点企业进口自用设备(包括机器设备、基建物资和办公用品)时,暂免征收进口关税、进口环节增值税、消费税(以下简称进口税收)。上述暂免进口税收按照该进口自用设备海关监管年限平均分摊到各个年度,每年年终对本年暂免的进口税收按照当年内外销比例进行划分,对外销比例部分执行区内税收政策,对内销比例部分比照执行区外税收政策补征税款。

三、执行时间

《公告》自 2016 年 11 月 1 日起施行。

国家税务总局关于在境外提供建筑服务等有关问题的公告

国家税务总局公告 2016 年第 69 号

为进一步推进全面营改增试点平稳运行,现将在境外提供建筑服务等有关征管问题公告如下:

一、境内的单位和个人为施工地点在境外的工程项目提供建筑服务,按照《国家税务总局关于发布〈营业税改征增值税跨境应税行为增值税免税管理办法(试行)〉的公告》(国家税务总局公告 2016 年第 29 号)第八条规定办理免税备案手续时,凡与发包方签订的建筑合同注明施工地点在境外的,可不再提供工程项目在境外的其他证明材料。

二、境内的单位和个人在境外提供旅游服务,按照国家税务总局公告 2016 年第 29 号第八条规定办理免税备案手续时,以下列材料之一作为服务地点在境外的证明材料:

(一)旅游服务提供方派业务人员随同出境的,出境业务人员的出境证件首页及出境记录页复印件。

出境业务人员超过 2 人的,只需提供其中 2 人的出境证件复印件。

(二)旅游服务购买方的出境证件首页及出境记录页复印件。

旅游服务购买方超过 2 人的,只需提供其中 2 人的出境证件复印件。

三、享受国际运输服务免征增值税政策的境外单位和个人,到主管税务机关办理免税备案时,提交的备案资料包括:

(一)关于纳税人基本情况和业务介绍的说明;

(二)依据的税收协定或国际运输协定复印件。

四、纳税人提供建筑服务,被工程发包方从应支付的工程款中扣押的质押金、保证金,未开具发票的,以纳税人实际收到质押金、保证金的当天为纳税义务发生时间。

五、纳税人以长(短)租形式出租酒店式公寓并提供配套服务的,按照住宿服务缴纳增值税。

六、境外单位通过教育部考试中心及其直属单位在境内开展考试,教育部考试中心及其直属单位应以取得的考试费收入扣除支付给境外单位考试费后的余额为销售额,按提供"教育辅助服务"缴纳增值税;就代为收取并支付给境外单位的考试费统一扣缴增值税。教育部考试中心及其直属单位代为收取并支付给境外单位的考试费,不得开具增值税专用发票,可以开具增值税普通发票。

七、纳税人提供签证代理服务,以取得的全部价款和价外费用,扣除向服务接受方收取并代为支付给外交部和外国驻华使(领)馆的签证费、认证费后的余额为销售额。向服务接受方收取并代为支付的签证费、认证费,不得开具增值税专用发票,可以开具增值税普通发票。

八、纳税人代理进口按规定免征进口增值税的货物,其销售额不包括向委托方收取并代为支付的货款。

向委托方收取并代为支付的款项，不得开具增值税专用发票，可以开具增值税普通发票。

九、纳税人提供旅游服务，将火车票、飞机票等交通费发票原件交付给旅游服务购买方而无法收回的，以交通费发票复印件作为差额扣除凭证。

十、全面开展住宿业小规模纳税人自行开具增值税专用发票试点。月销售额超过3万元（或季销售额超过9万元）的住宿业小规模纳税人提供住宿服务、销售货物或发生其他应税行为，需要开具增值税专用发票的，可以通过增值税发票管理新系统自行开具，主管国税机关不再为其代开。

住宿业小规模纳税人销售其取得的不动产，需要开具增值税专用发票的，仍须向地税机关申请代开。

住宿业小规模纳税人自行开具增值税专用发票应缴纳的税款，应在规定的纳税申报期内，向主管税务机关申报纳税。在填写增值税纳税申报表时，应将当期开具专用发票的销售额，按照3%和5%的征收率，分别填写在《增值税纳税申报表》（小规模纳税人适用）第2栏和第5栏"税务机关代开的增值税专用发票不含税销售额"的"本期数"相应栏次中。

十一、本公告自发布之日起施行，此前已发生未处理的事项，按照本公告规定执行。《国家税务总局关于部分地区开展住宿业增值税小规模纳税人自开增值税专用发票试点工作有关事项的公告》（国家税务总局公告2016年第44号）同时废止。

特此公告。

国家税务总局

2016年11月4日

关于《国家税务总局关于在境外提供建筑服务等有关问题的公告》的解读

一、公告发布的背景

当前，全面推开营改增试点进入全面改进阶段，为进一步明晰征管规定，简化办税流程，确保改革试点平稳运行，纳税人充分享受改革红利，税务总局制定了《国家税务总局关于在境外提供建筑服务等有关问题的公告》，就有关问题予以明确。

二、公告明确的内容

（一）简化或明确需提供的证明材料

简化境内的单位和个人为施工地点在境外的工程项目提供建筑服务，或者在境外提供旅游服务申请免征增值税时所需提供的项目在境外或者服务地点在境外的证明材料。

明确境外单位和个人享受国际运输服务免征增值税需提交的备案资料。

（二）明确部分政策的执行口径

1. 明确纳税人提供建筑服务，被发包方从工程款中扣押的质押金、保证金，未开具发票的，按照实际收到的日期确认纳税义务发生时间。

2. 明确纳税人无论以长租或短租形式出租酒店式公寓，同时提供配套服务的，按照住宿服务缴纳增值税。

3. 明确境外单位通过教育部考试中心及其直属单位在境内开展考试，教育部考试中心及其直属单位应以取得的考试费收入扣除支付给境外单位考试费后的余额为销售额，按提供"教育辅助服务"缴纳增值税，同时扣缴境外单位的增值税。代为收取并支付给境外单位的考试费，不得开具增值税专用发票，可以开具增值税普通发票。

4. 明确纳税人提供签证代理服务，销售额为取得的全部价款和价外费用，扣除向服务接受方收取并代为支付给外交部和外国驻华使（领）馆的签证费、认证费后的余额。向服务接受方收取并代为支付的签证费、认证费，不得开具增值税专用发票，可以开具增值税普通发票。

5. 明确纳税人代理进口免征进口环节增值税的货物，其销售额不包括向委托方收取并代为支付的货款。向委托方收取并代为支付的货款，不得开具增值税专用发票，可以开具增值税普通发票。

6. 明确纳税人提供旅游服务，对于无法收回的火车票、飞机票等交通费发票原件，可以交通费发票复印件作为差额扣除凭证。

（三）进一步扩大住宿业小规模纳税人自行开具增值税专用发票试点范围

为保障全面推开营改增试点工作顺利实施，方便纳税人发票使用，税务总局于2016年7月发布《国家税务总局关于部分地区开展住宿业增值税小规模纳税人自开增值税专用发票试点工作有关事项的公告》（国家税务总局公告2016年第44号），自2016年8月1日起在部分地区开展住宿业增值税小规模纳税人自开专用发票试点工作，试点范围为全国91个城市月销售额超过3万元（或季销售额超过9万元）的住宿业增值税小规模纳税人。试点3个月以来整体情况平稳顺利，税务总局决定将试点范围由91个城市扩大至全国。

财政部 商务部 国家税务总局关于继续执行研发机构采购设备增值税政策的通知

财税〔2016〕121号

各省、自治区、直辖市、计划单列市财政厅（局）、商务主管部门、国家税务局，新疆生产建设兵团财务局：

为了鼓励科学研究和技术开发，促进科技进步，经国务院批准，继续对内资研发机构和外资研发中心采购国产设备全额退还增值税。现将有关事项明确如下：

一、适用采购国产设备全额退还增值税政策的内资研发机构和外资研发中心包括：

（一）科技部会同财政部、海关总署和国家税务总局核定的科技体制改革过程中转制为企业和进入企业的主要从事科学研究和技术开发工作的机构；

（二）国家发展改革委会同财政部、海关总署和国家税务总局核定的国家工程研究中心；

（三）国家发展改革委会同财政部、海关总署、国家税务总局和科技部核定的企业技术中心；

（四）科技部会同财政部、海关总署和国家税务总局核定的国家重点实验室和国家工程技术研究中心；

（五）国务院部委、直属机构和省、自治区、直辖市、计划单列市所属专门从事科学研究工作的各类科研院所；

（六）国家承认学历的实施专科及以上高等学历教育的高等学校；

（七）符合本通知第二条规定的外资研发中心；

（八）财政部会同国务院有关部门核定的其他科学研究机构、技术开发机构和学校。

二、外资研发中心，根据其设立时间，应分别满足下列条件：

（一）2009年9月30日及其之前设立的外资研发中心，应同时满足下列条件：

1. 研发费用标准：（1）对外资研发中心，作为独立法人的，其投资总额不低于500万美元；作为公司内设部门或分公司的非独立法人的，其研发总投入不低于500万美元；（2）企业研发经费年支出额不低于1 000万元。

2. 专职研究与试验发展人员不低于90人。

3. 设立以来累计购置的设备原值不低于1000万元。

（二）2009年10月1日及其之后设立的外资研发中心，应同时满足下列条件：

1. 研发费用标准：作为独立法人的，其投资总额不低于800万美元；作为公司内设部门或分公司的非独立法人的，其研发总投入不低于800万美元。

2. 专职研究与试验发展人员不低于150人。

3. 设立以来累计购置的设备原值不低于2 000万元。

外资研发中心须经商务主管部门会同有关部门按照上述条件进行资格审核认定。具体审核认定办法见附件1。在2015年12月31日（含）以前，已取得退税资格未满2年暂不需要进行资格复审的、按规定已复审合格的外资研发中心，在2015年12月31日享受退税未满2年的，可继续享受至2年期满。

经认定的外资研发中心，因自身条件变化不再符合退税资格的认定条件或发生涉税违法行为的，不得享受退税政策。

三、具体退税管理办法由国家税务总局会同财政部另行制定。

四、本通知的有关定义。

(一)本通知所述"投资总额",是指外商投资企业批准证书或设立、变更备案回执所载明的金额。

(二)本通知所述"研发总投入",是指外商投资企业专门为设立和建设本研发中心而投入的资产,包括即将投入并签订购置合同的资产(应提交已采购资产清单和即将采购资产的合同清单)。

(三)本通知所述"研发经费年支出额",是指近两个会计年度研发经费年均支出额;不足两个完整会计年度的,可按外资研发中心设立以来任意连续12个月的实际研发经费支出额计算;现金与实物资产投入应不低于60%。

(四)本通知所述"专职研究与试验发展人员",是指企业科技活动人员中专职从事基础研究、应用研究和试验发展三类项目活动的人员,包括直接参加上述三类项目活动的人员以及相关专职科技管理人员和为项目提供资料文献、材料供应、设备的直接服务人员,上述人员须与外资研发中心或其所在外商投资企业签订1年以上劳动合同,以外资研发中心提交申请的前一日人数为准。

(五)本通知所述"设备",是指为科学研究、教学和科技开发提供必要条件的实验设备、装置和器械。在计算累计购置的设备原值时,应将进口设备和采购国产设备的原值一并计入,包括已签订购置合同并于当年内交货的设备(应提交购置合同清单及交货期限),上述设备应属于本通知《科技开发、科学研究和教学设备清单》所列设备(见附件2)。对执行中国产设备范围存在异议的,由主管税务机关逐级上报国家税务总局商财政部核定。

五、本通知规定的税收政策执行期限为2016年1月1日至2018年12月31日,具体从内资研发机构和外资研发中心取得退税资格的次月1日起执行。《财政部 商务部 海关总署 国家税务总局关于继续执行研发机构采购设备税收政策的通知》(财税〔2011〕88号)同时废止。

附件:1. 外资研发中心采购国产设备退税资格审核认定办法

2. 科技开发、科学研究和教学设备清单(略)

财政部 商务部 国家税务总局

2016年11月16日

附件1:

外资研发中心采购国产设备退税资格审核认定办法

为落实好外资研发中心(包括独立法人和非独立法人研发中心,以下简称研发中心)采购国产设备相关税收政策,特制定以下资格审核认定办法:

一、资格条件的审核

(一)各省、自治区、直辖市、计划单列市及新疆生产建设兵团商务主管部门会同同级财政、国税部门(以下简称审核部门),根据本地情况,制定审核流程和具体办法。研发中心应按本通知有关要求向其所在地商务主管部门提交申请材料。

(二)商务主管部门牵头召开审核部门联席会议,对研发中心上报的申请材料进行审核,按照本通知正文第二条所列条件和本审核认定办法要求,确定符合退税资格条件的研发中心名单。

(三)经审核,对符合退税资格条件的研发中心,由审核部门以公告形式联合发布,并将名单抄送商务部(外资司)、财政部(税政司)、国家税务总局(货物和劳务税司)备案。对不符合有关规定的,由商务主管部门根据联席会议的决定出具书面审核意见,并说明理由。上述公告或审核意见应在审核部门受理申请之日起45个工作日之内作出。

(四)审核部门每两年对已获得退税资格的研发中心进行资格复审。对于不再符合条件的研发中心取消其享受退税优惠政策的资格。

二、需报送的材料

研发中心申请采购国产设备退税资格,应提交以下材料:

(一)研发中心采购国产设备退税资格申请书和审核表;

(二)研发中心为独立法人的,应提交外商投资企业批准证书或设立、变更备案回执及营业执照复印件;

研发中心为非独立法人的，应提交其所在外商投资企业的外商投资企业批准证书或设立、变更备案回执及营业执照复印件；

（三）验资报告及上一年度审计报告复印件；

（四）研发费用支出明细、设备购置支出明细和清单以及通知规定应提交的材料；

（五）专职研究与试验发展人员名册（包括姓名、工作岗位、劳动合同期限、联系方式）。

（六）审核部门要求提交的其他材料。

三、相关工作的管理

（一）在公告发布后，列入公告名单的研发中心，可按有关规定直接向其所在地国税部门申请办理采购国产设备退税手续。

（二）审核部门在共同审核认定研发中心资格的过程中，可到研发中心查阅有关资料，了解情况，核实其报送的申请材料的真实性。同时应注意加强对研发中心的政策指导和服务，提高工作效率。

（三）省级商务主管部门应将《外资研发中心采购设备免、退税资格审核表》有关信息及时录入外商投资综合管理信息系统研发中心选项。

附：外资研发中心采购设备免、退税资格审核表（略）

国家税务总局关于按照纳税信用等级对增值税发票使用实行分类管理有关事项的公告

国家税务总局公告2016年第71号

为进一步优化纳税服务，提高办税效率，税务总局决定按照纳税信用等级对增值税发票使用实行分类管理，现将有关事项公告如下：

一、简并发票领用次数

纳税信用A级的纳税人可一次领取不超过3个月的增值税发票用量，纳税信用B级的纳税人可一次领取不超过2个月的增值税发票用量。以上两类纳税人生产经营情况发生变化，需要调整增值税发票用量，手续齐全的，按照规定即时办理。

二、扩大取消增值税发票认证的纳税人范围

将取消增值税发票认证的纳税人范围由纳税信用A级、B级的增值税一般纳税人扩大到纳税信用C级的增值税一般纳税人。

对2016年5月1日新纳入营改增试点、尚未进行纳税信用评级的增值税一般纳税人，2017年4月30日前不需进行增值税发票认证，登录本省增值税发票选择确认平台，查询、选择、确认用于申报抵扣或者出口退税的增值税发票信息，未查询到对应发票信息的，可进行扫描认证。

本公告自2016年12月1日起实施。

特此公告。

国家税务总局

2016年11月17日

关于《国家税务总局关于按照纳税信用等级对增值税发票使用实行分类管理有关事项的公告》的解读

一、发布本公告的背景是什么？

为进一步优化纳税服务，提高办税效率，税务总局决定按照纳税信用等级对增值税发票实行分类管理，发布公告对有关事项予以明确。

二、哪些纳税人可以享受简并发票领用次数的便利?

纳税信用A级的纳税人可一次领取不超过3个月的增值税发票用量,纳税信用B级的纳税人可一次领取不超过2个月的增值税发票用量。以上两类纳税人生产经营情况发生变化,需要调整增值税发票用量,手续齐全的,按照规定即时办理。

三、哪些纳税人属于取消增值税发票认证的范围?

将取消增值税发票认证的纳税人范围由纳税信用A级、B级的增值税一般纳税人扩大到纳税信用C级的增值税一般纳税人。

对2016年5月1日新纳入营改增试点、尚未进行纳税信用评级的增值税一般纳税人,2017年4月30日前不需进行增值税发票认证,登录本省增值税发票选择确认平台,查询、选择、确认用于申报抵扣或者出口退税的增值税发票信息,未查询到对应发票信息的,可进行扫描认证。

国家税务总局关于纳税人转让不动产缴纳增值税差额扣除有关问题的公告

国家税务总局公告2016年第73号

现将纳税人转让不动产缴纳增值税差额扣除有关问题公告如下:

一、纳税人转让不动产,按照有关规定差额缴纳增值税的,如因丢失等原因无法提供取得不动产时的发票,可向税务机关提供其他能证明契税计税金额的完税凭证等资料,进行差额扣除。

二、纳税人以契税计税金额进行差额扣除的,按照下列公式计算增值税应纳税额:

(一)2016年4月30日及以前缴纳契税的

增值税应纳税额=[全部交易价格(含增值税)-契税计税金额(含营业税)]÷(1+5%)×5%

(二)2016年5月1日及以后缴纳契税的

增值税应纳税额=[全部交易价格(含增值税)÷(1+5%)-契税计税金额(不含增值税)]×5%

三、纳税人同时保留取得不动产时的发票和其他能证明契税计税金额的完税凭证等资料的,应当凭发票进行差额扣除。

本公告自发布之日起施行。此前已发生未处理的事项,按照本公告的规定执行。

特此公告。

国家税务总局

2016年11月24日

关于《国家税务总局关于纳税人转让不动产缴纳增值税差额纳税扣除凭证有关问题的公告》的解读

《国家税务总局关于发布〈纳税人转让不动产增值税征收管理暂行办法〉的公告》(国家税务总局公告2016年第14号)第八条规定,纳税人按规定从取得的全部价款和价外费用中扣除不动产购置原价或者取得不动产时的作价的,应当取得符合法律、行政法规和国家税务总局规定的合法有效凭证。否则,不得扣除。上述凭证是指:(一)税务部门监制的发票。(二)法院判决书、裁定书、调解书,以及仲裁裁决书、公证债权文书。(三)国家税务总局规定的其他凭证。

在实际执行中,部分纳税人由于丢失等原因无法提供取得不动产时的发票,但可以提供其他能证明契税计税金额的完税凭证等资料。为此,本公告明确了如下事项:

(一)纳税人转让不动产,按照有关规定差额缴纳增值税的,如因丢失等原因无法提供取得不动产时的发票,可向税务机关提供其他能证明契税计税金额的完税凭证等资料,进行差额扣除。

（二）纳税人以契税计税金额进行差额扣除的，应当按公告所列公式计算增值税应纳税额。

（三）纳税人同时保留取得不动产时的发票和其他能证明契税计税金额的完税凭证等资料的，应当凭发票进行差额扣除。

国家税务总局关于调整增值税一般纳税人留抵税额申报口径的公告

国家税务总局公告 2016 年第 75 号

现将增值税一般纳税人留抵税额有关申报口径公告如下：

一、《国家税务总局关于全面推开营业税改征增值税试点后增值税纳税申报有关事项的公告》（国家税务总局公告 2016 年第 13 号）附件 1《增值税纳税申报表（一般纳税人适用）》（以下称“申报表主表”）第 13 栏“上期留抵税额”“一般项目”列“本年累计”和第 20 栏“期末留抵税额”“一般项目”列“本年累计”栏次停止使用，不再填报数据。

二、本公告发布前，申报表主表第 20 栏“期末留抵税额”“一般项目”列“本年累计”中有余额的增值税一般纳税人，在本公告发布之日起的第一个纳税申报期，将余额一次性转入第 13 栏“上期留抵税额”“一般项目”列“本月数”中。

三、本公告自 2016 年 12 月 1 日起施行。

特此公告。

国家税务总局

2016 年 12 月 1 日

关于《国家税务总局关于调整增值税一般纳税人留抵税额申报口径的公告》的解读

为统一规范增值税一般纳税人留抵税额的申报口径，国家税务总局发布《关于调整增值税一般纳税人留抵税额申报口径的公告》（以下简称“公告”），公告明确：

自 2016 年 12 月 1 日起，《国家税务总局关于全面推开营业税改征增值税试点后增值税纳税申报有关事项的公告》（国家税务总局公告 2016 年第 13 号）附件 1《增值税纳税申报表（一般纳税人适用）》（以下称“申报表主表”）第 13 栏“上期留抵税额”“一般项目”列“本年累计”和第 20 栏“期末留抵税额”“一般项目”列“本年累计”栏次停止使用，不再填报数据。若公告发布前，申报表主表第 20 栏“期末留抵税额”“一般项目”列“本年累计”中有余额，纳税人在公告发布后的第一个纳税申报期将余额一次性转入第 13 栏“上期留抵税额”“一般项目”列“本月数”中。

国家税务总局关于走逃（失联）企业开具增值税专用发票认定处理有关问题的公告

国家税务总局公告 2016 年第 76 号

为进一步加强增值税专用发票管理，有效防范税收风险，根据《中华人民共和国增值税暂行条例》有关规定，现将走逃（失联）企业开具增值税专用发票认定处理的有关问题公告如下：

一、走逃(失联)企业的判定

走逃(失联)企业,是指不履行税收义务并脱离税务机关监管的企业。

根据税务登记管理有关规定,税务机关通过实地调查、电话查询、涉税事项办理核查以及其他征管手段,仍对企业和企业相关人员查无下落的,或虽然可以联系到企业代理记账、报税人员等,但其并不知情也不能联系到企业实际控制人的,可以判定该企业为走逃(失联)企业。

二、走逃(失联)企业开具增值税专用发票的处理

(一)走逃(失联)企业存续经营期间发生下列情形之一的,所对应属期开具的增值税专用发票列入异常增值税扣税凭证(以下简称“异常凭证”)范围。

1. 商贸企业购进、销售货物名称严重背离的;生产企业无实际生产加工能力且无委托加工,或生产能耗与销售情况严重不符,或购进货物并不能直接生产其销售的货物且无委托加工的。

2. 直接走逃失踪不纳税申报,或虽然申报但通过填列增值税纳税申报表相关栏次,规避税务机关审核比对,进行虚假申报的。

(二)增值税一般纳税人取得异常凭证,尚未申报抵扣或申报出口退税的,暂不允许抵扣或办理退税;已经申报抵扣的,一律先作进项税额转出;已经办理出口退税的,税务机关可按照异常凭证所涉及的退税额对该企业其他已审核通过的应退税款暂缓办理出口退税,无其他应退税款或应退税款小于涉及退税额的,可由出口企业提供差额部分的担保。经核实,符合现行增值税进项税额抵扣或出口退税相关规定的,企业可继续申报抵扣,或解除担保并继续办理出口退税。

(三)异常凭证由开具方主管税务机关推送至接受方所在地税务机关进行处理,具体操作规程另行明确。

本公告自发布之日起施行。

特此公告。

国家税务总局

2016 年 12 月 1 日

关于《国家税务总局关于走逃(失联)企业开具增值税专用发票认定处理有关问题的公告》的解读

为便于纳税人和税务机关理解并执行,现对《国家税务总局关于走逃(失联)企业开具增值税专用发票认定处理有关问题的公告》(以下简称《公告》)解读如下:

一、《公告》的出台背景

近年来,少数违法分子开具增值税专用发票后走逃(失联),致使国家税款严重流失,税收经济秩序遭到破坏,也侵害了守法经营纳税人的合法权益。为加强对增值税一般纳税人开具增值税专用发票行为的监管,保护公平竞争的市场环境,维护国家利益,特制定本公告。

二、《公告》的主要内容

(一)对如何判定走逃(失联)企业作出了规定。

(二)将符合规定情形的走逃(失联)企业开具的增值税专用发票列入异常增值税扣税凭证。对增值税一般纳税人取得的异常增值税扣税凭证按不同情形区分处理。

三、公告生效时间

《公告》自发布之日起施行。

第四部分 中华人民共和国营业税法

中华人民共和国营业税暂行条例

国务院令第540号

第一条 在中华人民共和国境内提供本条例规定的劳务、转让无形资产或者销售不动产的单位和个人，为营业税的纳税人，应当依照本条例缴纳营业税。

【注释】 相关规定包括：《财政部 国家税务总局关于明确民航基础设施建设基金纳税问题的通知》(财税〔1994〕6号)、《国家税务总局关于海洋石油若干税收政策问题的通知》(国税发〔1997〕44号)、《财政部 国家税务总局关于纳税人承包以工代赈工程征收营业税问题的通知》(财税〔1997〕67号)、《国家税务总局于从事房地产业务的外商投资企业若干税务处理问题的通知》(国税发〔1999〕242号)、《财政部 国家税务总局关于外国企业和外籍个人转让无形资产营业税若干问题的通知》(财税〔2001〕36号)、《财政部 国家税务总局关于营业税若干政策问题的通知》(财税〔2003〕16号)、《国家税务总局关于交通部门有偿转让高速公路收费经营权征收营业税的批复》(国税函〔2005〕1146号)、《国家税务总局关于营利性医疗机构医疗服务收入征收营业税问题的批复》(国税函〔2006〕480号)、《国家税务总局关于未办理土地使用权证转让土地有关税收问题的批复》(国税函〔2007〕645号)。

第二条 营业税的税目、税率，依照本条例所附的《营业税税目税率表》执行。

税目、税率的调整，由国务院决定。

纳税人经营娱乐业具体适用的税率，由省、自治区、直辖市人民政府在本条例规定的幅度内决定。

【注释】 相关规定包括：《营业税税目注释(试行稿)》国税发〔1993〕149号)、《国家税务总局关于中外合资××公路桥梁开发有限公司税收问题的批复》(国税函发〔1994〕32号)、《国家税务总局关于境外团体或个人在我国从事文艺及体育演出有关税收问题的通知》(国税发〔1994〕106号)、《财政部 国家税务总局关于增值税、营业税若干政策规定的通知》(财税〔1994〕26号)、《国家税务总局海洋石油税务管理局关于中国海洋石油总公司取得的服务收入征税问题的通知》(国税油发〔1994〕11号)、《国家税务总局关于电力调整试验收入适用税目问题的批复》(国税函发〔1994〕552号)、《国家税务总局关于中外合作开发房地产征收营业税问题的批复》(国税函发〔1994〕644号)、《国家税务总局关于营业税若干问题的通知》(国税发〔1995〕76号)、《营业税问题解答(之一)》(国税函发〔1995〕156号)、《国家税务总局关于中国海洋石油总公司所属公司提供劳务征收营业税问题的通知》(国税函发〔1996〕112号)、《国家税务总局涉外税务管理司关于外商投资企业广告代理业营业税问题的通知》(国税外函发〔1996〕39号)、《国家税务总局关于外商投资企业在筹办期间取得的会员费有关税务处理问题的通知》(国税发〔1996〕84号)、《国家税务总局关于外商承包工程作业和提供劳务取得收入计算征税有关问题的通知》(国税发〔1995〕197号)、《国家税务总局关于邮政汇兑资金利息收入征收营业税问题的批复》(国税函发〔1996〕635号)、《国家税务总局关于有偿转让资产使用权的行为征收营业税问题的批复》(国税函发〔1996〕636号)、《国家税务总局关于房产开发企业销售不动产征收营业税问题的通知》(国税函发〔1996〕684号)、《国家税务总局关于非电信部门开办电话咨询业务适用税目问题的批复》(国税函发〔1996〕700号)、《国家税务总局关于个人从事房地产经营业务征收营业税问题的批复》(国税函发〔1996〕718号)、《国家税务总局关于征用土地过程中征地单位支付给土地承包人员的补偿费如何征税问题的批复》(国税函发〔1997〕87号)、《国家税务总局关于合作开采海洋石油提供应税劳务适用营业税税目、税率问题的通知》(国税发〔1997〕42号)、《国家税务总局关于以不动产或无形资产投资入股收取固定利润征收营业税问题的批复》(国税函发〔1997〕490号)、《财政部 国家税务总局关于供电工程贴费不征收增值税和营业税的通知》(财税〔1997〕102号)、《国家税务总局关于经营公用电话征收营业税问题的通知》(国税发〔1997〕161号)、《国家税务总局关于电梯保养、维修收入征税问题的批复》(国税函发〔1998〕

390号)、《国家税务总局关于外商投资的宾馆、商务楼等经营电信业务征收营业税问题的批复》(国税函发〔1998〕737号)、《国家税务总局关于有线电视台有关收费征收营业税问题的批复》(国税函发〔1998〕748号)、《国家税务总局关于融资租赁业务征收流转税问题的通知》(国税函〔2000〕514号)、《财政部 国家税务总局关于对青少年活动场所电子游戏厅有关所得税和营业税政策问题的通知》(财税〔2000〕21号)、《国家税务总局关于航空运输企业包机业务征收营业税问题的通知》(国税发〔2000〕139号)、《国家税务总局关于电信部门销售电话号码薄征收营业税问题的通知》(国税函〔2000〕698号)、《财政部 国家税务总局关于调整住房租赁市场税收政策的通知》(财税〔2000〕125号)、《国家税务总局关于电视收视费征收营业税问题的通知》(国税发〔2001〕22号)、《国家税务总局关于代扣代缴储蓄存款利息所得个人所得税手续费收入征免税问题的通知》(国税发〔2001〕31号)、《财政部 国家税务总局关于索道运营征收营业税问题的通知》(财税〔2001〕116号)、《国家税务总局关于管道煤气集资费(初装费)征收营业税问题的批复》(国税函〔2002〕105号)、《国家税务总局关于交通运输企业征收营业税问题的通知》(国税发〔2002〕25号)、《国家税务总局关于保险公司分业经营改革中不动产转移过户有关税收政策的通知》(国税发〔2002〕69号)、《财政部 国家税务总局关于股权转让有关营业税问题的通知》(财税〔2002〕191号)、《财政部 国家税务总局关于营业税若干政策问题的通知》(财税〔2003〕16号)、《国家税务总局关于代理业营业额问题的通知》(国税发〔2003〕69号)、《国家税务总局关于广播电视有线数字付费频道业务征收营业税问题的通知》(国税函〔2004〕141号)、《国家税务总局关于纳税人提供泥浆工程劳务征收流转税问题的批复》(国税函〔2005〕375号)、《财政部 国家税务总局关于公路经营企业车辆通行费收入营业税政策的通知》(财税〔2005〕77号)、《国家税务总局关于垃圾处置费征收营业税问题的批复》(国税函〔2005〕1128号)、《国家税务总局关于交通部门有偿转让高速公路收费经营权征收营业税的批复》(国税函〔2005〕1146号)、《国家税务总局关于酒店产权式经营业主税收问题的批复》(国税函〔2006〕478号)、《国家税务总局关于劳务承包行为征收营业税问题的批复》(国税函〔2006〕493号)。

第三条 纳税人兼有不同税目的应当缴纳营业税的劳务(以下简称应税劳务)、转让无形资产或者销售不动产,应当分别核算不同税目的营业额、转让额、销售额(以下统称营业额);未分别核算营业额的,从高适用税率。

第四条 纳税人提供应税劳务、转让无形资产或者销售不动产,按照营业额和规定的税率计算应纳税额。应纳税额计算公式:

应纳税额=营业额×税率

营业额以人民币计算。纳税人以人民币以外的货币结算营业额的,应当折合成人民币计算。

【注释】 相关规定包括:《国家税务总局关于境外团体或个人在我国从事文艺及体育演出有关税收问题的通知》(国税发〔1994〕106号)。

第五条 纳税人的营业额为纳税人提供应税劳务、转让无形资产或者销售不动产收取的全部价款和价外费用。但是,下列情形除外:

(一)纳税人将承揽的运输业务分给其他单位或者个人的,以其取得的全部价款和价外费用扣除其支付给其他单位或者个人的运输费用后的余额为营业额;

(二)纳税人从事旅游业务的,以其取得的全部价款和价外费用扣除替旅游者支付给其他单位或者个人的住宿费、餐费、交通费、旅游景点门票和支付给其他接团旅游企业的旅游费后的余额为营业额;

(三)纳税人将建筑工程分包给其他单位的,以其取得的全部价款和价外费用扣除其支付给其他单位的分包款后的余额为营业额;

(四)外汇、有价证券、期货等金融商品买卖业务,以卖出价减去买入价后的余额为营业额;

(五)国务院财政、税务主管部门规定的其他情形。

【注释】 相关规定包括:《财政部 国家税务总局关于民航单位收取的机场管理建设费、旅游发展基金应按税法规定征收营业税的通知》(财税〔1995〕5号)、《营业税问题解答(之一)》(国税函发〔1995〕156号)、《国家税务总局关于律师事务所办案费收入征收营业税问题的批复》(国税函发〔1995〕479号)、《国家税务总局关于外商投资企业从事城市住宅小区建设征收营业税问题的批复》(国税函发〔1995〕549号)、《国家税务总局关于电信业务征收营业税问题的通知》(国税函发〔1996〕685号)、《国家税务总局关于对电影发行单位的发行收入不征营业税的通知》(国税函发〔1996〕696号)、《国家税务总局关于经营公用电话征收营业税问题的通知》(国税发〔1997〕161 号)、《国家税务总局关于物业管理企业的代收费用有关营业税问题的通知》(国税发〔1998〕217 号)、《财政部 国家税务总局关于融资租赁业营业税计税营业额问题的通知》(财税〔1999〕183 号)、《国家税务总局关于外事服务单位营业额问题的通知》(国税函〔2002〕1095 号)、《国家税务总局关于代理业营业额问题的通知》(国税发〔2003〕69 号)、《国家税务总局关于商业企业向货物供应方收取的部分费用征收流转税问题的通知》(国税发〔2004〕136 号)、《财政部 国家税务总局关于资本市场有关营业税政策的通知》(财税〔2004〕203 号)、《财政部 国家税务总局关于中国证券登记结算公司有关营业税政策的通知》(财税〔2004〕204 号)、《国家税务总局关于客运飞机腹舱联运收入营业税问题的通知》(国税函〔2005〕202 号)、《财政部 国家税务总局关于福利彩票代销手续费收入征收营业税问题的通知》(财税〔2005〕118 号)、《国家税务总局关于加强代理报关业务营业税征收管理有关问题的通知》(国税函〔2006〕1310 号)、《国家税务总局关于无船承运业务有关营业税问题的通知》(国税函〔2006〕1312 号)。

第六条 纳税人按照本条例第五条规定扣除有关项目，取得的凭证不符合法律、行政法规或者国务院税务主管部门有关规定的，该项目金额不得扣除。

第七条 纳税人提供应税劳务、转让无形资产或者销售不动产的价格明显偏低并无正当理由的，由主管税务机关核定其营业额。

第八条 下列项目免征营业税：

(一)托儿所、幼儿园、养老院、残疾人福利机构提供的育养服务，婚姻介绍，殡葬服务；

(二)残疾人员个人提供的劳务；

(三)医院、诊所和其他医疗机构提供的医疗服务；

(四)学校和其他教育机构提供的教育劳务，学生勤工俭学提供的劳务；

(五)农业机耕、排灌、病虫害防治、植物保护、农牧保险以及相关技术培训业务，家禽、牲畜、水生动物的配种和疾病防治；

(六)纪念馆、博物馆、文化馆、文物保护单位管理机构、美术馆、展览馆、书画院、图书馆举办文化活动的门票收入，宗教场所举办文化、宗教活动的门票收入；

(七)境内保险机构为出口货物提供的保险产品。

除前款规定外，营业税的免税、减税项目由国务院规定。任何地区、部门均不得规定免税、减税项目。

【注释】 相关规定包括：《财政部 国家税务总局关于对若干项目免征营业税的通知》(财税〔1994〕2 号)、《国家税务总局关于社会福利有奖募捐发行收入税收问题的通知》(国税发〔1994〕127 号)、《财政部 国家税务总局关于对科研单位取得的技术转让收入免征营业税的通知》(财税〔1994〕10 号)、《营业税问题解答(之一)》(国税函发〔1995〕156 号)、《财政部 国家税务总局关于金融业征收营业税有关问题的通知》(财税〔1995〕79 号)、(财税〔1995〕15 号)、《财政部 国家税务总局关于世行贷款粮食流通项目营业税问题的复函》(财税〔1995〕71 号)、《国家税务总局关于原油管理费缴纳营业税问题的复函》(国税函发〔1996〕101 号)、《财政部 国家税务总局关于民航机场管理建设费营业税先征后返还问题的通知》(财税〔1996〕32 号)、《财政部 国家税务总局关于体育彩票发行收入税收问题的通知》(财税〔1996〕77 号)、《国家税务总局关于"免征营业税的博物馆"范围界定问题的批复》(国税函发〔1996〕679 号)、《财政部 国家税务总局关于对保险公司开办个人投资分红保险业务取得的保费收入免征营业税的通知》(财税〔1996〕102 号)、《财政部 国家税务总局关于下发不征收营业税的收费(基金)项目名单(第二批)的通知》、《财政部 国家税务总局关于世行贷款粮食流通项目建筑安装工程和服务收入免征营业税的通知》(财税〔1998〕87 号)、《财政部 国家税务总局关于证券投资基金税收问题的通知》(财税〔1998〕55 号)、《财政部 国家税务总局关于保管储备棉财政补贴收入免征营业税的通知》(财税〔1999〕38 号)、《财政部 国家税务总局关于促进科技成果转化有关税收政策的通知》(财税〔1999〕45 号)、《财政部 国家税务总局关于国债转贷利息收入免征营业税的通知》(财税〔1999〕220 号)、《财政部 国家税务总局关于非金融机构统借统还业务征收营业税问题的通知》(财税〔2000〕7 号)、《国家税务总局关于部队取得应税收入税收征管问题的批复》(国税函〔2000〕466 号)、《财政部 国家税务总局关于对外汇管理部门委托贷款利息收入免征营业税的通知》(财税〔2000〕78 号)、《财政部 国家税务总局关于随军家属就业有关税收政策的通知》(财税〔2000〕84 号)、《国家税务总局关于明确外国企业和外籍个人技术转让收入免征营业税范围问题的通知》(国税发〔2000〕166 号)、《财政部 国家税务总局关于住房公积金管理中心有关税收政策的通知》(财税〔2000〕94 号)、《国家税务总局关于我国境内企业向外国企业支付软件费扣缴营业税问题的通知》(国税发〔2000〕179号)、《财政部 国家税务总局关于车辆通行费有关营业税等税收政策的通知》(财税〔2000〕139号)、《财政部 国家税务总局关于非营利性科研机构税收政策的通知》(财税〔2001〕5号)、《财政部 国家税务总局关于人寿保险业务免征营业税若干问题的通知》(财税〔2001〕118号)、《财政部 国家税务总局关于国有独资商业银行、国家开发银行承购金融资产管理公司发行的专项债券利息收入免征税收问题的通知》(财税〔2001〕152号)、《财政部 国家税务总局关于全国社会保障基金有关税收政策问题的通知》(财税〔2002〕75号)、《国家税务总局关于林地使用权转让行为征收营业税问题的批复》(国税函〔2002〕700号)、《财政部 国家税务总局关于开放式证券投资基金有关税收问题的通知》(财税〔2002〕128号)、《国家税务总局关于中国建筑工程总公司重组改制过程中转让股权不征营业税的通知》(国税函〔2003〕12号)、《财政部 国家税务总局关于自主择业的军队转业干部有关税收政策问题的通知》(财税〔2003〕26号)、《财政部 国家税务总局关于民航系统8项行政事业性收费不征收营业税的通知》(财税〔2003〕170号)、《财政部 国家税务总局关于教育税收政策的通知》(财税〔2004〕39号)、《国家发展和改革委员会国家税务总局关于继续做好中小企业信用担保机构免征营业税有关问题的通知》(发改企业〔2004〕303号)、《财政部 国家税务总局关于证券投资基金税收政策的通知》(财税〔2004〕78号)、《国家税务总局关于电力公司过网费收入征收增值税问题的批复》(国税函〔2004〕607号)、《国家税务总局关于住房专项维修基金征免营业税问题的通知》(税发〔2004〕69号)、《财政部 国家税务总局关于扶持城镇退役士兵自谋职业有关税收优惠政策的通知》(财税〔2004〕93号)、《财政部 国家税务总局关于暂免征收军队空余房产租赁收入营业税房产税的通知》(财税〔2004〕123号)、《国家税务总局关于在京外国商会征免营业税的批复》(国税函〔2005〕370号)、《财政部 国家税务总局关于合格境外机构投资者营业税政策的通知》(财税〔2005〕155号)、《国家发展改革委国家税务总局关于中小企业信用担保机构免征营业税有关问题的通知》(发改企业〔2006〕563号)、《财政部 国家税务总局关于邮政普遍服务和特殊服务免征营业税的通知》(财税〔2006〕47号)、《财政部 国家税务总局关于证券投资者保护基金有关营业税问题的通知》(财税〔2006〕172号)、《财政部 国家税务总局关于促进残疾人就业税收优惠政策的通知》(财税〔2007〕92号)。

第九条 纳税人兼营免税、减税项目的，应当分别核算免税、减税项目的营业额；未分别核算营业额的，不得免税、减税。

【注释】 相关规定包括：《国家税务总局关于转让著作权征收营业税问题的通知》(国税发〔2001〕44号)。

第十条 纳税人营业额未达到国务院财政、税务主管部门规定的营业税起征点的，免征营业税；达到起征点的，依照本条例规定全额计算缴纳营业税。

第十一条 营业税扣缴义务人：

(一)中华人民共和国境外的单位或者个人在境内提供应税劳务、转让无形资产或者销售不动产，在境内未设有经营机构的，以其境内代理人为扣缴义务人；在境内没有代理人的，以受让方或者购买方为扣缴义务人。

(二)国务院财政、税务主管部门规定的其他扣缴义务人。

【注释】 相关规定包括：《营业税问题解答(之一)》(国税函发〔1995〕156号)。

第十二条 营业税纳税义务发生时间为纳税人提供应税劳务、转让无形资产或者销售不动产并收讫营业收入款项或者取得索取营业收入款项凭据的当天。国务院财政、税务主管部门另有规定的，从其规定。

营业税扣缴义务发生时间为纳税人营业税纳税义务发生的当天。

【注释】 相关规定包括：《国家税务总局关于经营房地产收入纳税义务发生时间的通知》(国税发〔1994〕86号)、《国家税务总局关于营业税若干征税问题的通知》(国税发〔1994〕159号)、《国家税务总局关于高尔夫球俱乐部税收问题的批复》(国税函发〔1994〕514号)、《国家税务总局关于营业税若干问题的通知》(国税发〔1995〕76号)、《国家税务总局关于贷款业务征收营业税问题的通知》(国税发〔2002〕13号)。

第十三条 营业税由税务机关征收。

第十四条 营业税纳税地点：

(一)纳税人提供应税劳务应当向其机构所在地或者居住地的主管税务机关申报纳税。但是，纳税人提供的建筑业劳务以及国务院财政、税务主管部门规定的其他应税劳务，应当向应税劳务发生地的主管税务机关申报纳税。

(二)纳税人转让无形资产应当向其机构所在地或者居住地的主管税务机关申报纳税。但是，纳税人转让、出租土地使用权，应当向土地所在地的主管税务机关申报纳税。

（三）纳税人销售、出租不动产应当向不动产所在地的主管税务机关申报纳税。

扣缴义务人应当向其机构所在地或者居住地的主管税务机关申报缴纳其扣缴的税款。

【注释】 相关规定包括：《国家税务总局海洋石油税务管理局关于地方劳务公司为外国石油公司提供劳务服务税收征收管理问题的批复》（国税油函〔1994〕8号）、《财政部 国家税务总局关于营业税若干政策问题的通知》（财税〔2003〕16号）。

第十五条 营业税的纳税期限分别为5日、10日、15日、1个月或者1个季度。纳税人的具体纳税期限，由主管税务机关根据纳税人应纳税额的大小分别核定；不能按照固定期限纳税的，可以按次纳税。

纳税人以1个月或者1个季度为一个纳税期的，自期满之日起15日内申报纳税；以5日、10日或者15日为一个纳税期的，自期满之日起5日内预缴税款，于次月1日起15日内申报纳税并结清上月应纳税款。

扣缴义务人解缴税款的期限，依照前两款的规定执行。

【注释】 相关规定包括：《国家税务总局关于国家开发银行继续集中缴纳营业税的通知》（国税函〔1999〕344号）。

第十六条 营业税的征收管理，依照《中华人民共和国税收征收管理法》及本条例有关规定执行。

【注释】 相关规定包括：《财政部 国家税务总局关于发布〈外国公司船舶运输收入征税办法〉的通知》（财税〔1996〕87号）、《国家税务总局关于金融业营业税若干问题的通知》（国税发〔2000〕6号）、《国家税务总局关于从事咨询业务的外商投资企业和外国企业税务处理问题的通知》（国税发〔2000〕82号）、《财政部 国家税务总局关于金融业若干征税问题的通知》（财税〔2000〕191号）、《财政部 国家税务总局关于金融业若干征税问题的通知》（财税〔2000〕191号）、《国家税务总局关于新闻产品征收流转税问题的通知》（国税发〔2001〕105号）、《国家税务总局关于印发〈金融保险业营业税申报管理办法〉的通知》（国税发〔2002〕9号）、《国家税务总局关于纳税人销售自产货物提供增值税劳务并同时提供建筑业劳务征收流转税问题的通知》（国税发〔2002〕117号）、《国家税务总局关于外商投资性公司对其子公司提供服务有关税务处理问题的通知》（国税发〔2002〕128号）、《国家税务总局关于取消"货运业自开票纳税人和代开票纳税人营业税减免认定"后有关税收管理问题的通知》（国税函〔2004〕824号）、《国家税务总局关于取消"单位和个人从事技术转让、技术开发业务免征营业税审批"后有关税收管理问题的通知》（国税函〔2004〕825号）、《国家税务总局关于货物运输业若干税收问题的通知》（国税发〔2004〕88号）、《国家税务总局关于取消税务行政审批后外国企业及外籍个人向中国境内转让技术取得收入免征营业税管理问题的通知》（国税函〔2005〕652号）、《国家税务总局关于印发〈营业税纳税人纳税申报办法〉的通知》（国税发〔2005〕202号）、《国家税务总局关于新版公路内河货物运输业统一发票有关使用问题的通知》（国税发〔2007〕101号）。

第十七条 本条例自2009年1月1日起施行。

附件：

营业税税目税率表

税　目	税　率
一、交通运输业	3%
二、建筑业	3%
三、金融保险业	5%
四、邮电通信业	3%
五、文化体育业	3%
六、娱乐业	5%—20%
七、服务业	5%
八、转让无形资产	5%
九、销售不动产	5%

中华人民共和国营业税暂行条例实施细则

（2008 年 12 月 18 日财政部 国家税务总局令第 52 号公布根据 2011 年 10 月 28 日《关于修改〈中华人民共和国增值税暂行条例实施细则〉和〈中华人民共和国营业税暂行条例实施细则〉的决定》修订）

第一条 根据《中华人民共和国营业税暂行条例》（以下简称条例），制定本细则。

第二条 条例第一条所称条例规定的劳务是指属于交通运输业、建筑业、金融保险业、邮电通信业、文化体育业、娱乐业、服务业税目征收范围的劳务（以下称应税劳务）。

加工和修理、修配，不属于条例规定的劳务（以下称非应税劳务）。

第三条 条例第一条所称提供条例规定的劳务、转让无形资产或者销售不动产，是指有偿提供条例规定的劳务、有偿转让无形资产或者有偿转让不动产所有权的行为（以下称应税行为）。但单位或者个体工商户聘用的员工为本单位或者雇主提供条例规定的劳务，不包括在内。

前款所称有偿，是指取得货币、货物或者其他经济利益。

【注释】 相关规定包括：《营业税问题解答（之一）》（国税函发〔1995〕156 号）、《财政部 国家税务总局关于个人提供非有形商品推销、代理等服务活动取得收入征收营业税和个人所得税有关问题的通知》（财税〔1997〕103 号）。

第四条 条例第一条所称在中华人民共和国境内（以下简称境内）提供条例规定的劳务、转让无形资产或者销售不动产，是指：

（一）提供或者接受条例规定劳务的单位或者个人在境内；

（二）所转让的无形资产（不含土地使用权）的接受单位或者个人在境内；

（三）所转让或者出租土地使用权的土地在境内；

（四）所销售或者出租的不动产在境内。

【注释】 相关规定包括：《营业税问题解答（之一）》（国税函发〔1995〕156 号）、《国家税务总局关于外国企业在华提供信息系统的运行维护及咨询服务征税问题的批复》（国税函〔2005〕912 号）。

第五条 纳税人有下列情形之一的，视同发生应税行为：

（一）单位或者个人将不动产或者土地使用权无偿赠送其他单位或者个人；

（二）单位或者个人自己新建（以下简称自建）建筑物后销售，其所发生的自建行为；

（三）财政部、国家税务总局规定的其他情形。

第六条 一项销售行为如果既涉及应税劳务又涉及货物，为混合销售行为。除本细则第七条的规定外，从事货物的生产、批发或者零售的企业、企业性单位和个体工商户的混合销售行为，视为销售货物，不缴纳营业税；其他单位和个人的混合销售行为，视为提供应税劳务，缴纳营业税。

第一款所称货物，是指有形动产，包括电力、热力、气体在内。

第一款所称从事货物的生产、批发或者零售的企业、企业性单位和个体工商户，包括以从事货物的生产、批发或者零售为主，并兼营应税劳务的企业、企业性单位和个体工商户在内。

第七条 纳税人的下列混合销售行为，应当分别核算应税劳务的营业额和货物的销售额，其应税劳务的营业额缴纳营业税，货物销售额不缴纳营业税；未分别核算的，由主管税务机关核定其应税劳务的营业额：

（一）提供建筑业劳务的同时销售自产货物的行为；

（二）财政部、国家税务总局规定的其他情形。

【注释】 相关规定包括：《财政部 国家税务总局关于增值税、营业税若干政策规定的通知》（财税〔1994〕26 号）。

第八条 纳税人兼营应税行为和货物或者非应税劳务的，应当分别核算应税行为的营业额和货物或者非应税劳务的销售额，其应税行为营业额缴纳营业税，货物或者非应税劳务销售额不缴纳营业税；未分别核算的，由主管税务机关核定其应税行为营业额。

第九条 条例第一条所称单位，是指企业、行政单位、事业单位、军事单位、社会团体及其他单位。

条例第一条所称个人，是指个体工商户和其他个人。

第十条 除本细则第十一条和第十二条的规定外，负有营业税纳税义务的单位为发生应税行为并收取货币、货物或者其他经济利益的单位，但不包括单位依法不需要办理税务登记的内设机构。

第十一条 单位以承包、承租、挂靠方式经营的，承包人、承租人、挂靠人（以下统称承包人）发生应税行为，承包人以发包人、出租人、被挂靠人（以下统称发包人）名义对外经营并由发包人承担相关法律责任的，以发包人为纳税人；否则以承包人为纳税人。

第十二条 中央铁路运营业务的纳税人为铁道部，合资铁路运营业务的纳税人为合资铁路公司，地方铁路运营业务的纳税人为地方铁路管理机构，基建临管线运营业务的纳税人为基建临管线管理机构。

【注释】 相关规定包括：《国家税务总局关于营业税若干征税问题的通知》（国税发〔1994〕159 号）。

第十三条 条例第五条所称价外费用，包括收取的手续费、补贴、基金、集资费、返还利润、奖励费、违约金、滞纳金、延期付款利息、赔偿金、代收款项、代垫款项、罚息及其他各种性质的价外收费，但不包括同时符合以下条件代为收取的政府性基金或者行政事业性收费：

（一）由国务院或者财政部批准设立的政府性基金，由国务院或者省级人民政府及其财政、价格主管部门批准设立的行政事业性收费；

（二）收取时开具省级以上财政部门印制的财政票据；

（三）所收款项全额上缴财政。

【注释】 相关规定包括：《国家税务总局关于律师事务所办案费收入征收营业税问题的批复》（国税函发〔1995〕479 号）。

第十四条 纳税人的营业额计算缴纳营业税后因发生退款减除营业额的，应当退还已缴纳营业税税款或者从纳税人以后的应缴纳营业税税额中减除。

第十五条 纳税人发生应税行为，如果将价款与折扣额在同一张发票上注明的，以折扣后的价款为营业额；如果将折扣额另开发票的，不论其在财务上如何处理，均不得从营业额中扣除。

第十六条 除本细则第七条规定外，纳税人提供建筑业劳务（不含装饰劳务）的，其营业额应当包括工程所用原材料、设备及其他物资和动力价款在内，但不包括建设方提供的设备的价款。

第十七条 娱乐业的营业额为经营娱乐业收取的全部价款和价外费用，包括门票收费、台位费、点歌费、烟酒、饮料、茶水、鲜花、小吃等收费及经营娱乐业的其他各项收费。

第十八条 条例第五条第（四）项所称外汇、有价证券、期货等金融商品买卖业务，是指纳税人从事的外汇、有价证券、非货物期货和其他金融商品买卖业务。

货物期货不缴纳营业税。

第十九条 条例第六条所称符合国务院税务主管部门有关规定的凭证（以下统称合法有效凭证），是指：

（一）支付给境内单位或者个人的款项，且该单位或者个人发生的行为属于营业税或者增值税征收范围的，以该单位或者个人开具的发票为合法有效凭证；

（二）支付的行政事业性收费或者政府性基金，以开具的财政票据为合法有效凭证；

（三）支付给境外单位或者个人的款项，以该单位或者个人的签收单据为合法有效凭证，税务机关对签收单据有疑义的，可以要求其提供境外公证机构的确认证明；

（四）国家税务总局规定的其他合法有效凭证。

第二十条 纳税人有条例第七条所称价格明显偏低并无正当理由或者本细则第五条所列视同发生应税行为而无营业额的，按下列顺序确定其营业额：

（一）按纳税人最近时期发生同类应税行为的平均价格核定；

（二）按其他纳税人最近时期发生同类应税行为的平均价格核定；

（三）按下列公式核定：

$$营业额=营业成本或者工程成本\times(1+成本利润率)\div(1-营业税税率)$$

公式中的成本利润率，由省、自治区、直辖市税务局确定。

【注释】 相关规定包括:《营业税问题解答(之一)》(国税函发〔1995〕156号)。

第二十一条 纳税人以人民币以外的货币结算营业额的,其营业额的人民币折合率可以选择营业额发生的当天或者当月1日的人民币汇率中间价。纳税人应当在事先确定采用何种折合率,确定后1年内不得变更。

第二十二条 条例第八条规定的部分免税项目的范围,限定如下:

(一)第一款第(二)项所称残疾人员个人提供的劳务,是指残疾人员本人为社会提供的劳务。

(二)第一款第(四)项所称学校和其他教育机构,是指普通学校以及经地、市级以上人民政府或者同级政府的教育行政部门批准成立、国家承认其学员学历的各类学校。

(三)第一款第(五)项所称农业机耕,是指在农业、林业、牧业中使用农业机械进行耕作(包括耕耘、种植、收割、脱粒、植物保护等)的业务;排灌,是指对农田进行灌溉或排涝的业务;病虫害防治,是指从事农业、林业、牧业、渔业的病虫害测报和防治的业务;农牧保险,是指为种植业、养殖业、牧业种植和饲养的动植物提供保险的业务;相关技术培训,是指与农业机耕、排灌、病虫害防治、植物保护业务相关以及为使农民获得农牧保险知识的技术培训业务;家禽、牲畜、水生动物的配种和疾病防治业务的免税范围,包括与该项劳务有关的提供药品和医疗用具的业务。

(四)第一款第(六)项所称纪念馆、博物馆、文化馆、文物保护单位管理机构、美术馆、展览馆、书画院、图书馆举办文化活动,是指这些单位在自己的场所举办的属于文化体育业税目征税范围的文化活动。其门票收入,是指销售第一道门票的收入。宗教场所举办文化、宗教活动的门票收入,是指寺院、宫观、清真寺和教堂举办文化、宗教活动销售门票的收入。

(五)第一款第(七)项所称为出口货物提供的保险产品,包括出口货物保险和出口信用保险。

【注释】 相关规定包括:《营业税问题解答(之一)》(国税函发〔1995〕156号)。

第二十三条 条例第十条所称营业税起征点,是指纳税人营业额合计达到起征点。

营业税起征点的适用范围限于个人。

营业税起征点的幅度规定如下:

(一)按期纳税的,为月营业额5 000—20 000元;

(二)按次纳税的,为每次(日)营业额300—500元。

省、自治区、直辖市财政厅(局)、税务局应当在规定的幅度内,根据实际情况确定本地区适用的起征点,并报财政部、国家税务总局备案。

第二十四条 条例第十二条所称收讫营业收入款项,是指纳税人应税行为发生过程中或者完成后收取的款项。

条例第十二条所称取得索取营业收入款项凭据的当天,为书面合同确定的付款日期的当天;未签订书面合同或者书面合同未确定付款日期的,为应税行为完成的当天。

第二十五条 纳税人转让土地使用权或者销售不动产,采取预收款方式的,其纳税义务发生时间为收到预收款的当天。

纳税人提供建筑业或者租赁业劳务,采取预收款方式的,其纳税义务发生时间为收到预收款的当天。

纳税人发生本细则第五条所称将不动产或者土地使用权无偿赠送其他单位或者个人的,其纳税义务发生时间为不动产所有权、土地使用权转移的当天。

纳税人发生本细则第五条所称自建行为的,其纳税义务发生时间为销售自建建筑物的纳税义务发生时间。

第二十六条 按照条例第十四条规定,纳税人应当向应税劳务发生地、土地或者不动产所在地的主管税务机关申报纳税而自应当申报纳税之月起超过6个月没有申报纳税的,由其机构所在地或者居住地的主管税务机关补征税款。

第二十七条 银行、财务公司、信托投资公司、信用社、外国企业常驻代表机构的纳税期限为1个季度。

第二十八条 本细则自2009年1月1日起施行。

营业税税目注释(试行稿)

国税发〔1993〕149 号

一、交通运输业

交通运输业，是指使用运输工具或人力、畜力将货物或旅客送达目的地，使其空间位置得到转移的业务活动。

本税目的征收范围包括：陆路运输、水路运输、航空运输、管道运输、装卸搬运。

凡与运营业务有关的各项劳务活动，均属本税目的征税范围。

（一）陆路运输

陆路运输，是指通过陆路（地上或地下）运送货物或旅客的运输业务，包括铁路运输、公路运输、缆车运输、索道运输及其他陆路运输。

（二）水路运输

水路运输，是指通过江、河、湖、川等天然、人工水道或海洋航道运送货物或旅客的运输业务。

打捞，比照水路运输征税。

（三）航空运输

航空运输，是指通过空中航线运送货物或旅客的运输业务。

通用航空业务、航空地面服务业务，比照航空运输征税。通用航空业务，是指为专业工作提供飞行服务的业务，如航空摄影、航空测量、航空勘探、航空护林、航空吊挂飞播、航空降雨等。

航空地面服务业务，是指航空公司、飞机场、民航管理局、航站向在我国境内航行或在我国境内机场停留的境内外飞机或其他飞行器提供的导航等劳务性地面服务的业务。

（四）管道运输

管道运输，是指通过管道设施输送气体、液体、固体物质的运输业务。

（五）装卸搬运

装卸搬运，是指使用装卸搬运工具或人力、畜力将货物在运输工具之间、装卸现场之间或运输工具与装卸现场之间进行装卸和搬运的业务。

二、建筑业

建筑业，是指建筑安装工程作业。

本税目的征收范围包括：建筑、安装、修缮、装饰、其他工程作业。

（一）建筑

建筑，是指新建、改建、扩建各种建筑物、构筑物的工程作业，包括与建筑物相连的各种设备或支柱、操作平台的安装或装设工程作业，以及各种窑炉和金属结构工程作业在内。

（二）安装

安装，是指生产设备、动力设备、起重设备、运输设备、传动设备、医疗实验设备及其他各种设备的装配、安置工程作业，包括与设备相连的工作台、梯子、栏杆的装设工程作业和被安装设备的绝缘、防腐、保温、油漆等工程作业在内。

（三）修缮

修缮，是指对建筑物、构筑物进行修补、加固、养护、改善，使之恢复原来的使用价值或延长其使用期限的工程作业。

（四）装饰

装饰，是指对建筑物、构筑物进行修饰，使之美观或具有特定用途的工程作业。

（五）其他工程作业

其他工程作业，是指上列工程作业以外的各种工程作业，如代办电信工程、水利工程、道路修建、疏浚、钻井（打井）、拆除建筑物或构筑物、平整土地、搭脚手架、爆破等工程作业。

三、金融保险业

金融保险业，是指经营金融、保险的业务。

本税目的征收范围包括：金融、保险。

（一）金融

金融，是指经营货币资金融通活动的业务，包括贷款、融资租赁、金融商品转让、金融经纪业和其他金融业务。

1. 贷款，是指将资金贷与他人使用的业务，包括自有资金贷款和转贷。

自有资金贷款，是指将自有资本金或吸收的单位、个人的存款贷与他人使用。

转贷，是指将借来的资金贷与他人使用。

典当业的抵押贷款业务，无论其资金来源如何，均按自有资金贷款征税。

人民银行的贷款业务，不征税。

2. 融资租赁，是指具有融资性质和所有权转移特点的设备租赁业务。即：出租人根据承租人所要求的规格、型号、性能等条件购入设备租赁给承租人，合同期内设备所有权属于出租人，承租人只拥有使用权，合同期满付清租金后，承租人有权按残值购入设备，以拥有设备的所有权。凡融资租赁，无论出租人是否将设备残值销售给承租人，均按本税目征税。

3. 金融商品转让，是指转让外汇、有价证券或非货物期货的所有权的行为。

非货物期货，是指商品期货、贵金属期货以外的期货，如外汇期货等。

4. 金融经纪业，是指受托代他人经营金融活动的业务。

5. 其他金融业务，是指上列业务以外的各项金融业务，如银行结算、票据贴现等。存款或购入金融商品行为，不征收营业税。

（二）保险

保险，是指将通过契约形式集中起来的资金，用以补偿被保险人的经济利益的业务。

四、邮电通信业

邮电通信业，是指专门办理信息传递的业务。

本税目的征收范围包括：邮政、电信。

（一）邮政

邮政，是指传递实物信息的业务，包括传递函件或包件、邮汇、报刊发行、邮务物品销售、邮政储蓄及其他邮政业务。

1. 传递函件或包件，是指传递函件或包件的业务以及与传递函件或包件相关的业务。

传递函件，是指收寄信函、明信片、印刷品的业务。

传递包件，是指收寄包裹的业务。传递函件或包件相关的业务，是指出租信箱、对进口函件或包件进行处理、保管逾期包裹、附带货载及其他与传递函件或包件相关的业务。

2. 邮汇，是指为汇款人传递汇款凭证并兑取的业务。

3. 报刊发行，是指邮政部门代出版单位收订、投递和销售各种报纸、杂志的业务。

4. 邮务物品销售，是指邮政部门在提供邮政劳务的同时附带销售与邮政业务相关的各种物品（如信封、信纸、汇款单、邮件包装用品等）的业务。

5. 邮政储蓄，是指邮电部门办理储蓄的业务。

6. 其他邮政业务，是指上列业务以外的各项邮政业务。

（二）电信

电信，是指用各种电传设备传输电信号来传递信息的业务，包括电报、电传、电话、电话机安装、电信物品销售及其他电信业务。

1. 电报，是指用电信号传递文字的通信业务及相关的业务，包括传递电报、出租电报电路设备、代维修电报电路设备以及电报分送、译报、查阅去报报底或来报回单、抄录去报报底等。

2. 电传（即传真），是指通过电传设备传递原件的通信业务，包括传递资料、图表、相片、真迹等。

3. 电话，是指用电传设备传递语言的业务及相关的业务，包括有线电话、无线电话、寻呼电话、出租电话电路设备、代维修或出租广播电路、电视信道等业务。

4. 电话机安装，是指为用户安装或移动电话机的业务。

5. 电信物品销售，是指在提供电信劳务的同时附带销售专用和通用电信物品（如电报纸、电话号码簿、电报签收簿、电信器材、电话机等）的业务。

6. 其他电信业务，是指上列业务以外的电信业务。

五、文化体育业

文化体育业，是指经营文化、体育活动的业务。

本税目的征收范围包括：文化业、体育业。

（一）文化业

文化业，是指经营文化活动的业务，包括表演、播映、其他文化业。

经营游览场所的业务，比照文化业征税。

1. 表演，是指进行戏剧、歌舞、时装、健美、杂技、民间艺术、武术、体育等表演活动的业务。

2. 播映，是指通过电台、电视台、音响系统、闭路电视、卫星通信等无线或有线装置传播作品以及在电影院、影剧院、录像厅及其他场所放映各种节目的业务。

广告的播映不按本税目征税。

3. 其他文化业，是指经营上列活动以外的文化活动的业务，如各种展览、培训活动，举办文学、艺术、科技讲座、演讲、报告会，图书馆的图书和资料借阅业务等。

4. 经营游览场所的业务，是指公园、动（植）物园及其他各种游览场所销售门票的业务。

（二）体育业

体育业，是指举办各种体育比赛和为体育比赛或体育活动提供场所的业务。

以租赁方式为文化活动、体育比赛提供场所，不按本税目征税。

六、娱乐业

娱乐业，是指为娱乐活动提供场所和服务的业务。

本税目征收范围包括：经营歌厅、舞厅、卡拉 ok 歌舞厅、音乐茶座、台球、高尔夫球、保龄球场、游艺场等娱乐场所，以及娱乐场所为顾客进行娱乐活动提供服务的业务。

（一）歌厅

歌厅，是指在乐队的伴奏下顾客进行自娱自乐形式的演唱活动的场所。

（二）舞厅

舞厅，是指供顾客进行跳舞活动的场所。

（三）卡拉 ok 歌舞厅

卡拉 ok 歌舞厅，是指在音像设备播放的音乐伴奏下，顾客自娱自乐进行歌舞活动的场所。

（四）音乐茶座

音乐茶座，是指为顾客同时提供音乐欣赏和茶水、咖啡、酒及其他饮料消费的场所。

（五）台球、高尔夫球、保龄球场

台球、高尔夫球、保龄球场，是指顾客进行台球、高尔夫球、保龄球活动的场所。

（六）游艺场

游艺场，是指举办各种游艺、游乐（如射击、狩猎、跑马、玩游戏机等）活动的场所。

上列娱乐场所为顾客进行娱乐活动提供的饮食服务及其他各种服务，均属于本税目征收范围。

七、服务业

服务业，是指利用设备、工具、场所、信息或技能为社会提供服务的业务。

本税目的征收范围包括：代理业、旅店业、饮食业、旅游业、仓储业、租赁业、广告业、其他服务业。

（一）代理业

代理业，是指代委托人办理受托事项的业务，包括代购代销货物、代办进出口、介绍服务、其他代理服务。

1. 代购代销货物，是指受托购买货物或销售货物，按实购或实销额进行结算并收取手续费的业务。

2. 代办进出口，是指受托办理商品或劳务进出口的业务。

3. 介绍服务，是指中介人介绍双方商谈交易或其他事项的业务。

4. 其他代理服务，是指受托办理上列事项以外的其他事项的业务。

金融经纪业、邮政部门的报刊发行业务,不按本税目征税。

(二)旅店业

旅店业,是指提供住宿服务的业务。

(三)饮食业

饮食业,是指通过同时提供饮食和饮食场所的方式为顾客提供饮食消费服务的业务。

饭馆、餐厅及其他饮食服务场所,为顾客在就餐的同时进行的自娱自乐形式的歌舞活动所提供的服务,按"娱乐业"税目征税。

(四)旅游业

旅游业,是指为旅游者安排食宿、交通工具和提供导游等旅游服务的业务。

(五)仓储业

仓储业,是指利用仓库、货场或其他场所代客贮放、保管货物的业务。

(六)租赁业

租赁业,是指在约定的时间内将场地、房屋、物品、设备或设施等转让他人使用的业务。

融资租赁,不按本税目征税。

(七)广告业

广告业,是指利用图书、报纸、杂志、广播、电视、电影、幻灯、路牌、招贴、橱窗、霓虹灯、灯箱等形式为介绍商品、经营服务项目、文体节目或通告、声明等事项进行宣传和提供相关服务的业务。

(八)其他服务业

其他服务业,是指上列业务以外的服务业务,如沐浴、理发、洗染、照相、美术、裱画、誊写、打字、镌刻、计算、测试、试验、化验、录音、录像、复印、晒图、设计、制图、测绘、勘探、打包、咨询等。

航空勘探、钻井(打井)勘探、爆破勘探,不按本税目征税。

八、转让无形资产

转让无形资产,是指转让无形资产的所有权或使用权的行为。

无形资产,是指不具实物形态、但能带来经济利益的资产。

本税目的征收范围包括:转让土地使用权、转让商标权、转让专利权、转让非专利技术、转让著作权、转让商誉。

(一)转让土地使用权

转让土地使用权,是指土地使用者转让土地使用权的行为。

土地所有者出让土地使用权和土地使用者将土地使用权归还给土地所有者的行为,不征收营业税。

土地租赁,不按本税目征税。

(二)转让商标权

转让商标权,是指转让商标的所有权或使用权的行为。

(三)转让专利权

转让专利权,是指转让专利技术的所有权或使用权的行为。

(四)转让非专利技术

转让非专利技术,是指转让非专利技术的所有权或使用权的行为。

提供无所有权技术的行为,不按本税目征税。

(五)转让著作权

转让著作权,是指转让著作的所有权或使用权的行为。著作,包括文字著作、图形著作(如画册、影集)、音像著作(如电影母片、录像带母带)。

(六)转让商誉

转让商誉,是指转让商誉的使用权的行为。

以无形资产投资入股,参与接受投资方的利润分配、共同承担投资风险的行为,不征收营业税。但转让该项股权,应按本税目征税。

九、销售不动产

销售不动产,是指有偿转让不动产所有权的行为。

不动产，是指不能移动，移动后会引起性质、形状改变的财产。

本税目的征收范围包括：销售建筑物或构筑物，销售其他土地附着物。

（一）销售建筑物或构筑物

销售建筑物或构筑物，是指有偿转让建筑物或构筑物的所有权的行为。

以转让有限产权或永久使用权方式销售建筑物，视同销售建筑物。

（二）销售其他土地附着物

销售其他土地附着物，是指有偿转让其他土地附着物的所有权的行为。

其他土地附着物，是指建筑物或构筑物以外的其他附着于土地的不动产。

单位将不动产无偿赠与他人，视同销售不动产。

在销售不动产时连同不动产所占土地的使用权一并转让的行为，比照销售不动产征税。

以不动产投资入股，参与接受投资方利润分配、共同承担投资风险的行为，不征营业税。但转让该项股权，应按本税目征税。

不动产租赁，不按本税目征税。

【注释】 对《营业税暂行条例》第2条进行了解释。相关规定包括：《财政部 国家税务总局关于股权转让有关营业税问题的通知》（财税〔2002〕191号）。

财政部 国家税务总局关于中国农业发展银行涉农贷款营业税优惠政策的通知

财税〔2016〕3号

各省、自治区、直辖市、计划单列市财政厅（局）、地方税务局，北京、西藏、宁夏、青海省（自治区、直辖市）国家税务局，新疆生产建设兵团财务局：

为了贯彻落实《国务院关于同意中国农业发展银行改革实施总体方案的批复》（国函〔2014〕154号）精神，现就中国农业发展银行涉农贷款营业税政策通知如下：

一、自2016年1月1日至2018年12月31日，对中国农业发展银行总行及其各分支机构提供涉农贷款（具体涉农贷款业务清单见附件）取得的利息收入减按3%的税率征收营业税。

二、享受上述优惠的纳税人应当按照《中华人民共和国营业税暂行条例》（国务院令第540号）第九条及其他相关规定，单独核算享受营业税减税政策的贷款利息收入；未单独核算的，不得享受本通知第一条规定的营业税政策。

财政部 国家税务总局

2016年1月18日

附件：

享受营业税优惠政策的涉农贷款业务清单

一、粮食、棉花、油料、食糖、猪肉、化肥、羊毛等重要农产品（含农副产品）收储、调控、购销贷款

二、农业农村基础设施建设、水利建设贷款

三、农村土地流转和规模化经营贷款

四、农民集中住房建设、农村人居环境建设、涉农棚户区改造贷款

五、农村流通体系建设贷款

六、农业生产资料、技术改造、科技贷款

七、农业综合开发贷款

八、农业产业化龙头企业贷款

九、农产品(含农副产品)仓储设施贷款

十、县域城镇建设贷款(房地产业、城市基础设施建设贷款除外)

十一、易地扶贫搬迁、贫困地区基础设施建设、贫困地区特色产业发展等其他专项扶贫贷款

十二、农业小企业贷款

财政部 国家税务总局关于员工制家政服务营业税政策的通知

财税〔2016〕9号

各省、自治区、直辖市、计划单列市财政厅(局)、地方税务局,北京、西藏、宁夏、青海省(自治区、直辖市)国家税务局,新疆生产建设兵团财务局:

为了落实国务院决策部署,现将员工制家政服务营业税政策明确如下:

《财政部 国家税务总局关于员工制家政服务免征营业税的通知》(财税〔2011〕51号)规定的员工制家政服务营业税免税政策,自2014年10月1日至2018年12月31日继续执行。纳税人已缴纳的应予免征的营业税,允许从纳税人以后的营业税应纳税款中抵减,家政服务业实施营业税改征增值税改革之日前抵减不完的予以退税。

财政部 国家税务总局

2016年1月18日

国家税务总局关于融资融券业务营业税问题的公告

国家税务总局公告2016年第20号

现将证券公司开展融资融券业务营业税问题明确如下:

证券公司开展的融资融券业务,是指由证券公司与客户签订融资融券合同,以证券公司名义开设专用资金账户和专用证券账户向客户融出资金和证券,并向客户收取融资融券业务收入。证券公司在异地设立的营业部负责接收客户申请、在系统内录入客户资料、协助开户等辅助工作。

按照《中华人民共和国营业税暂行条例》规定,证券公司应作为融资融券业务的营业税纳税人,就其取得的融资融券业务收入向其机构所在地主管税务机关申报缴纳营业税;证券公司在异地设立的营业部并非融资融券业务的营业税纳税人,不应就融资融券业务收入缴纳营业税。

本公告自公布之日起施行。此前已发生未处理的事项,按照本公告的规定执行。

特此公告。

国家税务总局

2016年3月31日

关于《国家税务总局关于融资融券业务营业税问题的公告》的解读

近日,国家税务总局发布了《国家税务总局关于融资融券业务营业税问题的公告》(以下简称《公告》),

为便于纳税人和税务机关理解和执行，现对《公告》解读如下：

一、《公告》起草的背景是什么？

近一段时期，部分地区税务机关和纳税人反映，如何确认融资融券业务营业税纳税人问题存在税企争议，建议税务总局予以明确。为统一政策执行口径，税务总局拟对相关问题予以明确。

二、如何理解《公告》的内容

根据中国证监会发布的《证券公司融资融券业务管理办法》，融资融券业务是指向客户出借资金供其买入证券或者出借证券供其卖出，并收取担保物的经营活动。融资融券业务由证券公司统一集中管理，融资融券合同由证券公司与客户签订，证券公司以自己名义开设的专用资金账户和专用证券账户向客户融出资金和证券，并向客户直接收取融资利息或融券费用。证券公司在异地设立的营业部仅负责接收客户申请、在系统内录入客户资料、协助开户等辅助工作。

证券公司是实际开展融资融券业务并取得融资融券业务收入的单位，因此，按照现行营业税政策规定，证券公司应作为融资融券业务的营业税纳税人，就其取得的融资融券业务收入在其机构所在地申报缴纳营业税。证券公司在异地设立的营业部并非实际开展融资融券业务并取得融资融券业务收入的单位，不应作为融资融券业务的营业税纳税人，也不应就融资融券业务收入缴纳营业税。

财政部 国家税务总局关于部分营业税和增值税政策到期延续问题的通知

财税〔2016〕83号

各省、自治区、直辖市、计划单列市财政厅（局）、国家税务局、地方税务局，新疆生产建设兵团财务局：

经国务院批准，现对继续执行农村金融、三农事业部涉农贷款、邮政代办金融保险和新疆国际大巴扎项目有关税收政策通知如下：

一、《财政部 国家税务总局关于农村金融有关税收政策的通知》（财税〔2010〕4号）第三条规定的“对农村信用社、村镇银行、农村资金互助社、由银行业机构全资发起设立的贷款公司、法人机构所在地在县（含县级市、区、旗）及县以下地区的农村合作银行和农村商业银行的金融保险业收入减按3%的税率征收营业税”政策的执行期限延长至2016年4月30日。

二、《财政部 国家税务总局关于中国农业银行三农金融事业部涉农贷款营业税优惠政策的通知》（财税〔2015〕67号）的执行期限延长至2016年4月30日。

三、自2016年1月1日起，中国邮政集团公司及其所属邮政企业为金融机构代办金融保险业务取得的代理收入，在营改增试点期间免征增值税。

四、自2016年1月1日至2016年4月30日，新疆国际大巴扎物业服务有限公司和新疆国际大巴扎文化旅游产业有限公司从事与新疆国际大巴扎项目有关的营业税应税业务，免征营业税；自2016年5月1日至2016年12月31日，对上述营改增应税业务，免征增值税。

五、文到之日前，已征的按照本通知规定应予免征的营业税，予以退还；已征的应予免征的增值税，可抵减纳税人以后月份应缴纳的增值税或予以退还。

财政部 国家税务总局

2016年7月25日

第五部分　中华人民共和国消费税法

中华人民共和国消费税暂行条例

国务院令〔2008〕539 号

第一条　在中华人民共和国境内生产、委托加工和进口本条例规定的消费品的单位和个人，以及国务院确定的销售本条例规定的消费品的其他单位和个人，为消费税的纳税人，应当依照本条例缴纳消费税。

第二条　消费税的税目、税率，依照本条例所附的《消费税税目税率表》执行。

消费税税目、税率的调整，由国务院决定。

【注释】　相关规定包括：《国家税务总局关于印发〈消费税征收范围注释〉的通知》（国税发〔1993〕153 号）、《国家税务总局关于印发〈消费税若干具体问题的规定〉的通知》（国税发〔1993〕156 号）、《国家税务总局关于痱子粉、爽身粉不征消费税问题的通知》（国税发〔1994〕142 号）、《财政部 国家税务总局关于对香皂暂时给予减征消费税照顾的通知》（财税〔1994〕39 号）、《财政部 国家税务总局关于甲类卷烟暂时给予减征消费税照顾的通知》（财税〔1994〕38 号）、《财政部 国家税务总局关于调整金银首饰消费税纳税环节有关问题的通知》（财税〔1994〕95 号）、《国家税务总局关于消费税若干征税问题的通知》（国税发〔1997〕84 号）、《国家税务总局关于印发〈消费税问题解答〉的通知》（国税函发〔1997〕306 号）、《关于调整酒类产品消费税政策的通知》（财税〔2001〕84 号）、《国家税务总局关于卷烟生产企业购进卷烟直接销售不再征收消费税的批复》（国税函〔2001〕955 号）、《国家税务总局关于果啤征收消费税的批复》（国税函〔2005〕333 号）、《财政部 国家税务总局关于调整和完善消费税政策的通知》（财税〔2006〕33 号）、《国家税务总局关于加强委托加工应税消费品征收管理的通知》（国税发〔1995〕122 号）、《国家税务总局关于购进整车改装汽车征收消费税问题的批复》（国税函〔2006〕772 号）、《国家税务总局关于购进乙醇生产销售无水乙醇征收消费税问题的批复》（国税函〔2006〕768 号）、《国家税务总局关于沙滩车等车辆征收消费税问题的批复》（国税函〔2007〕1071 号）。

第三条　纳税人兼营不同税率的应当缴纳消费税的消费品（以下简称应税消费品），应当分别核算不同税率应税消费品的销售额、销售数量；未分别核算销售额、销售数量，或者将不同税率的应税消费品组成成套消费品销售的，从高适用税率。

第四条　纳税人生产的应税消费品，于纳税人销售时纳税。纳税人自产自用的应税消费品，用于连续生产应税消费品的，不纳税；用于其他方面的，于移送使用时纳税。

委托加工的应税消费品，除受托方为个人外，由受托方在向委托方交货时代收代缴税款。委托加工的应税消费品，委托方用于连续生产应税消费品的，所纳税款准予按规定抵扣。

进口的应税消费品，于报关进口时纳税。

【注释】　相关规定包括：《国家税务总局关于消费税若干征税问题的通知》（国税发〔1994〕130 号）、《财政部 国家税务总局关于调整金银首饰消费税纳税环节有关问题的通知》（财税〔1994〕95 号）、《国家税务总局关于锻压金首饰在零售环节征收消费税问题的批复》（国税函发〔1996〕727 号）、《国家税务总局关于啤酒集团内部企业间销售（调拨）啤酒液征收消费税问题的批复》（国税函〔2003〕382 号）。

第五条　消费税实行从价定率、从量定额，或者从价定率和从量定额复合计税（以下简称复合计税）的办法计算应纳税额。应纳税额计算公式：

实行从价定率办法计算的应纳税额＝销售额×比例税率

实行从量定额办法计算的应纳税额＝销售数量×定额税率

实行复合计税办法计算的应纳税额＝销售额×比例税率＋销售数量×定额税率

纳税人销售的应税消费品，以人民币计算销售额。纳税人以人民币以外的货币结算销售额的，应当折合成人民币计算。

【注释】 相关规定包括:《国家税务总局关于消费税若干征税问题的通知》(国税发〔1997〕84号)。

第六条 销售额为纳税人销售应税消费品向购买方收取的全部价款和价外费用。

【注释】 相关规定包括:《国家税务总局关于啤酒计征消费税有关问题的批复》(国税函〔2002〕166号)。

第七条 纳税人自产自用的应税消费品,按照纳税人生产的同类消费品的销售价格计算纳税;没有同类消费品销售价格的,按照组成计税价格计算纳税。

实行从价定率办法计算纳税的组成计税价格计算公式:

组成计税价格=(成本+利润)÷(1-比例税率)

实行复合计税办法计算纳税的组成计税价格计算公式:

组成计税价格=(成本+利润+自产自用数量×定额税率)÷(1-比例税率)

第八条 委托加工的应税消费品,按照受托方的同类消费品的销售价格计算纳税;没有同类消费品销售价格的,按照组成计税价格计算纳税。

实行从价定率办法计算纳税的组成计税价格计算公式:

组成计税价格=(材料成本+加工费)÷(1-比例税率)

实行复合计税办法计算纳税的组成计税价格计算公式:

组成计税价格=(材料成本+加工费+委托加工数量×定额税率)÷(1-比例税率)

第九条 进口的应税消费品,按照组成计税价格计算纳税。

实行从价定率办法计算纳税的组成计税价格计算公式:

组成计税价格=(关税完税价格+关税)÷(1-消费税比例税率)

实行复合计税办法计算纳税的组成计税价格计算公式:

组成计税价格=(关税完税价格+关税+进口数量×消费税定额税率)÷(1-消费税比例税率)

第十条 纳税人应税消费品的计税价格明显偏低并无正当理由的,由主管税务机关核定其计税价格。

【注释】 相关规定包括:《国家税务总局关于啤酒计征消费税有关问题的批复》(国税函〔2002〕166号)、《国家税务总局关于酒类产品消费税政策问题的通知》(国税发〔2002〕109号)。

第十一条 对纳税人出口应税消费品,免征消费税;国务院另有规定的除外。出口应税消费品的免税办法,由国务院财政、税务主管部门规定。

第十二条 消费税由税务机关征收,进口的应税消费品的消费税由海关代征。

个人携带或者邮寄进境的应税消费品的消费税,连同关税一并计征。具体办法由国务院关税税则委员会会同有关部门制定。

第十三条 纳税人销售的应税消费品,以及自产自用的应税消费品,除国务院财政、税务主管部门另有规定外,应当向纳税人机构所在地或者居住地的主管税务机关申报纳税。

委托加工的应税消费品,除受托方为个人外,由受托方向机构所在地或者居住地的主管税务机关解缴消费税税款。

进口的应税消费品,应当向报关地海关申报纳税。

【注释】 相关规定包括:《财政部 国家税务总局关于明确啤酒包装物押金消费税政策的通知》(财税〔2006〕20号)。

第十四条 消费税的纳税期限分别为1日、3日、5日、10日、15日、1个月或者1个季度。纳税人的具体纳税期限,由主管税务机关根据纳税人应纳税额的大小分别核定;不能按照固定期限纳税的,可以按次纳税。

纳税人以1个月或者1个季度为1个纳税期的,自期满之日起15日内申报纳税;以1日、3日、5日、10日或者15日为1个纳税期的,自期满之日起5日内预缴税款,于次月1日起15日内申报纳税并结清上月应纳税款。

【注释】 相关规定包括:《财政部 国家税务总局关于调整金银首饰消费税纳税环节有关问题的通知》(财税〔1994〕95 号)。

第十五条 纳税人进口应税消费品,应当自海关填发海关进口消费税专用缴款书之日起 15 日内缴纳税款。

第十六条 消费税的征收管理,依照《中华人民共和国税收征收管理法》及本条例有关规定执行。

【注释】 相关规定包括:《国家税务总局关于印发〈金银首饰消费税征收管理办法〉的通知》(国税发〔1994〕267 号)、《财政部关于调整金银首饰消费税纳税环节后有关会计处理规定的通知》(财会〔1995〕9 号)、《财政部 国家税务总局关于铂金及其制品税收政策的通知》(财税〔2003〕86 号)、《财政部 海关总署 国家税务总局关于印发〈关于进口货物进口环节海关代征税税收政策问题的规定〉的通知》(财关税〔2004〕7 号)、《国家税务总局关于取消金银首饰消费税纳税人认定行政审批后有关问题的通知》(国税函〔2004〕826 号)、《国家税务总局关于印发〈汽油、柴油消费税管理办法(试行)〉的通知》(国税发〔2005〕133 号)、《国家税务总局关于印发〈调整和完善消费税政策征收管理规定〉的通知》(国税发〔2006〕49 号)、《国家税务总局关于加强新牌号、新规格卷烟消费税计税价格管理有关事项的通知》(国税函〔2006〕373 号)、《国家税务总局关于印发〈葡萄酒消费税管理办法(试行)〉的通知》(国税发〔2006〕66 号)、《国家税务总局关于进一步加强消费税纳税申报及税款抵扣管理的通知》(国税函〔2006〕769 号)、《国家税务总局关于印发〈增值税小规模纳税人出口货物免税管理办法(暂行)〉的通知》(国税发〔2007〕123 号)。

第十七条 本条例自 2009 年 1 月 1 日起施行。

附件:

消费税税目税率表

税　　目	计税单位	税率(税额)
一、烟		
1. 卷烟		
①每标准条(200 支)对外调拨价在 70 元以上(含 70 元)的	标准箱(5 万支)	56%;150 元
②每标准条(200 支)对外调拨价在 70 元以下的	标准箱(5 万支)	36%;150 元
2. 雪茄烟 36%		
3. 烟丝 30%		
4. 卷烟批发环节 5%		
二、酒及酒精		
1. 粮食白酒	斤或者 500 毫升	20%;0.5 元
2. 黄酒	吨	240 元
3. 啤酒		
①每吨出厂价格(含包装物及包装物押金)在 3 000 元(含 3 000 元,不含增值税)以上的	吨	250 元
②每吨在 3 000 元以下的	吨	220 元
③娱乐业和饮食业自制的	吨	250 元
4. 其他酒 10%		
5. 酒精 5%		
三、化妆品 30%		

（续表）

税　　　目	计税单位	税率(税额)
四、贵重首饰及珠宝玉石		
1. 金银首饰、铂金首饰和钻石、钻石饰品 5%		
2. 其他贵重首饰和珠宝玉石 10%		
五、鞭炮、焰火 15%		
六、成品油		
1. 汽油		
①无铅汽油	升	1.0 元
②含铅汽油	升	1.4 元
2. 柴油	升	0.8 元
3. 石脑油	升	1.0 元
4. 溶剂油	升	1.0 元
5. 润滑油	升	1.0 元
6. 燃料油	升	0.8 元
7. 航空煤油	升	0.8 元
七、汽车轮胎 3%		
八、摩托车		
1. 气缸容量(排气量，下同)在 250 毫升(含)以下的 3%		
2. 气缸容量在 250 毫升以上的 10%		
九、小汽车		
1. 乘用车		
①气缸容量(排气量，下同)在 1.0 升(含)以下的 1%		
②气缸容量在 1.0 升以上至 1.5 升(含)的 3%		
③气缸容量在 1.5 升以上至 2.0 升(含)的 5%		
④气缸容量在 2.0 升以上至 2.5 升(含)的 9%		
⑤气缸容量在 2.5 升以上至 3.0 升(含)的 12%		
⑥气缸容量在 3.0 升以上至 4.0 升(含)的 25%		
⑦气缸容量在 4.0 升以上的 40%		
2. 中轻型商用客车 5%		
十、高尔夫球及球具 10%		
十一、高档手表 20%		
十二、游艇 10%		
十三、木制一次性筷子 5%		
十四、实木地板 5%		

中华人民共和国消费税暂行条例实施细则

财政部 国家税务总局第51号令

第一条 根据《中华人民共和国消费税暂行条例》(以下简称条例),制定本细则。

第二条 条例第一条所称单位,是指企业、行政单位、事业单位、军事单位、社会团体及其他单位。

条例第一条所称个人,是指个体工商户及其他个人。

条例第一条所称在中华人民共和国境内,是指生产、委托加工和进口属于应当缴纳消费税的消费品的起运地或者所在地在境内。

第三条 条例所附《消费税税目税率表》中所列应税消费品的具体征税范围,由财政部、国家税务总局确定。

第四条 条例第三条所称纳税人兼营不同税率的应当缴纳消费税的消费品,是指纳税人生产销售两种税率以上的应税消费品。

第五条 条例第四条第一款所称销售,是指有偿转让应税消费品的所有权。

前款所称有偿,是指从购买方取得货币、货物或者其他经济利益。

第六条 条例第四条第一款所称用于连续生产应税消费品,是指纳税人将自产自用的应税消费品作为直接材料生产最终应税消费品,自产自用应税消费品构成最终应税消费品的实体。

条例第四条第一款所称用于其他方面,是指纳税人将自产自用应税消费品用于生产非应税消费品、在建工程、管理部门、非生产机构、提供劳务、馈赠、赞助、集资、广告、样品、职工福利、奖励等方面。

【注释】 相关规定包括:《国家税务总局关于啤酒集团内部企业间销售(调拨)啤酒液征收消费税问题的批复》(国税函〔2003〕382号)。

第七条 条例第四条第二款所称委托加工的应税消费品,是指由委托方提供原料和主要材料,受托方只收取加工费和代垫部分辅助材料加工的应税消费品。对于由受托方提供原材料生产的应税消费品,或者受托方先将原材料卖给委托方,然后再接受加工的应税消费品,以及由受托方以委托方名义购进原材料生产的应税消费品,不论在财务上是否作销售处理,都不得作为委托加工应税消费品,而应当按照销售自制应税消费品缴纳消费税。

委托加工的应税消费品直接出售的,不再缴纳消费税。

委托个人加工的应税消费品,由委托方收回后缴纳消费税。

第八条 消费税纳税义务发生时间,根据条例第四条的规定,分列如下:

(一)纳税人销售应税消费品的,按不同的销售结算方式分别为:

1. 采取赊销和分期收款结算方式的,为书面合同约定的收款日期的当天,书面合同没有约定收款日期或者无书面合同的,为发出应税消费品的当天;

2. 采取预收货款结算方式的,为发出应税消费品的当天;

3. 采取托收承付和委托银行收款方式的,为发出应税消费品并办妥托收手续的当天;

4. 采取其他结算方式的,为收讫销售款或者取得索取销售款凭据的当天。

(二)纳税人自产自用应税消费品的,为移送使用的当天。

(三)纳税人委托加工应税消费品的,为纳税人提货的当天。

(四)纳税人进口应税消费品的,为报关进口的当天。

第九条 条例第五条第一款所称销售数量,是指应税消费品的数量。具体为:

(一)销售应税消费品的,为应税消费品的销售数量;

(二)自产自用应税消费品的,为应税消费品的移送使用数量;

(三)委托加工应税消费品的,为纳税人收回的应税消费品数量;

(四)进口应税消费品的,为海关核定的应税消费品进口征税数量。

第十条 实行从量定额办法计算应纳税额的应税消费品,计量单位的换算标准如下:

(一)黄酒 1 吨=962 升

(二)啤酒 1 吨=988 升

(三)汽油 1 吨=1388 升

(四)柴油 1 吨=1176 升

(五)航空煤油 1 吨=1246 升

(六)石脑油 1 吨=1385 升

(七)溶剂油 1 吨=1282 升

(八)润滑油 1 吨=1126 升

(九)燃料油 1 吨=1015 升

第十一条 纳税人销售的应税消费品,以人民币以外的货币结算销售额的,其销售额的人民币折合率可以选择销售额发生的当天或者当月 1 日的人民币汇率中间价。纳税人应在事先确定采用何种折合率,确定后 1 年内不得变更。

第十二条 条例第六条所称销售额,不包括应向购货方收取的增值税税款。如果纳税人应税消费品的销售额中未扣除增值税税款或者因不得开具增值税专用发票而发生价款和增值税税款合并收取的,在计算消费税时,应当换算为不含增值税税款的销售额。其换算公式为:

应税消费品的销售额=含增值税的销售额÷(1+增值税税率或者征收率)

第十三条 应税消费品连同包装物销售的,无论包装物是否单独计价以及在会计上如何核算,均应并入应税消费品的销售额中缴纳消费税。如果包装物不作价随同产品销售,而是收取押金,此项押金则不应并入应税消费品的销售额中征税。但对因逾期未收回的包装物不再退还的或者已收取的时间超过 12 个月的押金,应并入应税消费品的销售额,按照应税消费品的适用税率缴纳消费税。

对既作价随同应税消费品销售,又另外收取押金的包装物的押金,凡纳税人在规定的期限内没有退还的,均应并入应税消费品的销售额,按照应税消费品的适用税率缴纳消费税。

【注释】 相关规定包括:《财政部 国家税务总局关于酒类产品包装物押金征税问题的通知》(财税〔1995〕53 号)。

第十四条 条例第六条所称价外费用,是指价外向购买方收取的手续费、补贴、基金、集资费、返还利润、奖励费、违约金、滞纳金、延期付款利息、赔偿金、代收款项、代垫款项、包装费、包装物租金、储备费、优质费、运输装卸费以及其他各种性质的价外收费。但下列项目不包括在内:

(一)同时符合以下条件的代垫运输费用:

1. 承运部门的运输费用发票开具给购买方的;

2. 纳税人将该项发票转交给购买方的。

(二)同时符合以下条件代为收取的政府性基金或者行政事业性收费:

1. 由国务院或者财政部批准设立的政府性基金,由国务院或者省级人民政府及其财政、价格主管部门批准设立的行政事业性收费;

2. 收取时开具省级以上财政部门印制的财政票据;

3. 所收款项全额上缴财政。

第十五条 条例第七条第一款所称纳税人自产自用的应税消费品,是指依照条例第四条第一款规定于移送使用时纳税的应税消费品。

条例第七条第一款、第八条第一款所称同类消费品的销售价格,是指纳税人或者代收代缴义务人当月销售的同类消费品的销售价格,如果当月同类消费品各期销售价格高低不同,应按销售数量加权平均计算。但销售的应税消费品有下列情况之一的,不得列入加权平均计算:

(一)销售价格明显偏低并无正当理由的;

(二)无销售价格的。

如果当月无销售或者当月未完结,应按照同类消费品上月或者最近月份的销售价格计算纳税。

第十六条 条例第七条所称成本,是指应税消费品的产品生产成本。

第十七条 条例第七条所称利润,是指根据应税消费品的全国平均成本利润率计算的利润。应税消费品全国平均成本利润率由国家税务总局确定。

【注释】 相关规定包括:《国家税务总局关于印发〈消费税若干具体问题的规定〉的通知》(国税发〔1993〕156号)、《财政部 国家税务总局关于调整和完善消费税政策的通知》(财税〔2006〕33号)。

第十八条 条例第八条所称材料成本,是指委托方所提供加工材料的实际成本。

委托加工应税消费品的纳税人,必须在委托加工合同上如实注明(或者以其他方式提供)材料成本,凡未提供材料成本的,受托方主管税务机关有权核定其材料成本。

第十九条 条例第八条所称加工费,是指受托方加工应税消费品向委托方所收取的全部费用(包括代垫辅助材料的实际成本)。

第二十条 条例第九条所称关税完税价格,是指海关核定的关税计税价格。

第二十一条 条例第十条所称应税消费品的计税价格的核定权限规定如下:

(一)卷烟、白酒和小汽车的计税价格由国家税务总局核定,送财政部备案;

(二)其他应税消费品的计税价格由省、自治区和直辖市国家税务局核定;

(三)进口的应税消费品的计税价格由海关核定。

第二十二条 出口的应税消费品办理退税后,发生退关,或者国外退货进口时予以免税的,报关出口者必须及时向其机构所在地或者居住地主管税务机关申报补缴已退的消费税税款。

纳税人直接出口的应税消费品办理免税后,发生退关或者国外退货,进口时已予以免税的,经机构所在地或者居住地主管税务机关批准,可暂不办理补税,待其转为国内销售时,再申报补缴消费税。

第二十三条 纳税人销售的应税消费品,如因质量等原因由购买者退回时,经机构所在地或者居住地主管税务机关审核批准后,可退还已缴纳的消费税税款。

第二十四条 纳税人到外县(市)销售或者委托外县(市)代销自产应税消费品的,于应税消费品销售后,向机构所在地或者居住地主管税务机关申报纳税。

纳税人的总机构与分支机构不在同一县(市)的,应当分别向各自机构所在地的主管税务机关申报纳税;经财政部、国家税务总局或者其授权的财政、税务机关批准,可以由总机构汇总向总机构所在地的主管税务机关申报纳税。

委托个人加工的应税消费品,由委托方向其机构所在地或者居住地主管税务机关申报纳税。

进口的应税消费品,由进口人或者其代理人向报关地海关申报纳税。

【注释】 相关规定包括:《国家税务总局关于印发〈消费税若干具体问题的规定〉的通知》(国税发〔1993〕156号)。

第二十五条 本细则自2009年1月1日起施行。

消费税征收范围注释

国税发〔1993〕153号

一、烟

凡是以烟叶为原料加工生产的产品,不论使用何种辅料,均属于本税目的征收范围。本税目下设甲类卷烟、乙类卷烟、雪茄烟、烟丝四个子目。

卷烟是指将各种烟叶切成烟丝,按照配方要求均匀混合,加入糖、酒、香料等辅料,用白色盘纸、棕色盘纸、涂布纸或烟草薄片经机器或手工卷制的普通卷烟和雪茄型卷烟。

(一)甲类卷烟

……

(二)乙类卷烟

……

(三)雪茄烟

雪茄烟是指以晾晒烟为原料或者以晾晒烟和烤烟为原料,用烟叶或卷烟纸、烟草薄片作为烟支内包皮,再用烟叶作为烟支外包皮,经机器或手工卷制而成的烟草制品。按内包皮所用材料的不同可分为全叶卷雪茄烟和半叶卷雪茄烟。

雪茄烟的征收范围包括各种规格、型号的雪茄烟。

(四)烟丝

烟丝是指将烟叶切成丝状、粒状、片状、末状或其他形状,再加入辅料,经过发酵、储存,不经卷制即可供销售吸用的烟草制品。

烟丝的征收范围包括以烟叶为原料加工生产的不经卷制的散装烟,如斗烟、莫合烟、烟末、水烟、黄红烟丝等等。

二、酒及酒精

本税目下设粮食白酒、薯类白酒、黄酒、啤酒、其他酒、酒精六个子目。

(一)粮食白酒

粮食白酒是指以高粱、玉米、大米、糯米、大麦、小麦、小米、青稞等各种粮食为原料,经过糖化、发酵后,采用蒸馏方法酿制的白酒。

(二)薯类白酒

薯类白酒是指以白薯(红薯、地瓜)、木薯、马铃薯(土豆)、芋头、山药等各种干鲜薯类为原料,经过糖化、发酵后,采用蒸馏方法酿制的白酒。

用甜菜酿制的白酒,比照薯类白酒征税。

(三)黄酒

黄酒是指以糯米、粳米、籼米、大米、黄米、玉米、小麦、薯类等为原料,经加温、糖化、发酵、压榨酿制的酒。由于工艺、配料和含糖量的不同,黄酒分为干黄酒、半干黄酒、半甜黄酒、甜黄酒四类。

黄酒的征收范围包括各种原料酿制的黄酒和酒度超过 12 度(含 12 度)的土甜酒。

(四)啤酒

啤酒是指以大麦或其他粮食为原料,加入啤酒花,经糖化、发酵、过滤酿制的含有二氧化碳的酒。啤酒按照杀菌方法的不同,可分为熟啤酒和生啤酒或鲜啤酒。

啤酒的征收范围包括各种包装和散装的啤酒。

无醇啤酒比照啤酒征税。

(五)其他酒

其他酒是指除粮食白酒、薯类白酒、黄酒、啤酒以外,酒度在 1 度以上的各种酒。其征收范围包括糠麸白酒、其他原料白酒、土甜酒、复制酒、果木酒、汽酒、药酒等等。

1. 糠麸白酒是指用各种粮食的糠麸酿制的白酒。

用稗子酿制的白酒,比照糠麸酒征税。

2. 其他原料白酒是指用醋糟、糖渣、糖漏水、甜菜渣、粉渣、薯皮等各种下脚料,葡萄、桑葚、橡子仁等各种果实、野生植物等代用品,以及甘蔗、糖等酿制的白酒。

3. 土甜酒是指用糯米、大米、黄米等为原料,经加温、糖化、发酵(通过酒曲发酵),采用压榨酿制的酒度不超过 12 度的酒。

酒度超过 12 度的应按黄酒征税。

4. 复制酒是指以白酒、黄酒、酒精为酒基,加入果汁、香料、色素、药材、补品、糖、调料等配制或泡制的酒,如各种配制酒、泡制酒、滋补酒等等。

5. 果木酒是指以各种果品为主要原料,经发酵过滤酿制的酒。

6. 汽酒是指以果汁、香精、色素、酸料、酒(或酒精)、糖(或糖精)等调配,冲加二氧化碳制成的酒度在 1 度以上的酒。

7. 药酒是指按照医药卫生部门的标准,以白酒、黄酒为酒基,加入各种药材泡制或配制的酒。

(六)酒精

酒精又名乙醇,是指以含有淀粉或糖分的原料,经糖化和发酵后,用蒸馏方法生产的酒精度数在 95 度以上的无色透明液体;也可以石油裂解气中的乙烯为原料,用合成方法制成。

酒精的征收范围包括用蒸馏法和合成方法生产的各种工业酒精、医药酒精、食用酒精。

三、化妆品

……

四、护肤护发品

……

五、贵重首饰及珠宝玉石

本税目征收范围包括：各种金银珠宝首饰和经采掘、打磨、加工的各种珠宝玉石。

(一)金银珠宝首饰包括：

凡以金、银、白金、宝石、珍珠、钻石、翡翠、珊瑚、玛瑙等高贵稀有物质以及其他金属、人造宝石等制作的各种纯金银首饰及镶嵌首饰(含人造金银、合成金银首饰等)。

(二)珠宝玉石的种类包括：

1. 钻石：钻石是完全由单一元素碳元素所结晶而成的晶体矿物，也是宝石中唯一由单元素组成的宝石。钻石为八面体解理，即平面八面体晶面的四个方向，一般呈阶梯状。钻石的化学性质很稳定，不易溶于酸和碱。但在纯氧中，加热到1770度左右时，就会发生分解。在真空中，加热到1700度时，就会把它分解为石墨。钻石有透明的、半透明的，也有不透明的。宝石级的钻石，应该是无色透明的，无瑕疵或极少瑕疵，也可以略有淡黄色或极浅的褐色，最珍贵的颜色是天然粉色，其次是蓝色和绿色。

2. 珍珠：海水或淡水中的贝类软体动物体内进入细小杂质时，外套膜受到刺激便分泌出一种珍珠质(主要是碳酸钙)，将细小杂质层层包裹起来，逐渐成为一颗小圆珠，就是珍珠。珍珠颜色主要为白色、粉色及浅黄色，具珍珠光泽，其表面隐约闪烁着虹一样的晕彩珠光。颜色白润、皮光明亮、形状精圆、粒度硬大者价值最高。

3. 松石：松石是一种自色宝石，是一种完全水化的铜铝磷酸盐。分子式为 $CuAl_6(PO_4)_4(OH)_8 \cdot 5H_2O$。松石的透明度为不透明、薄片下部分呈半透明。抛光面为油脂玻璃光泽，断口为油脂暗淡光泽。松石种类包括波斯松石、美国松石和墨西哥松石、埃及松石和带铁线的绿松石。

4. 青金石：青金石是方钠石族的一种矿物；青金石的分子式为 $(Na,Ca)_7-8(Al,Si)_{12}(O,S)_{24}(SO_4)$，$Cl_2Cl_2 \cdot (OH)_2(OH)_2$，其中钠经常部分地为钾置换，硫则部分地为硫酸根、氯或硒所置换。青金石的种类包括波斯青金石、苏联青金石或西班牙青金石、智利青金石。

5. 欧泊石：矿物质中属蛋白石类，分子式为 $SiO_2 \cdot nH_2O$。由于蛋白石中 SiO_2 小圆珠整齐排列像光栅一样，当白光射在上面后发生衍射，散成彩色光谱，所以欧泊石具有绚丽夺目的变幻色彩，尤以红色多者最为珍贵。欧泊石的种类包括白欧泊石、黑欧泊石、晶质欧泊石、火欧泊石、胶状欧泊石或玉滴欧泊石、漂砾欧泊石、脉石欧泊石或基质中欧泊石。

6. 橄榄石：橄榄石是自色宝石，一般常见的颜色有纯绿色、黄绿色到棕绿色。橄榄石没有无色的。分子式为：$(Mg,Fe)_2SiO_4$。橄榄石的种类包括贵橄榄石、黄玉、镁橄榄石、铁橄榄石、"黄昏祖母绿"和硼铝镁石。

7. 长石：按矿物学分类长石分为两个主要类型：钾长石和斜长石。分子式分别为：$KAlSi_3O_8$、$NaAlSi_3O_8$。长石的种类包括月光石或冰长石、日光石或砂金石的长石、拉长石、天河石或亚马逊石。

8. 玉：硬玉(也叫翡翠)、软玉。硬玉是一种钠和铝的硅酸盐，分子式为：$NaAl(SiO_3)_2$。软玉是一种含水的钙镁硅酸盐，分子式为：$CaMg_5(OH)_2(Si_4O_{11})_2$。

9. 石英：石英是一种它色的宝石，纯石英为无色透明。分子式为 SiO_2。石英的种类包括水晶、晕彩或彩红石英、金红石斑点或网金红石石英、紫晶、黄晶、烟石英或烟晶、芙蓉石、东陵石、蓝线石石英、乳石英、蓝石英或蓝宝石石英、虎眼石、鹰眼或猎鹰眼、石英猫眼、带星的或星光石英。

10. 玉髓：也叫隐晶质石英。分子式为 SiO_2。玉髓的种类包括月光石、绿玉髓、红玛瑙、肉红玉髓、鸡血石、葱绿玉髓、玛瑙、缟玛瑙、碧玉、深绿玉髓、硅孔雀石玉髓、硅化木。

11. 石榴石：其晶体与石榴籽的形状、颜色十分相似而得名。石榴石的一般分子式为 $R_3M_2(SiO_4)_3$。石榴石的种类包括铁铝榴石、镁铝榴石、镁铁榴石、锰铝榴石、钙铁榴石、钙铬榴石。

12. 锆石：颜色呈红、黄、蓝、紫色等。分子式为 $ZrSiO_4$。

13. 尖晶石：颜色呈黄色、绿色和无色。分子式为 $MgAl_2O_4$。尖晶石的种类包括红色尖晶石、红宝石色的尖晶石或红宝石尖晶石、紫色的或类似贵榴石色泽的尖晶石、粉或玫瑰色尖晶石、桔红色尖晶石、蓝色尖晶石、蓝宝石色尖晶石或蓝宝石尖晶石、象变石的尖晶石、黑色尖晶石、铁镁尖晶石或镁铁尖晶石。

14. 黄玉：黄玉是铝的氟硅酸盐，斜方晶系。分子式为 $Al_2(F,OH)_2SiO_4$。黄玉的种类包括棕黄至黄棕、浅蓝至淡蓝、粉红、无色的、其他品种。

15. 碧玺：极为复杂的硼铝硅酸盐，其中可含一种或数种以下成分：镁、钠、锂、铁、钾或其他金属。这些元素比例不同，颜色也不同。碧玺的种类包括红色的、绿色的、蓝色的、黄和橙色、无色或白色、黑色、杂色宝石、猫眼碧玺、变色石似的碧玺。

16. 金绿玉：属尖晶石族矿物，铝酸盐类。主要成分是氧化铝铍，属斜方晶系。分子式为 $B_{e}Al_{2}O_{4}$。金绿玉的种类包括变石、猫眼石、变石猫眼宝石及其他一些变种。

17. 绿柱石：绿柱石在其纯净状态是无色的；不同的变种之所以有不同的颜色是由于微量金属氧化物的存在。在存在氧化铬或氧化钒时通常就成了祖母绿，而海蓝宝石则是由于氧化亚铁着色而成的。成为铯绿柱石是由于镁的存在，而金绿柱石则是因氧化铁着色而成的。分子式为：$B_{e3}Al_{2}(S_{i}O_{3})_{6}$。绿柱石的种类包括祖母绿、海蓝宝石 Maxixe 型绿柱石、金绿柱石、铯绿柱石、其他透明的品种、猫眼绿柱石、星光绿柱石。

18. 刚玉：刚玉是一种很普通的矿物，除了星光宝石外，只有半透明到透明的变种才能叫作宝石。分子式为 $Al_{2}O_{3}$，含氧化铬呈红色，含钛和氧化铁呈蓝色，含氧化铁呈黄色，含铬和氧化铁呈橙色，含铁和氧化钛呈绿色，含铬、钛和氧化铁呈紫色。刚玉的种类包括红宝石、星光红宝石、蓝宝石、艳色蓝宝石、星光蓝宝石。

19. 琥珀：一种有机物质。它是一种含一些有关松脂的古代树木的石化松脂。分子式为 $C_{10}H_{16}O$。琥珀的种类包括海珀、坑珀、洁珀、块珀、脂珀、浊珀、泡珀、骨珀。

20. 珊瑚：是生物成因的另一种宝石原料。它是珊瑚虫的树枝状钙质骨架随着极细小的海生动物群体增生而形成。

21. 煤玉：煤玉是褐煤的一个变种（成分主要是碳，并含氢和氧）。它是由漂木经压实作用而成，漂木沉降到海底，变成埋藏的细粒淤泥，然后转变为硬质页岩，称为"煤玉岩"，煤玉是生物成因的。煤玉为非晶质，在粗糙表面上呈暗淡光泽，在磨光面上为玻璃光泽。

22. 龟甲：是非晶质的，具有油脂光泽至蜡状光泽，硬度 2.5。

23. 合成刚玉：指与有关天然刚玉对比，具有基本相同的物理、光学及化学性能的人造材料。

24. 合成宝石：指与有关天然宝石对比，具有基本相同的物理、光学及化学性能的人造宝石。合成宝石种类包括合成金红石、钛酸锶、钇铝榴石、轧镓榴石、合成立方锆石、合成蓝宝石、合成尖晶石、合成金红石、合成变石、合成钻石、合成祖母绿、合成欧泊、合成石英。

25. 双合石：也称复合石，这是一种由两种不同的材料黏结而成的宝石。双合石的种类是根据黏合时所用的材料性质划分的。双合石的种类有石榴石与玻璃双合石、祖母绿的代用品、欧泊石代用品、星光蓝宝石代用品、钻石代用品、其他各种仿宝石复合石。

26. 玻璃仿制品。

六、鞭炮、焰火

鞭炮，又称爆竹。是用多层纸密裹火药，接以药引线，制成的一种爆炸品。

焰火，指烟火剂，一般系包扎品，内装药剂，点燃后烟火喷射，呈各种颜色，有的还变幻成各种景象，分平地小焰火和空中大焰火两类。

本税目征收范围包括各种鞭炮、焰火。通常分为 13 类，即喷花类、旋转类、旋转升空类、火箭类、吐珠类、线香类、小礼花类、烟雾类、造型玩具类、爆竹类、摩擦炮类、组合烟花类、礼花弹类。

体育上用的发令纸，鞭炮药引线，不按本税目征收。

七、汽油

……

八、柴油

……

九、汽车轮胎

汽车轮胎是指用于各种汽车、挂车、专用车和其他机动车上的内、外胎。

本税目征收范围包括：

（一）轻型乘用汽车轮胎；

（二）载重及公共汽车、无轨电车轮胎；

（三）矿山、建筑等车辆用轮胎；

(四)特种车辆用轮胎(指行驶于无路面或雪地、沙漠等高越野轮胎);

(五)摩托车轮胎;

(六)各种挂车用轮胎;

(七)工程车轮胎;

(八)其他机动车轮胎;

(九)汽车与农用拖拉机、收割机、手扶拖拉机通用轮胎。

十、摩托车

本税目征收范围包括:

(一)轻便摩托车:最大设计车速不超过50公里/小时、发动机气缸总工作容积不超过50毫升的两轮机动车。

(二)摩托车:最大设计车速超过50公里/小时、发动机气缸总工作容积超过50毫升、空车质量不超过400公斤(带驾驶室的正三轮车及特种车的空车质量不受此限)的两轮和三轮机动车。

1. 两轮车:装有一个驱动轮与一个从动轮的摩托车。

(1)普通车:骑式车架,双人座垫,轮辋基本直径不小于304毫米,适应在公路或城市道路上行驶的摩托车。

(2)微型车:坐式或骑式车架,单人或双人座垫,轮辋基本直径不大于254毫米,适应在公路或城市道路上行驶的摩托车。

(3)越野车:骑式车架,宽型方向把,越野型轮胎,剩余垂直轮隙及离地间隙大,适应在非公路地区行驶的摩托车。

(4)普通赛车:骑式车架,狭型方向把,座垫偏后,装有大功率高转速发动机,在专用跑道上比赛车速的一种摩托车。

(5)微型赛车:坐式或骑式车架,轮辋基本直径不大于254毫米,装有大功率高转速发动机,在专用跑道上比赛车速的一种摩托车。

(6)越野赛车:具有越野性能,装有大功率发动机,用于非公路地区比赛车速的一种摩托车。

(7)特种车:一种经过改装之后用于完成特定任务的两轮摩托车。如开道车。

2. 边三轮车:在两轮车的一侧装有边车的三轮摩托车。

(1)普通边三轮车:具有边三轮车结构,用于载运乘员或货物的摩托车。

(2)特种边三轮车:装有专用设备,用于完成特定任务的边三轮车。如警车、消防车。

3. 正三轮车:装有与前轮对称分布的两个后轮和固定车厢的三轮摩托车。

(1)普通正三轮车:具有正三轮车结构,用于载运乘员或货物的摩托车。如客车、货车。

(2)特种正三轮车:装有专用设备,用于完成特定任务的正三轮车。如容罐车、自卸车、冷藏车。

十一、小汽车

……

【注释】 对《消费税暂行条例》第2条进行了解释。下列文件进行了补充规定:《国家税务总局关于〈消费税征收范围注释〉的补充通知》(国税发〔1994〕26号);《财政部 国家税务总局关于调整和完善消费税政策的通知》(财税〔2006〕33号)。

消费税若干具体问题的规定

国税发〔1993〕156号

一、关于卷烟分类计税标准问题

(一)纳税人销售的卷烟因放开销售价格而经常发生价格上下浮动的,应以该牌号规格卷烟销售当月的加权平均销售价格确定征税类别和适用税率。但销售的卷烟有下列情况之一者,不得列入加权平均计算:

1. 销售价格明显偏低而无正当理由的;

2. 无销售价格的。

在实际执行中，月初可先按上月或者离销售当月最近月份的征税类别和适用税率预缴税款，月份终了再按实际销售价格确定征税类别和适用税率，并结算应纳税款。

（二）卷烟由于接装过滤嘴、改变包装或其他原因提高销售价格后，应按照新的销售价格确定征税类别和适用税率。

（三）纳税人自产自用的卷烟应当按照纳税人生产的同牌号规格的卷烟销售价格确定征税类别和适用税率。没有同牌号规格卷烟销售价格的，一律按照甲类卷烟税率征税。

（四）委托加工的卷烟按照受托方同牌号规格卷烟的征税类别和适用税率征税。没有同牌号规格卷烟的，一律按照甲类卷烟的税率征税。

（五）残次品卷烟应当按照同牌号规格正品卷烟的征税类别确定适用税率。

（六）下列卷烟不分征税类别一律按照甲类卷烟税率征税：

1. 进口卷烟；

2. 白包卷烟；

3. 手工卷烟；

4. 未经国务院批准纳入计划的企业和个人生产的卷烟。国家计划内卷烟生产企业名单附后。

（七）卷烟分类计税标准的调整，由国家税务总局确定。

二、关于酒的征收范围问题

（一）外购酒精生产的白酒，应按酒精所用原料确定白酒的适用税率。凡酒精所用原料无法确定的，一律按照粮食白酒的税率征税。

（二）外购两种以上酒精生产的白酒，一律从高确定税率征税。

（三）以外购白酒加浆降度，或外购散酒装瓶出售，以及外购白酒以曲香、香精进行调香、调味生产的白酒，按照外购白酒所用原料确定适用税率。凡白酒所用原料无法确定的，一律按照粮食白酒的税率征税。

（四）以外购的不同品种白酒勾兑的白酒，一律按照粮食白酒的税率征税。

（五）对用粮食和薯类、糠麸等多种原料混合生产的白酒，一律按照粮食白酒的税率征税。

（六）对用薯类和粮食以外的其他原料混合生产的白酒，一律按照薯类白酒的税率征税。

三、关于计税依据问题

（一）纳税人销售的甲类卷烟和粮食白酒，其计税价格显著低于产地市场零售价格的，主管税务机关应逐级上报国家税务总局核定计税价格，并按照国家税务总局核定的计税价格征税。

甲类卷烟和粮食白酒计税价格的核定办法另行规定。

（二）根据《中华人民共和国消费税暂行条例实施细则》第十七条的规定，应税消费品全国平均成本利润率规定如下：

1. 甲类卷烟 10%；

2. 乙类卷烟 5%；

3. 雪茄烟 5%；

4. 烟丝 5%；

5. 粮食白酒 10%；

6. 薯类白酒 5%；

7. 其他酒 5%；

8. 酒精 5%；

9. 化妆品 5%；

10. 护肤护发品 5%；

11. 鞭炮、焰火 5%；

12. 贵重首饰及珠宝玉石 6%；

13. 汽车轮胎 5%；

14. 摩托车 6%；

15. 小轿车 8%；

16. 越野车 6%；

17. 小客车 5%。

(三)下列应税消费品可以销售额扣除外购已税消费品买价后的余额作为计税价格计征消费税：

1. 外购已税烟丝生产的卷烟；

2. 外购已税酒和酒精生产的酒(包括以外购已税白酒加浆降度,用外购已税的不同品种的白酒勾兑的白酒,用曲香、香精对外购已税白酒进行调香、调味以及外购散装白酒装瓶出售等等)；

3. 外购已税化妆品生产的化妆品；

4. 外购已税护肤护发品生产的护肤护发品；

5. 外购已税珠宝玉石生产的贵重首饰及珠宝玉石；

6. 外购已税鞭炮、焰火生产的鞭炮、焰火。

外购已税消费品的买价是指购货发票上注明的销售额(不包括增值税税款)。

(四)下列应税消费品准予从应纳消费税税额中扣除原料已纳消费税税款：

1. 以委托加工收回的已税烟丝为原料生产的卷烟；

2. 以委托加工收回的已税酒和酒精为原料生产的酒；

3. 以委托加工收回的已税化妆品为原料生产的化妆品；

4. 以委托加工收回的已税护肤护发品为原料生产的护肤护发品；

5. 以委托加工收回已税珠宝玉石为原料生产的贵重首饰及珠宝玉石；

6. 以委托加工收回已税鞭炮、焰火为原料生产的鞭炮、焰火。

已纳消费税税款是指委托加工的应税消费品由受托方代收代缴的消费税。

(五)纳税人通过自设非独立核算门市部销售的自产应税消费品,应当按照门市部对外销售额或者销售数量征收消费税。

(六)纳税人用于换取生产资料和消费资料,投资入股和抵偿债务等方面的应税消费品,应当以纳税人同类应税消费品的最高销售价格作为计税依据计算消费税。

四、关于纳税地点问题

根据《中华人民共和国消费税暂行条例实施细则》第二十五条的规定,对纳税人的总机构与分支机构不在同一省(自治区、直辖市)的,如需改由总机构汇总在总机构所在地纳税的,需经国家税务总局批准;对纳税人的总机构与分支机构在同一省(自治区、直辖市)内,而不在同一县(市)的,如需改由总机构汇总在总机构所在地纳税的,需经国家税务总局所属分局批准。

五、关于报缴税款问题

纳税人报缴税款的办法,由所在地主管税务机关视不同情况,于下列办法中核定一种：

(一)纳税人按期向税务机关填报纳税申报表,并填开纳税缴款书,向所在地代理金库的银行缴纳税款。

(二)纳税人按期向税务机关填报纳税申报表,由税务机关审核后填发缴款书,按期缴纳。

(三)对会计核算不健全的小型业户,税务机关可根据其产销情况,按季或按年核定其应纳税额,分月缴纳。

六、本规定自 1994 年 1 月 1 日起执行。

【注释】 对《消费税暂行条例》第 2 条进行了解释。对《消费税暂行条例实施细则》第 17、25 条进行了解释。下列文件对此进行了更正:《国家税务总局关于〈消费税若干具体问题的规定〉的更正通知》(国税发〔1994〕84 号)。相关规定包括:《国家税务总局关于用外购和委托加工收回的应税消费品连续生产应税消费品征收消费税问题的通知》(国税发〔1995〕94 号)。

国家税务总局关于《消费税征收范围注释》的补充通知

国税发〔1994〕26 号

各省、自治区、直辖市税务局,各计划单列市税务局,哈尔滨、沈阳、长春、西安、南京、成都、武汉、广州市税务局：

我局以国税发〔1993〕153号印发的《消费税征收范围注释》的通知下发后，一些地区要求明确小客车中“微型客车”部分的征收范围。现将“小客车”的消费税征税范围补充通知如下：

小客车，又称旅行车，是指具有长方箱形车厢、车身长度小于或等于3.5米的“微型客车”和大于3.5米小于7米的乘客座位(不含驾驶员座位)在22座以下的“中型客车”。

【注释】 对《消费税征收范围注释》进行了解释。

国家税务总局关于《消费税若干具体问题的规定》的更正通知

国税发〔1994〕84号

各省、自治区、直辖市和计划单列市国家税务局：

国税函发〔1993〕156号《国家税务总局关于印发〈消费税若干具体问题的规定〉的通知》有如下错误，请予更正：

一、“三、关于计税依据问题”第(二)项中“根据《中华人民共和国消费税条例实施细则》……”，应改为“根据《中华人民共和国消费税暂行条例实施细则》……”。

二、“四、关于纳税地点问题”中“根据《中华人民共和国消费税条例实施细则》……，”应改为“根据《中华人民共和国消费税暂行条例实施细则》……”。

三、国家计划内卷烟生产企业名单中应增加下列烟厂：

1. 湖北巴东卷烟厂
2. 四川巫山卷烟厂
3. 广西浦北卷烟厂

另外四川中山雪茄烟厂应改为中江雪茄烟厂。

特此通知。

【注释】 对《国家税务总局关于印发〈消费税若干具体问题的规定〉的通知》进行了更正。

国家税务总局关于消费税若干征税问题的通知

国税发〔1994〕130号

各省、自治区、直辖市税务局，各计划单列市税务局，哈尔滨、沈阳、西安、武汉、广州、成都、长春、南京市税务局：

《中华人民共和国消费税暂行条例》及其有关规定实施以来，各地在贯彻执行中陆续反映出了一些问题，要求予以明确。现根据消费税问题座谈会讨论的意见，就几个具体征税问题通知如下：

一、关于委托加工征税问题

(一)对纳税人委托个体经营者加工的应税消费品，一律于委托方收回后在委托方所在地缴纳消费税。

(二)对消费者个人委托加工的金银首饰及珠宝玉石，可暂按加工费征收消费税。

二、关于已税消费品的扣除问题

……

【注释】 对《消费税暂行条例》第4条进行了解释。对《消费税暂行条例实施细则》第7条进行了解释。相关规定包括：《国家税务总局关于用外购和委托加工收回的应税消费品连续生产应税消费品征收消费税问题的通知》(国税发〔1995〕94号)。

财政部 国家税务总局关于调整金银首饰消费税纳税环节有关问题的通知

财税〔1994〕95 号

各省、自治区、直辖市财政厅(局)、国家税务局,各计划单列市财政局、国家税务局:

经国务院批准,金银首饰消费税由生产销售环节征收改为零售环节征收。现将有关规定通知如下:

一、改为零售环节征收消费税的金银首饰范围

这次改为零售环节征收消费税的金银首饰范围仅限于:金、银和金基、银基合金首饰,以及金、银和金基、银基合金的镶嵌首饰(以下简称金银首饰)。

……

对既销售金银首饰,又销售非金银首饰的生产、经营单位,应将两类商品划分清楚,分别核算销售额。凡划分不清楚或不能分别核算的,在生产环节销售的,一律从高适用税率征收消费税;在零售环节销售的,一律按金银首饰征收消费税。

金银首饰与其他产品组成成套消费品销售的,应按销售额全额征收消费税。

二、税率

金银首饰消费税税率为 5%。

三、纳税义务人

在中华人民共和国境内从事金银首饰零售业务的单位和个人,为金银首饰消费税的纳税义务人(以下简称纳税人),应按本通知的规定缴纳消费税。委托加工(另有规定者除外)、委托代销金银首饰的,受托方也是纳税人。

四、纳税环节

纳税人销售(指零售,下同)的金银首饰(含以旧换新),于销售时纳税;用于馈赠、赞助、集资、广告、样品、职工福利、奖励等方面的金银首饰,于移送时纳税;带料加工、翻新改制的金银首饰,于受托方交货时纳税。

五、纳税义务发生时间

纳税人销售金银首饰,其纳税义务发生时间为收讫销货款或取得索取销货凭据的当天;用于馈赠、赞助、集资、广告、样品、职工福利、奖励等方面的金银首饰,其纳税义务发生时间为移送的当天;带料加工、翻新改制的金银首饰,其纳税义务发生时间为受托方交货的当天。

六、金银首饰消费税改变征税环节后,经营单位进口金银首饰的消费税,由进口环节征收改为在零售环节征收;出口金银首饰由出口退税改为出口不退消费税。

个人携带、邮寄金银首饰进境,仍按海关现行规定征税。

七、计税依据

(一)纳税人销售金银首饰,其计税依据为不含增值税的销售额。如果纳税人销售金银首饰的销售额中未扣除增值税税款,在计算消费税时,应按以下公式换算为不含增值税税款的销售额。

金银首饰的销售额=含增值税的销售额÷(1+增值税税率或征收率)

(二)金银首饰连同包装物销售的,无论包装是否单独计价,也无论会计上如何核算,均应并入金银首饰的销售额,计征消费税。

(三)带料加工的金银首饰,应按受托方销售同类金银首饰的销售价格确定计税依据征收消费税。没有同类金银首饰销售价格的,按照组成计税价格计算纳税。组成计税价格的计算公式为:

组成计税价格=(材料成本+加工费)÷(1-金银首饰消费税税率)

(四)纳税人采用以旧换新(含翻新改制)方式销售的金银首饰,应按实际收取的不含增值税的全部价款确定计税依据征收消费税。

(五)生产、批发、零售单位用于馈赠、赞助、集资、广告、样品、职工福利、奖励等方面的金银首饰,应按纳

税人销售同类金银首饰的销售价格确定计税依据征收消费税;没有同类金银首饰销售价格的,按照组成计税价格计算纳税。组成计税价格的计算公式为:

组成计税价格=购进原价×(1+利润率)÷(1-金银首饰消费税税率)

纳税人为生产企业时,公式中的"购进原价"为生产成本。公式中的"利润率"一律定为6%。

八、纳税人应向其核算地主管国家税务局申报纳税。

九、金银首饰消费税改变纳税环节以后,用已税珠宝玉石生产的本通知范围内的镶嵌首饰,在计税时一律不得扣除买价或已纳的消费税税款。

十、对改变征税环节后,商业零售企业销售以前年度库存的金银首饰,按调整后的税率照章征收消费税。

十一、金银首饰消费税征收管理办法,由国家税务总局另行制定。

十二、本通知于1995年1月1日起执行。

【注释】 对《消费税暂行条例》第2、4、14条进行了解释。

国家税务总局关于用外购和委托加工收回的应税消费品连续生产应税消费品征收消费税问题的通知

国税发〔1995〕94号

各省、自治区、直辖市、计划单列市财政厅(局)、国家税务局,扬州培训中心,长春税务学院:

根据《国家税务总局关于印发〈消费税若干具体问题的规定〉的通知》(国税发〔1993〕156号)和《国家税务总局关于消费税若干征税问题的通知》(国税发〔1994〕130号)的规定,纳税人用外购或委托加工收回的已税烟丝、已税酒及酒精等8种应税消费品连续生产应税消费品,在计征消费税时可以扣除外购已税应税消费品的买价或委托加工收回应税消费品的已纳消费税税款。各地税务机关反映,这一规定在执行中存在着以下两方面问题:第一,两种扣除方法之间税收负担不平衡,而且用外购应税消费品连续生产应税消费品与用自产应税消费品连续生产应税消费品这两种生产经营方式之间,也存在着税收负担不平衡的矛盾。第二,在确定当期扣除数额方面,没有明确是按当期销售所实际耗用的数量计算,还是按当期投入生产的数量计算,因此而导致各地在政策执行上的不统一。为解决存在的问题,现通知如下:

一、对于用外购的已税烟丝、已税酒及酒精等8种应税消费品连续生产的应税消费品,在计税时准予扣除外购的应税消费品已纳的消费税税款,停止实行以销售额扣除外购应税消费品买价后的余额为计税依据计征消费税的办法。

二、当期准予扣除的外购或委托加工收回的应税消费品的已纳消费税税款,应按当期生产领用数量计算。计算公式如下:

(一)当期准予扣除的外购应税消费品已纳税款=当期准予扣除的外购应税消费品买价×外购应税消费品适用税率

当期准予扣除的外购应税消费品买价=期初库存的外购应税消费品的买价+当期购进的应税消费品的买价-期末库存的外购应税消费品的买价

(二)当期准予扣除的委托加工应税消费品已纳税款=期初库存的委托加工应税消费品已纳税款+当期收回的委托加工应税消费品已纳税款-期末库存的委托加工应税消费品已纳税款

三、纳税人用外购或委托加工收回的已税珠宝玉石生产的改在零售环节征收消费税的金银首饰,仍按《财政部、国家税务总局关于调整金银首饰消费税纳税环节有关问题的通知》((94)财税字第095号)的规定执行。

四、本规定自1995年6月1日起执行。以前规定与本规定有抵触的,以本规定为准。

【注释】 对《国家税务总局关于印发〈消费税若干具体问题的规定〉的通知》(国税发〔1993〕156号)和《国家税务总局关于消费税若干征税问题的通知》(国税发〔1994〕130号)进行了解释。

财政部 国家税务总局关于酒类产品包装物押金征税问题的通知

财税〔1995〕53号

各省、自治区、直辖市、计划单列市财政厅(局)、国家税务局,扬州培训中心,长春税务学院:

为了确保国家的财政收入,堵塞税收漏洞,经研究决定:从1995年6月1日起,对酒类产品生产企业销售酒类产品而收取的包装物押金,无论押金是否返还与会计上如何核算,均需并入酒类产品销售额中,依酒类产品的适用税率征收消费税。

【注释】 对《消费税暂行条例实施细则》第13条进行了解释。

国家税务总局关于消费税若干征税问题的通知

国税发〔1997〕84号

各省、自治区、直辖市和计划单列市国家税务局:

最近,各地在执行消费税政策中陆续反映出一些问题,要求国家税务总局给予明确。现根据部分地区消费税问题座谈会讨论的意见,就有关具体征税问题通知如下:

……

二、关于工业企业从事应税消费品购销的征税问题

(一)对既有自产应税消费品,同时又购进与自产应税消费品同样的应税消费品进行销售的工业企业,对其销售的外购应税消费品应当征收消费税,同时可以扣除外购应税消费品的已纳税款。

上述允许扣除已纳税款的外购应税消费品仅限于烟丝、酒、酒精、化妆品、护肤护发品、珠宝玉石、鞭炮焰火、汽车轮胎和摩托车。

(二)对自己不生产应税消费品,而只是购进后再销售应税消费品的工业企业,其销售的粮食白酒、薯类白酒、酒精、化妆品、护肤护发品、鞭炮焰火和珠宝玉石,凡不能构成最终消费品直接进入消费品市场,而需进一步生产加工的(如需进一步加浆降度的白酒及食用酒精,需进行调香、调味和勾兑的白酒,需进行深加工、包装、贴标、组合的珠宝玉石、化妆品、酒、鞭炮焰火等),应当征收消费税,同时允许扣除上述外购应税消费品的已纳税款。

本规定中允许扣除已纳税款的应税消费品只限于从工业企业购进的应税消费品,对从商业企业购进应税消费品的已纳税款一律不得扣除。

三、关于配制酒、泡制酒征税问题

……

五、关于饮食业、商业、娱乐业生产啤酒的征税问题

对饮食业、商业、娱乐业举办的啤酒屋(啤酒坊)利用啤酒生产设备生产的啤酒,应当征收消费税。

本通知自文到之日起执行。

【注释】 对《消费税暂行条例》第2、5条进行了解释。

国家税务总局关于印发《消费税问题解答》的通知

国税函发〔1997〕306 号

各省、自治区、直辖市和计划单列市国家税务局：

现将《消费税问题解答》发给你们，请依照执行。

问：用购进已税烟丝生产的出口卷烟，能否扣除外购已税烟丝的已纳税款？

答：按照现行税收法规规定，国家对卷烟出口一律实行在生产环节免税的办法，即免征卷烟加工环节的增值税和消费税，而对出口卷烟所耗用的原辅材料已缴纳的增值税和消费税则不予退、免税。据此，为生产出口卷烟而购进的已税烟丝的已纳税款不能给予扣除。

问：为了堵塞税收漏洞，财政部、国家税务总局下发了《关于酒类产品包装物押金征税问题的通知》（财税字〔1995〕053 号），规定从 1995 年 6 月 1 日起，对酒类产品生产企业销售酒类产品而收取的包装物押金，无论押金是否返还和在会计上如何核算，均需并入酒类产品销售额中，依据酒类产品的适用税率计征消费税。这一规定是否包括啤酒和黄酒产品？

答：根据《中华人民共和国消费税暂行条例》的规定，对啤酒和黄酒实行从量定额的办法征收消费税，即按照应税数量和单位税额计算应纳税额。按照这一办法征税的消费品的计税依据为应税消费品的数量，而非应税消费品的销售额，征税的多少与应税消费品的数量成正比，而与应税消费品的销售金额无直接关系。因此，对酒类包装物押金征税的规定只适用于实行从价定率办法征收消费税的粮食白酒、薯类白酒和其他酒，而不适用于实行从量定额办法征收消费税的啤酒和黄酒产品。

问：出国人员免税商店销售的金银首饰是否征收消费税？

答：对出国人员免税商店销售的金银首饰应当征收消费税。

问："啤酒源"是否征收消费税？

答：啤酒源是以大麦或其他粮食为原料，加入啤酒花，经糖化、发酵酿制而成的含二氧化碳的酒。在产品特性、使用原料和生产工艺流程上，啤酒源与啤酒一致，只缺少过滤过程。因此，对啤酒源应按啤酒征收消费税。

问：菠萝啤酒是否征收消费税？

答：经向主管部门了解，菠萝啤酒是以大麦或其他粮食为原料，加入啤酒花，经糖化、发酵，并在过滤时加入菠萝精（汁）、糖酿制的含有二氧化碳的酒。其在产品特性、使用原料和生产工艺流程上与啤酒相同，只是在过滤时加上适量的菠萝精（汁）和糖，因此，对菠萝啤酒应按啤酒征收消费税。

问："金刚石"是否征收消费税？

答：金刚石又称钻石，属于贵重首饰及珠宝玉石的征收范围，应按规定征收消费税。

问："宝石坯"是否征收消费税？

答：根据《消费税征收范围注释》规定，珠宝玉石的征税范围为经采掘、打磨、加工的各种珠宝玉石。宝石坯是经采掘、打磨、初级加工的珠宝玉石半成品，因此，对宝石坯应按规定征收消费税。

……

问：根据《消费税征收范围注释》规定，轻便摩托车的征税范围为最大设计车速不超过 50km/h，发动机气缸总工作容量不超过 50ml 的两轮摩托车。对最大设计车速不超过 50km/h，发动机汽缸总工作容量不超过 50ml 的三轮摩托车是否征收消费税？

答：对最大设计车速不超过 50km/h，发动机气缸总工作容量不超过 50ml 的三轮摩托车不征收消费税。

【注释】 对《消费税暂行条例》第 2 条以及《关于酒类产品包装物押金征税问题的通知》（财税字〔1995〕053 号）进行了解释。

国家税务总局关于酒类产品消费税政策问题的通知

国税发〔2002〕109 号

各省、自治区、直辖市和计划单列市国家税务局：

近接一些地区反映，基层税务机关在白酒专项检查中发现了一些政策界限不够清晰、处理尺度难以掌握的业务问题，要求总局予以明确。经研究，现明确如下：

一、关于酒类生产企业利用关联企业间关联交易规避消费税问题

根据《中华人民共和国税收征收管理法实施细则》第三十八条规定，纳税人与关联企业之间的购销业务，不按照独立企业之间的业务往来作价的，税务机关可以按照下列方法调整其计税收入额或者所得额，核定其应纳税额：

（一）按照独立企业之间进行相同或者类似业务活动的价格；

（二）按照再销售给无关联关系的第三者的价格所取得的收入和利润水平；

（三）按照成本加合理的费用和利润；

（四）按照其他合理的方法。

对已检查出的酒类生产企业在本次检查年度内发生的利用关联企业关联交易行为规避消费税问题，各省、自治区、直辖市、计划单列市国家税务局可根据本地区被查酒类生产企业与其关联企业间不同的核算方式，选择以上处理方法调整其酒类产品消费税计税收入额，核定应纳税额，补缴消费税。

二、关于粮食白酒的适用税率问题

（一）对以粮食原酒作为基酒与薯类酒精或薯类酒进行勾兑生产的白酒应按粮食白酒的税率征收消费税。

（二）对企业生产的白酒应按照其所用原料确定适用税率。凡是既有外购粮食、或者有自产或外购粮食白酒（包括粮食酒精），又有自产或外购薯类和其他原料酒（包括酒精）的企业其生产的白酒凡所用原料无法分清的，一律按粮食白酒征收消费税。

三、关于“品牌使用费”征税问题

白酒生产企业向商业销售单位收取的“品牌使用费”是随着应税白酒的销售而向购货方收取的，属于应税白酒销售价款的组成部分，因此，不论企业采取何种方式或以何种名义收取价款，均应并入白酒的销售额中缴纳消费税。

四、关于外购应税消费品税款抵扣问题

对企业 2001 年 5 月 1 日以前外购酒精已纳税款无论什么原因造成没有抵扣完毕，2001 年 5 月 1 日以后均一律不得抵扣。

【注释】 对《消费税暂行条例》第 10 条进行了解释。对《消费税暂行条例实施细则》第 21 条进行了解释。

财政部 国家税务总局关于铂金及其制品税收政策的通知

财税〔2003〕86 号

各省、自治区、直辖市、计划单列市财政厅（局）、国家税务局、地方税务局，新疆生产建设兵团财务局：

为规范铂金交易，加强铂金交易的税收管理，经国务院批准，现将铂金及铂金制品的税收政策明确

如下：

一、对进口铂金免征进口环节增值税。

二、对中博世金科贸有限责任公司通过上海黄金交易所销售的进口铂金，以上海黄金交易所开具的《上海黄金交易所发票》(结算联)为依据，实行增值税即征即退政策。采取按照进口铂金价格计算退税的办法，具体如下：

即征即退的税额计算公式：

进口铂金平均单价＝σ{[(当月进口铂金报关单价×当月进口铂金数量)＋上月末库存进口铂金总价值]÷(当月进口铂金数量＋上月末库存进口铂金数量)}

金额＝销售数量×进口铂金平均单价÷(1＋17%)

即征即退税额＝金额×17%

中博世金科贸有限责任公司进口的铂金没有通过上海黄金交易所销售的，不得享受增值税即征即退政策。

三、中博世金科贸有限责任公司通过上海黄金交易所销售的进口铂金，由上海黄金交易所主管税务机关按照实际成交价格代开增值税专用发票。增值税专用发票中的单价、金额和税额的计算公式为：

单价＝实际成交单价÷(1＋17%)

金额＝成交数量×单价

税额＝金额×17%

实际成交单价是指不含黄金交易所收取的手续费的单位价格。

四、国内铂金生产企业自产自销的铂金也实行增值税即征即退政策。

五、对铂金制品加工企业和流通企业销售的铂金及其制品仍按现行规定征收增值税。

六、(本条已经被《财政部 国家税务总局关于出口货物劳务增值税和消费税政策的通知》(财税〔2012〕39号)废止)

七、铂金首饰消费税的征收环节由现行在生产环节和进口环节征收改为在零售环节征收，消费税税率调整为5%。具体征收管理比照财政部、国家税务总局《关于调整金银首饰消费税纳税环节有关问题的通知》[(94)财税字第095号]和国家税务总局关于印发《金银首饰消费税征收管理办法的通知》规定执行。

八、对黄金交易所收取的手续费等收入照章征收营业税。

九、黄金交易所铂金交易的增值税征收管理及增值税专用发票管理由国家税务总局另行制定。

十、本通知自2003年5月1日起执行。

【注释】 对《消费税暂行条例》第16条进行了解释。《财政部 国家税务总局关于出口货物劳务增值税和消费税政策的通知》(财税〔2012〕39号)对本文进行了修正。

国家税务总局关于取消金银首饰消费税纳税人认定行政审批后有关问题的通知

国税函〔2004〕826号

各省、自治区、直辖市和计划单列市国家税务局：

根据《国务院关于第三批取消和调整行政审批项目的决定》(国发〔2004〕16号)，“金银首饰消费税纳税人认定”属于被取消的行政审批项目。按照国务院要求，现将有关问题通知如下：

一、停止执行《国家税务总局关于印发〈金银首饰消费税征收管理办法〉的通知》(国税发〔1994〕267号)中《金银首饰消费税征收管理办法》的第五条“金银首饰消费税纳税人的认定”。

二、“金银首饰消费税纳税人的认定”程序取消后，各级税务机关要加大征管力度，对金银首饰经营单位申报纳税情况进行经常性专项检查。

【注释】 对《消费税暂行条例》第16条进行了解释。相关补充规定包括:《国家税务总局关于停止执行《金银首饰购货(加工)管理证明单》使用规定的批复》(国税函〔2005〕193号)。

财政部 国家税务总局关于明确啤酒包装物押金消费税政策的通知

财税〔2006〕20号

各省、自治区、直辖市、计划单列市财政厅(局)、国家税务局,新疆生产建设兵团财务局:

近接一些地方来文,要求明确啤酒包装物押金的有关范围问题。经研究,现明确如下:

财政部和国家税务总局《关于调整酒类产品消费税政策的通知》(财税〔2001〕84号)规定啤酒消费税单位税额按照出厂价格(含包装物及包装物押金)划分档次,上述包装物押金不包括供重复使用的塑料周转箱的押金。

本文自2006年1月1日起执行。

【注释】 对《消费税暂行条例实施细则》第13条进行了解释。

财政部 国家税务总局关于调整和完善消费税政策的通知

财税〔2006〕33号

各省、自治区、直辖市、计划单列市财政厅(局)、国家税务局,新疆生产建设兵团财务局:

为适应社会经济形势的客观发展需要,进一步完善消费税制,经国务院批准,对消费税税目、税率及相关政策进行调整。现将有关内容通知如下:

一、关于新增税目

(一)新增高尔夫球及球具、高档手表、游艇、木制一次性筷子、实木地板税目。适用税率分别为:

1. 高尔夫球及球具税率为10%;

2. 高档手表税率为20%;

3. 游艇税率为10%;

4. 木制一次性筷子税率为5%;

5. 实木地板税率为5%。

(二)取消汽油、柴油税目,增列成品油税目。汽油、柴油改为成品油税目下的子目(税率不变)。另外新增石脑油、溶剂油、润滑油、燃料油、航空煤油五个子目。

1. 上述新增子目的适用税率(单位税额)分别为:

……

2. 上述新增子目的计量单位换算标准分别为:

(1)石脑油1吨=1385升;

(2)溶剂油1吨=1282升;

(3)润滑油1吨=1126升;

(4)燃料油1吨=1015升;

(5)航空煤油1吨=1246升。

计量单位换算标准的调整由财政部、国家税务总局确定。

二、关于纳税人

在中华人民共和国境内生产、委托加工、进口上述新增应税消费品的单位和个人为消费税的纳税义务人，均应按《中华人民共和国消费税暂行条例》(以下简称条例)和本通知的规定申报缴纳消费税。

三、关于取消税目

取消护肤护发品税目，将原属于护肤护发品征税范围的高档护肤类化妆品列入化妆品税目。

四、关于调整税目税率

(一)调整小汽车税目税率。

取消小汽车税目下的小轿车、越野车、小客车子目。在小汽车税目下分设乘用车、中轻型商用客车子目。适用税率分别为：

1. 乘用车。

……

2. 中轻型商用客车，税率为5%。

(二)调整摩托车税率。

将摩托车税率改为按排量分档设置：

1. 气缸容量在250毫升(含)以下的，税率为3%；

2. 气缸容量在250毫升以上的，税率为10%。

(三)调整汽车轮胎税率。

将汽车轮胎10%的税率下调到3%。

(四)调整白酒税率。

粮食白酒、薯类白酒的比例税率统一为20%。定额税率为0.5元/斤(500克)或0.5元/500毫升。从量定额税的计量单位按实际销售商品重量确定，如果实际销售商品是按体积标注计量单位的，应按500毫升为1斤换算，不得按酒度折算。

五、关于组成套装销售的计税依据

纳税人将自产的应税消费品与外购或自产的非应税消费品组成套装销售的，以套装产品的销售额(不含增值税)为计税依据。

六、关于以自产石脑油用于本企业连续生产的纳税问题

生产企业将自产石脑油用于本企业连续生产汽油等应税消费品的，不缴纳消费税；用于连续生产乙烯等非应税消费品或其他方面的，于移送使用时缴纳消费税。

七、关于已纳税款的扣除

下列应税消费品准予从消费税应纳税额中扣除原料已纳的消费税税款：

(一)以外购或委托加工收回的已税杆头、杆身和握把为原料生产的高尔夫球杆。

(二)以外购或委托加工收回的已税木制一次性筷子为原料生产的木制一次性筷子。

(三)以外购或委托加工收回的已税实木地板为原料生产的实木地板。

(四)以外购或委托加工收回的已税石脑油为原料生产的应税消费品。

(五)以外购或委托加工收回的已税润滑油为原料生产的润滑油。

已纳消费税税款抵扣的管理办法由国家税务总局另行制定。

八、关于新增和调整税目的全国平均成本利润率

新增和调整税目全国平均成本利润率暂定如下：

(一)高尔夫球及球具为10%；

(二)高档手表为20%；

(三)游艇为10%；

(四)木制一次性筷子为5%；

(五)实木地板为5%；

(六)乘用车为8%；

(七)中轻型商用客车为5%。

九、关于出口

出口应税消费品的退(免)税政策，按调整后的税目税率以及条例和有关规定执行。

十、关于减税免税

（一）……航空煤油暂缓征收消费税。

（二）子午线轮胎免征消费税。

十一、其他相关问题

（一）本通知实施以后，属于新增税目、取消税目和调整税目税率的应税消费品，因质量原因发生销货退回的，依照条例实施细则的规定执行。具体操作办法由国家税务总局另行制定。

（二）商业企业2006年3月31日前库存的属于本通知规定征税范围的应税消费品，不需申报补缴消费税。

（三）对单位和个人欠缴的消费税，主管税务机关应依据《中华人民共和国税收征收管理法》及其实施细则的规定及时清缴。

（四）出口企业收购出口应税消费品的应退税额的计算，以消费税税收（出口货物专用）缴款书注明的税额为准。

（五）出口企业在2006年3月31日前收购的出口应税消费品，并取得消费税税收（出口货物专用）缴款书的，在2006年4月1日以后出口的，仍可按原税目税率办理退税。具体执行时间以消费税税收（出口货物专用）缴款书开具日期为准。

十二、关于执行时间

本通知自2006年4月1日起执行。以下文件或规定同时废止：

（一）《关于印发〈消费税征收范围注释〉的通知》（国税发〔1993〕153号）第四条、第十一条。

（二）《关于〈消费税征收范围注释〉的补充通知》（国税发〔1994〕026号）。

（三）《关于CH1010微型厢式货车等有关征收消费税问题的批复》（国税函发〔1994〕303号）。

（四）《国家税务总局关于消费税若干征税问题的通知》（国税发〔1997〕84号）第四条。

（五）《国家税务总局关于对部分油品征收消费税问题的批复》（国税函〔2004〕1078号）第一条、第二条。

（六）《国家税务总局关于“皮卡”改装的“旅行车”征收消费税问题的批复》（国税函〔2005〕217号）。

（七）《国家税务总局关于美宝莲全天候粉底液等产品征收消费税问题的批复》（国税函〔2005〕1231号）。

消费税新增和调整税目征收范围注释

一、高尔夫球及球具

高尔夫球及球具是指从事高尔夫球运动所需的各种专用装备，包括高尔夫球、高尔夫球杆及高尔夫球包（袋）等。

高尔夫球是指重量不超过45.93克、直径不超过42.67毫米的高尔夫球运动比赛、练习用球；高尔夫球杆是指被设计用来打高尔夫球的工具，由杆头、杆身和握把三部分组成；高尔夫球包（袋）是指专用于盛装高尔夫球及球杆的包（袋）。

本税目征收范围包括高尔夫球、高尔夫球杆、高尔夫球包（袋）。高尔夫球杆的杆头、杆身和握把属于本税目的征收范围。

二、高档手表

高档手表是指销售价格（不含增值税）每只在10 000元（含）以上的各类手表。

本税目征收范围包括符合以上标准的各类手表。

三、游艇

游艇是指长度大于8米小于90米，船体由玻璃钢、钢、铝合金、塑料等多种材料制作，可以在水上移动的水上浮载体。按照动力划分，游艇分为无动力艇、帆艇和机动艇。

本税目征收范围包括艇身长度大于8米（含）小于90米（含），内置发动机，可以在水上移动，一般为私人或团体购置，主要用于水上运动和休闲娱乐等非牟利活动的各类机动艇。

四、木制一次性筷子

木制一次性筷子，又称卫生筷子，是指以木材为原料经过锯段、浸泡、旋切、刨切、烘干、筛选、打磨、倒角、包装等环节加工而成的各类一次性使用的筷子。

本税目征收范围包括各种规格的木制一次性筷子。未经打磨、倒角的木制一次性筷子属于本税目征税范围。

五、实木地板

实木地板是指以木材为原料，经锯割、干燥、刨光、截断、开榫、涂漆等工序加工而成的块状或条状的地面装饰材料。实木地板按生产工艺不同，可分为独板（块）实木地板、实木指接地板、实木复合地板三类；按表面处理状态不同，可分为未涂饰地板（白坯板、素板）和漆饰地板两类。

本税目征收范围包括各类规格的实木地板、实木指接地板、实木复合地板及用于装饰墙壁、天棚的侧端面为榫、槽的实木装饰板。未经涂饰的素板属于本税目征税范围。

六、成品油

……

七、小汽车

汽车是指由动力驱动，具有四个或四个以上车轮的非轨道承载的车辆。

本税目征收范围包括含驾驶员座位在内最多不超过 9 个座位（含）的，在设计和技术特性上用于载运乘客和货物的各类乘用车和含驾驶员座位在内的座位数在 10 至 23 座（含 23 座）的在设计和技术特性上用于载运乘客和货物的各类中轻型商用客车。

用排气量小于 1.5 升（含）的乘用车底盘（车架）改装、改制的车辆属于乘用车征收范围。用排气量大于 1.5 升的乘用车底盘（车架）或用中轻型商用客车底盘（车架）改装、改制的车辆属于中轻型商用客车征收范围。

含驾驶员人数（额定载客）为区间值的（如 8—10 人；17—26 人）小汽车，按其区间值下限人数确定征收范围。

电动汽车不属于本税目征收范围。

八、化妆品

本税目征收范围包括各类美容、修饰类化妆品、高档护肤类化妆品和成套化妆品。

美容、修饰类化妆品是指香水、香水精、香粉、口红、指甲油、胭脂、眉笔、唇笔、蓝眼油、眼睫毛以及成套化妆品。

舞台、戏剧、影视演员化妆用的上妆油、卸装油、油彩、不属于本税目的征收范围。

高档护肤类化妆品征收范围另行制定。

【注释】 对《消费税暂行条例》第 2 条进行了补充规定。对《消费税暂行条例实施细则》第 17 条进行了补充规定。相关规定包括：《财政部 国家税务总局关于消费税若干具体政策的通知》（财税〔2006〕125 号）。

财政部 国家税务总局关于消费税若干具体政策的通知

财税〔2006〕125 号

各省、自治区、直辖市、计划单列市财政厅（局）、国家税务局，新疆生产建设兵团财务局：

《财政部 国家税务总局关于调整和完善消费税政策的通知》（财税〔2006〕33 号，以下简称《通知》）下发后，一些地区要求进一步明确部分应税消费品的征税范围、计税依据等问题。经研究，现将有关问题明确如下：

……

二、关于改装改制车辆的界定

改装改制车辆是指经省级发展改革委审核批准，并报国家发展改革委备案、列入国家发展改革委《车辆生产企业及产品公告》的公告车辆类别代码（产品型号或车辆型号代码数字字段的第一位数）为 5 的专用汽车（特种汽车）。

三、关于实木复合地板的界定

实木复合地板是以木材为原料，通过一定的工艺将木材刨切加工成单板（刨切薄木）或旋切加工成单板，然后将多层单板经过胶压复合等工艺生产的实木地板。目前，实木复合地板主要为三层实木复合地板和多层实木复合地板。

四、关于对外购润滑油大包装改小包装、帖标等简单加工的征税

单位和个人外购润滑油大包装经简单加工改成小包装或者外购润滑油不经加工只贴商标的行为，视同应税消费税品的生产行为。单位和个人发生的以上行为应当申报缴纳消费税。准予扣除外购润滑油已纳的消费税税款。

……

六、关于当期投入生产的原材料可抵扣的已纳消费税大于当期应纳消费税的不足抵扣部分的处理

对当期投入生产的原材料可抵扣的已纳消费税大于当期应纳消费税情形的，在目前消费税纳税申报表未增加上期留抵消费税填报栏目的情况下，采用按当期应纳消费税的数额申报抵扣，不足抵扣部分结转下一期申报抵扣的方式处理。

七、关于中轻型商用客车和征税范围

车身长度大于7米（含），并且座位在10至23座（含）以下的商用客车，不属于中轻型商用客车征税范围，不征收消费税。

【注释】 对《财政部 国家税务总局关于调整和完善消费税政策的通知》（财税〔2006〕33号）进行了解释。该通知第五条已经被《财政部 国家税务总局关于提高成品油消费税税率后相关成品油消费税政策的通知》（财税〔2008〕168号）予以修改。

国家税务总局关于沙滩车等车辆征收消费税问题的批复

国税函〔2007〕1071号

重庆市国家税务局：

你局《关于“沙滩车”类产品征收消费税问题的请示》（渝国税发〔2007〕208号）收悉。经研究，批复如下：

沙滩车、雪地车、卡丁车、高尔夫车不属于消费税征收范围，不征收消费税。

【注释】 对《消费税暂行条例》第2条进行了解释。

国家税务总局关于委托加工出口货物消费税退税问题的批复

国税函〔2008〕5号

江苏省国家税务局：

你局《关于委托加工出口货物消费税退税问题的请示》（苏国税发〔2007〕142号）收悉。经研究，批复如下：

你省苏州尚美化妆品有限公司委托其他企业加工再收回后出口的应税消费品，可比照《财政部、国家税务总局关于列名生产企业外购产品试行免抵退税办法的通知》（财税〔2004〕125号）的有关规定，办理消费税退税手续。生产企业在申报消费税退税时，除附送现行规定需要提供的凭证外，还应附送征税部门出具的“出口货物已纳消费税未抵扣证明”。对已在内销应税消费品应纳消费税中抵扣的，不能办理消费税退税。

【注释】 对《财政部、国家税务总局关于列名生产企业外购产品试行免抵退税办法的通知》（财税

〔2004〕125号)进行了解释。

财政部 国家税务总局关于调整乘用车消费税政策的通知

财税〔2008〕105号

各省、自治区、直辖市、计划单列市财政厅(局)、国家税务局,新疆生产建设兵团财务局:

为促进节能减排,进一步完善消费税税制,经国务院批准,现将乘用车消费税政策做如下调整:

一、气缸容量(排气量,下同)在1.0升以下(含1.0升)的乘用车,税率由3%下调至1%;

二、气缸容量在3.0升以上至4.0升(含4.0升)的乘用车,税率由15%上调至25%;

三、气缸容量在4.0升以上的乘用车,税率由20%上调至40%。

本通知自2008年9月1日起执行。生产企业在2008年9月1日前销出的乘用车发生退货的,按政策调整前的原税率退税。出口企业在2008年9月1日前收购的出口应税乘用车,并取得消费税税收缴款书(出口货物专用)的,在2008年9月1日以后出口的,按原税率退税。

财政部 国家税务总局关于对成品油生产企业生产自用油免征消费税的通知

财税〔2010〕98号

各省、自治区、直辖市、计划单列市财政厅(局)、国家税务局,新疆生产建设兵团财务局:

经国务院批准,对成品油生产企业生产自用油免征消费税。现将有关政策通知如下:

一、从2009年1月1日起,对成品油生产企业在生产成品油过程中,作为燃料、动力及原料消耗掉的自产成品油,免征消费税。对用于其他用途或直接对外销售的成品油照章征收消费税。

二、从2009年1月1日到本通知下发前,成品油生产企业生产自用油已经缴纳的消费税,符合上述免税规定的,予以退还。

财政部 国家税务总局关于对油(气)田企业生产自用成品油先征后返消费税的通知

财税〔2011〕7号

各省、自治区、直辖市、计划单列市财政厅(局)、国家税务局,新疆生产建设兵团财务局:

经国务院批准,现对油(气)田企业生产自用成品油先征后返消费税问题通知如下:

一、自2009年1月1日起,对油(气)田企业在开采原油过程中耗用的内购成品油,暂按实际缴纳成品油消费税的税额,全额返还所含消费税。

二、享受税收返还政策的成品油必须同时符合以下三个条件:

(一)由油(气)田企业所隶属的集团公司(总厂)内部的成品油生产企业生产;

(二)从集团公司(总厂)内部购买;

(三)油(气)田企业在地质勘探、钻井作业和开采作业过程中,作为燃料、动力(不含运输)耗用。

三、油(气)田企业所隶属的集团公司(总厂)向财政部驻当地财政监察专员办事处统一申请税收返还。具体退税办法由财政部另行制定。

财政部中国人民银行国家税务总局关于延续执行部分石脑油燃料油消费税政策的通知

财税〔2011〕87 号

各省、自治区、直辖市、计划单列市财政厅(局)、国家税务局,中国人民银行上海总部,各分行、营业管理部,省会(首府)城市中心支行,各副省级城市中心支行:

为促进我国烯烃类化工行业的发展,经国务院批准,现将用于生产乙烯、芳烃类化工产品的石脑油、燃料油消费税退(免)税政策延续问题明确如下:

一、自 2011 年 10 月 1 日起,对生产石脑油、燃料油的企业(以下简称生产企业)对外销售的用于生产乙烯、芳烃类化工产品的石脑油、燃料油,恢复征收消费税。

二、自 2011 年 10 月 1 日起,生产企业自产石脑油、燃料油用于生产乙烯、芳烃类化工产品的,按实际耗用数量暂免征消费税。

三、自 2011 年 10 月 1 日起,对使用石脑油、燃料油生产乙烯、芳烃的企业(以下简称使用企业)购进并用于生产乙烯、芳烃类化工产品的石脑油、燃料油,按实际耗用数量暂退还所含消费税。

退还石脑油、燃料油所含消费税计算公式为:

应退还消费税税额=石脑油、燃料油实际耗用数量×石脑油、燃料油消费税单位税额

使用企业所在地主管国家税务局(以下简称主管税务机关)负责退税工作。主管税务机关根据使用企业石脑油、燃料油实际耗用量核定应退税金额,并开具"收入退还书"(预算科目为:101020121 成品油消费税退税),后附退税审批表、退税申请书等,送交当地国库部门。国库部门审核后从中央预算收入中退付税款。

四、2011 年 1 月 1 日至 9 月 30 日,生产企业销售给使用企业用于生产乙烯、芳烃类化工产品的石脑油、燃料油,仍按《财政部 国家税务总局关于提高成品油消费税税率后相关成品油消费税政策的通知》(财税〔2008〕168 号)、《财政部 国家税务总局关于调整部分燃料油消费税政策的通知》(财税〔2010〕66 号)和《国家税务总局关于印发〈石脑油消费税免税管理办法〉的通知》(国税发〔2008〕45 号)规定免征消费税。

五、在 2011 年 1 月 1 日至 9 月 30 日期间,对使用企业购进的用于生产乙烯、芳烃类化工产品的已含消费税石脑油、燃料油,按照本通知第三条规定退还。

六、主管税务机关要对使用企业 2011 年 1 月 1 日至 9 月 30 日购进石脑油、燃料油的库存情况认真检查核实,对耗用库存的已享受退(免)消费税的石脑油、燃料油,不得退税。

七、2010 年 12 月 31 日前,生产企业自营进口或委托代理进口的石脑油、燃料油消费税应退未退的,仍按《财政部 国家税务总局关于提高成品油消费税税率后相关成品油消费税政策的通知》(财税〔2008〕168 号)、《财政部 国家税务总局关于调整部分燃料油消费税政策的通知》(财税〔2010〕66 号)、《财政部 国家税务总局关于调整成品油进口环节消费税的通知》(财关税〔2008〕103 号)、《财政部关于调整部分进口燃料油消费税政策的通知》(财关税〔2010〕56 号)和《财政部 海关总署 国家税务总局关于进口石脑油消费税先征后返有关问题的通知》(财预〔2009〕347 号)继续退还。

八、用石脑油、燃料油生产乙烯、芳烃类化工产品的产量占本企业用石脑油、燃料油生产产品总量的 50%以上(含 50%)的企业,享受本通知规定的退(免)消费税政策。符合本条规定条件的企业,应在本通知下发后到主管税务机关提请退(免)税资格认定。

九、乙烯类化工产品是指乙烯、丙烯、丁二烯及衍生品;芳烃类化工产品是指苯、甲苯、二甲苯、重芳烃、混合芳烃及衍生品。

十、使用企业生产乙烯、芳烃类化工产品过程中所生产的消费税应税产品,照章缴纳消费税。

十一、用于生产乙烯、芳烃类化工产品的石脑油、燃料油消费税具体退(免)税管理办法,由国家税务总局另行制定。

十二、财政部驻各地财政监察专员办事处要加强对消费税退(免)税政策执行情况的监督检查。各级国家税务局要加强对消费税退(免)税的组织、监督,严格管理,堵塞漏洞。对于发现并经查实的骗取退(免)税的行为,依法处罚,并取消退(免)消费税的资格。

国家税务总局关于配制酒消费税适用税率问题的公告

国家税务总局公告 2011 年第 53 号

根据《中华人民共和国消费税暂行条例》及其实施细则,现将配制酒消费税适用税率问题公告如下:

一、配制酒(露酒)是指以发酵酒、蒸馏酒或食用酒精为酒基,加入可食用或药食两用的辅料或食品添加剂,进行调配、混合或再加工制成的、并改变了其原酒基风格的饮料酒。

二、配制酒消费税适用税率

(一)以蒸馏酒或食用酒精为酒基,同时符合以下条件的配制酒,按消费税税目税率表"其他酒"10%适用税率征收消费税。

1. 具有国家相关部门批准的国食健字或卫食健字文号;

2. 酒精度低于 38 度(含)。

(二)以发酵酒为酒基,酒精度低于 20 度(含)的配制酒,按消费税税目税率表"其他酒"10%适用税率征收消费税。

(三)其他配制酒,按消费税税目税率表"白酒"适用税率征收消费税。

上述蒸馏酒或食用酒精为酒基是指酒基中蒸馏酒或食用酒精的比重超过 80%(含);发酵酒为酒基是指酒基中发酵酒的比重超过 80%(含)。

三、本公告自 2011 年 10 月 1 日起执行。《国家税务总局关于消费税若干征税问题的通知》(国税发〔1997〕84 号)第三条规定同时废止。

特此公告。

财政部 国家税务总局关于《中华人民共和国消费税暂行条例实施细则》有关条款解释的通知

财法〔2012〕8 号

各省、自治区、直辖市、计划单列市财政厅(局)、国家税务局,新疆生产建设兵团财务局:

《中华人民共和国消费税暂行条例实施细则》(财政部令第 51 号)第七条第二款规定,"委托加工的应税消费品直接出售的,不再缴纳消费税"。现将这一规定的含义解释如下:

委托方将收回的应税消费品,以不高于受托方的计税价格出售的,为直接出售,不再缴纳消费税;委托方以高于受托方的计税价格出售的,不属于直接出售,需按照规定申报缴纳消费税,在计税时准予扣除受托方已代收代缴的消费税。

本规定自 2012 年 9 月 1 日起施行。

财政部 国家税务总局
二〇一二年七月十三日

国家税务总局关于消费税有关政策问题补充规定的公告

国家税务总局公告 2013 年第 50 号

现对《国家税务总局关于消费税有关政策问题的公告》(国家税务总局公告 2012 年第 47 号)有关问题补充规定如下：

一、国家税务总局公告 2012 年第 47 号第一条和第二条所称“其他原料”是指除原油以外可用于生产加工成品油的各种原料。

二、纳税人生产加工符合国家税务总局公告 2012 年第 47 号第一条第(一)项规定的产品，无论以何种名称对外销售或用于非连续生产应征消费税产品，均应按规定缴纳消费税。

三、国家税务总局公告 2012 年第 47 号第一条第(二)项所称“本条第(一)项规定以外的产品”是指产品名称虽不属于成品油消费税税目列举的范围，但外观形态与应税成品油相同或相近，且主要原料可用于生产加工应税成品油的产品。

前款所称产品不包括：

(一)环境保护部发布《中国现有化学物质名录》中列明分子式的产品和纳税人取得环境保护部颁发的《新化学物质环境管理登记证》中列名的产品；

(二)纳税人取得省级(含)以上质量技术监督部门颁发的《全国工业产品生产许可证》中除产品名称注明为“石油产品”外的各明细产品。

本条第一款规定的产品，如根据国家标准、行业标准或其他方法可以确认属于应征消费税的产品，适用本公告第二条规定。

四、国家税务总局公告 2012 年第 47 号第二条所称“纳税人以原油或其他原料生产加工的产品”是指常温常压状态下呈暗褐色或黑色的液态或半固态产品。

其他呈液态状产品以沥青名称对外销售或用于非连续生产应征消费税产品，适用国家税务总局公告 2012 年第 47 号第一条和本公告第三条规定。

沥青产品的行业标准，包括石油化工以及交通、建筑、电力等行业适用的行业性标准。

五、国家税务总局公告 2012 年第 47 号所称“相关产品质量检验证明”是指经国家认证认可监督管理委员会或省级质量技术监督部门依法授予实验室资质认定的检测机构出具的相关产品达到国家或行业标准的检验证明，且该检测机构对相关产品的检测能力在其资质认定证书附表规定的范围之内。

纳税人委托检测机构对相关产品进行检验的项目应为该产品国家或行业标准中列明的全部项目。在向主管税务机关提交检验证明备案时，应一并提供受检产品的国家或行业标准以及检测机构具备检测资质和该产品检测能力的证明材料，包括资质认定证书及检测能力附表复印件等。

本省(自治区、直辖市、计划单列市，以下简称省市)范围内的检测机构对相关产品不能检验的，纳税人可委托其他省市符合条件的检测机构对产品进行检验，并按前款规定提供产品检验证明和检测机构资质能力证明等材料。

六、对国家税务总局公告 2012 年第 47 号和本公告规定可不提供检验证明或已提供检验证明而不缴纳消费税的产品，税务机关可根据需要组织进行抽检，核实纳税人实际生产加工的产品是否符合不征收消费税的规定。

七、纳税人发生下列情形之一且未缴纳消费税的，主管税务机关应依法补征税款并予以相应处理：

(一)应提供而未提供检验证明；

(二)虽提供检验证明，但实际生产加工的产品不符合检验证明所依据的国家或行业标准。

八、下列产品准予按规定从消费税应纳税额中扣除其原料已纳的消费税税款，但可享受原料所含消费税退税政策的产品除外：

(一)按国家税务总局公告 2012 年第 47 号和本公告规定视同石脑油、燃料油缴纳消费税的产品；

(二)以外购或委托加工收回本条第(一)项规定的产品为原料生产的应税消费品;

(三)按国家税务总局公告2012年第47号第三条第(二)项规定缴纳消费税的产品。

九、纳税人生产、销售或受托加工本公告第八条第(一)项规定的产品,应在向购货方或委托方开具的增值税专用发票品名后注明"视同石脑油(或燃料油)"或"视同石脑油(或燃料油)加工"。购货方或委托方以该产品为原料生产应税消费品,需凭上述凭证按规定办理原料已纳消费税税款的扣除手续。

十、各地税务机关应加强消费税的日常管理和纳税评估,加大对纳税人不同名称产品销量异常变动情况的监管,并可根据需要对视同石脑油、燃料油征收消费税的产品,制定具体管理办法。

十一、本公告自2013年1月1日起施行。本公告施行前,纳税人向主管税务机关提交备案的产品检验证明,如所检项目为该产品国家或行业标准中列明的全部项目,可不做调整,如所检项目仅为部分项目,需补充提供其他项目的检验证明备案,对不提供全部项目检验证明的,视同不符合该产品的国家或行业标准;对已缴纳消费税的产品,根据本公告规定不属于消费税征税范围的,纳税人可按规定申请退税或抵减以后期间的应纳消费税。

特此公告。

财政部 国家税务总局关于以外购或委托加工汽 柴油连续生产汽 柴油允许抵扣消费税政策问题的通知

财税〔2014〕15号

各省、自治区、直辖市、计划单列市财政厅(局)、国家税务局,新疆生产建设兵团财务局:

为支持汽油、柴油质量升级,应对大气污染问题,经国务院批准,自2014年1月1日起,以外购或委托加工收回的已税汽油、柴油为原料连续生产汽油、柴油,准予从汽、柴油消费税应纳税额中扣除原料已纳的消费税税款。自2014年1月1日起至本通知下发前,纳税人符合本通知规定准予抵扣的消费税,可以从后续月份应纳消费税税款中抵减。

请遵照执行。

财政部 国家税务总局
2014年2月19日

财政部 国家税务总局关于调整消费税政策的通知

财税〔2014〕93号

各省、自治区、直辖市、计划单列市财政厅(局)、国家税务局,新疆生产建设兵团财务局:

经国务院批准,现将消费税政策调整事项通知如下:

一、取消气缸容量250毫升(不含)以下的小排量摩托车消费税。气缸容量250毫升和250毫升(不含)以上的摩托车继续分别按3%和10%的税率征收消费税。

二、取消汽车轮胎税目。

三、取消车用含铅汽油消费税,汽油税目不再划分二级子目,统一按照无铅汽油税率征收消费税。

四、取消酒精消费税。取消酒精消费税后，“酒及酒精”品目相应改为“酒”，并继续按现行消费税政策执行。

五、本通知自2014年12月1日起执行。

财政部 国家税务总局

2014年11月25日

国家税务总局
关于调整消费税纳税申报表有关问题的公告

国家税务总局公告2014年第72号

根据《财政部 国家税务总局关于调整消费税政策的通知》(财税〔2014〕93号)，现对消费税纳税申报有关调整事项公告如下：

一、《国家税务总局关于使用消费税纳税申报表有关问题的通知》(国税函〔2008〕236号)附件2《酒及酒精消费税纳税申报表》名称变更为《酒类应税消费品消费税纳税申报表》，删除表中“酒精”相关栏次和内容，调整后的表式及填写说明见附件1。

二、《国家税务总局关于使用消费税纳税申报表有关问题的通知》(国税函〔2008〕236号)附件5《其他应税消费品消费税纳税申报表》填写说明中“摩托车”和“汽车轮胎”相关内容进行调整，调整后的表式及填写说明见附件2。

本公告自发布之日起施行。《国家税务总局关于使用消费税纳税申报表有关问题的通知》(国税函〔2008〕236号)同时废止。

特此公告。

附件：1. 酒类应税消费品消费税纳税申报表(略)

2. 其他应税消费品消费税纳税申报表(略)

国家税务总局

2014年12月26日

关于《国家税务总局关于调整
消费税纳税申报表有关问题的公告》的解读

根据《财政部 国家税务总局关于调整消费税政策的通知》(财税〔2014〕93号)规定，从2014年12月1日起，取消250毫升(不含)以下小排量摩托车、汽车轮胎、酒精等税目消费税。国家税务总局相应对消费税纳税申报进行了调整，制定本《公告》。

一、由于“酒及酒精”税目中“酒精”子目取消，《公告》将《国家税务总局关于使用消费税纳税申报表有关问题的通知》(国税函〔2008〕236号)附件2《酒及酒精消费税纳税申报表》名称变更为《酒类应税消费品消费税纳税申报表》，删除了申报表及其附表中“酒精”有关栏次和内容。在调整表式同时，“公告”对申报表填写说明也进行了修改。

二、根据缩小“摩托车”税目征收范围和取消“汽车轮胎”税目的需要，《公告》对《国家税务总局关于使用消费税纳税申报表有关问题的通知》(国税函〔2008〕236号)附件5《其他应税消费品消费税纳税申报表》填写说明中“摩托车”和“汽车轮胎”相关内容进行了修改。

根据上述调整，《国家税务总局关于使用消费税纳税申报表有关问题的通知》(国税函〔2008〕236号)同时废止。

财政部 国家税务总局关于继续提高成品油消费税的通知

财税〔2015〕11号

各省、自治区、直辖市、计划单列市财政厅(局)、国家税务局，新疆生产建设兵团财务局：

为促进环境治理和节能减排，现将提高成品油消费税问题通知如下：

一、将汽油、石脑油、溶剂油和润滑油的消费税单位税额由1.4元/升提高到1.52元/升。

二、将柴油、航空煤油和燃料油的消费税单位税额由1.1元/升提高到1.2元/升。航空煤油继续暂缓征收。

三、本通知自2015年1月13日起执行。

财政部 国家税务总局

2015年1月12日

财政部 国家税务总局关于对电池涂料征收消费税的通知

财税〔2015〕16号

各省、自治区、直辖市、计划单列市财政厅(局)、国家税务局、新疆生产建设兵团财务局：

为促进节能环保，经国务院批准，自2015年2月1日起对电池、涂料征收消费税。现将有关事项通知如下：

一、将电池、涂料列入消费税征收范围(具体税目注释见附件)，在生产、委托加工和进口环节征收，适用税率均为4%。

二、对无汞原电池、金属氢化物镍蓄电池(又称“氢镍蓄电池”或“镍氢蓄电池”)、锂原电池、锂离子蓄电池、太阳能电池、燃料电池和全钒液流电池免征消费税。

2015年12月31日前对铅蓄电池缓征消费税；自2016年1月1日起，对铅蓄电池按4%税率征收消费税。

对施工状态下挥发性有机物(Volatile Organic Compounds，VOC)含量低于420克/升(含)的涂料免征消费税。

三、除上述规定外，电池、涂料消费税征收管理的其他事项依照《中华人民共和国消费税暂行条例》、《中华人民共和国消费税暂行条例实施细则》等相关规定执行。

附件：1. 电池税目征收范围注释(略)

2. 涂料税目征收范围注释(略)

财政部 国家税务总局

2015年1月26日

国家税务总局关于成品油消费税纳税申报有关问题的公告

国家税务总局公告 2015 年第 3 号

现将成品油消费税纳税申报有关事项公告如下：

一、纳税人办理税款所属期 2015 年 1 月及以后的成品油消费税纳税申报，使用调整后的《成品油消费税纳税申报表》(附件 1)。

调整内容主要根据《财政部 国家税务总局关于继续提高成品油消费税的通知》(财税〔2015〕11 号)的规定，相应增加《成品油消费税纳税申报表》主表和附 3《代收代缴税款报告表》中成品油消费税适用税率栏次。

二、纳税人应依据《抵扣税款台账(从量定额征收应税消费品)》数据和库存变动情况，填写纸质《成品油库存报告表(所属期 2014 年 12 月 13 日至 2015 年 1 月 12 日)》(附件 2)，作为税款所属期 2015 年 1 月成品油消费税纳税申报表附列资料一并报送主管税务机关。

本公告自发布之日起施行。

特此公告。

附件：1. 成品油消费税纳税申报表(略)

2. 成品油库存报告表(所属期 2014 年 12 月 13 日至 2015 年 1 月 12 日)(略)

国家税务总局

2015 年 1 月 29 日

关于《国家税务总局关于成品油消费税纳税申报有关问题的公告》的解读

为适应成品油消费税政策调整，保证税率调整后纳税申报等工作平稳运行，国家税务总局对成品油消费税纳税申报有关事项进行了调整，并发布《国家税务总局关于成品油消费税纳税申报有关问题的公告》(以下简称《公告》)，现解读如下：

一是《公告》明确纳税人办理税款所属期 2015 年 1 月份及以后的消费税纳税申报启用调整后的申报表，即《成品油消费税纳税申报表》主表及《代收代缴税款报告表》“适用税率”栏次增设调整后的消费税税率。

二是《公告》要求纳税人按照《抵扣税款台账》相关内容及库存变动情况分别填写《成品油库存报告表(所属期 2014 年 12 月 13 日至 2015 年 1 月 12 日)》，作为税款所属期 2015 年 1 月的成品油消费税纳税申报表附列资料。

国家税务总局关于电池 涂料消费税征收管理有关问题的公告

国家税务总局公告 2015 年第 5 号

根据《财政部 国家税务总局关于对电池 涂料征收消费税的通知》(财税〔2015〕16 号，以下简称《通知》)的规定，自 2015 年 2 月 1 日起对电池和涂料(以下简称应税消费品)征收消费税。现将有关征收管理事项公告如下：

一、符合《通知》第一条规定的纳税人，应当按规定到所在地主管税务机关办理税种登记。

税种登记的办理流程和时限要求由各省、自治区、直辖市、计划单列市国家税务局确定。

二、纳税人委托加工收回应税消费品，以高于受托方的计税价格出售的，应当按规定申报缴纳消费税，在计税时准予扣除受托方已代收代缴的消费税。

税款扣除凭证为《税收缴款书(代扣代收专用)》，纳税人应当将税款扣除凭证复印件按月装订备查。

三、纳税人应当建立《电池、涂料税款抵扣台账》(附件1)，作为申报扣除委托加工收回应税消费品已纳消费税税款的备查资料。

四、纳税人生产、委托加工符合《通知》中第二条有关税收优惠政策规定的应税消费品，应当持有省级以上质量技术监督部门认定的检测机构出具的产品检测报告(以下简称检测报告)，并按主管税务机关的要求报送相关产品的检测报告。

五、符合《通知》第一条规定的纳税人，生产、委托加工应税消费品(含免税)应当按规定填报《电池消费税纳税申报表》(附件2)或《涂料消费税纳税申报表》(附件3)，办理消费税纳税申报。

本公告自2015年2月1日起施行。

特此公告。

附件：1. 电池、涂料税款抵扣台账(略)

2. 电池消费税纳税申报表(略)

3. 涂料消费税纳税申报表(略)

国家税务总局

2015年1月30日

关于《国家税务总局关于电池 涂料消费税征收管理有关问题的公告》的解读

为贯彻落实《财政部 国家税务总局关于对电池 涂料征收消费税的通知》(财税〔2015〕16号)文件精神，保证政策执行到位，就电池、涂料消费税相关征收管理事项制定本公告。

一、关于税种登记

考虑电池、涂料为新增消费税税目，为顺利开展纳税申报等相关涉税事宜，公告要求电池、涂料消费税纳税人应到所在地主管税务机关办理税种登记，具体办理流程和时限要求由各省、自治区、直辖市、计划单列市国家税务局确定。

二、关于税款扣除

根据《财政部 国家税务总局关于〈中华人民共和国消费税暂行条例实施细则〉有关条款解释的通知》(财法〔2012〕8号)规定，对纳税人委托加工收回应税消费品且以高于受托方的计税价格出售的准予扣除已纳消费税税款，明确扣除凭证为《税收缴款书(代扣代收专用)》，并相应设计了电池、涂料消费税纳税人用于计算扣除税款的《电池、涂料税款抵扣台账》。

同时，为减轻征纳双方负担，公告要求纳税人须将用于计算扣除消费税税款的《税收缴款书(代扣代收专用)》复印件按月装订备查，不需申报提交主管税务机关。

三、关于优惠政策

为规范电池、涂料享受税收优惠政策产品的管理，公告规定生产、委托加工相关电池、涂料产品的纳税人须持有省级以上质量技术监督部门依法授予实验室资质认定的检测机构出具的电池、涂料产品检测报告，并按规定报送主管税务机关。

四、关于纳税申报

在目前信息化建设的不断推进，信息采集和共享程度不断提高的环境下，从简化办税资料和办税程序的目地出发，公告在现行的其他应税消费品从价定率申报表的基础上，对部分申报附表进行了删减和调整，单独制定了电池、涂料消费税申报表。

国家税务总局关于调整消费税纳税申报有关事项的公告

国家税务总局公告2015年第32号

为准确掌握纳税人享受消费税减免税优惠政策情况，国家税务总局对消费税纳税申报有关事项做如下调整：

在成品油、电池、涂料、小汽车、烟类、酒类、其他应税消费品消费税纳税申报其他资料中增加《本期减(免)税额明细表》(表式见附件)，由享受消费税减免税优惠政策的纳税人在办理消费税纳税申报时填报。

本公告自2015年7月1日起施行。

特此公告。

附件：本期减(免)税额明细表(略)

国家税务总局

2015年5月4日

关于《国家税务总局关于调整消费税纳税申报有关事项的公告》的解读

为准确掌握纳税人享受消费税减免税优惠政策情况，国家税务总局对消费税纳税申报有关事项进行了调整，并发布《国家税务总局关于调整消费税纳税申报有关事项的公告》(以下简称“公告”)，现解读如下：

“公告”在消费税纳税申报其他资料中增加《本期减(免)税额明细表》，由享受消费税减免税优惠政策的纳税人在办理消费税纳税申报时填报。

财政部 国家税务总局关于调整卷烟消费税的通知

财税〔2015〕60号

各省、自治区、直辖市、计划单列市财政厅(局)、国家税务局，新疆生产建设兵团财务局：

经国务院批准，现将调整卷烟消费税政策问题通知如下：

一、将卷烟批发环节从价税税率由5%提高至11%，并按0.005元/支加征从量税。

二、纳税人兼营卷烟批发和零售业务的，应当分别核算批发和零售环节的销售额、销售数量；未分别核算批发和零售环节销售额、销售数量的，按照全部销售额、销售数量计征批发环节消费税。

三、本通知自2015年5月10日起执行。此前有关文件规定与本通知相抵触的，以本通知为准。

财政部 国家税务总局

2015年5月7日

国家税务总局关于卷烟消费税政策调整后纳税申报有关问题的公告

国家税务总局公告2015年第35号

根据《财政部 国家税务总局关于调整卷烟消费税的通知》(财税〔2015〕60号)规定,现将卷烟批发环节消费税纳税申报有关事项公告如下:

一、卷烟批发环节消费税纳税人(以下简称纳税人)2015年5月1日至2015年5月31日的消费税,按以下过渡方式办理纳税申报:

(一)纳税人按税款所属期分段填写纸质《卷烟批发环节消费税纳税申报表(过渡期)》(附件1),其中:

1. 所属期为2015年5月1日至2015年5月9日的卷烟消费税,纳税人依据调整前的卷烟批发环节消费税税率计算填写。

2. 所属期为2015年5月10日至2015年5月31日的卷烟消费税,纳税人依据调整后的卷烟批发环节消费税税率计算填写。

(二)纳税人于2015年6月申报期内,将纸质申报资料及《卷烟批发企业月份销售明细清单》电子数据一并报送主管税务机关。纳税申报资料不完整、逻辑关系不符的,纳税人应补充、修改后重新报送。

二、纳税人办理税款所属期为2015年6月及以后的卷烟批发环节消费税纳税申报,使用调整后的《卷烟批发环节消费税纳税申报表》(附件2)申报纳税。

本公告自发布之日起施行。

特此公告。

附件:1. 卷烟批发环节消费税纳税申报表(过渡期)(略)

2. 卷烟批发环节消费税纳税申报表(略)

国家税务总局

2015年5月12日

国家税务总局关于白酒消费税最低计税价格核定问题的公告

国家税务总局公告2015年第37号

现将白酒消费税最低计税价格核定问题公告如下:

纳税人将委托加工收回的白酒销售给销售单位,消费税计税价格低于销售单位对外销售价格(不含增值税)70%以下,属于《中华人民共和国消费税暂行条例》第十条规定的情形,应该按照《国家税务总局关于加强白酒消费税征收管理的通知》(国税函〔2009〕380号)规定的核价办法,核定消费税最低计税价格。

上述销售单位是指《国家税务总局关于加强白酒消费税征收管理的通知》(国税函〔2009〕380号)附件《白酒消费税最低计税价格核定管理办法(试行)》第三条规定的情形。

本公告自2015年6月1日起施行。此前已发生但尚未处理的事项,按照本公告规定执行。

特此公告。

国家税务总局

2015年5月19日

国家税务总局关于取消销货退回消费税退税等两项消费税审批事项后有关管理问题的公告

国家税务总局公告2015年第91号

根据《国务院关于取消和调整一批行政审批项目等事项的决定》(国发〔2014〕50号)规定,现就取消“销货退回的消费税退税审批”和“出口应税消费品办理免税后发生退关或国外退货补缴消费税审批”两项审批事项后有关管理问题公告如下:

一、纳税人销售的应税消费品,因质量等原因发生退货的,其已缴纳的消费税税款可予以退还。

纳税人办理退税手续时,应将开具的红字增值税发票、退税证明等资料报主管税务机关备案。主管税务机关核对无误后办理退税。

二、纳税人直接出口的应税消费品办理免税后,发生退关或者国外退货,复进口时已予以免税的,可暂不办理补税,待其转为国内销售的当月申报缴纳消费税。

三、本公告自发布之日起施行。

特此公告。

国家税务总局

2015年12月23日

关于《国家税务总局关于取消两项消费税审批事项后有关管理问题的公告》的解读

一、公告出台的背景

为贯彻落实《国务院关于取消和调整一批行政审批项目等事项的决定》(国发〔2014〕50号)规定,进一步明确“销货退回的消费税退税审批”和“出口应税消费品办理免税后发生退关或国外退货补缴消费税审批”两项审批事项取消后有关消费税的管理问题,税务总局制定发布了本公告。

二、两项消费税审批事项取消后有关税收政策的调整内容

一是纳税人发生销货退回的应税消费品已缴纳的消费税税款可以办理退税。在办理退税手续时,纳税人应将开具的红字增值税发票、退税说明等资料报主管税务机关备案。主管税务机关核对无误后办理退税。

二是纳税人出口应税消费品办理免税后发生退关或国外退货,进口时已予以免税的,可暂不办理补税,待其转为国内销售的当月按照现行税收规定申报补缴消费税。

国家税务总局关于明确电池 涂料消费税征收管理有关事项的公告

国家税务总局公告2015年第95号

现将电池、涂料消费税征收管理有关事项公告如下:

一、根据《财政部 国家税务总局关于对电池 涂料征收消费税的通知》(财税〔2015〕16号,以下简称《通知》)规定,铅蓄电池自2016年1月1日起按4%税率征收消费税。

二、生产、委托加工电池的纳税人办理税款所属期2016年1月及以后的电池消费税纳税申报,使用调整后的《电池消费税纳税申报表》(见附件)。

三、根据《中华人民共和国消费税暂行条例实施细则》第十七条的规定和我国电池、涂料行业生产经营的实际情况,电池、涂料全国平均成本利润率为:

(一)电池4%;

(二)涂料7%。

四、外购电池、涂料大包装改成小包装或者外购电池、涂料不经加工只贴商标的行为,视同应税消费税品的生产行为。发生上述生产行为的单位和个人应按规定申报缴纳消费税。

五、《国家税务总局关于电池 涂料消费税征收管理有关问题的公告》(国家税务总局公告2015年第5号)第四条所称"省级以上质量技术监督部门认定的检测机构"是指具有国家认证认可监督管理委员会或省级质量技术监督部门依法颁发、现行有效的《资质认定计量认证证书》(使用CMA徽标),且《资质认定计量认证证书》附表中具备相应电池、涂料检测项目的检测机构。

六、纳税人生产、委托加工《通知》第二条规定的电池、涂料,可按类别提供检测报告,但纳税人在提供检测报告时应一并报送该类产品明细清单,且明细清单的货物名称、规格、型号应与会计核算、销售发票内容相一致。

七、本公告自2016年1月1日起施行。《国家税务总局关于电池 涂料消费税征收管理有关问题的公告》(国家税务总局公告2015年第5号)附件2同时废止。

特此公告。

附件:电池消费税纳税申报表(略)

国家税务总局

2015年12月29日

关于《国家税务总局关于明确电池 涂料消费税征收管理有关事项的公告》的解读

一、公告出台的背景

为贯彻落实《财政部 国家税务总局关于对电池 涂料征收消费税的通知》(财税〔2015〕16号)第二条规定,同时为有效解决现行电池、涂料消费税政策执行中存在的主要问题,税务总局制定发布了本公告。

二、公告的主要内容

一是公告明确了铅蓄电池自2016年1月1日起按4%税率征收消费税。

二是为明确铅蓄电池征收消费税后有关纳税申报事宜,公告规定自2016年1月(税款所属期)启用新修订的《电池消费税纳税申报表》。

三是根据《中华人民共和国消费税暂行条例实施细则》第十七条的规定,公告明确了电池、涂料全国平均成本利润率分别为4%和7%。

四是为加强电池、涂料消费税管理,公告明确电池、涂料大包装改小包装,外购电池、涂料贴标等行为视为应税消费税品的生产加工行为,发生此行为的纳税人应当申报缴纳消费税。

五是为统一电池、涂料消费税政策执行口径,公告明确电池、涂料的"省级以上质量技术监督部门认定的检测机构"是指具有国家认证认可监督委员会或省级质量技术监督部门依法颁发、现行有效的《资质认定计量认证证书》(使用CMA徽标),且《资质认定计量认证证书》附表中具备相应电池、涂料检测项目的检测机构。

六是为减轻纳税人的负担,公告明确享受免税政策的电池、涂料产品,可按类别提供检测报告,但要求纳税人在提供检测报告时应一并报送该类产品明细清单,并且明细清单的货物名称、规格、型号应与会计核算、销售发票内容相符。

七是公告规定了执行时间为2016年1月1日。

财政部 国家税务总局关于对利用废弃的动植物油生产纯生物柴油免征消费税政策执行中有关问题的通知

财税〔2016〕35号

各省、自治区、直辖市、计划单列市财政厅(局)、国家税务局,新疆生产建设兵团财务局:

《财政部 国家税务总局关于对利用废弃的动植物油生产纯生物柴油免征消费税的通知》(财税〔2010〕118号)第一条第二项中"《柴油机燃料调合生物柴油(BD100)》"是指"《柴油机燃料调合用生物柴油(BD100)》",请遵照执行。

财政部 国家税务总局

2016年3月18日

财政部 国家税务总局关于调整化妆品消费税政策的通知

财税〔2016〕103号

各省、自治区、直辖市、计划单列市财政厅(局)、国家税务局,新疆生产建设兵团财务局:

为了引导合理消费,经国务院批准,现将化妆品消费税政策调整有关事项通知如下:

一、取消对普通美容、修饰类化妆品征收消费税,将"化妆品"税目名称更名为"高档化妆品"。征收范围包括高档美容、修饰类化妆品、高档护肤类化妆品和成套化妆品。税率调整为15%。

高档美容、修饰类化妆品和高档护肤类化妆品是指生产(进口)环节销售(完税)价格(不含增值税)在10元/毫升(克)或15元/片(张)及以上的美容、修饰类化妆品和护肤类化妆品。

二、本通知自2016年10月1日起执行。

财政部 国家税务总局

2016年9月30日

财政部 国家税务总局关于调整化妆品进口环节消费税的通知

财关税〔2016〕48号

海关总署:

为引导合理消费,经国务院批准,对化妆品的消费税政策进行调整,现将有关问题通知如下:

一、调整化妆品进口环节消费税税目税率,具体如下:

(一)将征收范围调整为高档美容修饰类化妆品、高档护肤类化妆品。高档美容修饰类和高档护肤类化妆品界定标准为进口完税价格在10元/毫升(克)或15元/片(张)及以上。调整后的税目见附件。

(二)将进口环节消费税税率由30%下调为15%。

二、本通知自 2016 年 10 月 1 日起执行。
附件：化妆品进口环节消费税税目税率表

财政部 国家税务总局
2016 年 9 月 30 日

附件：

化妆品进口环节消费税税目税率表

序号	ex	税则号列	商品名称	税率
1	ex	33030000	香水及花露水	15%
2	ex	33041000	唇用化妆品	15%
3	ex	33042000	眼用化妆品	15%
4	ex	33043000	指(趾)甲化妆品	15%
5	ex	33049100	粉，不论是否压紧	15%
6	ex	33049900	其他美容化妆品	15%

备注：
1. “ex”标识表示非全税目商品。
2. 仅对上表进口完税价格在 10 元/毫升(克)或 15 元/片(张)及以上的商品征收消费税。

国家税务总局关于高档化妆品消费税征收管理事项的公告

国家税务总局公告 2016 年第 66 号

根据《财政部 国家税务总局关于调整化妆品消费税政策的通知》(财税〔2016〕103 号)，现将高档化妆品消费税征收管理事项公告如下：

一、调整《国家税务总局关于调整消费税纳税申报表有关问题的公告》(国家税务总局公告 2014 年第 72 号)附件 2《其他应税消费品消费税纳税申报表》填写说明中“化妆品”相关内容，调整后的表式及填写说明见附件。

二、自 2016 年 10 月 1 日起，高档化妆品消费税纳税人(以下简称“纳税人”)以外购、进口和委托加工收回的高档化妆品为原料继续生产高档化妆品，准予从高档化妆品消费税应纳税额中扣除外购、进口和委托加工收回的高档化妆品已纳消费税税款。

三、纳税人外购、进口和委托加工收回已税化妆品用于生产高档化妆品的，其取得 2016 年 10 月 1 日前开具的抵扣凭证，应于 2016 年 11 月 30 日前按原化妆品消费税税率计提待抵扣消费税，逾期不得计提。

四、纳税人应按《国家税务总局关于印发〈调整和完善消费税政策征收管理规定〉的通知》(国税发〔2006〕49 号)规定，设立高档化妆品消费税抵扣税款台账。

五、本公告自发布之日起施行。《国家税务总局关于调整消费税纳税申报表有关问题的公告》(国家税务总局公告 2014 年第 72 号)附件 2 同时废止。

特此公告。

附件：其他应税消费品消费税纳税申报表(略)

国家税务总局
2016 年 10 月 19 日

关于《国家税务总局关于高档化妆品消费税征收管理事项的公告》的解读

根据《财政部 国家税务总局关于调整化妆品消费税政策的通知》(财税〔2016〕103 号)规定,从 2016 年 10 月 1 日起,取消对普通美容、修饰类化妆品征收消费税,将“化妆品”税目名称更名为“高档化妆品”,税率调整为 15%。国家税务总局相应对消费税纳税申报表进行了调整,进一步明确高档化妆品消费税抵扣管理事项,制定本《公告》。

一、对《国家税务总局关于调整消费税纳税申报表有关问题的公告》(国家税务总局公告 2014 年第 72 号)附件 2《其他应税消费品消费税纳税申报表》填写说明中“化妆品”相关内容进行了修改。

二、对高档化妆品消费税抵扣管理事项做了明确规定,内容包括:

一是为保持政策延续性,《公告》明确:自 2016 年 10 月 1 日起,纳税人以外购、进口和委托加工收回的高档化妆品为原料连续生产高档化妆品,准予从高档化妆品消费税应纳税额中扣除外购、进口和委托加工收回的高档化妆品已纳消费税税款;用于连续生产非高档化妆品的,不得抵扣消费税。

二是考虑到纳税人存在 2016 年 10 月 1 日前购进已税化妆品,但在 10 月 1 日以后取得增值税专用发票等抵扣凭证的情况,《公告》明确:纳税人外购、进口和委托加工收回已税化妆品用于生产高档化妆品的,其取得 2016 年 10 月 1 日前开具的抵扣凭证,应于 2016 年 11 月 30 日前按原化妆品消费税 30%的税率计提待抵扣消费税,逾期不得计提。

三是为加强高档化妆品消费税抵扣管理,《公告》明确:纳税人应严格按照《国家税务总局关于印发〈调整和完善消费税政策征收管理规定〉的通知》(国税发〔2006〕49 号)规定,设立高档化妆品消费税抵扣税款台账。

财政部 国家税务总局关于对超豪华小汽车加征消费税有关事项的通知

财税〔2016〕129 号

各省、自治区、直辖市、计划单列市财政厅(局)、国家税务局,新疆生产建设兵团财务局:

为了引导合理消费,促进节能减排,经国务院批准,对超豪华小汽车加征消费税。现将有关事项通知如下:

一、“小汽车”税目下增设“超豪华小汽车”子税目。征收范围为每辆零售价格 130 万元(不含增值税)及以上的乘用车和中轻型商用客车,即乘用车和中轻型商用客车子税目中的超豪华小汽车。对超豪华小汽车,在生产(进口)环节按现行税率征收消费税基础上,在零售环节加征消费税,税率为 10%。

二、将超豪华小汽车销售给消费者的单位和个人为超豪华小汽车零售环节纳税人。

三、超豪华小汽车零售环节消费税应纳税额计算公式:

应纳税额=零售环节销售额(不含增值税,下同)×零售环节税率

国内汽车生产企业直接销售给消费者的超豪华小汽车,消费税税率按照生产环节税率和零售环节税率加总计算。消费税应纳税额计算公式:

应纳税额=销售额×(生产环节税率+零售环节税率)

四、上述规定自 2016 年 12 月 1 日起执行。对于 11 月 30 日(含)之前已签订汽车销售合同,但未交付实物的超豪华小汽车,自 12 月 1 日(含)起 5 个工作日内,纳税人持已签订的汽车销售合同,向其主管税务机关备案。对按规定备案的不征收零售环节消费税,未备案以及未按规定期限备案的,征收零售环

节消费税。

附件：调整后的小汽车税目税率表

财政部 国家税务总局
2016 年 11 月 30 日

附件：

调整后的小汽车税目税率表

税　目	税　率	
	生产(进口)环节	零售环节
小汽车		
1. 乘用车		
(1)气缸容量(排气量，下同)在 1.0 升(含 1.0 升)以下的	1%	
(2)气缸容量在 1.0 升以上至 1.5 升(含 1.5 升)的	3%	
(3)气缸容量在 1.5 升以上至 2.0 升(含 2.0 升)的	5%	
(4)气缸容量在 2.0 升以上至 2.5 升(含 2.5 升)的	9%	
(5)气缸容量在 2.5 升以上至 3.0 升(含 3.0 升)的	12%	
(6)气缸容量在 3.0 升以上至 4.0 升(含 4.0 升)的	25%	
(7)气缸容量在 4.0 升以上的	40%	
2. 中轻型商用客车	5%	
3. 超豪华小汽车	按子税目 1 和子税目 2 的规定征收	10%

财政部 国家税务总局关于调整小汽车进口环节消费税的通知

财关税〔2016〕63 号

海关总署：

为了引导合理消费，调节收入分配，促进节能减排，经国务院批准，对小汽车进口环节消费税进行调整。现将有关事项通知如下：

对我国驻外使领馆工作人员、外国驻华机构及人员、非居民常住人员、政府间协议规定等应税(消费税)进口自用，且完税价格 130 万元及以上的超豪华小汽车消费税，按照生产(进口)环节税率和零售环节税率(10%)加总计算，由海关代征。具体税目见附件。

本通知自 2016 年 12 月 1 日起执行。

附件：小汽车进口环节消费税税目税率表

财政部 国家税务总局
2016 年 11 月 30 日

附件：

小汽车进口环节消费税税目税率表

序号	ex	税则号列	商品名称	进口环节消费税税率
1	ex	87021092	20≤座≤23 柴油客车	5%
2		87021093	10≤座≤19 柴油客车	5%
3	ex	87029020	20≤座≤23 非柴油客车	5%
4		87029030	10≤座≤19 非柴油客车	5%
5		87032130	排气量≤1 升的小轿车	1%
6		87032140	排气量≤1 升的越野车	1%
7		87032150	排气量≤1 升，≤9 座的小客车	1%
8		87032190	排气量≤1 升的其他车辆	1%
9		87032230	1 升<排气量≤1.5 升的小轿车	3%
10		87032240	1 升<排气量≤1.5 升的越野车	3%
11		87032250	1 升<排气量≤1.5 升，≤9 座的小客车	3%
12		87032290	1 升<排气量≤1.5 升的其他载人车辆	3%
13		87032341	1.5 升<排气量≤2 升的小轿车	5%
14		87032342	1.5 升<排气量≤2 升的越野车	5%
15		87032343	1.5 升<排气量≤2 升，≤9 座的小客车	5%
16		87032349	1.5 升<排气量≤2 升的其他载人车辆	5%
17		87032351	2 升<排气量≤2.5 升的小轿车	9%
18		87032352	2 升<排气量≤2.5 升的越野车	9%
19		87032353	2 升<排气量≤2.5 升，≤9 座的小客车	9%
20		87032359	2 升<排气量≤2.5 升的其他载人车辆	9%
21		87032361	2.5 升<排气量≤3 升的小轿车	12%
22		87032362	2.5 升<排气量≤3 升的越野车	12%
23		87032363	2.5 升<排气量≤3 升，≤9 座的小客车	12%
24		87032369	2.5 升<排气量≤3 升的其他载人车辆	12%
25		87032411	3 升<排气量≤4 升的小轿车	25%
26		87032412	3 升<排气量≤4 升的越野车	25%
27		87032413	3 升<排气量≤4 升，≤9 座的小客车	25%
28		87032419	3 升<排气量≤4 升的其他载人车辆	25%

（续表）

序号	ex	税则号列	商品名称	进口环节消费税税率
29		87032421	4 升＜排气量的小轿车	40%
30		87032422	4 升＜排气量的越野车	40%
31		87032423	4 升＜排气量，≤9 座的小客车	40%
32		87032429	4 升＜排气量的其他载人车辆	40%
33		87033111	排气量≤1 升的小轿车	1%
34		87033119	排气量≤1 升的其他载人车辆	1%
35		87033121	1 升＜排气量≤1.5 升的小轿车	3%
36		87033122	1 升＜排气量≤1.5 升的越野车	3%
37		87033123	1 升＜排气量≤1.5 升，≤9 座的小客车	3%
38		87033129	1 升＜排气量≤1.5 升的其他载人车辆	3%
39		87033211	1.5 升＜排气量≤2 升的小轿车	5%
40		87033212	1.5 升＜排气量≤2 升的越野车	5%
41		87033213	1.5 升＜排气量≤2 升，≤9 座的小客车	5%
42		87033219	1.5 升＜排气量≤2 升的其他载人车辆	5%
43		87033221	2 升＜排气量≤2.5 升的小轿车	9%
44		87033222	2 升＜排气量≤2.5 升的越野车	9%
45		87033223	2 升＜排气量≤2.5 升，≤9 座的小客车	9%
46		87033229	2 升＜排气量≤2.5 升的其他载人车辆	9%
47		87033311	2.5 升＜排气量≤3 升的小轿车	12%
48		87033312	2.5 升＜排气量≤3 升的越野车	12%
49		87033313	2.5 升＜排气量≤3 升，≤9 座的小客车	12%
50		87033319	2.5 升＜排气量≤3 升的其他载人车辆	12%
51		87033321	3 升＜排气量≤4 升的小轿车	25%
52		87033322	3 升＜排气量≤4 升的越野车	25%
53		87033323	3 升＜排气量≤4 升，≤9 座的小客车	25%
54		87033329	3 升＜排气量≤4 升的其他载人车辆	25%
55		87033361	4 升＜排气量的小轿车	40%
56		87033362	4 升＜排气量的越野车	40%
57		87033363	4 升＜排气量≤9 座的小客车	40%
58		87033369	4 升＜排气量的其他载人车辆	40%

（续表）

序号	ex	税则号列	商品名称	进口环节消费税税率
59		87039000	其他型排气量≤1升的其他载人车辆	1%
60			其他型1升＜排气量≤1.5升的其他载人车辆	3%
61			其他型1.5升＜排气量≤2升的其他载人车辆	5%
62			其他型2升＜排气量≤2.5升的其他载人车辆	9%
63			其他型2.5升＜排气量≤3升的其他载人车辆	12%
64			其他型3升＜排气量≤4升的其他载人车辆	25%
65			其他型4升＜排气量的其他载人车辆	40%
66			电动汽车和其他无法区分排气量的载人车辆	0

备注：1. 对我国驻外使领馆工作人员、外国驻华机构及人员、非居民常住人员、政府间协议规定等应税（消费税）进口自用，且完税价格130万元及以上的汽车（详见上表），按照进口环节消费税税率与零售环节消费税税率（10%）加总计算。

2. “ex”标识表示非全税目商品。

国家税务总局关于超豪华小汽车消费税征收管理有关事项的公告

国家税务总局公告2016年第74号

根据《财政部 国家税务总局关于对超豪华小汽车加征消费税有关事项的通知》（财税〔2016〕129号）规定，自2016年12月1日起，对超豪华小汽车在零售环节加征10%的消费税。现将有关事项公告如下：

一、从事超豪华小汽车零售的消费税纳税人（以下简称“纳税人”），未办理消费税税种登记的，应按主管税务机关的要求及时办理税种登记。

二、2016年12月1日起纳税人销售超豪华小汽车，应按月填报《其他应税消费品消费税纳税申报表》（见附件），向主管税务机关申报缴纳消费税。

三、2016年11月30日（含）之前已签订汽车销售合同但未交付实物的超豪华小汽车，纳税人自2016年12月1日（含）起5个工作日内，应持已签订的汽车销售合同原件及复印件到主管税务机关备案。主管税务机关对合同原件和复印件内容核对无误后，复印件留存，原件退回纳税人。

对2016年11月30日（含）之前已签订汽车销售合同但未备案以及未按规定时限备案的，应当缴纳零售环节消费税。

四、备案的汽车销售合同中的“购车人、厂牌型号”等内容，应与纳税人交付实物时开具的《机动车销售统一发票》中的“购买方名称及身份证号码/组织机构代码、厂牌型号”栏目内容对应一致。不一致的，应当缴纳零售环节消费税。

五、本公告自2016年12月1日起施行。《国家税务总局关于高档化妆品消费税征收管理事项的公告》（国家税务总局公告2016年第66号）附件同时废止。

特此公告。

附件：其他应税消费品消费税纳税申报表（略）

国家税务总局

2016年11月30日

关于《国家税务总局关于超豪华小汽车消费税征收管理有关事项的公告》的解读

为贯彻落实《财政部 国家税务总局关于对超豪华小汽车加征消费税有关事项的通知》(财税〔2016〕129号),做好政策实施后的税收征管工作,国家税务总局制定了本《公告》。

一、《公告》明确,从事超豪华小汽车零售的纳税人,未办理消费税税种登记的,应按主管税务机关规定的时限和要求办理登记手续,以便后续纳税申报工作的顺利开展。

二、《公告》明确,2016年12月1日起从事超豪华小汽车零售的纳税人在申报缴纳零售环节消费税时,统一填报《其他应税消费品消费税纳税申报表》。

三、《公告》对纳税人在2016年11月30日(含)之前已签订汽车销售合同但未交付实物的超豪华小汽车的备案事项做了规定:

一是明确纳税人在2016年12月1日起5个工作日内,持已签订的超豪华小汽车销售合同原件及复印件到主管税务机关备案,凡未备案或超过规定时限备案的超豪华小汽车应当缴纳消费税;

二是纳税人备案的销售合同应与开具的《机动车销售统一发票》的相关内容相一致。不一致的,纳税人销售的超豪华小汽车应当缴纳消费税。

第六部分 中华人民共和国关税法

中华人民共和国海关法

主席令〔2000〕第35号

（1987年1月22日第六届全国人民代表大会常务委员会第十九次会议通过，
2000年7月8日第九届全国人民代表大会常务委员会第十六次会议修正）

目 录

第一章 总 则

第一条 为了维护国家的主权和利益，加强海关监督管理，促进对外经济贸易和科技文化交往，保障社会主义现代化建设，特制定本法。

第二条 中华人民共和国海关是国家的进出关境（以下简称进出境）监督管理机关。海关依照本法和其他有关法律、行政法规，监管进出境的运输工具、货物、行李物品、邮递物品和其他物品（以下简称进出境运输工具、货物、物品），征收关税和其他税、费，查缉走私，并编制海关统计和办理其他海关业务。

第三条 国务院设立海关总署，统一管理全国海关。

国家在对外开放的口岸和海关监管业务集中的地点设立海关。海关的隶属关系，不受行政区划的限制。

海关依法独立行使职权，向海关总署负责。

第四条 国家在海关总署设立专门侦查走私犯罪的公安机构，配备专职缉私警察，负责对其管辖的走私犯罪案件的侦查、拘留、执行逮捕、预审。

海关侦查走私犯罪公安机构履行侦查、拘留、执行逮捕、预审职责，应当按照《中华人民共和国刑事诉讼法》的规定办理。

海关侦查走私犯罪公安机构根据国家有关规定，可以设立分支机构。各分支机构办理其管辖的走私犯罪案件，应当依法向有管辖权的人民检察院移送起诉。

地方各级公安机关应当配合海关侦查走私犯罪公安机构依法履行职责。

第五条 国家实行联合缉私、统一处理、综合治理的缉私体制。海关负责组织、协调、管理查缉走私工作。有关规定由国务院另行制定。

各有关行政执法部门查获的走私案件，应当给予行政处罚的，移送海关依法处理；涉嫌犯罪的，应当移送海关侦查走私犯罪公安机构、地方公安机关依据案件管辖分工和法定程序办理。

第六条　海关可以行使下列权力：

（一）检查进出境运输工具，查验进出境货物、物品；对违反本法或者其他有关法律、行政法规的，可以扣留。

（二）查阅进出境人员的证件；查问违反本法或者其他有关法律、行政法规的嫌疑人，调查其违法行为。

（三）查阅、复制与进出境运输工具、货物、物品有关的合同、发票、账册、单据、记录、文件、业务函电、录音录像制品和其他资料；对其中与违反本法或者其他有关法律、行政法规的进出境运输工具、货物、物品有牵连的，可以扣留。

（四）在海关监管区和海关附近沿海沿边规定地区，检查有走私嫌疑的运输工具和有藏匿走私货物、物品嫌疑的场所，检查走私嫌疑人的身体；对有走私嫌疑的运输工具、货物、物品和走私犯罪嫌疑人，经直属海关关长或者其授权的隶属海关关长批准，可以扣留；对走私犯罪嫌疑人，扣留时间不超过二十四小时，在特殊情况下可以延长至四十八小时。

在海关监管区和海关附近沿海沿边规定地区以外，海关在调查走私案件时，对有走私嫌疑的运输工具和除公民住处以外的有藏匿走私货物、物品嫌疑的场所，经直属海关关长或者其授权的隶属海关关长批准，可以进行检查，有关当事人应当到场；当事人未到场的，在有见证人在场的情况下，可以径行检查；对其中有证据证明有走私嫌疑的运输工具、货物、物品，可以扣留。

海关附近沿海沿边规定地区的范围，由海关总署和国务院公安部门会同有关省级人民政府确定。

（五）在调查走私案件时，经直属海关关长或者其授权的隶属海关关长批准，可以查询案件涉嫌单位和涉嫌人员在金融机构、邮政企业的存款、汇款。

（六）进出境运输工具或者个人违抗海关监管逃逸的，海关可以连续追至海关监管区和海关附近沿海沿边规定地区以外，将其带回处理。

（七）海关为履行职责，可以配备武器。海关工作人员佩带和使用武器的规则，由海关总署会同国务院公安部门制定，报国务院批准。

（八）法律、行政法规规定由海关行使的其他权力。

第七条　各地方、各部门应当支持海关依法行使职权，不得非法干预海关的执法活动。

第八条　进出境运输工具、货物、物品，必须通过设立海关的地点进境或者出境。在特殊情况下，需要经过未设立海关的地点临时进境或者出境的，必须经国务院或者国务院授权的机关批准，并依照本法规定办理海关手续。

第九条　进出口货物，除另有规定的外，可以由进出口货物收发货人自行办理报关纳税手续，也可以由进出口货物收发货人委托海关准予注册登记的报关企业办理报关纳税手续。

进出境物品的所有人可以自行办理报关纳税手续，也可以委托他人办理报关纳税手续。

第十条　报关企业接受进出口货物收发货人的委托，以委托人的名义办理报关手续的，应当向海关提交由委托人签署的授权委托书，遵守本法对委托人的各项规定。

报关企业接受进出口货物收发货人的委托，以自己的名义办理报关手续的，应当承担与收发货人相同的法律责任。

委托人委托报关企业办理报关手续的，应当向报关企业提供所委托报关事项的真实情况；报关企业接受委托人的委托办理报关手续的，应当对委托人所提供情况的真实性进行合理审查。

第十一条　进出口货物收发货人、报关企业办理报关手续，必须依法经海关注册登记。报关人员必须依法取得报关从业资格。未依法经海关注册登记的企业和未依法取得报关从业资格的人员，不得从事报关业务。

报关企业和报关人员不得非法代理他人报关，或者超出其业务范围进行报关活动。

第十二条　海关依法执行职务，有关单位和个人应当如实回答询问，并予以配合，任何单位和个人不得阻挠。

海关执行职务受到暴力抗拒时，执行有关任务的公安机关和人民武装警察部队应当予以协助。

第十三条　海关建立对违反本法规定逃避海关监管行为的举报制度。

任何单位和个人均有权对违反本法规定逃避海关监管的行为进行举报。

海关对举报或者协助查获违反本法案件的有功单位和个人，应当给予精神的或者物质的奖励。

海关应当为举报人保密。

第二章　进出境运输工具

第十四条　进出境运输工具到达或者驶离设立海关的地点时，运输工具负责人应当向海关如实申报，交验单证，并接受海关监管和检查。

停留在设立海关的地点的进出境运输工具，未经海关同意，不得擅自驶离。

进出境运输工具从一个设立海关的地点驶往另一个设立海关的地点的，应当符合海关监管要求，办理海关手续，未办结海关手续的，不得改驶境外。

第十五条　进境运输工具在进境以后向海关申报以前，出境运输工具在办结海关手续以后出境以前，应当按照交通主管机关规定的路线行进；交通主管机关没有规定的，由海关指定。

第十六条　进出境船舶、火车、航空器到达和驶离时间、停留地点、停留期间更换地点以及装卸货物、物品时间，运输工具负责人或者有关交通运输部门应当事先通知海关。

第十七条　运输工具装卸进出境货物、物品或者上下进出境旅客，应当接受海关监管。

货物、物品装卸完毕，运输工具负责人应当向海关递交反映实际装卸情况的交接单据和记录。

上下进出境运输工具的人员携带物品的，应当向海关如实申报，并接受海关检查。

第十八条　海关检查进出境运输工具时，运输工具负责人应当到场，并根据海关的要求开启舱室、房间、车门；有走私嫌疑的，并应当开拆可能藏匿走私货物、物品的部位，搬移货物、物料。

海关根据工作需要，可以派员随运输工具执行职务，运输工具负责人应当提供方便。

第十九条　进境的境外运输工具和出境的境内运输工具，未向海关办理手续并缴纳关税，不得转让或者移作他用。

第二十条　进出境船舶和航空器兼营境内客、货运输，需经海关同意，并应当符合海关监管要求。

进出境运输工具改营境内运输，需向海关办理手续。

第二十一条　沿海运输船舶、渔船和从事海上作业的特种船舶，未经海关同意，不得载运或者换取、买卖、转让进出境货物、物品。

第二十二条　进出境船舶和航空器，由于不可抗力的原因，被迫在未设立海关的地点停泊、降落或者抛掷、起卸货物、物品，运输工具负责人应当立即报告附近海关。

第三章　进出境货物

第二十三条　进口货物自进境起到办结海关手续止，出口货物自向海关申报起到出境止，过境、转运和通运货物自进境起到出境止，应当接受海关监管。

第二十四条　进口货物的收货人、出口货物的发货人应当向海关如实申报，交验进出口许可证件和有关单证。国家限制进出口的货物，没有进出口许可证件的，不予放行，具体处理办法由国务院规定。

进口货物的收货人应当自运输工具申报进境之日起十四日内，出口货物的发货人除海关特准的外应当在货物运抵海关监管区后、装货的二十四小时以前，向海关申报。

进口货物的收货人超过前款规定期限向海关申报的，由海关征收滞报金。

第二十五条　办理进出口货物的海关申报手续，应当采用纸质报关单和电子数据报关单的形式。

第二十六条　海关接受申报后，报关单证及其内容不得修改或者撤销；确有正当理由的，经海关同意，方可修改或者撤销。

第二十七条　进口货物的收货人经海关同意，可以在申报前查看货物或者提取货样。需要依法检疫的货物，应当在检疫合格后提取货样。

第二十八条　进出口货物应当接受海关查验。海关查验货物时，进口货物的收货人、出口货物的发货人应当到场，并负责搬移货物，开拆和重封货物的包装。海关认为必要时，可以径行开验、复验或者提取货样。

经收发货人申请，海关总署批准，其进出口货物可以免验。

第二十九条　除海关特准的外，进出口货物在收发货人缴清税款或者提供担保后，由海关签印放行。

第三十条　进口货物的收货人自运输工具申报进境之日起超过三个月未向海关申报的，其进口货物由海关提取依法变卖处理，所得价款在扣除运输、装卸、储存等费用和税款后，尚有余款的，自货物依法变卖之日起一年内，经收货人申请，予以发还；其中属于国家对进口有限制性规定，应当提交许可证件而不能提供的，不予发还。逾期无人申请或者不予发还的，上缴国库。

确属误卸或者溢卸的进境货物，经海关审定，由原运输工具负责人或者货物的收发货人自该运输工具卸货之日起三个月内，办理退运或者进口手续；必要时，经海关批准，可以延期三个月。逾期未办手续的，由海关按前款规定处理。

前两款所列货物不宜长期保存的，海关可以根据实际情况提前处理。

收货人或者货物所有人声明放弃的进口货物，由海关提取依法变卖处理；所得价款在扣除运输、装卸、储存等费用后，上缴国库。

第三十一条 经海关批准暂时进口或者暂时出口的货物，应当在六个月内复运出境或者复运进境；在特殊情况下，经海关同意，可以延期。

第三十二条 经营保税货物的储存、加工、装配、展示、运输、寄售业务和经营免税商店，应当符合海关监管要求，经海关批准，并办理注册手续。

保税货物的转让、转移以及进出保税场所，应当向海关办理有关手续，接受海关监管和查验。

第三十三条 企业从事加工贸易，应当持有关批准文件和加工贸易合同向海关备案，加工贸易制成品单位耗料量由海关按照有关规定核定。

加工贸易制成品应当在规定的期限内复出口。其中使用的进口料件，属于国家规定准予保税的，应当向海关办理核销手续；属于先征收税款的，依法向海关办理退税手续。

加工贸易保税进口料件或者制成品因故转为内销的，海关凭准予内销的批准文件，对保税的进口料件依法征税；属于国家对进口有限制性规定的，还应当向海关提交进口许可证件。

第三十四条 经国务院批准在中华人民共和国境内设立的保税区等海关特殊监管区域，由海关按照国家有关规定实施监管。

第三十五条 进口货物应当由收货人在货物的进境地海关办理海关手续，出口货物应当由发货人在货物的出境地海关办理海关手续。

经收发货人申请，海关同意，进口货物的收货人可以在设有海关的指运地、出口货物的发货人可以在设有海关的启运地办理海关手续。上述货物的转关运输，应当符合海关监管要求；必要时，海关可以派员押运。

经电缆、管道或者其他特殊方式输送进出境的货物，经营单位应当定期向指定的海关申报和办理海关手续。

第三十六条 过境、转运和通运货物，运输工具负责人应当向进境地海关如实申报，并应当在规定期限内运输出境。

海关认为必要时，可以查验过境、转运和通运货物。

第三十七条 海关监管货物，未经海关许可，不得开拆、提取、交付、发运、调换、改装、抵押、质押、留置、转让、更换标记、移作他用或者进行其他处置。

海关加施的封志，任何人不得擅自开启或者损毁。

人民法院判决、裁定或者有关行政执法部门决定处理海关监管货物的，应当责令当事人办结海关手续。

第三十八条 经营海关监管货物仓储业务的企业，应当经海关注册，并按照海关规定，办理收存、交付手续。

在海关监管区外存放海关监管货物，应当经海关同意，并接受海关监管。

违反前两款规定或者在保管海关监管货物期间造成海关监管货物损毁或者灭失的，除不可抗力外，对海关监管货物负有保管义务的人应当承担相应的纳税义务和法律责任。

第三十九条 进出境集装箱的监管办法、打捞进出境货物和沉船的监管办法、边境小额贸易进出口货物的监管办法，以及本法未具体列明的其他进出境货物的监管办法，由海关总署或者由海关总署会同国务院有关部门另行制定。

第四十条 国家对进出境货物、物品有禁止性或者限制性规定的，海关依据法律、行政法规、国务院的规定或者国务院有关部门依据法律、行政法规的授权作出的规定实施监管。具体监管办法由海关总署制定。

第四十一条 进出口货物的原产地按照国家有关原产地规则的规定确定。

第四十二条 进出口货物的商品归类按照国家有关商品归类的规定确定。

海关可以要求进出口货物的收发货人提供确定商品归类所需的有关资料；必要时，海关可以组织化验、检验，并将海关认定的化验、检验结果作为商品归类的依据。

第四十三条 海关可以根据对外贸易经营者提出的书面申请，对拟作进口或者出口的货物预先作出商品归类等行政裁定。

进口或者出口相同货物，应当适用相同的商品归类行政裁定。

海关对所作出的商品归类等行政裁定，应当予以公布。

第四十四条 海关依照法律、行政法规的规定，对与进出境货物有关的知识产权实施保护。

需要向海关申报知识产权状况的，进出口货物收发货人及其代理人应当按照国家规定向海关如实申报有关知识产权状况，并提交合法使用有关知识产权的证明文件。

第四十五条 自进出口货物放行之日起三年内或者在保税货物、减免税进口货物的海关监管期限内及其后的三年内，海关可以对与进出口货物直接有关的企业、单位的会计账簿、会计凭证、报关单证以及其他有关资料和有关进出口货物实施稽查。具体办法由国务院规定。

第四章 进出境物品

第四十六条 个人携带进出境的行李物品、邮寄进出境的物品，应当以自用、合理数量为限，并接受海关监管。

第四十七条 进出境物品的所有人应当向海关如实申报，并接受海关查验。

海关加施的封志，任何人不得擅自开启或者损毁。

第四十八条 进出境邮袋的装卸、转运和过境，应当接受海关监管。邮政企业应当向海关递交邮件路单。

邮政企业应当将开拆及封发国际邮袋的时间事先通知海关，海关应当按时派员到场监管查验。

第四十九条 邮运进出境的物品，经海关查验放行后，有关经营单位方可投递或者交付。

第五十条 经海关登记准予暂时免税进境或者暂时免税出境的物品，应当由本人复带出境或者复带进境。

过境人员未经海关批准，不得将其所带物品留在境内。

第五十一条 进出境物品所有人声明放弃的物品、在海关规定期限内未办理海关手续或者无人认领的物品，以及无法投递又无法退回的进境邮递物品，由海关依照本法第三十条的规定处理。

第五十二条 享有外交特权和豁免的外国机构或者人员的公务用品或者自用物品进出境，依照有关法律、行政法规的规定办理。

第五章 关　　税

第五十三条 准许进出口的货物、进出境物品，由海关依法征收关税。

第五十四条 进口货物的收货人、出口货物的发货人、进出境物品的所有人，是关税的纳税义务人。

第五十五条 进出口货物的完税价格，由海关以该货物的成交价格为基础审查确定。成交价格不能确定时，完税价格由海关依法估定。

进口货物的完税价格包括货物的货价、货物运抵中华人民共和国境内输入地点起卸前的运输及其相关费用、保险费；出口货物的完税价格包括货物的货价、货物运至中华人民共和国境内输出地点装载前的运输及其相关费用、保险费，但是其中包含的出口关税税额，应当予以扣除。

进出境物品的完税价格，由海关依法确定。

第五十六条 下列进出口货物、进出境物品，减征或者免征关税：

(一)无商业价值的广告品和货样；

(二)外国政府、国际组织无偿赠送的物资；

(三)在海关放行前遭受损坏或者损失的货物；

（四）规定数额以内的物品；

（五）法律规定减征、免征关税的其他货物、物品；

（六）中华人民共和国缔结或者参加的国际条约规定减征、免征关税的货物、物品。

第五十七条 特定地区、特定企业或者有特定用途的进出口货物，可以减征或者免征关税。特定减税或者免税的范围和办法由国务院规定。

依照前款规定减征或者免征关税进口的货物，只能用于特定地区、特定企业或者特定用途，未经海关核准并补缴关税，不得移作他用。

第五十八条 本法第五十六条、第五十七条第一款规定范围以外的临时减征或者免征关税，由国务院决定。

第五十九条 经海关批准暂时进口或者暂时出口的货物，以及特准进口的保税货物，在货物收发货人向海关缴纳相当于税款的保证金或者提供担保后，准予暂时免纳关税。

第六十条 进出口货物的纳税义务人，应当自海关填发税款缴款书之日起十五日内缴纳税款；逾期缴纳的，由海关征收滞纳金。纳税义务人、担保人超过三个月仍未缴纳的，经直属海关关长或者其授权的隶属海关关长批准，海关可以采取下列强制措施：

（一）书面通知其开户银行或者其他金融机构从其存款中扣缴税款；

（二）将应税货物依法变卖，以变卖所得抵缴税款；

（三）扣留并依法变卖其价值相当于应纳税款的货物或者其他财产，以变卖所得抵缴税款。

海关采取强制措施时，对前款所列纳税义务人、担保人未缴纳的滞纳金同时强制执行。

进出境物品的纳税义务人，应当在物品放行前缴纳税款。

第六十一条 进出口货物的纳税义务人在规定的纳税期限内有明显的转移、藏匿其应税货物以及其他财产迹象的，海关可以责令纳税义务人提供担保；纳税义务人不能提供纳税担保的，经直属海关关长或者其授权的隶属海关关长批准，海关可以采取下列税收保全措施：

（一）书面通知纳税义务人开户银行或者其他金融机构暂停支付纳税义务人相当于应纳税款的存款；

（二）扣留纳税义务人价值相当于应纳税款的货物或者其他财产。

纳税义务人在规定的纳税期限内缴纳税款的，海关必须立即解除税收保全措施；期限届满仍未缴纳税款的，经直属海关关长或者其授权的隶属海关关长批准，海关可以书面通知纳税义务人开户银行或者其他金融机构从其暂停支付的存款中扣缴税款，或者依法变卖所扣留的货物或者其他财产，以变卖所得抵缴税款。

采取税收保全措施不当，或者纳税义务人在规定期限内已缴纳税款，海关未立即解除税收保全措施，致使纳税义务人的合法权益受到损失的，海关应当依法承担赔偿责任。

第六十二条 进出口货物、进出境物品放行后，海关发现少征或者漏征税款，应当自缴纳税款或者货物、物品放行之日起一年内，向纳税义务人补征。因纳税义务人违反规定而造成的少征或者漏征，海关在三年以内可以追征。

第六十三条 海关多征的税款，海关发现后应当立即退还；纳税义务人自缴纳税款之日起一年内，可以要求海关退还。

第六十四条 纳税义务人同海关发生纳税争议时，应当缴纳税款，并可以依法申请行政复议；对复议决定仍不服的，可以依法向人民法院提起诉讼。

第六十五条 进口环节海关代征税的征收管理，适用关税征收管理的规定。

第六章 海关事务担保

第六十六条 在确定货物的商品归类、估价和提供有效报关单证或者办结其他海关手续前，收发货人要求放行货物的，海关应当在其提供与其依法应当履行的法律义务相适应的担保后放行。法律、行政法规规定可以免除担保的除外。

法律、行政法规对履行海关义务的担保另有规定的，从其规定。

国家对进出境货物、物品有限制性规定，应当提供许可证件而不能提供的，以及法律、行政法规规定不得担保的其他情形，海关不得办理担保放行。

第六十七条 具有履行海关事务担保能力的法人、其他组织或者公民,可以成为担保人。法律规定不得为担保人的除外。

第六十八条 担保人可以以下列财产、权利提供担保:

(一)人民币、可自由兑换货币;

(二)汇票、本票、支票、债券、存单;

(三)银行或者非银行金融机构的保函;

(四)海关依法认可的其他财产、权利。

第六十九条 担保人应当在担保期限内承担担保责任。担保人履行担保责任的,不免除被担保人应当办理有关海关手续的义务。

第七十条 海关事务担保管理办法,由国务院规定。

第七章 执法监督

第七十一条 海关履行职责,必须遵守法律,维护国家利益,依照法定职权和法定程序严格执法,接受监督。

第七十二条 海关工作人员必须秉公执法,廉洁自律,忠于职守,文明服务,不得有下列行为:

(一)包庇、纵容走私或者与他人串通进行走私;

(二)非法限制他人人身自由,非法检查他人身体、住所或者场所,非法检查、扣留进出境运输工具、货物、物品;

(三)利用职权为自己或者他人谋取私利;

(四)索取、收受贿赂;

(五)泄露国家秘密、商业秘密和海关工作秘密;

(六)滥用职权,故意刁难,拖延监管、查验;

(七)购买、私分、占用没收的走私货物、物品;

(八)参与或者变相参与营利性经营活动;

(九)违反法定程序或者超越权限执行职务;

(十)其他违法行为。

第七十三条 海关应当根据依法履行职责的需要,加强队伍建设,使海关工作人员具有良好的政治、业务素质。

海关专业人员应当具有法律和相关专业知识,符合海关规定的专业岗位任职要求。

海关招收工作人员应当按照国家规定,公开考试,严格考核,择优录用。

海关应当有计划地对其工作人员进行政治思想、法制、海关业务培训和考核。海关工作人员必须定期接受培训和考核,经考核不合格的,不得继续上岗执行职务。

第七十四条 海关总署应当实行海关关长定期交流制度。

海关关长定期向上一级海关述职,如实陈述其执行职务情况。海关总署应当定期对直属海关关长进行考核,直属海关应当定期对隶属海关关长进行考核。

第七十五条 海关及其工作人员的行政执法活动,依法接受监察机关的监督;缉私警察进行侦查活动,依法接受人民检察院的监督。

第七十六条 审计机关依法对海关的财政收支进行审计监督,对海关办理的与国家财政收支有关的事项,有权进行专项审计调查。

第七十七条 上级海关应当对下级海关的执法活动依法进行监督。上级海关认为下级海关作出的处理或者决定不适当的,可以依法予以变更或者撤销。

第七十八条 海关应当依照本法和其他有关法律、行政法规的规定,建立健全内部监督制度,对其工作人员执行法律、行政法规和遵守纪律的情况,进行监督检查。

第七十九条 海关内部负责审单、查验、放行、稽查和调查等主要岗位的职责权限应当明确,并相互分离、相互制约。

第八十条 任何单位和个人均有权对海关及其工作人员的违法、违纪行为进行控告、检举。收到控告、检举的机关有权处理的，应当依法按照职责分工及时查处。收到控告、检举的机关和负责查处的机关应当为控告人、检举人保密。

第八十一条 海关工作人员在调查处理违法案件时，遇有下列情形之一的，应当回避：

（一）是本案的当事人或者是当事人的近亲属；

（二）本人或者其近亲属与本案有利害关系；

（三）与本案当事人有其他关系，可能影响案件公正处理的。

第八章 法律责任

第八十二条 违反本法及有关法律、行政法规，逃避海关监管，偷逃应纳税款、逃避国家有关进出境的禁止性或者限制性管理，有下列情形之一的，是走私行为：

（一）运输、携带、邮寄国家禁止或者限制进出境货物、物品或者依法应当缴纳税款的货物、物品进出境的；

（二）未经海关许可并且未缴纳应纳税款、交验有关许可证件，擅自将保税货物、特定减免税货物以及其他海关监管货物、物品、进境的境外运输工具，在境内销售的；

（三）有逃避海关监管，构成走私的其他行为的。

有前款所列行为之一，尚不构成犯罪的，由海关没收走私货物、物品及违法所得，可以并处罚款；专门或者多次用于掩护走私的货物、物品，专门或者多次用于走私的运输工具，予以没收，藏匿走私货物、物品的特制设备，责令拆毁或者没收。

有第一款所列行为之一，构成犯罪的，依法追究刑事责任。

第八十三条 有下列行为之一的，按走私行为论处，依照本法第八十二条的规定处罚：

（一）直接向走私人非法收购走私进口的货物、物品的；

（二）在内海、领海、界河、界湖，船舶及所载人员运输、收购、贩卖国家禁止或者限制进出境的货物、物品，或者运输、收购、贩卖依法应当缴纳税款的货物，没有合法证明的。

第八十四条 伪造、变造、买卖海关单证，与走私人通谋为走私人提供贷款、资金、账号、发票、证明、海关单证，与走私人通谋为走私人提供运输、保管、邮寄或者其他方便，构成犯罪的，依法追究刑事责任；尚不构成犯罪的，由海关没收违法所得，并处罚款。

第八十五条 个人携带、邮寄超过合理数量的自用物品进出境，未依法向海关申报的，责令补缴关税，可以处以罚款。

第八十六条 违反本法规定有下列行为之一的，可以处以罚款，有违法所得的，没收违法所得：

（一）运输工具不经设立海关的地点进出境的；

（二）不将进出境运输工具到达的时间、停留的地点或者更换的地点通知海关的；

（三）进出口货物、物品或者过境、转运、通运货物向海关申报不实的；

（四）不按照规定接受海关对进出境运输工具、货物、物品进行检查、查验的；

（五）进出境运输工具未经海关同意，擅自装卸进出境货物、物品或者上下进出境旅客的；

（六）在设立海关的地点停留的进出境运输工具未经海关同意，擅自驶离的；

（七）进出境运输工具从一个设立海关的地点驶往另一个设立海关的地点，尚未办结海关手续又未经海关批准，中途擅自改驶境外或者境内未设立海关的地点的；

（八）进出境运输工具，未经海关同意，擅自兼营或者改营境内运输的；

（九）由于不可抗力的原因，进出境船舶和航空器被迫在未设立海关的地点停泊、降落或者在境内抛掷、起卸货物、物品，无正当理由，不向附近海关报告的；

（十）未经海关许可，擅自将海关监管货物开拆、提取、交付、发运、调换、改装、抵押、质押、留置、转让、更换标记、移作他用或者进行其他处置的；

（十一）擅自开启或者损毁海关封志的；

（十二）经营海关监管货物的运输、储存、加工等业务，有关货物灭失或者有关记录不真实，不能提供正当理由的；

（十三）有违反海关监管规定的其他行为的。

第八十七条 海关准予从事有关业务的企业，违反本法有关规定的，由海关责令改正，可以给予警告，暂停其从事有关业务，直至撤销注册。

第八十八条 未经海关注册登记和未取得报关从业资格从事报关业务的，由海关予以取缔，没收违法所得，可以并处罚款。

第八十九条 报关企业、报关人员非法代理他人报关或者超出其业务范围进行报关活动的，由海关责令改正，处以罚款，暂停其执业；情节严重的，撤销其报关注册登记、取消其报关从业资格。

第九十条 进出口货物收发货人、报关企业、报关人员向海关工作人员行贿的，由海关撤销其报关注册登记，取消其报关从业资格，并处以罚款；构成犯罪的，依法追究刑事责任，并不得重新注册登记为报关企业和取得报关从业资格证书。

第九十一条 违反本法规定进出口侵犯中华人民共和国法律、行政法规保护的知识产权的货物的，由海关依法没收侵权货物，并处以罚款；构成犯罪的，依法追究刑事责任。

第九十二条 海关依法扣留的货物、物品、运输工具，在人民法院判决或者海关处罚决定做出之前，不得处理。但是，危险品或者鲜活、易腐、易失效等不宜长期保存的货物、物品以及所有人申请先行变卖的货物、物品、运输工具，经直属海关关长或者其授权的隶属海关关长批准，可以先行依法变卖，变卖所得价款由海关保存，并通知其所有人。

人民法院判决没收或者海关决定没收的走私货物、物品、违法所得、走私运输工具、特制设备，由海关依法统一处理，所得价款和海关决定处以的罚款，全部上缴中央国库。

第九十三条 当事人逾期不履行海关的处罚决定又不申请复议或者向人民法院提起诉讼的，作出处罚决定的海关可以将其保证金抵缴或者将其被扣留的货物、物品、运输工具依法变价抵缴，也可以申请人民法院强制执行。

第九十四条 海关在查验进出境货物、物品时，损坏被查验的货物、物品的，应当赔偿实际损失。

第九十五条 海关违法扣留货物、物品、运输工具，致使当事人的合法权益受到损失的，应当依法承担赔偿责任。

第九十六条 海关工作人员有本法第七十二条所列行为之一的，依法给予行政处分；有违法所得的，依法没收违法所得；构成犯罪的，依法追究刑事责任。

第九十七条 海关的财政收支违反法律、行政法规规定的，由审计机关以及有关部门依照法律、行政法规的规定作出处理；对直接负责的主管人员和其他直接责任人员，依法给予行政处分；构成犯罪的，依法追究刑事责任。

第九十八条 未按照本法规定为控告人、检举人、举报人保密的，对直接负责的主管人员和其他直接责任人员，由所在单位或者有关单位依法给予行政处分。

第九十九条 海关工作人员在调查处理违法案件时，未按照本法规定进行回避的，对直接负责的主管人员和其他直接责任人员，依法给予行政处分。

第九章 附 则

第一百条 本法下列用语的含义：

直属海关，是指直接由海关总署领导，负责管理一定区域范围内的海关业务的海关；隶属海关，是指由直属海关领导，负责办理具体海关业务的海关。

进出境运输工具，是指用以载运人员、货物、物品进出境的各种船舶、车辆、航空器和驮畜。

过境、转运和通运货物，是指由境外启运、通过中国境内继续运往境外的货物。其中，通过境内陆路运输的，称过境货物；在境内设立海关的地点换装运输工具，而不通过境内陆路运输的，称转运货物；由船舶、航空器载运进境并由原装运输工具载运出境的，称通运货物。

海关监管货物，是指本法第二十三条所列的进出口货物，过境、转运、通运货物，特定减免税货物，以及暂时进出口货物、保税货物和其他尚未办结海关手续的进出境货物。

保税货物，是指经海关批准未办理纳税手续进境，在境内储存、加工、装配后复运出境的货物。

海关监管区，是指设立海关的港口、车站、机场、国界孔道、国际邮件互换局（交换站）和其他有海关监管业务的场所，以及虽未设立海关，但是经国务院批准的进出境地点。

第一百零一条 经济特区等特定地区同境内其他地区之间往来的运输工具、货物、物品的监管办法，由国务院另行规定。

第一百零二条 本法自1987年7月1日起施行。1951年4月18日中央人民政府公布的《中华人民共和国暂行海关法》同时废止。

中华人民共和国进出口关税条例

国务院令第392号

第一章 总 则

第一条 为了贯彻对外开放政策，促进对外经济贸易和国民经济的发展，根据《中华人民共和国海关法》(以下简称《海关法》)的有关规定，制定本条例。

第二条 中华人民共和国准许进出口的货物、进境物品，除法律、行政法规另有规定外，海关依照本条例规定征收进出口关税。

第三条 国务院制定《中华人民共和国进出口税则》(以下简称《税则》)、《中华人民共和国进境物品进口税税率表》(以下简称《进境物品进口税税率表》)，规定关税的税目、税则号列和税率，作为本条例的组成部分。

第四条 国务院设立关税税则委员会，负责《税则》和《进境物品进口税税率表》的税目、税则号列和税率的调整和解释，报国务院批准后执行；决定实行暂定税率的货物、税率和期限；决定关税配额税率；决定征收反倾销税、反补贴税、保障措施关税、报复性关税以及决定实施其他关税措施；决定特殊情况下税率的适用，以及履行国务院规定的其他职责。

第五条 进口货物的收货人、出口货物的发货人、进境物品的所有人，是关税的纳税义务人。

第六条 海关及其工作人员应当依照法定职权和法定程序履行关税征管职责，维护国家利益，保护纳税人合法权益，依法接受监督。

第七条 纳税义务人有权要求海关对其商业秘密予以保密，海关应当依法为纳税义务人保密。

第八条 海关对检举或者协助查获违反本条例行为的单位和个人，应当按照规定给予奖励，并负责保密。

第二章 进出口货物关税税率的设置和适用

第九条 进口关税设置最惠国税率、协定税率、特惠税率、普通税率、关税配额税率等税率。对进口货物在一定期限内可以实行暂定税率。

出口关税设置出口税率。对出口货物在一定期限内可以实行暂定税率。

第十条 原产于共同适用最惠国待遇条款的世界贸易组织成员的进口货物，原产于与中华人民共和国签订含有相互给予最惠国待遇条款的双边贸易协定的国家或者地区的进口货物，以及原产于中华人民共和国境内的进口货物，适用最惠国税率。

原产于与中华人民共和国签订含有关税优惠条款的区域性贸易协定的国家或者地区的进口货物，适用协定税率。

原产于与中华人民共和国签订含有特殊关税优惠条款的贸易协定的国家或者地区的进口货物，适用特惠税率。

原产于本条第一款、第二款和第三款所列以外国家或者地区的进口货物，以及原产地不明的进口货物，适用普通税率。

第十一条 适用最惠国税率的进口货物有暂定税率的，应当适用暂定税率；适用协定税率、特惠税率的进口货物有暂定税率的，应当从低适用税率；适用普通税率的进口货物，不适用暂定税率。

适用出口税率的出口货物有暂定税率的，应当适用暂定税率。

第十二条 按照国家规定实行关税配额管理的进口货物，关税配额内的，适用关税配额税率；关税配额外的，其税率的适用按照本条例第十条、第十一条的规定执行。

第十三条 按照有关法律、行政法规的规定对进口货物采取反倾销、反补贴、保障措施的，其税率的适用按照《中华人民共和国反倾销条例》、《中华人民共和国反补贴条例》和《中华人民共和国保障措施条例》的有关规定执行。

第十四条 任何国家或者地区违反与中华人民共和国签订或者共同参加的贸易协定及相关协定，对中华人民共和国在贸易方面采取禁止、限制、加征关税或者其他影响正常贸易的措施的，对原产于该国家或者地区的进口货物可以征收报复性关税，适用报复性关税税率。

征收报复性关税的货物、适用国别、税率、期限和征收办法，由国务院关税税则委员会决定并公布。

第十五条 进出口货物，应当适用海关接受该货物申报进口或者出口之日实施的税率。

进口货物到达前，经海关核准先行申报的，应当适用装载该货物的运输工具申报进境之日实施的税率。

转关运输货物税率的适用日期，由海关总署另行规定。

第十六条 有下列情形之一，需缴纳税款的，应当适用海关接受申报办理纳税手续之日实施的税率：

（一）保税货物经批准不复运出境的；

（二）减免税货物经批准转让或者移作他用的；

（三）暂准进境货物经批准不复运出境，以及暂准出境货物经批准不复运进境的；

（四）租赁进口货物，分期缴纳税款的。

第十七条 补征和退还进出口货物关税，应当按照本条例第十五条或者第十六条的规定确定适用的税率。

因纳税义务人违反规定需要追征税款的，应当适用该行为发生之日实施的税率；行为发生之日不能确定的，适用海关发现该行为之日实施的税率。

第三章 进出口货物完税价格的确定

第十八条 进口货物的完税价格由海关以符合本条第三款所列条件的成交价格以及该货物运抵中华人民共和国境内输入地点起卸前的运输及其相关费用、保险费为基础审查确定。

进口货物的成交价格，是指卖方向中华人民共和国境内销售该货物时买方为进口该货物向卖方实付、应付的，并按照本条例第十九条、第二十条规定调整后的价款总额，包括直接支付的价款和间接支付的价款。

进口货物的成交价格应当符合下列条件：

（一）对买方处置或者使用该货物不予限制，但法律、行政法规规定实施的限制、对货物转售地域的限制和对货物价格无实质性影响的限制除外；

（二）该货物的成交价格没有因搭售或者其他因素的影响而无法确定；

（三）卖方不得从买方直接或者间接获得因该货物进口后转售、处置或者使用而产生的任何收益，或者虽有收益但能够按照本条例第十九条、第二十条的规定进行调整；

（四）买卖双方没有特殊关系，或者虽有特殊关系但未对成交价格产生影响。

第十九条 进口货物的下列费用应当计入完税价格：

（一）由买方负担的购货佣金以外的佣金和经纪费；

（二）由买方负担的在审查确定完税价格时与该货物视为一体的容器的费用；

（三）由买方负担的包装材料费用和包装劳务费用；

（四）与该货物的生产和向中华人民共和国境内销售有关的，由买方以免费或者以低于成本的方式提供并可以按适当比例分摊的料件、工具、模具、消耗材料及类似货物的价款，以及在境外开发、设计等相关服务的费用；

（五）作为该货物向中华人民共和国境内销售的条件，买方必须支付的、与该货物有关的特许权使用费；

（六）卖方直接或者间接从买方获得的该货物进口后转售、处置或者使用的收益。

第二十条 进口时在货物的价款中列明的下列税收、费用，不计入该货物的完税价格：

（一）厂房、机械、设备等货物进口后进行建设、安装、装配、维修和技术服务的费用；

（二）进口货物运抵境内输入地点起卸后的运输及其相关费用、保险费；

（三）进口关税及国内税收。

第二十一条　进口货物的成交价格不符合本条例第十八条第三款规定条件的，或者成交价格不能确定的，海关经了解有关情况，并与纳税义务人进行价格磋商后，依次以下列价格估定该货物的完税价格：

（一）与该货物同时或者大约同时向中华人民共和国境内销售的相同货物的成交价格；

（二）与该货物同时或者大约同时向中华人民共和国境内销售的类似货物的成交价格；

（三）与该货物进口的同时或者大约同时，将该进口货物、相同或者类似进口货物在第一级销售环节销售给无特殊关系买方最大销售总量的单位价格，但应当扣除本条例第二十二条规定的项目；

（四）按照下列各项总和计算的价格：生产该货物所使用的料件成本和加工费用，向中华人民共和国境内销售同等级或者同种类货物通常的利润和一般费用，该货物运抵境内输入地点起卸前的运输及其相关费用、保险费；

（五）以合理方法估定的价格。

纳税义务人向海关提供有关资料后，可以提出申请，颠倒前款第（三）项和第（四）项的适用次序。

第二十二条　按照本条例第二十一条第一款第（三）项规定估定完税价格，应当扣除的项目是指：

（一）同等级或者同种类货物在中华人民共和国境内第一级销售环节销售时通常的利润和一般费用以及通常支付的佣金；

（二）进口货物运抵境内输入地点起卸后的运输及其相关费用、保险费；

（三）进口关税及国内税收。

第二十三条　以租赁方式进口的货物，以海关审查确定的该货物的租金作为完税价格。

纳税义务人要求一次性缴纳税款的，纳税义务人可以选择按照本条例第二十一条的规定估定完税价格，或者按照海关审查确定的租金总额作为完税价格。

第二十四条　运往境外加工的货物，出境时已向海关报明并在海关规定的期限内复运进境的，应当以境外加工费和料件费以及复运进境的运输及其相关费用和保险费审查确定完税价格。

第二十五条　运往境外修理的机械器具、运输工具或者其他货物，出境时已向海关报明并在海关规定的期限内复运进境的，应当以境外修理费和料件费审查确定完税价格。

第二十六条　出口货物的完税价格由海关以该货物的成交价格以及该货物运至中华人民共和国境内输出地点装载前的运输及其相关费用、保险费为基础审查确定。

出口货物的成交价格，是指该货物出口时卖方为出口该货物应当向买方直接收取和间接收取的价款总额。

出口关税不计入完税价格。

第二十七条　出口货物的成交价格不能确定的，海关经了解有关情况，并与纳税义务人进行价格磋商后，依次以下列价格估定该货物的完税价格：

（一）与该货物同时或者大约同时向同一国家或者地区出口的相同货物的成交价格；

（二）与该货物同时或者大约同时向同一国家或者地区出口的类似货物的成交价格；

（三）按照下列各项总和计算的价格：境内生产相同或者类似货物的料件成本、加工费用，通常的利润和一般费用，境内发生的运输及其相关费用、保险费；

（四）以合理方法估定的价格。

第二十八条　按照本条例规定计入或者不计入完税价格的成本、费用、税收，应当以客观、可量化的数据为依据。

第四章　进出口货物关税的征收

第二十九条　进口货物的纳税义务人应当自运输工具申报进境之日起14日内，出口货物的纳税义务人除海关特准的外，应当在货物运抵海关监管区后、装货的24小时以前，向货物的进出境地海关申报。进出口货物转关运输的，按照海关总署的规定执行。

进口货物到达前，纳税义务人经海关核准可以先行申报。具体办法由海关总署另行规定。

第三十条 纳税义务人应当依法如实向海关申报，并按照海关的规定提供有关确定完税价格、进行商品归类、确定原产地以及采取反倾销、反补贴或者保障措施等所需的资料；必要时，海关可以要求纳税义务人补充申报。

第三十一条 纳税义务人应当按照《税则》规定的目录条文和归类总规则、类注、章注、子目注释以及其他归类注释，对其申报的进出口货物进行商品归类，并归入相应的税则号列；海关应当依法审核确定该货物的商品归类。

第三十二条 海关可以要求纳税义务人提供确定商品归类所需的有关资料；必要时，海关可以组织化验、检验，并将海关认定的化验、检验结果作为商品归类的依据。

第三十三条 海关为审查申报价格的真实性和准确性，可以查阅、复制与进出口货物有关的合同、发票、账册、结付汇凭证、单据、业务函电、录音录像制品和其他反映买卖双方关系及交易活动的资料。

海关对纳税义务人申报的价格有怀疑并且所涉关税数额较大的，经直属海关关长或者其授权的隶属海关关长批准，凭海关总署统一格式的协助查询账户通知书及有关工作人员的工作证件，可以查询纳税义务人在银行或者其他金融机构开立的单位账户的资金往来情况，并向银行业监督管理机构通报有关情况。

第三十四条 海关对纳税义务人申报的价格有怀疑的，应当将怀疑的理由书面告知纳税义务人，要求其在规定的期限内书面作出说明、提供有关资料。

纳税义务人在规定的期限内未作说明、未提供有关资料的，或者海关仍有理由怀疑申报价格的真实性和准确性的，海关可以不接受纳税义务人申报的价格，并按照本条例第三章的规定估定完税价格。

第三十五条 海关审查确定进出口货物的完税价格后，纳税义务人可以以书面形式要求海关就如何确定其进出口货物的完税价格作出书面说明，海关应当向纳税义务人作出书面说明。

第三十六条 进出口货物关税，以从价计征、从量计征或者国家规定的其他方式征收。

从价计征的计算公式为：应纳税额＝完税价格×关税税率

从量计征的计算公式为：应纳税额＝货物数量×单位税额

第三十七条 纳税义务人应当自海关填发税款缴款书之日起15日内向指定银行缴纳税款。纳税义务人未按期缴纳税款的，从滞纳税款之日起，按日加收滞纳税款万分之五的滞纳金。

海关可以对纳税义务人欠缴税款的情况予以公告。

海关征收关税、滞纳金等，应当制发缴款凭证，缴款凭证格式由海关总署规定。

第三十八条 海关征收关税、滞纳金等，应当按人民币计征。

进出口货物的成交价格以及有关费用以外币计价的，以中国人民银行公布的基准汇率折合为人民币计算完税价格；以基准汇率币种以外的外币计价的，按照国家有关规定套算为人民币计算完税价格。适用汇率的日期由海关总署规定。

第三十九条 纳税义务人因不可抗力或者在国家税收政策调整的情形下，不能按期缴纳税款的，经海关总署批准，可以延期缴纳税款，但是最长不得超过6个月。

第四十条 进出口货物的纳税义务人在规定的纳税期限内有明显的转移、藏匿其应税货物以及其他财产迹象的，海关可以责令纳税义务人提供担保；纳税义务人不能提供担保的，海关可以按照《海关法》第六十一条的规定采取税收保全措施。

纳税义务人、担保人自缴纳税款期限届满之日起超过3个月仍未缴纳税款的，海关可以按照《海关法》第六十条的规定采取强制措施。

第四十一条 加工贸易的进口料件按照国家规定保税进口的，其制成品或者进口料件未在规定的期限内出口的，海关按照规定征收进口关税。

加工贸易的进口料件进境时按照国家规定征收进口关税的，其制成品或者进口料件在规定的期限内出口的，海关按照有关规定退还进境时已征收的关税税款。

第四十二条 经海关批准暂时进境或者暂时出境的下列货物，在进境或者出境时纳税义务人向海关缴纳相当于应纳税款的保证金或者提供其他担保的，可以暂不缴纳关税，并应当自进境或者出境之日起6个月内复运出境或者复运进境；经纳税义务人申请，海关可以根据海关总署的规定延长复运出境或者复运进境的期限：

(一)在展览会、交易会、会议及类似活动中展示或者使用的货物;

(二)文化、体育交流活动中使用的表演、比赛用品;

(三)进行新闻报道或者摄制电影、电视节目使用的仪器、设备及用品;

(四)开展科研、教学、医疗活动使用的仪器、设备及用品;

(五)在本款第(一)项至第(四)项所列活动中使用的交通工具及特种车辆;

(六)货样;

(七)供安装、调试、检测设备时使用的仪器、工具;

(八)盛装货物的容器;

(九)其他用于非商业目的的货物。

第一款所列暂准进境货物在规定的期限内未复运出境的,或者暂准出境货物在规定的期限内未复运进境的,海关应当依法征收关税。

第一款所列可以暂时免征关税范围以外的其他暂准进境货物,应当按照该货物的完税价格和其在境内滞留时间与折旧时间的比例计算征收进口关税。具体办法由海关总署规定。

第四十三条 因品质或者规格原因,出口货物自出口之日起1年内原状复运进境的,不征收进口关税。

因品质或者规格原因,进口货物自进口之日起1年内原状复运出境的,不征收出口关税。

第四十四条 因残损、短少、品质不良或者规格不符原因,由进出口货物的发货人、承运人或者保险公司免费补偿或者更换的相同货物,进出口时不征收关税。被免费更换的原进口货物不退运出境或者原出口货物不退运进境的,海关应当对原进出口货物重新按照规定征收关税。

第四十五条 下列进出口货物,免征关税:

(一)关税税额在人民币50元以下的一票货物;

(二)无商业价值的广告品和货样;

(三)外国政府、国际组织无偿赠送的物资;

(四)在海关放行前损失的货物;

(五)进出境运输工具装载的途中必需的燃料、物料和饮食用品。

在海关放行前遭受损坏的货物,可以根据海关认定的受损程度减征关税。

法律规定的其他免征或者减征关税的货物,海关根据规定予以免征或者减征。

第四十六条 特定地区、特定企业或者有特定用途的进出口货物减征或者免征关税,以及临时减征或者免征关税,按照国务院的有关规定执行。

第四十七条 进口货物减征或者免征进口环节海关代征税,按照有关法律、行政法规的规定执行。

第四十八条 纳税义务人进出口减免税货物的,除另有规定外,应当在进出口该货物之前,按照规定持有关文件向海关办理减免税审批手续。经海关审查符合规定的,予以减征或者免征关税。

第四十九条 需由海关监管使用的减免税进口货物,在监管年限内转让或者移作他用需要补税的,海关应当根据该货物进口时间折旧估价,补征进口关税。

特定减免税进口货物的监管年限由海关总署规定。

第五十条 有下列情形之一的,纳税义务人自缴纳税款之日起1年内,可以申请退还关税,并应当以书面形式向海关说明理由,提供原缴款凭证及相关资料:

(一)已征进口关税的货物,因品质或者规格原因,原状退货复运出境的;

(二)已征出口关税的货物,因品质或者规格原因,原状退货复运进境,并已重新缴纳因出口而退还的国内环节有关税收的;

(三)已征出口关税的货物,因故未装运出口,申报退关的。

海关应当自受理退税申请之日起30日内查实并通知纳税义务人办理退还手续。纳税义务人应当自收到通知之日起3个月内办理有关退税手续。

按照其他有关法律、行政法规规定应当退还关税的,海关应当按照有关法律、行政法规的规定退税。

第五十一条 进出口货物放行后,海关发现少征或者漏征税款的,应当自缴纳税款或者货物放行之日起1年内,向纳税义务人补征税款。但因纳税义务人违反规定造成少征或者漏征税款的,海关可以自缴纳税款或者货物放行之日起3年内追征税款，并从缴纳税款或者货物放行之日起按日加收少征或者漏征税款万分之五的滞纳金。

海关发现海关监管货物因纳税义务人违反规定造成少征或者漏征税款的，应当自纳税义务人应缴纳税款之日起3年内追征税款，并从应缴纳税款之日起按日加收少征或者漏征税款万分之五的滞纳金。

第五十二条 海关发现多征税款的，应当立即通知纳税义务人办理退还手续。

纳税义务人发现多缴税款的，自缴纳税款之日起1年内，可以以书面形式要求海关退还多缴的税款并加算银行同期活期存款利息；海关应当自受理退税申请之日起30日内查实并通知纳税义务人办理退还手续。

纳税义务人应当自收到通知之日起3个月内办理有关退税手续。

第五十三条 按照本条例第五十条、第五十二条的规定退还税款、利息涉及从国库中退库的，按照法律、行政法规有关国库管理的规定执行。

第五十四条 报关企业接受纳税义务人的委托，以纳税义务人的名义办理报关纳税手续，因报关企业违反规定而造成海关少征、漏征税款的，报关企业对少征或者漏征的税款、滞纳金与纳税义务人承担纳税的连带责任。

报关企业接受纳税义务人的委托，以报关企业的名义办理报关纳税手续的，报关企业与纳税义务人承担纳税的连带责任。

除不可抗力外，在保管海关监管货物期间，海关监管货物损毁或者灭失的，对海关监管货物负有保管义务的人应当承担相应的纳税责任。

第五十五条 欠税的纳税义务人，有合并、分立情形的，在合并、分立前，应当向海关报告，依法缴清税款。纳税义务人合并时未缴清税款的，由合并后的法人或者其他组织继续履行未履行的纳税义务；纳税义务人分立时未缴清税款的，分立后的法人或者其他组织对未履行的纳税义务承担连带责任。

纳税义务人在减免税货物、保税货物监管期间，有合并、分立或者其他资产重组情形的，应当向海关报告。按照规定需要缴税的，应当依法缴清税款；按照规定可以继续享受减免税、保税待遇的，应当到海关办理变更纳税义务人的手续。

纳税义务人欠税或者在减免税货物、保税货物监管期间，有撤销、解散、破产或者其他依法终止经营情形的，应当在清算前向海关报告。海关应当依法对纳税义务人的应缴税款予以清缴。

第五章 进境物品进口税的征收

第五十六条 进境物品的关税以及进口环节海关代征税合并为进口税，由海关依法征收。

第五十七条 海关总署规定数额以内的个人自用进境物品，免征进口税。

超过海关总署规定数额但仍在合理数量以内的个人自用进境物品，由进境物品的纳税义务人在进境物品放行前按照规定缴纳进口税。

超过合理、自用数量的进境物品应当按照进口货物依法办理相关手续。

国务院关税税则委员会规定按货物征税的进境物品，按照本条例第二章至第四章的规定征收关税。

第五十八条 进境物品的纳税义务人是指，携带物品进境的入境人员、进境邮递物品的收件人以及以其他方式进口物品的收件人。

第五十九条 进境物品的纳税义务人可以自行办理纳税手续，也可以委托他人办理纳税手续。接受委托的人应当遵守本章对纳税义务人的各项规定。

第六十条 进口税从价计征。

进口税的计算公式为：进口税税额＝完税价格×进口税税率

第六十一条 海关应当按照《进境物品进口税税率表》及海关总署制定的《中华人民共和国进境物品归类表》、《中华人民共和国进境物品完税价格表》对进境物品进行归类、确定完税价格和确定适用税率。

第六十二条 进境物品，适用海关填发税款缴款书之日实施的税率和完税价格。

第六十三条 进口税的减征、免征、补征、追征、退还以及对暂准进境物品征收进口税参照本条例对货物征收进口关税的有关规定执行。

第六章 附 则

第六十四条 纳税义务人、担保人对海关确定纳税义务人、确定完税价格、商品归类、确定原产地、适用税率或者汇率、减征或者免征税款、补税、退税、征收滞纳金、确定计征方式以及确定纳税地点有异议的，应当缴纳税款，并可以依法向上一级海关申请复议。对复议决定不服的，可以依法向人民法院提起诉讼。

第六十五条 进口环节海关代征税的征收管理，适用关税征收管理的规定。

第六十六条 有违反本条例规定行为的，按照《海关法》、《中华人民共和国海关法行政处罚实施细则》和其他有关法律、行政法规的规定处罚。

第六十七条 本条例自2004年1月1日起施行。1992年3月18日国务院修订发布的《中华人民共和国进出口关税条例》同时废止。

财政部 商务部 海关总署 国家税务总局关于继续执行研发机构采购设备税收政策的通知

财税〔2011〕88号

各省、自治区、直辖市、计划单列市财政厅(局)、商务主管部门、国家税务局，海关总署广东分属、各直属海关，新疆生产建设兵团财务局：

为了鼓励科学研究和技术开发，促进科技进步，经国务院批准，继续对外资研发中心进口科技开发用品免征进口关税和进口环节增值税、消费税(以下统称进口税收)，继续对内资研发机构和外资研发中心采购国产设备全额退还增值税。现将有关事项明确如下：

一、外资研发中心适用《科技开发用品免征进口税收暂行规定》(财政部、海关总署、国家税务总局令第44号)和《关于修改〈科技开发用品免征进口税收暂行规定〉和〈科学研究和教学用品免征进口税收规定〉的决定》(财政部、海关总署、国家税务总局令第63号)免征进口税收。根据其设立时间，应分别满足下列条件：

(一)对2009年9月30日及其之前设立的外资研发中心，应同时满足下列条件：

1. 研发费用标准：(1)对外资研发中心，作为独立法人的，其投资总额不低于500万美元；作为公司内设部门或分公司的非独立法人的，其研发总投入不低于500万美元；(2)企业研发经费年支出额不低于1 000万元。

2. 专职研究与试验发展人员不低于90人。

3. 设立以来累计购置的设备原值不低于1 000万元。

(二)对2009年10月1日及其之后设立的外资研发中心，应同时满足下列条件：

1. 研发费用标准：作为独立法人的，其投资总额不低于800万美元；作为公司内设部门或分公司的非独立法人的，其研发总投入不低于800万美元。

2. 专职研究与试验发展人员不低于150人。

3. 设立以来累计购置的设备原值不低于2 000万元。

外资研发中心须经商务主管部门会同有关部门按照上述条件进行资格审核认定。具体审核认定办法见附件1。

二、适用采购国产设备全额退还增值税政策的内资研发机构和外资研发中心包括

(一)《科技开发用品免征进口税收暂行规定》(财政部、海关总署、国家税务总局令第44号)规定的科学研究、技术开发机构。

(二)《科学研究和教学用品免征进口税收规定》(财政部、海关总署、国家税务总局令第45号)规定的科学研究机构和学校。

（三）符合本通知第一条规定条件的外资研发中心。

具体退税管理办法由国家税务总局会同财政部另行制定。

三、本通知的有关定义

（一）本通知所述“投资总额”，是指外商投资企业批准证书所载明的金额。

（二）本通知所述“研发总投入”，是指外商投资企业专门为设立和建设本研发中心而投入的资产，包括即将投入并签订购置合同的资产（应提交已采购资产清单和即将采购资产的合同清单）。

（三）本通知所述“研发经费年支出额”，是指近两个会计年度研发经费年均支出额；不足两个完整会计年度的，可按外资研发中心设立以来任意连续12个月的实际研发经费支出额计算；现金与实物资产投入应不低于60%。

（四）本通知所述“专职研究与试验发展人员”，是指企业科技活动人员中专职从事基础研究、应用研究和试验发展三类项目活动的人员，包括直接参加上述三类项目活动的人员以及相关专职科技管理人员和为项目提供资料文献、材料供应、设备的直接服务人员，上述人员须与外资研发中心或其所在外商投资企业签订1年以上劳动合同，以外资研发中心提交申请的前一日人数为准。

（五）本通知所述“设备”，是指为科学研究、教学和科技开发提供必要条件的实验设备、装置和器械。在计算累计购置的设备原值时，应将进口设备和采购国产设备的原值一并计入，包括已签订购置合同并于当年内交货的设备（应提交购置合同清单及交货期限），上述设备应属于本通知《科技开发、科学研究和教学设备清单》所列设备（见附件2）。对执行中国产设备范围存在异议的，由主管税务机关逐级上报国家税务总局商财政部核定。

四、本通知规定的税收政策执行期限为2011年1月1日至2015年12月31日，具体从内资研发机构和外资研发中心取得资格的次月1日起执行。《财政部 海关总署 国家税务总局关于研发机构采购设备税收政策的通知》（财税〔2009〕115号）和《商务部 财政部 海关总署 国家税务总局关于外资研发中心采购设备免/退税资格审核办法的通知》（商资发〔2010〕93号）同时废止。

对于在2011年1月1日至11月1日期间批准设立的外资研发中心，从取得资格的次月1日至11月1日期间进口的科技开发用品，已缴纳税款的，可按照海关有关规定向海关申请办理退税手续。

财政部 国家发展改革委 工业和信息化部 海关总署 国家税务总局 国家能源局关于调整重大技术装备进口税收政策有关目录及规定的通知

财关税〔2015〕51号

各省、自治区、直辖市、计划单列市财政厅（局）、工业和信息化主管部门、国家税务局，新疆生产建设兵团财务局，海关总署广东分署、各直属海关，财政部驻各省、自治区、直辖市、计划单列市财政监察专员办事处：

根据近年来国内装备制造业及其配套产业的发展情况，在广泛听取产业主管部门、行业协会及企业代表等方面意见的基础上，财政部、国家发展改革委、工业和信息化部、海关总署、国家税务总局、国家能源局决定对重大技术装备进口税收政策有关目录和规定部分条款进行修订。现通知如下：

一、《国家支持发展的重大技术装备和产品目录（2015年修订）》（见附件1）和《重大技术装备和产品进口关键零部件及原材料商品目录（2015年修订）》（见附件2）自2016年1月1日起执行，符合规定条件的国内企业为生产本通知附件1所列装备或产品而确有必要进口附件2所列商品，免征关税和进口环节增值税。附件1、2中列明执行年限的，有关装备、产品、零部件、原材料免税执行期限截至到该年度12月31日。

根据国内产业发展情况，自2016年1月1日起，取消轴流式水电机组等装备的免税政策，生产制造相关装备和产品的企业2016年度预拨免税进口额度相应取消。

二、《进口不予免税的重大技术装备和产品目录（2015年修订）》（见附件3）自2016年1月1日起执行。

对2016年1月1日以后(含1月1日)批准的按照或比照《国务院关于调整进口设备税收政策的通知》(国发〔1997〕37号)有关规定享受进口税收优惠政策的下列项目和企业,进口附件3所列自用设备以及按照合同随上述设备进口的技术及配套件、备件,一律照章征收进口税收:

(一)国家鼓励发展的国内投资项目和外商投资项目;

(二)外国政府贷款和国际金融组织贷款项目;

(三)由外商提供不作价进口设备的加工贸易企业;

(四)中西部地区外商投资优势产业项目;

(五)《海关总署关于进一步鼓励外商投资有关进口税收政策的通知》(署税〔1999〕791号)规定的外商投资企业和外商投资设立的研究中心利用自有资金进行技术改造项目。

为保证《进口不予免税的重大技术装备和产品目录(2015年修订)》调整前已批准的上述项目顺利实施,对2015年12月31日前(含12月31日)批准的上述项目和企业在2016年6月30日前(含6月30日)进口设备,继续按照《财政部国家发展改革委 工业和信息化部 海关总署 国家税务总局 国家能源局关于调整重大技术装备进口税收政策的通知》(财关税〔2014〕2号)附件4和《财政部 国家发展改革委 海关总署 国家税务总局关于调整〈国内投资项目不予免税的进口商品目录〉的公告》(2012年第83号)执行。

自2016年7月1日起对上述项目和企业进口《进口不予免税的重大技术装备和产品目录(2015年修订)》中所列设备,一律照章征收进口税收。为保证政策执行的统一性,对有关项目和企业进口商品需对照《进口不予免税的重大技术装备和产品目录(2015年修订)》和《国内投资项目不予免税的进口商品目录(2012年调整)》审核征免税的,《进口不予免税的重大技术装备和产品目录(2015年修订)》与《国内投资项目不予免税的进口商品目录(2012年调整)》所列商品名称相同,或仅在《进口不予免税的重大技术装备和产品目录(2015年修订)》中列名的商品,一律以《进口不予免税的重大技术装备和产品目录(2015年修订)》所列商品及其技术规格指标为准。

三、将《财政部 国家发展改革委 工业和信息化部 海关总署 国家税务总局国家能源局关于调整重大技术装备进口税收政策的通知》(财关税〔2014〕2号)附件1《重大技术装备进口税收政策规定》中第六、七、八、九条分别修改为:

"第六条 对新申请享受进口税收优惠政策的企业免税资格认定工作每年组织一次。新申请享受政策的制造企业应在每年11月1日至11月30日提交申请文件(要求见附1),报送下一年度申请进口税收优惠享受政策的进口需求。其中,地方制造企业通过企业所在地省级工业和信息化主管部门转报申请文件,由省级工业和信息化主管部门汇总后在每年12月5日前将申请文件上报工业和信息化部;中央企业直接向工业和信息化部提交申请文件。承担城市轨道交通重大技术装备自主化依托项目的业主应在每年11月1日至11月30日向国家发展改革委提交申请文件,报送当年度申请享受进口税收优惠政策的进口需求。承担核电重大技术装备自主化依托项目的业主应在每年11月1日至11月30日向国家能源局提交申请文件,报送下一年度申请享受政策的进口需求。逾期不予受理"。

"第七条 工业和信息化部、国家发展改革委、国家能源局收到企业的申请文件后,应当审查申请文件是否规范、完整,材料是否有效。企业提交的申请文件符合规定的,有关部门应当予以受理。企业提交的申请文件不符合规定的,有关部门应当及时告知企业需要补正的材料,企业应在5个工作日内提交补正材料。企业不能按照规定提交申请文件或补正材料的,有关部门不予受理"。

"第八条 工业和信息化部受理制造企业申请文件后,应会同财政部、海关总署、国家税务总局(对能源装备制造企业资格的认定还应会同国家能源局)组织相关行业专家,根据本规定有关要求,对企业资格进行认定,并汇总企业进口需求。国家发展改革委、国家能源局应会同财政部、海关总署、国家税务总局组织相关行业专家,分别负责对城市轨道交通、核电领域承担重大技术装备自主化依托项目的业主免税资格进行认定,并核定项目业主进口需求。工业和信息化部、国家发展改革委、国家能源局应在每年12月31日前将企业免税资格认定及相关因素核定结果报送财政部,逾期不予受理"。

"第九条 财政部会同海关总署、国家税务总局根据有关部门对企业免税资格认定和汇总的企业进口需求,每年1月31日前明确新获得免税资格的企业名单,并将企业进口需求直接确定为免税进口额度。根据对已获得免税资格企业上一年度政策执行情况的绩效评估,在年度进口税收税式支出规模(即年度减免税规模)安排的框架内,依据企业设计研发制造能力、重大技术装备技术先进性、免税额度执行率和政策执行效果等因素，确定企业下一年度免税进口额度”。

四、自2016年1月1日起，《财政部国家发展改革委、工业和信息化部 海关总署 国家税务总局 国家能源局关于调整重大技术装备进口税收政策的通知》（财关税〔2014〕2号）附件2、3、4予以废止。

附件：1. 国家支持发展的重大技术装备和产品目录（2015年修订）（略）

2. 重大技术装备和产品进口关键零部件、原材料商品目录（2015年修订）（略）

3. 进口不予免税的重大技术装备和产品目录（2015年修订）（略）

财政部 国家发展改革委 工业和信息化部 海关总署 国家税务总局 国家能源局

2015年12月1日

财政部 海关总署 国家税务总局关于跨境电子商务零售进口税收政策的通知

财关税〔2016〕18号

各省、自治区、直辖市、计划单列市财政厅（局）、国家税务局，新疆生产建设兵团财务局，海关总署广东分署、各直属海关：

为营造公平竞争的市场环境，促进跨境电子商务零售进口健康发展，经国务院批准，现将跨境电子商务零售（企业对消费者，即B2C）进口税收政策有关事项通知如下：

一、跨境电子商务零售进口商品按照货物征收关税和进口环节增值税、消费税，购买跨境电子商务零售进口商品的个人作为纳税义务人，实际交易价格（包括货物零售价格、运费和保险费）作为完税价格，电子商务企业、电子商务交易平台企业或物流企业可作为代收代缴义务人。

二、跨境电子商务零售进口税收政策适用于从其他国家或地区进口的、《跨境电子商务零售进口商品清单》范围内的以下商品：

（一）所有通过与海关联网的电子商务交易平台交易，能够实现交易、支付、物流电子信息“三单”比对的跨境电子商务零售进口商品；

（二）未通过与海关联网的电子商务交易平台交易，但快递、邮政企业能够统一提供交易、支付、物流等电子信息，并承诺承担相应法律责任进境的跨境电子商务零售进口商品。

不属于跨境电子商务零售进口的个人物品以及无法提供交易、支付、物流等电子信息的跨境电子商务零售进口商品，按现行规定执行。

三、跨境电子商务零售进口商品的单次交易限值为人民币2000元，个人年度交易限值为人民币20000元。在限值以内进口的跨境电子商务零售进口商品，关税税率暂设为0%；进口环节增值税、消费税取消免征税额，暂按法定应纳税额的70%征收。超过单次限值、累加后超过个人年度限值的单次交易，以及完税价格超过2000元限值的单个不可分割商品，均按照一般贸易方式全额征税。

四、跨境电子商务零售进口商品自海关放行之日起30日内退货的，可申请退税，并相应调整个人年度交易总额。

五、跨境电子商务零售进口商品购买人（订购人）的身份信息应进行认证；未进行认证的，购买人（订购人）身份信息应与付款人一致。

六、《跨境电子商务零售进口商品清单》将由财政部商有关部门另行公布。

七、本通知自2016年4月8日起执行。

特此通知。

财政部 海关总署 国家税务总局

2016年3月24日

财政部 国家税务总局关于"十三五"期间进口种子种源税收政策的通知

财关税〔2016〕26 号

海关总署：

为支持引进和推广良种，加强物种资源保护，丰富我国动植物资源，发展优质、高产、高效农林业，经国务院批准，在"十三五"期间继续对进口种子(苗)、种畜(禽)、鱼种(苗)和种用野生动植物种源(以下统称"种子种源")免征进口环节增值税(以下简称免税)。现将有关事项通知如下：

一、免税品种范围包括：

(一)与农林业生产密切相关并直接用于或服务于农林业生产的进口种子(苗)、种畜(禽)和鱼种(苗)，以及具备研究和培育繁殖条件的动植物科研院所、动物园、专业动植物保护单位、养殖场和种植园进口的用于科研、育种、繁殖的野生动植物种源。具体品种见所附的《进口种子种源免税货品清单》。

(二)军队、武警、公安、安全部门(含缉私警察)进口的警用工作犬以及进口的繁育用的工作犬精液及胚胎。

二、为加强对进口免税种子种源的管理，促进优质良种的引进，种子种源进口单位应向产业主管部门提出进口计划，产业主管部门汇总后向财政部提出免税进口建议，财政部会同海关总署和国家税务总局核定年度免税进口品种、数量范围。进口单位在核定的年度免税范围内，按有关规定向海关申请办理免税手续。

三、未经核定或未列入年度免税范围的进口种子种源应照章征收进口环节增值税。

四、免税进口的种子种源进入国内市场后的税收问题，按国内有关税收规定执行。

五、上述政策有效期为 2016 年 1 月 1 日至 2020 年 12 月 31 日。

六、"十三五"期间进口种子种源税收政策管理办法另行通知。在该管理办法印发前，上述政策暂比照"十二五"期间进口种子种源免税政策相关管理办法执行。

附件：进口种子种源免税货品清单

财政部 国家税务总局

2016 年 4 月

财政部 海关总署 国家税务总局关于新型显示器件项目进口设备增值税分期纳税政策的通知

财关税〔2016〕30 号

各省、自治区、直辖市、计划单列市财政厅(局)、国家税务局，新疆生产建设兵团财务局，海关总署广东分署、各直属海关，财政部驻各省、自治区、直辖市、计划单列市财政监察专员办事处：

为落实中央经济工作会议有关精神，推进新常态下信息技术产业实体经济发展，促进产业结构优化升级，支持国内新型显示器件生产企业降低税费成本，更好地参与国际竞争，经国务院批准，现将新型显示器件项目进口设备增值税分期纳税的有关政策通知如下：

一、对新型显示器件项目于 2015 年 1 月 1 日至 2018 年 12 月 31 日期间进口的关键新设备，准予在首台设备进口之后的 6 年(连续 72 个月)期限内，分期缴纳进口环节增值税，6 年内每年(连续 12 个月)依次缴纳进口环节增值税总额的 0%、20%、20%、20%、20%、20%，期间允许企业缴纳税款超过上述比例。

二、新型显示器件生产企业在分期纳税期间，按海关事务担保的规定，对未缴纳的税款提供海关认可的银行保证金或银行保函形式的税款担保，不予征收缓税利息和滞纳金。

三、对企业已经缴纳的进口环节增值税不予退还。

四、上述分期纳税有关政策的具体操作办法依照《关于新型显示器件项目进口设备增值税分期纳税的暂行规定》(见附件)执行。

附件：关于新型显示器件项目进口设备增值税分期纳税的暂行规定

财政部 海关总署 国家税务总局
2016 年 6 月 1 日

附件：

关于新型显示器件项目进口设备增值税分期纳税的暂行规定

一、根据国务院批准的对新型显示器件项目进口设备增值税分期纳税有关政策的精神，特制定本规定。

二、承建新型显示器件项目的企业至少于首台设备进口时间的 3 个月前，分别向省级(含自治区、直辖市、计划单列市，下同)财政部门、企业所在地直属海关提交进口设备增值税分期纳税的申请。(一)企业申请文件需说明企业及项目有关情况，如项目建设进度、产能设计和初期产量、投产和量产时间、产品类型等，并附投资主管部门出具的项目备案(或核准)文件，如已取得鼓励类项目确认书应一并报送。(二)企业申报享受分期纳税政策的进口环节增值税总额，同时说明有关进口关键新设备的种类、金额以及进口起止时间等相关信息。(三)按照海关事务担保的规定，企业还应申报在分期纳税期间提供税款担保的具体方案，包括拟提供税款担保的种类、担保机构的名称、担保金额、次数、期限等内容。(四)经企业所在地直属海关同意后，企业在申报时可选择按季度或按月分期缴纳进口环节增值税的方式。

三、省级财政部门在接到相关企业申请文件后，会同企业所在地直属海关应在 1 个月内完成对企业申请文件的完备性和合规性的初审，并出具审核意见。初审应确保企业申请享受政策的设备属于 2015 年 1 月 1 日至 2018 年 12 月 31 日期间进口的关键新设备。企业申请及初审材料齐全后，由省级人民政府将上述材料及时报送财政部，并抄报海关总署和国家税务总局。

四、财政部会同海关总署、国家税务总局对申报材料进行审核，确定准予分期纳税的总税额，并按此税额分期征缴。自企业申报的首台设备进口时间开始，第一年(即前 12 个月)不需缴纳设备进口环节增值税。从第二年开始，按季度或按月分期缴纳进口环节增值税：即从首台设备进口时间的次年所对应的季度开始，于每季度的最后 15 日内向企业所在地直属海关至少缴纳准予分期纳税总税额的 1/20；或从首台设备进口时间的次年所对应的月份开始，于每月的最后 10 日内向企业所在地直属海关至少缴纳准予分期纳税总税额的 1/60；期间允许企业缴纳税款超过上述比例。

五、财政部会同海关总署、国家税务总局对申请材料审核同意后，正式通知相关省级财政部门、企业所在地直属海关和省级国家税务局，并抄送相关省级人民政府，由省级人民政府通知相关企业。相关企业凭此通知并按照申请文件中载明的税款担保方案提供海关认可的银行保证金或银行保函，到企业所在地直属海关办理准予分期纳税的有关手续。

六、在准予分期纳税的 6 个年度内，对经核定的准予分期缴纳的税款，不征收缓税利息和滞纳金。企业应主动配合海关履行纳税义务，否则不能享受分期纳税的有关优惠政策。

七、企业在分期纳税期间，如实际进口金额超出原有申报金额 20%时，须及时向省级财政部门提交变更申请。省级财政部门会同企业所在地直属海关审核后，上报财政部并抄送海关总署、国家税务总局。财政部会同海关总署和国家税务总局负责审核，若审核同意，则通知相关省级财政部门、企业所在地直属海关和省级国家税务局纳税方案的变更。如企业实际进口金额低于原有申报金额 80%时，也可依照上述流程提交分期纳税方案的变更申请。

八、企业在最后一次纳税时，海关应对该项目全部应纳税款进行汇算清缴，并完成项目实际应纳税额的计征工作。企业所在地直属海关会同省级财政部门将企业在分期纳税期间的实际纳税情况汇总报送财政部、海关总署和国家税务总局。

九、本规定由财政部会同海关总署、国家税务总局负责解释。

国家税务总局关于发布修订后的《出口退(免)税企业分类管理办法》的公告

国家税务总局公告 2016 年第 46 号

为深入贯彻落实《深化国税、地税征管体制改革方案》和《国务院关于促进外贸回稳向好的若干意见》(国发〔2016〕27 号),进一步优化出口退税管理,更好地发挥出口退税支持外贸发展的职能作用,推进社会信用体系建设,国家税务总局对《出口退(免)税企业分类管理办法》(国家税务总局公告 2015 年第 2 号发布)进行了修订,现予重新发布,自 2016 年 9 月 1 日起施行。《国家税务总局关于发布〈出口退(免)税企业分类管理办法〉的公告》(国家税务总局公告 2015 年第 2 号)同时废止。

特此公告。

附件:1. 生产型出口企业生产能力情况报告

2. 出口退(免)税企业内部风险控制体系建设情况报告

3. 出口退(免)税企业管理类别评定表

国家税务总局

2016 年 7 月 13 日

出口退(免)税企业分类管理办法

第一章　总　　则

第一条　为进一步优化出口退(免)税管理,提高纳税人税法遵从度,推进社会信用体系建设,充分发挥出口退税支持外贸发展的职能作用,根据《中华人民共和国税收征收管理法》及其实施细则、相关出口税收规定,制定本办法。

第二条　国税机关应按照风险可控、放管服结合、利于遵从、便于办税的原则,对出口退(免)税企业(以下简称出口企业)进行分类管理。

第三条　出口企业管理类别分为一类、二类、三类、四类。

第四条　各省、自治区、直辖市、计划单列市国家税务局(以下简称省国家税务局)负责组织实施本地区出口企业的分类管理工作。

具有出口退(免)税审批权限的国家税务局负责评定所辖出口企业的管理类别。

第二章　出口企业管理类别的评定标准

第五条　一类出口企业的评定标准。

(一)生产企业应同时符合下列条件:

1. 企业的生产能力与上一年度申报出口退(免)税规模相匹配。

2. 近 3 年(含评定当年,下同)未发生过虚开增值税专用发票或者其他增值税扣税凭证、骗取出口退税行为。

3. 上一年度的年末净资产大于上一年度该企业已办理的出口退税额(不含免抵税额)。

4. 评定时纳税信用级别为 A 级或 B 级。

5. 企业内部建立了较为完善的出口退(免)税风险控制体系。

(二)外贸企业应同时符合下列条件:

1. 近 3 年未发生过虚开增值税专用发票或者其他增值税扣税凭证、骗取出口退税行为。

2. 上一年度的年末净资产大于上一年度该企业已办理出口退税额的60%。

3. 持续经营5年以上(因合并、分立、改制重组等原因新设立企业的情况除外)。

4. 评定时纳税信用级别为A级或B级。

5. 评定时海关企业信用管理类别为高级认证企业或一般认证企业。

6. 评定时外汇管理的分类管理等级为A级。

7. 企业内部建立了较为完善的出口退(免)税风险控制体系。

(三)外贸综合服务企业应同时符合下列条件:

1. 近3年未发生过虚开增值税专用发票或者其他增值税扣税凭证、骗取出口退税行为。

2. 上一年度的年末净资产大于上一年度该企业已办理出口退税额的30%。

3. 上一年度申报从事外贸综合服务业务的出口退税额,大于该企业全部出口退税额的80%。

4. 评定时纳税信用级别为A级或B级。

5. 评定时海关企业信用管理类别为高级认证企业或一般认证企业。

6. 评定时外汇管理的分类管理等级为A级。

7. 企业内部建立了较为完善的出口退(免)税风险控制体系。

第六条 具有下列情形之一的出口企业,其出口企业管理类别应评定为三类:

(一)自首笔申报出口退(免)税之日起至评定时未满12个月。

(二)评定时纳税信用级别为C级,或尚未评价纳税信用级别。

(三)上一年度累计6个月以上未申报出口退(免)税(从事对外援助、对外承包、境外投资业务的,以及出口季节性商品或出口生产周期较长的大型设备的出口企业除外)。

(四)上一年度发生过违反出口退(免)税有关规定的情形,但尚未达到税务机关行政处罚标准或司法机关处理标准的。

(五)存在省国家税务局规定的其他失信或风险情形。

第七条 具有下列情形之一的出口企业,其出口企业管理类别应评定为四类:

(一)评定时纳税信用级别为D级。

(二)上一年度发生过拒绝向国税机关提供有关出口退(免)税账簿、原始凭证、申报资料、备案单证等情形。

(三)上一年度因违反出口退(免)税有关规定,被税务机关行政处罚或被司法机关处理过的。

(四)评定时企业因骗取出口退税被停止出口退税权,或者停止出口退税权届满后未满2年。

(五)四类出口企业的法定代表人新成立的出口企业。

(六)列入国家联合惩戒对象的失信企业。

(七)海关企业信用管理类别认定为失信企业。

(八)外汇管理的分类管理等级为C级。

(九)存在省国家税务局规定的其他严重失信或风险情形。

第八条 一类、三类、四类出口企业以外的出口企业,其出口企业管理类别应评定为二类。

第三章 出口企业管理类别评定及调整

第九条 出口企业管理类别评定工作每年进行1次,应于企业纳税信用级别评价结果确定后1个月内完成。评定工作完成的次月起,国税机关对出口企业实施对应的分类管理措施。

第十条 申请出口企业管理类别评定为一类的出口企业,应于企业纳税信用级别评价结果确定的当月向主管国税机关报送《生产型出口企业生产能力情况报告》(仅生产企业填报,样式见附件1)、《出口退(免)税企业内部风险控制体系建设情况报告》(样式见附件2)。

第十一条 县(区)国家税务局负责评定出口企业管理类别的,应于评定工作完成后10个工作日内将评定结果报地(市)国家税务局备案;地(市)国家税务局负责评定的,县(区)国家税务局须进行初评并填报《出口退(免)税企业管理类别评定表》(附件3),报地(市)国家税务局审定。

第十二条 负责评定出口企业管理类别的国税机关,应在评定工作完成后的15个工作日内将评定结果告知出口企业,并主动公开一类、四类的出口企业名单。

第十三条 主管国税机关发现出口企业存在下列情形的，应自发现之日起20个工作日内，调整其出口企业管理类别：

（一）一类、二类、三类出口企业的纳税信用级别发生降级的，可相应调整出口企业管理类别。

（二）一类、二类、三类出口企业发生以下情形之一的，出口企业管理类别应调整为四类：

1. 拒绝提供有关出口退（免）税账簿、原始凭证、申报资料、备案单证的。

2. 因违反出口退（免）税有关规定，被税务机关行政处罚或被司法机关处理。

3. 被列为国家联合惩戒对象的失信企业。

（三）一类、二类出口企业不配合国税机关实施出口退（免）税管理，以及未按规定收集、装订、存放出口退（免）税凭证及备案单证的，出口企业管理类别应调整为三类。

（四）一类、二类出口企业因涉嫌骗取出口退税被立案查处尚未结案的，暂按三类出口企业管理，待案件查结后，依据查处情况相应调整出口企业管理类别；三类、四类出口企业因涉嫌骗取出口退税被立案查处尚未结案的，暂按原类别管理，待案件查结后，依据查处情况调整出口企业管理类别。

（五）在国税机关完成年度管理类别评定后新增办理出口退（免）税备案的出口企业，其出口企业管理类别应确定为三类。

第十四条 负责评定出口企业管理类别的国税机关在评定出口企业的管理类别时，应根据出口企业上一年度的管理类别，按照四类、三类、二类、一类的顺序逐级晋级，原则上不得越级评定。

四类出口企业自评定之日起，12个月内不得评定为其他管理类别。

第十五条 国税机关应提高税源管理部门、纳税服务部门、稽查部门、进出口税收管理部门之间信息共享的质量和效率，建立相应的信息通报制度，及时传递出口企业的纳税信用级别评定结果、纳税评估情况、税务稽查立案及处理情况等信息。

第四章　分类管理及服务措施

第十六条 主管国税机关可为一类出口企业提供绿色办税通道（特约服务区），优先办理出口退税，并建立重点联系制度，及时解决企业有关出口退（免）税问题。

对一类出口企业中纳税信用级别为A级的纳税人，按照《关于对纳税信用A级纳税人实施联合激励措施的合作备忘录》的规定，实施联合激励措施。

第十七条 对一类出口企业申报的出口退（免）税，国税机关经审核，同时符合下列条件的，应自受理企业申报之日起，5个工作日内办结出口退（免）税手续：

（一）申报的电子数据与海关出口货物报关单结关信息、增值税专用发票信息比对无误。

（二）出口退（免）税额计算准确无误。

（三）不涉及税务总局和省国家税务局确定的预警风险信息。

（四）属于外贸企业的，出口的货物是从纳税信用级别为A级或B级的供货企业购进。

（五）属于外贸综合服务企业的，接受其提供服务的中小生产企业的纳税信用级别为A级或B级。

第十八条 对二类出口企业申报的出口退（免）税，国税机关经审核，同时符合下列条件的，应自受理企业申报之日起，10个工作日内办结出口退（免）税手续：

（一）符合出口退（免）税相关规定。

（二）申报的电子数据与海关出口货物报关单结关信息、增值税专用发票信息比对无误。

（三）未发现审核疑点或者审核疑点已排除完毕。

第十九条 对三类出口企业申报的出口退（免）税，国税机关经审核，同时符合下列条件的，应自受理企业申报之日起，15个工作日内办结出口退（免）税手续：

（一）符合出口退（免）税相关规定。

（二）申报的电子数据与海关出口货物报关单结关信息、增值税专用发票信息比对无误。

（三）未发现审核疑点或者审核疑点已排除完毕。

第二十条 对四类出口企业申报的出口退（免）税，国税机关应按下列规定进行审核：

（一）申报的纸质凭证、资料应与电子数据相互匹配且逻辑相符。

（二）申报的电子数据应与海关出口货物报关单结关信息、增值税专用发票信息比对无误。

(三)对该类企业申报出口退(免)税的外购出口货物或视同自产产品,国税机关应对每户供货企业的发票,都要抽取一定的比例发函调查。

(四)属于生产企业的,对其申报出口退(免)税的自产产品,国税机关应对其生产能力、纳税情况进行评估。

国税机关按上述要求完成审核,并排除所有审核疑点后,应自受理企业申报之日起,20 个工作日内办结出口退(免)税手续。

第二十一条 出口企业申报的出口退(免)税,国税机关发现存在下列情形之一的,应按规定予以核实,排除相关疑点后,方可办理出口退(免)税,不受本办法有关办结出口退(免)税手续时限的限制:

(一)不符合本办法第十七条、第十八条、第十九条、第二十条规定的。

(二)涉及海关、外汇管理局等出口监管部门提供的风险信息。

第二十二条 各省国家税务局应定期组织对已办理的出口退(免)税情况开展风险分析工作,发现出口企业申报的退(免)税存在骗取出口退税疑点的,应按规定进行评估、核查,发现问题的,应按规定予以处理。

第五章 附 则

第二十三条 本办法用语的含义:

"出口退(免)税企业",指适用出口退(免)税政策的企业和其他单位,以及适用增值税零税率政策的应税服务提供者。按照出口企业适用的出口退(免)税办法和经营业态,分为生产企业、外贸企业、外贸综合服务企业。

"生产企业",指适用免抵退税办法的出口企业。

"外贸企业",指适用免退税办法的出口企业。

"一类出口企业""二类出口企业""三类出口企业""四类出口企业",指出口退(免)税企业分类管理类别分别为一类、二类、三类、四类的出口企业。

"上一年度",指评定出口退(免)税企业管理类别的上一个自然年度。

"外贸综合服务业务",应同时符合以下条件:

(一)出口货物为国内生产企业自产的货物。

(二)国内生产企业已将出口货物销售给外贸综合服务企业。

(三)国内生产企业与境外单位或个人已经签订出口合同,并约定货物由外贸综合服务企业出口至境外单位或个人,货款由境外单位或个人支付给外贸综合服务企业。

(四)外贸综合服务企业以自营方式出口。

(五)外贸综合服务企业申报出口退(免)税时,在《外贸企业出口退税进货明细申报表》第 15 栏(业务类型)、《外贸企业出口退税出口明细申报表》第 19 栏〔退(免)税业务类型〕填写"WMZHFW"。

"办结出口退(免)税手续",指国税机关对出口企业申报的符合规定的退(免)税,开具税收收入退还书并传递至国库。

第二十四条 各省国家税务局可以根据本办法制定和细化具体实施办法。

第二十五条 本办法自 2016 年 9 月 1 日起施行,以出口企业申报退(免)税时间为准。

财政部 海关总署 国家税务总局关于扩大内销选择性征收关税政策试点的通知

财关税〔2016〕40 号

天津市、上海市、福建省、河南省、湖北省、广东省、重庆市、四川省、陕西省财政厅(局)、国家税务局,海关总署广东分署、天津海关、上海海关、福州海关、厦门海关、郑州海关、武汉海关、广州海关、深圳海关、拱北海关、汕头海关、黄埔海关、湛江海关、江门海关、重庆海关、成都海关、西安海关:

为贯彻落实《国务院关于促进外贸回稳向好的若干意见》(国发〔2016〕27号)中“在自贸试验区的海关特殊监管区域积极推进选择性征收关税政策先行先试,及时总结评估,在公平税负原则下适时研究扩大试点”的要求,现就扩大内销选择性征收关税政策试点有关问题通知如下:

一、将内销选择性征收关税政策试点扩大到天津、上海、福建、广东四个自贸试验区所在省(市)的其他海关特殊监管区域(保税区、保税物流园区除外),以及河南新郑综合保税区、湖北武汉出口加工区、重庆西永综合保税区、四川成都高新综合保税区和陕西西安出口加工区5个海关特殊监管区域。

二、内销选择性征收关税政策是指对海关特殊监管区域内企业生产、加工并经“二线”内销的货物,根据企业申请,按其对应进口料件或按实际报验状态征收关税,进口环节增值税、消费税照章征收。企业选择按进口料件征收关税时,应一并补征关税税款缓税利息。

三、本通知自2016年9月1日起执行。

特此通知。

财政部 海关总署 国家税务总局
2016年8月1日

财政部 海关总署 国家税务总局关于动漫企业进口动漫开发生产用品税收政策的通知

财关税〔2016〕36号

各省、自治区、直辖市、计划单列市财政厅(局)、国家税务局,新疆生产建设兵团财务局,海关总署广东分署、各直属海关:

经国务院批准,为推动我国动漫产业健康快速发展,支持产业升级优化,“十三五”期间继续实施动漫企业进口动漫开发生产用品税收政策。现将有关内容通知如下:

一、自2016年1月1日至2020年12月31日,经国务院有关部门认定的动漫企业自主开发、生产动漫直接产品,确需进口的商品可享受免征进口关税及进口环节增值税的政策。

二、为有效实施政策,财政部、海关总署、国家税务总局会同文化部共同制定了《动漫企业进口动漫开发生产用品免征进口税收的暂行规定》(见附件)。

请各单位遵照执行。

附件:动漫企业进口动漫开发生产用品免征进口税收的暂行规定

财政部 海关总署 国家税务总局
2016年8月1日

附件:

动漫企业进口动漫开发生产用品免征进口税收的暂行规定

一、根据国务院批准的动漫企业进口税收政策,特制定本规定。

二、本规定所指经国务院有关部门认定的动漫企业应符合以下标准:(一)符合文化部等相关部门制定的动漫企业认定基本标准。(二)具备自主开发、生产动漫直接产品的资质和能力。

三、本规定所称动漫直接产品包括:

(一)漫画:单幅和多格漫画、插画、漫画图书、动画抓帧图书、漫画报刊、漫画原画等;

(二)动画:动画电影、动画电视剧、动画短片、动画音像制品,影视特效中的动画片段,科技、军事、气象、医疗等影视节目中的动画片段等;

（三）网络动漫（含手机动漫）：以计算机互联网和移动通信网等信息网络为主要传播平台，以电脑、手机及各种手持电子设备为接收终端的动画、漫画作品，包括 FLASH 动画、网络表情、手机动漫等。

四、符合本规定第二款标准的动漫企业于每年的 9 月底前向文化部提出申请，由文化部会同财政部、海关总署、国家税务总局对动漫企业的进口免税资格进行审核。审核合格的，由文化部、财政部、海关总署、国家税务总局于每年的 11 月底前联合公布下一年度享受进口税收政策的动漫企业名单。

五、对已获得进口免税资格的动漫企业实行年审制度，由文化部负责。文化部、财政部、海关总署、国家税务总局在公布下一年度享受进口税收政策动漫企业名单时，同时公布年审合格和年审不合格的动漫企业名单。对年审不合格的动漫企业，自下一年度起取消其享受进口税收政策的资格。

对于动漫企业存在以虚报情况获得进口免税资格的，经文化部查实后，将撤销有关动漫企业的进口免税资格。文化部及时将有关情况通报财政部、海关总署、国家税务总局。有关动漫企业应立即补缴在动漫企业进口税收政策项下已免税进口有关商品的相应税款。

六、获得进口免税资格的动漫企业，进口《动漫企业免税进口动漫开发生产用品清单》（附后）范围内的商品免征进口关税和进口环节增值税。该清单由财政部会同相关部门根据国内配套产业发展状况及动漫企业的实际需求变化适时调整。海关审核进口商品是否符合免税范围时，以《动漫企业免税进口动漫开发生产用品清单》所列的商品名称和技术规格为准。凡国务院规定一律不得减免税的 20 种进口商品，不在上述免税范围之列。

七、文化部应在每年的 3 月底前将上一年度实际免税进口的商品、数量、免税金额及所用于的项目汇总函告财政部，同时抄送海关总署和国家税务总局。

八、对用于自主开发、生产动漫直接产品免税进口的商品，未经海关审核同意，不得擅自转让、抵押、质押、移作他用或者进行其他处置。如有违反，按国家有关法律、法规和海关相关管理规定处理。

九、为保障政策衔接，2016 年享受进口税收政策的动漫企业名单由文化部会同财政部、海关总署、国家税务总局另行公布。

十、本规定有效期为 2016 年 1 月 1 日至 2020 年 12 月 31 日。

十一、本规定由财政部会同海关总署、国家税务总局解释。

附：动漫企业免税进口动漫开发生产用品清单（略）

财政部 海关总署 国家税务总局关于“十三五”期间煤层气勘探开发项目进口物资免征进口税收的通知

财关税〔2016〕45 号

各省、自治区、直辖市、计划单列市财政厅（局）、国家税务局，新疆生产建设兵团财务局，海关总署广东分署、各直属海关：

为支持煤层气的勘探开发和煤矿瓦斯治理，经国务院批准，现将“十三五”期间煤层气勘探开发项目进口物资的税收政策通知如下：

一、自 2016 年 1 月 1 日至 2020 年 12 月 31 日，中联煤层气有限责任公司及其国内外合作者（以下简称中联煤层气公司），在我国境内进行煤层气勘探开发项目，进口国内不能生产或性能不能满足要求，并直接用于勘探开发的设备、仪器、零附件、专用工具（详见本通知所附管理规定所附的《勘探开发煤层气免税进口物资清单》，以下简称《免税物资清单》），免征进口关税和进口环节增值税。

二、国内其他从事煤层气勘探开发的单位，应在实际申报进口相关物资前按有关规定程序向财政部提出申请，经财政部商海关总署、国家税务总局等有关部门认定后，比照中联煤层气公司享受上述进口税收优惠政策。

三、符合本通知规定的勘探开发项目项下暂时进口《免税物资清单》所列的物资，准予免征进口关税和进口环节增值税。进口时海关按暂时进口货物办理手续。超出海关规定暂时进口时限仍需继续使用的，经海关审查确认可予延期，在暂时进口（包括延期）期限内准予按本通知规定免征进口关税和进口环节增值税。

四、符合本通知规定的勘探开发项目项下租赁进口《免税物资清单》所列的物资准予免征进口关税和进口环节增值税，租赁进口《免税物资清单》以外的物资应按有关规定照章征税。

五、本通知规定的勘探开发项目进口物资免征进口税收的具体管理规定详见附件。

附件：关于煤层气勘探开发项目进口物资免征进口税收的管理规定

勘探开发煤层气免税进口物资清单(略)

财政部 海关总署 国家税务总局

2016 年 9 月 28 日

附件 1：

关于煤层气勘探开发项目进口物资免征进口税收的管理规定

一、根据国务院批准的有关“十三五”期间继续执行煤层气勘探开发项目进口物资免征关税和进口环节增值税政策的精神，特制定本规定。

二、本规定所指的进口免税物资是指在我国境内进行煤层气勘探开发项目所需进口的国内不能生产或性能不能满足要求，并直接用于勘探开发的设备、仪器、零附件、专用工具，具体物资清单附后。

三、除中联煤层气有限责任公司及其国内外合作者外，国内其他从事煤层气勘探开发的单位，应在实际申报进口相关物资前的每年 3 月底前，向财政部提交免税资格的申请文件(其中地方单位应通过省级财政部门向财政部提交申请)，同时抄报海关总署和国家税务总局。对逾期提交的申请文件，财政部将不予受理。申请文件应说明申请单位的基本情况以及其所承担的煤层气勘探开发项目情况(包括项目执行期限)、拟进口物资的应用范围，同时附上已取得的探矿证或采矿证以及煤层气勘探开发项目的批准文件。非项目业主单位的承包商需与项目业主单位共同出具关于煤层气勘探开发项目的承包证明文件。财政部商海关总署、国家税务总局每年在汇总申请文件后，审核申请单位的免税资格，并确认可享受免税的项目清单。

四、中联煤层气有限责任公司应于每年 11 月底前将下一年度符合政策范围的勘探开发项目(包括合作项目)汇总报财政部，并对照上一年度，对项目的变化情况进行说明。财政部商海关总署、国家税务总局等有关部门确认享受免税项目清单，清单包括执行项目的进口单位。具有免税资格的进口单位向项目所在地海关申请办理项目所需物资进口减免税手续。

五、进口单位在办理免税手续时，应向海关提交符合政策规定的进口物资清单，并填报对应的已经审核项目。其中，中联煤层气有限责任公司组织的煤层气勘探开发合作项目，需出具经中联煤层气有限责任公司审核确认的用于该项目的进口物资清单。具体操作办法由海关总署另行制定。

六、本规定所附《勘探开发煤层气免税进口物资清单》(以下简称《免税物资清单》)根据执行情况由财政部会同海关总署、国家税务总局等有关部门适时调整。海关审核该类进口商品免税时，如税则号列与《免税物资清单》所列不一致，应以《免税物资清单》所列的货品名称和技术指标为准。

七、在实际进口中，如有《免税物资清单》中未具体列名但确需进口用于我国煤层气的设备、仪器、零附件、专用工具，由海关总署会同财政部、国家税务总局审定。

八、对用于勘探开发煤层气的免税进口物资，未经海关核准，不得抵押、质押、转让、移作他用或者进行其他处置。如有违反，按国家有关法律、法规及相关规定处理。经海关审核同意，依据本规定免税进口的物资可在经审核认定的不同煤层气勘探开发项目之间转移或转让，并可临时用于煤矿瓦斯治理和抢险救灾。具体操作办法由海关总署另行制定。

九、中联煤层气有限责任公司及其他经认定的煤层气勘探开发单位，应于每年 3 月底前将上一年度本单位各项目实际进口的免税物资清单、进口金额、免税额、物资使用等情况汇总报财政部备案，并抄报海关总署、国家税务总局。财政部会同海关总署、国家税务总局等有关部门对各有关单位的免税执行情况进行核查，对擅自超出确定的项目范围使用免税进口物资的单位，按有关规定处理，严重违反本规定的，将取消免税资格。

十、本规定由财政部会同海关总署、国家税务总局负责解释。

十一、本规定的有效期为2016年1月1日至2020年12月31日。

财政部 海关总署 国家税务总局关于"十三五"期间进口种子种源税收政策管理办法的通知

财关税〔2016〕64号

公安部、国家安全部、农业部、国家林业局,中央军委联合参谋部,武警总部,各省、自治区、直辖市、计划单列市财政厅(局)、国家税务局,新疆生产建设兵团财务局,海关总署广东分署、各直属海关:

经国务院批准,在"十三五"期间,即2016年1月1日至2020年12月31日,继续对进口种子(苗)、种畜(禽)、鱼种(苗)和种用野生动植物种源(以下简称种子种源)免征进口环节增值税(以下简称免税)。为加强种子种源进口免税政策管理,现将有关事项通知如下:

一、免税政策目标

种子种源进口免税政策旨在支持引进和推广良种,加强物种资源保护,丰富我国动植物资源,发展优质、高产、高效农林业,降低农林产品生产成本。

二、免税品种范围

(一)与农林业生产密切相关,并直接用于或服务于农林业生产的下列种子(苗)、种畜(禽)和鱼种(苗)(以下简称种子种苗):

1. 用于种植和培育各种农作物和林木的种子(苗);
2. 用于饲养以获得各种畜禽产品的种畜(禽);
3. 用于培育和养殖的水产种(苗);
4. 用于农林业科学研究与试验的种子(苗)、种畜(禽)和水产种(苗)。

(二)野生动植物种源。

(三)警用工作犬及其精液和胚胎。

三、免税申请条件

(一)种子种苗进口免税应同时符合以下条件:

1. 在免税货品清单内,即属于附件1第一至第三部分所列货品。
2. 直接用于或服务于农林业生产。免税进口的种子种苗不得用于度假村、俱乐部、高尔夫球场、足球场等消费场所或运动场所的建设和服务。

(二)野生动植物种源进口免税应同时符合以下条件:

1. 在免税货品清单内,即属于附件1第四部分所列货品。
2. 用于科研,或育种,或繁殖。进口单位应是具备研究和培育繁殖条件的动植物科研院所、动物园、专业动植物保护单位、养殖场和种植园。

(三)免税进口工作犬相关货品应为军队、武警、公安、安全部门(含缉私警察)进口的警用工作犬,以及繁育用的工作犬精液和胚胎。

四、免税政策操作流程

(一)种子种苗和野生动植物种源操作流程。

申请免税进口第二条(一)、(二)项下货品的进口单位,应向农业部或国家林业局(以下称产业主管部门)提出年度免税进口需求。产业主管部门汇总后向财政部提出年度免税进口建议,财政部会同海关总署和国家税务总局在附件1所列免税货品清单范围内,核定年度免税进口计划。产业主管部门在年度免税进口计划内为进口单位进行有关单据的标注工作。进口单位在产业主管部门标注的免税品种、数量范围内,按有关规定向海关申请办理减免税手续。具体流程及要求如下:

1. 进口单位提出进口需求。

符合第三条(一)、(二)规定的进口单位,应按照产业主管部门相关规定,向其提出年度免税进口需求,说明需要免税进口的品种、数量、最终用途等必要情况。其中，以科研为目的，申请免税进口野生动植物种源的，应说明科研项目简况，并在科研项目结束后 60 日内，向产业主管部门提供科研项目成果。

2. 产业主管部门提出免税进口建议。

产业主管部门不迟于当年 11 月 30 日，结合产业发展规划、进口单位免税进口需求以及免税进口计划执行情况，在附件 1 所列免税货品清单范围内，向财政部提出今后年度免税进口建议，并抄送海关总署和国家税务总局。

产业主管部门应在免税进口建议中，对建议数量的增减情况进行分析说明，其中以育种或繁殖为目的的野生动植物种源，建议数量应以确保野生动植物存活和种群繁衍的合理需要为限。

产业主管部门提出的免税进口建议，应涵盖其主管的全部免税进口货品，可以包括连续数个年度免税进口数量，并按照附件 2 格式报送。

3. 财政部会同有关部门核定年度免税进口计划。

财政部会同海关总署、国家税务总局对产业主管部门报送的年度免税进口建议进行审核，在附件 1 所列免税货品清单范围内，核定年度免税进口品种和数量。核定的年度免税进口数量原则上不低于上一年度核定数量的 40%。

经核定的年度免税进口计划在公历年度当年内有效，不得跨年度结转。除特殊情况外，已经核定的年度免税进口计划原则上不予追加。

4. 产业主管部门标注确认进口单位的免税进口品种和数量。

产业主管部门在对动植物苗种进（出）口、种子苗木（种用）进口、野生动植物种源进（出）口审批的同时，应分别按照附件 3、4、5 表格，标注确认进口单位所进口的品种和数量是否符合年度免税进口计划所核定的免税品种、数量范围，并对可转让和销售的种子种源（仅限于附件 1 第 1～3 项，第 9～11 项，第 16～30 项，第 44～47 项货品）的免税品种和数量范围，在“最终用途”栏内标注“可转让和销售”。

对于每个免税品种，产业主管部门标注确认的免税数量合计，不得超出对该品种核定的年度免税进口计划数量。

在当年免税进口计划印发之日前，对于上一年度免税进口计划中已列名的品种，产业主管部门在对进口审批的同时，可以在上一年度核定的免税进口计划数量的 40%以内，标注确认免税进口品种和数量，并对可转让和销售的种子种源（仅限于附件 1 第 1～3 项，第 9～11 项，第 16～30 项，第 44～47 项货品）的免税品种和数量范围，在“最终用途”栏内标注“可转让和销售”。

5. 进口单位办理进口减免税手续。

进口单位应在附件 3、4、5 表格明确的有效期内，严格按照产业主管部门标注确认的免税品种、数量、最终用途，按海关有关规定向海关申请办理减免税手续。

未经产业主管部门标注确认免税的进口货品应照章征收进口环节增值税。

（二）工作犬相关货品操作流程。

申请免税进口第二条（三）项下货品且符合第三条（三）项规定的进口单位，凭主管部门出具的证明有关工作犬和工作犬精液及胚胎属于免税品种范围的说明文件，以及其他相关材料，按有关规定向海关申请办理减免税手续。

五、免税政策监管

种子种源在免税进口后，由产业主管部门和工作犬相关货品的主管部门加强管理。产业主管部门和工作犬相关货品的主管部门应确保进口单位和免税进口种子种源的最终用途符合第三条规定。

免税进口的种子种源，除产业主管部门按第四条相关规定已标注“可转让和销售”的以外，未经合理种植试验、培育、养殖或饲养，不得擅自转让和销售。产业主管部门应在本通知印发后 2 个月内另行制定出台“合理种植试验、培育、养殖或饲养”的标准，并配合有关部门做好相关工作。对违反本通知规定的种子种源进口单位，暂停其 1 年免税资格；对依法被追究刑事责任的种子种源进口单位，暂停其 3 年免税资格。

从 2017 年起，产业主管部门每年不迟于 1 月 31 日向财政部报送上一年度免税进口计划执行情况，并对免税进口计划执行率较低的品种，进行分析说明。进口计划执行情况按照附件 6、7 格式提供，同时抄送海关总署和国家税务总局。

财政部将会同海关总署、国家税务总局等有关部门适时对政策执行情况进行监督检查。对擅自超出核定免税进口计划以及超过上一年度核定免税计划数量40%标注确认免税进口品种和数量的产业主管部门，一经核实，财政部将会同海关总署、国家税务总局将有关情况函告产业主管部门，请其限期整改。

财政部、海关总署、国家税务总局及农业部、国家林业局等有关部门及其工作人员在种子种源进口免税政策执行过程中，存在违反执行免税政策规定的行为，以及滥用职权、玩忽职守、徇私舞弊等违法违纪行为的，按照《预算法》、《公务员法》、《行政监察法》、《财政违法行为处罚处分条例》等国家有关规定追究相应责任；涉嫌犯罪的，移送司法机关处理。

六、文件有效期

本通知有效期为2016年1月1日至2020年12月31日。

从印发之日起，对《财政部 国家税务总局关于"十二五"期间进口种子(苗)种畜(禽)鱼种(苗)和种用野生动植物种源税收问题的通知》(财关税〔2011〕9号)、《财政部 海关总署 国家税务总局关于种子(苗)种畜(禽)鱼种(苗)和种用野生动植物种源免征进口环节增值税政策及2011年进口计划的通知》(财关税〔2011〕36号)、《财政部 海关总署 国家税务总局关于印发〈"十二五"期间进口种子种源进口免税政策管理办法〉的通知》(财关税〔2011〕76号)、《财政部 海关总署 国家税务总局关于调整2015年进口种子种源进口免税政策执行方式有关问题的通知》(财关税〔2015〕38号)予以废止。

附件：1. 进口种子种源免税货品清单(略)

2. 20××年种子种源免税进口计划建议表(略)

3. 中华人民共和国农业部动植物苗种进(出)口审批表(略)

4. 国家林业局种子苗木(种用)进口许可表(略)

5. 国家濒管办进口种用野生动植物种源确认表(略)

6. 20××年种子(苗)、种畜(禽)和鱼种(苗)免税进口计划执行情况表(略)

7. 20××年种用野生动植物种源免税进口计划执行情况表(略)

财政部 海关总署 国家税务总局

2016年11月24日

第七部分 中华人民共和国城市维护建设税法

中华人民共和国城市维护建设税暂行条例

国发〔1985〕19 号

第一条 为了加强城市的维护建设，扩大和稳定城市维护建设资金的来源，特制定本条例。

第二条 凡缴纳产品税、增值税、营业税的单位和个人，都是城市维护建设税的纳税义务人（以下简称纳税人），都应当依照本条例的规定缴纳城市维护建设税。

【注释】 相关规定包括：《国家税务总局关于中央和国务院各部门机关服务中心恢复征税的通知》（国税发〔2007〕94 号）。

第三条 城市维护建设税，以纳税人实际缴纳的产品税、增值税、营业税税额为计税依据，分别与产品税、增值税、营业税同时缴纳。

【注释】 相关规定包括：《国家税务总局海洋石油税务管理局关于中国海洋石油总公司缴纳城市维护建设税和教育费附加的通知》（国税油函〔1994〕12 号）、《国家税务总局关于城市维护建设税征收问题的通知》（国税发〔1994〕51 号）。

第四条 城市维护建设税税率如下：

纳税人所在地在市区的，税率为百分之七；

纳税人所在地在县城、镇的，税率为百分之五；

纳税人所在地不在市区、县城或镇的，税率为百分之一。

【注释】 相关规定包括：《国家税务总局海洋石油税务管理局关于中国海洋石油总公司及其所属公司缴纳城市维护建设税有关问题的通知》（国税油发〔1994〕7 号）。

第五条 城市维护建设税的征收、管理、纳税环节、奖罚等事项，比照产品税、增值税、营业税的有关规定办理。

【注释】 相关规定包括：《国家税务总局关于国家开发银行城市维护建设税和教育费附加款项划转办法的补充通知》（国税函〔1999〕521 号）、《财政部 国家税务总局关于黄金税收政策问题的通知》（财税〔2002〕142 号）、《国务院办公厅对〈中华人民共和国城市维护建设税暂行条例〉第五条的解释的复函》（国办函〔2004〕23 号）、《财政部 国家税务总局关于扶持城镇退役士兵自谋职业有关税收优惠政策的通知》（财税〔2004〕93 号）、《财政部 国家税务总局关于生产企业出口货物实行免抵退税办法后有关城市维护建设税教育费附加政策的通知》（财税〔2005〕25 号）、《国家税务总局关于国家税务局为小规模纳税人代开发票及税款征收有关问题的通知》（国税发〔2005〕18 号）、《财政部 国家税务总局关于增值税营业税消费税实行先征后返等办法有关城建税和教育费附加政策的通知》（财税〔2005〕72 号）、《国家税务总局关于国家税务局代地方税务局征收城市维护建设税和教育费附加票据使用问题的通知》（国税函〔2006〕815 号）。

第六条 城市维护建设税应当保证用于城市的公用事业和公共设施的维护建设，具体安排由地方人民政府确定。

第七条 按照本条例第四条第三项规定缴纳的税款，应当专用于乡镇的维护和建设。

第八条 开征城市维护建设税后，任何地区和部门，都不得再向纳税人摊派资金或物资。遇到摊派情况，纳税人有权拒绝执行。

第九条 省、自治区、直辖市人民政府可以根据本条例，制定实施细则，并送财政部备案。

第十条 本条例自一九八五年度起施行。

【注释】 相关规定包括：《国家税务总局关于城市维护建设税等地方税有关问题的通知》（国税发〔1994〕35 号）。

国家税务总局关于城市维护建设税等地方税有关问题的通知

国税发〔1994〕35 号

各省、自治区、直辖市税务局，各计划单列市税务局，海洋石油税务管理局各分局：

关于城市维护建设税和其他地方税种的改革问题，财政部、国家税务总局于 1994 年元月 12 日向国务院报送了《关于城乡维护建设税改革的请示》(以下简称《请示》)。《请示》的主要内容包括：

一、由于《中华人民共和国城乡维护建设税暂行条例(草案)》(以下简称《条例》)一时尚不能出台，为保证城乡建设资金的需要，财政部于 1993 年 12 月 29 日下发了《关于城建税征收问题的通知》的明传电报。《请示》中建议，在新《条例》出台之前，请国务院准予暂按财政部 1993 年 12 月 29 日下发的明传电报执行。

二、对城镇土地使用税、房产税、车船使用税等地方税种的改革，在集中精力确保已出台税种顺利实施的前提下，本着积极稳妥，充分考虑各方利益的原则，在深入调查研究的基础上，做到成熟一个，出台一个，使税制改革有计划、按步骤地进行。在新的税收法律、法规未出台前，仍按原税法和税收条例执行。

以上意见已经国务院领导同志批示同意，望各地依照执行。

【注释】 对《城市维护建设税》第 10 条进行了解释。

国家税务总局关于城市维护建设税征收问题的通知

国税发〔1994〕51 号

各省、自治区、直辖市税务局，各计划单列市税务局，海洋石油税务管理局各分局

关于今年工商税制改革后征收城市维护建设税的问题，财政部于去年 12 月 29 日以财法字 42 号发了内部传真电报，为便于执行，现将电报内容正式通知如下：

关于城市维护建设税，鉴于新条例一时尚不能出台，从 1994 年 1 月 1 日起，可暂按原税率和新颁布实施的增值税、消费税、营业税三税为依据，计算征收，待新条例颁布实施后，再予调整。

【注释】 对《城市维护建设税》第 3 条进行了解释。

国务院办公厅对《中华人民共和国城市维护建设税暂行条例》第五条的解释的复函

国办函〔2004〕23 号

国家税务总局：

你局《关于明确增值税、消费税、营业税扣缴义务人为城市维护建设税扣缴义务人的请示》(国税发

〔2004〕14 号)收悉。经国务院批准,现函复如下:

《中华人民共和国城市维护建设税暂行条例》第五条中的"征收、管理",包括城市维护建设税的代扣代缴、代收代缴,一律比照增值税、消费税、营业税的有关规定办理。

【注释】 对《城市维护建设税》第 5 条进行了解释。

国家税务总局关于国家税务局为小规模纳税人代开发票及税款征收有关问题的通知

国税发〔2005〕18 号

各省、自治区、直辖市和计划单列市国家税务局、地方税务局:

为加强税收征管,优化纳税服务,针对一些地方反映的问题,现对国家税务局为增值税小规模纳税人(以下简称纳税人)代开发票征收增值税时,如何与地税局协作加强有关地方税费征收问题通知如下:

一、经国、地税局协商,可由国税局为地税局代征有关税费。纳税人销售货物或应税劳务,按现行规定需由主管国税局为其代开普通发票或增值税专用发票(以下简称发票)的,主管国税局应当在代开发票并征收增值税(除销售免税货物外)的同时,代地税局征收城市维护建设税和教育费附加。

二、经协商,不实行代征方式的,则国、地税要加强信息沟通。国税局应定期将小规模纳税人缴纳增值税情况,包括国税为其代开发票情况通报给地税局,地税局用于加强对有关地方税费的征收管理。

三、实行国税代征方式的,为保证此项工作顺利进行,国税系统应在其征管软件上加列征收城市维护建设税和教育费附加的功能,总局综合征管软件总局负责修改,各地开发的征管软件由各地自行修改。在软件修改前,暂用人工方式进行操作。

四、主管国税局为纳税人代开的发票作废或销货退回按现行规定开具红字发票时,由主管国税局退还或在下期抵缴已征收的增值税,由主管地税局退还已征收的城市维护建设税和教育费附加或者委托主管国税局在下期抵缴已征收的城市维护建设税和教育费附加,具体退税办法按《国家税务总局中国人民银行财政部关于现金退税问题的紧急通知》(国税发〔2004〕47 号)执行。

五、主管国税局应当将代征的地方预算收入按照国家规定的预算科目和预算级次及时缴入国库。

六、国税局代地税局征收城市维护建设税和教育费附加,使用国税系统征收票据,并由主管国税局负责有关收入对账、核算和汇总上拨工作。

各级国税局应在"应征类"和"入库类"科目下增设"城市维护建设税"和"教育费附加"明细科目。

七、主管国税局应按月将代征地方税款入库信息,及时传送主管地税局。具体信息交换方式由各省级国税局和地税局协商确定。

八、各省级国税局和地税局应按照《中华人民共和国税收征收管理法》的有关规定签定代征协议,并分别通知所属税务机关执行。

【注释】 对《城市维护建设税》第 5 条进行了解释。

财政部 国家税务总局关于增值税营业税消费税实行先征后返等办法有关城建税和教育费附加政策的通知

财税〔2005〕72 号

各省、自治区、直辖市、计划单列市财政厅(局)、地方税务局,财政部驻各省、自治区、直辖市、计划单列市财政监察专员办事处:

经研究,现对增值税、营业税、消费税(以下简称"三税")实行先征后返、先征后退、即征即退办法有关的城市维护建设税和教育费附加政策问题明确如下：

对"三税"实行先征后返、先征后退、即征即退办法的，除另有规定外，对随"三税"附征的城市维护建设税和教育费附加，一律不予退(返)还。

【注释】 对《城市维护建设税》第5条进行了解释。

国务院关于统一内外资企业和个人城市维护建设税和教育费附加制度的通知

国发〔2010〕35号

各省、自治区、直辖市人民政府，国务院各部委、各直属机构：

为了进一步统一税制、公平税负，创造平等竞争的外部环境，根据第八届全国人民代表大会常务委员会第五次会议通过的《全国人民代表大会常务委员会关于外商投资企业和外国企业适用增值税、消费税、营业税等税收暂行条例的决定》，国务院决定统一内外资企业和个人城市维护建设税和教育费附加制度，现将有关问题通知如下：

自2010年12月1日起，外商投资企业、外国企业及外籍个人适用国务院1985年发布的《中华人民共和国城市维护建设税暂行条例》和1986年发布的《征收教育费附加的暂行规定》。1985年及1986年以来国务院及国务院财税主管部门发布的有关城市维护建设税和教育费附加的法规、规章、政策同时适用于外商投资企业、外国企业及外籍个人。

凡与本通知相抵触的各项规定同时废止。

财政部 国家税务总局有关负责人就统一内外资企业和个人城市维护建设税和教育费附加制度有关问题答记者问

2010年10月18日，国务院发布了《国务院关于统一内外资企业和个人城市维护建设税和教育费附加制度的通知》(国发〔2010〕35号，以下简称《通知》)，决定对外商投资企业、外国企业及外籍个人(以下统称外资企业)征收城市维护建设税和教育费附加。财政部、国家税务总局有关负责人就《通知》的有关问题接受了记者的采访。

问：《通知》的主要内容是什么？

答：《通知》主要包括以下内容：一是自2010年12月1日起，外资企业适用国务院1985年发布的《中华人民共和国城市维护建设税暂行条例》和1986年发布的《征收教育费附加的暂行规定》，即对外资企业征收城市维护建设税和教育费附加，统一内外资企业城市维护建设税和教育费附加制度；二是1985年及1986年以来国务院及国务院财税主管部门发布的有关城市维护建设税和教育费附加的法规、规章、政策适用于外资企业；三是明确了与《通知》相抵触的各项规定同时废止。

问：《通知》出台的背景是什么？

答：为筹集城乡维护建设资金和扩大地方教育经费来源，国务院于1985年和1986年分别颁布了《中华人民共和国城市维护建设税暂行条例》、《征收教育费附加的暂行规定》。城市维护建设税和教育费附加以增值税、消费税、营业税(1994年以前为产品税、增值税、营业税)实际缴纳的税额为计征依据。城市维护建设税根据纳税人所在地为市区、县城(镇)和其他地区，分别按照7%、5%、1%三档税率征收，教育费附加目前统一按3%的比率征收。

城市维护建设税和教育费附加开征20多年来，仅对我国公民和内资企业征收。这种内外有别的税费制度，在改革开放初期，对吸引外资和引进国外先进技术发挥了重要作用。随着我国改革开放的不断深化，这种税费制度越来越不符合市场经济公平竞争的要求，产生的矛盾日益突出，社会各界要求统一内外资企业税费制度的呼声越来越强烈。1993年发布的《国务院批转国家税务总局工商税制改革实施方案的通知》（国发〔1993〕90号）提出"现在不缴纳城建税的外资企业，也应成为城建税的纳税人"；党的十六届三中全会通过的《中共中央关于完善社会主义市场经济体制若干问题的决定》、《中华人民共和国国民经济和社会发展第十一个五年规划纲要》均提出要"统一各类企业税收制度"；2009年、2010年国务院政府工作报告以及2010年5月国务院批转的国家发展改革委《关于2010年深化经济体制改革重点工作的意见》明确提出要"统一内外资企业和个人城建税、教育费附加制度"。

统一各类企业税收制度是公平税费负担，促进公平竞争的必然要求。随着我国经济社会发展和市场经济体制的不断完善，统一内外资企业城市维护建设税和教育费附加制度的时机已经成熟。2009年以来，为应对国际金融危机的冲击，实现"保增长"的目标，我国实施了积极的财政政策，其中包括一系列结构性减税政策，如企业所得税改革、增值税转型、提高出口退税率、提高个人所得税费用扣除标准、降低证券交易印花税税率等。据测算，2009年的减税总规模约5 000多亿元，明显减轻了企业负担，增强了经济活力。当前我国经济继续回升向好，为统一内外资企业城市维护建设税和教育费附加制度的顺利实施提供了有利条件。

问：《通知》出台的法律依据是什么？

答：1994年以前，外资企业缴纳工商统一税，不缴纳产品税、增值税、营业税，因此，外资企业不属于城市维护建设税和教育费附加的纳税人。1994年工商税制改革后，内外资企业统一缴纳增值税、消费税、营业税。根据1993年12月29日发布的《全国人民代表大会常务委员会关于外商投资企业和外国企业适用增值税、消费税、营业税等税收暂行条例的决定》精神，城市维护建设税和教育费附加是否适用于外资企业，依照国务院的规定执行。

1994年，国务院发布了《国务院关于外商投资企业和外国企业适用增值税、消费税、营业税等税收暂行条例有关问题的通知》（国发〔1994〕10号）和《国务院关于教育费附加征收问题的补充通知》（国发明电〔1994〕23号），根据上述两个通知的规定，对外资企业暂不征收城市维护建设税和教育费附加。目前，鉴于对外资企业征收城市维护建设税和教育费附加时机已经成熟，根据全国人大常委会的授权，国务院下发《通知》，决定对外资企业征收城市维护建设税和教育费附加。

问：对外资企业征收城市维护建设税和教育费附加具有什么重要意义？

答：对外资企业征收城市维护建设税和教育费附加制度的重要意义有如下几点：

一是符合"统一各类企业税收制度"的要求。1994年以来，全国人大、国务院着手逐步统一内外资企业税收制度。在我国现行税收体系中，增值税、消费税、营业税、企业所得税、城镇土地使用税、车船税、耕地占用税和房产税等原来内外资企业分设的制度均已先后实现了统一，目前仅城市维护建设税和教育费附加仍实行内外有别的制度。因此，对外资企业征收城市维护建设税和教育费附加，符合统一税制的要求，是落实党中央、国务院有关决定的重要举措。

二是符合城市维护建设税和教育费附加的征收原则。城市维护建设税和教育费附加，属于具有特定目的的专项税收和政府性基金，所有享用城乡公共设施和教育服务的单位和个人，都应属于其征收对象。因此，外资企业应与内资企业一样承担缴纳税费的义务。

三是有利于公平内外资企业税费负担，促进公平竞争。改革开放初期，为鼓励引进外资、引进先进技术，我国对外资企业实行一定的税费优惠政策具有积极意义。随着我国市场经济体制不断完善，继续实行内外有别的税费制度，将会加剧内外资企业之间的不公平竞争，不利于提高内资企业的竞争力。对外资企业征收城市维护建设税和教育费附加，有利于为各类企业创造公平竞争的税费环境。

四是有利于促进城乡建设和教育事业的发展。国家《建设事业"十一五"规划纲要》提出，财政要加大对公共交通、城镇供水工程、城镇廉租住房和城镇保障住房等的投入。《国家中长期教育改革和发展规划纲要》明确提出，到2012年财政性教育经费要达到占GDP4%的目标。将外资企业纳入城市维护建设税和教育费附加征收范围，拓宽了地方政府城乡建设和教育事业投入的资金来源，有利于提高财政性教育经费占GDP的比重，促进城乡建设和教育事业发展。

问：对外资企业征收城市维护建设税和教育费附加会不会影响吸引外资？

答：对外资企业征收城市维护建设税和教育费附加，不会对我国吸引外资产生负面影响。首先，我国社会稳定，经济正处于高速增长期，消费市场广阔，劳动力资源丰富，同时，我国政府长期致力于为国外投资者创造更加开放、更加公平、更加便利、更加友好的投资环境，形成了全方位、宽领域、多层次的对外开放格局，诸多有利因素对外资具有较强的吸引力。其次，对外资企业征收城市维护建设税和教育费附加，目的并不是为了增加外资企业负担，而是建立有利于公平竞争的税收机制和投资环境，相信这一举措会得到外资企业的理解和支持。

财政部 国家税务总局关于对外资企业征收城市维护建设税和教育费附加有关问题的通知

财税〔2010〕103 号

各省、自治区、直辖市、计划单列市财政厅(局)、国家税务局、地方税务局，新疆生产建设兵团财务局：

根据《国务院关于统一内外资企业和个人城市维护建设税和教育费附加制度的通知》(国发〔2010〕35号)决定，自 2010 年 12 月 1 日起，对外商投资企业、外国企业及外籍个人(以下简称外资企业)征收城市维护建设税和教育费附加。现将有关问题通知如下：

对外资企业 2010 年 12 月 1 日(含)之后发生纳税义务的增值税、消费税、营业税(以下简称“三税”)征收城市维护建设税和教育费附加；对外资企业 2010 年 12 月 1 日之前发生纳税义务的“三税”，不征收城市维护建设税和教育费附加。

各级财政、税务机关要增强服务意识，加强政策宣传，做好征管工作。对政策执行中遇到的问题，要认真研究，妥善解决，重大问题及时上报财政部、国家税务总局。

国家税务总局关于中外合作开采石油资源适用城市维护建设税教育费附加有关事宜的公告

国家税务总局公告 2010 年第 31 号

根据《国务院关于统一内外资企业和个人城市维护建设税和教育费附加制度的通知》(国发〔2010〕35号)的规定，现将中外合作开采石油资源适用城市维护建设税和教育费附加的有关事宜公告如下：

一、中外合作油(气)田开采的原油、天然气，在依据《国务院关于外商投资企业和外国企业适用增值税、消费税、营业税等税收暂行条例有关问题的通知》(国发〔1994〕10 号)和《国家税务总局关于中外合作开采石油资源缴纳增值税有关问题的通知》(国税发〔1994〕114 号)，按 5%税率缴纳实物增值税后，以合作油(气)田实际缴纳的增值税税额为计税依据，缴纳城市维护建设税和教育费附加。

合作油(气)田的城市维护建设税和教育费附加的申报缴纳事宜，由参与中外合作开采石油资源的中国石油公司负责办理。

二、开采海洋石油资源的中外合作油(气)田所在地在海上，根据《中华人民共和国城市维护建设税暂行条例》(国发〔1985〕19 号)第四条的规定，其城市维护建设税适用 1%的税率。

三、中国海洋石油总公司海上自营油(气)田按照上述规定执行。

四、本公告按照《国务院关于统一内外资企业和个人城市维护建设税和教育费附加制度的通知》(国发〔2010〕35 号)规定的日期执行。

国家税务总局关于撤县建市城市维护建设税适用税率问题的批复

税总函〔2015〕511号

贵州省地方税务局：

你局《关于撤县建市城市维护建设税适用税率问题的请示》(黔地税呈〔2015〕45号)收悉，经研究，批复如下：

《中华人民共和国城市维护建设税暂行条例》对市区、县城、镇分别规定了7%、5%、1%的城市维护建设税税率。撤县建市后，城市维护建设税适用税率应为7%。

国家税务总局

2015年9月23日

国家税务总局关于撤县建市城市维护建设税具体适用税率的批复

税总函〔2016〕280号

贵州省地方税务局：

你局《关于中国贵州茅台酒厂(集团)有限责任公司及所属企业城市维护建设税适用税率问题的请示》(黔地税呈〔2016〕27号)收悉，经研究，批复如下：

《中华人民共和国城市维护建设税暂行条例》对市区、县城和镇等分别规定了不同的城市维护建设税税率。撤县建市后，纳税人所在地在市区的，城市维护建设税适用税率为7%；纳税人所在地在市区以外其他镇的，城市维护建设税适用税率仍为5%。

国家税务总局

2016年6月24日

第八部分 中华人民共和国烟叶税法

中华人民共和国烟叶税暂行条例

国务院令第464号

第一条 在中华人民共和国境内收购烟叶的单位为烟叶税的纳税人。纳税人应当依照本条例规定缴纳烟叶税。

【注释】 相关规定包括:《关于烟叶税若干具体问题的规定》(财税〔2006〕64号)。

第二条 本条例所称烟叶,是指晾晒烟叶、烤烟叶。

【注释】 相关规定包括:《关于烟叶税若干具体问题的规定》(财税〔2006〕64号)。

第三条 烟叶税的应纳税额按照纳税人收购烟叶的收购金额和本条例第四条规定的税率计算。应纳税额的计算公式为:

应纳税额=烟叶收购金额×税率

应纳税额以人民币计算。

【注释】 相关规定包括:《关于烟叶税若干具体问题的规定》(财税〔2006〕64号)。

第四条 烟叶税实行比例税率,税率为20%。

烟叶税税率的调整,由国务院决定。

第五条 烟叶税由地方税务机关征收。

第六条 纳税人收购烟叶,应当向烟叶收购地的主管税务机关申报纳税。

【注释】 相关规定包括:《关于烟叶税若干具体问题的规定》(财税〔2006〕64号)。

第七条 烟叶税的纳税义务发生时间为纳税人收购烟叶的当天。

【注释】 相关规定包括:《关于烟叶税若干具体问题的规定》(财税〔2006〕64号)。

第八条 纳税人应当自纳税义务发生之日起30日内申报纳税。具体纳税期限由主管税务机关核定。

第九条 烟叶税的征收管理,依照《中华人民共和国税收征收管理法》及本条例的有关规定执行。

第十条 本条例自公布之日起施行。

关于烟叶税若干具体问题规定

财税〔2006〕64号

根据《中华人民共和国烟叶税暂行条例》(以下简称《条例》),现对有关烟叶税具体问题规定如下:

一、《条例》第一条所称“收购烟叶的单位”,是指依照《中华人民共和国烟草专卖法》的规定有权收购烟叶的烟草公司或者受其委托收购烟叶的单位。

二、依照《中华人民共和国烟草专卖法》查处没收的违法收购的烟叶,由收购罚没烟叶的单位按照购买金额计算缴纳烟叶税。

三、《条例》第二条所称“晾晒烟叶”,包括列入名晾晒烟名录的晾晒烟叶和未列入名晾晒烟名录的其他晾晒烟叶。

四、《条例》第三条所称“收购金额”,包括纳税人支付给烟叶销售者的烟叶收购价款和价外补贴。按照简化手续、方便征收的原则,对价外补贴统一暂按烟叶收购价款的10%计入收购金额征税。收购金额计算公式如下:

收购金额＝收购价款×(1＋10％)

五、《条例》第六条所称“烟叶收购地的主管税务机关”，是指烟叶收购地的县级地方税务局或者其所指定的税务分局、所。

六、《条例》第七条所称“收购烟叶的当天”，是指纳税人向烟叶销售者付讫收购烟叶款项或者开具收购烟叶凭据的当天。

【注释】 解释《烟叶税暂行条例》第1、2、3、6、7条。

第三编

财产税法

第九部分 中华人民共和国资源税法

中华人民共和国资源税暂行条例

（1993 年 12 月 25 日中华人民共和国国务院令第 139 号发布根据 2011 年 9 月 30 日《国务院关于修改〈中华人民共和国资源税暂行条例〉的决定》修订）

第一条 在中华人民共和国领域及管辖海域开采本条例规定的矿产品或者生产盐(以下称开采或者生产应税产品)的单位和个人,为资源税的纳税人,应当依照本条例缴纳资源税。

【注释】 相关规定包括:《国家税务总局关于手工回收煤炭征收资源税问题的批复》(国税函发〔1996〕605 号)。

第二条 资源税的税目、税率,依照本条例所附《资源税税目税率表》及财政部的有关规定执行。

税目、税率的部分调整,由国务院决定。

【注释】 相关规定包括:《财政部 国家税务总局关于减征冶金独立矿山铁矿石和有色金属矿资源税的通知》(财税〔1997〕82 号)、《财政部 国家税务总局关于调整冶金联合企业矿山铁矿石资源税适用税额的通知》(财税〔2002〕17 号)、《财政部 国家税务总局关于调整石灰石、大理石和花岗石资源税适用税额的通知》(财税〔2003〕119 号)《财政部 国家税务总局关于胜利石油管理局所属企业油气资源税政策的批复》(财税〔2006〕54 号)、《财政部 国家税务总局关于吉林省油气资源税政策的通知》(财税〔2006〕55 号)、《财政部 国家税务总局关于调整岩金矿资源税有关政策的通知》(财税〔2006〕69 号)、《财政部 国家税务总局关于钒矿石资源税有关政策的通知》(财税〔2006〕120 号)、《财政部 国家税务总局关于调整盐资源税适用税额标准的通知》(财税〔2007〕5 号)、《财政部 国家税务总局关于调整焦煤资源税适用税额标准的通知》(财税〔2007〕15 号)、《财政部 国家税务总局关于调整铅锌矿石等税目资源税适用税额标准的通知》(财税〔2007〕100 号)。

第三条 纳税人具体适用的税率,在本条例所附《资源税税目税率表》规定的税率幅度内,根据纳税人所开采或者生产应税产品的资源品位、开采条件等情况,由财政部商国务院有关部门确定;财政部未列举名称且未确定具体适用税率的其他非金属矿原矿和有色金属矿原矿,由省、自治区、直辖市人民政府根据实际情况确定,报财政部和国家税务总局备案。

第四条 资源税的应纳税额,按照从价定率或者从量定额的办法,分别以应税产品的销售额乘以纳税人具体适用的比例税率或者以应税产品的销售数量乘以纳税人具体适用的定额税率计算。

第五条 纳税人开采或者生产不同税目应税产品的,应当分别核算不同税目应税产品的销售额或者销售数量;未分别核算或者不能准确提供不同税目应税产品的销售额或者销售数量的,从高适用税率。

第六条 纳税人开采或者生产应税产品,自用于连续生产应税产品的,不缴纳资源税;自用于其他方面的,视同销售,依照本条例缴纳资源税。

第七条 有下列情形之一的,减征或者免征资源税:

(一)开采原油过程中用于加热、修井的原油,免税。

(二)纳税人开采或者生产应税产品过程中,因意外事故或者自然灾害等原因遭受重大损失的,由省、自治区、直辖市人民政府酌情决定减税或者免税。

(三)国务院规定的其他减税、免税项目。

【注释】 相关规定包括:《财政部 国家税务总局关于独立矿山铁矿石资源税减按规定税额 60%征收的通知》(财税〔1994〕41 号)、《财政部 国家税务总局关于调整东北老工业基地部分矿山油田企业资源税税额的通知》(财税〔2004〕146 号)、《财政部 国家税务总局关于加快煤层气抽采有关税收政策问题的通知》(财税〔2007〕16 号)。

第八条 纳税人的减税、免税项目,应当单独核算销售额或者销售数量;未单独核算或者不能准确提供销售额或者销售数量的，不予减税或者免税。

第九条 纳税人销售应税产品，纳税义务发生时间为收讫销售款或者取得索取销售款凭据的当天；自产自用应税产品，纳税义务发生时间为移送使用的当天。

第十条 资源税由税务机关征收。

第十一条 收购未税矿产品的单位为资源税的扣缴义务人。

【注释】 相关规定包括：《国家税务总局关于印发〈中华人民共和国资源税代扣代缴管理办法〉的通知》（国税发〔1998〕49号）、《国家税务总局关于取消资源税扣缴义务人资格审批事项的通知》（国税函〔2004〕817号）。

第十二条 纳税人应纳的资源税，应当向应税产品的开采或者生产所在地主管税务机关缴纳。纳税人在本省、自治区、直辖市范围内开采或者生产应税产品，其纳税地点需要调整的，由省、自治区、直辖市税务机关决定。

第十三条 纳税人的纳税期限为一日、三日、五日、十日、十五日或者一个月，由主管税务机关根据实际情况具体核定。不能按固定期限计算纳税的，可以按次计算纳税。

纳税人以一个月为一期纳税的，自期满之日起十日内申报纳税；以一日、三日、五日、十日或者十五日为一期纳税的，自期满之日起五日内预缴税款，于次月一日起十日内申报纳税并结清上月税款。

扣缴义务人的解缴税款期限，比照前两款的规定执行。

第十四条 资源税的征收管理，依照《中华人民共和国税收征收管理法》及本条例有关规定执行。

【注释】 相关规定包括：《财政部关于资源税会计处理的规定》（财会〔1994〕8号）。

第十五条 本条例实施办法由财政部和国家税务总局制定。

第十六条 本条例自一九九四年一月一日起施行。一九八四年九月十八日国务院发布的《中华人民共和国资源税条例（草案）》、《中华人民共和国盐税条例（草案）》同时废止。

国务院关于修改《中华人民共和国资源税暂行条例》的决定

中华人民共和国国务院令第605号

《国务院关于修改〈中华人民共和国资源税暂行条例〉的决定》已经2011年9月21日国务院第173次常务会议通过，现予公布，自2011年11月1日起施行。

总理 温家宝

二〇一一年九月三十日

国务院关于修改《中华人民共和国资源税暂行条例》的决定

国务院决定对《中华人民共和国资源税暂行条例》作如下修改：

一、第一条修改为："在中华人民共和国领域及管辖海域开采本条例规定的矿产品或者生产盐（以下称开采或者生产应税产品）的单位和个人，为资源税的纳税人，应当依照本条例缴纳资源税。"

二、第二条修改为："资源税的税目、税率，依照本条例所附《资源税税目税率表》及财政部的有关规定执行。

"税目、税率的部分调整，由国务院决定。"

三、第三条修改为："纳税人具体适用的税率，在本条例所附《资源税税目税率表》规定的税率幅度内，根据纳税人所开采或者生产应税产品的资源品位、开采条件等情况，由财政部商国务院有关部门确定；财政部未列举名称且未确定具体适用税率的其他非金属矿原矿和有色金属矿原矿，由省、自治区、直辖市人民政府根据实际情况确定，报财政部和国家税务总局备案。"

四、第五条、第六条合并作为第四条，修改为："资源税的应纳税额，按照从价定率或者从量定额的办法，分别以应税产品的销售额乘以纳税人具体适用的比例税率或者以应税产品的销售数量乘以纳税人具体适用的定额税率计算。"

五、第四条作为第五条，修改为："纳税人开采或者生产不同税目应税产品的，应当分别核算不同税目应税产品的销售额或者销售数量；未分别核算或者不能准确提供不同税目应税产品的销售额或者销售数量的，从高适用税率。"

六、增加一条，作为第六条："纳税人开采或者生产应税产品，自用于连续生产应税产品的，不缴纳资源税；自用于其他方面的，视同销售，依照本条例缴纳资源税。"

七、第八条中的"课税数量"修改为"销售额或者销售数量"。

八、第十五条修改为："本条例实施办法由财政部和国家税务总局制定。"

九、将所附的《资源税税目税额幅度表》修改为：

资源税税目税率表

税目		税率
一、原油		销售额的5%—10%
二、天然气		销售额的5%—10%
三、煤炭	焦煤	每吨8—20元
	其他煤炭	每吨0.3—5元
四、其他非金属矿原矿	普通非金属矿原矿	每吨或者每立方米0.5—20元
	贵重非金属矿原矿	每千克或者每克拉0.5—20元
五、黑色金属矿原矿		每吨2—30元
六、有色金属矿原矿	稀土矿	每吨0.4—60元
	其他有色金属矿原矿	每吨0.4—30元
七、盐	固体盐	每吨10—60元
	液体盐	每吨2—10元

本决定自2011年11月1日起施行。

《中华人民共和国资源税暂行条例》根据本决定作相应的修改并对条文顺序作相应调整，重新公布。

中华人民共和国资源税暂行条例实施细则

中华人民共和国财政部 国家税务总局令第66号

《中华人民共和国资源税暂行条例实施细则》已经财政部部务会议和国家税务总局局务会议修订通过，现予公布，自2011年11月1日起施行。

二〇一一年十月二十八日

中华人民共和国资源税暂行条例实施细则

第一条 根据《中华人民共和国资源税暂行条例》(以下简称条例)，制定本细则。

第二条 条例所附《资源税税目税率表》中所列部分税目的征税范围限定如下：

(一)原油,是指开采的天然原油,不包括人造石油。

(二)天然气,是指专门开采或者与原油同时开采的天然气。

(三)煤炭,是指原煤,不包括洗煤、选煤及其他煤炭制品。

(四)其他非金属矿原矿,是指上列产品和井矿盐以外的非金属矿原矿。

(五)固体盐,是指海盐原盐、湖盐原盐和井矿盐。

液体盐,是指卤水。

第三条 条例第一条所称单位,是指企业、行政单位、事业单位、军事单位、社会团体及其他单位。

条例第一条所称个人,是指个体工商户和其他个人。

第四条 资源税应税产品的具体适用税率,按本细则所附的《资源税税目税率明细表》执行。

矿产品等级的划分,按本细则所附《几个主要品种的矿山资源等级表》执行。

对于划分资源等级的应税产品,其《几个主要品种的矿山资源等级表》中未列举名称的纳税人适用的税率,由省、自治区、直辖市人民政府根据纳税人的资源状况,参照《资源税税目税率明细表》和《几个主要品种的矿山资源等级表》中确定的邻近矿山或者资源状况、开采条件相近矿山的税率标准,在浮动30%的幅度内核定,并报财政部和国家税务总局备案。

第五条 条例第四条所称销售额为纳税人销售应税产品向购买方收取的全部价款和价外费用,但不包括收取的增值税销项税额。

价外费用,包括价外向购买方收取的手续费、补贴、基金、集资费、返还利润、奖励费、违约金、滞纳金、延期付款利息、赔偿金、代收款项、代垫款项、包装费、包装物租金、储备费、优质费、运输装卸费以及其他各种性质的价外收费。但下列项目不包括在内:

(一)同时符合以下条件的代垫运输费用:

1. 承运部门的运输费用发票开具给购买方的;

2. 纳税人将该项发票转交给购买方的。

(二)同时符合以下条件代为收取的政府性基金或者行政事业性收费:

1. 由国务院或者财政部批准设立的政府性基金,由国务院或者省级人民政府及其财政、价格主管部门批准设立的行政事业性收费;

2. 收取时开具省级以上财政部门印制的财政票据;

3. 所收款项全额上缴财政。

第六条 纳税人以人民币以外的货币结算销售额的,应当折合成人民币计算。其销售额的人民币折合率可以选择销售额发生的当天或者当月1日的人民币汇率中间价。纳税人应在事先确定采用何种折合率计算方法,确定后1年内不得变更。

第七条 纳税人申报的应税产品销售额明显偏低并且无正当理由的、有视同销售应税产品行为而无销售额的,除财政部、国家税务总局另有规定外,按下列顺序确定销售额:

(一)按纳税人最近时期同类产品的平均销售价格确定;

(二)按其他纳税人最近时期同类产品的平均销售价格确定;

(三)按组成计税价格确定。组成计税价格为:

$$组成计税价格=成本\times(1+成本利润率)\div(1-税率)$$

公式中的成本是指:应税产品的实际生产成本。公式中的成本利润率由省、自治区、直辖市税务机关确定。

第八条 条例第四条所称销售数量,包括纳税人开采或者生产应税产品的实际销售数量和视同销售的自用数量。

第九条 纳税人不能准确提供应税产品销售数量的,以应税产品的产量或者主管税务机关确定的折算比换算成的数量为计征资源税的销售数量。

第十条 纳税人在资源税纳税申报时,除财政部、国家税务总局另有规定外,应当将其应税和减免税项目分别计算和报送。

第十一条 条例第九条所称资源税纳税义务发生时间具体规定如下:

(一)纳税人销售应税产品,其纳税义务发生时间是:

1. 纳税人采取分期收款结算方式的,其纳税义务发生时间,为销售合同规定的收款日期的当天;

2. 纳税人采取预收货款结算方式的，其纳税义务发生时间，为发出应税产品的当天；

3. 纳税人采取其他结算方式的，其纳税义务发生时间，为收讫销售款或者取得索取销售款凭据的当天。

（二）纳税人自产自用应税产品的纳税义务发生时间，为移送使用应税产品的当天。

（三）扣缴义务人代扣代缴税款的纳税义务发生时间，为支付货款的当天。

第十二条 条例第十一条所称的扣缴义务人，是指独立矿山、联合企业及其他收购未税矿产品的单位。

第十三条 条例第十一条把收购未税矿产品的单位规定为资源税的扣缴义务人，是为了加强资源税的征管。主要是适应税源小、零散、不定期开采、易漏税等税务机关认为不易控管、由扣缴义务人在收购时代扣代缴未税矿产品资源税为宜的情况。

第十四条 扣缴义务人代扣代缴的资源税，应当向收购地主管税务机关缴纳。

第十五条 跨省、自治区、直辖市开采或者生产资源税应税产品的纳税人，其下属生产单位与核算单位不在同一省、自治区、直辖市的，对其开采或者生产的应税产品，一律在开采地或者生产地纳税。实行从量计征的应税产品，其应纳税款一律由独立核算的单位按照每个开采地或者生产地的销售量及适用税率计算划拨；实行从价计征的应税产品，其应纳税款一律由独立核算的单位按照每个开采地或者生产地的销售量、单位销售价格及适用税率计算划拨。

第十六条 本细则自2011年11月1日起施行。

国家税务总局关于认定收购未税矿产品的个体户为资源税扣缴义务人的批复

国税函〔2000〕733号

北京市地方税务局：

你局《关于认定收购未税矿产品的个人为资源税扣缴义务人的请示》（京地税营〔2000〕293号）收悉。经研究，现批复如下：

《中华人民共和国资源税暂行条例实施细则》第七条规定，资源税的扣缴义务人是指“独立矿山、联合企业及其他收购未税矿产品的单位”。这里所说的“其他收购未税矿产品的单位”，也包括收购未税矿产品的个体户在内。因此，你局可以依照现行规定认定具备一定条件的收购未税矿产品的个体户为资源税的扣缴义务人。

【注释】 对《资源税暂行条例实施细则》第7条进行了解释。旧《中华人民共和国资源税暂行条例实施细则》已经被新《中华人民共和国资源税暂行条例实施细则》（中华人民共和国财政部 国家税务总局令第66号）取代。

国家税务总局关于明确资源税扣缴义务人代扣代缴义务发生时间的批复

国税函〔2002〕1037号

吉林省地方税务局：

你局《关于资源税扣缴义务人代扣代缴义务发生时间问题的请示》（吉地税发〔2002〕117号）收悉。经研究，批复如下：

鉴于资源税扣缴义务人拖欠货款，造成税款拖欠和流失的情况时有发生，为加强征收管理，严肃税收秩序，根据《中华人民共和国资源税暂行条例实施细则》的第六条“扣缴义务人代扣代缴税款的纳税义务发生时间，为支付货款的当天”的规定，对扣缴义务人代扣代缴税款的纳税义务发生时间，具体明确为支付首笔货款或者首次开具应支付货款凭据的当天。

【注释】 对《资源税暂行条例实施细则》第6条进行了解释。旧《中华人民共和国资源税暂行条例实施细则》已经被新《中华人民共和国资源税暂行条例实施细则》(中华人民共和国财政部 国家税务总局令第66号)取代。

财政部 国家税务总局
关于实施煤炭资源税改革的通知

财税〔2014〕72号

各省、自治区、直辖市、计划单列市财政厅(局)、地方税务局,西藏、宁夏自治区国家税务局,新疆生产建设兵团财务局:

为促进资源节约集约利用和环境保护,推动转变经济发展方式,规范资源税费制度,经国务院批准,自2014年12月1日起在全国范围内实施煤炭资源税从价计征改革,同时清理相关收费基金。现将煤炭资源税改革有关事项通知如下:

一、关于计征方法

煤炭资源税实行从价定率计征。煤炭应税产品(以下简称应税煤炭)包括原煤和以未税原煤加工的洗选煤(以下简称洗选煤)。应纳税额的计算公式如下:

应纳税额=应税煤炭销售额×适用税率

二、关于应税煤炭销售额

应税煤炭销售额依照《中华人民共和国资源税暂行条例实施细则》第五条和本通知的有关规定确定。

(一)纳税人开采原煤直接对外销售的,以原煤销售额作为应税煤炭销售额计算缴纳资源税。

原煤应纳税额=原煤销售额×适用税率

原煤销售额不含从坑口到车站、码头等的运输费用。

(二)纳税人将其开采的原煤,自用于连续生产洗选煤的,在原煤移送使用环节不缴纳资源税;自用于其他方面的,视同销售原煤,依照《中华人民共和国资源税暂行条例实施细则》第七条和本通知的有关规定确定销售额,计算缴纳资源税。

(三)纳税人将其开采的原煤加工为洗选煤销售的,以洗选煤销售额乘以折算率作为应税煤炭销售额计算缴纳资源税。

洗选煤应纳税额=洗选煤销售额×折算率×适用税率

洗选煤销售额包括洗选副产品的销售额,不包括洗选煤从洗选煤厂到车站、码头等的运输费用。

折算率可通过洗选煤销售额扣除洗选环节成本、利润计算,也可通过洗选煤市场价格与其所用同类原煤市场价格的差额及综合回收率计算。折算率由省、自治区、直辖市财税部门或其授权地市级财税部门确定。

(四)纳税人将其开采的原煤加工为洗选煤自用的,视同销售洗选煤,依照《中华人民共和国资源税暂行条例实施细则》第七条和本通知有关规定确定销售额,计算缴纳资源税。

三、关于适用税率

煤炭资源税税率幅度为2%—10%,具体适用税率由省级财税部门在上述幅度内,根据本地区清理收费基金、企业承受能力、煤炭资源条件等因素提出建议,报省级人民政府拟定。结合当前煤炭行业实际情况,现行税费负担较高的地区要适当降低负担水平。省级人民政府需将拟定的适用税率在公布前报财政部、国家税务总局审批。

跨省煤田的适用税率由财政部、国家税务总局确定。

四、关于税收优惠

(一)对衰竭期煤矿开采的煤炭,资源税减征30%。

衰竭期煤矿,是指剩余可采储量下降到原设计可采储量的20%(含)以下,或者剩余服务年限不超过5年的煤矿。

（二）对充填开采置换出来的煤炭，资源税减征 50%。

纳税人开采的煤炭，同时符合上述减税情形的，纳税人只能选择其中一项执行，不能叠加适用。

五、关于征收管理

（一）纳税人同时销售（包括视同销售）应税原煤和洗选煤的，应当分别核算原煤和洗选煤的销售额；未分别核算或者不能准确提供原煤和洗选煤销售额的，一并视同销售原煤按本通知第二条第（一）款计算缴纳资源税。

（二）纳税人同时以自采未税原煤和外购已税原煤加工洗选煤的，应当分别核算；未分别核算的，按本通知第二条第（三）款计算缴纳资源税。

（三）纳税人 2014 年 12 月 1 日前开采或洗选的应税煤炭，在 2014 年 12 月 1 日后销售和自用的，按本通知规定缴纳资源税；2014 年 12 月 1 日前签订的销售应税煤炭的合同，在 2014 年 12 月 1 日后收讫销售款或者取得索取销售款凭据的，按本通知规定缴纳资源税。

各地应结合当地实际情况制定具体实施办法，报财政部、国家税务总局备案。对煤炭资源税改革运行中出现的问题，请及时上报财政部、国家税务总局。

此前有关规定与本通知不一致的，一律以本通知为准。

财政部 国家税务总局
2014 年 10 月 9 日

财政部 国家税务总局
关于调整原油、天然气资源税有关政策的通知

财税〔2014〕73 号

各省、自治区、直辖市、计划单列市财政厅（局）、地方税务局，天津、上海、广东、深圳、西藏、宁夏、海南省（自治区、直辖市、计划单列市）国家税务局，新疆生产建设兵团财务局：

根据国务院常务会议精神，现将原油、天然气资源税有关政策通知如下：

一、关于原油、天然气资源税适用税率

原油、天然气矿产资源补偿费费率降为零，相应将资源税适用税率由 5%提高至 6%。

二、关于原油、天然气资源税优惠政策

（一）对油田范围内运输稠油过程中用于加热的原油、天然气免征资源税。

（二）对稠油、高凝油和高含硫天然气资源税减征 40%。

稠油，是指地层原油黏度大于或等于 50 毫帕/秒或原油密度大于或等于 0.92 克/立方厘米的原油。高凝油，是指凝固点大于 40℃的原油。高含硫天然气，是指硫化氢含量大于或等于 30 克/立方米的天然气。

（三）对三次采油资源税减征 30%。

三次采油，是指二次采油后继续以聚合物驱、复合驱、泡沫驱、气水交替驱、二氧化碳驱、微生物驱等方式进行采油。

（四）对低丰度油气田资源税暂减征 20%。

陆上低丰度油田，是指每平方公里原油可采储量丰度在 25 万立方米（不含）以下的油田；陆上低丰度气田，是指每平方公里天然气可采储量丰度在 2.5 亿立方米（不含）以下的气田。

海上低丰度油田，是指每平方公里原油可采储量丰度在 60 万立方米（不含）以下的油田；海上低丰度气田，是指每平方公里天然气可采储量丰度在 6 亿立方米（不含）以下的气田。

（五）对深水油气田资源税减征 30%。

深水油气田，是指水深超过 300 米（不含）的油气田。

符合上述减免税规定的原油、天然气划分不清的，一律不予减免资源税；同时符合上述两项及两项以上减税规定的，只能选择其中一项执行，不能叠加适用。

财政部和国家税务总局根据国家有关规定及实际情况的变化适时对上述政策进行调整。

三、关于原油、天然气资源税优惠政策实施

为便于征管，对开采稠油、高凝油、高含硫天然气、低丰度油气资源及三次采油的陆上油气田企业，根据以前年度符合上述减税规定的原油、天然气销售额占其原油、天然气总销售额的比例，确定资源税综合减征率和实际征收率，计算资源税应纳税额。计算公式为：

综合减征率＝∑(减税项目销售额×减征幅度×6%)÷总销售额

实际征收率＝6%－综合减征率

应纳税额＝总销售额×实际征收率

中国石油天然气集团公司和中国石油化工集团公司(以下简称中石油、中石化)陆上油气田企业的综合减征率和实际征收率由财政部和国家税务总局确定，具体综合减征率和实际征收率按本通知所附《陆上油气田企业原油、天然气资源税综合减征率和实际征收率表》(以下简称附表)执行。今后财政部和国家税务总局将根据陆上油气田企业原油、天然气资源状况、产品结构的实际变化等情况对附表内容进行调整。附表中未列举的中石油、中石化陆上对外合作油气田及全资和控股陆上油气田企业，比照附表中所列同一区域油气田企业的综合减征率和实际征收率执行；其他陆上油气田企业的综合减征率和实际征收率，暂比照附表中邻近油气田企业的综合减征率和实际征收率执行。

海上油气田开采符合本通知所列资源税优惠规定的原油、天然气，由主管税务机关据实计算资源税减征额。

四、关于中外合作油气田及海上自营油气田资源税征收管理

(一)开采海洋或陆上油气资源的中外合作油气田，在2011年11月1日前已签订的合同继续缴纳矿区使用费，不缴纳资源税；自2011年11月1日起新签订的合同缴纳资源税，不再缴纳矿区使用费。

开采海洋油气资源的自营油气田，自2011年11月1日起缴纳资源税，不再缴纳矿区使用费。

(二)开采海洋或陆上油气资源的中外合作油气田，按实物量计算缴纳资源税，以该油气田开采的原油、天然气扣除作业用量和损耗量之后的原油、天然气产量作为课税数量。中外合作油气田的资源税由作业者负责代扣，申报缴纳事宜由参与合作的中国石油公司负责办理。计征的原油、天然气资源税实物随同中外合作油气田的原油、天然气一并销售，按实际销售额(不含增值税)扣除其本身所发生的实际销售费用后入库。

海上自营油气田比照上述规定执行。

(三)海洋原油、天然气资源税由国家税务总局海洋石油税务管理机构负责征收管理。

本通知自2014年12月1日起执行。《财政部国家税务总局关于原油天然气资源税改革有关问题的通知》(财税〔2011〕114号)同时废止。

财政部 国家税务总局

2014年10月9日

附：

陆上油气田企业原油、天然气资源税综合减征率和实际征收率表

序号	油气田企业	所在省份	综合减征率	实际征收率
1	大庆油田有限责任公司	内蒙古 黑龙江 新疆	0.78%	5.22%
2	中国石油天然气股份有限公司辽河油田分公司	内蒙古 辽宁 海南	1.44%	4.56%
3	中国石油天然气股份有限公司吉林油田分公司	吉林	1.03%	4.97%
4	中国石油天然气股份有限公司大港油田分公司	天津 河北	0.82%	5.18%

（续表）

序号	油气田企业	所在省份	综合减征率	实际征收率
5	中国石油天然气股份有限公司华北油田分公司	河北 山西 内蒙古	1.09%	4.91%
6	中国石油天然气股份有限公司冀东油田分公司	河北	0.26%	5.74%
7	中国石油天然气股份有限公司浙江油田分公司	江苏 四川 云南	2.4%	3.60%
8	南方石油勘探开发有限责任公司	广东 广西 海南	0	6%
9	中国石油天然气股份有限公司西南油气田分公司	重庆 四川	0.68%	5.32%
10	中国石油天然气股份有限公司长庆油田分公司	山西 内蒙古 陕西 甘肃 宁夏	1.09%	4.91%
11	中国石油天然气股份有限公司玉门油田分公司	甘肃	0.04%	5.96%
12	中国石油天然气股份有限公司青海油田分公司	甘肃 青海	0.40%	5.60%
13	中国石油天然气股份有限公司新疆油田分公司	新疆	0.44%	5.56%
14	中国石油天然气股份有限公司塔里木油田分公司	新疆	0.05%	5.95%
15	中国石油天然气股份有限公司吐哈油田分公司	甘肃 新疆	0.53%	5.47%
16	中国石油化工股份有限公司胜利油田分公司	山东 新疆	1.44%	4.56%
17	中国石油化工股份有限公司中原油田分公司	内蒙古 山东 河南	1.2%	4.80%
18	中国石油化工股份有限公司河南油田分公司	河南	1.57%	4.43%
19	中国石油化工股份有限公司江汉油田分公司	湖北 重庆	0.61%	5.39%
20	中国石油化工股份有限公司江苏油田分公司	江苏 安徽	0.34%	5.66%
21	中国石油化工股份有限公司西北油田分公司	新疆	2.16%	3.84%
22	中国石油化工股份有限公司西南油气分公司	广西 四川 贵州 云南	1.2%	4.80%
23	中国石油化工股份有限公司华东分公司	江苏 重庆	0.97%	5.03%

（续表）

序号	油气田企业	所在省份	综合减征率	实际征收率
24	中国石油化工股份有限公司华北分公司	内蒙古 陕西 甘肃 宁夏	1.2%	4.80%
25	中国石油化工股份有限公司东北油气分公司	吉林 辽宁	0.53%	5.47%
26	中国石油化工股份有限公司中原油田普光分公司	四川	2.4%	3.60%
27	中国石油化工股份有限公司河南油田分公司新疆勘探开发中心	新疆	0	6%

国家税务总局 国家能源局关于落实煤炭资源税优惠政策若干事项的公告

国家税务总局 国家能源局公告2015年第21号

为落实《财政部 国家税务总局关于实施煤炭资源税改革的通知》(财税〔2014〕72号)规定的煤炭资源税优惠政策，现将有关事项公告如下：

一、衰竭期煤矿开采的煤炭和充填开采置换出来的煤炭资源税减税项目，实行纳税所在地主管税务机关备案管理制度。

二、衰竭期煤矿是指剩余可采储量下降到原设计可采储量的20%(含)以下，或者剩余服务年限不超过5年的煤矿，以煤炭企业下属的单个煤矿为单位确定。无法查找原设计可采储量的，衰竭期以剩余服务年限为准。剩余服务年限由剩余可采储量、最近一次核准或核定的生产能力、储量备用系数计算确定。

三、纳税人在初次申报衰竭期煤矿减税项目时，应将煤炭行业管理部门出具的符合减税条件的煤矿名单及有关资料向主管税务机关备案。煤炭行业管理部门在正式受理纳税人的申报材料后，对符合优惠政策的纳税人，20个工作日内出具符合减税条件的煤矿名单及有关资料。有关资料包括剩余可采储量、剩余可采储量占原设计可采储量的比例、剩余服务年限以及进入衰竭期的起始时间等内容。

在煤炭资源可采储量增加，但仍符合减税条件时，纳税人应及时将有关情况向煤炭行业管理部门申报，并向主管税务机关备案。在煤炭资源可采储量增加而不符合减税条件时，纳税人应停止享受减税政策。

四、充填开采是随着回采工作面的推进，向采空区或离层带等空间充填矸石、粉煤灰、建筑废料以及专用充填材料的煤炭开采技术，主要包括矸石等固体材料充填、膏体材料充填、高水材料充填、注浆充填以及采用充填方式实施的保水开采等。

采用充填方式实施的保水开采是指为保护地表水体、开采煤层上覆岩层水体和下伏岩层水体，采用充填方式减少水体损害的煤炭开采方法，主要包括采空区充填、上覆岩层离层带注浆充填、下伏岩层注浆充填加固等。

五、纳税人初次申报充填开采资源税减税项目时，应将煤炭行业管理部门出具的符合减税条件的煤矿名单及有关资料向主管税务机关备案。煤炭行业管理部门在正式受理纳税人的申报材料后，对符合优惠政策的纳税人，20个工作日内出具符合减税条件的煤矿名单及有关资料。有关资料以煤炭企业下属的单个煤矿为单位出具，内容包括充填开采设计的充填工艺、煤炭产量、实施周期和预期效果等。

六、纳税人应按充填开采置换出原煤的销售额申报减税额，并提供相关原煤产量和销量。纳税人在充填开采工作面已经安装计量装置的，按实际计量的称重数量作为充填开采置换出来的煤炭数量。没有安装计量装置的，按当期注入充填物体积和充采比进行计算。煤炭行业管理部门可结合当地实际情况发布不同充填开采工艺的充采比参考值。

七、纳税人应当单独核算不同减税项目的销售额，未单独核算的不予减税。

八、煤炭行业管理部门在出具符合减税条件的煤矿名单及有关资料时，如有必要，应委托评估机构进行评估，所需时间不计算在出具符合减税条件的煤矿名单及有关资料的规定时限以内。

九、本公告自2014年12月1日起执行。

十、本公告未尽事宜，由省、自治区、直辖市地方税务局会同同级煤炭行业管理部门确定。

特此公告。

国家税务总局 国家能源局

2015年4月14日

关于落实煤炭资源税优惠政策若干事项公告的解读

煤炭资源税从价计征改革自2014年12月1日实施以来，一些地区相继提出如何落实《财政部 国家税务总局关于实施煤炭资源税改革的通知》(财税〔2014〕72号)规定的两项税收优惠问题。这两项税收优惠，即是对衰竭期煤矿开采的煤炭减征资源税30%，对填开采置换出来的煤炭减征资源税50%。

上述两项税收优惠政策有利于鼓励煤炭企业提高资源回采率，保护矿区环境，有助于帮助部分困难煤炭企业减负，税企双方都希望尽快将这项政策落到实处。鉴于对衰竭期煤矿和充填开采置换煤炭的认定技术性、专业性较强，税务机关往往难以独立确认，为避免征纳争议、防范执法风险和纳税风险，需要煤炭行业部门予以相应的支持和协助。为此，国家税务总局与国家能源局在对煤炭企业联合调研和广泛征求各产煤地区税务、煤炭行业管理部门意见的基础上，共同研究起草并下发了《国家税务总局 国家能源局关于落实煤炭资源税优惠政策若干事项的公告》。《公告》主要就以下事项进行了六点明确：

一、对衰竭期煤矿开采的煤炭和充填开采置换出来的煤炭减税实行备案，而不是实行减税审批制度。并在《公告》中重申这两项减税政策自2014年12月1日起执行。

二、考虑到一家煤炭企业可能拥有多个自然煤矿，有老矿，也有新矿，如混合在一块确定，可能总也达不到减税标准。这不符合设计这项减税政策的初衷，也利于当前老的煤矿脱困减负。因此，《公告》明确规定，衰竭期煤矿以煤炭企业下属的单个煤矿为单位确定，而不是按该煤炭企业所有的煤矿加总确定。

三、鉴于许多煤矿开采历史较长，历经多次扩能改造、资源整合或兼并重组等，原设计可采储量无法查找，《公告》则明确在此情形下以剩余服务年限为准，并给出了剩余服务年限的计算方法，即：剩余服务年限由剩余可采储量、最近一次核准或核定的生产能力、储量备用系数计算确定。

四、明确了衰竭煤矿办理减税时应提供的备案资料

《公告》规定，纳税人在初次申报衰竭期煤矿减税项目时，应将煤炭行业管理部门出具的符合减税条件的煤矿名单及有关资料向主管税务机关备案，以后每年申报时则不用再次出具了，除非后来该煤矿煤炭资源可采储量增加。这样既可防范虚报减税项目，也可减轻煤企及其主管部门的报备和协助工作。

报备有关资料的内容包括剩余可采储量、剩余可采储量占原设计可采储量的比例、剩余服务年限以及进入衰竭期的起始时间等。

五、给出了充填开采的定义以及充填开采减税需要提供的备案资料

参照国家能源局等4家单位联合印发的《煤矿充填开采工作指导意见》(国能煤炭〔2013〕19号)，结合近年来煤炭科研机构和企业的探索与实践，《公告》给出了充填开采的定义。鉴于该项技术较新，充填开采的界定和置换出来煤炭的数量确认具有较强的专业性和技术性，为规范管理，纳税人初次申报充填开采资源税减税项目时，应将煤炭行业管理部门出具的符合减税条件的煤矿名单及有关资料向主管税务机关备案。

六、明确了如何计算充填开采置换出来的煤炭数量

根据煤企具体情况，《公告》规定：纳税人在充填开采工作面已经安装计量装置的，按实测数量作为充填开采置换出来的煤炭数量；没有安装计量装置的，按当期注入充填物体积和充采比进行计算。纳税人应按充填开采置换出的原煤数量及销售额申报减税额，并与该纳税人其他减税、征税的煤炭分别核算。

财政部 国家税务总局关于实施稀土、钨、钼资源税从价计征改革的通知

财税〔2015〕52号

各省、自治区、直辖市、计划单列市财政厅(局)、地方税务局,西藏、宁夏回族自治区国家税务局,新疆生产建设兵团财务局:

经国务院批准,自2015年5月1日起实施稀土、钨、钼资源税清费立税、从价计征改革。现将有关事项通知如下:

一、关于计征办法

稀土、钨、钼资源税由从量定额计征改为从价定率计征。稀土、钨、钼应税产品包括原矿和以自采原矿加工的精矿。

纳税人将其开采的原矿加工为精矿销售的,按精矿销售额(不含增值税)和适用税率计算缴纳资源税。纳税人开采并销售原矿的,将原矿销售额(不含增值税)换算为精矿销售额计算缴纳资源税。应纳税额的计算公式为:

应纳税额=精矿销售额×适用税率

二、关于适用税率

轻稀土按地区执行不同的适用税率,其中,内蒙古为11.5%、四川为9.5%、山东为7.5%。

中重稀土资源税适用税率为27%。

钨资源税适用税率为6.5%。

钼资源税适用税率为11%。

三、关于精矿销售额

精矿销售额依照《中华人民共和国资源税暂行条例实施细则》第五条和本通知的有关规定确定。精矿销售额的计算公式为:

精矿销售额=精矿销售量×单位价格

精矿销售额不包括从洗选厂到车站、码头或用户指定运达地点的运输费用。

轻稀土精矿是指从轻稀土原矿中经过洗选等初加工生产的矿岩型稀土精矿,包括氟碳铈矿精矿、独居石精矿以及混合型稀土精矿等。提取铁精矿后含稀土氧化物(REO)的矿浆或尾矿,视同稀土原矿。轻稀土精矿按折一定比例稀土氧化物的交易量和交易价计算确定销售额。

中重稀土精矿包括离子型稀土矿和磷钇矿精矿。离子型稀土矿是指通过离子交换原理提取的各种形态离子型稀土矿(包括稀土料液、碳酸稀土、草酸稀土等)和再通过灼烧、氧化的混合稀土氧化物。离子型稀土矿按折92%稀土氧化物的交易量和交易价计算确定销售额。

钨精矿是指由钨原矿经重选、浮选、电选、磁选等工艺生产出的三氧化钨含量达到一定比例的精矿。钨精矿按折65%三氧化钨的交易量和交易价计算确定销售额。

钼精矿是指钼原矿经过浮选等工艺生产出的钼含量达到一定比例的精矿。钼精矿按折45%钼金属的交易量和交易价计算确定销售额。

纳税人申报的精矿销售价格明显偏低且无正当理由的、有视同销售精矿行为而无销售额的,依照《中华人民共和国资源税暂行条例实施细则》第七条和本通知的有关规定确定计税价格及销售额。

四、关于原矿销售额与精矿销售额的换算

纳税人销售(或者视同销售)其自采原矿的,可采用成本法或市场法将原矿销售额换算为精矿销售额计算缴纳资源税。其中成本法公式为:

精矿销售额=原矿销售额+原矿加工为精矿的成本×(1+成本利润率)

市场法公式为:

精矿销售额=原矿销售额×换算比

换算比=同类精矿单位价格÷(原矿单位价格×选矿比)

选矿比＝加工精矿耗用的原矿数量÷精矿数量

原矿销售额不包括从矿区到车站、码头或用户指定运达地点的运输费用。

五、关于共生矿、伴生矿的纳税

与稀土共生、伴生的铁矿石，在计征铁矿石资源税时，准予扣减其中共生、伴生的稀土矿石数量。

与稀土、钨和钼共生、伴生的应税产品，或者稀土、钨和钼为共生、伴生矿的，在改革前未单独计征资源税的，改革后暂不计征资源税。

六、关于纳税环节

纳税人将其开采的原矿加工为精矿销售的，在销售环节计算缴纳资源税。

纳税人将其开采的原矿，自用于连续生产精矿的，在原矿移送使用环节不缴纳资源税，加工为精矿后按规定计算缴纳资源税。

纳税人将自采原矿加工为精矿自用或者进行投资、分配、抵债以及以物易物等情形的，视同销售精矿，依照有关规定计算缴纳资源税。

纳税人将其开采的原矿对外销售的，在销售环节缴纳资源税；纳税人将其开采的原矿连续生产非精矿产品的，视同销售原矿，依照有关规定计算缴纳资源税。

七、关于纳税地点

稀土、钨、钼按精矿销售额计征资源税后，其纳税地点仍按照《中华人民共和国资源税暂行条例》的规定执行。

八、其他征管事项

(一)纳税人同时以自采未税原矿和外购已税原矿加工精矿的，应当分别核算；未分别核算的，一律视同以未税原矿加工精矿，计算缴纳资源税。

(二)纳税人与其关联企业之间的业务往来，应当按照独立企业之间的业务往来收取或支付价款、费用；不按照独立企业之间的业务往来收取或支付价款、费用，而减少其应纳税收入的，税务机关有权按照《中华人民共和国税收征收管理法》及其实施细则的有关规定进行合理调整。

(三)纳税人 2015 年 5 月 1 日前开采的原矿或加工的精矿，在 2015 年 5 月 1 日后销售和自用的，按本通知规定缴纳资源税；2015 年 5 月 1 日前签订的销售原矿或精矿的合同，在 2015 年 5 月 1 日后收讫销售款或者取得索取销售款凭据的，按本通知规定缴纳资源税。

(四)2015 年 5 月 1 日后销售的精矿，其所用原矿如果此前已按从量定额办法缴纳了资源税，这部分已缴税款可在其应纳税额中抵减。

此前有关规定与本通知不一致的，一律以本通知为准。对改革运行中出现的问题，请及时上报财政部、国家税务总局。

财政部 国家税务总局
2015 年 4 月 30 日

国家税务总局关于发布《煤炭资源税征收管理办法(试行)》的公告

国家税务总局公告 2015 年第 51 号

为进一步规范税收执法行为，优化纳税服务，方便纳税人办理涉税事宜，促进煤炭资源税管理的规范化，国家税务总局制定了《煤炭资源税征收管理办法(试行)》。现予发布，自 2015 年 8 月 1 日起施行。

特此公告。

国家税务总局
2015 年 7 月 1 日

煤炭资源税征收管理办法(试行)

第一条 为规范煤炭资源税从价计征管理,根据《中华人民共和国税收征收管理法》及其实施细则、《中华人民共和国资源税暂行条例》及其实施细则和《财政部 国家税务总局关于实施煤炭资源税改革的通知》(财税〔2014〕72号),以及相关法律法规的规定,制定本办法。

第二条 纳税人开采并销售应税煤炭按从价定率办法计算缴纳资源税。应税煤炭包括原煤和以未税原煤(即:自采原煤)加工的洗选煤。

原煤是指开采出的毛煤经过简单选矸(矸石直径50mm以上)后的煤炭,以及经过筛选分类后的筛选煤等。

洗选煤是指经过筛选、破碎、水洗、风洗等物理化学工艺,去灰去矸后的煤炭产品,包括精煤、中煤、煤泥等,不包括煤矸石。

第三条 煤炭资源税应纳税额按照原煤或者洗选煤计税销售额乘以适用税率计算。

原煤计税销售额是指纳税人销售原煤向购买方收取的全部价款和价外费用,不包括收取的增值税销项税额以及从坑口到车站、码头或购买方指定地点的运输费用。

洗选煤计税销售额按洗选煤销售额乘以折算率计算。洗选煤销售额是指纳税人销售洗选煤向购买方收取的全部价款和价外费用,包括洗选副产品的销售额,不包括收取的增值税销项税额以及从洗选煤厂到车站、码头或购买方指定地点的运输费用。

第四条 在计算煤炭计税销售额时,纳税人原煤及洗选煤销售额中包含的运输费用、建设基金以及伴随运销产生的装卸、仓储、港杂等费用的扣减,按照《财政部 国家税务总局关于煤炭资源税费有关政策的补充通知》(财税〔2015〕70号)的规定执行。扣减的凭据包括有关发票或者经主管税务机关审核的其他凭据。

运输费用明显高于当地市场价格导致应税煤炭产品价格偏低,且无正当理由的,主管税务机关有权合理调整计税价格。

第五条 洗选煤折算率由省、自治区、直辖市财税部门或其授权地市级财税部门根据煤炭资源区域分布、煤质煤种等情况确定,体现有利于提高煤炭洗选率,促进煤炭清洁利用和环境保护的原则。

洗选煤折算率一经确定,原则上在一个纳税年度内保持相对稳定,但在煤炭市场行情、洗选成本等发生较大变化时可进行调整。

洗选煤折算率计算公式如下:

公式一:洗选煤折算率=(洗选煤平均销售额-洗选环节平均成本-洗选环节平均利润)÷洗选煤平均销售额×100%

洗选煤平均销售额、洗选环节平均成本、洗选环节平均利润可按照上年当地行业平均水平测算确定。

公式二:洗选煤折算率=原煤平均销售额÷(洗选煤平均销售额×综合回收率)×100%

原煤平均销售额、洗选煤平均销售额可按照上年当地行业平均水平测算确定。

综合回收率=洗选煤数量÷入洗前原煤数量×100%

第六条 纳税人销售应税煤炭的,在销售环节缴纳资源税。纳税人以自采原煤直接或者经洗选加工后连续生产焦炭、煤气、煤化工、电力及其他煤炭深加工产品的,视同销售,在原煤或者洗选煤移送环节缴纳资源税。

第七条 纳税人煤炭开采地与洗选、核算地不在同一行政区域(县级以上)的,煤炭资源税在煤炭开采地缴纳。纳税人在本省、自治区、直辖市范围开采应税煤炭,其纳税地点需要调整的,由省、自治区、直辖市税务机关决定。

第八条 煤炭资源税的纳税申报按照《关于修订资源税纳税申报表的公告》(国家税务总局公告2014年第62号发布)及其他相关税收规定执行。

第九条 纳税人申报的原煤或洗选煤销售价格明显偏低且无正当理由的,或者有视同销售应税煤炭行为而无销售价格的,主管税务机关应按下列顺序确定计税价格:

(一)按纳税人最近时期同类原煤或洗选煤的平均销售价格确定。

(二)按其他纳税人最近时期同类原煤或洗选煤的平均销售价格确定。

（三）按组成计税价格确定。

组成计税价格＝成本×（1＋成本利润率）÷（1－资源税税率）

公式中的成本利润率由省、自治区、直辖市地方税务局按同类应税煤炭的平均成本利润率确定。

（四）按其他合理方法确定。

第十条 纳税人与其关联企业之间的业务往来，应当按照独立企业之间的业务往来收取或支付价款、费用；不按照独立企业之间的业务往来收取或支付价款、费用，而减少其应纳税收入的，税务机关有权按照《中华人民共和国税收征收管理法》及其实施细则的有关规定进行合理调整。

第十一条 纳税人以自采原煤或加工的洗选煤连续生产焦炭、煤气、煤化工、电力等产品，自产自用且无法确定应税煤炭移送使用量的，可采取最终产成品的煤耗指标确定用煤量，即：煤电一体化企业可按照每千瓦时综合供电煤耗指标进行确定；煤化工一体化企业可按照煤化工产成品的原煤耗用率指标进行确定；其他煤炭连续生产企业可采取其产成品煤耗指标进行确定，或者参照其他合理方法进行确定。

第十二条 纳税人将自采原煤与外购原煤（包括煤矸石）进行混合后销售的，应当准确核算外购原煤的数量、单价及运费，在确认计税依据时可以扣减外购相应原煤的购进金额。

计税依据＝当期混合原煤销售额－当期用于混售的外购原煤的购进金额

外购原煤的购进金额＝外购原煤的购进数量×单价

纳税人将自采原煤连续加工的洗选煤与外购洗选煤进行混合后销售的，比照上述有关规定计算缴纳资源税。

第十三条 纳税人以自采原煤和外购原煤混合加工洗选煤的，应当准确核算外购原煤的数量、单价及运费，在确认计税依据时可以扣减外购相应原煤的购进金额。

计税依据＝当期洗选煤销售额×折算率－当期用于混洗混售的外购原煤的购进金额

外购原煤的购进金额＝外购原煤的购进数量×单价

第十四条 纳税人扣减当期外购原煤或者洗选煤购进额的，应当以增值税专用发票、普通发票或者海关报关单作为扣减凭证。

第十五条 煤炭资源税减征、免征按照《中华人民共和国资源税暂行条例》、《财政部 国家税务总局关于实施煤炭资源税改革的通知》（财税〔2014〕72 号）及其他相关政策和征管规定执行。

第十六条 各省、自治区、直辖市地方税务机关可依托信息化管理技术，参照全国性或主要港口动力煤价格指数即时信息以及当地煤炭工业主管部门已有的网上煤炭即时价格信息，建立本地煤炭资源税价格监控体系。

第十七条 税务机关应当加强煤炭资源税风险管理，构建煤炭资源税风险管理指标体系，依托现代化信息技术，对煤炭资源税管理的风险点进行识别、监控、预警，做好风险应对处置以及绩效评估工作。

第十八条 各级国地税机关应当加强配合，实现信息共享，省国税机关应将煤炭企业增值税开票信息等相关煤炭销售数据按月传递给省地税机关。

第十九条 各省、自治区、直辖市和计划单列市地方税务局可以结合本地实际，制定具体实施办法。

第二十条 本办法自 2015 年 8 月 1 日起施行。

关于《煤炭资源税征收管理办法（试行）》公告的解读

现将《煤炭资源税征收管理办法（试行）》（以下简称《办法》）解读如下：

一、发文背景和意义

自 2014 年 12 月 1 日，煤炭资源税实施从价计征改革以来，税收征管运行平稳，征纳秩序良好，各项工作基本落实到位，实现了改革的预期目标。但也遇到一些亟待解释、细化或明确的实际问题。为进一步规范税收执法行为，优化纳税服务，规避涉税风险，本着简便高效、公平公正和有利于纳税人办税的原则，国家税务总局在实地调研、广泛听取有关方面意见的基础上，制定本《办法》。

二、《办法》的主要内容

《办法》分为二十条，主要明确了煤炭计税价格的确定方法、运费扣减范围、洗选煤折算率、混合销售与混合洗选的计税方法等内容：

（一）明确煤炭计税价格的合理确定方法

根据现行税收征管法和资源税实施细则的有关规定，《办法》第九条就销售价格明显偏低及视同销售不能合理确定计税价格的情形，规定主管税务机关应按纳税人最近时期同类原煤或洗选煤的平均销售价格、其他纳税人最近时期同类原煤或洗选煤的平均销售价格、组成计税价格及其他合理方法的顺序确定计税价格。

（二）明确运费扣减范围等问题

根据《财政部 国家税务总局关于煤炭资源税费有关政策的补充通知》（财税〔2015〕70号）第三款的规定："原煤及洗选煤销售额中包含的运输费用、建设基金以及伴随运销产生的装卸、仓储、港杂等费用应与煤价分别核算，凡取得相应凭据的，允许在计算煤炭计税销售额时予以扣减"，《办法》第四条对运输费用的扣减凭据明确为发票或者经主管税务机关审核的其他凭据。《办法》第三条明确应税煤炭的计税销售价格不包括从坑口到车站、码头或购买方指定地点的运输费用。

（三）明确折算率的确定原则和计算公式

为方便纳税人正确核算和申报计税销售额，《办法》第五条规定了折算率确定的原则和计算公式，以有利于减少财税部门自由裁量权，规范执法，提高煤炭洗选率，促进煤炭清洁利用和环境保护。

（四）明确混合销售与混合洗选的计税方法

为方便纳税人正确核算和申报计税销售额，《办法》第十二条对自采原煤与外购原煤进行混合后销售的计税方法进行了明确，《办法》第十三条对以自采原煤和外购原煤混合加工洗选煤销售的计税方法进行了明确。对于扣减凭证，《办法》第十四条明确规定"纳税人扣减当期外购原煤或者洗选煤购进额的，应当以增值税专用发票、普通发票或者海关报关单作为扣减凭证"。

三、其他重要规定

《办法》第十六条、十七条、第十八条还就地税机关如何建立本地煤炭价格监控体系、加强风险管理、加强协税合作等方面做了规定和指引，以进一步做好煤炭资源税征收管理工作。

财政部 国家税务总局关于全面推进资源税改革的通知

财税〔2016〕53号

各省、自治区、直辖市、计划单列市人民政府，国务院各部委、各直属机构：

根据党中央、国务院决策部署，为深化财税体制改革，促进资源节约集约利用，加快生态文明建设，现就全面推进资源税改革有关事项通知如下：

一、资源税改革的指导思想、基本原则和主要目标

（一）指导思想。

全面贯彻党的十八大和十八届三中、四中、五中全会精神，按照"五位一体"总体布局和"四个全面"战略布局，牢固树立和贯彻落实创新、协调、绿色、开放、共享的发展理念，全面推进资源税改革，有效发挥税收杠杆调节作用，促进资源行业持续健康发展，推动经济结构调整和发展方式转变。

（二）基本原则。

一是清费立税。着力解决当前存在的税费重叠、功能交叉问题，将矿产资源补偿费等收费基金适当并入资源税，取缔违规、越权设立的各项收费基金，进一步理顺税费关系。

二是合理负担。兼顾企业经营的实际情况和承受能力，借鉴煤炭等资源税费改革经验，合理确定资源税计税依据和税率水平，增强税收弹性，总体上不增加企业税费负担。

三是适度分权。结合我国资源分布不均衡、地域差异较大等实际情况，在不影响全国统一市场秩序前提下，赋予地方适当的税政管理权。

四是循序渐进。在煤炭、原油、天然气等已实施从价计征改革基础上，对其他矿产资源全面实施改革。积极创造条件，逐步对水、森林、草场、滩涂等自然资源开征资源税。

（三）主要目标。

通过全面实施清费立税、从价计征改革，理顺资源税费关系，建立规范公平、调控合理、征管高效的资源税制度，有效发挥其组织收入、调控经济、促进资源节约集约利用和生态环境保护的作用。

二、资源税改革的主要内容

（一）扩大资源税征收范围。

1. 开展水资源税改革试点工作。鉴于取用水资源涉及面广、情况复杂，为确保改革平稳有序实施，先在河北省开展水资源税试点。河北省开征水资源税试点工作，采取水资源费改税方式，将地表水和地下水纳入征税范围，实行从量定额计征，对高耗水行业、超计划用水以及在地下水超采地区取用地下水，适当提高税额标准，正常生产生活用水维持原有负担水平不变。在总结试点经验基础上，财政部、国家税务总局将选择其他地区逐步扩大试点范围，条件成熟后在全国推开。

2. 逐步将其他自然资源纳入征收范围。鉴于森林、草场、滩涂等资源在各地区的市场开发利用情况不尽相同，对其全面开征资源税条件尚不成熟，此次改革不在全国范围统一规定对森林、草场、滩涂等资源征税。各省、自治区、直辖市（以下统称省级）人民政府可以结合本地实际，根据森林、草场、滩涂等资源开发利用情况提出征收资源税的具体方案建议，报国务院批准后实施。

（二）实施矿产资源税从价计征改革。

1. 对《资源税税目税率幅度表》（见附件）中列举名称的21种资源品目和未列举名称的其他金属矿实行从价计征，计税依据由原矿销售量调整为原矿、精矿（或原矿加工品）、氯化钠初级产品或金锭的销售额。列举名称的21种资源品目包括：铁矿、金矿、铜矿、铝土矿、铅锌矿、镍矿、锡矿、石墨、硅藻土、高岭土、萤石、石灰石、硫铁矿、磷矿、氯化钾、硫酸钾、井矿盐、湖盐、提取地下卤水晒制的盐、煤层（成）气、海盐。

对经营分散、多为现金交易且难以控管的黏土、砂石，按照便利征管原则，仍实行从量定额计征。

2. 对《资源税税目税率幅度表》中未列举名称的其他非金属矿产品，按照从价计征为主、从量计征为辅的原则，由省级人民政府确定计征方式。

（三）全面清理涉及矿产资源的收费基金。

1. 在实施资源税从价计征改革的同时，将全部资源品目矿产资源补偿费费率降为零，停止征收价格调节基金，取缔地方针对矿产资源违规设立的各种收费基金项目。

2. 地方各级财政部门要会同有关部门对涉及矿产资源的收费基金进行全面清理。凡不符合国家规定、地方越权出台的收费基金项目要一律取消。对确需保留的依法合规收费基金项目，要严格按规定的征收范围和标准执行，切实规范征收行为。

（四）合理确定资源税税率水平。

1. 对《资源税税目税率幅度表》中列举名称的资源品目，由省级人民政府在规定的税率幅度内提出具体适用税率建议，报财政部、国家税务总局确定核准。

2. 对未列举名称的其他金属和非金属矿产品，由省级人民政府根据实际情况确定具体税目和适用税率，报财政部、国家税务总局备案。

3. 省级人民政府在提出和确定适用税率时，要结合当前矿产企业实际生产经营情况，遵循改革前后税费平移原则，充分考虑企业负担能力。

（五）加强矿产资源税收优惠政策管理，提高资源综合利用效率。

1. 对符合条件的采用充填开采方式采出的矿产资源，资源税减征50%；对符合条件的衰竭期矿山开采的矿产资源，资源税减征30%。具体认定条件由财政部、国家税务总局规定。

2. 对鼓励利用的低品位矿、废石、尾矿、废渣、废水、废气等提取的矿产品，由省级人民政府根据实际情况确定是否减税或免税，并制定具体办法。

（六）关于收入分配体制及经费保障。

1. 按照现行财政管理体制，此次纳入改革的矿产资源税收入全部为地方财政收入。

2. 水资源税仍按水资源费中央与地方1∶9的分成比例不变。河北省在缴纳南水北调工程基金期间，水资源税收入全部留给该省。

3. 资源税改革实施后，相关部门履行正常工作职责所需经费，由中央和地方财政统筹安排和保障。

（七）关于实施时间。

1. 此次资源税从价计征改革及水资源税改革试点，自 2016 年 7 月 1 日起实施。

2. 已实施从价计征的原油、天然气、煤炭、稀土、钨、钼等 6 个资源品目资源税政策暂不调整，仍按原办法执行。

三、做好资源税改革工作的要求

（一）加强组织领导。各省级人民政府要加强对资源税改革工作的领导，建立由财税部门牵头、相关部门配合的工作机制，及时制定工作方案和配套政策，统筹安排做好各项工作，确保改革积极稳妥推进。对改革中出现的新情况新问题，要采取适当措施妥善加以解决，重大问题及时向财政部、国家税务总局报告。

（二）认真测算和上报资源税税率。各省级财税部门要对本地区资源税税源情况、企业经营和税费负担状况、资源价格水平等进行全面调查，在充分听取企业意见基础上，对《资源税税目税率幅度表》中列举名称的 21 种实行从价计征的资源品目和黏土、砂石提出资源税税率建议，报经省级人民政府同意后，于 2016 年 5 月 31 日前以正式文件报送财政部、国家税务总局，同时附送税率测算依据和相关数据（包括税费项目及收入规模，应税产品销售量、价格等）。计划单列市资源税税率由所在省份统一测算报送。

（三）确保清费工作落实到位。各地区、各有关部门要严格执行中央统一规定，对涉及矿产资源的收费基金进行全面清理，落实取消或停征收费基金的政策，不得以任何理由拖延或者拒绝执行，不得以其他名目变相继续收费。对不按规定取消或停征有关收费基金、未按要求做好收费基金清理工作的，要予以严肃查处，并追究相关责任人的行政责任。各省级人民政府要组织开展监督检查，确保清理收费基金工作与资源税改革同步实施、落实到位，并于 2016 年 9 月 30 日前将本地区清理收费措施及成效报财政部、国家税务总局。

（四）做好水资源税改革试点工作。河北省人民政府要加强对水资源税改革试点工作的领导，建立试点工作推进机制，及时制定试点实施办法，研究试点重大问题，督促任务落实。河北省财税部门要与相关部门密切配合、形成合力，深入基层加强调查研究，跟踪分析试点运行情况，及时向财政部、国家税务总局等部门报告试点工作进展情况和重大政策问题。

（五）加强宣传引导。各地区和有关部门要广泛深入宣传推进资源税改革的重要意义，加强政策解读，回应社会关切，稳定社会预期，积极营造良好的改革氛围和舆论环境。要加强对纳税人的培训，优化纳税服务，提高纳税人税法遵从度。

全面推进资源税改革涉及面广、企业关注度高、工作任务重，各地区、各有关部门要提高认识，把思想和行动统一到党中央、国务院的决策部署上来，切实增强责任感、紧迫感和大局意识，积极主动作为，扎实推进各项工作，确保改革平稳有序实施。

附件：资源税税目税率幅度表（略）

财政部 国家税务总局
2016 年 5 月 9 日

财政部 国家税务总局关于资源税改革具体政策问题的通知

财税〔2016〕54 号

各省、自治区、直辖市、计划单列市财政厅（局）、地方税务局，西藏、宁夏回族自治区国家税务局，新疆生产建设兵团财务局：

根据党中央、国务院决策部署，自 2016 年 7 月 1 日起全面推进资源税改革。为切实做好资源税改革工作，确保《财政部 国家税务总局关于全面推进资源税改革的通知》（财税〔2016〕53 号，以下简称《改革通知》）有效实施，现就资源税（不包括水资源税，下同）改革具体政策问题通知如下：

一、关于资源税计税依据的确定

资源税的计税依据为应税产品的销售额或销售量，各税目的征税对象包括原矿、精矿（或原矿加工品，下同）、金锭、氯化钠初级产品，具体按照《改革通知》所附《资源税税目税率幅度表》相关规定执行。对未列举名称的其他矿产品，省级人民政府可对本地区主要矿产品按矿种设定税目，对其余矿产品按类别设定税目，并按其销售的主要形态(如原矿、精矿)确定征税对象。

(一)关于销售额的认定。

销售额是指纳税人销售应税产品向购买方收取的全部价款和价外费用，不包括增值税销项税额和运杂费用。

运杂费用是指应税产品从坑口或洗选(加工)地到车站、码头或购买方指定地点的运输费用、建设基金以及随运销产生的装卸、仓储、港杂费用。运杂费用应与销售额分别核算，凡未取得相应凭据或不能与销售额分别核算的，应当一并计征资源税。

(二)关于原矿销售额与精矿销售额的换算或折算。

为公平原矿与精矿之间的税负，对同一种应税产品，征税对象为精矿的，纳税人销售原矿时，应将原矿销售额换算为精矿销售额缴纳资源税；征税对象为原矿的，纳税人销售自采原矿加工的精矿，应将精矿销售额折算为原矿销售额缴纳资源税。换算比或折算率原则上应通过原矿售价、精矿售价和选矿比计算，也可通过原矿销售额、加工环节平均成本和利润计算。

金矿以标准金锭为征税对象，纳税人销售金原矿、金精矿的，应比照上述规定将其销售额换算为金锭销售额缴纳资源税。

换算比或折算率应按简便可行、公平合理的原则，由省级财税部门确定，并报财政部、国家税务总局备案。

二、关于资源税适用税率的确定

各省级人民政府应当按《改革通知》要求提出或确定本地区资源税适用税率。测算具体适用税率时，要充分考虑本地区资源禀赋、企业承受能力和清理收费基金等因素，按照改革前后税费平移原则，以近几年企业缴纳资源税、矿产资源补偿费金额(铁矿石开采企业缴纳资源税金额按 40%税额标准测算)和矿产品市场价格水平为依据确定。一个矿种原则上设定一档税率，少数资源条件差异较大的矿种可按不同资源条件、不同地区设定两档税率。

三、关于资源税优惠政策及管理

(一)对依法在建筑物下、铁路下、水体下通过充填开采方式采出的矿产资源，资源税减征 50%。

充填开采是指随着回采工作面的推进，向采空区或离层带等空间充填废石、尾矿、废渣、建筑废料以及专用充填合格材料等采出矿产品的开采方法。

(二)对实际开采年限在 15 年以上的衰竭期矿山开采的矿产资源，资源税减征 30%。

衰竭期矿山是指剩余可采储量下降到原设计可采储量的 20%(含)以下或剩余服务年限不超过 5 年的矿山，以开采企业下属的单个矿山为单位确定。

(三)对鼓励利用的低品位矿、废石、尾矿、废渣、废水、废气等提取的矿产品，由省级人民政府根据实际情况确定是否给予减税或免税。

四、关于共伴生矿产的征免税的处理

为促进共伴生矿的综合利用，纳税人开采销售共伴生矿，共伴生矿与主矿产品销售额分开核算的，对共伴生矿暂不计征资源税；没有分开核算的，共伴生矿按主矿产品的税目和适用税率计征资源税。财政部、国家税务总局另有规定的，从其规定。

五、关于资源税纳税环节和纳税地点

资源税在应税产品的销售或自用环节计算缴纳。以自采原矿加工精矿产品的，在原矿移送使用时不缴纳资源税，在精矿销售或自用时缴纳资源税。

纳税人以自采原矿加工金锭的，在金锭销售或自用时缴纳资源税。纳税人销售自采原矿或者自采原矿加工的金精矿、粗金，在原矿或者金精矿、粗金销售时缴纳资源税，在移送使用时不缴纳资源税。

以应税产品投资、分配、抵债、赠与、以物易物等，视同销售，依照本通知有关规定计算缴纳资源税。

纳税人应当向矿产品的开采地或盐的生产地缴纳资源税。纳税人在本省、自治区、直辖市范围开采或者生产应税产品，其纳税地点需要调整的，由省级地方税务机关决定。

六、其他事项

(一)纳税人用已纳资源税的应税产品进一步加工应税产品销售的，不再缴纳资源税。纳税人以未税产品和已税产品混合销售或者混合加工为应税产品销售的，应当准确核算已税产品的购进金额，在计算加工后的应税产品销售额时，准予扣减已税产品的购进金额；未分别核算的，一并计算缴纳资源税。

（二）纳税人在2016年7月1日前开采原矿或以自采原矿加工精矿，在2016年7月1日后销售的，按本通知规定缴纳资源税；2016年7月1日前签订的销售应税产品的合同，在2016年7月1日后收讫销售款或者取得索取销售款凭据的，按本通知规定缴纳资源税；在2016年7月1日后销售的精矿（或金锭），其所用原矿（或金精矿）如已按从量定额的计征方式缴纳了资源税，并与应税精矿（或金锭）分别核算的，不再缴纳资源税。

（三）对在2016年7月1日前已按原矿销量缴纳过资源税的尾矿、废渣、废水、废石、废气等实行再利用，从中提取的矿产品，不再缴纳资源税。

上述规定，请遵照执行。此前规定与本通知不一致的，一律以本通知为准。

财政部 国家税务总局
2016年5月9日

财政部 国家税务总局关于印发《水资源税改革试点暂行办法》的通知

财税〔2016〕55号

河北省人民政府：

根据党中央、国务院决策部署，自2016年7月1日起在你省实施水资源税改革试点。现将《水资源税改革试点暂行办法》印发给你省，请遵照执行。

请你省按照本通知要求，切实做好水资源税改革试点工作，建立健全工作机制，及时制定实施方案和配套政策，精心组织、周密安排，确保改革试点顺利进行。对试点中出现的新情况新问题，要研究采取适当措施妥善加以解决。重大政策问题及时向财政部、国家税务总局、水利部报告。

财政部 国家税务总局 水利部
2016年5月9日

附件：

水资源税改革试点暂行办法

第一条 为促进水资源节约、保护和合理利用，根据党中央、国务院决策部署，制定本办法。

第二条 本办法适用于河北省。

第三条 利用取水工程或者设施直接从江河、湖泊（含水库）和地下取用地表水、地下水的单位和个人，为水资源税纳税人。

纳税人应按《中华人民共和国水法》、《取水许可和水资源费征收管理条例》等规定申领取水许可证。

第四条 水资源税的征税对象为地表水和地下水。

地表水是陆地表面上动态水和静态水的总称，包括江、河、湖泊（含水库）、雪山融水等水资源。

地下水是埋藏在地表以下各种形式的水资源。

第五条 水资源税实行从量计征。应纳税额计算公式：

应纳税额＝取水口所在地税额标准×实际取用水量。

水力发电和火力发电贯流式取用水量按照实际发电量确定。

第六条 按地表水和地下水分类确定水资源税适用税额标准。

地表水分为农业、工商业、城镇公共供水、水力发电、火力发电贯流式、特种行业及其他取用地表水。地下水分为农业、工商业、城镇公共供水、特种行业及其他取用地下水。

特种行业取用水包括洗车、洗浴、高尔夫球场、滑雪场等取用水。

河北省可以在上述分类基础上，结合本地区水资源状况、产业结构和调整方向等进行细化分类。

第七条 对水力发电和火力发电贯流式以外的取用水设置最低税额标准，地表水平均不低于每立方米0.4元，地下水平均不低于每立方米1.5元。

水力发电和火力发电贯流式取用水的税额标准为每千瓦小时0.005元。

具体取用水分类及适用税额标准由河北省人民政府提出建议，报财政部会同有关部门确定核准。

第八条 对取用地下水从高制定税额标准。

对同一类型取用水，地下水水资源税税额标准要高于地表水，水资源紧缺地区地下水水资源税税额标准要大幅高于地表水。

超采地区的地下水水资源税税额标准要高于非超采地区，严重超采地区的地下水水资源税税额标准要大幅高于非超采地区。在超采地区和严重超采地区取用地下水（不含农业生产取用水和城镇公共供水取水）的具体适用税额标准，由河北省人民政府在非超采地区税额标准2—5倍幅度内提出建议，报财政部会同有关部门确定核准；超过5倍的，报国务院备案。

城镇公共供水管网覆盖范围内取用地下水的，水资源税税额标准要高于公共供水管网未覆盖地区，原则上要高于当地同类用途的城市供水价格。

第九条 对特种行业取用水，从高制定税额标准。

第十条 对超计划或者超定额取用水，从高制定税额标准。除水力发电、城镇公共供水取用水外，取用水单位和个人超过水行政主管部门批准的计划（定额）取用水量，在原税额标准基础上加征1—3倍，具体办法由河北省人民政府提出建议，报财政部会同有关部门确定核准；加征超过3倍的，报国务院备案。

第十一条 对超过规定限额的农业生产取用水，以及主要供农村人口生活用水的集中式饮水工程取用水，从低制定税额标准。

农业生产取用水包括种植业、畜牧业、水产养殖业、林业取用水。

第十二条 对企业回收利用的采矿排水（疏干排水）和地温空调回用水，从低制定税额标准。

第十三条 对下列取用水减免征收水资源税：

（一）对规定限额内的农业生产取用水，免征水资源税。

（二）对取用污水处理回用水、再生水等非常规水源，免征水资源税。

（三）财政部、国家税务总局规定的其他减税和免税情形。

第十四条 水资源税由地方税务机关依照《中华人民共和国税收征收管理法》和本办法有关规定征收管理。

第十五条 水资源税的纳税义务发生时间为纳税人取用水资源的当日。

第十六条 水资源税按季或者按月征收，由主管税务机关根据实际情况确定。不能按固定期限计算纳税的，可以按次申报纳税。

第十七条 在河北省区域内取用水的，水资源税由取水审批部门所在地的地方税务机关征收。其中，由流域管理机构审批取用水的，水资源税由取水口所在地的地方税务机关征收。

在河北省内纳税地点需要调整的，由省级地方税务机关决定。

第十八条 按照国务院或其授权部门批准的跨省、自治区、直辖市水量分配方案调度的水资源，水资源税由调入区域取水审批部门所在地的地方税务机关征收。

第十九条 建立地方税务机关与水行政主管部门协作征税机制。

水行政主管部门应当定期向地方税务机关提供取水许可情况和超计划（定额）取用水量，并协助地方税务机关审核纳税人实际取用水的申报信息。

纳税人根据水行政主管部门核准的实际取用水量向地方税务机关申报纳税，地方税务机关将纳税人相关申报信息与水行政主管部门核准的信息进行比对，并根据核实后的信息征税。

水资源税征管过程中发现问题的，地方税务机关和水行政主管部门联合进行核查。

第二十条 河北省开征水资源税后，将水资源费征收标准降为零。

第二十一条 水资源税改革试点期间，水行政主管部门相关经费支出由同级财政预算统筹安排和保障。对原有水资源费征管人员，由地方政府统筹做好安排。

第二十二条 河北省人民政府根据本办法制定具体实施办法，报国务院备案。

第二十三条 水资源税改革试点期间涉及的有关政策，由财政部、国家税务总局研究确定。

第二十四条 本办法自2016年7月1日起实施。

国家税务总局关于发布修订后的《资源税纳税申报表》的公告

国家税务总局公告2016年第38号

根据《财政部 国家税务总局关于全面推进资源税改革的通知》(财税〔2016〕53号)规定，自2016年7月1日起全面实施资源税改革。

为落实资源税改革政策，国家税务总局对原资源税纳税申报表进行了修订，形成了《资源税纳税申报表》、《资源税纳税申报表附表(一)》(原矿类税目适用)、《资源税纳税申报表附表(二)》(精矿类税目适用)、《资源税纳税申报表附表(三)》(减免税明细)，现予以发布，自2016年7月1日起施行。《国家税务总局关于修订〈资源税纳税申报表〉的公告》(2014年第62号)同时废止。

特此公告。

附件：1. 资源税纳税申报表(略)

2. 资源税纳税申报表附表(一)(原矿类税目适用)(略)

3. 资源税纳税申报表附表(二)(精矿类税目适用)(略)

4. 资源税纳税申报表附表(三)(减免税明细)(略)

国家税务总局

2016年6月22日

第十部分 中华人民共和国车辆购置税法

中华人民共和国车辆购置税暂行条例

国务院令第 294 号

第一条 在中华人民共和国境内购置本条例规定的车辆(以下简称应税车辆)的单位和个人,为车辆购置税的纳税人,应当依照本条例缴纳车辆购置税。

第二条 本条例第一条所称购置,包括购买、进口、自产、受赠、获奖或者以其他方式取得并自用应税车辆的行为。

本条例第一条所称单位,包括国有企业、集体企业、私营企业、股份制企业、外商投资企业、外国企业以及其他企业和事业单位、社会团体、国家机关、部队以及其他单位;所称个人,包括个体工商户以及其他个人。

第三条 车辆购置税的征收范围包括汽车、摩托车、电车、挂车、农用运输车。具体征收范围依照本条例所附《车辆购置税征收范围表》执行。

车辆购置税征收范围的调整,由国务院决定并公布。

第四条 车辆购置税实行从价定率的办法计算应纳税额。应纳税额的计算公式为:

应纳税额=计税价格×税率

第五条 车辆购置税的税率为 10%。

车辆购置税税率的调整,由国务院决定并公布。

第六条 车辆购置税的计税价格根据不同情况,按照下列规定确定:

(一)纳税人购买自用的应税车辆的计税价格,为纳税人购买应税车辆而支付给销售者的全部价款和价外费用,不包括增值税税款。

(二)纳税人进口自用的应税车辆的计税价格的计算公式为:

计税价格=关税完税价格+关税+消费税

(三)纳税人自产、受赠、获奖或者以其他方式取得并自用的应税车辆的计税价格,由主管税务机关参照本条例第七条规定的最低计税价格核定。

【注释】 相关规定包括:《国家税务总局外交部关于驻外使领馆工作人员离任回国进境自用车辆缴纳车辆购置税有关问题的通知》(国税发〔2005〕180 号)、《国家税务总局关于确定车辆购置税计税依据的通知》(国税函〔2006〕1139 号)。

第七条 国家税务总局参照应税车辆市场平均交易价格,规定不同类型应税车辆的最低计税价格。

纳税人购买自用或者进口自用应税车辆,申报的计税价格低于同类型应税车辆的最低计税价格,又无正当理由的,按照最低计税价格征收车辆购置税。

【注释】 相关规定包括:《国家税务总局交通部关于做好代征车辆购置税工作有关问题的通知》(国税发〔2000〕211 号)、《国家税务总局关于核定部分车辆最低计税价格有关问题的补充通知》(国税发〔2004〕48 号)、《国家税务总局关于印发〈车辆购置税价格信息管理办法(试行)〉的通知》(国税发〔2006〕93 号)。

第八条 车辆购置税实行一次征收制度。购置已征车辆购置税的车辆,不再征收车辆购置税。

【注释】 相关规定包括:《国家税务总局关于车辆购置税有关问题的通知》(国税发〔2002〕118 号)。

第九条 车辆购置税的免税、减税,按照下列规定执行:

(一)外国驻华使馆、领事馆和国际组织驻华机构及其外交人员自用的车辆,免税;

(二)中国人民解放军和中国人民武装警察部队列入军队武器装备订货计划的车辆,免税;

(三)设有固定装置的非运输车辆,免税;

(四)有国务院规定予以免税或者减税的其他情形的,按照规定免税或者减税。

【注释】 相关规定包括:《财政部 国家税务总局关于防汛专用等车辆免征车辆购置税的通知》(财税〔2001〕39 号)、《国家税务总局关于车辆购置税有关问题的通知》(国税发〔2002〕118 号)、《国家税务总局国家税务总局关于军队移交的保障性企业免征车辆购置税的通知》(国税函〔2002〕963 号)、《财政部 国家税务总局关于农用三轮车免征车辆购置税的通知》(财税〔2004〕66 号)、《国家税务总局外交部关于驻外使领馆工作人员离任回国进境自用车辆缴纳车辆购置税有关问题的通知》(国税发〔2005〕180 号)。

第十条 纳税人以外汇结算应税车辆价款的,按照申报纳税之日中国人民银行公布的人民币基准汇价,折合成人民币计算应纳税额。

第十一条 车辆购置税由国家税务局征收。

第十二条 纳税人购置应税车辆,应当向车辆登记注册地的主管税务机关申报纳税;购置不需要办理车辆登记注册手续的应税车辆,应当向纳税人所在地的主管税务机关申报纳税。

第十三条 纳税人购买自用应税车辆的,应当自购买之日起 60 日内申报纳税;进口自用应税车辆的,应当自进口之日起 60 日内申报纳税;自产、受赠、获奖或者以其他方式取得并自用应税车辆的,应当自取得之日起 60 日内申报纳税。

车辆购置税税款应当一次缴清。

第十四条 纳税人应当在向公安机关车辆管理机构办理车辆登记注册前,缴纳车辆购置税。

纳税人应当持主管税务机关出具的完税证明或者免税证明,向公安机关车辆管理机构办理车辆登记注册手续;没有完税证明或者免税证明的,公安机关车辆管理机构不得办理车辆登记注册手续。

税务机关应当及时向公安机关车辆管理机构通报纳税人缴纳车辆购置税的情况。公安机关车辆管理机构应当定期向税务机关通报车辆登记注册的情况。

税务机关发现纳税人未按照规定缴纳车辆购置税的,有权责令其补缴;纳税人拒绝缴纳的,税务机关可以通知公安机关车辆管理机构暂扣纳税人的车辆牌照。

第十五条 免税、减税车辆因转让、改变用途等原因不再属于免税、减税范围的,应当在办理车辆过户手续前或者办理变更车辆登记注册手续前缴纳车辆购置税。

第十六条 车辆购置税的征收管理,依照《中华人民共和国税收征收管理法》及本条例的有关规定执行。

【注释】 相关规定包括:《国家税务总局关于发放车辆购置税完税证明的紧急通知》(国税函〔2000〕757 号)、《财政部国家计委交通部国家税务总局关于开征车辆购置税取代车辆购置附加费等有关问题的通知》(财综〔2000〕10 号)、《国家税务总局交通部关于做好代征车辆购置税工作有关问题的通知》(国税发〔2000〕211 号)、《国家税务总局关于车辆购置税违法案件的管辖及举报奖金支付问题的批复》(国税函〔2003〕103 号)、《国家税务总局关于车辆购置税税收政策及征收管理有关问题的通知》(国税发〔2004〕160 号)、《国家税务总局关于车辆购置税税收政策及征收管理有关问题的补充通知》(国税发〔2005〕47 号)、《国家税务总局关于完税证明遗失刊登遗失声明有关问题的补充通知》(国税函〔2005〕429 号)、《国家税务总局关于加强机动车辆税收管理有关问题的补充通知》(国税函〔2005〕731 号)、《国家税务总局关于车辆购置税〈设有固定装置免税车辆图册〉有关问题的通知》(国税函〔2005〕1019 号)、《国家税务总局车辆购置税征收管理办法》(国家税务总局令第 15 号)。

第十七条 本条例自 2001 年 1 月 1 日起施行。

国家税务总局关于车辆购置税有关问题的通知

国税发〔2002〕118 号

各省、自治区、直辖市和计划单列市国家税务局,交通厅(局、委),天津、上海市市政工程局:

根据《中华人民共和国车辆购置税暂行条例》(以下简称条例)的规定,现将车辆购置税(以下简称车购税)实施中出现的一些问题明确如下:

一、已经缴纳车购税的车辆,因质量问题需将该车辆退回车辆生产厂家的,可凭生产厂家的退车证明办理退税;退税时必须交回该车车购税原始完税凭证;不能交回该车原始完税凭证的,不予退税。

二、已经缴纳车购税的车辆，因质量问题需由车辆生产厂家为车主更换车辆的，可凭生产厂家的换车证明及所更换的新车发票办理车购税变更手续，并交回原车车购税原始完税凭证，不能交回原始完税凭证的，不予办理车购税变更手续。

更换新车后，当新车辆的计税价格等于原车辆的计税价格的，则只需办理车购税变更手续；当新车辆的计税价格高于或者低于原车辆计税价格的，则按差额补税或者退税后办理变更手续。

三、已经缴纳车购税的车辆因被盗抢或者其他原因，车辆的发动机号、底盘号或车辆识别号被涂改、破坏的，凭该车车购税原始完税凭证、公安机关车辆管理机构的相关证明，办理车购税变更手续。

四、非贸易渠道进口的旧车，车购税计税价格按下列公式确定：

计税价格＝关税完税价格＋关税＋消费税

关税完税价格、关税和消费税的相关资料，可以凭海关相关的完税证明取得。

五、对于动力装置和拖斗连接成整体、且以该整体进行车辆登记注册的各种变形拖拉机等农用车辆，按照“农用运输车”征收车购税；动力装置和拖斗不是连接成整体、且动力装置和拖斗是分别进行车辆登记注册的，只对拖斗部分按“挂车”征收车购税，动力部分不征税。

六、回国留学生购买国产小汽车，凭下列证明文件办理免征车购税手续：

(一)中华人民共和国驻留学生学习所在国的大使馆、领事馆出具的留学证明；

(二)国内用人单位的聘用证明；

(三)国内公安部门出具的境内居住证明、有效的入境申报单证；

(四)主管征收机关需要提供的其他证明。

七、国家税务总局、交通部《关于车辆购置税若干政策及管理问题的通知》(国税发〔2001〕27 号)，第一条第三项因文字校对有误，导致基层理解出现歧义，现更正为：“对已经缴纳车辆购置税并办理了登记注册手续的车辆，其发动机和底盘发生更换的，其最低计税价格按同类型新车最低计税价格的 70％计算。”

【注释】 对《车辆购置税暂行条例》第 8、9 条进行了解释。

财政部 国家税务总局关于农用三轮车免征车辆购置税的通知

财税〔2004〕66 号

各省、自治区、直辖市、计划单列市财政厅(局)、国家税务局、交通厅(局、委)，新疆生产建设兵团财务局，上海、天津市市政管理局：

为促进农业生产发展，切实减轻农民负担，经国务院批准，自 2004 年 10 月 1 日起对农用三轮车免征车辆购置税。农用三轮车是指：柴油发动机，功率不大于 7.4kW，载重量不大于 500kg，最高车速不大于 40km/h 的三个车轮的机动车。

【注释】 对《车辆购置税暂行条例》第 9 条进行了解释。

国家税务总局关于车辆购置税税收政策及征收管理有关问题的通知

国税发〔2004〕160 号

各省、自治区、直辖市、计划单列市国家税务局，扬州税务进修学院，局内各单位：

根据国家税务总局交通部人事部财政部中编办《关于做好车辆购置税费改革人员财产业务划转移交工

作的通知》(国税发〔2004〕144 号)规定,自 2005 年 1 月 1 日起,车辆购置税由国家税务局负责征收。为了保证车辆购置税征收管理工作的平稳过渡,总局决定,将 2005 年 1 月 1 日起至新的征收管理机构设置到位前定为过渡期。现将过渡期车辆购置税税收政策及征收管理的有关问题通知如下:

一、关于办税地点

纳税人应到各省、自治区、直辖市和计划单列市国家税务局对外公告的办税地点(车辆购置税征收管理办公室,以下简称车购办)办理车辆购置税纳税申报。

二、关于纳税申报

车辆购置税实行一车一申报制度。

(一)征税车辆纳税申报

纳税人办理纳税申报时应如实填写《车辆购置税纳税申报表》(见附件 1,以下简称纳税申报表),同时提供以下资料的原件和复印件,原件经车购办审核后退还纳税人,复印件和《机动车销售统一发票》的报税联由车购办留存。

1. 车主身份证明

(1)内地居民,提供内地《居民身份证》(含居住、暂住证明)或《居民户口簿》或军人(含武警)身份证明。

(2)香港、澳门特别行政区居民、台湾地区居民及外国人,提供其入境的身份证明和居留证明。

(3)组织机构,提供《组织机构代码证书》。

2. 车辆价格证明

(1)境内购置车辆,提供《机动车销售统一发票》(发票联和报税联)或有效凭证。

(2)进口自用车辆,提供《海关关税专用缴款书》、《海关代征消费税专用缴款书》或海关《征免税证明》。

3. 车辆合格证明

(1)国产车辆,提供整车出厂合格证明。

(2)进口车辆,提供《中华人民共和国出入境检验检疫进口机动车辆随车检验单》。

4. 税务机关要求提供的其他资料。

(二)免(减)税车辆纳税申报

1. 免(减)税政策

(1)外国驻华使馆、领事馆和国际组织驻华机构及其外交人员自用的车辆,免税。

(2)中国人民解放军和中国人民武装警察部队列入军队武器装备订货计划的车辆,免税。

(3)设有固定装置的非运输车辆,免税。设有固定装置的非运输车辆是指,挖掘机、平地机、叉车、装载车(铲车)、起重机(吊车)、推土机等工程机械。

(4)防汛部门和森林消防等部门购置的由指定厂家生产的指定型号的用于指挥、检查、调度、防汛(警)、联络的专用车辆(以下简称防汛专用车和森林消防专用车),免税。

(5)回国服务的在外留学人员(以下简称留学人员)购买的 1 辆国产小汽车,免税。

(6)长期来华定居专家(以下简称来华专家)进口 1 辆自用小汽车,免税。

(7)有国务院规定予以免税或者减税的其他情形的,按照规定免税、减税。

2. 免(减)税申报

购置以上免税或减税车辆的纳税人也应办理车辆购置税纳税申报。纳税人在办理纳税申报时应如实填写纳税申报表,同时提供以下资料的原件和复印件,原件经车购办审核后退还纳税人,复印件和《机动车销售统一发票》的报税联由车购办留存。

(1)车主身份证明和免税证明

① 外国驻华使馆、领事馆和国际组织驻华机构,提供机构证明。

② 外交人员,提供外交部门出具的身份证明。

③ 设有固定装置的非运输车辆,内地居民,提供内地《居民身份证》(含居住、暂住证明)或《居民户口簿》或军人(含武警)身份证明;香港、澳门特别行政区居民、台湾地区居民及外国人,提供其入境的身份证明和居留证明;组织机构,提供《组织机构代码证书》。

④ 来华专家提供国家外国专家局或其授权单位核发的专家证和公安部门出具的境内居住证明。

⑤ 留学人员提供中华人民共和国驻留学生学习所在国的大使馆或领事馆出具的留学证明和公安部门出具的境内居住证明、个人护照。

⑥ 列入中国人民解放军和中国人民武装警察部队军队武器装备订货计划的,提供订货计划的证明。

⑦ 其他车辆,提供国务院或国家税务总局的批准文件。

(2)车辆价格证明

① 境内购置的车辆,提供《机动车销售统一发票》(发票联和报税联)或有效凭证。

② 进口自用的车辆,提供《海关关税专用缴款书》、《海关代征消费税专用缴款书》或海关《征免税证明》。

(3)车辆合格证明

① 国产车辆,提供整车出厂合格证明。

② 进口车辆,提供《中华人民共和国出入境检验检疫进口机动车辆随车检验单》。

③ 设有固定装置的非运输车辆提供车辆内、外观彩色 5 寸照片 2 套。

(三)其他

已经办理纳税申报的车辆发生下列情形之一的,纳税人应重新办理纳税申报。

1. 底盘(车架)发生更换。

2. 免税条件消失。

三、关于计税依据

(一)按应税车辆全部价款确定的计税依据

1. 购买自用车辆为纳税人支付给销售者的全部价款和价外费用,不包括增值税税款。价外费用是指,销售方价外向购买方收取的基金、集资费、返还利润、补贴、违约金(延期付款利息)和手续费、包装费、储存费、优质费、运输装卸费、保管费、代收款项、代垫款项以及其他各种性质的价外收费。

2. 进口自用车辆为应税车辆的计税价格。

计税价格=关税完税价格+关税+消费税

(二)按核定计税价格确定的计税依据

1. 自产、受赠、获奖或者以其他方式取得并自用车辆,计税依据由车购办参照国家税务总局核定的应税车辆最低计税价格核定。

2. 购买自用或者进口自用车辆,纳税人申报的计税价格低于同类型应税车辆的最低计税价格,又无正当理由的,计税依据为最低计税价格。

最低计税价格是指国家税务总局依据车辆生产企业提供的车辆价格信息并参照市场平均交易价格核定的车辆购置税计税价格。

申报的计税价格低于同类型应税车辆的最低计税价格,又无正当理由的,是指纳税人申报的车辆计税价格低于出厂价格或进口自用车辆的计税价格。

(三)按特殊规定确定的计税依据

1. 底盘(车架)发生更换的车辆,计税依据为最新核发的同类型车辆最低计税价格的 70%。

2. 免税条件消失的车辆,自初次办理纳税申报之日起,使用年限未满 10 年的,计税依据为最新核发的同类型车辆最低计税价格按每满 1 年扣减 10%;超过 10 年的,计税依据为零。

3. 对于国家税务总局未核定最低计税价格的车辆,计税依据为已核定的同类型车辆最低计税价格。同类型车辆是指:同国别、同排量、同车长、同吨位、配置近似等。

4. 进口旧车、因不可抗力因素导致受损的车辆、库存超过三年的车辆、行驶 8 万公里以上的试验车辆、国家税务总局规定的其他车辆,计税依据为纳税人提供的《机动车销售统一发票》或有效凭证注明的计税价格和有效证明。

四、关于税款征收

车购办应对纳税申报资料进行审核,确定计税依据,征收税款,核发《车辆购置税完税证明》(以下简称完税证明)。

征税车辆在完税证明征税栏加盖车购税征税专用章,免税车辆在完税证明免税栏加盖车购税征税专用章。

五、关于免税车辆补办纳税申报

纳税人 2001 年 1 月 1 日以后购置的符合《中华人民共和国车辆购置税暂行条例》免税条件的车辆,凡

2005年1月1日前未办理过纳税申报的，应到车购办补办纳税申报手续，确定初次申报日期。初次申报日期为车辆行驶证或行车执照标注的登记日期。

六、关于退税

（一）已经办理纳税申报的车辆，发生下列情形之一的，纳税人应到车购办申请退税：

1. 因质量原因，车辆被退回生产企业或者经销商的。

2. 公安机关车辆管理机构不予办理车辆登记注册手续的。

（二）纳税人在车购办申请办理退税手续时，应如实填写《车辆购置税退税申请表》（见附件4，以下简称退税申请表），同时提供以下资料：

1. 生产企业或经销商开具的退车证明和退车的发票。

2. 完税证明。

（三）退税款的计算：

1. 因质量原因，车辆被退回生产企业或者经销商的，自纳税人办理纳税申报之日起，按已缴税款每满1年扣减10%计算退税额。

2. 对公安机关车辆管理机构不予办理车辆登记注册手续的车辆，退还全部已缴税款。

（四）车购办按照规定的程序办理退税。

七、关于免（减）税申请

（一）未列入《设有固定装置免税车辆图册》（以下简称免税车辆图册）的设有固定装置的非运输车辆、留学人员购买的国产车辆、来华专家进口的自用车辆，在办理纳税申报前生产企业或纳税人应先到车购办办理免（减）税申请。

1. 国产的设有固定装置的非运输车辆，生产企业或纳税人应直接向车购办提出免税申请，填写《车辆购置税免税申请审批表》（见附件2，以下简称免税申请审批表），提供车辆内、外观彩色五寸照片2套。

2. 进口的设有固定装置的非运输车辆、留学人员购买的国产车辆、来华专家进口的自用车辆，纳税人应直接向车购办提出免税申请，填写免税申请审批表。进口的设有固定装置的非运输车辆提供车辆内、外观彩色五寸照片2套。留学人员提供中华人民共和国驻留学生学习所在国的大使馆或领事馆出具的留学证明（原件，审核后退还申请人）和公安部门出具的境内居住证明、个人护照（原件，审核后退还申请人）。来华专家提供国家外国专家局或其授权单位核发的专家证（原件，审核后退还申请人）和公安部门出具的境内居住证明（原件，审核后退还申请人）。

（二）防汛专用车和森林消防专用车、国务院批准免税的其他车辆，在办理纳税申报前，申请免税部门应向国家税务总局提出免税申请。

八、关于免（减）税依据及免（减）税审核批准程序

车购办应分别不同情况依据国家税务总局的免税批准文件、国家税务总局或省、自治区、直辖市、计划单列市国家税务局审核批准的免税申请审批表、免税车辆图册，办理免税事宜。

（一）未列入免税车辆图册的设有固定装置的非运输车辆：

1. 车购办应在生产企业或纳税人填写的免税申请审批表签署意见。各级流转税管理部门将免税申请审批表连同所附照片（1套）逐级上报至国家税务总局。

2. 国家税务总局在免税申请审批表签署意见后，将免税申请审批表逐级下发至车购办。同时国家税务总局将符合免税条件的车辆列入免税车辆图册。

3. 车购办依据免税申请审批表在纳税人办理纳税申报时直接办理免税事宜。

（二）已列入免税车辆图册的设有固定装置的非运输车辆。

车购办依据免税车辆图册在纳税人办理纳税申报时直接办理免税事宜。设有固定装置的非运输车辆的具体免税范围，按免税车辆图册的范围执行。

（三）留学人员购买的国产车辆、来华专家进口的自用车辆：

1. 车购办应在生产企业或纳税人填写的免税申请审批表签署意见。各级流转税管理部门将免税申请审批表逐级上报至省、自治区、直辖市、计划单列市国家税务局流转税管理部门。

2. 省、自治区、直辖市、计划单列市国家税务局在免税申请审批表签署意见后，将免税申请审批表逐级下发至车购办。

3. 车购办依据免税申请审批表在纳税人办理纳税申报时直接办理免税事宜。

(四)防汛专用车和森林消防专用车、国务院批准免税的其他车辆:

1. 申请免税部门应向国家税务总局提出免税申请,同时提供车辆内、外观彩色五寸照片。

2. 国家税务总局将审核后同意免税的批准文件下发至纳税人所在地省、自治区、直辖市、计划单列市国家税务局流转税管理部门。

3. 省、自治区、直辖市、计划单列市国家税务局逐级将免税车辆范围通知车购办。

4. 车购办依据通知为纳税人办理免税手续。

(五)外国驻华使馆、领事馆和国际组织驻华机构及其外交人员自用的车辆、中国人民解放军和中国人民武装警察部队列入军队武器装备订货计划的车辆,车购办依据纳税人提供的资料直接办理免税手续。

九、关于完税证明

省、自治区、直辖市、计划单列市国家税务局负责完税证明的管理。

完税证明分正本和副本,按车核发、每车一证。正本由纳税人保管以备查验,副本用于办理车辆注册登记。完税证明不得转借、涂改、买卖或者伪造。完税证明发生损毁、丢失的,纳税人须持《机动车行驶证》向原发证税务机关申请换、补,并填写《换(补)车辆购置税完税证明申请表》(见附件 3,以下简称补证申请表)。

十、关于征收管理档案

(一)车购办应对已办理纳税申报的车辆建立车辆购置税征收管理档案(以下简称档案)。档案内容包括:

1. 纳税申报表及附报资料。

2. 退税申请表及附报资料。

3.《车辆变动情况登记表》(见附件 5,以下简称变动登记表)及附报资料。

4. 补证申请表及补发完税证明的有关资料。

5. 其他资料。

(二)车购办要妥善保管、使用从交通部门移交过来的所有档案。

(三)车购办依据档案办理车辆的过户、转籍、变更手续。

十一、关于车辆的过户、转籍、变更

(一)车辆发生过户、转籍、变更等情况时,车主应在向公安机关车辆管理机构办理车辆变动手续之日起 30 日内,到车购办办理档案变动手续。

过户,是指车辆登记注册地未变而车主发生变动的情形。转籍,是指同一车辆的登记注册地发生变动的情形。车辆转籍分转出和转入。变更,是指已经办理纳税申报的车辆,经公安机关车辆管理机构批准,车辆发动机、发动机号码、车架(底盘)、车辆识别号(车架号码)、车辆所有者名称、车型、用途等发生了变更。

(二)车主办理过户手续时,应如实填写变动登记表,并提供完税证明(正本)和《机动车行驶证》原件及复印件。原件经车购办审核后退还车主,复印件由车购办留存。车购办审核后,对过户车辆核发新的完税证明,收回过户前车购办核发的完税证明(正本)。

(三)车主办理转出手续时,应如实填写变动登记表,提供公安机关车辆管理机构出具的车辆转出证明材料。转出地车购办审核后,据此办理档案转出手续,并向转入地车购办开具《车辆购置税档案转移通知书》(见附件 6,以下简称档案转移通知书)。

(四)车主办理转入手续时,应如实填写变动登记表,提供完税证明(正本)、档案转移通知书和档案。转入地车购办审核后,对转籍车辆核发完税证明,收回转出地车购办核发的完税证明(正本)。

(五)既过户又转籍的车辆,车购办按转籍办理档案变动手续。

(六)转籍车辆档案资料交接程序如下:

1. 转出地车购办将档案资料连同档案转移通知书,交由车主自带转籍。转出地车购办复印留存转出的全部档案资料并保存 60 天。

2. 转入地车购办按本通知第十条第(一)款规定建立档案。

3. 转籍过程中发生档案丢失、损毁的,转出地车购办在档案留存期限内,可向车主提供留存档案,并每页加盖转出地车购办印章。

(七)办理车辆变更手续时,纳税人应填写变动登记表,提供完税证明(正本)和《机动车行驶证》。车购办对变更车辆核发新的完税证明，收回变更前车购办核发的完税证明（正本）。

十二、关于车辆价格信息采集

（一）国家税务总局定期下发采集车辆价格信息通知。各省、自治区、直辖市、计划单列市国家税务局流转税管理部门依据国家税务总局通知要求，组织车辆价格信息的采集。

（二）车辆价格信息采集的范围：

1. 国家税务总局未核定最低计税价格的应税车辆。

2. 已经国家税务总局核定了最低计税价格，但生产企业（含组装企业，下同）名称、商标名称、产品型号、基本配置、市场平均交易价格任何一项发生变更的车辆。

3. 国家税务总局要求采集的其他车辆。

（三）车辆价格信息采集内容：

1. 国产车辆价格信息采集内容包括：生产企业名称、车辆类别、商标名称、产品型号、基本配置、吨位、座位、排气量、出厂价格、市场平均交易价格等（见附件7，车辆购置税应税车辆（国产）价格信息采集表）。

2. 进口车辆价格信息采集内容包括：国别、生产企业名称、车辆类别、车辆名称、产品型号、基本配置、吨位、座位、排气量、计税价格、市场平均交易价格等（见附件8，车辆购置税应税车辆（进口）价格信息采集表）。

（四）国产车辆价格信息由车购办到车辆生产企业所在地和省、自治区、直辖市、计划单列市国家税务局流转税管理部门指定的车辆交易市场采集。进口车辆价格信息由广东省国家税务局流转税管理部门到国外车辆生产制造企业驻中国代表处、进口汽车品牌中国地区代理商及掌握进口车辆价格信息的有关单位或汽车交易市场采集。

（五）省、自治区、直辖市、计划单列市国家税务局流转税管理部门将车辆价格信息依据国家税务总局通知要求汇总，在规定的时间内上报至国家税务总局。

（六）对国家税务总局尚未核定最低计税价格的车辆，车购办应依照已核定的同类型车辆最低计税价格征税。同类型车辆由车购办负责人确定，并报上级税务机关流转税管理部门备案。

十三、关于政策执行及管理职能

（一）交通部财务会计司、交通部车辆购置附加费征收管理办公室印发的《免征车辆购置附加费车辆图册》（以下简称免征图册）继续执行，作为设有固定装置车辆免征车辆购置税的依据。

（二）代征期间车购办使用的车辆购置税征收管理软件继续使用。

（三）国家税务总局《关于车辆购置税若干政策及管理问题的通知》（国税发〔2001〕27号）附件“可继续执行的车购费文件”停止执行。

（四）各级流转税管理部门负责过渡期车辆购置税政策的贯彻执行和征收管理。

（五）车购办不再向纳税人收取《完税证明》工本费。

十四、关于完税证明、表证单书的印制

（一）完税证明由国家税务总局规定统一样式、规格、统一编号并印制。

（二）纳税申报表、免税申请审批表、补证申请表、退税申请表、变动登记表、档案转移通知书由国家税务总局规定统一样式、规格，由各省、自治区、直辖市、计划单列市国家税务局自行印制使用。

十五、本通知自2005年1月1日起执行。

以前年度征税规定与本通知有抵触的依本通知规定执行。

【注释】 对《车辆购置税暂行条例》第16条进行了解释。

国家税务总局关于车辆购置税税收政策及征收管理有关问题的补充通知

国税发〔2005〕47号

各省、自治区、直辖市、计划单列市国家税务局：

据一些地区反映，《国家税务总局关于车辆购置税税收政策及征收管理有关问题的通知》（国税发

〔2004〕160 号，以下简称 160 号通知）中存在一些政策界限不够清晰、管理方式难以确定问题，要求总局及时明确。现补充通知如下：

一、关于纳税申报问题

（一）《车辆购置税纳税申报表》金额单位可暂取整数，保留到元。

（二）回国服务的在外留学人员（以下简称留学人员）在办理免税申报时，除了按照 160 号通知规定提供相应资料外，还应提供所在地海关核发的《回国人员购买国产汽车准购单》（以下简称准购单）。凡是不能提供准购单的留学人员，车购办不予办理免税手续。

（三）已使用未完税车辆，如果纳税人主动申请补税，但缺少《机动车销售统一发票》或有效凭证的车购办应受理纳税申报．

二、关于计税依据问题

（一）免税条件消失的车辆，自初次办理纳税申报之日起，使用年限未满 10 年的，计税依据为最新核发的同类型车辆最低计税价格按每满 1 年扣减 10%，未满 1 年的计税依据为最新核发的同类型车辆最低计税价格。

（二）已使用未完税车辆发生转让、补税行为的，计税依据按《中华人民共和国车辆购置税暂行条例》第六条核定。

三、关于税款征收问题

（一）车购办在为纳税人办理纳税申报手续时，应实地验车。

（二）车购办对已使用未完税车辆除按照同类型车辆最低计税价格补征税款外，还应按《中华人民共和国税收征收管理法》（以下简称征管法）规定加收滞纳金。

四、关于退税问题

（一）对公安机关车辆管理机构不予办理车辆登记注册手续的已税车辆，纳税人可以到车购办办理退税手续。纳税人在办理退税手续时，应提供 160 号通知规定的所有资料，纳税人如果不能提供退车证明和退车的发票，车购办不能为其办理退税手续。

（二）因质量原因，车辆被退回生产企业或经销商的，自纳税人办理纳税申报之日起，按已缴税款每满 1 年扣减 10%计算退税额，未满 1 年的按已缴税款全额退税。

五、关于免（减）税申请问题

（一）160 号通知规定的挖掘机、平地机、叉车、装载车（铲车）、起重机（吊车）、推土机，车购办可依据已下发的《设有固定装置免税车辆图册》（以下简称免税图册）直接办理免税手续，不需再报总局审批。其他设有固定装置的非运输车辆，除总局已下发图片且说明图片视同免税图册的车辆不需再报总局审批外，其他车辆一律重新办理免税申请审批手续，并报总局审批。车购办未接到总局批准免税文件（免税审批表）前，为了不耽误纳税人上车牌时间，可以先征税后退税。

（二）设有固定装置车辆的生产企业在向当地车购办提出免税申请时，需填写《车辆购置税免税申请审批表》（以下简称免税审批表），但不用填写免税审批表中发动机号码、车架（底盘）号码、机动车销售发票（或有效凭证）号码和购置日期。此外，还需提供国家发展和改革委员会公告产品所在页码与技术参数页码，车辆内观、外观彩色 5 寸照片 2 套。

（三）生产企业所在地的省、自治区、直辖市、计划单列市国家税务局流转税管理部门分别于每年的 3 月、6 月、9 月、12 月向总局报送免税申请表。总局分别于 4 月、7 月、10 月及次年 1 月将免税车辆图片列入免税图册。

六、关于完税证明问题

车购办在核发完税证明正本前，需将纳税人的车牌号码打印或填写在完税证明正本上。完税证明遗失的，纳税人在申请补办完税证明前需在中国税务报上刊登遗失声明。车购办依据遗失声明为纳税人补办完税证明。

七、关于政策规定

（一）港、澳留学人员可比照留学人员享受税收优惠。

（二）对国家税务总局尚未核定最低计税价格的车辆，车购办应依照已核定的同类型车辆最低计税价格征税。同类型车辆由车购办确定，并报上级税务机关流转税管理部门备案。各省、自治区、直辖市、计划单列市国家税务局流转税管理部门应自行制定办法在最短的时间内将备案的同类型车辆最低计税价格在本地区统一。并于每月月末将统一的价格信息上报总局。上报路径为总局FTP服务器“centre\流转税司\消费税处\车购税”。

(三)按照《征管法》规定,对车辆购置税纳税人逾期申报应交纳的滞纳金从滞纳税款之日起,按日加收滞纳税款万分之一的滞纳金。

八、关于表证单书印制问题

(一)由于免税审批表是车购办执行免税政策的依据,各地印制的免税审批表需严格按照160号通知规定的格式、尺寸、采用压感技术印制。

(二)各省、自治区、直辖市、计划单列市国家税务局流转税管理部门应于每月7日前向国家税务总局报送上月车辆购置税收入统计月报表(式样见附表1)。上报路径同上。

九、本通知自2005年4月1日起执行。

【注释】 对《车辆购置税暂行条例》第16条进行了解释。

国家税务总局关于确定车辆购置税计税依据的通知

国税函〔2006〕1139号

各省、自治区、直辖市和计划单列市国家税务局:

《国家税务总局关于使用新版机动车销售统一发票有关问题的通知》(国税函〔2006〕479号,以下简称通知)下发后,总局对新版《机动车销售统一发票》票样进行了修改,一些地区要求总局明确不含增值税税款的车辆价格的计算方法。现将有关问题通知如下:

一、根据《中华人民共和国增值税暂行条例》及其实施细则的有关规定,纳税人销售货物不含增值税的销售额的计算公式为:

销售额=含税销售额÷(1+增值税税率或征收率)

主管税务机关在计征车辆购置税确定计税依据时,计算车辆不含增值税价格的计算方法与增值税相同,即:

不含税价=(全部价款+价外费用)÷(1+增值税税率或征收率)

二、《车辆购置税征收管理办法》(国家税务总局令第15号)附件1《车辆购置税纳税申报表》填表说明第12条第(1)款修订为“境内购置车辆,按机动车销售统一发票(不含税价栏)填写”;第(3)款修订为“自产、受赠、获奖或者以其他方式取得并自用的车辆,按机动车销售统一发票(不含税价栏)填写”。

本规定自2006年12月1日起执行。

【注释】 对《车辆购置税暂行条例》第6条进行了解释。

国家税务总局财政部中国人民银行关于车辆购置税征缴管理有关问题的通知

国税发〔2009〕127号

各省、自治区、直辖市和计划单列市国家税务局,财政部驻各省、自治区、直辖市、计划单列市财政监察专员办事处,西藏自治区财政厅,中国人民银行上海总部,各分行、营业管理部、省会(首府)城市中心支行,大连、青岛、宁波、厦门、深圳市中心支行:

根据《财政部办公厅关于车辆购置税征缴管理有关问题的复函》(财办库〔2007〕198号)、《国家税务总局关于车辆购置税征缴有关问题的通知》(国税函〔2007〕787 号)有关规定,国税系统开立的车辆购置税专用账户于 2009 年 6 月 30 日到期。为进一步加强车辆购置税(以下简称车购税)征缴管理工作,规范银行账户管理,实现税款直接入库,现就车购税征缴管理有关问题通知如下:

一、关于车购税缴税方式

为方便纳税人,提高征缴效率,税务机关应向纳税人提供多元化缴税方式,包括银行卡刷卡缴税、转账缴税、现金缴税等,特别要大力推广应用 POS 机刷卡缴税,将车购税从纳税人银行卡账户直接划缴入库。已实施财税库银横向联网电子缴税的地区,要积极创造条件,逐步推广运用横向联网系统办理车购税缴库。

二、关于车购税缴税基本流程

(一)银行卡刷卡缴税基本流程

银行卡刷卡缴税包括采用商业银行布设 POS 机具刷卡缴税和采用银联子公司布设 POS 机具刷卡缴税两种模式。

对确定由商业银行布设 POS 机具的,刷卡缴税流程为:

1. 各市(包括直辖市、计划单列市、省会城市、地级市、县级市)或县人民银行分支机构和国税部门共同确定在车购税征收大厅布设 POS 机具的商业银行(即国库经收处,以下简称指定国库经收处)。

2. 指定国库经收处在"待结算财政款项"科目下开设"待报解车购税专户",专门用于核算纳税人使用 POS 机刷卡方式缴纳车购税的收纳、报解,不得用于办理税款的退付。

3. 指定国库经收处在车购税征收大厅布设 POS 机具,其刷卡缴纳的车购税的收款账户名称和账号分别为"待报解车购税专户"的名称及账号。

4. 纳税人按照应纳税额在车购税征收大厅布设的 POS 机刷卡缴税,税务机关对相关信息审核无误后,为纳税人开具税收完税证(通用完税证或转账专用完税证,下同),作为完税证明。

5. 每日工作终了,税务机关将当日 POS 机收款总额与税收完税证的票面金额核对一致后,开具税收缴款书(通用缴款书或汇总专用缴款书,下同),于当日、最迟下一工作日上午交指定国库经收处办理就地缴库手续。

6. 指定国库经收处收到税收缴款书后,将税收缴款书金额与"待报解车购税专户"收款金额进行核对,经核对一致的,于当日、最迟下一工作日划缴国库。经核对不一致的,及时与税务机关沟通联系。

7. 国库收到缴款书和资金,办理入库手续后,向税务机关返回税款入库报表和缴款书回执。

8. 税务机关根据国库返回的税款入库报表和缴款书回执,在税务征管系统做税款入库销号。

对确定由银联子公司布设 POS 机具的,刷卡缴税流程为:

1. 国库在"国库待结算款项"科目下设置"待缴库车购税专户",专门用于核算纳税人使用银联子公司 POS 机刷卡方式缴纳车购税的收纳、报解,不得用于办理税款的退付。

2. 银联子公司在车购税征收大厅布设 POS 机具,其刷卡缴纳的车购税的收款账户名称和账号分别为国库"待缴库车购税专户"的名称及账号。

3. 纳税人按照应纳税额在车购税征收大厅布设的 POS 机刷卡缴税,税务机关对相关信息审核无误后,为纳税人开具税收完税证,作为完税证明。

4. 每日工作终了,税务机关将当日 POS 机收款总额与税收完税证的票面金额核对一致后,开具税收缴款书,于当日、最迟下一工作日上午交国库办理入库手续。

5. 银联于纳税人刷卡缴税的下一工作日将资金直接划缴国库"待缴库车购税专户"。

6. 国库将税收缴款书与银联划来的资金核对一致后,办理入库手续。经核对不一致的,及时与税务机关、银联沟通联系。

7. 国库办理入库手续后,向税务机关返回税款入库报表和缴款书回执。

8. 税务机关根据国库返回的税款入库报表和缴款书回执,在税务征管系统做税款入库销号。

(二)转账缴税和现金缴税基本流程

1. 税务机关根据纳税人应纳税额逐笔开具税收通用缴款书。

2. 纳税人持税收通用缴款书到国库经收处办理缴款手续。

3. 国库经收处经对税收通用缴款书要素审核无误后,通过"待结算财政款项"科目下的"待报解预算收入专户”办理资金收纳手续，并于收纳当日、最迟下一工作日划缴国库。

4. 国库收到缴款书和资金后，办理入库手续，并向税务机关返回税款入库报表和缴款书回执。

5. 税务机关根据国库返回的税款入库报表和缴款书回执，在税务征管系统做税款入库销号。

三、关于撤并原车购税专用账户问题

（一）各级国税部门要结合推广应用POS机刷卡缴税工作，抓紧撤并原车购税专用账户。2009年7月1日至2010年3月31日，每个市（包括直辖市、计划单列市、省会城市、地级市、县级市）或县可保留一个车购税专用账户，用于现金税款的收纳和缴库，其余车购税专用账户自2009年7月1日起给予六个月的过渡期，期满须即时办理销户手续。

（二）2010年4月1日起，所有车购税专用账户一律撤销。对于纳税人采用现金缴纳税款的，原则上由纳税人持税务机关开具的税收通用缴款书到国库经收处自行办理就地缴库，特殊情况可由税务机关收纳后开具税收缴款书于当日、最迟下一工作日上午到国库经收处办理就地缴库。

四、工作要求

（一）财政部驻各省、自治区、直辖市、计划单列市财政监察专员办事处和西藏自治区财政厅，要加强对车购税专用账户使用的监督管理，做好专用账户延期的审批、备案管理工作，督促税务机关及时办理撤户手续。

（二）税务机关在车购税专用账户尚未撤销前，仍按现行规定在每月的5日、10日、15日、20日、25日和月末最后一天（遇法定节假日顺延），将车购税专用账户中的到账税款全额缴入国库。

（三）在车购税专用账户撤销时，税务机关要做好与开户银行的对账工作，务必保证税务与银行、账与证、账与账、账与表数字一致，准确无误；账户清空后，要做好结账、封账和销户工作。

（四）各地税务机关和人民银行分支机构要根据当地实际情况，共同确定POS机刷卡缴税方式，以确保纳税人顺利通过POS机刷卡方式缴纳车购税。税务机关要会同当地有关部门，抓紧组织做好POS机具布设、调试工作。

（五）各地税务机关应积极对POS机刷卡缴税方式进行宣传引导。车购税征缴方式进行调整前，税务机关要提前向社会公告，并实行至少一个月的公告期，同时做好有关宣传工作，尤其要注意对汽车销售点的宣传，以便让纳税人预知。

（六）各地人民银行分支机构应当按照有关规定，加强对国库经收处、银联及其子公司的业务指导和监督管理。

（七）税务机关、国库、布设POS机具的国库经收处（或银联）要认真做好对账工作，发现问题及时查明原因，并跟踪处理，确保税款及时安全入库。

（八）商业银行、银联子公司办理银行卡刷卡缴税业务的相关费用问题，由国家税务总局会同财政部、中国人民银行另行研究解决。

（九）各地税务、财政、人民银行、商业银行、银联等部门要加强沟通与协作，共同做好车购税征缴管理工作，并制定有关特殊情况的处理预案。执行中有何情况，请及时向国家税务总局（收入规划核算司）、财政部（国库司）、中国人民银行（国库局）报告。

国家税务总局 交通运输部关于城市公交企业购置公共汽电车辆免征车辆购置税有关问题的通知

国税发〔2012〕61号

各省、自治区、直辖市和计划单列市国家税务局、交通运输厅（局、委），新疆生产建设兵团交通局，天津、上海市交通运输和港口管理局：

根据《财政部 国家税务总局关于城市公交企业购置公共汽电车辆免征车辆购置税的通知》（财税〔2012〕51号）规定，对城市公交企业自2012年1月1日起至2015年12月31日止购置的公共汽电车辆免征车辆购置税。现就有关问题通知如下：

一、各省、自治区、直辖市和计划单列市(以下简称各省、区、市)国家税务局与交通运输主管部门应互相配合,共同做好此项工作。各省、区、市交通运输厅(局、委)负责编制本地区《城市公共交通管理部门(包括县及县级以上公交行政管理部门、交通运输管理部门等)与城市公交企业名录》,于2012年7月20日前交各省、区、市国家税务局备案。

二、各省、区、市国家税务局应于2012年8月1日前将本省、区、市《城市公共交通管理部门与城市公交企业名录》下发至各地(市)级国家税务局。

三、县级以上(含县级)交通运输主管部门应向所在地地(市)级国家税务局报送本地区城市公交企业公共汽电车辆购置计划、采购合同或税务机关要求提供的其他资料。报送资料中应包括城市公交企业名称、新购置公共汽电车辆型号、数量、购置价格与用途等项内容。车辆购置税征收管理机关依据地(市)级国家税务局审核意见,为城市公交企业办理车辆购置税免税手续。对于因特殊情况确需调整车辆购置计划的,县级以上(含县级)交通运输主管部门应说明理由,并重新向所在地地(市)级国家税务局报送公共汽电车辆购置计划、采购合同或税务机关要求提供的其他资料。

四、城市公交企业到车辆购置税征收管理机关申请办理车辆购置税免税手续,除应按照《车辆购置税征收管理办法》规定提供相关资料外,还应提供所在地县级以上(含县级)交通运输主管部门出具的城市公交企业和公共汽电车辆认定证明、公共汽电车辆购置计划、采购合同或税务机关要求提供的其他证明材料的原件与复印件,原件经税务机关核对后退还申请人,复印件由税务机关留存。

五、城市公交企业为新购置的公共汽电车辆办理免税手续后,因车辆转让、改变用途等原因导致免税条件消失的,应当到税务机关重新办理申报缴税手续。未按规定办理的,依据征管法的规定处理。

六、城市公交企业购置公共汽电车辆日期以《机动车销售统一发票》开具日期为准。

国家税务总局 交通运输部

二〇一二年六月二十六日

中华人民共和国财政部 国家税务总局 中华人民共和国工业和信息化部关于免征新能源汽车车辆购置税的公告

中华人民共和国财政部 国家税务总局 中华人民共和国工业和信息化部公告2014年第53号

为促进我国交通能源战略转型、推进生态文明建设、支持新能源汽车产业发展,经国务院批准,现将免征新能源汽车车辆购置税有关事项公告如下:

一、自2014年9月1日至2017年12月31日,对购置的新能源汽车免征车辆购置税。

二、对免征车辆购置税的新能源汽车,由工业和信息化部、国家税务总局通过发布《免征车辆购置税的新能源汽车车型目录》(以下简称《目录》)实施管理。

(一)列入《目录》的新能源汽车须同时符合以下条件:

1. 获得许可在中国境内销售的纯电动汽车、插电式(含增程式)混合动力汽车、燃料电池汽车。

2. 使用的动力电池不包括铅酸电池。

3. 纯电动续驶里程须符合附件1要求。

4. 插电式混合动力乘用车综合燃料消耗量(不含电能转化的燃料消耗量)与现行的常规燃料消耗量国家标准中对应目标值相比小于60%;插电式混合动力商用车综合燃料消耗量(不含电能转化的燃料消耗量)与现行的常规燃料消耗量国家标准中对应限值相比小于60%。

5. 通过新能源汽车专项检测,符合新能源汽车标准要求。具体要求见附件2。

(二)汽车生产企业或进口汽车经销商(以下简称企业)向工业和信息化部提交《目录》申请报告。具体要求见附件3。

提出申请的企业须同时符合以下条件:

1. 生产或进口符合列入《目录》条件的新能源汽车。

2. 对新能源汽车动力电池、电机、电控等关键零部件提供不低于5年或10万公里(以先到者为准)质保。

3. 有较强的售后服务保障能力。

(三)工业和信息化部会同国家税务总局等部门,对企业提交的申请材料进行审查;通过审查的车型列入《目录》,由工业和信息化部、国家税务总局发布。

自《目录》发布之日起,购置列入《目录》的新能源汽车免征车辆购置税;购置时间为机动车销售统一发票(或有效凭证)上注明的日期。

(四)财政部、国家税务总局、工业和信息化部等部门将适时组织开展《目录》车型专项检查。企业对申报材料的真实性和产品质量负责。对产品与申报材料不符,产品性能指标未达到要求,或者提供其他虚假信息骗取列入《目录》车型资格的企业,取消该申报车型享受免征车辆购置税政策资格,并依照相关规定予以处理。

(五)财政部、国家税务总局、工业和信息化部将根据我国新能源汽车标准体系发展、技术进步和车型变化,适时修订、调整列入《目录》车型的条件。

三、工业和信息化部根据《目录》确定免征车辆购置税的车辆,税务机关据此办理免税手续。

(一)标注免税标识。

1. 工业和信息化部在机动车合格证电子信息中增加"是否列入《免征车辆购置税的新能源汽车车型目录》"字段。

2. 对列入《目录》的新能源汽车,企业上传机动车整车出厂合格证信息时,在"是否列入《免征车辆购置税的新能源汽车车型目录》"字段标注"是",即免税标识。

3. 工业和信息化部对企业上传的机动车整车出厂合格证信息中的免税标识进行审核,并将通过审核的信息传送给国家税务总局。

(二)税务机关依据工业和信息化部传送的车辆合格证电子信息中的免税标识,办理免税手续。

附件:1. 新能源汽车纯电动续驶里程要求(略)

2. 新能源汽车产品专项检查标准目录(略)

3.《免征车辆购置税的新能源汽车车型目录》申请报告(略)

财政部 国家税务总局 工业和信息化部

2014年8月1日

国家税务总局关于自卸式垃圾车车辆购置税有关问题的公告

国家税务总局公告2014年第53号

为准确执行车辆购置税政策,现对自卸式垃圾车车辆购置税有关问题公告如下:

一、自卸式垃圾车不属于设有固定装置非运输车辆,纳税人购买自卸式垃圾车应按照规定申报缴纳车辆购置税。

二、自卸式垃圾车不再列入《设有固定装置非运输车辆免税图册》,主管税务机关不再办理自卸式垃圾车申请列入《设有固定装置非运输车辆免税图册》手续。

三、本公告自发布之日起施行。

特此公告。

国家税务总局

2014年8月28日

国家税务总局关于车辆购置税征收管理有关问题的公告

国家税务总局公告2015年第4号

现就《车辆购置税征收管理办法》(国家税务总局令第33号,以下简称办法)实施的有关问题公告如下:

一、办法第三条第二项所称纳税人所在地,是指纳税人机构所在地或者居住地。

二、纳税人办理车辆购置税涉税事宜,可以自行办理,也可以委托代理人办理。法律法规、办法及本公告另有规定的除外。

三、办法第五条所称购买之日,是指《机动车销售统一发票》(以下简称统一发票)或者其他有效凭证的开具日期。

进口之日,是指《海关进口增值税专用缴款书》或者其他有效凭证的开具日期。

取得之日,是指合同、法律文书或者其他有效凭证的生效或者开具日期。

四、办法第七条所称纳税人身份证明、车辆价格证明、车辆合格证明,分别如下:

(一)纳税人身份证明

1. 内地居民,提供内地《居民身份证》或者《居民户口簿》(上述证件上的发证机关为非车辆登记注册地的纳税人在申报纳税时需同时提供车辆登记注册地的居住证或者暂住证)或者军人(含武警)身份证明;

2. 香港、澳门特别行政区、台湾地区居民,提供入境的身份证明和居住证明;

3. 外国人,提供入境的身份证明和居住证明;

4. 组织机构,提供《组织机构代码证》或者《税务登记证》或者其他有效机构证明。

(二)车辆价格证明

1. 境内购置车辆,提供销售者开具给纳税人购买应税车辆所支付的全部价款和价外费用的凭证,包括统一发票(发票联和报税联)或者其他有效凭证。

2. 进口自用车辆,提供《海关进口关税专用缴款书》、《海关进口消费税专用缴款书》或者海关进出口货物征免税证明。

(三)车辆合格证明

1. 国产车辆,提供整车出厂合格证明(以下简称合格证)或者车辆电子信息单。

2. 进口车辆,提供车辆电子信息单、《中华人民共和国海关货物进口证明书》或者《中华人民共和国海关监管车辆进(出)境领(销)牌照通知书》或者《没收走私汽车、摩托车证明书》。

五、办法以及本公告要求纳税人提供资料的,纳税人应当提供原件和相应的复印件。复印件由主管税务机关留存。主管税务机关根据不同业务管理规定要求留存统一发票报税联、车辆电子信息单、彩色照片以及《车辆购置税完税证明》(以下简称完税证明)等原件的,不再留存复印件。其他原件经主管税务机关审核后退还纳税人。

六、驻外使领馆工作人员进口自用车辆,在办理车辆购置税纳税申报时,除按照法律法规规定提供相关资料外,还应当提供以下资料:

(一)护照原件和复印件;

(二)驻外使领馆出具的《我国驻外使领馆人员离任回国证明书》或者《驻外使领馆人员身份证明》。

七、本公告第六条所称驻外使领馆工作人员,是指我国驻外使领馆享受常驻人员待遇的工作人员,不包括驻港澳地区内派机构的工作人员和其他驻境外机构的工作人员。

八、办法第九条第二项所称进口自用,是指纳税人直接从境外进口或者委托代理进口自用的应税车辆,不包括境内购买的进口车辆。

九、办法第九条第五项规定,纳税人提供的有效价格证明注明的价格,主管税务机关认为明显偏低的,核定计税价格的方法如下:

核定计税价格=车辆销售企业车辆进价(进货合同或者发票注明的价格)×(1+成本利润率)

成本利润率，由省、自治区、直辖市和计划单列市国家税务局确定。

十、办法第九条第六项所称进口旧车，是指《中华人民共和国海关监管车辆进(出)境领(销)牌照通知书》或者其他有效证明注明的进口旧车。

所称因不可抗力因素导致受损的车辆，是指车辆投保的保险公司出具的受损车辆赔偿文书报告或者有关机构出具的有效证明中注明的因不可抗力因素导致受损的车辆。

所称库存超过3年的车辆，是指自合格证标注的“车辆制造日期”至车辆有效价格证明的开具日期超过3年的国产车辆；自《中华人民共和国海关货物进口证明书》标注的“运抵日期”，或者《没收走私汽车、摩托车证明书》或者裁定没收法律文书标注的“签发日期”至车辆有效价格证明的开具日期超过3年的进口车辆。

所称行驶8万公里以上的试验车辆，是指经工业和信息化部授权的车辆试验机构出具的车辆试验报告或者其他证明材料注明已行驶8万公里以上的试验车辆。

十一、驻外使领馆工作人员进口自用车辆在申报缴纳车辆购置税时，主管税务机关应当按照海关专用缴款书核定的车辆完税价格，确定计税价格。

十二、主管税务机关应当按规定对车辆购置税征管资料进行电子影像化管理。

车辆购置税纸质征管资料保存期限：摩托车纸质征管资料5年，其他车辆纸质征管资料10年。

车辆购置税纸质征管资料超过保存期限的，主管税务机关可以按规定清点造册后予以销毁。

十三、车辆购置税征管资料内容分别如下：

(一)征税车辆

纳税人身份证明、车辆价格证明、车辆合格证明和《车辆购置税纳税申报表》(附件1，以下简称纳税申报表)。

(二)免税车辆

纳税人身份证明、车辆价格证明、车辆合格证明、纳税申报表、《车辆购置税免(减)税申报表》(附件2，以下简称免税申报表)和车辆免(减)税证明资料。

(三)免税车辆重新申报车辆

1. 发生二手车交易行为的：纳税人身份证明、《二手车销售统一发票》、纳税申报表和完税证明正本。

2. 未发生二手车交易行为的：纳税人身份证明、纳税申报表、完税证明正本和其他相关材料。

(四)补税车辆

车主身份证明、车辆价格证明、纳税申报表和补税相关材料。

(五)完税证明补办车辆

1. 车辆登记注册前完税证明发生损毁丢失的：纳税人(车主)身份证明、车辆购置税完税凭证、车辆合格证明和《车辆购置税完税证明补办表》(附件3，以下简称补办表)。

2. 车辆登记注册后完税证明发生损毁丢失的：纳税人(车主)身份证明、《机动车行驶证》和补办表。同时，税务机关应当留存新完税证明副本。

(六)完税证明更正车辆

完税证明正、副本和完税证明更正相关材料。

十四、主管税务机关依据国家税务总局发布的免税图册，为符合免税条件但已征税的设有固定装置非运输车辆办理免税和退税手续。

办理退税业务手续，纳税人填写《车辆购置税退税申请表》(附件4，以下简称退税申请表)，并提供规定资料办理退税手续。

十五、主管税务机关应当依据纳税人提供的免(减)税申报资料，按照法律法规的规定和程序办理免(减)税手续。

十六、回国服务的在外留学人员购买自用国产小汽车办理免税手续，除了按办法规定提供申报资料外，还应当提供中华人民共和国驻留学人员学习所在国的大使馆或者领事馆(中央人民政府驻香港联络办公室、中央人民政府驻澳门联络办公室)出具的留学证明；公安部门出具的境内居住证明、本人护照；海关核发的《中华人民共和国海关回国人员购买国产汽车准购单》。

所称小汽车，是指含驾驶员座位9座以内，在设计和技术特性上主要用于载运乘客及其随身行李或者临时物品的乘用车。

十七、长期来华定居专家(以下简称来华专家)办理进口自用小汽车免税手续，除了按办法规定提供申报资料外，还应当提供国家外国专家局或者其授权单位核发的专家证，公安部门出具的境内居住证明、本人护照。

所称来华专家，是指来华工作一年以上(含一年)的外国专家。

十八、办法第十九条所称设有固定装置，是指车辆设有不能轻易移动和拆卸(焊接、铆接或者螺栓固定等)的固定装置。

十九、申报列入免税图册的车辆，机动车生产企业或者纳税人按照规定填写《设有固定装置非运输车辆信息表》(附件 5，以下简称车辆信息表)，并提供下列资料：

1. 车辆合格证明原件、复印件。

国产车辆，提供合格证和《中华人民共和国工业和信息化部车辆生产及产品公告》；进口车辆，提供《中华人民共和国海关货物进口证明书》。

2. 车辆内、外观彩色五寸照片 1 套。

3. 车辆内、外观彩色照片电子文档。

二十、办法第二十二条所称主管税务机关在税款足额入库后发放完税证明，具体情形如下：纳税人到银行办理车辆购置税税款缴纳(转账或者现金)由银行将税款缴入国库的，主管税务机关依据国库传回的《税收缴款书(银行经收专用)》联次发放完税证明；纳税人通过横向联网电子缴税系统等电子方式缴纳税款的，税款划缴成功后，主管税务机关即可发放完税证明；纳税人在办税服务厅以现金方式缴纳税款的，主管税务机关收取税款后即可发放完税证明。

二十一、办法第二十六条所称完税证明内容与原申报资料不一致，是指完税证明纳税人名称、厂牌型号、车辆识别代号(车架号)、发动机号等项内容与原申报资料不一致且不影响车辆购置税应纳税额的情形。

车辆识别代号(车架号)和发动机号同时与原申报资料不一致的不属于该情形。

主管税务机关核实后，办理更正手续，收回原完税证明，核发新完税证明。

二十二、税务机关发现纳税人未按规定缴纳车辆购置税的，有权责令其补缴；纳税人拒绝缴纳的，税务机关可以通知公安机关车辆管理部门暂扣纳税人的车辆牌照。

纳税人缴清税款后，主管税务机关及时通知公安机关车辆管理部门解除暂扣车辆牌照。

二十三、本公告自 2015 年 2 月 1 日起施行。《车辆购置税废止或者失效的文件目录》(见附件 6)所列文件条款同时废止或者失效。

特此公告。

附件：1. 车辆购置税纳税申报表(略)
2. 车辆购置税免(减)税申报表(略)
3. 车辆购置税完税证明补办表(略)
4. 车辆购置税退税申请表(略)
5. 设有固定装置非运输车辆信息表(略)
6. 车辆购置税废止或失效的文件目录(略)

国家税务总局
2015 年 1 月 30 日

关于车辆购置税征收管理有关问题的公告的解读

2014 年，国家税务总局对《车辆购置税征收管理办法》(以下简称办法)进行了全面修订，进一步完善了车购税征管制度，加强了车购税征收管理，提高了车购税征管工作效率与服务质量。办法对制定依据、征税范围、纳税申报、计税价格、退免税管理、完税证明等原则性条款进行规定。为了更好地贯彻实施修订后的车购税征管办法，国家税务总局另行制定了《国家税务总局关于车辆购置税征收管理有关问题的公告》(以下简称公告)，公告按照办法的体例结构和组织顺序，依循细化办法有关规定或补充办法未规定内容的基本思路进行制定，共二十三条，其中十二条对办法中的有关规定进行了细化，十一条对办法中未规定的内容进行了补充。公告对于基层税务机关及纳税人办理车购税具体业务具有指导性作用。

在近年来的税收征管实践中，各地税务机关及纳税人陆续对车购税政策及管理中的一些概念界定、业务办理事宜提出了建议和意见，如进口车库存三年的界定问题，未核定最低计税价格车辆申报计税价格明显偏低时计税价格的核定方法等。国家税务总局对上述情况进行了调查研究，在本公告中对类似情况均进行了明确，如："购买之日"、"进口之日"、"取得之日"、"进口自用"、"进口旧车"、"因不可抗力因素导致受损的车辆"、"库存超过 3 年的车辆"、"行驶 8 万公里以上的试验车辆"等。此外，公告还对车购税征管资料的存储方式(电子、纸质)及纸质征管资料的保存期限、车购税征管资料内容、"税款足额入库"的情形进行了明确；公告附件对车购税表证单书进行了规范。

特此发布公告予以明确。

国家税务总局 交通运输部关于城市公交企业购置公共汽电车辆办理免征车辆购置税手续问题的公告

国家税务总局 交通运输部公告 2015 年第 57 号

根据《国务院关于取消非行政许可审批事项的决定》(国发〔2015〕27 号)，公共汽电车辆免征车辆购置税的审核项目予以取消。为落实《财政部 国家税务总局关于城市公交企业购置公共汽电车辆免征车辆购置税的通知》(财税〔2012〕51 号)要求，现就城市公交企业办理相关免税手续问题公告如下：

一、城市公交企业到车辆购置税征收管理机关办理车辆购置税免税手续，应当提供《车辆购置税征收管理办法》规定的相关资料，以及所在地县级以上(含县级)交通运输主管部门出具的城市公交企业和公共汽电车辆认定证明、公共汽电车辆购置计划、采购合同或税务机关要求提供的其他证明材料的原件与复印件，原件经税务机关核对后退还，复印件由税务机关留存。车辆购置税征收管理机关依据上述材料为城市公交企业办理车辆购置税免税手续。

二、本公告自公布之日起施行。《国家税务总局 交通运输部关于城市公交企业购置公共汽电车辆免征车辆购置税有关问题的通知》(国税发〔2012〕61 号)第三条、第四条规定同时废止。

特此公告。

国家税务总局 交通运输部
2015 年 8 月 4 日

国家税务总局关于修改《车辆购置税征收管理办法》的决定

国家税务总局令第 38 号

《国家税务总局关于修改〈车辆购置税征收管理办法〉的决定》，已经 2015 年 12 月 17 日国家税务总局 2015 年度第 2 次局务会议审议通过，现予公布，自 2016 年 2 月 1 日起施行。

根据《国务院关于取消非行政许可审批事项的决定》(国发〔2015〕27 号)，国家税务总局决定对《车辆购置税征收管理办法》作如下修改：

将第二十一条修改为："国家税务总局定期编列免税图册。车辆购置税免税图册管理办法由国家税务总局另行制定。"

本决定自2016年2月1日起施行。

《车辆购置税征收管理办法》根据本决定作相应的修改，重新公布。

车辆购置税征收管理办法

（2014年12月2日国家税务总局令第33号公布 根据2015年12月28日《国家税务总局关于修改〈车辆购置税征收管理办法〉的决定》修正）

第一条 根据《中华人民共和国税收征收管理法》（以下简称税收征管法）、《中华人民共和国税收征收管理法实施细则》、《中华人民共和国车辆购置税暂行条例》（以下简称车辆购置税条例）及有关法律法规规定，制定本办法。

第二条 车辆购置税的征税、免税、减税范围按照车辆购置税条例的规定执行。

第三条 纳税人应到下列地点办理车辆购置税纳税申报：

（一）需要办理车辆登记注册手续的纳税人，向车辆登记注册地的主管税务机关办理纳税申报；

（二）不需要办理车辆登记注册手续的纳税人，向纳税人所在地的主管税务机关办理纳税申报。

第四条 车辆购置税实行一车一申报制度。

第五条 纳税人购买自用应税车辆的，应自购买之日起60日内申报纳税；进口自用应税车辆的，应自进口之日起60日内申报纳税；自产、受赠、获奖或者以其他方式取得并自用应税车辆的，应自取得之日起60日内申报纳税。

第六条 免税车辆因转让、改变用途等原因，其免税条件消失的，纳税人应在免税条件消失之日起60日内到主管税务机关重新申报纳税。

免税车辆发生转让，但仍属于免税范围的，受让方应当自购买或取得车辆之日起60日内到主管税务机关重新申报免税。

第七条 纳税人办理纳税申报时应如实填写《车辆购置税纳税申报表》（以下简称纳税申报表），同时提供以下资料：

（一）纳税人身份证明；

（二）车辆价格证明；

（三）车辆合格证明；

（四）税务机关要求提供的其他资料。

第八条 免税条件消失的车辆，纳税人在办理纳税申报时，应如实填写纳税申报表，同时提供以下资料：

（一）发生二手车交易行为的，提供纳税人身份证明、《二手车销售统一发票》和《车辆购置税完税证明》（以下简称完税证明）正本原件；

（二）未发生二手车交易行为的，提供纳税人身份证明、完税证明正本原件及有效证明资料。

第九条 车辆购置税计税价格按照以下情形确定：

（一）纳税人购买自用的应税车辆，计税价格为纳税人购买应税车辆而支付给销售者的全部价款和价外费用，不包含增值税税款；

（二）纳税人进口自用的应税车辆：

计税价格＝关税完税价格＋关税＋消费税

（三）纳税人购买自用或者进口自用应税车辆，申报的计税价格低于同类型应税车辆的最低计税价格，又无正当理由的，计税价格为国家税务总局核定的最低计税价格；

（四）纳税人自产、受赠、获奖或者以其他方式取得并自用的应税车辆的计税价格，主管税务机关参照国家税务总局规定的最低计税价格核定；

（五）国家税务总局未核定最低计税价格的车辆，计税价格为纳税人提供的有效价格证明注明的价格。有效价格证明注明的价格明显偏低的，主管税务机关有权核定应税车辆的计税价格；

（六）进口旧车、因不可抗力因素导致受损的车辆、库存超过3年的车辆、行驶8万公里以上的试验车辆、国家税务总局规定的其他车辆，计税价格为纳税人提供的有效价格证明注明的价格。纳税人无法提供车辆有效价格证明的，主管税务机关有权核定应税车辆的计税价格；

（七）免税条件消失的车辆，自初次办理纳税申报之日起，使用年限未满10年的，计税价格以免税车辆初次办理纳税申报时确定的计税价格为基准，每满1年扣减10%；未满1年的，计税价格为免税车辆的原计税价格；使用年限10年（含）以上的，计税价格为0。

第十条 价外费用是指销售方价外向购买方收取的基金、集资费、违约金（延期付款利息）和手续费、包装费、储存费、优质费、运输装卸费、保管费以及其他各种性质的价外收费，但不包括销售方代办保险等而向购买方收取的保险费，以及向购买方收取的代购买方缴纳的车辆购置税、车辆牌照费。

第十一条 最低计税价格是指国家税务总局依据机动车生产企业或者经销商提供的车辆价格信息，参照市场平均交易价格核定的车辆购置税计税价格。

车辆购置税最低计税价格管理办法由国家税务总局另行制定。

第十二条 纳税人购买自用或者进口自用的应税车辆，申报的计税价格低于同类型应税车辆的最低计税价格，又无正当理由的，是指除本办法第九条第（六）项规定车辆之外的情形。

第十三条 主管税务机关应对纳税申报资料进行审核，确定计税价格，征收税款，核发完税证明。

第十四条 主管税务机关对已经办理纳税申报车辆的征管资料及电子信息按规定保存。

第十五条 已缴纳车辆购置税的车辆，发生下列情形之一的，准予纳税人申请退税：

（一）车辆退回生产企业或者经销商的；

（二）符合免税条件的设有固定装置的非运输车辆但已征税的；

（三）其他依据法律法规规定应予退税的情形。

第十六条 纳税人申请退税时，应如实填写《车辆购置税退税申请表》（以下简称退税申请表），由本人、单位授权人员到主管税务机关办理退税手续，按下列情况分别提供资料：

（一）车辆退回生产企业或者经销商的，提供生产企业或经销商开具的退车证明和退车发票。

未办理车辆登记注册的，提供原完税凭证、完税证明正本和副本；已办理车辆登记注册的，提供原完税凭证、完税证明正本、公安机关车辆管理机构出具的机动车注销证明。

（二）符合免税条件的设有固定装置的非运输车辆但已征税的，未办理车辆登记注册的，提供原完税凭证、完税证明正本和副本；已办理车辆登记注册的，提供原完税凭证、完税证明正本。

（三）其他依据法律法规规定应予退税的情形，未办理车辆登记注册的，提供原完税凭证、完税证明正本和副本；已办理车辆登记注册的，提供原完税凭证、完税证明正本、公安机关车辆管理机构出具的机动车注销证明或者税务机关要求的其他资料。

第十七条 车辆退回生产企业或者经销商的，纳税人申请退税时，主管税务机关自纳税人办理纳税申报之日起，按已缴纳税款每满1年扣减10%计算退税额；未满1年的，按已缴纳税款全额退税。

其他退税情形，纳税人申请退税时，主管税务机关依据有关规定计算退税额。

第十八条 纳税人在办理车辆购置税免（减）税手续时，应如实填写纳税申报表和《车辆购置税免（减）税申报表》（以下简称免税申报表），除按本办法第七条规定提供资料外，还应根据不同情况，分别提供下列资料：

（一）外国驻华使馆、领事馆和国际组织驻华机构及其外交人员自用的车辆，分别提供机构证明和外交部门出具的身份证明；

（二）中国人民解放军和中国人民武装警察部队列入军队武器装备订货计划的车辆，提供订货计划的证明；

（三）设有固定装置的非运输车辆，提供车辆内、外观彩色5寸照片；

（四）其他车辆，提供国务院或者国务院授权的主管部门的批准文件。

第十九条 车辆购置税条例第九条“设有固定装置的非运输车辆”，是指列入国家税务总局下发的《设有固定装置非运输车辆免税图册》（以下简称免税图册）的车辆。

第二十条 纳税人在办理设有固定装置的非运输车辆免税申报时，主管税务机关应当依据免税图册对车辆固定装置进行核实无误后，办理免税手续。

第二十一条 国家税务总局定期编列免税图册。车辆购置税免税图册管理办法由国家税务总局另行制定。

第二十二条 主管税务机关要加强完税证明管理，不得交由税务机关以外的单位核发。主管税务机关在税款足额入库后发放完税证明。

完税证明不得转借、涂改、买卖或者伪造。

第二十三条 完税证明分正本和副本，按车核发，每车一证。正本由车主保管，副本用于办理车辆登记注册。

税务机关积极推行与车辆登记管理部门共享车辆购置税完税情况电子信息。

第二十四条 购买二手车时，购买者应当向原车主索要完税证明。

第二十五条 完税证明发生损毁丢失的，车主在补办完税证明时，填写《车辆购置税完税证明补办表》(以下简称补办表)，分别按照以下情形予以补办：

(一)车辆登记注册前完税证明发生损毁丢失的，主管税务机关应依据纳税人提供的车辆购置税完税凭证联次或者主管税务机关车辆购置税完税凭证留存联次或者其电子信息、车辆合格证明补办；

(二)车辆登记注册后完税证明发生损毁丢失的，主管税务机关应依据车主提供的《机动车行驶证》或者《机动车登记证书》，核发完税证明正本(副本留存)。

第二十六条 完税证明内容与原申报资料不一致时，纳税人可以到发证税务机关办理完税证明的更正。

第二十七条 完税证明的样式、规格、编号由国家税务总局统一规定并印制。

第二十八条 主管税务机关应加强税源管理。发现纳税人不按规定进行纳税申报，造成不缴或者少缴应纳税款的，按税收征管法有关规定处理。

第二十九条 本办法涉及的纳税申报表、补办表、退税申请表、免税申报表、车辆信息表的样式、规格由国家税务总局统一规定，另行下发。各省、自治区、直辖市和计划单列市国家税务局自行印制使用，纳税人也可在主管税务机关网站自行下载填写使用。

第三十条 本办法自 2015 年 2 月 1 日起实施。《车辆购置税征收管理办法》(国家税务总局令第 15 号)、《国家税务总局关于修改〈车辆购置税征收管理办法〉的决定》(国家税务总局令第 27 号)同时废止。

国家税务总局关于设有固定装置非运输车辆免征车辆购置税有关事项的公告

国家税务总局公告 2016 年第 43 号

依据《中华人民共和国车辆购置税暂行条例》和《车辆购置税征收管理办法》(国家税务总局令第 33 号公布，国家税务总局令第 38 号修改)，现将设有固定装置非运输车辆免征车辆购置税有关事项公告如下：

一、设有固定装置的非运输车辆是指用于特种用途的专用作业车辆，须设有为实现该用途并采用焊接、铆接或者螺栓连接等方式固定安装在车体上的专用设备或装置，不包括载运人员和物品的专用运输车辆。

二、生产(改装)或进口的车辆符合本公告第一条规定的，按《国家税务总局 工业和信息化部关于设有固定装置非运输车辆信息采集的公告》(国家税务总局 工业和信息化部公告 2015 年第 96 号)规定提交信息、照片及资料扫描件。

三、国家税务总局定期对生产企业或纳税人提交的信息及资料进行汇总，符合本公告第一条规定的，编列免税图册。

四、生产企业和纳税人可通过国家税务总局官方网站查询免税图册。

五、挖掘机、平地机、叉车、铲车(装载机)、推土机、起重机(吊车)六类工程机械和《国家税务总局关于设有固定装置非运输车辆免征车辆购置税有关问题的公告》(国家税务总局公告 2013 年第 45 号)中列示的混凝土泵车，钻机车，洗井液、清蜡车，修井(机)车，混砂车，压缩机车，采油车，井架立放、安装车，锅炉车，地锚车，连续抽油杆作业车，氮气车，稀浆封层车，自本公告施行之日起，生产(改装)或进口上述车辆时，需按本公告规定上传资料，统一在免税图册中列示图片。

上述车辆在本公告施行之日前已生产销售(即车辆合格证日期在本公告施行之日前),且无法按本公告提交信息的,主管税务机关依据免税图册中的免税目录办理免税。

六、纳税人办理设有固定装置非运输车辆免税申报时,主管税务机关依据免税图册和有关规定,对纳税人提供的车辆照片及有关资料核实无误后办理免税手续。

纳税人对提供资料的真实性和合法性承担责任。

七、本公告自2016年8月1日起施行。《国家税务总局关于设有固定装置非运输车辆免征车辆购置税有关问题的公告》(国家税务总局公告2013年第45号)、《国家税务总局关于车辆购置税征收管理有关问题的公告》(国家税务总局公告2015年第4号)第十九条同时废止。

特此公告。

国家税务总局
2016年6月30日

财政部 国家税务总局关于城市公交企业购置公共汽电车辆免征车辆购置税的通知

财税〔2016〕84号

各省、自治区、直辖市、计划单列市财政厅(局)、国家税务局,新疆生产建设兵团财务局:

经国务院批准,现将城市公交企业购置公共汽电车辆免征车辆购置税有关政策通知如下:

一、自2016年1月1日起至2020年12月31日止,对城市公交企业购置的公共汽电车辆免征车辆购置税。

上述城市公交企业是指,由县级以上(含县级)人民政府交通运输主管部门认定的,依法取得城市公交经营资格,为公众提供公交出行服务的企业。

上述公共汽电车辆是指,由县级以上(含县级)人民政府交通运输主管部门按照车辆实际经营范围和用途等界定的,在城市中按规定的线路、站点、票价和时刻表营运,供公众乘坐的经营性客运汽车和无轨电车。

二、免税车辆因转让、改变用途等原因不再属于免税范围的,应按照《中华人民共和国车辆购置税暂行条例》第十五条的规定补缴车辆购置税。

三、城市公交企业在办理车辆购置税纳税申报时,需向所在地主管税务机关提供所在地县级以上(含县级)交通运输主管部门出具的城市公交企业和公共汽电车辆认定证明,主管税务机关依据证明文件为企业办理免税手续。城市公交企业办理免税手续的截止日期为2021年3月31日,逾期不办理的,不予免税。

四、2016年1月1日后城市公交企业购置的公共汽电车辆,在本通知下发前已缴纳车辆购置税的,主管税务机关按规定退还已征税款。

财政部 国家税务总局
2016年7月25日

国家税务总局关于车辆购置税征收管理有关问题的补充公告

国家税务总局公告2016年第52号

为规范车辆购置税征收管理,提高车辆购置税征管效率,根据《车辆购置税征收管理办法》(国家税务总局令第33号公布、第38号修订,以下简称《办法》)有关规定,现就车辆购置税征收管理有关问题补充公告

如下：

一、《办法》第七条所称纳税人身份证明、车辆价格证明、车辆合格证明，分别如下：

（一）纳税人身份证明

1. 内地居民，提供内地《居民身份证》或者《居民户口簿》（上述证件上的签发机关所在地与车辆登记注册地不一致的，纳税人在申报纳税时需同时提供车辆登记注册地户籍管理部门出具的居住证明或者其他相关证明文书）或者军人（含武警）身份证明；

2. 香港、澳门特别行政区、台湾地区居民，提供入境的身份证明和境内居住证明；

3. 外国人，提供入境的身份证明和境内居住证明；

4. 组织机构，提供《营业执照》或者《税务登记证》或者《组织机构代码证》或者其他有效机构证明。

（二）车辆价格证明

1. 境内购置车辆，提供销售者开具给纳税人购买应税车辆所支付的全部价款和价外费用的凭证，包括统一发票（发票联和报税联）或者其他有效凭证。

2. 进口自用车辆，提供《海关进口关税专用缴款书》或者《海关进口消费税专用缴款书》或者海关进出口货物征免税证明。

（三）车辆合格证明

1. 国产车辆，提供整车出厂合格证明（以下简称“合格证”）或者车辆电子信息单。

2. 进口车辆，提供车辆电子信息单、车辆一致性证书、《中华人民共和国海关货物进口证明书》或者《中华人民共和国海关监管车辆进（出）境领（销）牌照通知书》或者《没收走私汽车、摩托车证明书》。

二、《办法》以及本公告要求纳税人提供资料的，纳税人应当分别按照不同业务要求提供原件和相应的复印件。主管税务机关要求留存机动车发票统一发票报税联、车辆电子信息单、彩色照片以及《车辆购置税完税证明》（以下简称《完税证明》）等原件的，纳税人不需要提供复印件。其他资料，原件经主管税务机关审核后退还纳税人，主管税务机关留存复印件。

三、《办法》第九条第七项免税条件消失的车辆使用年限的界定方法是：自初次办理纳税申报之日起，至导致免税条件消失的行为发生之日（例如：二手车发票开具日期或原免税车辆改变用途发生之日）止。

四、车辆购置税征管资料内容分别如下：

（一）征税车辆

《车辆购置税纳税申报表》（附件1，以下简称《纳税申报表》）、纳税人身份证明、车辆价格证明、车辆合格证明和其他证明材料。

（二）免税车辆

《车辆购置税免（减）税申报表》（附件2，以下简称《免税申报表》）、《纳税申报表》、纳税人身份证明、车辆价格证明、车辆合格证明、车辆免（减）税证明资料和其他证明材料。

（三）免税车辆重新申报

1. 发生二手车转让行为的免税条件消失车辆：《纳税申报表》、纳税人身份证明、《二手车销售统一发票》、《完税证明》正本和其他相关材料。

2. 未发生二手车转让行为的免税条件消失车辆：《纳税申报表》、纳税人身份证明、《完税证明》正本和其他相关材料。

3. 发生二手车转让行为的免税条件未消失车辆：《免税申报表》、《纳税申报表》、纳税人身份证明、《二手车销售统一发票》、《完税证明》正本和其他免税申报资料。

（四）补税车辆

《纳税申报表》、车主身份证明、车辆价格证明和补税相关材料。

（五）《完税证明》补办车辆

1. 车辆登记注册前《完税证明》发生损毁丢失的：《车辆购置税完税证明补办表》（附件3，以下简称《补办表》）、纳税人（车主）身份证明、车辆合格证明和车辆购置税完税凭证收据联（或者主管税务机关车辆购置税完税凭证留存联次或者其电子信息材料）。

2. 车辆登记注册后《完税证明》发生损毁丢失的：《补办表》、纳税人（车主）身份证明、《机动车行驶证》或者《机动车登记证书》。同时，税务机关应当留存新《完税证明》副本。

(六)《完税证明》更正车辆

《完税证明》正、副本和《完税证明》更正相关材料。

五、主管税务机关依据国家税务总局发布的免税图册,为符合免税条件但已征税的设有固定装置非运输车辆办理免税和退税手续。

办理退税业务手续,纳税人填写《车辆购置税退税申请表》(附件4),并提供规定资料办理退税手续。

《办法》第十六条所称原完税证明,是指纳税人初次申报时税务机关开具的完税证明或者纳税人遗失补办的完税证明;原完税凭证,是指纳税人初次申报时税务机关开具的完税凭证或者纳税人遗失补办的完税凭证或者税务机关提供的完税凭证复印件。

六、回国服务的在外留学人员购买自用国产小汽车办理免税手续,除按办法规定提供申报资料外,还应当提供中华人民共和国驻留学人员学习所在国的大使馆或者领事馆(中央人民政府驻香港联络办公室、中央人民政府驻澳门联络办公室)出具的留学证明;本人护照;海关核发的《中华人民共和国海关回国人员购买国产汽车准购单》。

所称小汽车,是指含驾驶员座位9座以内,在设计和技术特性上主要用于载运乘客及其随身行李或者临时物品的乘用车。

七、《办法》第十七条规定车辆退回生产企业或者经销商的,纳税人申请退税时,该车辆已缴纳税款时限的界定方法是:自纳税人办理纳税申报之日起,至纳税人退车行为发生之日止(红字发票开具日期)。

八、本公告自2016年10月1日起施行。《国家税务总局关于车辆购置税征收管理有关问题的公告》(国家税务总局公告2015年第4号)中第四条、第五条、第十三条、第十四条、第十六条、附件1、附件2、附件3、附件4同时废止。

特此公告。

附件:1. 车辆购置税纳税申报表(略)
2. 车辆购置税免(减)税申报表(略)
3. 车辆购置税完税证明补办表(略)
4. 车辆购置税退税申请表(略)

国家税务总局
2016年8月18日

国家税务总局关于实施违规开具机动车销售统一发票的机动车企业名单公示制度的公告

国家税务总局公告2016年第63号

为进一步加强税收管理,堵塞税收漏洞,根据《中华人民共和国税收征收管理法》及其实施细则、《中华人民共和国发票管理办法》及其实施细则、《中华人民共和国车辆购置税暂行条例》等法律法规规定,税务总局决定实施违规开具机动车销售统一发票的机动车企业名单公示制度。

一、税务总局不定期公示违规开具机动车销售统一发票的机动车企业名单(以下简称名单),名单信息可以在税务总局机关网站查询。机动车企业包括机动车生产企业和机动车经销企业。机动车企业有下列情形之一的,将被列入名单并向社会公告:

(一)未按实际销售机动车辆收取的全部价款和价外费用开具发票2次以上(含2次)或者情节严重的;

(二)销售同一辆机动车在违规低价开具机动车销售统一发票的同时,再开具其他增值税发票造成少缴车辆购置税2次以上(含2次)或者情节严重的;

(三)其他违反发票管理规定开具发票造成少缴车辆购置税2次以上(含2次)或者情节严重的。

二、税务机关对列入名单的机动车企业依法采取以下措施:

(一)列入重点监控对象,适时组织税收专项检查;

(二)加强日常风险管理,从严核实其报送的各种资料;

(三)机动车销售统一发票的供应实行交(验)旧供新、严格限量供应;

(四)税务机关根据实际情况,依法采取其他从严管理措施。

主管税务机关核实中发现机动车企业存在违规开票行为的,应责令其重新开具发票,并按照相关规定予以处理。

三、列入名单的机动车企业可在列入名单之日起 90 日后向主管税务机关提出从名单中撤除的申请。主管税务机关接到机动车企业申请,经核实在列入名单之日后未发现有违规开票情形的,逐级上报税务总局从名单中撤除并向社会公告。从名单中撤除后再次列入名单的机动车企业,自再次列入之日起满 365 日方可向主管税务机关申请从名单中撤除。

四、各级税务机关应充分利用信息化手段,建立高效联动的数据分析比对机制,加强对机动车企业的风险管理。市税务机关每年应不定期组织力量对本地区的机动车企业进行入户核查,核查比例不低于本地区机动车企业总数的 10%。

五、税务机关可以通过下列方式查实机动车企业是否存在本公告第一条规定的情形:

(一)根据本公告第四条规定查实的;

(二)在税收专项整治或者税收专案稽查中查实的;

(三)车辆购置税主管税务机关在日常征收工作中发现疑点并由机动车企业的主管税务机关查实的;

(四)根据举报查实的;

(五)根据其他情况查实的。

六、公告自 2016 年 11 月 1 日起施行。

特此公告。

国家税务总局

2016 年 9 月 27 日

财政部 国家税务总局关于减征 1.6 升及以下排量乘用车车辆购置税的通知

财税〔2016〕136 号

各省、自治区、直辖市、计划单列市财政厅(局)、国家税务局,新疆生产建设兵团财务局:

经国务院批准,现就减征 1.6 升及以下排量乘用车车辆购置税有关事项通知如下:

一、自 2017 年 1 月 1 日起至 12 月 31 日止,对购置 1.6 升及以下排量的乘用车减按 7.5%的税率征收车辆购置税。自 2018 年 1 月 1 日起,恢复按 10%的法定税率征收车辆购置税。

二、本通知所称乘用车,是指在设计和技术特性上主要用于载运乘客及其随身行李和(或)临时物品、含驾驶员座位在内最多不超过 9 个座位的汽车。具体包括:

(一)国产轿车:"中华人民共和国机动车整车出厂合格证"(以下简称合格证)中"车辆型号"项的车辆类型代号(车辆型号的第一位数字,下同)为"7","排量和功率(ml/kw)"项中排量不超过 1600ml,"额定载客(人)"项不超过 9 人。

(二)国产专用乘用车:合格证中"车辆型号"项的车辆类型代号为"5","排量和功率(ml/kw)"项中排量不超过 1600ml,"额定载客(人)"项不超过 9 人,"额定载质量(kg)"项小于额定载客人数和 65kg 的乘积。

(三)其他国产乘用车:合格证中"车辆型号"项的车辆类型代号为"6","排量和功率(ml/kw)"项中排量不超过 1600ml,"额定载客(人)"项不超过 9 人。

(四)进口乘用车。参照国产同类车型技术参数认定。

三、乘用车购置日期按照《机动车销售统一发票》或《海关关税专用缴款书》等有效凭证的开具日期确定。

四、新能源汽车车辆购置税政策按照《财政部 国家税务总局 工业和信息化部关于免征新能源汽车车辆购置税的公告》(财政部国家税务总局 工业和信息化部公告2014年第53号)执行。

财政部 国家税务总局

2016年12月13日

第十一部分 中华人民共和国车船税法

中华人民共和国车船税法

（2011年2月25日第十一届全国人民代表大会常务委员会第十九次会议通过）

第一条 在中华人民共和国境内属于本法所附《车船税税目税额表》规定的车辆、船舶（以下简称车船）的所有人或者管理人，为车船税的纳税人，应当依照本法缴纳车船税。

第二条 车船的适用税额依照本法所附《车船税税目税额表》执行。

车辆的具体适用税额由省、自治区、直辖市人民政府依照本法所附《车船税税目税额表》规定的税额幅度和国务院的规定确定。

船舶的具体适用税额由国务院在本法所附《车船税税目税额表》规定的税额幅度内确定。

第三条 下列车船免征车船税：

（一）捕捞、养殖渔船；

（二）军队、武装警察部队专用的车船；

（三）警用车船；

（四）依照法律规定应当予以免税的外国驻华使领馆、国际组织驻华代表机构及其有关人员的车船。

第四条 对节约能源、使用新能源的车船可以减征或者免征车船税；对受严重自然灾害影响纳税困难以及有其他特殊原因确需减税、免税的，可以减征或者免征车船税。具体办法由国务院规定，并报全国人民代表大会常务委员会备案。

第五条 省、自治区、直辖市人民政府根据当地实际情况，可以对公共交通车船，农村居民拥有并主要在农村地区使用的摩托车、三轮汽车和低速载货汽车定期减征或者免征车船税。

第六条 从事机动车第三者责任强制保险业务的保险机构为机动车车船税的扣缴义务人，应当在收取保险费时依法代收车船税，并出具代收税款凭证。

第七条 车船税的纳税地点为车船的登记地或者车船税扣缴义务人所在地。依法不需要办理登记的车船，车船税的纳税地点为车船的所有人或者管理人所在地。

第八条 车船税纳税义务发生时间为取得车船所有权或者管理权的当月。

第九条 车船税按年申报缴纳。具体申报纳税期限由省、自治区、直辖市人民政府规定。

第十条 公安、交通运输、农业、渔业等车船登记管理部门、船舶检验机构和车船税扣缴义务人的行业主管部门应当在提供车船有关信息等方面，协助税务机关加强车船税的征收管理。

车辆所有人或者管理人在申请办理车辆相关登记、定期检验手续时，应当向公安机关交通管理部门提交依法纳税或者免税证明。公安机关交通管理部门核查后办理相关手续。

第十一条 车船税的征收管理，依照本法和《中华人民共和国税收征收管理法》的规定执行。

第十二条 国务院根据本法制定实施条例。

第十三条 本法自2012年1月1日起施行。2006年12月29日国务院公布的《中华人民共和国车船税暂行条例》同时废止。

附：

车船税税目税额表

税　　目	计税单位	年基准税额	备　　注
乘用车〔按发动机汽缸容量（排气量）分档〕1.0升（含）以下的	每辆	60元至360元	核定载客人数9人（含）以下

（续表）

税　　目	计税单位	年基准税额	备　　注
乘用车〔按发动机汽缸容量（排气量）分档〕1.0升以上至1.6升（含）的	每辆	300元至540元	核定载客人数9人（含）以下
乘用车〔按发动机汽缸容量（排气量）分档〕1.6升以上至2.0升（含）的	每辆	360元至660元	核定载客人数9人（含）以下
乘用车〔按发动机汽缸容量（排气量）分档〕2.0升以上至2.5升（含）的	每辆	660元至1200元	核定载客人数9人（含）以下
乘用车〔按发动机汽缸容量（排气量）分档〕2.5升以上至3.0升（含）的	每辆	1200元至2400元	核定载客人数9人（含）以下
乘用车〔按发动机汽缸容量（排气量）分档〕3.0升以上至4.0升（含）的	每辆	2400元至3600元	核定载客人数9人（含）以下
乘用车〔按发动机汽缸容量（排气量）分档〕4.0升以上的	每辆	3600元至5400元	核定载客人数9人（含）以下
商用车客车	每辆	480元至1440元	核定载客人数9人以上，包括电车
商用车货车	整备质量每吨	16元至120元	包括半挂牵引车、三轮汽车和低速载货汽车等
挂车	整备质量每吨	按照货车税额的50%计算	（空）
其他车辆专用作业车	整备质量每吨	16元至120元	不包括拖拉机
其他车辆轮式专用机械车	整备质量每吨	16元至120元	不包括拖拉机
摩托车	每辆	36元至180元	（空）
船舶机动船舶	净吨位每吨	3元至6元	拖船、非机动驳船分别按照机动船舶税额的50%计算
船舶游艇	艇身长度每米	600元至2000元	（空）

对《中华人民共和国车船税法》有关问题的解读

2011年2月25日，第十一届全国人民代表大会常务委员会第十九次会议通过了《中华人民共和国车船税法》（以下简称《车船税法》）。同日，国家主席胡锦涛签署第43号主席令予以公布，自2012年1月1日起施行。

一、《车船税法》出台的背景和必要性是什么？

答：2006年12月，国务院废止《车船使用牌照税暂行条例》和《车船使用税暂行条例》，制定了《车船税暂行条例》。《车船税暂行条例》自2007年1月1日施行以来，取得了较好效果。2010年车船税收入241.6

亿元,比 2006 年车船使用牌照税和车船使用税收入总额增长 3.8 倍。

按照全国人大授权决定和立法法有关规定,国务院制定的税收单行条例在条件成熟时应当上升为法律。现阶段将《车船税暂行条例》上升为《车船税法》的条件已经成熟:一是车船税收从建国初期开征以来,特别是改革开放以来,在税收体制改革过程中,根据情况变化,国务院对车船税收制度做过多次调整和完善,奠定了立法的制度基础。二是在 60 年的征收实践中,无论税种名称如何变化,车船税的相关制度已经为社会所知晓,并被纳税人所接受。三是近年来我国经济处于快速发展时期,居民收入提高很快,汽车逐步进入家庭,机动车保有量快速增长。据统计,截至 2010 年 10 月,我国汽车产量和销量均超过美国,居世界第一,全社会机动车保有量达到 1.99 亿辆,成为仅次于美国的第二大机动车保有国。在我国人均资源拥有量少,经济社会发展资源环境承载能力较低,生态环境日益脆弱的情况下,汽车生产与消费的快速增长,面临着石油紧缺、交通拥堵、空气污染等问题。因此,在税制相对稳定,制定法律的条件比较成熟的情况下,有必要将车船税暂行条例上升为法律。

二、《车船税法》出台有哪些意义?

答:主要有以下四个方面的意义:一是体现税收法定原则。二是促进税收法律体系建设。三是通过立法完善了税制,体现税负公平。四是作为第一部由条例上升的法律和第一部地方税法律,具有标志性作用。

三、与《车船税暂行条例》相比,《车船税法》对相关税制要素作了哪些调整?

答:主要包括以下五个方面:

(一)完善征税范围。《车船税暂行条例》规定,车船税的征税范围是依法应当在车船管理部门登记的车船。不需登记的单位内部作业车船不征税。从车船税财产税性质和公平税负的角度出发,不论车船是否应向管理部门登记,都应纳入征税范围。《车船税法》不再按车船是否登记来确定是否具有纳税义务,将征税范围统一为本法规定的车船。

(二)改革乘用车计税依据。《车船税暂行条例》及实施细则规定,微型、小型客车(乘用车)按辆征收。车船税作为财产税,计税依据理论上应当是评估价值,但由于乘用车数量庞大且分散于千家万户,难以进行价值评估。考虑到乘用车的排气量与其价值总体上存在着正相关关系,《车船税法》将排气量作为乘用车计税依据。

(三)调整税负结构。一方面,为支持交通运输业发展,《车船税法》对占汽车总量 28%左右的货车、摩托车以及船舶(游艇除外)仍维持原条例税额幅度不变;对载客 9 人以上的客车税额幅度略作提高;对挂车由原条例规定的与货车适用相同税额改为减按货车税额的 50%征收。另一方面,为更好地发挥车船税的调节功能,体现对汽车消费和节能减排的政策导向,《车船税法》对占汽车总量 72%左右的乘用车(也就是载客少于 9 人的汽车)的税负,按发动机排气量大小分别作了降低、不变和提高的结构性调整。一是占现有乘用车总量 87%左右、排气量在 2.0 升及以下的乘用车,税额幅度适当降低或维持不变;二是占现有乘用车总量 10%左右、排气量为 2.0 升至 2.5 升(含)的中等排量车,税额幅度比现行税额幅度适当调高;三是占现有乘用车总量 3%左右、排气量为 2.5 升以上的较大和大排量车,税额幅度比现行税额幅度有较大提高。

此外,为了体现车船税调节功能,《车船税法》将船舶中的游艇单列出来,明确按长度征税,并将税额幅度确定为每米 600 元至 2000 元。

(四)规范税收优惠。《车船税法》除了保留《车船税暂行条例》规定的省、自治区、直辖市人民政府可以对公共交通车船给予定期减、免税优惠外,还增加了以下三项优惠规定:一是对节约能源、使用新能源的车船可以减征或免征车船税;二是省、自治区、直辖市人民政府根据当地实际情况,可以对农村居民拥有并主要在农村地区使用的摩托车、三轮汽车和低速载货汽车定期减征或免征车船税;三是对受严重自然灾害影响、纳税困难以及有其他特殊原因确需减、免税的,可以减征或免征车船税。

(五)强化征收管理。考虑到机动车数量庞大,税源分散,仅靠税务机关自身力量征管难度较大。公安机关交通管理部门的机动车管理机构比较健全,制度和管理手段比较严密,在不过多增加工作量的情况下,由其对车船税的征收予以协助,对于提高征收绩效、防止税源流失具有重要作用。为此,《车船税法》规定:车辆所有人或者管理人在申请办理车辆相关登记、定期检验手续时,应向公安机关交通管理部门提交依法纳税或者免税证明。公安机关交通管理部门核查后予以办理相关手续。

此外,船舶的流动性大,目前对船舶征税在源泉控制上效果不够理想。为此,《车船税法》规定,船检机构应当在提供船舶有关信息方面协助税务机关加强车船税的征收管理。

四、为什么将车船管理人也作为车船税的纳税人？

答：车船管理人是指对车船具有管理使用权，不具有所有权的单位。通常情况下，车船的所有人与车船的管理人是一致的。但在我国实践中，经常会出现车船的所有权与管理权分离的情形，如国家机关拥有所使用车船的管理使用权，其所有权属于国家所有。因此，就出现了车船的所有人与车船的管理人是不一致的情况。如果让抽象意义上的国家作为车船的所有人去缴纳车船税，在实践中是无法操作的。所以，《车船税法》将车船管理人也规定为车船税的纳税人。

五、为什么对乘用车按排气量征税？

答：对乘用车按排气量征税，主要基于以下考虑：从理论上讲，车船税作为财产税，其计税依据应当是车船的评估价值。但从实际情况看，车船价值难以评估。据统计分析，乘用车的排气量与其价值总体上存在着显著的正相关关系，排气量越大，销售价格越高。以2008年国内乘用车的数据为例，排气量与价格之间相关系数高达0.971 75。从征管角度看，按排气量征税简便易行，在计税依据方面，排气量是替代价值或评估值的最佳选择。据了解，英国、德国、日本、韩国等都选择以排气量作为机动车保有环节征税的计税依据。如日本对乘用车按10档排气量征税，韩国对乘用车按6档排气量征税。

六、确定乘用车税额幅度的原则是什么？是否普遍增加了纳税人的负担？

答：主要原则有三项：一是考虑各地目前实际执行的税额标准。二是不增加大多数乘用车所有人的税负。三是参照大多数国家乘用车保有环节税负水平。据此，《车船税法》对占比87%的2.0升(含)以下乘用车保持原有税负或适度降低，对占比约为10%的2.0升至2.5升(含)乘用车税额幅度略有提高，对占比不到3%的2.5升以上乘用车税额幅度有较大提高。

此外，《车船税法》对除乘用车之外的货车、客车和船舶(游艇除外)等，基本维持了原有税负水平，对挂车由现行的与货车适用相同税额改为减按货车税额的50%征收。

总的来看，这次车船税立法税负维持不变，只做结构性调整。

七、为什么将部分档次乘用车的适用税额设置为前后相交叉？会否造成不同档次、不同地区税额出现倒挂现象？

答：《车船税法》将税额设置为前后相交叉，主要考虑有三：一是确保1.6升以上至2.0升(含)排量乘用车的名义税额幅度维持360元至660元不变。二是为涵盖和照顾现行各地乘用车实际税收负担情况，以避免法定税额与实际税负之间出现差异过大情况，有利于现行条例向新税法平稳过渡。三是考虑经济社会发展情况以及地方政府对机动车节能减排、交通拥堵实施调控的需要，为地方制定具体适用税额预留适当空间。

对税额前后相交叉引起税额倒挂问题，从理论上看，有这种可能性。但从实际情况看，省内税额由地方政府根据本地区乘用车保有情况统一制定，基本上不会出现税额倒挂问题，省际间税额由于地区间相互沟通、协商，税额倒挂出现的可能性也较小。同时，现行《车船税暂行条例实施细则》规定的载客汽车税额也是前后相交叉的，在实践中并未因此产生较大矛盾。

八、在当前通胀预期比较明显以及国家要逐步提高居民收入的形势下，为什么还要出台车船税法？

答：出台车船税法的主要原因在于，我国车船税制度已有60年的征收实践，目前制度比较稳定，立法条件比较成熟。通过立法进一步完善税制，体现税负公平，并不是为了增加收入。《车船税法》根据“总体税负不变”原则，优化了税负结构。对货车、挂车和船舶(游艇除外)，以及87%左右的乘用车维持或下调了税负，对13%左右的乘用车增加了税负。作为保有环节征收的税种，车船税对交易价格基本不造成影响。车船税收入规模不大，不会对居民收入在国民收入分配中比重的提高造成大的影响。

九、为什么对游艇按长度征税？

答：游艇不同于一般船舶，具有特殊性，其计税依据和税额需要具体研究确定。一般来说，可考虑将净吨位、发动机功率、实际价值和长度作为游艇的计税依据。从净吨位看，由于制造游艇的材料多数由玻璃钢、铝合金等高级材料组成，此类材料具有重量轻的特点，净吨位与其价值关联性较低。从发动机功率看，同一长度的游艇可以根据个性化需要，选择不同功率的发动机，发动机功率大小与其价值也没有必然的正相关关系。从实际价值看，确定游艇的实际价值与确定车辆的实际价值存在同样的困难，在现行征管条件下难以按价格计征。基于此，国际大多数国家都将长度作为游艇的计税依据，主要考虑是游艇长度与其价值关联性较高，且直观易于测量，从长远考虑，也可较好地避免其他计税依据可能导致的征管漏洞。因此，《车船税法》选择长度作为游艇的计税依据。

十、为什么将游艇的适用税额确定为每米 600 元至 2 000 元？

答：《车船税暂行条例》将游艇视同普通船舶按净吨位征税，税额偏低，与游艇的实际价格偏差很大。考虑到游艇作为休闲娱乐用品，与乘用车作为代步工具不同，为体现税负公平，《车船税法》将税额具体确定为每米 600 元至 2 000 元。据了解，目前我国游艇一般长度范围在 7.9 米到 30 米之间，按上述税额幅度，税额约为每艘 4 800 元至 60 000 元之间。

十一、为何将扣缴义务人所在地也规定为车船税的纳税地点？

答：扣缴义务人是指承办机动车交强险的保险机构。将保险机构所在地也作为车船税的纳税地点，可使车主在购买交强险时，一并缴纳车船税，这既方便纳税人缴税，使车主少跑路，减少完税所需时间和成本，也避免了车主自行到税务机关交税因不熟悉道路、停车不方便、排队等候等带来的麻烦，并有利于通过源泉控管，提高车船税征收效果。

十二、目前，对乘用车的所有人或管理人主要征收哪些税，是否属于重复征税？

答：我国目前对乘用车的所有人或管理人征收的税种主要有三个：车辆购置税、燃油消费税和车船税。其中，车辆购置税来源于车辆购置附加费，燃油消费税来源于养路费等收费。这两个税种都是通过费改税而来的，筹集的资金专门用于公路建设和养护。车船税属于财产税，是在保有环节征收的税种。新中国成立以来，车船税已有 60 年的征收历史，此次车船税立法不是新开征税种，只是立法。这三个税种各有侧重，功能不同，不存在重复征税或重复设置问题。

十三、为什么自 2012 年 1 月 1 日起施行？2011 年应如何征收车船税？

答：《车船税法》自 2012 年 1 月 1 日起施行的主要考虑：一是国务院制定实施条例，地方明确乘用车适用税额，税法宣传及人员培训等各方面工作需要一定准备时间。二是车船税按年征收，自 1 月 1 日起施行有利于实现平稳过渡，方便计征。

2011 年，仍按现行《车船税暂行条例》及其实施细则和各地制定的征收办法计征车船税。自 2012 年 1 月 1 日起，《车船税法》施行，2006 年 12 月 29 日国务院公布的《中华人民共和国车船税暂行条例》同时废止。

中华人民共和国车船税法实施条例

中华人民共和国国务院令第 611 号

《中华人民共和国车船税法实施条例》已经 2011 年 11 月 23 日国务院第 182 次常务会议通过，现予公布，自 2012 年 1 月 1 日起施行。

总理 温家宝

二〇一一年十二月五日

中华人民共和国车船税法实施条例

第一条 根据《中华人民共和国车船税法》(以下简称车船税法)的规定，制定本条例。

第二条 车船税法第一条所称车辆、船舶，是指：

(一)依法应当在车船登记管理部门登记的机动车辆和船舶；

(二)依法不需要在车船登记管理部门登记的在单位内部场所行驶或者作业的机动车辆和船舶。

第三条 省、自治区、直辖市人民政府根据车船税法所附《车船税税目税额表》确定车辆具体适用税额，应当遵循以下原则：

(一)乘用车依排气量从小到大递增税额；

(二)客车按照核定载客人数 20 人以下和 20 人(含)以上两档划分，递增税额。

省、自治区、直辖市人民政府确定的车辆具体适用税额，应当报国务院备案。

第四条 机动船舶具体适用税额为：

(一)净吨位不超过200吨的,每吨3元;

(二)净吨位超过200吨但不超过2 000吨的,每吨4元;

(三)净吨位超过2 000吨但不超过10 000吨的,每吨5元;

(四)净吨位超过10 000吨的,每吨6元。

拖船按照发动机功率每1千瓦折合净吨位0.67吨计算征收车船税。

第五条 游艇具体适用税额为:

(一)艇身长度不超过10米的,每米600元;

(二)艇身长度超过10米但不超过18米的,每米900元;

(三)艇身长度超过18米但不超过30米的,每米1 300元;

(四)艇身长度超过30米的,每米2 000元;

(五)辅助动力帆艇,每米600元。

第六条 车船税法和本条例所涉及的排气量、整备质量、核定载客人数、净吨位、千瓦、艇身长度,以车船登记管理部门核发的车船登记证书或者行驶证所载数据为准。

依法不需要办理登记的车船和依法应当登记而未办理登记或者不能提供车船登记证书、行驶证的车船,以车船出厂合格证明或者进口凭证标注的技术参数、数据为准;不能提供车船出厂合格证明或者进口凭证的,由主管税务机关参照国家相关标准核定,没有国家相关标准的参照同类车船核定。

第七条 车船税法第三条第一项所称的捕捞、养殖渔船,是指在渔业船舶登记管理部门登记为捕捞船或者养殖船的船舶。

第八条 车船税法第三条第二项所称的军队、武装警察部队专用的车船,是指按照规定在军队、武装警察部队车船登记管理部门登记,并领取军队、武警牌照的车船。

第九条 车船税法第三条第三项所称的警用车船,是指公安机关、国家安全机关、监狱、劳动教养管理机关和人民法院、人民检察院领取警用牌照的车辆和执行警务的专用船舶。

第十条 节约能源、使用新能源的车船可以免征或者减半征收车船税。免征或者减半征收车船税的车船的范围,由国务院财政、税务主管部门商国务院有关部门制订,报国务院批准。

对受地震、洪涝等严重自然灾害影响纳税困难以及其他特殊原因确需减免税的车船,可以在一定期限内减征或者免征车船税。具体减免期限和数额由省、自治区、直辖市人民政府确定,报国务院备案。

第十一条 车船税由地方税务机关负责征收。

第十二条 机动车车船税扣缴义务人在代收车船税时,应当在机动车交通事故责任强制保险的保险单以及保费发票上注明已收税款的信息,作为代收税款凭证。

第十三条 已完税或者依法减免税的车辆,纳税人应当向扣缴义务人提供登记地的主管税务机关出具的完税凭证或者减免税证明。

第十四条 纳税人没有按照规定期限缴纳车船税的,扣缴义务人在代收代缴税款时,可以一并代收代缴欠缴税款的滞纳金。

第十五条 扣缴义务人已代收代缴车船税的,纳税人不再向车辆登记地的主管税务机关申报缴纳车船税。

没有扣缴义务人的,纳税人应当向主管税务机关自行申报缴纳车船税。

第十六条 纳税人缴纳车船税时,应当提供反映排气量、整备质量、核定载客人数、净吨位、千瓦、艇身长度等与纳税相关信息的相应凭证以及税务机关根据实际需要要求提供的其他资料。

纳税人以前年度已经提供前款所列资料信息的,可以不再提供。

第十七条 车辆车船税的纳税人按照纳税地点所在的省、自治区、直辖市人民政府确定的具体适用税额缴纳车船税。

第十八条 扣缴义务人应当及时解缴代收代缴的税款和滞纳金,并向主管税务机关申报。扣缴义务人向税务机关解缴税款和滞纳金时,应当同时报送明细的税款和滞纳金扣缴报告。扣缴义务人解缴税款和滞纳金的具体期限,由省、自治区、直辖市地方税务机关依照法律、行政法规的规定确定。

第十九条 购置的新车船,购置当年的应纳税额自纳税义务发生的当月起按月计算。应纳税额为年应纳税额除以12再乘以应纳税月份数。

在一个纳税年度内，已完税的车船被盗抢、报废、灭失的，纳税人可以凭有关管理机关出具的证明和完税凭证，向纳税所在地的主管税务机关申请退还自被盗抢、报废、灭失月份起至该纳税年度终了期间的税款。

已办理退税的被盗抢车船失而复得的，纳税人应当从公安机关出具相关证明的当月起计算缴纳车船税。

第二十条 已缴纳车船税的车船在同一纳税年度内办理转让过户的，不另纳税，也不退税。

第二十一条 车船税法第八条所称取得车船所有权或者管理权的当月，应当以购买车船的发票或者其他证明文件所载日期的当月为准。

第二十二条 税务机关可以在车船登记管理部门、车船检验机构的办公场所集中办理车船税征收事宜。

公安机关交通管理部门在办理车辆相关登记和定期检验手续时，经核查，对没有提供依法纳税或者免税证明的，不予办理相关手续。

第二十三条 车船税按年申报，分月计算，一次性缴纳。纳税年度为公历 1 月 1 日至 12 月 31 日。

第二十四条 临时入境的外国车船和香港特别行政区、澳门特别行政区、台湾地区的车船，不征收车船税。

第二十五条 按照规定缴纳船舶吨税的机动船舶，自车船税法实施之日起 5 年内免征车船税。

依法不需要在车船登记管理部门登记的机场、港口、铁路站场内部行驶或者作业的车船，自车船税法实施之日起 5 年内免征车船税。

第二十六条 车船税法所附《车船税税目税额表》中车辆、船舶的含义如下：

乘用车，是指在设计和技术特性上主要用于载运乘客及随身行李，核定载客人数包括驾驶员在内不超过 9 人的汽车。

商用车，是指除乘用车外，在设计和技术特性上用于载运乘客、货物的汽车，划分为客车和货车。

半挂牵引车，是指装备有特殊装置用于牵引半挂车的商用车。

三轮汽车，是指最高设计车速不超过每小时 50 公里，具有三个车轮的货车。

低速载货汽车，是指以柴油机为动力，最高设计车速不超过每小时 70 公里，具有四个车轮的货车。

挂车，是指就其设计和技术特性需由汽车或者拖拉机牵引，才能正常使用的一种无动力的道路车辆。

专用作业车，是指在其设计和技术特性上用于特殊工作的车辆。

轮式专用机械车，是指有特殊结构和专门功能，装有橡胶车轮可以自行行驶，最高设计车速大于每小时 20 公里的轮式工程机械车。

摩托车，是指无论采用何种驱动方式，最高设计车速大于每小时 50 公里，或者使用内燃机，其排量大于 50 毫升的两轮或者三轮车辆。

船舶，是指各类机动、非机动船舶以及其他水上移动装置，但是船舶上装备的救生艇筏和长度小于 5 米的艇筏除外。其中，机动船舶是指用机器推进的船舶；拖船是指专门用于拖（推）动运输船舶的专业作业船舶；非机动驳船，是指在船舶登记管理部门登记为驳船的非机动船舶；游艇是指具备内置机械推进动力装置，长度在 90 米以下，主要用于游览观光、休闲娱乐、水上体育运动等活动，并应当具有船舶检验证书和适航证书的船舶。

第二十七条 本条例自 2012 年 1 月 1 日起施行。

国家税务总局有关负责人就车船税法及其实施条例相关内容答记者问

今年 2 月 25 日，全国人大常委会通过了《中华人民共和国车船税法》，12 月 5 日，国务院颁布了《中华人民共和国车船税法实施条例》。车船税法及其实施条例将于 2012 年 1 月 1 日起施行。在车船税法实施前夕，记者就车船税法及其实施条例有关内容采访了国家税务总局有关负责人。

问：明年 1 月 1 日起，新的车船税法开始实施。请问，新老车船税税制有什么明显的区别？

答:车船税是对车辆和船舶按年征收的一种税。车船税不是一个新税种,早在1951年,我们就有车船使用牌照税,后来又改为车船使用税、车船税。目前,车船税是依据国务院发布的《中华人民共和国车船税暂行条例》缴税,明年1月1日起就要依据《中华人民共和国车船税法》缴税。新的车船税法在征税范围、计税依据、税收优惠和征收管理等方面都作了一些修改和完善。与车船税暂行条例相比,最大的区别是,新的车船税法规定乘用车也就是核定载客人数在9人及9人以下的载客汽车要按发动机排气量大小计征车船税,而之前的车船税是按载客人数多少计税。同时,新的车船税法对节约能源、使用新能源的车船做出免征或者减征车船税的规定。这一新变化体现了国家促进节能减排和保护环境的政策导向。

问:哪些人负有车船税的纳税义务,哪些车船需要缴税?哪些车船不需要缴税?

答:车船的所有人或者管理人是车船税的纳税义务人。其中,所有人是指在我国境内拥有车船的单位和个人,对于私家车来说,也就是我们通常所说的车主;管理人是指对车船具有管理权或者使用权,不具有所有权的单位。

车船税法所附的《车船税税目税额表》中列举的车辆、船舶都需要缴纳车船税,具体有乘用车、商用车、挂车、其他车辆、摩托车和船舶六大类。

拖拉机、纯电动乘用车、燃料电池乘用车、非机动车船(不包括非机动驳船)均不在车船税法规定的征税范围内,不需缴纳车船税。临时入境的外国车船和香港特别行政区、澳门特别行政区、台湾地区的车船,也不需要缴纳车船税。

问:新车船税法规定的车辆和船舶的税额是多少?税负与之前相比变化大吗?

答:车船税法对乘用车的税负,分别作了降低、不变和提高的结构性调整。比如,对占汽车总量72%左右的乘用车,按发动机排气量大小划分七档,对每一档分别规定了税额幅度。其中,对占现有乘用车总量87%左右、排气量在2.0升及以下的排量较小的乘用车,税额幅度适当降低或维持不变;对占现有乘用车总量10%左右、排气量为2.0升至2.5升(含)的中等排量乘用车,税额幅度适当调高;对占现有乘用车总量3%左右、排气量为2.5升以上的较大和大排量乘用车,税额幅度有较大提高。对占汽车总量28%左右的货车、摩托车以及船舶(游艇除外)仍维持原税额幅度不变;载客9人以上的客车,税额幅度略作提高;挂车改为减按货车税额的50%征收。而将船舶中的游艇单列出来,按艇身长度划分为四档,每米税额为600元至2 000元。

需要特别说明的是,车辆的具体适用税额是由各省、自治区、直辖市人民政府依照车船税法所附的《车船税税目税额表》规定的税额幅度和国务院的规定确定。因此,纳税人办理车辆车船税纳税手续时,请关注自己车辆的登记地或购买机动车交通事故责任强制保险地的省级人民政府规定的具体适用税额。船舶的适用税额是由国务院公布的车船税法实施条例明确规定,其税额是全国统一的。

问:车船税法及其实施条例增加了哪些税收优惠政策?

答:车船税法及实施条例增加了多项税收优惠。一是对节约能源、使用新能源的车船免征或者减半征收车船税,减免税范围由国务院财政、税务主管部门商国务院有关部门制订,报国务院批准。二是授权省、自治区、直辖市人民政府根据当地实际情况,可以对农村居民拥有并主要在农村地区使用的摩托车、三轮汽车和低速载货汽车定期减征或者免征车船税。三是对受地震、洪涝等严重自然灾害影响纳税困难以及有其他特殊原因确需减免税的车船,可以在一定期限内减征或者免征车船税。此外,车船税法保留了省、自治区、直辖市人民政府可以对公共交通车船给予定期减、免税等优惠政策。

问:机动车的车船税应如何缴纳?缴纳时间有何规定?2012年新购置的车船,怎么缴纳车船税?

答:缴纳机动车车船税有两种方式:一种方式是纳税人自行向主管税务机关申报缴纳车船税;另一种方式是纳税人在办理机动车交通事故责任强制保险时由保险机构代收代缴车船税。

纳税人自行向主管税务机关申报缴纳车船税的,纳税地点为车船登记地;依法不需要办理登记的车船,纳税地点为车船的所有人或者管理人的所在地。由保险机构代收代缴车船税的,纳税地点为保险机构所在地。需要注意的是,由于从事机动车交通事故责任强制保险业务的保险机构为机动车车船税扣缴义务人,因此,纳税人在办理机动车交通事故责任强制保险业务时,应当一并缴纳车船税;如果已经自行申报缴纳了车船税,应当提供机动车的完税证明。

特别提醒广大纳税人,明年是车船税法实施的第一年,请纳税人在办理缴纳机动车车船税手续时,要按照车船税法和实施条例的有关规定,提供反映排气量、整备质量、核定载客人数等与纳税相关信息的相应凭证以及税务机关根据实际需要要求提供的其他资料。

纳税人在办理机动车相关登记和定期检验手续时，公安机关交通管理部门将对车船税完税情况实施核查，对没有提供依法纳税或者免税证明的，不予办理相关手续。

车船税是按年申报，分月计算，一次性缴纳。具体申报纳税期限由各省、自治区、直辖市人民政府规定。

车船税纳税义务发生时间为取得车船所有权或者管理权的当月，以购买车船的发票或者其他证明文件所载日期的当月为准。对于2012年新购置的车船，购置当年的应纳税额自纳税义务发生的当月起按月计算，应纳税额为年应纳税额除以12再乘以应纳税月份数。

问：对减轻纳税人的办税负担，税务部门如何考虑？

答：车船税纳税人众多，且多为自然人，为了方便纳税人缴税，切实减轻纳税人的负担，税务部门考虑到纳税人的实际困难，做出以下两条规定：

一是纳税人在办理机动车交通事故责任强制保险时一并缴纳车船税，保险机构所在地即为车船税的纳税地点。这样可以方便车主在购买机动车交通事故责任强制保险的同时履行纳税义务，为纳税人节省时间，降低成本。保险机构已代收代缴车船税的，纳税人不需要再向车船登记地的主管税务机关申报车船税的相关信息。

二是纳税人在车船税法实施后已经提供过与纳税相关信息的凭证的，以后年度可以不再提供这类凭证。

国家税务总局关于车船税征管若干问题的通知

国税发〔2008〕48号

各省、自治区、直辖市和计划单列市地方税务局，西藏、宁夏、青海省（自治区）国家税务局：

为方便车船税征缴，进一步提高征管质量和效率，切实做好车船税的征收工作，根据《中华人民共和国车船税暂行条例》（以下简称"条例"）及其实施细则的有关规定，现就车船税征管有关问题通知如下：

一、关于不在车辆登记地购买保险代收代缴车船税问题

在一个纳税年度内，纳税人在非车辆登记地由保险机构代收代缴机动车车船税，且能够提供合法有效完税证明的，纳税人不再向车辆登记地的地方税务机关缴纳机动车车船税。

二、关于所有权或管理权发生变更的车船征收车船税问题

在一个纳税年度内，已经缴纳车船税的车船变更所有权或管理权的，地方税务机关对原车船所有人或管理人不予办理退税手续，对现车船所有人或管理人也不再征收当年度的税款；未缴纳车船税的车船变更所有权或管理权的，由现车船所有人或管理人缴纳该纳税年度的车船税。

三、关于未在车辆管理部门登记的新购置车辆办理减免税手续问题

为优化办税程序，做好纳税服务，对尚未在车辆管理部门办理登记、属于应减免税的新购置车辆，车辆所有人或管理人可提出减免税申请，并提供机构或个人身份证明文件和车辆权属证明文件以及地方税务机关要求的其他相关资料。经税务机关审验符合车船税减免条件的，税务机关可为纳税人出具该纳税年度的减免税证明，以方便纳税人购买机动车交通事故责任强制保险。

新购置应予减免税的车辆所有人或管理人在购买机动车交通事故责任强制保险时已缴纳车船税的，在办理车辆登记手续后可向税务机关提出减免税申请，经税务机关审验符合车船税减免税条件的，税务机关应退还纳税人多缴的税款。

四、关于微型客车的标准问题

凡发动机排气量小于或者等于1升的载客汽车，都应按照微型客车的税额标准征收车船税。发动机排气量以如下凭证相应项目所载数额为准：

（一）车辆登记证书；

（二）车辆行驶证书；

(三)车辆出厂合格证明;

(四)车辆进口凭证。

五、关于部分车辆计税依据的核定问题

对于按照条例实施细则的规定,无法准确获得自重数值或自重数值明显不合理的载货汽车、三轮汽车、低速货车、专项作业车和轮式专用机械车,由主管税务机关根据车辆自身状况并参照同类车辆核定计税依据。对能够获得总质量和核定载质量的,可按照车辆的总质量和核定载质量的差额作为车辆的自重;无法获得核定载质量的专项作业车和轮式专用机械车,可按照车辆的总质量确定自重。

本通知执行过程中,各地地方税务机关应结合实际情况,充实、完善各项具体征管制度和办法。对于征管中遇到的实际困难,要积极研究解决,确保车船税征管工作顺利运行。

国家税务总局关于车船税征管若干问题的公告

国家税务总局公告2013年第42号

为规范车船税征管,维护纳税人合法权益,根据《中华人民共和国车船税法》(以下简称车船税法)及其实施条例,现将车船税有关征管问题明确如下:

一、关于专用作业车的认定

对于在设计和技术特性上用于特殊工作,并装置有专用设备或器具的汽车,应认定为专用作业车,如汽车起重机、消防车、混凝土泵车、清障车、高空作业车、洒水车、扫路车等。以载运人员或货物为主要目的的专用汽车,如救护车,不属于专用作业车。

二、关于税务机关核定客货两用车的征税问题

客货两用车,又称多用途货车,是指在设计和结构上主要用于载运货物,但在驾驶员座椅后带有固定或折叠式座椅,可运载3人以上乘客的货车。客货两用车依照货车的计税单位和年基准税额计征车船税。

三、关于车船税应纳税额的计算

车船税法及其实施条例涉及的整备质量、净吨位、艇身长度等计税单位,有尾数的一律按照含尾数的计税单位据实计算车船税应纳税额。计算得出的应纳税额小数点后超过两位的可四舍五入保留两位小数。

乘用车以车辆登记管理部门核发的机动车登记证书或者行驶证书所载的排气量毫升数确定税额区间。

四、关于车船因质量问题发生退货时的退税

已经缴纳车船税的车船,因质量原因,车船被退回生产企业或者经销商的,纳税人可以向纳税所在地的主管税务机关申请退还自退货月份起至该纳税年度终了期间的税款。退货月份以退货发票所载日期的当月为准。

五、关于扣缴义务人代收代缴后车辆登记地主管税务机关不再征收车船税

纳税人在购买"交强险"时,由扣缴义务人代收代缴车船税的,凭注明已收税款信息的"交强险"保险单,车辆登记地的主管税务机关不再征收该纳税年度的车船税。再次征收的,车辆登记地主管税务机关应予退还。

六、关于扣缴义务人代收代缴欠缴税款滞纳金的起算时间

车船税扣缴义务人代收代缴欠缴税款的滞纳金,从各省、自治区、直辖市人民政府规定的申报纳税期限截止日期的次日起计算。

七、关于境内外租赁船舶征收车船税的问题

境内单位和个人租入外国籍船舶的,不征收车船税。境内单位和个人将船舶出租到境外的,应依法征收车船税。

本公告自2013年9月1日起施行。《国家税务总局关于车船税征管若干问题的通知》(国税发〔2008〕48号)同时废止。

特此公告。

关于《车船税征管若干问题的公告》的解读

最近,国家税务总局印发了《关于车船税征管若干问题的公告》(以下简称《公告》),以规范车船税征管,维护纳税人合法权益。现就《公告》内容解读如下:

一、该《公告》出台的背景是什么?

2008年5月,国家税务总局根据《中华人民共和国车船税暂行条例》及其实施细则的有关规定,下发了《关于车船税征管若干问题的通知》(国税发【2008】48号,以下简称《通知》),明确了车船税有关的征管问题。2012年1月1日,《中华人民共和国车船税法》(以下简称"车船税法")及其实施条例正式实施,新的车船税法在征税范围、计税依据、税收优惠和征收管理等方面都作了一些修改和完善。为此,国家税务总局针对车船税法实施一年来发现的征管具体问题,制定下发了《公告》并同时废止《通知》。

二、专用作业车和客货两用车适用税目应如何界定?

实际征管中,专用作业车容易与属于商用车税目的专用汽车混淆。为此,《公告》主要参照《机动车运行安全技术条件》(GB 7258—2012)和《机动车类型 术语和定义》(GA 802—2008)中专项作业车的相关内容,对专用作业车的概念进行明确,且举例予以说明。同时,考虑政策的延续性,《公告》中对不能提供机动车登记证书、行驶证、机动车出厂合格证明或者进口凭证确定车辆类型的客货两用车,仍按照《中华人民共和国车船税暂行条例》的界定原则,按货车计征车船税。

三、计算车船税应纳税款应注意哪些要点?

根据实施条例第六条,车船税法及其实施条例涉及的整备质量、净吨位、艇身长度等计税单位应以车船登记管理部门核发的车船登记证书或者行驶证所载数据为准。为了统一各地计算口径,《公告》明确计税单位有尾数的一律按照含尾数的计税单位据实计算车船税,得出应纳税额小数点后超过两位的可四舍五入保留两位小数。

另外,乘用车车船税适用税额按照发动机气缸容量(排气量)来确定。由于机动车登记证书或者行驶证书的排气量以毫升为单位,根据实施条例第六条,《公告》明确乘用车确定税额区间以毫升数为准。

四、车船税因质量问题发生退货该如何计算应退还的税款?

已完税车船因质量问题办理退货,纳税人不再保有和使用该车船,纳税义务消失。由于车船税是按年申报缴纳,为了维护纳税人合法权益,《公告》规定纳税人可退还自退货月份起至该纳税年度终了期间的税款,退货月份以退货发票所载日期的当月为准。

五、《公告》为何强调扣缴义务人代收代缴后车辆登记地主管税务机关不再征收车船税的问题?

实施条例第十五条规定,扣缴义务人已代收代缴车船税的,纳税人不再向车辆登记地的主管税务机关申报缴纳车船税。为了严格贯彻落实车船税法及其实施条例,《公告》规定只要纳税人能够提供注明已收税款信息的"交强险"保险单,登记地主管税务机关就不应再次征收车船税,否则车辆登记地主管税务机关应予退还。

六、扣缴义务人代收代缴欠缴税款滞纳金如何确定起算时间?

车船税法第九条规定"具体申报纳税期限由省、自治区、直辖市人民政府规定",考虑到各地对纳税期限规定各不相同,《公告》规定代收代缴欠缴税款滞纳金具体起算时间,按各省、自治区直辖市人民政府按规定的申报纳税期限截止日期的次日计算。

七、境内外租赁船舶应如何确定征税范围?

境内单位和个人租入的外国籍船舶不需要在船舶管理部门办理所有权登记和船舶国籍登记,财产权仍属于境外,不属于车船税征收范围。境内单位和个人出租到境外的船舶仍属我国船舶,仍需在我国船舶管理部门办理所有权登记和船舶国籍登记,应征收车船税。

财政部 国家税务总局 工业和信息化部关于节约能源 使用新能源车船车船税优惠政策的通知

财税〔2015〕51号

各省、自治区、直辖市、计划单列市财政厅(局)、地方税务局、工业和信息化主管部门,西藏、宁夏自治区国家税务局,新疆生产建设兵团财务局、工业和信息化委员会:

为促进节约能源,鼓励使用新能源,根据《中华人民共和国车船税法》及其实施条例有关规定,经国务院批准,现将节约能源、使用新能源车船的车船税优惠政策通知如下:

一、对节约能源车船,减半征收车船税。

(一)减半征收车船税的节约能源乘用车应同时符合以下标准:

1. 获得许可在中国境内销售的排量为1.6升以下(含1.6升)的燃用汽油、柴油的乘用车(含非插电式混合动力乘用车和双燃料乘用车);

2. 综合工况燃料消耗量应符合标准,具体标准见附件1;

3. 污染物排放符合《轻型汽车污染物排放限值及测量方法(中国第五阶段)》(GB18352.5—2013)标准中I型试验的限值标准。

(二)减半征收车船税的节约能源商用车应同时符合下列标准:

1. 获得许可在中国境内销售的燃用天然气、汽油、柴油的重型商用车(含非插电式混合动力和双燃料重型商用车);

2. 燃用汽油、柴油的重型商用车综合工况燃料消耗量应符合标准,具体标准见附件2;

3. 污染物排放符合《车用压燃式、气体燃料点燃式发动机与汽车排气污染物排放限值及测量方法(中国III,IV,V阶段)》(GB17691—2005)标准中第V阶段的标准。

减半征收车船税的节约能源船舶和其他车辆等的标准另行制定。

二、对使用新能源车船,免征车船税。

(一)免征车船税的使用新能源汽车是指纯电动商用车、插电式(含增程式)混合动力汽车、燃料电池商用车。纯电动乘用车和燃料电池乘用车不属于车船税征税范围,对其不征车船税。

(二)免征车船税的使用新能源汽车(不含纯电动乘用车和燃料电池乘用车,下同),应同时符合下列标准:

1. 获得许可在中国境内销售的纯电动商用车、插电式(含增程式)混合动力汽车、燃料电池商用车;

2. 纯电动续驶里程符合附件3标准;

3. 使用除铅酸电池以外的动力电池;

4. 插电式混合动力乘用车综合燃料消耗量(不计电能消耗)与现行的常规燃料消耗量国家标准中对应目标值相比小于60%;插电式混合动力商用车(含轻型、重型商用车)燃料消耗量(不含电能转化的燃料消耗量)与现行的常规燃料消耗量国家标准中对应限值相比小于60%;

5. 通过新能源汽车专项检测,符合新能源汽车标准,具体标准见附件3。

免征车船税的使用新能源船舶的标准另行制定。

三、符合上述标准的节约能源乘用车、商用车,以及使用新能源汽车,由财政部、国家税务总局、工业和信息化部不定期联合发布《享受车船税减免优惠的节约能源 使用新能源汽车车型目录》(以下简称《目录》)予以公告。

四、汽车生产企业或进口汽车经销商(以下简称企业),生产或进口符合上述标准的汽车的,可自愿向工业和信息化部提出将其产品列入《目录》的书面申请,并按照有关要求填写书面报告(报告样本见附件4、5),通过工业和信息化部节能汽车税收优惠目录申报系统、新能源汽车税收优惠目录申报系统提交申报资料。申请人对申报资料的真实性负责。

五、财政部、国家税务总局、工业和信息化部组织有关专家对企业申报资料进行审查,并将审查结果在工业和信息化部网站公示5个工作日,没有异议的,纳入《目录》,予以发布。对产品与申报材料不符,产品性能指标未达到标准，或者企业提供其他虚假信息的，应及时从《目录》中撤销该车型，并依照相关法律法规对该企业予以处理。

六、本通知发布后，列入《目录》的节约能源、使用新能源汽车，自《目录》公告之日起，按《目录》和本通知相关规定享受车船税减免优惠政策；《目录》公告后取得的节约能源、使用新能源汽车，属于第一批、第二批《节约能源 使用新能源车辆减免车船税的车型目录》，但未列入《目录》的，不得享受相关优惠政策；《目录》公告前，已取得的列入第一批、第二批《节约能源 使用新能源车辆减免车船税的车型目录》的节约能源、使用新能源汽车，不论是否转让，可继续享受车船税减免优惠政策。

七、本通知自发布之日起执行。《财政部 国家税务总局 工业和信息化部关于节约能源 使用新能源车船车船税政策的通知》(财税〔2012〕19 号)同时废止。

附件：1. 节约能源乘用车综合工况燃料消耗量限值标准(略)

2. 节约能源重型商用车综合工况燃料消耗量限值标准(略)

3. 新能源汽车纯电动续驶里程及专项检验标准(略)

4. 节约能源车型报告(略)

5. 使用新能源车型报告(略)

财政部 国家税务总局 工业和信息化部

2015 年 5 月 7 日

国家税务总局关于发布《车船税管理规程(试行)》的公告

国家税务总局公告 2015 年第 83 号

为进一步规范车船税管理，促进税务机关同其他部门协作，提高车船税管理水平，国家税务总局制定了《车船税管理规程(试行)》，现予发布，自 2016 年 1 月 1 日起施行。

特此公告。

国家税务总局

2015 年 11 月 26 日

车船税管理规程(试行)

第一章 总 则

第一条 为进一步规范车船税管理，提高车船税管理水平，促进税务机关同其他部门协作，根据《中华人民共和国车船税法》(以下简称车船税法)及其实施条例以及相关法律、法规，制定本规程。

第二条 车船税管理应当坚持依法治税原则，按照法定权限与程序，严格执行相关法律法规和税收政策，坚决维护税法的权威性和严肃性，切实保护纳税人合法权益。

税务机关应当根据车船税法和相关法律法规要求，提高税收征管质效，减轻纳税人办税负担，优化纳税服务，加强部门协作，实现信息管税。

第三条 本规程适用于车船税管理中所涉及的税源管理、税款征收、减免税和退税管理、风险管理等事项。税务登记、税收票证、税收计划、税收会计、税收统计、档案资料等其他有关管理事项按照相关规定执行。

第二章 税源管理

第四条 税务机关应当按照车船税统一申报表数据指标建立车船税税源数据库。

第五条 税务机关、保险机构和代征单位应当在受理纳税人申报或者代收代征车船税时，根据相关法律法规及委托代征协议要求，整理《车船税纳税申报表》、《车船税代收代缴报告表》的涉税信息，并及时共享。

税务机关应当将自行征收车船税信息和获取的车船税第三方信息充实到车船税税源数据库中。同时要定期进行税源数据库数据的更新、校验、清洗等工作，保障车船税税源数据库的完整性和准确性。

第六条 税务机关应当积极同相关部门建立联席会议、合作框架等制度，采集以下第三方信息：

(一)保险机构代收车船税车辆的涉税信息；

(二)公安交通管理部门车辆登记信息；

(三)海事部门船舶登记信息；

(四)公共交通管理部门车辆登记信息；

(五)渔业船舶登记管理部门船舶登记信息；

(六)其他相关部门车船涉税信息。

第三章 税款征收

第七条 纳税人向税务机关申报车船税，税务机关应当受理，并向纳税人开具含有车船信息的完税凭证。

第八条 税务机关按第七条征收车船税的，应当严格依据车船登记地确定征管范围。依法不需要办理登记的车船，应当依据车船的所有人或管理人所在地确定征管范围。车船登记地或车船所有人或管理人所在地以外的车船税，税务机关不应征收。

第九条 保险机构应当在收取机动车第三者责任强制保险费时依法代收车船税，并将注明已收税款信息的机动车第三者责任强制保险单及保费发票作为代收税款凭证。

第十条 保险机构应当按照本地区车船税代收代缴管理办法规定的期限和方式，及时向保险机构所在地的税务机关办理申报、结报手续，报送代收代缴税款报告表和投保机动车缴税的明细信息。

第十一条 对已经向主管税务机关申报缴纳车船税的纳税人，保险机构在销售机动车第三者责任强制保险时，不再代收车船税，但应当根据纳税人的完税凭证原件，将车辆的完税凭证号和出具该凭证的税务机关名称录入交强险业务系统。

对出具税务机关减免税证明的车辆，保险机构在销售机动车第三者责任强制保险时，不代收车船税，保险机构应当将减免税证明号和出具该证明的税务机关名称录入交强险业务系统。

纳税人对保险机构代收代缴税款数额有异议的，可以直接向税务机关申报缴纳，也可以在保险机构代收代缴税款后向税务机关提出申诉，税务机关应在接到纳税人申诉后按照本地区代收代缴管理办法规定的受理程序和期限进行处理。

第十二条 车船税联网征收系统已上线地区税务机关应当及时将征收信息、减免税信息、保险机构和代征单位汇总解缴信息等传递至车船税联网征收系统，与税源数据库历史信息进行比对核验，实现税源数据库数据的实时更新、校验、清洗，以确保车船税足额收缴。

第十三条 税务机关可以根据有利于税收管理和方便纳税的原则，委托交通运输部门的海事管理机构等单位在办理车船登记手续或受理车船年度检验信息报告时代征车船税，同时向纳税人出具代征税款凭证。

第十四条 代征单位应当根据委托代征协议约定的方式、期限及时将代征税款解缴入库，并向税务机关提供代征车船明细信息。

第十五条 代征单位对出具税务机关减免税证明或完税凭证的车船，不再代征车船税。代征单位应当记录上述凭证的凭证号和出具该凭证的税务机关名称，并将上述凭证的复印件存档备查。

代征单位依法履行委托代征税款职责时，纳税人不得拒绝。纳税人拒绝的，代征单位应当及时报告税务机关。

第四章 减免税退税管理

第十六条 税务机关应当依法减免车船税。保险机构、代征单位对已经办理减免税手续的车船不再代收代征车船税。

税务机关、保险机构、代征单位应当严格执行财政部、国家税务总局、工业和信息化部公布的节约能源、使用新能源车船减免税政策。对不属于车船税征税范围的纯电动乘用车和燃料电池乘用车，应当积极获取车辆的相关信息予以判断，对其征收了车船税的应当及时予以退税。

第十七条　税务机关应当将本地区车船税减免涉及的具体车船明细信息和相关减免税额存档备查。

第十八条　车船税退税管理应当按照税款缴库退库有关规定执行。

第十九条　已经缴纳车船税的车船，因质量原因，车船被退回生产企业或者经销商的，纳税人可以向纳税所在地的主管税务机关申请退还自退货月份起至该纳税年度终了期间的税款，退货月份以退货发票所载日期的当月为准。

地方税务机关与国家税务机关应当积极协作，落实国地税合作规范，在纳税人因质量原因发生车辆退货时，国家税务机关应当向地方税务机关提供车辆退货发票信息，减轻纳税人办税负担。

第二十条　已完税车辆被盗抢、报废、灭失而申请车船税退税的，由纳税人纳税所在地的主管税务机关按照有关规定办理。

第二十一条　纳税人在车辆登记地之外购买机动车第三者责任强制保险，由保险机构代收代缴车船税的，凭注明已收税款信息的机动车第三者责任强制保险单或保费发票，车辆登记地的主管税务机关不再征收该纳税年度的车船税，已经征收的应予退还。

第五章　风险管理

第二十二条　税务机关应当加强车船税风险管理，构建车船税风险管理指标体系，依托现代化信息技术，对车船税管理的风险点进行识别、监控、预警，做好风险应对处置工作。

税务机关应当根据国家税务总局关于财产行为税风险管理工作的要求开展车船税风险管理工作。

第二十三条　税务机关重点可以通过以下方式加强车船税风险管理：

（一）将申报已缴纳车船税车船的排量、整备质量、载客人数、吨位、艇身长度等信息与税源数据库中对应的信息进行比对，防范少征、错征税款风险；

（二）将保险机构、代征单位申报解缴税款与实际入库税款进行比对，防范少征、漏征风险；

（三）将备案减免税车船与实际减免税车船数量、涉及税款进行比对，防范减免税优惠政策落实不到位风险；

（四）将车船税联网征收系统车辆完税信息与本地区车辆完税信息进行比对，防范少征、漏征、重复征税风险等。

税务机关应当根据本地区车船税征管实际情况，设计适应本地区征管实际的车船税风险指标。

第六章　附　　则

第二十四条　各省、自治区、直辖市地方税务机关可根据本规程制定具体实施意见。

第二十五条　本规程自 2016 年 1 月 1 日起施行。

关于《车船税管理规程（试行）》公告的解读

一、发文背景和意义

《中华人民共和国车船税法》及其实施条例自 2012 年施行以来，完善了税源管控和征收措施，方便了广大纳税人，提高了车船税征管效率。但也遇到一些亟待明确或细化的问题。为进一步规范车船税管理，提高车船税管理水平，促进税务机关同其他部门协作，国家税务总局在广泛听取地方税务机关意见的基础上，制定本《规程》。

二、《规程》的主要内容

《规程》分为六章二十五条，主要明确了车船税管理所涉及的税源管理、税款征收、减免税和退税管理以及风险管理等事项。

（一）明确税源管理相关事项

为进一步提高车船税征管质效、减轻纳税人负担，《规程》第二章对车船税税源管理提出了要求，主要有按照车船税统一申报表数据指标建立车船税税源数据库，加强税源数据库管理，建立部门合作机制和采集第三方信息等。

（二）明确税款征收相关事项

根据地方税务机关以及纳税人反映的情况，《规程》第三章明确税务机关应当保留受理纳税人自主申报车船税的职能，为纳税人自主申报缴纳车船税提供便利。对税务机关直接征收的车船和依法不需要办理登记的车船等两类情形的征管范围进行了明确。对保险机构、代征单位的代收代缴、委托代征工作进行了规范。对税务机关依托车船税联网征收系统，提高车船税管理工作提出了相关要求。

（三）明确车船税减免税和退税管理相关事项

《规程》第四章对税务机关、保险机构、代征单位办理减免税工作提出了要求。

为减轻纳税人办税负担，落实国地税合作规范，对纳税人因质量原因退货、被盗抢、报废、灭失等情形发生的退税，提出了退税管理的相关要求。

（四）明确车船税风险管理相关事项

《规程》第五章要求税务机关应当根据国家税务总局关于财产行为税风险管理工作的要求开展车船税风险管理工作，并要求在《规程》所列重点风险指标的基础上，因地制宜，设计适用于本地区的车船税风险指标。

第十二部分 中华人民共和国土地增值税法

中华人民共和国土地增值税暂行条例

国务院令第 138 号

第一条 为了规范土地、房地产市场交易秩序，合理调节土地增值收益，维护国家权益，制定本条例。

第二条 转让国有土地使用权、地上的建筑物及其附着物（以下简称转让房地产）并取得收入的单位和个人，为土地增值税的纳税义务人（以下简称纳税人），应当依照本条例缴纳土地增值税。

【注释】 相关规定包括：《国家税务总局关于未办理土地使用权证转让土地有关税收问题的批复》（国税函〔2007〕645 号）。

第三条 土地增值税按照纳税人转让房地产所取得的增值额和本条例第七条规定的税率计算征收。

第四条 纳税人转让房地产所取得的收入减除本条例第六条规定扣除项目金额后的余额，为增值额。

第五条 纳税人转让房地产所取得的收入，包括货币收入、实物收入和其他收入。

第六条 计算增值额的扣除项目：

（一）取得土地使用权所支付的金额；

（二）开发土地的成本、费用；

（三）新建房及配套设施的成本、费用，或者旧房及建筑物的评估价格；

（四）与转让房地产有关的税金；

（五）财政部规定的其他扣除项目。

第七条 土地增值税实行四级超率累进税率：

增值额未超过扣除项目金额 50%的部分，税率为 30%。

增值额超过扣除项目金额 50%、未超过扣除项目金额 100%的部分，税率为 40%。

增值额超过扣除项目金额 100%、未超过扣除项目金额 200%的部分，税率为 50%。

增值额超过扣除项目金额 200%的部分，税率为 60%。

第八条 有下列情形之一的，免征土地增值税：

（一）纳税人建造普通标准住宅出售，增值额未超过扣除项目金额 20%的；

（二）因国家建设需要依法征用、收回的房地产。

【注释】 相关规定包括：《财政部 国家税务总局关于土地增值税一些具体问题规定的通知》（财税〔1995〕48 号）、《财政部 国家税务总局关于调整房地产市场若干税收政策的通知》（财税〔1999〕210 号）、《财政部 国家税务总局关于土地增值税普通标准住宅有关政策的通知》（财税〔2006〕141 号）。

第九条 纳税人有下列情形之一的，按照房地产评估价格计算征收：

（一）隐瞒、虚报房地产成交价格的；

（二）提供扣除项目金额不实的；

（三）转让房地产的成交价格低于房地产评估价格，又无正当理由的。

【注释】 相关规定包括：《财政部 国家税务总局关于土地增值税一些具体问题规定的通知》（财税〔1995〕48 号）。

第十条 纳税人应当自转让房地产合同签订之日起七日内向房地产所在地主管税务机关办理纳税申报，并在税务机关核定的期限内缴纳土地增值税。

【注释】 相关规定包括：《财政部 国家税务总局关于土地增值税一些具体问题规定的通知》（财税〔1995〕48 号）。

第十一条 土地增值税由税务机关征收。土地管理部门、房产管理部门应当向税务机关提供有关资料,并协助税务机关依法征收土地增值税。

第十二条 纳税人未按照本条例缴纳土地增值税的,土地管理部门、房产管理部门不得办理有关的权属变更手续。

【注释】 相关规定包括:《财政部 国家税务总局关于土地增值税一些具体问题规定的通知》(财税〔1995〕48号)。

第十三条 土地增值税的征收管理,依据《中华人民共和国税收征收管理法》及本条例有关规定执行。

【注释】 相关规定包括:《财政部 国家税务总局国家国有资产管理局关于转让国有房地产征收土地增值税中有关房地产价格评估问题的通知》(财税〔1995〕61号)。

第十四条 本条例由财政部负责解释,实施细则由财政部制定。

第十五条 本条例自一九九四年一月一日起施行。各地区的土地增值费征收办法,与本条例相抵触的。

中华人民共和国土地增值税暂行条例实施细则

财法〔1995〕6号

第一条 根据《中华人民共和国土地增值税暂行条例》(以下简称条例)第十四条规定,制定本细则。

第二条 条例第二条所称的转让国有土地使用权、地上的建筑物及其附着物并取得收入,是指以出售或者其他方式有偿转让房地产的行为。不包括以继承、赠与方式无偿转让房地产的行为。

【注释】 相关规定包括:《财政部 国家税务总局关于土地增值税一些具体问题规定的通知》(财税〔1995〕48号)、《国家税务总局关于未办理土地使用权证转让土地有关税收问题的批复》(国税函〔2007〕645号)。

第三条 条例第二条所称的国有土地,是指按国家法律规定属于国家所有的土地。

第四条 条例第二条所称的地上的建筑物,是指建于土地上的一切建筑物,包括地上地下的各种附属设施。

条例第二条所称的附着物,是指附着于土地上的不能移动,一经移动即遭损坏的物品。

第五条 条例第二条所称的收入,包括转让房地产的全部价款及有关的经济收益。

第六条 条例第二条所称的单位,是指各类企业单位、事业单位、国家机关和社会团体及其他组织。

条例第二条所称个人,包括个体经营者。

第七条 条例第六条所列的计算增值额的扣除项目,具体为:

(一)取得土地使用权所支付的金额,是指纳税人为取得土地使用权所支付的地价款和按国家统一规定交纳的有关费用。

(二)开发土地和新建房及配套设施(以下简称房增开发)的成本,是指纳税人房地产开发项目实际发生的成本(以下简称房增开发成本),包括土地征用及拆迁补偿费、前期工程费、建筑安装工程费、基础设施费、公共配套设施费、开发间接费用。

土地征用及拆迁补偿费,包括土地征用费、耕地占用税、劳动力安置费及有关地上、地下附着物拆迁补偿的净支出、安置动迁用房支出等。

前期工程费,包括规划、设计、项目可行性研究和水文、地质、勘察、测绘、“三通一平”等支出。

建筑安装工程费,是指以出包方式支付给承包单位的建筑安装工程费,以自营方式发生的建筑安装工程费。

基础设施费,包括开发小区内道路、供水、供电、供气、排污、排洪、通讯、照明、环卫、绿化等工程发生的支出。

公共配套设施费,包括不能有偿转让的开发小区内公共配套设施发生的支出。

开发间接费用,是指直接组织、管理开发项目发生的费用,包括工资、职工福利费、折旧费、修理费、办公费、水电费、劳动保护费、周转房摊销等。

（三）开发土地和新建房及配套设施的费用（以下简称房地产开发费用），是指与房地产开发项目有关的销售费用、管理费用、财务费用。

财务费用中的利息支出，凡能够按转让房地产项目计算分摊并提供金融机构证明的，允许据实扣除，但最高不能超过按商业银行同类同期贷款利率计算的金额。其他房地产开发费用，按本条（一）、（二）项规定计算的金额之和的5%以内计算扣除。

凡不能按转让房地产项目计算分摊利息支出或不能提供金融机构证明的，房地产开发费用按本条（一）、（二）项规定计算的金额之和的10%以内计算扣除。

上述计算扣除的具体比例，由各省、自治区、直辖市人民政府规定。

（四）旧房及建筑物的评估价格，是指在转让已使用的房屋及建筑物时，由政府批准设立的房地产评估机构评定的重置成本价乘以成新度折扣率后的价格。评估价格须经当地税务机关确认。

（五）与转让房地产有关的税金，是指在转让房地产时缴纳的营业税、城市维护建设税、印花税。因转让房地产交纳的教育费附加，也可视同税金予以扣除。

（六）根据条例第六条（五）项规定，对从事房地产开发的纳税人可按本条（一）、（二）项规定计算的金额之和，加计20%的扣除。

【注释】 相关规定包括：《财政部 国家税务总局关于土地增值税一些具体问题规定的通知》（财税〔1995〕48号）。

第八条 土地增值税以纳税人房地产成本核算的最基本的核算项目或核算对象为单位计算。

第九条 纳税人成片受让土地使用权后，分期分批开发、转让房地产的，其扣除项目金额的确定，可按转让土地使用权的面积占总面积的比例计算分摊，或按建筑面积计算分摊，也可按税务机关确认的其他方式计算分摊。

第十条 条例第七条所列四级超率累进税率，每级"增值额未超过扣除项目金额"的比例，均包括本比例数。

计算土地增值税税额，可按增值额乘以适用的税率减去扣除项目金额乘以速算扣除系数的简便方法计算，具体公式如下：

（一）增值额未超过扣除项目金额50%

土地增值税税额＝增值额×30%

（二）增值额超过扣除项目金额50%，未超过100%的

土地增值税税额＝增值额×40%－扣除项目金额×5%

（三）增值额超过扣除项目金额100%，未超过200%的

土地增值税税额＝增值额×50%－扣除项目金额×15%

（四）增值额超过扣除项目金额200%

土地增值税税额＝增值额×60%－扣除项目金额×35%

公式中的5%，15%，35%为速算扣除系数。

第十一条 条例第八条（一）项所称的普通标准住宅，是指按所在地一般民用住宅标准建造的居住用住宅。高级公寓、别墅、度假村等不属于普通标准住宅。普通标准住宅与其他住宅的具体划分界限由各省、自治区、直辖市人民政府规定。

纳税人建造普通标准住宅出售，增值额未超过本细则第七条（一）、（二）、（三）、（五）、（六）项扣除项目金额之和20%的，免征土地增值税；增值额超过扣除项目金额之和20%的，应就其全部增值额按规定计税。

条例第八条（二）项所称的因国家建设需要依法征用、收回的房地产，是指因城市实施规划、国家建设的需要而被政府批准征用的房产或收回的土地使用权。

因城市实施规划、国家建设的需要而搬迁，由纳税人自行转让原房地产的，比照本规定免征土地增值税。

符合上述免税规定的单位和个人，须向房地产所在地税务机关提出免税申请，经税务机关审核后，免予征收土地增值税。

第十二条 个人因工作调动或改善居住条件而转让原自用住房，经向税务机关申报核准，凡居住满五年或五年以上的，免予征收土地增值税；居住满三年未满五年的，减半征收土地增值税。居住未满三年的，

按规定计征土地增值税。

第十三条 条例第九条所称的房地产评估价格，是指由政府批准设立的房地产评估机构根据相同地段、同类房地产进行综合评定的价格。评估价格须经当地税务机关确认。

第十四条 条例第九条(一)项所称的隐瞒、虚报房地产成交价格，是指纳税人不报或有意低报转让土地使用权、地上建筑物及其附着物价款的行为。

条例第九条(二)项所称的提供扣除项目金额不实的，是指纳税人在纳税申报时不据实提供扣除项目金额的行为。

条例第九条(三)项所称的转让房地产的成交价格低于房地产评估价格，又无正当理由，是指纳税人申报的转让房地产的实际成交价低于房地产评估机构评定的交易价，纳税人又不能提供凭据或无正当理由的行为。

隐瞒、虚报房地产成交价格，应由评估机构参照同类房地产的市场交易价格进行评估。税务机关根据评估价格确定转让房地产的收入。

提供扣除项目金额不实的，应由评估机构按照房屋重置成本价乘以成新度折扣率计算的房屋成本价和取得土地使用权时的基准地价进行评估。税务机关根据评估价格确定扣除项目金额。

转让房地产的成交价格低于房地产评估价格，又无正当理由的，由税务机关参照房地产评估价格确定转让房地产的收入。

第十五条 根据条例第十条的规定，纳税人应按照下列程序办理纳税手续：

(一)纳税人应在转让房地产合同签订后的七日内，到房地产所在地主管税务机关办理纳税申报，并向税务机关提交房屋及建筑物产权、土地使用权证书，土地转让、房产买卖合同，房地产评估报告及其他与转让房地产有关的资料。

纳税人因经常发生房地产转让而难以在每次转让后申报的，经税务机关审核同意后，可以定期进行纳税申报，具体期限由税务机关根据情况确定。

(二)纳税人按照税务机关核定的税额及规定的期限缴纳土地增值税。

【注释】 相关规定包括：《财政部 国家税务总局关于土地增值税一些具体问题规定的通知》(财税〔1995〕48号)。

第十六条 纳税人在项目全部竣工结算前转让房地产取得的收入，由于涉及成本确定或其他原因，而无法据以计算土地增值税的，可以预征土地增值税，待该项目全部竣工、办理结算后再进行清算，多退少补。具体办法由各省、自治区、直辖市地方税务局根据当地情况制定。

【注释】 相关规定包括：《国家税务总局关于房地产开发企业土地增值税清算管理有关问题的通知》(国税发〔2006〕187号)。

第十七条 条例第十条所称的房地产所在地，是指房地产的坐落地。纳税人转让房地产坐落在两个或两个以上地区的，应按房地产所在地分别申报纳税。

第十八条 条例第十一条所称的土地管理部门、房产管理部门应当向税务机关提供有关资料，是指向房地产所在地主管税务机关提供有关房屋及建筑物产权、土地使用权、土地出让金数额、土地基准地价、房地产市场交易价格及权属变更等方面的资料。

第十九条 纳税人未按规定提供房屋及建筑物产权、土地使用权证书，土地转让、房产买卖合同，房地产评估报告及其他与转让房地产有关资料的，按照《中华人民共和国税收征收管理法》(以下简称《征管法》)第三十九条的规定进行处理。

纳税人不如实申报房地产交易额及规定扣除项目金额造成少缴或未缴税款的，按照《征管法》第四十条的规定进行处理。

第二十条 土地增值税以人民币为计算单位。转让房地产所取得的收入为外国货币的，以取得收入当天或当月1日国家公布的市场汇价折合成人民币，据以计算应纳土地增值税税额。

【注释】 相关规定包括：《财政部 国家税务总局关于土地增值税一些具体问题规定的通知》(财税〔1995〕48号)。

第二十一条 条例第十五条所称的各地区的土地增值费征收办法是指与本条例规定的计征对象相同的土地增值费、土地收益金等征收办法。

第二十二条 本细则由财政部解释,或者由国家税务总局解释。

第二十三条 本细则自发布之日起施行。

第二十四条 1994 年 1 月 1 日至本细则发布之日期间的土地增值税参照本细则的规定计算征收。

财政部 国家税务总局关于土地增值税一些具体问题规定的通知

财税〔1995〕48 号

各省、自治区、直辖市、计划单列市财政厅(局)、国家税务局、地方税务局,扬州培训中心、长春税务学院:

按照《中华人民共和国土地增值税暂行条例》(以下简称条例)和《中华人民共和国土地增值税暂行条例实施细则》(以下简称细则)的规定,现对土地增值税一些具体问题规定如下:

一、关于以房地产进行投资、联营的征免税问题

对于以房地产进行投资、联营的,投资、联营的一方以土地(房地产)作价入股进行投资或作为联营条件,将房地产转让到所投资、联营的企业中时,暂免征收土地增值税。对投资、联营企业将上述房地产再转让的,应征收土地增值税。

二、关于合作建房的征免税问题

对于一方出地,一方出资金,双方合作建房,建成后按比例分房自用的,暂免征收土地增值税;建成后转让的,应征收土地增值税。

三、关于企业兼并转让房地产的征免税问题

在企业兼并中,对被兼并企业将房地产转让到兼并企业中的,暂免征收土地增值税。

四、关于细则中"赠与"所包括的范围问题

细则所称的"赠与"是指如下情况:

(一)房产所有人、土地使用权所有人将房屋产权、土地使用权赠与直系亲属或承担直接赡养义务人的。

(二)房产所有人、土地使用权所有人通过中国境内非营利的社会团体、国家机关将房屋产权、土地使用权赠与教育、民政和其他社会福利、公益事业的。

上述社会团体是指中国青少年发展基金会、希望工程基金会、宋庆龄基金会、减灾委员会、中国红十字会、中国残疾人联合会、全国老年基金会、老区促进会以及经民政部门批准成立的其他非营利的公益性组织。

五、关于个人互换住房的征免税问题

对个人之间互换自有居住用房地产的,经当地税务机关核实,可以免征土地增值税。

六、关于地方政府要求房地产开发企业代收的费用如何计征土地增值税的问题

对于县级及县级以上人民政府要求房地产开发企业在售房时代收的各项费用,如果代收费用是计入房价中向购买方一并收取的,可作为转让房地产所取得的收入计税;如果代收费用未计入房价中,而是在房价之外单独收取的,可以不作为转让房地产的收入。

对于代收费用作为转让收入计税的,在计算扣除项目金额时,可予以扣除,但不允许作为加计 20%扣除的基数;对于代收费用未作为转让房地产的收入计税的,在计算增值额时不允许扣除代收费用。

七、关于新建房与旧房的界定问题

新建房是指建成后未使用的房产。凡是已使用一定时间或达到一定磨损程度的房产均属旧房。使用时间和磨损程度标准可由各省、自治区、直辖市财政厅(局)和地方税务局具体规定。

八、关于扣除项目金额中的利息支出如何计算问题

(一)利息的上浮幅度按国家的有关规定执行,超过上浮幅度的部分不允许扣除;

(二)对于超过贷款期限的利息部分和加罚的利息不允许扣除。

九、关于计算增值额时扣除已缴纳印花税的问题

细则中规定允许扣除的印花税,是指在转让房地产时缴纳的印花税。房地产开发企业按照《施工、房地产开发企业财务制度》的有关规定，其缴纳的印花税列入管理费用，已相应予以扣除。其他的土地增值税纳税义务人在计算土地增值税时允许扣除在转让时缴纳的印花税。

十、关于转让旧房如何确定扣除项目金额的问题

转让旧房的，应按房屋及建筑物的评估价格、取得土地使用权所支付的地价款和按国家统一规定交纳的有关费用以及在转让环节缴纳的税金作为扣除项目金额计征土地增值税。对取得土地使用权时未支付地价款或不能提供已支付的地价款凭据的，不允许扣除取得土地使用权所支付的金额。

十一、关于已缴纳的契税可否在计税时扣除的问题

对于个人购入房地产再转让的，其在购入时已缴纳的契税，在旧房及建筑物的评估价中已包括了此项因素，在计征土地增值税时，不另作为"与转让房地产有关的税金"予以扣除。

十二、关于评估费用可否在计算增值额时扣除的问题

纳税人转让旧房及建筑物时因计算纳税的需要而对房地产进行评估，其支付的评估费用允许在计算增值额时予以扣除。对条例第九条规定的纳税人隐瞒、虚报房地产成交价格等情形而按房地产评估价格计算征收土地增值税所发生的评估费用，不允许在计算土地增值税时予以扣除。

十三、关于既建普通标准住宅又搞其他类型房地产开发的如何计税的问题

对纳税人既建普通标准住宅又搞其他房地产开发的，应分别核算增值额。不分别核算增值额或不能准确核算增值额的，其建造的普通标准住宅不能适用条例第八条(一)项的免税规定。

十四、关于预售房地产所取得的收入是否申报纳税的问题

根据细则的规定，对纳税人在项目全部竣工结算前转让房地产取得的收入可以预征土地增值税。具体办法由各省、自治区、直辖市地方税务局根据当地情况制定。因此，对纳税人预售房地产所取得的收入，当地税务机关规定预征土地增值税的，纳税人应当到主管税务机关办理纳税申报，并按规定比例预交，待办理决算后，多退少补；当地税务机关规定不预征土地增值税的，也应在取得收入时先到税务机关登记或备案。

十五、关于分期收款的外币收入如何折合人民币的问题

对于取得的收入为外国货币的，依照细则规定，以取得收入当天或当月1日国家公布的市场汇价折合人民币，据以计算土地增值税税额。对于以分期收款形式取得的外币收入，也应按实际收款日或收款当月1日国家公布的市场汇价折合人民币。

十六、关于纳税期限的问题

根据条例第十条、第十二条和细则第十五条的规定，税务机关核定的纳税期限，应在纳税人签订房地产转让合同之后、办理房地产权属转让(即过户及登记)手续之前。

十七、关于财政部、国家税务总局《关于对1994年1月1日前签订开发及转让合同的房地产征免土地增值税的通知》(财法字〔1995〕7号)适用范围的问题。

该通知规定的适用范围，限于房地产开发企业转让新建房地产的行为，非房地产开发企业或房地产开发企业转让存量房地产的，不适用此规定。

【注释】 对《土地增值税暂行条例》第8、9、10、12条进行了解释。对《土地增值税暂行条例实施细则》第2、7、15、20条进行了解释。

财政部 国家税务总局国家国有资产管理局关于转让国有房地产征收土地增值税中有关房地产价格评估问题的通知

财税〔1995〕61号

为了加强土地增值税的征收管理，促进对国有房地产转让价格评估的管理，维护国有资产权益，现根据《中华人民共和国土地增值税暂行条例》(以下简称《条例》)及《中华人民共和国土地增值税暂行条例实施细则》(以下简称《细则》)和《国有资产评估管理办法》的有关规定，对国有房地产转让中有关价格评估等问题通知如下：

一、凡转让国有土地使用权、地上建筑物及其附属物(以下简称房地产)的纳税人,按照土地增值税的有关规定,需要根据房地产的评估价格计税的,可委托经政府批准设立,并按照《国有资产评估管理办法》规定的由省以上国有资产管理部门授予评估资格的资产评估事务所、会计师事务所等各类资产评估机构受理有关转让房地产的评估业务。

二、对于涉及土地增值税的国有房地产价格评估,各评估机构必须严格按照《条例》和《细则》中规定的方法进行应纳税房地产的价格评估。其评估结果经同级国有资产管理部门审核验证后作为房地产转让的底价,并按税务部门的要求按期报送房地产所在地主管税务机关,作为确认计税依据的参考。

房地产所在地主管税务机关要求从事房地产评估的资产评估机构提供与房地产评估有关的评估资料的,资产评估机构应无偿提供,不得以任何借口予以拒绝。

房地产所在地主管税务机关应根据《条例》和《细则》的有关规定,对应纳税房地产的评估结果进行严格审核及确认,对不符合实际情况的评估结果不予采用。

三、房地产评估机构在执业过程中必须遵守职业道德,坚持独立、客观、公正的原则,对评估结果的真实性、合理性负法律责任。任何房地产评估机构在房地产转让的评估过程中有隐瞒事实,提供虚假评估结果,或与有关当事人串通作弊等违法行为,一经发现坚决取消执业资格。

房地产评估机构因不向主管税务机关提供有关的、真实的房地产评估资料,或有意提供虚假评估结果,造成纳税人不缴或少缴土地增值税的,房地产评估机构应承担相应的法律和经济责任;对因上述行为而造成国家税收和国有资产严重流失的,要提请司法机关追究有关当事人的刑事责任。

四、各级财政、税务和国有资产管理部门要密切配合、相互协作,加强土地增值税的各项征收管理工作。为此,各有关部门应对各房地产评估机构进一步加强监督管理,使房地产评估为保证国家税收收入和维护国有资产权益发挥应有的作用。

【注释】 对《土地增值税暂行条例实施细则》第13条进行了解释。

财政部 国家税务总局关于调整房地产市场若干税收政策的通知

财税〔1999〕210号

各省、自治区、直辖市、计划单列市财政厅(局)、国家税务局、地方税务局、新疆生产建设兵团:

为了配合国家住房制度改革,有效启动房地产市场,积极培育新的经济增长点,经国务院批准,现对房地产市场有关税收政策问题通知如下:

一、关于营业税和契税的政策问题

为了切实减轻个人买卖普通住宅的税收负担,积极启动住房二级市场,对个人购买并居住超过一年的普通住宅,销售时免征营业税;个人购买并居住不足一年的普通住宅,销售时营业税按销售价减去购入原价后的差额计征;个人自建自用住房,销售时免征营业税;个人购买自用普通住宅,暂减半征收契税。

为了支持住房制度的改革,对企业、行政事业单位按房改成本价、标准价出售住房的收入,暂免征收营业税。

二、关于空置商品住房税收政策问题

(本条已经过期作废)

三、关于土地增值税征免政策问题

对居民个人拥有的普通住宅,在其转让时暂免征收土地增值税。

本通知自1999年8月1日起执行。部分地区在此之前越权自行制定的房地产市场税收政策,凡与本通知规定不符的一律改按本通知的规定执行。

【注释】 对《土地增值税暂行条例》第8条进行了解释。

财政部 国家税务总局关于土地增值税普通标准住宅有关政策的通知

财税〔2006〕141 号

各省、自治区、直辖市、计划单列市财政厅(局)、地方税务局,新疆生产建设兵团财务局:

为贯彻落实《国务院办公厅转发建设部等部门关于调整住房供应结构稳定住房价格意见的通知》(国办发〔2006〕37 号)精神,进一步促进调整住房供应结构,增加中小套型、中低价位普通商品住房供应,现将《中华人民共和国土地增值税暂行条例》第八条中"普通标准住宅"的认定问题通知如下:

"普通标准住宅"的认定,可在各省、自治区、直辖市人民政府根据《国务院办公厅转发建设部等部门关于做好稳定住房价格工作意见的通知》(国办发〔2005〕26 号)制定的"普通住房标准"的范围内从严掌握。

【注释】 对《土地增值税暂行条例》第 8 条进行了解释。

国家税务总局关于房地产开发企业土地增值税清算管理有关问题的通知

国税发〔2006〕187 号

各省、自治区、直辖市和计划单列市地方税务局,西藏、宁夏自治区国家税务局:

为进一步加强房地产开发企业土地增值税清算管理工作,根据《中华人民共和国税收征收管理法》、《中华人民共和国土地增值税暂行条例》及有关规定,现就有关问题通知如下:

一、土地增值税的清算单位

土地增值税以国家有关部门审批的房地产开发项目为单位进行清算,对于分期开发的项目,以分期项目为单位清算。

开发项目中同时包含普通住宅和非普通住宅的,应分别计算增值额。

二、土地增值税的清算条件

(一)符合下列情形之一的,纳税人应进行土地增值税的清算:

1. 房地产开发项目全部竣工、完成销售的;

2. 整体转让未竣工决算房地产开发项目的;

3. 直接转让土地使用权的。

(二)符合下列情形之一的,主管税务机关可要求纳税人进行土地增值税清算:

1. 已竣工验收的房地产开发项目,已转让的房地产建筑面积占整个项目可售建筑面积的比例在 85% 以上,或该比例虽未超过 85%,但剩余的可售建筑面积已经出租或自用的;

2. 取得销售(预售)许可证满三年仍未销售完毕的;

3. 纳税人申请注销税务登记但未办理土地增值税清算手续的;

4. 省税务机关规定的其他情况。

三、非直接销售和自用房地产的收入确定

(一)房地产开发企业将开发产品用于职工福利、奖励、对外投资、分配给股东或投资人、抵偿债务、换取其他单位和个人的非货币性资产等,发生所有权转移时应视同销售房地产,其收入按下列方法和顺序确认:

1. 按本企业在同一地区、同一年度销售的同类房地产的平均价格确定;

2. 由主管税务机关参照当地当年、同类房地产的市场价格或评估价值确定。

(二)房地产开发企业将开发的部分房地产转为企业自用或用于出租等商业用途时,如果产权未发生转移，不征收土地增值税，在税款清算时不列收入，不扣除相应的成本和费用。

四、土地增值税的扣除项目

（一）房地产开发企业办理土地增值税清算时计算与清算项目有关的扣除项目金额，应根据土地增值税暂行条例第六条及其实施细则第七条的规定执行。除另有规定外，扣除取得土地使用权所支付的金额、房地产开发成本、费用及与转让房地产有关税金，须提供合法有效凭证；不能提供合法有效凭证的，不予扣除。

（二）房地产开发企业办理土地增值税清算所附送的前期工程费、建筑安装工程费、基础设施费、开发间接费用的凭证或资料不符合清算要求或不实的，地方税务机关可参照当地建设工程造价管理部门公布的建安造价定额资料，结合房屋结构、用途、区位等因素，核定上述四项开发成本的单位面积金额标准，并据以计算扣除。具体核定方法由省税务机关确定。

（三）房地产开发企业开发建造的与清算项目配套的居委会和派出所用房、会所、停车场（库）、物业管理场所、变电站、热力站、水厂、文体场馆、学校、幼儿园、托儿所、医院、邮电通讯等公共设施，按以下原则处理：

1. 建成后产权属于全体业主所有的，其成本、费用可以扣除；

2. 建成后无偿移交给政府、公用事业单位用于非营利性社会公共事业的，其成本、费用可以扣除；

3. 建成后有偿转让的，应计算收入，并准予扣除成本、费用。

（四）房地产开发企业销售已装修的房屋，其装修费用可以计入房地产开发成本。

房地产开发企业的预提费用，除另有规定外，不得扣除。

（五）属于多个房地产项目共同的成本费用，应按清算项目可售建筑面积占多个项目可售总建筑面积的比例或其他合理的方法，计算确定清算项目的扣除金额。

五、土地增值税清算应报送的资料

符合本通知第二条第（一）项规定的纳税人，须在满足清算条件之日起 90 日内到主管税务机关办理清算手续；符合本通知第二条第（二）项规定的纳税人，须在主管税务机关限定的期限内办理清算手续。

纳税人办理土地增值税清算应报送以下资料：

（一）房地产开发企业清算土地增值税书面申请、土地增值税纳税申报表；

（二）项目竣工决算报表、取得土地使用权所支付的地价款凭证、国有土地使用权出让合同、银行贷款利息结算通知单、项目工程合同结算单、商品房购销合同统计表等与转让房地产的收入、成本和费用有关的证明资料；

（三）主管税务机关要求报送的其他与土地增值税清算有关的证明资料等。

纳税人委托税务中介机构审核鉴证的清算项目，还应报送中介机构出具的《土地增值税清算税款鉴证报告》。

六、土地增值税清算项目的审核鉴证

税务中介机构受托对清算项目审核鉴证时，应按税务机关规定的格式对审核鉴证情况出具鉴证报告。对符合要求的鉴证报告，税务机关可以采信。

税务机关要对从事土地增值税清算鉴证工作的税务中介机构在准入条件、工作程序、鉴证内容、法律责任等方面提出明确要求，并做好必要的指导和管理工作。

七、土地增值税的核定征收

房地产开发企业有下列情形之一的，税务机关可以参照与其开发规模和收入水平相近的当地企业的土地增值税税负情况，按不低于预征率的征收率核定征收土地增值税：

（一）依照法律、行政法规的规定应当设置但未设置账簿的；

（二）擅自销毁账簿或者拒不提供纳税资料的；

（三）虽设置账簿，但账目混乱或者成本资料、收入凭证、费用凭证残缺不全，难以确定转让收入或扣除项目金额的；

（四）符合土地增值税清算条件，未按照规定的期限办理清算手续，经税务机关责令限期清算，逾期仍不清算的；

（五）申报的计税依据明显偏低，又无正当理由的。

八、清算后再转让房地产的处理

在土地增值税清算时未转让的房地产，清算后销售或有偿转让的，纳税人应按规定进行土地增值税的纳税申报，扣除项目金额按清算时的单位建筑面积成本费用乘以销售或转让面积计算。

单位建筑面积成本费用＝清算时的扣除项目总金额÷清算的总建筑面积

本通知自2007年2月1日起执行。各省税务机关可依据本通知的规定并结合当地实际情况制定具体清算管理办法。

【注释】 对《土地增值税暂行条例实施细则》第16条进行了解释。

国家税务总局关于未办理土地使用权证转让土地有关税收问题的批复

国税函〔2007〕645号

四川省地方税务局：

你局《关于未办理土地使用权证而转让土地有关税收问题的请示》(川地税发〔2007〕7号)收悉，批复如下：

土地使用者转让、抵押或置换土地，无论其是否取得了该土地的使用权属证书，无论其在转让、抵押或置换土地过程中是否与对方当事人办理了土地使用权属证书变更登记手续，只要土地使用者享有占有、使用、收益或处分该土地的权利，且有合同等证据表明其实质转让、抵押或置换了土地并取得了相应的经济利益，土地使用者及其对方当事人应当依照税法规定缴纳营业税、土地增值税和契税等相关税收。

【注释】 对《土地增值税暂行条例》第2条进行了解释。对《土地增值税暂行条例实施细则》第2条进行了解释。

关于调整房地产交易环节税收政策的通知

财税〔2008〕137号

各省、自治区、直辖市、计划单列市财政厅(局)、地方税务局，新疆生产建设兵团财务局：

为适当减轻个人住房交易的税收负担，支持居民首次购买普通住房，经国务院批准，现就房地产交易环节有关税收政策问题通知如下：

一、对个人首次购买90平方米及以下普通住房的，契税税率暂统一下调到1%。首次购房证明由住房所在地县(区)住房建设主管部门出具。

二、对个人销售或购买住房暂免征收印花税。

三、对个人销售住房暂免征收土地增值税。

本通知自2008年11月1日起实施。

国家税务总局关于土地增值税清算有关问题的通知

国税函〔2010〕220号

各省、自治区、直辖市地方税务局，宁夏、西藏、青海省(自治区)国家税务局：

为了进一步做好土地增值税清算工作，根据《中华人民共和国土地增值税暂行条例》及实施细则的规定，现将土地增值税清算工作中有关问题通知如下：

一、关于土地增值税清算时收入确认的问题

土地增值税清算时，已全额开具商品房销售发票的，按照发票所载金额确认收入；未开具发票或未全额开具发票的，以交易双方签订的销售合同所载的售房金额及其他收益确认收入。销售合同所载商品房面积与有关部门实际测量面积不一致，在清算前已发生补、退房款的，应在计算土地增值税时予以调整。

二、房地产开发企业未支付的质量保证金，其扣除项目金额的确定问题

房地产开发企业在工程竣工验收后，根据合同约定，扣留建筑安装施工企业一定比例的工程款，作为开发项目的质量保证金，在计算土地增值税时，建筑安装施工企业就质量保证金对房地产开发企业开具发票的，按发票所载金额予以扣除；未开具发票的，扣留的质保金不得计算扣除。

三、房地产开发费用的扣除问题

(一)财务费用中的利息支出，凡能够按转让房地产项目计算分摊并提供金融机构证明的，允许据实扣除，但最高不能超过按商业银行同类同期贷款利率计算的金额。其他房地产开发费用，在按照“取得土地使用权所支付的金额”与“房地产开发成本”金额之和的5%以内计算扣除。

(二)凡不能按转让房地产项目计算分摊利息支出或不能提供金融机构证明的，房地产开发费用在按“取得土地使用权所支付的金额”与“房地产开发成本”金额之和的10%以内计算扣除。

全部使用自有资金，没有利息支出的，按照以上方法扣除。

上述具体适用的比例按省级人民政府此前规定的比例执行。

(三)房地产开发企业既向金融机构借款，又有其他借款的，其房地产开发费用计算扣除时不能同时适用本条(一)、(二)项所述两种办法。

(四)土地增值税清算时，已经计入房地产开发成本的利息支出，应调整至财务费用中计算扣除。

四、房地产企业逾期开发缴纳的土地闲置费的扣除问题

房地产开发企业逾期开发缴纳的土地闲置费不得扣除。

五、房地产开发企业取得土地使用权时支付的契税的扣除问题

房地产开发企业为取得土地使用权所支付的契税，应视同“按国家统一规定交纳的有关费用”，计入“取得土地使用权所支付的金额”中扣除。

六、关于拆迁安置土地增值税计算问题

(一)房地产企业用建造的本项目房地产安置回迁户的，安置用房视同销售处理，按《国家税务总局关于房地产开发企业土地增值税清算管理有关问题的通知》(国税发〔2006〕187号)第三条第(一)款规定确认收入，同时将此确认为房地产开发项目的拆迁补偿费。房地产开发企业支付给回迁户的补差价款，计入拆迁补偿费；回迁户支付给房地产开发企业的补差价款，应抵减本项目拆迁补偿费。

(二)开发企业采取异地安置，异地安置的房屋属于自行开发建造的，房屋价值按国税发〔2006〕187号第三条第(一)款的规定计算，计入本项目的拆迁补偿费；异地安置的房屋属于购入的，以实际支付的购房支出计入拆迁补偿费。

(三)货币安置拆迁的，房地产开发企业凭合法有效凭据计入拆迁补偿费。

七、关于转让旧房准予扣除项目的加计问题

《财政部 国家税务总局关于土地增值税若干问题的通知》(财税〔2006〕21号)第二条第一款规定“纳税人转让旧房及建筑物，凡不能取得评估价格，但能提供购房发票的，经当地税务部门确认，《条例》第六条第(一)、(三)项规定的扣除项目的金额，可按发票所载金额并从购买年度起至转让年度止每年加计5%计算”。计算扣除项目时“每年”按购房发票所载日期起至售房发票开具之日止，每满12个月计一年；超过一年，未满12个月但超过6个月的，可以视同为一年。

八、土地增值税清算后应补缴的土地增值税加收滞纳金问题

纳税人按规定预缴土地增值税后，清算补缴的土地增值税，在主管税务机关规定的期限内补缴的，不加收滞纳金。

财政部 国家税务总局关于支持公共租赁住房建设和运营有关税收优惠政策的通知

财税〔2010〕88 号

各省、自治区、直辖市、计划单列市财政厅(局)、地方税务局，西藏、宁夏、青海省(自治区)国家税务局，新疆生产建设兵团财务局：

根据国务院办公厅《关于促进房地产市场平稳健康发展的通知》(国办发〔2010〕4 号)、《国务院关于坚决遏制部分城市房价过快上涨的通知》(国发〔2010〕10 号)和住房城乡建设部等七部门《关于加快发展公共租赁住房的指导意见》(建保〔2010〕87 号)精神，现对公共租赁住房(以下简称公租房)建设和运营有关税收政策通知如下：

一、对公租房建设期间用地及公租房建成后占地免征城镇土地使用税。在其他住房项目中配套建设公租房，依据政府部门出具的相关材料，可按公租房建筑面积占总建筑面积的比例免征建造、管理公租房涉及的城镇土地使用税。

二、对公租房经营管理单位建造公租房涉及的印花税予以免征。在其他住房项目中配套建设公租房，依据政府部门出具的相关材料，可按公租房建筑面积占总建筑面积的比例免征建造、管理公租房涉及的印花税。

三、对公租房经营管理单位购买住房作为公租房，免征契税、印花税；对公租房租赁双方签订租赁协议涉及的印花税予以免征。

四、对企事业单位、社会团体以及其他组织转让旧房作为公租房房源，且增值额未超过扣除项目金额20%的，免征土地增值税。

五、企事业单位、社会团体以及其他组织捐赠住房作为公租房，符合税收法律法规规定的，捐赠支出在年度利润总额 12%以内的部分，准予在计算应纳税所得额时扣除。

六、对经营公租房所取得的租金收入，免征营业税、房产税。公租房租金收入与其他住房经营收入应单独核算，未单独核算的，不得享受免征营业税、房产税优惠政策。

七、享受上述税收优惠政策的公租房是指纳入省、自治区、直辖市、计划单列市人民政府及新疆生产建设兵团批准的公租房发展规划和年度计划，以及按照建保〔2010〕87 号文件和市、县人民政府制定的具体管理办法进行管理的公租房。不同时符合上述条件的公租房不得享受上述税收优惠政策。

八、上述政策自发文之日起执行，执行期限暂定三年，政策到期后将根据公租房建设和运营情况对有关内容加以完善。

国家税务总局关于进一步做好土地增值税征管工作的通知

税总发〔2013〕67

各省、自治区、直辖市和计划单列市地方税务局：

近年来，不少地区采取措施加强土地增值税征管工作，取得了一定成效，但从总体看，土地增值税征收管理工作仍需进一步规范，特别是在土地增值税清算工作、严格审核扣除项目、减少核定征收项目等方面还需要进一步加强管理。为进一步加强土地增值税征收管理，经研究，现提出以下要求：

一、提高认识，加强组织领导。

土地增值税是房地产宏观调控的重要措施，做好土地增值税征管和清算工作是贯彻依法治税要求的重要体现，各地要充分认识加强土地增值税征管工作的意义，加强组织领导，按照深化征管改革的总体要求，全面加强土地增值税征管。

各地方税务局主要领导要高度重视土地增值税工作，把此项工作列入议事日程和绩效考核内容；分管局领导要亲自抓，把土地增值税征管作为财产行为税征管的重点，切实抓紧抓好；分管处室要认真总结近年来土地增值税征管工作经验，分析存在问题，提出本地区加强征管行之有效的办法；主管税务机关要加强房地产开发项目的全流程监管，形成动态监控机制，把预征、清算和清算后管理的各项工作做扎实；房地产税收专业管理局要充分发挥专业化管理的优势，通过相关税种联动、多税种间信息比对，强化土地增值税监管，集中力量做好清算工作。

二、深入工作，着力抓好土地增值税清算。

土地增值税征管是系统性工作，各环节紧密联系，预征是土地增值税工作的基础，清算是落实土地增值税功能的关键，对房地产开发项目的全流程监管是夯实税源的保障。2013 年要着力抓好清算这一关键环节。一是要加强纳税服务和税收宣传，把清算的相关政策和规定宣传好、解读好，让纳税人熟悉政策，在达到清算条件后能够自行做好清算申报，使清算申报做到全覆盖、无死角。二是要对近几年积压未清算的项目进行全面清理，制定工作计划，督促企业限期自行清算，对拒不清算的要严肃处理。三是要严格执行核定征收规定，不得擅自扩大核定征收的范围，对不符合核定征收条件的，坚决不得核定征收，对符合条件、确需核定的，要根据实际情况从严确定核定征收率，不搞一刀切。四是清算审核时要严格依照政策和规定执行，不得擅自扩大扣除项目范围。

三、狠抓落实，强化督导检查。

要把督导检查作为强化土地增值税征管工作的抓手，狠抓落实，对照要求、认真部署、细化方案、层层督导，确保将加强土地增值税征管工作的各项要求落到实处。税务总局在已经对 15 个省市进行督导的基础上，2013 年 7 月起还将对辽宁、黑龙江、河北、天津、四川、重庆等省市进行督导（工作方案另行下发）。

请各地于 8 月底前将 2013 年土地增值税征管工作情况、清算进度和下阶段清算安排报送国家税务总局（财产行为税司）。

特此通知。

财政部 国家税务总局关于企业改制重组有关土地增值税政策的通知

财税〔2015〕5 号

各省、自治区、直辖市、计划单列市财政厅（局）、地方税务局，西藏、宁夏、青海省（自治区）国家税务局，新疆生产建设兵团财务局：

为贯彻落实《国务院关于进一步优化企业兼并重组市场环境的意见》（国发〔2014〕14 号），现将企业在改制重组过程中涉及的土地增值税政策通知如下：

一、按照《中华人民共和国公司法》的规定，非公司制企业整体改建为有限责任公司或者股份有限公司，有限责任公司（股份有限公司）整体改建为股份有限公司（有限责任公司）。对改建前的企业将国有土地、房屋权属转移、变更到改建后的企业，暂不征土地增值税。

本通知所称整体改建是指不改变原企业的投资主体，并承继原企业权利、义务的行为。

二、按照法律规定或者合同约定，两个或两个以上企业合并为一个企业，且原企业投资主体存续的，对原企业将国有土地、房屋权属转移、变更到合并后的企业，暂不征土地增值税。

三、按照法律规定或者合同约定，企业分设为两个或两个以上与原企业投资主体相同的企业，对原企业将国有土地、房屋权属转移、变更到分立后的企业，暂不征土地增值税。

四、单位、个人在改制重组时以国有土地、房屋进行投资，对其将国有土地、房屋权属转移、变更到被投资的企业，暂不征土地增值税。

五、上述改制重组有关土地增值税政策不适用于房地产开发企业。

六、企业改制重组后再转让国有土地使用权并申报缴纳土地增值税时，应以改制前取得该宗国有土地使用权所支付的地价款和按国家统一规定缴纳的有关费用，作为该企业“取得土地使用权所支付的金额”扣除。企业在重组改制过程中经省级以上（含省级）国土管理部门批准，国家以国有土地使用权作价出资入股的，再转让该宗国有土地使用权并申报缴纳土地增值税时，应以该宗土地作价入股时省级以上（含省级）国土管理部门批准的评估价格，作为该企业“取得土地使用权所支付的金额”扣除。办理纳税申报时，企业应提供该宗土地作价入股时省级以上（含省级）国土管理部门的批准文件和批准的评估价格，不能提供批准文件和批准的评估价格的，不得扣除。

七、企业按本通知有关规定享受相关土地增值税优惠政策的，应及时向主管税务机关提交相关房产、国有土地权证、价值证明等书面材料。

八、本通知执行期限为2015年1月1日至2017年12月31日。《财政部 国家税务总局关于土地增值税一些具体问题规定的通知》（财税字[1995]48号）第一条、第三条，《财政部 国家税务总局关于土地增值税若干问题的通知》（财税〔2006〕21号）第五条同时废止。

财政部 国家税务总局
2015年2月2日

财政部 国家税务总局关于公共租赁住房税收优惠政策的通知

财税〔2015〕139号

各省、自治区、直辖市、计划单列市财政厅（局）、地方税务局，西藏、宁夏、青海省（自治区）国家税务局，新疆生产建设兵团财务局：

根据《国务院办公厅关于保障性安居工程建设和管理的指导意见》（国办发〔2011〕45号）和住房城乡建设部、财政部、国家税务总局等部门《关于加快发展公共租赁住房的指导意见》（建保〔2010〕87号）等文件精神，决定继续对公共租赁住房建设和运营给予税收优惠。现将有关政策通知如下：

……

四、对企事业单位、社会团体以及其他组织转让旧房作为公共租赁住房房源，且增值额未超过扣除项目金额20%的，免征土地增值税。

……

八、享受上述税收优惠政策的公共租赁住房是指纳入省、自治区、直辖市、计划单列市人民政府及新疆生产建设兵团批准的公共租赁住房发展规划和年度计划，并按照《关于加快发展公共租赁住房的指导意见》（建保〔2010〕87号）和市、县人民政府制定的具体管理办法进行管理的公共租赁住房。

九、本通知执行期限为2016年1月1日至2018年12月31日。

财政部 国家税务总局
2015年12月30日

财政部 国家税务总局关于营改增后契税 房产税 土地增值税 个人所得税计税依据问题的通知

财税〔2016〕43号

各省、自治区、直辖市、计划单列市财政厅（局）、地方税务局，西藏、宁夏、青海省（自治区）国家税务局，新疆生产建设兵团财务局：

经研究，现将营业税改征增值税后契税、房产税、土地增值税、个人所得税计税依据有关问题明确如下：

……

三、土地增值税纳税人转让房地产取得的收入为不含增值税收入。

《中华人民共和国土地增值税暂行条例》等规定的土地增值税扣除项目涉及的增值税进项税额，允许在销项税额中计算抵扣的，不计入扣除项目，不允许在销项税额中计算抵扣的，可以计入扣除项目。

……

五、免征增值税的，确定计税依据时，成交价格、租金收入、转让房地产取得的收入不扣减增值税额。

六、在计征上述税种时，税务机关核定的计税价格或收入不含增值税。

本通知自2016年5月1日起执行。

财政部 国家税务总局
2016年4月25日

国家税务总局关于修订土地增值税纳税申报表的通知

税总函〔2016〕309号

各省、自治区、直辖市和计划单列市地方税务局，西藏、宁夏自治区国家税务局：

为加强土地增值税规范化管理，税务总局决定修订土地增值税纳税申报表。现将修订的主要内容通知如下：

一、增加《土地增值税项目登记表》

根据《国家税务总局关于印发〈土地增值税纳税申报表〉的通知》（国税发〔1995〕090号）规定，从事房地产开发的纳税人，应在取得土地使用权并获得房地产开发项目开工许可后，根据税务机关确定的时间，向主管税务机关报送《土地增值税项目登记表》，并在每次转让（预售）房地产时，依次填报表中规定栏目的内容。

二、土地增值税纳税申报表单修订内容

（一）根据《财政部 国家税务总局关于土地增值税一些具体问题规定的通知》（财税字〔1995〕48号）规定，在《土地增值税纳税申报表（二）》和《土地增值税纳税申报表（五）》中增加“代收费用”栏次。

（二）根据《国家税务总局关于房地产开发企业土地增值税清算管理有关问题的通知》（国税发〔2006〕187号）和《国家税务总局关于印发〈土地增值税清算管理规程〉的通知》（国税发〔2009〕91号）规定，调整收入项目名称，在《土地增值税纳税申报表（一）》中增加“视同销售收入”数据列，在《土地增值税纳税申报表（二）》、《土地增值税纳税申报表（四）》、《土地增值税纳税申报表（五）》和《土地增值税纳税申报表（六）》中调整转让收入栏次，增加“视同销售收入”指标。

现将修订后的《土地增值税纳税申报表》（见附件）印发给你单位，请认真做好落实工作。各表单执行情况请及时反馈税务总局（财产和行为税司）。

附件：土地增值税纳税申报表（修订版）

国家税务总局
2016年7月7日

国家税务总局关于营改增后土地增值税若干征管规定的公告

国家税务总局公告2016年第70号

为进一步做好营改增后土地增值税征收管理工作，根据《中华人民共和国土地增值税暂行条例》及其实施细则、《财政部 国家税务总局关于营改增后契税 房产税 土地增值税 个人所得税计税依据问题的通知》

(财税〔2016〕43 号)等规定,现就土地增值税若干征管问题明确如下:

一、关于营改增后土地增值税应税收入确认问题

营改增后,纳税人转让房地产的土地增值税应税收入不含增值税。适用增值税一般计税方法的纳税人,其转让房地产的土地增值税应税收入不含增值税销项税额;适用简易计税方法的纳税人,其转让房地产的土地增值税应税收入不含增值税应纳税额。

为方便纳税人,简化土地增值税预征税款计算,房地产开发企业采取预收款方式销售自行开发的房地产项目的,可按照以下方法计算土地增值税预征计征依据:

土地增值税预征的计征依据=预收款-应预缴增值税税款

二、关于营改增后视同销售房地产的土地增值税应税收入确认问题

纳税人将开发产品用于职工福利、奖励、对外投资、分配给股东或投资人、抵偿债务、换取其他单位和个人的非货币性资产等,发生所有权转移时应视同销售房地产,其收入应按照《国家税务总局关于房地产开发企业土地增值税清算管理有关问题的通知》(国税发〔2006〕187 号)第三条规定执行。纳税人安置回迁户,其拆迁安置用房应税收入和扣除项目的确认,应按照《国家税务总局关于土地增值税清算有关问题的通知》(国税函〔2010〕220 号)第六条规定执行。

三、关于与转让房地产有关的税金扣除问题

(一)营改增后,计算土地增值税增值额的扣除项目中"与转让房地产有关的税金"不包括增值税。

(二)营改增后,房地产开发企业实际缴纳的城市维护建设税(以下简称"城建税")、教育费附加,凡能够按清算项目准确计算的,允许据实扣除。凡不能按清算项目准确计算的,则按该清算项目预缴增值税时实际缴纳的城建税、教育费附加扣除。

其他转让房地产行为的城建税、教育费附加扣除比照上述规定执行。

四、关于营改增前后土地增值税清算的计算问题

房地产开发企业在营改增后进行房地产开发项目土地增值税清算时,按以下方法确定相关金额:

(一)土地增值税应税收入=营改增前转让房地产取得的收入+营改增后转让房地产取得的不含增值税收入

(二)与转让房地产有关的税金=营改增前实际缴纳的营业税、城建税、教育费附加+营改增后允许扣除的城建税、教育费附加

五、关于营改增后建筑安装工程费支出的发票确认问题

营改增后,土地增值税纳税人接受建筑安装服务取得的增值税发票,应按照《国家税务总局关于全面推开营业税改征增值税试点有关税收征收管理事项的公告》(国家税务总局公告 2016 年第 23 号)规定,在发票的备注栏注明建筑服务发生地县(市、区)名称及项目名称,否则不得计入土地增值税扣除项目金额。

六、关于旧房转让时的扣除计算问题

营改增后,纳税人转让旧房及建筑物,凡不能取得评估价格,但能提供购房发票的,《中华人民共和国土地增值税暂行条例》第六条第一、三项规定的扣除项目的金额按照下列方法计算:

(一)提供的购房凭据为营改增前取得的营业税发票的,按照发票所载金额(不扣减营业税)并从购买年度起至转让年度止每年加计 5%计算。

(二)提供的购房凭据为营改增后取得的增值税普通发票的,按照发票所载价税合计金额从购买年度起至转让年度止每年加计 5%计算。

(三)提供的购房发票为营改增后取得的增值税专用发票的,按照发票所载不含增值税金额加上不允许抵扣的增值税进项税额之和,并从购买年度起至转让年度止每年加计 5%计算。

本公告自公布之日起施行。

特此公告。

国家税务总局

2016 年 11 月 10 日

第十三部分 中华人民共和国城镇土地使用税法

中华人民共和国城镇土地使用税暂行条例

(1988年9月27日中华人民共和国国务院令第17号发布根据2006年12月31日《国务院关于修改〈中华人民共和国城镇土地使用税暂行条例〉的决定》修订)

第一条 为了合理利用城镇土地,调节土地级差收入,提高土地使用效益,加强土地管理,制定本条例。

第二条 在城市、县城、建制镇、工矿区范围内使用土地的单位和个人,为城镇土地使用税(以下简称土地使用税)的纳税人,应当依照本条例的规定缴纳土地使用税。

前款所称单位,包括国有企业、集体企业、私营企业、股份制企业、外商投资企业、外国企业以及其他企业和事业单位、社会团体、国家机关、军队以及其他单位;所称个人,包括个体工商户以及其他个人。

【注释】 相关规定包括:《关于土地使用税若干具体问题的解释和暂行规定》(国税地〔1988〕15号)、《关于土地使用税若干具体问题的补充规定》(国税地〔1989〕140号)、《国家税务局关于林业系统征免土地使用税问题的通知》(国税函发〔1991〕1404号)、《国家税务局关于受让土地使用权者应征收土地使用税问题的批复》(国税函发〔1993〕501号)、《国家税务总局关于城市维护建设税等地方税有关问题的通知》(国税发〔1994〕35号)、《国家税务总局关于对已缴纳土地使用金的土地使用者应征收城镇土地使用税的批复》(国税函发〔1998〕669号)、《财政部 国家税务总局关于非营利性科研机构税收政策的通知》(财税〔2001〕5号)、《财政部 国家税务总局关于调整铁路系统房产税城镇土地使用税政策的通知》(财税〔2003〕149号)、《财政部 国家税务总局关于集体土地城镇土地使用税有关政策的通知》(财税〔2006〕56号)、《国家税务总局关于外商投资企业和外国企业征收城镇土地使用税问题的批复》(国税函〔2007〕596号)。

第三条 土地使用税以纳税人实际占用的土地面积为计税依据,依照规定税额计算征收。

前款土地占用面积的组织测量工作,由省、自治区、直辖市人民政府根据实际情况确定。

【注释】 相关规定包括:《关于土地使用税若干具体问题的解释和暂行规定》(国税地〔1988〕15号)。

第四条 土地使用税每平方米年税额如下:

(一)大城市1.5元至30元;

(二)中等城市1.2元至24元;

(三)小城市0.9元至18元;

(四)县城、建制镇、工矿区0.6元至12元。

【注释】 相关规定包括:《关于土地使用税若干具体问题的解释和暂行规定》(国税地〔1988〕15号)。

第五条 省、自治区、直辖市人民政府,应当在本条例第四条规定的税额幅度内,根据市政建设状况、经济繁荣程度等条件,确定所辖地区的适用税额幅度。

市、县人民政府应当根据实际情况,将本地区土地划分为若干等级,在省、自治区、直辖市人民政府确定的税额幅度内,制定相应的适用税额标准,报省、自治区、直辖市人民政府批准执行。

经省、自治区、直辖市人民政府批准,经济落后地区土地使用税的适用税额标准可以适当降低,但降低额不得超过本条例第四条规定最低税额的30%。经济发达地区土地使用税的适用税额标准可以适当提高,但须报经财政部批准。

【注释】 相关规定包括:《关于土地使用税若干具体问题的解释和暂行规定》(国税地〔1988〕15号)。

第六条 下列土地免缴土地使用税:

(一)国家机关、人民团体、军队自用的土地;

（二）由国家财政部门拨付事业经费的单位自用的土地；

（三）宗教寺庙、公园、名胜古迹自用的土地；

（四）市政街道、广场、绿化地带等公共用地；

（五）直接用于农、林、牧、渔业的生产用地；

（六）经批准开山填海整治的土地和改造的废弃土地，从使用的月份起免缴土地使用税5年至10年；

（七）由财政部另行规定免税的能源、交通、水利设施用地和其他用地。

【注释】 相关规定包括：《关于土地使用税若干具体问题的解释和暂行规定》（国税地〔1988〕15号）、《国家税务局对"关于《中华人民共和国城镇土地使用税暂行条例》第六条中'宗教寺庙'适用范围的请示"的复函》（国税地〔1988〕20号）、《国家税务局对《关于高校征免房产税、土地使用税的请示》的批复》（国税地便〔1989〕8号）、《国家税务局关于对司法部所属的劳改劳教单位征免土地使用税问题的规定》（国税地〔1989〕119号）、《国家税务局关于对矿山企业征免土地使用税问题的通知》（国税地〔1989〕122号）、《国家税务局关于对交通部门的港口用地征免土地使用税问题的规定》（国税地〔1989〕123号）、《关于土地使用税若干具体问题的补充规定》（国税地〔1989〕140号）、《国家税务局关于对盐场、盐矿征免城镇土地使用税问题的通知》（国税地〔1989〕141号）、《国家税务局关于林业系统征免土地使用税问题的通知》（国税函发〔1991〕1404号）、《财政部 国家税务总局关于血站有关税收问题的通知》（财税〔1999〕264号）、《国家税务总局关于中国人民银行总行所属分支机构免征房产税城镇土地使用税的通知》（国税函〔2001〕770号）。

第七条 除本条例第六条规定外，纳税人缴纳土地使用税确有困难需要定期减免的，由省、自治区、直辖市税务机关审核后，报国家税务局批准。

【注释】 相关规定包括：《国家税务局关于对经贸仓库免缴土地使用税问题的复函》（国税地〔1988〕32号）、《国家税务局关于电力行业征免土地使用税问题的规定》（国税地〔1989〕13号）、《国家税务局关于对民航机场用地征免土地使用税问题的规定》（国税地〔1989〕32号）、《国家税务局对〈关于中、小学校办企业征免房产税、土地使用税问题的请示〉的批复》（国税地〔1989〕81号）、《国家税务局关于对中国石油天然气总公司所属单位用地征免土地使用税问题的规定》（国税地〔1989〕88号）、《国家税务局关于对中国海洋石油总公司及其所属公司用地征免土地使用税问题的规定》（国税油发〔1990〕3号）、《国家税务局关于建材企业的采石场、排土场等用地征免土地使用税问题的批复》（国税函发〔1990〕853号）、《国家税务局关于工会服务型事业单位免征房产税、车船使用税、土地使用税问题的复函》（国税函发〔1992〕1440号）、《财政部 国家税务总局关于医疗卫生机构有关税收政策的通知》（财税〔2000〕42号）、《财政部 国家税务总局关于对老年服务机构有关税收政策问题的通知》（财税〔2000〕97号）、《国家税务总局关于房产税城镇土地使用税有关政策规定的通知》（国税发〔2003〕89号）、《财政部 国家税务总局关于教育税收政策的通知》（财税〔2004〕39号）、《财政部 国家税务总局关于明确免征房产税城镇土地使用税的铁路运输企业范围及有关问题的通知》（财税〔2004〕36号）、《国家税务总局关于供热企业缴纳房产税和城镇土地使用税问题的批复》（国税函〔2005〕60号）、《财政部 国家税务总局关于明确免征房产税城镇土地使用税的铁路运输企业范围的补充通知》（财税〔2006〕17号）、《财政部 国家税务总局关于煤炭企业未利用塌陷地城镇土地使用税政策的通知》（财税〔2006〕74号）、《财政部 国家税务总局关于房产税城镇土地使用税有关政策的通知》（财税〔2006〕186号）、《财政部 国家税务总局关于核电站用地征免城镇土地使用税的通知》（财税〔2007〕124号）。

第八条 土地使用税按年计算、分期缴纳。缴纳期限由省、自治区、直辖市人民政府确定。

第九条 新征用的土地，依照下列规定缴纳土地使用税：

（一）征用的耕地，自批准征用之日起满1年时开始缴纳土地使用税；

（二）征用的非耕地，自批准征用次月起缴纳土地使用税。

第十条 土地使用税由土地所在地的税务机关征收。土地管理机关应当向土地所在地的税务机关提供土地使用权属资料。

【注释】 相关规定包括：《关于土地使用税若干具体问题的解释和暂行规定》（国税地〔1988〕15号）。

第十一条 土地使用税的征收管理，依照《中华人民共和国税收征收管理法》及本条例的规定执行。

第十二条 土地使用税收入纳入财政预算管理。

第十三条 本条例的实施办法由省、自治区、直辖市人民政府制定。

第十四条 本条例自1988年11月1日起施行，各地制定的土地使用费办法同时停止执行。

关于土地使用税若干具体问题的解释和暂行规定

国税地〔1988〕15号

一、关于城市、县城、建制镇、工矿区范围内土地的解释

城市、县城、建制镇、工矿区范围内土地，是指在这些区域范围内属于国家所有和集体所有的土地。

二、关于城市、县城、建制镇、工矿区的解释

城市是指经国务院批准设立的市。

县城是指县人民政府所在地。

建制镇是指经省、自治区、直辖市人民政府批准设立的建制镇。

工矿区是指工商业比较发达，人口比较集中，符合国务院规定的建制镇标准，但尚未设立镇建制的大中型工矿企业所在地。工矿区须经省、自治区、直辖市人民政府批准。

三、关于征税范围的解释

城市的征税范围为市区和郊区。

县城的征税范围为县人民政府所在的城镇。

建制镇的征税范围为镇人民政府所在地。

城市、县城、建制镇、工矿区的具体征税范围，由各省、自治区、直辖市人民政府划定。

四、关于纳税人的确定

土地使用税由拥有土地使用权的单位或个人缴纳。拥有土地使用权的纳税人不在土地所在地的，由代管人或实际使用人纳税；土地使用权未确定或权属纠纷未解决的，由实际使用人纳税；土地使用权共有的，由共有各方分别纳税。

五、关于土地使用权共有的，如何计算缴纳土地使用税

土地使用权共有的各方，应按其实际使用的土地面积占总面积的比例，分别计算缴纳土地使用税。

六、关于纳税人实际占用的土地面积的确定

纳税人实际占用的土地面积，是指由省、自治区、直辖市人民政府确定的单位组织测定的土地面积。尚未组织测量，但纳税人持有政府部门核发的土地使用证书的，以证书确认的土地面积为准；尚未核发土地使用证书的，应由纳税人据实申报土地面积。

七、关于大中小城市的解释

大、中、小城市以公安部门登记在册的非农业正式户口人数为依据，按照国务院颁布的《城市规划条例》中规定的标准划分。现行的划分标准是：市区及郊区非农业人口总计在50万以上的，为大城市；市区及郊区非农业人口总计在20万至50万的，为中等城市；市区及郊区非农业人口总计在20万以下的，为小城市。

八、关于人民团体的解释

人民团体是指经国务院授权的政府部门批准设立或登记备案并由国家拨付行政事业费的各种社会团体。

九、关于由国家财政部门拨付事业经费的单位的解释

由国家财政部门拨付事业经费的单位，是指由国家财政部门拨付经费、实行全额预算管理或差额预算管理的事业单位。不包括实行自收自支、自负盈亏的事业单位。

十、关于免税单位自用土地的解释

国家机关、人民团体、军队自用的土地，是指这些单位本身的办公用地和公务用地。

事业单位自用的土地，是指这些单位本身的业务用地。

宗教寺庙自用的土地，是指举行宗教仪式等的用地和寺庙内的宗教人员生活用地。

公园、名胜古迹自用的土地，是指供公共参观游览的用地及其管理单位的办公用地。

以上单位的生产、营业用地和其他用地，不属于免税范围，应按规定缴纳土地使用税。

十一、关于直接用于农、林、牧、渔业的生产用地的解释

直接用于农、林、牧、渔业的生产用地，是指直接从事于种植、养殖、饲养的专业用地，不包括农副产品加工场地和生活、办公用地。

十二、关于征用的耕地与非耕地的确定

征用的耕地与非耕地，以土地管理机关批准征地的文件为依据确定。

十三、关于开山填海整治的土地和改造的废弃土地及其免税期限的确定

开山填海整治的土地和改造的废弃土地，以土地管理机关出具的证明文件为依据确定；具体免税期限由各省、自治区、直辖市税务局在土地使用税暂行条例规定的期限内自行确定。

十四、关于纳税人使用的土地不属于同一省(自治区、直辖市)管辖范围的，如何确定纳税地点

纳税人使用的土地不属于同一省(自治区、直辖市)管辖范围的，应由纳税人分别向土地所在地的税务机关缴纳土地使用税。

在同一省(自治区、直辖市)管辖范围内，纳税人跨地区使用的土地，如何确定纳税地点，由各省、自治区、直辖市税务局确定。

十五、关于公园、名胜古迹中附设的营业单位使用的土地，应否征收土地使用税

公园、名胜古迹中附设的营业单位，如影剧院、饮食部、茶社、照相馆等使用的土地，应征收土地使用税。

十六、关于对房管部门经租的公房用地，如何征收土地使用税

房管部门经租的公房用地，凡土地使用权属于房管部门的，由房管部门缴纳土地使用税。

十七、关于企业办的学校、医院、托儿所、幼儿园自用的土地，可否免征土地使用税

企业办的学校、医院、托儿所、幼儿园，其用地能与企业其他用地明确区分的，可以比照由国家财政部门拨付事业经费的单位自用的土地，免征土地使用税。

十八、下列土地的征免税，由省、自治区、直辖市税务局确定：

1. 个人所有的居住房屋及院落用地；
2. 房产管理部门在房租调整改革前经租的居民住房用地；
3. 免税单位职工家属的宿舍用地；
4. 民政部门举办的安置残疾人占一定比例的福利工厂用地；
5. 集体和个人办的各类学校、医院、托儿所、幼儿园用地。

【注释】 对《城镇土地使用税》第2、3、4、5、6、7、10条进行了解释。

国家税务局关于电力行业征免土地使用税问题的规定

国税地〔1989〕13号

为了便于各地贯彻土地使用税暂行条例，现将电力行业征免土地使用税问题，明确如下：

一、对火电厂厂区围墙内的用地，均应照章征收土地使用税。对厂区围墙外的灰场、输灰管、输油(气)管道、铁路专用线用地，免征土地使用税；厂区围墙外的其他用地，应照章征税。

二、对水电站的发电厂房用地(包括坝内、坝外式厂房)，生产、办公、生活用地，照章征收土地使用税；对其他用地给予免税照顾。

三、对供电部门的输电线路用地、变电站用地，免征土地使用税。

【注释】 对《城镇土地使用税》第7条进行了解释。相关规定包括：《国家税务局对〈关于请求再次明确电力行业土地使用税征免范围问题的函〉的复函》(国税地〔1989〕44号)。

国家税务局关于水利设施用地征免土地使用税问题的规定

国税地〔1989〕14 号

为了支持水利事业发展，根据《中华人民共和国城镇土地使用税暂行条例》规定，对水利设施用地征免土地使用税问题，明确如下：

一、对水利设施及其管护用地（如水库库区、大坝、堤防、灌渠、泵站等用地），免征土地使用税；其他用地，如生产、办公、生活用地，应照章征收土地使用税。

二、对兼有发电的水利设施用地征免土地使用税问题，比照电力行业征免土地使用税的有关规定办理。

【注释】 对《城镇土地使用税》第 7 条进行了解释。

国家税务局关于对民航机场用地征免土地使用税问题的规定

国税地〔1989〕32 号

根据国务院国发〔1988〕17 号《中华人民共和国城镇土地使用税暂行条例》的规定，现对民航机场用地征免土地使用税问题作如下规定：

一、机场飞行区（包括跑道、滑行道、停机坪、安全带、夜航灯光区）用地，场内外通讯导航设施用地和飞行区四周排水防洪设施用地，免征土地使用税。

二、机场道路，区分为场内、场外道路。场外道路用地免征土地使用税；场内道路用地依照规定征收土地使用税。

三、机场工作区（包括办公、生产和维修用地及候机楼、停车场）用地、生活区用地、绿化用地，均须依照规定征收土地使用税。

【注释】 对《城镇土地使用税》第 7 条进行了解释。

国家税务局关于对矿山企业征免土地使用税问题的通知

国税地〔1989〕122 号

根据《中华人民共和国城镇土地使用税暂行条例》第六条的规定，现对矿山企业（包括黑色冶金矿和有色金属矿及除煤矿外的其他非金属矿）的用地征免土地使用税问题，通知如下：

一、对矿山的采矿场、排土场、尾矿库、炸药库的安全区、采区运矿及运岩公路、尾矿输送管道及回水系统用地，免征土地使用税。

二、对矿山企业采掘地下矿造成的塌陷地以及荒山占地，在未利用之前，暂免征收土地使用税。

三、除上述规定外，对矿山企业的其他生产用地及办公、生活区用地，应照章征收土地使用税。

【注释】 对《城镇土地使用税》第 6 条进行了解释。

国家税务局关于对交通部门的港口用地征免土地使用税问题的规定

国税地〔1989〕123 号

根据《中华人民共和国城镇土地使用税暂行条例》第六条规定，现对交通部门的港口用地征免土地使用税问题，规定如下：

一、对港口的码头(即泊位，包括岸边码头、伸入水中的浮码头、堤岸、堤坝、栈桥等)用地，免征土地使用税。

二、对港口的露天堆货场用地，原则上应征收土地使用税，企业纳税确有困难的，可由省、自治区、直辖市税务局根据其实际情况，给予定期减征或免征土地使用税的照顾。

三、除上述规定外，港口的其他用地，应按规定征收土地使用税。

【注释】 对《城镇土地使用税》第 6 条进行了解释。

关于土地使用税若干具体问题的补充规定

国税地〔1989〕140 号

根据《中华人民共和国城镇土地使用税暂行条例》的规定，现将若干具体问题明确如下：

一、关于对免税单位与纳税单位之间无偿使用的土地应否征税问题

对免税单位无偿使用纳税单位的土地(如公安、海关等单位使用铁路、民航等单位的土地)，免征土地使用税；对纳税单位无偿使用免税单位的土地，纳税单位应照章缴纳土地使用税。

二、关于对纳税单位与免税单位共同使用多层建筑用地的征税问题

纳税单位与免税单位共同使用共有使用权土地上的多层建筑，对纳税单位可按其占用的建筑面积占建筑总面积的比例计征土地使用税。

三、关于对缴纳农业税的土地应否征税问题

凡在开征范围内的土地，除直接用于农、林、牧、渔业的按规定免予征税以外，不论是否缴纳农业税，均应照章征收土地使用税。

四、关于对基建项目在建期间的用地应否征税问题

对基建项目在建期间使用的土地，原则上应照章征收土地使用税。但对有些基建项目，特别是国家产业政策扶持发展的大型基建项目占地面积大，建设周期长，在建期间又没有经营收入，为照顾其实际情况，对纳税人纳税确有困难的，可由各省、自治区、直辖市税务局根据具体情况予以免征或减征土地使用税；对已经完工或已经使用的建设项目，其用地应照章征收土地使用税。

五、关于对城镇内的集贸市场(农贸市场)用地应否征税问题

城镇内的集贸市场(农贸市场)用地，按规定应征收土地使用税。为了促进集贸市场的发展及照顾各地的不同情况，各省、自治区、直辖市税务局可根据具体情况自行确定对集贸市场用地征收或者免征土地使用税。

六、关于对房地产开发公司建造商品房的用地应否征税问题

房地产开发公司建造商品房的用地，原则上应按规定计征土地使用税。但在商品房出售之前纳税确有困难的，其用地是否给予缓征或减征、免征照顾，可由各省、自治区、直辖市税务局根据从严的原则结合具体情况确定。

七、关于对落实私房政策后已归还产权，但房主尚未能收回的房屋用地，可否给予减免税照顾问题

原房管部门代管的私房，落实政策后，有些私房产权已归还给房主，但由于各种原因，房屋仍由原住户居住，并且住户仍是按照房管部门在房租调整改革之前确定的租金标准向房主交纳租金。对这类房屋用地，房主缴纳土地使用税确有困难的，可由各省、自治区、直辖市税务局根据实际情况，给予定期减征或免征土地使用税的照顾。

八、关于对防火、防爆、防毒等安全防范用地应否征税问题

对于各类危险品仓库、厂房所需的防火、防爆、防毒等安全防范用地，可由各省、自治区、直辖市税务局确定，暂免征收土地使用税；对仓库库区、厂房本身用地，应照章征收土地使用税。

九、关于对关闭、撤销的企业占地应否征税问题

企业关闭、撤销后，其占地未作他用的，经各省、自治区、直辖市税务局批准，可暂免征收土地使用税；如土地转让给其他单位使用或企业重新用于生产经营的，应依照规定征收土地使用税。

十、关于对搬迁企业的用地应如何征税问题

企业搬迁后，其原有场地和新场地都使用的，均应照章征收土地使用税；原有场地不使用的，经各省、自治区、直辖市税务局审批，可暂免征收土地使用税。

十一、关于对企业的铁路专用线、公路等用地应否征税问题

对企业的铁路专用线、公路等用地，除另有规定者外，在企业厂区（包括生产、办公及生活区）以内的，应照章征收土地使用税；在厂区以外、与社会公用地段未加隔离的，暂免征收土地使用税。

十二、关于对企业范围内的荒山、林地、湖泊等占地应否征收土地使用税问题

对企业范围内的荒山、林地、湖泊等占地，尚未利用的，经各省、自治区、直辖市税务局审批，可暂免征收土地使用税。

十三、关于对企业的绿化用地可否免征土地使用税问题

对企业厂区（包括生产、办公及生活区）以内的绿化用地，应照章征收土地使用税，厂区以外的公共绿化用地和向社会开放的公园用地，暂免征收土地使用税。

【注释】 对《城镇土地使用税》第2、6条进行了解释。相关规定包括：《财政部 国家税务总局关于调整城镇土地使用税有关减免税政策的通知》（财税〔2004〕180号）。

国家税务局关于对盐场、盐矿征免城镇土地使用税问题的通知

国税地〔1989〕141号

根据《中华人民共和国城镇土地使用税暂行条例》第六条规定，经研究，现对盐场、盐矿用地征免土地使用税的问题，规定如下：

一、对盐场、盐矿的生产厂房、办公、生活区用地，应照章征收土地使用税。

二、对盐场的盐滩、盐矿的矿井用地，暂免征收土地使用税。

三、对盐场、盐矿的其他用地，由省、自治区、直辖市税务局根据实际情况，确定征收土地使用税或给予定期减征、免征的照顾。

【注释】 对《城镇土地使用税》第6条进行了解释。

国家税务局关于建材企业的采石场、排土场等用地征免土地使用税问题的批复

国税函发〔1990〕853号

贵州省税务局：

你局（90）黔税政二字第69号《关于对水泥厂等企业征免土地使用税的请示报告》收悉。经研究，同意你局意见，对石灰厂、水泥厂、大理石厂、沙石厂等企业的采石场、排土场用地，炸药库的安全区用地以及采

区运岩公路，可以比照我局(89)国税地字第122号《关于对矿山企业征免土地使用税问题的通知》予以免税；对上述企业的其他用地，应予征税。

【注释】 对《城镇土地使用税》第7条进行了解释。

国家税务局关于林业系统征免土地使用税问题的通知

国税函发〔1991〕1404号

根据国务院《关于研究解决森工企业困难问题的会议纪要》精神，结合林业系统的实际情况，经研究，现对林业系统征免土地使用税的问题，通知如下：

一、对林区的有林地、运材道、防火道、防火设施用地，免征土地使用税。林业系统的森林公园、自然保护区，可比照公园免征土地使用税。

二、林业系统的林区贮木场、水运码头用地，原则上应按税法规定缴纳土地使用税，考虑到林业系统目前的困难，为扶持其发展，在1991年12月31日前，暂予免征土地使用税。

三、除上述列举免税的土地外，对林业系统的其他生产用地及办公、生活区用地，应照章征收土地使用税。

【注释】 对《城镇土地使用税》第2、6条进行了解释。

国家税务局关于受让土地使用权者应征收土地使用税问题的批复

国税函发〔1993〕501号

成都市税务局：

你局成税函〔1992〕463号《关于对国内受让土地者是否征收土地使用税的请示》收悉。对通过有偿出让方式取得国有土地使用权的国内单位和个人是否征收土地使用税的问题，经研究，批复如下：

国家开征土地使用税，是为了合理利用城镇土地，调节土地级差收入，提高土地使用效益，加强土地管理。因而，《中华人民共和国城镇土地使用税暂行条例》第二条规定："在城市、县城、建制镇、工矿区范围内使用土地的单位和个人，为城镇土地使用税纳税义务人，应当依照本条例的规定缴纳土地使用税。"《中华人民共和国城镇国有土地使用权出让和转让暂行条例》第四十九条也明确规定："土地使用者应当依照国家税收法规的规定纳税。"因此，凡在土地使用税开征区范围内使用土地的单位和个人，不论通过出让方式还是转让方式取得的土地使用权，都应依法缴纳土地使用税。

【注释】 对《城镇土地使用税》第2条进行了解释。

国家税务总局关于城市维护建设税等地方税有关问题的通知

国税发〔1994〕35号

各省、自治区、直辖市税务局，各计划单列市税务局，海洋石油税务管理局各分局：

关于城市维护建设税和其他地方税种的改革问题，财政部、国家税务总局于1994年元月12日向国务

院报送了《关于城乡维护建设税改革的请示》(以下简称《请示》)。《请示》的主要内容包括:

一、由于《中华人民共和国城乡维护建设税暂行条例(草案)》(以下简称《条例》)一时尚不能出台,为保证城乡建设资金的需要,财政部于 1993 年 12 月 29 日下发了《关于城建税征收问题的通知》的明传电报。《请示》中建议,在新《条例》出台之前,请国务院准予暂按财政部 1993 年 12 月 29 日下发的明传电报执行。

二、对城镇土地使用税、房产税、车船使用税等地方税种的改革,在集中精力确保已出台税种顺利实施的前提下,本着积极稳妥,充分考虑各方利益的原则,在深入调查研究的基础上,做到成熟一个,出台一个,使税制改革有计划、按步骤地进行。在新的税收法律、法规未出台前,仍按原税法和税收条例执行。

以上意见已经国务院领导同志批示同意,望各地依照执行。

【注释】 对《城镇土地使用税》第 2 条进行了解释。

国家税务总局关于对已缴纳土地使用金的土地使用者应征收城镇土地使用税的批复

国税函发〔1998〕669 号

宁波市地方税务局:

你局《关于对已缴纳土地使用金的土地使用权者是否征收土地使用税的请示》(甬地税二〔1998〕197 号)收悉。经研究,现答复如下:

为了合理利用城镇土地,用经济手段加强对土地的控制和管理,调节不同地区、不同地段之间的级差收入,促使土地使用者节约用地,《中华人民共和国城镇土地使用税暂行条例》(国务院 1988 年第 17 号令)规定:凡在城市、县城、建制镇、工矿区范围内使用土地的单位和个人是城镇土地使用税的纳税义务人,应依照条例的规定缴纳城镇土地使用税。因此,土地使用者不论以何种方式取得土地使用权,是否缴纳土地使用金,只要在城镇土地使用税的开征范围内,都应依照规定缴纳城镇土地使用税。

【注释】 对《城镇土地使用税》第 2 条进行了解释。

财政部 国家税务总局关于医疗卫生机构有关税收政策的通知

财税〔2000〕42 号

各省、自治区、直辖市、计划单列市财政厅(局)、国家税务局、地方税务局:

为了贯彻落实《国务院办公厅转发国务院体改办等部门关于城镇医药卫生体制改革指导意见的通知》(国办发〔2000〕16 号),促进我国医疗卫生事业的发展,经国务院批准,现将医疗卫生机构有关税收政策通知如下:

一、关于非营利性医疗机构的税收政策

(一)对非营利性医疗机构按照国家规定的价格取得的医疗服务收入,免征各项税收。不按照国家规定价格取得的医疗服务收入不得享受这项政策。

医疗服务是指医疗服务机构对患者进行检查、诊断、治疗、康复和提供预防保健、接生、计划生育方面的服务,以及与这些服务有关的提供药品、医用材料器具、救护车、病房住宿和伙食的业务(下同)。

(二)对非营利性医疗机构从事非医疗服务取得的收入,如租赁收入、财产转让收入、培训收入、对外投资收入等应按规定征收各项税收。非营利性医疗机构将取得的非医疗服务收入,直接用于改善医疗卫生服务条件的部分，经税务部门审核批准可抵扣其应纳税所得额，就其余额征收企业所得税。

（三）对非营利性医疗机构自产自用的制剂，免征增值税。

（四）非营利性医疗机构的药房分离为独立的药品零售企业，应按规定征收各项税收。

（五）对非营利性医疗机构自用的房产、土地、车船，免征房产税、城镇土地使用税和车船使用税。

二、关于营利性医疗机构的税收政策

（一）对营利性医疗机构取得的收入，按规定征收各项税收。但为了支持营利性医疗机构的发展，对营利性医疗机构取得的收入，直接用于改善医疗卫生条件的，自其取得执业登记之日起，3 年内给予下列优惠：对其取得的医疗服务收入免征营业税；对其自产自用的制剂免征增值税；对营利性医疗机构自用的房产、土地、车船免征房产税、城镇土地使用税和车船使用税。3 年免税期满后恢复征税。

（二）对营利性医疗机构的药房分离为独立的药品零售企业，应按规定征收各项税收。

三、关于疾病控制机构和妇幼保健机构等卫生机构的税收政策

（一）对疾病控制机构和妇幼保健机构等卫生机构按照国家规定的价格取得的卫生服务收入（含疫苗接种和调拨、销售收入），免征各项税收。不按照国家规定的价格取得的卫生服务收入不得享受这项政策。对疾病控制机构和妇幼保健等卫生机构取得的其他经营收入如直接用于改善本卫生机构卫生服务条件的，经税务部门审核批准可抵扣其应纳税所得额，就其余额征收企业所得税。

（二）对疾病控制机构和妇幼保健机构等卫生机构自用的房产、土地、车船，免征房产税、城镇土地使用税和车船使用税。

医疗机构需要书面向卫生行政主管部门申明其性质，按《医疗机构管理条例》进行设置审批和登记注册，并由接受其登记注册的卫生行政部门核定，在执业登记中注明“非营利性医疗机构”和“营利性医疗机构”。

上述医疗机构具体包括：各级各类医院、门诊部（所）、社区卫生服务中心（站）、急救中心（站）、城乡卫生院、护理院（所）、疗养院、临床检验中心等。上述疾病控制、妇幼保健等卫生机构具体包括：各级政府及有关部门举办的卫生防疫站（疾病控制中心）、各种专科疾病防治站（所），各级政府举办的妇幼保健所（站）、母婴保健机构、儿童保健机构等，各级政府举办的血站（血液中心）。

本通知自发布之日起执行。

【注释】 对《城镇土地使用税》第 7 条进行了解释。本文件中的营业税政策废止。

财政部 国家税务总局关于对老年服务机构有关税收政策问题的通知

财税〔2000〕97 号

各省、自治区、直辖市、计划单列市财政厅（局）、国家税务局、地方税务局：

为贯彻中共中央、国务院《关于加强老龄工作的决定》（中发〔2000〕13 号）精神，现对政府部门和社会力量兴办的老年服务机构有关税收政策问题通知如下：

一、对政府部门和企事业单位、社会团体以及个人等社会力量投资兴办的福利性、非营利性的老年服务机构，暂免征收企业所得税，以及老年服务机构自用房产、土地、车船的房产税、城镇土地使用税、车船使用税。

二、对企事业单位、社会团体和个人等社会力量，通过非营利性的社会团体和政府部门向福利性、非营利性的老年服务机构的捐赠，在缴纳企业所得税和个人所得税前准予全额扣除。

三、本通知所称老年服务机构，是指专门为老年人提供生活照料、文化、护理、健身等多方面服务的福利性、非营利性的机构，主要包括：老年社会福利院、敬老院（养老院）、老年服务中心、老年公寓（含老年护理院、康复中心、托老所）等。

本通知自 2000 年 10 月 1 日起执行。

【注释】 对《城镇土地使用税》第 7 条进行了解释。

财政部 国家税务总局关于非营利性科研机构税收政策的通知

财税〔2001〕5 号

各省、自治区、直辖市、计划单列市财政厅(局)、国家税务局、地方税务局：

为了贯彻落实《国务院办公厅转发科技部等部门关于非营利性科研机构管理的若干意见(试行)的通知》(国办发〔2000〕78 号)，鼓励社会公益类科研事业的发展，经国务院批准，现对非营利性科研机构有关税收政策明确如下：

一、非营利性科研机构要以推动科技进步为宗旨，不以营利为目的，主要从事应用基础研究或向社会提供公共服务。非营利性科研机构的认定标准，由科技部会同财政部、中编办、国家税务总局另行制定。非营利性科研机构需要书面向科技行政主管部门申明其性质，按规定进行设置审批和登记注册，并由接受其登记注册的科技行政部门核定，在执业登记中注明"非营利性科研机构"。

二、非营利性科研机构享受如下税收优惠政策：

1. 非营利性科研机构从事技术开发、技术转让业务和与之相关的技术咨询、技术服务所得的收入，按有关规定免征营业税和企业所得税。

2. 非营利性科研机构从事与其科研业务无关的其他服务所取得的收入，如租赁收入、财产转让收入、对外投资收入等，应当按规定征收各项税收；非营利性科研机构从事上述非主营业务收入用于改善研究开发条件的投资部分，经税务部门审核批准可抵扣其应纳税所得额，就其余额征收企业所得税。

3. 非营利性科研机构自用的房产、土地，免征房产税、城镇土地使用税。

4. 社会力量对非关联的非营利性科研机构的新产品、新技术、新工艺所发生的研究开发经费资助，经主管税务机关审核确定，其资助支出可以全额在当年度应纳税所得额中扣除。当年度应纳税所得额不足抵扣的，不得结转抵扣。

三、对非营利性科研机构实行年度检查制度，凡不符合条件的，应取消其免税资格，并按规定补缴当年已免税款。

本通知自 2001 年 1 月 1 日起执行。具体执行办法由国家税务总局另行制定。

【注释】 对《城镇土地使用税》第 7 条进行了解释。

国家税务总局关于邮政企业征免房产税、土地使用税问题的函

国税函〔2001〕379 号

国家邮政局：

你局《关于申请减免邮政企业房产税、土地使用税的函》(国邮〔2000〕479 号)收悉，来函要求我局进一步明确邮政农村支局不需缴纳房产税和土地使用税问题，经研究，现函复如下：

根据房产税和土地使用税的有关规定，对邮政部门坐落在城市、县城、建制镇、工矿区范围内的房产、土地，应当依法征收房产税和土地使用税；对坐落在上述范围以外尚在县邮政局内核算的房产、土地，必须在单位财务账中划分清楚，从 2001 年 1 月 1 日起不再征收房产税和土地使用税。

【注释】 对《城镇土地使用税》第 2 条进行了解释。

财政部 国家税务总局关于调整铁路系统房产税城镇土地使用税政策的通知

财税〔2003〕149 号

各省、自治区、直辖市、计划单列市财政厅(局)、地方税务局，新疆生产建设兵团财务局：

根据铁路运输体制改革和铁路系统的实际情况，经国务院批准，现对铁路系统有关房产税、城镇土地使用税税收政策通知如下：

一、铁道部所属铁路运输企业自用的房产、土地继续免征房产税和城镇土地使用税。

二、对铁路运输体制改革后，从铁路系统分离出来并实行独立核算、自负盈亏的企业，包括铁道部所属原执行经济承包方案的工业、供销、建筑施工企业；中国铁路工程总公司、中国铁道建筑工程总公司、中国铁路通信信号总公司、中国土木建筑工程总公司、中国北方机车车辆工业集团公司、中国南方机车车辆工业集团公司；以及铁道部所属自行解决工交事业费的单位，自 2003 年 1 月 1 日起恢复征收房产税、城镇土地使用税。

三、铁道部所属其他企业、单位的房产和土地，继续按税法规定征收房产税和城镇土地使用税。

【注释】 对《城镇土地使用税》第 2 条进行了解释。

国家税务总局关于房产税城镇土地使用税有关政策规定的通知

国税发〔2003〕89 号

各省、自治区、直辖市和计划单列市地方税务局，局内各单位：

随着我国房地产市场的迅猛发展，涉及房地产税收的政策问题日益增多，经调查研究和广泛听取各方面的意见，现对房产税、城镇土地使用税有关政策问题明确如下：

一、关于房地产开发企业开发的商品房征免房产税问题鉴于房地产开发企业开发的商品房在出售前，对房地产开发企业而言是一种产品，因此，对房地产开发企业建造的商品房，在售出前，不征收房产税；但对售出前房地产开发企业已使用或出租、出借的商品房应按规定征收房产税。

二、关于确定房产税、城镇土地使用税纳税义务发生时间问题

(一)购置新建商品房，自房屋交付使用之次月起计征房产税和城镇土地使用税。

(二)购置存量房，自办理房屋权属转移、变更登记手续，房地产权属登记机关签发房屋权属证书之次月起计征房产税和城镇土地使用税。

(三)出租、出借房产，自交付出租、出借房产之次月起计征房产税和城镇土地使用税。

(四)房地产开发企业自用、出租、出借本企业建造的商品房，自房屋使用或交付之次月起计征房产税和城镇土地使用税。

【注释】 对《城镇土地使用税》第 7 条进行了解释。

财政部 国家税务总局关于教育税收政策的通知

财税〔2004〕39 号

各省、自治区、直辖市、计划单列市财政厅(局)、国家税务局、地方税务局，新疆生产建设兵团财务局：

为了进一步促进教育事业发展，经国务院批准，现将有关教育的税收政策通知如下：

……

二、关于房产税、城镇土地使用税、印花税

对国家拨付事业经费和企业办的各类学校、托儿所、幼儿园自用的房产、土地，免征房产税、城镇土地使用税；对财产所有人将财产赠给学校所立的书据，免征印花税。

……

六、本通知自2004年1月1日起执行，此前规定与本通知不符的，以本通知为准。

【注释】 对《城镇土地使用税》第7条进行了解释。

财政部 国家税务总局关于明确免征房产税城镇土地使用税的铁路运输企业范围及有关问题的通知

财税〔2004〕36号

各省、自治区、直辖市、计划单列市财政厅(局)、地方税务局，新疆生产建设兵团财务局：

为更好地贯彻执行《财政部 国家税务总局关于调整铁路系统房产税城镇土地使用税政策的通知》(财税〔2003〕149号)，经研究，现就有关免征房产税和城镇土地使用税的铁路运输企业范围和有关问题通知如下：

……

二、地方铁路运输企业自用的房产、土地应缴纳的房产税、城镇土地使用税比照铁道部所属铁路运输企业的政策执行。

……

【注释】 对《城镇土地使用税》第7条进行了解释。

财政部 国家税务总局关于调整城镇土地使用税有关减免税政策的通知

财税〔2004〕180号

各省、自治区、直辖市、计划单列市财政厅(局)、地方税务局，新疆生产建设兵团财务局：

为了规范税收政策，进一步加强城镇土地使用税的征收管理，经研究决定，对《国家税务局关于印发〈关于土地使用税若干具体问题的补充规定〉的通知》([89]国税地字第140号)的部分内容做适当修改。即：取消《关于土地使用税若干具体问题的补充规定》中第九条“企业关闭、撤销后，其占地未作他用的，经各省、自治区、直辖市税务局批准，可暂免征收土地使用税”的规定。

本通知自2004年7月1日起执行。

【注释】 对《关于土地使用税若干具体问题的补充规定》进行了修正。

国家税务总局关于供热企业缴纳房产税和城镇土地使用税问题的批复

国税函〔2005〕60号

新疆维吾尔自治区地方税务局，山东省地方税务局：

你们《关于供热企业缴纳房产税和城镇土地使用税问题的请示》(新地税发〔2004〕163号)和《关于供热企业生产用房产、土地征免房产税、土地使用税问题的请示》(鲁地税函〔2004〕203号)收悉。经研究,批复如下:

《财政部、国家税务总局关于供热企业税收问题的通知》(财税〔2004〕28号,以下简称《通知》)规定暂免征收房产税和城镇土地使用税的"供热企业",是指向居民供热并向居民收取采暖费的企业,包括专业供热企业、兼营供热企业、单位自供热及为小区居民供热的物业公司等,不包括从事热力生产但不直接向居民供热的企业。

对于免征房产税和城镇土地使用税的"生产用房"和"生产占地",是指上述企业为居民供热所使用的厂房及土地。对既向居民供热、又向非居民供热的企业,可按向居民供热收取的收入占其总供热收入的比例划分征免税界限;对于兼营供热的企业,可按向居民供热收取的收入占其生产经营总收入的比例划分征免税界限。

【注释】 对《城镇土地使用税》第7条进行了解释。

财政部 国家税务总局关于明确免征房产税城镇土地使用税的铁路运输企业范围的补充通知

财税〔2006〕17号

各省、自治区、直辖市、计划单列市财政厅(局)、地方税务局,新疆生产建设兵团财务局:

根据铁路运输体制改革情况,现将享受免征房产税、城镇土地使用税政策的铁道部所属铁路运输企业的范围补充通知如下:

一、享受免征房产税、城镇土地使用税优惠政策的铁道部所属铁路运输企业是指铁路局及国有铁路运输控股公司(含广铁〈集团〉公司、青藏铁路公司、大秦铁路股份有限公司、广深铁路股份有限公司等,具体包括客货、编组站,车务、机务、工务、电务、水电、供电、列车、客运、车辆段)、铁路办事处、中铁集装箱运输有限责任公司、中铁特货运输有限责任公司、中铁快运股份有限公司。

二、本通知自发文之日起执行。《财政部 国家税务总局关于明确免征房产税城镇土地使用税的铁路运输企业范围及有关问题的通知》(财税〔2004〕36号)第一条停止执行。此前已征税款不予退还,未征税款不再补征。

【注释】 对《城镇土地使用税》第7条进行了解释。

财政部 国家税务总局关于集体土地城镇土地使用税有关政策的通知

财税〔2006〕56号

各省、自治区、直辖市、计划单列市财政厅(局)、地方税务局,新疆生产建设兵团财务局:

根据当前集体土地使用中出现的新情况、新问题,经研究,现将集体土地城镇土地使用税有关政策通知如下:

在城镇土地使用税征税范围内实际使用应税集体所有建设用地、但未办理土地使用权流转手续的,由实际使用集体土地的单位和个人按规定缴纳城镇土地使用税。

本通知自2006年5月1日起执行,此前凡与本通知不一致的政策规定一律以本通知为准。

【注释】 对《城镇土地使用税》第2条进行了解释。

财政部 国家税务总局关于房产税城镇土地使用税有关政策的通知

财税〔2006〕186号

各省、自治区、直辖市、计划单列市财政厅(局)、地方税务局,新疆生产建设兵团财务局:

经研究,现对房产税、城镇土地使用税有关政策明确如下:

一、关于居民住宅区内业主共有的经营性房产缴纳房产税问题

对居民住宅区内业主共有的经营性房产,由实际经营(包括自营和出租)的代管人或使用人缴纳房产税。其中自营的,依照房产原值减除10%至30%后的余值计征,没有房产原值或不能将业主共有房产与其他房产的原值准确划分开的,由房产所在地地方税务机关参照同类房产核定房产原值;出租的,依照租金收入计征。

二、关于有偿取得土地使用权城镇土地使用税纳税义务发生时间问题

以出让或转让方式有偿取得土地使用权的,应由受让方从合同约定交付土地时间的次月起缴纳城镇土地使用税;合同未约定交付土地时间的,由受让方从合同签订的次月起缴纳城镇土地使用税。

国家税务总局《关于房产税城镇土地使用税有关政策规定的通知》(国税发〔2003〕89号)第二条第四款中有关房地产开发企业城镇土地使用税纳税义务发生时间的规定同时废止。

三、关于经营采摘、观光农业的单位和个人征免城镇土地使用税问题

在城镇土地使用税征收范围内经营采摘、观光农业的单位和个人,其直接用于采摘、观光的种植、养殖、饲养的土地,根据《中华人民共和国城镇土地使用税暂行条例》第六条中"直接用于农、林、牧、渔业的生产用地"的规定,免征城镇土地使用税。

四、关于林场中度假村等休闲娱乐场所征免城镇土地使用税问题

在城镇土地使用税征收范围内,利用林场土地兴建度假村等休闲娱乐场所的,其经营、办公和生活用地,应按规定征收城镇土地使用税。

五、本通知自2007年1月1日起执行。

【注释】 对《城镇土地使用税》第7条进行了解释。

国家税务总局关于外商投资企业和外国企业征收城镇土地使用税问题的批复

国税函〔2007〕596号

厦门市地方税务局:

你局《关于对外资企业开征土地使用税设立过渡期的请示》(厦地税发〔2007〕50号)收悉。经研究,批复如下:

《国务院关于修改〈中华人民共和国城镇土地使用税暂行条例〉的决定》,将外商投资企业和外国企业纳入城镇土地使用税的征收范围,是国家加强土地管理的重要举措,有利于发挥税收的经济杠杆作用,引导各类企业合理、节约利用土地,保护土地资源,公平税收负担。各地对各类企业包括外商投资企业和外国企业,都应严格依照国务院决定和修改后的《中华人民共和国城镇土地使用税暂行条例》的有关规定征收城镇土地使用税。

【注释】 对《城镇土地使用税》第2条进行了解释。

财政部 国家税务总局关于核电站用地征免城镇土地使用税的通知

财税〔2007〕124 号

各省、自治区、直辖市、计划单列市财政厅(局)、地方税务局,新疆生产建设兵团财务局:

经研究,现将核电站用地城镇土地使用税政策明确如下:

一、对核电站的核岛、常规岛、辅助厂房和通讯设施用地(不包括地下线路用地),生活、办公用地按规定征收城镇土地使用税,其他用地免征城镇土地使用税。

二、对核电站应税土地在基建期内减半征收城镇土地使用税。

三、本通知自发文之日起执行。

【注释】 对《城镇土地使用税》第 7 条进行了解释。

财政部 国家税务总局关于房产税城镇土地使用税有关问题的通知

财税〔2008〕152 号

各省、自治区、直辖市、计划单列市财政厅(局)、地方税务局,新疆生产建设兵团财务局:

为统一政策,规范执行,现将房产税、城镇土地使用税有关问题明确如下:

一、关于房产原值如何确定的问题。

对依照房产原值计税的房产,不论是否记载在会计账簿固定资产科目中,均应按照房屋原价计算缴纳房产税。房屋原价应根据国家有关会计制度规定进行核算。对纳税人未按国家会计制度规定核算并记载的,应按规定予以调整或重新评估。

《财政部税务总局关于房产税若干具体问题的解释和暂行规定》(财税地字〔1986〕第 008 号)第十五条同时废止。

二、关于索道公司经营用地应否缴纳城镇土地使用税的问题。

公园、名胜古迹内的索道公司经营用地,应按规定缴纳城镇土地使用税。

三、关于房产税、城镇土地使用税纳税义务截止时间的问题。

纳税人因房产、土地的实物或权利状态发生变化而依法终止房产税、城镇土地使用税纳税义务的,其应纳税款的计算应截止到房产、土地的实物或权利状态发生变化的当月末。

四、本通知自 2009 年 1 月 1 日起执行。

财政部 国家税务总局关于房产税城镇土地使用税有关问题的通知

财税〔2009〕128 号

各省、自治区、直辖市、计划单列市财政厅(局)、地方税务局,西藏、宁夏、青海省(自治区)国家税务局,新疆生产建设兵团财务局:

为完善房产税、城镇土地使用税政策，堵塞税收征管漏洞，现将房产税、城镇土地使用税有关问题明确如下：

一、关于无租使用其他单位房产的房产税问题

无租使用其他单位房产的应税单位和个人，依照房产余值代缴纳房产税。

二、关于出典房产的房产税问题

产权出典的房产，由承典人依照房产余值缴纳房产税。

三、关于融资租赁房产的房产税问题

融资租赁的房产，由承租人自融资租赁合同约定开始日的次月起依照房产余值缴纳房产税。合同未约定开始日的，由承租人自合同签订的次月起依照房产余值缴纳房产税。

四、关于地下建筑用地的城镇土地使用税问题

对在城镇土地使用税征税范围内单独建造的地下建筑用地，按规定征收城镇土地使用税。其中，已取得地下土地使用权证的，按土地使用权证确认的土地面积计算应征税款；未取得地下土地使用权证或地下土地使用权证上未标明土地面积的，按地下建筑垂直投影面积计算应征税款。

对上述地下建筑用地暂按应征税款的50%征收城镇土地使用税。

五、本通知自2009年12月1日起执行。《财政部税务总局关于房产税若干具体问题的解释和暂行规定》((86)财税地字第008号)第七条、《国家税务总局关于安徽省若干房产税业务问题的批复》(国税函发〔1993〕368号)第二条同时废止。

财政部 国家税务总局关于股改及合资铁路运输企业房产税城镇土地使用税有关政策的通知

财税〔2009〕132号

各省、自治区、直辖市、计划单列市财政厅(局)、地方税务局，新疆生产建设兵团财政局：

为支持铁路股份制改革和合资铁路发展，经国务院批准，现对股改铁路运输企业和合资铁路运输公司房产税、城镇土地使用税有关政策明确如下：

对股改铁路运输企业及合资铁路运输公司自用的房产、土地暂免征收房产税和城镇土地使用税。其中股改铁路运输企业是指铁路运输企业经国务院批准进行股份制改革成立的企业；合资铁路运输公司是指由铁道部及其所属铁路运输企业与地方政府、企业或其他投资者共同出资成立的铁路运输企业。

财政部 国家税务总局关于支持公共租赁住房建设和运营有关税收优惠政策的通知

财税〔2010〕88号

各省、自治区、直辖市、计划单列市财政厅(局)、地方税务局，西藏、宁夏、青海省(自治区)国家税务局，新疆生产建设兵团财务局：

根据国务院办公厅《关于促进房地产市场平稳健康发展的通知》(国办发〔2010〕4号)、《国务院关于坚决遏制部分城市房价过快上涨的通知》(国发〔2010〕10号)和住房城乡建设部等七部门《关于加快发展公共租赁住房的指导意见》(建保〔2010〕87号)精神，现对公共租赁住房(以下简称公租房)建设和运营有关税收政策通知如下：

一、对公租房建设期间用地及公租房建成后占地免征城镇土地使用税。在其他住房项目中配套建设公租房，依据政府部门出具的相关材料，可按公租房建筑面积占总建筑面积的比例免征建造、管理公租房涉及的城镇土地使用税。

二、对公租房经营管理单位建造公租房涉及的印花税予以免征。在其他住房项目中配套建设公租房，依据政府部门出具的相关材料，可按公租房建筑面积占总建筑面积的比例免征建造、管理公租房涉及的印花税。

三、对公租房经营管理单位购买住房作为公租房，免征契税、印花税；对公租房租赁双方签订租赁协议涉及的印花税予以免征。

四、对企事业单位、社会团体以及其他组织转让旧房作为公租房房源，且增值额未超过扣除项目金额20%的，免征土地增值税。

五、企事业单位、社会团体以及其他组织捐赠住房作为公租房，符合税收法律法规规定的，捐赠支出在年度利润总额12%以内的部分，准予在计算应纳税所得额时扣除。

六、对经营公租房所取得的租金收入，免征营业税、房产税。公租房租金收入与其他住房经营收入应单独核算，未单独核算的，不得享受免征营业税、房产税优惠政策。

七、享受上述税收优惠政策的公租房是指纳入省、自治区、直辖市、计划单列市人民政府及新疆生产建设兵团批准的公租房发展规划和年度计划，以及按照建保〔2010〕87号文件和市、县人民政府制定的具体管理办法进行管理的公租房。不同时符合上述条件的公租房不得享受上述税收优惠政策。

八、上述政策自发文之日起执行，执行期限暂定三年，政策到期后将根据公租房建设和运营情况对有关内容加以完善。

财政部 国家税务总局关于安置残疾人就业单位城镇土地使用税等政策的通知

财税〔2010〕121号

各省、自治区、直辖市、计划单列市财政厅(局)、地方税务局，西藏、青海、宁夏省(自治区)国家税务局，新疆生产建设兵团财务局：

经研究，现将安置残疾人就业单位城镇土地使用税等政策通知如下：

一、关于安置残疾人就业单位的城镇土地使用税问题

对在一个纳税年度内月平均实际安置残疾人就业人数占单位在职职工总数的比例高于25%(含25%)且实际安置残疾人人数高于10人(含10人)的单位，可减征或免征该年度城镇土地使用税。具体减免税比例及管理办法由省、自治区、直辖市财税主管部门确定。

《国家税务局关于土地使用税若干具体问题的解释和暂行规定》(国税地字〔1988〕15号)第十八条第四项同时废止。

二、关于出租房产免收租金期间房产税问题

对出租房产，租赁双方签订的租赁合同约定有免收租金期限的，免收租金期间由产权所有人按照房产原值缴纳房产税。

三、关于将地价计入房产原值征收房产税问题

对按照房产原值计税的房产，无论会计上如何核算，房产原值均应包含地价，包括为取得土地使用权支付的价款、开发土地发生的成本费用等。宗地容积率低于0.5的，按房产建筑面积的2倍计算土地面积并据此确定计入房产原值的地价。

本通知自发文之日起执行。此前规定与本通知不一致的，按本通知执行。各地财税部门要加强对政策执行情况的跟踪了解，对执行中发现的问题，及时上报财政部和国家税务总局。

财政部 国家税务总局关于金融机构与小型微型企业签订借款合同免征印花税的通知

财税〔2011〕105 号

各省、自治区、直辖市、计划单列市财政厅(局)、地方税务局,新疆生产建设兵团财务局:

经国务院批准,为鼓励金融机构对小型、微型企业提供金融支持,促进小型、微型企业发展,自 2011 年 11 月 1 日起至 2014 年 10 月 31 日止,对金融机构与小型、微型企业签订的借款合同免征印花税。

上述小型、微型企业的认定,按照《工业和信息化部国家统计局国家发展和改革委员会财政部关于印发中小企业划型标准规定的通知》(工信部联企业〔2011〕300 号)的有关规定执行。

财政部 国家税务总局
关于继续执行供热企业增值税房产税
城镇土地使用税优惠政策的通知

财税〔2011〕118 号

北京、天津、河北、山西、内蒙古、辽宁、大连、吉林、黑龙江、山东、青岛、河南、陕西、甘肃、宁夏、新疆、青海省(自治区、直辖市、计划单列市)财政厅(局)、国家税务局、地方税务局,新疆生产建设兵团财务局:

为保障居民供热采暖,经国务院批准,现将“三北”地区供热企业(以下称供热企业)增值税、房产税、城镇土地使用税政策通知如下:

一、自 2011 年供暖期至 2015 年 12 月 31 日,对供热企业向居民个人(以下称居民)供热而取得的采暖费收入继续免征增值税。向居民供热而取得的采暖费收入,包括供热企业直接向居民收取的、通过其他单位向居民收取的和由单位代居民缴纳的采暖费。

免征增值税的采暖费收入,应当按照《中华人民共和国增值税暂行条例》第十六条的规定单独核算。通过热力产品经营企业向居民供热的热力产品生产企业,应当根据热力产品经营企业实际从居民取得的采暖费收入占该经营企业采暖费总收入的比例确定免税收入比例。

本条所述供暖期,是指当年下半年供暖开始至次年上半年供暖结束的期间。

二、自 2011 年 7 月 1 日至 2015 年 12 月 31 日,对向居民供热而收取采暖费的供热企业,为居民供热所使用的厂房及土地继续免征房产税、城镇土地使用税。

对既向居民供热,又向单位供热或者兼营其他生产经营活动的供热企业,按其向居民供热而取得的采暖费收入占企业总收入的比例免征房产税、城镇土地使用税。

三、本通知所述供热企业,是指热力产品生产企业和热力产品经营企业。热力产品生产企业包括专业供热企业、兼营供热企业和自供热单位。

四、本通知所称“三北”地区,是指北京市、天津市、河北省、山西省、内蒙古自治区、辽宁省、大连市、吉林省、黑龙江省、山东省、青岛市、河南省、陕西省、甘肃省、青海省、宁夏回族自治区和新疆维吾尔自治区。

财政部 国家税务总局关于物流企业大宗商品仓储设施用地城镇土地使用税政策的通知

财税〔2012〕13 号

各省、自治区、直辖市、计划单列市财政厅(局)、地方税务局，西藏、宁夏、青海省(自治区)国家税务局，新疆生产建设兵团财务局：

为促进物流业健康发展，根据《国务院办公厅关于促进物流业健康发展政策措施的意见》(国办发〔2011〕38 号)有关精神，现就物流企业大宗商品仓储设施用地城镇土地使用税政策通知如下：

一、自 2012 年 1 月 1 日起至 2014 年 12 月 31 日止，对物流企业自有的(包括自用和出租)大宗商品仓储设施用地，减按所属土地等级适用税额标准的 50%计征城镇土地使用税。

二、物流企业是指为工农业生产、流通、进出口和居民生活提供仓储、配送服务的专业物流企业。

大宗商品仓储设施是指仓储设施占地面积在 6000 平方米以上的，且储存粮食、棉花、油料、糖料、蔬菜、水果、肉类、水产品、化肥、农药、种子、饲料等农产品和农业生产资料；煤炭、焦炭、矿砂、非金属矿产品、原油、成品油、化工原料、木材、橡胶、纸浆及纸制品、钢材、水泥、有色金属、建材、塑料、纺织原料等矿产品和工业原材料；食品、饮料、药品、医疗器械、机电产品、文体用品、出版物等工业制成品的仓储设施。

仓储设施用地，包括仓库库区内的各类仓房(含配送中心)、油罐(池)、货场、晒场(堆场)、罩棚等储存设施和铁路专用线、码头、道路、装卸搬运区域等物流作业配套设施的用地。

三、符合上述减税条件的物流企业需持相关材料向主管税务机关办理备案手续。

请遵照执行。

财政部 国家税务总局

二〇一二年一月二十日

财政部 国家税务总局关于农产品批发市场 农贸市场房产税 城镇土地使用税政策的通知

财税〔2012〕68 号

各省、自治区、直辖市、计划单列市财政厅(局)、地方税务局，西藏、宁夏、青海省(自治区)国家税务局，新疆生产建设兵团财务局：

为支持农产品流通体系建设，减轻农产品批发市场、农贸市场经营负担，根据国务院常务会议精神，现将农产品批发市场、农贸市场有关房产税和城镇土地使用税政策通知如下：

一、对专门经营农产品的农产品批发市场、农贸市场使用的房产、土地，暂免征收房产税和城镇土地使用税。对同时经营其他产品的农产品批发市场和农贸市场使用的房产、土地，按其他产品与农产品交易场地面积的比例确定征免房产税和城镇土地使用税。

二、农产品批发市场和农贸市场，是指经工商登记注册，供买卖双方进行农产品及其初加工品现货批发或零售交易的场所。农产品包括粮油、肉禽蛋、蔬菜、干鲜果品、水产品、调味品、棉麻、活畜、可食用的林产品以及由省、自治区、直辖市财税部门确定的其他可食用的农产品。

三、本通知自 2013 年 1 月 1 日至 2015 年 12 月 31 日执行。各地已按《财政部税务总局关于房产税和车船使用税几个业务问题的解释与规定》(财税地字〔1987〕3 号)第三条、《国家税务局关于印发〈关于土地使用税若干具体问题的补充规定〉的通知》(国税地字〔1989〕140 号)第五条规定对农产品批发市场、农贸市场给予免征房产税和城镇土地使用税的，可继续按原免税政策执行。

四、符合上述免税条件的企业需持相关材料向主管税务机关办理备案手续。

财政部 国家税务总局
二〇一二年九月三日

财政部 国家税务总局关于对城市公交站场道路客运站场免征城镇土地使用税的通知

财税〔2013〕20号

各省、自治区、直辖市、计划单列市财政厅(局)、地方税务局,西藏、宁夏、青海省(自治区)国家税务局,新疆生产建设兵团财务局:

为支持城乡道路客运行业发展,根据《国务院办公厅关于进一步促进道路运输行业健康稳定发展的通知》(国办发〔2011〕63号)精神,现将城市公交站场、道路客运站场免征城镇土地使用税政策通知如下:

一、对城市公交站场、道路客运站场的运营用地,免征城镇土地使用税。

城市公交站场运营用地包括城市公交首末车站、停车场、保养场、站场办公用地、生产辅助用地,道路客运站场运营用地包括站前广场、停车场、发车位、站务用地、站场办公用地、生产辅助用地。

二、上述城市公交站场、道路客运站场是指由县级以上(含县级)人民政府交通运输主管部门等批准,按《汽车客运站级别划分和建设要求》等标准建设的,为公众及旅客、运输经营者提供站务服务的场所。

三、符合上述免税条件的企业须持相关文件及站场用地情况等向主管税务机关办理备案手续。

本通知执行期限为2013年1月1日至2015年12月31日。

财政部 国家税务总局关于房改房用地未办理土地使用权过户期间城镇土地使用税政策的通知

财税〔2013〕44号

各省、自治区、直辖市、计划单列市财政厅(局)、地方税务局,西藏、宁夏、青海省(自治区)国家税务局,新疆生产建设兵团财务局:

经研究,现就房改房用地未办理土地使用权过户期间的城镇土地使用税政策通知如下:

应税单位按照国家住房制度改革有关规定,将住房出售给职工并按规定进行核销账务处理后,住房用地在未办理土地使用权过户期间的城镇土地使用税征免,比照各省、自治区、直辖市对个人所有住房用地的现行政策执行。

国家税务总局关于通过招拍挂方式取得土地缴纳城镇土地使用税问题的公告

国家税务总局公告2014年第74号

对以招标、拍卖、挂牌方式取得土地的城镇土地使用税问题公告如下:

通过招标、拍卖、挂牌方式取得的建设用地,不属于新征用的耕地,纳税人应按照《财政部 国家税务总

局关于房产税 城镇土地使用税有关政策的通知》(财税〔2006〕186号)第二条规定,从合同约定交付土地时间的次月起缴纳城镇土地使用税;合同未约定交付土地时间的,从合同签订的次月起缴纳城镇土地使用税。

本公告自发布之日起施行。

特此公告。

国家税务总局

2014年12月31日

关于《国家税务总局关于通过招拍挂方式取得土地缴纳城镇土地使用税问题的公告》的解读

为便于理解《国家税务总局关于通过招拍挂方式取得土地缴纳城镇土地使用税问题的公告》内容,现将公告内容解读如下:

城镇土地使用税暂行条例第九条第一款规定:新征用的耕地,自批准征用之日起满一年时开始缴纳土地使用税。这是基于上世纪八十年代由土地使用人直接征地的情形所做的规定。随着我国土地使用制度改革的深化和土地管理方式的逐步规范,目前土地出让的主要方式是,由地方土地储备中心征用土地,经过前期开发,然后以招标、拍卖、挂牌等方式出让给土地使用人。因此,财税〔2006〕186号文件规定:以出让或转让方式有偿取得土地使用权的,应由受让方从合同约定交付土地时间的次月起缴纳城镇土地使用税;合同未约定交付土地时间的,由受让方从合同签订的次月起缴纳城镇土地使用税。

目前,地方土地储备中心征用耕地后,对应缴纳的耕地占用税有两种处理方式,一种方式是由地方土地储备中心缴纳,作为土地开发成本费用的一部分,体现在招拍挂的价格当中;另一种方式是由受让土地者缴纳耕地占用税。对后一种情形,需要进一步明确纳税义务发生时间的政策适用问题。

根据《中华人民共和国土地管理法》和《国务院关于促进节约集约用地的通知》(国发〔2008〕3号)的有关规定,未利用的土地出让前,应当完成必要的前期开发,经过前期开发的土地,才能依法由市、县人民政府国土资源部门统一组织出让。因此,通过招拍挂方式取得的土地都是建设用地,不属于直接取得耕地,无论耕地占用税以何种方式缴纳,都应当适用以出让或转让方式有偿取得土地使用权的纳税义务发生时间的政策规定。

因此,公告明确规定:通过招标、拍卖、挂牌方式取得的建设用地,不属于新征用的耕地,纳税人均应按照《财政部 国家税务总局关于房产税 城镇土地使用税有关政策的通知》(财税〔2006〕186号)第二条规定,从合同约定交付土地时间的次月起缴纳城镇土地使用税;合同未约定交付土地时间的,从合同签订的次月起缴纳城镇土地使用税。

财政部 国家税务总局关于石油天然气生产企业城镇土地使用税政策的通知

财税〔2015〕76号

各省、自治区、直辖市、计划单列市财政厅(局)、地方税务局,西藏、宁夏自治区国家税务局,新疆生产建设兵团财务局:

经研究,现就石油天然气(含页岩气、煤层气)生产企业用地城镇土地使用税政策通知如下:

一、下列石油天然气生产建设用地暂免征收城镇土地使用税:

1. 地质勘探、钻井、井下作业、油气田地面工程等施工临时用地;
2. 企业厂区以外的铁路专用线、公路及输油(气、水)管道用地;
3. 油气长输管线用地。

二、在城市、县城、建制镇以外工矿区内的消防、防洪排涝、防风、防沙设施用地，暂免征收城镇土地使用税。

三、享受上述税收优惠的用地，用于非税收优惠用途的，不得享受本通知规定的税收优惠。

四、除上述第一条、第二条列举免税的土地外，其他油气生产及办公、生活区用地，依照规定征收城镇土地使用税。

五、地方人民政府应按照城镇土地使用税有关规定，确定工矿区范围。对在工矿区范围内的油气生产、办公、生活用地，其税额标准不得高于相邻的县城、建制镇的适用税额标准。

六、石油天然气生产企业应按照有关税收减免管理规定向主管税务机关备案免税土地情况。

七、本通知自 2015 年 7 月 1 日起执行。原国家税务局《关于对中国石油天然气总公司所属单位用地征免土地使用税问题的通知》[(89)国税地字第 088 号]、《关于对中国海洋石油总公司及其所属公司用地征免土地使用税问题的规定》[(90)国税油发 003 号]同时废止。

对(89)国税地字第 088 号和(90)国税油发 003 号文件规定免税，但按本通知规定应当征税的土地，自 2015 年 7 月 1 日至 2016 年 12 月 31 日，按应纳税额减半征收城镇土地使用税；自 2017 年 1 月 1 日起，全额征收城镇土地使用税。

财政部 国家税务总局
2015 年 6 月 29 日

财政部 国家税务总局关于继续实施物流企业大宗商品仓储设施用地城镇土地使用税优惠政策的通知

财税〔2015〕98 号

各省、自治区、直辖市、计划单列市财政厅(局)、地方税务局，西藏、宁夏自治区国家税务局，新疆生产建设兵团财务局：

为进一步促进物流业健康发展，经国务院批准，现就物流企业大宗商品仓储设施用地城镇土地使用税政策通知如下：

一、自 2015 年 1 月 1 日起至 2016 年 12 月 31 日止，对物流企业自有的(包括自用和出租)大宗商品仓储设施用地，减按所属土地等级适用税额标准的 50%计征城镇土地使用税。

二、本通知所称物流企业，是指至少从事仓储或运输一种经营业务，为工农业生产、流通、进出口和居民生活提供仓储、配送等第三方物流服务，实行独立核算、独立承担民事责任，并在工商部门注册登记为物流、仓储或运输的专业物流企业。

三、本通知所称大宗商品仓储设施，是指同一仓储设施占地面积在 6000 平方米及以上，且主要储存粮食、棉花、油料、糖料、蔬菜、水果、肉类、水产品、化肥、农药、种子、饲料等农产品和农业生产资料，煤炭、焦炭、矿砂、非金属矿产品、原油、成品油、化工原料、木材、橡胶、纸浆及纸制品、钢材、水泥、有色金属、建材、塑料、纺织原料等矿产品和工业原材料的仓储设施。

仓储设施用地，包括仓库库区内的各类仓房(含配送中心)、油罐(池)、货场、晒场(堆场)、罩棚等储存设施和铁路专用线、码头、道路、装卸搬运区域等物流作业配套设施的用地。

四、物流企业的办公、生活区用地及其他非直接从事大宗商品仓储的用地，不属于本通知规定的优惠范围，应按规定征收城镇土地使用税。

五、非物流企业的内部仓库，不属于本通知规定的优惠范围，应按规定征收城镇土地使用税。

六、本通知印发之日前已征的应予减免的税款，在纳税人以后应缴税款中抵减或者予以退还。

七、符合上述减税条件的物流企业需持相关材料向主管税务机关办理备案手续。

请遵照执行。

财政部 国家税务总局
2015 年 8 月 31 日

财政部 国家税务总局关于公共租赁住房税收优惠政策的通知

财税〔2015〕139号

各省、自治区、直辖市、计划单列市财政厅(局)、地方税务局，西藏、宁夏、青海省(自治区)国家税务局，新疆生产建设兵团财务局：

根据《国务院办公厅关于保障性安居工程建设和管理的指导意见》(国办发〔2011〕45号)和住房城乡建设部、财政部、国家税务总局等部门《关于加快发展公共租赁住房的指导意见》(建保〔2010〕87号)等文件精神，决定继续对公共租赁住房建设和运营给予税收优惠。现将有关政策通知如下：

一、对公共租赁住房建设期间用地及公共租赁住房建成后占地免征城镇土地使用税。在其他住房项目中配套建设公共租赁住房，依据政府部门出具的相关材料，按公共租赁住房建筑面积占总建筑面积的比例免征建设、管理公共租赁住房涉及的城镇土地使用税。

……

八、享受上述税收优惠政策的公共租赁住房是指纳入省、自治区、直辖市、计划单列市人民政府及新疆生产建设兵团批准的公共租赁住房发展规划和年度计划，并按照《关于加快发展公共租赁住房的指导意见》(建保〔2010〕87号)和市、县人民政府制定的具体管理办法进行管理的公共租赁住房。

九、本通知执行期限为2016年1月1日至2018年12月31日。

财政部 国家税务总局

2015年12月30日

财政部 国家税务总局关于继续实行农村饮水安全工程建设运营税收优惠政策的通知

财税〔2016〕19号

各省、自治区、直辖市、计划单列市财政厅(局)、国家税务局、地方税务局，新疆生产建设兵团财务局：

为支持农村饮水安全工程(以下简称饮水工程)巩固提升，经国务院批准，继续对饮水工程的建设、运营给予税收优惠。现将有关政策通知如下：

……

三、对饮水工程运营管理单位自用的生产、办公用房产、土地，免征房产税、城镇土地使用税。

……

六、本文所称饮水工程，是指为农村居民提供生活用水而建设的供水工程设施。本文所称饮水工程运营管理单位，是指负责饮水工程运营管理的自来水公司、供水公司、供水(总)站(厂、中心)、村集体、农民用水合作组织等单位。

对于既向城镇居民供水，又向农村居民供水的饮水工程运营管理单位，依据向农村居民供水收入占总供水收入的比例免征增值税；依据向农村居民供水量占总供水量的比例免征契税、印花税、房产税和城镇土地使用税。无法提供具体比例或所提供数据不实的，不得享受上述税收优惠政策。

七、符合上述减免税条件的饮水工程运营管理单位需持相关材料向主管税务机关办理备案手续。

八、上述政策(第五条除外)自2016年1月1日至2018年12月31日执行。

财政部 国家税务总局

2016年2月25日

财政部 国家税务总局关于科技企业孵化器税收政策的通知

财税〔2016〕89 号

各省、自治区、直辖市、计划单列市财政厅(局)、国家税务局、地方税务局,新疆生产建设兵团财务局:

经国务院批准,现就科技企业孵化器(含众创空间,以下简称孵化器)有关税收政策通知如下:

一、自 2016 年 1 月 1 日至 2018 年 12 月 31 日,对符合条件的孵化器自用以及无偿或通过出租等方式提供给孵化企业使用的房产、土地,免征房产税和城镇土地使用税;自 2016 年 1 月 1 日至 2016 年 4 月 30 日,对其向孵化企业出租场地、房屋以及提供孵化服务的收入,免征营业税;在营业税改征增值税试点期间,对其向孵化企业出租场地、房屋以及提供孵化服务的收入,免征增值税。

二、符合非营利组织条件的孵化器的收入,按照企业所得税法及其实施条例和有关税收政策规定享受企业所得税优惠政策。

三、享受本通知规定的房产税、城镇土地使用税以及营业税、增值税优惠政策的孵化器,应同时符合以下条件:

(一)孵化器需符合国家级科技企业孵化器条件。国务院科技行政主管部门负责发布国家级科技企业孵化器名单。

(二)孵化器应将面向孵化企业出租场地、房屋以及提供孵化服务的业务收入在财务上单独核算。

(三)孵化器提供给孵化企业使用的场地面积(含公共服务场地)应占孵化器可自主支配场地面积的 75%以上(含 75%)。孵化企业数量应占孵化器内企业总数量的 75%以上(含 75%)。

公共服务场地是指孵化器提供给孵化企业共享的活动场所,包括公共餐厅、接待室、会议室、展示室、活动室、技术检测室和图书馆等非盈利性配套服务场地。

四、本通知所称"孵化企业"应当同时符合以下条件:

(一)企业注册地和主要研发、办公场所必须在孵化器的孵化场地内。

(二)新注册企业或申请进入孵化器前企业成立时间不超过 2 年。

(三)企业在孵化器内孵化的时间不超过 48 个月。纳入"创新人才推进计划"及"海外高层次人才引进计划"的人才或从事生物医药、集成电路设计、现代农业等特殊领域的创业企业,孵化时间不超过 60 个月。

(四)符合《中小企业划型标准规定》所规定的小型、微型企业划型标准。

(五)单一在孵企业入驻时使用的孵化场地面积不大于 1000 平方米。从事航空航天等特殊领域的在孵企业,不大于 3000 平方米。

(六)企业产品(服务)属于科学技术部、财政部、国家税务总局印发的《国家重点支持的高新技术领域》规定的范围。

五、本通知所称"孵化服务"是指为孵化企业提供的属于营业税"服务业"税目中"代理业""租赁业"和"其他服务业"中的咨询和技术服务范围内的服务,改征增值税后是指为孵化企业提供的"经纪代理""经营租赁""研发和技术""信息技术"和"鉴证咨询"等服务。

六、省级科技行政主管部门负责定期核实孵化器是否符合本通知规定的各项条件,并报国务院科技行政主管部门审核确认。国务院科技行政主管部门审核确认后向纳税人出具证明材料,列明用于孵化的房产和土地的地址、范围、面积等具体信息,并发送给国务院税务主管部门。

纳税人持相应证明材料向主管税务机关备案,主管税务机关按照《税收减免管理办法》等有关规定,以及国务院科技行政主管部门发布的符合本通知规定条件的孵化器名单信息,办理税收减免。

请遵照执行。

财政部 国家税务总局

2016 年 8 月 11 日

财政部 国家税务总局关于供热企业增值税 房产税 城镇土地使用税优惠政策的通知

财税〔2016〕94号

北京、天津、河北、山西、内蒙古、辽宁、大连、吉林、黑龙江、山东、青岛、河南、陕西、甘肃、宁夏、新疆、青海省(自治区、直辖市、计划单列市)财政厅(局)、国家税务局、地方税务局,新疆生产建设兵团财务局:

为保障居民供热采暖,经国务院批准,现将“三北”地区供热企业(以下简称供热企业)增值税、房产税、城镇土地使用税政策通知如下:

……

二、自2016年1月1日至2018年12月31日,对向居民供热而收取采暖费的供热企业,为居民供热所使用的厂房及土地免征房产税、城镇土地使用税;对供热企业其他厂房及土地,应当按规定征收房产税、城镇土地使用税。

对专业供热企业,按其向居民供热取得的采暖费收入占全部采暖费收入的比例计算免征的房产税、城镇土地使用税。

对兼营供热企业,视其供热所使用的厂房及土地与其他生产经营活动所使用的厂房及土地是否可以区分,按照不同方法计算免征的房产税、城镇土地使用税。可以区分的,对其供热所使用厂房及土地,按向居民供热取得的采暖费收入占全部采暖费收入的比例计算减免税。难以区分的,对其全部厂房及土地,按向居民供热取得的采暖费收入占其营业收入的比例计算减免税。

对自供热单位,按向居民供热建筑面积占总供热建筑面积的比例计算免征供热所使用的厂房及土地的房产税、城镇土地使用税。

三、本通知所称供热企业,是指热力产品生产企业和热力产品经营企业。热力产品生产企业包括专业供热企业、兼营供热企业和自供热单位。

四、本通知所称“三北”地区,是指北京市、天津市、河北省、山西省、内蒙古自治区、辽宁省、大连市、吉林省、黑龙江省、山东省、青岛市、河南省、陕西省、甘肃省、青海省、宁夏回族自治区和新疆维吾尔自治区。

财政部 国家税务总局
2016年8月24日

财政部 国家税务总局关于国家大学科技园税收政策的通知

财税〔2016〕98号

各省、自治区、直辖市、计划单列市财政厅(局)、国家税务局、地方税务局,新疆生产建设兵团财务局:

经国务院批准,现就国家大学科技园(以下简称科技园)有关税收政策通知如下:

一、自2016年1月1日至2018年12月31日,对符合条件的科技园自用以及无偿或通过出租等方式提供给孵化企业使用的房产、土地,免征房产税和城镇土地使用税;自2016年1月1日至2016年4月30日,对其向孵化企业出租场地、房屋以及提供孵化服务的收入,免征营业税;在营业税改征增值税试点期间,对其向孵化企业出租场地、房屋以及提供孵化服务的收入,免征增值税。

二、符合非营利组织条件的科技园的收入,按照企业所得税法及其实施条例和有关税收政策规定享受企业所得税优惠政策。

三、享受本通知规定的房产税、城镇土地使用税以及营业税、增值税优惠政策的科技园,应当同时符合以下条件：

（一）科技园符合国家大学科技园条件。国务院科技和教育行政主管部门负责发布国家大学科技园名单。

（二）科技园将面向孵化企业出租场地、房屋以及提供孵化服务的业务收入在财务上单独核算。

（三）科技园提供给孵化企业使用的场地面积（含公共服务场地）占科技园可自主支配场地面积的60%以上（含60%），孵化企业数量占科技园内企业总数量的75%以上（含75%）。

公共服务场地是指科技园提供给孵化企业共享的活动场所，包括公共餐厅、接待室、会议室、展示室、活动室、技术检测室和图书馆等非营利性配套服务场地。

四、本通知所称"孵化企业"应当同时符合以下条件：

（一）企业注册地及主要研发、办公场所在科技园的工作场地内。

（二）新注册企业或申请进入科技园前企业成立时间不超过3年。

（三）企业在科技园内孵化的时间不超过48个月。海外高层次创业人才或从事生物医药、集成电路设计等特殊领域的创业企业，孵化时间不超过60个月。

（四）符合《中小企业划型标准规定》所规定的小型、微型企业划型标准。

（五）单一在孵企业使用的孵化场地面积不超过1000平方米。从事航空航天、现代农业等特殊领域的单一在孵企业，不超过3000平方米。

（六）企业产品（服务）属于科学技术部、财政部、国家税务总局印发的《国家重点支持的高新技术领域》规定的范围。

五、本通知所称"孵化服务"是指为孵化企业提供的属于营业税"服务业"税目中"代理业"、"租赁业"和"其他服务业"中的咨询和技术服务范围内的服务，改征增值税后是指为孵化企业提供的"经纪代理"、"经营租赁"、"研发和技术"、"信息技术"和"鉴证咨询"等服务。

六、国务院科技和教育行政主管部门负责组织对科技园是否符合本通知规定的各项条件定期进行审核确认，并向纳税人出具证明材料，列明纳税人用于孵化的房产和土地的地址、范围、面积等具体信息，并发送给国务院税务主管部门。

纳税人持相应证明材料向主管税务机关备案，主管税务机关按照《税收减免管理办法》等有关规定，以及国务院科技和教育行政主管部门发布的符合本通知规定条件的科技园名单信息，办理税收减免。

财政部 国家税务总局
2016年9月5日

第十四部分　中华人民共和国耕地占用税法

中华人民共和国耕地占用税暂行条例

国务院令第511号

第一条　为了合理利用土地资源，加强土地管理，保护耕地，制定本条例。

第二条　本条例所称耕地，是指用于种植农作物的土地。

第三条　占用耕地建房或者从事非农业建设的单位或者个人，为耕地占用税的纳税人，应当依照本条例规定缴纳耕地占用税。

前款所称单位，包括国有企业、集体企业、私营企业、股份制企业、外商投资企业、外国企业以及其他企业和事业单位、社会团体、国家机关、部队以及其他单位；所称个人，包括个体工商户以及其他个人。

第四条　耕地占用税以纳税人实际占用的耕地面积为计税依据，按照规定的适用税额一次性征收。

第五条　耕地占用税的税额规定如下：

(一)人均耕地不超过1亩的地区(以县级行政区域为单位，下同)，每平方米为10元至50元；

(二)人均耕地超过1亩但不超过2亩的地区，每平方米为8元至40元；

(三)人均耕地超过2亩但不超过3亩的地区，每平方米为6元至30元；

(四)人均耕地超过3亩的地区，每平方米为5元至25元。

国务院财政、税务主管部门根据人均耕地面积和经济发展情况确定各省、自治区、直辖市的平均税额。

各地适用税额，由省、自治区、直辖市人民政府在本条第一款规定的税额幅度内，根据本地区情况核定。各省、自治区、直辖市人民政府核定的适用税额的平均水平，不得低于本条第二款规定的平均税额。

【注释】　相关规定包括：《财政部 国家税务总局关于耕地占用税平均税额和纳税义务发生时间问题的通知》(财税〔2007〕176号)。

第六条　经济特区、经济技术开发区和经济发达且人均耕地特别少的地区，适用税额可以适当提高，但是提高的部分最高不得超过本条例第五条第三款规定的当地适用税额的50%.

第七条　占用基本农田的，适用税额应当在本条例第五条第三款、第六条规定的当地适用税额的基础上提高50%。

第八条　下列情形免征耕地占用税：

(一)军事设施占用耕地；

(二)学校、幼儿园、养老院、医院占用耕地。

第九条　铁路线路、公路线路、飞机场跑道、停机坪、港口、航道占用耕地，减按每平方米2元的税额征收耕地占用税。

根据实际需要，国务院财政、税务主管部门商国务院有关部门并报国务院批准后，可以对前款规定的情形免征或者减征耕地占用税。

第十条　农村居民占用耕地新建住宅，按照当地适用税额减半征收耕地占用税。

农村烈士家属、残疾军人、鳏寡孤独以及革命老根据地、少数民族聚居区和边远贫困山区生活困难的农村居民，在规定用地标准以内新建住宅缴纳耕地占用税确有困难的，经所在地乡(镇)人民政府审核，报经县级人民政府批准后，可以免征或者减征耕地占用税。

第十一条　依照本条例第八条、第九条规定免征或者减征耕地占用税后，纳税人改变原占地用途，不再属于免征或者减征耕地占用税情形的，应当按照当地适用税额补缴耕地占用税。

第十二条　耕地占用税由地方税务机关负责征收。

土地管理部门在通知单位或者个人办理占用耕地手续时，应当同时通知耕地所在地同级地方税务机关。获准占用耕地的单位或者个人应当在收到土地管理部门的通知之日起30日内缴纳耕地占用税。土地管理部门凭耕地占用税完税凭证或者免税凭证和其他有关文件发放建设用地批准书。

【注释】 相关规定包括:《财政部 国家税务总局关于耕地占用税平均税额和纳税义务发生时间问题的通知》(财税〔2007〕176号)。

第十三条 纳税人临时占用耕地,应当依照本条例的规定缴纳耕地占用税。纳税人在批准临时占用耕地的期限内恢复所占用耕地原状的,全额退还已经缴纳的耕地占用税。

第十四条 占用林地、牧草地、农田水利用地、养殖水面以及渔业水域滩涂等其他农用地建房或者从事非农业建设的,比照本条例的规定征收耕地占用税。

建设直接为农业生产服务的生产设施占用前款规定的农用地的,不征收耕地占用税。

第十五条 耕地占用税的征收管理,依照《中华人民共和国税收征收管理法》和本条例有关规定执行。

第十六条 本条例自2008年1月1日起施行。1987年4月1日国务院发布的《中华人民共和国耕地占用税暂行条例》同时废止。

中华人民共和国耕地占用税暂行条例实施细则

财政部 国家税务总局令第49号

第一条 根据《中华人民共和国耕地占用税暂行条例》(以下简称条例),制定本细则。

第二条 条例所称建房,包括建设建筑物和构筑物。

农田水利占用耕地的,不征收耕地占用税。

第三条 占用园地建房或者从事非农业建设的,视同占用耕地征收耕地占用税。

第四条 经申请批准占用耕地的,纳税人为农用地转用审批文件中标明的建设用地人;农用地转用审批文件中未标明建设用地人的,纳税人为用地申请人。

未经批准占用耕地的,纳税人为实际用地人。

第五条 条例第四条所称实际占用的耕地面积,包括经批准占用的耕地面积和未经批准占用的耕地面积。

第六条 各省、自治区、直辖市耕地占用税的平均税额,按照本细则所附的《各省、自治区、直辖市耕地占用税平均税额表》执行。

县级行政区域的适用税额,按照条例、本细则和各省、自治区、直辖市人民政府的规定执行。

第七条 条例第七条所称基本农田,是指依据《基本农田保护条例》划定的基本农田保护区范围内的耕地。

第八条 条例第八条规定免税的军事设施,具体范围包括:

(一)地上、地下的军事指挥、作战工程;

(二)军用机场、港口、码头;

(三)营区、训练场、试验场;

(四)军用洞库、仓库;

(五)军用通信、侦察、导航、观测台站和测量、导航、助航标志;

(六)军用公路、铁路专用线,军用通讯、输电线路,军用输油、输水管道;

(七)其他直接用于军事用途的设施。

第九条 条例第八条规定免税的学校,具体范围包括县级以上人民政府教育行政部门批准成立的大学、中学、小学、学历性职业教育学校以及特殊教育学校。

学校内经营性场所和教职工住房占用耕地的,按照当地适用税额缴纳耕地占用税。

第十条 条例第八条规定免税的幼儿园,具体范围限于县级人民政府教育行政部门登记注册或者备案的幼儿园内专门用于幼儿保育、教育的场所。

第十一条 条例第八条规定免税的养老院,具体范围限于经批准设立的养老院内专门为老年人提供生活照顾的场所。

第十二条 条例第八条规定免税的医院，具体范围限于县级以上人民政府卫生行政部门批准设立的医院内专门用于提供医护服务的场所及其配套设施。

医院内职工住房占用耕地的，按照当地适用税额缴纳耕地占用税。

第十三条 条例第九条规定减税的铁路线路，具体范围限于铁路路基、桥梁、涵洞、隧道及其按照规定两侧留地。

专用铁路和铁路专用线占用耕地的，按照当地适用税额缴纳耕地占用税。

第十四条 条例第九条规定减税的公路线路，具体范围限于经批准建设的国道、省道、县道、乡道和属于农村公路的村道的主体工程以及两侧边沟或者截水沟。

专用公路和城区内机动车道占用耕地的，按照当地适用税额缴纳耕地占用税。

第十五条 条例第九条规定减税的飞机场跑道、停机坪，具体范围限于经批准建设的民用机场专门用于民用航空器起降、滑行、停放的场所。

第十六条 条例第九条规定减税的港口，具体范围限于经批准建设的港口内供船舶进出、停靠以及旅客上下、货物装卸的场所。

第十七条 条例第九条规定减税的航道，具体范围限于在江、河、湖泊、港湾等水域内供船舶安全航行的通道。

第十八条 条例第十条规定减税的农村居民占用耕地新建住宅，是指农村居民经批准在户口所在地按照规定标准占用耕地建设自用住宅。

农村居民经批准搬迁，原宅基地恢复耕种，凡新建住宅占用耕地不超过原宅基地面积的，不征收耕地占用税；超过原宅基地面积的，对超过部分按照当地适用税额减半征收耕地占用税。

第十九条 条例第十条所称农村烈士家属，包括农村烈士的父母、配偶和子女。

第二十条 条例第十条所称革命老根据地、少数民族聚居地区和边远贫困山区生活困难的农村居民，其标准按照各省、自治区、直辖市人民政府有关规定执行。

第二十一条 根据条例第十一条的规定，纳税人改变占地用途，不再属于免税或减税情形的，应自改变用途之日起 30 日内按改变用途的实际占用耕地面积和当地适用税额补缴税款。

第二十二条 条例第十三条所称临时占用耕地，是指纳税人因建设项目施工、地质勘查等需要，在一般不超过 2 年内临时使用耕地并且没有修建永久性建筑物的行为。

第二十三条 因污染、取土、采矿塌陷等损毁耕地的，比照条例第十三条规定的临时占用耕地的情况，由造成损毁的单位或者个人缴纳耕地占用税。超过 2 年未恢复耕地原状的，已征税款不予退还。

第二十四条 条例第十四条所称林地，包括有林地、灌木林地、疏林地、未成林地、迹地、苗圃等，不包括居民点内部的绿化林木用地，铁路、公路征地范围内的林木用地，以及河流、沟渠的护堤林用地。

第二十五条 条例第十四条所称牧草地，包括天然牧草地、人工牧草地。

第二十六条 条例第十四条所称农田水利用地，包括农田排灌沟渠及相应附属设施用地。

第二十七条 条例第十四条所称养殖水面，包括人工开挖或者天然形成的用于水产养殖的河流水面、湖泊水面、水库水面、坑塘水面及相应附属设施用地。

第二十八条 条例第十四条所称渔业水域滩涂，包括专门用于种植或者养殖水生动植物的海水潮浸地带和滩地。

第二十九条 占用林地、牧草地、农田水利用地、养殖水面以及渔业水域滩涂等其他农用地建房或者从事非农业建设的，适用税额可以适当低于当地占用耕地的适用税额，具体适用税额按照各省、自治区、直辖市人民政府的规定执行。

第三十条 条例第十四条所称直接为农业生产服务的生产设施，是指直接为农业生产服务而建设的建筑物和构筑物。具体包括：储存农用机具和种子、苗木、木材等农业产品的仓储设施；培育、生产种子、种苗的设施；畜禽养殖设施；木材集材道、运材道；农业科研、试验、示范基地；野生动植物保护、护林、森林病虫害防治、森林防火、木材检疫的设施；专为农业生产服务的灌溉排水、供水、供电、供热、供气、通讯基础设施；农业生产者从事农业生产必需的食宿和管理设施；其他直接为农业生产服务的生产设施。

第三十一条 经批准占用耕地的，耕地占用税纳税义务发生时间为纳税人收到土地管理部门办理占用农用地手续通知的当天。

未经批准占用耕地的，耕地占用税纳税义务发生时间为纳税人实际占用耕地的当天。

第三十二条 纳税人占用耕地或其他农用地，应当在耕地或其他农用地所在地申报纳税。

第三十三条 各省、自治区、直辖市人民政府财政、税务主管部门应当将本省、自治区、直辖市人民政府制定的耕地占用税具体实施办法报送财政部和国家税务总局。

第三十四条 本细则自公布之日起实施。

附表：

各省、自治区、直辖市耕地占用税平均税额表

地　　区	每平方米平均税额(元)
上海	45
北京	40
天津	35
江苏、浙江、福建、广东	30
辽宁、湖北、湖南	25
河北、安徽、江西、山东、河南、重庆、四川	22.5
广西、海南、贵州、云南、陕西	20
山西、吉林、黑龙江	17.5
内蒙古、西藏、甘肃、青海、宁夏、新疆	12.5

国家税务总局关于发布《耕地占用税管理规程（试行）》的公告

国家税务总局公告2016年第2号

为进一步规范和加强征收管理，提高耕地占用税管理水平，国家税务总局制定了《耕地占用税管理规程（试行）》，现予发布，自公布之日起施行。

特此公告。

附件：耕地占用税纳税申报表及填表说明

国家税务总局

2016年1月15日

耕地占用税管理规程（试行）

第一章　总　　则

第一条 为了规范和加强耕地占用税管理，提高耕地占用税管理水平，根据《中华人民共和国税收征收管理法》（以下简称《税收征管法》）及其实施细则、《中华人民共和国耕地占用税暂行条例》（以下简称《暂行条例》）及其实施细则以及相关法律法规，制定本规程。

第二条 本规程适用于耕地占用税管理中所涉及的涉税信息管理、纳税认定管理、申报征收管理、减免退税管理和税收风险管理等事项，其他管理事项按照相关规定执行。

第三条 耕地占用税依法由地税机关负责征收管理。省、自治区、直辖市和计划单列市地方税务机关(以下简称省地税机关)应遵循属地管理原则,合理划分各级地税机关的管理权限,做到权责一致、易于监管、便利纳税。

第四条 耕地占用税管理应坚持依法治税原则,按照法定权限与程序,严格执行税法以及相关法律法规,维护税法权威性和严肃性,保护纳税人合法权益。

第五条 耕地占用税管理应遵循及时征收原则,按照法定的纳税环节和纳税期限征收税款。

第六条 各级地税机关应积极与土地管理部门建立部门协作机制,定期开展耕地占用税涉税信息交换,建立健全“先税后证”源头控管模式,充分利用“以地控税、以税节地”管理模式和土地管理部门的“地理信息管理系统(GIS)”,探索对未经批准占地的联合执法工作机制。

上述“先税后证”的“证”指“建设用地批准书”。

第七条 省地税机关应根据当地实际情况和耕地占用税征税对象、征收地域及征管机制等方面的特殊性,按照国家税务总局关于税源专业化管理的相关意见和要求,提高本地区耕地占用税专业化管理能力和水平。

第二章 涉税信息管理

第八条 地税机关与土地管理部门交换的耕地占用税涉税信息分为换入信息和换出信息两大类。

换入信息包括:农用地转用信息、城市和村庄集镇按批次建设用地转而未供信息、经批准临时占地信息、未批先占农用地查处信息、卫星测量占地信息等。

换出信息包括:耕地占用税征税信息、减免税信息、不征税信息等。

换出信息仅用于向土地管理部门确认纳税人耕地占用税的征免税情况,如土地管理部门无相关需求可不提供。

第九条 农用地转用信息应包括申请农用地单位、批次(项目)名称、所在市县、地块名称、批准占地总面积、建设用地及其分类面积、农用地及其分类面积、未利用地及其分类面积、批准占地日期、四至范围、批准占地文号、申请单位联系电话、征地补偿标准、安置途径、拟开发用途等。

第十条 城市和村庄、集镇按批次建设用地转而未供信息应包括批次名称、批准面积、已供地面积、供地项目名称、所在市县、供地批准时间、批次供地面积、未供地面积、四至范围、批次批准日期、供地批复文号等。

第十一条 经批准临时占地信息应包括项目名称、批准用地对象、批准用地文号、项目规划用途、批准时间、用地位置、用地类型及分类面积等。

第十二条 未批先占农用地查处信息应包括农用地占用单位(个人)名称、证件类型、证照号码、占用农用土地类型及分类面积、日期、农用地坐落地址(四至范围)等。

第十三条 卫星测量占地信息应包括占地单位(个人)名称、占地面积、取得土地使用权证面积、土地坐落位置等。

第十四条 各级地税机关应注重耕地占用税涉税情报收集工作,充分利用互联网、新闻媒体登载的土地招拍挂、农用地租赁、大型项目建设等耕地占用税涉税信息,跟踪管理,及时采取措施。

第十五条 各级地税机关应广泛宣传耕地占用税税收政策和举报税收违法行为奖励办法,鼓励公众检举涉税违法行为。对涉税违法行为查实的,按照国家税务总局、财政部《检举纳税人税收违法行为奖励暂行办法》(国家税务总局 财政部令第 18 号公布)规定给予奖励。

第十六条 各级地税机关及其工作人员应当依法为耕地占用税纳税人、检举人的情况保密。

第三章 纳税认定管理

第十七条 属于耕地占用税征税范围的土地(以下简称应税土地)包括:

(一)耕地。指用于种植农作物的土地。

(二)园地。指果园、茶园、其他园地。

(三)林地、牧草地、农田水利用地、养殖水面以及渔业水域滩涂等其他农用地。

林地，包括有林地、灌木林地、疏林地、未成林地、迹地、苗圃等，不包括居民点内部的绿化林木用地，铁路、公路征地范围内的林木用地，以及河流、沟渠的护堤林用地。

牧草地，包括天然牧草地、人工牧草地。

农田水利用地，包括农田排灌沟渠及相应附属设施用地。

养殖水面，包括人工开挖或者天然形成的用于水产养殖的河流水面、湖泊水面、水库水面、坑塘水面及相应附属设施用地。

渔业水域滩涂，包括专门用于种植或者养殖水生动植物的海水潮浸地带和滩地。

(四)草地、苇田。

草地，是指用于农业生产并已由相关行政主管部门发放使用权证的草地。

苇田，是指用于种植芦苇并定期进行人工养护管理的苇田。

第十八条 凡在中华人民共和国境内占用应税土地建房或者从事非农业建设的单位和个人为耕地占用税的纳税人，应当依照《暂行条例》及其实施细则的规定缴纳耕地占用税。

第十九条 经申请批准占用应税土地的，纳税人为农用地转用审批文件中标明的建设用地人；农用地转用审批文件中未标明建设用地人的，纳税人为用地申请人。

未经批准占用应税土地的，纳税人为实际用地人。

城市和村庄、集镇建设用地审批中，按土地利用年度计划分批次批准的农用地转用审批，批准文件中未标明建设用地人且用地申请人为各级人民政府的，由同级土地储备中心履行耕地占用税申报纳税义务；没有设立土地储备中心的，由国土资源管理部门或政府委托的其他部门履行耕地占用税申报纳税义务。

第二十条 纳税人临时占用应税土地，应当依照《暂行条例》及其实施细则的规定缴纳耕地占用税。

临时占用应税土地，是指纳税人因建设项目施工、地质勘查等需要，在一般不超过 2 年内临时使用应税土地并且没有修建永久性建筑物的行为。

第二十一条 因污染、取土、采矿塌陷等损毁应税土地的，由造成损毁的单位或者个人缴纳耕地占用税。超过 2 年未恢复土地原状的，已征税款不予退还。

第二十二条 以下占用土地行为不征收耕地占用税：

(一)农田水利占用耕地的；

(二)建设直接为农业生产服务的生产设施占用林地、牧草地、农田水利用地、养殖水面以及渔业水域滩涂等其他农用地的；

(三)农村居民经批准搬迁，原宅基地恢复耕种，凡新建住宅占用耕地不超过原宅基地面积的。

第二十三条 符合本规程第二十二条规定的单位或者个人，应当在收到土地管理部门办理占地手续通知之日起 30 日内，将相关资料报备主管地税机关，主管地税机关查验相关资料后出具相关证明材料。

报备的具体资料由省地税机关按照精简、便民的原则确定，证明材料的具体样式由省地税机关商同级土地管理部门确定。

第四章 申报征收管理

第二十四条 耕地占用税原则上在应税土地所在地进行申报纳税。涉及集中征收、跨地区占地需要调整纳税地点的，由省地税机关确定。

第二十五条 经批准占用应税土地的，耕地占用税纳税义务发生时间为纳税人收到土地管理部门办理占用农用地手续通知的当天；未经批准占用应税土地的，耕地占用税纳税义务发生时间为纳税人实际占地的当天。

已享受减免税的应税土地改变用途，不再属于减免税范围的，耕地占用税纳税义务发生时间为纳税人改变土地用途的当天。

第二十六条 耕地占用税纳税人依照税收法律法规及相关规定，应在获准占用应税土地收到土地管理部门的通知之日起 30 日内向主管地税机关申报缴纳耕地占用税；未经批准占用应税土地的纳税人，应在实际占地之日起 30 日内申报缴纳耕地占用税。

第二十七条 对超过规定期限缴纳耕地占用税的，应按照《税收征管法》的有关规定加收滞纳金。

第二十八条 耕地占用税实行全国统一申报表(见附件),各地不得自行减少项目。

第二十九条 耕地占用税纳税申报应报送以下资料:

(一)《耕地占用税纳税申报表》;

(二)纳税人身份证明原件及复印件;

(三)农用地转用审批文件原件及复印件;

(四)享受耕地占用税优惠的,应提供减免耕地占用税证明材料原件及复印件;

(五)未经批准占用应税土地的,应提供实际占地的相关证明材料原件及复印件。

第三十条 主管地税机关接收纳税人申报资料后,审核资料是否齐全、是否符合法定形式、填写内容是否完整、项目间逻辑关系是否相符,审核无误的即时受理;审核发现问题的当场一次性告知应补正资料或不予受理原因。

第三十一条 纳税人确有困难,不能按期办理耕地占用税纳税申报的,依法应当在规定的期限内提出书面延期申请,经主管地税机关核准,可以在核准的期限内延期申报。经核准延期办理申报的,应当在纳税期内按照主管地税机关核定的税额预缴耕地占用税税款,并在核准的延期内办理税款结算。

纳税人因不可抗力,不能按期办理耕地占用税纳税申报的,依法可以延期办理;但是,应当在不可抗力情形消除后立即向主管地税机关报告。主管地税机关应当查明事实,予以核准。

第三十二条 耕地占用税以纳税人实际占用的应税土地面积(包括经批准占用面积和未经批准占用面积)为计税依据,以平方米为单位,按所占土地当地适用税额计税,实行一次性征收。

耕地占用税计算公式为:应纳税额=应税土地面积×适用税额。

第三十三条 各地适用税额,由省、自治区、直辖市人民政府在《暂行条例》规定的税额幅度内,根据本地区情况核定。各省、自治区、直辖市人民政府核定的适用税额的平均水平,不得低于国务院财政、税务主管部门确定的各省、自治区、直辖市平均税额。

《暂行条例》规定的税额幅度如下:

(一)人均耕地不超过 1 亩的地区(以县级行政区域为单位,下同),每平方米为 10 元至 50 元;

(二)人均耕地超过 1 亩但不超过 2 亩的地区,每平方米为 8 元至 40 元;

(三)人均耕地超过 2 亩但不超过 3 亩的地区,每平方米为 6 元至 30 元;

(四)人均耕地超过 3 亩的地区,每平方米为 5 元至 25 元。

第三十四条 经济特区、经济技术开发区和经济发达且人均耕地特别少的地区,适用税额可以适当提高,但是提高的部分最高不得超过《暂行条例》第五条第三款规定的当地适用税额的 50%。

第三十五条 占用基本农田的,适用税额应当在《暂行条例》第五条第三款、第六条规定的当地适用税额的基础上提高 50%。

第三十六条 占用林地、牧草地、农田水利用地、养殖水面以及渔业水域滩涂等其他农用地建房或者从事非农业建设的,适用税额可以适当低于当地占用耕地的适用税额,具体适用税额按照各省、自治区、直辖市人民政府的规定执行。

第三十七条 纳税人未经批准占用应税土地,应税面积不能及时准确确定的,主管地税机关可根据实际占地情况核定征收耕地占用税,待应税面积准确确定后结清税款,结算补税不加收滞纳金。

第三十八条 纳税人因有特殊困难,不能按期缴纳耕地占用税税款的,按照《税收征管法》及其实施细则的规定,经省地税机关批准,可以延期缴纳税款,但是最长不得超过三个月。

特殊困难是指以下情形之一:

(一)因不可抗力,导致纳税人发生较大损失,正常生产经营活动受到较大影响的;

(二)当期货币资金在扣除应付职工工资、社会保险费后,不足以缴纳税款的。

第三十九条 涉及耕地占用税的税收违法行为,由主管地税机关按照《税收征管法》及其实施细则的有关规定处理。

第五章 减免退税管理

第四十条 按照《暂行条例》及其实施细则的规定,以下情形免征、减征耕地占用税:

(一)军事设施占用应税土地免征耕地占用税。

免税的军事设施，具体范围包括：地上、地下的军事指挥、作战工程；军用机场、港口、码头；营区、训练场、试验场；军用洞库、仓库；军用通信、侦察、导航、观测台站和测量、导航、助航标志；军用公路、铁路专用线，军用通讯、输电线路，军用输油、输水管道；其他直接用于军事用途的设施。

（二）学校、幼儿园、养老院、医院占用应税土地免征耕地占用税。

免税的学校，具体范围包括县级以上人民政府教育行政部门批准成立的大学、中学、小学、学历性职业教育学校以及特殊教育学校。由国务院人力资源社会保障行政部门，省、自治区、直辖市人民政府或其人力资源社会保障行政部门批准成立的技工院校。学校内经营性场所和教职工住房占用应税土地的，按照当地适用税额缴纳耕地占用税。

免税的幼儿园，具体范围限于县级以上人民政府教育行政部门登记注册或者备案的幼儿园内专门用于幼儿保育、教育的场所。

免税的养老院，具体范围限于经批准设立的养老机构内专门为老年人提供生活照顾的场所。

免税的医院，具体范围限于县级以上人民政府卫生行政部门批准设立的医院内专门用于提供医护服务的场所及其配套设施。医院内职工住房占用应税土地的，按照当地适用税额缴纳耕地占用税。

（三）铁路线路、公路线路、飞机场跑道、停机坪、港口、航道占用应税土地，减按每平方米 2 元的税额征收耕地占用税。

根据实际需要，国务院财政、税务主管部门商国务院有关部门并报国务院批准后，可以对前款规定的情形免征或者减征耕地占用税。

减税的铁路线路，具体范围限于铁路路基、桥梁、涵洞、隧道及其按照规定两侧留地。专用铁路和铁路专用线占用应税土地的，按照当地适用税额缴纳耕地占用税。

减税的公路线路，具体范围限于经批准建设的国道、省道、县道、乡道和属于农村公路的村道的主体工程以及两侧边沟或者截水沟。专用公路和城区内机动车道占用应税土地的，按照当地适用税额缴纳耕地占用税。

减税的飞机场跑道、停机坪，具体范围限于经批准建设的民用机场专门用于民用航空器起降、滑行、停放的场所。

减税的港口，具体范围限于经批准建设的港口内供船舶进出、停靠以及旅客上下、货物装卸的场所。

减税的航道，具体范围限于在江、河、湖泊、港湾等水域内供船舶安全航行的通道。

（四）农村居民占用应税土地新建住宅，按照当地适用税额减半征收耕地占用税。

减税的农村居民占用应税土地新建住宅，是指农村居民经批准在户口所在地按照规定标准占用应税土地建设自用住宅。

农村居民经批准搬迁，原宅基地恢复耕种，新建住宅占用应税土地超过原宅基地面积的，对超过部分按照当地适用税额减半征收耕地占用税。

（五）农村烈士家属、残疾军人、鳏寡孤独以及革命老根据地、少数民族聚居区和边远贫困山区生活困难的农村居民，在规定用地标准以内新建住宅缴纳耕地占用税确有困难的，经所在地乡（镇）人民政府审核，报经县级人民政府批准后，可以免征或者减征耕地占用税。

农村烈士家属，包括农村烈士的父母、配偶和子女。

革命老根据地、少数民族聚居地区和边远贫困山区生活困难的农村居民，其标准按照各省、自治区、直辖市人民政府有关规定执行。

（六）财政部、国家税务总局规定的其他减免耕地占用税的情形。

第四十一条 耕地占用税减免实行备案管理。

第四十二条 符合耕地占用税减免条件的纳税人应在收到土地管理部门办理占用农用地手续通知之日起 30 日内，向主管地税机关办理减免税备案。

主管地税机关应自办理完毕之日起 30 日内，向省地税机关或者省地税机关授权的地税机关备案。

第四十三条 符合耕地占用税减免条件的纳税人根据不同情况报送《纳税人减免税备案登记表》及下列材料之一：

（一）军事设施占用应税土地的证明材料；

（二）学校、幼儿园、养老院、医院占用应税土地的证明材料；

（三）铁路线路、公路线路、飞机场跑道、停机坪、港口、航道占用应税土地的证明材料；

（四）农村居民占用应税土地新建住宅的证明材料；

（五）县级人民政府批准的农村居民困难减免批复文件原件及复印件，申请人身份证明原件及复印件；

（六）财政部、国家税务总局规定的其他减免耕地占用税情形的证明材料。

第四十四条 各级地税机关应进一步加强耕地占用税减免税的后续管理，定期开展对下级地税机关的监督检查和对减免税纳税人的实地随机抽查。

对属于不征税情形占地的后续管理比照前款规定执行。

第四十五条 依法免征或者减征耕地占用税后，纳税人改变原占地用途，不再属于免征或者减征耕地占用税情形的，应当按照当地适用税额补缴耕地占用税。

第四十六条 耕地占用税减免实施备案管理的其他相关事项按照《税收减免管理办法》（国家税务总局公告2015年第43号发布）的有关规定执行。

第四十七条 符合以下情形，纳税人可以申请退还已缴纳的耕地占用税：

（一）纳税人在批准临时占地的期限内恢复所占用土地原状的；

（二）损毁土地的单位或者个人，在2年内恢复土地原状的；

（三）依照税收法律、法规规定的其他情形。

第四十八条 恢复土地原状需按照《土地复垦条例》（国务院令第592号公布）的规定，由土地管理部门会同有关行业管理部门认定并出具验收合格确认书。

第四十九条 耕地占用税退税的有关程序性要求按照退税管理的相关规定执行。

第六章　税收风险管理

第五十条 各级地税机关应当加强耕地占用税风险管理，构建耕地占用税风险管理指标体系，依托现代化信息技术，对耕地占用税管理的风险点进行识别、监控、预警，做好风险应对处置工作。

第五十一条 各级地税机关应当根据国家税务总局关于税收风险管理的总体要求以及财产行为税风险管理工作的具体要求开展耕地占用税风险管理工作。

第五十二条 各级地税机关可以利用与土地管理部门交换的涉税信息、主动收集的涉税情报、受理的涉税举报信息和申报征收信息、减免税信息进行分析比对，查找耕地占用税纳税人的以下风险点：

（一）未纳税的风险

1. 实际占用或经批准占用应税土地未纳税；

2. 虚报免税未纳税；

3. 享受免税优惠后，变更占地用途未纳税；

4. 其他造成未纳税的情形。

（二）延迟纳税的风险

1. 延迟纳税未缴纳或者少缴纳滞纳金；

2. 其他延迟纳税带来的风险。

（三）少纳税的风险

1. 应加成50%征收未加成征收；

2. 扩大减免税适用范围少纳税；

3. 虚报减税少纳税；

4. 享受减税优惠后，变更占地用途少纳税；

5. 其他造成少纳税的情形。

（四）未结清税款的风险

未经批准占用应税土地，应税面积准确确定后未结清税款的。

（五）退税的风险

1. 恢复土地原状未经土地管理部门会同有关行业管理部门认定的；

2. 误适用高税率征收；

3. 虚假申报退税；

4. 其他涉及退税的风险。

(六)其他风险

第七章 附 则

第五十三条 各级地税机关要充分利用税收征管系统、跨部门信息平台等现有信息化资源,不断完善耕地占用税管理功能,加快实现耕地占用税管理全过程的信息化。

第五十四条 省地税机关可根据本规程制定本地区的具体管理办法。

第五十五条 本规程所涉及的“以上”“日内”“之日”均包含本数。

第五十六条 本规程自公布之日起施行。《国家税务总局关于印发〈耕地占用税契税减免管理办法〉的通知》(国税发〔2004〕99 号)中有关耕地占用税减免管理的规定同时废止。

关于发布《耕地占用税管理规程(试行)》公告的解读

为进一步规范和加强征收管理,提高耕地占用税管理水平,国家税务总局制定了《耕地占用税管理规程(试行)》(以下简称《规程》)。

一是进一步规范管理。《规程》按照耕地占用税管理全过程的各个环节,分别梳理现行政策和征管规定,使各级征收机关及其工作人员能够更加全面、清晰、一致地掌握耕地占用税政策要求和征管措施,促进管理工作更加规范化。

二是进一步加强征管。《规程》明确了耕地占用税不征税管理要求、预征要求、减免税管理方式、复垦退税认定标准等内容,修订了纳税申报表,进一步完善了耕地占用税的征管机制。

三是进一步转变管理方式。《规程》突出信息管税要求,强化税收风险管理,提炼了耕地占用税信息管理和风险管理的基本内容和要求,促使各地进一步转变管理理念和方式,积极适应税收工作新形势、新要求。

四是进一步指导部门协作。《规程》确立了部门协作在耕地占用税管理中的基础性作用和基本框架,从涉税信息交换,“先税后证”控管,“地理信息管理系统(GIS)”利用,以及对未经批准占地的联合执法工作机制等方面,指导各地积极与相关土地管理部门加强协作,形成合力。

财政部 国家税务总局关于耕地占用税平均税额和纳税义务发生时间问题的通知

财税〔2007〕176 号

各省、自治区、直辖市财政厅(局)、地方税务局,新疆生产建设兵团财务局:

为做好新修订的《中华人民共和国耕地占用税暂行条例》(国务院令第 511 号)的贯彻落实工作,现就耕地占用税平均税额和纳税义务发生时间问题通知如下:

一、各省、自治区、直辖市每平方米平均税额为:上海市 45 元;北京市 40 元;天津市 35 元;江苏、浙江、福建、广东 4 省各 30 元;辽宁、湖北、湖南 3 省各 25 元;河北、安徽、江西、山东、河南、四川、重庆 7 省市各 22.5 元;广西、海南、贵州、云南、陕西 5 省区各 20 元;山西、吉林、黑龙江 3 省各 17.5 元;内蒙古、西藏、甘肃、青海、宁夏、新疆 6 省区各 12.5 元。

各地依据耕地占用税暂行条例和上款的规定,经省级人民政府批准,确定县级行政区占用耕地的适用税额,占用林地、牧草地、农田水利用地、养殖水面以及渔业水域滩涂等其他农用地的适用税额可适当低于占用耕地的适用税额。

各地确定的县级行政区适用税额须报财政部、国家税务总局备案。

二、经批准占用耕地的，耕地占用税纳税义务发生时间为纳税人收到土地管理部门办理占用农用地手续通知的当天。

未经批准占用耕地的，耕地占用税纳税义务发生时间为实际占用耕地的当天。

【注释】 对《耕地占用税暂行条例》第5、12条进行了解释。

财政部 国家税务总局关于技工院校占用耕地免征耕地占用税的通知

财税〔2012〕22号

各省、自治区、直辖市、计划单列市财政厅（局）、地方税务局，西藏、宁夏、青海省（自治区）国家税务局，新疆生产建设兵团财务局：

经研究，现将技工院校占用耕地的耕地占用税政策明确如下：

根据《中华人民共和国耕地占用税暂行条例》第八条第二项规定，学校占用耕地免征耕地占用税。其中，免税的学校范围，包括由国务院人力资源社会保障行政部门，省、自治区、直辖市人民政府或其人力资源社会保障行政部门批准成立的技工院校。

请遵照执行。

财政部 国家税务总局

二〇一二年三月二十二日

第十五部分 中华人民共和国房产税法

中华人民共和国房产税暂行条例

国发〔1986〕90 号

第一条 房产税在城市、县城、建制镇和工矿区征收。

【注释】 相关规定包括:《关于房产税若干具体问题的解释和暂行规定》(财税地〔1986〕8 号)。《财政部税务总局关于对外籍人员、华侨、港、澳、台同胞拥有的房产如何征收房产税问题的批复》(财税外〔1987〕230 号)、《国家税务总局关于邮政企业征免房产税、土地使用税问题的函》(国税函〔2001〕379 号)、《国家税务总局关于调整房产税和土地使用税具体征税范围解释规定的通知》(国税发〔1999〕44 号)、《国家税务总局关于房产税城镇土地使用税有关政策规定的通知》(国税发〔2003〕89 号)。

第二条 房产税由产权所有人缴纳。产权属于全民所有的,由经营管理的单位缴纳。产权出典的,由承典人缴纳。产权所有人、承典人不在房产所在地的,或者产权未确定及租典纠纷未解决的,由房产代管人或者使用人缴纳。

前款列举的产权所有人、经营管理单位、承典人、房产代管人或者使用人,统称为纳税义务人(以下简称纳税人)。

【注释】 相关规定包括:《关于房产税若干具体问题的解释和暂行规定》(财税地〔1986〕8 号)、《财政部关于对银行、保险系统征免房产税的通知》(财税〔1987〕36 号)。

第三条 房产税依照房产原值一次减除 10%至 30%后的余值计算缴纳。具体减除幅度,由省、自治区、直辖市人民政府规定。

没有房产原值作为依据的,由房产所在地税务机关参考同类房产核定。

房产出租的,以房产租金收入为房产税的计税依据。

【注释】 相关规定包括:《关于房产税若干具体问题的解释和暂行规定》(财税地〔1986〕8 号)、《财政部 国家税务总局关于清产核资企业有关税收问题的通知》(财税〔1996〕69 号)、《财政部 国家税务总局关于调整住房租赁市场税收政策的通知》(财税〔2000〕125 号)、《国家税务总局关于进一步明确房屋附属设备和配套设施计征房产税有关问题的通知》(国税发〔2005〕173 号)、《财政部 国家税务总局关于具备房屋功能的地下建筑征收房产税的通知》(财税〔2005〕181 号)、《财政部 国家税务总局关于房产税城镇土地使用税有关政策的通知》(财税〔2006〕186 号)。

第四条 房产税的税率,依照房产余值计算缴纳的,税率为 1.2%;依照房产租金收入计算缴纳的,税率为 12%。

【注释】 相关规定包括:《国家税务局关于安徽省若干房产税业务问题的批复》(国税函发〔1993〕368 号)。

第五条 下列房产免纳房产税:

一、国家机关、人民团体、军队自用的房产;

二、由国家财政部门拨付事业经费的单位自用的房产;

三、宗教寺庙、公园、名胜古迹自用的房产;

四、个人所有非营业用的房产;

五、经财政部批准免税的其他房产。

【注释】 相关规定包括:《关于房产税若干具体问题的解释和暂行规定》(财税地〔1986〕8 号)、《财政部税务总局关于对房管部门经租的居民住房暂缓征收房产税的通知》(财税地〔1987〕30 号)、《国家税务局对关于中、小学校办企业征免房产税、土地使用税问题的请示的批复》(国税地〔1989〕81 号)、《国家税务总局关于地质矿产部所属地勘单位征税问题的通知》(国税函发〔1995〕453 号)、《国家税务总局关于地质矿产部所属地勘单位征税问题的补充通知》(国税函发〔1996〕656 号)、《财政部 国家税务总局关于血站有关税收问题的通知》(财税〔1999〕264 号)、《财政部 国家税务总局关于医疗卫生机构有关税收政策的通知》(财税〔2000〕42 号)、《财政部 国家税务总局关于对老年服务机构有关税收政策问题的通知》(财税〔2000〕97 号)、《财政部 国家税务总局关于非营利性科研机构税收政策的通知》(财税〔2001〕5 号)、《国家税务总局关于中国人民银行总行所属分支机构免征房产税城镇土地使用税的通知》(国税函〔2001〕770 号、《财政部 国家税务总局关于调整铁路系统房产税城镇土地使用税政策的通知》(财税〔2003〕149 号)、《财政部 国家税务总局关于教育税收政策的通知》(财税〔2004〕39 号)、《财政部 国家税务总局关于明确免征房产税城镇土地使用税的铁路运输企业范围及有关问题的通知》(财税〔2004〕36 号)、《国家税务总局关于房产税部分行政审批项目取消后加强后续管理工作的通知》(国税函〔2004〕839 号)、《财政部 国家税务总局关于暂免征收军队空余房产租赁收入营业税房产税的通知》(财税〔2004〕123 号)。

第六条 除本条例第五条规定者外,纳税人纳税确有困难的,可由省、自治区、直辖市人民政府确定,定期减征或者免征房产税。

【注释】 相关规定包括:《财政部税务总局关于房产税和车船使用税几个业务问题的解释与规定》(财税地〔1987〕3 号)、《财政部税务总局关于对房管部门经租的居民住房暂缓征收房产税的通知》(财税地〔1987〕30 号)、《国家税务局关于邮电部门所属企业恢复征收房产税问题的通知》(国税发〔1991〕36 号)。

第七条 房产税按年征收、分期缴纳。纳税期限由省、自治区、直辖市人民政府规定。

【注释】 相关规定包括:《国家税务总局关于房产税城镇土地使用税有关政策规定的通知》(国税发〔2003〕89 号)。

第八条 房产税的征收管理,依照《中华人民共和国税收征收管理暂行条例》的规定办理。

第九条 房产税由房产所在地的税务机关征收。

【注释】 相关规定包括:《关于房产税若干具体问题的解释和暂行规定》(财税地〔1986〕8 号)。

第十条 本条例由财政部负责解释;施行细则由省、自治区、直辖市人民政府制定,抄送财政部备案。

第十一条 本条例自 1986 年 10 月 1 日起施行。

财政部税务总局关于检发《关于房产税若干具体问题的解释和暂行规定》《关于车船使用税若干具体问题的解释和暂行规定》的通知

财税地〔1986〕8 号

各省、自治区、直辖市税务局,重庆、武汉、沈阳、大连、哈尔滨、西安、广州税务局,加发南京市税务局,海洋石油税务局各分局:

《中华人民共和国房产税暂行条例》和《中华人民共和国车船使用税暂行条例》已经发布。为了便于各地贯彻执行,总局在征求各地意见的基础上,对这两个条例作了一些解释和规定,现将《关于房产税若干具体问题的解释和暂行规定》、《关于车船使用税若干具体问题的解释和暂行规定》发给你们,请结合本地的实际情况,一并研究贯彻执行。执行中有什么问题,请及时报告总局。

关于房产税若干具体问题的解释和暂行规定

一、关于城市、县城、建制镇、工矿区的解释。

城市是指经国务院批准设立的市。

县城是指未设立建制镇的县人民政府所在地。

建制镇是指经省、自治区、直辖市人民政府批准设立的建制镇。

工矿区是指工商业比较发达,人口比较集中,符合国务院规定的建制镇标准,但尚未设立镇建制的大中型工矿企业所在地。开征房产税的工矿区须经省、自治区、直辖市人民政府批准。

二、关于城市、建制镇征税范围的解释。

城市的征税范围为市区、郊区和市辖县县城。不包括农村。

建制镇的征税范围为镇人民政府所在地。不包括所辖的行政村。

三、关于“人民团体”的解释。

“人民团体”是指经国务院授权的政府部门批准设立或登记备案并由国家拨付行政事业费的各种社会团体。

四、关于“由国家财政部门拨付事业经费的单位”,是否包括由国家财政部门拨付事业经费,实行差额预算管理的事业单位?

实行差额预算管理的事业单位,虽然有一定的收入,但收入不够本身经费开支的部分,还要由国家财政部门拨付经费补助。因此,对实行差额预算管理的事业单位,也属于是由国家财政部门拨付事业经费的单位,对其本身自用的房产免征房产税。

五、关于由国家财政部门拨付事业经费的单位,其经费来源实行自收自支后,有无减免税优待?

由国家财政部门拨付事业经费的单位,其经费来源实行自收自支后,应征收房产税。但为了鼓励事业单位经济自立,由国家财政部门拨付事业经费的单位,其经费来源实行自收自支后,从事业单位经费实行自收自支的年度起,免征房产税 3 年。

六、关于免税单位自用房产的解释

国家机关、人民团体、军队自用的房产,是指这些单位本身的办公用房和公务用房。

事业单位自用的房产,是指这些单位本身的业务用房。

宗教寺庙自用的房产,是指举行宗教仪式等的房屋和宗教人员使用的生活用房屋。

公园、名胜古迹自用的房产,是指供公共参观游览的房屋及其管理单位的办公用房屋。

上述免税单位出租的房产以及非本身业务用的生产、营业用房产不属于免税范围,应征收房产税。

七、关于纳税单位和个人无租使用其他单位的房产,如何征收房产税?

纳税单位和个人无租使用房产管理部门、免税单位及纳税单位的房产,应由使用人代缴纳房产税。

八、关于房产不在一地的纳税人,如何确定纳税地点?

房产税暂行条例第九条规定,“房产税由房产所在地的税务机关征收。”房产不在一地的纳税人,应按房产的坐落地点,分别向房产所在地的税务机关缴纳房产税。

九、关于在开征地区范围之外的工厂、仓库,可否征收房产税?

根据房产税暂行条例的规定,不在开征地区范围之内的工厂、仓库,不应征收房产税。

十、关于企业办的各类学校、医院、托儿所、幼儿园自用的房产,可否免征房产税?

企业办的各类学校、医院、托儿所、幼儿园自用的房产,可以比照由国家财政部门拨付事业经费的单位自用的房产,免征房产税。

十一、(本条被财税〔2005〕181 号文件废止)

十二、关于个人所有的房产用于出租的,应否征收房产税?

个人出租的房产,不分用途,均应征收房产税。

十三、关于个人所有的居住房屋,可否由当地核定面积标准,就超过面积标准的部分征收房产税?

根据房产税暂行条例规定,个人所有的非营业用的房产免征房产税。因此,对个人所有的居住用房,不分面积多少,均免征房产税。

十四、关于个人所有的出租房屋,是按房产余值计算缴纳房产税还是按房产租金收入计算缴纳房产税?

根据房产税暂行条例规定,房产出租的,以房产租金收入为房产税的计税依据。因此,个人出租房屋,应按房屋租金收入征税。

十五、(本条被财税〔2008〕152 号文件废止)

十六、关于毁损不堪居住的房屋和危险房屋,可否免征房产税?

经有关部门鉴定,对毁损不堪居住的房屋和危险房屋,在停止使用后,可免征房产税。

十七、关于依照房产原值一次减除 10%至 30%后的余值计算缴纳房产税,其减除幅度,可否按照房屋的新旧程度分别确定?对有些房屋的减除幅度,可否超过这个规定?

根据房产税暂行条例规定，具体减除幅度以及是否区别房屋新旧程度分别确定减除幅度，由省、自治区、直辖市人民政府规定，减除幅度只能在10%至30%以内。

十八、关于对微利企业和亏损企业的房产，可否免征房产税？

房产税属于财产税性质的税，对微利企业和亏损企业的房产，依照规定应征收房产税，以促进企业改善经营管理，提高经济效益。但为了照顾企业的实际负担能力，可由地方根据实际情况在一定期限内暂免征收房产税。

十九、关于新建的房屋如何征税？

纳税人自建的房屋，自建成之次月起征收房产税。

纳税人委托施工企业建设的房屋，从办理验收手续之次月起征收房产税。

纳税人在办理验收手续前已使用或出租、出借的新建房屋，应按规定征收房产税。

二十、关于企业停产、撤销后应否停征房产税？

企业停产、撤销后，对他们原有的房产闲置不用的，经省、自治区、直辖市税务局批准可暂不征收房产税；如果这些房产转给其他征税单位使用或者企业恢复生产的时候，应依照规定征收房产税。

二十一、关于基建工地的临时性房屋，应否征收房产税？

凡是在基建工地为基建工地服务的各种工棚、材料棚、休息棚和办公室、食堂、茶炉房、汽车房等临时性房屋，不论是施工企业自行建造还是由基建单位出资建造交施工企业使用的，在施工期间，一律免征房产税。但是，如果在基建工程结束以后，施工企业将这种临时性房屋交还或者估价转让给基建单位的，应当从基建单位接收的次月起，依照规定征收房产税。

二十二、关于公园、名胜古迹中附设的营业单位使用或出租的房产，应否征收房产税？

公园、名胜古迹中附设的营业单位，如影剧院、饮食部、茶社、照相馆等所使用的房产及出租的房产，应征收房产税。

二十三、关于房产出租，由承租人修理，不支付房租，应否征收房产税？

承租人使用房产，以支付修理费抵交房产租金，仍应由房产的产权所有人依照规定缴纳房产税。

二十四、关于房屋大修停用期间，可否免征房产税？

房屋大修停用在半年以上的，经纳税人申请，税务机关审核，在大修期间可免征房产税。

二十五、关于纳税单位与免税单位共同使用的房屋，如何征收房产税？

纳税单位与免税单位共同使用的房屋，按各自使用的部分划分，分别征收或免征房产税。

【注释】 对《房产税暂行条例》第1、2、3、5、9条进行了解释。《财政部 国家税务总局关于调整房产税有关减免税政策的通知》(财税〔2004〕140号)对本规定进行了修正。上述规定第11条已经被下列规定废止：《财政部 国家税务总局关于具备房屋功能的地下建筑征收房产税的通知》(财税〔2005〕181号)。上述规定第15条已经被下列规定废止：《财政部 国家税务总局关于房产税城镇土地使用税有关问题的通知》(财税〔2008〕152号)。

财政部税务总局关于房产税和车船使用税几个业务问题的解释与规定

财税地〔1987〕3号

总局(86)财税地字第008号《关于检发〈关于房产税若干具体问题的解释和暂行规定〉、〈关于车船使用税若干具体问题的解释和暂行规定〉的通知》下发后，各地在贯彻执行中又陆续提出一些需要明确的问题。经研究，现作如下解释和规定：

一、关于"房产"的解释

"房产"是以房屋形态表现的财产。房屋是指有屋面和围护结构(有墙或两边有柱)，能够遮风避雨，可供人们在其中生产、工作、学习、娱乐、居住或储藏物资的场所。

独立于房屋之外的建筑物，如围墙、烟囱、水塔、变电塔、油池油柜、酒窖菜窖、酒精池、糖蜜池、室外游泳池、玻璃暖房、砖瓦石灰窑以及各种油气罐等,不属于房产。

根据总局(86)财税地字第008号文规定,"房产原值是指纳税人按照会计制度规定,在账簿'固定资产'科目中记载的房屋原价。"因此,凡按会计制度规定在账簿中记载有房屋原价的,即应以房屋原价按规定减除一定比例后作为房产余值计征房产税;没有记载房屋原价的,按照上述原则,并参照同类房屋,确定房产原值,计征房产税。

二、关于房屋附属设备的解释

房产原值应包括与房屋不可分割的各种附属设备或一般不单独计算价值的配套设施。主要有:暖气、卫生、通风、照明、煤气等设备;各种管线,如蒸气、压缩空气、石油、给水排水等管道及电力、电讯、电缆导线;电梯、升降机、过道、晒台等。

属于房屋附属设备的水管、下水道、暖气管、煤气管等从最近的探视井或三通管算起。电灯网、照明线从进线盒连接管算起。

三、关于工商行政管理部门的集贸市场用房征收房产税的规定

工商行政管理部门的集贸市场用房,不属于工商部门自用的房产,按规定应征收房产税。但为了促进集贸市场的发展,省、自治区、直辖市可根据具体情况暂给予减税或免税照顾。

……

【注释】 对《房产税暂行条例》第3条、第6条进行了解释。

国家税务总局关于调整房产税和土地使用税具体征税范围解释规定的通知

国税发〔1999〕44号

各省、自治区、直辖市和计划单列市地方税务局:

近接一些地区反映,原财政部税务总局印发的《关于房产税若干具体问题的解释和暂行规定》([86]财税地字008号)与原国家税务局印发的《关于土地使用税若干具体问题的解释和暂行规定》([88]国税地字第015号),有关房产税与土地使用税的具体征税范围的解释不尽一致,并且经济发展及城镇建设已发生很大变化,在实际执行中,不便于操作,经研究,现进一步解释和规定如下:

一、房产税、土地使用税在城市、县城、建制镇和工矿区征收,各地在遵照执行。

二、关于建制镇具体征税范围,由各省、自治区、直辖市地方税务局提出方案,经省、自治区、直辖市人民政府确定批准后执行,并报国家税务总局备案。对农林牧渔业用地和农民居住用房屋及土地,不征收房产税和土地使用税。

【注释】 对《房产税暂行条例》第1条进行了解释。

财政部 国家税务总局关于医疗卫生机构有关税收政策的通知

财税〔2000〕42号

各省、自治区、直辖市、计划单列市财政厅(局)、国家税务局、地方税务局:

为了贯彻落实《国务院办公厅转发国务院体改办等部门关于城镇医药卫生体制改革指导意见的通知》(国办发〔2000〕16号),促进我国医疗卫生事业的发展,经国务院批准,现将医疗卫生机构有关税收政策通知如下:

一、关于非营利性医疗机构的税收政策

(一)对非营利性医疗机构按照国家规定的价格取得的医疗服务收入,免征各项税收。不按照国家规定价格取得的医疗服务收入不得享受这项政策。

医疗服务是指医疗服务机构对患者进行检查、诊断、治疗、康复和提供预防保健、接生、计划生育方面的服务,以及与这些服务有关的提供药品、医用材料器具、救护车、病房住宿和伙食的业务(下同)。

(二)对非营利性医疗机构从事非医疗服务取得的收入,如租赁收入、财产转让收入、培训收入、对外投资收入等应按规定征收各项税收。非营利性医疗机构将取得的非医疗服务收入,直接用于改善医疗卫生服务条件的部分,经税务部门审核批准可抵扣其应纳税所得额,就其余额征收企业所得税。

(三)对非营利性医疗机构自产自用的制剂,免征增值税。

(四)非营利性医疗机构的药房分离为独立的药品零售企业,应按规定征收各项税收。

(五)对非营利性医疗机构自用的房产、土地、车船,免征房产税、城镇土地使用税和车船使用税。

二、关于营利性医疗机构的税收政策

(一)对营利性医疗机构取得的收入,按规定征收各项税收。但为了支持营利性医疗机构的发展,对营利性医疗机构取得的收入,直接用于改善医疗卫生条件的,自其取得执业登记之日起,3 年内给予下列优惠:对其取得的医疗服务收入免征营业税;对其自产自用的制剂免征增值税;对营利性医疗机构自用的房产、土地、车船免征房产税、城镇土地使用税和车船使用税。3 年免税期满后恢复征税。

(二)对营利性医疗机构的药房分离为独立的药品零售企业,应按规定征收各项税收。

三、关于疾病控制机构和妇幼保健机构等卫生机构的税收政策

(一)对疾病控制机构和妇幼保健机构等卫生机构按照国家规定的价格取得的卫生服务收入(含疫苗接种和调拨、销售收入),免征各项税收。不按照国家规定的价格取得的卫生服务收入不得享受这项政策。对疾病控制机构和妇幼保健等卫生机构取得的其他经营收入如直接用于改善本卫生机构卫生服务条件的,经税务部门审核批准可抵扣其应纳税所得额,就其余额征收企业所得税。

(二)对疾病控制机构和妇幼保健机构等卫生机构自用的房产、土地、车船,免征房产税、城镇土地使用税和车船使用税。

医疗机构需要书面向卫生行政主管部门申明其性质,按《医疗机构管理条例》进行设置审批和登记注册,并由接受其登记注册的卫生行政部门核定,在执业登记中注明“非营利性医疗机构”和“营利性医疗机构”。

上述医疗机构具体包括:各级各类医院、门诊部(所)、社区卫生服务中心(站)、急救中心(站)、城乡卫生院、护理院(所)、疗养院、临床检验中心等。上述疾病控制、妇幼保健等卫生机构具体包括:各级政府及有关部门举办的卫生防疫站(疾病控制中心)、各种专科疾病防治站(所),各级政府举办的妇幼保健所(站)、母婴保健机构、儿童保健机构等,各级政府举办的血站(血液中心)。

本通知自发布之日起执行。

【注释】 对《房产税暂行条例》第 5 条进行了解释。

财政部 国家税务总局关于对老年服务机构有关税收政策问题的通知

财税〔2000〕97 号

各省、自治区、直辖市、计划单列市财政厅(局)、国家税务局、地方税务局:

为贯彻中共中央、国务院《关于加强老龄工作的决定》(中发〔2000〕13 号)精神,现对政府部门和社会力量兴办的老年服务机构有关税收政策问题通知如下:

一、对政府部门和企事业单位、社会团体以及个人等社会力量投资兴办的福利性、非营利性的老年服务机构,暂免征收企业所得税,以及老年服务机构自用房产、土地、车船的房产税、城镇土地使用税、车船使用税。

二、对企事业单位、社会团体和个人等社会力量，通过非营利性的社会团体和政府部门向福利性、非营利性的老年服务机构的捐赠，在缴纳企业所得税和个人所得税前准予全额扣除。

三、本通知所称老年服务机构，是指专门为老年人提供生活照料、文化、护理、健身等多方面服务的福利性、非营利性的机构，主要包括：老年社会福利院、敬老院（养老院）、老年服务中心、老年公寓（含老年护理院、康复中心、托老所）等。

本通知自 2000 年 10 月 1 日起执行。

【注释】 对《房产税暂行条例》第 5 条进行了解释。

财政部 国家税务总局关于调整住房租赁市场税收政策的通知

财税〔2000〕125 号

各省、自治区、直辖市、计划单列市财政厅（局），国家税务局，地方税务局，新疆生产建设兵团：

为了配合国家住房制度改革，支持住房租赁市场的健康发展，经国务院批准，现对住房租赁市场有关税收政策问题通知如下：

一、对按政府规定价格出租的公有住房和廉租住房，包括企业和自收自支事业单位向职工出租的单位自有住房；房管部门向居民出租的公有住房；落实私房政策中带户发还产权并以政府规定租金标准向居民出租的私有住房等，暂免征收房产税、营业税。

二、对个人按市场价格出租的居民住房，其应缴纳的营业税暂减按 3%的税率征收，房产税暂减按 4%的税率征收。

三、对个人出租房屋取得的所得暂减按 10%的税率征收个人所得税。

本通知自 2001 年 1 月 1 日起执行。凡与本通知规定不符的税收政策，一律改按本通知的规定执行。

【注释】 对《房产税暂行条例》第 3 条进行了解释。

财政部 国家税务总局关于非营利性科研机构税收政策的通知

财税〔2001〕5 号

各省、自治区、直辖市、计划单列市财政厅（局）、国家税务局、地方税务局：

为了贯彻落实《国务院办公厅转发科技部等部门关于非营利性科研机构管理的若干意见（试行）的通知》（国办发〔2000〕78 号），鼓励社会公益类科研事业的发展，经国务院批准，现对非营利性科研机构有关税收政策明确如下：

一、非营利性科研机构要以推动科技进步为宗旨，不以营利为目的，主要从事应用基础研究或向社会提供公共服务。非营利性科研机构的认定标准，由科技部会同财政部、中编办、国家税务总局另行制定。非营利性科研机构需要书面向科技行政主管部门申明其性质，按规定进行设置审批和登记注册，并由接受其登记注册的科技行政部门核定，在执业登记中注明“非营利性科研机构”。

二、非营利性科研机构享受如下税收优惠政策：

1. 非营利性科研机构从事技术开发、技术转让业务和与之相关的技术咨询、技术服务所得的收入，按有关规定免征营业税和企业所得税。

2. 非营利性科研机构从事与其科研业务无关的其他服务所取得的收入，如租赁收入、财产转让收入、对外投资收入等，应当按规定征收各项税收；非营利性科研机构从事上述非主营业务收入用于改善研究开发条件的投资部分，经税务部门审核批准可抵扣其应纳税所得额，就其余额征收企业所得税。

3. 非营利性科研机构自用的房产、土地，免征房产税、城镇土地使用税。

4. 社会力量对非关联的非营利性科研机构的新产品、新技术、新工艺所发生的研究开发经费资助，经主管税务机关审核确定，其资助支出可以全额在当年度应纳税所得额中扣除。当年度应纳税所得额不足抵扣的，不得结转抵扣。

三、对非营利性科研机构实行年度检查制度，凡不符合条件的，应取消其免税资格，并按规定补缴当年已免税款。

本通知自 2001 年 1 月 1 日起执行。具体执行办法由国家税务总局另行制定。

【注释】 对《房产税暂行条例》第 5 条进行了解释。

国家税务总局关于邮政企业征免房产税、土地使用税问题的函

国税函〔2001〕379 号

国家邮政局：

你局《关于申请减免邮政企业房产税、土地使用税的函》（国邮〔2000〕479 号）收悉，来函要求我局进一步明确邮政农村支局不需缴纳房产税和土地使用税问题，经研究，现函复如下：

根据房产税和土地使用税的有关规定，对邮政部门坐落在城市、县城、建制镇、工矿区范围内的房产、土地，应当依法征收房产税和土地使用税；对坐落在上述范围以外尚在县邮政局内核算的房产、土地，必须在单位财务账中划分清楚，从 2001 年 1 月 1 日起不再征收房产税和土地使用税。

【注释】 对《房产税暂行条例》第 1 条进行了解释。

财政部 国家税务总局关于调整铁路系统房产税城镇土地使用税政策的通知

财税〔2003〕149 号

各省、自治区、直辖市、计划单列市财政厅（局）、地方税务局，新疆生产建设兵团财务局：

根据铁路运输体制改革和铁路系统的实际情况，经国务院批准，现对铁路系统有关房产税、城镇土地使用税税收政策通知如下：

一、铁道部所属铁路运输企业自用的房产、土地继续免征房产税和城镇土地使用税。

二、对铁路运输体制改革后，从铁路系统分离出来并实行独立核算、自负盈亏的企业，包括铁道部所属原执行经济承包方案的工业、供销、建筑施工企业；中国铁路工程总公司、中国铁道建筑工程总公司、中国铁路通信信号总公司、中国土木建筑工程总公司、中国北方机车车辆工业集团公司、中国南方机车车辆工业集团公司；以及铁道部所属自行解决工交事业费的单位，自 2003 年 1 月 1 日起恢复征收房产税、城镇土地使用税。

三、铁道部所属其他企业、单位的房产和土地，继续按税法规定征收房产税和城镇土地使用税。

【注释】 对《房产税暂行条例》第 5 条进行了解释。

国家税务总局关于房产税城镇土地使用税有关政策规定的通知

国税发〔2003〕89号

各省、自治区、直辖市和计划单列市地方税务局，局内各单位：

随着我国房地产市场的迅猛发展，涉及房地产税收的政策问题日益增多，经调查研究和广泛听取各方面的意见，现对房产税、城镇土地使用税有关政策问题明确如下：

一、关于房地产开发企业开发的商品房征免房产税问题鉴于房地产开发企业开发的商品房在出售前，对房地产开发企业而言是一种产品，因此，对房地产开发企业建造的商品房，在售出前，不征收房产税；但对售出前房地产开发企业已使用或出租、出借的商品房应按规定征收房产税。

二、关于确定房产税、城镇土地使用税纳税义务发生时间问题

（一）购置新建商品房，自房屋交付使用之次月起计征房产税和城镇土地使用税。

（二）购置存量房，自办理房屋权属转移、变更登记手续，房地产权属登记机关签发房屋权属证书之次月起计征房产税和城镇土地使用税。

（三）出租、出借房产，自交付出租、出借房产之次月起计征房产税和城镇土地使用税。

（四）房地产开发企业自用、出租、出借本企业建造的商品房，自房屋使用或交付之次月起计征房产税和城镇土地使用税。

【注释】 对《房产税暂行条例》第1条、第7条进行了解释。

财政部 国家税务总局关于教育税收政策的通知

财税〔2004〕39号

各省、自治区、直辖市、计划单列市财政厅（局）、国家税务局、地方税务局，新疆生产建设兵团财务局：

为了进一步促进教育事业发展，经国务院批准，现将有关教育的税收政策通知如下：

……

二、关于房产税、城镇土地使用税、印花税

对国家拨付事业经费和企业办的各类学校、托儿所、幼儿园自用的房产、土地，免征房产税、城镇土地使用税；对财产所有人将财产赠给学校所立的书据，免征印花税。

……

六、本通知自2004年1月1日起执行，此前规定与本通知不符的，以本通知为准。

【注释】 对《房产税暂行条例》第5条进行了解释。

财政部 国家税务总局关于明确免征房产税城镇土地使用税的铁路运输企业范围及有关问题的通知

财税〔2004〕36 号

各省、自治区、直辖市、计划单列市财政厅(局)、地方税务局,新疆生产建设兵团财务局:

为更好地贯彻执行《财政部 国家税务总局关于调整铁路系统房产税城镇土地使用税政策的通知》(财税〔2003〕149 号),经研究,现就有关免征房产税和城镇土地使用税的铁路运输企业范围和有关问题通知如下:

……

二、地方铁路运输企业自用的房产、土地应缴纳的房产税、城镇土地使用税比照铁道部所属铁路运输企业的政策执行。

……

【注释】 对《房产税暂行条例》第 5 条进行了解释。本通知第一条已经被下列规定废止:《财政部 国家税务总局关于明确免征房产税城镇土地使用税的铁路运输企业范围的补充通知》(财税〔2006〕17 号)。

国家税务总局关于房产税部分行政审批项目取消后加强后续管理工作的通知

国税函〔2004〕839 号

各省、自治区、直辖市和计划单列市地方税务局:

为贯彻执行《国务院关于第三批取消和调整行政审批项目的决定》(国发〔2004〕16 号),做好房产税有关行政审批项目取消后的管理工作,现就有关问题通知如下:

一、对《财政部税务总局关于房产税若干具体问题的解释和暂行规定》([86]财税地字第 008 号)第二十四条关于"房屋大修停用在半年以上的,经纳税人申请,税务机关审核,在大修期间可免征房产税"的规定作适当修改,取消经税务机关审核的内容。

纳税人因房屋大修导致连续停用半年以上的,在房屋大修期间免征房产税,免征税额由纳税人在申报缴纳房产税时自行计算扣除,并在申报表附表或备注栏中作相应说明。

二、纳税人房屋大修停用半年以上需要免征房产税的,应在房屋大修前向主管税务机关报送相关的证明材料,包括大修房屋的名称、坐落地点、产权证编号、房产原值、用途、房屋大修的原因、大修合同及大修的起止时间等信息和资料,以备税务机关查验。具体报送材料由各省、自治区、直辖市和计划单列市地方税务局确定。

三、税务机关要加强房产税的税源管理,摸清纳税人房屋的使用状况,并设立房产税税源管理台账。有条件的地方要充分利用信息化手段,建立房产税信息管理系统,及时掌握房产税的申报、纳税、免税情况,加强税源管理。

四、税务机关应对报告大修的房屋加强跟踪管理和检查,如发现虚假情况,按《中华人民共和国税收征收管理法》的有关规定处理。

五、各省、自治区、直辖市和计划单列市地方税务局应根据本通知的精神制定具体的管理办法,并告知房产税的纳税人。

六、本通知自 2004 年 7 月 1 日起执行。

【注释】 对《房产税暂行条例》第 5 条进行了解释。

财政部 国家税务总局关于调整房产税有关减免税政策的通知

财税〔2004〕140 号

各省、自治区、直辖市、计划单列市财政厅(局)、地方税务局,新疆生产建设兵团财务局:

为了规范税收政策,进一步加强房产税的征收管理,经研究决定,对《财政部税务总局关于房产税若干具体问题的解释和暂行规定》([86]财税地字第 008 号)的部分内容作适当修改,即:废止第十八条关于对微利企业和亏损企业的房产“可由地方根据实际情况在一定期限内暂免征收房产税”和第二十条“企业停产、撤销后,对他们原有的房产闲置不用的,经省、自治区、直辖市税务局批准可暂不征收房产税”的规定。

【注释】 对《财政部税务总局关于房产税若干具体问题的解释和暂行规定》([86]财税地字第 008 号)进行了修正。

国家税务总局关于进一步明确房屋附属设备和配套设施计征房产税有关问题的通知

国税发〔2005〕173 号

各省、自治区、直辖市和计划单列市地方税务局,扬州税务进修学院:

关于房屋附属设备和配套设施计征房产税问题,《财政部税务总局关于房产税和车船使用税几个业务问题的解释与规定》([87]财税地字第 003 号)第二条已作了明确。随着社会经济的发展和房屋功能的完善,又出现了一些新的设备和设施,亟须明确。经研究,现将有关问题通知如下:

一、为了维持和增加房屋的使用功能或使房屋满足设计要求,凡以房屋为载体,不可随意移动的附属设备和配套设施,如给排水、采暖、消防、中央空调、电气及智能化楼宇设备等,无论在会计核算中是否单独记账与核算,都应计入房产原值,计征房产税。

二、对于更换房屋附属设备和配套设施的,在将其价值计入房产原值时,可扣减原来相应设备和设施的价值;对附属设备和配套设施中易损坏、需要经常更换的零配件,更新后不再计入房产原值。

三、城市房地产税比照上述规定执行。

四、本通知自 2006 年 1 月 1 日起执行。《财政部税务总局关于对房屋中央空调是否计入房产原值等问题的批复》([87]财税地字第 028 号)同时废止。

【注释】 对《房产税暂行条例》第 3 条进行了解释。

财政部 国家税务总局关于具备房屋功能的地下建筑征收房产税的通知

财税〔2005〕181 号

各省、自治区、直辖市、计划单列市财政厅(局)、地方税务局,新疆生产建设兵团财务局:

为了统一税收政策,规范税收管理,现将具备房屋功能的地下建筑的房产税政策明确如下:

一、凡在房产税征收范围内的具备房屋功能的地下建筑,包括与地上房屋相连的地下建筑以及完全建在地面以下的建筑、地下人防设施等,均应当依照有关规定征收房产税。

上述具备房屋功能的地下建筑是指有屋面和维护结构,能够遮风避雨,可供人们在其中生产、经营、工作、学习、娱乐、居住或储藏物资的场所。

二、自用的地下建筑，按以下方式计税：

1. 工业用途房产，以房屋原价的 50－60％作为应税房产原值。

应纳房产税的税额＝应税房产原值×[1－(10％－30％)]×1.2％

2. 商业和其他用途房产，以房屋原价的 70％－80％作为应税房产原值。

应纳房产税的税额＝应税房产原值×[1－(10％－30％)]×1.2％

房屋原价折算为应税房产原值的具体比例，由各省、自治区、直辖市和计划单列市财政和地方税务部门在上述幅度内自行确定。

3. 对于与地上房屋相连的地下建筑，如房屋的地下室、地下停车场、商场的地下部分等，应将地下部分与地上房屋视为一个整体按照地上房屋建筑的有关规定计算征收房产税。

三、出租的地下建筑，按照出租地上房屋建筑的有关规定计算征收房产税。

四、本通知自 2006 年 1 月 1 日起执行，《财政部税务总局关于房产税若干具体问题的解释和暂行规定》([86]财税地字第 008 号)第十一条同时废止。

【注释】 对《房产税暂行条例》第 3 条进行了解释。

财政部 国家税务总局关于明确免征房产税城镇土地使用税的铁路运输企业范围的补充通知

财税〔2006〕17 号

各省、自治区、直辖市、计划单列市财政厅(局)、地方税务局，新疆生产建设兵团财务局：

根据铁路运输体制改革情况，现将享受免征房产税、城镇土地使用税政策的铁道部所属铁路运输企业的范围补充通知如下：

一、享受免征房产税、城镇土地使用税优惠政策的铁道部所属铁路运输企业是指铁路局及国有铁路运输控股公司(含广铁〈集团〉公司、青藏铁路公司、大秦铁路股份有限公司、广深铁路股份有限公司等，具体包括客货、编组站，车务、机务、工务、电务、水电、供电、列车、客运、车辆段)、铁路办事处、中铁集装箱运输有限责任公司、中铁特货运输有限责任公司、中铁快运股份有限公司。

二、本通知自发文之日起执行。《财政部 国家税务总局关于明确免征房产税城镇土地使用税的铁路运输企业范围及有关问题的通知》(财税〔2004〕36 号)第一条停止执行。此前已征税款不予退还，未征税款不再补征。

【注释】 对《财政部 国家税务总局关于明确免征房产税城镇土地使用税的铁路运输企业范围及有关问题的通知》(财税〔2004〕36 号)进行了解释。

财政部 国家税务总局关于房产税城镇土地使用税有关政策的通知

财税〔2006〕186 号

各省、自治区、直辖市、计划单列市财政厅(局)、地方税务局，新疆生产建设兵团财务局：

经研究，现对房产税、城镇土地使用税有关政策明确如下：

一、关于居民住宅区内业主共有的经营性房产缴纳房产税问题

对居民住宅区内业主共有的经营性房产，由实际经营（包括自营和出租）的代管人或使用人缴纳房产税。其中自营的，依照房产原值减除10%至30%后的余值计征，没有房产原值或不能将业主共有房产与其他房产的原值准确划分开的，由房产所在地地方税务机关参照同类房产核定房产原值；出租的，依照租金收入计征。

……

五、本通知自2007年1月1日起执行。

【注释】 对《房产税暂行条例》第3条进行了解释。

关于加油站罩棚房产税问题的通知

财税〔2008〕123号

各省、自治区、直辖市、计划单列市财政厅（局）、地方税务局，新疆生产建设兵团财务局：

为明确和规范加油站罩棚房产税政策，现就有关问题通知如下：

加油站罩棚不属于房产，不征收房产税。以前各地已做出税收处理的，不追溯调整。

中华人民共和国国务院令第546号

1951年8月8日政务院公布的《城市房地产税暂行条例》自2009年1月1日起废止。自2009年1月1日起，外商投资企业、外国企业和组织以及外籍个人，依照《中华人民共和国房产税暂行条例》缴纳房产税。

1987年2月6日国务院批准，1987年2月24日交通部、财政部发布的《长江干线航道养护费征收办法》自2009年1月1日起废止。

1992年5月15日国务院批准，1992年8月4日交通部、财政部、国家物价局发布的《内河航道养护费征收和使用办法》自2009年1月1日起废止。

财政部 国家税务总局关于对外资企业及外籍个人征收房产税有关问题的通知

财税〔2009〕3号

各省、自治区、直辖市、计划单列市财政厅（局）、地方税务局，新疆生产建设兵团财务局：

根据2008年12月31日国务院发布的第546号令，自2009年1月1日起，废止《中华人民共和国城市房地产税暂行条例》，外商投资企业、外国企业和组织以及外籍个人（包括港澳台资企业和组织以及华侨、港澳台同胞，以下统称外资企业及外籍个人）依照《中华人民共和国房产税暂行条例》（国发〔1986〕90号）缴纳房产税。为做好外资企业及外籍个人房产税征收工作，现将有关事项通知如下：

一、自2009年1月1日起，对外资企业及外籍个人的房产征收房产税，在征税范围、计税依据、税率、税收优惠、征收管理等方面按照《中华人民共和国房产税暂行条例》（国发〔1986〕90号）及有关规定执行。各地要及时了解外资企业及外籍个人房产税的征收情况，对遇到的问题及时反映，确保相关政策落实到位。

二、以人民币以外的货币为记账本位币的外资企业及外籍个人在缴纳房产税时，均应将其根据记账本位币计算的税款按照缴款上月最后一日的人民币汇率中间价折合成人民币。

三、房产税由房产所在地的地方税务机关征收，其征收管理按《中华人民共和国税收征收管理法》及相关规定执行。

财政部 国家税务总局关于房产税城镇土地使用税有关问题的通知

财税〔2009〕128 号

各省、自治区、直辖市、计划单列市财政厅(局)、地方税务局，西藏、宁夏、青海省(自治区)国家税务局，新疆生产建设兵团财务局：

为完善房产税、城镇土地使用税政策，堵塞税收征管漏洞，现将房产税、城镇土地使用税有关问题明确如下：

一、关于无租使用其他单位房产的房产税问题

无租使用其他单位房产的应税单位和个人，依照房产余值代缴纳房产税。

二、关于出典房产的房产税问题

产权出典的房产，由承典人依照房产余值缴纳房产税。

三、关于融资租赁房产的房产税问题

融资租赁的房产，由承租人自融资租赁合同约定开始日的次月起依照房产余值缴纳房产税。合同未约定开始日的，由承租人自合同签订的次月起依照房产余值缴纳房产税。

四、关于地下建筑用地的城镇土地使用税问题

对在城镇土地使用税征税范围内单独建造的地下建筑用地，按规定征收城镇土地使用税。其中，已取得地下土地使用权证的，按土地使用权证确认的土地面积计算应征税款；未取得地下土地使用权证或地下土地使用权证上未标明土地面积的，按地下建筑垂直投影面积计算应征税款。

对上述地下建筑用地暂按应征税款的 50%征收城镇土地使用税。

五、本通知自 2009 年 12 月 1 日起执行。《财政部税务总局关于房产税若干具体问题的解释和暂行规定》((86)财税地字第 008 号)第七条、《国家税务总局关于安徽省若干房产税业务问题的批复》(国税函发〔1993〕368 号)第二条同时废止。

财政部 国家税务总局关于股改及合资铁路运输企业房产税城镇土地使用税有关政策的通知

财税〔2009〕132 号

各省、自治区、直辖市、计划单列市财政厅(局)、地方税务局，新疆生产建设兵团财政局：

为支持铁路股份制改革和合资铁路发展，经国务院批准，现对股改铁路运输企业和合资铁路运输公司房产税、城镇土地使用税有关政策明确如下：

对股改铁路运输企业及合资铁路运输公司自用的房产、土地暂免征收房产税和城镇土地使用税。其中股改铁路运输企业是指铁路运输企业经国务院批准进行股份制改革成立的企业；合资铁路运输公司是指由铁道部及其所属铁路运输企业与地方政府、企业或其他投资者共同出资成立的铁路运输企业。

财政部 国家税务总局关于支持公共租赁住房建设和运营有关税收优惠政策的通知

财税〔2010〕88 号

各省、自治区、直辖市、计划单列市财政厅(局)、地方税务局,西藏、宁夏、青海省(自治区)国家税务局,新疆生产建设兵团财务局:

根据国务院办公厅《关于促进房地产市场平稳健康发展的通知》(国办发〔2010〕4 号)、《国务院关于坚决遏制部分城市房价过快上涨的通知》(国发〔2010〕10 号)和住房城乡建设部等七部门《关于加快发展公共租赁住房的指导意见》(建保〔2010〕87 号)精神,现对公共租赁住房(以下简称公租房)建设和运营有关税收政策通知如下:

一、对公租房建设期间用地及公租房建成后占地免征城镇土地使用税。在其他住房项目中配套建设公租房,依据政府部门出具的相关材料,可按公租房建筑面积占总建筑面积的比例免征建造、管理公租房涉及的城镇土地使用税。

二、对公租房经营管理单位建造公租房涉及的印花税予以免征。在其他住房项目中配套建设公租房,依据政府部门出具的相关材料,可按公租房建筑面积占总建筑面积的比例免征建造、管理公租房涉及的印花税。

三、对公租房经营管理单位购买住房作为公租房,免征契税、印花税;对公租房租赁双方签订租赁协议涉及的印花税予以免征。

四、对企事业单位、社会团体以及其他组织转让旧房作为公租房房源,且增值额未超过扣除项目金额20%的,免征土地增值税。

五、企事业单位、社会团体以及其他组织捐赠住房作为公租房,符合税收法律法规规定的,捐赠支出在年度利润总额 12%以内的部分,准予在计算应纳税所得额时扣除。

六、对经营公租房所取得的租金收入,免征营业税、房产税。公租房租金收入与其他住房经营收入应单独核算,未单独核算的,不得享受免征营业税、房产税优惠政策。

七、享受上述税收优惠政策的公租房是指纳入省、自治区、直辖市、计划单列市人民政府及新疆生产建设兵团批准的公租房发展规划和年度计划,以及按照建保〔2010〕87 号文件和市、县人民政府制定的具体管理办法进行管理的公租房。不同时符合上述条件的公租房不得享受上述税收优惠政策。

八、上述政策自发文之日起执行,执行期限暂定三年,政策到期后将根据公租房建设和运营情况对有关内容加以完善。

财政部 国家税务总局关于安置残疾人就业单位城镇土地使用税等政策的通知

财税〔2010〕121 号

各省、自治区、直辖市、计划单列市财政厅(局)、地方税务局,西藏、青海、宁夏省(自治区)国家税务局,新疆生产建设兵团财务局:

经研究,现将安置残疾人就业单位城镇土地使用税等政策通知如下:

一、关于安置残疾人就业单位的城镇土地使用税问题

对在一个纳税年度内月平均实际安置残疾人就业人数占单位在职职工总数的比例高于 25%(含 25%)且实际安置残疾人人数高于 10 人(含 10 人)的单位,可减征或免征该年度城镇土地使用税。具体减免税比例及管理办法由省、自治区、直辖市财税主管部门确定。

《国家税务局关于土地使用税若干具体问题的解释和暂行规定》(国税地字〔1988〕15 号)第十八条第四项同时废止。

二、关于出租房产免收租金期间房产税问题

对出租房产,租赁双方签订的租赁合同约定有免收租金期限的,免收租金期间由产权所有人按照房产原值缴纳房产税。

三、关于将地价计入房产原值征收房产税问题

对按照房产原值计税的房产,无论会计上如何核算,房产原值均应包含地价,包括为取得土地使用权支付的价款、开发土地发生的成本费用等。宗地容积率低于 0.5 的,按房产建筑面积的 2 倍计算土地面积并据此确定计入房产原值的地价。

本通知自发文之日起执行。此前规定与本通知不一致的,按本通知执行。各地财税部门要加强对政策执行情况的跟踪了解,对执行中发现的问题,及时上报财政部和国家税务总局。

财政部 国家税务总局关于天然林保护工程(二期)实施企业和单位房产税城镇土地使用税政策的通知

财税〔2011〕90 号

各省、自治区、直辖市、计划单列市财政厅(局)、地方税务局,西藏、宁夏、青海省(自治区)国家税务局,新疆生产建设兵团财务局:

根据国务院 2011 年至 2020 年实施天然林资源保护二期工程的决定精神,为支持国家天然林资源保护二期工程(以下简称天然林二期工程)的实施,现就天然林二期工程实施企业和单位有关房产税、城镇土地使用税政策通知如下:

一、对长江上游、黄河中上游地区,东北、内蒙古等国有林区天然林二期工程实施企业和单位专门用于天然林保护工程的房产、土地免征房产税、城镇土地使用税。对上述企业和单位用于其他生产经营活动的房产、土地按规定征收房产税、城镇土地使用税。

二、对由于实施天然林二期工程造成森工企业房产、土地闲置一年以上不用的,暂免征收房产税和城镇土地使用税;闲置房产和土地用于出租或重新用于天然林二期工程之外其他生产经营的,按规定征收房产税、城镇土地使用税。

三、用于天然林二期工程的免税房产、土地应单独划分,与其他应税房产、土地划分不清的,按规定征收房产税、城镇土地使用税。

本通知执行期限为 2011 年 1 月 1 日至 2020 年 12 月 31 日。

财政部 国家税务总局关于继续执行供热企业增值税房产税城镇土地使用税优惠政策的通知

财税〔2011〕118 号

北京、天津、河北、山西、内蒙古、辽宁、大连、吉林、黑龙江、山东、青岛、河南、陕西、甘肃、宁夏、新疆、青海省(自治区、直辖市、计划单列市)财政厅(局)、国家税务局、地方税务局,新疆生产建设兵团财务局:

为保障居民供热采暖,经国务院批准,现将“三北”地区供热企业(以下称供热企业)增值税、房产税、城镇土地使用税政策通知如下:

一、自2011年供暖期至2015年12月31日，对供热企业向居民个人（以下称居民）供热而取得的采暖费收入继续免征增值税。向居民供热而取得的采暖费收入，包括供热企业直接向居民收取的、通过其他单位向居民收取的和由单位代居民缴纳的采暖费。

免征增值税的采暖费收入，应当按照《中华人民共和国增值税暂行条例》第十六条的规定单独核算。通过热力产品经营企业向居民供热的热力产品生产企业，应当根据热力产品经营企业实际从居民取得的采暖费收入占该经营企业采暖费总收入的比例确定免税收入比例。

本条所述供暖期，是指当年下半年供暖开始至次年上半年供暖结束的期间。

二、自2011年7月1日至2015年12月31日，对向居民供热而收取采暖费的供热企业，为居民供热所使用的厂房及土地继续免征房产税、城镇土地使用税。

对既向居民供热，又向单位供热或者兼营其他生产经营活动的供热企业，按其向居民供热而取得的采暖费收入占企业总收入的比例免征房产税、城镇土地使用税。

三、本通知所述供热企业，是指热力产品生产企业和热力产品经营企业。热力产品生产企业包括专业供热企业、兼营供热企业和自供热单位。

四、本通知所称“三北”地区，是指北京市、天津市、河北省、山西省、内蒙古自治区、辽宁省、大连市、吉林省、黑龙江省、山东省、青岛市、河南省、陕西省、甘肃省、青海省、宁夏回族自治区和新疆维吾尔自治区。

财政部 国家税务总局关于支持农村饮水安全工程建设运营税收政策的通知

财税〔2012〕30号

各省、自治区、直辖市、计划单列市财政厅（局）、国家税务局、地方税务局，新疆生产建设兵团财务局：

为贯彻落实《中共中央 国务院关于加快水利改革发展的决定》（中发〔2011〕1号）精神，改善农村人居环境，提高农村生活质量，支持农村饮水安全工程（以下简称饮水工程）的建设、运营，经国务院批准，现将有关税收政策通知如下：

一、对饮水工程运营管理单位为建设饮水工程而承受土地使用权，免征契税。

二、对饮水工程运营管理单位为建设饮水工程取得土地使用权而签订的产权转移书据，以及与施工单位签订的建设工程承包合同免征印花税。

三、对饮水工程运营管理单位自用的生产、办公用房产、土地，免征房产税、城镇土地使用税。

四、对饮水工程运营管理单位向农村居民提供生活用水取得的自来水销售收入，免征增值税。

五、对饮水工程运营管理单位从事《公共基础设施项目企业所得税优惠目录》规定的饮水工程新建项目投资经营的所得，自项目取得第一笔生产经营收入所属纳税年度起，第一年至第三年免征企业所得税，第四年至第六年减半征收企业所得税。

本文所称饮水工程，是指为农村居民提供生活用水而建设的供水工程设施。本文所称饮水工程运营管理单位是指负责农村饮水安全工程运营管理的自来水公司、供水公司、供水（总）站（厂、中心）、村集体、在民政部门注册登记的用水户协会等单位。对于既向城镇居民供水，又向农村居民供水的饮水工程运营管理单位，依据向农村居民供水收入占总供水收入的比例免征增值税；依据向农村居民供水量占总供水量的比例免征契税、印花税、房产税和城镇土地使用税。无法提供具体比例或所提供数据不实的，不得享受上述税收优惠政策。

上述政策（第五条除外）的执行期限暂定为2011年1月1日至2015年12月31日。自2011年1月1日至本文发布之日期间应予免征的税款（不包括印花税），可在以后应纳的相应税款中抵减或予以退税。

财政部 国家税务总局

二〇一二年四月二十四日

财政部 国家税务总局关于体育场馆房产税和城镇土地使用税政策的通知

财税〔2015〕130号

各省、自治区、直辖市、计划单列市财政厅(局)、地方税务局,西藏、宁夏、青海省(自治区)国家税务局,新疆生产建设兵团财务局:

为贯彻落实《国务院关于加快发展体育产业促进体育消费的若干意见》(国发〔2014〕46号),现将体育场馆自用的房产和土地有关房产税和城镇土地使用税政策通知如下:

一、国家机关、军队、人民团体、财政补助事业单位、居民委员会、村民委员会拥有的体育场馆,用于体育活动的房产、土地,免征房产税和城镇土地使用税。

二、经费自理事业单位、体育社会团体、体育基金会、体育类民办非企业单位拥有并运营管理的体育场馆,同时符合下列条件的,其用于体育活动的房产、土地,免征房产税和城镇土地使用税:

(一)向社会开放,用于满足公众体育活动需要;

(二)体育场馆取得的收入主要用于场馆的维护、管理和事业发展;

(三)拥有体育场馆的体育社会团体、体育基金会及体育类民办非企业单位,除当年新设立或登记的以外,前一年度登记管理机关的检查结论为"合格"。

三、企业拥有并运营管理的大型体育场馆,其用于体育活动的房产、土地,减半征收房产税和城镇土地使用税。

四、本通知所称体育场馆,是指用于运动训练、运动竞赛及身体锻炼的专业性场所。

本通知所称大型体育场馆,是指由各级人民政府或社会力量投资建设、向公众开放、达到《体育建筑设计规范》(JGJ? 31—2003)有关规模规定的体育场(观众座位数20000座及以上),体育馆(观众座位数3000座及以上),游泳馆、跳水馆(观众座位数1500座及以上)等体育建筑。

五、本通知所称用于体育活动的房产、土地,是指运动场地,看台、辅助用房(包括观众用房、运动员用房、竞赛管理用房、新闻媒介用房、广播电视用房、技术设备用房和场馆运营用房等)及占地,以及场馆配套设施(包括通道、道路、广场、绿化等)。

六、享受上述税收优惠体育场馆的运动场地用于体育活动的天数不得低于全年自然天数的70%。

体育场馆辅助用房及配套设施用于非体育活动的部分,不得享受上述税收优惠。

七、高尔夫球、马术、汽车、卡丁车、摩托车的比赛场、训练场、练习场,除另有规定外,不得享受房产税、城镇土地使用税优惠政策。各省、自治区、直辖市财政、税务部门可根据本地区情况适时增加不得享受优惠体育场馆的类型。

八、符合上述减免税条件的纳税人,应当按照税收减免管理规定,持相关材料向主管税务机关办理减免税备案手续。

九、本通知自2016年1月1日起执行。此前规定与本通知规定不一致的,按本通知执行。

请遵照执行。

财政部 国家税务总局

2015年12月17日

财政部 国家税务总局关于公共租赁住房税收优惠政策的通知

财税〔2015〕139号

各省、自治区、直辖市、计划单列市财政厅(局)、地方税务局,西藏、宁夏、青海省(自治区)国家税务局,新疆生产建设兵团财务局:

根据《国务院办公厅关于保障性安居工程建设和管理的指导意见》(国办发〔2011〕45 号)和住房城乡建设部、财政部、国家税务总局等部门《关于加快发展公共租赁住房的指导意见》(建保〔2010〕87 号)等文件精神,决定继续对公共租赁住房建设和运营给予税收优惠。现将有关政策通知如下:

……

七、对公共租赁住房免征房产税。对经营公共租赁住房所取得的租金收入,免征营业税。公共租赁住房经营管理单位应单独核算公共租赁住房租金收入,未单独核算的,不得享受免征营业税、房产税优惠政策。

八、享受上述税收优惠政策的公共租赁住房是指纳入省、自治区、直辖市、计划单列市人民政府及新疆生产建设兵团批准的公共租赁住房发展规划和年度计划,并按照《关于加快发展公共租赁住房的指导意见》(建保〔2010〕87 号)和市、县人民政府制定的具体管理办法进行管理的公共租赁住房。

九、本通知执行期限为 2016 年 1 月 1 日至 2018 年 12 月 31 日。

财政部 国家税务总局
2015 年 12 月 30 日

财政部 国家税务总局关于继续实行农村饮水安全工程建设运营税收优惠政策的通知

财税〔2016〕19 号

各省、自治区、直辖市、计划单列市财政厅(局)、国家税务局、地方税务局,新疆生产建设兵团财务局:

为支持农村饮水安全工程(以下简称饮水工程)巩固提升,经国务院批准,继续对饮水工程的建设、运营给予税收优惠。现将有关政策通知如下:

……

三、对饮水工程运营管理单位自用的生产、办公用房产、土地,免征房产税、城镇土地使用税。

……

六、本文所称饮水工程,是指为农村居民提供生活用水而建设的供水工程设施。本文所称饮水工程运营管理单位,是指负责饮水工程运营管理的自来水公司、供水公司、供水(总)站(厂、中心)、村集体、农民用水合作组织等单位。

对于既向城镇居民供水,又向农村居民供水的饮水工程运营管理单位,依据向农村居民供水收入占总供水收入的比例免征增值税;依据向农村居民供水量占总供水量的比例免征契税、印花税、房产税和城镇土地使用税。无法提供具体比例或所提供数据不实的,不得享受上述税收优惠政策。

七、符合上述减免税条件的饮水工程运营管理单位需持相关材料向主管税务机关办理备案手续。

八、上述政策(第五条除外)自 2016 年 1 月 1 日至 2018 年 12 月 31 日执行。

财政部 国家税务总局
2016 年 2 月 25 日

财政部 国家税务总局关于营改增后契税 房产税 土地增值税 个人所得税计税依据问题的通知

财税〔2016〕43 号

各省、自治区、直辖市、计划单列市财政厅(局)、地方税务局,西藏、宁夏、青海省(自治区)国家税务局,新疆生产建设兵团财务局:

经研究，现将营业税改征增值税后契税、房产税、土地增值税、个人所得税计税依据有关问题明确如下：

……

二、房产出租的，计征房产税的租金收入不含增值税。

……

五、免征增值税的，确定计税依据时，成交价格、租金收入、转让房地产取得的收入不扣减增值税额。

六、在计征上述税种时，税务机关核定的计税价格或收入不含增值税。

本通知自2016年5月1日起执行。

财政部 国家税务总局

2016年4月25日

财政部 国家税务总局关于科技企业孵化器税收政策的通知

财税〔2016〕89号

各省、自治区、直辖市、计划单列市财政厅(局)、国家税务局、地方税务局，新疆生产建设兵团财务局：

经国务院批准，现就科技企业孵化器(含众创空间，以下简称孵化器)有关税收政策通知如下：

一、自2016年1月1日至2018年12月31日，对符合条件的孵化器自用以及无偿或通过出租等方式提供给孵化企业使用的房产、土地，免征房产税和城镇土地使用税；自2016年1月1日至2016年4月30日，对其向孵化企业出租场地、房屋以及提供孵化服务的收入，免征营业税；在营业税改征增值税试点期间，对其向孵化企业出租场地、房屋以及提供孵化服务的收入，免征增值税。

二、符合非营利组织条件的孵化器的收入，按照企业所得税法及其实施条例和有关税收政策规定享受企业所得税优惠政策。

三、享受本通知规定的房产税、城镇土地使用税以及营业税、增值税优惠政策的孵化器，应同时符合以下条件：

(一)孵化器需符合国家级科技企业孵化器条件。国务院科技行政主管部门负责发布国家级科技企业孵化器名单。

(二)孵化器应将面向孵化企业出租场地、房屋以及提供孵化服务的业务收入在财务上单独核算。

(三)孵化器提供给孵化企业使用的场地面积(含公共服务场地)应占孵化器可自主支配场地面积的75%以上(含75%)。孵化企业数量应占孵化器内企业总数量的75%以上(含75%)。

公共服务场地是指孵化器提供给孵化企业共享的活动场所，包括公共餐厅、接待室、会议室、展示室、活动室、技术检测室和图书馆等非盈利性配套服务场地。

四、本通知所称“孵化企业”应当同时符合以下条件：

(一)企业注册地和主要研发、办公场所必须在孵化器的孵化场地内。

(二)新注册企业或申请进入孵化器前企业成立时间不超过2年。

(三)企业在孵化器内孵化的时间不超过48个月。纳入“创新人才推进计划”及“海外高层次人才引进计划”的人才或从事生物医药、集成电路设计、现代农业等特殊领域的创业企业，孵化时间不超过60个月。

(四)符合《中小企业划型标准规定》所规定的小型、微型企业划型标准。

(五)单一在孵企业入驻时使用的孵化场地面积不大于1000平方米。从事航空航天等特殊领域的在孵企业，不大于3000平方米。

(六)企业产品(服务)属于科学技术部、财政部、国家税务总局印发的《国家重点支持的高新技术领域》规定的范围。

五、本通知所称“孵化服务”是指为孵化企业提供的属于营业税“服务业”税目中“代理业”“租赁业”和“其他服务业”中的咨询和技术服务范围内的服务，改征增值税后是指为孵化企业提供的“经纪代理”“经营租赁”“研发和技术”“信息技术”和“鉴证咨询”等服务。

六、省级科技行政主管部门负责定期核实孵化器是否符合本通知规定的各项条件，并报国务院科技行政主管部门审核确认。国务院科技行政主管部门审核确认后向纳税人出具证明材料，列明用于孵化的房产和土地的地址、范围、面积等具体信息，并发送给国务院税务主管部门。

纳税人持相应证明材料向主管税务机关备案，主管税务机关按照《税收减免管理办法》等有关规定，以及国务院科技行政主管部门发布的符合本通知规定条件的孵化器名单信息，办理税收减免。

请遵照执行。

财政部 国家税务总局
2016 年 8 月 11 日

财政部 国家税务总局关于供热企业增值税 房产税城镇土地使用税优惠政策的通知

财税〔2016〕94 号

北京、天津、河北、山西、内蒙古、辽宁、大连、吉林、黑龙江、山东、青岛、河南、陕西、甘肃、宁夏、新疆、青海省（自治区、直辖市、计划单列市）财政厅（局）、国家税务局、地方税务局，新疆生产建设兵团财务局：

为保障居民供热采暖，经国务院批准，现将“三北”地区供热企业（以下简称供热企业）增值税、房产税、城镇土地使用税政策通知如下：

……

二、自 2016 年 1 月 1 日至 2018 年 12 月 31 日，对向居民供热而收取采暖费的供热企业，为居民供热所使用的厂房及土地免征房产税、城镇土地使用税；对供热企业其他厂房及土地，应当按规定征收房产税、城镇土地使用税。

对专业供热企业，按其向居民供热取得的采暖费收入占全部采暖费收入的比例计算免征的房产税、城镇土地使用税。

对兼营供热企业，视其供热所使用的厂房及土地与其他生产经营活动所使用的厂房及土地是否可以区分，按照不同方法计算免征的房产税、城镇土地使用税。可以区分的，对其供热所使用厂房及土地，按向居民供热取得的采暖费收入占全部采暖费收入的比例计算减免税。难以区分的，对其全部厂房及土地，按向居民供热取得的采暖费收入占其营业收入的比例计算减免税。

对自供热单位，按向居民供热建筑面积占总供热建筑面积的比例计算免征供热所使用的厂房及土地的房产税、城镇土地使用税。

三、本通知所称供热企业，是指热力产品生产企业和热力产品经营企业。热力产品生产企业包括专业供热企业、兼营供热企业和自供热单位。

四、本通知所称“三北”地区，是指北京市、天津市、河北省、山西省、内蒙古自治区、辽宁省、大连市、吉林省、黑龙江省、山东省、青岛市、河南省、陕西省、甘肃省、青海省、宁夏回族自治区和新疆维吾尔自治区。

财政部 国家税务总局
2016 年 8 月 24 日

财政部 国家税务总局关于国家大学科技园税收政策的通知

财税〔2016〕98 号

各省、自治区、直辖市、计划单列市财政厅（局）、国家税务局、地方税务局，新疆生产建设兵团财务局：

经国务院批准，现就国家大学科技园（以下简称科技园）有关税收政策通知如下：

一、自2016年1月1日至2018年12月31日，对符合条件的科技园自用以及无偿或通过出租等方式提供给孵化企业使用的房产、土地，免征房产税和城镇土地使用税；自2016年1月1日至2016年4月30日，对其向孵化企业出租场地、房屋以及提供孵化服务的收入，免征营业税；在营业税改征增值税试点期间，对其向孵化企业出租场地、房屋以及提供孵化服务的收入，免征增值税。

二、符合非营利组织条件的科技园的收入，按照企业所得税法及其实施条例和有关税收政策规定享受企业所得税优惠政策。

三、享受本通知规定的房产税、城镇土地使用税以及营业税、增值税优惠政策的科技园，应当同时符合以下条件：

（一）科技园符合国家大学科技园条件。国务院科技和教育行政主管部门负责发布国家大学科技园名单。

（二）科技园将面向孵化企业出租场地、房屋以及提供孵化服务的业务收入在财务上单独核算。

（三）科技园提供给孵化企业使用的场地面积（含公共服务场地）占科技园可自主支配场地面积的60%以上（含60%），孵化企业数量占科技园内企业总数量的75%以上（含75%）。

公共服务场地是指科技园提供给孵化企业共享的活动场所，包括公共餐厅、接待室、会议室、展示室、活动室、技术检测室和图书馆等非营利性配套服务场地。

四、本通知所称“孵化企业”应当同时符合以下条件：

（一）企业注册地及主要研发、办公场所在科技园的工作场地内。

（二）新注册企业或申请进入科技园前企业成立时间不超过3年。

（三）企业在科技园内孵化的时间不超过48个月。海外高层次创业人才或从事生物医药、集成电路设计等特殊领域的创业企业，孵化时间不超过60个月。

（四）符合《中小企业划型标准规定》所规定的小型、微型企业划型标准。

（五）单一在孵企业使用的孵化场地面积不超过1000平方米。从事航空航天、现代农业等特殊领域的单一在孵企业，不超过3000平方米。

（六）企业产品（服务）属于科学技术部、财政部、国家税务总局印发的《国家重点支持的高新技术领域》规定的范围。

五、本通知所称“孵化服务”是指为孵化企业提供的属于营业税“服务业”税目中“代理业”、“租赁业”和“其他服务业”中的咨询和技术服务范围内的服务，改征增值税后是指为孵化企业提供的“经纪代理”、“经营租赁”、“研发和技术”、“信息技术”和“鉴证咨询”等服务。

六、国务院科技和教育行政主管部门负责组织对科技园是否符合本通知规定的各项条件定期进行审核确认，并向纳税人出具证明材料，列明纳税人用于孵化的房产和土地的地址、范围、面积等具体信息，并发送给国务院税务主管部门。

纳税人持相应证明材料向主管税务机关备案，主管税务机关按照《税收减免管理办法》等有关规定，以及国务院科技和教育行政主管部门发布的符合本通知规定条件的科技园名单信息，办理税收减免。

财政部 国家税务总局
2016年9月5日

第十六部分 中华人民共和国契税法

中华人民共和国契税暂行条例

国务院令第 224 号

第一条 在中华人民共和国境内转移土地、房屋权属，承受的单位和个人为契税的纳税人，应当依照本条例的规定缴纳契税。

【注释】 相关规定包括：《国家税务总局关于办理期房退房手续后应退还已征契税的批复》（国税函〔2002〕622 号）。

第二条 本条例所称转移土地、房屋权属是指下列行为：

（一）国有土地使用权出让；

（二）土地使用权转让，包括出售、赠与和交换；

（三）房屋买卖；

（四）房屋赠与；

（五）房屋交换。

前款第二项土地使用权转让，不包括农村集体土地承包经营权的转移。

【注释】 相关规定包括：《国家税务总局关于城镇居民委托代建房屋契税征免问题的批复》（国税函〔1998〕829 号）、《国家税务总局关于离婚后房屋权属变化是否征收契税的批复》（国税函〔1999〕391 号）、《国家税务总局关于出售或租赁房屋使用权是否征收契税问题的批复》（国税函〔1999〕465 号）、《国家税务总局关于抵押贷款购买商品房征收契税的批复》（国税函〔1999〕613 号）、《国家税务总局关于以补偿征地款方式取得的房产征收契税的批复》（国税函〔1999〕737 号）、《国家税务总局关于保险公司分业经营改革中不动产转移过户有关税收政策的通知》（国税发〔2002〕69 号）。

第三条 契税税率为 3%—5%。

契税的适用税率，由省、自治区、直辖市人民政府在前款规定的幅度内按照本地区的实际情况确定，并报财政部和国家税务总局备案。

第四条 契税的计税依据：

（一）国有土地使用权出让、土地使用权出售、房屋买卖，为成交价格；

（二）土地使用权赠与、房屋赠与，由征收机关参照土地使用权出售、房屋买卖的市场价格核定；

（三）土地使用权交换、房屋交换，为所交换的土地使用权、房屋的价格的差额。

前款成交价格明显低于市场价格并且无正当理由的，或者所交换土地使用权、房屋的价格的差额明显不合理并且无正当理由的，由征收机关参照市场价格核定。

【注释】 相关规定包括：《财政部 国家税务总局关于契税征收中几个问题的批复》（财税〔1998〕96 号）、《财政部 国家税务总局关于房屋附属设施有关契税政策的批复》（财税〔2004〕126 号）、《财政部 国家税务总局关于国有土地使用权出让等有关契税问题的通知》（财税〔2004〕134 号）、《财政部 国家税务总局关于土地使用权转让契税计税依据的批复》（财税〔2007〕162 号）、《国家税务总局关于承受装修房屋契税计税价格问题的批复》（国税函〔2007〕606 号）。

第五条 契税应纳税额，依照本条例第 3 条规定的税率和第 4 条规定的计税依据计算征收。应纳税额计算公式：

应纳税额＝计税依据×税率

应纳税额以人民币计算。转移土地、房屋权属以外汇结算的，按照纳税义务发生之日中国人民银行公布的人民币市场汇率中间价折合成人民币计算。

第六条 有下列情形之一的，减征或者免征契税：

（一）国家机关、事业单位、社会团体、军事单位承受土地、房屋用于办公、教学、医疗、科研和军事设施的，免征；

（二）城镇职工按规定第一次购买公有住房的，免征；

（三）因不可抗力灭失住房而重新购买住房的，酌情准予减征或者免征；

（四）财政部规定的其他减征、免征契税的项目。

【注释】 相关规定包括：《财政部 国家税务总局关于契税征收中几个问题的批复》（财税〔1998〕96 号）、《财政部 国家税务总局关于调整房地产市场若干税收政策的通知》（财税〔1999〕210 号）、《国家税务总局关于对监狱管理部门承受土地房屋直接用于监狱建设免征契税的批复》（国税函〔1999〕572 号）、《财政部 国家税务总局关于公有制单位职工首次购买住房免征契税的通知》（财税〔2000〕130 号）、《国家税务总局关于免征军队武警部队政法机关所办企业脱钩移交过程中所涉契税的批复》（国税函〔2000〕468 号）、《财政部 国家税务总局关于社会力量办学契税政策问题的通知》（财税〔2001〕156 号）、《国家税务总局关于免征被撤销金融机构在财产清理中取得土地房屋权属所涉契税的批复》（国税函〔2002〕777）、《财政部 国家税务总局关于教育税收政策的通知》（财税〔2004〕39 号）、《财政部 国家税务总局关于房屋附属设施有关契税政策的批复》（财税〔2004〕126 号）、《财政部 国家税务总局关于国有土地使用权出让等有关契税问题的通知》（财税〔2004〕134 号）、《国家税务总局关于中国人寿保险（集团）公司重组改制后有关税务问题的通知》（国税函〔2004〕852 号）、《国家税务总局关于继承土地、房屋权属有关契税问题的批复》（国税函〔2004〕1036 号）、《财政部 国家税务总局关于城镇房屋拆迁有关税收政策的通知》（财税〔2005〕45 号）、《国家税务总局财政部建设部关于加强房地产税收管理的通知》（国税发〔2005〕89 号）、《国家税务总局关于免征土地出让金出让国有土地使用权征收契税的批复》（国税函〔2005〕436 号）。

第七条 经批准减征、免征契税的纳税人改变有关土地、房屋的用途，不再属于本条例第 6 条规定的减征、免征契税范围的，应当补缴已经减征、免征的税款。

【注释】 相关规定包括：《国家税务总局关于印发〈耕地占用税契税减免管理办法〉的通知》（国税发〔2004〕99 号）、《国家税务总局关于未办理土地使用权证转让土地有关税收问题的批复》（国税函〔2007〕645 号）。

第八条 契税的纳税义务发生时间，为纳税人签订土地、房屋权属转移合同的当天，或者纳税人取得其他具有土地、房屋权属转移合同性质凭证的当天。

第九条 纳税人应当自纳税义务发生之日起 10 日内，向土地、房屋所在地的契税征收机关办理纳税申报，并在契税征收机关核定的期限内缴纳税款。

【注释】 相关规定包括：《国家税务总局关于进一步明确契税纳税人有关法律责任的通知》（国税发〔1998〕195 号）。

第十条 纳税人办理纳税事宜后，契税征收机关应当向纳税人开具契税完税凭证。

第十一条 纳税人应当持契税完税凭证和其他规定的文件材料，依法向土地管理部门、房产管理部门办理有关土地、房屋的权属变更登记手续。

纳税人未出具契税完税凭证的，土地管理部门、房产管理部门不予办理有关土地、房屋的权属变更登记手续。

【注释】 相关规定包括：《国家税务总局国家土地管理局关于契税征收管理有关问题的通知》（国税发〔1998〕31 号）。

第十二条 契税征收机关为土地、房屋所在地的财政机关或者地方税务机关。具体征收机关由省、自治区、直辖市人民政府确定。

土地管理部门、房产管理部门应当向契税征收机关提供有关资料，并协助契税征收机关依法征收契税。

第十三条 契税的征收管理，依照本条例和有关法律、行政法规的规定执行。

第十四条 财政部根据本条例制定细则。

第十五条 本条例自 1997 年 10 月 1 日起施行。1950 年 4 月 3 日中央人民政府政务院发布的《契税暂行条例》同时废止。

中华人民共和国契税暂行条例细则

财法〔1997〕52号

第一条 根据《中华人民共和国契税暂行条例》(以下简称条例)的规定,制定本细则。

第二条 条例所称土地、房屋权属,是指土地使用权、房屋所有权。

第三条 条例所称承受,是指以受让、购买、受赠、交换等方式取得土地、房屋权属的行为。

第四条 条例所称单位,是指企业单位、事业单位、国家机关、军事单位和社会团体以及其他组织。

条例所称个人,是指个体经营者及其他个人。

第五条 条例所称国有土地使用权出让,是指土地使用者向国家交付土地使用权出让费用,国家将国有土地使用权在一定年限内让予土地使用者的行为。

第六条 条例所称土地使用权转让,是指土地使用者以出售、赠与、交换或者其他方式将土地使用权转移给其他单位和个人的行为。

条例所称土地使用权出售,是指土地使用者以土地使用权作为交易条件,取得货币、实物、无形资产或者其他经济利益的行为。

条例所称土地使用权赠与,是指土地使用者将其土地使用权无偿转让给受赠者的行为。

条例所称土地使用权交换,是指土地使用者之间相互交换土地使用权的行为。

第七条 条例所称房屋买卖,是指房屋所有者将其房屋出售,由承受者交付货币、实物、无形资产或者其他经济利益的行为。

条例所称房屋赠与,是指房屋所有者将其房屋无偿转让给受赠者的行为。

条例所称房屋交换,是指房屋所有者之间相互交换房屋的行为。

第八条 土地、房屋权属以下列方式转移的,视同土地使用权转让、房屋买卖或者房屋赠与征税:

(一)以土地、房屋权属作价投资、入股;

(二)以土地、房屋权属抵债;

(三)以获奖方式承受土地、房屋权属;

(四)以预购方式或者预付集资建房款方式承受土地、房屋权属。

第九条 条例所称成交价格,是指土地、房屋权属转移合同确定的价格。包括承受者应交付的货币、实物、无形资产或者其他经济利益。

【注释】 相关规定包括:《财政部 国家税务总局关于契税征收中几个问题的批复》(财税〔1998〕96号)、相关规定包括:《国家税务总局关于进一步明确契税纳税人有关法律责任的通知》(国税发〔1998〕195号)。

第十条 土地使用权交换、房屋交换,交换价格不相等的,由多交付货币、实物、无形资产或者其他经济利益的一方缴纳税款。交换价格相等的,免征契税。

土地使用权与房屋所有权之间相互交换,按照前款征税。

第十一条 以划拨方式取得土地使用权的,经批准转让房地产时,应由房地产转让者补缴契税。其计税依据为补缴的土地使用权出让费用或者土地收益。

第十二条 条例所称用于办公的,是指办公室(楼)以及其他直接用于办公的土地、房屋。

条例所称用于教学的,是指教室(教学楼)以及其他直接用于教学的土地、房屋。

条例所称用于医疗的,是指门诊部以及其他直接用于医疗的土地、房屋。

条例所称用于科研的,是指科学试验的场所以及其他直接用于科研的土地、房屋。

条例所称用于军事设施的,是指:

(一)地上和地下的军事指挥作战工程;

(二)军用的机场、港口、码头;

(三)军用的库房、营区、训练场、试验场;

(四)军用的通信、导航、观测台站;

(五)其他直接用于军事设施的土地、房屋。

本条所称其他直接用于办公、教学、医疗、科研的以及其他直接用于军事设施的土地、房屋的具体范围，由省、自治区、直辖市人民政府确定。

【注释】 相关规定包括:《财政部 国家税务总局关于契税征收中几个问题的批复》(财税〔1998〕96号)、相关规定包括:《国家税务总局关于进一步明确契税纳税人有关法律责任的通知》(国税发〔1998〕195号)。

第十三条 条例所称城镇职工按规定第一次购买公有住房的，是指经县以上人民政府批准，在国家规定标准面积以内购买的公有住房。城镇职工享受免征契税，仅限于第一次购买的公有住房。超过国家规定标准面积的部分，仍应按照规定缴纳契税。

第十四条 条例所称不可抗力，是指自然灾害、战争等不能预见、不能避免、并不能克服的客观情况。

第十五条 根据条例第六条的规定，下列项目减征、免征契税：

(一)土地、房屋被县级以上人民政府征用、占用后，重新承受土地、房屋权属的，是否减征或者免征契税，由省、自治区、直辖市人民政府确定。

(二)纳税人承受荒山、荒沟、荒丘、荒滩土地使用权，用于农、林、牧、渔业生产的，免征契税。

(三)依照我国有关法律规定以及我国缔结或参加的双边和多边条约或协定的规定应当予以免税的外国驻华使馆、领事馆、联合国驻华机构及其外交代表、领事官员和其他外交人员承受土地、房屋权属的，经外交部确认，可以免征契税。

第十六条 纳税人符合减征或者免征契税规定的，应当在签订土地、房屋权属转移合同后 10 日内，向土地、房屋所在地的契税征收机关办理减征或者免征契税手续。

【注释】 相关规定包括:《国家税务总局关于印发〈耕地占用税契税减免管理办法〉的通知》(国税发〔2004〕99 号)。

第十七条 纳税人因改变土地、房屋用途应当补缴已经减征、免征契税的，其纳税义务发生时间为改变有关土地、房屋用途的当天。

【注释】 相关规定包括:《国家税务总局关于印发〈耕地占用税契税减免管理办法〉的通知》(国税发〔2004〕99 号)。

第十八条 条例所称其他具有土地、房屋权属转移合同性质凭证，是指具有合同效力的契约、协议、合约、单据、确认书以及由省、自治区、直辖市人民政府确定的其他凭证。

第十九条 条例所称有关资料，是指土地管理部门、房产管理部门办理土地、房屋权属变更登记手续的有关土地、房屋权属、土地出让费用、成交价格以及其他权属变更方面的资料。

第二十条 征收机关可以根据征收管理的需要，委托有关单位代征契税，具体代征单位由省、自治区、直辖市人民政府确定。

代征手续费的支付比例，由财政部另行规定。

【注释】 相关规定包括:《国家税务总局关于征收机关直接征收契税的通知》(国税发〔2004〕137 号)。

第二十一条 省、自治区、直辖市人民政府根据条例和本细则的规定制定实施办法，并报财政部和国家税务总局备案。

第二十二条 本细则自 1997 年 10 月 1 日起施行。此前财政部关于契税的各项规定同时废止。

国家税务总局国家土地管理局关于契税征收管理有关问题的通知

国税发〔1998〕31 号

各省、自治区、直辖市和计划单列市财政厅(局)、地方税务局、土地(国土)管理局(厅)：

为了加强契税征收机关与土地管理部门的工作配合，做好契税征收管理工作，根据《中华人民共和国契税暂行条例》、《中华人民共和国契税暂行条例细则》和《中华人民共和国土地管理法》、《中华人民共和国城市房地产管理法》等法律、法规规定，现就契税征收管理中的有关问题通知如下：

一、各级契税征收机关应当结合当地实际情况，建立一套完善的契税征收管理制度。各级土地管理部门要予以积极支持和配合，协助当地契税征收机关做好契税的征收管理工作。

二、土地管理部门和契税征收机关要共同做好契税征收管理与土地使用权的权属管理的衔接工作。

土地管理部门在受理土地变更登记申请后，对土地权属及变更事项进行审核，对符合变更登记规定的，要求当事人出示契税完税凭证或免税证明。对未取得契税完税凭证或免税证明的，土地管理部门不予办理土地变更登记手续。

三、契税征收机关可向土地管理部门查询所需土地使用权权属及出让、转让时间、成交价格及已公布的土地基准地价等与征收契税有关的资料。土地管理部门应当向契税征收机关提供所需的资料。契税征收机关应对在土地管理部门查询的资料严格保密，未经允许，不得转让或公开引用。

契税征收机关应向土地管理部门提供所需已办理契税完税或免税手续的房地产交易情况。

四、土地管理部门在土地证书的定期查验时，可联合契税征收机关对契税完税情况进行检查。对检查中发现的逃避纳税和不办理土地变更登记手续的，应责令其完税和办理土地变更登记手续，并依照有关规定进行处理。

对于需要按评估价格计征契税的，应当委托具备土地评估资格的评估机构进行有关的评估，以规范房地产市场交易行为，确保国家税收不受损失。

【注释】 对《契税暂行条例》第 11 条进行了解释。

财政部 国家税务总局关于契税征收中几个问题的批复

财税〔1998〕96 号

江苏省财政厅：

你厅《关于契税征收中几个问题的请示》(苏财农税〔1998〕010 号)收悉。经研究，现批复如下：

一、关于计税价格问题。根据《中华人民共和国契税暂行条例》(以下简称条例)第四条第(一)款及《中华人民共和国契税暂行条例细则》(以下简称细则)第九条的规定，土地使用权出让、土地使用权出售、房屋买卖的计税依据是成交价格，即土地、房屋权属转移合同确定的价格，包括承受者应交付的货币、实物、无形资产或者其他经济利益。因此，合同确定的成交价格中包含的所有价款都属于计税依据范围。土地使用权出让、土地使用权转让、房屋买卖的成交价格中所包含的行政事业性收费，属于成交价格的组成部分，不应从中剔除，纳税人应按合同确定的成交价格全额计算缴纳契税。

二、关于购买安居房，经济适用住房的减免税问题。条例没有对这种情况给予减征或者免征契税的规定。因此，应对购买安居房、经济适用住房者照章征收契税。

三、关于经营性事业单位的减免税问题。目前我国对事业单位没有按是否经营性这一标准进行分类。根据条例第六条、细则第十二条和财政部 1996 年发布的《事业单位财务规则》的规定，对事业单位承受土地、房屋免征契税应同时符合两个条件：一是纳税人必须是按《事业单位财务规则》进行财务核算的事业单位；二是所承受的土地、房屋必须用于办公、教学、医疗、科研项目。凡不符合上述两个条件的，一律照章征收契税。对按《事业单位财务规则》第四十五条规定，应执行《企业财务通则》和同行业或相近行业企业财务制度的事业单位或者事业单位的特定项目，其承受的土地、房屋要照章征收契税。

【注释】 对《契税暂行条例》第 4、6 条进行了解释。对《契税暂行条例实施细则》第 9、12 条进行了解释。

国家税务总局关于进一步明确契税纳税人有关法律责任的通知

国税发〔1998〕195 号

北京、天津、河北、黑龙江、上海、江苏、浙江、安徽、福建、江西、山东、河南、湖北、湖南、广东、广西、重庆、贵州、陕西、宁夏、新疆、青海省(自治区、直辖市)及宁波、厦门、青岛、深圳市财政厅(局),山西、内蒙古、辽宁、吉林、海南、四川、云南、甘肃省(自治区)及大连市地方税务局:

为了加强契税征收管理工作,根据《中华人民共和国行政处罚法》规定的原则,依据《中华人民共和国税收征收管理法》(以下简称征管法)及其实施细则和《中华人民共和国契税暂行条例》(以下简称契税条例)的有关规定,现对契税纳税人违法行为给予行政处罚的规定及有关法律责任进一步明确如下:

一、根据征管法第二十条及其实施细则第三十条和契税条例第九条规定,契税纳税人(以下简称纳税人)应在主管契税征收管理工作的财政机关或者地方税务机关(以下简称征收机关)核定的期限内缴纳税款。纳税人因有特殊困难,不能按期缴纳税款的,经县以上征收机关批准,可以延期缴纳税款,但最长不得超过三个月,且同一纳税人在一个纳税年度内只能申请延期缴纳一次。在征收机关批准的期限内,不加收滞纳金。纳税人未按规定期限缴纳税款的,征收机关除责令限期缴纳外,从滞纳税款之日起,按日加收滞纳税款2‰的滞纳金。

二、根据征管法第二十七条、第四十六条规定,从事生产、经营的纳税人未按照规定的期限缴纳税款,由征收机关责令限期缴纳,逾期仍未缴纳的,经县以上征收机关负责人(财政局或者地方税务局局长)批准,征收机关可以采取下列强制执行措施:

(一)书面通知其开户银行或者其他金融机构从其存款中扣缴税款;

(二)扣押、查封、拍卖其价值相当于应纳税款的商品、货物或者其他财产,以拍卖所得抵缴税款。

征收机关采取强制执行措施时,对前款所列纳税人,征收机关除追缴其不缴或者少缴的税款外,可以处以不缴或者少缴的税款 5 倍以下的罚款。对前款所列纳税人未缴纳的滞纳金同时强制执行。

三、根据征管法第三十一条及其实施细则第五十四条、第五十五条规定,因征收机关的责任,致使纳税人未缴或者少缴税款的,征收机关在 3 年内可以要求纳税人补缴税款,但不得加收滞纳金。

因纳税人计算错误等失误,未缴或者少缴税款的,征收机关在 3 年内可以追征;未缴或者少缴数额在 10 万元以上的,追征期可以延长到 10 年。纳税人和其他当事人因偷税未缴或者少缴的税款,征收机关可以无限期追征。

四、根据征管法第三十九条规定,纳税人未按照规定的期限办理纳税申报的,由征收机关责令限期改正,可以处以 2000 元以下的罚款;逾期不改正的,可以处以 2000 元以上 1 万元以下的罚款。

五、根据征管法第四十条规定,纳税人采取伪造、变造、隐匿、擅自销毁合同、契约、协议、合约、单据、确认书、评估证明等凭证或者进行虚假的纳税申报的手段,不缴或者少缴应纳税款的,以偷税论处。偷税数额不满 1 万元或者偷税数额占应纳税数额不足 10%的,由征收机关追缴其偷税款,处以偷税额 5 倍以下的罚款。

六、根据征管法第四十一条规定,纳税人欠缴应纳税款,采取转移或者隐匿财产的手段,致使征收机关无法追缴的税款,数额不满 1 万元的,由征收机关追缴其欠缴税款,处以欠缴税款 5 倍以下的罚款。

七、根据征管法第四十五条规定,以暴力、威胁方法拒不缴纳税款的,是抗税。情节轻微,未构成犯罪的,由征收机关追缴其拒缴的税款,处以拒缴税款 5 倍以下的罚款。

八、根据征管法第五十六条规定,纳税人同征收机关在纳税上发生争议时,必须先依照契税条例及其他有关规定缴纳税款及滞纳金,然后可以在收到征收机关填发的缴款凭证之日起 60 日内向上一级征收机关申请复议。上一级征收机关应当自收到复议申请之日起 60 日内作出复议决定。对复议决定不服的,可以在接到复议决定书之日起 15 日内向人民法院起诉。当事人对征收机关的处罚决定、强制执行措施不服的,可以在接到处罚通知之日起或者征收机关采取强制执行措施之日起 15 日内向作出处罚决定或者采取强制执行措施的征收机关的上一级机关申请复议;对复议决定不服的,可以在接到复议决定书之日起 15 日内向人民法院起诉。当事人也可以在接到处罚通知之日起或者征收机关采取强制执行措施之日起15日内直接向人民法院起诉。复议和诉讼期间,强制执行措施不停止执行。

当事人对征收机关的处罚决定逾期不申请复议也不向人民法院起诉、又不履行,作出处罚决定的征收机关可以申请人民法院强制执行。

九、根据《中华人民共和国行政处罚法》第二十条规定,契税违法行为发生地的县级以上(含县级)征收机关具有行政处罚权。

十、纳税人因偷税、抗税或欠缴税款构成犯罪的,交由司法机关依照《中华人民共和国刑法》第二百零一条、第二百零二条、第二百零三条进行处理。

【注释】 对《契税暂行条例》第9条进行了解释。对《契税暂行条例实施细则》第9、12条进行了解释。

国家税务总局关于离婚后房屋权属变化是否征收契税的批复

国税函〔1999〕391号

广东省财政厅:

你厅《关于对离婚后房屋权属变化是否征收契税的请示》(粤财字〔1999〕85号)收悉,经研究,现批复如下:

根据我国婚姻法的规定,夫妻共有房屋属共同共有财产。因夫妻财产分割而将原共有房屋产权归属一方,是房产共有权的变动而不是现行契税政策规定征税的房屋产权转移行为。因此,对离婚后原共有房屋产权的归属人不征收契税。

【注释】 对《契税暂行条例》第2条进行了解释。

国家税务总局关于出售或租赁房屋使用权是否征收契税问题的批复

国税函〔1999〕465号

河南省财政厅:

你厅《关于出售或租赁房屋使用权征收契税的请示》(豫财农税字〔1999〕27号)收悉。经研究,现批复如下:

房屋使用权与房屋所有权是两种不同性质的权属。根据现行契税法规的规定,房屋使用权的转移行为不属于契税征收范围,不应征收契税。

【注释】 对《契税暂行条例》第2条进行了解释。

国家税务总局关于抵押贷款购买商品房征收契税的批复

国税函〔1999〕613号

青岛市财政局:

你局《关于抵押贷款购买商品房征收契税的请示》(青财农税〔1999〕12号)收悉。经研究,批复如下:

购房人以按揭、抵押贷款方式购买房屋，当其从银行取得抵押凭证时，购房人与原产权人之间的房屋产权转移已经完成，契税纳税义务已经发生，必须依法缴纳契税。

【注释】 对《契税暂行条例》第2条进行了解释。

国家税务总局关于以补偿征地款方式取得的房产征收契税的批复

国税函〔1999〕737号

广东省财政厅：

你厅《关于以补偿征地款方式取得的房产是否征收契税的请示》(粤财农〔1999〕31号)收悉。现批复如下：

你省汕头市龙眼街道办事处征用属下南墩管理区土地与华乾工业园有限公司合建商品房，并在商品房建成后，将其中一部分商品房产权以补偿征地款方式转移给南墩管理区的居民。这种房地产转移方式实质上是一种以征地款购买房产的行为，应依法缴纳契税。

【注释】 对《契税暂行条例》第2条进行了解释。

财政部 国家税务总局关于社会力量办学契税政策问题的通知

财税〔2001〕156号

各省、自治区、直辖市、计划单列市财政厅(局)、地方税务局，新疆生产建设兵团财务局：

根据《中华人民共和国教育法》提出的“任何组织和个人不得以营利为目的举办学校及其他教育机构”的精神，以及国务院发布的《社会力量办学条例》中关于“社会力量举办的教育机构依法享有与国家举办的教育机构平等的法律地位”的规定，对县级以上人民政府教育行政主管部门或劳动行政主管部门批准并核发《社会力量办学许可证》，由企业事业组织、社会团体及其他社会组织和公民个人利用非国家财政性教育经费面向社会举办的教育机构，其承受的土地、房屋权属用于教学的，比照《中华人民共和国契税暂行条例》第六条第(一)款的规定，免征契税。

本通知自2001年10月1日起实施。

【注释】 对《契税暂行条例》第6条进行了解释。

国家税务总局关于保险公司分业经营改革中不动产转移过户有关税收政策的通知

国税发〔2002〕69号

各省、自治区、直辖市和计划单列市地方税务局、财政厅(局)：

为进一步落实《中华人民共和国保险法》有关综合性保险公司必须财、寿险业务分业经营的规定和国务院关于保险公司分业改革的指示精神，综合性保险公司及其子公司需将其所拥有的不动产划转到新设立的财产保险公司和人寿保险公司。由于上述这种不动产所有权转移过户过程中，并未发生有偿销售不动产行为，也不具备其他形式的交易性质，因此，对保险分业经营改革过程中，综合性保险公司及其子公司将其所拥有的不动产所有权划转过户到因分业而新设立的财产保险公司和人寿保险公司的行为，不征收营业税、契税。

【注释】 对《契税暂行条例》第2条进行了解释。

国家税务总局关于办理期房退房手续后应退还已征契税的批复

国税函〔2002〕622号

新疆维吾尔自治区财政厅：

你厅《关于对办理期房退房手续后是否可以退契税的请示》（新财农税〔2002〕10号）收悉。现批复如下：

按照现行契税政策规定，购房者应在签订房屋买卖合同后、办理房屋所有权变更登记之前缴纳契税。对交易双方已签订房屋买卖合同，但由于各种原因最终未能完成交易的，如购房者已按规定缴纳契税，在办理期房退房手续后，对其已纳契税款应予以退还。

【注释】 对《契税暂行条例》第1条进行了解释。

财政部 国家税务总局关于教育税收政策的通知

财税〔2004〕39号

各省、自治区、直辖市、计划单列市财政厅（局）、国家税务局、地方税务局，新疆生产建设兵团财务局：

为了进一步促进教育事业发展，经国务院批准，现将有关教育的税收政策通知如下：

……

三、关于耕地占用税、契税、农业税和农业特产税

1. 对学校、幼儿园经批准征用的耕地，免征耕地占用税。享受免税的学校用地的具体范围是：全日制大、中、小学校（包括部门、企业办的学校）的教学用房、实验室、操场、图书馆、办公室及师生员工食堂宿舍用地。学校从事非农业生产经营占用的耕地，不予免税。职工夜校、学习班、培训中心、函授学校等不在免税之列。

2. 国家机关、事业单位、社会团体、军事单位承受土地房屋权属用于教学、科研的，免征契税。用于教学的，是指教室（教学楼）以及其他直接用于教学的土地、房屋。用于科研的，是指科学实验的场所以及其他直接用于科研的土地、房屋。对县级以上人民政府教育行政主管部门或劳动行政主管部门审批并颁发办学许可证，由企业事业组织、社会团体及其他社会和公民个人利用非国家财政性教育经费面向社会举办的学校及教育机构，其承受的土地、房屋权属用于教学的，免征契税。

3. 对农业院校进行科学实验的土地免征农业税。对农业院校进行科学实验所取得的农业特产品收入，在实验期间免征农业特产税。

……

六、本通知自2004年1月1日起执行，此前规定与本通知不符的，以本通知为准。

【注释】 对《契税暂行条例》第6条进行了解释。

财政部 国家税务总局关于房屋附属设施有关契税政策的批复

财税〔2004〕126 号

浙江省财政厅：

你厅《关于要求明确与房屋相关的附属设施契税政策的请示》(浙江省财农税字〔2003〕26 号)收悉。经研究，现批复如下：

一、对于承受与房屋相关的附属设施(包括停车位、汽车库、自行车库、顶层阁楼以及储藏室，下同)所有权或土地使用权的行为，按照契税法律、法规的规定征收契税；对于不涉及土地使用权和房屋所有权转移变动的，不征收契税。

二、采取分期付款方式购买房屋附属设施土地使用权、房屋所有权的，应按合同规定的总价款计征契税。

三、承受的房屋附属设施权属如为单独计价的，按照当地确定的适用税率征收契税；如与房屋统一计价的，适用与房屋相同的契税税率。

【注释】 对《契税暂行条例》第 4、6 条进行了解释。

财政部 国家税务总局关于国有土地使用权出让等有关契税问题的通知

财税〔2004〕134 号

各省、自治区、直辖市、计划单列市财政厅(局)、地方税务局，新疆生产建设兵团财务局：

为了进一步明确与国有土地使用权出让相关的契税政策，推动公有住房上市的进程，现将有关契税政策通知如下：

一、出让国有土地使用权的，其契税计税价格为承受人为取得该土地使用权而支付的全部经济利益。

(一)以协议方式出让的，其契税计税价格为成交价格。成交价格包括土地出让金、土地补偿费、安置补助费、地上附着物和青苗补偿费、拆迁补偿费、市政建设配套费等承受者应支付的货币、实物、无形资产及其他经济利益。

没有成交价格或者成交价格明显偏低的，征收机关可依次按下列两种方式确定：

1. 评估价格：由政府批准设立的房地产评估机构根据相同地段、同类房地产进行综合评定，并经当地税务机关确认的价格。

2. 土地基准地价：由县以上人民政府公示的土地基准地价。

(二)以竞价方式出让的，其契税计税价格，一般应确定为竞价的成交价格，土地出让金、市政建设配套费以及各种补偿费用应包括在内。

二、先以划拨方式取得土地使用权，后经批准改为出让方式取得该土地使用权的，应依法缴纳契税，其计税依据为应补缴的土地出让金和其他出让费用。

三、已购公有住房经补缴土地出让金和其他出让费用成为完全产权住房的，免征土地权属转移的契税。

【注释】 对《契税暂行条例》第 4、6 条进行了解释。

国家税务总局关于继承土地、房屋权属有关契税问题的批复

国税函〔2004〕1036 号

河南省财政厅：

你厅《关于继承土地房屋权属是否征收契税的请示》（豫财农税〔2004〕21 号）收悉，现批复如下：

一、对于《中华人民共和国继承法》规定的法定继承人（包括配偶、子女、父母、兄弟姐妹、祖父母、外祖父母）继承土地、房屋权属，不征契税。

二、按照《中华人民共和国继承法》规定，非法定继承人根据遗嘱承受死者生前的土地、房屋权属，属于赠与行为，应征收契税。

【注释】 对《契税暂行条例》第 6 条进行了解释。

财政部 国家税务总局关于城镇房屋拆迁有关税收政策的通知

财税〔2005〕45 号

各省、自治区、直辖市、计划单列市财政厅（局）、地方税务局，新疆生产建设兵团财务局：

经国务院批准，现将城镇房屋拆迁有关税收政策通知如下：

一、对被拆迁人按照国家有关城镇房屋拆迁管理办法规定的标准取得的拆迁补偿款，免征个人所得税。

二、（本条被《财政部 国家税务总局关于企业以售后回租方式进行融资等有关契税政策的通知》（财税〔2012〕82 号）废止）

【注释】 对《契税暂行条例》第 6 条进行了解释。《财政部 国家税务总局关于企业以售后回租方式进行融资等有关契税政策的通知》（财税〔2012〕82 号）对本文进行了修正。

国家税务总局关于免征土地出让金出让国有土地使用权征收契税的批复

国税函〔2005〕436 号

北京市地方税务局：

你局《关于对政府以零地价方式出让国有土地使用权征收契税问题的请示》（京地税地〔2005〕166 号）收悉，批复如下：

根据《中华人民共和国契税暂行条例》及其细则的有关规定，对承受国有土地使用权所应支付的土地出让金，要计征契税。不得因减免土地出让金，而减免契税。

【注释】 对《契税暂行条例》第 6 条进行了解释。

国家税务总局关于房地产税收政策执行中几个具体问题的通知

国税发〔2005〕172 号

各省、自治区、直辖市和计划单列市财政厅(局)、地方税务局,扬州税务进修学院,局内各单位:

根据《国家税务总局财政部建设部关于加强房地产税收管理的通知》(国税发〔2005〕89 号)(以下简称《通知》)的精神,经商财政部、建设部,现就各地在贯彻落实《通知》中的几个具体政策问题明确如下:

一、《通知》第三条第二款中规定的"成交价格"是指住房持有人对外销售房屋的成交价格。

二、《通知》第三条第四款中规定的"契税完税证明上注明的时间"是指契税完税证明上注明的填发日期。

三、纳税人申报时,同时出具房屋产权证和契税完税证明且二者所注明的时间不一致的,按照"孰先"的原则确定购买房屋的时间。即房屋产权证上注明的时间早于契税完税证明上注明的时间的,以房屋产权证注明的时间为购买房屋的时间;契税完税证明上注明的时间早于房屋产权证上注明的时间的,以契税完税证明上注明的时间为购买房屋的时间。

四、个人将通过受赠、继承、离婚财产分割等非购买形式取得的住房对外销售的行为,也适用《通知》的有关规定。其购房时间按发生受赠、继承、离婚财产分割行为前的购房时间确定,其购房价格按发生受赠、继承、离婚财产分割行为前的购房原价确定。个人需持其通过受赠、继承、离婚财产分割等非购买形式取得住房的合法、有效法律证明文书,到地方税务部门办理相关手续。

五、根据国家房改政策购买的公有住房,以购房合同的生效时间、房款收据的开具日期或房屋产权证上注明的时间,按照"孰先"的原则确定购买房屋的时间。

六、享受税收优惠政策普通住房的面积标准是指地方政府按国办发〔2005〕26 号文件规定确定并公布的普通住房建筑面积标准。对于以套内面积进行计量的,应换算成建筑面积,判断该房屋是否符合普通住房标准。

国家税务总局关于承受装修房屋契税计税价格问题的批复

国税函〔2007〕606 号

江苏省财政厅:

你厅《关于对房屋买卖契税计税价格构成问题的请示》(苏财基层〔2007〕4 号)收悉,批复如下:

房屋买卖的契税计税价格为房屋买卖合同的总价款,买卖装修的房屋,装修费用应包括在内。

【注释】 对《契税暂行条例》第 4 条进行了解释。

国家税务总局关于未办理土地使用权证转让土地有关税收问题的批复

国税函〔2007〕645 号

四川省地方税务局:

你局《关于未办理土地使用权证而转让土地有关税收问题的请示》(川地税发〔2007〕7 号)收悉,批复

如下：

土地使用者转让、抵押或置换土地，无论其是否取得了该土地的使用权属证书，无论其在转让、抵押或置换土地过程中是否与对方当事人办理了土地使用权属证书变更登记手续，只要土地使用者享有占有、使用、收益或处分该土地的权利，且有合同等证据表明其实质转让、抵押或置换了土地并取得了相应的经济利益，土地使用者及其对方当事人应当依照税法规定缴纳营业税、土地增值税和契税等相关税收。

【注释】 对《契税暂行条例细则》第7条进行了解释。

财政部 国家税务总局关于土地使用权转让契税计税依据的批复

财税〔2007〕162号

北京市地方税务局：

你局《关于国有土地使用权转让契税计税依据确定问题的请示》（京地税地〔2007〕356号）收悉。现批复如下：

根据国家土地管理相关法律法规和《中华人民共和国契税暂行条例》及其实施细则的规定，土地使用者将土地使用权及所附建筑物、构筑物等（包括在建的房屋、其他建筑物、构筑物和其他附着物）转让给他人的，应按照转让的总价款计征契税。

【注释】 对《契税暂行条例》第4条进行了解释。

国家税务总局关于无效产权转移征收契税的批复

国税函〔2008〕438号

黑龙江省财政厅：

你厅《关于法院判决撤销房屋所有权证是否应予退还契税问题的请示》（黑财农村〔2008〕4号）收悉。批复如下：

按照现行契税政策规定，对经法院判决的无效产权转移行为不征收契税。法院判决撤销房屋所有权证后，已纳契税款应予退还。

财政部 国家税务总局关于企业改制过程中以国家作价出资（入股）方式转移国有土地使用权有关契税问题的通知

财税〔2008〕129号

各省、自治区、直辖市、计划单列市财政厅（局）、地方税务局，新疆生产建设兵团财务局：

经研究，现对以国家作价出资（入股）方式转移国有土地使用权的契税政策明确如下：

一、根据《中华人民共和国契税暂行条例》第二条第一款规定，国有土地使用权出让属于契税的征收范围。根据《中华人民共和国契税暂行条例细则》第八条第一款规定，以土地、房屋权属作价投资、入股方式转移土地、房屋权属的，视同土地使用权转让征税。因此，对以国家作价出资（入股）方式转移国有土地使用权的行为，应视同土地使用权转让，由土地使用权的承受方按规定缴纳契税。

二、以国家作价出资(入股)方式转移国有土地使用权的行为不适用《财政部 国家税务总局关于企业改制重组若干契税政策的通知》(财税〔2003〕184号)。

国家税务总局关于改变国有土地使用权出让方式征收契税的批复

国税函〔2008〕662号

四川省地方税务局：

你局《关于国有土地使用权改变用途缴纳的土地收益金征收契税问题的请示》(川地税发〔2008〕39号)收悉。现批复如下：

根据现行契税政策规定，对纳税人因改变土地用途而签订土地使用权出让合同变更协议或者重新签订土地使用权出让合同的，应征收契税。计税依据为因改变土地用途应补缴的土地收益金及应补缴政府的其他费用。

关于调整房地产交易环节税收政策的通知

财税〔2008〕137号

各省、自治区、直辖市、计划单列市财政厅(局)、地方税务局，新疆生产建设兵团财务局：

为适当减轻个人住房交易的税收负担，支持居民首次购买普通住房，经国务院批准，现就房地产交易环节有关税收政策问题通知如下：

一、对个人首次购买90平方米及以下普通住房的，契税税率暂统一下调到1%。首次购房证明由住房所在地县(区)住房建设主管部门出具。

二、对个人销售或购买住房暂免征收印花税。

三、对个人销售住房暂免征收土地增值税。

本通知自2008年11月1日起实施。

国家税务总局关于明确国有土地使用权出让契税计税依据的批复

国税函〔2009〕603号

北京市地方税务局：

你局《关于国有土地使用权出让契税计税依据确定问题的请示》(京地税地〔2009〕124号)收悉。经商财政部，现批复如下：

根据《财政部 国家税务总局关于土地使用权出让等有关契税问题的通知》(财税〔2004〕134号)规定，出让国有土地使用权，契税计税价格为承受人为取得该土地使用权而支付的全部经济利益。对通过“招、拍、挂”程序承受国有土地使用权的，应按照土地成交总价款计征契税，其中的土地前期开发成本不得扣除。

财政部 国家税务总局关于首次购买普通住房有关契税政策的通知

财税〔2010〕13号

各省、自治区、直辖市、计划单列市财政厅（局）、地方税务局，新疆生产建设兵团财务局：

现对《财政部 国家税务总局关于调整房地产交易环节税收政策的通知》（财税〔2008〕137号）中首次购买普通住房契税优惠政策问题明确如下：

对两个或两个以上个人共同购买90平方米及以下普通住房，其中一人或多人已有购房记录的，该套房产的共同购买人均不适用首次购买普通住房的契税优惠政策。

财政部 国家税务总局关于支持公共租赁住房建设和运营有关税收优惠政策的通知

财税〔2010〕88号

各省、自治区、直辖市、计划单列市财政厅（局）、地方税务局，西藏、宁夏、青海省（自治区）国家税务局，新疆生产建设兵团财务局：

根据国务院办公厅《关于促进房地产市场平稳健康发展的通知》（国办发〔2010〕4号）、《国务院关于坚决遏制部分城市房价过快上涨的通知》（国发〔2010〕10号）和住房城乡建设部等七部门《关于加快发展公共租赁住房的指导意见》（建保〔2010〕87号）精神，现对公共租赁住房（以下简称公租房）建设和运营有关税收政策通知如下：

一、对公租房建设期间用地及公租房建成后占地免征城镇土地使用税。在其他住房项目中配套建设公租房，依据政府部门出具的相关材料，可按公租房建筑面积占总建筑面积的比例免征建造、管理公租房涉及的城镇土地使用税。

二、对公租房经营管理单位建造公租房涉及的印花税予以免征。在其他住房项目中配套建设公租房，依据政府部门出具的相关材料，可按公租房建筑面积占总建筑面积的比例免征建造、管理公租房涉及的印花税。

三、对公租房经营管理单位购买住房作为公租房，免征契税、印花税；对公租房租赁双方签订租赁协议涉及的印花税予以免征。

四、对企事业单位、社会团体以及其他组织转让旧房作为公租房房源，且增值额未超过扣除项目金额20%的，免征土地增值税。

五、企事业单位、社会团体以及其他组织捐赠住房作为公租房，符合税收法律法规规定的，捐赠支出在年度利润总额12%以内的部分，准予在计算应纳税所得额时扣除。

六、对经营公租房所取得的租金收入，免征营业税、房产税。公租房租金收入与其他住房经营收入应单独核算，未单独核算的，不得享受免征营业税、房产税优惠政策。

七、享受上述税收优惠政策的公租房是指纳入省、自治区、直辖市、计划单列市人民政府及新疆生产建设兵团批准的公租房发展规划和年度计划，以及按照建保〔2010〕87号文件和市、县人民政府制定的具体管理办法进行管理的公租房。不同时符合上述条件的公租房不得享受上述税收优惠政策。

八、上述政策自发文之日起执行，执行期限暂定三年，政策到期后将根据公租房建设和运营情况对有关内容加以完善。

财政部 国家税务总局 住房和城乡建设部关于调整房地产交易环节契税个人所得税优惠政策的通知

财税〔2010〕94号

各省、自治区、直辖市、计划单列市财政厅(局)、地方税务局、住房城乡建设厅(建委、房地局),西藏、宁夏、青海省(自治区)国税局,新疆生产建设兵团财务局、建设局:

经国务院批准,现就调整房地产交易环节契税、个人所得税有关优惠政策通知如下:

一、关于契税政策

(一)对个人购买普通住房,且该住房属于家庭(成员范围包括购房人、配偶以及未成年子女,下同)唯一住房的,减半征收契税。对个人购买90平方米及以下普通住房,且该住房属于家庭唯一住房的,减按1%税率征收契税。

征收机关应查询纳税人契税纳税记录;无记录或有记录但有疑义的,根据纳税人的申请或授权,由房地产主管部门通过房屋登记信息系统查询纳税人家庭住房登记记录,并出具书面查询结果。如因当地暂不具备查询条件而不能提供家庭住房登记查询结果的,纳税人应向征收机关提交家庭住房实有套数书面诚信保证。诚信保证不实的,属于虚假纳税申报,按照《中华人民共和国税收征收管理法》的有关规定处理。

具体操作办法由各省、自治区、直辖市财政、税务、房地产主管部门共同制定。

(二)个人购买的普通住房,凡不符合上述规定的,不得享受上述优惠政策。

二、关于个人所得税政策

对出售自有住房并在1年内重新购房的纳税人不再减免个人所得税。

本通知自2010年10月1日起执行。《财政部 国家税务总局关于调整房地产市场若干税收政策的通知》(财税字〔1999〕210号)第一条有关契税的规定、《财政部 国家税务总局关于调整房地产交易环节税收政策的通知》(财税〔2008〕137号)第一条、《财政部 国家税务总局 建设部关于个人出售住房所得征收个人所得税有关问题的通知》(财税字〔1999〕278号)第三条同时废止。

财政部 国家税务总局关于购房人办理退房有关契税问题的通知

财税〔2011〕32号

各省、自治区、直辖市、计划单列市财政厅(局)、地方税务局,新疆生产建设兵团财务局:

根据《中华人民共和国契税暂行条例》(国务院令第224号)及其细则的规定,现对购房单位和个人办理退房有关契税问题明确如下:

对已缴纳契税的购房单位和个人,在未办理房屋权属变更登记前退房的,退还已纳契税;在办理房屋权属变更登记后退房的,不予退还已纳契税。

请遵照执行。

财政部 国家税务总局关于企业事业单位改制重组契税政策的通知

财税〔2012〕4号

各省、自治区、直辖市、计划单列市财政厅(局)、地方税务局，西藏、宁夏、青海省(自治区)国家税务局，新疆生产建设兵团财务局：

为了支持企业、事业单位改革，促进国民经济持续、健康发展，现就企业、事业单位改制重组等涉及的契税政策通知如下：

一、企业公司制改造

非公司制企业，按照《中华人民共和国公司法》的规定，整体改建为有限责任公司(含国有独资公司)或股份有限公司，有限责任公司整体改建为股份有限公司，股份有限公司整体改建为有限责任公司的，对改建后的公司承受原企业土地、房屋权属，免征契税。上述所称整体改建是指不改变原企业的投资主体，并承继原企业权利、义务的行为。

非公司制国有独资企业或国有独资有限责任公司，以其部分资产与他人组建新公司，且该国有独资企业(公司)在新设公司中所占股份超过50%的，对新设公司承受该国有独资企业(公司)的土地、房屋权属，免征契税。

国有控股公司以部分资产投资组建新公司，且该国有控股公司占新公司股份超过85%的，对新公司承受该国有控股公司土地、房屋权属，免征契税。上述所称国有控股公司，是指国家出资额占有限责任公司资本总额超过50%，或国有股份占股份有限公司股本总额超过50%的公司。

二、公司股权(股份)转让

在股权(股份)转让中，单位、个人承受公司股权(股份)，公司土地、房屋权属不发生转移，不征收契税。

三、公司合并

两个或两个以上的公司，依据法律规定、合同约定，合并为一个公司，且原投资主体存续的，对其合并后的公司承受原合并各方的土地、房屋权属，免征契税。

四、公司分立

公司依照法律规定、合同约定分设为两个或两个以上与原公司投资主体相同的公司，对派生方、新设方承受原企业土地、房屋权属，免征契税。

五、企业出售

国有、集体企业整体出售，被出售企业法人予以注销，并且买受人按照《中华人民共和国劳动法》等国家有关法律法规政策妥善安置原企业全部职工，与原企业全部职工签订服务年限不少于三年的劳动用工合同的，对其承受所购企业的土地、房屋权属，免征契税；与原企业超过30%的职工签订服务年限不少于三年的劳动用工合同的，减半征收契税。

六、企业破产

企业依照有关法律、法规规定实施破产，债权人(包括破产企业职工)承受破产企业抵偿债务的土地、房屋权属，免征契税；对非债权人承受破产企业土地、房屋权属，凡按照《中华人民共和国劳动法》等国家有关法律法规政策妥善安置原企业全部职工，与原企业全部职工签订服务年限不少于三年的劳动用工合同的，对其承受所购企业的土地、房屋权属，免征契税；与原企业超过30%的职工签订服务年限不少于三年的劳动用工合同的，减半征收契税。

七、债权转股权

经国务院批准实施债权转股权的企业，对债权转股权后新设立的公司承受原企业的土地、房屋权属，免征契税。

八、资产划转

对承受县级以上人民政府或国有资产管理部门按规定进行行政性调整、划转国有土地、房屋权属的单位，免征契税。

同一投资主体内部所属企业之间土地、房屋权属的划转，包括母公司与其全资子公司之间，同一公司所属全资子公司之间，同一自然人与其设立的个人独资企业、一人有限公司之间土地、房屋权属的划转，免征契税。

九、事业单位改制

事业单位按照国家有关规定改制为企业的过程中，投资主体没有发生变化的，对改制后的企业承受原事业单位土地、房屋权属，免征契税。投资主体发生变化的，改制后的企业按照《中华人民共和国劳动法》等有关法律法规妥善安置原事业单位全部职工，与原事业单位全部职工签订服务年限不少于三年劳动用工合同的，对其承受原事业单位的土地、房屋权属，免征契税；与原事业单位超过30％的职工签订服务年限不少于三年劳动用工合同的，减半征收契税。

十、其他

以出让方式或国家作价出资（入股）方式承受原改制重组企业、事业单位划拨用地的，不属上述规定的免税范围，对承受方应按规定征收契税。

本通知所称企业、公司是指依照中华人民共和国有关法律法规设立并在中国境内注册的企业、公司。

本通知执行期限为2012年1月1日至2014年12月31日。《财政部 国家税务总局关于企业改制重组若干契税政策的通知》(财税〔2008〕175号)、《财政部 国家税务总局关于事业单位改制有关契税政策的通知》(财税〔2010〕22号)以及《国家税务总局关于企业改制重组契税政策若干执行问题的通知》(国税发〔2009〕89号)同时废止。

财政部 国家税务总局

二○一二年一月十二日

财政部 国家税务总局关于企业以售后回租方式进行融资等有关契税政策的通知

财税〔2012〕82号

各省、自治区、直辖市、计划单列市财政厅（局）、地方税务局，西藏、宁夏、青海省（自治区）国家税务局，新疆生产建设兵团财务局：

经研究，现就近期各地反映的契税政策执行中若干问题通知如下：

一、对金融租赁公司开展售后回租业务，承受承租人房屋、土地权属的，照章征税。对售后回租合同期满，承租人回购原房屋、土地权属的，免征契税。

二、以招拍挂方式出让国有土地使用权的，纳税人为最终与土地管理部门签订出让合同的土地使用权承受人。

三、市、县级人民政府根据《国有土地上房屋征收与补偿条例》有关规定征收居民房屋，居民因个人房屋被征收而选择货币补偿用以重新购置房屋，并且购房成交价格不超过货币补偿的，对新购房屋免征契税；购房成交价格超过货币补偿的，对差价部分按规定征收契税。居民因个人房屋被征收而选择房屋产权调换，并且不缴纳房屋产权调换差价的，对新换房屋免征契税；缴纳房屋产权调换差价的，对差价部分按规定征收契税。

四、企业承受土地使用权用于房地产开发，并在该土地上代政府建设保障性住房的，计税价格为取得全部土地使用权的成交价格。

五、单位、个人以房屋、土地以外的资产增资，相应扩大其在被投资公司的股权持有比例，无论被投资公司是否变更工商登记，其房屋、土地权属不发生转移，不征收契税。

六、个体工商户的经营者将其个人名下的房屋、土地权属转移至个体工商户名下，或个体工商户将其名下的房屋、土地权属转回原经营者个人名下，免征契税。

合伙企业的合伙人将其名下的房屋、土地权属转移至合伙企业名下，或合伙企业将其名下的房屋、土地权属转回原合伙人名下，免征契税。

本通知自发文之日起执行。《财政部 国家税务总局关于城镇房屋拆迁有关税收政策的通知》（财税〔2005〕45 号）第二条同时废止。

财政部 国家税务总局
2012 年 12 月 6 日

财政部 国家税务总局关于夫妻之间房屋土地权属变更有关契税政策的通知

财税〔2014〕4 号

各省、自治区、直辖市、计划单列市财政厅（局）、地方税务局，西藏、宁夏、青海省（自治区）国家税务局，新疆生产建设兵团财务局：

经研究，现将夫妻之间房屋、土地权属变更有关契税政策通知如下：

在婚姻关系存续期间，房屋、土地权属原归夫妻一方所有，变更为夫妻双方共有或另一方所有的，或者房屋、土地权属原归夫妻双方共有，变更为其中一方所有的，或者房屋、土地权属原归夫妻双方共有，双方约定、变更共有份额的，免征契税。

本通知自发布之日起施行。《财政部 国家税务总局关于房屋 土地权属由夫妻一方所有变更为夫妻双方共有契税政策的通知》（财税〔2011〕82 号）同时废止。

财政部 国家税务总局
2013 年 12 月 31 日

财政部 国家税务总局关于进一步支持企业事业单位改制重组有关契税政策的通知

财税〔2015〕37 号

各省、自治区、直辖市、计划单列市财政厅（局）、地方税务局，西藏、宁夏、青海省（自治区）国家税务局，新疆生产建设兵团财务局：

为贯彻落实《国务院关于进一步优化企业兼并重组市场环境的意见》（国发〔2014〕14 号），继续支持企业、事业单位改制重组，现就企业、事业单位改制重组涉及的契税政策通知如下：

一、企业改制

企业按照《中华人民共和国公司法》有关规定整体改制，包括非公司制企业改制为有限责任公司或股份有限公司，有限责任公司变更为股份有限公司，股份有限公司变更为有限责任公司，原企业投资主体存续并在改制（变更）后的公司中所持股权（股份）比例超过 75%，且改制（变更）后公司承继原企业权利、义务的，对改制（变更）后公司承受原企业土地、房屋权属，免征契税。

二、事业单位改制

事业单位按照国家有关规定改制为企业，原投资主体存续并在改制后企业中出资（股权、股份）比例超过 50%的，对改制后企业承受原事业单位土地、房屋权属，免征契税。

三、公司合并

两个或两个以上的公司，依照法律规定、合同约定，合并为一个公司，且原投资主体存续的，对合并后公司承受原合并各方土地、房屋权属，免征契税。

四、公司分立

公司依照法律规定、合同约定分立为两个或两个以上与原公司投资主体相同的公司，对分立后公司承受原公司土地、房屋权属，免征契税。

五、企业破产

企业依照有关法律法规规定实施破产，债权人（包括破产企业职工）承受破产企业抵偿债务的土地、房屋权属，免征契税；对非债权人承受破产企业土地、房屋权属，凡按照《中华人民共和国劳动法》等国家有关法律法规政策妥善安置原企业全部职工，与原企业全部职工签订服务年限不少于三年的劳动用工合同的，对其承受所购企业土地、房屋权属，免征契税；与原企业超过30%的职工签订服务年限不少于三年的劳动用工合同的，减半征收契税。

六、资产划转

对承受县级以上人民政府或国有资产管理部门按规定进行行政性调整、划转国有土地、房屋权属的单位，免征契税。

同一投资主体内部所属企业之间土地、房屋权属的划转，包括母公司与其全资子公司之间，同一公司所属全资子公司之间，同一自然人与其设立的个人独资企业、一人有限公司之间土地、房屋权属的划转，免征契税。

七、债权转股权

经国务院批准实施债权转股权的企业，对债权转股权后新设立的公司承受原企业的土地、房屋权属，免征契税。

八、划拨用地出让或作价出资

以出让方式或国家作价出资（入股）方式承受原改制重组企业、事业单位划拨用地的，不属上述规定的免税范围，对承受方应按规定征收契税。

九、公司股权（股份）转让

在股权（股份）转让中，单位、个人承受公司股权（股份），公司土地、房屋权属不发生转移，不征收契税。

十、有关用语含义

本通知所称企业、公司，是指依照我国有关法律法规设立并在中国境内注册的企业、公司。

本通知所称投资主体存续，是指原企业、事业单位的出资人必须存在于改制重组后的企业，出资人的出资比例可以发生变动；投资主体相同，是指公司分立前后出资人不发生变动，出资人的出资比例可以发生变动。

本通知自2015年1月1日起至2017年12月31日执行。本通知发布前，企业、事业单位改制重组过程中涉及的契税尚未处理的，符合本通知规定的可按本通知执行。

财政部 国家税务总局

2015年3月31日

国家税务总局关于契税纳税申报有关问题的公告

国家税务总局公告2015年第67号

根据房地产权属转移契税征管中遇到的实际情况，现将下列情形契税纳税申报有关问题公告如下：

一、根据人民法院、仲裁委员会的生效法律文书发生土地、房屋权属转移，纳税人不能取得销售不动产发票的，可持人民法院执行裁定书原件及相关材料办理契税纳税申报，税务机关应予受理。

二、购买新建商品房的纳税人在办理契税纳税申报时，由于销售新建商品房的房地产开发企业已办理注销税务登记或者被税务机关列为非正常户等原因，致使纳税人不能取得销售不动产发票的，税务机关在核实有关情况后应予受理。

三、本公告自公布之日起施行。

特此公告。

国家税务总局
2015 年 9 月 25 日

关于《国家税务总局关于契税纳税申报有关问题的公告》的解读

一、公告下发背景

《国家税务总局关于实施房地产税收一体化管理若干具体问题的通知》(国税发〔2005〕156 号)规定,纳税人在办理契税纳税申报时,须提交销售不动产发票,否则税务机关不予受理。上述规定在执行中遇到一些契税纳税人确实无法取得销售不动产发票的情形,对于这些情形下,税务机关应否以及如何受理契税纳税人申报等问题有待明确。

二、公告主要内容

公告明确了不再要求契税纳税人在申报时必须提供销售不动产发票的两类情形,并就不同情形下纳税人申报时应提供的材料及税务机关的受理条件提出了要求。具体如下:

第一类情形是,根据人民法院、仲裁委员会的生效法律文书发生的土地、房屋权属转移,契税纳税人不能取得销售不动产发票的情形,比如原产权人已失踪、死亡或者拒不执行等。对此类情形,公告规定,纳税人可持人民法院执行裁定书原件及相关材料办理契税纳税申报,税务机关应予受理。

第二类情形是,购买新建商品房的纳税人在办理契税纳税申报时,由于销售新建商品房的房地产开发企业已办理注销税务登记或者被税务机关列为非正常户等原因,致使纳税人不能取得销售不动产发票的情形。对此类情形,公告规定,税务机关在核实有关情况后应予受理。

三、公告执行

公告规定,本公告自公布之日起执行。需要说明的是,根据实体从旧、程序从新的原则,对于符合本公告规定情形、公告公布之日前曾来办理契税纳税申报未被受理的纳税人,在本公告发布后,也可以按照本公告规定办理契税纳税申报。

国家税务总局关于简化契税办理流程取消(无)婚姻登记记录证明的公告

国家税务总局公告 2015 年第 71 号

为落实国务院关于简化优化公共服务流程,方便群众办事和为基层减负等要求,国家税务总局决定,税务机关在受理契税申报缴税过程中,不再要求纳税人提供(无)婚姻登记记录证明。现将有关事项公告如下:

一、纳税人在申请办理家庭唯一普通住房契税优惠时,无须提供原民政部门开具的(无)婚姻登记记录证明。

二、税务机关在受理纳税人家庭唯一普通住房契税优惠申请时,应当做好纳税人家庭成员状况认定工作。如果纳税人为成年人,可以结合户口簿、结婚(离婚)证等信息判断其婚姻状况。无法做出判断的,可以要求其提供承诺书,就其申报的婚姻状况的真实性做出承诺。如果纳税人为未成年人,可结合户口簿等材料认定家庭成员状况。

三、各级税务机关应当迅速将这一便民措施落实到位,切实做好对一线工作人员的业务培训,确保措施落实不折不扣；同时，应当加强督导检查，及时发现落实过程中出现的问题，发现一起、纠正一起。

四、本公告自公布之日起施行。

特此公告。

国家税务总局
2015 年 10 月 9 日

财政部 国家税务总局关于公共租赁住房税收优惠政策的通知

财税〔2015〕139 号

各省、自治区、直辖市、计划单列市财政厅(局)、地方税务局，西藏、宁夏、青海省(自治区)国家税务局，新疆生产建设兵团财务局：

根据《国务院办公厅关于保障性安居工程建设和管理的指导意见》(国办发〔2011〕45 号)和住房城乡建设部、财政部、国家税务总局等部门《关于加快发展公共租赁住房的指导意见》(建保〔2010〕87 号)等文件精神，决定继续对公共租赁住房建设和运营给予税收优惠。现将有关政策通知如下：

……

三、对公共租赁住房经营管理单位购买住房作为公共租赁住房，免征契税、印花税；对公共租赁住房租赁双方免征签订租赁协议涉及的印花税。

……

八、享受上述税收优惠政策的公共租赁住房是指纳入省、自治区、直辖市、计划单列市人民政府及新疆生产建设兵团批准的公共租赁住房发展规划和年度计划，并按照《关于加快发展公共租赁住房的指导意见》(建保〔2010〕87 号)和市、县人民政府制定的具体管理办法进行管理的公共租赁住房。

九、本通知执行期限为 2016 年 1 月 1 日至 2018 年 12 月 31 日。

财政部 国家税务总局
2015 年 12 月 30 日

财政部 国家税务总局 住房城乡建设部关于调整房地产交易环节契税营业税优惠政策的通知

财税〔2016〕23 号

各省、自治区、直辖市、计划单列市财政厅(局)、地方税务局、住房城乡建设厅(建委、房地局)，西藏、宁夏、青海省(自治区)国家税务局，新疆生产建设兵团财务局、建设局：

根据国务院有关部署，现就调整房地产交易环节契税、营业税优惠政策通知如下：

一、关于契税政策

(一)对个人购买家庭唯一住房(家庭成员范围包括购房人、配偶以及未成年子女，下同)，面积为 90 平方米及以下的，减按 1%的税率征收契税；面积为 90 平方米以上的，减按 1.5%的税率征收契税。

(二)对个人购买家庭第二套改善性住房，面积为 90 平方米及以下的，减按 1%的税率征收契税；面积为 90 平方米以上的，减按 2%的税率征收契税。

家庭第二套改善性住房是指已拥有一套住房的家庭，购买的家庭第二套住房。

(三)纳税人申请享受税收优惠的，根据纳税人的申请或授权，由购房所在地的房地产主管部门出具纳税人家庭住房情况书面查询结果,并将查询结果和相关住房信息及时传递给税务机关。暂不具备查询条件而不能提供家庭住房查询结果的,纳税人应向税务机关提交家庭住房实有套数书面诚信保证,诚信保证不实的,属于虚假纳税申报,按照《中华人民共和国税收征收管理法》的有关规定处理,并将不诚信记录纳入个人征信系统。

按照便民、高效原则,房地产主管部门应按规定及时出具纳税人家庭住房情况书面查询结果,税务机关应对纳税人提出的税收优惠申请限时办结。

(四)具体操作办法由各省、自治区、直辖市财政、税务、房地产主管部门共同制定。

二、关于营业税政策

个人将购买不足 2 年的住房对外销售的,全额征收营业税;个人将购买 2 年以上(含 2 年)的住房对外销售的,免征营业税。

办理免税的具体程序、购买房屋的时间、开具发票、非购买形式取得住房行为及其他相关税收管理规定,按照《国务院办公厅转发建设部等部门关于做好稳定住房价格工作意见的通知》(国办发〔2005〕26 号)、《国家税务总局 财政部 建设部关于加强房地产税收管理的通知》(国税发〔2005〕89 号)和《国家税务总局关于房地产税收政策执行中几个具体问题的通知》(国税发〔2005〕172 号)的有关规定执行。

三、关于实施范围

北京市、上海市、广州市、深圳市暂不实施本通知第一条第二项契税优惠政策及第二条营业税优惠政策,上述城市个人住房转让营业税政策仍按照《财政部 国家税务总局关于调整个人住房转让营业税政策的通知》(财税〔2015〕39 号)执行。

上述城市以外的其他地区适用本通知全部规定。

本通知自 2016 年 2 月 22 日起执行。

财政部 国家税务总局 住房城乡建设部
2016 年 2 月 17 日

财政部 国家税务总局关于继续实行农村饮水安全工程建设运营税收优惠政策的通知

财税〔2016〕19 号

各省、自治区、直辖市、计划单列市财政厅(局)、国家税务局、地方税务局,新疆生产建设兵团财务局:

为支持农村饮水安全工程(以下简称饮水工程)巩固提升,经国务院批准,继续对饮水工程的建设、运营给予税收优惠。现将有关政策通知如下:

一、对饮水工程运营管理单位为建设饮水工程而承受土地使用权,免征契税。

……

六、本文所称饮水工程,是指为农村居民提供生活用水而建设的供水工程设施。本文所称饮水工程运营管理单位,是指负责饮水工程运营管理的自来水公司、供水公司、供水(总)站(厂、中心)、村集体、农民用水合作组织等单位。

对于既向城镇居民供水,又向农村居民供水的饮水工程运营管理单位,依据向农村居民供水收入占总供水收入的比例免征增值税;依据向农村居民供水量占总供水量的比例免征契税、印花税、房产税和城镇土地使用税。无法提供具体比例或所提供数据不实的,不得享受上述税收优惠政策。

七、符合上述减免税条件的饮水工程运营管理单位需持相关材料向主管税务机关办理备案手续。

八、上述政策(第五条除外)自 2016 年 1 月 1 日至 2018 年 12 月 31 日执行。

财政部 国家税务总局
2016 年 2 月 25 日

财政部 国家税务总局关于营改增后契税 房产税 土地增值税 个人所得税计税依据问题的通知

财税〔2016〕43 号

各省、自治区、直辖市、计划单列市财政厅(局)、地方税务局，西藏、宁夏、青海省(自治区)国家税务局，新疆生产建设兵团财务局：

经研究，现将营业税改征增值税后契税、房产税、土地增值税、个人所得税计税依据有关问题明确如下：

一、计征契税的成交价格不含增值税。

……

五、免征增值税的，确定计税依据时，成交价格、租金收入、转让房地产取得的收入不扣减增值税额。

六、在计征上述税种时，税务机关核定的计税价格或收入不含增值税。

本通知自 2016 年 5 月 1 日起执行。

财政部 国家税务总局

2016 年 4 月 25 日

第四编
行为税法

第十七部分 中华人民共和国印花税法

中华人民共和国印花税暂行条例

国务院令第11号

第一条 在中华人民共和国境内书立、领受本条例所列举凭证的单位和个人，都是印花税的纳税义务人(以下简称纳税人)，应当按照本条例规定缴纳印花税。

【注释】 相关规定包括：《国家税务总局关于货运凭证征收印花税几个具体问题的通知》(国税发〔1990〕173号)、《国家税务总局关于物资订货合同印花税确定纳税人问题的批复》(国税函发〔1991〕1415号)、《财政部 国家税务总局关于外国石油公司参与煤层气开采所适用税收政策问题的通知》(财税〔1996〕62号)、《国家税务总局铁道部关于铁路货运凭证印花税若干问题的通知》(国税发〔2006〕101号)。

第二条 下列凭证为应纳税凭证：

1. 购销、加工承揽、建设工程承包、财产租赁、货物运输、仓储保管、借款、财产保险、技术合同或者具有合同性质的凭证；
2. 产权转移书据；
3. 营业账簿；
4. 权利、许可证照；
5. 经财政部确定征税的其他凭证。

【注释】 相关规定包括：《国家税务总局关于印花税若干具体问题的规定》(国税地〔1988〕25号)、《国家税务总局关于外国银行分行营运资金缴纳印花税问题的批复》(国税函〔2002〕104号)、《国家税务总局关于对借款合同贴花问题的具体规定》(国税地〔1988〕30号)、《财政部 国家税务总局关于全国社会保障基金有关印花税政策的通知》(财税〔2003〕134号)、《国家税务总局关于办理上市公司国有股权无偿转让暂不征收证券(股票)交易印花税有关审批事项的通知》(国税函〔2004〕941号)。

第三条 纳税人根据应纳税凭证的性质，分别按比例税率或者按件定额计算应纳税额。具体税率、税额的确定，依照本条例所附《印花税税目税率表》执行。

应纳税额不足一角的，免纳印花税。

应纳税额在一角以上的，其税额尾数不满五分的不计，满五分的按一角计算缴纳。

【注释】 相关规定包括：《国家税务总局关于对技术合同征收印花税问题的通知》(国税地〔1989〕34号)、《国家税务总局关于家庭财产两全保险合同征收印花税问题的批复》(国税地〔1989〕77号)、《国家税务总局关于对“拨改贷”借款合同征收印花税问题的复函》(国税地〔1989〕110号)、《国家税务总局关于改变保险合同印花税计税办法的通知》(国税函发〔1990〕428号)、《国家税务总局关于各种要货单据征收印花税问题的批复》(国税函发〔1990〕994号)、《国家税务总局地方税管理司关于改变保险合同计税依据适用范围的批复》(国税地函发〔1990〕20号)、《国家税务总局关于印花税若干具体问题的解释和规定的通知》(国税发〔1991〕155号)、《国家税务总局关于“集体土地建设用地使用权登记证”贴花问题的批复》(国税函发〔1991〕1268号)、《国家税务总局关于飞机租赁合同征收印花税问题的批复》(国税函发〔1992〕1145号)、《国家税务总局关于船舶保险合同印花税征免问题的批复》(国税函发〔1993〕674号)、《国家税务总局关于外商投资企业的订单要货单据征收印花税问题的批复》(国税函发〔1997〕505号)、《财政部 国家税务总局关于证券投资基金税收问题的通知》(财税〔1998〕55号)、《国家税务总局关于上市公司国有股权无偿转让征收证券(股票)交易印花税问题的通知》(国税发〔1999〕124号)、《财政部 国家税务总局关于开放式证券投资基金有关税收问题的通知》(财税〔2002〕128号)。

第四条 下列凭证免纳印花税：

1. 已缴纳印花税的凭证的副本或者抄本；

2. 财产所有人将财产赠给政府、社会福利单位、学校所立的书据；

3. 经财政部批准免税的其他凭证。

【注释】 相关规定包括：《国家税务总局关于对水库水工建筑物原值征收印花税问题的批复》（国税地〔1989〕97 号）、《国家税务总局关于图书、报刊等征订凭证征免印花税问题的通知》（国税地〔1989〕142 号）、《国家税务总局关于货运凭证征收印花税几个具体问题的通知》（国税发〔1990〕173 号）、《财政部 国家税务总局关于企业改制过程中有关印花税政策的通知》（财税〔2003〕183 号）、《财政部 国家税务总局关于教育税收政策的通知》（财税〔2004〕39 号）、《国家税务总局关于办理上市公司国有股权无偿转让暂不征收证券（股票）交易印花税有关审批事项的通知》（国税函〔2004〕941 号）、《财政部 国家税务总局关于对买卖封闭式证券投资基金继续予以免征印花税的通知》（财税〔2004〕173 号）、《财政部 国家税务总局关于证券投资者保护基金有关印花税政策的通知》（财税〔2006〕104 号）。

第五条 印花税实行由纳税人根据规定自行计算应纳税额，购买并一次贴足印花税票（以下简称贴花）的缴纳办法。

为简化贴花手续，应纳税额较大或者贴花次数频繁的，纳税人可向税务机关提出申请，采取以缴款书代替贴花或者按期汇总缴纳的办法。

【注释】 相关规定包括：《国家税务总局关于印花税若干具体问题的规定》（国税地〔1988〕25 号）、《国家税务总局关于汇总缴纳印花税税额计算问题的通知》（国税函发〔1990〕433 号）、《国家税务总局关于货运凭证征收印花税几个具体问题的通知》（国税发〔1990〕173 号）。

第六条 印花税票应当粘贴在应纳税凭证上，并由纳税人在每枚税票的骑缝处盖戳注销或者画销。

已贴用的印花税票不得重用。

【注释】 相关规定包括：《国家税务总局国家工商行政管理局关于营业执照、商标注册证粘贴印花税票问题的通知》（国税地〔1989〕113 号）。

应纳税凭证应当于书立或者领受时贴花。

【注释】 相关规定包括：《国家税务总局关于印花税若干具体问题的规定》（国税地〔1988〕25 号）、《国家税务总局关于借贷业务应纳印花税凭证问题的批复》（国税函发〔1991〕1081 号）。

第八条 同一凭证，由两方或者两方以上当事人签订并各执一份的，应当由各方就所执的一份各自全额贴花。

【注释】 相关规定包括：《国家税务总局关于印花税若干具体问题的规定》（国税地〔1988〕25 号）。

第九条 已贴花的凭证，修改后所载金额增加的，其增加部分应当补贴印花税票。

第十条 印花税由税务机关负责征收管理。

【注释】 相关规定包括：《国家税务总局关于对金融系统营业账簿贴花问题的具体规定》（国税地〔1988〕28 号）、《国家税务总局关于中国银行营运资金印花税纳税地点问题的批复》（国税函发〔1990〕1383 号）、《国家税务总局关于订货会所签合同印花税缴纳地点问题的通知》（国税函发〔1991〕1187 号）。

第十一条 印花税票由国家税务局监制。票面金额以人民币为单位。

第十二条 发放或者办理应纳税凭证的单位，负有监督纳税人依法纳税的义务。

第十三条 纳税人有下列行为之一的，由税务机关根据情节轻重，予以处罚：

1. 在应纳税凭证上未贴或者少贴印花税票的，税务机关除责令其补贴印花税票外，可处以应补贴印花税票金额 20 倍以下的罚款；

2. 违反本条例第六条第一款规定的，税务机关可处以未注销或者画销印花税票金额 10 倍以下的罚款；

3. 违反本条例第六条第二款规定的，税务机关可处以重用印花税票金额 30 倍以下的罚款。

伪造印花税票的，由税务机关提请司法机关依法追究刑事责任。

【注释】 相关规定包括：《财政部 国家税务总局关于印花税违章处罚问题的通知》（财税〔1994〕65 号）、《国家税务总局关于印花税违章处罚有关问题的通知》（国税发〔2004〕15 号）。

第十四条 印花税的征收管理，除本条例规定者外，依照《中华人民共和国税收征收管理暂行条例》的有关规定执行。

【注释】 相关规定包括:《国家税务总局关于明确国家开发银行分行营业账簿和贷款合同印花税缴纳方式的通知》(国税函〔2000〕1060 号)、《国家税务总局铁道部关于铁路货运凭证印花税若干问题的通知》(国税发〔2006〕101 号)。

第十五条 本条例由财政部负责解释;施行细则由财政部制定。

第十六条 本条例自 1988 年 10 月 1 日起施行。

【注释】 相关规定包括:《国家税务总局关于对印花税暂行条例施行前书立、领受的凭证贴花问题的规定》(国税地〔1988〕13 号)。

附件:

印花税税目税率表

税目	范围	税率	纳税义务人	说明
1. 购销合同	包括供应、预购、采购、购销、结合及协作、调剂、补偿、易货等合同	按购销金额 0.3‰贴花	立合同人	
2. 加工承揽合同	包括加工、定作、修缮、修理、印刷广告、测绘、测试等合同	按加工或承揽收入 0.5‰贴花	立合同人	
3. 建设工程勘察设计合同	包括勘察、设计合同	按收取费用 0.5‰贴花	立合同人	
4. 建筑安装工程承包合同	包括建筑、安装工程承包合同	按承包金额 0.3‰贴花	立合同人	
5. 财产租赁合同	包括租赁房屋、船舶、飞机、机动车辆、机械、器具、设备等合同	按租赁金额 1‰贴花。税额不足 1 元,按 1 元贴花	立合同人	
6. 货物运输合同	包括民用航空、铁路运输、海上运输、内河运输、公路运输和联运合同	按运输费用 0.5‰贴花	立合同人	单据作为合同使用的,按合同贴花
7. 仓储保管合同	包括仓储、保管合同	按仓储保管费用 1‰贴花	立合同人	仓单或栈单作为合同使用的,按合同贴花
8. 借款合同	银行及其他金融组织和借款人(不包括银行同业拆借)所签订的借款合同	按借款金额 0.05‰贴花	立合同人	单据作为合同使用的,按合同贴花
9. 财产保险合同	包括财产、责任、保证、信用等保险合同	按保险费收入 1‰贴花	立合同人	单据作为合同使用的,按合同贴花
10. 技术合同	包括技术开发、转让、咨询、服务等合同	按所载金额 0.3‰贴花	立合同人	
11. 产权转移书据	包括财产所有权和版权、商标专用权、专利权、专有技术使用权等转移书据、土地使用权出让合同、土地使用权转让合同、商品房销售合同	按所载金额 0.5‰贴花	立据人	

（续表）

税　目	范　围	税　率	纳税义务人	说　明
12. 营业账簿	生产经营用账册	记载资金的账簿，按实收资本和资本公积的合计金额 0.5‰贴花。其他账簿按件贴花 5 元	立账簿人	
13. 权利许可证照	包括政府部门发给的房屋产权证、工商营业执照、商标注册证、专利证、土地使用证	按件贴花 5 元	领受人	

中华人民共和国印花税暂行条例施行细则

财税〔1988〕255 号

第一条　本施行细则依据《中华人民共和国印花税暂行条例》（以下简称条例）第十五条的规定制定。

第二条　条例第一条所说的在中华人民共和国境内书立、领受本条例所列举凭证，是指在中国境内具有法律效力，受中国法律保护的凭证。

上述凭证无论在中国境内或者境外书立，均应依照条例规定贴花。

条例第一条所说的单位和个人，是指国内各类企业、事业、机关、团体、部队以及中外合资企业、合作企业、外资企业、外国公司企业和其他经济组织及其在华机构等单位和个人。

凡是缴纳工商统一税的中外合资企业、合作企业、外资企业、外国公司企业和其他经济组织，其缴纳的印花税，可以从所缴纳的工商统一税中如数抵扣。

【注释】　相关规定包括：《国家税务总局关于物资订货合同印花税确定纳税人问题的批复》（国税函发〔1991〕1415 号）。

第三条　条例第二条所说的建设工程承包合同，是指建设工程勘察设计合同和建筑安装工程承包合同。

建设工程承包合同包括总包合同、分包合同和转包合同。

【注释】　相关规定包括：《国家税务总局关于印花税若干具体问题的规定》（国税地〔1988〕25 号）。

第四条　条例第二条所说的合同，是指根据《中华人民共和国经济合同法》、《中华人民共和国涉外经济合同法》和其他有关合同法规订立的合同。

具有合同性质的凭证，是指具有合同效力的协议、契约、合约、单据、确认书及其他各种名称的凭证。

【注释】　相关规定包括：《国家税务总局关于印花税若干具体问题的规定》（国税地〔1988〕25 号）。

第五条　条例第二条所说的产权转移书据，是指单位和个人产权的买卖、继承、赠与、交换、分割等所立的书据。

【注释】　相关规定包括：《国家税务总局关于印花税若干具体问题的规定》（国税地〔1988〕25 号）。

第六条　条例第二条所说的营业账簿，是指单位或者个人记载生产经营活动的财务会计核算账簿。

【注释】　相关规定包括：《国家税务总局关于印花税若干具体问题的规定》（国税地〔1988〕25 号）、《国家税务总局关于对金融系统营业账簿贴花问题的具体规定》（国税地〔1988〕28 号）。

第七条　税目税率表中的记载资金的账簿，是指载有固定资产原值和自有流动资金的总分类账簿，或者专门设置的记载固定资产原值和自有流动资金的账簿。

其他账簿，是指除上述账簿以外的账簿，包括日记账簿和各明细分类账簿。

【注释】　相关规定包括：《国家税务总局关于印花税若干具体问题的规定》（国税地〔1988〕25 号）、《国家税务总局关于对保险公司征收印花税有关问题的通知》(国税地〔1988〕37号)、《国家税务总局关于对特种储备资金不征收印花税问题的通知》(国税地〔1989〕18号)、《国家税务总局关于对水库水工建筑物原值征收印花税问题的批复》(国税地〔1989〕97号)。

第八条 记载资金的账簿按固定资产原值和自有流动资金总额贴花后,以后年度资金总额比已贴花资金总额增加的,增加部分应按规定贴花。

【注释】 相关规定包括:《国家税务总局关于印花税若干具体问题的规定》(国税地〔1988〕25号)、《国家税务总局关于对金融系统营业账簿贴花问题的具体规定》(国税地〔1988〕28号)、《国家税务总局关于对保险公司征收印花税有关问题的通知》(国税地〔1988〕37号)、《国家税务总局关于对特种储备资金不征收印花税问题的通知》(国税地〔1989〕18号)、《国家税务总局关于投资银行系统资金账簿缴纳印花税问题的复函》(国税函发〔1993〕8号)、《国家税务总局关于明确国家开发银行分行营业账簿和贷款合同印花税缴纳方式的通知》(国税函〔2000〕1060号)、《财政部 国家税务总局关于企业改制过程中有关印花税政策的通知》(财税〔2003〕183号)。

第九条 税目税率表中自有流动资金的确定,按有关财务会计制度的规定执行。

【注释】 相关规定包括:《国家税务总局关于资金账簿印花税问题的通知》(国税发〔1994〕25号)。

第十条 印花税只对税目税率表中列举的凭证和经财政部确定征税的其他凭证征税。

【注释】 相关规定包括:《国家税务总局关于资金账簿印花税问题的通知》(国税发〔1994〕25号)。

第十一条 条例第四条所说的已缴纳印花税的凭证的副本或者抄本免纳印花税,是指凭证的正式签署本已按规定缴纳了印花税,其副本或者抄本对外不发生权利义务关系,仅备存查的免贴印花。

以副本或者抄本视同正本使用的,应另贴印花。

【注释】 相关规定包括:《国家税务总局关于对借款合同贴花问题的具体规定》(国税地〔1988〕30号)。

第十二条 条例第四条所说的社会福利单位,是指抚养孤老伤残的社会福利单位。

第十三条 根据条例第四条第(3)款规定,对下列凭证免纳印花税:

1. 国家指定的收购部门与村民委员会、农民个人书立的农副产品收购合同;

2. 无息、贴息贷款合同;

3. 外国政府或者国际金融组织向我国政府及国家金融机构提供优惠贷款所书立的合同。

【注释】 相关规定包括:《国家税务总局关于中国人民银行向专业银行发放贷款所签合同征免印花税问题的批复》(国税函发〔1993〕705号)、《财政部 国家税务总局关于国家开发银行缴纳印花税问题的复函》(财税〔1995〕47号)、《财政部 国家税务总局关于农业发展银行缴纳印花税问题的复函》(财税〔1996〕55号)、《财政部 国家税务总局关于股权分置试点改革有关税收政策问题的通知》(财税〔2005〕103号)、《财政部 国家税务总局关于印花税若干政策的通知》(财税〔2006〕162号)。

第十四条 条例第七条所说的书立或者领受时贴花,是指在合同的签订时、书据的立据时、账簿的启用时和证照的领受时贴花。

如果合同在国外签订的,应在国内使用时贴花。

第十五条 条例第八条所说的当事人,是指对凭证有直接权利义务关系的单位和个人,不包括保人、证人、鉴定人。

税目税率表中的立合同人,是指合同的当事人。

当事人的代理人有代理纳税的义务。

第十六条 产权转移书据由立据人贴花,如未贴或者少贴印花,书据的持有人应负责补贴印花。所立书据以合同方式签订的,应由持有书据的各方分别按全额贴花。

第十七条 同一凭证,因载有两个或者两个以上经济事项而适用不同税目税率,如分别记载金额的,应分别计算应纳税额,相加后按合计税额贴花;如未分别记载金额的,按税率高的计税贴花。

第十八条 按金额比例贴花的应税凭证,未标明金额的,应按照凭证所载数量及国家牌价计算金额;没有国家牌价的,按市场价格计算金额,然后按规定税率计算应纳税额。

第十九条 应纳税凭证所载金额为外国货币的,纳税人应按照凭证书立当日的中华人民共和国国家外汇管理局公布的外汇牌价折合人民币,计算应纳税额。

【注释】 相关规定包括:《国家税务总局关于飞机租赁合同征收印花税问题的批复》(国税函发〔1992〕

1145号)。

第二十条 应纳税凭证粘贴印花税票后应即注销。纳税人有印章的,加盖印章注销;纳税人没有印章的,可用钢笔(圆珠笔)画几条横线注销。注销标记应与骑缝处相交。骑缝处是指粘贴的印花税票与凭证及印花税票之间的交接处。

第二十一条 一份凭证应纳税额超过五百元的,应向当地税务机关申请填写缴款书或者完税证,将其中一联粘贴在凭证上或者由税务机关在凭证上加注完税标记代替贴花。

第二十二条 同一种类应纳税凭证,需频繁贴花的,应向当地税务机关申请按期汇总缴纳印花税。

税务机关对核准汇总缴纳印花税的单位,应发给汇缴许可证。汇总缴纳的限期限额由当地税务机关确定,但最长期限不得超过一个月。

【注释】 相关规定包括:《财政部 国家税务总局关于改变印花税按期汇总缴纳管理办法的通知》(财税〔2004〕170号)。

第二十三条 凡汇总缴纳印花税的凭证,应加注税务机关指定的汇缴戳记、编号并装订成册后,将已贴印花或者缴款书的一联黏附册后,盖章注销,保存备查。

第二十四条 凡多贴印花税票者,不得申请退税或者抵用。

第二十五条 纳税人对纳税凭证应妥善保存。凭证的保存期限,凡国家已有明确规定的,按规定办;其余凭证均应在履行完毕后保存一年。

第二十六条 纳税人对凭证不能确定是否应当纳税的,应及时携带凭证,到当地税务机关鉴别。

纳税人同税务机关对凭证的性质发生争议的,应检附该凭证报请上一级税务机关核定。

第二十七条 条例第十二条所说的发放或者办理应纳税凭证的单位,是指发放权利、许可证照的单位和办理凭证的鉴证、公证及其他有关事项的单位。

第二十八条 条例第十二条所说的负有监督纳税人依法纳税的义务,是指发放或者办理应纳税凭证的单位应对以下纳税事项监督:

1. 应纳税凭证是否已粘贴印花;
2. 粘贴的印花是否足额;
3. 粘贴的印花是否按规定注销。

对未完成以上纳税手续的,应督促纳税人当场贴花。

第二十九条 印花税票的票面金额以人民币为单位,分为壹角、贰角、伍角、壹元、贰元、伍元、拾元、伍拾元、壹佰元九种。

第三十条 印花税票为有价证券,各地税务机关应按照国家税务局制定的管理办法严格管理,具体管理办法另定。

第三十一条 印花税票可以委托单位或者个人代售,并由税务机关付给代售金额5%的手续费。支付来源从实征印花税款中提取。

第三十二条 凡代售印花税票者,应先向当地税务机关提出代售申请,必要时须提供保证人。税务机关调查核准后,应与代售户签订代售合同,发给代售许可证。

第三十三条 代售户所售印花税票取得的税款,须专户存储,并按照规定的期限,向当地税务机关结报,或者填开专用缴款书直接向银行缴纳。不得逾期不缴或者挪作他用。

第三十四条 代售户领存的印花税票及所售印花税票的税款,如有损失,应负责赔偿。

第三十五条 代售户所领印花税票,除合同另有规定者外,不得转托他人代售或者转至其他地区销售。

第三十六条 对代售户代售印花税票的工作,税务机关应经常进行指导、检查和监督。代售户须详细提供领售印花税票的情况,不得拒绝。

第三十七条 印花税的检查,由税务机关执行。税务人员进行检查时,应当出示税务检查证。纳税人不得以任何借口加以拒绝。

第三十八条 税务人员查获违反条例规定的凭证,应按有关规定处理。如需将凭证带回的,应出具收据,交被检查人收执。

第三十九条 纳税人违反本细则第二十二条规定,超过税务机关核定的纳税期限,未缴或者少缴印花税款的,税务机关除令其限期补缴税款外,并从滞纳之日起,按日加收5‰的滞纳金。

【注释】 相关规定包括:《国家税务总局关于印花税违章处罚有关问题的通知》(国税发〔2004〕15号)。

第四十条 纳税人违反本细则第二十三条规定的,酌情处以五千元以下罚款;情节严重的,撤销其汇缴许可证。

【注释】 相关规定包括:《国家税务总局关于印花税违章处罚有关问题的通知》(国税发〔2004〕15号)。

第四十一条 纳税人违反本细则第二十五条规定的,酌情处以五千元以下罚款。

【注释】 相关规定包括:《国家税务总局关于印花税违章处罚有关问题的通知》(国税发〔2004〕15号)。

第四十二条 代售户违反本细则第三十三条、第三十五条、第三十六条规定的,视其情节轻重,给予警告处分或者取消代售资格。

第四十三条 纳税人不按规定贴花,逃避纳税的,任何单位和个人都有权检举揭发,经税务机关查实处理后,可按规定奖励检举揭发人,并为其保密。

第四十四条 本细则由国家税务局负责解释。

第四十五条 本细则与条例同时施行。

国家税务总局关于印花税若干具体问题的规定

国税地〔1988〕25号

根据《中华人民共和国印花税暂行条例》及其施行细则的规定,结合各地反映的实际情况,现对印花税的若干具体问题规定如下:

1. 对由受托方提供原材料的加工、定作合同,如何贴花?

由受托方提供原材料的加工、定作合同,凡在合同中分别记载加工费金额与原材料金额的,应分别按"加工承揽合同"、"购销合同"计税,两项税额相加数,即为合同应贴印花;合同中不划分加工费金额与原材料金额的,应按全部金额,依照"加工承揽合同"计税贴花。

2. 对商店、门市部的零星加工修理业务开具的修理单,是否贴花?

对商店、门市部的零星加工修理业务开具的修理单,不贴印花。

3. 房地产管理部门与个人订立的租房合同,应否贴印花?

对房地产管理部门与个人订立的租房合同,凡用于生活居住的,暂免贴印花;用于生产经营的,应按规定贴花。

4. 有些技术合同、租赁合同等,在签订时不能计算金额的,如何贴花?

有些合同在签订时无法确定计税金额,如技术转让合同中的转让收入,是按销售收入的一定比例收取或是按实现利润分成的;财产租赁合同,只是规定了月(天)租金标准而却无租赁期限的。对这类合同,可在签订时先按定额五元贴花,以后结算时再按实际金额计税,补贴印花。

5. 对货物运输单、仓储保管单、财产保险单、银行借据等单据,是否贴花?

对货物运输、仓储保管、财产保险、银行借款等,办理一项业务既书立合同,又开立单据的,只就合同贴花;凡不书立合同,只开立单据,以单据作为合同使用的,应按照规定贴花。

6. 运输部门承运快件行李、包裹开具的托运单据,是否贴花?

对铁路、公路、航运、水路承运快件行李、包裹开具的托运单据,暂免贴印花。

7. 不兑现或不按期兑现的合同,是否贴花?

依照印花税暂行条例规定,合同签订时即应贴花,履行完税手续。因此,不论合同是否兑现或能否按期兑现,都一律按照规定贴花。

8. 1988年10月1日开征印花税,以前签订的合同,10月1日以后修改合同增加金额的,是否补贴印花?

凡修改合同增加金额的,应就增加部分补贴印花。对印花税开征前签订的合同,开征后修改合同增加金额的,亦应按增加金额补贴印花。

9. 某些合同履行后,实际结算金额与合同所载金额不一致的,应否补贴印花?

依照印花税暂行条例规定，纳税人应在合同签订时按合同所载金额计税贴花。因此，对已履行并贴花的合同，发现实际结算金额与合同所载金额不一致的，一般不再补贴印花。

10. 企业租赁承包经营合同，是否贴花？

企业与主管部门等签订的租赁承包经营合同，不属于财产租赁合同，不应贴花。

11. 企业、个人出租门店、柜台等签订的合同，是否贴花？

企业、个人出租门店、柜台等签订的合同，属于财产租赁合同，应按照规定贴花。

12. 什么是副本视同正本使用？

纳税人的已缴纳印花税凭证的正本遗失或毁损，而以副本替代的，即为副本视同正本使用，应另贴印花。

13. 如何确定纳税人的自有流动资金？

对纳税人的自有流动资金，应据其所适用的财务会计制度确定。适用国营企业财务会计制度的纳税人，其自有流动资金包括国家拨入的、企业税后利润补充的、其他单位投入以及集资入账形成的流动资金。

适用其他财务会计制度的纳税人，其自有流动资金由各省、自治区、直辖市税务局按照上述原则具体确定。

14. 设置在其他部门、车间的明细分类账，如何贴花？

对采用一级核算形式的，只就财会部门设置的账簿贴花；采用分级核算形式的，除财会部门的账簿应贴花外，财会部门设置在其他部门和车间的明细分类账，亦应按规定贴花。

车间、门市部、仓库设置的不属于会计核算范围或虽属会计核算范围，但不记载金额的登记簿、统计簿、台账等，不贴印花。

15. 对会计核算采用以表代账的，应如何贴花？

对日常用单页表式记载资金活动情况，以表代账的，在未形成账簿(册)前，暂不贴花，待装订成册时，按册贴花。

16. 对记载资金的账簿，启用新账未增加资金的，是否按定额贴花？

凡是记载资金的账簿，启用新账时，资金未增加的，不再按件定额贴花。

17. 对有经营收入的事业单位使用的账簿，应如何贴花？

对有经营收入的事业单位，凡属由国家财政部门拨付事业经费，实行差额预算管理的单位，其记载经营业务的账簿，按其他账簿定额贴花，不记载经营业务的账簿不贴花；凡属经费来源实行自收自支的单位，其营业账簿，应对记载资金的账簿和其他账簿分别按规定贴花。

18. 跨地区经营的分支机构，其营业账簿应如何贴花？

跨地区经营的分支机构使用的营业账簿，应由各分支机构在其所在地缴纳印花税。对上级单位核拨资金的分支机构，其记载资金的账簿按核拨的账面资金数额计税贴花，其他账簿按定额贴花；对上级单位不核拨资金的分支机构，只就其他账簿按定额贴花。为避免对同一资金重复计税贴花，上级单位记载资金的账簿，应按扣除拨给下属机构资金数额后的其余部分计税贴花。

19. 对企业兼并的并入资金是否补贴印花？

经企业主管部门批准的国营、集体企业兼并，对并入单位的资产，凡已按资金总额贴花的，接收单位对并入的资金不再补贴印花。

20. 对微利、亏损企业，可否减免税？

对微利、亏损企业不能减免印花税。但是，对微利、亏损企业记载资金的账簿，第一次贴花数额较大，难以承担的，经当地税务机关批准，可允许在三年内分次贴足印花。

21. 对营业账簿，应在什么位置上贴花？

在营业账簿上贴印花税票，须在账簿首页右上角粘贴，不准粘贴在账夹上。

【注释】 对《印花税暂行条例》第2、5、7、8条进行了解释。对《印花税暂行条例实施细则》第3—8条进行了解释。

国家税务总局关于对借款合同贴花问题的具体规定

国税地〔1988〕30号

根据《中华人民共和国印花税暂行条例》及其施行细则的规定，现将借款合同贴花的有关问题规定如下：

一、关于以填开借据方式取得银行借款的借据贴花问题。目前，各地银行办理信贷业务的手续不够统一，有的只签订合同，有的只填开借据，也有的既签订合同又填开借据。为此规定：凡一项信贷业务既签订借款合同又一次或分次填开借据的，只就借款合同按所载借款金额计税贴花；凡只填开借据并作为合同使用的，应按照借据所载借款金额计税，在借据上贴花。

二、关于对流动资金周转性借款合同的贴花问题。借贷双方签订的流动资金周转性借款合同，一般按年(期)签订，规定最高限额，借款人在规定的期限和最高限额内随借随还。为此，在签订流动资金周转借款合同时，应按合同规定的最高借款限额计税贴花。以后，只要在限额内随借随还，不再签新合同的，就不另贴印花。

三、关于对抵押贷款合同的贴花问题。借款方以财产作抵押，与贷款方签订的抵押借款合同，属于资金信贷业务，借贷双方应按"借款合同"计税贴花。因借款方无力偿还借款而将抵押财产转移给贷款方，应就双方书立的产权转移书据，按"产权转移书据"计税贴花。

四、关于对融资租赁合同的贴花问题。银行及其金融机构经营的融资租赁业务，是一种以融物方式达到融资目的的业务，实际上是分期偿还的固定资金借款。因此，对融资租赁合同，可据合同所载的租金总额暂按"借款合同"计税贴花。

五、关于借款合同中既有应税金额又有免税金额的计税贴花问题。有些借款合同，借款总额中既有应免税的金额，也有应纳税的金额。对这类"混合"借款合同，凡合同中能划分免税金额与应税金额的，只就应税金额计税贴花；不能划分清楚的，应按借款总金额计税贴花。

六、关于对借款方与银团"多头"签订借款合同的贴花问题。在有的信贷业务中，贷方是由若干银行组成的银团，银团各方均承担一定的贷款数额，借款合同由借款方与银团各方共同书立，各执一份合同正本。对这类借款合同，借款方与贷款银团各方应分别在所执合同正本上按各自的借贷金额计税贴花。

七、关于对基建贷款中，先签订分合同，后签订总合同的贴花问题。有些基本建设贷款，先按年度用款计划分年签订借款分合同，在最后一年按总概算签订借款总合同，总合同的借款金额中包括各分合同的借款金额。对这类基建借款合同，应按分合同分别贴花，最后签订的总合同，只就借款总额扣除分合同借款金额后的余额计税贴花。

【注释】 对《印花税暂行条例》第2条进行了解释。对《印花税暂行条例实施细则》第11条进行了解释。

国家税务总局关于对保险公司征收印花税有关问题的通知

国税地〔1988〕37号

根据《中华人民共和国印花税暂行条例》及其施行细则的规定，现将对保险公司征收印花税有关问题，具体明确如下：

一、关于自有流动资金贴花问题。按照保险公司会计制度规定，"保险总准备金"科目反映的资金即为保险公司的自有流动资金。财政拨付的部分，在总公司和省分公司核算，利润中提留的部分，分别在各级公司核算。对保险总准备金，应由各级保险公司按其账面数额计税贴花。

二、关于财产保险合同的贴花问题。目前，保险公司的财产保险分为企业财产保险、机动车辆保险、货物运输保险、家庭财产保险和农牧业保险五大类。为了支持农村保险事业的发展，照顾农牧业生产的负担，除对农林作物、牧业畜类保险合同暂不贴花外，对其他几类财产保险合同均应按照规定计税贴花。其中，家庭财产保险由单位集体办理的，可分别按个人投保金额计税。

三、对责任保险、保证保险和信用保险合同，暂按定额五元贴花。

四、保险公司委托其他单位或者个人代办的保险业务，在与投保方签订保险合同时，应由代办单位或者个人，负责代保险公司办理计税贴花手续。

【注释】 对《印花税暂行条例实施细则》第7、8条进行了解释。

国家税务总局关于对技术合同征收印花税问题的通知

国税地〔1989〕34号

各省、自治区、直辖市税务局、各计划单列省辖市税务局，海洋石油税务管理局各分局：

各地在贯彻印花税暂行条例的过程中，对各类技术合同如何计税贴花，提出了一些问题。经研究，现明确如下：

一、关于技术转让合同的适用税目税率问题

技术转让包括：专利权转让、专利申请权转让、专利实施许可和非专利技术转让。为这些不同类型技术转让所书立的凭证，按照印花税税目税率表的规定，分别适用不同的税目、税率。其中，专利申请权转让，非专利技术转让所书立的合同，适用"技术合同"税目；专利权转让、专利实施许可所书立的合同、书据，适用"产权转移书据"税目。

二、关于技术咨询合同的征税范围问题

技术咨询合同是当事人就有关项目的分析、论证、评价、预测和调查订立的技术合同。有关项目包括：1.有关科学技术与经济、社会协调发展的软科学研究项目；2.促进科技进步和管理现代化，提高经济效益和社会效益的技术项目；3.其他专业项目。对属于这些内容的合同，均应按照"技术合同"税目的规定计税贴花。

至于一般的法律、法规、会计、审计等方面的咨询不属于技术咨询，其所立合同不贴印花。

三、关于技术服务合同的征税范围问题

技术服务合同的征税范围包括：技术服务合同、技术培训合同和技术中介合同。

技术服务合同是当事人一方委托另一方就解决有关特定技术问题，如为改进产品结构、改良工艺流程、提高产品质量、降低产品成本、保护资源环境、实现安全操作、提高经济效益等，提出实施方案，进行实施指导所订立的技术合同。以常规手段或者为生产经营目的进行一般加工、修理、修缮、广告、印刷、测绘、标准化测试以及勘察、设计等所书立的合同，不属于技术服务合同。

技术培训合同是当事人一方委托另一方对指定的专业技术人员进行特定项目的技术指导和专业训练所订立的技术合同。对各种职业培训、文化学习、职工业余教育等订立的合同，不属于技术培训合同，不贴印花。

技术中介合同是当事人一方以知识、信息、技术为另一方与第三方订立技术合同进行联系、介绍、组织工业化开发所订立的技术合同。

四、关于计税依据问题

对各类技术合同，应当按合同所载价款、报酬、使用费的金额依率计税。

为鼓励技术研究开发，对技术开发合同，只就合同所载的报酬金额计税，研究开发经费不作为计税依据。但对合同约定按研究开发经费一定比例作为报酬的，应按一定比例的报酬金额计税贴花。

五、关于加强对技术合同征税的管理问题

为加强对技术合同缴纳印花税的征收管理，保证税款及时足额入库，各级税务部门要积极取得科委和技术合同登记、管理机构的支持配合，共同研究解决印花税源泉控制的管理办法，因地制宜建立监督纳税、代征税款、代售印花等管理制度。

【注释】 对《印花税暂行条例》所附印花税税目税率表进行了解释。

国家税务总局 国家工商行政管理局关于营业执照、商标注册证粘贴印花税票问题的通知

国税地〔1989〕113 号

根据《中华人民共和国印花税暂行条例》及有关规定，工商行政管理机关核发的各类营业执照正本和商标注册证，应由其领受单位和个人负责贴花，工商行政管理机关在核发上述证照时，应监督纳税人依法履行纳税义务，为保证营业执照和商标注册证粘贴印花税票规范、统一，现就有关问题通知如下：

一、印花税票粘贴位置。营业执照正本贴花，应统一粘贴在其左下角花边框内；商标注册证贴花，应统一粘贴在其内页右上角（“使用商品类”右面）边框内。

二、粘贴的印花一律采用 5 元面值的税票，税票粘贴应端正、清洁，在税票与证照的骑缝处，用钢笔或圆珠笔画两条横线注销，画销笔迹要整齐、清晰（示意图附后）。

三、纳税地点。各级工商行政管理机关在核发营业执照的同时，负责代售印花税票并监督纳税；国家工商行政管理局商标局在核发商标注册证的同时，负责代售印花税票并监督纳税。各地工商行政管理局在向商标注册人收取商标规费的同时，加收 5 元印花税款，按规定期限一并上交国家工商行政管理局商标局。

四、为便于工商行政管理机关对核发的证照监督纳税，各地税务机关应委托当地工商行政管理机关代售印花税票，并按代售金额 5%的比例支付代售手续费。

五、对因各种原因更换营业执照正本和商标注册证的，均视为新领营业执照正本和商标注册证，应按规定纳税。

六、在本通知下达之前，对已贴印花税票的证照，粘贴位置及注销办法不符合本规定要求的，不再揭下重贴，待更换新的证照时，再按本通知规定执行。

以上规定和有关事宜，由各地税务机关与当地工商行政管理机关协商，共同贯彻执行。

【注释】 对《印花税暂行条例》第 6 条进行了解释。

国家税务总局关于改变保险合同印花税计税办法的通知

国税函发〔1990〕428 号

各省、自治区、直辖市税务局，各计划单列市税务局，海洋石油税务管理局各分局：

印花税开征以来，各地反映对保险合同以投保金额为计税依据的办法不尽合理，征管检查难度较大。经多方征求意见和反复测算，并报送国务院领导同志批准，决定作如下改进：

一、对印花税暂行条例中列举征税的各类保险合同，其计税依据由投保金额改为保险费收入。

二、计算征收的适用税率，由万分之零点三改为千分之一。

本通知自 1990 年 7 月 1 日起执行。

【注释】 对《印花税暂行条例》所附印花税税目税率表进行了解释。

国家税务总局地方税管理司关于改变保险合同计税依据适用范围的批复

国税地函发〔1990〕20 号

湖北省税务局：

你局鄂税二便字〔90〕第 52 号文收悉。关于国税函发〔1990〕428 号文《关于改变保险合同印花税计税

办法的通知》中第一条"对印花税暂行条例中列举征税的各类保险合同,其计税依据由投保金额改为保险费收入。"是指保险合同的应税金额由按投保方的"投保金额"计算改为按承保方的"保险费收入"计算,并不改变其纳税人和缴纳方法。因此,签订保险合同的投保方和承保方对各自所持的保险合同,均应按其保险费金额计税贴花。

【注释】 对《印花税暂行条例》所附印花税税目税率表进行了解释。

国家税务总局关于借贷业务应纳印花税凭证问题的批复

国税函发〔1991〕1081号

武汉市税务局:

你局武税发〔1991〕164号《关于征收借款合同和借据印花税的请示》收悉。据反映,你市有些专业银行的办事机构办理借贷业务的手续不够规范,有的只填开借据放贷,有的先填开借据事后补办借款合同。这样,既给印花税应税凭证的确定和征收管理带来混乱,也不利于借贷业务手续的规范化。对此,根据印花税税目税率表的说明,我们意见,在借贷业务中凡流动资金借款先签借款合同,并在合同规定借款额度内办理借款借据的只就对借款合同贴花完税;凡先办理借款借据的,应以借据作为印花税的应纳税凭证,在书立时即时贴花完税,以后补办的借款合同不再贴花。你局可以根据本市各银行的实际情况建立和完善借款凭证印花税的管理办法和代征制度。

【注释】 对《印花税暂行条例》第7条进行了解释。

国家税务总局关于印花税若干具体问题的解释和规定的通知

国税发〔1991〕155号

印花税暂行条例实施以来,我局相继作了一些具体规定。近据各地反映,经研究并多方面征求意见,现将有关政策问题解释和规定如下:

一、对工业、商业、物资、外贸等部门使用的调拨单是否贴花?

目前,工业、商业、物资、外贸等部门经销和调拨商品物资使用的调拨单(或其他名称的单、卡、书、表等),填开使用的情况比较复杂,既有作为部门内执行计划使用的,也有代替合同使用的。对此,应区分性质和用途确定是否贴花。凡属于明确双方供需关系,据以供货和结算,具有合同性质的凭证,应按规定贴花。各省、自治区、直辖市税务局可根据上述原则,结合实际,对各种调拨单作出具体鉴别和认定。

二、对印花税施行细则中所指的"收购部门"和"农副产品"的范围如何划定?

我国农副产品种类繁多,地区间差异较大,随着经济发展,国家指定的收购部门也有所变化。对此,可由省、自治区、直辖市税务局根据当地实际情况具体划定本地区"收购部门"和"农副产品"的范围。

三、对以货换货业务签订的合同应如何计税贴花?

商品购销活动中,采用以货换货方式进行商品交易签订的合同,是反映既购又销双重经济行为的合同。对此,应按合同所载的购、销合计金额计税贴花。合同未列明金额的,应按合同所载购、销数量依照国家牌价或市场价格计算应纳税金额。

四、仓储保管业务的应税凭证如何确定?

仓储保管业务的应税凭证为仓储保管合同或作为合同使用的仓单、栈单(或称入库单等)。对有些凭证使用不规范,不便计税的,可就其结算单据作为计税贴花的凭证。

五、我国的“其他金融组织”是指哪些单位？

我国的其他金融组织，是指除人民银行、各专业银行以外，由中国人民银行批准设立，领取经营金融业务许可证书的单位。

六、对财政部门的拨款改贷款业务中所签订的合同是否贴花？

财政等部门的拨款改贷款签订的借款合同，凡直接与使用单位签订的，暂不贴花；凡委托金融单位贷款，金融单位与使用单位签订的借款合同应按规定贴花。

七、对办理借款展期业务使用的借款展期合同是否贴花？

对办理借款展期业务使用借款展期合同或其他凭证，按信贷制度规定，仅载明延期还款事项的，可暂不贴花。

八、何为“银行同业拆借”？在印花税上怎样确定同业拆借合同与非同业拆借合同的界限？

印花税税目税率表中所说的“银行同业拆借”，是指按国家信贷制度规定，银行、非银行金融机构之间相互融通短期资金的行为。同业拆借合同不属于列举征税的凭证，不贴印花。

确定同业拆借合同的依据，应以中国人民银行银发(1990)62号《关于印发〈同业拆借管理试行办法〉的通知》为准。凡按照规定的同业拆借期限和利率签订的同业拆借合同，不贴印花；凡不符合规定的，应按借款合同贴花。

九、对分立、合并和联营企业的资金账簿如何计税贴花？

企业发生分立、合并和联营等变更后，凡依照有关规定办理法人登记的新企业所设立的资金账簿，应于启用时按规定计税贴花；凡无段重新进行法人登记的企业原有的资金账簿，已贴印花继续有效。

对企业兼并后并入的资金贴花问题，仍按有关规定执行。

十、“产权转移书据”税目中“财产所有权”的转移书据的征税范围如何划定？

“财产所有权”转移书据的征税范围是：经政府管理机关登记注册的动产、不动产的所有权转移所立的书据，以及企业股权转让所立的书据。

十一、土地使用权出让、转让书据(合同)是否贴花？

土地使用权出让、转让书据(合同)，不属于印花税列举征税的凭证，不贴印花。

十二、出版合同是否贴花？

出版合同不属于印花税列举征税的凭证，不贴印花。

十三、银行经理或代理国库业务设置的账簿是否贴花？

中国人民银行各级机构经理国库业务及委托各专业银行各级机构代理国库业务设置的账簿，不是核算银行本身经营业务的账簿，不贴印花。

十四、代理单位与委托单位签订的代理合同，是否属于应税凭证？

在代理业务中，代理单位与委托单位之间签订的委托代理合同，凡仅明确代理事项、权限和责任的，不属于应税凭证，不贴印花。

十五、怎样理解印花税施行细则中“合同在国外签订的，应在国内使用时贴花”的规定？

“合同在国外签订的，应在国内使用时贴花”，是指印花税暂行条例列举征税的合同在国外签订时，不便按规定贴花，因此，应在带入境内时办理贴花完税手续。

【注释】 对《印花税暂行条例》所附印花税税目税率表进行了解释。

国家税务总局关于“集体土地建设用地使用权登记证”贴花问题的批复

国税函发〔1991〕1268号

江苏省税务局：

你局苏税三(91)020号《关于对“集体土地建设用地使用权登记证”是否征收印花税问题的请示》收悉。关于“集体土地建设用地使用权登记证”的性质问题，经与国家土地管理局联系，该登记证属于地方政府制定并发放的过渡性的土地使用权证，具有地方性和临时性。因此，对其是否贴花，可由你局自行确定。

【注释】 对《印花税暂行条例》所附印花税税目税率表进行了解释。

国家税务总局关于物资订货合同印花税确定纳税人问题的批复

国税函发〔1991〕1415 号

北京市税务局：

你局京税三字〔1991〕333 号《关于同一份购销合同涉及几方当事人应如何确定印花税纳税义务人的请示》收悉。来文反映，一些计划物资的分配采取直达供货的方式，订货合同由物资管理部门或需方的主管部门代需方与供方签订。合同签订后移交需方执行，由需方直接收货和向供方支付货款。代签合同的部门或单位将合同移交需方执行后，一般不再留存合同文本，如由代签人代理纳税，不便于税务管理和纳税资料的保管。因此，经研究决定，根据现行有关规定，为有利于此类合同印花税的征收管理，凡由主管单位代签的计划物资订货合同，由办理收货并结算货款的需方在接到合同文本时，缴纳印花税。

【注释】 对《印花税暂行条例》第 1 条进行了解释。对《印花税暂行条例实施细则》第 2 条进行了解释。

国家税务总局关于飞机租赁合同征收印花税问题的批复

国税函发〔1992〕1145 号

广州市税务局：

你局税三〔1991〕699 号《关于飞机租赁协定（合同）贴花问题的请示》收悉。据向民航总局了解，自 1980 年以来，各航空公司（旧称民航局）均有租用外国租赁公司飞机的情况。由于飞机租赁业务比较复杂，印花税开征以来，对所签合同如何贴花不够明确，至今尚未缴纳印花税。经研究，现就有关问题批复如下：

一、各航空公司与外国公司在 1988 年 10 月 1 日以后签订的飞机租赁合同，属于印花税暂行条例列举征税的凭证。

二、在飞机租赁业务中，对采取经营租赁方式签订的租赁合同，按“财产租赁合同”税目税率计税贴花；对采取融资租赁方式签订的租赁合同，暂按租金总额的万分之零点五税率计税贴花（租赁方式的划分，参见附表）。

三、以上飞机租赁合同补缴印花税时，一律按补税开出缴款书当日的外汇牌价折合人民币，计算应纳税额。

【注释】 对《印花税暂行条例》所附印花税税目税率表进行了解释。对《印花税暂行条例实施细则》第 19 条进行了解释。

国家税务总局关于投资银行系统资金账簿缴纳印花税问题的复函

国税函发〔1993〕8 号

中国投资银行：

你行中投资发〔1992〕94 号《关于投资银行资金账簿缴纳印花税问题的函》收悉。经研究，现函复如下：

一、我局（88）国税地字第 028 号《关于对金融系统营业账簿贴花问题的具体规定》已明确：“根据银行系统的机构设置，银行所用营业账簿的印花税，由各级独立核算的行、处在其所在地缴纳。”因此，投资银行各分行"营运资金"的印花税,均应在分行所在地缴纳。

二、投资银行系统所设的"调拨资金"科目,反映的资金,既有自有资金也有借入资金,在各分行计税时不易划清,可统一在总行所在地就自有资金部分计算缴纳印花税。

三、专门记载外汇资金的账簿,其印花税缴纳办法亦应比照上述原则办理。

【注释】 对《印花税暂行条例实施细则》第8条进行了解释。

国家税务总局关于船舶保险合同印花税征免问题的批复

国税函发〔1993〕674号

山东省税务局:

你局鲁税三〔1993〕45号《关于船舶保险合同征收印花税问题的请示》收悉,现答复如下:

船舶保险合同属于印花税暂行条例中列举征税的"财产保险合同"范围。但对于涉外保险业务中的远洋船舶保险合同,我局国税函发〔1990〕104号和国税发〔1991〕006号文件规定:对中国人民保险公司涉外保险业务中的远洋船舶保险合同(或保险单据)以及与外国保险公司之间的再保险业务凭证,在1993年底前免征印花税。因此,对船舶保险合同的征免印花税问题应当按上述规定处理。

【注释】 对《印花税暂行条例》所附印花税税目税率表进行了解释。

国家税务总局关于资金账簿印花税问题的通知

国税发〔1994〕25号

财政部发布的《企业财务通则》和《企业会计准则》自1993年7月1日起施行。按照"两则"及有关规定,各类生产经营单位执行新会计制度,统一更换会计科目和账簿后,不再设置"自有流动资金"科目。因此,《中华人民共和国印花税暂行条例》税目税率表中"记载资金的账簿"的计税依据已不适用,需要重新确定。为了便于执行,现就有关问题通知如下:

一、生产经营单位执行"两则"后,其"记载资金的账簿"的印花税计税依据改为"实收资本"与"资本公积"两项的合计金额。

二、企业执行"两则"启用新账簿后,其"实收资本"和"资本公积"两项的合计金额大于原已贴花资金的,就增加的部分补贴印花。

本通知自1994年1月1日起执行。

【注释】 对《印花税暂行条例实施细则》第9条进行了解释。

财政部 国家税务总局关于证券投资基金税收问题的通知

财税〔1998〕55号

省、自治区、直辖市、计划单列市财政厅(局)、国家税务局、地方税务局,财政部驻各省、自治区、直辖市、计划单列市财政监察专员办事处,新疆生产建设兵团:

为了有利于证券投资基金制度的建立，促进证券市场的健康发展，经国务院批准，现对中国证监会新批准设立的封闭式证券投资基金（以下简称基金）的税收问题通知如下：

……

二、关于印花税问题

1. 基金管理人运用基金买卖股票按照4‰的税率征收印花税。

2. 对投资者（包括个人和企业，下同）买卖基金单位，在1999年底前暂不征收印花税。

……

五、本通知从1998年3月1日起实施。

【注释】 对《印花税暂行条例》所附印花税税目税率表进行了解释。

国家税务总局关于上市公司国有股权无偿转让征收证券（股票）交易印花税问题的通知

国税发〔1999〕124号

上海市国家税务局，深圳市国家税务局：

为了加强证券（股票）交易印花税的管理，明确税收政策，支持国有企业改革，现就有关国有股权无偿转让征收证券交易印花税的问题，明确如下：

一、对经国务院和省级人民政府决定或批准进行政企脱钩、对企业（集团）进行改组和改变管理体制、变更企业隶属关系，以及国有企业改制、盘活国有企业资产，而发生的国有股权无偿划转行为，暂不征收证券交易印花税。

二、对不属于第一条所述情况的国有股权无偿转让行为，仍应征收证券交易印花税。计税依据为转让股份的面值，税率为4‰。

三、凡不属于第一条范围内的国有股权无偿划转行为，由企业（单位）和主管税务机关按所附《上市公司国有股权无偿转让暂不征收证券（股票）交易印花税审批规程》的要求，报国家税务总局审批。

【注释】 对《印花税暂行条例》所附印花税税目税率表进行了解释。

国家税务总局关于外国银行分行营运资金缴纳印花税问题的批复

国税函〔2002〕104号

天津市地方税务局：

你局《关于外资银行分行有关印花税问题的请示》（津地税外〔2001〕46号）收悉。根据《中华人民共和国外资金融机构管理条例》的有关规定，外国银行在我国境内设立的分行，其境外总行需拨付规定数额的"营运资金"，分行在账户设置上不设"实收资本"和"资本公积"账户。关于上述外国银行分行由其境外总行拨付的"营运资金"如何缴纳印花税问题，根据《中华人民共和国印花税暂行条例》第二条的规定，外国银行分行记载由其境外总行拨付的"营运资金"账簿，应按核拨的账面资金数额计税贴花。

【注释】 对《印花税暂行条例》第2条进行了解释。

财政部 国家税务总局关于开放式证券投资基金有关税收问题的通知

财税〔2002〕128号

各省、自治区、直辖市、计划单列市财政厅(局)、国家税务局、地方税务局,新疆生产建设兵团财务局:

为支持和积极培育机构投资者,充分利用开放式基金手段,进一步拓宽社会投资渠道,促进证券市场的健康、稳定发展,经国务院批准,现对中国证监会批准设立的开放式证券投资基金(以下简称基金)的税收问题通知如下:

……

三、关于印花税问题

1. 基金管理人运用基金买卖股票按照2‰的税率征收印花税。

2. 对投资者申购和赎回基金单位,暂不征收印花税。

四、对基金管理人、基金托管人、基金代销机构从事基金管理活动取得的收入,依照税法的有关规定征收营业税、企业所得税以及其他相关税收。

【注释】 对《印花税暂行条例》所附印花税税目税率表进行了解释。

财政部 国家税务总局关于企业改制过程中有关印花税政策的通知

财税〔2003〕183号

各省、自治区、直辖市、计划单列市财政厅(局)、地方税务局,新疆生产建设兵团财务局:

为贯彻落实国务院关于支持企业改制的指示精神,规范企业改制过程中有关税收政策,现就经县级以上人民政府及企业主管部门批准改制的企业,在改制过程中涉及的印花税政策通知如下:

一、关于资金账簿的印花税

(一)实行公司制改造的企业在改制过程中成立的新企业(重新办理法人登记的),其新启用的资金账簿记载的资金或因企业建立资本纽带关系而增加的资金,凡原已贴花的部分可不再贴花,未贴花的部分和以后新增加的资金按规定贴花。

公司制改造包括国有企业依《公司法》整体改造成国有独资有限责任公司;企业通过增资扩股或者转让部分产权,实现他人对企业的参股,将企业改造成有限责任公司或股份有限公司;企业以其部分财产和相应债务与他人组建新公司;企业将债务留在原企业,而以其优质财产与他人组建的新公司。

(二)以合并或分立方式成立的新企业,其新启用的资金账簿记载的资金,凡原已贴花的部分可不再贴花,未贴花的部分和以后新增加的资金按规定贴花。

合并包括吸收合并和新设合并。分立包括存续分立和新设分立。

(三)企业债权转股权新增加的资金按规定贴花。

(四)企业改制中经评估增加的资金按规定贴花。

(五)企业其他会计科目记载的资金转为实收资本或资本公积的资金按规定贴花。

二、关于各类应税合同的印花税

企业改制前签订但尚未履行完的各类应税合同,改制后需要变更执行主体的,对仅改变执行主体、其余条款未作变动且改制前已贴花的,不再贴花。

三、关于产权转移书据的印花税

企业因改制签订的产权转移书据免予贴花。

【注释】 对《印花税暂行条例》第4条进行了解释。对《印花税暂行条例实施细则》第8条进行了解释。

国家税务总局关于印花税违章处罚有关问题的通知

国税发〔2004〕15号

各省、自治区、直辖市和计划单列市地方税务局：

《中华人民共和国税收征收管理法》(以下简称《税收征管法》)、《中华人民共和国税收征收管理法实施细则》(以下简称《税收征管法实施细则》)重新修订颁布后,《中华人民共和国印花税暂行条例》(以下简称《印花税暂行条例》)第十三条及《中华人民共和国印花税暂行条例施行细则》(以下简称《印花税暂行条例施行细则》)第三十九条、第四十条、第四十一条的部分内容已不适用。为加强印花税的征收管理,依法处理印花税有关违章行为,根据《税收征管法》、《税收征管法实施细则》的有关规定,现对印花税的违章处罚适用条款明确如下：

印花税纳税人有下列行为之一的,由税务机关根据情节轻重予以处罚：

一、在应纳税凭证上未贴或者少贴印花税票的或者已粘贴在应税凭证上的印花税票未注销或者未画销的,适用《税收征管法》第六十四条的处罚规定。

二、已贴用的印花税票揭下重用造成未缴或少缴印花税的,适用《税收征管法》第六十三条的处罚规定。

三、伪造印花税票的,适用《税收征管法实施细则》第九十一条的处罚规定。

四、按期汇总缴纳印花税的纳税人,超过税务机关核定的纳税期限,未缴或少缴印花税款的,视其违章性质,适用《税收征管法》第六十三条或第六十四条的处罚规定,情节严重的,同时撤销其汇缴许可证。

五、纳税人违反以下规定的,适用《税收征管法》第六十条的处罚规定：

(一)违反《印花税条例施行细则》第二十三条的规定："凡汇总缴纳印花税的凭证,应加注税务机关指定的汇缴戳记、编号并装订成册,将已贴印花或者缴款书的一联黏附册后,盖章注销,保存备查"；

(二)违反《印花税条例施行细则》第二十五条的规定："纳税人对纳税凭证应妥善保存。凭证的保存期限,凡国家已有明确规定的,按规定办;没有明确规定的其余凭证均应在履行完毕后保存一年"。

本通知自文到之日起执行。

【注释】 对《印花税暂行条例》第13条进行了修正。对《印花税暂行条例实施细则》第39—41条进行了修正。

国家税务总局关于办理上市公司国有股权无偿转让暂不征收证券(股票)交易印花税有关审批事项的通知

国税函〔2004〕941号

上海市国家税务局,深圳市国家税务局：

根据有利于加强税收管理和方便纳税人的原则,现将《国务院关于第三批取消和调整行政审批项目的决定》(国发〔2004〕16号)中列入下放管理层级的"上市公司国有股权无偿转让免征证券(股票)交易印花税的审批项目"实施后,有关政策和审批管理问题通知如下：

一、对经国务院和省级人民政府决定或批准进行的国有(含国有控股)企业改组改制而发生的上市公司国有股权无偿转让行为,暂不征收证券(股票)交易印花税。对不属于上述情况的上市公司国有股权无偿转让行为,仍应征收证券(股票)交易印花税。

二、凡符合暂不征收证券(股票)交易印花税条件的上市公司国有股权无偿转让行为,由转让方或受让方按本通知附件《关于上市公司国有股权无偿转让暂不征收证券(股票)交易印花税申报文件的规定》的要求,报上市公司挂牌交易所所在地的国家税务局审批。

三、上市公司挂牌交易所所在地的国家税务局按规定审批后,应按月将审批文件报国家税务总局备案。在办理上述审批过程中,遇有新情况、发现新问题应及时向国家税务总局报告。

四、国家税务总局将不定期对上市公司挂牌交易所所在地的国家税务局的审批工作进行检查、督导。

五、本规定自2004年7月1日起执行。《国家税务总局关于上市公司国有股权无偿转让征收证券(股票)交易印花税问题的通知》(国税发〔1999〕124号)同时废止。

附件:

关于上市公司国有股权无偿转让暂不征收证券(股票)交易印花税申报文件的规定

对上市公司国有股权无偿转让符合本通知第一条规定范围,需要明确暂不征收证券(股票)交易印花税的,须由转让方或受让方按下列要求向上市公司挂牌交易所所在地的国家税务局提出申请报告,具体内容包括:

一、转让方名称、地址、隶属关系、经济性质。

二、受让方名称、地址、隶属关系、经济性质。

三、转让股权的股数和金额、转让形式、批准部门,以及申请暂不征收证券(股票)交易印花税的理由。

四、申请报告应附下列证明文件和材料:

(一)国务院及其授权部门或者省级人民政府关于上市公司国有股权无偿转让的批准文件。

(二)上市公司国有股权无偿转让的可行性研究报告。

(三)受让方的章程。

(四)受让方《企业法人营业执照》副本复印件。

(五)向社会公布的上市公司国有股权无偿转让事宜的预案公告复印件。

【注释】 对《印花税暂行条例》第2、4条进行了解释。

财政部 国家税务总局关于改变印花税按期汇总缴纳管理办法的通知

财税〔2004〕170号

各省、自治区、直辖市、计划单列市财政厅(局)、地方税务局,新疆生产建设兵团财务局:

为进一步方便纳税人,简化印花税贴花手续,经研究决定,将《中华人民共和国印花税暂行条例施行细则》第二十二条“同一种类应纳税凭证,需频繁贴花的,应向当地税务机关申请按期汇总缴纳印花税。税务机关对核准汇总缴纳印花税的单位,应发给汇缴许可证。汇总缴纳的期限限额由当地税务机关确定,但最长期限不得超过一个月”的规定,修改为“同一种类应纳税凭证,需频繁贴花的,纳税人可以根据实际情况自行决定是否采用按期汇总缴纳印花税的方式。汇总缴纳的期限为一个月。采用按期汇总缴纳方式的纳税人应事先告知主管税务机关。缴纳方式一经选定,一年内不得改变”。

印花税按期汇总缴纳管理办法调整后,主管税务机关应重点加强以下工作:

一、主管税务机关接到纳税人要求按期汇总缴纳印花税的告知后,应及时登记,制定相应的管理办法,防止出现管理漏洞。

二、对采用按期汇总缴纳方式缴纳印花税的纳税人,应加强日常监督、检查,重点核查纳税人汇总缴纳的应税凭证是否完整,贴花金额是否准确。

【注释】 对《印花税暂行条例实施细则》第 22 条进行了解释。

财政部 国家税务总局关于对买卖封闭式证券投资基金继续予以免征印花税的通知

财税〔2004〕173 号

上海、深圳市财政局、国家税务局：

为支持我国证券市场的健康发展，经研究决定，从 2003 年 1 月 1 日起，继续对投资者（包括个人和机构）买卖封闭式证券投资基金免征印花税。

【注释】 对《印花税暂行条例》第 4 条进行了解释。

国家税务总局铁道部关于铁路货运凭证印花税若干问题的通知

国税发〔2006〕101 号

各省、自治区、直辖市和计划单列市地方税务局，各铁路局，集装箱、特货公司：

为适应铁路体制改革和铁路网建设的发展变化，有利于铁路货运凭证印花税的征收和管理，现就铁路货运凭证征收印花税有关问题通知如下：

一、纳税人

铁路货运业务中运费结算凭证载明的承、托运双方，均为货运凭证印花税的纳税人。

代办托运业务的代办方在向铁路运输企业交运货物并取得运费结算凭证时，应当代托运方缴纳印花税。代办方与托运方之间办理的运费结算清单，不缴纳印花税。

二、应纳税凭证和计税依据

铁路货运运费结算凭证为印花税应税凭证，包括：

（一）货票（发站发送货物时使用）；

（二）运费杂费收据（到站收取货物运费时使用）；

（三）合资、地方铁路货运运费结算凭证（合资铁路公司、地方铁路单独计算核收本单位管内运费时使用）。

上述凭证中所列运费为印花税的计税依据，包括统一运价运费、特价或加价运费、合资和地方铁路运费、新路均摊费、电力附加费。对分段计费一次核收运费的，以结算凭证所记载的全程运费为计税依据；对分段计费分别核收运费的，以分别核收运费的结算凭证所记载的运费为计税依据。

三、应纳税额的计算和税款代征

以运费金额按万分之五的税率分别计算承、托运双方的应纳税额。税额不足一角的免税，超过一角的四舍五入计算到角。

铁路运输企业在收取货物运杂费的同时必须代征托运方应纳的印花税，并记入运费结算凭证的“印花税”项目内，运费结算凭证不再加盖“印花税代扣专用章”。

四、税款缴纳

铁路运输企业代征的托运方应纳的印花税与铁路运输企业应纳的印花税统一由各铁路运输企业汇总后按下列方式缴入国库。

（一）铁路局（含广铁集团、青藏铁路公司）应纳印花税，依照铁路体制改革前所属原汇总缴纳印花税单位 2004 年印花税款占铁路局印花税的比例计算（见附表），按季向原汇总缴纳单位所在地的地方税务机关缴纳。对采用异地汇款方式缴纳税款的，原汇总缴纳单位所在地的地方税务机关应通知铁路局将税款直接汇入税务机关在国库开设的"待缴库税款"专户。

(二)集装箱和特货公司货运业务应纳的印花税向总机构所在地税务机关缴纳。

(三)合资铁路公司、地方铁路货运业务应纳的印花税向机构所在地税务机关缴纳。

五、地方税务机关根据国家有关规定,按代征印花税税款金额的5%付给铁路部门代征手续费。手续费由税务机关按规定及时给付,铁路部门不得从代征税款中直接扣除。

六、本通知自2006年8月1日起执行。2006年8月1日以前已经缴纳的税款不再进行调整。《国家税务总局铁道部关于铁路货运凭证汇总缴纳印花税问题的联合通知》([89]国税地字第094号)、《国家税务总局关于改变铁路国际货运凭证印花税缴纳办法的通知》(国税函发〔1991〕1401号)同时废止。

【注释】 对《印花税暂行条例》第1、14条进行了解释。

财政部 国家税务总局关于证券投资者保护基金有关印花税政策的通知

财税〔2006〕104号

各省、自治区、直辖市、计划单列市财政厅(局)、地方税务局,新疆生产建设兵团财务局:

经国务院批准,现对证券投资者保护基金有限责任公司(以下简称保护基金公司)及其管理的证券投资者保护基金(以下简称保护基金)的有关印花税政策通知如下:

一、对保护基金公司新设立的资金账簿免征印花税。

二、对保护基金公司与中国人民银行签订的再贷款合同、与证券公司行政清算机构签订的借款合同,免征印花税。

三、对保护基金公司接收被处置证券公司财产签订的产权转移书据,免征印花税。

四、对保护基金公司以保护基金自有财产和接收的受偿资产与保险公司签订的财产保险合同,免征印花税。

五、对与保护基金公司签订上述应税合同或产权转移书据的其他当事人照章征收印花税。

【注释】 对《印花税暂行条例》第4条进行了解释。

财政部 国家税务总局关于印花税若干政策的通知

财税〔2006〕162号

各省、自治区、直辖市、计划单列市财政厅(局)、地方税务局,新疆生产建设兵团财务局:

为适应经济形势发展变化的需要,完善税制,现将印花税有关政策明确如下:

一、对纳税人以电子形式签订的各类应税凭证按规定征收印花税。

二、对发电厂与电网之间、电网与电网之间(国家电网公司系统、南方电网公司系统内部各级电网互供电量除外)签订的购售电合同按购销合同征收印花税。电网与用户之间签订的供用电合同不属于印花税列举征税的凭证,不征收印花税。

三、对土地使用权出让合同、土地使用权转让合同按产权转移书据征收印花税。

四、对商品房销售合同按照产权转移书据征收印花税。

【注释】 对《印花税暂行条例实施细则》第13条进行了解释。

财政部 国家税务总局关于调整房地产交易环节税收政策的通知

财税〔2008〕137号

各省、自治区、直辖市、计划单列市财政厅(局)、地方税务局，新疆生产建设兵团财务局：

为适当减轻个人住房交易的税收负担，支持居民首次购买普通住房，经国务院批准，现就房地产交易环节有关税收政策问题通知如下：

一、对个人首次购买90平方米及以下普通住房的，契税税率暂统一下调到1%。首次购房证明由住房所在地县(区)住房建设主管部门出具。

二、对个人销售或购买住房暂免征收印花税。

三、对个人销售住房暂免征收土地增值税。

本通知自2008年11月1日起实施。

财政部 国家税务总局关于支持公共租赁住房建设和运营有关税收优惠政策的通知

财税〔2010〕88号

各省、自治区、直辖市、计划单列市财政厅(局)、地方税务局，西藏、宁夏、青海省(自治区)国家税务局，新疆生产建设兵团财务局：

根据国务院办公厅《关于促进房地产市场平稳健康发展的通知》(国办发〔2010〕4号)、《国务院关于坚决遏制部分城市房价过快上涨的通知》(国发〔2010〕10号)和住房城乡建设部等七部门《关于加快发展公共租赁住房的指导意见》(建保〔2010〕87号)精神，现对公共租赁住房(以下简称公租房)建设和运营有关税收政策通知如下：

一、对公租房建设期间用地及公租房建成后占地免征城镇土地使用税。在其他住房项目中配套建设公租房，依据政府部门出具的相关材料，可按公租房建筑面积占总建筑面积的比例免征建造、管理公租房涉及的城镇土地使用税。

二、对公租房经营管理单位建造公租房涉及的印花税予以免征。在其他住房项目中配套建设公租房，依据政府部门出具的相关材料，可按公租房建筑面积占总建筑面积的比例免征建造、管理公租房涉及的印花税。

三、对公租房经营管理单位购买住房作为公租房，免征契税、印花税；对公租房租赁双方签订租赁协议涉及的印花税予以免征。

四、对企事业单位、社会团体以及其他组织转让旧房作为公租房房源，且增值额未超过扣除项目金额20%的，免征土地增值税。

五、企事业单位、社会团体以及其他组织捐赠住房作为公租房，符合税收法律法规规定的，捐赠支出在年度利润总额12%以内的部分，准予在计算应纳税所得额时扣除。

六、对经营公租房所取得的租金收入，免征营业税、房产税。公租房租金收入与其他住房经营收入应单独核算，未单独核算的，不得享受免征营业税、房产税优惠政策。

七、享受上述税收优惠政策的公租房是指纳入省、自治区、直辖市、计划单列市人民政府及新疆生产建设兵团批准的公租房发展规划和年度计划，以及按照建保〔2010〕87号文件和市、县人民政府制定的具体管理办法进行管理的公租房。不同时符合上述条件的公租房不得享受上述税收优惠政策。

八、上述政策自发文之日起执行，执行期限暂定三年，政策到期后将根据公租房建设和运营情况对有关内容加以完善。

财政部 国家税务总局
关于飞机租赁企业有关印花税政策的通知

财税〔2014〕18号

各省、自治区、直辖市、计划单列市财政厅（局）、地方税务局，西藏、宁夏、青海省（自治区）国家税务局，新疆生产建设兵团财务局：

为落实《国务院办公厅关于加快飞机租赁业发展的意见》（国办发〔2013〕108号）的有关精神，促进飞机租赁业健康发展，现将有关印花税政策通知如下：

自2014年1月1日起至2018年12月31日止，暂免征收飞机租赁企业购机环节购销合同印花税。

财政部 国家税务总局

2014年3月3日

财政部 国家税务总局关于转让优先股
有关证券（股票）交易印花税政策的通知

财税〔2014〕46号

北京市、上海市、深圳市财政局、国家税务局：

为落实国务院《关于开展优先股试点的指导意见》（国发〔2013〕46号）精神，现将转让优先股有关证券（股票）交易印花税政策明确如下：

在上海证券交易所、深圳证券交易所、全国中小企业股份转让系统买卖、继承、赠与优先股所书立的股权转让书据，均依书立时实际成交金额，由出让方按1‰的税率计算缴纳证券（股票）交易印花税。

本通知自2014年6月1日起执行。

财政部 国家税务总局

2014年5月27日

国家税务总局关于证券交易
印花税完税凭证有关问题的公告

国家税务总局公告2014年第60号

为妥善解决证券市场创新业务带来的证券交易印花税征收管理和税收票证管理问题，方便纳税人办理涉税事宜，保障纳税人对税款缴纳情况的知情权和取得完税凭证，根据《税收票证管理办法》（国家税务总局令第28号）的规定，现将证券交易印花税完税凭证有关问题公告如下：

证券交易场所和证券登记结算机构扣缴证券交易印花税，应当在证券公司给参与集中交易的投资者开具的"成交过户交割凭单"(以下简称交割单)、证券登记结算机构或证券公司给办理非集中交易过户登记的投资者开具的"过户登记确认书"(以下简称确认书)中注明应予扣收税款的计税金额、税率和扣收税款的金额,交割单、确认书应加盖开具单位的相关业务章戳。已注明扣收税款信息的交割单、确认书可以作为纳税人已完税的证明。

纳税人需要另外再开具正式完税凭证的,可以凭交割单或确认书,连同税务登记证副本或纳税人身份证明材料,向证券交易场所和证券登记结算机构所在地的主管税务机关要求开具《税收完税证明》。为保证纳税人依法取得正式完税凭证,证券交易场所和证券登记结算机构应当将扣缴证券交易印花税的纳税人明细信息及时报送主管税务机关。

本公告自 2014 年 12 月 1 日起施行。《国家税务总局关于向纳税人提供证券交易印花税完税凭证有关问题的批复》(国税函〔2008〕983 号)同时废止。

特此公告。

国家税务总局

2014 年 10 月 22 日

关于《国家税务总局关于证券交易印花税完税凭证有关问题的公告》的解读

为妥善解决证券市场创新业务带来的证券交易印花税征收管理和税收票证管理问题,同时,方便纳税人办理涉税事宜,保障纳税人税款缴纳情况知情权和取得完税凭证,根据《税收票证管理办法》(国家税务总局令第 28 号)的规定,国家税务总局制定了《国家税务总局关于证券交易印花税完税凭证有关问题的公告》(以下简称《公告》),现对《公告》相关问题解读如下:

一、《公告》的出台背景是什么?

我国证券交易印花税一直由证券交易所和证券登记结算机构扣缴,其中,对于集中交易过户业务扣缴的印花税,税务总局 2008 年印发的《关于向纳税人提供证券交易印花税完税凭证有关问题的批复》(国税函〔2008〕983 号)中明确,各证券公司应当在给交易者开具的"成交过户交割凭单"(以下简称交割单)中注明扣收税款的金额,注明已扣收税款信息的交割单可以视同为纳税人缴纳税款的完税凭证,纳税人需要另外再开具正式完税凭证的,可以由证券交易所或证券登记结算机构为纳税人开具《税收缴款书(代扣代收专用)》,或由纳税人凭交割单向证券交易所或证券登记结算机构所在地的主管税务机关要求开具。上述规定执行后,较好地方便了投资人在办理交易业务的同时取得完税情况的证明。

对于非集中交易过户业务,一直由证券登记结算机构为纳税人开具《税收缴款书(代扣代收专用)》。为了最大限度地方便投资人办理相关业务及其涉税事宜,落实"便民办税春风行动",税务总局决定对非集中交易过户业务证券交易印花税的完税凭证开具工作,参照集中交易过户登记业务相关方式办理。

二、《公告》出台的制度依据是什么?

依据《税收征收管理法》第三十四条和《税收票证管理办法》(国家税务总局令第 28 号)第十三条、第十七条的规定,扣缴义务人依法履行税款代扣代缴、代收代缴义务时,根据纳税人的要求,应当向纳税人开具《税收缴款书(代扣代收专用)》,但是,扣缴义务人已经向纳税人开具了税法规定或国家税务总局认可的记载完税情况的其他凭证的,可以不再开具该缴款书,纳税人如果仍需换开正式完税凭证的,可以向税务机关要求开具《税收完税证明》。

三、纳税人如何知晓所办证券交易过户业务的完税情况?

依据《公告》的规定,证券交易场所和证券登记结算机构代收代缴证券交易印花税,应当在证券公司给参与集中交易的投资者开具的交割单、证券登记结算机构或证券公司给办理非集中交易过户登记的投资者开具的"过户登记确认书"(以下简称确认书)中注明应予扣收税款的计税金额、税率和扣收税款的金额,交割单、确认书应加盖开具单位的相关业务章戳。纳税人通过交割单、确认书上注明的计税金额、税率和扣收税款的金额,可以清楚地了解所办证券交易过户业务的完税情况,交割单、确认书可以作为纳税人已完税的证明。

四、纳税人如何取得正式完税凭证?

纳税人取得交割单或确认书后,仍然需要再取得正式完税凭证的,可以凭交割单或确认书,连同税务登记证副本或纳税人身份证明材料,向证券交易场所和证券登记结算机构所在地的主管税务机关要求开具《税收完税证明》。

五、《公告》从什么时候起施行?

《公告》从2014年12月1日起施行。

国家税务总局关于两项证券(股票)交易印花税非行政许可审批取消后有关管理问题的公告

国家税务总局公告2015年第63号

根据《国家税务总局关于公布已取消的22项税务非行政许可审批事项的公告》(国家税务总局公告2015年第58号)规定,现将上市公司国有股权无偿转让免征证券(股票)交易印花税和中国信达等四家金融资产管理公司出让上市公司股权免征证券(股票)交易印花税两项非行政许可审批取消后有关管理问题公告如下:

一、证券市场所在地主管税务机关(北京、上海、深圳市国家税务局)在证券登记结算公司营业部柜台建立《上市公司国有股权无偿转让免征证券(股票)交易印花税股权过户情况登记簿》和《四家金融资产管理公司出让上市公司股权免征证券(股票)交易印花税股权过户情况登记簿》(以下统称《登记簿》,见附件)。

二、具体操作规程

(一)申请人(转让方,下同)负责填写股权变更的相关事项内容;

(二)证券市场所在地主管税务机关委托当地证券登记结算公司对申请人登记填写内容逐笔验证后再办理相关手续;

(三)证券市场所在地主管税务机关定期核对《登记簿》填写的内容;

(四)年度终了后,证券登记结算公司将《登记簿》交由所在地主管税务机关备查。

三、自2015年起,证券市场所在地主管税务机关应当在年度终了后一个月内,按照上述要求对《登记簿》登记的内容进行汇总和分析,并将主要情况书面上报国家税务总局。

本公告自发布之日起施行。

特此公告。

附件:1. 上市公司国有股权无偿转让免征证券(股票)交易印花税股权过户情况登记簿(略)

2. 四家金融资产管理公司出让上市公司股权免征证券(股票)交易印花税股权过户情况登记簿(略)

国家税务总局

2015年9月14日

关于两项证券(股票)交易印花税非行政许可审批取消后有关管理问题的公告的解读

一、后续管理的基本做法

证券市场所在地主管税务机关在证券登记结算公司营业部柜台分别建立《上市公司国有股权无偿转让

免征证券(股票)交易印花税股权过户情况登记簿》和《四家金融资产管理公司出让上市公司股权免征证券(股票)交易印花税股权过户情况登记簿》(以下简称《登记簿》)。

具体操作办法:第一步,申请人(转让方,下同)在证券登记结算公司柜台办理股权过户时填写《登记簿》;第二步,证券登记结算公司对申请人填写的《登记簿》内容进行逐笔验证核对后办理相关手续;第三步,主管税务机关定期核对《登记簿》内容;第四步,年度终了后,证券登记结算公司将《登记簿》交付主管税务机关备查。

二、登记簿登记的内容

(一)申请人(转让方,下同)需要填写的登记内容有:申请人名称、申请人税务登记证号码、申请人所在地、相关批准文件、划转股票名称、划转股数、划转方名称、划入方名称、出让方名称、受让方名称、出让股票名称、出让股数、申请人的经办人签字等内容。

(二)证券登记结算公司验证后需要填写的登记内容有:申办日期、过户日期、证券登记结算公司经办人签字等内容。

三、对政策执行机构的要求

北京、上海、深圳市国家税务局是上述政策管理事项的主管税务机关,自2015年起,北京、上海、深圳市国家税务局在年度终了后一个月内,按照要求对《登记簿》登记的内容进行汇总和分析,并将主要情况书面上报国家税务总局。

财政部 国家税务总局关于中国华融资产管理股份有限公司改制过程中有关印花税政策的通知

财税〔2015〕109号

各省、自治区、直辖市、计划单列市财政厅(局)、地方税务局,西藏、宁夏回族自治区国家税务局,新疆生产建设兵团财务局:

为支持资产管理公司改制,经国务院批准,现对中国华融资产管理股份有限公司有关印花税政策通知如下:

对中国华融资产管理股份有限公司改制过程中资产评估增值转增资本金涉及的印花税予以免征。对改制后再增加的资本金涉及的印花税照章征收。

财政部 国家税务总局

2015年10月16日

财政部 国家税务总局关于融资租赁合同有关印花税政策的通知

财税〔2015〕144号

各省、自治区、直辖市、计划单列市财政厅(局)、地方税务局,西藏、宁夏回族自治区国家税务局,新疆生产建设兵团财务局:

根据《国务院办公厅关于加快融资租赁业发展的指导意见》(国办发〔2015〕68号)有关规定,为促进融资租赁业健康发展,公平税负,现就融资租赁合同有关印花税政策通知如下:

一、对开展融资租赁业务签订的融资租赁合同(含融资性售后回租),统一按照其所载明的租金总额依照"借款合同"税目,按万分之零点五的税率计税贴花。

二、在融资性售后回租业务中,对承租人、出租人因出售租赁资产及购回租赁资产所签订的合同,不征收印花税。

三、本通知自印发之日起执行。此前未处理的事项,按照本通知规定执行。

请遵照执行。

财政部 国家税务总局
2015年12月24日

财政部 国家税务总局关于公共租赁住房税收优惠政策的通知

财税〔2015〕139号

各省、自治区、直辖市、计划单列市财政厅(局)、地方税务局,西藏、宁夏、青海省(自治区)国家税务局,新疆生产建设兵团财务局:

根据《国务院办公厅关于保障性安居工程建设和管理的指导意见》(国办发〔2011〕45号)和住房城乡建设部、财政部、国家税务总局等部门《关于加快发展公共租赁住房的指导意见》(建保〔2010〕87号)等文件精神,决定继续对公共租赁住房建设和运营给予税收优惠。现将有关政策通知如下:

……

二、对公共租赁住房经营管理单位免征建设、管理公共租赁住房涉及的印花税。在其他住房项目中配套建设公共租赁住房,依据政府部门出具的相关材料,按公共租赁住房建筑面积占总建筑面积的比例免征建设、管理公共租赁住房涉及的印花税。

三、对公共租赁住房经营管理单位购买住房作为公共租赁住房,免征契税、印花税;对公共租赁住房租赁双方免征签订租赁协议涉及的印花税。

……

八、享受上述税收优惠政策的公共租赁住房是指纳入省、自治区、直辖市、计划单列市人民政府及新疆生产建设兵团批准的公共租赁住房发展规划和年度计划,并按照《关于加快发展公共租赁住房的指导意见》(建保〔2010〕87号)和市、县人民政府制定的具体管理办法进行管理的公共租赁住房。

九、本通知执行期限为2016年1月1日至2018年12月31日。

财政部 国家税务总局
2015年12月30日

财政部 国家税务总局关于继续实行农村饮水安全工程建设运营税收优惠政策的通知

财税〔2016〕19号

各省、自治区、直辖市、计划单列市财政厅(局)、国家税务局、地方税务局,新疆生产建设兵团财务局:

为支持农村饮水安全工程(以下简称饮水工程)巩固提升,经国务院批准,继续对饮水工程的建设、运营给予税收优惠。现将有关政策通知如下：

……

二、对饮水工程运营管理单位为建设饮水工程取得土地使用权而签订的产权转移书据，以及与施工单位签订的建设工程承包合同免征印花税。

……

六、本文所称饮水工程，是指为农村居民提供生活用水而建设的供水工程设施。本文所称饮水工程运营管理单位，是指负责饮水工程运营管理的自来水公司、供水公司、供水（总）站（厂、中心）、村集体、农民用水合作组织等单位。

对于既向城镇居民供水，又向农村居民供水的饮水工程运营管理单位，依据向农村居民供水收入占总供水收入的比例免征增值税；依据向农村居民供水量占总供水量的比例免征契税、印花税、房产税和城镇土地使用税。无法提供具体比例或所提供数据不实的，不得享受上述税收优惠政策。

七、符合上述减免税条件的饮水工程运营管理单位需持相关材料向主管税务机关办理备案手续。

八、上述政策（第五条除外）自 2016 年 1 月 1 日至 2018 年 12 月 31 日执行。

财政部 国家税务总局

2016 年 2 月 25 日

财政部 国家税务总局关于继续执行高校学生公寓和食堂有关税收政策的通知

财税〔2016〕82 号

各省、自治区、直辖市、计划单列市财政厅（局）、国家税务局、地方税务局，新疆生产建设兵团财务局：

经国务院批准，现对继续执行高校学生公寓和食堂的有关税收政策通知如下：

一、自 2016 年 1 月 1 日至 2018 年 12 月 31 日，对高校学生公寓免征房产税；对与高校学生签订的高校学生公寓租赁合同，免征印花税。

……

四、本通知所述“高校学生公寓”，是指为高校学生提供住宿服务，按照国家规定的收费标准收取住宿费的学生公寓。

“高校学生食堂”，是指依照《学校食堂与学生集体用餐卫生管理规定》（教育部令第 14 号）管理的高校学生食堂。

五、文到之日前，已征的按照本通知规定应予免征的房产税和印花税，分别从纳税人以后应缴纳的房产税和印花税中抵减或者予以退还；已征的应予免征的营业税，予以退还；已征的应予免征的增值税，可抵减纳税人以后月份应缴纳的增值税或予以退还。

财政部 国家税务总局

2016 年 7 月 25 日

第五编

税收征管法

第十八部分 中华人民共和国税收征管法

中华人民共和国税收征收管理法

主席令〔2001〕49号

（中华人民共和国第九届全国人民代表大会常务委员会第二十一次会议2001年4月28日修订）

目 录

第一章 总 则

第一条 为了加强税收征收管理，规范税收征收和缴纳行为，保障国家税收收入，保护纳税人的合法权益，促进经济和社会发展，制定本法。

第二条 凡依法由税务机关征收的各种税收的征收管理，均适用本法。

第三条 税收的开征、停征以及减税、免税、退税、补税，依照法律的规定执行；法律授权国务院规定的，依照国务院制定的行政法规的规定执行。

任何机关、单位和个人不得违反法律、行政法规的规定，擅自作出税收开征、停征以及减税、免税、退税、补税和其他同税收法律、行政法规相抵触的决定。

第四条 法律、行政法规规定负有纳税义务的单位和个人为纳税人。

法律、行政法规规定负有代扣代缴、代收代缴税款义务的单位和个人为扣缴义务人。

纳税人、扣缴义务人必须依照法律、行政法规的规定缴纳税款、代扣代缴、代收代缴税款。

第五条 国务院税务主管部门主管全国税收征收管理工作。各地国家税务局和地方税务局应当按照国务院规定的税收征收管理范围分别进行征收管理。

地方各级人民政府应当依法加强对本行政区域内税收征收管理工作的领导或者协调，支持税务机关依法执行职务，依照法定税率计算税额，依法征收税款。

各有关部门和单位应当支持、协助税务机关依法执行职务。

税务机关依法执行职务，任何单位和个人不得阻挠。

【注释】 相关规定包括：《国家税务总局关于印发〈纳税评估管理办法（试行）〉的通知》（国税发〔2005〕43号）、《国家税务总局关于人民法院强制执行被执行人财产有关税收问题的复函》（国税函〔2005〕869号）。

第六条 国家有计划地用现代信息技术装备各级税务机关，加强税收征收管理信息系统的现代化建设，建立、健全税务机关与政府其他管理机关的信息共享制度。

纳税人、扣缴义务人和其他有关单位应当按照国家有关规定如实向税务机关提供与纳税和代扣代缴、代收代缴税款有关的信息。

第七条 税务机关应当广泛宣传税收法律、行政法规,普及纳税知识,无偿地为纳税人提供纳税咨询服务。

【注释】 相关规定包括:《国家税务总局关于印发〈纳税服务工作规范(试行)〉的通知》(国税发〔2005〕165号)。

第八条 纳税人、扣缴义务人有权向税务机关了解国家税收法律、行政法规的规定以及与纳税程序有关的情况。

纳税人、扣缴义务人有权要求税务机关为纳税人、扣缴义务人的情况保密。税务机关应当依法为纳税人、扣缴义务人的情况保密。

纳税人依法享有申请减税、免税、退税的权利。

纳税人、扣缴义务人对税务机关所作出的决定,享有陈述权、申辩权;依法享有申请行政复议、提起行政诉讼、请求国家赔偿等权利。

纳税人、扣缴义务人有权控告和检举税务机关、税务人员的违法违纪行为。

【注释】 相关规定包括:《税务行政复议规则》(国家税务总局令第21号)。

第九条 税务机关应当加强队伍建设,提高税务人员的政治业务素质。

税务机关、税务人员必须秉公执法、忠于职守、清正廉洁、礼貌待人、文明服务,尊重和保护纳税人、扣缴义务人的权利,依法接受监督。

税务人员不得索贿受贿、徇私舞弊、玩忽职守、不征或者少征应征税款;不得滥用职权多征税款或者故意刁难纳税人和扣缴义务人。

【注释】 相关规定包括:《国家税务总局关于加强纳税服务工作的通知》(国税发〔2003〕38)、《国家税务总局关于印发〈税收管理员制度(试行)〉的通知》(国税发〔2005〕40号)、《国家税务总局关于印发〈纳税服务工作规范(试行)〉的通知》(国税发〔2005〕165号)。

第十条 各级税务机关应当建立、健全内部制约和监督管理制度。

上级税务机关应当对下级税务机关的执法活动依法进行监督。

各级税务机关应当对其工作人员执行法律、行政法规和廉洁自律准则的情况进行监督检查。

第十一条 税务机关负责征收、管理、稽查、行政复议的人员的职责应当明确,并相互分离、相互制约。

【注释】 相关规定包括:《税务行政复议规则》(国家税务总局令第21号)。

第十二条 税务人员征收税款和查处税收违法案件,与纳税人、扣缴义务人或者税收违法案件有利害关系的,应当回避。

第十三条 任何单位和个人都有权检举违反税收法律、行政法规的行为。收到检举的机关和负责查处的机关应当为检举人保密。税务机关应当按照规定给予奖励。

【注释】 相关规定包括:《国家税务总局关于印发〈税务违法案件举报奖励办法〉的通知》(国税发〔1998〕211号)。

第十四条 本法所称税务机关是指各级税务局、税务分局、税务所和按照国务院规定设立的并向社会公告的税务机构。

【注释】 相关规定包括:《国家税务总局关于稽查局有关执法权限的批复》(国税函〔2003〕561号)、《国家税务总局关于印发〈国家税务总局关于进一步规范国家税务局系统机构设置的意见〉的通知》(国税发〔2003〕128号)。

第二章 税务管理

第一节 税务登记

第十五条 企业,企业在外地设立的分支机构和从事生产、经营的场所,个体工商户和从事生产、经营的事业单位(以下统称从事生产、经营的纳税人)自领取营业执照之日起三十日内,持有关证件,向税务机关申报办理税务登记。税务机关应当自收到申报之日起三十日内审核并发给税务登记证件。

工商行政管理机关应当将办理登记注册、核发营业执照的情况,定期向税务机关通报。

本条第一款规定以外的纳税人办理税务登记和扣缴义务人办理扣缴税款登记的范围和办法，由国务院规定。

【注释】 相关规定包括：《税务登记管理办法》（国家税务总局令第7号）、《国家税务总局关于国家税务局与地方税务局联合办理税务登记有关问题的通知》（国税发〔2004〕57号）、《国家税务总局关于印发〈纳税人财务会计报表报送管理办法〉的通知》（国税发〔2005〕20号）、《国家税务总局关于明确从事代理海关报关业务的中介机构办理税务登记有关问题的通知》（国税函〔2005〕353号）。

第十六条 从事生产、经营的纳税人，税务登记内容发生变化的，自工商行政管理机关办理变更登记之日起三十日内或者在向工商行政管理机关申请办理注销登记之前，持有关证件向税务机关申报办理变更或者注销税务登记。

【注释】 相关规定包括：《税务登记管理办法》（国家税务总局令第7号）、《国家税务总局关于完善税务登记管理若干问题的通知》（国税发〔2006〕37号）。

第十七条 从事生产、经营的纳税人应当按照国家有关规定，持税务登记证件，在银行或者其他金融机构开立基本存款账户和其他存款账户，并将其全部账号向税务机关报告。

银行和其他金融机构应当在从事生产、经营的纳税人的账户中登录税务登记证件号码，并在税务登记证件中登录从事生产、经营的纳税人的账户账号。

税务机关依法查询从事生产、经营的纳税人开立账户的情况时，有关银行和其他金融机构应当予以协助。

【注释】 相关规定包括：《税务登记管理办法》（国家税务总局令第7号）。

第十八条 纳税人按照国务院税务主管部门的规定使用税务登记证件。税务登记证件不得转借、涂改、损毁、买卖或者伪造。

【注释】 相关规定包括：《税务登记管理办法》（国家税务总局令第7号）。

第二节 账簿、凭证管理

第十九条 纳税人、扣缴义务人按照有关法律、行政法规和国务院财政、税务主管部门的规定设置账簿，根据合法、有效凭证记账，进行核算。

第二十条 从事生产、经营的纳税人的财务、会计制度或者财务、会计处理办法和会计核算软件，应当报送税务机关备案。

纳税人、扣缴义务人的财务、会计制度或者财务、会计处理办法与国务院或者国务院财政、税务主管部门有关税收的规定抵触的，依照国务院或者国务院财政、税务主管部门有关税收的规定计算应纳税款、代扣代缴和代收代缴税款。

第二十一条 税务机关是发票的主管机关，负责发票印制、领购、开具、取得、保管、缴销的管理和监督。

单位、个人在购销商品、提供或者接受经营服务以及从事其他经营活动中，应当按照规定开具、使用、取得发票。

发票的管理办法由国务院规定。

【注释】 相关规定包括：《中华人民共和国发票管理办法》（国函〔1993〕174号）、《国家税务总局铁道部关于规范铁路客运餐车发票使用管理的通知》（国税发〔2005〕198号）。

第二十二条 增值税专用发票由国务院税务主管部门指定的企业印制；其他发票，按照国务院税务主管部门的规定，分别由省、自治区、直辖市国家税务局、地方税务局指定企业印制。

未经前款规定的税务机关指定，不得印制发票。

第二十三条 国家根据税收征收管理的需要，积极推广使用税控装置。纳税人应当按照规定安装、使用税控装置，不得损毁或者擅自改动税控装置。

第二十四条 从事生产、经营的纳税人、扣缴义务人必须按照国务院财政、税务主管部门规定的保管期限保管账簿、记账凭证、完税凭证及其他有关资料。

账簿、记账凭证、完税凭证及其他有关资料不得伪造、变造或者擅自损毁。

第三节　纳税申报

第二十五条　纳税人必须依照法律、行政法规规定或者税务机关依照法律、行政法规的规定确定的申报期限、申报内容如实办理纳税申报，报送纳税申报表、财务会计报表以及税务机关根据实际需要要求纳税人报送的其他纳税资料。

扣缴义务人必须依照法律、行政法规规定或者税务机关依照法律、行政法规的规定确定的申报期限、申报内容如实报送代扣代缴、代收代缴税款报告表以及税务机关根据实际需要要求扣缴义务人报送的其他有关资料。

【注释】　相关规定包括：《国家税务总局关于印发〈纳税人财务会计报表报送管理办法〉的通知》（国税发〔2005〕20号）。

第二十六条　纳税人、扣缴义务人可以直接到税务机关办理纳税申报或者报送代扣代缴、代收代缴税款报告表，也可以按照规定采取邮寄、数据电文或者其他方式办理上述申报、报送事项。

【注释】　相关规定包括：《国家税务总局邮电部关于印发〈邮寄纳税申报办法〉的通知》（国税发〔1997〕147号）。

第二十七条　纳税人、扣缴义务人不能按期办理纳税申报或者报送代扣代缴、代收代缴税款报告表的，经税务机关核准，可以延期申报。

经核准延期办理前款规定的申报、报送事项的，应当在纳税期内按照上期实际缴纳的税额或者税务机关核定的税额预缴税款，并在核准的延期内办理税款结算。

【注释】　相关规定包括：《欠税公告办法（试行）》（国家税务总局令第9号）、《国家税务总局关于延期申报预缴税款滞纳金问题的批复》（国税函〔2007〕753号）。

第三章　税款征收

第二十八条　税务机关依照法律、行政法规的规定征收税款，不得违反法律、行政法规的规定开征、停征、多征、少征、提前征收、延缓征收或者摊派税款。

农业税应纳税额按照法律、行政法规的规定核定。

第二十九条　除税务机关、税务人员以及经税务机关依照法律、行政法规委托的单位和人员外，任何单位和个人不得进行税款征收活动。

第三十条　扣缴义务人依照法律、行政法规的规定履行代扣、代收税款的义务。对法律、行政法规没有规定负有代扣、代收税款义务的单位和个人，税务机关不得要求其履行代扣、代收税款义务。

扣缴义务人依法履行代扣、代收税款义务时，纳税人不得拒绝。纳税人拒绝的，扣缴义务人应当及时报告税务机关处理。

税务机关按照规定付给扣缴义务人代扣、代收手续费。

第三十一条　纳税人、扣缴义务人按照法律、行政法规规定或者税务机关依照法律、行政法规的规定确定的期限，缴纳或者解缴税款。

纳税人因有特殊困难，不能按期缴纳税款的，经省、自治区、直辖市国家税务局、地方税务局批准，可以延期缴纳税款，但是最长不得超过三个月。

第三十二条　纳税人未按照规定期限缴纳税款的，扣缴义务人未按照规定期限解缴税款的，税务机关除责令限期缴纳外，从滞纳税款之日起，按日加收滞纳税款万分之五的滞纳金。

【注释】　相关规定包括：《国家税务总局关于延期申报预缴税款滞纳金问题的批复》（国税函〔2007〕753号）、《国家税务总局关于纳税人善意取得虚开增值税专用发票已抵扣税款加收滞纳金问题的批复》（国税函〔2007〕1240号）。

第三十三条　纳税人可以依照法律、行政法规的规定书面申请减税、免税。

减税、免税的申请须经法律、行政法规规定的减税、免税审查批准机关审批。地方各级人民政府、各级人民政府主管部门、单位和个人违反法律、行政法规规定，擅自作出的减税、免税决定无效，税务机关不得执行，并向上级税务机关报告。

第三十四条　税务机关征收税款时，必须给纳税人开具完税凭证。扣缴义务人代扣、代收税款时，纳税人要求扣缴义务人开具代扣、代收税款凭证的，扣缴义务人应当开具。

第三十五条 纳税人有下列情形之一的，税务机关有权核定其应纳税额：

（一）依照法律、行政法规的规定可以不设置账簿的；

（二）依照法律、行政法规的规定应当设置但未设置账簿的；

（三）擅自销毁账簿或者拒不提供纳税资料的；

（四）虽设置账簿，但账目混乱或者成本资料、收入凭证、费用凭证残缺不全，难以查账的；

（五）发生纳税义务，未按照规定的期限办理纳税申报，经税务机关责令限期申报，逾期仍不申报的；

（六）纳税人申报的计税依据明显偏低，又无正当理由的。

税务机关核定应纳税额的具体程序和方法由国务院税务主管部门规定。

【注释】 相关规定包括：《国家税务总局关于贯彻〈中华人民共和国税收征收管理法〉及其实施细则若干具体问题的通知》（国税发〔2003〕47号）、《欠税公告办法（试行）》（国家税务总局令第9号）、《国家税务总局关于印发〈集贸市场税收分类管理办法〉的通知》（国税发〔2004〕154号）。

第三十六条 企业或者外国企业在中国境内设立的从事生产、经营的机构、场所与其关联企业之间的业务往来，应当按照独立企业之间的业务往来收取或者支付价款、费用；不按照独立企业之间的业务往来收取或者支付价款、费用，而减少其应纳税的收入或者所得额的，税务机关有权进行合理调整。

第三十七条 对未按照规定办理税务登记的从事生产、经营的纳税人以及临时从事经营的纳税人，由税务机关核定其应纳税额，责令缴纳；不缴纳的，税务机关可以扣押其价值相当于应纳税款的商品、货物。扣押后缴纳应纳税款的，税务机关必须立即解除扣押，并归还所扣押的商品、货物；扣押后仍不缴纳应纳税款的，经县以上税务局（分局）局长批准，依法拍卖或者变卖所扣押的商品、货物，以拍卖或者变卖所得抵缴税款。

第三十八条 税务机关有根据认为从事生产、经营的纳税人有逃避纳税义务行为的，可以在规定的纳税期之前，责令限期缴纳应纳税款；在限期内发现纳税人有明显的转移、隐匿其应纳税的商品、货物以及其他财产或者应纳税的收入的迹象的，税务机关可以责成纳税人提供纳税担保。如果纳税人不能提供纳税担保，经县以上税务局（分局）局长批准，税务机关可以采取下列税收保全措施：

（一）书面通知纳税人开户银行或者其他金融机构冻结纳税人的金额相当于应纳税款的存款；

（二）扣押、查封纳税人的价值相当于应纳税款的商品、货物或者其他财产。

纳税人在前款规定的限期内缴纳税款的，税务机关必须立即解除税收保全措施；限期期满仍未缴纳税款的，经县以上税务局（分局）局长批准，税务机关可以书面通知纳税人开户银行或者其他金融机构从其冻结的存款中扣缴税款，或者依法拍卖或者变卖所扣押、查封的商品、货物或者其他财产，以拍卖或者变卖所得抵缴税款。

个人及其所扶养家属维持生活必需的住房和用品，不在税收保全措施的范围之内。

第三十九条 纳税人在限期内已缴纳税款，税务机关未立即解除税收保全措施，使纳税人的合法利益遭受损失的，税务机关应当承担赔偿责任。

第四十条 从事生产、经营的纳税人、扣缴义务人未按照规定的期限缴纳或者解缴税款，纳税担保人未按照规定的期限缴纳所担保的税款，由税务机关责令限期缴纳，逾期仍未缴纳的，经县以上税务局（分局）局长批准，税务机关可以采取下列强制执行措施：

（一）书面通知其开户银行或者其他金融机构从其存款中扣缴税款；

（二）扣押、查封、依法拍卖或者变卖其价值相当于应纳税款的商品、货物或者其他财产，以拍卖或者变卖所得抵缴税款。

税务机关采取强制执行措施时，对前款所列纳税人、扣缴义务人、纳税担保人未缴纳的滞纳金同时强制执行。

个人及其所扶养家属维持生活必需的住房和用品，不在强制执行措施的范围之内。

【注释】 相关规定包括：《国家税务总局关于贯彻〈中华人民共和国税收征收管理法〉及其实施细则若干具体问题的通知》（国税发〔2003〕47号）。

第四十一条 本法第三十七条、第三十八条、第四十条规定的采取税收保全措施、强制执行措施的权力，不得由法定的税务机关以外的单位和个人行使。

第四十二条 税务机关采取税收保全措施和强制执行措施必须依照法定权限和法定程序，不得查封、扣押纳税人个人及其所扶养家属维持生活必需的住房和用品。

第四十三条 税务机关滥用职权违法采取税收保全措施、强制执行措施，或者采取税收保全措施、强制执行措施不当，使纳税人、扣缴义务人或者纳税担保人的合法权益遭受损失的，应当依法承担赔偿责任。

第四十四条 欠缴税款的纳税人或者他的法定代表人需要出境的，应当在出境前向税务机关结清应纳税款、滞纳金或者提供担保。未结清税款、滞纳金，又不提供担保的，税务机关可以通知出境管理机关阻止其出境。

第四十五条 税务机关征收税款，税收优先于无担保债权，法律另有规定的除外；纳税人欠缴的税款发生在纳税人以其财产设定抵押、质押或者纳税人的财产被留置之前的，税收应当先于抵押权、质权、留置权执行。

纳税人欠缴税款，同时又被行政机关决定处以罚款、没收违法所得的，税收优先于罚款、没收违法所得。

税务机关应当对纳税人欠缴税款的情况定期予以公告。

【注释】 相关规定包括：《国家税务总局关于贯彻〈中华人民共和国税收征收管理法〉及其实施细则若干具体问题的通知》(国税发〔2003〕47号)、《欠税公告办法(试行)》(国家税务总局令第9号)、《国家税务总局关于人民法院强制执行被执行人财产有关税收问题的复函》(国税函〔2005〕869号)。

第四十六条 纳税人有欠税情形而以其财产设定抵押、质押的，应当向抵押权人、质权人说明其欠税情况。抵押权人、质权人可以请求税务机关提供有关的欠税情况。

第四十七条 税务机关扣押商品、货物或者其他财产时，必须开付收据；查封商品、货物或者其他财产时，必须开付清单。

第四十八条 纳税人有合并、分立情形的，应当向税务机关报告，并依法缴清税款。纳税人合并时未缴清税款的，应当由合并后的纳税人继续履行未履行的纳税义务；纳税人分立时未缴清税款的，分立后的纳税人对未履行的纳税义务应当承担连带责任。

第四十九条 欠缴税款数额较大的纳税人在处分其不动产或者大额资产之前，应当向税务机关报告。

第五十条 欠缴税款的纳税人因怠于行使到期债权，或者放弃到期债权，或者无偿转让财产，或者以明显不合理的低价转让财产而受让人知道该情形，对国家税收造成损害的，税务机关可以依照合同法第七十三条、第七十四条的规定行使代位权、撤销权。

税务机关依照前款规定行使代位权、撤销权的，不免除欠缴税款的纳税人尚未履行的纳税义务和应承担的法律责任。

第五十一条 纳税人超过应纳税额缴纳的税款，税务机关发现后应当立即退还；纳税人自结算缴纳税款之日起三年内发现的，可以向税务机关要求退还多缴的税款并加算银行同期存款利息，税务机关及时查实后应当立即退还；涉及从国库中退库的，依照法律、行政法规有关国库管理的规定退还。

【注释】 相关规定包括：《税收减免管理办法(试行)》(国税发〔2005〕129号)。

第五十二条 因税务机关的责任，致使纳税人、扣缴义务人未缴或者少缴税款的，税务机关在三年内可以要求纳税人、扣缴义务人补缴税款，但是不得加收滞纳金。

因纳税人、扣缴义务人计算错误等失误，未缴或者少缴税款的，税务机关在三年内可以追征税款、滞纳金；有特殊情况的，追征期可以延长到五年。

对偷税、抗税、骗税的，税务机关追征其未缴或者少缴的税款、滞纳金或者所骗取的税款，不受前款规定期限的限制。

【注释】 相关规定包括：《税收减免管理办法(试行)》(国税发〔2005〕129号)、《国家税务总局关于欠税追缴期限有关问题的批复》(国税函〔2005〕813号)。

第五十三条 国家税务局和地方税务局应当按照国家规定的税收征收管理范围和税款入库预算级次，将征收的税款缴入国库。

对审计机关、财政机关依法查出的税收违法行为，税务机关应当根据有关机关的决定、意见书，依法将应收的税款、滞纳金按照税款入库预算级次缴入国库，并将结果及时回复有关机关。

第四章 税务检查

第五十四条 税务机关有权进行下列税务检查：

（一）检查纳税人的账簿、记账凭证、报表和有关资料，检查扣缴义务人代扣代缴、代收代缴税款账簿、记账凭证和有关资料；

（二）到纳税人的生产、经营场所和货物存放地检查纳税人应纳税的商品、货物或者其他财产，检查扣缴义务人与代扣代缴、代收代缴税款有关的经营情况；

（三）责成纳税人、扣缴义务人提供与纳税或者代扣代缴、代收代缴税款有关的文件、证明材料和有关资料；

（四）询问纳税人、扣缴义务人与纳税或者代扣代缴、代收代缴税款有关的问题和情况；

（五）到车站、码头、机场、邮政企业及其分支机构检查纳税人托运、邮寄应纳税商品、货物或者其他财产的有关单据、凭证和有关资料；

（六）经县以上税务局（分局）局长批准，凭全国统一格式的检查存款账户许可证明，查询从事生产、经营的纳税人、扣缴义务人在银行或者其他金融机构的存款账户。税务机关在调查税收违法案件时，经设区的市、自治州以上税务局（分局）局长批准，可以查询案件涉嫌人员的储蓄存款。税务机关查询所获得的资料，不得用于税收以外的用途。

【注释】 相关规定包括：《国家税务总局关于印发〈税务稽查案件复查暂行办法〉的通知》（国税发〔2000〕54号）、《国家税务总局关于印发〈税务稽查业务公开制度（试行）〉的通知》（国税发〔2000〕163号）、《国家税务总局关于协税员不得核发〈税务检查证〉的批复》（国税函〔2001〕41号）、《国家税务总局关于贯彻〈中华人民共和国税收征收管理法〉及其实施细则若干具体问题的通知》（国税发〔2003〕47号）、《国家税务总局关于印发〈税务检查证管理暂行办法〉的通知》（国税发〔2005〕154号）。

第五十五条　税务机关对从事生产、经营的纳税人以前纳税期的纳税情况依法进行税务检查时，发现纳税人有逃避纳税义务行为，并有明显的转移、隐匿其应纳税的商品、货物以及其他财产或者应纳税的收入的迹象的，可以按照本法规定的批准权限采取税收保全措施或者强制执行措施。

【注释】 相关规定包括：《国家税务总局关于印发〈税务检查证管理暂行办法〉的通知》（国税发〔2005〕154号）。

第五十六条　纳税人、扣缴义务人必须接受税务机关依法进行的税务检查，如实反映情况，提供有关资料，不得拒绝、隐瞒。

【注释】 相关规定包括：《国家税务总局关于印发〈涉外企业联合税务审计暂行办法〉的通知》（国税发〔2004〕38号）、《国家税务总局关于印发〈税务检查证管理暂行办法〉的通知》（国税发〔2005〕154号）。

第五十七条　税务机关依法进行税务检查时，有权向有关单位和个人调查纳税人、扣缴义务人和其他当事人与纳税或者代扣代缴、代收代缴税款有关的情况，有关单位和个人有义务向税务机关如实提供有关资料及证明材料。

【注释】 相关规定包括：《国家税务总局关于印发〈税务检查证管理暂行办法〉的通知》（国税发〔2005〕154号）。

第五十八条　税务机关调查税务违法案件时，对与案件有关的情况和资料，可以记录、录音、录像、照相和复制。

【注释】 相关规定包括：《国家税务总局关于印发〈税收执法检查规则〉的通知》（国税发〔2004〕126号）、《国家税务总局关于印发〈税务检查证管理暂行办法〉的通知》（国税发〔2005〕154号）。

第五十九条　税务机关派出的人员进行税务检查时，应当出示税务检查证和税务检查通知书，并有责任为被检查人保守秘密；未出示税务检查证和税务检查通知书的，被检查人有权拒绝检查。

【注释】 相关规定包括：《国家税务总局关于印发〈税收执法检查规则〉的通知》（国税发〔2004〕126号）、《国家税务总局关于印发〈税务检查证管理暂行办法〉的通知》（国税发〔2005〕154号）。

第五章　法律责任

第六十条　纳税人有下列行为之一的，由税务机关责令限期改正，可以处二千元以下的罚款；情节严重的，处二千元以上一万元以下的罚款：

（一）未按照规定的期限申报办理税务登记、变更或者注销登记的；

（二）未按照规定设置、保管账簿或者保管记账凭证和有关资料的；

(三)未按照规定将财务、会计制度或者财务、会计处理办法和会计核算软件报送税务机关备查的;

(四)未按照规定将其全部银行账号向税务机关报告的;

(五)未按照规定安装、使用税控装置,或者损毁或者擅自改动税控装置的。

纳税人不办理税务登记的,由税务机关责令限期改正;逾期不改正的,经税务机关提请,由工商行政管理机关吊销其营业执照。

纳税人未按照规定使用税务登记证件,或者转借、涂改、损毁、买卖、伪造税务登记证件的,处二千元以上一万元以下的罚款;情节严重的,处一万元以上五万元以下的罚款。

【注释】 相关规定包括:《国家税务总局关于贯彻〈中华人民共和国税收征收管理法〉及其实施细则若干具体问题的通知》(国税发〔2003〕47 号)。

第六十一条 扣缴义务人未按照规定设置、保管代扣代缴、代收代缴税款账簿或者保管代扣代缴、代收代缴税款记账凭证及有关资料的,由税务机关责令限期改正,可以处二千元以下的罚款;情节严重的,处二千元以上五千元以下的罚款。

第六十二条 纳税人未按照规定的期限办理纳税申报和报送纳税资料的,或者扣缴义务人未按照规定的期限向税务机关报送代扣代缴、代收代缴税款报告表和有关资料的,由税务机关责令限期改正,可以处二千元以下的罚款;情节严重的,可以处二千元以上一万元以下的罚款。

【注释】 相关规定包括:《国家税务总局关于印发〈纳税人财务会计报表报送管理办法〉的通知》(国税发〔2005〕20 号)。

第六十三条 纳税人伪造、变造、隐匿、擅自销毁账簿、记账凭证,或者在账簿上多列支出或者不列、少列收入,或者经税务机关通知申报而拒不申报或者进行虚假的纳税申报,不缴或者少缴应纳税款的,是偷税。对纳税人偷税的,由税务机关追缴其不缴或者少缴的税款、滞纳金,并处不缴或者少缴的税款百分之五十以上五倍以下的罚款;构成犯罪的,依法追究刑事责任。

扣缴义务人采取前款所列手段,不缴或者少缴已扣、已收税款,由税务机关追缴其不缴或者少缴的税款、滞纳金,并处不缴或者少缴的税款百分之五十以上五倍以下的罚款;构成犯罪的,依法追究刑事责任。

第六十四条 纳税人、扣缴义务人编造虚假计税依据的,由税务机关责令限期改正,并处五万元以下的罚款。

纳税人不进行纳税申报,不缴或者少缴应纳税款的,由税务机关追缴其不缴或者少缴的税款、滞纳金,并处不缴或者少缴的税款百分之五十以上五倍以下的罚款。

第六十五条 纳税人欠缴应纳税款,采取转移或者隐匿财产的手段,妨碍税务机关追缴欠缴的税款的,由税务机关追缴欠缴的税款、滞纳金,并处欠缴税款百分之五十以上五倍以下的罚款;构成犯罪的,依法追究刑事责任。

第六十六条 以假报出口或者其他欺骗手段,骗取国家出口退税款,由税务机关追缴其骗取的退税款,并处骗取税款一倍以上五倍以下的罚款;构成犯罪的,依法追究刑事责任。

对骗取国家出口退税款的,税务机关可以在规定期间内停止为其办理出口退税。

第六十七条 以暴力、威胁方法拒不缴纳税款的,是抗税,除由税务机关追缴其拒缴的税款、滞纳金外,依法追究刑事责任。情节轻微,未构成犯罪的,由税务机关追缴其拒缴的税款、滞纳金,并处拒缴税款一倍以上五倍以下的罚款。

第六十八条 纳税人、扣缴义务人在规定期限内不缴或者少缴应纳或者应解缴的税款,经税务机关责令限期缴纳,逾期仍未缴纳的,税务机关除依照本法第四十条的规定采取强制执行措施追缴其不缴或者少缴的税款外,可以处不缴或者少缴的税款百分之五十以上五倍以下的罚款。

第六十九条 扣缴义务人应扣未扣、应收而不收税款的,由税务机关向纳税人追缴税款,对扣缴义务人处应扣未扣、应收未收税款百分之五十以上三倍以下的罚款。

第七十条 纳税人、扣缴义务人逃避、拒绝或者以其他方式阻挠税务机关检查的,由税务机关责令改正,可以处一万元以下的罚款;情节严重的,处一万元以上五万元以下的罚款。

【注释】 相关规定包括:《国家税务总局关于印发〈纳税人财务会计报表报送管理办法〉的通知》(国税发〔2005〕20 号)。

第七十一条 违反本法第二十二条规定,非法印制发票的,由税务机关销毁非法印制的发票,没收违法所得和作案工具，并处一万元以上五万元以下的罚款；构成犯罪的，依法追究刑事责任。

第七十二条 从事生产、经营的纳税人、扣缴义务人有本法规定的税收违法行为，拒不接受税务机关处理的，税务机关可以收缴其发票或者停止向其发售发票。

第七十三条 纳税人、扣缴义务人的开户银行或者其他金融机构拒绝接受税务机关依法检查纳税人、扣缴义务人存款账户，或者拒绝执行税务机关作出的冻结存款或者扣缴税款的决定，或者在接到税务机关的书面通知后帮助纳税人、扣缴义务人转移存款，造成税款流失的，由税务机关处十万元以上五十万元以下的罚款，对直接负责的主管人员和其他直接责任人员处一千元以上一万元以下的罚款。

第七十四条 本法规定的行政处罚，罚款额在二千元以下的，可以由税务所决定。

第七十五条 税务机关和司法机关的涉税罚没收入，应当按照税款入库预算级次上缴国库。

第七十六条 税务机关违反规定擅自改变税收征收管理范围和税款入库预算级次的，责令限期改正，对直接负责的主管人员和其他直接责任人员依法给予降级或者撤职的行政处分。

第七十七条 纳税人、扣缴义务人有本法第六十三条、第六十五条、第六十六条、第六十七条、第七十一条规定的行为涉嫌犯罪的，税务机关应当依法移交司法机关追究刑事责任。

税务人员徇私舞弊，对依法应当移交司法机关追究刑事责任的不移交，情节严重的，依法追究刑事责任。

第七十八条 未经税务机关依法委托征收税款的，责令退还收取的财物，依法给予行政处分或者行政处罚；致使他人合法权益受到损失的，依法承担赔偿责任；构成犯罪的，依法追究刑事责任。

第七十九条 税务机关、税务人员查封、扣押纳税人个人及其所扶养家属维持生活必需的住房和用品的，责令退还，依法给予行政处分；构成犯罪的，依法追究刑事责任。

第八十条 税务人员与纳税人、扣缴义务人勾结，唆使或者协助纳税人、扣缴义务人有本法第六十三条、第六十五条、第六十六条规定的行为，构成犯罪的，依法追究刑事责任；尚不构成犯罪的，依法给予行政处分。

第八十一条 税务人员利用职务上的便利，收受或者索取纳税人、扣缴义务人财物或者谋取其他不正当利益，构成犯罪的，依法追究刑事责任；尚不构成犯罪的，依法给予行政处分。

第八十二条 税务人员徇私舞弊或者玩忽职守，不征或者少征应征税款，致使国家税收遭受重大损失，构成犯罪的，依法追究刑事责任；尚不构成犯罪的，依法给予行政处分。

税务人员滥用职权，故意刁难纳税人、扣缴义务人的，调离税收工作岗位，并依法给予行政处分。

税务人员对控告、检举税收违法违纪行为的纳税人、扣缴义务人以及其他检举人进行打击报复的，依法给予行政处分；构成犯罪的，依法追究刑事责任。

税务人员违反法律、行政法规的规定，故意高估或者低估农业税计税产量，致使多征或者少征税款，侵犯农民合法权益或者损害国家利益，构成犯罪的，依法追究刑事责任；尚不构成犯罪的，依法给予行政处分。

第八十三条 违反法律、行政和法规的规定提前征收、延缓征收或者摊派税款的，由其上级机关或者行政监察机关责令改正，对直接负责的主管人员和其他直接责任人员依法给予行政处分。

第八十四条 违反法律、行政法规的规定，擅自作出税收的开征、停征或者减税、免税、退税、补税以及其他同税收法律、行政法规相抵触的决定的，除依照本法规定撤销其擅自作出的决定外，补征应征未征税款，退还不应征收而征收的税款，并由上级机关追究直接负责的主管人员和其他直接责任人员的行政责任；构成犯罪的，依法追究刑事责任。

【注释】 相关规定包括：《国家税务总局关于印发〈税收减免管理办法（试行）〉的通知》（国税发〔2005〕129号）。

第八十五条 税务人员在征收税款或者查处税收违法案件时，未按照本法规定进行回避的，对直接负责的主管人员和其他直接责任人员，依法给予行政处分。

第八十六条 违反税收法律、行政法规应当给予行政处罚的行为，在五年内未被发现的，不再给予行政处罚。

第八十七条 未按照本法规定为纳税人、扣缴义务人、检举人保密的，对直接负责的主管人员和其他直接责任人员，由所在单位或者有关单位依法给予行政处分。

第八十八条 纳税人、扣缴义务人、纳税担保人同税务机关在纳税上发生争议时，必须先依照税务机关的纳税决定缴纳或者解缴税款及滞纳金或者提供相应的担保，然后可以依法申请行政复议；对行政复议决定不服的，可以依法向人民法院起诉。

当事人对税务机关的处罚决定、强制执行措施或者税收保全措施不服的，可以依法申请行政复议，也可以依法向人民法院起诉。

当事人对税务机关的处罚决定逾期不申请行政复议也不向人民法院起诉、又不履行的，作出处罚决定的税务机关可以采取本法第四十条规定的强制执行措施，或者申请人民法院强制执行。

【注释】 相关规定包括：《国家税务总局关于纳税人不服交通部门代征车辆购置税行为行政复议管辖问题的通知》（国税函〔2001〕233 号）、《国家税务总局关于涉税案件在刑事审判期间是否应当中止税务行政复议问题的批复》（国税函〔2002〕130 号）、《税务行政复议规则》（国家税务总局令第 21 号）。

第六章 附 则

第八十九条 纳税人、扣缴义务人可以委托税务代理人代为办理税务事宜。

【注释】 相关规定包括：《人事部国家税务总局关于印发〈注册税务师资格制度暂行规定〉的通知》（人发〔1996〕116 号）、《国家税务总局关于印发〈注册税务师注册管理暂行办法〉的通知》（国税发〔1999〕79 号）。

第九十条 耕地占用税、契税、农业税、牧业税征收管理的具体办法，由国务院另行制定。

关税及海关代征税收的征收管理，依照法律、行政法规的有关规定执行。

【注释】 相关规定包括：《国家税务总局关于农业税、牧业税、耕地占用税、契税征收管理暂参照〈中华人民共和国税收征收管理法〉执行的通知》（国税发〔2001〕110 号）。

第九十一条 中华人民共和国同外国缔结的有关税收的条约、协定同本法有不同规定的，依照条约、协定的规定办理。

第九十二条 本法施行前颁布的税收法律与本法有不同规定的，适用本法规定。

第九十三条 国务院根据本法制定实施细则。

第九十四条 本法自 2001 年 5 月 1 日起施行。

中华人民共和国税收征收管理法实施细则

国务院令第 362 号

第一章 总 则

第一条 根据《中华人民共和国税收征收管理法》（以下简称税收征管法）的规定，制定本细则。

第二条 凡依法由税务机关征收的各种税收的征收管理，均适用税收征管法及本细则；税收征管法及本细则没有规定的，依照其他有关税收法律、行政法规的规定执行。

第三条 任何部门、单位和个人作出的与税收法律、行政法规相抵触的决定一律无效，税务机关不得执行，并应当向上级税务机关报告。

纳税人应当依照税收法律、行政法规的规定履行纳税义务；其签订的合同、协议等与税收法律、行政法规相抵触的，一律无效。

第四条 国家税务总局负责制定全国税务系统信息化建设的总体规划、技术标准、技术方案与实施办法；各级税务机关应当按照国家税务总局的总体规划、技术标准、技术方案与实施办法，做好本地区税务系统信息化建设的具体工作。

地方各级人民政府应当积极支持税务系统信息化建设，并组织有关部门实现相关信息的共享。

第五条 税收征管法第八条所称为纳税人、扣缴义务人保密的情况，是指纳税人、扣缴义务人的商业秘密及个人隐私。纳税人、扣缴义务人的税收违法行为不属于保密范围。

【注释】 相关规定包括：《国家税务总局关于国家税务局与地方税务局联合办理税务登记有关问题的

通知》(国税发〔2004〕57号)。

第六条　国家税务总局应当制定税务人员行为准则和服务规范。

上级税务机关发现下级税务机关的税收违法行为,应当及时予以纠正;下级税务机关应当按照上级税务机关的决定及时改正。

下级税务机关发现上级税务机关的税收违法行为,应当向上级税务机关或者有关部门报告。

【注释】　相关规定包括:《国家税务总局关于印发〈纳税服务工作规范(试行)〉的通知》(国税发〔2005〕165号)。

第七条　税务机关根据检举人的贡献大小给予相应的奖励,奖励所需资金列入税务部门年度预算,单项核定。奖励资金具体使用办法以及奖励标准,由国家税务总局会同财政部制定。

【注释】　相关规定包括:《国家税务总局关于印发〈税务违法案件举报奖励办法〉的通知》(国税发〔1998〕211号)。

第八条　税务人员在核定应纳税额、调整税收定额、进行税务检查、实施税务行政处罚、办理税务行政复议时,与纳税人、扣缴义务人或者其法定代表人、直接责任人有下列关系之一的,应当回避:

(一)夫妻关系;

(二)直系血亲关系;

(三)三代以内旁系血亲关系;

(四)近姻亲关系;

(五)可能影响公正执法的其他利害关系。

【注释】　相关规定包括:《国家税务总局税务行政复议规则》(国家税务总局令第21号)。

第九条　税收征管法第十四条所称按照国务院规定设立的并向社会公告的税务机构,是指省以下税务局的稽查局。稽查局专司偷税、逃避追缴欠税、骗税、抗税案件的查处。

国家税务总局应当明确划分税务局和稽查局的职责,避免职责交叉。

【注释】　相关规定包括:《国家税务总局关于稽查局有关执法权限的批复》(国税函〔2003〕561号)、《国家税务总局关于印发〈国家税务总局关于进一步规范国家税务局系统机构设置的意见〉的通知》(国税发〔2003〕128号)。

第二章　税务登记

第十条　国家税务局、地方税务局对同一纳税人的税务登记应当采用同一代码,信息共享。

税务登记的具体办法由国家税务总局制定。

【注释】　相关规定包括:《国家税务总局关于贯彻〈中华人民共和国税收征收管理法〉及其实施细则若干具体问题的通知》(国税发〔2003〕47号)、《税务登记管理办法》(国家税务总局令第7号)。

第十一条　各级工商行政管理机关应当向同级国家税务局和地方税务局定期通报办理开业、变更、注销登记以及吊销营业执照的情况。

通报的具体办法由国家税务总局和国家工商行政管理总局联合制定。

【注释】　相关规定包括:《税务登记管理办法》(国家税务总局令第7号)。

第十二条　从事生产、经营的纳税人应当自领取营业执照之日起30日内,向生产、经营地或者纳税义务发生地的主管税务机关申报办理税务登记,如实填写税务登记表,并按照税务机关的要求提供有关证件、资料。

前款规定以外的纳税人,除国家机关和个人外,应当自纳税义务发生之日起30日内,持有关证件向所在地的主管税务机关申报办理税务登记。

个人所得税的纳税人办理税务登记的办法由国务院另行规定。

税务登记证件的式样,由国家税务总局制定。

【注释】　相关规定包括:《税务登记管理办法》(国家税务总局令第7号)。

第十三条　扣缴义务人应当自扣缴义务发生之日起30日内,向所在地的主管税务机关申报办理扣缴税款登记,领取扣缴税款登记证件;税务机关对已办理税务登记的扣缴义务人,可以只在其税务登记证件上登记扣缴税款事项,不再发给扣缴税款登记证件。

【注释】 相关规定包括:《税务登记管理办法》(国家税务总局令第7号)、《国家税务总局关于完善税务登记管理若干问题的通知》(国税发〔2006〕37号)。

第十四条 纳税人税务登记内容发生变化的,应当自工商行政管理机关或者其他机关办理变更登记之日起30日内,持有关证件向原税务登记机关申报办理变更税务登记。

纳税人税务登记内容发生变化,不需要到工商行政管理机关或者其他机关办理变更登记的,应当自发生变化之日起30日内,持有关证件向原税务登记机关申报办理变更税务登记。

【注释】 相关规定包括:《税务登记管理办法》(国家税务总局令第7号)。

第十五条 纳税人发生解散、破产、撤销以及其他情形,依法终止纳税义务的,应当在向工商行政管理机关或者其他机关办理注销登记前,持有关证件向原税务登记机关申报办理注销税务登记;按照规定不需要在工商行政管理机关或者其他机关办理注册登记的,应当自有关机关批准或者宣告终止之日起15日内,持有关证件向原税务登记机关申报办理注销税务登记。

纳税人因住所、经营地点变动,涉及改变税务登记机关的,应当在向工商行政管理机关或者其他机关申请办理变更或者注销登记前或者住所、经营地点变动前,向原税务登记机关申报办理注销税务登记,并在30日内向迁达地税务机关申报办理税务登记。

纳税人被工商行政管理机关吊销营业执照或者被其他机关予以撤销登记的,应当自营业执照被吊销或者被撤销登记之日起15日内,向原税务登记机关申报办理注销税务登记。

【注释】 相关规定包括:《税务登记管理办法》(国家税务总局令第7号)。

第十六条 纳税人在办理注销税务登记前,应当向税务机关结清应纳税款、滞纳金、罚款,缴销发票、税务登记证件和其他税务证件。

【注释】 相关规定包括:《税务登记管理办法》(国家税务总局令第7号)。

第十七条 从事生产、经营的纳税人应当自开立基本存款账户或者其他存款账户之日起15日内,向主管税务机关书面报告其全部账号;发生变化的,应当自变化之日起15日内,向主管税务机关书面报告。

【注释】 相关规定包括:《税务登记管理办法》(国家税务总局令第7号)。

第十八条 除按照规定不需要发给税务登记证件的外,纳税人办理下列事项时,必须持税务登记证件:

(一)开立银行账户;

(二)申请减税、免税、退税;

(三)申请办理延期申报、延期缴纳税款;

(四)领购发票;

(五)申请开具外出经营活动税收管理证明;

(六)办理停业、歇业;

(七)其他有关税务事项。

【注释】 相关规定包括:《税务登记管理办法》(国家税务总局令第7号)。

第十九条 税务机关对税务登记证件实行定期验证和换证制度。纳税人应当在规定的期限内持有关证件到主管税务机关办理验证或者换证手续。

【注释】 相关规定包括:《税务登记管理办法》(国家税务总局令第7号)。

第二十条 纳税人应当将税务登记证件正本在其生产、经营场所或者办公场所公开悬挂,接受税务机关检查。

【注释】 相关规定包括:《税务登记管理办法》(国家税务总局令第7号)。

纳税人遗失税务登记证件的,应当在15日内书面报告主管税务机关,并登报声明作废。

第二十一条 从事生产、经营的纳税人到外县(市)临时从事生产、经营活动的,应当持税务登记证副本和所在地税务机关填开的外出经营活动税收管理证明,向营业地税务机关报验登记,接受税务管理。

从事生产、经营的纳税人外出经营,在同一地累计超过180天的,应当在营业地办理税务登记手续。

【注释】 相关规定包括:《国家税务总局关于贯彻〈中华人民共和国税收征收管理法〉及其实施细则若干具体问题的通知》(国税发〔2003〕47号)、《税务登记管理办法》(国家税务总局令第7号)。

第三章 账簿、凭证管理

第二十二条 从事生产、经营的纳税人应当自领取营业执照或者发生纳税义务之日起15日内,按照国家有关规定设置账簿。

前款所称账簿，是指总账、明细账、日记账以及其他辅助性账簿。总账、日记账应当采用订本式。

第二十三条 生产、经营规模小又确无建账能力的纳税人，可以聘请经批准从事会计代理记账业务的专业机构或者经税务机关认可的财会人员代为建账和办理账务；聘请上述机构或者人员有实际困难的，经县以上税务机关批准，可以按照税务机关的规定，建立收支凭证粘贴簿、进货销货登记簿或者使用税控装置。

第二十四条 从事生产、经营的纳税人应当自领取税务登记证件之日起15日内，将其财务、会计制度或者财务、会计处理办法报送主管税务机关备案。

纳税人使用计算机记账的，应当在使用前将会计电算化系统的会计核算软件、使用说明书及有关资料报送主管税务机关备案。

纳税人建立的会计电算化系统应当符合国家有关规定，并能正确、完整核算其收入或者所得。

第二十五条 扣缴义务人应当自税收法律、行政法规规定的扣缴义务发生之日起10日内，按照所代扣、代收的税种，分别设置代扣代缴、代收代缴税款账簿。

第二十六条 纳税人、扣缴义务人会计制度健全，能够通过计算机正确、完整计算其收入和所得或者代扣代缴、代收代缴税款情况的，其计算机输出的完整的书面会计记录，可视同会计账簿。

纳税人、扣缴义务人会计制度不健全，不能通过计算机正确、完整计算其收入和所得或者代扣代缴、代收代缴税款情况的，应当建立总账及与纳税或者代扣代缴、代收代缴税款有关的其他账簿。

第二十七条 账簿、会计凭证和报表，应当使用中文。民族自治地方可以同时使用当地通用的一种民族文字。外商投资企业和外国企业可以同时使用一种外国文字。

第二十八条 纳税人应当按照税务机关的要求安装、使用税控装置，并按照税务机关的规定报送有关数据和资料。

税控装置推广应用的管理办法由国家税务总局另行制定，报国务院批准后实施。

第二十九条 账簿、记账凭证、报表、完税凭证、发票、出口凭证以及其他有关涉税资料应当合法、真实、完整。

账簿、记账凭证、报表、完税凭证、发票、出口凭证以及其他有关涉税资料应当保存10年；但是，法律、行政法规另有规定的除外。

第四章 纳税申报

第三十条 税务机关应当建立、健全纳税人自行申报纳税制度。经税务机关批准，纳税人、扣缴义务人可以采取邮寄、数据电文方式办理纳税申报或者报送代扣代缴、代收代缴税款报告表。

数据电文方式，是指税务机关确定的电话语音、电子数据交换和网络传输等电子方式。

【注释】 相关规定包括：《国家税务总局邮电部关于印发〈邮寄纳税申报办法〉的通知》（国税发〔1997〕147号）。

第三十一条 纳税人采取邮寄方式办理纳税申报的，应当使用统一的纳税申报专用信封，并以邮政部门收据作为申报凭据。邮寄申报以寄出的邮戳日期为实际申报日期。

纳税人采取电子方式办理纳税申报的，应当按照税务机关规定的期限和要求保存有关资料，并定期书面报送主管税务机关。

【注释】 相关规定包括：《国家税务总局邮电部关于印发〈邮寄纳税申报办法〉的通知》（国税发〔1997〕147号）。

第三十二条 纳税人在纳税期内没有应纳税款的，也应当按照规定办理纳税申报。

纳税人享受减税、免税待遇的，在减税、免税期间应当按照规定办理纳税申报。

第三十三条 纳税人、扣缴义务人的纳税申报或者代扣代缴、代收代缴税款报告表的主要内容包括：税种、税目，应纳税项目或者应代扣代缴、代收代缴税款项目，计税依据，扣除项目及标准，适用税率或者单位税额，应退税项目及税额、应减免税项目及税额，应纳税额或者应代扣代缴、代收代缴税额，税款所属期限、延期缴纳税款、欠税、滞纳金等。

第三十四条 纳税人办理纳税申报时，应当如实填写纳税申报表，并根据不同的情况相应报送下列有关证件、资料：

(一)财务会计报表及其说明材料；

(二)与纳税有关的合同、协议书及凭证；

(三)税控装置的电子报税资料；

(四)外出经营活动税收管理证明和异地完税凭证；

(五)境内或者境外公证机构出具的有关证明文件；

(六)税务机关规定应当报送的其他有关证件、资料。

第三十五条 扣缴义务人办理代扣代缴、代收代缴税款报告时，应当如实填写代扣代缴、代收代缴税款报告表，并报送代扣代缴、代收代缴税款的合法凭证以及税务机关规定的其他有关证件、资料。

第三十六条 实行定期定额缴纳税款的纳税人，可以实行简易申报、简并征期等申报纳税方式。

【注释】 相关规定包括：《国家税务总局关于贯彻〈中华人民共和国税收征收管理法〉及其实施细则若干具体问题的通知》(国税发〔2003〕47号)、《国家税务总局个体工商户税收定期定额征收管理办法》(国家税务总局令第16号)。

第三十七条 纳税人、扣缴义务人按照规定的期限办理纳税申报或者报送代扣代缴、代收代缴税款报告表确有困难，需要延期的，应当在规定的期限内向税务机关提出书面延期申请，经税务机关核准，在核准的期限内办理。

纳税人、扣缴义务人因不可抗力，不能按期办理纳税申报或者报送代扣代缴、代收代缴税款报告表的，可以延期办理；但是，应当在不可抗力情形消除后立即向税务机关报告。税务机关应当查明事实，予以核准。

第五章 税款征收

第三十八条 税务机关应当加强对税款征收的管理，建立、健全责任制度。

税务机关根据保证国家税款及时足额入库、方便纳税人、降低税收成本的原则，确定税款征收的方式。

税务机关应当加强对纳税人出口退税的管理，具体管理办法由国家税务总局会同国务院有关部门制定。

第三十九条 税务机关应当将各种税收的税款、滞纳金、罚款，按照国家规定的预算科目和预算级次及时缴入国库，税务机关不得占压、挪用、截留，不得缴入国库以外或者国家规定的税款账户以外的任何账户。

已缴入国库的税款、滞纳金、罚款，任何单位和个人不得擅自变更预算科目和预算级次。

第四十条 税务机关应当根据方便、快捷、安全的原则，积极推广使用支票、银行卡、电子结算方式缴纳税款。

第四十一条 纳税人有下列情形之一的，属于税收征管法第三十一条所称特殊困难：

(一)因不可抗力，导致纳税人发生较大损失，正常生产经营活动受到较大影响的；

(二)当期货币资金在扣除应付职工工资、社会保险费后，不足以缴纳税款的。

计划单列市国家税务局、地方税务局可以参照税收征管法第三十一条第二款的批准权限，审批纳税人延期缴纳税款。

【注释】 相关规定包括：《国家税务总局关于延期缴纳税款有关问题的通知》(国税函〔2004〕1406号)。

第四十二条 纳税人需要延期缴纳税款的，应当在缴纳税款期限届满前提出申请，并报送下列材料：申请延期缴纳税款报告，当期货币资金余额情况及所有银行存款账户的对账单，资产负债表，应付职工工资和社会保险费等税务机关要求提供的支出预算。

税务机关应当自收到申请延期缴纳税款报告之日起20日内作出批准或者不予批准的决定；不予批准的，从缴纳税款期限届满之日起加收滞纳金。

第四十三条 法律、行政法规规定或者经法定的审批机关批准减税、免税的纳税人，应当持有关文件到主管税务机关办理减税、免税手续。减税、免税期满，应当自期满次日起恢复纳税。

享受减税、免税优惠的纳税人，减税、免税条件发生变化的，应当自发生变化之日起15日内向税务机关报告；不再符合减税、免税条件的，应当依法履行纳税义务；未依法纳税的，税务机关应当予以追缴。

第四十四条 税务机关根据有利于税收控管和方便纳税的原则，可以按照国家有关规定委托有关单位和人员代征零星分散和异地缴纳的税收，并发给委托代征证书。受托单位和人员按照代征证书的要求，以税务机关的名义依法征收税款，纳税人不得拒绝；纳税人拒绝的，受托代征单位和人员应当及时报告税务机关。

第四十五条　税收征管法第三十四条所称完税凭证，是指各种完税证、缴款书、印花税票、扣（收）税凭证以及其他完税证明。

未经税务机关指定，任何单位、个人不得印制完税凭证。完税凭证不得转借、倒卖、变造或者伪造。

完税凭证的式样及管理办法由国家税务总局制定。

第四十六条　税务机关收到税款后，应当向纳税人开具完税凭证。纳税人通过银行缴纳税款的，税务机关可以委托银行开具完税凭证。

第四十七条　纳税人有税收征管法第三十五条或者第三十七条所列情形之一的，税务机关有权采用下列任何一种方法核定其应纳税额：

（一）参照当地同类行业或者类似行业中经营规模和收入水平相近的纳税人的税负水平核定；

（二）按照营业收入或者成本加合理的费用和利润的方法核定；

（三）按照耗用的原材料、燃料、动力等推算或者测算核定；

（四）按照其他合理方法核定。

采用前款所列一种方法不足以正确核定应纳税额时，可以同时采用两种以上的方法核定。

纳税人对税务机关采取本条规定的方法核定的应纳税额有异议的，应当提供相关证据，经税务机关认定后，调整应纳税额。

【注释】　相关规定包括：《国家税务总局关于贯彻〈中华人民共和国税收征收管理法〉及其实施细则若干具体问题的通知》（国税发〔2003〕47号）。

第四十八条　税务机关负责纳税人纳税信誉等级评定工作。纳税人纳税信誉等级的评定办法由国家税务总局制定。

第四十九条　承包人或者承租人有独立的生产经营权，在财务上独立核算，并定期向发包人或者出租人上缴承包费或者租金的，承包人或者承租人应当就其生产、经营收入和所得纳税，并接受税务管理；但是，法律、行政法规另有规定的除外。

发包人或者出租人应当自发包或者出租之日起30日内将承包人或者承租人的有关情况向主管税务机关报告。发包人或者出租人不报告的，发包人或者出租人与承包人或者承租人承担纳税连带责任。

【注释】　相关规定包括：《国家税务总局关于印发〈集贸市场税收分类管理办法〉的通知》（国税发〔2004〕154号）。

第五十条　纳税人有解散、撤销、破产情形的，在清算前应当向其主管税务机关报告；未结清税款的，由其主管税务机关参加清算。

第五十一条　税收征管法第三十六条所称关联企业，是指有下列关系之一的公司、企业和其他经济组织：

（一）在资金、经营、购销等方面，存在直接或者间接的拥有或者控制关系；

（二）直接或者间接地同为第三者所拥有或者控制；

（三）在利益上具有相关联的其他关系。

纳税人有义务就其与关联企业之间的业务往来，向当地税务机关提供有关的价格、费用标准等资料。具体办法由国家税务总局制定。

第五十二条　税收征管法第三十六条所称独立企业之间的业务往来，是指没有关联关系的企业之间按照公平成交价格和营业常规所进行的业务往来。

第五十三条　纳税人可以向主管税务机关提出与其关联企业之间业务往来的定价原则和计算方法，主管税务机关审核、批准后，与纳税人预先约定有关定价事项，监督纳税人执行。

第五十四条　纳税人与其关联企业之间的业务往来有下列情形之一的，税务机关可以调整其应纳税额：

（一）购销业务未按照独立企业之间的业务往来作价；

（二）融通资金所支付或者收取的利息超过或者低于没有关联关系的企业之间所能同意的数额，或者利率超过或者低于同类业务的正常利率；

（三）提供劳务，未按照独立企业之间业务往来收取或者支付劳务费用；

（四）转让财产、提供财产使用权等业务往来，未按照独立企业之间业务往来作价或者收取、支付费用；

（五）未按照独立企业之间业务往来作价的其他情形。

第五十五条 纳税人有本细则第五十四条所列情形之一的，税务机关可以按照下列方法调整计税收入额或者所得额：

（一）按照独立企业之间进行的相同或者类似业务活动的价格；

（二）按照再销售给无关联关系的第三者的价格所应取得的收入和利润水平；

（三）按照成本加合理的费用和利润；

（四）按照其他合理的方法。

第五十六条 纳税人与其关联企业未按照独立企业之间的业务往来支付价款、费用的，税务机关自该业务往来发生的纳税年度起3年内进行调整；有特殊情况的，可以自该业务往来发生的纳税年度起10年内进行调整。

【注释】 相关规定包括：《国家税务总局关于贯彻〈中华人民共和国税收征收管理法〉及其实施细则若干具体问题的通知》（国税发〔2003〕47号）。

第五十七条 税收征管法第三十七条所称未按照规定办理税务登记从事生产、经营的纳税人，包括到外县（市）从事生产、经营而未向营业地税务机关报验登记的纳税人。

第五十八条 税务机关依照税收征管法第三十七条的规定，扣押纳税人商品、货物的，纳税人应当自扣押之日起15日内缴纳税款。

对扣押的鲜活、易腐烂变质或者易失效的商品、货物，税务机关根据被扣押物品的保质期，可以缩短前款规定的扣押期限。

第五十九条 税收征管法第三十八条、第四十条所称其他财产，包括纳税人的房地产、现金、有价证券等不动产和动产。

机动车辆、金银饰品、古玩字画、豪华住宅或者一处以外的住房不属于税收征管法第三十八条、第四十条、第四十二条所称个人及其所扶养家属维持生活必需的住房和用品。

税务机关对单价5000元以下的其他生活用品，不采取税收保全措施和强制执行措施。

第六十条 税收征管法第三十八条、第四十条、第四十二条所称个人所扶养家属，是指与纳税人共同居住生活的配偶、直系亲属以及无生活来源并由纳税人扶养的其他亲属。

第六十一条 税收征管法第三十八条、第八十八条所称担保，包括经税务机关认可的纳税保证人为纳税人提供的纳税保证，以及纳税人或者第三人以其未设置或者未全部设置担保物权的财产提供的担保。

纳税保证人，是指在中国境内具有纳税担保能力的自然人、法人或者其他经济组织。

法律、行政法规规定的没有担保资格的单位和个人，不得作为纳税担保人。

第六十二条 纳税担保人同意为纳税人提供纳税担保的，应当填写纳税担保书，写明担保对象、担保范围、担保期限和担保责任以及其他有关事项。担保书须经纳税人、纳税担保人签字盖章并经税务机关同意，方为有效。

纳税人或者第三人以其财产提供纳税担保的，应当填写财产清单，并写明财产价值以及其他有关事项。纳税担保财产清单须经纳税人、第三人签字盖章并经税务机关确认，方为有效。

第六十三条 税务机关执行扣押、查封商品、货物或者其他财产时，应当由两名以上税务人员执行，并通知被执行人。被执行人是自然人的，应当通知被执行人本人或者其成年家属到场；被执行人是法人或者其他组织的，应当通知其法定代表人或者主要负责人到场；拒不到场的，不影响执行。

第六十四条 税务机关执行税收征管法第三十七条、第三十八条、第四十条的规定，扣押、查封价值相当于应纳税款的商品、货物或者其他财产时，参照同类商品的市场价、出厂价或者评估价估算。

税务机关按照前款方法确定应扣押、查封的商品、货物或者其他财产的价值时，还应当包括滞纳金和扣押、查封、保管、拍卖、变卖所发生的费用。

第六十五条 对价值超过应纳税额且不可分割的商品、货物或者其他财产，税务机关在纳税人、扣缴义务人或者纳税担保人无其他可供强制执行的财产的情况下，可以整体扣押、查封、拍卖，以拍卖所得抵缴税款、滞纳金、罚款以及扣押、查封、保管、拍卖等费用。

第六十六条 税务机关执行税收征管法第三十七条、第三十八条、第四十条的规定，实施扣押、查封时，对有产权证件的动产或者不动产，税务机关可以责令当事人将产权证件交税务机关保管，同时可以向有关机关发出协助执行通知书，有关机关在扣押、查封期间不再办理该动产或者不动产的过户手续。

第六十七条 对查封的商品、货物或者其他财产，税务机关可以指令被执行人负责保管，保管责任由被执行人承担。

继续使用被查封的财产不会减少其价值的，税务机关可以允许被执行人继续使用；因被执行人保管或者使用的过错造成的损失，由被执行人承担。

第六十八条 纳税人在税务机关采取税收保全措施后，按照税务机关规定的期限缴纳税款的，税务机关应当自收到税款或者银行转回的完税凭证之日起 1 日内解除税收保全。

第六十九条 税务机关将扣押、查封的商品、货物或者其他财产变价抵缴税款时，应当交由依法成立的拍卖机构拍卖；无法委托拍卖或者不适于拍卖的，可以交由当地商业企业代为销售，也可以责令纳税人限期处理；无法委托商业企业销售，纳税人也无法处理的，可以由税务机关变价处理，具体办法由国家税务总局规定。国家禁止自由买卖的商品，应当交由有关单位按照国家规定的价格收购。

拍卖或者变卖所得抵缴税款、滞纳金、罚款以及扣押、查封、保管、拍卖、变卖等费用后，剩余部分应当在 3 日内退还被执行人。

第七十条 税收征管法第三十九条、第四十三条所称损失，是指因税务机关的责任，使纳税人、扣缴义务人或者纳税担保人的合法利益遭受的直接损失。

第七十一条 税收征管法所称其他金融机构，是指信托投资公司、信用合作社、邮政储蓄机构以及经中国人民银行、中国证券监督管理委员会等批准设立的其他金融机构。

第七十二条 税收征管法所称存款，包括独资企业投资人、合伙企业合伙人、个体工商户的储蓄存款以及股东资金账户中的资金等。

第七十三条 从事生产、经营的纳税人、扣缴义务人未按照规定的期限缴纳或者解缴税款的，纳税担保人未按照规定的期限缴纳所担保的税款的，由税务机关发出限期缴纳税款通知书，责令缴纳或者解缴税款的最长期限不得超过 15 日。

第七十四条 欠缴税款的纳税人或者其法定代表人在出境前未按照规定结清应纳税款、滞纳金或者提供纳税担保的，税务机关可以通知出入境管理机关阻止其出境。阻止出境的具体办法，由国家税务总局会同公安部制定。

第七十五条 税收征管法第三十二条规定的加收滞纳金的起止时间，为法律、行政法规规定或者税务机关依照法律、行政法规的规定确定的税款缴纳期限届满次日起至纳税人、扣缴义务人实际缴纳或者解缴税款之日止。

第七十六条 县级以上各级税务机关应当将纳税人的欠税情况，在办税场所或者广播、电视、报纸、期刊、网络等新闻媒体上定期公告。

对纳税人欠缴税款的情况实行定期公告的办法，由国家税务总局制定。

【注释】 相关规定包括：《欠税公告办法（试行）》（国家税务总局令第 9 号）。

第七十七条 税收征管法第四十九条所称欠缴税款数额较大，是指欠缴税款 5 万元以上。

第七十八条 税务机关发现纳税人多缴税款的，应当自发现之日起 10 日内办理退还手续；纳税人发现多缴税款，要求退还的，税务机关应当自接到纳税人退还申请之日起 30 日内查实并办理退还手续。

税收征管法第五十一条规定的加算银行同期存款利息的多缴税款退税，不包括依法预缴税款形成的结算退税、出口退税和各种减免退税。

退税利息按照税务机关办理退税手续当天中国人民银行规定的活期存款利率计算。

第七十九条 当纳税人既有应退税款又有欠缴税款的，税务机关可以将应退税款和利息先抵扣欠缴税款；抵扣后有余额的，退还纳税人。

第八十条 税收征管法第五十二条所称税务机关的责任，是指税务机关适用税收法律、行政法规不当或者执法行为违法。

第八十一条 税收征管法第五十二条所称纳税人、扣缴义务人计算错误等失误，是指非主观故意的计算公式运用错误以及明显的笔误。

第八十二条 税收征管法第五十二条所称特殊情况，是指纳税人或者扣缴义务人因计算错误等失误，未缴或者少缴、未扣或者少扣、未收或者少收税款，累计数额在10万元以上的。

第八十三条 税收征管法第五十二条规定的补缴和追征税款、滞纳金的期限，自纳税人、扣缴义务人应缴未缴或者少缴税款之日起计算。

第八十四条 审计机关、财政机关依法进行审计、检查时，对税务机关的税收违法行为作出的决定，税务机关应当执行；发现被审计、检查单位有税收违法行为的，向被审计、检查单位下达决定、意见书，责成被审计、检查单位向税务机关缴纳应当缴纳的税款、滞纳金。税务机关应当根据有关机关的决定、意见书，依照税收法律、行政法规的规定，将应收的税款、滞纳金按照国家规定的税收征收管理范围和税款入库预算级次缴入国库。

税务机关应当自收到审计机关、财政机关的决定、意见书之日起30日内将执行情况书面回复审计机关、财政机关。

有关机关不得将其履行职责过程中发现的税款、滞纳金自行征收入库或者以其他款项的名义自行处理、占压。

第六章 税务检查

第八十五条 税务机关应当建立科学的检查制度，统筹安排检查工作，严格控制对纳税人、扣缴义务人的检查次数。

税务机关应当制定合理的税务稽查工作规程，负责选案、检查、审理、执行的人员的职责应当明确，并相互分离、相互制约，规范选案程序和检查行为。

税务检查工作的具体办法，由国家税务总局制定。

【注释】 相关规定包括：《国家税务总局关于印发〈涉外企业联合税务审计暂行办法〉的通知》(国税发〔2004〕38号)。

第八十六条 税务机关行使税收征管法第五十四条第(一)项职权时，可以在纳税人、扣缴义务人的业务场所进行；必要时，经县以上税务局(分局)局长批准，可以将纳税人、扣缴义务人以前会计年度的账簿、记账凭证、报表和其他有关资料调回税务机关检查，但是税务机关必须向纳税人、扣缴义务人开付清单，并在3个月内完整退还；有特殊情况的，经设区的市、自治州以上税务局局长批准，税务机关可以将纳税人、扣缴义务人当年的账簿、记账凭证、报表和其他有关资料调回检查，但是税务机关必须在30日内退还。

第八十七条 税务机关行使税收征管法第五十四条第(六)项职权时，应当指定专人负责，凭全国统一格式的检查存款账户许可证明进行，并有责任为被检查人保守秘密。

检查存款账户许可证明，由国家税务总局制定。

税务机关查询的内容，包括纳税人存款账户余额和资金往来情况。

第八十八条 依照税收征管法第五十五条规定，税务机关采取税收保全措施的期限一般不得超过6个月；重大案件需要延长的，应当报国家税务总局批准。

第八十九条 税务机关和税务人员应当依照税收征管法及本细则的规定行使税务检查职权。

税务人员进行税务检查时，应当出示税务检查证和税务检查通知书；无税务检查证和税务检查通知书的，纳税人、扣缴义务人及其他当事人有权拒绝检查。税务机关对集贸市场及集中经营业户进行检查时，可以使用统一的税务检查通知书。

税务检查证和税务检查通知书的式样、使用和管理的具体办法，由国家税务总局制定。

第七章 法律责任

第九十条 纳税人未按照规定办理税务登记证件验证或者换证手续的，由税务机关责令限期改正，可以处2000元以下的罚款；情节严重的，处2000元以上1万元以下的罚款。

第九十一条 非法印制、转借、倒卖、变造或者伪造完税凭证的，由税务机关责令改正，处2000元以上1万元以下的罚款；情节严重的，处1万元以上5万元以下的罚款；构成犯罪的，依法追究刑事责任。

第九十二条 银行和其他金融机构未依照税收征管法的规定在从事生产、经营的纳税人的账户中登录税务登记证件号码，或者未按规定在税务登记证件中登录从事生产、经营的纳税人的账户账号的，由税务机关责令其限期改正，处2000元以上2万元以下的罚款；情节严重的，处2万元以上5万元以下的罚款。

第九十三条 为纳税人、扣缴义务人非法提供银行账户、发票、证明或者其他方便，导致未缴、少缴税款或者骗取国家出口退税款的，税务机关除没收其违法所得外，可以处未缴、少缴或者骗取的税款1倍以下的罚款。

【注释】 相关规定包括：《国家税务总局关于印发〈税收减免管理办法（试行）〉的通知》（国税发〔2005〕129号）。

第九十四条 纳税人拒绝代扣、代收税款的，扣缴义务人应当向税务机关报告，由税务机关直接向纳税人追缴税款、滞纳金；纳税人拒不缴纳的，依照税收征管法第六十八条的规定执行。

第九十五条 税务机关依照税收征管法第五十四条第（五）项的规定，到车站、码头、机场、邮政企业及其分支机构检查纳税人有关情况时，有关单位拒绝的，由税务机关责令改正，可以处1万元以下的罚款；情节严重的，处1万元以上5万元以下的罚款。

第九十六条 纳税人、扣缴义务人有下列情形之一的，依照税收征管法第七十条的规定处罚：

（一）提供虚假资料，不如实反映情况，或者拒绝提供有关资料的；

（二）拒绝或者阻止税务机关记录、录音、录像、照相和复制与案件有关的情况和资料的；

（三）在检查期间，纳税人、扣缴义务人转移、隐匿、销毁有关资料的；

（四）有不依法接受税务检查的其他情形的。

第九十七条 税务人员私分扣押、查封的商品、货物或者其他财产，情节严重，构成犯罪的，依法追究刑事责任；尚不构成犯罪的，依法给予行政处分。

第九十八条 税务代理人违反税收法律、行政法规，造成纳税人未缴或者少缴税款的，除由纳税人缴纳或者补缴应纳税款、滞纳金外，对税务代理人处纳税人未缴或者少缴税款50%以上3倍以下的罚款。

第九十九条 税务机关对纳税人、扣缴义务人及其他当事人处以罚款或者没收违法所得时，应当开付罚没凭证；未开付罚没凭证的，纳税人、扣缴义务人以及其他当事人有权拒绝给付。

第一百条 税收征管法第八十八条规定的纳税争议，是指纳税人、扣缴义务人、纳税担保人对税务机关确定纳税主体、征税对象、征税范围、减税、免税及退税、适用税率、计税依据、纳税环节、纳税期限、纳税地点以及税款征收方式等具体行政行为有异议而发生的争议。

第八章 文书送达

第一百零一条 税务机关送达税务文书，应当直接送交受送达人。

受送达人是公民的，应当由本人直接签收；本人不在的，交其同住成年家属签收。

受送达人是法人或者其他组织的，应当由法人的法定代表人、其他组织的主要负责人或者该法人、组织的财务负责人、负责收件的人签收。受送达人有代理人的，可以送交其代理人签收。

第一百零二条 送达税务文书应当有送达回证，并由受送达人或者本细则规定的其他签收人在送达回证上记明收到日期，签名或者盖章，即为送达。

第一百零三条 受送达人或者本细则规定的其他签收人拒绝签收税务文书的，送达人应当在送达回证上记明拒收理由和日期，并由送达人和见证人签名或者盖章，将税务文书留在受送达人处，即视为送达。

第一百零四条 直接送达税务文书有困难的，可以委托其他有关机关或者其他单位代为送达，或者邮寄送达。

第一百零五条 直接或者委托送达税务文书的，以签收人或者见证人在送达回证上的签收或者注明的收件日期为送达日期；邮寄送达的，以挂号函件回执上注明的收件日期为送达日期，并视为已送达。

第一百零六条 有下列情形之一的，税务机关可以公告送达税务文书，自公告之日起满30日，即视为送达：

（一）同一送达事项的受送达人众多；

（二）采用本章规定的其他送达方式无法送达。

第一百零七条 税务文书的格式由国家税务总局制定。本细则所称税务文书，包括：

（一）税务事项通知书；

（二）责令限期改正通知书；

（三）税收保全措施决定书；
（四）税收强制执行决定书；
（五）税务检查通知书；
（六）税务处理决定书；
（七）税务行政处罚决定书；
（八）行政复议决定书；
（九）其他税务文书。

【注释】 相关规定包括：《税务行政复议规则》（国家税务总局令第 21 号）。

第九章 附 则

第一百零八条 税收征管法及本细则所称"以上"、"以下"、"日内"、"届满"均含本数。

第一百零九条 税收征管法及本细则所规定期限的最后一日是法定休假日的，以休假日期满的次日为期限的最后一日；在期限内有连续 3 日以上法定休假日的，按休假日天数顺延。

第一百一十条 税收征管法第三十条第三款规定的代扣、代收手续费，纳入预算管理，由税务机关依照法律、行政法规的规定付给扣缴义务人。

第一百一十一条 纳税人、扣缴义务人委托税务代理人代为办理税务事宜的办法，由国家税务总局规定。

第一百一十二条 耕地占用税、契税、农业税、牧业税的征收管理，按照国务院的有关规定执行。

第一百一十三条 本细则自 2002 年 10 月 15 日起施行。1993 年 8 月 4 日国务院发布的《中华人民共和国税收征收管理法实施细则》同时废止。

国务院关于修改和废止部分行政法规的决定

国务院令第 628 号

为维护社会主义法制统一，全面推进依法行政，国务院对现行行政法规进行了清理。经过清理，国务院决定：

一、修改 5 件行政法规的部分条款

……

（三）将《中华人民共和国税收征收管理法实施细则》第六十四条第二款修改为："税务机关按照前款方法确定应扣押、查封的商品、货物或者其他财产的价值时，还应当包括滞纳金和拍卖、变卖所发生的费用。"

第六十五条修改为："对价值超过应纳税额且不可分割的商品、货物或者其他财产，税务机关在纳税人、扣缴义务人或者纳税担保人无其他可供强制执行的财产的情况下，可以整体扣押、查封、拍卖。"

第六十九条第二款修改为："拍卖或者变卖所得抵缴税款、滞纳金、罚款以及拍卖、变卖等费用后，剩余部分应当在 3 日内退还被执行人。"

……

本决定自 2013 年 1 月 1 日起施行。

国务院关于废止和修改部分行政法规的决定

国务院令第 638 号

为了依法推进行政审批制度改革和政府职能转变，进一步激发市场、社会的创造活力，发挥好地方政府贴近基层的优势，促进和保障政府管理由事前审批更多地转为事中事后监管，国务院对有关的行政法规进行了清理。经过清理，现决定：

一、废止《煤炭生产许可证管理办法》(1994 年 12 月 20 日国务院公布)。

二、对 25 件行政法规的部分条款予以修改。

本决定自公布之日(2013 年 7 月 18 日)起施行。

附件：

国务院决定修改的行政法规

……

十、将《中华人民共和国税收征收管理法实施细则》第二十三条修改为："生产、经营规模小又确无建账能力的纳税人，可以聘请经批准从事会计代理记账业务的专业机构或者财会人员代为建账和办理账务。"

删去第三十条第一款中的"经税务机关批准"。

……

中华人民共和国发票管理办法

(1993 年 12 月 12 日国务院批准、1993 年 12 月 23 日财政部令第 6 号发布
根据 2010 年 12 月 20 日《国务院关于修改〈中华人民共和国发票管理办法〉的决定》修订)

第一章 总 则

第一条 为了加强发票管理和财务监督，保障国家税收收入，维护经济秩序，根据《中华人民共和国税收征收管理法》，制定本办法。

第二条 在中华人民共和国境内印制、领购、开具、取得、保管、缴销发票的单位和个人(以下称印制、使用发票的单位和个人)，必须遵守本办法。

第三条 本办法所称发票，是指在购销商品、提供或者接受服务以及从事其他经营活动中，开具、收取的收付款凭证。

第四条 国务院税务主管部门统一负责全国的发票管理工作。省、自治区、直辖市国家税务局和地方税务局(以下统称省、自治区、直辖市税务机关)依据各自的职责，共同做好本行政区域内的发票管理工作。

财政、审计、工商行政管理、公安等有关部门在各自的职责范围内，配合税务机关做好发票管理工作。

第五条 发票的种类、联次、内容以及使用范围由国务院税务主管部门规定。

第六条 对违反发票管理法规的行为，任何单位和个人可以举报。税务机关应当为检举人保密，并酌情给予奖励。

第二章 发票的印制

第七条 增值税专用发票由国务院税务主管部门确定的企业印制；其他发票，按照国务院税务主管部门的规定，由省、自治区、直辖市税务机关确定的企业印制。禁止私自印制、伪造、变造发票。

第八条 印制发票的企业应当具备下列条件：

(一)取得印刷经营许可证和营业执照；

(二)设备、技术水平能够满足印制发票的需要；

(三)有健全的财务制度和严格的质量监督、安全管理、保密制度。

税务机关应当以招标方式确定印制发票的企业，并发给发票准印证。

第九条 印制发票应当使用国务院税务主管部门确定的全国统一的发票防伪专用品。禁止非法制造

发票防伪专用品。

第十条 发票应当套印全国统一发票监制章。全国统一发票监制章的式样和发票版面印刷的要求，由国务院税务主管部门规定。发票监制章由省、自治区、直辖市税务机关制作。禁止伪造发票监制章。

发票实行不定期换版制度。

第十一条 印制发票的企业按照税务机关的统一规定，建立发票印制管理制度和保管措施。

发票监制章和发票防伪专用品的使用和管理实行专人负责制度。

第十二条 印制发票的企业必须按照税务机关批准的式样和数量印制发票。

第十三条 发票应当使用中文印制。民族自治地方的发票，可以加印当地一种通用的民族文字。有实际需要的，也可以同时使用中外两种文字印制。

第十四条 各省、自治区、直辖市内的单位和个人使用的发票，除增值税专用发票外，应当在本省、自治区、直辖市内印制；确有必要到外省、自治区、直辖市印制的，应当由省、自治区、直辖市税务机关商印制地省、自治区、直辖市税务机关同意，由印制地省、自治区、直辖市税务机关确定的企业印制。

禁止在境外印制发票。

第三章 发票的领购

第十五条 需要领购发票的单位和个人，应当持税务登记证件、经办人身份证明、按照国务院税务主管部门规定式样制作的发票专用章的印模，向主管税务机关办理发票领购手续。主管税务机关根据领购单位和个人的经营范围和规模，确认领购发票的种类、数量以及领购方式，在 5 个工作日内发给发票领购簿。

单位和个人领购发票时，应当按照税务机关的规定报告发票使用情况，税务机关应当按照规定进行查验。

第十六条 需要临时使用发票的单位和个人，可以凭购销商品、提供或者接受服务以及从事其他经营活动的书面证明、经办人身份证明，直接向经营地税务机关申请代开发票。依照税收法律、行政法规规定应当缴纳税款的，税务机关应当先征收税款，再开具发票。税务机关根据发票管理的需要，可以按照国务院税务主管部门的规定委托其他单位代开发票。

禁止非法代开发票。

第十七条 临时到本省、自治区、直辖市以外从事经营活动的单位或者个人，应当凭所在地税务机关的证明，向经营地税务机关领购经营地的发票。

临时在本省、自治区、直辖市以内跨市、县从事经营活动领购发票的办法，由省、自治区、直辖市税务机关规定。

第十八条 税务机关对外省、自治区、直辖市来本辖区从事临时经营活动的单位和个人领购发票的，可以要求其提供保证人或者根据所领购发票的票面限额以及数量交纳不超过 1 万元的保证金，并限期缴销发票。

按期缴销发票的，解除保证人的担保义务或者退还保证金；未按期缴销发票的，由保证人或者以保证金承担法律责任。

税务机关收取保证金应当开具资金往来结算票据。

第四章 发票的开具和保管

第十九条 销售商品、提供服务以及从事其他经营活动的单位和个人，对外发生经营业务收取款项，收款方应当向付款方开具发票；特殊情况下，由付款方向收款方开具发票。

第二十条 所有单位和从事生产、经营活动的个人在购买商品、接受服务以及从事其他经营活动支付款项，应当向收款方取得发票。取得发票时，不得要求变更品名和金额。

第二十一条 不符合规定的发票，不得作为财务报销凭证，任何单位和个人有权拒收。

第二十二条 开具发票应当按照规定的时限、顺序、栏目，全部联次一次性如实开具，并加盖发票专用章。

任何单位和个人不得有下列虚开发票行为：

(一)为他人、为自己开具与实际经营业务情况不符的发票;
(二)让他人为自己开具与实际经营业务情况不符的发票;
(三)介绍他人开具与实际经营业务情况不符的发票。

第二十三条 安装税控装置的单位和个人,应当按照规定使用税控装置开具发票,并按期向主管税务机关报送开具发票的数据。

使用非税控电子器具开具发票的,应当将非税控电子器具使用的软件程序说明资料报主管税务机关备案,并按照规定保存、报送开具发票的数据。

国家推广使用网络发票管理系统开具发票,具体管理办法由国务院税务主管部门制定。

第二十四条 任何单位和个人应当按照发票管理规定使用发票,不得有下列行为:
(一)转借、转让、介绍他人转让发票、发票监制章和发票防伪专用品;
(二)知道或者应当知道是私自印制、伪造、变造、非法取得或者废止的发票而受让、开具、存放、携带、邮寄、运输;
(三)拆本使用发票;
(四)扩大发票使用范围;
(五)以其他凭证代替发票使用。

税务机关应当提供查询发票真伪的便捷渠道。

第二十五条 除国务院税务主管部门规定的特殊情形外,发票限于领购单位和个人在本省、自治区、直辖市内开具。

省、自治区、直辖市税务机关可以规定跨市、县开具发票的办法。

第二十六条 除国务院税务主管部门规定的特殊情形外,任何单位和个人不得跨规定的使用区域携带、邮寄、运输空白发票。

禁止携带、邮寄或者运输空白发票出入境。

第二十七条 开具发票的单位和个人应当建立发票使用登记制度,设置发票登记簿,并定期向主管税务机关报告发票使用情况。

第二十八条 开具发票的单位和个人应当在办理变更或者注销税务登记的同时,办理发票和发票领购簿的变更、缴销手续。

第二十九条 开具发票的单位和个人应当按照税务机关的规定存放和保管发票,不得擅自损毁。已经开具的发票存根联和发票登记簿,应当保存 5 年。保存期满,报经税务机关查验后销毁。

第五章 发票的检查

第三十条 税务机关在发票管理中有权进行下列检查:
(一)检查印制、领购、开具、取得、保管和缴销发票的情况;
(二)调出发票查验;
(三)查阅、复制与发票有关的凭证、资料;
(四)向当事各方询问与发票有关的问题和情况;
(五)在查处发票案件时,对与案件有关的情况和资料,可以记录、录音、录像、照相和复制。

第三十一条 印制、使用发票的单位和个人,必须接受税务机关依法检查,如实反映情况,提供有关资料,不得拒绝、隐瞒。

税务人员进行检查时,应当出示税务检查证。

第三十二条 税务机关需要将已开具的发票调出查验时,应当向被查验的单位和个人开具发票换票证。发票换票证与所调出查验的发票有同等的效力。被调出查验发票的单位和个人不得拒绝接受。

税务机关需要将空白发票调出查验时,应当开具收据;经查无问题的,应当及时返还。

第三十三条 单位和个人从中国境外取得的与纳税有关的发票或者凭证,税务机关在纳税审查时有疑义的,可以要求其提供境外公证机构或者注册会计师的确认证明,经税务机关审核认可后,方可作为记账核算的凭证。

第三十四条 税务机关在发票检查中需要核对发票存根联与发票联填写情况时,可以向持有发票或者发票存根联的单位发出发票填写情况核对卡，有关单位应当如实填写，按期报回。

第六章　罚　　则

第三十五条　违反本办法的规定，有下列情形之一的，由税务机关责令改正，可以处1万元以下的罚款；有违法所得的予以没收：

（一）应当开具而未开具发票，或者未按照规定的时限、顺序、栏目，全部联次一次性开具发票，或者未加盖发票专用章的；

（二）使用税控装置开具发票，未按期向主管税务机关报送开具发票的数据的；

（三）使用非税控电子器具开具发票，未将非税控电子器具使用的软件程序说明资料报主管税务机关备案，或者未按照规定保存、报送开具发票的数据的；

（四）拆本使用发票的；

（五）扩大发票使用范围的；

（六）以其他凭证代替发票使用的；

（七）跨规定区域开具发票的；

（八）未按照规定缴销发票的；

（九）未按照规定存放和保管发票的。

第三十六条　跨规定的使用区域携带、邮寄、运输空白发票，以及携带、邮寄或者运输空白发票出入境的，由税务机关责令改正，可以处1万元以下的罚款；情节严重的，处1万元以上3万元以下的罚款；有违法所得的予以没收。

丢失发票或者擅自损毁发票的，依照前款规定处罚。

第三十七条　违反本办法第二十二条第二款的规定虚开发票的，由税务机关没收违法所得；虚开金额在1万元以下的，可以并处5万元以下的罚款；虚开金额超过1万元的，并处5万元以上50万元以下的罚款；构成犯罪的，依法追究刑事责任。

非法代开发票的，依照前款规定处罚。

第三十八条　私自印制、伪造、变造发票，非法制造发票防伪专用品，伪造发票监制章的，由税务机关没收违法所得，没收、销毁作案工具和非法物品，并处1万元以上5万元以下的罚款；情节严重的，并处5万元以上50万元以下的罚款；对印制发票的企业，可以并处吊销发票准印证；构成犯罪的，依法追究刑事责任。

前款规定的处罚，《中华人民共和国税收征收管理法》有规定的，依照其规定执行。

第三十九条　有下列情形之一的，由税务机关处1万元以上5万元以下的罚款；情节严重的，处5万元以上50万元以下的罚款；有违法所得的予以没收：

（一）转借、转让、介绍他人转让发票、发票监制章和发票防伪专用品的；

（二）知道或者应当知道是私自印制、伪造、变造、非法取得或者废止的发票而受让、开具、存放、携带、邮寄、运输的。

第四十条　对违反发票管理规定2次以上或者情节严重的单位和个人，税务机关可以向社会公告。

第四十一条　违反发票管理法规，导致其他单位或者个人未缴、少缴或者骗取税款的，由税务机关没收违法所得，可以并处未缴、少缴或者骗取的税款1倍以下的罚款。

第四十二条　当事人对税务机关的处罚决定不服的，可以依法申请行政复议或者向人民法院提起行政诉讼。

第四十三条　税务人员利用职权之便，故意刁难印制、使用发票的单位和个人，或者有违反发票管理法规行为的，依照国家有关规定给予处分；构成犯罪的，依法追究刑事责任。

第七章　附　　则

第四十四条　国务院税务主管部门可以根据有关行业特殊的经营方式和业务需求，会同国务院有关主管部门制定该行业的发票管理办法。

国务院税务主管部门可以根据增值税专用发票管理的特殊需要，制定增值税专用发票的具体管理办法。

第四十五条 本办法自发布之日起施行。财政部 1986 年发布的《全国发票管理暂行办法》和原国家税务局 1991 年发布的《关于对外商投资企业和外国企业发票管理的暂行规定》同时废止。

【注释】 对《税收征收管理法》第 21 条进行了解释。

国家税务总局关于印发《税务行政处罚听证程序实施办法(试行)》、《税务案件调查取证与处罚决定分开制度实施办法(试行)》的通知

国税发〔1996〕190 号

税务行政处罚听证程序实施办法(试行)

第一条 为了规范税务行政处罚听证程序的实施,保护公民、法人和其他组织的合法权益,根据《中华人民共和国行政处罚法》,制定本实施办法。

第二条 税务行政处罚的听证,遵循合法、公正、公开、及时和便民的原则。

第三条 税务机关对公民作出 2000 元以上(含本数)罚款或者对法人或者其他组织作出 1 万元以上(含本数)罚款的行政处罚之前,应当向当事人送达《税务行政处罚事项告知书》,告知当事人已经查明的违法事实、证据、行政处罚的法律依据和拟将给予的行政处罚,并告知有要求举行听证的权利。

第四条 要求听证的当事人,应当在《税务行政处罚事项告知书》送达后 3 日内向税务机关书面提出听证;逾期不提出的、视为放弃听证权利。

当事人要求听证的,税务机关应当组织听证。

第五条 税务机关应当在收到当事人听证要求后 15 日内举行听证,并在举行听证的 7 日前将《税务行政处罚听证通知书》送达当事人,通知当事人举行听证的时间、地点、听证主持人的姓名及有关事项。

当事人由于不可抗力或者其他特殊情况而耽误提出听证期限的,在障碍消除后 5 日以内,可以申请延长期限。申请是否准许,由组织听证的税务机关决定。

第六条 当事人提出听证后,税务机关发现自己拟作的行政处罚决定对事实认定有错误或者偏差,应当予以改变,并及时向当事人说明。

第七条 税务行政处罚的听证,由税务机关负责人指定的非本案调查机构的人员主持,当事人、本案调查人员及其他有关人员参加。

听证主持人应当依法行使职权,不受任何组织和个人的干涉。

第八条 当事人可以亲自参加听证,也可以委托一至二人代理。当事人委托代理人参加听证的,应当向其代理人出具代理委托书。代理委托书应当注明有关事项,并经税务机关或者听证主持人审核确认。

第九条 当事人认为听证主持人与本案有直接利害关系的,有权申请回避。回避申请,应当在举行听证的 3 日前向税务机关提出,并说明理由。

听证主持人是本案当事人的近亲属,或者认为自己与本案有直接利害关系或其他关系可能影响公正听证的,应当自行提出回避。

第十条 听证主持人的回避,由组织听证的税务机关负责人决定。

对驳回申请回避的决定,当事人可以申请复核一次。

第十一条 税务行政处罚听证应当公开进行。但是涉及国家秘密、商业秘密或者个人隐私的,听证不公开进行。

对公开听证的案件,应当先期公告当事人和本案调查人员的姓名、案由和听证的时间、地点。

公开进行的听证,应当允许群众旁听。经听证主持人许可,旁听群众可以发表意见。

对不公开听证的案件,应当宣布不公开听证的理由。

第十二条 当事人或者其代理人应当按照税务机关的通知参加听证,无正当理由不参加的,视为放弃听证权利。听证应当予以终止。

本案调查人员有前款规定情形的,不影响听证的进行。

第十三条 听证开始时,听证主持人应当首先声明并出示税务机关负责人授权主持听证的决定,然后查明当事人或者其代理人、本案调查人员、证人及其他有关人员是否到场,宣布案由;宣布听证会的组成人员名单;告知当事人有关的权利义务。记录员宣读听证会场纪律。

第十四条 听证过程中,由本案调查人员就当事人的违法行为予以指控,并出示事实证据材料,提出行政处罚建议。当事人或者其代理人可以就所指控的事实及相关问题进行申辩和质证。

听证主持人可以对本案所及事实进行询问,保障控辩双方充分陈述事实,发表意见,并就各自出示的证据的合法性、真实性进行辩论。辩论先由本案调查人员发言,再由当事人或者其代理人答辩,然后双方相互辩论。

辩论终结,听证主持人可以再就本案的事实、证据及有关问题向当事人或者其代理人、本案调查人员征求意见。当事人或者其代理人有最后陈述的权利。

第十五条 听证主持人认为证据有疑问无法听证辨明,可能影响税务行政处罚的准确公正的,可以宣布中止听证,由本案调查人员对证据进行调查核实后再行听证。

当事人或者其代理人可以申请对有关证据进行重新核实,或者提出延期听证;是否准许,由听证主持人或者税务机关作出决定。

第十六条 听证过程中,当事人或者其代理人放弃申辩和质证权利,声明退出听证会;或者不经听证主持人许可擅自退出听证会的,听证主持人可以宣布听证终止。

第十七条 听证过程中,当事人或者其代理人、本案调查人员、证人及其他人员违反听证秩序,听证主持人应当警告制止;对不听制止的,可以责令其退出听证会场。

当事人或者其代理人有前款规定严重行为致使听证无法进行的,听证主持人或者税务机关可以终止听证。

第十八条 听证的全部活动,应当由记录员写成笔录,经听证主持人审阅并由听证主持人和记录员签名后,封卷上交税务机关负责人审阅。

听证笔录应交当事人或者其代理人、本案调查人员、证人及其他有关人员阅读或者向他们宣读,他们认为有遗漏或者有差错的,可以请求补充或者改正。他们在承认没有错误后,应当签字或者盖章。拒绝签名或者盖章的,记明情况附卷。

第十九条 听证结束后,听证主持人应当将听证情况和处理意见报告税务机关负责人。

第二十条 对应当进行听证的案件,税务机关不组织听证,行政处罚决定不能成立;当事人放弃听证权利或者被正当取消听证权利的除外。

第二十一条 听证费用由组织听证的税务机关支付,不得由要求听证的当事人承担或者变相承担。

第二十二条 本实施办法由国家税务总局负责解释。

第二十三条 本实施办法自1996年10月1日起施行。

附:《税务行政处罚听证通知书》格式

×××税务局税务行政处罚听证通知书

(　　)税　字第　号

____________(纳税人识别号:　　　　　):

根据你提出的听证要求,定于______年______月______日在____________举行听证,请准时参加。

本次听证拟由______主持。你如认为主持人与本案有直接利害关系需要申请回避的,请于举行听证的三日前提出,并说明理由。

税务机关(章)

年　　月　　日

税务案件调查取证与处罚决定分开制度实施办法(试行)

第一条 为了促进税务机关正确实施行政处罚行为,保护公民、法人和其他组织的合法权利,根据《中华人民共和国行政处罚法》和《国务院关于贯彻实施〈中华人民共和国行政处罚法〉的通知》,制定本实施办法。

第二条 税务机关实施税务行政处罚,除依法可以当场作出行政处罚决定的外,均适用本实施办法。

第三条 对各类税务案件的调查取证由税务机关的有关调查机构负责;对案件调查结果的审查由税务机关负责人指定的比较超脱的机构(以下简称审查机构)负责。

第四条 税务机关的调查机构对税务案件进行调查取证后,对依法应当给予行政处罚的,应及时提出处罚建议,制作《税务行政处罚事项告知书》并送达当事人,告知当事人作出处罚建议的事实、理由和依据,以及当事人依法享有的陈述、申辩或要求听证权利。

第五条 税务机关的调查机构应当充分听取当事人的陈述、申辩意见,并对陈述、申辩情况进行记录或制作《陈述申辩笔录》。

第六条 调查终结,调查机构应当制作调查报告,并及时将调查报告连同所有案卷材料移交审查机构。

移交的调查报告主要包括下列内容:

(一)当事人的基本情况;

(二)当事人的违法事实及证据;

(三)告知情况;

(四)当事人的陈述申辩情况;

(五)处罚建议;

(六)其他。

第七条 审查机构收到调查机构移交的案卷后,应对案卷材料进行登记,填写《税务案件审查登记簿》。案卷登记应主要包括下列内容:

(一)调查案件来源资料;

(二)事实证据材料;

(三)告知材料;

(四)陈述、申辩意见记录或《陈述申辩笔录》;

(五)调查报告;

(六)其他有关资料。

案卷材料不全的,可以通知调查机构增补。

第八条 审查机构应对案件下列事项进行审查:

(一)调查机构认定的事实、证据和处罚建议适用的处罚种类、依据是否正确;

(二)调查取证是否符合法定程序;

(三)当事人陈述、申辩的事实、证据是否成立;

(四)经听证的,当事人听证申辩的事实、证据是否成立。

第九条 审查机构应在自收到调查机构移交案卷之日起10日内审查终结,制作审查报告,并连同案卷材料报送本级税务机关负责人审批。

审查报告主要包括下列内容:

(一)基本案情;

(二)调查机构调查认定的事实、证据和处理建议;

(三)陈述、申辩情况;

(四)听证情况;

(五)审查机构审查认定的事实、证据,适用法律及处理建议;

(六)其他。

听证期间不计算在审查期限内。

第十条 税务机关负责人认为调查报告或审查报告有重大错误的,可以将案卷材料退回调查机构或审查机构重新处理。

第十一条 审查机构应自收到本级税务机关负责人审批意见之日起3日内，根据不同情况分别制作以下处理决定书报送本级税务机关负责人签发：

(一)有应受行政处罚的违法行为的，根据情节轻重及具体情况予以处罚，制作决定书；

(二)违法行为轻微，依法可以不予行政处罚的，不予行政处罚，制作《不予行政处罚决定书》；

(三)违法事实不能成立的，不得予以行政处罚，制作决定书；

(四)违法行为已构成犯罪的，移送司法机关，制作决定书。

第十二条 调查机构或其他执行机构应在处理决定书送达和执行以后将处理决定书和执行报告抄送审查机构备查。

第十三条 重大复杂的税务行政处罚案件，应自作出处理决定之日起5日内报上一级税务机关备案。

第十四条 本实施办法除适用所附四种税务文书格式外，需要制作的其他税务文书可参照适用国家税务总局《税务稽查工作规程》规定的税务文书格式。

第十五条 本实施办法由国家税务总局负责解释。

第十六条 本实施办法自1996年10月1日起执行。

税务违法案件举报奖励办法

国税发〔1998〕211号

第一条 为了鼓励举报税务违法行为，根据《中华人民共和国税收征收管理法》及有关规定，制定本办法。

第二条 税务机关对举报偷税、逃避追缴欠税、骗税和虚开、伪造、非法提供、非法取得发票，以及其他税务违法行为的有功单位和个人(以下简称举报人)，给予物质奖励和精神奖励，并严格为其保密。

前款的物质奖励，不适用于税务、财政、审计、海关、工商行政管理、公安、检察等国家机关的工作人员。

第三条 举报奖励对象原则上限于实名举报人；但对匿名举报案件查实后，税务机关认为可以确定举报人真实身份的，酌情给予奖励。

第四条 国家税务总局和各级国家税务局、地方税务局建立税务违法案件举报奖励基金(以下简称举报奖励基金)，专款滚动使用。

举报奖励基金从上级税务机关或者同级财政机关拨付的税务稽查办案专项补助经费总额中按照规定的比例计提；不足的部分，依照财政部、国家税务总局有关规定向上级税务机关或者同级财政机关申请专项追加拨付。

举报奖励基金由稽查局管理；稽查局未设财务机构的，委托税务局负责开支的财务机构代管；经费拨付机构、监察机构负责监督。

第五条 税务违法举报案件经查实并依法处理后，根据举报人的贡献大小，按照实际追缴税款数额的百分之五以内掌握计发奖金；没有应纳税款的，按照实际追缴罚款数额的百分之十以内掌握计发奖金，每案奖金最高数额不超过人民币十万元。

对有重大贡献的举报人，经省级税务机关批准，奖金限额可以适当提高。

具体奖金数额标准及审批权限，由各省、自治区、直辖市和计划单列市国家税务局、地方税务局确定。

第六条 同一税务违法行为被多个举报人分别举报的，主要奖励最先举报人。举报顺序以负责查处的税务机关或者其所属的税务违法案件举报中心(以下简称举报中心)受理举报的登记时间为准。但其他举报人提供的情况对查清该案确有直接作用的，可以酌情给予奖励。

第七条 对两个或者两个以上举报人联名举报同一税务违法行为的，按一案进行奖励，奖金由举报第一署名者或者第一署名者委托的其他署名者领取。

第八条 举报奖金由负责查处税务违法举报案件的税务机关支付。举报中心应当在案件查结后一个月内，根据举报人的申请填写《税务违法案件举报奖励审批表》，提出奖励对象和奖励金额，并注明有关事项，按照规定程序审批后，通知举报人领取奖金。

第九条 举报人应当在接到举报中心领奖通知后三个月内，持本人身份证或者其他有效证件，到指定地点领取奖金；逾期不领取的，视为放弃权利。

第十条 举报人领取奖金时，应当在《税务违法案件举报奖励付款专用凭证》上签名，并注明身份证或者其他有效证件的号码及填发单位。

《税务违法案件举报奖励付款专用凭证》由举报中心作为保密件保管。领取奖金款项的财务凭证另行制作，财务凭证只注明举报案件名称、编号和举报奖金数额及审批人、经办人的签名，不填写举报内容和举报人姓名及身份。

《税务违法案件举报奖励付款专用凭证》的式样，由各省、自治区、直辖市和计划单列市国家税务局、地方税务局制订。

第十一条 举报中心颁发举报奖金时，可应举报人的请求，简要告其所举报的税务违法行为的行政处理决定，但不提供税务行政处理决定书及有关案情材料。

第十二条 税务机关工作人员支付举报奖金时，应当严格审核，防止奖金被骗取。对玩忽职守、徇私舞弊致使奖金被骗取的，除追缴奖金外，依法追究有关人员的法律责任。

第十三条 对有突出贡献的举报人，税务机关除给予物质奖励外，还可以给予相应的精神奖励；但公开表彰宣传必须事先征得当事人的同意。

第十四条 举报人取得的奖金收入，依照有关规定暂免征收个人所得税。

第十五条 各省、自治区、直辖市和计划单列市国家税务局、地方税务局根据本办法，制定具体规定，报国家税务总局备案。

第十六条 国家税务总局和各级国家税务局自 1999 年 1 月 1 日起施行本办法。各级地方税务局施行本办法的具体时间，由各省、自治区、直辖市和计划单列市地方税务局会商同级财政机关解决举报奖励基金来源后分别确定。

【注释】 对《税收征收管理法》第 13 条进行了解释。对《税收征收管理法实施细则》第 7 条进行了解释。

国家税务总局关于所得税收入分享体制改革后税收征管范围的通知

国税发〔2002〕8 号

各省、自治区、直辖市和计划单列市国家税务局、地方税务局：

根据《国务院关于印发所得税收入分享改革方案的通知》(国发〔2001〕37 号)精神，现将所得税实行分享体制改革后，国家税务局、地方税务局的征收管理范围问题明确如下：

一、2001 年 12 月 31 日前国家税务局、地方税务局征收管理的企业所得税、个人所得税(包括储蓄存款利息所得个人所得税)，以及按现行规定征收管理的外商投资企业和外国企业所得税，仍由原征管机关征收管理，不作变动。

二、自 2002 年 1 月 1 日起，按国家工商行政管理总局的有关规定，在各级工商行政管理部门办理设立(开业)登记的企业，其企业所得税由国家税务局负责征收管理。但下列办理设立(开业)登记的企业仍由地方税务局负责征收管理：

(一)两个以上企业合并设立一个新的企业，合并各方解散，但合并各方原均为地方税务局征收管理的；

(二)因分立而新设立的企业，但原企业由地方税务局负责征收管理的；

(三)原缴纳企业所得税的事业单位改制为企业办理设立登记，但原事业单位由地方税务局负责征收管理的。

在工商行政管理部门办理变更登记的企业，其企业所得税仍由原征收机关负责征收管理。

三、自 2002 年 1 月 1 日起，在其他行政管理部门新登记注册、领取许可证的事业单位、社会团体、律师事务所、医院、学校等缴纳企业所得税的其他组织，其企业所得税由国家税务局负责征收管理。

四、2001 年 12 月 31 日前已在工商行政管理部门和其他行政管理部门登记注册，但未进行税务登记的企事业单位及其他组织，在 2002 年 1 月 1 日后进行税务登记的，其企业所得税按原规定的征管范围，由国家税务局、地方税务局分别征收管理。

五、2001年底前的债转股企业、中央企事业单位参股的股份制企业和联营企业,仍由原征管机关征收管理,不再调整。

六、不实行所得税分享的铁路运输(包括广铁集团)、国家邮政、中国工商银行、中国农业银行、中国银行、中国建设银行、国家开发银行、中国农业发展银行、中国进出口银行以及海洋石油天然气企业,由国家税务局负责征收管理。

七、除储蓄存款利息所得以外的个人所得税(包括个人独资、合伙企业的个人所得税),仍由地方税务局负责征收管理。

各级国家税务局、地方税务局应认真贯彻执行所得税分享体制改革的有关规定,加强国税局、地税局之间以及和工商等行政管理部门之间的工作联系,互通信息,密切配合,保证改革的顺利实施。

国家税务总局关于涉税案件在刑事审判期间是否应当中止税务行政复议问题的批复

国税函〔2002〕130号

福建省地方税务局:

你局《关于在刑事审判期间是否应当中止行政复议问题的请示》(闽地税发〔2001〕130号)收悉。经研究,现批复如下:

一、关于在刑事审判期间是否应当中止行政复议的问题,法律、法规无明确规定,因此,除依法定条件外,在刑事审判期间,不应中止行政复议。

二、为了处理好此类案件,税务机关应加强与司法机关的工作联系与协调。

【注释】 对《税收征收管理法》第88条进行了解释。

国家税务总局关于稽查局有关执法权限的批复

国税函〔2003〕561号

青岛市国家税务局:

你局《关于稽查局有关执法权限的请示》(青国税发〔2003〕101号)收悉。经研究,现批复如下:

《中华人民共和国税收征收管理法》及其实施细则中规定应当经县以上税务局(分局)局长批准后实施的各项权力,各级税务局所属的稽查局局长无权批准。

【注释】 对《税收征收管理法》第14条进行了解释。对《税收征收管理法实施细则》第9条进行了解释。

欠税公告办法(试行)

国家税务总局令第9号

第一条 为了规范税务机关的欠税公告行为,督促纳税人自觉缴纳欠税,防止新的欠税的发生,保证国家税款的及时足额入库,根据《中华人民共和国税收征收管理法》(以下简称《税收征管法》)及其实施细则的规定,制定本办法。

第二条 本办法所称公告机关为县以上(含县)税务局。

第三条 本办法所称欠税是指纳税人超过税收法律、行政法规规定的期限或者纳税人超过税务机关依

照税收法律、行政法规规定确定的纳税期限(以下简称税款缴纳期限)未缴纳的税款,包括:

(一)办理纳税申报后,纳税人未在税款缴纳期限内缴纳的税款;

(二)经批准延期缴纳的税款期限已满,纳税人未在税款缴纳期限内缴纳的税款;

(三)税务检查已查定纳税人的应补税额,纳税人未在税款缴纳期限内缴纳的税款;

(四)税务机关根据《税收征管法》第二十七条、第三十五条核定纳税人的应纳税额,纳税人未在税款缴纳期限内缴纳的税款;

(五)纳税人的其他未在税款缴纳期限内缴纳的税款。

税务机关对前款规定的欠税数额应当及时核实。

本办法公告的欠税不包括滞纳金和罚款。

第四条 公告机关应当按期在办税场所或者广播、电视、报纸、期刊、网络等新闻媒体上公告纳税人的欠缴税款情况。

(一)企业或单位欠税的,每季公告一次;

(二)个体工商户和其他个人欠税的,每半年公告一次;

(三)走逃、失踪的纳税户以及其他经税务机关查无下落的非正常户欠税的,随时公告。

第五条 欠税公告内容如下:

(一)企业或单位欠税的,公告企业或单位的名称、纳税人识别号、法定代表人或负责人姓名、居民身份证或其他有效身份证件号码、经营地点、欠税税种、欠税余额和当期新发生的欠税金额;

(二)个体工商户欠税的,公告业户名称、业主姓名、纳税人识别号、居民身份证或其他有效身份证件号码、经营地点、欠税税种、欠税余额和当期新发生的欠税金额;

(三)个人(不含个体工商户)欠税的,公告其姓名、居民身份证或其他有效身份证件号码、欠税税种、欠税余额和当期新发生的欠税金额。

第六条 企业、单位纳税人欠缴税款 200 万元以下(不含 200 万元),个体工商户和其他个人欠缴税款 10 万元以下(不含 10 万元)的由县级税务局(分局)在办税服务厅公告。

企业、单位纳税人欠缴税款 200 万元以上(含 200 万元),个体工商户和其他个人欠缴税款 10 万元以上(含 10 万元)的,由地(市)级税务局(分局)公告。

对走逃、失踪的纳税户以及其他经税务机关查无下落的纳税人欠税的,由各省、自治区、直辖市和计划单列市国家税务局、地方税务局公告。

第七条 对按本办法规定需要由上级公告机关公告的纳税人欠税信息,下级公告机关应及时上报。具体的时间和要求由各省、自治区、直辖市和计划单列市税务局确定。

第八条 公告机关在欠税公告前,应当深入细致地对纳税人欠税情况进行确认,重点要就欠税统计清单数据与纳税人分户台账记载数据、账簿记载书面数据与信息系统记录电子数据逐一进行核对,确保公告数据的真实、准确。

第九条 欠税一经确定,公告机关应当以正式文书的形式签发公告决定,向社会公告。

欠税公告的数额实行欠税余额和新增欠税相结合的办法,对纳税人的以下欠税,税务机关可不公告:

一、已宣告破产,经法定清算后,依法注销其法人资格的企业欠税;

二、被责令撤销、关闭,经法定清算后,被依法注销或吊销其法人资格的企业欠税;

三、已经连续停止生产经营一年(按日历日期计算)以上的企业欠税;

四、失踪两年以上的纳税人的欠税。

公告决定应当列为税收征管资料档案,妥善保存。

第十条 公告机关公告纳税人欠税情况不得超出本办法规定的范围,并应依照《税收征管法》及其实施细则的规定对纳税人的有关情况进行保密。

第十一条 欠税发生后,除依照本办法公告外,税务机关应当依法催缴并严格按日计算加收滞纳金,直至采取税收保全、税收强制执行措施清缴欠税。任何单位和个人不得以欠税公告代替税收保全、税收强制执行等法定措施的实施,干扰清缴欠税。各级公告机关应指定部门负责欠税公告工作,并明确其他有关职能部门的相关责任,加强欠税管理。

第十二条 公告机关应公告不公告或者应上报不上报,给国家税款造成损失的,上级税务机关除责令其改正外，应按《国家公务员暂行条例》和《人事部关于国家公务员纪律惩戒有关问题的通知》规定，对直接责任人员予以处理。

第十三条 扣缴义务人、纳税担保人的欠税公告参照本办法的规定执行。

第十四条 各省、自治区、直辖市和计划单列市税务局可以根据本办法制定具体实施细则。

第十五条 本办法由国家税务总局负责解释。

第十六条 本办法自二〇〇五年元月一日起施行。

【注释】 对《税收征收管理法》第27、35、45条进行了解释。对《税收征收管理法实施细则》第76条进行了解释。

国家税务总局关于延期缴纳税款有关问题的通知

国税函〔2004〕1406号

各省、自治区、直辖市和计划单列市国家税务局、地方税务局，扬州税务进修学院，局内各单位：

为进一步加强延期缴纳税款的审批管理，维护国家的税收权益，现对有关问题明确如下：

《中华人民共和国税收征收管理法实施细则》第四十一条规定纳税人“当期货币资金在扣除应付职工工资、社会保险费后，不足以缴纳税款的”，经批准可延期缴纳税款。此条规定中的“当期货币资金”是指纳税人申请延期缴纳税款之日的资金余额，其中不含国家法律和行政法规明确规定企业不可动用的资金；“应付职工工资”是指当期计提数。

【注释】 对《税收征收管理法实施细则》第41条进行了解释。

国家税务总局关于欠税追缴期限有关问题的批复

国税函〔2005〕813号

湖北省国家税务局：

你局《关于明确欠税追缴期限的请示》(鄂国税发〔2005〕82号)收悉。经研究，批复如下：

按照《中华人民共和国税收征收管理法》(以下简称税收征管法)和其他税收法律、法规的规定，纳税人有依法缴纳税款的义务。纳税人欠缴税款的，税务机关应当依法追征，直至收缴入库，任何单位和个人不得豁免。税务机关追缴税款没有追征期的限制。

税收征管法第52条有关追征期限的规定，是指因税务机关或纳税人的责任造成未缴或少缴税款在一定期限内未发现的，超过此期限不再追征。纳税人已申报或税务机关已查处的欠缴税款，税务机关不受该条追征期规定的限制，应当依法无限期追缴税款。

【注释】 对《税收征收管理法》第52条进行了解释。

国家税务总局关于人民法院强制执行被执行人财产有关税收问题的复函

国税函〔2005〕869号

最高人民法院：

你院《关于人民法院依法强制执行拍卖、变卖被执行人财产后，税务部门能否直接向人民法院征收营业

税的征求意见稿》(〔2005〕执他字第12号)收悉。经研究,函复如下:

一、人民法院的强制执行活动属司法活动,不具有经营性质,不属于应税行为,税务部门不能向人民法院的强制执行活动征税。

二、无论拍卖、变卖财产的行为是纳税人的自主行为,还是人民法院实施的强制执行活动,对拍卖、变卖财产的全部收入,纳税人均应依法申报缴纳税款。

三、税收具有优先权。《中华人民共和国税收征收管理法》第四十五条规定,税务机关征收税款,税收优先于无担保债权,法律另有规定的除外;纳税人欠缴的税款发生在纳税人以其财产设定抵押、质押或者纳税人的财产被留置之前的,税收应当先于抵押权、质权、留置权执行。

四、鉴于人民法院实际控制纳税人因强制执行活动而被拍卖、变卖财产的收入,根据《中华人民共和国税收征收管理法》第五条的规定,人民法院应当协助税务机关依法优先从该收入中征收税款。

【注释】 对《税收征收管理法》第5、45条进行了解释。

国家税务总局关于延期申报预缴税款滞纳金问题的批复

国税函〔2007〕753号

深圳市国家税务局:

你局《关于延期申报是否加收滞纳金问题的请示》(深国税发〔2007〕92号)收悉。对于纳税人经税务机关批准延期申报,并在核准的延期内办理税款结算,因预缴税款小于实际应纳税额所产生的补税是否应当加收滞纳金的问题,经研究,批复如下:

一、《中华人民共和国税收征收管理法》(以下简称税收征管法)第二十七条规定,纳税人不能按期办理纳税申报的,经税务机关核准,可以延期申报,但要在纳税期内按照上期实际缴纳的税额或者税务机关核定的税额预缴税款,并在核准的延期内办理税款结算。预缴税款之后,按照规定期限办理税款结算的,不适用税收征管法第三十二条关于纳税人未按期缴纳税款而被加收滞纳金的规定。

二、经核准预缴税款之后按照规定办理税款结算而补缴税款的各种情形,均不适用加收滞纳金的规定。在办理税款结算之前,预缴的税额可能大于或小于应纳税额。当预缴税额大于应纳税额时,税务机关结算退税但不向纳税人计退利息;当预缴税额小于应纳税额时,税务机关在纳税人结算补税时不加收滞纳金。

三、当纳税人本期应纳税额远远大于比照上期税额的预缴税款时,延期申报则可能成为纳税人拖延缴纳税款的手段,造成国家税款被占用。为防止此类问题发生,税务机关在审核延期申报时,要结合纳税人本期经营情况来确定预缴税额,对于经营情况变动大的,应合理核定预缴税额,以维护国家税收权益,并保护真正需要延期申报的纳税人的权利。

【注释】 对《税收征收管理法》第27、32条进行了解释。

国家税务总局关于税收优先权包括滞纳金问题的批复

国税函〔2008〕1084号

广东省国家税务局:

你局《关于税收优先权是否包括滞纳金的请示》(粤国税发〔2008〕225号)收悉。现批复如下:

按照《中华人民共和国税收征收管理法》的立法精神,税款滞纳金与罚款两者在征收和缴纳时顺序不同,税款滞纳金在征缴时视同税款管理,税收强制执行、出境清税、税款追征、复议前置条件等相关条款都明确规定滞纳金随税款同时缴纳。税收优先权等情形也适用这一法律精神,《税收征管法》第四十五条规定的税收优先权执行时包括税款及其滞纳金。

国家税务总局关于纳税人权利与义务的公告

国家税务总局公告 2009 年第 1 号

为便于您全面了解纳税过程中所享有的权利和应尽的义务，帮助您及时、准确地完成纳税事宜，促进您与我们在税收征纳过程中的合作（“您”指纳税人或扣缴义务人，“我们”指税务机关或税务人员。下同），根据《中华人民共和国税收征收管理法》及其实施细则和相关税收法律、行政法规的规定，现就您的权利和义务告知如下：

您的权利

您在履行纳税义务过程中，依法享有下列权利：

一、知情权

您有权向我们了解国家税收法律、行政法规的规定以及与纳税程序有关的情况，包括：现行税收法律、行政法规和税收政策规定；办理税收事项的时间、方式、步骤以及需要提交的资料；应纳税额核定及其他税务行政处理决定的法律依据、事实依据和计算方法；与我们在纳税、处罚和采取强制执行措施时发生争议或纠纷时，您可以采取的法律救济途径及需要满足的条件。

二、保密权

您有权要求我们为您的情况保密。我们将依法为您的商业秘密和个人隐私保密，主要包括您的技术信息、经营信息和您、主要投资人以及经营者不愿公开的个人事项。上述事项，如无法律、行政法规明确规定或者您的许可，我们将不会对外部门、社会公众和其他个人提供。但根据法律规定，税收违法行为信息不属于保密范围。

三、税收监督权

您对我们违反税收法律、行政法规的行为，如税务人员索贿受贿、徇私舞弊、玩忽职守，不征或者少征应征税款，滥用职权多征税款或者故意刁难等，可以进行检举和控告。同时，您对其他纳税人的税收违法行为也有权进行检举。

四、纳税申报方式选择权

您可以直接到办税服务厅办理纳税申报或者报送代扣代缴、代收代缴税款报告表，也可以按照规定采取邮寄、数据电文或者其他方式办理上述申报、报送事项。但采取邮寄或数据电文方式办理上述申报、报送事项的，需经您的主管税务机关批准。

您如采取邮寄方式办理纳税申报，应当使用统一的纳税申报专用信封，并以邮政部门收据作为申报凭据。邮寄申报以寄出的邮戳日期为实际申报日期。

数据电文方式是指我们确定的电话语音、电子数据交换和网络传输等电子方式。您如采用电子方式办理纳税申报，应当按照我们规定的期限和要求保存有关资料，并定期书面报送给我们。

五、申请延期申报权

您如不能按期办理纳税申报或者报送代扣代缴、代收代缴税款报告表，应当在规定的期限内向我们提出书面延期申请，经核准，可在核准的期限内办理。经核准延期办理申报、报送事项的，应当在税法规定的纳税期内按照上期实际缴纳的税额或者我们核定的税额预缴税款，并在核准的延期内办理税款结算。

六、申请延期缴纳税款权

如您因有特殊困难，不能按期缴纳税款的，经省、自治区、直辖市国家税务局、地方税务局批准，可以延期缴纳税款，但是最长不得超过三个月。计划单列市国家税务局、地方税务局可以参照省级税务机关的批准权限，审批您的延期缴纳税款申请。

您满足以下任何一个条件，均可以申请延期缴纳税款：一是因不可抗力，导致您发生较大损失，正常生产经营活动受到较大影响的；二是当期货币资金在扣除应付职工工资、社会保险费后，不足以缴纳税款的。

七、申请退还多缴税款权

对您超过应纳税额缴纳的税款，我们发现后，将自发现之日起 10 日内办理退还手续；如您自结算缴纳税款之日起三年内发现的，可以向我们要求退还多缴的税款并加算银行同期存款利息。我们将自接到您退还申请之日起30日内查实并办理退还手续，涉及从国库中退库的，依照法律、行政法规有关国库管理的规定退还。

八、依法享受税收优惠权

您可以依照法律、行政法规的规定书面申请减税、免税。减税、免税的申请须经法律、行政法规规定的减税、免税审查批准机关审批。减税、免税期满，应当自期满次日起恢复纳税。减税、免税条件发生变化的，应当自发生变化之日起15日内向我们报告；不再符合减税、免税条件的，应当依法履行纳税义务。

如您享受的税收优惠需要备案的，应当按照税收法律、行政法规和有关政策规定，及时办理事前或事后备案。

九、委托税务代理权

您有权就以下事项委托税务代理人代为办理：办理、变更或者注销税务登记、除增值税专用发票外的发票领购手续、纳税申报或扣缴税款报告、税款缴纳和申请退税、制作涉税文书、审查纳税情况、建账建制、办理财务、税务咨询、申请税务行政复议、提起税务行政诉讼以及国家税务总局规定的其他业务。

十、陈述与申辩权

您对我们作出的决定，享有陈述权、申辩权。如果您有充分的证据证明自己的行为合法，我们就不得对您实施行政处罚；即使您的陈述或申辩不充分合理，我们也会向您解释实施行政处罚的原因。我们不会因您的申辩而加重处罚。

十一、对未出示税务检查证和税务检查通知书的拒绝检查权

我们派出的人员进行税务检查时，应当向您出示税务检查证和税务检查通知书；对未出示税务检查证和税务检查通知书的，您有权拒绝检查。

十二、税收法律救济权

您对我们作出的决定，依法享有申请行政复议、提起行政诉讼、请求国家赔偿等权利。

您、纳税担保人同我们在纳税上发生争议时，必须先依照我们的纳税决定缴纳或者解缴税款及滞纳金或者提供相应的担保，然后可以依法申请行政复议；对行政复议决定不服的，可以依法向人民法院起诉。如您对我们的处罚决定、强制执行措施或者税收保全措施不服的，可以依法申请行政复议，也可以依法向人民法院起诉。

当我们的职务违法行为给您和其他税务当事人的合法权益造成侵害时，您和其他税务当事人可以要求税务行政赔偿。主要包括：一是您在限期内已缴纳税款，我们未立即解除税收保全措施，使您的合法权益遭受损失的；二是我们滥用职权违法采取税收保全措施、强制执行措施或者采取税收保全措施、强制执行措施不当，使您或者纳税担保人的合法权益遭受损失的。

十三、依法要求听证的权利

对您作出规定金额以上罚款的行政处罚之前，我们会向您送达《税务行政处罚事项告知书》，告知您已经查明的违法事实、证据、行政处罚的法律依据和拟将给予的行政处罚。对此，您有权要求举行听证。我们将应您的要求组织听证。如您认为我们指定的听证主持人与本案有直接利害关系，您有权申请主持人回避。

对应当进行听证的案件，我们不组织听证，行政处罚决定不能成立。但您放弃听证权利或者被正当取消听证权利的除外。

十四、索取有关税收凭证的权利

我们征收税款时，必须给您开具完税凭证。扣缴义务人代扣、代收税款时，纳税人要求扣缴义务人开具代扣、代收税款凭证时，扣缴义务人应当开具。

我们扣押商品、货物或者其他财产时，必须开付收据；查封商品、货物或者其他财产时，必须开付清单。

您的义务

依照宪法、税收法律和行政法规的规定，您在纳税过程中负有以下义务：

一、依法进行税务登记的义务

您应当自领取营业执照之日起30日内，持有关证件，向我们申报办理税务登记。税务登记主要包括领取营业执照后的设立登记、税务登记内容发生变化后的变更登记、依法申请停业、复业登记、依法终止纳税义务的注销登记等。

在各类税务登记管理中，您应该根据我们的规定分别提交相关资料，及时办理。同时，您应当按照我们的规定使用税务登记证件。税务登记证件不得转借、涂改、损毁、买卖或者伪造。

二、依法设置账簿、保管账簿和有关资料以及依法开具、使用、取得和保管发票的义务

您应当按照有关法律、行政法规和国务院财政、税务主管部门的规定设置账簿，根据合法、有效凭证记账，进行核算；从事生产、经营的，必须按照国务院财政、税务主管部门规定的保管期限保管账簿、记账凭证、完税凭证及其他有关资料；账簿、记账凭证、完税凭证及其他有关资料不得伪造、变造或者擅自损毁。

此外，您在购销商品、提供或者接受经营服务以及从事其他经营活动中，应当依法开具、使用、取得和保管发票。

三、财务会计制度和会计核算软件备案的义务

您的财务、会计制度或者财务、会计处理办法和会计核算软件，应当报送我们备案。您的财务、会计制度或者财务、会计处理办法与国务院或者国务院财政、税务主管部门有关税收的规定抵触的，应依照国务院或者国务院财政、税务主管部门有关税收的规定计算应纳税款、代扣代缴和代收代缴税款。

四、按照规定安装、使用税控装置的义务

国家根据税收征收管理的需要，积极推广使用税控装置。您应当按照规定安装、使用税控装置，不得损毁或者擅自改动税控装置。如您未按规定安装、使用税控装置，或者损毁或者擅自改动税控装置的，我们将责令您限期改正，并可根据情节轻重处以规定数额内的罚款。

五、按时、如实申报的义务

您必须依照法律、行政法规规定或者我们依照法律、行政法规的规定确定的申报期限、申报内容如实办理纳税申报，报送纳税申报表、财务会计报表以及我们根据实际需要要求您报送的其他纳税资料。

作为扣缴义务人，您必须依照法律、行政法规规定或者我们依照法律、行政法规的规定确定的申报期限、申报内容如实报送代扣代缴、代收代缴税款报告表以及我们根据实际需要要求您报送的其他有关资料。

您即使在纳税期内没有应纳税款，也应当按照规定办理纳税申报。享受减税、免税待遇的，在减税、免税期间应当按照规定办理纳税申报。

六、按时缴纳税款的义务

您应当按照法律、行政法规规定或者我们依照法律、行政法规的规定确定的期限，缴纳或者解缴税款。

未按照规定期限缴纳税款或者未按照规定期限解缴税款的，我们除责令限期缴纳外，从滞纳税款之日起，按日加收滞纳税款万分之五的滞纳金。

七、代扣、代收税款的义务

如您按照法律、行政法规规定负有代扣代缴、代收代缴税款义务，必须依照法律、行政法规的规定履行代扣、代收税款的义务。您依法履行代扣、代收税款义务时，纳税人不得拒绝。纳税人拒绝的，您应当及时报告我们处理。

八、接受依法检查的义务

您有接受我们依法进行税务检查的义务，应主动配合我们按法定程序进行的税务检查，如实地向我们反映自己的生产经营情况和执行财务制度的情况，并按有关规定提供报表和资料，不得隐瞒和弄虚作假，不能阻挠、刁难我们的检查和监督。

九、及时提供信息的义务

您除通过税务登记和纳税申报向我们提供与纳税有关的信息外，还应及时提供其他信息。如您有歇业、经营情况变化、遭受各种灾害等特殊情况的，应及时向我们说明，以便我们依法妥善处理。

十、报告其他涉税信息的义务

为了保障国家税收能够及时、足额征收入库，税收法律还规定了您有义务向我们报告如下涉税信息：

1. 您有义务就您与关联企业之间的业务往来，向当地税务机关提供有关的价格、费用标准等资料。

您有欠税情形而以财产设定抵押、质押的，应当向抵押权人、质权人说明您的欠税情况。

2. 企业合并、分立的报告义务。您有合并、分立情形的，应当向我们报告，并依法缴清税款。合并时未缴清税款的，应当由合并后的纳税人继续履行未履行的纳税义务；分立时未缴清税款的，分立后的纳税人对未履行的纳税义务应当承担连带责任。

3. 报告全部账号的义务。如您从事生产、经营，应当按照国家有关规定，持税务登记证件，在银行或者其他金融机构开立基本存款账户和其他存款账户，并自开立基本存款账户或者其他存款账户之日起 15 日内，向您的主管税务机关书面报告全部账号；发生变化的，应当自变化之日起 15 日内，向您的主管税务机关书面报告。

4. 处分大额财产报告的义务。如您的欠缴税款数额在 5 万元以上，您在处分不动产或者大额资产之前，应当向我们报告。

国家税务总局关于修改《税务行政复议规则》的决定

国家税务总局令第 39 号

《国家税务总局关于修改〈税务行政复议规则〉的决定》，已经 2015 年 12 月 17 日国家税务总局 2015 年度第 2 次局务会议审议通过，现予公布，自 2016 年 2 月 1 日起施行。

国家税务总局决定对《税务行政复议规则》作如下修改：

一、将第十九条第一款第一项修改为："（一）对计划单列市国家税务局的具体行政行为不服的，向国家税务总局申请行政复议；对计划单列市地方税务局的具体行政行为不服的，可以选择向省地方税务局或者本级人民政府申请行政复议。"

二、将第五十二条修改为："行政复议证据包括以下类别：

（一）书证；

（二）物证；

（三）视听资料；

（四）电子数据；

（五）证人证言；

（六）当事人的陈述；

（七）鉴定意见；

（八）勘验笔录、现场笔录。"

三、第八十六条增加一款，作为第二款："行政复议审理期限在和解、调解期间中止计算。"

本决定自 2016 年 2 月 1 日起施行。

《税务行政复议规则》根据本决定作相应修改，重新公布。

税务行政复议规则

（2010 年 2 月 10 日国家税务总局令第 21 号公布
根据 2015 年 12 月 28 日《国家税务总局关于修改〈税务行政复议规则〉的决定》修正）

第一章 总　　则

第一条 为了进一步发挥行政复议解决税务行政争议的作用，保护公民、法人和其他组织的合法权益，监督和保障税务机关依法行使职权，根据《中华人民共和国行政复议法》（以下简称行政复议法）、《中华人民共和国税收征收管理法》和《中华人民共和国行政复议法实施条例》（以下简称行政复议法实施条例），结合税收工作实际，制定本规则。

第二条 公民、法人和其他组织（以下简称申请人）认为税务机关的具体行政行为侵犯其合法权益，向税务行政复议机关申请行政复议，税务行政复议机关办理行政复议事项，适用本规则。

第三条 本规则所称税务行政复议机关（以下简称行政复议机关），指依法受理行政复议申请、对具体行政行为进行审查并作出行政复议决定的税务机关。

第四条 行政复议应当遵循合法、公正、公开、及时和便民的原则。

行政复议机关应当树立依法行政观念，强化责任意识和服务意识，认真履行行政复议职责，坚持有错必纠，确保法律正确实施。

第五条 行政复议机关在申请人的行政复议请求范围内，不得作出对申请人更为不利的行政复议决定。

第六条 申请人对行政复议决定不服的，可以依法向人民法院提起行政诉讼。

第七条 行政复议机关受理行政复议申请，不得向申请人收取任何费用。

第八条 各级税务机关行政首长是行政复议工作第一责任人，应当切实履行职责，加强对行政复议工作的组织领导。

第九条 行政复议机关应当为申请人、第三人查阅案卷资料、接受询问、调解、听证等提供专门场所和其他必要条件。

第十条 各级税务机关应当加大对行政复议工作的基础投入，推进行政复议工作信息化建设，配备调查取证所需的照相、录音、录像和办案所需的电脑、扫描、投影、传真、复印等设备，保障办案交通工具和相应经费。

第二章 税务行政复议机构和人员

第十一条 各级行政复议机关负责法制工作的机构（以下简称行政复议机构）依法办理行政复议事项，履行下列职责：

（一）受理行政复议申请。

（二）向有关组织和人员调查取证，查阅文件和资料。

（三）审查申请行政复议的具体行政行为是否合法和适当，起草行政复议决定。

（四）处理或者转送对本规则第十五条所列有关规定的审查申请。

（五）对被申请人违反行政复议法及其实施条例和本规则规定的行为，依照规定的权限和程序向相关部门提出处理建议。

（六）研究行政复议工作中发现的问题，及时向有关机关或者部门提出改进建议，重大问题及时向行政复议机关报告。

（七）指导和监督下级税务机关的行政复议工作。

（八）办理或者组织办理行政诉讼案件应诉事项。

（九）办理行政复议案件的赔偿事项。

（十）办理行政复议、诉讼、赔偿等案件的统计、报告、归档工作和重大行政复议决定备案事项。

（十一）其他与行政复议工作有关的事项。

第十二条 各级行政复议机关可以成立行政复议委员会，研究重大、疑难案件，提出处理建议。

行政复议委员会可以邀请本机关以外的具有相关专业知识的人员参加。

第十三条 行政复议工作人员应当具备与履行行政复议职责相适应的品行、专业知识和业务能力，并取得行政复议法实施条例规定的资格。

第三章 税务行政复议范围

第十四条 行政复议机关受理申请人对税务机关下列具体行政行为不服提出的行政复议申请：

（一）征税行为，包括确认纳税主体、征税对象、征税范围、减税、免税、退税、抵扣税款、适用税率、计税依据、纳税环节、纳税期限、纳税地点和税款征收方式等具体行政行为，征收税款、加收滞纳金，扣缴义务人、受税务机关委托的单位和个人作出的代扣代缴、代收代缴、代征行为等。

（二）行政许可、行政审批行为。

（三）发票管理行为，包括发售、收缴、代开发票等。

（四）税收保全措施、强制执行措施。

（五）行政处罚行为：

1. 罚款；

2. 没收财物和违法所得；

3. 停止出口退税权。

（六）不依法履行下列职责的行为：

1. 颁发税务登记；

2. 开具、出具完税凭证、外出经营活动税收管理证明；

3. 行政赔偿；

4. 行政奖励；

5. 其他不依法履行职责的行为。

（七）资格认定行为。

（八）不依法确认纳税担保行为。

（九）政府信息公开工作中的具体行政行为。

（十）纳税信用等级评定行为。

（十一）通知出入境管理机关阻止出境行为。

（十二）其他具体行政行为。

第十五条　申请人认为税务机关的具体行政行为所依据的下列规定不合法，对具体行政行为申请行政复议时，可以一并向行政复议机关提出对有关规定的审查申请；申请人对具体行政行为提出行政复议申请时不知道该具体行政行为所依据的规定的，可以在行政复议机关作出行政复议决定以前提出对该规定的审查申请：

（一）国家税务总局和国务院其他部门的规定。

（二）其他各级税务机关的规定。

（三）地方各级人民政府的规定。

（四）地方人民政府工作部门的规定。

前款中的规定不包括规章。

第四章　税务行政复议管辖

第十六条　对各级国家税务局的具体行政行为不服的，向其上一级国家税务局申请行政复议。

第十七条　对各级地方税务局的具体行政行为不服的，可以选择向其上一级地方税务局或者该税务局的本级人民政府申请行政复议。

省、自治区、直辖市人民代表大会及其常务委员会、人民政府对地方税务局的行政复议管辖另有规定的，从其规定。

第十八条　对国家税务总局的具体行政行为不服的，向国家税务总局申请行政复议。对行政复议决定不服，申请人可以向人民法院提起行政诉讼，也可以向国务院申请裁决。国务院的裁决为最终裁决。

第十九条　对下列税务机关的具体行政行为不服的，按照下列规定申请行政复议：

（一）对计划单列市国家税务局的具体行政行为不服的，向国家税务总局申请行政复议；对计划单列市地方税务局的具体行政行为不服的，可以选择向省地方税务局或者本级人民政府申请行政复议。

（二）对税务所（分局）、各级税务局的稽查局的具体行政行为不服的，向其所属税务局申请行政复议。

（三）对两个以上税务机关共同作出的具体行政行为不服的，向共同上一级税务机关申请行政复议；对税务机关与其他行政机关共同作出的具体行政行为不服的，向其共同上一级行政机关申请行政复议。

（四）对被撤销的税务机关在撤销以前所作出的具体行政行为不服的，向继续行使其职权的税务机关的上一级税务机关申请行政复议。

（五）对税务机关作出逾期不缴纳罚款加处罚款的决定不服的，向作出行政处罚决定的税务机关申请行政复议。但是对已处罚款和加处罚款都不服的，一并向作出行政处罚决定的税务机关的上一级税务机关申请行政复议。

有前款(二)、(三)、(四)、(五)项所列情形之一的,申请人也可以向具体行政行为发生地的县级地方人民政府提交行政复议申请,由接受申请的县级地方人民政府依法转送。

第五章 税务行政复议申请人和被申请人

第二十条 合伙企业申请行政复议的,应当以工商行政管理机关核准登记的企业为申请人,由执行合伙事务的合伙人代表该企业参加行政复议;其他合伙组织申请行政复议的,由合伙人共同申请行政复议。

前款规定以外的不具备法人资格的其他组织申请行政复议的,由该组织的主要负责人代表该组织参加行政复议;没有主要负责人的,由共同推选的其他成员代表该组织参加行政复议。

第二十一条 股份制企业的股东大会、股东代表大会、董事会认为税务具体行政行为侵犯企业合法权益的,可以以企业的名义申请行政复议。

第二十二条 有权申请行政复议的公民死亡的,其近亲属可以申请行政复议;有权申请行政复议的公民为无行为能力人或者限制行为能力人,其法定代理人可以代理申请行政复议。

有权申请行政复议的法人或者其他组织发生合并、分立或终止的,承受其权利义务的法人或者其他组织可以申请行政复议。

第二十三条 行政复议期间,行政复议机关认为申请人以外的公民、法人或者其他组织与被审查的具体行政行为有利害关系的,可以通知其作为第三人参加行政复议。

行政复议期间,申请人以外的公民、法人或者其他组织与被审查的税务具体行政行为有利害关系的,可以向行政复议机关申请作为第三人参加行政复议。

第三人不参加行政复议,不影响行政复议案件的审理。

第二十四条 非具体行政行为的行政管理相对人,但其权利直接被该具体行政行为所剥夺、限制或者被赋予义务的公民、法人或其他组织,在行政管理相对人没有申请行政复议时,可以单独申请行政复议。

第二十五条 同一行政复议案件申请人超过5人的,应当推选1至5名代表参加行政复议。

第二十六条 申请人对具体行政行为不服申请行政复议的,作出该具体行政行为的税务机关为被申请人。

第二十七条 申请人对扣缴义务人的扣缴税款行为不服的,主管该扣缴义务人的税务机关为被申请人;对税务机关委托的单位和个人的代征行为不服的,委托税务机关为被申请人。

第二十八条 税务机关与法律、法规授权的组织以共同的名义作出具体行政行为的,税务机关和法律、法规授权的组织为共同被申请人。

税务机关与其他组织以共同名义作出具体行政行为的,税务机关为被申请人。

第二十九条 税务机关依照法律、法规和规章规定,经上级税务机关批准作出具体行政行为的,批准机关为被申请人。

申请人对经重大税务案件审理程序作出的决定不服的,审理委员会所在税务机关为被申请人。

第三十条 税务机关设立的派出机构、内设机构或者其他组织,未经法律、法规授权,以自己名义对外作出具体行政行为的,税务机关为被申请人。

第三十一条 申请人、第三人可以委托1至2名代理人参加行政复议。申请人、第三人委托代理人的,应当向行政复议机构提交授权委托书。授权委托书应当载明委托事项、权限和期限。公民在特殊情况下无法书面委托的,可以口头委托。口头委托的,行政复议机构应当核实并记录在卷。申请人、第三人解除或者变更委托的,应当书面告知行政复议机构。

被申请人不得委托本机关以外人员参加行政复议。

第六章 税务行政复议申请

第三十二条 申请人可以在知道税务机关作出具体行政行为之日起60日内提出行政复议申请。

因不可抗力或者被申请人设置障碍等原因耽误法定申请期限的,申请期限的计算应当扣除被耽误时间。

第三十三条 申请人对本规则第十四条第(一)项规定的行为不服的,应当先向行政复议机关申请行政复议;对行政复议决定不服的,可以向人民法院提起行政诉讼。

申请人按照前款规定申请行政复议的，必须依照税务机关根据法律、法规确定的税额、期限，先行缴纳或者解缴税款和滞纳金，或者提供相应的担保，才可以在缴清税款和滞纳金以后或者所提供的担保得到作出具体行政行为的税务机关确认之日起60日内提出行政复议申请。

申请人提供担保的方式包括保证、抵押和质押。作出具体行政行为的税务机关应当对保证人的资格、资信进行审查，对不具备法律规定资格或者没有能力保证的，有权拒绝。作出具体行政行为的税务机关应当对抵押人、出质人提供的抵押担保、质押担保进行审查，对不符合法律规定的抵押担保、质押担保，不予确认。

第三十四条　申请人对本规则第十四条第(一)项规定以外的其他具体行政行为不服，可以申请行政复议，也可以直接向人民法院提起行政诉讼。

申请人对税务机关作出逾期不缴纳罚款加处罚款的决定不服的，应当先缴纳罚款和加处罚款，再申请行政复议。

第三十五条　本规则第三十二条第一款规定的行政复议申请期限的计算，依照下列规定办理：

(一)当场作出具体行政行为的，自具体行政行为作出之日起计算。

(二)载明具体行政行为的法律文书直接送达的，自受送达人签收之日起计算。

(三)载明具体行政行为的法律文书邮寄送达的，自受送达人在邮件签收单上签收之日起计算；没有邮件签收单的，自受送达人在送达回执上签名之日起计算。

(四)具体行政行为依法通过公告形式告知受送达人的，自公告规定的期限届满之日起计算。

(五)税务机关作出具体行政行为时未告知申请人，事后补充告知的，自该申请人收到税务机关补充告知的通知之日起计算。

(六)被申请人能够证明申请人知道具体行政行为的，自证据材料证明其知道具体行政行为之日起计算。

税务机关作出具体行政行为，依法应当向申请人送达法律文书而未送达的，视为该申请人不知道该具体行政行为。

第三十六条　申请人依照行政复议法第六条第(八)项、第(九)项、第(十)项的规定申请税务机关履行法定职责，税务机关未履行的，行政复议申请期限依照下列规定计算：

(一)有履行期限规定的，自履行期限届满之日起计算。

(二)没有履行期限规定的，自税务机关收到申请满60日起计算。

第三十七条　税务机关作出的具体行政行为对申请人的权利、义务可能产生不利影响的，应当告知其申请行政复议的权利、行政复议机关和行政复议申请期限。

第三十八条　申请人书面申请行政复议的，可以采取当面递交、邮寄或者传真等方式提出行政复议申请。

有条件的行政复议机关可以接受以电子邮件形式提出的行政复议申请。

对以传真、电子邮件形式提出行政复议申请的，行政复议机关应当审核确认申请人的身份、复议事项。

第三十九条　申请人书面申请行政复议的，应当在行政复议申请书中载明下列事项：

(一)申请人的基本情况，包括公民的姓名、性别、出生年月、身份证件号码、工作单位、住所、邮政编码、联系电话；法人或者其他组织的名称、住所、邮政编码、联系电话和法定代表人或者主要负责人的姓名、职务。

(二)被申请人的名称。

(三)行政复议请求、申请行政复议的主要事实和理由。

(四)申请人的签名或者盖章。

(五)申请行政复议的日期。

第四十条　申请人口头申请行政复议的，行政复议机构应当依照本规则第三十九条规定的事项，当场制作行政复议申请笔录，交申请人核对或者向申请人宣读，并由申请人确认。

第四十一条　有下列情形之一的，申请人应当提供证明材料：

(一)认为被申请人不履行法定职责的，提供要求被申请人履行法定职责而被申请人未履行的证明材料。

（二）申请行政复议时一并提出行政赔偿请求的，提供受具体行政行为侵害而造成损害的证明材料。

（三）法律、法规规定需要申请人提供证据材料的其他情形。

第四十二条 申请人提出行政复议申请时错列被申请人的，行政复议机关应当告知申请人变更被申请人。申请人不变更被申请人的，行政复议机关不予受理，或者驳回行政复议申请。

第四十三条 申请人向行政复议机关申请行政复议，行政复议机关已经受理的，在法定行政复议期限内申请人不得向人民法院提起行政诉讼；申请人向人民法院提起行政诉讼，人民法院已经依法受理的，不得申请行政复议。

第七章 税务行政复议受理

第四十四条 行政复议申请符合下列规定的，行政复议机关应当受理：

（一）属于本规则规定的行政复议范围。

（二）在法定申请期限内提出。

（三）有明确的申请人和符合规定的被申请人。

（四）申请人与具体行政行为有利害关系。

（五）有具体的行政复议请求和理由。

（六）符合本规则第三十三条和第三十四条规定的条件。

（七）属于收到行政复议申请的行政复议机关的职责范围。

（八）其他行政复议机关尚未受理同一行政复议申请，人民法院尚未受理同一主体就同一事实提起的行政诉讼。

第四十五条 行政复议机关收到行政复议申请以后，应当在5日内审查，决定是否受理。对不符合本规则规定的行政复议申请，决定不予受理，并书面告知申请人。

对不属于本机关受理的行政复议申请，应当告知申请人向有关行政复议机关提出。

行政复议机关收到行政复议申请以后未按照前款规定期限审查并作出不予受理决定的，视为受理。

第四十六条 对符合规定的行政复议申请，自行政复议机构收到之日起即为受理；受理行政复议申请，应当书面告知申请人。

第四十七条 行政复议申请材料不齐全、表述不清楚的，行政复议机构可以自收到该行政复议申请之日起5日内书面通知申请人补正。补正通知应当载明需要补正的事项和合理的补正期限。无正当理由逾期不补正的，视为申请人放弃行政复议申请。

补正申请材料所用时间不计入行政复议审理期限。

第四十八条 上级税务机关认为行政复议机关不予受理行政复议申请的理由不成立的，可以督促其受理；经督促仍然不受理的，责令其限期受理。

上级税务机关认为行政复议申请不符合法定受理条件的，应当告知申请人。

第四十九条 上级税务机关认为有必要的，可以直接受理或者提审由下级税务机关管辖的行政复议案件。

第五十条 对应当先向行政复议机关申请行政复议，对行政复议决定不服再向人民法院提起行政诉讼的具体行政行为，行政复议机关决定不予受理或者受理以后超过行政复议期限不作答复的，申请人可以自收到不予受理决定书之日起或者行政复议期满之日起15日内，依法向人民法院提起行政诉讼。

依照本规则第八十三条规定延长行政复议期限的，以延长以后的时间为行政复议期满时间。

第五十一条 行政复议期间具体行政行为不停止执行；但是有下列情形之一的，可以停止执行：

（一）被申请人认为需要停止执行的。

（二）行政复议机关认为需要停止执行的。

（三）申请人申请停止执行，行政复议机关认为其要求合理，决定停止执行的。

（四）法律规定停止执行的。

第八章 税务行政复议证据

第五十二条 行政复议证据包括以下类别：

（一）书证；
（二）物证；
（三）视听资料；
（四）电子数据；
（五）证人证言；
（六）当事人的陈述；
（七）鉴定意见；
（八）勘验笔录、现场笔录。

第五十三条 在行政复议中，被申请人对其作出的具体行政行为负有举证责任。

第五十四条 行政复议机关应当依法全面审查相关证据。行政复议机关审查行政复议案件，应当以证据证明的案件事实为依据。定案证据应当具有合法性、真实性和关联性。

第五十五条 行政复议机关应当根据案件的具体情况，从以下方面审查证据的合法性：
（一）证据是否符合法定形式。
（二）证据的取得是否符合法律、法规、规章和司法解释的规定。
（三）是否有影响证据效力的其他违法情形。

第五十六条 行政复议机关应当根据案件的具体情况，从以下方面审查证据的真实性：
（一）证据形成的原因。
（二）发现证据时的环境。
（三）证据是否为原件、原物，复制件、复制品与原件、原物是否相符。
（四）提供证据的人或者证人与行政复议参加人是否具有利害关系。
（五）影响证据真实性的其他因素。

第五十七条 行政复议机关应当根据案件的具体情况，从以下方面审查证据的关联性：
（一）证据与待证事实是否具有证明关系。
（二）证据与待证事实的关联程度。
（三）影响证据关联性的其他因素。

第五十八条 下列证据材料不得作为定案依据：
（一）违反法定程序收集的证据材料。
（二）以偷拍、偷录和窃听等手段获取侵害他人合法权益的证据材料。
（三）以利诱、欺诈、胁迫和暴力等不正当手段获取的证据材料。
（四）无正当事由超出举证期限提供的证据材料。
（五）无正当理由拒不提供原件、原物，又无其他证据印证，且对方不予认可的证据的复制件、复制品。
（六）无法辨明真伪的证据材料。
（七）不能正确表达意志的证人提供的证言。
（八）不具备合法性、真实性的其他证据材料。

行政复议机构依据本规则第十一条第（二）项规定的职责所取得的有关材料，不得作为支持被申请人具体行政行为的证据。

第五十九条 在行政复议过程中，被申请人不得自行向申请人和其他有关组织或者个人收集证据。

第六十条 行政复议机构认为必要时，可以调查取证。

行政复议工作人员向有关组织和人员调查取证时，可以查阅、复制和调取有关文件和资料，向有关人员询问。调查取证时，行政复议工作人员不得少于2人，并应当向当事人和有关人员出示证件。被调查单位和人员应当配合行政复议工作人员的工作，不得拒绝、阻挠。

需要现场勘验的，现场勘验所用时间不计入行政复议审理期限。

第六十一条 申请人和第三人可以查阅被申请人提出的书面答复、作出具体行政行为的证据、依据和其他有关材料，除涉及国家秘密、商业秘密或者个人隐私外，行政复议机关不得拒绝。

第九章 税务行政复议审查和决定

第六十二条 行政复议机构应当自受理行政复议申请之日起7日内，将行政复议申请书副本或者行政复议申请笔录复印件发送被申请人。被申请人应当自收到申请书副本或者申请笔录复印件之日起10日内提出书面答复,并提交当初作出具体行政行为的证据、依据和其他有关材料。

对国家税务总局的具体行政行为不服申请行政复议的案件,由原承办具体行政行为的相关机构向行政复议机构提出书面答复,并提交当初作出具体行政行为的证据、依据和其他有关材料。

第六十三条 行政复议机构审理行政复议案件,应当由2名以上行政复议工作人员参加。

第六十四条 行政复议原则上采用书面审查的办法,但是申请人提出要求或者行政复议机构认为有必要时,应当听取申请人、被申请人和第三人的意见,并可以向有关组织和人员调查了解情况。

第六十五条 对重大、复杂的案件,申请人提出要求或者行政复议机构认为必要时,可以采取听证的方式审理。

第六十六条 行政复议机构决定举行听证的,应当将举行听证的时间、地点和具体要求等事项通知申请人、被申请人和第三人。

第三人不参加听证的,不影响听证的举行。

第六十七条 听证应当公开举行,但是涉及国家秘密、商业秘密或者个人隐私的除外。

第六十八条 行政复议听证人员不得少于2人,听证主持人由行政复议机构指定。

第六十九条 听证应当制作笔录。申请人、被申请人和第三人应当确认听证笔录内容。

行政复议听证笔录应当附卷,作为行政复议机构审理案件的依据之一。

第七十条 行政复议机关应当全面审查被申请人的具体行政行为所依据的事实证据、法律程序、法律依据和设定的权利义务内容的合法性、适当性。

第七十一条 申请人在行政复议决定作出以前撤回行政复议申请的,经行政复议机构同意,可以撤回。

申请人撤回行政复议申请的,不得再以同一事实和理由提出行政复议申请。但是,申请人能够证明撤回行政复议申请违背其真实意思表示的除外。

第七十二条 行政复议期间被申请人改变原具体行政行为的,不影响行政复议案件的审理。但是,申请人依法撤回行政复议申请的除外。

第七十三条 申请人在申请行政复议时,依据本规则第十五条规定一并提出对有关规定的审查申请的,行政复议机关对该规定有权处理的,应当在30日内依法处理;无权处理的,应当在7日内按照法定程序逐级转送有权处理的行政机关依法处理,有权处理的行政机关应当在60日内依法处理。处理期间,中止对具体行政行为的审查。

第七十四条 行政复议机关审查被申请人的具体行政行为时,认为其依据不合法,本机关有权处理的,应当在30日内依法处理;无权处理的,应当在7日内按照法定程序逐级转送有权处理的国家机关依法处理。处理期间,中止对具体行政行为的审查。

第七十五条 行政复议机构应当对被申请人的具体行政行为提出审查意见,经行政复议机关负责人批准,按照下列规定作出行政复议决定:

(一)具体行政行为认定事实清楚,证据确凿,适用依据正确,程序合法,内容适当的,决定维持。

(二)被申请人不履行法定职责的,决定其在一定期限内履行。

(三)具体行政行为有下列情形之一的,决定撤销、变更或者确认该具体行政行为违法;决定撤销或者确认该具体行政行为违法的,可以责令被申请人在一定期限内重新作出具体行政行为:

1. 主要事实不清、证据不足的;
2. 适用依据错误的;
3. 违反法定程序的;
4. 超越职权或者滥用职权的;
5. 具体行政行为明显不当的。

(四)被申请人不按照本规则第六十二条的规定提出书面答复,提交当初作出具体行政行为的证据、依据和其他有关材料的,视为该具体行政行为没有证据、依据,决定撤销该具体行政行为。

第七十六条 行政复议机关责令被申请人重新作出具体行政行为的,被申请人不得以同一事实和理由作出与原具体行政行为相同或者基本相同的具体行政行为;但是行政复议机关以原具体行政行为违反法定程序决定撤销的,被申请人重新作出具体行政行为的除外。

行政复议机关责令被申请人重新作出具体行政行为的，被申请人不得作出对申请人更为不利的决定；但是行政复议机关以原具体行政行为主要事实不清、证据不足或适用依据错误决定撤销的，被申请人重新作出具体行政行为的除外。

第七十七条 有下列情形之一的，行政复议机关可以决定变更：

（一）认定事实清楚，证据确凿，程序合法，但是明显不当或者适用依据错误的。

（二）认定事实不清，证据不足，但是经行政复议机关审理查明事实清楚，证据确凿的。

第七十八条 有下列情形之一的，行政复议机关应当决定驳回行政复议申请：

（一）申请人认为税务机关不履行法定职责申请行政复议，行政复议机关受理以后发现该税务机关没有相应法定职责或者在受理以前已经履行法定职责的。

（二）受理行政复议申请后，发现该行政复议申请不符合行政复议法及其实施条例和本规则规定的受理条件的。

上级税务机关认为行政复议机关驳回行政复议申请的理由不成立的，应当责令限期恢复受理。行政复议机关审理行政复议申请期限的计算应当扣除因驳回耽误的时间。

第七十九条 行政复议期间，有下列情形之一的，行政复议中止：

（一）作为申请人的公民死亡，其近亲属尚未确定是否参加行政复议的。

（二）作为申请人的公民丧失参加行政复议的能力，尚未确定法定代理人参加行政复议的。

（三）作为申请人的法人或者其他组织终止，尚未确定权利义务承受人的。

（四）作为申请人的公民下落不明或者被宣告失踪的。

（五）申请人、被申请人因不可抗力，不能参加行政复议的。

（六）行政复议机关因不可抗力原因暂时不能履行工作职责的。

（七）案件涉及法律适用问题，需要有权机关作出解释或者确认的。

（八）案件审理需要以其他案件的审理结果为依据，而其他案件尚未审结的。

（九）其他需要中止行政复议的情形。

行政复议中止的原因消除以后，应当及时恢复行政复议案件的审理。

行政复议机构中止、恢复行政复议案件的审理，应当告知申请人、被申请人、第三人。

第八十条 行政复议期间，有下列情形之一的，行政复议终止：

（一）申请人要求撤回行政复议申请，行政复议机构准予撤回的。

（二）作为申请人的公民死亡，没有近亲属，或者其近亲属放弃行政复议权利的。

（三）作为申请人的法人或者其他组织终止，其权利义务的承受人放弃行政复议权利的。

（四）申请人与被申请人依照本规则第八十七条的规定，经行政复议机构准许达成和解的。

（五）行政复议申请受理以后，发现其他行政复议机关已经先于本机关受理，或者人民法院已经受理的。

依照本规则第七十九条第一款第（一）项、第（二）项、第（三）项规定中止行政复议，满60日行政复议中止的原因未消除的，行政复议终止。

第八十一条 行政复议机关责令被申请人重新作出具体行政行为的，被申请人应当在60日内重新作出具体行政行为；情况复杂，不能在规定期限内重新作出具体行政行为的，经行政复议机关批准，可以适当延期，但是延期不得超过30日。

公民、法人或者其他组织对被申请人重新作出的具体行政行为不服，可以依法申请行政复议，或者提起行政诉讼。

第八十二条 申请人在申请行政复议时可以一并提出行政赔偿请求，行政复议机关对符合国家赔偿法的规定应当赔偿的，在决定撤销、变更具体行政行为或者确认具体行政行为违法时，应当同时决定被申请人依法赔偿。

申请人在申请行政复议时没有提出行政赔偿请求的，行政复议机关在依法决定撤销、变更原具体行政行为确定的税款、滞纳金、罚款和对财产的扣押、查封等强制措施时，应当同时责令被申请人退还税款、滞纳金和罚款，解除对财产的扣押、查封等强制措施，或者赔偿相应的价款。

第八十三条 行政复议机关应当自受理申请之日起60日内作出行政复议决定。情况复杂，不能在规定期限内作出行政复议决定的，经行政复议机关负责人批准，可以适当延期，并告知申请人和被申请人；但是延期不得超过30日。

行政复议机关作出行政复议决定，应当制作行政复议决定书，并加盖行政复议机关印章。

行政复议决定书一经送达，即发生法律效力。

第八十四条 被申请人应当履行行政复议决定。

被申请人不履行、无正当理由拖延履行行政复议决定的，行政复议机关或者有关上级税务机关应当责令其限期履行。

第八十五条 申请人、第三人逾期不起诉又不履行行政复议决定的，或者不履行最终裁决的行政复议决定的，按照下列规定分别处理：

（一）维持具体行政行为的行政复议决定，由作出具体行政行为的税务机关依法强制执行，或者申请人民法院强制执行。

（二）变更具体行政行为的行政复议决定，由行政复议机关依法强制执行，或者申请人民法院强制执行。

第十章 税务行政复议和解与调解

第八十六条 对下列行政复议事项，按照自愿、合法的原则，申请人和被申请人在行政复议机关作出行政复议决定以前可以达成和解，行政复议机关也可以调解：

（一）行使自由裁量权作出的具体行政行为，如行政处罚、核定税额、确定应税所得率等。

（二）行政赔偿。

（三）行政奖励。

（四）存在其他合理性问题的具体行政行为。

行政复议审理期限在和解、调解期间中止计算。

第八十七条 申请人和被申请人达成和解的，应当向行政复议机构提交书面和解协议。和解内容不损害社会公共利益和他人合法权益的，行政复议机构应当准许。

第八十八条 经行政复议机构准许和解终止行政复议的，申请人不得以同一事实和理由再次申请行政复议。

第八十九条 调解应当符合下列要求：

（一）尊重申请人和被申请人的意愿。

（二）在查明案件事实的基础上进行。

（三）遵循客观、公正和合理原则。

（四）不得损害社会公共利益和他人合法权益。

第九十条 行政复议机关按照下列程序调解：

（一）征得申请人和被申请人同意。

（二）听取申请人和被申请人的意见。

（三）提出调解方案。

（四）达成调解协议。

（五）制作行政复议调解书。

第九十一条 行政复议调解书应当载明行政复议请求、事实、理由和调解结果，并加盖行政复议机关印章。行政复议调解书经双方当事人签字，即具有法律效力。

调解未达成协议，或者行政复议调解书不生效的，行政复议机关应当及时作出行政复议决定。

第九十二条 申请人不履行行政复议调解书的，由被申请人依法强制执行，或者申请人民法院强制执行。

第十一章 税务行政复议指导和监督

第九十三条 各级税务复议机关应当加强对履行行政复议职责的监督。行政复议机构负责对行政复议工作进行系统督促、指导。

第九十四条 各级税务机关应当建立健全行政复议工作责任制，将行政复议工作纳入本单位目标责任制。

第九十五条 各级税务机关应当按照职责权限，通过定期组织检查、抽查等方式，检查下级税务机关的行政复议工作，并及时向有关方面反馈检查结果。

第九十六条 行政复议期间行政复议机关发现被申请人和其他下级税务机关的相关行政行为违法或者需要做好善后工作的，可以制作行政复议意见书。有关机关应当自收到行政复议意见书之日起60日内将纠正相关行政违法行为或者做好善后工作的情况报告行政复议机关。

行政复议期间行政复议机构发现法律、法规和规章实施中带有普遍性的问题，可以制作行政复议建议书，向有关机关提出完善制度和改进行政执法的建议。

第九十七条 省以下各级税务机关应当定期向上一级税务机关提交行政复议、应诉、赔偿统计表和分析报告，及时将重大行政复议决定报上一级行政复议机关备案。

第九十八条 行政复议机构应当按照规定将行政复议案件资料立卷归档。

行政复议案卷应当按照行政复议申请分别装订立卷，一案一卷，统一编号，做到目录清晰、资料齐全、分类规范、装订整齐。

第九十九条 行政复议机构应当定期组织行政复议工作人员业务培训和工作交流，提高行政复议工作人员的专业素质。

第一百条 行政复议机关应当定期总结行政复议工作。对行政复议工作中做出显著成绩的单位和个人，依照有关规定表彰和奖励。

第十二章 附　　则

第一百零一条 行政复议机关、行政复议机关工作人员和被申请人在税务行政复议活动中，违反行政复议法及其实施条例和本规则规定的，应当依法处理。

第一百零二条 外国人、无国籍人、外国组织在中华人民共和国境内向税务机关申请行政复议，适用本规则。

第一百零三条 行政复议机关在行政复议工作中可以使用行政复议专用章。行政复议专用章与行政复议机关印章在行政复议中具有同等效力。

第一百零四条 行政复议期间的计算和行政复议文书的送达，依照民事诉讼法关于期间、送达的规定执行。

本规则关于行政复议期间有关“5日”、“7日”的规定指工作日，不包括法定节假日。

第一百零五条 本规则自2010年4月1日起施行，2004年2月24日国家税务总局公布的《税务行政复议规则(暂行)》(国家税务总局令第8号)同时废止。

重大税收违法案件督办管理暂行办法

国税发〔2010〕103号

第一条 为了规范重大税收违法案件督办管理，根据《中华人民共和国税收征收管理法》有关规定，制定本办法。

第二条 上级税务局可以根据税收违法案件性质、涉案数额、复杂程度、查处难度以及社会影响等情况，督办管辖区域内发生的重大税收违法案件。

对跨越多个地区且案情特别复杂的重大税收违法案件，本级税务局查处确有困难的，可以报请上级税务局督办，并提出具体查处方案及相关建议。

重大税收违法案件具体督办事项由稽查局实施。

第三条 国家税务总局督办的重大税收违法案件主要包括：

(一)国务院等上级机关、上级领导批办的案件；

(二)国家税务总局领导批办的案件；

(三)在全国或者省、自治区、直辖市范围内有重大影响的案件；

(四)税收违法数额特别巨大、情节特别严重的案件；

(五)国家税务总局认为需要督办的其他案件。

省、自治区、直辖市和计划单列市国家税务局、地方税务局督办重大税收违法案件的范围和标准，由本级国家税务局、地方税务局根据本地实际情况分别确定。

第四条 省、自治区、直辖市和计划单列市国家税务局、地方税务局依照国家税务总局规定的范围、标准、时限向国家税务总局报告税收违法案件，国家税务总局根据案情复杂程度和查处工作需要确定督办案件。

省以下重大税收违法案件报告的范围和标准，由省、自治区、直辖市和计划单列市国家税务局、地方税务局根据本地实际情况分别确定。

第五条 对需要督办的重大税收违法案件，督办税务局(以下简称督办机关)所属稽查局填写《重大税收违法案件督办立项审批表》，提出拟办意见。拟办意见主要包括承办案件的税务局(以下简称承办机关)及所属稽查局、承办时限和工作要求等，经督办机关领导审批或者督办机关授权所属稽查局局长审批后，向承办机关发出《重大税收违法案件督办函》，要求承办机关在确定的期限内查证事实，并作出税务处理、处罚决定。

需要多个地区税务机关共同查处的督办案件，督办机关应当明确主办机关和协办机关，或者按照管辖职责确定涉案重点事项查处工作任务。协办机关应当积极协助主办机关查处督办案件，及时查证并提供相关证据材料。对主办机关请求协助查证的事项，协办机关应当及时准确反馈情况，不得敷衍塞责或者懈怠应付。

督办案件同时涉及国家税务局、地方税务局管辖的税收事项，国家税务局、地方税务局分别依照职责查处，并相互通报相关情况；必要时可以联合办案，分别作出税务处理、处罚决定。

第六条 督办案件未经督办机关批准，承办机关不得擅自转给下级税务机关或者其他机关查处。

对因督办案件情况发生变化，不需要继续督办的，督办机关可以撤销督办，并向承办机关发出《重大税收违法案件撤销督办函》。

第七条 承办机关应当在接到督办机关《重大税收违法案件督办函》后 7 个工作日内按照《税务稽查工作规程》规定立案，在 10 个工作日内制订具体查处方案，并组织实施检查。

承办机关具体查处方案应当报送督办机关备案；督办机关要求承办机关在实施检查前报告具体查处方案的，承办机关应当按照要求报告，经督办机关同意后实施检查。

督办机关督办前承办机关已经立案的，承办机关不停止实施检查，但应当将具体查处方案及相关情况报告督办机关；督办机关要求调整具体查处方案的，承办机关应当调整。

第八条 承办机关应当按照《重大税收违法案件督办函》要求填写《重大税收违法案件情况报告表》，每 30 日向督办机关报告一次案件查处进展情况；《重大税收违法案件督办函》有确定报告时限的，按照确定时限报告；案件查处有重大进展或者遇到紧急情形的，应当及时报告；案件查处没有进展或者进展缓慢的，应当说明原因，并明确提出下一步查处工作安排。

对有《税务稽查工作规程》第四十四条规定的中止检查情形或者第七十条规定的中止执行情形的，承办机关应当报请督办机关批准后中止检查或者中止执行。中止期间可以暂不填报《重大税收违法案件情况报告表》；中止检查或者中止执行情形消失后，承办机关应当及时恢复检查或者执行，并依照前款规定填报《重大税收违法案件情况报告表》。

第九条 督办机关应当指导、协调督办案件查处，可以根据工作需要派员前往案发地区督促检查或者参与办案，随时了解案件查处进展情况以及存在问题。

督办机关稽查局应当确定督办案件的主要责任部门和责任人员。主要责任部门应当及时跟踪监控案件查处过程，根据承办机关案件查处进度、处理结果和督促检查情况，向稽查局领导报告督办案件查处进展情况；案情重大或者上级机关、上级领导批办的重要案件，应当及时向督办机关领导报告查处情况。

第十条 承办机关可以就督办案件向相关地区同级税务机关发出《税收违法案件协查函》，提出具体协查要求和回复时限，相关地区同级税务机关应当及时回复协查结果，提供明确的协查结论和相关证据资料。案情重大复杂的，承办机关可以报请督办机关组织协查。

第十一条 承办机关稽查局应当严格依照《税务稽查工作规程》相关规定对督办案件实施检查和审理，

并报请承办机关集体审理。

承办机关稽查局应当根据审理认定的结果，拟制《重大税收违法案件拟处理意见报告》，经承办机关领导审核后报送督办机关。

在查处督办案件中，遇有法律、行政法规、规章或者其他规范性文件的疑义问题，承办机关稽查局应当征询同级法规、税政、征管、监察等相关部门意见；相关部门无法确定的，应当依照规定请示上级税务机关或者咨询有权解释的其他机关。

第十二条　《重大税收违法案件拟处理意见报告》应当包括以下主要内容：

（一）案件基本情况；

（二）检查时段和范围；

（三）检查方法和措施；

（四）检查人员查明的事实及相关证据材料；

（五）相关部门和当事人的意见；

（六）审理认定的事实及相关证据材料；

（七）拟税务处理、处罚意见及依据；

（八）其他相关事项说明。

对督办案件定性处理具有关键决定作用的重要证据，应当附报制作证据说明，写明证据目录、名称、内容、证明对象等事项。

第十三条　对承办机关《重大税收违法案件拟处理意见报告》，督办机关应当在接到之日起 15 日内审查；如有本办法第十一条第三款规定情形的，审查期限可以适当延长。督办机关对承办机关提出的定性处理意见没有表示异议的，承办机关依法作出《税务处理决定书》、《税务行政处罚决定书》、《税务稽查结论》、《不予税务行政处罚决定书》，送达当事人执行。

督办机关审查认为承办机关《重大税收违法案件拟处理意见报告》认定的案件事实不清、证据不足、违反法定程序或者拟税务处理、处罚意见依据错误的，通知承办机关说明情况或者补充检查。

第十四条　对督办案件中涉嫌犯罪的税收违法行为，承办机关填制《涉嫌犯罪案件移送书》，依照规定程序和权限批准后，依法移送司法机关。对移送司法机关的案件，承办机关应当随时关注司法处理进展情况，并及时报告督办机关。

第十五条　承办机关应当在 90 日内查证督办案件事实并依法作出税务处理、处罚决定；督办机关确定查处期限的，承办机关应当严格按照确定的期限查处；案情复杂确实无法按时查处的，应当在查处期限届满前 10 日内向督办机关申请延期查处，提出延长查处期限和理由，经批准后延期查处。

第十六条　对承办机关超过规定期限未填报《重大税收违法案件情况报告表》，或者未查处督办案件且未按照规定提出延期查处申请的，督办机关应当向其发出《重大税收违法案件催办函》进行催办，并责令说明情况和理由。

承办机关对督办案件查处不力的，督办机关可以召集承办机关分管稽查的税务局领导或者稽查局局长汇报；必要时督办机关可以直接组织查处。

第十七条　督办案件有下列情形之一的，可以认定为结案：

（一）税收违法事实已经查证清楚，并依法作出《税务处理决定书》、《税务行政处罚决定书》，税款、滞纳金、罚款等税收款项追缴入库，纳税人或者其他当事人在法定期限内没有申请行政复议或者提起行政诉讼的；

（二）查明税收违法事实不存在或者情节轻微，依法作出《税务稽查结论》或者《不予税务行政处罚决定书》，纳税人或者其他当事人在法定期限内没有申请行政复议或者提起行政诉讼的；

（三）纳税人或者其他当事人对税务机关处理、处罚决定或者强制执行措施申请行政复议或者提起行政诉讼，行政复议决定或者人民法院判决、裁定生效并执行完毕的；

（四）符合《税务稽查工作规程》第四十五条规定的终结检查情形的；

（五）符合《税务稽查工作规程》第七十一条规定的终结执行情形的；

（六）法律、行政法规或者国家税务总局规定的其他情形的。

税务机关依照法定职权确实无法查证全部或者部分税收违法行为，但有根据认为其涉嫌犯罪并依法移送司法机关处理的，以司法程序终结为结案。

第十八条 承办机关应当在督办案件结案之日起10个工作日内向督办机关报送《重大税收违法案件结案报告》。

《重大税收违法案件结案报告》应当包括案件来源、案件查处情况、税务处理、处罚决定内容、案件执行情况等内容。督办机关要求附列《税务处理决定书》、《税务行政处罚决定书》、《税务稽查结论》、《不予税务行政处罚决定书》、《执行报告》、税款、滞纳金、罚款等税收款项入库凭证以及案件终结检查、终结执行审批文书等资料复印件的,应当附列。

第十九条 查处督办案件实行工作责任制。承办机关主要领导承担领导责任;承办机关分管稽查的领导承担监管责任;承办机关稽查局局长承担执行责任;稽查局分管案件的领导和具体承办部门负责人以及承办人员按照各自分工职责承担相应的责任。

对督办案件重要线索、证据不及时调查收集,或者故意隐瞒案情,转移、藏匿、毁灭证据,或者因工作懈怠、泄露案情致使相关证据被转移、藏匿、毁灭,或者相关财产被转移、藏匿,或者有其他徇私舞弊、玩忽职守、滥用职权行为,应当承担纪律责任的,依法给予行政处分;涉嫌犯罪的,应当依法移送司法机关处理。

第二十条 承办机关及承办人员和协办机关及协办人员在查处督办案件中成绩突出的,可以给予表彰;承办、协办不力的,给予通报批评。

第二十一条 本办法相关税务文书式样由国家税务总局制定。

第二十二条 本办法从2011年1月1日起执行。2001年7月30日印发的《国家税务总局关于实行重大税收违法案件督办制度的通知》(国税发〔2001〕87号)同时废止。

税收违法行为检举管理办法

国家税务总局令第24号

《税收违法行为检举管理办法》已经2011年1月27日国家税务总局第1次局务会议审议通过,现予公布,自2011年3月15日起施行。

国家税务总局局长:肖捷

二〇一一年二月十二日

税收违法行为检举管理办法

第一章 总 则

第一条 为了保障单位、个人依法检举纳税人、扣缴义务人违反税收法律、行政法规行为(以下简称税收违法行为)的权利,规范税收违法行为检举管理工作(以下简称检举管理工作),根据《中华人民共和国税收征收管理法》及其实施细则的有关规定,制定本办法。

第二条 本办法所称税收违法行为检举是指单位、个人采用书信、互联网、传真、电话、来访等形式,向税务机关提供纳税人、扣缴义务人税收违法行为线索的行为。

采用前款所述的形式,检举税收违法行为的单位、个人称检举人;被检举的纳税人、扣缴义务人称被检举人。

检举人使用与其营业执照、身份证等符合法律、行政法规和国家有关规定的身份证件上一致的名称、姓名检举的,为实名检举;否则为匿名检举。

第三条 检举管理工作坚持依法行政、统一领导、分级负责、属地管理、严格保密的原则。

第四条 市(地)及市(地)以上税务机关稽查局设立税收违法案件举报中心(以下简称举报中心),其工作人员由所在机关根据工作需要配备;没有设立举报中心的县(区)税务机关稽查局应当指定专门部门负责税收违法行为检举管理工作，并可挂举报中心牌子。举报中心的主要职责是：

(一)受理、处理、管理检举材料；

(二)转办、交办、督办、催办检举案件；

(三)跟踪、了解、掌握检举案件的查办情况；

(四)上报、通报举报中心工作开展情况及检举事项的查办情况；

(五)统计、分析检举管理工作的数据情况；

(六)指导、监督、检查下级税务机关举报中心的工作；

(七)负责本级检举奖金的发放和对检举人的答复工作。

第五条 税务机关应当向社会公布举报中心的电话(传真)号码、电子信箱、通讯地址及邮政编码，设立检举箱和检举接待室，并以适当方式公布与检举工作有关的法律、行政法规、规章及检举事项处理程序。

第六条 税务机关应与公安、信访、纪检、监察等单位加强联系和合作，税务系统内部应当加强沟通协调，共同做好检举管理工作。

第七条 检举税收违法行为是单位、个人的自愿行为。单位、个人因检举而产生的支出应由其自行负担。

第八条 检举事项经查证属实，为国家挽回或者减少损失的，对实名检举人按照财政部和国家税务总局的有关规定给予相应奖励。

第二章　检举事项的受理

第九条 举报中心受理检举事项的范围是：涉嫌偷税，逃避追缴欠税，骗税，虚开、伪造、非法提供、非法取得发票，以及其他税收违法行为。

第十条 实名检举和匿名检举均须受理。检举人不愿提供自己的姓名、身份、单位、地址、联系方式或者不愿公开检举行为的，税务机关应当予以尊重和保密。

检举人应当至少提供被检举人的名称或者姓名、地址、税收违法行为线索等资料。

检举人检举税收违法行为应当实事求是，对提供检举材料的真实性负责，不得诬陷、捏造事实。

举报中心受理实名检举，应当应检举人的要求向检举人出具书面回执。

第十一条 受理检举的税务人员应当文明礼貌，耐心细致，正确疏导，认真负责。

鼓励检举人尽可能提供书面检举材料。

受理口头检举，应当准确记录检举事项，交检举人阅读或者向检举人宣读，经确认无误以后由检举人签名或者盖章。检举人不愿签名或者盖章的，由受理检举的税务人员记录在案。

受理电话检举，应当细心接听，询问清楚，准确记录。

受理电话、口头检举，经检举人同意以后，可以录音或者录像。

第十二条 不属于举报中心受理范围的检举事项，举报中心应当告知检举人向有处理权的单位反映，或者将检举事项登记以后按照分类处理的规定处理。

第十三条 涉及两个或者两个以上税务机关管辖的检举事项，由所涉及的税务机关协商受理；有争议的，由其共同的上一级税务机关决定受理机关。

第三章　检举事项的处理

第十四条 举报中心将检举事项登记以后，应当按照以下方式分类处理：

(一)检举内容详细、税收违法行为线索清楚、案情重大、涉及范围广的，作为重大检举案件，经本级税务机关稽查局或者本级税务机关负责人批准，由本级税务机关稽查局直接查处或者转下级税务机关稽查局查处并督办，必要时可以向上级税务机关稽查局申请督办。

上级税务机关批示督办并指定查办单位的案件，原则上不得再下转处理。

(二)检举内容提供了一定线索，有可能存在税收违法行为的，作为一般案件，经本级税务机关稽查局负责人批准，由本级税务机关稽查局直接查处或者转下级税务机关稽查局查处。

(三)检举事项不完整或者内容不清、线索不明的，经本级税务机关稽查局负责人批准，可以暂存待查，待检举人将情况补充完整以后，再进行处理。

（四）不属于稽查局职责范围的检举事项，经本级税务机关稽查局负责人批准，移交有处理权的单位或者部门。

第十五条 上级税务机关举报中心对下级税务机关申请督办的重大检举案件，应当及时审查，提出办理意见，报该级税务机关稽查局负责人批准以后督办。

第十六条 检举事项的处理，应当在接到检举以后的15个工作日内办理，特殊情况除外；情况紧急的应当立即办理。

第十七条 经本级税务机关稽查局或者本级税务机关负责人批准，举报中心可以代表稽查局或者以自己的名义向下级税务机关督办、交办或者向有关单位转办检举事项。

第十八条 对上级税务机关稽查局及其举报中心督办的检举案件，除有特定时限者以外，承办部门应当在收到纸质督办函后3个月内上报查办结果；案情复杂无法在限期内查结的，报经督办部门批准，可以延期上报查办结果，并定期上报阶段性的查办情况。上级不要求上报查办结果的交办案件，应当定期汇总上报办理情况。

本级税务机关稽查局直接查办的检举案件，除有特定时限者以外，承办部门应当在收到纸质交办单以后3个月内将查办结果报告本级税务机关稽查局负责人并回复举报中心；案情复杂无法在限期内查结的，报经本级税务机关稽查局负责人批准，时限可以适当延长，同时将阶段性的查办情况报告本级税务机关稽查局负责人并回复举报中心。

第十九条 已经受理尚未查结的检举案件，再次检举的，可以作为重复案件并案处理。

已经结案的检举案件，检举人就同一事项再次检举，没有提供新的线索、资料；或者提供了新的线索、资料，经审查没有价值的，税务机关可以不再检查。

第二十条 对实名检举案件，举报中心收到承办部门回复的查办结果以后，可以应检举人的要求将与检举线索有关的查办结果简要告知检举人；检举案件查结以前，不得向检举人透露案件查处情况。

向检举人告知查办结果时，不得告知其检举线索以外的税收违法行为的查处情况，不得提供税务处理（处罚）决定书及有关案情资料。

第二十一条 上级税务机关稽查局对下级税务机关稽查局报告的督办案件处理结果，应当认真审查。对于事实不清、处理不当的，应当通知下级税务机关稽查局补充调查或者重新调查，依法处理。

第四章 检举事项的管理

第二十二条 税收违法行为的检举材料，由举报中心统一管理。税务机关其他部门收到的检举材料，应当及时移交举报中心。

第二十三条 暂存待查的检举材料，若在2年内未收到有价值的补充材料，经本级税务机关稽查局负责人批准以后，可以销毁。

第二十四条 举报中心必须严格管理检举材料，逐件登记检举事项的主要内容、办理情况和检举人、被检举人的基本情况。

税务机关不得将收到的检举材料退还检举人。

第二十五条 督办案件的检举材料应当确定专人管理，并按照规定承办督办案件材料的转送、报告等具体事项。

第二十六条 检举材料的保管和整理，参照《全国税务机关档案管理办法》及有关规定办理。

第二十七条 对于检举案件和有关事项的数量、类别及办理情况，每年度应当进行汇总分析，并报告上级税务机关举报中心。

上级税务机关举报中心要求专门报告的事项，应当按时报告。

第五章 权利保护

第二十八条 税务机关及其举报中心应当在自己的职责范围内依法保护检举人、被检举人的合法权利。

第二十九条 举报中心工作人员与检举事项或者检举人、被检举人有直接利害关系的，应当回避。

检举人有正当理由并且有证据证明举报中心工作人员应当回避的，经本级税务机关稽查局负责人批准以后，予以回避。

第三十条　税务机关工作人员在检举管理工作中必须严格遵守以下保密规定：

（一）检举事项的受理、登记、处理及检查、审理、执行等各个环节，应当依照国家有关法律、法规严格保密，并建立健全工作责任制，不得私自摘抄、复制、扣压、销毁检举材料。

（二）严禁泄露检举人的姓名、身份、单位、地址、联系方式等情况；严禁将检举情况透露给被检举人及与案件查处无关的人员。

（三）调查核实情况时不得出示检举信原件或者复印件，不得暴露检举人的有关信息；对匿名的检举书信及材料，除特殊情况以外，不得鉴定笔迹。

（四）宣传报道和奖励检举有功人员，未经检举人书面同意，不得公开检举人的姓名、身份、单位、地址、联系方式等情况。

第六章　法律责任

第三十一条　税务机关工作人员违反本办法规定，将检举人的检举材料或者有关情况提供给被检举人及与案件查处无关的人员的，依法给予行政处分。

第三十二条　税务机关工作人员打击报复检举人，视情节和后果，依法给予行政处分；构成犯罪的，依法追究刑事责任。

第三十三条　税务机关在检举管理工作中不履行职责、推诿、敷衍、拖延的，上级税务机关应当通报批评并责令改正；造成严重后果的，对直接负责的主管人员和其他直接责任人员依法给予行政处分。

第三十四条　检举管理工作人员不履行职责、玩忽职守、徇私舞弊，给工作造成损失的，税务机关应当给予批评教育；情节严重的，依法给予行政处分并调离工作岗位；构成犯罪的，依法追究刑事责任。

第七章　附　　则

第三十五条　各省、自治区、直辖市和计划单列市国家税务局、地方税务局根据本办法制定具体规定，并报国家税务总局备案。

第三十六条　本办法自2011年3月15日起施行。《国家税务总局关于印发〈税务违法案件举报管理办法〉的通知》（国税发〔1998〕53号）同时废止。

国家税务总局关于修改《中华人民共和国发票管理办法实施细则》的决定

国家税务总局令第37号

《国家税务总局关于修改〈中华人民共和国发票管理办法实施细则〉的决定》已经2014年12月19日国家税务总局2014年度第4次局务会议审议通过，现予公布，自2015年3月1日起施行。

国家税务总局局长：王军

2014年12月27日

国家税务总局关于修改《中华人民共和国发票管理办法实施细则》的决定

为贯彻落实转变政府职能、深化行政审批制度改革精神，根据《国务院关于取消和下放一批行政审批项目等事项的决定》（国发〔2013〕19号），国家税务总局决定对《中华人民共和国发票管理办法实施细则》作如下修改：

第五条修改为："用票单位可以书面向税务机关要求使用印有本单位名称的发票，税务机关依据《办法》第十五条的规定，确认印有该单位名称发票的种类和数量。"

本决定自 2015 年 3 月 1 日起施行。《中华人民共和国发票管理办法实施细则》根据本决定作相应的修改，重新公布。

中华人民共和国发票管理办法实施细则

（2011 年 2 月 14 日国家税务总局令第 25 号公布 根据 2014 年 12 月 27 日《国家税务总局关于修改〈中华人民共和国发票管理办法实施细则〉的决定》修正）

第一章 总 则

第一条 根据《中华人民共和国发票管理办法》（以下简称《办法》）规定，制定本实施细则。

第二条 在全国范围内统一式样的发票，由国家税务总局确定。

在省、自治区、直辖市范围内统一式样的发票，由省、自治区、直辖市国家税务局、地方税务局（以下简称省税务机关）确定。

第三条 发票的基本联次包括存根联、发票联、记账联。存根联由收款方或开票方留存备查；发票联由付款方或受票方作为付款原始凭证；记账联由收款方或开票方作为记账原始凭证。

省以上税务机关可根据发票管理情况以及纳税人经营业务需要，增减除发票联以外的其他联次，并确定其用途。

第四条 发票的基本内容包括：发票的名称、发票代码和号码、联次及用途、客户名称、开户银行及账号、商品名称或经营项目、计量单位、数量、单价、大小写金额、开票人、开票日期、开票单位（个人）名称（章）等。

省以上税务机关可根据经济活动以及发票管理需要，确定发票的具体内容。

第五条 用票单位可以书面向税务机关要求使用印有本单位名称的发票，税务机关依据《办法》第十五条的规定，确认印有该单位名称发票的种类和数量。

第二章 发票的印制

第六条 发票准印证由国家税务总局统一监制，省税务机关核发。

税务机关应当对印制发票企业实施监督管理，对不符合条件的，应当取消其印制发票的资格。

第七条 全国统一的发票防伪措施由国家税务总局确定，省税务机关可以根据需要增加本地区的发票防伪措施，并向国家税务总局备案。

发票防伪专用品应当按照规定专库保管，不得丢失。次品、废品应当在税务机关监督下集中销毁。

第八条 全国统一发票监制章是税务机关管理发票的法定标志，其形状、规格、内容、印色由国家税务总局规定。

第九条 全国范围内发票换版由国家税务总局确定；省、自治区、直辖市范围内发票换版由省税务机关确定。

发票换版时，应当进行公告。

第十条 监制发票的税务机关根据需要下达发票印制通知书，被指定的印制企业必须按照要求印制。

发票印制通知书应当载明印制发票企业名称、用票单位名称、发票名称、发票代码、种类、联次、规格、印色、印制数量、起止号码、交货时间、地点等内容。

第十一条 印制发票企业印制完毕的成品应当按照规定验收后专库保管，不得丢失。废品应当及时销毁。

第三章 发票的领购

第十二条 《办法》第十五条所称经办人身份证明是指经办人的居民身份证、护照或者其他能证明经办人身份的证件。

第十三条 《办法》第十五条所称发票专用章是指用票单位和个人在其开具发票时加盖的有其名称、税务登记号、发票专用章字样的印章。

发票专用章式样由国家税务总局确定。

第十四条 税务机关对领购发票单位和个人提供的发票专用章的印模应当留存备查。

第十五条 《办法》第十五条所称领购方式是指批量供应、交旧购新或者验旧购新等方式。

第十六条 《办法》第十五条所称发票领购簿的内容应当包括用票单位和个人的名称、所属行业、购票方式、核准购票种类、开票限额、发票名称、领购日期、准购数量、起止号码、违章记录、领购人签字(盖章)、核发税务机关(章)等内容。

第十七条 《办法》第十五条所称发票使用情况是指发票领用存情况及相关开票数据。

第十八条 税务机关在发售发票时,应当按照核准的收费标准收取工本管理费,并向购票单位和个人开具收据。发票工本费征缴办法按照国家有关规定执行。

第十九条 《办法》第十六条所称书面证明是指有关业务合同、协议或者税务机关认可的其他资料。

第二十条 税务机关应当与受托代开发票的单位签订协议,明确代开发票的种类、对象、内容和相关责任等内容。

第二十一条 《办法》第十八条所称保证人,是指在中国境内具有担保能力的公民、法人或者其他经济组织。

保证人同意为领购发票的单位和个人提供担保的,应当填写担保书。担保书内容包括:担保对象、范围、期限和责任以及其他有关事项。

担保书须经购票人、保证人和税务机关签字盖章后方为有效。

第二十二条 《办法》第十八条第二款所称由保证人或者以保证金承担法律责任,是指由保证人缴纳罚款或者以保证金缴纳罚款。

第二十三条 提供保证人或者交纳保证金的具体范围由省税务机关规定。

第四章 发票的开具和保管

第二十四条 《办法》第十九条所称特殊情况下,由付款方向收款方开具发票,是指下列情况:

(一)收购单位和扣缴义务人支付个人款项时;

(二)国家税务总局认为其他需要由付款方向收款方开具发票的。

第二十五条 向消费者个人零售小额商品或者提供零星服务的,是否可免予逐笔开具发票,由省税务机关确定。

第二十六条 填开发票的单位和个人必须在发生经营业务确认营业收入时开具发票。未发生经营业务一律不准开具发票。

第二十七条 开具发票后,如发生销货退回需开红字发票的,必须收回原发票并注明“作废”字样或取得对方有效证明。

开具发票后,如发生销售折让的,必须在收回原发票并注明“作废”字样后重新开具销售发票或取得对方有效证明后开具红字发票。

第二十八条 单位和个人在开具发票时,必须做到按照号码顺序填开,填写项目齐全,内容真实,字迹清楚,全部联次一次打印,内容完全一致,并在发票联和抵扣联加盖发票专用章。

第二十九条 开具发票应当使用中文。民族自治地方可以同时使用当地通用的一种民族文字。

第三十条 《办法》第二十六条所称规定的使用区域是指国家税务总局和省税务机关规定的区域。

第三十一条 使用发票的单位和个人应当妥善保管发票。发生发票丢失情形时,应当于发现丢失当日书面报告税务机关,并登报声明作废。

第五章 发票的检查

第三十二条 《办法》第三十二条所称发票换票证仅限于在本县(市)范围内使用。需要调出外县(市)的发票查验时,应当提请该县(市)税务机关调取发票。

第三十三条 用票单位和个人有权申请税务机关对发票的真伪进行鉴别。收到申请的税务机关应当受理并负责鉴别发票的真伪；鉴别有困难的，可以提请发票监制税务机关协助鉴别。

在伪造、变造现场以及买卖地、存放地查获的发票，由当地税务机关鉴别。

第六章 罚 则

第三十四条 税务机关对违反发票管理法规的行为进行处罚，应当将行政处罚决定书面通知当事人；对违反发票管理法规的案件，应当立案查处。

对违反发票管理法规的行政处罚，由县以上税务机关决定；罚款额在2000元以下的，可由税务所决定。

第三十五条 《办法》第四十条所称的公告是指，税务机关应当在办税场所或者广播、电视、报纸、期刊、网络等新闻媒体上公告纳税人发票违法的情况。公告内容包括：纳税人名称、纳税人识别号、经营地点、违反发票管理法规的具体情况。

第三十六条 对违反发票管理法规情节严重构成犯罪的，税务机关应当依法移送司法机关处理。

第七章 附 则

第三十七条 《办法》和本实施细则所称"以上"、"以下"均含本数。

第三十八条 本实施细则自2011年2月1日起施行。

国家税务总局关于印发《税收个案批复工作规程(试行)》的通知

国税发〔2012〕14号

各省、自治区、直辖市和计划单列市国家税务局、地方税务局，局内各单位：

现将国家税务总局制定的《税收个案批复工作规程(试行)》印发给你们，请认真执行。各单位在执行中遇到的问题及提出的建议，请及时报国家税务总局。

国家税务总局

二〇一二年二月十日

税收个案批复工作规程(试行)

第一条 为提高税务行政决策的科学化、民主化，落实政务公开要求，强化内部监控制约机制，规范税收个案批复工作，制定本规程。

第二条 本规程所称税收个案批复，是指税务机关针对特定税务行政相对人的特定事项如何适用税收法律、法规、规章或规范性文件所做的批复。

第三条 税务机关作出税收个案批复均适用本规程。

凡税收法律、法规规定的对税务行政相对人的许可、审批事项，不属于本规程适用范围。

第四条 税收个案拟明确的事项需要普遍适用的，应当按照《税收规范性文件制定管理办法》制定税收规范性文件。

第五条 税收个案批复必须以税务机关的名义作出。下级税务机关不得执行以上级税务机关内设机构名义作出的税收个案批复。

第六条 办理税收个案批复，应当符合法律规定，注重内部分工制约，坚持公开、公平、公正、统一的原则。

第七条 有下列情形之一的，不得作出税收个案批复：

（一）超越本机关法定权限的；

（二）与上位法相抵触的；

（三）对其他类似情形的税务行政相对人显失公平的。

第八条 税收个案批复事项一般应由税务行政相对人的主管税务机关提出，并逐级报送有权作出批复的税务机关。

上级机关交办、本机关领导批办、相关部门转办、纳税人直接提出申请，拟作出批复的，应当逐级发送至税务行政相对人的主管税务机关调查核实，提出处理意见后，逐级报送有权作出批复的税务机关。必要时，拟批复机关可以补充调查核实。

第九条 税收个案批复事项，应当由办公厅（室）统一负责登记、按照部门职责分发主办业务部门。

各业务部门直接收到的税收个案批复事项，应当首先转送办公厅（室）统一登记。未经办公厅（室）登记、分发的税收个案批复事项，不得办理。

第十条 主办业务部门收到办公厅（室）分发的税收个案批复事项后，应当登记并明确主办人员。按照本规程第八条第二款规定，需要转送主管税务机关调查核实的，主办业务部门应当按规定转送主管税务机关处理。

第十一条 主办业务部门认为不应作出税收个案批复的，应当书面说明理由，经本部门负责人批准后，报办公厅（室）备案。

第十二条 主办业务部门拟作出税收个案批复的，应将批复文本送交负有税收执法监督检查职能的部门及其他相关业务部门会签。会签时应一并提供起草说明及其他相关材料。起草说明应包括申请事项、调查核实情况、征求其他相关机关意见情况、批复的必要性及依据、对其他税务行政相对人的影响等内容。

第十三条 会签后，主办业务部门应将全部案卷材料送交政策法规部门进行合法性审查。

第十四条 对会签、审查中存在不同意见且经过协商难以达成一致的，主办业务部门应将各方意见及相关材料报主管局领导裁定。

第十五条 经会签、审查无异议，或主管局领导裁定同意批复的，主办业务部门应当自收到会签、审查或领导裁定意见之日起 5 个工作日内，按照公文处理程序送办公厅（室）核稿。

第十六条 未经负有税收执法监督检查职能的部门会签和政策法规部门合法性审查的税收个案批复，办公厅（室）不予核稿，局领导不予签发。

第十七条 除涉及国家秘密外，税收个案批复应当自作出之日起 30 日内，由批复机关的办公厅（室）在本级政府公报、税务机关公报、本辖区范围内公开发行的报纸或本级政府网站、本税务机关网站上公布。

不具备前款规定公布条件的税务机关，应当自税收个案批复作出之日起 5 个工作日内，在办税服务场所或公共场所通过公告栏等形式，公布其作出的税收个案批复。

第十八条 税收个案批复应当抄送监察部门。

第十九条 省以下税务机关应当于税收个案批复作出之日起 30 日内报送上一级税务机关负有税收执法监督检查职能的部门备案。

负有税收执法监督检查职能的部门应将税收个案批复分送主管业务部门、政策法规部门以及其他相关业务部门审核。

第二十条 主办业务部门应当按档案管理规定将税收个案批复材料整理归档。

第二十一条 本规程前述条款没有规定时限的，按照下列规定办理：

（一）上下级税务机关送出材料均不得超过 5 个工作日；

（二）各部门会签、审查均不得超过 10 个工作日；

（三）主管税务机关调查核实不得超过 30 日。

征求其他相关机关意见的时间不计算在本规程规定的时限内。

情况复杂或者社会影响巨大的案件，可适当延长时限。

第二十二条 违反本规程规定办理税收个案批复的，按照有关规定追究责任。

第二十三条 本规程自 2012 年 3 月 1 日起施行。

国家税务总局关于规范税务行政裁量权工作的指导意见

国税发〔2012〕65号

各省、自治区、直辖市和计划单列市国家税务局、地方税务局：

为规范税收执法行为，切实保障纳税人合法权益，加快推进税务机关依法行政，构建和谐税收征纳关系，根据《全面推进依法行政实施纲要》、《国务院关于加强法治政府建设的意见》（国发〔2010〕33号）和有关规定，结合税收工作实际，提出如下指导意见：

一、充分认识规范税务行政裁量权的必要性

行政裁量权是行政机关依法行使行政处罚、行政许可、行政强制、行政征收、行政给付等职权时，根据法律、法规和规章的规定，依据立法目的和公平合理的原则，自主作出决定和选择行为方式、种类和幅度的权力。行政裁量权是现代行政权的重要组成部分，也是现代行政的必然要求。它的存在既是社会关系的复杂性所决定，又是法律规范的局限性所决定；既是提高行政效率的需要，也是实现个案公平的需要。但行政裁量权又是一把双刃剑，容易被行政机关滥用，侵害公民、法人和其他组织的合法权益。因此，赋予行政机关行政裁量权的同时，必须对其进行规范和控制。

税收执法的许多方面和环节涉及行政裁量权，规范税务行政裁量权具有十分重要的现实意义。

（一）规范税务行政裁量权是服务科学发展、共建和谐税收的必然选择。服务科学发展、共建和谐税收要求税务机关始终坚持依法行政，使税法得到普遍遵从。提高税法遵从度，既要靠纳税人增强依法诚信纳税意识，自觉履行纳税义务，也要靠税务机关坚持依法行政，带动和引导纳税人自觉遵从税法。提高税法遵从度是税务机关和纳税人共同的责任和义务，税务机关尤其要带头遵从税法。规范税务行政裁量权，限制和规范税收执法权，有利于切实提高税务机关依法行政的质量和水平，有效促进税务机关带头遵从税法，并充分带动纳税人自觉遵从税法，不断实现税收征纳关系的和谐。

（二）规范税务行政裁量权是推进依法行政、保障纳税人合法权益的现实要求。推进依法行政有利于促进各级税务机关依法履行职责，规范和约束行政权力，保障纳税人依法享有的各项权利和自由。规范税务行政裁量权，防止和减少税务机关随意执法、选择性执法和机械性执法等问题，有利于进一步推进依法行政，真正做到严格执法、规范执法、公正执法、文明执法，切实保障纳税人的合法权益。

（三）规范税务行政裁量权是加强税务机关自身建设、防范税收执法风险的有效途径。规范执法行为、提高执法质量是税务机关加强自身建设、防范执法风险的重要目标。规范税务行政裁量权，合理调整执法权行使的弹性空间，有利于促进税务行政裁量定位更准确，操作更规范，有效降低税务机关和税务人员的执法风险，全面提升税务机关的执法形象。

（四）规范税务行政裁量权是促进税务机关廉政建设、遏制腐败的重要举措。深入推进税务系统反腐倡廉建设必须强化对税收执法权和行政管理权的监督，规范"两权"运行。作为税收执法权的重要组成部分，税务行政裁量权的规范行使是遏制腐败的重要保证。规范税务行政裁量权，从机制上加强对税收执法权运行的监控，有利于实现制度防腐和源头防腐，有效遏制税收执法领域职务腐败的发生。

二、规范税务行政裁量权的基本要求

（一）合法裁量。税务机关行使行政裁量权应当依照法律法规进行。税务机关行使行政裁量权应当依照法定权力、条件、范围、幅度和程序进行。

（二）合理裁量。税务机关行使行政裁量权应当符合立法目的和法律原则。要全面考虑相关事实因素和法律因素，排除不相关因素的干扰，维护纳税人合法权益，努力实现法律效果与社会效果的统一。可以采取多种方式实现行政目的的，应当选择对纳税人权益损害最小的方式，对纳税人造成的损害不得与所保护的法定利益显失均衡。

（三）公正裁量。税务机关行使行政裁量权应当平等对待纳税人，同样情形同等处理。对事实、性质、情节及社会危害程度等因素基本相同的税务事项，应当给予基本相同的处理。同一地区国、地税机关对相同税务管理事项的处理应当一致。非因法定事由并经法定程序，不得撤销、变更已经生效的税务决定。因国家利益、公共利益或者其他法定事由需要撤销或者变更税务决定的，应当依照法定权限和程序进行，对纳税人因此而受到的财产损失依法予以补偿。

（四）程序正当。税务机关行使行政裁量权应当严格遵循法定程序，注意听取纳税人的意见，依法保障纳税人的知情权、参与权和救济权。税务人员与纳税人存在利害关系时，应当依法回避。税务机关行使行政裁量权作出税务决定时，应当说明理由。

（五）公开透明。税务机关行使行政裁量权，除涉及国家秘密和依法受到保护的商业秘密、个人隐私外，应当依法公开执法依据、执法过程、处理结果等。

三、建立税务裁量基准制度

裁量基准是指行政机关根据执法实际为规范行政裁量权行使而制定的具体标准，是对行政裁量权按照一定标准进行细化、量化和具体化的重要参考指标。

（一）裁量基准是对以往执法经验的归纳、总结和提炼。制定裁量基准包括解释法律规范中的不确定法律概念、列举考量因素以及分档、细化量罚幅度等。

（二）各省（自治区、直辖市）国、地税机关原则上应当根据本地区税收执法实际，联合制定本地区统一适用的规范各项税务行政裁量权的裁量基准。条件不具备的地方，也可以通过沟通协商制定相对统一的裁量基准。各省（自治区、直辖市）税务机关制定的裁量基准应当报国家税务总局备案。

（三）税务机关执法应当遵循裁量基准。案件情况特殊，不宜适用裁量基准的，应当在法律文书中说明理由。

（四）税务机关适用裁量基准，应当注意听取执法人员、纳税人及专家的意见，及时评估，并根据评估结果对裁量基准进行修改与完善。

四、健全税务行政裁量权行使程序制度

（一）完善告知制度。税务机关行使行政裁量权应当严格履行法定的告知义务，将作出裁量决定的事实、理由、依据告知纳税人。各级税务机关要进一步明确告知的内容、程序及救济措施。

（二）完善回避制度。税务机关行使行政裁量权涉及法定回避事项的，应当依法告知纳税人享有申请回避的权利。税务人员存在法定回避情形的，应当回避。各级税务机关要进一步明确回避的适用范围、救济措施及法律责任，完善回避的申请、受理、审查、决定等程序制度。

（三）完善陈述申辩和听证制度。税务机关行使行政裁量权应当充分听取纳税人的意见。纳税人提出的事实、证据和理由成立的，税务机关应当予以采纳。各级税务机关要进一步完善陈述申辩的告知、审查、采纳等程序性规定，明确适用听证事项，规范听证程序。

（四）完善说明理由制度。税务机关行使行政裁量权应当在行政决定中对事实认定、法律适用和裁量基准的引用等说明理由。各级税务机关要逐步推行使用说理式执法文书。

（五）完善重大执法事项合议制度。税务机关行使行政裁量权涉及重大或者复杂裁量事项的，应当进行合议，共同研究决定。各级税务机关要进一步完善合议程序，明确工作职责、决策方式等内容。

（六）完善重大执法事项备案制度。税务机关行使行政裁量权涉及重大或者复杂裁量事项的，应当将该事项的处理结果报上一级税务机关审查备案。各级税务机关要进一步明确审查备案的内容、方式及程序。

五、加强领导、狠抓落实，为做好规范税务行政裁量权工作提供有力保障

（一）加强领导、精心组织。规范税务行政裁量权工作是税务机关推进依法行政的一项重要内容，各级税务机关应当高度重视，把这项工作摆在突出位置，作为全局性的重点工作抓紧抓好。规范税务行政裁量权工作应当由各级税务机关依法行政领导小组统筹部署，主要领导亲自负责。领导小组应当研究制定工作方案，定期听取工作汇报，及时解决工作中的重点、难点问题。

（二）明确职责、密切配合。规范税务行政裁量权工作涉及面广、专业性强、工作环节多，税务机关上下级之间、内部各相关业务部门之间应当密切配合，加强协调，齐抓共管，共同推动规范税务行政裁量权工作的顺利开展。国家税务总局政策法规司负责综合协调工作；其他业务司局负责对其职责范围内的各项税务行政裁量权进行梳理，提出制定各项税务行政裁量权裁量基准的注意事项。

（三）整体设计、重点推进。税务行政裁量权涉及税收执法的方方面面，包括税款征收、行政处罚、行政许可、行政强制等。为保证规范税务行政裁量权工作有效、有序地开展，各级税务机关应当本着整体设计、重点推进的原则，逐步、逐项地规范各项税务行政裁量权。当前，税务行政处罚裁量权存在问题较多，引发争议较大，社会关注度也较高，各级税务机关应当将规范税务行政处罚裁量权作为规范税务行政裁量权工作的突破口，于2012年底前完成税务行政处罚裁量基准的制定工作。同时要逐步加强对税款征收、行政许可、行政强制等其他重要税务行政裁量权的规范。

（四）注重指导、强化监督。各级税务机关应当加强对该项工作的业务指导，对工作中遇到的困难和问题，及时研究解决；对工作中好的经验和做法，及时总结推广。地方各级税务机关也应当积极主动与上级税务机关沟通联系，及时报告、反馈工作情况及工作中存在的主要问题。地市以上税务机关每年应当选择典型案例向社会公开发布，为指导下级税务机关规范行使行政裁量权提供参照。各级税务机关应当加强对规范税务行政裁量权工作的监督检查，对工作突出的单位，予以表彰。

（五）提升能力、确保实效。执法人员依法行政的能力和水平是保障行政裁量权规范行使的关键，各级税务机关应当把加强执法人员能力建设作为规范税务行政裁量权工作的重要内容。加强对税务执法人员规范行政裁量权相关法律知识和制度的培训，增强执法人员的大局意识、责任意识和服务意识，提高执法人员的业务素质和执法水平。

国家税务总局

二〇一二年七月三日

税收违法违纪行为处分规定

第一条 为了加强税收征收管理，惩处税收违法违纪行为，促进税收法律法规的贯彻实施，根据《中华人民共和国税收征收管理法》、《中华人民共和国行政监察法》、《中华人民共和国公务员法》、《行政机关公务员处分条例》及其他有关法律、行政法规，制定本规定。

第二条 有税收违法违纪行为的单位，其负有责任的领导人员和直接责任人员，以及有税收违法违纪行为的个人，应当承担纪律责任。属于下列人员的（以下统称有关责任人员），由任免机关或者监察机关按照管理权限依法给予处分：

（一）行政机关公务员；

（二）法律、法规授权的具有公共事务管理职能的组织中从事公务的人员；

（三）行政机关依法委托从事公共事务管理活动的组织中从事公务的人员；

（四）企业、事业单位、社会团体中由行政机关任命的人员。

法律、行政法规、国务院决定和国务院监察机关、国务院人力资源社会保障部门制定的处分规章对税收违法违纪行为的处分另有规定的，从其规定。

第三条 税务机关及税务人员有下列行为之一的，对有关责任人员，给予警告或者记过处分；情节较重的，给予记大过或者降级处分；情节严重的，给予撤职处分：

（一）违反法定权限、条件和程序办理开业税务登记、变更税务登记或者注销税务登记的；

（二）违反规定发放、收缴税控专用设备的；

（三）违反规定开具完税凭证、罚没凭证的；

（四）违反法定程序为纳税人办理减税、免税、退税手续的。

第四条 税务机关及税务人员有下列行为之一的，对有关责任人员，给予记过或者记大过处分；情节较重的，给予降级或者撤职处分；情节严重的，给予开除处分：

（一）违反规定发售、保管、代开增值税专用发票以及其他发票，致使国家税收遭受损失或者造成其他不良影响的；

（二）违反规定核定应纳税额、调整税收定额，导致纳税人税负水平明显不合理的。

第五条 税务机关及税务人员有下列行为之一的，对有关责任人员，给予警告或者记过处分；情节较重的，给予记大过或者降级处分；情节严重的，给予撤职处分：

（一）违反规定采取税收保全、强制执行措施的；

（二）查封、扣押纳税人个人及其所扶养家属维持生活必需的住房和用品的。

第六条　税务机关及税务人员有下列行为之一的，对有关责任人员，给予记过或者记大过处分；情节较重的，给予降级或者撤职处分；情节严重的，给予开除处分：

（一）对管辖范围内的税收违法行为，发现后不予处理或者故意拖延查处，致使国家税收遭受损失的；

（二）徇私舞弊或者玩忽职守，不征或者少征应征税款，致使国家税收遭受损失的。

第七条　税务机关及税务人员违反规定要求纳税人、扣缴义务人委托税务代理，或者为其指定税务代理机构的，对有关责任人员，给予记过或者记大过处分；情节较重的，给予降级或者撤职处分；情节严重的，给予开除处分。

第八条　税务机关领导干部的近亲属在本人管辖的业务范围内从事与税收业务相关的中介活动，经劝阻其近亲属拒不退出或者本人不服从工作调整的，给予记过或者记大过处分；情节较重的，给予降级或者撤职处分；情节严重的，给予开除处分。

第九条　税务人员有下列行为之一的，对有关责任人员，给予记过或者记大过处分；情节较重的，给予降级或者撤职处分；情节严重的，给予开除处分：

（一）在履行职务过程中侵害公民、法人或者其他组织合法权益的；

（二）滥用职权，故意刁难纳税人、扣缴义务人的；

（三）对控告、检举税收违法违纪行为的纳税人、扣缴义务人以及其他检举人进行打击报复的。

第十条　税务机关及税务人员有下列行为之一的，对有关责任人员，给予记过或者记大过处分；情节较重的，给予降级或者撤职处分；情节严重的，给予开除处分：

（一）索取、接受或者以借为名占用纳税人、扣缴义务人财物的；

（二）以明显低于市场的价格向管辖范围内纳税人购买物品的；

（三）以明显高于市场的价格向管辖范围内纳税人出售物品的；

（四）利用职权向纳税人介绍经营业务，谋取不正当利益的；

（五）违反规定要求纳税人购买、使用指定的税控装置的。

第十一条　税务机关私分、挪用、截留、非法占有税款、滞纳金、罚款或者查封、扣押的财物以及纳税担保财物的，对有关责任人员，给予记大过处分；情节较重的，给予降级或者撤职处分；情节严重的，给予开除处分。

第十二条　税务机关及税务人员有下列行为之一的，对有关责任人员，给予记过或者记大过处分；情节较重的，给予降级或者撤职处分；情节严重的，给予开除处分：

（一）隐匿、毁损、伪造、变造税收违法案件证据的；

（二）提供虚假税务协查函件的；

（三）出具虚假涉税证明的。

第十三条　有下列行为之一的，对有关责任人员，给予警告或者记过处分；情节较重的，给予记大过或者降级处分；情节严重的，给予撤职处分：

（一）违反规定作出涉及税收优惠的资格认定、审批的；

（二）未按规定要求当事人出示税收完税凭证或者免税凭证而为其办理行政登记、许可、审批等事项的；

（三）违反规定办理纳税担保的；

（四）违反规定提前征收、延缓征收税款的。

第十四条　有下列行为之一的，对有关责任人员，给予记过或者记大过处分；情节较重的，给予降级或者撤职处分；情节严重的，给予开除处分：

（一）违反法律、行政法规的规定，摊派税款的；

（二）违反法律、行政法规的规定，擅自作出税收的开征、停征或者减税、免税、退税、补税以及其他同税收法律、行政法规相抵触的决定的。

第十五条　不依法履行代扣代缴、代收代缴税款义务，致使国家税款遭受损失的，对有关责任人员，给予记过或者记大过处分；情节较重的，给予降级或者撤职处分；情节严重的，给予开除处分。

第十六条　未经税务机关依法委托征收税款，或者虽经税务机关依法委托但未按照有关法律、行政法规的规定征收税款的，对有关责任人员，给予警告或者记过处分；情节较重的，给予记大过或者降级处分；情节严重的，给予撤职处分。

第十七条 有下列行为之一的，对有关责任人员，给予记大过处分；情节较重的，给予降级或者撤职处分；情节严重的，给予开除处分：

(一)违反规定为纳税人、扣缴义务人提供银行账户、发票、证明或者便利条件，导致未缴、少缴税款或者骗取国家出口退税款的；

(二)向纳税人、扣缴义务人通风报信、提供便利或者以其他形式帮助其逃避税务行政处罚的；

(三)逃避缴纳税款、抗税、逃避追缴欠税、骗取出口退税的；

(四)伪造、变造、非法买卖发票的；

(五)故意使用伪造、变造、非法买卖的发票，造成不良后果的。

税务人员有前款第(二)项所列行为的，从重处分。

第十八条 受到处分的人员对处分决定不服的，可以依照《中华人民共和国行政监察法》、《中华人民共和国公务员法》、《行政机关公务员处分条例》等有关规定申请复核或者申诉。

第十九条 任免机关、监察机关和税务行政主管部门建立案件移送制度。

任免机关、监察机关查处税收违法违纪案件，认为应当由税务行政主管部门予以处理的，应当及时将有关案件材料移送税务行政主管部门。税务行政主管部门应当依法及时查处，并将处理结果书面告知任免机关、监察机关。

税务行政主管部门查处税收管理违法案件，认为应当由任免机关或者监察机关给予处分的，应当及时将有关案件材料移送任免机关或者监察机关。任免机关或者监察机关应当依法及时查处，并将处理结果书面告知税务行政主管部门。

第二十条 有税收违法违纪行为，应当给予党纪处分的，移送党的纪律检察机关处理。涉嫌犯罪的，移送司法机关依法追究刑事责任。

第二十一条 有关税、船舶吨税及海关代征税收违法违纪行为的，按照法律、行政法规及有关处分规章的规定处理。

第二十二条 本规定由监察部、人力资源社会保障部和国家税务总局负责解释。

第二十三条 本规定自2012年8月1日起施行。

税收票证管理办法

国家税务总局令第28号

第一章 总 则

第一条 为了规范税收票证管理工作，保证国家税收收入的安全完整，维护纳税人合法权益，适应税收信息化发展需要，根据《中华人民共和国税收征收管理法》及其实施细则等法律法规，制定本办法。

第二条 税务机关、税务人员、纳税人、扣缴义务人、代征代售人和税收票证印制企业在中华人民共和国境内印制、使用、管理税收票证，适用本办法。

第三条 本办法所称税收票证，是指税务机关、扣缴义务人依照法律法规，代征代售人按照委托协议，征收税款、基金、费、滞纳金、罚没款等各项收入(以下统称税款)的过程中，开具的收款、退款和缴库凭证。税收票证是纳税人实际缴纳税款或者收取退还税款的法定证明。

税收票证包括纸质形式和数据电文形式。数据电文税收票证是指通过横向联网电子缴税系统办理税款的征收缴库、退库时，向银行、国库发送的电子缴款、退款信息。

第四条 国家积极推广以横向联网电子缴税系统为依托的数据电文税收票证的使用工作。

第五条 税务机关、代征代售人征收税款时应当开具税收票证。通过横向联网电子缴税系统完成税款的缴纳或者退还后，纳税人需要纸质税收票证的，税务机关应当开具。

扣缴义务人代扣代收税款时，纳税人要求扣缴义务人开具税收票证的，扣缴义务人应当开具。

第六条 税收票证的基本要素包括：税收票证号码、征收单位名称、开具日期、纳税人名称、纳税人识别号、税种（费、基金、罚没款）、金额、所属时期等。

第七条 纸质税收票证的基本联次包括收据联、存根联、报查联。收据联交纳税人作完税凭证；存根联由税务机关、扣缴义务人、代征代售人留存；报查联由税务机关做会计凭证或备查。

省、自治区、直辖市和计划单列市（以下简称省）税务机关可以根据税收票证管理情况，确定除收据联以外的税收票证启用联次。

第八条 国家税务总局统一负责全国的税收票证管理工作。其职责包括：

（一）设计和确定税收票证的种类、适用范围、联次、内容、式样及规格；

（二）设计和确定税收票证专用章戳的种类、适用范围、式样及规格；

（三）印制、保管、发运需要全国统一印制的税收票证，刻制需要全国统一制发的税收票证专用章戳；

（四）确定税收票证管理的机构、岗位和职责；

（五）组织、指导和推广税收票证信息化工作；

（六）组织全国税收票证检查工作；

（七）其他全国性的税收票证管理工作。

第九条 省以下税务机关应当依照本办法做好本行政区域内的税收票证管理工作。其职责包括：

（一）负责本级权限范围内的税收票证印制、领发、保管、开具、作废、结报缴销、停用、交回、损失核销、移交、核算、归档、审核、检查、销毁等工作；

（二）指导和监督下级税务机关、扣缴义务人、代征代售人、自行填开税收票证的纳税人税收票证管理工作；

（三）组织、指导、具体实施税收票证信息化工作；

（四）组织税收票证检查工作；

（五）其他税收票证管理工作。

第十条 扣缴义务人和代征代售人在代扣代缴、代收代缴、代征税款以及代售印花税票过程中应当做好税收票证的管理工作。其职责包括：

（一）妥善保管从税务机关领取的税收票证，并按照税务机关要求建立、报送和保管税收票证账簿及有关资料；

（二）为纳税人开具并交付税收票证；

（三）按时解缴税款、结报缴销税收票证；

（四）其他税收票证管理工作。

第十一条 各级税务机关的收入规划核算部门主管税收票证管理工作。

国家税务总局收入规划核算司设立主管税收票证管理工作的机构；省、市（不含县级市，下同）、县税务机关收入规划核算部门应当设置税收票证管理岗位并配备专职税收票证管理人员；直接向税务机关税收票证开具人员、扣缴义务人、代征代售人、自行填开税收票证的纳税人发放税收票证并办理结报缴销等工作的征收分局、税务所、办税服务厅等机构（以下简称基层税务机关）应当设置税收票证管理岗位，由税收会计负责税收票证管理工作。税收票证管理岗位和税收票证开具（含印花税票销售）岗位应当分设，不得一人多岗。

扣缴义务人、代征代售人、自行填开税收票证的纳税人应当由专人负责税收票证管理工作。

第二章 种类和适用范围

第十二条 税收票证包括税收缴款书、税收收入退还书、税收完税证明、出口货物劳务专用税收票证、印花税专用税收票证以及国家税务总局规定的其他税收票证。

第十三条 税收缴款书是纳税人据以缴纳税款，税务机关、扣缴义务人以及代征代售人据以征收、汇总税款的税收票证。具体包括：

（一）《税收缴款书（银行经收专用）》。由纳税人、税务机关、扣缴义务人、代征代售人向银行传递，通过银行划缴税款（出口货物劳务增值税、消费税除外）到国库时使用的纸质税收票证。其适用范围是：

1. 纳税人自行填开或税务机关开具，纳税人据以在银行柜面办理缴税（转账或现金），由银行将税款缴入国库；

2. 税务机关收取现金税款、扣缴义务人扣缴税款、代征代售人代征税款后开具，据以在银行柜面办理税款汇总缴入国库；

3. 税务机关开具，据以办理“待缴库税款”账户款项缴入国库。

（二）《税收缴款书（税务收现专用）》。纳税人以现金、刷卡（未通过横向联网电子缴税系统）方式向税务机关缴纳税款时，由税务机关开具并交付纳税人的纸质税收票证。代征人代征税款时，也应开具本缴款书并交付纳税人。为方便流动性零散税收的征收管理，本缴款书可以在票面印有固定金额，具体面额种类由各省税务机关确定，但是，单种面额不得超过一百元。

（三）《税收缴款书（代扣代收专用）》。扣缴义务人依法履行税款代扣代缴、代收代缴义务时开具并交付纳税人的纸质税收票证。扣缴义务人代扣代收税款后，已经向纳税人开具了税法规定或国家税务总局认可的记载完税情况的其他凭证的，可不再开具本缴款书。

（四）《税收电子缴款书》。税务机关将纳税人、扣缴义务人、代征代售人的电子缴款信息通过横向联网电子缴税系统发送给银行，银行据以划缴税款到国库时，由税收征管系统生成的数据电文形式的税收票证。

第十四条 税收收入退还书是税务机关依法为纳税人从国库办理退税时使用的税收票证。具体包括：

（一）《税收收入退还书》。税务机关向国库传递，依法为纳税人从国库办理退税时使用的纸质税收票证。

（二）《税收收入电子退还书》。税务机关通过横向联网电子缴税系统依法为纳税人从国库办理退税时，由税收征管系统生成的数据电文形式的税收票证。

税收收入退还书应当由县以上税务机关税收会计开具并向国库传递或发送。

第十五条 出口货物劳务专用税收票证是由税务机关开具，专门用于纳税人缴纳出口货物劳务增值税、消费税或者证明该纳税人再销售给其他出口企业的货物已缴纳增值税、消费税的纸质税收票证。具体包括：

（一）《税收缴款书（出口货物劳务专用）》。由税务机关开具，专门用于纳税人缴纳出口货物劳务增值税、消费税时使用的纸质税收票证。纳税人以银行经收方式，税务收现方式，或者通过横向联网电子缴税系统缴纳出口货物劳务增值税、消费税时，均使用本缴款书。纳税人缴纳随出口货物劳务增值税、消费税附征的其他税款时，税务机关应当根据缴款方式，使用其他种类的缴款书，不得使用本缴款书。

（二）《出口货物完税分割单》。已经缴纳出口货物增值税、消费税的纳税人将购进货物再销售给其他出口企业时，为证明所售货物完税情况，便于其他出口企业办理出口退税，到税务机关换开的纸质税收票证。

第十六条 印花税专用税收票证是税务机关或印花税票代售人在征收印花税时向纳税人交付、开具的纸质税收票证。具体包括：

（一）印花税票。印有固定金额，专门用于征收印花税的有价证券。纳税人缴纳印花税，可以购买印花税票贴花缴纳，也可以开具税收缴款书缴纳。采用开具税收缴款书缴纳的，应当将纸质税收缴款书或税收完税证明粘贴在应税凭证上，或者由税务机关在应税凭证上加盖印花税收讫专用章。

（二）《印花税票销售凭证》。税务机关和印花税票代售人销售印花税票时一并开具的专供购买方报销的纸质凭证。

第十七条 税收完税证明是税务机关为证明纳税人已经缴纳税款或者已经退还纳税人税款而开具的纸质税收票证。其适用范围是：

（一）纳税人、扣缴义务人、代征代售人通过横向联网电子缴税系统划缴税款到国库（经收处）后或收到从国库退还的税款后，当场或事后需要取得税收票证的；

（二）扣缴义务人代扣代收税款后，已经向纳税人开具税法规定或国家税务总局认可的记载完税情况的其他凭证，纳税人需要换开正式完税凭证的；

（三）纳税人遗失已完税的各种税收票证（《出口货物完税分割单》、印花税票和《印花税票销售凭证》除外），需要重新开具的；

（四）对纳税人特定期间完税情况出具证明的；

（五）国家税务总局规定的其他需要为纳税人开具完税凭证情形。

税务机关在确保纳税人缴、退税信息全面、准确、完整的条件下，可以开展前款第四项规定的税收完税证明开具工作，具体开具办法由各省税务机关确定。

第十八条　税收票证专用章戳是指税务机关印制税收票证和征、退税款时使用的各种专用章戳，具体包括：

（一）税收票证监制章。套印在税收票证上，用以表明税收票证制定单位和税收票证印制合法性的一种章戳。

（二）征税专用章。税务机关办理税款征收业务，开具税收缴款书、税收完税证明、《印花税销售凭证》等征收凭证时使用的征收业务专用公章。

（三）退库专用章。税务机关办理税款退库业务，开具《税收收入退还书》等退库凭证时使用的，在国库预留印鉴的退库业务专用公章。

（四）印花税收讫专用章。以开具税收缴款书代替贴花缴纳印花税时，加盖在应税凭证上，用以证明应税凭证已完税的专用章戳。

（五）国家税务总局规定的其他税收票证专用章戳。

第十九条　《税收缴款书（税务收现专用）》、《税收缴款书（代扣代收专用）》、《税收缴款书（出口货物劳务专用）》、《出口货物完税分割单》、印花税票和税收完税证明应当视同现金进行严格管理。

第二十条　税收票证应当按规定的适用范围填开，不得混用。

第二十一条　国家税务总局增设或简并税收票证及税收票证专用章戳种类，应当及时向社会公告。

第三章　设计和印制

第二十二条　税收票证及税收票证专用章戳按照税收征收管理和国家预算管理的基本要求设计，具体式样另行制发。

第二十三条　税收票证实行分级印制管理。

《税收缴款书（出口货物劳务专用）》、《出口货物完税分割单》、印花税票以及其他需要全国统一印制的税收票证由国家税务总局确定的企业印制；其他税收票证，按照国家税务总局规定的式样和要求，由各省税务机关确定的企业集中统一印制。

禁止私自印制、倒卖、变造、伪造税收票证。

第二十四条　印制税收票证的企业应当具备下列条件：

（一）取得印刷经营许可证和营业执照；

（二）设备、技术水平能够满足印制税收票证的需要；

（三）有健全的财务制度和严格的质量监督、安全管理、保密制度；

（四）有安全、良好的保管场地和设施。

印制税收票证的企业应当按照税务机关提供的式样、数量等要求印制税收票证，建立税收票证印制管理制度。

税收票证印制合同终止后，税收票证的印制企业应当将有关资料交还委托印制的税务机关，不得保留或提供给其他单位及个人。

第二十五条　税收票证应当套印税收票证监制章。

税收票证监制章由国家税务总局统一制发各省税务机关。

第二十六条　除税收票证监制章外，其他税收票证专用章戳的具体刻制权限由各省税务机关确定。刻制的税收票证专用章戳应当在市以上税务机关留底归档。

第二十七条　税收票证应当使用中文印制。民族自治地方的税收票证，可以加印当地一种通用的民族文字。

第二十八条　负责税收票证印制的税务机关应当对印制完成的税收票证质量、数量进行查验。查验无误的，办理税收票证的印制入库手续；查验不合格的，对不合格税收票证监督销毁。

第四章　使　　用

第二十九条　上、下级税务机关之间，税务机关税收票证开具人员、扣缴义务人、代征代售人、自行填开税收票证的纳税人与税收票证管理人员之间，应当建立税收票证及税收票证专用章戳的领发登记制度，办理领发手续，共同清点、确认领发种类、数量和号码。

税收票证的运输应当确保安全、保密。

数据电文税收票证由税收征管系统自动生成税收票证号码，分配给税收票证开具人员，视同发放。数据电文税收票证不得重复发放、重复开具。

第三十条 税收票证管理人员向税务机关税收票证开具人员、扣缴义务人和代征代售人发放视同现金管理的税收票证时，应当拆包发放，并且一般不得超过一个月的用量。

视同现金管理的税收票证未按照本办法第三十九条规定办理结报的，不得继续发放同一种类的税收票证。

其他种类的税收票证，应当根据领用人的具体使用情况，适度发放。

第三十一条 税务机关、扣缴义务人、代征代售人、自行填开税收票证的纳税人应当妥善保管纸质税收票证及税收票证专用章戳。县以上税务机关应当设置具备安全条件的税收票证专用库房；基层税务机关、扣缴义务人、代征代售人和自行填开税收票证的纳税人应当配备税收票证保险专用箱柜。确有必要外出征收税款的，税收票证及税收票证专用章戳应当随身携带，严防丢失。

第三十二条 税务机关对结存的税收票证应当定期进行盘点，发现结存税收票证实物与账簿记录数量不符的，应当及时查明原因并报告上级或所属税务机关。

第三十三条 税收收入退还书开具人员不得同时从事退库专用章保管或《税收收入电子退还书》复核授权工作。印花税票销售人员不得同时从事印花税收讫专用章保管工作。外出征收税款的，税收票证开具人员不得同时从事现金收款工作。

第三十四条 税收票证应当分纳税人开具；同一份税收票证上，税种（费、基金、罚没款）、税目、预算科目、预算级次、所属时期不同的，应当分行填列。

第三十五条 税收票证栏目内容应当填写齐全、清晰、真实、规范，不得漏填、简写、省略、涂改、挖补、编造；多联式税收票证应当一次全份开具。

第三十六条 因开具错误作废的纸质税收票证，应当在各联注明“作废”字样、作废原因和重新开具的税收票证字轨及号码。《税收缴款书（税务收现专用）》、《税收缴款书（代扣代收专用）》、税收完税证明应当全份保存；其他税收票证的纳税人所持联次或银行流转联次无法收回的，应当注明原因，并将纳税人出具的情况说明或银行文书代替相关联次一并保存。开具作废的税收票证应当按期与已填用的税收票证一起办理结报缴销手续，不得自行销毁。

税务机关开具税收票证后，纳税人向银行办理缴税前丢失的，税务机关参照前款规定处理。

数据电文税收票证作废的，应当在税收征管系统中予以标识；已经作废的数据电文税收票证号码不得再次使用。

第三十七条 纸质税收票证各联次各种章戳应当加盖齐全。

章戳不得套印，国家税务总局另有规定的除外。

第三十八条 税务机关税收票证开具人员、扣缴义务人、代征代售人、自行填开税收票证的纳税人与税收票证管理人员之间，基层税务机关与上级或所属税务机关之间，应当办理税收票款结报缴销手续。

税务机关税收票证开具人员、扣缴义务人、代征代售人向税收票证管理人员结报缴销视同现金管理的税收票证时，应当将已开具税收票证的存根联、报查联等联次，连同作废税收票证、需交回的税收票证及未开具的税收票证（含未销售印花税票）一并办理结报缴销手续；已开具税收票证只设一联的，税收票证管理人员应当查验其开具情况的电子记录。

其他各种税收票证结报缴销手续的具体要求，由各省税务机关确定。

第三十九条 税收票款应当按照规定的时限办理结报缴销。税务机关税收票证开具人员、代征代售人开具税收票证（含销售印花税票）收取现金税款时，办理结报缴销手续的时限要求是：

（一）当地设有国库经收处的，应于收取税款的当日或次日办理税收票款的结报缴销；

（二）当地未设国库经收处和代征代售人收取现金税款的，由各省税务机关确定办理税收票款结报缴销的期限和额度，并以期限或额度条件先满足之日为准。

扣缴义务人代扣代收税款的，应按税法规定的税款解缴期限一并办理结报缴销。

其他各种税收票证的结报缴销时限、基层税务机关向上级或所属税务机关缴销税收票证的时限，由各省税务机关确定。

第四十条 领发、开具税收票证时，发现多出、短少、污损、残破、错号、印刷字迹不清及联数不全等印制质量不合格情况的，应当查明字轨、号码、数量，清点登记，妥善保管。

全包、全本印制质量不合格的，按照本办法第五十一条规定销毁；全份印制质量不合格的，按开具作废处理。

第四十一条 由于税收政策变动或式样改变等原因，国家税务总局规定停用的税收票证及税收票证专用章戳，应由县以上税务机关集中清理，核对字轨、号码和数量，造册登记，按照本办法第五十一条规定销毁。

第四十二条 未开具税收票证（含未销售印花税票）发生毁损或丢失、被盗、被抢等损失的，受损单位应当及时组织清点核查，并由各级税务机关按照权限进行损失核销审批。《税收缴款书（出口货物劳务专用）》、《出口货物完税分割单》、印花税票发生损失的，由省税务机关审批核销；《税收缴款书（税务收现专用）》、《税收缴款书（代扣代收专用）》、税收完税证明发生损失的，由市税务机关审批核销；其他各种税收票证发生损失的，由县税务机关审批核销。

毁损残票和追回的税收票证按照本办法第五十一条规定销毁。

第四十三条 视同现金管理的未开具税收票证（含未销售印花税票）丢失、被盗、被抢的，受损税务机关应当查明损失税收票证的字轨、号码和数量，立即向当地公安机关报案并报告上级或所属税务机关；经查不能追回的税收票证，除印花税票外，应当及时在办税场所和广播、电视、报纸、期刊、网络等新闻媒体上公告作废。

受损单位为扣缴义务人、代征代售人或税收票证印制企业的，扣缴义务人、代征代售人或税收票证印制企业应当立即报告基层税务机关或委托印制的税务机关，由税务机关按前款规定办理。

对丢失印花税票和印有固定金额的《税收缴款书（税务收现专用）》负有责任的相关人员，税务机关应当要求其按照面额赔偿；对丢失其他视同现金管理的税收票证负有责任的相关人员，税务机关应当要求其适当赔偿。

第四十四条 税收票证专用章戳丢失、被盗、被抢的，受损税务机关应当立即向当地公安机关报案并逐级报告刻制税收票证专用章戳的税务机关；退库专用章丢失、被盗、被抢的，应当同时通知国库部门。重新刻制的税收票证专用章戳应当及时办理留底归档或预留印鉴手续。

毁损和损失追回的税收票证专用章戳按照本办法第五十一条规定销毁。

第四十五条 由于印制质量不合格、停用、毁损、损失追回、领发错误，或者扣缴义务人和代征代售人终止税款征收业务、纳税人停止自行填开税收票证等原因，税收票证及税收票证专用章戳需要交回的，税收票证管理人员应当清点、核对字轨、号码和数量，及时上交至发放或有权销毁税收票证及税收票证专用章戳的税务机关。

第四十六条 纳税人遗失已完税税收票证需要税务机关另行提供的，应当登报声明原持有联次遗失并向税务机关提交申请；税款经核实确已缴纳入库或从国库退还的，税务机关应当开具税收完税证明或提供原完税税收票证复印件。

第五章 监督管理

第四十七条 税务机关税收票证开具人员、税收票证管理人员工作变动离岗前，应当办理税收票证、税收票证专用章戳、账簿以及其他税收票证资料的移交。移交时应当有专人监交，监交人、移交人、接管人三方共同签章，票清离岗。

第四十八条 税务机关应当按税收票证种类、领用单位设置税收票证账簿，对各种税收票证的印制、领发、用存、作废、结报缴销、停用、损失、销毁的数量、号码进行及时登记和核算，定期结账。

第四十九条 基层税务机关的税收票证管理人员应当按日对已结报缴销税收票证的完整性、准确性和税收票证管理的规范性进行审核；基层税务机关的上级或所属税务机关税收票证管理人员对基层税务机关缴销的税收票证，应当定期进行复审。

第五十条 税务机关应当及时对已经开具、作废的税收票证、账簿以及其他税收票证资料进行归档保存。

纸质税收票证、账簿以及其他税收票证资料，应当整理装订成册，保存期限五年；作为会计凭证的纸质税收票证保存期限十五年。

数据电文税收票证、账簿以及其他税收票证资料，应当通过光盘等介质进行存储，确保数据电文税收票证信息的安全、完整，保存时间和具体办法另行制定。

第五十一条 未填用的《税收缴款书（出口货物劳务专用）》、《出口货物完税分割单》、印花税票需要销毁的，应当由两人以上共同清点，编制销毁清册，逐级上缴省税务机关销毁；未填用的《税收缴款书（税务收现专用）》、《税收缴款书（代扣代收专用）》、税收完税证明需要销毁的，应当由两人以上共同清点，编制销毁清册，报经市税务机关批准，指派专人到县税务机关复核并监督销毁；其他各种税收票证、账簿和税收票证资料需要销毁的，由税收票证主管人员清点并编制销毁清册，报经县或市税务机关批准，由两人以上监督销毁；税收票证专用章戳需要销毁的，由刻制税收票证专用章戳的税务机关销毁。

第五十二条 税务机关应当定期对本级及下级税务机关、税收票证印制企业、扣缴义务人、代征代售人、自行填开税收票证的纳税人税收票证及税收票证专用章戳管理工作进行检查。

第五十三条 税务机关工作人员违反本办法的，应当根据情节轻重，给予批评教育、责令做出检查、诫勉谈话或调整工作岗位处理；构成违纪的，依照《中华人民共和国公务员法》、《行政机关公务员处分条例》等法律法规给予处分；涉嫌犯罪的，移送司法机关。

第五十四条 扣缴义务人未按照本办法及有关规定保管、报送代扣代缴、代收代缴税收票证及有关资料的，按照《中华人民共和国税收征收管理法》及相关规定进行处理。

扣缴义务人未按照本办法开具税收票证的，可以根据情节轻重，处以一千元以下的罚款。

第五十五条 税务机关与代征代售人、税收票证印制企业签订代征代售合同、税收票证印制合同时，应当就违反本办法及相关规定的责任进行约定，并按约定及其他有关规定追究责任；涉嫌犯罪的，移送司法机关。

第五十六条 自行填开税收票证的纳税人违反本办法及相关规定的，税务机关应当停止其税收票证的领用和自行填开，并限期缴销全部税收票证；情节严重的，可以处以一千元以下的罚款。

第五十七条 非法印制、转借、倒卖、变造或者伪造税收票证的，依照《中华人民共和国税收征收管理法实施细则》的规定进行处理；伪造、变造、买卖、盗窃、抢夺、毁灭税收票证专用章戳的，移送司法机关。

第六章 附 则

第五十八条 各级政府部门委托税务机关征收的各种基金、费可以使用税收票证。

第五十九条 本办法第六条、第七条、第二十五条、第三十六条、第三十七条、第四十六条所称税收票证，不包括印花税票。

第六十条 本办法所称银行，是指经收预算收入的银行、信用社。

第六十一条 各省税务机关应当根据本办法制定具体规定，并报国家税务总局备案。

第六十二条 本办法自2014年1月1日起施行。1998年3月10日国家税务总局发布的《税收票证管理办法》（国税发〔1998〕32号）同时废止。

网络发票管理办法

国家税务总局令第30号

第一条 为加强普通发票管理，保障国家税收收入，规范网络发票的开具和使用，根据《中华人民共和国发票管理办法》规定，制定本办法。

第二条 在中华人民共和国境内使用网络发票管理系统开具发票的单位和个人办理网络发票管理系统的开户登记、网上领取发票手续、在线开具、传输、查验和缴销等事项，适用本办法。

第三条 本办法所称网络发票是指符合国家税务总局统一标准并通过国家税务总局及省、自治区、直辖市国家税务局、地方税务局公布的网络发票管理系统开具的发票。

国家积极推广使用网络发票管理系统开具发票。

第四条 税务机关应加强网络发票的管理，确保网络发票的安全、唯一、便利，并提供便捷的网络发票信息查询渠道；应通过应用网络发票数据分析，提高信息管税水平。

第五条　税务机关应根据开具发票的单位和个人的经营情况，核定其在线开具网络发票的种类、行业类别、开票限额等内容。

开具发票的单位和个人需要变更网络发票核定内容的，可向税务机关提出书面申请，经税务机关确认，予以变更。

第六条　开具发票的单位和个人开具网络发票应登录网络发票管理系统，如实完整填写发票的相关内容及数据，确认保存后打印发票。

开具发票的单位和个人在线开具的网络发票，经系统自动保存数据后即完成开票信息的确认、查验。

第七条　单位和个人取得网络发票时，应及时查询验证网络发票信息的真实性、完整性，对不符合规定的发票，不得作为财务报销凭证，任何单位和个人有权拒收。

第八条　开具发票的单位和个人需要开具红字发票的，必须收回原网络发票全部联次或取得受票方出具的有效证明，通过网络发票管理系统开具金额为负数的红字网络发票。

第九条　开具发票的单位和个人作废开具的网络发票，应收回原网络发票全部联次，注明“作废”，并在网络发票管理系统中进行发票作废处理。

第十条　开具发票的单位和个人应当在办理变更或者注销税务登记的同时，办理网络发票管理系统的用户变更、注销手续并缴销空白发票。

第十一条　税务机关根据发票管理的需要，可以按照国家税务总局的规定委托其他单位通过网络发票管理系统代开网络发票。

税务机关应当与受托代开发票的单位签订协议，明确代开网络发票的种类、对象、内容和相关责任等内容。

第十二条　开具发票的单位和个人必须如实在线开具网络发票，不得利用网络发票进行转借、转让、虚开发票及其他违法活动。

第十三条　开具发票的单位和个人在网络出现故障，无法在线开具发票时，可离线开具发票。

开具发票后，不得改动开票信息，并于48小时内上传开票信息。

第十四条　开具发票的单位和个人违反本办法规定的，按照《中华人民共和国发票管理办法》有关规定处理。

第十五条　省以上税务机关在确保网络发票电子信息正确生成、可靠存储、查询验证、安全唯一等条件的情况下，可以试行电子发票。

第十六条　本办法自2013年4月1日起施行。

国家税务总局关于发布《国家税务总局定点联系企业名册管理办法》的公告

国家税务总局公告2013年第18号

为加强国家税务总局定点联系企业名册管理，根据《中华人民共和国税收征收管理法》及其实施细则、《国家税务总局关于印发〈国家税务总局大企业税收服务和管理规程（试行）〉的通知》（国税发〔2011〕71号）等文件的精神，国家税务总局制定了《国家税务总局定点联系企业名册管理办法》。现予发布，自2013年9月1日起施行。

特此公告。

国家税务总局

2013年4月22日

国家税务总局关于发布《委托代征管理办法》的公告

国家税务总局公告2013年第24号

根据《中华人民共和国税收征收管理法》及实施细则和《中华人民共和国发票管理办法》的规定，现将国家税务总局制定的《委托代征管理办法》予以发布，自 2013 年 7 月 1 日起施行。

特此公告。

委托代征管理办法

第一章　总　　则

第一条　为加强税收委托代征管理，规范委托代征行为，降低征纳成本，根据《中华人民共和国税收征收管理法》《中华人民共和国税收征收管理法实施细则》《合同法》及《中华人民共和国发票管理办法》的有关规定，制定本办法。

第二条　本办法所称委托代征，是指税务机关根据《中华人民共和国税收征收管理法实施细则》有利于税收控管和方便纳税的要求，按照双方自愿、简便征收、强化管理、依法委托的原则和国家有关规定，委托有关单位和人员代征零星、分散和异地缴纳的税收的行为。

第三条　本办法所称税务机关，是指县以上(含本级)税务局。

本办法所称代征人，是指依法接受税务机关委托、行使代征税款权利并承担《委托代征协议书》规定义务的单位或人员。

第二章　委托代征的范围和条件

第四条　委托代征范围由税务机关根据《中华人民共和国税收征收管理法实施细则》关于加强税收控管、方便纳税的规定，结合当地税源管理的实际情况确定。税务机关不得将法律、行政法规已确定的代扣代缴、代收代缴税收，委托他人代征。

第五条　税务机关确定的代征人，应当与纳税人有下列关系之一：

(一)与纳税人有管理关系；

(二)与纳税人有经济业务往来；

(三)与纳税人有地缘关系；

(四)有利于税收控管和方便纳税人的其他关系。

第六条　代征人为行政、事业、企业单位及其他社会组织的，应当同时具备下列条件：

(一)有固定的工作场所；

(二)内部管理制度规范，财务制度健全；

(三)有熟悉相关税收法律、法规的工作人员，能依法履行税收代征工作；

(四)税务机关根据委托代征事项和税收管理要求确定的其他条件。

第七条　代征税款人员，应当同时具备下列条件：

(一)具备中国国籍，遵纪守法，无严重违法行为及犯罪记录，具有完全民事行为能力；

(二)具备与完成代征税款工作要求相适应的税收业务知识和操作技能；

(三)税务机关根据委托代征管理要求确定的其他条件。

第八条　税务机关可以与代征人签订代开发票书面协议并委托代征人代开普通发票。代开发票书面协议的主要内容应当包括代开的普通发票种类、对象、内容和相关责任。

代开发票书面协议由各省、自治区、直辖市和计划单列市自行制定。

第九条　代征人不得将其受托代征税款事项再行委托其他单位、组织或人员办理。

第三章　委托代征协议的生效和终止

第十条　税务机关应当与代征人签订《委托代征协议书》，明确委托代征相关事宜。《委托代征协议书》包括以下内容：

(一)税务机关和代征人的名称、联系电话，代征人为行政、事业、企业单位及其他社会组织的，应包括法定代表人或负责人姓名、居民身份证号码和地址；代征人为自然人的，应包括姓名、居民身份证号码和户口所在地、现居住地址；

（二）委托代征范围和期限；

（三）委托代征的税种及附加、计税依据及税率；

（四）票、款结报缴销期限和额度；

（五）税务机关和代征人双方的权利、义务和责任；

（六）代征手续费标准；

（七）违约责任；

（八）其他有关事项。

代征人为行政、事业、企业单位及其他社会组织的，《委托代征协议书》自双方的法定代表人或法定代理人签字并加盖公章后生效；代征人为自然人的，《委托代征协议书》自代征人及税务机关的法定代表人签字并加盖税务机关公章后生效。

第十一条 《委托代征协议书》签订后，税务机关应当向代征人发放《委托代征证书》，并在广播、电视、报纸、期刊、网络等新闻媒体或者代征范围内纳税人相对集中的场所，公告代征人的委托代征资格和《委托代征协议书》中的以下内容：

（一）税务机关和代征人的名称、联系电话，代征人为行政、事业、企业单位及其他社会组织的，应包括法定代表人或负责人姓名和地址；代征人为自然人的，应包括姓名、户口所在地、现居住地址；

（二）委托代征的范围和期限；

（三）委托代征的税种及附加、计税依据及税率；

（四）税务机关确定的其他需要公告的事项。

第十二条 《委托代征协议书》有效期最长不得超过3年。有效期满需要继续委托代征的，应当重新签订《委托代征协议书》。

《委托代征协议书》签订后，税务机关应当向代征人提供受托代征税款所需的税收票证、报表。

第十三条 有下列情形之一的，税务机关可以向代征人发出《终止委托代征协议通知书》，提前终止委托代征协议：

（一）因国家税收法律、行政法规、规章等规定发生重大变化，需要终止协议的；

（二）税务机关被撤销主体资格的；

（三）因代征人发生合并、分立、解散、破产、撤销或者因不可抗力发生等情形，需要终止协议的；

（四）代征人有弄虚作假、故意不履行义务、严重违反税收法律法规的行为，或者有其他严重违反协议的行为；

（五）税务机关认为需要终止协议的其他情形。

第十四条 终止委托代征协议的，代征人应自委托代征协议终止之日起5个工作日内，向税务机关结清代征税款，缴销代征业务所需的税收票证和发票；税务机关应当收回《委托代征证书》，结清代征手续费。

第十五条 代征人在委托代征协议期限届满之前提出终止协议的，应当提前20个工作日向税务机关申请，经税务机关确认后按照本办法第十四条的规定办理相关手续。

第十六条 税务机关应当自委托代征协议终止之日起10个工作日内，在广播、电视、报纸、期刊、网络等新闻媒体或者代征范围内纳税人相对集中的场所，公告代征人委托代征资格终止和本办法第十一条规定需要公告的《委托代征协议书》主要内容。

第四章 委托代征管理职责

第十七条 税收委托代征工作中，税务机关应当监督、管理、检查委托代征业务，履行以下职责：

（一）审查代征人资格，确定、登记代征人的相关信息；

（二）填制、发放、收回、缴销《委托代征证书》；

（三）确定委托代征的具体范围、税种及附加、计税依据、税率等；

（四）核定和调整代征人代征的个体工商户定额，并通知纳税人和代征人执行；

（五）定期核查代征人的管户信息，了解代征户籍变化情

（六）采集委托代征的征收信息、纳税人欠税信息、税收票证管理情况等信息；

（七）辅导和培训代征人；

（八）在有关规定确定的代征手续费比率范围内，按照手续费与代征人征收成本相匹配的原则，确定具体支付标准，办理手续费支付手续；

（九）督促代征人按时解缴代征税款，并对代征情况进行定期检查；

（十）其他管理职责。

第十八条 税收委托代征工作中，代征人应当履行以下职责：

（一）根据税务机关确定的代征范围、核定税额或计税依据、税率代征税款，并按规定及时解缴入库；

（二）按照税务机关有关规定领取、保管、开具、结报缴销税收票证、发票，确保税收票证和发票安全；

（三）代征税款时，向纳税人开具税收票证；

（四）建立代征税款账簿，逐户登记代征税种税目、税款金额及税款所属期等内容；

（五）在税款解缴期内向税务机关报送《代征代扣税款结报单》，以及受托代征税款的纳税人当期已纳税、逾期未纳税、管户变化等相关情况；

（六）对拒绝代征人依法代征税款的纳税人，自其拒绝之时起 24 小时内报告税务机关；

（七）在代征税款工作中获知纳税人商业秘密和个人隐私的，应当依法为纳税人保密。

第十九条 代征人不得对纳税人实施税款核定、税收保全和税收强制执行措施，不得对纳税人进行行政处罚。

第二十条 代征人应根据《委托代征协议书》的规定向税务机关申请代征税款手续费，不得从代征税款中直接扣取代征税款手续费。

第五章 法律责任

第二十一条 代征人在《委托代征协议书》授权范围内的代征税款行为引起纳税人的争议或法律纠纷的，由税务机关解决并承担相应法律责任；税务机关拥有事后向代征人追究法律责任的权利。

第二十二条 因代征人责任未征或少征税款的，税务机关应向纳税人追缴税款，并可按《委托代征协议书》的约定向代征人按日加收未征少征税款万分之五的违约金，但代征人将纳税人拒绝缴纳等情况自纳税人拒绝之时起 24 小时内报告税务机关的除外。代征人违规多征税款的，由税务机关承担相应的法律责任，并责令代征人立即退还，税款已入库的，由税务机关按规定办理退库手续；代征人违规多征税款致使纳税人合法权益受到损失的，由税务机关赔偿，税务机关拥有事后向代征人追偿的权利。

代征人违规多征税款而多取得代征手续费的，应当及时退回。

第二十三条 代征人造成印有固定金额的税收票证损失的，应当按照票面金额赔偿，未按规定领取、保管、开具、结报缴销税收票证的，税务机关应当根据情节轻重，适当扣减代征手续费。

第二十四条 代征人未按规定期限解缴税款的，由税务机关责令限期解缴，并可从税款滞纳之日起按日加收未解缴税款万分之五的违约金。

第二十五条 税务机关工作人员玩忽职守，不按照规定对代征人履行管理职责，给委托代征工作造成损害的，按规定追究相关人员的责任。

第二十六条 违反《委托代征协议书》其他有关规定的，按照协议约定处理。

第二十七条 纳税人对委托代征行为不服，可依法申请税务行政复议。

第六章 附 则

第二十八条 各省、自治区、直辖市和计划单列市税务机关根据本地实际情况制定具体实施办法。

第二十九条 税务机关可以比照本办法的规定，对代售印花税票者进行管理。

第三十条 本办法自 2013 年 7 月 1 日起施行。

附件：1. 委托代征协议书（略）

2. 委托代征协议书使用说明（略）

3. 终止委托代征协议通知书（略）

4. 委托代征证书（略）

国家税务总局关于印发《税收违法案件发票协查管理办法(试行)》的通知

税总发〔2013〕66号

各省、自治区、直辖市和计划单列市国家税务局、地方税务局:

为进一步规范税收违法案件发票协查工作,提高协查质量和效率,在充分调研和广泛征求意见的基础上,税务总局制定了《税收违法案件发票协查管理办法(试行)》,现印发你们,请认真贯彻执行。对执行过程中遇到的情况和问题,请及时反馈税务总局(稽查局)。

附件:1. 关于××案件的协查函(略)

2. 关于××案件的协查回复函(略)

税收违法案件发票协查管理办法(试行)

第一章 总 则

第一条 为了规范税收违法案件发票协查工作,提高协查管理工作效率,根据《中华人民共和国税收征收管理法》、《中华人民共和国发票管理办法》及相关法律法规,制订本办法。

第二条 税收违法案件发票协查是指查办税收违法案件的税务局稽查局(以下简称委托方)将需异地调查取证的发票委托有管辖权的税务局稽查局(以下简称受托方),开展调查取证的相关活动。

第三条 协查工作遵循合法、真实、相关和效率的原则。

第四条 税务局稽查局负责实施税收违法案件发票的协查。

第五条 国家税务总局应当逐步推进税收违法案件发票协查信息化,将税收违法案件发票协查全面纳入协查信息管理系统进行管理。

第二章 委托协查

第六条 委托方对税收违法案件中需调查取证的发票采取发函或者派人参与的方式进行协查。

发函是指委托方向受托方发出《税收违法案件协查函》,包括寄送纸质协查函和通过协查信息管理系统发出协查函。纸质协查函原则上采取同级发函的方式进行。

派人参与是指重大案件或者有特殊要求的案件,委托方可派人参与受托方的调查取证,提出取证要求。

第七条 委托方根据案件查办情况,确定协查对象,需要发起委托协查的,向受托方发出《税收违法案件协查函》。

《税收违法案件协查函》内容包括:委托方案件名称、基本案情、涉案发票记载的信息、已掌握的疑点或者线索、作案手法、提出有针对性的取证要求、回复期限、组卷及寄送要求、联系人和联系方式等。

第八条 国家税务总局督办案件的发票协查应当按照《重大税收违法案件督办管理暂行办法》有关规定执行,并在协查函中予以说明,注明督办函号。

第九条 已确定虚开发票案件的协查,委托方应当按照受托方一户一函的形式出具《已证实虚开通知单》及相关证据资料,并在所附发票清单上逐页加盖公章,随同《税收违法案件协查函》寄送受托方。

通过协查信息管理系统发起已确定虚开发票案件协查函的,委托方应当在发送委托协查信息后5个工作日内寄送《已证实虚开通知单》以及相关证据资料。

第十条 委托方收到协查回函后,根据协查回函信息依法对被查对象进行查处。

第十一条 委托方派人协查方式进行协查的,应当向受托方通报情况、沟通案情,派出人员需携带加盖本单位公章的《介绍信》和《税收违法案件协查函》、《税务检查证》以及相关身份证明，参与受托方的调查取证，提出取证要求。

第十二条 委托方应当及时登记《委托协查台账》，跟踪协查函的发出、回复和处理情况。

《委托协查台账》包括以下内容：

(一)函件发出日期，派人协查日期；

(二)函件名称、编号或者文号、是否督办；

(三)涉及企业名称、资料种类、数量；

(四)是否立案；

(五)负责检查的人员；

(六)协查回函情况、回函日期；

(七)案卷号和归档地；

(八)其他。

第三章 受托协查

第十三条 受托方收到《税收违法案件协查函》后，应当根据协查请求，依照法定权限和程序调查，并按照要求及期限回函。

第十四条 《税收违法案件协查函》涉及的协查对象不属于受托方管辖范围的，受托方应当在收函之日起5个工作日内，出具本辖区县(区)级主管税务机关证明材料，并将《税收违法案件协查函》退回委托方。

第十五条 有下列情形之一的，受托方应当按照《税务稽查工作规程》有关规定立案检查：

(一)委托方已开具《已证实虚开通知单》的；

(二)委托方提供的证据资料证明协查对象有税收违法嫌疑的；

(三)受托方检查发现协查对象有税收违法嫌疑的；

(四)上级税务局稽查局要求立案检查的；

第十六条 国家税务总局督办的案件，受托方在回函期限前不能完成检查工作的，可以逐级上报国家税务总局申请延期，在得到国家税务总局同意后，在延期期限内给予回复。

申请延期应当说明延期理由、延期期限以及与委托方沟通的情况。

第十七条 受托方需要取得协查对象的税务登记、变更、注销、失控或者查无企业、发票领用、发票鉴定、纳税申报、抵扣税款、免税、出口退税等征管资料和证明材料的，应当向其县(区)级主管税务机关提出要求。县(区)级主管税务机关应当在5个工作日内提供相关资料并出具相应的证明材料。

第十八条 受托方应当依据调查取证所掌握的情况及所获取的证据材料，向委托方出具《税收违法案件协查回复函》。

《税收违法案件协查回复函》的内容包括：

(一)协查来源；

(二)涉案企业的基本情况及协查发票记载的信息；

(三)协查取证要求的说明；

(四)协查结论或者协查结果；

(五)税务处理和税务行政处罚事项；

(六)其他应予说明的事项。

第十九条 受托方应当对取得的证据材料，连同相关文书一并作为协查案卷立卷存档；同时根据委托方协查函委托的事项，将相关证据材料及文书复制，注明“与原件核对无误”，注明原件存放处，并加盖本单位印章后一并寄送委托方。

受托方通过协查信息管理系统收到的协查函，应当通过协查信息管理系统进行函复。经检查有问题的以及委托方要求寄送取证材料的，应当在回复协查结果后5个工作日内将相关证据材料及文书复制，注明“与原件核对无误”，注明原件存放处，并加盖本单位印章后一并寄送委托方。

第二十条 受托方应当在收到协查函后60日内回函。

通过协查信息管理系统发出的协查函，受托方应当在收到协查函后30日内回函。

国家税务总局对协查回函期限有特殊要求的，应当按照相关要求办理。

第二十一条 受托方应当登记《受托协查台账》，及时掌握协查工作安排、回复、处理情况。

《受托协查台账》包括以下内容：

（一）函件收到日期，来人协查日期；

（二）函件名称、编号或者文号、是否督办；

（三）涉及企业名称、资料种类、数量；

（四）是否立案；

（五）负责检查的人员；

（六）协查复函情况、复函日期；

（七）案卷号和归档地；

（八）其他。

第四章 协查管理

第二十二条 地市级以上税务局稽查局应当定期对本辖区协查台账进行统计汇总，全面掌握本辖区协查情况，督促指导下级协查工作。

第二十三条 上级税务局稽查局对下级税务局稽查局的协查质量和效率进行考核，包括受托方按期回复情况、委托方选票针对性、协查函和回复函的信息完整性等。

第二十四条 稽查机构设置发生撤销、合并、增设的，应当及时向上一级税务局稽查局提出与本稽查机构对应的协查信息管理系统节点的变更申请，并逐级上报国家税务总局备案。

第二十五条 税务违法案件发票协查资料按照《税务稽查工作规程》的规定归档。

第五章 附 则

第二十六条 本办法适用于各级税务机关。

第二十七条 各级税务局可以依据本办法对辖区内税务违法案件发票协查工作制定考核制度和奖惩实施办法。

第二十八条 本办法所称以上、日内，包括本数（级）。

第二十九条 本办法自发布之日起施行。2008年5月14日印发的《国家税务总局关于印发〈增值税抵扣凭证协查管理办法〉的通知》（国税发〔2008〕51号）同时废止。

关于《实施〈税收票证管理办法〉若干问题的公告》的解读

一、关于制定公告的目的

《税收票证管理办法》（国家税务总局令第28号，以下简称《办法》）已经于2013年2月25日公布，自2014年1月1日起施行。《办法》对税收票证的种类及名称重新进行了规范，对税收票证使用管理中的制度作了调整，并将制发新的税收票证的式样，为了做好办法的贯彻执行准备工作，便于社会公众理解《办法》以及《办法》与相关制度的衔接，税务总局制定了本公告。

二、关于未纳入《办法》的几种相关凭证的使用

《办法》第二章对税收票证、税收票证专用章戳的种类和适用范围进行了明确，但是对于部分在现行《税收票证管理办法》里规定列入税收票证管理的凭证及章戳（例如《税务代保管资金专用收据》及“税务代保管资金专用章”、税务机关当场收缴罚款时使用的由财政部门统一制发的罚款收据）、以单行办法规定的与税款征收密切相关的凭证及章戳（例如《车辆购置税完税证明》及“车购税征税专用章”），以及具有完税证明作用的其他凭证（例如纳税人通过横向联网电子缴税系统缴纳税款后，银行为纳税人打印的《电子缴税付款凭证》和纳税人通过税务机关网上开票系统自行开具的《电子缴款凭证》)是否继续使用、其效力有无变化,基层税务机关和纳税人需要税务总局予以明确。本公告对此进行了整理,明确上述凭证及章戳继续执行原有规定,效力不变,同时对税务机关对于相关凭证的管理要求进行了进一步明确。

三、关于部分种类税收票证的使用管理

(一)关于数据电文税收票证。数据电文税收票证的概念在《办法》第三条第二款做出了规定,本公告进一步明确其范围不包括存储在税收征管系统中的纸质税收票证的电子信息。

(二)关于《出口货物完税分割单》。自《办法》施行开始,《出口货物完税分割单》的联次顺序将进行调整,本公告对联次调整后的《出口货物完税分割单》的取得和换开流程进行了明确。

(三)关于税收完税证明。税收完税证明是《办法》为优化纳税服务和简并票证种类新设的一个票种,公告结合《办法》第十七条对税收完税证明适用范围的规定,对其具体使用要求进行了进一步的明确:

首先,明确税收完税证明分为表格式和文书式两种。按照《办法》第十七条第一款第(一)项、第(二)项、第(三)项以及国家税务总局明确规定的其他情形开具的税收完税证明为表格式;按照《办法》第十七条第一款第(四)项规定开具的税收完税证明为文书式,文书式税收完税证明不得作为纳税人的记账或抵扣凭证。

其次,明确《办法》第十三条第(三)项、第十七条第一款第(二)项所称扣缴义务人已经向纳税人开具的税法规定或国家税务总局认可的记载完税情况的其他凭证,是指记载车船税完税情况的交强险保单、记载储蓄存款利息所得税完税情况的利息清单等税法或国家税务总局认可的能够作为已完税情况证明的凭证;《办法》第十七条第一款第(四)项所称"对纳税人特定期间完税情况出具证明",是指税务机关为纳税人连续期间的纳税情况汇总开具完税证明的情形。税务机关按照《办法》第十七条第一款第(四)项开具完税证明时,必须确保纳税人缴、退税信息全面、准确、完整,具体开具办法由各省税务机关确定。

最后,明确扣缴义务人未按规定为纳税人开具税收票证的,税务机关核实税款缴纳情况后,应当为纳税人开具税收完税证明(表格式)。

(四)关于《印花税票销售凭证》。印花税票是印有固定金额的有价证券,为了加强对印花税票及印花税税款的监控管理,根据《办法》的规定,本公告明确税务机关、代售人销售印花税票应当同时开具《印花税票销售凭证》;税务机关印花税票销售人员、代售人向税收票证管理人员办理票款结报缴销时,应当持《印花税票销售凭证》一并办理。

四、关于税收票款的结报缴销

税收票款的结报缴销制度是为了加强税收票证的使用管理和保证税款安全,对税务机关、扣缴义务人、代征代售人等税收票证的开具单位(人)做出的制度性规定。本公告对《办法》第三十八条规定的结报缴销制度进行了细化,明确了办理结报缴销的表证单书和程序要求。

五、关于新版税收票证式样的启用

根据《办法》第八条和第二十二条的规定,税收票证式样由总局统一制定。本公告明确,自 2014 年 1 月 1 日起,各地税务机关将统一启用由国家税务总局制发的新税收票证式样,此前制发的相关税收票证式样同时废止。

国家税务总局关于服务贸易等项目对外支付税务备案有关问题的公告

国家税务总局公告 2013 年第 40 号

为便利对外支付和加强跨境税源管理,现就服务贸易等项目对外支付税务备案有关问题公告如下:

一、境内机构和个人向境外单笔支付等值 5 万美元以上(不含等值 5 万美元,下同)下列外汇资金,除本公告第三条规定的情形外,均应向所在地主管国税机关进行税务备案,主管税务机关仅为地税机关的,应向所在地同级国税机关备案:

(一)境外机构或个人从境内获得的包括运输、旅游、通信、建筑安装及劳务承包、保险服务、金融服务、计算机和信息服务、专有权利使用和特许、体育文化和娱乐服务、其他商业服务、政府服务等服务贸易收入；

(二)境外个人在境内的工作报酬，境外机构或个人从境内获得的股息、红利、利润、直接债务利息、担保费以及非资本转移的捐赠、赔偿、税收、偶然性所得等收益和经常转移收入；

(三)境外机构或个人从境内获得的融资租赁租金、不动产的转让收入、股权转让所得以及外国投资者其他合法所得。

外国投资者以境内直接投资合法所得在境内再投资单笔5万美元以上的，应按照本规定进行税务备案。

二、境内机构和个人(以下称备案人)在办理对外支付税务备案时，应向主管国税机关提交加盖公章的合同(协议)或相关交易凭证复印件(外文文本应同时附送中文译本)，并填报《服务贸易等项目对外支付税务备案表》(一式三份，以下简称《备案表》，见附件1)。

同一笔合同需要多次对外支付的，备案人须在每次付汇前办理税务备案手续，但只需在首次付汇备案时提交合同(协议)或相关交易凭证复印件。

三、境内机构和个人对外支付下列外汇资金，无需办理和提交《备案表》：

(一)境内机构在境外发生的差旅、会议、商品展销等各项费用；

(二)境内机构在境外代表机构的办公经费，以及境内机构在境外承包工程的工程款；

(三)境内机构发生在境外的进出口贸易佣金、保险费、赔偿款；

(四)进口贸易项下境外机构获得的国际运输费用；

(五)保险项下保费、保险金等相关费用；

(六)从事运输或远洋渔业的境内机构在境外发生的修理、油料、港杂等各项费用；

(七)境内旅行社从事出境旅游业务的团费以及代订、代办的住宿、交通等相关费用；

(八)亚洲开发银行和世界银行集团下属的国际金融公司从我国取得的所得或收入，包括投资合营企业分得的利润和转让股份所得、在华财产(含房产)出租或转让收入以及贷款给我国境内机构取得的利息；

(九)外国政府和国际金融组织向我国提供的外国政府(转)贷款(含外国政府混合(转)贷款)和国际金融组织贷款项下的利息。本项所称国际金融组织是指国际货币基金组织、世界银行集团、国际开发协会、国际农业发展基金组织、欧洲投资银行等；

(十)外汇指定银行或财务公司自身对外融资如境外借款、境外同业拆借、海外代付以及其他债务等项下的利息；

(十一)我国省级以上国家机关对外无偿捐赠援助资金；

(十二)境内证券公司或登记结算公司向境外机构或境外个人支付其依法获得的股息、红利、利息收入及有价证券卖出所得收益；

(十三)境内个人境外留学、旅游、探亲等因私用汇；

(十四)境内机构和个人办理服务贸易、收益和经常转移项下退汇；

(十五)国家规定的其他情形。

四、境外个人办理服务贸易、收益和经常转移项下对外支付，应按照个人外汇管理的相关规定办理。

五、备案人可通过以下方法获取《备案表》：

(一)在主管国税机关办税服务厅窗口领取；

(二)从主管国税机关官方网站下载。

六、备案人提交的资料齐全、《备案表》填写完整的，主管国税机关无须当场进行纳税事项审核，应编制《备案表》流水号，在《备案表》上盖章，1份当场退还备案人，1份留存，1份于次月10日前以邮寄或其他方式传递给备案人主管地税机关。

《备案表》流水号具体格式为：年份(2位)＋税务机关代码(6位)＋顺序号(6位)。"年份"指公历年度后两位数字，"顺序号"为本年度的自然顺序号。

七、备案人完成税务备案手续后，持主管国税机关盖章的《备案表》，按照外汇管理的规定，到外汇指定银行办理付汇审核手续。

八、主管国税机关或地税机关应自收到《备案表》后15个工作日内，对备案人提交的《备案表》及所附资料进行审查，并可要求备案人进一步提供相关资料。审查的内容包括：

（一）备案信息与实际支付项目是否一致；

（二）对外支付项目是否已按规定缴纳各项税款；

（三）申请享受减免税待遇的，是否符合相关税收法律法规和税收协定（安排）的规定。

九、主管税务机关审查发现对外支付项目未按规定缴纳税款的，应书面告知纳税人或扣缴义务人履行申报纳税或源泉扣缴义务，依法追缴税款，按照税收法律法规的有关规定实施处罚。

十、主管国税机关、地税机关应加强对外支付税务备案事项的管理，及时统计对外支付备案情况及税收征管情况，填写《服务贸易等项目对外支付税务备案情况年度统计表》（见附件2），并于次年1月31日前层报税务总局（国际税务司）。

十一、各级税务部门、外汇管理部门应当密切配合，加强信息交换工作。执行过程中如发现问题，应及时向上级部门反馈。

十二、本公告自2013年9月1日起施行。《国家税务总局 国家外汇管理局关于加强外国公司船舶运输收入税收管理及国际海运业对外支付管理的通知》（国税发〔2001〕139号）、《国家税务总局 国家外汇管理局关于加强外国公司船舶运输收入税收管理及国际海运业对外支付管理的补充通知》（国税发〔2002〕107号）、《国家税务总局 国家外汇管理局关于境内机构及个人对外支付技术转让费不再提交营业税税务凭证的通知》（国税发〔2005〕28号）、《国家外汇管理局 国家税务总局关于服务贸易等项目对外支付提交税务证明有关问题的通知》（汇发〔2008〕64号）、《国家税务总局关于印发〈服务贸易等项目对外支付出具税务证明管理办法〉的通知》（国税发〔2008〕122号）、《国家外汇管理局关于转发国家税务总局服务贸易等项目对外支付出具税务证明管理办法的通知》（汇发〔2009〕1号）、《国家外汇管理局 国家税务总局关于进一步明确服务贸易等项目对外支付提交税务证明有关问题的通知》（汇发〔2009〕52号）和《国家税务总局关于修改〈服务贸易等项目对外支付出具税务证明申请表〉的公告》（国家税务总局公告2012年第54号）同时废止。

特此公告。

附件：1. 服务贸易等项目对外支付税务备案表（略）

2. 服务贸易等项目对外支付备案情况年度统计表（略）

国家税务总局关于应退税款抵扣欠缴税款有关问题的公告

国家税务总局公告2013年第54号

近期地方反映，对于《中华人民共和国税收征收管理法实施细则》第79条关于应退税款抵扣欠缴税款（以下简称以退抵欠）的规定是否属于强制执行措施有不同理解。为了全面准确贯彻强制执行措施和以退抵欠的规定，根据《中华人民共和国税收征收管理法》（以下简称税收征管法）及其实施细则的有关规定，现将应退税款抵扣欠缴税款有关问题公告如下：

税收征管法第40条规定，税收强制执行措施是指对经税务机关责令限期缴纳税款逾期仍不缴纳的情形，税务机关采取书面通知其开户银行或者其他金融机构从其存款中扣缴税款；扣押、查封、依法拍卖或者变卖其价值相当于应纳税款的商品、货物或者其他财产，以拍卖或者变卖所得抵缴税款的行为。

以退抵欠是税务机关计算确定纳税人应纳税义务的一项税款结算制度，不涉及从存款中扣缴税款和扣押、查封、拍卖、变卖强制行为。以退抵欠确定后有余额的退还纳税人；不足部分，责令纳税人继续缴纳。以退抵欠之后纳税人仍有欠税，经责令缴纳仍不缴纳的，税务机关采取强制执行措施，为行政强制执行。以退抵欠不属于行政强制执行。

特此公告。

国家税务总局关于二手车经销企业发票使用有关问题的公告

国家税务总局公告2013年第60号

为进一步加强二手车经销企业的发票管理，现对二手车经销企业发票使用有关问题公告如下：

一、二手车经销企业从事二手车交易业务，由二手车经销企业开具《二手车销售统一发票》。

二、二手车经销企业从事二手车代购代销的经纪业务，由二手车交易市场统一开具《二手车销售统一发票》。

特此公告。

国家税务总局关于发布《纳税信用管理办法（试行）》的公告

国家税务总局公告2014年第40号

现将《纳税信用管理办法（试行）》予以发布，自2014年10月1日起施行。

特此公告。

国家税务总局

2014年7月4日

纳税信用管理办法（试行）

第一章 总 则

第一条 为规范纳税信用管理，促进纳税人诚信自律，提高税法遵从度，推进社会信用体系建设，根据《中华人民共和国税收征收管理法》及其实施细则、《国务院关于促进市场公平竞争维护市场正常秩序的若干意见》（国发〔2014〕20号）和《国务院关于印发社会信用体系建设规划纲要（2014—2020年）的通知》（国发〔2014〕21号），制定本办法。

第二条 本办法所称纳税信用管理，是指税务机关对纳税人的纳税信用信息开展的采集、评价、确定、发布和应用等活动。

第三条 本办法适用于已办理税务登记，从事生产、经营并适用查账征收的企业纳税人（以下简称纳税人）。

扣缴义务人、自然人纳税信用管理办法由国家税务总局另行规定。

个体工商户和其他类型纳税人的纳税信用管理办法由省税务机关制定。

第四条 国家税务总局主管全国纳税信用管理工作。省以下税务机关负责所辖地区纳税信用管理工作的组织和实施。

第五条 纳税信用管理遵循客观公正、标准统一、分级分类、动态调整的原则。

第六条 国家税务总局推行纳税信用管理工作的信息化，规范统一纳税信用管理。

第七条 国家税务局、地方税务局应联合开展纳税信用评价工作。

第八条 税务机关积极参与社会信用体系建设，与相关部门建立信用信息共建共享机制，推动纳税信用与其他社会信用联动管理。

第二章 纳税信用信息采集

第九条 纳税信用信息采集是指税务机关对纳税人纳税信用信息的记录和收集。

第十条 纳税信用信息包括纳税人信用历史信息、税务内部信息、外部信息。

纳税人信用历史信息包括基本信息和评价年度之前的纳税信用记录，以及相关部门评定的优良信用记录和不良信用记录。

税务内部信息包括经常性指标信息和非经常性指标信息。经常性指标信息是指涉税申报信息、税（费）款缴纳信息、发票与税控器具信息、登记与账簿信息等纳税人在评价年度内经常产生的指标信息；非经常性指标信息是指税务检查信息等纳税人在评价年度内不经常产生的指标信息。

外部信息包括外部参考信息和外部评价信息。外部参考信息包括评价年度相关部门评定的优良信用记录和不良信用记录；外部评价信息是指从相关部门取得的影响纳税人纳税信用评价的指标信息。

第十一条 纳税信用信息采集工作由国家税务总局和省税务机关组织实施，按月采集。

第十二条 本办法第十条第二款纳税人信用历史信息中的基本信息由税务机关从税务管理系统中采集，税务管理系统中暂缺的信息由税务机关通过纳税人申报采集；评价年度之前的纳税信用记录，以及相关部门评定的优良信用记录和不良信用记录，从税收管理记录、国家统一信用信息平台等渠道中采集。

第十三条 本办法第十条第三款税务内部信息从税务管理系统中采集。

第十四条 本办法第十条第四款外部信息主要通过税务管理系统、国家统一信用信息平台、相关部门官方网站、新闻媒体或者媒介等渠道采集。通过新闻媒体或者媒介采集的信息应核实后使用。

第三章 纳税信用评价

第十五条 纳税信用评价采取年度评价指标得分和直接判级方式。评价指标包括税务内部信息和外部评价信息。

年度评价指标得分采取扣分方式。纳税人评价年度内经常性指标和非经常性指标信息齐全的，从100分起评；非经常性指标缺失的，从90分起评。

直接判级适用于有严重失信行为的纳税人。

纳税信用评价指标由国家税务总局另行规定。

第十六条 外部参考信息在年度纳税信用评价结果中记录，与纳税信用评价信息形成联动机制。

第十七条 纳税信用评价周期为一个纳税年度，有下列情形之一的纳税人，不参加本期的评价：

（一）纳入纳税信用管理时间不满一个评价年度的；

（二）本评价年度内无生产经营业务收入的；

（三）因涉嫌税收违法被立案查处尚未结案的；

（四）被审计、财政部门依法查出税收违法行为，税务机关正在依法处理，尚未办结的；

（五）已申请税务行政复议、提起行政诉讼尚未结案的；

（六）其他不应参加本期评价的情形。

第十八条 纳税信用级别设A、B、C、D四级。A级纳税信用为年度评价指标得分90分以上的；B级纳税信用为年度评价指标得分70分以上不满90分的；C级纳税信用为年度评价指标得分40分以上不满70分的；D级纳税信用为年度评价指标得分不满40分或者直接判级确定的。

第十九条 有下列情形之一的纳税人，本评价年度不能评为A级：

（一）实际生产经营期不满3年的；

（二）上一评价年度纳税信用评价结果为D级的；

（三）非正常原因一个评价年度内增值税或营业税连续3个月或者累计6个月零申报、负申报的；

（四）不能按照国家统一的会计制度规定设置账簿，并根据合法、有效凭证核算，向税务机关提供准确税务资料的。

第二十条 有下列情形之一的纳税人，本评价年度直接判为D级：

（一）存在逃避缴纳税款、逃避追缴欠税、骗取出口退税、虚开增值税专用发票等行为，经判决构成涉税犯罪的；

（二）存在前项所列行为，未构成犯罪，但偷税（逃避缴纳税款）金额 10 万元以上且占各税种应纳税总额 10%以上，或者存在逃避追缴欠税、骗取出口退税、虚开增值税专用发票等税收违法行为，已缴纳税款、滞纳金、罚款的；

（三）在规定期限内未按税务机关处理结论缴纳或者足额缴纳税款、滞纳金和罚款的；

（四）以暴力、威胁方法拒不缴纳税款或者拒绝、阻挠税务机关依法实施税务稽查执法行为的；

（五）存在违反增值税发票管理规定或者违反其他发票管理规定的行为，导致其他单位或者个人未缴、少缴或者骗取税款的；

（六）提供虚假申报材料享受税收优惠政策的；

（七）骗取国家出口退税款，被停止出口退（免）税资格未到期的；

（八）有非正常户记录或者由非正常户直接责任人员注册登记或者负责经营的；

（九）由 D 级纳税人的直接责任人员注册登记或者负责经营的；

（十）存在税务机关依法认定的其他严重失信情形的。

第二十一条　纳税人有下列情形的，不影响其纳税信用评价：

（一）由于税务机关原因或者不可抗力，造成纳税人未能及时履行纳税义务的；

（二）非主观故意的计算公式运用错误以及明显的笔误造成未缴或者少缴税款的；

（三）国家税务总局认定的其他不影响纳税信用评价的情形。

第四章　纳税信用评价结果的确定和发布

第二十二条　纳税信用评价结果的确定和发布遵循谁评价、谁确定、谁发布的原则。

第二十三条　税务机关每年 4 月确定上一年度纳税信用评价结果，并为纳税人提供自我查询服务。

第二十四条　纳税人对纳税信用评价结果有异议的，可以书面向作出评价的税务机关申请复评。作出评价的税务机关应按本办法第三章规定进行复核。

第二十五条　税务机关对纳税人的纳税信用级别实行动态调整。

因税务检查等发现纳税人以前评价年度需扣减信用评价指标得分或者直接判级的，税务机关应按本办法第三章规定调整其以前年度纳税信用评价结果和记录。

纳税人因第十七条第三、四、五项所列情形解除而向税务机关申请补充纳税信用评价的，税务机关应按本办法第三章规定处理。

第二十六条　纳税人信用评价状态变化时，税务机关可采取适当方式通知、提醒纳税人。

第二十七条　税务机关对纳税信用评价结果，按分级分类原则，依法有序开放：

（一）主动公开 A 级纳税人名单及相关信息；

（二）根据社会信用体系建设需要，以及与相关部门信用信息共建共享合作备忘录、协议等规定，逐步开放 B、C、D 级纳税人名单及相关信息；

（三）定期或者不定期公布重大税收违法案件信息。具体办法由国家税务总局另行规定。

第五章　纳税信用评价结果的应用

第二十八条　税务机关按照守信激励，失信惩戒的原则，对不同信用级别的纳税人实施分类服务和管理。

第二十九条　对纳税信用评价为 A 级的纳税人，税务机关予以下列激励措施：

（一）主动向社会公告年度 A 级纳税人名单；

（二）一般纳税人可单次领取 3 个月的增值税发票用量，需要调整增值税发票用量时即时办理；

（三）普通发票按需领用；

（四）连续 3 年被评为 A 级信用级别（简称 3 连 A）的纳税人，除享受以上措施外，还可以由税务机关提供绿色通道或专门人员帮助办理涉税事项；

（五）税务机关与相关部门实施的联合激励措施，以及结合当地实际情况采取的其他激励措施。

第三十条 对纳税信用评价为B级的纳税人，税务机关实施正常管理，适时进行税收政策和管理规定的辅导，并视信用评价状态变化趋势选择性地提供本办法第二十九条的激励措施。

第三十一条 对纳税信用评价为C级的纳税人，税务机关应依法从严管理，并视信用评价状态变化趋势选择性地采取本办法第三十二条的管理措施。

第三十二条 对纳税信用评价为D级的纳税人，税务机关应采取以下措施：

(一)按照本办法第二十七条的规定，公开D级纳税人及其直接责任人员名单，对直接责任人员注册登记或者负责经营的其他纳税人纳税信用直接判为D级；

(二)增值税专用发票领用按辅导期一般纳税人政策办理，普通发票的领用实行交(验)旧供新、严格限量供应；

(三)加强出口退税审核；

(四)加强纳税评估，严格审核其报送的各种资料；

(五)列入重点监控对象，提高监督检查频次，发现税收违法违规行为的，不得适用规定处罚幅度内的最低标准；

(六)将纳税信用评价结果通报相关部门，建议在经营、投融资、取得政府供应土地、进出口、出入境、注册新公司、工程招投标、政府采购、获得荣誉、安全许可、生产许可、从业任职资格、资质审核等方面予以限制或禁止；

(七)D级评价保留2年，第三年纳税信用不得评价为A级；

(八)税务机关与相关部门实施的联合惩戒措施，以及结合实际情况依法采取的其他严格管理措施。

第六章 附 则

第三十三条 省税务机关可以根据本办法制定具体实施办法。

第三十四条 本办法自2014年10月1日起施行。2003年7月17日国家税务总局发布的《纳税信用等级评定管理试行办法》(国税发〔2003〕92号)同时废止。

国家税务总局关于印发《税务稽查案卷管理暂行办法》和《税务稽查案卷电子文件管理参考规范》的通知

税总发〔2014〕127号

各省、自治区、直辖市和计划单列市国家税务局、地方税务局：

现将《税务稽查案卷管理暂行办法》和《税务稽查案卷电子文件管理参考规范》印发给你们，请认真遵照执行。执行中遇到的问题，请及时报告国家税务总局(稽查局)。

国家税务总局

2014年10月23日

税务稽查案卷管理暂行办法

第一章 总 则

第一条 为了规范税务稽查案卷管理，加强执法控制监督，根据《中华人民共和国税收征收管理法》《中华人民共和国档案法》有关规定，制定本办法。

第二条 税务稽查案卷是指税务局及其稽查局在依法履行税务稽查职责过程中取得或者形成的，具有保存价值的文字、图表、声像以及电子数据等形式的过程记录。案卷类别划分为：

(一)税务稽查立案查处类(以下简称立案查处类);

(二)承办税收违法案件异地协助类(以下简称承办异地协助类);

(三)重大税收违法案件督办类(以下简称重案督办类);

(四)国家税务总局和省、自治区、直辖市、计划单列市国家税务局、地方税务局规定的其他类别。

第三条 税务局稽查局(以下简称稽查局)应当在税务局档案管理部门监督和指导下,做好税务稽查案卷立卷、收集、整理、归档、保管、利用等管理工作。

第四条 税务稽查案卷应当完整、准确、客观、规范,方便利用,防止损毁、丢失和泄密。

第二章 立卷及文件材料收集

第五条 对确定税务稽查的对象和事项,稽查局应当建立税务稽查案卷,将稽查选案、检查、审理、执行等相关工作情况记录纳入案卷管理。

税务稽查事项办理过程中取得或者形成的证据材料、相关文书、文件以及其他记录等材料(以下简称文件材料),应当装入临时税务稽查案卷,填写文件材料交接清单。文件材料交接清单应当编写目录,注明序号。

第六条 立案查处类税务稽查案卷应当包括下列文件材料:

(一)选案环节相关文件材料,如税务稽查立案审批表、税收违法案件交办函等;

(二)检查环节相关文件材料,如税务稽查报告、纳税人自查报告材料、税务稽查工作底稿、当事人陈述申辩材料、现场笔录、勘验笔录、书证、物证、视听资料、证人证言、电子数据等;

(三)审理环节相关文件材料,如税务稽查审理报告、税务行政处罚事项告知书、听证材料、税务处理决定书、税务行政处罚决定书、税务稽查结论等;

(四)执行环节相关文件材料,如税务稽查执行报告、延期或者分期缴纳罚款申请审批表、查补税收款项完税凭证等;

(五)其他应当归入立案查处类案卷的文件材料。

稽查局选案部门在选案时,根据税务稽查对象,建立立案查处类税务稽查案卷;选案、检查、审理、执行部门分别收集本环节相关文件材料,并按照规定移交下一工作环节;审理部门在结案后60日内整理、装订、归档。

第七条 承办异地协助类税务稽查案卷应当包括下列文件材料:

(一)异地协助事项接受的相关文件材料,如税收违法案件协查函等;

(二)异地协助事项办理的相关文件材料,如税务检查通知书、现场笔录、书证、视听资料、证人证言等;

(三)异地协助事项办结的相关文件材料,如税收违法案件协查回复函等;

(四)其他应当归入承办异地协助类案卷的文件材料。

承办异地协助事项的稽查局(以下简称协助方稽查局)承办具体事项的部门,根据协助事项涉及的对象,建立承办异地协助类税务稽查案卷,收集相关文件材料,在异地协助事项办结后60日内整理、装订、归档。

协助方稽查局发现协助事项涉嫌税收违法行为需要立案查处的,承办具体事项的部门应当将承办异地协助类税务稽查案卷移交选案部门,立案后并入立案查处类案卷管理。

协助方稽查局应当将取得的证据材料原件保留在税务稽查案卷中,并向请求异地协助的稽查局提供复制件,注明"与原件核对无误",加盖公章证明原件出处和存处。

第八条 重案督办类税务稽查案卷应当包括下列文件材料:

(一)督办立项的相关文件材料,如重大税收违法案件督办立项审批表等;

(二)督办办理的相关文件材料,如重大税收违法案件督办函、重大税收违法案件情况报告表、重大税收违法案件拟处理意见报告、重大税收违法案件催办函等;

(三)督办办结的相关文件材料,如重大税收违法案件结案报告等;

(四)其他应当归入重案督办类案卷的文件材料。

督办税务局所属稽查局具体承担督办事项的部门,根据督办的重大税收违法案件,建立重案督办类税务稽查案卷,收集相关文件材料,在督办事项办结后60日内整理、装订、归档。

督办税务局及其稽查局认为督办的重大税收违法案件依法需要由本机关直接查处的，具体承担督办事项的部门应当将重案督办类税务稽查案卷移交选案部门，立案后并入立案查处类案卷管理。

第九条 税务稽查事项发生行政复议、行政诉讼、国家赔偿诉讼、民事诉讼、刑事诉讼的，收集的复议、诉讼相关文件材料应当归入相关税务稽查案卷。

第十条 税务稽查案卷文件材料有发文稿纸、文件处理单的，应当与文件材料正本、定稿一并收集。会同相关部门召开会议、发文所形成的文件材料，应当收集原件；无法收集原件的，收集复制件或者注明原件主要内容及制作单位。

第十一条 税务局及其稽查局相关部门应当按照税务稽查案卷文件材料交接清单所列项目，对上一工作环节移交的全部文件材料进行清点，填写文件材料交接签收单，办理交接手续。

第三章 整理及装订归档

第十二条 稽查局相关部门和人员应当在税务稽查事项办结后，及时对税务稽查案卷进行整理、装订、归档，做到分类规范、目录清晰、资料齐全、编号统一、装订整齐、归档及时。

第十三条 装订成册的立案查处类税务稽查案卷有不宜对外公开内容的，应当分为正卷、副卷。正卷主要列入各类证据材料、税收执法文书正本以及可以对外公开的相关审批文书等证明定性处理处罚合法性、合理性的文件材料。副卷主要列入检举相关材料、案件讨论记录、法定秘密材料、结论性文书原稿、审批稿以及不宜对外公开的税务稽查报告、税务稽查审理报告等内部管理文书、对案件最终定性处理处罚不具有直接影响但反映税务稽查执法过程的文件材料。

税务稽查案卷副卷作为密卷或者内部档案管理；作为密卷管理的，密级以卷内文件材料最高密级确定。

第一款规定以外的其他税务稽查案卷可以不分正卷、副卷，但其中有不宜对外公开内容的，按照副卷管理，并在案卷封面上标明；无不宜对外公开内容的，按照正卷管理，并在案卷封面上标明。

第十四条 税务稽查案卷及其相关文件材料的密级、保密期限、解密条件、知悉范围等依照国家保密规定确定。

第十五条 装订成册的税务稽查案卷卷内文件材料应当按照以下规则组合排列：

（一）立案查处类案卷正卷中的结论性文书及其送达回证排列在最前面，其他文书材料及副卷文书材料按照工作流程顺序排列；

（二）承办异地协助类、重案督办类等案卷文件材料按照工作流程顺序排列；

（三）证据材料按照所反映的问题特征分类，每类证据主证材料排列在前，旁证材料附列其后；

（四）其他文件材料按照其取得或者形成的时间顺序，并结合其重要程度进行排列。

税务稽查案卷卷内每份或者每组文件材料的排列规则：正文在前，附件在后；批复在前，请示在后；批示在前，报告在后；税收执法文书在前，送达回证在后；重要文件材料在前，其他文件材料在后；汇总性文件材料在前，基础性文件材料在后；定稿在前，修改稿在后。

第十六条 装订成册的税务稽查案卷由案卷封面、卷内文件材料目录、卷内文件材料、卷内文件材料备考表、封底组成。

装订成册的税务稽查案卷封面项目包括：案件名称、纳税人识别号、案件来源、案卷类别、案件编号、立案立项日期、办结日期、立卷日期、保管期限、密级等。

装订成册的税务稽查案卷卷内文件材料目录项目包括：文件材料名称、文号、序号、页号、页数、日期、备注、责任者。

装订成册的税务稽查案卷卷内文件材料备考表项目包括：本卷情况说明、立卷人、检查人、立卷时间。

第十七条 税务稽查案卷卷内文件材料经过系统整理排列后，应当用阿拉伯数字逐页编注页码，正面编注在右上角，背面编注在左上角，空白页不编注页码。卷内每份文件材料的原页码原样不变。案卷封面、卷内文件材料目录、卷内文件材料备考表、封底不编注页码。

装订成册的税务稽查案卷不得擅自增添或者抽取文件材料；确需增减文件材料的，应当由案卷保管人员在备考表中注明。增添的文件材料，可以插入与之直接相关的文件材料处，或者放在卷内文件材料之后，并相应追加填写目录。

第十八条 装订成册的税务稽查案卷可以采用硬卷皮装订保存，或者采用软卷皮装订并装入卷盒保存。

硬卷皮由封面、封底、卷脊构成。

采用软卷皮装订的税务稽查案卷，应当按照案卷编号依序装入卷盒保存。卷盒由封面和卷脊构成，卷脊项目包括全宗名称、目录号、年度、起止卷号。

税务稽查案卷文件材料过多的，应当按照顺序分册装订，各册分别从第一页起编注页码。

税务稽查案卷卷皮、卷盒尺寸规格应当符合国家规定标准。

第十九条 装订税务稽查案卷，应当检查卷内文件材料是否齐全、规范整洁，排列顺序是否符合规则，编注页码是否正确，卷内文件材料名称、数量与目录是否一致等。

第二十条 装订税务稽查案卷，应当剔除下列文件材料：

(一)没有证明或者参考价值的信封、工作材料；

(二)内容完全相同的重份文件材料；

(三)其他与卷内记录事项无关、确无保存必要的文件材料。

对前款所列的文件材料是否剔除存在疑问的，由相关部门甄别后提出意见，由稽查局领导或者税务局档案管理部门负责人审核确定。

第二十一条 装订税务稽查案卷，应当注意以下事项：

(一)文书破损的，应当进行修复或者复制，原件在前，复制件在后；

(二)卷内有不可替代的容易褪色、消失的字迹等证据材料或者其他不利于长期保管的文件材料的，应当进行复制，原件在前，复制件在后；

(三)文件材料小于A4纸或者装订后影响字迹的，应当加贴衬纸；横向粘贴的，字头应当朝向左边；票据应当码平粘贴；

(四)文件材料大于A4纸的，右边与下边应当对齐，采取从里向外、从上往下的方式折叠；

(五)需要附卷保存的信封，应当打开展平后加贴衬纸或者复制留存，邮票不得撕揭；

(六)文件材料上的金属物应当剔除；

(七)排除可能影响案卷装订保管、损坏卷内文件材料的其他事项。

第二十二条 可以随税务稽查案卷保存的物证，应当归入案卷；无法装订的，装入证物袋，标注证物名称、数量、特征、来源等相关信息，用封条粘贴，放到备考表与封底之间。不能随卷保存的物证，应当另处存放，并与案卷相互标注相关信息。不宜保存的物证，应当拍照装订归卷，实物经所属税务局主管稽查工作的局领导批准后销毁或者作其他适当处理。

第二十三条 税务稽查案卷装订后，应当在卷底装订线结扣处粘贴封志，并加盖骑缝章。

第二十四条 装订成册的税务稽查案卷保管期限：

(一)立案查处类中重大偷逃骗抗税、虚开发票等税收违法案件的案卷，保管期限为永久；

(二)立案查处类中一般偷逃骗抗税、虚开发票等税收违法案件的案卷，保管期限为30年；

(三)其他立案查处类案卷，保管期限为10年；

(四)承办异地协助类案卷保管期限参照前三项确定；

(五)重案督办类案卷保管期限根据所督办的案件确定；

(六)其他类别案卷保管期限依照国家税务总局或者省、自治区、直辖市、计划单列市国家税务局、地方税务局规定确定，或者根据所办事项具体情况适当确定。

保管期限从案卷装订成册次年1月1日起计算。

第一款第一项所列的重大税收违法案件标准，由国家税务总局或者省、自治区、直辖市、计划单列市国家税务局、地方税务局确定。

第二十五条 稽查局对装订成册的税务稽查案卷应当集中保管，并指定专人管理。案卷保管人员对保管的案卷应当严格查验，对不合格的案卷，应当退回相关部门重新整理。

稽查局撤销或者稽查局不具备长期档案保管条件的，应当将税务稽查案卷移交承继其职能的机构保管或者移交所属税务局档案管理部门保管。案卷移交时，应当填写档案交接文据，办理交接手续。

第二十六条 稽查局应当定期清理所保管的税务稽查案卷，对已到期的案卷进行鉴定，对仍有保存价值的，应当延长保管期限；对无继续保存价值的，应当依照档案管理规定的权限和程序审批后销毁。

税务局档案管理部门保管的税务稽查案卷的清理、鉴定、销毁，由档案管理部门会同稽查局审核报税务局领导审批后进行。

第二十七条 任何单位和个人不得擅自销毁、转移、藏匿、伪造、变造、篡改、损毁税务稽查案卷及其文件材料，不得将案卷及其文件材料转让他人或者据为己有。

第四章 电子文件管理

第二十八条 税务稽查案卷电子文件与纸质文件材料的收集、整理、归档应当同步进行。

前款所称税务稽查案卷电子文件，是指税务局及其稽查局在依法履行税务稽查职责过程中，通过计算机等电子设备取得、形成、处理、传输、存储的文字、图表、图像、音频、视频等文件，包括税收执法文书和内部管理文书的电子文本、电子数据、数码照片等。

第二十九条 税务稽查案卷电子文件管理应当遵循以下规则：

（一）统筹规划，统一标准，集中保存，规范管理；

（二）对电子文件取得、形成、处理、传输、存储、利用、销毁等实行全过程管理，确保电子文件始终处于受控状态；

（三）方便利用，提供分层次、分类别共享应用；

（四）依照国家规定标准，采取有效技术手段和管理措施，确保电子文件信息安全。

第三十条 取得或者形成的税务稽查案卷电子文件，应当具备国家规定的原件形式，并符合以下要求：

（一）能够有效表现所记载的内容并可供调取查用；

（二）采用符合国家规定标准的文件存储格式，确保能够长期有效读取；

（三）能够保证电子文件及其元数据自形成起完整无缺、来源可靠，未被非法更改；

（四）在信息交换、存储和显示过程中发生的形式变化不影响电子文件内容真实、完整。

涉密电子文件的原件形式应当符合国家保密规定。

第三十一条 税务稽查过程中取得或者形成的税务稽查案卷电子文件，应当符合以下要求：

（一）从税务稽查对象取得的作为证据的电子文件，应当保持文件原貌，及时封存；

（二）检查人员制作的电子文件，应当注明电子文件的形成背景、证明对象、格式、大小、制作人等；

（三）数据分析过程中产生的电子文件，应当注明数据分析的数据源、数据分析和处理方法、数据处理过程以及数据分析结论。

第三十二条 税务稽查案卷电子文件归档应当符合以下要求：

（一）与相对应的纸质案卷的归档期限相同；

（二）不得低于相对应的纸质案卷保管期限；

（三）电子文件及其元数据应当同时归档；

（四）可以随案卷保存的录音带、录像带、光盘等载体，应当在装具上标注相关信息；

（五）已经真实性、完整性、有效性鉴定、检测，并由相关责任人确认；

（六）具有永久保存价值或者其他重要价值的电子文件，应当转换为纸质文件或者缩微品同时归档；

（七）冲印的数码照片，应当标注照片相关信息；

（八）采用技术手段加密的电子文件应当解密后归档，压缩的电子文件应当解压缩后归档；

（九）准确划分密级；

（十）涉密电子文件应当使用符合国家保密规定的载体存储，并按照保密要求进行管理和使用。

第三十三条 通过税收管理信息系统审批运转、对税务定性处理处罚具有直接决定作用的电子文件，应当连同审批单打印成纸质文件材料，归入相对应的纸质税务稽查案卷；无可靠电子签名的纸质文件材料，由相关人员手写补充签名；确有特殊情况无法手写补充签名的，应当注明缘由。

第三十四条 税务稽查案卷电子文件归档可以采用在线或者离线存储。在线存储应当使用专用存储服务器，实行电子文件在线管理；离线存储可以选择使用只读光盘、一次写光盘、磁带、可擦写光盘、硬磁盘等耐久性好的载体，不得使用软磁盘作为归档电子文件长期保存的载体。

第三十五条 税务稽查案卷电子文件管理相关事项，参照国家税务总局《税务稽查案卷电子文件管理参考规范》。

第五章　数字化处理

第三十六条　税务机关应当积极创造条件，逐步实现税务稽查案卷数字化。

税务稽查案卷数字化，是指采用扫描仪或者数码相机等数码设备对纸质案卷文件材料进行数字化加工，将其转化为存储在磁带、磁盘、光盘等载体上且能被计算机识别的数字图像或者数字文本，并与案卷已有电子文件融合起来的处理过程。

第三十七条　税务稽查案卷数字化，可以在案卷文件材料整理装订时同步进行，也可以在案卷归档后集中进行。

税务稽查案卷数字化，由稽查局、档案管理部门、电子税务管理部门依照国家纸质档案数字化有关规定实施。

第三十八条　税务稽查案卷数字化应当符合以下要求：

（一）纸质案卷电子版本应当与原纸质案卷保持一致，不一致的应当注明原因和处理方法；

（二）对纸质案卷文件材料从封面至封底进行完整数字化，确实不能数字化的文件材料，应当登记备查；

（三）对纸质案卷数字化直接产生的图像文件应当采用通用格式；

（四）扫描色彩模式通常采用黑白二值模式扫描；对材料中有多色文字、红头、印章、插有照片图片、字迹清晰度较差等采用黑白扫描模式扫描无法清晰辨识的页面，应当采用彩色扫描模式扫描；

（五）需要进行文字识别的文件材料，扫描分辨率应当达到相应率值；

（六）符合国家相关保密规定。

第三十九条　税务稽查案卷数字化过程中，可以为原纸质案卷逐册加贴与税收管理信息系统相关联的条形码、二维码、无线射频等机读标签。

第六章　利　　用

第四十条　税务稽查对象出示有效身份证明，可以查阅、复制涉及自身的税务稽查案卷正卷相关文件材料。

代理人出示税务稽查对象授权委托书及双方有效身份证明，可以查阅、复制涉及税务稽查对象自身的税务稽查案卷正卷相关文件材料。

第四十一条　税务机关相关部门可以查阅、借阅本级税务机关与其工作相关的税务稽查案卷文件材料。

上级税务机关可以查阅、调阅下级税务机关税务稽查案卷相关文件材料。

经税务稽查案卷所在税务机关审核同意，同级税务机关之间可以查阅、复制案卷正卷相关文件材料，下级税务机关可以查阅、复制上级税务机关案卷正卷相关文件材料。

第四十二条　司法、执法、纪检监察机关依照法定职权和程序查阅、调阅税务稽查案卷文件材料的，从其相关法律、法规规定。

其他单位因工作需要，出示单位有效证明和经办人员有效身份证明，经税务稽查案卷所在税务机关审核同意，可以查阅、复制案卷正卷相关文件材料。

第四十三条　查阅、借阅、调阅、复制税务稽查案卷文件材料，应当按照规定办理相关手续。

复制的税务稽查案卷文件材料，案卷保管部门可以加盖印章证明出处或者存处。

借阅、调阅税务稽查案卷文件材料时，应当确定归还期限；借阅、调阅、归还案卷时，应当由借阅、调阅经办人员和案卷保管人员共同对案卷相关文件材料进行清点并签字确认。

第四十四条　涉及国家秘密、工作秘密、商业秘密、个人隐私和可能造成不良社会影响、后果的税务稽查案卷文件材料，以及尚未装订归档的案卷文件材料，在提供利用前应当由税务局及其稽查局相关部门进行审核，严格限制利用范围。利用涉密文件材料，应当按照规定报有权机关和领导批准，并按照规定程序办理有关手续。

具体税务稽查执法行为涉及法律、行政法规和国务院规定应当信息公开的事项，从其相关规定。

第四十五条　对查阅、借阅、调阅、复制的税务稽查案卷文件材料，不得涂改、圈划、抽换、批注、污损、折皱；不得将所借阅、调阅的案卷文件材料转借其他单位或者个人；不得擅自将查阅、借阅、调阅的案卷文件材料内容告知其他单位或者个人；不得泄露案卷涉及国家秘密、工作秘密、商业秘密、个人隐私的内容和事项。

发现被查阅、借阅、调阅、复制的税务稽查案卷文件材料有短缺、涂改、抽换、污损等情况的，案卷保管人员应当及时报告并追查。

第四十六条 税务稽查案卷电子文件与纸质案卷电子版本的利用，依照纸质案卷利用有关规定办理。

具备条件的税务机关，应当优先将税务稽查案卷电子文件与纸质案卷电子版本提供利用。案卷电子文件与纸质案卷电子版本能够满足利用需要的，一般不提供纸质案卷。

提供利用税务稽查案卷电子文件与纸质案卷电子版本，可以采取在线阅览、数据传输、打印输出等方式。

税务稽查案卷电子文件与纸质案卷电子版本经打印输出的，一般应当覆有表明其为复制件的水印，案卷保管部门可以加盖印章证明出处或者存处。

第四十七条 税务稽查案卷电子文件封存载体不得外借。

利用税务稽查案卷电子文件，应当使用拷贝件。

任何单位或者个人不得擅自拷贝税务稽查案卷电子文件。

第四十八条 具有文献价值的税务稽查案卷电子文件和纸质案卷电子版本，由税务局档案管理部门负责人和稽查局局长签报所属税务局主管领导批准，可以永久保存，不与其相对应的纸质案卷同步销毁。

第四十九条 国家税务总局依托税收管理信息系统，逐步建立全国统一的税务稽查案卷查阅服务平台，争取实现案卷远程异地查阅。

第七章 奖 惩

第五十条 对税务稽查案卷管理工作成绩突出的单位或者个人，应当给予奖励。

第五十一条 对违反税务稽查案卷管理及档案管理规定的单位和个人，依照有关规定追究责任。

第八章 附 则

第五十二条 本办法所称结案，参照国家税务总局《重大税收违法案件督办管理暂行办法》有关结案规定执行。

第五十三条 国家税务总局和省、自治区、直辖市、计划单列市国家税务局、地方税务局规定的其他类别税务稽查案卷文件材料处理方法，参照本办法有关规定确定。

第五十四条 税务稽查案卷管理基本文书式样，由国家税务总局制定。

第五十五条 国家税务总局以前有关规定与本办法规定不一致的，依照本办法规定执行。

第五十六条 本办法自 2015 年 1 月 1 日起执行。

附件：1. 税务稽查案卷文件材料排列顺序（略）

2. 税务稽查案卷管理基本文书式样（略）

税务稽查案卷电子文件管理参考规范

第一条 为了指导税务稽查案卷电子文件安全规范管理，根据《中华人民共和国税收征收管理法》《中华人民共和国档案法》有关规定，制定本规范。

第二条 本规范是指引税务稽查案卷电子文件管理的一般路径和基本方法，本规范未涉及或者未作说明的相关事项，依照国家有关规定执行。

第三条 收集税务稽查案卷电子文件，应当符合以下要求：

（一）收集电子文件应当同时制作记录每份电子文件的元数据、背景信息的电子文件登记表；

（二）收集的电子文件同时存在相对应的纸质或者其他载体形式的文件的，应当在内容、相关说明及描述上保持一致；

（三）收集具有永久保存价值的文本或者图形形式的电子文件，应当制成纸质文件或者缩微品等；

（四）收集只有电子签名的电子文件，应当尽量同时收集具有法律效力的非电子签名；

（五）收集记录重要文件的修改过程和办理情况、有查考价值的电子文件，应当同时收集电子文件及其电子版本的定稿；

（六）收集在网络系统中处于流转状态，暂时无法确定其保管责任的电子文件，应当采取捕获措施，集中暂存在符合安全要求的电子文件存储器中，以防散失；

（七）收集使用文字处理技术形成的文本电子文件，应当采用文字型电子文件通用的 XML、RTF、TXT 格式，并注明文件存储格式、文字处理工具等，必要时应当同时保留文字处理工具软件；

（八）收集使用扫描仪、数码相机等设备获得的图像电子文件，应当采用扫描型电子文件通用的 JPEG、TIFF 格式；采用非通用文件格式的，收集时应当将其转换成通用格式；无法转换的，应当将相关软件一并收集；

（九）收集使用数码相机拍摄的照片，反映重要内容的，应当冲洗出纸质照片，与数码照片一并归档；反映一般内容的，可只归档数码照片；

（十）收集使用计算机辅助设计或者绘图等设备获得的图形电子文件，应当注明其软硬件环境和相关数据；

（十一）收集使用视频或者多媒体设备获得的电子文件以及使用超媒体链接技术制作的电子文件，应当采用视频和多媒体电子文件通用的 MPEG、AVI 格式；采用非通用文件格式的，应当同时收集其非通用格式的压缩算法和相关软件；

（十二）收集使用音频设备获得的声音文件，应当采用音频电子文件通用的 WAV、MP3 格式，并同时收集其属性标识、参数和非通用格式的相关软件；

（十三）收集使用通用软件产生的电子文件，应当同时收集其软件型号、名称、版本号和相关参数手册、说明资料等；

（十四）收集使用专用软件产生的电子文件，应当转换成通用型电子文件；确实不能转换的，应当连同专用软件一同收集；

（十五）收集套用统一模板的电子文件，在保证能够恢复原形态的情况下，其内容信息可脱离套用模板进行存储，被套用模板作为电子文件的元数据保存；

（十六）收集电子文件一般不加密；加密的，应当将密钥同时归档；

（十七）计算机系统运行和信息处理过程中涉及的与电子文件处理有关的参数、管理数据等，应当与电子文件一并收集。

第四条 税务稽查案卷电子文件可以采用在线或者离线存储。在线存储应当使用专用存储服务器，实行电子文件在线管理。离线存储应当符合以下要求：

（一）可以选择使用只读光盘、一次写光盘、磁带、可擦写光盘、硬磁盘等耐久性好的载体，一式两套，一套封存保管，一套供查阅使用；有条件的，可另制作一套异处保存；

（二）加密电子文件，应当在解密后再制作拷贝；

（三）不允许使用软磁盘作为归档电子文件长期保存的载体；取得证据原件为软磁盘的，应当将软磁盘中数据拷贝到耐久性好的载体，并将软磁盘原件与拷贝后的载体一并归档；

（四）电子文件存储载体或者装具上应当有标签，标签上应当注明相对应的案卷全宗号、载体序号、类别号、密级、保管期限、存入日期等；需要在光盘标签面书写的，应当使用光盘标签笔；需要通过光盘打印标签的，应当通过计算机排版后，使用能够支持光盘盘面打印的打印机打印。

第五条 保管税务稽查案卷电子文件离线存储载体，应当符合下列条件：

（一）载体应当作防写处理，避免擦、划、触摸记录涂层；

（二）单片载体应当装盒，竖立存放，避免挤压；

（三）存放时应当远离强磁场、强热源，与有害气体隔离；

（四）环境温度及相对湿度应当适宜。

第六条 税务稽查案卷电子文件的利用，依照国家税务总局《税务稽查案卷管理暂行办法》有关规定办理。

第七条 传递、保管、利用、销毁税务稽查案卷电子文件，应当严格遵守国家保密规定，采取相应的安全保密措施。

第八条 本规范应当根据信息技术发展和税务稽查案卷管理实际需要适时修订调整。

重大税务案件审理办法

国家税务总局令第34号

《重大税务案件审理办法》已经2014年11月25日国家税务总局2014年度第3次局务会议审议通过，现予公布，自2015年2月1日起施行。

国家税务总局局长：王军
2014年12月2日

重大税务案件审理办法

第一章 总 则

第一条 为推进税务机关科学民主决策，强化内部权力制约，保护纳税人合法权益，根据《中华人民共和国行政处罚法》《中华人民共和国税收征收管理法》，制定本办法。

第二条 省以下各级税务局开展重大税务案件审理工作适用本办法。

第三条 重大税务案件审理应当以事实为根据、以法律为准绳，遵循合法、合理、公平、公正、效率的原则，注重法律效果和社会效果相统一。

第四条 参与重大税务案件审理的人员应当严格遵守国家保密规定和工作纪律，依法为纳税人、扣缴义务人的商业秘密和个人隐私保密。

第二章 审理机构和职责

第五条 省以下各级税务局设立重大税务案件审理委员会(以下简称审理委员会)。

审理委员会由主任、副主任和成员单位组成，实行主任负责制。

审理委员会主任由税务局局长担任，副主任由税务局其他领导担任。审理委员会成员单位包括政策法规、税政业务、纳税服务、征管科技、大企业税收管理、税务稽查、督察内审部门。各级税务局可以根据实际需要，增加其他与案件审理有关的部门作为成员单位。

第六条 审理委员会履行下列职责：

(一)拟定本机关审理委员会工作规程、议事规则等制度；

(二)审理重大税务案件；

(三)指导监督下级税务局重大税务案件审理工作。

第七条 审理委员会下设办公室，办公室设在政策法规部门，办公室主任由政策法规部门负责人兼任。

第八条 审理委员会办公室履行下列职责：

(一)组织实施重大税务案件审理工作；

(二)提出初审意见；

(三)制作审理会议纪要和审理意见书；

(四)办理重大税务案件审理工作的统计、报告、案卷归档；

(五)承担审理委员会交办的其他工作。

第九条 审理委员会成员单位根据部门职责参加案件审理，提出审理意见。

稽查局负责提交重大税务案件证据材料、拟作税务处理处罚意见、举行听证。

稽查局对其提交的案件材料的真实性、合法性、准确性负责。

第十条 参与重大税务案件审理的人员有法律法规规定的回避情形的，应当回避。

重大税务案件审理参与人员的回避，由其所在部门的负责人决定；审理委员会成员单位负责人的回避，由审理委员会主任或其授权的副主任决定。

第三章 审理范围

第十一条 本办法所称重大税务案件包括：

（一）重大税务行政处罚案件，具体标准由各省、自治区、直辖市和计划单列市税务局根据本地情况自行制定，报国家税务总局备案；

（二）根据重大税收违法案件督办管理暂行办法督办的案件；

（三）应司法、监察机关要求出具认定意见的案件；

（四）拟移送公安机关处理的案件；

（五）审理委员会成员单位认为案情重大、复杂，需要审理的案件；

（六）其他需要审理委员会审理的案件。

第十二条 本办法第十一条第三项规定的案件经审理委员会审理后，应当将拟处理意见报上一级税务局审理委员会备案。备案5日后可以作出决定。

第十三条 稽查局应当在每季度终了后5日内将稽查案件审理情况备案表送审理委员会办公室备案。

第四章 提请和受理

第十四条 稽查局应当在内部审理程序终结后5日内，将重大税务案件提请审理委员会审理。

当事人要求听证的，由稽查局组织听证。

第十五条 稽查局提请审理委员会审理案件，应当提交以下案件材料：

（一）重大税务案件审理案卷交接单；

（二）重大税务案件审理提请书；

（三）税务稽查报告；

（四）税务稽查审理报告；

（五）听证材料；

（六）相关证据材料。

重大税务案件审理提请书应当写明拟处理意见，所认定的案件事实应当标明证据指向。

证据材料应当制作证据目录。

稽查局应当完整移交证据目录所列全部证据材料，不能当场移交的应当注明存放地点。

第十六条 审理委员会办公室收到稽查局提请审理的案件材料后，应当在重大税务案件审理案卷交接单上注明接收部门和收到日期，并由接收人签名。

对于证据目录中列举的不能当场移交的证据材料，必要时，接收人在签收前可以到证据存放地点现场查验。

第十七条 审理委员会办公室收到稽查局提请审理的案件材料后，应当在5日内进行审核。

根据审核结果，审理委员会办公室提出处理意见，报审理委员会主任或其授权的副主任批准：

（一）提请审理的案件属于本办法规定的审理范围，提交了本办法第十五条规定的材料的，建议受理；

（二）提请审理的案件属于本办法规定的审理范围，但未按照本办法第十五条的规定提交相关材料的，建议补正材料；

（三）提请审理的案件不属于本办法规定的审理范围的，建议不予受理。

第五章 审理程序

第一节 一般规定

第十八条 重大税务案件应当自批准受理之日起30日内作出审理决定，不能在规定期限内作出审理决定的，经审理委员会主任或其授权的副主任批准，可以适当延长，但延长期限最多不超过15日。

补充调查、请示上级机关或征求有权机关意见的时间不计入审理期限。

第十九条 审理委员会审理重大税务案件，应当重点审查：

（一）案件事实是否清楚；

（二）证据是否充分、确凿；

（三）执法程序是否合法；

（四）适用法律是否正确；

（五）案件定性是否准确；

（六）拟处理意见是否合法适当。

第二十条 审理委员会成员单位应当认真履行职责，根据本办法第十九条的规定提出审理意见，所出具的审理意见应当详细阐述理由、列明法律依据。

审理委员会成员单位审理案件，可以到审理委员会办公室或证据存放地查阅案卷材料，向稽查局了解案件有关情况。

第二十一条 重大税务案件审理采取书面审理和会议审理相结合的方式。

第二节 书面审理

第二十二条 审理委员会办公室自批准受理重大税务案件之日起5日内，将重大税务案件审理提请书及必要的案件材料分送审理委员会成员单位。

第二十三条 审理委员会成员单位自收到审理委员会办公室分送的案件材料之日起10日内，提出书面审理意见送审理委员会办公室。

第二十四条 审理委员会成员单位认为案件事实不清、证据不足，需要补充调查的，应当在书面审理意见中列明需要补充调查的问题并说明理由。

审理委员会办公室应当召集提请补充调查的成员单位和稽查局进行协调，确需补充调查的，由审理委员会办公室报审理委员会主任或其授权的副主任批准，将案件材料退回稽查局补充调查。

第二十五条 稽查局补充调查不应超过30日，有特殊情况的，经稽查局局长批准可以适当延长，但延长期限最多不超过30日。

稽查局完成补充调查后，应当按照本办法第十五条、第十六条的规定重新提交案件材料、办理交接手续。

稽查局不能在规定期限内完成补充调查的，或者补充调查后仍然事实不清、证据不足的，由审理委员会办公室报请审理委员会主任或其授权的副主任批准，终止审理。

第二十六条 审理委员会成员单位认为案件事实清楚、证据确凿，但法律依据不明确或者需要处理的相关事项超出本机关权限的，按规定程序请示上级税务机关或者征求有权机关意见。

第二十七条 审理委员会成员单位书面审理意见一致，或者经审理委员会办公室协调后达成一致意见的，由审理委员会办公室起草审理意见书，报审理委员会主任批准。

第三节 会议审理

第二十八条 审理委员会成员单位书面审理意见存在较大分歧，经审理委员会办公室协调仍不能达成一致意见的，由审理委员会办公室向审理委员会主任或其授权的副主任报告，提请审理委员会会议审理。

第二十九条 审理委员会办公室提请会议审理的报告，应当说明成员单位意见分歧、审理委员会办公室协调情况和初审意见。

审理委员会办公室应当将会议审理时间和地点提前通知审理委员会主任、副主任和成员单位，并分送案件材料。

第三十条 成员单位应当派员参加会议，三分之二以上成员单位到会方可开会。审理委员会办公室以及其他与案件相关的成员单位应当出席会议。

案件调查人员、审理委员会办公室承办人员应当列席会议。必要时，审理委员会可要求调查对象所在地主管税务机关参加会议。

第三十一条 审理委员会会议由审理委员会主任或其授权的副主任主持。首先由稽查局汇报案情及拟处理意见。审理委员会办公室汇报初审意见后，各成员单位发表意见并陈述理由。

审理委员会办公室应当做好会议记录。

第三十二条 经审理委员会会议审理，根据不同情况，作出以下处理：

（一）案件事实清楚、证据确凿、程序合法、法律依据明确的，依法确定审理意见；

(二)案件事实不清、证据不足的,由稽查局对案件重新调查;

(三)案件执法程序违法的,由稽查局对案件重新处理;

(四)案件适用法律依据不明确,或者需要处理的有关事项超出本机关权限的,按规定程序请示上级机关或征求有权机关的意见。

第三十三条 审理委员会办公室根据会议审理情况制作审理纪要和审理意见书。

审理纪要由审理委员会主任或其授权的副主任签发。会议参加人员有保留意见或者特殊声明的,应当在审理纪要中载明。

审理意见书由审理委员会主任签发。

第六章 执行和监督

第三十四条 稽查局应当按照重大税务案件审理意见书制作税务处理处罚决定等相关文书,加盖稽查局印章后送达执行。

文书送达后5日内,由稽查局送审理委员会办公室备案。

第三十五条 重大税务案件审理程序终结后,审理委员会办公室应当将相关证据材料退回稽查局。

第三十六条 各级税务局督察内审部门应当加强对重大税务案件审理工作的监督。

第三十七条 审理委员会办公室应当加强重大税务案件审理案卷的归档管理,按照受理案件的顺序统一编号,做到一案一卷、资料齐全、卷面整洁、装订整齐。

需要归档的重大税务案件审理案卷包括税务稽查报告、税务稽查审理报告以及本办法附列的有关文书。

第三十八条 各省、自治区、直辖市和计划单列市税务局应当于每年1月31日之前,将本辖区上年度重大税务案件审理工作开展情况和重大税务案件审理统计表报送国家税务总局。

第七章 附 则

第三十九条 各级税务局办理的其他案件,需要移送审理委员会审理的,参照本办法执行。特别纳税调整案件按照有关规定执行。

第四十条 各级税务局在重大税务案件审理工作中可以使用重大税务案件审理专用章。

第四十一条 本办法有关"5日"的规定指工作日,不包括法定节假日。

第四十二条 各级税务局应当按照国家税务总局的规划和要求,积极推动重大税务案件审理信息化建设。

第四十三条 各级税务局应当加大对重大税务案件审理工作的基础投入,保障审理人员和经费,配备办案所需的录音录像、文字处理、通讯等设备,推进重大税务案件审理规范化建设。

第四十四条 各省、自治区、直辖市和计划单列市税务局可以依照本办法制定具体实施办法。

第四十五条 本办法自2015年2月1日起施行。《国家税务总局关于印发〈重大税务案件审理办法(试行)〉的通知》(国税发〔2001〕21号)同时废止。

附件:重大税务案件审理文书范本(共十六种)(略)

国家税务总局关于部分税务行政审批事项取消后有关管理问题的公告

国家税务总局公告2015年第8号

为加强后续管理,现就部分税务行政审批事项取消后有关管理问题公告如下:

一、关于取消"对纳税人申报方式的核准"后的有关管理问题

税务机关应当告知纳税人申报期限和申报方法,畅通申报渠道,确保纳税人可以根据实际生产经营情况,自主选择办税大厅、邮寄或网上申报等多种申报方式。

二、关于取消“印制有本单位名称发票的审批”后的有关管理问题

税务机关对用票单位使用印制有本单位名称发票不再设置条件限制，用票单位可在办税服务厅填写《印有本单位名称发票印制表》，税务机关应当在5个工作日内确认用票单位使用印有该单位名称发票的种类和数量，并向发票印制企业下达《发票印制通知书》。发票印制企业应当按照《发票印制通知书》的要求印制印有用票单位名称发票，确保用票单位正常使用。

三、关于取消“对办理税务登记(开业、变更、验证和换证)的核准”后的有关管理问题

税务机关应当不断创新服务方式，推进税务登记便利化。一方面，推进税务登记方式多样化，提供国税局地税局联合办理、多部门联合办理和“电子登记”等多种方式，为纳税人办理税务登记提供多种选择和便利；另一方面，推进税务登记手续简便化，税务机关办税窗口只对纳税人提交的申请材料进行形式核对，收取相关资料后即时办理税务登记，赋予纳税人识别号，发给税务登记证件，减少纳税人等待时间，提高办理效率。

税务机关在税务登记环节力求即来即办的同时，应当切实加强后续管理。在税务登记环节采集营业执照、注册资本、生产经营地址、公司章程、商业合同和协议等数据信息，并在后续的发票领用、申报纳税等环节及时采集、补充相关数据信息。应当加强对税务登记后续环节录入、补录信息的比对和确认，并逐步实现对税务登记信息完整率、差错率等征管绩效指标的实时监控。

四、关于取消“扣缴税款登记核准”后的有关管理问题

税务机关对扣缴义务人办理扣缴登记不再进行审批。税务机关在办理税务登记、纳税申报或其他涉税事项时直接办理扣缴义务人登记，并按照税收征管法及其实施细则的有关规定，对扣缴义务人是否如实申报代扣代缴税款有关情况进行监督和检查，防范扣缴义务人不履行税法义务带来的税收管理风险。

五、关于取消“以上市公司股权出资不征证券交易印花税的认定”后的有关管理问题

(一)证券市场所在地主管税务机关(即北京、上海、深圳市国家税务局)在证券登记结算公司营业部柜台建立《以上市公司股权出资不征证券交易印花税股权过户情况登记簿》(以下简称《登记簿》，见附件)。

(二)具体操作规程

1. 申请人(转让方，下同)负责填写股权变更的相关事项内容；

2. 证券市场所在地主管税务机关委托当地证券登记结算公司对申请人登记填写内容逐笔验证后再办理相关手续；

3. 证券市场所在地主管税务机关定期核对《登记簿》填写的内容；

4. 年度终了后，证券登记结算公司将《登记簿》交由所在地主管税务机关备查。

(三)自2015年起，证券市场所在地主管税务机关应当在年度终了后一个月内，按照上述要求对《登记簿》登记的内容进行汇总和分析，并将主要情况书面上报税务总局(财产行为税司)。

六、关于取消“在营企业完成改组改制、符合豁免条件的东北老工业基地企业历史欠税豁免审批”后的有关管理问题

税务机关应当通过事后备案等方式加强执行豁免历史欠税政策过程中的相关管理工作，及时对备案资料进行核实，发现条件不符的，应当立即纠正。

七、关于取消“营业税差额纳税试点物流企业确认”和“可用于调和为汽、柴油的石脑油、溶剂油计划及调整计划的核准”后需要明确的有关问题

因交通运输业已经纳入营业税改征增值税范围，取消“营业税差额纳税试点物流企业确认”事项的相关业务已不存在。同时，《财政部 国家税务总局关于调整和完善消费税政策的通知》(财税〔2006〕33号)下发后，将石脑油、溶剂油纳入消费税征税范围，不需要再对可调和为汽、柴油的石脑油、溶剂油采取审批下达计划的方式进行管理，取消“可用于调和为汽、柴油的石脑油、溶剂油计划及调整计划的核准”事项的相关业务也已不存在。因此，《国家税务总局关于试点物流企业有关税收政策问题的通知》(国税发〔2005〕208号)和《汽油、柴油消费税管理办法(试行)》(国税发〔2005〕133号文件印发)第十八条、十九条和二十条已经失效。

本公告自发布之日起施行。

特此公告。

附件：以上市公司股权出资不征证券交易印花税股权过户情况登记簿(略)

国家税务总局

2015年2月4日

关于《国家税务总局关于部分税务行政审批事项取消后有关管理问题的公告》的解读

一、公告出台的主要背景?

行政审批制度改革是行政机关转变职能、简政放权的重要突破口,是行政机关创新管理方式的重要举措。行政审批制度改革必须坚持放管结合的原则,切实加强取消行政审批事项的后续管理,确保放得下、管得好,实现取消审批与强化事中事后监管的无缝衔接,不断提高行政机关的治理能力和水平。为落实国务院决定取消的税务行政审批事项,加强相关管理工作,明确有关事项,税务总局制定发布了该公告。

二、公告对部分税务行政审批事项取消后的有关管理问题作了哪些规定?

(一)对取消的"对纳税人申报方式的核准"事项,要求税务机关应当告知纳税人申报期限和申报方法,畅通申报渠道,确保纳税人可以根据实际生产经营情况,自主选择办税大厅、邮寄或网上申报等多种申报方式。

(二)对取消的"印制有本单位名称发票的审批"事项,要求税务机关对用票单位使用印制有本单位名称发票不再设置条件限制,并明确用票单位办理印制有本单位名称发票的具体程序,规定发票印制企业应当按要求印制有用票单位名称发票,确保用票单位正常使用。

(三)对取消的"对办理税务登记(开业、变更、验证和换证)的核准"事项,要求税务机关不断创新服务方式,推进税务登记方式多样化和手续简便化,按规定即时办理税务登记,提高办理效率,并在税务登记环节和后续环节采集相关数据信息,加强信息比对和确认,逐步实现对税务登记信息完整率、差错率等的实时监控。

(四)对取消的"扣缴税款登记核准"事项,税务机关在办理税务登记、纳税申报或其他涉税事项时直接办理扣缴义务人登记,并按照有关规定对扣缴义务人是否如实申报代扣代缴税款有关情况进行监督和检查,防范税收管理风险。

(五)对取消"以上市公司股权出资不征证券交易印花税认定"事项,证券市场所在地主管税务机关在证券登记结算公司营业部柜台建立《以上市公司股权出资不征证券交易印花税股权过户情况登记簿》(以下简称《登记簿》),明确了具体操作要求:第一步,申请人(转让方,下同)在证券登记结算公司柜台办理股权过户前填写《登记簿》;第二步,由证券登记结算公司对申请人填写的《登记簿》内容进行逐笔验证核对;第三步,主管税务机关定期核对《登记簿》内容;第四步,年度终了后,证券登记结算公司将《登记簿》交付主管税务机关备查。

(六)对取消的"在营企业完成改组改制、符合豁免条件的东北老工业基地企业历史欠税豁免审批"事项,要求税务机关加强对欠税的事后备案等管理,及时对备案资料进行核实,发现条件不符的,应当立即纠正。

三、《以上市公司股权出资不征证券交易印花税股权过户情况登记簿》包括哪些登记内容?

《以上市公司股权出资不征证券交易印花税股权过户情况登记簿》的登记内容主要包括:

(一)申请人(转让方,下同)需要填写的登记内容有:申请人名称、申请人税务登记证号码、申请人所在地、相关出资证明文件、上市公司股票名称、上市公司股票股数、上市公司股票金额、投资方名称、被投资方名称、申请人经办人签字等内容。

(二)证券登记结算公司验证后需要填写的登记内容有:申办日期、过户日期、证券登记结算公司经办人签字等内容。

四、公告对因税制改革或税收政策调整不再存在的审批事项作了哪些明确?

因交通运输业已经纳入营业税改征增值税,取消"营业税差额纳税试点物流企业确认"事项的相关业务已不存在。《财政部 国家税务总局关于调整和完善消费税政策的通知》(财税〔2006〕33 号)下发后,将石脑油、溶剂油纳入消费税征税范围,不需要再对可调和为汽油、柴油的石脑油、溶剂油采取审批下达计划的方式进行管理,取消"可用于调和为汽、柴油的石脑油、溶剂油计划及调整计划的核准"事项的相关业务已不存在。

《国家税务总局关于试点物流企业有关税收政策问题的通知》(国税发〔2005〕208 号)和《汽油、柴油消费税管理办法(试行)》(国税发〔2005〕133 号印发)第十八条、十九条和二十条已经失效。

国家税务总局关于界定超标准小规模纳税人偷税数额的批复

税总函〔2015〕311 号

黑龙江省国家税务局：

你局《关于界定超标准小规模纳税人偷税数额的请示》（黑国税发〔2014〕85 号）收悉。根据《增值税一般纳税人资格认定管理办法》（国家税务总局令第 22 号）、《国家税务总局关于明确〈增值税一般纳税人资格认定管理办法〉若干条款处理意见的通知》（国税函〔2010〕139 号）有关规定，批复如下：

稽查查补销售额和纳税评估调整销售额计入查补税款申报当月的销售额，以界定增值税小规模纳税人年应税销售额。

纳税人年应税销售额超过小规模纳税人标准且未在规定时限内申请一般纳税人资格认定的，主管税务机关应制作《税务事项通知书》予以告知。纳税人在《税务事项通知书》规定时限内仍未向主管税务机关报送一般纳税人认定有关资料的，其《税务事项通知书》规定时限届满之后的销售额依照增值税税率计算应纳税额，不得抵扣进项税额。税务机关送达的《税务事项通知书》规定时限届满之前的销售额，应按小规模纳税人简易计税方法，依 3%征收率计算应纳税额。

你局对所属企业实施税务检查，发生的具体涉税事项，应按上述原则处理。其中，涉及滞纳金和罚款的计算等问题，仍按照相关规定执行。

国家税务总局
2015 年 6 月 11 日

国家税务总局关于修订《纳税服务投诉管理办法》的公告

国家税务总局公告 2015 年第 49 号

为进一步规范纳税服务投诉管理，提高投诉办理效率，国家税务总局修订了《纳税服务投诉管理办法》，现予以发布，自 2015 年 9 月 1 日起施行。原《国家税务总局关于印发〈纳税服务投诉管理办法（试行）〉的通知》（国税发〔2010〕11 号）同时废止。

特此公告。

附件：纳税服务投诉事项处理表（略）

国家税务总局
2015 年 6 月 26 日

纳税服务投诉管理办法

第一章　总　　则

第一条　为保护纳税人合法权益，规范纳税服务投诉管理工作，构建和谐的税收征纳关系，根据《中华人民共和国税收征收管理法》，制定本办法。

第二条 纳税人（含扣缴义务人和其他涉税当事人，下同）认为税务机关及其工作人员在履行纳税服务职责过程中未提供规范、文明的纳税服务或者侵犯其合法权益，向税务机关进行投诉，税务机关办理纳税人投诉事项，适用本办法。

第三条 对依法应当通过税务行政复议、诉讼等法定途径解决的事项，应当依照有关法律、行政法规的规定办理。

第四条 纳税人进行纳税服务投诉应当客观真实，不得隐瞒、歪曲、捏造事实，不得诬告、陷害他人。

第五条 税务机关及其工作人员在办理纳税服务投诉事项中，必须坚持合法、公正、及时的原则，不得徇私、偏袒，不得打击、报复。

第六条 县级以上税务机关的纳税服务管理部门具体办理纳税服务投诉事项，负责受理、调查、处理纳税服务投诉。

第七条 各级税务机关应当配备专门人员从事纳税服务投诉管理工作，保障纳税服务投诉工作的顺利开展。

第二章 纳税服务投诉范围

第八条 本办法所称纳税服务投诉包括：

（一）纳税人对税务机关工作人员服务态度不满意而进行的投诉；

（二）纳税人对税务机关及其工作人员服务质效不满意而进行的投诉；

（三）纳税人认为税务机关及其工作人员在履行职责过程中侵害其合法权益而进行的投诉。

第九条 对服务态度的投诉，是指纳税人认为税务机关工作人员在履行纳税服务职责过程中工作用语、行为举止不符合文明服务规范要求而进行的投诉。具体包括：

（一）税务机关工作人员使用服务忌语的；

（二）税务机关工作人员对待纳税人态度恶劣的；

（三）税务机关工作人员行为举止违背文明礼仪服务其他要求的。

第十条 对服务质效的投诉，是指纳税人认为税务机关及其工作人员办理涉税业务时，未能提供规范、高效的服务而进行的投诉。具体包括：

（一）税务机关及其工作人员未按规定时限办理、回复涉税事项的；

（二）税务机关及其工作人员受理纳税人涉税事项或者接受纳税人涉税咨询，按规定应当一次性告知而未能一次性告知的；

（三）在涉税业务办理、纳税咨询、服务投诉和税收工作建议方面，税务机关工作人员未履行首问责任制的；

（四）税务机关未按照办税公开要求的范围、程序或者时限，公开相关税收事项和具体规定，未能为纳税人提供适当的查询服务的；

（五）税务机关及其工作人员违反纳税服务规范其他要求的。

第十一条 侵害纳税人合法权益的投诉，是指纳税人认为税务机关及其工作人员在履行纳税服务职责过程中未依法执行现行税收法律法规规定，侵害纳税人的合法权益而进行的投诉。具体包括：

（一）税务机关及其工作人员泄露纳税人商业秘密或者个人隐私的；

（二）税务机关及其工作人员擅自要求纳税人提供规定以外资料的；

（三）税务机关及其工作人员妨碍纳税人行使纳税申报方式选择权的；

（四）税务机关及其工作人员妨碍纳税人依法要求行政处罚听证、申请行政复议以及请求行政赔偿的；

（五）同一税务机关违反规定，在一个纳税年度内，对同一纳税人就同一事项实施超过 1 次纳税评估或者超过 2 次税务检查的；

（六）税务机关及其工作人员违反规定强制纳税人出具涉税鉴证报告，违背纳税人意愿强制代理、指定代理的；

（七）税务机关及其工作人员违反规定或者违背公开承诺，有侵害纳税人合法权益的其他行为的。

第三章　提交与受理

第十二条　纳税人对纳税服务的投诉应当采取实名投诉。投诉可以通过网络、电话、信函或者当面等方式提出。

第十三条　纳税人进行实名投诉，应当列明下列事项：

(一)投诉人的姓名(名称)、有效联系方式；

(二)被投诉单位名称或者被投诉个人的相关信息及其所属单位；

(三)投诉请求、主要事实、理由。

纳税人通过电话或者当面方式提出投诉的，税务机关在告知纳税人的情况下可以对投诉内容进行录音或者录像。

第十四条　纳税人对税务机关及其工作人员的投诉，可以向本级税务机关提交，也可以向其上级税务机关提交。

第十五条　已就具体行政行为申请税务行政复议或者提起税务行政诉讼，且被依法受理的，不可同时进行纳税服务投诉。但具体行政行为同时涉及纳税服务态度问题的，可就纳税服务态度问题单独向税务机关进行投诉。

第十六条　纳税服务投诉符合本办法规定的投诉范围且属于下列情形的，税务机关应当受理：

(一)纳税人进行实名投诉，且投诉材料符合本办法第十三条要求；

(二)纳税人虽进行匿名投诉，但投诉的事实清楚、理由充分，有明确的被投诉人，投诉内容具有典型性。

第十七条　属于下列情形的，税务机关不予受理：

(一)违反法律、法规、规章有关规定的；

(二)针对出台的法律、法规、规章和规范性文件规定进行投诉的；

(三)投诉人就税务机关已处理完毕的相同事项进行投诉，经上级税务机关复核后维持原处理决定的；

(四)投诉事实不清，没有具体诉求或者有效联络方式，无法核实办理的；

(五)不属于本办法投诉范围的其他情形。

第十八条　税务机关收到投诉后，应于 2 个工作日内进行审查，决定是否受理，并分别按下列方式处理：

(一)投诉事项符合本办法规定受理范围，按照“属地管理、分级负责”的原则处理；

(二)本办法规定范围以外的投诉事项应分别依照相关规定告知投诉人向有权处理的部门投诉或者转有权处理的部门处理；

(三)对于投诉要件不全的，应当及时与投诉人取得联系，补正后予以受理。

第十九条　对于不予受理的实名投诉，税务机关应当以适当形式告知投诉人，并说明理由。

第二十条　税务机关收到投诉后，未按本办法第十八条规定的期限审查作出不予受理决定，或者转相关部门处理的，自收到投诉之日起视为受理。

第二十一条　上级税务机关认为下级税务机关应当受理投诉而不受理或者不予受理的理由不成立的，可以责令其受理。

上级税务机关认为有必要的，可以直接受理应由下级税务机关受理的纳税服务投诉。

第二十二条　纳税人的同一投诉事项涉及两个(含)以上税务机关的，应当由首诉税务机关牵头协调处理。首诉税务机关协调不成功的，应当向上级税务机关申请协调处理。

第二十三条　税务机关应当建立纳税服务投诉事项登记制度，将投诉时间、投诉人、被投诉人、联系方式、投诉内容、受理情况以及办理结果等有关内容录入《纳税服务投诉事项处理表》(见附件)。

第二十四条　各级税务机关应当向纳税人公布负责纳税服务投诉机构的通讯地址、投诉电话、电子邮箱、税务网站和其他便利投诉的事项。

第四章　调查与处理

第二十五条　税务机关调查、处理投诉事项，应本着注重调解、化解争议的原则进行。调查处理纳税服务投诉事项，应当由两名以上工作人员参加。

第二十六条 投诉人要求保密的，税务机关及其工作人员应当为投诉人保密；调查人员与投诉事项或者投诉人、被投诉人有利害关系的，应当回避。

第二十七条 税务机关应当对纳税人投诉的具体事项进行调查、核实。调查过程中应当充分听取投诉人、被投诉人的意见，查阅相关文件资料，调取有关证据，必要时可实地核查。

第二十八条 调查过程中发生下列情形之一的，应当终结调查：

（一）投诉事实经查不属于纳税服务投诉事项的；

（二）投诉内容不具体，无法联系投诉人或者投诉人拒不配合调查，导致无法调查核实的；

（三）投诉人自行撤销投诉，经核实，确实不需要进一步调查的。

第二十九条 税务机关根据调查核实的情况，对纳税人投诉的事项分别作出如下处理，并将处理结果以适当形式告知实名投诉人：

（一）投诉情况属实的，责令被投诉人限期改正，并视情节轻重分别给予被投诉人相应的处理；

（二）投诉情况不属实的，向投诉人说明理由。

第三十条 纳税人因服务态度不满进行的纳税服务投诉事项应当在10个工作日内办结。

纳税人因服务质效和侵犯权益进行的纳税服务投诉事项，应当在20个工作日内办结；情况复杂的，经受理税务机关纳税服务部门负责人批准，可以适当延长办理期限，但延长期限不得超过15个工作日，并以适当形式告知投诉人。

第三十一条 被投诉人应当按照责令改正要求的限期，对投诉事项予以改正，并自限期期满之日起3个工作日内将改正结果书面报告作出处理决定的税务机关。

第三十二条 纳税人当场提出投诉，事实简单、清楚，不需要进行调查的，税务机关可以即时进行处理，事后应当补填《纳税服务投诉事项处理表》进行备案。

第三十三条 纳税人当场投诉事实成立的，被投诉人应当立即停止或者改正被投诉的行为，并向纳税人赔礼道歉，税务机关应当视情节轻重给予被投诉人相应处理；投诉事实不成立的，处理投诉事项的税务机关工作人员应当向纳税人说明理由。

第三十四条 税务机关在投诉事项办理结束后，应当对留下有效联系方式的实名投诉人进行回访。投诉人对处理结果不满意的，税务机关应当分析原因，并决定是否开展补充调查。

第五章 指导与监督

第三十五条 上级税务机关应当加强对下级税务机关纳税服务投诉工作的指导与监督。

第三十六条 各级税务机关应当及时对纳税服务投诉情况进行统计、分析、整理和归档，并定期向上一级税务机关提交情况报告。

对于办理纳税服务投诉过程中发现的有关税收制度或者行政执法中存在的普遍性问题，应当向有关部门提出合理化建议。

第三十七条 建立上级对下级税务机关纳税服务投诉办理情况通报制度，定期将投诉及处理情况进行通报。

第三十八条 各级税务机关应当积极依托信息化手段，规范流程、强化监督，不断提高纳税服务投诉处理质效。

第六章 附 则

第三十九条 各省、自治区、直辖市和计划单列市国家税务局、地方税务局可以根据本办法制定具体的实施办法。

第四十条 本办法自2015年9月1日起施行。原《国家税务总局关于印发〈纳税服务投诉管理办法（试行）〉的通知》（国税发〔2010〕11号）同时废止。

关于《纳税服务投诉管理办法》有关问题的解读

一、公告出台背景

《国家税务总局关于印发〈纳税服务投诉管理办法(试行)〉的通知》(国税发〔2010〕11号,以下简称《办法》)自2010年发布以来,为规范纳税服务投诉工作提供了制度保障,得到广大纳税人的认可。然而《办法》在试行过程中也暴露出了一些问题,如投诉分类界限不够清晰、侵害权益投诉的范围比较窄等。为规范纳税服务投诉管理,提高投诉办理效率,税务总局发布了《关于修订〈纳税服务投诉管理办法〉的公告》(以下简称《公告》)对《办法》进行了修订。

二、主要修订内容

(一)对纳税服务投诉重新分类。《公告》将纳税服务投诉类型从《办法》规定的宣传、咨询、办税和权益投诉四类修改为服务态度投诉、办税质效投诉和侵害权益投诉三类,并对分类后的内容进行了重新描述。

(二)重新明确了侵害纳税人权益投诉的具体内容。对照《纳税人权利与义务公告》的中有关纳税人合法权利的规定,《公告》重新明确了侵害纳税人权益投诉的具体内容。包括:(一)税务机关及其工作人员泄露纳税人商业秘密或者个人隐私的;(二)税务机关及其工作人员擅自要求纳税人提供规定以外的资料的;(三)税务机关及其工作人员妨碍纳税人行使纳税申报方式选择权的;(四)税务机关及其工作人员妨碍纳税人依法要求行政处罚听证、申请行政复议以及请求行政赔偿的;(五)同一税务机关违反规定,在一个纳税年度内,对同一纳税人就同一事项实施超过1次纳税评估或者超过2次税务检查的;(六)税务机关及其工作人员违反规定强制纳税人出具涉税鉴证报告,违背纳税人意愿强制代理、指定代理的;(七)税务机关及其工作人员违反规定或者违背公开承诺,有侵害纳税人合法权益的其他行为的。

(三)压缩了投诉处理的时限。为提高处理效率,《公告》将受理、办理的时限分别压缩为2个工作日和20个工作日。此外,考虑到服务态度投诉处理具有较强时效性的特点,把服务态度投诉的办结时限压缩为10个工作日。

(四)增加了投诉回访条款。为提高纳税服务投诉处理水平,在实践中,税务机关就投诉处理结果对纳税人进行回访,听取投诉人的意见和评价,收到了良好的效果。鉴此,《公告》增加了投诉回访有关内容。

(五)简化了投诉文书。《办法》涉及五类文书,包括《纳税服务投诉不予受理通知书》《责令受理通知书》《责令改正通知书》《处理结果告知书》《事项登记表》。《公告》简化了上述文书,将投诉工作涉及的主要内容一并归集到《纳税服务投诉事项处理表》中进行处理,简化了实际操作,有利于减轻纳税人和基层的负担。

国家税务总局关于部分税务行政审批事项取消后有关管理问题的公告

国家税务总局公告2015年第56号

为加强后续管理,现就部分税务行政审批事项取消后有关管理问题公告如下:

一、关于取消"对办理税务登记(外出经营报验)的核准"后的有关管理问题

纳税人提交资料齐全、符合法定形式的,税务机关即时办理。纳税人提交资料不齐全或者不符合法定形式的,税务机关制作《税务事项通知书》,一次性告知纳税人需要补正的内容。税务机关应当切实履行对纳税人的告知义务,及时提供咨询服务,强化内部督查和社会监督,提高登记办理效率。按照纳税人不重复填报登记文书内容和不重复提交登记材料的原则,加强部门之间信息、数据共享工作。

二、关于取消"偏远地区简并征期认定"后的有关管理问题

加强对实行偏远地区简并征期申报的纳税人日常管理及监控,实行税源跟踪管理,及时掌握纳税人经营变化情况。强化计算机管税,采取"人机结合"的方式,提高征期申报率和入库率,防止漏征漏管。简化办税程序,建立纳税服务新机制,降低纳税人办税成本,提高工作效率。

三、关于取消"出口退(免)税资格认定""出口退(免)税资格认定变更""出口退(免)税资格认定注销"

“研发机构采购国产设备退税资格的认定”“集团公司具有免抵退税资格成员企业认定”“以边境小额贸易方式代理外国企业、外国自然人出口货物备案登记及备案核销的核准”后的有关管理问题

（一）出口企业或其他单位应于首次申报出口退（免）税时，向主管国税机关提供以下资料，办理出口退（免）税备案手续，申报退（免）税。

1. 内容填写真实、完整的《出口退（免）税备案表》（附件 1），其中“退税开户银行账号”须从税务登记的银行账号中选择一个填报。

2. 加盖备案登记专用章的《对外贸易经营者备案登记表》或《中华人民共和国外商投资企业批准证书》。

3.《中华人民共和国海关报关单位注册登记证书》。

4. 未办理备案登记发生委托出口业务的生产企业提供委托代理出口协议，不需提供第 2 目、第 3 目资料。

5. 主管国税机关要求提供的其他资料。

（二）对出口企业或其他单位提供的出口退（免）税备案资料齐全，《出口退（免）税备案表》填写内容符合要求，签字、印章完整的，主管国税机关应当场予以备案。对不符合上述要求的，主管国税机关应一次性告知出口企业或其他单位，待其补正后备案。

（三）《出口退（免）税备案表》中的内容发生变更的，出口企业或其他单位须自变更之日起 30 日内，向主管国税机关提供相关资料，办理备案内容的变更。出口企业或其他单位需要变更“退（免）税方法”的，主管国税机关应按规定结清退（免）税款后办理变更。

（四）出口企业或其他单位撤回出口退（免）税备案的，主管国税机关应按规定结清退（免）税款后办理。

出口企业或其他单位申请注销税务登记的，应先向主管国税机关申请撤回出口退（免）税备案。

（五）已办理过出口退（免）税资格认定的出口企业或其他单位，无需再办理出口退（免）税备案。

（六）集团公司需要按收购视同自产货物申报免抵退税的，集团公司总部需提供以下资料，向主管国税机关备案：

1.《集团公司成员企业备案表》（附件 2）及电子申报数据；

2. 集团公司总部及其控股的生产企业的营业执照副本复印件；

3. 集团公司总部及其控股的生产企业的《出口退（免）税备案表》（或《出口退（免）税资格认定表》）复印件；

4. 集团公司总部及其控股生产企业的章程复印件；

5. 主管国税机关要求报送的其他资料。

对集团公司总部提供上述备案资料齐全、《集团公司成员企业备案表》填写内容符合要求的，主管国税机关应当场予以备案。对不符合上述要求的，主管国税机关应一次性告知企业，待其补正后备案。

（七）按收购视同自产货物申报免抵退税的集团公司备案后，主管国税机关按照集团公司总部和成员企业所在地情况，传递《集团公司成员企业备案表》。

1. 在同一地市的，集团公司总部所在地主管国税机关应将《集团公司成员企业备案表》传递至地市国家税务局报备，并同时抄送集团公司总部、成员企业所在地国家税务局；

2. 在同一省（自治区、直辖市、计划单列市，下同）但不在同一地市的，集团公司总部所在地主管国税机关，应将《集团公司成员企业备案表》逐级传递至省国家税务局报备，省国家税务局应清分至集团公司总部、成员企业所在地国家税务局；

3. 不在同一省的，集团公司总部所在地主管国税机关，应将《集团公司成员企业备案表》逐级传递至国家税务总局，由国家税务总局逐级清分至集团公司总部、成员企业所在地国家税务局。

（八）以边境小额贸易方式代理外国企业、外国自然人出口货物，出口企业应当在货物报关出口之日（以出口货物报关单上的出口日期为准）次月起至次年 4 月 30 日前的各增值税纳税申报期内，提供下列资料向主管国税机关办理代理报关备案。

1. 企业相关人员签字、盖有单位公章且填写内容齐全的纸质《以边境小额贸易方式代理外国企业、外国自然人报关出口货物备案表》（附件 3）及电子数据；

2. 代理出口协议原件及复印件，代理出口协议以外文拟定的，需同时提供中文翻译版本；

3. 委托方经办人护照或外国边民的边民证原件和复印件。

出口企业以边境小额贸易方式代理外国企业、外国自然人出口的货物，按上述规定已备案的，不属于增值税应税范围，其仅就代理费收入进行增值税申报。

主管国税机关应定期对出口企业以边境小额贸易方式代理外国企业、外国自然人出口货物的备案情况进行核查，发现出口企业未按照本条规定办理代理报关备案的，按有关规定处理。

四、关于取消“设有固定装置的非运输车辆免征车辆购置税的审核”后的有关管理问题

纳税人在办理设有固定装置的非运输车辆免税申报时，应当如实填写《车辆购置税纳税申报表》和《车辆购置税免(减)税申报表》，同时提供以下资料：

(一)纳税人身份证明；

(二)车辆价格证明；

(三)车辆合格证明；

(四)设有固定装置的非运输车辆内、外观彩色 5 寸照片；

(五)税务机关要求提供的其他资料。

主管税务机关应当依据免税图册对车辆固定装置进行核实无误后，办理免税手续。

五、关于取消“企业享受符合条件的固定资产加速折旧或缩短折旧年限所得税优惠的核准”后的有关管理问题

纳税人享受《财政部 国家税务总局关于完善固定资产加速折旧企业所得税政策的通知》(财税〔2014〕75 号)、《关于固定资产加速折旧税收政策有关问题的公告》(国家税务总局公告 2014 年第 64 号)规定的重点行业加速折旧政策，应当在汇算清缴期内，向主管税务机关提供《企业所得税优惠事项备案表》，同时可以在季度预缴环节享受该项优惠政策。纳税人享受其他固定资产加速折旧政策，应当在汇算清缴时提供《企业所得税优惠事项备案表》，对于税法与会计核算一致的，可以在季度预缴环节享受该项优惠政策；对于税法与会计核算不一致的，在汇算清缴时享受该项优惠政策。

另外，纳税人应当将以下资料留存备查：

(一)固定资产的功能、预计使用年限短于规定计算折旧的最低年限的理由、证明资料及有关情况的说明；

(二)固定资产加速折旧方法和折旧额的说明；

(三)集成电路生产企业认定证书复印件(集成电路生产企业的生产设备适用本项优惠时提供)；

(四)缩短折旧或摊销年限情况说明(外购软件缩短折旧或摊销年限时提供)；

(五)填报季度预缴申报表之附 1-2《固定资产加速折旧(扣除)明细表》(适用于享受财税〔2014〕75 号文件规定政策)。

六、关于取消“企业从事农林牧渔业项目所得享受所得税优惠的备案核准”后的有关管理问题

企业从事农林牧渔业项目所得享受所得税优惠，纳税人应当在汇算清缴期内，向主管税务机关提供《企业所得税优惠事项备案表》，同时可以在季度预缴环节享受该项优惠政策。

另外，纳税人应当将以下资料留存备查：

(一)经营业务属于《国民经济行业分类》中的农、林、牧、渔业具体项目的说明；

(二)有效期内的远洋渔业企业资格证书复印件(从事远洋捕捞业务的提供)；

(三)县级以上农、林、牧、渔业政府主管部门的确认意见(进行农产品的再种植、养殖是否可以视为农产品的种植、养殖项目享受相应的税收优惠难以确定时提供)；

(四)从事农作物新品种选育的认定证书复印件(从事农作物新品种选育的提供)。

本公告自发布之日起施行。

特此公告。

附件：

1. 出口退(免)税备案表(略)

2. 集团公司成员企业备案表(略)

3. 以边境小额贸易方式代理外国企业、外国自然人报关出口货物备案表(略)

国家税务总局

2015 年 8 月 3 日

关于《国家税务总局关于部分税务行政审批事项取消后有关管理问题的公告》的解读

一、公告出台的主要背景是什么?

行政审批制度改革是简政放权、转变政府职能的突破口,是创新行政管理方式的重要举措。行政审批制度改革必须坚持放管结合,切实加强取消行政审批事项的后续管理,确保放得下、管得住,实现取消审批与强化事中事后监管的无缝衔接,不断提高税收治理能力和水平。2015 年 5 月 14 日,国务院发布了《国务院关于取消非行政许可审批事项的决定》(国发〔2015〕27 号),在前期大幅减少部门非行政许可审批事项的基础上,再取消 49 项非行政许可审批事项,今后不再保留“非行政许可审批”这一审批类别。为落实国发〔2015〕27 号文件,加强后续管理,明确相关管理要求,税务总局制定发布了该公告。

二、公告对部分税务行政审批事项取消后的有关管理问题作了哪些规定?

1. 对取消的“对办理税务登记(外出经营报验)的核准”事项,要求税务机关对纳税人提交资料齐全、符合法定形式的,即时办结;纳税人提交资料不齐全或不符合法定形式的,税务机关制作《税务事项通知书》,一次性告知纳税人需补正的内容。同时,各部门要切实履行对纳税人的告知义务,及时提供咨询服务,强化内部督查和社会监督,提高登记办理效率。按照企业不重复填报登记申请文书内容和不重复提交登记材料的原则,加强部门之间及跨部门信息、数据共享工作。

2. 对取消的“偏远地区简并征期认定”事项,要求税务机关对实行偏远地区简并征期申报的纳税人进行严密的日常管理及监控,实行税源跟踪管理,及时掌握纳税人经营变化情况。加快征管信息系统在纳税人中的推广,强化计算机管税,采取“人机结合”的方式,提高征期申报率和入库率,以防止漏征漏管现象的出现。简化办税程序,建立纳税服务新机制,降低纳税人办税成本,提高工作效率。

3. 对取消的“出口退(免)税资格认定”“出口退(免)税资格认定变更”“出口退(免)税资格认定注销”以及“研发机构采购国产设备退税资格的认定”等事项,要求税务机关取消出口退(免)税资格认定,按备案管理。

出口企业首次向税务机关申报出口退(免)税时,应提交相关的文件资料进行备案;备案内容如有变化,企业应及时到备案机关办理备案内容的变更,如变更退税方法,应结清出口退(免)税款后,方可办理备案变更;出口企业撤回出口退(免)税备案的,主管国税机关应按规定结清退(免)税款后办理。出口企业申请注销税务登记的,主管国税机关应在结清出口退(免)税款后办理。

4. 对取消的“集团公司具有免抵退税资格成员企业认定”事项,要求集团公司按收购视同自产货物申报免抵退税,应当提供规定的资料,向集团公司总部所在地主管国税机关备案。

5. 对取消的“以边境小额贸易方式代理外国企业、外国自然人出口货物备案登记及备案核销的核准”事项,要求以边境小额贸易方式代理外国企业、外国自然人出口货物,出口企业应当在货物报关出口后向主管国税机关办理代理报关备案。

6. 对取消的“设有固定装置的非运输车辆免征车辆购置税的审核”事项,纳税人在办理设有固定装置的非运输车辆免税申报时,应如实填写《车辆购置税纳税申报表》和《车辆购置税免(减)税申报表》,同时提供以下资料:(一)纳税人身份证明;(二)车辆价格证明;(三)车辆合格证明;(四)设有固定装置的非运输车辆内、外观彩色 5 寸照片;(五)税务机关要求提供的其他资料。主管税务机关应当依据免税图册对车辆固定装置进行核实无误后,办理免税手续。

7. 对取消的“企业享受符合条件的固定资产加速折旧或缩短折旧年限所得税优惠的核准”事项,纳税人享受《财政部 国家税务总局关于完善固定资产加速折旧企业所得税政策的通知》(财税〔2014〕75 号)、《关于固定资产加速折旧税收政策有关问题的公告》(国家税务总局公告 2014 年第 64 号)规定的重点行业加速折旧政策,应当在汇算清缴期内,向主管税务机关提供《企业所得税优惠事项备案表》,同时可以在季度预缴环节享受该项优惠政策。纳税人享受其他固定资产加速折旧政策,应当在汇算清缴时提供《企业所得税优惠事项备案表》,对于税法与会计核算一致的,可以在季度预缴环节享受该项优惠政策,对于税法与会计核算不一致的,在汇算清缴时享受该项优惠政策。

8. 对取消的“企业从事农林牧渔业项目所得享受所得税优惠的备案核准”事项,纳税人应当在汇算清缴期内,向主管税务机关提供《企业所得税优惠事项备案表》,同时可以在季度预缴环节享受该项优惠政策。

国家税务总局关于公布已取消的22项税务非行政许可审批事项的公告

国家税务总局公告2015年第58号

根据《中华人民共和国税收征收管理法》第三十三条规定和《国务院关于取消和调整一批行政审批项目等事项的决定》(国发〔2014〕50号),现将已取消的22项税务非行政许可审批事项予以公布(见附件)。

各级税务机关应当全面落实取消22项税务非行政许可审批事项有关工作,不得以任何形式保留或者变相审批;及时修改涉及取消事项的相关规定、表证单书和征管流程,明确事中事后监管要求;进一步深化行政体制改革,深入推进简政放权,放管结合,优化服务,不断提高税收管理科学化规范化水平。

特此公告。

附件:国务院决定取消的22项税务非行政许可审批事项(略)

国家税务总局

2015年8月18日

关于公布已取消的22项税务非行政许可审批事项公告的解读

为有效释放审批改革红利,持续增强企业发展动力,按照国务院审改办的要求,我们发布了《国家税务总局关于公布已取消的22项税务非行政许可审批事项的公告》(以下简称公告),现解读如下:

一、此次公布取消22项税务非行政许可审批事项的背景情况

2014年8月19日,国务院常务会议决定取消和下放32项依据有关法律设立的行政审批和职业资格许可认定事项。其中,涉及取消22项税务非行政许可审批事项。

2014年11月24日,《国务院关于取消和调整一批行政审批项目等事项的决定》(国发〔2014〕50号)明确,对于上述32项依据有关法律设立的行政审批和职业资格许可认定事项,国务院将依照法定程序提请全国人民代表大会常务委员会修订相关法律规定。

2015年4月24日,第十二届全国人民代表大会常务委员会第十四次会议通过《全国人民代表大会常务委员会关于修改〈中华人民共和国港口法〉等七部法律的决定》(中华人民共和国主席令第23号),将《中华人民共和国税收征收管理法》第33条"纳税人可以依照法律、行政法规的规定书面申请减税、免税。减税、免税的申请须经法律、行政法规规定的减税、免税审查批准机关审批"修改为,"纳税人依照法律、行政法规的规定办理减税、免税"。

由于《中华人民共和国税收征收管理法》已修改,22项非行政许可审批事项已取消,公布该22项非行政许可审批事项的法律障碍已经消除,因此,按照国务院审改办的要求,由税务总局发文公布已取消的22项非行政许可审批事项。

二、对取消22项税务非行政许可审批事项的后续管理

此次公布取消的22项税务非行政许可审批事项,大多是涉及减税、免税的税收优惠核准事项,含金量高,对释放企业活力,增强企业发展动力具有重要作用。《公告》明确要求,各级税务机关必须全面落实取消22项税务非行政许可审批事项有关工作,不得以任何形式保留或者变相审批;应当及时修改涉及取消事项的相关规定、表证单书和征管流程,明确事中事后监管要求;应当进一步深化行政体制改革,深入推进简政放权,放管结合,优化服务,不断提高税收管理科学化规范化水平。

国家税务总局关于修订纳税人识别号代码标准的公告

国家税务总局公告 2015 年第 66 号

根据《国务院关于批转发展改革委等部门法人和其他组织统一社会信用代码制度建设总体方案的通知》(国发〔2015〕33 号),结合实施"三证合一、一照一码"改革的工作要求,国家税务总局决定修订纳税人识别号代码标准,现将有关事项公告如下:

一、已取得统一社会信用代码的法人和其他组织,其纳税人识别号使用 18 位的"统一社会信用代码",编码规则按照相关国家标准执行。

二、未取得统一社会信用代码的个体工商户以及以居民身份证、回乡证、通行证、护照等有效身份证明办理税务登记的纳税人,其纳税人识别号由"身份证件号码"+"2 位顺序码"组成。

三、以统一社会信用代码、居民身份证、回乡证、通行证、护照等为有效身份证明的临时纳税的纳税人,其纳税人识别号由"L"+"统一社会信用代码"或"L"+"身份证件号码"组成,作为系统识别,不打在对外证照上。

四、对已设立但未取得统一社会信用代码的法人和其他组织,以及自然人等其他各类纳税人,其纳税人识别号的编码规则仍按照《国家税务总局关于发布纳税人识别号代码标准的通知》(税总发〔2013〕41 号)规定执行。

五、本公告自 2015 年 10 月 1 日起施行。

特此公告。

国家税务总局

2015 年 9 月 25 日

关于《国家税务总局关于修订纳税人识别号代码标准的公告》的解读

现将《国家税务总局关于修订纳税人识别号代码标准的公告》(以下简称《公告》)有关内容解读如下:

一、公告背景

全面推进"三证合一"登记制度改革是贯彻落实党的十八大和十八届二中、三中、四中全会精神的重要举措,是简政放权、便利市场准入、鼓励投资创业、激发市场活力的重要途径。通过实施"三证合一、一照一码",能够有效推动部门间工作整合和信息共享,加快建立程序更为便利、流程更为优化、资源更为集约的市场准入新模式,有力推动大众创业、万众创新。

为理顺代码管理体制机制,国务院于 2015 年 6 月审议通过了《法人和其他组织统一社会信用代码制度建设总体方案》(以下简称《方案》)。国家税务总局为贯彻落实《方案》要求,做好法人和其他组织统一社会信用代码与纳税人识别号的衔接工作,决定对中华人民共和国税务行业标准《SW 5—2013 纳税人识别号代码》进行修订,《公告》对有关事项予以了明确。

二、主要修订的内容

纳税人识别号是各类纳税人、扣缴义务人办理涉税事宜的唯一识别代码,其法律效力和适用范围由税收征管法确定。统一社会信用代码是由登记管理部门为法人和其他组织赋予的身份识别号码。《公告》将纳税人识别号代码标准中涉及法人和其他组织的相关内容进行调整,修订的主要内容包括:

(一)将纳税人识别号代码标准编码规则中第一条第一款"以'组织机构代码证'为有效身份证明的组织,即已取得组织机构代码证的纳税人,其纳税人识别号共 15 位,由纳税人登记所在地'6 位行政区划码'+'9 位组织机构代码'组成"修订为"已取得统一社会信用代码的法人和其他组织,其纳税人识别号使用 18

位‘统一社会信用代码’，编码规则按照相关国家标准执行。”。

（二）将纳税人识别号代码标准编码规则中第一条第二款“以‘业主身份证件’为有效身份证明的组织，即未取得组织机构代码证书的个体工商户以及持回乡证、通行证、护照办理税务登记的纳税人，其纳税人识别号由‘身份证件号码’＋‘2位顺序码’组成”修订为“未取得统一社会信用代码的个体工商户以及以居民身份证、回乡证、通行证、护照等为有效身份证明办理税务登记的纳税人，其纳税人识别号由‘身份证件号码’＋‘2位顺序码’组成”。

（三）将纳税人识别号代码标准编码规则中第二条第一款“以组织机构代码证、居民身份证、回乡证、通行证、护照等为有效身份证明的临时纳税的纳税人，其纳税人识别号由‘L’＋‘身份证件号码’组成”修订为“以统一社会信用代码、居民身份证、回乡证、通行证、护照等为有效身份证明的临时纳税的纳税人，其纳税人识别号由“L”＋“统一社会信用代码”或‘L’＋‘身份证件号码’组成”。

三、纳税人识别号赋码管理

纳税人识别号的覆盖范围远大于统一社会信用代码，因此除使用统一社会信用代码的纳税人外，其他包括自然人在内的各类纳税人的纳税人识别号编码规则保持不变。同时，为减少对已登记纳税人的影响和负担，保证未取得统一社会信用代码的法人和其他组织正常办理涉税事项，其原有的15位纳税人识别号继续有效使用，编码规则仍按照《国家税务总局关于发布纳税人识别号代码标准的通知》(税总发〔2013〕41号)规定执行。

国家税务总局关于修订财产行为税部分税种申报表的通知

税总发〔2015〕114号

各省、自治区、直辖市和计划单列市地方税务局，西藏、宁夏自治区国家税务局：

为加强财产行为税业务规范化和标准化建设，根据2014年以来全国财产行为税统一申报表工作开展情况，在总结部分地区有效做法和先进经验的基础上，遵循便利于纳税人、有利于征管以及适应税收信息管理现代化需求的原则，税务总局对财产行为税部分税种表单内容进行了补充和完善。本次修订涉及城镇土地使用税、房产税、契税、土地增值税和印花税，共19张表单。现将修订的主要内容通知如下：

一、房产税和城镇土地使用税表单修订内容

（一）补充完善减免税有关信息项。主要是：1. 为适应同一土地（房产）可能适用多项减免税政策的情况，税源明细表增加了减免税信息采集的行数，并增加了减免税明细申报表，同时删除了主表中“减免税性质”、“减免税面积（原值）”等信息项；2. 为方便纳税人填写，在已有“减免性质代码”的基础上，增加“减免项目名称”；3. 增加困难减免税的起止时间；4.《从租计征房产税税源明细表》中增加减免税有关信息项，同时删除“税率4%”选项。

（二）补充完善税源变更有关信息项。税源明细表中增加“变更类型”和“变更时间”，删除了“计税月份数”，同时纳税申报表中“计税月份数”修改为“所属期起”和“所属期止”，以准确记录纳税人变更信息的时点。

通过上述修改，强化了税源明细表的信息采集功能。纳税人在申报时仅需填报税源明细表，系统根据税源明细表信息自动计算生成纳税申报表和减免税明细申报表，进一步减轻了纳税人的填报负担。

二、契税和印花税表单修订内容

（一）对《权属转移对象、方式、用途逻辑关系对照表》和填表说明进行了完善。《权属转移对象、方式、用途逻辑关系对照表》中将“权属转移方式”中增加“土地使用权转让”一列；将第三行“土地使用权转让”修改为“土地使用权买卖”；删除土地权属转移方式中的“其他”一行。填表说明中对第9、12、13、17、18、19项进行了修改，并增加了第20、21项。需要说明的是，对于个人间的二手房权属转移，可按各地二手房交易综合申报表进行契税纳税申报，不需再填报《契税纳税申报表》。

（二）扩大《印花税纳税申报表》的适用范围，将印花税纳税申报表的名称由“印花税纳税申报表”修改为“印花税纳税申报（报告）表”。修订后的新表既适用于印花税普通申报，又适用于采用“自行购花、自行粘贴、自行划销"方式完成纳税义务的纳税人向主管税务机关报告完税情况。

三、土地增值税表单修订内容

(一)增加特殊情形专用表单。针对清算后尾盘销售、采用核定征收方式进行房地产开发清算、在建工程整体转让、转让旧房核定征收等四种特殊情形,分别设计专用表单。

(二)完善表单信息项。主要是:1.《土地增值税纳税申报表(一)》增加房产类型子目,将子目归到3个类型中,每一个子目对应一个房产类型。子目由各省自行设定,自行维护;2.《土地增值税纳税申报表(二)》增加合计列、总可售面积、已销售面积;3.《土地增值税纳税申报表(二)》增加减免税信息采集行数,以适应同一事项可能享受多项减免税政策的情况。

(三)对《土地增值税纳税申报表(三)》的适用范围进行了补充。在填表说明中明确,从事房地产开发的纳税人将开发产品转为自用、出租等用途且已达到主管税务机关旧房界定标准后,又将该旧房对外出售的,可适用本表。

现将修订后的表单印发给你单位,请认真做好落实工作。已经按照《国家税务总局关于印发〈全国县级税务机关纳税服务规范(1.0版)〉相关表证单书的通知》(税总发〔2014〕109号)要求,启用财产行为税统一申报表的地区,可根据本地情况适时修改完善系统,或结合金税三期上线安排,逐步启用本次下发的新表单。未启用财产行为税统一申报表的地区,请遵照新表单执行。各表单执行中的情况请及时反馈税务总局(财产和行为税司)。

联系人和电话:常新,(010)63417771

附件:城镇土地使用税、房产税、契税、土地增值税纳税申报表(修订版)(略)

国家税务总局

2015年9月30日

国家税务总局关于印发《税收政策合规工作实施办法(试行)》的通知

税总发〔2015〕117号

各省、自治区、直辖市和计划单列市国家税务局、地方税务局,局内各单位:

为贯彻落实国务院办公厅《关于进一步加强贸易政策合规工作的通知》(国办发〔2014〕29号),做好税收政策合规性评估工作,税务总局制定了《税收政策合规工作实施办法(试行)》,现印发给你们,请认真贯彻执行。执行中遇到的问题,请及时报告国家税务总局(政策法规司)。

附件:税收政策合规工作指引(略)

国家税务总局

2015年10月10日

税收政策合规工作实施办法(试行)

第一条　为了规范税收政策合规工作,根据国务院办公厅《关于进一步加强贸易政策合规工作的通知》(国办发〔2014〕29号),制定本办法。

第二条 本办法所称税收政策，是指依法制定的可能影响货物贸易、服务贸易以及与贸易有关的知识产权的税务部门规章、税收规范性文件，以及税务机关与其他部门联合制定文件中涉及的税收政策和管理措施，不包括针对特定行政相对人实施的具体行政行为。

前款中的税收政策和管理措施包括但不限于：

(一)直接影响进出口的税收政策，包括：

1. 影响进口的间接税；

2. 出口税；

3. 出口退税；

4. 加工贸易税收减让。

(二)可能影响贸易的税收优惠政策；

(三)执行上述税收政策的管理措施。

第三条 本办法所称合规，是指税收政策应当符合世界贸易组织规则。

世界贸易组织规则，包括《世界贸易组织协定》及其附件和后续协定、《中华人民共和国加入议定书》和《中国加入工作组报告书》。

第四条 设区的市(盟、州、地区)以上税务机关应当按照本办法的规定，对税收政策进行合规性评估。

第五条 设区的市(盟、州、地区)以上税务机关从事政策法规工作的部门或人员(以下简称政策法规部门)负责对税收政策进行合规性评估。

税收政策未经政策法规部门进行合规性评估的，办公厅(室)不予核稿，局领导不予签发。

第六条 税收政策在送交合规性评估时，税收政策起草部门应当对其制定背景、制定依据、政策目标等进行说明。

起草部门未按前款规定对税收政策进行说明的，政策法规部门应将起草文本退回起草部门，由其进行补充说明。

第七条 政策法规部门主要依据以下内容，对税收政策起草文本是否合规进行评估：

(一)最惠国待遇原则；

(二)国民待遇原则；

(三)透明度原则；

(四)有关补贴的规定；

(五)其他世界贸易组织规则。

第八条 政策法规部门根据不同情形，分别提出以下评估意见：

(一)认为起草文本符合世界贸易组织规则的，提出无异议评估意见；

(二)认为起草文本可能引发国际贸易争端的，向起草部门作出风险提示；

(三)认为起草文本不符合世界贸易组织规则、必然引发国际贸易争端的，向起草部门作出风险提示，并提出修改的意见和理由。

第九条 经评估，政策法规部门对起草文本提出无异议评估意见的，在签署同意意见后，按公文处理程序办理。

第十条 政策法规部门认为起草文本可能或必然引发国际贸易争端，起草部门同意政策法规部门意见的，由起草部门根据政策法规部门的风险提示进行分析，按公文处理程序办理。

第十一条 政策法规部门认为起草文本可能或必然引发国际贸易争端，起草部门不同意政策法规部门的意见，经充分协商仍不能达成一致的，由起草部门在起草说明中注明各方意见和理由，报局领导确定。

第十二条 设区的市(盟、州、地区)以上税务机关难以确定税收政策是否合规的，可由政策起草部门征求同级商务部门意见后，报局领导确定。

如有必要，设区的市(盟、州、地区)以上税务机关可以邀请有关部门、专家学者、中介机构等对税收政策的合规性和引发国际贸易争端的风险进行论证。

第十三条 合规性评估过程中发现起草文本所依据的税收政策不符合世界贸易组织规则的，由起草机关层报该税收政策制定机关处理。

第十四条 设区的市(盟、州、地区)以上税务机关应当在税收政策印发之日起30日内将正式文本报上级税务机关政策法规部门备案。

第十五条 上级税务机关政策法规部门应当对下级税务机关报备的税收政策进行合规性评估,提出处理意见。

根据世界贸易组织规则发展变化情况,税务总局及时组织设区的市(盟、州、地区)以上税务机关对税收政策进行专项清理。

第十六条 各省、自治区、直辖市和计划单列市税务机关应当于每年1月31日前向国家税务总局报告本地区上一年度合规性评估工作开展情况,包括当年合规性评估文件数量、名称、政策法规部门的评估意见以及文件最终制定情况。

第十七条 税收政策文本印发后,应当按照世界贸易组织规则的要求翻译成英文。

税收政策翻译工作实施办法由税务总局另行制定。

第十八条 国务院商务主管部门转来的世贸组织成员提出的税收政策合规问题,由税务总局统一负责,参照本办法的规定办理。

第十九条 设区的市(盟、州、地区)以上税务机关可以根据需要,建立合规工作专家支持体系。

第二十条 本办法自2015年11月1日起实施。

国家税务总局关于公布税务行政许可事项目录的公告

国家税务总局公告2015年第87号

根据国务院深化行政审批制度改革要求,现将税务行政许可事项予以公告。

各级税务机关应当依据《中华人民共和国行政许可法》的相关规定实施税务行政许可,认真落实《国家税务总局关于进一步深化税务行政审批制度改革工作的意见》(税总发〔2015〕102号),深入推进简政放权、放管结合、优化服务,不断提高税收管理和服务效能。

特此公告。

附件:

税务行政许可事项目录

序号	项目名称	设定依据	审批对象	审批部门
1	企业印制发票审批	《中华人民共和国税收征收管理法》第22条:“增值税专用发票由国务院税务主管部门指定的企业印制;其他发票,按照国务院税务主管部门的规定,分别由省、自治区、直辖市国家税务局、地方税务局指定企业印制。未经前款规定的税务机关指定,不得印制发票。” 《中华人民共和国发票管理办法》第7条:“增值税专用发票由国务院税务主管部门确定的企业印制;其他发票,按照国务院税务主管部门的规定,由省、自治区、直辖市税务机关确定的企业印制。禁止私自印制、伪造、变造发票。”第8条:“印制发票的企业应当具备下列条件:(一)取得印刷经营许可证和营业执照;(二)设备、技术水平能够满足印制发票的需要;(三)有健全的财务制度和严格的质量监督、安全管理、保密制度。税务机关应当以招标方式确定印制发票的企业,并发给发票准印证。”	印制企业	增值税专用发票由国家税务总局确定;其他发票由省、自治区、直辖市税务机关确定

（续表）

序号	项目名称	设定依据	审批对象	审批部门
2	对纳税人延期缴纳税款的核准	《中华人民共和国税收征收管理法》第31条第2款:“纳税人因有特殊困难,不能按期缴纳税款的,经省、自治区、直辖市国家税务局、地方税务局批准,可以延期缴纳税款,但是最长不得超过三个月。” 《中华人民共和国税收征收管理法实施细则》第41条:“纳税人有下列情形之一的,属于税收征管法第三十一条所称特殊困难: (一)因不可抗力,导致纳税人发生较大损失,正常生产经营活动受到较大影响的; (二)当期货币资金在扣除应付职工工资、社会保险费后,不足以缴纳税款的。 计划单列市国家税务局、地方税务局可以参照税收征管法第三十一条第二款的批准权限,审批纳税人延期缴纳税款。” 《中华人民共和国税收征收管理法实施细则》第42条第1款:“纳税人需要延期缴纳税款的,应当在缴纳税款期限届满前提出申请,并报送下列材料:申请延期缴纳税款报告,当期货币资金余额情况及所有银行存款账户的对账单,资产负债表,应付职工工资和社会保险费等税务机关要求提供的支出预算。”	纳税人	省、自治区、直辖市、计划单列市国家税务局、地方税务局
3	对纳税人延期申报的核准	《中华人民共和国税收征收管理法》第27条:“纳税人、扣缴义务人不能按期办理纳税申报或者报送代扣代缴、代收代缴税款报告表的,经税务机关核准,可以延期申报。” 《中华人民共和国税收征收管理法实施细则》第37条:“纳税人、扣缴义务人按照规定的期限办理纳税申报或者报送代扣代缴、代收代缴税款报告表确有困难,需要延期的,应当在规定的期限内向税务机关提出书面延期申请,经税务机关核准,在核准的期限内办理。纳税人、扣缴义务人因不可抗力,不能按期办理纳税申报或者报送代扣代缴、代收代缴税款报告表的,可以延期办理;但是,应当在不可抗力情形消除后立即向税务机关报告。税务机关应当查明事实,予以核准。”	纳税人	主管税务机关
4	对纳税人变更纳税定额的核准	《中华人民共和国税收征收管理法实施细则》第47条第3款:“纳税人对税务机关采取本条规定的方法核定的应纳税额有异议的,应当提供相关证据,经税务机关认定后,调整应纳税额。”	纳税人	主管税务机关
5	增值税专用发票(增值税税控系统)最高开票限额审批	《国务院对确需保留的行政审批项目设定行政许可的决定》(国务院令第412号)附件第236项:增值税防伪税控系统最高开票限额审批。	纳税人	区县税务机关
6	对采取实际利润额预缴以外的其他企业所得税预缴方式的核定	《中华人民共和国企业所得税法实施条例》第128条:“企业所得税分月或分季预缴,由税务机关具体核定。企业根据企业所得税法第五十四条规定分月或者分季预缴企业所得税时,应当按照月度或者季度的实际利润额预缴;按照月度或者季度的实际利润额预缴有困难的,可以按照上一纳税年度应纳税所得额的月度或者季度平均额预缴,或者按照经税务机关认可的其他方法预缴。”	纳税人	主管税务机关

（续表）

序号	项目名称	设定依据	审批对象	审批部门
7	非居民企业选择由其主要机构场所汇总缴纳企业所得税的审批	《中华人民共和国企业所得税法》第51条："非居民企业取得本法第三条第二款规定的所得，以机构、场所所在地为纳税地点。非居民企业在中国境内设立两个或者两个以上机构、场所的，经税务机关审核批准，可以选择由其主要机构、场所汇总缴纳企业所得税。非居民企业取得本法第三条第三款规定的所得，以扣缴义务人所在地为纳税地点。" 《中华人民共和国企业所得税法实施条例》第127条："企业所得税法第五十一条所称经税务机关审核批准，是指经各机构、场所所在地税务机关的共同上级税务机关审核批准。非居民企业经批准汇总缴纳企业所得税后，需要增设、合并、迁移、关闭机构、场所或者停止机构、场所业务的，应当事先由负责汇总申报缴纳企业所得税的主要机构、场所向其所在地税务机关报告；需要变更汇总缴纳企业所得税的主要机构、场所的，依照前款规定办理。"	非居民企业	非居民企业各机构、场所所在地税务机关的共同上级税务机关
8	印花税票代售许可	《国务院对确需保留的行政审批项目设定行政许可的决定》（2004年国务院令第412号）第235项：印花税票代售许可（实施机关：当地税务机关） 《中华人民共和国印花税暂行条例实行细则》（财税［1988］255号）第32条：凡代售印花税票者，应先向当地税务机关提出代售申请，必要时须提供保证人。税务机关调查核准后，应与代售户签订代售合同，发给代售许可证。	代售印花税票者	当地税务机关

国家税务总局

2015年12月1日

关于《国家税务总局关于公布税务行政许可审批事项目录的公告》的解读

国家税务总局决定更新行政审批事项目录，公开保留的8项税务行政许可审批事项，制定了《国家税务总局关于公开税务行政许可审批事项目录的公告》（以下简称《公告》）。

一、《公告》出台的主要背景是什么？

按照国务院审改办的统一部署，税务总局持续深入推进行政审批制度改革。《国家税务总局关于公开税务行政审批事项等相关工作的公告》（国家税务总局公告2014年第10号）公布的87项税务行政审批事项中，80项非行政许可审批事项已清理完毕，其中取消57项，调整为其他权力23项，保留7项行政许可事项，加上《国务院对确需保留的行政审批项目设定行政许可的决定》（2004年国务院令第412号）设定的"印花税票代售许可"，目前共保留8项税务行政许可事项。

为了贯彻落实国务院关于规范行政审批行为改进行政审批工作的要求，逐项规范保留的税务行政许可事项，决定以公告形式公开税务行政许可事项目录。

二、57项税务行政审批事项分哪几批取消的？

1.《国务院关于取消和调整一批行政审批项目等事项的决定》（国发〔2014〕27号）、《国务院关于取消和调整一批行政审批项目等事项的决定》（国发〔2014〕50号）取消10项税务非行政许可事项，《国家税务总局关于贯彻落实〈国务院关于取消和调整一批行政审批项目等事项的决定〉的通知》（税总发〔2014〕148号）进行了贯彻。

2.《国务院关于取消和调整一批行政审批项目等事项的决定》（国发〔2015〕11号）取消14项税务非行政许可审批事项，《国家税务总局关于贯彻落实〈国务院关于取消和调整一批行政审批项目等事项的决定〉

的通知》(税总发〔2015〕45 号)进行了贯彻。

3.《国务院关于取消非行政许可审批事项的决定》(国发〔2015〕27 号)取消 11 个大项以及其他 3 项中 8 个子项的税务非行政许可审批事项,《国家税务总局关于贯彻落实〈国务院关于取消非行政许可审批事项的决定〉的通知》(税总发〔2015〕74 号)进行了贯彻。

4. 根据《中华人民共和国税收征收管理法》第三十三条规定和《国务院关于取消和调整一批行政审批项目等事项的决定》(国发〔2014〕50 号),《国家税务总局关于公布已取消的 22 项税务非行政许可审批事项的公告》(国家税务总局公告 2015 年第 58 号)公布了取消的 22 项税务非行政许可审批事项。

三、调整为其他权力的 23 项权力事项属于什么性质事项?

《国务院关于取消非行政许可审批事项的决定》(国发〔2015〕27 号)规定,不再保留"非行政许可审批"这一审批类别。根据国务院常务会议审议通过的非行政许可审批事项清理工作意见,《国家税务总局关于贯彻落实〈国务院关于取消非行政许可审批事项的决定〉的通知》(税总发〔2015〕74 号)公布了 23 项需要进一步改革和规范的其他权力事项。这些权力事项在性质上可以分为:具有行政登记性质的事项;具有行政征收性质的事项;具有政策扶持和资金扶持性质的事项;具有行政委托性质的事项;具有行政确认性质的事项等 5 大类。

四、《公告》的主要内容是什么?

《公告》将保留的 8 项税务行政许可事项名称、设定依据、审批对象和审批部门予以列明;同时,强调税务机关要依据《中华人民共和国行政许可法》相关规定实施税务行政许可,贯彻落实《国家税务总局关于进一步深化税务行政审批制度改革工作的意见》(税总发〔2015〕102 号),不断提高税收管理和服务效能。

国家税务总局关于《多边税收征管互助公约》生效执行的公告

国家税务总局公告 2016 年第 4 号

经国务院批准,我国于 2013 年 8 月 27 日签署了《多边税收征管互助公约》(以下简称《公约》),并于 2015 年 7 月 1 日由第十二届全国人民代表大会常务委员会第十五次会议批准。2015 年 10 月 16 日,我国向经济合作与发展组织交存了《公约》批准书。根据《公约》第二十八条的规定,《公约》将于 2016 年 2 月 1 日对我国生效,自 2017 年 1 月 1 日起开始执行。根据《公约》批准书,现将有关问题公告如下:

一、《公约》适用于根据我国法律由税务机关征收管理的税种,具体包括:企业所得税、个人所得税、城镇土地使用税、房产税、土地增值税、增值税、营业税、消费税、烟叶税、车辆购置税、车船税、资源税、城市维护建设税、耕地占用税、印花税、契税。

二、我国税务机关现阶段与《公约》其他缔约方之间开展征管协助的形式为情报交换,有关具体要求按照《国家税务总局关于印发〈国际税收情报交换工作规程〉的通知》(国税发〔2006〕70 号)规定执行。

三、以下事项属于《公约》批准书中我国声明保留内容:

(一)对上述税种以外的税种,不提供任何形式的协助;

(二)不协助其他缔约方追缴税款,不协助提供保全措施;

(三)不提供文书送达方面的协助;

(四)不允许通过邮寄方式送达文书。

四、在我国政府另行通知前,《公约》暂不适用于香港特别行政区和澳门特别行政区。

五、本公告与《公约》同时开始执行。

六、《公约》文本已在国家税务总局网站发布。

特此公告。

国家税务总局

2016 年 1 月 18 日

关于《多边税收征管互助公约》生效执行公告的解读

《多边税收征管互助公约》(以下简称《公约》)将于2016年2月1日对我国生效并自2017年1月1日起执行。为此,国家税务总局发布了《关于〈多边税收征管互助公约〉生效执行的公告》,现对《公告》的主要内容解读如下:

一、《公约》在我国适用的税种范围是什么?

《公约》在我国适用除关税、船舶吨税外的所有税种。根据《公约》规定,缔约方必须按类别列出本国适用《公约》的税种,未列入的税种,缔约方不能向其他缔约方请求征管协助,也不对外提供该税种的征管协助。我国在声明中列出了目前由税务机关负责征收的16个税种。也就是说,《公约》执行后,我国开展国际税收征管协助的范围将由原来的以所得税为主,扩大到税务机关征收的所有税种,税务机关收集纳税人涉税信息的力度将得到大大加强。对于我国未开征的税种,我们不对外提供任何形式的征管协助。

二、《公约》规定了哪些税收征管协助形式?

《公约》规定了情报交换、税款追缴和文书送达三种税收征管协助形式,但允许缔约方对税款追缴和文书送达作出保留。考虑到我国现有法律制度及税收征管实际,我国在《公约》批准书中对税款追缴和文书送达(包括邮寄文书)作出了保留。因此,我国税务机关主要是与其他缔约方开展情报交换协助。

情报交换是当前国际税收征管协助的主要形式,指缔约方税务机关之间交换涉税信息或开展税务检查合作,包括专项情报交换、自动情报交换、自发情报交换、同期税务检查和境外税务检查。我国国内法中已对如何开展情报交换作了详细规定,在实践中,我国税务机关一直按照国际通行标准对外开展情报交换工作,能够按照《公约》规定执行相关条款。

三、《公约》是否保护了纳税人的权利?

《公约》要求缔约方之间在开展税收征管协助的同时,注意保护纳税人的隐私权和知情权。关于纳税人隐私权,《公约》规定,缔约方应对纳税人信息采取严格的保密措施,且仅用于税收征管目的。在我国已签署的税收条约中,有关情报交换的条款均按照国际通行标准对纳税人信息保密的相关事项做了约定,我国现行国内法也详细规定了税收情报的制作、收发、传递、使用、保存和销毁程序,从国际和国内法律制度上保障了纳税人信息的安全。在税收征管实践中,我国税务机关始终坚持以保护纳税人信息安全为前提,严格执行有关制度规定,有效防止了信息的不当披露和滥用。关于纳税人知情权,《公约》规定,如果缔约方国内法规定在提供专项情报或自发情报前可将相关情况告知其居民或国民,缔约方可在批准《公约》时作出相关声明。考虑到我国在国内法中已规定税务机关可以将收集情报的目的、情报的来源和内容告知相关当事人,为了进一步保护纳税人知情权,我们在《公约》批准书中也作出了此项声明。

四、《公约》与现有税收条约的关系?

除《公约》外,我国已签署的104个避免双重征税协定(安排/协议)中均包含有关国际税收征管协助的条款。我国与10个国家(地区)签署的情报交换协定也专门就双边情报交换进行了较为详细的规定。在两国都是《公约》缔约方且已签署双边税收条约的情况下,《公约》允许两国可以选择最有效、最适当的条约执行。未来,在对外开展国际税收征管协助时,我们将结合《公约》以及其他税收条约的规定,选择最有利于我国的处理方式,最大限度维护我国税收权益。需要说明的是,为了保证案件处理的一致性,《公约》规定两国不得就一个案件适用一种以上的条约。

五、《公约》在我国适用的领土范围?

《公约》仅对主权国家开放,香港特别行政区和澳门特别行政区不能独立签署《公约》。根据两特区基本法以及我国相关国内法规定,经征询两特区政府意见,我国在《公约》批准书中声明,《公约》暂不适用于香港特别行政区和澳门特别行政区。

六、如何确定《公约》的生效执行日期?

《公约》第二十八条规定,《公约》自缔约国交存批准书之日起三个月后的次月第一天起生效,于缔约方生效当年后的次年1月1日起开始执行。我国于2015年10月16日向《公约》保存方之一的经济合作与发展组织交存批准书，经其确认，《公约》将于2016年2月1日对我国生效，自2017年1月1日起执行。

国家税务总局关于合理简并纳税人申报缴税次数的公告

国家税务总局公告2016年第6号

为落实《深化国税、地税征管体制改革方案》关于创新纳税服务机制的要求，推进办税便利化改革，根据《中华人民共和国税收征收管理法》《中华人民共和国增值税暂行条例》及其实施细则、《中华人民共和国消费税暂行条例》及其实施细则等有关税收法律法规的规定，现就合理简并纳税人申报缴税次数有关事项公告如下：

一、增值税小规模纳税人缴纳增值税、消费税、文化事业建设费，以及随增值税、消费税附征的城市维护建设税、教育费附加等税费，原则上实行按季申报。

纳税人要求不实行按季申报的，由主管税务机关根据其应纳税额大小核定纳税期限。

二、随增值税、消费税附征的城市维护建设税、教育费附加免于零申报。

三、符合条件的小型微利企业，实行按季度申报预缴企业所得税。

四、对于采取简易申报方式的定期定额户，在规定期限内通过财税库银电子缴税系统批量扣税或委托银行扣缴核定税款的，当期可不办理申报手续，实行以缴代报。

本公告自2016年4月1日起施行。

特此公告。

国家税务总局

2016年2月1日

关于《国家税务总局关于合理简并纳税人申报缴税次数的公告》的解读

一、公告出台背景

按照《深化国税、地税征管体制改革方案》提出的"合理简并纳税人申报缴税次数"的要求，为优化纳税服务，减轻纳税人负担，国家税务总局根据《中华人民共和国税收征收管理法》《中华人民共和国增值税暂行条例》及其实施细则、《中华人民共和国消费税暂行条例》及其实施细则等有关法律法规的规定，结合各地探索实践，制定本公告。

二、公告的主要内容

（一）增值税小规模纳税人的增值税、消费税、文化事业建设费，以及随增值税、消费税附征的城市维护建设税、教育费附加等税费原则上实行按季申报。根据增值税和消费税暂行条例及实施细则，主管税务机关可以核定按月或按季申报增值税、消费税，但按季申报仅适用于小规模纳税人。城市维护建设税、教育费附加的征收管理，按照增值税、消费税、营业税的有关规定办理。纳税人要求不实行按季申报的，主管税务机关依据增值税和消费税暂行条例及实施细则，根据其应纳税额大小核定纳税期限。

（二）随增值税、消费税附征的城市维护建设税、教育费附加免于零申报。通过国税地税信息共享，自动生成增值税、消费税附加税费零申报信息，免除纳税人增值税、消费税附加税费零申报资料信息的报送。

（三）明确小型微利企业企业所得税按季申报。符合《中华人民共和国企业所得税法实施条例》第九十二条规定的小型微利企业，无论采取查账征收方式还是核定征收方式（含定率征收、定额征收），均适用本规定。

（四）明确采取简易申报方式的定期定额户的申报方式。实行简易申报的定期定额户，在税务机关规定的期限内按照法律、行政法规规定缴清应纳税款即可，当期可以不办理申报手续。

三、公告施行

本公告自2016年4月1日起施行。

国家税务总局关于完善纳税信用管理有关事项的公告

国家税务总局公告2016年第9号

根据《深化国税、地税征管体制改革方案》关于建立促进诚信纳税机制的要求，税务总局对《纳税信用管理办法（试行）》（国家税务总局公告2014年第40号发布，以下简称《管理办法》）和《纳税信用评价指标和评价方式（试行）》（国家税务总局公告2014年第48号发布，以下简称《指标和评价》）有关内容进行了调整完善，现将有关事项公告如下：

一、关于税务机关对纳税人的纳税信用级别实行动态调整的方法和程序

（一）因税务检查等发现纳税人以前评价年度存在直接判为D级情形的，主管税务机关应调整其相应评价年度纳税信用级别为D级，并记录动态调整信息（附件1），该D级评价不保留至下一年度。对税务检查等发现纳税人以前评价年度存在需扣减纳税信用评价指标得分情形的，主管税务机关暂不调整其相应年度纳税信用评价结果和记录。

（二）主管税务机关按月开展纳税信用级别动态调整工作。主管国税机关、地税机关应及时沟通，相互传递动态调整相关信息，协同完成动态调整工作，并为纳税人提供动态调整信息的自我查询服务。

（三）主管税务机关完成动态调整工作后，于次月初5个工作日内将动态调整情况层报至省税务机关备案，并发布A级纳税人变动情况通告。省税务机关据此更新税务网站公布的纳税信用评价信息，于每月上旬将A级纳税人变动情况汇总报送税务总局（纳税服务司）。

（四）纳税信用年度评价结果发布前，主管税务机关发现纳税人在评价年度存在动态调整情形的，应调整后再发布评价结果。

二、关于税务机关对纳税信用评价状态发生变化的纳税人通知、提醒方式

纳税信用评价状态发生变化是指，纳税信用评价年度之中，纳税人的信用评价指标出现扣分且将影响评价级别下降的情形。

税务机关按月采集纳税信用评价信息时，发现纳税人出现上述情形的，可通过邮件、短信、微信等方式，通知、提醒纳税人，并视纳税信用评价状态变化趋势采取相应的服务和管理措施，促进纳税人诚信自律，提高税法遵从度。

三、关于部分评价指标扣分标准的优化调整

《指标和评价》中部分评价指标描述和扣分标准的优化调整情况详见附件2。此前规定与本公告附件2不一致的，按本公告执行。

本公告自2016年3月1日起施行。

特此公告。

附件：1. ＿＿＿＿＿年度纳税信用级别动态调整信息（略）

2. 纳税信用评价指标和评价方式（试行）调整表（略）

国家税务总局

2016年2月16日

国家税务总局关于修订《重大税收违法案件信息公布办法(试行)》的公告

国家税务总局公告2016年第24号

为贯彻落实《深化国税、地税征管体制改革方案》,进一步惩戒严重涉税违法行为,提高纳税人依法纳税意识和税法遵从度,推进社会信用体系建设,国家税务总局修订了《重大税收违法案件信息公布办法(试行)》,现予以公布,自2016年6月1日起施行。

特此公告。

国家税务总局

2016年4月16日

重大税收违法案件信息公布办法(试行)

第一章 总 则

第一条 为维护正常的税收征收管理秩序,惩戒严重涉税违法行为,推进社会信用体系建设,根据《中华人民共和国税收征收管理法》和《国务院关于印发社会信用体系建设规划纲要(2014—2020年)的通知》(国发〔2014〕21号),制定本办法。

第二条 税务机关依照本办法的规定,向社会公布重大税收违法案件信息,并将信息通报相关部门,共同实施严格监管和联合惩戒。

第三条 公布重大税收违法案件信息和对当事人实施惩戒,应当遵循依法行政、公平公正、统一规范的原则。

第四条 按照谁检查、谁负责的原则,对公布的案件实施检查的税务机关对公布案件信息的合法性、真实性和准确性负责。

第五条 税务机关通过建立重大税收违法案件公布信息系统和利用国家信用信息共享交换平台等渠道,对外公布重大税收违法案件信息,并由相关部门根据这些信息对当事人实施联合惩戒和管理措施。

第二章 案件标准

第六条 本办法所称"重大税收违法案件"是指符合下列标准的案件:

(一)纳税人伪造、变造、隐匿、擅自销毁账簿、记账凭证,或者在账簿上多列支出或者不列、少列收入,或者经税务机关通知申报而拒不申报或者进行虚假的纳税申报,不缴或者少缴应纳税款,查补税款金额100万元以上,且任一年度查补税额占当年各税种应纳税总额10%以上;

(二)纳税人欠缴应纳税款,采取转移或者隐匿财产的手段,妨碍税务机关追缴欠缴的税款,欠缴税款金额100万元以上的;

(三)以假报出口或者其他欺骗手段,骗取国家出口退税款的;

(四)以暴力、威胁方法拒不缴纳税款的;

(五)虚开增值税专用发票或者虚开用于骗取出口退税、抵扣税款的其他发票的;

(六)虚开普通发票100份或者金额40万元以上的;

(七)私自印制、伪造、变造发票,非法制造发票防伪专用品,伪造发票监制章的;

(八)虽未达到上述标准,但违法情节严重、有较大社会影响的。

符合前款规定的重大税收违法案件,由税务稽查局作出了《税务处理决定书》或《税务行政处罚决定书》,且当事人在法定期间内没有申请行政复议或者提起行政诉讼,或者经行政复议或法院裁判对此案件最终确定效力后，按本办法处理。

第三章 信息公布

第七条 公布重大税收违法案件信息，应当包括以下内容：

(一)对法人或者其他组织：公布其名称，统一社会信用代码或纳税人识别号，注册地址，法定代表人、负责人或者经法院判决确定的实际责任人的姓名、性别及身份证号码(隐去出生年、月、日号码段，下同)，经法院判决确定的负有直接责任的财务人员的姓名、性别及身份证号码；

(二)对自然人：公布其姓名、性别、身份证号码；

(三)主要违法事实；

(四)适用相关法律依据；

(五)税务处理、税务行政处罚情况；

(六)实施检查的单位；

(七)对公布的重大税收违法案件负有直接责任的涉税专业服务机构及从业人员，税务机关可以依法一并公布其名称、统一社会信用代码或纳税人识别号、注册地址，以及直接责任人的姓名、性别、身份证号码、职业资格证书编号。

前款第一项中法人或者其他组织的法定代表人、负责人与违法事实发生时的法定代表人、负责人不一致的，应一并公布，并对违法事实发生时的法定代表人、负责人进行标注。

第八条 省以下税务机关应及时将符合公布标准的案件信息录入重大税收违法案件公布信息系统，通过省税务机关门户网站向社会公布，同时可以根据本地区实际情况，通过本级税务机关公告栏、报纸、广播、电视、网络媒体等途径以及新闻发布会等形式向社会公布。

国家税务总局门户网站设立专栏链接省税务机关门户网站的公布内容。

第九条 符合本办法第六条第一款第一项、第二项规定的重大税收违法案件的当事人，能按照《税务处理决定书》《税务行政处罚决定书》缴清税款、滞纳金和罚款的，经实施检查的税务机关决定，只将案件信息录入重大税收违法案件公布信息系统，不向社会公布该案件信息。

案件信息已经向社会公布后，当事人符合前款规定的，经实施检查的税务机关决定，停止公布并从公告栏中撤出，并将缴清税款、滞纳金和罚款的情况通知实施联合惩戒和管理的部门。

第十条 重大税收违法案件信息自公布之日起满 2 年的，停止公布并从公告栏中撤出。

第十一条 案件信息一经录入重大税收违法案件公布信息系统，将作为纳税人的纳税信用记录永久保存。

第四章 惩戒措施

第十二条 对按本办法公布的当事人，依法采取以下措施：

(一)纳税信用级别直接判为 D 级，适用相应的 D 级纳税人管理措施；

(二)对欠缴查补税款的纳税人或者其法定代表人在出境前未按照规定结清应纳税款、滞纳金或者提供纳税担保的，税务机关可以依据《中华人民共和国税收征收管理法》相关规定，通知出入境管理机关阻止其出境；

(三)税务机关将当事人信息提供给参与实施联合惩戒的相关部门，由相关部门依法对当事人采取联合惩戒和管理措施。

符合本办法第九条规定的当事人，适用前款第一项规定。

第十三条 国家税务总局和省税务机关通过约定方式，向同级参与联合惩戒的部门提供税务机关对外公布的本辖区内重大税收违法案件信息。

市以下税务机关是否向同级参与联合惩戒的部门提供对外公布的本辖区内重大税收违法案件信息，由市以下税务机关根据实际情况，与相关部门协商决定。

第十四条 重大税收违法案件信息实行动态管理，案件信息发生变化的，按本办法第十三条规定提供案件信息的税务机关应当及时向同级参与联合惩戒和管理的部门提供更新信息。

第五章 附 则

第十五条 被公布的当事人对公布内容提出异议的，由实施检查的税务机关负责复核和处理。

第十六条 本办法所称税务机关，是指国家税务总局和省以下国家税务局、地方税务局。

第十七条 本办法所称“以上”包含本数，“以下”包含本级。

第十八条 本办法自2016年6月1日起施行。《国家税务总局关于发布〈重大税收违法案件信息公布办法（试行）〉的公告》（国家税务总局公告2014年第41号）同时废止。

国家税务总局关于印发《税务稽查案源管理办法（试行）》的通知

税总发〔2016〕71号

各省、自治区、直辖市和计划单列市国家税务局、地方税务局，税务干部进修学院：

为落实《深化国税、地税征管体制改革方案》关于“制定针对高风险纳税人定向稽查制度”和“建立健全案源管理制度”的要求，现将国家税务总局制定的《税务稽查案源管理办法（试行）》印发给你们，请遵照执行。执行中遇有问题和有关建议，请及时反馈至国家税务总局（稽查局）。

附件：1. 税务稽查案源审批表

2. 案源信息退回（补正）函

3. 税务稽查调查核实（包括协查）任务通知书

4. 税务稽查调查核实（包括协查）报告

5. 税务稽查案源清册

6. 税务稽查案源撤销审批表

7. 案源处理结果反馈单

国家税务总局

2016年5月19日

税务稽查案源管理办法（试行）

第一章 总 则

第一条 为规范税务稽查案源管理，提高税务稽查质效，推进税务稽查体制机制改革，根据《中华人民共和国税收征收管理法》及其实施细则等相关规定制定本办法。

第二条 本办法适用于国家税务总局及省、市、县国家税务局、地方税务局（以下统称税务局）。

第三条 本办法所称税务稽查案源（以下统称案源）即税收违法案件的来源，是指经过收集、分析、判断、处理等程序形成的涉嫌偷税（逃避缴纳税款）、逃避追缴欠税、骗税、抗税、虚开发票等税收违法行为的相关数据、信息和线索。

第四条 本办法所称税务稽查案源管理，是指税务局稽查局（以下简称稽查局）按照规定程序，对各类涉税数据、信息和线索进行收集、处理、立案、反馈的管理过程。

案源管理的具体流程主要包括：案源信息的收集、案源的分类处理、案源的立案分配和处理结果的使用。

第五条 案源管理应当遵循依法依规、风险导向、统筹协调、分类分级、动态管理的原则。

第六条 税务局应当以风险管理为导向，以税收大数据为支撑，以风险推送、外部转办、稽查自选为重点，以打击偷税（逃避缴纳税款）、逃避追缴欠税、骗税、抗税、虚开发票等税收违法行为为目标，注重处理结果的分析反馈和增值使用，形成风险闭环式案源管理的新格局。

第七条　案源由稽查局归口管理。

上级稽查局对下级稽查局的案源管理工作进行指导和监督。

下级稽查局确定的案源属于上级稽查局重点稽查对象名录范围的，应当报上级稽查局审批。

实施案源集中管理的地区，由上级稽查局审批确定下级稽查局选取的案源。

第八条　各级税务机关应当不断提高案源管理信息化水平，高效采集、有效整合税收征管数据与社会公共数据，保障案源信息的及时性、有效性和准确性。

第九条　国家税务局、地方税务局应当加强案源管理工作的联系与协作，建立健全国税、地税案源管理合作机制，实现涉税数据、信息和线索共建共享、互联互通。

第二章　案源信息

第十条　案源信息是指税务局在税收管理中形成的，以及外部相关单位、部门或者个人提供的纳税人、扣缴义务人和其他涉税当事人（以下简称纳税人）的税收数据、信息和违法行为线索。

第十一条　案源信息的内容具体包括：

（一）纳税人自行申报的税收数据和信息，以及税务局在税收管理过程中形成的税务登记、发票使用、税收优惠、资格认定、出口退税、企业财务报表等涉税数据和信息；

（二）税务局风险管理等部门在风险分析和识别工作中发现并推送的高风险纳税人风险信息；

（三）上级党委、政府、纪检监察等单位和上级税务机关（以下统称上级机关）通过督办函、交办函等形式下发的督办、交办任务提供的税收违法线索；

（四）检举人提供的税收违法线索；

（五）受托协查事项形成的税收违法线索；

（六）公安、检察、审计、纪检监察等外部单位以及税务局督察内审、纪检监察等部门提供的税收违法线索；

（七）专项情报交换、自动情报交换和自发情报交换等过程中形成的国际税收情报信息；

（八）稽查局执法过程中形成的案件线索、处理处罚等税务稽查数据；

（九）政府部门和社会组织共享的涉税信息以及税务局收集的社会公共信息等第三方信息；

（十）其他涉税数据、信息和税收违法线索。

第十二条　稽查局应当拓展信息来源渠道，按规定收集和整理案源信息。

（一）稽查局案源部门（以下简称案源部门）负责以下事项：

1. 接收风险管理等部门推送的高风险纳税人风险信息，税务局内、外部相关单位和部门提供的税收违法线索，并确认案源信息来源部门的工作和时限要求；

2. 接收督办、交办线索，并明确督办、交办事项的工作和时限要求；

3. 收集和整理纳税人自行申报信息、税收管理数据、税务稽查数据、国际税收情报信息和第三方信息等涉税数据、信息，并按照稽查任务和计划，提取选案所需的案源信息。

（二）稽查局举报受理部门（以下简称举报受理部门）负责接收书信、来访、互联网、传真等形式的检举线索。12366 纳税服务热线举报专岗负责接收的电话形式的检举线索，应填制举报工单后移交举报受理部门进一步处理。

（三）稽查局协查部门（以下简称协查部门）负责接收协查信息管理系统发函、不通过协查系统发起的纸质发函、实地协查等形式的协查线索，并按照《税收违法案件协查函》的内容登记案源信息。

第十三条　案源信息以纳税人识别号为标识，一户一档建立案源信息档案。案源信息档案包括基本信息、分类信息、异常信息、共享信息和必要的信息标识等。

第十四条　稽查局应当对案源信息进行分类处理，建立案源信息库；同时按照随机抽查工作要求，在案源信息档案中分级标识重点稽查对象，作为建立税务稽查随机抽查对象名录库的重要信息来源。

第三章　案源类型

第十五条　根据案源信息的来源不同，将案源分为九种类型：

（一）推送案源，是指根据风险管理等部门按照风险管理工作流程推送的高风险纳税人风险信息分析选取的案源；

（二）督办案源，是指根据上级机关以督办函等形式下达的，有明确工作和时限要求的特定纳税人税收违法线索或者工作任务确认的案源；

（三）交办案源，是指根据上级机关以交办函等形式交办的特定纳税人税收违法线索或者工作任务确认的案源；

（四）安排案源，是指根据上级税务局安排的随机抽查计划和打击偷税（逃避缴纳税款）、逃避追缴欠税、骗税、抗税、虚开发票等稽查任务，对案源信息进行分析选取的案源；

（五）自选案源，是指根据本级税务局制定的随机抽查和打击偷税（逃避缴纳税款）、逃避追缴欠税、骗税、抗税、虚开发票等稽查任务，对案源信息进行分析选取的案源；

（六）检举案源，是指对检举线索进行识别判断确认的案源；

（七）协查案源，是指对协查线索进行识别判断确认的案源；

（八）转办案源，是指对公安、检察、审计、纪检监察等外部单位以及税务局督察内审、纪检监察等部门提供的税收违法线索进行识别判断确认的案源；

（九）其他案源，是指对税务稽查部门自行收集或者税务局内、外部相关单位和部门提供的其他税收违法线索进行识别判断确认的案源。

第十六条 督办案源、交办案源、转办案源、检举案源和协查案源由于来源渠道特殊，统称为特殊案源。

对特殊案源应当由稽查局指定专人负责管理，严格遵守保密纪律，依法依规进行处理。

第四章 案源处理

第十七条 案源处理是指案源部门对收集的案源信息进行识别和判断，根据案源类型、纳税人状态、线索清晰程度、税收风险等级等因素，进行退回或者补正、移交税务局相关部门、暂存待查、调查核实（包括协查）、立案检查等分类处理的过程。

第十八条 案源部门对案源信息进行识别判断，提出拟处理意见，填写《税务稽查案源审批表》（见附件1），经稽查局负责人批准后处理。

第十九条 推送和转办的案源信息符合下列情形之一的，案源部门制作《案源信息退回（补正）函》（见附件2），退回信息来源部门或者要求信息来源部门补充资料：

（一）纳税人不属于管辖范围，纳税人状态为非正常或者注销的，可以作退回处理；

（二）案源信息数据有误、未提供必要数据资料或者其他导致无法进一步处理的情形，可以作退回处理或者要求补充资料；

（三）税收违法线索不清晰或者资料不完整，要求补充资料不能补充资料的，可以作退回处理；

（四）其他需要退回信息来源部门或者要求补充资料的情形。

第二十条 符合下列情形之一的，案源部门制作《转办函》，移交税务局相关部门处理：

（一）检举、转办等案源信息涉及发票违法等事项，通过日常税务管理能够纠正的，经税务局负责人批准移交相关部门处理；

（二）协查事项需要提供纳税人查无此户、非正常、注销等状态证明或者提取征管资料、鉴定发票等事项，经稽查局负责人批准移交相关部门配合取证；

（三）案源信息涉及特别纳税调整事项的，经税务局负责人批准移交反避税部门处理；

（四）其他需要移交相关部门配合工作的事项。

第二十一条 符合下列情形之一的，作暂存待查处理：

（一）纳税人状态为非正常或者注销的督办、交办案源信息，经督办、交办部门同意可以作暂存待查处理；

（二）纳税人状态为非正常、注销或者税收违法线索不清晰的检举案源信息可以作暂存待查处理；

（三）纳税人走逃而无法开展检查的可以作暂存待查处理；

（四）其他不宜开展检查又无法退回的情形。

第二十二条 符合下列情形之一的特殊案源，经稽查局负责人批准进行调查核实（包括协查）：

(一)督办、交办的工作任务只涉及协助取证等事项,通过调查核实(包括协查)可以完成,经督办、交办部门同意的;

(二)检举案源信息线索较明确但缺少必要证明资料,举报受理部门认为需要通过调查核实(包括协查)确认的;

(三)协查案源信息不符合《税收违法案件发票协查管理办法(试行)》规定的直接立案条件的,应当根据协查要求及时安排调查核实(包括协查);

(四)其他特殊案源信息,存在一定疑点线索但缺少必要证明资料,需要通过进一步调查核实(包括协查)确认的;

需要调查核实(包括协查)的,应由案源部门或者举报受理部门或者协查部门制作《税务稽查调查核实(包括协查)任务通知书》(见附件3),转送稽查局检查部门(以下简称检查部门),检查部门制作《税务检查通知书(检通二)》进行调查核实(包括协查)。检查部门应当按照有关要求根据调查核实结果制作《税务稽查调查核实(包括协查)报告》(见附件4)反馈安排调查核实(包括协查)任务的部门。

第二十三条 符合下列情形之一的,确认为需要立案检查的案源:

(一)督办、交办事项明确要求立案检查的案源;

(二)案源部门接收并确认的高风险纳税人风险信息案源,以及按照稽查任务和计划要求安排和自选的案源;

(三)举报受理部门受理的检举内容详细、线索清楚的案源;

(四)协查部门接收的协查案源信息涉及的纳税人状态正常,且存在下列情形之一的案源:委托方已开具《已证实虚开通知单》并提供相关证据的;委托方提供的证据资料能够证明协查对象存在税收违法嫌疑的;协查证实协查对象存在税收违法行为的;

(五)转办案源涉及的纳税人状态正常,且税收违法线索清晰的案源;

(六)经过调查核实(包括协查)发现纳税人存在税收违法行为的案源;

(七)其他经过识别判断后应当立案的案源;

(八)上级稽查局要求立案检查的案源。

第五章 案源分配

第二十四条 稽查局应当建立案源管理集体审议会议制度,负责重点稽查对象和批量案源立案或者撤销的审批,并制定集体审议案源的标准。

对达到集体审议标准的重点稽查对象和批量案源立案或者撤销案源的审批,由稽查局负责人主持召开案源管理集体审议会议,稽查局相关部门负责人参加。

第二十五条 需要立案检查的案源,由案源部门制作《税务稽查立案审批表》,经稽查局负责人批准或者案源管理集体审议会议审议决定立案。

同一批次立案户数较多的,可附《税务稽查案源清册》(见附件5)。

第二十六条 案源立案的优先原则:

(一)督办案源优先于其他案源;

(二)重要或者紧急的案源,优先于一般案源;

(三)实名检举案源优先于匿名检举案源。

第二十七条 涉及国税、地税共同管辖的案源,符合下列情形的应当共同立案:

(一)上级机关要求开展联合稽查的;

(二)共同管辖的重点稽查对象;

(三)通过联合随机抽查选取的;

(四)共同获得具体税收违法线索的;

(五)除以上情形之外,经国税、地税协商一致,需要共同立案的。

第二十八条 案源部门对立案的案源,应当合理地分配到检查部门,实施检查。

(一)稽查层级与管理对象相匹配。对纳入全国、省级和市级重点稽查对象名录库的案源,按照分级管理的原则,由国家税务总局和省、市税务局稽查局分别组织或者实施检查。

(二)执法主体与案件性质相匹配。按照案源的涉税违法数额大小、情节轻重、案情复杂程度、涉案地区多少、社会影响情况等因素,分别由国家税务总局和省、市、县税务局稽查局组织或者实施检查。

本级稽查局查处确有困难的案源,可以报请上级稽查局督办。上级机关下发的督办案源未经批准,本级稽查局不得转给下级稽查局查处。

(三)稽查力量与检查任务相匹配。案情复杂的案源可以采取“项目式管理、团队化作业”的形式组织检查。

(四)办案能力与案源特点相匹配。根据案源所属行业和税收违法类型等特点,合理搭配检查人员力量或者采取竞标等形式选派检查人员。

第二十九条 案源分配计划经批准后,案源部门制作《税务稽查任务通知书》,附《税务稽查项目书》,列明检查所属期、检查疑点、检查时限和要求等内容,连同相关资料一并移交检查部门。

第三十条 符合下列情形之一的,提请撤销案源的部门填写《税务稽查案源撤销审批表》(见附件6),经稽查局负责人批准或者案源管理集体审议会议决定,可以撤销案源:

(一)案源登记有误或者案源重复的;

(二)多个部门同时入户,经所属税务局负责人决定稽查局停止实施检查的;

(三)不符合上级政策规定或者上级机关要求撤销案源的。

第六章 结果使用

第三十一条 稽查局应当按照风险管理要求,对案源处理结果进行跟踪反馈和统计分析,实现案源闭环管理。

第三十二条 稽查局相关部门应当及时将案源处理结果填写《案源处理结果反馈单》(见附件7),归集到案源部门。

(一)未立案的,由案源部门记录未立案理由;

(二)中止、终结检查的,由检查部门反馈并附阶段性检查情况和中止、终结理由;

(三)中止、终结执行的,由执行部门反馈并附中止、终结理由、《税务处理决定书》《税务行政处罚决定书》及相关资料;

(四)执行完毕的,由执行部门反馈并附《税务处理决定书》《税务行政处罚决定书》《税收缴款书》及相关资料。

第三十三条 案源部门接到案源处理结果,应当及时处理,并填写《案源处理结果反馈单》。

(一)推送案源,按照风险管理工作流程的要求向风险管理等部门反馈处理结果,对于高风险应对任务中反映出的行业性、地域性或者特定类型纳税人的共性税收风险特征,及时提交风险管理等部门;

(二)督办案源、交办案源和转办案源,根据案源来源部门要求就需核实的税收违法线索检查情况进行反馈;

(三)自选案源和安排案源,汇总检查情况并定期上报稽查局负责人;

(四)检举案源和协查案源,将检查情况反馈给举报受理部门或者协查部门,由举报受理部门或者协查部门反馈给实名检举人或者协查委托方。

第三十四条 按反馈对象的不同,《案源处理结果反馈单》的审批要求如下:

(一)反馈稽查局相关部门、实名检举人和协查委托方的,分别由案源部门、举报受理部门和协查部门负责人批准;

(二)反馈税务局其他部门的,由稽查局负责人批准;

(三)反馈税务局外部单位的,由税务局负责人批准。

第三十五条 稽查局未立案检查的推送案源,反馈后推送部门仍认为需要立案检查的,经税务局负责人批准,由稽查局按交办案源程序立案检查。

第三十六条 确因案情复杂无法按期查结反馈的,应当向信息来源部门说明情况。

第三十七条 案源部门负责按照年度工作任务和计划的要求,从案源信息的收集、案源的分类处理和立案分配、案源处理结果的使用等方面,对立案检查案源的分布区域、所属行业、企业规模、经济性质、税收违法类型、查补入库税额等情况定期进行统计分析。

第三十八条 稽查局要通过对稽查结果的统计分析和典型案例剖析，查找税收管理薄弱环节，并就完善税收政策和加强管理等方面提出意见和建议。

第七章 附 则

第三十九条 案源管理工作适用保密条款的，应当依照《中华人民共和国保守国家秘密法》《中华人民共和国税收征收管理法》《中华人民共和国税收征收管理法实施细则》《国家税务机关系统保密工作规则》《税收违法行为检举管理办法》《税务稽查案件协查管理办法(试行)》等有关规定执行。

第四十条 本办法所称税务局负责人，是指税务局局长或者经税务局局长授权的税务局领导。

本办法所称稽查局负责人，是指稽查局局长或者经稽查局局长授权的稽查局领导。

第四十一条 各省、自治区、直辖市和计划单列市国家税务局、地方税务局可根据本办法制定具体实施规定。

第四十二条 本办法由国家税务总局负责解释。

第四十三条 本办法自2016年7月1日起施行。

国家税务总局关于公布全文废止和部分条款废止的税务部门规章目录的决定

国家税务总局令第40号

根据国务院办公厅关于做好部门规章和文件清理工作的有关要求，国家税务总局对现行有效的税务部门规章进行了清理。清理结果已经2016年5月27日国家税务总局2016年度第2次局务会议审议通过。现将《全文废止的税务部门规章目录》和《部分条款废止的税务部门规章目录》予以公布。

国家税务总局局长：王军

2016年5月29日

一、全文废止的税务部门规章目录

序号	制定机关	标　题	发文日期	文号
1	国家税务总局	资源税若干问题的规定	1994年1月18日	国税发〔1994〕015号
2	国家税务总局	出口货物退(免)税管理办法	1994年2月18日	国税发〔1994〕031号
3	国家税务总局	个人所得税代扣代缴暂行办法	1995年4月6日	国税发〔1995〕065号
4	国家税务总局	个人所得税自行纳税申报暂行办法	1995年4月28日	国税发〔1995〕077号

二、部分条款废止的税务部门规章目录

序号	制定机关	标题	发文日期	文号	废止条款
1	国家税务总局	征收个人所得税若干问题的规定	1994年3月31日	国税发〔1994〕089号	废止第十二条所附税率表一、税率表二，第十三条，第十五条
2	国家税务总局 文化部	演出市场个人所得税征收管理暂行办法	1995年11月18日	国税发〔1995〕171号	废止第十一条

（续表）

序号	制定机关	标题	发文日期	文号	废止条款
3	国家税务总局	建筑安装业个人所得税征收管理暂行办法	1996年7月22日	国税发〔1996〕127号	废止第十一条、第十六条
4	国家税务总局	广告市场个人所得税征收管理暂行办法	1996年8月29日	国税发〔1996〕148号	废止第八条、第十一条、第十二条
5	国家税务总局 邮电部	邮寄纳税申报办法	1997年9月26日	国税发〔1997〕147号	废止第一条"经主管税务机关批准"的内容
6	国家税务总局	境外所得个人所得税征收管理暂行办法	1998年8月12日	国税发〔1998〕126号	废止第五条、第十三条、第十六条、第十七条

国家税务总局关于印发《国家税务局 地方税务局联合稽查工作办法（试行）》的通知

税总发〔2016〕84号

各省、自治区、直辖市和计划单列市国家税务局、地方税务局：

为落实中办、国办印发的《深化国税、地税征管体制改革方案》关于"实现国税、地税联合进户稽查"的要求，规范国税、地税联合稽查执法行为，国家税务总局制定了《国家税务局 地方税务局联合稽查工作办法（试行）》，现印发给你们，请遵照执行。执行中的重要情况和有关建议，请及时反馈至税务总局（稽查局）。

国家税务总局

2016年6月6日

国家税务局 地方税务局联合稽查工作办法（试行）

第一章 总 则

第一条 为整合税务稽查执法资源，规范国税、地税联合稽查行为，增强稽查执法效能，防止多头重复检查，减轻纳税人负担，根据《中华人民共和国税收征收管理法》及其实施细则，制定本办法。

第二条 联合稽查，是指国家税务局、地方税务局依据各自职权和法定程序，对共同管辖纳税人开展联合进户稽查，以及全面实施稽查执法合作。

第三条 联合稽查工作内容包括共建协调机制、共享涉税信息、共同下达任务、联合实施检查、协同案件审理、协同案件执行、稽查结果利用和其他稽查执法合作事项。

第四条 各级国家税务局、地方税务局开展联合稽查工作，适用本办法。

第五条 联合稽查工作遵循统筹协调、科学规划、依法实施、分工合作、注重实效的原则。

第六条 国家税务局、地方税务局应当强化组织领导、畅通沟通渠道，不断丰富联合稽查工作内容，持续改进联合稽查工作方法，积极探索联合稽查工作模式，大力支持、充分保障和有序推进联合稽查工作。

第七条 国家税务局、地方税务局应当分解联合稽查工作任务，分别指定稽查局专门机构或专人落实具体工作事项，明确岗位责任，加强保密管理，防范执法风险。

第八条 国家税务局、地方税务局应当建立稽查信息共享制度，并依托信息化手段，建立和完善联合稽查工作信息管理平台。

第九条 国家税务局、地方税务局应当加强联合稽查工作宣传，扩大执法影响，凝聚社会共识，促进纳税遵从。

第十条 国家税务局、地方税务局应当加强对联合稽查工作的督导检查，并将联合稽查工作情况作为考核的重要内容。

第二章 共建协调机制

第十一条 各级国家税务局、地方税务局应当成立联合稽查工作领导小组(以下简称领导小组)，负责联合稽查工作的统筹规划、协调指导。领导小组组长按年度实行轮值制，由国税、地税分管稽查工作的局领导轮流担任。

领导小组下设办公室，负责联合稽查工作的联络会商、组织开展等具体组织落实工作。联合稽查工作领导小组办公室(以下简称联查办)主任按年度实行轮值制，由领导小组组长所在税务局的稽查局主要负责人兼任。

领导小组和联查办对联合稽查工作的组织部署和工作要求，以国家税务局、地方税务局联合发文的形式下发。

第十二条 国家税务局、地方税务局稽查机构设置、管辖层级不对等的，由其所在省(区、市)联查办确定联合稽查相关工作事项。

第十三条 国家税务局、地方税务局应当共同建立联合稽查工作日常联络会商和情况通报工作制度。

国家税务局、地方税务局原则上每半年召开一次联合稽查工作会议，按需召开专题联席会议，共同组织部署联合稽查工作，研究联合稽查工作事项，解决联合稽查工作中遇到的问题。

有条件的国家税务局、地方税务局可以常设联查办办公场所。

第十四条 国家税务局、地方税务局应当在建立税务稽查随机抽查对象名录库的基础上，共同建立、维护共同管辖纳税人名录库。

第十五条 国家税务局、地方税务局应当将联合稽查工作列入年度税务稽查工作任务。每年初相互通报年度稽查工作安排，协商确定年度联合稽查工作计划，选取相关行业、区域、项目开展联合稽查工作。

第十六条 国家税务局、地方税务局应当加强稽查执法互助，对稽查案件检查中涉及对方管辖范围的执法事项，可提请对方进行协助，另一方应积极配合。

第十七条 国家税务局、地方税务局应当共同与公安等相关部门建立联合执法合作机制，合力打击涉税违法犯罪行为，联合开展发票整治等工作。

第十八条 国家税务局、地方税务局开展联合稽查工作应当建立台账，对联合稽查工作进行分类跟踪管理、成果统计、效果评价。

第三章 共享涉税信息

第十九条 国家税务局、地方税务局应当加强稽查信息共享合作，拓展各自涉税信息来源渠道，整合稽查执法信息资源。稽查信息共享合作的内容包括案源信息、案件线索、查办成果、证据资料及其他资料信息。

国家税务局、地方税务局通过信息交换、信息推送和信息查询的方式实现稽查信息共享。信息交换主要应用于共享批量非涉密案源信息和相关资料信息，信息推送主要应用于共享案件线索、查办成果和相关证据资料，信息查询主要应用于共享案件检查中特定对象的涉税信息。

第二十条 国家税务局、地方税务局采集、分析、整理各类稽查案源信息后，对属于对方管辖税种或者涉及双方管辖税种违法行为线索的案源信息，按规定进行信息交换。

第二十一条 国家税务局、地方税务局各自发现并查处的重大税收违法案件，凡涉及对方管辖税种的具体案件线索，应当及时向对方推送，并移交相关证据资料。

第二十二条 国家税务局、地方税务局在受理税收检举案件、开展受托协查案件中获得的税收违法行为线索信息，凡涉及对方管辖税种的，应当在发现线索信息之日起15个工作日内向对方推送，确保及时查处。

第二十三条 国家税务局、地方税务局根据稽查案件检查工作需要，协助对方进行涉案发票使用信息、特定稽查对象的纳税申报信息和历史稽查信息等涉税信息查询。

第四章　共同下达任务

第二十四条　国家税务局、地方税务局应当根据联合稽查工作总体计划和任务，按照稽查案源管理的要求，共同协商、分类确认联合进户稽查对象。

国家税务局或地方税务局选取联合进户稽查对象，应当严格落实国家税务总局制定的税务检查计划制度和规范进户执法规定，切实避免多头重复检查。

第二十五条　对检举案源、协查案源，国家税务局或地方税务局获得共同管辖纳税人较为明显的税收违法行为线索，同时涉及国税、地税税款缴纳、有必要联合开展案件检查的，协商确定为联合进户稽查对象。

第二十六条　对交办案源、督办案源、转办案源，国家税务局、地方税务局根据案件检查实际需要，协商确定为联合进户稽查对象。

第二十七条　对安排案源、自选案源、推送案源及其他案源，国家税务局、地方税务局应当共同建立税务稽查联合随机抽查工作机制，协商确定统一的随机抽查方案，共同采取定向抽查或者不定向抽查方式，从共同管辖纳税人名录库中确定联合进户稽查对象。

第二十八条　国家税务局、地方税务局应当将符合以下情形的共同管辖纳税人确定为联合进户稽查对象：

(一)国家税务总局要求开展联合进户稽查的；

(二)地方党委、政府和上级机关交办、督办的；

(三)上一级联查办指定开展联合进户稽查的；

(四)双方均获得具体税收违法行为线索的；

(五)同属双方重点税源的；

(六)国家税务总局规定的其他情形。

第二十九条　国家税务局、地方税务局应当根据联合进户稽查对象的计划情况，制定联合进户稽查工作方案，明确实施检查的时间节点、检查所属期间、检查进度报告时间、检查成果统计时间、方式等。

国家税务局、地方税务局在开展行业、区域和集团企业税务检查时，应当根据联合进户稽查对象的性质、特点，分别针对所辖税种拟定检查提纲，双方交换意见后，形成联合检查提纲，指导联合进户稽查工作。

第三十条　国家税务局、地方税务局在对联合进户稽查对象实施检查前，应当同步分别立案。

第五章　联合实施检查

第三十一条　国家税务局、地方税务局开展联合进户稽查，应当分别选派不少于 2 名检查人员，组成联合检查组。

联合检查组应当设立检查组长、副组长各 1 名，由双方检查人员分别担任。组长由稽查对象上一年度国家税务局、地方税务局管辖税种已缴税款所占比例较高的税务机关人员担任，或由双方协商确定。

联合检查组组长、副组长负责案件检查工作的协调、沟通和组织，协商确定具体检查工作的方法、进度和要求，并做好检查人员工作分工。

第三十二条　开展联合进户稽查时，国家税务局、地方税务局检查人员隶属不同执法主体，应当分工明确、权责清晰，依法履行各自执法程序，分别制作执法文书。

第三十三条　开展联合进户稽查时，国家税务局、地方税务局检查人员应当步调一致、配合紧密，联合实施检查。

(一)统一制定方案。国家税务局、地方税务局检查人员根据管辖税种分别开展查前分析，交流检查重点，并由联合检查组组长汇总统一制定完整的、具体的检查方案。

(二)共同进户检查。国家税务局、地方税务局检查人员应当向稽查对象出示各自的税务检查证，同时下达《税务检查通知书》，并告知联合稽查工作事项。根据检查需要，可共同组织稽查对象开展自查。

(三)协商调取账簿资料。国家税务局、地方税务局检查人员应当协商确定调取账簿资料的内容，联合检查组组长所在税务机关向稽查对象出具《调取账簿资料通知书》、填写《调取账簿资料清单》，并保管相关账簿资料，由双方共同查阅使用。未出具调取账簿资料文书的一方，按照取证要求严格履行法定程序。

(四)同步提取电子数据。对采用电子信息系统进行管理和核算的联合进户稽查对象,国家税务局、地方税务局检查人员需提取涉税电子数据的,双方应当协商确定提取电子数据的内容,同步提取、各自备份使用。

(五)协同调查取证。对稽查对象涉及同时查补国税、地税税款的同一税收违法行为,国家税务局、地方税务局检查人员应当协同进行取证,各自保留案件证据,分别制作《税务稽查工作底稿》。可联合对稽查对象进行询问,联合听取其陈述、申辩。

第三十四条 国家税务局、地方税务局检查人员应当发挥团队合力,互相支持配合,注重交流讨论,共同研究解决检查过程中的疑难问题。

第三十五条 国家税务局、地方税务局检查人员共同研讨联合稽查案件定性,对同一税收违法行为,就拟作出的税务处理依据和处罚标准达成一致,并分别提出相应处理处罚建议。

第六章 协同案件审理

第三十六条 国家税务局、地方税务局应当对联合进户稽查案件交换审理意见,进行分别审理,对同一税收违法行为,统一定性和税务处理处罚标准。

第三十七条 在联合进户稽查案件中,国家税务局、地方税务局的稽查审理部门对涉及同时查补国税、地税税款的同一税收违法行为的定性和税务处理处罚,不能形成统一的意见时,应当提请本级联合稽查工作领导小组协商提出统一的审理指导意见。

第三十八条 国家税务局、地方税务局应当根据各自重大税务案件审理标准,对所辖税种的涉税款项已达标准的,分别按照《重大税务案件审理办法》的规定进行审理。

第三十九条 国家税务局、地方税务局在分别拟制《税务处理决定书》《税务行政处罚决定书》《不予税务行政处罚决定书》《税务稽查结论》后10个工作日内相互抄送。

第四十条 联合进户稽查案件达到向公安机关移送标准时,按规定办理移送手续,同时向对方通报案件移送情况。

第四十一条 联合进户稽查过程中国家税务局、地方税务局使用的各类文书和证据资料,双方根据国家税务总局有关案卷管理规定分别组卷。

第七章 协同案件执行

第四十二条 国家税务局、地方税务局在联合进户稽查中发现稽查对象有逃避纳税义务行为,符合税收保全或强制执行条件的,应及时向对方通报情况,并协商同步采取税收保全或强制执行措施。

第四十三条 国家税务局、地方税务局及时通报联合进户稽查案件各自查补税款执行进度情况,对涉及双方的逾期不执行税款,协商同步采取强制执行措施。

第四十四条 国家税务局、地方税务局拟同步采取强制执行措施或提请人民法院采取强制执行措施时,应当就各税种应缴税款追缴方案达成共识,并共同协调税款执行。

第四十五条 联合进户稽查案件涉及税务行政复议、行政诉讼的,国家税务局、地方税务局分别依据相关法律、行政法规等规定开展工作,双方应当互相支持和配合,必要时可派员参加另一方的税务行政复议、行政诉讼。

第八章 稽查结果利用

第四十六条 除联合进户稽查案件外,国家税务局、地方税务局在稽查案件检查中取得的稽查成果,涉及影响对方管辖税种征收、查补的,应当将《税务处理决定书》《税务行政处罚决定书》于每季结束之日起5个工作日内批量抄送对方,对方应及时分析处理。

第四十七条 联合进户稽查案件涉及税种金额、违法类型、发票份额分别达到重大税收违法案件公布标准的,国家税务局、地方税务局应当分别公布。

国家税务局、地方税务局共同与本地区相关部门进行沟通和协调,共同推动联合惩戒工作落实,将其作为推动本地区社会信用体系建设的重要工作内容。

第四十八条 国家税务局、地方税务局联合开展稽查执法分析与调查，加强对特定行业联合稽查工作的研讨和总结，不断改进执法合作方式方法。

第四十九条 国家税务局、地方税务局联合开展案件查办和稽查现代化建设经验交流，推广先进经验做法，共同提高稽查执法水平。

第五十条 国家税务局、地方税务局应当加强对联合进户稽查案件的剖析和统计分析，共同研究新形势下税收违法案件发生的特点和规律，以及开展打击的重点。

第五十一条 国家税务局、地方税务局应当加强对联合稽查工作的总结提炼，共同提出完善税收政策和加强征收管理的意见建议，实现查管互动。

第九章 附 则

第五十二条 各省、自治区、直辖市和计划单列市国家税务局、地方税务局应当根据本办法制定具体实施办法。

第五十三条 本办法由国家税务总局稽查局负责解释。

第五十四条 本办法自印发之日起执行。

国家税务总局关于北京聚菱燕塑料有限公司偷税案件复核意见的批复

税总函〔2016〕274 号

北京市国家税务局：

你局《关于对 2009 年北京聚菱燕塑料有限公司偷税案件复核意见有关问题的请示》(京国税发〔2016〕138 号)收悉。经研究，批复如下：

根据《中华人民共和国企业所得税法实施条例》第三十六条，该企业为部分管理人员购买的商业保险支出不得在企业所得税税前扣除。但是，该企业税前扣除的上述支出，是企业真实发生的支出。

根据你局提供的材料：一、除本案所涉及稽查外，未对该企业进行过其他稽查立案处理；二、除本案所涉违规列支行为外，未发现该企业成立以来存在其他违规列支行为；三、本案所涉该企业为部分管理人员购买的商业保险已在当期代扣代缴了个人所得税。据此，从证据角度不能认定该企业存在偷税的主观故意。

综上，我局同意你局的第二种复核意见，即不认定为偷税。

国家税务总局

2016 年 6 月 19 日

国家税务总局公告关于发布《涉税信息查询管理办法》的公告

国家税务总局公告 2016 年第 41 号

为贯彻落实《深化国税、地税征管体制改革方案》关于“推进涉税信息公开，方便纳税人查询缴税信息”的要求，持续推进办税便利化改革，国家税务总局制定了《涉税信息查询管理办法》，现予以发布，自发布之日起施行。

特此公告。

附件：1. 涉税信息查询申请表(略)
2. 涉税信息查询结果告知书(略)
3. 涉税信息查询结果核实申请表(略)

国家税务总局
2016年6月30日

涉税信息查询管理办法

第一条 为规范涉税信息查询管理，推进税务部门信息公开，促进税法遵从，便利和服务纳税人，根据《中华人民共和国税收征收管理法》及其实施细则、《中华人民共和国政府信息公开条例》的有关规定，制定本办法。

第二条 本办法所称涉税信息查询，是指税务机关依法对外提供的信息查询服务。可以查询的信息包括由税务机关专属掌握可对外提供查询的信息，以及有助于纳税人履行纳税义务的税收信息。

涉税咨询、依申请公开信息不属于本办法所称涉税信息查询。

第三条 本办法适用于社会公众对公开涉税信息的查询，纳税人对自身涉税信息的查询。

税务部门之外具有社会管理和公共服务职能的有关部门依法对特定涉税信息的查询，以及抵押权人、质权人对欠税信息的查询，由各级税务机关依照相关法律、法规及国家税务总局相关规定组织实施。

第四条 省税务机关应当推进实现涉税信息统一归集，充实查询内容，加强查询平台建设，提供多元化查询渠道，探索主动推送信息等创新服务方式。

第五条 各级税务机关应当采取有效措施，切实保障涉税信息查询安全可控。

第六条 社会公众可以通过报刊、网站、信息公告栏等公开渠道查询税收政策、重大税收违法案件信息、非正常户认定信息等依法公开的涉税信息。

税务机关应当对公开涉税信息的查询途径及时公告，方便社会公众查询。

第七条 纳税人可以通过网站、客户端软件、自助办税终端等渠道，经过有效身份认证和识别，自行查询税费缴纳情况、纳税信用评价结果、涉税事项办理进度等自身涉税信息。

第八条 纳税人按照本办法第七条无法自行获取所需自身涉税信息，可以向税务机关提出书面申请，税务机关应当在本单位职责权限内予以受理。

书面申请查询，应当提交以下资料：

(一)涉税信息查询申请表(式样见附件1)；

(二)纳税人本人(法定代表人或主要负责人)有效身份证件原件及复印件。

第九条 纳税人本人(法定代表人或主要负责人)授权其他人员代为书面申请查询，应当提交以下资料：

(一)涉税信息查询申请表；

(二)纳税人本人(法定代表人或主要负责人)有效身份证件复印件；

(三)经办人员有效身份证件原件及复印件；

(四)由纳税人本人(法定代表人或主要负责人)签章的授权委托书。

第十条 纳税人书面申请查询，要求税务机关出具书面查询结果的，税务机关应当出具《涉税信息查询结果告知书》(式样见附件2)。

涉税信息查询结果不作为涉税证明使用。

第十一条 纳税人对查询结果有异议，可以向税务机关申请核实，并提交以下资料：

(一)涉税信息查询结果核实申请表(式样见附件3)；

(二)原涉税信息查询结果；

(三)相关证明材料。

第十二条 税务机关应当对纳税人提供的异议信息进行核实，并将核实结果告知纳税人。

税务机关确认涉税信息存在错误，应当及时进行信息更正。

第十三条 对于未按规定提供涉税信息或泄露纳税人信息的税务人员，应当按照有关规定追究责任。

第十四条 省税务机关可以根据本办法制定具体实施意见。

第十五条 《国家税务总局关于印发〈纳税人涉税保密信息管理暂行办法〉的通知》（国税发〔2008〕93号）与本办法有关规定不一致的，适用本办法。

第十六条 本办法自发布之日起施行。

国家税务总局关于个人保险代理人税收征管有关问题的公告

国家税务总局公告2016年第45号

现将个人保险代理人为保险企业提供保险代理服务税收征管有关问题公告如下：

一、个人保险代理人为保险企业提供保险代理服务应当缴纳的增值税和城市维护建设税、教育费附加、地方教育附加，税务机关可以根据《国家税务总局关于发布〈委托代征管理办法〉的公告》（国家税务总局公告2013年第24号）的有关规定，委托保险企业代征。

个人保险代理人为保险企业提供保险代理服务应当缴纳的个人所得税，由保险企业按照现行规定依法代扣代缴。

二、个人保险代理人以其取得的佣金、奖励和劳务费等相关收入（以下简称“佣金收入”，不含增值税）减去地方税费附加及展业成本，按照规定计算个人所得税。

展业成本，为佣金收入减去地方税费附加余额的40％。

三、接受税务机关委托代征税款的保险企业，向个人保险代理人支付佣金费用后，可代个人保险代理人统一向主管国税机关申请汇总代开增值税普通发票或增值税专用发票。

四、保险企业代个人保险代理人申请汇总代开增值税发票时，应向主管国税机关出具个人保险代理人的姓名、身份证号码、联系方式、付款时间、付款金额、代征税款的详细清单。

保险企业应将个人保险代理人的详细信息，作为代开增值税发票的清单，随发票入账。

五、主管国税机关为个人保险代理人汇总代开增值税发票时，应在备注栏内注明“个人保险代理人汇总代开”字样。

六、本公告所称个人保险代理人，是指根据保险企业的委托，在保险企业授权范围内代为办理保险业务的自然人，不包括个体工商户。

七、证券经纪人、信用卡和旅游等行业的个人代理人比照上述规定执行。信用卡、旅游等行业的个人代理人计算个人所得税时，不执行本公告第二条有关展业成本的规定。

个人保险代理人和证券经纪人其他个人所得税问题，按照《国家税务总局关于保险营销员取得佣金收入征免个人所得税问题的通知》（国税函〔2006〕454号）、《国家税务总局关于证券经纪人佣金收入征收个人所得税问题的公告》（国家税务总局公告2012年第45号）执行。

本公告自发布之日起施行。

特此公告。

国家税务总局
2016年7月7日

附　　录

2014 年度国家税务总局公告目录

国家税务总局关于纳税人开发回迁安置用房有关营业税问题的公告(国家税务总局公告 2014 年第 2 号)

国家税务总局关于商业零售企业存货损失税前扣除问题的公告(国家税务总局公告 2014 年第 3 号)

国家税务总局关于《中华人民共和国政府和大不列颠及北爱尔兰联合王国政府对所得和财产收益避免双重征税和防止偷漏税的协定》及议定书生效执行的公告(国家税务总局公告 2014 年第 4 号)

国家税务总局关于发布《邮政企业增值税征收管理暂行办法》的公告(国家税务总局公告 2014 年第 5 号)

国家税务总局关于发布《铁路运输企业增值税征收管理暂行办法》的公告(国家税务总局公告 2014 年第 6 号)

国家税务总局关于铁路运输和邮政业营业税改征增值税后纳税申报有关事项的公告(国家税务总局公告 2014 年第 7 号)

国家税务总局关于《中华人民共和国政府和比利时王国政府对所得避免双重征税和防止偷漏税的协定》及议定书生效执行的公告(国家税务总局公告 2014 年第 8 号)

国家税务总局关于依据实际管理机构标准实施居民企业认定有关问题的公告(国家税务总局公告 2014 年第 9 号)

国家税务总局关于发布《适用增值税零税率应税服务退(免)税管理办法》的公告(国家税务总局公告 2014 年第 11 号)

国家税务总局关于农用挖掘机 养鸡设备系列养猪设备系列产品增值税适用税率问题的公告(国家税务总局公告 2014 年第 12 号)

国家税务总局关于外贸综合服务企业出口货物退(免)税有关问题的公告(国家税务总局公告 2014 年第 13 号)

国家税务总局关于《中华人民共和国政府和厄瓜多尔共和国政府对所得避免双重征税和防止偷漏税的协定》及议定书生效执行的公告(国家税务总局公告 2014 年第 16 号)

国家税务总局关于企业因国务院决定事项形成的资产损失税前扣除问题的公告(国家税务总局公告 2014 年第 18 号)

国家税务总局关于简化增值税发票领用和使用程序有关问题的公告(国家税务总局公告 2014 年第 19 号)

国家税务总局关于逾期未办理的出口退(免)税可延期办理有关问题的公告(国家税务总局公告 2014 年第 20 号)

国家税务总局关于杏仁油 葡萄籽油增值税适用税率问题的公告(国家税务总局公告 2014 年第 22 号)

国家税务总局关于扩大小型微利企业减半征收企业所得税范围有关问题的公告(国家税务总局公告 2014 年第 23 号)

国家税务总局关于委托投资情况下认定受益所有人问题的公告(国家税务总局公告 2014 年第 24 号)

国家税务总局关于个体工商户、个人独资企业和合伙企业个人所得税问题的公告(国家税务总局公告 2014 年第 25 号)

国家税务总局关于发布《电信企业增值税征收管理暂行办法》的公告(国家税务总局公告 2014 年第 26 号)

国家税务总局关于企业所得税应纳税所得额若干问题的公告(国家税务总局公告 2014 年第 29 号)

国家税务总局关于成品油经销企业开具的增值税发票纳入防伪税控系统汉字防伪版管理的公告(国家税务总局公告 2014 年第 33 号)

国家税务总局 财政部 人力资源社会保障部 教育部 民政部关于支持和促进重点群体创业就业有关税收政策具体实施问题的公告(国家税务总局公告 2014 年第 34 号)

国家税务总局关于房地产开发企业成本对象管理问题的公告(国家税务总局公告 2014 年第 35 号)

国家税务总局关于简并增值税征收率有关问题的公告(国家税务总局公告 2014 年第 36 号)

国家税务总局关于居民企业报告境外投资和所得信息有关问题的公告(国家税务总局公告 2014 年第 38 号)

国家税务总局关于纳税人对外开具增值税专用发票有关问题的公告(国家税务总局公告 2014 年第 39 号)

国家税务总局关于发布《纳税信用管理办法(试行)》的公告(国家税务总局公告 2014 年第 40 号)

国家税务总局关于发布《重大税收违法案件信息公布办法(试行)》的公告(国家税务总局公告 2014 年第 41 号)

国家税务总局关于国际货物运输代理服务有关增值税问题的公告(国家税务总局公告 2014 年第 42 号)

国家税务总局关于启用新版增值税发票有关问题的公告(国家税务总局公告 2014 年第 43 号)

国家税务总局关于调整增值税纳税申报有关事项的公告(国家税务总局公告 2014 年第 45 号)

国家税务总局关于《中华人民共和国政府和荷兰王国政府对所得避免双重征税和防止偷漏税的协定》及议定书生效执行的公告(国家税务总局公告 2014 年第 46 号)

国家税务总局关于重新发布《营业税改征增值税跨境应税服务增值税免税管理办法(试行)》的公告(国家税务总局公告 2014 年第 49 号)

国家税务总局关于债券买卖业务营业税问题的公告(国家税务总局公告 2014 年第 50 号)

国家税务总局关于出口货物劳务退(免)税管理有关问题的公告(国家税务总局公告 2014 年第 51 号)

国家税务总局关于自卸式垃圾车车辆购置税有关问题的公告(国家税务总局公告 2014 年第 53 号)

国家税务总局关于特别纳税调整监控管理有关问题的公告(国家税务总局公告 2014 年第 54 号)

国家税务总局关于部分航空运输企业总分机构增值税计算缴纳问题的公告(国家税务总局公告 2014 年第 55 号)

国家税务总局关于发布《融资租赁货物出口退税管理办法》的公告(国家税务总局公告 2014 年第 56 号)

国家税务总局关于小微企业免征增值税和营业税有关问题的公告(国家税务总局公告 2014 年第 57 号)

国家税务总局关于调整增值税纳税申报有关事项的公告(国家税务总局公告 2014 年第 58 号)

国家税务总局关于企业出口集装箱有关退(免)税问题的公告(国家税务总局公告 2014 年第 59 号)

国家税务总局关于证券交易印花税完税凭证有关问题的公告(国家税务总局公告 2014 年第 60 号)

国家税务总局关于《中华人民共和国政府和奥地利共和国政府关于对所得和财产避免双重征税和防止偷漏税的协定》谅解备忘录生效执行的公告(国家税务总局公告 2014 年第 61 号)

国家税务总局关于发布《中华人民共和国企业所得税年度纳税申报表(A 类,2014 年版)》的公告(国家税务总局公告 2014 年第 63 号)

国家税务总局关于固定资产加速折旧税收政策有关问题的公告(国家税务总局公告 2014 年第 64 号)

国家税务总局关于成品油消费税有关问题的公告(国家税务总局公告 2014 年第 65 号)

国家税务总局关于发布《股权转让所得个人所得税管理办法(试行)》的公告(国家税务总局公告 2014 年第 67 号)

国家税务总局关于内地与澳门税务主管当局就两地税收安排条款内容进行确认的公告(国家税务总局公告 2014 年第 68 号)

国家税务总局关于调整增值税纳税申报有关事项的公告(国家税务总局公告 2014 年第 69 号)

国家税务总局关于发布《横琴、平潭开发有关增值税和消费税退税管理办法(试行)》的公告(国家税务

总局公告 2014 年第 70 号)

国家税务总局关于进一步调整成品油消费税有关征收管理问题的公告(国家税务总局公告 2014 年第 71 号)

国家税务总局关于调整消费税纳税申报表有关问题的公告(国家税务总局公告 2014 年第 72 号)

国家税务总局关于推行增值税发票系统升级版有关问题的公告(国家税务总局公告 2014 年第 73 号)

国家税务总局关于通过招拍挂方式取得土地缴纳城镇土地使用税问题的公告(国家税务总局公告 2014 年第 74 号)

国家税务总局关于牡丹籽油增值税适用税率问题的公告(国家税务总局公告 2014 年第 75 号)

2015 年度国家税务总局公告目录

国家税务总局关于《中华人民共和国政府和瑞士联邦委员会对所得和财产避免双重征税的协定》及议定书生效执行的公告(国家税务总局公告 2015 年第 1 号)

国家税务总局关于发布《出口退(免)税企业分类管理办法》的公告(国家税务总局公告 2015 年第 2 号)

国家税务总局关于成品油消费税纳税申报有关问题的公告(国家税务总局公告 2015 年第 3 号)

国家税务总局关于车辆购置税征收管理有关问题的公告(国家税务总局公告 2015 年第 4 号)

国家税务总局关于电池 涂料消费税征收管理有关问题的公告(国家税务总局公告 2015 年第 5 号)

国家税务总局关于 3 项企业所得税事项取消审批后加强后续管理的公告(国家税务总局公告 2015 年第 6 号)

国家税务总局关于非居民企业间接转让财产企业所得税若干问题的公告(国家税务总局公告 2015 年第 7 号)

国家税务总局关于部分税务行政审批事项取消后有关管理问题的公告(国家税务总局公告 2015 年第 8 号)

国家税务总局关于发布适用启运港退(免)税政策的运输企业及运输工具名单的公告(国家税务总局公告 2015 年第 9 号)

国家税务总局关于发布第一批税务行政处罚权力清单的公告(国家税务总局公告 2015 年第 10 号)

国家税务总局关于《中华人民共和国政府和法兰西共和国政府对所得避免双重征税和防止偷漏税的协定》及议定书生效执行的公告(国家税务总局公告 2015 年第 11 号)

国家税务总局 财政部 人力资源社会保障部 教育部 民政部关于支持和促进重点群体创业就业有关税收政策具体实施问题的补充公告(国家税务总局 财政部 人力资源社会保障部 教育部 民政部公告 2015 年第 12 号)

国家税务总局关于中日税收协定适用于日本新开征地方法人税的公告(国家税务总局公告 2015 年第 13 号)

国家税务总局关于执行《西部地区鼓励类产业目录》有关企业所得税问题的公告(国家税务总局公告 2015 年第 14 号)

国家税务总局关于修订《葡萄酒消费税管理办法(试行)》的公告(国家税务总局公告 2015 年第 15 号)

国家税务总局关于企业向境外关联方支付费用有关企业所得税问题公告(国家税务总局公告 2015 年第 16 号)

国家税务总局关于贯彻落实扩大小型微利企业减半征收企业所得税范围有关问题的公告(国家税务总局公告 2015 年第 17 号)

国家税务总局关于调整增值税一般纳税人管理有关事项的公告(国家税务总局公告 2015 年第 18 号)

国家税务总局关于全面推行增值税发票系统升级版有关问题的公告(国家税务总局公告 2015 年第 19 号)

国家税务总局关于个人非货币性资产投资有关个人所得税征管问题的公告(国家税务总局公告 2015 年第 20 号)

国家税务总局 国家能源局关于落实煤炭资源税优惠政策若干事项的公告(国家税务总局 国家能源局公告 2015 年第 21 号)

国家税务总局关于修改《非居民企业所得税核定征收管理办法》等文件的公告(国家税务总局公告 2015 年第 22 号)

国家税务总局关于调整增值税纳税申报有关事项的公告(国家税务总局公告 2015 年第 23 号)

国家税务总局关于公布符合条件的销售熊猫普制金币纳税人名单(第四批)的公告(国家税务总局公告 2015 年第 24 号)

国家税务总局关于金融企业涉农贷款和中小企业贷款损失税前扣除问题的公告(国家税务总局公告 2015 年第 25 号)

国家税务总局关于出口企业申报出口退(免)税免予提供纸质出口货物报关单的公告(国家税务总局公告 2015 年第 26 号)

国家税务总局关于发布《营业税减免税明细申报表》的公告(国家税务总局公告 2015 年第 27 号)

国家税务总局关于发布生产经营所得及减免税事项有关个人所得税申报表的公告(国家税务总局公告 2015 年第 28 号)

国家税务总局关于出口退(免)税有关问题的公告(国家税务总局公告 2015 年第 29 号)

国家税务总局关于发布《中华人民共和国非居民企业所得税年度纳税申报表》等报表的公告(国家税务总局公告 2015 年第 30 号)

国家税务总局关于发布《中华人民共和国企业所得税月(季)度预缴纳税申报表(2015 年版)等报表》的公告(国家税务总局公告 2015 年第 31 号)

国家税务总局关于调整消费税纳税申报有关事项的公告(国家税务总局公告 2015 年第 32 号)

国家税务总局关于非货币性资产投资企业所得税有关征管问题的公告(国家税务总局公告 2015 年第 33 号)

国家税务总局关于企业工资薪金和职工福利费等支出税前扣除问题的公告(国家税务总局公告 2015 年第 34 号)

国家税务总局关于卷烟消费税政策调整后纳税申报有关问题的公告(国家税务总局公告 2015 年第 35 号)

国家税务总局关于发布增值税发票系统升级版开票软件数据接口规范的公告(国家税务总局公告 2015 年第 36 号)

国家税务总局关于白酒消费税最低计税价格核定问题的公告(国家税务总局公告 2015 年第 37 号)

国家税务总局关于取消两项消费税审批事项后有关管理问题的公告(国家税务总局公告 2015 年第 39 号)

国家税务总局关于资产(股权)划转企业所得税征管问题的公告(国家税务总局公告 2015 年第 40 号)

国家税务总局关于发布《境外旅客购物离境退税管理办法(试行)》的公告(国家税务总局公告 2015 年第 41 号)

国家税务总局关于国有粮食购销企业销售粮食免征增值税审批事项取消后有关管理事项的公告(国家税务总局公告 2015 年第 42 号)

国家税务总局关于发布《税收减免管理办法》的公告(国家税务总局公告 2015 年第 43 号)

国家税务总局关于逾期未申报的出口退(免)税可延期申报的公告(国家税务总局公告 2015 年第 44 号)

国家税务总局关于规范成本分摊协议管理的公告(国家税务总局公告 2015 年第 45 号)

国家税务总局关于明确纳税信用补评和复评事项的公告(国家税务总局公告 2015 年第 46 号)

国家税务总局关于境内机构向我国银行的境外分行支付利息扣缴企业所得税有关问题的公告(国家税务总局公告 2015 年第 47 号)

国家税务总局关于企业重组业务企业所得税征收管理若干问题的公告(国家税务总局公告 2015 年第 48 号)

国家税务总局关于修订《纳税服务投诉管理办法》的公告(国家税务总局公告 2015 年第 49 号)

国家税务总局关于简化个人无偿赠与不动产 土地使用权免征营业税手续的公告(国家税务总局公告2015年第50号)

国家税务总局关于发布《煤炭资源税征收管理办法(试行)》的公告(国家税务总局公告2015年第51号)

国家税务总局关于建筑安装业跨省异地工程作业人员个人所得税征收管理问题的公告(国家税务总局公告2015年第52号)

国家税务总局关于发布增值税发票系统升级版与电子发票系统数据接口规范的公告(国家税务总局公告2015年第53号)

国家税务总局关于取消乙烯、芳烃生产企业退税资格认定审批事项有关管理问题的公告(国家税务总局公告2015年第54号)

国家税务总局关于促进残疾人就业税收优惠政策相关问题的公告(国家税务总局公告2015年第55号)

国家税务总局关于部分税务行政审批事项取消后有关管理问题的公告(国家税务总局公告2015年第56号)

国家税务总局 交通运输部关于城市公交企业购置公共汽电车辆办理免征车辆购置税手续问题的公告(国家税务总局 交通运输部公告2015年第57号)

国家税务总局关于公布已取消的22项税务非行政许可审批事项的公告(国家税务总局公告2015年第58号)

国家税务总局关于纳税人认定或登记为一般纳税人前进项税额抵扣问题的公告(国家税务总局公告2015年第59号)

国家税务总局关于贯彻落实进一步扩大小型微利企业减半征收企业所得税范围有关问题的公告(国家税务总局公告2015年第61号)

国家税务总局关于修订《废弃电器电子产品处理基金申报表》的公告(国家税务总局公告2015年第62号)

国家税务总局关于两项证券(股票)交易印花税非行政许可审批取消后有关管理问题的公告(国家税务总局公告2015年第63号)

国家税务总局关于化肥恢复征收增值税后库存化肥有关税收管理事项的公告(国家税务总局公告2015年第64号)

国家税务总局关于一年期以上返还性人身保险产品免征营业税审批事项取消后有关管理问题的公告(国家税务总局公告2015年第65号)

国家税务总局关于修订纳税人识别号代码标准的公告(国家税务总局公告2015年第66号)

国家税务总局关于契税纳税申报有关问题的公告(国家税务总局公告2015年第67号)

国家税务总局关于进一步完善固定资产加速折旧企业所得税政策有关问题的公告(国家税务总局公告2015年第68号)

国家税务总局关于中小企业信用担保机构免征营业税审批事项取消后有关管理问题的公告(国家税务总局公告2015年第69号)

国家税务总局关于企业境外所得适用简易征收和饶让抵免的核准事项取消后有关后续管理问题的公告(国家税务总局公告2015年第70号)

国家税务总局关于简化契税办理流程取消(无)婚姻登记记录证明的公告(国家税务总局公告2015年第71号)

国家税务总局关于动物尸体降解处理机 蔬菜清洗机增值税适用税率问题的公告(国家税务总局公告2015年第72号)

国家税务总局关于发布《减免税政策代码目录》的公告(国家税务总局公告2015年第73号)

国家税务总局关于"三证合一"登记制度改革涉及增值税一般纳税人管理有关事项的公告(国家税务总局公告2015年第74号)

国家税务总局关于进一步简化和规范个人无偿赠与或受赠不动产免征营业税、个人所得税所需证明资

料的公告(国家税务总局公告 2015 年第 75 号)

国家税务总局关于发布《企业所得税优惠政策事项办理办法》的公告(国家税务总局公告 2015 年第 76 号)

国家税务总局关于发布增值税发票系统升级版与税控收款机数据接口规范的公告(国家税务总局公告 2015 年第 77 号)

国家税务总局关于修改企业所得税月(季)度预缴纳税申报表的公告(国家税务总局公告 2015 年第 79 号)

国家税务总局关于股权奖励和转增股本个人所得税征管问题的公告(国家税务总局公告 2015 年第 80 号)

国家税务总局关于有限合伙制创业投资企业法人合伙人企业所得税有关问题的公告(国家税务总局公告 2015 年第 81 号)

国家税务总局关于许可使用权技术转让所得企业所得税有关问题的公告(国家税务总局公告 2015 年第 82 号)

国家税务总局关于发布《车船税管理规程(试行)》的公告(国家税务总局公告 2015 年第 83 号)

国家税务总局关于推行通过增值税电子发票系统开具的增值税电子普通发票有关问题的公告(国家税务总局公告 2015 年第 84 号)

国家税务总局关于明确纳税信用管理若干业务口径的公告(国家税务总局公告 2015 年第 85 号)

国家税务总局关于明确有机肥产品执行标准的公告(国家税务总局公告 2015 年第 86 号)

国家税务总局关于公布税务行政许可事项目录的公告(国家税务总局公告 2015 年第 87 号)

国家税务总局关于发布《市场采购贸易方式出口货物免税管理办法(试行)》的公告(国家税务总局公告 2015 年第 89 号)

国家税务总局关于营业税改征增值税试点期间有关增值税问题的公告(国家税务总局公告 2015 年第 90 号)

国家税务总局关于取消销货退回消费税退税等两项消费税审批事项后有关管理问题的公告(国家税务总局公告 2015 年第 91 号)

国家税务总局关于明确若干营业税问题的公告(国家税务总局公告 2015 年第 92 号)

国家税务总局关于实施商业健康保险个人所得税政策试点有关征管问题的公告(国家税务总局公告 2015 年第 93 号)

国家税务总局关于发行 2015 年印花税票的公告(国家税务总局公告 2015 年第 94 号)

国家税务总局关于明确电池 涂料消费税征收管理有关事项的公告(国家税务总局公告 2015 年第 95 号)

国家税务总局 工业和信息化部关于设有固定装置非运输车辆信息采集的公告(国家税务总局公告 工业和信息化部 2015 年第 96 号)

国家税务总局关于企业研究开发费用税前加计扣除政策有关问题的公告(国家税务总局公告 2015 年第 97 号)

国家税务总局关于发布《社会保险费及其他基金规费文书式样》的公告(国家税务总局公告 2015 年第 98 号)

国家税务总局关于停止使用货物运输业增值税专用发票有关问题的公告(国家税务总局公告 2015 年第 99 号)

2016 年度国家税务总局公告目录

国家税务总局关于发布《耕地占用税管理规程(试行)》的公告(国家税务总局公告 2016 年第 2 号)

国家税务总局关于修改企业所得税年度纳税申报表(A 类,2014 年版)部分申报表的公告(国家税务总局公告 2016 年第 3 号)

国家税务总局关于《多边税收征管互助公约》生效执行的公告(国家税务总局公告 2016 年第 4 号)

国家税务总局关于 3 项个人所得税事项取消审批实施后续管理的公告(国家税务总局公告 2016 年第 5

号）

国家税务总局关于合理简并纳税人申报缴税次数的公告(国家税务总局公告 2016 年第 6 号)

国家税务总局关于纳税信用 A 级纳税人取消增值税发票认证有关问题的公告(国家税务总局公告 2016 年第 7 号)

国家税务总局关于兽用药品经营企业销售兽用生物制品有关增值税问题的公告(国家税务总局公告 2016 年第 8 号)

国家税务总局关于完善纳税信用管理有关事项的公告(国家税务总局公告 2016 年第 9 号)

国家税务总局关于全面推开营业税改征增值税试点后增值税纳税申报有关事项的公告(国家税务总局公告 2016 年第 13 号)

国家税务总局关于发布《纳税人转让不动产增值税征收管理暂行办法》的公告(国家税务总局公告 2016 年第 14 号)

国家税务总局关于发布《不动产进项税额分期抵扣暂行办法》的公告(国家税务总局公告 2016 年第 15 号)

国家税务总局关于发布《纳税人提供不动产经营租赁服务增值税征收管理暂行办法》的公告(国家税务总局公告 2016 年第 16 号)

国家税务总局关于发布《纳税人跨县(市、区)提供建筑服务增值税征收管理暂行办法》的公告(国家税务总局公告 2016 年第 17 号)

国家税务总局关于发布《房地产开发企业销售自行开发的房地产项目增值税征收管理暂行办法》的公告(国家税务总局公告 2016 年第 18 号)

国家税务总局关于营业税改征增值税委托地税机关代征税款和代开增值税发票的公告(国家税务总局公告 2016 年第 19 号)

国家税务总局关于融资融券业务营业税问题的公告(国家税务总局公告 2016 年第 20 号)

国家税务总局关于全面推开营业税改征增值税试点有关税收征收管理事项的公告(国家税务总局公告 2016 年第 23 号)

国家税务总局关于修订《重大税收违法案件信息公布办法(试行)》的公告(国家税务总局公告 2016 年第 24 号)

国家税务总局关于发布增值税发票税控开票软件数据接口规范的公告(国家税务总局公告 2016 年第 25 号)

国家税务总局关于明确营改增试点若干征管问题的公告(国家税务总局公告 2016 年第 26 号)

国家税务总局公告关于调整增值税纳税申报有关事项的公告(国家税务总局公告 2016 年第 27 号)

国家税务总局公告关于修改按经费支出换算收入方式核定非居民企业应纳税所得额计算公式的公告(国家税务总局公告 2016 年第 28 号)

国家税务总局公告关于发布《营业税改征增值税跨境应税行为增值税免税管理办法(试行)》的公告(国家税务总局公告 2016 年第 29 号)

国家税务总局公告关于营业税改征增值税部分试点纳税人增值税纳税申报有关事项调整的公告(国家税务总局公告 2016 年第 30 号)

国家税务总局公告关于优化完善增值税发票查询平台功能有关事项的公告(国家税务总局公告 2016 年第 32 号)

国家税务总局公告关于发布《促进残疾人就业增值税优惠政策管理办法》的公告(国家税务总局公告 2016 年第 33 号)

国家税务总局关于在内地使用香港居民身份证明有关问题的公告(国家税务总局公告 2016 年第 35 号)

国家税务总局公告关于公布符合条件的销售熊猫普制金币纳税人名单(第六批)的公告(国家税务总局公告 2016 年第 36 号)

国家税务总局关于《中华人民共和国和德意志联邦共和国对所得和财产避免双重征税和防止偷漏税的协定》及议定书生效执行的公告(国家税务总局公告 2016 年第 37 号)

国家税务总局关于发布修订后的《资源税纳税申报表》的公告(国家税务总局公告 2016 年第 38 号)

国家税务总局关于延长 2016 年 7 月份增值税申报纳税期限的公告(国家税务总局公告 2016 年第 39 号)

国家税务总局关于开具《中国税收居民身份证明》有关事项的公告(国家税务总局公告 2016 年第 40 号)

国家税务总局公告关于发布《涉税信息查询管理办法》的公告(国家税务总局公告 2016 年第 41 号)

国家税务总局关于完善关联申报和同期资料管理有关事项的公告(国家税务总局公告 2016 年第 42 号)

国家税务总局关于设有固定装置非运输车辆免征车辆购置税有关事项的公告(国家税务总局公告 2016 年第 43 号)

国家税务总局公告关于部分地区开展住宿业增值税小规模纳税人自开增值税专用发票试点工作有关事项的公告(国家税务总局公告 2016 年第 44 号)

国家税务总局关于个人保险代理人税收征管有关问题的公告(国家税务总局公告 2016 年第 45 号)

国家税务总局关于发布修订后的《出口退(免)税企业分类管理办法》的公告(国家税务总局公告 2016 年第 46 号)

国家税务总局关于红字增值税发票开具有关问题的公告(国家税务总局公告 2016 年第 47 号)

国家税务总局关于《中华人民共和国政府和俄罗斯联邦政府对所得避免双重征税和防止偷漏税的协定》及修订协定的议定书生效执行及有关事项的公告(国家税务总局公告 2016 年第 48 号)

国家税务总局关于《中华人民共和国政府和波兰共和国政府对国际航空运输服务互免增值税或类似税收的协议》生效执行的公告(国家税务总局公告 2016 年第 49 号)

国家税务总局关于被盗、丢失增值税专用发票有关问题的公告(国家税务总局公告 2016 年第 50 号)

国家税务总局关于保险机构代收车船税开具增值税发票问题的公告(国家税务总局公告 2016 年第 51 号)

国家税务总局关于车辆购置税征收管理有关问题的补充公告(国家税务总局公告 2016 年第 52 号)

国家税务总局关于营改增试点若干征管问题的公告(国家税务总局公告 2016 年第 53 号)

国家税务总局关于物业管理服务中收取的自来水水费增值税问题的公告(国家税务总局公告 2016 年第 54 号)

国家税务总局 工业和信息化部关于修改设有固定装置非运输车辆信息采集表和车辆图片要求的公告(国家税务总局 工业和信息化部公告 2016 年第 55 号)

国家税务总局关于修订个体工商户税收定期定额征收管理文书的公告(国家税务总局公告 2016 年第 56 号)

国家税务总局关于优化完善增值税发票选择确认平台功能及系统维护有关事项的公告(国家税务总局公告 2016 年第 57 号)

国家税务总局 外交部关于发布《外国驻华使(领)馆及其馆员在华购买货物和服务增值税退税管理办法》的公告(国家税务总局 外交部公告 2016 年第 58 号)

国家税务总局关于纳税人申请代开增值税发票办理流程的公告(国家税务总局公告 2016 年第 59 号)

国家税务总局关于《关于修订〈中华人民共和国政府和爱沙尼亚共和国政府关于对所得避免双重征税和防止偷漏税的协定〉的议定书》生效执行的公告(国家税务总局公告 2016 年第 60 号)

国家税务总局关于进一步优化外贸综合服务企业出口货物退(免)税管理的公告(国家税务总局公告 2016 年第 61 号)

国家税务总局关于实施违规开具机动车销售统一发票的机动车企业名单公示制度的公告(国家税务总局公告 2016 年第 63 号)

国家税务总局关于股权激励和技术入股所得税征管问题的公告(国家税务总局公告 2016 年第 62 号)

国家税务总局关于完善预约定价安排管理有关事项的公告(国家税务总局公告 2016 年第 64 号)

国家税务总局 财政部 海关总署关于开展赋予海关特殊监管区域企业增值税一般纳税人资格试点的公告(国家税务总局 财政部 海关总署公告 2016 年第 65 号)

国家税务总局关于高档化妆品消费税征收管理事项的公告(国家税务总局公告2016年第66号)

国家税务总局关于规范全国千户集团及其成员企业纳税申报时附报财务会计报表有关事项的公告(国家税务总局公告2016年第67号)

国家税务总局关于调整增值税普通发票防伪措施有关事项的公告(国家税务总局公告2016年第68号)

国家税务总局关于在境外提供建筑服务等有关问题的公告(国家税务总局公告2016年第69号)

国家税务总局关于营改增后土地增值税若干征管规定的公告(国家税务总局公告2016年第70号)

国家税务总局关于按照纳税信用等级对增值税发票使用实行分类管理有关事项的公告(国家税务总局公告2016年第71号)

国家税务总局关于丹麦发展中国家投资基金享受中丹税收协定利息条款免税待遇的公告(国家税务总局公告2016年第72号)

国家税务总局关于纳税人转让不动产缴纳增值税差额扣除有关问题的公告(国家税务总局公告2016年第73号)

国家税务总局关于超豪华小汽车消费税征收管理有关事项的公告(国家税务总局公告2016年第74号)

国家税务总局关于调整增值税一般纳税人留抵税额申报口径的公告(国家税务总局公告2016年第75号)

国家税务总局关于走逃(失联)企业开具增值税专用发票认定处理有关问题的公告(国家税务总局公告2016年第76号)

国家税务总局关于《中华人民共和国政府和智利共和国政府对所得避免双重征税和防止逃避税的协定》及议定书生效执行的公告(国家税务总局公告2016年第79号)

国家税务总局关于企业所得税有关问题的公告(国家税务总局公告2016年第80号)

国家税务总局关于房地产开发企业土地增值税清算涉及企业所得税退税有关问题的公告(国家税务总局公告2016年第81号)

国家税务总局关于启用增值税普通发票(卷票)有关事项的公告(国家税务总局公告2016年第82号)

2014年度财政部、国家税务总局联合发文目录

财政部 国家税务总局关于2014 2015年铁路建设债券利息收入企业所得税政策的通知(财税〔2014〕2号)

财政部 国家税务总局关于夫妻之间房屋土地权属变更有关契税政策的通知(财税〔2014〕4号)

财政部 国家税务总局关于中国农业银行三农事业部涉农贷款营业税优惠政策的通知(财税〔2014〕5号)

财政部 国家税务总局关于大型水电企业增值税政策的通知(财税〔2014〕10号)

财政部 国家税务总局关于非营利组织免税资格认定管理有关问题的通知(财税〔2014〕13号)

财政部 国家税务总局关于以外购或委托加工汽 柴油连续生产汽 柴油允许抵扣消费税政策问题的通知(财税〔2014〕15号)

财政部 海关总署 国家税务总局关于租赁企业进口飞机有关税收政策的通知(财关税〔2014〕16号)

财政部 国家税务总局关于飞机租赁企业有关印花税政策的通知(财税〔2014〕18号)

财政部 国家税务总局关于小型微利企业所得税优惠政策有关问题的通知(财税〔2014〕34号)

财政部 国家税务总局 人力资源社会保障部关于继续实施支持和促进重点群体创业就业有关税收政策的通知(财税〔2014〕39号)

财政部 国家税务总局 民政部关于调整完善扶持自主就业退役士兵创业就业有关税收政策的通知(财税〔2014〕42号)

财政部 国家税务总局关于将电信业纳入营业税改征增值税试点的通知(财税〔2014〕43号)财政部 国

家税务总局关于转让优先股有关证券(股票)交易印花税政策的通知(财税〔2014〕46号)

财政部 国家税务总局关于国际水路运输增值税零税率政策的补充通知(财税〔2014〕50号)

财政部 海关总署 国家税务总局关于横琴 平潭开发有关增值税和消费税政策的通知(财税〔2014〕51号)

财政部 国家税务总局关于促进公共租赁住房发展有关税收优惠政策的通知(财税〔2014〕52号)

财政部 海关总署 国家税务总局关于扩大启运港退税政策试点范围的通知(财税〔2014〕53号)

财政部 国家税务总局关于铁路运输企业汇总缴纳增值税的补充通知(财税〔2014〕54号)

财政部 国家税务总局关于公共基础设施项目享受企业所得税优惠政策问题的补充通知(财税〔2014〕55号)

财政部 国家税务总局关于简并增值税征收率政策的通知(财税〔2014〕57号)

财政部 国家税务总局关于进一步支持小微企业增值税和营业税政策的通知(财税〔2014〕71号)

财政部 国家税务总局关于实施煤炭资源税改革的通知(财税〔2014〕72号)

财政部 国家税务总局关于调整原油、天然气资源税有关政策的通知(财税〔2014〕73号)

财政部 国家税务总局关于完善固定资产加速折旧企业所得税政策的通知(财税〔2014〕75号)

财政部 国家税务总局关于华夏航空有限公司及其分支机构增值税计算缴纳问题的通知(财税〔2014〕76号)

财政部 国家税务总局 证监会关于 QFII 和 RQFII 取得中国境内的股票等权益性投资资产转让所得暂免征收企业所得税问题的通知(财税〔2014〕79号)

财政部 国家税务总局 证监会关于沪港股票市场交易互联互通机制试点有关税收政策的通知(财税〔2014〕81号)

财政部 国家税务总局关于调整消费税政策的通知(财税〔2014〕93号)

财政部 国家税务总局关于提高成品油消费税的通知(财税〔2014〕94号)

财政部 国家税务总局关于以贵金属和宝石为主要原材料的货物出口退税政策的通知(财税〔2014〕98号)

财政部 国家税务总局关于延续并完善支持农村金融发展有关税收政策的通知(财税〔2014〕102号)

财政部 国家税务总局关于进一步提高成品油消费税的通知(财税〔2014〕106号)

财政部 国家税务总局关于促进企业重组有关企业所得税处理问题的通知(财税〔2014〕109号)

财政部 国家税务总局关于非货币性资产投资企业所得税政策问题的通知(财税〔2014〕116号)

财政部 国家税务总局关于支持文化服务出口等营业税政策的通知(财税〔2014〕118号)

财政部 国家税务总局关于对小微企业免征有关政府性基金的通知(财税〔2014〕122号)

财政部 国家税务总局关于调整部分产品出口退税率的通知(财税〔2014〕150号)

2015年度财政部、国家税务总局联合发文目录

财政部 国家税务总局关于确认中国红十字会总会 中华全国总工会 中国宋庆龄基金会和中国国际人才交流基金会2014年度公益性捐赠税前扣除资格的通知(财税〔2015〕1号)

财政部 国家税务总局关于金融企业涉农贷款和中小企业贷款损失准备金税前扣除有关问题的通知(财税〔2015〕3号)

财政部 国家税务总局关于创新药后续免费使用有关增值税政策的通知(财税〔2015〕4号)

财政部 国家税务总局关于企业改制重组有关土地增值税政策的通知(财税〔2015〕5号)

财政部 国家税务总局关于金融企业贷款损失准备金企业所得税税前扣除有关政策的通知(财税〔2015〕9号)

财政部 国家税务总局关于继续提高成品油消费税的通知(财税〔2015〕11号)

财政部 国家税务总局关于对电池 涂料征收消费税的通知(财税〔2015〕16号)

财政部 国家税务总局关于进入中哈霍尔果斯国际边境合作中心的货物适用增值税退(免)税政策的通

知(财税〔2015〕17 号)

财政部 税务总局 人力资源社会保障部 教育部关于支持和促进重点群体创业就业税收政策有关问题的补充通知(财税〔2015〕18 号)

财政部 海关总署 国家税务总局关于支持鲁甸地震灾后恢复重建有关税收政策问题的通知(财税〔2015〕27 号)

财政部 国家税务总局关于小型微利企业所得税优惠政策的通知(财税〔2015〕34 号)

财政部 国家税务总局关于原油和铁矿石期货保税交割业务增值税政策的通知(财税〔2015〕35 号)

财政部 国家税务总局关于进一步支持企业事业单位改制重组有关契税政策的通知(财税〔2015〕37 号)

财政部 国家税务总局关于调整个人住房转让营业税政策的通知(财税〔2015〕39 号)

财政部 国家税务总局关于个人非货币性资产投资有关个人所得税政策的通知(财税〔2015〕41 号)

财政部 国家税务总局 工业和信息化部关于节约能源 使用新能源车船车船税优惠政策的通知(财税〔2015〕51 号)

财政部 国家税务总局关于实施稀土、钨、钼资源税从价计征改革的通知(财税〔2015〕52 号)

财政部 国家税务总局 保监会关于开展商业健康保险个人所得税政策试点工作的通知(财税〔2015〕56 号)

财政部 国家税务总局关于石油天然气生产企业城镇土地使用税政策的通知(财税〔2015〕76 号)

财政部 国家税务总局关于印发《资源综合利用产品和劳务增值税优惠目录》的通知(财税〔2015〕78 号)

财政部 国家税务总局关于调整铁路和航空运输企业汇总缴纳增值税分支机构名单的通知(财税〔2015〕87 号)

财政部 海关总署 国家税务总局关于对化肥恢复征收增值税政策的通知(财税〔2015〕90 号)

财政部 国家税务总局关于对化肥恢复征收增值税政策的补充通知(财税〔2015〕97 号)

财政部 国家税务总局关于继续实施物流企业大宗商品仓储设施用地城镇土地使用税优惠政策的通知(财税〔2015〕98 号)

财政部 国家税务总局 证监会关于上市公司股息红利差别化个人所得税政策有关问题的通知(财税〔2015〕101 号)

财政部 国家税务总局关于减征 1.6 升及以下排量乘用车车辆购置税的通知(财税〔2015〕104 号)

财政部 国家税务总局关于进一步完善固定资产加速折旧企业所得税政策的通知(财税〔2015〕106 号)

财政部 国家税务总局关于中国华融资产管理股份有限公司改制过程中有关印花税政策的通知(财税〔2015〕109 号)

财政部 国家税务总局关于保险企业计提准备金有关税收处理问题的通知(财税〔2015〕115 号)

财政部 国家税务总局关于将国家自主创新示范区有关税收试点政策推广到全国范围实施的通知(财税〔2015〕116 号)

财政部 国家税务总局关于煤炭采掘企业增值税进项税额抵扣有关事项的通知(财税〔2015〕117 号)

财政部 国家税务总局关于影视等出口服务适用增值税零税率政策的通知(财税〔2015〕118 号)

财政部 国家税务总局 科技部关于完善研究开发费用税前加计扣除政策的通知(财税〔2015〕119 号)

财政部 国家税务总局 证监会关于内地与香港基金互认有关税收政策的通知(财税〔2015〕125 号)

财政部 国家税务总局 保监会关于实施商业健康保险个人所得税政策试点的通知(财税〔2015〕126 号)

财政部 国家税务总局关于体育场馆房产税和城镇土地使用税政策的通知(财税〔2015〕130 号)

财政部 国家税务总局关于融资租赁合同有关印花税政策的通知(财税〔2015〕144 号)

财政部 国家税务总局关于体育场馆房产税和城镇土地使用税政策的通知(财税〔2015〕130 号)

财政部 国家税务总局关于 2015 年母亲健康快车项目流动医疗车免征车辆购置税的通知(财税〔2015〕134 号)

财政部 国家税务总局关于公共租赁住房税收优惠政策的通知(财税〔2015〕139 号)

财政部 国家税务总局关于公益性捐赠税前扣除资格确认审批有关调整事项的通知(财税〔2015〕141 号)

财政部 国家税务总局关于融资租赁合同有关印花税政策的通知(财税〔2015〕144 号)

2016年度财政部、国家税务总局联合发文目录

财政部 国家税务总局关于中国农业发展银行涉农贷款营业税优惠政策的通知(财税〔2016〕3号)

财政部 国家税务总局关于员工制家政服务营业税政策的通知(财税〔2016〕9号)

财政部 国家税务总局关于保险保障基金有关税收政策问题的通知(财税〔2016〕10号)

财政部 国家税务总局关于扩大有关政府性基金免征范围的通知(财税〔2016〕12号)

财政部 国家税务总局 住房城乡建设部关于调整房地产交易环节契税营业税优惠政策的通知(财税〔2016〕23号)

财政部 国家税务总局关于继续实行农村饮水安全工程建设运营税收优惠政策的通知(财税〔2016〕19号)

财政部 国家税务总局关于营业税改征增值税试点有关文化事业建设费政策及征收管理问题的通知(财税〔2016〕25号)

财政部 国家税务总局关于对利用废弃的动植物油生产纯生物柴油免征消费税政策执行中有关问题的通知(财税〔2016〕35号)

财政部 国家税务总局关于全面推开营业税改征增值税试点的通知(财税〔2016〕36号)

财政部 国家税务总局关于公益股权捐赠企业所得税政策问题的通知(财税〔2016〕45号)

财政部 国家税务总局关于营改增后契税 房产税 土地增值税 个人所得税计税依据问题的通知(财税〔2016〕43号)

财政部 国家税务总局关于进一步明确全面推开营改增试点金融业有关政策的通知(财税〔2016〕46号)

财政部 国家税务总局关于进一步明确全面推开营改增试点有关劳务派遣服务、收费公路通行费抵扣等政策的通知(财税〔2016〕47号)

财政部 国家税务总局 发展改革委 工业和信息化部关于软件和集成电路产业企业所得税优惠政策有关问题的通知(财税〔2016〕49号)

财政部 国家税务总局关于促进残疾人就业增值税优惠政策的通知(财税〔2016〕52号)

财政部 国家税务总局关于全面推进资源税改革的通知(财税〔2016〕53号)

财政部 国家税务总局关于资源税改革具体政策问题的通知(财税〔2016〕54号)

财政部 国家税务总局关于印发《水资源税改革试点暂行办法》的通知(财税〔2016〕55号)

财政部 国家税务总局关于进一步明确全面推开营改增试点有关再保险 不动产租赁和非学历教育等政策的通知(财税〔2016〕68号)

财政部 国家税务总局关于金融机构同业往来等增值税政策的补充通知(财税〔2016〕70号)

财政部 国家税务总局关于继续执行光伏发电增值税政策的通知(财税〔2016〕81号)

财政部 国家税务总局关于城市公交企业购置公共汽电车辆免征车辆购置税的通知(财税〔2016〕84号)

财政部 国家税务总局关于延长边销茶增值税政策执行期限的通知(财税〔2016〕73号)

财政部 国家税务总局关于继续执行高校学生公寓和食堂有关税收政策的通知(财税〔2016〕82号)

财政部 国家税务总局关于部分营业税和增值税政策到期延续问题的通知(财税〔2016〕83号)

财政部 海关总署 国家税务总局关于融资租赁货物出口退税政策有关问题的通知(财税〔2016〕87号)

财政部 国家税务总局关于收费公路通行费增值税抵扣有关问题的通知(财税〔2016〕86号)

财政部 国家税务总局关于科技企业孵化器税收政策的通知(财税〔2016〕89号)

财政部 国家税务总局关于供热企业增值税 房产税 城镇土地使用税优惠政策的通知(财税〔2016〕94号)

财政部 国家税务总局关于延续免征国产抗艾滋病病毒药品增值税政策的通知(财税〔2016〕97号)

财政部 国家税务总局关于国家大学科技园税收政策的通知(财税〔2016〕98号)

财政部 国家税务总局关于2016年森林消防专用车免征车辆购置税的通知(财税〔2016〕102号)

财政部 国家税务总局关于完善股权激励和技术入股有关所得税政策的通知(财税〔2016〕101号)

财政部 国家税务总局关于调整化妆品消费税政策的通知(财税〔2016〕103号)

财政部 国家税务总局关于银行业金融机构存款保险保费企业所得税税前扣除有关政策问题的通知(财税〔2016〕106号)

财政部 国家税务总局 商务部 科技部 国家发展改革委关于新增中国服务外包示范城市适用技术先进型服务企业所得税政策的通知(财税〔2016〕108号)

财政部 国家税务总局 民政部关于生产和装配伤残人员专门用品企业免征企业所得税的通知(财税〔2016〕111号)

财政部 国家税务总局关于保险公司准备金支出企业所得税税前扣除有关政策问题的通知(财税〔2016〕114号)

财政部 国家税务总局 商务部 科技部 国家发展改革委关于在服务贸易创新发展试点地区推广技术先进型服务企业所得税优惠政策的通知(财税〔2016〕122号)

财政部 国家税务总局 证监会关于深港股票市场交易互联互通机制试点有关税收政策的通知(财税〔2016〕127号)

财政部 商务部 国家税务总局关于继续执行研发机构采购设备增值税政策的通知(财税〔2016〕121号)

财政部 国家税务总局关于落实降低企业杠杆率税收支持政策的通知(财税〔2016〕125号)

财政部 国家税务总局关于对超豪华小汽车加征消费税有关事项的通知(财税〔2016〕129号)

财政部 国家税务总局关于减征1.6升及以下排量乘用车车辆购置税的通知(财税〔2016〕136号)